NTC's
Compact
PORTUGUESE
and
ENGLISH
Dictionary

D0680971

NTC's
Compact
PORTUGUESE
and
ENGLISH
Dictionary

NTC Publishing Group

Library of Congress Cataloging-in-Publication Data

Pequeno dicionário Michaelis.
  NTC's compact Portuguese and English dictionary.
    p. cm.
  Originally published: Pequeno dicionário Michaelis. São Paolo :
Edições Melhoramentos, © 1980.
  ISBN 0-8442-4690-5 (hardcover)
  ISBN 0-8442-4691-3 (paperback)
  1. Portuguese language—Dictionaries—English. 2. English
language—Dictionaries—Portuguese.   I. Title.
PC5333.P4   1995
469.3'21—dc20   95-35949
                                                        CIP

Published by NTC Publishing Group
A division of NTC/Contemporary Publishing Group, Inc.
4255 West Touhy Avenue, Lincolnwood (Chicago), Illinois 60712-1975 U.S.A.
Copyright © 1995 by NTC Publishing Group
Copyright © 1989, 1980 Comp. Melhoramentos de Sao Paulo
Printed in the United States of America
International Standard Book Number: 0-8442-4690-5 (hardcover)
                                                0-8442-4691-3 (paperback)
00 01 02 03 04 05 BC 21 20 19 18 17 16 15 14 13 12 11 10 9 8 7 6 5 4 3

ENGLISH-PORTUGUESE
INGLÊS-PORTUGUÊS

TABLE OF CONTENTS

ÍNDICE

ARRANGEMENT OF THE DICTIONARY

1. **The entry**
   a) the entry, phrases and locutions are printed in boldface.
   b) the entry presents the syllabification, e. g.:
      ab.so.lu.tion.
   c) the entry of a less used word refers to the more used one, e. g.:
      activeness = activity.
   d) compound words, expressions and locutions form a subentry, under the main word, e. g.:
      air-conditioning, air force, all the day.

2. **The phonetic transcription**
   a) the phonetic transcription of the English word is indicated in brackets [ ], and the International Phonetic Alphabet has been used.
   b) the stress of the word is indicated by the sign (') placed before the vowel of the stressed syllable, e. g.:
      adverse ['ædvə:s, ədv'ə:s].

3. **The grammatical classification**
   the grammatical classes are separated by two vertical bars ‖: s. (substantive or noun), v. (verb), adj. (adjective), adv. (adverb) etc.

4. **The translation**
   a) the Portuguese translation, whenever possible, shows the English equivalent or substitutes it definition, e. g.:
      afford [əf'ɔ:d] v. dispor, poder gastar, ter recursos, dar-se ao luxo de.
   b) the different meanings of a word are separated by semicolon (;) and the synonyms by comma (,).

c) the gender of the substantive is indicated by: m. = masculine, f. = feminine, m. + f. = both masculine and feminine, e. g.:

analyst ['ænəlist] s. analista m. + f.

d) the symbol (≈) in phrases and locutions substitutes the entry, e. g.:

again [əg'ein] adv. ≈ **and** ≈.

ORGANIZAÇÃO DO DICIONÁRIO

1. A entrada
a) a entrada, as frases e as locuções são impressas em negrito.
b) a entrada apresenta separação silábica, p. ex.: **ab.so.lu.tion.**
c) as palavras menos usadas têm entradas próprias e são remetidas às mais usadas, p. ex.: **activeness = activity.**
d) as palavras compostas com hífen, as expressões e as locuções encontram-se na entrada principal, p. ex.: **air-conditioning, air force, all the day.**

2. A transcrição fonética
a) a pronúncia figurada do inglês é representada entre colchetes [ ], usando-se os símbolos fonéticos do Alfabeto Fonético Internacional (International Phonetic Alphabet).
b) o acento tônico é indicado pelo sinal (′), que precede a vogal da sílaba tônica, p. ex.: **adverse** [′ædvə:s, ədv′ə:s].

3. A categoria gramatical
As categorias gramaticais são separadas por duplo traço vertical ‖: s., v., adj., adv. etc.

4. A tradução
a) a tradução portuguesa, na medida do possível, fornece o equivalente ao inglês e, quando este não existir, é substituído por uma definição, p. ex.: **afford** [əf′ɔ:d] v. dispor, poder gastar, ter recursos, dar-se ao luxo de.
b) as acepções são separadas por ponto-e-vírgula (;) e os sinônimos por vírgula (,).

c) o gênero dos substantivos é indicado assim: m. = masculino, f. = feminino, m. + f. = palavra com dois gêneros, p. ex.:

analyst ['ænəlist] s. analista m. + f.

d) o símbolo (≃) nas frases e nas locuções substitui a entrada, p. ex.:

again [əg'ein] adv. ≃ **and** ≃.

PRONUNCIATION KEY ACCORDING TO THE
INTERNATIONAL PHONETIC ASSOCIATION
VALOR DOS SÍMBOLOS FONÉTICOS DA ASSOCIAÇÃO
FONÉTICA INTERNACIONAL

Símbolo fonético	Vogais	Exemplo inglês
aː	como o **a** da palavra portuguesa **caro**, mas um pouco mais demorado.	father, star
æ	tem um som intermediário entre o **á** da palavra **já** e o **é** em **fé**.	bad, flat
ʌ	aproximadamente o som do primeiro **a** de **cama** (na pronúncia brasileira).	bud, love.
ə	semelhante ao **a** da palavra **mesa**.	dinner, about
əː	como **eu** na palavra francesa **malheur**.	her, bird, burn
e	tem o som aberto do **é** da palavra **fé**.	net, pet.
i	semelhante ao **i** em **fácil**.	cottage, bit
iː	como o **i** em **aqui**, mas mais prolongado.	meet, beat
ɔ	semelhante ao **ó** na palavra **nó**.	not, hot
ɔː	tem o mesmo som do símbolo anterior, mas mais prolongado.	nor, saw
o	semelhante ao som **o** da palavra **novo**.	obey
u	semelhante ao som do **o** da palavra **porque**.	put, look, foot
uː	como o som **u** na palavra **uva**.	goose, food

XIV

Ditongos

ai	como em **vai.**	five, lie
au	como em **mau.**	how, about
ei	como em **leite.**	late, ray, play
ou	como em **vou.**	note, cold, so
ɔi	como o **ói** da palavra **bóia.**	boy, boil
iə	como o **ia** da palavra **tia.**	ear, here
ɛə	como o **é** da palavra **fé,** seguido do som **a** da palavra **rua.**	care, fair

Semivogais

j	como o som do **i** na palavra **mais**	yet, day
w	tem um som equivalente ao **u** da palavra **mau**	wait, we

Consoantes

(As consoantes **b, d, f, l, m, n, p, t, v** têm o mesmo som das consoantes portuguesas)

g	tem sempre o valor de **gue,** como símbolo fonético.	give, gate
h	tem, com raras exceções, o som aspirado.	hand, hold
k	tem o valor do **c** da palavra **capa.**	cat, cold
r	tem o som áspero no princípio da palavra e seguido de vogal; no fim de uma sílaba, ou antes de consoante, tem um som quase imperceptível.	red, run / far, arm
s	tem sempre o som aproximado do **s** da palavra **silva.**	sail, sea
z	é igual ao som do **z** da palavra **zuavo.**	his, used, is
ʒ	tem o som de **j** da palavra **rijo.**	pleasure, measure
dʒ	tem um som semelhante ao **dj** da palavra **adjetivo.**	age
ʃ	tem um som semelhante ao **ch** da palavra **chá.**	ship, shine

ŋ	semelhante ao som **ng** em ângulo mas o **g** é quase imperceptível.	king, sing, long
ð	tem o som do **d** português pronunciado com a língua colocada de encontro aos dentes superiores (sonoro).	that, there, though
θ	não tem correspondente em português. É um som que se aproxima do **ce** da palavra **foice** pronunciado com a língua entre os dentes (surdo).	thick, bath, thin

O sinal ′ indica que a sílaba seguinte é acentuada.
O sinal : depois duma vogal significa sua prolongação.

ABBREVIATIONS USED IN THE ENTRIES
ABREVIATURAS EXPLICATIVAS USADAS NOS VERBETES

abr. de	abreviatura de	Com.	Comércio
Acúst.	Acústica	conj.	conjunção
adj.	adjetivo	Constr.	Construção
adv.	advérbio	Cristal.	Cristalografia
Aer.	Aeronáutica	Culin.	Culinária
Agric.	Agricultura	depreciat.	depreciativo
Agrim.	Agrimensura	dial.	dialetal
Agron.	Agronomia	Dipl.	Diplomacia
alem.	alemão	Ecles.	Eclesiástico
Alfaiat.	Alfaiataria	Eletr.	Eletricidade
Anat.	Anatomia	Eletrôn.	Eletrônica
Antrop.	Antropologia	em comp.	em palavras
arc.	arcaico, arcaísmo		compostas
Arqueol.	Arqueologia	Embriol.	Embriologia
Arquit.	Arquitetura	Eng.	Engenharia
Astrol.	Astrologia	Ent.	Entomologia
Astron.	Astronomia	Equit.	Equitação
atrib.	atributivo	esc.	escocês
Autom.	Automobilismo	Espirit.	Espiritismo
Av.	Aviação	esp.	especialmente
Bact.	Bacteriologia	Esp.	Esporte
Bal.	Balística	Etim.	Etimologia
Biol.	Biologia	Etn.	Etnologia
Bioquím.	Bioquímica	E.U.A.	Estados Unidos da
Bot.	Botânica		América
Bras.	Brasileirismo	Farmac.	Farmacologia
bras.	brasileiro	fam.	familiar
brit.	britânico	f.	feminino
Catol.	Catolicismo	f. pl.	feminino plural
Cin.	Cinema	fig.	sentido figurado
Cirurg.	Cirurgia	Filat.	Filatelia
coloq.	coloquial	Filol.	Filologia

Filos.	Filosofia	Metalúrg.	Metalúrgica
Fís.	Física	Métr.	Métrica
Fisiol.	Fisiologia	Meteor.	Meteorologia
Fitopat.	Fitopatologia	Milit.	Militar
Fon.	Fonética	Miner.	Mineralogia
Fort.	Fortificação	Mit.	Mitologia
Fot.	Fotografia	Mús.	Música
fr.	francês	Náut.	Náutica
Futeb.	Futebol	n. p.	nome próprio
Gal.	Galicismo	Odont.	Odontologia
Geol.	Geologia	Ópt.	Óptica
Geogr.	Geografia	Orn.	Ornitologia
Geom.	Geometria	Pal.	Paleontologia
geralm.	geralmente	Parl.	Parlamentar
gráf.	Artes gráficas	Pat.	Patologia
Gram.	Gramática	pej.	pejorativo
Heráld.	Heráldica	pess.	pessoal
Hist.	História	Petr.	Petrografia
Hort.	Horticultura	p. ex.	por exemplo
Ict.	Ictiologia	Pint.	Pintura
Igr.	Igreja	pl.	plural
Inform.	Informática	poét.	poético
Ingl.	Inglaterra	Pol.	Política
interj.	interjeição	pop.	popular
irl.	irlandês	p. p.	particípio passado
ital.	italiano	pref.	prefixo
joc.	jocoso	prep.	preposição
Jogo	Jogo de cartas	pret.	pretérito
Jornal.	Jornalismo	pron.	pronome
Jur.	Jurisprudência	prov.	provérbio
Ling.	Lingüística	Psicol.	Psicologia
Lit.	Liturgia	Psiq.	Psiquiatria
Liter.	Literatura	Quím.	Química
Lóg.	Lógica	†	raro
Lus.	Lusitanismo	refl.	reflexivo
m.	masculino	Rel.	Religião
m. pl.	masculino plural	Ret.	Retórica
Marít.	Marítimo	Serol.	Serologia
Marcen.	Marcenaria	s.	substantivo
Mat.	Matemática	s. pl.	substantivo plural
Mec.	Mecânica	sg.	singular
Med.	Medicina	sup.	superlativo

XIX

Teat.	Teatro	Trigon.	Trigonometria
Tecel.	Tecelagem	Univ.	Universidade
Téc.	Técnica	v.	verbo
Telegr.	Telegrafia	var.	variante de
Telev.	Televisão	Veter.	Veterinária
Teol.	Teologia	vulg.	vulgarismo
Tipogr.	Tipografia	Zool.	Zoologia
Topogr.	Topografia		

A

A, a [ei] s. primeira letra f. do alfabeto inglês; (Mús.) m.: sexta nota da escala musical.
a [ei, e] art. indef. (usa-se **an** [æn, ən] antes de vogal e "**h**" mudo) um, uma; um certo, específico; cada, por; único; um só. **what ≃ nice girl!** que menina delicada. **twice ≃ week** duas vezes por semana. **half an hour** uma meia hora.
a.back [əb'æk] adv. para trás, atrás. **to be taken ≃** ser tomado de surpresa.
ab.a.cus ['æbəkəs] s. ábaco m., aparelho de calcular.
a.baft [əb'a:ft] adv. (Náut.) à popa, à ré. **I** prep. atrás.
a.ban.don [əb'ændən] v. abandonar, deixar por completo; desertar; renunciar.
a.ban.don.ment [əb'ændənmənt] s. abandono m., desistência, renúncia f.; deserção f.; desamparo m., paixão f., vício m.
a.base [əb'eis] v. rebaixar, degradar, humilhar.
a.bash [əb'æʃ] v. embaraçar, envergonhar; confundir; descompor; inferiorizar.
ab.bat.toir ['æbətwa:] s. matadouro m.
ab.bey ['æbi] s. abadia f., mosteiro m.
ab.bot ['æbət] s. abade m., prior de um mosteiro.
ab.bre.vi.ate [əbr'i:vieit] v. abreviar, condensar; resumir; sumarizar.
ab.bre.vi.a.tion [əbri:vi'eiʃən] s. abreviação, abreviatura f.; sumário, resumo m.
ab.di.cate ['æbdikeit] v. abdicar, resignar, exonerar-se; renunciar, desistir.
ab.do.men [æbd'oumən] s. (Anat., Ent. e Zool.) abdome, ventre m.
ab.duct [æbd'ʌkt] v. seqüestrar, raptar.
ab.er.ra.tion [æbər'eiʃən] s. (Astron., Biol. e Med.) aberração f., desvio m., anomalia f.; (Ópt.) refração f.
ab.hor [əbh'ɔ:] v. odiar, detestar, abominar, sentir nojo, aversão ou terror.

ab.hor.rence [əbh'ɔrəns], s. aversão, repugnância f., desdém, ódio m.; algo ou alguém odiado.
ab.hor.ren.cy [əbh'ɔrənsi] s. = **abhorrence**.
a.bide [əb'aid] v. agüentar; conformar-se.
a.bil.i.ty [əb'iliti] s. capacidade, habilidade f.; agilidade f.; talento m. **to the best of one's ≃** da melhor forma possível.
ab.ject ['æbdʒekt] adj. abjeto, miserável, desgraçado; vil, desprezível.
a.blaze [əbl'eiz] adj. inflamado, chamejante, flamejante; empolgado (**with** com).
a.ble [eibl] adj. capaz, apto; hábil, ágil, destro. **to be ≃** estar apto, ser capaz. **≃ to compete** estar apto para competir.
ab.nor.mal [æbn'ɔ:məl] adj. anormal, irregular, incomum, anômalo.
ab.nor.mi.ty [æbn'ɔ:miti] s. monstruosidade, irregularidade, anomalia f.
a.board [əb'ɔ:d] adv. a bordo; por extensão: dentro do trem, avião etc.
a.bode [əb'oud] s. permanência, estada f.; residência f.; domicílio m.
a.bol.ish [əb'ɔliʃ] v. abolir, anular, cancelar, revogar.
ab.o.li.tion [æbəl'iʃən] s. abolição, anulação f.; aniquilação, extinção f.
a.bom.i.na.ble [əb'ɔminəbl] adj. abominável, execrável.
ab.o.rig.i.ne [æbər'idʒini] s. aborígine m.
a.bor.tion [əb'ɔ:ʃən] s. aborto, abortamento m.; (fig.) malogro m.
a.bound [əb'aund] v. abundar, afluir, existir em abundância; ser rico em.
a.bout [əb'aut] adv. quase, por pouco, aproximadamente; proximamente, perto; em redor, aqui e ali, para cá e para lá; em direção contrária; a par de, à altura de; um após o outro, pouco a pouco. **I** prep. ocupado com, interessado em; relativo a, sobre; perto de, em volta de; munido de, prestes a, disposto a; de um lado para o outro, em, em

cima de. **what is she talking** ≃? sobre o que está falando?

a.bove [əb'ʌv] s. o alto, céu m.; o acima mencionado, o acima escrito ou dito m. ‖ adj. acima ou anteriormente escrito ou dito. ‖ adv. acima, no alto; na parte de cima, além; mais graduado; em lugar mais alto, a montante (rio). ‖ prep. sobre, acima; por cima; superior a; além. ≃ **all things** acima de tudo.

a.bra.sive [əbr'eisiv] s. + adj. abrasivo m.

a.breast [əbr'est] adv. lado a lado; na mesma altura.

a.bridge [əbr'idʒ] v. abreviar, resumir, condensar; encurtar, reduzir.

a.bridg.ment [əbr'idʒmənt] s. condensação f. (livro etc.), resumo m.

a.broad [əbr'ɔ:d] adv. em um país estrangeiro; fora; no exterior.

ab.rupt [əbr'ʌpt] adj. abrupto; repentino; íngreme; rude; confuso (estilo); (Bot.) truncado.

ab.scess ['æbsis] s. (Med.) abscesso, apostema m.

ab.scond [əbsk'ɔnd] v. fugir (da justiça).

ab.sence ['æbsəns] s. ausência, falta f.

ab.sent ['æbsənt] v. ausentar(-se), afastar(-se). ‖ adj. ausente, não presente; inexistente, desaparecido.

ab.sen.tee [æbsənt'i:] s. ausente m. + f.

ab.sen.tism [æbsənt'izəm] s. ausência f. (habitual e sem boa razão).

ab.so.lute ['æbsəlu:t] s. absoluto m. ‖ adj. total, completo, inteiro; absoluto, puro; perfeito; exímio; real; certo.

ab.so.lu.tion [æbsəl'u:ʃən] s. absolvição, remissão f.; indulgência f.

ab.solve [əbz'ɔlv] v. absolver, isentar, perdoar; desobrigar; remitir.

ab.sorb [əbs'ɔ:b] v. absorver; sorver; engolir; consumir; sugar; beber.

ab.sorb.ent [əbs'ɔ:bənt] s. + adj. absorvente m.

ab.sorb.ing [əbs'ɔ:biŋ] adj. absorvente; fascinante, cativante.

ab.sorp.tion [əbs'ɔ:pʃən] s. absorção f., absorvimento m.; interesse m., dedicação f. (a uma coisa); assimilação f.

ab.stain [əbst'ein] v. abster(-se) de, privar-se, conter-se, refrear(-se).

ab.ste.mi.ous [æbst'i:miəs] adj. abstêmio, moderado, frugal, sóbrio.

ab.sti.nence ['æbstinəns] s. abstinência f.

ab.stract ['æbstrækt] s. abstrato m., abstração f.; extrato m.; idéia f. teórica ou abstrata.

ab.stract [æbstr'ækt] v. abstrair, separar; resumir; subtrair, desviar. ‖ adj. abstrato; ideal, teórico; difícil.

ab.strac.tion [æbstr'ækʃən] s. abstração f.; subtração f., furto m.; separação f.; distração, preocupação f.

ab.struse [əbstr'u:s] adj. profundo, complexo, difícil de entender.

ab.surd [əbs'ə:d] adj. absurdo, paradoxal, sem razão, ridículo.

a.bun.dance [əb'ʌndəns] s. abundância, fartura, profusão, opulência f.

a.bun.dant [əb'ʌndənt] adj. abundante, copioso, opulento.

a.buse [əbj'u:s] s. abuso m.; injúria f., insulto m. ‖ v. abusar; maltratar, prejudicar; insultar, injuriar, ofender.

a.bus.ive [əbj'u:siv] adj. abusivo, ultrajante.

a.byss [əb'is] s. abismo m., garganta f.

ac.a.dem.i.c [ækəd'emik] adj. acadêmico, universitário; clássico, filosófico; erudito; teórico; convencional.

ac.a.dem.i.cal [ækəd'emikəl] adj. = academic.

a.cad.e.my [ək'ædəmi] s. academia f.

ac.cede [æks'i:d] v. consentir, concordar, aquiescer; aderir, unir-se, associar-se a, tomar parte em.

ac.cel.er.ate [æks'eləreit] v. acelerar, apressar; aumentar a velocidade de.

ac.cel.er.a.tor [æks'eləreitə] s. acelerador m.

ac.cent ['æksent] s. acento m., pronúncia f. silábica, tonicidade f.; sotaque, dialeto m.

ac.cent [æks'ent] v. acentuar; dar ênfase; enfatizar.

ac.cen.tu.ate [æks'entjueit] v. acentuar; destacar, frisar; pôr acentos.

ac.cept [əks'ept] v. aceitar; concordar; reconhecer; aprovar, admitir; acolher.

ac.cept.a.ble [əks'eptəbl] adj. aceitável, admissível, satisfatório.

ac.cept.ance [əks'eptəns] s. aceitação f., aprovação f., consentimento m.

ac.cess ['ækses] s. acesso m., admissão f.; passagem f.; aproximação f.; ataque m. (doença, raiva).

ac.ces.si.ble [æks'esəbl] adj. acessível, alcançável, fácil de obter.

ac.ces.sion [əks'eʃən] s. ascensão f.; adição f., acréscimo, aumento m.

ac.ces.so.ry [æks'esəri] s. acessório m.; suplemento m. ‖ adj. acessório, suplementar; subordinado.

ac.ci.dent ['æksidənt] s. acidente, desastre, sinistro m. ≃-**prone** propenso a acidentes (pessoa). **by** ≃ por acaso.

ac.claim [əkl'eim] s. aclamação f. ‖ v. aplaudir; saudar, ovacionar.

ac.cli.mate [əkl'aimit, əkl'aimeit] v. aclimar, aclimatizar, adaptar-se ao clima.

ac.com.mo.date [ək'ɔmədeit] v. acomodar, hospedar; adaptar, ajustar.

ac.com.mo.dat.ing [ək'ɔmədeitiŋ] adj. obsequioso, adaptável, tratável.

ac.com.mo.da.tion [əkɔməd'eiʃən] s. acomodação, morada f., alojamento m.

ac.com.pa.ni.ment [ək'ʌmpənimənt] s. acompanhamento m. (também Mús.).

ac.com.pa.nist [ək'ʌmpənist] s. (Mús.) acompanhante m. + f.

ac.com.pa.ny [ək'ʌmpəni] v. acompanhar.

ac.com.plice [ək'ɔmplis] s. cúmplice m. + f., parceiro m.

ac.com.plish [ək'ʌmpliʃ] v. executar, realizar, efetuar; concluir, completar.

ac.com.plished [ək'ɔmpliʃt] adj. talentoso, inteligente, dotado. ≃ **fact** fato consumado.

ac.com.plish.ment [ək'ʌmpliʃmənt] s. cumprimento m., realização, consumação f.

ac.cord [ək'ɔ:d] s. acordo m.; concordância f.

ac.cor.di.on [ək'ɔ:diən] s. acordeão m., sanfona f. ‖ adj. sanfonado.

ac.cord.ance [ək'ɔ:dəns] s. acordo m.; conformidade f. **in** ≃ **with** de acordo com.

ac.cord.ing [ak'ɔ:diŋ] adj. de acordo (**to** com).

ac.cost [ək'ɔst] v. aproximar-se e falar a (estranhos), abordar, acostar.

ac.count [ək'aunt] s. conta f., cômputo m.; causa f.; estima f.; avaliação f.; valor m. ‖ v. calcular, acertar contas. **on** ≃ por conta, a prazo. **banking** ≃ (Com.) conta bancária. **current** ≃ (Com.) conta corrente. ≃ **for** responsabilizar-se (por); dar conta, esclarecer ≃ (Com.) poupança. **to keep** ≃ escriturar, registrar. **to** ≃ **for** explicar, justificar. **to settle an** ≃ liquidar uma conta.

ac.count.a.ble [ək'auntəbl] adj. responsável; explicável, justificável.

ac.count.ant [ək'auntənt] s. contador, guarda-livros m.

ac.coun.tan.cy [ək'auntənsi] s. contabilidade f., ciências f. pl. contábeis.

ac.count.ing [ək'auntiŋ] s. contabilidade f.

ac.cred.it [əkr'edit] v. acreditar, abonar; atribuir; confiar; conferir poderes.

ac.cre.tion [əkr'i:ʃən] s. crescimento, acréscimo m.; (Jur.) acessão f.

ac.cru.al [əkr'u:əl] s. acréscimo, aumento m.

ac.crue [əkr'u:] v. advir; provir; resultar; caber; render (juros etc.).

ac.cu.mu.late [əkj'u:mjuleit] v. acumular (-se), ajuntar(-se), amontoar(-se).

ac.cu.mu.la.tion [əkju:mjul'eiʃən] s. acúmulo m., acumulação f., amontoamento m.

ac.cu.mu.la.tive [əkj'u:mjulətiv] adj. acumulativo, cumulativo. ≃ **effect** efeito cumulativo.

ac.cu.mu.la.tor [əkj'u:mjuleitə] s. (Eletr.) acumulador m., bateria f.

ac.cu.ra.cy ['ækjurəsi] s. exatidão, meticulosidade f.

ac.cu.rate ['ækjurit] adj. exato, certo; correto; pontual, cuidadoso; meticuloso.

ac.cu.sa.tion [ækju:z'eiʃən] s. acusação, denúncia f.

ac.cuse [əkj'u:z] v. acusar, denunciar (**of** por causa de; **before**, to junto a).

ac.cus.tom [ək'ʌstəm] v. acostumar, familiarizar, habituar(-se).

ace [eis] s. ás m. (carta do baralho, peça de dominó, dado); ponto m. ganho com um único golpe no tênis, golfe.

a.ce.tate ['æsiteit] s. (Quím.) acetato m.

a.ce.ty.lene [əs'etili:n] s. (Quím.) acetileno m.

ache [eik] s. dor f. ‖ v. sentir dores, sofrer, doer. **to** ≃ **for** desejar ansiosamente.

a.chieve [ətʃ'i:v] v. concluir com êxito; realizar, conseguir; alcançar.

a.chieve.ment [atʃ'i:vmənt] s. façanha, realização, empresa f.; empreendimento m.

ac.id ['æsid] s. ácido m. ‖ adj. ácido, azedo, ardente, acre; sarcástico. **fatty** ≃ ácido graxo.

a.ci.di.fy [əs'idifai] v. acidificar, acidular.

a.cid.i.ty [əs'iditi] s. acidez f.

ac.knowl.edge [əkn'ɔlidʒ] v. admitir; reconhecer, validar; apreciar; agradecer; acusar o recebimento de.

ac.knowl.edg.ment [əknˈɔlidʒmənt] s. reconhecimento m.; confirmação, autorização f.; agradecimento m.; recibo m. (of de).
ac.ne [ˈækni] s. (Med.) acne m. + f.
ac.o.lyte [ˈækolait] s. acólito m.; ministrante, coroinha m.; assistente m.
a.cous.tic [əkˈuːstik] adj. acústico.
ac.quaint [əkwˈeint] v. informar, comunicar; inteirar; familiarizar.
ac.quaint.ance [əkwˈeintəns] s. conhecido m.; conhecimento m.
ac.qui.esce [ækwiˈes] v. aquiescer, condescender, consentir, concordar.
ac.qui.es.cence [ækwiˈesəns] s. aquiescência f., consentimento m.; complacência, concordância f.
ac.qui.es.cent [ækwiˈesənt] adj. aquiescente, condescendente, complacente.
ac.quire [əkwˈaiə] v. adquirir; alcançar; obter; comprar; contrair (hábito). ≃ **d taste** gosto adquirido, sofisticado.
ac.qui.si.tion [ækwizˈiʃən] s. aquisição f.; obtenção f.; compra f.; proveito m.
ac.quit [əkwˈit] v. absolver, inocentar; desobrigar; desempenhar(-se), cumprir (um dever); pagar; justificar(-se).
a.cre [ˈeikə] s. acre m. (4.046,84 m²).
ac.rid [ˈækrid] adj. acre, picante, ácido; (fig.) amargo.
ac.ri.mo.ni.ous [ækrimˈounjəs] adj. acrimonioso, cáustico, ácido; pungente; (fig.) amargo.
ac.ri.mo.ny [ˈækriməni] s. acrimônia f.
ac.ro.bat [ˈækrəbæt] s. acrobata m. + f.
ac.ro.bat.ics [ækrəbˈætiks] s. acrobacia f.; acrobatismo m.
ac.ro.nym [ˈækrənim] s. acrônimo m.
a.cross [əkrˈɔs] adj. cruzado. ‖ adv. transversalmente. ‖ prep. através de; sobre.
ac.ryl.ic [əkrˈilik] s. + adj. (Quím. e Pint.) acrílico m.
act [ækt] s. ato m., ação f.; procedimento m., obra f.; divisão f. de uma peça teatral; número m. (circo, variedades); encenação, representação f.; decreto m.; documento m. ‖ v. agir; funcionar; comportar-se; influenciar.
act.ing [ˈæktiŋ] s. ação, realização f., funcionamento m.; representação f. ‖ adj. ativo, efetivo; interino; encenável, representável.
ac.tion [ˈækʃən] s. ação f., funcionamento m.; atividade f.; ato, efeito m.; acionamento m.;

mecanismo m.; batalha f. **to take** ≃ agir; tomar atitude; iniciar o trabalho.
ac.tive [ˈæktiv] adj. ativo, diligente; vivo; movimentado; (Gram.) ativo. ≃ **service** (Milit.) serviço ativo.
ac.tive.ness [ˈæktivnis] s. = **activity**.
ac.tiv.i.ty [æktˈiviti] s. atividade f.; ação f., feito m.
ac.tor [ˈæktə] s. ator m., protagonista m. + f.
ac.tress [ˈæktris] s. atriz f.
ac.tu.al [ˈæktjuəl] adj. atual, vigente; verdadeiro, real, efetivo.
ac.tu.al.i.ty [æktjuˈæliti] s. realidade f.; fato m.; existência f. real.
ac.tual.ly [ˈæktjuəli] adv. de fato, na verdade.
ac.tu.a.ry [ˈæktjuəri] s. atuário m.
a.cu.i.ty [əkjˈuːiti] s. acuidade, agudeza f.; intensidade f.
a.cu.punc.ture [ˈækjupʌnktjə] s. acupuntura f.
a.cute [əkjˈuːt] adj. agudo; pontiagudo; severo; repentino.
ad [æd] s. (abr. de **advertisement**) anúncio m. ≃ **man** agente de publicidade.
ad.a.mant [ˈædəmənt] adj. adamantino; inflexível.
a.dapt [ədˈæpt] v. adaptar, ajustar.
ad.ap.ta.tion [ædæptˈeiʃən] s. adaptação f.
add [æd] v. adicionar; juntar; aumentar.
ad.den.dum [ədˈendəm] s. adendo, apêndice, suplemento m.
ad.dict [ˈædikt] s. viciado m.
ad.dict [ədˈikt] v. dedicar(-se); viciar(-se).
ad.dict.ed [ədˈiktid] adj. devotado, afeito; viciado, dado a um vício.
ad.dic.tion [ədˈikʃən] s. devoção f., hábito m.; predileção f.; apego m.; vício m.
ad.di.tion [ədˈiʃən] s. adição f., adicionamento m.; soma f.; acréscimo m.
ad.di.tion.al [ədˈiʃənəl] adj. adicional.
ad.dress [ədrˈes] s. discurso m.; comunicação, petição f.; sede, residência f.; endereço m. ‖ v. discursar; recorrer a; endereçar; dirigir; falar a alguém.
ad.dress.ee [ædresˈiː] s. destinatário m.
ad.duce [ədjˈuːs] v. aduzir, apresentar provas ou razões, alegar; exemplificar.
ad.e.noids [ˈædinɔidz] s. (Med.) adenóide(s) f.
ad.ept [ədˈept] m. s. adepto m.; s. + adj. habilidoso m.; praticante m. + f.
ad.e.qua.cy [ˈædikwəsi] s. suficiência, adequação, proporcionalidade f.

ad.e.quate ['ædikwit] adj. adequado, suficiente; apropriado, próprio.

ad.here [ədh'iə] v. aderir; seguir, ficar fiel a; apoiar; devotar-se.

ad.her.ence [ədh'iərəns] s. aderência, adesão, lealdade f.; participação f.; apego m.

ad.he.sion [ədh'i:ʒən] s. adesão f.; fidelidade f.; (Bot.) concrescência f.

ad.he.sive [ədh'i:siv] s. adesivo m. ‖ adj. aderente, viscoso, aglutinante. ≃ **tape** esparadrapo; (Eletr.) fita isolante.

ad.ja.cent [ədʒ'eisənt] adj. adjacente.

ad.jec.tive ['ædʒektiv] s. adjetivo m.

ad.join [ədʒ'ɔin] v. estar com; formar divisa com.

ad.journ [ədʒ'ə:n] v. adiar; suspender; interromper; (coloq.) ir para outro lugar.

ad.journ.ment [ədʒ'ən:mənt] s. adiamento m.; suspensão f.

ad.junct ['ædʒʌŋkt] s. suplemento m.; subordinado, adjunto, auxiliar m.

ad.just [ədʒ'ʌst] v. ajustar; regular, retificar; liquidar (contas); acostumar(-se).

ad.just.a.ble [ədʒ'ʌstəbl] adj. ajustável, regulável; liquidável; conciliável.

ad.just.ment [adʒ'ʌstmənt] s. ajustamento, ajuste m.; liquidação f. (conta).

ad.ju.tant ['ædʒutənt] s. (Milit.) ajudante m.; encarregado m. da disciplina num batalhão.

ad.min.is.ter [ədm'inistə] v. administrar, dirigir.

ad.min.is.tra.tion [ədministr'eiʃən] s. administração, gerência, direção f.

ad.min.is.tra.tive [ədm'inistrətiv] adj. executivo, administrativo.

ad.min.is.tra.tor [ədm'inistreitə] s. administrador m.; (Jur.) curador m.

ad.mi.ra.ble ['ædmərəbl] adj. admirável.

ad.mi.ral ['ædmərəl] s. almirante m. ≃ **ship** nau capitânia.

ad.mi.ra.tion [ædmər'eiʃən] s. admiração, afeição, simpatia f.; encanto m.

ad.mire [ədm'aiə] v. admirar, apreciar, prezar; (E.U.A.) gostar de alguém.

ad.mir.er [adm'aiərə] s. admirador m.; namorado, pretendente m. (à mão de).

ad.mis.sion [ədm'iʃən] s. admissão f.; acesso m., entrada f.; confissão f.

ad.mit [ədm'it] v. admitir, aceitar, permitir, consentir; tolerar; comportar.

ad.mit.tance [adm'itəns] s. admissão, recepção, aceitação f.; (Eletr.) admitância f.

ad.mon.ish [ədm'ɔniʃ] v. advertir, admoestar, repreender; lembrar, avisar.

ad.mo.ni.tion [ædme'niʃən] s. advertência, admoestação, recriminação, repreensão f.

a.do [əd'u:] s. bulha f.; alvoroço m.; afã m.; barulho m.

a.do.be [æd'oubi] s. adobe, tijolo m. cru.

ad.o.les.cence [ædol'esəns] s. adolescência f., juventude f.

ad.o.les.cent [ædol'esənt] s. + adj. adolescente m. + f.

a.dopt [əd'ɔpt] v. adotar, aceitar, aprovar, admitir; perfilhar.

a.dop.tion [əd'ɔpʃən] s. adoção f., reconhecimento m.; aprovação f.

a.dor.a.ble [əd'ɔ:rəbl] adj. adorável, admirável; (coloq.) lindo, gracioso.

a.do.ra.tion [ædor'eiʃən] s. adoração, veneração f., culto m.; respeito m. (for por).

a.dore [əd'ɔ:] v. adorar, respeitar; (coloq.) gostar; cultuar, venerar.

a.dorn [əd'ɔ:n] v. adornar, enfeitar.

a.dorn.ment [əd'ɔ:nmənt] s. adorno, enfeite m., decoração f.; embelezamento m.

a.dren.al.in [ədr'enəlin] s. (Fís. e Quím.) adrenalina f.

a.drift [ədr'ift] adv. à mercê das ondas, à toa, a esmo.

a.droit [ədr'ɔit] adj. hábil, ágil, destro, ativo, inteligente, astuto, sagaz.

ad.u.late [ædjul'eit] v. adular, lisonjear, bajular.

a.dult ['ædʌlt] s. + adj. adulto m.

a.dul.ter.ate [əd'ʌltəreit] v. adulterar. ‖ adj. adulterado, falsificado.

a.dul.ter.er [əd'ʌltərə] s. adúltero m.

a.dul.ter.ess [əd'ʌltəris] s. adúltera f.

a.dul.ter.y [əd'ʌltəri] s. adultério m.

ad.vance [ədv'a:ns] s. avanço, progresso, adiantamento m. ‖ v. avançar; progredir; auxiliar; promover; apressar.

ad.vanced [ədv'a:nst] adj. antecipado; avançado; adiantado. ≃ **in years** muito velho. ≃ **notice** aviso prévio. **in** ≃ previamente.

ad.vance.ment [ədv'a:nsmənt] s. adiantamento m.; progresso m.; promoção f.

ad.van.tage [ədv'a:ntidʒ] s. vantagem, superioridade f.; predominância f. ‖ v. favorecer, oferecer vantagens.

ad.van.ta.geous [ədva:nt'eidʒəs] adj. vantajoso, proveitoso, favorável, lucrativo.

ad.ven.ture [ədv'entʃə] s. aventura f.; façanha f.; coragem f.; empreendimento m. ‖ v. aventurar(-se), arriscar(-se).

ad.ven.tur.er [ədv'entʃərə] s. aventureiro m.

ad.ven.tur.ous [ədv'entʃərəs] adj. aventuroso, ousado, audaz; perigoso, arriscado.

ad.verb ['ædvə:b] s. (Gram.) advérbio m.

ad.ver.sar.y ['ædvəsəri] s. adversário, inimigo m.; (Esp.) competidor m.

ad.verse ['ædvə:s, ədv'ə:s] adj. adverso, desfavorável, oposto, contrário.

ad.ver.si.ty [ədv'ə:siti] s. adversidade f.; infortúnio m.; aflição, angústia f.

ad.ver.tise ['ædvətaiz, ædvət'aiz] v. noticiar, publicar; fazer propaganda.

ad.ver.tise.ment [ədv'ə:tismənt, ædvət'aizmənt] s. anúncio, reclame m., propaganda f.

ad.ver.tis.er ['ædvətaizə] s. anunciante m. + f.

ad.ver.tis.ing ['ædvətaiziŋ] s. publicidade f.; anúncio m.

ad.vice [ədv'ais] s. conselho m., recomendação f.; notícia, novidade f.

ad.vis.a.ble [ədv'aizəbl] adj. aconselhável, conveniente; apropriado, oportuno.

ad.vise [ədv'aiz] v. aconselhar, advertir; avisar; deliberar, refletir (**on**, **about** sobre).

ad.vis.er [ədv'aizə] s. aconselhador, conselheiro, consultor m.; preceptor m.

ad.vo.cate ['ædvəkit] s. advogado, patrono, protetor m.

ad.vo.cate ['ædvəkeit] v. advogar, defender.

ae.gis ['i:dʒis] s. égide, proteção f.; patrocínio m.

aer.i.al ['ɛəriəl, e'i:riəl] s. (Rádio) antena f. ‖ adj. aéreo; etéreo; imaginário.

aer.o.dy.nam.ics [ɛərodain'æmiks] s. aerodinâmica f.

aer.o.nautic [ɛərən'ɔ:tik] adj. aeronáutico.

aer.o.nau.ti.cal [ɛərən'ɔ:tikəl] adj. = **aeronautic.**

aer.o.nau.tics [ɛərən'ɔ:tiks] s. aeronáutica f.

aer.o.plane ['ɛərəplein] s. = **airplane.**

ae.ro.sol ['ɛərəsɔl] s. aerossol m.

aes.thet.ic [i:sθ'etik] adj. estético.

aes.thet.ics [i:sθ'etiks] s. estética f.

aes.ti.vate ['estiveit] v. = **estivate.**

ae.ti.o.lo.gy [i:ti'ɔlədʒi] s. etiologia f.

af.fair [əf'ɛə] s. ocupação f.; negócio m.; romance, namoro m.; incidente m.

af.fect [əf'ekt] s. sentimento, afeto m. ‖ v. ansiar; gostar; usar; fingir, assumir; afetar, ter influência sobre; (Med.) contaminar.

af.fec.ta.tion [æfekt'eiʃən] s. afetação f.; fingimento m., simulação f.

af.fect.ed [əf'ektid] adj. afetado; fingido, simulado; inclinado, apegado; influenciado; contaminado; agitado; emocionado.

af.fec.tion [əf'ekʃen] s. afeição f., amor m.; sentimento m.; doença f.

af.fec.tion.ate [əfekʃ'ənit] adj. afetuoso, carinhoso, afável, delicado, cortês.

af.fi.da.vit [æfid'eivit] s. garantia f.

af.fil.i.ate [əf'ilieit] s. pessoa ou organização f. associada ou filiada. ‖ v. afiliar; associar-se; adotar (filho).

af.fil.i.a.tion [əfili'eiʃən] s. associação f.; adoção f.

af.fin.i.ty [əf'initi] s. afinidade f.; relação f. (também Biol. e Quím.); parentesco m.

af.firm [əf'ə:m] v. afirmar; firmar; (Jur.) declarar solenemente.

af.fir.ma.tion [æfə:m'eiʃən] s. (Jur.) afirmação f. solene; ratificação f.

af.firm.a.tive [əf'ə:mətiv] s. afirmativa f. ‖ adj. afirmativo, positivo.

af.fix ['æfiks] s. afixo m.

af.fix [əf'iks] v. afixar; anexar.

af.flict [əfl'ikt] v. afligir, atormentar.

af.flic.tion [əfl'ikʃən] s. aflição f.; desgraça, atribulação, calamidade f.; tormento m.

af.flu.ence ['æfluəns] s. afluência f.; riqueza, abundância, fartura f.

a.flu.ent ['æfluənt] s. + adj. afluente, rico, próspero m.

af.ford [əf'ɔ:d] v. dispor, poder gastar, ter recursos; dar-se ao luxo de.

af.front [əfr'ʌnt] s. afronta, ofensa f. ‖ v. ofender, insultar.

a.float [əfl'out] adj. flutuante; embarcado; desgovernado. ‖ adv. à tona; a bordo.

a.fraid [əfr'eid] adj. amedrontado, medroso, apreensivo, receoso.

Af.ri.can ['æfrikən] s. + adj. africano m.

aft [a:ft] adv. de ou à popa.

af.ter ['a:ftə] adj. subseqüente. ‖ adv. atrás, detrás; depois, após. ‖ conj. depois que. ‖ prep. atrás de, após de; em seqüência a; à maneira de, à moda de.

af.ter.birth ['ɑːftəbɔ:θ] s. (Med. e Veter.) secundinas, páreas f. pl.

af.ter.life ['ɑːftəlaif] s. vida f. após a morte.

af.ter.math ['ɑːftəmæθ] s. conseqüências f. pl.; feno m. serôdio.

af.ter.noon ['ɑːftən'uːn] s. tarde f. ‖ adj. vesperal, na tarde, relativo à tarde.

af.ter.thought ['ɑːftəθɔt] s. reflexão f. tardia; malícia f.

af.ter.ward ['ɑːftəwəd] adv. = **afterwards**.

af.ter.wards ['ɑːftəwədz] adv. depois, mais tarde.

a.gain [əg'ein] adv. novamente, outra vez; em resposta; de volta; demais, porém. ≃ **and** ≃ freqüentemente, muitas vezes.

a.gainst [əg'einst] prep. contra; oposto a; defronte; junto a. **to fight** ≃ lutar contra. **I am** ≃ **war** sou contra a guerra.

age [eidʒ] s. idade f.; velhice f.; era, época f.; (coloq.) período m. extenso. ‖ v. envelhecer. **the Middle** ≃**s** a Idade Média. ≃ **bracket**, ≃ **group** faixa etária. **in tender** ≃ na infância.

a.ged ['eidʒid] adj. idoso, amadurecido, da idade de.

a.gen.cy ['eidʒənsi] s. atividade, função f.; agência f.

a.gen.da [əgʒ'endə] s. pauta f. (reunião etc.), ordem f. do dia.

a.gent ['eidʒənt] s. agente m. + f.; (coloq.) vendedor m.; (Quím.) reagente m.

ag.glo.mer.ate [əgl'ɔməreit] v. aglomerar, juntar, reunir.

ag.glu.tin.ate [əglu:tineit] v. aglutinar, colar, grudar; unir, reunir.

ag.gra.vate ['ægrəveit] v. agravar, exacerbar; provocar; (coloq.) importunar.

ag.gra.va.tion [ægrəv'eiʃən] s. agravação f.; aborrecimento m.; irritação f.

ag.gre.gate ['ægrigeit] v. agregar.

ag.gre.gate ['ægrigit] s. agregado m.; massa f. ‖ adj. agregado, reunido; total.

ag.gre.ga.tion [ægrig'eiʃən] s. agregação, reunião f.

ag.gres.sion [əgr'eʃən] s. agressão, injúria f., ataque m.; agressividade f.

ag.gres.sive [əgr'esiv] adj. agressivo; (E.U.A.) ativo, enérgico.

ag.gres.sor [əgr'esə] s. agressor m.

ag.grieve [əgr'iːv] v. afligir, entristecer, magoar; lesar, prejudicar.

ag.ile ['ædʒail] adj. ágil, vivo, esperto.

a.gil.i.ty [ədʒ'iliti] s. agilidade f.

ag.i.o ['ædʒou, 'eidʒou] s. ágio m.

ag.i.tate ['ædʒiteit] v. agitar; perturbar; discutir; suscitar; sublevar.

ag.i.ta.tion [ædʒit'eiʃən] s. agitação f.; perturbação f., alvoroço m.; debate m.

ag.i.ta.tor ['ædʒiteitə] s. agitador m.

a.go [əg'ou] adv. anteriormente, há tempo, desde.

ag.o.nize ['ægənaiz] v. agonizar; agoniar, torturar.

ag.o.ny ['ægəni] s. agonia f.; angústia f.

ag.ra.rian [əgr'eəriən] adj. agrário. ≃ **reform** reforma agrária.

a.gree [əgr'i:] v. concordar; harmonizar; consentir; convir a. **to** ≃ **to s. th.** estar de acordo com alguma coisa.

a.gree.a.ble [əgr'iəbl] adj. agradável, aprazível; disposto; em conformidade com.

a.greed [əgr'i:d] adj. de acordo, concordante; combinado.

a.gree.ment [əgr'i:mənt] s. consentimento m.; entendimento m.; conformidade f.; contrato m.; (Gram.) concordância f. **gentleman's** ≃ acordo baseado na boa fé e cavalheirismo recíprocos.

ag.ri.cul.tur.al [ægrik'ʌltʃərəl] adj. agrícola, agrário.

ag.ri.cul.tu.re [ægrik'ʌltʃə] s. agricultura f.

ag.ri.cul.tur.ist [ægrik'ʌltʃərist] s. agricultor m.

ag.ro.no.mist [əgr'ɔnəmist] s. agrônomo m.

ag.ro.no.my [əgr'ɔnəmi] s. agronomia f.

a.head [əh'ed] adv. à frente, na dianteira; (coloq. E.U.A.) para diante; primeiro; (E.U.A.) antecipadamente.

aid ['eid] s. ajuda f., auxílio m.; ajudante m. + f. ‖ v. ajudar, auxiliar. **to give** ≃ **to** socorrer a alguém.

aim ['eim] s. pontaria, mira f.; linha f. de mira; objetivo m. ‖ v. apontar, visar; almejar; (E.U.A.) intencionar.

aim.less ['eimlis] adj. sem pontaria, desígnio ou propósito, a esmo, incerto.

air ['ɛə] s. ar m.; céu, espaço m.; brisa, viração f.; caráter, aspecto m.; jeito m., atitude f.; melodia, modinha f. ≃**s** afetação f. ‖ v. arejar; publicar. ‖ adj. aéreo. **on the** ≃

(Rádio) irradiando. ≃ **base** base aérea.
≃ **-conditioning** ar condicionado. ≃ **corridor** corredor aéreo (avião). ≃ **force** força aérea. ≃ **hostess** comissária, aeromoça. ≃ **space** espaço aéreo. ≃ **terminal** aeroporto, terminal que se liga ao aeroporto.

air.borne ['ɛəbɔːn] adj. transportado pelo ar.

air.craft ['ɛəkraːft] s. aeronave f. ≃ **carrier** porta-aviões.

air.field ['ɛəfiːld] s. aeródromo m.

air.foil ['ɛəfɔil] s. (Av.) aerofólio m.

air.line ['ɛəlain] s. linha f. aérea; companhia f. de aviação; tubo m. de ar (mergulhador).

air.mail ['ɛəmeil] s. correio m. aéreo; mala f. aérea.

air.man ['ɛəmən] s. piloto, aviador m.

air.plane ['ɛəplein] s. aeroplano, avião m.

air.port ['ɛəpɔːt] s. aeroporto m.

air.screw ['ɛəskruː] s. (Av.) hélice f.

air.ship ['ɛəʃip] s. dirigível m.

air.sick ['ɛəsik] adj. enjoado (avião).

air.tight ['ɛətait] adj. hermético.

air.way ['ɛəwei] s. via f. aérea.

air.y ['ɛəri] adj. aéreo; etéreo; tênue; gracioso, alegre; arejado.

aisle ['ail] s. coxia, passagem f. entre bancos numa igreja, escola etc.; nave f. lateral de igreja; platéia f. de teatro.

a.jar [ədʒ'aː] adj. entreaberto.

a.kin [ək'in] adj. consangüíneo; similar.

a.lac.ri.ty [əl'ækriti] s. vivacidade f.; espontaneidade f.; boa vontade f.

a.larm [əl'aːm] s. alarme m.; alerta, rebate m. ‖ v. alarmar. **he sounded an** ≃ ele deu alarme. **the false** ≃ o alarme falso. ≃ **clock** despertador.

al.bum ['ælbəm] s. álbum m.

al.bu.min ['ælbjuːmin] s. (Bioquím.) albumina f.

al.che.my ['ælkimi] s. alquimia f.

al.co.hol ['ælkəhɔl] s. álcool m.; bebida f. alcoólica.

al.co.hol.ic [ælkəh'ɔlik] s. alcoólatra m. ‖ adj. alcoólico, alcoólatra.

al.co.hol.ism ['ælkəhɔlizm] s. alcoolismo m.

al.co.hol.ize ['ælkəhɔlaiz] v. purificar, retificar álcool; alcoolizar; misturar ou saturar com álcool; embriagar.

al.cove ['ælkouv] s. nicho m.; alcova f.

al.der.man ['ɔːldəmən] s. vereador, conselheiro m. municipal.

ale ['eil] s. cerveja f. inglesa.

a.lert [əl'əːt] s. (Milit.) alerta, alarme m. ‖ v. alertar. ‖ adj. vigilante, alerta; vivo, ativo, ágil, ligeiro.

al.fal.fa [ælf'ælfə] s. alfafa f.

al.ge.bra ['ældʒibrə] s. álgebra f.

al.go.rithm ['ælgəriθəm] s. algoritmo m.

a.li.as ['eiliəs] s. nome m. suposto; pseudônimo m.; apelido m. ‖ adv. aliás.

al.i.bi ['ælibai] s. (Jur.) álibi m.

al.ien ['eiliən] s. alienígena m. + f. ‖ adj. estranho, forasteiro, alienígeno.

al.ien.ate ['eiliəneit] v. alienar, indispor, alhear, transferir a propriedade.

al.ien.a.tion [eiliən'eiʃən] s. alienação f.

a.light [əl'ait] adv. em chamas.

a.lign [əl'ain] v. alinhar; aliar-se, aderir.

a.lign.ment [əl'ainmənt] s. alinhamento m., enfileiramento m.; (Eng.) icnografia f.

a.like [əl'aik] adj. semelhante, similar. ‖ adv. igualmente; da mesma maneira.

al.i.men.ta.ry [ælim'entəri] adj. alimentar.

al.i.mo.ny ['æliməni] s. manutenção f.; (Jur.) pensão f. alimentícia.

a.live [əl'aiv] adj. vivo; ativo; existente; enérgico, vivaz, alegre. ≃ **to** sensível a, suscetível de; aglomerado, abundante, cheio, inçado (**with de**). **look** ≃ depressa.

al.ka.li ['ælkalai] s. (Quím.) álcali m.

al.ka.loid ['ælkalɔid] s. (Quím.) alcalóide m.

al.kane ['ælkein] s. (Quím.) alcano m.

all [ɔːl] adj. todo(s), toda(s); cada; qualquer, algum, tudo; somente, só, apenas; inteiro. ‖ adv. completamente, positivamente; unicamente, exclusivamente. ‖ pron. tudo. ≃ **the day** o dia todo. **with** ≃ **my heart** com todo o meu coração. **each and** ≃ cada um, cada qual. ≃ **has been done** tudo foi feito. **that is** ≃! isto é tudo! basta! **I have** ≃ **but forgotten** quase esqueci. **the trip costs** ≃ **in** ≃ **five dollars** tudo por tudo, a excursão custa cinco dólares. **not at** ≃ de nenhum jeito. **nothing at** ≃ absolutamente nada. **for** ≃ **I know** ao que eu saiba. **once and for** ≃ de uma vez para sempre. ≃ **at once** de repente, de imprevisto. ≃ **the better** tanto melhor. ≃ **right** certo; sim, está bem; de boa saúde; satisfatoriamente.

al.lay [əl'ei] v. acalmar, tranqüilizar; aliviar, suavizar; diminuir, atenuar.

al.lege [əl'edʒ] v. alegar, declarar.

al.le.ga.tion [æləg'eiʃən] s. alegação, declaração f.; desculpa f., pretexto m.

al.le.giance [əl'i:dʒəns] s. submissão f.; fidelidade f., devotamento m.

al.le.go.ry ['æligəri] s. alegoria, narrativa f. simbólica; emblema m.

al.ler.gy ['ælədʒi] s. alergia f.

al.le.vi.ate [əl'i:vieit] v. aliviar, suavizar.

al.ley ['æli] s. (E.U.A.) aléia f.; passagem f.; cancha f. ou campo m. para jogo de bola.

blind ≃ beco sem saída.

al.li.ance [əl'aiəns] s. aliança f., pacto m.

al.lied [əl'aid] adj. aliado; associado; parente, aparentado, afim.

al.li.ga.tor ['æligeitə] s. (Zool.) aligátor m.

al.lit.er.ate [əl'itəreit] v. aliterar.

al.lo.cate ['æləkeit] v. alocar.

al.lo.pat.ry [əl'ɔpətri] s. (Ecol.) alopatria f.

al.lot [əl'ɔt] v. aquinhoar; distribuir, lotear.

al.lot.ment [əl'ɔtmənt] s. partilha, distribuição f.; parcela, cota f.

al.low [əl'au] v. permitir; conceder; admitir; aprovar; deduzir. ≃ me permite-me!, licença!

al.low.a.ble [əl'auəbl] adj. permissível.

al.low.ance [al'auəns] s. mesada, pensão f.; compensação f. ‖ v. conceder uma mesada ou pensão; racionar.

al.loy [əl'ɔi] s. liga f. ‖ v. ligar, misturar (metais); viciar, adulterar.

al.lude [əl'u:d] v. aludir, insinuar.

al.lure [əlj'uə] s. fascinação f. ‖ v. fascinar; persuadir; atrair, seduzir.

al.lure.ment [əlj'uəmənt] s. fascinação f.; tentação f.; atração f., engodo m.

al.lur.ing [əlj'uəriŋ] adj. atraente, tentador.

al.lu.sion [əl'u:ʒən] s. alusão f.

al.ly [əl'ai] s. aliado, confederado m.; afim m. ‖ v. aliar(-se), confederar(-se).

al.ma.nac ['ɔ:lmənæk] s. almanaque, calendário m.

al.might.y [ɔ:lm'aiti] adj. todo-poderoso, onipotente; (E.U.A.) grande, poderoso.

al.mond ['a:mənd] s. (Bot.) amendoeira, amêndoa f.

al.most ['ɔ:lmoust] adv. quase, perto de, por pouco, aproximadamente.

alms [a:mz] s. pl. esmola f., donativo m.

a.loft [əl'ɔ:ft] adv. no alto, em cima, para cima; (Náut.) no topo dos mastros.

a.lone [əl'oun] adj. sozinho; só, exclusivo; abandonado; único. ‖ adv. só, apenas. **she was all** ≃ **in this world** ela estava completamente só neste mundo.

a.long [əl'ɔŋ] adv. longitudinalmente; para a frente, avante; juntamente, acompanhadamente. ‖ prep. ao longo de, junto a. **to get** ≃ (E.U.A.) ter sucesso, prosperar. ≃ **with** junto com.

a.long.side [əl'ɔŋsaid] adv. ao lado. ‖ prep. ao lado de, ao longo de.

a.loof [əl'u:f] adj. indiferente, reservado. ‖ adv. à distância, de longe.

a.loof.ness [əl'u:fnis] s. indiferença f., desinteresse, desprendimento m.

a.loud [əl'aud] adv. alto, em voz alta. **to read** ≃ ler em voz alta.

al.pha.bet ['ælfabit] s. alfabeto m.

al.read.y [ɔ:lr'edi] adv. já.

al.so ['ɔ:lsou] adv. também, além disso.

al.tar ['ɔ:ltə] s. altar m. ≃ **boy** acólito, ministrante.

al.ter ['ɔltə] v. alterar(-se), mudar(-se).

al.ter.a.tion [ɔ:ltər'eiʃən] s. alteração, mudança, modificação f.

al.ter.ca.tion [ɔ:ltəkeiʃən] s. altercação, briga f.

al.ter.nate ['ɔ:ltə:neit] s. substituto m. ‖ v. alternar(-se); substituir regularmente; produzir ou acionar por corrente alternada.

al.ter.nate [ɔ:lt'ə:nit] adj. alterno; (também Bot.) alternado; recíproco.

al.ter.na.tive [ɔ:lt'ə:nətiv] s. alternativa f. ‖ adj. alternativo.

al.ter.na.tor ['ɔ:ltə:neitə] s. (Eletr.) alternador m.

al.though [ɔ:lð'ou] conj. apesar de (que), embora (que), conquanto, contudo.

al.ti.tude ['æltitju:d] s. altitude f., eminência f.; (Astron. e Geom.) altura f.

al.to.geth.er [ɔ:ltəg'eðə] adv. completamente; de modo geral, ao todo.

al.tru.ism ['æltruizm] s. altruísmo m.

al.tru.is.tic [æltru'istik] adj. altruístico.

al.tru.is.ti.cal [æltru'istikəl] adj. = altruistic.

a.lu.mi.nium [æljum'injəm] s. = aluminum.

a.lu.mi.num [əl'u:minəm] s. (E.U.A.) alumínio m. ‖ adj. aluminioso.

al.ways ['ɔ:lwəz] adv. sempre, continuamente, constantemente.

am [æm, əm] 1.ª pessoa do singular do presente do indicativo do verbo **to be** sou, estou.

a.mal.gam [əm'ælgəm] s. amálgama f. + m.

a.mal.gam.ate [əm'ælgəmeit] v. fazer amálgama, amalgamar.

a.mal.gam.a.tion [əmælgəm'eiʃən] s. amalgamação f.

a.mass [əm'æs] v. acumular, aglomerar; ajuntar, reunir.

am.a.teur ['æmətə:] s. + adj. amador m.

am.a.teur.ish [æmət'ɔ:riʃ] adj. à maneira de amador; superficial.

a.maze [əm'eiz] v. pasmar, assombrar, maravilhar; confundir, aturdir.

a.mazed [əm'eizd] adj. assombrado, pasmado, maravilhado; aturdido, confuso.

a.maz.ing [əm'eiziŋ] adj. surpreendente, espantoso, estupendo. ‖ adv. surpreendentemente, estupendamente.

am.bas.sa.dor [æmb'æsədə] s. embaixador m.; emissário, portador m. oficial.

am.ber ['æmbə] s. (Miner.) âmbar m.

am.bi.gu.i.ty [æmbigj'uiti] s. ambigüidade f.

am.big.u.ous [æmb'igjuəs] adj. ambíguo, equívoco, dúbio; indefinido, obscuro.

am.bi.tion [æmb'iʃən] s. ambição, pretensão f., objeto (ou objetivo) m. almejado. ‖ v. ambicionar; aspirar a.

am.bi.tious [æmb'iʃəs] adj. ambicioso, desejoso, cobiçoso; de ou relativo à ambição; ansioso, anelante; pretensioso.

am.biv.a.lence [æmb'ivələns] s. (Psicol.) ambivalência f.

am.ble [æmbl] s. esquipação f., furta-passo m. ‖ v. andar de esquipado, andar a passo lento.

am.bu.lance ['æmbjuləns] s. ambulância f.

am.bush ['æmbuʃ] s. emboscada, tocaia, espreita f. ‖ v. atacar de tocaia, assaltar.

a.me.ba [əm'ibə] s. ameba f.

a.me.na.ble [əm'i:nəbəl] adj. ameno, brando, agradável.

a.mend [əm'end] s. emenda, alteração f.; separação f.; compensação f. = s indenização f., ressarcimento m. ‖ v. emendar; aperfeiçoar, apurar; corrigir, retificar; melhorar. **to make** ≃ s compensar, separar, ressarcir.

a.mend.ment [əm'endmənt] s. emenda f. (de lei); melhoramento m., melhora f.; correção, reforma, melhoria f.

a.men.i.ty [əm'i:niti] s. afabilidade f., donaire m.; amenidade, suavidade f.; encanto, prazer, deleite m.

A.mer.i.can [əm'erikən] s. americano m. dos E.U.A; indígena, nativo m. da América. ‖ adj. americano.

a.mer.i.can.ize [əm'erikənaiz] v. americanizar, dar feições americanas a.

am.e.thyst ['æmiθist] s. (Miner.) ametista f.

a.mi.a.bil.i.ty [eimjəb'iliti] s. amabilidade, afabilidade f.; benevolência f.

a.mi.a.ble ['eimjəbl] adj. amável, afável, agradável, cordial, bondoso.

a.mi.a.ble.ness ['eimjəblnis] s. = amiability.

a.mid.ship [əm'idʃip] adv. = amidships.

a.mid.ships [əm'idʃips] adv. (Náut.) a meianau.

a.miss [əm'is] adj. extraviado.

am.meter ['æmitə] s. (Eletr.) amperímetro m.

am.mo.nia [əm'ounjə] s. (Quím.) amônia f., amoníaco m.

am.mu.ni.tion [æmjun'iʃən] s. (Milit.) munição f.; meios m. pl. de ataque e defesa.

am.ne.sia [æmn'i:ziə] s. (Med. e Psicol.) amnésia f., perda da memória f.

am.nes.ty ['æmnesti] s. anistia f. ‖ v. anistiar, conceder uma anistia.

a.moe.ba [əm'ibə] s. = ameba.

a.mong [əm'ʌŋ] prep. entre, no meio de, dentre; misturado com, associado a; cercado de, por entre. **we are** ≃ **friends** estamos entre amigos.

a.mongst [əm'ʌŋst] prep. = among.

a.morph.ous [əm'ɔ:fəs] adj. amorfo, informe.

am.o.rous ['æmərəs] adj. amoroso; enamorado, apaixonado; afetuoso.

am.or.tise [əm'ɔ:taiz, 'æmətaiz] v. amortizar.

am.or.tize ['æmətaiz] v. = amortise.

a.mount [əm'aunt] s. soma, quantia f., total m.; importância f.; resultado m.; quantidade, porção f. ‖ v. importar, elevar-se a, atingir; equivaler.

am.phet.a.mine [æmf'etəmin] s. (Quím.) anfetamina f.

am.phib.i.an [æmf'ibiən] s. (Zool.) anfíbio, batráquio m.

am.phi.bi.ous [æmf'ibiəs] adj. anfíbio.

am.phi.the.a.tre ['æmfiθiətə] s. anfiteatro m.

am.ple [æmpl] adj. amplo, vasto; abundante; grande; mais do que suficiente.

am.pli.fi.ca.tion [æmplifik'eiʃən] s. amplificação f.; extensão f.

am.pli.fi.er ['æmplifaiə] s. (Eletrôn.) amplificador m.

am.pli.fy ['æmplifai] v. ampliar, amplificar.

am.pli.tude ['æmplitju:d] s. amplidão, extensão f.; abundância f.; plenitude f.

am.pu.tate ['æmpjuteit] v. amputar, cortar.

am.pu.ta.tion [æmpjut'eiʃən] s. amputação f.

a.muse [əmj'u:z] v. divertir, deleitar, entreter, distrair; fazer rir.

a.muse.ment [əmj'u:zmənt] s. divertimento, deleite m.; diversão, distração f.

a.mus.ing [əmj'u:ziŋ] adj. divertido, recreativo.

a.myg.da.la [əm'igdələ] s. amígdala f.

an [æn, ən] art. indef. = **a**.

a.nach.ro.nism [ən'ækrənizm] s. anacronismo m.; fato m. anacrônico.

an.a.con.da [ænæk'ɔndə] s. (Zool.) sucuri, anaconda f.; serpente m. constritora.

a.nae.mi.a [ən'i:miə] s. = **anemia**.

a.nae.mic [ən'i:mik] adj. = **anemic**.

an.aes.the.sia [æni:sθ'i:ziə] s. = **anesthesia**.

an.aes.the.tic [ænisθ'etik] adj. = **anesthetic**.

an.al.ge.sic [ænəldʒ'i:sik] s. + adj. analgésico, anódino m.

an.a.lyse ['ænəlaiz] v. analisar, decompor, separar; examinar, estudar em detalhe.

a.nal.y.sis [ən'æləsis] s. análise f.; exame m.

an.a.lyst ['ænəlist] s. analista m. + f.

an.a.lyt.ic [ænəl'itik] adj. analítico.

an.a.lyt.i.cal [ænəl'itikəl] adj. = **analytic**.

an.ar.chism ['ænəkizm] s. anarquismo m.

an.ar.chist ['ænəkist] s. anarquista m. + f.

an.ar.chy ['ænəki] s. anarquia f.

a.nath.e.ma [ən'æθimə] s. anátema m.; excomunhão, condenação f.

a.nat.o.mist [ən'ætəmist] s. anatomista m. + f.; analista m. + f.

a.nat.o.mize [ən'ætəmaiz] v. anatomizar, dissecar; examinar detalhadamente.

a.nat.o.my [ən'ætəmi] s. anatomia f.

an.ces.tor ['ænsistə] s. antepassado, ancestre m.

an.ces.tral ['ænsistrəl] adj. ancestral.

an.ces.try ['ænsistri] s. linhagem, descendência, extração f.; antepassado m.

an.chor ['æŋkə] s. (Náut.) âncora f.; ferro m.; (Téc.) tirante, apoio, esteio m.; estaca f.; (fig.) proteção f. ‖ v. ancorar.

an.chor.age ['æŋkəridʒ] s. ancoradouro m.; ancoragem f.; (fig.) amparo m.

an.cho.vy [æntʃ'ouvi] s. (Ict.) anchova f.; aliche f.

an.cient ['einʃənt] s. ancião, patriarca m. ‖ adj. antigo, velho, relativo à antigüidade.

and [ænd, ənd] conj. e, assim como, também como, e ainda, e além disso. **for hours** ≃ **hours** por horas a fio.

and.i.ron ['ændaiən] s. cão m. da chaminé.

an.dro.gen ['ændrodʒən] s. (Bioquím.) andrógeno, androgênio m.

an.dros.ter.one [ændr'ɔstəroun] s. (Bioquím.) androsterona f.

an.ec.dote ['ænekdout] s. anedota f.

a.ne.mi.a [ən'i:miə] s. (Med.) anemia f.

a.ne.mic [ən'i:mik] adj. anêmico; fraco.

an.e.mo.me.ter [ænim'ɔmitə] s. (Meteor.) anemômetro m.

a.nem.o.ne [ən'eməni] s. (Bot.) anêmona f.

an.es.the.sia [æni:sθ'i:ziə] s. (Med.) anestesia f.

an.es.the.tic [ænisθ'etik] s. (Med.) anestésico m.

an.es.the.tist [ən'esθətist] s. (Med.) anestesista m + f.

an.es.the.tize [ən'esθətaiz] v. anestesiar.

an.gel ['eindʒəl] s. (Teol.) anjo m.

an.ger ['æŋgə] s. raiva, ira, cólera f.; ódio m. ‖ v. zangar(-se), irritar-se.

an.gi.na [ændʒ'ainə] s. (Med.) angina f.

an.gle [æŋgl] s. (Geom.) ângulo m.; canto m.; ponto m. de vista. ‖ v. (E.U.A.) mover ou dispor em ângulo; apresentar de modo ambíguo ou com preconceito; pescar (com linha e anzol); tentar obter ardilosamente. **at right** ≃ **s** em ângulo reto, em esquadro.

an.gler ['æŋglə] s. pescador m. (a linha e anzol); (Ict.) diabo-marinho m.

an.gle.worm ['æŋglwə:m] s. minhoca f.

Anglo-Saxon ['æŋglou-sæksən] s. + adj. anglo-saxão, anglo-saxônio m.

an.gry ['æŋgri] adj. irado, furioso; (do tempo) ameaçador; irritado; inflamado.

an.guish ['æŋgwiʃ] s. agonia, tortura f.; angústia f., ansiedade f., sofrimento m.

an.gu.lar ['æŋgjulə] adj. angular, anguloso; medido pelo ângulo; (fig.) magro; (fig.) rígido, inflexível; desajeitado.

an.gu.lar.i.ty [æŋgjul'æriti] s. angularidade f.; magreza f.; (fig.) rigidez f.

a.ni.line ['ænilin] s. (Quím.) anilina f.

an.i.mal ['æniməl] s. bicho m.; bruto m.; besta f. ‖ adj. animal, semelhante ou relativo à vida física dos seres humanos. ≈ **kingdom** reino animal.

an.i.mate ['ænimeit] v. animar, avivar; tonificar, vitalizar; tornar alegre; inspirar, incentivar. ‖ adj. animado; vivaz.

an.i.ma.tion [ænim'eiʃən] s. animação, vivacidade f.; entusiasmo m.; preparo e arranjo m. de desenhos animados.

an.i.mos.i.ty [ænim'ɔsiti] s. animosidade f.; hostilidade f.; ressentimento, ódio m.

an.ise ['ænis] s. (Bot.) anis f.

an.kle ['æŋkl] s. tornozelo, tarso m.

an.nals ['ænəlz] s. pl. anais m. pl.; crônica f.; história f.; publicações f. pl. históricas.

an.neal [ən'i:l] v. recozer (vidro, metais etc.); temperar; (fig.) enrijecer.

an.nex [ən'eks] s. anexo m. ‖ v. anexar; tomar posse; acrescentar, adicionar.

an.nex.a.tion [æneks'eiʃən] s. anexação, incorporação f.; objetivo m. da anexação.

an.ni.hi.late [ən'aiəleit] v. aniquilar, exterminar; anular; causar destruição.

an.ni.hi.la.tion [ənaiəl'eiʃən] s. aniquilação, destruição f.; extermínio m.

an.ni.ver.sary [æniv'ə:səri] s. aniversário m.

an.no.tate ['ænouteit] v. anotar; tomar nota; comentar.

an.no.ta.tion [ænout'eiʃən] s. anotação f.

an.nounce [ən'auns] v. anunciar, proclamar, declarar; noticiar, participar.

an.nounce.ment [ən' aunsmənt] s. proclamação, notificação f.; publicação f.; anúncio m.

an.nounc.er [ən'aunsə] s. anunciador m.; anunciante m. + f.; locutor m.; introdutor m.

an.noy [ən'ɔi] v. aborrecer, molestar; ofender, ferir; prejudicar.

an.noy.ance [ən'ɔiəns] s. aborrecimento m.; importunação f.; mágoa, tristeza f.; contrariedade, dificuldade f.; contratempo m.

an.noy.ing [ən'ɔiiŋ] adj. aborrecido, aborrecedor; irritante, desgostoso.

an.nu.al ['ænjuəl] s. anuário m.; planta f. anual. ‖ adj. anual.

an.nu.i.ty [ənj'uiti] s. anuidade, anualidade f.; renda f. anual.

an.nul [ən'ʌl] v. aniquilar; anular.

an.nul.ment [ən'ʌlmənt] s. anulação f.; anulamento m.; invalidação f.

an.ode ['ænoud] s. (Eletr.) ânodo m.

a.noint [ən'ɔint] v. untar, esfregar; ungir, consagrar.

a.nom.a.lous [ən'ɔmələs] adj. anômalo, irregular, anormal.

a.nom.a.ly [ən'ɔmali] s. anomalia, anormalidade f.

a.non.y.mous [æn'ɔniməs] adj. anônimo.

an.oth.er [ən'ʌðə] adj. adicional. ‖ pron. um adicional, um outro. **one after** ≈ um após o outro.

an.swer ['a:nsə] s. resposta, réplica f.; contestação f.; resultado m. ‖ v. responder, replicar; retrucar, contestar, atender, acatar; apresentar solução; servir. **in** ≈ **to your letter** em resposta à sua carta. **this will** ≈ **my purpose** isto servirá aos meus propósitos, isto há de corresponder às minhas finalidades. **this** ≈ **s to your description** isto corresponde à sua descrição.

ant [ænt] s. (Zool.) formiga f.

ant.arc.tic [ænta:ktik] adj. antártico.

an.tag.o.nism [ænt'ægənizm] s. antagonismo m.; hostilidade, oposição f.

an.tag.o.nist [ænt'ægənist] s. antagonista, oponente m. + f.

an.tag.o.nize [ænt'ægənaiz] v. antagonizar.

ant.eat.er ['ænti:tə] s. tamanduá, papa-formigas m.

an.te.ced.ent [æntis'i:dənt] s. antecedente m. (também Gram., Lóg., Mat. e Mús.). ≈ **s** antecedentes m. pl.

an.te.date ['æntideit, æntid'eit] v. antedatar.

an.te.lope ['æntiloup] s. (Zool.) antílope m.; couro m. de antílope.

ante meridiem ['æntəməridiəm] (latim) o período m. entre a meia-noite e o meio-dia (abr. A.M. ou a.m.).

an.ten.na [ænt'enə] s. (Zool. e Rádio) antena f.

an.te.ri.or [ænt'iəriə] adj. anterior; dianteiro; antecedente, precedente.

an.te.room ['æntirum] s. ante-sala f.

an.them ['ænθen] s. canção f. religiosa ou patriótica; hino m.; antífona f.

ant.hill ['ænthil] s. formigueiro m.

an.thol.o.gist [ænθ'ɔlədʒist] s. antologista m. + f.

an.thol.o.gy [ænθ'ɔlədʒi] s. antologia f.

an.thra.cite ['ænθrəsait] s. (Miner.) antracite f.

an.thro.pol.o.gist [ænθrop'ɔlədʒist] s. antropologista m. + f., antropólogo m.

an.thro.pol.o.gy [ænθrop'ɔlədʒi] s. antropologia f.

an.ti-air.craft ['ænti'ɛəkra:ft] adj. artilharia f. antiaérea.

an.ti.bi.ot.ic [æntibai'ɔtik] s. + adj. antibiótico m.

an.ti.bod.y ['æntibɔdi] s. (Biol.) anticorpo m.

an.tic.i.pate [ænt'isipeit] v. antecipar, prever; anteceder, preceder, adiantar (também dinheiro).

an.tic.i.pa.tion [æntisip'eiʃən] s. antecipação, esperança f.; adiantamento m.; intuição, previsão, preconcepção f.; pressentimento m.; conhecimento m. antecipado; prevenção f.; antegozo m.

an.ti.cli.max ['æntikl'aimæks] s. (Ret.) anticlímax, decaimento m.

an.ti.clock.wise [æntikl'ɔkwaiz] adj. + adv. anti-horário.

an.ti.cy.clone [æntis'aikloun] s. anticiclone m.

an.ti.dote ['æntidout] s. (Med.) antídoto m.

an.ti.fe.brile ['æntif'i:brail] s. + adj. antipirético, antifebril m.

an.ti.freeze ['æntifri:z] s. + adj. antigelante, anticongelante m.

an.ti.gen ['æntidʒen] s. (Fisiol.) antígeno m.

an.ti.his.ta.mine [æntih'istəmin] adj. anti-histamínico.

an.tip.a.thy [ænt'ipəθi] s. antipatia, repugnância, aversão f.; desagrado, nojo m.

an.ti.quat.ed ['æntikweitid] adj. antiquado, desusado; obsoleto; velho.

an.tique [ænt'i:k] s. antiguidade f.; objeto m. de arte grega ou romana. ‖ adj. antigo, desusado; antiquado; arcaico.

an.tiq.ui.ty [ænt'ikwiti] s. antiguidade, velhice f. -ties objetos m. pl., relíquias, moedas pl., manuscritos m. pl. dos tempos antigos.

an.ti.sep.sis [æntis'epsis] s. (Med.) anti-sepsia f.; prevenção f. contra infecção.

an.ti.sep.tic [æntis'eptik] adj. anti-séptico.

an.ti.so.cial [æntis'ouʃəl] adj. anti-social.

an.tith.e.ses [ænt'iθisi:s] s. = **antithesis**.

an.tith.e.sis [ænt'iθisis] s. antítese f.

an.ti.thet.i.cal [æntiθ'etikəl)] adj. antitético.

an.ti.tox.ic ['æntit'ɔksik] adj. antitóxico.

an.ti.tox.in ['æntit'ɔksin] s. (Serol.) antitoxina f.

ant.ler ['æntlə] s. armação f. de veado e outros cervídeos; armas f. pl.; cornos m. pl.; esgalho m.; pontas f. pl. da armação.

an.to.nym ['æntɔnim] s. antônimo m.

a.nus ['einəs] s. (Anat.) ânus m.

an.vil ['ænvil] s. bigorna f.; (Anat.) incude f.;

(Téc.) parte f. fixa da boca de qualquer instrumento de medição.

anx.i.e.ty [æŋz'aiəti] s. ansiedade, ânsia, inquietação f.; anseio m.; angústia f.

anx.ious ['æŋkʃəs] adj. ansioso, preocupado, aflito; desejoso; receoso. **an** ≃ **time** uma época inquietante, preocupante.

an.y ['eni] adj. qualquer, quaisquer; algum, alguma; cada, todo, toda, todo e qualquer; nenhum, nenhuma, sequer. ‖ adv. de qualquer medida, modo ou grau. ‖ pron. qualquer um ou uma, qualquer parte ou quantidade; algum, alguma. **not having** ≃ **time...** não dispondo de tempo algum... **is he** ≃ **good?** ele vale alguma coisa?

an.y.bod.y ['enibɔdi] s. pessoa f. de importância; indivíduo m. qualquer, insignificante. ‖ pron. qualquer um.

an.y.how ['enihau] adv. de qualquer maneira; casualmente; de todo jeito; negligentemente, descuidadamente.

an.y.one ['eniwʌn] pron. qualquer um, alguém. (Distingue-se de **any one** qualquer pessoa ou coisa por si só.)

an.y.place ['enipleis] adv. (coloq.) em qualquer lugar.

an.y.thing ['eniθiŋ] s. coisa f. qualquer. ‖ pron. algo, um objeto, ato, estado, acontecimento ou fato qualquer. **never** ≃ **but sorrows** jamais outra coisa a não ser preocupações. **if** ≃ **se é que.**

an.y.way ['eniwei] adv. de qualquer maneira; de todo jeito; em qualquer caso.

an.y.where ['eniwɛə] adv. em ou para qualquer lugar, em todo lugar.

a.or.ta [ei'ɔ:tə] s. (Anat.) aorta f.

a.part [əp'a:t] adv. em fragmento, em pedaços; separadamente, à parte; distanciadamente; ao lado; independentemente. **joking** ≃ falando seriamente.

a.part.ment [əp'a:tmənt] s. (E.U.A.) apartamento m.

ap.a.thet.ic [æpəθ'etik] adj. apático, desinteressado, indiferente.

ap.a.thy ['æpəθi] s. apatia, indiferença f.; fleuma m. + f., insensibilidade f.

ape [eip] s. macaco, bugio, mono m. ‖ v. macaquear, imitar.

ap.er.ture ['æpətjuə] s. abertura, fenda, greta f., orifício m.; (Ópt.) diafragma m.

a.pex ['eipeks] s. (pl. **apexes** ['eipekəs], **apices** ['eipisi:z]) ápice, vértice, cume, pico m.; (fig.) apogeu, clímax, auge m.

a.pha.sia [əf'eiziə] s. afasia f.

aph.o.rism ['æfərizm] s. aforismo m.

a.pi.a.ry ['eipiəri] s. apiário m.

a.pi.cul.tu.re ['eipikʌltʃə] s. apicultura f.

a.piece [əp'i:s] adv. por ou para cada, cada, por peça; como parcela de cada um.

ap.o.gee [æpod'ʒi:] s. apogeu m.; ápice m.

a.pol.o.get.ic [əpɔlədʒ'etik] adj. apologético, apológico, que contém apologia, desculpa ou pesar.

a.pol.o.gize [əp'ɔlədʒaiz] v. apologizar, apresentar desculpas; exprimir pena ou pesar; defender uma causa, justificar.

a.pol.o.gy [əp'ɔlədʒi] s. apologia f.; desculpa f.; rogo, pretexto m.

ap.o.plex.y [æpopl'eksi] s. (Med.) apoplexia f.

a.pos.tle [əp'ɔsl] s. apóstolo m.

ap.os.tol.ic [æpəst'ɔlik] adj. apostólico.

ap.os.tol.i.cal [æpəst'ɔlikəl] adj. = **apostolic**.

a.pos.tro.phe [əp'ɔstrəfi] s. (Gram.) apóstrofo m.; (Ret.) apóstrofe f.

ap.pall [əp'ɔ:l] v. intimidar, assustar, amedrontar, terrorizar, aterrorizar.

ap.pall.ing [əp'ɔ:liŋ] adj. apavorante, horroroso, pavoroso, temível, espantoso.

ap.pa.rat.us [æpər'eitəs] s. (pl. **apparatuses** [æpar'eitəsəs]) aparelho, aparelhamento m.; instrumento, dispositivo m.

ap.par.ent [əp'ærənt] adj. evidente, claro; aparente; autêntico; manifesto.

ap.pa.ri.tion [æpər'iʃən] s. fantasma m.; aparição f.; aparecimento m.

ap.peal [əp'i:l] s. simpatia f., encanto m.; rogo m., súplica f.; (Jur.) apelação f. ‖ v. atrair, agradar, pedir; apelar a instância superior; requerer; fazer petição.

ap.pear [əp'iə] v. aparecer, surgir; publicar; apresentar(-se); comparecer.

ap.pear.ance [əp'iərəns] s. aparecimento m.; comparecimento m.; aparência f.

ap.pease [əp'i:z] v. apaziguar, acalmar, tranqüilizar; mitigar, abrandar.

ap.pease.ment [əp'i:zmənt] s. apaziguamento m.; acalmação f.; conciliação f.

ap.pen.di.ci.tis [əpendis'aitis] s. (Med.) apendicite f.

ap.pen.dix [əp'endiks] s. (pl. **appendices** [əp'endisi:z], **appendixes** [ep'endisi:z]) apêndice m.; anexo, acessório, suplemento m.

ap.pe.tite ['æpitait] s. apetite m.; apetência f.; desejo, anelo m.; ânsia f.

ap.pe.tiz.er ['æpətaizə] s. aperitivo, antepasto m.

ap.pe.tiz.ing ['æpətaiziŋ] adj. apetitoso.

ap.plaud [əpl'ɔ:d] v. aplaudir, ovacionar; aprovar, louvar, elogiar.

ap.plause [əpl'ɔ:z] s. aplauso m., aclamação f.; louvor, elogio m.

ap.ple [æpl] s. maçã f. **Adam's** ≃ pomo-de-adão. ≃ **tree** macieira.

ap.pli.ance [əpl'aiəns] s. aplicação, utilização f.; dispositivo, utensílio, instrumento, mecanismo m.

ap.pli.ca.ble ['æplikəbl] adj. aplicável, relevante.

ap.pli.cant ['æplikənt] s. pretendente, candidato, requerente, peticionário, suplicante m.

ap.pli.ca.tion [æplik'eiʃən] s. aplicação f., uso m.; administração f.; pedido, requerimento m., petição f.; atenção f.

ap.plied [əpl'aid] adj. aplicado, empregado, usado.

ap.ply [əpl'ai] v. aplicar, apor; adaptar; usar; solicitar; recorrer; gastar; referir(-se) a; dedicar(-se); concentrar-se.

ap.point [əp'ɔint] v. designar, nomear; decidir, estabelecer; decretar; (Jur.) autorizar; equipar, instalar.

ap.point.ment [əp'ɔintmənt] s. nomeação f.; mandato m., colocação f.; ordenação f.; encontro m. marcado, compromisso m.

ap.por.tion [əp'ɔ:ʃən] v. aquinhoar, repartir; distribuir eqüitativamente.

ap.pos.i.tive [əp'ɔzitiv] s. (Gram.) aposto m.

ap.prais.al [əpr'eizəl] s. avaliação f.

ap.praise [əpr'eiz] v. avaliar, estimar, calcular; fixar o preço ou valor.

ap.pre.ci.a.ble [əpr'i:ʃəbl] adj. apreciável, apreciativo.

ap.pre.ci.ate [əpr'i:ʃieit] v. apreciar, estimar, calcular; fixar preço.

ap.pre.ci.a.tion [əpri:ʃi'eiʃən] s. avaliação, estimativa f.; estima, estimação f.; reconhecimento m.; valorização f.

ap.pre.ci.a.tive [əpr'iʃətiv] adj. apreciativo, compreensivo, reconhecedor.

ap.pre.hend [æprih'end] v. sentir apreensão; prender; compreender.

ap.pre.hen.sion [æprih'enʃən] s. apreensão f., receio, temor m.; prisão f.; percepção f.

ap.pre.hen.sive [æprih'ensiv] adj. apreensivo, preocupado.

ap.pren.tice [əpr'entis] s. aprendiz m. + f.; principiante m. + f.; novato m.

ap.pren.tice.ship [əpr'entisʃip] s. aprendizagem f.; aprendizado m.

ap.proach [əpr'outʃ] s. aproximação f.; acesso m., passagem f. ‖ v. avizinhar-se; chegar, vir; assemelhar-se.

ap.proach.a.ble [əpr'outʃəbl] adj. acessível.

ap.pro.pri.ate [əpr'ouprieit] v. destinar, atribuir a; apropriar(-se).

ap.pro.pri.ate [əpr'oupriit] adj. apropriado, adequado, conveniente.

ap.pro.pri.a.tion [əproupri'eiʃən] s. apropriação, posse f.; verba f.; fundos m. pl.

ap.prov.al [əpr'u:vəl] s. aprovação f.

ap.prove [əpr'u:v] v. aprovar; apoiar; sancionar, aceitar; consentir, autorizar

ap.prox.i.mate [əpr'ɔksimeit] v. aproximar (-se), avizinhar(-se); vir, chegar; assemelhar (-se); tornar acessível.

ap.prox.i.mate [əpr'ɔksimit] adj. aproximado; similar; perto.

ap.prox.i.ma.tion [əprɔksim'eiʃən] s. aproximação, avizinhação f.; estimativa, avaliação f.

a.pri.cot ['əiprikɔt] s. damasco, abricó m. (Bot.) ≃ **tree** damasqueiro.

A.pril ['eipril] s. abril m.

a.pron ['eiprən] s. avental m.

ap.ro.pos ['æprepou, æprəp'ou] adj. pertinente, concernente. ‖ adv. oportunamente, a propósito, apropriadamente.

apt [æpt] adj. apto, hábil; adequado.

ap.ti.tude ['æptitju:d] s. aptidão, habilidade f.; inteligência f.; destreza, idoneidade f. moral; inclinação f.

apt.ness ['æptnis] s. aptidão f.; jeito m.

aq.ua.lung ['ækwalʌŋ] s. aqualung m., tubo m. de oxigênio para pesca submarina.

aq.ua.ma.rine [ækwəmər'i:n] s. (Miner.) águamarinha f.; cor verde-mar.

aq.ua.relle [ækwar'el] s. aquarela f.

a.quar.i.um [əkw'ɛəriəm] s. aquário m.

a.quat.ic [əkw'ætik] s. + adj. aquático m.

aq.ue.duct ['ækwidʌkt] s. aqueduto m.

a.que.ous ['eikwiəs] adj (Quím.) aquoso.

Ar.ab ['ærəb] s. + adj. árabe m. + f.

A.ra.bi.an [ər'eibjən] s. + adj. árabe m. + f.

a.rach.nid ['ər'æknid] s. (Ent.) aracnídeo m.

ar.bi.trar.y ['a:bitrəri] adj. arbitrário; despótico; tirânico; caprichoso.

ar.bi.trate ['a:bitreit] v. arbitrar, decidir ou servir como árbitro.

ar.bi.tra.tion [a:bitr'eiʃən] s. arbitramento m., arbitragem, decisão f. (árbitro).

ar.bi.tra.tor ['a:bitreitə] s. árbitro m.

ar.bor ['a:bɔ] s. (Tec.) mandril m. (torno).

ar.bor.e.al [a:b'ɔ:rial] adj. arbóreo.

arc [a:k] s. arco m. (também Astron. e Geom.), linha f. curva ‖ v. (Eletr.) formar um arco voltaico. ≃ **welding** solda elétrica.

ar.cade [a:k'eid] s. (Arquit.) arcada, arcaria, colunata f. ‖ v. formar arcadas.

arch [a:tʃ] s. (Arquit.) arco m., abóbada f.; (Arquit.) arcaria f.; (Anat.) peito m. do pé ‖ v. arquear.

ar.chae.ol.o.gist [a:ki'ɔlədʒist] s. arqueólogo m.

ar.chae.ol.o.gy [a:ki'ɔlədʒi] s. arqueologia f.

ar.cha.ic [a:k'eiik] adj. arcaico, antigo.

ar.cha.ism ['a:keiizm] s. arcaísmo m.

arch.bish.op ['a:tʃb'iʃəp] s. arcebispo m.

ar.che.type ['a:kitaip] s. arquétipo m.

arch.di.o.cese ['a:tʃd'aiəsis] s. arquidiocese f.; arcebispado m.

arch.er ['a:tʃə] s. arqueiro m. **Archer** (Astron.) Sagitário.

ar.chi.pel.a.go [a:kip'eləgou] s. arquipélago m., grupo m. de ilhas.

ar.chi.tect ['a:kitekt] s. arquiteto m.; criador ou autor m. (de planos de ação); (coloq.) engenhador m.

ar.chi.tec.tur.al [a:kit'ektʃərəl] adj. arquitetural, arquitetônico.

ar.chi.tec.ture [a:kit'ektʃə] s. arquitetura f.

ar.chive ['a:kaiv] s. arquivo m.

arch.way ['a:tʃwei] s. arcada f.

arc.tic ['a:ktik] s. regiões f. pl. árticas.

ar.dent ['a:dənt] adj. zeloso, entusiástico; ardente, candente; intenso, fogoso.

ar.dor ['a:də] s. ardor, fervor m., veemência f.; calor m. intenso.

ar.du.ous ['a:djuəs] adj. árduo, espinhoso; trabalhoso, laborioso, custoso.

are [a:] segunda pessoa do sg., primeira, segunda e terceira pessoas do pl. do indicativo presente do verbo **to be**.

ar.e.a ['ɛəriə] s. área f., superfície f. plana, território m.; recinto m.

aren't [a:nt] (coloq.) contração de are not.

Ar.gen.ti.ne ['a:dʒəntain] s. + adj. argentino m.

Ar.gen.tin.e.an [a:dʒent'injən] s. + adj. = **Argentine**.

ar.gue ['a:gju:] v. discutir, debater, raciocinar; persuadir; sustentar; demonstrar; questionar; disputar; contestar.

ar.gu.ment ['a:gjumənt] s. discussão, altercação f.; raciocínio m.; argumentação f.

ar.id ['ærid] adj. árido, seco; enfadonho.

a.rid.i.ty [ær'iditi] s. aridez, seca, secura f.

a.rise [ər'aiz] v. (pret. **arose**, p. p. **arisen**) levantar(-se); subir, elevar(-se); surgir, aparecer; originar(-se); ressuscitar; provir, resultar (**from** de); rebelar(-se); opor-se (**against** contra).

ar.is.toc.ra.cy [ærist'ɔkrəsi] s. aristocracia, nobreza f.; classe f. privilegiada.

a.ris.to.crat ['æristəkræt] s. aristocrata m. + f., nobre m., fidalgo m.

a.ris.to.crat.ic [æristəkr'ætik] adj. aristocrático.

a.rith.me.tic [ər'iθmətik] s. aritmética f.

ar.ith.met.i.cal [æriθm'etikəl] adj. aritmético, relativo à aritmética.

ark [a:k] s. (Bíblia) arca f.; (coloq.) barco m. grande. **Noah's** ≃ Arca de Noé.

arm [a:m] s. braço m. (de mar, rio, instrumento, máquinas, âncora, cadeira), tentáculo m.; ramo m. (árvore); arma f., armamento m.; tropa f. ‖ v. armar(-se); preparar(-se) para a guerra. **coat of** ≃s (Heráld.) brasão.

ar.ma.ment ['a:məmənt] s. armamento m.

ar.ma.ture ['a:mətjuə] s. (também Téc.) armadura, armação f.; (Eletr.) induzido, rotor m.; (Biol.) armas, garras f. pl.

arm.chair ['a:mtʃɛə] s. poltrona f., cadeira f. de braços.

armed ['a:md] adj. armado. ≃ **services** forças armadas.

arm.ful ['a:mful] s. braçada f., braçado m.

ar.mi.stice ['a:mistis] s. armistício m., trégua f.

ar.mor ['a:ma] (E.U.A.) s. armadura, couraça f.; blindagem f.; couraças f. pl. ‖ v. couraçar, blindar.

ar.mour ['a:ma] (Ingl.) s. = **armor**.

ar.moured ['a:məd] adj. blindado, encouraçado. ≃ **car** carro blindado.

ar.mour.y ['a:məri] s. armaria f., arsenal m.; heráldica f.; (E.U.A.) fábrica f. de armas.

arm.pit ['a:mpit] s. axila f., sovaco m.

ar.my ['a:mi] s. exército m., tropas f. pl.

a.ro.ma [ər'oumə] s. aroma, perfume m.

a.ro.mat.ic [ærom'ætik] s. planta ou substância f. aromática. ‖ adj. aromático, odorífero.

a.rose [ər'ouz] v. pret. de **arise**.

a.round [ər'aund] adv. ao redor; em círculo; por toda parte; (E.U.A.) aqui e ali; (E.U.A., coloq.) perto, por aí. ‖ prep. em torno de; junto de; por todos os lados; (E.U.A., coloq.) algures.

a.rouse [ər'auz] v. acordar; incitar, provocar, estimular, atiçar.

ar.range [ər'eindʒ] v. arranjar, arrumar, organizar; harmonizar, combinar; concordar; planejar, providenciar.

ar.range.ment [ər'eindʒmənt] s. arranjo m.; organização f.; acordo m.; combinação f. ≃s plano m.

ar.rears [ər'iəz] s. pl. dívidas, obrigações f. pl.; trabalho m. inacabado.

ar.rest [ər'est] s. apreensão f., embargo m.; detenção, prisão f.; suspensão, parada f.; (Téc.) batente m. ‖ v. prender, embargar; deter, aprisionar; parar, impedir, controlar, reprimir.

ar.riv.al [ər'aivəl] s. chegada, vinda f., advento m.

ar.rive [ər'aiv] v. chegar; alcançar; ter sucesso; ocorrer, suceder.

ar.ro.gance ['ærəgəns] s. arrogância, presunção f., orgulho m. exagerado.

ar.ro.gant ['ærəgənt] adj. arrogante, presunçoso, altivo; insolente, impertinente.

ar.row ['ærou] s. flecha, seta f.

arse [a:s] s. (vulg.) ânus m., bunda f. **to** ≃ **around, about** brincar no serviço, agir sem seriedade. **to make a pig's** ≃ (**of**) fazer um serviço malfeito.

ar.se.nal ['a:sinəl] s. arsenal m.; armaria f.

ar.se.nic ['a:snik] s. (Quím.) arsênico m.

ar.son ['a:sən] s. incêndio m. culposo.

ar.son.ist ['a:sənist] s. incendiário, piromaníaco m.

art [a:t] s. habilidade, destreza, perícia f.; maestria f.; ofício m., arte f., belas-artes f. pl. ≃ **paper** papel couchê. ≃ **work** trabalho ilustrativo, decorativo, de arte.

ar.te.ri.al [a:t'iəriəl] adj. arterial.

ar.ter.y ['a:təri] s. (Anat. e fig.) artéria f.
art.ful ['a:tful] adj. astuto, ladino; hábil, destro; artificial, simulado, falso.
arth.ri.tis [a:θr'aitis] s. artrite f.
ar.ti.choke ['a:tiʃouk] s. (Bot.) alcachofra f.
ar.ti.cle ['a:tikl] s. artigo m. (também Gram.) de jornal ou composição literária; cláusula f., parágrafo m.; item m., artigo m. de mercadoria, condição f. ‖ v. articular; contratar; obrigar-se (contrato); formular um libelo. **to serve one's** ≃ **s** servir como aprendiz.
ar.tic.u.late [a:t'ikjulit] v. articular, pronunciar; articular-se. ‖ adj. articulado; capaz de falar.
ar.tic.u.la.tion [a:tikjul'eiʃən] s. (Fon.) enunciação f.; (Téc.) junta f.; (Anat., Biol., Bot. e Zool.) articulação, junta f.
ar.ti.fact ['a:tifækt] s. artefato m.
ar.ti.fice ['a:tifis] s. estratagema, ardil, artifício m.; astúcia, esperteza f.
ar.ti.fi.cial [a:tif'iʃəl] adj. artificial, irreal, fictício, suposto, fingido.
ar.til.ler.y [a:t'iləri] s. artilharia f.
ar.ti.san [a:tiz'æn] s. artesão m.
art.ist ['a:tist] s. artista m. + f.
ar.tis.tic [a:t'istik] adj. artístico.
art.ist.ry ['a:tistri] s. trabalho ou talento m. artístico; vocação f. artística.
art.less ['a:tlis] adj. simples, natural, ingênuo.
as [æz, əz] adv. tão, igualmente, tanto quanto; como por exemplo. ‖ conj. como, quão, quanto, assim como; enquanto, quando; por que, porquanto; se bem que, embora; em conseqüência do que. ‖ prep. como, na qualidade de. ‖ pron. que; como. ≃ **well** tão bem, além disso. **twice** ≃ **large** duas vezes maior. ≃ ... ≃ tão... 'como, tanto quanto. ≃ **far** ≃ **I know** quanto eu sei. ≃ **it rained** visto que chovia. ≃ **good luck would have it** felizmente. ≃ **it were** por assim dizer, de certo modo. **he went so far** ≃ **to say...** ele chegou a ponto de afirmar... ≃ **if,** ≃ **though** como se.
as.bes.tos [æzb'estəs] s. (Miner.) asbesto, amianto m.
as.cend [əs'end] v. ascender; trepar, elevar-se, alar(-se).
as.cen.dan.cy [əs'endənsi] s. ascendência f.
as.cen.dant [əs'endənt] adj. ascendente, influente.
as.cen.den.cy [əs'endənsi] adj. = ascendancy.

as.cen.sion [əs'enʃən] s. ascensão, subida, elevação f.; (Ecles.) Ascensão f.
as.cent [əs'ent] s. ascensão, subida f.
as.cer.tain [æsət'ein] v. apurar, determinar.
as.cribe [əskr'aib] v. designar, atribuir.
a.sex.ual [eis'eksuəl] adj. assexuado.
ash [æʃ] s. cinza f. (também cor); (Bot.) freixo m.
a.shamed [əʃ'eimd] adj. envergonhado.
ash.en [æʃən] adj. pálido; cinzento.
ash.es ['æʃiz] s. pl. cinzas f. pl., restos m. pl. mortais. **to lay in** ≃ (fig.) destruir.
a.shore [əʃ'ɔ:] adj. + adv. na praia, em terra firme; à praia, em direção à terra.
ash.tray ['æʃtrei] s. cinzeiro m.
A.sian ['eiʃən] s. + adj. asiático m.
A.si.at.ic [eiʃi'ætik] s. + adj. = Asian.
a.side [əs'aid] s. aparte m. ‖ adv. de lado, ao lado; à distância, fora da mão; à parte, exceto. **to turn** ≃ **from** desviar de.
ask [a:sk] v. perguntar, indagar; requerer, solicitar; reclamar; convidar. **to** ≃ **too much** exigir demais. **may I** ≃ ? posso perguntar? **to** ≃ **for trouble** provocar dificuldades.
a.skance [əsk'æns] adv. de viés, de esguelha, de soslaio; desconfiadamente.
a.skew [əskj'u:] adj. torto. ‖ adv. de modo torto, de viés.
a.sleep [əsl'i:p] adj. adormecido; dormente. ‖ adv. adormecidamente.
as.par.a.gus [əsp'ærəgəs] s. (Bot.) aspargo m.
as.pect ['æspekt] s. aspecto m.; aparência f.; expressão f. (do rosto).
as.per.i.ty [æsp'eriti] s. aspereza f.; severidade f., rigor m.
as.phalt ['æsfælt] s. (Miner.) asfalto, betume m. ‖ v. asfaltar. ‖ adj. asfáltico.
as.pir.ant ['əsp'aiərənt] s. aspirante m. + f.; ambicioso m.
as.pi.ra.tion [æspər'eiʃən] s. aspiração f., respiração f.; desejo m. veemente.
as.pire [əsp'aiə] v. aspirar, almejar.
as.pi.rin ['æspirin] s. (Farmac.) aspirina f.
ass [æs, a:s] s. (Zool.) burro m.; imbecil m.; nádegas f. pl., traseiro m. **to chew s. one's** ≃, **to get one's** ≃ **chewed** dar, levar uma bronca. **a bit of** ≃ mulher, moça.
as.sail [əs'eil] v. atacar; assaltar; criticar.
as.sail.ant [əs'eilənt] s. + adj. assaltante m. + f.
as.sas.sin [əs'æsin] s. assassino m.

as.sas.si.nate [əs'æsineit] v. assassinar; (também fig.) injuriar gravemente.

as.sas.si.na.tion [əsæsin'eiʃən] s. assassínio, assassinato, homicídio m.

as.sault [əs'ɔ:lt] s. assalto, ataque m. (também Milit.); estupro m. ‖ v. assaltar, atacar, violar; investir, agredir.

as.sem.ble [əs'embl] v. ajuntar; reunir(-se); montar, construir.

as.sem.bly [əs'embli] s. assembléia f.; comício m.; corpo m. legislativo; montagem f. ≃ line (Téc.) linha de montagem. ≃ man vereador, deputado.

as.sent [əs'ent] s. consentimento m., aceitação f. ‖ v. concordar, aquiescer, anuir.

as.sert [əs'ɔ:t] v. afirmar, declarar; insistir.

as.ser.tion [əs'ɔ:ʃən] s. afirmação, declaração f.

as.sess [əs'es] v. avaliar, calcular; tributar.

as.sess.ment [əs'esmənt] s. taxação, tributação, taxa, cota, avaliação f.

as.ses.sor [əs'esə] s. assessor m.; exator m.

as.set ['æset] s. haver m., ativos, bens m. pl. ≃ s (Jur.) espólio m., massa f. falida.

as.sid.u.ous [əs'idjuəs] adj. assíduo, atencioso, zeloso; perseverante.

as.sign [əs'ain] s. (Jur.) cessionário m. ‖ v. apontar, designar, nomear; determinar; lotear, ratear, aquinhoar; atribuir, referir a; (Jur.) ceder direitos.

as.sig.na.tion [æsign'eiʃən] s. partilha f.; rateamento m.; encontro m. marcado; adjudicação f.

as.sign.ment [əs'ainmənt] s. designação, indicação f.; tarefa, obrigação f.; (Jur.) transmissão f. legal, adjudicação f.

as.sim.i.late [əs'imileit] v. assimilar; ser assimilado ou absorvido; comparar.

as.sim.i.la.tion [əsimil'eiʃən] s. assimilação f. (também Biol., Fon. e Sociologia).

as.sist [əs'ist] v. assistir, socorrer; participar, comparecer, estar presente; ajudar, auxiliar.

as.sist.ance [əs'istəns] s. assistência f.

as.sist.ant [əs'istənt] s. + adj. assistente, auxiliar, ajudante m. + f.

as.so.ci.ate [əs'ouʃieit] s. sócio, companheiro m. ‖ v. associar(-se), ligar(-se); emparceirar(-se). ‖ adj. associado, confederado, aliado, que acompanha; admitido (para uma sociedade sem gozar os plenos direitos de sócio.)

as.so.ci.a.tion [əsousi'eiʃən] s. associação f. de idéias; associação, sociedade, cooperativa f., clube m.; cooperação f. ≃ football futebol.

as.sort [əs'ɔ:t] v. agrupar, sortir.

as.sort.ed [əs'ɔ:tid] adj. sortido, misto.

as.sort.ment [əs'ɔ:tmənt] s. sortimento, agrupamento m.; escolha, seleção f.

as.suage [əsw'eidʒ] v. suavizar; aliviar; minorar; facilitar; saciar.

as.sume [əsj'u:m] v. aceitar, admitir; assumir; apropriar(-se); tomar conta de; pretender, pretextar; supor.

as.sump.tion [əs'ʌmpʃən] s. suposição, presunção f.; hipótese f.; arrogância f. **Assumption** (Ecles.) Assunção.

as.sur.ance [əʃ'uərəns] s. garantia, fiança f.; segurança, confiança f.; convicção, firmeza f.; impertinência, ousadia f.

as.sure [əʃ'uə] v. assegurar(-se); garantir; animar, encorajar; asseverar; firmar contrato de seguro; proteger.

as.sured [əʃ'uəd] adj. confiante, seguro.

as.ter.isk ['æstərisk] s. asterisco m. ‖ v. marcar com asterisco.

a.stern [əst'ɔ:n] adv. a popa, a ré; atrás; para trás.

as.ter.oid ['æstərɔid] s. asteróide m.

asth.ma ['æsmə] s. asma f.

as.ton.ish [əst'oniʃ] v. pasmar, maravilhar, deixar atônito; causar espanto.

as.ton.ish.ing [əst'oniʃiŋ] adj. surpreendente, espantoso, extraordinário, maravilhoso, assombroso.

as.ton.ish.ment [əst'oniʃmənt] s. grande surpresa f.; admiração f.

as.tound [əst'aund] v. surpreender; deixar perplexo, estupeficar; assustar.

as.tound.ing [əst'aundiŋ] adj. espantoso, assombroso, assustador, consternador.

a.stray [əstr'ei] adj. desviado, fora do caminho; errado; perdido.

a.stride [əstr'aid] adj. escarranchado.

as.trol.o.gy [əstr'olədʒi] s. astrologia f.

as.tro.naut ['æstronɔ:t] s. astronauta m. + f.

as.tro.nau.tics [æstron'ɔ:tiks] s. astronáutica f.

as.tron.o.mer [əstr'onəmə] s. astrônomo m.

as.tron.o.my [əstr'onəmi] s. astronomia f.

as.tro.phys.ics [æstrof'iziks] s. astrofísica f.

as.tute [əstj'u:t] adj. astuto, astucioso.

a.sun.der [as'ʌndə] adj. distante, (fig.) remoto. ‖ adv. separadamente.

a.sy.lum [əs'ailəm] s. asilo m.; hospício, manicômio m.; orfanato m.; albergue m. noturno; santuário, refúgio m.

at [æt, ət] prep. em, no(s), na(s), perto de, sobre, junto a; na direção de, para, a, até; no lugar, na condição, na situação de; em tempo determinado (agora, então); através, por meio, por intermédio de; por cada. ≃ **all** de todo jeito, de qualquer modo. ≃ **all events** em qualquer caso. ≃ **a ball** num baile. ≃ **church** na igreja. ≃ **dinner** no jantar. ≃ **home** no lar, em sua pátria; versado, bem experimentado. ≃ **last** afinal, enfim, finalmente. ≃ **least** pelo menos, ao mínimo. **not** ≃ **all** em absoluto. ≃ **once** imediatamente, sem demora. ≃ **play** no jogo. ≃ **school** na escola. ≃ **work** no trabalho. ≃ **your cost** por sua conta.

ate [et, eit] v. pret. de **eat.**

ath.lete ['æθli:t] s. atleta m. + f.

ath.le.tics [əθl'etiks] s. atletismo m.

At.lan.tic [ətl'æntik] s. Oceano m. Atlântico. ‖ adj. atlântico, relativo ao Atlântico.

at.las ['ætləs] s. (também Anat.) atlas m.

at.mos.phere ['ætməsfiə] s. (também fig.) atmosfera f.; ar m. em lugar determinado.

at.mos.pher.ic [ætməsf'erik] adj. atmosférico; relativo à atmosfera.

at.oll [at'ɔl] s. atol m.

at.om ['ætəm] s. (Fís. e Quím.) átomo m.

a.tom.ic [ət'ɔmik] adj. atômico.

a.tom.i.cal [ət'ɔmikəl] adj. = **atomic.**

a.tone [ət'oun] v. reconciliar, congraçar, harmonizar; expiar, reparar, resgatar.

a.tone.ment [ət'ounmənt] s. indenização, reparação, satisfação f.; expiação f.

a.tro.cious [ətr'ouʃəs] adj. atroz, cruel.

a.troc.i.ty [ətr'ɔsiti] s. atrocidade, crueldade, perversidade f.; brutalidade, bestialidade f.; disparate m.; sandice f.

a.tro.phy ['ætrəfi] s. atrofia f. ‖ v. atrofiar.

at.tach [ət'ætʃ] v. atar, prender, juntar; fixar, ligar, vincular; designar, nomear; afixar, anexar, apor (uma assinatura); atrair; (Jur.) embargar, seqüestrar.

at.tach.ment [ət'ætʃmənt] s. junção, fixação f.; embargo m.; anexo, acessório, pertence m.; conexão f.; atração, simpatia f.; afeiçoamento m.; arresto, seqüestro m.

at.tack [ət'æk] s. ataque m.; doença f. repentina; investida, agressão f.; injúria, acusação

f. ‖ v. atacar, assaltar, agredir; criticar, ofender, combater; acometer.

at.tain [ət'ein] v. chegar a, alcançar; ganhar; realizar; conseguir.

at.tain.ment [ət'einmənt] s. obtenção, consecução f.; realização f.; feito m.; dote m.; talento m.

at.tempt [ət'empt] s. tentativa f., esforço, intento m.; assalto, atentado m. ‖ v. tentar, empreender; aventurar-se; atacar, assaltar, atentar contra.

at.tend [ət'end] v. prestar atenção, atender; cuidar ou tomar conta de, assistir a; ir ou estar a serviço de, visitar (médico); comparecer, freqüentar (colégio), assistir (a aulas). ≃ **to this** veja isto.

at.tend.ance [ət'endəns] s. atenção f.; freqüência f., comparecimento m.; presença, assistência f.; comitiva f.; tratamento m.

at.tend.ant [ət'endənt] s. servente, contínuo m.; ouvinte, espectador m.; séqüito m., comitiva f. ‖ adj. servidor, auxiliar; acompanhante; concomitante; anexo, apenso.

at.ten.tion [ət'enʃən] s. atenção f.; aplicação, diligência f.; cuidado m., preocupação f.; cortesia, fineza f. ≃ **s** corte f., galanteio m. **pay** ≃! preste atenção!

at.ten.tive [ət'entiv] adj. atencioso, atento.

at.tic ['ætik] s. sótão m.

at.tire [ət'aiə] s. traje, vestuário m.; vestes f. pl.; adorno m.; armação f. do veado. ‖ v. vestir, adornar, ornar.

at.ti.tude ['ætitju:d] s. atitude, postura, posição f., jeito m.; intento, propósito m.

at.tor.ney [ət'ɔ:ni] s. procurador m.; advogado, jurisconsulto m.

at.tract [ətr'ækt] v. atrair, encantar, pretender, conquistar, enlevar, induzir.

at.trac.tion [ətr'ækʃən] s. atração f.; encanto, enlevo m.; fascinação f.; objeto m. de atração; beleza, bondade f.

at.trac.tive [ətr'æktiv] adj. atrativo, atraente, encantador, cativante.

at.trib.ute [ətr'ibju:t] s. (também Gram.) atributo m.; qualidade, característica f. ‖ v. atribuir, imputar, referir a.

at.tri.bu.tion [ætrib'ju:ʃən] s. atribuição f.

auc.tion ['ɔ:kʃən] s. leilão m. ‖ v. leiloar.

auc.tion.eer [ɔ:kʃən'iə] s. leiloeiro m. ‖ v. leiloar, vender em leilão.

au.da.cious [ɔːd'eiʃəs] adj. audacioso, intrépido, corajoso, ousado; atrevido, insolente, impudente.

au.dac.i.ty [ɔːd'æsiti] s. audácia, intrepidez, coragem f., arrojo m.; arrogância, insolência, impudência f.

au.di.ble ['ɔːdibl] adj. audível.

au.di.ence ['ɔːdiəns] s. audiência, entrevista f.; auditório m. público, assistência f.

au.dit ['ɔːdit] s. exame m. oficial dos livros, auditoria f.; juízo m. ‖ v. revisar, examinar (livros contábeis); (E.U.A.) freqüentar (colégio) como ouvinte.

au.di.tor ['ɔːditə] s. (escola) ouvinte m. + f.; auditor, perito-contador m.

au.di.to.ri.um [ɔːdit'ɔriəm] s. auditório m.

aug.ment [ɔːgm'ent] s. aumento, acréscimo m. ‖ v. aumentar, acrescentar.

Au.gust ['ɔːgəst] s. agosto m.

aunt [aːnt] s. tia f. **great** -≃ tia-avó.

aunt.y ['aːnti] s. tiazinha f.

aus.cul.tate ['ɔːskəlteit] v. auscultar.

aus.pice ['ɔːspis] s. auspício, augúrio m.; adivinhação f., presságio m. ≃s circunstâncias f. pl. favoráveis; patrocínio m., proteção f. **under the** ≃s **of** sob o patrocínio de.

aus.te.re [ɔːst'iə] adj. austero, severo, rigoroso; despretensioso, simples; sóbrio, sério, grave; ácido, acre.

aus.ter.i.ty [ɔːst'eriti] s. austeridade f., rigor m.; abnegação f.; ascetismo m.

Aus.tral.ian [ɔːstr'eiljən] s. + adj. australiano m.

Aus.tri.an ['ɔːstriən] s. m. + adj. austríaco.

au.tar.chy ['ɔːtaːki] s. autarquia f.

au.then.tic [ɔːθ'entik] adj. autêntico, genuíno; fidedigno; autorizado.

au.thor ['ɔːθə] s. autor m.; obra f. literária.

au.thor.i.ta.tive [ɔːθ'ɔriteitiv] adj. autorizado; autoritário, ditatorial; impositivo.

au.thor.i.ty [ɔːθ'ɔriti] s. autoridade f.; poder m., jurisdição f.; alto funcionário m. do governo; perito, entendido m.

au.thor.i.za.tion [ɔːθəraiz'eiʃən] s. autorização, permissão f.

au.thor.ize ['ɔːθəraiz] v. autorizar, permitir; legalizar; justificar, legitimar.

au.to.bi.og.ra.phy ['ɔːtobai'ɔgrəfi] s. autobiografia f.

aut.och.thon.ous [ɔːt'ɔktənəs] adj. autóctone.

au.to.crat ['ɔːtəkræt] s. autocrata m. + f.

au.to.crat.ic [ɔːtəkr'ætik] adj. autocrático, absoluto, despótico.

au.to.graph ['ɔːtəgræf] s. autógrafo m. ‖ v. autografar; assinar.

au.to.mat.ic [ɔːtəm'ætik] adj. automático.

au.tom.a.tion [ɔːtəm'eiʃən] s. automatização, automação f.

au.to.mo.bile ['ɔːtomobiːl] s. + adj. automóvel m.

au.to.mo.tive [ɔːtom'outiv] adj. automóvel, automotriz.

au.ton.o.my [ɔːt'ɔnomi] s. autonomia, independência f.

au.top.sy ['ɔːtəpsi] s. autópsia, necrópsia f.

au.to.tro.phic [ɔːtoutr'ɔfik] adj. (Ecol.) autotrófico.

au.tumn ['ɔːtəm] s. outono m.

aux.il.ia.ry [ɔːgz'iljəri] s. auxiliar, ajudante m. + f. ‖ adj. auxiliar, acessório.

a.vail.a.ble [əv'eiləbl] adj. disponível, obtenível; utilizável, praticável, útil.

av.a.lanche ['ævəlaːnʃ] s. avalancha f., avalanche, alude m. ‖ v. deslizar ou cair como avalancha.

av.a.rice ['ævəris] s. avareza, cobiça, avidez, mesquinhez f.

av.a.ri.cious [ævər'iʃəs] adj. avarento, avaro, mesquinho, cobiçoso, ávido.

a.venge [əv'endʒ] v. vingar(-se), desagravar; punir, causar a punição de, castigar; desforrar-se, desforçar(-se).

av.e.nue ['ævinju] s. avenida, alameda f.

av.er.age ['ævəridʒ] s. média, proporção f., termo m. médio. ‖ v. calcular a média, ratear. ‖ adj. médio, comum.

a.verse [əv'əːs] adj. oposto, adverso, contrário; (Bot.) averso.

a.version [əv'əːʃən] s. aversão, antipatia, repugnância f.

a.vert [əv'əːt] v. evitar, prevenir, impedir; desviar, afastar.

a.vi.ar.y ['eiviəri] s. aviário m.

a.vi.a.tion [eivi'eiʃən] s. aviação, aeronáutica, navegação f. aérea.

a.vi.a.tor ['eivieitə] s. aviador, piloto m.

av.o.ca.do [ævok'aːdou] s. abacate m.; abacateiro m.

a.void [əv'ɔid] v. evitar, esquivar-se.

a.wait [əw'eit] v. esperar, aguardar.

a.wake [əw'eik] v. (pret. e p. p. **awoke** ou **awaked**) acordar, tirar do sono; animar, reavivar, estimular, alertar. ‖ adj. acordado, despertado; vigilante, alertado.

a.wak.en [əw'eikən] v. despertar, acordar, tirar do sono; animar, estimular.

a.ward [əw'ɔ:d] s. prêmio m., recompensa f.; juízo m.; (Jur.) adjudicação f. ‖ v. conceder, conferir; (Jur.) adjudicar.

a.ware [əw'ɛə] adj. atento, advertido; cônscio, ciente, a par, informado.

a.ware.ness [əw'ɛənis] s. qualidade f. ou estado m. de ser cônscio, ciente, atento, advertido.

a.way [əw'ei] adj. ausente, fora; distante, longe. ‖ adv. para longe, à distância, embora; (coloq.) imediatamente.

aw.ful [ɔ':ful] adj. terrível, horroroso, medonho; respeitável; impressionante.

awk.ward [ɔ':wəd] adj. desajeitado; deselegante; ineficaz; complicado; embaraçoso, desagradável, desairoso.

awl [ɔ:l] s. sovela f., furador m.

awn.ing [ɔ':niŋ] s. toldo m.; tenda, barraca f.

a.woke [əw'ouk] v. pret. e p.p. de **awake**.

ax [æks] s. (pl. **axes** [æksiz]) machado, machadinho m. ‖ v. cortar a machadadas, falquear, machadar.

axe [æks] s. = **ax**.

ax.is [æksis] s. (pl. **axes** [æksiz]) eixo m.; (Zool.) áxis m.

ax.le [æsl] s. eixo m. de rodas.

aye [ai] s. voto m. afirmativo. **the** ≃s **and noes** os prós e contras.

B

B, b [bi] s. segunda letra f. do alfabeto; (Mús.) si m., sétima nota f. da escala musical.

Ba (Quím.) símbolo de **barium.**

bab.ble [bæbl] s. fala f. ininteligível; conversa f. tola; murmúrio m. ‖ v. balbuciar; exprimir-se confusamente; falar demasiadamente; murmurar.

ba.by [b'eibi] s. bebê m., criancinha f.; caçula m. + f. ≃ **carriage** carrinho de bebê. ≃ **lion** filhote de leão. ≃-**sitter** pessoa que cuida do bebê durante a ausência dos pais.

ba.by.ish [b'eibiiʃ] adj. infantil, pueril.

bach.e.lor [b'ætʃələ] s. solteiro m.; bacharel m.; espécie de perca f.

ba.cil.lus [bæs'iləs] s. bacilo m.

back [bæk] s. dorso m., costas f. pl.; qualquer parte de vestuário m. que cubra as costas; lombo, dorso m. (de animais); espinha f. dorsal f.; parte f. traseira, verso m.; espaldar m., encosto m. de cadeira ou poltrona; (Futeb.) zagueiro m.; lombada f. (livro); avesso m. (tecido). ‖ v. dar as costas, ir para trás. ‖ adj. posterior, traseiro; remoto, retirado; passado, atrasado. ‖ adv. para trás, atrás; no passado; de volta; anteriormente. **to** ≃ **up** apoiar, provar (um fato). **to** ≃ **out** desistir, cair fora.

back.ache [b'ækeik] s. dor f. lombar.

back.bone [b'ækboun] s. espinha f. dorsal, coluna f. vertebral; parte f. mais importante; força f. de caráter; (fig.) cerne m., a alma f. de (pessoa).

back.date [bækd'eit] v. antedatar.

back.er [b'ækə] s. patrocinador m.

back.fire [b'ækfaiə] s. tiro m. pela culatra ‖ v. contra-explodir.

back.gam.mon [bækg'æmən] s. gamão m.

back.ground [b'ækgraund] s. fundo, segundo plano m.; prática, experiência f., conhecimento m.; fundo ou acompanhamento m. musical.

back.ing [b'ækiŋ] s. apoio, auxílio, suporte m.; auxiliares, defensores, patrocinadores m. pl.; revestimento m. posterior; forro m.; (Arquit.) reforço m. traseiro.

back.lash [b'æklæʃ] s. recuo, coice m.; jogo m., folga f. entre engrenagens.

back.log [b'æklɔg] s. reserva f., acúmulo m.; (Com.) reserva f. de pedidos a executar em carteira.

back.side [b'æksaid] s. parte f. traseira (objeto, pessoa, lugar); nádegas f. pl., (pop.) bunda f.

back.stitch [b'ækstitʃ] s. pesponto m. ‖ v. pespontar, coser a pesponto.

back.ward [b'ækwəd] adj. para trás; de costas; inverso, oposto; em ordem inversa, de trás para diante, em sentido contrário; de mal a pior, retrógrado; de desenvolvimento retardado, obtuso; atrasado, moroso; tímido, relutante. ‖ adv. (E.U.A.) para trás; às avessas. ≃ **s and forwards** para trás e para frente.

back.ward.ness [b'ækwədnis] s. relutância, hesitação f.; atraso, retardamento m.

back.wards [b'ækwədz] adv. = **backward.**

back.wash [b'ækwɔʃ] s. (fig.) resultados m. pl. maus de alguma ação.

ba.con [b'eikən] s. toicinho m. defumado.

bac.te.ri.a [bækt'iəriə] s. bactéria f.

bac.te.ri.ol.o.gist [bæktiəri'ɔlədʒist] s. bacteriologista m. + f.

bac.te.ri.ol.o.gy [bæktiəri'ɔlədʒi] s. bacteriologia f.

bad [bæd] s. o que é ruim, qualidade f. má ou física ou moral. ‖ adj. (compar. **worse,** superl. **worst**) ruim, mau; desagradável; ofensivo; imprestável; defeituoso; insalubre; prejudicial. ≃-**tempered** de mau-gênio, mal-humorado, irascível.

badge [bædʒ] s. distintivo, emblema m., insígnia f.; símbolo, sinal m. ‖ v. marcar com sinal característico, distintivo.

badg.er [b'ædʒə] s. (Zool.) texugo m.

bad.ness [b'ædnis] s. maldade, ruindade f.; má qualidade f.; deficiência f.

baf.fle [bæfl] s. confusão, perplexidade f. ‖ v. confundir; frustrar, fazer gorar.

bag [bæg] s. saco m., sacola, maleta, bolsa f.; mala f. postal. ‖ v. inchar, ensacar, embolsar; (fig.) matar, capturar.

bag.gage [b'ægidʒ] s. bagagem f., malas f. pl.

bail [beil] s. fiança, garantia f.; (Jur.) caução f.; fiador m.; concha f. ou balde m. para tirar água de um barco. ‖ v. fiançar; baldear água; entregar sob garantia ou contrato (bens ou mercadorias).

bait [beit] s. isca f.; tentação f.; parada f. ‖ v. iscar; tentar, atrair; atormentar.

bake [beik] s. cozedura f.; ato m. de cozer; endurecimento m. ‖ v. assar, cozer (no forno); endurecer; ficar assado.

bak.er [b'eikə] s. padeiro m.

bak.er.y [b'eikəri] s. padaria f.

bak.ing [b'eikiŋ] s. cozedura, assadura f.; fornada f. ‖ adj. quente, escaldante.

bal.ance [b'æləns] s. balança f.; comparação f.; estimativa f.; proporção f.; continuidade, estabilidade f.; (Com.) saldo, balanço m. ‖ v. pesar em balança; equilibrar; (Com.) fazer balanço; hesitar, ponderar. ≃ **of arms** equilíbrio armamentista. ≃ **of payment** balança (de pagamento). ≃ **of power** equilíbrio de poder (Pol.).

bal.co.ny [b'ælkəni] s. balcão m., sacada f.; galeria f.

bald [bɔːld] adj. calvo; careca; nu, exposto; implume; sem folhas (plantas).

bald.ness [b'ɔːldnis] s. calvície f.; nudez f.; ausência f. de folhas etc.; aridez f.

bale [beil] s. fardo m. ‖ v. enfardar.

ball [bɔːl] s. bola, esfera f.; jogo m. de bola; basebol m.; bala f.; novelo m.; globo m. terrestre; (vulg.) testículo m. ‖ v. formar bola; (E.U.A., vulg.) copular. ≃! bobagem. ≃ **ring** rolamento. ≃-**point** (caneta) esferográfica. **to** ≃ **up**, ≃ **s up**, **make a** ≃ **s up for** embaraçar, estragar, fazer errado.

bal.lad [b'æləd] s. balada f.

bal.last [b'æləst] s. lastro m. (de navio, balão ou dirigível). ‖ v. lastrar, colocar lastro; dar estabilidade a.

bal.let [b'ælei] s. balé m.

bal.lis.tics [bəl'istiks] s. balística f.

bal.loon [bəl'uːn] s. balão m.; recipiente m.; balão m. de vidro. ‖ v. viajar em balão; inchar; encher-se.

bal.lot [b'ælət] s. cédula f. usada em votação; número m. de votos; votação f. secreta. ‖ v. votar (secretamente). ≃ **box** urna.

balm [baːm] s. bálsamo m.; pomada f.; conforto m.; perfume m.; fragrância f.; (Bot.) erva-cidreira, melissa f.

bal.sam [b'ɔlsəm] s. bálsamo m.

bam.boo [bæmb'uː] s. bambu m. ‖ adj. de bambu.

ban [bæn] s. édito m.; proibição f.; excomunhão f.; maldição f. ‖ v. proibir; maldizer; excomungar.

ba.nal [bən'aːl] adj. banal, vulgar.

ba.nan.a [bən'aːnə] s. banana f.; (Bot.) bananeira f.

band [bænd] s. fita, tira f.; aro m., cinta, braçadeira f.; laçada f.; faixa, atadura, venda f.; (fig.) vínculo m., lista f.; faixa f. de ondas; equipe f.; bando m., quadrilha f.; banda f. de música. ‖ v. ligar; enfaixar; cintar, unir, reunir.

band.age [b'ændidʒ] s. bandagem, faixa f. ‖ v. atar, enfaixar, envolver.

ban.dit [b'ændit] s. bandido, bandoleiro m.

bang [bæŋ] s. pancada f., estrondo m.; (coloq.) pontapé m. ‖ v. fazer estrondo, bater, martelar; golpear; esmurrar. **to** ≃ **into** tropeçar.

ban.ish [b'æniʃ] v. banir, exilar, expulsar; expelir, afugentar.

ban.is.ter [b'ænistə] s. corrimão m.; balaústre m. ≃ **s** balaustrada.

bank [bæŋk] s. aterro, dique m., barreira f.; ladeira f.; declive m., margem, ribanceira f.; banco, escolho, recife m.; banco m.; casa f. bancária. ‖ v. aterrar, cercar com dique ou barreira; amontoar; abafar o fogo (de lareira); manter um banco, depositar em banco; bancar (jogos de azar). ≃ **draft** retirada (de dinheiro do banco). ≃ **holiday** feriado bancário. ≃ -**note** nota, dinheiro. ≃ **rate** taxa bancária (ou de juro).

bank.er [b'æŋkə] s. banqueiro m.

bank.ing [b'æŋkiŋ] s. negócio m. bancário; operações f. pl. bancárias; construção f. de aterros, barreiras, diques etc.

bank.rupt [b'æŋkrʌpt] s. falido m.; pessoa f. falida. ‖ v. levar à falência; arruinar. ‖ adj. falido, quebrado; destituído.

bank.rupt.cy [b'æŋkrʌptsi] s. bancarrota, falência f.

ban.ner [b'ænə] s. bandeira f.; pendão m.; faixa f.

banns [bænz] s. (of marriage) proclamas m. pl.

ban.quet [b'æŋkwit] s. festim, banquete m. ‖ v. dar um banquete; banquetear-se.

bap.tism [b'æptizm] s. batismo m.

bap.tize [bæpt'aiz] v. batizar, dar nome.

bar [ba:] s. barra f., vergalhão m.; trave, tranca f.; obstáculo m.; faixa f.; compasso, ritmo m.; bar m.; profissão f. ou cargo m. de advogado; corte f. de justiça; tribunal m. ‖ v. barrar, trancar; bloquear, obstruir; excluir; cercar, gradear; impedir; confinar; listrar; proibir, vedar; objetar a; opor exceção a (Jur.). ‖ prep. exceto, fora, salvo.

barb [ba:b] s. farpa, espinha, ponta f.; (Bot. e Zool.) barba f.

bar.bar.i.an [ba:b'sariən] s. + adj. bárbaro, inculto m.; rude m. + f., grosseiro, estúpido m.

bar.bar.ic [ba:b'ærik] adj. selvagem; bárbaro, rude; estranho; primitivo, rudimentar, incivilizado.

bar.bar.i.ty [ba:b'æriti] s. brutalidade, crueldade f.; (fig.) falta f. de gosto.

bar.be.cue [b'a:bikju:] s. grelha f.; churrasco m. ‖ v. grelhar; assar no espeto.

barbed [ba:bd] adj. farpado, barbado.

bar.ber [b'a:bə] s. barbeiro m. ‖ v. (E.U.A.) barbear, fazer a barba.

bar.ber.shop [b'a:bəʃɔp] s. barbearia f., salão m. de barbeiro.

bar.bi.tu.rate [ba:bit'jureit] s. (Quím.) barbiturato, barbitúrico m.

bare [bɛə] v. descobrir, despir; expor, revelar. ‖ adj. nu, despido; exposto; vazio, desguarnecido; simples; desfolhado; suficiente, só; desacompanhado; gasto, puído.

bare.foot [b'ɛəfut] adj. descalço.

bare.head.ed [b'ɛəhedid] adj. sem chapéu, com a cabeça descoberta.

ba.re.ly [bɛəli] adv. apenas, somente.

bare.ness [b'ɛənis] s. nudez f.; pobreza f.

bar.gain [b'a:gin] s. acordo m. comercial, contrato m.; ajuste m.; pechincha f.; comércio m. vantajoso. ‖ v. pechinchar; negociar, ajustar; fazer bom negócio.

barge [ba:dʒ] s. chata, barcaça f., batelão, saveiro m.; casa f. flutuante. ‖ v. transportar em batelão; cambalear, mover-se com dificuldade.

bar.i.um [b'ɛəriəm] s. (Quím.) bário m.

bark [ba:k] s. casca f. de árvores; córtex, córtice m.; casca f. de quina; latido m.; (coloq.) pele f. ‖ v. curtir; descascar; ladrar, latir; troar (canhão); clamar, vociferar.

bar.ley [b'a:li] s. cevada f. (grão e planta).

barn [ba:n] s. celeiro m.; celeiro m. com estábulo anexo. **to ≃ up** armazenar.

barn.yard [b'a:nja:d] s. curral m. pegado ao celeiro; quintal m.

ba.rom.e.ter [bər'ɔmitə] s. barômetro m.

bar.on [b'ærən] s. barão m.; nobre m.; (coloq.) magnata, capitalista m. + f.

ba.roque [bər'ouk] s. barroco m., estilo m. barroco ‖ adj. barroco, irregular, extravagante, fantástico, grotesco.

bar.rack [b'ærək] s. barraca f., barracão m.; celeiro m.. ≃s caserna f., quartel m. ‖ v. alojar em quartel; abarracar.

bar.rel [b'ærəl] s. barril m. barrica f.; tambor, tonel m.; cilindro, tubo m. ≃-organ realejo.

bar.ren [b'ærən] adj. estéril; infrutífero, improdutivo; inaproveitável; pobre; enfadonho; estúpido.

bar.ren.ness [b'ærənnis] s. esterilidade, infertilidade, secura, aridez f.

bar.ri.cade [bærik'eid] s. (Milit.) barricada f., entrincheiramento m.; barreira, obstrução f. ‖ v. barricar; bloquear.

bar.ri.er [b'æriə] s. barreira f., obstáculo m.; grade, separação f.; paliçada, estacada f.; limite m.; linha f. divisória.

bar.ris.ter [b'æristə] s. advogado m.

bar.row [b'ærow] s. carrinho m. de mão.

bar.ter [b'a:tə] s. intercâmbio m., troca f. ‖ v. negociar; trocar, permutar.

base [beis] s. base f.; fundamento m.; princípio m. fundamental; elemento m. principal; pedestal m.; (Gram.) raiz f. ‖ v. fundar; estabelecer; servir de base a, basear. ‖ adj. básico, de base; vil, egoísta, ignóbil; ordinário, desprezível; falsificado; ilegítimo.

base.ball [b'eisbɔ:l] s. beisebol m.

base.ly [b'eisli] adv. baixo, desprezivelmente.

base.ment [b'eismənt] s. porão m.

ba.sic [b'eisik] adj. fundamental; (Quím.) básico.

bas.il [b'æzil] s. (Bot.) manjericão m.

ba.sin [b'eisin] s. bacia f.; prato m. de balança; dique m.; doca f.; enseada f.; poça f. d'água; (Geogr.) bacia f. hidrográfica.

ba.sis [b'eisis] s. base, parte f. principal; princípio m. fundamental, fundamento m.

bask [ba:sk] v. aquecer-se, expor-se ao sol; (fig.) gozar fortuna, carinho etc.

bas.ket [b'a:skit] s. cesto m., cesta f.

bas.ket.ball [b'a:skitbɔ:l] s. basquetebol m., bola-ao-cesto f.

bas.ket.ry [b'a:skitri] s. cestaria f.

bass [beis] s. som ou tom m. baixo ou profundo; (Ict.) pesca f.; labro m. ‖ adj. baixo, grave, profundo. ≃ **-clef** clave de fá.

bas.soon [bəs'u:n] s. (Mús.) fagote m.

bas.tard [b'æstəd] s. bastardo, filho m. ilegítimo; pessoa ou coisa f. inferior. ‖ adj. bastardo, ilegítimo; espúrio.

baste [beist] v. regar (carne); alinhavar.

bast.ing [b'eistiŋ] s. alinhavo m.

bat [bæt] s. (Beisebol) bastão m.; (Críquete) pá f.; (vários jogos) raqueta f.; (Beisebol e Críquete) batedor m.; torrão, pedaço, chumaço m.; tijoleira f.; fragmento m. de tijolo; (coloq.) pancada f., golpe m.; (Zool.) morcego m.; (coloq.) velocidade f.; (gíria) bebedeira f. ‖ v. (Esp.) rebater; bater, espancar.

batch [bætʃ] s. fornada f.; partida, porção f.; lote m.; grupo m.; série, turma f.

bath [ba:θ] s. banho m.; banheira f.; (coloq.) banheiro m. ‖ v. banhar, lavar (crianças).

bathe [beið] s. banho m. de mar, banho ao ar livre. ‖ v. tomar banho, banhar-se; dar um banho em; nadar.

bath.er [b'eiðə] s. banhista m. + f.

bath.house [b'a:θhaus] s. balneário m., casa f. de banhos.

bath.room [b'a:θrum] s. banheiro m.; privada f.

bath.tub [b'a:θtʌb] s. banheira f.

bat.ta.li.on [bat'æliən] s. batalhão m.

bat.ten [bætn] s. tábua f. de soalho; ripa f., batente, sarrafo m. ‖ v. fixar com sarrafos etc.

bat.ter [b'ætə] s. massa f. de farinha com ovos; (Esp.) batedor m.; talude m.; inclinação f. ‖ v. bater, martelar, quebrar; gastar, danificar pelo uso; bombardear; formar talude.

bat.ter.y [b'ætəri] s. bateria f. de cozinha; (Eletr.) bateria f.; (Milit.) bateria f.; (Jur.) ofensa f. física, agressão f.

bat.tle [bætl] s. batalha f., combate m.; duelo m.; guerra, luta f.; conflito m., briga f. ‖ v. combater, batalhar; lutar, tomar parte em batalha, brigar.

bat.tle.field [b'ætlfi:ld] s. campo m. de batalha.

bat.tle.ground [b'ætlgraund] s. = **battlefield**.

bat.tle.ship [b'ætlʃip] s. (Náut.) couraçado m., belonave f. blindada.

bau.ble [bɔ:bl] s. bugiganga, quinquilharia f.; ninharia, bagatela f.

bawl [bɔ:l] s. grito, berro m. ‖ v. gritar, berrar, vociferar; repreender em voz alta; uivar; apregoar em voz alta.

bay [bei] s. (Geogr.) baía, enseada f.; (Bot.) louro m.; baio m. (cavalo); latido m. grave. ‖ v. ladrar. ‖ adj. baio (cavalo). ≃ **tree** loureiro.

bay.o.net [b'eiənit] s. (Milit. e Mec.) baioneta f. ‖ v. baionetar.

be [bi:] v. (pret. **was, were**, p. p. **been**) ser, existir, viver; ter lugar, realizar-se; ficar, continuar; igualar, significar; estar, encontrar-se; ir, visitar. **to** ≃ **in** estar em casa; estar no poder. **to** ≃ **out** não estar em casa; estar errado.

beach [bi:tʃ] s. praia, margem f.; seixos, calhaus m. pl. (coletivo). ‖ v. puxar (barco) para a praia; (Náut.) abicar, pôr na praia; encalhar, dar à praia.

bea.con [b'i:kən] s. bóia f. luminosa, baliza f.; farol m.; sinal m. de rádio para orientar aviadores; (fig.) guia, orientação f. ‖ v. iluminar, guiar, avisar por meio de luz; brilhar; colocar bóias de luz.

bead [bi:d] s. conta f. (de rosário); pérola f. (de vidro, metal etc.); gota, bolha, lágrima f. ‖ v. ornar com pérolas, ensartar pérolas; formar pérolas ou gotas.

beak [bi:k] s. bico m. (de ave); bico m., ponta, boca f. de qualquer vasilhame; promontório m. ‖ v. bicar, dar bicadas.

beam [bi:m] s. viga, trave f.; suporte m.; travessa f.; travessão m. de balança; balança f.; raio ou feixe m. de luz; feixe m. direcional. ‖ v. irradiar; sorrir.

beam.ing [b'i:miŋ] adj. radiante, brilhante; sorridente.

bean [bi:n] s. feijão m.; vagem, fava f. que contém feijão; (Bot.) feijoeiro m.

bear [bɛə] s. urso m. ‖ v. (pret. **bore**, p. p. **borne, born**) carregar, conduzir, levar, trazer; portar, ter, ter como característica; dar, render; dar à luz, parir; sustentar, suportar; tolerar, sofrer; acossar, tocar; impelir; difundir; dar testemunho, auxílio etc.; escoltar; portar-se; conduzir-se; desempenhar; nutrir (sentimento); arcar com (ônus, despesas etc.); ser tolerante; dirigir-se para; transportar; encontrar-se; sofrer; ser produtivo. **to** ≃ **down** aproximar-se. **to** ≃ **up** agüentar. **to** ≃ **with** tolerar.

bear.a.ble [b'ɛərəbl] adj. suportável, tolerável.

beard [biəd] s. barba f. (também de animais); farpa f. ‖ v. enfrentar, desafiar; puxar pela barba; prover de barba.

bear.er [b'ɛərə] s. carregador, transportador m. de árvore ou planta frutífera; (Com.) portador m. (de títulos). ‖ adj. que serve de suporte para transportar etc.; (Com.) pagável ao portador.

bear.ing [b'ɛəriŋ] s. ato m. de carregar ou suportar; paciência f.; safra, cria, produção f.; comportamento m.; mancal m.; suporte, esteio m.; (Náut.) posição f.; rumo m. ≃s ponto m. de apoio.

beast [bi:st] s. besta f., animal m.; pessoa f. cruel; bruto m.; natureza f. ou instinto m. animal no homem; gado m.

beat [bi:t] s. batida f.; golpe m.; pulsação f.; latejo m.; (Mús.) ritmo, compasso m.; ronda f. (de guarda); (Mec.) batimento m. ‖ v. (pret. **beat**, p. p. **beaten**) bater; (coloq.) aturdir, desconcertar; (coloq.) iludir, lograr, enganar; (coloq.) preceder. **to** ≃ **up** bater, surrar.

beat.en [b'i:tən] v. p. p. de **beat**. ‖ adj. açoitado, espancado; malhado, forjado; pisado, batido, muito usado (caminho); vencido, derrotado, exausto.

beat.er [b'i:tə] s. agitador, batedor, misturador m.

beat.ing [b'i:tiŋ] s. surra f.; derrota f.; palpitação, pulsação f. **a good** ≃ boa surra.

be.at.i.tude [bi'ætitju:d] s. beatitude f.

beau.ti.ful [bj'u:tiful] adj. bonito, formoso, gracioso, belo. **the** ≃ o belo.

beau.ti.fy [bj'u:tifai] v. embelezar; ornamentar, decorar, enfeitar.

beau.ty [bj'u:ti] s. beleza, formosura f.; graça f.; primor m.; perfeição f. ≃ **parlour** cabeleireiro, salão de beleza.

bea.ver [b'i:və] s. (Zool.) castor m.; pele f. deste animal. **to** ≃ **away at** trabalhar duro.

be.came [bik'eim] v. pret. de **become**.

be.cause [bik'ɔ:z] conj. pela razão de, desde que, porque. ≃ **of** pelo motivo de, por, por causa de, em virtude de.

beck.on [b'ekən] s. gesto, aceno m. ‖ v. acenar, fazer sinal (com a mão ou a cabeça); chamar (com gesto).

be.come [bik'ʌm] v. (pret. **became**, p. p. **become**) tornar-se, vir a ser; convir, ficar bem, assentar bem.

be.com.ing [bik'ʌmiŋ] s. ato m. de tornar-se, formação f.; decoro m. ‖ adj. próprio, conveniente, adequado; vistoso, bonito.

bed [bed] s. cama f.; divã; leito ou fundo m. de um rio; canteiro m.; leito m. de estrada de ferro; alicerce m.; fundação f.; camada f. ‖ v. prover de cama; acamar; deitar-se; coabitar com; assentar, colocar, enterrar; plantar em canteiro; arrumar leito (animal). ≃ **-clothes**, ≃ **linen** roupa de cama.

bed.bug [b'edbʌg] s. (Ent.) percevejo m.

bed.rid.den [b'edridn] adj. acamado, preso ao leito.

bed.room [b'edrum] s. dormitório, quarto m. de dormir.

bed.spread [b'edspred] s. colcha f., acolchoado m., coberta f. (decorativa para cama).

bed.time [b'edtaim] s. hora f. de dormir.

bee [bi:] s. (Ent.) abelha f.; idéia f. fixa; noção f. absurda.

beech [bi:tʃ] s. (Bot.) faia f.

beef [bi:f] s. carne f. de boi ou de vaca.

beef.steak [b'ifsteik] s. bife m.

bee.hive [b'i:haiv] s. colmeia f.

been [bi:n] v. p. p. de **be**.

beer [biə] s. cerveja f.

beet [bi:t] s. (Bot.) beterraba f.

bee.tle [bi:tl] s. (Ent.) besouro m.; malho m.; maço m. ‖ v. malhar; ressaltar, projetar-se. ‖ adj. saliente, projetado para fora.

be.fit.ting [bif'itiŋ] adj. próprio, conveniente; decente, decoroso.

be.fore [bif'ɔ:] prep. na frente de, diante de, perante; anterior a; antes que, de preferência a; à frente de; anteriormente a; adiantado em relação a; sob a jurisdição de; acessível a. ‖ conj. antes que; de preferência a. ‖ adv. na frente de, antes de, adiante; anteriormente, mais cedo; até então, dantes, no passado.

be.fore.hand [bif'ɔ:hænd] adv. anteriormente, antecipadamente, em primeiro lugar, de antemão.

be.friend [bifr'end] v. ajudar, favorecer, agir como amigo. ≃ **ed by** favorecido por.

beg [beg] v. mendigar, esmolar; pedir auxílio ou caridade; rogar, implorar; pedir, solicitar. **I** ≃ **your pardon** desculpe.

be.gan [big'æn] v. pret. de **begin**.

beg.gar [b'egə] s. mendigo m., pedinte m. + f. **‖** v. empobrecer.

be.gin [big'in] v. (pret. **began**, p. p. **begun**) começar, iniciar; dar origem, aparecer; aproximar-se, chegar a; instituir, produzir, inaugurar, principiar.

be.gin.ner [big'inə] s. amador, novato m., principiante m. + f.

be.gin.ning [big'iniŋ] s. começo, início m.; causa, origem f. **‖** adj. que começa.

be.grudge [bigr'ʌdʒ] v. invejar.

be.gun [big'ʌn] v. p. p. de **begin**.

be.half [bih'a:f] s. lado, interesse, favor m. **on** ≃ **of** em nome de.

be.have [bih'eiv] v. agir; conduzir-se; comportar-se, portar-se.

be.hav.iour [bih'eivjə] s. procedimento m., conduta, ação f.

be.hav.ior [bih'eivjə] s. (E.U.A.) = **behaviour**.

be.head [bih'ed] v. cortar a cabeça, decapitar.

be.hind [bih'aind] s. (pop.) traseiro m. **‖** prep. atrás de; do lado afastado ou oposto de; escondido; inferior a, atrasado em comparação com; após; que remanesce; em apoio de. **‖** adv. atrás, detrás; anteriormente.

be.hind.hand [bih'aindhænd] adj. tardio. **‖** adv. em atraso.

being [b'i:iŋ] s. existência, vida f.; natureza, constituição, essência f.; ser, ente m.; pessoa f., ser m. vivo. **‖** adj. existente, presente. **human** ≃ ser humano.

be.lat.ed [bil'eitid] adj. atrasado, retardado.

belch [beltʃ] s. arroto m. **‖** v. arrotar; vomitar.

bel.fry [b 'elfri] s. campanário m., torre f. dos sinos.

Bel.gian [b'eldʒən] s. + adj. belga m. + f.

be.lief [bil'i:f] s. convicção, opinião f., ponto m. de vista; crença f.; fé, confiança f.; fé f. religiosa; credo m.

be.liev.a.ble [bil'i:vəbl] adj. acreditável, possível.

be.lieve [bil'i:v] v. acreditar, crer; confiar; pensar; suportar; julgar.

be.liev.er [bil'i:və] s. + adj. crente m. + f.

be.lit.tle [bil'itl] v. depreciar; reduzir, diminuir; fazer parecer pequeno.

bell [bel] s. sino m.; campainha f. ≃**-ringer** sineiro, tocador de sinos.

bell.boy [b'elbɔi] s. mensageiro m. de hotel.

bel.lig.er.ence [bil'idʒərəns] s. beligerância f., estado m. de guerra.

bel.lig.er.ent [bil'idʒərənt] s. + adj. beligerante, hostil m. + f.; em guerra.

bel.low [b'elou] s. berro, grito m. **‖** v. berrar, urrar; vociferar, gritar alto.

bel.lows [b'elouz] s. fole m.; pulmões m. pl.

bel.ly [b'eli] s. barriga f., ventre, abdome m.; parte f. inferior do corpo de um animal; estômago m.; saliência f.; bojo m. **‖** v. inchar, enfunar, fazer bojo. ≃**dance** dança do ventre.

be.long [bil'ɔŋ] v. ter seu lugar próprio. **to** ≃ **to** pertencer a, ser propriedade de; ser parte de, ser membro de; competir a; dizer respeito a, relacionar-se com.

be.long.ings [bil'ɔŋiŋz] s. pl. pertences m. pl.; propriedades, posses f. pl.

be.lov.ed [bil'ʌvd] s. amado, querido m. **‖** adj. querido.

be.low [bil'ou] prep. abaixo, sob, mais baixo que; menos que, inferior; indigno de. **‖** adv. abaixo; para baixo; de grau inferior; em andar inferior; na terra; abaixo citado. **the realms** ≃ o inferno.

belt [belt] s. cinto, cinturão m.; correia, tira f.; zona, faixa f. **‖** v. cingir, colocar cinto; segurar com tira ou correia; bater (com cinta etc.). ≃ **up!** cale a boca!

bench [bentʃ] s. banco m.; bancada f. de carpinteiro; juízes m. pl., tribunal m.

bend [bend] s. curva, dobra f., ângulo m.; dobramento, arqueamento m.; inflexão, flexão f.; cotovelo, joelho m.; couro m. para sola. **‖** v. (pret. **bent**, p. p. **bent**) curvar, torcer, virar, dobrar; inclinar-se, curvar-se; submeter, subjugar; dirigir, desviar; arquear; pender para.

be.neath [bin'i:θ] prep. sob, mais baixo que; ao pé de; inferior a; indigno. **‖** adv. abaixo, em posição inferior.

ben.e.dic.tion [benid'ikʃən] s. bênção f.

ben.e.fac.tor [b'enifæktə] s. benfeitor m.

ben.e.fi.cial [benif'iʃəl] adj. benéfico, útil, proveitoso; (Jur.) usufrutuário.

ben.e.fit [b'enifit] s. benefício m.; auxílio m.; vantagem f. **‖** v. beneficiar, favorecer; beneficiar-se. **I** ≃**ed him** beneficiei-o.

be.nev.o.lence [bən'evələns] s. benevolência, boa vontade f.

be.nev.o.lent [bən'evələnt] adj. benevolente, bondoso, caridoso.

be.nign [bin'ain] adj. gentil, bondoso, gracioso, afável; saudável, benigno.

bent [bent] s. curva, volta f.; tendência f.; disposição f.; tensão, extensão, capacidade f. ‖ v. pret. e p. p. de **bend**. ‖ adj. curvado, torto; inclinado.

be.numbed [bin'ʌmbd] adj. dormente.

ben.zene [b'enzin] s. (Quím.) benzeno m.

ben.zine [b'enzin] s. (Quím.) benzina f.

be.queath [bikw'i:θ] v. dar, deixar, legar em testamento; transmitir.

be.quest [bikw'est] s. legado m., herança f.

be.reave.ment [bir'i:vmənt] s. luto m.

ber.ry [b'eri] s. baga f.; semente f. ou grão m. seco; ovo m. de peixe ou lagosta. ‖ v. colher bagas; produzir bagas.

berth [bə:θ] s. beliche, leito m.; cabina f.; (Náut.) ancoradouro m.; posição f., emprego, cargo m.; folga f.; espaço m. ‖ v. pôr em leito ou beliche; atracar, ancorar; acomodar.

ber.yl [b'eril] s. (Miner.) berilo m.

be.side [bis'aid] prep. ao lado de, perto de, junto a; em adição a, além de, fora de; comparado com; afastado de, longe de. ‖ adv. além de, também.

be.sides [bis'aidz] prep. além de, fora de, em adição a, acima de. ‖ adv. além de, também; adicionalmente; outrossim; de outra maneira.

be.siege [bis'i:dʒ] v. sitiar, cercar; assediar.

best [best] s. o melhor m., a melhor parte f.; o que é superior a tudo o mais. ‖ v. levar a melhor sobre, superar, vencer. ‖ adj. (superl. de **good**) o melhor, superior; que é mais vantajoso ou mais útil; maior; principal. ‖ adv. (superl. de **well**) do modo mais eficiente. ≃ **man** padrinho do noivo.

be.stow [bist'ou] v. dar, entregar, conferir; aplicar, fazer uso de.

bet [bet] s. aposta f. ‖ v. apostar.

be.tray [bitr'ei] v. trair, abandonar, ser desleal com; induzir a erro; seduzir; denunciar; mostrar; revelar segredo; descobrir, evidenciar; trair-se.

be.tray.al [bitr'eiəl] s. traição, deslealdade f.

be.tray.er [bitr'eiə] s. traidor m.; sedutor m.

bet.ter [b'etə] s. pessoa ou coisa f. melhor; estado m. melhor; vantagem, superioridade f.

‖ v. progredir, aperfeiçoar, avançar; sobrepujar, exceder. ‖ adj. (compar. de **good**) melhor, superior; preferível; maior. ‖ adv. (compar. de **well**) melhor, de maneira superior. ≃ **half** (pop.) esposa.

bet.ting [b'etiŋ] s. aposta f., ato m. de apostar; valor ou objeto m. apostado.

be.tween [bitw'i:n] prep. entre; em comum, em conjunto; no meio de; no intervalo de; envolvido em. ‖ adv. no meio, em posição intermediária; no intervalo; a intervalos, **in** ≃ no meio.

bev.er.age [b'evəridʒ] s. bebida f.

be.ware [biw'ɛə] v. tomar cuidado, guardar-se, acautelar-se, precaver-se.

be.wil.der [biw'ildə] v. confundir, desnortear, desconcertar.

be.wil.der.ing [biw'ildəriŋ] adj. desconcertante, desorientador, que confunde.

be.wil.der.ment [biw'ildəmənt] s. confusão f.; espanto m., perplexidade f.

be.witch [biw'itʃ] v. encantar, enfeitiçar.

be.witch.ing [biw'itʃiŋ] adj. encantador.

be.yond [bij'ɔnd] prep. além de, do outro lado de; mais longe que; mais tarde que, depois de; fora de (alcance, compreensão, limite); mais do que, superior a, excedente a; em adição a, além de. ‖ adv. além, acolá, mais longe.

bi.as [b'aiəs] s. linha f. inclinada ou oblíqua; inclinação, tendência f.; preconceito m.; propensão f. ‖ v. influenciar, predispor. ‖ adj. oblíquo, diagonal. ‖ adv. obliquamente, diagonalmente.

bib [bib] s. babador m.

Bi.ble [baibl] s. Bíblia f.

bib.li.cal [b'iblikəl] adj. bíblico.

bib.li.og.ra.phy [bibli'ɔgrəfi] s. bibliografia f.

bi.car.bo.nate [baik'a:bəneit] s. (Quím.) bicarbonato m.

bi.chlo.ride [baikl'ɔ:raid, baikl'ɔ:rid] s. (Quím.) bicloreto m.

bi.chro.mate [baikr'oumit] s. (Quím.) bicromato m.

bick.er [b'ikə] s. briga, contenda f. ‖ v. brigar.

bi.cy.cle [b'aisikl] s. bicicleta f. ‖ v. andar de bicicleta.

bid [bid] s. oferta, proposta f.; lanço m.; quantia f. oferecida; apelo m. ‖ v. (pret. **bade**, **bid**, p. p. **bidden**, **bid**) mandar, ordenar; dizer, dar cumprimentos; proclamar, declarar; oferecer; fazer um lanço, oferecer um preço.

bi.en.ni.al [bai'enjəl] s. o que ocorre a cada dois anos; (Bot.) planta f. bienal. ‖ adj. bienal.

big [big] adj. grande, extenso, volumoso; crescido, adulto; importante; corpulento; arrogante, orgulhoso; grávida; prenhe; repleto; generoso. ≃ **game** caça (de animais grandes: leão, elefante etc.). ≃ **and large** em termos gerais, em geral. ≃ **-hearted** generoso, bondoso.

big.a.mist [b'igəmist] s. bígamo m.

big.a.my [b'igəmi] s. bigamia f.

big.ot [b'igət] s. fanático, intolerante m.; beato m.

big.ot.ry [b'igətri] s. fanatismo m.; intolerância f.; beatice f.

big.wig [b'igwig] s. pessoa f. importante.

bike [baik] s. bicicleta, moto f.

bile [bail] s. (Fisiol.) bile f.; fel m., bílis f.

bi.lin.gual [bail'iŋgwəl] adj. bilíngüe.

bill [bil] s. bico m. (de ave); bico m. (de outros animais); objeto m. em forma de bico; conta, fatura f.; nota, cédula f. (de dinheiro); notícia f.; boletim, anúncio, folheto m.; circular f.; lista f.; documento m.; projeto m. de lei; letra f. de câmbio; nota f. promissória ‖ v. bicar; tomar ou carregar no bico; mandar conta, faturar; publicar, notificar (com cartazes); fixar, colar (aviso). ≃ **of fare** cardápio, menu.

bill.board [b'ilbɔːd] s. quadro m. para afixar avisos.

bil.liards [b'iljədz] s. bilhar m.

bil.lion [b'iljən] s. bilhão m.

bin [bin] s. caixa f.; caixão, receptáculo m. (para cereais, pão, vinho etc.). ‖ v. guardar, depositar, armazenar.

bi.na.ry [b'ainəri] adj. binário.

bind [baind] s. coisa que liga, fita, liga, ligadura f.; laço m.; broto, talo m. ‖ v. (pret. e p. p. **bound**) ligar, juntar, amarrar, segurar; ligar, colar; obrigar, reter, refrear; vincular, constranger, obrigar; comprometer; colocar atadura ou bandagem; encadernar; debruar; orlar; fechar, firmar (negócio, mediante sinal); obrigar-se, comprometer-se; aglutinar-se, aglomerar-se; comprometer-se por contrato ou escrita.

bind.ing [b'aindiŋ] s. ligação, amarração, junta f.; capa f. de livro; encadernação f.; faixa, atadura f.; substância f. que liga. ‖ adj. que liga, que amarra; que une; que compromete; obrigatório.

binge [bindʒ] s. farra f.

bi.o.chem.i.cal [baiok'emikəl] adj. bioquímico.

bi.o.chem.is.try [baiok'emistri] s. bioquímica f.

bi.o.ge.net.ic [baioudʒin'etik] adj. biogenético.

bi.og.ra.phy [bai'ɔgrəfi] s. biografia f.

bi.ol.o.gist [bai'ɔlədʒist] s. biologista m. + f.; biólogo m.

bi.ol.o.gy [bai'ɔlədʒi] s. biologia f.

bi.o.mass [b'aiəmæs] s. (Ecol.) biomassa f.

bi.ome [b'aioum] s. bioma m.

bi.op.sy [b'aiɔpsi] s. (Med.) biópsia f.

bi.o.rhythm [b'aiəriðm] s. biorritmo m.

bi.o.sphere [b'aiəsfiə] s. biosfera f.

bi.o.tech.no.lo.gy [baiətekn'ɔlədʒi] s. biotecnologia f.

bi.ot.ic [bai'ɔtik] adj. biótico.

bi.par.tite [b'aipətait] adj. bipartido, dividido.

birch [bəːtʃ] s. (Bot.) vidoeiro m.; bétula f.; madeira f. desta árvore.

bird [bəːd] s. pássaro m.; ave f.; caça f. (de pena); (E.U.A., gíria) fulano m.; (Ingl., gíria) moça f. ≃ **of prey** ave de rapina.

birth [bəːθ] s. nascimento m.; começo m., origem f.; parto m.; herança, f.; dom m.; descendência, família f., parentesco m. ≃ **control** controle de natalidade. ≃ **rate** taxa de natalidade.

birth.day [b'əːθdei] s. data f. de nascimento; aniversário m.; (fig.) ano m. de vida.

birth.mark [b'əːθmaːk] s. marca f. de nascença.

birth.place [b'əːθpleis] s. lugar m. de nascimento; (fig.) lugar m. de origem.

bis.cuit [b'iskit] s. biscoito m.

bi.sect [bais'ekt] v. dividir em duas partes; bifurcar-se.

bish.op [b'iʃəp] s. bispo m.

bis.muth [b'izməθ] s. (Quím.) bismuto m.

bit [bit] s. bocado m. de freio; o que reprime ou refreia; ponta f. cortante de ferramenta; verruma, broca f.; ferro m. de plaina; bocado m.; partícula f.; pouquinho m.; (coloq.) momentinho m. ‖ v. colocar freio na boca do cavalo; refrear, reprimir; pret. e p. p. de **bite**.

bitch [bitʃ] s. cadela f.; fêmea f. de cão, lobo ou raposa; (vulg.) puta f. ‖ v. queixar, resmungar.

bite [bait] s. bocado m.; pedaço m. cortado com os dentes; comida, refeição f. ligeira; mordida, dentada f.; ferida, ferroada, picada f.; aperto m.; ato m. de agarrar. ‖ v. (pret. **bit**, p. p. **bit, bitten**) morder, dilacerar; mastigar, roer; cortar, perfurar; picar; ferroar; abocanhar; agarrar-se a, pegar em; morder a isca; trapacear, iludir; corroer, atacar (ácido); impressionar profundamente.

bit.ten [bitn] v. p. p. de **bite**.

bit.ter [b'itə] adj. amargo, acre; triste, penoso; cáustico, áspero, mordaz, severo, agudo, dolorido; pungente, penetrante (frio); cruel.

bi.valve [b'aivælv] s. bivalve m. ‖ adj. bivalve.

black [blæk] s. preto m.; corante m. preto; luto m.; negro m., negra f., pessoa f. preta; fuligem f.; mancha, sujeira f. ‖ v. pretejar; ficar preto; ficar temporariamente cego ou inconsciente. ‖ adj. preto; sem luz, muito escuro; de luto; negro, de pele escura; sujo, imundo; sombrio, escuro; hostil; mau, perverso; desastroso, calamitoso; (Tipog.) negrito. ≃ **and white** branco e preto. ≃ **market** mercado negro.

black.ber.ry [bl'ækbəri] s. amora-preta f.; (Bot.) silva, sarça f. ‖ v. colher amoras.

black.board [bl'ækbɔːd] s. quadro-negro m.; lousa f.

black.cur.rant [bl'ækkʌrənt] s. groselha-preta f.

black.leg [bl'æklɛg] s. fura-greve m. + f.

black.mail [bl'ækmeil] s. chantagem, extorsão f. ‖ v. fazer chantagem.

black.out [bl'ækaut] s. blecaute m.

black.smith [bl'æksmiθ] s. ferreiro m.

blad.der [bl'ædə] s. (Anat. e Zool.) bexiga f.; balão m.; vesícula f.

blade [bleid] s. lâmina, folha f. cortante; espada f.; espadachim m.; rapaz m. esperto; folha f. de grama; pá f. (de remo etc.); (Bot.) limbo m.; palheta f. de hélice, de turbina; pá f. de roda.

blame [bleim] s. responsabilidade f.; culpa f.; falta, falha f.; censura f. ‖ v. acusar, responsabilizar; censurar, repreender.

bland [blænd] adj. suave; gentil, agradável; insosso.

blank [blæŋk] s. espaço m. vazio; espaço m. em branco; folha f., formulário m. de papel em branco; pedaço m. de metal a ser estampado ou cunhado; vácuo m., espaço m. de tempo sem acontecimentos; travessão m. (—) para indicar a omissão de uma palavra. ‖ adj. em branco; vazio, vago; monótono; completo, absoluto; inútil, infrutífero; estupefato; pálido, incolor; inexpressivo; em bruto, incompleto. ≃ **check** cheque em branco. ≃ **cartridge** bala de festim.

blan.ket [bl'æŋkit] s. cobertor m.; colcha, manta f. ‖ v. cobrir com cobertor; obscurecer, impedir. ‖ adj. geral, coletivo.

blas.pheme [blæsf'iːm] v. blasfemar.

blas.phe.my [bl'æsfimi] s. blasfêmia f.

blast [blaːst] s. rajada f. forte e repentina de vento; som m. de corneta ou de clarim; corrente f. de ar; carga f. de dinamite; explosão f.; ar m. pestilencial; influência f. maléfica; fôlego m.; sopro m. ‖ v. dinamitar; destruir; murchar, secar. ≃ **furnace** alto forno.

bla.tant [bl'eitənt] adj. barulhento, ruidoso; óbvio.

blaze [bleiz] s. chama, labareda f.; fogo m., fogueira f.; luz f. intensa; brilho m.; esplendor, fulgor m.; arroubo m. (de temperamento); marca f. em árvore; mancha f. branca na cabeça de um animal. ‖ v. marcar árvores (lascando a casca); marcar o caminho.

bleach [bliːtʃ] s. ato m. de alvejar; branqueamento m. ‖ v. alvejar, branquear.

bleak [bliːk] adj. deserto, desolado; açoitado pelos ventos; frio, gélido; triste, desanimador; lúgubre, funesto.

bleed [bliːd] s. sangria f. ‖ v. (pret. e p. p. **bled**) sangrar; tirar sangue; esvaziar.

bleed.er [bliːdə] s. (vulg.) extorsionário, chantagista m.

bleed.ing [bl'iːdiŋ] s. hemorragia, sangria f. ‖ adj. sangrento; (gíria) maldito.

blem.ish [bl'emiʃ] s. mancha f.; defeito m. ‖ v. manchar, macular, sujar; difamar.

blend [blend] s. mistura f.; combinação f. ‖ v. misturar, combinar; matizar.

bless [bles] v. (pret. e. p. p. **blessed** ou **blest**) abençoar, benzer; consagrar, santificar.

bless.ed [bl'esid] v. pret. e p. p. de **bless**. ‖ adj. abençoado; bem-aventurado; santo.

bless.ing [bl'esiŋ] s. oração f.; bênção, graça f. divina; favor, benefício m.

blest [blest] adj. = blessed.

blight [blait] s. ferrugem f., qualquer doença f. que faz secar as plantas. ‖ v. fazer secar (planta); arruinar, frustrar.

blind [blaind] s. cortina, veneziana f.; cego m.; subterfúgio m.; esconderijo m.; antolho m. de cavalo. ‖ v. escurecer; esconder; cegar. ‖ adj. encoberto; inconsciente; cego; insensível; para cegos, de cegos; (Bot.) sem flor; ininteligível, ilegível; opaco, sem brilho.

blind.fold [bl'aindfould] s. venda f. ‖ v. vendar os olhos a. ‖ adj. com os olhos tapados; irrefletido, descuidado.

blink [bliŋk] s. cintilação f.; piscadela f. ‖ v. pestanejar, piscar os olhos.

bliss [blis] s. felicidade, alegria f.; êxtase m.

blis.ter [bl'istə] s. bolha, vesícula f.; empola f.; defeito m. ‖ v. empolar(-se), formar bolhas; repreender rudemente.

block [blɔk] s. bloco m. (de madeira, de metal, de pedra etc.); obstrução f.; quarteirão m.; cepo m.; roldana f.; bloco m. de papel; pessoa f. estúpida; (Tipogr.) clichê m.; (Med.) obstrução f.; (Filat.) quadra f. ‖ v. bloquear; paralisar.

block.ade [blɔk'eid] s. obstrução f.; impedimento m.; entupimento m.

block.head [bl'ɔkhed] s. cabeça-dura m.

blood [blʌd] s. sangue m.; suco m.; temperamento m.; natureza f. animal; matança f.; parentesco m.; linhagem (real), estirpe f.; raiva f.; raça, nacionalidade f. ≈ bank banco de sangue. ≈ count contagem de glóbulos, hemograma. ≈ group grupo sangüíneo. ≈ poisoning septicemia, toxemia. ≈ pressure pressão arterial.

blood.shed [bl'ʌdʃəd] s. derramamento m. de sangue, matança, carnificina f.

blood.shot [bl'ʌdʃɔt] adj. injetado (olhos), vermelho, irritado.

blood.thirst.y [blʌdθəːsti] adj. vingativo, sangüinário.

blood.y [bl'ʌdi] v. sangrar. ‖ adj. sangrento; cruel; (gíria) maldito, infame.

bloom [blu:m] s. flor f.; florescência f.; exuberância f. ‖ v. florir; vicejar.

bloom.ing [bl'u:miŋ] adj. florido, florescente; viçoso, exuberante.

blos.som [bl'ɔsəm] s. flor f. (esp. de planta frutífera); florescência f. ‖ v. florir, florescer, desenvolver-se.

blot [blɔt] s. borrão m.; rasura, emenda f.; ‖ v. borrar (com tinta), sujar; macular, difamar; eclipsar, obscurecer. to ≈ out eliminar (da memória etc.).

blotch [blɔtʃ] s. mancha f. grande. ‖ v. cobrir com manchas, sujar, manchar.

blot.ter [bl'ɔtə] s. mata-borrão m.

blouse [blauz] s. blusa f.

blow [blou] s. soco, golpe m., pancada f.; desastre m.; desgraça f. repentina; sopro m.; ventania f.; bazófia f.; (gíria) fanfarrão m. ‖ v. (pret. blew, p. p. blown) soprar; ventar; ventilar; fazer soar (instrumento de sopro); inchar; dinamitar; (gíria) amaldiçoar; ofegar; queimar (fusível). to ≈ out apagar. ≈-out estouro (de pneu); (fig.) festança, banquete. to ≈ up explodir, demolir, dinamitar. ≈-up ampliação (de fotografia ou quadro).

blow.er [bl'ouə] s. soprador m.; vidreiro m.; ventoinha f.; (gíria) fanfarrão m.

blown [bloun] v. p. p. de blow. ‖ adj. esbaforido, sem fôlego; bichado; soprado, moldeado por sopro (vidro); distendido; desabrochado, em plena flor.

blow.torch [bl'outɔːtʃ] s. maçarico m.

blue [blu:] s. cor f. azul; anil m.; o céu m.; o mar m. ‖ v. azular, tingir de azul. ‖ adj. azul, da cor do céu; lívido; triste; deprimido; (coloq.) obsceno.

blue.bell [bl'u:bel] s. (Bot.) campainha f.

bluff [blʌf] s. blefe, logro m.; costa f. íngreme, costão m. ‖ v. iludir, blefar, enganar pela aparência.

bluff.er [bl'ʌfə] s. blefista m. + f.; fanfarrão m.

blu.ing [bl'u:iŋ] s. anil m.

blun.der [bl'ʌndə] s. asneira f., erro m. ‖ v. errar, fazer uma asneira; estragar; tropeçar, cambalear; cometer rata.

blunt [blʌnt] v. ficar cego ou sem corte; moderar, abrandar. ‖ adj. embotado, sem corte, cego; áspero; néscio.

blur [blə:] s. falta f. de clareza, obscuridade f.; nódoa f. ‖ v. obscurecer; toldar, borrar; (fig.) macular; ficar indistinto.

blush [blʌʃ] s. rubor m. (provocado por vergonha etc.); olhar m. ‖ v. corar, enrubescer.

blus.ter [bl'ʌstə] s. ruído m., violência f. de tempestade; tumulto m.; gritaria f. ‖ v. ventar, zunir; vociferar; bazofiar.

board [bɔ:d] s. tábua, prancha f.; papelão, cartão m.; mesa f. (para servir comida); pensão f.; conselho m., junta f.; quadro-negro m.; borda, beira f.; (Náut.) bordo m., amurada f. ‖ v. assoalhar; dar pensão a; comer em pensão, ser pensionista; abordar, subir a bordo de; acostar; (Náut.) bordejar. ‖ adj. feito de tábuas.

board.er [b'ɔ:də] s. pensionista m. + f.; aluno m. interno.

boarding house [bɔ:diŋh'aus] s. pensão f.

boast [boust] s. jactância, ostentação f. ‖ v. gabar-se de, vangloriar-se de; ostentar, alardear.

boat [bout] s. bote, barco m., canoa f.; navio m. ‖ v. andar de barco; transportar em barco. **to take** ≃ ir a bordo.

boat.man [b'outmən] s. barqueiro, remador m.; alugador m. de barcos.

bod.i.ly [b'ɔdili] adj. corpóreo, material; físico. ‖ adv. em pessoa; todos juntos, completamente, em grupo, em conjunto.

bod.y [b'ɔdi] s. corpo m.; tronco m.; parte f. principal; grupo m. de pessoas, exército m., formação f. militar; pessoa f.; cadáver m.; massa f.; substância f.; densidade f.; carroçaria f.; chassi m.; corporação, sociedade f.; matéria f. (em oposição a espírito); (Geom.) sólido m.; (Náut.) casco m.; (Av.) fuselagem f.; contexto m. de documento ou jornal. ‖ v. corporificar, dar substância a.

bod.y.guard [b'ɔdiga:d] s. guarda-costas m. + f.

bog [bɔg] s. pântano, brejo m.; (vulg.) privada f. ‖ v. atolar, afundar no lodo.

boil [bɔil] s. furúnculo m.; fervura f.; agitação f. ‖ v. ferver, cozinhar; ficar excitado ou nervoso; espumar, estar revolto (mar).

boil.er [b'ɔilə] s. caldeira f. para aquecer líquidos; caldeira f. de vapor.

bois.ter.ous [b'ɔistərəs] adj. tumultuoso; violento, rude; turbulento.

bold [bould] adj. corajoso; audacioso; impertinente; evidente; abrupto, íngreme, escarpado.

bold.face [b'ouldfeis] s. (Tipogr.) negrito m.

bold.ness [b'ouldnis] s. coragem, audácia, ousadia f.; sem-vergonhice f.

boll.weevil [b'ɔlwi:vəl] s. (Entom.) s. bicudo m. do algodão.

bolt [boult] s. pino m.; parafuso m. com cabeça e porca; ferrolho m.; seta f.; dardo m.; raio m. ‖ v. sair às pressas; fugir; ferir co-

mo um raio; mastigar às pressas; fechar com ferrolhos; aparafusar; arremessar; desalojar.

bomb [bɔm] s. bomba f.; projétil m.; acontecimento m. inesperado. ‖ v. atacar com bombas, bombardear, lançar bombas.

bom.bas.tic [bɔmb'æstik] adj. bombástico.

bomb.er [b'ɔmə] s. avião m. de bombardeio; bombardeiro m.

bomb.ing [b'ɔmiŋ] s. bombardeio m.

bomb.shell [b'ɔmʃel] s. (fig.) notícia f. inesperada.

bond [bɔnd] s. vínculo m.; bônus m.; carta f. de fiança; fiador m.; contrato m.; argamassa f.; algemas f. pl.; cativeiro m. ‖ v. hipotecar; obter fiança.

bond.age [b'ɔndidʒ] s. escravidão f.; dependência, sujeição f.; cativeiro m.

bond.ed [b'ɔndid] adj. hipotecado, caucionado; depositado na alfândega.

bonds.man [b'ɔndzmən] s. fiador m.

bone [boun] s. osso m.; chifre m.; espinha f.; marfim m. ≃s esqueleto m., ossatura f.; dados m. pl.; castanholas f. pl. ‖ v. desossar; (gíria) furtar.

bon.fire [b'ɔnfaiə] s. fogueira f.

bon.net [b'ɔnit] s. gorro m.; boné m.; coberta, tampa f. (de máquina ou motor); capota f. de automóvel; (Náut.) saia f. da vela. ‖ v. cobrir com gorro ou boné.

bo.nus [b'ounəs] s. bonificação f., prêmio m. extra; dividendo m.

bon.y [b'ouni] adj. ósseo; cheio de ossos; magro; ossudo, com ossos grandes.

boo.by [b'u:bi] s. bobo, simplório m.; pessoa f. estúpida; (Orn.) mergulhão m. ≃ **hatch** (pop.) manicômio.

book [buk] s. livro m.; caderno m.; tomo m.; libreto m.; texto m. (de peça teatral); bloco, talão m.; livro m. contábil. ‖ v. registrar; reservar, inscrever-se; comprar passagem; despachar (bagagem ou mercadorias). **The Good Book** a Bíblia.

book.keep.er [b'ukki:pə] s. guarda-livros m.; contador m.

book.let [b'uklit] s. livrinho m.; brochura f.

book.sel.ler [b'ukselə] s. livreiro m.

book.shelf [b'ukʃelf] s. estante f.

book.shop [b'ukʃɔp] s. livraria f.

book.stall [b'ukstɔ:l] s. banca f. de jornais.

book.store [b'ukstɔ:] s. livraria f.

boom [buːm] s. estrondo m.; aumento m. (de atividade, de negócios), alta f.; propaganda f. (política), publicidade f.; pau-de-carga m.; (Náut.) botaló m. ‖ v. ribombar; aumentar em atividade; fazer propaganda intensiva.

boor [buə] s. pessoa f. rude ou grosseira; camponês, rústico m.

boor.ish [b'uəriʃ] adj. rude; grosseiro; apalhaçado.

boost [buːst] s. auxílio m. (para progredir). ‖ v. impulsionar; levantar; encorajar.

boot [buːt] s. bota f.; pontapé m.; (gíria) demissão f.; porta-malas m. (de automóvel). ‖ v. calçar botas; dar pontapé em; chutar; demitir, despedir.

boot.black [b'uːtblæk] s. engraxate m.

booth [buːð] s. barraca f.; cabina f. (telefônica); cabina f. indevassável para votar.

boot.lick [b'uːtlik] s. (gíria) bajulador m. ‖ v. adular, bajular.

boot.lick.er [b'uːtlikə] s. adulador m., puxa-saco m. + f.

boot.mak.er [b'uːtmeikə] s. sapateiro m.

boo.ty [b'uːti] s. saque m.; roubo m.; recompensa f., prêmio m.

booze [buːz] s. (coloq.) bebida (alcoólica) f. ‖ v. beber (em grande quantidade). ≈-up festa com muita bebida.

bor.der [b'ɔːdə] s. margem, borda f.; fronteira f., limite m.; extremidade f.; remate, debrum m. ‖ v. limitar, formar fronteira; debruar, bordar; (fig.) atingir.

bore [bɔː] s. furo, buraco m.; calibre m.; chato m., pessoa f. ou coisa f. enfadonha. ‖ v. furar, perfurar, chatear, entediar, aborrecer; (gíria) encher o saco, atormentar; pret. de **bear.**

bor.er [b'ɔːrə] s. furadeira f.; verruma f.; (Ent.) broca f.; (Zool.) teredo m.

bor.ing [b'ɔːriŋ] s. perfuração f.; orifício m.; brocagem f.; sondagem f. ‖ adj. enfadonho, chato.

born [bɔːn] v. p. p. de **bear.** ‖ adj. nascido; nato, inato. **first-**≈ primogênito.

bor.ough [b'ʌrə] s. vila f. com plenos direitos políticos; cidade-sede f. de município; circunscrição f. eleitoral; (Hist.) burgo m.; (Hist.) cidadela f.

bor.row [b'ɔrou] s. empréstimo m.; objeto m. de empréstimo. ‖ v. obter emprestado.

bos.om [b'uzəm] s. peito m.; abraço m.; centro, coração m.; alma f.; seio m. ‖ v. abraçar; alimentar. ‖ adj. do peito, íntimo, de confiança.

boss [bɔs] s. chefe, mestre, patrão m.; chefe m. político ‖ v. dirigir, controlar; ser ditador. ‖ adj. chefe, mestre.

bo.ta.nist [b'ɔtənist] s. botânico m.

bot.a.ny [b'ɔtəni] s. botânica f.

botch [bɔtʃ] s. remendo m. grosseiro; serviço m. malfeito. ‖ v. fazer malfeito.

both [bouθ] adj. ambos, os dois, as duas. ‖ pron. ambos, ambas. ‖ adv. juntamente, igualmente, tanto, bem como. ‖ conj. não só, tanto que.

both.er [b'ɔðə] s. preocupação f.; contrariedade f. ‖ v. preocupar, aborrecer.

bot.tle [bɔtl] s. garrafa f.; frasco, vidro m.; mamadeira f. ‖ v. engarrafar; reter.

bot.tle.neck [b'ɔtlnɛk] s. engarrafamento m. (de trânsito).

bot.tom [b'ɔtəm] s. fundo m.; superfície f. inferior; leito m., fundo m. de rio, mar etc.; (coloq.) nádegas f. pl., traseiro m.; assento m. (de cadeira); base f., alicerce m.; (Náut.) quilha f., casco m. de navio. ‖ v. pôr assento em; compreender plenamente; assentar sobre base; alcançar o fundo de. ‖ adj. relativo ao fundo; inferior; básico, fundamental.

bough [bau] s. ramo, galho m. de árvore.

bought [bɔːt] v. pret. e p. p. de **buy.**

boul.der [b'ouldə] s. seixo m. rolado, calhau m.

bounce [bauns] s. pulo, salto m.; elasticidade f.; (coloq.) vivacidade f.; orgulho m.; demissão f. ‖ v. saltar; bater violentamente (porta etc.); repreender, censurar; (coloq.) mandar embora, demitir.

bound [baund] s. pulo, salto m. ≈s limite m., fronteira f. ‖ v. pular, saltar; limitar; pret. e p. p. de **bind.** ‖ adj. encadernado; obrigado; amarrado; destinado; com destino para, em viagem para.

bound.a.ry [b'aundəri] s. limite m., fronteira f.; divisa f.; marca f. (delimitação).

bou.quet [b'ukei] s. (fr.) buquê, ramalhete m.; aroma m. do vinho; aroma m., fragrância f.

bour.geois [buəʒwaː] s. + adj. burguês m.

bout [baut] s. peleja, contenda, luta f.; turno m., vez f.; ataque m. (doença).

bow [bou] s. arco m.; curva f.; nó m.; arco-íris m.; aro m. ‖ v. curvar, dobrar. ‖ adj. curvado, dobrado.

bow [bau] s. reverência, saudação f.; proa f. (de navio). ‖ v. reverenciar, saudar, cumprimentar; subjugar, oprimir.

bow.el [b'auəl] s. intestino m. ‖ v. estripar.

bowl [boul] s. bacia, tigela f.; vaso m.; copo m. grande; ato m. de beber; boliche m. ‖ v. jogar boliche; atirar a bola; fazer rolar.

box [bɔks] s. caixa (de madeira, de papelão etc.); lata f.; caixote m.; (Teat.) camarote m.; cabina f.; cubículo m.; compartimento m.; cocheira f.; estande m.; boléia f.; cofre m., caixa-forte f.; caixa f. postal; bofetada f. ‖ v. encaixotar; enlatar; prover de caixas; boxear, lutar. **sentry** ≃ guarita de sentinela.

box.er [b'ɔksə] s. boxeador m., pugilista m. + f.

box.ing [b'ɔksiŋ] s. pugilismo m., luta f. de boxe. **Boxing Day** (Ingl.) dia 26 de dezembro.

boy [bɔi] s. menino, moço, rapaz, moleque, garoto, (Bras., Sul) piá m.

boy.hood [b'ɔihud] s. meninice, juventude f.; tempos m. pl. de menino.

boy.ish [b'ɔiiʃ] adj. de menino; pueril, infantil; apropriado para meninos.

brace [breis] s. tira, atadura, braçadeira, junção f.; reforço, suporte m.; arco-de-pua m. ≃**s** suspensórios m. pl.; aparelho m. ortopédico ou dentário. ‖ v. suportar, apoiar; amarrar, ligar; esticar; (Náut.) bracear.

brace.let [br'eislit] s. bracelete m., pulseira f.; (joc.) algemas f. pl.

brack.et [br'ækit] s. consolo m. (de pedra, de madeira etc.); suporte m. triangular; parêntese m.; prateleira f. ‖ v. apoiar com; colocar entre parênteses; agrupar.

brack.ish [br'ækiʃ] adj. salobre.

brag [bræg] s. jactância, fanfarronice f. ‖ v. jactar-se, blasonar, fazer alarde.

braid [breid] s. trança f.; fita f., cadarço m. ‖ v. guarnecer com fitas; trançar.

brain [brein] s. cérebro, miolo m. ≃**s** inteligência, compreensão f., intelecto m. ‖ v. fazer saltar os miolos, quebrar a cabeça de alguém.

brake [breik] s. breque m. ‖ v. brecar.

brake.man [br'eikmən] s. guarda-freio m.

bran [bræn] s. farelo m.

branch [bra:ntʃ] s. galho, ramo m.; (Geogr.) braço m. (de rio); ramificação f.; parte, seção

f.; filial, sucursal f.; descendência f. ‖ v. ramificar; separar-se.

brand [brænd] s. tição m.; marca f. de fogo (em gado); ferrete m.; marca, qualidade f.; mácula, desonra f. ‖ v. marcar com ferro quente; macular, estigmatizar. ≃ **name** marca registrada. ≃ **new** novo em folha.

brand.y [br'ændi] s. conhaque m.; aguardente f. de frutas. ‖ v. misturar, conservar ou aromatizar com conhaque.

brash [bræʃ] s. indisposição f., mal-estar m. ‖ adj. apressado, impetuoso; imprudente.

brass [bra:s] s. latão, metal m.; (coloq.) imprudência f.; placa f. de bronze; (gíria) cobre m., gaita f.; (Mús.) metais m. pl. ‖ adj. de latão.

bras.siere [br'æsiə] s. soutien m.

brave [breiv] s. bravo m., pessoa f. valente ou corajosa. ‖ v. desafiar; encorajar; gabar-se. ‖ adj. corajoso, bravo, valente; magnífico, bonito, vistoso.

bray [brei] v. triturar, moer; espalhar tinta com rolo; zurrar.

bra.zen [breizn] adj. de latão; de bronze; alto, agudo; descarado, impudente.

Bra.zil [brəz'il] s. Brasil m.; (Bot.) pau-brasil m.

Bra.zil.ian [brəz'iljən] s. + adj. brasileiro m., brasileira f.

breach [bri:tʃ] s. brecha, abertura f.; quebra, fratura f.; infração, violação f.; ofensa, discórdia f.; hérnia f. ‖ v. romper, quebrar, abrir brecha em.

bread [bred] s. pão m.; alimento m.; ganha-pão, cargo, emprego m.; (gíria) dinheiro m. ‖ v. (E.U.A.) panar, cobrir de pão ralado.

breadth [bredθ] s. largura f.

break [breik] s. fratura f.; brecha f.; interrupção f.; pausa f., intervalo m.; mudança f. repentina (de tempo); (fig.) ruína f.; irrupção f.; (gíria) falha f., erro m.; chance, oportunidade f.; freio, breque m.; reticência f. ‖ v. (pret. **broke**, p. p. **broken**) quebrar, romper, fraturar, esmagar; rachar; moer, desbastar; perturbar, interromper; (Eletr.) desligar; separar, dividir; ferir, danificar; destruir; fazer invalidar (testamento); levar à falência; violar, transgredir; arrombar; amortecer, moderar; enfraquecer; ceder, afrouxar; parar, pôr fim a; degradar; subjugar; disciplinar, corrigir; exceder; arar, cavoucar; revelar, divulgar; desfazer, desmanchar (coleção etc.); quebrar relações com; raiar, surgir; quebrar-se; dissolver-se; desencadear-se (tempestade); levantar (acampamento). **to** ≃ **away** separar (de); fugir, escapar. **to** ≃ **in** arrombar. **to** ≃ **off** interromper, parar. **to** ≃ **out** desabafar-se. **to** ≃ **through** penetrar. **to** ≃ **up** fragmentar-se; separar-se; dissolver. ≃-**up** colapso, separação, fim, dissolução, dispersão.

break.down [br'eikdaun] s. acidente m., avaria f.; colapso, desfalecimento m.; separação, análise f.

break.er [br'eikə] s. britador, quebrador m. ≃s ressaca, arrebentação f.

break.fast [br'ekfəst] s. café m. da manhã. ‖ v. tomar café (de manhã).

breast [brest] s. peito, tórax m.; seio m.; mama, teta f.; coração m. ‖ v. enfrentar, opor-se a.

breath [breθ] s. respiração f.; hálito m.; alento m.; fôlego m.; (fig.) pausa f., repouso m.; brisa, aragem f.; expressão f.; murmúrio m.; vida f.; sopro m.; instante m.

breathe [bri:ð] v. respirar; tomar fôlego; sussurrar; viver; inalar; aspirar; exalar.

breath.less [br'əθlis] adj. sem fôlego, esbaforido; sem vento, abafado.

bred [bred] v. pret. e p. p. de **breed.**

breed [bri:d] s. raça, criação f.; classe, espécie f., gênero m. ‖ v. (pret. e p. p. **bred**) chocar, criar; educar, instruir; originar-se; procriar, estar prenhe.

breed.er [br'i:də] s. criador m.; procriador, produtor m.; fazendeiro m. (gado).

breed.ing [br'i:diŋ] s. procriação, geração f.; parição, chocagem f.; criação f. (de animal); educação f.; comportamento m.

breeze [bri:z] s. cinza f., pó m. de cinza; brisa, viração f.; (fig.) alteração f.; (fig.) murmúrio, rumor m.; boato m. ‖ v. ventar moderadamente. ≃ **block** tijolo furado.

breez.y [br'i:zi] adj. com vento; vivaz, jovial, alegre, prazenteiro.

bre.vi.ty [br'eviti] s. brevidade f.

brew [bru:] s. bebida f. fervida ou fermentada. ‖ v. fazer cerveja etc.; (fig.) tramar, planejar; (fig.) formar-se.

brew.er.y [br'u:əri] s. cervejaria f.

bribe [braib] s. suborno m. ‖ v. subornar.

brib.er.y [br'aibəri] s. suborno m.

brick [brik] s. tijolo m.; coisa f. com forma de tijolo. ‖ v. amurar, construir, revestir com tijolos. ‖ adj. de tijolo.

brick.lay.er [br'ikleiə] s. pedreiro m.

brick.work [br'itwɔ:k] s. olaria f.

bride [braid] s. noiva f. no dia do casamento; mulher f. na lua-de-mel.

bride.groom [br'aidgrum] s. noivo m.

bridge [bridʒ] s. ponte f.; (Náut.) ponte f. de comando; osso m. do nariz; ponte f. (dentária). ‖ v. construir ponte sobre; atravessar; estender-se sobre.

bri.dle [braidl] s. freio m., rédea f.; (fig.) restrição f. ‖ v. colocar rédea; (fig.) refrear; restringir; reprimir; controlar.

brief [bri:f] s. sumário m., síntese f.; (Jur.) resumo m. dos fatos. ‖ v. fazer resumo de; informar. ‖ adj. breve, curto, transitório; resumido, conciso.

bri.gade [brig'eid] s. (Milit.) brigada f. ‖ v. formar em brigada; organizar.

bright [brait] adj. luminoso, radiante, brilhante; claro; vivo; esperto; inteligente; alegre; prometedor; famoso; hábil, destro.

bright.en [braitn] v. clarear; polir; esclarecer; tornar claro, iluminar.

bright.ness [br'aitnis] s. brilho, lustro m.; claridade f.; esplendor m.; alegria, vivacidade f.; esperteza f.

bril.liant [br'iljənt] s. diamante, brilhante m. ‖ adj. brilhante, luminoso; magnífico; (fig.) inteligente, ilustre, genial.

brim [brim] s. borda, orla f.; aba f.; margem, beira f. ‖ v. encher até a borda; estar cheio até a borda.

brine [brain] s. salmoura f.; água f. muito salgada; (fig.) mar, oceano m.; (fig.) lágrimas f. pl.; (Quím.) qualquer solução f. salina. ‖ v. tratar com salmoura, salgar.

bring [briŋ] v. (pret. e p. p. **brought**) trazer, levar, carregar, conduzir; apresentar perante a corte; aduzir, alegar; vender por; provocar, causar; produzir. to ≃ **down** abaixar (preço). to ≃ **about** causar. to ≃ **off** conseguir. to ≃ **up** criar, educar.

brink [briŋk] s. beira f. (de precipício); canto m.; margem f.; (fig.) véspera f.

brisk [brisk] adj. vivo, esperto, alegre; fresco (vento); ativo (Med.).

bris.tle [brisl] s. cerda f. ‖ v. estar em pé, estar eriçado; eriçar, arrepiar.

Brit.ain [br'itən] s. Inglaterra, Grã-Bretanha f., ilhas f. pl. britânicas.

Brit.ish [br'itiʃ] s. ingleses m. pl.; povo m. inglês; língua f. inglesa antiga. ‖ adj. inglês, britânico, da Inglaterra.

brit.tle [britl] adj. frágil; quebradiço; inseguro, instável, irritadiço.

broach [broutʃ] s. furador m.; (Mec.) alargador, mandril m.; espeto m. ‖ v. perfurar; derramar; espetar.

broad [brɔ:d] s. parte f. larga de alguma coisa. ‖ adj. largo; amplo; generoso, liberal; geral, principal; claro, cheio; (fig.) franco, direto; indelicado; óbvio.

broad.cast [br'ɔ:dka:st] s. radiodifusão f.; programa m. de rádio; dispersão f.; semeadura f. à mão. ‖ v. radiodifundir; difundir. ‖ adj. transmitido pelo rádio, de rádio; disseminado, difundido, espalhado; semeado à mão.

broad.cast.ing [br'ɔ:dka:stiŋ] s. radiodifusão, irradiação f. ‖ adj. de rádio, de irradiação.

broad.en [brɔ:dn] v. alargar, fazer mais largo, estender; estender-se.

broad.ness [br'ɔ:dnis] s. grosseria, indelicadeza, impolidez f.

bro.cade [brok'eid] s. brocado m.

broil [brɔil] s. ato m. de grelhar. ‖ v. grelhar; aquecer muito, torrar.

broke [brouk] v. pret. de **break**. ‖ adj. (gíria) quebrado, sem dinheiro.

bro.ken [br'oukən] v. p. p. de **break**. ‖ adj. quebrado; destruído; arruinado; fraco, débil; domesticado; humilhado; infringido; pronunciado de modo imperfeito; interrompido, cortado; subjugado.

bro.ker [br'oukə] s. corretor m.; agente m. + f.; intermediário m.; avaliador m.

bro.ker.age [br'oukəridz] s. corretagem f.; negócio m. de corretor; comissão f.

bronze [brɔnz] s. bronze m.; estátua, placa f. etc. de bronze; cor f. de bronze m. ‖ v. bronzear, ficar bronzeado; endurecer. ‖ adj. bronzeado, da cor de bronze.

brood [bru:d] s. ninhada f., filhotes m. pl.; parentesco m.; (fig.) descendência f. ‖ v. chocar; meditar; afagar; planejar; preocupar-se com alguma coisa.

brook [bruk] s. riacho, córrego m. ‖ v. tolerar, sofrer, agüentar, suportar.

broom [bru:m] s. (Bot.) giesta, giesteira f.; vassoura f. ‖ v. varrer.

broth [brɔθ] s. caldo m., sopa f.

broth.er [br'ʌðə] s. irmão m.; frade m., membro m. de confraria; amigo m. íntimo. ‖ v. chamar ou tratar de irmão. ≃ **-in-law** cunhado.

broth.er.hood [br'ʌðəhud] s. fraternidade f.; confraria, irmandade f.

broth.er.ly [br'ʌðəli] adj. irmão, fraterno; amigável, bondoso. ‖ adv. fraternalmente.

brought [brɔ:t] v. pret. e p. p. de **bring**.

brow [brau] s. testa, fronte f.; sobrancelha f.; supercílio m.; canto, cume m. ‖ v. estar na borda de, formar a ponta de.

brow.beat [br'aubi:t] v. amedrontar, intimidar.

brown [braun] s. cor f. castanha, cor parda. ‖ v. pintar de castanho, bronzear. ‖ adj. castanho; bronzeado; de pele morena; trigueiro, moreno.

browse [brauz] v. pastar; (fig.) folhear (livros).

bruise [bru:z] s. contusão f.; machucadura f. (em fruta); injúria f. ‖ v. machucar; ferir, incapacitar; (fig.) ofender; esmagar, moer; socar, esmurrar.

bru.nette [bru:n'et] s. morena f. ‖ adj. morena; de cabelo escuro.

brunt [brʌnt] s. impacto, choque m. **to take the** ≃ **of** suportar, agüentar.

brush [brʌʃ] s. escova f.; briga f.; ramo m.; cauda f. de raposa, esquilo m.; pincel m., broxa f.; feixe m. de luz; (fig.) arte f. de pintar; galhos m. pl. cortados ou quebrados; mato m.; interior m., região f. de pouca população; sertão m. ‖ v. escovar; limpar; remover; esbarrar.

bru.tal.ize [br'u:təlaiz] v. brutalizar, tornar bruto; tratar brutalmente.

brute [bru:t] s. animal m. irracional; bruto m.; bárbaro m. ‖ adj. irracional; estúpido, cruel, sensual; insensível.

bub.ble [bʌbl] s. bolha, borbulha f.; murmúrio m.; aparência f. falsa; fraude f. ‖ v. borbulhar, efervescer; espumar; excitar-se; murmurar, gargarejar.

buck [bʌk] s. corço, bode, gamo, carneiro m. e machos de outros animais como coelho, lebre, antílope; pulo, pinote m., marrada f.; (E.U.A., gíria) dólar m. ‖ v. resistir; dar marradas, pinotear. **to pass the** ≃ repassar a responsabilidade.

buck.et [b'ʌkit] s. balde m.; tina f.; caçamba f. de draga. ‖ v. baldear, tirar ou carregar com balde.

buck.le [bʌkl] s. fivela f.; dobra, saliência f.; bojo m.; prega f.; anel m. de cabelo. ‖ v. afivelar; dobrar, curvar; lutar.

buck.shot [b'ʌkʃɔt] s. chumbo m. grosso para caça de pêlo.

bud [bʌd] s. (Bot.) botão m. de planta, gomo m.; (fig.) origem f., embrião m.; (Zool.) germe m.; (fig.) adolescente m. + f. ‖ v. brotar, florescer; (Hort.) enxertar; crescer. **in** ≃ em botão.

bud.dy [b'ʌdi] s. (coloq.) amigo, companheiro m.; (Milit.) camarada m. + f.

budg.et [b'ʌdʒit] s. orçamento m.; receita, verba f.; estoque m.; sacola, mochila f. ‖ v. fazer orçamento. ≃ **ed** orçado.

bud.get.a.ry [b'ʌdzitəri] adj. orçamentário.

buff [bʌf] s. cor f. amarela, cor de couro. ‖ v. polir com couro. **in the** ≃ (coloq.) nu.

buf.fa.lo [b'ʌfəlou] s. (Zool.) búfalo m.; (Zool.) bisão m. americano.

buf.fet [b'ʌfit] s. guarda-louça m.; balcão m. de bar ou restaurante; bufete m.; bofetada f.; tapa m.

bug [bʌg] s. bicho, besouro, escaravelho m.; percevejo m.; (gíria) micróbio, bacilo m.; (E.U.A., gíria) defeito m.

bug.ger [b'ʌgə] s. sodomita, homossexual m. + f.; (vulg.) veado m., bicha f.; (vulg., joc.) cara m., xará m. + f. ‖ v. manter relações homossexuais com; (fig.) danificar, causar estragos. **to** ≃ **about, around** agir de maneira frívola, incompetente. **to** ≃ **off** sair, ir embora. **to** ≃ **up** estragar.

bu.gle [bju:gl] s. trompa f. de caça; corneta f., clarim m. ‖ v. tocar corneta ou clarim.

bu.gle.horn [b'ju:glh'ɔ:n] s. = **bugle.**

build [bild] s. construção, forma f.; estilo m.; compleição f.; talhe m. ‖ v. (pret. e p. p. **build**) construir, erigir, formar, desenvolver; fundar, basear; depender.

build.er [b'ildə] s. construtor, edificador, empreiteiro m. **master** ≃ empreiteiro (chefe).

build.ing [b'ildiŋ] s. edifício m.; construção, casa, estrutura, fábrica f. ‖ adj. de, para ou referente a construção.

built [bilt] v. pret. e p. p. de **build.** ‖ adj. construído, feito, desenvolvido.

bulb [bʌlb] s. (Bot.) bulbo m.; cebola f.; (Eletr.) lâmpada f. elétrica; tubo m. eletrônico; (Anat.) medula-alongada f.

bulge [bʌldʒ] s. inchação, saliência f., bojo m.; arqueamento m.; (gíria) vantagem f. ‖ v. bojar, inchar, ser saliente.

bulk [bʌlk] s. tamanho, volume m.; carga f.; corpo, tórax m.; estatura f. ‖ v. ter tamanho, ser volumoso; ter importância; crescer, inchar; empilhar, amontoar.

bull [bul] s. touro m.; macho m. de elefante, baleia ou outros grandes animais; especulador m. ‖ v. especular na bolsa; mugir ‖ adj. macho; forte, grande, bravo. **Bull** (Astron.) constelação de Touro.

bull.doze [b'uldouz] v. (coloq.) intimidar.

bul.let [b'ulit] s. bala f. (de arma de fogo).

bul.le.tin [b'ulitin] s. boletim m.; revista f.

bull.fight [b'ulfait] s. tourada f.

bull.fight.er [b'ulfaitə] s. toureiro m.

bull.shit [b'ulʃit] s. (E.U.A.) bobagem; conversa f. tola.

bul.ly [b'uli] s. brigão m.; valentão m.; tirano m.; cáften m. ‖ v. tiranizar; ameaçar, intimidar; maltratar.

bul.wark [b'ulwək] s. bastião, baluarte m.; (fig.) defesa f.; quebra-mar m.

bum [bʌm] s. (coloq.) vagabundo m.; farra, bebedeira f.; beberrão m.; nádegas f. pl., traseiro m.; bunda f. ‖ v. ficar à toa; beber muito; viver à custa de outros. ‖ adj. de má qualidade, ordinário.

bump [bʌmp] s. impacto, baque m.; (Av.) solavanco m. do avião; batida, colisão f. ‖ v. colidir, chocar-se, bater.

bump.er [b'ʌmpə] s. pára-choque m.; (gíria) coisa f. excepcionalmente grande. ‖ adj. (gíria) enorme.

bun [bʌn] s. bolo, pãozinho m. de passas.

bunch [bʌntʃ] s. cacho, fardo m.; grupo, rebanho, bando m.; (fig.) turma f. ‖ v. juntar-se, agrupar-se; juntar.

bun.dle [b'ʌndl] s. pacote, fardo m. ‖ v. embrulhar, empacotar; arrumar as malas; sair apressadamente.

bung [bʌŋ] s. rolha f.; tampão m. de barril. ‖ v. (coloq.) jogar, atirar.

bun.ga.low [b'ʌŋgəlou] s. bangalô m.

bun.gle [bʌŋgl] s. trabalho m. malfeito; erro m. ‖ v. fazer malfeito, estragar.

bunk [bʌŋk] s. beliche m.; (gíria) bobagem, besteira f.; fuga, fugida f. ‖ v. dormir em beliche; (gíria) fugir.

buoy [bɔi] s. (Náut.) bóia f.; salva-vidas m. + f.; (fig.) tábua f. de salvação. ‖ v. (Náut.) colocar bóias, marcar com bóia.

buoy.ant [b'ɔiənt] adj. flutuante. leve, com tendência de boiar, boiante; (fig.) animado, esperançoso, alegre.

bur.den [bə:dn] s. carga f., peso m.; dever m.; obrigação, responsabilidade f.; tonelagem f. ‖ v. carregar, pôr carga em; (fig.) oprimir, sobrecarregar.

bu.reau [bjuər'ou] s. cômoda f.; escrivaninha f.; escritório m.; agência f.; departamento m.; divisão f. (repartição pública).

bu.reau.cra.cy [bju:r'ɔkrəsi] s. burocracia f.

bu.reau.crat [bj'uərokræt] s. burocrata m. + f.; empregado m. público.

bur.glar [bə:glə] s. assaltante m. + f.; arrombador m.

bur.gla.ry [b'ə:gləri] s. (Jur.) arrombamento m. com a finalidade de roubar; roubo, furto m.

bur.i.al [b'eriəl] s. enterro, sepultamento m. ‖ adj. relativo a enterro.

bur.ly [bə:li] adj. forte, robusto.

burn [bə:n] s. queimadura f.; queimada f.; córrego, ribeiro m. ‖ v. (pret. e p. p. **burnt** e **burned**) queimar; arder; acender; destruir pelo fogo; ferir, cauterizar, corroer, queimar com fogo, calor ou ácido; iluminar, clarear (lâmpada); bronzear; incinerar; calcinar; marcar a fogo; produzir queimaduras; (gíria) dissipar.

bur.nish [b'ə:niʃ] s. brilho, polimento m. ‖ v. polir; brunir; ficar lustroso.

burnt [bə:nt] v. pret. e p. p. de **burn**. ‖ adj. queimado.

bur.row [b'ʌrou] s. toca, cova f. ‖ v. fazer cova; viver em toca; esconder-se, escavar, cavoucar, procurar, vasculhar.

burst [bə:st] s. estouro, rompimento m.; explosão f.; erupção, eclosão f.; fratura, brecha f.; racho m. ‖ v. (pret. e p. p. **burst**) estourar, explodir; quebrar, romper; abrir; romper-se; mudar, agir repentinamente; arrombar, arrebentar.

bur.y [b'eri] v. enterrar, inumar; esconder, encobrir; afundar, mergulhar.

bus [bʌs] s. (abr. de **omnibus**) ônibus m. ‖ v. (coloq.) viajar de ônibus.

bush [buʃ] s. arbusto m.; bosque m.; moita f.; selva f.; sertão m.; tufo m. de penas.; cauda f. de raposa; bucha f.; forro m. de mancal. ‖ v. espalhar-se como mato; plantar arbustos; embuchar, buchar.

bush.el [buʃl] s. alqueire m.; medida f. de cereais etc. correspondente a 35,238 l (E.U.A.) e 36,367 l (Ingl.).

bush.y [b'uʃi] adj. fechado, cerrado, cheio de arbustos; espesso, estufado.

busi.ness [b'iznis] s. serviço, trabalho m., profissão, vocação, ocupação f.; assunto m.; negócio m.; comércio m.; empresa, firma f.; loja f.; direito m. de agir, interesse m.; tarefa f.

busi.ness.man [b'iznismən] s. comerciante, negociante m. + f.; homem m. de negócios.

bust [bʌst] s. busto m.; explosão, erupção f.; (gíria) fracasso m.; falência f.; (gíria) farra, bebedeira f. ‖ v. estourar, explodir; (gíria) falir; (coloq.) degradar, rebaixar; (coloq.) bater; domar, domesticar.

bus.tle [bʌsl] s. azáfama, pressa f., alvoroço m. ‖ v. estar atarefado, apressar-se; fazer trabalhar afanosamente.

bus.y [b'izi] v. manter ocupado, pôr a trabalhar; estar ocupado. ‖ adj. ocupado, atarefado; ativo, diligente.

but [bʌt] s. objeção f.; obstáculo m. ‖ conj. mas, porém; não obstante, embora; exceto, salvo, a não ser; de que; que; mesmo que, que não; todavia, entretanto; senão. ‖ prep. com exceção de, exceto, menos. ‖ adv. somente, meramente, apenas. **all** ≃ quase.

butch.er [b'utʃə] s. açougueiro m.; (fig.) assassino m.; pessoa f. sanguinária; remendão m. ‖ v. abater animais para alimentação; assassinar.

butch.er.y [b'utʃəri] s. matadouro m.; ofício m. de açougueiro; matança, carnificina, mortandade f.

but.ler [b'ʌtlə] s. mordomo m.

butt [bʌt] s. extremidade f. mais grossa (de ferramenta, de arma etc.); (Milit.) coronha f.; toco m. de árvore; tipo m. de viga; toco m. de cigarro; alvo m.; objeto m. de zombaria; aterro m.; (Milit.) barragem f. de proteção. ‖ v. fazer junta das extremidades de tábuas.

but.ter [b'ʌtə] s. manteiga f.; (coloq.) lisonja, adulação f. ‖ v. pôr manteiga; (coloq.) lisonjear, bajular, adular.

but.ter.fly [b'ʌtəflai] s. (Ent.) borboleta f. ‖ adj. leviano, descuidado.

but.ter.milk [b'ʌtəmilk] s. leitelho m.

but.tock [b'ʌtək], ≈s s. nádega f.

but.ton [bʌtn] s. botão m. ‖ v. abotoar; abotoar-se.

but.ton.hole [b'ʌtnhoul] s. casa de botão, botoeira f. ‖ v. casear.

buy [bai] s. compra, aquisição f.; (coloq.) pechincha f. ‖ v. (pret. e p. p. **bought**) comprar, adquirir; fazer compras; subornar; resgatar; pechinchar.

buy.er [b'aiə] s. comprador m.

buzz [bʌz] s. zumbido, zunido m.; murmúrio m.; rumor m. ‖ v. zumbir; murmurar; falar de modo excitado; cochilar; (Eletr.) tocar a campainha.

by [bai] prep. perto de, ao lado; através de, por, via, pelo, pela; por meio de, com, pela ação de; (indicando dimensão) por, multiplicado por; na medida de, ao, à, às, aos; na extensão de, em extensão, por; de acordo, com, conforme; em relação com; separado por, dividido por; durante, dentro de; até, antes de, não mais tarde de; em direção a; de, da autoria de, da origem de. ‖ adj. próximo, à mão; passado (relativo ao espaço); passado (relativo ao tempo); ao lado, de lado; (coloq.) na casa, para a casa (quando de passagem). ≈-**product** produto secundário.

by.pass [b'aipa:s] s. avenida f. marginal; desvio m.

by.stand.er [b'aistændə], ≈s s. pessoa f. que se encontra perto, espectador m.; curioso m.

byte [bait] s. (Inf.) byte m.

C

C, c [si:] s. terceira letra f. do alfabeto inglês.

C [si:] s. (Mús.) dó m., terceira nota f. da escala musical; 100 (algarismo romano).

cab [kæb] (abrev. de **taxi-cab**) s. táxi m.; cabina f. (maquinista, motorista).

cab.bage [k'æbidʒ] s. repolho m., couve f.; palmito m.

cab.in [k'æbin] s. cabana, choupana f.; abrigo m. provisório; (Náut.) camarote m.; (Náut. e Av.) cabina f. ‖ v. alojar em cabana, camarote ou cabina.

cab.i.net [k'æbinit] s. escritório m.; gabinete m. governamental, ministério m.; armário m. ‖ adj. relativo a gabinete. ≃ **-maker** marceneiro.

ca.ble [keibl] s. cabo m., corda f.; (Náut.) amarra f.; cabo m. submarino, elétrico ou telefônico; cabograma m. ‖ v. ligar por um cabo, amarrar; cabografar.

ca.ble.gram [k'eiblgræm] s. (E.U.A.) cabograma m.

cack.le [kækl] s. cacarejo m.; grasnada f.; garrulice, tagarelice f.; conversa f. tola; gargalhada f. ‖ v. cacarejar; grasnar; tagarelar; palrar; gargalhar, rir alto.

cac.ti [k'æktai] s. = **cactus**.

cac.tus [k'æktəs] s. (Bot.) cacto m.

ca.dence [k'eidəns] s. cadência f. ‖ v. cadenciar; entoar

ca.den.cy [k'eidənsi] v. = **cadence**.

ca.det [kəd'et] s. cadete m.; irmão ou filho m. mais moço; filho m. caçula.

cadge [kædʒ] v. (gíria) filar (cigarro, almoço etc.).

cad.mi.um [k'ædmjəm] s. (Quím.) cádmio m.

ca.fe [k'æfei] s. café, restaurante m.

cage [keidʒ] s. gaiola f.; viveiro m. (aves); jaula f.; cabina f. de elevador; cadeira f. ‖ v. engaiolar; enjaular; (fig.) prender.

ca.gey [k'eidʒi] adj. cauteloso, cuidadoso, desconfiado.

ca.jole [kədʒ'oul] v. persuadir com lisonjas; bajular, adular.

cake [keik] s. bolo m.; torta f.; tablete m.; biscoito m.; qualquer bolinho m. frito ou cozido ao forno; torrão m.; massa f.; pedaço m. ‖ v. endurecer(-se), solidificar(-se).

ca.la.mi.tous [kəl'æmitəs] adj. calamitoso, desastroso.

ca.lam.i.ty [kəl'æmiti] s. calamidade, desgraça f.; miséria, desventura f.

cal.ci.um [k'ælsiəm] s. cálcio m. ‖ adj. de cálcio. ≃ **oxide** óxido de cálcio.

cal.cu.late [k'ælkjuleit] v. calcular; computar, fazer cálculos; avaliar, orçar.

cal.cu.la.ting [k'ælkjuleitiŋ] adj. astuto; interesseiro; calculador.

cal.cu.la.tion [kælkjul'eiʃən] s. cálculo m.; avaliação f.; orçamento m.; conjetura f.; opinião f.; prudência, cautela, discrição f.

cal.cu.la.tor [k'ælkjuleitə] s. calculador m., calculista m. + f.; máquina f. calculadora.

cal.cu.lus [k'ælkjuləs] s. (Med. e Mat.) cálculo m.

cal.en.dar [k'ælində] s. calendário m.; folhinha f.; almanaque m.; lista f.; registro m. ‖ v. registrar. ≃ **year** ano civil.

calf [ka:f] s. (pl. **calves** [ka:vz]) bezerro, vitelo, novilho m.; pele f. curtida deste animal; filhote m. de vários animais (elefante, baleia etc.); panturrilha, sura f.

cal.i.ber [k'ælibə] s. = **calibre**.

cal.i.brate [k'ælibreit] v. calibrar; regular, graduar a escala de (termômetro, instrumento de medição).

cal.i.bre [k'ælibə] s. calibre m.

cal.i.co [k'ælikou] s. (pl. **calicoes** e **calicos**) calicó, morim m.; chita f. ‖ adj. de chita; pontilhado, salpicado.

call [kɔ:l] s. grito, clamor, brado, berro m.; voz f. (de animais), pio, latido m.; chamariz, reclamo m.; chama f. (para atrair aves); convite m.; intimação f.; solicitação f.; chamado,

apelo m.; convocação f.; vocação f.; visita f.
breve; telefonema m. ‖ v. chamar
(-se); denominar, intitular, apelidar; pedir
para vir, mandar vir; fazer a chamada de;
gritar, bradar; visitar, entrar de passagem;
telefonar, chamar ao telefone. **to be within**
≃ estar perto de alguém, estar ao alcance
da voz, estar às ordens de alguém, estar à
disposição. **to give someone a** ≃ chamar,
telefonar a alguém. **long-distance** ≃ chamada interurbana. **to play a** ≃ fazer uma visita.
roll ≃ chamada de alunos, recrutas etc. **to**
≃ **back** mandar voltar, chamar de volta; retribuir um chamado telefônico. **to** ≃ **in** pedir
que entre; convocar, consultar; fazer uma visita. **to** ≃ **in question** pôr em dúvida. **to** ≃
on apelar, recorrer; fazer uma visita. **to** ≃
up mandar subir; evocar, lembrar; telefonar.
call.er [k'ɔ:lə] s. visitante m. + f.; visita f.;
aquele m. que telefona.
cal.lig.ra.phy [kəl'igrəfi] s. caligrafia f.
cal.lous [k'æləs] adj calejado, caloso; endurecido; insensível, empedernido.
cal.lous.ness [k'æləsnis] s. desumanidade, insensibilidade f.
calm [ka:m] s. calma, tranqüilidade f.; silêncio m.; (Náut.) calmaria f. ‖ v. acalmar(-se),
tranqüilizar, abonançar, apaziguar. ‖ adj.
calmo, tranqüilo, quieto, sossegado; sereno;
calmoso.
calm.ness [k'a:mnis] s. calma, bonança, tranqüilidade f.; sossego m.
cal.o.rie [k'æləri] s. caloria f.
cal.o.ry [k'æləri] s. =' **calorie**.
cal.um.ny [k'æləmni] s. calúnia, difamação,
maledicência, imputação f. falsa.
cal.ves [ka:vz] s. pl. de **calf**.
cam.ber [k'æmbə] s. abaulamento m. ‖ v.
abaular.
cam.el ;[k'æməl] s. (Zool.) camelo m.
cam.er.a [k'æmərə] s. câmara f.; câmara f. escura.
cam.ou.flage [k'æmufla:ʒ] s. camuflagem f.;
(Milit.) dissimulação f. de soldados, material bélico etc.; (fig.) fingimento m., simulação f. ‖ v. camuflar, (Milit.) dissimular soldados, material bélico etc.
camp [kæmp] s. acampamento, bivaque, campo m.; acampamento m. militar. ‖ v. acampar(-se), fazer acampamento; alojar-se provisoriamente (sem luxo).

cam.paign [kæmp'ein] s. campanha f.; conjunto m. de operações militares; (fig.) esforço m.; luta f.; campanha f. eleitoral. ‖ v. tomar parte ou servir em campanha; dirigir
campanha eleitoral.
cam.phor [k'æmfə] s. cânfora, alcânfora f.
cam.pus [k'æmpəs] s. (E.U.A.) terreno todo
ou campo m. de esporte em uma universidade ou colégio.
can [kæn] s. lata, vasilha (de metal) f.; caneca f.; (E.U.A., gíria) privada f. ‖ v. (pret.
could) poder, ser capaz de, ter a faculdade
de, ter a possibilidade de, ter a autorização
para; (pret e p. p. **canned**) enlatar, pôr em
lata.
Ca.na.di.an [kən'eidjən] s. + adj. canadiano '
m., canadense m. + f.
ca.nal [kən'æl] s. canal m. (também Fisiol. e
Bot.) ‖ v. (pret. e p. p. **canalled** ou **canaled**
[kən'æld]) canalizar.
ca.na.ry [kən'ɛəri] s. (Orn.) canário m.; vinho
m. das Canárias. ‖ adj. amarelo-vivo.
can.cel [k'ænsəl] s. cancelamento m. ‖ v. (pret.
e p. p. **cancelled** ou **canceled** [k'ænsəld]) cancelar; obliterar, eliminar, anular, revogar;
suprimir; riscar.
can.cel.la.tion [kænsel'eiʃən] s. cancelamento m.; anulação, supressão, invalidação, abolição, inutilização f.
can.cer [k'ænsə] s. cancro m.; (Med. e fig.)
câncer m.; vício m. que arruína.
can.did [k'ændid] adj. cândido, ingênuo,
franco; sincero; imparcial, justo.
can.di.da.cy [k'ændidəsi] s. candidatura f.
can.di.date [k'ændideit, k'ændidit] s. candidato m.
can.dle [kændl] s. vela f.; luz f. de vela. ≃ **power** vela (watts).
can.dle.stick [k'ændlstik] s. castiçal m.
can.dour [k'ændə] s. sinceridade, franqueza
f.; integridade, lisura, lhaneza f.
can.dy [k'ændi] s. (E.U.A.) bombom m. ‖ v.
adoçar; cristalizar(-se).
cane [kein] s. (Bot.) cana, taquara f., junco m.;
bengala f.; chibata f.; vara f. ‖ v. vergastar;
chibatear; empalhar (móveis). **sugar-** ≃ cana-de-açúcar.
ca.nine [k'ænain] s. canino, dente m. canino.
‖ adj. canino, que diz respeito aos animais
caninos. ≃ **tooth** presa.
canned [kænd] v. pret. e p. p. de **can**. ‖ adj.
enlatado, em conserva. ≃ **-goods** conservas.

can.ner [k'ænə] s. enlatador m.; fabricante m. + f. de alimentos em conserva.

can.ni.bal [k'ænibəl] s. canibal m. + f., antropófago m. ‖ adj. canibalesco.

can.non [k'ænən] s. canhão m.; artilharia f.; (Zool.) osso m. metatarsiano ou metatársico (de um cavalo, boi etc.), canela f.; bocado m. (arreios); carambola f. (bilhar). ‖ v. canhonear, bombardear; carambolar (bilhar); colidir violentamente, abalroar.

can.non.ade [kænən'eid] s. canhonada f., canhoneio, bombardeio m. ‖ v. canhonear, bombardear, atacar com canhão.

can.non bone s. (Zool.) = **cannon.**

can.not [k'ænɔt, ka:nt] v. contração de **can not.**

can.ny [k'əeni] adj. astuto, esperto.

ca.noe [kən'u:] s. canoa, igara, ubá, piroga f. ‖ v. navegar em canoa; (E.U.A.) remar em canoa, andar em canoa.

ca.noe.ist [kən'u:iist] s. canoeiro m.; remador m. de canoa.

can.on [k'ænən] s. cânon, cânone m.; regra, lei f.; princípio m. fundamental; critério, estatuto m.; (Tipogr.) tipo m. grande.

can.o.py [k'ænəpi] s. pálio, dossel, sobrecéu, baldaquino, pavilhão m.; (fig.) abrigo m., cobertura f.; (fig.) abóbada f. celeste; (Bot.) copa f. (de árvore). ‖ v. cobrir com dossel ou pálio.

can.ta.loup [k'æntəlu:p] s. (Bot.) cantalupo m.; espécie de melão m.

can.teen [kænt'i:n] s. (Milit.) cantina f.; cantil m.; bufete m.

can.ti.lev.er [k'æntili:və] s. modilhão, consolo m.; viga f. em balanço.

can.vas [k'ænvəs] s. lona, aniagem f.; tenda, barraca f. (de lona); vela f. ou velame m. (de um navio); circo m.; tela f. (de pintor); quadro m. ‖ adj. feito de lona, de canhamaço etc.

can.vass [k'ænvəs] s. exame, debate m.; discussão f.; escrutínio m.; investigação, indagação f. da opinião pública. ‖ v. examinar, investigar; escrutinar; discutir.

can.yon [k'ænjən] s. canhão m.; garganta f. sinuosa e profunda, cavada por curso d'água.

cap [kæp] s. quepe, gorro, casquete, boné m., touca (de mulher ou de criança), boina f.; borla f.; capuz m.; capelo m.; (Bot.) píleo m.; (Milit.) coifa f. (de projétil); (Milit.) cápsula f. de percussão. ‖ v. cobrir a cabeça ou a parte mais alta ou a extremidade de; tampar; descobrir-se, tirar o chapéu (ou solidéu etc.) em sinal de cortesia; superar; completar, rematar. **if the** ≃ **fits** se a carapuça lhe serve.

ca.pa.bil.i.ty [keipəb'iliti] s. capacidade, aptidão, f.; competência, habilidade f.; suscetibilidade f.

ca.pa.ble [k'eipəbl] adj. capaz, apto; competente; suscetível (of de).

ca.pa.ble.ness [k'eipəblnis] s. = **capability.**

ca.pa.cious [kəp'eiʃəs] adj. que tem grande capacidade (de volume); espaçoso, vasto, amplo, extenso.

ca.pac.i.ty [kəp'æsiti] s. capacidade f.; qualidade f.; habilidade f.; produção (máxima) f.; capacidade (elétrica) f.

cape [keip] s. cabo, promontório m.

ca.per [k'eipə] s. salto m., cabriola, cambalhota f.; travessura, brincadeira f. ‖ v. saltar, cabriolar, cambalhotar.

cap.i.tal [k'æpitəl] s. capital f.; letra f. maiúscula; (Com.) cabedal, fundo m. de dinheiro; capitalistas m. pl. coletivamente. ‖ adj. relativo ao capital; capital, importante; principal; fundamental; primário; ótimo; (Jur.) máximo, que se refere à pena de morte, mortal; maiúsculo, capitular. ≃ **assets** bens fixos. ≃ **gains** ganhos de capital.

cap.i.tal.ism [k'æpitəlizm] s. capitalismo m.

cap.i.tal.ist [k'æpitəlist] s. + adj. capitalista m. + f.

cap.i.tal.i.za.tion [kæpitəlaiz'eiʃən] s. capitalização f., ato m. de capitalizar.

cap.i.tal.ize [kəp'itəlaiz] v. capitalizar: converter em capital; escrever com letra maiúscula; (E.U.A.) aproveitar.

Cap.i.tol [k'æpitl] s. Capitólio m.; (E.U.A.) edifício m. do Congresso norte-americano, em Washington.

ca.price [kəp'ri:s] s. capricho m. (mudança de humor); birra f.

ca.pri.cious [kəpr'iʃəs] adj. caprichoso, excêntrico.

cap.size [k'æpsaiz] s. emborque, soçobro m.; capotagem f. ‖ v. emborcar, soçobrar (embarcação); capotar (veículo).

cap.ston [k'æpstən] s. (Náut.) cabrestante m.

cap.sule [k'æpsju:l] s. cápsula f.

cap.tain [k'æptin] s. capitão m.; capitão-de-mar-e-guerra m.; capataz (de mina) m. ‖ v. capitanear, chefiar, comandar.

cap.tion [k'æpʃən] s. captura, prisão f.; confisco m.; (Tipogr.) título m.; legenda f. (ilustração, filme); (Jur.) rubrica f.

cap.tious [k'æpʃəs] adj. capcioso, caviloso, ardiloso; censurador, implicante.

cap.ti.vate [k'æptiveit] v. cativar, fascinar.

cap.ti.vat.ing [k'æptiveitiŋ] adj. cativante, encantador, atraente, fascinante.

cap.tive [k'æptiv] s. + adj. cativo, preso, servo, prisioneiro m.

cap.tiv.i.ty [kæpt'iviti] s. cativeiro m.; escravidão, servidão f.; prisão f.

cap.tor [k'æptə] s. captor, capturador m.

cap.ture [k'æptʃə] s. captura f.; apresamento m.; presa f. ‖ v. capturar, aprisionar, apresar; apreender, agarrar, apanhar.

car [ka:] s. carro m., viatura f.; automóvel m.; bonde m.; vagão, vagonete m.; cabina f. (de elevador); carro m. (de máquina de escrever).

car.a.mel. [k'ærəməl] s. caramelo m.

car.at [k'ærət] s. quilate m.

car.a.van [kærəv'æn, k'ærəvæn] s. caravana, cáfila f.; (Ingl.) casa f. sobre rodas.

car.bo.hy.drate [ka:bouh'aidreit] s. (Biol. e Quím.) carboidrato, hidrato m. de carbono.

car.bol.ic [ka:b'ɔlik] adj. carbólico, fenicado, fênico; relativo a fenol.

car.bon [k'a:bən] s. (Quím.) carbono, carbônio m.; papel m. carbono; cópia f. em papel carbono; (Eletr.) carvão m. de arco. ≃ 14 (Quím.) radiocarbono.

car.bon.ate [k'a:bəneit] s. (Quím.) carbonato m.

car.bo.run.dum [ka:bər'undəm] s. (Mec. e Quím.) carborundo m.

car.bun.cle [k'a:bʌŋkl] s. carbúnculo m.

car.bu.re.tor [k'a:bjuretə] s. = **carburettor**.

car.bu.ret.tor. [k'a:bjuretə] s. (Autom.) carburador m.

car.case [k'a:kəs] s. carcaça f., esqueleto m. (de animal); casco m. velho (de navio); estrutura, armação f. (de edifício); (depreciat.) pessoa f. ou animal m. esquálido. **I saved my** ≃ salvei minha vida.

car.cass [k'a:kəs] s. = **carcase**.

car.cin.o.gen [ka:s'inədʒin] s. (Med.) carcinógeno, carcinogênio m. ‖ adj. carcinogênico, carcinógeno, cancerígeno.

card [ka:d] s. carta f. de baralho.; cartão m. de visita; bilhete m. de ingresso; cardápio m.; programa m. (de jogos, diversões etc.); ficha

f.; cartaz m.; papeleta f.; papelão m.; verbete m. ≃ s jogo m. de cartas. ‖ v. cartear; prover de cartão ou ficha; fichar. **to deal the** ≃ s cartear, dar as cartas. **to play at** ≃ s jogar cartas, jogar baralho. **trump** ≃ (jogo) trunfo. **visiting** ≃ cartão de visita. ≃ **-sharp,** ≃ **-sharper** batoteiro, trapaceiro (em jogo de cartas).

card.board [k'a:dbɔ:d] s. papelão, cartão m.; cartolina f. ≃ **box** caixa de papelão.

car.di.nal [k'a:dinəl] s. cardeal m.; cor f. escarlate intensa; número m. cardinal. ‖ adj. cardeal, cardinal, principal, fundamental; escarlate, vermelho muito vivo.

car.di.o.gram [k'a:diogræm] s. (Med.) cardiograma m.

care [kɛə] s. cuidado m.; cautela, atenção, precaução f.; diligência, proteção, vigilância f.; esmero m.; ansiedade, preocupação f. ‖ v. **to** ≃ **about** ou **for** cuidar de, inquietar-se por, afligir-se por; interessar-se por, importar-se com; gostar de, apreciar. ≃ **of (c/o) Messrs. G. & R.** ao cuidado (a/c) dos Srs. G. & R. **to take** ≃ **of** cuidar de, ter cuidado com, precaver-se de. **have a** ≃! cuidado! atenção!

ca.reer [kər'iə] s. carreira f.; modo m. de vida. ‖ v. correr ou mover-se rapidamente; galopar a toda a brida. ‖ adj. (E.U.A.) de carreira, profissional.

care.free [kɛəfr'i:] adj. alegre, despreocupado.

care.ful [k'ɛəful] adj. cuidadoso, atento, meticuloso, exato, cauteloso.

care.ful.ness [k'ɛəfulnis] s. cuidado, esmero m.

care.less [k'ɛəlis] adj. descuidado, negligente; indiferente; despreocupado.

care.less.ness [k'ɛəlisnis] s. descuido m.; desatenção f.; indiferença f.

ca.ress [kər'es] s. carícia f., afago m. ‖ v. afagar, amimar, acariciar.

care.tak.er [k'ɛəteikə] s. guarda, zelador, vigia m. (de edifício).

car.go [ka:gou] s. (pl. **cargoes** ou **cargos**) carga f., frete, carregamento m.

car.i.ca.ture [k'ærikətjuə] s. caricatura f. ‖ v. caricaturar; ridicularizar.

car.load [k'a:loud] s. carrada f.

car.na.tion [ka:n'eiʃən] s. carnação f.; rosa-pálido m.; encarnação f. (pintura); (Bot.) cravo m. ‖ adj. de cor de carne.

car.ni.val [k'a:nivəl] s. carnaval m.; folia, festança f. ≃ **ball** baile carnavalesco.

car.niv.o.rous [ka:n'ivərəs] adj. carnívoro.

car.pen.ter [k'a:pintə] s. carpinteiro m. ‖ v. trabalhar em carpintaria.

car.pen.try [k'a:pintri] s. carpintaria f.

car.pet [k'a:pit] s. tapete m., alcatifa f.; (fig.) relva f.; campo m. florido. ‖ v. atapetar, alcatifar; (coloq.) repreender.

car.riage [k'ærid3] s. carruagem f., carro, vagão m. ferroviário; carreto, porte m., frete m.; (Milit.) carreta f. da peça de artilharia; presença f., comportamento m.; (Pol.) aprovação f. de moção.

car.ri.er [k'æriə] s. portador, carreteiro, carregador m.; mensageiro m.; suporte m. de bicicleta; portador m. de doença.

car.rot [k'ærət] s. cenoura f.

car.ry [k'æri] s. alcance m. de arma ou projétil; (Golfe) distância f. atingida por um tiro de bola; posição f. vertical da espingarda em continência. ‖ v. levar, conduzir; trazer, levar consigo; enlevar, arrastar, arrebatar; tomar, conquistar, ganhar; conter, incluir; efetuar, conseguir; manejar, manter um negócio; remover, estender; apoiar, sustentar; ter em mente; entusiasmar, influir. **don't** ≃ **things too far!** não exagere! não passe os limites! **to** ≃ **away** levar, arrebatar; desaparelhar; (Náut.) desmastrar. (Com.) **amount carried forward** transporte. **we must try to** ≃ **on** precisamos tentar vencer (as dificuldades). **to** ≃ **up** fazer subir.

cart [ka:t] s. carro m., carreta, carroça f. ‖ v. acarretar, carrear, transportar em carro ou carreta. ≃ -**load** carroçada, carrada.

car.tel [ka:t'el] s. cartel m.

cart.er [k'a:tə] s. carreteiro, carroceiro m.

car.ti.lage [k'a:tilid3] s. cartilagem f.

car.tog.ra.phy [kərt'ogrəfi] s. cartografia f.

car.ton [k'a:tən] s. caixa f. de papelão.

car.toon [ka:t'u:n] s. cartão, papelão m. encorpado; caricatura f.; (Cin.) desenho m. animado. ‖ v. desenhar caricaturas, caricaturar.

car.toon.ist [ka:t'u:nist] s. caricaturista m. + f.

car.tridge [k'a:trid3] s. (Milit.) cartucho m.; (Fot.) rolo m. de filmes.

carve [ka:v] v. trinchar ou cortar (carne); esculpir, entalhar, cinzelar, burilar.

carv.ing [k'a:viŋ] s. escultura f.; ato m. de trinchar. ≃ **knife** faca para trinchar.

cas.cade [kæsk'eid] s. pequena cascata ou cachoeira f. ‖ v. cascatear, cair em forma de cascata.

case [keis] s. estojo m.; caixa f.; cápsula f.; bainha f.; coldre m.; escrínio m.; cobertura f. de móveis; mala f.; (Téc.) camisa f., invólucro m.; (Gram.) caso m., desinência f. de nomes e pronomes; acontecimento m.; circunstância f.; acidente m.; hipótese f.; exemplo m.; causa f. judicial. ‖ v. encaixar, encaixotar, cobrir, revestir, chapear. **cigarette-** ≃ cigarreira. **crank-** ≃ cárter. **cylinder-** ≃ camisa de cilindro. **dressing-** ≃ estojo de toucador. **gear-** ≃ caixa de engrenagem. **jewel-** ≃ porta-jóias. **in** ≃ **he comes** caso ele venha. **in no** ≃ de forma alguma. **in such a** ≃ nesse caso, se assim for. **in any** ≃ em todo caso, seja como for. **just in** ≃ a título de prevenção. **a lost** ≃ uma causa perdida.

case.ment [k'eismənt] s. caixilho m.; batente m. de janela; coberta, armação f.

cash [kæʃ] s. dinheiro m. (esp. disponível, em caixa); pagamento m. à vista. ‖ v. pagar ou receber à vista; cobrar (cheque, letra etc.) converter em dinheiro. ≃ -**desk** caixa. ≃ **flow** fluxo monetário, circulação de moeda. ≃ **register** caixa registradora.

cash.ew [kæʃ'u:] s. cajueiro m.; caju m.

cash.ier [kæʃ'iə] s. caixa m. + f., caixeiro m.; encarregado m. da caixa.

cash.ier [kəʃ'iə] v. (Milit.) despedir, cassar, demitir.

cask [ka:sk] s. barril, tonel m., pipa, barrica f.

cas.ket [k'a:skit] s. guarda-jóias, cofrezinho m.; caixinha f.

cas.sa.va [kəs'a:və] s. mandioca f.

cas.se.role [k'æseroul] s. caçarola f.

cas.sia [k'æsiə] s. (Bot.) cássia f.

cas.si.no [kəs'inou] s. cassino m.

cas.sock [k'æsək] s. sotaina f., batina f. de padre.

cast [ka:st] s. lance m.; trajeto m., distância f. do arremesso; jogada f. (dados) ou número m. jogado; jogada f. (de rede, anzol); molde f.; fundição f.; matriz m.; cálculo m.; aspecto m.; arranjo m.; (Teat.) distribuição f. dos papéis. ‖ v. lançar, deixar cair, perder; parir; derrotar; calcular, somar; arranjar; fundir; (Teat.) distribuir os papéis; projetar; empenar-se (madeira). ‖ adj. fundido. **the play is well** ≃ (Teat.) o elenco da peça é bom. **to** ≃ **anchor** (Náut.) lançar ferro. **they** ≃ **dice** eles jogam (ou lançam) os dados.

the dice is ≃ os dados foram lançados. **to** ≃ **lots for** sortear. **to** ≃ **a vote (a ballot)** dar o voto, votar. **to** ≃ **aside** pôr de lado, rejeitar. **to** ≃ **away** jogar fora, desperdiçar. **to** ≃ **off** deixar cair, perder; expulsar, rejeitar. **to** ≃ **out** expulsar, banir.

cast.a.way [kʹaːstəwei] s. náufrago m.

caste [kaːst] s. casta (Índia) f.; classe f. social.

cas.tle [kaːsl] s. castelo m., residência f. senhorial, mansão, fortaleza f.; (Xadrez) torre f. ‖ v. (Xadrez) enrocar, rocar.

cas.tor [kʹaːstə] s. castor m.

cas.tor oil [kʹaːstə ɔil] s. óleo m. de rícino.

cas.u.al [kʹæʒuəl] s. trabalhador m. avulso; soldado m. temporariamente afastado do seu regimento. ‖ adj. casual, eventual, acidental, ocasional; descuidadoso; vago.

cas.u.al.ty [kʹæʒuəlti] s. acidentado m.; sinistro m; ferimento m. ou morte f. por acidente. **-ties** perdas f. pl., feridos ou desaparecidos m. pl. numa guerra, mortos e feridos num acidente.

cat [kæt] s. gato m., gata f.; qualquer outro animal m. da família dos felídeos (o tigre, o leopardo, o leão etc.); (E.U.A.) lince m.

cat.a.lep.sy [kʹætəlepsi] s. (Med.) catalepsia f.

cat.a.log [kʹætəlɔg] s. catálogo m. ‖ v. catalogar, classificar, registrar.

cat.a.logue [kʹætəlɔg] s. = **catalog.**

cat.a.lyst [kʹætəlist] s. (Quím.) catalisador m.

cat.a.ract [kʹætərækt] s. catarata f. (também Med.).

ca.tarrh [kətʹaː] s. (Med.) catarro m.; gripe, influenza f., resfriado m.

ca.tas.tro.phe [kətʹæstrəfi] s. catástrofe f.

cat.call [kʹætkɔːl] s. assobio m., vaia f. ‖ v. vaiar.

catch [kætʃ] s. ato m. de apanhar ou prender, pega f.; presa f. boa; captura f.; pesca, pescaria f.; jogador m. que apanha a bola; jogo m. de apanhar a bola; vantagem f.; coisa f. destinada a chamar a atenção; chamariz, engodo m.; cilada f.; enredo m.; (coloq.) bom partido m.; (Hist. e Mús.) canção f. em forma de cânon; taramela f. ‖ v. (pret e p. p. **caught**) pegar, agarrar, tomar; captar, capturar; alcançar (trem); prender; apreender; superar, bater; compreender, perceber; surpreender; contrair, ser contagioso; cativar, fascinar. **to** ≃ **fire** pe-

gar fogo. **to** ≃ **hold of** apoderar-se de, agarrar-se a. **to** ≃ **on** compreender.

catch.er [kʹætʃə] s. apanhador, agarrador m.; (Beisebol) quem pega as bolas que escapam ao **batsman** (batedor).

cat.e.chism [kʹætikizm] s. catecismo m.

cat.e.go.ry [kʹætigəri] s. (também Filos.) categoria f.; classe, série f.; grupo m.

ca.ter [kʹeitə] v. aprovisionar, suprir, fornecer; cuidar de ou por. **to** ≃ **for all tastes** agradar a todos os gostos.

cat.er.pil.lar [kʹætəpilə] s. lagarta f.; (Téc.) trator m. de lagarta; corrente f. sem-fim.

caterpillar-tractor s. = **caterpillar.**

ca.the.dral [kəθʹiːdrəl] s. + adj. catedral f.

cath.ode [kʹæθoud] s. (Eletr.) catódio, cátodo, eletrodo ou pólo m. negativo.

cath.o.lic [kʹæθəlik] adj. universal, que abrange tudo; liberal, tolerante. **Catholic** (esp. **Roman** ≃) católico.

Ca.thol.i.cism [kəθʹɔlisizm] s. catolicismo m., a religião f. católica.

cat.tle [kʹætl] s. gado m. domesticado; rebanho m. ≃ **breeding** pecuária.

cat.tle.man [kʹætlmən] s. (E.U.A.) pecuário m., criador ou tratador m. de gado.

Cau.ca.sian [kɔːkʹeiziən] s. + adj. caucásio, caucasiano m., caucasóide m. + f.

caught [kɔːt] v. pret e p. p. de **catch.**

cau.li.flow.er [kʹɔliflauə] s. couve-flor f.

cause [kɔːz] s. causa f.; origem f.; razão f.; processo m.; demanda f.; interesse, partido m.; ocasião (para agir) f. ‖ v. causar, motivar, ocasionar; originar, produzir; compelir, induzir, mandar fazer.

cause.way [kʹɔːzwei] s. calçada f., passadiço m. ‖ v. prover de passadiço; calçar.

cau.stic [kʹɔːstik] adj. cáustico, corrosivo; (fig.) mordaz; sarcástico.

cau.ter.ize [kʹɔːtəraiz] v. cauterizar.

cau.tion [kʹɔːʃən] s. prudência, cautela, precaução f.; aviso m.; advertência f. ‖ v. acautelar; avisar, prevenir de, advertir.

cau.tious [kʹɔːʃəs] adj. acautelado, cauteloso, precavido, prudente, circunspeto.

cav.a.lier [kævəlʹiːə] s. cavaleiro m.

cav.al.ry [kʹævəlri] s. (Milit.) cavalaria f.

cave [keiv] s. caverna, gruta, toca f., antro m.; (Pol.) dissidência, cisão f. ‖ v. (seguido de **in**) escavar, cavar furna; desmoronar, causar desmoronamento, desabar; ceder, submeter(-se), quebrar, amassar (chapéu etc.). ‖ interj. (gíria) cuidado!

cav.ern [k'ævən] s. caverna, gruta, furna f.

cav.ern.ous [k'ævənəs] adj. cavernoso; poroso; oco (também fig.). ≈ **voice** voz cavernosa.

cav.i.ty [k'æviti] s. cavidade f., concavidade, depressão f. **mouth-** ≈ cavidade bucal.

ca.vort [kəv'ɔːt] v. (E.U.A., coloq.) pinotear, pular, saltar, cabriolar.

caw [kɔː] s. crocito m. ‖ v. crocitar, gralhar.

cease [siːs] v. cessar, descontinuar, parar, interromper; fazer parar, fazer cessar, suspender. **without** ≈ continuamente. ≈ **-fire** cessar-fogo.

cease.less [s'iːslis] adj. incessante, contínuo, ininterrupto, constante.

ce.dar [s'iːdə] s. (Bot.) cedro m.; madeira f. de cedro. ‖ adj. (E.U.A.) de cedro.

cede [siːd] v. ceder, abandonar, renunciar; transferir; conceder, outorgar.

ceil.ing [s'iːliŋ] s. teto m.; forro m. do teto; máximo m.; (Av.) teto m. absoluto; teto m. de serviço, teto m. prático.

cel.e.brate [s'elibreit] v. celebrar, realizar solenemente; dizer missas; comemorar; louvar; festejar, fazer festa; proclamar; observar; (coloq.) divertir-se.

cel.e.brat.ed [s'elibreitid] adj. célebre, famoso, afamado; notório.

cel.e.bra.tion [selibr'eiʃən] s. comemoração, celebração f., festejo m.

ce.leb.ri.ty [sil'ebriti] s. celebridade, fama f., renome m.; pessoa f. célebre.

cel.er.y [s'eləri] s. (Bot.) aipo m.

ce.les.tial [sil'estjəl] adj. celestial, angélico, do céu. **Celestial** chinês.

cel.i.ba.cy [s'elibəsi] s. celibato m., vida f. de solteiro.

cel.i.bate [s'elibit] s. celibatário, solteiro m.

cell [sel] s. cela f., cubículo m.; alvéolo m. (favo); pilha f. elétrica; (Biol.) célula f.

cel.lar [s'elə] s. celeiro, porão m.; adega f.; provisão f. de vinho. ‖ v. armazenar em celeiro; adegar, guardar em adega.

cel.lo.phane [s'eloufein] s. celofane m. ‖ adj. de celofane.

cel.lu.lar [s'eljulə] adj. celular.

cel.lu.li.tis [seljul'aitis] s. celulite f.

cel.lu.loid [s'eljulɔid] s. celulóide m.

cel.lu.lose [s'eljulouz] s. celulose f.

ce.ment [sim'ent] s. cimento m.; (Metalurg. e Anat.) cemento m. ‖ v. cimentar, argamassar; (Metalurg.) cementar. ≈ **mixer** betoneira.

cem.e.ter.y [s'emitri] s. cemitério m., necrópole f.

cen.sor [s'ensə] s. censor, crítico, repreendedor m. ‖ v. censurar.

cen.sor.ship [s'ensəʃip] s. censura f.

cen.sure [s'enʃə] s. censura, repreensão, condenação, reprovação f. ‖ v. censurar, repreender, condenar, desaprovar.

cen.sus [s'ensəs] s. censo, recenseamento m.

cent [sent] s. cento m. (na expressão **per** ≈); centésima parte f. de um dólar.

cen.ten.ni.al [sent'enjəl] adj. + adj. centenário m., o que ou quem tem cem anos.

cen.ti.grade [s'entigreid] adj. centígrado.

cen.ti.pede [s'entipiːd] s. (Zool.) centopéia, lacraia f.; (Bras.) rabo-de-tesoura m.

cen.tral [s'entrəl] s. (E.U.A.) central f. telefônica. ‖ adj. central; (fig.) principal, básico. ≈ **heating** aquecimento central.

cen.tral.ize [s'entrəlaiz] v. centralizar; reunir num centro; concentrar.

cen.tre [s'entə] s. centro m.; ponto m. de atração ou convergência, ponto de emanação ou radiação; partido m. político do centro ou moderado. ‖ v. centrar; concentrar, centralizar; atrair; fazer convergir a um centro; fazer centro. ≈ **forward** (Futeb.) centroavante. ≈ **half** (Futeb.) quarto zagueiro.

cen.tri.fuge [s'entrifjuːdʒ] s. centrífuga f. ‖ v. centrifugar.

cen.tu.ry [s'entʃəri] s. século m., espaço m. de cem anos; centena f.; centúria f.

ce.ram.ic [sər'æmik] s. cerâmica f. ≈ s louça f. de barro cozido.

ce.re.al [s'iəriəl] s. cereal m.; grão m.; alimento m. feito de flocos ou papas cereais para o desjejum. ‖ adj. cereal.

cer.e.mo.ni.al [serim'ounjəl] s. cerimonial m. ‖ adj. cerimonial, cerimonioso.

cer.e.mo.ni.ous [serim'ounjəs] adj. cerimonioso, cheio de cerimônias, formalidades ou cortesias.

cer.e.mo.ny [s'eriməni] s. cerimônia, etiqueta, formalidade f.; rito m., solenidade f.; cortesia f. **no** ≈! esteja à vontade!

cer.tain [sə'tn] s. número m. indeterminado. ‖ adj. certo, seguro; claro, evidente, positivo, indubitável, verdadeiro; exato; convencido; infalível; um, algum.

cer.tain.ty [s'ɔ:tnti] s. certeza, segurança f., certo m.; infalibilidade f.; convicção, exatidão f. **a dead** ≃ certeza absoluta.

cer.tif.i.cate [sət'ifikit] s. certidão f., certificado, atestado m.

cer.tif.i.cate [sət'ifikeit] v. certificar, atestar, autorizar por certificado.

cer.ti.fy [s'ɔ:tifai] v. certificar, atestar, passar certidão de; asseverar, dar por certo, assegurar, garantir, testificar.

cess.pool [s'espu:l] s. fossa f., poço m. negro, escoadouro m.; monturo m.; (fig.) cloaca f., lugar m. de imoralidades e sujeira.

ce.ta.ce.an [sit'eiʃən] s. + adj. cetáceo m.

chafe [tʃeif] s. arranhadura f.; fricção f., aquecimento m.; (fig.) raiva, cólera, irritação f.; (Téc.) calefator m. ‖ v. aquentar esfregando, aquecer pelo atrito; esfolar; desgastar, puir; (fig.) encolerizar, irritar-se, exacerbar.

chaff [tʃæf] s. debulho m.; resíduos m. pl. dos cereais; (fig.) traste, refugo m.

cha.grin [ʃ'ægrin] s. mortificação f., pesar m., vexação, humilhação f., desapontamento m. ‖ v. mortificar, vexar, enfadar, afligir.

chain [tʃein] s. cadeia, corrente f.; cadeia f. de montanhas; série f., encadeamento m., série f. encadeada ou sucessiva. ≃ **s** (fig.) algemas f. pl., escravidão, prisão f., laços m. pl. ≃ **reaction** reação em cadeia. ≃ **store** cadeia de lojas.

chair [tʃɛə] s. cadeira f.; presidência f., cadeira presidencial; (E.U.A.) presidente m. + f. (de assembléia, comissão, organização etc.); coxim m. de trilho; (E.U.A.) cadeira f. elétrica. ‖ v. instalar na presidência, empossar em cátedra ou cargo de autoridade; entronizar; carregar em triunfo. **rocking** ≃ cadeira de balanço. **easy** ≃ espreguiçadeira.

chair.man [tʃ'ɛəmən] s. presidente m. de assembléia, reunião ou organização.

chair.man.ship [tʃ'ɛəmənʃip] s. presidência f.

chair.pers.on [tʃ'ɛəpə:sən] s. presidente m. + f.

chair.wom.an [tʃ'ɛəwumən] s. presidenta f.

chal.ice [tʃ'ælis] s. taça, copa f.; cálice m. da Eucaristia.

chalk [tʃɔ:k] s. giz m., greda f.; (fig.) marcação f. (num jogo); vale, débito m. ‖ v. esfregar, escrever ou desenhar com giz; debitar por conta; adubar com greda.

chalk.y [tʃ'ɔ:ki] adj. gredoso, calcário; cretáceo. ≃ **soil** solo gredoso.

chal.lenge [tʃ'ælindʒ] s. desafio, cartel m.; provocação f., repto m., porfia f.; (Jur.) recusação, objeção, exceção f. ‖ v. desafiar, provocar, reptar; disputar, competir; duvidar; recusar, reclamar; exigir; (Caça) ladrar (o cão sentindo o faro).

cham.ber [tʃ'eimbə] s. câmara f., quarto (esp. de dormir) m.; compartimento m.; sala f. de assembléia; assembléia f. legislativa; tribunal m. superior de justiça; (Anat.) cavidade f.; (Milit.) câmara f. (em arma de fogo). ‖ v. residir, hospedar-se; encerrar, pôr em uma câmara. **Chamber of Commerce** Câmara de Comércio. ≃ **music** música de câmara.

cham.ber.maid [tʃ'eimbəmeid] s. camareira f.

champagne [ʃæmp'ein] s. champanha m.

cham.pi.on [tʃ'æmpjən] s. vencedor m.; paladino, defensor m.; herói m. ‖ v. patrocinar, advogar. ‖ adj. campeão, vitorioso; excelente, ótimo.

cham.pi.on.ship [tʃ'æmpjənʃip] s. campeonato m.

chance [tʃa:ns] s. oportunidade f.; possibilidade, perspectiva f.; probabilidade f.; sorte, fortuna f.; risco m.; ventura f.; ocorrência f., acaso m. ‖ v. ocorrer; arriscar, pôr em contingência; encontrar por acaso, topar (**upon** com). ‖ adj. acidental, casual, provável. **by** ≃ por acaso. **the** ≃ **s are against him** a sorte está contra ele.

chan.cel.lor [tʃ'a:nsələ] s. chanceler m.

change [tʃeindʒ] s. mudança f.; (Mús.) mudança f. de clave, modulação f.; revolução (dos tempos), vicissitude f.; variedade, novidade f.; troco (de dinheiro), câmbio m.; Bolsa f. (de comércio); troca f. ‖ v. fazer ou tornar-se diferente, trocar (**with** com, **for** por), alterar, variar, permutar, converter (**from** de, **into** para), substituir; comutar, inverter. ≃ **of voice** mudança da voz. ≃ **of the moon** mudança de lua. **for a** ≃ para variar. **he** ≃ **d his mind** ele mudou de opinião, de idéia.

change.a.ble [tʃ'eindʒəbl] adj. mudável; variável; alterável, instável, inconstante; cambiante, furta-cor.

change.o.ver [tʃ'eindʒouvə] s. mudança, troca f.

chan.nel [tʃ'ænəl] s. canal m.; (fig.) meio, intermédio m.; via f.; (Rádio e Telev.) faixa f.

de freqüência. ‖ v. encanar, sulcar; transportar em ou por canais.

chant [tʃaːnt] s. canção f., canto m.; cantochão m.; cântico, salmo m.; salmódia f. ‖ v. cantar; celebrar cantando; salmodiar; falar ou cantar de modo monótono.

cha.os [k'eiɔs] s. caos m.

cha.ot.ic [kei'ɔtik] adj. caótico, confuso.

chap [tʃæp] s. rachadura, fenda, racha, greta f.; (pop.) freguês, rapaz, sujeito, homem m. ‖ v. rachar(-se), ficar áspero, fender(-se) (a pele).

chap.el [tʃ'æpəl] s. capela f.; santuário m.

chap.lain [tʃ'æplin] s. capelão m.

chap.ter [tʃ'æptə] s. capítulo m.; parte, divisão f.; lei f., parágrafo m. de ato legislativo; cabido m. de cônegos. ‖ v. dispor em capítulos, dividir em seções.

char [tʃaː] s. serviço m. doméstico; biscate m.; (coloq.) chá m. ‖ v. biscatear.

char.ac.ter [k'æriktə] s. caráter m.; personalidade f.; temperamento m.; personagem, figura, pessoa f. que figura em narração ou peça; papel m. de artista. ‖ v. gravar, inscrever, escrever; descrever, caracterizar, pintar o caráter de alguém.

char.ac.ter.is.tic [kæriktər'istik] s. característica f. ‖ adj. característico, típico.

char.ac.ter.i.za.tion [kæriktəraiz'eiʃən] s. caracterização, representação f.

char.ac.ter.ize [k'æriktəraiz] v. caracterizar.

char.coal [tʃ'aːkoul] s. carvão m. vegetal; lápis m. de carvão.

charge [tʃaːdʒ] s. carga f. de pólvora, carga explosiva; encargo m.; afilhado m.; ordem, incumbência, direção f.; fardo m.; (Jur.) acusação f. formal; ataque m.; carga f. elétrica ‖ v. carregar (arma de fogo; bateria), encher; ordenar, encarregar; dirigir; acusar; cobrar, pôr preço a; debitar, levar à conta de; assaltar, arremeter. **extra** ≃ despesas extras. **free of** ≃ grátis, gratuito. **to** ≃ **for** cobrar por. ≃ **account** conta corrente.

char.i.ta.ble [tʃ'æritəbl] adj. caridoso, caritativo; bondoso; tolerante, indulgente.

char.i.ty [tʃ'æriti] s. caridade, misericórdia f.; esmola f.; indulgência f.

char.la.tan [ʃ'aːlətən] s. charlatão, curandeiro, impostor, intrujão m.

charm [tʃaːm] s. fascinação f., encanto m.; beleza f.; talismã m.; feitiço m.; berloque m. ‖

v. cativar, encantar; enfeitiçar; dar forças mágicas a, proteger por amuleto ou talismã; dar prazer a.

charm.ing [tʃ'aːmiŋ] adj. atrativo, gracioso, encantador, fascinante, agradável.

chart [tʃaːt] s. mapa m. (também Náut.); carta f. de tabelas ou gráficos; lista f.; gráfico, quadro m. ‖ v. fazer mapa, tabela ou gráfico; desenhar.

char.ter [tʃ'aːtə] s. carta patente, provisão, patente, escritura f.; privilégio, título m.; isenção f.; alvará m.; (Náut.) carta f. de fretamento. ‖ v. dar carta patente ou título, privilegiar, garantir, estabelecer por alvará; fretar, alugar, contratar.

char.wom.an [tʃaː'wumən] s. faxineira f.

cha.ry [tʃ'ɛəri] adj. cauteloso; desconfiado.

chase [tʃeis] s. caça, caçada f.; animal m. caçado, caça f.; perseguição f.; ranhura, chanfradura f.; (Tipogr.) rama f.; bolada f. de canhão. ‖ v. perseguir; acossar; caçar, ir à caça; gravar; cinzelar; entalhar.

chasm [kæzm] s. brecha, fenda f. na terra.

chas.sis [ʃ'æsis] s. chassi m. (carro, rádio).

chaste [tʃeist] adj. puro, inocente, casto, virtuoso; decente; simples, singelo.

chas.ti.ty [tʃ'æstiti] s. castidade f.; decência, modéstia f.; continência, abstenção f.

chat [tʃæt] s. palestra f.; bate-papo m. ‖ v. conversar, tagarelar, prosear. **to** ≃ **up** cantar (moça).

chat.ter [tʃ'ætə] s. conversa f. rápida; palavrório m.; sons m. pl. rápidos e inarticulados ‖ v. parolar, tagarelar; trepidar.

chauf.feur [ʃouf'ə:] s. chofer m., motorista m. + f.

chau.vin.ism [ʃ'ouvinizm] s. chauvinismo m.

chau.vin.ist [ʃ'ouvinist] s. chauvinista m. + f.

cheap [tʃiːp] adj. barato, de preço baixo; oferecendo preços baixos (mercado ou casa); fácil de adquirir, fazer etc.; comum, inferior, desprezível; atônito.

cheap.en [tʃ'iːpən] v. baratear, pechinchar; depreciar; tornar-se barato.

cheap.ness [tʃ'iːpnis] s. barateza f.

cheat [tʃiːt] s. impostor, trapaceiro m.; engano m.; imitação f. ‖ v. enganar, iludir; burlar; baldar; matar o tempo.

check [tʃek] s. parada repentina, pausa f.; repressão f.; supervisão f.; obstáculo, freio m.;

restrição f.; recuo m.; comparação f.; rubrica f.; cheque m.; teste m. ‖ v. parar repentinamente; reprimir, controlar, deter; fiscalizar, inspecionar, conferir; rubricar, marcar; dar xeque a. ≃ **in** admissão. ≃ **card** (E.U.A.) cartão (de banco). ≃ **list** lista (passageiros de avião etc). ≃ **out** saída. ≃ **off** (E.U.A.) sistema de descontar do ordenado as contribuições para os sindicatos. ≃ **-up** (Med.) exame de saúde minucioso, exame médico completo; conferição, confronto.

check.book [tʃ'ekbuk] s. talonário, talão m. de cheques.

check.er.board [tʃ'ekəbɔːd] s. tabuleiro m. de damas ou de xadrez.

check.ered [tʃ'ekəd] adj. axadrezado, quadriculado; variado, diversificado.

cheek [tʃiːk] s. face, bochecha f.; (coloq.) descaramento m.; (coloq.) audácia f.

cheek.bone [tʃ'iːkboun] s. osso m. malar.

cheer [tʃiə] s. alegria, satisfação f.; ânimo m.; viva m., aclamação f. ‖ v. alegrar, encorajar; aplaudir, aclamar; confortar, consolar; saudar com vivas. **to** ≃ **up** alegrar-se, animar-se. ≃ **up!** coragem!

cheer.ful [tʃ'iəful] adj. alegre, contente.

cheer.ful.ness [tʃ'iəfulnis] s. alegria, satisfação f.

cheese [tʃiːz] s. queijo m. **big** ≃ figurão. ≃**d off** cheio.

chem.i.cal [k'emikəl] s. substância f. química. ‖ adj. químico. ≃ **pulp** celulose.

chem.ist [k'emist] s. químico m.; (Ingl.) farmacêutico, boticário m.

chem.is.try [k'emistri] s. química f.

che.mo.ther.a.py [kemouθ'erəpi] s. (Med.) quimioterapia f.

chem.ur.gy [k'emə:dʒi] s. química f. aplicada à indústria ou à agricultura.

cher.ish [tʃ'eriʃ] v. estimar; afagar, acariciar; cuidar; lembrar (com prazer).

cher.ry [tʃ'eri] s. cereja f.; (Bot.) cerejeira f.; vermelho-cereja m. (cor); virgindade f. **to lose one's** ≃ perder a virgindade.

chess [tʃ'es] s. xadrez, jogo m. de xadrez.

chest [tʃest] s. tórax m.; arca f.; caixão, baú m.; (Téc.) caixa f. de válvula. ‖ v. pôr em caixão; amealhar, guardar. ≃ **of drawers** cômoda.

ches.nut [tʃ'esnʌt] s. (Bot.) castanheiro m.; castanha f.; cavalo m. alazão. ‖ adj. castanho, de cor castanha, alazão.

chew [tʃuː] s. mastigação f.; aquilo que se mastiga; tabaco m. de mascar. ‖ v. mastigar, mascar; (fig.) ruminar, refletir bem; (fig.) palrar, tagarelar. **to** ≃ **out** dar uma bronca.

chewing gum [tʃ'uː iŋgʌm] s. goma f. de mascar, chicle m.

chick [tʃik] s. pintinho m.; criança f.; (E.U.A.) moça, garota f.

chick.en [tʃ'ikin] s. pinto m.; (E.U.A.) frango, franguinho m., galinha f.; carne f. de ave doméstica; (E.U.A., coloq.) mocinha f. ingênua. ‖ adj. pequeno, novo, jovem. ≃ **pox** (Med.) varicela, catapora.

chick.en.feed [tʃ'ikinfiːd] s. pouco dinheiro m.; fragmento m. inadequado, insuficiente; coisa f. à toa.

chief [tʃiːf] s. chefe m. + f.; comandante, dirigente m. + f.; superior m.; cabeça m.; cacique m. ‖ adj. principal; primeiro, mais importante, essencial.

chil.blain [tʃ'ilblein] ≃**s** s. (Pat.) frieira f.

child [tʃaild] s. criança f.; menino m. ou menina f.; filho m. ou filha f. ≃**'s play** (gíria) sopa (muito fácil).

child.birth [tʃ'aildbə:θ] s. parto m.

child.hood [tʃ'aildhud] s. infância, meninice, puerícia f.

child.ish [tʃ'aildiʃ] adj. infantil; ingênuo.

child.like [tʃ'aildlaik] adj. pueril, inocente, ingênuo, simples.

chil.dren [tʃ'ildrən] s. pl. de **child**.

chil.i [tʃ'ili] s. (E.U.A.) pimenta f. malagueta (planta e produto).

chill [tʃil] s. frio m.; arrepio m.; insensibilidade f.; depressão f. ‖ v. esfriar-se, resfriar-se; sentir frio; desanimar. ‖ adj. frio, gélido; indiferente.

chil.ly [tʃ'ili] adj. frio, friorento; frígido, indiferente. ‖ adv. com frieza.

chime [tʃaim] s. carrilhão m.; toque m. de carrilhão. ‖ v. tocar carrilhão, repicar sinos; bater (hora); concordar.

chim.ney [tʃ'imni] s. chaminé f., fumeiro m.; manga f. de candeeiro.

chin [tʃin] s. queixo m.; (E.U.A., gíria) conversa, lábia, prosa f. ‖ v. (E.U.A., gíria) prosear. **up to the** ≃ (fig.) até as orelhas.

chi.na [tʃ'ainə] s. porcelana f.; louça f. ‖ adj. de porcelana, de louça. ≃**-clay** caulim. ≃**-ware** porcelana, louça.

Chin.ese [tʃain'iːz] s. + adj. chinês m.

chink [tʃiŋk] s. fenda, racha, abertura f. estreita; tinido m. ‖ v. tinir, tilintar; fazer tinir, tocar (os copos).

chip [tʃip] s. lasca f.; cavaco, fragmento m.; limalha, apara f.; lugar m. onde se cortou um pedaço; fatia f. de comida ou doce. ≃ s batatinhas f. pl. fritas ‖ v. lascar, fazer cavacos; cinzelar, cortar, escavar; desbastar.

chip.munk [tʃ'ipmʌŋk] s. espécie de esquilo m. com o dorso listrado.

chip.per [tʃ'ipə] v. (E.U.A.) tagarelar, palrar; pipilar (passarinho). ‖ adj. (coloq.) palrador; vivo, alegre.

chi.rop.o.dist [kair'ɔpodist] s. quiropodista m. + f.; pedicuro m., calista m. + f.

chi.ro.prac.tor [k'airopræktə] s. (E.U.A.) quiroprático m.; massagista m. + f.

chirp [tʃə:p] s. chilro, gorjeio, trinado m.; cricri, cricrido m. ‖ v. chilrar, gorjear, trinar; cricrilar; dizer com estrídulo.

chir.py [tʃə:pi] adj. alegre.

chis.el [tʃizl] s. formão, buril, cinzel m.; (fig.) escultura f. ‖ v. cinzelar, esculpir; (gíria) tapear, lograr.

chiv.al.ry [ʃ'ivəlri] s. cavalheirismo m.; cortesia f.; nobreza f.; guerreiros m. pl.

chive [tʃaiv] s. (Bot.) cebolinha-capim f.; cebolinho m.

chive garlic s. = **chive**.

chlo.rine [kl'ɔ:rin] s. (Quím.) cloro m.

chlo.ro.form [kl'ourofɔ:m] s. (Quím.) clorofórmio m. ‖ v. cloroformizar.

chlo.ro.phyl [kl'ourofil] s. clorofila f.

choc.o.late [tʃ'ɔkəlit] s. chocolate m.; cor f. de chocolate. ‖ adj. de chocolate, feito de chocolate; marrom-escuro.

choice [tʃɔis] s. escolha f.; escol m., a melhor parte f. ‖ adj. escolhido, selecionado, seleto; fino, excelente, superior.

choir [kw'aiə] s. coro m., grupo m. de cantores; balcão m. da igreja onde se canta e toca. ‖ v. cantar em coro, cantar em conjunto.

choke [tʃouk] s. sufocação, asfixia, estrangulação f.; ruído m. de sufocação; (Autom.) afogador m. ‖ v. silenciar, asfixiar, m.; afogar (-se); controlar, segurar; obstruir.

chol.er.a [k'ɔlərə] s. (Med.) cólera f.

chol.er.ic [k'ɔlərik] adj. colérico, irascível, irado, raivoso, irritadiço.

cho.les.te.rol [kəl'estərəl] s. colesterol m.

choose [tʃu:z] v. (pret. **chose**, p. p. **chosen**) escolher; eleger, preferir, selecionar; optar, decidir-se, achar melhor; joeirar.

choo.sy [tʃ'u:zi] adj. enjoada, difícil de agradar (pessoa).

chop [tʃɔp] s. golpe m. cortante, talho, corte m.; fatia f., pedaço m.; costeleta, posta f. de carne. ‖ v. cortar, talhar, picar, retalhar; sacudir; desbastar.

chop.py [tʃ'ɔpi] adj. agitado, encapelado, encrespado (ondas).

cho.ral [kɔr'a:l] s. coral, hino, canto m. coral.

cho.ral [k'ɔ:rəl] adj. coral.

chord [kɔ:d] s. (Mús.) acorde m.

chore [tʃɔ:r] s. (E.U.A.) biscate m.; trabalho m. difícil ou desagradável.

cho.re.og.ra.phy [kouri'ɔgrəfi] s. coreografia ou coregrafia f.; arte f. de dançar.

cho.rus [k'ɔ:rəs] s. coro m. ‖ v. cantar ou falar em coro. **in** ≃ em coro.

chose [tʃouz] v. pret. de **choose**.

cho.sen [tʃouzn] v. p. p. de **choose**.

chow.der [tʃ'audə] s. sopa f. grossa ou ensopado m. de mariscos ou peixe com legumes e batatas.

Christ [kraist] s. Cristo, Jesus Cristo m.

chris.ten [krisn] v. batizar; dar nome, apelidar; (coloq.) usar pela primeira vez.

Chris.ten.dom [kr'isndəm] s. cristandade f.

christening [kr'isniŋ] s. batismo m.

Chris.tian [kr'istjən] s. + adj. cristão m. ≃ **burial** enterro cristão. ≃ **Science** Ciência Cristã.

Chris.ti.an.i.ty [kristi'æniti] s. cristandade f.; cristianismo m.

Christ.mas [kr'isməs] s. (abr. **Xmas**) Natal m. ‖ adj. de Natal. **Father** ≃ Papai Noel. ≃ **Eve** véspera de Natal.

chro.mat.ic [krom'ætik] adj. cromático.

chrome [kroum] s. (Quím.) cromo m.

chro.mo.some [kr'ouməsoum] s. (Biol.) cromossomo m.

chron.ic [kr'ɔnik] adj. (Med.) crônico.

chron.i.cle [kr'ɔnikl] s. crônica f. ‖ v. cronicar, registrar, escrever crônicas.

chron.o.graph [kr'ɔnogra:f] s. cronógrafo, cronômetro, relógio m. de precisão.

chron.o.log.ic [krɔnəl'ɔdʒik] adj. cronológico, relativo à cronologia.

chron.o.log.i.cal [krɔnəl'ɔdʒikəl] adj = **chronologic**.

chro.nol.o.gy [kron'ɔlədʒi] s. cronologia, cronográfia f.; lista f. cronológica.

chro.nom.e.ter [kron'ɔmitə] s. cronômetro m.; relógio m. de alta precisão.

chrys.al.i.des [kris'ælidi:z] s. = **chrysalis.**

chrys.a.lis [kr'isəlis] s. (Zool.) crisálida, crisálide f.

chrys.a.lis.es [krisəl'isiz] s. pl. = **chrysalis.**

chry.san.the.mum [kris'enθəməm] s. (Bot.) crisântemo, monsenhor m.

chub.by [tʃ'ʌbi] adj. gordo, bochechudo, redondo. ≃-**faced** de rosto cheio.

chuck.le [tʃʌkl] s. risada f. à socapa; cacarejo m. ‖ v. rir à socapa, casquinar; cacarejar. ≃-**head** cabeçudo; estúpido.

chum [tʃ'ʌm] s. amigo m. íntimo; companheiro m. de quarto. ‖ v. acamaradar-se.

chunk [tʃʌŋk] s. (coloq.) pedaço m. grosso; naco m.

church [tʃə:tʃ] s. igreja f. **at, in** ≃ na igreja. **after** ≃ depois do serviço religioso.

church.goer [tʃ'ə:tʃgouə] s. devoto, igrejeiro, fiel m.

church.man [tʃ'ə:tʃmən] s. clérigo, eclesiástico, padre m.; membro m. da igreja.

church.yard [tʃ'ə:tʃja:d] s. terreno m. em volta da igreja; cemitério m.

churn [tʃə:n] s. batedeira f., recipiente m. para fazer manteiga; mexedura, agitação f. forte; latão m. de leite. ‖ v. fazer manteiga, bater nata; agitar, mexer.

ci.ca.da [sik'a:də] s. (Ent.) cigarra f.

ci.der [s'aidə] s. cidra f.

ci.gar [sig'a:] s. charuto m.

cig.a.ret [sigər'et] s. = **cigarette.**

cig.a.rette [sigər'et] s. cigarro m. ≃-**holder** piteira, boquilha.

cin.der [s'ində] ≃s s. escória f. de carvão ou hulha betuminosa, cinza f.; brasa f.; carvão m. parcialmente queimado.

cin.e.ma [s'inimə] s. filme m.; cinema m.

cin.na.mon [s'inəmən] s. canela f.; casca f. de caneleira; caneleira f.; cinamomo m.; cor f. de canela, marom-claro m. ‖ adj. aromatizado com canela; da cor de canela, de cor marrom-clara.

ci.pher [s'aifə] s. cifra f.; zero m.; escrita f. secreta; chave f. de escrita secreta. ‖ calcular, fazer cálculos; escrever em cifra.

cir.ca [s'ə:kə] adv. cerca, perto, aproximadamente, por volta de.

cir.cle [sə:kl] s. (Geom.) círculo m.; circuito m.; circunferência f.; halo m.; coroa f., diadema m.; anel m.; assentos m. pl. no balcão do teatro; período, ciclo m.; órbita f. de um corpo celeste; período m. de revolução de um corpo celeste; grupo m. de pessoas, roda f., grêmio m.; esfera f. de influência ou de ação. ‖ v. circular; revolver, girar, rodar; circundar, rodear. **to** ≃ **in** cercar.

cir.cuit [s'ə:kit] s. circuito, giro m., volta f.; rota f., percurso m. de viagens repetidas; zona f. percorrida periodicamente; perímetro m.; periferia f.; rotação f.; superfície f. circunscrita; (Eletr.) circuito, condutor m. ‖ v. circuitar, circular, girar, circundar, resolver, rodar.

cir.cu.lar [s'ə:kjulə] s. circular m. (carta, manifesto, aviso etc.). ‖ adj. circular; redondo; que se move em círculo; relativo ao círculo; que foi enviado a muitas pessoas; indireto, com rodeios. ≃ **saw** serra circular.

cir.cu.late [s'ə:kjuleit] v. circular, mover(-se), andar em círculo; pôr em circulação; difundir-se, espalhar-se.

cir.cu.la.tion [sə:kjul'eiʃən] s. circulação f. (também Med.); distribuição f. de livros ou de revistas; edição, tiragem f.

cir.cu.la.to.ry [s'ə:kjulətouri] aj. circulatório, circular, circulante. ≃ **system** (Anat.) aparelho circulatório.

cir.cum.cise [s'ə:kəmsaiz] v. circuncidar.

cir.cum.ci.sion [sə:kəms'iʒən] s. circuncisão f.; (fig.) purificação f. espiritual.

cir.cum.fer.ence [sək'ʌmfərəns] s. circunferência, periferia f.; circuito m.

cir.cum.lo.cu.tion [sə:kəmlɔkj'u:ʃən] s. circunlóquio m.; perífrase f.

cir.cum.scribe [s'ə:kəmskraib] v. traçar uma linha em volta; cercar; limitar; (Geom.) circunscrever; definir.

cir.cum.spect [s'ə:kəmspekt] adj. circunspecto, prudente, cauteloso.

cir.cum.spec.tion [sə:kəmsp'ekʃən] s. circunspeção, prudência, cautela f.

cir.cum.stance [s'ə:kəmstæns] s. circunstância, condição f.; particularidade f.; ocorrência f.; cerimônia f. ≃s circunstâncias f. pl.; pormenores m. pl., situação f.

cir.cum.vent [sə:kʌmv'ent] v. evitar, frustrar.

cir.cus [s'ə:kəs] s. circo m.; espetáculo m. circense; (Ingl.) praça f. circular.

cir.rho.sis [sir′ousis] s. (Med.) cirrose f.

cir.rus [s′irəs] s. (Meteor.) (pl. **cirri** [s′iri]) cirro m.

cis.tern [s′istən] s. cisterna f.; reservatório m. de água, poço m. estreito; (Anat.) vaso m. ou cavidade f. linfática.

cit.a.del [s′itədel] s. fortaleza, cidadela f.; praça-forte f.; (fig.) refúgio m.

ci.ta.tion [sait′eiʃən] s. citação; (Jur.) intimação f.; condecoração f. pública.

cite [sait] v. citar; referir-se a; (Milit.) mencionar (atos de bravura); (Jur.) intimar para comparecer em juízo.

cit.i.zen [s′itizən] s. cidadão m.; paisano, civil m. **fellow-** ≃ concidadão.

cit.i.zen.ship [s′itizənʃip] s. cidadania f.

cit.rous [s′itrəs] adj. cítrico, relativo às plantas do gênero Citrus.

cit.rus [s′itrəs] s. = **citrous**.

cit.y [s′iti] s. metrópole f. ‖ adj. citadino. ≃ **father** vereador, camarista. ≃ **hall** (E.U.A.) prefeitura.

civ.ic [s′ivik] adj. citadino; cívico; urbano.

civ.il [s′ivil] adj. cívico; governamental; civil; polido; civilizado; (Jur.) legal. ≃ **defence** defesa civil. ≃ **disobedience** desobediência à lei (esp. por não pagar taxas e impostos). ≃ **engineer** engenheiro civil. ≃ **servant** funcionário público.

ci.vil.ian [siv′iljən] s. + adj. civil m. + f.; paisano m.; que não é militar.

ci.vil.i.ty [siv′iliti] s. cortesia, polidez f.; ato m. de cortesia; civilidade f.

civ.i.li.za.tion [sivilaiz′eiʃən] s. civilização f.

civ.i.lize [s′ivilaiz] v. civilizar; refinar, educar, apurar, aperfeiçoar.

civ.i.lized [s′ivilaizd] adj. civilizado; educado, culto, bem-nascido, polido.

claim [kleim] s. reivindicação f.; título m.; asserção, alegação f. ‖ v. reivindicar; alegar; sustentar; requerer, clamar.

claim.ant [kl′eimənt] s. pretendente, requerente m. + f., reivindicador, clamador m.

clair.voy.ant [klɛəv′ɔiənt] s. vidente m. + f. ‖ adj. clarividente, vidente, perscrutador, sagaz, perspicaz.

clam [klæm] s. (Zool.) molusco, marisco m.; (E.U.A., coloq.) pessoa f. taciturna. ‖ v. (E.U.A.) catar ou procurar mariscos.

clam.ber [kl′æmbə] s. escalada, subida f. difícil. ‖ v. trepar, subir com dificuldade; (fig.) subir, tornar-se proeminente.

clam.our [kl′æmə] s. clamor, brado, grito m. ‖ v. gritar, berrar, clamar; reclamar, protestar, queixar-se, vociferar.

clamp [klæmp] s. braçadeira, fita f.; sargento, torno, grampo, parafuso m. de aperto. ‖ v. segurar, apertar, firmar.

clan [klæn] s. clã m., tribo f.

clan.des.tine [klænd′estin] adj. clandestino, escondido, furtivo, secreto.

clang [klæŋ] s. clangor, retintim m.; grasnido m. ‖ v. clangorar, tinir, soar; ressoar; gruir (grou), grasnar (ganso).

clan.ger [kl′æŋə] s. (gíria) gafe f. **to drop a** ≃ cometer uma gafe, um erro.

clank [klæŋk] s. som m. metálico de um objeto contra outro.

clap [klæp] s. palmada f.; estrépito m.; estampido m. do trovão; aplauso m.; (gíria) gonorréia f., doença f. venérea. ‖ v. bater uma coisa contra a outra com estrondo; aplaudir; bater palmas. ≃ **ped out** cansado, exausto, esbodegado.

clar.i.fy [kl′ærifai] v. clarificar, purificar, limpar: (fig.) esclarecer(-se), explicar(-se), elucidar(-se), tornar(-se) compreensível.

clar.i.net [kl′ærin′et] s. clarineta f., clarinete m. **bass** ≃ clarinete-baixo.

clar.i.ty [kl′æriti] s. claridade, limpidez f.

clash [klæʃ] s. estrondo, estrépito m.; choque m., colisão f.; conflito, desacordo m. ‖ v. estrepitar, estrondear; bater; discordar; não combinar; opor-se a, impedir.

clasp [kla:sp] s. gancho, grampo, fecho, colchete m.; fivela f.; broche m. ‖ v. enganchar, acolchetar, afivelar; apertar. ≃ **-knife** canivete.

class [kla:s] s. classe, categoria, espécie f.; aula, classe f. de alunos; camada f. social; grau m.; qualidade f.; (Bot. e Zool.) classe f. ‖ v. classificar, dispor em classe; estar classificado. ‖ adj. relativo a classe.

clas.sic [kl′æsik] s. obra f. clássica, arte f. clássica; clássico m. ≃ **s** clássicos m. pl., literatura f. ‖ adj. excelente; clássico, relativo à arte ou literatura clássica.

clas.si.cal [kl′æsikəl] adj. clássico (também Mús.); ortodoxo.

clas.si.fi.ca.tion [klæsifik′eiʃən] s. classificação f., agrupamento m. em um sistema.

clas.si.fied [kl′æsifaid] adj. (E.U.A.) secreto, confidencial (documentos públicos).

clas.si.fy [kl′æsifai] v. classificar, agrupar.

class.mate [klˈaːsmeit] s. colega m. + f. de classe.

class.room [klˈaːsrum] s. sala de aula, classe f.

clat.ter [klˈætə] s. ruído m.; tropel m.; algazarra f. ‖ v. mover; patear, tropeliar; fazer tinir ou ressoar; tagarelar.

clause [klɔːz] s. (Gram.) parte f. de frase, oração f.; cláusula f. (de contrato).

claus.tro.pho.bi.a [klɔstrəfˈoubiə] s. claustrofobia f.

clav.i.cle [klˈævikl] s. (Anat.) clavícula f.

claw [klɔː] s. garra f.; pata f. com unhas afiadas; (coloq.) mão f.; arranhão m. ‖ v. arranhar, rasgar, prender com garras.

clay [klei] s. barro m.; argila f.; lodo m. ‖ v. barrar, fechar ou cobrir com barro.

clean [kliːn] v. limpar assear. ‖ adj. limpo, asseado; puro; honesto; liso, regular; desobstruído, desimpedido. ‖ adv. completamente, inteiramente. **to** ≃ **out** esvaziar, despejar; pôr (alguém) para fora. ≃-**shaven** bem barbeado.

clean.er [klˈiːnə] s. limpador, faxineiro m.

clean.ly [klˈenli] adj. (habitualmente) limpo, asseado.

clean.ly [klˈiːnli] adv. limpamente, asseadamente.

clean.ness [klˈiːnnis] s. limpeza f., asseio m.; (fig.) pureza, inocência f.

clear [kliə] s. claro, espaço m. ‖ v. aclarar, clarear, iluminar; retirar; limpar, roçar (terreno); desimpedir; inocentar; elucidar; explicar; ganhar, esvaziar, despejar; saldar, solver; compensar (um cheque); (Náut.) afastar-se. ‖ adj. claro, sem nuvens, brilhante; transparente; límpido; inteligente; distinto; evidente; aparente; inteligível; seguro; livre. **to** ≃ **the land** (Náut.) fazer-se ao largo. **to** ≃ **away** vencer, superar (**a difficulty** uma dificuldade); afastar-se. **to** ≃ **up** arrumar. **to** ≃ **out** limpar, arrumar; sair, ir embora. **to** ≃ **off** sair, ir embora. ≃-**cut** claro, definido.

clear.ance [klˈiərəns] s. liberação, desobstrução f.; espaço m. livre; (Marít. e Aer.) autorização f. de partida; derruba, derrubada, roça f.; acerto m. de contas.

clear.ing [klˈiəriŋ] s. justificação f.; roça, clareira f.; ajuste, acerto m. de contas, compensação f. de cheques entre bancos; liquidação f. ≃-**sale** (Com.) liquidação.

cleav.er [klˈiːvə] s. cutelo m. de açougueiro; rachador, talhador m.

clef [klef] s. (Mús.) clave f. **G** ≃ clave de sol.

cleft [kleft] s. racha, fenda, fissura f. ‖ adj. fendido, rachado. **in a** ≃ **stick** em apuros.

clem.en.cy [klˈemənsi] s. clemência, brandura, indulgência f.

clench [klentʃ] s. aperto m. ‖ v. fixar, prender; agarrar; cerrar (o punho).

cler.gy [klˈəːdʒi] s. clero m.

cler.gy.man [klˈəːdʒimən] s. clérigo, padre, pastor, sacerdote, ministro m.

cler.i.cal [klˈerikəl] s. clérigo, padre m. ‖ adj. relativo a empregado de escritório; clerical. ≃ **error** erro de escrita.

clerk [klaːk] s. balconista m. + f.; escrevente m. + f., escriturário m.; oficial m. de cartório ou de justiça; sacristão m.; clérigo m. ‖ v. trabalhar como escrevente etc.

clev.er [klˈevə] adj. inteligente, esperto, engenhoso, talentoso; hábil, destro.

clev.er.ness [klˈevənis] s. inteligência f.; perícia, destreza, habilidade f.; talento m.

cli.ché [klˈiːʃei] s. (Tipogr.) clichê m.; (fig.) chavão m. ‖ adj. estereotipado.

click [klik] s. tique-taque, estalido m.; (Téc.) lingüeta, trava f. ‖ v. fazer tique-taque, dar estalidos; (gíria) ter sucesso; (gíria) fazer sentido.

cli.ent [klˈaiənt] s. cliente m. + f.; freguês m.

cliff [klif] s. penhasco, rochedo m. íngreme.

cli.mate [klˈaimit] s. clima m.; atmosfera f.

cli.max [klˈaimæks] s. clímax m., culminância f.; orgasmo m. ‖ v. culminar.

climb [klaim] s. ascensão, escalada f. ‖ v. ascender, escalar, trepar; levantar-se, elevarse; crescer, trepar (planta).

clinch [klintʃ] s. rebitamento m.; rebite, cravo m. ‖ v. rebitar, revirar, segurar (pino, curvando sua ponta); apertar, fixar; (Esp.) pegar corpo-a-corpo.

cling [kliŋ] v. (pret. e p. p. **clung**) agarrar, pegar; abraçar; apegar-se, ser fiel a.

clin.ic [klˈinik] s. clínica f., hospital, ambulatório m.; ensino m. clínico.

clin.i.cal [klˈinikəl] adj. clínico, relativo à clínica.

clinck [kliŋk] s. tinido m.; (gíria) prisão f., xadrez m.

clip [klip] s. tosquia f., corte m.; tosão, velo m.; clipe, grampo m. ‖ v. tosquiar, cortar (com tesoura); aparar, cercear; reduzir, encurtar.

clip.per [kl'ipə] s. tosquiador, cortador m.; (Náut.) clíper m. ≃s tesoura f.; clíper m.

clip.ping [kl'ipiŋ] s. tosquia, tosquiadela f. ≃s aparas f. pl. I adj. cortante; rápido, veloz; excelente.

cloak [klouk] s. capote, manto m.; (fig.) disfarce m. I v. encapotar, cobrir com capa; esconder, disfarçar, mascarar.

cloak.room [kl'oukrum] s. vestiário m.

clock [klɔk] s. relógio m. (não portátil); (coloq.) taxímetro m. I v. (coloq.) cronometrar; medir, registrar o tempo de.

clo.ck.wise [kl'ɔwaiz] adj. + adv. sentido horário.

clock.work [kl'ɔkwəːk] s. mecanismo m. de relógio ou mecanismo semelhante.

clod [klɔd] s. torrão m. de terra; terra f., solo m.; coisa f. terrosa; (fig.) pessoa f. estúpida, cabeça-dura m. + f.

clog [klɔg] s. obstáculo, embaraço m.; peia f.; entupimento m.; tamanco m.; dança f. ou sapateado m. com tamancos. I v. encher (-se), obstruir; parar, frear, interferir, pear, embaraçar; sapatear.

clois.ter [kl'ɔistə] s. abóbada f. de claustro; mosteiro m.; retiro, claustro m. I v. clausurar, enclausurar, enclaustrar.

clone [kloun] s. clone m.

close [klouz] s. fim, término m., conclusão f.; briga, peleja, luta f. corpo-a-corpo. I v. fechar, confinar; tapar, encher; obstruir; cerrar (fileiras); juntar(-se); cercar; concordar; encerrar; cicatrizar; trancar, aferrolhar; engalfinhar-se. **at the** ≃ **of day** no fim do dia, ao crepúsculo. **to** ≃ **an account** encerrar uma conta. **to** ≃ **a bargain** fechar um negócio.

close [klous] s. espaço m. fechado; cerca f.; beco m. estreito. I adj. junto, próximo; justo; apertado; compacto; íntimo; cuidadoso; exato. I adv. rente; de perto; junto, ao pé. ≃-by perto, adjacente, vizinho.

close.ly [kl'ousli] adv. = close.

close.ness [kl'ousnis] s. estreiteza f., aperto m.; estagnação f.; solidez f.; falta f. de ar ou de ventilação; reserva f.; solidão f.; proximidade f. ≃ **to life** realidade.

clos.et [kl'ɔzit] s. quartinho, cubículo m., despensa f.; gabinete, aposento m. particular; banheiro m., privada f. II v. fechar em aposento ou gabinete. II adj. particular, secreto; impraticável.

clot [klɔt] s. coágulo, grumo m. I v. coagular. ≃ **of blood** coágulo de sangue. ≃**ted milk** coalhada. ≃**ted cream** creme de nata.

cloth [klɔːθ] s. tecido m.; pedaço m. de pano ou tecido; toalha f. de mesa. I adj. feito de pano. **the** ≃ o clero, os clérigos.

clothe [klouð] v. (pret. e p.p. **clothed** e **clad**) vestir; dar roupas, prover de roupas; cobrir; prover, fornecer, equipar.

clothes [klouðz] s. pl. roupa f. (também de corpo), traje, vestuário m., vestes f. pl.; roupa f. de cama. **he changed his** ≃ ele trocou de roupa. **he put on his** ≃ ele vestiu-se. **he took off his** ≃ ele tirou a roupa, despiu-se. ≃ **hanger** cabide. ≃ **horse** varal. ≃ **peg** prendedor (de roupa).

cloth.ing [kl'ouðiŋ] s. roupa f.; coberta f.; revestimento m. **article of** ≃ peça de roupa.

cloud [klaud] s. nuvem f.; névoa, bruma f.; multidão f., grande número m.; (fig.) sombra f. I v. nublar(-se); ondear, imitar veias; (fig.) entristecer(-se); escurecer, obscurecer. **on a** ≃ (gíria) felicíssimo. **to** ≃ **over** nublar-se, turvar-se.

cloud.less [kl'audlis] adj. claro, sem nuvens, desnublado, diáfano, transparente.

cloud.y [kl'audi] adj. nublado; nebuloso, como nuvens; turvo; manchado; confuso; sombrio, triste, melancólico.

clout [klaut] v. (coloq.) dar uma surra, uma bofetada f.

clove [klouv] s. cravo-da-índia, cravo m.; craveiro m.; (Bot.) bulbo m.; dente m. de alho. **oil of** ≃s óleo de cravo.

clo.ver [kl'ouvə] s. (Bot.) trevo, trifólio m.

clown [klaun] s. palhaço m.; rústico, grosseirão m. I v. fazer palhaçadas.

club [klʌb] s. porrete m., clava, maça f.; (Esp.) taco m.; clube, grêmio m.; (Esp.) bater, abater, esbordoar; associar-se. I adj. de ou relativo a clube. ≃ -house sede, casa de um clube.

clue [kluː] s. fio m. où chave f. de um mistério, indício, vestígio m.

clump [klʌmp] s. moita f.; torrão, pedaço m.; cepo m.; pisada f. forte; sola f. dupla de calçado. I v. andar pesada e ruidosamente; acumular(-se); pôr sola dupla.

clum.sy [kl'ʌmzi] adj. desgracioso; malfeito, informe, grosseiro, rude; indelicado, mal-educado. ≃ **style** estilo pesado.

clung [klʌŋ] v. pret. e p. p. de cling.

clus.ter [kl'ʌstə] s. cacho, ramalhete m.; enxame, bando, cardume m.; quantidade f. ‖ v. crescer em cachos; agrupar-se.

clutch [klʌtʃ] s. aperto m.; garra, presa f.; embreagem f.; pedal m. da embreagem. ‖ v. apertar, apanhar; arrebatar; embrear, acionar a embreagem.

clut.ter [kl'ʌtə] s. desordem f.; algazarra f. ‖ v. fazer barulho ou algazarra; atravancar, amontoar desordenadamente.

coach [koutʃ] s. coche m., carruagem f.; (E.U.A.) vagão, carro m. de passageiros de estrada de ferro; (E.U.A.) ônibus m.; (Esp.) treinador, técnico m. ‖ v. ensinar, treinar; preparar (para exame ou certames); viajar em carruagem ou carro.

co.ag.u.late [kou'ægjuleit] v. coagular, coalhar; fazer coalhar; congelar.

coal [koul] s. hulha f., carvão m. vegetal. ‖ v. abastecer, suprir com carvão; carbonizar, reduzir a carvão.

co.a.li.tion [kouəl'iʃən] s. coalizão, união, aliança, liga f.; coalescência f.

coarse [kɔːs] adj. grosso, grosseiro; áspero; comum, inferior, ordinário; rude, vulgar, obsceno, rústico.

coars.en.ess [k'ɔːsnis] s. aspereza f.; grosseria, impolidez, rudeza f.

coast [koust] s. costa, praia, beira-mar f.; litoral m.; região f. costeira. (E.U.A.) ladeira, descida f. ‖ v. costear; andar junto da costa; navegar de porto a porto. **on the** ≃ na costa. **the** ≃ **is clear** (fig.) o caminho está livre, passou o perigo. **the Coast** a costa do Pacífico dos E.U.A.

coast.al [k'oustəl] adj. litoral, litorâneo, relativo à costa, costeiro.

coast.guard [k'oustgaːd] s. polícia f. marítima.

coast.line [k'oustlain] s. contorno m. da costa, litoral m., beira-mar f.

coat [kout] s. paletó, sobretudo, casaco m.; capa f.; camada, cobertura f.; (Bot.) casca, cortiça f. ‖ v. prover, equipar com capa ou casaco; pintar, revestir. **turn-** ≃ vira-casaca. **he turned his** ≃ ele virou a casaca. ≃ **of arms** escudo, brasão.

coax [kouks] v. persuadir, lisonjear, adular.

cob [kɔb] s. (E.U.A.) sabugo m., espiga f. de milho; cisne m. (macho).

co.balt [k'oubɔːlt] s. (Quím.) cobalto m.

cob.ble [kɔbl] s. remendagem f.; pedra f. arredondada, paralelepípedo m. ‖ v. remendar (sapatos etc.) toscamente, sarrafaçar.

cob.bler [k'ɔblə] s. sapateiro, remendão m.

cob.web [k'ɔbweb] s. teia, urdidura f. de aranha; (fig.) argumento m. sutil.

co.cain [kouk'ein] s. = **cocaine.**

co.caine [kouk'ein] s. cocaína f.

cock [kɔk] s. galo, frango m.; canto m. do galo; macho m. de qualquer ave ou pássaro; torneira f.; cão m. de espingarda; cata-vento m.; levantamento m. (os olhos, a aba do chapéu, a cabeça por soberbia); torção f., movimento m. para cima; (gíria) pênis m.; (gíria) bobagem f. ‖ v. levantar, erguer (os olhos, a vista); empertigar-se; estar alerta (animais); armar (cão de espingarda). **fighting** ≃ galo de briga. **to** ≃ **up, make a** ≃ **-up of** errar, estragar.

cock.crow [k'ɔkkrou] s. canto m. do galo.

cock.roach [k'ɔkrouʃ] s. barata f.

cock.sure [k'ɔkʃuə] adj. convencido, seguro.

cock.tail [k'ɔkteil] s. coquetel m.; aperitivo m. alcoólico ou não; salada f. de frutas; (Ent.) besouro m; pelintra m. + f.

cock.y [k'ɔki] adj. convencido, insolente.

co.coa [k'oukou] s. cacau m.; chocolate m.; bebida f. feita de cacau; cor f. de chocolate. ‖ adj. relativo ao cacau.

co.co.nut [k'oukounʌt] s. (Bot.) coco m.

co.coon [kək'uːn] s. (Ent.) casulo m. ‖ v. fazer casulos, encasular.

co.co.palm [k'oukoupaːm] s. coqueiro m.

cod [kɔd] s. (Ict.) bacalhau m. **dried** ≃ bacalhau seco.

cod.fish [k'ɔdfiʃ] s. = **cod.**

code [koud] s. código m.; cifra f. ‖ v. codificar; cifrar. ≃ **of honour** código de honra.

co.dex [k'oudeks] s. (pl. **codices** [k'ɔdisis]) código m.

cod.i.fy [k'ɔdifai] v. codificar; classificar.

co.ed [k'ou'ed] s. (E.U.A., coloq.) aluna f. de colégio co-educacional.

co-ed [k'ou'ed] s. = **coed.**

co.ef.ficient [kouif'iʃənt] s. coeficiente m.

co.erce [kou'əːs] v. coagir, forçar.

cof.fee [k'ɔfi] s. café m.; (Bot.) cafeeiro, cafezinho m.; cor f. de café. **raw** ≃ café verde.

cof.fer [k'ɔfə] s. cofre m., arca f. ≃ **s** tesouro m., fundos m. pl.

cof.fin [k'ɔfin] s. caixão m. de defunto, ataúde, esquife m.; (coloq.) navio m. inavegável. ‖ v. pôr em caixão ou esquife.

cog [kɔg] s. (Mec.) dente m. de roda dentada, dente m. de engrenagem.

co.gent [k'oudʒənt] adj. convincente, inefutável.

cog.i.ta.ble [k'ɔdʒitəbl] adj. cogitável, ideável, pensável, concebível, imaginável.

cog.i.tate [k'ɔdʒiteit] v. cogitar, imaginar, ponderar, considerar, planejar.

cog.ni.tion [kɔgn'iʃən] s. cognição f.

cog.wheel [k'ɔgwi:l] s. roda f. dentada; engrenagem f.

co.her.ent [kouh'iərənt] adj. coerente.

co.he.sion [kouh'i:ʒən] s coesão f.

co.he.sive [kouh'i:siv] adj. coesivo, aderente, coerente, ligado.

coil [kɔil] s. rolo m.; espiral f.; bobina f. (também Eletr.). ‖ v. enrolar, bobinar; formar espiral; serpear, mover-se em espiral. **induction** ≃ bobina de indução.

coin [kɔin] s. moeda f. ‖ v. cunhar moeda, amoedar; (fig.) inventar, forjar.

coin.age [k'ɔinidʒ] s. cunhagem, moedagem f.; moedas f. pl.

coin.cide [kouins'said] v. coincidir; corresponder, concordar, harmonizar.

co.in.ci.dence [kou'insidəns] s. coincidência, concordância f.; simultaneidade f.

coke [kouk] s. coque m.; (E.U.A., gíria) cocacola f.; cocaína f. ‖ v. coqueificar.

co.la [k'oulə] s. (Bot.) cola f.

cold [kould] s. frio m.; temperatura f. baixa; calafrio m.; resfriado, catarro m.; resfriamento m. ‖ adj. frio, frígido, (gíria) morto; inconsciente, inerte; indiferente; reservado; inexpressivo, imperceptível, imparcial; nu, cru (fatos). ≃ **war** guerra fria ≃-**blooded** de sangue-frio, cruel. **to catch a** ≃ pegar um resfriado, resfriar-se. **to be left in the** ≃ ser ignorado, deixado de lado. **to feel** ≃ sentir frio. **to have** ≃ **feet** estar com medo.

cold.ness [k'ouldnis] s. frio m., frialdade f.; frieza, indiferença f., desinteresse m.

cole.slaw [k'oulslɔ:] s. (E.U.A.) salada f. de repolho cru finamente cortado.

col.lab.o.rate [kəl'æbəreit] v. colaborar, cooperar, trabalhar em conjunto; colaborar com o inimigo, cometer traição.

col.lab.o.ra.tion [kəlæbər'eiʃən] s. colaboração, cooperação f.

col.lapse [kəl'æps] s. colapso, desmaio m.; falência f. ‖ v. cair, ruir, desmoronar.

col.lar [k'ɔlə] s. colarinho m., gola f.; colar, laço m.; gargantilha f.; coleira f. (de cães); (Téc.) anel, colar m. ‖ v. pôr colar, coleira, ou colarinho; pegar pelo colarinho, capturar; (coloq.) agarrar, pegar, segurar.

col.lar.bone [k'ɔləboun] s. (Anat.) clavícula f.

col.lat.er.al [kɔl'ætərəl] s. parente m. colateral. ‖ adj. colateral; paralelo; concomitante; coordenado; indireto.

col.league [k'ɔli:g] s. colega m. + f.

col.league [kəl'i:g] v. coligar, juntar-se, aliarse, unir-se; conspirar, tramar, combinar.

col.lect [k'ɔlekt] s. coleta f.

col.lect [kəl'ekt] v. coletar; cobrar, arrecadar. ‖ adj. pagável pelo recebedor.

col.lec.tive [kəl'ektiv] s. (Gram.) nome m. coletivo. ‖ adj. coletivo (também Gram.); reunido, coligido, que forma coleção.

col.lege [k'ɔlidʒ] s. colégio m.; estabecimento m. de ensino superior, universidade, faculdade, academia f.; agremiação, sociedade, corporação f.

col.lide [kəl'aid] v. colidir: abalroar; discordar, entrar em conflito.

col.lie [k'ɔli] s. collie m.; cão m. pastor escocês de pêlo comprido.

col.li.sion [kəl'iʒən] s. colisão f.; conflito m.

col.lo.qui.al [kəl'oukwiəl] adj. coloquial, familiar, não formal, informal.

col.lo.qui.al.ism [kəl'oukwiəlizm] s. expressão f. familiar, linguagem f. cotidiana.

col.lu.sion [kəl'u:ʒən] s. conluio m.

Co.lom.bi.an [kəl'ɔmbiən] s. + adj. colombiano m.

co.lon [k'oulən] s. (Gram.) dois pl. pontos (:); (Anat.) cólon m.

colo.nel [kə:nl] s. coronel m.

co.lo.ni.al [kəl'ounjəl] s. colonial, habitante m. + f. de colônia. ‖ adj. colonial, de ou relativo a colônia.

co.lo.ni.al.ism [kəl'ouniəlizm] s. colonialismo, sistema m. colonial.

col.o.nist [k'ɔlənist] s. colono m., colonial m. + f.; colonizador m.

col.o.ni.za.tion [kɔlənaiz'eiʃən] s. colonização f.; ato m. de estabelecer colônias.

col.o.nize [k'ɔlənaiz] v. colonizar, estabelecer colônias; radicar-se em colônia.

col.o.ny [k'ɔləni] s. colônia f.; possessão f.

col.or [k'ʌlə] s. = **colour**.

col.our [k'ʌlə] s. cor f., colorido m.; rubor m. do rosto; tez f. ≃**s** cores f. pl. ‖ v. pintar, tingir, corar, colorir; mudar de cor, enrubescer; (fig.) disfarçar, alterar, paliar, desculpar; dar determinado aspecto a. **body** ≃ cor opaca. ≃ **blind** daltônico.

col.our.ed [k'ʌləd] adj. colorido, de cores; de raça negra.

col.our.ful [k'ʌləful] adj. colorido, variegado; (Liter.) pitoresco, vivo.

col.our.ing [k'ʌləriŋ] s. coloração f.; corante, pigmento m.; disfarce m.

col.our.less [k'ʌləlis] adj. sem cor, incolor, descolorido; pálido, descorado.

colt [koult] s. potro, poldro m.

Colt [koult] s. marca f. registrada de revólver.

col.umn [k'ɔləm] s. coluna f.

comb [koum] s. pente m.; crista f. (de ave, de onda ou de monte). ‖ v. pentear; procurar, vasculhar.

com.bat [k'ɔmbət] s. combate m., peleja, luta f.; (Milit.) batalha f.; duelo m. ‖ v. lutar, combater, contender, batalhar.

com.bat.ant [k'ɔmbətənt] s. + adj. combatente m. + f., guerreiro m.

com.bi.na.tion [kəmbin'eiʃən] s. combinação f.; acordo, ajuste m.; reunião, união, associação f.; cartel m.; segredo m.

com.bine [k'ɔmbain] s. associação, liga f., monopólio m.; máquina f. combinada para ceifar e debulhar.

com.bine [kəmb'ain] v. combinar, unir(-se), associar(-se).

com.bus.ti.ble [kəmb'ʌstibl] s. + adj. combustível, comburente.

com.bus.tion [kəmb'ʌstʃən] s. combustão f.; oxidação f. lenta; tumulto m.

come [kʌm] v. (pret. **came**, p. p. **come**) vir, aproximar(-se); chegar; aparecer, surgir; alcançar; atingir; acontecer; realizar-se, ocorrer; resultar, proceder, emanar; importar em, custar, perfazer, chegar a ter orgasmo, gozar. **how** ≃? (E.U.A., coloq.) por quê? ≃ **what may!** aconteça o que acontecer. **to** ≃ **to light** vir à luz. **what does it** ≃ **to?** quanto custa? **to** ≃ **to believe** convencer-se, acre-

ditar. **to** ≃ **back** voltar, retrucar. **to** ≃ **down to** chegar a um total de, totalizar. **to** ≃ **into** herdar. **to** ≃ **out with** revelar. **time to** ≃ futuro. **to** ≃ **about** acontecer, suceder; mudar de direção. ≃ **in!** entre! **and where do I** ≃ **in?** e eu? que vantagem levo? **to** ≃ **into a fortune** herdar uma fortuna. **to** ≃ **on** ir junto, vir; aproximar-se (hora), nascer, irromper (dia); apresentar-se; progredir; avançar. ≃ **on!** venha!, vamos!, avante!. **to** ≃ **round** passar, chegar, aparecer; recuperar-se, restabelecer-se. **to** ≃ **to** chegar a, alcançar; obter, conseguir; importar em, montar; recuperar os sentidos. **what did it** ≃ **to?** quanto custou? **to** ≃ **to a bad end** acabar mal. **to** ≃ **to terms** chegar a um acordo. **to** ≃ **up with** igualar, aproximar-se.

come.back [k'ʌmbæk] s. (coloq.) volta f. à condição ou posição anterior; (E.U.A., gíria) resposta, réplica f. mordaz.

co.me.di.an [kəm'i:diən] s. comediante m. + f., comediógrafo m.

com.e.dy [k'ɔmidi] s. comédia f.

co.mes.ti.ble [kəm'estəbl] s. ≃**s** comestíveis m. pl. ‖ adj. comestível, que se pode comer.

com.et [k'ɔmit] s. (Astron.) cometa m.

com.fort [k'ʌmfət] s. conforto m.; bem-estar m.; auxílio m. ‖ v. confortar; auxiliar, encorajar, animar.

com.fort.a.ble [k'ʌmfətəbl] adj. confortável.

com.fort.er [k'ʌmfətə] s. consolador, confortador m.; (E.U.A.) acolchoado m.

com.ic [k'ɔmik] s. cômico m., comediante m. + f. ‖ adj. cômico. ≃**s**, ≃ **strip** (E.U.A.) historieta em quadrinhos.

com.i.cal [k'ɔmikəl] adj. cômico, engraçado, ridículo, divertido.

com.ing [k'ʌmiŋ] s. vinda, chegada f.; advento m. ‖ adj. próximo, vindouro, futuro. ≃ **of age** idade madura.

com.ma [k'ɔmə] s. (Gram.) vírgula f.; (Mús.) coma f. **inverted** ≃**s** (Gram.) aspas (").

com.mand [kəm'a:nd] s. comando, mando m.; ordem f.; autoridade, força f.; governo m.; chefia f., domínio m. ‖ v. comandar, ser comandante; dirigir, chefiar; mandar, ordenar; dominar; governar; controlar; conhecer a fundo. **word of** ≃ comando; senha. **by** ≃ sob comando, por ordem. **in** ≃ no comando.

com.man.dant [kɔmənd'ænt] s. comandante
m. + f.

com.mand.er [kəm'a:ndə] s. comandante m.
+ f.; (Náut.) capitão m. (de fragata). ≃ -in-
chief comandante supremo, comandante-
em-chefe.

com.mand.ment [kəm'a:ndmənt] s. ordem,
direção f., comando m.; mandamento m., lei
f., preceito m.

com.man.do [kəm'a:ndou] s. comando, des-
tacamento m. de soldados para missão especial, cada um desses soldados.

com.mem.o.rate [kəm'eməreit] v. comemorar, recordar, celebrar.

com.mem.o.ra.tion [kəmemər'eifən] s. comemoração f., preito m. à memória de.

com.mence.ment [kəm'ensmənt] s. começo,
início, princípio m.; dia m. de formatura,
cerimônia f. de colação de grau.

com.mend [kəm'end] v. elogiar; recomendar;
confiar, dar para guardar.

com.men.da.tion [kɔmend'eifən] s. encômio,
louvor, elogio m., aprovação f.; recomendação, menção f. favorável.

com.mens.al.ism [kəm'ensəlizm] s. comensa-
lismo m.

com.ment [k'ɔment] s. comentário m.; observação f.; crítica f. maliciosa, censura f.

com.ment [kɔm'ent] v. comentar; anotar.

com.men.tar.y [k'ɔməntəri] s. comentário m.,
explicação f.; anotações f. pl.

com.merce [k'ɔmə:s] s. comércio, negócio,
tráfico m.; intercâmbio m.

com.mer.cial [kəm'ə:ʃəl] s. comercial m.;
anúncio m. de um produto em rádio ou televisão. ‖ adj. comercial de propaganda, fi-
nanciado por comerciantes (programa de
rádio ou televisão).

com.mer.cial.ize [kəm'ə:ʃəlaiz] v. comerciali-
zar.

com.mis.sar [kɔmis'a:] s. comissário, chefe m.
de departamento governamental (na União
Soviética).

com.mis.sar.y [k'ɔmisəri] s. comissário m.; delegado, deputado, representante m.

com.mis.sion [kəm'iʃən] s. comissão f.; autorização, licença, procuração f.; delegação f.
de autoridade; autoridade f., poder ou direito m. concedido, encargo m.; ordem f. ‖
v. comissionar; licenciar, autorizar, outorgar poderes a; pôr em uso.

com.mis.sion.er [kəm'iʃənə] s. comissário,
membro m. de comissão, delegado m.; funcionário m. chefe de departamento, encarregado m. (governamental).

com.mit [kəm'it] v. confiar; confinar, encerrar; submeter (à consideração de um comitê); cometer; comprometer(-se).

com.mit.tee [kəm'iti] s. comitê m., comissão f.

com.mit.tee [kəmit'i:] s. (Ingl.) curador m.

com.mod.i.ty [kəm'ɔditi] s. artigo ou objeto
m. de utilidade; mercadoria f., artigo m. para venda; (Jur.) conveniência f.

com.mo.dore [k'ɔmədɔ:] s. comodoro m.

com.mon [k'ɔmən] s. terra f. comum, terra f.
para uso de uma comunidade; o comum m.
‖ adj. comum; popular, geral, universal; público; usual, familiar, habitual; trivial. ≃
sense bom senso, juízo. ≃ ground área de
concordância.

com.mon.place [k'ɔmənpleis] s. trivialidade,
generalidade f.; lugar-comum m. ‖ adj. comum, corriqueiro, banal

com.mon.wealth [k'ɔmənwelθ] s. comunidade f., povo m., cidadãos m. pl.; estado m. de-
mocrático; país m., nação f.

com.mo.tion [kəm'ouʃən] s. comoção, excitação, agitação f.; distúrbio, tumulto m.

com.mune [k'ɔmju:n] s. comuna, comunidade f.; comunhão f.

com.mune [kəmj'u:n] v. comungar, receber
a comunhão; confidenciar.

com.mu.ni.cate [kəmj'u:nikeit] v. transferir,
transmitir; comunicar(-se), dar ou receber
informações, telefonar.

com.mu.ni.ca.tion [kəmju:nik'eifən] s. comunicação f.; transmissão f.; informação, notificação, participação f.; passagem f. ≃ s sistema m. de comunicações.

com.mu.ni.ca.tive [kəmj'u:nikeitiv] adj. comunicativo, expansivo.

com.mun.ion [kəmj'u:njən] s. comunhão f.;
participação f., co-participação f.

com.mun.ism [k'ɔmjunizm] s. comunismo m.

com.mun.ist [k'ɔmjunist] s. comunista m. +
f., seguidor m. da doutrina marxista.

com.mu.nis.tic [kɔmjun'istik] adj. comunista, relativo a comunismo.

com.mu.ni.ty [kəmj'u:niti] s. comunidade f.;
sociedade f.; grêmio m.; povo m.

com.mute [kəmjˈuːt] v. comutar; trocar; viajar em trem de subúrbio.

com.pact [kˈɔmpækt] s. caixa f. ou estojo m. de pó-de-arroz ou ruge. ‖ adj. compacto; conciso, breve, resumido; maciço, sólido.

com.pact [kəmpˈækt] v. comprimir; condensar; unir.

com.pan.ion [kəmpˈænjən] s. companheiro, parceiro m., camarada, colega m. + f.; associado m. ‖ v. acompanhar; ser o companheiro, parceiro, etc. de.

com.pa.ny [kˈʌmpəni] s. companhia f.; convivência f.; aquilo ou aquele que acompanha; ato m. de acompanhar; sociedade, empresa f.; associação, corporação f.; companheiros m. pl.; grupo m. teatral; (Milit.) subdivisão f. de um regimento; comitiva f., séqüito m. ‖ v. ter relações com; associar-se com; fazer companhia a. ≃ 's water água encanada.

com.pa.ra.ble [kˈɔmpərəbl] adj. comparável (to, with a, com).

com.par.a.tive [kəmpˈærətiv] s. (Gram.) grau comparativo m. ‖ adj. comparativo

com.pare [kəmpˈɛə] v. comparar(-se); igualar(-se), assimilar(-se); (Gram.) formar o grau comparativo.

com.par.i.son [kəmpˈærisn] s. comparação f.; cotejo m.; similaridade f.; (Gram.) inflexão f. dos adjetivos e advérbios.

com.part.ment [kəmpˈaːtmənt] s. compartimento m.; seção f.; divisão f.

com.pass [kˈʌmpəs] s. bússola f.; ≃ es, a pair of ≃ es pl. compasso m.; limite m.; compasso m. ‖ v. circundar, rodear; cercar; planejar; empreender; alcançar, atingir. ≃ -card rosa-dos-ventos.

com.pas.sion [kəmpˈæʃən] s. compaixão, piedade, comiseração, pena f.

com.pas.sion.ate [kəmpˈæʃəneit] v. compadecer-se de, ter dó ou compaixão. ‖ adj. compassivo, clemente.

com.pat.i.bil.i.ty [kəmpætəbˈiliti] s. compatibilidade f.

com.pat.i.ble [kəmpˈætəbl] adj. compatível, conciliável, harmonizável.

com.pat.i.ble.ness [kəmpˈætəblnis] s. = **compatibility**.

com.pel [kəmpˈel] v. compelir; obter à força, extorquir; submeter.

com.pen.sate [kˈɔmpənseit] v. compensar, recompensar; estabilizar (moeda).

com.pen.sa.tion [kɔmpənsˈeiʃən] s. compensação, recompensa, retribuição f.; contrabalanço, equilíbrio m.

com.pete [kəmpˈiːt] v. competir, concorrer; rivalizar; lutar (**for** por).

com.pe.tence [kˈɔmpitəns] s. competência, habilidade, aptidão, capacidade f.; o bastante m. (para viver).

com.pe.ten.cy [kˈɔmpitənsi] s. = **competence**.

com.pe.tent [kˈɔmpitənt] adj. competente, apto; qualificado; idôneo.

com.pe.ti.tion [kɔmpitˈiʃən] s. competição f.; rivalidade f.; luta f. esportiva.

com.pet.i.tive [kəmpˈetitiv] adj. competidor, concorrente; rival.

com.pet.i.tor [kəmpˈetitə] s. competidor m.; concorrente m. + f.; rival m. + f.

com.pile [kəmpˈail] v. compilar, coligir, colecionar, ajuntar.

com.pla.cen.cy [kəmplˈeisnsi] s. desvanecimento m., satisfação f. consigo mesmo.

com.pla.cent [kəmplˈeisnt] adj. complacente, satisfeito de si, enfatuado.

com.plain [kəmplˈein] v. queixar-se, lamentar-se; acusar, censurar.

com.plaint [kəmplˈeint] s. queixa, reclamação, denúncia f.; motivo m. ou razão f. da queixa ou denúncia; acusação f.

com.ple.ment [kˈɔmplimənt] s. complemento m. (também Geom. e Gram.); completação f.; perfeição f. ‖ v. completar, complementar, integralizar.

com.ple.men.ta.ry [kɔmplimˈentəri] adj. complementar, complementário.

com.plete [kəmplˈiːt] v. completar; aperfeiçoar; acabar. ‖ adj. completo, íntegro; perfeito; terminado, concluído.

com.plete.ness [kəmplˈiːtnis] s. perfeição f.; integralidade, inteireza f.

com.ple.tion [kəmplˈiːʃən] s. complemento, acabamento m.; inteireza f.

com.plex [kˈɔmpleks] s. complexo m.; (Psicol.) idéia f. fixa; (coloq.) aversão f. ‖ adj. complexo; complicado, intrincado.

com.plex.ion [kəmplˈekʃən] s. cor, tez f., aspecto m. da epiderme (do rosto); compleição f.; natureza f., caráter m.

com.plex.i.ty [kəmpl'eksiti] s. complexidade, estrutura f. complexa; complicação, dificuldade f.

com.plex.ness [kəmpl'eksnis] s. = complexity.

com.pli.ance [kəmpl'aiəns] s. complacência, submissão, condescendência f.; aquiescência f., consentimento m.

com.pli.ant [kəmpl'aiənt] adj. complacente, concordante, condescendente.

com.pli.cate [k'ɔmplikeit] v. complicar(-se), dificultar; piorar; tornar confuso.

com.pli.cat.ed [k'ɔmplikeitid] adj. complicado, complexo, intrincado, difícil.

com.pli.ca.tion [kɔmplik'eiʃən] s. complicação, confusão f.; dificuldade f.

com.plic.i.ty [kəmpl'isiti] s. cumplicidade f.; complexidade f.

com.pli.ment [k'ɔmplimənt] s. cumprimento, elogio m. ≈s cumprimentos m. pl., homenagens f. pl. ‖ v. cumprimentar, saudar; congratular; elogiar.

com.pli.men.ta.ry [kɔmplim'entəri] adj. cortês, lisonjeiro; (E.U.A.) gratuito.

com.ply [kəmpl'ai] v. condescender, aceder, aquiescer, concordar, consentir.

com.po.nent [kəmp'ounənt] s. componente, constituinte m. + f.; ingrediente m. ‖ adj. componente, constituinte.

com.pose [kəmp'ouz] v. compor; resolver, decidir-se; acalmar, tranqüilizar.

com.posed [kəmp'ouzd] adj. calmo, tranqüilo.

com.pos.ed.ness [kəmp'ouzdnis] s. compostura f.

com.pos.er [kəmp'ouzə] s. (Mús. e Tipogr.) compositor m.; escritor m.

com.pos.ite [kəmp'ɔzit] s. (Bot.) composta f.; combinação f.; (Mat.) número m. múltiplo. ‖ adj. composto, complexo.

com.po.si.tion [kɔmpəz'iʃən] s. composição f.; composto m., mistura f. de substâncias; composição f. tipográfica.

com.po.sure [kəmp'ouʒə] s. calma, compostura, tranqüilidade, serenidade f.

com.pote [k'ɔmpout] s. (E.U.A.) compota f.; compoteira f.

com.pound [k'ɔmpaund] s. complexo m., combinação, mistura f.; (Gram.) palavra f. composta. ‖ adj. composto (por dois ou mais elementos).

com.pound [kəmp'aund] v. compor, misturar, combinar; formar; assentar, ajustar, liquidar.

com.pre.hend [kɔmprih'end] v. compreender; entender; conter, abranger.

com.pre.hen.si.ble [kɔmprih'ensəbl] adj. compreensível; abrangível.

com.pre.hen.sion [kɔmprih'enʃən] s. compreensão f.; inclusão f.

com.pre.hen.sive [kɔmprih'ensiv] adj. inclusivo; compreensivo; amplo.

com.press [k'ɔmpres] s. (Med.) compressa f.

com.press [kəmpr'es] v. comprimir, apertar.

com.pres.sion [kəmpr'eʃən] s. compressão f.; condensação f.

com.prise [kəmpr'aiz] v. incluir, compreender, encerrar; consistir em.

com.pro.mise [k'ɔmprəmaiz] s. compromisso m.; concessão f. ‖ v. ajustar, entrar em acordo; comprometer(-se).

com.pul.sion [kəmp'ʌlʃən] s. compulsão, coerção, coação, obrigação f.

com.pul.sive [kəmp'ʌlsiv] adj. compulsivo, irreprimível.

com.pul.so.ry [kəmp'ʌlsəri] adj. compulsório, obrigatório, coercivo.

com.pu.ta.tion [kɔmpju:t'eiʃən] s. computação f.; resultado m. da computação.

com.pute [kəmpj'u:t] v. computar, calcular.

com.put.er [kəmpj'u:tə] s. computador m., calculista m. + f.; máquina f. de calcular.

con.cave [k'ɔnkeiv] s. + adj. côncavo m.

con.cav.i.ty [kɔnk'æviti] s. concavidade, superfície f. côncava.

con.ceal [kəns'i:l] v. esconder, ocultar; dissimular; guardar segredo.

con.ceal.ment [kəns'i:lmənt] s. encobrimento m.; segredo m. place of ≈ esconderijo.

con.cede [kəns'i:d] v. admitir, reconhecer; conceder; dar, ceder; (Esp.) perder.

con.ceit [kəns'i:t] s. vaidade, presunção f.; conceito m. ‖ v. agradar, lisonjear; imaginar, supor, presumir.

con.ceit.ed [kəns'i:tid] adj. convencido, presunçoso, vaidoso, orgulhoso, afetado.

con.ceiv.a.ble [kəns'i:vəbl] adj. concebível, conceptível, que se pode conceber.

con.ceive [kəns'i:v] v. conceber; imaginar; pensar; ficar grávida; compreender; exprimir, pôr em palavras.

con.cen.trate [k'ɔnsəntreit] s. concentrado, produto m. concentrado. ‖ v. concentrar; juntar, centralizar; condensar, intensificar (também Quím.); concentrar-se (**upon, on** em). ‖ adj. concentrado.

con.cen.tra.tion [kɔnsəntr'eiʃən] s. concentração f.; concentrado m. (também Quím.).

con.cen.tric [kəns'entrik] adj. concêntrico.

con.cept [k'ɔnsept] s. conceito m., noção, concepção, idéia f.

con.cep.tion [kəns'epʃən] s. concepção f.; conceito m.; ato m. de ser gerado.

con.cern [kəns'ə:n] s. concernência f.; interesse m.; inquietação f.; companhia f.; referência f. ≃ **s** negócio m. ‖ v. concernir, afetar; interessar.

con.cerned [kəns'ə:nd] adj. preocupado, aflito (**for** com, por); interessado.

con.cern.ing [kəns'ə:niŋ] prep. concernente, relativo a, cerca de, a respeito de.

con.cert [k'ɔnsət] s. (Mús.) concerto m.; acordo m.

con.cert [kəns'ə:t] v. ajustar; combinar; planejar; imaginar.

con.cer.to [kɔntʃ'ə:tou] s. concerto m.

con.ces.sion [kəns'eʃən] s. concessão f.; permissão f.; privilégio f.; admissão f.

con.ces.sion.aire [kəns'seʃənɛə] s. concessionário m.

con.cil.i.ate [kəns'ilieit] v. conciliar, reconciliar, pacificar, aplacar, vencer (hostilidade); ganhar, cativar, atrair, granjear.

con.ci.se [kəns'ais] adj. conciso, breve.

con.clude [kənkl'u:d] v. concluir; terminar; ajustar; chegar a; resolver.

con.clu.sion [kənkl'u:ʒən] s. conclusão f.; decisão, resolução f.; acordo m.

con.clu.sive [kənkl'u:siv] adj. conclusivo.

con.coct [kənk'ɔkt] v. preparar; (fig.) forjar.

con.coc.tion [kənk'ɔkʃən] s. (também Med.) mistura f.; (fig.) trama f., plano m.

con.co.mi.tant [kənk'ɔmitənt] adj. concomitante, simultâneo.

con.cord [k'ɔnkɔ:d] s. acordo m.; (Mús.) acordo harmonioso. (Gram.) concordância f.

con.cord [kənk'ɔ:d] v. concordar.

con.course [k'ɔŋkɔ:s] s. ajuntamento m.; passeio m., calçada f. larga (esp. em parque); salão m. de espera (estação ferroviária ou rodoviária).

con.crete [k'ɔnkri:t] s. concreto m., massa f. de cimento.

con.crete [kənkr'i:t] v. concretizar; solidificar(-se). ‖ adj. material; específico, particular; determinado. ≃ **mixer** betoneira.

con.cur [kənk'ə:] v. concordar; coincidir.

con.cur.rence [kənk'ʌrəns] s. conformidade f. de opiniões; colaboração f.; coincidência f.

con.cus.sion [kənk'ʌʃən] s. concussão f., choque, abalo m.

con.demn [kənd'em] v. condenar; censurar; sentenciar; reprovar.

con.dem.na.tion [kɔndemn'eiʃən] s. condenação, reprovação, censura f.; sentença f. judicial; estado m. de condenado.

con.den.sa.tion [kɔndens'eiʃən] s. condensação f.; produto m. de condensação; abreviação, sinopse f., resumo m.

con.dense [kənd'ens] v. condensar(-se), comprimir; concentrar(-se); liquefazer(-se); resumir, abreviar, reduzir.

con.de.scend [kɔndis'end] v. condescender.

con.de.scend.ing [kɔndis'endiŋ] adj. condescendente, transigente, complacente.

con.di.ment [k'ɔndimənt] s. condimento, tempero m., aromatizante m. + f.

con.di.tion [kənd'iʃən] s. condição f.; boa condição f.; (Gram.) cláusula f. condicional. ‖ v. condicionar; ser ou estar condicionado; estipular; limitar, restringir.

con.di.tion.al [kənd'iʃənəl] s. (Gram.) tempo m. condicional. ‖ adj. condicional.

con.dole [kənd'oul] v. condoer-se, compadecer-se; dar pêsames.

con.dom [k'ɔndəm] s. preservativo m.; (pop.) camisinha f.

con.done [kənd'oun] v. perdoar, desculpar.

con.duce [kəndj'u:s] v. conduzir, levar, tender, contribuir para.

con.duct [k'ɔndʌkt] s. conduta f.; gestão f.; comando m., liderança f.

con.duct [kənd'ʌkt] v. dirigir; reger (uma orquestra); guiar; conduzir (eletricidade, calor etc.).

con.duc.tor [kənd'ʌktə] s. condutor m.; diretor m.; guia m. + f.; regente m. + f.

con.duit [k'ɔndwit] s. canal, conduto m.

cone [koun] s. (Geom.) cone m.; (Bot.) pinha f.; (Mec.) polia f. múltipla. ‖ v. dar forma de cone a. ≃ **-shaped** cônico.

con.fec.tion [kənf'ekʃən] s. confecção f.; confeito m.; roupa f. feita. **‖** v. confeitar, preparar (doces); confeccionar.

con.fec.tion.ar.y [kənf'ekʃənəri] s. confeitos m. pl.; confeitaria f. **‖** adj. de ou relativo a confeitaria.

con.fed.er.a.cy [kənf'edərəsi] s. confederação f.; conspiração f.; conluio m.

con.fed.er.ate [kənf'edərit] s. + adj. confederado, aliado m. **‖** v. confederar(-se), aliar (-se); conluiar-se.

con.fed.er.a.tion [kənfedər'eiʃən] s. confederação f.; liga, união, aliança f.

con.fer [kənf'ə:] v. conferenciar, consultar, deliberar; conferir; dar; comparar.

con.fer.ence [k'ɔnfərəns] s. conferência f.; reunião f.; liga f. de clubes atléticos.

con.fess [kənf'es] v. confessar, admitir, reconhecer; professar (doutrina).

con.fes.sion [kənf'eʃən] s. confissão f.

con.fes.sion.al [kənf'eʃənəl] s. confessionário m. **‖** adj. confessional.

con.fes.sor [kənf'esə] s. confessor m.

con.fi.dant [kɔnfid'ænt] s. confidente m. + f.

con.fi.dence [k'ɔnfidəns] s. confiança f.; fé, convicção f.; ousadia f.; confidência f. ≃ **trick** conto-do-vigário.

con.fi.dent [k'ɔnfidənt] s. confidente m. + f.; amigo m. íntimo. **‖** adj. confiante, confiado, certo, seguro; presunçoso.

con.fi.den.tial [kɔnfid'enʃəl] adj. confidencial, reservado; secreto; íntimo.

con.fine [kənf'ain] s. ≃**s** confim, limite m. **‖** v. limitar; prender, encerrar; encarcerar; pôr na cadeia.

con.firm [kənf'ə:m] v. confirmar; verificar; certificar-se; ratificar; crismar.

con.fir.ma.tion [kɔnfəm'eiʃən] s. (também Rel.) confirmação, crisma f.

con.fis.cate [k'ɔnfiskeit] v. confiscar, apreender; apropriar-se. **‖** adj. confiscado.

con.fis.ca.tion [kɔnfisk'eiʃən] s. apreensão f., confisco m.

con.fla.gra.tion [kɔnfləgr'eiʃən] s. conflagração f., incêndio m. destrutivo.

con.flict [k'ɔnflikt] s. conflito m.; discordância f.; antagonismo m.; colisão f.; entrechoque m.

con.flict [kənfl'ikt] v. lutar, combater; discordar, divergir; colidir.

con.form [kənf'ɔ:m] v. conformar-se, obedecer; corresponder; amoldar; adaptar(-se), ajustar(-se). **‖** adj. conforme.

con.form.i.ty [kənf'ɔ:miti] s. conformidade, semelhança f.; submissão f.

con.found [kənf'aund] v. confundir, misturar; causar perplexidade.

con.front [kənfr'ʌnt] v. confrontar, enfrentar, defrontar, acarear; afrontar.

con.fron.ta.tion [kɔnfrʌnt'eiʃən] s. confrontação f.; acareação f.; comparação f.

con.fuse [kənfj'u:z] v. confundir, misturar, embaraçar; aturdir; envergonhar.

con.fused [kənfj'u:zd] adj. confuso, misturado, desordenado; perplexo, embaraçado.

con.fu.sion [kənfj'u:ʒən] s. confusão f.; desordem, balbúrdia f.; bulha f.; perplexidade f.

con.geal [kəndʒ'i:l] v. congelar(-se), gelar; solidificar(-se); endurecer; coagular.

con.gen.ial [kəndʒ'i:niəl] adj. congenial; apropriado, adequado.

con.gen.i.tal [kəndʒ'e nitəl] adj. congênito.

con.ges.tion [kəndʒ'estʃən] s. (Med.) congestão f.; congestionamento, acúmulo m.

con.glom.er.a.tion [kənglɔmər'eiʃən] s. conglomeração f.; mistura f. heterogênea.

con.grat.u.late [kəngr'ætjuleit] v. congratular(-se), felicitar, dar parabéns.

con.grat.u.la.tion [kəngrætjul'eiʃən] s. congratulação, felicitação f. ≃**s** parabéns m. pl.

con.gre.gate [k'ɔŋgrigeit] v. congregar(-se), reunir(-se).

con.gre.gate [k'ɔŋgrigit, k'ɔŋgrigeit] adj. congregado, reunido.

con.gre.ga.tion [kɔŋgrig'eiʃən] s. congregação, assembléia, paróquia f.

con.gress [k'ɔŋgres] s. congresso m.

Con.gress.man [k'ɔŋgrəsmən] s. congressista m. (deputado, senador).

con.jec.ture [kəndʒ'ektʃə] s. conjetura, suposição f.; hipótese f. **‖** v. conjeturar, supor, presumir, julgar por conjetura.

con.ju.gal [k'ɔndʒugəl] adj. conjugal, matrimonial, relativo a cônjuge.

con.ju.gate [k'ɔndʒugit] s. (Gram.) cognato m.; (Geom.) eixo m. conjugado.

con.ju.gate [k'ɔndʒugeit] v. conjugar; (Biol.) unir, ligar, combinar.

con.ju.ga.tion [kɔndʒug'eiʃən] s. (também Gram.) conjugação f.; união, junção f.

con.junc.tion [kəndʒ'ʌŋkʃən] s. (também Gram. e Astron.) conjunção f.

con.jure [k'ʌndʒə] v. invocar espíritos.

con.jur.or [k'ʌndʒərə] s. prestidigitador, mágico m.

conk [kɔŋk] s. (pop.) nariz m. ‖ v. to ≃ out enguiçar (motor etc.).

con.nect [kən'ekt] v. juntar(-se), ligar(-se), unir(-se); aliar(-se), relacionar; encadear.

con.nec.tion [kən'ekʃən] s. ligação f.; junção f.; elo m.; relação f.; união f.; conexão f.

con.niv.ance [kən'aivəns] s. conivência f. (também Jur.).

con.nive [kən'aiv] v. ser conivente, fazer de conta que não vê; conspirar.

con.niv.ence [kən'aivəns] s. = connivance.

con.quer [k'ɔŋkə] v. conquistar, tomar, ganhar em guerra; subjugar, dominar.

con.quer.or [k'ɔŋkərə] s. conquistador, vencedor m.; (Esp., gíria) jogo m. final.

con.quest [k'ɔŋkwest] s. conquista f. (também fig.); vitória f., triunfo m.

con.science [k'ɔnʃəns] s. consciência f.

con.scious [k'ɔnʃəs] adj. cônscio, consciente; ciente; deliberado; convencido.

con.scious.ness [k'ɔnʃəsnis] s. consciência f.; percepção f.; sentimento m.

con.script [k'ɔnskript] s. conscrito, recruta m.

con.script [kənskr'ipt] v. (E.U.A.) recrutar, alistar, sortear. ‖ adj. conscrito, recrutado, alistado, sorteado.

con.se.crate [k'ɔnsikreit] v. sagrar, consagrar; dedicar, destinar. ‖ adj. consagrado, sagrado.

con.se.cra.tion [kɔnsikr'eiʃən] s. consagração f.; dedicação f., devoção f.

con.sec.u.tive [kəns'ekjutiv] adj. consecutivo, sucessivo; conseqüente (to a).

con.sen.sus [kəns'ensəs] s. consenso m.; acordo m., harmonia f.

con.sent [kəns'ent] s. permissão f., consentimento m.; harmonia f., acordo m. ‖ v. consentir, aprovar, concordar com.

con.se.quence [k'ɔnsikwəns] s. conseqüência f.; efeito m.

con.se.quent [k'ɔnsikwənt] s. conseqüência f.; inferência f. ‖ adj. conseqüente, resultante; lógico, coerente, conforme.

con.ser.va.tion [kɔnsə:v'eiʃən] s. conservação f.; proteção f.; manutenção f.

con.serv.a.tive [kəns'ə:vətiv] s. (também Pol.) conservador m.; preservativo m. ‖ adj. conservador, conservativo; moderado.

con.serv.a.to.ry [kəns'ə:vətəri] s. jardim m. de inverno; (E.U.A.) conservatório m. de música. ‖ adj. conservador.

con.serve [kəns'ə:v] s. conserva f. ‖ v. conservar, preservar; fazer conservas.

con.sid.er [kəns'idə] v. considerar, refletir; estudar; tomar em consideração.

con.sid.er.a.ble [kəns'idərəbl] s. (E.U.A., fam.) grande quantidade f. ‖ adj. considerável; notável, importante; muito, grande.

con.sid.er.ate [kəns'idərit] adj. considerado; atencioso; circunspecto, ponderado.

con.sid.er.a.tion [kənsidər'eiʃən] s. consideração f.; causa f.; respeito m.

con.sid.er.ing [kəns'idəriŋ] prep. tomando em consideração, considerando que, em vista de. ‖ adv. (coloq.) pensando bem, considerando todos os aspectos.

con.sign [kəns'ain] v. consignar, enviar, despachar; destinar, reservar.

con.sist [kəns'ist] v. consistir, compreender, constar.

con.sist.ence [kəns'istəns], s. consistência, firmeza, solidez, estabilidade f.; perseverança f.

con.sist.en.cy [kəns'istənsi] s. = consistence.

con.sist.ent [kəns'istənt] adj. consistente, sólido, firme; espesso, denso; coerente.

con.so.la.tion [kɔnsəl'eiʃən] s. consolação f., consolo m.

con.sole [k'ɔnsoul] s. consolo m.; (Arquit.) consolo m.; mesa f. de tocar (em órgão).

con.sole [kəns'oul] v. consolar, confortar.

con.sol.i.date [kəns'ɔlideit] v. consolidar; firmar; fundir, incorporar (empresas). ‖ adj. solidificado; unido; incorporado.

con.so.nant [k'ɔnsənənt] s. (Gram.) consoante f. ‖ adj. consoante, harmonioso; congruente, coerente; consonantal.

con.sort [k'ɔnsɔ:t] s. cônjuge m., consorte m. + f.

con.sort [kəns'ɔ:t] v. consorciar-se, associar-se; concordar; unir, ligar.

con.spic.u.ous [kənsp'ikjuəs] adj. conspícuo, distinto; eminente, notável.

con.spir.a.cy [kənsp'irəsi] s. conspiração, intriga, trama, maquinação f.

con.spir.a.tor [kənsp'irətə] s. conspirador m.; aquele que conspira.

con.spir.a.to.ri.al [kənspirət'ouriəl] adj. conspirativo, conspirador.

con.spire [kənsp'aiə] v. conspirar, tramar; cooperar, agir em conjunto.

con.sta.ble [k'ʌnstəbl] s. policial m. + f. ou oficial m. de polícia.

con.stan.cy [k'ɔnstənsi] s. constância, estabilidade f.; lealdade, fidelidade f.

con.stant [k'ɔnstənt] s. (Mat. e Fís.) número ou fator m. constante. ‖ adj. constante, inalterável, permanente; contínuo.

con.stel.la.tion [kɔnstəl'eiʃən] s. (Astron.) constelação f.

con.ster.nate [kɔnstən'eit] v. contagiar; poluir; corromper.

con.ster.na.tion [kɔnstən'eiʃən] s. consternação f., temor m., comoção f.

con.sti.pa.tion [kɔnstip'eiʃən] s. constipação, prisão f. de ventre.

con.stit.u.ent [kənst'itjuənt] s. componente, elemento m.; eleitor m. ‖ adj. constituinte, componente; que constitui, eleitoral, que elege.

con.sti.tute [k'ɔnstitju:t] v. constituir; eleger; instituir; promulgar.

con.sti.tu.tion [kɔnstitj'u:ʃən] s. constituição f. **worn-out** ≃ saúde abalada.

con.sti.tu.tion.al [kɔnstitj'u:ʃənəl] adj. constitucional; natural, inerente, ingênito; essencial.

con.struct [kənstr'ʌkt] v. construir, edificar, erigir; planejar; arquitetar, elaborar.

con.struc.tion [kənstr'ʌkʃən] s. (Arquit., Geom. e Gram.) construção f.; interpretação f.; estrutura f.; edifício m.

con.struc.tive [kənstr'ʌktiv] adj. construtivo, útil; criador.

con.sul [k'ɔnsəl] s. cônsul m.

con.su.late [k'ɔnsjulit] s. consulado m.

con.sult [kəns'ʌlt] v. consultar; trocar idéias, conversar; deliberar, estudar.

con.sult.ant [kəns'ʌltənt] s. consultor m.; consultante, consulente m. + f.

con.sul.ta.tion [kɔnsʌlt'eiʃən] s. consulta f.; conversa f.

con.sume [kənsj'u:m] v. consumir; gastar, dissipar; esbanjar; desgastar.

con.sum.er [kənsj'u:mə] s. consumidor m.

con.sum.mate [k'ɔnsəmeit] v. consumar, completar, acabar; executar, realizar.

con.sum.mate [kəns'ʌmit] adj. completo, consumado.

con.sump.tion [kəns'ʌmpʃən] s. consunção, consumação f.; (Med.) tuberculose f.

con.sump.tive [kəns'ʌmptiv] s. + adj. tísico, tuberculoso m.

con.tact [k'ɔntækt] s. contato (também Mat. e Eletr.), toque m.; conexão f. ‖ v. entrar ou pôr em contato com.

con.ta.gious [kənt'eidʒəs] adj. contagioso, contagiante, infeccioso.

con.tain [kənt'ein] v. conter, incluir, encerrar; caber; (Mat.) ser divisível.

con.tain.er [kənt'einə] s. recipiente, receptáculo, cofre m. de carga.

con.tam.i.nate [kənt'æmineit] v. contaminar, contagiar; poluir; corromper.

con.tem.plate [k'ɔntəmpleit] v. contemplar, olhar; tencionar; ponderar; meditar.

con.tem.pla.tion [kɔntəmpl'eiʃən] s. contemplação f.; meditação f.; intenção f.

con.tem.po.rar.y [kənt'empərəri] s. contemporâneo, coevo m. ‖ adj. contemporâneo; coetâneo, coevo.

con.tempt [kənt'empt] s. contempto, desprezo, desdém m.; (Jur.) desrespeito m.

con.tempt.i.ble [kənt'emptibl] adj. vil, abjeto, vergonhoso, desprezível.

con.temp.tu.ous [kənt'emptjuəs] adj. desprezativo, desprezador, desdenhoso.

con.tend [kənt'end] v. contender, lutar, combater; competir; afirmar.

con.tent [k'ɔntənt] s. conteúdo m.; matéria f.; teor m.; capacidade f.; volume m.; sumário m.; essência f.

con.tent [kənt'ent] s. contentamento, contento m. ‖ v. contentar, satisfazer. ‖ adj. alegre; disposto, com boa vontade.

con.tent.ed [kənt'entid] adj. satisfeito, contente.

con.tent.ed.ness [kənt'entidnis] s. contentamento m., satisfação f., alegria f.

con.ten.tion [kənt'enʃən] s. contenção, disputa, briga f.; controvérsia f.

con.tent.ment [kənt'entment] s. contentamento m., satisfação f.

con.test [k'ɔntest] s. competição f., torneio, certame m.; controvérsia f., debate m.

con.test [kənt'est] v. contestar, impugnar, debater, discutir; competir; pelejar.

con.text [k'ɔntekst] s. contexto m., contextura, composição f.

con.tig.u.ous [kənt'igjuəs] adj. contíguo, vizinho, adjacente; próximo.

con.ti.nence [k'ɔntinəns] s. continência f.; abstinência f.

con.ti.nen.cy [k'ɔntinənsi] s. = **continence**.

con.ti.nent [k'ɔntinənt] s. continente m.

con.ti.nen.tal [kɔntin'entəl] s. + adj. continental m. ≃ **usages** hábitos continentais.

con.tin.gen.cy [kənt'indʒənsi] s. contingência f.; despesas eventuais f. pl.

con.tin.gent [kənt'indʒənt] s. contingente m. (de soldados); quota f.; contingência f. ‖ adj. eventual; duvidoso; acidental.

con.tin.u.a.tion [kəntinju'eiʃən] s. continuação f.; prolongamento m.; sucessão f.

con.tin.ue [kənt'inju:] v. continuar, prosseguir; durar; perdurar; (Jur.) adiar.

con.ti.nu.i.ty [kɔntinj'uiti] s. continuidade f.; coesão f.; continuação f.; seqüência f.

con.tin.u.ous [kənt'injuəs] adj. contínuo, ininterrupto, constante, incessante.

con.tor.tion [kənt'ɔːʃən] s. contorção f.

con.tour [k'ɔntuə] s. contorno m. ‖ v. contornar, desenhar um contorno. ‖ adj. de contorno, de relevo (mapa).

con.tra.band [k'ɔntrəbænd] s. contrabando m. ‖ v. contrabandear. ‖ adj. de contrabando, proibido, ilícito.

con.tra.cep.tion [k'ɔntrəs'epʃən] s. contracepção f.; controle m. da natalidade.

con.tra.cep.tive [k'ɔntrəs'eptiv] s. preservativo, meio m. anticoncepcional. ‖ adj. anticoncepcional, contraceptivo.

con.tract [k'ɔntrækt] s. contrato m., escritura f.; pacto m.

con.tract [kəntr'ækt] v. contrair(-se); abreviar, reduzir; contratar.

con.trac.tion [kəntr'ækʃən] s. contração f.; redução f.

con.trac.tor [kəntr'æktə] s. contratante, contraente m. + f.; empreiteiro m.

con.tra.dict [kɔntrəd'ikt] v. contradizer, contestar; negar; ser contrário.

con.tra.dic.tion [kɔntrəd'ikʃən] s. contradição f.; objeção f.; incoerência f.

con.tra.dic.to.ry [kɔntrəd'iktəri] s. (Lóg.) contraditória f. ‖ adj. contraditório; incoerente; inclinado a contradizer.

con.tral.to [kəntr'æltou] s. contralto m. ‖ adj. de contralto. ≃ **singer** contralto.

con.trap.tion [kəntr'æpʃən] s. (coloq.) aparelho, dispositivo m.; (gíria) geringonça, engenhoca f.

con.tra.ry [k'ɔntrəri] s. + adj. contrário, oposto m. ≃ **to nature** ilógico.

con.trast [k'ɔntraːst] s. contraste m., diferença f.

con.trast [kəntr'aːst] v. contrastar, diferenciar (-se); comparar; realçar.

con.tra.vene [k'ɔntrəviːn] v. infringir, transgredir.

con.tra.ven.tion [kɔntrəv'enʃən] s. contravenção, infração f.

con.trib.ute [kəntr'ibjut] v. contribuir, subscrever; colaborar (em jornal).

con.tri.bu.tion [kɔntribj'u:ʃən] s. contribuição f.; donativo m.; tributo m.

con.trib.u.tor [kəntr'ibjutə] s. contribuinte m. + f.

con.trite [k'ɔntrait] adj. contrito, arrependido.

con.triv.ance [kəntr'aivəns] s. aparelho, dispositivo m.; plano, artifício m.

con.trive [kəntr'aiv] v. inventar; planejar; efetuar; produzir, realizar.

con.trol [kəntr'oul] s. controle m., supervisão f.; poder m.; restrição f.; fiscalização f.; alavanca, direção f. (de uma máquina). ‖ v. dirigir, comandar; governar; regular; restringir, reprimir, controlar. ≃ **tower** torre de controle (aeroporto).

con.trol.ler [kəntr'oulə] s. controlador, verificador, inspetor m.; revisor m.

con.tro.ver.sy [k'ɔntrəvə:si] s. controvérsia f.; debate m.; contenda f.

con.tro.vert.i.ble [kɔntrəv'ə:tibl] adj. controvertível, controverso, contestável.

con.tu.sion [kəntj'u:ʒən] s. contusão f., machucado m.

con.va.lesce [kɔnvəl'es] v. convalescer, restabelecer-se de uma doença.

con.va.les.cence [kɔnvəl'esəns] s. convalescença f.

con.va.les.cent [kɔnvəl'esənt] s. + adj. convalescente m. + f. ≃ **home** sanatório.

con.vene [kənv'i:n] v. reunir-se; convir, concordar; convocar; (Jur.) citar.

con.ven.ience [kənv'i:njəns] s. conveniência, propriedade f.; utilidade f., conforto m. **public** ≃ sanitário público.

con.ven.ient [kənv'i:njənt] adj. conveniente, adequado, prático; fácil, simples.

con.vent [k'ɔnvənt] s. convento m.; claustro m.; prédio m. de convento.

con.ven.tion [kənv'enʃən] s. conferência, assembléia f. ≃ s etiqueta f.

con.ven.tion.al [kənv'enʃənəl] adj. de costume, convencional; convencionado.

con.verge [kənv'e:dʒ] v. convergir, tender para o mesmo ponto; fazer convergir.

con.ver.sant [k'ɔnvəsənt, (E.U.A.) kənv'ə:sənt] adj. familiarizado, conhecido, proficiente; ligado, relacionado.

con.ver.sa.tion [kɔnvəs'eiʃən] s. conversação, conversa, troca f. de idéias.

con.verse [k'ɔnvə:s] s. conversação, conversa f.; familiaridade, convivência f.; coisa f. oposta ou contrária.

con.ver.se [kənv'ə:s] v. conversar, palestrar. ‖ adj. oposto, contrário; convertido, reverso; recíproco.

con.ver.sion [kənv'ə:ʃən] s. conversão f.; (Mat.) transposição f.; (Com.) câmbio m.

con.vert [kənv'ə:t] s. convertido, converso m.; prosélito, neófito m. ‖ v. converter, transformar; (Com.) trocar.

con.vert.i.ble [kənv'ə:tibl] adj. conversível, trocável, permutável.

con.vex [k'ɔnveks] s. corpo m. de superfície convexa. ‖ adj. convexo, curvado, arredondado para o lado externo.

con.vey [kənv'ei] v. carregar, transportar; conduzir; (Jur.) transferir.

con.vey.ance [kənv'eiəns] s. transporte m.; condução f.; título m.; escritura f.

con.vict [k'ɔnvikt] s. condenado, convicto m.; sentenciado m.

con.vict [kənv'ikt] v. condenar, sentenciar, declarar culpado.

con.vic.tion [kənv'ikʃən] s. condenação f.; convicção, certeza f.; persuasão f.

con.vince [kənv'ins] v. convencer, persuadir por meio de argumentos.

con.vinc.ing [kənv'insiŋ] adj. convincente.

con.vo.ca.tion [kɔnvok'eiʃən] s. chamada, convocação f.; reunião f.

con.voke [kənv'ouk] v. convocar, chamar, convidar para uma reunião.

con.voy [k'ɔnvɔi] s. ação f. de comboiar ou escoltar; escolta, proteção f.

con.voy [kənv'ɔi] v. comboiar, proteger, escoltar.

con.vul.sion [kənv'ʌlʃən] s. convulsão f., espasmo m.; acesso m. de riso.

cook [kuk] s. cozinheiro m.; cozinheira f. ‖ v. cozinhar; trabalhar como cozinheiro.

cook.er [k'ukə] s. fogão m.

cook.e.ry [k'ukri] s. arte f. culinária; cozinha f.; cozimento m.; ação f. de cozinhar.

cool [ku:l] s. frescura, fresca f., frescor m. ‖ v. esfriar, resfriar; resfriar-se; acalmar(-se). ‖ adj. frio, fresco; calmo.

cool.ness [k'u:lnis] s. frialdade f.; frieza, indiferença f.; acolhimento m. frio.

coop [ku:p] s. gaiola f., viveiro m. pequeno para galinhas ou coelhos. ‖ v. engaiolar, manter em viveiro; confinar.

co-op.er.ate [kou'ɔpəreit] v. cooperar, colaborar, agir em conjunto.

co-op.er.a.tion [kouɔpər'eiʃən] s. cooperação, colaboração f.; cooperativa f.

co-op.er.a.tive [kou'ɔpərətiv] s. cooperativa f. ‖ adj. cooperativo, cooperante.

co.or.di.nate [kou'ɔ:dineit] s. pessoa ou coisa f. coordenada; (Mat.) coordenadas f. pl. ‖ v. coordenar; ajustar. ‖ adj. da mesma classe ou ordem; ajustado, em harmonia; (Gram.) coordenado.

co.or.di.na.tion [kouɔ:din'eiʃən] s. coordenação, igualdade f. de condições.

cop [kɔp] s. (coloq.) guarda, policial m. + f. ‖ v. (gíria) roubar. to ≃ out renegar.

cope [koup] v. contender, lutar, competir, enfrentar; virar-se.

co.pi.er [k'ɔpiə] s. (máquina) copiadora f.

co.pi.ous [k'oupjəs] adj. copioso, abundante; cheio, rico.

cop.per [k'ɔpə] s. cobre m. ‖ v. cobrear, revestir de cobre. ‖ adj. de cobre, vermelho, da cor de cobre.

cop.u.late [k'ɔpjuleit] v. ter relações sexuais, copular.

cop.y [k'ɔpi] s. cópia, duplicata f.; imitação f.; modelo m. ‖ v. copiar, transcrever; imitar, reproduzir.

cop.y.right [k'ɔpirait] s. direitos m. pl. autorais. ‖ adj. protegido pelo registro de propriedade autoral.

cor.al [k'ɔrəl] s. coral m. ‖ adj. feito de coral; coralino, vermelho-escuro. ≃ reef recife de coral.

cord [kɔ:d] s. corda f., cordão, cordel m.; (Eletr.) cordão m. elétrico; (Anat.) (também **chord**) estrutura f. anatômica em forma de corda ou cordão (ex.: tendão, medula espinhal); tecido m. aveludado com listas salientes. ≃ **s** calças f. pl. de veludo listado; (fig.) laços m. pl. ‖ v. encordoar, amarrar, ligar com corda.

cor.dial [k'ɔ:diəl] s. cordial m.; licor m. ‖ adj. cordial, afetuoso, amigável; estimulante.

cor.dial.i.ty [kɔ:di'æliti] s. cordialidade, sinceridade, afetuosidade f.

cor.don [k'ɔ:dn] s. cordão m. (de isolamento etc.).

cor.du.roy [[k'ɔ:djurɔi] s. veludo m. com listas salientes. ≃ **s** calças f. pl. feitas desse tecido.

core [kɔ:] s. caroço m. de frutas; centro, núcleo m.; âmago m.; cerne m. (de madeira); (Eletr.) núcleo m. ‖ v. descaroçar, retirar a parte central.

co.ri.an.der [k'ɔriændə] s. coriandro m.

cork [kɔ:k] s. cortiça f.; rolha f. de cortiça; tampa f. ‖ v. arrolhar; reprimir. ‖ adj. de cortiça. **like a** ≃ elástico, adaptável.

cork.screw [k'ɔ:kskru:] s. saca-rolha m. ‖ v. contorcer-se, serpentear. ‖ adj. espiralado, em forma de espiral.

corn [kɔ:n] s. cereal m.; (E.U.A.) milho m.; (Ingl.) trigo m.; aveia f.; calo m.; calosidade f. ‖ v. salgar, conservar carne em salmoura. ≃ **ed beef** fiambrada. ≃ -**bread** broa. ≃ **cob** espiga de milho. ≃ **meal** (E.U.A.) fubá.

cor.ne.a [k'ɔ:niə] s. (Anat.] córnea f.

cor.ner [k'ɔ:nə] s. canto m.; ângulo m.; esquina f.; cantoneira f.; nicho m.; beco m. sem saída. ‖ v. (E.U.A.) colocar num canto; apertar; (E.U.A., coloq.) embaraçar; (E.U.A.) monopolizar. ‖ adj. de canto, de esquina; próprio para cantos.

cor.ner.stone [k'ɔ:nəstoun] s. pedra f. angular ou fundamental; base f.; alicerce m.

cor.net [[k'ɔ:nit] s. (Mús.) cornetim m.

corn.field [k'ɔ:nfi:ld] s. trigal, milharal m.

cor.nice [k'ɔ:nis] s. (Arquit.] cornija f. ‖ v. guarnecer com cornija.

corn.starch [k'ɔ:nsta:tʃ] s. amido m. de milho.

corn.y [k'ɔ:ni] adj. granuloso, em grão; caloso; abundante em cereais.

cor.o.na.tion [kɔrən'eiʃən] s. coroação f. de soberano.

cor.po.ral [k'ɔ:pərəl] s. + adj. corporal m.; (Milit.) cabo m. ≃ **punishment** castigo corporal.

cor.po.rate [k'ɔ:pərit] adj. incorporado; combinado. ≃ **body** pessoa jurídica.

cor.po.ra.tion [kɔ:pər'eiʃən] s. corporação f.; sociedade f. por ações.

cor.po.re.al [kɔ:p'ouriəl] adj. corpóreo, corporal; material, físico; tangível.

corps [kɔ:] s. unidade f. militar. **the diplomatic** ≃ o corpo diplomático.

corpse [kɔ:ps] s. cadáver, defunto m.

cor.pu.lent [k'ɔ:pjulənt] adj. corpulento.

cor.pus.cle [k'ɔ:pʌsl] s. corpúsculo m.; molécula f.; célula f.; glóbulo m.

cor.ral [kɔr'a:l] s. curral m.; mangueirão m. ‖ v. encurralar; cercar; capturar.

cor.rect [kər'ekt] v. corrigir; regular; emendar; rever. ‖ adj. correto, certo, exato, preciso; próprio, justo, apropriado.

cor.rec.tion [kər'ekʃən] s. correção, retificação f.; emenda f.; reprimenda f.

cor.rect.ness [kər'ektnis] s. justeza, correção f.; precisão, exatidão f.

cor.re.late [k'ɔrileit] s. correlativo m. ‖ v. correlatar. ‖ adj. correlato, correlativo.

cor.re.la.tion [kɔril'eiʃən] s. correlação, relação f. mútua; interdependência f.

cor.rel.a.tive [kɔr'elətiv] s. + adj. correlativo m.

cor.re.spond [kɔrisp'ɔnd] v. corresponder, concordar; trocar correspondência.

cor.re.spond.ence [kɔrisp'ɔndəns] s. correspondência f., troca f. de cartas.

cor.re.spond.ent [kɔrisp'ɔndənt] s. + adj. correspondente m. + f., correlativo m.

cor.ri.dor [k'ɔridɔ:] s. corredor m., passagem f. estreita e comprida.

cor.rob.o.rate [kər'ɔbəreit] v. corroborar, certificar, confirmar; fortificar.

cor.rode [kər'roud] v. corroer, carcomer, roer lentamente; desgastar-se.

cor.ru.ga.tion [kɔrug'eiʃən] s. corrugação f., enrugamento m.; dobra, ruga f.

cor.rupt [kər'ʌpt] v. corromper(-se); subornar. ‖ adj. corrupto; venal; pobre.

cor.rup.tion [kər'ʌpʃən] s. corrupção f.; depravação, perversão f.; desonestidade f.

cor.tex [k'ɔ:teks] s. (pl. **cortices** [k'ɔ:tisi:z]) (Bot., Anat. e Zool.) córtex m.

cor.tical [k'ɔ:tikəl] adj. cortical, relativo ao córtex.

cor.ti.sone [k'ɔːtizoun] s. (Med. e Quím.) cortisona f.

co.se.cant [k'ous'iːkənt] s. (Trigon.) co-secante f. (num ângulo reto).

cosh [kɔʃ] s. soco m. inglês.

co.sine [k'ousain] s. (abr. **cos** [kous]) (Trigon.) co-seno m. (num ângulo reto).

cos.met.ic [kɔzm'etik] s. + adj. cosmético m. use of ≃ s cosmética.

cos.mic [k'ɔzmik] adj. cósmico; vasto, grandioso; harmonioso; universal. ≃ **rays** raios cósmicos.

cos.mo.naut [k'ɔzmənɔːt] s. cosmonauta, astronauta m. + f.

cos.mo.pol.i.tan [kɔzməp'olitən] s. + adj. (também Bot. e Zool.) cosmopolita m. + f.

cos.mop.o.lite [kɔzm'ɔpəlait] s. + adj. = **cosmopolitan.**

cos.mos [k'ɔzmɔs, (E.U.A.) k'ɔzməs] s. cosmo, universo m.; (Bot.) cosmos m.

cost [kɔːst] s. preço, custo, gasto m. ≃ **of living** custo de vida. ≃ **price** preço de custo.

cost [kɔst] v. custar; trazer prejuízo; orçar.

cost.ly [k'ɔstli] adj. de grande valor, precioso, rico; caro, custoso, dispendioso.

cos.tume [k'ɔstjuːm] s. traje m. nacional ou regional; costume m.; roupa f., traje m.

cos.tume [kɔstj'uːm] v. trajar, vestir costume.

cot [kɔt] s. cama f. estreita e portátil (feita de lona); berço m. (de bebê); (Náut.) catre m. **dove-** ≃ pombal.

co.tan.gent [k'ouˈtændʒənt] s. (Trigon.) cotangente f. (num ângulo reto).

cot.tage [k'ɔtidʒ] s. cabana, casa f. pequena, chalé m.; casa f. de campo. ≃ **cheese** (E.U.A.) requeijão.

cot.ton [kɔtn] s. algodão m.; (Bot.) algodoeiro m. ≃ s roupas f. pl. de algodão. ▌ v. (coloq.) simpatizar com. ▌ adj. de algodão, algodoeiro. ≃ **-seed** caroço de algodão. ≃ **wool** algodão bruto, em rama ou em pluma. ≃ **worm** (Zool.) curuquerê. **to** ≃ **on** (gíria) sacar, perceber

couch [kautʃ] s. divã, sofá m.

cou.gar [k'uːgaː] s. (Zool.) puma, leão-americano m.; suçuarana f.

cough [kɔːf] s. tossidela f.; tosse f. ▌ v. tossir. **to** ≃ **up** (gíria) pagar com relutância. ≃ **-drop** bala contra a tosse.

could [kud] v. pret. de **can**

coun.cil [k'aunsil] s. conselho m., assembléia, reunião f.; concílio m. ≃ **-man** conselheiro, vereador.

coun.cil.lor [k'aunsilə] s. conselheiro m.

coun.sel [k'aunsəl] s. deliberação, consulta f.; conselho m.; conselheiro m. ▌ v. aconselhar; recomendar; consultar.

coun.se.lor [k'aunsələ] s. = **counsellor.**

coun.sel.lor [k'aunsələ] s. conselheiro, consultor m.; advogado m.

count [kaunt] s. contagem, conta f.; soma f.; resultado m.; conde m. ▌ v. contar, enumerar; somar, adicionar; computar.

coun.te.nance [k'auntinəns] s. rosto, semblante m., face f.; feições f. pl. ▌ v. aprovar, encorajar.

count.er [k'auntə] s. ficha f.; balcão m. (de loja etc.); guichê m.; oposto, contrário m. ▌ v. opor, agir contra; (Boxe) contragolpear. **under the** ≃ por baixo do pano, ilegalmente. ≃ **-attack** contra-ataque. ≃ **-espionage** contra-espionagem. ≃ **-revolution** contra-revolução.

coun.ter.act [kauntər'ækt] v. agir contra, contrariar, frustrar, contrabalançar.

coun.ter.bal.ance [k'auntəbæləns] s. (também fig.) contrapeso m.

coun.ter.bal.ance [kauntəb'æləns] v. contrabalançar, compensar.

coun.ter.charge [k'auntətʃaːdʒ] s. contra-acusação f. ▌ v. fazer contra-acusação.

coun.ter.feit [k'auntəfit] s. imitação, falsificação f. ▌ v. falsificar, contrafazer.

coun.ter.in.tel.li.gence [kauntəint'elidʒəns] s. (Milit.) contra-informação, contra-espionagem f.

coun.ter.mand [k'auntəm'aːnd] s. contra-ordem f.

coun.ter.mand [kauntəm'aːnd] v. contra-ordenar, contramandar, revogar.

coun.ter.part [k'auntəpaːt] s. contraparte f.

coun.ter.point [k'auntəpoint] s. (Mús.) contraponto m.

coun.ter.poise [k'auntəpoiz] s. contrapeso m.; compensação f., equilíbrio m. ▌ v. contrabalançar, contrapesar, equilibrar.

count.less [k'auntlis] adj. inúmero, incontável, inumerável, em grande número.

coun.try [k'ʌntri] s. país m.; zona, região f., território m. ▌ adj. rural; rústico. **all over**

the ≃ em todo o país. **in the** ≃ no campo.
native ≃ pátria.

coun.try.man [k'ʌntrimən] s. compatriota m.
+ f.; camponês m. **fellow** ≃ patrício.

coun.side [kʌntris'aid] s. zona f. rural; região f. campestre; interior m.

coun.ty [k'aunti] s. (E.U.A.) município m.;
(Ingl.) condado m., comarca f.

cou.ple [kʌpl] s. par, casal m.; dupla, parelha
f. ‖ v. unir; (Eletr.) acoplar.

cou.pling [k'ʌpliŋ] s. junção, ligação, união
f.; acoplamento m.; engate m.

cou.pon [k'u:pɔn] s. (Com.) cupom m.; bilhete, talão m.; cédula f. (concursos).

cour.age [k'ʌridʒ] s. coragem, bravura, intrepidez f. **to take** ≃ criar coragem.

cou.ra.geous [kər'eidʒəs] adj. corajoso, bravo, valente, audaz, intrépido.

cou.ri.er [k'uriə] s. mensageiro, correio m.;
guia m. + f.; profissional m. de viajantes.

course [kɔ:s] s. curso, andamento, progresso
m.; direção f., rumo m.; processo, costume,
método m.; percurso m.; conduta f. ‖ v.
acossar, perseguir; rumar, seguir. ≃ **of life**
transcurso da vida. ≃ **of nature** andamento natural das coisas. **of** ≃ (coloq.) naturalmente. **in due** ≃ na ocasião oportuna, no
devido tempo.

court [kɔ:t] s. pátio, quintal m.; viela f.; área,
quadra f. para jogos. ‖ v. cortejar, galantear,
agradar; namorar; requestar. ≃-**martial** corte marcial.

cour.te.ous [k'ə:tiəs] adj. cortês, atencioso,
amável, delicado, polido, afável.

cour.te.sy [k'ə:tisi] s. cortesia, polidez, atenção f.; favor m.; mesura f.

court.ship [k'ɔ:tʃip] s. namoro m.

court.yard [k'ɔ:tja:d] s. pátio, quintal m.

cous.in [kʌzn] s. primo m., prima f.

cove [kouv] s. enseada, angra f.; esconderijo,
abrigo m.; (Arquit.) moldura f. côncava.

cov.e.nant [k'ʌvinənt] s. convenção f., pacto,
convênio m.; (Jur.) contrato m. ‖ v. concordar solenemente; pactuar; estipular; comprometer-se sob contrato.

cov.er [k'ʌvə] s. coberta, cobertura f.; tampa
f.; cobertor m.; invólucro, envoltório, embrulho m.; envelope m., sobrecarta f.; proteção f., abrigo, amparo m. ‖ v. cobrir, tampar, espalhar sobre, cobrir a superfície de;
envolver, vestir, revestir; esconder, ocultar;

abrigar; percorrer. ≃ **charge** couver(t). ≃
girl garota capa de revista.

cov.er.age [k'ʌvəridʒ] s. cobertura, segurança, caução f.; lastro-ouro m.

cov.er.ing [k'ʌvəriŋ] s. coberta, cobertura f.,
revestimento m. ‖ adj. que cobre.

cov.er.let [k'ʌvəlit] s. colcha, coberta f., cobertor m.

cov.er.lid [k'ʌvəlid] s. = **coverlet.**

cov.et [k'ʌvit] v. desejar, ansiar, cobiçar.

cov.et.ous [k'ʌvitəs] adj. cobiçoso, ávido, avarento, sovina, mesquinho, miserável.

cow [kau] s. vaca f.; fêmea f. de grandes mamíferos (elefante, rinoceronte, baleia etc.);
(gíria) mulher f. gorda e desleixada. ‖ v.
amedrontar, intimidar, assustar, sujeitar pelo temor. ≃ **hand** vaqueiro. ≃ **heel** mocotó. ≃-**pox** (Veter.) vacina; varíola bovina,
doença infecciosa do gado vacum.

cow.ard [k'auəd] s. covarde m. + f., poltrão
m. ‖ adj. covarde, medroso.

cow.ard.ice [k'auədis] s. covardia, pusilanimidade f.

cow.ard.ly [k'auədli] adj. covarde, medroso.
‖ adv. covardemente, sem coragem.

cow.ard.li.ness [k'auədlinis] s. = **cowardice.**

cow.boy [k'aubɔi] s. (E.U.A.) vaqueiro, boiadeiro, condutor m. de boiada.

cow.er [k'auə] v. agachar-se, encolher-se ao
medo ou pavor; esconder-se.

cow.hide [k'auhaid] s. couro m. de vaca.

cow.shed [k'auʃed] s. estábulo m.

coy [kɔi] adj. modesto, reservado, tímido; recatado; que se faz de tímido.

coy.ote [k'aiout, kai'outi] s. (Zool., E.U.A.)
coiote m.

crab [kræb] s. caranguejo, siri m.; guincho,
guindaste m. ‖. v. caçar caranguejos. ≃ **ap**-
ple maçã ou macieira silvestre.

crab.by [kr'æbi] adj. de mau humor, rabugento; acre, azedo; difícil de entender.

crack [kræk] s. fenda, racha, fresta, greta, ruptura f.; estalido, estalo, estrépito, estrondo
m., pancada f.; (coloq.) golpe, soco m. que
produz um estalido. ‖ v. rachar, fender
(-se), quebrar, rebentar; estalar; crepitar, estourar; (gíria) ceder, entregar-se; contar
(piada). ‖ adj. excelente, brilhante, superior.
‖ interj. zás! ≃ -**brained** doido, louco, maluco.

crack.er [kr'ækə] s. biscoito fino, bem torrado m.; bombinha f. de São João.

crack.le [kr'ækl] s. estalido m., crepitação f. ‖ v. crepitar, estalar.

crack.pot [kr'ækpɔt] s. + adj. excêntrico, insano, louco, doido, maluco m.

cra.dle [kreidl] s. berço m.; terra f. natal. ‖ v. embalar; criar, cuidar de, educar.

craft [kra:ft, kræft] s. arte, destreza f.; embarcação f.; ofício m.; artífice m. + f.

craft.i.ness [kr'a:ftinis] s. artifício m., astúcia, finura, sagacidade f.

crafts.man [kr'a:ftsmən] s. artífice, artesão m.; oficial, profissional m.

crafts.man.ship [kr'a:ftsmənʃip] s. habilidade, arte f.

craft.y [kr'a:fti] adj. astucioso, velhaco, ladino, ardiloso, arteiro, travesso.

crag [kræg] s. rochedo m. íngreme.

cram [kræm] s. abarrotamento, congestionamento m. ‖ v. abarrotar, encher; forçar; fartar(-se), empanturrar(-se).

cramp [kræmp] s. grampo, gancho m.; (= cramp iron), ferramenta f. de carpinteiro, sargento m.; cãibra, breca f.; paralisia f. de certos músculos. ≃s cólicas f. pl. ‖ v. grampear; prender com sargento. ‖ adj. confinado, restrito; difícil para ler ou decifrar.

crane [krein] s. guindaste m., grua f.; (Orn.) grou m. ‖ v. içar, guindar, levantar com guindaste; estender o pescoço; hesitar.

cra.ni.al [kr'einiəl] adj. cranial, craniano, do crânio.

cra.ni.um [kr'einiəm] s. (Anat.) crânio m.

crank [kræŋk] s. manivela f.; trocadilho, jogo m. de palavras; capricho m., mania f.; (pop.) pessoa f. excêntrica. ‖ v. acionar por meio de manivela. ‖ adj. (dial.) fraco, debilitado, doentio; abalado, oscilante. ≃-case cárter ou caixa de manivela.

crank.y [kr'æŋki] adj. torcido, curvado; irritável; esquisito; (Ingl.) doentio.

cran.ny [kr'æni] s. fenda, racha, greta, fissura, frincha, abertura f. estreita.

crap [kræp] s. excremento m., merda f.; (fig.) bobagem, tolice f. **cut the** ≃ fale sério. ‖ v. defecar, fazer cocô.

crape [kreip] s. crepe m. ‖ v. colocar crepe.

crash [kræʃ] s. estampido, estrondo, estrépito m.; impacto m., colisão, queda f. estrepitosa. ‖ v. estalar, estrondear; colidir, cair

com estrépito; despedaçar-se; espatifar-se no solo; arruinar-se; falir. ≃ helmet capacete (motoqueiro etc.).

crate [kreit] s. engradado m. ‖ v. (E.U.A.) engradar; transportar em engradados.

cra.ter [kr'eitə] s. cratera f.; engradador m.

crave [kreiv] v. almejar, anelar, desejar; pedir, suplicar; necessitar, precisar.

crawl [krɔ:l] s. rastejo, rastejamento m.; estilo m. de natação. ‖ v. rastejar; mover-se lentamente; fervilhar; nadar pelo estilo crawl; trepar (plantas).

cray.on [kr'eiən, kr'eiɔn] s. creiom m. para desenho; desenho m. a pastel. ‖ v. desenhar com pastel ou creiom.

craze [kreiz] s. paixão f., capricho m.; fenda f. (em louça). ‖ v. enlouquecer.

cra.zed [kr'eizd] adj. louco, demente.

cra.zy [kr'eizi] adj. louco, demente, maníaco; tonto.

creak [kri:k] s. rangido, chio m., chiada f. ‖ v. ranger, chiar, emitir chios.

cream [kri:m] s. nata f., creme m. de leite; creme m. ‖ v. pôr creme, cobrir de creme; desnatar. ‖ adj. cremoso, de creme. ≃ cheese queijo cremoso, requeijão.

cream.er.y [kr'i:məri] s. estabelecimento m. de laticínios, leiteria f.

cream.y [kr'i:mi] adj. cremoso, rico em nata; semelhante à nata.

crease [kri:s] s. ruga, prega, dobra f. ‖ v. dobrar, vincar; enrugar-se.

cre.ate [kri'eit] v. criar, produzir; ocasionar; formar; nomear; inventar.

cre.a.tion [kri'eiʃən] s. criação f.; universo m.; instituição f.; investidura f.

cre.a.tive [kri'eitiv] adj. criativo, criador; produtivo, inventivo.

cre.a.tive.ness [kri'eitivnis] s. faculdade f. criadora; produtividade f.

cre.a.tor [kri'eitə] s. criador, autor, produtor m. **Creator** Criador, Deus m.

crea.ture [kr'i:tʃə] s. criatura f.

cre.den.tial [krid'enʃəl] s. ≃s credenciais f. pl. diplomáticas; referências f. pl. ‖ adj. credencial, digno de crédito.

cred.i.bil.i.ty [kredib'iliti] s. credibilidade f.

cred.it [kr'edit] s. crédito m., crença, fé f.; confiança f.; crédito, saldo, haver m.; dinheiro m. pago por conta. ‖ v. crer, acreditar, confiar; dar crédito bancário ou comer-

cial. **blank** ≃ crédito ilimitado. ≃ **card** cartão de crédito. ≃ **squeeze** arrocho.
cre.du.li.ty [kridj'u:liti] s. credulidade, ingenuidade, simplicidade f.
cred.u.lous [kr'edjuləs] adj. crédulo, ingênuo, simples.
creed [kri:d] s. credo m., profissão f. de fé cristã; doutrina, crença f.
creek [kri:k] s. (E.U.A., Canadá e Austrália) córrego, riacho, ribeiro m.
creep [kri:p] s. rastejo, rastejamento, arrastamento m. ‖ v. (pret. e p.p. **crept**) arrastar-se; rastejar; engatinhar; trepar (planta).
creep.er [kr'i:pə] s. rastejador m.; (Bot.) planta f. rasteira ou trepadeira.
cre.mate [krim'eit] v. cremar, incinerar, queimar (cadáver em rito funerário).
cre.ma.tion [krim'eiʃən] s. cremação, incineração f. (de cadáveres).
crepe [kreip] s. crepe m.; papel m. crepom. ≃ **de Chine** crepe-da-china.
crêpe [kreip] s. = **crepe**.
crept [krept] v. pret. e p. p. de **creep**.
cres.cent [kr'esənt] s. quarto m. crescente da lua. ‖ adj. semilunar, em forma de meia-lua; crescente, em aumento.
crest [krest] s. crista f.; poupa f.; cimeira f., topo, cume m. ‖ v. pôr cimeira, pluma, escudo etc. em; coroar; superar.
cre.tin [kr'etin] s. cretino m.; (também fig.) bobo, imbecil m.
cre.vasse [kriv'æs] s. fenda f. de geleira; (E.U.A.) brecha f. num dique. ‖ v. rachar.
crev.ice [kr'evis] s. fenda, racha, fresta, greta, fissura f.
crew [kru:] s. tripulação f. (de navio ou de avião); turma f. de trabalhadores. ‖ v. tripular; p.p. de **crow**.
crib [krib] s. berço m. com grades altas; manjedoura f. ‖ v. colocar em manjedoura ou berço; colar (nos exames).
crick.et [kr'ikit] s. críquete m.; (Ent.) grilo m.
crime [kraim] s. crime, delito m.; pecado m.
crim.i.nal [kr'iminal] s. criminoso m. ‖ adj. criminoso; criminal.
crim.son [krimzn] s. + adj. carmesim, vermelho m. ‖ v. tingir de carmesim.
cringe [krindʒ] s. bajulação, adulação f. ‖ v. bajular, lisonjear servilmente.
crin.kle [kriŋkl] s. ruga, dobra f.; amassadura f. (de papel); ondulação f. ‖ v. ondular, fazer dobras, serpejar; amarrotar.

crip.ple [kripl] s. aleijado, estropiado, coxo, paralítico m. ‖ v. mutilar, aleijar, estropiar, incapacitar, enfraquecer.
cri.sis [kr'aisis] (pl. **crises** [kr'aisi:z]) s. crise f.
crisp [krisp] v. anelar-se, encaracolar-se; encrespar(-se), enrugar(-se). ‖ adj. anelado, encaracolado; crespo; ondulado.
cri.te.ri.on [krait'iəriən] s. critério m., norma f., padrão, ponto m. de vista.
crit.ic [kr'itik] s. crítico m.; julgador m.
crit.i.cal [kr'itikəl] adj. crítico; ajuizado, criterioso; difícil; decisivo, crucial.
crit.i.cism [kr'itisizm] s. censura f.; criticismo m.; apreciação, análise f.
crit.i.cize [kr'itisaiz] v. criticar, censurar, desaprovar; julgar, fazer crítica.
croak [krouk] s. crocito, coaxo, grasnado m. ‖ v. crocitar, coaxar, grasnar.
cro.chet [kr'ouʃei] s. crochê m.; trabalho m. de crochê. ‖ v. (pret. e p. p. **crocheted**) fazer crochê.
crock [krɔk] s. pote, cântaro m.
crock.er.y [kr'ɔkəri] s. louça f. de barro.
croc.o.dile [kr'ɔkədail] s. (Zool.) crocodilo m. ≃ **tears** lágrimas de crocodilo.
cro.cus [kr'oukəs] s. (pl. **crocuses** [kr'oukəs]). **cro.ci** [kr'ousai]) (Bot.) açafrão m.
crook [kruk] s. gancho m.; curva, curvatura f.; dobramento m.; (coloq.) trapaceiro, ladrão m. ‖ v. curvar, entortar; curvar-se.
crook.ed [kr'ukid] adj. curvo, torto, tortuoso; dobrado; desonesto, trapaceiro.
croon.er [kr'u:nə] s. (coloq.) cantor m. de rádio (de voz suave e baixa).
crop [krɔp] s. colheita f.; safra, produção f.; papo m. de aves. ‖ v. plantar, semear, colher; ceifar, segar; dar safra; tosquiar. **to** ≃ **up** aparecer.
cross [krɔs] s. cruz f.; encruzilhada f., cruzamento m. ‖ v. marcar com cruz; cruzar, cancelar; atravessar, transpor; cruzar-se; fazer o sinal-da-cruz sobre; fazer cruzamento (entre raças). ‖ adj. atravessado, transversal, oblíquo; contrário; rabugento; recíproco; cruzado. ‖ adv. de lado a lado, através; em cruz; transversalmente; contrariamente; desfavoravelmente. **Cross** cruz de Cristo, crucifixo, símbolo da religião cristã. **The Southern Cross** o Cruzeiro do Sul. **to take up one's** ≃ carregar sua cruz. **to make the sign of the** ≃ fazer o sinal-da-cruz. ≃**ed**

check (Com.) cheque cruzado. ≃ **-examination** (Jur.) interrogatório cruzado. ≃ **-section** corte transversal. **to** ≃ **-examine** interrogar, inquirir. ≃ **-eyed** vesgo, estrábico. ≃ **-roads** desvio, estrada transversal, cruzamento de ruas. **to** ≃ **off** eliminar, retirar (de lista etc.). **to** ≃ **out** riscar. **to** ≃ **-question** interrogar.

cross.bar [kr'ɔsba:] s. linha f. ou lista transversal; (Téc. e Futeb.) travessa, trave f.

cross.bred [kr'ɔsbred] s. híbrido m. ‖ adj. híbrido, mestiço.

cross.ing [kr'ɔsiŋ] s. cruzamento m.; travessia, viagem f.; encruzilhada f.

cross.town [kr'ɔstaun] adj. que atravessa a cidade. ‖ adv. através da cidade.

cross.word puzzle [kr'ɔswə:d pʌzl] s. palavras f. pl. cruzadas.

crotch [krɔtʃ] s. forquilha, forqueta f.; gancho m.; (Anat.) entrepernas f. pl.; virilhas f. pl.

crouch [krautʃ] s. agachamento m.; aviltamento m., humilhação f. ‖ v. agachar-se, curvar-se, humilhar-se, bajular.

crow [krou] s. canto m. do galo; grito m. de satisfação, de bebê; (Orn.) corvo m. ‖ v. gritar de alegria (bebê); cantar (galo).

crowd [kraud] s. multidão f.; (E.U.A., coloq.) grupo m., ajuntamento m. ‖ v. aglomerar (-se), afluir em multidão, amontoar(-se); apertar(-se); empurrar, atropelar; (E.U.A., coloq.) apressar, apertar, urgir, insistir; abrir caminho.

crowd.ed [kr'audid] adj. abarrotado, cheio, repleto; compacto, comprimido.

crown [kraun] s. coroa f.; diadema f.; (Anat. e Zool.) parte f. superior do dente; auge, clímax m., culminância f.; copa f. ‖ v. coroar; recompensar; encimar; completar; engrinaldar; ornar, adornar. ‖ adj. pertencente ou relativo à coroa.

cru.cial [kr'u:ʃiəl] adj. crucial, crítico, decisivo; severo; cruciforme.

cru.ci.ble [kr'u:sibl] s. cadinho, crisol m.; prova f. severa. ≃ **steel** aço de cadinho.

cru.ci.fix.ion [kru:sif'ikʃən] s. crucificação f.; (fig.) sofrimento m. intenso.

cru.ci.fy [kr'u:sifai] v. crucificar; torturar.

crude [kru:d] adj. cru, bruto; não cozido; imaturo (também fig.); incipiente; bruto.

crude.ness [kr'u:dnis] s. crueza f.; rudeza f.

cru.el [kr'u:əl] adj. cruel, brutal, selvagem, bárbaro; desapiedado; pungente.

cru.el.ty [kr'u:əlti] s. crueldade, maldade f.

cru.et [kr'u:it] s. galheta f.

cruise [kru:z] s. cruzeiro m., viagem f.

crui.ser [kr'u:zə] s. (Náut.) cruzador m.

crumb [krʌm] s. migalha f.; miolo m. do pão. ‖ v. esmigalhar(-se); (Culin.) empanar. ≃ **of happiness** um pouco de felicidade.

crum.ble [krʌmbl] v. esmigalhar(-se); desintegrar-se, cair em pedaços.

crum.ple [krʌmpl] s. ruga, prega, dobra f. ‖ v. amarrotar; desmoronar.

crunch [krʌntʃ] s. mastigação f. ruidosa, trituração f. audível. ‖ v. mastigar ruidosamente; triturar ruidosamente.

cru.sade [kru:s'eid] s. cruzada f.; guerra f. religiosa. ‖ v. empenhar-se numa campanha ou cruzada.

crush [krʌʃ] s. esmagamento m., compressão f. violenta; (E.U.A.) multidão f. de gente, aglomeração f. ‖ v. esmagar; enrugar, amarrotar pelo uso; triturar.

crust [krʌst] s. crosta f. do pão, côdea f.; borra f. do vinho. ‖ v. encodear; encrostar; formar crosta; incrustar-se.

crus.ta.ce.an [krʌst'eiʃən] s. + adj. (Biol.) crustáceo m.

crust.y [kr'ʌsti] adj. que tem crosta ou casca, crustáceo; ríspido, rabugento.

crutch [krʌtʃ] s. muleta f.; forquilha f. ‖ v. suportar com muleta; apoiar.

cry [krai] s. grito, brado m., exclamação f.; pranto, choro m., lamentação f.; voz f. de certos animais; rogo m.; opinião pública f. ‖ v. gritar, clamar, bradar; chorar, lamentar(-se); berrar; implorar, pedir; exclamar; apregoar, proclamar. ≃ **off** desistir.

cry.ing [kr'aiiŋ] s. grito m., gritaria f.; choro m. ‖ adj. chorão; evidente.

cry.o.gen.ics [kraiɔdʒ'iniks] s. (Med. etc.) criogenia f.

crys.tal [kr'istəl] s. cristal m. de rocha. ‖ adj. de cristal ou de quartzo; transparente, cristalino, límpido.

crys.tal.line [kr'istəlain] adj. cristalino. ≃ **lens** (Anat.) cristalino.

crys.tal.lize [kr'istəlaiz] v. cristalizar(-se) (também fig.); cobrir com açúcar.

cub [kʌb] s. filhote m. de urso, raposa, leão etc.; (coloq.) foca m. + f.; repórter m. + f. novato. ‖ v. dar cria (animal).

cub.by [k'ʌbi] s. cubículo, lugar m. pequeno e fechado.

cube [kju:b] s. (Geom. e Mat.) cubo m. ‖ v. dar a forma de cubo a; cubar.

cu.bic [kj'u:bik] adj. cúbico; (Cristal.) isométrico. ≃ **content** volume.

cu.bi.cle [kj'u:bikl] s. cubículo, pequeno dormitório m. (em internatos).

Cub.ism [kj'u:bizm] s. (Arte) cubismo m.

cuckoo [k'uku:] s. (Orn.) cuco m.; canto m. do cuco. ‖ v. cucular, cucar. ‖ adj. (E.U.A., gíria) maluco, tonto.

cu.cum.ber [kj'u:kəmbə] s. (Bot.) pepino m., pepineiro. **pickled** ≃ pepino em conserva.

cud [kʌd] s. bolo m. alimentar (dos ruminantes). **to chew the** ≃ ruminar; pensar.

cud.dle [kʌdl] s. abraço m. ‖ v. abraçar, acariciar, afagar; aninhar-se.

cue [kju:] s. sugestão, insinuação f., palpite m.; (Teat.) deixa f.; taco m. de bilhar.

cuff [kʌf] s. punho m. de manga; bainha f. de calça. **on the** ≃ (coloq.) a crédito.

cu.li.na.ry [k'ʌlinri] adj. culinário.

cul.mi.nate [k'ʌlmineit] v. culminar; (Astron.) passar pelo meridiano.

cul.pa.ble [k'ʌlpəbl] adj. culpável.

cul.prit [k'ʌlprit] s. culpado, criminoso m.; acusado, réu m.

cult [kʌlt] s. culto m.; seita f.; ritual m.

cul.ti.vate [k'ʌltiveit] v. cultivar; lavrar, amanhar; desenvolver, educar.

cul.ti.va.tion [k'ʌltiv'eiʃən] s. cultivação f., cultivo, amanho m.; melhoria f.

cul.ti.va.tor [k'ʌltiveitə] s. cultivador m.

cul.tur.al [k'ʌltʃərəl] adj. cultural, relativo a cultura; cultivado, relativo a cultivo.

cul.ture [k'ʌltʃə] s. cultura f.; refinamento m.; desenvolvimento m.; educação f.; cultivo, amanho m.; cultivação f.; trato m. ‖ v. cultivar, amanhar; criar, desenvolver; preparar culturas bacterianas.

cul.tured [k'ʌltʃəd] adj. culto, civilizado; cultivado; (Biol.) propagado artificialmente.

cum.ber.some [k'ʌmbəsəm] adj. embaraçoso, enfadonho; desajeitado.

cum.in [k'ʌmin] s. (Bot.) cominho m. ≃ **oil** essência de cominho.

cum.min [k'ʌmin] s. = **cumin.**

cu.mu.lus [kj'u:mjuləs] s. (Meteor.) cúmulo m.; monte m., pilha f.

cu.mu.la.tive [k'ju:mjulətiv] s. cumulativo.

cun.ning [k'ʌniŋ] s. astúcia, esperteza, manha f. ‖ adj. esperto, astuto, ladino, manhoso; arguto, atilado; atraente.

cunt [kʌnt] s. vagina, (vulg.) buceta f.

cup [kʌp] s. xícara, chávena f.; copo, cálice m. (também de flor); copa f. (prêmio esportivo). ‖ v. dar forma de cálice ou xícara a; tomar ou colocar em xícara. ≃ **-tie** (Futeb.) jogo de campeonato.

cup.board [k'ʌbəd] s. guarda-louça m.; (Ingl.) armário m. (roupa, comida).

cur.a.ble [kj'uərəbl] adj. curável.

cu.ra.tor [kjuər'eitə] s. (Jur.) curador, tutor m.; administrador, conservador m. (de museu); superintendente m. + f.

curb [kə:b] s. barbela f.; freio, estorvo m., restrição f.; guia f. ‖ v. restringir, refrear; pôr freio em; colocar meio-fio, colocar guia (calçada).

curd [kə:d] s. ≃ **s** coalho, coágulo m. ‖ v. coalhar, coagular.

cur.dle [kə:dl] s. coagular, coalhar; engrossar, solidificar; (fig.) gelar.

cure [kjuə] s. cura f.; tratamento m. curativo; remédio, medicamento m. ‖ v. curar; tratar, remediar, medicar; livrar-se de; defumar; sarar; vulcanizar (borracha).

cur.few [k'ə:fju:] s. toque m. de recolher.

cu.ri.os.i.ty [kjuəri'ɔsiti] s. curiosidade f.; raridade f.; qualidade f. estranha.

cu.ri.ous [kj'uəriəs] s. + adj. curioso; indiscreto.

curl [kə:l] s. cacho, anel, caracol m. de cabelo; ondulação f., encrespamento m. ‖ v. enrolar, torcer, espiralar; agitar, encarneirar (mar). ≃ **cloud** cirro.

cur.ler [k'ə:lə] s. bob m. (para cabelo).

curl.y [k'ə:li] adj. ondulado, anelado, encaracolado, encrespado.

cur.rant [k'ə:rənt] s. passa f. de Corinto; groselha f.; (Bot.) groselheira f.

cur.rent [k'ə:rənt] s. corrente f., fluxo m.; corrente f. elétrica; andamento, curso, movimento m.; direção geral, tendência f.; correnteza f. ‖ adj. circulante, corrente; prevalecente, de uso comum; atual.

cur.ric.u.lum [kər'ikjuləm] s. currículo, curso m. ≃ **vitae** curriculum vitae.

curse [kə:s] s. maldição, praga f.; desgraça, calamidade f. ‖ v. maldizer, amaldiçoar, imprecar; afligir, assolar; blasfemar.

cur.so.ry [k'ə:səri] adj. superficial.

curt [kə:t] adj. curto; breve, resumido; rude, abrupto, áspero, brusco.

cur.tain [kə:tn] s. cortina f., cortinado m.; pano m. de boca de teatro. ‖ v. colocar cortina, fechar ou decorar com cortina.

cur.va.ture [k'ɔ:vətʃə] s. curvatura f., dobramento, arqueamento m.; peça ou parte f. curvada ou arqueada.

curve [kə:v] s. curva f.; linha f. curva; curvatura f.; flexão f. ‖ v. curvar(-se), arquear; fazer curva. ‖ adj. curvado, curvo.

cush.ion [k'ʌʃən] s. almofada f.; amortecedor m. ‖ v. almofadar; amortecer, abrandar.

cus.tard [k'ʌstəd] s. manjar, pudim m., iguaria f. feita de leite e ovos.

cus.to.dy [k'ʌstədi] s. custódia f., cuidado m.; detenção, prisão f.; proteção, guarda, tutela f. **to take into** ≃ prender.

cus.tom [k'ʌstəm] s. costume, hábito, uso m.; comportamento m. ≃**s** taxas f. pl. ‖ adj. feito sob encomenda; que trabalha em artigos sob encomenda. ≃-**built** fabricado, produzido ou feito sob encomenda. ≃-**made** (E.U.A.) feito sob encomenda. ≃-**made suit** terno sob medida.

cus.tom.er [k'ʌstəmə] s. freguês, comprador m., cliente m. + f.

cus.tom.house [k'ʌstəmhaus] s. alfândega, aduana f. ≃ **charges** direitos aduaneiros.

cut [kʌt] s. corte m., abertura, ferida f.; talho m., incisão f.; passagem, escavação f. (na terra); peça f. talhada, parte f. ou pedaço m. cortado; estilo, talhe, feitio m.; (E.U.A.) diminuição, redução f.; atalho m.; picada f.; cutilada f. ‖ v. (pret. e p.p. **cut**) cortar; secionar; aparar; rachar; ferir; lancetar, mutilar; reduzir; atravessar; passar através de. ‖ adj. cortado, talhado; gravado, entalhado, lapidado. **to make a** ≃ **(in the story)** resumir a história. **to** ≃ **in** entalhar; interromper. **to** ≃ **off** cortar, destacar, remover; romper (relações); eliminar. **to** ≃ **out** cortar, recortar; talhar; desligar (máquina, chave elétrica etc.); excluir, afastar; eliminar. ≃ **glass** vidro lapidado. **to** ≃ **in** interromper. ≃-**rate** a preço de liquidação.

cut.a.way [k'ʌtəwei] s. fraque m.

cute [kju:t] adj. (E.U.A.) atraente, bonito, agradável; (coloq.) inteligente, esperto.

cu.ti.cle [kj'u:tikl] s. cutícula, epiderme f.; (Bot.) película f.; cutícula f. das unhas.

cut.ler.y [k'ʌtləri] s. facas f. pl; cutelaria f.

cut.let [k'ʌtlit] s. costeleta f.; fatia f. de carne ou de peixe, posta f.

cut.purse [k'ʌtpə:s] s. ladrão m. de bolsas de mulher; batedor m. de carteiras.

cut.ter [k'ʌtə] s. cortador m.; máquina f. de cortar; cúter m.; veleiro m. de um mastro.

cut.ting [k'ʌtiŋ] s. coisa f. cortada; incisão, talhada f., talho m.; (Hort.) muda f., renovo m. ‖ adj. cortante; picante, mordaz, sarcástico; penetrante, pungente.

cy.a.nide [s'aiənaid] s. (Quím.) cianeto, cianureto m.

cyc.la.mate [s'aikləmeit] s. (Quím.) ciclamato m.

cy.cle [saikl] s. ciclo m.; circuito m., revolução f.; época f.; bicicleta f., triciclo m. ‖ v. passar por um ciclo; andar de bicicleta ou de triciclo.

cy.clic [s'aiklik] adj. cíclico; em anel.

cy.cli.cal [s'aiklikəl] adj. = **cyclic.**

cy.clist [s'aiklist] s. ciclista m. + f.

cy.cloid [s'aikloid] s. (Geom.) ciclóide f. ‖ adj. circular; cicloidal; (Psiq.) ciclotímico.

cy.clone [s'aikloun] s. ciclone m.

cy.clo.tron [s'aiklətrɔn] s. (Fís.) cíclotron m.

cyl.in.der [s'ilində] s. (Geom.) cilindro m.; rolo m.; (E.U.A.) tambor m. de revólver.

cy.lin.dric [sil'indrik] adj. cilíndrico.

cy.lin.dri.cal [sil'indrikəl] adj. = **cylindric.**

cym.bals [s'imbəls] s. pl. (Mús.) pratos m. pl.

cyn.ic [s'inik] s. + adj. cínico m.; misantropo, céptico m.

cyn.i.cal [s'inikəl] s. + adj. = **cynic.**

cyn.i.cism [s'inisizm] s. cinismo m.; cepticismo m.

cy.press [s'aipris] s. (Bot.) cipreste m.

cyst [sist] s. (Med.) cisto m.; (Biol.) vesícula, bolsa f.

cy.tol.o.gy [sait'ɔlədʒi] s. (Biol.) citologia f.

cy.to.plasm [s'aitəplæzm] s. citoplasma m.

D

D, d [di:] quarta letra f. do alfabeto; (Mús.)
ré m., segunda nota f. da escala musical; algarismo m. romano, vale 500.
dab [dæb] s. pequena quantidade f.; toque m.
‖ v. tocar de leve.
dad [dæd] s. papai m.; (coloq.) velho m.
dad.dy [d′ædi] s. = **dad.**
daf.fo.dil [d′æfədil] s. (Bot.) narciso m. silvestre.
daft [dæft] adj. (pop.) louco, doido.
dag.ger [d′ægə] s. punhal m.; adaga f.
dahl.ia [d′eiljə] s. (Bot.) dália f.
dai.ly [d′eili] s. diário, jornal m. ‖ adj. diário, cotidiano; ordinário, habitual. ‖ adv.
dia a dia, diariamente; freqüentemente;
sempre.
dain.ty [d′einti] s. iguaria f. fina, gulodice f.,
regalo m. ‖ adj. delicado, delicioso, saboroso; elegante, gracioso, belo.
dair.y [d′ɛəri] s. leiteria, fábrica f. de latící-
nios; fazenda f. pastoril.
dais [d′eiis] s. palanque m., plataforma f.
dai.sy [d′eizi] s. (Bot.) margarida, bonina f.
dai.sy.wheel [d′eiziwi:l] s. (Infor.) margarida f.
dam [dæm] s. represa f., dique, açude m.; barragem f. para represar água. ‖ v. represar;
impedir, obstruir, tapar.
dam.age [d′æmidʒ] s. dano, prejuízo m., perda f., detrimento m., estrago m.; injúria f.;
(gíria) despesa f., preço m. ≃**s** indenização
f. ‖ v. prejudicar; estragar-se, deteriorar-se;
receber indenização.
dame [deim] s. senhora f.; dama f.
damn [dæm] s. maldição, praga f.; importância f. insignificante. ‖ v. condenar, censurar, rejeitar; amaldiçoar, blasfemar, condenar a penas eternas.
dam.na.tion [dæmn′eiʃən] s. danação, condenação f.; maldição f.; reprovação f.
damp [dæmp] s. umidade f.; ar m. viciado;
desânimo m.; depressão f. física ou moral.

‖ v. umedecer levemente; desanimar; abafar, sufocar, extinguir.
damp.en [d′æmpən] v. umedecer(-se); desanimar, deprimir; refrear, estorvar; amortecer; abafar (rádio).
damp.ness [d′æmpnis] s. umidade f.
dam.sel [d′æmzəl] s. rapariga, donzela f.
dance [da:ns, dæns] s. dança f.; baile m. ‖ v.
dançar, bailar; saltar, pular.
danc.er [d′a:nsə, d′ænsə] s. dançarino, baila-
rino m.; dançarina, bailarina f.
dan.druff [d′ændrʌf] s. caspa f.
dan.ger [d′eindʒə] s. perigo, risco m. ≃ **money** adicional de periculosidade.
dan.ger.ous [d′eindʒrəs] adj. perigoso, arriscado, temerário; audaz.
dan.gle [dæŋgl] s. balanceio, balanço m. ‖ v.
bambolear(-se), balançar(-se), estar pendente, oscilar.
Dan.ish [d′einiʃ] s. + adj. dinamarquês m.
dare [d′ɛə] s. desafio m. ‖ v. ousar, atrever-
se; desafiar, afrontar; ter coragem.
dare.dev.il [d′ɛədevl] s. indivíduo m. temerário; indivíduo intrépido, valente m. ‖ adj.
temerário, valentão; intrépido.
dare.say [dɛəs′ei] v. supor, admitir
dar.ing [d′ɛəriŋ] s. audácia, ousadia, coragem
f. ‖ adj. atrevido, temerário, intrépido, corajoso, destemido.
dark [da:k] s. escuridão f.; obscuridade f.;
sombra f.; noite f., trevas f. pl.; ignorância
f.; segredo m. ‖ v. = **darken.** ‖ adj. escuro;
quase negro; sombrio. ≃ **horse** concorrente, candidato desconhecido, zebra.
dark.en [d′a:kən] v. escurecer; entristecer, pesar, tornar melancólico.
dark.ness [d′a:knis] s. escuridão f.
dark.room [d′a:kru:m] s. (Fot.) laboratório m.
dar.ling [d′a:liŋ] s. + adj. querido m., querida f.

darn [da:n] s. remendo m., cerzidura f.; conserto m. ‖ v. remendar, cerzir, consertar, palmilhar; (gíria) amaldiçoar.

dar.ning [d'a:niŋ] s. cerzidura f., remendo m. -needle agulha de cerzir.

dart [da:t] s. dardo m., flecha, seta f.; picada f. ≃ s jogo m. de dardo. ‖ v. arremessar, dardejar.

dash [dæʃ] s. colisão f., choque m.; estrondo m.; pancada f.; hífen m.; traço m. ‖ v. quebrar com estrépito; bater; colidir; manchar, molhar; adulterar, diluir.

dash.board [d'æʃbɔ:d] s. pára-lama m.; painel m.; quadro m. de instrumentos de automóvel, avião etc.

da.ta [d'eitə] s. dados, detalhes m. pl., condições ou exigências f. pl. estabelecidas. ≃ processing processamento de dados.

date [deit] s. data f.; época, era f.; prazo m., duração f.; (coloq.) encontro m., entrevista f.; conclusão f.; (Bot.) tâmara f. ‖ v. datar; namorar; começar; contar.

daub [dɔ:b] s. argamassa f., barro m., crosta f.; mancha, sujeira f. ‖ v. revestir com argamassa, barro ou qualquer substância untuosa; sujar, manchar.

daugh.ter [d'ɔ:tə] s. filha f. ≃-in-law nora.

dav.en.port [d'ævnpɔ:t] s. escrivaninha f. pequena com gavetas em ambos os lados.

daw.dle [d'ɔ:dl] v. fazer hora, vadiar, vagabundar.

dawn [dɔ:n] s. alvorada f., madrugada f.; (fig.) início, despertar m., origem f. ‖ v. amanhecer, raiar o dia.

day [d'ei] s. dia m. All Souls' Day Dia de Finados. Christmas Day Dia de Natal. ≃-dream devaneio, utopia.

day.break [d'eibreik] s. romper m. do dia, aurora, alvorada, alba f.

day.light [d'eilait] s. luz f. do dia. ≃ saving horário de verão.

day.time [d'eitaim] s. dia m.

daze [d'eiz] s. ofuscação f., ato ou efeito m. de ofuscar; torpor, estado m. de pasmo, confusão f. ‖ v. ofuscar; entorpecer, pasmar, confundir, estupidificar.

daz.zle [dæzl] s. deslumbramento m., ofuscação f. da vista por muita luz. ‖ v. deslumbrar; fascinar, maravilhar-se.

daz.zling [d'æzliŋ] adj. deslumbrante.

dea.con [d'i:kən] s. diácono m.; esmoler m.

dead [ded] s. morto m. ‖ adj. defunto, falecido; cadavérico, inerte, apático; silencioso; desanimado. ≃ end beco sem saída. ≃ letter carta não entregue. ≃ beat exausto; vagabundo.

dead.en [dedn] v. enfraquecer; amortecer, abafar, deslustrar.

dead.line [d'edlain] s. último prazo m. para fazer algo; prazo m. de entrega.

dead.lock [d'edlɔk] s. paralisação f. completa; (fig.) beco m. sem saída.

deaf [def] v. ensurdecer. ‖ adj. surdo, mouco; que não quer ouvir.

deaf.en [defn] v. ensurdecer; atordoar, aturdir; amortecer o som.

deaf.en.ing [d'efniŋ] s. amortecimento m. do som. ‖ adj. ensurdecedor.

deaf.ness [d'efnis] s. surdez f.

deal [di:l] s. parte, quantidade f., número, grau m.; dada f. de cartas; mão m., em jogo de cartas; (gíria) negociação, pechincha f.; acordo m. ‖ v. (pret. e p.p. dealt) negociar; repartir; proceder; dar as cartas.

deal.er [d'i:lə] s. negociante, mercador, revendedor m.; distribuidor m.

deal.ing [d'i:liŋ] s. ≃ s procedimento m.; comércio m., relações f. pl. comerciais; intercâmbio m.

dealt [delt] v. pret. e p.p. de deal.

dean [di:n] s. deão m.; reitor m.; decano m.

dear [diə] s. querido m., bem-amado m. ‖ adj. amado, querido, estimado; dispendioso; prezado (tratamento).

dearth [də:θ] s. carência, escassez f.; privação f.; falta f. do necessário.

death [deθ] s. morte f. ≃-bed leito de morte; agonia f. ≃ rate mortalidade; índice ou coeficiente de mortalidade. ≃-blow golpe mortal. ≃-duty imposto sobre herança.

de.base [dib'eis] v. humilhar; desprezar, depreciar; falsificar; adulterar.

de.bat.a.ble [dib'eitəbl] adj. contestável, discutível, debatível, questionável.

de.bate [dib'eit] s. debate m., discussão f.

de.bauch [dib'ɔ:tʃ] s. deboche m. ‖ v. debochar.

de.bil.i.tate [dib'iliteit] v. debilitar.

de.bil.i.ty [dib'iliti] s. debilidade f.

deb.it [d'ebit] s. débito m., dívida f. ‖ v. debitar, lançar ao débito.

de.bris [d'ebri:] s. escombros m. pl., entulho m.; ruínas f. pl., fragmentos m. pl.

debt [det] s. dívida f.; obrigação f., dever, compromisso m.

debt.or [d'etə] s. devedor m.; débito m.

de.bunk [di:b'iŋk] v. desiludir, desmascarar, ridicularizar.

de.but [d'eibu:] s. estréia f., debute m.

deb.u.tant [deibu:t'an] s. debutante f.

dec.ade [d'ekəd] s. década f.

dec.a.dence [d'ekədəns] s. decadência f., declínio m., queda, deterioração f.

dec.a.den.cy [d'ekədənsi] s. = **decadence**.

dec.a.dent [d'ekədənt] s. + adj. decadente m. + f., corrompido m.

de.cant.er [dik'æntə] s. vaso m. para decantar licores; garrafa f. de vidro ou cristal para servir vinho, licores etc.

de.cay [dik'ei] s. decadência f., declínio m.; deterioração, ruína f.; substância f. deteriorada. ‖ v. decair, deteriorar; enfraquecer-se; decompor-se.

de.cease [dis'i:s] s. morte f., falecimento, óbito m. ‖ v. morrer, falecer, expirar.

de.ceased [dis'i:st] s. + adj. falecido m.

de.ceit [dis'i:t] s. engano m., fraude f., dolo m.; falsidade f., engodo m.

de.ceit.ful [dis'i:tful] adj. enganoso, doloso, fraudulento, velhaco.

de.ceive [dis'i:v] v. enganar, iludir, lograr.

De.cem.ber [di'sembə] s. dezembro m.

de.cen.cy [d'i:snsi] s. decência f.; modéstia, honestidade, propriedade f.

de.cent [di:snt] adj. decente, respeitável, conveniente; tolerável.

de.cen.tral.ize [di:s'entrəlaiz] v. decentralizar.

de.cep.tion [dis'epʃən] s. decepção, desilusão, fraude f., logro, engano m.

de.cep.tive [dis'eptiv] adj. enganoso, enganador, ilusório, falaz.

de.cide [dis'aid] v. decidir, determinar; solucionar; sentenciar, julgar, arbitrar.

de.cid.u.ous [di:s'idju:əs] adj. caduco, decíduo.

dec.i.mal [d'esiməl] s. fração f. decimal. ‖ adj. decimal.

dec.i.me.ter [d'esimi:tə] s. decímetro m.

de.ci.pher [dis'aifə] s. decifração f. ‖ v. decifrar; interpelar.

de.ci.sion [dis'iʒən] s. decisão, resolução f.; sentença f.; determinação f.

de.ci.sive [dis'aisiv] adj. decisivo; (Jur.) decisório; resoluto; claro, conclusivo.

deck [dek] s. (Náut.) coberta f., convés, tombadilho m.; baralho m. ‖ v. ornar, enfeitar, embelezar; cobrir.

dec.la.ra.tion [deklər'eiʃən] s. declaração, proclamação f., manifesto m., exposição f.; confissão f., depoimento m.

de.clare [dikl'ɛə] v. declarar, proclamar, manifestar, revelar; afirmar, asseverar; depor; declarar o naipe.

de.cline [dikl'ain] s. declínio m., decadência f.; deterioração f.; declive m. ‖ v. declinar, recusar; abaixar(-se), inclinar; desviar-se; baixar; decair f.

de.cliv.i.ty [dikl'iviti] s. declive m., ladeira, descida f.; inclinação f. de terreno.

de.clutch [di:kl'ʌtʃ] v. (Aut.) desembrear.

de.com.pose [di:kəmp'ouz] v. decompor; analisar; apodrecer, desintegrar-se

de.com.po.si.tion [di:kɔmpəz'iʃən] s. decomposição f.; análise f.

de.cor [dik'ɔ] s. cenário m., decoração f.

dec.o.rate [d'ekəreit] v. decorar, ornamentar; pintar a casa.

dec.o.ra.tion [dekər'eiʃən] s. decoração f.; adorno m.; condecoração f.

dec.o.ra.tive [d'ekərətiv] adj. decorativo, ornamental.

dec.o.ra.tor [d'ekəreitə] s. decorador m.

dec.o.rous [d'ekərəs] adj. decoroso, decente, apropriado.

de.co.rum [dik'ɔ:rəm] s. decoro m., decência f.

de.coy [dik'ɔi] s. chamariz m.; engodo m., isca f. ‖ v. apanhar pássaros, aves, animais por meio de chamariz.

de.crease [d'i:kri:s] s. decréscimo m., diminuição, redução f.

de.crease [di:kr'i:s] v. decrescer, diminuir, reduzir, minguar.

de.cree [dikr'i:] s. decreto, mandado m., lei f. ‖ v. decretar, determinar.

de.crep.it [dikr'epit] adj. decrépito, caduco.

de.cry [dikr'əi] v. criticar; denunciar.

ded.i.cate [d'edikeit] v. dedicar(-se). ‖ adj. dedicado; consagrado.

ded.i.ca.tion [dedik'eiʃən] s. dedicação f.; dedicatória, consagração f.

de.duce [didj'u:s] v. deduzir, inferir, derivar, tirar uma conclusão.

de.duct [did'ʌkt] v. subtrair, deduzir. diminuir, tirar de; (fig.) concluir.

de.duc.tion [did'ʌkʃən] s. dedução. subtração f.; redução f.; conclusão f.

deed [di:d] s. ação, obra, proeza f.: documento, título, contrato m., escritura f. ‖ v. transferir por escritura.

deep [di:p] s. profundidade f.; abismo m. ‖ adj. profundo; secreto; intenso; (Mús.) sonoro, grave, baixo; imerso.

deep.en [d'i:pən] v. aprofundar; intensificar; escurecer; agravar.

deer [d'iə] s. (Zool.) cervo, gamo m.

de.face [dif'eis] v. desfigurar; borrar, apagar, obliterar.

def.a.ma.tion [defəm'eiʃən] s. difamação, calúnia f.; descrédito m.

de.fame [dif'eim] v. difamar, infamar, caluniar; injuriar; detrair.

de.fault [dif'ɔ:lt] s. falta f., negligência. omissão f.; falta f. de pagamento. ‖ v. faltar ao júri, a alguma obrigação; negligenciar, omitir; desviar-se do dever.

de.feat [dif'i:t] s. derrota f.; frustração f., malogro m. ‖ v. derrotar, destroçar; frustrar, anular, baldar, malograr.

de.fect [dif'ekt] s. defeito m., deficiência f.; vício m.; erro m., falha f. ‖ v. trair, mudar de lado.

de.fec.tion [dif'ekʃən] s. traição f.

de.fec.tive [dif'ektiv] adj. defeituoso, imperfeito; vicioso; incompleto.

de.fence [dif'ens] s. = **defense.**

de.fence.less [dif'enslis] adj. indefeso, desamparado; desprotegido, inerme.

de.fend [dif'end] v. (**against, from** contra, de) defender, proteger; amparar, patrocinar.

de.fend.ant [dif'endənt] s. réu, acusado m. ‖ adj. de defesa.

de.fend.er [dif'endə] s. defensor; advogado m. de defesa.

de.fense [dif'ens] s. defesa f.; amparo m., proteção f.

de.fen.sive [dif'ensiv] s. defensiva f. ‖ adj. defensivo, protetor, defensor.

de.fer [dif'ə] v. adiar, protelar, transferir, retardar, procrastinar; submeter-se, condescender, atacar.

de.fer.ence [d'efərəns] s. deferência f., respeito m.

de.fer.en.tial [defər'enʃəl] adj. deferente; respeitoso, obsequioso.

de.fi.ance [dif'aiəns] s. desafio m., provocação f.; rebeldia, oposição f.

de.fi.cien.cy [dif'iʃensi] s. deficiência, falta f.; defeito m., imperfeição f.

de.fi.cient [dif'iʃənt] adj. deficiente, falho, defeituoso; incompleto.

de.fi.cit [d'efisit] s. déficit m.

de.file [d'i:fail] s. desfiladeiro m., garganta f.

de.file [dif'ail] v. sujar, corromper, poluir; manchar, violar, desonrar; deflorar.

de.fine [dif'ain] v. limitar; definir; explicar, descrever; decidir.

def.i.nite [d'efinit] adj. definido; preciso, exato, positivo; definitivo. = **article** artigo definido.

def.i.ni.tion [defin'iʃən] s. definição, explicação, interpretação f.

de.fin.i.tive [dif'initiv] s. definido m. ‖ adj. definitivo, positivo, decisivo, final, determinado, conclusivo, certo.

def.la.grate [d'efləgreit] v. deflagrar, queimar súbita e violentamente.

de.flate [di:fl'eit] v. deflacionar, esvaziar (pneu etc.).

de.fla.tion [difl'eiʃən] s. esvaziamento m., deflação, redução f.

de.flect [difl'ekt] v. desviar(-se).

de.flow.er [di:fl'auə] v. desflorar, deflorar.

de.fo.li.ant [di:f'ouliənt] s. m. + adj. defolhador.

de.for.est [dif'ɔrist] v. desflorestar.

de.form [dif'ɔ:m] v. deformar, desfigurar; estragar; afear, tornar feio.

de.formed [dif'ɔ:md] adj. deformado, disforme, desfigurado, feio.

de.form.i.ty [dif'ɔ:miti] s. deformidade, fealdade, desfiguração, deformação f.

de.fraud [difr'ɔ:d] v. defraudar, trapacear, adulterar, espoliar com fraude.

de.fray [difr'ei] v. custear, pagar os gastos de, arcar com as despesas de.

de.frost [di:fr'ɔst] v. degelar, descongelar.

de.fy [dif'ai] v. desafiar, provocar, desprezar, afrontar, resistir abertamente.

de.gen.er.ate [didʒ'enəreit] s. + adj. degenerado m. ‖ v. degenerar, declinar, ir em decadência, depravar-se.

deg.ra.da.tion [degrəd'eiʃən] s. degradação f.; rebaixamento m.

de.grade [digr´eid] v. degradar; rebaixar, aviltar; (Geol.) desintegrar, desagregar-se; (Biol.)
reduzir a um tipo inferior.

de.gree [digr´i:] s. degrau, passo m.; qualidade, proporção, medida, ordem f.; estágio
m., classe, hierarquia f.; força f.; posição,
condição f.; carta f., diploma m.; divisão f.
de escada; unidade f. de diferença de temperatura; (Geogr.) grau m. de latitude e
longitude.

de.hy.drate [di:h´aidreit] v. desidratar.

de.ice [di:´ais] v. descongelar.

de.i.ty [d´i:iti] s. divindade f.; deus m., deusa f.

de.ject [didჳ´ekt] v. abater, desanimar, deprimir, descoroçoar.

dek.ko [d´ekou] s. (gíria) olhada f. **to have a**
≃ dar uma olhada.

de.jec.tion [didჳ´ekʃən] s. abatimento m., depressão, tristeza f., desânimo m.

de.lay [dil´ei] s. demora f., atraso, adiamento m., protelação f. ‖ v. demorar(-se), dilatar, adiar, retardar, procrastinar.

del.e.gate [d´eligit] s. delegado, deputado m.,
representante m. + f.

del.e.gate [d´eligeit] v. delegar; incumbir,
encarregar.

del.e.ga.tion [delig´eiʃən] s. delegação, deputação f.; delegacia f.; representação f.

de.lete [dil´i:t] v. delir, apagar, riscar, anular,
cancelar.

de.lib.er.ate [dil´ibəreit] v. deliberar, ponderar, considerar, discutir. ‖ adj. acautelado,
ponderado; deliberado.

de.lib.er.a.tion [dilibər´eiʃən] s. deliberação,
consideração, consulta f.; debate m.; cautela, precaução f.; ponderação f.

del.i.ca.cy [d´elikəsi] s. delicadeza, cortesia,
finura f., suscetibilidade f.; guloseima, gulodice f.; acepipe, regalo m.

del.i.cate [d´elikit] adj. delicado, atencioso,
gentil, sutil, indulgente.

del.i.ca.tes.sen [delikət´esən] s. guloseimas f.
pl., manjares m. pl. finos; casa f. de mercea-
rias finas.

de.li.cious [dil´iʃəs] adj. delicioso, gostoso, saboroso; divertido.

de.light [dil´ait] s. delícia f., deleite, encanto, prazer m. ‖ v. deleitar(-se), encantar,
alegrar-se, regozijar; ter prazer.

de.light.ful [dil´aitful] adj. deleitável, encantador, aprazível.

de.lin.e.ate [dil´inieit] v. delinear, esboçar,
pintar; representar, descrever.

de.lin.quent [dil´iŋkwənt] s. delinqüente m.
+ f.; criminoso, réu, faltoso m.

de.lir.i.ous [dil´iriəs] adj. delirante, que deli-
ra, fora de si.

de.liv.er [dil´ivə] v. **(from** de) libertar, resgatar, salvar; partejar; entregar, remeter,
transmitir, dar; distribuir (cartas, jornais
etc.); desferir (um golpe); proferir (uma sentença, um discurso), recitar.

de.liv.er.ance [dil´ivərəns] s. libertação f., resgate m., exoneração f.; redenção f.; absolvição f.; sentença, opinião f.; parto m.

de.liv.er.y [dil´ivəri] s. libertação f., resgate
m.; elocução, dicção f.; entrega f.; expedição f.; transferência, remessa f.; rendição f.;
parto m.; ato m. de desferir (golpe). ≃ **man**
entregador.

del.ta [d´eltə] s. delta m.

de.lude [dilj´u:d] v. deludir, iludir, enganar.;
(coloq.) tapear.

del.uge [d´elju:dჳ] s. dilúvio m.; cataclismo
m.; avalancha f. ‖ v. inundar, submergir,
transbordar.

de.lu.sion [dilj´u:ჳən] s. desilusão f., engano
m., decepção f.; fraude, burla f.

dem.a.gog [d´eməgɔg] s. demagogo m.

dem.a.gogue [d´eməgɔg] s. = **demagog.**

de.mand [dim´a:nd] s. demanda, pretensão,
exigência, reclamação f.; investigação f.; requerimento m.; informação f. ‖ v. pedir, exigir, requerer, reclamar.

de.mar.ca.tion [di:ma:k´eiʃən] s. demarcação
f.

de.mean.or [dim´i:nə] s. = **demeanour.**

de.mean.our [dim´i:nə] s. conduta f., comportamento m.

de.ment.ed [dim´entid] adj. demente, louco,
insensato.

de.mil.i.ta.rize [di:m´ilitəraiz] v. desmilita-
rizar.

de.mise [dim´aiz] s. morte f.; (fig.) fim m.

de.mis.sion [dim´iʃən] s. demissão f.

de.mit [dim´it] v. (esc.) demitir-se, renunciar.

de.mo.bi.lize [di:m´oubilaiz] v. desmobilizar.

de.moc.ra.cy [dim´ɔkrəsi] s. democracia f.

dem.o.crat [d´eməkræt] s. democrata m. + f.

dem.o.crat.ic [demokr´ætik] adj. democrá-
tico.

de.mol.ish [dim´ɔliʃ] v. demolir, destruir, aniquilar, deitar por terra.

de.mon [d'i:mən] s. demônio, espírito m. maligno; pessoa f. má ou cruel.

dem.on.strate [d'emənstreit] v. demonstrar.

dem.on.stra.tion [demənstr'eiʃən] s. demonstração f.; manifestação f., comício m.; prova f.

de.mon.stra.tive [dim'ɔnstrətiv] s. adjetivo ou pronome m. demonstrativo. ‖ adj. demonstrativo, concludente.

de.mor.al.ize [dim'ɔrəlaiz] v. desmoralizar, perverter, corromper.

de.mote [dim'out] v. degradar, rebaixar.

den [den] s. toca f., covil m.; espelunca f., antro m., caverna f.; (fam.) retiro, recanto, pequeno gabinete m. de trabalho. ‖ v. viver, habitar em toca, cova ou caverna.

de.na.tion.al.ize [di:n'æʃənəlaiz] v. desnacionalizar, privatizar.

de.ni.al [din'aiəl] s. negação, contradição f.; recusa f.; negativa f., desmentido m.

den.im [d'enim] s. brim m.

de.nom.i.na.tion [dinɔmin'eiʃən] s. denominação f.; designação f., apelido, nome, título, epíteto m.; (Rel.) confissão, seita f.

de.note [din'out] v. significar, indicar, designar, simbolizar, significar.

de.nounce [din'auns] v. denunciar; pronunciar, proclamar; condenar, censurar.

dense [dens] adj. denso, espesso, cerrado; (fig.) estúpido, bronco; (Fot.) opaco.

dense.ness [d'ensnis] s. densidade f.; estupidez f.

den.si.ty [d'ensiti] s. = denseness.

dent [dent] s. entalhe, rebaixo m. ou cavidade f. no fio de uma lâmina etc.; dente m. (de engrenagem, de roda, de serra, de pente etc.). ‖ v. dentear, entalhar.

den.tal [d'entəl] s. (Gram.) som m. dental, letra f. dental. ‖ adj. dental, dentário.

den.tist [d'entist] s. dentista m. + f.

den.tist.ry [d'entistri] s. odontologia f.

den.ture [d'entʃə] s. dentadura f. (postiça).

de.nun.ci.a.tion [dinʌnsi'eiʃən] s. denúncia, acusação f.; advertência f.

de.ny [din'ai] v. negar, desmentir, contradizer; recusar, renegar, rejeitar; proibir.

de.o.dor.ant [di:'oudərənt] s. + adj. desodorizante, desinfetante m.

de.part [dip'a:t] v. partir, ir-se embora, sair; afastar-se de, divergir, desviar-se; morrer; renunciar.

de.part.ed [dip'a:tid] adj. morto, defunto; ido, passado.

de.part.ment [dip'a:tmənt] s. departamento m., seção f.; repartição f. administrativa; divisão f. territorial; província f.; ministério m. ≃ store armazém, grande estabelecimento comercial, loja.

de.par.ture [dip'a:tʃə] s. partida, saída f.; retirada f., afastamento m.; passamento m., morte f.

de.pend [dip'end] v. (on, upon de) depender; contar com, confiar em; (from de) pender, estar pendurado.

de.pend.a.ble [dip'endəbl] adj. de confiança, seguro, fidedigno.

de.pend.ence [dip'endəns] s. dependência f.; confiança, fé, segurança f.; (Jur.) pendência f.

de.pend.en.cy [dip'endənsi] s. dependência f.; território m. dependente ou tributário; acessórios m. pl.; (Constr.) puxado, anexo m.

de.pend.ent [dip'endənt] s. dependente m. + f., subordinado, servidor m. ‖ adj. que conta com o auxílio de; pendente.

de.pict [dip'ikt] v. pintar, descrever, representar, retratar.

de.plete [dipl'i:t] v. esvaziar, exaurir, esgotar, sangrar; (Med.) descongestionar.

de.plor.a.ble [dipl'ɔ:rəbl] adj. deplorável, lastimável, lamentável.

de.plore [dipl'ɔ:] v. deplorar, lamentar, lastimar-se, prantear.

de.port [dip'ɔ:t] v. deportar, banir, exilar, desterrar; comportar-se.

de.pose [dip'ouz] v. depor, destituir, despojar de cargo; testemunhar.

de.pos.it [dip'ɔzit] s. depósito m., dinheiro m. depositado num banco; penhor m., garantia, fiança f.; sedimento m. ‖ v. depositar, pôr em depósito; precipitar, sedimentar, assentar. ≃ account conta remunerada.

de.pos.i.tor [dip'ɔzitə] s. depositante m. + f., depositador m.

de.pot [d'epou] s. (E.U.A.) estação m. ferroviária; armazém, depósito m.; estação f. ou almoxarifado m. militar.

de.prave [dipr'eiv] v. depravar, perverter, corromper, viciar.

dep.re.cate [d'eprikeit] v. deprecar, protestar contra, censurar vivamente.

de.pre.ci.ate [dipr'i:ʃieit] v. depreciar(-se), rebaixar, desvalorizar(-se), menosprezar, desprezar, baratear, abater o preço.

de.pre.ci.a.tion [dipri:ʃi'eiʃən] s. depreciação f.; desvalorização f.

de.pre.da.tion [deprid'eiʃən] s. depredação f. **environmental** ≃ depredação ambiental.

de.press [dipr'es] v. deprimir, humilhar; debilitar; desvalorizar; calçar, apertar.

de.pressed [dipr'est] adj. deprimido, abatido, desanimado, triste.

de.press.ing [dipr'esiŋ] adj. depressivo, deprimente.

de.pres.sion [dipr'eʃən] s. depressão f.; abatimento, desânimo m., tristeza f.

de.pri.va.tion [depriv'eiʃən] s. privação f.

de.prive [dipr'aiv] v. privar, despojar; destituir, depor um clérigo da sua dignidade; negar-se algo a si mesmo.

depth [depθ] s. profundidade f.; fundo m.; abismo m.; espessura, altura f.; centro m.; agudeza f.; impenetrabilidade f.; intensidade, tonalidade de cor, obscuridade f. ≃ s mar, oceano m.

dep.u.rate [d'epjuəreit] v. depurar, purificar, limpar.

dep.u.ta.tion [depjut'eiʃən] s. deputação, delegação f.; deputados m. pl.

de.pute [dipj'u:t] v. deputar, delegar, mandar; nomear, destinar.

dep.u.ty [d'epjuti] s. deputado, delegado m.; representante, agente m. + f.

de.rail [dir'eil] v. descarrilhar.

de.range [dir'eindʒ] v. desarranjar, desordenar, perturbar, desconcentrar; enlouquecer, tornar louco, importunar.

de.ranged [dir'eindʒd] adj. desacostumado; perturbado.

de.ride [dir'aid] v. zombar, escarnecer, ridicularizar, mofar, caçoar.

de.ri.sion [dir'iʒən] s. derrisão f., menosprezo, ridículo m.

de.rive [dir'aiv] v. derivar, deduzir, originar, provir, descobrir a origem de; obter, receber; originar-se.

der.ma.ti.tis [də:mət'aitis] s. (Med.) dermatite f.

der.ma.tol.o.gy [də:mət'ɔlədʒi] s. (Med.) dermatologia f.

der.rick [d'erik] s. guindaste m. para grandes pesos, mastro m. de carga; vigamento m. em

forma de torre sobre poço de petróleo, de gás etc.

de.sal.i.nize [dis'ælinaiz] v. dessalinizar.

de.scend [dis'end] v. descer, abaixar, aterrissar; descender, provir, proceder, originar-se; sobrevir, desencadear-se.

de.scend.ant [dis'endənt] s. descendente m. + f., filho m. ‖ adj. descendente, proveniente; decrescente; que desce.

de.scend.ent [dis'endənt] adj. = descendant.

de.scent [dis'ent] s. descida, ladeira, encosta f.; queda f.; descendência, estirpe, origem, posteridade f.; declínio m., decadência f.; (Jur.) transmissão f.

de.scribe [diskr'aib] v. descrever, narrar; definir, pintar, traçar.

de.scrip.tion [diskr'ipʃən] s. descrição, narração f.; espécie, sorte f.

de.scrip.tive [diskr'iptiv] adj. descritivo.

des.ert [d'ezət] s. deserto m. ‖ adj. deserto, solitário.

de.sert [diz'ə:t] v. desertar (do exército).

de.sert.er [diz'ə:tə] s. desertor m.

de.ser.tion [diz'ə:ʃən] s. deserção f.

de.serve [diz'ə:v] v. merecer.

de.serv.ing [diz'ə:viŋ] s. mérito, merecimento m. ‖ adj. meritório, digno, benemérito.

des.ic.cate [d'esikeit] v. dessecar.

de.sign [diz'ain] s. desígnio, projeto m., esquema f.; plano, fim, motivo, enredo m., tenção f.; desenho, esboço m., arte f. de desenhar. ‖ v. projetar, planejar; designar, destinar, assinar; desenhar, traçar.

des.ig.nate [d'ezigneit] v. designar, indicar, apontar; nomear, escolher, assinalar, destinar, eleger. ‖ adj. designado.

de.sign.er [diz'ainə] s. desenhista m. + f.

de.sir.a.bil.i.ty [dizairəb'iliti] s. desejo m., vontade f. de possuir ou de gozar.

de.sir.a.ble [diz'airəbl] adj. desejável.

de.sire [diz'aiə] s. desejo, apetite m., vontade f.; cobiça f. sexual, luxúria, paixão f. ‖ v. desejar, apetecer, querer.

de.sir.ous [diz'airəs] adj. desejoso de alguma coisa, cobiçoso, anelante.

de.sist [diz'ist] v. (from de) desistir, renunciar, abster-se, abrir mão.

desk [desk] s. escrivaninha, carteira f. escolar, secretária f., mesa f. de leitura.

des.o.late [d'esoleit] v. desolar, despovoar, devastar.

des.o.late [d'esolit] adj. infeliz, solitário; abandonado, deserto, ermo.

des.o.la.tion [desol'eiʃən] s. desolação, devastação, ruína f.; lugar m. desolado.

de.spair [disp'ɛə] s. desespero m. ǁ v. desesperar, desanimar, descoroçoar.

de.spair.ing [disp'ɛəriŋ] adj. desesperador, desesperante; desesperançado.

de.spatch [disp'ætʃ] v. = **dispatch.**

des.per.ate [d'espərit] adj. desesperado, sem esperança; renhido.

des.pi.ca.ble [d'espikəbl] adj. vil, desprezível, baixo, mesquinho; indigno.

de.spise [disp'aiz] v. desprezar, desdenhar, menosprezar, menoscabar.

de.spite [disp'ait] s. despeito m., malícia f., insulto m. ǁ v. ofender, desprezar. ǁ prep. não obstante, apesar de.

de.spond [disp'ɔnd] v. desesperar, descoroçoar, desanimar, desalentar.

de.spond.ent [disp'ɔndənt] adj. desesperado, descoroçoado, desesperançado.

des.pot [d'espɔt] s. déspota m. + f.

des.pot.ic [desp'ɔtik] adj. despótico, tirânico, arbitrário.

des.pot.ism [d'espətizm] s. despotismo m., tirania f., absolutismo m.

des.sert [diz'ə:t] s. sobremesa f. ≃ **spoon** colher de sobremesa.

des.ti.na.tion [destin'eiʃən] s. destino m., destinação f., fim m.; direção f.

des.ti.ne [d'estin] v. (**for, to** para, a) destinar, designar, assinalar; predestinar.

des.ti.ny [d'estini] s. destino, fado m., sorte f.

des.ti.tute [d'estitju:t] adj. destituído, falto, necessitado, desamparado.

de.stroy [distr'ɔi] v. destruir; aniquilar.

de.stroy.er [distr'ɔiə] s. destruidor, assolador m.; (Náut.) destróier m.

de.struc.tion [distr'ʌkʃən] s. destruição f.

de.struc.tive [distr'ʌktiv] adj. destrutivo.

de.tach [dit'ætʃ] v. separar, destacar, desligar, desunir; (Milit.) destacar; desembaraçar-se de, apartar-se; desvencilhar-se.

de.tail [d'i:teil] s. detalhe m., minúcia f., item m., circunstância f. ǁ v. detalhar, particularizar, pormenorizar.

de.tain [dit'ein] v. deter, demorar.

de.tect [dit'ekt] v. descobrir (o crime, o engano ou desígnio de alguém), denunciar, revelar, investigar crime.

de.tec.tive [dit'ektiv] s. detetive, secreta, investigador m.; policial m.

de.tec.tor [dit'ektə] s. (Metalúrg.) detector; (Eletrôn.) demodulador m.

de.ten.tion [dit'enʃən] s. detenção, custódia f.; retenção f., embargo m.

de.ter [dit'ə:] v. intimidar, atemorizar, dissuadir, descoroçoar.

de.ter.gent [dit'ə:dʒənt] s. + adj. detergente.

de.te.ri.o.rate [dit'i:riəreit] v. deteriorar (-se), estragar, piorar, degenerar.

de.te.ri.o.ra.tion [diti:riər'eiʃən] s. deterioração, degeneração f.

de.ter.mi.na.tion [ditə:min'eiʃən] s. determinação, resolução, decisão, firmeza f.; conclusão, tenção f.; definição f.

de.ter.mine [dit'ə:min] v. determinar, estabelecer, resolver, decidir, fixar, delimitar, definir; decretar; terminar.

de.ter.rent [dit'erənt] s. impedimento, estorvo m. ǁ adj. restringente.

de.test [dit'est] v. detestar, odiar, abominar.

de.test.a.ble [dit'estəbl] adj. detestável.

det.o.nate [d'i:touneit] v. detonar, explodir, estrondear.

det.o.na.tion [di:toun'eiʃən] s. detonação, explosão f., estampido, estouro m.

det.o.na.tor [d'i:touneitə] s. detonador m.

de.tour [dit'uə] s. volta f., rodeio, desvio m. ǁ v. voltear, fazer uma volta.

de.tract [ditr'ækt] v. diminuir; detrair, difamar, caluniar, depreciar.

det.ri.ment [d'etrimənt] s. detrimento m.

de.val.u.a.tion [divælju'eiʃən] s. desvalorização (da moeda) f.

de.val.ue [div'ælju:] v. desvalorizar.

dev.as.tate [d'evəsteit] v. devastar, assolar.

de.vel.op [div'eləp] v. desenvolver(-se), progredir, desenrolar; aumentar, alargar-se; fomentar; revelar um filme.

de.vel.op.er [div'eləpə] s. (Fot.) revelador m.

de.vel.op.ment [div'eləpmənt] s. desenvolvimento, crescimento, progresso m.; desfecho m.; (Fot.) revelação f.

de.vi.ate [d'i:vieit] v. desviar-se, apartar-se, afastar-se, divergir, dissentir.

de.vi.a.tion [di:vi'eiʃən] s. desvio, afastamento m., divergência f., desacordo m., variação f.; (Náut.) derivação f.

de.vice [div'ais] s. invenção f., artifício m.; projeto, plano, esquema m.; estratagema m.; truque, ardil m., astúcia f.

dev.il [devl] s. Diabo, Satanás, Gênio do Mal, Belzebu, Anjo Decaído, Espírito das Trevas m.; pessoa f. má, cruel, espírito m. maligno; pessoa f. infeliz, pobre.

dev.il.ish [d'evliʃ] adj. diabólico, maligno, perverso, execrável; audaz.

de.vi.ous [d'i:viəs] adj. divergente, desviado, afastado; errante; tortuoso; desencaminhado, errôneo, desonesto.

de.vise [div'aiz] s. legado m.; disposição f. testamentária. ‖ v. imaginar, inventar, planejar, projetar; (Jur.) legar, transferir, transmitir, deixar em testamento.

de.void [div'ɔid] adj. (of de) destituído, privado de, isento, livre.

de.vote [div'out] v. devotar, dedicar, consagrar, sacrificar; consignar.

de.vot.ed [div'outid] adj. dedicado; devoto.

de.vo.tion [div'ouʃən] s. devoção, dedicação, consagração f.

de.vour [div'auə] v. devorar, tragar.

de.vout [div'aut] adj. devoto, religioso; sincero, dedicado, zeloso.

dew [dj'u:] s. orvalho, rocio, sereno m.; lágrimas f. pl.; suor m. ‖ v. orvalhar, rociar; refrescar; borrifar.

dew.drop [dj'u:drɔp] s. gota f. de orvalho.

dew.y [dj'u:i] adj. orvalhoso; refrescante, úmido.

dex.ter.i.ty [dekst'eriti] s. destreza, agilidade, aptidão f.; sagacidade f.

dex.ter.ous [d'ekstərəs] adj. destro, ágil, hábil, perito, expedito.

dex.trous [d'ekstrəs] adj. = **dexterous**.

di.a.be.tes [daiəb'i:tiz] s. (Med.) diabetes m. + f.

di.a.bet.ic [daiəb'etik] s. diabético m. ‖ adj. diabético.

di.a.bol.i.cal [daiəb'ɔlikəl] adj. diabólico, maligno, cruel.

di.ag.nose [d'aiəgnouz] v. (Med.) diagnosticar.

di.ag.no.sis [daiəgn'ousis] s. (Med.) diagnose f.; (planta) classificação f.

di.ag.o.nal [dai'ægənəl] s. (Geom.) diagonal, linha f. diagonal; direção f. oblíqua. ‖ adj. diagonal, oblíquo.

di.a.gram [d'aiəgræm] s. diagrama m.; gráfico m.

di.al [d'aiəl] s. relógio m. de sol; mostrador m. ou face f. de relógio, de rádio, de bússola etc.; indicador m.; disco m. dos aparelhos telefônicos automáticos com números. ‖ v. discar (telefone).

di.a.lect [d'aiəlekt] s. dialeto m.

di.a.lec.tic [daiəl'ektik] s. + adj. dialético m.

di.a.log [d'aiəlɔg] s. diálogo m. ‖ v. dialogar, conversar.

di.a.logue [d'aiəlɔg] s. = **dialog**.

di.am.e.ter [dai'æmitə] s. diâmetro m.

dia.mond [d'aiəmənd] s. diamante m., pedra f. preciosa; losango, rombo m.; instrumento m. para cortar vidro; ouros m. pl. (no jogo de cartas).

di.a.pa.son [daiəp'eiʒən] s. (Mús.) diapasão m.; melodia, ária f.

dia.per [d'aiəpə] s. fralda f.

di.a.phragm [d'aiəfræm] s. (Anat.) diafragma m.

di.ar.rhe.a [daiər'iə] s. diarréia f.

di.ar.rhoe.a [daiər'iə] s. = **diarrhea**.

di.a.ry [d'aiəri] s. diário m.

dice [dais] s. pl. dados m. pl.; jogo m. de dados; cubos m. pl. pequenos. ‖ v. jogar dados; arruinar-se neste jogo.

di.cho.to.my [daik'ɔtəmi] s. dicotomia f.

dick [dik] s. (vulg.) pênis m.

dic.tate [d'ikteit] s. ordem, injunção f.

dic.tate [dikt'eit] v. ditar; impor, prescrever, decretar; declarar com autoridade.

dic.ta.tion [dikt'eiʃən] s. ditado m.; ordem f., preceito m.; injunção f.

dic.ta.tor [dikt'eitə] s. ditador, déspota m.

dic.tion [d'ikʃən] s. dicção f., estilo m. ou maneira f. de dizer, arte f. de dizer, expressão, elocução, enunciação f.

dic.tion.ar.y [d'ikʃənəri] s. dicionário m.

did [did] pret. do verbo to **do**.

didn't [didnt] abrev. de **did not**.

die [dai] (pl. **dice** [dais], **dies** [daiz]) s. dado m.; (Arquit., pl. **dies**) soco, cubo m.; (Téc.) molde m., estampa, matriz f. ‖ v. morrer (**from, of** de), expirar, falecer; definhar, findar; acabar, interromper-se, parar; desaparecer; secar, murchar (falando de flores). **to ≈ away** enfraquecer, diminuir. **to ≈ off** morrer (um por um). **to ≈ out** entrar em extinção.

di.et [d'aiət] s. dieta f., regime m. ‖ v. fazer dieta; sustentar, nutrir, alimentar-se.

di.e.tet.ic [daiət'etik] adj. dietético.

dif.fer [d'ifə] v. (from de) diferir; (with com) discordar, distinguir-se, diferenciar-se de.

dif.fer.ence [d'ifrəns] s. diferença, diversidade, distinção f.; disputa f.

dif.fer.ent [d'ifrənt] adj. diferente (from de), distinto, diverso, variado.

dif.fer.en.ti.ate [difər'enʃieit] v. (também Mat.) diferenciar, distinguir, discriminar, tornar diverso.

dif.fi.cult [d'ifikəlt] adj. difícil, dificultoso.

dif.fi.cul.ty [d'ifikəlti] s. dificuldade f. -ties embaraço m. financeiro; relutância f.

dif.fi.dence [d'ifidəns] s. difidência, desconfiança, timidez, modéstia f.

dif.fi.dent [d'ifidənt] adj. desconfiado, tímido, modesto, acanhado.

dif.frac.tion [difr'ækʃən] s. difração f.

dif.fuse [difj'u:z] v. difundir, derramar, propagar, circular; dispersar-se.

dif.fu.sion [difj'u:ʒən] s. difusão f., derramamento m.; propagação, disseminação f.; divulgação f.

dig [dig] s. ação de cavar, escavação f.; empurrão m.; observação f. sarcástica. ‖ v. cavar, escavar; trabalhar ou estudar arduamente; indagar à procura de informações, averiguar.

di.gest [d'aidʒəst] s. digesto m., sumário m.

di.gest [didʒ'est] v. digerir; (Quím.) macerar, amolecer, dissolver; agrupar, classificar, compilar, sistematizar.

di.gest.i.ble [didʒ'estibl, daidʒ'estibl] adj. digestível, de fácil digestão.

di.ges.tion [didʒ'estʃən] s. digestão f.

di.ges.tive [didʒ'estiv] s. + adj. digestivo m.

dig.it [d'idʒit] s. dígito m.; dedo m.

di.gi.tal [d'idʒitəl] adj. digital.

dig.ni.fied [d'ignifaid] adj. digno; honrado, nobre; sério, grave.

dig.ni.fy [d'ignifai] v. dignificar; engrandecer, ilustrar, exaltar; enobrecer.

dig.ni.tar.y [d'ignitəri] s. dignitário m.

dig.ni.ty [d'igniti] s. dignidade, decência, respeitabilidade, nobreza f.

di.gress [daigr'es] v. divagar, desviar, fazer uma digressão, desencaminhar.

di.gres.sion [daigr'eʃən] s. digressão f., divagação f.; afastamento m.

dike [daik] s. dique m., represa f., fosso, açude m.; canal m., vala f.; passadiço m.; (Min.) veio m. mineral; (fig.) barreira f., obstáculo m. ‖ v. cercar de dique, represar; drenar por meio de valas, fossos ou canais.

di.la.ta.tion [dailət'eiʃən] s. dilatação f.

di.late [dail'eit] v. dilatar(-se); desenvolver, particularizar; narrar minuciosamente.

di.la.tion [dail'eiʃən] s. dilação f., adiamento m.; dilatação f.; objeto m. dilatado.

dil.i.gence [d'ilidʒəns] s. diligência, aplicação f.; zelo m., atividade f.

dil.i.gent [d'ilidʒənt] adj. diligente, estudioso, zeloso, atento, aplicado.

di.lute [dilj'u:t] v. diluir. ‖ adj. diluído, fraco, diluto.

di.luted [dilj'u:tid] adj. = **dilute**.

dim [dim] v. ofuscar, turvar, escurecer, embaçar. ‖ adj. escuro, ofuscado, turvo, sombrio, embaçado; difícil de entender ou de compreender, vago.

dime [daim] s. (E.U.A.) moeda f. de prata de dez cents.

di.men.sion [dim'enʃən] s. dimensão, extensão f., tamanho m.

di.min.ish [dim'iniʃ] v. diminuir; abaixar, rebaixar; depreciar; decrescer; declinar; subtrair; adelgaçar; afilar-se.

dim.i.nu.tion [diminj'u:ʃən] s. diminuição, redução f.

di.min.u.tive [dim'injutiv] s. qualquer coisa ou pessoa f. muito pequena; (Gram.) diminutivo m. ‖ adj. diminuto, diminutivo, pequeno.

dim.ness [d'imnis] s. obscuridade f.; falta f. de clareza; imprecisão f.

di.morph.ism [d'aiməfizm] s. (Biol.) dimorfismo m.

dim.ple [dimpl] s. covinha f. (nas faces ou no queixo); ondulação f. das águas. ‖ v. formar covinhas; ondear.

dim.wit [d'imwit] s. (pop.) bobo, burro m.

din [din] s. estrondo, ruído m. contínuo. ‖ v. estrondear, atroar.

dine [dain] v. jantar; dar jantar a.

din.er [d'ainə] s. aquele m. que janta no vagão-restaurante; (E.U.A.) restaurante m. simples.

di.nette [dain'et] s. (E.U.A.) sala f. de jantar pequena.

din.gy [d'indʒi] adj. sujo, desbotado.

din.ing [d'ainiŋ] s. jantar, ato m. de jantar. ≃ **-car** vagão-restaurante. ≃ **-room** sala de jantar.

din.ner [d'inə] s. jantar m.; banquete m. ≃ **jacket** smoking.

di.no.saur [d'ainəsɔ:] s. dinossauro m.

dint [dint] s. pancada f., golpe m.; mossa f.; (†) meio m., força f. **l** v. morsegar, fazer mossa em, pressionar.

di.ox.ide [dai'ɔksaid] s. (Quím.) dióxido m.

dip [dip] s. mergulho m.; banho m.; pendor m., depressão f.; cumprimento m.; (gíria) batedor m. de carteira; (pop.) alcoólatra m. + f. **l** v. (pret. e p.p. **dipped**) mergulhar, molhar, umedecer, empapar; curvar-se; baixar o vôo; (**into**) folhear um livro, olhar de relance; baixar (faróis).

diph.the.ri.a [difθ'iəriə] s. difteria f.

diph.thong [d'ifθɔŋ] s. (Gram.) ditongo m.

di.ploid [d'aiplɔid] adj. (Biol.) diplóide.

di.plo.ma [dipl'oumə] s. diploma m.

di.plo.ma.cy [dipl'ouməsi] s. diplomacia f.; habilidade, astúcia f.; tato, tino m., prudência f.; jeito m.

dip.lo.mat [d'iplomæt] s. diplomata m. + f.

dip.lo.mat.ic [diplom'ætik] adj. diplomático, hábil, que tem tato, sagaz. ≃ **immunity** imunidade diplomática. ≃ **relations** relações diplomáticas.

dip.per [d'ipə] s. mergulhador m.; caneca f., para tirar água; (Orn.) mergulhão m. **Dipper** (Astron.) grupo m. de sete estrelas da constelação da Ursa Maior.

di.rect [dir'ekt] v. dirigir, conduzir; administrar, gerir, controlar, servir de guia; apontar, indicar; endereçar; ensinar; governar, ordenar; dirigir a palavra a; aconselhar. **l** adj. direito, reto; imediato, sem intermediário; sincero, exato; em linha reta, relativo ao parentesco; (Gram.) direto; diametral. **l** adv. imediatamente; diretamente; absolutamente; sem intervalo; sem rodeios. ≃ **current** corrente contínua. ≃ **object** (Gram.) objeto direto.

di.rec.tion [dir'ekʃən] s. direção f.; administração f., controle m., superintendência, diretoria f.; objetivo, rumo m.; comando m., orientação f.; tendência f., procedimento, sentido m.; norma f.; endereço m.

di.rec.tive [dir'ektiv] adj. diretivo, que dirige, governa, ensina; orientador.

di.rect.ness [dir'ektnis] s. retidão, integridade f. de caráter.

di.rec.tor [dir'ektə] s. diretor, administrador, superintendente m.; guia m. + f.; aparelho m. controlador.

di.rec.to.rate [dir'ektɔrit] s. diretório m., junta, mesa f.; diretorado m.

di.rec.to.ry [dir'ektɔri] s. diretório m., comissão f. diretora; lista f. telefônica; anuário m.

dir.i.gi.ble [d'iridʒəbl] s. dirigível, balão m. dirigível. **l** adj. dirigível.

dirt [də:t] s. lodo m., lama f., barro m., poeira f.; imundície, sujeira f.; sordidez, mesquinhez, obscenidade f. **l** v. sujar, emporcalhar, enlamear. ≃ **road** estrada de chão de terra. ≃ **track** pista de motociclismo.

dirt.i.ness [d'ə:tinis] s. porcaria, baixeza, vileza, sordidez, imundice f.

dirt.y [d'ə:ti] v. sujar, emporcalhar, manchar. **l** adj. sujo, porco; desprezível, sórdido, obsceno.

dis.a.bil.i.ty [disəb'iliti] s. inabilidade f.

dis.a.ble [dis'eibl] v. inabilitar, incapacitar, tornar inapto; estropiar, aleijar, mutilar.

dis.ad.van.tage [disədv'a:ntidʒ] s. desvantagem, perda f., prejuízo m. **l** v. tirar vantagem, prejudicar.

dis.a.gree [disəgr'i:] v. discordar; diferir, divergir; disputar.

dis.a.gree.a.ble [disəgr'i:əbl] adj. desagradável, enfadonho, embaraçoso.

dis.a.gree.ment [disəgr'i:mənt] s. discordância f., desacordo m., divergência f.; desavença f.; (Téc.) descontinuidade f.

dis.ap.pear [disəp'iə] v. desaparecer, sumir, perder-se de vista, cessar, extinguir-se, retirar-se.

dis.ap.pear.ance [disəp'iərəns] s. desaparecimento m., desaparição f.; falecimento m.

dis.ap.point [disəp'ɔint] v. desapontar; frustrar as esperanças etc., fazer malograr; faltar à palavra.

dis.ap.point.ed [disəp'ɔintid] adj. desapontado, frustrado, logrado, enganado.

dis.ap.point.ment [disəp'ɔintmənt] s. desapontamento m., frustração f.

dis.ap.prov.al [disəpr'u:vəl] s. desaprovação, censura, reprimenda f.

dis.ap.prove [disəpr'u:v] v. desaprovar, reprovar, condenar, censurar.

dis.arm [dis'a:m] v. desarmar, tirar o armamento; (fig.) desaparelhar.

dis.ar.ma.ment [dis'a:məmənt] s. desarmamento m.; licenciamento m. de tropa.

dis.ar.ray [disər'ei] s. desordem, confusão f., desmazelo, desalinho m.

dis.as.ter [diz'a:stə] s. desastre m., desgraça f., revés m.; calamidade f.

dis.as.trous [diz'a:strəs] adj. desastroso, infeliz, calamitoso, ruinoso.

dis.be.lief [d'isbil'i:f] s. descrença, incredulidade, dúvida f.

dis.be.lieve [disbil'i:v] v. descrer, duvidar.

dis.card [disk'a:d] s. descarte m.; ato m. de descartar ‖ v. descartar; livrar-se de, rejeitar; despedir, excluir.

dis.cern [dis'ə:n, diz'ə:n] v. discernir, perceber; distinguir, discriminar, diferençar, julgar; separar.

dis.cern.ment [dis'ə:nmənt] s. discernimento m., perspicácia, sagacidade f.

dis.charge [distʃ'a:dʒ] s. descarregamento m.; descarga f., tiro m. de espingarda ou de canhão; tiros m. pl. disparados simultaneamente; explosão f.; erupção f.; evacuação, supuração f.; desembocadura f.; despedida, demissão, exoneração f.; libertação f., resgate m.; (seguido de **from**) absolvição f., perdão m., quitação f.; descarga f. elétrica. ‖ v. descarregar; desembarcar; disparar, detonar; pagar uma dívida, cumprir, satisfazer; despedir, demitir, exonerar; livrar-se de, desonerar; libertar, perdoar; desembocar.

dis.ci.ple [dis'aipl] s. discípulo m.

dis.ci.pline [d'isiplin] s. disciplina, educação, instrução f. ‖ v. disciplinar, ensinar, educar; sujeitar à disciplina.

dis.close [diskl'ouz] v. descobrir, revelar, expor, divulgar; abrir-se.

dis.col.or [disk'ʌlə] v. descorar(-se), descolorar; desbotar(-se).

dis.com.fort [disk'ʌmfət] s. desconforto m.; mágoa f., aflição, inquietação f. ‖ v. desconsolar, entristecer, afligir.

dis.con.cert [diskəns'ə:t] v. desconcertar, descompor, inquietar, perturbar, confundir; malograr, frustrar, baldar.

dis.con.nect [diskən'ekt] v. (**from** de, **with** com) desunir, romper; (Téc.) desligar, parar. ‖ adj. separado, desunido, desconexo; incoerente, entrecortado.

dis.con.nec.ted [diskən'ektid] adj. = **disconnect.**

dis.con.tent [diskənt'ent] s. descontentamento, desgosto m., inquietação f. ‖ v. descontentar. ‖ adj. descontente.

dis.con.tent.ed [diskənt'entid] adj. descontente, insatisfeito; inquieto.

dis.con.tin.ue [diskənt'inju:] v. descontinuar, interromper, suspender, cessar, desistir; (Jur.) arquivar.

dis.cord [d'iskɔ:d] s. discórdia f., desacordo m.; disparate m.; desarmonia f.; (Mús.) dissonância f. ‖ v. discordar, desafinar.

dis.count [d'iskaunt] s. desconto, abatimento m. ≃-**rate** taxa de desconto.

dis.count [disk'aunt] v. descontar, abater, deduzir; desprezar.

dis.count.a.ble [d'iskauntəbl] adj. descontável.

dis.cour.age [disk'ʌridʒ] v. desanimar; dissuadir; desencorajar.

dis.cour.age.ment [disk'ʌridʒmənt] s. desânimo, abatimento m.; desencorajamento m.

dis.course [disk'ɔ:s] s. discurso, raciocínio, tratado m.; conversação f. ‖ v. discursar; conversar, falar.

dis.cour.te.ous [disk'ə:tiəs] adj. descortês, rude, indelicado.

dis.cour.te.ous.ness [disk'ə:tiəsnis] s. descortesia, indelicadeza, grosseria, incivilidade f.

dis.cour.te.sy [disk'ə:tisi] s. = **discourteousness.**

dis.cov.er [disk'ʌvə] v. descobrir, perceber, revelar, inventar, achar, explorar; manifestar(-se), constatar; avisar.

dis.cov.er.er [disk'ʌvərə] s. descobridor, explorador, inventor m.

dis.cov.er.y [disk'ʌvəri] s. descoberta f., revelação f., descobrimento m.

dis.cred.it [diskr'edit] s. descrédito m., desonra, descrença f. ‖ v. desacreditar, desconsiderar, desonrar; duvidar.

dis.creet [diskr'i:t] adj. discreto, prudente, circunspeto.

dis.crep.an.cy [diskr'epənsi] s. discrepância, divergência, disparate f.

dis.cre.tion [diskr'eʃən] s. discrição, prudência f., juízo m., discriminação f.

dis.crim.i.nate [diskr'imineit] v. (between) discriminar, distinguir, discernir, diferenciar; (from) separar, apartar. ‖ adj. distinto, diferenciado, separado.

dis.crim.i.na.tion [diskrimin'eiʃən] s. discriminação f.; diferença f.; perspicácia f.

dis.cuss [disk'ʌs] v. discutir, debater, questionar; (Med.) examinar.

dis.cus.sion [disk'ʌʃən] s. discussão, argumentação f.; debate m.

dis.dain [disd'ein] s. desdém, desprezo m. ‖ v. desdenhar, menoscabar.

dis.dain.ful [disd'einful] adj. desdenhoso; arrogante.

dis.ease [diz'i:z] s. doença, enfermidade, moléstia f. ‖ v. afligir com doença, infectar; perturbar, desordenar.

dis.eased [diz'i:zd] adj. doente, enfermo, mórbido, doentio; insalubre.

dis.em.bark [disimb'a:k] v. desembarcar, descarregar.

dis.en.gage [d'ising'eidʒ] v. desembarcar (-se), desobrigar(-se); desprender; (Mec.) desacoplar, desengatar.

dis.en.tan.gle [d'isint'æŋgl] v. desenredar, desembrulhar, desembaraçar.

dis.fig.ure [disf'igə] v. desfigurar, afetar, deformar, deturpar, manchar.

dis.grace [disgr'eis] s. desgraça f., descrédito m.; vergonha, desonra, ignomínia f. ‖ v. desgraçar; desonrar, difamar.

dis.grace.ful [disgr'eisful] adj. ignominioso, infame, vergonhoso, desonroso.

dis.grun.tled [disgr'ʌntld] adj. descontente.

dis.guise [disg'aiz] s. disfarce m., máscara f.; dissimulação f., simulação f., pretexto m. ‖ v. disfarçar, mascarar; dissimular; encobrir, ocultar, esconder.

dis.gust [disg'ʌst] s. (at, for) desgosto m., aversão f.; repugnância f., asco, ódio m. ‖ v. desgostar-se, repugnar.

dis.gust.ing [disg'ʌstiŋ] adj. desgostoso, fastidioso, odioso, repugnante.

dish [diʃ] s. prato m., iguaria f.; travessa, tigela f. ‖ pôr ou servir numa travessa ou prato; (coloq.) desapontar.

di.shev.el [diʃ'evəl] v. desgrenhar(-se), desalinhar, desguedelhar.

dis.hon.est [dis'ɔnist] adj. desonesto, infiel, desleal, ímprobo, fraudulento.

dis.hon.es.ty [dis'ɔnisti] s. desonestidade, deslealdade, improbidade f.

dis.hon.our [dis'ɔnə] s. desonra f., descrédito m., desgraça, vergonha f. ‖ v. desonrar, envergonhar, degradar.

dis.hon.our.a.ble [dis'ɔnərəbl] adj. desonroso, vergonhoso, vil, infame.

dish.wash.er [d'iʃwɔʃə] s. lavadora f. de pratos.

dis.il.lu.sion [disil'u:ʒən] s. desilusão f., desengano m., decepção f. ‖ v. desiludir, causar decepção, desenganar.

dis.in.fect [d'isinf'ekt] v. desinfetar, desinfeccionar, sanear.

dis.in.fect.ant [d'isinf'ektənt] s. desinfetante m.

dis.in.te.grate [dis'intigreit] v. desintegrar (-se), desagregar(-se) despedaçar, fragmentar, desfazer-se.

dis.in.ter.est.ed [dis'intristid] adj. desinteressado, imparcial, sem preconceito; desprendido; altruístico.

disk [disk] s. disco m.

dis.like [disl'aik] s. aversão, antipatia f. ‖ v. antipatizar, repugnar.

dis.lo.cate [d'islokeit] v. deslocar, desconjuntar, desarranjar, desordenar.

dis.lodge [disl'ɔdʒ] v. desalojar(-se); despojar; expulsar.

dis.loy.al [disl'ɔiəl] adj. desleal, infiel, falso.

dis.mal [d'izməl] adj. sombrio; lúgubre, triste, sinistro, desanimador.

dis.man.tle [dism'æntl] v. (Milit.) desmantelar, demolir; desmontar.

dis.may [dism'ei] s. desânimo, espanto, temor, pavor m. ‖ v. assombrar, atemorizar desanimar, descoroçoar.

dis.miss [dism'is] v. despedir, repudiar, rejeitar; (Jur.) recusar.

dis.miss.al [dism'isəl] s. demissão, exoneração, destituição, despedida f.

dis.mount [dism'aunt] v. desmontar, desarrear; desarmar, desfazer, derribar; apear, descer; desengastar (jóia).

dis.o.be.di.ence [disob'i:djəns] s. desobediência, rebelião, insurreição f.

dis.o.be.di.ent [disob'i:djənt] adj. desobediente, rebelde, refratário.

dis.o.bey [disob'ei] v. desobedecer, transgredir, infringir, violar, desafiar.

dis.or.der [dis'ɔ:də] s. desordem f.; confusão f.; motim m.; doença, enfermidade f. ‖ v. desordenar, desarranjar; transtornar, inquietar; adoecer.

dis.or.der.ly [dis'ɔ:dəli] adj. desordenado, confuso; tumultuoso; irregular.

dis.or.gan.ize [dis'ɔgənaiz] v. desorganizar.

dis.own [dis'oun] v. desconhecer, negar; repudiar, rejeitar.

dis.pas.sion.ate [disp'æʃənit] adj. imparcial; impassível, calmo, sereno, controlado; desapaixonado, desinteressado.

dis.patch [disp'ætʃ] s. despacho m., expedição f.; missiva, mensagem f. ‖ v. despachar, expedir; aprontar; matar, liquidar.

dis.pel [disp'el] v. dispersar, dissipar; afastar, expelir; banir.

dis.pen.sa.ry [disp'ensəri] s. dispensário m.

dis.pen.sa.tion [dispens'eiʃən] s. **(from)** dispensação f., ato m. de dispensar; distribuição f., repartição f.; administração f.; renúncia f. **(with** a, de).

dis.pense [disp'ens] v. dispensar, distribuir, atribuir, conceder; administrar, ministrar; aviar uma receita; isentar.

dis.pens.er [disp'ensə] s. máquina f. automática de vendas.

dis.per.sal [disp'ə:sl] s. dispersão f.

dis.perse [disp'ə:s] v. dispersar(-se), dissipar (-se), espargir; distribuir, difundir; desaparecer, desvanecer, afastar, separar; irradiar (raios luminosos).

dis.place [displ'eis] v. deslocar, substituir; demitir, destituir; desordenar.

dis.play [displ'ei] s. exibição, exposição f., desenvolvimento m.; espetáculo m., pompa, ostentação, manifestação f.; desfile m. ‖ v. exibir, desenvolver, expor.

dis.please [displ'i:z] v. desagradar, ofender; desgostar, descontentar.

dis.pleas.ure [displ'eʒə] s. desprazer, desgosto, desagrado, descontentamento, aborrecimento, enfado m.

dis.pos.al [disp'ouzəl] s. disposição f.; venda, transmissão, alienação, cessão f.; distribuição f.; classificação f.; controle m.

dis.pose [disp'ouz] v. dispor, ordenar; fixar, dirigir; dispor-se a, inclinar-se, preparar; alienar (bens), desembaraçar-se de, vender; dispor de; matar, liquidar.

dis.po.si.tion [dispəz'iʃən] s. disposição, ordem, distribuição f., arranjo m.; tendência, capacidade f., talento m.; temperamento m., compleição f.; humor m.; atitude f.; (Arquit.) projeto m.

dis.prove [dispr'u:v] v. refutar, contestar, desmentir, contraditar.

dis.pute [dispj'u:t] s. disputa, contestação, discussão f., debate m. ‖ v. disputar, discutir, argumentar, contestar, debater.

dis.qual.i.fy [diskw'ɔlifai] v. desqualificar; inabilitar(-se), tornar(-se) inapto; invalidar, interditar; desclassificar.

dis.re.gard [d'isrig'a:d] s. descuido m., negligência f.; desconsideração f., indelicadeza f., desprezo m. ‖ v. desconsiderar, negligenciar, desprezar, desdenhar.

dis.rep.u.ta.ble [disr'epjutəbl] adj. desacreditador, desonroso, não reputável, não respeitável, mal-afamado, infame.

dis.re.spect [d'isrisp'ekt] s. desrespeito m., desconsideração, descortesia f. ‖ v. desrespeitar, desacatar, desconsiderar.

dis.re.spect.ful [d'isrisp'ektful] adj. desrespeitoso, irreverente, rude, indelicado.

dis.sat.is.fied [d'is'ætisfaid] adj. insatisfeito, descontente, desgostoso.

dis.sat.is.fy [d'is'ætisfai] v. descontentar, desagradar, não satisfazer.

dis.sect [dis'ekt] v. dissecar, anatomizar, cortar; analisar, retalhar.

dis.sent [dis'ent] s. dissensão, discordância f.; dissidência, heterodoxia f. ‖ v. dissentir, divergir, discordar.

dis.sert [dis'ə:t] v. dissertar, discorrer, discursar; tratar, expor.

dis.ser.ta.tion [disət'eiʃən] s. dissertação f., discurso m.; tese f.

dis.sim.u.late [dis'imjuleit] v. dissimular, fingir, disfarçar; encobrir.

dis.sim.u.la.tion [disimjul'eiʃən] s. dissimulação f., encobrimento m.

dis.si.pate [d'isipeit] v. dissipar, espalhar, dispersar; desvanecer.

dis.si.pa.tion [disip'eiʃən] s. dissipação f., desbarato de bens, desregramento, desperdício m., devassidão f., dispersão f.

dis.sol.u.ble [dis'ɔljubl] adj. dissolúvel.

dis.so.lute [d'isəlu:t] adj. dissoluto, devasso, imoral; desregrado.

dis.solve [diz'ɔlv] v. dissolver, liquefazer, dispersar; decompor(-se), separar, desagregar, evaporizar(-se); desunir, anular; quebrar o encanto.

dis.so.nance [d'isonəns] s. dissonância, desafinação f.; discordância f.

dis.so.nancy [d'isonənsi] s. = **dissonance**.

dis.so.nant [d'isonənt] adj. dissonante, desafinado; discordante.

dis.suade [disw'eid] v. dissuadir, desaconselhar.

dis.taff [d'ista:f] s. fuso m. (para fiar).

dis.tance [d'istəns] s. distância f., intervalo, trajeto m.; período m.; (Mús.) intervalo m. ‖ v. distanciar; passar além.

dis.tant [d'istənt] adj. distante, remoto, afastado; frio, incompatível.

dis.taste [dist'eist] s. desagrado m., repugnância, aversão f., desprazer m.

dis.taste.ful [dist'eistful] adj. desagradável, ofensivo; dessaboroso, insípido.

dis.tend [dist'end] v. estender(-se), expandir, alargar, distender, esticar, dilatar(-se), inchar, inflar; intumescer.

dis.til [dist'il] v. destilar; refinar, purificar.

dis.till [dist'il] v. = **distil**.

dis.til.la.tion [distil'eiʃən] s. destilação f.

dis.till.er.y [dist'iləri] s. destilaria f.

dis.tinct [dist'iŋkt] adj. distinto, ilustre; diferente; claro, evidente, preciso.

dis.tinc.tion [dist'iŋkʃən] s. distinção f.; preferência f.; diversidade f.; clareza f.; honra, eminência, excelência f.

dis.tinc.tive [dist'iŋktiv] adj. distintivo, distinto; característico, evidente.

dis.tin.guish [dist'iŋgwiʃ] v. distinguir; diferenciar; discriminar; honrar; ouvir, reconhecer, avistar; salientar-se.

dis.tin.guished [dist'iŋgwiʃt] adj. distinto, famoso, ilustre, afamado, eminente.

dis.tort [dist'ɔːt] v. torcer; corromper, deturpar, dizer falsidades.

dis.tor.tion [dist'ɔːʃən] s. distorção f.

dis.tract [distr'ækt] v. distrair; enlouquecer.

dis.trac.tion [distr'ækʃən] s. distração, diversão f.; perturbação f. mental; demência f.; agitação f.; passatempo m.

dis.tress [distr'es] s. aflição, angústia f., pesar m.; desgraça f.; pobreza f.; perigo m. ‖ v. afligir; perseguir; penhorar, embargar, seqüestrar; atormentar.

dis.tressed [distr'est] adj. aflito, angustiado.

dis.trib.ute [distr'ibjuːt] v. distribuir, dar.

dis.tri.bu.tion [distribj'uʃən] s. distribuição, divisão, partilha f.; disposição, classificação f.; o que é distribuído.

dis.trib.u.tor [distr'ibjutə] s. distribuidor m. (também Mec.)

dis.trict [d'istrikt] s. distrito m., região f., bairro m.; comarca, jurisdição f. ‖ v. dividir em distritos. ≈ **attorney** promotor de justiça.

dis.trust [distr'ʌst] s. desconfiança, suspeita f., receio m., dúvida f. ‖ v. desconfiar, suspeitar, recear, duvidar.

dis.trust.ful [distr'ʌstful] adj. desconfiado, suspeitoso, desconfiante, receoso.

dis.turb [dist'əːb] v. perturbar, incomodar, transtornar; interromper, embaraçar.

dis.turb.ance [dist'əːbəns] s. perturbação, confusão, inquietação f.; distúrbio m.

dis.use [disj'uːs] s. desuso m.

dis.use [disj'uːz] v. desusar; desacostumar.

ditch [ditʃ] s. fosso, rego m., vala f.; (Fort.) fosso m., trincheira f. ‖ v. abrir, cavar fosso, vala, rego; (gíria) livrar-se de.

di.van [div'æn] s. divã m.

dive [daiv] s. mergulho m.; espelunca f., antro m. ‖ v. mergulhar(-se), afundar; penetrar; arrojar-se; descer a pique.

div.er [d'aivə] s. mergulhador m.; escafandrista m. + f.; (E.U.A., gíria) batedor m. de carteira; (Orn.) mergulhão m.

di.verge [daiv'əːdʒ] v. divergir, desviar(-se), discordar, diferir.

di.ver.gence [daiv'əːdʒəns] s. divergência, discordância f.; desacordo m.

di.ver.gen.cy [daiv'əːdʒənsi] s. = **divergence**.

di.ver.gent [daiv'əːdʒənt] adj. divergente, diferente, discordante.

di.verse [daiv'əːs] adj. diverso, diferente, distinto.

di.ver.si.fy [daiv'əːsifai] v. diversificar, tornar diferente, variar, variegar.

di.ver.sion [daiv'əːʃən] s. diversão f., digressão f.; distração f., recreio m.

di.ver.si.ty [daiv'əːsiti] s. diversidade, diferença f., dessemelhança f.

di.vert [daiv'əːt] v. divertir, distrair, desviar.

di.vide [div'aid] s. divisor m. hidrográfico; (coloq.) partilha f. ‖ v. (também Mat.) dividir-se; distribuir, repartir, limitar.

div.i.dend [d'ividend] s. dividendo m.

di.vine [div'ain] v. adivinhar, pressagiar. ‖ adj. divino, sublime, sacro, celeste, sobrenatural; perfeito, excelente, ótimo.

div.ing [d'aiviŋ] s. mergulho m.

di.vin.i.ty [div'initi] s. divindade f.

di.vi.sion [div'iʒən] s. divisão f.; secção f.

di.vorce [div'ɔːs] s. divórcio m., separação f. ‖ v. divorciar-se de; (fig.) separar, desunir; provocar divórcio.

di.vulge [daiv'ʌldʒ] v. divulgar, propalar, revelar, publicar, tornar conhecido.

diz.zy [d'izi] v. causar desmaios ou vertigens, atordoar. ‖ adj. vertiginoso, atordoado, tonto, cambaleante.

do [dou] s. (Mús.) dó m.

do [duː] v. (pret. **did**, p. p. **done**) fazer, agir, efetuar, trabalhar; acabar, concluir, completar; preparar; arranjar; interpretar, representar; criar, produzir; render, prestar; haver-se, portar-se, atuar; tratar com, ocupar-se de, acabar com; servir, bastar, ser suficiente ou satisfatório, convir; cozer, assar; percorrer, cobrir; enganar; matar, arruinar; (coloq.) acolher, entreter; visitar lugares interessantes; cumprir, esgotar-se, gastar-se; esforçar-se; traduzir, meter em, modificar.

doc.ile [d'ousail] adj. dócil, obediente, submisso; disciplinável, manso.

dock [dɔk] s. doca f., estaleiro, embarcadouro m.; galpão m.; banco m. dos réus. ≃ s cais m. ‖ v. pôr um navio no estaleiro; cortar cauda de animal; encurtar.

doc.tor [d'ɔktə] s. doutor, médico, cirurgião m., dentista m. + f. ‖ v. medicar; doutorar; consertar, remendar às pressas; adulterar, alterar, falsificar.

doc.u.ment [d'ɔkjumənt] s. documento m. ‖ v. documentar.

dod.dle [d'ɔdl] s. trabalho, m., tarefa f. fácil. **it's a** ≃ é sopa; facílimo.

dodge [dɔdʒ] s. (coloq.) evasiva, astúcia f., artifício, truque, jeito m. ‖ v. esquivar-se ao encontro, evitar, escapar; evadir, sofismar, enganar; usar evasivas.

doe [dou] s. corça, gama, fêmea f. do antílope, do coelho e de alguns outros animais.

does [dʌz, dəz] v. terceira pessoa do singular do presente do indicativo do verbo **to do** (**he does**).

doesn't [d'ʌznt] v. contração de **does not**.

dog [dɔg] s. cão m.; macho m. de outros animais (raposa, lobo, chacal etc.); pessoa f. vil de má índole; galhofeiro m.; (E.U.A., gíria) ostentação f., espetáculo m.; vagonete m. ‖ v. perseguir alguém como um cão, seguir as pegadas de. **to rain cats and** ≃ **s** chover a cântaros.

dog.ma [d'ɔgmə] s. dogma m.; doutrina f.

dog.mat.ic [dɔgm'ætik] adj. dogmático; autoritário.

dog.mat.i.cal [dɔgm'ætikəl] adj. = **dogmatic**.

doi.ly [d'ɔili] s. pequeno guardanapo m. que se põe debaixo dos copos, pratos, vasos etc.

do.ings [d'uːiŋz] s. ações f. pl., feitos acontecimentos m. pl.; conduta f.

dole [doul] s. doação, dádiva f., esmola f.; pesar m., aflição f. ‖ v. distribuir, repartir com os pobres; aquinhoar.

dole.ful [d'oulful] adj. doloroso, triste, aflito, lúgubre, sombrio, lastimoso.

doll [dɔl] s. boneca f.; (fig.) mulher ou moça f. muito bem vestida, porém pouco inteligente. **to** ≃ **up** (gíria) embonecar(-se), enfeitar(-se)

dol.lar [d'ɔlə] s. dólar m.; moeda f. dos E.U.A., do Canadá, do México, da República Dominicana e da Libéria.

dol.ly [d'ɔli] s. (pop.) moça f. bonita, gatinha f.

dolly.bird [d'ɔlibəːd] s. = **dolly**.

dol.phin [d'ɔlfin] s. golfinho m.

do.main [dom'ein] s. domínio m.; terras f. pl., bens m. pl.; âmbito m. de uma arte ou ciência; esfera f. de ação.

dome [doum] s. cúpula f., zimbório m., abóbada f.; igreja, catedral f.; mansão f.; firmamento m. ‖ v. abobadar, cobrir com abóbada ou cúpula.

do.mes.tic [dom'estik] s. doméstico, criado, servidor m. ≃ s produtos m. pl. nacionais. ‖ adj. doméstico, caseiro, familiar; nacional, do país.

do.mes.ti.cate [dom'estikeit] v. domesticar.

dom.i.cile [d'ɔmisail] s. domicílio m. ‖ v. domiciliar(-se), fixar residência.

dom.i.nant [d'ɔminənt] s. (Mús.) dominante f.; nota f. que domina o tom, a quinta nota f. acima da tônica. ‖ adj. dominante, que governa, que tem autoridade.

dom.i.nate [d'ɔmineit] v. dominar; predominar; ter autoridade sobre.

dom.i.na.tion [dɔmin'eiʃən] s. dominação f.; império, controle, governo m.

dom.i.neer [dɔmin'iə] v. (over) dominar, tiranizar; blasonar; refrear.

dom.i.neer.ing [dɔmin'iəriŋ] adj. dominante, tirânico; arrogante, insolente.

Do.min.i.can [dom'inikən] s. + adj. dominicano m.; frade m. da Ordem dos Dominicanos; dominicano m.: natural ou habitante da República Dominicana.

do.min.ion [dom'injən] s. domínio m., soberania, autoridade f., governo, poder m. absoluto.

dom.i.no [d'ɔminou] s. dominó m.

don [dɔn] s. dom m.; título m. honorífico; senhor, cavalheiro m. ‖ v. vestir, pôr.

do.nate [doun'eit] v. doar, dar.

do.na.tion [doun'eiʃən] s. doação f.

done [dʌn] v. p. p. de **to do**. ‖ adj. acabado, feito, executado; cozido, assado; enganado; (gíria) exausto, extenuado, esgotado.

don.key [d'ɔŋki] s. burro, asno m.; imbecil, ignorante m. + f.; estúpido m.

do.nor [d'ounə] s. doador m.

doom [du:m] s. julgamento m., sentença f.; condenação f.; ruína, destruição, morte f.; destino m. ‖ v. sentenciar, condenar, predestinar, destinar.

door [dɔ:] s. porta f.; (fig.) casa f., edifício m.; (fig.) começo m.; (fig.) pistolão, meio m. de obter algo.

door.bell [d'ɔ:bel] s. campainha f. da porta.

door.knob [d'ɔ:nɔb] s. maçaneta f.

door.mat [d'ɔ:mæt] s. capacho m.

door.way [d'ɔ:wei] s. vão m. ocupado pela porta; entrada f.

dope [doup] s. narcótico, entorpecente m.; ópio m., cocaína, morfina f. etc.; indivíduo m. dado ao vício de narcóticos; (gíria) tolo m. ‖ v. entregar-se ao uso de narcóticos ou entorpecentes; aplicar narcóticos ou entorpecentes; (gíria) dopar.

dor.mant [d'ɔ:mənt] adj. dormente, inativo.

dor.mi.to.ry [d'ɔ:mitri] s. dormitório m. (esp. de escolas e colégios internos); habitação f. para estudantes.

dose [dous] s. dose f. ‖ v. dosar, medicamentar por dose; adulterar bebidas.

doss [dɔs] s. (gíria) cama f. ou lugar m. para dormir num albergue. ‖ v. albergar-se, dormir num albergue. **to** ≃ **down** (pop.) dormir. ≃**-house** hotel de quinta categoria.

dot [dɔt] s. ponto m.; pingo m., pinta f., salpico, borrão m., mancha f.; coisa f. minúscula, insignificante; sinal m. curto emitido pelo rádio ou telegrafia. ‖ v. marcar com pontos, pontilhar; salpicar.

dote [dout] v. caducar; estar doido de amor (**upon**, **on** por); disparatar.

dou.ble [dʌbl] s. dobro, duplo m.; cópia f.; duplicata f.; sósia, retrato m.; imagem f.; dobra, prega f.; volta, curva f.; astúcia f. ‖ adj. dobrado; duplo; ambíguo, equívoco. ‖ adv. dobradamente; duplicadamente. ≃**-cross** (coloq.) enganar, iludir, trair. ≃**-barreled** espingarda ou pistola de dois canos. ≃ **bed** cama de casal. ≃**-dealing** falsidade, falso. ≃ **bass.** contrabaixo. ≃ **chin** queixo duplo, papada.

dou.bly [d'ʌbli] adv. duplamente, no dobro, duplicadamente.

doubt [daut] s. dúvida, incerteza, indecisão, hesitação, objeção f., problema m., ceticismo, embaraço m. ‖ v. duvidar, ser cético, hesitar, desconfiar.

doubt.ful [d'autful] adj. duvidoso; incerto, indeciso; obscuro, ambíguo, vago; suspeito, hesitante; questionável.

doubt.less [d'autlis] adj. indubitável.

douche [du:ʃ] s. ducha f.

dough [dou] s. massa f. de farinha, pasta f.; (gíria) dinheiro, tutu m., grana f.

dough.nut [d'ounʌt] s. rosquinha f.

dove [dʌv] s. pombo m.; símbolo m. do Espírito Santo; símbolo m. de doçura, de inocência; mensageiro m. da paz; pomba f.: pessoa f. inocente, carinhosa, ingênua.

dove [douv] v. (E.U.A.) pret. de **dive**.

dove.tail [d'ʌvteil] s. ensambladura f.; rabo-de-andorinha m.

down [daun] s. duna f.; penugem f., penas f. pl.; qualquer substância f. fofa, macia ou felpuda; movimento m. em declive, descida f.; (gíria) desconfiança f. ‖ v. (coloq.) abaixar, abater, derrubar, dominar, humilhar, descer. ‖ adj. abatido, desanimado; doente, adoentado. ‖ adv. abaixo, para baixo, em descida, em declive; em decadência; em posição deitada no chão; abaixo do horizonte. ‖ prep. abaixo, para baixo, em declive, ao longe de, em direção inferior. ‖ interj.

abaixo! deita! senta! **the ups and** ≃ **s of life** as vicissitudes da vida. **to pay cash** ≃ pagar à vista. **to white** ≃ notar, registrar. ≃ **payment** sinal.

down.cast [d'aunka:st] adj. abatido, deprimido; triste, descoroçoado.

down.fall [d'aunfɔ:l] s. queda f., ruína, decadência, desgraça f.; armadilha f.; aguaceiro m. ou nevada f. forte.

down.heart.ed [d'aunh'a:tid] adj. desanimado, abatido, descoroçoado.

down.pour [d'aunpɔ:] s. aguaceiro m., chuvarada f., chuvão m.

down.right [d'aunrait] adj. perpendicular, vertical; evidente; positivo; sincero, categórico, ingênuo; perfeito. ‖ adv. perpendicularmente, a prumo; positivamente, totalmente, completamente.

down.stairs [d'aunst'ɛəz] s. andar m. térreo. ‖ adj. do andar inferior, embaixo, para baixo, no andar inferior.

down.stream [d'aunstr'i:m] adj. rio abaixo.

down.town [d'aunt'aun] s. centro m. comercial da cidade, parte f. principal da cidade. ‖ adj. + adv. em direção do, perto do, no centro comercial da cidade.

down.ward [d'aunwəd] adj. declive, inclinado; em direção inferior, decrescente; descendente, de época anterior. ‖ adv. para baixo, abaixo, em declive; rio abaixo, a jusante; de superior a inferior, de anterior a posterior, sucessivamente.

down.wards [d'aunwədz] adv. = **downward**.

down.ward.ly [d'aunwədli] adv. = **downward**.

down.y [d'auni] adj. penugento; fofo, macio, brando; mole, meigo.

dow.ry [d'auəri] s. dote m.; prenda f.

doze [douz] s. soneca f., cochilo m. ‖ v. cochilar, dormitar, tirar uma soneca.

doz.en [dʌzn] s. dúzia f.

drab [dræb] s. cor f. parda; prostituta f. desmazelada. ‖ adj. pardo, de cor parda; monótono, insípido; pouco atraente.

draft [dra:ft] s. desenho, esboço, rascunho m., minuta f.; plano, esquema, projeto m.; saque m., ordem f. de pagamento, título m., letra f. de câmbio. ‖ v. traçar, delinear, esboçar, rascunhar; minutar, redigir; (Milit.) destacar, sortear, recrutar; valer-se de, lograr.

drafts.man [dr'a:ftsmən] s. desenhista m. + f.; escrevente m. + f.

drag [dræg] s. carro m. de rojo, rastilho, arrasto, carro m. de transporte; rede f. varredoura; draga f.; gancho, ancinho m.; grade f. de arar; máquina f. para adubar a terra. ‖ v. arrastar(-se), tirar à força, arrancar; dragar; arrastar (a âncora); deter-se, tardar, prolongar-se, mover-se morosamente ou com dificuldade. **in** ≃ (gíria) vestido de travesti.

drag.on [dr'ægən] s. dragão m.

drag.on.fly [dr'ægənflai] s. libélula f.

drain [drein] s. dreno, tubo ou ralo m., vala f. para drenagem; escoadouro, cano m. de esgoto; desaguadouro m., sarjeta f.; goteira f.; pressão f.; drenagem f. ‖ v. drenar; esgotar, escoar, desaguar, dessecar; esgotar-se, exaurir-se, privar de recurso; fazer exigências de; engolir de um trago.

drain.age [dr'einidʒ] s. drenagem f., escoamento m.; esgoto m.; dejetos m. pl.

drake [dreik] s. pato, marreco m.

dra.ma [dr'a:mə] s. drama m.

dram.at.ic [drəm'ætik] adj. dramático, de drama; comovente.

dram.at.i.cal [drəm'ætikəl] = **dramatic**.

dram.a.tist [dr'æmətist] s. dramatista m. + f., dramaturgo m., autor m. de dramas.

dram.a.tize [dr'æmətaiz] v. dramatizar.

drank [dræŋk] v. pret. de **drink**.

drape [dreip] s. cortina f., cortinado m., tapeçaria f. ‖ v. drapejar; vestir; decorar.

dra.per.y [dr'eipəri] s. cortinas f. pl., tapeçaria f.; reposteiro m.

dras.tic [dr'æstik] adj. drástico, enérgico, de ação violenta; (Med.) muito purgativo.

draughts.man [dr'ɔ:tsmən] s. projetista, desenhista m. + f.

draw [drɔ:] s. a ação f. de puxar ou tirar; a ação f. de tirar a sorte; o que se tirou; atrativo m., chamariz m.; pressão, tensão f.; bacia f., vale m., por onde correm ou convergem as águas; sorte f., destino m. ‖ v. pret. **drew**, p. p. **drawn**; tirar, puxar, arrastar, arrancar; sacar, retirar, extrair; estripar; puxar para cima, tirar para cima; chupar, mamar; atrair para si; tirar qualquer líquido de um barril; tirar a sorte; respirar, inalar; estender, alongar, correr (cortina); receber, ganhar (dinheiro, prêmio), tirar (dinheiro do banco); esvaziar. to ≃ to chegar(-se) perto ou em frente de; reunir-se; evocar, causar, deduzir; retratar, desenhar; traçar, delinear, esboçar; formular, fazer uma escritura, contrato etc.; sacar uma letra de câmbio, tirar uma ordem de pagamento. to ≃ a bill sacar uma letra. to ≃ the attention of chamar a atenção de.

draw.back [dr'ɔ:bæk] s. (Com.) desconto, abatimento m., redução f.; prejuízo m.; obstáculo m.; reverso m. (da medalha).

draw.er [dr'ɔ:ǝ] s. gaveta f.; (Com.) sacador m. de uma letra de câmbio; tirador, puxador m.; desenhista m. + f.; moço m. de bar, barman m. ≃ s ceroulas f. pl.

draw.ing [dr'ɔ:iŋ] s. desenho, croqui m.; esboço m.; sorteio m., extração f. de loteria; saque m. de letra. ≃ board prancha. ≃ pin percevejo. ≃ room sala de visitas.

drawn [drɔ:n] v. p. p. de **draw**.

dread [dred] s. medo (de), horror, receio, espanto m.; respeito m. ‖ v. temer, recear; tremer de medo. ‖ adj. terrível, horrível, medonho, pavoroso.

dread.ful [dr'edful] adj. terrível, formidável, horrível, espantoso; (coloq.) embaraçoso, desagradável.

dream [dri:m] s. sonho m.; utopia, fantasia, visão f.; (coloq.) coisa f. lindíssima, maravilhosa. ‖ v. (pret. e p. p. dreamt ou dreamed) sonhar; entregar-se a fantasias e devaneios, imaginar, ter visões.

dream.er [dr'i:mǝ] s. sonhador, devaneador m.; vadio m.

dream.land [dr'i:mlænd] s. região f. dos sonhos, utopias f. pl.

dreamt [dremt] v. pret. e p. p. de **dream**.

drear.y [dr'iǝri] adj. lúgubre, sombrio, melancólico; fatigante.

dredge [dredʒ] s. rede f. varredoura; draga f. ‖ v. dragar; pescar com rede varredoura.

dreg [dreg] s. resíduos m. pl., refugos, detritos m. pl.; (fig.) a ralé, a escória f., o populacho m.

drench [drentʃ] s. banho m., enxurrada f., ensopamento m. ‖ v. ensopar, embeber.

dress [dres] s. vestido, vestuário m., roupa f., traje m.; adorno m., enfeites m. pl.; hábito m., vestimenta f. ‖ v. vestir-se; adornar, enfeitar; ajustar, dispor; fazer curativo; temperar; pentear, escovar.

dress.er [dr'esǝ] s. toucador m., cômoda f., penteadeira f.

dress.ing [dr'esiŋ] s. ação f. de vestir, arrumar-se, pensar ferimentos, temperar alimentos etc.; roupa f.; tempero m.; curativo m. ≃-**down** surra, correção, repreensão. ≃ **gown** roupão, robe-de-chambre. ≃ **room** (Teat.) camarim. ≃ **table** toucador, penteadeira.

dress.mak.er [dr'esmeikǝ] s. costureira f.

drew [dru:] v. pret. de **draw**.

drib.ble [dribl] s. baba, saliva f.; pingo m., gota f. ‖ v. gotejar, pingar; babar(-se); chuviscar, garoar.

dried [draid] v. pret. e p. p. de **dry**.

dri.er [dr'aiǝ] s. secante m. + f.; secadora f. (de roupa, cabelo etc.).

drift [drift] s. vento m., correnteza f., curso m., direção f.; nevasca, borrasca f.; tendência f., fim m., intenção, inclinação f.; impulso m.; desígnio, intento m. (Náut.) deriva f.; desvio m. da rota. ‖ v. amontoar(-se), acumular; (Náut.) desgarrar, ir à deriva; (fig.) flutuar, viver despreocupadamente, vaguear; perambular.

drill [dril] s. broca, pua f., verruma, perfuratriz, perfuração f.; sulco m.; semeadeira f., semeador m., máquina f. para semear cereais; furadeira, perfuradora f.; exercício m. de soldados, manobra, ginástica f. ‖ v. furar, perfurar, brocar; exercitar os soldados, manobrar, treinar, adestrar; disciplinar; semear em linha.

drink [driŋk] s. bebida, bebida f. alcoólica; gole, trago m., poção f. ‖ v. (p. drank, p. p. drunk, drunken) beber, saciar-se; embebedar-se; aspirar, ver, ouvir; (to) brindar a; tragar; desperdiçar, esbanjar. have a ≃! tome me alguma coisa! strong ≃ s bebidas fortes.

drink.a.ble [dr'iŋkǝbl] s. bebidas f. pl. ‖ adj. potável, bebível, bom para beber.

drip [drip] s. gotejamento m.; (Arquit.) goteira, telha f. de beiral, calha f. ‖ v. gotejar, pingar. ‖ adj. ensopado, encharcado.

drive [draiv] s. passeio m. de carro; percurso m.; estrada f. para carros; entrada f. para carros em moradias; ato m. de conduzir, dirigir, guiar; pressão f., esforço m., atividade, energia f., impulso m.; (gír.) pancada f. violenta; (Milit.) ataque, assalto, avanço m.; força motriz f.; movimento m., rodagem f. ‖ v. (p. **drove**, p. p. **driven**) impelir, empurrar, impulsar, forçar; conduzir, guiar, dirigir (cavalos, carro, navio etc.), levar; ir de carro, auto etc., prosseguir; constranger, compelir, coagir; perseguir; caçar; lançar, propulsar, acionar; visar, aspirar, tender a, propender; tocar, acertar no alvo, desferir um golpe; apressar-se, precipitar-se. **to** ≃ **at full speed** guiar a toda a velocidade.

driv.el [dr'ivl] s. baba, saliva f.; disparate m., tagarelice f. ‖ v. babar(-se); disparatar, tagarelar.

driv.en [dr'ivn] v. p. p. de **drive**.

driv.er [dr'aivə] s. chofer m.. motorista, condutor, motorneiro, cocheiro, carroceiro m., maquinista m. + f. de locomotiva. ≃ '**s licence** carteira ou licença de motorista.

drive.way [dr'aivwei] s. entrada f. para carros em moradia.

driz.zle [drizl] s. garoa f., chuvisco m. ‖ v. garoar, chuviscar.

drone [droun] s. (Ent.) zangão, abelhão m.; vadio m.; zumbido, sussurro, ronco m. ‖ v. vadiar; falar ou ler de modo monótono; zumbir; sussurrar, roncar.

droop [dru:p] s. inclinação f.; abatimento, desfalecimento m. ‖ v. (**over**) inclinar(-se), abaixar(-se); (**with**) desfalecer, definhar, estar triste, sombrio.

drooping [dr'u:piŋ] s. + adj. inclinado, pendente, lânguido, descoroçoado.

drop [drɔp] s. gota f., pingo m.; pendente, brinco, pingente, berloque m.; (**from**) queda f., declive m.; colapso m.; alçapão m.; (fig.) parcela, porção f. ínfima. ≃ **s** gotas f. pl. medicinais. ‖ v. (pret. e. p. p. **dropped**) pingar, gotejar, destilar; deixar cair alguma coisa, cair, pôr, colocar; chegar inesperadamente, entrar ou visitar casualmente; escrever umas linhas; (coloq.) perder; recuar; desmaiar, cair morto; ajoelhar-se, abaixar; desaparecer; adormecer; salpicar, borrifar. ≃ -**curtain** pano de teatro, telão. ≃ -**hammer** martinete de queda.

drop.per [dr'ɔpə] s. conta-gotas m.

drought [draut] s. seca, secura, aridez f.; falta f. de chuva.

drove [drouv] s. rebanho m., manada, boiada f.; turba f. ‖ v. conduzir em manadas. ‖ v. pret. de **drive**.

drown [draun] v. (pret. e p.p. **drowned**) afogar, sufocar; inundar, submergir; amortecer a voz, suprimir, esmagar, debelar; extinguir, pôr fim a.

drowse [drauz] v. cochilar, dormitar, tirar uma soneca; entorpecer.

drow.si.ness [dr'auzinis] s. sonolência, modorra f.; preguiça, inércia f.

drow.sy [dr'auzi] adj. sonolento, modorrento; soporativo; estúpido.

drudge [drʌdʒ] s. escravo m. do trabalho, burro m. de carga, servo, criado m. ‖ v. labutar, trabalhar arduamente, mourejar.

drug [drʌg] s. droga f., medicamento m.: tóxico m., porção f.; entorpecente, narcótico m.; droga f. ‖ v. ministrar drogas; entorpecer, narcotizar; insensibilizar. ≃ -**addict** viciado em drogas.

drug.store [dr'ʌgstɔ:] s. drogaria, farmácia f.

drum [drʌm] s. tambor m.; (Anat.) tímpano m. do ouvido. ‖ v. rufar, tocar tambor; tamborilar; (fig.) martelar, insistir.

drum.mer [dr'ʌmə] s. tambor m.; indivíduo m. que toca tambor.

drunk [drʌŋk] s. bêbado, ébrio m. ‖ v. p.p. de **drink**. ‖ adj. bêbado, embriagado.

drunk.ard [dr'ʌŋkəd] s. bêbado, beberrão, ébrio m.

drunk.en [dr'ʌŋkən] v. p.p. de **drink**. ‖ adj. bêbado.

drunk.en.ness [dr'ʌŋkənis] s. embriaguez, bebedice, ebriedade f.

dry [drai] s. secura, seca f. ‖ v. secar(-se), enxugar(-se), dessecar, esgotar, desaguar. ‖ adj. (comp. **drier**, sup. **driest**) seco, enxuto, árido, estéril, mirrado, magro; sedento; murcho, ressequido; severo, áspero, rude, sarcástico, reservado, enfadonho. ≃ -**cleaning** lavagem a seco. ≃ **dock** doca de querena. ≃ **goods** tecidos, estofos, panos, lenços, aviamentos.

dry.er [dr'aiə] s. = **drier**.

dry.ness [dr'ainis] s. seca, secura, aridez, esterilidade f.; insensibilidade, aspereza f.

du.bi.ous [dj'u:biəs] adj. duvidoso, dúbio, incerto, vago, suspeito

duch.ess [d'ʌtʃis] s. duquesa f.

duch.y [d'ʌtʃi] s. ducado m.; território m. que constitui o domínio de um duque; dignidade f. de duque.

duck [dʌk] s. pato m., adem f., marreco m.; mergulho m.; pano m. grosso de linha ou algodão. ‖ v. mergulhar, retirar-se ou abaixar-se rapidamente.

duck.ling [dʹʌkliŋ] s. patinho, pato m. novo.

due [dju:] s. dívida, obrigação f.; direito, tributo m. ≃ direitos, impostos, emolumentos m. pl. judiciais. ‖ adj. que se deve, vencido, pagável; devido, próprio, oportuno, adequado. justo.

du.el [djʹuəl] s. duelo m. ‖ v. duelar.

du.et [djuʹet] s. duo, dueto m., conversa f. entre duas pessoas.

du.et.to [djuʹetou] s. = **duet.**

dug [dʌg] v. pret. e p. p. de **dig.**

duke [dju:k] s. duque m.

duke.dom [djʹu:kdəm] s. ducado, título, território, domínio, estado m. ou dignidade f. de um duque.

dul.ness [dʹʌlnis] s. = **dullness.**

dull [dʌl] v. tornar(-se) estúpido; entorpecer, insensibilizar, mitigar, atenuar, ensurdecer, tornar menos sutil, efetivo; embotar, tirar o fio de uma faca; embaçar, empanar; amainar (o vento etc.). ‖ adj. estúpido, obtuso, grosseiro; inerte, vagaroso, fraco; triste, insípido, insensível; escuro, nublado, sombrio; cego (diz-se de um gume), sem corte; morto, surdo, tedioso; (Náut.) calmo.

dull.ness [dʹʌlnis] s. embotamento m.; estagnação f. dos negócios; surdez f.; enfado m.; aborrecimento m.

du.ly [djʹu:li] adv. propriamente, devidamente, exatamente, regularmente.

dumb [dʌm] v. emudecer, silenciar. ‖ adj. mudo, taciturno; surdo, pasmado; estúpido, parvo, embotado.

dum.my [dʹʌmi] s. indivíduo m. mudo; testa-de-ferro, fantoche m.; manequim m.; estúpido m.; malho, maço, macete m.; chupeta f. ‖ adj. simulado, postiço, contrafeito, falsificado m.

dump [dʌmp] s. depósito m. de lixo ou de entulho; (Milit.) paiol m.; baiúca f. ‖ v. esvaziar, lançar por terra, descarregar lixo etc., emborcar; liquidar; (Milit.) acomodar.

dump.ing [dʹʌmpiŋ] s. emborcação f.; queima, exportação, liquidação f.

dunce [dʌns] s. estúpido, bobo m.; aluno m. relapso, atrasado.

dune [dju:n] s. duna f.

dung [dʌŋ] s. esterco, estrume, adubo m. orgânico. ‖ v. estercar, adubar; defecar, excrementar (falando de animais).

dun.ga.ree [dʌŋgərʹi:] s. (E.U.A.) espécie de pano de algodão m. ≃s macacão m.

dun.geon [dʹʌndʒən] s. calabouço m., masmorra f.; torre f. de vigia ‖ v. encarcerar.

dunk [dʌŋk] v. molhar, embeber alguma coisa comestível num líquido.

du.o.de.num [djuoudʹi:nəm] s. (Anat.) duodeno m.

dupe [dju:p] s. crédulo, ingênuo m. ‖ v. enganar, lograr, tapear.

du.pli.cate [djʹu:plikit] s. duplicado m., duplicata, cópia exata, segunda via f., facsímile m. ‖ v. duplicar; fazer cópias, dobrar. ‖ adj. duplicado; dobrado, duplo.

du.plic.i.ty [djuplʹisiti] s. duplicidade f.

du.ra.ble [djʹuərəbl] adj. durável, duradouro, permanente; sólido, estável.

du.ra.tion [djuərʹeiʃən] s. duração, continuação f.

dur.ing [djʹuəriŋ] prep. durante, no decurso de, no tempo de.

dusk [dʌsk] s. crepúsculo, anoitecer m.; sombra, escuridão, cor f. parda. ‖ v. obscurecer, escurecer. ‖ adj. obscuro, sombrio, fusco, trigueiro.

dusk.y [dʹʌski] adj. fusco, obscuro, sombrio, pardo; (fig.) triste.

dust [dʌst] s. pó m., poeira f.; cisco m.; pólen m.; cinzas, restos m. pl. mortais. ‖ v. varrer o pó, espanar, sacudir o pó.

dust.er [dʹʌstə] s. espanador m.; pessoa f. que tira o pó; (E.U.A.) guarda-pó m.

dust.man [dʹʌstmən] s. lixeiro m.

dust.y [dʹʌsti] adj. empoeirado, coberto de pó; pulverulento.

Dutch [dʌtʃ] s. língua f. holandesa; o povo m. holandês. ‖ adj. holandês, da Holanda; (gíria) alemão.

du.ti.ful [djʹu:tiful] adj. obediente, obsequioso, respeitoso, submisso.

du.ty [djʹu:ti] s. (pl. **duties** [djʹutis]) s. dever m., obrigação f.; obediência f., respeito m.; direito aduaneiro, imposto m., taxa f. ≃**-free** isento de direitos aduaneiros.

dwarf [dwɔ:f] s. anão m. ‖ v. enfezar, impedir o crescimento ou desenvolvimento de. ‖ adj. anão.

dwell [dwel] v. (pret. e p. p. **dwelt**), habitar, morar, viver, residir.

dwell.er [dw'elə] s. morador m., habitante, residente m. + f.

dwell.ing [dweliŋ] s. habitação, morada, moradia, residência, vivenda f.

dwin.dle [dwindl] v. encolher-se, diminuir, minguar; decair, definhar, degenerar.

dye [dai] s. tintura, tinta f., corante m.; (fig.) mancha, mácula f. ‖ v. tingir(-se), corar, colorir. ≃- **stuffs** tintas.

dy.er [d'aiə] s. tintureiro m.

dy.ing [d'aiiŋ] s. morte f., ato m. de morrer. ‖ adj. moribundo, expirante, agonizante; mortal, perecível; lânguido.

dy.nam.ic [dain'æmik] adj. dinâmico; enérgico, ativo; potente.

dy.nam.ics [dain'æmiks] s. dinâmica f.

dy.na.mite [d'ainəmait] s. dinamite f. ‖ v. dinamitar, destruir com dinamite.

dy.na.mo [d'ainəmou] s. dínamo m.

dys.en.te.ry [d'isəntri] s. (Med.) disenteria f.

dys.lex.ia [disl'eksiə] s. (Med.) dislexia f.

E

E, e [i:] s. quinta letra f. do alfabeto, inglês; (Mús.) mi m.; terceira nota f. da escala musical.

each [i:tʃ] adj. cada. ‖ pron. cada, cada um. ≃ **one** cada um. ≃ **other** mutuamente. ≃ **and every** todos.

ea.ger ['i:gə] adj. ansioso; zeloso; impulsivo.

ea.ger.ness ['i:gənis] s. ânsia, avidez f.

ea.gle [i:gl] s. águia f.

ear [iə] s. ouvido m.; orelha f.; audição f. **to be all** ≃ **s** prestar toda a atenção. **to fall on deaf** ≃ **s** não ser atendido. **to lend an** ≃ ouvir, atender, tomar em consideração. **dog's** ≃ orelha de burro (dobra em folha de livro). **an** ≃ **for music** um ouvido para música. **to come to s.o's** ≃ chegar ao conhecimento de alguém. ≃ **-splitting** arrebentar os tímpanos (barulho).

ear.ache ['iəreik] s. dor f. de ouvido.

ear.drum ['iədrʌm] s. (Anat.) tímpano m.

earl [ə:l] s. conde m.

earl.dom ['ə:ldəm] s. condado m.

ear.ly ['ə:li] adj. matinal; precoce; primitivo. ‖ adv. cedo, de madrugada; antecipadamente; logo. ≃ **in the morning** de manhã cedo. **in** ≃ **life** na infância. **your earliest convenience** logo que possa. **as** ≃ **as 1200** já no ano de 1200.

ear.mark ['iəma:k] v. indicar, selecionar, marcar.

earn [ə:n] v. ganhar, lucrar, merecer.

ear.nest ['ə:nist] s. seriedade, determinação f.; realidade f. ‖ adj. sério.

earn.ings ['ə:niŋz] s. pl. salário m.

ear.phone ['iəfoun] s. fone m. de ouvido.

ear.ring ['iəriŋ] s. brinco m.

earth [e:θ] s. globo m. terrestre, Terra f. ‖ v. ligar à terra. ≃ **-mover** escavadeira.

earth.en.ware ['ə:θənwɛə] s. louça f. de barro; produto m. de cerâmica. ‖ adj. de louça.

earth.quake ['ə:θkweik] s. terremoto, abalo m. sísmico, tremor m. de terra.

earth.worm ['ə:θwə:m] s. minhoca f.

earth.y ['ə:θi] adj. térreo, terrestre; mundano, material; vulgar.

ease [i:z] s. tranqüilidade f., sossego m., ócio m.; alívio, conforto m. ‖ v. aliviar, consolar, reconfortar, atenuar.

ea.sel [i:zl] s. cavalete m.

eas.i.ness ['i:zinis] s. facilidade f.

east [i:st] s. este, leste, oriente, levante m. ‖ adj. oriental, do oriente.

East.er ['i:stə] s. Páscoa f.

East.ern ['i:stən] adj. levantino, oriental, do leste.

east.ward ['i:stwəd] adj. com direção leste. ‖ adv. rumo leste.

eas.y ['i:zi] adj. fácil, leve, cômodo, confortável, tranqüilo. ≃ **chair** espreguiçadeira, poltrona, cadeira de preguiça. ≃ **- going** vagaroso, à vontade, despreocupado, acomodado, folgado.

eat [i:t] v. (pret. **eat, ate,** p. p. **eaten**) comer, mastigar, engolir; tomar uma refeição; corroer.

eat.a.ble ['i:təbl] adj. comível, comestível. ‖ ≃ **s** s. comestíveis, víveres, mantimentos m. pl.

eats [i:ts] s. pl. gêneros alimentícios, víveres, comestíveis, mantimentos m. pl.

eaves.drop ['i:vzdrɔp] v. espreitar, escutar às escondidas, espiar.

ebb [eb] s. maré f. baixa, vazante f. da maré. ‖ v. vazar (a maré), estar na vazante; diminuir, acalmar-se.

eb.on.y ['ebəni] s. ébano m. ‖ adj. escuro, negro, ebâneo.

e.bul.lience [ib'ʌljəns] s. fervura, ebulição, efervescência f.; (fig.) exaltação f.

e.bul.lient [ib'ʌljənt] adj. ebuliente, efervescente; (fig.) ardoroso.

ec.cen.tric [iks'entrik] s. + adj. (também Geom. e Mec.) excêntrico m.

ec.cen.tri.cal [iks'entrikəl] s. + adj. = **eccentric.**

ec.cen.tric.i.ty [eksentr'isiti] s. excentricidade f.; (fig.) extravagância f.

ec.cle.si.as.tic [ikli:zi'æstik] s. + adj. eclesiástico m.

ech.o ['ekou] s. eco m.; repetição m. de som, repercussão f. ‖ v. ecoar; fazer eco, ressoar; repetir, repercutir. ≃ -**chamber** (Acúst.) câmara de eco.

ec.lec.tic [ikl'ektik] s. + adj. eclético m.

e.clipse [ikl'ips] s. (Astron.) eclipse m.; escurecimento m., escuridão f. ‖ v. eclipsar; escurecer, ofuscar; desprestigiar.

ec.o.log.ic [ekəl'ɔdʒik] adj. ecológico.

e.col.o.gy [ik'ɔlədʒi] s. (Biol.) ecologia f.

e.co.nom.ic [i:kən'ɔmik] adj. econômico (relativo à economia).

e.co.nom.i.cal [i:kən'ɔmikəl] adj. parco, frugal, previdente; econômico.

e.co.nom.ics [i:kən'ɔmiks] s. sing. + pl. (ciência da) economia f.

e.con.o.mist [ik'ɔnəmist] s. economista m. + f.; pessoa f. econômica.

e.con.o.mize [ik'ɔnəmaiz] v. economizar.

e.con.o.my [ik'ɔnəmi] s. economia, parcimônia, poupança f.; administração f.

e.cos.phere ['i:kəsfiə] s. (Geofís.) ecosfera f.

e.co.sys.tem ['i:kousistəm] s. (Ecol.) ecossistema m.

e.co.tone ['i:koutoun] s. (Ecol.) ecótono m.

ec.sta.sy ['ekstəsi] s. êxtase, enlevo m.; arrebatamento m.; (Med.) doença f. nervosa.

ec.stat.ic [ekst'ætik] s. extático m. ‖ adj. absorto; enlevado; pasmado.

ec.to.pa.ra.site [ektoup'ærəsait] s. (Ent.) ectoparasito m.

ec.to.plasm [ektoupl'æzm] s. ectoplasma m.

ec.u.men.ic [ekjum'enik] adj. ecumênico, geral, universal.

ec.u.men.i.cal [ekjum'enikəl] adj. = **ecumenic.**

ec.ze.ma ['eksi:mə] s. (Med.) eczema m.

e.da.phic [id'æfik] adj. edáfico.

ed.dy ['edi] s. remoinho, turbilhão m. ‖ v. redemoinhar; turbilhonar.

edge [edʒ] s. canto m., extremidade, margem, beira, borda f. ‖ v. afiar, amolar, aguçar; margear, delimitar, cercar.

ed.gy ['edʒi] adj. irritável, nervoso.

ed.i.ble ['edibl] adj. comível, comestível.

e.dict ['i:dikt] s. édito, edital, decreto m., lei, ordem f.; proclamação f.

e.di.fi.ca.tion [edifik'eiʃən] s. edificação f. (tamb. fig.); benefício m. espiritual.

ed.i.fy ['edifai] v. edificar; instruir.

ed.it ['edit] v. editar, publicar, editorar; (fig.) censurar; organizar.

e.di.tion [id'iʃən] s. edição, publicação f.; tiragem f.; apresentação f. gráfica.

ed.i.tor ['editə] s. editor, redator m., jornalista m. + f.; compilador m.

ed.i.tor.ial [edit'ɔ:riəl] s. editorial m.; artigo m. de fundo. ‖ adj. editorial.

ed.u.cate ['edjukeit] v. educar, ensinar, instruir, adestrar, amestrar.

ed.u.ca.tion [edjuk'eiʃən] s. educação f., ensino m.; instrução, cultura f.

ed.u.ca.tion.al [edjuk'eiʃənl] adj. educacional, educativo, pedagógico.

ed.u.ca.tive ['edjukeitiv] adj. educativo, instrutivo.

ed.u.ca.tor ['edjukeitə] s. educador, pedagogo, professor m.; treinador m.

eel [i:l] s. (Zool.) enguia f.

ef.face [if'eis] v. apagar, obliterar, eliminar; destruir; retrair-se, encolher-se.

ef.fect [if'ekt] s. efeito, resultado m., conseqüência f. ‖ v. efetuar, executar, realizar, desempenhar, produzir.

ef.fec.tive [if'ektiv] s. soldado ou marujo m. da ativa. ‖ adj. efetivo, eficaz, eficiente, útil; ativo, forte; real, verdadeiro.

ef.fects [if'ekts] s. pl. bens m. pl. móveis, títulos m. pl.

ef.fec.tu.al [if'ektjuəl] adj. eficaz, efetivo, eficiente; válido, vigente.

ef.fec.tu.a.tion [ifektju'eiʃən] s. efetuação f.

ef.fem.i.nate [if'eminit] adj. afeminado; mulherengo, fraco, delicado.

ef.fer.vesce [efəv'es] v. efervescer.

ef.fer.ves.cence [efəv'esəns] s. efervescência, ebulição f.

ef.fer.ves.cency [efəv'esənsi] s. = **effervescence.**

ef.fer.ves.cent [efəv'esənt] adj. (também fig.) efervescente; convulsivo.

ef.fi.ca.cious [efik'eiʃəs] adj. eficaz.

ef.fi.ca.cy ['efikəsi] s. eficácia, eficiência f.

ef.fi.cient [iˈfiʃnt] adj. eficiente, ativo, competente, capaz; experimentado.

ef.fluent [ˈefluənt] adj. efluente.

ef.fort [ˈefət] s. esforço, empenho, zelo, afã m., tentativa f.; realização f.

ef.fron.ter.y [ifrˈʌntəri] s. desaforo, descaramento m.; impudência f.

ef.fu.sion [ifjˈuːʒən] s. (também Med.) efusão; desabafo m.

ef.fu.sive [ifjˈuːsiv] adj. efusivo, expansivo; pródigo.

egg [eg] s. ovo m. ≈ **whisk** batedeira de ovos.

egg.beat.er [ˈegbiːtə] s. batedeira f. de ovos.

egg.head [ˈeghed] s. (pop.) intelectual.

egg.plant [ˈegplaːnt] s. berinjela f.

egg.shell [ˈegʃel] s. casca f. de ovo. ‖ adj. fino, delgado como casca de ovo.

e.go.cen.tric [egousˈentrik] adj. egocêntrico, personalista.

e.go.ism [ˈegouizm] s. egoísmo, egotismo m.; (fig.) vaidade, presunção f.

e.go.ist [ˈegouist] s. egoísta m. + f.

e.go.is.tic [egouˈistik] adj. egoístico.

e.go.is.ti.cal [egouˈistikəl] adj. = **egoistic**.

e.go.tism [ˈegoutizm] s. egotismo m.; egoísmo m.; vaidade, presunção f.

E.gyp.tian [idʒˈipʃən] s. + adj. egípcio m.

eight [eit] s. + num. oito m.

eight.een [ˈeitiːn] s. + num. dezoito m.

eight.eenth [ˈeitiːnθ] s. + num. décimo oitavo m.

eighth [eitθ] s. oitavo m.; (Mús.) oitava f. ‖ num. oitavo.

eight.i.eth [ˈeitiiθ] s. + num. octogésimo m.

eight.y [ˈeiti] s. + num. oitenta m.

ei.ther [ˈaiðə, ˈiːðə] adj. um ou outro (de dois); cada, qualquer (de duas alternativas). ‖ adv. igualmente não, tampouco; também, de modo idêntico; em vez de.

e.jac.u.late [idʒˈækjuleit] v. ejacular.

e.jac.u.la.tion [idʒækjulˈeiʃən] s. ejaculação f.; derramamento m. a jato.

e.ject [idʒˈekt] v. lançar, jogar fora, expelir; dispensar, destituir, depor.

e.jec.tor [idʒˈektə] s. + adj. ejetor m.

eke [iːk] v. (**out**) suplementar, prorrogar, prolongar.

e.lab.o.rate [ilˈæbəreit] v. elaborar, trabalhar com esmero, aperfeiçoar.

e.lab.o.rate [ilˈæbərit] adj. elaborado, bem trabalhado.

e.lapse [ilˈæps] v. passar, decorrer, expirar, transcorrer (o tempo).

e.las.tic [ilˈæstik] s. elástico m. ‖ adj. (também fig.) elástico, flexível, adaptável.

e.las.tic.i.ty [ilæstˈisiti] s. elasticidade f.

el.as.top.last [ilˈæstəplaːst] s. bandeide m.

e.late [ilˈeit] v. elevar, exaltar, estimular.

el.bow [ˈelbou] s. (também Téc.) cotovelo m. ‖ v. acotovelar, esbarrar. ≈ **room** espaço para se movimentar ou manobrar.

eld.er [ˈeldə] s. pessoa f. idosa; primogênito m. ‖ adj. mais velho; mais antigo, anterior; superior; sênior.

eld.est [ˈeldist] adj. sup. o mais velho, primogênito, que é o primeiro filho.

e.lect [ilˈekt] s. os predestinados, os privilegiados m. pl. ‖ v. eleger, nomear por meio de votos; escolher.

e.lec.tor [ilˈektə] s. eleitor m., votante m. + f.

e.lec.tor.al [ilˈektərəl] adj. eleitoral.

e.lec.tor.ate [ilˈektərit] s. eleitorado m.

e.lec.tric [ilˈektrik] s. elétrico m. ≈ **drill** (Téc.) furadeira elétrica. ≈ **shaver** barbeador.

electrical engineering [ilˈektrikəl endʒinˈiəriŋ] s. eletrotécnica f.

e.lec.tri.cian [ilektrˈiʃən] s. eletricista m. + f., mecânico m. eletricista.

e.lec.tric.i.ty [ilektrˈisiti] s. eletricidade f.

e.lec.tri.fi.ca.tion [ilektrifikˈeiʃən] s. eletrificação f.

e.lec.tri.fy [ilˈektrifai] v. eletrificar, instalar equipamento elétrico; (fig.) excitar, inflamar, entusiasmar.

e.lec.tro.car.di.o.gram [ilektroukˈaːdiogræm] s. eletrocardiograma m.

e.lec.tro.cute [ilˈektrəkjuːt] v. eletrocutar.

e.lec.tro.de [ilˈektroud] s. elétrodo, eletródio m.

e.lec.tro.dy.nam.ic [ilektroudainˈæmik] adj. eletrodinâmico.

e.lec.trol.y.sis [ilektrˈɔləsis] s. eletrólise f.

e.lec.tro.mag.net [ilektroumˈægnit] s. eletroímã, eletromagneto m.

e.lec.tro.mag.net.ic [ilektroumægnˈetik] adj. eletromagnético.

elec.tron [ilˈektrɔn] s. (Fís.) elétron m. ≈ **microscope** microscópio eletrônico.

e.lec.tron.ic [ilektrˈɔnik] adj. eletrônico.

e.lec.tron.ics [ilektrˈɔniks] s. eletrônica f.

e.lec.tro.plate [ilˈektroupleit] s. galvanostegia f.; (Tipog.) clichê m. ‖ v. galvanizar, eletropratear.

el.ec.tro.the.ra.py [ilektrəθ'erəpi] s. (Med.) eletroterapia f.

e.lec.tro.type [il'ektrətaip] s. eletrotipia f., clichê m. ‖ v. reproduzir por método eletrolítico. ‖ adj. galvanoplástico.

el.e.gance ['eligəns] s. elegância, graça, distinção f., gosto m.

el.e.gant ['eligənt] adj. elegante, gracioso, fino, polido; gentil, distinto.

el.e.ment ['elimənt] s. (também Quím.) elemento, componente m.; fundamento, princípio, rudimento m., base f.

el.e.men.ta.ry [elim'entəri] adj. elementar; rudimentar, fundamental.

el.e.phant ['elifənt] s. (Zool.) elefante m.

el.e.vate ['eliveit] v. levantar, elevar, alçar; progredir; animar, alegrar.

el.e.va.tion [eliv'eiʃən] s. elevação, altura f.; altitude f.; ascensão f.; dignidade f.

el.e.va.tor ['eliveitə] s. elevador, ascensor m.

e.lev.en [il'evn] s. + num. onze m.

e.lev.enth [il'evnθ] s. + num. undécimo m.

elf [elf] s. (pl. **elves** [elvz]) duende, gnomo m.

e.lic.it [il'isit] v. eliciar, fazer sair; deduzir, concluir; trazer à tona.

el.i.gi.ble ['elidʒəbl] s. pessoa f. elegível. ‖ adj. elegível, qualificado; desejável, conveniente.

e.lim.i.nate [il'imineit] v. eliminar.

e.lim.i.na.tion [ilimin'eiʃən] s. eliminação, omissão, exclusão, expulsão f.

e.lite [eil'i:t, il'i:t] s. elite, flor, nata f., escol m., o que há de mais distinto.

elk [elk] s. (Zool.) alce m.

el.lipse [il'ips] s. (Geom.) elipse f.

el.lip.tic [il'iptik] adj. elíptico.

el.lip.ti.cal [il'iptikəl] adj. = **elliptic**.

e.lon.gate ['i:lɔŋgeit] v. prolongar-se. ‖ adj. alongado, delgado.

e.lope [il'oup] v. fugir com o namorado; escapar, evadir-se.

el.o.quence ['elokwəns] s. eloqüência, retórica f.

el.o.quent ['elokwənt] adj. eloqüente, expressivo.

else [els] adj. outro, diverso, diferente; além disso, ainda mais. ‖ adv. em vez de, em lugar de; de outro modo, do contrário, se não. ‖ conj. ou, senão. **any one** ≈ qualquer um outro. **anything** ≈ qualquer outra coisa, mais alguma coisa. **no one** ≈ ninguém mais. **nothing** ≈ nada mais.

else.where ['elswɛə] adv. alhures, em outra parte.

e.lu.ci.date [il'u:sideit] v. elucidar, explicar, ilustrar, esclarecer.

e.lu.ci.da.tion [ilu:sid'eiʃən] s. elucidação, explicação f.; esclarecimento m.

e.lu.ci.da.tive [il'u:sideitiv] adj. elucidativo, explicativo, esclarecedor.

e.lude [ilj'u:d] v. iludir, esquivar(-se), evadir; enganar; frustrar.

e.lu.sive [il'u:siv] adj. ardiloso, enganoso; indefinível, ilusório.

e.ma.cer.ate [im'æsəreit] v. amolecer, macerar.

e.ma.ci.ate [im'eiʃieit] v. emaciar, emagrecer, definhar, extenuar. ‖ adj. emaciado, macilento, emagrecido.

em.a.nate ['emǝneit] v. emanar, proceder, provir, exalar; desprender-se.

em.a.na.tion [emǝn'eiʃǝn] s. emanação f.

e.man.ci.pate [im'ænsipeit] v. emancipar, livrar(-se), resgatar, libertar.

e.man.ci.pa.tion [imænsip'eiʃǝn] s. emancipação, libertação f.

e.mas.cu.late [im'æskjuleit] v. emascular, castrar; (fig.) enervar, degenerar.

em.balm [imb'a:m] v. embalsamar, conservar, (fig.) manter na memória.

em.bank.ment [imb'æŋkmǝnt] s. dique, aterro m., barragem f.; terraplenagem f.

em.bar.go [emb'a:gou] s. embargo m.; impedimento m. ‖ v. embargar, interditar, seqüestrar, requisitar, confiscar.

em.bark [imb'a:k] v. embarcar; investir.

em.bar.rass [imb'ærǝs] v. embaraçar, estorvar, atrapalhar; complicar.

em.bar.rass.ing [imb'ærǝsiŋ] adj. embaraçante.

em.bar.rass.ment [imb'ærǝsmǝnt] s. embaraço m.; estorvo, impedimento m.

em.bas.sy ['embǝsi] s. embaixada f.

em.bed [imb'ed] v. enterrar; encaixar; embutir, engastar.

em.bel.lish [imb'eliʃ] v. embelezar; adornar, enfeitar; ornamentar.

em.bel.lish.ment [imb'eliʃmǝnt] s. embelezamento m.; aformosamento m.

em.bez.zle [imb'ezl] v. desviar, defraudar.

em.bez.zle.ment [imb'ezlmǝnt] s. desfalque m., fraude f.

em.bit.ter [imb'itə] v. amargar, amargurar, angustiar; exasperar, afligir.

em.blaze [imbl'eiz] v. acender; decorar.

em.bla.zon [imbl'eizən] v. brasonar; ornar; gabar, proclamar.

em.blem ['embləm] s. emblema, símbolo m.; divisão f., lema m.

em.bod.i.ment [imb'ɔdimənt] s. incorporação, personificação f.

em.bod.y [imb'ɔdi] v. personificar.

em.brace [imbr'eis] s. abraço, amplexo m. ‖ v. abraçar(-se), cingir; adotar; seguir; admitir; receber; aceitar.

em.broi.der [imbr'ɔidə] v. bordar, ornar, adornar; (coloq.) exagerar.

em.broi.der.y [imbr'ɔidəri] s. bordado m.; ornamento, ornato m.; exagero m.

em.broil [imbr'ɔil] v. enredar; embaraçar; envolver-se (numa briga etc.).

em.bry.o ['embriou] s. (Zool.) embrião m.

em.bry.ol.o.gy [embri'ɔlədʒi] s. (Biol.) embriologia f.

emb.ry.on.ic [embri'ɔnik] adj. embrionário.

e.mend [im'end] v. emendar, corrigir, retificar, revisar.

e.mend.a.ble [im'endəbl] adj. emendável, corrigível; retificável.

em.er.ald ['emərəld] s. esmeralda f.

e.merge [im'ə:dʒ] v. emergir, surgir.

e.mer.gen.cy [im'ə:dʒənsi] s. emergência, situação f. crítica.

e.mer.gent [im'ə:dʒənt] adj. emergente.

e.mer.sion [im'ə:ʃən] s. emersão f., aparecimento m. (também Astron.).

em.i.grant ['emigrənt] s. + adj. emigrante m. + f.

em.i.grate ['emigreit] v. emigrar.

em.i.gra.tion [emigr'eiʃən] s. emigração, migração f.

em.i.nent ['eminənt] adj. eminente, alto, elevado; (fig.) notável, famoso.

e.mir.ate [em'iəreit] s. emirado m.

em.is.sar.y ['emisəri] s. + adj. emissário m.

e.mis.sion [im'iʃən] s. emissão f.

e.mit [im'it] v. emitir; publicar.

e.mit.ter [im'itə] s. emissor, banco m. emissor.

e.mo.tion [im'ouʃən] s. emoção, comoção, agitação f.; (Psicol.) sentimento m.

e.mo.tion.al [im'ouʃənəl] adj. emocional.

em.per.or ['empərə] s. imperador m.

em.pha.sis ['emfəsis] s. ênfase, importância f.; acentuação f., relevo m.

em.pha.size ['emfəsaiz] v. dar ênfase.

em.phat.ic [imf'aetik] adj. enfático.

em.phat.i.cal [imf'ætikəl] adj. = **emphatic**.

em.pi.re ['empaiə] s. império m.; reino m.

em.pir.ic [emp'irik] s. + adj. empírico m.

em.pir.i.cal [emp'irikəl] s. + adj. = **empiric**.

em.place.ment [impl'eismənt] s. posição, situação f.; colocação f.

em.ploy [impl'ɔi] s. emprego, serviço m., ocupação f.; uso m., aplicação f. ‖ v. empregar, dar serviço; usar.

em.ploy.e [emplɔi'i:] s. = **employee**.

em.ploy.ee [emplɔi'i:] s. empregado, funcionário m.

em.ploy.er [impl'ɔiə] s. empregador m.

em.ploy.ment [impl'ɔimənt] s. emprego, trabalho m.; uso m., aplicação f.

em.poi.son [imp'ɔizn] v. envenenar.

em.pow.er [imp'auə] v. autorizar, dar poderes; (fig.) capacitar.

em.press ['empris] s. imperatriz f.

emp.ti.ness ['emptinis] s. vacuidade f., vácuo m.; (fig.) nulidade f., vazio m.

emp.ty ['empti] v. esvaziar, evacuar, desocupar. ‖ adj. vazio, vácuo; vão, nulo, inútil; desocupado, vago; (fig.) fútil. ≃ **- headed** cabeça oca.

em.u.late ['emjuleit] v. emular, rivalizar, competir, disputar.

e.mul.sion [im'ʌlʃən] s. emulsão f.

en.a.ble [in'eibl] v. habilitar, capacitar, tornar apto, possibilitar.

en.act [in'ækt] v. ordenar, decretar, dar força de lei; legalizar.

e.nam.el [in'æml] s. esmalte m. ‖ v. esmaltar; (fig.) adornar, ornar.

en.am.or [in'æmə] v. = **enamour**.

en.am.our [in'æmə] v. enamorar(-se); cativar, encantar, fascinar, apaixonar(-se).

en.camp [ink'æmp] v. acampar(-se).

en.cap.sul.ate [ink'æpsjuleit] v. encapsular; resumir; abreviar.

en.case [ink'eis] v. encaixar; revestir.

en.cash [ink'æʃ] v. cobrar, receber.

en.ceph.al.it.is [ensəfəl'aitis] s. (Med.) encefalite f.

en.chant [intʃ'a:nt] v. encantar, enlevar.

en.chant.er [intʃ'a:ntə] s. mágico, feiticeiro, encantador m.

en.chant.ing [intʃ'a:ntiŋ] adj. encantador, maravilhoso, fascinante.

en.chant.ment [intʃ'a:ntmənt] s. encantamento m.

en.cir.cle [ins'ə:kl] v. cercar, rodear, envolver, cingir; (fig.) abraçar.

en.cir.cle.ment [ins'ə:klmənt] s. cerco, envolvimento m.

en.close [ənkl'ouz] v. fechar, encerrar; incluir, ajuntar.

en.closed [ənkl'ouzd] adj. incluso, anexo, junto.

en.clo.sure [ənkl'ouʒə] s. cerco m.; cerca f., muro m.; (carta) documentos m. pl. anexos.

en.com.pass [ink'ʌmpəs] v. cercar, rodear, cingir; fechar; circundar, abocar.

en.core ['oŋkɔ:] s. (Teat.) bis m. ‖ v. bisar.

en.coun.ter [ink'auntə] s. encontro m. (casual); conflito m. ‖ v. encontrar(-se) casualmente, deparar com alguém.

en.cour.age [ink'ʌridʒ] v. encorajar.

en.cour.age.ment [ink'ʌridʒmənt] s. encorajamento, alento m.; animação f.

en.croach [inkr'outʃ] v. invadir, usurpar, prejudicar; transgredir.

en.crust [inkr'ʌst] v. incrustar, embutir, cravar, revestir.

en.cum.ber [ink'ʌmbə] v. embaraçar, impedir (a fuga de alguém), dificultar; estorvar, obstruir, atravancar; onerar.

end [end] s. fim, termo m., conclusão f.; parada f. ‖ v. acabar, concluir, terminar; finalizar, parar. **to come to an** ≃ chegar ao fim. **to come to a bad** ≃ acabar mal. **the** ≃ **justifies the means** o fim justifica os meios (métodos). **to turn** ≃ **over** ≃ soçobrar. **from one** ≃ **to the other** do começo ao fim. **to make both** ≃**s meet** viver de acordo com suas rendas. **to no** ≃ em vão, inútil. **his hair stands on** ≃ ele está de cabelos arrepiados. **all's well that** ≃**s well** bem está o que bem acaba. **at a loose** ≃ sem trabalho. ≃ **product** produto final.

en.dan.ger [ind'eindʒə] v. pôr em perigo, arriscar, expor, comprometer.

en.dear.ing [ind'iəriŋ] adj. amável, terno, afetuoso, cativante.

en.dear.ment [ind'iəmənt] s. estima f., carinho m.; agrado, apreço m.; carícia f.

en.deav.our [ind'evə] s. diligência f., esforço, empenho m. ‖ v. esforçar-se, diligenciar.

end.ing ['endiŋ] s. fim, termo, término m., conclusão f.; desenlace m.

end.less ['endlis] adj. infinito, infindável, incessante; contínuo, interminável.

en.do.carp ['endəka:p] s. (Bot.) endocarpo m. ‖ adj. endocárpico.

en.do.derm ['endədə:m] s. (Anat.) endoderme m.

en.do.ge.nous [end'ɔdʒinəs] adj. endógeno.

en.dorse [end'ɔ:s] v. endossar; apoiar.

en.dorse.ment [end'ɔ:smənt] s. endosso m.

en.dors.er [end'ɔ:sə] s. endossante m. + f.

en.dos.cope ['endəskoup] s. (Med.) endoscópio m.

en.dow [ind'au] v. doar, dotar, prendar.

en.dow.ment [ind'aumənt] s. doação f., dote, dom, talento m.

en.dur.a.ble [indj'uərəbl] s. + adj. sofrível, suportável; resistente, durável.

en.dur.ance [indj'uərəns] s. paciência, duração, tolerância, resignação f.

en.dure [indj'uə] v. aturar, sofrer, suportar; agüentar, resistir, tolerar.

en.dur.ing [indj'uəriŋ] adj. duradouro; tolerante, paciente.

en.e.my ['enəmi] s. + adj. inimigo m.

en.er.get.ic [enədʒ'etik] adj. enérgico, ativo, eficaz, vigoroso.

en.er.gy ['enədʒi] s. energia, atividade f.; força, firmeza f.; eficiência f.

en.er.vate ['enə:veit] v. enervar; debilitar.

en.fee.ble [inf'i:bl] v. enfraquecer, debilitar.

en.force [inf'ɔ:s] v. forçar, obrigar.

en.force.a.ble [inf'ɔ:səbl] adj. obrigatório; executável, exeqüível.

en.force.ment [inf'ɔ:smənt] s. coação, violência f., constrangimento m.

en.gage [ing'eidʒ] v. empenhar, apalavrar (-se), comprometer(-se) com, convidar (para dançar); combinar noivado.

en.gage.ment [ing'eidʒmənt] s. compromisso m., obrigação, promessa f.; noivado m.; encontro m. marcado. ≃ **ring** anel de noivado.

en.gag.ing [ing'eidʒiŋ] s. + adj. atrativo, atraente, sedutor, simpático.

en.gen.der [indʒ'endə] v. engendrar.

en.gine ['endʒin] s. máquina f., motor m.; locomotiva f.; instrumento, engenho m. ‖ v. instalar máquinas.

en.gi.neer [endʒin'iə] s. engenheiro m.; técnico m.; mecânico m. ‖ v. exercer a profissão de engenheiro.

en.gi.neer.ing [endʒin'iəriŋ] s. engenharia f.

Eng.lish ['iŋgliʃ] s. inglês m.; a língua f., o idioma m. inglês; natural m. + f. da Inglaterra.

Eng.lish.man ['iŋgliʃmən] s. inglês m. (cidadão).

Eng.lish.wom.an ['iŋgliʃwumən] s. inglesa f. (cidadã).

en.grave [ingr'eiv] v. gravar, esculpir, burilar; entalhar; estampar, imprimir.

en.grav.ing [ingr'eiviŋ] s. estampa, gravura f.; arte f. de gravar, gravação f.

en.gross.ing [ingr'ousiŋ] adj. atraente, absorvente; açambarcador.

en.gulf [ing'ʌlf] v. engolfar, tragar.

en.hance [inh'a:ns, inh'æns] v. aumentar, acrescentar; acentuar, realçar.

en.hance.ment [inh'a:nsmənt, inh'ænsmənt] s. encarecimento m., alta f.; intensificação f.

en.joy [indʒ'ɔi] v. gozar, desfrutar.

en.joy.ment [indʒ'ɔimənt] s. gozo, prazer m., alegria, recreação f., divertimento m.

en.large [inl'a:dʒ] v. alargar(-se); estender(-se); ampliar, amplificar; aumentar.

en.large.ment [inl'a:dʒmənt] s. (Fot.) ampliação f.

en.light.en [inl'aitn] v. alumiar, aclarar.

en.list [inl'ist] v. (Milit.) alistar(-se), recrutar, sentar praça; registrar.

en.liv.en [inl'aivn] v. avivar, animar.

en.mi.ty ['enmiti] s. inimizade, aversão f.

en.no.ble [in'oubl] v. enobrecer; honrar.

e.nor.mi.ty [in'ɔ:miti] s. enormidade f.

e.nor.mous [in'ɔ:məs] adj. enorme, colossal, imenso; atroz, infame.

e.nough [in'ʌf] s. o bastante, o suficiente m. ‖ adj. bastante, suficiente.

en.rage [inr'eidʒ] v. enfurecer, encolerizar, irritar, exasperar, enraivecer.

en.rap.ture [inr'æptʃə] v. arrebatar, extasiar, encantar, enlevar, maravilhar.

en.rich [inr'itʃ] v. enriquecer; melhorar.

en.rol [inr'oul] v. registrar(-se), matricular(-se); inscrever(-se).

en.roll [inr'oul] v. = **enrol**.

en.sem.ble [a:ns'a:mbl] s. conjunto m.

en.sheathe [inʃ'i:θ] v. embainhar, cobrir.

en.shroud [inʃr'aud] v. envolver, ocultar.

en.sign [ensən] s. insígnia, bandeira f.

en.slave [insl'eiv] v. escravizar, subjugar.

en.slav.er [insl'eivə] s. escravocrata m. + f.

en.sue [insj'u:] v. seguir(-se); resultar; suceder, acontecer; decorrer.

en.sure [inʃ'uə] v. assegurar; segurar; garantir, resguardar (**against, for, from** contra, de); proteger.

en.tail [int'eil] s. (Jur.) vínculo m.; herança f. inalienável. ‖ v. impor (**on** a), requerer; vincular, inalienar, legar.

en.tan.gle [int'æŋgl] v. emaranhar, enredar, embaraçar; desconcertar.

en.tan.gle.ment [int'æŋglmənt] s. embaraço, enredo m., confusão f.; obstáculo m.

en.ter ['entə] v. entrar, passar para dentro; dirigir-se; introduzir-se, penetrar, chegar; filiar-se, associar-se; alistar-se.

en.ter.it.is [entər'aitis] s. (Med.) enterite f.

en.ter.pri.se ['entəpraiz] s. empreendimento m., empresa f.; aventura f. ‖ v. empreender, arriscar, aventurar-se.

en.ter.tain [entət'ein] v. entreter, divertir, distrair; receber visita.

en.ter.tain.ing [entət'einiŋ] adj. interessante; alegre, divertido, agradável.

en.ter.tain.ment [entət'einmənt] s. entretenimento m.; diversão f., passatempo m.

en.thrall [inθr'ɔ:l] v. escravizar; (fig.) atrair.

en.throne [inθr'oun] v. entronizar.

en.thu.si.asm [inθj'u:ziæzm] s. entusiasmo, arrebatamento m.

en.thu.si.as.tic [inθju:zi'æstik] adj. entusiástico, muito interessado.

en.tice [int'ais] v. atrair, tentar, seduzir (**into** s.th.); instigar, incitar.

en.tice.ment [int'aismənt] s. sedução, tentação f.; atração f.; instigação f.

en.tic.ing [int'aisiŋ] adj. sedutor, atrativo, encantador, tentador, insidioso.

en.tire [int'aiə] s. o todo, conjunto m., totalidade f. ‖ adj. inteiro.

en.ti.tle [int'aitl] v. intitular, chamar, denominar; autorizar; dar direito a.

en.ti.ty ['entiti] s. entidade f.; ente m.

en.tomb [int'u:m] v. enterrar, sepultar.

en.tomb.ment [int'u:mənt] s. sepultamento m.

en.to.mol.o.gy [entəm'ɔlədʒi] s. entomologia f.

en.tou.rage [antur'a:ʒ] s. ambiente, meio m.; companhia f., séquito m.

en.trails ['entreilz] s. pl. entranhas f. pl.

en.trance ['entrəns] s. entrada f., ingresso m., permissão f.; abertura f., portão m.

en.trap.ment [intr'æpmənt] s. enredo, logro m., cilada f.

en.treat [intr'i:t] v. pedir, rogar, solicitar, suplicar, implorar.

en.treat.y [intr'i:ti] s. rogo, pedido m., súplica, solicitação f.

ent.re.pren.eur [antrəpən'ə:] s. empresário m.

ent.ro.py ['entrəpi] s. (Fís.) entropia f.

en.trust [intr'ʌst] v. confiar a, depositar; incumbir; encarregar; entregar aos cuidados de.

en.try ['entri] s. entrada f., ingresso m.; portal, pórtico m.

ent.wine [intw'ain] v. entrelaçar(-se); cingir, rodear; (fig.) abraçar.

e.nu.mer.a.te [inj'u:mədreit] v. enumerar, numerar, contar, relacionar.

e.nu.mer.a.tion [inju:mər'eiʃən] s. lista f., registro, índice m.

e.nun.ci.a.te [in'ʌnsieit, in'ʌnʃieit] v. enunciar, pronunciar; manifestar.

e.nun.ci.a.tion [inʌnsi'eiʃən] s. enunciação, manifestação f.

en.vel.op [inv'eləp] v. envolver, embrulhar, cobrir; circunvolver.

en.ve.lope ['envəloup] s. sobrecarta f., envelope m.

en.vel.op.ment [inv'eləpmənt] s. envolvimento m.; envoltório, embrulho m.

en.vi.a.ble ['enviəbl] adj. invejável.

en.vi.ous ['enviəs] adj. invejoso, cobiçoso.

en.vi.ron [inv'aiərən] v. cercar, rodear.

en.vi.ron.ment [inv'aiərənmənt] s. meio, ambiente m., ambiência f., arredores m. pl.

en.vi.rons [inv'aiərənz] s. pl. arredores, arrabaldes m. pl., cercanias, imediações f. pl.

en.vis.age [inv'izidʒ] v. enfrentar, encarar, fitar; considerar, imaginar.

en.voy ['envɔi] s. enviado, mensageiro m.

en.vy ['envi] s. inveja, cobiça f., ciúme m. ‖ v. invejar, cobiçar, desejar.

en.zyme ['enzaim] s. enzima f.

e.phem.er.al [if'emərəl] adj. efêmero, passageiro, transitório.

ep.ic ['epik] s. epos m., epopéia f. ‖ adj. épico, heróico, grandioso.

ep.i.carp ['epika:p] s. (Bot.) epicarpo m. ‖ adj. epicárpico.

ep.i.cene ['episi:n] adj. epiceno.

ep.i.cen.ter ['episentə] s. = epicentre.

ep.i.cen.tre ['episentə] s. (Geofís.) epicentro m.

ep.i.dem.ic [epid'emik] s. epidemia, peste, praga f. ‖ adj. epidêmico.

ep.i.der.mis [epid'ə:mis] s. epiderme f.

ep.i.gram ['epigræm] s. epigrama m., sátira f.

ep.i.graph [epigr'a:f] s. epígrafe, inscrição f.; lema m.; provérbio m.

ep.i.lep.sy ['epilepsi] s. (Med.) epilepsia f.

ep.i.lep.tic [epil'eptik] s. + adj. epiléptico m.

ep.i.logue ['epilɔg] s. epílogo m.

ep.i.phyte ['epifait] s. (Bot.) epífito m. ‖ adj. epifítico.

e.pis.co.pa.cy [ip'iskəpəsi] s. episcopado, bispado m., diocese m.

e.pis.co.pal [ip'iskəpəl] adj. episcopal, bispal.

ep.i.sode ['episoud] s. episódio m.

ep.i.stle [ip'isl] s. epístola, carta, missiva f.

ep.i.taph ['epita:f] s. epitáfio m., inscrição f. tumular.

e.pi.the.li.um [epi:θ'i:ljəm] s. (Biol. etc.) epitélio m.

ep.i.thet ['epiθet] s. epíteto, apelido m.

ep.och ['i:pɔk] s. época, era f., período m. ≈-making importante, histórico.

ep.o.pee ['epopi:] s. epopéia f., poema m. épico.

e.po.xy [ip'ɔksi] s. + adj. epóxi m.

eq.ua.ble ['ekwəbl] adj. equivalente, equitativo; bem-humorado.

e.qual ['i:kwəl] s. igual, semelhante m. + f. ‖ v. igualar(-se), equiparar. ‖ adj. igual, idêntico, eqüitativo; uniforme.

e.qual.i.ty [ikw'ɔliti] s. igualdade f.; regularidade, uniformidade f.

e.qual.ize ['i:kwəlaiz] v. igualar; nivelar.

e.quate [ikw'eit] v. igualar, equiparar.

e.qua.tion [ikw'eiʃən] s. igualdade, igualação f.; (Mat. e Quím.) equação f.

e.qua.tor [ikw'eitə] s. equador m.

e.qua.to.ri.al [ekwət'ɔ:riəl] adj. (Geogr. e Astron.) equatorial.

e.ques.tri.an [ikw'estriən] s. cavaleiro m.; equitador m. ‖ adj. eqüestre, a cavalo, montado.

e.qui.dis.tant [i:kwid'istənt] adj. eqüidistante, que tem distâncias iguais.

e.quil.i.brate [ikw'iləbreit] v. equilibrar.

e.quine ['i:kwain] s. cavalo m. ‖ adj. eqüino, cavalar.

e.qui.nox ['ikwinɔks] s. equinócio m.

e.quip [ikw'ip] v. equipar, guarnecer.

eq.ui.page ['ekwipidʒ] s. equipagem, tripulação f.; equipamento m.

e.quip.ment [ikw'ipmənt] s. equipamento, aparelhamento m.; (fig.) preparo m. mental.

eq.ui.ta.ble ['ekwitəbl] adj. eqüitativo.

eq.ui.ty ['ekwiti] s. eqüidade, justiça f.

e.quiv.a.lent [ikw'ivələnt] s. equivalência f., equivalente m. ‖ adj. equivalente.

e.quiv.o.cal [ikw'ivəkəl] adj. equívoco, vago, ambíguo; confuso, suspeito.

e.quiv.o.cate [ikw'ivəkeit] v. equivocar-se.

e.ra ['iərə] s. era, época f.

e.rad.i.cate [ir'ædikeit] v. desarraigar, erradicar.

e.rad.i.ca.tion [irædik'eifən] s. erradicação, exterminação f.

e.rase [ir'eiz] v. raspar, rasurar, riscar, apagar; extinguir; obliterar.

e.ras.er [ir'eizə] s. borracha f.; apagador m.

e.rect [ir'ekt] v. erigir, erguer, levantar, elevar; edificar; fundar; estabelecer, instituir. ‖ adj. ereto, reto, direito.

e.rec.tion [ir'ekfən] s. ereção, fundação f.; construção f.; montagem f.

er.go.met.rics [ə:gəm'etriks] s. ergometria f.

e.rode [ir'oud] v. corroer, roer, carcomer, desgastar(-se); sofrer erosão.

er.o.gen.ous [ir'ɔdʒənəs] adj. erógeno.

e.ro.sion [ir'ouʒən] s. erosão f., desgaste m.

e.rot.ic [ir'ɔtik] s. erótica f. (poesia); erótico m. ‖ adj. libidinoso.

err [ə:] v. errar; enganar(-se), falhar; cair em culpa, pecar; transviar-se.

er.rand ['erənd] s. mensagem, incumbência, missão f., recado m.

er.rant ['erənt] adj. errante, erradio, ambulante.

er.ro.ne.ous [ir'ounjəs] adj. errôneo, errado, falso, incorreto, inexato.

er.ror ['erə] s. erro, engano, equívoco m.

er.u.dite ['erudait] adj. erudito, sábio, ilustrado, culto, douto, letrado.

er.u.di.tion [erud'ifən] s. erudição f.

e.rupt [ir'ʌpt] v. sair com ímpeto, ser expelido com violência, estourar.

e.rup.tion [ir'ʌpfən] s. erupção, explosão f.; (fig.) comoção f.; deflagração f.

es.ca.lade [eskəl'eid] s. (Milit.) escalada f., aumento m.

es.ca.late ['eskəleit] v. escalar, aumentar.

es.ca.la.tor ['eskəleitə] s. escada f. rolante.

es.cape [isk'eip] s. fuga f.; saída f. (água, gás). ‖ v. escapar, evadir-se.

es.cap.ee [iskeip'i:] s. foragido m.

es.cort ['eskɔ:t] s. escolta, cobertura f., comboio m. ‖ v. escoltar.

Es.ki.mo ['eskimou] s. + adj. esquimó m. + f.

e.soph.a.gus [i:s'ɔfəgəs] s. (Anat.) esôfago m.

es.pe.cial [isp'efəl] adj. especial; particular, principal; excelente, excepcional.

es.pi.o.nage [espiən'a:ʒ, esp'iənidʒ] s. espionagem f.

es.say ['esei] s. ensaio m.; experiência, tentativa f.

es.say [es'ei] v. ensaiar, experimentar, tentar, provar; verificar pelo uso.

es.sence [e'sens] s. essência f.; âmago m.

es.sen.tial [is'enfəl] s. qualidade f. ou elemento m. indispensável. ‖ adj. essencial, substancial, indispensável; importante.

es.tab.lish [ist'æblif] v. estabelecer; fundar; instituir; determinar.

es.tab.lish.ment [ist'æblifmənt] s. estabelecimento m.; casa f.; lei f., estatuto m.

es.tate [ist'eit] s. fazenda f.; conjunto m. de bens.; patrimônio m.; legado m.

es.teem [ist'i:m] s. estima, consideração f. ‖ v. estimar; avaliar, taxar.

es.thet.ic [esθ'etik] adj. = aesthetic.

es.thet.ics [esθ'etiks] s. = aesthetics.

es.ti.ma.ble ['estiməbl] adj. estimável, apreciável; avaliável, calculável.

es.ti.mate ['estimit, 'estimeit] s. estimativa, avaliação f.

es.ti.mate ['estimeit] v. estimar, avaliar, calcular, orçar; considerar.

es.ti.ma.tion [estim'eifən] s. estimativa, avaliação f.; orçamento m.; estima f.

es.ti.ma.tive ['estimeitiv] adj. estimativo.

es.ti.ma.tor ['estimeitǝ] s. avaliador, orçador, estimador m.

es.ti.vate ['estiveit] v. estivar, veranear; (Zool.) passar verão em torpor.

es.trange [istr'eindʒ] v. alienar, alhear, desafeiçoar; distanciar(-se).

es.trange.ment [istr'eindʒmǝnt] s. desavença, malquerença, alienação f.

es.tu.ar.y ['estjuǝri] s. estuário, esteiro m.

etch [etʃ] v. gravar com água-forte; cauterizar; burilar.

etch.ing ['etʃiŋ] s. gravura f. ou estampa f. a água-forte.

e.ter.nal [it'ǝ:nǝl] adj. eterno; imortal.

e.ter.ni.ty [it'ǝ:niti] s. eternidade, perpetuidade, perenidade, imortalidade f.

e.ther ['i:θǝ] s. éter, espaço m. celeste.

eth.ic ['eθik] s. ética, moral f.

eth.i.cal ['eθikǝl] adj. ético, moral, decente.

E.thi.o.pi.an [i:θi'oupjǝn] s. etíope m. ‖ adj. etiópico, negro.

eth.nic ['eθnik] adj. étnico; pagão.

eth.ni.cal ['eθnikǝl] adj. = ethnic.

eth.no.log.ic [eθnǝl'ɔdʒik] adj. etnológico.

eth.nol.o.gy [eθn'ɔlǝdʒi] s. etnologia f.

eth.yl ['eθil] s. (Quím.) etilo m. ≃ alcohol álcool etílico.

e.ti.o.late ['i:tioleit] v. estiolar; debilitar-se.

et.i.quette [etik'et] s. etiqueta f.; cerimonial m.

et.na ['etnǝ] s. fogareiro m. de álcool.

et.y.mo.log.ic [etimǝl'ɔdʒik] adj. etimológico.

et.y.mo.log.ical [etimǝl'ɔdzikǝl] adj. = etymologic.

et.y.mol.o.gist [etim'ɔlǝdʒist] s. etimólogo m.; etimologista m. + f.

et.y.mol.o.gy [etim'ɔlǝdʒi] s. etimologia f.

Eu.cha.rist [j'u:kǝrist] s. Eucaristia f.

eu.gen.ics [judʒ'eniks] s. eugenia f.

eu.lo.gize [j'u:lǝdʒaiz] v. elogiar, louvar.

eu.nuch [j'u:nǝk] s. eunuco m. ‖ v. castrar.

eu.phe.mism [j'u:fimizm] s. eufemismo m.

eu.phe.mize [j'u:fimaiz] v. empregar eufemismo; suavizar a expressão.

eu.pho.ni.ous [ju:f'ouniǝs] adj. eufônico, melodioso; suave e agradável.

eu.pho.ri.a [ju:f'ɔ:riǝ] s. (Med.) euforia f.

eu.phor.ic [ju:f'ɔrik] adj. eufórico.

Eu.rope [j'uǝrǝp] s. Europa f.

Eu.ro.pe.an [juǝrǝp'jǝn] s. + adj. europeu m.

eu.than.a.si.a [juθǝn'eiziǝ] s. eutanásia f.

eu.tro.phic [jutr'ɔfik] adj. (Ecol.) eutrófico.

e.vac.u.ate [iv'ækjueit] v. evacuar, desocupar, abandonar; despejar, esvaziar.

e.vac.u.a.tion [ivækju'eiʃǝn] s. evacuação f.

e.vac.u.ee [ivækju'i:] s. evacuado m.; pessoa f. evacuada; retirante m. + f.

e.vade [iv'eid] v. evadir(-se), iludir, escapar, fugir, livrar-se; (fig.) sofismar.

e.val.u.ate [iv'æljueit] v. avaliar, estimar o valor; calcular; orçar.

e.val.u.a.tion [ivælju'eiʃǝn] s. avaliação, estimação, apreciação, estimativa f.

ev.a.nesce [i:vǝn'es] s. esvanecimento m.

e.van.gel.i.cal [ivændʒ'elikǝl] s. + adj. evangélico m.

e.van.ge.lize [iv'ændʒilaiz] v. evangelizar.

e.vap.o.rate [iv'æpǝreit] v. evaporar(-se), evaporizar; dissipar(-se).

e.va.sion [iv'eiʒǝn] s. evasão f.

e.va.sive [iv'eisiv] adj. evasivo, ambíguo.

e.ven ['i:vǝn] v. igualar, aplainar, nivelar; emparelhar, equilibrar. ‖ adj. plano, chato, liso; igual; par; (fig.) desforrado. ‖ adv. igualmente. **to make** ≃ saldar, liquidar. **to be** ≃ **with** estar quite com. ≃ **- minded** sereno, calmo. ≃ **number** número par. ≃ **- tempered** calmo, tranqüilo.

eve.ning ['i:vniŋ] s. noite f., anoitecer m.

e.ven.ness ['i:vǝnnis] s. igualdade f.; lisura f.; regularidade f.

e.vent [iv'ent] s. evento, acontecimento, incidente m. **at all** ≃ **s** em todo caso, aconteça o que acontecer.

e.vent.ful [iv'entful] adj. acidentado; importante; significativo.

e.ven.tu.al [iv'entjuǝl] adj. eventual; final.

e.ven.tu.al.i.ty [iventju'æliti] s. eventualidade, casualidade f.

ev.er ['evǝ] adv. sempre, constantemente, eternamente. ≃ **after,** ≃ **afterwards,** ≃ **since** desde então, depois que.

eve.ry ['evri] adj. cada (um), todo, todos. **I expect her** ≃ **minute** eu a espero a cada momento. **his** ≃ **word** todas as suas palavras. ≃ **other day** um dia sim, um dia não. ≃ **time** sempre. ≃ **now and then** constantemente.

eve.ry.bod.y ['evribɔdi] pron. todos, cada qual, todo mundo.

ev.er.y.day ['evrid'ei] adj. diário, cotidiano; comum, medíocre.

ev.er.y.one ['evriwan] pron. = **everybody**.

eve.ry.thing ['evriθiŋ] s. + pron. tudo m.

eve.ry.where ['evriwɛə] adv. em toda parte.

ev.i.dence ['evidəns] s. evidência, prova f. ‖ v. comprovar. **a striking piece of** ≃ uma prova irrefutável.

ev.i.dent ['evidənt] adj. evidente, claro, manifesto, óbvio, patente.

e.vil [i:vl] s. mal m., maldade f. ‖ adj. mau, malvado. **wish no one any** ≃ não deseje o mal a outrem.

e.vil.doer ['i:vldu:ə] s. malfeitor m.

e.vince [iv'ins] v. evidenciar; revelar.

e.vis.cer.ate [iv'isəreit] v. estripar, destripar; tornar insignificante.

ev.i.ta.ble ['evitəbl] adj. evitável.

ev.o.ca.tion [evək'eiʃən] s. evocação f.

e.voke [iv'ouk] v. evocar, despertar, chamar, suscitar.

ev.o.lu.tion [i:vəl'u:ʃən] s. evolução f., desenvolvimento, desdobramento m.

ewe [ju:] s. ovelha f.

ex.ac.er.bate [eks'æsəbeit] v. exacerbar, exasperar, irritar, agravar.

ex.act [igz'ækt] v. extorquir, arrecadar; exigir, obrigar; precisar. ‖ adj. exato, preciso, correto, justo, certo; pontual.

ex.act.ing [igz'æktiŋ] adj. exato, severo; exigente, difícil de agradar.

ex.act.ness [igz'æktnis] s. exatidão, precisão f.; pontualidade f.

ex.ag.ger.ate [igz'ædʒəreit] v. exagerar; encarecer; intensificar.

ex.ag.ger.a.tion [igzædʒər'eiʃən] s. exageração f., exagero m.; encarecimento m.; excesso m.; intensificação f.

ex.alt [igz'ɔ:lt] v. exaltar, engrandecer, enaltecer; louvar; intensificar.

ex.al.ta.tion [egzɔ:lt'eiʃən] s. exaltação f.

ex.am [igz'æm] s. abr. de **examination**.

ex.am.i.na.tion [igzæmin'eiʃən] s. exame m.; inspeção f.; estudo m., pesquisa f.

ex.am.ine [igz'æmin] v. examinar, averiguar, investigar; inspecionar.

ex.am.ple [igz'a:mpl] s. exemplo m. **to set a good** ≃ dar bom exemplo.

ex.as.per.ate [igz'a:spəreit] v. exasperar, irritar(-se); amargurar.

ex.as.per.at.ing [igz'a:spəreitiŋ] adj. irritante, incômodo; zangado.

ex.as.per.a.tion [igza:spər'eiʃən] s. exasperação, irritação f.; ira, raiva f.

ex.ca.vate ['ekskəveit] v. escavar; cavar.

ex.ceed [iks'i:d] v. exceder, sobrepujar, superar, exceler; distinguir-se.

ex.ceed.ing [iks'i:diŋ] adj. excessivo, excelente.

ex.cel [iks'el] v. exceder, avantajar-se, sobrepujar, superar; vencer.

ex.cel.lence ['eksələns] s. excelência f.

ex.cel.lent ['eksələnt] adj. excelente, ótimo, esplêndido, primoroso.

ex.cept [iks'ept] v. excetuar, omitir, isentar, eximir, excluir. ‖ prep. exceto, fora. ‖ conj. a menos que, senão.

ex.cept.ing [iks'eptiŋ] prep. exceto, com exceção de, a menos que.

ex.cep.tion [iks'epʃən] s. exceção, exclusão f.; acontecimento m. fora do comum.

ex.cep.tion.a.ble [iks'epʃənəbl] adj. censurável, reprovável; contestável, recusável.

ex.cep.tion.al [iks'epʃənl] adj. excepcional.

ex.cerpt ['eksə:pt] s. excerto m.

ex.cerpt [eksə'ə:pt] v. extrair, selecionar, resumir.

ex.cess [iks'es] s. excesso m.; demasia f.; excedente f.; intemperança f.

ex.ces.sive [iks'esiv] adj. excessivo; demasiado, exorbitante; imoderado.

ex.change [ikstʃ'eindʒ] s. troca, permuta f.; títulos, valores m. pl. ‖ v. trocar, cambiar, permutar; (Milit.) transferir. **in** ≃ **of** em troca de. **bill of** ≃ letra de câmbio.

ex.chang.er [ikstʃ'eindʒə] s. cambista m. + f.

ex.cheq.uer [ikstʃ'ekə] s. erário m., fazenda f. pública.

ex.cise [eks'aiz] s. imposto m., taxa f. ‖ v. cortar; (Med.) extirpar, amputar.

ex.cit.ant ['eksitənt] s. + adj. excitante, estimulante.

ex.ci.ta.tion [eksit'eiʃən] s. excitação f.; estímulo, incitamento m.

ex.cite [iks'ait] v. excitar; despertar, estimular, incitar; provocar; alentar.

ex.cit.ed [iks'aitid] adj. excitado, agitado, nervoso.

ex.cite.ment [iks'aitmənt] s. excitamento m., excitação f.; instigação f.

ex.cit.ing [iks'aitiŋ] adj. excitante.

ex.claim [ikskl'eim] v. exclamar, gritar.

ex.cla.ma.tion [ekskləm'eiʃən] s. exclamação f.; grito, brado m.

ex.clude [ikskl'u:d] v. excluir; excetuar, rejeitar, eliminar, afastar.

ex.clu.sion [ikskl'u:ʒən] s. exclusão f.; rejeição f.; expulsão f.

ex.clu.sive [ikskl'u:siv] adj. exclusivo; único; privativo; inacessível.

ex.com.mu.ni.cate [ekskəmj'u:nikeit] v. excomungar, anatemizar.

ex.com.mu.ni.ca.tion [ekskəmju:nik'eiʃən] s. excomunhão f., anátema m.

ex.cre.ment ['ekskrimənt] s. excremento m., fezes, matérias f. pl. fecais.

ex.crete [ikskr'i:t] v. excretar, evacuar.

ex.cre.tion [ikskr'i:ʃən] s. excreção, evacuação f.

ex.cul.pate ['ekskʌlpeit] v. desculpar.

ex.cul.pa.tion [ekskʌlp'eiʃən] s. escusa f.

ex.cur.sion [iksk'ə:ʃən] s. excursão f., viagem f. de recreio; passeio m.

ex.cuse [ikskj'u:s] s. escusa, desculpa, apologia f., perdão m. ‖ v. desculpar, escusar, perdoar; justificar. **he always makes** ≈ **s** ele tem sempre desculpas.

ex.e.crate ['eksikreit] v. execrar, detestar.

ex.e.cra.tion [eksikr'eiʃən] s. execração f.

ex.e.cut.a.ble ['eksikju:təbl] adj. executável.

ex.e.cute ['eksikju:t] v. executar; efetuar, cumprir, levar a efeito.

ex.e.cu.tion [eksikj'u:ʃən] s. execução f.; realização f.; pena f. de morte.

ex.ec.u.tive [igz'ekjutiv] s. executivo m.

ex.ec.u.tor [igz'ekjutə] s. testamenteiro m.; realizador m.; executor m.

ex.em.plar [igz'emplə] s. exemplar m.

ex.em.pla.ry [igz'empləri] adj. exemplar.

ex.em.pli.fi.ca.tion [igzəmplifik'eiʃən] s. exemplificação f.; demonstração f.

ex.em.pli.fy [igz'emplifai] v. exemplificar.

ex.empt [igz'empt] s. pessoa f. privilegiada. ‖ v. isentar, libertar, dispensar.

ex.emp.tion [igz'empʃən] s. isenção, dispensa f.

ex.er.cise ['eksəsaiz] s. exercício m.; treino, adestramento m. ‖ v. exercitar, praticar; adestrar, ensaiar, instruir.

ex.er.ci.ta.tion [egzə:sit'eiʃən] s. exercício, treino m., prática f.

ex.ert [igz'ə:t] v. mostrar, externar, manifestar; exercer; empregar, aplicar.

ex.hale [eksh'eil] v. exalar(-se).

ex.haust [igz'ɔ:st] s. escape m., descarga f.; vapor ou gás m. de escape. ‖ v. esvaziar, despejar; gastar, consumir, exaurir.

ex.haus.tion [igz'ɔ:stʃən] s. esgotamento m.

ex.haus.tive [igz'ɔ:stiv] adj. exaustivo, fatigante; completo.

ex.hib.it [igz'ibit] s. exibição, apresentação, exposição f.; (Jur.) prova f., documento, testemunho m. ‖ v. exibir.

ex.hi.bi.tion [eksib'iʃən] s. exposição f.

ex.hi.bi.tion.ism [eksib'iʃənizm] s. exibicionismo m.; ostentação f.

ex.hil.a.rate [igz'iləreit] v. alegrar, recrear, divertir, regozijar.

ex.hil.a.ra.ting [igz'iləreitiŋ] adj. divertido, hilariante.

ex.hort [igz'ɔ:t] v. exortar; incitar, alentar, animar; aconselhar; advertir.

ex.hume [ekshj'u:m] v. exumar.

ex.i.gence ['eksidʒəns] s. exigência, urgência f.; emergência f.

ex.i.gen.cy ['eksidʒənsi] s. = **exigence**.

ex.i.gent ['eksidʒənt] adj. exigente, que requer muito; urgente, premente.

ex.ig.u.ous [egz'igjuəs] adj. exíguo, pequeno; parco, escasso.

ex.ile ['eksail] s. exílio, desterro, degredo m.; (fig.) solidão f. ‖ v. **(from** de) exilar, desterrar, banir, degredar; expatriar.

ex.ist [igz'ist] v. existir; viver; estar; subsistir; haver; ser.

ex.ist.ence [igz'istəns] s. existência, vida f., ser m.; tudo o que existe.

ex.ist.ent [igz'istənt] adj. existente, atual, presente.

ex.ist.ing [igz'istiŋ] adj. = **existent**.

ex.it ['eksit] s. saída f. ‖ v. sair; (fig.) morrer.

ex.o.dus ['eksədəs] s. êxodo m., saída f.

ex.on.er.ate [igz'ɔnəreit] v. exonerar, desobrigar; livrar; desculpar, perdoar.

ex.or.bi.tance [igz'ɔ:bitəns] s. exorbitância, demasia f.; extravagância f.; descomedimento m.

ex.or.bi.tan.cy [igz'ɔ:bitənsi] s. = **exorbitance**.

ex.or.bi.tant [igz'ɔ:bitənt] adj. exorbitante, excessivo; extravagante.

ex.or.cise ['eksɔ:saiz] v. exorcizar, exorcismar, esconjurar.

ex.or.cis.er ['eksɔ:saizə] s. exorcista m. + f.

ex.or.cism ['eksɔ:sizm] s. exorcismo, esconjuro m.

ex.or.cize ['eksɔ:saiz] v. = **exorcise.**

ex.or.cizer ['eksɔ:saizə] s. = **exorciser.**

ex.o.tic [egz'ɔtik] adj. exótico; raro, invulgar.

ex.pand [iksp'ænd] v. expandir(-se), dilatar (-se), ampliar, desenvolver(-se).

ex.panse [iksp'æns] s. expansão, extensão f.; amplitude, vastidão f.

ex.pan.sion [iksp'ænʃən] s. expansão, dilatação, extensão, ampliação f.

ex.pan.sive [iksp'ænsiv] adj. expansivo (também fig.); comunicativo.

ex.pa.tri.ate [eksp'ætrieit] v. expatriar, desterrar; degredar, deportar.

ex.pect [iksp'ekt] v. esperar, aguardar, contar com. **I ≃ her to come** espero que ela venha. **to be ≃ ing** estar grávida.

ex.pect.ance [iksp'ektəns] s. espera f.

ex.pect.an.cy [iksp'ektənsi] s. expectativa f.

ex.pec.ta.tion [ekspekt'eiʃən] s. expectativa f.

ex.pec.to.rant [eksp'ektərənt] s. + adj. expectorante m.

ex.pe.di.ent [iksp'i:diənt] s. expediente, meio, recurso m. ‖ adj. expediente.

ex.pe.di.tion [ekspid'iʃən] s. expedição f.

ex.pel [iksp'el] v. expelir, expulsar, excluir, banir; (Téc.) arremessar.

ex.pend [iksp'end] v. expender, despender, gastar, empregar; consumir.

ex.pense [iksp'ens] s. despesa f., gasto m.; custo m.; dispêndio m. **at the ≃ of** às expensas de, às custas de.

ex.pen.sive [iksp'ensiv] adj. dispendioso, caro, custoso; extravagante.

ex.pe.ri.ence [iksp'iəriəns] s. experiência, prática f. ‖ v. experimentar, conhecer, saber por experiência; sofrer.

ex.per.i.ment [iksp'erimənt] s. experiência, experimentação f. ‖ v. experimentar, tentar, ensaiar, fazer experiências.

ex.per.i.men.tal [eksperim'entl] adj. experimental.

ex.pert ['ekspə:t] s. perito, técnico m., especialista m. + f.

ex.per.tise [ekspə:t'i:z] s. perícia f.

ex.pi.ate ['ekspieit] v. expiar, sofrer pena ou castigo; reparar.

ex.pi.a.to.ry ['ekspieitəri] adj. expiatório.

ex.pi.ra.tion [ekspir'eiʃən] s. expiração, exalação f.; fim m., terminação f.

ex.pire [iksp'aiə] v. expirar; expelir, exalar; morrer; terminar, vencer (prazo).

ex.plain [ikspl'ein] v. explicar, explanar.

ex.pla.na.tion [eksplən'eiʃən] s. explanação, explicação f., esclarecimento m.

ex.plan.a.to.ry [ikspl'ænətəri] adj. explicativo, explanatório.

ex.ple.tive [ekspl'i:tiv] s. expletivo m.

ex.pli.ca.ble ['eksplikəbl] adj. explicável.

ex.pli.ca.te ['eksplikeit] v. explicar, expor.

ex.pli.ca.tion [eksplik'eiʃən] s. explicação f.

ex.plic.it [ikspl'isit] adj. explícito.

ex.plode [ikspl'oud] v. explodir, detonar.

ex.ploit ['eksplɔit] s. bravura f., ato m. de heroísmo.

ex.ploit [ikspl'ɔit] v. explorar, aproveitar-se de, tirar partido de, utilizar.

ex.plo.ra.tion [eksplɔ:r'eiʃən] s. exploração, investigação, verificação f.

ex.plore [ikspl'ɔ:] v. explorar, investigar.

ex.plor.er [ikspl'ɔ:rə] s. explorador m.

ex.plo.sion [ikspl'ouʒən] s. explosão f.

ex.plo.sive [ikspl'ousiv] s. + adj. explosivo m.

ex.po.nent [eksp'ounənt] s. explicador m., expoente m.

ex.po.nen.tial [ekspoun'ənʃəl] adj. exponencial.

ex.port ['ekspɔ:t] s. exportação f.

ex.port [eksp'ɔ:t] v. exportar.

ex.por.ta.tion [ekspɔ:t'eiʃən] s. exportação f., artigos m. pl. exportados.

ex.port.er [eksp'ɔ:tə] s. exportador m.

ex.pose [iksp'ouz] v. expor, exibir; descobrir; deixar desabrigado.

ex.pos.er [iksp'ouzə] s. expositor m.

ex.po.si.tion [ekspoz'iʃən] s. exposição f., explicação f.

ex.po.sure [iksp'ouʒə] s. exposição, exibição f.; abandono m. (às intempéries).

ex.pound [iksp'aund] v. expor, explicar, explanar, esclarecer.

ex. press [ikspr'es] s. mensagem f. urgente, carta ou encomenda f. expressa. ‖ adj. explícito. ‖ v. despachar como encomenda; expressar; manifestar.

ex.pres.sion [ikspr'eʃən] s. expressão, declaração f., fraseado m., locução f.

ex.pres.sion.less [ikspr'eʃənlis] adj. inexpressivo, sem expressão.

ex.pres.sive [ikspr'esiv] adj. expressivo.

ex.prob.ra.tion [eksprobr'eiʃən] s. exprobração f.

ex.prob.ra.te [eksprobr'eit] v. exprobrar.

ex.pro.pri.ate [ekspr'ouprieit] v. expropriar, desapropriar.

ex.pro.pri.a.tion [eksproupri'eiʃən] s. expropriação f.; despojo, esbulho m.; desapropriação f.

ex.pul.sion [eksp'ʌlʃən] s. expulsão, eliminação, exclusão f.

ex.pur.gate ['ekspə:geit] v. expurgar; limpar; corrigir; purificar.

ex.qui.site ['ekskwizit, ikskw'izit] adj. seleto, escolhido, raro.

ex.tant [ekst'ænt] adj. existente, sobrevivente, que ainda existe.

ex.tem.po.rize [ekst'empəraiz] v. improvisar; (Mús.) compor de improviso.

ex.tend [ikst'end] v. estender; prolongar(-se), alargar; prorrogar (prazo).

ex.tend.ed [ikst'endid] adj. estendido.

ex.ten.sion [ikst'enʃən] s. extensão, ampliação f.; (Med.) distensão f.

ex.ten.sive [ikst'ensiv] adj. extensivo.

ex.tent [ikst'ent] s. extensão f.; grau m.

ex.ten.u.ate [ekst'enjueit] v. extenuar, enfraquecer; abrandar.

ex.ten.u.a.tion [ekstenju'eiʃən] s. atenuação f.; desculpa f.; enfraquecimento m.

ex.te.ri.or [ekst'iəriə] adj. exterior m.; aspecto m. ‖ adj. exterior, externo.

ex.te.ri.or.ize [ekst'iəriəraiz] v. exteriorizar, manifestar.

ex.ter.mi.nate [ekst'ə:mineit] v. exterminar; arruinar; eliminar; aniquilar.

ex.ter.mi.na.tion [ekstə:min'eiʃən] s. extermínio m., destruição, eliminação f.

ex.ter.nal [ekst'ə:nl] adj. externo, exterior. ≃s aparência f. superficial.

ex.ter.nal.ize [ekst'ə:nəlaiz] v. exteriorizar.

ex.tinct [ikst'iŋkt] adj. extinto; apagado; morto; revogado; liquidado.

ex.tinc.tion [ikst'iŋkʃən] s. extinção, destruição f.; abolição f.; liquidação f.

ex.tin.guish [ikst'iŋgwiʃ] v. extinguir, apagar; aniquilar; abolir; eliminar.

ex.tir.pate ['ekstə:peit] v. extirpar, destruir, cortar.

ex.tir.pa.tor ['ekstə:peitə] s. extirpador m.

ex.tol [ikst'ɔl] v. exaltar, louvar, enaltecer.

ex.tort [ikst'ɔ:t] v. extorquir, arrebatar.

ex.tor.tion [ikst'ɔ:ʃən] s. extorsão f.

ex.tor.tion.ate [ikst'ɔ:ʃənit] adj. extorsivo.

ex.tor.tive [ikst'ɔ:tiv] adj. extorsivo.

ex.tra ['ekstrə] s. extraordinário m.; acréscimo m. ‖ adj. extra, extraordinário, especial, excepcional; suplementar. ≃ -sensory extrasensorial.

ex.tract ['ekstrækt] s. extrato m.

ex.tract [ikstr'ækt] v. extrair; (Quím.) precipitar.

ex.trac.tion [ikstr'ækʃən] s. extração f.

ex.tra.dite ['ekstrədait] v. extraditar.

ex.tra.di.tion [ekstrəd'iʃən] s. extradição f.

ex.traor.di.nar.y [ekstrə'ɔ:dinəri] adj. extraordinário, raro, notável, excelente.

ex.trav.a.gance [ikstr'ævigəns] s. extravagância f.; excesso, exagero m.

ex.trav.a.gant [ikstr'ævigənt] adj. extravagante; louco; gastador, esbanjador.

ex.tre.me [ikstr'i:m] s. extremo m.; extremidade f. ‖ adj. extremo, derradeiro, último; supremo; imenso; severo.

ex.trem.i.ty [ikstr'emiti] s. extremidade f.

ex.tri.ca.ble ['ekstrikəbl] adj. desembaraçável.

ex.tri.cate ['ekstrikeit] v. desembaraçar, livrar, libertar, soltar, deslindar.

ex.tro.ver.sion [ekstrov'e:ʃən] s. extroversão, extropecção f.

ex.tro.vert ['ekstrovə:t] adj. (Psicol.) extrovertido.

ex.trude [ekstr'u:d] v. expulsar; (Téc.) prensar; salientar(-se).

ex.ude [igzj'u:d] v. exsudar, transpirar; sair, aparecer; esvair-se.

ex.ult [igz'ʌlt] v. (at, over) exultar, jubilar, triunfar, alvoroçar-se, alegrar-se.

ex.ult.ant [igz'ʌltənt] adj. exultante, triunfante, jubilante.

eye [ai] s. olho m., vista f.; íris f.; visão, percepção f. ‖ v. olhar, ver, observar, contemplar, mirar, examinar. **the evil** ≃ o mauolhado. **I must open his** ≃**s to the truth** preciso fazê-lo ver a verdade. **get your** ≃**s chalked** (gíria) não seja distraído! **she was born with her** ≃**s open** (gíria) ela é esperta. **with naked** ≃ a olho nu. **I found favour in his** ≃**s** consegui conquistar a benevolência dele. **up to the** ≃**s in work** sobrecarregado de serviço. **apple of the** ≃ globo ocular, (fig.) pessoa querida, menina dos olhos. ≃ **- opener** revelação.

eye.ball ['aibɔ:l] s. globo m. ocular.

eye.brow ['aibrau] s. sobrancelha f.

eye.glass ['aigla:s] s. lente f.; óculos m. pl.

eye.lash ['ailæʃ] s. pestana f., cílio m.

eye.less ['ailis] adj. sem vista, cego.

eye.lid ['ailid] s. pálpebra f.; (gíria) chapéu m.

eye.piece ['aipi:s] s. + adj. ocular f.

eye.sore ['aisɔ:] s. terçol m.; (fig.) feiúra f.

eye.wit.ness ['aiwitnis] s. testemunha f. ocular.

F

F, f [ef] s. sexta letra f. do alfabeto; (Mús.) fá m.; quarta nota f. da escala musical.

F. abr. de **Fahrenheit; February; Friday.**

f. abr. de **feminine; following.**

fa.ble [feibl] s. fábula f.; mito m.; história f. inventada, mentirosa; ficção f. ‖ v. fingir, mentir, inventar fábulas.

fab.ric [f'æbrik] s. textura f., tecido, pano m.; estrutura, construção f., edifício m.; feitio, lavor m.; (fig.) sistema m.

fab.ri.cate [f'æbrikeit] v. fabricar, manufaturar, confeccionar, preparar.

fab.ri.ca.tion [fæbrik'eiʃən] s. fabricação f.; (fig.) invenção, mentira f.

fab.u.lous [f'æbjuləs] adj. fabuloso.

face [feis] s. face, cara f., rosto m., fisionomia f., semblante m.; aspecto m., vista f.; descaramento m., audácia, dignidade f., prestígio m. ‖ v. encarar, arrostar, enfrentar; fazer face a; defrontar-se com; voltar-se para; (Téc.) facear. ≃ **to** ≃ cara a cara. **to show one's** ≃ aparecer. **to make a** ≃, **to pull** ≃s fazer caretas. **to save one's** ≃ salvar as aparências. **full -** ≃ vista de frente. **half -** ≃ perfil. **to** ≃**the music** (E.U.A.) agüentar as conseqüências. **about** ≃! meia-volta volver! **right** ≃! à direita volver! **to** ≃ **up to** enfrentar corajosamente. ≃ **lift** cirurgia plástica (facial). ≃ **value** valor nominal.

face.less [f'eislis] adj. sem cara; (fig.) descarado.

fac.et [f'æsit] s. faceta f. ‖ v. facetar.

fa.ce.tious [fəs'i:ʃəs] adj. faceto, facecioso, chistoso, alegre, brincalhão, jocoso.

fac.ile [f'æsail] adj. fácil, simples; afável; flexível; fluente; ágil, hábil, destro.

fa.cil.i.tate [fəs'iliteit] v. facilitar, simplificar; auxiliar.

fa.cil.i.ty [fəs'iliti] s. facilidade f.; simplicidade f.; afabilidade f. **-ies** oportunidade f., vantagens f. pl.

fact [fækt] s. fato m.; acontecimento m., ocorrência f. **as a matter of** ≃ de fato, o fato é que. **hard** ≃s crua realidade.

fac.tion [f'ækʃən] s. facção f.; partidarismo m.; discórdia f.; bando m. sedicioso.

fac.ti.tious [fækt'iʃəs] adj. factício, artificial.

fac.tor [f'æktə] s. (também Mat.) fator m.; feitor m. ‖ v. (Mat.) fatorar.

fac.tor.i.al [fækt'ɔriəl] adj. (Mat.) fatorial.

fac.to.ry [f'æktəri] s. fábrica f.; usina f.

fac.tu.al [f'æktjuəl] adj. efetivo, real.

fac.ul.ty [f'ækəlti] s. faculdade f.; capacidade, habilidade f.; classe f. profissional.

fad [fæd] s. moda f. passageira; mania f.

fade [feid] v. murchar(-se); enfraquecer; desfalecer; desvanecer(-se); desbotar.

fad.ing [f'eidiŋ] s. desvanecimento m.

fag [fæg] s. maçada f., trabalho m. enfadonho; calouro m.; (gíria) cigarro m.

fag.ot [f'ægət] s. = **faggot.**

fag.got [f'ægət] s. feixe m., molho m. de varas; (gíria) coroca f.

fail [feil] s. falta f. (só na expressão **without** ≃ sem falta). ‖ v. faltar; minguar; definhar; falhar a; abandonar; fracassar; ser reprovado em exame; falir; não produzir efeito; não conseguir.

fail.ure [f'eiljə] s. falta, carência, falha, deficiência f.; malogro m.; falhado m.; colapso m.; falência, bancarrota f.

faint [feint] s. desmaio, desfalecimento m. ‖ adj. fraco; abatido, desmaiado; medroso, pusilânime; indistinto; desbotado, pálido, desmaiado (cor). ‖ v. desmaiar, desfalecer. ≃ **-hearted** pusilânime; covarde.

faint.ness [f'eintnis] s. fraqueza f.; languidez f.; timidez f.; tontura f.

fair [fɛə] s. feira f.; mercado m.; feira f. de amostras; bazar m. de caridade. ‖ adj. satisfatória (saúde); proporcionado, formoso; claro, louro; favorável (vento); amável; legível (letra); eqüitativo (condições, leis); honesto (jogo, luta). ‖ adv. de modo justo, nítido, favorável; em cheio. ≃- **mindedness** honestidade; imparcialidade. ≃ **play** jogo limpo; conduta eqüitativa.

fair.ground [f'ɛəgraund] s. parque m. de diversões.

fair.y [f'ɛəri] s. fada f.; duende m. ‖ adj. mágico, imaginário; gracioso. ≃ **tale** conto de fadas.

faith [feiθ] s. fé f.; fé divina, crença ou convicção f. religiosa, credo m.; religião f. **the** ≃ a fé em Cristo; confiança; promessa, fidelidade, lisura. **in (all) good** ≃ de boa fé. **in bad** ≃ de má fé.

faith.ful [f'eiθful] adj. fiel; leal, sincero.

faith.ful.ness [f'eiθfulnis] s. fidelidade, lealdade f.; constância f.; exatidão f.

faith.less [f'eiθlis] adj. infiel; incrédulo.

fake [feik] s. fraude f.; falsificação f.; embuste m. ‖ v. contrafazer, tapear, defraudar, inventar. ‖ adj. falsificado.

fal.con [f'ɔ:lkən] s. (Orn.) falcão, açor m.

fall [fɔ:l] s. queda, caída, distância f. de caída, tombo, salto m.; baixa, diminuição f.; declive m.; queda-d'água, catarata f.; queda f. de forças vitais, morte f.; (E.U.A.) outono m. ‖ v. (pret. **fell**, p. p. **fallen**) cair, tombar, deixar-se cair (de um lugar), prostrar-se, ser lançado ao chão; baixar; acalmar (o vento). **when night** ≃ **s** ao cair da noite. **to** ≃ **back** recuar, ceder, retirar-se. **to** ≃ **behind** ficar para trás. **to** ≃ **due** vencer-se (o prazo). **to** ≃ **in love with** enamorar-se (de). **to** ≃ **short** faltar, escassear. **to** ≃ **through** falhar, fracassar. **to** ≃ **to pieces** desabar, despedaçar-se.

fal.la.cious [fəl'eiʃəs] adj. falaz, enganador.

fall.en [f'ɔ:lən] v. p. p. de **fall**. ‖ adj. caído; decaído; prostrado; sucumbido.

fal.li.ble [f'æləbl] adj. falível; que pode falhar.

falling-star [f'ɔ:liŋ sta:] s. estrela f. cadente; aerólito m.

fall.out [f'ɔ: laut] s. partículas f. pl. radiativas liberadas em explosão nuclear.

fal.low [f'ælou] s. alqueive m., terra f. alqueivada. ‖ v. alqueivar. ‖ adj. alqueivado, de pousio, maninho, inculto.

false [fɔ:ls] adj. falso; não verdadeiro; desleal; traidor; errôneo; falsificado; artificial. ≃ **alarm** alarma falso. ≃ **teeth** dentadura.

false.hood [f'ɔ:lshud] s. falsidade f.

false.ness [f'ɔ:lsnis] s. falsidade, perfídia f.

fal.si.fy [f'ɔ:lsifai] v. falsificar, adulterar; refutar; mentir, frustrar.

fal.ter [f'ɔ:ltə] v. gaguejar; balbuciar; hesitar; tropeçar; titubear.

fame [feim] s. fama f.; renome m.; reputação f. ‖ v. afamar, celebrizar, notabilizar.

famed [f'eimd] adj. afamado, famoso, célebre.

fa.mil.iar [fəm'iljə] s. familiar m. ‖ adj. familiar; íntimo; doméstico, caseiro.

fa.mil.i.ar.i.ty [fəmili'æriti] s. familiaridade f.; intimidade f.; desembaraço m.

fa.mil.iar.ize [fəm'iljəraiz] v. familiarizar (-se); habituar-se; tornar conhecido.

fam.i.ly [f'æmili] s. família f.; descendência f.; tribo f.; gênero m.; comunidade f. **in the** ≃ **way** em estado de gravidez. ≃ **name** sobrenome. ≃ **planning** controle de natalidade.

fam.ine [f'æmin] s. carestia, penúria f.; escassez f. absoluta; fome f.

fa.mous [f'eiməs] adj. famoso, afamado.

fa.mous.ly [f'eiməsli] adv. (coloq.) muito bem.

fan [fæn] s. leque m.; ventarola f.; (abr. de **fa.natic**, coloq.) fã m. + f., admirador, aficionado m. ‖ v. abanar; ventilar; arejar.

fa.nat.ic [fən'ætik] s. + adj. fanático m.

fa.nat.i.cism [fən'ætisizm] s. fanatismo m.

fan.ci.ful [f'ænsiful] adj. fantástico; fantasioso; imaginativo; estranho; singular.

fan.cy [f'ænsi] s. fantasia f.; idéia f.; noção f.; extravagância f.; gosto m. pessoal; obsessão f.; inclinação f.; mania f. ‖ v. imaginar; julgar; gostar de. ‖ adj. caprichoso; ornamental; extravagante, exorbitante. ≃ **ball** baile a fantasia. ≃ **dress** fantasia. ≃- **free** desimpedido, despreocupado.

fan.fare [f'ænfɛə] s. fanfarra f.

fang [fæŋ] s. dente m. canino, presa f., dente inoculador de serpente; raiz f. de dente; (Téc.) garra f.

fan.light [f'ænlait] s. bandeira f. semicircular de porta ou janela; clarabóia f.

fan.ny [fæni] (vulg.) s. (E.U.A.) bunda f.; (Ingl.) vagina f.

fan.tas.tic [fænt'æstik] adj. fantástico; caprichoso; fantasioso; imaginoso.

fan.ta.sy [f'æntəsi] s. fantasia f.; capricho m.

far [fa:] adj. (comp. **farther** ou **further**, sup. **farthest** ou **furthest**) remoto, distante; adiantado; extremo; muito ou diferente. ‖ adv. longe; muitíssimo; em alto grau, em grande parte; profundo. **Far East** Extremo Oriente. ≃ **and near** por toda parte. ≃ **back** muito atrás. **as** ≃ **as I am concerned** pelo que me toca. ≃ **- fetched** forçado, afetado, artificial. ≃ **- flung** vasto, extenso, dilatado. ≃ **- off** distante, longínguo, remoto. ≃ **- reaching** de longo alcance, de grande projeção, extenso. ≃ **- sighted** perspicaz. ≃ **up** bem no alto. **so** ≃ até agora, por enquanto. **how** ≃? até onde?

far.a.way [f'a:əw'ei] adj. distante, remoto; distraído. ≃ **look** olhar sonhador.

farce [fa:s] s. farsa f.; pantomima f. ‖ v. condimentar (também fig.); lardear.

fare [fɛə] s. preço m. de passagem; passageiro m.; comida f. ‖ v. passar bem ou mal, ter ou não ter sorte; acontecer; alimentar-se. **bill of** ≃ cardápio

fare.well [f'ɛəw'el] s. adeus m., despedida f. ‖ adj. de despedida. ‖ interj. adeus!

fa.ri.na.ceous [færin'eiʃəs] adj. farináceo.

farm [fa:m] s. fazenda, granja, chácara, herdade, quinta, propriedade f. rústica; sítio m. ‖ v. cultivar, amanhar; criar gado; arrendar. **dairy** ≃ granja leiteira. ≃ **-hand** colono, trabalhador agrícola.

farm.er [f'a:mə] s. fazendeiro, granjeiro, agricultor, lavrador m.

farm.house [f'a:mhaus] s. casa f. de fazenda ou quinta.

farm.ing [f'a:miŋ] s. lavoura, agricultura f.

far.ther [f'a:ðə] adj. (comp. de **far**) mais distante, remoto; mais. ‖ adv. mais, mais longe, tempo etc.; além disso.

far.thest [f'a:ðist] adj. a maior distância f., o mais distante. ‖ adj. (sup. de **far**); o mais distante, remoto etc.; o mais longo. ‖ adv. mais; à maior distância.

far.thing [f'a:ðiŋ] s. um quarto de pêni m. (moeda inglesa); insignificância f.

fas.ci.cle [f'æsikl] s. fascículo m.

fas.ci.nate [f'æsineit] v. fascinar; cativar.

fas.ci.na.tion [fæsin'eiʃən] s. fascinação f.; atração f. irresistível; deslumbramento m.

fas.cist [f'æʃist] s. + adj. fascista m. + f.

fash.ion [f'æʃən] s. forma f.; talhe m. (vestido); moda f.; uso m.; padrão m.; maneira f. ‖ v. formar; moldar: modelar; ajustar. **out of** ≃ fora de moda. ≃ **display**, ≃ **show** desfile de modas.

fash.ion.a.ble [f'æʃənəbl] adj. à moda, de bom-tom, de bom gosto, moderno, elegante.

fast [fa:st] s. (Náut.) amarra, espia f.; jejum m., abstinência f. ‖ v. jejuar. ‖ adj. firme, seguro; forte; trancado; atolado; firme (cor); profundo (sono); adiantado (relógio); veloz; leal; folgazão, dissoluto, libertino.

fas.ten [f'a:sn] v. firmar, fixar, atar, prender; trançar; pôr, impor; ratificar.

fas.ten.er [f'a:snə] s. (Téc.) prendedor, fecho m.; presilha f.

fas.tid.i.ous [fæst'idiəs] adj. fastidioso.

fat [fæt] s. gordura, (também Quím.) banha, graxa f., sebo m.; obesidade f.; (fig.) abundância f.; (fig.) a flor, a nata f., a melhor parte f. de qualquer coisa. ‖ v. engordar. ‖ adj. gordo, obeso; adiposo; rechonchudo; gorduroso; lucrativo; abundante; cheio, recheado; resinoso. **to make** ≃ cevar. **to grow** ≃ engordar. ≃ **cat** (pop.) ricaço.

fa.tal [feitl] adj. fatal; inevitável; sinistro.

fa.tal.ism [f'eitəlizm] s. fatalismo m.

fa.tal.i.ty [fət'æliti] s. fatalidade f.; destino m.; desgraça f.; acidente m. mortal.

fate [feit] s. destino m., sorte f.; morte, destruição f.; (fig.) noiva f.; noivo m. ‖ v. fadar, destinar, condenar.

fat.ed [f'eitid] adj. fadado, predestinado.

fat.head [f'æthed] s. bobo, pateta m.

fa.ther [f'a:ðə] s. pai m. **Father** Padre m., Deus m.; padre. ‖ v. gerar, procriar. **the Holy Father** o Santo Padre, o Papa. **Father Christmas** Papai Noel. ≃ **-in-law** sogro.

fa.ther.hood [f'a:ðəhud] s. paternidade f.

fa.ther.land [f'a:ðəlænd] s. pátria f.

fa.ther.ly [f'a:ðəli] adj. paterno, paternal.

fath.om [f'æðəm] s. (Náut.) braça f. ‖ v. sondar, penetrar, aprofundar.

fath.om.less [f'æðəmlis] adj. insondável, impenetrável.

fa.tid.ic [feit'idik] adj. fatídico, profético.

fa.tid.i.cal [feit'idikəl] adj. = fatidic.

fa.tigue [fət'i:g] s. fadiga f., cansaço m.; (Milit.) faxina f. ‖ v. fatigar(-se), cansar(-se), esgotar; maçar, importunar.

fat.ness [f'ætnis] s. gordura, obesidade f.

fat.ten [fætn] v. engordar; fertilizar (o solo).

fa.tu.ous [f'ætjuəs] adj. fátuo, tolo.

fau.cet [f'ɔːsit] s. torneira f.

fault [fɔːlt] s. falta f.; defeito m.; erro, engano m.; descuido m.; (Geol.) falha f. ‖ v. (Geol.) formar falha, causar defeito.

fault.less [f'ɔːltlis] adj. perfeito, impecável, irrepreensível, sem culpa.

fault.y [f'ɔːlti] adj. defeituoso; culpável.

Faun [fɔːn] s. (Mitol.) fauno m.

fau.na [f'ɔːnə] s. fauna f.

fa.vor [f'eivə] s. = favour.

fa.vour [f'eivə] s. favor, benefício m.; fineza f.; carta f. (especialmente comercial); permissão f. ‖ v. favorecer, auxiliar, proteger. **out of** ≃ desaprovado. **to be in** ≃ **of** ser a favor de.

fa.vour.a.ble [f'eivərəbl] adj. vantajoso; propício; auspicioso.

fa.vour.a.bly [f'eivərəbli] adv. favoravelmente.

fa.voured [f'eivəd] adj. favorecido, protegido.

fa.vour.ite [f'eivərit] s. + adj. favorito, válido, protegido, predileto m.

fa.vour.it.ism [f'eivəritizm] s. favoritismo m., parcialidade, preferência f.

fawn [fɔːn] s. corço, gamo m. novo; cor f. de corço; castanho-amarelado m. ‖ v. parir, dar cria (diz-se da corça); fazer festas, sacudir a cauda (o cão); (on) acariciar, adular, bajular, cortejar, proceder servilmente. ‖ adj. castanho-amarelado.

faze [feiz] v. (coloq.) perturbar, intimidar; confundir.

fear [fiə] s. medo, temor m.; apreensão f.; pavor m.; ansiedade f. ‖ v. temer, recear. **to be in** ≃ **of** ter medo de. **no** ≃ não há perigo, não é provável.

fear.ful [f'iəful] adj. medroso, tímido; terrível; apreensivo; imponente; (coloq.) extraordinário, desagradável, feio.

fear.less [f'iəlis] adj. destemido, impávido.

fear.less.ness [f'iəlisnis] s. destemor, arrojo m.

fea.si.ble [f'iːzəbl] adj. possível, provável.

feast [fiːst] s. festa f.; banquete m.; regozijo m. ‖ v. festejar, hospedar com suntuosidade; banquetear; banquetear-se, regalar-se; deleitar, agradar, regalar.

feat [fiːt] s. feito m., façanha, proeza f.

feath.er [f'eðə] s. pena, pluma f.; plumagem f.; roupagem f.; penacho m.; tufo m. de pêlos, topete m., gaias f. pl.; caça f. de pena. ‖ v. empenar, emplumar(-se), forrar ou revestir de penas, ornar de penas ou plumas; flutuar, ondular, mover-se como uma pena; vibrar.

feath.er.ing [f'eðəriŋ] s. plumagem f.

feath.er.weight [f'eðəweit] s. pessoa ou coisa f. muito leve, (Boxe) peso-pena.

feath.er.y [f'eðəri] adj. emplumado, empenado; plumoso; alado; leve, suave, fofo; inconstante, volúvel, frívolo.

fea.ture [f'iːtʃə] s. feição f., aspecto, caráter, distintivo m.; feições f. pl. fisionômicas; rosto m.; característica f.; historietas f. pl. cômicas em quadrinhos, artigos m. pl. ou reportagem f. de destaque; peça f. dramática de rádio. ‖ v. caracterizar; retratar, esboçar; ser o característico de; (coloq.) parecer-se com; dar destaque a, realçar; exibir filme. ≃ - **film** filme de longa-metragem.

Feb. abr. de **February.**

Feb.ru.ar.y [f'ebruəri] s. fevereiro m.

feck.less [f'eklis] adj. fraco; ineficaz.

fe.cun.date [f'iːkəndeit] v. fecundar, fertilizar.

fed [fed] v. pret. e p. p. de **feed.** ≃ **up with** farto de.

fed.er.al [f'edərəl] s. federalista m. + f.; federal m. + f. ‖ adj. federal, federativo.

fed.er.a.tion [fedər'eiʃən] s. federação, aliança f.

fee [fiː] s. remuneração f.; honorários m. pl.; gratificação, taxa f. de matrícula, de exame. ‖ v. (pret. e p.p. **feed**) pagar, gratificar, recompensar, assalariar, contratar.

fee.ble [f'iːbl] s. fraco m. ‖ v. enfraquecer. ‖ adj. fraco, débil, delicado; lânguido; indistinto; medíocre; ineficaz; covarde. ≃ - **minded** fraco de espírito, imbecil, (Med. e Psiq.) oligofrênico.

feed [fiːd] s. alimento, pasto m., forragem f.; alimentação, nutrição f.; (coloq.) refeição, ração f.; (Mec.) alimentação f., mecanismo m. alimentador; suprimento m. ‖ v. (pret. e p.p. **fed**) alimentar, nutrir; sustentar; pastar; engordar; (Mec.) alimentar; suprir, abastecer; distribuir (forragem); nutrir; instigar; embalar, entreter; viver, nutrir-se.

feed.back [f'i:dbæk] s. (Eletr.) regeneração, realimentação f. ‖ adj. de regeneração.

feed.ing [f'i:diŋ] s. alimentação f.; forragem f.; pasto m.; alimento m. ≃ -**bottle** mamadeira.

feel [fi:l] s. tato, o sentido m. do tato; sensação, percepção, impressão f. ‖ v. (pret. e p. p. **felt**) sentir, perceber; experimentar (sentimento, sensação física ou moral); ter consciência de; tocar, apalpar, tatear; ressentir (-se); pressentir, achar, considerar; reconhecer; ser influenciado por, obedecer a; ter sensibilidade; parecer, dar impressão. **to** ≃ **one's way** andar às palpadelas. **to** ≃ **angry** irar-se. **to** ≃ **sorry for** ter pena de.

feel.er [f'i:lə] s. antena f. de inseto, palpo, tentáculo m.; barbas f. pl. de gato.

feel.ing [f'i:liŋ] s. tato m.; sensibilidade, ternura f.; sentimento, amor m.; impressão, intuição f.; pressentimento m.; opinião f.; compaixão f. ‖ adj. sensível, comovente; emocional, emotivo; compassivo; afetivo; vivo, ardente; profundo.

feet [fi:t] s. pl. de **foot**.

feign [fein] v. fingir, simular, aparentar, disfarçar, dissimular; inventar; falsificar.

fe.line [f'i:lain] s. + adj. (Zool.) felino m.

fell [fel] s. derrubada f., corte m. de árvores; bainha f. ‖ v. pret. de **fall**; derrubar, cortar, abater (árvores); embainhar. ‖ adj. cruel, feroz, bárbaro, desumano; terrível, mortal.

fel.low [f'elou] s. companheiro m., colega m. + f.; sócio, confrade, associado m.; contemporâneo m.; igual; equivalente m. + f.; homem, rapaz m.; (coloq.) galã, m.; galanteador m.; sujeito, indivíduo m. ‖ adj. que é da mesma condição, classe, categoria etc. **poor** ≃ coitado! ≃- **citizen** concidadão.

fel.low.ship [f'elouʃip] s. companheirismo m., camaradagem, solidariedade, associação f.; sociedade, companhia, corporação f.; irmandade, confraternidade, comunhão f.; bolsa f. de estudos concedida a universitário para pesquisas.

fel.o.ny [f'eləni] s. felonia f.; crime m.

felt [felt] s. feltro m.; artigo m. feito de feltro, chapéu m. de feltro. ‖ v. pret. e p. p. de **feel**. ‖ adj. de feltro, feito de feltro.

fe.male [f'i:meil] s. fêmea f.; mulher, moça f.; animal m. fêmea; (Bot.) planta f. feminina. ‖ adj. feminino; feminil; fêmea. ≃ **child** menina.

fem.i.nine [f'eminin] s. + adj. (Gram.) feminino m.

fe.min.ism [f'eminizm] s. feminismo m.

fe.mi.nist [f'eminist] s. + adj. feminista m. + f.

fen [fen] s. pântano, brejo, charco m., lagoa f.

fence [fens] s. cerca, grade f., cercado m.; sebe f., tapume, muro m.; parapeito m.; trincheira f.; esgrima f.; barreira f.; obstáculo m.; receptador m. de objetos furtados. ‖ v. cercar, valar, tapar, murar, fortificar; defender, proteger; esgrimir, parar, rechaçar; receptar objetos furtados; pular obstáculos.

fenc.ing [f'ensiŋ] s. esgrima f.; cercas f. pl.

fend [fend] v. afastar, desviar, rechaçar (um golpe etc.); prover a.

fend.er [f'endə] s. defesa, proteção f.; párálama m.; (Náut.) defensa f.; guarda-fogo m. de lareira.

fer.ment [f'ə:mənt] s. fermento m.; levedura f.; fermentação f.; (fig.) agitação, fermentação f. moral.

fer.ment [fəm'ent] v. fermentar; levedar; (fig.) agitar, excitar.

fer.men.ta.tion [fə:ment'eiʃən] s. fermentação f.; levedação f.; (fig.) comoção f.

fern [fə:n] s. (Bot.) feto m., samambaia f.

fe.ro.cious [fər'ouʃəs] adj. feroz, cruel, bárbaro, fero, violento.

fe.ro.cious.ness [fər'ouʃəsnis] s. ferocidade, braveza f.

fe.roc.i.ty [fər'ɔsiti] s. = **ferociousness**.

fer.ry [f'eri] s. passagem f., lugar m. onde se passa o rio em barco ou balsa; balsa f., férri m. ‖ v. atravessar em balsa.

fer.ry.boat [f'eribout] s. = **ferry**.

fer.tile [f'ə:tail] adj. fértil, fecundo, abundante, exuberante; (fig.) criador.

fer.til.i.ty [fə:t'iliti] s. fertilidade f.

fer.til.ize [f'ə:tilaiz] v. fertilizar; fecundar.

fer.til.iz.er [f'ə:tilaizə] s. fertilizador m.; fertilizante, adubo m.

fer.vent [f'ə:vənt] adj. férvido, ardente, abrasador; (fig.) ardoroso, apaixonado; veemente, intenso.

fer.vor [f'ə:və] s. = **fervour**.

fer.vour [f'ə:və] s. fervor m.; zelo, ardor m.; grande dedicação f.

fes.ter [f'estə] s. pústula, chaga f.; ulceração f. ‖ v. ulcerar(-se), inflamar-se, supurar.

fes.ti.val [f'estivəl] s. festival m. ‖ adj. festivo, alegre, divertido.

fes.tive [f'estiv] adj. festivo, festival, alegre, divertido, jovial, prazenteiro.

fes.tiv.i.ty [fest'iviti] s. festividade, solenidade, alegria f.; festejo, regozijo m.

fetch [fetʃ] v. ir buscar, trazer, mandar vir; arrancar, extrair, fazer sair; valer, render; alcançar, levar a; (coloq.) dar, aplicar; (coloq.) encantar, interessar; (Náut.) rumar, seguir um rumo, chegar até.

fete [feit] s. = **fête**.

fête [feit] s. festival, festejo m., festa f. ‖ v. festejar, fazer festa a.

fet.id [f'etid] adj. fétido, fedorento.

fet.ter [f'etə] s. grilhão m. ≃s cadeias, algemas f. pl.; peia f.; (fig.) limitação f., estorvo m. ‖ v. prender, acorrentar; (fig.) constranger, impedir.

fe.tus [f'i:təs] s. = **foetus**.

feud [fju:d] s. contenda, rixa, vendeta f.

feu.dal [fj'u:dəl] adj. feudal.

fe.ver [f'i:və] s. (Med.) febre f.; (fig.) exaltação, perturbação f. de espírito, agitação f.

fe.ver.ish [f'i:vəriʃ] adj. febril; febricitante; (fig.) exaltado, agitado, desassossegado.

fe.ver.ish.ness [f'i:vəriʃnis] s. indisposição f. febril, febre f.; desassossego m.

few [fju:] adj. poucos, poucas. ‖ pron. poucos, poucas, raros, raras. **the** ≃ a minoria, os eleitos. **quite a** ≃ um número regular.

few.er [fj'uə] comp. de **few** menos.

few.est [fj'u:ist] superl. de **few**. **the** ≃ o menor número, a menor quantidade.

fi.an.cé [fi'a:nsei] s. noivo, prometido m.

fi.an.cée [fi'a:nsei] s. noiva, prometida f.

fib [fib] s. peta, lorota f. ‖ v. petar, dizer mentirolas, contar histórias.

fib.ber [f'ibə] s. mentiroso.

fi.ber [f'aibə] s. (E.U.A.) fibra f.; filamento m. **optical** ≃ fibra óptica.

fi.ber.glass [f'aibəgla:s] s. (E.U.A.) fibra f. de vidro.

fi.bre [f'aibə] s. = **fiber**.

fi.bre.glass [f'aibəgla:s] s. (Ingl.) = **fiberglass** (E.U.A.).

fibrous [f'aibrəs] adj. fibroso.

fib.ster [f'ibstə] s. = **fiber**.

fick.le [fikl] adj. inconstante, volúvel.

fic.tion [f'ikʃən] s. ficção f.; novela f., romance m.; lenda, fábula f.; mito m.

fic.tion.al [f'ikʃənəl] adj. imaginário.

fic.ti.tious [fikt'iʃəs] adj. fictício, fabuloso.

fid.dle [fidl] s. violino m., rabeca f.; (gíria) trapaça, fraude f. ‖ v. tocar violino; desperdiçar, inquietar-se; vadiar; brincar com; (gíria) burlar, arriscar. ≃ **-faddle** bobagem.

fi.del.i.ty [fid'eliti] s. fidelidade, lealdade, probidade f. **with** ≃ ao pé da letra.

fidg.et [f'idʒit] s. inquietação, intranqüilidade f. ‖ v. inquietar, incomodar; atormentar-se, preocupar-se.

field [fi:ld] s. campo m.; esfera f. de ação; batalha f.; caça f.; raio m. visual; jazida f. ‖ v. interceptar. ‖ adj. de campo, de campanha. ≃ **of battle** campo de batalha. ≃ **of vision** campo visual ≃ **- artillery** (Milit.) artilharia de campo. ≃ **- glass (es)** binóculo. **magnetic** ≃ campo magnético.

field.work [fi:ldwə:k] s. trabalho m. de campo.

fiend [fi:nd] s. demônio, espírito m. maligno; (coloq.) viciado, fanático m.

fiend.ish [f'i:ndiʃ] adj. diabólico, demoníaco, perverso, satânico; cruel.

fierce [fiəs] adj. feroz, bravio; ardente; ameaçador, aterrador.

fierce.ness [f'iəsnis] s. ferocidade, fúria f.

fi.er.y [f'aiəri] adj. ígneo, ardente, abrasador; quente como fogo; cor de fogo; inflamável, inflamado; (fig.) faiscante; (fig.) ardente, veemente, furioso.

fif.teen [f'ifti:n] s. + num. quinze m.

fifth [fifθ] s. quinto m., quinta parte f.; (Mús.) quinta f. ‖ num. quinto.

fif.ty [f'ifti] s. + num. cinqüenta f.

fig [fig] s. figo m.; (Bot.) figueira f.; figa, ninharia, coisa f. sem valor, bagatela f. **don't care a** ≃ não faça caso.

fight [fait] s. batalha, briga, disputa f. ‖ v. (pret. e p. p. **fought**) batalhar, lutar, combater; bater-se por, defender, sustentar, dar combate a. **to have a** ≃ bater-se, brigar.

fight.er [f'aitə] s. lutador, batalhador m.; combatente, guerreiro m.; pugilista m.; (Av.) avião m. de combate.

fight.ing [f'aitiŋ] s. combate m., peleja, luta f. ‖ adj. lutador; belicoso.

fig.ment [f'igmənt] s. ficção, imaginação f.

fig.ure [f'igə] s. figura, imagem, aparência f., vulto m.; corpo, porte m.; individualidade f.; diagrama, desenho, emblema m.; ilustração, figura f. geométrica; algarismo m.; cifra f.; preço, valor m., quantia f.; símbolo

m. ❚ v. figurar, desenhar, simbolizar; imaginar; numerar, computar, calcular, avaliar.

fi.gure.head [f'igəhed] s. carranca f. (de navio).

fil.a.ment [f'iləmənt] s. filamento m.

fi.la.ri.a.sis [filər'iəsis] s. (Med.) filariose f.

filch [filtʃ] v. roubar; filar.

file[fail] s. pasta f. de papéis; fichário, arquivo m.; autos m. pl., lista f.; fila f. (também Milit.); piquete m.; lima f. (ferramenta). ❚ v. arquivar, fichar, pôr em ordem; propor uma demanda em juízo; desfilar, marchar em fila; limar; polir.

fil.i.al [f'iljəl] adj. filial.

fil.i.a.tion [fili'eiʃən] s. filiação f.

fil.i.bus.ter [filib'ʌstə] s. flibusteiro, pirata m.

fil.ing [f'ailiŋ] s. arquivamento m.; limadura, limagem f. ≃ s limalha f.

fill [fil] s. suficiência f.; abastecimento m. ❚ v. encher; acumular; ocupar; satisfazer; completar; executar; desempenhar; adulterar; obturar. **to** ≃ **a prescription** aviar uma receita.

fil.let [f'ilit] s. faixa, venda, atadura f.; fita f.; (Arquit.) moldura f., friso m.; filé m.; lombo m. de vitela ou de boi. ❚ v. atar, enfaixar; adornar de filetes.

fill.ing [f'iliŋ] s. enchimento, recheio m.; obturação f.; adição f., suplemento m. ❚ adj. enchedor, saciador. ≃ - **station** posto de gasolina.

fil.ly [f'ili] s. potranca f.

film [film] s. filme m., fita f. de cinema; membrana, pele f. fina; véu m., névoa f.; (Fot.) filme m. ❚ v. filmar; velar(-se); cobrir com véu.

fil.ter [f'iltə] s. filtro m.; purificador m. ❚ v. filtrar(-se); penetrar.

filth [filθ] s. sujeira, imundície, porcaria f., lixo m.; corrupção f.; poluição f.

filth.i.ness [f'ilθinis] s. porcaria, imundície f.; sujeira, sordidez f.

filth.y [f'ilθi] adj. imundo, corrupto, obsceno, sujo, vulgar.

fil.trate [f'iltrit] s. filtrado, líquido m. filtrado.

fil.trate [f'iltreit] v. filtrar.

fin [fin] s. barbatana, nadadeira, asa f. (de peixe); asa f. de avião, estabilizador m.

fi.nal [f'ainəl] s. a etapa f., o ponto m. final. ❚ adj. final, último, derradeiro.

fi.nal.i.ty [fain'æliti] s. finalidade f., fim m.

fi.nance [fin'æns, fain'æns] s. finança f. ou finanças f. pl. ❚ v. financiar, custear; administrar as finanças de.

fi.nan.cial [fin'ænʃəl] adj. financial.

fi.nan.cier [fin'ænsiə] s. financeiro m., financista m. + f.

fi.nan.cier [finæns'iə] v. financiar.

find [faind] s. achado m. ❚ v. (pret. e p. p. **found**) achar, encontrar; verificar, perceber, constatar; julgar; (Jur.) declarar, pronunciar, decidir; fornecer; aprovar, desaprovar; tirar vantagens; entrar em; resolver, decifrar, desmascarar.

find.ing [f'aindiŋ] s. achado m., descoberta f.; (Jur.) veredicto m.; averiguação f.; manutenção f.; despesa f.

fine [fain] s. multa, penalidade f.; luvas f. pl.; laudêmio m. ❚ v. multar; pagar luvas. ❚ adj. (comp. **finer** [f'ainə], superl. **finest** [f'ainist]) fino, de excelente qualidade; agradável; leve, delicado; refinado; bom, boa de saúde; distinto, eminente; perfeito, correto; elegante, vistoso. ❚ interj. ótimo! excelente! perfeitamente! ≃ **arts** belas-artes. ≃ - **weather** tempo bom.

fine.ness [f'ainnis] s. delicadeza, sutileza f.

fin.er.y [f'ainəri] s. decoração f. vistosa; elegância f. espalhafatosa; refinação f.; ornatos m. pl. (discurso).

fin.ger [f'iŋgə] s. dedo m.; comprimento m. ou largura f. correspondente a um dedo. ❚ v. tocar com os dedos; manusear; furtar. **to have a thing at one's** ≃ - **tips** (ou ≃ - **ends**) saber alguma coisa na ponta dos dedos. ≃ - **nail** unha. ≃ - **tip** ponta do dedo.

fin.ger.print [f'iŋgəprint] s. impressão f. digital.

fin.i.al [f'ainiəl] s. (Arquit.) remate, término m.

fin.ish [f'iniʃ] s. fim, remate, acabamento m.; conclusão f.; aperfeiçoamento, polimento m. ❚ v. acabar; aperfeiçoar, retocar; concluir; liquidar; cessar, expirar, morrer, fenecer, chegar ao fim.

fin.ished [f'iniʃt] adj. acabado, terminado; perfeito; liquidado, morto, esgotado.

fink [fiŋk] s. (pop.) informante m. + f.; furagreve m. + f.

Fin.land.er [f'inləndə] s. finlandês m., habitante m. + f. da Finlândia.

Finn [fin] s. = **Finlander**.

fir [fə:] s. (Bot.) abeto, pinheiro m.

fire [f'aiə] s. fogo, lume m., fogueira f.; incêndio m.; chama f.; (fig.) entusiasmo, furor m., paixão, emoção, vivacidade f.; fuzilaria f.; tiro m.; brilho, fulgor m.; faísca f. ‖ v. incendiar, queimar, abrasar; explodir; detonar; (fig.) inflamar, estimular; irritar; arremessar; arder, iluminar, cintilar; cauterizar; demitir; incendiar-se; descarregar (arma de fogo), disparar. ≃ **- alarm** alarme de incêndio. ≃**-escape** escada de incêndio. ≃ **extinguisher** extintor de incêndio.

fire.arm [f'aiəa:m] s. arma f. de fogo.

fire.crack.er [f'aiəkrækə] s. traque m.; fogo m. de artifício.

fire.fly [f'aiəflai] s. pirilampo, vaga-lume m.

fire.man [f'aiəmən] s. bombeiro m.; foguista m. (de locomotiva).

fire.place [f'aiəpleis] s. fogão m.; lareira f.

fire.proof [f'aiəpru:f] adj. à prova de fogo.

fire.side [f'aiəsaid] s. lareira f.; lar m.; pé m. do fogo.

fire.wood [f'aiəwud] s. lenha f.

fire.work [f'aiəwə:k] s. fogo m. de artifício.

firm [fə:m] s. firma f. comercial, empresa f.; razão f.; razão f. social. ‖ v. firmar, fixar; confirmar. ‖ adj. firme, sólido, fixo, vigoroso; tenaz, inflexível; imóvel.

firm.ness [f'ə:mnis] s. firmeza, constância, solidez, estabilidade f.; fixidez f.

first [fə:st] s. primeiro m.; começo, princípio m. ‖ adj. primeiro; primitivo, anterior; em primeiro lugar; principal, essencial. ‖ adv. antes de tudo; primeiramente; antes, anteriormente; pela primeira vez; preferivelmente. ≃ **of all** antes de mais nada, em primeiro lugar. ≃**- hand** imediatamente, de primeira mão, primeiramente. ≃ **aid** primeiros socorros. ≃ **- class** de primeira (qualidade, classe). ≃**-born** primogênito, o mais velho. ≃ **lady** (E.U.A.) primeira-dama (esposa do presidente).

fish [fiʃ] s. peixe, pescado m. ‖ v. pescar; lançar a isca. **to feel like a** ≃ **out of water** sentir-se fora de seu ambiente.

fish.er.man [f'iʃəmən] s. pescador m.

fish.er.y [f'iʃəri] s. pesca, pescaria f.

fish.hook [f'iʃhuk] s. anzol m.

fish.ing [f'iʃiŋ] s. pesca, pescaria f. ≃ **rod** vara de pescar. ≃ **tackle** pesqueiro, apetrechos de pesca, armação de pesca.

fish.mar.ket [f'iʃma:kit] s. mercado m. de peixes.

fish.mon.ger [f'iʃmʌŋgə] s. peixeiro m.

fish.y [f'iʃi] adj. piscoso; de peixe; (coloq.) duvidoso, suspeito, improvável.

fis.sile [f'isail] adj. físsil.

fis.sion [f'iʃən] s. fendimento m., divisão f. em partes; (Biol.) fissiparidade f.; (Fís. e Quím.) fissão f. (do núcleo atômico).

fis.sure [f'iʃə] s. fissura, fenda, brecha f. ‖ v. fender, partir, rachar.

fist [fist] s. punho m.; mão f. fechada; pulso m. ‖ v. empunhar, dar punhadas. **he clenched his** ≃ ele cerrou o punho.

fit [fit] s. adaptação f., ajuste, encaixe m.; corte, talhe m., forma f.; acesso, ataque m.; convulsão f.; desmaio m. ‖ adj. bom, próprio; apto, capaz. ‖ v. (pret. e p. p. **fitted**) assentar, adaptar, prover, amoldar; convir a; preparar, qualificar; suprir, aparelhar; (Téc.) encaixar, engatar; (Mec.) montar. **it** ≃ **s in my plan** isto se enquadra no meu plano. **it is not** ≃ não é conveniente. **a** ≃ **of cold** calafrio.

fit.ness [f'itnis] s. aptidão, conveniência f.

fit.ting [f'itiŋ] s. ajustamento, encaixe m., adaptação, montagem, armação f.; ajuste m., eqüidade f. ≃**s** móveis, utensílios, acessórios m. pl. de casa, automóvel etc. ‖ adj. conveniente, adequado, próprio, apropriado.

five [faiv] s. + num. cinco m.

fix [fiks] s. dificuldade f., dilema m. ‖ v. fixar, ligar, pregar; estabelecer; tratar; solidificar; ajustar. **in a bad** ≃ em apuros. **to** ≃ **a date** marcar uma data.

fixed [fikst] adj. fixo, estável, estabelecido, permanente, seguro, preso, ligado.

fix.ture [f'ikstʃə] s. fixação, fixidez f.; acessório m.; instalação f.; posição f. fixa.

flab.ber.gast.ed [fl'æbəga:stid] adj. boquiaberto, pasmado.

flab.by [fl'æbi] adj. frouxo, lasso, amolecido; lânguido, fraco, débil.

flag [flæg] s. bandeira f., pavilhão, estandarte, lábaro, pendão m.; emblema m. ‖ v. (pret. e p. p. **flagged**) transmitir sinais com bandeiras; enfeitar, embandeirar; cansar, fatigar-se, desanimar; enfraquecer, esmorecer; descair, murchar. **to hoist the** ≃ içar a bandeira. **to lower** ou **strike the** ≃ arriar a bandeira.

flag.pole [fl'ægpoul] s. pau m. de bandeira, mastro m.

fla.grant [fl'eigrənt] adj. flagrante, notório.

flag.stone [fl'ægstoun] s. laje f.

flair [flɛə] s. olfato, faro, instinto m.; discernimento, talento m., propensão f.

flake [fleik] s. floco m.; lasca, lâmina, camada f.; faísca f. ‖ v. escamar; lascar(-se); cobrir de flocos.

flam.boy.ant [flæmb'ɔiənt] adj. extravagante; chamejante, muito brilhante.

flame [fleim] s. chama f., brilho m.; ardor m.; zelo m., paixão f. ‖ v. flamejar; queimar-se, incendiar-se, resplandecer.

flam.ing [fl'eimiŋ] adj. flamejante, brilhante; ardente, apaixonado, fogoso.

flange [flændʒ] s. orla, beira f.

flank [flæŋk] s. flanco m.; ala f.; (Milit.) flanco m. ‖ v. flanquear, atacar de flanco; orlar. **to take the** ≃ atacar de flanco.

flan.nel [flænl] s. flanela f. ≃s calça f., roupa f. de flanela. ‖ adj. de flanela. ‖ v. esfregar com flanela.

flap [flæp] s. aba, fralda, borda, orla, orelha f.; bofetada f.; pulsação f.; golpe m.; batente m. ‖ v. (pret. e p. p. **flapped**) bater, oscilar, vibrar; pender (como a aba de um chapéu); deixar cair, abaixar; dar palmadas; açoitar.

flare [flɛə] s. chama, luz f.; ostentação f.; dilatação f.; (fig.) explosão f., arroubo m. (de ira, de cólera). ‖ v. chamejar, cintilar, fulgurar; ostentar, pavonear-se; irar-se; abrir-se, alargar-se.

flash [flæʃ] s. lampejo, clarão, relâmpago m.; forma abr. de **flashlight** (Fot.) lâmpada f. para instantâneo; esguicho m., torrente f.; réplica f.; momento, instante m.; relevo m. ‖ adj. vistoso; falso. ‖ v. flamejar, lançar chamas; reluzir, lampejar, faiscar; brilhar, refletir.

flash.back [fl'æʃbæk] s. flashback m. (interrupção na narrativa de um romance ou filme em que o tempo histórico é invertido.).

flash.light [fl'æʃlait] s. lanterna f. elétrica; holofote m.; (Fot.) lâmpada f. para instantâneos.

flash.y [fl'æʃi] adj. flamejante, cintilante, vistoso, espalhafatoso, vaidoso.

flask [fla:sk] s. frasco m.; cantil m.

flat [flæt] s. superfície f. plana, horizontal, achatada ou nivelada; planície f., plano m.; baixo, baixio, pântano m.; simplório, otário m.; apartamento, pavimento m.; (Mús.) bemol m. ‖ adj. liso, plano, raso, nivelado, horizontal; estirado, rente, arrasado; vazio, furado; claro; chato, monótono, vulgar, insípido. ‖ adv. horizontalmente; completamente, positivamente; insipidamente; (Mús.) abaixo do tom.

flat.car [fl'ætka:] s. vagão m. (aberto de trem).

flat.foot [fl'ætfut] s. (pop.) guarda, policial m.

flat.ness [fl'ætnis] s. igualdade f., nivelamento, achatamento m.; vulgaridade f.; insipidez f.; gosto m. estragado; falta f. de sabor; estagnação f. de negócios.

flat.ten [flætn] v. aplainar, achatar, nivelar; desanimar; (Mús.) tornar grave.

flat.ter [fl'ætə] v. lisonjear, exaltar, bajular, cortejar; favorecer; engabelar, animar; encantar, deleitar, honrar.

flat.ter.er [fl'ætərə] s. lisonjeador, adulador m.

flat.ter.ing [fl'ætəriŋ] adj. lisonjeiro; adulador.

flat.ter.y [fl'ætəri] s. lisonja, adulação f.

flat.worm [fl'ætwɔ:m] s. (Biol.) platelminto m.

flaunt [flɔ:nt] s. ostentação f. ‖ v. ostentar.

fla.vor [fl'eivə] s. = **flavour**.

fla.vour [fl'eivə] s. sabor, gosto m.; condimento, tempero m.; aroma m., fragrância f. ‖ v. temperar, condimentar; dar sabor; perfumar, aromatizar.

fla.vour.less [fl'eivəlis] adj. insípido.

fla.vour.ous [fl'eivərəs] adj. saboroso.

flaw [flɔ:] s. falha, racha, fenda f.; defeito m. ‖ v. quebrar, rachar, fender.

flaw.less [fl'ɔ:lis] adj. sem defeito, perfeito.

flax [flæks] s. (Bot.) linho m.; fibra f. do linho; planta f. semelhante ao linho.

flea [fli:] s. pulga f.

fleck [flek] s. mancha f. ‖ v. salpicar.

fled [fled] v. pret. e p. p. de **flee**.

fledge.ling [fl'edʒliŋ] s. = **fledgling**.

fledg.ling [fl'edʒliŋ] s. avezinha f., ave f. que acaba de empenar-se; (fig.) jovem m. + f. inexperiente; frangote m.

flee [fli:] v. (pret. e p.p. **fled**) fugir, escapar; evitar, esquivar, abandonar; correr; escapar-se, desaparecer, sumir.

fleece [fli:s] s. velo, velocino m. ‖ v. tosquiar, tosar; espoliar, despojar, depenar.

fleec.y [fl'i:si] adj. veloso, felpudo, lanoso, macio; feito de lã de carneiro.

fleet [fli:t] s. frota, esquadra f.; comboio m. de navios mercantes; esquadrilha f. aérea. ‖ v. passar rapidamente, mover-se rapidamente, voar; (Náut.) mudar de curso. ‖ adj. rápido, ligeiro, veloz.

fleet.ing [fl'i:tiŋ] adj. passageiro, fugaz.

Flem.ing [fl'emiŋ] s. flamengo m.

Flem.ish [fl'emiʃ] s. os flamengos m. pl.; a língua f. dos flamengos. ‖ adj. flamengo.

flesh [fleʃ] s. carne f.; gordura, robustez f.; corpo m., matéria f. em oposição ao espírito m.; raça, família f. **in the** ≃ em carne e osso, em pessoa. **to lose** ≃ emagrecer. ≃ - **coloured** da cor-de-carne.

flesh.y [fl'eʃi] adj. carnudo, gordo.

flew [flu:] v. pret. de **fly**.

flex.i.bil.i.ty [fleksib'iliti] s. flexibilidade f.

flex.i.ble [fl'eksəbl] adj. flexível; dócil.

flick [flik] s. chicotada f. (leve); (gíria) filme m. ‖ v. chicotear de leve.

flick.er [fl'ikə] s. luz f. bruxuleante; centelha f.; vacilação f. ‖ v. bruxulear, chamejar; tremular, adejar, bater as asas.

flick.er.ing [fl'ikəriŋ] adj. bruxuleante.

fli.er [fl'aiə] s. = **flyer**.

flight [flait] s. vôo m., ato, processo ou poder m. de voar; trajetória f.; revoada f., bando m.; (Av.) esquadrilha f.; viagem f. de avião; arroubo, enlevo m.; fuga, retirada f.

flight.y [fl'aiti] adj. descuidado, volúvel, frívolo; amalucado, tonto, estourado.

flim.sy [fl'imzi] s. papel m. fino, papel de cópia. ‖ adj. franzino, inconsistente; frívolo, insignificante, superficial.

flinch [flintʃ] v. recuar, hesitar, vacilar, desistir de.

fling [fliŋ] s. arremesso, lanço m. repentino; movimento m. rápido, pulo, coice, pontapé m. ‖ v. (pret. e p. p. **flung**) arremessar, lançar; precipitar-se, correr, destruir; coicear, pinotear.

flint [flint] s. pederneira f.; coisa f. muito dura. ‖ v. suprir com pederneira.

flip [flip] s. sacudidela f.; arremesso m. rápido; estalido m. ‖ v. sacudir, mover com sacudidelas bruscas; atirar para o ar. ‖ adj. (coloq.) petulante, insolente.

flip.pant [fl'ipənt] adj. loquaz, impertinente, petulante, frívolo, irreverente.

flip.per [fl'ipə] s. barbatana f.; membro m. natatório (focas, tartaruga), nadadeira f. (baleia).

flirt [flə:t] s. namoradeira, coquete f.; flerte m. ‖ v. flertar; divertir-se com.

flir.ta.tion [flə:t'eiʃən] s. flerte, namorico m., namoro m. ligeiro.

flit [flit] s. movimento m. leve, rápido; vôo, adejo m. ‖ v. (pret. e p. p. **flitted**) voar rapidamente; (esc.) partir, morrer.

float [flout] s. flutuação f.; bóia f., salva-vidas, flutuador m.; jangada, balsa f. ‖ v. flutuar, boiar, planar; desencalhar; circular; irrigar; vaguear, oscilar.

float.ing [fl'outiŋ] adj. flutuante; livre, instável, móvel; circulante, corrente. ≃ **capital** capital circulante.

flock [flok] s. rebanho m., manada, revoada f.; tropa, multidão, coleção f., grupo m.; floco m. de lã; tufo m., madeixa f.; (Quím.) flóculo m. ‖ v. andar em bandos, afluir, reunir-se, congregar-se.

flog [flog] v. fustigar, açoitar, chicotear.

flood [flʌd] s. inundação, enchente, cheia f., dilúvio m.; fluxo, aguaceiro m. ‖ v. inundar, submergir, transbordar; encher; irrigar; jorrar; subir (maré). ≃ - **tide** maré, enchente.

flood.gates [fl'ʌdgeitz] s. pl. comporta f., dique m.

flood.light [fl'ʌdlait] s. holofote m., iluminação f. profusa. ‖ v. usar holofote, iluminar profusamente.

floor [flo] s. soalho, solo, piso, pavimento m.; andar, pavimento m.; fundo m. (do navio, de mar etc.). ‖ v. pavimentar, assoalhar. **first** ≃ primeiro andar. **basement** ≃ subsolo. **top** ≃ último andar. ≃ **lamp** abajur de pé.

floor.ing [fl'ɔ:riŋ] s. pavimento, soalho, fundo m.; assoalhamento m., pavimentação f.; tabuado m. para soalho.

floo.zy [fl'u:zi] s. (pop.) prostituta f.

flop [flop] s. fracasso, baque, fiasco m. ‖ v. baquear; (coloq.) fracassar. ‖ adv. pesadamente, ruidosamente.

flop.house [fl'ophaus] s. hotel m. barato.

flop.py [fl'opi] adj. frouxo, mole.

flor.id [fl'orid] adj. floreado, florido.

flo.rist [fl'ɔ:rist] s. floricultor m.; florista m. + f.

floss 125 **fly**

floss [flɔs] s. borra f. de seda; seda f. frouxa, seda crua; paina, penugem f.; o macio invólucro m. de um casulo.

floss silk [flɔs silk] s. = **floss.**

flot.sam [flɔtsəm] s. fragmentos m. pl. de naufrágio, restos m. pl. de navio.

flounce [flauns] s. gesto m. de impaciência ou desdém; movimento m. veloz, safanão m., sacudidela f. ‖ v. fazer gestos de impaciência ou desdém, agitar-se, precipitar-se, sair; bracejar, espernear, debater-se; espantar-se (cavalos).

floun.der [fl'aundə] s. ato m. de debater-se, espojar-se, tropeçar; (Ict.) linguado m.; solha f. ‖ v. debater-se, tropeçar; atrapalhar-se; dirigir mal.

flour [fl'auə] s. farinha f., polvilho m. ‖ v. enfarinhar, polvilhar; moer; pulverizar.

flour.ish [fl'ʌriʃ] s. floreio m. (da espada), ação f. de brandir ou agitar; rasgo m. de pena, floreado, ornato m. de letra; (Mús.) floreado, prelúdio m.; esplendor, ornato m., ostentação f.; florescimento m., prosperidade f. ‖ v. prosperar; distinguir-se, ter fama; ostentar; rabiscar, ornar; (Mús.) fazer floreios; preludiar.

flour.y [fl'auəri] adj. farinhoso, farinhento.

flow [flou] s. fluência f., escoamento, derramamento m.; fluxo m., circulação f.; correnteza f., curso m. de água. ‖ v. fluir, manar, circular; derramar-se, escorrer, jorrar, fluir, proceder, resultar.

flow.er [fl'auə] s. flor f.; a parte f. mais nobre, mais distinta, fina flor f.; a flor da idade. ‖ v. florescer, desabrochar, florear, adornar com flores. ≃ **bed** canteiro de flores.

flow.er.pot [fl'auəpɔt] s. vaso m. de plantas.

flow.er.y [fl'auəri] adj. florido; elegante.

flow.ing [fl'auiŋ] adj. corrente, fluente.

flown [floun] v. p. p. de **fly**, (†) p.p. de **flow.**

flu [flu:] s. (coloq.) influenza, gripe f.

fluc.tu.ate [fl'ʌktjueit] v. flutuar, ondular.

fluc.tu.a.tion [flʌtju'eiʃən] s. flutuação f.

flue [flu:] s. cano m. de chaminé; tubo m. de caldeira; (Mús.) flauta f., tubo m. flautado de órgão; conduto m. de ar.

flu.en.cy [fl'uænsi] s. fluência, abundância, facilidade f. de linguagem.

flu.ent [fl'uənt] s. (Mat.) fluente m. + f., integral m. ‖ adj. fluido, fluente, líquido.

fluff [flʌf] s. penugem, lanugem f., buço m. ‖ v. afofar; tornar-se felpudo. **piece of** ≃ moça, garota.

fluf.fy [fl'ʌfi] adj. fofo, leve, macio, peludo.

flu.id [fluid] s. + adj. fluido m.

flu.id.i.ty [flu'idəti] s. (Fís.) fluidez f.

fluke [flu:k] s. chance f.; coincidência f.

flung [flʌŋ] v. pret. e p. p. de **fling.**

flunk [flʌŋk] s. fracasso m., reprovação f. em exame. ‖ v. ser reprovado em exame; reprovar em exame; fracassar.

flun.key [fl'ʌŋki] s. lacaio, criado m. de libré; (fig.) bajulador m.

flu.or [fl'uɔ:] s. (Miner.) fluorita f.

flu.o.res.cent [fluor'esənt] adj. fluorescente. ≃ **lighting** iluminação fluorescente.

flur.ry [fl'ʌri] s. lufada, refrega, rajada f. de vento; pancada f. de chuva, aguaceiro m.; comoção, afobação f., alvoroço m. ‖ v. excitar, confundir, perturbar.

flush [flʌʃ] s. rubor m., vermelhidão f.; esguicho m.; transporte m., animação f.; crescimento m. súbito, viço m.; frescura f.; vigor m. ‖ v. enrubescer; incandescer; resplandecer; esguichar; brotar; nivelar; embutir; rejuntar. ‖ adj. rico, abundante, pródigo; liso, nivelado, embutido. ‖ adv. lisamente, niveladamente.

flus.ter [fl'ʌstə] s. agitação f. nervosa, atrapalhação, perturbação f. ‖ v. agitar, aquecer, excitar, embriagar; perturbar.

flute [flu:t] s. (Mús.) flauta f. ‖ v. flautear, tocar flauta; cantar, assobiar com som aflautado, flautar; preguear.

flut.ter [fl'ʌtə] s. adejo m., palpitação f., agitação f.; confusão, excitação f. ‖ v. tremular, flutuar, ondear; adejar, esvoaçar; palpitar, tremer de excitação; confundir, excitar, perturbar, agitar.

flux [flʌks] s. fluxo, (também Med., Quím. e Fís.) curso m., fluência, torrente f.; maré, enchente f. ‖ v. derreter, fluir; fundir, tratar com fundente; (Med.) purgar.

fly [flai] s. (pl. **flies**) (Zool.) mosca f. vulgar ou doméstica; qualquer inseto m. díptero; pestana f. de braguilha. ‖ v. (pret. **flew,** p. p. **flown**) voar, flutuar, ondear, pairar; arvorar, hastear, desfraldar (bandeira), soltar; dirigir, pilotar (avião); pular, galgar, correr; fugir, escapar-se. **to** ≃ **in the face of** insultar alguém. **to** ≃ **high** ter ambições.

to ≃ **abroad** divulgar-se. ≃- **by-night** notívago, caloteiro, suspeito, inidôneo.

fly.er [fl′aiə] s. voador, avião m.; aviador m.; veículo, trem, navio ou animal m. muito veloz.

fly.ing [fl′aiiŋ] adj. voador; flutuante. ≃ **colours** bandeiras desfraldadas; (fig.) vitória, triunfo, bom êxito. ≃ **saucer** disco voador.

fly.leaf [fl′aili:f] s. folha f. em branco no começo ou no fim do livro.

foal [foul] s. potro m. ‖ v. parir (a égua).

foam [foum] s. espuma f. ‖ v. espumar.

f.o.b., F.O.B abr. de **free on board** (Com.) posto a bordo.

fo.cal.ize [f′oukəlaiz] v. focar, focalizar.

fo.cus [f′oukəs] s. (pl. **focuses** [f′oukəsəz] e **foci** [f′ousai]) foco m. (também Fís., Geom. e Ópt.); focagem, focalização f. ‖ v. (pret. e p. p. **focused** ou **focussed**) focar; focalizar, ajustar (lente, olho). **in** ≃ em foco, claro, distinto. **out of** ≃ turvo, indistinto, opaco, fosco.

fod.der [fɔdə] s. forragem f. ‖ v. dar forragem a, alimentar (gado etc.).

foe [fou] s. inimigo, adversário m.

foe.tus [f′i:təs] s. feto m.

fog [fɔg] s. nevoeiro m., neblina, névoa f.; obscuridade, sombra f.; confusão mental, perplexidade f. ‖ v. (pret e p. p. **fogged**) enevoar-se; obscurecer; confundir. **in a** ≃ confuso, perplexo. ≃ **light** (Autom.) farol de neblina.

fog.gy [f′ɔgi] adj. nebuloso, nevoento, brumoso; obscuro, indistinto; confuso, perplexo; nevoento, confuso.

fog.horn [f′ghɔ:n] s. buzina ou sereia f. de nevoeiro.

foi.ble [f′ɔibl] s. excentricidade f., defeito m. de caráter, fraqueza f.

foil [fɔil] s. folha f. metálica, chapa, lâmina f. delgada de metal, ouropel m.; contraste, realce m.; folheta f. (em joalharia), amálgama m. + f. ‖ v. folhetear, pôr folheta em (pedra preciosa), folhear; frustrar; despistar.

fold [fould] s. dobra, prega, ruga f., vinco m.; concavidade f.; envoltório, embrulho m.; rosca f. ‖ v. dobrar(-se), preguear(-se); cruzar (os braços), entrelaçar (os dedos); abraçar, enlaçar, juntar; embrulhar; dobrar, ceder, vergar, esmorecer.

fold.er [f′ouldə] s. dobrador m.; dobradeiro m. (instrumento); pasta f. de papéis, envoltório m.; folheto m. dobrado.

fold.ing [f′ouldiŋ] s. dobração, dobradura, dobragem f. ‖ adj. dobradiço. ≃ **chair** cadeira dobradiça. ≃ **doors** porta de duas folhas. ≃ **screen** biombo flexível.

fo.li.age [f′ouliidʒ] s. folhagem, fronde f.

fo.li.o [f′ouliou] s. fólio m., livro m. comercial numerado por folhas; in-fólio m., livro em formato in-fólio. ‖ v. paginar, numerar as páginas.

folk [fouk] s. povo m.; tribo, nação f.; gente, pessoa, família f., parentes m. pl. ≃ **dance** dança folclórica.

folk.lore [f′ouklɔ:] s. folclore m.

fol.low [f′ɔlou] v. seguimento m.; perseguição f. ‖ v. seguir, suceder no lugar de alguém; resultar de, seguir-se; deduzir-se; continuar; escoltar, servir, atender; perseguir, caçar; imitar, observar, usar, obedecer a; visar, correr no encalço de. **do you** ≃ **me?** compreende-me? ≃ **my advice!** siga o meu conselho! **as** ≃ **s** como segue. **it** ≃**s that** logo, portanto.

fol.low.er [f′ɔlouə] s. seguidor, partidário, adepto, discípulo m.; criado, servidor m.; dependente m. + f.; (coloq.) admirador m.

fol.low.ing [f′ɔlouiŋ] s. cortejo m.; adeptos, sequazes m. pl., comitiva f. ‖ adj. seguinte, que segue, imediato, próximo.

fol.ly [f′ɔli] s. loucura, tolice f., desatino m.

fo.ment [foum′ent] v. fomentar, estimular.

fond [fɔnd] adj. amigo, afeiçoado; afetuoso, apaixonado. **to be** ≃ **of** gostar muito de alguma pessoa ou coisa.

fon.dle [fɔndl] v. acariciar, afagar, amimar.

fond.ness [f′ɔndnis] s. afeto, amor m., afeição, inclinação f., meiguice, ternura f.

font [fɔnt] s. pia f. batismal; pia de água benta; reservatório m. de lampião.

food [fu:d] s. alimento, sustento, pasto m., ração f.; víveres, mantimentos m. pl., provisões f. pl. de boca.

food.stuff [f′udstʌf] s. gêneros m. pl. alimentícios, víveres, alimentos m. pl.

fool [fu:l] s. louco, bobo, imbecil m.; bufão m.; ingênuo m. ‖ v. bobear, fazer o papel de tolo, desapontar, folgar, gracejar; zombar de; enganar, trapacear. **to make a** ≃ **of** fazer de tolo. **to make a** ≃ **of oneself** fazer-se ridículo. **to play the** ≃ fazer papel de bobo.

fool.har.dy [fˈuːlhaːdi] adj. incauto, precipitado.

fool.ish [fˈuːliʃ] adj. tolo, louco, insensato, ridículo, absurdo; frívolo, leviano.

fool.ish.ness [fˈuːliʃnis] s. loucura, tolice f.

fool.proof [fˈuːlpruːf] adj. (coloq., E.U.A.) perfeitamente seguro; simples.

foot [fut] s. (pl. **feet**) pé m.; base f., suporte m.; sopé, fundo, rodapé m.; margem f. inferior (de uma página); o último de uma série f.; pé m., medida de comprimento; garra, pata, perna f. ‖ v. pôr novo pé em; caminhar; dançar; somar, adicionar. **at the** ≃ ao pé (da página). ≃ **by** ≃ pé ante pé, cautelosamente. **on** ≃ a pé, em pé. **swift of** ≃ ligeiro de pés.

foot.age [fˈuteidʒ] s. metragem f.

foot.ball [fˈutbɔːl] s. futebol m.; bola f. de futebol, jogo m. ou bola f. semelhante.

foot.bridge [fˈutbridʒ] s. ponte, passarela f. de pedestres m. pl.

foot.hill [fˈuthil] s. contraforte m.

foot.hold [fˈuthould] s. apoio m. para os pés, lugar m. onde pôr o pé; ponto m. de apoio; posição f. segura.

foot.ing [fˈutiŋ] s. passada f., piso m.; lugar m. onde pôr os pés, apoio m. para os pés, fundamento m., base f.; ponto m. de apoio, condição, posição f.; sapata f. da parede. **to lose one's** ≃ escorregar.

foot.lights [fˈutlaits] s. pl. ribalta f.; (fig.) o palco m.; a profissão f. teatral.

foot.loose [fˈutluːs] adj. (coloq.) livre, sem entraves.

foot.note [fˈutnout] s. nota f. ao pé de uma página, nota de rodapé.

foot.path [fˈutpaːθ] s. vereda, senda, trilha f., atalho m.

foot.print [fˈutprint] s. pegada f.

foot.step [fˈutstep] s. som m. de passo; pegada, pisada f.; passo m.; degrau m.

for [fɔː] prep. por, em lugar de, em vez de; em prol de, em defesa de, a favor de; de, representante de, em nome de; por, para, à razão de, ao preço de; a fim de, no intuito de; em consideração de; em busca de; com destino a; próprio de, acomodado a; por, por causa de, em razão de, devido a; em honra de; por, com afeição ou sentimen-

to por; a respeito de, com relação a, pelo que toca a, enquanto a; numa extensão de; como, na qualidade de; a despeito de, apesar de; em vista de, em proporção de, no valor de; durante. ‖ conj. pois, visto que, desde que. **as** ≃ **me** quanto a mim. ≃ **two years** por dois anos. ≃ **years** há anos. ≃**how long?** por quanto tempo? ≃ **the time being** por ora, por enquanto. **once** ≃ **all** uma vez por todas. ≃ **a while** por algum tempo. **what** ≃? para quê? ≃ **want of** por falta de.

for.age [fˈɔridʒ] s. forragem f.; pilhagem f. ‖ v. dar forragem a, alimentar; colher forragens; pilhar, devastar, saquear.

for.bear [fɔːbɛə] s. antepassado m. ‖ v. (pret. **forbore** [fɔːbˈɔː]. p. p. **forborne**) conter, abster-se de, desistir de, omitir; sofrer, tolerar, poupar, ter paciência, reprimir-se, abster-se, refrear-se.

for.bear.ing [fɔːbˈɛəriŋ] adj. paciente, indulgente, controlado.

for.bid [fəbˈid] v. (pret. **forbade** ou **forbad**, p.p. **forbidden**) proibir; excluir; impedir, impossibilitar; negar acesso, excluir de.

for.bid.den [fəbˈidn] adj. proibido, interdito.

for.bid.ding [fəbˈidiŋ] adj. proibitivo, ameaçador, repugnante.

for.bore [fɔːbˈɔː] v. pret. de **forbear.**

for.borne [fɔːbˈɔːn] v. p. p. de **forbear.**

force [fɔːs] s. força, energia f., vigor m.; valentia f.; motivo m., causa f.; poder m.; necessidade, violência f.; força f. militar, naval ou policial; (Fís.) potência, causa f. ≃**s** forças armadas f. pl.; força pública. ‖ v. forçar, violentar; conseguir, arrombar, impor, arrebatar. **in** ≃ em vigor. **to** ≃ **one's way** abrir caminho.

forced [fɔːst] adj. forçado, compulsório; fingido, exagerado, afetado.

force.ful [fˈɔːsful] adj. forte, vigoroso, substancial, substancioso, eficaz.

for.ci.ble [fˈɔːsəbl] adj. forçoso, enérgico, potente, eficaz, convincente.

ford [fɔːd] s. vau m. ‖ v. vadear.

fore [fɔː] s. parte f. dianteira, frente, proa f. ‖ adj. dianteiro, anterior, prévio, primeiro. ‖ adv. anteriormente; à prova.

fore.arm [fˈɔːraːm] s. antebraço m.

fore.bode [fɔːbˈoud] v. agourar, predizer, pressentir, ter pressentimento de.

fore.bod.ing [fɔːbˈoudiŋ] s. agouro, pressentimento, presságio m.

fore.cast [fˈɔːkaːst] s. previsão f., prognóstico m.; providência f., projeto, cálculo m.

fore.cast [fɔːkˈaːst] v. prever; prevenir; projetar, planejar, calcular de antemão.

fore.fa.ther [fˈɔːfaːðə] s. antepassado, antecessor m.

fore.fin.ger [fˈɔːfiŋgə] s. dedo m. indicador.

fore.foot [fˈɔːfut] s. pé m. ou pata f. dianteira; (Náut.) talha-mar m.

fore.go.ing [fɔːgˈouiŋ] adj. precedente.

fore.gone [fɔːgˈɔn] adj. passado, prévio. ≃ **conclusion** conclusão prévia ou antecipada, prejulgamento.

fore.ground [fˈɔːgraund] s. primeiro plano m.; frente f.

fore.head [fˈɔːhəd] s. testa, fronte f.

for.eign [fˈɔrin] adj. estrangeiro; alienígena, externo; forasteiro, alheio; estranho, exótico. ≃ **born** nascido no estrangeiro. **Foreign Office** Ministério das Relações Exteriores. ≃ **trade** comércio exterior.

for.eign.er [fˈɔrinə] s. estrangeiro m.

fore.man [fˈɔmən] s. capataz, contramestre, feitor m. de turma, de seção (em oficina); primeiro jurado m.

fore.most [fˈɔːmoust] adj. dianteiro, primeiro, o principal. ‖ adv. em primeiro lugar, primeiramente, à frente.

fore.name [fˈɔːneim] s. prenome m.

fore.run.ner [fˈɔːrʌnə] s. precursor, sinal m.; presságio m.; antepassado m.

fore.see [fɔːsˈiː] v. (pret. **foresaw**, p. p. **foreseen**) prever, antever, pressupor, pressagiar.

fore.shad.ow [fɔːʃˈædou] v. prenunciar.

fore.sight [fˈɔːsait] s. previsão f.; previdência, prevenção, precaução f.; providência f.; (Téc.) mira f.

fore.skin [fˈɔːskin] s. (Anat.) prepúcio m.

for.est [fˈɔrist] s. floresta, mata, selva f., bosque m. ‖ v. arborizar, reflorestar. ‖ adj. florestal, relativo à floresta. ≃ **ranger** guarda-florestal.

fore.stall [fɔːstˈɔːl] v. prevenir, evitar.

for.est.er [fˈɔristə] s. guarda-florestal m.

fore.tell [fɔːtˈel] v. vaticinar, profetizar.

fore.thought [fˈɔːθɔːt] s. premeditação, prevenção f.

for.ev.er [fərˈevə] s. (Poét.) eternidade f. ‖ adv. (Ingl. **for ever**) para sempre, eternamente, continuamente.

fore.warn [fɔːwˈɔːn] v. prevenir, precaver.

fore.word [fˈɔːwəːd] s. prefácio m.

for.feit [fˈɔːfit] s. coisa f. confiscada por causa de negligência, falta, omissão, crime; penalidade, pena f. ≃ **s** penhor m., jogo m. de prendas. ‖ v. perder por confisco, pagar como multa ou castigo. ‖ adj. perdido, pago como multa.

for.gave [fɔːgˈeiv] v. pret. de **forgive**.

forge [fɔːdʒ] s. forja, fornalha f.; oficina f. de ferreiro; fundição, usina f. siderúrgica. ‖ v. forjar; inventar, maquinar, planejar; moldar; falsificar, dissimular.

for.ger.y [fˈɔːdʒəri] s. falsificação (assinatura), contrafação f.; (fig.) invenção, ficção, mentira f.; falsificação f.; coisa f. inventada.

for.get [fəgˈet] v. (pret. **forgot**, p.p. **forgotten**) esquecer; esquecer-se de, omitir, negligenciar, abandonar, desprezar. ≃ **it!** esqueça! não ligue! **I forgot** esqueci. ≃**-me-not** (Bot.) miosótis.

for.get.ful [fəgˈetful] adj. esquecido, desmemoriado; negligente, desatento.

for.get.ful.ness [fəgˈetfulnis] s. esquecimento m.; negligência f.; descuido m.

for.give [fəgˈiv] v. (pret. **forgave**, p. p. **forgiven**) perdoar, absolver, desculpar, relevar; remitir. **am I** ≃ **n?** estou perdoado?

for.give.ness [fəgˈivnis] s. perdão m., indulto m.

for.got [fəgˈɔt] v. pret e p. p. de **forget**.

for.got.ten [fəgˈɔtn] v. p. p. de **forget**.

fork [fɔːk] s. garfo, forcado m., forquilha, forqueta f.; bifurcação f.; dente m. de garfo. ‖ v. forcar, aforquilhar; bifurcar.

forked [fɔːkt] adj. bifurcado, aforquilhado.

for.lorn [fəlˈɔːn] adj. abandonado; miserável; aflito; desesperançado.

form [fɔːm] s. forma f., figura, feição f.; modelo m.; estrutura f., sistema m.; uso m., praxe f.; fórmula f.; espécie f. ‖ v. formar, afeiçoar, moldar, fabricar, criar; produzir; imaginar; organizar, desenvolver; adquirir, contrair; ensinar, educar, amestrar; pôr em ordem, em linha, dispor em certa ordem; (Gram.) servir de.

for.mal [f'ɔ:məl] adj. cerimonioso, solene, a rigor; convencional; formal.

for.mal.i.ty [fɔ:m'æliti] s. formalidade f.

for.mal.ize [fɔ:məlaiz] v. formalizar.

for.mat.ive [f'ɔ:mətiv] adj. formativo.

for.ma.tion [f'ɔ:m'eiʃən] s. formação f.

for.mer [f'ɔ:mə] s. formador, autor m.; padrão, molde m., matriz f., (Téc.) moldador, perfilador m. de ferramentas.

for.mi.da.ble [f'ɔ:midəbl] adj. formidável, tremendo, enorme, descomunal.

for.mu.la [f'ɔ:mjulə] s. fórmula, receita f.

for.mu.late [f'ɔ:mjuleit] v. formular.

for.sake [fəs'eik] v. (pret. **forsook**, p.p. **forsaken**) renunciar a, desistir de, abandonar, desamparar, desertar.

for.sak.en [fəs'eiken] adj. desamparado.

fort [fɔ:t] s. forte, castelo, fortim m.

forth [fɔ:θ] adv. adiante, para a frente, em diante; diante de, à vista de, publicamente, para lugar visível; fora, para fora, para longe do país. **from this time** ≈ de ora em diante. **so** ≈ e assim por diante.

forth.com.ing [fɔ:θk'ʌmiɲ] s. + adj. futuro m. ‖ adj. próximo, futuro, disponível, acessível.

forth.with [f'ɔ:θw'iθ] adv. em seguida, sem demora, incontinenti, imediatamente.

for.ti.fi.ca.tion [fɔ:tifik'eiʃən] s. fortificação, fortaleza f., forte, baluarte m.

for.ti.fy [f'ɔ:tifai] v. (pret. e p. p. **fortified**) fortificar, fortalecer, robustecer, reforçar, animar, encorajar.

for.ti.tude [f'ɔ:titju:d] s. fortaleza, coragem, firmeza, resistência, constância f.

fort.night [f'ɔ:tnait] s. quinzena f.

for.night.ly [f'ɔ:tnaitli] adj. quinzenal.

for.tress [f'ɔ:tris] s. fortaleza f.; forte m.

for.tu.i.tous [fɔ:tj'uitəs] adj. fortuito.

for.tu.nate [f'ɔ:tʃənit] adj. afortunado.

for.tune [f'ɔ:tʃən] s. fortuna, boa sorte f. ≈ - **teller** adivinho, cartomante, quiromante.

for.ty [f'ɔ:ti] s. + adj. (pl. **forties**) quarenta m.

fo.rum [f'ɔ:rəm] s. foro, fórum m.

for.ward [f'ɔ:wəd] s. (Esp.) forward (no futebol), dianteiro, atacante m. ‖ v. despachar, transmitir; ajudar, incentivar, desenvolver. ‖ adj. dianteiro, anterior, de proa; adiantado, precoce, prematuro; disposto, solícito; petulante, insolente, atrevido. ‖ adv. adiante, para diante, avante, para a frente. **from**

the time ≈ desde então para cá. **backwards and** ≈ **s** de um lado para outro. **to date** ≈ pós-datar.

for.ward.ness [f'ɔ:wədnis] s. solicitude f.

fos.sil [fɔsl] s. + adj. fóssil m.

fos.ter [f'ɔstə] v. alimentar, promover, favorecer; acariciar, encorajar; criar, sustentar, cultivar. ‖ adj. adotivo.

fought [fɔ:t] v. pret e p. p. de **fight**.

foul [faul] s. infração, falta f., golpe ou jogo m. ilícito, abalroamento m. ‖ v. sujar(-se), enlamear, desonrar, infamar; (Náut.) colidir; obstruir(-se), bloquear, entravar. ‖ adj. sujo, enlameado, imundo, estragado, nocivo, sórdido, indecente; malvado; ilícito, injusto; abalroado; obstruído; feio, odioso. ‖ adv. ilicitamente, traiçoeiramente. **through** ≈ **and fair** aos trancos e barrancos. ≈ **play** velhacaria, desonestidade. ≈ - **mouthed** desbocado.

found [faund] v. fundar, construir, instituir, criar; apoiar, basear(-se); fundir (metais); pret. e p. p. de **find**.

foun.da.tion [faund'eiʃən] s. fundação, base f., alicerce, fundamento m.; origem, razão f. fundamental; estabelecimento m.; instituição f. fundada à custa de uma doação; legado m. pio.

found.er [f'aundə] s. fundador, instituidor, iniciador m.; fundidor m. ‖ v. afundar-se.

found.ling [f'aundliɲ] s. exposto, enjeitado m.; criança f. abandonada.

found.ry [f'aundri] s. fundição f.

foun.tain [f'auntin] s. fonte, origem f.; bebedouro m.; chafariz, repuxo m. ≈ -**pen** caneta-tinteiro.

four [fɔ:] s. quatro, número m. quatro; quadra f.; quarteto m. ‖ num. quatro.

four.square [f'ɔ:skw'ɛə] s. quadrado m. ‖ adj. quadrado; franco; inflexível.

four.teen [f'ɔ:t'i:n] s. + num. quatorze m.

fourth [f'ɔ:θ] s. quarto m.; quarta parte f. ‖ num. quarto.

fowl [faul] s. qualquer ave f. ou pássaro m., aves coletivamente; ave comestível. ‖ v. caçar, apanhar aves selvagens.

fox [fɔks] s. raposa f.; pele f. de raposa; (fig.) pessoa f. astuta. ‖ v. (coloq.) enganar, lograr; descolar(-se), manchar (folhas de livro etc.), descorar(-se).

fox.y [f'ɔksi] adj. semelhante à raposa, vulpino; astuto, traiçoeiro; descolorido, desbotado, mofado, ruço, manchado; azedo, mal fermentado (vinho, cerveja).

frac.tion [fr'ækʃən] s. migalha, pequena parte f., fragmento m., fração f., (Mat.) quebrado m. **by a** ≃ **of an inch** (coloq.) por um fio de cabelo.

frac.ture [fr'æktʃə] s. fenda, racha f.; fratura, ruptura f. ‖ v. fraturar, partir (um osso), fraturar-se, quebrar(-se).

frag.ile [fr'ædʒail] adj. frágil, friável.

frag.ment [fr'ægmənt] s. fragmento m.

fra.grance [fr'eigrəns] s. fragrância f.

fra.grant [fr'eigrənt] adj. fragrante.

frail [freil] adj. frágil, delicado, débil.

frame [freim] s. armação, carcaça f., madeiramento, esqueleto, leito, chassi m.; corpo m. (humano ou de animal); ossatura, disposição, construção f.; organização, ordem f.; constituição f. física; humor m.; quadro, caixilho m. (de porta, janela, tear etc.), moldura f. ‖ v. moldar, modelar, inventar, imaginar; construir, fabricar, planejar, projetar, arranjar, forjar; encaixilhar, enquadrar, emoldurar; (E.U.A.) tramar. ≃ **- house** casa de madeira. ≃ **of mind** humor.

frame.work [fr'eimwɔ:k] s. vigamento, madeiramento, travejamento m., armação, treliça f.; estrutura f.

franc [fræŋk] s. franco m. (moeda).

fran.chise [fr'æntʃaiz] s. privilégio m., isenção, franquia f.; imunidade f.; cidadania f., direito m. de voto.

frank [fræŋk] s. franquia, isenção f. de porte postal; (pop. E.U.A.) salsicha f. ‖ v. enviar (carta etc.) de porte franco; transportar (pessoa ou coisa) gratuitamente; franquear, isentar, facilitar a entrada de. ‖ adj. franco, honesto, leal; liberal, generoso.

frank.furt [fr'æŋkfət] s. = **frankfurter**.

frank.furt.er [fr'æŋkfətə] s. salsicha f. alemã, salsicha de cachorro-quente.

frankfurt sausage s. = **frankfurter**.

frank.ly [fr'æŋkli] adj. francamente, sinceramente, honestamente.

frank.ness [fr'æŋknis] s. franqueza f.

fran.tic [fr'æntik] adj. frenético, furioso.

fra.ter.nal [frət'ə:nl] adj. fraternal, fraterno, de irmão para irmão.

fra.ter.ni.ty [frət'ə:niti] s. fraternidade f.; corporação, irmandade, confraria, congregação f., grêmio m.; harmonia f.

frat.er.nize [fr'ætənaiz] v. fraternizar.

fraud [frɔ:d] s. fraude f. (também Jur.), engano m., desonestidade f.; estratagema, mentira f.; impostor, embusteiro m.

fraud.u.lent [fr'ɔ:djulənt] adj. fraudulento, enganador, ardiloso.

fraught [frɔ:t] adj. abastecido (Com.), provido, cheio, repleto, fértil.

fray [frei] s. rixa, bulha, briga, refrega f. ‖ v. esfiapar, desfiar, esfiar; desgastar(-se), usar (-se), esfregar(-se), roçar, puir, rafar(-se), cotiar.

fraz.zle [fræzl] s. (coloq. E.U.A.) farrapo, frangalho, trapo m. ‖ v. esfarrapar, esfrangalhar; cansar(-se), esgotar(-se).

freak [fri:k] s. excentricidade f.; capricho m., extravagância f.; aberração f.; salpico m., pinta f. ‖ adj. esquisito, excêntrico. ≃ **out** viajar, ter alucinação (como efeito de drogas alucinógenas).

freck.le [frekl] s. sarda (na pele), lentigem f. ‖ v. cobrir(-se) de sardas, pintalgar(-se), tornar(-se) sardento.

freck.led [frekld] adj. sardento, pintalgado.

freck.ly [fr'ekli] adj. = **freckled**.

free [fri:] v. (pret. e p. p. **freed**) livrar, libertar; resgatar; desembaraçar, abrir. ‖ adj. livre, autônomo; espontâneo, voluntário, arbitrário; solto; absolvido, inocente; desimpedido; desocupado; lícito; desembaraçado; gratuito; isento; (Náut.) favorável. ‖ adv. grátis, gratuitamente. **of my own** ≃ **will** de minha livre e espontânea vontade.

free.bie [fr'i:bi] s. qualquer coisa f. oferecida gratuitamente.

free.dom [fr'i:dəm] s. liberdade, independência, autonomia f.; privilégio m.; libertação f.; isenção, dispensa f. **to be given** ≃ ter carta branca.

free.hand.ed [fr'i:hændid] adj. liberal, generoso.

free.lance [fr'i:la:ns] s. colaborador, escritor m. ou artista m. + f. independente.

free.lancer [fr'i:la:nsə] s. = **freelance**.

Free.ma.son [fr'i:meisn] s. maçon m.

Free.ma.son.ry [fr'i:meisnri] s. maçonaria f.

freeze [fri:z] s. congelação f.; geada f., frio m. intenso. ‖ v. (pret. **froze**, p. p. **frozen**) gelar, refrigerar, resfriar, congelar(-se), solidificar pela ação do frio; frigorificar; sentir muito frio; estar gelado, estar morto de frio, estar queimado por efeito da geada; morrer de frio; cobrir(-se) de gelo; (fig.) esfriar, mostrar-se reservado, indiferente.

freez.er [fr'i:zə] s. sorveteria f.; frigorífico, refrigerador m., geladeira f.

freez.ing [fr'i:ziŋ] s. congelação f. ‖ adj. (fig.) frio, glacial; (também fig.) reservado, indiferente; gelador, que gela.

freight [freit] s. frete m.; carga f., fardo m.; trem m. de carga ou mercadorias. ‖ v. fretar, carregar (navio etc.) ; transportar; despachar, como carga ou mercadoria. ≃ out frete de saída

freight.er [fr'eitə] s. navio m. cargueiro.

French [frentʃ] s. os franceses m. pl., francês m., a língua f. francesa. ‖ adj. francês. ≃ letter (coloq.) camisinha, condon. ≃ window porta-janela.

French.man [fr'entʃmən] s. francês m.

French.wom.an [fr'entʃwumən] s. francesa f.; mulher f. natural da França.

frenzy [fr'enzi] s. frenesi m.

fre.quen.ce [fr'i:kwəns] s. freqüência f. (também Eletr. e Fís.).

fre.quen.cy [fr'i:kwənsi] s. = **frequence**.

fre.quent [fr'i:kwənt] v. freqüentar. ‖ adj. freqüente, repetido; regular, constante.

fresh [freʃ] s. fresca, madrugada f.; fonte ou corrente f. de água doce; fluxo m. de água. ‖ adj. fresco; novo, recente; que não está estragado; não enlatado, defumado ou salgado etc.; viçoso, verdejante; recente, recémcriado; desconhecido, virgem; adicional, novo; forte; puro; estimulante.

fresh.en [fr'eʃn] v. refrescar; restaurar; revigorar-se, reviver; (Náut.) folgar (um cabo).

fresh.er [fr'eʃə] s. (gíria) = **freshman**.

fresh.man [fr'eʃmən] s. (pl. **freshmen**) calouro m.; estudante m. novato. ‖ adj. relativo ao calouro.

fresh.ness [fr'eʃnis] s. frescor m., frescura, fresquidão f.; inexperiência f.

fresh.wa.ter [fr'eʃwɔ:tə] adj. de água doce.

fret [fret] s. lamúria, choradeira f.; aborrecimento m.; fricção f., desgaste m.; corrosão f. ‖ v. (pret. e p. p. **fretted**) enfadar(-se), afligir(-se), queixar(-se), irritar(-se); roer, cor-

roer, comer, desgastar(-se); esfregar; agitar (-se), enrugar(-se), encrespar(-se) (a água).

fret.ful [fr'etful] adj. irritável, rabugento, irascível; inquieto, aflito.

fri.a.ble [fr'aiəbl] adj. friável.

fri.ar [fr'aiə] s. frade, monge m.

fric.tion [fr'ikʃən] s. fricção f.; atrito m.

Fri.day [fr'aidi] s. sexta-feira f.

fried [fraid] v. p. p. de **fry**. ‖ adj. frito.

friend [frend] s. amigo m.; colega m. + f.

friend.less [fr'endlis] adj. sem amigos.

friend.ly [fr'endli] adj. amigável, amigo, afável, benévolo. ‖ adv. amigavelmente, amavelmente, com amizade.

friend.ship [fr'endʃip] s. amizade, afeição f.

frig.ate [fr'igit] s. (Náut.) fragata f.

fright [frait] s. medo, susto, pavor m.

fright.en [fraitn] v. amedrontar, aterrar, alarmar. to ≃ away afugentar, espantar. to ≃ into forçar, obrigar. to ≃ out of intimidar.

fright.en.ing [fr'aitniŋ] adj. amedrontador, assustador, alarmante.

fright.ful [fr'aitful] adj. assustador, espantoso, medonho; (coloq.) tremendo.

frig.id [fr'idʒid] adj. frígido; rígido.

frill [fril] s. rufo, babado m.; ornamentação f. vistosa, de mau gosto. ‖ v. rufar, enfeitar com rufos, folhos ou babados.

fringe [frindʒ] s. franja f., corte m. de cabelo; orla f., debrum m. ‖ v. franjar, orlar, debruar, guarnecer.

frisk [frisk] v. brincar, dançar; traquinar; cabriolar; revistar (para armas).

frisk.y [fr'iski] adj. brincalhão, folgazão.

frit.ter [fr'itə] s. pedaço, fragmento m. to ≃ away esbanjar, dissipar, gastar à toa.

fri.vol.i.ty [friv'ɔliti] s. frivolidade f.

friv.o.lous [fr'ivələs] adj. frívolo; banal.

friz.zly [fr'izli] adj. = **frizzy**.

friz.zy [fr'izi] adj. crespo, encrespado.

fro [frou] adv. cá, lá, usado somente na expressão **to and** ≃ para cá e para lá, para diante e para trás, de um lado para outro.

frock [frɔk] s. vestido m. ou saia f.; túnica f., manto m., blusa f. de marinheiro ou operário; hábito m. ou função f. sacerdotal. ‖ v. vestir o hábito em, ordenar.

frog [frɔg] s. (Zool.) rã f.

frog.man [fr'ɔgmən] s. homem-rã m.

frol.ic [fr'ɔlik] s. brincadeira f., gracejo m.; festejo m. ‖ v. (pret. e p. p. **frolicked**) brincar, gracejar, divertir-se. ‖ adj. brincalhão, travesso, folgazão.

from [frɔm, frəm] prep. de; proveniente de, da parte de; para longe de, para fora de, desde, a partir de, a contar de; por causa de, de acordo com, conforme, por, a julgar por, segundo; diferente de. **apart** ≃ salvo, exceto. **where are you** ≃? de onde você é, onde você nasceu? ≃ **day to day** de dia a dia, diariamente. ≃ **above** de cima.

front [frʌnt] s. frente f.; dianteira f.; fronte, testa, face f., rosto m.; (Arquit.) fachada f., frontispício m.; (Milit.) frente f. de batalha ou de operações; beira, costa f. ‖ v. frontear, defrontar, olhar para (**to, towards, on, upon**); estar em frente de, ser fronteiro a; enfrentar, defrontar, encarar; prover de fachada. ‖ adj. frontal, da frente, visto de frente.

fron.tier [frʌntjə] s. fronteira f.; limite m. ‖ adj. fronteiriço, limítrofe.

front.is.piece [frʌntispis] s. (Arquit. e Bibliogr.) frontispício m.

frost [frɔst] s. congelação f.; geada f.; frigidez, indiferença f.; (gíria) fiasco, fracasso m. ‖ v. gear; queimar(-se) pela geada.

frost.bit.ten [frɔstbitn] adj. enregelado.

frost.ed [frɔstid] adj. coberto de geada ou qualquer coisa semelhante; fosco.

frost.ing [frɔstiŋ] s. glacê ou merengue m. para cobrir bolos; superfície f. mate ou fosca de vidro ou metal.

frost.y [frɔsti] adj. gelado; coberto de geada; encanecido.

froth [frɔθ] s. espuma, escuma f. ‖ v. espumar, escumar; cobrir de espuma.

frown [fraun] s. franzimento m. das sobrancelhas; carranca f., olhar m. de censura e reprovação. ‖ v. franzir as sobrancelhas; mostrar desagrado; carranquear.

froze [frouz] v. pret. de **freeze**.

fro.zen [frouzn] v. p. p. de **freeze**. ‖ adj. gelado; congelado, gélido.

fruit [fru:t] s. fruto m.; fruta f.; produto, rendimento, resultado m., conseqüência f. ‖ v. frutificar; causar frutificação.

fruit.ful [fru:tful] adj. frutífero.

fruit.less [fru:tlis] adj. infrutífero, estéril.

frus.trate [frʌstreit] v. frustrar; malograr; decepcionar.

frus.trate [frʌstreit] adj. frustrado.

frus.tra.tion [frʌstreiʃən] s. frustração f.

fry [frai] s. fritada, fritura f.; peixinho(s), peixe(s) m. novo(s); filhote(s) m., cria(s), prole f.; crianças f. pl.; miuçalhas f. pl. ‖ v. fritar, frigir; (fig.) torturar(-se), afligir(-se).

fry.er [fraiə] s. o que frita; ave f. comestível (frango, pato etc.) para fritar.

frying pan [fraiiŋpæn] s. frigideira f.

fuck [fʌk] s. (vulg.) relações f. pl. sexuais; cópula f.

fucked [fʌkt] adj. (fig.) exausto; numa situação difícil ou desagradável.

fucker [fʌkə] s. (vulg.) filho m. da puta. **mother** ≃ filho da puta.

fud.dled [fʌdld] adj. confuso (mentalmente); bêbado, embriagado.

fudge [fʌdʒ] s. doce m. de leite, chocolate etc.; bobagem, lorota f. ‖ v. remendar; disparatar; camuflar, inventar. ‖ interj. bobagem! tolice! absurdo!

fu.el [fjuəl] s. combustível m.; (fig.) estímulo, incentivo m. ‖ v. (pret. e p. p. **fuelled, fueled**) abastecer com combustível. ≃ **tank** tanque de combustível.

fu.gi.tive [fju:dʒitiv] s. fugitivo, foragido m.; refugiado, exilado m.; coisa f. fugaz ou efêmera. ‖ adj. fugitivo; fugidio; fugaz.

ful.fil [fulfil] v. (pret. e p.p. **fulfilled**) cumprir (palavra, promessa etc.), efetuar, realizar; satisfazer (pedido, desejo etc.), desempenhar; consumar; preencher.

ful.fil.ment [fulfilmənt] s. cumprimento, desempenho m.; execução f.; realização f.

ful.fill.ment [fulfilmənt] s. = **fulfilment**.

full [ful] s. totalidade, íntegra f.; máximo m.; plenitude, abundância, suficiência f. ‖ v. tornar(-se) cheio; franzir ou juntar em pregas. ‖ adj. cheio; lotado; total, integral; ilimitado; abundante; satisfatório; satisfeito, saciado; arredondado, distendido; rechonchudo; sonoro, forte, claro (voz). ‖ adv. completamente, totalmente; diretamente, em cheio. **the moon is at the** ≃ a lua está cheia. **in** ≃ completamente. **please, write in** ≃ é favor escrever por extenso. ≃ **- back** (Futeb.) beque central. ≃ **- blooded** de raça pura, forte. ≃ **dress** traje, vestido de cerimônia. ≃ **- grown** maduro, adulto, crescido. ≃ **moon**

lua cheia. ≃ **stop** ponto final. ≃- **time** tempo integral.

ful.mi.nate [f'ʌlmineit] s. (Quím.) fulminato m. ‖ v. fulminar; lançar raios, trovejar; (fig.) invectivar, censurar violentamente.

fum.ble [f'ʌmbl] s. desajeitamento m., trapalhice f. ‖ v. tatear, apalpar; atrapalhar-se, remexer em.

fume [fju:m] s. ≃s fumo m.; fumaça f., gás m., vapores m. pl. (esp. nocivos); emanação f. ‖ v. fumar; fumigar, lançar fumo, exalar vapores; evaporar-se; defumar, fumigar; incensar, encolerizar-se.

fu.mi.gate [fj'u:migeit] v. fumigar; defumar.

fun [fʌn] s. brincadeira, pilhéria f., gracejo m.; divertimento m. ‖ v. (coloq.) brincar, gracejar, divertir-se. **to have** ≃ divertir-se. **to make** ≃ **of** fazer troça de.

func.tion [f'ʌŋkʃən] s. função f.; exercício m., prática f.; atividade f.; emprego m., tarefa f.; obrigação f.; finalidade f.; espetáculo, baile m.; função f. gramatical. ‖ v. funcionar, trabalhar, operar, atuar.

func.tion.al [f'ʌŋkʃənl] adj. funcional; formal.

fund [fʌnd] s. fundo m.; capital, valor m. disponível, reserva f. monetária; cabedal m., provisão f. ≃s fundos, recursos m. pl. financeiros. ‖ v. fundar, consolidar (dívidas); inverter dinheiro em fundos públicos.

fun.da.men.tal [fʌndəm'entl] s. ≃s fundamento, princípio m., base f.; parte f. essencial. ‖ adj. fundamental, básico, essencial.

fu.ner.al [fj'u:nərəl] s. funeral m.; exéquias f. pl.; enterro m., cortejo m. fúnebre. ‖ adj. funeral, fúnebre, funerário, mortuário.

fu.ne.re.al [fju:n'iəriəl] adj. funeral.

fun.gus [f'ʌŋgəs] s. fungo m.; cogumelo m.

funk [fʌŋk] s. medo, pavor m.; medroso, covarde m. ‖ v. temer; assustar, intimidar; evitar, esquivar-se a, fugir de.

fun.nel [fʌnl] s. funil m.; fumeiro, cano m. de chaminé, chaminé f. de navio. ‖ v. passar ou alimentar por funil.

fun.ny [f'ʌni] s. (pl. **funnies**) (E.U.A.) histórias f. pl. cômicas em quadrinhos. ‖ adj. engraçado, jocoso, risível, cômico. ≃ **bone** parte do cotovelo por onde passa o nervo cubital e que provoca a dor-de-viúva.

fur [fə:] s. pele f. (animal). ‖ v. forrar ou guarnecer de peles. ‖ adj. de pele, feito de peles.

fu.ri.ous [fj'uəriəs] adj. furioso; irritado.

furl [fə:l] s. enrolamento m. ‖ v. desfraldar (bandeira); levantar (cortina).

fur.lough [f'ə:lou] s. (esp. Milit.) licença f.

fur.nace [f'ə:nis] s. forno m., fornalha f.

fur.nish [f'ə:niʃ] v. fornecer; mobiliar.

fur.nish.ings [f'ə:niʃiŋs] s. pl. mobília f., equipamento m., aprestos m. pl.; acessórios m. pl., guarnições f. pl.

fur.ni.ture [f'ə:ntʃə] s. mobília f., móveis m. pl; acessórios m. pl. **a piece of** ≃ peça de móvel.

fur.row [f'ʌrou] s. sulco, rego m.; esteira f. (navio); ruga f. (face). ‖ v. sulcar; arar; estriar; vincar; enrugar.

fur.ther [f'ə:ðə] v. promover, favorecer, ajudar. ‖ adj. mais afastado, mais distante; ulterior, adicional, mais, outro, novo. ‖ adv. mais além, mais longe, mais adiante, demais, além disso.

fur.ther.more [f'ə:ðəmɔ:] adv. demais, além disso, outrossim, em adição.

fur.thest [f'ə:ðist] adj. + adv. superl. de **further.**

fur.tive [f'ə:tiv] adj. furtivo, oculto; dissimulado, sonso, manhoso.

fu.ry [fj'uəri] s. fúria f.; furor m.

fuse [fju:z] s. (Eletr.) fusível m.; estopim, detonador m., espoleta f. ‖ v. fundir(-se), liquefazer(-se), unir(-se), misturar(-se); queimar (fusível).

fu.se.lage [fj'uzilidʒ] s. (Av.) fuselagem f.

fu.sion [fj'u:ʒən] s. fusão f.; derretimento m., fundição f.; liga f., mistura f.

fuss [fʌs] s. espalhafato m., azáfama, agitação f.; pessoa f. exagerada, irrequieta, nervosa. ‖ v. exagerar, inquietar-se; irritar, importunar, amolar.

fuss.i.ness [f'ʌsinis] s. espalhafato m.

fuss.y [f'ʌsi] adj. atarantado, nervoso; exigente; exagerado; minucioso; difícil.

fu.tile [fj'u:tail] adj. fútil, inútil, infrutífero; frívolo, sem importância, trivial.

fu.ture [fj'u:tʃə] s. futuro, porvir m.; destino m., perspectivas, esperanças f. pl.; (Gram.) o tempo m. futuro. ≃s artigos, títulos m. pl. comprados a termo, operações f. pl. a prazo. ‖ adj. futuro (também Gram.), vindouro. **in the near** ≃ dentro em breve, brevemente. ≃ **tense** (Gram.) o futuro, o tempo futuro.

fuzz [fʌz] s. flocos m. pl., felpa, penugem f. ‖ v. esfiapar-se; felpar.

fuzz.y [f'ʌzi] adj. flocoso, penugento, felpudo; frisado; vago, indistinto; (coloq.) ligeiramente embriagado.

G

G, g [dʒi:] s. sétima letra f. do alfabeto; (Mús.) sol m.; quinta nota f. da escala musical.

gab.ble [gæbl] s. conversa, tagarelice f. ‖ v. falar rapidamente, tagarelar, cacarejar.

gab.by [g'æbi] adj. conversador, falador.

ga.ble [geibl] s. (Arquit.) aresta f.; espigão m.; ornamento m. triangular, frontão m. ‖ v. construir para formar espigão.

gad [gæd] v. andar sem ter sossego; sair à procura de alimento. **to ≃ about** passear.

gadg.et [g'ædʒit] s. (coloq.) dispositivo m.; invenção, coisa f. prática ou engenhosa; (fig.) insignificância f. **≃s** trastes m. pl.

gag [gæg] s. mordaça f.; impedimento m., restrição f. para falar; (pop.) piada f. ‖ v. amordaçar; silenciar; esforçar-se para vomitar.

gai.e.ty [g'eiəti] s. alegria f., júbilo m.; divertimento m., folia f.; graça, formosura f.

gain [gein] s. ganho, ato m. de ganhar; lucro, benefício m. ‖ v. ganhar, obter; progredir, avançar, melhorar; atingir.

gain.ful [g'einful] adj. vantajoso, lucrativo.

gain.say [g'einsei] s. contradição, impugnação f. ‖ v. negar, contradizer, opor-se, discutir, falar ou agir contra.

gait [geit] s. andadura f., passo, porte m.

gala [g'eilə] s. gala f. ‖ adj. de gala.

gal.ac.tose [g'ælæktouz] s. (Quím.) galactose f.

gal.ax.y [g'æləksi] s. galáxia, via-láctea f.

gale [geil] s. vento m. forte, temporal m., ventania f.; (fig.) briga f., tumulto m.

gall [gɔ:l] s. fel m., bílis f.; vesícula f. biliar; (fig.) amargor, rancor, ódio m., amargura f.; assadura, escoriação, irritação f. da pele; (fig.) sofrimento m., irritação, perturbação f. ‖ v. esfolar, escoriar; irritar, atormentar. **≃ bladder** (Anat.) vesícula biliar.

gal.lant [g'ælənt] s. homem m. galante, garboso ou corajoso. ‖ adj. nobre, bravo, valente; fino, grandioso, imponente.

gal.lant.ry [g'æləntri] s. galantaria f.; conduta f. ou espírito m. nobre, coragem, bravura f.; cortesia f.; cavalheirismo m.

gal.ler.y [g'æləri] s. galeria f.; corredor m.; sacada, plataforma f.; tribuna f., balcão m., assentos m. pl. baratos de teatro; galeria f. de arte; audiência f.

gal.ley [g'æli] s. galera f., navio m. a remo; baleeira f.; (Tipogr.) galé f. **≃ slave** trabalhador servil, lacaio.

gall.ing [g'ɔ:liŋ] s. esfoladura, escoriação f. ‖ adj. que irrita, que esfola.

gal.li.vant [g'ælivænt] v. andar à toa, divertir-se, procurar divertimento.

gal.lon [g'ælən] s. galão m. (E.U.A. 3,8 l; Ingl. 4,5 l).

gal.loon [gəl'u:n] s. galão, enfeite m.

gal.lop [g'æləp] s. galope m. ‖ v. galopar, andar a galope; fazer galopar; correr, movimentar-se rapidamente.

gal.lows [gælouz] s. forca f., patíbulo m.

ga.lore [gəl'ɔ:] s. abundância f. ‖ adv. em abundância, em quantidade.

gal.va.nize [g'ælvənaiz] v. galvanizar.

gam.ble [gæmbl] s. (coloq.) empreendimento m. arriscado. ‖ v. jogar jogos de azar; arriscar, especular; apostar.

gamb.ler [g'æmblə] s. jogador, apostador m.

gam.bol [g'æmbəl] s. cambalhota, cabriola f., pulo m. de alegria. ‖ v. pular de alegria, cabriolar, dar cambalhotas.

game [geim] s. jogo, modo m. de jogar, partida f.; divertimento, passatempo m., brincadeira, peça, zombaria f.; partida, peleja f.; número m. de pontos necessários para ganhar; objetivo m. almejado, o que se persegue; caça f. ‖ v. jogar, apostar. ‖ adj. relativo à caça.

game.keep.er [g'eimki:pə] s. guarda-caça m.

game.war.den [g'eimwɔ:dn] s. = **gamekeeper**.

gan.der [g'ændə] s. ganso m. macho. **to take a** ≃ (gíria) dar uma olhada.

gang [gæŋ] s. grupo m. de pessoas, bando m., turma, equipe, quadrilha f. ‖ v. formar grupo ou turma; atacar em turma.

gang.bang [g'æŋbæŋ] s. (coloq.) suruba f.

gan.gling [g'æŋgliŋ] adj. magro, frouxo.

gan.grene [g'æŋgri:n] s. gangrena f. ‖ v. gangrenar; corromper-se.

gang.plank [g'æŋplæŋk] s. (Náut.) prancha f. de embarque.

gang.ster [g'æŋstə] s. ladrão, facínora m.

gang.way [g'æŋwei] s. passagem f., corredor m.; (Náut.) passadiço m.; escada f. do costado. ‖ interj. abram alas!

gaol [dʒeil] s. (Ingl.) = **jail**.

gap [gæp] s. abertura, fenda, brecha f.; parte f. ou espaço m. vazio; vácuo, branco m., lacuna f.; diferença f. grande de opinião ou de caráter; desfiladeiro m.

gape [geip] s. abertura f. larga; bocejo m.; olhar m. embasbacado. ‖ v. bocejar; olhar com pasmo ou de boca aberta.

gap.ing [g'eipiŋ] adj. aberto, boquiaberto.

ga.rage [g'æra:ʒ, gær'a:ʒ] s. garagem f.

garb [ga:b] s. traje m., roupa, roupagem, veste, vestimenta, farda f.; modo m. de vestir-se; aparência f. ‖ v. vestir; trajar.

gar.bage [g'a:bidʒ] s. lixo, refugo m.

gar.ble [ga:bl] v. deturpar, falsificar.

gar.den [ga:dn] s. jardim, quintal m., horta f.; parque, horto, lugar m. de recreio ou de passeio. ‖ v. ajardinar, jardinar.

gar.den.er [g'a:dənə] s. jardineiro m.

gar.gle [ga:gl] s. gargarejo, líquido m. para gargarejo. ‖ v. gargarejar, fazer gargarejo, lavar a boca.

gar.land [g'a:lənd] s. grinalda, coroa f. de flores; antologia f. ou livro m. de poesias.

gar.lic [g'a:lik] s. (Bot.) alho m.

gar.ment [g'a:mənt] s. artigo m. de vestuário; peça f. de roupa. ‖ v. vestir.

gar.nish [g'a:niʃ] s. (Culin.) guarnição f., enfeite m. ‖ v. enfeitar, decorar.

gar.ret [g'ærət] s. sótão m.

gar.ri.son [g'ærisn] s. (Milit.) guarnição f.; tropas f. pl. ‖ v. guarnecer, pôr forças militares em, ocupar com guarnição.

gar.ru.lous [g'æruləs] adj. gárrulo, palrador, tagarela, falador.

gar.ter [g'a:tə] s. liga f.

gas [gæs] s. (Fís.) gás; (E.U.A., coloq.) gasolina f. ‖ v. suprir com gás ou gasolina; tratar com gás, usar gás em. ≃-**burner**, ≃-**jet** bico de gás. ≃ **station** posto de gasolina.

gas.e.ous [g'eiziəs] adj. gasoso.

gash [gæʃ] s. ferida f. profunda, cutilada f. ‖ v. cortar, acutilar, ferir fundo. ≃ **job** trabalho malfeito.

gasoline pump [g'æsoli:n pʌmp] s. (E.U.A.) bomba f. de gasolina.

gasp [ga:sp] s. respiração f. penosa, ofego, suspiro m. ‖ v. respirar com dificuldade, ofegar; falar de modo ofegante.

gas.tric [g'æstrik] adj. gástrico, relativo ao estômago. ≃ **juice** suco gástrico.

gast.rit.is [gæstr'aitiz] s. (Med.) gastrite f.

gast.ro.nom.ic [gæstrən'ɔmik] adj. gastronômico.

gas.works [g'æswə:ks] s. fábrica f. de gás.

gate [geit] s. portão m., porta f.; porteira, barreira f.; comporta, válvula f., registro m.; (esc.) caminho m., estrada, rua f.

gate.crash.er [g'eitkræʃə] s. (E.U.A.) penetra m. + f.

gate.way [g'eitwei] s. porta, abertura, passagem f., portão m.; entrada, saída f.

gath.er [g'æðə] s. dobra, prega f., franzido m. costurado em tecido. ‖ v. juntar(-se), reunir (-se), agrupar-se; coletar, obter.

gath.er.ing [g'æðəriŋ] s. ajuntamento m., ato m. de reunir ou juntar, arrecadação f.; coleção, coleta, colheita f.; reunião, assembléia, aglomeração, multidão f.

gauche [gəuʃ] adj. desajeitado.

gaudy [g'ɔ:di] adj. afetado, ostentoso.

gauge [geidʒ] s. medida, medida f. padrão, escala f. padrão. ‖ v. medir exatamente; calibrar, graduar; estimar; aferir.

gaunt [gɔ:nt] adj. magro, esquelético.

gaunt.let [g'ɔ:ntlit] s. manopla f.; luva f. forte e rústica; punho m. largo de luva.

gauze [gɔ:z] s. gaze f.

gave [geiv] v. pret. de **give**.

gay [gei] s. + adj. (coloq.) homossexual m. + f. ‖ adj. alegre, divertido, jovial; vistoso, brilhante, vivo; lascivo, dissoluto.

gaze [geiz] s. olhar m. fixo, atento ou pasmado. ‖ v. olhar fixamente, fitar.

gaz.et.teer [gæzət'iə] s. dicionário m. geográfico; jornalista m. + f.

gear [giə] s. engrenagem, roda f. dentada; mecanismo, maquinismo m. para transmitir ou alterar movimento; funcionamento m.; propriedade f. móvel, posse f., bens m. pl. ‖ v. engrenar; engatar. ≃ **shift** câmbio de marcha. ≃**-wheel** roda dentada, engrenagem.
gear.box [g'iəbɔks] s. caixa f. de câmbio.
gec.ko [g'ekou] s. (Biol.) lagartixa f.
geese [gi:s] s. pl. de **goose**.
Geiger counter [g'eigək'auntə] s. medidor m. geiger.
gel [dʒel] s. (Quím.) gel m. ‖ v. formar gel.
gel.a.tin [dʒ'elətin] s. gelatina f.
geld.ing [g'eldiŋ] s. castração f.; cavalo m. ou outro animal m. castrado, capão m.
gem [dʒem] s. pedra f. preciosa, jóia f.; camafeu m.; (fig.) pérola, pessoa f. notável.
gen.der [dʒ'endə] s. (Gram.) gênero m.; (coloq.) sexo m.; espécie, classe f.
gen.er.al [dʒ'enərəl] s. idéia, noção f. ou princípio m. geral; (Milit.) general m. ‖ adj. geral; comum, usual; genérico.
gen.er.al.i.ty [dʒenər'æliti] s. generalidade f.; afirmação f. vaga.
gen.er.al.ize [dʒ'enərəlaiz] v. generalizar; falar de modo geral; vulgarizar, difundir.
gen.er.al.ly [dʒ'enərəli] adv. geralmente.
gen.er.ate [dʒ'enəreit] v. gerar, produzir.
gen.er.a.tion [dʒenər'eiʃən] s. geração f.; procriação f.; linhagem, genealogia f.
gen.e.ra.tor [dʒenər'eitə] s. gerador, dínamo m.; grupo m. gerador.
ge.ner.ic [dʒin'erik] adj. genérico.
gen.er.os.i.ty [dʒenər'ɔsiti] s. generosidade, magnanimidade f.
gen.er.ous [dʒ'enərəs] adj. generoso, liberal, bondoso; amplo, largo; fértil.
ge.net.ics [dʒin'etiks] s. (Biol.) genética f.
gen.ial [dʒ'i:niəl] adj. cordial, amável.
gen.i.tals [dʒ'enitəlz] s. pl. órgãos m. pl. genitais.
gen.i.tive [dʒ'enitiv] s. + adj. genitivo m.
gen.ius [dʒ'i:njəs] s. (pl. **genii** [dʒ'i:niai] e **geniuses**) gênio m.; caráter m.; índole f.; espírito m. tutelar, inspirador; habilidade, capacidade f., talento, dom m.; força f. de espírito; pessoa f. genial.
gen.o.cide [dʒ'enəsaid] s. genocídio m.
ge.no.type [dʒ'enətaip] s. (Biol.) genótipo m.
gent [dʒent] s. (pop.) = **gentleman**.

gen.teel [dʒent'i:l] adj. elegante, da sociedade, distinto; gentil, polido, bem educado, cavalheiresco.
gen.tile [dʒ'entail] s. + adj. pagão m.
gen.tle [dʒentl] adj. suave; humano, bondoso, meigo, amável; dócil, manso.
gen.tle.man [dʒ'entlmən] s. gentil-homem m.; homem m. honrado; cavalheiro, senhor m.
gen.tle.man.ly [dʒ'entlmənli] adj. educado, fino, distinto.
gen.try [dʒ'entri] s. gente f. de boa família.
gen.u.ine [dʒ'enjuin] adj. genuíno, real.
geo.graph.ic [dʒiogr'æfik] adj. geográfico, relativo à geografia.
geo.graph.i.cal [dʒiogr'æfikəl] adj. = **geographic**.
ge.og.ra.phy [dʒi'ɔgrəfi] s. geografia f.
ge.ol.o.gy [dʒi'ɔlədʒi] s. geologia f.
ge.om.e.try [dʒi'ɔmitri] s. geometria f.
ge.o.mor.phol.o.gy [dʒioumɔ:f'ɔlədʒi] s. geomorfologia f.
ge.o.phys.ics [dʒiouf'iziks] s. geofísica f.
germ [dʒə:m] s. germe, micróbio m.; embrião m.; origem f. ‖ v. germinar.
Ger.man [dʒ'ə:mən] s. alemão m., alemã f.; língua f. alemã. ‖ adj. alemão. ≃ **measles** (Pat.) rubéola.
ger.mi.nate [dʒ'ə:mineit] v. germinar, brotar; desenvolver-se; originar.
ger.on.to.lo.gy [dʒerɔnt'ɔlədʒi] s. gerontologia f.
ger.ry.man.der [g'erimændə] s. (E.U.A.) influência f. ilegal nas eleições. ‖ v. influenciar o eleitorado para favorecer um certo partido; proceder de maneira ilegal.
ger.und [dʒ'erənd] s. (Gram.) gerúndio m.
ges.tic.u.late [dʒest'ikjuleit] v. gesticular.
ges.ture [dʒ'estʃə] s. gesto, movimento m. para exprimir idéias; ato m. ‖ v. gesticular, fazer gestos; exprimir por gestos.
get [get] s. cria f., filhotes m. pl. ‖ v. (pret. **got**, p. p. **got**, (E.U.A.) **gotten**) receber, obter, ganhar; ficar, tornar-se; aprender; contrair, apanhar; suceder, conseguir; tomar, comer; compreender, entender; ter, possuir; engendrar. **do you** ≃ **me?** você me compreende? **now I** ≃ **it** agora entendi. **to** ≃ **by heart** aprender de cor. **to** ≃ **ready** aprontar-se. **to** ≃ **going** andar, ir (em frente). **to** ≃ **late, tired, warm, hungry, better** ficar tarde, cansado, quente, com fome, melhor. **to** ≃ **dress-**

ed vestir-se. **to** ≃ **drunk** embriagar-se. **to** ≃ **married** casar-se. **to** ≃ **across** convencer. **to** ≃ **ahead** prosperar, progredir. **to** ≃ **along** progredir, conseguir, suceder, concordar. **to** ≃ **away** ir embora, escapar, começar. **to** ≃ **back** receber de volta, voltar (a si). **to** ≃ **before** chegar em frente a. **to** ≃ **down** descer. **to** ≃ **home** chegar a casa. **to** ≃ **into debt** fazer dívidas. **to** ≃ **off** descer; sair, tirar, retirar, remover, escapar, ficar livre de, partir. **to** ≃ **on** subir, entrar, vestir, avançar, progredir, conseguir, suceder, concordar. **to** ≃ **on one's clothes** vestir-se. **to** ≃ **on one's nerves** irritar, deixar nervoso.

ghast.ly [g'a:stli] adv. horrivelmente.

ghet.to [g'etou] s. gueto m.

gher.kin [g'ə:kin] s. pepino m. (para picles).

ghost [goust] s. espírito m., aparição f., fantasma m.; (Telev.) imagem f. secundária. ‖ v. agir como fantasma.

ghost.ly [g'oustli] adj. como fantasma, pálido, vago; espiritual, religioso.

gi.ant [dʒ'aiənt] s. gigante m. ‖ adj. gigantesco, forte, que sobressai.

gib.ber.ish [g'ibəriʃ] s. linguagem f. inarticulada, gíria f.; texto m. sem sentido.

gid.dy [g'idi] adj. tonto, vertiginoso; irrefletido, inconstante, leviano. ‖ v. ficar com vertigem, provocar vertigem, tontear.

gift [gift] s. presente, donativo m., dádiva f.; dom m. ‖ v. doar, presentear, dar de presente.

gift.ed [g'iftid] adj. dotado, talentoso.

gig.ant.ic [dʒaig'æntik] adj. enorme, imenso, gigantesco.

gig.gle [gigl] s. risadinha f. ‖ v. dar risadinha, rir a miúdo, rir furtivamente.

gild [gild] v. dourar, tornar vistoso.

gild.ing [g'ildiŋ] s. douração, douradura f.

gill [gil] s. brânquia, guelra f.; barbela f.

gilt [gilt] s. camada f. de ouro. ‖ adj. dourado. ≃ - **edged** de bordas douradas; (fig.) excelente, de ótima qualidade, de toda confiança (títulos, apólices etc.).

gin [dʒin] s. gim m.; bebida f. alcoólica com sabor de zimbro; máquina f. descaroçadora de algodão; armadilha f., laço m. ≃ - **mill** bar.

gin.ger [dʒ'indʒə] s. gengibre m.; (gíria) vivacidade, energia f.; (gíria) pessoa f. ruiva.

gin.ger.ly [dʒ'indʒəli] adj. cuidadoso, cauteloso. ‖ adv. cuidadosamente, devagar.

Gip.sy [dʒ'ipsi] s. cigano m., língua f. dos ciganos. ‖ adj. cigano, zíngaro.

gi.raffe [dʒir'a:f] s. girafa f.

gird.er [g'ə:də] s. viga f. mestra; suporte m.

gir.dle [gə:dl] s. cinta f., cinto m.; cerca f., cerrado, cercado m. ‖ v. cercar, encerrar; cintar, passar cinta.

girl [gə:l] s. menina f.; empregada, criada f. **young** ≃ moça.

girl.friend [g'ə:lfrend] s. amiga, namorada f.

girth [gə:θ] s. medida f. de cintura, circunferência f.; cilha f., cinturão m. ‖ v. medir a cintura; cingir; encilhar (montaria).

gist [dʒist] s. essência f., ponto m. principal.

give [giv] s. ato m. de ceder, elasticidade f. ‖ v. (pret. **gave**, p. p. **given**) dar, presentear, conceder; entregar, oferecer; mostrar; aplicar, ministrar; prestar; conferir; atribuir, incumbir; proferir, dizer, cantar. **to** ≃ **attention** prestar atenção. **to** ≃ **ear to** dar ouvidos a. **to** ≃ **rise to** causar, originar. **to** ≃ **way** ceder, diminuir. **to** ≃ **away** dar de presente, doar, ceder, entregar. **to** ≃ **up** desistir, entregar-se, desesperar-se. **to** ≃ **up smoking** deixar de fumar. **to** ≃ **over** parar. ≃ **and take** intercâmbio (de opiniões etc.).

giv.en [givn] v. p. p. **give** ‖ adj. fixado; (Mat.) dado, conhecido.

giz.zard [g'izəd] s. moela f.

gla.cial [gl'eisiɔl] adj. glacial, glaciário, gelado, muito frio.

gla.cier [gl'æsjə] s. (Geol.) geleira f.

glad [glæd] adj. alegre, contente, satisfeito.

glad.den [glædn] v. alegrar, ficar alegre.

glad.ness [gl'ædnis] s. alegria f., prazer m.

glam.or.ous [gl'æmərəs] adj. fascinante, deslumbrante, encantador.

glam.our.ize [gl'əməraiz] v. tornar belo.

glance [gla:ns] s. golpe m. de vista, relance m., olhadela f.; raio m. de luz, reflexo, brilho m. ‖ v. dar um olhar rápido; brilhar.

gland [glænd] s. (Med.) glândula f.

glare [gleə] s. resplendor, clarão m.; olhar m. penetrante. ‖ v. resplandecer, luzir, cegar; olhar de modo fixo e penetrante.

glar.ing [gl'ɛəriŋ] adj. muito claro, brilhante; com olhar fixo; berrante, patente, evidente, conspícuo.

glass [gla:s] s. vidro m.; copo m.; coisa f. feita de vidro, vidraça f., espelho m. ‖ v. envidraçar, colocar vidraça, vidrar; refletir, espelhar. ‖ adj. feito de vidro.

glass.y [gl'a:si] adj. vítreo, como vidro, transparente.

glass.ware [gla:swɛə] s. artigos m. pl. de vidro; vidraria.

glaze [gleiz] s. esmalte m., cobertura f. vitrificada, superfície f. coberta de gelo. ‖ v. envidraçar, colocar vidros; esmaltar.

gla.zier [gl'eiziə] s. vidraceiro m.

glaziers putty s. = **putty**

glaz.ing [gl'eiziŋ] s. esmalte m., vitrificação f.

gleam [gli:m] s. vislumbre, raio, brilho m. ‖ v. raiar, vislumbrar, brilhar.

glee [gli:] s. alegria f., divertimento m.; canção f. ‖ v. olhar de soslaio.

glib [glib] adj. lisonjeiro, volúvel, loquaz.

glide [glaid] s. deslize, deslizamento m. ‖ v. planar; deslizar; passar gradativamente.

glid.er [gl'aidə] s. (Av.) planador m.

glim.mer [gl'imə] s. vislumbre m., noção f.; brilho m. fraco.

glimpse [glimps] s. olhar m. rápido, aparição f. instantânea e vaga. ‖ v. olhar rapidamente, perceber por um instante.

glint [glint] s. raio m. de luz, resplendor m. ‖ v. brilhar, reluzir, refletir, cintilar.

glis.ten [glisn] s. raio m. de luz, resplendor m. ‖ v. brilhar, reluzir, resplandecer.

glit.ter [gl'itə] s. brilho, resplendor m. ‖ v. resplandecer, brilhar, cintilar.

gloat [glout] s. exultação f. maligna. ‖ v. olhar com satisfação maligna, fitar.

globe [gloub] s. globo (terrestre) m., esfera f. ‖ v. tornar-se ou fazer em forma de globo.

glob.ule [gl'ɔbju:l] s. glóbulo m.

gloom [glu:m] s. escuridão, tristeza, melancolia f.; trevas f. pl. ‖ v. escurecer, obscurecer; estar triste, sentir-se abatido.

gloom.y [gl'u:mi] adj. escuro, obscuro; melancólico, triste, abatido.

glo.ri.fy [gl'ɔ:rifai] v. glorificar, honrar, exaltar, tornar glorioso.

glo.ry [gl'ɔ:ri] s. honra, fama, reputação f., renome m.; glória f. ‖ v. ufanar-se, jactar-se, gloriar (**in** sobre, em).

gloss [glɔs] s. lustro m., (fig.) aparência f. externa; interpretação f. ‖ v. lustrar, polir.

glos.sa.ry [gl'ɔsəri] s. glossário m.

gloss.y [gl'ɔsi] adj. lustroso, polido, liso.

glove [glʌv] s. luva, luva f. de boxe. ‖ v. cobrir com luva, servir como luva.

glow [glou] s. incandescência, brasa f., brilho m.; ardor m. ‖ v. arder, ruborizar, corar. ≃ - **worm** vaga-lume, pirilampo.

glow.er [gl'auə] s. olhar m. furioso. ‖ v. olhar furiosamente, carranquear.

glow.ing [gl'ouiŋ] adj. incandescente, em brasa; (fig.) entusiasmado; rubro, corado.

glu.cose [gl'u:kous] s. (Quím.) glicose f.

glue [glu:] s. cola f., grude m. ‖ v. colar, grudar, cobrir com cola.

glum [glʌm] adj. carrancudo, de mau humor, mal-humorado.

glut [glʌt] s. fartura, abundância f., excesso m. ‖ v. fartar, saturar, encher (de comida), satisfazer, sobrecarregar.

glut.ton [glʌtn] s. glutão, comilão m., pessoa f. insaciável; (Zool.) glutão m.

glut.ton.ize [gl'ʌtnaiz] v. comer em excesso.

gnarled [na:ld] adj. áspero, sulcado, curtido pelo tempo, torcido.

gnash [næʃ] v. ranger.

gnat [næt] s. mosquito m.

gnaw [nɔ:] v. (p. p. **gnawed** ou **gnawn**) roer; (fig.) atormentar.

go [gou] s. ação f. de andar; energia, animação f. ‖ v. (pret. **went**, p. p. **gone**) andar, viajar, voar, ir, caminhar; proceder, avançar. **to** ≃ **on foot** ir a pé. **to** ≃ **by train** viajar de trem. **the clock went 5** o relógio deu 5 horas. **to** ≃ **aboard** ir a bordo, embarcar. **to** ≃ **abroad** viajar (ao estrangeiro). ≃ **ahead** avante! **to** ≃ **away** partir. **to** ≃ **by** passar. **years gone by** anos passados. **to** ≃ **forward** avançar. **to** ≃ **in** entrar. **to** ≃ **into** entrar, freqüentar, participar. **to** ≃ **mad** enlouquecer. **to** ≃ **off** sair, partir. **to** ≃ **on** seguir, continuar, avançar (**at** em). ≃ **on!** continue! **to** ≃ **sick** ficar doente. ≃ **ahead** enérgico, ativo, moderno, empreendedor, ambicioso. ≃ - **between** intermediário.

goal [goul] s. meta, baliza f.; (Futeb.) gol m.

goal.keep.er [g'oulki:pə] s. (Futeb.) arqueiro, goleiro m.

goat [gout] s. cabra f.; (Astron.) Capricórnio m.; tolo m.; pessoa f. lasciva.

gob [gɔb] s. boca f.; bocado m.; escarro m., saliva f.

gob.ble [gɔbl] s. gorgolejo m. (peru).

gob.ble.dy.gook [g'ɔbldiguːk] s. bobagem f.

gob.bler [g'ɔblə] s. peru m.

gob.let [g'ɔblet] s. cálice m., taça f.

god [gɔd] s. deus, ídolo m., divindade f. ‖ v. endeusar. **God** Deus. **God forbid** Deus nos (me) livre. **God grant** Deus permita. **thank God** graças a Deus.

god.child [g'ɔdtʃaild] s. afilhado m.

god.daugh.ter [g'ɔddɔːtə] s. afilhada f.

god.dess [g'ɔdis] s. deusa f.

god.fa.ther [g'ɔdfaːðə] s. padrinho m.

god.less [g'ɔdlis] adj. ímpio, irreligioso.

god.like [g'ɔdlaik] adj. divino.

god.moth.er [g'ɔdmʌðə] s. madrinha f.

god.send [g'ɔdsend] s. dádiva f. de Deus; enviado m. por Deus.

god.son [g'ɔdsʌn] s. afilhado m.

gog.gle [gɔgl] s. ≃s óculos m. pl. de proteção. ‖ v. arregalar; fitar, fixar os olhos em; esbugalhar.

go.ing [g'ouiŋ] s. andamento m., ação f. de andar; partida f. ‖ adj. andante, em movimento; indo bem, trabalhando.

goi.ter [g'ɔitə] s. = **goitre**.

goi.tre [g'ɔitə] s. papo, bócio m.

gold [gould] s. ouro m.; dinheiro m., riqueza f. ‖ adj. feito de ouro, áureo, de ouro, como ouro; amarelo-ouro.

gold.en [g'ouldən] adj. de ouro, áureo, aurífero.

gold.mine [g'ouldmain] s. mina f. de ouro.

gold.smith [g'ouldsmiθ] s. ourives m.

golf [golf] s. golfe m. ‖ v. jogar golfe.

gon.do.la [g'ɔndələ] s. gôndola f. ≃ **car** vagão aberto, sem cobertura.

gone [gɔn] v. p. p. de **go**. ‖ adj. ido, andado; perdido, desesperador; morto, passado; gasto, consumido; desfeito.

good [gud] s. bem, benefício m., vantagem f.; o que é bom, justo, útil; coisa f. boa, gente f. boa, direita; bem-estar m., prosperidade f. ‖ adj. (comp. **better**, superl. **best**) bom, admirável, desejável; justo, próprio; bondoso; sincero, verdadeiro. **that is no** ≃ isto não adianta. **what is the** ≃ **of that?** qual é a vantagem disto? **for** ≃ **(and all)** para sempre, definitivamente. **to have** ≃ **health** estar de boa saúde. **a** ≃ **deal** bastante. **what is it** ≃ **for?** para que serve? **to feel** ≃ estar disposto, estar alegre. ≃ **luck!** boa sorte! ≃ **for**

nothing inútil, vagabundo. **Good Friday** sexta-feira da paixão. ≃ **-humored** bem-humorado. ≃ **-looking** bonito. ≃ **-by**, ≃ **-bye** adeus, até logo. **to make** ≃ suprir.

good.ness [g'udnis] s. bondade, benevolência, afabilidade, boa qualidade f. **my** ≃ meu Deus!

goods [gudz] s. pl. posses f. pl.; haveres m. pl.; mercadoria, carga f. ≃ **train** trem de carga.

good.will [g'udw'il] s. boa vontade, benevolência f.; (Com.) reputação f.

goof [guːf] s. (gíria) bobo, pateta m.

goon [guːn] s. (gíria) pessoa f. estúpida.

goose [guːs] s. (pl. **geese** [giːs]) ganso m.

gore [gɔː] v. espetar (com os chifres).

gorge [gɔːdʒ] s. (Anat.) garganta, goela f.; refeição f. pesada; ato m. de devorar; isca f. de pescar; desfiladeiro, vale m. estreito; garganta f. ‖ v. engolir, devorar.

gor.geous [g'ɔːdʒəs] adj. deslumbrante.

gos.y [g'ɔːri] adj. ensanguentado.

gos.ling [g'ɔzliŋ] s. gansinho m.

gos.pel [g'ɔspəl] s. evangelho m. ‖ adj. evangélico, relativo ao Evangelho.

gos.sip [g'ɔsip] s. bisbilhotice, tagarelice f., mexerico m.; bisbilhoteiro m. ‖ v. bisbilhotar, mexericar, tagarelar.

got [gɔt] v. pret. e p. p. de **get**.

Goth.ic [g'ɔθik] s. estilo m. gótico; língua f. gótica. ‖ adj. gótico, (fig.) bárbaro.

got.ten [g'ɔtn] v. (E.U.A.) p. p. de **get**. **ill-** ≃ **gains** lucros ilícitos.

gourd [g'uəd, gɔːd] s. cabaço m.; cabaça, cuia f. ≃ **s** dados m. pl. ocos (para trapacear).

gour.mand [g'uəmənd] s. gastrônomo m.; glutão m. ‖ adj. guloso.

gov.ern [g'ʌvən] v. governar, dirigir, administrar; controlar; (Gram.) reger.

gov.ern.ess [g'ʌvənis] s. governanta f.

gov.ern.ment [g'ʌvənmənt] s. governo m.

gov.er.nor [g'ʌvənə] s. governador m.

gown [gaun] s. vestido m.; beca, toga f. ‖ v. vestir vestido, beca ou toga.

grab [græb] s. agarramento (rápido), arrebatamento m. ‖ v. agarrar, pegar, arrebatar, apanhar; (gíria) prender.

grace [greis] s. graça, beleza f., encanto m.; favor m., benevolência f.; perdão m. ‖ v. ornar, enfeitar; honrar. **the year of** ≃ o ano da graça de... **act of** ≃ ato de perdão.

grace.ful [gr′eisful] adj. gracioso, atrativo.

gra.cious [gr′eiʃəs] adj. cortês, afável, agradá-vel, benevolente. ‖ interj. Deus!

gra.cious.ness [gr′eiʃəsnis] s. cortesia, bonda-de f.

gra.da.tion [grəd′eiʃən] s. graduação, grada-ção. ≃s gradações f. pl.; etapas f. pl.

grade [greid] s. grau, degrau m.; grau m. de qualidade, de valor, categoria f.; (E.U.A.) classe f. de escola, nota f.; graduação f. ‖ v. classificar; mudar gradativamente. ≃ school, ≃d school (E.U.A.) escola elemen-tar; escola média.

gra.di.ent [gr′eidiənt] s. declive, gradiente m.

grad.u.ate [gr′ædjueit] s. pessoa f. graduada, diplomada; proveta f., copo m. graduado. ‖ v. graduar(-se), ser promovido.

grad.u.a.tion [grædju′eiʃən] s. colação f. de grau, promoção f.; graduação f.

graft [græft] s. enxerto m.; logro m., fraude f.; corrupção f. ‖ v. enxertar; subornar, ser subornado.

graft.er [gr′æftə] s. corrupto m.; politiquei-ro m.; que dá ou leva bola.

grain [grein] s. grão m., semente f.; cereais m. pl., trigo m. ‖ v. formar em grãos, gra-nular; tornar (couro) áspero, granar.

grained [greind] adj. granulado, com grão.

gram [græm] s. grama m.

gram.mar [gr′æmə] s. gramática f. ≃ school (E.U.A.) escola primária, (Ingl.) escola secundária.

gramme [græm] s. = gram.

gra.na.ry [gr′ænəri] s. silo (trigo), celeiro m.

grand [grænd] adj. maravilhoso, formidável, grande; principal, supremo.

grand.child [gr′ændtʃaild] s. neto m., neta f.

grand.daugh.ter [gr′ænddɔːtə] s. neta f.

grand.fa.ther [gr′ændfaːðə] s. avô m.

gran.di.ose [gr′ændious] adj. grandioso.

grand.moth.er [gr′ændmʌðə] s. avó f.

grand.son [gr′ændsʌn] s. neto m.

grand.stand [gr′ændstænd] s. arquibanca-da f.

grang.er [gr′eindʒə] s. granjeiro m.

gra.nite [gr′ænait] s. granito m.

grant [graːnt] s. concessão, doação, subven-ção, outorga f. ‖ v. conceder, permitir, ou-torgar; admitir; confirmar.

gran.u.late [gr′ænjuleit] v. granular.

grape [greip] s. uva, videira, vinha f.

grape.fruit [gr′eipfruːt] s. toranja, toronja f.; pomelo m.

grape.vine [gr′eipvain] s. videira f.; (coloq.) to hear s.th. on the ≃ ouvir extra-oficial-mente, por meio de boatos.

graph [græf] s. gráfico m., representação f. gráfica; copiógrafo m.

graph.ic [gr′æfik] adj. gráfico.

graph.i.cal [gr′æfikəl] adj. = graphic.

graph.ol.o.gy [græf′ɔlədʒi] s. grafologia f.

grap.ple [gr′æpl] s. agarramento m., luta f. corpo a corpo. ‖ v. agarrar, segurar, abra-çar; lutar, brigar; arpear.

grasp [graːsp] s. aperto m., força f. de pegar e segurar; compreensão f.; posse f.; alcan-ce m. ‖ v. agarrar, pegar; abarcar.

grasp.ing [gr′aːspiŋ] adj. ávido, sôfrego.

grass [graːs] s. capim m.; grama f., gramado m.; pasto m. ‖ v. cobrir com grama.

grass.hop.per [gr′aːshɔpə] s. gafanhoto m.

grass.y [gr′aːsi] adj. coberto de grama.

grate [greit] s. grelha, grade f. ‖ v. ranger; ofender, irritar.

grate.ful [gr′eitful] adj. grato, agradecido.

grat.i.fi.ca.tion [grætifik′eiʃən] s. satisfação; recompensa, gratificação f.

grat.i.fy [gr′ætifai] v. satisfazer, agradar.

gra.tis [gr′eitis] adj. + adv. grátis, de graça.

grat.i.tude [gr′ætitjuːd] s. gratidão f., agrade-cimento m. in ≃ for em gratidão a.

grave [greiv] s. sepultura f., túmulo m. ‖ v. gravar, esculpir, escavar. ‖ adj. importante, pesado; grave, sério, ameaçador; sóbrio, so-lene.

grav.el [gr′ævəl] s. pedregulho, cascalho m.

grave.stone [gr′eivstoun] s. lápide f.

grave.yard [gr′eivjaːd] s. cemitério m.

grav.i.tate [gr′æviteit] v. gravitar; precipitar.

gra.vi.ta.tion [grævit′eiʃən] s. (Fís.) gravita-ção f.

gra.vi.ta.tion.al [grævit′eiʃənl] adj. (Fís.) gra-vitacional.

grav.i.ty [gr′æviti] s. (Fís.) gravidade f.

gra.vy [gr′eivi] s. molho ou caldo m. de car-ne; (E.U.A., gíria) dinheiro m. fácil.

gray [grei] s. = grey.

graze [greiz] s. pasto m.; arranhadura f. ‖ v. pastar; arranhar (pele), tocar de leve.

grease [gri:s] s. banha, graxa f. ‖ v. engraxar; subornar. **in** ≃ gordo.

greas.y [gr'i:si] adj. gorduroso, gordurento.

great [greit] adj. grande, extenso, comprido; poderoso; favorito; formidável. **Great Britain** Grã-Bretanha, Inglaterra f.

great.coat [gr'eitkout] s. sobretudo m.

great.en [greitn] v. aumentar, dilatar, ampliar; tornar-se maior.

great.ness [gr'eitnis] s. grandeza f.

Gre.cian [gr'i:ʃən] s. grego m. ‖ adj. grego.

Greece [gri:s] s. Grécia f.

greed [gri:d] s. ganância, avidez f.

greed.i.ness [gr'i:dnis] s. ganância f.

Greek [gri:k] s. + adj. grego m.

green [gri:n] s. verde m.; gramado m., terra f. coberta de erva ou grama. ≃ s verduras f. pl. ‖ adj. verde; fresco, cru, natural; ingênuo.

green.gro.cer [gr'i:ngrousə] s. verdureiro, quitandeiro m.

green.ish [gr'i:niʃ] adj. esverdeado.

Green.land [gr'i:lənd] s. Groenlândia f.

greet [gri:t] v. cumprimentar, saudar.

greet.ing [gr'i:tiŋ] s. saudação f. ≃ s! Alô!

greg.a.ri.ous [grig'ɛəriəs] adj. gregário.

grew [gru:] v. pret. de **grow**.

grey [grei] s. cor f. cinza. ‖ v. ficar cinzento. ‖ adj. cinzento; velho. ≃ -haired, -headed grisalho.

grid [grid] s. grade f.; grelha f.

grid.dle [gridl] s. forma f. para bolo; frigideira f.

grief [gri:f] s. aflição, tristeza, mágoa f.

griev.ance [gr'i:vəns] s. queixa, mágoa f.

grieve [gri:v] v. afligir, molestar, ofender, afligir-se, ofender-se, preocupar-se (**at, over,** sobre; **for** por).

griev.ous [gr'i:vəs] adj. doloroso, penoso, repugnante, atroz, opressivo.

grill [gril] s. ato m. de grelhar; grelha f.; carne f. ou peixe m. grelhado. ‖ v. grelhar.

grim [grim] adj. severo, rígido, austero; inflexível; horrível, repugnante.

grim.ace [grim'eis] s. careta f., trejeito m.

grime [graim] s. sujeira, fuligem f. ‖ v. encardir, sujar, enfulijar.

grim.y [gr'aimi] adj. encardido, sujo.

grin [grin] s. sorriso m. ‖ v. sorrir de modo malicioso, doentio ou afetado.

grind [graind] s. ação f. de moer, de afiar, de triturar. ‖ v. (pret. e p. p. **ground**) moer, triturar; afiar; trabalhar longa e pesadamente; (fig.) atormentar.

grind.stone [gr'aindstoun] s. rebolo m.

grip [grip] s. ação f. de agarrar, de segurar, aperto m.; poder m., força f. da mão; (fig.) domínio m.; apoio (moral) m.; (E.U.A.) gripe, influenza f. ‖ v. agarrar, apanhar, pegar; prender a atenção.

grist.tle [grisl] s. cartilagem f.

grit [grit] s. partículas f. pl. de pó, grão, pedregulho m.; (coloq.) coragem, resolução f. ‖ v. friccionar, ranger, roer.

griz.zled [grizld] adj. grisalho, cinzento.

griz.zly [gr'izli] adj. pardo, cinzento, (coloq.) incrível. ≃ **bear** urso pardo (E.U.A.).

groan [groun] s. gemido, suspiro m. ‖ v. gemer, suspirar; queixar-se; vergar.

gro.cer [gr'ousə] s. merceeiro, vendeiro m.

gro.cer.ies [gr'ousəriz] s. pl. mantimentos m. pl.

gro.cer.y [gr'ousəri] s. mercearia, venda f.

groin [grɔin] s. virilha f.; (Arquit.) ogiva, aresta f. ‖ v. (Arquit.) formar ogiva.

groom [grum] s. cavalariço m.; noivo m. ‖ v. enfeitar-se, arrumar-se.

groove [gru:v] s. encaixe, entalhe, sulco m.; rotina f., esquema m. ‖ v. entalhar, escavar, abrir ranhuras, vincar.

grope [group] v. andar às apalpadelas.

gross [grous] s. grosa f.; doze dúzias f. pl. ‖ adj. tudo, inteiro, geral, total; indelicado, indecente; gordo; corpulento, pesado.

gro.tesque [grout'esk] adj. grotesco, fantástico, bizarro, absurdo.

grot.to [gr'ɔto] s. gruta, caverna f.

grouch [grautʃ] s. resmungo m.; resmungão, macambúzio m. ‖ v. resmungar.

ground [graund] s. terra f., chão, solo, soalho m.; terreno m. ‖ v. pret. e p. p. de **grind**; pôr no chão. **it is common** ≃ é de conhecimento geral, há concordância em. **to give** ≃ ceder. ≃ **floor** andar térreo.

ground.ing [gr'aundiŋ] s. primeira demão (pintura) f.; instrução f. básica.

ground.less [gr'aundlis] adj. sem motivo, sem razão; (fig.) infundado.

group [gru:p] s. grupo m., classe f. de pessoas ou objetos. ‖ v. agrupar, dispor em grupo, associar-se (**with** com).

grout [graut] s. reboco m. ‖ v. rebocar.

grove [grouv] s. bosque, arvoredo m.

grow [grou] v. (pret **grew**, p. p. **grown**) crescer, aumentar, florescer; germinar; vir a ser. **to ≃ dark (cold)** escurecer (esfriar). **to ≃ up** crescer, desenvolver-se.

growl [graul] s. resmungo m.; rugido m. ‖ v. rosnar, rugir; (fig.) resmungar.

grown [groun] v. p. p. de **grow**. ‖ adj. adulto, crescido. **full-≃** desenvolvido.

growth [grouθ] s. crescimento m.

grub [grʌb] s. larva, lagarta f., verme m.

grub.by [gr'ʌbi] adj. sujo, imundo.

grudge [grʌdʒ] s. rancor, ódio m., aversão f. ‖ v. invejar.

grue.some [gr'u:səm] adj. horrível.

gruff [grʌf] adj. áspero; rude, grosseiro.

grum.ble [grʌmbl] s. murmúrio m. de descontentamento. ‖ v. murmurar.

grump.y [gr'ʌmpi] adj. amuado, irritável.

grunt [grʌnt] s. grunhido m.; (Ict.) roncador m. ‖ v. grunhir, resmungar.

guar.an.tee [gærənt'i:] s. garantia, fiança f., seguro m.; fiador m.; caução f. ‖ v. garantir, fiar, afiançar, abonar, segurar.

guar.an.ty [g'ærənti] s. fiança, garantia f.

guard [ga:d] s. guarda, vigia m., escolta f.; sentinela m. + f.; proteção, defesa f. ‖ v. vigiar, defender, proteger; precaver-se. **≃-rail** trilho de segurança.

guard.i.an [g'adiən] s. guardador, protetor m.; tutor, guardião m.

guard.i.an.ship [g'a:diənʃip] s. tutela, curadoria f.

gua.va [gw'a:və] s. goiaba f.; goiabeira f.

guer.ril.la [gər'ilə] s. + adj. guerrilheiro m. **≃-warfare** guerra de guerrilha.

guess [ges] s. suposição f. ‖ v. adivinhar.

guest [gest] s. hóspede, convidado m.

guff [gʌf] s. bobagem, tolice f.

guid.ance [g'aidns] s. orientação f.; direção f. **for your≃** para seu governo.

guide [gaid] s. guia m.; marco, sinal m. de direção. ‖ v. guiar, conduzir; governar.

guide.line [g'aidlain] s. diretriz f., norma f.

guild [gild] s. grêmio m.

guile [gail] s. fraude, astúcia f., logro m.

guile.ful [g'ailful] adj. malicioso, ardiloso.

guile.less [g'aillis] adj. sincero, honesto.

guilt [gilt] s. culpa, culpabilidade f.

guilt.y [g'ilti] adj. culpado, culpável.

gui.tar [git'a:] s. guitarra f., violão m.

gulf [gʌlf] s. golfo m., baía f. ‖ v. devorar.

gull [gʌl] s. gaivota f.

gul.let [g'ʌlit] s. garganta, goela f.

gul.li.ble [g'ʌləbl] adj. crédulo, ingênuo.

gul.ly [g'ʌli] s. rego, bueiro m., sarjeta, fossa f. ‖ v. escavar, formar bueiros.

gulp [gʌlp] s. ato m. de engolir. ‖ v. tragar, engolir, devorar, afogar, sufocar.

gum [gʌm] s. látex m., goma, resina f.; cola f.; (E.U.A.) goma f. de mascar; gengiva f. ‖ v. engomar; colar.

gun [gʌn] s. canhão m., espingarda, arma f. de fogo. ‖ v. atirar, caçar.

gun.man [g'ʌnmən] s. (E.U.A.) pistoleiro m.

gun.pow.der [g'ʌnpaudə] s. pólvora f.

gun.shot [g'ʌnʃɔt] s. bala f.; projétil, tiro m.; distância f., alcance m. de tiro.

gur.gle [gə:gl] s. gargarejo, murmúrio m. ‖ v. gargarejar; murmurejar (água).

gush [gʌʃ] s. torrente, erupção f.; arroubo, arrebatamento m. ‖ v. jorrar, esguichar.

gus.set [g'ʌsit] s. nesga f. (como de pano).

gust [gʌst] s. rajada f. de vento, temporal m.

gut [gʌt] s. intestino m., tripa f. ‖ v. destripar. **blind ≃** apêndice vermiforme.

gut.ter [g'ʌtə] s. sarjeta f., rego m.; calha f. ‖ v. escavar; pingar, derreter (vela).

guy [gai] s. cabo m., corda f. para firmar; (E.U.A., coloq.) rapaz, moço m.; bobo m. ‖ v. firmar; caçoar, troçar, zombar; segurar (com corda).

guz.zle [gʌzl] v. comer, beber avidamente; (fig.) esbanjar.

guz.zler [g'ʌzlə] s. glutão, beberrão m.

gym.na.si.um [dʒimn'eizjəm] s. pátio m. ou sala f. de esportes.

gym.nas.tics [dʒimn'æstiks] s. pl. ginástica f.

gym.suit [dʒ'imsju:t] s. traje m. de ginástica.

gyn.ae.ce.um [gainæs'i:əm] s. gineceu m.

gy.rate [dʒ'aiəreit] v. rodar, girar. ‖ adj. encaracolado; (Bot.) circinado.

gi.ro.com.pass [dʒ'aiərəkɔmpəs] s. bússola f. giratória.

gy.ro.scope [dʒ'aiərəskoup] s. giroscópio m.

gyve [dʒaiv] s. ≃s algema f. ‖ v. algemar; (fig.) embaraçar.

H

H, h [eitʃ] s. oitava letra f. do alfabeto inglês.
hab.er.dash.er [h'æbədæʃə] s. armarinheiro m.; (E.U.A.) camiseiro m.
hab.it [h'æbit] s. roupa f., traje, hábito m. ‖ v. habitar; acostumar; vestir.
hab.i.tat [h'æbitæt] s. (Ecol.) habitat m.
ha.bit.ual [həb'itjuəl] adj. habitual, familiar, comum, de praxe, normal.
hab.i.tude [h'æbitju:d] s. hábito m.
hack [hæk] s. corte, entalhe m., fenda f.; cavalo m. de aluguel; cavalo velho; pessoa f. paga para escrever. ‖ v. cortar, entalhar, picar, golpear; tossir.
hack.neyed [h'æknid] adj. vulgar.
hack.saw [h'æksɔ:] s. serra f. de arco para metais.
had [hæd] v. pret. e p.p. de **have**.
hae.mo. glo. bin [himəgl'oubin] s. (Med.) hemoglobina f.
hag [hæg] s. bruxa, feiticeira f.
hag.gard [h'ægəd] adj. magro, desfigurado.
hag.gish [h'ægiʃ] adj. feio.
hag.gle [h'ægl] s. regateio m., ação f. de pechinchar. ‖ v. pechinchar, disputar, questionar; cortar, despedaçar.
hail [heil] s. granizo m., saraiva f.; saudação, aclamação, chamada f. ‖ v. saudar, aclamar, chamar; chover pedras, cair granizo. ‖ interj. (Poét.) bem-vindo! salve!
hail.stone [h'eilstoun] s. granizo m.
hair [hɛə] s. cabelo, pêlo m., penugem f. ≃-**brush** escova para cabelo. ≃-**do** (coloq.) penteado de mulher. ≃-**raising** horripilante, horrível.
hair.cut [h'ɛəkʌt] s. corte m. de cabelo.
hair.dress.er [h'ɛədresə] s. cabeleireiro m.
hair.less [h'ɛəlis] adj. calvo, careca.
hair.line [h'ɛəlain] s. traço m., linha f. muito fina; contorno m. do couro cabeludo.
hair.pin [h'ɛəpin] s. grampo m. para o cabelo. ‖ adj. fechado, em U (curva). ≃ **bend** curva em U.

hair.y [h'ɛəri] adj. hirsuto, cabeludo.
hale [heil] adj. são, vigoroso, robusto.
half [ha:f] s. (pl. **halves**) metade f.; semestre m. ‖ adj. meio; bastante, quase; parcial. ‖ adv. em metade, parcialmente; consideravelmente. ≃ **an hour** meia hora. ≃-**baked** inexperiente; (coloq.) excêntrico, maluco. ≃- **mast** a meio pau. ≃-**moon** meia-lua.
half.way [h'a:fwei] adj. + adv. na metade do caminho. ‖ adj. incompleto.
hall [hɔ:l] s. saguão, corredor m.; sala f.
hal.lo [həl'ou] v. chamar, exclamar. ‖ interj. alô! olá! psiu!
hal.loo [həl'u:] v. + interj. = **hallo**.
hall.way [h'ɔ:lwei] s. corredor m.
ha.lo [h'eilou] s. halo m.; auréola f.; (fig.) glória f., prestígio m. ‖ v. formar halo; aureolar; circundar com um halo.
halt [hɔ:lt] s. parada f., descanso m. ‖ v. parar, fazer parar, descansar.
hal.ter [h'ɔ:ltə] s. cabresto m., corda f., laço m. ‖ v. encabrestar, amarrar com corda; enforcar.
halve [ha:v] v. dividir em partes iguais.
halves [ha:vz] s. pl. de **half**.
ham [hæm] s. presunto, pernil m.; coxa f.
ham.burg.er [h'æmbə:gə] s. almôndegas f. pl.; sanduíche m. de carne moída e assada ou almôndegas.
ham.let [h'æmlit] s. vila, aldeia f., vilarejo m.
ham.mer [h'æmə] s. martelo m. ‖ v. martelar, malhar, bater; forçar.
ham.mock [h'æmək] s. rede f. para dormir.
ham.per [h'æmpə] s. cesta f. (com tampa). ‖ v. impedir, dificultar, obstruir, estorvar, embaraçar, obstar.
hand [hænd] s. mão f.; pata f. dianteira; poder m., autoridade f.; habilidade f.; auxiliar m. + v., auxílio m.; ajuda f. braçal; caligrafia f., estilo m., assinatura f., palmo m. (de comprimento); ponteiro m. de relógio. ‖ v. dar, transmitir; assistir, conduzir. ‖ adj. de mão, para mão, por mão, na mão. **at ≃** per-

to, à mão. **to lend a** ≃ ajudar. **near at** ≃ à mão, perto. **to shake** ≃**s** dar um aperto de mão. **to** ≃ **over** ceder, legar. ≃**s up!** mãos ao alto! ≃**- picked** colhido à mão, escolhido.

hand.bag [h'ændbæ:g] s. bolsa f. (de senhoras); maleta f. (para viagem).

hand.bill [h'ændbil] s. folheto m.

hand.book [h'ændbuk] s. manual, guia m.

hand.brake [h'ændbreik] s. freio m. à mão.

hand.cuff [h'ændkʌf] s. ≃**s** algema f. ‖ v. algemar, pôr algema em.

hand.ful [h'ændful] s. mancheia f.

hand.i.cap [h'ændikæp] s. (Esp.) desvantagem ou vantagem f. concedida; obstáculo m. ‖ v. dificultar, criar obstáculos.

hand.i.craft [h'ændikra:ft] s. objetos m. pl. feitos à mão; artesanato m.

hand.i.work [h'ændiwə:k] s. trabalho m. artesanal.

hand.ker.chief [h'æŋkətʃif] s. lenço m.

han.dle [h'ændl] s. manivela, alavanca f., trinco m. ‖ v. manobrar, guiar; manejar, manusear; trabalhar com as mãos; lidar com; negociar em ou com.

han.dle.bar [h'ændlba:] s. guidão m. (de bicicleta).

hand.made [h'ændmeid] adj. feito à mão, manufaturado, produzido manualmente.

hand.saw [h'ændsɔ:] s. serra f. de mão.

hand.shake [h'ændʃeik] s. aperto m. de mão.

hand.some [h'ænsəm] adj. bonito, gracioso, elegante; generoso; nobre.

hand.writ.ing [h'ændraitiŋ] s. caligrafia, letra f.; manuscrito m.

hand.writ.ten [h'ændritən] adj. escrito à mão.

han.dy [h'ændi] adj. à mão, perto, jeitoso; de fácil manejo, cômodo; hábil, destro; conveniente.

han.dy.man [h'ændimæn] s. biscateiro m.

hang [hæŋ] s. declive m., ladeira f. ‖ v. (pret. e p. p. **hung**) pender, pendurar; suspender, estar suspenso; inclinar; projetar-se (sobre); forrar, atapetar; estar em dúvida; (pret. e p. p. **hanged**) enforcar, ser enforcado. **to** ≃ **around** fazer hora. ≃ **glider** asa delta. **to** ≃ **onto** guardar, preservar.

hang.ar [h'æŋga:] s. hangar, galpão m.

hang.er [h'æŋə] s. alça f., cabide m.

hang.ing [h'æŋiŋ] s. enforcamento m.; suspensão f. ≃**s** reposteiros m. pl.; cortinas

f. pl. tapeçarias f. pl. e ornatos m. pl. de pano. ‖ adj. suspenso, dependurado; inclinado; que merece a forca.

hang.man [h'æŋmən] s. carrasco m.

hang.out [h'æŋaut] s. (gíria) residência f. ou lugar m. freqüentemente visitado; ponto m. de reunião de criminosos.

hang.o.ver [h'æŋouvə] s. ressaca f. (depois de uma bebedeira).

han.ker [h'æŋkə] v. (after) desejar.

hank.er.ing [h'æŋkəriŋ] s. desejo m. ardente.

hap.haz.ard [h'æphæzəd] s. puro acaso m. ‖ adj. por acaso.

ha.ploid [h'æplɔid] adj. (Biol.) haplóide.

hap.pen [h'æpən] v. acontecer, suceder.

hap.pen.ing [h'æpəniŋ] s. acontecimento m.

hap.pi.ness [h'æpinis] s. alegria, sorte f.; felicidade f. (de expressão).

hap.py [h'æpi] adj. feliz, contente, satisfeito; próspero; favorável; auspicioso. ≃**- go-lucky** irrefletido, imprevidente.

har.ass [h'ærəs] v. molestar, incomodar.

har.bor [h'a:bə] s. = **harbour**.

har.bour [h'a:bə] s. porto m., enseada f., ancoradouro m.; abrigo m. ‖ v. abrigar; ancorar (no porto).

hard [ha:d] adj. duro, sólido; difícil, severo; inflexível, cruel; desagradável; avarento; fatigante; injusto. ‖ adv. perto, junto; duramente, asperamente. ≃ **cash** moeda sonante, à vista. ≃ **work** trabalho pesado. ≃ **by** perto, ao lado. ≃ **- boiled** cozido (ovo) até ficar duro, (fig.) pouco emocional. ≃ **- headed** sisudo; esperto. ≃ **- hearted** desumano, cruel. ≃ **labour** trabalhos forçados. ≃ **and fast rule** regra inflexível. ≃ **up** duro, liso.

hard.back [h'a:dbæk] s. livro m. de capa dura.

hard.en [h'a:dn] v. endurecer, calejar, acostumar (**to** a), viciar (**in** em), robustecer (**a-gainst** a), fortalecer (**in** em); insensibilizar-se; temperar (aço); subir (preços).

har.den.ing [h'a:dəniŋ] s. têmpera f.

hard.ness [h'a:dnis] s. dureza, firmeza f.

hard.ship [h'a:dʃip] s. miséria f.; opressão, injustiça f.; sofrimento m.

hard.ware [h'a:dwɛə] s. ferragens f. pl.

har.dy [h'a:di] adj. forte, robusto; ousado.

hare [hɛə] s. lebre f. ‖ v. (gíria) correr.

hare.brained [h'εəbreind] adj. estonteado.
harm [ha:m] s. mal, dano m.; injúria, ofensa f.; injustiça f. ‖ v. prejudicar; injuriar, ofender, ferir; causar dano.
harm.ful [h'a:mful] adj. prejudicial, nocivo.
harm.less [h'a:mlis] adj. inofensivo.
har.mon.ic [ha:m'ɔnik] s. som m. harmônico. ‖ adj. harmônico (**with** com).
har.mo.ni.ous [ha:m'ounjəs] adj. harmonioso, sonoro; concordante, conforme.
har.mo.nize [h'a:mənaiz] v. harmonizar; conciliar, concordar; cantar em harmonia.
har.mo.ny [h'a:məni] s. harmonia f.
har.ness [h'a:nis] s. couraça, armadura f.; arreio m. ‖ v. arrear (**to** a); subordinar (**to** a).
harp [ha:p] s. harpa f. ‖ v. tocar harpa.
harp.si.chord [h'a:psikɔ:d] s. (Mús.) cravo m.
har.poon [ha:p'u:n] s. arpão m. ‖ v. arpoar, ferir, fisgar, matar com arpão.
har.ri.dan [h'æridən] s. mulher f. desbocada, mal-humorada.
har.row [h'ærou] s. rastelo, ancinho m. ‖ v. gradar, desterroar; magoar, ferir; atormentar, angustiar, afligir.
har.row.ing [h'ærouiŋ] adj. horrível, angustioso.
harsh [ha:ʃ] adj. áspero, severo (ao tato, gosto ou ouvido); adstringente; desarmônico; cruel; deserto, escarpado.
harsh.ness [h'a:ʃnis] s. aspereza, rudeza f.
har.vest [h'a:vist] s. colheita, ceifa, safra f.; resultado m. ‖ v. colher, ceifar; armazenar; receber como prêmio.
hash [hæʃ] s. guisado m. ‖ v. picar, fazer picadinho; misturar.
hasp [hæsp] s. trinco m.; fechadura f.
haste [heist] s. pressa, ligeireza f. ‖ v. apressar, acelerar. **in** ≃ com pressa, apressadamente. **make** ≃! apressa-te!
has.ten [h'eisn] v. acelerar, apressar.
hast.y [h'eisti] adj. precipitado, impaciente; ansioso.
hat [hæt] s. chapéu m.; (fig.) dignidade f. de cardeal. ≃-**rack** porta-chapéus. ≃ **in hand** humildemente.
hatch [hætʃ] s. (Náut.) escotilha f.; postigo m.; alçapão m. ‖ v. chocar; (fig.) planejar, tramar.
hatch.et [h'ætʃit] s. machadinho m.
hatch.way [h'ætʃwei] s. escotilha f.
hate [heit] s. ódio, rancor m. ‖ v. odiar.

hate.a.ble [h'eitəbl] adj. odioso, detestável.
ha.tred [h'eitrid] s. ódio m., aversão f.
haugh.ti.ness [h'ɔ:tinis] s. arrogância f.
haugh.ty [h'ɔ:ti] adj. arrogante, altivo.
haul [hɔ:l] s. ação f. de puxar, arrastamento m. ‖ v. puxar, arrastar; (Náut.) rebocar.
haul.age [h'ɔlidʒ] s. transporte m. rodoviário de carga.
haunch [hɔ:ntʃ] s. coxa, anca f., quadril m.
haunt [hɔ:nt] s. abrigo m., toca f.; habitat m.; lugar m. preferido. ‖ v. freqüentar; assombrar (fantasmas).
have [hæv] v. (pret. e p. p. **had**) ter, haver, possuir; sofrer; receber, obter; precisar, reclamar; mandar; manter, reter (na memória); entreter; ter como ou por, reputar, conter, compreender; saber, entender; produzir, gerar; causar; ter de, precisar, ser obrigado a, dever; permitir, tolerar, asseverar; enganar. ≃ **a nice trip!** boa viagem! to ≃ **a wash** lavar-se.
ha.ven [h'eivn] s. porto, ancoradouro m., enseada f.; (fig.) abrigo, refúgio, asilo m. ‖ v. abrigar, refugiar-se.
have.n't [h'ævnt] abr. de **have not**.
hav.oc [h'ævək] s. destruição f. ‖ v. destruir.
hawk [hɔ:k] s. falcão, açor m.; pigarro, escarro m. ‖ v. falcoar, caçar com falcão; pigarrear; tossir; vender pelas ruas.
haw.ser [h'ɔ:zə] s. cabo m. de aço.
hay [hei] s. feno m., forragem f. ‖ v. suprir ou alimentar com feno. **to make** ≃ **while the sun shines** fazer feno, aproveitar a oportunidade. ≃ **fever** febre de feno. ≃-**loft** palheiro.
hay.stack [h'eistæk] s. palheiro m., pilha f. ou monte m. de feno.
haz.ard [h'æzəd] s. risco, perigo m.; acaso m.; jogo m. de azar (dados); caprichos m. pl. (do tempo). ‖ v. arriscar, aventurar.
haz.ard.ous [h'æzədəs] adj. arriscado.
haze [heiz] s. neblina, cerração f.; confusão f. ‖ v. obscurecer; confundir; (E.U.A.) judiar, maltratar; dar trote (estudantes); fazer algazarra.
ha.zel [heizl] s. aveleira f.
ha.zel.nut [h'eizlnʌt] s. avelã f.
ha.zy [h'eizi] adj. nebuloso, enevoado.
he [hi:] s. homem, rapaz m.; macho m. ‖ pron. ele. ≃-**goat** bode. ≃ **who** aquele que.

head [hed] s. cabeça f.; cabeça de prego, de alfinete, de martelo etc.; topo m.; chefe m. + f., diretor m.; unidade f. (de gado), cabeça f.; cabeçalho m.; raciocínio, intelecto m.; fonte, nascente f. (de um rio). ‖ v. encabeçar, liderar. ‖ adj. na ponta; principal, dirigente, comandante.

head.ache [h'edeik] s. dor f. de cabeça.

head.ing [h'ediŋ] s. título, cabeçalho m.

head.land [h'edlənd] s. promontório m.

head.long [h'ədlɔŋ] adj. impetuoso; apressado, escarpado. ‖ adv. apressadamente; impetuosamente; abruptamente.

head.most [h'edmoust] adj. dianteiro.

head.of.fice [h'edɔfis] s. matriz f. (firma).

head.phone [h'edfoun] s. fone m. de ouvido.

head.quar.ters [h'edkwɔ:təz] s. pl. quartel- general m.; escritório m. central.

head.strong [h'edstrɔŋ] adj. cabeçudo.

head.way [h'edwei] s. movimento m. para a frente, progresso m.; espaço m. livre sob uma ponte. **to make** ≃ progredir.

head.y [h'edi] adj. precipitado, violento.

heal [hi:l] v. curar, sarar; cicatrizar.

health [helθ] s. saúde f.; brinde m.

health.ful [h'elθful] adj. sadio, saudável.

health.y [h'elθi] adj. são; saudável, salubre.

heap [hi:p] s. montão m.; multidão f. ‖ v. amontoar.

hear [hiə] v. (pret. e p. p. **heard**) ouvir, escutar; dar ouvidos, prestar atenção; atender; examinar; ficar sabendo.

hear.ing [h'iəriŋ] s. ouvido m., audição f.; audiência f.; interrogatório m. ≃ **aid** aparelho de surdez.

hear.say [h'iəsei] s. boato, rumor m.

hearse [hə:s] s. carro m. funerário; ataúde m. ‖ v. levar em caixão fúnebre.

heart [ha:t] s. coração m.; centro m.; alma f.; peito m.; amor m., afeição f.; ânimo m., coragem f. **to learn by** ≃ decorar. **to speak to one's** ≃ confortar, encorajar.

heart.ache [h'a:teik] s. inquietação f.

heart.break [h'a:tbreik] s. desgosto m.

heart.burn [h'a:tbə:n] s. inveja f., ódio m.; azia f.; azedume m. do estômago.

heart.en [h'a:tən] v. animar, encorajar.

heart.felt [h'a:tfelt] adj. sincero.

hearth [ha:θ] s. forno m.; lareira f.; lar m.

heart.less [h'a:tlis] adj. cruel, insensível.

heart.y [h'a:ti] s. marujo m.; bom colega m. ‖ adj. amável; sincero; enérgico, entusiástico; substancioso (alimento).

heat [hi:t] s. calor m.; aquecimento m.; temperatura f. elevada; fermentação f.; cólera f.; cio m. ‖ v. aquecer; inflamar; fermentar; excitar(-se). **in** ≃ no cio.

heat.er [h'i:tə] s. aquecedor, fogareiro m.

heat.ing [h'i:tiŋ] s. aquecimento m. ‖ adj. aquecedor, que faz aquecer.

heave [hi:v] s. suspiro m.; náusea f. ‖ v. levantar, hastear; suspirar; crescer, ondear (mar); (gíria) vomitar, ter náuseas.

heav.en [h'evn] s. céu, firmamento m., abóbada f. celeste. ‖ interj. ≃ **s!** céus!

heav.en.ly [h'evnli] adj. celeste; divino. ‖ adv. celestialmente, divinamente.

heav.i.ness [h'evinis] s. peso m., lentidão f.

heav.y [h'evi] s. pessoa ou coisa f. pesada. ‖ adj. pesado; forte, violento; triste, abatido; cansativo; preguiçoso; prenhe, grávida; indigesto. ‖ adv. pesadamente.

heck.ler [h'eklə] s. perguntador m. enfadonho e impertinente.

hec.tic [h'ektik] adj. apressado; movimentado.

hedge [hedʒ] s. cerca, sebe, divisa f. ‖ v. cercar; limitar; evitar resposta direta.

hedge.hog [h'edʒhɔg] s. (Zool.) ouriço m.

heed [hi:d] s. cuidado m. ‖ v. prestar atenção; acautelar, cuidar, atender.

heed.less [h'i:dlis] adj. descuidado.

heel [hi:l] s. calcanhar m.; salto m. do sapato; ponta f.; esporão m. ‖ v. colocar saltos em sapatos.

heeled [hi:ld] adj. (gíria) endinheirado.

heft.y [h'efti] adj. (gíria) forte; pesado.

heif.er [h'efə] s. novilha, vitela f.

height [hait] s. altura f.; cume m.; altitude f.; latitude f.; apogeu m.; perfeição f.; eminência f. **at its** ≃ no auge.

height.en [h'aitn] v. levantar, elevar; aumentar, fortificar; salientar, intensificar.

heir ['ɛə] s. herdeiro m. ‖ v. herdar.

heir.ess ['ɛəris] s. herdeira f.

held [held] v. pret. e p. p. de **hold**.

hel.i.cop.ter [h'elikɔptə] s. helicóptero m.

hell [hel] s. inferno m. (também fig.).

hell.ish [h'eliʃ] adj. infernal, horrível.

helm [helm] s. leme m. do navio; administração f. ‖ v. dirigir, governar.

hel.met [h'elmit] s. elmo, capacete m.

help [help] s. assistência f.; alívio, amparo m.; auxiliar, ajudante m. + f. ‖ v. auxiliar, ajudar (**with, in** com, em), curar, medicar; prevenir, impedir.

help.er [h'elpə] s. ajudante, auxiliar m. + f.

help.ful [h'elpful] adj. útil, que ajuda.

help.ing [h'elpiŋ] s. porção (de comida) f., prato m. de comida.

help.less [h'elplis] adj. desamparado.

help.mate [h'elpmeit] s. ajudante m. + f., colaborador m.; esposo m., esposa f.

hem [hem] s. bainha, orla f. ‖ v. abainhar, orlar, guarnecer.

hem.a.tol.o.gy [hi:mət'ɔlədʒi] s. hematologia f.

hem.i.sphere [h'emisfiə] s. hemisfério m.

hem.lock [h'emlɔk] s. (Bot.) cicuta f.

he.mo.glo.bin [himəgl'oubin] s. = **haemoglobin**.

he.mo.phil.i.a [hi:me'filiə] s. (Med.) hemofilia f.

he.mo.phil.i.ac [hi:me'filiæk] s. (Med.) hemofilíaco m.

hem.or.rhage [h'eməridʒ] s. hemorragia f.

hemp [hemp] s. cânhamo, linho m.

hem.stitch [h'emstitʃ] s. ponto m. aberto (à jour) de costura.

hen [hen] s. galinha f.; fêmea f. de ave. ≃ **party** festa só de mulheres.

hence [hens] adv. daqui; conseqüentemente; disso, disto, por isso, por esta razão.

hence.forth [h'ensfɔ:θ] adv. doravante.

hen.house [h'enhaus] s. galinheiro m.

hen.peck [h'enpek] v. dominar o marido.

her [hə:] pron. lhe, a ela, seu, sua, a, dela.

her.ald [h'erəld] s. arauto, mensageiro m.; precursor m. ‖ v. trazer notícias de, anunciar; introduzir solenemente.

her.ald.ry [h'erəldri] s. heráldica f.

herb [hə:b] s. erva, forragem f., capim m.; planta f. medicinal.

her.biv.o.rous [hə:b'ivərəs] adj. herbívoro.

herd [hə:d] s. rebanho, bando m., manada f.; massa f. popular. ‖ v. agrupar(-se); pastorear. **the common** ≃ o populacho. ≃ **instinct** instinto gregário.

herds.man [h'ə:dzmən] s. boiadeiro, vaqueiro, tocador m. de boiada; pastor m.

here [hiə] s. este lugar, tempo ou estado m. ‖ adv. aqui, neste lugar, cá, para cá; agora. ‖ interj. presente!

here.a.bout [hiərəb'aut] adv. por aqui.

here.abouts [hiərəb'auts] adv. = **hereabout**.

here.af.ter [hiər'a:ftə] s. futuro m., vida f. futura. ‖ adv. depois, daqui por diante.

here.by [hiəb'ai] adv. por isto, com isto, por meio disto, como resultado disto.

he.red.i.tar.y [hir'editəri] adj. hereditário.

here.in [h'iər'in] adv. nisto.

her.e.sy [h'erəsi] s. heresia f.

her.e.tic [h'erətik] s. + adj. herético m.

here.with [hiəw'ið] adv. juntamente, incluso; por meio disto.

her.it.age [h'eritidʒ] s. herança f.

her.maph.ro.dite [həm'æfrədait] s. + adj. (Biol.) hermafrodita.

her.mit [h'ə:mit] s. eremita m. + f., ermitão m. ≃ **crab** (Zool.) eremita-bernardo.

her.ni.a [h'ə:njə] s. (Med.) hérnia f.

he.ro [h'iərou] s. herói, mocinho m.

he.ro.ic [hir'ouik] adj. heróico, valente.

her.o.in [h'erouin] s. (Quím.) heroína f.

her.o.ine [h'erouin] s. heroína, mocinha f.

her.ring [h'eriŋ] s. (Ict.) arenque m.

hers [hə:z] pron. poss. de **her** seu, sua, seus, suas, dela. **it is** ≃ é dela.

her.self [hə:s'elf] pron. ela mesma, a si mesma. **she hurt** ≃ ela se feriu.

hes.i.tant [h'ezitənt] adj. hesitante, indeciso, irresoluto, vacilante.

hes.i.tate [h'eziteit] v. hesitar, vacilar, estar indeciso (**about, over** sobre).

hes.i.ta.tion [hezit'eiʃən] s. hesitação f.

het.er.o.ge.ne.ous [hetərodʒ'i:niəs] adj. heterogêneo, diferente em espécie.

heu.rist.ic [hjuər'istik] adj. heurístico.

hew [hju:] v. (pret. **hewed**, p. p. **hewn**) cortar, derrubar; lavrar, desbastar; executar com muito esforço. **to** ≃ **up** rachar.

hex [heks] s. (coloq.) bruxa f.; feitiço m. ‖ v. enfeitiçar, pôr feitiço em.

hey [hei] interj. eh!, ei!, eia!: exclamação de surpresa ou de alegria.

hey.day [h'eidei] s. auge, apogeu m.; vigor m., impetuosidade, vivacidade f.

hi [hai] interj. eh!, olá!, alô!, ei!, oi!

hi.ber.nate [h'aibə:neit] v. (Zool.) hibernar.

hic.cup [h'ikʌp] s. soluço m. ‖ v. soluçar.

hick [hik] s. (gíria) lavrador, aldeão, caipira m. ‖ adj. rústico.

hid [hid] v. pret. e p. p. de **hide**.

hid.den [h'idn] v. p. p. de **hide**. ‖ adj. escondido, secreto, misterioso, obscuro.

hide [haid] s. pele f.; couro m. cru; (coloq.) pele humana. ‖ v. (pret. **hid**, p. p. **hidden**, **hid**) esconder(-se), ocultar, encobrir; sair, afastar-se desgostosamente.

hide.bound [h'aidbaund] adj. bitolado.

hid.e.ous [h'idiəs] adj. horrível, medonho.

hi-fi [h'aifai] s. alta-fidelidade f.

high [hai] adj. elevado, grande; berrante, forte (cores); remoto; superior, interior; principal; nobre, respeitado; excelente, solene; orgulhoso; dispendioso; difícil; (Mús.) agudo; intensivo; irritado. ‖ adv. grandemente, fortemente, altamente, sumamente. ≃ **grade** de primeira qualidade. ≃-**handed** arbitrário. ≃ **jump** (Esp.) salto de altura. ≃ **life** vida das classes abastadas. ≃ - **minded** generoso, magnânimo. ≃- **tension** alta-tensão. ≃ **tide** maré alta, preamar.

high.born h'aibɔ:n] adj. de alta linhagem.

high.brow [h'aibrau] s. + adj. (gíria) intelectual m. + f., sabichão m.

high.land [h'ailənd] s. terra f. montanhosa.

high.light [h'ailait] v. iluminar; realçar; salientar.

high.ly [h'aili] adv. altamente, sumamente.

high.ness [h'ainis] s. altura, elevação f., alto m.; alteza f. **His Highness** Sua Alteza.

high.road [h'airoud] s. estrada f. de rodagem; modo m. fácil.

high.way [h'aiwei] s. estrada, rodovia f.

hi.jack [h'aidʒæk] v. roubar a mercadoria dos contrabandistas; seqüestrar (avião).

hike [haik] s. marcha f. ‖ v. marchar.

hik.er [h'aikə] s. andarilho, marchador m.

hi.lar.i.ous [hil'ɛəriəs] adj. alegre, contente.

hill [hil] s. morro m., colina f.; monte m. (de terra).

hill.side [h'ilsaid] s. ladeira f., declive m.

hill.top [h'iltɔp] s. cume m. de morro.

hill.y [h'ili] adj. montanhoso; acidentado.

hilt [hilt] s. cabo, punho m. (faca, espada).

him [him] pron. lhe, a ele, o.

him.self [hims'elf] pron. ele mesmo, se, a si mesmo, ele. **by** ≃ sozinho, só.

hind [haind] s. corça f., fêmea f. do veado. ‖ adj. traseiro, posterior.

hind.er [h'ində] v. impedir, retardar, obstruir, embaraçar. ‖ adj. traseiro.

hin.drance [h'indrəns] s. obstáculo m.

hind. sight [h'aindsait] s. compreensão f. tardia do que devia ter sido feito.

hinge [hindʒ] s. dobradiça f., gonzo m. ‖ v. colocar em dobradiças; dobrar, virar. **to** ≃ **on** depender de.

hint [hint] s. sugestão, alusão f. ‖ v. sugerir, aludir, dar a entender.

hin.ter.land [h'intəlænd] s. interior m.

hip [hip] s. quadril m., anca f. ≃ - **bone** (Med.) osso ilíaco, bacia.

hip.po.pot.a.mus [hipəp'ɔtəməs] s. (Zool.) hipopótamo m.

hire [h'aiə] s. aluguel, salário m. ‖ v. alugar, arrendar, empregar, contratar. ≃ - **purchase** compra a prestações.

his [hiz] pron. seu, sua, seus, suas,

hiss [his] s. assobio, silvo m. ‖ v. assobiar, silvar, sibilar. **to** ≃ **at** vaiar.

his.to.gram [h'istəgræm] s. histograma m.

his.to.ri.an [hist'ɔ:riən] s. historiador m.

his.tor.ic [hist'ɔrik] adj. histórico. ≃ **al event** acontecimento histórico.

his.tor.i.cal [hist'ɔrikəl] adj. = **historic**.

his.to.ry [h'istəri] s. história f.

hit [hit] s. golpe m., acidente m.; sucesso m., sorte f.; crítica f. ‖ v. (pret. e p. p. **hit**) dar uma pancada (**at** em); acertar.

hitch [hitʃ] s. puxão, arranco m.; nó m.; obstáculo m.; coxeadura f. ‖ v. coxear, escorregar, engatar (**to** a); embaraçar (**in** em); amarrar (**to** a); ser preso; pegar.

hitch.hike [h'itʃhaik] v. (gíria) viajar pedindo carona, andar de carona.

hith.er.to [hiðət'u:] adv. até aqui, até agora, previamente.

hive [haiv] s. colméia, multidão f. ≃ **s** (Med.) urticária f.

hoard [hɔ:d] s. mealheiro m. ‖ v. acumular, ajuntar, amontoar, armazenar.

hoarse [hɔ:rs] adj. rouco; áspero.

hoax [houks] s. peça, brincadeira f. ‖ v. pregar uma peça; enganar.

hob.ble [hɔbl] s. coxeadura f.; (fig.) embaraço m., dificuldade f. ‖ v. mancar, coxear; impedir, estorvar; claudicar.

hob.by [h'ɔbi] s. passatempo m. predileto.

ho.bo [h'oubou] s. (gíria) vagabundo, errante, vadio, andarilho m.

hocus-pocus [h'oukəsp'oukəs] s. truque m., mistificação f.; engano m., fraude f. ▮ v. iludir, fazer passes de mágica.

hodge [hɔdʒ] s. labrego, rústico, camponês m. ≃ - **podge** mistura heterogênea, mixórdia, confusão.

hoe [hou] s. enxada f. ▮ v. cavar com enxada.

hog [hɔg] s. porco, capado m.; (fig.) porcalhão m. ▮ v. guiar com imprudência; comer demais.

hog.wash [h'ɔgwɔʃ] s. (coloq.) bobagem, tolice f.

hoist [hɔist] s. ação f. de levantar ou içar; elevador m.; macaco, guindaste, guincho m. ▮ v. içar, guindar, levantar, elevar.

hold [hould] s. ação f. de segurar, pegar ou agarrar; alça f., cabo m.; suporte m.; influência f.; impressão f.; posse f.; prisão f.; fortaleza f. ▮ v. (pret. e p. p. **held**) pegar; manter; defender; ocupar (cargo); prosseguir; empregar; sustentar; refrear, embargar; conter, encerrar; possuir, ocupar; considerar, crer, afirmar; presidir; reunir; festejar; permanecer; ser válido. ▮ interj. pare! quieto! espere! ≃ -**up** assalto à mão armada; obstáculo; demora.

hold.er [h'ouldə] s. proprietário, arrendatário m.; vasilhame m.; cabo m.; alça f.; portador m. (de títulos, ações etc.).

hole [houl] s. buraco, orifício m.; cova, toca f.; dificuldade f. ▮ v. furar, cavar, escavar. ≃ -**and-corner** clandestino, desonesto.

hol.i.day [h'ɔlidei] s. dia m. santo, feriado m., dia de festa; férias f. pl. ▮ adj. de ou relativo a feriado; alegre. **on a** ≃ em férias.

ho.li.ness [h'oulinis] s. santidade f.

hol.ler [h'ɔlə] v. chamar, gritar, clamar.

hol.low [h'ɔlou] s. buraco m.; desfiladeiro m., ravina f.; vale m.; canal, leito m. ▮ v. escavar, esburacar. ▮ adj. oco, vazio; côncavo; profundo; irreal, insincero; faminto; pouco sonoro, surdo.

hol.ly [h'ɔli] s. (Bot.) azevim, azevinho m.

ho.lo.gram [h'oulougræm] s. holograma m.

ho.lo.gra.phy [həl'ɔgrəfi] s. holografia f.

hol.ster [h'ɔlstə] s. coldre m.

ho.ly [h'ouli] s. santuário m. ▮ adj. santo, sagrado, consagrado, divino.

hom.age [h'ɔmidʒ] s. homenagem, deferência f. ▮ v. prestar homenagem.

home [houm] s. lar m., residência f.; família f.; pátria, origem f. ▮ v. ir para casa; retornar; morar. ▮ adj. caseiro, nativo, nacional. ▮ adv. rumo à pátria; exatamente. ≃ **freight** carga de retorno. ≃ - **made** feito em casa.

home.land [h'oumlənd] s. pátria f.

home.less [h'oumlis] adj. desabrigado.

home.like [h'oumlaik] adj. familiar.

home.ly [h'oumli] adj. simples; rústico; (E.U.A.) feio.

ho.me.o.path.y [houmi'ɔpəθi] s. homeopatia f.

home.sick [h'oumsik] adj. nostálgico.

home.ward [h'oumwəd] adj. em direção à casa ou à pátria. ▮ adv. para casa, para a pátria, de volta ao lar.

home.work [h'oumwə:k] s. trabalho m. doméstico; dever m. escolar, lição f.

hom.i.ci.de [h'ɔmisaid] s. homicídio m.

homing pigeon [h'oumiŋ p'idʒin] s. pombo-correio m.

ho.mo.ge.ne.ous [hɔmodʒ'i:niəs] adj. homogêneo, essencialmente semelhante.

ho.mo.nym [h'ɔmənim] s. homônimo m.

ho.mo.sex.u.al [houməs'ekʃuəl] s. + adj. homossexual m. + f.

hone [houn] s. pedra f. de afiar, amolar. ▮ v. afiar, amolar, dar fio a.

hon.est [h'ɔnist] adj. honesto, decente, honrado; justo; genuíno, real.

hon.es.ty [h'ɔnisti] s. honestidade f.

hon.ey [h'ʌni] s. mel m.; doçura f.; namorada f. ▮ v. adoçar. ▮ adj. caro, estimado.

hon.ey.comb [h'ʌnikoum] s. favo m. de mel. ▮ v. perfurar ou dividir em forma de favo; (fig.) minorar, estragar.

hon.ey.dew [h'ʌnidju] s. espécie f. de melão.

hon.ey.moon [h'ʌnimu:n] s. lua-de-mel f. ▮ v. estar em lua-de-mel.

hon.ey.suck.le [h'ʌnisʌkl] s. madressilva f.

honk [hɔŋk] v. grasnar; buzinar.

ho.nor [h'ɔnə] s. = **honour**.

ho.nour [h'ɔnə] s. honra, dignidade f.; reputação, glória f.; lealdade f.; respeito m.; distinção f. ≃ **s** continência f. ▮ v. honrar, respeitar; pagar; favorecer.

hon.our.a.ble [h'ɔnərəbl] adj. ilustre, nobre; honesto, honroso, decente.

hood [hud] s. capuz m.; toldo m. ▮ v. cobrir, vendar, colocar capuz.

hood.wink [h'udwiŋk] v. enganar, iludir.

hoof [hu:f] s. casco m., unha f. de animais; pata f.; animal m. de casco. ▮ v. coicear; andar a pé; (fig.) dar pontapé; dançar.

hook [huk] s. gancho m.; anzol m.; farpa f., armadilha f., laço m.; curva f. fechada; foice f.; (Geog.) cabo, promontório m. ‖ v. enganchar, ferrar; pescar, fisgar. ≃ **and eye** colchete, colcheta.

hook.er [h'ukə] s. (E.U.A.) prostituta f.

hoop [hu:p] s. arco m. de barril, bambolê, aro m., argola f.; crinolina f. ‖ v. arquear, cerrar.

hoot [hu:t] s. piar m. do mocho; vaia f. ‖ v. piar; (macho); vaiar; apupar; buzinar.

hoot.er [h'u:tə] s. sirena f. (de fábrica); (coloq.) nariz m.

hop [hɔp] s. pulo, salto m.; viagem f. curta (de avião). ‖ v. pular; (coloq.) viajar de avião a curta distância; dançar. ≃ **ped-up** drogado; (Aut.) envenenado.

hope [houp] s. esperança, confiança, expectativa f. ‖ v. esperar (**for** por), ter esperança, confiar (**in** em).

hope.ful [h'oupful] adj. esperançoso.

hope.less [h'ouplis] adj. desesperado, desanimado, incorrigível.

horde [h'ɔ:d] s. horda, multidão f.; tribo f. errante ‖ v. viver em hordas.

ho.ri.zon [hor'aizn] s. horizonte m.

ho.ri.zon.tal [hɔriz'ontl] s. linha f. ou posição f. horizontal. ‖ adj. horizontal.

hor.mo.ne [h'ɔ:moun] s. hormônio m.

horn [hɔ:n] s. chifre, corno m.; cornucópia f.; tentáculo m.; (Mús.) trompa, corneta f.; buzina f.; megafone m. ‖ v. cornear.

hor.net [h'ɔ:nit] s. (Ent.) vespão m.

horn.y [h'ɔ:ni] adj. córneo; que tem chifre; caloso; (gíria) lascivo, tarado.

hor.ri.ble [h'ɔrəbl] adj. horrível, medonho.

hor.rid [h'ɔrid] adj. horrendo, terrível.

hor.ri.fy [h'ɔrifai] v. horrorizar, atemorizar.

hor.ror [h'ɔrə] s. horror, pavor, terror m.

horse [h'ɔ:s] s. cavalo, garanhão m. ‖ v. montar a cavalo. ‖ adj. relativo a cavalo, cavalar; montado. ≃ **- laugh** riso alto, gargalhada. ≃ **sense** senso comum.

horse doctor s. (E.U.A.) = **veterinarian**.

horse.back [h'ɔ:sbæk] s. dorso m. do cavalo. **on** ≃ a cavalo.

horse.fly [h'ɔ:sflai] s. (Zool.) mutuca f.

horse.hair [h'ɔ:shɛə] s. crina f. de cavalo, clina f. ‖ adj. feito de crina, crinal.

horse.man [h'ɔ:smən] s. cavaleiro m.

horse.pow.er [h'ɔ:spauə] s. cavalo-vapor m. (abr. **H.P.**).

horse.rad.ish [h'ɔ:srædiʃ] s. raiz-forte f.

horse.shit [h'ɔ:sʃit] s. bobagem, tolice f.

horse.shoe [h'ɔ:sʃu:] s. ferradura f. ‖ v. ferrar. ‖ adj. em forma de ferradura.

hose [houz] s. calças f. pl. estreitas usadas antigamente pelos homens; meias f. pl.; mangueira f. ‖ v. esguichar, regar. **panty** ≃ meiacalça.

ho.sier.y [h'ouzjəri] s. meias f. pl.; lingerie f.; loja f. de lingerie.

hos.pi.ta.ble [h'ɔspitəbl] adj. hospitaleiro.

hos.pi.tal [h'ɔspitl] s. hospital m.

hos.pi.tal.i.ty [hɔspit'æliti] s. hospitalidade f., bom acolhimento m.

hos.pi.tal.ize [h'ɔspitəlaiz] v. hospitalizar.

host [houst] s. hospedeiro, estalajadeiro m.; anfitrião m.; (Biol.) hospedeiro m.; tropa, multidão f.; (Rel.) hóstia.

hos.tage [h'ɔstigʒ] s. refém m.; penhor m.

hos.tel [h'ɔstl] s. alojamento m. **youth** ≃ albergue m. de juventude.

host.ess [h'oustis] s. hospedeira f.

hos.tile [h'ɔstail] adj. hostil, adverso, inimigo. a ≃ **nation** um país hostil.

hos.til.i.ty [hɔst'iliti] s. hostilidade f.

hot [hɔt] adj. quente; apimentado; apaixonado; (gíria) recente, moderno; vivo, forte (cores). ‖ adv. de modo quente; ansiosamente, ardentemente. ≃ **blooded** de sangue quente, fogoso, irascível. ≃ **potato** (fig.) batata quente; pepino, situação delicada. ≃ **dog** cachorro-quente.

hotch-potch [h'ɔtʃpɔtʃ] s. = **hodge-podge**.

ho.tel [hout'el] s. hotel m.

hot.head [h'ɔthed] s. pessoa f. que perde o controle facilmente.

hot.house [h'ɔthaus] s. estufa f. para plantas, viveiro m. de plantas.

hot.ness [h'ɔtnis] s. calor m.; violência f.

hound [haund] s. cão m. de caça; qualquer cão m. ‖ v. caçar; perseguir; açular, incitar.

hour ['auə] s. hora f., tempo m.; período m.

house [h'aus] s. casa, residência f.; lar m.; edifício m.; casa f. comercial; família f.; linhagem, geração f.; parlamento m.; teatro m. ≃ **- warming** festa de inauguração quando se muda para uma casa nova.

house [hauz] v. morar; alojar(-se).

house.break.ing [h'ausbreikiŋ] s. arrombamento, furto m.; demolição f. (de casa).

house.bro.ken [h'ausbroukən] adj. diz-se de gatos, cachorros etc. habituados, acostumados a viver dentro de casa.

house.coat [h'auskout] s. chambre, penhoar m.

house.fly [h'ausflai] s. mosca f. doméstica.

house.hold [h'aushould] s. casa f., lar m. ‖ adj. doméstico, pertencente à casa.

house.keep.er [h'auski:pə] s. governanta f.

house.maid [h'ausmeid] s. criada f. doméstica.

house.top [h'austɔp] s. telhado m.

house.wife [h'auswaif] s. esposa, dona f. de casa.

house.work [h'auswə:k] s. serviço m. doméstico.

hous.ing [h'auziŋ] s. alojamento m., moradia f., casas f. pl.; (Eng.) suporte m.

hove [houv] v. pret. e p. p. de **heave**.

hov. el [h'ɔvəl] s. cabana, choupana f.; telheiro m. ‖ v. abrigar em choupana.

hov.er [h'ɔvə] s. ato m. de estar indeciso; suspensão f. ‖ v. estar suspenso, pairar (**over** sobre), flutuar no ar; andar sem destino (**about**) ; estar indeciso. **to ≃ round** rodear.

how [hau] adv. como, de que maneira; quanto; por quê, por que razão.

how.ev.er [hau'evə] adv. de qualquer modo, por qualquer meio, por mais que. ‖ conj. mas, porém, não obstante, contudo, todavia.

howl [haul] s. uivo, urro m. ‖ v. uivar; gritar berrar. **to ≃ down** abafar com gritos.

H.P., h.p. s. abr. de **horsepower** cavalo-força, cavalo-vapor m.

hub [hʌb] s. cubo m. da roda; (fig.) centro m. ≃ **cap** calota.

hub.bub [h'ʌbʌb] s. tumulto, rebuliço m.

huck.ster [h'ʌkstə] s. vendedor m. ambulante, mascate m. ‖ v. mascatear; regatear.

hud.dle [h'ʌdl] s. desordem, confusão f.; multidão f. desordenada. ‖ v. misturar, amontoar; acotovelar-se, apertar-se.

hue [hju:] s. cor, nuança, coloração f.

huff [hʌf] s. acesso m. de ira, mau humor. ‖ v. xingar, gritar, ralhar; irritar, ofender; sentir-se agredido, ofendido.

huff.y [h'ʌfi] adj. sensível, melindroso, facilmente ofendido; irritável, irascível.

hug [hʌg] s. aperto m.; abraço m. ‖ v. apertar; abraçar; acariciar, afagar.

huge [hju:dʒ] adj. imenso, vasto, muito grande, enorme, gigantesco.

huge.ness [hj'u:dʒnis] s. vastidão, imensidade, enormidade f.

hull [hʌl] s. casca f. (de ervilha, vagem etc.); casco m. (de navio); (Aer.) fuselagem f. ‖ v. descascar, debulhar.

hum [hʌm] s. zumbido m.; expressão f. de hesitação, hum. ‖ v. zumbir, zunir, sussurrar; hesitar. ‖ interj. hum! hem!

hu.man [hj'u:mən] s. ser m. humano. ‖ adj. humano, relativo ao homem.

hu.mane [hjum'ein] adj. humanitário.

hu.man.i.ties [hjum'ænitiz] s. pl. humanidades, letras f. pl. clássicas, filologia f.

hu.man.kind [hj'u:mənkaind] s. gênero m. humano, humanidade f.

hum.ble [h'ʌmbl] v. humilhar, rebaixar. ‖ adj. humilde; pobre; submisso.

hum.ble.ness [h'ʌmblnis] s. humildade f.

hum.drum [h'ʌmdrʌm] s. pessoa f. insípida; monotonia f. ‖ adj. monótono, enfadonho; estúpido.

hu.mid [hj'u:mid] adj. úmido; aquoso.

hu.mid.i.ty [hjum'iditi] s. umidade f.

hu.mil.i.ate [hjum'ilieit] v. humilhar.

hu.mil.i.ty [hjum'iliti] s. humildade f.

hum.ming.bird [h'ʌmiŋbə:d] s. (Orn.) beija-flor, colibri m.

hu.mour [hj'u:mə] s. humor m.; temperamento m.; capricho m. ‖ v. condescender, ceder a, adaptar-se a.

hump [hʌmp] s. corcunda f.; montículo m. ‖ v. corcovar, curvar; aborrecer; (E.U.A., vulg.) ter relações sexuais, copular.

hump.back [h'ʌmpbæk] s. corcunda f. + f.

hunch [hʌntʃ] s. corcova f.; fatia f. grossa; (gíria) intuição f. ‖ v. curvar, corcovar; acotovelar, empurrar, apertar.

hunch.back [hʌntʃ'bæk] s. = **humpback**.

hun.dred [h'ʌndrəd] s. + num. cem, cento m.

hung [hʌŋ] v. pret. e p. p. **hang**.

Hun.gar.i.an [hʌŋg'ɛərən] s. + adj. húngaro m.; magiar m. + f.

hun.ger [h'ʌŋgə] s. fome f., apetite m. ‖ v. ter fome; ansiar (**for, after** por).

hun.gry [h'ʌŋgri] adj. com fome, faminto, esfomeado; desejoso, ansioso.

hunk [hʌŋk] s. (coloq.) pedaço, naco m. grande.

hunt [hʌnt] s. caça, caçada f.; busca, procura f. ‖ v. caçar, perseguir, procurar.

hunt.er [h'ʌntə] s. caçador m.; cão ou cavalo m. empregado na caça.

hunts.man [h'ʌntsmən] s. caçador m.

hur.dle [h'ə:dl] s. (Esp.) barreira f.; obstáculo m.; cerca, sebe f. ‖ v. cercar; (Esp.) disputar corrida sobre barreiras.

hurl [hə:l] s. arremesso, lance m. ‖ v. lançar, arremessar; proferir com veemência.

hur.ra [hur'a:] interj. hurra! viva!

hur.ray [hur'ei] interj. = hurra.

hur.ri.cane [h'ʌrikən] s. furacão, tufão m.

hur.ried [h'ʌrid] adj. apressado, precipitado, forçado a se apressar.

hur.ry [h'ʌri] s. pressa, precipitação f. ‖ v. apressar; incitar; precipitar.

hurt [hə:t] s. ferida, dor f. ‖ v. ferir; ofender; magoar; doer; danificar.

hus.band [h'ʌzbənd] s. marido m. ‖ v. economizar, poupar.

hus.band.ry [h'ʌzbəndri] s. agricultura, lavoura f.; economia f. (doméstica).

hush [hʌʃ] s. silêncio m., quietude f. ‖ v. silenciar, acalmar; calar-se, ficar quieto. ‖ interj. quieto! silêncio! to ≃ up calar, silenciar a respeito de alguma coisa.

hus.ky [h'ʌski] s. esquimó m. + f.; língua f. dos esquimós; cão m. dos esquimós. ‖ adj. cascudo, abundante em cascas; rouco, áspero; (E.U.A., coloq.) forte.

hus.tle [h'ʌsl] s. movimento m., pressa f.; atividade f. ‖ v. apressar; empurrar; acotovelar(-se); (E.U.A.) ser muito ativo.

hus.tler [h'ʌslə] s. pessoa f. ativa, enérgica; (gíria, E.U.A.) prostituta f.

hut [hʌt] s. cabana f.; barraca f. ‖ v. alojar em barracas ou cabanas.

hy.a.cin.th [h'aiəsinθ] s. (Bot. e Min.) jacinto m.

hy.brid [h'aibrid] s. + adj. híbrido, mestiço m.

hy.dran.ge.a [haidr'eindʒə] s. (Bot.) hortênsia, hidrângea f.

hy.drant [h'aidrənt] s. hidrante m.

hy.drau.lic [haidr'ɔ:lik] adj. hidráulico.

hydro-electric adj. hidrelétrico.

hy.dro.gen [h'aidrədʒən] s. (Quím.) hidrogênio m.

hy.giene [h'aidʒi:n] s. higiene f.

hymn [him] s. hino m., canção f. sacra. ‖ v. cantar hinos.

hy.phen [h'aifən] s. hífen m.; traço-de-união m. ‖ v. unir com hífen.

hyp.no.sis [hipn'ousis] s. hipnose f.

hyp.no.tize [h'ipnətaiz] v. hipnotizar.

hy.poc.ri.sy [hip'ɔkrəsi] s. hipocrisia, falsidade f.; fingimento m.

hyp.o.crite [h'ipəkrit] s. hipócrita m. + f.

hy.po.der.mic [haipod'ə:mik] s. injeção f. hipodérmica; seringa f. hipodérmica. ‖ adj. hipodérmico.

hy.poth.e.sis [haip'ɔθisis] s. hipótese, suposição, teoria f.

hys.ter.ec.to.my [histər'əktəmi] s. (Med.) histerectomia f.

hys.ter.ic [hist'ərik] adj. histérico.

hys.ter.i.cal [hist'ərikəl] adj. = histeric.

hys.ter.ics [hist'əriks] s. pl. ataque m. de histeria. to go into ≃ ficar histérico.

I

I, i [ai] s. nona letra f. do alfabeto.
I [ai] s. + pron. pess. eu.
ice [ais] s. gelo m.; sorvete m. ‖ v. gelar, congelar, esfriar; cristalizar. ≃ cap calota glacial. ≃ cream sorvete. ≃ cube cubo de gelo. ≃ rink rinque de patinação. ≃ - skating patinação no gelo.
ice.berg ['aisbə:g] s. icebergue m.
ice.man ['aismæn] s. vendedor m. de sorvetes.
ic.ing ['aisiŋ] s. cobertura f. de açúcar; glacê m.
i.co.nog.ra.phy [aikɔn'ɔgrəfi] s. iconografia f.
i.cy ['aisi] adj. frio, gelado, congelado.
I'd [aid] abr. de I should, ou I had.
i.de.a [aid'iə] s. idéia, ideação f., plano, conceito m. dont't put ≃s into his head não encha a cabeça dele.
i.de.al [aid'iəl] s. + adj. ideal m.
i.de.al.ism [aid'iəlizm] s. (Filos.) idealismo m.
i.de.al.ist [aid'iəlist] s. idealista m. + f.
i.de.al.is.tic [aidiəl'istik] adj. idealista, idealístico.
i.de.al.ize [aid'iəlaiz] v. idealizar, formar ideais, representar idealmente.
i.den.tic [aid'entik] adj. idêntico.
i.den.ti.cal [aid'entikəl] adj. = identic.
i.den.ti.fi.ca.tion [aidentifik'eiʃən] s. identificação f.; documento m.
i.den.ti.fy [aid'entifai] v. identificar. to ≃ oneself with identificar-se com.
i.den.ti.ty [aid'entiti] s. identidade f. ≃ card carteira de identidade.
i.de.ol.ogy [aidi'ɔlədʒi] s. ideologia f.
id.i.o.cy ['idiosi] s. idiotismo m., estupidez, imbecilidade f.
id.i.om ['idiəm] s. idioma m., língua f.
id.i.o.mat.ic [idiom'ætik] adj. idiomático.
id.i.ot ['idiət] s. idiota m. + f., estúpido m.

i.dle [aidl] v. ficar à toa, perder tempo. ‖ adj. inativo, preguiçoso. ≃ hours horas vagas. ≃ talk conversa fiada.
i.dle.ness ['aidlnis] s. inatividade f., ócio m., preguiça f.
i.dol [aidl] s. ídolo m., imagem f.
i.dol.a.ter [aid'ɔlətə] s. idólatra m. + f.
i.dol.a.try [aid'ɔlətri] s. idolatria f.
i.dol.ize ['aidəlaiz] v. idolatrar.
i.dyl ['aidil] s. idílio m.; amor m. poético.
i.dyll ['aidil] s. = idyl.
if [if] s. possibilidade, incerteza f. ‖ conj. se, caso que. as ≃ como se. ≃ not se não. ≃ so neste caso.
ig.ne.ous ['igniəs] adj. (Geol.) ígneo.
ig.nite [ign'ait] v. acender; inflamar-se
ig.ni.tion [ign'iʃən] s. ignição f.; combustão, inflamação f.
ig.no.min.y ['ignomini] s. ignomínia f.
ig.no.rance ['ignərəns] s. ignorância f.
ig.no.rant ['ignərənt] adj. ignorante.
ig.nore [ign'ɔ:] v. ignorar, não saber.
I'll [ail] contração de I will, I shall.
ill [il] s. mal, desgosto m., calamidade, aflição, doença, enfermidade f. ‖ adj. doente, mau, indisposto; ruim. ‖ adv. mal, não bem; dificilmente, imperfeitamente; raramente. ≃ luck desgraça, infortúnio. ≃ nature mau gênio. ≃ - advised mal - aconselhado. ≃ - famed com má reputação. ≃ - humoured mal-humorado. ≃-tempered mal-humorado. ≃-bred malcriado, mal-educado. ≃-gotten adquirido por desonestidade. ≃-manered mal-educado. ≃ will má vontade. ≃ at ease apreensivo, constrangido, pouco à vontade.
il.leg.i.ble [il'edʒəbl] adj. ilegível.
il.le.git.i.mate [ilidʒ'itimit] s. + adj. ilegítimo m.
il.lim.it.a.ble [il'imitəbl] adj. ilimitável.
il.lit.er.acy [il'itərəsi] s. analfabetismo m.

il.lit.er.ate [il'itərit] s. iletrado, analfabeto m. ‖ adj. iliterato, iletrado.

ill.ness ['ilnis] s. doença f.; indisposição f.

il.lude [il'u:d] v. iludir, enganar.

il.lum.i.nate [ilj'u:mineit] v. iluminar.

il.lum.i.na.tion [ilju:min'eiʃən] s. iluminação, luz f.; esplendor m.

il.lus.trate ['iləstreit] v. ilustrar, esclarecer, elucidar, aclarar.

il.lus.tra.tion [iləstr'eiʃən] s. ilustração f.; elucidação f., esclarecimento m.

il.lus.tra.tor ['iləstreitə] s. ilustrador m.

I'm [aim] contração de **I am**.

im.age ['imidʒ] s. imagem f., retrato m. ‖ v. imaginar, formar mentalmente.

im.age.ry ['midʒəri] s. imagem f.

im.ag.i.nar.y [im'ædʒinəry] adj. imaginário, irreal, ilusório.

i.mag.i.na.tive [im'ædʒinətiv] adj. imaginativo; criador, construtivo.

i.mag.ine [im'ædʒin] v. imaginar.

im.bal.ance [imb'æləns] s. desequilíbrio m.

im.be.cile ['imbisail] s. + adj. imbecil m. + f.

im.bed [imb'ed] v. = **embed**.

im.bibe [imb'aib] v. absorver, embeber.

im.i.tate ['imiteit] v. imitar, copiar.

im.i.ta.tion [imit'eiʃən] s. imitação, cópia f.; falsificação f.

im.i.ta.tor ['imiteitə] s. imitador m.

im.mac.u.late [im'ækjulit] adj. imaculado.

im.ma.ture [imətj'uə] adj. imaturo.

im.ma.tu.ri.ty [imətj'uəriti] s. imaturidade f., falta f. de maturidade.

im.meas.ur.a.ble [im'eʒərəbl] adj. imensurável, infinito, incomensurável.

im.me.di.ate [im'i:djət] adj. imediato.

im.mense [im'ens] adj. imenso, infinito, enorme; ótimo.

im.men.si.ty [im'ensiti] s. imensidade f.

im.merse [im'ə:s] v. imergir, mergulhar.

im.mi.grant ['imigrənt] s. + adj. imigrante m. + f.

im.mi.grate ['imigreit] v. imigrar.

im.mi.nent ['iminənt] adj. iminente.

im.mo.bile [im'oubail] adj. imóvel, parado.

im.mob.i.lize [im'oubilaiz] v. imobilizar, reter; fixar.

im.mod.er.ate [im'ɔdərit] adj. imoderado.

im.mo.late ['imoleit] v. imolar, sacrificar.

im.mo.ral.i.ty [imor'æliti] s. imoralidade f.

im.mor.tal.i.ty [imɔ:t'æliti] s. imortalidade f., duração f. perpétua.

im.mor.tal.ize [im'ɔ:təlaiz] v. imortalizar.

im.mov.a.ble [im'u:vəbl] adj. irremovível.

im.mu.ni.ty [imj'u:niti] s. imunidade f.

imp [imp] s. criança f. levada, moleque m.

im.pact ['impækt] s. impacto m., colisão f.; choque m.

im.pact [imp'ækt] v. unir, apertar, imprensar.

im.pair [imp'ɛə] v. prejudicar; enfraquecer; diminuir.

im.part [imp'a:t] v. dar, conceder.

im.par.tial [imp'a:ʃəl] adj. imparcial, neutro; desinteressado.

im.passe [æmp'a:s] s. impasse, obstáculo m.; beco m. sem saída.

im.pas.sion [imp'æʃən] v. comover, apaixonar; arrebatar, exaltar.

im.pas.sive [imp'æsiv] adj. impassível.

im.pa.tience [imp'eiʃəns] s. impaciência f.

im.peach [imp'i:tʃ] v. acusar, inculpar, contestar; pôr em dúvida; atacar.

im.peach.ment [imp'i:tʃmənt] s. acusação f. (por alta traição); contestação f.

im.pec.ca.ble [imp'ekəbl] adj. impecável, irrepreensível, perfeito.

im.pec.cant [imp'ekənt] adj. = **impeccable**.

im.ped.ance ['impidəns] s. (Eletr.) impedância f.

im.pede [imp'i:d] v. impedir, retardar.

im.ped.i.ment [imp'edimənt] s. impedimento, obstáculo, embaraço m.

im.pel [imp'el] v. impedir, empurrar; incitar, estimular, induzir.

im.pel.ler [imp'elə] s. impulsor m.

im.pend [imp'end] v. pender, pairar.

im.per.cep.ti.ble [impəs'eptəbl] adj. imperceptível, impercebível.

im.per.fect [imp'ə:fikt] s. (Gram.) imperfeito m. ‖ adj. imperfeito.

im.pe.ri.al [imp'iəriə] adj. imperial.

im.per.il [imp'eril] v. pôr em perigo, expor.

im.pe.ri.ous [imp'iəriəs] adj. imperioso.

im.per.ish.a.ble [imp'eriʃəbl] adj. imperecível, imortal, imorredouro.

im.per.me.a.bil.i.ty [impə:miəb'iliti] s. impermeabilidade f.

im.per.me.a.ble [imp'ə:miəbl] adj. impermeável; impenetrável.

im.per.son.al [imp'ə:snl] adj. impessoal.

im.per.son.al.ize [imp'ə:snəlaiz] v. impessoalizar.

im.per.son.ate [imp'ə:səneit] v. personificar; representar.

im.per.turb.a.ble [impət'ə:bəbl] adj. imperturbável, impassível, tranqüilo.

im.per.vi.ous [imp'pə:viəs] adj. impérvio, impenetrável; (fig.) insensível.

im.pe.tus ['impitəs] s. ímpeto, impulso m.

im.pi.e.ty [imp'aiəti] s. impiedade f.

im.pinge [imp'indʒ] v. colidir; usurpar.

im.plac.able [impl'eikəbl] adj. implacável.

im.plant [impl'a:nt] v. implantar, inserir, enxertar, fixar, inculcar; transplantar.

im.plau.si.ble [impl'ɔ:zəbl] adj. improvável, incerto.

im.ple.ment ['implimənt] s. instrumento, utensílio m., ferramenta f. ‖ v. executar, efetuar; completar; levar a cabo.

im.pli.cate ['implikeit] v. implicar.

im.pli.ca.te ['implikit] adj. implícito, incluído.

im.plic.it [impl'isit] adj. implícito, tácito.

im.plore [impl'ɔ:] v. implorar, rogar, suplicar, pedir com insistência.

im.plo.sion [impl'ouʃən] s. implosão f.

im.ply [impl'ai] v. conter, encerrar, envolver; inferir, concluir, significar.

im.po.lite [impol'ait] adj. indelicado.

im.port ['impɔ:t] s. importação f.

im.port [imp'ɔ:t] v. importar; significar.

im.por.tance [imp'ɔ:təns] s. importância f.

im.por.tant [imp'ɔ:tənt] adj. importante.

im.por.tune [imp'ɔ:tju:n] v. importunar.

im.pose [imp'ouz] v. impor, obrigar.

im.pos.ing [imp'ouziŋ] adj. imponente.

im.po.si.tion [impəz'iʃən] s. imposição f.

im.pos.si.bil.i.ty [impɔsəb'iliti] s. impossibilidade f.

im.pos.si.ble [imp'ɔsəbl] adj. impossível; incrível; inacreditável.

im.pos.tor [imp'ɔstə] s. impostor m.

im.po.tence ['impotəns] s. impotência f.

im.po.tent ['impotənt] s. impotente m. + f. ‖ adj. impotente; incapaz, fraco.

im.pound [imp'aund] v. encerrar, fechar.

im.pov.er.ish [imp'ɔvəriʃ] v. empobrecer.

im.prac.ti.ca.ble [impr'ætikəbl] adj. impraticável, inexeqüível, impossível.

im.preg.nate [impr'egneit] v. emprenhar, fertilizar; impregnar, saturar.

im.press ['impres] s. impressão, estampa f., carimbo, sinete m.

im.press [impr'es] v. impressionar, comover, afetar; gravar.

im.pres.sion [impr'eʃən] s. impressão f.

im.print ['imprint] s. carimbo, cunho m., estampa, marca f.

im.print [impr'int] v. imprimir, carimbar; gravar (na mente).

im.pris.on [impr'izn] v. prender, encarcerar, aprisionar, confinar.

im.pris.on.ment [impr'iznmənt] s. prisão, detenção f., aprisionamento m.

im.prob.a.ble [impr'ɔbəbl] adj. improvável, inverossímil.

im.prop.er [impr'ɔpə] adj. impróprio, inadequado, inconveniente.

im.prove [impr'u:v] v. melhorar.

im.prove.ment [impr'u:vmənt] s. melhora, melhoria f., melhoramento m.

im.pro.vise ['improvaiz] v. improvisar.

im.pru.dence [impr'u:dəns] s. imprudência, inadvertência f.

im.pru.dent [impr'u:dənt] adj. imprudente, descuidoso.

im.pu.dence ['impjudens] s. impudência f.

im.pu.dent ['impjudənt] adj. impudente.

im.pulse ['impʌls] s. impulso, ímpeto m.

im.pul.sive [imp'ʌlsiv] adj. impulsivo.

im.pu.ni.ty [impj'u:niti] s. impunidade f.

im.pure [impj'uə] adj. impuro.

im.pu.ri.ty [impj'uəriti] s. impureza f.

in [in] adj. interno. ‖ adv. dentro. ‖ prep. em, dentro. (indicando o lugar) ≃ **town** na cidade; (indicando o tempo) ≃ **spring** na primavera; (indicando traje ou aspecto) ≃ **black** de preto; (indicando estado atmosférico) ≃ (**the**) **rain** na chuva; (indicando tamanho e número) ≃ **size** em tamanho; (indicando o modo) ≃ **pairs** em pares, ≃ **a few words** em poucas palavras; (indicando finalidade e causa) ≃ **her defence** em sua defesa.

in.a.bil.i.ty [inəb'iliti] s. incapacidade f.

in.ac.ces.si.ble [inæks'esəbl] adj. inacessível.

in.ac.cu.rate [in'ækjurit] adj. inexato, impreciso.

in.ac.cu.ra.cy [in'ækjurəsi] s. inexatidão f.

in.ac.tive [in'æktiv] adj. inativo, inerte.

in.ad.e.quate [in'ædikwit] adj. inadequado.

in.ad.vert.ent [inədv'ə:tənt] adj. inadvertido, desatencioso, negligente.

in.ane [in'ein] s. vazio, vácuo m. ‖ adj. vazio, vão, oco; sem sentido.

in.an.i.mate [in'ænimit] adj. inanimado.

in.ap.pro.pri.ate [inəpr'oupriit] adj. impróprio, inadequado, inapto.

in.ar.tic.u.late [ina:t'ikjulit] adj. inarticulado, indistinto, mal pronunciado.

in.as.much as [inəzm'ʌtʃ əz] conj. visto que, desde que, porquanto, porque.

in.at.ten.tive [inət'entiv] adj. desatento, desatencioso, descuidado.

in.au.gu.ral [in'ɔːgjurəl] adj. inaugural.

in.au.gu.rate [in'ɔːgjureit] v. inaugurar.

in.born ['inbɔːn] adj. inato, congênito.

in.breed.ing [inbr'iːdiŋ] s. procriação f. consangüínea.

in.can.des.cent [inkænd'esənt] adj. incandescente, ardente, em brasa.

in.can.ta.tion [inkænt'eiʃən] s. encantamento m., feitiçaria, magia f.

in.ca.pa.ble [ink'eipəbl] adj. incapaz.

in.ca.pac.i.tate [inkəp'æsiteit] v. inabilitar.

in.ca.pac.i.ty [inkəp'æsiti] s. incapacidade f.

in.car.cer.ate [ink'a:səreit] v. encarcerar.

in.car.nate [ink'a:neit] v. encarnar, tomar corpo, converter-se em carne.

in.car.nate [ink'a:nit] adj. encarnado, real, material.

in.cau.tious [ink'ɔːʃəs] adj. incauto.

in.cen.di.a.ry [ins'endiəri] s. incendiário.

in.cense ['insens] s. incenso m. ‖ v. incensar, perfumar; purificar.

in.cen.tive [ins'entiv] s. incentivo, estímulo m. ‖ adj. estimulante.

in.ces.sant [ins'esnt] adj. incessante.

in.cest ['insest] s. incesto m.

in.ces.tu.ous [ins'estjuəs] adj. incestuoso.

inch [intʃ] s. polegada f. ‖ v. avançar ou mover lentamente. a man of your ≃ es uma pessoa do seu tamanho. by ≃ es aos poucos, passo a passo.

in.ci.dent ['insidənt] s. incidente m. ‖ adj. provável, pertencente, ligado, conexo, próprio; incidente.

in.cin.er.ate [ins'inəreit] v. incinerar, queimar.

in.cise [ins'aiz] v. cortar; gravar, entalhar.

in.ci.sion [ins'iʒən] s. incisão f., corte m.

in.cite [ins'ait] v. incitar, estimular, encorajar, provocar.

in.clem.ent [inkl'emənt] adj. inclemente.

in.cli.na.tion [inklin'eiʃən] s. inclinação f.

in.cline [inkl'ain] s. inclinação f., plano m. inclinado, declive m. ‖ v. inclinar-se, curvar-se, ter tendência para.

in.clude [inkl'uːd] v. incluir, abranger.

in.clud.ing [inkl'uːdiŋ] adj. inclusivo.

in.clu.sion [inkl'uːʒən] s. inclusão f.

in.clu.sive [inkl'uːsiv] adj. inclusivo.

in.co.her.ent [inkouh'iərənt] adj. incoerente; contraditório, desconexo.

in.come ['inkəm] s. renda f., salário m. ≃ tax imposto de renda.

in.com.ing ['inkʌmiŋ] s. entrada, chegada f.; renda f. ‖ adj. que entra, que chega (dinheiro ou mercadoria).

in.com.pa.ra.ble [ink'ɔmpərəbl] adj. incomparável, sem igual, único.

in.com.pat.i.ble [inkəmp'ætibl] adj. incompatível.

in.com.pe.tence [ink'ɔmpitəns] s. incompetência, inabilidade, incapacidade f.

in.com.pe.tent [ink'ɔmpitənt] adj. incompetente, incapaz; sem idoneidade.

in.com.plete [inkəmpl'iːt] adj. incompleto.

in.com.pre.hen.si.ble [inkɔmprih'ensəbl] adj. incompreensível; ininteligível.

in.con.gru.ous [ink'ɔŋgruəs] adj. incongruente.

in.con.se.quent [ink'ɔnsikwənt] adj. inconseqüente; incoerente.

in.con.sid.er.ate [inkəns'idərit] adj. inconsiderado, incoerente.

in.con.sis.tent [inkəns'istənt] adj. incompatível, inconseqüente.

in.con.stant [ink'ɔnstənt] adj. inconstante.

in.con.ven.ience [inkənv'iːnjəns] s. inconveniência, incomodidade f. ‖ v. molestar, incomodar, estorvar, perturbar.

in.con.ven.ient [inkənv'iːnjənt] adj. inconveniente.

in.cor.po.rate [ink'ɔːpəreit] v. incorporar, unir, ligar, reunir, juntar.

in.cor.po.rate [ink'ɔːpərit] adj. incorporado, unido, reunido.

in.cor.rect [inkɔ'rekt] adj. incorreto.

in.cor.ri.gi.ble [ink'ɔridʒəbl] adj. incorrigível.

in.cor.rupt.i.ble [inkər'ʌptəbl] adj. incorruptível, íntegro.

in.crease ['inkriːs] s. aumento m.

in.crease [inkr'iːs] v. aumentar, crescer, ampliar, reforçar.

in.cred.i.ble [inkr'edəbl] adj. inacreditável, incrível.

in.cred.u.lous [inkr'edjuləs] adj. incrédulo.

in.cre.ment ['inkrimənt] s. incremento, aumento, desenvolvimento m.

in.crim.i.nate [inkr'imineit] v. incriminar.

in.crust [inkr'ʌst] v. = encrust.

in.cu.bate ['inkjubeit] v. incubar, chocar.

in.cul.cate ['inkʌlkeit] v. inculcar, apontar.

in.cul.pate ['inkʌlpeit] v. inculpar.

in.cur [ink'ə] v. incorrer, atrair sobre si.

in.cur.a.ble [inkj'uərəbl] s. pessoa f. incurável. I adj. incurável.

in.cur.rent [ink'ə:rənt] adj. incorrido, incurso.

in.cur.sion [ink'ə:ʃən] s. incursão, invasão f. (também Milit.).

in.debt.ed [ind'etid] adj. endividado.

in.de.cen.cy [ind'i:snsi] s. indecência f.

in.de.ci.sion [indis'iʒən] s. indecisão f.

in.deed [ind'i:d] adv. de fato, realmente. I interj. realmente!, decerto!; não é possível! **in.de.fat.i.ga.ble** [indif'ætigəbl] adj. infatigável, persistente.

in.def.i.nite [ind'efinit] adj. indefinido, vago, indeterminado.

in.del.i.ble [ind'elibl] adj. indelével.

in.del.i.cate [ind'elikit] adj. indelicado.

in.dem.ni.fy [ind'emnifai] v. indenizar.

in.dem.ni.ty [ind'emniti] s. indenização f.

in.dent [ind'ent] s. entalhe m., denteação f.; parágrafo m. I v. dentear, cortar, recortar; recuar; contratar.

in.de.pend.ence [indip'endəns] s. independência, autonomia, liberdade f.

in. de.scrib.a.ble [indiskr'aibəbl] adj. indescritível, indizível.

in.de.struct.i.ble [indistr'ʌktəbl] adj. indestrutível, firme, inalterável.

in.de.ter.mi.nate [indit'ə:minit] adj. indeterminado, incerto, indefinido.

in.de.ter.min.ism [indit'ə:minizm] s. indeterminismo m.

in.dex ['indeks] s. (pl. indexes, indices) índex, índice m. I v. prover de índice; incluir em índice; indexar.

In.di.an ['indjən] s. índio m.; indiano, habitante m. da Índia. I adj. indiano, índio.

india rubber [indjər'ʌbə] s. borracha f. (para apagar).

in.di.cate ['indikeit] v. indicar, aludir, designar.

in.di.ca.tion [indik'eiʃən] s. indício, sinal m., indicação f.; (Med.) sintoma m.

in.dic.a.tive [ind'ikətiv] s. (Gram.) indicativo m., modo m. indicativo I adj. indicativo.

in.di.ca.tor ['indikeitə] s. indicador m.

in.dict [ind'ait] v. acusar, culpar.

in.dict.ment [ind'aitmənt] s. acusação f.

in.dif.fer.ence [ind'ifrəns] s. indiferença f.

in.dif.fer.ent [ind'ifrənt] s. pessoa f. imparcial, neutra. I adj. indiferente; apático.

in.di.ge.nous [ind'idʒinəs] adj. indígena.

in.di.gent ['indidʒənt] s. + adj. indigente, pobre, necessitado, mendigo m.

in.di.ges.tion [indidʒ'estʃən] s. indigestão f.

in.dig.nant [ind'ignənt] adj. indignado.

in.dig.ni.ty [ind'igniti] s. indignidade f.

in.di.go ['indigou] s. índigo m. I adj. azulescuro, cor de índigo.

in.di.rect ['indirekt] adj. indireto, oblíquo; disfarçado, simulado.

in.dis.ci.pline [ind'isiplin] s. indisciplina f.

in.dis.creet [indiskr'i:t] adj. indiscreto.

in.dis.crim.i.nate [indiskr'iminit] adj. indiscriminado, indistinto; confuso.

in.dis.pen.sa.ble [indisp'ensəbl] adj. indispensável, necessário.

in.dis.po.si.tion [indispəz'iʃən] s. indisposição f.; mal-estar m.; aversão f.

in.dis.tinct [indist'iŋkt] adj. indistinto, confuso, vago, indistinguível.

in.di.vid.u.al [indiv'idjuəl] s. indivíduo m., pessoa f. I adj. individual, pessoal, particular, próprio, distinto, singular.

in.di.vid.u.al.i.ty [individju'æliti] s. individualidade, originalidade f.

in.di.vid.u.al.ize [indiv'idjuəlaiz] v. individualizar, caracterizar.

in.di.vis.i.ble [indiv'izəbl] adj. indivisível.

in.doc.tri.nate [ind'oktrineit] v. instruir; doutrinar.

in.do.lence ['indoləns] s. indolência, preguiça, negligência f.

in.do.lent ['indolənt] adj. indolente, preguiçoso.

in.dom.i.ta.ble [ind'omitəbl] adj. indomável, invencível.

in.doors ['ind'o:z] adv. dentro de casa.

in.du.bi.ta.ble [indj'u:bitəbl] adj. indubitável, incontestável, certo.

in.duce [indj'u:s] v. induzir, levar a.

in.duct [ind'ʌkt] v. introduzir; iniciar; alistar (nas forças armadas).

in.dulge [ind'ʌldʒ] v. favorecer; entregar-se a.

in.dul.gence [ind'ʌldʒəns] s. indulgência f.

in.dul.gent [ind'ʌldʒənt] adj. indulgente.

in.dult [ind'ʌlt] s. indulto, perdão m.

in.dus.tri.al [ind'ʌstriəl] s. industrial m. + f. ‖ adj. industrial. ≃ **estate** parque industrial.

in.dus.tri.al.ist [ind'ʌstriəlist] s. industrialista m. + f.

in.dus.tri.al.ize [ind'ʌstriəlaiz] v. industrializar; tornar industrial.

in.dus.try ['indəstri] s. diligência, assiduidade, atividade f.; indústria, fábrica f.

in.earth [in'ə:θ] v. enterrar, sepultar.

in.e.bri.ate [in'i:briit] s. ébrio, bêbado, beberrão, embriagado m.

in.e.bri.ate [in'i:brieit] v. inebriar, embebedar, embriagar.

in.ef.fec.tive [inif'ektiv] adj. ineficaz, ineficiente, inútil.

in.ef.fi.cient [inif'iʃənt] adj. ineficiente, incapaz, inapto.

in.e.qual.i.ty [inikw'ɔliti] s. desigualdade, diferença, desconformidade f.

in.eq.ui.ta.ble [in'ekwitəbl] adj. injusto.

in.ert [in'ə:t] adj. inerte, sem atividade.

in.er.tia [in'ə:ʃiə] s. torpor m., preguiça, inércia f.

in.es.ti.ma.ble [in'estiməbl] adj. inestimável, inapreciável.

in.ev.i.ta.ble [in'evitəbl] s. + adj. inevitável m.

in.ex.act [inigz'ækt] adj. inexato, incorreto.

in.ex.cus.a.ble [inikskj'u:zəbl] adj. indesculpável, imperdoável.

in.ex.haust.i.ble [inigz'ɔ:stəbl] adj. inexaurível, inesgotável.

in.ex.ist.ent [inigz'istənt] adj. inexistente.

i.nex.o.ra.ble [in'eksərəbl] adj. inexorável.

in.ex.pen.sive [iniksp'ensiv] adj. barato.

in.ex.pert [ineksp'ə:t] adj. imperito, inexperiente, inábil.

in.ex.pli.ca.ble [in'eksplikəbl] adj. inexplicável, incompreensível.

in.ex.press.i.ble [inikspr'esəbl] adj. inexprimível, inefável, indizível.

in.ex.pres.sive [inikspr'esiv] adj. inexpressivo, insignificante.

in.fal.li.ble [inf'æləbl] adj. infalível.

in.fa.my ['infəmi] s. infâmia f.; maldade f.

in.fan.cy ['infənsi] s. infância, meninice f.; começo, início, princípio m.

in.fant ['infənt] s. criança f. ‖ adj. infantil, moço; não desenvolvido.

in.fan.tile ['infəntail] adj. infantil.

in.fan.try ['infəntri] s. infantaria f.

in.farct ['infa:kt] s. (Med.) enfarte m.

in.fat.u.at.ed [inf'ætju:eitid] adj. apaixonado.

in.fect [inf'ekt] v. infetar, infeccionar.

in.fec.tion [inf'ekʃən] s. infecção f., contágio m., contaminação f.

in.fer [inf'ə:] v. inferir, deduzir, concluir.

in.fe.ri.or [inf'iəriə] s. + adj. inferior.

in.fe.ri.or.i.ty [infiəri'ɔriti] s. inferioridade f., grau m. inferior. ≃ **complex** complexo de inferioridade.

in.fer.tile [inf'ə:tail] adj. estéril, infértil.

in.fest [inf'est] v. infestar, assolar; invadir.

in.fi.del ['infidəl] s. infiel, pagão, gentio m.

in.fi.del.i.ty [infid'eliti] s. infidelidade f.

in.fil.trate [inf'iltreit] v. infiltrar.

in.fi.nite ['infinit] s. + adj. infinito m.

in.fin.i.tive [inf'initiv] s. (Gram.) infinitivo m. ‖ adj. infinitivo, infinito.

in.fin.i.tude [inf'initju:d] s. infinidade f.

in.firm [inf'ə:m] adj. fraco, instável, débil.

in.fir.ma.ry [inf'ə:məri] s. hospital m., enfermaria f.

in.fir.mi.ty [inf'ə:miti] s. fraqueza, debilidade f.; enfermidade, doença f.

in.flame [infl'eim] v. inflamar; excitar, estimular, exaltar; pegar fogo.

in.flam.ma.tion [infləm'eiʃən] s. inflamação f.

in.fla.ta.ble [infl'eitəbl] adj. inflável.

in.flate [infl'eit] v. inflar, encher de ar.

in.fla.tion [infl'eiʃən] s. inflação f.

in.fla.tion.a.ry [infl'eiʃnri] adj. inflacionário.

in.flect [infl'ekt] v. modular, mudar, variar.

in.flec.tion [infl'ekʃən] s. inflexão f.; curva f.; curvatura f.

in.flex.i.ble [infl'eksəbl] adj. inflexível.

in.flex.ion [infl'ekʃən] s. = **inflection**.

in.flict [infl'ikt] v. infligir, impor, punir.

in.flu.ence ['influəns] s. influência f. ‖ v. influenciar.

in.flux [infl'ʌks] s. influxo m., afluência f.

in.form [inf'ɔ:m] v. informar, instruir.

in.for.ma.tion [infəm'eiʃən] s. informação, notícia f., instrução f., aviso m.

in.form.er [inf'ɔ:mə] s. informante m. + f.

in.fract [infr'ækt] v. infringir, transgredir.

in.frac.tion [infr'ækʃən] s. infração, violação, transgressão f.

in.fringe [infr'indʒ] v. infringir, violar.

in.fringe.ment [infr'indʒmənt] s. infração f.; trespasse m.

in.fu.ri.ate [infj'uərieit] v. enfurecer.

in.fuse [infj'u:z] v. infundir, introduzir.

in.fu.sion [infj'u:ʒən] s. infusão f.

in.gen.ious [indʒ'i:niəs] adj. engenhoso.

in.gest [indʒ'est] v. ingerir, engolir.

in.got ['iŋgət] s. lingote m.; barra f. de metal.

in.grain ['ingrein] s. linha ou lã f. tingida ainda em fios. ‖ adj. tingido em fio; (fig.) enraizado, arraigado, inerente.

in.grain [ingr'ein] v. tingir fio, linha ou lã ainda em fio.

in.grain.ed [ingr'eind] adj. = **ingrain**.

in.gra.ti.at.ing [ingr'eiʃieitiŋ] adj. agradável, insinuante.

in.grat.i.tude [ingr'ætitju:d] s. ingratidão f.

in.gress ['ingres] s. entrada f.; ingresso m.

in.grown ['ingroun] adj. encravado (na carne); inato; inerente.

in.hab.it [inh'æbit] v. habitar, residir; morar; ocupar.

in.hab.it.ant [inh'æbitənt] s. habitante m. + f., morador, cidadão m.

in.hale [inh'eil] v. inalar, aspirar, respirar.

in.here [inh'iə] v. inerir, pertencer.

in.her.ent [inh'iərənt] adj. inerente, próprio, pertencente.

in.her.it [inh'erit] v. herdar.

in.her.it.a.ble [inh'eritəbl] adj. hereditário.

in.her.it.ance [inh'eritəns] s. herança f.

in.hib.it [inh'ibit] v. inibir, impedir.

in.hu.man [inhj'u:mən] adj. desumano.

in.im.i.ta.ble [in'imitəbl] adj. inimitável.

i.ni.tial [in'iʃəl] s. + adj. inicial f. ‖ v. pôr as iniciais, rubricar.

in.i.ti.ate [in'iʃiit] s. principiante m. + f., novato m.

in.i.ti.ate [in'iʃieit] v. iniciar, começar, inaugurar, originar. ‖ adj. iniciado; inteirado; a par (in de).

in.i.ti.a.tive [in'iʃiətiv] s. iniciativa f.

in.ject [indʒ'ekt] v. injetar, introduzir.

in.ject.ion [indʒ'ekʃən] s. injeção f.

in.junc.tion [indʒ'ʌŋkʃən] s. injunção, proibição f.; ordem f.

in.jure ['indʒə] v. prejudicar; ferir.

in.ju.ry ['indʒəri] s. injúria f., insulto m.; prejuízo m.; determinação f.

ink [iŋk] s. tinta f. de escrever ou de imprimir. ‖ v. borrar; entintar.

ink.ling ['iŋkliŋ] s. noção, idéia f.

in.land ['inlənd] s. interior m. ‖ adj. interior, interno; doméstico, do país.

in-laws ['inlɔ:z] s. pl. parentes m. pl. por afinidade (como em **father-in-law**).

in.lay ['inlei] s. desenho m. ou decoração f. embutida, incrustação f.

in.lay [inl'ei] v. embutir; revestir.

in.let ['inlet] s. entrada, passagem f.; barra f.; baía f.; braço m. de mar.

in.mate ['inmeit] s. ocupante, habitante m. + f.; companheiro m.

in.most ['inmoust] adj. íntimo, interno.

inn [in] s. estalagem, hospedaria, taverna f.

in.nate [in'eit] adj. inato, natural.

in.ner ['inə] adj. interno, interior, íntimo.

in.no.cence ['inosns] s. inocência f.

in.no.cent ['inəsənt] adj. inocente.

in.noc.u.ous [in'ɔkjuəs] adj. inócuo.

in.no.vate ['inoveit] v. inovar.

in.nu.en.do [inju'endou] s. alusão f. indireta, insinuação f. ‖ v. fazer insinuações.

in.oc.u.late [in'ɔkjuleit] v. inocular, introduzir, inserir; vacinar.

in.of.fen.sive [inɔf'ensiv] adj. inofensivo.

in.op.por.tune [in'ɔpətju:n] adj. inoportuno, inconveniente.

in.or.di.nate [in'ɔ:dinit] adj. irregular, desordenado, desregrado.

in.put ['input] s. quantidade f. que entra.

in.quest ['inkwest] s. inquérito m., investigação, sindicância f.

in.quire [inkw'aiə] v. inquirir, indagar.

in.quir.y [inkw'aiəri] s. inquirição, pesquisa, sindicância, averiguação f.

in.quis.i.tive [inkw'izitiv] adj. (**after, about, into, of**) curioso, perguntador, desejoso de ver ou de saber, inquisitivo.

in.road ['inroud] s. invasão, usurpação f., avanço m. **to make ≈s** fazer progresso.

in.sane [ins'ein] adj. insano, demente.

in.san.i.ty [ins'æniti] s. insanidade, demência, loucura f.

in.sa.ti.a.ble [ins'eiʃiəbl] adj. insaciável.

in.scribe [inskr'aib] v. inscrever (também Gram.), escrever; registrar.

in.scrip.tion [inskr'ipʃən] s. inscrição f., registro m., dedicatória f.

in.scru.ta.ble [inskr'u:təbl] adj. inescrutável, impenetrável.

in.sect ['insekt] s. inseto m.

in.se.cure [insikj'uə] adj. inseguro, incerto.

in.se.cu.ri.ty [insikj'uəriti] s. insegurança f.

in.sem.i.nate [ins'emineit] v. semear, inseminar.

in.sem.i.na.tion [insemin'eiʃn] s. inseminação f. **artificial** ≃ inseminação artificial.

in.sen.si.bil.ize [ins'ensəbilaiz] v. tornar insensível, dessensibilizar.

in.sen.si.tive [ins'ensitiv] adj. insensitivo, insensível.

in.sep.a.ra.ble [ins'epərəbl] adj. inseparável, sempre junto com outro.

in.sert [ins'ə:t] s. suplemento m. ‖ v. inserir, intercalar.

in.side ['insaid] s. interior m. ‖ adj. dentro, interno. ‖ adv. dentro, no meio. ‖ prep. dentro dos limites de.

in.sight ['insait] s. introspecção f.

in.sig.nif.i.cant [insign'ifikənt] adj. insignificante; sem importância.

in.sin.cere [insins'iə] adj. insincero.

in.sin.u.ate [ins'injueit] v. insinuar, sugerir, persuadir, introduzir.

in.sip.id [ins'ipid] adj. insípido.

in.sist [ins'ist] v. insistir, persistir.

in.sist.ence [ins'istəns] s. insistência f.

in.sol.u.ble [ins'ɔljub] adj. insolúvel.

in.som.ni.a [ins'ɔmniə] s. insônia f.

in.spect [insp'ekt] v. inspecionar, olhar, vistoriar.

in.spec.tion [insp'ekʃən] s. inspeção, vistoria, fiscalização f., exame m.

in.spi.ra.tion [inspər'eiʃen] s. inspiração, influência f.; idéia f.

in.spire [insp'aiə] v. inspirar, fazer sentir, incutir; afetar.

in.sta.bil.i.ty [instəb'iliti] s. instabilidade f.

in.stall [inst'ɔ:l] v. colocar (uma pessoa), empossar; acomodar, estabelecer.

in.stal.la.tion [instəl'eiʃən] s. emposse m., colocação f.; instalação f.

in.stal.ment [inst'ɔ:lmənt] s. prestação f.

in.stance ['instəns] s. exemplo, caso m. **for** ≃ (abr. e. g.) por exemplo. **in the last** ≃ finalmente. **in her** ≃ no seu caso.

in.stant ['instənt] s. momento, instante m. ‖ adj. imediato; urgente, instante.

in.stan.ta.ne.ous [instənt'einjəs] adj. instantâneo, rápido.

in.stead [inst'ed] adv. em vez, em lugar (**of** de). ≃ **of you** em seu lugar.

in.step ['instep] s. dorso m. do pé.

in.sti.gate ['instigeit] v. instigar, incitar.

in.stil [inst'il] v. instilar, deitar às gotas, pingar.

in.still [inst'il] v. = **instil**.

in.stinct ['instiŋkt] s. instinto m.

in.stinc.tive [inst'iŋktiv] adj. instintivo.

in.sti.tute ['institju:t] s. instituição f. ‖ v. instituir, estabelecer; nomear.

in.struct [instr'ʌkt] v. instruir, ensinar.

in.struc.tion [instr'ʌkʃən] s. instrução f.

in.struc.tive [instr'ʌktiv] adj. instrutivo.

in.stru.ment ['instrumənt] s. instrumento, utensílio m., ferramenta f.; instrumento musical. ‖ v. instrumentar.

instrument panel s. = **dashboard**.

in.suf.fi.cient [insəf'iʃənt] adj. insuficiente.

in.suf.flate ['insəfleit] v. insuflar, encher de ar.

in.su.late ['insjuleit] v. isolar; separar.

in.su.la.tor ['insjuleitə] s. (Eletr.) isolador m.

in.sult ['insʌlt] s. insulto m.

in.sult [ins'ʌlt] v. insultar, injuriar, afrontar.

in.sur.ance [inʃ'uərəns] s. seguro m., prêmio m. de seguro. ≃ **policy** apólice de seguro.

in.sure [inʃ'uə] v. verificar, assegurar.

in.sur.rec.tion [insər'əkʃən] s. insurreição, revolta f., levante m.

in.tact [int'ækt] adj. intato, íntegro.

in.tan.gi.ble [int'ændʒəbl] adj. intangível, inalcançável.

in.te.gral ['intigrəl] s. (Mat.) integral f. ‖ adj. integral, completo, total.

in.te.grate ['intigreit] v. integrar, completar; (Mat.) determinar a integral.

in.teg.ri.ty [int'egriti] s. integridade f.

in.tel.lect ['intilekt] s. intelecto m., inteligência f.; pessoa f. inteligente.

in.tel.lec.tu.al [intil'ektjuəl] s. intelectual m. + f.

in.tel.li.gence [int'elidʒəns] s. inteligência f.; informação f., conhecimento m.

in.tel.li.gent [int'elidʒənt] adj. inteligente.

in.tel.li.gi.ble [int'elidʒəbl] adj. inteligível.

in.tend [int'end] v. pretender, intentar.

in.tend.ed [int'endid] s. futuro marido m., futura esposa f. **‖** adj. pretendido.

in.tense [int'ens] adj. intenso; forte.

in.ten.si.fy [int'ensifai] v. intensificar.

in.ten.si.ty [int'ensiti] s. intensidade f.

in.tent [int'ent] s. intenção f., intento m.

in.ten.tion [int'enʃən] s. intenção f.

in.ten.tion.al [int'enʃnl] adj. intencional.

in.ter [int'ə:] v. enterrar, sepultar.

in.ter.ca.late [int'ə:kəleit] v. intercalar, inserir, interpolar.

in.ter.cede [intəs'i:d] v. interceder, intervir; rogar, suplicar.

in.ter.cept [intəs'ept] v. interceptar.

in.ter.change [int'ətʃeindʒ] s. permuta f.

in.ter.change [intətʃ'eindʒ] v. permutar, trocar, cambiar, intercambiar; alternar.

in.ter.com [intək'ɔm] s. (Eletrôn.) sistema m. de comunicação interna.

in.ter.com.mu.ni.cate [intəkəmj'u:nikeit] v. comunicar-se.

in.ter.course [int'əkɔ:s] s. intercurso m., comunicação f.; relações f. pl. sexuais.

in.ter.dict [int'ədikt] s. interdição, proibição f.

in.ter.dict [intəd'ikt] v. interditar, proibir; interdizer.

in.ter.est [int'rist] s. interesse m., atração f. **‖** v. interessar, atrair, cativar; importar, concernir, atingir, comover.

in.ter.est.ing [intristiŋ] adj. interessante.

in.ter.face [intəf'eis] s. (Inform.) interface f.

in.ter.fere [intəf'iə] v. interferir, intervir.

in.ter.im [int'ərim] s. ínterim m. **‖** adj. interino, provisório.

in.te.ri.or [int'iəriə] s. interior m.

in.ter.jec.tion [intədʒ'ekʃən] s. interjeição f.

in.ter.lock [intəl'ɔk] v. engrenar, entrosar.

in.ter.lo.per [intəloupə] s. intruso m.

in.ter.lude [int'əlu:d] s. intervalo m.

in.ter.me.di.ar.y [intəm'i:diəri] s. + adj. intermediário m.

in.ter.me.di.ate [intəm'i:djət] s. coisa f. intermediária.

in.ter.me.di.ate [intəm'i:dieit] v. intermediar, intervir.

in.ter.ment [int'ə:mənt] s. enterro m.

in.ter.mis.sion [intəm'iʃən] s. intermissão f., intervalo m.

in.ter.mit.tent [intəm'itənt] adj. intermitente, com interrupções.

in.ter.mix [intəm'iks] v. misturar(-se).

in.ter.nal [int'ə:nl] s. natureza f. interna. **‖** adj. interno; do país.

In.ter.na.tion.al [intən'æʃənl] s. Internacional f. (associação e hino).

in.tern.ment [int'ə:nmənt] s. internação f.

in.ter.pel.late [int'ə:pəleit] v. interpelar.

in.ter.pen.e.trate [íntəp'enitreit] v. interpenetrar.

in.ter.play [int'əplei] s. interação f.

in.ter.pose [intəp'ouz] v. interpor, intervir; interromper; interferir.

in.ter.pret [int'ə:prit] v. explicar, aclarar, interpretar.

in.ter.pret.a.ble [int'ə:pritəbl] adj. interpretável, explicável.

in.ter.pre.ta.tion [intə:prit'eiʃən] s. interpretação f.; tradução f.

in.ter.pret.er [int'ə:pritə] s. interpretador, tradutor m.; intérprete m. + f.

in.ter.ro.gate [int'erogeit] v. interrogar.

in.ter.ro.ga.tion [intərog'eiʃən] s. interrogação f.; interrogatório m.

in.ter.rog.a.tive [intər'ɔgətiv] adj. interrogativo; inquisitivo.

in.ter.rupt [intər'ʌpt] v. interromper, suspender; separar; obstruir.

in.ter.rup.tion [intər'ʌpʃən] s. interrupção f., suspensão f.; intervalo m.

in.ter.sect [intəs'ekt] v. cruzar, cortar, dividir, atravessar.

in.ter.sec.tion [intəs'ekʃən] s. interseção f.

in.ter.state [int'əsteit] adj. interestadual.

in.ter.twine [intətw'ain] v. entrelaçar.

in.ter.ur.ban [intə'ə:bən] adj. interurbano.

in.ter.val [int'əvəl] s. intervalo m.

in.ter.vene [intəv'i:n] v. ficar entre, intervir.

in.ter.ven.tion [intəv'enʃən] s. intervenção f.

in.ter.view [int'əvju:] s. entrevista f. **‖** v. entrevistar; conferenciar.

in.tes.tine [int'estin] s. intestino m.

in.ti.ma.cy [int'iməsi] s. intimidade f.

in.ti.mate [int'imit] s. amigo m. íntimo. **‖** adj. profundo; pessoal; interno.

in.ti.mate [int'imeit] v. intimar, notificar, anunciar; sugerir, insinuar, indicar.

in.ti.ma.tion [intim'eiʃən] s. intimação f.

in.tim.i.date [int'imideit] v. intimidar.

in.to [int'u] prep. dentro, para dentro; em. **to go ≃ the house** entrar na casa. **to grow ≃** tornar-se.

in.tol.er.ance [int'ɔlərəns] s. intolerância f.

in.tol.er.ant [int'ɔlərənt] adj. intolerante.

in.tox.i.cate [int'ɔksikeit] v. intoxicar.

in.tox.i.cat.ed [int'ɔksikeitid] adj. bêbado.

in.tran.si.gent [intr'ænzidʒənt] adj. intransigente.

in.tran.si.tive [intr'ænsitiv] s. (Gram.) verbo m. intransitivo. ‖ adj. intransitivo.

in.trep.id [intr'epid] adj. intrépido, corajoso, audaz.

in.tri.cate ['intrikit] adj. intricado.

in.trigue [intr'i:g] s. intriga, cilada f. ‖ v. intrigar; conspirar; excitar.

in.tro.duce [intrədj'u:s] v. trazer, importar, inserir; introduzir; apresentar.

in.tro.duc.tion [intrəd'ʌkʃən] s. introdução, adoção f.; prefácio m. **letter of** ≃ carta de apresentação.

in.tro.spec.tive [introusp'ektiv] adj. introspectivo.

in.tro.vert ['introvə:t] s. pessoa f. introvertida. ‖ adj. introvertido.

in.tro.vert [introuv'ə:t] v. voltar-se para dentro.

in.trude [intr'u:d] v. intrometer-se.

in.trud.er [intr'u:də] s. intruso m.

in.tru.sion [intr'u:ʒən] s. intrusão f.

in.tu.i.tion [intju'iʃən] s. intuição f.

in.tu.mesce [intjum'es] v. intumescer, inchar, tornar túmido.

in.un.date ['inʌndeit] v. inundar, alagar.

in.ure [inj'uə] v. acostumar, habituar.

in.vade [inv'eid] v. invadir, tomar; violar.

in.vad.er [inv'eidə] s. invasor m.

in.va.lid ['invəli:d] s. inválido m. ‖ adj. inválido.

in.va.lid [invəl'i:d] v. invalidar, retirar do serviço ativo por invalidez.

in.val.i.date [inv'ælideit] v. invalidar.

in.var.i.a.ble [inv'ɛəriəbl] adj. invariável.

in.va.sion [inv'eiʒən] s. invasão f.

in.vec.tive [inv'ektiv] s. invectiva, injúria f. ‖ adj. injurioso.

in.vent [inv'ent] v. inventar, idear.

in.ven.tion [inv'enʃən] s. invenção f.

in.ven.tor [inv'entə] s. inventor m.

in.ven.to.ry ['invəntri] s. inventário m. ‖ v. inventariar, fazer inventário.

in.verse [inv'ə:s] s. inversão f.; inverso m. ‖ adj. inverso, invertido, contrário.

in.vert [inv'ə:t] v. inverter, reverter.

in.ver.te.brate [inv'ə:təbreit] s. (Biol.) invertebrado m. ‖ adj. invertebrado.

in.vest [inv'est] v. investir, empregar (dinheiro); cobrir; dar posse.

in.ves.ti.gate [inv'estigeit] v. investigar, pesquisar, examinar.

in.ves.ti.ga.tion [investig'eiʃen] s. investigação, pesquisa, indagação f.

in.vest.ment [inv'estmənt] s. investimento m.; (Milit.) cerco m.

in.vig.or.ate [inv'igəreit] v. revigorar.

in.vin.ci.ble [inv'insəbl] adj. invencível.

in.vi.o.late [inv'aiəlit] adj. inviolado, íntegro; não profanado.

in.vis.i.ble [inv'izəbl] s. invisível m.

in.vi.ta.tion [invit'eiʃən] s. convite m.

in.vite [inv'ait] v. convidar; pedir, solicitar.

in.vit.ing [inv'aitiŋ] adj. convidativo.

in.vo.ca.tion [invok'eiʃən] s. invocação, prece f.; encantamento m.

in.voke [inv'ouk] v. invocar, chamar.

in.vol.un.tar.y [inv'ɔləntəri] adj. involuntário, sem querer.

in.volve [inv'ɔlv] v. envolver, embrulhar, conter, incluir; acarretar.

in.volve.ment [inv'ɔlvmənt] s. dificuldade (financeira) f.; ação f. de envolver.

in.vul.ner.a.ble [inv'ʌlnərəbl] adj. invulnerável; inquebrantável.

in.ward ['inwəd] adj. dentro, interno. ‖ adv. para dentro, para o íntimo, interiormente.

in.wards ['inwə:dz] s. intestinos m. pl.

i.o.dine ['aiədi:n,'aiədain] s. iodo m.

i.on ['aiən] s. (Fís.) íon m.

i.on.i.za.tion [aiənaiz'eiʃən] s. ionização f.

i.on.o.sphere [ai'ɔnəsfiə] s. (Geofís.) ionosfera f.

i.ras.ci.ble [ir'æsibl] adj. irascível, irritável.

i.rate [air'eit] adj. irado, enraivecido, bravo.

ire ['aiə] s. ira, raiva, cólera f., ódio m.

Ire.land ['aiələnd] s. Irlanda f.

I.rish ['aiəriʃ] s. irlandês m.; língua f. da Irlanda, ou habitante m.

irk [ə:k] v. cansar(-se), preocupar(-se).

irk.some ['ə:ksəm] adj. cansativo, aborrecido, fatigante.

i.ron ['aiən] s. ferro m.; ferramenta f., instrumento m. ‖ v. passar a ferro (roupa); cobrir com ferro, ferrar; agrilhoar.

i.ron.ic [air'ɔnik] adj. irônico, sarcástico, zombeteiro.

i.ron.i.cal [air'ɔnikəl] adj. = ironic.
i.ron.ware ['aiənwɛə] s. ferragens f. pl.
i.ro.ny ['airəni] s. ironia f., sarcasmo m.
ir.ra.di.ate [ir'eidieit] v. radiar, irradiar.
ir.ra.tion.al [ir'æʃənl] adj. irracional.
ir.ref.u.ta.ble [ir'efjutəbl] adj. irrefutável.
ir.reg.u.lar [ir'egjulə] adj. irregular.
ir.rel.e.vant [ir'elivənt] adj. inaplicável.
ir.rep.a.ra.ble [ir'epərəbl] adj. irreparável.
ir.re.place.a.ble [iripl'eisəbl] adj. insubstituível.
ir.res.o.lute [ir'ezəlu:t] adj. irresoluto.
ir.re.spon.si.bil.i.ty [irispɔnsəb'iliti] s. irresponsabilidade f.
ir.re.spon.si.ble [irisp'ɔnsəbl] adj. irresponsável (for para).
ir.rev.o.ca.ble [ir'evəkəbl] adj. irrevogável.
ir.ri.gate ['irigeit] v. irrigar, regar.
ir.ri.ga.tion [irig'eiʃən] s. irrigação f.
ir.ri.ta.ble ['iritəbl] adj. irritável.
ir.ri.tate ['iriteit] v. irritar; provocar.
ir.ri.ta.tion [irit'eiʃən] s. irritação f.
is.land ['ailənd] s. ilha f.
is.land.er ['ailəndə] s. insulano, ilhéu m.
isle [ail] s. ilha, ilhota f.
islet ['ailit] s. = isle.
is.n't ['iznt] abr. de is not.
i.so.late ['aisəleit] v. isolar (também Eletr., Med. e Quím.).

i.so.tope ['aisətoup] s. (Fís.) isótopo m.
Is.ra.el ['izriəl] s. Israel m.
Is.ra.el.ite ['izriəlait] s. israelita m. + f.
Is.ra.el.it.ic ['izriəlitik] adj. israelítico.
is.sue ['isju:] s. emissão, edição, tiragem f.; remessa f. ‖ v. emitir, lançar, pôr em circulação; sair, escapar. at ≃ debatido, em questão. to take ≃ discordar.
it [it] pron. o, a, ele, ela, lhe; isso, isto. to fight ≃ lutar. by ≃ por isso. of ≃ disto. to ≃ para isto. to foot ≃ dançar.
I.tal.ian [it'æljən] s. + adj. italiano m.
i.tal.ic [it'ælik] s. (Tipogr.) tipo m. itálico. ‖ adj. grifo, itálico.
itch [itʃ] s. coceira f.; sarna f. ‖ v. coçar; desejar ardentemente.
i.tem ['aitəm] s. item, artigo, ponto m.
i.tin.er.ant [it'inərənt] adj. itinerante.
i.tin.er.ar.y [it'inərəri] s. itinerário, percurso m.
its [its] pron. poss. seu, sua, seus, suas, dele, dela.
it's [its] contração de it is.
it.self [its'elf] pron. si mesmo, si mesma, se, mesmo, mesma, o próprio.
I've [aiv] contração de I have.
i.vo.ry ['aivəri] s. marfim m.; objeto m. feito de marfim; cor f. de marfim.
i.vy ['aivi] s. (Bot.) hera f.

J

J, j [dʒei] s. décima letra f. do alfabeto inglês.
jab [dʒæb] s. golpe m., facada, estocada f. ‖ v. picar, ferir com a ponta de, apunhalar, espetar, esfaquear.
jab.ber [dʒ'æbə] s. tagarelice, grasnada f., falatório m.; vozearia f. ‖ v. tagarelar, palrar, palavrear, grasnar.
jack [dʒæk] s. (Téc.) macaco, guindaste, guincho m.; (Téc.) alavanca f.; (E.U.A.) jumento, burro m. ‖ v. içar, guindar, levantar; majorar, aumentar (preços). **to ≃ in** (pop.) parar, descontinuar. **to ≃ up** (Mec.) levantar com macaco. ≃**- in-the-box** caixa de surpresas. ≃**- straw**°espantalho. ≃**- knife** canivete grande.
jack.ass [dʒ'ækæs] s. asno, burro m.; (fig.) imbecil m. + f., tolo m.
jack.et [dʒ'ækit] s. jaqueta f. ‖ v. pôr jaqueta; sobrecapa f. (livro).
jack.pot [dʒ'ækpɔt] s. total m. de apostas num jogo; bolo m., bolada f., prêmio m.; bolão m.
jade [dʒeid] s. jade m.; cavalo m. velho, rocim, matungo m. ‖ v. cansar(-se), fatigar(-se), estafar(-se).
jag [dʒæg] s. entalhe, corte m. ‖ v. dentear.
jag.ged [dʒ'ægd] adj. entalhado, irregular.
jag.uar [dʒ'ægwa:] s. jaguar m., onça f.
jail [dʒ'eil] s. (E.U.A.) cadeia, prisão f. ‖ v. encarcerar, prender.
jail.bird [dʒ'eilbə:d] s. presidiário m.
jail.er [dʒ'eilə] s. carcereiro m.
jail.or [dʒ'eilə] s. = **jailer.**
ja.lop.y [dʒəl'ɔpi] s. calhambeque m.
jal.ou.sie [dʒ'æluzi] s. veneziana, persiana f.
jam [dʒæm] s. esmagamento m.; aperto m.; geléia f.; enrascada f. ‖ v. apertar(-se), comprimir(-se), apinhar(-se); esmagar, empurrar.
jamb [dʒæm] s. ombreira f., umbral m.
jam.bo.ree [dʒæmbər'i:] s. pândega f.
jan.i.tor [dʒ'ænitə] s. zelador m.
Jan.u.ar.y [dʒ'ænjuəri] s. janeiro m.

Ja.pan [dʒəp'æn] s. Japão m.
Jap.a.nese [dʒæpən'i:z] s. + adj. japonês m.
jar [dʒa:] s. jarro, vaso m, jarra f.; estridor m. ‖ v. chocalhar; ranger; chocar.
jar.gon [dʒ'a:gən] s. jargão m.
jar.gon.ize [dʒ'a:gənaiz] v. falar gíria.
jaunt [dʒ'ɔ:nt] s. excursão, caminhada f., passeio m. ‖ v. excursionar, passear.
jaw [dʒɔ:] s. maxila, queixada, mandíbula f., queixo m. ‖ v. tagarelar, palrar; ralhar, gritar, repreender.
jay.walk.er [dʒ'eiwɔ:kə] s. pedestre m. + f. distraído e imprudente.
jazz [dʒæz] s. jazz m. ‖ v. tocar música no ritmo de jazz. ≃ **band** orquestra de jazz.
jeal.ous [dʒ'eləs] adj. ciumento, cioso (**of** de); invejoso; zeloso.
jeal.ous.ness [dʒ'eləsnis] s. ciúme m.
jeal.ous.y [dʒ'eləsi] s. ciúme m.; desconfiança f., inveja f.
jeans [dʒi:ns] s. pl. (gíria) calça f. de fustão, jeans m.
jeep [dʒi:p] s. jipe m.
jeer [dʒiə] s. zombaria, mofa f., escárnio m. ‖ v. zombar, mofar, escarnecer.
jell [dʒel] s. = **jelly.**
jel.ly [dʒ'eli] s. geléia f. ‖ v. tornar gelatinoso, gelatinizar-se; cobrir de geléia.
jel.ly.fish [dʒ'elifiʃ] s. (Zool.) água-viva, medusa f.
jerk [dʒə:k] s. empurrão, puxão m. ‖ v. empurrar; arrancar, retirar depressa.
jer.kin [dʒ'ə:kin] s. jaqueta f., gibão m.
jerk.y [dʒ'ə:ki] adj. aos arrancos, aos trancos; convulsivo.
jer.ry-built [dʒ'əribild] adj. mal construído.
Jes.u.it [dʒ'ezjuit] s. jesuíta m.
jet [dʒet] s. jato, jorro m.; esguicho m.; avião m. a jato; propulsão f. a jato. ‖ v. sair a jato, esguichar. **turbo ≃** motor a jato-propulsão. ≃ **plane** avião a jato. ≃**- propelled** acionado a jato.

jet.lin.er [dʒ'etlainə] s. (Av.) avião m. comercial a jato.

jet.ty [dʒ'eti] s. molhe, quebra-mar m.

Jew [dʒu:] s. judeu m.; israelita m. + f., hebreu m.

jew.el [dʒ'u:il] s. jóia, pedra f. preciosa. ‖ v. adornar, enfeitar com jóias.

jew.el.er [dʒ'u:ilə] s. = **jeweller**.

jew.el.ler [dʒ'u:ilə] s. joalheiro m.

jew.el.ler.y [dʒ'u:ilri] s. jóias f. pl.

jew.el.ry [dʒ'u:ilri] s. = **jewellery**.

Jew.ish [dʒ'u:ʃ] adj. judaico, hebreu, judeu, hebraico.

jew's harp s. (Mús.) berimbau m.

jiff [dʒif] s. (coloq.) instante, momento m. **in a** ≃ num instante, num momento.

jif.fy [dʒ'ifi] s. = **jiff**.

jig [dʒig] s. jiga f.; dança f. viva; (Téc.) gabarito; (Téc.) escantilhão m. ‖ v. gingar, saltitar; sacudir-se, agitar-se.

jig.ger[dʒ'igə] s. dançador, saracoteador, dançarino m. **I'll be** ≃**ed!** (gíria) eu fico louco!

jig.gle [dʒ'igl] s. sacudidura, sacudidela f. ‖ v. gingar, saracotear(-se).

jig.saw [dʒ'igsɔ] s. serra f. de vaivém. ‖ v. cortar com serra de vaivém. ≃ **puzzle** quebra-cabeça.

jilt [dʒilt] v. romper o namoro.

jim.my [dʒ'imi] s. pé-de-cabra m. ‖ v. arrombar com pé-de-cabra.

jin.gle [dʒ'iŋgl] s. tinido, retintim m. ‖ v. tinir, retinir; consoar, rimar.

jinx [dʒiŋks] s. azar m.; azarado m. ‖ v. trazer má sorte a.

jit.ter.y [dʒ'itəri] adj. (gíria) nervoso, trêmulo.

job [dʒɔb] s. obra, empreitada, tarefa f, emprego m., colocação f. ‖ v. negociar, comprar e vender; empreitar. **odd-** ≃**s** trabalho avulso, (gíria, Bras.) bico, biscate. **out of** ≃ desempregado.

job.ber [dʒ'ɔbə] s. tarefeiro m.; agiota m. + f., especulador m.; intermediário m.

job.ber.y [dʒ'ɔbəri] s. agiotagem, especulação f.; corrupção f.

job.less [dʒ'ɔblis] adj. desempregado.

jock.ey [dʒ'ɔki] s. jóquei m. ‖ v. cavalgar, montar um cavalo; enganar, lograr; induzir.

jo.cose [dʒouk'ous] adj. jocoso; engraçado.

joc.und [dʒ'ɔkənd] adj. alegre, divertido.

jog [dʒɔg] s. sacudida, cotovelada, cutucada f., empurrão m. ‖ v. sacudir, cutucar, empurrar; lembrar.

jog.gle [dʒ'ɔgl] s. estremecimento m. ‖ v. estremecer, sacudir levemente.

john.ny [dʒ'ɔni] s. (Ingl., gíria) camisinha f.; condon m.

join [dʒɔin] s. junção, ligação f.; encaixe m.; costura f. ‖ v. ligar(-se), juntar(-se), unir (-se), apertar; confluir.

joint [dʒɔint] s. junta, juntura, junção f.; união f.; (gíria) cigarro m. de maconha. ‖ v. ligar, unir, juntar nas articulações. **universal** ≃ junta universal. **out of** ≃ desconjuntado, deslocado. ≃ **account** (Com.) conta conjunta.

joist [dʒɔist] s. travessa f., viga f. de madeira, trave f. ‖ v. vigar, travejar.

joke [dʒouk] s. chiste, gracejo m.; piada, brincadeira f. ‖ v. troçar, pilheriar. **in** ≃ de brincadeira. **it's no** ≃ é sério. **a practical** ≃ peça.

jok.er [dʒ'oukə] s. brincalhão, gracejador m.; (baralho) coringa m.

jol.ly [dʒ'ɔli] adj. alegre; divertido; folgazão, jovial.

jolt [dʒoult] s. solavanco m., sacudida f. ‖ v. sacudir; balançar.

josh [dʒɔʃ] v. (E.U.A.) zombar.

jos.tle [dʒ'ɔsl] s. colisão f., abalroamento, choque, encontro m. ‖ v. empurrar, apertar, acotovelar; colidir, abalroar.

jot [dʒɔt] s. coisa mínima, coisa f. insignificante. ‖ v. anotar rapidamente. **to** ≃ **down** tomar nota, rascunhar, anotar brevemente.

jot.ter [dʒ'ɔtə] s. bloco m. de anotações.

jour.nal [dʒ'ə:nl] s. diário m. (também contabilidade); periódico m., revista f.

jour.nal.ism [dʒ'ə:nəlizm] s. jornalismo, periodismo m.; imprensa f.

jour.nal.ist [dʒ'ə:nəlist] s. jornalista, periodista, repórter m. + f.

jour.ney [dʒ'ə:ni] s. viagem, jornada f. ‖ v. viajar. **a pleasant** ≃ **to you!** feliz viagem!

joust [dʒaust, dʒu:st] s. torneio, combate m., justa, peleja f. ‖ v. competir; pelejar, combater.

jo.vi.al [dʒ'ouvjəl] adj. jovial, alegre.

jowl [dʒaul] s. queixada, mandíbula f.; face, bochecha f.; papada f.

joy [dʒɔi] s. alegria f., contentamento, regozijo, júbilo m. ‖ v. ser alegre; alegrar(-se), regozijar(-se), encantar(-se).

joy.ful [dʒ'ɔiful] adj. jovial, alegre, jubiloso.

ju.bi.lant [dʒ'u:bilənt] adj. jubilante.

ju.bi.lee [dʒ'ubili:] s. jubileu m.; júbilo m.

jud.der [dʒ'ʌdə] v. (Aut. e Av.) vibrar.

judge [dʒʌdʒ] s. juiz, árbitro m. ‖ v. julgar, sentenciar; decidir, concluir, considerar como; avaliar, ajuizar; condenar. **Judge Advocate** auditor de guerra.

judge.ment [dʒ'ʌdʒment] s. julgamento m. **to sit in** ≃ julgar em audiência. **in my** ≃ a meu modo de ver. ≃ **seat** foro, tribunal. **Judgement Day** (Teol.) Dia do Juízo.

judg.ment [dʒ'ʌdʒment] s. = **judgement.**

jug.ger.naut [dʒ'ʌgənɔ:t] s. jamanta f.

ju.di.ca.to.ry [dʒ'u:dikətouri] s. instituições f. pl. judiciais. ‖ adj. judicial.

ju.di.cial [dʒu:d'iʃəl] adj. judicial.

ju.di.ci.ar.y [dʒu:d'iʃiəri] s. ministério m. da justiça; comarca, jurisdição f. ‖ adj. judiciário, forense.

ju.di.cious [dʒu:d'iʃəs] adj. judicioso, prudente.

jug [dʒʌg] s. jarro, cântaro m., (Bras.) moringa f.; (gíria) cadeia, prisão f.

jug.gle [dʒ'ʌgl] s. truque, artifício m. ‖ v. iludir, lograr, criar ilusões.

jug.gler.y [dʒ'ʌgləri] s. prestidigitação f.; burla, trapaça, impostura f., embuste m.

juice [dʒu:s] s. suco, sumo m. (frutas, legumes etc.); (gíria) gasolina f.

juic.y [dʒ'u:si] adj. suculento, sumarento.

Ju.ly [dʒul'ai] s. julho m.

jum.ble [dʒ'ʌmbl] s. desordem f. ‖ v. remexer, confundir.

jum.bo [dʒ'ʌmbou] s. (coloq., E.U.A.) colosso m., pessoa f., animal m. ou coisa f. gigantesca. ‖ adj. muito grande, gigantesco.

jump [dʒʌmp] s. salto, pulo m.; (Esp.) obstáculo m. ‖ v. saltar, pular; saltitar, transpor,

passar pulando. **to** ≃ **down** pular para baixo. **to** ≃ **on** (fig.) criticar, acusar; ralhar. **to** ≃ **out** pular para fora. **to** ≃ **up** levantar-se de repente.

jump.er [dʒ'ʌmpə] s. blusa f., colete m.

jumping-board [dʒ'ʌmpiŋ bɔ:d] s. trampolim m.

junc.tion [dʒ'ʌnkʃən] s. (abr. **junc.**) ligação, conexão f. **railway** ≃ entroncamento.

June [dʒu:n] s. junho m.

jun.gle [dʒ'ʌŋgl] s. mato, matagal m., floresta f. virgem.

jun.ior [dʒ'u:niə] s. júnior m., pessoa f. mais moça; (E.U.A.) estudante m. + f. da terceira (penúltima) série do colégio.

junk [dʒʌŋk] s. rebotalho, refugo m.; bico m.; sucata f. ‖ v. jogar fora, pôr no lixo. ≃ **food** comida de lanchonete. ≃ **mail** (pej.) propaganda recebida pelo correio.

junk.ie [dʒ'ʌŋki] s. viciado m. em drogas.

ju.ris.dic.tion [dʒuərisd'ikʃən] s. jurisdição f., alçada f. (limites ou poder judiciário).

ju.rist [dʒ'uərist] s. jurista m. + f.

ju.ror [dʒ'uərə] s. jurado m.

ju.ry [dʒ'uəri] s. júri m.

just [dʒʌst] adj. justo, imparcial, eqüitativo; probo. ‖ adv. exatamente, perfeitamente. ≃ **now** agora mesmo. **that's** ≃ **it!** exatamente assim! ≃ **so** exatamente. ≃ **about** quase, mais ou menos.

jus.tice [dʒ'ʌstis] s. justiça, eqüidade f.

jus.ti.fi.ca.tion [dʒʌstifik'eiʃən] s. justificação, razão f.; absolvição f.

jus.ti.fy [dz'ʌstifai] v. justificar; absolver.

jut [dʒʌt] s. saliência f., ressalto m. ‖ v. sobressair, ressaltar.

jute [dʒu:t] s. juta f.

ju.ve.nile [dʒ'u:vinail] s. jovem, adolescente m. + f.; livro m. para crianças. ‖ adj. juvenil, jovem, imaturo.

jux.ta.pose [dʒʌkstəp'ouz] v. justapor.

K

K, k [kei] s. décima primeira letra f. do alfabeto inglês.
ka.ki [k'a:ki:] s. cáqui m.; uniforme m. militar. ‖ adj. cáqui.
ka.lei.do.scope [kəl'aidəskoup] s. calidoscópio m.
kan.ga.roo [kæŋgər'u:] s. (Zool.) canguru m.
kar.at [k'ærət] s. = **carat.**
ka.ra.te [kar'a:ti] s. caratê m.
kay.ak [k'aiæk] s. caiaque m.
keck.le [kekl] v. cacarejar; dar risada; palrar, tagarelar.
keek [ki:k] s. olhadela f. ‖ v. olhar, mirar, ver. **I took a ≃ at** olhei rapidamente para.
keel [ki:l] s. (Náut.) chata, barcaça f.; quilha f. **to ≃ over** cair, tombar.
keen [ki:n] s. lamento m. fúnebre. ‖ v. lamentar, chorar (alguém). ‖ adj. agudo, afiado, aguçado; mordaz, sutil, fino; fogoso.
keen.ess [k'i:nis] s. gosto m.; prazer m.; interesse m.; ansiedade f.
keep [ki:p] s. sustento m., manutenção, alimentação f. ‖ v. (pret. e p. p. **kept**) ter, possuir, guardar; conservar, reter, deter. **to ≃ books** escriturar (contas). **to ≃ time** ser pontual; cronometrar. **to ≃ at it** manter-se firme; insistir em alguma coisa, empenhar-se. **to ≃ away** conservar-se afastado; abster-se. **to ≃ clear of** manter-se afastado de alguém ou de alguma coisa. **to ≃ down** abaixar-se, agachar-se. **to ≃ from** guardar, conservar; preservar. **to ≃ off** reter, impedir. **to ≃ on** continuar, prosseguir. **to ≃ out** impedir a entrada; excluir. **≃ to the left!** siga à esquerda! **to ≃ under** conter, reprimir. **to ≃ up** manter, conservar; sustentar, prover; continuar.
keep.er [k'i:pə] s. proprietário, dono m.; guarda m. + f.; zelador m.
keep.ing [k'i:piŋ] s. manutenção f., alimento, sustento m.
keep.sake [k'i:pseik] s. lembrança, dádiva f.

keg [keg] s. barrilete, barril m. pequeno.
ken.nel [k'enl] s. canil m.; matilha f.; cova, toca f.
kerb [k'ə:b] s. meio-fio m.; calçada f.
ker.chief [k'ə:tʃif] s. lenço m. de cabeça.
ker.nel [k'ə:nl] s. semente f. contida em noz ou caroço; (fig.) âmago, núcleo m.
ke.ro.se.ne [k'erəsi:n] s. querosene m.
ket.chup [k'etʃəp] s. catchup m.
ket.tle [ketl] s. caldeira f.; chaleira f.
key [ki:] s. chave, chaveta f.; código, padrão m. ‖ v. (Téc.) encaixar, entalhar; fechar à chave, chavear. ‖ adj. controlador.
key.board [k'i:bɔ:d] s. teclado m.
key.hole [k'i:houl] s. buraco m. de fechadura.
key.note [k'i:nout] s. (Mús.) tom m. fundamental, nota f. tônica; idéia f. básica. ‖ v. dar o tom básico (também fig.).
key.ring [k'i:riŋ] s. argola f.; porta-chaves m.
key.stone [k'i:stoun] s. (Arquit.) chave f. de abóbada; base f., (fig.) pedra f. fundamental.
kib.butz [k'i:bu:ts] s. kibutz m.; fazenda f. coletiva em Israel.
kick [kik] s. pontapé m.; chute m.; coice m., patada f. ‖ v. dar pontapés, espernear, escoicear; chutar. **≃ off** (Esp.) pontapé, chute inicial. **to get a ≃ out of living** aproveitar, gozar a vida, divertir-se a valer. **to get ≃ed out** ser despedido. **to ≃ out** excluir, expulsar, jogar fora.
kid [kid] s. cabrito m.; (fam.) criança f., garoto m. ‖ v. caçoar, zombar de, tratar como criança. **≃ gloves** luvas de pelica.
kid.die [k'idi] s. = **kiddy.**
kid.dy [k'idi] s. criança f. pequena.
kid.nap [k'idnæp] v. raptar, seqüestrar.
kid.nap.per [k'idnæpə] s. raptor, seqüestrador m.
kid.ney [k'idni] s. rim m.

kill [kil] s. matança f. ‖ v. matar, abater; assassinar. **to ≃ off** eliminar matando. **to ≃ time** matar o tempo.

kill.er [k'ilə] s. matador m.; assassino m.

kill.ing [k'iliŋ] s. quantidade f. de animais abatidos numa caçada; assassínio m., matança f. ‖ adj. mortal, mortífero, destruidor; exaustivo, cansativo.

kiln [kiln] s. forno m., estufa f. **brick-≃** forno de olaria.

kil.o [k'i:lou] s. quilograma m.; quilômetro m. (1000 metros).

kil.o.gramme [k'i:lougræm] s. quilograma, quilo m.

ki.lom.e.ter [kil'ɔmitə] s. = **kilometre.**

kil.o.me.tre [kil'ɔmitə] s. quilômetro m.

kil.o.watt [k'ilouwɔt] s. quilovate m.

kilt [k'ilt] s. quilte m.; saia f. escocesa.

ki.mo.no [kim'ounou] s. quimono m.

kin [kin] s. família f., parentes m. pl.

kind [kaind] s. classe, espécie f., grupo, gênero m. ‖ adj. amável, bondoso; gentil, afável. **≃-hearted** bondoso, compassivo.

kin.der.gar.ten [k'indəga:tn] s. jardim de infância m.

kin.dle [kindl] v. acender, pôr fogo, alumiar; pegar fogo; (fig.) incitar.

kind.ly [k'aindli] adj. amável, bondoso; agradável. ‖ adv. amavelmente; agradavelmente. **thank you ≃!** cordiais agradecimentos! **to take ≃ to** tomar afeição por.

kind.ness [k'aindnis] s. bondade f.; favor m.

kind.dred [k'indrid] s. família f., parentes m. pl.; afinidade f. ‖ adj. aparentado, relacionado, afim; semelhante, congênere.

ki.ne.tic [kin'etic] s. **≃s** cinética f. ‖ adj. cinético.

king [kiŋ] s. rei, soberano, monarca m.

king.dom [k'iŋdəm] s. monarquia f.; reino m.

king.ly [k'iŋli] adj. real, majestoso, augusto.

kink [kiŋk] s. coca ou cocha f. de cabo, torção, dobra f.; enroscamento m. ‖ v. formar cocas.

kink.y [k'iŋki] adj. retorcido, enroscado, pixaim, carapinha (cabelo); (fig.) excêntrico.

kin.less [k'inlis] adj. sem parentes.

kin.ship [k'inʃip] s. parentesco m.

ki.osk [k'iɔsk] s. quiosque m.; banca f. (de jornais, revistas); charutaria f.; cabine f. telefônica.

kis.met [k'ismet] s. sorte f., destino m.

kiss [kis] s. beijo, ósculo m. ‖ v. beijar(-se), oscular. **to ≃ the dust** sucumbir, ser vencido, morrer.

kit [kit] s. equipamento m. de soldado ou de viagem; mala f. de viagem, estojo m.; caixa, mochila, maleta f.

kitch.en [k'itʃin] s. cozinha f.

kit.chen.ette [kitʃin'et] s. quitinete, kitinete f.; pequeno apartamento m.

kitch.en.ware [k'itʃinwɛə] s. utensílios m. pl. de cozinha.

kite [kait] s. papagaio m. de papel, arraia f. (brinquedo de criança). ‖ v. soltar papagaio (de papel).

kit.ten [kitn] s. gatinho m.; (fig.) garota f. brincalhona.

kit.ty [k'iti] s. gatinho m.

klep.to.ma.ni.a [kleptəm'einiə] s. cleptomania f.

knack [næk] s. destreza, habilidade, aptidão f.; jeito m., (fig.) artifício, truque m.

knap.sack [n'æpsæk] s. mochila f.

knead [ni:d] v. misturar (farinha, massa, barro etc.); amassar; fazer massagens, massagear.

knee [ni:] s. joelho m.; articulação, curva f.; joelheira f. ‖ v. tocar ou bater com o joelho. **he went to his ≃s** ele ajoelhou-se. **bring to his ≃s** forçar a submissão de. **≃-cap** rótula (do joelho).

kneel [ni:l] v. (pret. e p. p. **knelt**) ajoelhar(-se).

knell [nel] s. toque m. de sinos por intenção de finados; mau agouro m. ‖ v. dobrar (dos sinos) a finados.

knelt [nelt] v. pret. e p. p. de **kneel.**

knew [nju:] v. pret. de **know.**

knick-knacks [n'ik næks] s. pl. bagatela f.; balangandã m., bugiganga f.

knife [naif] s. (pl. **knives** [n'aivz]) faca f.; lâmina f. ‖ v. apunhalar, esfaquear; derrotar traiçoeiramente. **under the ≃** sofrendo uma intervenção cirúrgica; (Bras.) entrando na faca. **≃ and fork** talher. **≃- grinder** amolador de facas.

knight [nait] s. cavaleiro, fidalgo, aristocrata m.; varão m. **≃- errant** cavaleiro andante.

knight.hood [n'aithud] s. fidalguia, nobreza f.

knit [nit] v. (pret. e p. p. **knit** ou **knitted**) tricotar, fazer tricô. **to ≃ up** consertar com ponto de malha, cerzir; unir.

knit.ting [n'itiŋ] s. trabalho m. de tricô ou malha. ≃ **needle** agulha de tricô.

knob [nɔb] s. punho, botão, puxador m., maçaneta f.

knock [nɔk] s. pancada f., golpe m. ‖ v. bater em, dar pancadas em, surrar, esbordoar; tremer, bambolear. **to** ≃ **along** andar ao acaso. **to** ≃ **at the door** bater à porta. **to** ≃ **down** abater. **to** ≃ **off** liquidar rapidamente. **to** ≃ **out** vencer com golpe violento, (Esp.) eliminar.

knock.down [nɔkd'aun] s. golpe m. decisivo, ruidoso.

knock.out [nɔk'aut] s. (Boxe) nocaute, golpe m. decisivo; (gíria) maravilha f.

knoll [noul] s. outeiro, montículo m.

knot [nɔt] s. nó, laço m., laçada f.; grupo m.; nó m. de madeira. ‖ v. amarrar, atar, prender, ligar; fazer um nó.

knot.ty [n'ɔti] adj. nodoso, cheio de nós; (fig.) complicado, difícil.

know [nou] s. conhecimento m.; informação f. reservada. ‖ v. (pret. **knew,** p. p. **known)** saber, conhecer, entender. **to be in the** ≃ estar a par de. **to** ≃ **it ɓy heart** saber de cor. **to** ≃ **by sight** conhecer de vista. ≃ **-all** (pej.) sabido, sabichão. ≃ - **how** (E.U.A., coloq.) experiência, técnica, prática, perícia. ≃ **nothing** ignorante, estúpido, pessoa sem juízo.

knowl.edge [n'ɔlidʒ] s. conhecimento m.; instrução f. ≃ **is power** saber é poder. **to the best of my** ≃ pelo que eu saiba.

knowl.edge.able [n'ɔlidʒəbl] adj. educado, instruído, culto, esclarecido.

knuck.le [n'ʌkl] s. nó m. dos dedos, junta, articulação f. **to** ≃ **down, under** sujeitar-se, submeter-se.

ko.la [k'oulə] s. = **cola.**

ko.ran [kər'aːn] s. Alcorão m.

kow.tow [kaut'au] v. reverenciar; ser servil.

kraal [krɔːl] s. aldeia f. cercada (na África do Sul); cercado m. para animais domésticos.

Krem.lin [kr'emlin] s. Kremlin m.

ku.dos [kj'uːdɔs] s. (coloq.) fama, glória, honra f.; crédito m.

L

L, l [el] décima segunda letra f. do alfabeto inglês.

L algarismo m. romano, que vale 50; abr. de libra f. esterlina.

la.bel [leibl] s. rótulo m., etiqueta f., letreiro m.; legenda, indicação f. ▮ v. rotular, etiquetar; classificar, qualificar.

lab.o.ra.to.ry [ləb'ɔrətɔri, l'æbərətouri] s. laboratório m.

la.bo.ri.ous [leib'ɔriəs] adj. laborioso, trabalhoso.

la.bour [l'eibə] s. labor, trabalho, exercício m.; dores f. pl. do parto. ▮ v. trabalhar, lidar; jogar (navios); sentir as dores do parto. **Labour Party** (Ingl.) partido trabalhista.

la.bour.er [l' eibəre] s. trabalhador, operário, obreiro m.

lab.y.rinth [l'æberinθ] s. labirinto m. (também Med.).

lace [leis] s. cordão, laço, atacador m.; passamanaria f.; renda f. ▮ v. atar.

la.ce.rate [l'æsereit] v. dilacerar; cortar em pedaços.

lac.ing [l'eisiŋ] s. laço m.; cordão m.

lack [læk] s. falta, necessidade f. ▮ v. faltar, necessitar, carecer de.

lack.a.dai.si.cal [lækəd'eizikəl] adj. lânguido, afetado; distraído.

lack.ing [l'ækiŋ] adj. necessitado; em falta, falto, carente; deficiente; ausente. ▮ prep. sem; à falta de.

lack.lus.tre [l'æklʌstə] adj. embaçado.

la.con.ic [læk'ɔnik] adj. lacônico.

la.con.i.cal [læk'ɔnikəl] adj. = **laconic**.

lac.quer [l'ækə] s. laca f.; verniz m. ▮ v. envernizar.

la.cu.na [ləkj'u:nə] s. lacuna, omissão f.

lac.y [l'eisi] adj. rendilhado, semelhante à renda.

lad [læd] s. rapaz, jovem, mocinho m.

lad.der [l'ædə] s. escada f. de mão.

lad.die [l'ædi] s. (esc.) rapazinho m.

lad.en [l'eidn] adj. carregado; onerado.

lad.ing [l'eidiŋ] s. carga f., carregamento m.

la.dle [l'eidl] s. concha f. (para sopa). **to ≃ out** servir (sopa com a concha).

la.dy [l'eidi] s. senhora, dama f.; esposa, dona f. da casa; (com inicial maiúscula) título de nobreza. ≃-**love** amada, namorada.

la.dy.like [l'eidilaik] adj. refinado, elegante.

lag [læg] s. retardação f. de corrente ou movimento m. retardário; presidiário m. ▮ v. atrasar-se; prender, encarcerar. ▮ adj. último, tardio, retardado.

la.ger [l'a:gə] s. cerveja f. branca (leve).

lag.gard [l'ægəd] s. retardatário m. ▮ adj. vagaroso, lento; preguiçoso.

la.goon [ləg'u:n] s. laguna, lagoa f.

la.gune [ləg'u:n] s. = **lagoon**.

laid [leid] v. pret. e p.p. de **lay**.

lain [lein] v. p.p. de **lie**.

lair [l'ɛə] s. toca f.; covil m. ▮ v. entocar.

lake [l'eik] s. lago m.; pigmento m. carmesim; verniz m.

la.ma [l'a:ma] s. (Rel.) lama m.

lamb [læm] s. cordeiro m.; carne f. de cordeiro; pessoa f. inocente como um cordeiro. ▮ v. parir (a ovelha).

lam.bent [l'æmbənt] s. (fig.) luz f. fraca e focalizada.

lame [leim] v. coxear, mancar. ▮ adj. coxo, manco; imperfeito, defeituoso.

la.ment [ləm'ent] s. lamento, pranto m. ▮ v. lamentar, lastimar, deplorar.

lam.en.ta.ble [l'æməntəbl] adj. lamentável, lastimoso.

lam.en.ta.tion [læmənt'eiʃən] s. lamentação f., lamento, pranto, queixume m.

lam.i.nate [l'æmineit] s. material m. plástico laminado. ▮ v. laminar.

lam.i.nated [l'æmineitid] adj. laminado.

lam.i.na.tion [læmin'eiʃən] s. laminação f.

lamp [læmp] s. lâmpada, lanterna f. ≃-**post** poste de iluminação.

lam.poon [læmp'u:n] s. libelo m. difamató-
rio; sátira f. ‖ v. satirizar.
lamp.shade [l'æmpʃeid] s. quebra-luz, abajur
m.
lance [la:ns] s. lança f.; lanceiro m.; lanceta
f. ‖ v. lancear; lancetar.
land [lænd] s. terra f.; país m., nação f.; solo,
terreno m.; bens m. pl. de raiz. ‖ v. desembarcar, pousar, aterrar. ≃ **reform** reforma
agrária.
land.ed [l'ændid] adj. que possui terras.
land.grab.ber [l'ændgræbə] s. grileiro m.
land.holder [l'ændhouldə] s. proprietário m.
de terras.
land.ing [l'ændiŋ] s. desembarque m.; ater-
risagem f.; desembarcadouro m.; plataforma f.
land.la.dy [l'ændleidi] s. senhoria f.
land.lord [l'ændlɔ:d] s. senhorio m.
land.mark [l'ændma:k] s. marco m., baliza,
linda f.; limite m., divisa f.
land.owner [l'ændounə] s. proprietário m. de
terras.
land.scape [l'ændskeip] s. paisagem f. ‖ v.
ajardinar. ≃ **painter** paisagista.
land.slide [l'ændslaid] s. desabamento m. de
terras.
lane [lein] s. travessa f., beco m.; alameda f.
lan.guage [l'æŋgwidʒ] s. língua , linguagem
f.; estilo, modo m. de falar ou escrever.
lan.guid [l'æ(?)gwid] adj. lânguido, desfaleci-
do; débil.
lan.guish [l'æŋgwiʃ] v. languir, adoecer.
lan.guor [l'æŋgə] s. langor m., fraqueza f.
lan.guor.ous [læŋgəres] adj. lânguido, abatido.
lank.y [l'æŋki] adj. magro, esbelto; fraco.
lan.tern [l'æntən] s. lanterna f., farol m.
lap [læp] s. regaço, colo m., volta f. completa em uma pista de atletismo; lambida f.; a
ação f. de beber como fazem os cães. ‖ v.
enrolar, dobrar; obter vantagem de uma ou
mais voltas na pista, numa corrida; beber
como fazem cachorros e gatos; fazer ondas
(o mar).
la.pel [ləp'l] s. lapela f.
lapse [læps] s. lapso, espaço m. de tempo; lapso, descuido m., negligência f.; deslize, desvio m.; caducidade f. ‖ v. decorrer, passar;
errar; decair; caducar.
lar.ce.nous [l'a:sinəs] adj. ladro, ladrão.

lar.ce.ny [l'a:sini] s. furto m., apropriação f.
indébita.
lard [la:d] s. toicinho m., banha f.
lar.der [la:də] s. despensa f.
large [la:dʒ] adj. grande; abundante, amplo;
liberal, generoso pródigo.
lar.gess [l'a:ʒes] s. presente m., dádiva f.
lark [la:k] s. cotovia f.; farsa, travessura f. ‖
v. divertir-se.
lar.va [l'a:və] s. larva f.
lar.ynx [l'æriŋks] s. laringe m.
las.civ.i.ous [ləs'iviəs] adj. lascivo, sensual.
las.civ.i.ous.ness [ləs'iviəsnis] s. lascívia f.
la.ser [l'eizə] s. raio m. laser.
lash [læʃ] s. chicote f.; chicotada f.; surra, sova f.; pestana f., cílio m.; sátira f., sarcasmo
m. ‖ v. chicotear, surrar, bater, criticar.
lass [læs] s. moça, namorada f.
las.si.tude [l'æsitju:d] s. lassidão, prostração
f., cansaço m.
las.so [l'æsou] s. laço m. ‖ v. laçar.
last [la:st, læst] s. último m.; fim, final m.; forma f. de sapateiro m. ‖ adj. último, derradeiro, final, extremo. **faithful to the** ≃ fiel
até o fim. **at** ≃ finalmente. ‖ v. durar, continuar. perseverar, agüentar, conservar-se.
≃ **but not least** último mas não menos importante.
last.ing [l'a:stiŋ] adj. durável, duradouro.
latch [lætʃ] s. trinco, ferrolho m. ‖ v. aferrolhar, trancar.
late [leit] adj. tardio, atrasado, demorado;
perto do fim; último, recente, recentemente falecido.
la.tent [l'eitənt] adj. latente, oculto.
lat.er [l'eitə] adj. posterior. ‖ adv. mais tarde.
lat.er.al [l'ætərəl] adj. lateral; transversal.
la.tex [l'eiteks] s. látex, látice m.
lath [la:θ] s. ripa f., sarrafo m.; tela f. para estuque. ‖ v. cobrir com ripas, sarrafos; argamassa.
lathe [l'eið] s. torno m. mecânico.
lath.er [l'a:ðə] s. espuma f. de sabão; espuma,
baba f. ‖ v. espumar; cobrir com espuma;
ensaboar.
Lat.in [l'ætin] s. latim m.; latino m. ‖ adj. latino.
lat.i.tude [l'ætitju:d] s. latitude f.; largura, extensão f.
lat.ter [l'ætə] adj. posterior, último. ≃ - **day**
moderno.

laud [lɔːd] s. louvor, elogio m. ‖ v. louvar, elogiar, enaltecer, celebrar.

laud.a.ble [lˈɔːdəbl] adj. louvável, saudável; elogiável.

laugh [laːf] s. gargalhada f., riso m.; escárnio m., mofa f. ‖ v. rir, gargalhar, dar risada; escarnecer, mofar. **to ≃ at** rir-se de, ridicularizar.

laugh.a.ble [lˈaːfəbl] adj. risível, ridículo.

laugh.ing [lˈaːfiŋ] s. riso m., risada f. ‖ adj. risonho, alegre.

laugh.ter [lˈaːftə] s. risada f., riso m.

launch [lɔːntʃ] v. lançar um navio à água; começar (um negócio).

laun.der [lˈɔːndə] v. lavar e passar (roupa); ser lavável.

laun.der.ette [lɔːndərˈet] s. lavanderia f. automática.

laun.dress [lˈɔːndris] s. lavadeira f.

laun.dry [lˈɔːndri] s. lavanderia f.; roupa f. para lavar.

lau.re.ate [lˈɔriat] adj. laureado (poeta).

lau.rel [lˈɔrəl] s. loureiro, louro m. ≃s laurel, galardão m.

la.va [lˈaːvə, lˈeivə] s. lava f.

lav.a.to.ry [lˈævətəri] s. lavatório, banheiro m.; privada f.

lav.en.der [lˈævində] s. lavanda, alfazema f. ‖ v. perfumar, borrifar com lavanda, alfazemar. ‖ adj. da cor da alfazema.

lav.ish [lˈæviʃ] v. dissipar, esbanjar. ‖ adj. pródigo; liberal, generoso.

law [lɔ:] s. lei f.; regulamento f.; estatuto m.; mandamentos m. pl; jurisprudência f.; advocacia f.; tribunal m. ‖ v. (coloq.) demandar, processar, autuar. ≃ - **abiding** obediente à lei. ≃ - **breaker** transgressor da lei. ≃ - **maker** legislador.

law.ful [lˈɔːful] adj. legal, legítimo, lícito.

law.less [lˈɔːlis] adj. sem lei; ilegal.

lawn [lɔːn] s. gramado, relvado m. ≃ - **mower** cortadeira de grama.

law.suit [lˈɔːsuːt] s. processo m., ação f. jurídica.

law.yer [lˈɔːjə] s. advogado m., jurista m. + f.

lax [læks] adj. frouxo; negligente.

lax.a.tive [lˈæksətiv] s. + adj. laxante m.

lay [lei] s. situação, posição f.; balada f., canção f.; parceira f. sexual. ‖ adj. leigo; não profissional, não especialista. ‖ v. (pret. e p. p. **laid** [leid] derrubar, deitar; pôr, colocar; acalmar, exorcizar; deitar em posição de repouso; enterrar; estender. **to ≃ a claim to** reclamar, reivindicar; pret. de **lie**.

lay.a.bout [lˈeiəbaut] s. preguiçoso, vadio m.

lay.er [lˈeiə] s. assentador m.; leito m., camada f.; fiada f. (tijolos); galinha f. poedeira; rebento m.; mergulhão m. ‖ v. estender em camadas; reproduzir por meio de rebentos.

lay.man [lˈeimən] s. leigo, secular m.

lay.out [lei ˈaut] s. plano, esquema m.

la.zi.ness [lˈeizinis] s. preguiça f., ócio m.

la.zy [lˈeizi] adj. preguiçoso, ocioso, vadio.

lead [led] s. chumbo m., grafite f. ‖ v. cobrir, moldar, etc. com chumbo. ‖ adj. relativo ao chumbo.

lead [liːd] s. precedência f.; comando m.; cabo condutor m. ‖ v. (pret. e p. p. **led**) conduzir, comandar; preceder; persuadir, induzir.

lead.en [lˈedn] adj. feito de chumbo; cor de chumbo; pesado, plúmbeo; inerte.

lead.er [lˈiːdə] s. guia m. + f.; chefe m. + f.

lead.er.ship [lˈiːdəʃip] s. guia, chefia f.; liderança f.

lead.ing [lˈiːdiŋ] s. chefia f.; direção f. ‖ adj. principal, primeiro; condutor.

leaf [liːf] s. (pl. **leaves** [liːvz]) folha f. de planta, livro, porta; folhagem f.; pétala f. de flor; chapa f. fina de metal. ‖ v. virar as páginas, folhear.

leaf.less [lˈiːflis] adj. desfolhado, sem folhas.

leaf.let [lˈiːflit] s. folhinha f.; folheto m.

leaf.y [lˈiːfi] adj. frondoso, copado.

league [liːg] s. liga, aliança; légua f. ‖ v. ligar-se, aliar-se, confederar-se.

leak [liːk] s. rombo m., fenda f.; vazamento m.; xixi m. ‖ v. vazar; (vulg.) fazer xixi, mijar; vazar. **go for a ≃** fazer xixi.

leak.age [lˈiːkidʒ] s. vazamento m.

lean [liːn] s. inclinação f.; carne f. magra. ‖ v. (pret e p. p. **leant**) inclinar-se; desviar-se; suportar; repousar; encostar. ‖ adj. magro, estéril.

lean.ing [lˈiːniŋ] s. inclinação, propensão f.; parcialidade f. ‖ adj. inclinado; propenso. **the ≃ tower** a torre inclinada.

leap [liːp] s. pulo, salto m. ‖ v. (pret. e p.p. **leapt** [lept] pular, saltar; lançar-se; arremessar-se. ≃ **year** ano bissexto.

learn [lə:n] v. (pret. e p. p. **learned** ou **learnt**) aprender, estudar, instruir-se; ter conhecimento, ser informado.

learn.ed [l'ə:nid] adj. instruído, douto.

learn.er [l'ə:nə] s. discípulo, aprendiz m.

lease [li:s] s. arrendamento m. ‖ v. arrendar; ser arrendado.

leash [li:ʃ] s. correia, trela f. ‖ v. atar, atrelar; controlar.

least [li:st] s. a menor parcela f., o mínimo m. ‖ adj. o menor, mínimo. ‖ adv. o menos. **at** ≃ ao menos, de qualquer forma.

leath.er [l'əðə] s. couro m.; objeto m. de couro. ‖ v. revestir ou colorir com couro; açoitar. ‖ adj. de couro.

leath.er.ette [leðər'et] s. espécie f. de couro; imitação f. de couro.

leath.er.y [l'eðəri] adj. semelhante a couro; duro, rijo.

leave [li:v] s. licença, permissão f. ‖ v. (pret. e p.p. **left**) partir; abandonar; cessar; desistir; legar; falecer. **to take** ≃ partir; despedir-se.

leav.en [levn] s. levedura f., fermento m. ‖ v. fermentar, levedar.

leav.ing [l'i:viŋ] s. partida f. ≃ **s** resíduos, restos m. pl.; sobras f. pl.

lech.er.ous [l'etʃərəs] adj. lascivo, sensual.

lec.tern [l'ektən] s. atril m.; estante f. ou móvel m. inclinado para leitura em pé.

lec.ture [l'ektʃə] s. preleção, conferência f.; repreensão f. ‖ v. fazer preleções ou conferências; repreender.

lec.tur.er [l'ektʃərə] s. conferencista m. + f., lente m. + f.

led [led] v. pret. e p.p. de **lead**.

ledge [ledʒ] s. borda, orla f.; parapeito m.; saliência f. de um rochedo ou de um recife; camada f. de rocha contendo veios minerais.

ledg.er [l'edʒə] s. livro-razão m.

leech [li:tʃ] s. sanguessuga f. ‖ v. aplicar sanguessugas.

leek [li:k] s. alho-porro m.

leer [l'iə] s. olhar m. lascivo, maligno; (gíria) olho m. gordo. ‖ v. olhar de maneira lasciva ou maligna; (gíria) botar olho gordo.

left [left] s. esquerda f., lado m. esquerdo; partido m. político de esquerda. ‖ v. pret. e p. p. de **leave**. ‖ adj. esquerdo. ‖ adv. à esquerda. ≃ **handed** canhoto, desajeitado, estúpido.

left.o.ver [l'eft'ouvə] s. sobra f., resto m.

leg [leg] s. perna f.; pata f.; pé m.; suporte m.

leg.a.cy [l'egəsi] s. legado m., herança f.

le.gal [l'i:gəl] adj. legal; legítimo, lícito.

le.gal.i.ty [lig'æliti] s. legalidade f.

le.gal.ize [l'i:gəlaiz] v. legalizar, legitimar.

le.ga.te [l'egit] s. delegado m. (de uma missão diplomática).

le.ga.tion [lig'eiʃən] s. legação ou representação f. diplomática.

leg.end [l'edʒənd] s. lenda, fábula f.; inscrição f.

leg.end.ar.y [l'edʒəndəri] adj. lendário, fabuloso.

leg.er.de.main [l'edʒədəm'ein] s. prestidigitação f., truque, ilusionismo m.

leg.gings [l'egiŋz] s. pl. perneiras f. pl.

leg.i.ble [l'edʒəbl] adj. legível.

le.gion [l'i:dʒən] s. legião f.; multidão f.

leg.is.late [l'edʒisleit] v. legislar.

leg.is.la.tion [ledʒisl'eiʃən] s. legislação f.

leg.is.la.tive [l'edʒisleitiv] s. poder m. legislativo. ‖ adj. legislativo.

leg.is.la.tor [l'edʒisleitə] s. legislador m.

leg.is.la.ture [l'edʒisleitʃə] s. legislatura f.

le.git.i.mate [lidʒ'itimeit] v. legitimar.

le.git.i.mate [lidʒ'itimit] adj. legítimo, autêntico, legal.

leg.ume [l'egjum] s. legume m.

lei.sure [l'eʒə] s. lazer, ócio m. ‖ adj. desocupado, livre.

lem.on [l'emən] s. limão m.; limoeiro m. ‖ adj. da cor do limão. ≃ **tree** limoeiro.

lem.on.ade [lemən'eid] s. limonada f.

lend [lend] v. (pret. e p. p. **lent**) emprestar.

length [leŋθ] s. comprimento m.

length.en [l'eŋθən] v. encompridar, alongar.

length.y [l'eŋθi] adj. prolongado; prolixo.

le.ni.ent [l'i:niənt] adj. suave, doce, brando, clemente.

lens [lens] s. lente f.; objetiva f.; cristalino m.

✦**Lent** [lent] s. quaresma f. ‖ v. pret. e p. p. de **lend**.

len.til [l'entil] s. lentilha f.

leop.ard [l'epəd] s. leopardo m.

lep.er [l'epə] s. leproso, hanseniano m.

les.bi.an [l'ezbiən] adj. lésbico.

le.sion [l'i:ʒən] s. lesão f.

less [les] s. menos m.; menor m.; inferior m. ‖ adj. menos; menor; inferior. ‖ adv. menos. ‖ prep. sem, menos.

les.see [les'i:] s. legatário m.

less.en [lesn] v. diminuir, reduzir.

less.er [l'esǝ] s. + adj. menos, menor, inferior.

les.son [lesǝn] s. lição f.; repreensão f.; aula f.

lest [lest] conj. a fim de que não; com receio de que; que.

let [let] v. (pret. e p. p. **let**) permitir, deixar; alugar. **to ≃ alone** não incomodar. **to ≃ in** deixar entrar.

let.down [l'etdaun] s. desapontamento m.; humilhação f.

le.thal [l'i:θǝl] adj. letal, mortal.

le.thar.gic [lǝθ'a:dʒik] adj. letárgico.

let.ter [l'etǝ] s. letra f.; carta f.; tipo m. **≃s** literatura, cultura, erudição f. **by ≃** por escrito, por carta. **≃- perfect** perfeito nos detalhes. **≃- up** parada, pausa, intervalo.

let.ter.head [l'etǝhed] s. cabeçalho, timbre m.

let.tuce [l'etis] s. alface f.

leu.ke.mia [ljuk'i:miǝ] s. (Pat.) leucemia f.

lev.el [levl] s. nível m.; superfície f. plana; altitude f.; planície f.; nível m. social ou cultural. ‖ v. nivelar, aplainar; demolir; igualar (em condições). ‖ adj. plano; horizontal; uniforme. **to be on the ≃ with somebody** ser honesto com alguém. **≃ crossing** passagem de nível. **≃- headed** razoável, sensato, equilibrado.

lev.er [l'i:vǝ] s. alavanca f. ‖ v. empregar ou usar uma alavanca.

lev.i.tate [levit'eit] v. levitar.

lev.i.ty [l'eviti] s. leviandade, frivolidade f.

lev.y [l'evi] s. coleta, arrecadação f.; recrutamento m. de soldados. ‖ v. fazer coletas, arrecadar; recrutar soldados; taxar, cobrar impostos; embargar.

lewd [lju:d] adj. lascivo, lúbrico, luxurioso, sensual, indecente.

lex.i.cog.ra.phy [leksik'ɔgrǝfl] s. lexicografia f.

lex.i.col.o.gy [leksik'ɔlǝdʒi] s. lexicologia f.

lex.i.con [l'eksikǝn] s. léxico, vocabulário m.

li.a.bil.i.ty [laiǝb'iliti] s. responsabilidade f.

li.a.ble [l'aiǝbl] adj. sujeito a, passível de. **to be ≃ for** ser responsável por.

li.ai.son [li'eizǝn] s. ligação f.

li.a.na [li'a:nǝ] s. (Bot.) cipó m.

li.ar [l'aiǝ] s. mentiroso m., mentirosa f.

li.bel [l'aibǝl] s. calúnia, difamação f. ‖ v. caluniar, difamar (por escrito).

lib.er.al [l'ibǝrǝl] s. liberal m. + f. ‖ adj. liberal; generoso; independente.

lib.er.al.i.ty [libǝr'aeliti] s. liberalidade f.

lib.er.ate [l'ibǝreit] v. liberar, libertar.

lib.er.a.tor [l'ibǝreitǝ] s. libertador m.

lib.er.tine [l'ibǝtain] s. libertino, devasso m.

lib.er.ty [l'ibǝti] s. liberdade f.; licença, permissão f.; privilégio m. **-ties** direitos m. pl.

li.bid.i.nous [lib'idinǝs] adj. libidinoso.

li.brar.i.an [laibrɛǝriǝn] s. bibliotecário m.

li.brar.y [l'aibrǝri] s. biblioteca f.

lice [lais] s. pl. de **louse**.

li.cence [l'aisǝns] s. = **license**.

li.cense [l'aisǝns] s. licença f.

li.cen.tious [lais'enfǝs] adj. licencioso.

lic.it [l'isit] adj. lícito, permitido.

lick [lik] s. lambidela f. ‖ v. lamber; bater; vencer.

lick.ing [l'ikiŋ] s. lambida f.; surra f.; pancada f.

lic.o.rice [l'ikǝris] s. alcaçuz m.

lid [lid] s. tampa.

lie [lai] s. mentira, falsidade f. ‖ v. mentir; (pret. **lay**, p. p. **lain**) jazer; deitar-se; dormir; repousar; existir; ficar. **≃- detector** detector de mentiras.

lieu.ten.ant [lut'enǝnt] s. tenente m.

life [l'aif] s. vida, existência f.; duração f.; vivacidade f.; princípio m. vital; biografia f. **≃- insurance** seguro de vida. **≃- preserver** salva-vidas. **≃- size** tamanho natural.

life.belt [l'aifbelt] s. cinto m. salva-vidas.

life.boat [l'aifbout] s. barco m. salva-vidas.

life.guard [l'aifga:d] s. salva-vidas m. + f.

life.less [l'aiflis] adj. inanimado, morto.

life.like [l'aiflaik] adj. tal como a vida.

life.long [l'aiflɔŋ] adj. vitalício.

life.time [l'aiftaim] s. vida, existência f. ‖ adj. vitalício, que dura toda vida.

lift [lift] s. levantamento m.; altura f. a que se levanta algo, pequena elevação f. de terreno; elevador m.; aparelho m. para suspender cargas; carona f. ‖ v. erguer, suspender; içar; manter em posição elevada; (fig.) roubar; (fig.) plagiar.

lig.a.ment [l'igǝmǝnt] s. ligamento m.

light [lait] s. luz, claridade, iluminação f.; janela, clarabóia f.; luz f. diurna; alvorada f.

❙ v. (pret. e p. p. **lit**) iluminar, acender; inflamar; clarear. ❙ adj. brilhante, claro, luminoso, leve; fácil; elegante; alegre; frívolo; amalucado. ❙ adv. leve, facilmente. ≃ **bulb** lâmpada. ≃- **hearted** alegre, despreocupado. ≃ **source** fonte luminosa. ≃- **weight** peso leve (pugilista).

light.en [l'aitn] v. iluminar, acender; relampejar; aliviar; mitigar; abrandar.

light.er [l'aitə] s. isqueiro m.

light.house [l'aithaus] s. farol m.

light.ing [l'aitiŋ] s. iluminação f.

light.ness [l'aitnis] s. claridade f.; palidez, lividez f.; luminosidade f.; leveza f.; moderação f.; graciosidade f.; alegria f.; levianda-de, frivolidade f.

light.ning [l'aitniŋ] s. relâmpago, raio m. ≃ **conductor** pára-raio.

lik.able [l'aikəbl] adj. = **likeable**.

like [laik] s. semelhante m. + f.; gosto m.; preferência f.; inclinação f. ❙ v. gostar de; querer; desejar. ❙ adj. semelhante; equivalente; característico. ❙ adv. tal como, do mesmo modo que; provavelmente. ❙ conj. (fam.) como.

like.a.ble [l'aikəbl] adj. agradável, amável, digno de estima; popular.

like.li.hood [l'aiklihud] s. probabilidade f.; verossimilhança f.

like.li.ness [l'aiklinis] s. = **likelihood**.

like.ly [l'aikli] adj. provável, plausível; apto, apropriado. ❙ adv. provavelmente.

lik.en [l'aikən] v. comparar, assemelhar.

like.ness [l'aiknis] s. semelhança f.; retrato m., imagem f.; aparência f.

like.wise [l'aikwaiz] adv. + conj. do mesmo modo, igualmente; também, outrossim.

lik.ing [l'aikiŋ] s. gosto m.; amizade, preferência, inclinação f.

li.lac [l'ailək] s. lilás m. ❙ adj. de cor lilás.

lilt [lilt] s. canção f. alegre. ❙ v. cantar alegremente; pular, saltar.

lil.y [l'ili] s. lírio m.; açucena f.; flor f. de lis; tez f. clara. ❙ adj. alvo, puro, imaculado.

limb [lim] s. membro (braço, perna, asa) m.; galho m.; moleque m.; orla, borda f.; limbo m.

lim.ber [l'imbə] v. tornar flexível. ❙ adj. flexível. **front** ≃ armão.

lim.bo [l'imbou] s. limbo m.

lime [laim] s. visgo m.; cal f.; lima f. (fruta). ❙ v. engodar; enredar; adubar. ≃ **tree** limeira.

lime.light [l'aimlait] s. luz f. oxídrica; publicidade, notoriedade f.; ribalta f.

lime.stone [l'aimstoun] s. pedra f. calcária.

lim.it [l'imit] s. limite, marco m. ❙ v. limitar, restringir; demarcar; confinar.

lim.i.ta.tion [limit'eiʃən] s. limitação, restrição f.; prescrição f.; demarcação f.

lim.it.ed [l'imitid] adj. limitado, restrito; confinado.

lim.ou.sine [l'imuzi:n] s. limusine f.

limp [limp] s. coxeadura f. ❙ v. coxear, mancar. ❙ adj. flácido.

lim.y [l'aimi] adj. calcário; viscoso.

line [lain] s. linha f.; corda f.; arame m.; fileira f.; via f.; alinhamento m.; curso, caminho m.; equador m.; desígnio m.; limite m.; fronteira f.; série f.; ramo m. de negócio; bilhete m.; cartinha f.; linho m.; fibra f. ❙ v. riscar, alinhar-se; revestir; guarnecer; cobrir; impregnar. **to keep in** ≃ manter em ordem, em linha.

lin.e.age [l'iniidʒ] s. linhagem, estirpe f.

lin.e.ar [l'iniə] adj. linear.

lin.en [l'inən] s. linho m.; roupa f. branca. ❙ adj. feito de linho.

lin.er [l'ainə] s. navio m. ou avião m. de linha regular.

lin.ger [l'iŋgə] v. tardar; protelar; hesitar.

lin.ge.rie [laenʒər'i:] s. roupa f. íntima.

lin.go [l'ingou] s. (pop.) língua f.; jargão m.

lin.gua fran.ca [liŋgwəfr'æŋkə] s. língua f. franca, língua de uso comum; linguagem f. simplificada, de uso geral, especialmente no comércio.

lin.guist [l'iŋgwist] s. lingüista m. + f.

lin.guis.tic [liŋgw'istik] adj. lingüístico.

lin.guis.tics [liŋgw'istiks] s. lingüística f.

lin.ing [l'ainiŋ] s. forro, revestimento m.

link [liŋk] s. argola f.; elo m.; conexão f.; articulação f.; ligação f.; vínculo m. ❙ v. encadear, unir, ligar, atar, juntar.

li.on.ize [l'aiənaiz] v. tratar como celebridade.

li.no.le.um [lin'ouljəm] s. linóleo m.

lin.o.type [l'ainətaip] s. linotipo m.

lin.seed [l'insi:d] s. linhaça f.

li.on [l'aiən] s. leão m.; (fig.) celebridade f.

lip [lip] s. lábio, beiço m. ≃**s** boca f. ≃- **reading** leitura labial.

lip.id [l'ipid] s. (Quím.) lipídio m.
liq.ue.fi.er [l'ikwəfaiə] s. liquidificador m.
liq.ue.fy [l'ikwəfai] v. liquidificar; dissolver.
li.queur [likj'uə, E.U.A. lik'əː] s. licor m.
liq.uid [l'ikwid] s. + adj. líquido, fluido m.
liq.ui.date [l'ikwideit] v. liquidar, saldar.
liq.ui.da.tion [likwid'eiʃən] s. liquidação f.
liq.uor [l'ikə] s. solução f.; licor m.; bebida f. alcoólica.
liq.uo.rice [l'ikəris] s. = **licorice**.
li.ra [l'iːrə] s. lira f.; moeda f. italiana.
lisp [lisp] s. balbuciação f.; balbucio m., cicio m. ‖ v. balbuciar, ciciar; pronunciar mal o s.
list [list] s. lista f., catálogo m.; borda f.; limite, marco m.; inclinação f. de navio. ‖ v. registrar; especificar; (Náut.) inclinar-se, querenar (como navio). ≃ **price** (Com.) preço sugerido pelo fabricante; preço de tabela.
lis.ten [lisn] v. escutar, ouvir; prestar atenção; obedecer, atender, considerar.
lis.ten.er [l'isnə] s. ouvinte m. + f.
list.less [l'istlis] adj. desatento, indiferente (devido a cansaço).
lit [lit] v. pret. e p. p. de **light**.
li.ter [l'iːtə] s. = **litre**.
lit.er.a.cy [l'itərsi] s. capacidade f. de ler e escrever; aptidão f. literária.
lit.er.al [l'itərəl] adj. literal; prosaico.
lit.er.ar.y [l'itərəri] adj. literário, letrado.
lit.er.ate [l'itərit] s. literato, letrado m. ‖ adj. instruído; alfabetizado.
lit.er.a.ture [l'itəritʃə] s. literatura f.
lithe [l'aið] adj. flexível, arqueável, elástico, maleável.
li.thog.ra.phy [liθ'ɔgrəfi] s. litografia f.
lit.i.gant [l'itigənt] s. + adj. litigante m. + f.
lit.i.gate [l'itigeit] v. litigar.
li.tre [l'iːtə] s. litro m.
lit.ter [l'itə] s. liteira f.; maca f.; palha f. ou feno m. usado como cama para animais ou como cobertura para plantas; ninhada f.; confusão f. ‖ v. espalhar feno ou palha para fazer a cama para animais; dar à luz uma ninhada; colocar em desordem ou confusão.
lit.tle [litl] s. pequena quantidade f.; pouco tempo m. ‖ adj. pouco; pequeno; breve; insignificante; exíguo; mesquinho; desprezível; fraco, infantil; novo.
lit.to.ral [l'itərl] s. litoral m. ‖ adj. litorâneo.

lit.ur.gy [l'itədʒi] s. liturgia f.
liv.a.ble [l'ivəbl] adj. digno de ser vivido; suportável; habitável, confortável.
live [laiv] adj. vivo, ativo, esperto, aceso. ≃ **wire** circuito elétrico.
live [liv] v. viver, existir; subsistir; morar, habitar. **to** ≃ **and let** ≃ ser tolerante. **to** ≃ **up to** manter promessa. **to** ≃ **up** gozar a vida.
live.li.hood [l'aivlihud] s. sustento m.
live.li.ness [l'aivlinis] s. vivacidade, disposição f.; ânimo m.; alegria, jovialidade f.
live.ly [l'aivli] adj. vivo; vigoroso; animado; jovial. ‖ adv. vivamente; alegremente; animadamente, vigorosamente.
liven [l'aivən] v. (seguido de **up**) animar; reanimar.
liv.er [l'ivə] s. fígado m.
liv.er.y [l'ivəri] s. libré f.; uniforme m., farda f.; estábulo m. ou cocheira f. de aluguel.
live.stock [l'aivstɔk] s. conjunto m. de animais domésticos de uma fazenda ou granja.
liv.id [l'ivid] adj. lívido, muito pálido. ≃ **with rage** furioso.
liv.ing [l'iviŋ] s. vida f.; sustento m.; benefício m. eclesiástico; modo m. de vida. ‖ adj. vivo; ativo. **to make a** ≃ ganhar a vida. ≃-**room** sala de estar, sala de visitas.
liz.ard [l'izəd] s. animal m. da família dos Lacertílios, tais como lagarto, lagartixa, etc.
load [loud] s. carga f.; peso m.; opressão f.; resistência f. ‖ v. carregar; pesar; oprimir.
loaf [louf] s. (pl. **loaves** [louvz]) pão; pão m. em forma de cone; cabeça f. (repolho, alface). ‖ v. vadiar.
loa.fer [l'oufə] s. vadio, vagabundo, preguiçoso m.
loan [loun] s. empréstimo m. ‖ v. emprestar; tomar emprestado. ≃ **shark** agiota, usurário.
loath [louθ] adj. contrário a, avesso.
loathe [louð] v. repugnar; detestar.
loath.ing [l'ouðiŋ] s. repugnância f. ‖ adj. repugnante, asqueroso, repelente.
loath.some [l'ouðsəm] adj. repugnante.
loaves [louvz] s. plural de **loaf**.
lob.by [l'ɔbi] s. vestíbulo m., sala f. de espera; corredor m. de teatro; pessoa f. ou grupo m. que procura influenciar legisladores. ‖ v. pedir votos a membros da câmara; intrigar.
lobe [loub] s. lóbulo m.
lob.ster [l'ɔbstə] s. lagosta f.

lo.cal [l'oukəl] s. trem m. de subúrbios; habitante m. + f. local; notícia f. local. ‖ adj. local. ≃ **pub** bar da vizinhança.
lo.cale [louk'a:l] s. cena f., local m. (de um evento).
lo.cal.i.ty [louk'æliti] s. localidade f.
lo.cal.ize [l'oukəlaiz] v. localizar.
lo.cate [louk'eit] v. colocar ou situar em determinado local; locar, fixar residência. **to be** ≃ **d** ficar situado.
lo.ca.tion [louk'eiʃən] s. situação f., local m.; locação f.
lock [lɔk] s. fechadura f.; cadeado m.; comporta f., dique m.; tufo m., fecho m. ou mecha f. de cabelos. ‖ v. trançar, travar; prover de comportas ou diques. ≃ - **out** fechamento (de empresa, impedimento de trabalho pelos empregadores). ≃ - **up** cadeia, prisão. ≃ - **up time** hora de fechar.
lock.er [l'ɔkə] s. gaveta f., baú m., etc. provido de fechadura f.; armarinho m.
lock.et [l'əkit] s. medalhão m.; broche m.
lock.smith [l'ɔksmiθ] s. serralheiro m.
lo.co.mo.tion [loukəm'ouʃən] s. locomoção f.
lo.co.mo.tive [l'oukəmoutiv] s. locomotiva f. ‖ adj. locomotivo, relativo à locomoção.
lo.cust [l'oukəst] s. locusta f., gafanhoto m.
lo.cu.tion [lokj'u:ʃən] s. locução f.
lode [loud] s. filão, veio m.
lodge [lɔdʒ] s. choupana f., chalé, pavilhão m.; loja f. maçônica. ‖ v. alojar, abrigar; depositar; fixar; colocar.
lodg.er [l'ɔdʒə] s. locatário, alugador, inquilino m.; hóspede m.
lodg.ing [l'ɔdʒiŋ] s. alojamento, aposento m.; residência f. temporária.
loft [lɔft] s. sótão, celeiro m.; palheiro m.; pombal m.
loft.y [l'ɔfti] adj. alto, imponente, sublime, grandioso; arrogante.
log [lɔg] s. tora f.; cepo m. ‖ adj. feito de toras ou troncos. ≃ **book** diário de bordo.
log.a.rithm [l'ɔgəriðm] s. logaritmo m.
loge [louʒ] s. camarote m. de teatro.
log.ger [l'ɔgə] s. madeireiro m.
log.ic [l'ɔdʒik] s. lógica f.; raciocínio m.; coerência f.
log.i.cal [l'ɔdzikəl] adj. lógico; racional; coerente.
lo.gis.tics [loudʒ'istiks] s. logística f., estratégia f. (de distribuição de pessoas ou coisas).

loin [lɔin] s. lombo, quadril m.
loin.cloth [lɔinklouθ] s. tanga f.
loi.ter [l'ɔitə] v. tardar; vadiar; desperdiçar o tempo; viajar com paradas freqüentes.
loll [lɔl] v. refestelar-se, encostar-se indolentemente.
lol.li.pop [l'ɔlipɔp] s. rebuçado m.; pirulito m.
lol.ly.pop [l'ɔlipɔp] s. = **lollipop.**
lone [loun] adj. solitário, só; desabitado, ermo.
lone.li.ness [l'ounlinis] s. solidão f., isolamento, insulamento m.
lone.ly [l'ounli] adj. solitário, só; ermo.
lone.some [l'ounsəm] adj. solitário, só.
long [lɔŋ] adj. longo, alongado; extenso; tardio. ‖ adv. durante; por longo tempo; longamente. ‖ v. cobiçar, ambicionar, anelar, almejar; ter saudades de. **to** ≃ **to** desejar muito. **so** ≃ até logo. ≃ - **drawn-out** prolongado, extenso. ≃ - **winded** dotado de grande de fôlego, enfadonho, cansativo.
long.er [l'ɔŋgə] adj. comp. de **long.**
long.est [l'ɔŋgist] adj. superl. de **long.**
lon.gev.i.ty [lɔndʒ'eviti] s. longevidade f.
long.hand [l'ɔŋghænd] s. escrita f. por extenso, manuscrito m.
long.ing [l'ɔŋiŋ] s. desejo m., saudade f. ‖ adj. ardente.
long.ish [l'ɔŋiʃ] adj. um tanto longo.
lon.gi.tude [l'ɔndʒitju:d] s. longitude f.
long.shore.man [l'ɔŋʃɔ:mən] s. estivador, carregador m. de navios.
long.ways [l'ɔŋweiz] adv. longitudinalmente, ao comprido.
look [luk] s. olhar m., olhadela f.; expressão f.; aspecto m. ‖ v. contemplar; considerar; examinar. ‖ interj. ≃ **out!** cuidado! ≃ - **out** sentinela, vigia. **to have a** ≃ **at** dar uma olhada. **to** ≃ **after** tomar conta, cuidar. **to** ≃ **forward to** ansiar por, esperar com ansiedade. **to** ≃ **over** examinar. **to** ≃ **upon** considerar. **to be on the** ≃ **out for** estar procurando. **to** ≃ **up** procurar. **to** ≃ **s.o. up** visitar, procurar, entrar em contato.
looking-glass [l'ukiŋgla:s] s. espelho m.; (fig.) modelo.
loom [lu:m] s. tear m., cabo m. de remo.
loop [lu:p] s. laço m., laçada f.; fivela f.; ponto m, de crochê; acrobacia f. aérea. ‖ v. dar laços ou laçadas; realizar loops.
loop.hole [l'u:phoul] s. buraco m., fenda f.; meio m. de evasão; seteira f.

loose [lu:s] s. liberdade f. ‖ v. soltar, afrouxar, desatar; libertar; exonerar. ‖ adj. solto; folgado, negligente; vago; incorreto; livre.

loos.en [l'u:sən] v. desatar(-se), afrouxar(-se); aliviar(-sě).

loot [lu:t] s. pilhagem f., saque m. ‖ v. pilhar, saquear.

lop [l'ɔp] v. podar (árvore).

lop.sided [lɔps'aidid] adj. inclinado para um lado.

lo.qua.cious [lokw'eiʃəs] adj. loquaz.

lord [lɔːd] s. senhor, amo m.; soberano m. (coloq.) marido m. ‖ v. dominar. **Lord** Deus. **play the** ≃ dominar.

lord.ship [l'ɔːdʃip] s. domínio m., propriedade f. de um fidalgo; título m. dado aos pares do reino na Inglaterra.

lore [l'ɔːr] s. conhecimento m., tradição f., história f. oral.

lor.ry [l'ɔːri] s. (Ingl.) caminhão m.

lose [lu:z] v. (pret. e p.p. **lost**) perder; sucumbir, perecer; desperdiçar.

loss [lɔs] s. perda f., dano, prejuízo m.

lost [lɔst] v. pret. e p.p. de **lose**. ‖ adj. perdido; desorientado, absorto.

lot [lɔt] s. sorte f., destino m.; lote m. ‖ v. tirar a sorte; lotear, dividir. ‖ adv. ≃ s em grande quantidade.

loth [louθ] s. = **loath**.

lo.tion [l'ouʃən] s. loção f.

lot.te.ry [l'ɔtəri] s. loteria f.

loud [laud] adj. alto, sonoro; barulhento. ‖ adv. em voz alta.

loud.speak.er [l'audspi:kə] s. alto-falante m. (ampliador de som).

lounge [laundʒ] s. ociosidade f.; lugar m. de descanso; sofá m. ‖ v. vadiar; passar o tempo ociosamente. ≃ **around** espreguiçar-se.

lour [l'auə] s. = **lower**.

louse [laus] s. (pl. **lice** [lais]) piolho m. **to** ≃ **up** estragar, arruinar.

lous.y [l'auzi] adj. piolhento; vil; nojento; andrajoso; inferior, vulgar.

lout [laut] s. homem m. desajeitado.

lov.a.ble [l'ʌvəbl] adj. amável; digno de amor; adorável, simpático.

love [lʌv] s. amor m., paixão, afeição f.; pessoa f. amada. ‖ v. amar, querer, gostar de. ≃ - **making** namoro, corte, ato de amor (físico). **Love** Cupido, Vênus.

love.bird [l'ʌvbəːd] s. espécie f. de periquito.

love.less [l'ʌvlis] adj. sem amor.

love.li.ness [l'ʌvlinis] s. encanto m., graça f.

love.ly [l'ʌvli] adj. encantador, gracioso, atraente, fascinante; belo, bonito. ‖ adv. graciosamente, fascinantemente.

lov.er [l'ʌvə] s. amado m.; namorado m. amante m. + f.

lov.ing [l'ʌviŋ] adj. amoroso, afetuoso.

low [lou] s. o que é baixo; mugido m. ‖ v. mugir. ‖ adj. baixo; pequeno; inferior, vulgar; humilde; deficiente; barato; módico; profundo (som); mal-nutrido; escasso. ‖ adv. baixo; humildemente; profundamente; suavemente. ≃ - **down** abjeto, vil, degradante. ≃ - **spirited** deprimido, melancólico. ≃ **tide** maré baixa.

low.er [l'ouə] v. abaixar, baixar; baratear, reduzir; humilhar, melindrar; cair. ‖ adj. comp. de **low**. **Lower House** Câmara dos Comuns.

low.er [l'auə] s. olhar m. sombrio e ameaçador. ‖ v. franzir as sobrancelhas, olhar ameaçadoramente. ≃ -**case** v. imprimir em letras minúsculas. ‖ adj. em letras minúsculas.

low.ing [l'ouiŋ] s. mugido m.

low.land [l'oulænd] s. planície, terra f. chã. ‖ adj. relativo às planícies.

low.ly [l'ouli] adj. humilde, modesto; baixo, vil, inferior. ‖ adv. humildemente; modestamente; vilmente.

loy.al [l'ɔiəl] adj. leal, fiel.

loy.al.ty [l'ɔiəlti] s. lealdade, fidelidade f.

loz.enge [l'ɔzindʒ] s. losango m.; pastilha f. (especialmente para garganta).

L. P. [´elpi:] s. elepê, disco, long-play m.

L. S. D. [elesdi:] s. L. S. D. m.

lu.bri.cant [l'u:brikənt] s. + adj. lubrificante m.

lu.bri.fy [l'u:brifai] v. lubrificar.

lu.cid [lj'u:sid] adj. lúcido, radiante.

Lu.ci.fer [l'u:sifə] s. lúcifer, satã m.; estrela f. matutina.

luck [lʌk] s. acaso m., ventura f.; sorte, felicidade f.

luck.less [l'ʌklis] adj. desafortunado, infeliz, azarado.

luck.y [l'ʌki] adj. feliz, venturoso.

lu.cra.tive [l'u:krətiv] adj. lucrativo, rendoso, remunerativo.

lu.di.crous [l'u:dikrəs] adj. burlesco.

lug [lʌg] s. puxão, arranco m.; ponta f. da orelha; lóbulo m.; orelha f. ‖ v. puxar, arrastar.
to ≃ **in** arrastar à força.
lug.gage [l'ʌgidʒ] s. bagagem f.
lu.gu.bri.ous [lu:gj'u:briəs] adj. lúgubre.
luke.warm [l'u:kwɔ:m] adj. morno, tépido; indiferente, insensível.
lull [lʌl] s. calmaria, bonança f. ‖ v. embalar; acalmar, aquietar; acalmar-se.
lull.a.by [l'ʌləbai] s. canção f. de ninar. ‖ v. ninar, cantar para fazer dormir.
lum.ba.go [lʌmb'eigou] s. lumbago m.; dor f. lombar.
lum.ber [l'ʌmbə] (E.U.A.) s. madeira f. serrada. ‖ v. acumular desordenadamente; mover-se com dificuldade; fazer um ruído surdo. ≃ • **mill** serraria.
lum.ber.ing [l'ʌmbəriŋ] adj. pesado, desajeitado.
lu.mi.nar.y [l'u:minəri] s. corpo m. luminoso; estrela, lua f.; pessoa f. eminente, sumidade f.
lu.mi.nos.i.ty [lu:min'ositi] s. luminosidade f.; claridade, lucidez f.
lu.mi.nous [l'u:minəs] adj. luminoso; brilhante; lúcido.
lump [lʌmp] s. inchaço m., protuberância f. ‖ v. amontoar. **to** ≃ **it** engolir sapo.
lump.y [l'ʌmpi] adj. granuloso, cheio de protuberâncias.
lu.na.cy [l'u:nəsi] s. demência, insânia f.
lu.nar [l'u:nə] adj. lunar, relativo à lua. ≃ **module** módulo lunar.
lu.na.tic [l'u:nətik] s. + adj. lunático m., louco m. ≃ **asylum** hospício.
lunch [lʌntʃ] s. almoço m.; merenda f., lanche m. ‖ v. almoçar, merendar, comer um lanche.
lunch.eon [l'ʌntʃən] s. = **lunch**.

lunch.eon.ette [lʌntʃən'et] s. lanchonete f.
lung [lʌŋ] s. pulmão m.
lunge [lʌndʒ] s. estocada f., bote m. ‖ v. dar uma estocada, dar um bote.
lurch [lə:tʃ] s. desamparo, abandono m.; balanço m. brusco, guinada f. ‖ v. balançar, jogar (navio).
lure [lj'uə] s. isca f., engodo, chamariz m. ‖ v. engodar, atrair, seduzir, enganar.
lu.rid [lj'uərid] adj. relativo à atmosfera e cor do inferno; horrível; sensacionalista; violento.
lurk [lə:k] v. espreitar, atalaiar, emboscar.
lus.cious [l'ʌʃəs] adj. delicioso, saboroso; açucarado, melado, adocicado.
lush [lʌʃ] adj. luxuriante, viçoso; suculento.
lust [lʌst] s. luxúria, lascívia, concupiscência f. **to** ≃ **after** cobiçar, desejar (sexualmente). **to** ≃ **for** ambicionar.
lus.ter [l'ʌstə] s. = **lustre**.
lus.tre [l'ʌstə] s. lustre, brilho m.
lus.trous [l'ʌstrəs] adj. lustroso, brilhante.
lust.y [l'ʌsti] adj. robusto, vigoroso.
Lu.ther.an [l'u:θərən] s. + adj. luterano m.
lux.u.ri.ant [lʌgzj'uəriənt] adj. luxuriante, exuberante; fértil; florido.
lux.u.ri.ous [lʌgʒ'uəriəs] adj. luxuoso, suntuoso; exuberante.
lux.u.ry [l'ʌkʃəri] s. luxo, fausto m.
ly.ing [l'aiiŋ] adj. mentiroso, falso.
lym.pho.cyte [l'imfəsait] s. (Med.) linfócito m.
lynch [lintʃ] v. executar sumariamente. ≃ • **law** execução sem julgamento (U.S.A.).
lynx [liŋks] s. lince, lobo-cerval m.
lyre [l'aiə] s. lira f., instrumento m. musical em forma de U (Grécia antiga).
lyr.ic [l'irik] s. poema m. lírico. ‖ adj. lírico.

M

M, m [em] s. décima terceira letra f. do alfabeto inglês; 1.000 (algarismo romano).

ma.caw [mak'ɔ:] s. (Zool.) arara f.

mach [ma:k] s. Mach m. (velocidade do som).

mach.i.nate [m'ækineit] v. maquinar, urdir.

ma.chine [məʃ'i:n] s. máquina f., engenho, mecanismo m. ‖ v. executar trabalhos com máquinas.

machine gun s. metralhadora f. ‖ v. metralhar, matar com metralhadora.

ma.chin.er.y [məʃ'i:nəri] s. maquinismo m.; maquinaria f.; mecanismo m.; combinação f. mecânica; máquina f. governamental.

ma.chin.ist [məʃ'i:nist] s. maquinista m. + f.; engenheiro m. mecânico.

mad [mæd] adj. louco, doido, demente; exasperado; enraivecido. ‖ adv. **like** ≃ furiosamente; muito rapidamente.

mad.am [m'ædəm] s. senhora f.

mad.cap [m'ædkæp] s. doidivanas m. + f., sg. + pl. ‖ adj. doido; impulsivo.

mad.den [mædn] v. enlouquecer; enfurecer-se, irritar.

made [meid] adj. feito, fabricado; terminado; artificialmente produzido; garantido. ‖ v. pret. e p. p. de **make**. ≃ **- to-order** feito sob medida. ≃ **- up** inventado, mentiroso; maquilado, pintado.

mad.house [m'ædhaus] s. hospício m.

mad.man [m'ædmən] s. louco, alienado m.

mad.ness [m'ædnis] s. loucura, demência f.

maes.tro [m'aistrou] s. maestro, compositor, regente, dirigente m. (de orquestra).

ma.fia [m'æfia] s. máfia f.; cosa nostra f.

mag.a.zine [mægəz'in] s. magazine m. (grande loja de armas), revista f.; depósito m.; magazine m. para arma automática.

mag.ic[m'ædʒik] s. magia f. ‖ adj. mágico.

ma.gi.cian [mægʒ'iʃən] s. magia f. ‖ adj. mágico.

mag.nan.i.mous [mægn'æniməs] adj. magnânimo, generoso, liberal; nobre.

mag.nate [m'ægneit] s. magnata m.

mag.net [m'ægnit] s. magneto, ímã m.

mag.net.ic [mægn'etik] s. substância f. que possui propriedades magnéticas. ‖ adj. magnético; atraente, encantador.

mag.net.ism [m'ægnitizm] s. magnetismo m.

mag.net.ize [m'ægnitaiz] v. magnetizar; atrair; encantar.

mag.nif.i.cent [mægn'ifisənt] adj. magnífico, grandioso; de qualidade superior.

mag.ni.fy [m'ægnifai] v. magnificar, ampliar; exaltar; louvar calorosamente.

mag.ni.tude [m'ægnitju:d] s. magnitude f.

maid [meid] s. virgem, mulher f. solteira; criada f. **old** ≃ solteirona.

maid.en [meidən] s. donzela, virgem f. ‖ adj. virginal, virgem; solteira; inicial, de estréia. ≃ **name** nome de solteira, sobrenome de mulher antes de casar-se.

maid.hood [m'eidhud] s. virgindade f.

maid.ser.vant [m'eidsə:vənt] s. criada f.

mail [meil] s. correio m., mala f. postal; correspondência f. ‖ v. expedir pelo correio, remeter. ≃ **order** (E.U.A.) pedido de mercadoria por correspondência.

mail.box [m'eilbɔks] s. (E.U.A.) caixa f. de correio.

mail.man [m'eilmæn] s. carteiro m.

maim [meim] s. mutilação, lesão f.; deformidade f. ‖ v. mutilar; desmembrar.

main [mein] s. condutor m.; cano ou esgoto m. principal. ‖ adj. principal, essencial.

main.land [m'einlænd] s. terra f. firme.

main.tain [meint'ein] v. manter; preservar; suportar; afirmar, asseverar, declarar.

main.te.nance [m'eintinəns] s. manutenção f., sustento m.; subsistência f.

maize [meiz] s. milho m.

ma.jes.tic [mədʒ'estik] adj. majestoso, grandioso, sublime, imponente.

ma.jes.ti.cal [mədʒ'estikəl] adj. = **majestic**.

maj.es.ty [m'ædʒisti] s. majestade f.

ma.jor [m'eidʒə] s. major m.; maior de idade f., adulto m. ‖ adj. maior, principal; (Mús.) maior.

ma.jor.i.ty [mədʒ'ɔriti] s. maioria f.; maioridade f. ‖ adj. relativo à maioria.

make [meik] s. feitura f.; feitio m.; forma f.; arranjo m., disposição f.; fabricação f.; marca f. ‖ v. (pret. e p. p. **made**) fazer, fabricar; construir; criar; elaborar; compor; efetuar; suscitar; causar, motivar; executar, desempenhar; resultar; dispor; elevar, promover; construir; ganhar, lograr. **to ≃ up one's mind** decidir-se. **to ≃ a pile** ganhar muito dinheiro. **to ≃ one's living (as/at/by/from)** sobreviver de, ganhar dinheiro com. **to ≃ s.th.up** completar, inventar, compor na página, juntar. **to ≃ s.o.up** preparar, maquilar. **to ≃ do** arranjar-se (com pouco dinheiro). **to ≃ out** entender. **to ≃ ends meet** fazer o dinheiro render, compatibilizar receita e despesa. **≃- up** composição; pintura, maquilagem.

make-believe s. pretexto m.; simulador m. ‖ adj. falso, fictício, simulado.

make.shift [m'eikʃift] s. expediente m.; paliativo m.; substituto m. ‖ adj. temporário, provisório, transitório.

mal.ad.just.ed [m'ælədʒ'ʌstid] adj. mal ajustado, mal acertado.

mal.a.dy [m'ælədi] s. enfermidade, doença f.; distúrbio m. mental.

male [meil] s. macho m.; homem m. ‖ adj. masculino, macho; viril.

ma.lev.o.lence [məl'evələns] s. malevolência f.; perniciosidade f.; má vontade f.

ma.lev.o.lent [məl'evələnt] adj. malévolo.

mal.ice [m'ælis] s. malícia f.; maldade f.

ma.li.cious [məl'iʃəs] adj. malicioso; maligno; mal-intencionado.

ma.lign [məl'ain] v. difamar, caluniar. ‖ adj. maligno; nocivo; perigoso.

ma.lig.nant [məl'ignənt] adj. maligno.

mal.le.a.ble [m'æliəbl] adj. maleável, dúctil; flexível, adaptável, tratável.

mal.nu.tri.tion [m'ælnjutr'iʃən] s. subnutrição f.; deficiência f. de nutrição.

malt [mɔːlt] s. malte m.; cerveja f. ‖ adj. de malte. ‖ v. preparar com malte.

mal.treat [mæltr'iːt] v. maltratar; abusar.

ma.ma [məm'aː] s. mamãe f. (linguajar de criança).

mam.ma [m'aːma] s. = **mama**.

mam.mal [m'æməl] s. mamífero m.

mam.my [m'æmi] s. mamãe f.; aia f. preta (E.U.A.); preta f. velha.

man [mæn] s. (pl. **men** [men]) homem, varão m.; ser m. humano; pessoa f.; indivíduo m. ‖ v. tripular.

man.a.cle [m'ænəkl] s. algema f.; constrangimento m. ‖ v. algemar, manietar; restringir, impor restrição a.

man.age [m'ænidʒ] v. administrar, dirigir, conduzir; orientar; domar, amansar.

man.age.a.ble [m'ænidʒəbl] adj. manejável, controlável; tratável, dócil.

man.age.ment [m'ænidʒmənt] s. administração, direção, gerência f.; corpo m. de diretores, diretoria f.

man.ag.er [m'ænidʒə] s. administrador, gerente, diretor m.; empresário m.

man.date [m'ændeit] s. mandato m., ordem, delegação f.

man.da.to.ry [m'ændətəri] s. mandatário m. ‖ adj. preceptivo, obrigatório.

man.di.ble [m'ændibl] s. mandíbula f.

man.do.lin [m'ændɔlin] s. bandolim m.

mane [mein] s. crina f.; juba f.

ma.neu.ver [mən'uːvə] s. manobra f. ‖ v. manobrar, fazer manobras.

man.ful [m'ænful] adj. varonil, másculo.

man.gle [m'æŋgl] v. lacerar, mutilar.

man.go [m'aeŋgou] s. (pl. **mangoes, mangos**) manga f.; mangueira f.

man.gy [m'eindʒi] adj. ronhento, sarnento.

man.han.dle [m'ænhsendl, msenh'ændl] v. manipular; (gíria) maltratar.

man.hood [m'ænhud] s. humanidade f.; masculinidade f. ≃ **suffrage** voto universal.

ma.ni.a [m'einiə] s. mania f.; obsessão f.

man.i.cure [m'ænikjuə] s. manicure f., tratamento m. das unhas. ‖ v. fazer manicure.

man.i.cur.ist [m'ænikjurist] s. manicure m. + f. (pessoa).

man.i.fest [m'ænifest] s. manifesto m. ‖ v. manifestar, expressar. ‖ adj. manifesto, evidente, claro, óbvio.

man.i.fes.ta.tion [mænifest'eiʃən] s. manifestação f.; expressão, revelação f.

man.i.fes.to [mænif'estou] s. manifesto m.

man.i.kin [m'ænikin] s. anão m.; homenzinho m.; manequim m., boneco m.

ma.ni.oc [m'æniək] s. mandioca f.

ma.nip.u.late [mən'ipjuleit] v. manipular, manejar; manobrar.

ma.nip.u.la.tion [mənipjul'eiʃən] s. manipulação f.; manejamento m., manobra f.

man.kind [mænk'aind] s. o sexo m. masculino, gênero m. humano.

man.ner [m'ænə] s. maneira f., modo m.; uso, hábito m. ≃s conduta f., modos, costumes m. pl.; método m. good ≃s polidez.

man.ner.ism [m'ænərizm] s. maneirismo m.; afetação f.

man.ner.less [mænəlis] adj. sem modos.

man.ni.kin [m'ænikin] s. = manikin.

man.nish [m'æniʃ] adj. masculino, viril.

manor-house [m'ænəhaus] s. solar m., mansão f.; (Bras., Hist.) casa-grande f.

manor-seat s. = manor-house.

man.power [m'ænpauə] s. força f. de trabalho; trabalhadores m. pl.; energia f. fornecida pelo trabalho físico do homem; efetivo m. militar.

man.serv.ant [m'ænsə:vənt] (pl. menservants [m'ensə:vənts]) s. criado m.

man.slaugh.ter [m'ænslɔ:tə] s. carnificina f.; homicídio m. não premeditado.

man.tle [m'æntl] s. capa f., capote m., mantel m. l v. cobrir.

man.u.al [m'ænjuəl] s. manual, compêndio m. l adj. manual, relativo à mão; feito à mão; portátil.

man.u.fac.ture [mænjuf'æktʃə] s. manufatura, fabricação f. l v. manufaturar, fabricar, produzir, fazer, inventar.

man.u.fac.tur.er [mænjuf'æktʃərə] s. fabricante m. + f., manufator m.

ma.nure [mənj'uə] s. adubo, esterco, estrume m. l v. adubar, estercar.

man.u.script [m'ænjuskript] s. manuscrito m.

man.y [m'eni] adj. muitos, muitas.

map [mæp] s. mapa m., carta f. geográfica; planta f. l v. projetar ou desenhar mapas e plantas; traçar.

mar [ma:] v. frustrar; estragar, arruinar.

ma.raud [mər'ɔ:d] v. pilhar, saquear.

mar.ble [ma:bl] s. mármore m. ≃s bolinhas f. pl. de gude. l v. marmorear. l adj. marmóreo; duro, insensível.

March [ma:tʃ] s. março m.

march [ma:tʃ] s. marcha f. l v. marchar; por em marcha.

mare [m'ɛə] s. égua f.

mar.gin [m'a:dʒin] s. margem f.; extremidade f.; reserva f.

mar.gue.rite [m'a:gəri:t] s. margarida f.

mar.i.gold [m'ærigould] s. malmequer m.; calêndula f.

ma.ri.jua.na [mærəw'a:nə] s. (Bot.) maconha f.; haxixe m.

ma.rine [mər'i:n] s. marinha f. ≃s fuzileiros m. pl. navais. l adj. marítimo.

mar.i.ner [m'ærinə] s. marinheiro m.

mar.ish [m'ɛəriʃ] s. pântano, paul m. l adj. pantanoso, paludoso.

mar.i.time [m'æritaim] adj. marítimo, naval, relativo à navegação por mar.

mark [ma:k] s. marca f., sinal m.; símbolo m.; alvo m., mira f.; meta f.; nota f. escolar; rótulo m. (que indica qualidade ou preço); marco m.; unidade f. monetária alemã. l v. marcar, assinalar; distinguir; indicar, designar; dar notas; tomar notas; (Esp.) marcar.

marked [ma:kt] adj. marcado; marcante.

mar.ket [ma:kit] s. mercado m., feira, praça f. comercial. l v. vender ou comprar no mercado ou na feira.

mar.ket.ing [m'a:kitiŋ] s. ação f. de comprar ou vender, comercialização f.

mar.ma.lade [m'a:məleid] s. geléia f. de laranja.

ma.roon [mər'u:n] s. cor f. castanha. l adj. castanho, de cor marrom.

mar.quis [m'a:kwis] s. marquês m.

mar.quise [ma:k'i:z] s. marquesa f.

mar.ri.age [m'æridʒ] s. casamento m.

mar.ried [m'ærid] adj. casado; conjugal.

mar.row [m'ærou] s. tutano m.; medula f.

mar.ry [m'æri] v. casar; desposar; unir.

Mars [ma:z] s. Marte (planeta) m.

mar.shal [m'a:ʃəl] s. marechal m. l v. ordenar, dispor, pôr em ordem, (U.S.A.) delegado m. federal.

marsh.mal.low [m'a:ʃmelou] s. (Bot.) malvaísco m.; altéia f.

marsh.y [m'a:ʃi] adj. pantanoso.

mar.tial [ma:ʃəl] adj. marcial, guerreiro.

mar.tyr [m'a:tə] s. mártir m. + f.

mar.vel [m'a:vəl] s. maravilha f.; prodígio m. l v. maravilhar-se; estranhar.

mar.vel.lous [m'a:vələs] adj. maravilhoso.

Marx.ism [m'a:ksizəm] s. marxismo m.

mas.cu.line [m'a:skjulin] s. gênero m. masculino. l adj. masculino, viril; forte.

mash [mæʃ] s. mistura f., mingau m., pasta f. ‖ v. misturar; amassar. ≃ed patatoes purê de batatas.

mask [ma:sk] s. máscara f., disfarce m.; pretexto m. ‖ v. mascarar, disfarçar; dissimular, encobrir, ocultar; mascarar-se. ≃ ed ball baile de máscaras.

ma.son [m'eisən] s. pedreiro m.; maçom m.

ma.son.ry [m'eisənri] s. alvenaria f.; maçonaria f.

mass [mæs] s. missa f.; liturgia f. da missa; massa f.; a maioria f.; multidão f. ‖ v. amontoar, reunir em massa; concentrar (tropas). ≃ book missal. ≃- communication comunicação de massa, mídia. ≃- production produção em massa, produção em série, fabricação.

mas.sa.cre [mæsəkə] s. massacre m. ‖ v. massacrar, chacinar.

mas.sa.ge [mæs'a:ʒ] s. massagem f. ‖ v. fazer massagens, massagear.

mas.sive [m'æsiv] adj. maciço, compacto.

mast [ma:st] s. mastro m.; poste m.

mas.ter [m'a:stə] s. dono, senhor, amo m.; mestre m., patrão m.; professor m.; proprietário m. ‖ v. dominar, controlar, conhecer.

mas.ter.ful [m'a:stəful] adj. controlador, dominador.

mas.ter.piece [m'a:stəpi:s] s. obra-prima f.

mas.ti.cate [m'æstikeit] v. mastigar, triturar.

mas.tur.bate [m'æstəbeit] v. masturbar.

mat [mæt] s. esteira f., capacho m.; tapete (pequeno) m. ‖ v. esteirar, embaraçar. ‖ adj. fosco.

match [mætʃ] s. igual m. + f.; parelha f.; companheiro m.; luta, competição, partida f., jogo m.; palito m. de fósforo. ‖ v. igualar, emparelhar; casar, unir-se. **an even** ≃ competição equilibrada.

match.box [m'ætʃbɔks] s. caixa f. de fósforos.

match.less [m'ætʃlis] adj. incomparável.

match.mak.er [m'ætʃmeikə] s. casamenteiro m.

mate [meit] s. companheiro m.; (xadrez) mate m. ‖ v. casar, unir; acasalar; dar cheque mate.

ma.te.ri.al [mət'i:riəl] s. material m., matéria f., substância f.; ingrediente m.; tecido, estofo m. ‖ adj. material, corpóreo; importante. **raw** ≃ matéria-prima.

ma.te.ri.al.ism [mət'i:riəlizm] s. materialismo m. (também Filos.).

ma.te.ri.al.ize [mət'i:riəlaiz] v. materializar, tornar material; materializar-se, corporificar-se; realizar, concretizar.

ma.ter.nal [mət'ə:nl] adj. maternal, materno, relativo à mãe.

ma.ter.ni.ty [mət'ə:niti] s. maternidade f.

math.e.mat.ic [mæθim'ætik] adj. matemático; exato, preciso.

math.e.mat.i.cal [mæθim'ætikəl] = **mathematic.**

math.e.ma.ti.cian [mæθimæt'iʃən] s. matemático m.

math.e.mat.ics [mæθim'ætiks] s. matemática f.

ma.ti.nal [mət:nəl] adj. matinal; matutino; da manhã.

ma.tric.u.late [mətr'ikjuleit] v. registrar; matricular-se, inscrever-se. ‖ adj. matriculado.

mat.ri.mo.ny [m'ætriməni] s. matrimônio, casamento m., núpcias f. pl.

ma.trix [m'eitriks] s. matriz (também Tipogr.).

ma.tron [m'eitrən] s. matrona f.; diretora f. (de hospital, pensionato etc.).

mat.ter [m'ætə] s. matéria, substância f.; assunto, tópico m.; pus m.; importância f. ‖ v. importar, significar; supurar. **it does not** ≃ não importa, não faz mal. **what is the** ≃? o que há, que aconteceu? ≃ - of-fact real, verdadeiro, notório; trivial, vulgar, prosaico; calmo (maneira de falar).

mat.ting [m'ætiŋ] s. esteiras f. pl.; tapetes m. pl.

mat.tress [m'ætris] s. colchão m.

ma.ture [mətj'uə] v. amadurecer, sazonar. ‖ adj. maduro, sazonado; perfeitamente desenvolvido.

maud.lin [m'ɔ:dlin] s. sentimentalismo m.

maul [mɔ.l] s. malho m., marreta f. ‖ v. malhar, espancar; maltratar.

mav.er.ick [m'ævərik] s. homem m. solitário, independente.

mawk.ish [m'ɔ:kiʃ] adj. enjoativo; insípido; sentimental.

max.il.la [mæks'ilə] s. (pl. **maxillae** [mæks'ili:]) maxila, queixada f., queixo m.

max.il.lar.y [mæks'iləri] adj. maxilar.

max.im [m'æksim] s. máxima f.; conceito m.

max.i.mum [m'æksiməm] s. + adj. máximo m.

mây [mei] v. aux. poder, ter permissão, ser possível ou admissível.

May [mei] s. maio m.; primavera f.

may.be [m'eibi:] adv. talvez, possivelmente.

may.on.naise [meiən'eiz] s. maionese f.

may.or [m'ɛə, m'eiə] s. prefeito m.

maze [meiz] s. labirinto m.; confusão f. **be in a** ≃ estar atônito, confuso.

me [mi:, mi] pron. pess. me, mim. **for** ≃, **to** ≃ para mim.

mead.ow [m'edou] s. prado m., campina f.

mea.gre [m'i:gə] adj. magro; estéril.

meal [mi:l] s. refeição f.

mean [mi:n] s. meio m., meio-termo m., média f. ‖ v. (pret. e p. p. **meant**) significar; pretender, tencionar, querer dizer. ‖ adj. baixo, vil, ignóbil. **by all** ≃s certamente, sem dúvida. **by no** ≃s de jeito nenhum.

mean.ing [m'i:niŋ] s. significado, sentido m.; propósito m., intensão f.; pensamento m. ‖ adj. significativo, expressivo.

mean.ing.ful [m'i:niŋful] adj. significativo, importante.

mean.ing.less [m'i:niŋlis] adj. sem sentido, inexpressivo, sem expressão.

meant [ment] v. pret. e p. p. de **mean**.

mean.time [m'i:nt'aim] adv. entrementes, entretanto.

mean.while [m'i:nw'ail] adv. = **meantime**.

mea.sles [m'i:zlz] s. sarampo m.

meas.ure [m'eʒə] s. medida f.; extensão f.; proporção f.; limite m.; moderação f.; quantidade f. exata (para receitas). ‖ v. medir, mensurar; comparar; pensar, avaliar. **without** ≃ desmedidamente, desbragadamente. **to** ≃ **up** estar à altura, corresponder. **in a** ≃ em parte.

meas.ured [m'eʒəd] adj. medido; avaliado, julgado; uniforme; rítmico.

meas.ure.less [m'eʒəlis] adj. imenso, amplo.

meas.ure.ment [m'eʒəmənt] s. medição, medida, forma f. de medida.

meat [mi:t] s. carne f. (alimento).

me.chan.ic [mik'ænik] s. + adj. mecânico m.

me.chan.i.cal [mik'ænikəl] adj. mecânico; maquinal.

mech.a.nism [m'ekənizm] s. mecanismo m.

mech.a.nize [m'ekənaiz] v. mecanizar.

med.al [m'edəl] s. medalha, honraria f.

med.dle [medl] v. intrometer-se, imiscuir-se; intervir; meter-se.

med.dling [m'edliŋ] s. intromissão, interferência f. ‖ adj. intrometido.

me.di.a [m'i:diə] s. mídia f., meios m. pl. de comunicação de massas.

me.di.ae.val [medi'i:vəl] adj. medieval.

me.di.an [m'i:diən] s. número m. médio de uma série. ‖ adj. mediano; intermediário; médio.

me.di.ate [m'i:dieit] v. mediar.

me.di.ate [m'i:diit] adj. mediano; mediato, indireto.

med.i.cal [m'edikəl] adj. medical.

med.i.ca.ment [med'ikəmənt] s. remédio, medicamento m.

med.i.cate [m'edikeit] v. medicar, curar.

med.i.cine [m'edsin] s. medicina f.; remédio, medicamento m. ‖ v. medicar.

me.di.o.cre [m'i:dioukə] adj. medíocre.

me.di.oc.ri.ty [midi'ɔkriti] s. mediocridade f.; vulgaridade f.

med.i.tate [m'editeit] v. meditar, refletir, pensar.

med.i.ta.tion [medit'eiʃən] s. meditação f.

med.i.ta.tive [m'editeitiv] adj. meditativo.

me.di.um [m'i:diəm] s. médio, meio, meio-termo m., média f.; agente m. + f. ‖ adj. mediano; moderado; medíocre.

med.ley [m'edli] s. mistura f.; confusão f.; miscelânea f. ‖ v. misturar; estabelecer confusão. ‖ adj. misturado, confuso.

meek [mi:k] adj. meigo, suave, brando, manso, gentil; humildemente submisso.

meet [mi:t] s. reunião f., encontro m. ‖ v. (pret. e p. p. **met**) encontrar; travar conhecimento; reunir-se. **to** ≃ **(all) expenses** pagar as despesas.

meet.ing [m'i:tiŋ] s. reunião, assembléia, sessão f.; comício m.; concentração f.

meg.a.lo.ma.nia [megəlem'einiə] s. megalomania, loucura, mania f. de grandeza.

meg.a.ton [m'egətʌn] s. megaton m.

mel.an.chol.ic [melənk'ɔlik] adj. melancólico, abatido, desconsolado, triste.

mel.an.chol.y [m'elənkəli] s. melancolia f.

me.lange [meil'a:nʒ] s. mistura, mescla f.

mel.low [m'elou] adj. maduro; polpudo; alegre, jovial; (E.U.A., coloq.) ligeiramente embriagado. ‖ v. amadurecer; abrandar.

me.lo.di.ous [mil'oudjəs] adj. melodioso.

mel.o.dra.ma [m'el'oudra:mə] s. melodrama m.; drama m. romântico, emocional m.; comportamento m. dramático, exagerado.

mel.o.dy [m'elədi] s. melodia f.; ária f.

mel.on [m'elən] s. melão m. **water-** ≃ melancia.

melt [melt] s. fundição f., ação f. de fundir; metal m. fundido. **I** v. (pret. **melted,** p.p. **melted** e **molten**) fundir, derreter.

melting point [m'eltiŋ pɔint] s. ponto m. de fusão.

mem.ber [m'embə] s. membro m. (do corpo); membro, sócio, associado m.

mem.oir [m'emwa:] s. memorial m.; ensaio m. ≃s memórias f. pl., (auto)biografia f.

mem.o.ra.ble [m'emərəbl] adj. memorável, notável, digno de ser lembrado.

me.mo.ri.al [mem'ɔ:riəl] s. monumento m. comemorativo. **I** adj. comemorativo.

mem.o.rize [m'eməraiz] v. memorizar.

mem.o.ry [m'eməri] s. memória f.

men [men] s. plural de **man;** gênero humano m.; gente f.

men.ace [m'enəs] s. ameaça f. **I** v. ameaçar, dirigir ameaças a.

mend [mend] s. remendo m.; melhoria f. de saúde. **I** v. consertar; emendar; corrigir; melhorar; restabelecer-se.

men.da.cious [mend'eiʃəs] adj. mentiroso.

men.di.cant [m'endikənt] s. + adj. mendicante, pedinte m. + f., mendigo m.

me.ni.al [m'i:niəl] adj. doméstico; servil; baixo.

men.in.gi.tis [menindʒ'aitis] s. meningite f.; inflamação f. das meninges.

men.o.pause [m'enəpɔ:z] s. menopausa f.

men.stru.al [m'enstruəl] adj. menstrual; mensal.

men.stru.ate [m'enstrueit] v. menstruar.

men.stru.a.tion [menstru'eiʃən] s. menstruação f.; fluxo m. menstrual.

men.stru.ous [m'enstruəs] adj. = **menstrual.**

men.tal [m'entəl] adj. mental.

men.tal.i.ty [ment'æliti] s. mentalidade f.

men.tion [m'enʃən] s. referência f. **I** v. mencionar. **don't** ≃ **it** não há de quê.

men.u [m'enju:] s. menu, cardápio m.

me.ow [mi'au] s. miado m. **I** v. miar.

mer.can.tile [m'ɔ:kəntail] adj. mercantil.

mer.ce.nar.y [m'ɔ:sinəri] s. + adj. mercenário m.

mer.chan.dise [m'ɔ:tʃəndaiz] s. mercadoria f. **I** v. comerciar, comprar e vender.

mer.chant [m'ɔ:tʃənt] s. negociante, comerciante m. + f. **I** adj. mercantil, mercante. ≃ **navy** marinha mercante. ≃ **ship** navio mercante.

mer.ci.ful [m'ɔ:siful] adj. misericordioso.

mer.ci.less [m'ɔ:silis] adj. impiedoso, cruel.

mer.cu.ry [m'ɔ:kjuri] s. mercúrio m.

mer.cy [m'ɔ:si] s. mercê, piedade f.

me.re.tri.cious [meritr'iʃəs] adj. atraente por fora e vazio por dentro; falso; vulgar.

merge [m'ɔ:dʒ] v. fundir, amalgar.

mer.ger [m'ɔ:dʒə] s. união f. (de empresas, companhias).

me.ri.di.an [mər'idiən] s. meridiano m.; apogeu, auge m. **I** adj. meridiano.

mer.it [m'erit] s. mérito, merecimento m. **I** v. merecer; tornar-se merecedor.

me.ri.to.ri.ous [merit'ɔ:riəs] adj. elogiável, recompensável, louvável, meritório.

mer.maid [m'ɔ:meid] s. sereia f.

mer.ry [m'eri] adj. alegre, jovial, divertido. ≃- **go-round** carrossel. ≃-**making** divertimento.

mesh [meʃ] s. malha f.

mes.mer.ize [m'ezməraiz] v. hipnotizar; magnetizar; influenciar.

mess [mes] s. desordem, confusão f.; sujeira f.; dificuldade f., embaraço m. **I** v. misturar, lançar confusão; sujar.

mes.sage [m'esidʒ] s. mensagem, comunicação f.

Messrs. [m'esəz] s. (abr. de **Messieurs**) senhores m. pl. (abr. Srs.)

me.tab.o.lism [mit'æbalizm] s. metabolismo m.

met.al [metl] s. metal m. **I** adj. metálico.

me.tal.lic [met'ælik] adj. metálico.

met.al.li.cal [met'ælikəl] adj. = **metallic.**

met.al.lur.gic [metəl'ɔ:dʒik] adj. metalúrgico, relativo a metalurgia.

met.al.lur.gi.cal [metəl'ɔ:dʒikəl] adj. = **metallurgic.**

met.al.lur.gy [m'etələdʒi] s. metalurgia f.

met.a.mor.pho.sis [metəm'ɔ:fəsis] s. (pl. **metamorphoses** [metəm'ɔ:fəsi:z]) metamorfose, transformação f.

met.a.phor [m'etəfə] s. metáfora f.; figura f. de retórica.

met.a.phys.ics [metəf'iziks] s. metafísica f.

me.te.or [m'i:tjə] s. meteoro m.

me.te.or.ic [mi:ti'ɔ:rik] adj. meteórico, (fig.) veloz, rápido; brilhante.

me.te.or.ol.o.gy [mi:tiər'ɔlədʒi] s. meteorologia f.

me.ter [m'i:tə] s. metro m. (medida); medidor, relógio m. (água, gás, eletricidade). ∎ v. medir.

meth.od [m'eθəd] s. método, modo m.

meth.od.ol.o.gy [meθəd'ɔlədʒi] s. metodologia f.; estudo m. científico dos métodos.

me.tic.u.lous [mit'ikjuləs] adj. meticuloso.

met.ric [m'etrik] adj. métrico.

met.ri.cal [m'etrikəl] adj. = **metric**.

me.trop.o.lis [mitr'ɔpəlis] s. metrópole f.

met.ro.pol.i.tan [metrəp'ɔlitən] s. + adj. metropolita m. ∎ adj. metropolitano, relativo à metrópole.

met.tle [metl] s. vigor, ânimo m.

mew [mju:] s. miado m. ∎ v. miar.

mewl [mju:l] v. choramingar, miar.

Mex.i.can [m'eksikən] s. + adj. mexicano m.

mi.aow [mi'au] s. miado m. ∎ v. miar.

mice [mais] s. plural de **mouse**.

mi.crobe [m'aikroub] s. micróbio m.

mi.cro.bi.ol.o.gy [maikroubai'ɔlədʒi] s. microbiologia f.

mi.cro.film [m'aikroufilm] s. microfilme m.

mi.crom.e.ter [maikr'ɔmitə] s. micrômetro m.

mi.cro.or.gan.ism [maikro'ɔːgənizm] s. microrganismo m.; micróbio m.

mi.cro.phone [m'aikrəfoun] s. microfone m.

mi.cro.scope [m'aikrəskoup] s. microscópio m.

mi.cro.wave [m'aikrouweiv] s. microonda f. ≃ **oven** forno microondas.

mid [mid] adj. meio, médio, semi.

mid.day [m'iddei] s. meio-dia m. ∎ adj. do meio-dia.

mid.dle [midl] s. meio, centro m. ∎ adj. médio. ≃ **-aged** de meia-idade.

Middle-Ages Idade Média.

mid.dle.man [m'idlmən] s. intermediário, revendedor m.

mid.dling [m'idliŋ] adj. mediano, regular.

midg.et [m'idʒit] s. anão, pigmeu m.

mid.night [m'idnait] s. meia-noite f.; escuridão f. completa. ∎ adj. relativo à meia-noite.

mid.riff [m'idrif] s. diafragma m.

midst [midst] s. meio, centro m. ∎ adv. + prep. no meio, entre.

mid.sum.mer [m'idsʌmə] s. o solstício m. de verão; o meio m. do verão.

mid.way [m'idwei] s. meio m. de caminho. ∎ adv. a meio caminho.

mid.wife [m'idwaif] s. parteira f. ∎ v. partejar.

mien [mi:n] s. ar, modo, aspecto m., aparência f.; conduta f.

might [mait] s. força f., poder m. ∎ v. pret. de **may**.

might.y [m'aiti] adj. poderoso, forte, potente, vigoroso.

mi.graine [migr'ein] s. enxaqueca f.

mi.grate [maigr'eit] v. migrar.

mild [maild] adj. suave, brando, meigo; tenro; moderado.

mile [mail] s. milha (1.609 m.).

mil.i.tant [m'ilitənt] adj. militante.

mil.i.tar.y [m'ilitəri] s. exército m. ∎ adj. militar; bélico; marcial.

milk [milk] s. leite m. ∎ v. ordenhar; (fig.) explorar.

milk.man [m'ilkmən] s. leiteiro m.

milk.y [m'ilki] adj. leitoso, lácteo; opaco. **Milky Way** Via-Láctea.

mill [mil] s. moinho, engenho m. ∎ v. moer, triturar.

mil.len.ni.um [mil'eniəm] s. milênio m.

mil.li.gram [m'iligræm] s. miligrama m.

mil.li.me.ter [m'ilim'i:tə] s. = **millimetre**.

mil.li.me.tre [m'ilim'i:tə] s. milímetro m.

mil.ling [m'iliŋ] s. moagem, moenda f.

mil.lion [m'iljən] s. milhão m.; grande quantidade f. ∎ adj. milhão.

mill.stone [m'ilstoun] s. mó f.

mime [m'aim] s. mímica f. ∎ v. fazer mímica; mimicar, gesticular.

mim.ic [m'imik] s. imitador m. ∎ adj. mímico. ∎ v. imitar, arremedar.

mi.mic.ry [m'imikri] s. mímica f.; (Ecol.) mimetismo m.

mince [mins] s. picadinho m. de carne. ∎ v. picar, cortar em pedaços; pronunciar com afetação; diminuir, apoucar.

mind [maind] s. mente f., cérebro, intelecto m.; espírito m., alma f.; memória, lembrança f.; opinião f.; disposição f. ∎ v. prestar atenção a, notar; lembrar-se. **to keep one's** ≃ **on (one's work)** concentrar-se (no trabalho). **to change one's** ≃ mudar de opinião. **to have in** ≃ lembrar-se de; consi-

derar, pensar a respeito. **to make up one's**
≃ tomar uma resolução, decidir-se. **never**
≃ não tem importância. **to ≃ the baby** cuidar da criança.
mind.ful [m'aindful] adj. atento, cuidadoso.
mine [main] s. mina f. (também Milit.) jazida f. de minério; manancial m., fonte f. de
riqueza. ‖ v. minar, escavar uma mina; colocar minas; solapar. ‖ pron. poss. meu,
meus, minha, minhas.
min.er [m'ainə] s. mineiro m.
min.er.al [m'inərəl] s. mineral m.; minério m.
‖ adj. mineral.
min.gle [m'iŋl] v. misturar; matizar.
min.i.a.ture [m'iniatʃə] s. miniatura f.
min.i.bus [m'inibʌs] s. microônibus m.
mi.ni.mal [m'iniməl] adj. mínimo, o menor.
min.i.mize [m'inimaiz] v. reduzir ao mínimo;
fazer pouco, subestimar.
min.ing [m'ainiŋ] s. mineração f.
min.ion [m'injən] s. favorito m.
min.i.skirt] [m'iniskə:t] s. minissaia f.
min.is.ter [m'inistə] s. ministro m. ‖ v. ajudar, atender; contribuir.
min.is.try [m'inistri] s. ministério m.; clero
m.; ministraria f.
mi.nor [m'ainə] s. menor (de idade) m. + f.;
(Mús.) menor m. ‖ adj. menor, inferior; secundário; (Mús.) menor.
mi.nor.i.ty [main'ɔriti] s. minoria f.; meno-
ridade f. ‖ adj. minoritário.
mint [mint] s. hortelã f.; casa f. da moeda;
grande quantidade de dinheiro m.; fonte f.
de fabricação ou de invenção. ‖ v. cunhar
moedas; inventar. ‖ adj. novo, sem uso.
mi.nus [m'ainəs] adj. + prep. menos; negativo.
min.ute [m'init] s. minuto m.; momento, instante m.; rascunho m. ≃s ordem f. do dia,
agenda f. (de reunião).
min.ute [mainj'u:t] adj. miúdo, minúsculo;
preciso, exato, perfeito.
minx [miŋks] s. moça f. atrevida, impudente
ou namoradeira.
mir.a.cle [m'irəkl] s. milagre m.; maravilha f.
mi.rac.u.lous [mir'ækjuləs] adj. miraculoso,
milagroso.
mi.rage [mir'a:ʒ] s. miragem f.; ilusão f.
mire [m'aiə] s. lodo m., lama f., atoleiro m.
‖ v. enlamear, atolar em dificuldade.
mirk [mə:k] s. = **murk.**

mir.ror [m'irə] s. espelho m.; exemplo, molde, modelo m. ‖ v. espelhar, refletir como
um espelho; mirar-se.
mirth [mə:θ] s. alegria, jovialidade f.
mis.ad.ven.ture [m'isædv'entʃə] s. desventura f., infortúnio m., desgraça f.
mis.ad.vise [m'isədv'aiz] v. aconselhar mal;
dar conselhos errôneos, orientar mal.
mis.an.thro.py [mis'ænθrəpi] s. misantro-
pia f.
mis.ap.ply [m'isəpl'ai] v. empregar mal; desviar.
mis.ap.pre.hend [m'isæprih'end] v. compreender mal, interpretar mal.
mis.ap.pro.pri.ate [misəpr'ouprieit] v. desviar fundos (com vantagem pessoal); sonegar; roubar.
mis.ar.range [m'isər'eindʒ] v. dispor mal.
mis.be.have [m'isbih'eiv] v. portar-se mal.
mis.be.lief [m'isbil'i:f] s. crença f. errônea.
mis.be.lieve [m'isbil'i:v] v. ter crenças errô-
neas ou falsas; descrer; duvidar.
mis.call [misk'ɔ:l] v. chamar por nomes errados; alcunhar.
mis.car.riage [misk'æridʒ] s. falha f., fracasso, malogro m.; aborto m.; extravio m. (de
correspondência). ≃ **of justice** falha da justiça.
mis.cel.la.ne.ous [misil'einjəs] adj. misto, misturado.
mis.chance [mistʃ'a:ns] s. infortúnio, azar m.,
desventura, desgraça f.
mis.chief [m'istʃif] s. dano, prejuízo m.; travessura, brincadeira f. de mau gosto.
mis.chiev.ous [m'istʃivəs] adj. danoso.
mis.con.duct [misk'ɔndəkt] s. conduta f. imprópria (especialmente adultério).
mis.con.duct [miskənd'ʌkt] v. conduzir-se
mal.
mis.count [misk'aunt] s. contagem f. errada
(especialmente de votos). ‖ v. contar mal;
fazer uma estimativa errônea.
mis.deed [misd'i:d] s. ação f. má, crime m.
mi.ser [m'aizə] s. avarento, usurário m.
mis.er.a.ble [m'izərəbl] s. miserável m. + f.
‖ adj. miserável, desgraçado, infeliz.
mis.er.y [m'izəri] s. miséria, indigência f.
mis.fit [misf'it] s. traje m. que não assenta
bem. ‖ v. assentar mal, ajustar-se mal. ‖ adj.
mal ajustado.
mis.for.tune [misf'ɔ:tʃən] s. infortúnio m.
mis.guide [misg'aid] v. desencaminhar.

mis.han.dle [m'ish'ændl] v. maltratar.

mis.hear [mish'iə] v. ouvir mal.

mis.in.ter.pret [m'isint'ə:prit] v. interpretar mal, compreender mal.

mis.judge [misdʒ'ʌdʒ] v. julgar mal.

mis.lay [misl'ei] v. perder.

mis.lead [misl'i:d] v. desencaminhar.

mis.place [mispl'eis] v. extraviar.

mis.read [misr'i:d] v. ler ou interpretar mal.

mis.rep.re.sent [m'isrepriz'ent] v. deturpar, adulterar; dar uma impressão falsa.

miss [mis] s. senhorita f.; moça f.; falha f., erro m.; rainha f. de beleza. ‖ v. falhar, errar, não acertar (o alvo); não alcançar, não obter; sentir falta de, ter saudades.

mis.sile [m'isail] s. + adj. míssil, projétil m.

miss.ing [m'isiŋ] adj. que falta, perdido; ausente. (fig.) ≃ **link** elo perdido.

mis.sion [m'iʃən] s. missão f. (também Dipl. e Ecles.); escopo m.

mis.sion.ar.y [m'iʃənəri] s. missionário m.

mis.sive [m'isiv] s. missiva, carta f., bilhete m. ‖ adj. remetido (carta).

mis.spell [missp'el] v. soletrar incorretamente; soletrar mal.

mis.spend [missp'end] v. esbanjar, desperdiçar, gastar dinheiro a rodo.

mist [mist] s. névoa, neblina, cerração f.

mis.take [mist'eik] s. engano, equívoco, erro m. ‖ v. enganar-se, equivocar; interpretar mal; confundir, errar.

mis.ter [m'istə] s. senhor m. (abr. **Mr.**)

mis.treat [mistr'i:t] v. maltratar.

mis.tress [m'istris] s. ama, dona de casa, patroa f.; mestra, preceptora f.; professora f.; amante, concubina f.; soberana f.

mis.trust [mistr'ʌst] s. desconfiança f. ‖ v. desconfiar, suspeitar.

mist.y [m'isti] adj. nebuloso, nevoento.

mis.un.der.stand [m'isʌndəst'ænd] v. entender mal; interpretar mal.

mis.un.der.stand.ing [m'isʌndəst'ændiŋ] s. equívoco m., mal-entendido m.

mis.use [misj'u:s] s. abuso, uso m. errado.

mis.use [misj'u:z] v. abusar, fazer mal uso.

mite [mait] s. moeda f. de valor diminuto; bagatela f.; (gíria) criancinha f.

mi.ter [m'aitə] s. = **mitre**.

mit.i.gate [m'itigeit] v. mitigar, aliviar.

mi.tre [m'aitə] s. mitra f.; dignidade f. episcopal; meia esquadria f.

mit.tens [mitəns] s. luvas f. pl. que deixa os dedos de fora.

mix [miks] s. mistura f. ‖ v. misturar; combinar; unir; cruzar (animais). **to** ≃ **up** confundir, atrapalhar. ≃ **ed up** confuso. ≃ **-up** confusão, desordem.

mix.er [m'iksə] s. (Culin.) batedeira f.; misturador m.; (Rádio) mixagem f.

mix.ture [m'ikstʃə] s. mistura, mescla f.

moan [moun] s. gemido m. ‖ v. gemer.

mob [mɔb] s. populacho m.; plebe, ralé f. ‖ v. tumultuar.

mo.bile [m'oubil, m'oubail] adj. móvel.

mo.bi.lize [m'oubilaiz] v. mobilizar.

mock [mɔk] s. motejo, escárnio m., zombaria f. ‖ v. escarnecer, zombar, mofar; arremedar. ‖ adj. falso, simulado; imitado. ≃ **-heroic** herói-cômico.

mock.er.y [m'ɔkəri] s. escárnio m., mofa f., (gíria) gozação f.

mode [moud] s. (também Mús.) modo m.

mod.el [mɔdl] s. modelo m. ‖ v. modelar. ‖ adj. modelar, exemplar, perfeito.

mod.er.ate [m'ɔdərit] s. indivíduo m. moderado. ‖ v. moderar, acalmar, abrandar. ‖ adj. moderado, comedido.

mod.er.a.tion [mɔdər'reiʃən] s. moderação f., comedimento m.

mod.ern [m'ɔdən] s. moderno m.; modernista m. + f. ‖ adj. moderno, recente, atual.

mod.ern.ize [m'ɔdənaiz] v. modernizar(-se).

mod.est [m'ɔdəst] adj. modesto, humilde.

mod.es.ty [m'ɔdəsti] s. modéstia f.

mod.i.fy [m'ɔdifai] v. modificar, mudar.

mod.u.late [m'ɔdjuleit] v. modular; ajustar, regular.

moist [mɔist] adj. úmido; chuvoso.

mois.ten [mɔisn] v. umedecer.

moist.ness [m'ɔistnis] s. umidade f.

mold [mould] s. = **mould**.

mole [moul] s. verruga f., lunar m.; toupeira, molhe f.; dique, porto m.

mo.lec.u.lar [mol'ekjulə] adj. molecular.

mol.e.cule [m'ɔlikjul] s. molécula f.

mo.lest [mol'est] v. molestar, perturbar.

mol.li.fy [m'ɔlifai] v. suavizar, mitigar, abrandar.

molt [moult] s. (E.U.A) (Biol. e Agron.) muda f. (penas, pêlos). ‖ v. mudar.

mol.ten [m'oultən] v. p.p. de **melt**. ▌ adj. fundido, derretido, liquefeito.

mo.ment [m'oumənt] s. momento m.; importância f.; impulso m., força f.

mo.men.tar.y [m'oumantəri] adj. momentâneo.

mon.arch [m'ɔnək] s. monarca, soberano m.

mon.arch.ism [m'ɔnəkizm] s. monarquismo m.

mon.arch.y [m'ɔnəki] s. monarquia f.

mon.as.ter.y [m'ɔnəstəri] s. mosteiro m.

Mon.day [m'ʌndi] s. segunda-feira f.

mon.ey [m'ʌni] s. dinheiro m.; riqueza f. ≃ **market** mercado financeiro.

mon.eyed [m'ʌnid] adj. rico, endinheirado.

money-making s. ação f. de ganhar dinheiro. ▌ adj. lucrativo, rendoso.

mon.grel [m'ʌŋgrəl] s. vira-lata m. + f. (cão). ▌ adj. mestiço (animal).

mon.i.tor [m'ɔnitə] s. monitor, líder m. (na escola); (Eletrôn.) monitor m.

monk [mʌŋk] s. monge, frade m.

mon.key [m'ʌŋki] s. macaco, mono, símio, bugio m. ≃ **business** conduta imprópria. ≃ **-wrench** chave inglesa. **to** ≃ **about with** brincar, passar trote.

monk.ish [m'ʌŋkiʃ] adj. monacal, fradesco.

mon.o.gram [m'ɔnogræm] s. monograma m.; letras f. pl. iniciais entrelaçadas (nome).

mon.o.logue [m'ɔnolɔg] s. monólogo m.; solilóquio m.

mo.nop.o.lize [mon'ɔpolaiz] v. monopolizar, fazer monopólio de.

mon.o.syl.la.ble [m'ɔnos'iləbl] s. monossílabo m.; palavra f. de uma só sílaba.

mon.o.tone [m'ɔnotoun] s. monotonia f. ▌ v. falar ou cantar de forma monótona. ▌ adj. monótono, enfadonho.

mo.not.o.ny [mon'ɔteni] s. monotonia f.

mon.ster [m'ɔnstə] s. monstro m.

mon.strous [m'ɔnstrəs] adj. monstruoso.

month [mʌnθ] s. mês m.

month.ly [m'ʌnθli] s. mensário m. ▌ adj. mensal. ▌ adv. mensalmente.

mon.u.ment [m'ɔnjumənt] s. monumento, marco m.; pessoa f. notável.

moo [mu:] s. mugido m. ▌ v. mugir.

mood [mu:d] s. modo m. (verbal); ânimo m., disposição f., humor m. ≃ **s** mau humor m., rabugem f. **in a cheerful** ≃ de bom humor, alegre. **in the** ≃ disposto a.

mood.y [m'u:di] adj. mal-humorado, triste, taciturno, melancólico.

moon [mu:n] s. Lua f. **to cry for the** ≃ querer o impossível.

moon.beam [m'u:nbi:m] s. raio m. lunar.

moon.light [m'u:nlait] s. luar m. ▌ adj. iluminado pelo luar. ▌ v. fazer serão (gíria).

moon.lit [m'u:nlit] adj. enluarado.

moon.rise [m'u:nraiz] s. o momento m. do nascer da lua.

moon.shine [m'u:nʃain] s. luar m.; fantasia, bobagem f.; uísque m. ilegal.

moon.struck [m'u:nstrʌk] adj. lunático.

moor [muə] s. mouro, sarraceno m. ▌ v. ancorar, atracar.

moot [mu:t] s. debate m., disputa f. ▌ v. debater, argumentar. ▌ adj. discutível.

mop [mɔp] s. esfregão, esfregalho m.; (gíria) tufo m. de cabelos. ▌ v. esfregar, lavar.

mope [moup] v. lastimar-se.

mor.al [m'ɔrəl] s. moral f.; conclusão f. moral de uma narrativa, experiência ou ocorrência; máxima f., princípio m. moral. ▌ adj. moral, digno; virtuoso.

mo.ral.i.ty [mor'æliti] s. moralidade f.

mor.al.ize [m'ɔrəlaiz] v. moralizar.

mor.bid [m'ɔ:bid] adj. mórbido.

more [mɔ:] s. maior quantidade; quantidade f. adicional. ▌ adj. comp. de **much**; mais; adicional, extra. ▌ adv. mais; além do mais; ainda. **once** ≃ outra vez.

more.o.ver [mɔ:r'ouvə] adv. além disso.

morgue [mɔ:g] s. necrotério m.

morn.ing [m'ɔ:niŋ] s. manhã f. ▌ adj. matutino, matinal. **early in the** ≃ de manhã cedo. **good** ≃ bom-dia.

mo.ron [m'ɔrɔn] s. retardado m. mental; débil m. + f. mental.

mor.sel [m'ɔ:səl] s. bocado, pedacinho m.

mor.tal [mɔ:tl] s. mortal, homem m. ▌ adj. mortal, efêmero, transitório; fatal; mortífero; implacável; enfadonho.

mor.tar [m'ɔ:tə] s. morteiro m., argamassa f. ▌ v. cobrir, juntar com argamassa.

mort.gage [m'ɔ:gidʒ] s. hipoteca f. ▌ v. hipotecar, empenhar, onerar com hipoteca.

mor.ti.cian [mɔ:t'iʃən] s. (E.U.A.) agente m. + f. funerário, (pop.) papa-defuntos m.

mor.ti.fy [m'ɔ:tifai] v. mortificar.

mor.tu.ar.y [m'ɔ:tjuəri] s. necrotério m. ▌ adj. mortuário, fúnebre.

mosque [mɔsk] s. mesquita f.

moss [mɔs] s. musgo m.

most [moust] s. a maior parte f., o maior número m.; a maioria f.; máximo m. ‖ adj. superl. de **much** o mais, os mais; pela maior parte. ‖ adv. o mais, os mais. **at** ≃ quando muito. **for the** ≃ **part** a maior parte; geralmente. **to make the** ≃ **of** tirar o máximo proveito.

mot.el [mout'el] s. hotel m. na periferia das cidades com entrada independente para o hóspede e seu carro; motel m.

moth [mɔθ] s. traça f.; mariposa f.

moth.er [m'ʌðə] s. mãe, progenitora f.; madre, freira f.; matriz, fonte, origem f. ‖ v. servir de mãe a. ≃ **country** pátria. ≃ **language**, ≃ · **tongue** língua materna, idioma pátrio. ≃ · **in-law** sogra.

moth.er.hood [m'ʌðəhud] s. maternidade f.

moth.er.land [m'ʌðəlænd] s. pátria f.

mo.tion [mouʃən] s. movimento m., deslocação f.; gesto m.; impulso m.; moção, proposta f. ‖ v. gesticular; acenar.

mo.ti.vate [m'outiveit] v. motivar, causar, determinar; instigar, incentivar, induzir.

mo.ti.va.tion [moutiv'eiʃən] s. motivação f.; incentivo m.

mo.tive [m'outiv] s. motivo (também Mús.) m., causa, razão f.

mot.ley [m'ɔtli] s. mistura f. heterogênea; roupa f. colorida usada pelos bufões. ‖ adj. variegado, multicolor; heterogêneo.

mo.tor [m'outə] s. motor m.; automóvel m. ‖ v. viajar de automóvel. ‖ adj. motor, matriz.

motor.boat [m'outəbout] s. lancha f. a motor.

mo.tor.cy.cle [m'outəsaikl] s. motocicleta f.

mo.tor.ize [m'outəraiz] v. motorizar.

mot.tle [mɔtl] s. mancha f. colorida; estampado m. mosqueado. ‖ v. mosquear, sarapintar, salpicar de pintas.

mould [mould] s. molde, modelo m.; forma, matriz f.; natureza f.; caráter m.; mofo, bolor, fungo m. ‖ v. moldar; modelar; amassar (pão); criar mofo, bolor ou fungo; mofar.

mould.er [m'ouldə] v. desfazer-se, deteriorar, apodrecer, decompor-se.

mould.ing [m'ouldiŋ] s. moldagem f.

mould.y [m'ouldi] adj. mofado, bolorento, coberto de mofo ou bolor.

moult [moult] s. (Ingl.) = **molt**.

mound [maund] s. montículo m.; morro m., colina f.; túmulo m.; dique m., barreira f.

mount [maunt] s. monte m., colina, montanha f.; moldura f. de um quadro. ‖ v. subir, montar.

moun.tain [m'auntin] s. montanha, serra f. ≃ **range** cordilheira, serra.

moun.tain.ous [m'auntinəs] adj. montanhoso; enorme, imenso.

mount.ing [m'auntiŋ] s. montagem f.; suporte, apoio m.

mourn [mɔ:n] v. lamentar, prantear.

mourn.ing [m'ɔ:niŋ] s. lamentação f.

mouse [maus] s. (pl. **mice** [mais]) camundongo m.; pessoa f. tímida.

mouse [mauz] v. apanhar camundongos.

mouse.trap [maustræp] s. ratoeira f.

mouth [mauθ] s. boca f.; embocadura, foz, desembocadura f. ≃ **organ** gaita de boca.

mouth.ful [m'auθful] s. bocado, naco (de comida) m.; pedaço m.

mouth.piece [m'auθpi:s] s. bocal m. (instrumento musical etc.); (fig.) porta-voz m. + f.

mov.a.ble [m'u:vəbl] s. + adj. móvel m.

move [mu:v] s. movimento m.; mudança f.; lance m. ‖ v. mover, deslocar; acionar, pôr em movimento; alterar; mexer; induzir, incitar; persuadir; mudar-se.

move.ment [m'u:vmənt] s. movimento m.

mov.ie [m'u:vi] s. (E.U.A.) filme m. cinematográfico; fita f. ≃ **s** cinema m.

mov.ing [m'u:viŋ] adj. movente; comovente, tocante, enternecedor.

Mr. [m'istə] (pl. **Messrs.**) abr. de **Mister** senhor m.

Mrs. [m'isiz] abr. de **Mistress** senhora f.

much [mʌtʃ] s. grande quantidade f., porção f. apreciável, algo fora de comum. ‖ adj. muito. ‖ adv. muito; em grande parte; quase. **as** ≃ outro tanto. **as** ≃ **as** tanto como. **how** ≃ ? quanto?

muck [mʌk] s. sujeira f.; lixo m.; estrume, excremento, esterco m.

mu.cus [mj'u:kəs] s. muco m.

muck.y [m'ʌki] adj. vil; imundo, sujo.

mud [mʌd] s. lama f.; barro, lodo m. **to throw** ≃ **at** caluniar, difamar.

mud.dle [mʌdl] s. confusão f. ‖ v. confundir; desnortear; tontear; dissipar.

mud.dy [m'ʌdi] v. turvar; confundir. ‖ adj. barrento, turvo; impuro; confuso.

mud.guard [m'ʌga:d] s. pára-lama m.

muff [mʌf] s. pessoa f. desajeitada.

muf.fle [mʌfl] v. encapotar; amortecer, abafar (som).

muf.fler [m'ʌflə] s. cachecol m.; (Autom., U.S.A.) silenciador m.; (Autom., Ingl.) escapamento m.

muf.ti [m'ʌfti] s. roupa f. civil (quando usada por militar, etc.).

mug [mʌg] s. caneca f. (de metal ou louça); pessoa f. ingênua, boba. ‖ v. assaltar; fazer careta. **to** ≃ **up** (gíria) estudar muito.

mug.gy [mʌgi] adj. quente e úmido; pesado (tempo), mormacento; mofado (feno).

mul.ber.ry [m'ʌlbəri] s. amora f.; amoreira f.

mule [mju:l] s. mu, mulo m., mula f. ‖ v. = **mewl**.

mull [mʌl] v. ponderar, meditar.

mul.ti.far.ious [mʌltif'ɛəriəs] adj. diverso, múltiplo, variado.

mul.ti.ple [m'ʌltipl] s. + adj. múltiplo m.

mul.ti.ply [m'ʌltiplai] v. multiplicar.

mul.ti.tude [m'ʌltiju:d] s. multidão f.

mum.ble [mʌmbl] s. resmungo m. ‖ v. resmungar.

mum.my [m'ʌmi] s. múmia f. ‖ v. mumificar.

mumps [mʌmps] s. (Pat.) caxumba f.

munch [mʌntʃ] v. mastigar devagar, cuidadosamente.

mun.dane [mʌnd'ein] adj. mundano; sem expressão; comum; material.

mu.nif.i.cent [mju:n'ifisənt] adj. munificente, generoso, liberal, magnânimo.

mu.ral [mj'uəral] s. afresco, mural m. ‖ adj. relativo a muro ou parede.

mur.der [m'ə:də] s. assassinato, assassínio m. ‖ v. assassinar, matar.

mur.der.er [m'ə:dərə] s. assassino, homicida m.

mur.der.ous [m'ə:dərəs] adj. assassino, homicida; mortífero, aniquilador.

murk [mə:k] s. escuridão f., trevas f. pl. ‖ adj. (poét.) escuro, negro.

murk.y [m'ə:ki] adj. escuro; obscuro.

mur.mur [m'ə:mə] s. murmúrio m. ‖ v. murmurar; segredar; resmungar.

mus.cle [m'ʌsəl] s. músculo m.

mus.cu.lar [m'ʌskjulə] adj. muscular.

muse [mju:z] s. musa f. ‖ v. meditar; ruminar, pensar; cismar.

mu.se.um [mju:z'iəm] s. museu m.

mush.room [m'ʌʃrum] s. cogumelo, fungo m. ‖ v. crescer com grande rapidez.

mu.sic [mj'u:zik] s. música f.; harmonia f.

mu.si.cal [mj'u:zikəl] adj. musical, músico.

mu.si.cian [mju:zi'ʃən] s. músico m.

mus.ing [mj'u:ziŋ] s. meditação f. ‖ adj. meditativo; preocupado.

mus.ket.eer [mʌsketi'iə] s. mosqueteiro m.

mus.lin [m'ʌzlin] s. musselina f. ‖ adj. de musselina.

must [mʌst] v. ser obrigado a, ser forçado a, dever, ter de.

mus.tard [m'ʌstəd] s. mostarda f.

mus.ter [m'ʌstə] s. revista f. de tropas. ‖ v. passar em revista (tropas); reunir tropas. **to** ≃ **in** (E.U.A.) assentar praça.

mus.ty [m'ʌsti] adj. mofado, bolorento; azedo.

mu.ta.ble [mj'u:təbl] adj. mutável.

mu.tate [mju:t'eit] v. mudar, transformar, converter; produzir mutações.

mute [mju:t] s. + adj. mudo m.

mu.ti.late [mj'u:tileit] v. mutilar, estropiar.

mu.ti.la.tion [mju:til'eiʃən] s. mutilação f.

mu.ti.neer [mjutin'iə] s. amotinado m.

mu.ti.ny [mj'u:tini] s. amotinação f.

mut.ism [mj'u:tizm] s. mutismo m., mudez f.

mutt [mʌt] (gíria) s. + adj. estúpido, bobo m.

mut.ter [m'ʌtə] s. murmúrio m. ‖ v. resmungar; murmurar.

mut.ton [m'ʌtn] s. carne f. de carneiro.

mu.tu.al [mj'u:tjuəl] adj. mútuo, recíproco; comum. **on** ≃ **terms** em termos de reciprocidade. ≃ **relations** relações recíprocas. **our** ≃ **friend** nosso amigo comum. ≃ **enemies** inimigos mútuos.

muz.zle [mʌzl] s. focinho m.; mordaça, focinheira f. ‖ v. açaimar, amordaçar.

my [mai] pron. poss. meu, minha, meus, minhas. ‖ interj. caramba!, meu Deus!

my.op.ic [mai'ɔpik] adj. míope.

myr.i.ad [m'iriəd] s. miríade f.; grande quantidade f. ‖ adj. inumerável, incontável.

my.self [mais'elf] pron. eu mesmo; a mim mesmo. **I did it** ≃ eu mesmo o fiz. **I hurt** ≃ eu me machuquei.

mys.te.ri.ous [mist'iəriəs] adj. misterioso.

mys.te.ry [m'istəri] s. mistério, enigma m.

mys.tic [m'istik] s. + adj. místico, enigma m.

mys.ti.fy [m'istifai] v. mistificar, iludir, embair, burlar, lograr, ludibriar.

myth [miθ] s. mito m., fábula, lenda f.

my.thol.o.gy [miθ'ɔlədʒi] s. mitologia f.

N

N, n [en] décima quarta letra f. do alfabeto inglês.
nab [næb] v. (gíria) apanhar em flagrante; prender, capturar.
na.dir [n'ædiə, n'eidiə] s. nadir m., o ponto m. mais deprimente.
nag [næg] s. (coloq.) cavalo m. ‖ v. importunar, irritar, atormentar.
nail [neil] s. prego m.; cravo m.; unha f.; garra f. ‖ v. pregar; cravar; fixar, segurar; agarrar. **to ≃ it down** fechar (negócio).
na.ive [na:'i:v] adj. ingênuo, simples.
na.ked [n'eikid] adj. nu, despido; exposto.
na.ked.ness [n'eikidnis] s. nudez f.; desamparo m.
name [neim] s. nome m.; título m.; reputação, forma f., renome m. ‖ v. nomear; mencionar; especificar. **in the ≃ of** em nome de. **the above ≃d** o acima mencionado.
name.less [n'eimlis] adj. sem nome.
name.ly [n'eimli] adv. a saber, isto é.
nan.ny [n'æni] s. babá, ama-seca, pajem f.
nap [næp] s. soneca f., cochilo m.; lanugem f.; pêlo m., felpa f. ‖ v. cochilar.
na.palm [n'eipa:m] s. (bomba) napalm m. ‖ v. bombardear.
nape [neip] s. nuca f.
nap.kin [n'æpkin] s. guardanapo m.
nar.cot.ic [na:k'ɔtik] s. narcótico m. ‖ adj. narcótico.
nar.rate [nær'eit] v. narrar, contar; relatar; expor.
nar.ra.ter [nær'eitə] s. narrador m.
nar.ra.tive [n'ærətiv] s. narrativa f.
nar.ra.tor [nær'eitə] s. = **narrater**.
nar.row [n'aerou] s. ≃s estreito m.; desfiladeiro m.; garganta f.; braço m. de mar. ‖ v. estreitar; apertar; limitar. ‖ adj. estreito; apertado.
nar.row.ness [n'ærounis] s. estreiteza f.
nas.cent [n'æsənt] adj. nascente.
nas.ty [n'a:sti] adj. sórdido, torpe, vil; desagradável; indecente; vexatório.
na.tion [n'eiʃən] s. nação f., país m.; raça f.
na.tion.al [n'æʃnl] s. + adj. nacional m.
na.tion.al.i.ty [næʃn'æliti] s. nacionalidade f.
na.tion.al.ize [n'æʃnəlaiz] v. nacionalizar.
na.tive [n'eitiv] s. nativo, natural m.; aborígine m. ‖ adj. nativo, natural; nato; inato, inerente; nacional.
na.tiv.i.ty [nət'iviti] s. natividade f.
nat.ter [n'ætə] s. bate-papo m., conversa f. ‖ v. bater papo, conversar; reclamar.
nat.ty [n'æti] adj. garboso, elegante; chique.
nat.u.ral [n'ætʃərəl] s. aquele ou aquilo que é natural; (Mús.) bequadro m. ‖ adj. natural, originário; nativo.
nat.u.ral.ize [n'ætʃərəlaiz] v. naturalizar, tornar nacional.
na.ture [n'eitʃə] s. natureza f.; essência f., caráter m., qualidade f.; personalidade f. **beyond ≃** sobrenatural. **by ≃** por natureza, inato.
naught [nɔ:t] s. nada, zero m.; cifra f. ‖ adj. sem valor.
naugh.ty [n'ɔ:ti] adj. mal-criado, desobediente.
nau.se.a [n'ɔ:siə] s. náusea f., enjôo m.
nau.se.ate [n'ɔ:sieit] v. nausear, enjoar.
nau.ti.cal [n'ɔ:tikəl] adj. náutico; marítimo.
na.val [n'eivəl] adj. naval; marítimo.
na.vel [n'eivəl] s. umbigo m.; (fig.) ponto m. central de (mundo, operação, universo).
nav.i.ga.ble [n'ævigəbl] adj. navegável.
nav.i.ga.te [n'ævigeit] v. navegar; pilotar.
nav.i.ga.tion [nævig'eiʃən] s. navegação f.; náutica f.; comércio m. marítimo.
na.vy [n'eivi] s. marinha f. de guerra, frota f.
Na.zi [n'a:tsi] s. nazista m. + f.
near [niə] v. aproximar-se, acercar-se. ‖ adj. próximo, perto, chegado; contíguo, vizinho; íntimo, familiar. ‖ adv. próximo, perto, a

pouca distância; quase. ‖ prep. junto a; perto de. ≃- **sighted** míope.

near.ness [n'iənis] s. proximidade f.

neat [ni:t] adj. limpo, asseado, arrumado, cuidado; agradável, de bom gosto; puro, não diluído (bebidas).

neb.u.lous [n'ebjuləs] adj. nebuloso, turvo.

nec.es.sar.y [n'esisəri] adj. necessário, indispensável, imprescindível.

ne.ces.si.tate [nis'esiteit] v. necessitar, carecer, precisar; compelir, forçar.

ne.ces.si.ty [nis'esiti] s. necessidade f.; pobreza f.

neck [nek] s. pescoço, colo m.; gargalo m.; gola f.; istmo, estreito m.

neck.lace [n'eklis] s. colar m.

nec.ro.man.cy [n'ekrəmænsi] s. necromancia f.

need [ni:d] s. necessidade, carência, precisão f.; falta f.; dificuldade, emergência f.; indigência, pobreza f. ‖ v. necessitar de; ter de, dever; ser preciso.

need.ful [n'i:dful] adj. necessário.

nee.dle [ni:dl] s. agulha f. (de costura, bússola, fonógrafo etc.).

need.less [n'i:dlis] adj. desnecessário.

need.y [n'i:di] adj. indigente, paupérrimo.

ne.far.i.ous [nif'sɔriəs] adj. nefasto.

ne.ga.tion [nig'eiʃən] s. negação f.

neg.a.tive [n'egətiv] s. negativa, negação f.; veto m. ‖ v. negar. ‖ adj. negativo.

neg.lect [nikgl'ekt] s. negligência, incúria f., desleixo m. ‖ v. negligenciar; omitir.

neg.lect.ful [nigl'ektful] adj. negligente.

neg.li.gence [n'eglidʒəns] s. negligência f.

ne.go.ti.a.te [nig'ouʃieit] v. negociar.

ne.gro [n'i:grou] s. negro, preto m.

neigh [nei] s. rincho, relincho m. ‖ v. rinchar, relinchar.

neigh.bour [n'eibə] s. vizinho m.; próximo m.

neigh.bour.hood [n'eibəhud] s. vizinhança f.

neigh.bour.ing [n'eibəriŋ] adj. vizinho, adjacente.

nei.ther [n'aiðə, n'i:ðə] adj. nenhum, nenhum dos dois. ‖ adv. tampouco. ‖ conj. nem. ‖ pron. nenhum, nem um nem outro.

nem.e.sis [n'eməsis] s. castigo m. merecido.

ne.o.lith.ic [ni:ol'iθik] adj. neolítico.

ne.ol.o.gism [ni:'ɔlədʒizm] s. neologismo m.

ne.on [n'iɔn] s. (Quím.) neônio m.

neph.ew [n'evju:, n'efju:] s. sobrinho m.

nep.o.tism [n'epətizm] s. nepotismo m.

nerve [nə:v] s. nervo m.; força f., vigor m. ≃- **racking** extremamente irritante.

nerv.ous [n'ə:vəs] adj. nervoso, excitado, agitado, tímido.

nerv.y [n'əvi] adj. nervoso; vigoroso.

nest [nest] s. ninho m.; toca f.; retiro m. ‖ v. aninhar.

nest.tle [n'esl] v. aninhar-se, aconchegar-se; abrigar; acariciar, abraçar.

net [net] s. rede f.; malha f.; armadilha f.; lucro líquido m.; preço, lucro ou peso m. líquido. ‖ v. lançar a rede; proteger com rede; obter um lucro líquido de. ‖ adj. líquido.

neth.er [n'eðə] adj. inferior, mais baixo.

Neth.er.lands [n'eðələndz] s. Holanda f.

ne.tle [netl] s. urtiga f. ‖ v. irritar.

net.work [n'etwə:k] s. trabalho m. reticular; cadeia f. de rios, emissoras, ferrovias.

neu.rone [n'ju:roun] s. (Méd.) neurônio m.

neu.ro.sis [njuər'ousis] s. neurose f.

neu.rot.ic [njuər'ɔtik] s. + adj. neurótico m.

neu.ter [nj'u:tə] s. sexo m. neutro; gênero m. neutro. ‖ adj. neutro, assexuado.

neu.tral [nj'u:trəl] s. nação f. neutra; indivíduo m. neutral; ponto m. neutro. ‖ adj. neutral, imparcial; neutro, indefinido.

neu.tral.i.ty [nju:tr'æliti] s. neutralidade f.

neu.tral.ize [nj'u:trəlaiz] v. neutralizar.

neu.tron [nj'u:trən] s. (Fís.) nêutron m.

nev.er [n'evə] adv. nunca, jamais.

nev.er.more [n'evəm'ɔ:] adv. nunca mais.

nev.er.the.less [nevəðəl'es] adv. + conj. todavia, não obstante, contudo, apesar de.

new [nju:] adj. novo, não usado; recente; moderno; novato, inexperiente.

new.born [nju:bɔ:n] adj. recém-nascido; renascido.

new.com.er [nj'u:kʌmə] s. recém-chegado m.

new.ness [nj'u:nis] s. novidade f.; inovação f.

news [nju:z] s. pl. notícia, nova, informação f. **what is the** ≃? o que há de novo? ≃- **stand** banca de jornais e revistas.

news.boy [nj'u:zbɔi] s. jornaleiro m.

news.man [nj'u:zmən] s. jornaleiro m.; jornalista m. + f.

news.pa.per [nj'u:zpeipə] s. jornal, diário, periódico m., gazeta f.

next [nekst] s. seguinte, próximo m. **I** adj. seguinte, próximo. **I** adv. logo, em seguida. **I** prep. junto a, pegado a.

nib.ble [nibl] v. mordiscar.

nice [nais] adj. bonito, lindo, belo; amável, bondoso; agradável, encantador; satisfatório; gentil; delicado; exato, preciso; fino, sutil; apropriado.

nice.ty [n'aisiti] s. exatidão f.; delicadeza f.

niche [nitʃ] s. (Ecol.) nicho m.

nick [nik] s. entalhe, corte m. **I** v. entalhar; (gíria) roubar.

nick.el [n'ikəl] s. níquel m. **I** v. niquelar.

nick.name [n'ikneim] s. alcunha f., apelido m.

niece [ni:s] s. sobrinha f.

nig.gard.ly [n'igədli] adj. mesquinho, avarento, egoísta.

night [n'ait] s. noite f., anoitecer m.

night.fall [n'aitfɔ:l] s. anoitecer m.

night.long [n'aitlɔŋ] adj. que dura a noite toda. **I** adv. durante a noite toda.

night.ly [n'aitli] adj. noturno.

night.mare [n'aitmɛə] s. pesadelo m.

nil [n'il] s. nada, zero m. **I** adj. nulo.

nim.ble [nimbl] adj. ágil, vivo, ligeiro.

nine [nain] s. + num. nove m.

nine.teen [n'aint'i:n] s. + num. dezenove m.

nine.ty [n'ainti] s. + num. noventa m.

ninth [nainθ] s. nona parte, nona f. **I** num. nono.

nip [nip] s. beliscão m.; picada f.; gole, trago m. (de bebida alcoólica). **I** v. beliscar.

nip.ple [nipl] s. mamilo m.

Nip.pon [nip'ɔn, n'ipɔn] s. Japão m.

ni.trate [n'aitreit] s. nitrato m.

ni.tro.gen [n'aitrodʒən] s. nitrogênio m.

nit.wit [n'itwit] s. tonto, bobo, burro m.; idiota m. + f.

nix [niks] s. (gíria) nada m.

no [nou] s. não m., negativa f.; recusa f. **I** adj. nenhum, nenhuma. **I** adv. não; de modo algum. **by** ≃ **means** de forma alguma. ≃ **doubt** não há dúvida.

Nobel Prize [nou'bel praiz] s. Prêmio m. Nobel.

no.bil.i.ty [nob'iliti] s. nobreza, aristrocracia f.; grandeza, elevação f.

no.ble [noubl] s. nobre, fidalgo m., aristocrata m. + f. **I** adj. nobre, fidalgo, aristocrata; digno; excelente; esplêndido. ≃ **-minded** generoso, magnânimo.

no.ble.man [n'oublmən] s. fidalgo m.

no.ble.ness [n'oublnis] s. nobreza f.

no.bod.y [n'oubədi] s. joão-ninguém m. **I** pron. ninguém.

noc.tur.nal [nɔkt'ə:nəl] adj. noturno.

noc.turne [n'ɔktə:n] s. (Mús.) noturno m.

nod [nɔd] s. aceno m. de cabeça (indicando aquiescência ou para dar um sinal); inclinação f. para a frente; (fig.) comando m., ordem f. **I** v. acenar com a cabeça; oscilar. **to** ≃ **off** adormecer, cochilar.

nod.ule [n'ɔdjul] s. nódulo m.

no.how [n'ouhau] adv. de modo algum.

noise [nɔiz] s. alarido, barulho, som m.; clamor m. **I** v. tornar público.

noise.less [n'ɔizlis] adj. silencioso, quieto.

nois.y [n'ɔizi] adj. ruidoso, barulhento.

no.mad [n'oumæd] s. + adj. nômade m.

no.men.cla.ture [nəm'enklətʃə] s. nomenclatura f.

nom.i.nal [n'ɔminəl] adj. nominal, trivial, sem importância.

nom.i.nate [n'ɔmineit] v. nomear, designar.

non-attendance [nɔnət'endəns] s. não comparecimento m.

non.cha.lance [n'ɔnʃələns] s. indiferença f., desinteresse m.

non.de.script [n'ɔndiskript] adj. indescritível, inclassificável.

none [nʌn] adj. nenhum; ninguém; nada. **I** adv. de modo algum. **I** pron. nenhum; ninguém; nada.

non.en.tity [nɔn'entiti] s. nulidade f.; joão-ninguém m.

non-fulfil(l)ment s. não cumprimento m.

non.plus [nɔnpl'ʌs, n'ɔnplʌs] s. confusão f.; perplexidade f. **I** v. confundir, embaraçar.

non.sense [n'ɔnsəns] s. absurdo, despropósito, disparate, contra-senso m., bobagem f, palavras f. pl. sem sentido.

non-stop [n'ɔnstɔp] adj. ininterrupto, contínuo, sem parada.

noo.dle [nu:dl] s. parvo, tolo, bobo m. ≃ **s** macarrão m. (tipo espaguete).

nook [nuk] s. recanto, recesso, retiro m.

noon [nu:n] s. meio-dia m.; auge m.

noon.day [n'u:ndei] s. meio-dia m. **I** adj. do meio-dia.

noose [nu:s] s. laço m.; armadilha f. **I** v. laçar.

nor [nɔ:] conj. nem; também não. **neither you** ≃ **he** nem você, nem ele.

norm [nɔ:m] s. norma f., padrão, tipo m.

nor.mal [n'ɔ:məl] s. normal m.; perpendicular f. ‖ adj. regular, usual, comum.

nor.mal.ize [n'ɔ:məlaiz] v. normalizar.

Norse [nɔ:s] s. + adj. escandinavo m.

north [nɔ:θ] s. norte m. ‖ adj. norte.

north.east [nɔ:θ'i:st] s. + adj. nordeste m. ‖ adv. em direção ao nordeste.

north.east.ern [nɔ:θ'i:stən] adj. nordeste, nordestino.

north.east.ward [nɔ:θ'i:stwəd] s. nordeste m. ‖ adv. em direção ao nordeste.

north.east.wards [nɔ:θ'i:stwədz] adv. = **northeastward**.

north.ern [n'ɔ:ðən] adj. do norte, boreal.

north.ward [n'ɔ:θwəd] s. norte m. ‖ adj. para o norte, norte. ‖ adv. em direção ao norte.

north.wards [n'ɔ:θwədz] = **northward**.

north.west [nɔ:θw'est] s. + adj. noroeste m. ‖ adv. no noroeste; em direção ao noroeste.

north.west.ward [nɔ:θw'estwədz] s. noroeste m. ‖ adv. para o noroeste; a noroeste; em direção ao noroeste.

north.west.wards [nɔ:θw'estwədz] s. = **northwestward**.

Nor.we.gian [nɔ:w'i:dʒən] s. + adj. norueguês m.

nose [nouz] s. nariz m.; focinho m. ‖ v. cheirar; procurar. **to ≃ around** investigar. **to turn up the ≃** mostrar desprezo. **under one's ≃** bem à vista, debaixo do nariz.

nose.bag [n'ouzbæg] s. embornal m., cevadeira f.

nos.tal.gia [nɔst'ældziə] s. nostalgia, saudade f.

nos.tril [n'ɔstril] s. narina f.

not [nɔt] adv. não. **≃ at all** de forma alguma. **≃ even** nem sequer.

no.ta.ble [n'outəbl] s. pessoa f. notável, celebridade f. ‖ adj. notável, insigne.

no.ta.ry [n'outəri] s. notário, tabelião m.

notch [nɔtʃ] s. entalhe, chanfro m. ‖ v. entalhar, chanfrar.

note [nout] s. nota, anotação f., apontamento m., minuta f.; notícia f., comentário m.; bilhete, lembrete m. ‖ v. anotar, tomar nota; mencionar. **≃ of hand** nota promissória. **worthy of ≃** digno de nota.

note.book [noutbuk] s. caderno m. de apontamentos.

not.ed [n'outid] adj. notável; famoso.

noth.ing [n'ʌθiŋ] s. nada m., coisa f. nenhuma; bagatela f. ‖ adv. de modo algum, absolutamente. **good for ≃** imprestável. **≃ at all** absolutamente nada. **≃ but** apenas, só. **≃ doing** nada feito. **≃ else** nada mais.

no.tice [n'outis] s. observação f., reparo m.; atenção f.; notificação, informação f.; advertência f., sinal m.; boletim m.; notícia f., comentário m.; aviso m. prévio. ‖ v. notar, perceber, reparar; noticiar; mencionar, citar; notificar.

no.ti.fi.ca.tion [noutifik'eiʃən] s. notificação, participação, cientificação f.

no.ti.fy [n'outifai] v. notificar, participar.

no.tion [n'ouʃən] s. noção, idéia f.; opinião f.; idéia f. absurda, capricho m.

no.to.ri.ous [nout'ɔ:riəs] adj. notório.

not.with.stand.ing [nɔtwiðst'ændiŋ] prep. não obstante, apesar de. ‖ adv. todavia.

nought [nɔ:t] s. zero m. **to come to ≃** fracassar, arruinar.

noun [naun] s. nome, substantivo m.

nour.ish [n'ʌriʃ] v. nutrir, alimentar.

novel [n'ɔvəl] s. romance m. ‖ adj. moderno, novo.

nov.el.ty [n'ʌvəlti] s. novidade f.; inovação f.

No.vem.ber [nov'embə] s. novembro m.

nov.ice [n'ɔvis] s. noviço m.; novato m.

now [nau] s. momento m. atual, instante m. presente. ‖ adv. agora, ora, presentemente; já, imediatamente. **by ≃** entrementes. **just ≃** agora mesmo, há pouco. **≃ and then, ≃ and again** de vez em quando, ocasionalmente. **≃ or never** agora ou nunca. **up till ≃** até agora.

now.a.days [n'auədeiz] s. momento m. atual. ‖ adv. hoje em dia.

no.way [n'ouwei] adv. de modo algum; de jeito nenhum.

no.where [n'ouwɛə] adv. em nenhuma parte, em parte alguma.

no.wise [n'ouwaiz] adv. de modo algum.

nox.ious [n'ɔkʃəs] adj. nocivo; insalubre.

noz.zle [n'ɔzəl] s. bocal (de mangueira) m.

nu.ance [nju:'a:ns] s. nuance f., matiz m., tom m.

nub [nʌb] s. nó m.; protuberância f.; (E.U.A.) ponto m. importante ou essencial, âmago m.

nu.cle.us [nj'u:kliəs] s. núcleo, centro m.

nude [nju:d, nu:d] s. nu m. (pintura e escul-tura). ‖ adj. nu, despido.

nudge [nʌdʒ] s. cutucada f. ‖ v. cutucar.

nug.get [n'ʌgit] s. pepita f. (de ouro).

nui.sance [nj'u:səns] s. incômodo, estorvo m., praga f.

null [nʌl] adj. nulo, inválido, sem efeito; sem importância, inútil; sem sentido; zero. ≃ **and void** sem força legal.

nul.li.fy [n'ʌlifai] v. nulificar, anular; cance-lar; derrogar, abolir.

numb [nʌm] adj. entorpecido, paralisado. ‖ v. entorpecer. ≃- **hand** desajeitado.

num.ber [n'ʌmbe] s. número, algarismo m.; soma f. ‖ v. numerar; contar; ter, constar de. **out of** ≃ inumerável.

num.ber.less [nʌmbəlis] adj. inúmero.

numb.ness [n'ʌmnis] s. torpor, entorpeci-mento m., paralisação f., dormência f.

nu.mer.al [nj'u:mərəl] s. + adj. numeral m.

nu.mer.i.cal [nju:m'erikəl] adj. numérico.

nu.mer.ous [nj'u:mərəs] adj. numeroso.

nup.tial [n'ʌpʃəl] adj. nupcial, matrimonial, conubial, conjugal.

nurse [nə:s] s. enfermeira f.; ama-seca f.; gover-nanta, pajem f. ‖ v. servir de enfermeira a; cuidar de; criar; pajear. **dry** ≃ ama-seca. **wet-** ≃ ama de leite. **male** ≃ enfermeiro.

nurs.er.y [n'ə:səri] s. berçário m.

nur.ture [n'ətʃə] s. criação f., educação f.; nu-trição f. ‖ v. criar; educar; cuidar de.

nut [nʌt] s. noz f.; porca f. (de parafuso); (gí-ria) cachola f. ≃ **tree** nogueira, aveleira.

nut.meg [n'ʌtmeg] s. noz-moscada f.

nu.tri.ent [nj'u:triənt] s. substância f. nutri-tiva. ‖ adj. nutritivo, nutriente.

nu.tri.tion [nju:tr'iʃən] s. nutrição f.

nu.tri.tious [nju:tr'iʃəs] adj. nutritivo, alimen-tício, que sustenta.

nut.shell [n'ʌtʃəl] s. casca f. de noz.

ny.lon [n'ailən] s. náilon, nylon m.

nymph [nimf] s. ninfa f.; crisálida f.

nym.phet [n'imfit] s. ninfeta f.

nym.pho.ma.nia [nimfəm'einiə] s. ninfoma-nia f.

O

O, o [ou] s. décima quinta letra f. do alfabeto inglês. ‖ adj. zero. ‖ interj. oh! (dor, surpresa); ó (vocativo ou apelo).
oaf [ouf] s. tolo, imbecil, parvo m.
oak [ouk] s. carvalho m. ‖ adj. de carvalho.
oar [ɔ:] s. remo m.
oars.man ['ɔ:zmæn] s. remador m.
o.a.sis [ou'eisis] s. (pl. **oases** [ouesi:z]) s. oásis m.
oat [out] s. aveia f.
oath [ouθ] s. juramento m.; praga f.
oat.meal ['outmi:l] s. farinha f. de aveia; mingau m. de aveia.
ob.du.rate ['ɔbdjərit] adj. teimoso, obstinado, birrento.
o.be.di.ence [ob'i:djəns] s. obediência f.; submissão f.
o.be.di.ent [ob'i:djənt] adj. obediente.
ob.e.lisk ['ɔbilisk] s. obelisco m.
o.bese [oub'i:s] adj. obeso.
o.bey [ob'ei] v. obedecer; acatar.
o.bit.u.ary [əb'itjuəri] s. obituário m.
ob.ject ['ɔbdʒikt] s. objeto m.; artigo m.; desígnio m.; assunto m.; (Gram.) complemento m. direto.
ob.ject [ədbʒ'ekt] v. objetar; alegar; desaprovar.
ob.jec.tion [əbdʒ'ekʃən] s. objeção f.
ob.jec.tive [əbdʒ'ektiv] s. objetivo, desígnio m.; (Gram.) caso m. objetivo. ‖ adj. objetivo; real; imparcial, impessoal.
ob.li.ga.tion [ɔblig'eiʃən] s. obrigação f., dever m.; compromisso m.; favor, obséquio m.; contrato m. **without** ≃ sem compromisso.
ob.lig.a.to.ry [əbl'igətəri] adj. obrigatório.
o.blige [əbl'aidʒ] v. obrigar; obsequiar.
o.blig.ing [əbl'aidʒiŋ] adj. amável, serviçal.
ob.lique [obl'i:k] adj. oblíquo.
ob.lit.er.ate [obl'itəreit] v. obliterar; remover; destruir.
ob.liv.i.on [obl'iviən] s. olvido, oblívio m.
ob.liv.i.ous [obl'iviəs] adj. esquecido.

ob.long ['ɔblɔŋ] s. quadrilongo m.; figura f. oblonga. ‖ adj. oblongo, alongado.
ob.nox.ious [əbn'ɔkʃəs] adj. obnóxio, desagradável, nojento.
o.boe ['oubou] s. oboé m.
ob.scene [ɔbs'i:n] adj. obsceno, indecente.
ob.scene.ness [ɔbs'i:nnis] s. obscenidade, indecência, imoralidade f.
ob.scen.i.ty [ɔbs'i:niti] s. = **obsceneness**
ob.scure [əbskj'uə] s. obscuridade f. ‖ v. obscurecer; turvar; ocultar; confundir. ‖ adj. obscuro, vago; ignorado; sombrio; incerto, duvidoso.
ob.scu.ri.ty [əbskj'uəriti] s. obscuridade, escuridão f.; incerteza f.; confusão f.; desconhecimento m., ignorância f.
ob.se.quies ['ɔbzikwis] s. pl. exéquias f. pl.; ritos m. pl. funerários.
ob.se.qui.ous [əbs'i:kwiəs] adj. subserviente, servil.
ob.serv.ance [əbz'ə:vəns] s. observância f., cumprimento m.; prática f., hábito m.
ob.serv.ant [əbz'ə:vənt] adj. atento, vigilante, observador.
ob.ser.va.tion [ɔbzə:v'eiʃən] s. observação f.
ob.serve [əbz'ə:v] v. observar, perceber; celebrar; comentar.
ob.serv.er [əbz'ə:və] s. observador m.
ob.sess [əbs'es] v. obcecar, desvairar.
ob.sess.ion [əbs'eʃən] s. obsessão f.
ob.so.lete ['ɔbsoli:t] adj. obsoleto, arcaico.
ob.sta.cle ['ɔbstəkl] s. obstáculo m.
ob.ste.tri.cian [ɔbstetr'iʃən] s. parteiro m, parteira f., obstetriz f.
ob.stet.rics [ɔbst'etriks] s. obstetrícia f.
ob.sti.na.cy ['ɔbstinəsi] s. teima f.
ob.sti.nate ['ɔbstinit] adj. obstinado, teimoso, pertinaz, refratário.
ob.strep.er.ous [ɔbstr'epərəs] adj. estrondoso, estrepitoso, barulhento.

ob.struct [əbstr'ʌkt] v. obstruir; impedir.

ob.struc.tion [əbstr'ʌkʃən] s. obstrução f.

ob.tain [əbt'ein] v. obter, alcançar.

ob.trude [əbtr'u:d] v. impor-se; intrometer-se; introduzir-se sem convite.

ob.tru.sion [əbtr'u:ʒən] s. intrusão f.

ob.tu.rate ['ɔbtjureit] v. obturar; tapar.

ob.tuse [əbtj'u:s] adj. obtuso; estúpido.

ob.vi.ate ['ɔbvieit] v. remover, eliminar.

ob.vi.ous ['ɔbviəs] adj. óbvio, evidente.

oc.ca.sion [ək'eizən] s. ocasião f. ‖ v. ocasionar, causar, originar.

oc.ca.sion.al [ək'eizənəl] adj. ocasional, casual.

oc.ci.den.tal [ɔksid'entl] s. + adj. ocidental m. + f.

oc.clu.sion [ɔkl'u:ʒən] s. oclusão f.

oc.cult [ɔk'ʌlt] v. ocultar. ‖ adj. oculto.

oc.cu.pant ['ɔkjupənt] s. ocupante m.

oc.cu.pa.tion [ɔkjup'eiʃən] s. ocupação f.

oc.cu.py ['ɔkjupai] v. ocupar; absorver.

oc.cur [ək'ə:] v. ocorrer, acontecer; parecer; lembrar.

oc.cur.rence [ək'ə:rəns] s. ocorrência f.; evento, acontecimento m.

o.cean ['ouʃən] s. oceano m.

o.ce.a.nog.ra.phy [ouʃiən'ɔgrəfi] s. oceanografia f.

o'clock [əkl'ɔk] abr. de **of the clock** do relógio ou pelo relógio; horas. **five** ≃ cinco horas.

oc.tag.o.nal [ɔkt'ægənəl] adj. octogonal.

Oc.to.ber [ɔkt'oubə] s. outubro m.

oc.to.pus ['ɔktəpəs] s. polvo m.

oc.u.list ['ɔkjulist] s. oculista m. + f.

odd ['ɔd] adj. excedente; ímpar; ocasional; estranho, curioso, singular.

odd.i.ty ['ɔditi] s. esquisitice, excentricidade, singularidade f.

odd.ness ['ɔdnis] s. extravagância f.

odds [ɔdz] s. pl. vantagem f.; desigualdade, disparidade f.; pendência, disputa f.

ode [oud] s. ode f.

o.di.ous ['oudjəs] adj. odioso, detestável.

odor ['oudə] s. = **odour**.

o.dor.ous ['oudərəs] adj. odorífero.

o.dour ['oudə] s. odor, cheiro m.

od.ys.sey ['ɔdisi] s. odisséia f.; viagem, aventura f.; (fig.) complicações, peripécias f. pl.

oe.soph.a.gus [i:s'ɔfəgəs] s. = **esophagus.**

of [ɔv, əv] prep. de, do, da. **are you sure** ≃ **it?** você tem certeza? ≃ **age** maior (de idade). ≃ **course** naturalmente.

off [ɔ:f] adj. desligado; desocupado; mais remoto; lateral; à direita; não muito bom. ‖ adv. embora; distante (tempo); inteiramente; ausente. ‖ prep. fora; fora de; distante. ‖ interj. vá embora! saia! fora! **be** ≃ **with you** some-te, vai-te embora. **to turn** ≃ fechar (a torneira), desligar (a luz). ≃ **duty** de folga.

of.fal ['ɔfəl] s. miúdos m. pl.; vísceras f. pl.

of.fence [əf'ens] s. ofensa, injúria, afronta f.

of.fend [əf'end] v. ofender; desgostar; escandalizar; transgredir.

of.fend.er [əf'endə] s. ofensor m.; pecador m.

of.fen.sive [ɔf'ensiv] s. ofensiva f. ‖ adj. ofensivo, injurioso, afrontoso.

of.fer ['ɔfə] s. oferta, dádiva f. ‖ v. ofertar, presentear, oferecer.

of.fer.ing ['ɔfəiŋ] s. oferecimento m., contribuição f.; oferenda f.

off hand ['ɔfh'ænd] adj. de repente; improvisado; rude, mal educado, desinteressado; folgado, brusco. ‖ adv. repentinamente.

of.fice ['ɔfis] s. escritório m.; repartição f.; função f.; cargo m. **booking** ≃, **ticket** ≃ bilheteria. ≃ **boy** aprendiz num escritório.

of.fi.cer ['ɔfisə] s. oficial m.; comandante m.; pessoa f. investida de autoridade. **army** ≃ oficial do exército. **customs** ≃ autoridade alfandegária.

of.fi.cial [əf'iʃəl] s. funcionário m. público com autoridade; juiz m. eclesiástico. ‖ adj. oficial, autorizado; público.

of.fi.ci.ate [əf'iʃieit] v. exercer; oficiar.

of.fi.cious [əf'iʃəs] adj. oficioso, serviçal; intrometido, abelhudo.

off.set ['ɔ:fset] s. compensação f. ‖ v. compensar.

off.shoot ['ɔ:fʃu:t] s. ramo, galho m.

off.side ['ɔ:fsaid] s. (Futeb.) impedimento m. ‖ adj. à direita; do lado errado; (Futebol) impedido.

off.spring ['ɔ:fspriŋ] s. descendência, prole f.; resultado m.

of.ten [ɔ:fn, 'ɔ:fən] adv. muitas vezes.

o.gle ['ougl] s. olhar m. amoroso.

o.gre ['ougə] s. ogro, bicho m. papão, papão m.

oil [ɔil] s. óleo m.; petróleo m.; azeite m.; pintura f. a óleo. ‖ v. lubrificar; abastecer-se com óleo. ≃ **well** poço petrolífero.

oil.cloth ['ɔilklɔθ] s. oleado, encerado m.

oil.y ['ɔili] adj. oleoso, gorduroso.

oint.ment ['ɔintmənt] s. ungüento m., pomada f.

O.K. [ouk'ei] s. expressão f. de aprovação. ‖ v. aprovar. ‖ adj. certo, correto; aprovado.

o.kay [ouk'ei] s. = **O.K.**

o.kra ['oukrə] s. quiabo m.

old [ould] s. tempo m. remoto, passado m. ‖ adj. velho, idoso; antiquado, obsoleto, desusado. **of** ≃ de tempos antigos. ≃ **age** velhice. ≃ **looking** de aspecto idoso. ≃- **fashioned** antiquado, fora de moda, obsoleto, desusado. ≃- **timer** veterano.

ol.i.garch.y ['ɔliga:ki] s. oligarquia f.

ol.ive ['ɔliv] s. azeitona, oliva f. ≃ **tree** oliveira. ≃ **branch** sinal de paz, reconciliação. ≃ **oil** azeite.

Olimpic Games [ə'limpik g'eimz] s. jogos m. + pl. olímpicos.

om.e.let ['ɔmlit] s. omeleta f.

om.e.lette ['ɔmlit] s. = **omelet.**

o.men ['oumən] s. agouro, presságio m. ‖ v. augurar, pressagiar.

om.nis.cient [ɔm'nisiənt] adj. onisciente; sabe-tudo, sabichão.

om.i.nous ['ɔminəs] adj. ominoso.

o.mis.sion [om'iʃən] s. omissão, falta f.

o.mit [om'it] v. omitir, negligenciar.

om.ni.bus ['ɔmnibəs] s. ônibus m.

om.nip.o.tent [ɔmn'ipotənt] adj. onipotente.

on [ɔn] adj. posto, colocado. ‖ adv. sobre, por cima de; a partir de; para frente; em ação. ‖ prep. sobre; em; no, nos, na, nas; para o; por meio de; a respeito de; perto de; junto a; conforme. **and so** ≃ e assim por diante. **come** ≃! venha, vamos. **to get** ≃ **in life** progredir na vida. **later** ≃ mais tarde. **go** ≃! prossiga!

once [wʌns] s. uma vez f. ‖ adj. antigo. ‖ adv. uma vez; outrora; algum dia; logo que. ‖ conj. uma vez que. ≃ **and again** repetidamente. ≃ **again,** ≃ **more** mais uma vez. ≃ **upon a time** ...Era uma vez .... ≃ **or twice** algumas vezes.

on.com.ing ['ɔnkʌmin] adj. próximo, imediato, iminente.

one [wʌn] s. um m., uma f.; o número m. um, unidade f., o todo m. ‖ adj. um, uma; algum, alguma; o mesmo, a mesma; um tal; só; único. ‖ num. um. ‖ pron. um, uma; alguém; se. ≃ **and the same** tudo a mesma coisa. **any** ≃, **anyone** qualquer um. **one-sided** unilateral; parcial. ≃- **way** de uma só mão (tráfego), de mão única.

on.er.ous ['ɔnərəs, 'ounərəs] adj. árduo, pesado, opressivo.

one.self [wʌns'elf] pron. si mesmo, si próprio.

on.ion ['ʌnjən] s. cebola f.

on.look.er ['ɔnlukə] s. espectador, assistente m.

on.ly ['ounli] adj. único; só; solitário. ‖ adv. somente, unicamente, apenas. ‖ conj. exceto; mas, porém.

on.rush ['ɔnrʌʃ] s. ataque m. súbito, acesso m.; ímpeto m.

on.set ['ɔnset] s. ataque, assalto m.; começo, princípio, início m.

o.nus ['ounəs] s. carga f., peso m.; responsabilidade f.; obrigação f., dever m.

on.ward ['ɔnwəd] adj. avançado, adiantado; progressivo. ‖ adv. para a frente, para diante, avante.

on.yx ['ɔniks] s. ônix m.

ooze [u.z] s. limo, lodo m. ‖ v. escoar lentamente (líquidos); esvair-se, escorrer.

o.pal ['oupəl] s. opala f.

o.paque [oup'eik] s. opacidade f.; trevas f. pl. ‖ adj. opaco, fosco; escuro, sombrio; obscuro.

o.pen ['oupən] s. clareira f.; ar m. livre; abertura f.; notoriedade f. ‖ v. abrir; desatar; esclarecer; divulgar; desobstruir; estender; começar; inaugurar. ‖ adj. aberto; livre, desocupado, disponível; acessível; desprotegido; público. ≃ **eyed** atento, vigilante. ≃- **handed** generoso, liberal. ≃ **market** mercado livre. ≃- **minded** compreensivo, receptivo.

o.pen.ing ['oupəniŋ] s. abertura f., orifício m.; início m.; inauguração f.; vaga f.; clareira f. ‖ adj. inicial; que (se) abre.

op.er.a ['ɔpərə] s. ópera f.

op.er.ate ['ɔpəreit] v. funcionar; operar, produzir; executar uma intervenção cirúrgica; comprar e vender (ações da Bolsa de Valores).

op.er.a.tion [ɔpər'eiʃən] s. operação f.
op.er.a.tor ['ɔpəreitə] s. operador m. **telepho-**
ne ≃ telefonista.
op.er.et.ta [ɔpər'etə] s. opereta f.
oph.thal.mol.o.gist [ɔfθælm'ɔlədʒist] s. oftal-
mologista m. + f.
o.pine [op'ain] v. opinar, julgar, entender.
o.pin.ion [əp'injən] s. opinião f., juízo m.
o.pi.um ['oupjəm] s. ópio m.
op.po.nent [əp'ounənt] s. oponente m. ‖ adj.
oposto.
op.por.tune ['ɔpətju:n] adj. oportuno.
op.por.tu.ni.ty [ɔpətj'u:niti] s. oportunidade,
ocasião f., ensejo m.
op.pose [əp'ouz] v. opor-se, resistir.
op.posed [əp'ouzd] adj. oposto, contrário.
op.po.site ['ɔpɔzit] s. + adj. oposto m., contrário m. ‖ adv. + prep. defronte.
op.po.si.tion [ɔpəz'iʃən] s. oposição f.
op.press [əpr'es] v. oprimir, tiranizar.
op.pres.sion [əpr'eʃən] s. opressão f.
op.pres.sive [əpr'esiv] adj. opressivo.
op.pres.sor [əpr'esə] s. opressor, tirano m.
op.tic ['ɔptik] adj. óptico, ótico.
op.ti.cal 'ɔptikəl] adj. = **optic.**
op.tics ['ɔptiks] s. óptica, ótica f.
op.ti.mism ['ɔptimizm] s. otimismo m.
op.ti.mist ['ɔptimist] s. otimista m. + f.
op.ti.mis.tic [ɔptim'istik] adj. otimista.
op.ti.mum ['ɔptiməm] s. ponto m. máximo.
‖ adj. ótimo. ‖ adv. (fig.) a todo vapor.
op.tion ['ɔpʃən] s. opção, preferência f.
op.tion.al ['ɔpʃənɔl] adj. facultativo.
op.u.lence ['ɔpjuləns] s. opulência, fartura,
abundância f.
op.u.lent ['ɔpjulənt] adj. opulento, farto.
or [ɔ:] conj. ou; senão.
or.a.cle ['ɔrəkl] s. oráculo m.
o.ral ['ɔ:rəl] adj. oral, verbal; bucal.
or.ange ['ɔrindʒ] s. laranja f., cor f. de laranja. ‖ adj. alaranjado. ≃ **tree** laranjeira.
or.ange.ade [ɔrindʒeid] s. laranjada f.
o.ra.tion [or'eiʃən] s. oração f., discurso m.
or.a.tor ['ɔrətə] s. orador m.
or.bit ['ɔ:bit] s. órbita f.; cavidade f. ocular.
or.chard ['ɔ:tʃəd] s. pomar m.
or.ches.tra ['ɔ:kistrə] s. orquestra f.
or.chid ['ɔ:kid] s. (Bot.) orquídea f.
or.dain [ɔ:d'ein] v. ordenar (também Ecles.);
decretar.

or.deal [ɔ:d'i:l] s. provação f.; juízo m. de
Deus, ordálio m., dura experiência f.; prova f. severa, dura.
or.der ['ɔ:də] s. ordem, seqüência f.; arruma-
ção f.; condição f.; encomenda f.; encargo
m.; natureza f.; sociedade f. religiosa ou fraternal. ‖ v. ordenar, encomendar; (Med.) re-
ceitar; arranjar, arrumar; mandar.
or.der.less ['ɔ:dəlis] adj. desordenado, caótico.
or.der.ly ['ɔ:dəli] s. ordenança f.; assistente m.
hospitalar. ‖ adj. em ordem; metódico; dis-
ciplinado.
or.di.nal ['ɔ:dinəl] s. número m. ordinal. ‖
adj. ordinal.
or.di.nance ['ɔ:dinəns] s. ordenação, lei f.
or.di.nar.y ['ɔ:dinri] adj. ordinário; costumeiro, usual, normal.
ord.nance ['ɔ:dnəns] s. artilharia f.
ore [ɔ:] s. minério m.
or.gan ['ɔ:gən] s. órgão m. (também Jornal.,
Mús.). **vital** ≃ órgão vital.
or.gan.ic [ɔ:g'ænik] adj. orgânico; vital.
or.gan.ism ['ɔ:gənizm] s. organismo m.
or.gan.i.za.tion [ɔ:gənaiz'eiʃən] s. organização
f., organismo m.; sociedade f.
or.gan.ize ['ɔ:gənaiz] v. organizar; dispor.
or.gan.iz.er ['ɔ:gənaizə] s. organizador m.
or.gasm ['ɔ:gæzm] s. orgasmo m.
or.gy ['ɔ:dʒi] s. orgia f.
o.ri.ent ['ɔ:riənt] s. oriente m. ‖ v. orientar.
o.ri.en.tal [ɔ:ri'entəl] s. + adj. oriental m. +
f.
o.ri.en.tate ['ɔ:rienteit] v. orientar-se; guiar.
or.i.fice ['ɔrifis] s. orifício m., abertura f.
or.i.gin ['ɔridʒin] s. origem, fonte f.; princípio m.
o.rig.i.nal [ər'idʒənl] s. original, texto m. ‖
adj. original, primitivo; novo; inventivo.
o.rig.i.nal.i.ty [əridʒin'æliti] s. originalidade
f.
o.rig.i.nate [ər'idʒineit] v. originar.
or.na.ment ['ɔ:nəmənt] s. ornamento, adorno m. ‖ v. ornamentar, adornar.
or.na.men.tal [ɔ:nəm'entl] adj. ornamental,
decorativo.
or.nate [ɔ:n'eit] adj. ornado, adornado, floreado (estilo verbal).
or.ni.thol.o.gist [ɔ:niθ'ɔlədʒist] s. ornitologis-
ta m. + f., ornitólogo m.

or.phan ['ɔːfən] s. órfão m. ‖ v. orfanar. ‖ adj. órfão.

or.phan.age ['ɔːfənidʒ] s. orfandade f.; orfanato m.

or.tho.dox ['ɔːθdɔks] adj. ortodoxo.

or.thog.ra.phy [ɔːθɔgrafi] s. ortografia f.

or.tho.pe.dics [ɔːθoupˈiːdiks] s. ortopedia f.

os.cil.late ['ɔsileit] v. oscilar; vibrar; vacilar.

os.cil.la.tion [ɔsilˈeiʃən] s. oscilação f.

os.mo.sis [ɔzmˈousis] s. osmose f.

os.ten.si.ble [ɔstˈensəbl] adj. ostensivo.

os.ten.ta.tion [ɔstentˈeiʃən] s. ostentação, pompa f., aparato m.

os.ten.ta.tious [ɔstentˈeiʃəs] adj. ostentoso.

os.te.o.path ['ɔstiəpæθ] s. fisioterapeuta, massagista m. + f.

os.tra.cism ['ɔstrasizəm] s. ostracismo, esquecimento m.

os.trich ['ɔstritʃ] s. avestruz m. + f.

oth.er ['ʌðə] s. outro m., outra f., outros m. pl., outras f. pl. ‖ adj. outro, outra, outros, outras; diferente; alternado. ‖ pron. outro, outra, outros, outras. ‖ adv. de outra maneira; diferentemente.

oth.er.wise ['ʌðəwaiz] adj. diferente. ‖ adv. de outra maneira; por outro lado. ‖ conj. caso contrário.

ot.ter ['ɔtə] s. (Zool.) lontra m.

ought [ɔːt] v. ter obrigação de.

ounce ['auns] s. onça f.; medida f. de peso.

our ['auə] adj. nosso, nossa, nossos, nossas.

ours ['auəz] pron. nosso, nossa, nossos, nossas.

our.selves [auəsˈelvz] pron. nós mesmos pl. we hurt ≃ nós nos ferimos.

oust [aust] v. desalojar, despejar; desapossar.

out [aut] s. espaço m. aberto; passeio m., excursão f.; desculpa, saída f. ‖ adj. remoto, ausente; apagado, desligado, terminado. ‖ adv. fora; para fora; de fora; sem; extinto, apagado, desligado; terminado; ausente. ‖ prep. de dentro de. ‖ interj. fora! saia! ≃ of action (Mec.) desarranjado. ≃ of date obsoleto. ≃ of the question fora de cogitação. ≃ of doors ao ar livre.

outboard motor s. motor m. de popa.

out.break ['autbreik] s. erupção, eclosão f.; (fig.) emoção, guerra, doença f.

out.break [autbrˈeik] v. entrar em erupção; irromper, rebentar.

out.burst ['autbəːst] s. irrupção, explosão f. (de raiva, de aplauso, de riso, de vapor etc.); afloramento m.

out.burst [autbˈɔːst] v. irromper, rebentar.

out.cast ['autkaːst] s. proscrito m.; pária m. ‖ adj. exilado, desterrado; rejeitado.

out.come ['autkʌm] s. resultado, efeito m.

out.cry ['autkrai] s. grito, berro m.; clamor, tumulto m.

out.dat.ed [autdˈeitid] adj. antiquado.

out.dis.tance [autdˈistəns] v. distanciar-se.

out.do [autdˈuː] v. exceder, sobrepujar.

out.door ['autdɔː] adj. existente ou promovido ao ar livre.

out.er ['autə] adj. exterior, externo.

out.fit ['autfit] s. equipamento, aparelhamento m. ‖ v. equipar, aparelhar, dispor, aprontar.

out.flank [autflˈæŋk] v. flanquear (para ganhar vantagem).

out.grow [autgrˈou] v. superar em crescimento; abandonar (maneiras, hábitos, idéias).

out.house ['authaus] s. alpendre m.

out.ing ['autiŋ] s. passeio m., excursão f.

out.land.ish [autlˈændiʃ] adj. estranho, excêntrico.

out.law ['autlɔː] s. proscrito m., criminoso m. ‖ v. proscrever, banir.

out.lawed [autlˈɔːid] adj. banido, proscrito.

out.let ['autlet] s. passagem, saída f. ‖ v. escoar. ≃ valve válvula de escape, escoadouro.

out.line ['autlain] s. contorno m.; esboço m.; rascunho, sumário m. ‖ v. esboçar.

out.live [autlˈiv] v. sobreviver.

out.look ['autluk] s. perspectiva, probabilidade f.; ponto m. de vista.

out.ly.ing ['autlaiiŋ] adj. remoto, afastado; exterior.

out.mod.ed [autmˈoudid] adj. antiquado.

out.post ['autpoust] s. posto m. avançado.

out.pour.ing ['autpɔːriŋ] s. efusão, expansão f.; derramamento m.

out.put ['autput] s. produção f., rendimento m.

out.rage ['autreidʒ] s. ultrage m. ‖ v. ultrajar, insultar.

out.ra.geous [autrˈeidʒəs] adj. ultrajante.

out.right ['autrait] adj. sincero; completo; inequívoco.

out.right [autrˈait] adv. completamente, francamente.

out.run [autr´ʌn] v. correr mais, disparar; escapar, fugir.

out.set [´autset] s. início, princípio m.

out.shine [autʃ´ain] v. exceder em brilho, sobressair-se.

out.side [´autsaid] s. exterior m.; aparência f.; extremo m. ‖ adj. externo; aparente, superficial; extremo. ‖ adv. para fora; fora. ‖ prep. fora, de fora, para fora; sem; além. **on the** ≃ por fora.

out.sid.er [´autsaidə] s. estranho, intruso m.; (fig.) zebra (Bras.).

out.skirts [´autskə:ts] s. limite m.; divisa f.; subúrbios m. pl.

out.smart [autsm´a:t] v. passar a perna, tapear, dar o golpe.

out.spo.ken [autsp´oukən] adj. franco, sincero.

out.stand.ing [autst´ændiŋ] adj. excelente.

out.stretch [autstr´etʃ] v. estender; esticar, distender; expandir, dilatar, alargar.

out.ward [´autwəd] adj. externo, exterior; visível; corpóreo.

out.wards [´autwədʒ] adv. fora, do lado externo; visivelmente; para fora; para o exterior.

out.weigh [aut´weit] v. pesar mais; valer a pena; superar.

out.wit [autw´it] s. astúcia f. ‖ v. exceder em esperteza; lograr, passar a perna, burlar.

out.worn [´autwɔ:n] adj. gasto; ultrapassado; fora de moda, antiquado.

o.val [´ouvəl] s. + adj. oval f.

o.va.ry [´ouvəri] s. ovário m.

o.va.tion [ouv´eiʃən] s. ovação f.

ov.en [ʌvən] s. forno m.

o.ver [´ouvə] adv. sobre, acima de; de um lado a outro; através; além de. ‖ prep. demasiado, excessivo; remanescente; de começo a fim, completamente; novamente; do outro lado; acabado; mais que; durante, no decurso de; a respeito de; virado; por toda parte; acima, superior.

o.ver.all [´ouvərɔ:l] s. avental m. ≃ **s** macacão m. ‖ adj. global, total.

o.ver.awe [ouvər´ɔ:] v. maravilhar, impressionar; intimidar; comover; abalar.

o.ver.bear.ing [ouvəb´ɛəriŋ] adj. dominante, dominador; arrogante, altivo.

o.ver.board [´ouvəbɔ:d] adv. (Náut.) ao mar.

o.ver.bur.den [ouvə´bə:dn] v. sobrecarregar.

o.ver.cast [ouvk´a:st] v. obscurecer. ‖ adj. nublado, coberto, encoberto.

o.ver.charge [´ouvətʃa:dʒ] s. sobrecarga f.; preço m. excessivo.

o.ver.charge [ouvətʃ´a:dʒ] v. saturar; cobrar demais; sobrecarregar; exagerar.

o.ver.cloud.ed [ouvəkl´audid] adj. encoberto.

o.ver.coat [´ouvəkout] s. sobretudo m.

o.ver.come [ouvək´ʌm] v. superar; dominar, sobrepujar, conquistar, vencer.

o.ver.crowd [ouvəkr´aud] v. abarrotar, apinhar, superlotar.

o.ver.do [ouvəd´u:] v. exceder; exagerar.

o.ver.draw [ouvədr´ɔ:] v. exagerar; sacar a descoberto.

o.ver.due [´ouvədju:] adj. vencido e não pago (título).

o.ver.eat [ouvər´i:t] v. comer demais.

o.ver.flow [´ouvəflou] s. inundação f.

o.ver.flow [ouvəfl´ou] v. inundar, alagar, transbordar.

o.ver.full [ouvəf´ul] adj. cheio demais.

o.ver.grow [ouvəgr´ou] v. cobrir de vegetaçao; crescer em excesso.

o.ver.hang [´ouvəhæŋ] s. projeção, saliência f.

o.ver.hang [ouvəh´æŋ] v. pender, projetar-se sobre; ameaçar, pesar sobre.

o.ver.haul [´ouvəhɔ:l] s. revisão f.

o.ver.haul [ouvəh´ɔl] v. revisar, inspecionar.

o.ver.head [ouvəh´ed] adj. aéreo; suspenso. ‖ adv. em cima, por sobre.

o.ver.heads [´ouvəhedz] s. despesas f. pl. gerais.

o.ver.hear [ouvəh´iə] v. ouvir por acaso; escutar; ouvir secretamente.

o.ver.lap [´ouvəˈæp] v. encaixar, sobrepor, justapor, coincidir, duplicar.

o.ver.lay [´ouvəlei] s. revestimento m.

o.ver.lay v. [ouvəl´ei] v. revestir, cobrir.

o.ver.leaf [ouvəl´i:f] adv. no verso.

o.ver.load [´ouvəloud] s. sobrecarga f.

o.ver.load [ouvəl´oud] v. sobrecarregar.

o.ver.look [´ouvəluk] s. negligência f.

o.ver.look [ouvəl´uk] v. contemplar do alto, olhar de cima; inspecionar; negligenciar, omitir; fechar os olhos para.

o.ver.night [´ouvənait] adj. noturno. ‖ adv. durante a noite, na noite anterior.

o.ver.pass [ouvəp´a:s] s. via f. elevada; viaduto m.

o.ver.pow.er [´ouvəpauə] s. excesso m. de poder.

o.ver.pow.er [ouvǝpau'ǝ] v. dominar, subjugar, conquistar, dominar, vencer.

o.ver.rate [ouvǝr'eit] v. superestimar.

o.ver.rule [ouvǝr'u:l] v. dominar, conquistar, prevalecer.

o.ver.sea ['ouvǝsi:] adj. ultramarino, transoceânico. ‖ adv. para o ultramar, além-mar.

o.ver.seas ['ouvǝsi:z] adj. = **oversea**.

o.ver.see [ouvǝs'i:] v. vigiar; examinar, supervisionar;.

o.ver.se.er ['ouvǝsiǝ] s. inspetor, supervisor m.; feitor m., superintendente m. + f.

o.ver.sex.ed [ouvas'ekst] adj. preocupado em demasia com sexo.

o.ver.sha.dow [ouvǝʃ'ædou] v. obscurecer, toldar; (fig.) ofuscar.

o.ver.sight ['ouvǝsait] s. omissão f., descuido m.

o.ver.sleep [ouvǝsl'i:p] v. dormir demais.

o.vert [ouvǝ:t] adj. público, evidente.

o.ver.take [ouvǝt'eik] v. colher, alcançar, ultrapassar.

o.ver.throw ['ouvǝθrou] s. destruição, subversão f.

o.ver.throw [ouvǝθr'ou] v. derrubar; destruir, subverter; depor, destronar.

o.ver.time ['ouvǝtaim] s. trabalho m. extraordinário. ‖ adj. extraordinário, excedente (trabalho). ‖ adv. fora de hora.

o.ver.time [ouvǝt'aim] v. passar do tempo. **to do** ≃ fazer horas extras.

o.ver.ture ['ouvǝtjuǝ] s. (Mús.) abertura f.; proposta, oferta f.

o.ver.turn ['ouvǝtǝ:n] s. transtorno m., contrariedade f.

o.ver.turn [ouvǝt'ǝ:n] v. derrubar, virar; subverter; destruir; capotar.

o.ver.weight ['ouvǝweit] s. sobrepeso m., excesso m. de peso.

o.ver.weight [ouvǝw'eit] adj. preponderante; com excesso de peso.

o.ver.whelm [ouvǝw'elm] v. oprimir; subjugar, esmagar.

o.ver.whelm.ing [ouvǝw'elmiŋ] adj. opressivo; irresistível; esmagador; avassalador.

o.ver.work ['ouvǝwǝ:k] s. trabalho m. excessivo.

o.ver.work [ouvǝw'ǝ:k] v. trabalhar demais.

o.ver.wrought [ovǝr'ɔ:t] adj. preocupado, apreensivo, inquieto.

owe [ou] v. dever, ter dívidas.

ow.ing ['ouiŋ] adj. devido.

owl [aul] s. (Orn.) coruja f., mocho m.

own [oun] v. possuir, ter. ‖ adj. próprio.

own.er ['ounǝ] s. proprietário, dono m.

own.er.ship ['ounǝʃip] s. propriedade, posse f.

ox [ɔks] s. (Zool.) boi m.

Oxbridge ['ɔksbridʒ] s. Universidade f. Oxford e Cambridge. ‖ adj. proveniente de Oxford e Cambridge.

ox.cart ['ɔkska:t] s. carro m. de bois.

ox.i.dize ['ɔksidaiz] v. oxidar.

ox.y.gen ['ɔksidʒǝn] s. oxigênio m.

oys.ter ['ɔistǝ] s. ostra f.

o.zone ['ouzoun] s. (Quím.) ozônio m.

P

P, p [pi:] décima sexta letra f. do alfabeto inglês.

pace [peis] s. passo m.; passada f.; medida f. de comprimento (0,762 m); andadura f.; ritmo m.; marcha f. ‖ v. andar a passo (cavalo); compassar. **to keep** ≃ **with** acompanhar os passos de. **to set the** ≃ acertar o passo.

pa.cif.ic [pəs'ifik] adj. pacífico; calmo.

pac.i.fy [p'æsifai] v. pacificar, serenar.

pack [pæk] s. fardo, pacote m.; trouxa f. ‖ v. enfardar, acondicionar; abarrotar; carregar; formar maços de cartas; despachar. ≃ **ice** gelo flutuante. **a** ≃ **of cards** um baralho. **to** ≃ **away** guardar; mandar embora, despedir. **to** ≃ **up** guardar suas coisas, preparar-se para partir, arrumar a trouxa. ≃ **of lies** monte de mentiras. ≃ **of wolves, hounds** matilha de lobos, cães.

pack.age [p'ækidʒ] s. pacote, embrulho m. ‖ v. empacotar, acondicionar.

pack.er [p'ækə] s. empacotador m.

pack.et [p'ækit] s. pacote, embrulho m. ‖ v. empacotar, embrulhar.

pack.ing [p'ækiŋ] s. embalagem f.

pact [pækt] s. pacto, tratado, ajuste m.

pad [pæd] s. almofada f.; enchimento, chumaço m.; protetor m. de mata-borrão para escrivaninhas; bloco m. para apontamentos. ‖ v. almofadar, acolchoar; encher com palavras ocas.

pad.ding [p'ædiŋ] s. estofamento m.

pad.dle [pædl] s. espécie f. de remo de pá larga. ‖ v. remar suavemente; impelir com remos.

pad.dock [p'ædək] s. paddock m.

pad.lock [p'ædlɔk] s. cadeado m.

pa.dre [p'ɑːdri] s. padre m.

paean [p'iːən] s. homenagem f., elogio m.

pae.di.at.rics [piːdi'ætriks] s. = pediatrics.

pa.gan [p'eigən] s. pagão, gentio m.; idólatra m. + f. ‖ adj. pagão, idólatra.

page [peidʒ] s. pajem m. + f.; mensageiro m.; página f.; (fig.) trecho m., passagem f.; (fig.) circunstância f., episódio m.

pag.eant [p'ædʒənt] s. representação f. teatral; pompa f.; fausto, aparato m. histórico.

pail [peil] s. balde m.

pain [pein] s. dor f., sofrimento m.; aflição, angústia f. ‖ v. atormentar, afligir, magoar; doer.

pain.ful [p'einful] adj. doloroso, penoso.

pain.kil.ler [p'einkilə] s. (fam.) lenitivo m.; droga f. analgésica; analgésico m.

pains.tak.ing [p'einsteikiŋ] s. esmero m. ‖ adj. esmerado; diligente, assíduo.

paint [peint] s. pintura; tinta f.; cosmético m. ‖ v. pintar, colorir; retratar; maquilar; (fig.) relatar.

paint.brush [p'eintbrʌʃ] s. pincel m.; broxa f.

paint.er [p'eintə] s. pintor m.

paint.ing [p'eintiŋ] s. pintura, tela, f.

pair [pɛə] s. par m.; dupla f.; parelha f.; casal m. ‖ v. emparelhar; juntar, unir; casar; acasalar-se. **a** ≃ **of scissors** uma tesoura.

pa.jam.as [pədʒ'ɑːməz] s. = pyjamas.

Pa.kis.ta.ni [p'akist'ɑːni] s. + adj. paquistanense m. + f., paquistanês m.

pal [pæl] s. camarada, colega m. + f.; amigo m.

pal.at.a.ble [p'ælətəbl] adj. saboroso; (fig.) aceitável.

pal.ate [p'ælit] s. palato m.; paladar m.

pa.lav.er [pəl'ɑːvə] s. conferência f.; debate m.; conversação f. ‖ v. palavrear, tagarelar; bater papo.

pale [peil] v. empalidecer. ‖ adj. pálido, lívido.

pale.face [p'eilfeis] s. cara-pálida m. + f.

pale.heart.ed [p'eilhɑːtid] adj. desanimado.

pal.e.o.li.thic [pælioul'iθik] adj. paleolítico.

pal.e.tte [p'ælit] s. paleta f.

pal.i.sade [pælis'eid] s. paliçada, estacada f.
❙ v. cercar ou fortificar com paliçadas ou estacas.

pall [pɔ:l] s. mortalha f. ❙ v. tornar-se insípido; enfraquecer, debilitar; saciar (**on, upon, de**).

pal.li.ate [p'ælieit] v. paliar, aliviar; encobrir; mitigar.

pal.lid [p'ælid] adj. pálido, desmaiado.

pal.lor [p'ælə] s. palidez f.; palor m.

palm [pa:m] s. palma f. da mão; palmo m. ❙ v. manusear; empalmar. **to ≃ off** subornar.

palm cabbage s. = **cabbage**.

pal.pa.ble [p'ælpəbl] adj. palpável.

pal.pi.tate [p'ælpiteit] v. palpitar, pulsar, bater, tremer.

pal.pi.ta.tion [pælpit'eiʃən] s. palpitação, pulsação f.

pal.sied [p'ɔ:lzid] adj. paralítico, paralisado.

pal.sy [p'ɔ:lzi] s. paralisia f.

pal.try [p'ɔ:ltri] adj. vil, torpe, desprezível; trivial.

pam.pas [p'æmpəs] s. pampa m. + f.

pam.per [p'æmpə] v. mimar, agradar, acariciar, cativar.

pam.phlet [p'æmflit] s. panfleto m.

pan [pæn] s. frigideira, panela, caçarola f.; caçoleta f. de arma de fogo; bateia f. ❙ v. garimpar; faiscar; frigir; fritar; criticar; girar (a câmera) em movimento panorâmico. **to ≃ out** obter sucesso; criticar.

pan.a.ce.a [pænəs'iə] s. panacéia f.

pan.cake [p'ænkeik] s. panqueca f.

pan.de.mo.ni.um [pændim'ouniəm] s. pandemônio, tumulto m., balbúrdia, confusão f.

pan.der [p'ændə] s. alcoviteiro m. ❙ v. alcovitar.

pane [pein] s. vidraça f.; chapa, placa f.; faceta f.; almofada f. de porta. ❙ v. envidraçar; quadricular.

pan.el [p'ænəl] s. painel m.; almofada f. de porta; quadro m., painel m. **≃ discussion** mesa-redonda.

pan.ful [p'ænful] s. panelada, panela f. cheia.

pang [pæŋ] s. pontada, dor f. aguda e repentina; ânsia, aflição, angústia f.

pan.ic [p'ænik] s. pânico, terror infundado m. ❙ v. (pret. e p. p. **panicked**) apavorar-se. **≃-stricken, struck** apavorado.

pan.o.ram.a [pænor'a:mə] s. panorama m.

pan.sy [p'ænzi] s. (Bot.) amor-perfeito m.

pant [pænt] s. arquejo, ofego m.; palpitação, pulsação f. ❙ v. arquejar, ofegar; palpitar, pulsar, latejar, bater.

pan.the.on [p'ænθiən] s. panteão m.

pan.ther [p'ænθə] s. (Zool.) pantera f.

pant.ing [p'æntiŋ] adj. arquejante, ofegante.

pan.to.mime [p'æntəmaim] s. pantomima f.

pan.try [p'æntri] s. despensa, copa f.

pants [pænts] s. pl. (fam.) calças f. pl

pan.ties [p'æntiz] s. pl. (coloq.) calças, calcinhas f. pl. (de mulher ou criança).

pa.pa [pəp'a:] s. papai m.

pa.pa.cy [p'eipəsi] s. papado m.

pa.paw [pəp'ɔ:] s. (Bot.) mamão m. **≃ tree** mamoeiro.

pa.pa.ya [pəp'aiə] s. (Bot.) mamoeiro m.; mamão m.

pa.per [p'eipə] s. papel m.; papiro m.; folha f. ou pedaço m. de papel. **≃s** papéis, documentos, autos m. pl.; jornal m.; papel-moeda m.; título, bônus m. ❙ v. assentar em papel; empapelar. **blotting ≃** mata-borrão. **carbon ≃** papel-carbono. **≃ cutter** guilhotina, máquina para cortar papel. **glass ≃** folha de lixa. **≃-knife** espátula, corta-papel. **≃-mill** fábrica de papel. **≃ money** papel-moeda. **tissue ≃** papel de seda. **toilet ≃** papel higiênico. **waste ≃** papel usado. **wrapping ≃** papel de embrulho.

pa.per.back [p'eipəbæk] s. (coloq.) brochura f.; livro m. de bolso.

pa.per.boy [p'eipəbɔi] s. jornaleiro m.

pa.per.mak.er [p'eipəmeikə] s. fabricante m. + f. de papel.

pa.per.weight [p'eipəweit] s. peso m. de papéis.

pap.py [p'æpi] adj. em forma de papa ou mingau.

pa.pri.ka [p'æprikə] s. (Bot.) pimentão-doce m.; colorau m.

par [pa:] s. paridade f., nível m.; equivalência f. ❙ v. colocar a par. ❙ adj. a par. **below ≃, under ≃** abaixo do par. **on a ≃ with** no mesmo nível.

par.a.ble [p'ærəbl] s. parábola, narração f.

par.a.chute [p'ærəʃu:t] s. pára-quedas m. ❙ v. saltar de pára-quedas; lançar de pára-quedas.

par.a.chut.ism [p'ærəʃuːtizm] s. pára-quedismo m.

par.a.chut.ist [p'ærəʃuːtist] s. pára-quedista m. + f.

pa.rade [pər'eid] s. pompa, ostentação f.; parada f., desfile m.; revista f. de tropas; cortejo m., passeata f. ‖ v. ostentar; desfilar; passar em revista.

par.a.digm [p'ærədaim] s. paradigma m.

par.a.dise [p'ærədais] s. paraíso, éden m.; felicidade f. **in** ≃ no sétimo céu.

par.a.dox [p'ærədɔks] s. paradoxo m.

par.af.fin [p'ærəfin] s. parafina f. ‖ v. parafinar, parafinizar.

par.af.fine [p'ærəfin] s. = **paraffin**.

par.a.gon [p'ærəgən] s. modelo m. de perfeição; protótipo, padrão m.

par.a.graph [p'ærəgraːf] s. parágrafo m.

Par.a.guay.an [pærəgw'aiən] s. + adj. paraguaio m.

par.a.keet [p'ærəkiːt] s. periquito m.

par.al.lel [p'ærəlɔl] s. paralela f.; semelhança, analogia f.; paralelo, confronto m. ‖ v. comparar, confrontar, igualar.

par.a.lyse [p'ærəlaiz] v. paralisar.

pa.ral.y.sis [pər'ælisis] s. (Med.) paralisia f.

par.a.mount [p'ærəmaunt] adj. superior, supremo, soberano.

par.a.noi.a [pærən'ɔiə] s. (Med.) paranóia f.

par.a.pet [p'ærəpit] s. parapeito m.

par.a.pher.nal.ia [pærəfən'eiliə] s. parafernália f., pertences, acessórios m. pl., tralha f.

par.a.phrase [p'ærəfreiz] s. paráfrase f. ‖ v. parafrasear.

par.a.psy.chol.o.gy [pærəsaik'ɔlədʒi] s. parapsicologia f.

par.a.site [p'ærəsait] s. parasito m.

par.a.sol [p'ærəsɔl] s. guarda-sol m.

par.a.troop.er [p'ærətruːpə] s. (Milit.) soldado m. pára-quedista.

par.boil [p'aːbɔil] v. cozinhar (comida) levemente.

par.cel [paːsl] s. (arc.) parcela, porção f., quinhão m.; quantidade, quantia f.; pacote, embrulho m.; remessa f. ‖ v. parcelar, dividir em parcelas; (Bras.) lotear. **part and** ≃ **of** parte essencial. ≃ **post** encomenda postal.

parch [paːtʃ] v. tostar, crestar; ressecar.

parched [paːtʃt] adj. seco, ressequido, com muita sede.

parch.ment [p'aːtʃmənt] s. pergaminho m.

par.don [paːdn] s. perdão m., desculpa f., indulto m. ‖ v. perdoar, desculpar, indultar; escusar, eximir-se. **I beg your** ≃ desculpe-me. **(I) beg your** ≃? como disse? **general** ≃ anistia geral.

pare [pɛə] v. aparar, desbastar.

par.ent [p'ɛərənt] s. pai m. ou mãe f.

par.ent.age [p'ɛərəntidʒ] s. ascendência f.

pa.ren.the.sis [pər'enθisis] s. parêntese m.

pa.ren.the.size [pər'enθisaiz] v. abrir um parêntese, pôr entre parênteses.

par.ent.hood [p'ɛərənthud] s. paternidade, maternidade f.

pa.ri.ah [p'æriə] s. pária m.; pessoa f. marginalizada, proscrita.

par.ish [p'æriʃ] s. paróquia f. ‖ adj. paroquial.

Pa.ri.sian [pər'izjən] s. + adj. parisiense m. + f.

par.i.ty [p'æriti] s. paridade f.

park [paːk] s. parque m.; local m. para estacionamento de veículos. ‖ v. estacionar (veículos).

park.ing [p'aːkiŋ] s. estacionamento m. de veículos. **no** ≃ estacionamento proibido. ≃ **meter** parquímetro.

parky [p'aːki] adj. fresco (vento).

par.ley [p'aːli] s. parlamentação f. ‖ v. parlamentar; discutir, debater.

par.lia.ment [p'aːləmənt] s. parlamento m.

par.lor [p'aːlə] s. = **parlour**.

par.lour [p'aːlə] s. parlatório m. **beauty** ≃ salão de beleza. ≃ **-maid** arrumadeira.

Parmesan cheese [paːmiz'æn tʃiːz] s. queijo m. parmesão.

pa.ro.chi.al [pər'oukiəl] adj. paroquial.

par.o.dy [p'ærədi] s. paródia f. ‖ v. parodiar.

pa.role [pər'oul] s. palavra, promessa f. verbal. **on** ≃ liberdade condicional.

par.ox.ysm [p'ærəksizm] s. paroxismo. auge, apogeu, ataque m. (de riso, de raiva, nervos).

par.quet [p'aːkei] s. parquete, assoalho m. de tacos.

par.rot [p'ærət] s. (Ornit.) papagaio m. ‖ v. papaguear.

par.ry [p'æri] s. parada f. (na esgrima). ‖ v. aparar (golpes); evitar, evadir, esquivar.

par.si.mo.ny [p'aːsiməni] s. parcimônia f.

par.son [paːsn] s. pároco, cura, vigário m.

part [pɑːt] s. parte f.; elemento componente de um todo, lote, pedaço, fragmento m.; fração, porção f. ‖ v. partir, dividir, secionar; separar, apartar, desunir. **I take his** ≃ tomo o seu partido, coloco-me a seu lado. ≃ **of speech** categoria gramatical. **spare** ≃ **s** peças sobressalentes. ≃ **-time** relativo a período não integral, de meio expediente. **par.take** [pɑːtˈeik] v. (pret. **partook**, p. p. **partaken**) participar; compartilhar; tomar parte em. **to** ≃ **in** participar, tomar parte em. **to** ≃ **of** participar de; comer; beber; ter alguma coisa de.

part.er [pˈɑːtə] s. separador m.

par.tial [pˈɑːʃəl] adj. parcial. **to be** ≃ **to** ter predileção por.

par.tial.i.ty [pɑːʃiˈæliti] s. parcialidade, predileção f.

par.tic.i.pant [pɑːtˈisipənt] s. participante m. + f.

par.tic.i.pate [pɑːtˈisipeit] v. participar.

par.tic.i.pa.tion [pɑːtisipˈeiʃən] s. participação f. (colaboração e comunicação).

par.ti.cle [pˈɑːtikl] s. partícula f.

par.tic.u.lar [pətˈikjulə] s. particular m.; particularidade f. ‖ adj. particular, específico, próprio; privado.

par.tic.u.lar.i.ty [pətikjulˈæriti] s. particularidade, especialidade f.; pormenor m.; minúcia f.

par.tic.u.lar.ize [pətˈikjuləraiz] v. particularizar, especificar, detalhar.

part.ing [pˈɑːtiŋ] s. divisão, separação f.; risca f. do cabelo.

par.ti.san [pɑːtizˈæn] s. partidário, sequaz, sectário m.; guerrilheiro m. ‖ adj. partidário, faccioso.

par.ti.tion [pɑːtˈiʃən] s. partição, divisão f. ‖ v. dividir, separar; partilhar.

par.ti.zan [pɑːtizˈæn] s. = **partisan**.

part.ly [pˈɑːtli] adv. em parte, parcialmente.

part.ner [pˈɑːtnə] s. sócio, associado m. **acting** ≃ sócio ativo. **sleeping** ≃ sócio passivo.

part.ner.ship [pˈɑːtnəʃip] s. sociedade f.

par.ty [pˈɑːti] s. partido, grupo m.; festa f. ‖ adj. partidário. **the -ties entitled** as partes autorizadas.

pass [pɑːs] s. passagem f.; passadouro, desfiladeiro, caminho m. estreito; garganta f.; canal m. navegável; estreito, vão m.; ruela, viela f., beco m.; passamento m. ‖ v. passar;

transpor, atravessar, percorrer, transitar, andar por. **to** ≃ **away** morrer, falecer, expirar. **to** ≃ **along** passar ao longo de, passar para diante. **to** ≃ **by** passar por; ignorar, omitir, não tomar conhecimento de. **to** ≃ **over** atravessar, transpor.

pas.sage [pˈæsidʒ] s. passagem f.; trânsito m.; caminho m., via f.; trecho m. (de livro).

pas.sage.way [pˈæsidʒwei] s. corredor m.

pass.book [pˈɑːsbuk] s. caderneta f. bancária.

pas.sen.ger [pˈæsindʒə] s. passageiro m.

passer-by [pˈæsəbai] s. transeunte m. + f.

pass.ing [pˈɑːsiŋ] s. passagem f.; passadouro m.; (Jur.) aprovação f. ‖ adj. que passa ou transita; passageiro.

pas.sion [pˈæʃən] s. paixão f.

pas.sion.ate [pˈæʃənit] adj. apaixonado.

pas.sion.less [pˈæʃənlis] adj. impassível, calmo.

pas.sive [pˈæsiv] adj. passivo; indiferente.

pas.sive.ness [pˈæsivnis] s. = **passivity**.

pas.siv.i.ty [pæsˈiviti] s. passividade f.; inércia f.; resignação f.

pass.key [pˈɑːskiː] s. chave f. mestra.

pass.o.ver [pˈɑːsouvə] s. Páscoa f. judaica.

pass.port [pˈɑːspɔːt] s. passaporte m.

past [pɑːst] s. passado, tempo m. já decorrido. ‖ adj. passado, decorrido, findo; anterior, antecedente. **a man with a** ≃ um homem de passado duvidoso.

pas.ta [pˈɑːstə] s. pratos m. pl. feitos à base de massa; massa f., macarrão m.

paste [peist] s. pasta, massa f.; cola f., grude m. ‖ v. colar, grudar.

paste.board [pˈeistbɔːd] s. papelão m., cartolina f.

pas.tel [pˈæstəl] s. pastel, lápis m. de cor para desenho.

pas.teur.ize [pˈæstəraiz] v. pasteurizar.

pas.time [pˈɑːstaim] s. passatempo m.

pas.to.ral [pˈɑːstərəl] s. + adj. pastoral f.

pas.try [pˈeistri] s. massa f. (de tortas). ≃ **shop** confeitaria.

pas.ture [pˈɑːstʃə] s. pastagem f., pasto m. ‖ v. pastorear.

pat [pæt] s. pancadinha, tapinha f. ‖ v. bater de leve.

patch [pætʃ] s. remendo m.; sinal m. ‖ v. remendar, consertar; ocultar (defeitos) por meio de sinais; fazer às pressas. **to strike a bad** ≃ (Esp.) ter má sorte. **to** ≃ **up** remendar.

patch.work [p'ætʃwə:k] s. trabalho m. feito de retalhos.

pate [peit] s. (coloq.) cabeça, cachola f.

pat.ent [p'eitənt] s. patente f.; direito, privilégio m., licença f. ‖ v. patentear, conceder patente de invenção. ≃ **office** registro de patentes.

pat.ent.a.ble [p'eitəntəbl] adj. patenteável.

pa.ter.nal [pət'ə:nəl] adj. paternal.

pa.ter.ni.ty [pət'ə:niti] s. paternidade f.

path [pa:θ] s. caminho, atalho m.

pa.thet.ic [pəθ'etik] adj. patético.

pa.thet.i.cal [pəθ'etikəl] adj. = **pathetic.**

pa.thos [p'eiθɔs] s. patos m. sg. + pl.; o patético m.

pa.tien.ce [p'eiʃəns] s. paciência f.

pa.tient [p'eiʃənt] s. paciente, cliente m. + f. ‖ adj. paciente, perseverante; resignado.

pa.tri.arch [p'eitria:k] s. patriarca m.

pa.tri.ar.chal [peitri'a:kəl] adj. patriarcal.

pat.ri.mo.ni.al [pætrim'ounjəl] adj. patrimonial, hereditário.

pat.ri.mo.ny [p'ætriməni] s. patrimônio m.

pa.tri.ot [p'ætriət] s. + adj. patriota m. + f.

pa.tri.ot.ic [pætri'ɔtik] adj. patriótico.

pa.tri.ot.ism [p'ætriətizm] s. patriotismo m.

pa.trol [pətr'oul] s. patrulha, ronda f. ‖ v. patrulhar.

pa.tron [p'eitrən] s. patrono m.

pa.tron.age [p'ætrənidʒ] s. patronado m.

pa.tron.ess [p'eitrənis] s. patrocinadora f.

pa.tron.ize [p'ætrənaiz] v. patrocinar; tratar (alguém) com atitude de superioridade.

pat.ter [p'ætə] s. ruído m. contínuo e monótono; sapateado m.; jargão, calão m. ‖ v. tamborilar (chuva); sapatear; tagarelar.

pat.tern [p'ætən] s. exemplo, modelo, padrão m. ‖ v. moldar, modelar; decorar com um modelo ou desenho; imitar, copiar. ‖ adj. modelar, típico.

pau.ci.ty [p'ɔ:siti] s. pouquinho m.

paunch [pɔ:ntʃ] s. pança, barriga f.

pau.per.dom [p'ɔ:pədəm] s. pobreza f.

pau.per.ize [p'ɔ:pəraiz] v. empobrecer.

pause [pɔ:z] s. pausa f., intervalo m.; hesitação f. ‖ v. pausar, fazer um intervalo; hesitar, vacilar; demorar-se.

pave [peiv] v. pavimentar, calçar.

pave.ment [p'eivmənt] s. pavimentação f.

pa.vil.ion [pəv'iljən] s. pavilhão, caramanchão m.; tenda f.

pav.ing [p'eiviŋ] s. calçamento m.

paw [pɔ:] s. pata f. ‖ v. manusear desajeitadamente.

paw.paw [pəp'ɔ:] s. = **papaw.**

pawn [pɔ:n] s. penhor m.; garantia f.; penhora f. ‖ v. penhorar, empenhar. ≃ **shop** casa de penhores.

pawn.brok.er [p'ɔ:nbroukə] s. penhorista m. + f.

pay [pei] s. pagamento m., remuneração f.; salário m. ‖ v. pagar; remunerar; recompensar, gratificar. **to** ≃ **back** restituir, devolver. **to** ≃ **in** depositar. **to** ≃ **off** pagar, remunerar. **to** ≃ **up** saldar, liquidar; pagar as custas, expiar. **in the** ≃ **of** ao serviço de. ≃ **off** (E.U.A., gíria) pagamento de salários, dia de pagamento, lucros; desfecho. ≃ **phone** telefone público.

pay.a.ble [p'eiəbl] adj. pagável, a pagar.

pay.ment [p'eimənt] s. pagamento m.

pay.roll [p'eiroul] s. folha f. de pagamento.

pea [pi:] s. ervilha f. ‖ adj. do tamanho de ervilha. ≃ **-pod** vagem de ervilha.

peace [pi:s] s. paz f.; tranqüilidade f.

peace.ful [p'i:sful] adj. quieto, calmo.

peach [pi:tʃ] s. (Bot.) pêssego m. ≃ **tree** pessegueiro.

pea.cock [p'i:kɔk] s. (Orn.) pavão m.

peak [pi:k] s. pico, cume, cimo m.

peaked [pi:kt] adj. pontudo, pontiagudo.

peal [pi:l] s. repique m. (de sinos). ‖ v. repicar; soar.

pea.nut [p'i:nʌt] s. (Bot.) amendoim m.

pear [pɛə] s. (Bot.) pêra f. ≃ **tree** pereira.

pearl [pə:l] s. pérola f.; madrepérola f., nácar m. ‖ v. adornar com pérolas. ‖ adj. pérola; perolado.

peas.ant [p'ezənt] s. camponês, lavrador m.

peb.ble [pebl] s. calhau, seixo m.; cristal m. de rocha; lente f. de cristal.

pec.ca.dil.lo [pekəd'ilou] s. pecadilho m.; pequena fraqueza f. (de caráter); defeito m., falha f.

peck [pek] s. bicada f.; marca f. de bicada; (gíria) comida f. ‖ v. bicar, dar bicadas; picar; (fam.) comer; mordiscar, lambiscar.

peck.ish [p'ekiʃ] adj. faminto, esfomeado.

pec.to.ral [p'ektərəl] s. peitoral m. (remédio).

pec.u.late [p'ekjuleit] v. cometer peculato.

pe.cu.liar [pikj'u:ljə] adj. peculiar, próprio, característico; particular; singular; especial.

pe.cu.li.ar.i.ty [pikju:li'æriti] s. peculiaridade f., traço m. característico.

ped.a.gog.ic [pedəg'ɔdʒik] adj. pedagógico.

ped.a.go.gy [pedəg'oudʒi, pedəg'ədʒi] s. pedagogia f.

ped.al [pedl] s. pedal m. ‖ v. pedalar.

ped.ant [p'edənt] s. + adj. pedante m. + f.

pe.dan.tic [pid'æntik] adj. pedante.

ped.ant.ry [p'edəntri] s. pedantismo m.

ped.dle [pedl] v. mascatear, bufarinhar.

ped.dler [p'edlə] s. mascate m.

ped.es.tal [p'edistl] s. pedestal m.

pe.des.tri.an [pid'estriən] s. + adj. pedestre m. + f.

pe.di.at.rics [pi:di'ætriks] s. (Med.) pediatria f.

ped.i.cure [p'edikjuə] s. pedicuro m.

ped.i.gree [p'edigri:] s. árvore f. genealógica; linhagem f.

ped.lar [p'edlə] s. = **peddler.**

pee [pi:] s. (vulg.) urina f., xixi, pipi, mijo m. ‖ v. fazer xixi, pipi, mijar. ≃ **house** mictório.

peck [pi:k] s. espreitadela f. ‖ v. espreitar, espiar, dar uma olhadela.

peel [pi:l] s. casca f. (de fruta). ‖ v. descascar.

peel.ings [p'i:liŋz] s. pl. cascas f. pl.

peep [pi:p] s. olhadela, espreitadela f.; aurora, alva f.; pio, chilreio m. ‖ v. espreitar, espiar, piar, pipilar, chiar.

peer [piə] s. par m. do reino; nobre, fidalgo m.; par, igual m. ‖ v. perscrutar, observar atentamente, surgir. ‖ adj. igual.

peeve [pi:v] v. irritar, exacerbar.

peev.ish [pi:viʃ] adj. rabugento.

peg [peg] s. cavilha f.; espicho m.; grampo m. para varal. ‖ v. cavilhar; marcar com estacas, restringir, confinar.

pej.o.ra.tive [p'i:dʒərətiv] adj. pejorativo, depreciativo.

pel.i.can [p'elikən] s. (Orn.) pelicano m.

pel.let [p'elit] s. pílula f.; grão m. de chumbo; bolinha f.

pell.mell [p'elm'el] s. balbúrdia f.

pel.lu.cid [pelj'u:sid] adj. transparente.

pelt [pelt] s. pele, peliça f.; pedrada f. ‖ v. arremessar pedras.

pel.vis [p'elvis] s. (Anat.) pelve, pélvis f.

pen [pen] s. pena f. (de escrever); caneta f.; galinheiro, curral m.

pe.nal [p'i:nl] adj. penal; punível.

pe.nal.ize [p'inəlaiz] v. tornar penal; punir.

pen.al.ty [p'enəlti] s. pena, penalidade f.; pênalti m.

pen.ance [p'enəns] s. (Rel.) penitência f.

pence [pens] s. plural de **penny.**

pen.cil [pensl] s. lápis m.; pincel m. fino. ‖ v. desenhar a creiom; anotar.

pend.ant [p'endənt] s. pendente, berloque m.

pend.en.cy [p'endənsi] s. suspensão f.

pend.ent [p'endənt] adj. pendente.

pend.ing [p'endiŋ] adj. = **pendent.**

pen.du.lous [p'endjuləs] adj. suspenso.

pen.du.lum [p'endjuləm] s. pêndulo m.

pen.e.tra.ble [p'enitrəbl] adj. penetrável.

pen.e.trate [p'enitreit] v. penetrar.

pen.e.trat.ing [p'enitreitiŋ] adj. penetrante.

pen.e.tra.tion [penitr'eiʃən] s. penetração f.

pen.e.tra.tive [p'enitreitiv] adj. penetrativo.

pen.guin [p'eŋgwin] s. (Orn.) pingüim m.

pen.hold.er [p'enhouldə] s. caneta f.

pen.i.cil.lin [penəs'ilin] s. (Bioquím.) penicilina f.

pe.nis [p'i:nis] s. (Anat. e Zool.) pênis m.

pen.i.tence [p'enitəns] s. penitência f.

pen.i.tent [p'enitənt] s. + adj. penitente m. + f.

pen.i.ten.tia.ry [penit'enʃəri] s. penitenciário m.; penitenciária f.

pen.knife [p'ennaif] s. canivete m.

pen.ni.less [p'enilis] adj. sem dinheiro.

pen.ny [p'eni] s. (pl. **pennies** [p'enis] ou **pence**) pêni m. ‖ adj. avarento m. ≃ **-pincher** avaro. ≃ **-wise** cauteloso em assuntos de pouca monta, econômico em ninharias.

pen.sion [p'enʃən] s. pensão f. ‖ v. pensionar.

pen.sion.ar.y [p'enʃənəri] s. pensionista m. + f.

pen.sion.er [p'enʃənə] s. = **pensionary.**

pen.sive [p'ensiv] adj. pensativo.

pent [pent] adj. encerrado, confinado.

pent.house [p'enthaus] s. alpendre m., cobertura f.; habitação f. ou apartamento m. construído sobre o teto de um edifício.

pen.ul.ti.mate [pin'ʌltimit] adj. penúltimo.

pe.nu.ri.ous [pinj'uəriəs] adj. avarento.

pen.u.ry [p'enjuri] s. penúria, indigência f.

pe.on [p'i:ən] s. serviçal m.; peão, tropeiro m.

peo.ple [pi:pl] s. povo m.; conjunto m. de habitantes de uma nação; nação, tribo, raça f.; gente f., público m.; multidão f. ‖ v. povoar, tornar habitado; habitar.

pep.per [p'epə] s. pimenta f.; (Bot.) pimentão m.; (fam.) crítica f. mordaz. I v. apimentar; tornar picante. ≃ **mill** moedor de pimenta.

pep.per.corn [p'epəkɔ:n] s. grão m. de pimenta.

pep.per.mint [p'epəmint] s. (Bot.) hortelã f.

pep.py [p'epi] adj. (gíria) vivo, animado.

pep.tide [p'eptaid] s. (Bioquím.) peptídeo m.

per [pə:] prep. por, mediante; (Com.) conforme, de acordo com.

per.ceiv.able [pəs'i:vəbl] adj. perceptível, sensível.

per.ceive [pəs'i:v] v. perceber; observar, ver; distinguir.

per.cent [pəs'ent] s. por cento m.

per cent s. = **percent.**

per.cent.age [pəs'entidʒ] s. percentagem, porcentagem f.

per.cep.tion [pəs'epʃən] s. percepção f.

per.cep.tive [pəs'eptiv] adj. perceptivo.

perch [pə:tʃ] s. poleiro m. I v. empoleirar (-se); colocar em lugar alto.

per.chance [pətʃ'a:ns] adv. (poét.) por acaso; porventura, talvez.

per.co.la.te [p'ə:kəleit] v. filtrar, coar; (fig.) penetrar (mente).

per.cuss [pə:k'ʌs] v. percutir (também Med.).

per.cus.sion [pə:k'ʌʃən] s. percussão f., choque m.

per.di.tion [pə:d'iʃən] s. perdição f.

per.e.gri.na.tion [perigrin'eiʃən] s. peregrinação; viagem, jornada f.

per.emp.to.ry [pər'emptəri] adj. peremptório, decisivo, final; imperioso, categórico.

per.en.ni.al [pər'enjəl] adj. perene, permanente, perpétuo.

per.fect [p'ə:fikt] s. (Gram.) perfeito m. (tempo). I adj. perfeito, primoroso; puro.

per.fect [pəf'ekt] v. aperfeiçoar(-se); melhorar; completar.

per.fec.tion [pəf'ekʃən] s. perfeição f.

per.fid.i.ous [pa:f'idiəs] adj. pérfido; traidor, desleal, infiel; enganador, traiçoeiro.

per.fo.rate [p'ə:fəreit] v. perfurar.

per.fo.ra.tion [pə:fər'eiʃən] s. perfuração f.

per.form [pəf'ɔ:m] v. realizar; efetuar.

per.for.mance [pəf'ɔ:məns] s. execução, efetuação f.; proeza f.; desempenho m.

per.form.er [pəf'ɔ:mə] s. executor, fautor m.

per.fume [p'ə:fju:m] s. perfume m.

per.fume [pəfj'u:m] v. perfumar; aromatizar.

per.func.to.ry [pəf'ʌŋktəri] adj. perfunctório, superficial; indiferente.

per.haps [pəh'æps] adv. talvez, quiçá, porventura, por acaso.

per.il [p'eril] s. perigo, risco m. **at the** ≃ **of his life** com risco de sua vida.

per.il.ous [p'eriləs] adj. perigoso, arriscado; aventuroso.

pe.rim.e.ter [pər'imitə] s. perímetro m.

pe.ri.od [p'iəriəd] s. período, espaço m. de tempo decorrido entre dois fatos; época, era, idade f.; fase f., ciclo m.

pe.ri.od.ic [piəri'ɔdik] adj. periódico.

pe.ri.od.i.cal [piəri'ɔdikəl] s. + adj. periódico m.

pe.riph.er.al [per'ifərəl] adj. periférico; (Anat.) esterno.

per.i.pher.ic [perif'erik] adj. = **peripheral.**

per.i.pher.i.cal [perif'erikəl] adj. = **peripheral.**

pe.riph.er.y [pər'ifəri] s. (Geom.) periferia f.

per.i.scope [p'eriskoup] s. periscópio m.

per.ish [p'eriʃ] v. perecer, morrer.

per.ish.a.ble [p'eriʃəbl] adj. perecível, deteriorável, transitório; efêmero.

per.jure [p'ə:dʒə] v. perjurar.

per.jur.er [p'ə:dʒərə] s. perjuro m.

per.ju.ry [p'ə:dʒəri] s. perjúrio m.

perk.y [p'ə:ki] adj. vivo.

per.ma.nence [p'ə:mənəns] s. permanência, continuidade, estabilidade f.; perpetuidade f.

per.ma.nen.cy [p'ə:mənənsi] s. = **permanence.**

per.ma.nent [p'ə:mənənt] s. pessoa ou coisa f. permanente. I adj. permanente, duradouro, estável.

per.me.ate [p'e:mieit] v. permear, penetrar.

per.mis.si.ble [pəm'isəbl] adj. permissível.

per.mis.sion [pəm'iʃən] s. permissão, autorização f., consentimento m.

per.mis.sive [pəm'isiv] adj. permissivo; tolerável, admissível; facultativo.

per.mit [p'ə:mit] s. licença f. por escrito, passe m.; autorização f.

per.mit [pəm'it] v. permitir, consentir, autorizar.

per.mu.ta.tion [pə:mju:t'eiʃən] s. permutação f.; troca f.; transformação f.

per.ni.cious [pə:n'iʃəs] adj. pernicioso.

per.nick.e.ty [pən'ikiti] adj. (fam.) meticuloso, pedante.

per.ox.ide [pər'ɔksaid] s. (Quím.) peróxido m.; água f. oxigenada. ‖ v. oxigenar (cabelos).

per.pen.dic.u.lar [pə:pend'ikjulə] s. perpendicular f.; prumo m. ‖ adj. perpendicular; vertical; ereto.

per.pe.tra.tion [pə:pitr'eiʃən] s. perpetração f., cometimento m.; crime m.

per.pet.u.al [pəp'etjuəl] adj. perpétuo, eterno, contínuo, permanente.

per.pet.u.ate [pəp'etjueit] v. perpetuar.

per.pe.tu.i.ty [pə:pitʃ'uiti] s. perpetuidade f. **for** ≃, **in** ≃, **to** ≃ eternamente.

per.plex [pəpl'eks] v. desconcertar, desorientar; complicar, tornar confuso.

per.plexed [pəpl'ekst] adj. perplexo; ansioso.

per.qui.site [p'ə:kwizit] s. vantagens f. pl. ou benefícios m. pl. adicionais (ao salário); mordomias f. pl.

per.se.cute [p'ə:sikju:t] v. perseguir, oprimir.

per.se.cu.tion [p'ə:sikj'u:ʃən] s. perseguição, opressão f.

per.se.ver.ance [pə:siv'iərəns] s. perseverança, persistência, constância f.

per.se.vere [pə:siv'iə] v. perseverar.

Per.sian [p'ə:ʃən] s. + adj. persa, pérsico m.

per.sist [pəs'ist] v. persistir, perseverar.

per.sist.ence [pəs'istəns] s. persistência f.

per.sist.ent [pəs'istənt] adj. persistente.

per.son [pə:sn] s. pessoa f., indivíduo m.

per.son.a.ble [p'ə:snəbl] adj. bem-apessoado, atraente, apresentável.

per.son.al [p'ə:snəl] adj. pessoal; individual; próprio, particular.

per.son.al.i.ty [pə:sn'æliti] s. personalidade, individualidade f.

per.son.i.fi.ca.tion [pə:sɔnifik'eiʃən] s. personificação f.

per.son.i.fy [pə:s'ɔnifai] v. personificar.

per.son.nel [pə:sən'el] s. pessoal, conjunto m. de funcionários. ‖ adj. referente ao pessoal.

per.spec.tive [pəspek'ektiv] s. perspectiva f.

per.spi.ca.cious [pə:spik'eiʃəs] adj. perspicaz, sagaz, agudo.

per.spi.cac.i.ty [pə:spik'æsiti] s. perspicácia, sagacidade f.

per.spi.ra.tion [pə:spər'eiʃən] s. transpiração, perspiração f., suor m.

per.spire [pəsp'aiə] v. perspirar, suar.

per.suade [pəsw'eid] v. persuadir.

per.sua.si.ble [pəsw'eizəbl] adj. persuadível.

per.sua.sion [pəsw'eiʒən] s. persuasão f.; convicção, opinião f.; fé, crença f.

per.sua.sive [pəsw'eisiv] adj. persuaviso, persuasório, convincente.

pert [pə:t] adj. atrevido, ousado.

per.tain [pə:t'ein] v. pertencer.

per.ti.na.cious [pə:tin'eiʃəs] adj. pertinaz.

per.ti.nac.i.ty [pə:tin'æsiti] s. pertinácia f.; persistência, perseverança f.

per.ti.nence [p'ə:tinəns] s. pertinência f.

per.ti.nen.cy [p'ə:tinənsi] s. = **pertinence**.

per.ti.nent [p'ə:tinənt] adj. apropriado; conveniente, oportuno.

pert.ness [p'ə:tnis] s. atrevimento m.

per.turb [pət'ə:b] v. perturbar.

per.tur.ba.tion [pə:təb'eiʃən] s. perturbação f.

pe.ruse [pər'u:z] v. ler atentamente.

Pe.ru.vian [pər'u:viən] s. + adj. peruano, peruviano m.

per.vade [pə:v'eid] v. penetrar.

per.va.sive [pə:v'eisiv] adj. penetrante.

per.verse [pəv'ə:s] adj. perverso.

per.ver.sion [pəv'ə:ʃən] s. perversão f.

per.ver.si.ty [pəv'ə:siti] s. perversidade, maldade f.; teimosia, obstinação f.

per.vert [pəv'ə:t] s. (Rel.) pessoa f. transviada; indivíduo m. pervertido. ‖ v. deturpar, desvirtuar; perverter, corromper.

per.vert.ed.ness [pəv'ə:tidnis] s. deturpação f.; perversão, corrupção f.

pes.si.mism [p'esimizm] s. pessimismo m.

pes.si.mist [p'esimist] s. + adj. pessimista m. + f.

pest [pest] s. peste, pestilência f.; praga f.

pes.ter [p'estə] s. importuno m. ‖ v. importunar.

pest.i.cide [p'estisaid] s. praguicida m. ‖ adj. pesticida.

pes.ti.lent [p'estilənt] adj. mortífero.

pes.tle [pesl] s. pilão m.

pet [pet] s. animal m. de estimação; favorito, querido m. ‖ v. mimar, afagar. ‖ adj. favorito.

pet.al [p'etl] s. pétala f.

pe.ter [pi:tə] v. esgotar-se, ficar exausto.

pe.ti.tion [pit'iʃən] s. petição f. ‖ v. requerer; pedir, peticionar, suplicar.

pe.ti.tion.ar.y [pit'iʃənəri] adj. petitório.

pet.ri.fy [p'etrifai] v. petrificar(-se); paralisar.

pet.ro.chem.is.try [petrok'emistri] s. petroquímica f.

pet.rol [p'etrəl] s. (Ing.) gasolina f.

pe.tro.le.um [pitr'ouliəm] s. petróleo m.

pe.tro.lif.er.ous [petrol'ifərəs] adj. petrolífero.

pet.ti.coat [p'etikout] s. anágua f.

pet.ti.ness [p'etinis] s. insignificância f.

pet.tish [p'etiʃ] adj. rabugento.

pet.ty [p'eti] adj. insignificante, trivial; mesquinho.

pet.u.lance [p'etjuləns] s. petulância, impertinência f.

pet.u.lan.cy [p'etjulənsi] s. = **petulance**.

pet.u.lant [p'etjulənt] adj. petulante, insolente; mal-humorado.

phal.anx [f'ælæŋks] s. falange f. (de soldados, torcedores); grupo m.; (Anat.) falange f.

phan.tasm [f'æntæzm] s. fantasma m.

phan.ta.sy [f'æntəsi] s. fantasia f.

phan.tom [f'æntəm] s. aparição f., ilusão f. mental.

phar.ma.ceu.tic [fa:məsj'u:tik] adj. farmacêutico.

phar.ma.cy [f'a:məsi] s. farmácia f.

phase [feiz] s. (Astron., Biol., Fís. e Quím.) fase f.; estado, período m.

phe.nom.e.nal [fin'ominəl] adj. fenomenal.

phe.nom.e.non [fin'ominon] s. fenômeno m.; prodígio m.

phe.no.type [f'inətaip] s. (Biol.) fenótipo m.

phi.lan.thro.py [fil'ænθrəpi] s. filantropia f.

phil.har.mon.ic [fila:m'ɔnik] s. filarmônica f.

phi.lol.o.gy [fil'ɔlədʒi] s. filologia f.

phi.los.o.pher [fil'ɔsəfə] s. filósofo m.

phi.los.o.phy [fil'ɔsəfi] s. filosofia f.

phlegm [flem] s. muco, catarro m.; fleuma, flegma f.

phleg.mat.ic [flegm'ætik] adj. fleumático.

phleg.mat.i.cal [flegm'ætikəl] adj. = **phlegmatic**.

pho.bi.a [f'oubiə] s. (Psicol.) fobia f.

phone [foun] s. fonema m.; forma abreviada de **telephone**. ‖ v. (fam.) telefonar. ≃ **booth** cabine de telefone.

phon.et.ic [fon'etik] adj. fonético.

phon.et.i.cal [fon'etikəl] adj. = **phonetic**.

pho.net.ics [fon'etiks] s. fonética f.

pho.ney [f'ouni] s. = **phony**.

pho.ny [f'ouni] s. (E.U.A., gíria) impostor m.; mentira f. ‖ adj. (E.U.A., gíria) falso, falsificado; pretenso.

phos.phate [f'ɔsfeit] s. (Quím.) fosfato m.

phos.pho.rus [f'ɔsfərəs] s. (Quím.) fósforo m.

pho.to [f'outou] s. foto, fotografia f. ‖ v. fotografar. ‖ adj. fotográfico.

pho.to.cop.y [f'outokɔpi] s. fotocópia f.

pho.to.gen.ic [foutoudʒ'enik] adj. fotogênico.

pho.to.graph [f'outəgra:f] s. fotografia f., retrato m. ‖ v. fotografar. **to take a** ≃ tirar uma fotografia.

pho.tog.ra.pher [fət'ɔgrəfə] s. fotógrafo m.

pho.to.graph.ic [foutəgr'æfik] adj. fotográfico.

pho.to.graph.ic.al [foutəgr'æfikəl] adj. = **photographic**.

pho.tog.ra.phy [fət'ɔgrəfi] s. fotografia f.

pho.to.syn.the.sis [foutous'inθəsiz] s. (Bot.) fotossíntese f.

pho.ton [f'outən] s. (Fís.) fóton m.

phrase [freiz] s. (Gram. e Mús.) frase f.; expressão, locução f.; fraseologia f., palavreado m. ‖ v. frasear; exprimir.

phys.i.cal [f'izikəl] adj. físico, material.

phy.si.cian [fiz'iʃən] s. médico, clínico m.

phys.i.cist [f'izisist] s. físico m.; naturalista m. + f.

phys.ics [f'iziks] s. física f.

phys.i.og.no.my [fizi'ɔnəmi] s. fisiognomonia f.; fisionomia f., semblante m., feições f. pl.

phys.i.o.log.ic [fiziəl'ɔdʒik] adj. fisiológico.

phys.i.o.log.i.cal [fiziəl'ɔdʒikəl] adj. = **physiologic**.

phys.i.ol.o.gy [fizi'ɔlədʒi] s. fisiologia f.

phys.i.o.ther.apy [fiziəθ'erəpi] s. fisioterapia f.

phy.sique [fiz'i:k] s. físico m., compleição f.

pi.an.ist [pj'ænist, p'iənist] s. pianista m. + f.

pi.a.no [pj'ænou, pj'a:nou] s. piano m.

pick [pik] s. picareta f., alvião m.; picada f.; escolha, seleção f. ‖ v. colher, remover; selecionar, escolher; bicar; tocar (instrumento de cordas). **to** ≃ **on** ou **upon** perseguir, apoquentar, atormentar. **to** ≃ **up with** travar conhecimento ou relação com. **to** ≃ **one's teeth** palitar os dentes. **to** ≃ **a lock** arrombar uma fechadura. **to** ≃ **a winner** ter um bom palpite (na corrida de cavalos). **to** ≃ **up information** selecionar informação.

pick.ax [p'ikæks] s. picareta f., picão, alvião m.

pick.axe [p'ikæks] s. = **pickax.**

pick.er [p'ikə] s. colhedor, apanhador m.

pick.et [p'ikit] s. estaca, piqueta f.; piquete m. ‖ v. cercar com estacas; formar piquetes de grevistas. ≃ **fence** estacada.

pick.le [pikl] s. conserva f. em salmoura ou escabeche. ‖ v. conservar em salmoura ou escabeche. **in** ≃ em conserva.

pick.pock.et [p'ikpokit] s. batedor m. de carteiras. ‖ v. bater carteiras.

pick.up [p'ikʌp] s. aceleração f. (de motores ou automóveis); captador m. sonoro; camioneta f. de plataforma baixa, para entregas rápidas; (gíria) melhora f.; caso m., amizade f. passageira.

pic.nic [p'iknik] s. piquenique m. ‖ v. participar de piqueniques. **it was no** ≃ não foi nada fácil.

pic.to.ri.al [pikt'ɔ:riəl] adj. pictorial.

pic.ture [p'iktʃə] s. pintura, tela, cena f., retrato m. ‖ v. pintar, retratar; desenhar, ilustrar; descrever; imaginar.

pic.tur.esque [piktʃər'esk] adj. pitoresco.

pid.dling [p'idliŋ] adj. trivial, insignificante; sem valor.

pie [pai] s. pastel, pastelão m.; torta f.; (fig.) algo sem valor. **to put one's finger in every** ≃ meter-se em tudo.

piece [pi:s] s. peça, parte f., pedaço m. ‖ v. remendar. **a** ≃ **of advice** um conselho. **a** ≃ **of furniture** um móvel.

pier [piə] s. pilar m. de ponte.

pierce [piəs] v. furar, penetrar, perfurar.

pi.er.rot [p'iərou] s. pierrô m.

pi.e.ty [p'aiəti] s. piedade f.

pif.fle [pifl] s. (gíria) bobagem, baboseira f., disparate m.

pig [pig] s. leitão, porco m.; (fig.) pessoa f. execrável; (Metalúrg.) lingote m. **to** ≃ **it** viver como porco. ≃ **iron** ferro fundido, lingote.

pi.geon [p'idʒin] s. (Orn.) pombo m. ≃ **house**, **loft** pombal.

pigeon-hole s. buraco m. de pombal; pequeno compartimento m. em gaveta, para guardar papéis. ‖ v. arquivar.

pig.gie [p'igi] s. = **piggy.**

pig.gish [p'igiʃ] adj. sujo, imundo.

pig.gy [p'igi] s. leitão m. ‖ adj. voraz.

pig.pen [p'igpen] s. chiqueiro m., pocilga f.

pig.sty [p'igstai] s. chiqueiro m., casa f. muito suja.

pig.tail [p'igteil] s. rabo m. (de porco); trança f.

pile [pail] s. pêlo m., lanugem f.; pilha f.; montão, monte m.; estaca f. ‖ v. empilhar, amontoar, cravar estacas. ≃ **driver** bater estaca. **atomic** ≃ lixo atômico.

pil.fer [p'ilfə] v. furtar.

pil.grim [p'ilgrim] s. peregrino, romeiro m.

pil.grim.age [p'ilgrimidʒ] s. peregrinação f.

pil.ing [p'ailiŋ] s. empilhamento m.

pill [pil] s. pílula f.

pil.lage [p'ilidʒ] s. pilhagem f., saque m. ‖ v. pilhar, saquear; espoliar.

pil.lar [p'ilə] s. (Arquit.) pilar m.

pil.lion [p'iljən] s. banco m. de trás, traseira (de motocicleta, bicicleta), garupa f.

pil.low [p'ilou] s. traseiro m.; (Téc.) chumaceira f.

pil.low.case [p'iloukeis] s. fronha f.

pi.lot [p'ailət] s. (Náut. e Av.) piloto m.; (fig.) guia m. + f. ‖ v. pilotar, pilotear; guiar, dirigir, conduzir.

pimp [pimp] s. alcoviteiro, gigolô m. ‖ v. alcovitar.

pin [pin] s. alfinete m.; pino m.; espicho m.; broche m. ‖ v. prender com alfinetes; trancar; fixar, segurar.

pinch [pintʃ] s. beliscão m.; aperto m.; pitada f. (de sal). ‖ v. beliscar; arrancar; apertar.

pin.cush.ion [p'inkʌʃən] s. alfineteira f.

pine [pain] s. (Bot.) pinheiro m. ‖ v. delinear. **to** ≃ **for** suspirar (por alguém ou algo). ≃ **cone** pinha. ≃ **grove** pinheiral.

pine.ap.ple [p'ainæpl] s. (Bot.) abacaxi m.

ping [piŋ] s. silvo, sibilo m. ‖ v. sibilar. ≃ **pong** pingue-pongue.

pink [piŋk] adj. cor-de-rosa. **to go** ≃ enrubescer.

pin.na.cle [p'inəkl] s. (Arquit.) pináculo m.; (fig.) apogeu, ápice, pico m.

pin.point [p'inpoint] s. ponta f. infinitesimal ou muito aguçada. ‖ v. localizar com precisão.

pint [paint] s. pinta f.; medida f. de capacidade.

pi.o.neer [paiən'iə] s. (Milit.) sapador m.; pioneiro, precursor m. ‖ v. guiar, conduzir;

abrir caminho. ‖ adj. precursor, preparatório; vanguardeiro.

pi.ous [p'aiəs] adj. devoto, piedoso.

pipe [paip] s. cano, tubo m.; cachimbo m.; pipa f.; flauta f. ‖ v. transportar, bombar (através de canos água, petróleo etc.); assobiar, piar, pipilar. ≃ **filter** encanador.

pipe.line [p'aiplain] s. oleoduto m.

pip.er [p'aipə] s. tocador m. de gaita de foles; flautista m. + f.

pip.ing [p'aipiŋ] s. música f. de flauta ou gaita de foles; ação f. de tocar um destes instrumentos; pio m.

pi.quant [p'i:kənt] adj. picante.

pique [pi:k] s. amuo, ressentimento m. ‖ v. irritar; provocar; espicaçar.

pi.quet [pik'et] s. piquê, jogo m. de cartas.

pi.ra.cy [p'airəsi] s. pirataria, piratagem f.

pi.rate [p'airit] s. pirata, corsário m. ‖ v. piratear; usar ilegalmente. ‖ adj. pirata, ilegal.

piss [pis] s. (vulg.) urina; xixi, pipi, mijo. ‖ v. (vulg.) urinar, fazer xixi. ≃ **pot** penico. ≃ **artist** pessoa que bebe muito, beberrão. **take the** ≃ **out of s. o.** debochar, tirar o sarro. ≃ **house** banheiro, sanitário, mictório. ≃ **up** festa com muita bebida; bebedeira.

pissed [pist] adj. (Ingl.) bêbado. ≃ **off** (E.U.A.) chateado.

pistol [pistl] s. pistola f. (arma de fogo).

pit [pit] s. cova, fossa f., buraco m.; mina, jazida f. **coal** ≃ mina de carvão. **the** ≃ **of the stomach** boca do estômago.

pit.a.pat [p'itəpæt] s. tique-taque m.; batida f. de passos. ‖ v. palpitar.

pitch [pitʃ] s. piche, pez m.; lance, lançamento m. ‖ v. montar, armar, erigir; assentar, acampar; fincar, arremessar; (gíria) contar; (Náut) arfar. **to** ≃ **into** atacar violentamente.

pitch.er [p'itʃə] s. jarro, cântaro m., bilha f.; (Beisebol) arremessador m.

pit.e.ous [p'itiəs] adj. comovente.

pit.fall [p'itfɔ:l] s. alçapão m.; (fig.) armadilha f.

pith [piθ] s. (Bot.) medula f.; (fig.) força f.; parte f. essencial.

pit.i.a.ble [p'itiəbl] adj. lastimável, deplorável; desprezível, insignificante.

pit.i.ful [p'itiful] adj. lamentável.

pit.i.less [p'itilis] adj. desapiedado, cruel.

pit.man [p'itmən] s. mineiro m.

pit.tance [p'itəns] s. pagamento m. miserável.

pi.tu.i.tar.y [pitj'uitəri] s. (Anat.) glândula. pituitária, hipófise f.; (Farmac.) extrato m. de hipófise. ‖ adj. pituitário.

pit.y [p'iti] s. piedade, compaixão, pena f., dó m. ‖ v. compadecer-se de, ter pena de.

piv.ot [p'ivət] s. (também Odont.) pivô m.; (Téc.) pino m.; (fig.) fator m. principal.

pix.ie [p'iksi] s. = **pixy**.

pix.y [p'iksi] s. duende, elfo m.

plac.ard [pl'æka:d] s. cartaz, placar m.

pla.cate [plək'eit] v. aplacar, acalmar, tranqüilizar, pacificar.

place [pleis] s. lugar m.; espaço m. ocupado; posição natural, colocação f. certa. ‖ v. colocar; pôr.

plac.id [pl'æsid] adj. plácido, calmo, sereno, tranqüilo.

plac.id.ness [pl'æsidnis] s. = **placidity**.

pla.cid.i.ty [pl'æs'iditi] s. placidez, serenidade, tranqüilidade, paz f., sossego m.

pla.gia.rist [pl'eidʒiərist] s. plagiador m.

pla.gia.rize [pl'eidʒiəraiz] v. plagiar.

plague [pleig] s. peste, pestilência, epidemia f.; praga f. ‖ v. infeccionar, infestar; (fam.) aborrecer, importunar.

plain [plein] s. planície f. ≃ **s** (E.U.A.) prado m. ‖ adj. plano, raso, liso, manifesto, claro, evidente. ≃ **-spoken** franco, sincero. ≃ **-dealing** franqueza, boa fé.

plain.ness [pl'einnis] s. lisura f.; clareza f.

plain.tiff [pl'eintif] s. (Jur.) queixoso m., querelante m. + f.

plait [pleit] s. trança f.; prega, dobra f. ‖ v. preguear.

plan [plæn] s. plano m.; planta f., projeto, esboço m. ‖ v. planejar; projetar, esboçar, delinear; tencionar.

plane [plein] s. (Geom.) plano m.; superfície f., nível m.; avião m.

plan.et [pl'ænit, pl'ænət] s. (Astron.) planeta m.

plan.e.tar.y [pl'ænitəri] adj. planetário.

plan.gent [pl'ændʒənt] adj. sonoro.

plank [plæŋk] s. prancha f., tabuão m.; madeira f. em pranchas; suporte, apoio m.

plan.ner [pl'ænə] s. planejador m.

plant [pla:nt] s. planta f., vegetal m.; muda f.; fábrica, usina f. ‖ v. plantar, cultivar; cravar, ficar, afixar; implantar.

plan.ta.tion [plænt'eiʃən] s. plantação f.

plant.er [pl'a:ntə] s. agricultor m.
plaque [plæk] s. placa f.; broche m.
plasm [plæzm] s. (Fisiol. e Biol.) plasma, protoplasma m.
plasma [pl'æzmə] s. (Fisiol.) plasma m. **‖** adj. plasmático.
plas.ter [pl'a:stə] s. emplastro m.; emboço m. **‖** v. emboçar; lambuzar; emplastrar.
plas.ter.ed [pl'a:stəd] adj. bêbado.
plas.ter.stone [pl'a:stəstoun] s. gesso m.
plas.tic [pl'æstik] s. plástica f. **‖** adj. plástico; maleável. ≃ **art** escultura.
plas.tic.i.ty [plæst'isiti] s. plasticidade f.
plate [pleit] s. chapa, lâmina, folha f.; placa f. **‖** v. chapear; laminar; incrustar; blindar, couraçar.
pla.teau [plæt'ou] s. planalto, altiplano m.
plat.form [pl'ætfɔ:m] s. plataforma f.
plat.i.num [pl'ætinəm] s. platina f. **‖** adj. de platina.
plat.i.tude [pl'ætitju:d] s. lugar-comum m., banalidade f.
pla.ton.ic [plət'ɔnik] s. platonista m. + f. **‖** adj. platônico.
plat.oon [plət'u:n] s. pelotão m.
plat.ter [pl'ætə] s. travessa f. (de louça).
plau.si.ble [pl'ɔ:zibl] adj. plausível, razoável, aceitável.
play [plei] s. jogo m., disputa f.; divertimento m., brincadeira f. **‖** v. tocar; jogar, disputar; brincar, folgar. **said in** ≃ dito por brincadeira. **to** ≃ **a trick on** pregar uma peça em. **to** ≃ **fair** agir corretamente. ≃ **on words** trocadilho.
play.bill [pl'eibil] s. programa m. teatral.
play.boy [pl'eibɔi] s. (E.U.A., gíria) farrista, boêmio.
play.er [pl'eiə] s. jogador m., músico m.
play.ful [pl'eiful] adj. brincalhão.
play.ground [pl'eigraund] s. pátio m. de recreio.
playing card [pl'eiiŋ ka:d] s. carta f. de jogar.
play.mate [pl'eimeit] s. companheiro m. de folguedos.
play.thing [pl'eiθiŋ] s. brinquedo m.
play.time [pl'eitaim] s. hora f. de recreio.
play.wright [pl'eirait] s. dramaturgo m.
plea [pli:] s. argumento, pretexto m.
pleach [pli:tʃ] v. entretecer, entrelaçar.
plead [pli:d] v. (pret. e p. p. **pleaded,** (E.U.A.) pret. e p. p. **pled**) pleitear, defender, advogar, apelar.

pleas.ant [pleznt] adj. agradável; amável.
pleas.ant.ry [pl'ezəntri] s. jovialidade f.
please [pli:z] v. agradar, aprazer.
pleas.ing [pl'i:ziŋ] adj. agradável, gentil.
pleas.ure [pl'eʒə] s. prazer, gosto m., satisfação f.
pleat [pli:t] s. dobra, prega f. **‖** v. dobrar, preguear, plissar.
ple.be.ian [plib'i:ən] s. + adj. plebeu m.
pleb.i.scite [pl'ebisit] s. plebiscito m.
plebs [plebz] s. plebe, ralé f., populacho m.
pledge [pledʒ] s. penhor m., caução f.; garantia, fiança f. **‖** v. empenhar, caucionar; garantir; brindar.
ple.na.ry [pl'i:nəri] adj. plenário, pleno.
plen.i.tude [pl'enitju:d] s. plenitude f.
plen.ti.ful [pl'entiful] adj. abundante.
plen.ty [pl'enti] s. abundância, profusão, fartura f. **‖** adj. abundante, copioso, farto, muito, bastante.
pleu.ri.sy [pl'uərisi] s. (Med.) pleuris m.
pli.ant [pl'aiənt] adj. flexível; maleável.
pli.ca [pl'aikə] s. dobra, prega, ruga f.
pli.cate [plaik'eit] v. dobrar, preguear.
pliers [pl'aiəz] s. pl. alicate m.
plight [plait] s. condição, situação f. (ruim).
plod [plɔd] s. caminhar m. penoso; lida, faina, labuta f. **‖** v. caminhar lenta e penosamente; labutar, lidar.
plod.ding [pl'ɔdiŋ] adj. laborioso.
plot [plɔt] s. pedaço m. de terra, nesga f.; canteiro m.; conspiração f. **‖** v. levantar a planta de, delinear, demarcar; marcar; conspirar.
plough [plau] s. arado m.; terra f. arada; máquina f. para remover neve; reprovação f. em exame. **‖** v. arar, lavrar; sulcar, fender; reprovar (em exame). **to** ≃ **out** levantar (a terra). **to** ≃ **up** sulcar.
plough.a.ble [pl'auəbl] adj. arável.
plough.er [pl'auə] s. lavrador, arador m.
plow [plau] s. = **plough.**
pluck [plʌk] s. arranque m., arrancada f.; puxão m. **‖** v. arrancar.
pluck.y [pl'ʌki] adj. corajoso, bravo.
plug [plʌg] s. batoque m.; rolha, cavilha f.; (Téc.) bujão m.; tampão m.; pino m. de tomada. **‖** v. tampar, arrolhar, tapar.
plum [plʌm] s. ameixa f. ≃ **tree** ameixeira.
plumb [plʌm] s. sonda f. náutica. **‖** v. sondar com o prumo, medir a profundidade da água; (fig.) avaliar, examinar; chumbar. **‖**

adj. vertical, a prumo; (fam.) completo, absoluto, correto. ‖ adv. perpendicularmente, a prumo. **out of, off** ≃ fora de prumo; falso, inverídico, inexato. ≃ **line** prumo.

plumb.er [pl'ʌmə] s. encanador m.

plumb.ing [pl'ʌmiŋ] s. sondagem f.; encanamento m.

plume [plu:m] s. pluma, pena f. ‖ v. emplumar.

plump [plʌmp] s. baque m. ‖ v. baquear. ‖ adj. direito, positivo, franco; gordo, rechonchudo.

plun.der [pl'ʌndə] s. pilhagem f. ‖ v. pilhar, saquear, roubar, espoliar.

plun.der.age [pl'ʌndəridʒ] s. saque m.

plunge [plʌndʒ] s. mergulho m., imersão f.; salto m. ‖ v. mergulhar, submergir, imergir.

plung.er [pl'ʌndʒə] s. mergulhador m.; pistão m.

plu.ral [pl'uərəl] s. (Gram.) plural m. ‖ adj. (Gram.) plural.

plu.ral.i.ty [pluər'æliti] s. pluralidade f.

plus [plʌs] s. sinal m. de adição (+). ‖ adj. de adição; adicional, extra.

plush [plʌʃ] s. pelúcia f. ‖ adj. de pelúcia.

plush.y [pl'ʌʃi] adj. felpudo; elegante, suntuoso.

plu.vi.al [pl'u:viəl] adj. pluvial, pluviátil.

ply [plai] s. dobra, prega f. ‖ v. dobrar, preguear, manejar, manipular.

pneu.mat.ic [nju:m'ætik] s. pneumático, pneu m. ‖ adj. pneumático.

pneu.mo.nia [nju:m'ouniə] s. (Med.) pneumonia f.

poach [poutʃ] v. invadir propriedade alheia (ao caçar ou pescar); roubar (caça, pesca).

pock.et [p'ɔkit] s. bolso m., algibeira f.; bolsa f. ‖ v. embolsar, pôr no bolso; engolir (uma afronta).

pock.et.book [p'ɔkitbuk] s. livro m. de bolso; agenda f.

pock.et.knife [p'ɔkitnaif] s. canivete m.

pock.mark [p'ɔkma:k] s. bexiga, cicatriz f. causada por ferida.

pod [pɔd] s. vagem f. (de leguminosa). ‖ v. produzir vagens; descascar (leguminosas).

podg.y [p'ɔdʒi] adj. atarracado.

po.em [p'ouəm] s. poema m.; poesia f.

po.et [p'ouit] s. poeta m.

po.et.ess [p'ouitis] s. poetisa f.

po.et.ic [pou'etik] adj. poético.

po.et.i.cal [pou'etikəl] adj. = **poetic**.

po.et.ry [p'ouitri] s. poesia f.; poesias f. pl.

poign.ant [p'ɔinənt] adj. pungente.

point [pɔint] s. ponto m.; sinal m., mancha f.; circunstância f.; pormenor m.; posição f.; objetivo, escopo m. ‖ v. apontar, fazer ponta em, aguçar; indicar, mostrar; evidenciar. **that's the** ≃ eis a questão. **they spoke to the** ≃ falaram objetivamente. **to the** ≃ importante, relevante. ≃ **- blank** à queima roupa. ≃ **of view** ponto de vista.

point.ed [p'ɔintid] adj. pontudo.

point.er [p'ɔintə] s. apontador m.

point.less [p'ɔintlis] adj. sem ponta.

poise [p'ɔiz] equilíbrio m., estabilidade f.; porte m.; indecisão f. ‖ v. equilibrar, balançar; estabilizar; suspender.

poi.son [pɔizn] s. veneno, tóxico m. ‖ v. envenenar; corromper; viciar.

poi.son.er [p'ɔiznə] s. envenenador m.

poi.son.ing [p'ɔizniŋ] s. envenenamento m.

poi.son.ous [p'ɔiznəs] adj. venenoso.

poke [pouk] s. empurrão m., cutucada f. ‖ v. empurrar; ressaltar, sobressair; tatear; remexer. **to** ≃ **about** escarafunchar. **to** ≃ **one's nose into other people's affairs** meter o nariz onde não se é chamado. **to** ≃ **off** (fam.) andar a esmo.

pok.er [p'oukə] s. (Jogo) pôquer m.

pok.ey [p'ouki] adj. = **poky**.

pok.y [p'ouki] adj. (lugar) pequeno, acanhado.

po.lar [p'oulə] adj. polar.

po.lar.i.ty [pol'æriti] s. polaridade f.

po.lar.ize [p'ouləraiz] v. polarizar.

pole [poul] s. poste, varapau m., estaca f.; mastro m.; pólo m. ≃ **s apart** muito diferente, em desacordo.

po.lem.ic [pol'emik] s. polêmica f.

po.lice [pəl'i:s] s. polícia f. ‖ v. policiar; regular por lei.

po.lice.man [pəl'i:smən] s. policial m.

pol.i.cy [p'ɔlisi] s. diplomacia f.; política f., plano m. de ação.

pol.ish [p'ɔliʃ] s. polimento m. ‖ v. polir, lustrar; engraxar (sapatos).

Pol.ish [p'ouliʃ] s. + adj. polonês m.

pol.ish.ing [p'ɔliʃiŋ] s. polimento m.

po.lite [pəl'ait] adj. polido, cortês.

po.lite.ness [pəl'aitnis] s. polidez, cortesia f.

pol.i.tic [p'ɔlitik] adj. político.
pol.i.ti.cal [pol'itikəl] adj. = politic.
pol.i.ti.cian [pɔlit'iʃən] s. político m.
po.lit.i.cize [pol'itisaiz] v. politicar.
pol.i.tics [p'ɔlitiks] s. pl. (verbo no sing.) política f.; interesse m. partidário.
poll [poul] s. votação f.; número m. de votos; apuração f. de votos. ‖ v. receber votos; votar; apurar votos.
pol.len [p'ɔlən] s. (Bot.) pólen m. ‖ v. polinizar.
poll.ing [p'ouliŋ] s. votação f.
pol.li.nize [p'ɔlinaiz] v. polinizar.
pol.lute [pəl'u:t] v. poluir.
pol.lut.er [pəl'u:tə] s. poluidor m.
pol.lu.tion [pəl'u:ʃən] s. poluição f.
po.lyg.a.mous [pɔl'igəməs] adj. polígamo.
po.lyg.a.my [pɔl'igəmi] s. poligamia f.
pol.y.glot [p'ɔliglɔt] s. poliglota m. + f.
po.ly.morph.ism [pɔlim'ɔ:fizm] s. polimorfismo m.
po.ly.ploid [p'ɔliplɔid] adj. (Biol.) poliplóide.
po.ly.sac.char.ide [pɔlis'ækəraid] s. (Quím.) polissacarídeo m.
pol.y.syl.la.ble [pɔlis'iləbl] s. polissílabo m.
pol.y.tech.nic [pɔlit'eknik] s. politécnica f.
po.made [pəm'a:d] s. pomada, brilhantina f. ‖ v. pôr pomada.
pome.gran.ate [p'ɔmgrænit] s. romã f.
pomp [pɔmp] s. pompa f.; exibição f. ‖ v. ostentar.
pom.pos.i.ty [pɔmp'ɔsiti] s. pomposidade f.
pomp.ous [p'ɔmpəs] adj. pomposo.
pond [pɔnd] s. tanque m.; lagoa f.
pon.der [p'ɔndə] v. ponderar, deliberar.
pon.der.a.bil.i.ty [pɔndərəb'iliti] s. ponderabilidade f.
pon.der.a.tion [pɔndər'eiʃən] s. ponderação f.
pon.tiff [p'ɔntif] s. papa m.; bispo m.
pon.tif.i.cate [pɔnt'ifikeit] s. pontificado m. ‖ v. pontificar, falar em tom categórico.
po.ny [p'ouni] s. pônei m. ‖ v. pagar, saldar.
pool [pu:l] s. poça f., charco m.
poop [pu:p] s. (Náut.) tombadilho m.
poor [puə] adj. pobre; indigente; infeliz.
poor.house [p'uəhaus] s. asilo m.
poor.ness [p'ouənis] s. pobreza, indigência f.

pop [p'ɔp] s. estouro m. ‖ adj. pop, popular. ‖ v. estourar. ≃ music música popular. ≃ culture cultura popular. to ≃ in aparecer por acaso, visitar inesperadamente.
pop.corn [p'ɔpkɔ:n] s. pipoca f.
pope [poup] s. papa, sumo pontífice m.
pop.eyed [p'ɔpaid] adj. com os olhos esbugalhados.
pop.gun [p'ɔpgʌn] s. espingarda f. de ar comprimido.
pop.py [p'ɔpi] s. (Bot.) papoula f.
pop.py.cock [p'ɔpikɔk] s. (coloq.) conversa f. fiada, papo m. furado.
pop.u.lace [p'ɔpjuləs] s. populacho m., ralé f.
pop.u.lar [p'ɔpjulə] adj. popular.
pop.u.lar.i.ty [pɔpjul'æriti] s. popularidade f.
pop.u.lar.ize [p'ɔpjuləraiz] v. popularizar.
pop.u.late [p'ɔpjuleit] v. povoar.
pop.u.la.tion [pɔpjul'eiʃən] s. população f.
por.ce.lain [p'ɔ:slin] s. porcelana f. ‖ adj. de porcelana.
porch [pɔ:tʃ] s. pórtico, alpendre m.
por.cu.pine [p'ɔ:kəpain] s. (Zool.) porco-espinho m.
pore [pɔ:] s. poro m. ‖ v. olhar atentamente.
pork [pɔ:k] s. carne f. de porco. ≃ chop costeleta de porco.
por.no.graph.ic [pɔ:nəgr'æfik] adj. pornográfico.
por.nog.ra.phy [pɔ:n'ɔgrəfi] s. pornografia f.
po.rous [p'ɔ:rəs] adj. poroso.
port [pɔ:t] s. porto, ancoradouro m.
port.a.ble [p'ɔ:təbl] adj. portátil.
por.tage [p'ɔ:tidʒ] s. transporte, frete m.
por.tal [pɔ:tl] s. (Arquit.) portal m.
por.tend [pɔ:t'end] v. prognosticar.
por.tent [p'ɔ:tənt] s. presságio, augúrio m.; prodígio m.; portento m.
por.ter [p'ɔ:tə] s. porteiro m.; carregador m.
por.tion [p'ɔ:ʃən] s. porção, parcela f. ‖ v. repartir. to ≃ off, out partilhar.
port.ly [p'ɔ:tli] adj. digno; corpulento.
por.trait [p'ɔ:trit] s. retrato m.; imagem f.
por.trait.ist [p'ɔ:tritist] s. retratista m. + f.
por.tray [pɔ:tr'ei] v. retratar, pintar.
Por.tu.guese [pɔ:tjug'i:z] s. português m. (habitante e língua). ‖ adj. português.

pose [pouz] s. pose f.; postura f. estudada; atitude f. deliberada. ‖ v. posar; atribuir a; propor, apresentar.

po.si.tion [pəz'iʃən] s. posição f.; colocação f.; lugar m. ‖ v. colocar em posição, postar, situar; localizar.

pos.i.tive [p'ɔzitiv] s. (Fot.) positivo m. ‖ adj. positivo; certo, evidente, inegável, indiscutível.

pos.sess [pəz'es] v. possuir; ter, fruir.

pos.ses.sion [pəz'eʃən] s. posse f.

pos.ses.sive [pəz'esiv] s. (Gram.) caso m. possessivo; adjetivo ou pronome m. possessivo. ‖ adj. (Gram.) possessivo.

pos.ses.sor [pəz'esə] s. possuidor m.

pos.si.bil.i.ty [pɔsib'iliti] s. possibilidade f.; contingência f. **-ties** capacidades f. pl.

pos.si.ble [p'ɔsibl] adj. possível.

post [poust] s. poste, mourão m.; coluna f.; posta f.; mala f. postal; correio m.; posto m. ‖ v. afixar cartazes; divulgar (por meio de avisos afixados); postar, colocar no correio.

post.age [p'oustidʒ] s. postagem, selagem f. ≃ **stamp** selo postal.

post.al [p'oustəl] adj. postal.

post.card [p'oustka:d] s. cartão postal, bilhete m. postal.

post.er [p'oustə] s. cartaz m.

pos.ter.i.ty [pəst'eriti] s. posteridade f.; futuro m., descendência f.

post.grad.u.ate [poustgr'ædjuit] s. estudante m. + f. de curso de aperfeiçoamento.

post.hu.mous [p'ɔstjuməs] adj. póstumo.

post.man [p'oustmən] s. (pl. **postmen**) carteiro, mensageiro m.

post.mark [p'oustma:k] s. carimbo m. postal. ‖ v. carimbar, franquear.

post.mas.ter [p'oustma:stə] s. agente postal, encarregado m. de posta.

post-mortem s. autópsia, necrópsia f. ‖ adj. posterior à morte.

post-mortem examination s. = **post-mortem**.

post.pone [poustp'oun] v. pospor; adiar.

post.script [p'oustskript] s. (abr. **P.S.**) pós-escrito m. ‖ v. aduzir em pós-escrito.

pos.tu.late [p'ɔstjulit] s. postulado m.

pos.tu.late [p'ɔstjuleit] v. postular.

pos.ture [p'ɔstʃə] s. postura, atitude f.; posição, disposição f.; disposição f. de espírito. ‖ v. posar, fazer pose.

pot [pɔt] s. pote m.; caçarola f.

po.tas.si.um [pət'æsiəm] s. (Quím.) potássio m.

po.ta.to [pət'eitou] s. (pl. **potatoes**) batata f. **mashed** ≃ **es** purê de batatas. ≃ **chips** batatas fritas.

pot.bel.ly [p'ɔtbeli] s. pessoa f. barriguda.

po.ten.cy [p'outənsi] s. potência f.

po.tent [p'outənt] adj. potente, convincente.

po.ten.tial [pət'enʃəl] s. potencialidade f.; latência f.; (Gram.) modo m. potencial. ‖ adj. potencial, latente.

po.ten.ti.al.i.ty [pətenʃi'æliti] s. potência f.

po.tion [p'ouʃən] s. poção f. ‖ v. dosar.

pot.man [p'ɔtmən] s. garçom m.

pot.ter.y [p'ɔtəri] s. olaria f.; cerâmica f.

pouch [pautʃ] s. algibeira, bolsa f. ‖ v. embolsar.

poul.tice [p'oultis] s. cataplasma m. ‖ v. aplicar cataplasma.

poul.try [p'oultri] s. aves f. pl. domésticas.

pound [paund] s. libra f.; arrátel m.; medida f. de peso equivalente a 453,59 g; local m. para depósito de cães e gatos sem dono ou carros apreendidos; ato ou processo m. de socar ou triturar; contusão f.; pancada f. ‖ v. pilar, pisar, triturar; bater. ≃ **sterling** libra esterlina.

pour [pɔ:] s. aguaceiro m. ‖ v. vazar, despejar, entornar.

pour.ing [p'ɔ:riŋ] adj. torrencial.

pout [paut] s. beiço m. espichado (em sinal de amuo); amuo, enfado m. ‖ v. fazer beiço; amuar-se.

pov.er.ty [p'ɔvəti] s. pobreza, indigência f. ≃ -**stricken** indigente.

pow.der [p'audə] s. pó m.; polvilho m.; pólvora f. ‖ v. polvilhar; salgar, preservar; pulverizar, triturar. ≃ **ed milk** leite em pó.

pow.er [p'auə] s. poder m.; faculdade f., capacidade f.; autoridade f.; comando m.; governo m.; influência f.; potência f. ≃ **plant** usina elétrica.

pow.er.ful [p'auəful] adj. poderoso.

pow.er.less [p'auəlis] adj. fraco, impotente.

prac.ti.ca.ble [pr'æktikəbl] adj. praticável.

prac.ti.cal [pr'æktikəl] adj. prático.

prac.tice [pr'æktis] s. prática f.; uso, costume, hábito m.; experiência f.; aplicação f. do saber; exercício m.; ardil m.

prac.ti.tion.er [prækt'iʃənə] s. aquele que desempenha uma profissão liberal, especialmente médico m.; clínico m.

prag.mat.ic [prægm'ætik] s. pragmática f. ‖ adj. pragmático.

prai.rie [pr'ɛəri] s. pradaria, campina f. ≃ **wolf** (Zool.) coiote.

praise [preiz] s. louvor, aplauso, elogio m.; glorificação, exaltação f. ‖ v. louvar, aplaudir, elogiar; exaltar. ≃ **be to God!** louvado seja Deus!

praise.wor.thy [pr'eizwɔ:ði] adj. louvável.

pram [præm] (abr. de **perambulator**) s. (coloq.) carrinho m. de criança.

prance [pra:ns] s. empino m., curveta f.; arrogância f. ‖ v. empinar, curvetear; emproar(-se).

prank [præŋk] s. brincadeira f. ‖ v. brincar, traquinar, fazer travessuras.

praps [præps] adv. = **perhaps**.

prate [preit] s. loquacidade, tagarelice f. ‖ v. tagarelar.

prawn [prɔ:n] s. (Zool.) pitu m.; camarão m. graúdo.

pray [prei] v. rezar, orar; suplicar, rogar.

pray.er [pr'eiə] s. oração, reza f., rogo m.

preach [pri:tʃ] s. (coloq.) prédica f., sermão m. ‖ v. pregar, recomendar.

preach.er [pr'itʃə] s. pregador m.

preach.ing [pr'i:tʃiŋ] s. pregação f. ‖ adj. pregador.

pre.am.ble [pri:'æmbl] s. preâmbulo m.

pre.car.i.ous [prik'ɛəriəs] adj. precário.

pre.cau.tion [prik'ɔ:ʃn] s. precaução f.

pre.cau.tious [prik'ɔ:ʃəs] adj. precavido, precatado, previdente.

pre.cede [pris'i:d] v. preceder.

prec.e.dence [pris'i:dəns] s. precedência f.; primazia f.

prec.e.den.cy [pris'i:dənsi] s. = **precedence**.

prec.e.dent [pr'esidənt] s. precedente m.

pre.ced.ing [pris'i:diŋ] adj. precedente.

pre.cept [pr'i:sept] s. preceito m.

pre.cinct [pr'i:siŋkt] s. distrito m.

pre.cious [pr'eʃəs] adj. precioso, valioso.

prec.i.pice [pr'esipis] s. precipício m.

pre.cip.i.tant [pris'ipitənt] s. (Quím.) precipitante m. ‖ adj. íngreme, alcantilado; precipitado; abrupto, súbito.

pre.cip.i.tate [pris'ipitit] s. (Quím.) precipitado m. ‖ adj. precipitado; súbito.

pre.cip.i.tate v. [pris'ipiteit] (também Fís., Quím. e Meteor.) precipitar(-se).

pre.cip.i.ta.tion [prisipit'eiʃn] s. (também Fís. Quím. e Meteor.) precipitação f.

pre.cip.i.tous [pris'ipitəs] adj. íngreme.

pré.cis [pr'eisi] s. resumo, sumário m.

pre.cise [pris'ais] adj. preciso, exato.

pre.ci.sion [pris'iʒən] s. precisão, exatidão, perfeição f.

pre.clude [prikl'u:d] v. impedir, obstar; excluir.

pre.clu.sive [prikl'u:siv] adj. preventivo.

pre.co.cious [prik'ouʃəs] adj. precoce.

pre.con.ceive [pr'i:kəns'i:v] v. preconceber.

pre.con.cep.tion [pri:kəns'epʃən] s. preconcepção f.

pre.cur.so.ry [prik'ə:səri] adj. precursor.

pre.da.tion [prid'eiʃən] s. predação f.

pre.da.tor [pr'edətə] s. predador m.

pred.a.to.ry [pr'edətəri] adj. predatório.

pred.e.ces.sor [pr'i:disesə] s. predecessor, antecessor m.; antepassado m.

pre.des.ti.nate [prid'estineit] s. predestinado m. ‖ v. predestinar.

pre.des.ti.na.tion [pridestin'eiʃən] s. predestinação f.; fado, destino m.

pre.de.ter.mi.na.tion [pri:ditə:min'eiʃən] s. predeterminação f.; (Teol.) predestinação f.

pre.de.ter.mine [pri:dit'ə:min] v. predeterminar; (Teol.) predestinar.

pre.dic.a.ment [prid'ikəmənt] s. predicamento m., categoria f.; estado m., condição, situação f.; apuro m.

pred.i.cate [pr'edikit] s. (Gram.) predicado m.; atributo m. ‖ v. proclamar, afirmar; pregar; atribuir; implicar.

pred.i.ca.tive [prid'ikətiv] adj. (Gram.) predicativo.

pre.dict [prid'ikt] v. predizer, prognosticar.

pre.di.lec.tion [pri:dil'ekʃən] s. predileção, preferência f.

pre.dis.pose [pri:disp'ouz] v. predispor.

pre.dis.po.si.tion [pri:dispəz'iʃən] s. predisposição, tendência, propensão f.

pre.dom.i.nance [prid'ominəns] s. predominância f.

pre.dom.i.nant [prid'ominənt] adj. predominante; preponderante.

pre.dom.i.nate [prid'omineit] v. predominar; preponderar.

pre.dom.i.na.tion [pridomin'eiʃən] s. predomínio m.

pre-establish [pri:ist'æbliʃ] v. preestabelecer.

pre.fab.ri.cate [pri:f'æbrikeit] v. prefabricar.

pref.ace [pr'efis] s. prefácio m. **‖** v. prefaciar; servir como preliminar.

pre.fect [pr'i:fekt] s. prefeito m.

pre.fer [prif'ə:] v. preferir, escolher, dar preferência a; apresentar queixa (**against** contra); apresentar; recomendar.

pre.fer.a.ble [pr'efərəbl] adj. preferível.

pref.er.ence [pr'efərəns] s. preferência, predileção f.; favoritismo m.

pref.er.en.tial [prefər'enʃəl] adj. preferencial. ≃ **shares** ações preferenciais.

pre.fig.u.re [prif'igə] v. prefigurar.

pre.fix [pr'i:fiks] s. prefixo m.

preg.nan.cy [pr'egnənsi] s. gravidez f.

preg.nant [pr'egnənt] adj. grávida.

pre.his.tor.ic [pri:hist'ɔrik] adj. pré-histórico; muito antigo, antiquado.

pre.judge [pri:dʒ'ʌdʒ] v. prejulgar.

prej.u.dice [pr'edʒudis] s. preconceito m. **‖** v. prejudicar, lesar; predispor.

prel.ate [pr'elit] s. prelado m.

pre.lim.i.nar.y [pril'iminəri] s. preliminar, introdução f., prelúdio m. **‖** adj. preliminar, prévio, introdutório.

prel.u.de [pr'elju:d] s. prelúdio m. **‖** v. preludiar; introduzir.

pre.ma.ture [pri:mətj'uə] adj. prematuro.

pre.med.i.tate [pri:m'editeit] v. premeditar.

pre.med.i.ta.tion [primedit'eiʃən] s. premeditação f.

pre.mier [pr'emjə, pr'i:miə] s. primeiroministro m.

prem.ise [pr'emis] s. (Lóg.) premissa f. ≃**s** propriedade f.

pre.mi.um [pr'i:miəm] s. prêmio m.

pre.mo.ni.tion [pri:mon'iʃən] s. premonição f.; presságio, pressentimento m.

pre.oc.cu.pa.tion [priɔkjup'eiʃən] s. preocupação f.

pre.oc.cu.pied [pri'ɔkjupaid] adj. preocupado, absorto.

pre.oc.cu.py [pri'ɔkjupai] v. preocupar.

prep.a.ra.tion [prepər'eiʃən] s. preparação f.; preparo m.

pre.par.a.to.ry [prip'ærətəri] adj. preparatório, introdutório.

pre.pare [prip'ɛə] v. preparar; aprestar.

pre.pay.ment [pri:p'eimənt] s. pagamento m. antecipado.

pre.pon.der.ance [prip'ɔndərəns] s. preponderância, hegemonia f., predomínio m.

pre.pon.der.an.cy [prip'ɔndərənsi] s. = preponderance.

pre.pon.der.ate [prip'ɔndereit] v. preponderar. **‖** adj. preponderante.

pre.po.si.tion [prepəz'iʃən] s. (Gram.) preposição f.

pre.pos.sess [pri:pəz'es] v. predispor.

pre.pos.ses.sion [pri:pəz'eʃən] s. predisposição, inclinação f.

pre.pos.ter.ous [prip'ɔstərəs] adj. prepóstero, irracional; absurdo, ridículo.

pre.req.ui.site [prir'ekwizit] s. condição f. prévia, requisito m. indispensável.

pre.rog.a.tive [prir'ɔgətiv] s. regalia f.

pres.age [pr'esidʒ] s. presságio, prognóstico. **‖** v. prognosticar; augurar; pressentir.

pre.school [pr'i:sku:l] s. escola f. préprimária.

pre.scribe [priskr'aib] v. prescrever.

pre.script [pr'i:skript] s. prescrição f.

pre.scrip.tion [priskr'ipʃən] s. prescrição f.

pres.ence [pr'ezəns] s. presença f.

pres.ent [pr'ezənt] s. presente m.; atualidade f.; (Gram.) tempo m. que exprime atualidade.

pre.sent [priz'ent] v. apresentar; introduzir; tornar conhecido de, exibir.

pre.sent.a.ble [priz'entəbl] adj. apresentável, de boa aparência.

pres.en.ta.tion [prezənt'eiʃən] s. apresentação f.; oferecimento m.; representação f.

pre.sen.ti.ment [priz'entəmənt] s. pressentimento, presságio m.

pres.er.va.tion [prəzəv'eiʃən] s. preservação, conservação f.

pre.serv.a.tive [priz'ə:vətiv] s. preservativo m.

pre.serve [priz'ə:v] s. ≃**s** conserva, compota f. **‖** v. preservar; proteger; pôr em conservar; manter.

pre.side [priz'aid] v. presidir.

pres.i.den.cy [pr'ezidənsi] s. presidência f.

pres.i.dent [pr'ezidənt] s. presidente m.

press [pres] s. aperto m.; pressão f.; editora f.; imprensa f. **‖** v. comprimir, premer, apertar; empurrar; forçar. **to** ≃ **on** avançar.

press.ing [pr´esiŋ] s. prensagem f. **‖** adj. urgente, premente; insistente.

pres.sure [pr´eʃə] s. pressão, compressão f. ≃ **cooker** panela de pressão.

pres.su.rize [pr´eʃəraiz] v. (Av.) pressurizar.

pres.tige [prest´i:ʒ] s. prestígio m.

pre.sum.a.ble [prizj´u:məbl] adj. presumível, provável.

pre.sume [prizj´u:m] v. presumir, supor.

pre.sump.tion [priz´ʌmpʃən] s. presunçáo f.

pre.sump.tu.ous [priz´ʌmptʃəs] adj. presunçoso, arrogante, insolente.

pre.sup.pose [pri:səp´ouz] v. pressupor.

pre.sup.po.si.tion [pri:sʌpəz´iʃən] s. pressuposição f.; pressuposto m.

pre.tence [prit´ens] s. pretensão f.; pretexto m., escusa f.

pre.tend [prit´end] v. fingir. **to** ≃ **to** ter pretensão a, aspirar a.

pre.tend.er [prit´endə] s. pretendente m. + f.

pre.tense [prit´ens] s. = **pretence.**

pre.ten.sion [prit´enʃən] s. pretensão f.

pre.ten.tious [prit´enʃəs] adj. pretensioso.

pre.text [pr´i:tekst] s. pretexto m., escusa, desculpa f.

pret.ti.ness [pr´itinis] s. beleza, lindeza f.

pret.ty [pr´iti] s. pessoa ou coisa f. bonita. **‖** adj. bonito.

pre.vail [priv´eil] v. prevalecer; vogar.

pre.vail.ing [priv´eiliŋ] adj. prevalecente.

prev.a.lent [pr´evələnt] adj. prevalecente.

pre.vent [priv´ent] v. prevenir; frustrar.

pre.vent.a.ble [priv´entəbl] adj. evitável.

pre.ven.tion [priv´enʃən] s. prevenção f.

pre.ven.tive [priv´entiv] s. + adj. preventivo m.

pre.vi.ous [pr´i:vjəs] adj. prévio, anterior.

prey [prei] s. rapina f.; vítima f. **to** ≃ **on** rapinar, depredar, pilhar.

price [prais] s. preço m. **‖** v. apreçar; estimar, avaliar. ≃ **freeze** congelamento de preços.

prick [prik] s. ponto m.; picada, ferroada f., ferrão m. **‖** v. picar, pungir, furar; ferretoar, aguilhoar.

prick.le [prikl] s. espinho, ferrão m.

prick.ly [pr´ikli] adj. espinhoso, espinhento.

pride [praid] s. orgulho m., soberba f. **‖** v. vangloriar-se, orgulhar-se.

priek [prik] s. (vulg.) pênis m. **he's a** ≃ ele é um filho da puta.

priest [pri:st] s. sacerdote, padre m.

priest.ess [pr´:istis] s. sacerdotisa f.

prig [prig] s. pedante, pretensioso m.

prim [prim] adj. afetado, empertigado.

pri.ma.cy [pr´aiməsi] s. primazia f.

pri.mal [pr´aiməl] adj. primitivo.

pri.ma.ry [pr´aimeri] s. assunto m. principal. **‖** adj. primário; primitivo, inicial, original; principal, fundamental.

prime [praim] s. prima f.; início, primórdio m. **‖** v. escorvar; aprontar. **‖** adj. primitivo, primordial; principal, primeiro; primário. **Prime Minister** primeiro ministro.

prim.er [pr´aimə] s. cartilha f.

prim.i.tive [pr´imitiv] s. primitivo m. **‖** adj. primitivo; primordial, inicial.

prim.ness [pr´mnis] s. afetação f.

pri.mor.di.al [praim´ɔ:diel] adj. primordial; rudimentar; elementar.

prim.rose [pr´imrouz] s. (Bot.) prímula, primavera f. **‖** adj. amarelo-pálido.

prince [prins] s. príncipe m.

prince.dom [pr´insdəm] s. principado m.

prin.cess [prins´es, (atrib.) pr´inses] s. princesa f.

prin.ci.pal [pr´insəpəl] s. cabeça f.; chefe, dirigente m.; reitor m.; constituinte, mandante m. **‖** adj. principal; essencial.

prin.ci.ple [pr´insipl] s. princípio m.

print [print] s. impressão f.; marca, pegada f.; sinal m. **‖** v. estampar, cunhar, gravar, imprimir; marcar. **to write in** ≃ escrever em letras de forma. **in** ≃ impresso.

print.er [pr´intə] s. impressor m.; (Inf.) impressora f.

print.ing [pr´intiŋ] s. impressão f.; tiragem, edição f.

pri.or [pr´aiə] adj. anterior, prévio.

pri.or.i.ty [prai´ɔriti] s. prioridade f.

prism [prizm] s. (Cristal., Geom. e Ópt.) prisma m.

pris.on [prizn] s. prisão, cadeia f., cárcere m.

pris.on.er [pr´iznə] s. preso, detento m.

pris.sy [pr´isi] adj. afetado, amaneirado.

pri.va.cy [pr´aivəsi] s. privacidade f.; retiro m., solidão f.

pri.vate [pr´aivit] s. soldado m. raso. **‖** adj. particular; pessoal; secreto.

pri.va.teer [praivət´iə] s. corsário, pirata m.; navio m. corsário.

pri.va.tion [praiv´eiʃən] s. privação f.

pri.va.tize [pr´aivətaiz] v. privatizar.

priv.i.lege [pr'ivilidʒ] s. privilégio m.

priv.i.leged [pr'ivlidʒd] adj. privilegiado; de classe social ou posição alta.

priv.y [pr'ivi] s. privada, latrina f.

prize [praiz] s. prêmio, galardão m., recompensa f.; captura f.; presa f. **I** v. avaliar, computar. ≃ **open** forçar para abrir. ≃ **-fighter** pugilista profissional.

pro [prou] s. (pl. **pros**) pró m., vantagem f.; a favor; (coloq.) profissional m. **I** adj. profissional. **I** adv. pró.

prob.a.bil.i.ty [prɔbəb'iliti] s. probalidade f.

prob.a.ble [pr'ɔbəbl] adj. provável.

pro.ba.tion [prəb'eiʃən] s. provação f.

pro.ba.tion.er [prəb'eiʃənə] s. principiante m. + f.

probe [proub] s. (Cirurg.) tenta, sonda f. **I** v. (Cirurg.) tentear, sondar, investigar.

prob.lem [pr'ɔbləm] s. problema m.

pro.ce.dure [prəs'i:dʒə] s. procedimento m.; continuação f.; uso m.

pro.ceed [prəs'i:d] v. proceder; ocorrer.

pro.ceed.ing [prəs'i:diŋ] s. procedimento m.

pro.ceeds [pr'ousi:dz] s. pl. produto, lucro m., renda f. **net** ≃ lucro líquido.

pro.cess [pr'ouses] s. processo m. **I** v. processar; beneficiar; preservar.

pro.ces.sion [prəs'eʃən] s. procissão f.; cortejo, desfile, préstito m.; marcha f.

pro.claim [prəkl'eim] v. proclamar.

proc.la.ma.tion [prɔkləm'eiʃən] s. proclamação f.; promulgação f.

pro.cre.ant [pr'oukriənt] adj. procriador.

pro.cre.ate [pr'oukrieit] v. procriar, gerar.

pro.cre.a.tion [proukri'eiʃən] s. procriação, geração f.; progênie, descendência f.

pro.cure [prəkj'uə] v. obter, conseguir.

prod [prɔd] s. picada, aguilhoada f.; cutucão m., cotovelada f. **I** v. picar, aguilhoar; cutucar; incitar, estimular.

prod.i.gal [pr'ɔdigəl] s. pródigo m.

prod.i.gal.i.ty [prɔdig'æliti] s. prodigalidade; generosidade f.

pro.di.gious [prəd'idʒes] adj. prodigioso, extraordinário.

prod.i.gy [pr'ɔdidʒi] s. prodígio m.

pro.duce [pr'ɔdju:s] s. produto m.

pro.duce [prədj'u:s] v. produzir; apresentar, exibir.

pro.duc.er [prədj'u:sə] s. produtor m.

prod.uct [pr'ɔdəkt] s. produto m.; fruto m.

pro.duc.tion [prəd'ʌkʃən] s. produção f.

pro.duc.tive [prəd'ʌktiv] adj. produtivo.

pro.duc.tive.ness [prəd'ʌktivnis] s. produtividade f.

pro.duc.tiv.i.ty [proudʌkt'iviti] s. = **productiveness**.

pro.fane [prəf'ein] s. leigo, secular m. **I** v. profanar; macular, conspurcar; aviltar, degradar. **I** adj. profano.

pro.fan.i.ty [prəf'æniti] s. profanação f.

pro.fess [prəf'es] v. professar.

pro.fes.sion [prəf'eʃən] s. profissão f.

pro.fes.sion.al [prəf'eʃənəl] adj. + adj. profissional m. + f.

pro.fes.sor [prəf'esə] s. professor m. universitário de alta qualificação (titular).

prof.fer [pr'ɔfə] v. ofertar, oferecer.

pro.fi.cient [prəf'iʃent] adj. proficiente, perito, hábil.

pro.file [pr'oufi:l] s. perfil m.; contorno m. **I** v. perfilar; traçar o perfil de; moldar, modelar; contornar.

prof.it [pr'ɔfit] s. proveito m.; lucro m. **I** v. aproveitar, lucrar, ganhar.

prof.it.a.ble [pr'ɔfitəbl] adj. proveitoso; útil.

prof.it.eer [prɔfit'iə] s. aproveitador, explorador m.

prof.it.eer.ing [prɔfit'iəriŋ] s. exploração f.

prof.li.gate [pr'ɔfligeit] s. + adj. devasso m.

pro.found [prəf'aund] adj. profundo; inescrutável; sagaz, culto.

pro.fun.di.ty [prəf'ʌnditi] s. produndidade f.

pro.fuse [prəfj'u:s] adj. profuso, pródigo.

pro.fu.sion [prəfj'u:ʒən] s. profusão f.

pro.gen.i.tor [proudʒ'enitə] s. progenitor m.; precursor m.

prog.no.sis [prɔgn'ousis] s. profecia f.

prog.nos.tic [prɔgn'ɔstik] s. presságio, augúrio m.; prognóstico m. (também Med.). **I** adj. pressago, prenunciador.

prog.nos.ti.cate [prɔgn'ɔstikeit] v. prognosticar.

pro.gram [pr'ougræm] s. = **programme**.

pro.gramme [pr'ougræm] s. programa m.; projeto, plano m.; prefácio m. **I** v. programar, planejar.

pro.gress [pr'ougres] s. progresso m.; progressão f., curso m. **I** v. progredir; avançar, adiantar-se; evolver; prosseguir.

pro.gres.sion [prəgr'əʃən] s. progressão f.

pro.gres.sive [prəgr'esiv] adj. progressivo.
pro.hib.it [prəh'ibit] v. proibir, vedar.
pro.hi.bi.tion [prouib'iʃən] s. proibição f.
proj.ect [pr'ɔdʒekt] s. projeto m.
proj.ect [prədʒ'ekt] v. projetar.
pro.jec.tile [pr'ɔdʒiktail, prədʒ'ektail] s. projétil m.
pro.jec.tion [prədʒ'ekʃən] s. projeção f.; planejamento m.
pro.jec.tion.ist [prədʒ'ekʃənist] s. projetista m. + f.
pro.jec.tor [prədʒ'ektə] s. planejador m.
pro.le.tar.i.an [proulət'ɛəriən] s. + adj. proletário m.
pro.lif.er.ate [prəl'ifəreit] v. proliferar.
pro.lif.ic [prəl'ifik] adj. prolífico.
pro.lix [pr'ouliks] adj. prolixo; difuso.
pro.logue [pr'oulɔg] s. prólogo m.
pro.long [prə l'ɔŋ] v. prolongar.
pro.lon.ga.tion [proulɔŋg'eiʃən] s. prolongamento m.; prolongação f.
prom.e.nade [prɔmin'a:d, prɔmin'eid] s. passeio m.; ação f. de passear; local m. em que se passeia. ‖ v. passear.
prom.i.nence [pr'ɔminəns] s. proeminência, protuberância f., ressalto m.; notoriedade, distinção f.
prom.i.nen.cy [pr'ɔminənsi] s. **= prominence**.
prom.i.nent [pr'ɔminənt] adj. proeminente, saliente, conspícuo, manifesto.
prom.is.cu.i.ty [prɔmiskj'uiti] s. promiscuidade f.
pro.mis.cu.ous [prəm'iskjuəs] adj. promíscuo, irregular, ocasional.
prom.ise [pr'ɔmis] s. promessa f. ‖ v. prometer; indicar, pressagiar.
prom.is.ing [pr'ɔmisiŋ] adj. prometedor, promissor.
prom.is.so.ry [pr'ɔmisəri] adj. promissório.
pro.mote [prəm'out] v. promover.
pro.mot.er [prəm'outə] s. promotor m.
pro.mo.tion [prəm'ouʃən] s. promoção f.
prompt [prɔmpt] v. incitar, induzir, impelir a. ‖ adj. pronto, preparado, alerta; imediato, breve. ≃ **by** prontamente.
prompt.ness [pr'ɔmptnis] s. presteza, prontidão f.; pontualidade f.
prom.ul.gate [pr'ɔməlgeit, prəm'ʌlgeit] v. promulgar; divulgar.

prone [proun] adj. inclinado, propenso; esticado, estirado.
prone.ness [pr'ounnis] s. propensão, inclinação f.
prong [prɔŋ] s. dente m. de forcado ou de garfo; presa f.
pro.noun [pr'ounaun] s. (Gram.) pronome m.
pro.nounce [prən'auns] v. pronunciar.
pro.nounced [prən'aunst] adj. pronunciado.
pro.nun.ci.a.tion [prənʌnsi'eiʃən] s. pronúncia, pronunciação f.
proof [pru:f] s. prova f.; demonstração, evidência f. ‖ adj. à prova de; impenetrável. ≃ **sheet** prova tipográfica.
prop [prɔp] s. estaca, escora f.
prop.a.gan.da [prɔpəg'ændə] s. propaganda f.; reclame m.
prop.a.gate [pr'ɔpəgeit] v. propagar.
prop.a.ga.tion [prɔpəg'eiʃən] s. propagação f.; disseminação f.
pro.pel [prəp'el] v. propelir, impelir.
pro.pel.ler [prəp'elə] s. hélice f.
pro.pen.si.ty [prəp'ensiti] s. propensão, tendência f.
prop.er [pr'ɔpə] adj. próprio; peculiar, exato; (joc.) fino, excelente. ≃ **name, noun** nome próprio.
prop.er.ty [pr'ɔpəti] s. propriedade f.
proph.e.cy [pr'ɔfisi] s. profecia, predição f.
proph.e.sy [pr'ɔfisi] v. profetizar.
proph.et [pr'ɔfit] s. profeta m.
pro.pi.ti.ate [prəp'iʃieit] v. propiciar.
pro.pi.tious [prəp'iʃəs] adj. propício.
pro.por.tion [prəp'ɔ:ʃən] s. proporção f. ‖ v. proporcionar, tornar proporcional; harmonizar, ajustar.
pro.por.tion.al [prəp'ɔ:ʃnəl] adj. proporcional, proporcionado.
pro.por.tion.ate [prəp'ɔʃnit] adj. proporcional.
pro.pos.al [prəp'ouzəl] s. proposta f.
pro.pose [prəp'ouz] v. propor, expor.
prop.o.si.tion [prɔpəz'iʃən] s. proposição f.; proposta f.; projeto, plano m.
pro.pound [prəp'aund] v. propor, expor.
pro.pri.e.tar.y [prəpr'aiətəri] s. + adj. proprietário, dono m.
pro.pri.e.ty [prəpr'aiəti] s. adequação f.
pro.pulsion [prəp'ʌlʃən] s. propulsão f.
pro rata [prour'eitə, pror'a:tə] adj. em proporção. ‖ adv. proporcionadamente.

pro.ro.ga.tion [prourəg'eiʃən] s. prorrogação f.

pro.rogue [prər'oug] v. prorrogar.

pro.sa.ic [prouz'eiik] adj. prosaico.

pro.scribe [prəskr'aib] v. proscrever.

prose [prouz] s. prosa f.; forma f. natural de falar ou escrever.

pros.e.cute [pr'ɔsikju:t] v. prosseguir, continuar; processar legalmente.

prosecuting attorney [pr'ɔsikju:tiŋ ət'ɔ:ni] s. (Jur.) promotor m. público.

pros.e.cu.tion [prɔsikj'u:ʃən] s. prosseguimento m.; execução, continuação f.

pros.e.cu.tor [pr'ɔsikju:tə] s. (Jur.) promotor m. público.

pros.pect [pr'ɔspekt] s. prospecto m.; vista f.; panorama m.

pros.pect [prəsp'ekt] v. explorar em busca de minério.

pro.spec.tive [prəsp'ektiv] adj. previdente, previsor; em perspectiva.

pros.pec.tus [prəsp'ektəs] s. prospeto m.

pros.per [pr'ɔspə] v. prosperar.

pros.per.i.ty [prɔsp'eriti] s. prosperidade f.

pros.per.ous [pr'ɔspərəs] adj. próspero.

pros.tate [pr'ɔsteit] s. (Anat.) próstata f. ‖ adj. prostático.

pros.ti.tute [pr'ɔstitju:t] s. prostituta f. ‖ v. prostituir(-se); aviltar, desonrar. ‖ adj. prostituído.

pros.ti.tu.tion [prɔstitj'u:ʃən] s. prostituição f.

pros.trate [pr'ɔstreit] v. prostrar. ‖ adj. prostrado; arruinado; abatido.

pros.tra.tion [prɔstr'eiʃən] s. prostração f.

pros.y [pr'ouzi] adj. prosaico; tedioso.

pro.tag.o.nist [prət'ægənist] s. protagonista m. + f.; ator m. ou atriz f. principal.

pro.tect [prət'ekt] v. proteger; defender.

pro.tec.tion [prət'ekʃən] s. proteção f.

protec.tive [prət'ektiv] adj. protetor.

pro.tec.tor [prət'ektə] s. protetor m.

pro.tec.tor.ate [prət'ektərit] s. protetorado m.

pro.tein [pr'outi:n] s. (Bioquím.) proteína f. ‖ adj. protéico.

pro.té.gé [pr'ɔtiʒei] s. protegido, favorito m.

pro.test [pr'outest] s. protesto m.

pro.test [prət'est] v. protestar.

prot.es.tant [pr'ɔtistənt] s. protestador, reclamante m. ‖ adj. protestador. Protestant (Rel.) protestante.

prot.es.ta.tion [prɔtəst'eiʃən] s. protesto m., protestação f.

pro.to.col [pr'outəkɔl] s. protocolo m. ‖ v. protocolar.

pro.ton [pr'outɔn] s. (Fís. e Quím.) próton m.

pro.to.plasm [pr'outəplæzm] s. (Biol.) protoplasma m.

pro.to.type [pr'outətaip] s. protótipo m.

pro.tract [prətr'ækt] v. protrair.

pro.trude [prətr'u:d] v. protrair, espichar.

pro.tu.ber.ance [prətj'u:bərəns] s. protuberância, saliência, proeminência f.; parte f. saliente.

pro.tu.ber.an.cy [prətj'u:bərənsi] s. = protuberance.

pro.tu.ber.ant [prətj'u:bərənt] adj. protuberante, saliente, proeminente.

proud [praud] adj. orgulhoso, vaidoso, arrogante. to be ≃ of orgulhar-se de.

prove [pru:v] v. provar; experimentar.

prov.e.nance [pr'ɔvinəns] s. proveniência f.

prov.erb [pr'ɔvəb] s. provérbio, adágio m.

pro.ver.bi.al [prəv'ə:biəl] adj. proverbial.

pro.vide [prəv'aid] v. prover; abastecer, aprovisionar, munir (with com); suprir; produzir, dar.

pro.vid.ed [prəv'aidid] adj. provido, munido; fornecido. ‖ conj. contanto que, desde que.

prov.i.dence [pr'ɔvidəns] s. providência f.

prov.i.dent [pr'ɔvidənt] adj. providente.

prov.i.den.tial [prɔvid'enʃəl] adj. providencial, extremamente oportuno.

prov.ince [pr'ɔvins] s. província f.

pro.vin.cial [prəv'inʃəl] s. + adj. provinciano m.

pro.vi.sion [prəv'iʒən] s. provisão f. ‖ v. abastecer, aprovisionar.

pro.vi.so.ry [prəv'aizəri] adj. provisório.

prov.o.ca.tion [prɔvək'eiʃen] s. provocação f.; desafio m.; causa f.

pro.voc.a.tive [prəv'ɔkətiv] adj. provocante, provocativo, provocatório.

pro.voke [prəv'ouk] v. provocar.

prow [prau] s. (Náut.) proa f.; (poét.) navio m.

prow.ess [pr'auis] s. coragem, bravura f.

prowl [praul] s. ronda f.; espreita f. ‖ v. rondar; perambular, zanzar.

prowl.er [pr'aulə] s. vagabundo, gatuno m.

prox.i.mate [pr'ɔksimit] adj. próximo.

prox.im.i.ty [prɔks'imiti] s. proximidade f.

prox.y [pr'ɔksi] s. procuração f.; procurador m.

prude [pru:d] s. melindrosa f.

pru.dence [pr'u:dəns] s. prudência f.

pru.dent [pr'u:dənt] adj. prudente.

prud.er.y [pr'u:dəri] s. melindre m.

prud.ish [pr'u:diʃ] adj. melindroso, afetado; pudico, puritano.

prune [pru:n] s. ameixa f. seca. ‖ v. podar, decotar.

pry [prai] s. alavanca f., pé-de-cabra m. ‖ v. erguer ou abrir com alavanca. **to** ≃ **into** inquirir, indagar; intrometer-se; (fig.) extrair com dificuldade.

psalm [sa:m] s. salmo m.

pseu.do.nym [sj'u:dənim] s. pseudônimo m.; nome m. de guerra.

psy.che [s'aiki] s. psique, alma, mente f.

psy.che.del.ic [saikəd'elik] adj. psicodélico; alucinante, louco.

psy.chi.at.ric [saiki'ærik] adj. psiquiátrico.

psy.chi.a.trist [saik'aiətrist] s. (Med.) psiquiatra m. + f.

psy.chi.a.try [saik'aiətri] s. (Med.) psiquiatria f.

psy.chic [s'aikik] s. médium m. ‖ adj. psíquico.

psy.cho.an.a.lyse [saiko'ænəlaiz] v. examinar ou tratar por meio de psicanálise.

psy.cho.a.nal.y.sis [saikoən'ælisis] s. psicanálise f.

psy.cho.an.a.lyst [saiko'ænəlist] s. psicanalista m. + f.

psy.cho.an.a.lyt.ic [saikoænəl'itik] adj. psicanalítico.

psy.chol.o.gist [saik'ɔlədʒist] s. psicólogo m.

psy.chol.o.gy [saik'ɔlədʒi] s. psicologia f.

psy.cho.path [s'aikopæθ] s. psicopata m. + f.

psy.cho.ther.a.py [saikoθ'erəpi] s. psicoterapia f.

pub [pʌb] s. taverna f.; (Ing.) bar m.

pu.ber.ty [pj'u:bəti] s. puberdade f.

pub.lic [p'ʌblik] s. público m. ‖ adj. público, comum.

public house [p'ʌblik h'aus] s. = **pub.**

pub.li.ca.tion [pʌblik'eiʃən] s. publicação f.

pub.li.cist [p'ʌblisist] s. publicista m. + f.

pub.lic.i.ty [pʌbl'isiti] s. publicidade f.

pub.li.cize [p'ʌblisaiz] v. dar publicidade a.

public opinion poll s. pesquisa f. de opinião pública.

pub.lish [p'ʌbliʃ] v. publicar; divulgar.

puck [pʌk] s. duende m.; (fig.) diabrete m.

puck.er [p'ʌkə] s. ruga, prega f. ‖ v. franzir, enrugar, encolher.

pud.ding [p'udiŋ] s. pudim m.

pud.dle [pʌdl] s. poça f.; (fig.) lamaçal, atoleiro m. ‖ v. turvar, embaciar; poluir, macular; enlamear.

pu.er.ile [pj'uərail] adj. pueril, infantil.

pu.er.il.i.ty [pjuər'iliti] s. puerilidade f.

puff [pʌf] s. sopro, bafo m., baforada f.; lufada f.; golpe m. de vento. ‖ v. soprar.

puff.er [p'ʌfə] s. assoprador m.

puff.i.ness [p'ʌfinis] s. inchação f.

puff.y [p'ʌfi] adj. inchado.

pu.gil.ism [pj'udʒilizm] s. boxe m.

pu.gil.ist [pj'udʒilist] s. boxeador m.

pug.nac.i.ty [pʌgn'æsiti] s. pugnacidade, combatividade f.

puke [pju:k] s. vômito m. ‖ v. vomitar.

pull [pul] s. puxão, tirão m.; arrancada f. ‖ v. puxar; arrastar; colher; tirar, remover. **to** ≃ **down** demolir, arrasar. **to** ≃ **through** tirar de dificuldades. **to** ≃ **together** cooperar.

pul.ley [p'uli] s. roldana, talha f.; polé m. ≃-**block** (Téc.) talha.

pull.over [p'ulouvə] s. pulôver m.

pul.lu.late [p'ʌljuleit] v. pulular.

pul.mo.nar.y [p'ʌlmənəri] adj. pulmonar.

pulp [pʌlp] s. polpa f.; massa f.; parte f. carnosa de frutos ou talos; (Anat.) tecido m. que se assemelha à polpa. ‖ v. reduzir a polpa; despolpar.

pul.pit [p'ulpit] s. púlpito m.

pulp.y [p'ʌlpi] adj. polposo, polpudo.

pul.sate [pʌls'eit] v. pulsar, palpitar.

pul.sa.tion [pʌls'eiʃən] s. pulsação f.

pulse [pʌls] s. pulso m.; pulsação f. ‖ v. pulsar, palpitar.

pul.ver.ize [p'ʌlvəraiz] v. pulverizar.

pu.ma [pj'u:mə] s. suçuarana f., puma m.

pump [pʌmp] s. bomba f. de ar ou de água; sondagem f. ‖ v. elevar por meio de bomba, bombear; sondar, perquirir.

pump.kin [p'ʌmpkin] s. abóbora f.

pun [pʌn] s. trocadilho m. ‖ v. fazer trocadilhos.

punch [pʌntʃ] s. ponche m.; soco, murro m.
‖ v. picar; socar.
punching bag [p'ʌntʃiŋ bæg] s. (Esp.) bola f.
de bater para treinos de boxe.
punc.til.i.ous [pʌŋkt'iliəs] adj. meticuloso.
punc.tu.al [p'ʌŋktjuəl] adj. pontual, exato.
punc.tu.al.i.ty [pʌŋktju'æliti] s. pontualidade
f.
punc.tu.ate [p'ʌŋktjueit] v. pontuar.
punc.tu.a.tion [pʌŋktju'eiʃən] s. pontuação f.
≃ mark sinal de pontuação.
punc.ture [p'ʌŋktʃə] s. punctura f.; picada f.,
prurido, formigamento m.; furo m. ‖ v. perfurar, puncionar; furar.
pun.dit [p'ʌndit] s. especialista m. + f., co-
nhecedor, perito m.
pun.gen.cy [p'ʌndʒənsi] s. pungência f.
pun.gent [p'ʌndʒənt] adj. pungente.
pun.ish [p'ʌniʃ] v. punir; castigar.
pun.ish.ment [p'ʌniʃmənt] s. punição f.
pu.ny [pj'u:ni] adj. fraco, débil.
pup [pʌp] s. filhote m. de cachorro.
pu.pil [pju:pl] s. (Anat.) pupila f.; aluno, edu-
cando m.
pup.pet [p'ʌpit] s. boneca f.; marionete f. ≃
show teatro de marionetes.
pup.py [p'ʌpi] s. filhote m. de cachorro.
pur.chas.a.ble [p'ə:tʃəsəbl] adj. comprável; venal.
pur.chase [p'ə:tʃəs] s. compra f. ‖ v. comprar,
adquirir.
pur.chas.er [p'ə:tʃəsə] s. comprador m.
pure [pjuə] adj. puro; genuíno; mero.
pu.ree [pjur'ei] s. purê m.
pur.ga.tive [p'ə:gətiv] s. + adj. purgante, purgativo m.
pur.ga.to.ry [p'ə:gətəri] s. purgatório m.
purge [pə:dʒ] s. purgação f. ‖ v. purgar, purificar; inocentar.
pu.ri.fy [pj'uərifai] v. purificar; depurar.
pur.ist [pj'uərist] s. purista m. + f.
Pu.ri.tan [pj'uəritən] s. + adj. puritano m.
pu.ri.ty [pj'uəriti] s. pureza f.; inocência, castidade f.; sinceridade f.
purl [pə:l] s. remoinho m.; murmúrio m. ‖ v.
remoinhar; murmurar.
pur.loin [pə:l'ɔin] v. furtar, roubar.
pur.ple [pə:pl] s. púrpura f. ‖ v. purpurear.
‖ adj. purpúreo, purpurino.
pur.port [pə:p'ɔ:t] s. sentido, significado m.
‖ v. significar; pretender.

pur.pose [p'ə:pəs] s. propósito m. ‖ v. tencionar, pretender.
pur.pose.ful [p'ə:pəsful] adj. propositado.
purr [pə:] s. ronrom m. ‖ v. ronromar.
purse [pə:s] s. bolsa, carteira f. ‖ v. enrugar
(-se), franzir(-se). ≃ cutter ladrão de bolsas.
pur.su.ance [pəsj'uəns] s. prosseguimento m.;
conseqüência f.; seqüência f.
pur.sue [pəsj'u:] v. procurar; seguir; perseguir.
pur.suit [pəsj'u:t] s. perseguição, caça f.
pur.vey [pə:v'ei] v. prover, abastecer, suprir;
fornecer.
pus [p'ʌs] s. pus. m.
push [puʃ] s. empurrão, empuxão m.; esforço m. ‖ v. empurrar, empuxar; impulsionar,
fazer seguir. to ≃ away, to ≃ back repelir,
rechaçar. to ≃ through levar a cabo. don't
≃ it too for não abuse.
push.ing [p'uʃiŋ] adj. ativo, empreendedor;
ambicioso.
pu.sil.lan.i.mous [pjusil'æniməs] adj. pusilânime, covarde, medroso.
puss [pus] s. (fam.) bichano m.
pus.sy [p'usi] s. bichano m.; gatinha f.
put [put] s. lanço m.; (Esp.) arremesso m. de
peso; (bolsa) operação f. a prazo. ‖ v. (pret.
e. p. p. put) pôr; colocar; determinar; guardar; depositar; atribuir. to ≃ ahead avançar, adiantar. to ≃ away pôr de lado. to ≃
back repelir. to ≃ down derrubar. to ≃ forward promover, pôr em evidência. to ≃ in
interferir, intervir. to ≃ in brackets colocar entre parênteses. to ≃ off despir, tirar,
descalçar. to ≃ on vestir, calçar. to ≃ out
of the way matar, eliminar. to ≃ to combinar. to ≃ together agregar, juntar, reunir.
to ≃ under the screw forçar, pressionar. to
≃ s.th. up levantar, alçar. to ≃ by pôr de
lado.
pu.tre.fac.tion [pju:trif'ækʃən] s. putrefação,
putridez f.; apodrecimento m.
pu.tre.fy [pj'u:trifai] v. putrefazer.
pu.trid [pj'u:trid] adj. pútrido, podre.
put.ter [p'ʌtə] s. arremessador m.
put.ty [p'ʌti] s. massa f. de vidraceiro. ‖ v. tapar ou calafetar com massa.
puz.zle [pʌzl] s. quebra-cabeça, enigma m.;
perplexidade f. ‖ v. confundir, embaraçar,

desconcertar; complicar. **that** ≃ **s me** isto me intriga.

puz.zler [p′ʌzlə] s. pessoa ou coisa f. que confunde; problema m. difícil.

puz.zling [p′ʌzliŋ] adj. embaraçoso.

pyg.my [p′igmi] s. + adj. pigmeu m.

py.jam.as [pədʒ′a:məz] s. pl. pijama m.

py.lon [p′ailən] s. torre f. de alta voltagem.

pyr.a.mid [p′irəmid] s. pirâmide f.

py.ram.i.dal [pir′æmidəl] adj. piramidal.

pyre [p′aiə] s. pira f. funerária.

Q

Q, q [kju:] s. décima sétima letra f. do alfabeto.
quack [kwæk] s. (gíria) charlatão m.; grasnido m. ‖ v. grasnar. ‖ adj. charlatanesco.
quad.ru.ped [kw'ɔdruped] s. + adj. (Zool.) quadrúpede m. + f.
quad.ru.ple [kw'ɔdrupl] s. quádruplo m. ‖ v. quadruplicar. ‖ adj. quádruplo.
quail [kweil] s. (Orn.) codorniz f. ‖ v. ceder, desanimar, tremer.
quaint [kweint] adj. estranho, esquisito.
quake [kweik] s. tremor m. ‖ v. tremer, estremecer.
qual.i.fi.ca.tion [kwɔlifik'eiʃən] s. qualificação f.; requisito m.; modificação, restrição f.; habilitação, aptidão f.
qual.i.fy [kw'ɔlifai] v. qualificar, classificar; habilitar, capacitar; modificar.
qual.i.ty [kw'ɔliti] s. qualidade f.; condição f.; posto, cargo m. ‖ adj. excelente, de primeira. ≃ **meat** carne de primeira.
qualm [kwɔ:m] s. desmaio m.; enjôo m.
quan.da.ry [kw'ɔndəri] s. dilema, problema m.
quan.ti.ty [kw'ɔntiti] s. quantidade, soma f.
quar.an.tine [kw'ɔrənti:n] s. quarentena f.
quar.rel [kw'ɔrəl] s. disputa, rixa, discórdia, discussão f. ‖ v. discutir, disputar (**about, at, with** sobre, com).
quar.rel.some [kw'ɔrəlsəm] adj. briguento.
quar.ry [kw'ɔri] s. pedreira f.; caça f. ‖ v. extrair e lavrar pedras naturais.
quart [kwɔ:t] s. quarto m.
quar.ter [kw'ɔ:tə] s. quarto m., quarta parte f.; trimestre m.; quarteirão m.; quartel m. ‖ v. esquartejar; morar; aquartelar.
quar.ter.ly [kw'ɔ:təli] s. periódico m. publicado trimestralmente. ‖ adj. trimestral. ‖ adv. trimestralmente, por trimestre.
quar.tet [kwɔ:t'et] s. quarteto m.
quar.tette [kwɔ:t'et] s. = **quartet**.
quartz [kwɔ:ts] s. (Min.) quartzo m.

quash [kw'ɔʃ] v. anular, cancelar; invalidar; (fig.) caçar.
qua.ver [kw'eivə] s. trêmulo, garganteio m.; (Mús.) colcheia f. ‖ v. gargantear, falar ou cantar com voz tremida.
quay [ki:] s. cais, molhe m.; atracadouro m.
quea.sy [kw'i:zi] adj. nauseado, enjoado.
quell [kw'el] v. dominar, subjugar.
queen [kwi:n] s. rainha f.; (xadrez, cartas) dama f. ‖ v. coroar; (Jogo) fazer dama.
queer [kwiə] adj. esquisito, ridículo; adoentado. ‖ v. arruinar; embaraçar. **to** ≃ **the pitch** criar dificuldades.
queer.ness [kw'iənis] s. singularidade, esquisitice, excentricidade f.
quench [kwentʃ] v. extinguir; sufocar; satisfazer, saciar; temperar.
quer.u.lous [kw'eruləs] adj. queixoso, lamentoso, lamuriante, carpido.
que.ry [kw'iəri] s. questão, pergunta, dúvida f.; ponto m. de interrogação. ‖ v. perguntar, indagar; examinar; pôr em dúvida.
quest [kwest] s. indagação, pesquisa, busca f.
ques.tion [kw'estʃən] s. pergunta, questão f.; debate m. ‖ v. examinar, indagar; duvidar, desconfiar; disputar, debater.
ques.tion.a.ble [kw'estʃənəbl] adj. duvidoso, problemático; discutível.
ques.tion.ing [kw'estʃəniŋ] s. interrogatório m.
queue [kju:] s. trança f.; fila f. ‖ v. trançar.
quib.ble [kwibl] s. trocadilho, sofisma m.
quick [kwik] s. planta f. viva. ‖ adj. vivo, ligeiro, rápido. ≃ - **witted** perspicaz, arguto.
quick.en [kw'ikən] v. apressar; estimular.
quick.ness [kw'iknis] s. rapidez, velocidade f.; vivacidade, atividade f.
quick.sand [kw'iksænd] s. areia f. movediça.
quick.sil.ver [kw'iksilvə] s. mercúrio m.
qui.et [kw'aiət] s. sossego m., tranqüilidade f. ‖ v. aquietar, acalmar. ‖ adj. quieto, imóvel, calmo, sossegado.
qui.et.ness [kw'aiətnis] s. tranqüilidade, calma f., sossego, descanso m.

quill [kwil] s. pluma f.; pena f. de ave para escrever; eixo m. oco; espinho m. de ouriço; porco-espinho m.

quilt [kwilt] s. acolchoado m., colcha f. ‖ v. forrar, acolchoar.

quince [kwins] s. marmelo m.; (Bot.) marmeleiro m.

quin.tet [kwint′et] s. quinteto m.; música f. para quinteto.

quip [kwip] s. apodo m., sátira, mofa f. ‖ v. zombar, satirizar, mofar.

quirk [kwə:k] s. truque, ardil, subterfúgio m., artimanha f.; volta f. súbita.

quit [kwit] v. renunciar, desistir; liquidar (dívidas). ‖ adj. quite, livre, desembaraçado. **to** ≃ **a job** deixar um emprego.

quite [kwait] adv. completamente.

quit.ter [kw′itə] s. (gíria) covarde m. + f., o que desiste facilmente de uma competição.

quiv.er [kw′ivə] s. aljava f. ‖ v. tremer, tiritar. **to** ≃ **with cold** tiritar de frio.

quix.ot.ic [kwiks′ɔtik] adj. quixotesco; ingênuo, romântico; ridículo.

quiz [kwiz] s. problema, enigma m. ‖ v. examinar oralmente; embaraçar.

quiz.zi.cal [kw′izikəl] adj. zombeteiro.

quo.rum [kw′ɔrəm] s. quórum m.

quo.ta [kw′outə] s. cota f., quinhão m.

quo.ta.tion [kwout′eiʃən] s. cotação, citação, oferta f.; trecho m. (de livro, discurso). ≃ **marks** aspas.

quote [kwout] v. citar, notar; cotar.

quo.tient [kw′ouʃənt] s. quociente m.

R

R, r [a:] décima oitava letra f. do alfabeto inglês. **the three R's (reading, (w)riting and (a)rithmetics)** os três erres da educação fundamental.

rab.bi [r'æbai] s. rabino m.

rab.bin [r'æbin] s. = **rabbi**.

rab.bit [r'æbit] s. coelho m. ‖ v. caçar coelhos.

rab.ble [ræbl] s. populaça, turba, plebe f.

ra.bid [r'eibid] adj. raivoso, louco, hidrófobo; (fig.) fanático, violento.

ra.bies [r'eibiz] s. raiva, hidrofobia f.

race [r'eis] s. corrida f.; competição f.; raça f. humana. ‖ v. competir; correr; assistir às corridas.

race.track [r'eistræk] s. pista f. de corridas.

ra.cial [r'eiʃəl] adj. racial.

rack [ræk] s. prateleira f., cavalete m.; cabide m.; raquete f.; ruína, destruição f.

rack.et [r'ækit] s. barulho m., algazarra f.; refeição f. alegre, festança f.; extorsão f.; mamata f.

rack.et.eer [rækit'iə] s. escroque, extorsionário m. ‖ v. (gíria) constranger mediante violência.

rac.on.teur [rækɔnt'ə:] s. contador m. de histórias muito espirituoso e divertido.

rac.y [r'eisi] adj. vigoroso, vivo; de raça pura; picante; esperto, espirituoso.

ra.dar [r'eida:] s. radar m.

ra.di.ance [r'eidiəns] s. brilho, esplendor m.

ra.di.an.cy [r'eidiənsi] s. = **radiance**.

ra.di.ant [r'eidiənt] s. ponto m. luminoso; objeto m. radiante. ‖ adj. brilhante, lustroso; radiante; exultante.

ra.di.ate [r'eidieit] s. (Zool.) radiário m. ‖ v. radiar, emitir raios. ‖ adj. (Zool.) radiário.

ra.di.a.tor [r'eidieitə] s. (Autom.) radiador m.; aquecedor m.

rad.i.cal [r'ædikəl] s. radical m.; princípio m. fundamental. ‖ adj. radical, extremo, fundamental; original; básico.

ra.di.o [r'eidiou] s. radiotransmissão f.; rádio m. ‖ v. transmitir por meio de rádio. ≃ **announcer** locutor de rádio.

ra.di.o.ac.tive [r'eidiouæktiv] adj. radioativo.

ra.di.o.ac.tiv.i.ty [r'eidiouækt'iviti] s. radioatividade f.

ra.di.o.gram [r'eidiougræm] s. radiograma m.

ra.di.o.i.so.tope [reidiou'aisətoup] s. (Fís.) radioisótopo m.

ra.di.ol.o.gist [reidi'ɔledʒist] s. radiologista m. + f.

rad.ish [r'ædiʃ] s. rabanete m.

ra.di.um [r'eidiəm] s. (Quím.) rádio m.

ra.di.us [r'eidiəs] s. (Geom.) raio m.; (Anat.) rádio m.

raf.fle [r'æfl] s. rifa f., sorteio m. ‖ v. rifar.

raff.ish [ræfiʃ] adj. atraente e perigoso (pessoa, lugar).

raft [ra:ft] s. jangada, balsa f.

raft.er [r'a:ftə] s. (Arquit.) viga f., esteio m.

rag [ræg] s. trapo, farrapo m.; (fig.) sobra f.; farrapo m. humano.

rag.a.muf.fin [r'ægəmʌfin] s. vagabundo m.

rage [r'eidʒ] s. raiva, ira f.; violência f. ‖ v. enfurecer-se, encolerizar-se.

rag.ged [r'ægid] adj. roto, esfarrapado.

raid [reid] s. ataque m. repentino, reide m. ‖ v. invadir, fazer uma incursão.

rail [reil] s. grade f., parapeito m.; corrimão m.; trilho m. **to** ≃ **at** ralhar, xingar.

rail.ing [r'eiliŋ] s. grade, balaustrada f.

rail.road [r'əilroud] s. via f. férrea.

rail.way [r'əilwei] s. estrada f. de ferro.

rain [rein] s. chuva f. ‖ v. chover; cair em gotas. ≃ **or shine** quer chova quer não. ≃ **gauge** pluviômetro.

rain.bow [r'einbou] s. arco-íris m.

rain.coat [r'einkout] s. capa f. impermeável.

rain.drop [r'eindrop] s. pingo m. de chuva.

rain.fall [r'einfo:l] s. chuva f., aguaceiro m.

rain.y [r'eini] adj. chuvoso.

raise [reiz] s. aumento m.; elevação f. ‖ v. levantar; engrandecer, promover; recrutar; criar; cultivar; educar; ressuscitar; erguer; descobrir; suspender; avisar; revoltar; angariar; animar; cantar.

rai.sin [r'eizn] s. passa, uva f. seca.

rake [r'eik] s. ancinho, rodo m.; farrista m. ‖ v. limpar, ajuntar, trabalhar com ancinho ou rodo, revolver, remexer.

rak.ish [r'eiʃ] adj. dissoluto.

ral.ly [r'æli] s. reunião f.; comício m.

ral.lye [r'æli] s. (Autom.) rali m. ‖ v. reunir, ajuntar; (Autom.) tomar parte num rali.

ram [ræm] s. carneiro m.; bate-estacas m.; (Astr.) Áries m. ‖ v. bater, golpear; forçar batendo; abalroar.

ram.ble [ræmbl] s. a ação f. de vaguear, perambular. ‖ v. vaguear, perambular, andar a esmo.

ram.i.fi.ca.tion [ræmifik'eiʃn] s. ramificação f.

ramp [r'æmp] s. rampa f., declive m., inclinação f.; pulo, salto m. ‖ v. pular, saltar; (Bot.) trepar, alastrar-se.

ram.page [r'æmpeidʒ] s. alvoroço m., agitação, violência f.

ram.page [ræmp'eidʒ] v. promover desordens; esbravejar.

ramp.ant [r'æmpənt] adj. exuberante, excessivo; exaltado, bravo; violento.

ramp.part [r'æmpa:t] s. (Milit.) defesa, trincheira, proteção f. ‖ v. fortificar.

ram.shack.le [r'æmʃækl] adj. periclitante.

ran [ræn] v. pret. de **run**.

ranch [ræntʃ] s. fazenda f.; granja f.

ran.cid [r'ænsid] adj. râncido, rançoso.

ran.cor [r'æŋkə] s. rancor m.

ran.cour [r'æŋkə] s. = **rancor**.

ran.dom [r'ændəm] s. acaso m., falta f. de método; impetuosidade f. ‖ adj. feito ao acaso, fortuito. ≃ **shot** tiro a esmo.

rang [ræŋ] v. pret. de **ring**.

range [reindʒ] s. extensão, distância f.; alcance, calibre m.; percurso m.; limite m.; área f.; pasto m.; cadeia f. de montanhas; fileira, ordem, classe, série f.; fogão m. ‖ v. percorrer, caminhar; pesquisar; enfileirar; classificar; (Náut.) costear; alcançar. ‖ adj. de ou

em campos de pastagem. **at close** ≃ à queima-roupa.

rang.er [r'eindʒə] s. guarda-florestal m.

rank [ræŋk] s. linha, fila f.; grau m., graduação f., posto m.; ordem, classe f.; posição f. ‖ v. enfileirar; tomar posição; ordenar; superar (em grau ou classe), preceder; avaliar. ‖ adj. luxuriante; fértil; rançoso; completo; grosseiro, indecente. **the** ≃ **s** a tropa. **a man of** ≃ um homem de posição.

ran.kle [ræŋkl] v. inflamar-se, agravar-se.

ran.sack [r'ænsæk] v. revistar, explorar; roubar, saquear, pilhar.

ran.som [r'ænsəm] s. resgate m., redenção f.; preço m. de um resgate. ‖ v. resgatar, remir; recuperar.

rant [rænt] s. discurso m. extravagante, violento, bombástico. ‖ v. declamar com extravagância.

rap [ræp] s. piparote m., pancada f. rápida. ‖ v. bater (viva e rapidamente); vociferar.

ra.pa.cious [rəp'eiʃəs] adj. rapace, de rapina; ávido, voraz.

ra.pa.cious.ness [rəp'eiʃəsnis] s. rapacidade, avidez, ganância f.

rape [reip] s. rapto m.; estupro m. ‖ v. violar; raptar, arrebatar.

rap.id [r'æpid] s. ≃ **s** correnteza f.; cachoeira f. ‖ adj. rápido, ligeiro, veloz; instantâneo.

ra.pid.i.ty [rəp'iditi] s. rapidez, presteza, celeridade f.; velocidade f.

rapt [ræpt] adj. arrebatado, enlevado.

rap.ture [r'æptʃə] s. êxtase, arrebatamento, enlevo m. dos sentidos. ‖ v. extasiar.

rare [rɛə] adj. raro; rarefeito; bom; mal (p)assado, meio cru.

rar.i.ty [r'ɛəriti] s. raridade, rareza f.

ras.cal [r'a:skəl] s. velhaco m.; escroque m.; patife m.

rash [ræʃ] s. (Med.) erupção f. da pele. ‖ adj. precipitado.

rash.ness [r'æʃnis] s. temeridade f., ousadia f.

rasp [ra:sp] s. grosa (lima), raspadeira f.; ato ou efeito m. de limar; ruído m. estridente. ‖ v. limar, raspar; (fig.) irritar.

rasp.ber.ry [r'a:zbəri] s. (Bot.) framboesa f.

rat [ræt] s. rato m.; (fig.) pessoa f. baixa, vil; desertor m. ‖ v. informar, delatar. ≃ **race** competição, concorrência (por sucesso); (fig.) selva. ≃ **-trap** ratoeira f.

ratch.et [rʹætʃit] s. roquete m.

rate [reit] s. razão f.; padrão m.; grau m. de velocidade; classe f.; preço m., taxa f.; tarifa f., imposto m.; reprimenda f. ‖ v. taxar, avaliar; fixar preço ou taxa; classificar; considerar; ralhar.

rath.er [rʹɑ:ðə] adv. antes, preferivelmente, mais propriamente, quiçá; melhor.

rat.i.fy [rʹætifai] v. ratificar, aprovar.

rat.ing [rʹeitiŋ] s. avaliação, taxação f.; reprimenda, censura, descompostura f.

ra.tio [rʹeiʃiou] s. razão f.; proporção f.

ra.tion [rʹæʃən] s. ração f. ‖ v. racionar.

ra.tion.al [rʹæʃənl] s. racional m. + f. ‖ adj. racional; razoável, justo; relativo ao racionalismo; adequado, apropriado.

rat.tan [rətʹæn] s. rotim m.

rat.tle [rʹætl] s. matraca f.; chocalho, guizo m.; taramela f.; agitação f.; tagarelice f.; tagarela m. + f.; estertor m. ‖ v. chocalhar; aturdir; vociferar, gritar; ralhar.

rat.tle.brain [rʹætlbrein] s. pessoa f. insensata, tagarela, estouvada, tola.

rat.tle.snake [rʹætlsneik] s. (Zool.) cascavel f.

rau.cous [rʹɔ:kəs] adj. rouco, rouquenho.

rav.age [rʹævidʒ] s. devastação, ruína f. ‖ v. assolar, saquear; devastar.

rave [reiv] s. delírio, acesso m. de cólera, fúria f. ‖ v. delirar; enfurecer; entusiasmar-se. **to ≃ over** elogiar.

rav.el [rʹævəl] s. confusão f.; fio m. emaranhado ‖ v. emaranhar, confundir; desemaranhar, desfazer, desenredar.

ra.ven [rʹeivn] s. (Orn.) corvo m. ‖ adj. da cor do corvo, preto, negro.

rav.en.ous [rʹævnəs] adj. faminto, esfomeado (também fig.).

ra.vine [rəvʹi:n] s. desfiladeiro m.

ra.vish [rʹæviʃ] v. arrebatar, encantar; raptar, violar, devassar.

rav.ish.ing [rʹæviʃiŋ] adj. encantador.

raw [rɔ:] s. ferida, inflamação f. ‖ adj. cru, sem tempero; inexperiente, novo; esfolado, despelado, descarnado; indigesto; frio, úmido; (gíria) rude; desleal; puro. ≃ **material** matéria-prima.

raw.hide [rʹɔ:haid] s. couro m. cru. ‖ v. açoitar (com couro cru). ‖ adj. de couro cru.

ray [rei] s. raio (de luz, calor) m.; corrente f. (eletricidade); radiação f., clarão m.; (fig.)

vestígio m.; (Zool.) ossículo m. das barbatanas dos peixes.

raze [reiz] v. arrasar, destruir; demolir.

ra.zor [rʹeizə] s. navalha f.

reach [ri:tʃ] s. distância f. que se pode alcançar ou atingir; alcance m.; escopo m. ‖ v. alcançar; obter; estender; apanhar; penetrar; tocar, influenciar. **the ≃ of the mind** o alcance, o poder das faculdades mentais. **to ≃ into** penetrar.

re.act [riʹækt] v. reagir.

re.ac.tion [riʹækʃən] s. reação f.

re.ac.tion.ar.y [riʹækʃənəri] s. + adj. reacionário, retrógrado m.

re.ac.tor [riʹæktə] s. reator m.

read [ri:d] s. ação f. de ler, leitura f. ‖ v. (pret. e p. p. **read**) ler; interpretar, decifrar; adivinhar.

read [red] adj. erudito, letrado.

read.a.ble [rʹi:dəbl] adj. legível; que se pode ler; de boa leitura, agradável de ler.

read.er [rʹi:də] s. leitor m.; (Tipogr.) revisor m.; livro m. de leitura escolar.

read.i.ness [rʹedinis] s. prontidão f.

read.ing [rʹi:diŋ] s. leitura f.; revisão f.; conferência, declamação f.; versão f.; erudição f. ‖ adj. de leitura; que lê.

re.ad.just [ri:ədʒʹʌst] v. reajustar.

re.ad.just.ment [ri:ədʒʹʌstmənt] s. reajustamento, novo ajuste m.

read.y [rʹedi] s. (Milit.) prontidão f. para atirar. ‖ v. preparar. ‖ adj. pronto; propenso; ligeiro, vivo; fácil; acabado. ‖ adv. prontamente, já, logo. ≃**-made** já feito; roupas etc.).

re.al [rʹiəl] s. (Fil.) realidade f. ‖ adj. real, verídico; genuíno; sincero. ≃ **estate** bens imóveis.

re.al.ism [rʹiəlizəm] s. realismo m.

re.al.ist [rʹiəlist] s. realista m. + f.

re.al.i.ty [riʹæliti] s. realidade, verdade f.

re.al.i.za.tion [riəlaizʹeiʃən] s. realização f.

re.al.ize [rʹiəlaiz] v. realizar; conceber, imaginar, fazer idéia, compreender; resultar (em lucro).

realm [relm] s. reino, domínio m.; com m.

ream [ri:m] s. resma f. ‖ v. mandril, escarear.

ream.er [rʹi:mə] s. mandril, escareador m.

reap [ri:p] v. segar, colher, ceifar.

reap.er [rʹi:pə] s. ceifeiro m.; segador f.

re.ap.pear [ri:əp'iə] v. reaparecer.

rear [riə] s. a parte f. traseira, o fundo m.; retaguarda f. ‖ v. educar; erigir; construir; empinar-se. ‖ adj. traseiro, posterior, da retaguarda. ≃-**admiral** contra-admirante. ≃-**vision mirror** espelho retrovisor.

rear.guard [riəga:d] s. retaguarda f.

re.arm.a.ment [ri:'a:məmənt] s. rearmamento m.

rea.son [r'i:zn] s. razão f., motivo m.; justificação f. ‖ v. raciocinar; argumentar, debater; persuadir.

rea.son.a.ble [r'i:znəbl] adj. razoável.

rea.son.ing [r'i:zniŋ] s. raciocínio m.

re.as.sure [ri:əʃ'uə] v. ressegurar (contra riscos); tranqüilizar, acalmar.

re.bate [r'i:beit] s. abatimento, desconto m.; diminuição f.

re.bate [rib'eit] v. abater, descontar; abaixar; reduzir, diminuir.

reb.el [r'ebl] s. rebelde m. + f., revoltoso m. ‖ adj. rebelde, revoltoso.

re.bel [rib'el] v. rebelar, revoltar, sublevar.

re.bel.lion [rib'eljən] s. rebelião, revolta f.

re.bel.lious [rib'eljəs] adj. rebelde, amotinado, sublevado; insurreto.

re.birth [r'i:bə:θ] s. renascimento m.

re.bound [rib'aund] s. rechaço m., repercussão f., ricochete m.; reação f. (emocional). ‖ v. ressaltar, repercutir, ressoar; ricochetar; reagir.

re.buff [rib'ʌf] s. repulsa, recusa f. ‖ v. repelir, recusar, rejeitar, repulsar.

re.buke [ribj'u:k] s. repreensão, reprovação, censura f. ‖ v. repreender, reprovar, censurar, exprobrar, admoestar.

re.but [rib'ʌt] v. refutar, contradizer.

re.cal.ci.trant [rik'ælsitrənt] adj. recalcitrante; desobediente; indisciplinado.

re.call [rik'ɔl] s. chamada f. de volta; recordação f.; revogação f. ‖ v. chamar de volta; recordar; revogar; destituir.

re.ca.pit.u.late [ri:kəp'itjuleit] v. recapitular, resumir, sumariar; epilogar.

re.cap.ture [ri:k'æptʃə] v. recapturar, retomar, reconquistar.

re.cede [ris'i:d] v. retroceder, recuar.

re.ceipt [ris'i:t] s. recibo m.; recepção f.; recebimento m.; fórmula f. ‖ v. passar, dar recibo ou quitação.

re.ceive [ris'i:v] v. receber; hospedar.

re.ceiv.er [ris'i:və] s. recebedor, consignatário m.; depositário m.; receptor m.; aparelho m. receptor; reservatório m.; receptador m.; tesoureiro m., caixa m. + f.

re.cent [r'i:sənt] adj. recente, novo; moderno.

re.cep.ta.cle [ris'eptəkl] s. (também Bot.) receptáculo m.

re.cep.tion [ris'epʃən] s. recepção f.

re.cep.tion.ist [ris'epʃənist] s. recepcionista m. + f.

re.cess [ris'es] s. recesso m., intervalo m., pausa, suspensão f.; nicho m. ‖ v. fazer pausa, descansar.

rec.i.pe [r'esəpi] s. receita f.

re.cip.i.ent [ris'ipiənt] s. recipiente m.; receptor, recebedor m. ‖ adj. receptivo.

re.cip.ro.cate [ris'iprəkeit] v. alternar, reciprocar; corresponder, retribuir.

rec.i.proc.i.ty [resipr'ɔsiti] s. reciprocidade f., intercâmbio m.; troca f.

re.cit.al [ris'aitl] s. recital m., récita f.; narração, exposição f. detalhada.

rec.i.ta.tion [resit'eiʃən] s. recitação f.

re.cite [ris'ait] v. relatar, narrar, contar.

reck.less [r'eklis] adj. descuidado, precipitado.

reck.less.ness [r'eklisnis] s. descuido m.

reck.on [r'ekən] v. contar, calcular; (coloq.) pensar, supor; contar com.

reck.on.ing [r'ekniŋ] s. conta f., cômputo, cálculo m.; avaliação f.; ajuste m. de contas; opinião f.

re.claim [rikl'eim] s. reclamação f. ‖ v. corrigir, recuperar; civilizar; reclamar, reivindicar; exigir em devolução.

re.cline [rikl'ain] v. reclinar, recostar.

rec.luse [rikl'u:s] s. monge m., asceta m. + f., recluso m. ‖ adj. recluso, retirado.

rec.og.ni.tion [rekəgn'iʃən] s. reconhecimento m., recognição, identificação f.

rec.og.nize [r'ekəgnaiz] v. reconhecer, confessar; mostrar-se agradecido por.

rec.oil [rik'ɔil] s. recuo m.; rechaço m.; repercussão f.; retração f. ‖ v. recuar; rechaçar; repercutir; dar coice (arma).

rec.ol.lect [rekəl'ekt] v. recordar, lembrar.

rec.ol.lec.tion [rekəl'ekʃən] s. lembrança f.

rec.om.mend [rekəm'end] v. recomendar, aconselhar.

rec.om.men.da.tion [rekəmend'eiʃən] s. recomendação f.; cumprimentos m. pl.

rec.om.pense [r'ekəmpens] s. recompensa f.; indenização f. ‖ v. recompensar; indenizar; remunerar, gratificar.

rec.on.cile [r'ekənsail] v. reconciliar; harmonizar; satisfazer; conformar-se, resignar-se.

rec.on.cil.i.a.tion [rekənsili'eiʃən) s. reconciliação, conciliação f.; harmonização f.; concordância, harmonia f.

re.con.noi.ter [rekən'ɔitə] v. = **reconnoitre**.

re.con.noi.tre [rekən'ɔitə] v. reconhecer, fazer um reconhecimento, explorar, inspecionar (sentido militar).

re.con.sid.er [ri:kəns'idə] v. reconsiderar.

re.con.struct [ri:kənstr'ʌkt] v. reconstruir.

re.con.struc.tion [ri:kənstr'ʌkʃən] s. reconstrução, reedificação f.

re.cord [r'ekɔd] s. registro m.; ata f., protocolo m.; crônica f.; documento m.; memorial m.; ficha, folha f. corrida; memória f.; testemunho m.; (Esp.) recorde m.; disco m. de gramofone. ≃ s cadastro, arquivo m.

re.cord [rik'ɔ:d] v. registrar; protocolar; lembrar; arquivar; gravar em disco ou fita.

re.count [rik'aunt] v. contar, relatar, narrar detalhadamente; contar um por um.

re.coup [rik'ʌp] v. recuperar, recobrar.

re.course [rik'ɔ:s] s. recurso m.; refúgio, auxílio m. **to have** ≃ to recorrer a.

re.cov.er [rik'ʌvə] v. recuperar-se, reaver. ≃ **from** convalescer, recuperar-se.

re.cov.er.y [rik'ʌvəri] s. recuperação f.; reparação f.; cura f., restabelecimento m.; volta f. ao estado normal.

rec.re.a.tion [rekri'eiʃən] s. recreação f.

re.crim.i.nate [rikr'imineit] v. recriminar.

re.cruit [rikr'u:t] s. (Milit.) recruta m. ‖ v. recrutar; abastecer, reforçar (o exército ou a marinha); revigorar, robustecer.

rec.tan.gle [r'ektæŋgl] s. (Geom.) retângulo, paralelogramo m. de ângulos retos.

rec.tan.gu.lar [rekt'æŋgjulə] adj. retangular, que tem forma de retângulo.

rec.ti.fy [r'ektifai] v. retificar, emendar.

rec.ti.tude [r'ektitju:d] s. retidão, honestidade, decência f.

rec.tor [r'ektə] s. reitor m.; pároco m.

rec.tum [r'ektəm] s. (Anat.) reto m.

re.cu.per.ate [rikj'u:pəreit] v. reconvalescer, recuperar a saúde; reaver.

re.cur [rik'ə:] v. ocorrer periodicamente; vol-

tar; voltar à lembrança; tornar a suceder, suceder repetidamente.

re.cy.cle [ri:s'aikl] v. reciclar, reaproveitar.

red [red] s. cor f. vermelha ou qualquer cor semelhante; rubor m.; comunista m. + f.; extremista m. + f.; índio m. americano. ‖ adj. vermelho. ≃ - **haired** ruivo. ≃ - **handed** em flagrante. ≃ **herring** arenque defumado; (fig.) pista falsa. ≃ - **hot** em brasa; (fig.) furioso. ≃ **pepper** pimenta malagueta; pimentão. ≃ **tape** formalidades excessivas.

red.den [r'edn] v. avermelhar, ruborizar.

red.dish [r'ediʃ] adj. avermelhado.

re.deem [rid'i:m] v. remir, libertar; amortizar; cumprir; reparar, indenizar, compensar; readquirir.

re.deem.er [rid'i:mə] s. redentor m. **Redeemer** Redentor, Salvador, Jesus Cristo.

re.demp.tion [rid'empʃən] s. redenção f., resgate m., libertação f.; amortização f. (de dívida); expiação, penitência f.

red.ness [r'ednis] s. vermelhidão f.

re.dou.ble [rid'ʌbl] s. redobramento m. ‖ v. redobrar; duplicar; repetir, ressoar.

re.dress [ridr'es] s. emenda, retificação f.; reparação f.; alívio, socorro m. ‖ v. emendar, retificar; socorrer, aliviar.

re.duce [ridj'u:s] v. reduzir, abreviar; rebaixar; emagrecer; submeter; converter; diluir, enfraquecer; transformar.

re.duc.i.ble [ridj'u:səbl] adj. redutível, conversível; que se pode abreviar.

re.duc.tion [rid'ʌkʃən] s. redução f.; abatimento m.; decréscimo m.; conversão f. (de moeda); cópia f. reduzida.

red.wood [r'edwud] s. (Bot.) sequóia f. canadense; pau-brasil m.

reed [ri:d] s. (Bot.) cana f., junco m.

reef [ri:f] s. recife, banco m. de areia; (Miner.) veio m. metálico, camada f.

reek [ri:k] s. cheiro m. forte, desagradável; fumaça f., vapor m. ‖ v. emitir um cheiro forte; emitir fumaça ou vapores; estar molhado de suor ou sangue; estar impregnado de qualquer umidade fétida.

reel [ri:l] s. carretel m., bobina f.; molinete m. (de linha de pescar); tambor m.; movimento m. vacilante ou cambaleante; torniquete m. ‖ v. bobinar, enrolar em carretel ou bobina; dobrar; filmar; vacilar, cambalear.

re-enter [riːʹentə] v. reentrar; (Com.) relançar.

re-establish [riːistʹæbliʃ] v. restabelecer, restaurar, reparar, reformar.

re.fec.tory [rifʹektəri] s. refeitório m., cantina f.

re.fer [rifʹɔː] v. referir; encaminhar.

ref.er.ee [refərʹiː] s. árbitro, juiz m.; perito, avaliador m.

ref.er.ence [rʹefrəns] s. + adj. referência f., alusão f.; marca f.; recomendação, informação f. ‖ v. prover (um livro) com referências.

re.fill [rʹiːfil] s. carga f. ou material m. que serve para encher ou suprir de novo. ‖ v. encher ou suprir novamente.

re.fine [rifʹain] v. refinar; polir; aperfeiçoar, educar, esmerar.

re.fined [rifʹaind] adj. refinado; culto.

re.fine.ment [rifʹainmənt] s. refinamento m.; requinte m., cultura, distinção f.

re.fin.er.y [rifʹainəri] s. refinaria f.

re.flect [riflʹekt] v. refletir; meditar; pensar.

re.flec.tion [riflʹekʃən] s. reflexão f.

re.flex [rʹiːfleks] s. reflexo m., reflexão f.

re.flex [riflʹeks] adj. reflexivo; (Bot.) recurvado; (Gram.) reflexivo.

re.flex.ive [riflʹeksiv] s. (Gram.) verbo ou pronome m. reflexivo ‖ adj. reflexivo.

re.for.est.a.tion [riːfɔristʹeiʃən] s. reflorestamento m.

re.form [rifʹɔːm] s. reforma, melhoria f. ‖ v. reformar, melhorar; corrigir.

ref.or.ma.tion [refəmʹeiʃən] s. reforma f.

re.form.er [rifʹɔːmə] s. reformador m.

re.frac.tion [rifrʹækʃən] s. refração f.

re.frac.to.ry [rifrʹæktəri] adj. refratário; teimoso; imune; capaz de suportar a ação do calor.

re.frain [rifrʹein] s. estribilho, refrão m. ‖ v. refrear, reprimir.

re.fresh [rifrʹeʃ] v. refrescar; revigorar.

re.fresh.ing [rifrʹeʃiŋ] adj. refrescante; restaurador; agradável, animador.

re.fresh.ment [rifrʹeʃmənt] s. refresco m.

re.frig.er.a.tion [rifridʒərʹeiʃən] s. refrigeração f.

re.frig.er.a.tor [rifrʹidʒəreitə] s. geladeira f.

re.fu.el [riːfjʹuəl] v. reabastecer; abastecer de novo (de combustível).

ref.uge [rʹefjuːdʒ] s. refúgio, asilo m.; amparo m.; recurso m. ‖ v. acolher, abrigar.

ref.u.gee [refjudʒʹiː, rʹefjudʒiː] s. refugiado m., asilado m., pessoa f. que procura asilo.

re.fund [rʹiːfʌnd] s. devolução f., reembolso m.

re.fund [riːfʹʌnd] v. devolver (o dinheiro pago), reembolsar, restituir, pagar.

re.fus.al [rifjʹuzəl] s. recusa, repulsa f.; resposta f. negativa; opção f.

ref.use [rʹefjuːs] s. refugo, rebotalho, resíduo m. ‖ adj. sem valor.

re.fuse [rifjʹuːz] v. recusar, rejeitar.

re.fute [rifjʹuːt] v. refutar, contestar.

re.gain [rigʹein] v. recuperar, tornar a alcançar ou ganhar, reaver.

re.gal [rʹiːgəl] adj. real, régio.

re.ga.li.a [rigʹeiliə] s. regalias f. pl. reais; insígnias f. pl; emblemas m. pl. ou decorações f. pl. de qualquer sociedade.

re.gard [rigʹaːd] s. consideração f., respeito m.; olhar m. firme; estima f. ≃s cumprimentos m. pl. ‖ v. considerar, julgar; respeitar; dizer respeito; estimar.

re.gard.ing [rigʹaːdiŋ] prep. relativamente, com respeito a, a respeito de, concernente, com referência a.

re.gard.less [rigʹaːdlis] adj. que não tem consideração ou respeito; descuidado, negligente, desatento; indiferente.

re.gen.er.ate [ridʒʹenəreit] adj. regenerado. ‖ v. regenerar, reformar, corrigir moralmente.

re.gent [rʹiːdʒənt] s. + adj. regente m. + f.

re.gime [reidʒʹiːm] s. regime m.

reg.i.ment [rʹedʒimənt] s. regimento m.; governo m.; grande número m. ‖ v. arregimentar; tratar de modo uniforme.

re.gion [rʹiːdʒən] s. região, zona f., distrito m., área f., território m.

reg.is.ter [rʹedʒistə] s. registro m., inscrição, matrícula f.; arquivo m.; torneira f.; registrador m.; índice m. ‖ v. registrar, inscrever; alistar, matricular; remeter sob registro; indicar; expressar. ≃ed mail correio registrado.

reg.is.trar [rʹedʒistraː] s. registrador m.

reg.is.tra.tion [redʒistrʹeiʃən] s. registro m., inscrição, matrícula f.

re.gret [rigrʹet] s. pesar m., tristeza f.; remorso m.; desgosto m. ‖ v. lastimar; arrepender-se, afligir-se por algo.

re.gret.ta.ble [rigrʹetəbl] adj. lamentável.

re.group [ri:gr'u:p] v. reagrupar, reunir.
reg.u.lar [r'egjulə] s. soldado m. profissional ou membro m. de uma ordem religiosa ou monástica. ‖ adj. regular, normal; exato, pontual; ordeiro, metódico.
reg.u.lar.i.ty [regjul'æriti] s. regularidade f.
reg.u.late [r'egjuleit] v. regular, ajustar.
reg.u.la.tion [regjul'eiʃən] s. regulamento m., regra f. ‖ adj. de acordo com o regulamento; normal, usual.
re.hash [ri:h'æʃ] v. reapresentar sob nova forma; reformar (comida, texto, idéias).
re.hears.al [rih'ə:səl] s. (Teat.) ensaio m., prova f. **dress** ≃ ensaio geral.
re.hearse [rih'ə:s] v. ensaiar, exercitar.
reign [rein] s. reino, reinado m.; domínio m. ‖ v. reinar, imperar; prevalecer.
re.im.burse [ri:imb'ə:s] v. reembolsar.
rein [rein] s. rédea f.; (fig.) freio, controle m. ‖ v. levar as rédeas; (fig.) governar, controlar; restringir.
re.in.car.na.tion [ri:inka:n'eiʃən] s. reencarnação f.
rein.deer [r'eindiə] s. (Zool.) rena f.
re.in.force [ri:inf'ɔ:s] s. reforço m. ‖ v. reforçar.
re.in.force.ment [ri:inf'ɔ:smənt] s. reforço m.
re.it.er.ate [ri:it'əreit] v. reiterar, repetir.
re.ject [ridʒ'ekt] v. rejeitar, recusar.
re.joice [ridʒ'ɔis] v. regozijar-se, exultar.
re.joic.ing [ridʒ'ɔisiŋ] s. alegria f., júbilo m.
re.join [ri:dʒ'ɔin] v. reunir, ajuntar; retorquir, replicar, responder, redargüir.
re.ju.ve.nate [ri:dʒ'u:vineit] v. rejuvenescer, remoçar.
re.lapse [ril'æps] s. reincidência, recaída f. ‖ v. recair, reincidir.
re.late [ril'eit] v. relatar, contar, narrar (to a); referir, dizer respeito (to a).
re.lat.ed [ril'eitid] adj. relacionado; narrado, contado; aparentado, parente, afim.
re.la.tion [ril'eiʃən] s. relação, narração f., relato m.; referência, alusão f.; parentesco m. **a** ≃ **of yours** seu parente.
re.la.tion.ship [ril'eiʃənʃip] s. parentesco m.; conexão, afinidade f.
rel.a.tive [r'elətiv] s. parente m.; pronome, adjetivo ou advérbio m. relativos. ‖ adj. relativo, concernente, referente.
re.lax [ril'æks] v. relaxar, afrouxar; descansar, repousar, pôr-se à vontade.

re.lax.a.tion [ri:læks'eiʃən] s. relaxação f., afrouxamento m.; descanso m.
re.lay [ril'ei] s. revezamento m., substituição f.; posta, estação f. de muda; suprimento m.; relé m. ‖ v. revezar, substituir (cavalos, turma, material).
re.lease [ril'i:s] s. soltura f.; liberação f.; relaxação f.; (Jur.) cessão, quitação f. ‖ v. soltar, libertar, livrar; desobrigar; (Jur.) ceder, renunciar a; permitir. **press** ≃ boletim, notícia distribuída à imprensa para divulgação gratuita.
rel.e.gate [r'eligeit] v. relegar, banir.
re.lent [ril'ent] s. abrandamento m.; afrouxamento m. ‖ v. abrandar; apiedar-se, ter compaixão; ceder; arrepender-se.
re.lent.less [ril'entlis] adj. inexorável.
rel.e.vant [r'elivənt] adj. relevante.
re.li.a.bil.i.ty [rilaiəb'iliti] s. confiança f.
re.li.a.ble [ril'aiəbl] adj. de confiança.
rel.ic [r'elik] s. relíquia f. ≃**s** ruínas f. pl.
re.lief [ril'i:f] s. alívio m.; assistência f., socorro m., ajuda f.; remédio m., relevo m.; contraste m.; (Arquit.) saliência f.; (Geol.) elevação f. de terreno.
re.lieve [ril'i:v] v. aliviar; ajudar; substituir, revezar; desobrigar, livrar de.
re.li.gion [ril'idʒən] s. religião f.; crença f.
re.li.gious [ril'idʒəs] adj. religioso, escrupuloso, relativo à religião.
re.lin.quish [ril'iŋkwiʃ] v. abandonar.
rel.ish [r'eliʃ] s. gosto, sabor m.; tempero m.; apetite m. ‖ v. dar bom gosto ou sabor a; gostar de; temperar; apreciar.
re.live [ri:l'iv] v. reviver; recordar, lembrar.
re.luc.tance [ril'ʌktəns] s. relutância, repugnância, resistência, aversão f.
re.luc.tan.cy [ril'ʌktənsi] s. = **reluctance**.
re.luc.tant [ril'ʌktənt] adj. relutante.
re.ly [ril'ai] v. confiar em, fiar-se.
re.main [rim'ein] s. sobra f., resto m. ‖ v. sobrar; ficar, permanecer, perdurar, continuar, persistir.
re.main.der [rim'eində] s. resto m., sobra f.; resíduo m.; saldo, excesso m.
re.make [ri:m'eik] v. refazer, fazer de novo.
re.mark [rim'a:k] s. observação f., reparo m. ‖ v. observar, notar, reparar, mencionar.
re.mark.a.ble [rim'a:kəbl] adj. notável, digno de nota; fora do comum, extraordinário, singular.

re.me.di.al [rim'i:diəl] adj. remediador, corretor.

rem.e.dy [r'emidi] s. remédio, curativo m.; reparação f.; (Jur.) recurso m. ‖ v. curar, remediar; reparar, corrigir, melhorar.

re.mem.ber [rim'embə] v. lembrar, recordar; ter em mente; transmitir saudações ou lembranças.

re.mem.brance [rim'embrəns] s. lembrança, recordação f.; memento, memorial m.

re.mind [rim'aind] v. lembrar, trazer à memória.

re.mind.er [rim'aində] s. lembrança f., lembrete m.

rem.i.nis.cence [remin'isəns] s. reminiscência f.

re.miss [rim'is] adj. remisso, desleixado, preguiçoso, lento, desidioso.

re.mis.sion [rim'iʃən] s. remissão f., moderação, diminuição, redução f.

re.mit [rim'it] v. remeter; cancelar; ceder.

re.mit.tance [rim'itəns] s. remessa f. de valores; valores m. pl. remetidos.

rem.nant [r'emnənt] s. sobra f., resto m.

re.mod.el [ri:m'ɔdl] v. remodelar, refazer.

re.mon.strate [r'emɔnstreit] v. protestar, argumentar, queixar-se, brigar.

re.morse [rim'ɔ:s] s. remorso m.

re.mote [rim'out] adj. remoto, distante.

re.mov.al [ri:m'u:vəl] s. remoção f.; mudança f.; demissão, destituição f.

re.move [rim'u:v] s. remoção, transferência f. ‖ v. remover, transferir; retirar, afastar (-se); demitir; eliminar.

re.moved [rim'u:vd] adj. afastado; remoto (parentesco).

re.mu.ner.ate [rimj'u:nəreit] v. remunerar, recompensar.

re.mun.er.ation [rimju:nər'eiʃən] s. remuneração f.; salário m.; proventos m. pl.

Ren.ais.sance [rən'eisəns] s. Renascença f.

rend [rend] v. (pret. e p. p. **rent**) lacerar, rasgar, despedaçar. **to** ≃ **off** arrancar.

ren.der [r'endə] v. retribuir, devolver; dar, conferir; submeter; representar, interpretar; traduzir; derreter (banha).

ren.e.gade [r'enəgeid] adj. renegado, apóstata.

re.new [rinj'u:] v. renovar; reanimar; substituir; recomeçar; reabastecer.

re.new.al [rini'u:əl] s. renovação f.

re.nounce [rin'auns] v. renunciar, desistir; renegar; não reconhecer naipe.

ren.o.vate [r'enoveit] v. renovar, reformar; restabelecer a saúde; reparar. ‖ adj. renovado; reformado.

re.nown [rin'aun] s. renome m., fama, reputação f. ‖ v. tornar renomado ou famoso. **man of** ≃ homem famoso.

re.nowned [rin'aund] adj. renomado.

rent [rent] s. aluguel m.; renda f.; racha, fenda, abertura f. ‖ v. alugar, arrendar; cobrar aluguel; pret. e p. p. **de rend.**

rent.al [r'entəl] s. aluguel m. ‖ adj. de aluguel.

re.nun.ci.a.tion [rinʌnsi'eiʃən] s. renúncia, renunciação f., renunciamento m.

re.o.pen [ri:'oupən] v. reabrir, recomeçar.

re.pair [rip'ɛə] s. conserto, reparo m. ‖ v. reparar, restabelecer, emendar.

re.par.a.tion [repər'eiʃən] s. reparação, restauração f.; compensação, indenização f.; satisfação f.

re.pat.ri.ate [ri:p'ætrieit] s. repatriado m. ‖ v. repatriar.

re.pay [ri:p'ei] v. reembolsar; retribuir; indenizar, compensar.

re.peal [rip'i:l] s. revogação, anulação, cassação f. ‖ v. revogar, anular, rescindir.

re.peat [rip'i:t] s. + adj. repetição f. ‖ v. repetir, reiterar; recitar; reproduzir, imitar.

re.peat.ed [rip'i:tid] adj. repetido.

re.pel [rip'el] v. repelir, rechaçar, rejeitar.

re.pent [rip'ent] v. arrepender-se.

re.pent.ance [rip'entəns] s. arrependimento m., contrição, penitência f.

re.pent.ant [rip'entənt] adj. arrependido.

re.per.cus.sion [ri:pə:k'ʌʃən] s. repercussão, reverberação f.

rep.er.to.ry [r'epətəri] s. repertório m.

rep.e.ti.tion [repit'iʃən] s. repetição f.

rep.e.ti.tious [repit'iʃəs] adj. repetido.

re.place [ri:pl'eis] v. repor; substituir (**by** por); devolver, restituir.

re.place.ment [ri:pl'eismənt] s. substituição, troca, reposição f.

re.plen.ish [ripl'eniʃ] v. encher, reabastecer, completar o estoque.

re.plete [ripl'i:t] adj. repleto, cheio (**with** de), farto, saciado, satisfeito.

rep.li.ca [r'eplikə] s. réplica, cópia f.

re.ply [ripl'ai] s. resposta, réplica f. ‖ v. responder, replicar, retorquir.

re.port [rip'ɔ:t] s. relatório m., informação, notícia f.; boato m. ‖ v. relatar, informar, noticiar; trabalhar como repórter; queixar-se, dar parte. ≃ **card** boletim escolar.

re.port.er [rip'ɔ:tə] s. repórter, jornalista m. + f.

re.pose [rip'ouz] s. repouso m.; tranqüilidade f., sossego m. ‖ v. repousar, descansar, dormir; reclinar-se.

rep.re.hend [reprih'end] v. repreender, censurar, admoestar, criticar.

rep.re.hen.sion [reprih'enʃən] s. repreensão, censura, reprimenda f.

rep.re.sent [repriz'ent] v. simbolizar; retratar, descrever; encenar; desempenhar um mandato; expor; aparentar.

rep.re.sen.ta.tion [reprizent'eiʃən] s. representação f.; imagem f., retrato m.; apresentação f.; espetáculo m.; protesto m.

rep.re.sen.ta.tive [repriz'entətiv] s. representante m. + f.; deputado m. ‖ adj. representativo; típico, característico.

re.press [ripr'es] v. reprimir, conter.

re.pres.sion [ripr'eʃən] s. repressão f.

re.prieve [ripr'i:v] s. suspensão f. temporária de uma sentença; moratória f. ‖ v. suspender temporariamente a execução de uma sentença; prorrogar; aliviar.

rep.ri.mand [r'eprima:nd] s. reprimenda f. ‖ v. repreender, censurar, admoestar.

re.print [r'i:print] s. reimpressão, reedição f.; separata f.

re.print [ri:pr'int] v. reimprimir, reeditar, imprimir ou editar de novo.

re.pris.al [ripr'aizəl] s. represália f.

re.proach [ripr'outʃ] s. repreensão, censura f.; vergonha, desgraça f. ‖ v. repreender, censurar; acusar, difamar.

re.pro.duce [ri:prədj'u:s] v. reproduzir, tornar a produzir; multiplicar, propagar; copiar, retratar; recordar, lembrar.

re.pro.duc.tion [ri:prəd'ʌkʃən] s. reprodução, nova produção f.; propagação f.; cópia, imitação f., retrato m.

re.proof [ripr'u:f] s. reprovação, censura f.

re.prove [ripr'u:v] v. reprovar, censurar.

rep.tile [r'eptail] s. réptil m.

re.pub.lic [rip'ʌblik] s. república f.

re.pub.li.can [rip'ʌblikən] s. + adj. republicano m.

re.pu.di.ate [ripj'u:dieit] v. repudiar.

re.pug.nance [rip'ʌgnəns] s. repugnância, aversão f.; oposição, relutância, repulsão f.; ódio m.

re.pug.nan.cy [rip'ʌgnənsi] s. = **repugnance**.

re.pug.nant [rip'ʌgnənt] adj. repugnante, repulsivo; oposto; incompatível.

re.pulse [rip'ʌls] s. repulsa, recusa f.; rejeição f. ‖ v. repulsar, repelir; recusar, rejeitar.

re.pul.sive [rip'ʌlsiv] adj. repulsivo.

rep.u.ta.ble [r'epjutəbl] adj. honrado.

rep.u.ta.tion [repjut'eiʃən] s. reputação f.

re.pute [ripj'u:t] s. reputação, fama f. ‖ v. reputar, julgar, ter em conta de.

re.quest [rikw'est] s. petição f., requerimento m., requisição f.; (Com.) pedido m., demanda f. ‖ v. requerer, pedir, rogar, solicitar. **by** ≃ a pedido.

re.qui.em [r'ekwiem] s. réquiem m.

re.qui.re [rikw'aiə] v. requerer, exigir.

re.quire.ment [rikw'aiəmənt] s. exigência, necessidade f.; requisito m.; condição f. essencial; requerimento m., requisição f.

req.ui.site [r'ekwizit] s. requisito m.

req.ui.si.tion [rekwiz'iʃən] s. requisição f., requerimento m., petição f.; (Milit.) confiscação f. ‖ v. (Milit.) requisitar, confiscar.

re.sale [ri:s'eil] s. revenda f.

res.cue [r'eskju:] s. livramento, salvamento m., salvação f. ‖ v. livrar, salvar, socorrer.

re.search [ris'ə:tʃ] s. pesquisa, indagação, investigação f. ‖ v. pesquisar, indagar, investigar, examinar.

re.sem.blance [riz'embləns] s. semelhança, parecença f.

re.sem.ble [riz'embl] v. assemelhar-se.

re.sent [riz'ent] v. ressentir-se, ofender-se.

re.sent.ful [riz'entful] adj. ressentido.

re.sent.ment [riz'entmənt] s. ressentimento m., indignação, repulsa f.

res.er.va.tion [rezəv'eiʃən] s. reserva f.

re.serve [riz'ə:v] s. (Com. e Milit.) reserva f.; restrição f.; área f. reservada. ‖ v. reservar, guardar; reter, conservar. ‖ adj. de reserva.

re.serv.ed [riz'ə:vd] adj. reservado, guardado; cauteloso, circunspecto. **all the rights** ≃ todos os direitos reservados.

res.er.voir [r'ezəvwa:] s. reservatório m.

re.si.de [riz'aid] v. residir, morar, habitar.

res.i.dence [r'ezidəns] s. residência, morada, habitação f., domicílio m.; inerência f.

res.i.dent [r'ezidənt] s. residente, habitante m. + f. ‖ adj. residente, habitante; (Zool.) não migratório.

res.i.due [r'ezidju:] s. resíduo, depósito, sedimento m.

re.sign [riz'ain] v. resignar-se, renunciar.

res.ig.na.tion [rezign'eiʃən] ś. renúncia, demissão f.; pedido m. de demissão (por escrito).

re.sil.i.ence [riz'iliəns] adj. resiliente, elástico.

res.in [r'ezin] s. resina f. ‖ v. resinar.

re.sist [riz'ist] v. resistir, opor-se, repelir.

re.sist.ance [riz'istəns] s. resistência f.

re.sist.ant [riz'istənt] s. + adj. resistente, contumaz m. + f.

res.o.lute [r'ezəlu:t] adj. resoluto, determinado, decidido; corajoso.

res.o.lu.tion [rezəl'u:ʃən] s. resolução, determinação f.; decomposição f.; constância, firmeza f.; solução, deliberação f.

re.solve [riz'ɔlv] s. resolução, decisão f. ‖ v. analisar; solucionar; decidir; resolver; aprovar.

res.o.nance [r'ezənəns] s. ressonância f.

re.sort [riz'ɔ:t] s. lugar m. muito freqüentado; reunião f.; recurso, refúgio m. ‖ v. ir, freqüentar; recorrer; valer-se de.

re.sound [riz'aund] v. ressoar, ecoar; proclamar.

re.source [ris'ɔ:s] s. recurso, meio m. ≃ s recursos m. pl., riquezas f. pl.; habilidade f.

re.source.ful [ris'ɔ:sful] adj. desembaraçado, expedito, diligente, jeitoso.

re.spect [risp'ekt] s. respeito m., deferência f.; relação, referência f.; circunstância f. ≃ s cumprimentos m. pl. ‖ v. respeitar, acatar; dizer respeito a, relacionar-se.

re.spect.a.ble [risp'ektəbl] adj. respeitável, estimável; honrado, digno; regular.

re.spect.ful [risp'ektful] adj. respeitoso.

re.spect.ing [risp'ektiŋ] prep. com respeito a, em relação a; visto que.

re.spec.tive [risp'ektiv] adj. respectivo.

res.pi.ra.tion [respər'eiʃən] s. respiração f.

res.pite [r'espit] s. repouso m., pausa f.; adiamento m., prorrogação f. ‖ v. prorrogar; adiar a execução (pena de morte).

re.splend.ent [rispl'endənt] adj. resplendente, brilhante, magnífico.

re.spond [risp'ond] s. (Rel.) responso m. ‖ v. responder, replicar; reagir.

re.sponse [risp'ɔns] s. resposta, réplica f.

re.spon.si.bil.i.ty [risponsəb'iliti] s. responsabilidade f.; incumbência f., encargo m.

re.spon.si.ble [risp'ɔnsəbl] adj. responsável, de responsabilidade; solvente; respeitável, de confiança.

re.spon.sive [risp'ɔnsiv] adj. responsivo.

rest [rest] s. descanso, repouso m., folga, paz f., sossego m.; sono m.; sanatório m.; abrigo m.; suporte, pedestal m.; (Mús.) pausa f.; (Poét.) morte f.; inércia f.; resto m., sobra f. ‖ v. descansar **(from** de); estar calmo; dormir; jazer; parar, restar, sobrar; ficar, permanecer. **you may** ≃ **assured that** você pode ficar certo que.

res.tau.rant [r'estərənt] s. restaurante m.

rest.ful [r'estful] adj. tranqüilo, quieto.

res.ti.tu.tion [restitj'u:ʃən] s. restituição f.

rest.less [r'estlis] adj. impaciente.

rest.less.ness [r'estlisnis] s. perturbação, inquietação, agitação f.; insônia f.

res.ti.ve [r'estiv] adj. inquieto, desassossegado, agitado, turbulento.

res.to.ra.tion [restər'eiʃən] s. restauração f.; restituição f.; restabelecimento m.; reparo, conserto m.; coisa f. restaurada.

re.store [rist'ɔ:] v. restaurar; recolocar, restituir; restabelecer; reintegrar; renovar.

re.strain [ristr'ein] v. conter, reprimir.

re.straint [ristr'eint] s. restrição, limitação f.; estorvo m.; obstáculo m.; repressão f.; retenção f.; reclusão f.

re.strict [ristr'ikt] v. restringir, limitar.

re.stric.tion [ristr'ikʃən] s. restrição, limitação f., reserva f.; condição f. restritiva.

re.sult [riz'ʌlt] s. resultado m., conseqüência f., efeito m. ‖ v. resultar, provir, originar-se **(from** de), seguir-se.

re.sume [rizj'u:m] v. retomar, reocupar, reassumir; recuperar; prosseguir, recomeçar; resumir, recapitular.

ré.su.mé [r'ezju:mei] s. resumo, sumário m.

res.ur.rec.tion [rezər'ekʃən] s. ressurreição f.; (fig.) renovação, restauração f.

re.sus.ci.tate [ris'ʌsiteit] v. ressuscitar, fazer reviver, reavivar; renascer.

re.tail [r'i:teil] s. varejo, retalho m.; venda f. a varejo. ‖ adj. de varejo, varejista.

re.tail [r'iteil] v. vender a varejo, retalhar; contar minuciosamente.

re.tain [rit'ein] v. reter, conservar, manter.

re.tal.i.ate [rit'ælieit] v. retaliar.

re.tal.i.a.tion [ritæli'eiʃən] s. retaliação f.

re.tard [rit'a:d] v. retardar-se, demorar-se, protelar, pôr obstáculos; impedir, deter.

retch [ri:tʃ, retʃ] s. ânsia f. de vômito. ‖ v. fazer esforço para vomitar.

re.ten.tion [rit'enʃən] s. retenção f.; memória f.

ret.i.cence [r'etisəns] s. reserva, discrição f.

ret.i.nue [r'etinju:] s. acompanhamento m., comitiva f., cortejo, séqüito m.

re.tire [rit'aiə] v. retirar(-se), afastar(-se), apartar(-se); reformar(-se), aposentar(-se); recolher-se; ir dormir; recuar, retroceder; retirar (da circulação).

re.tired [rit'aiəd] adj. aposentado, reformado; escondido; solitário, ermo.

re.tire.ment [rit'aiəmənt] s. retirada f.; retraimento m., segregação f.; aposentadoria, reforma f.; intimidade f.; retiro m.

re.tir.ing [rit'aiəriŋ] adj. que se retira, aposenta; retraído, acanhado, tímido.

re.tort [rit'ɔ:t] s. réplica, resposta f. ‖ v. replicar, retrucar, retorquir; revidar.

re.touch [ri:t'ʌtʃ] s. retoque m. ‖ v. retocar; aperfeiçoar; tornar a tocar.

re.trace [ritr'eis] v. remontar à origem; voltar, rememorar.

re.tract [ritr'ækt] v. retrair, recolher; retratar (-se), desdizer(-se).

re.treat [ritr'i:t] s. retirada f.; toque m. de recolher; retreta f.; retiro, asilo, abrigo m. ‖ v. retirar-se, retroceder, afastar-se, fugir; refugiar-se.

re.trench [ritr'entʃ] v. fazer economias; reduzir, abreviar, limitar; podar; (Milit.) entrincheirar.

ret.ri.bu.tion [retribj'u:ʃən] s. punição f., castigo m. (merecido); desforra, vingança f.

re.trieve [ritr'i:v] s. ato m. de reaver, recobrar etc.; possibilidade f. de recuperação. ‖ v. recobrar, recuperar, reaver; restabelecer, restaurar, corrigir, reparar.

ret.ro.spect [r'etrouspekt] s. retrospecto m., rememoração f.

re.turn [rit'ə:n] s. volta f., regresso m.; devolução f.; retribuição, paga, compensação f.; relatório m.; tabela f.; recorrência, repeti-

ção f.; alternação f. ≃ s lucro m.; remessa f.; réplica f. ‖ v. regressar; replicar; devolver; reverter; volver para trás; retribuir; eleger; lucrar. ≃ **fare**, ≃ **ticket** passagem de ida e volta. **many happy** ≃ **s of the day!** (aniversário) que a data se repita ainda muitas vezes!

re.un.ion [ri:j'u:njən] s. reunião, assembléia f.; reconciliação f.; festa f. social.

re.u.nite [ri:ju:n'ait] v. reunir(-se).

re.veal [riv'i:l] v. revelar, manifestar, descobrir; aparecer; divulgar, mostrar(-se).

rev.el [revl] s. folia, orgia f. ‖ v. divertir-se, festejar.

rev.e.la.tion [revil'eiʃən] s. revelação f.

rev.el.ry [r'evlri] s. festança, folia, orgia f.

re.venge [riv'endʒ] s. vingança, desforra f. ‖ v. vingar(-se), desforrar(-se).

re.venge.ful [riv'endʒful] adj. vingativo.

rev.e.nue [r'evinju:] s. renda f.; rendimentos públicos, impostos m. pl., taxas f. pl.; fonte f. de renda; fisco m.

re.vere [riv'iə] v. honrar, respeitar, acatar.

rev.er.ence [r'evərəns] s. reverência f., respeito m., veneração f.; mesura f. ‖ v. reverenciar, honrar, respeitar.

Rev.er.end [r'evərənd] s. reverendo m.; título m. que se dá ao clero; (coloq.) padre, pastor, clérigo m.

rev.er.ie [r'evəri] s. devaneio, sonho m., quimera f.; (Mús.) fantasia f.

re.verse [riv'ə:s] s. reverso, contrário, avesso, inverso m.; revés, contratempo m. ‖ v. inverter; transpor; anular, abolir. ‖ adj. reverso, invertido; anulado.

re.vers.i.ble [riv'ə:səbl] adj. revogável.

re.vert [riv'ə:t] v. reverter; voltar.

re.view [riv'ju:] s. revista, inspeção f. (de tropas); reconsideração f.; rememoração f., retrospecto m.; revisão f. judicial; crítica f. literária, resenha f.; peça f. teatral. ‖ v. rever (também Jur.), recapitular; revisar; escrever ou publicar críticas ou resenhas; (Milit.) passar em revista.

re.vi.le [riv'ail] s. ultraje m., injúria f. ‖ v. injuriar, insultar, maltratar, ralhar.

re.vise [riv'aiz] s. revisão f. ‖ v. revisar; corrigir (provas tipográficas).

re.vi.sion [riv'iʒən] s. revisão f., ato ou efeito m. de rever; edição f. revista.

re.viv.al [riv′aivəl] s. revivificação f.; restabelecimento m., renovação f.; reflorescimento m.; renascimento m.

re.vive [riv′aiv] v. ressuscitar; despertar; renovar; lembrar; reanimar.

rev.o.ca.ble [r′evəkəbl] adj. revogável.

re.voke [riv′ouk] s. não reconhecimento m. de naipe. ‖ v. revocar, revogar; anular; não reconhecer naipe (cartas).

re.volt [riv′oult] s. revolta f., levante m., insurreição f. ‖ v. revoltar(-se), rebelar(-se); revolucionar; sentir aversão.

rev.o.lu.tion [revəl′u:ʃən] s. revolução f., levante m.; (Astron.) revolução, volta f., ciclo m.; mudança f. radical, agitação f.

rev.o.lu.tion.ar.y [revəl′u:ʃnəri] s. + adj. revolucionário, rebelde m.

rev.o.lu.tion.ist [revəl′u:ʃənist] s. revolucionário, revoltoso, rebelde m.

re.volve [riv′ɔlv] v. revolver, girar, rotar.

re.volv.er [riv′ɔlvə] s. o que revolve; revólver m., pistola f.

re.vue [rivj′u:] s. (Teat.) revista f.

re.ward [riw′ɔ:d] s. recompensa, gratificação f., prêmio m. ‖ v. recompensar, gratificar, premiar, retribuir, pagar.

re.write [ri:r′ait] v. reescrever.

rhap.so.dy [r′æpsədi] s. rapsódia f.

rhet.o.ric [r′etərik] s. retórica f.

rheu.ma.tism [r′u:mətizm] s. (Med.) reumatismo m.

rhi.no [r′ainou] s. abr. de **rhinoceros**.

rhi.noc.er.os [rain′ɔsərəs] s. (Zool.) rinoceronte m.

rhu.barb [r′u:ba:b] s. (Bot.) ruibarbo m.

rhyme [raim] s. rima f., verso m. ‖ v. rimar, versificar.

rhythm [r′iðm] s. ritmo m., cadência, harmonia f.

rib [rib] s. (Anat. e Zool.) costela f.; viga ou barra f. de suporte de uma ponte; vareta f. (de guarda-chuva); nervura f. ‖ v. guarnecer com suportes; marcar, enfeitar com listas ou balizas; (fig.) arreliar, escarnecer, espicaçar.

rib.bon [r′ibən] s. fita f.; tira, cinta f.; banda f.; fita f. de máquina para escrever.

rice [rais] s. arroz m. ≃ **field** arrozal.

rich [ritʃ] adj. rico, abastado; suntuoso; valioso; abundante, fértil; saboroso, suculento;

brilhante; melodioso, harmonioso. **the** ≃ os ricos.

rich.es [r′itʃiz] s. riquezas f. pl., bens m. pl.

rich.ness [r′itʃnis] s. riqueza, opulência f.; excelência f.

rick.et.y [r′ikiti] adj. raquítico, fraco, débil.

rid [rid] v. (pret. **rid** ou **ridded**, p. p. **rid**) libertar, desembaraçar, livrar(-se), desfazer (-se); isentar(-se), deixar de.

rid.dance [r′idəns] s. ação f. de desembaraçar-se, livrar-se, desfazer-se de alguma coisa (desagradável).

rid.den [ridn] v. p. p. de **ride**.

rid.dle [ridl] s. enigma m.; crivo m.; ciranda f. ‖ v. joeirar, peneirar; cirandar; (fig.) perfurar, crivar, furar com tiros.

ride [raid] s. passeio m. a cavalo; transporte m.; viagem f.; trajeto m. ‖ v. (pret. **rode**, p. p. **ridden**) cavalgar; viajar; percorrer; flutuar; (Náut.) estar ancorado; ser levado. **to** ≃ **on a bicycle** andar de bicicleta.

rid.er [r′aidə] s. cavaleiro m.; picador m.; ciclista m. + f.; viajante m. + f.

ridge [ridʒ] s. cume m.; cordilheira f.; cumeeira f.; (Agric.) sulco m. formado pelo arado. ‖ v. sulcar a terra com o arado; enrugar, eriçar, encrespar.

ri.dic.u.lous [rid′ikjələs] adj. ridículo.

ri.fle [r′aifl] s. rifle m., carabina ou espingarda f. ‖ v. raiar, atirar; roubar, pilhar, saltear, saquear; assolar.

rig [rig] s. mastreação f. de um navio; (fam.) traje m. bizarro; equipamento m.; fraude, burla f.; brincadeira, peça f. ‖ v. guarnecer, equipar, armar (navio), mastrear; improvisar, manejar fraudulentamente. **to** ≃ **the market** manejar preços ilegalmente. **to** ≃ **up, to** ≃ **out**, equipar, vestir.

rig.ging [r′igiŋ] s. (Náut.) cordame m., conjunto m. de cabos de um navio; (Av.) ajustagem f.

right [rait] s. direito m.; justiça f.; reivindicação f.; privilégio m.; prerrogativa f. ≃**s** propriedade f.; lado m. direito. ‖ v. corrigir; fazer justiça; reassumir posição vertical. ‖ adj. direito, reto; vertical; correto, justo, honesto; adequado, conveniente; sadio; normal; exato; real, legítimo; à direita, do lado direito; direto. ‖ adv. corretamente, de acordo, verdadeiramente, propriamente; exatamente, muito, bastante, extremamente;

para a direita; diretamente, em linha reta, de modo reto; imediatamente, sem demora, logo, neste instante. ≃ **angle** ângulo reto. ≃- **hand** mão direita, lado direito. ≃ **you are** perfeitamente. **it is all** ≃ está bem. ≃ **away** imediatamente. **serves s.o.** ≃ bem feito.

right.eous [r'aitʃəs] adj. justo, honrado.

right.ful [r'aitful] adj. por direito; reto.

right.ist [r'aitist] s. direitista m. + f. ‖ adj. direitista; (Pol.) membro da direita.

right.ly [r'aitli] adv. justamente; acertadamente; honestamente; razoavelmente.

right.ness [r'aitnis] s. retidão f.; exatidão f.

rig.id [r'idʒid] adj. rígido, teso; severo.

ri.gid.i.ty [ridʒ'iditi] s. inflexibilidade, rigidez f.; rigor m., severidade, dureza f.; precisão f.

rig.id.ness [r'idʒidnis] s. = **rigidity**.

rig.or [r'igə] s. = **rigour**.

rig.or.ous [r'igərəs] adj. rigoroso, inflexível, severo; áspero, acurado.

rig.our [r'igə] s. rigor m., severidade f., rigidez, dureza f.; inclemência f. (do tempo); (Med.) calafrio m.

rim [rim] s. borda, beira, margem f.; aro m. ‖ v. formar ou guarnecer com aro etc.

rind [raind] s. casca, crosta f.; couro m. (o toicinho).

ring [riŋ] s. anel, círculo m.; argola f.; circo, ringue m.; arena, pista f.; toque m. (de campainha, sino); repique m. (de sinos); carrilhão m.; ressonância f.; chamada f. (ao telefone). ‖ v. prover de ou guarnecer com anel ou aro; cercar; ascender em forma de espiral; (pret. **rang**, p.p. **rung**) tocar, retinir, repicar (sinos); ressoar; zumbir (o ouvido). **to** ≃ **up** (Ingl.) telefonar.

ring.let [r'iŋlit] s. argolinha f., anel m. pequeno; anel m. de cabelo, madeixa f.

rink [riŋk] s. pista f. de gelo ou tablado m. liso para patinação.

rinse [r'ins] v. enxaguar.

ri.ot [r'aiət] s. distúrbio m.; desordem f. violenta, revolta f.; excesso m., orgia f.; vozerio m.; exuberância f. ‖ v. provocar distúrbios, desordens; revoltar-se.

rip [rip] s. rasgo m., ruptura f. ‖ v. rasgar, abrir à força, dilacerar (**out, off, up**); tirar,

retirar (**out**); serrar madeira na direção do fio; rasgar ou puxar (para abrir).

ripe [raip] adj. maduro; desenvolvido, perfeito; suculento; oportuno; de idade avançada; pronto.

rip.en [r'aipn] v. amadurecer; aprimorar.

ripe.ness [r'aipnis] s. madureza, maturidade f.; maturação f.; perfeição f.

rip.ple [r'ipl] s. ondulação, agitação f.; murmúrio m. ‖ v. ondular, agitar-se; murmurar, sussurrar.

rip.saw [r'ipsɔ:] s. serrote m.

rise [raiz] s. ação f. de levantar ou subir; ascensão f.; ressurreição f.; promoção f.; subida f.; lance m. de escadas; aumento m. (de salário); ponto m. elevado; origem f.; cheia f. (de rios). ‖ v. (pret. **rose**, p.p. **risen**) subir; levantar(-se); ressuscitar; crescer (massa de pão); promover; aumentar (salários, preços); ascender (terreno); nascer (sol); tornar-se audível; elevar-se (edifícios, montanhas); encher (rio, maré); originar; animar-se, criar ânimo; vir à mente.

ris.en [r'izn] v. p. p. de **rise**.

risk [risk] s. risco, perigo m. ‖ v. arriscar, expor ao perigo, aventurar-se.

risk.y [r'iski] adj. arriscado, perigoso.

rite [rait] s. rito, ritual m., cerimônia f.

rit.u.al [r'itjuəl] s. ritual m.; livro m. de ritos e cerimônias. ‖ adj. ritual.

ri.val [r'aivəl] s. rival, concorrente m. + f., competidor m. ‖ v. rivalizar, concorrer, disputar. ‖ adj. rival, êmulo, competidor, que tem as mesmas pretensões.

ri.val.ry [r'aivəlri] s. rivalidade, concorrência, disputa f.

ri.val.ship [r'aivəlʃip] s. = **rivalry**.

riv.er [r'ivə] s. rio m.; (fig.) abundância f.

riv.et [r'ivit] s. rebite m. ‖ v. rebitar.

riv.u.let [r'ivjulit] s. regato, arroio m.

roach [routʃ] s. (Ict.) peixe m. europeu semelhante à carpa; barata f.

road [roud] s. estrada f. de rodagem, via, rodovia f.; caminho, curso m.; (Náut.) ancoradouro m. **cross-**≃ encruzilhada.

road.house [r'oudhaus] s. estalagem f. à beira de estrada.

road.side [r'oudsaid] s. margem f. de estrada. ‖ adj. à margem de estrada.

road.way [r'oudwei] s. leito m. da rua.

roam [roum] s. perambulação f., passeio m. sem fim definido. ‖ v. vagar, errar, perambular, andar à toa; passear, viajar.

roar [rɔ:] s. rugido, bramido, urro m. ‖ v. rugir, bramir; urrar; troar, ribombar; rir estrepitosamente; roncar (motores).

roast [roust] s. assadura f.; assado m., carne f. assada. ‖ v. assar, tostar; esquentar violentamente; calcinar; (Metal.) ustular; (coloq.) ridicularizar, zombar. ≃-**beef** rosbife.

roast.er [r′oustə] s. grelha f.; aquele ou aquilo que assa; leitão m., batatas f. pl. ou qualquer outra coisa para assar.

rob [rɔb] v. roubar; assaltar, pilhar, saquear, defraudar, despojar.

rob.ber [r′ɔbə] s. ladrão, salteador m.

rob.ber.y [r′ɔbəri] s. roubo, furto, saque m.

robe [roub] s. manto m.; toga, beca f.; roupão, chambre m. ‖ v. paramentar; vestir.

rob.in [r′ɔbin] s. (Orn.) pisco-de-peito-ruivo m.; espécie de tordo m. americano.

ro.bust [rob′ʌst] adj. robusto, forte, rijo.

rock [rɔk] s. rocha f., rochedo m.; penhasco, recife m.; pedra f.; apoio m., defesa f.; roca f. (para fiar). ‖ v. balançar; embalar; agitar; sacudir, tremer. ≃ **crystal** cristal de rocha. ≃ **salt** sal-gema.

rock.et [r′ɔkit] s. foguete, rojão m. ‖ v. subir (voar) verticalmente; (Milit.) atacar por meio de foguetes.

rock.y [r′ɔki] adj. rochoso, cheio de penhascos; (fig.) firme, sólido; duro, empedernido; instável, agitado, trêmulo.

rod [rɔd] s. vara, haste f.; barra f., bastão m.; açoite m.; (fig.) castigo m.; unidade f. de medida igual a 5,03 m; (gíria) revólver m.; tirania f.

rode [roud] v. pret. de **ride**.

ro.dent [r′oudənt] s. roedor m. ‖ adj. roedor, que rói.

ro.de.o [roud′eiou] s. (E.U.A.) rodeio m., cavalhada f.; local m. do rodeio.

rogue [roug] s. velhaco, mentiroso m.; vagabundo m.; brincalhão m.; animal m. selvagem. ≃**s' gallery** coleção de fotografias de criminosos fichados pela polícia.

role [roul] s. papel m., parte f.; função ou posição f. na vida real.

rôle [roul] s. = **role**.

roll [roul] s. rolo m. (de arame, papel etc.); cilindro m.; movimento m. de rotação; ru-

far m.; ribombar m.; ação f. de rolar; rol m.; (gíria) maço m. de notas; fardo m.; ritmo m.; encrespamento m. das ondas do mar. ‖ v. rolar; enrolar; deslizar (tempo); girar; balançar; ondular; aplainar, laminar; preparar massas alimentícias com o rolo; ribombar; rufar; ressoar; (coloq.) possuir em demasia; fluir; rodar (carro); gingar, bambolear; gorjear, trinar; enfaixar; encrespar-se (ondas). ≃ **call** chamada, toque de reunir.

rol.ler [r′oulə] s. rolo, cilindro, tambor m. ≃-**coaster** montanha-russa.

roller-skate s. patim m. de rodas. ‖ v. patinar com patins de rodas.

ro.mance [rəm′æns] s. romance m.; romantismo m.; (Mús.) romança f. ‖ v. romancear; exagerar.

ro.man.tic [rom′æntik] s. pessoa f. romântica; (Liter.) romântico m. ‖ adj. romântico; imaginário; fantástico.

ro.man.ti.cism [rom′æntisizm] s. romantismo, romanticismo m.

ro.man.ti.cist [rom′ætisist] s. romântico m.; adepto m. do romantismo.

romp [rɔmp] s. brincadeira f. descomedida, folia f. ‖ v. brincar ruidosa e descomedidamente; (Hipismo) ganhar facilmente.

roof [ru:f] s. telhado m.; casa f., lar, abrigo m.; cume m. ‖ v. cobrir com teto, telhar; abrigar, alojar, acolher.

room [rum] s. quarto, apartamento m., dependência f.; espaço, lugar m.; oportunidade f. ‖ v. morar num aposento; hospedar ou estar hospedado (**with** com).

room.er [r′umə] s. pensionista m. + f.

room.y [r′umi] adj. espaçoso, amplo.

roost [ru:st] s. poleiro m.; alojamento m., pousada f. ‖ v. empoleirar; pousar, pernoitar.

roost.er [r′u:stə] s. galo m.

root [ru:t] s. raiz f.; causa, origem f.; parte f. ou ponto m. essencial. ‖ v. arraigar, criar raízes; radicar, consolidar, enraizar; erradicar, extirpar, arrancar (**up, out, away**); fossar a terra; (fig.) pesquisar; esquadrinhar (revirando tudo). **to** ≃ **about** procurar. **to** ≃ **for** (E.U.A., gíria) aplaudir, animar, torcer (em competições desportivas).

rope [roup] s. corda f., cabo m.; laço m.; (fig.) enforcamento m.; fileira, réstia f. ‖ v. amarrar, atar com corda; separar com corda; laçar. **to** ≃ **in** (gíria) atrair, induzir (a fazer algo errado).

ro.sa.ry [r'ouzǝri] s. roseiral m.; rosário m.

rose [rouz] s. (Bot.) rosa f.; roseira, rosácea f.; florão m.; (Med.) erisipela f.; cor-de-rosa f.; rubor m. do rosto. ‖ v. pret. de **rise.** ‖ adj. cor-de-rosa.

rose.bud [r'ouzbʌd] s. botão m. de rosa.

rose.bush [r'ouzbuʃ] s. (Bot.) roseira f.

rose.mar.y [r'ouzmǝri] s. (Bot.) alecrim m.

ro.sette [rouz'et] s. roseta f.; florão m.

rose.wood [r'ouzwud] s. (Bot.) pau-rosa m.

ros.trum [r'ɔstrǝm] s. rostro m.; tribuna f.; púlpito m.; plataforma f.

ros.y [r'ouzi] adj. róseo, cor-de-rosa; viçoso; corado; prometedor, auspicioso.

rot [rɔt] s. podridão, putrefação f.; (gíria) tolice, asneira, bobagem f. ‖ v. apodrecer; degenerar. ‖ interj. exclamação de desgosto, irritação: arre! irra! bolas!

ro.ta.ry [r'outǝri] s. rotativa f.; máquina f. de impressão. ‖ adj. rotativo, giratório, rotatório; que tem peças giratórias.

ro.tate [rout'eit] v. girar, rodar.

ro.tate [r'outit] adj. (Bot.) rotiforme.

ro.ta.tion [rout'eiʃǝn] s. rotação, revolução f., movimento m. giratório; revezamento, turno m.; alternação f.

rot.ten [r'ɔtn] adj. podre, estragado; fétido; insalubre; corruto; detestável.

ro.tund [rout'ʌnd] adj. rotundo, esférico; gordo; cheio.

rouge [ru:ʒ] s. ruge m.; batom m. ‖ v. pintar (-se) com ruge ou batom.

rough [rʌf] s. estado m. inacabado, tosco, bruto; aspereza f.; terreno m. acidentado; pessoa f. bruta; idéia f. esboçada. ‖ v. tornar (-se) áspero, executar toscamente; desbastar; esboçar. ‖ adj. áspero; rude; encrespado; tempestuoso; aproximado (cálculo); inculto; cansativo; severo; rústico; desordeiro; desagradável; dissonante.

rough.house [r'ʌfhaus] s. reunião f. tumultuosa, algazarra f.; escândalo m.; baderna f. ‖ v. agir de modo violento; maltratar.

rough.neck [r'ʌfnek] s. desordeiro m.

rough.ness [r'ʌfnis] s. aspereza f.; rusticidade f.; rigor m., severidade f.

rou.lette [ru:l'et] s. roleta f. **russian** ≃ roleta russa.

Rou.ma.ni.an [ru:m'einjǝn] s. + adj. romeno m.

round [raund] s. círculo m., circunferência, esfera, abóbada, volta f., anel m.; redondeza f.; órbita f.; rotação f.; circuito m., rota f.; sucessão, série f. ‖ v. arredondar(-se), curvar; contornar; circunavegar; volver; cercar (inimigo); completar. ‖ adj. redondo, circular; corpulento; sincero; sonoro; completo; não fracionado (número); rápido; corrente (estilo). ‖ adv. circularmente. ≃ **table** mesa-redonda, conferência. ≃ **up** (E.U.A.) rodeio, o pessoal e os cavalos empregados nessa tarefa; diligência, batida (policial). **to** ≃ **out** preencher. **in** ≃ **numbers** aproximadamente.

round.a.bout [r'aundǝbaut] s. desvio, rodeio m.; rodeio m. de palavras. ‖ adj. indireto; envolvente; roliço, arredondado.

round.ness [r'aundnis] s. redondeza f.

rouse [rauz] s. (Milit.) alvorada f., o despertar m. ‖ v. despertar; incitar, excitar (**to** para); levantar (a caça).

rout [raut] s. fuga f. desordenada; derrota f. completa; turba f.; tumulto m. ‖ v. derrotar, aniquilar; debandar, expulsar.

route [ru:t] s. rota, direção f.; caminho m., via f.; marcha f. ‖ v. determinar a via, rota; despachar por determinada rota.

rou.tine [ru:t'i:n] s. rotina f. ‖ adj. rotineiro, habitual, costumeiro.

rove [rouv] s. o ato m. de perambular. ‖ v. perambular, divagar, vaguear.

rov.er [r'ouvǝ] s. vagabundo m.; viajor m.

row [rou] s. fila, fileira f.; série, coluna f.; travessa, rua f. curta; ação f. de remar, passeio m. de bote. ‖ v. dispor em filas, enfileirar, remar, conduzir num bote ou barco a remos.

row [rau] s. barulho m.; disputa, briga f. ‖ v. fazer barulho; ralhar, censurar.

row.boat [r'oubout] s. barco m. a remos.

row.dy [r'audi] s. desordeiro, arruaceiro, valentão m. ‖ adj. desordeiro.

row.er [r'ouǝ] s. remador, remeiro m.

roy.al [r'ɔiǝl] adj. real, régio; nobre.

roy.al.ist [r'ɔiǝlist] s. monarquista m. + f.

roy.al.ty [r'ɔiǝlti] s. realeza f.; nobreza f.; membro m. da família real. **-ties** direitos m. pl. de patente; direitos autorais.

rub [rʌb] s. esfrega, fricção f., atrito m.; obstáculo m.; aspereza f.; erro m. ‖ v. esfregar;

raspar, rasurar; roçar, coçar; polir; passar; irritar, vexar, exasperar. **to** ≃ **down** enxugar; fazer massagem; friccionar.

rub.ber [r′ʌbə] s. borracha f.; galocha f.; pneumático m.; esfregão m.; polidor m. ‖ v. revestir de borracha. ≃ **plant** qualquer planta que produz látex, árvore-da-goma-elástica.

rub.bish [r′ʌbiʃ] s. lixo, entulho m.; porcaria f.; bobagem, tolice, asneira f.

rub.ble [rʌbl] s. pedregulho, cascalho, entulho m.; pedra f. bruta; calhau m.

ru.by [r′u:bi] s. (Miner.) rubi, rubim m. ‖ v. tingir de vermelho vivo. ‖ adj. da cor do rubi, vermelho-vivo.

ruck.sack [r′ʌksæk] s. mochila f.

rud.der [r′ʌdə] s. (Náut. e Av.) leme, timão m.; princípio m.; orientação f.

rud.dy [r′ʌdi] v. tornar vermelho, corar. ‖ adj. vermelho, rubicundo; rosado, corado, de aspecto sadio.

rude [ru:d] adj. rude, grosseiro, tosco.

rude.ness [r′u:dnis] s. rudeza f.; rigor m.

rue.ful [r′u:ful] adj. magoado; infeliz; lamentável.

ruf.fi.an [r′ʌfjən] s. rufião, malvado, biltre m. ‖ adj. brutal, cruel.

ruf.fle [r′ʌfl] s. folho, franzido, tufo m.; irritação f.; desordem f. ‖ v. franzir, enrugar; irritar; desmanchar; arrepiar; encrespar-se; baralhar (cartas).

rug [rʌg] s. tapete m. pequeno, capacho m.

rug.ged [r′ʌgid] adj. áspero, desigual; rude; austero; inflexível; escabroso; robusto; franzido; tempestuoso.

ru.in [r′uin] s. ruína, destruição f.; decadência, queda f.; aniquilamento m.; bancarrota f. ≃**s** ruínas f. pl., destroços m. pl. ‖ v. arruinar. **to be** ≃**ed** ir à falência.

ru.in.ous [r′uinəs] adj. ruinoso; perigoso; prejudicial; arruinado, em ruínas.

rule [ru:l] s. regra f., regulamento, estatuto, código, guia, critério m.; lei f.; controle, regime, governo m.; régua f. (desenho). ‖ v. ordenar, decretar; regulamentar; governar, administrar; refrear; riscar; cancelar; prevalecer, vigorar, ser correntio. **as a** ≃ por via de regra.

rul.er [r′u:lə] s. governador m.; soberano, monarca m.; regente m. + f., administrador m.; (Tipogr.) pautador m.; régua f.

rul.ing [r′u:liŋ] s. decisão f. judicial, parecer m. oficial; pautação f.; domínio, poder m. ‖ adj. em vigor, reinante.

rum [rʌm] s. rum m.; aguardente f. ‖ adj. (gíria) estranho, esquisito, singular.

Ru.ma.ni.an [rum′einjən] s. + adj. = **Roumanian**.

rum.ble [r′ʌmbl] s. ruído m. surdo e prolongado. ‖ v. fazer um barulho surdo e contínuo; ribombar; resmungar.

ru.mi.nate [r′u:mineit] v. ruminar; ponderar, meditar (**upon, about** sobre).

rum.mage [r′ʌmidʒ] s. busca f. minuciosa; bugigangas f. pl. ‖ v. vistoriar, investigar; remexer; descobrir. ≃ **sale** bazar (de caridade).

ru.mor [r′u:mə] s. = **rumour**.

ru.mour [r′u:mə] s. rumor, boato m. (**of** acerca de). ‖ v. espalhar, propalar boatos; difundir.

rump [rʌmp] s. garupa, nádega, anca f.

rum.ple [r′ʌmpl] v. enrugar, amarrotar.

rum.pus [r′ʌmpəs] s. (coloq.) balbúrdia f.

run [rʌn] s. corrida f.; tempo m. de trabalho; jornada, excursão f.; período m.; sucessão f. de exibições teatrais; corrente f. d'água; classe f.; migração f. periódica; curso, caminho m. ‖ v. (pret. **ran**, p. p. **run**) correr; apressar; fugir; perseguir; pesquisar; ter duração de; ter força legal; transbordar; competir; incorrer em; fazer funcionar (uma máquina); dirigir (negócios); contrabandear; publicar (periodicamente); liquidificar; fluir, escorrer; vagar; prosseguir. **in the long** ≃ no final das contas. **to** ≃ **errands** levar recados. **to** ≃ **against** colidir com; ser contrário a. **to** ≃ **away** fugir (**from** de). ≃ **down** cansado, doente. **to** ≃ **up and down** correr de cá para lá. **to** ≃ **for** candidatar-se.

run.a.way [r′ʌnəwei] s. fugitivo m.; trânsfuga m. + f. ‖ adj. fugitivo; desertor.

rung [rʌŋ] s. degrau m. de escada de mão; raio m. da roda. ‖ v. p.p. de **ring**.

run.ner [r′ʌnə] s. corredor m.; mensageiro m.; detetive m.; maquinista m. + f.; lâmina f. de patim; passadeira f.

run.ning [r′ʌniŋ] s. corrida f., curso m.; contrabando m.; escoamento m.; supuração f.;

corrimento m. ‖ adj. cursivo; corredor, para corrida; corrente; supurante; em vigor; consecutivo; repetido; corrediço; que sobe (trepadeiras). ≃ **board** estribo de automóvel.

runt [rʌnt] s. pessoa f., animal m. ou planta f. raquítica; anão, pigmeu m.; caule m. de couve.

run.way [rʹʌnwei] s. (Av.) pista f. de decolagem e aterrissagem.

rup.ture [rʹʌptʃə] s. ruptura f.; (fig.) desinteligência f.; (Med.) hérnia f. ‖ v. romper, quebrar; separar-se; sofrer ruptura.

ru.ral [rʹuərəl] adj. rural, campestre, rústico.

ruse [ruːz] s. ardil, artifício, estratagema, truque m., astúcia, manha f.

rush [rʌʃ] s. ímpeto m., investida f.; pressa f.; fúria f. ‖ v. impelir, empurrar; ir, vir, ou passar com pressa; apressar; atacar; mover, correr com ímpeto; entrar. ≃ **hours** as horas de maior tráfego e movimento nas ruas.

with a ≃ de repente. **in a** ≃ com pressa.

Rus.sian [rʹʌʃən] s. + adj. russo m.

rust [rʌst] s. ferrugem f.; (Bot.) doença f. das gramíneas. ‖ v. enferrujar.

rus.tic [rʹʌstik] s. homem m. rústico, camponês m.; (Milit., gíria) recruta m. ‖ adj. rústico, rural; simples, rude, grosseiro.

rus.tle [rʹʌsl] s. sussurro, ruído m. ‖ v. sussurrar, farfalhar; (coloq.) roubar (gado).

rus.tler [rʹʌslə] s. sussurrador m.; homem m. ativo ou empreendedor; (coloq.) ladrão m. de gado.

rust.y [rʹʌsti] adj. enferrujado; bolorento, rançoso; áspero; da cor da ferrugem; descorado, desbotado.

rut [rʌt] s. cio m.; sulco m. de carros, trilho m.; rotina f. ‖ v. estar no cio; bramar, rugir; sulcar, formar trilhos.

ruth.less [rʹuːθlis] adj. cruel, implacável.

ruth.less.ness [rʹuːθlisnis] s. crueldade f.

rye [rai] s. centeio m.

S

S, s [es] s. a décima nona letra f. do alfabeto inglês.

Sab.bath [s'æbəθ] s. sábado m. dos judeus; domingo m.; dia m. de descanso.

sa.ber [s'eibə] s. = **sabre**.

sab.o.tage [s'æbota:ʒ] s. sabotagem f. ‖ v. sabotar, danificar.

sa.bre [s'eibə] s. sabre m.

sab.u.lous [s'æbjuləs] adj. sabuloso, arenoso, areento.

sac [sæk] s. (Biol.) bolsa, cavidade f.

sac.cha.rine [s'ækərain] s. + adj. sacarina f.

sa.chet [s'æʃei] s. bolsinha f. para pó perfumado.

sack [sæk] s. saco m.; saca f.; saco m. de papel e seu conteúdo; (gíria) demissão f.; saque, roubo m., pilhagem f. ‖ v. ensacar; (gíria) demitir; saquear, pilhar, devastar.

sac.ra.ment [s'ækrəmənt] s. sacramento m.

sa.cred [s'eikrid] adj. sagrado, sacro.

sac.ri.fice [s'ækrifais] s. sacrifício m., oferta f. solene; holocausto m., renúncia f.; perda f.; oferenda f. ‖ v. sacrificar, oferecer a um deus; renunciar.

sac.ri.fi.cial [sækrif'iʃəl] adj. sacrificial.

sac.ri.lege [s'ækrilidʒ] s. sacrilégio m.

sac.ri.le.gious [sækril'idʒəs] adj. sacrílego.

sac.ring [s'eikriŋ] s. sagração, consagração f.

sac.ro.sanct [s'ækrousæŋkt] adj. sacrossanto, consagrado, sagrado.

sad [sæd] adj. triste, abatido, melancólico; lamentável, deplorável; escuro, sombrio; péssimo, muito ruim; empapado (pão).

sad.den [s'ædn] v. tornar(-se) triste.

sad.dle [s'ædl] s. sela f., selim m., assento m. (bicicleta). ‖ v. selar; carregar. ≃-**backed** arqueado, selado.

sad.dle.bag [s'ædlbæg] s. alforje m. (da sela).

sad.dler [s'ædlə] s. seleiro m.

sad.ism [s'ædizm] s. sadismo m.; perversão, predileção f. pela crueldade.

safe [seif] s. cofre m., caixa-forte f.; lugar m. para guardar coisas. ‖ adj. seguro; são.

safe.guard [s'eifga:d] s. proteção f.; salvaguarda f. ‖ v. salvaguardar, proteger.

safe.keep.ing [s'eifki:piŋ] s. proteção f.; custódia f.

safe.ty [s'eifti] s. segurança f.; custódia f. ≃ **belt** (Av.) cinto de segurança. ≃ **brake** freio de emergência. ≃ **fuse** (Elétr.) fusível. ≃ **glass** vidro inquebrável. ≃ **pin** alfinete de segurança.

saf.fron [s'æfrən] s. açafrão m. ‖ adj. amarelo-laranja.

sag [sæg] s. caída f.; barriga f. (em algo que cedeu a pressão ou peso). ‖ v. vergar; ceder.

sa.ga [s'a:gə] s. saga f. (Islândia).

sa.ga.cious [səg'eiʃəs] adj. sagaz, perspicaz.

sage [seidʒ] s. homem m. muito sábio. ‖ adj. instruído, douto; prudente, sábio. ≃-**brush** artemísia f.

sage.ness [s'eidʒnis] s. sabedoria, erudição f.; precaução, prudência f.

said [sed] v. pret. e p. de **say**. ‖ adj. dito, mencionado, citado, falado, chamado.

sail [seil] s. vela f. (de navio), velas f. pl., velame m.; asa f. de moinho de vento; navio, veleiro m. ‖ v. velejar; singrar. ≃-**boat** veleiro, barco a vela.

sail.ing [s'eiliŋ] s. navegação f. (a vela); partida f. (de navio). ‖ adj. de vela, veleiro.

sail.or [s'eilə] s. marinheiro, marujo m.

sail-plane [s'eilplein] s. (Av.) planador m. ‖ v. voar em planador, planar.

saint [seint] s. santo m., santa f. ‖ adj. santo.

saint.hood [s'einthud] s. santidade f.

saint.like [s'eintlaik] adj. santo, pio.

sake [seik] s. causa f., motivo m.; fim m., finalidade f. **for the** ≃ **of** por causa de.

sal.a.ble [s'eiləbl] adj. vendável.

sa.la.cious [səl'eiʃəs] adj. impudico, lascivo.

sal.ad [s'æləd] s. alface f.; salada f.

sal.a.ry [s'æləri] s. salário, ordenado m.

sale [seil] s. venda f.; mercado m.; liquidação f. **for** ≃ à venda.

sales.girl [s'eilzgə:l] s. balconista f.

sales.man [s'eilzmən] s. agente m. + f. de vendas, vendedor, balconista, caixeiro m.

sa.li.ent [s'eiljənt] s. ângulo m. saliente, saliência f. ‖ adj. saliente, proeminente, evidente, notável; saltante, que pula.

sa.li.va [səl'aivə] s. saliva f., cuspo m.

sal.i.vate [s'æliveit] v. salivar, produzir saliva em abundância.

sal.low [s'ælou] v. tornar amarelo ou pálido. ‖ adj. amarelado, pálido, doentio.

sal.ly [s'æli] s. ataque m. repentino; investida f.; gracejo m. ‖ v. investir, atacar. ≃ **out**, forth excursionar, passear.

sal.mon [s'æmən] s. salmão m. e outros peixes m. pl. da mesma família; cor f. vermelho-amarelada.

sa.lon [səl'ɔn] s. salão m.; reunião f. de hóspedes em um salão m. de arte.

sa.loon [səl'u:n] s. salão m., sala f.; (E.U.A.) taverna f., bar m.

salt [sɔ:lt] s. sal, cloreto m. de sódio; gosto, sabor m. ‖ v. salgar; salmourar, curar. ‖ adj. marinho. ≃ **mine** mina de sal, salina. ≃ **water** água do mar, água salgada.

salt.ish [s'ɔ:ltiʃ] adj. salgado, com gosto de sal, impregnado com sal.

salt.less [s'ɔ:ltlis] adj. insípido, insosso.

salt.y [s'ɔ:lti] adj. salgado; com gosto de sal.

sa.lu.bri.ous [səl'u:briəs] adj. salubre, saudável, salutar, propício à saúde.

sal.u.tar.y [s'æljutəri] adj. saudável, salutar.

sa.lute [səl'u:t] s. saudação f.; (Milit.) continência f.; salva f. ‖ v. saudar; (Milit.) fazer continência.

sal.vage [s'ælvidʒ] s. salvamento m.

salve [sa:v] s. pomada f.; calmante m. ‖ untar; (fig.) remediar, apaziguar (a consciência).

sal.ver [s'ælvə] s. bandeja, salva f.

same [seim] adj. mesmo, mesma, idêntico; igual; inalterado. ‖ pron. o mesmo, a mesma.

sam.ple [s'a:mpl] s. amostra, prova f. ‖ v. tirar ou fornecer amostra, provar.

san.a.to.ri.um [sænət'ɔ:riəm] s. (pl. **sanatoriums** [sænət'ɔ:riəms] ou **sanatoria** [sæ nət'ɔ:riə]) sanatório, hospital m.

sanc.ti.fied [s'æŋktifaid] adj. santificado.

sanc.ti.fy [s'æŋktifai] v. santificar; sagrar.

sanc.tion [s'æŋkʃən] s. sanção, autorização f.; confirmação f. ‖ v. sancionar, autorizar, aprovar, permitir; ratificar.

sanc.tu.ar.y [s'æŋktjuəri] s. santuário. m.

sand [sænd] s. areia f. ≃ **s** areal m., região f. arenosa. ‖ v. jogar areia; arear; lixar. ≃ **-glass** ampulheta.

san.dal [s'ændl] s. sandália f.

sand.ed [s'ændid] adj. areento; arenoso.

sand.pa.per [s'ændpeipə] s. lixa f.

sand.stone [s'ændstoun] s. arenito m.

sand.wich [s'ænwitʃ] s. sanduíche m. ‖ v. colocar entre, imprensar.

sand.y [s'ændi] adj. arenoso; coberto de areia.

sane [sein] adj. são, sadio; sensato.

sang [sæŋ] v. pret. de **sing**.

san.gui.nar.y [s'æŋgwinəri] adj. sangüinário, feroz; sangrento, sanguinolento.

san.guine [s'æŋgwin] adj. sangüíneo.

san.i.tar.y [s'ænitəri] adj. sanitário; limpo.

san.i.ty [s'æniti] s. sanidade f. mental.

sank [sæŋk] v. pret. de **sink**.

Santa Claus [s'æntəklɔ:z] s. Papai Noel m.

sap [sæp] s. seiva f.; fluido m. vital; galeria f. subterrânea, solapamento m.; bobo, tolo m. ‖ v. cavar, minar; enfraquecer, consumir, gastar; solapar.

sap.less [s'æplis] adj. seco, fraco, sem vigor.

sap.ling [s'æpliŋ] s. árvore f. nova; rebento m.

sap.per [s'æpə] s. pioneiro, sapador m.

sap.py [s'æpi] adj. cheio de vida; vigoroso.

sap.ro.phyte [s'æprəfait] s. (Bot.) saprófito m.

sar.cas.tic [sa:k'æstik] adj. sarcástico, irônico, satírico, mordaz.

sar.coph.a.gus [sa:k'ɔfəgəs] s. sarcófago m.

sar.dine [sa:d'i:n] s. (Ict.) sardinha f.

sar.don.ic [sa:d'ɔnik] adj. sardônico, sarcástico.

sash [sæʃ] s. caixilho m. de janela ou de porta envidraçada; cinta, faixa, banda f. ≃ **window** janela (que abre e fecha sendo levantada e abaixada).

Sa.tan [s'eitən] s. satã, satanás, diabo m.

sa.tan.ic [sət'ænik] adj. satânico.

sa.tan.i.cal [sət'ænikəl] adj. = **satanic**.

satch.el [s'ætʃəl] s. mochila f. escolar.

sate [seit] v. satisfazer, saciar (o apetite); encher, fartar.

sat.el.lite [s'ætəlait] s. (Astron.) satélite m.

sa.ti.ate [s'eiʃieit] v. saciar, satisfazer. ‖ adj. satisfeito, farto, cheio, saciado.

sa.ti.e.ty [sət'aiəti] s. saciedade f., satisfação f.

sat.in [s'ætin] s. cetim m.

sat.ire [s'ætaiə] s. sátira f.; crítica f. mordaz.

sat.i.rize [s'ætəraiz] v. satirizar.

sat.is.fac.tion [sætisf'ækʃən] s. satisfação f.

sat.is.fac.to.ry [sætisf'æktəri] adj. satisfatório; aceitável, convincente; adequado.

sat.is.fi.a.ble [s'ætisfaiəbl] adj. contentável.

sat.is.fy [s'ætisfai] v. satisfazer; corresponder; agradar; pagar, obter quitação.

sat.u.rate [s'ætʃəreit] v. saturar (também Quím.), encher, fartar. ‖ adj. saturado.

Sat.ur.day [s'ætədi] s. sábado m.

sat.yr [s'ætə] s. sátiro m.

sa.tyr.ic [sət'irik] adj. satírico, mordaz.

sauce [sɔ:s] s. molho m.; (fig.) graça f. ‖ v. temperar; (coloq.) falar de modo atrevido.

sauce.pan [s'ɔ:spən] s. panela f. com cabo.

sau.cer [s'ɔ:sə] s. pires m.; objeto m. em forma de pires. **flying** ≃ disco voador.

sau.cy [s'ɔ:si] adj. atrevido, insolente; elegante.

saun.ter [s'ɔ:ntə] s. passeio m. ‖ v. passear, vadiar, andar a esmo.

sau.ri.an [s'ɔriən] s. + adj. sáurio m.

sau.sage [s'ɔsidʒ] s. linguiça f.

sav.age [s'ævidʒ] s. selvagem m. + f., bárbaro m.; bruto m. ‖ adj. selvagem, inculto; rude, cruel. ‖ v. morder, atacar, pisotear.

sav.age.ry [s'ævidʒəri] s. selvageria, ferocidade f.

sa.van.nah [səv'ænə] s. savana f.

sa.vant [s'ævənt] s. cientista m. + f., sábio, letrado, erudito m.

save [seiv] v. salvar; guardar, resguardar, abrigar; economizar; prevenir; conservar. ‖ prep. exceto, salvo. ‖ conj. a não ser. **the last** ≃ **one** o penúltimo.

sav.ing [s'eiviŋ] s. ≃s economias f. pl. ‖ adj. econômico; redentor. ‖ prep. salvo, exceto. ‖ conj. com a exceção de, senão.

sav.iour [s'eiviə] s. salvador m.

sav.ior [s'eiviə] s. = **saviour**.

sa.vor [s'eivə] s. = **savour**.

sa.vour [s'eivə] s. sabor m.; cheiro m. ‖ v. saborear, provar.

sa.vour.y [s'eivəri] s. aperitivo m. ‖ adj. saboroso, picante.

saw [sɔ:] s. serra f., serrote m. ‖ v. serrar, cortar; fazer, formar com serra; pret. de **see**.

saw.mill [s'ɔ:mil] s. serraria f.

sax.o.phone [s'æksəfoun] s. saxofone m.

Sax.on [s'æksn] s. saxônio m.; língua f. dos saxões. ‖ adj. saxão, saxônio.

say [sei] s. fala, palavra, afirmação f., discurso m. ‖ v. (pret. e p. p. **said**) falar, dizer, afirmar; exprimir, declarar, anunciar. **to let s.o. have his** ≃ deixar falar. **as I was about to** ≃ como ia dizendo. **I am sorry to** ≃ lamento dizer. ≃ **away!** (gíria) diga logo! **never** ≃ **die!** coragem!

scab [skæb] s. crosta de ferida, cicatriz f.; sarna f.

scab.by [sk'æbi] adj. coberto de crostas ou cicatrizes; sarnento.

sca.bi.ous [sk'eibiəs] s. (Bot.) escabiose f.

scab.rous [sk'eibrəs] adj. arriscado; obsceno, indecente; difícil, espinhoso.

scaf.fold [sk'æfəld] s. andaime, palanque m.; patíbulo, cadafalso m.

scald [skɔ:ld] s. queimadura, escaldadura f. ‖ v. queimar (com líquido quente ou vapor); escaldar; esterilizar.

scale [skeil] s. escama, caspa f.; camada f. fina, crosta f., cascão m.; prato m. de balança; escala, seqüência f.; extensão f. ‖ v. escamar, remover escamas; descascar; lascar; pesar; medir; comparar. **to** ≃ **down** (E.U.A.) reduzir, baixar em certa proporção. **to** ≃ **up** escalar, subir.

scalp [skælp] s. couro m. cabeludo do crânio; escalpo m. ‖ v. escalpar, arrancar o escalpo.

scal.pel [sk'ælpəl] s. escalpelo m.; bisturi m.

scamp [skæmp] s. patife, malandro, velhaco m. ‖ v. fazer o serviço às pressas.

scamp.er [sk'æmpə] s. corrida f., galope m. ‖ v. correr, pular; andar apressadamente.

scan [skæn] v. olhar de perto, esquadrinhar; escandir, examinar minuciosamente.

scan.dal [sk'ændl] s. escândalo m.

scan.dal.ize [sk'ændəlaiz] v. escandalizar.

scan.dal.ous [sk'ændələs] adj. escandaloso.

Scan.di.na.vi.an [skændin'eivjən] s. + adj. escandinavo m.

scant [skænt] v. restringir, limitar. ‖ adj. escasso, parco; insuficiente, pouco.

scant.ies [sk'æntiz] s. pl. calcinha (de mulher) f.

scant.y [sk'ænti] adj. escasso, pouco.

scape.goat [sk'eipgout] s. bode m. expiatório.

scar [ska:] s. cicatriz f.; mancha f.; sinal m. ‖ v. cicatrizar; manchar; marcar.

scarce [skɛəs] adj. raro, incomum; escasso.

scarce.ness [sk'ɛəsnis] s. falta, escassez f.; raridade f.

scar.ci.ty [sk'ɛəsiti] s. = **scarceness**.

scare [skɛə] s. susto, pânico m. ‖ v. assustar.

scare.crow [sk'ɛəkrou] s. espantalho m.

scared [sk'a:d] adj. ferido, machucado, marcado (também fig.).

scarf [ska:f] s. pl. ≈s ou **scarves** [ska:vz] cachecol m.; estola f.; echarpe f.

scar.let [sk'a:lit] s. + adj. escarlate m.

scarp [ska:p] s. escarpa f. ‖ v. escarpar.

scar.y [sk'ɛəri] adj. assustador; assustado.

scat.ter [sk'ætə] s. dispersão f. ‖ v. dispersar.

scat.tered [sk'ætəd] adj. espalhado, disperso.

scav.enge [sk'ævindʒ] v. limpar, varrer (ruas); revirar lixo.

scav.enger [sk'ævindʒə] s. varredor m. de rua, comedor m. de carniça.

scene [si:n] s. cenário m., cena f.; exibição f., espetáculo m.; situação f.; aspecto m.

sce.ner.y [s'i:nəri] s. cenário m.; vista f.

sce.nic [s'i:nik] adj. pitoresco.

sce.ni.cal [s'i:nikəl] adj. = **scenic**.

scent [sent] s. cheiro, aroma, perfume m.; olfato, faro m. ‖ v. cheirar, sentir pelo olfato; perfumar; pressentir.

scep.tic [sk'eptik] s. céptico m. ‖ adj. céptico, descrente.

scep.ti.cal [sk'eptikəl] adj. = **sceptic**.

scep.ti.cism [sk'eptisizm] s. cepticismo m.

sched.ule [ʃ'edju:l, sk'edju:l] s. lista, tabela, relação f.; itinerário, horário m.; programa m. ‖ v. tabelar; fixar (data).

sched.ul.ize [ʃ'edju:laiz] v. enlistar, organizar em tabela; estabelecer horário.

scheme [ski:m] s. esquema, plano m., forma f.; conspiração f., sistema, método m. ‖ v. planejar, conspirar, maquinar.

schism [sizm] s. cisma m.

schol.ar [sk'ɔlə] s. pessoa f. estudada, sábio m.; bolsista m. + f.; estudante m. + f.

schol.ar.ship [sk'ɔləʃip] s. conhecimento m., sabedoria f.; bolsa f. de estudos.

scho.las.tic [skəl'æstik] s. escolástico m. ‖ adj. escolar, acadêmico.

school [sku:l] s. escola, universidade f.; curso m., aulas f. pl. ‖ v. educar, ensinar; treinar, disciplinar. ≈ **fee** mensalidade escolar.

school.house [sk'u:lhaus] s. prédio m. escolar.

school.ing [sk'u:liŋ] s. instrução f. escolar.

school.mas.ter [sk'u:lma:stə] s. professor, educador m.

school.mate [sk'u:lmeit] s. colega m. (de escola).

school.room [sk'u:lru:m] s. sala f. de aula.

sci.ence [s'aiəns] s. ciência, sabedoria f.

sci.en.tif.ic [saiənt'ifik] adj. científico.

sci.en.tist [s'aiəntist] s. cientista m. + f.; pesquisador, sábio, erudito m.

scin.til.late [s'intileit] v. cintilar, faiscar.

sci.on [s'aiən] s. muda f., enxerto m., rebento (também fig.).

scis.sion [s'iʒən] s. cisão f.; divisão f.

scis.sors [s'izəz] s. pl. tesoura f.

scle.rous [skl'iərəs] adj. esclerosado.

scoff [skɔf] s. zombaria f.; alvo m. de zombaria. ‖ v. ridicularizar, zombar, escarnecer.

scof.fer [sk'ɔfə] s. zombador, escarnecedor, ridicularizador m.

scold [skould] s. pessoa f. ralhadora. ‖ v. xingar, ralhar, repreender.

scoop [sku:p] s. pá f.; concha f.; escavação f.; furo m. de reportagem; (E.U.A.) bola f. (de sorvete). ‖ v. tirar com concha; escavar.

scoot [sku:t] v. correr, fugir.

scope [skoup] s. extensão, distância f.; espaço, lugar m.; liberdade, folga f.

scorch [skɔ:tʃ] s. queimadura f. ‖ v. chamuscar.

scorch.ing [sk'ɔ:tʃiŋ] adj. ardente; mordaz; abrasador, tórrido.

score [skɔ:] s. contagem f., número m. de pontos feitos num jogo etc.; dívida, quantidade f. devida, débito m. ‖ v. marcar (na conta) por meio de cortes em um pedaço de madeira; fazer pontos, suceder; registrar, anotar; ganhar.

score.board [sk'ɔ:bɔ:d] s. (Esp.) marcador (de pontos), placar m.

scorn [skɔ:n] s. desprezo, escárnio, desdém m. ‖ v. desprezar; refutar.

scorn.ful [sk'ɔ:nful] adj. desdenhoso.

scor.pi.on [sk'ɔ:piən] s. (Zool.) escorpião m.; (Bíblia) açoite m.

Scotch [skɔtʃ] s. escoceses m. pl.; uísque m. escocês. ‖ adj. escocês, da Escócia.

scot-free [sk'ɔtfri] adj. isento de taxa, de imposto, de pagamento; impune.

Scot.land [sk'ɔtlənd] s. Escócia f.

scoun.drel [sk'aundrəl] s. + adj. salafrário, maroto m., patife, tratante m. + f.

scour [sk'auə] v. polir, brunir, esfregar; arear; limpar; lavar; percorrer (um país); voar sobre; perseguir, procurar, explorar.

scourge [skə:dʒ] s. açoite m.; castigo m. ∥ v. açoitar, punir; afligir, flagelar.

scout [skaut] s. escoteiro m. ∥ v. espiar, observar, examinar, afligir, patrulhar, vigiar.

scowl [skaul] s. carranca f., olhar m. zangado. ∥ v. fazer carranca, franzir a testa.

scrab.ble [skr'æbl] s. rabisco m., garatuja f. ∥ v. arranhar, raspar; lutar; garatujar.

scrag.gy [skr'ægi] adj. magro, fino; áspero.

scram.ble [skr'æmbl] s. passeio m., escalada ou subida f. sobre terreno áspero; sururu m.; luta f. (por possuir). ∥ v. subir, lutar, brigar; misturar, mexer (ovos).

scrap [skræp] s. pedaço, fragmento, pedacinho, resto m.; refugo m., sobras f. pl.; briga f. ∥ v. jogar no lixo; brigar.

scrape [skreip] s. ato, ruído ou efeito m. de raspar; aperto m., dificuldade f. ∥ v. raspar; arranhar; economizar.

scrap.er [skr'eipə] s. miserável, pão-duro m.; mau tocador m. de violino.

scratch [skrætʃ] s. arranhadura, esfoladura f.; arranhão m.; rabiscos m. pl. ∥ v. arranhar, riscar, marcar. ∥ adj. juntado às pressas. **to start from** ≃ começar com nada.

scratch.y [skr'ætʃi] adj. rangente; tosco.

scrawl [skrɔ:l] s. rabisco m., letra f. ilegível. ∥ v. rabiscar, escrevinhar.

scream [skri:m] s. guincho, grito m. agudo. ∥ v. guinchar, gritar alto; rir alto.

scream.ing [skr'imiŋ] adj. agudo, penetrante, alto; formidável, divertido.

screech [skri:tʃ] s. guincho, grito m. alto, penetrante (de medo), gritaria f. ∥ v. guinchar, gritar, chiar. ≃-**owl** (Orn.) mocho.

screen [skri:n] s. biombo m., separação f., anteparo, tapume m.; grade, tela f.; pára-brisa m.; tela f. de cinema. ∥ v. projetar (um filme sobre a tela); filmar.

screw [skru:] s. parafuso m.; fuso m.; porca f.; hélice f.; (vulg.) relações f. pl. sexuais, cópula f. ∥ v. atarraxar; torcer, rosquear; obrigar, oprimir; contorcer; copular. ≃-**ball** (gíria) pessoa excêntrica. ≃-**driver** chave de fenda. ≃-**nut** (Mec.) porca. ≃-**wrench** chave inglesa, chave de parafuso.

screw.y [skr'u:i] adj. (fig.) maluco; esquisito.

scrib.ble [sk'ribl] s. rabiscos m. pl. ∥ v. rabiscar, escrever às pressas.

scribe [skr'aib] s. escrevente m. + f.; escriba m. ∥ v. riscar, escrever, traçar.

scrim.mage [skr'imidʒ] s. tumulto m.; briga, escaramuça f. ∥ v. lutar pela bola.

scrimp [skrimp] s. (E.U.A., gíria) pão-duro m. ∥ v. economizar, mesquinhar; encurtar. ∥ adj. escasso, mesquinho.

script [skr'ipt] s. manuscrito m., escrita f.; enredo, argumento m. de filme.

Scrip.ture [skr'iptʃə] s. Bíblia f. **the Holy** ≃ as Sagradas Escrituras.

scroll [skroul] s. rolo m. de papel, de pergaminho; ornamento, arabesco m. ∥ v. enrolar; arabescar.

scrounge [skr'aundʒ] v. roubar, filar, surrupiar; explorar.

scrub [skrʌb] s. capoeira, moita f., arbustos m. pl.; homenzinho, anão m. ∥ v. esfregar; lavar. ∥ adj. pequeno, mísero.

scrub.ber [skr'ʌbə] s. esfregador m., escova f.; esfregão, escovão m.

scrub.by [skr'ʌbi] adj. inferior, miserável.

scruff [skrʌf] s. pescoço, cogote m., nuca f.

scrunch [skrʌntʃ] s. rangido m. ∥ v. ranger, estalar; mastigar, esmagar.

scru.ple [skr'u:pl] s. dúvida, hesitação f.; escrúpulo, receio m.; tiquinho m. ∥ v. hesitar, duvidar; ter escrúpulos.

scru.pu.lous [skr'u:pjuləs] adj. escrupuloso, cuidadoso; hesitante, medroso.

scru.ti.nize [skr'u:tinaiz] v. escrutinar.

scru.ti.ny [skr'u:tini] s. escrutínio, exame m. minucioso, apuração f. de votos.

scud [skʌd] s. nuvens f. pl. tocadas pelo vento; chuvinha f., chuvisco m. ∥ v. correr, mover-se rapidamente.

scuff [skʌf] v. arrastar os pés; arranhar (superfície).

scuf.fle [sk'ʌfl] s. briga f., tumulto m. ∥ v. brigar, lutar; arrastar os pés.

scull [skʌl] s. ginga f., remo m. curto; catraia f., pequeno barco m. ∥ v. remar.

sculp.tor [sk'ʌlptə] s. escultor m.

sculp.tur.al [sk'ʌlptʃərəl] adj. escultural.

sculp.ture [sk'ʌlptʃə] s. escultura f. ∥ v. esculpir, entalhar, ornar com escultura.

scum [skʌm] s. espuma f.; escória, ralé, gente f. baixa. ∥ v. formar espuma.

scurf [skə:f] s. caspa, descamação, crosta f.

scur.ry [sk'ʌri] s. pressa, correria f. ‖ v. apressar-se, correr.

scut [skʌt] s. rabinho m., cauda f. curta.

scutch.eon [sk'ʌtʃən] s. escudo m.; (Zool.) carapaça f. (de tatu, tartaruga, cágado).

scut.tle [sk'ʌtl] s. cesto m.; balde m.; corrida f., fuga f. ‖ v. correr, fugir. **to ≃ away** partir correndo.

scythe [saið] s. foice f. ‖ v. ceifar, cortar.

sea [si:] s. mar m.; oceano m.; onda f. grande. **at ≃** no mar, em alto mar. **by ≃** por via marítima. **≃ horse** cavalo-marinho, morsa. **≃ line** horizonte (no mar). **≃-mark** farol, baliza para navios.

sea.board [s'i:bɔ:d] s. litoral m., região f. costeira, costa f. ‖ adj. beira-mar.

sea.gull [s'i:gʌl] s. gaivota f.

seal [si:l] s. selo, brasão, escudo m.; lacre, fecho m.; foca f. ‖ v. marcar, autenticar; lacrar, selar.; fechar, firmar, segurar.

seam [si:m] s. costura f.; sutura, junção f. ‖ v. coser, costurar.

sea.man [s'i:mən] s. marinheiro, marujo m.

seam.stress [s'i:mstris] s. costureira f.

sé.ance [s'eiæns] s. sessão f. espírita.

sea.quake [s'i:kweik] s. maremoto m.

sea.plane [s'i:plein] s. hidroavião m.

sear [siə] s. marca f., sinal m. de queimadura. ‖ v. queimar, cauterizar; tornar insensível; secar. ‖ adj. seco, murcho.

search [sə:tʃ] s. procura, busca, diligência f.; pesquisa f. ‖ v. procurar, buscar; investigar, explorar; pesquisar, sondar.

search.er [s'ə:tʃə] s. pesquisador m.

sea.shore [s'i:ʃɔ:] s. costa, beira-mar f.

sea.sick [s'i:sik] adj. enjoado.

sea.side [s'i:said] adj. costeiro, litorâneo, praiano.

sea.son [s'i:zn] s. estação f. do ano; época f.; temporada f. ‖ v. temperar (alimentos). **in ≃** no cio.

sea.son.al [s'i:zənəl] adj. sazonal, relativo a estação ou temporada.

sea.son.ing [s'i:zniŋ] s. tempero m.

seat [si:t] s. assento m., cadeira, poltrona f.; traseiro m. ‖ v. assentar, sentar; caber.

sea.ward [s'i:wəd] s. direção f. do mar. ‖ adj. para o mar. ‖ adv. em direção do mar.

se.ba.ceous [sib'eiʃəs] adj. gorduroso.

se.cede [sis'i:d] v. separar-se, retirar-se.

se.ces.sion [sis'eʃən] s. secessão, cisão f.

se.clude [sikl'u:d] v. excluir, apartar, segregar. **she ≃d herself** ela vive isolada.

se.clud.ed [sikl'u:did] adj. retirado, segregado.

sec.ond [s'ekənd] s. + num. segundo m. ‖ adj. segundo; secundário, inferior; outro. **≃-hand** de segunda mão, usado. **≃ hand** ponteiro de segundos. **≃-rate** de segunda qualidade. **in a ≃!** num instante!

sec.ond [sik'ɔnd] v. secundar; apoiar.

sec.ond.ar.y [s'ekəndəri] s. subalterno m. ‖ adj. secundário; subalterno; derivado. **≃ school** escola secundária, superior.

se.cre.cy [s'i:krisi] s. segredo m.; discrição f.

se.cret [s'i:krit] s. segredo, mistério m. ‖ adj. secreto; reservado; isolado; obscuro.

sec.re.tar.i.at [sekrət'ɛəriət] s. secretaria f.; secretariado m.; secretários m. pl.

sec.re.tar.y [s'ekrətəri] s. secretário, escrivão m.; secretária f.; escrivaninha f.

se.crete [sikr'i:t] v. guardar segredo, esconder; segregar. **to ≃ o.s.** esconder-se.

se.cre.tion [sikr'i:ʃən] s. secreção f.

se.cre.tive [sikr'i:tiv] adj. reservado, reticente; secretório, que secreta.

sect [sekt] s. seita f.; partido m., facção f.

sec.tar.i.an [sekt'ɛəriən] s. + adj. sectário, partidário m.

sec.tion [s'ekʃən] s. seção, divisão, fatia f.; parágrafo m.; distrito m.; parte f. (de cidade). ‖ v. cortar, secionar, dividir.

sec.u.lar [s'ekjulə] s. secular, leigo m. ‖ adj. mundano, temporal; secular.

sec.u.lar.ize [s'ekjuləraiz] v. secularizar.

se.cure [sikj'uə] v. assegurar, guardar, proteger, defender. ‖ adj. seguro, protegido.

se.cu.ri.ty [sikj'uəriti] s. segurança f.; certeza f.

se.date [sid'eit] adj. descansado, tranqüilo.

sed.a.tive [s'edətiv] s. + adj. sedativo m.

sed.en.tar.y [s'edntəri] adj. sedentário.

sed.i.ment [s'edimənt] s. sedimento, depósito m. (também Geol.).

se.di.tious [sid'iʃəs] adj. sedicioso.

se.duce [sidj'u:s] v. seduzir; persuadir.

se.duc.tive [sid'ʌktiv] adj. sedutor, tentador, atraente, cativante.

sed.u.lous [s'ədjuləs] adj. diligente, assíduo; perseverante.

see [si:] v. (pret. **saw**, p.p. **seen**) ver, olhar; observar, espiar; perceber, compreender.

let me ≃! deixe-me ver, um momento, deixe-me pensar. I'll ≃ you home acompanhá-lo-ei para casa. to ≃ to providenciar.

seed [si:d] s. semente f., grão m.; esperma, sêmen m. ‖ v. semear; espalhar sementes; descaroçar; espigar, grelar.

seed.time [s'i:dtaim] s. época f. de plantio.

seed.y [s'i:di] adj. cheio de sementes.

see.ing [s'i:iŋ] s. olhar m., vista f. ‖ adj. que vê, que enxerga. ‖ conj. visto que.

seek [si:k] v. (pret. e p.p. sought) procurar, buscar; visar, solicitar; tentar, empenhar-se, pretender, aspirar; recorrer a.

seem [si:m] v. parecer, dar a impressão de.

seem.ing [s'i:miŋ] s. aparência f. ‖ adj. aparente.

seem.ing.ly [s'i:miŋli] adv. aparentemente.

seem.ly [s'i:mli] adj. próprio, decente.

seep [si:p] v. vazar, penetrar, infiltrar-se.

seep.age [s'i:pidʒ] s. infiltração f.

see.saw [s'i:sɔ:] s. gangorra f., balanço m.; oscilação f. ‖ v. balançar, oscilar; brincar em gangorra. ‖ adj. oscilatório.

seethe [si:ð] v. ferver; estar agitado.

seg.ment [s'egmənt] s. segmento m., parte, seção f.

seg.ment [segm'ent] v. segmentar.

seg.re.gate [s'egrigeit] v. segregar; afastar.

seg.re.gate [s'egrigit] adj. segregado, separado.

seis.mal [s'aizməl] adj. = seismic.

seis.mic [s'aizmik] adj. sísmico, relativo a terremotos.

seizable [s'i:zəbl] adj. apreensível.

seize [si:z] v. pegar, agarrar, apanhar; (fig.) pescar, entender; capturar, prender; aproveitar (oportunidade). he ≃d on the proposal ele aceitou a proposta.

sei.zure [s'i:ʒə] s. apreensão, confiscação f.

sel.dom [s'eldəm] adv. raramente.

se.lect [sil'ekt] v. selecionar, escolher. ‖ adj. seleto, escolhido; superior, fino, selecionado; exclusivo, restrito.

self [self] s. (pl. selves [selvz]) eu, a própria pessoa, personalidade f.; interesses m. pl. próprios; caráter m., natureza f. ‖ adj. (pl. selves) uniforme, puro. ‖ pron. si, mesmo, mesma. ‖ prefixo indicando: de si mesmo, por si mesmo, automático; independente, autônomo. ≃-acting automático. ≃-assu-

rance confiança em si mesmo. ≃-centered. egocêntrico, egoísta. ≃-confidence autoconfiança. ≃-contained reservado, retraído, fechado em si mesmo. ≃-control autocontrole. ≃-educated autodidata. ≃-explanatory óbvio, manifesto. ≃-government governo autônomo. ≃-interest interesse próprio. ≃-made man homem que se fez sozinho, por si mesmo. ≃-possession presença de espírito. ≃-reproach remorso. ≃-restraint autodomínio. ≃-same mesmo, igual. ≃-seeking interesseiro, egoísta.

self.ish [s'elfiʃ] adj. interesseiro, egoísta.

self.less [s'elflis] adj. abnegado, altruísta.

sell [sel] v. (pret. e p. p. sold) vender; negociar; estar à venda, custar; ter saída; entregar por dinheiro, trair. ≃-out venda total de um artigo.

se.man.tic [sim'æntik] adj. semântico.

se.man.tics [sim'æntiks] s. semântica f.

sem.a.phore [s'eməfɔ:] s. semáforo, sinal m.

sem.blance [s'embləns] s. semelhança f.

se.mes.ter [sim'estə] s. semestre m.

sem.i.cir.cle [s'emisə:kl] s. semicírculo m.

sem.i.co.lon [semik'oulən] s. (Gram.) ponto-e-vírgula m.

se.mi.con.duct.or [semikənd'ʌktə] s. (Fís.) semicondutor m.

sem.i.nar [s'emina:] s. curso, estudo m.

sem.i.nar.y [s'eminəri] s. seminário m.

Se.mit.ic [sim'itik] s. língua f. hebraica ou semítica. ‖ adj. semítico, hebreu.

semi-weekly [semiw'i:kli] s. bissemanário m. ‖ adj. bissemanal. ‖ adv. bissemanalmente.

sen.ate [s'enit] s. senado m., assembléia f. legislativa; câmara f. alta do país.

sen.a.tor [s'enətə] s. senador m.

send [send] s. força, corrente f. de ondas. ‖ v. (pret. e p. p. sent) mandar, enviar, remeter; forçar, compelir a ir; expedir, despachar; impelir, jogar, lançar; (Rádio e Telev.) transmitir. to ≃ for buscar, mandar vir.

send.er [s'endə] s. remetente m. + f.

se.nile [s'i:nail] adj. senil, caduco, velho.

sen.ior [s'i:njə] s. o mais velho m., pessoa f. mais velha. ‖ adj. sênior, mais velho; superior, mais antigo.

sen.sa.tion [sens'eiʃən] s. sensação f.

sen.sa.tion.al [sens'eiʃənəl] adj. sensacional.

sense [sens] s. senso, sentido m.; percepção, sensação f., sentimento m.; compreensão, apreensão f.; juízo m. ‖ v. sentir, perceber; (coloq.) compreender, entender.

sense.less [s'enslis] adj. inconsciente, insensível; insensato; absurdo.

sen.si.bil.i.ty [sensib'iliti] s. sensibilidade f.; suscetibilidade f.; tato m., delicadeza f.

sen.si.ble [s'ensəbl] adj. ajuizado, sábio, sensato; consciente, ciente, cônscio; perceptível, sensível; sensitivo.

sen.si.tive [s'ensitiv] adj. sensível, sensitivo.

sen.si.tive.ness [s'ensitivnis] s. sensibilidade f.

sen.si.tiv.i.ty [sensit'iviti] s. = **sensitiveness**.

sen.si.tize [s'ensitaiz] v. sensibilizar.

sen.su.al.i.ty [sensju'æliti] s. sensualidade f.

sen.su.ous [s'ensjuəs] adj. sensual, sensível.

sent [sent] v. pret. e p. p. de **send**.

sen.tence [s'entəns] s. sentença, frase, locução f.; decisão f.; pena f. ‖ v. sentenciar.

sen.ti.ment [s'entimənt] s. sentimento m.; sentimentalidade, emoção f.; opinião f., ponto de vista, pensamento m.

sen.ti.men.tal.i.ty [sentiment'æliti] s. sentimentalidade f., estado m. sentimental.

sen.ti.men.tal.ize [sentim'entəlaiz] v. sentimentalizar; ser sentimental.

sen.ti.nel [s'entinəl] s. sentinela f. ‖ v. guardar, vigiar, colocar sentinelas.

sen.try [s'entri] s. sentinela f., guarda m.

sep.a.rate [s'epərit] s. separata f. ‖ adj. separado; isolado; distinto.

sep.a.rate [s'epəreit] v. apartar, separar, desligar.

sep.a.ra.tion [sepər'eiʃən] s. separação f.

Sep.tem.ber [səpt'embə] s. setembro m.

sep.tic [s'eptik] adj. séptico, putrefaciente.

sep.ul.cher [s'epəlkə] adj. = **sepulchre**.

se.pul.chral [sip'ʌlkrəl] adj. sepulcral.

sep.ul.chre [s'epəlkə] s. sepulcro, túmulo m., sepultura, cova f.

se.quel [s'i:kwəl] s. seqüência f.

se.quence [s'i:kwæns] s. seqüência (também Lit. Catól., Mús. e Jogo), sucessão f.; seguimento m.; conseqüência f.; (Cin.) cena f.

se.ques.ter [sikw'estə] v. esconder-se, refugiar-se.

se.ques.trate [sikw'estreit] v. seqüestrar, penhorar (bens).

se.ques.tra.tor [s'ikwestreitə] s. seqüestrador, confiscador m.

ser.e.nade [serin'eid] s. serenata f. ‖ v. fazer uma serenata ou seresta, serenatear.

se.rene [sir'i:n] adj. sereno, calmo.

serf [sə:f] s. servo m.; (fig.) escravo m.

serf.dom [s'ə:fdəm] s. servidão f.

ser.geant [sa:dzənt] s. (Mil.) sargento m.

se.ri.al [s'iəriəl] s. publicação em série, revista f. periódica; romance m., novela f. ‖ adj. serial, em série, periódico.

ser.i.ci.cul.tu.re [s'erəsəkʌltʃə] s. = **sericulture**.

ser.i.cul.ture [s'erəkʌltʃə] s. sericultura, sericicultura f.

se.ries [s'iəri:z] s. sg. + pl. série f.

se.ri.ous [s'iəriəs] adj. sério; perigoso.

ser.mon [s'ə:mən] s. sermão m.; repreensão, admoestação f.

ser.pent [s'ə:pənt] s. serpente, cobra f.

ser.pen.tine [s'ə:pəntain] adj. serpentino.

ser.rate [s'erit] v. serrilhar. ‖ adj. serrilhado, dentado.

se.rum [s'iərəm] s. soro m.

serv.ant [s'ə:vənt] s. empregado, criado m.; servente m. + f. ≈ -**girl**, ≈ -**maid** criada.

serve [sə:v] s. (tênis) saque m. ‖ v. servir, trabalhar para; trabalhar como criado; servir à mesa; fazer serviço militar, servir o exército; suprir, fornecer; ajudar.

serv.ice [s'ə:vis] s. serviço, préstimo, obséquio m.; suprimento m.; ocupação f., emprego m.; trabalho, exercício m.; vantagem f.; cerimônia f. religiosa, ritual m., exéquias f. pl.; louça f.; (tênis) saque m. ≈ -**station** posto de gasolina.

serv.ice.man [s'ə:vismən] s. membro m. das forças armadas (soldado, marujo, aviador).

ser.vile [s'ə:vail] adj. servil, vil, bajulador; humilde; relativo a servo.

serv.ing [s'ə:viŋ] s. ação f. de servir; uma porção f. (refeição). ‖ adj. servente.

ser.vi.tude [s'ə:vitju:d] s. servitude, servidão, escravidão f.; trabalho m. forçado.

ses.a.me [s'esəmi] s. sésamo, gergelim m.

ses.sion [s'eʃən] s. sessão, reunião f.; série f. de reuniões, congresso m.; período m. de sessões; período de aulas.

set [set] s. jogo, grupo, conjunto m., coleção, série f.; sociedade, facção f., círculo m.; talher, serviço m.; (Teat., Cin.) cenário m.;

(Rádio) aparelho, receptor, emissor m.; porte m., posição, forma f., ajuste, caimento m.; direção, tendência f., curso, rumo m. ‖ v. pôr, assentar, plantar; endireitar; regular; fixar, estabelecer; determinar; designar; marcar; dar (exemplo); ligar, firmar; ficar firme, solidificar, coalhar, endurecer, pegar (cimento); montar, engastar. ‖ adj. fixado, estabelecido; fixo, rígido, imóvel. ≃ **out** começo, partida. **to** ≃ **aside** desprezar, pôr de lado. **to** ≃ **back** atrasar (relógio), retroceder, impedir, parar. **to** ≃ **behind** colocar atrás, descuidar. **to** ≃ **by** reservar, economizar. **to** ≃ **on** incitar, instigar, açular. **to** ≃ **out** plantar, enfeitar, adornar, provar, equipar, demonstrar, expor, publicar, marcar, delimitar, exibir, partir, levantar, levantar-se, pôr-se a caminho. **to** ≃ **up** levantar, montar, comprar, iniciar (negócio), fundar.

set.back [s'etbæk] s. revés m.; recuo m.; reentrância f.

set.ter [s'etə] s. compositor, tipógrafo m.; cão m. de caça, perdigueiro m.

set.ting [s'etiŋ] s. colocação f., assentamento m.; moldura, armação f.; cenário m.; ambiente m.; (Tipogr.) composição f.

set.tle [setl] s. banco, sofá m., poltrona f. ‖ v. assentar, estabelecer; determinar, decidir, fixar; pôr em ordem, arranjar; pagar, liquidar; estabelecer-se, fixar residência, casar, casar-se; colonizar; doar.

set.tle.ment [s'etlmənt] s. determinação, decisão f.; estabelecimento m., instalação f.; arranjo, acordo m.; pagamento m., liquidação f. (de dívidas); colonização, colônia f.; legado m., doação f.

set.tler [s'etlə] s. colono, fazendeiro m.

sev.en [sevn] s. número m. sete num. sete.

sev.en.teen [sevnt'i:n] s. núm. dezessete m.

sev.en.teenth [sevnt'i:nθ] s. + num. décimo sétimo m.

sev.enth [s'evnθ] s. + num. sétimo m.

sev.en.ti.eth [s'evntiiθ] s. + num. setuagésimo m.

sev.en.ty [s'evnti] s. + num. setenta m.

sev.er [s'evə] v. partir, separar, dividir, rachar; cortar, romper; manter-se à parte.

sev.er.al [s'evərəl] s. alguns, vários m. pl. ‖ adj. alguns, vários, diversos, diferentes.

se.vere [siv'iə] adj. severo, austero; sério, grave; difícil; rígido.

se.ver.i.ty [siv'eriti] s. severidade f., rigor m.

sew [sou] v. (pret. **sewed**, p.p. **sewn, sewed**) coser; costurar; cerzir.

sew.age [sj'uidʒ] s. água f. de esgoto. ‖ v. adubar com matéria de esgoto.

sew.er [s'ouə] s. costureiro, alfaiate m.

sew.er [sj'uə] s. cloaca f.

sew.ing [s'ouiŋ] s. costura f. ‖ adj. de coser.

sex [seks] s. sexo, caráter m. feminino ou masculino. ‖ adj. sexual, relativo ao sexo.

sex.tu.ple [s'ekstjupl] s. + adj. sêxtuplo m.

sex.y [s'eksi] adj. sexualmente atraente.

shab.by [ʃ'æbi] adj. gasto, roto, surrado.

shack [ʃæk] s. cabana f., barracão m.

shack.le [ʃækl] s. algema, grilheta f.; elo m., corrente, cadeia f. ‖ v. algemar, agrilhoar; impedir, embaraçar.

shade [ʃeid] s. sombra f.; penumbra f.; cortina, veneziana f., quebra-luz m.; tonalidade f., matiz, tom m.; espírito, fantasma m.; proteção f. ‖ v. abrigar da luz; escurecer, tornar sombrio; esmaecer.

shad.ed [ʃ'eidid] adj. sombreado.

shad.i.ness [ʃ'eidinis] s. sombra f.

shad.ing [ʃ'eidiŋ] s. proteção f., quebra-luz m.; graduação f. (de cor, caráter).

shad.ow [ʃ'ædou] s. sombra f.; lugar m. sombreado, escuridão f.; vulto m.; imagem f. vaga ou refletida. ‖ v. proteger, abrigar da luz, escurecer; tornar triste, nublar.

shad.ow.y [ʃ'ædoui] adj. sombrio, escuro.

shad.y [ʃ'eidi] adj. na sombra; (coloq.) duvidoso, suspeito; sombroso, sombrio.

shaft [ʃa:ft] s. cabo m., haste f.; flecha, seta, lança f., dardo m.; raio, feixe m. de luz; caule, tronco m.; poço m. de mina.

shag.gy [ʃ'ægi] adj. felpudo, peludo, hirsuto, desgrenhado; áspero.

shake [ʃeik] s. abalo m., agitação, sacudida, vibração f.; terremoto m.; bebida f. batida. ≃ **s** calafrios m. pl. ‖ v. (pret. **shook**, p.p. **shaken**) sacudir, agitar, acenar; apertar a mão; tremer; fazer tremer ou estremecer, abalar; trepidar, estremecer, vibrar; trinar.

shak.ing [ʃ'eikiŋ] s. agitação f. ‖ adj. agitado, trêmulo. ≃ **sieve** peneira oscilante.

shak.y [ʃ'eiki] adj. trêmulo, trôpego, vacilante; fraco, débil, instável, inseguro; rachado, fendido; volúvel; duvidoso.

shall [ʃæl, ʃəl] v. (pret. **should**) dever; como v. auxiliar indica: o tempo futuro; uma promessa ou determinação. ≃ **I tell you what I think?** quer que lhe diga o que estou pensando? ≃ **we give it up?** vamos desistir? **you shouldn't have done that** você não devia ter feito isso. **I should not do that if I were you** não faria isso se eu fosse você. ≃ **I call him?** devo chamá-lo?

shal.low [ʃ'ælou] s. ≃**s** lugar m. raso, baixio. ‖ adj. raso, não profundo.

sham [ʃ'æm] s. impostura f., pretexto, engano, logro m., fraude f. ‖ v. pretender, fingir, simular. ‖ adj. imitado, copiado.

sham.ble [ʃæmbl] s. bamboleio m. ‖ v. bambolear, andar sem firmeza.

sham.bles [ʃæmblz] s. pl. matadouro m.; bagunça f.; desordem f.; destruição f.

shame [ʃeim] s. vergonha, humilhação, degradação f.; desgraça, desonra, ignomínia f.; causa f. de vergonha. ‖ v. envergonhar, humilhar; trazer ou causar desgraça; estar envergonhado.

shame.faced [ʃ'eimfeist] adj. tímido, (com cara de) culpado.

shame.ful [ʃ'eimful] adj. que causa vergonha, vergonhoso; indecente.

shame.less [ʃ'eimlis] adj. sem-vergonha.

sham.poo [ʃæmp'u] s. xampu m. ‖ v. lavar o cabelo ou a cabeça com xampu.

shan.dy [ʃ'ændi] s. coquetel m. feito de cerveja com soda-limonada.

shank [ʃæŋk] s. canela f., parte f. da perna abaixo do joelho. **on** ≃**'s mare** a pé.

shan.ty [ʃ'ænti] s. barracão m., choupana f.

shape [ʃeip] s. forma, figura f., contorno m., configuração, formação f.; molde m.; modelo, aspecto m., aparência f. ‖ v. dar forma, formar, modelar; adaptar.

shape.less [ʃ'eiplis] adj. informe, deforme.

shape.ly [ʃ'eipli] adj. bem configurado.

shard [ʃa:d] s. fragmento m.

share [ʃɛə] s. parte, porção, quota f.; ação, fração f.; relha, lâmina f. (de arado). ‖ v. compartilhar; dividir, repartir; tomar parte, ter ações.

share.hold.er [ʃ'ɛəhouldə] s. acionista m. + f.

shark [ʃa:k] s. (Ict.) tubarão m.; velhaco, embusteiro m.

sharp [ʃa:p] v. trapacear, enganar. ‖ adj. afiado, aguçado; pontudo; cortante, frio; seve-

ro, cáustico, mordaz, sarcástico; dolorido, cruciante, agudo, lancinante; perspicaz, esperto; atento, vigilante; astuto, inteligente; (Mús.) sustenido; acima do tom. ‖ adv. prontamente, pontualmente.

sharp.en [ʃ'a:pən] v. afiar, amolar; estimular, excitar (apetite).

sharp.en.er [ʃ'a:pənə] s. afiador, amolador m.

sharp.er [ʃ'a:pə] s. vigarista m. + f.

sharp.ness [ʃa:pnis] s. agudeza f.; aspereza, veemência f.; gume m.; (Fot.) nitidez f.

shat.ter [ʃ'ætə] v. quebrar em pedaços, despedaçar-se, fragmentar-se, fragmentar, rachar; perturbar, abalar; danificar.

shave [ʃeiv] s. barbeação f.; navalha, faca f. para fazer cortes finos. ‖ v. (pret. **shaved**, p.p. **shaved** ou **shaven**) barbear, fazer a barba.

shav.en [ʃ'eivn] adj. com a barba feita; cortado rente, tonsurado.

shav.er [ʃ'eivə] s. barbeiro m.; aparelho m. para barbear.

shawl [ʃɔ:l] s. xale m. ‖ v. colocar xale.

she [ʃi:, ʃi] s. mulher, moça, menina f.; fêmea f., animal m. feminino. ‖ pron. pess. ela. ≃**-devil** mulher satânica.

sheaf [ʃi:f] s. feixe m.; maço m.; pilha f.

shear [ʃiə] s. tosquia, tosa f. ‖ v. tosquiar (lã); tosar; ceifar; esbulhar, despojar.

sheath [ʃi:θ] s. bainha f. (também Anat.).

sheathe [ʃi:ð] v. embainhar, revestir.

shed [ʃed] s. abrigo, telheiro, barracão m., coberta, choupana f. ‖ v. (pret. e p.p. **shed**) derramar, verter; deixar cair; desprender; espalhar.

sheen [ʃi:n] s. resplendor, brilho, lustro m.

sheep [ʃi:p] s. sg. + pl. carneiro m., ovelha f.

sheep.ish [ʃ'i:piʃ] adj. embaraçado, tímido; estúpido; manso, plácido, tranqüilo.

sheer [ʃiə] s. vestido f. transparente. ‖ v. desviar, virar, mudar de rumo. ‖ adj. perpendicular, íngreme, abrupto, diáfano. ‖ adv. completamente; de modo íngreme, perpendicularmente.

sheet [ʃi:t] s. lençol m.; folha f. de papel; lâmina, superfície f. larga e plana. ‖ v. cobrir com lençol, dobrar (papel). ≃ **lightning** relâmpago m.

sheik(h) [ʃeik] s. xeque m.

shelf [ʃelf] s. (pl. **shelves** [ʃ'elvz]) estante f.; recife m. **to lay on the** ≃ pôr de lado.

shell [ʃel] s. casca, concha, carapaça f., casco m. (de um animal); cápsula f. (que cobre semente); granada, bomba f. ‖ v. tirar de casco, de concha, descascar; bombardear; separar trigo das espigas.

shel.lac [ʃel'æk] s. goma-laca f., verniz m. ‖ v. envernizar, cobrir com goma-laca.

shel.ter [ʃ'eltə] s. coberta, defesa f., abrigo, resguardo m.; proteção f., refúgio, asilo m. ‖ v. abrigar. **night-** ≃ abrigo noturno.

shelve [ʃelv] v. colocar na prateleira; (fig.) encostar, engavetar (planos, idéias).

shep.herd [ʃ'epəd] s. pastor m. ‖ v. zelar; guiar. ≃'s **rod** (Bot.) cardo.

sherd [ʃɑːd] s. = **shard**.

sher.iff [ʃ'erif] s. xerife, delegado m.

sher.ry [ʃ'eri] s. xerez m.

shield [ʃiːld] s. escudo, broquel m.; blindagem f.; proteção, defesa f., resguardo, amparo m. ‖ v. proteger, defender, cobrir; servir de escudo, servir de proteção.

shift [ʃift] s. substituição, mudança f., troca f.; grupo m., turma f.; turno m., horas f. pl. de uma turma; truque, artifício m. ‖ v. mudar, deslocar, variar.

shift.i.ness [ʃ'iftinis] s. desleixo m.; insinceridade, volubilidade f.

shift.ing [ʃ'iftiŋ] adj. mutável, móvel, inconstante; astucioso, esperto.

shift.less [ʃ'iftlis] adj. desajeitado, inábil.

shift.y [ʃ'ifti] adj. esperto, safado, astuto; negligente, inconstante, volúvel.

shil.ling [ʃ'iliŋ] s. xelim m. (moeda).

shilly-shally [ʃ'ili ʃ'æli] s. hesitação, vacilação f. ‖ v. hesitar, vacilar, estar indeciso. ‖ adj. indeciso, hesitante. ‖ adv. com hesitação.

shi.ly [ʃ'aili] adv. timidamente.

shim.mer [ʃ'imə] s. vislumbre m.; luz f. fraca ou vaga. ‖ v. vislumbrar, alumiar fracamente, emitir luz trêmula, tremeluzir.

shim.mer.ry [ʃ'iməri] adj. tremeluzente, pouco luminoso, de luz fraca ou vaga.

shin [ʃin] s. canela f.; pé m. de vitela ou de boi. ‖ v. trepar, subir (em árvore); (E.U.A., coloq.) dar canelada. ≃-**bone** tíbia.

shin.dy [ʃ'indi] s. barulho, tumulto m.

shine [ʃain] s. luz, claridade f., brilho, resplendor m. ‖ v. (pret. e p.p. **shone**) brilhar; salientar-se; lustrar (sapatos).

shin.gle [ʃ'iŋgl] s. telha f. fina de madeira; corte m. curto de cabelo; (Ingl.) cascalho,

pedregulho m. ‖ v. cobrir com telhas de madeira.

shin.ing [ʃ'ainiŋ] adj. lustroso, claro, brilhante; (fig.) ilustre.

ship [ʃip] s. navio m., embarcação f., vapor m.; vaso m. (de guerra), avião m.; tripulação f. de um navio ou avião. ‖ v. embarcar, pôr a bordo, receber a bordo.

ship.ment [ʃ'ipmənt] s. embarque, carregamento m., expedição, remessa f.

ship.ping [ʃ'ipiŋ] s. embarque m. (de mercadorias por navios, trem, avião etc.).

ship.shape [ʃipʃeip] adj. em ordem, em forma.

ship.wreck [ʃ'iprek] s. naufrágio m. ‖ v. arruinar, destruir, naufragar.

shirk [ʃəːk] s. vagabundo m. ‖ v. faltar ao dever, fugir do trabalho.

shirr [ʃəː] s. franzido m. ‖ v. franzir.

shirt [ʃəːt] s. camisa f. de homem; blusa f.

shit [ʃit] s. (vulg.) excremento, cocô m., merda, bosta f. ‖ interj. merda!, bosta!

shiv.er [ʃ'ivə] s. tremor, calafrio, arrepio m. ‖ v. tiritar, tremer (de frio).

shiv.er.y [ʃ'ivəri] adj. tremente, friorento, febril; que causa tremores ou calafrios.

shoal [ʃoul] s. baixio, banco m. de areia; cardume m.; multidão f. ‖ v. tornar-se raso. ‖ adj. raso.

shock [ʃɔk] s. choque, impacto, encontro m., colisão f.; distúrbio, abalo m.; colapso m.; (coloq.) paralisia f. ‖ v. chocar-se, colidir, ir de encontro, abalar, bater.

shock.ing [ʃ'ɔkiŋ] adj. chocante; terrível.

shod [ʃɔd] v. pret. e p.p. de **shoe**.

shod.dy [ʃ'ɔdi] s. lã f. inferior; traste m. ‖ adj. feito de lã inferior; sem valor.

shoe [ʃuː] s. sapato m.; ferradura f.; freio m. ‖ v. (pret. e p. p. **shod**) ferrar; calçar.

shoe.mak.er [ʃ'uːmeikə] s. sapateiro m.

shone [ʃɔn, ʃoun] v. pret. e p. p. de **shine**.

shook [ʃuk] v. pret. de **shake**.

shoot [ʃuːt] s. tiro, (futebol) chute m. exercício m. de tiro. ‖ v. (pret. e p. p. **shot**) atirar, matar, atingir com tiro; lançar; dar tiro; fotografar, filmar.

shoot.ing [ʃ'uːtiŋ] s. caça f.; tiroteio m.; filmagem f. ‖ adj. agudo (dor); de tiro.

shop [ʃɔp] s. loja f.; oficina f.; casa f. especializada, armazém m.; oficina f. de conserto. ‖ v. fazer compras, visitar lojas.

shop.keep.er [ʃ'ɔpki:pə] s. lojista m. + f.

shop.keep.ing [ʃ'ɔpki:piŋ] s. varejo m.

shop.lif.ter [ʃ'ɔpliftə] s. ladrão m. de loja, gatuno m.

shop.man [ʃ'ɔpmən] s. balconista m. + f., caixeiro, vendedor m.

shop.ping [ʃ'ɔpiŋ] s. ato de fazer compras.

shore [ʃɔ:] s. costa, praia, margem f.; litoral m., terra f. perto da água; terra. **to** ≃ **up** segurar, escorar.

short [ʃɔ:t] s. som m. curto, sílaba f. curta, coisa f. curta; filme m. de curta-metragem. ≃ **s** calças f. pl. curtas. ‖ adj. curto; breve; baixo, pequeno, não alto; restrito, de pouco alcance. ‖ adv. de modo curto; abruptamente, repentinamente. **he cut me** ≃ ele me interrompeu, ele me cortou a palavra. **to sell** ≃ vender para entrega a prazo; subestimar. ≃ **- circuit** (Eletr.) curto-circuito, dar curto-circuito. ≃ **- cut** caminho mais curto, atalho. ≃ **- dated** a curto prazo. ≃ **- sighted** míope; imprevisível.

short.age [ʃ'ɔ:tidʒ] s. falta, deficiência f.

short.com.ing [ʃ'ɔ:tkʌmiŋ] s. falta, falha f.

short.en [ʃ'ɔ:tən] v. encurtar, diminuir.

short.hand [ʃ'ɔ:thænd] s. estenografia, taquigrafia f. ‖ adj. estenográfico, taquigráfico. ≃ **writer** estenógrafo, taquígrafo.

short.lived [ʃ'ɔ:tlivd] adj. de vida curta.

shot [ʃɔt] s. tiro, ato m. de atirar; chumbo m., balas f. pl.; projétil m.; descarga f. de arma de fogo. ‖ v. (pret. e p. p. **shoot**) carregar com chumbo.

shot.gun [ʃ'ɔtgʌn] s. arma f. de fogo.

should [ʃud, ʃəd] v. pret. de **shall**.

shoul.der [ʃ'ouldə] s. ombro m.; costas f. pl. ‖ v. levar ao ombro, suportar com os ombros; carregar, assumir, sustentar. ≃ **blade** omoplata.

shout [ʃaut] s. grito m. alto; risada f. alta, gargalhada f. ‖ v. gritar, chamar em voz alta; dar vivas, aclamar.

shove [ʃʌv] s. impulso, empurrão m. ‖ v. empurrar, atropelar, apertar; (coloq.) pôr, deitar. **don't** ≃ ! não empurre!

shov.el [ʃ'ʌvl] s. pá f. ‖ v. trabalhar ou fazer com pá, dar pazadas, jogar com pá.

show [ʃou] s. mostra, exibição f.; espetáculo m.; exposição f.; aparência, demonstração f., aspecto m.; (coloq.) divertimento, entretenimento m. ‖ v. mostrar, expor, exibir; revelar, demonstrar; aparecer. **to** ≃ **off** aparecer com todo o brilho.

show.down [ʃ'oudaun] s. prova f. final; revelação f. dos fatos; luta f. final. ‖ v. mostrar as cartas; mostrar sua capacidade.

show.er [ʃ'ouə] s. expositor, mostrador m.; pé-d'água, aguaceiro, temporal m.; chuveiro, banho m. de chuveiro; estante f. para exposição de artigos. ‖ v. chover por um período curto.

show.man [ʃ'oumən] s. exibidor m., encenador m.

shown [ʃoun] v. p. p. de **show**.

shrank [ʃræŋk] v. pret. de **shrink**.

shred [ʃred] s. tira f. estreita, trapo, retalho m.; fragmento, pedaço m. ‖ v. rasgar ou cortar em tiras ou pedaços.

shrew [ʃru:] s. mulher briguenta, bruxa, megera f.

shrewd [ʃru:d] adj. astuto, perspicaz.

shriek [ʃri:k] s. som m. agudo, alto; guincho, grito m. ‖ v. guinchar, gritar, emitir som agudo; rir alto, gargalhar ruidosamente.

shrill [ʃril] s. som m. agudo, guincho m. ‖ v. guinchar, emitir som agudo. ‖ adj. agudo, penetrante. ‖ adv. com som agudo.

shrimp [ʃrimp] s. camarão m.; pessoa f. pequena ou insignificante, anão m.

shrine [ʃrain] s. relicário m.; santuário m. ‖ v. santificar, guardar em relicário.

shrink [ʃriŋk] s. encolhimento m. ‖ v. (pret. **shrank, shrunk**, p. p. **shrunk, shrunken**) retrair, recolher, puxar para trás; encolher; fazer contrair; diminuir; recuar.

shriv.el [ʃr'ivl] v. secar, enrugar, murchar.

shroud [ʃraud] s. mortalha f.; coberta, coisa f. que cobre, que esconde. ‖ v. amortalhar; cobrir, esconder, abrigar, encobrir.

shrub [ʃrʌb] s. arbusto m.

shrub.ber.y [ʃr'ʌbəri] s. matagal, mato m. ralo, capoeira f.

shrug [ʃrʌg] s. ação f. de encolher os ombros. ‖ v. encolher os ombros (em sinal de dúvida, indiferença, impaciência, etc.).

shrunk.en [ʃr'ʌŋkən] adj. encolhido.

shud.der [ʃ'ʌdə] s. tremor, estremecimento, arrepio m. ‖ v. tremer, estremecer.

shuf.fle [ʃ'ʌfl] s. ação f. de arrastar os pés; truque m. ‖ v. arrastar os pés; esquivar-se. **to** ≃ **away** tirar, esconder, desviar habilmente. **to** ≃ **off** livrar-se, afastar.

shuf.fler [ʃˈʌflə] s. trapaceiro, enganador, embusteiro m.

shun [ʃʌn] v. evitar, afastar-se de.

shunt [ʃʌnt] s. desvio m., manobra f. (trem de ferro). ‖ v. desviar, sair do caminho.

shut [ʃʌt] v. fechar, tapar, tampar; cerrar; trancar; prender, confinar. ‖ adj. fechado. ≃ up! cale a boca!

shut.ter [ʃˈʌtə] s. folha f. de janela, veneziana f., postigo m.; (Fot.) obturador m.

shut.tle [ʃʌtl] s. lançadeira f. ‖ v. mover-se para lá e para cá.

shy [ʃai] s. sobressalto, recuo m. repentino. ‖ v. espantar-se, recuar, assustar-se. ‖ adj. tímido, modesto; retirado; carente.

shy.ly [ʃˈaili] adv. = **shily**.

shy.ness [ʃˈainis] s. acanhamento m., timidez f.

sib.i.lant [sˈibilənt] s. sibilo m. ‖ adj. sibilante.

sib.ling [sˈibliŋ] s. irmão, mano m., irmã, mana f.

sib.yl [sˈibil] s. sibila f.; bruxa, profetisa f.

sick [sik] s. doentes m. + f. pl. v. açular, instigar; atacar (diz-se de cão). ‖ adj. doente, enfermo; (coloq.) enjoado, com náuseas; aborrecido; indisposto; farto.

sick.en [sˈikn] v. ficar doente, ficar enjoado; (fig.) enfadar, maçar.

sick.le [sˈikl] s. foicinha f. ≃ **man** segador.

sick.li.ness [sˈiklinis] s. indisposição f.

sick.ly [sˈikli] adj. doente, doentio.

sick.ness [sˈiknis] s. enfermidade, doença f.

side [said] s. lado m.; face f.; superfície f.; aspecto, ponto m. de vista; parte, parte f. lateral; margem, beira f. ‖ v. tomar partido, favorecer. ≃ **entrance** entrada lateral.

si.de.ral [said'iəriəl] adj. sideral.

side.slip [sˈaidslip] s. escorregão m. para o lado, derrapagem f. ‖ v. escorregar (para o lado); derrapar.

side.step [sˈaidstep] s. passo, movimento m. para o lado; estribo m. (de veículo). ‖ v. pisar para o lado; evitar, evadir, fugir. ‖ adj. lateral.

side.walk [sˈaidwɔ:k] s. passeio m.; calçada f.

side.way [sˈaidwei] s. rua lateral, calçada f. ‖ adj. ≃s lateral. ‖ adv. ≃s lateralmente; de lado; em direção a um lado.

sid.ing [sˈaidiŋ] s. desvio, ramal m.; ato m. de tomar partido.

si.dle [sˈaidl] s. movimento m. lateral. ‖ v. mover em sentido lateral.

siege [si:dʒ] s. sítio, cerco m. ‖ v. sitiar.

si.es.ta [si'estə] s. sesta f.

sieve [siv] s. peneira f.; bisbilhoteiro m. ‖ v. peneirar, passar pela peneira.

sift [sift] v. peneirar; examinar, analisar.

sigh [sai] s. suspiro m. ‖ v. suspirar; dizer com suspiros; ter saudades de.

sight [sait] s. visão, vista f.; ação f. de ver; visibilidade f. ‖ v. ver, avistar; observar, olhar; visar, fazer pontaria.

sight.less [sˈaitlis] adj. cego; invisível.

sight.less.ness [sˈaitlisnis] s. cegueira f.

sight.li.ness [sˈaitlinis] s. formosura f.

sight.ly [sˈaitli] adj. agradável, vistoso, imponente; com vista bonita.

sight.seer [sˈaitsi:ə] s. excursionista, turista m. + f.

sign [sain] s. sinal m., marca f.; movimento gesto m.; quadro m. (para anunciar), tabuleta f.; indício m.; manifestação f.; traço, vestígio m.; (Astron.) signo m. ‖ v. assinar, subscrever; escrever; contratar; aceitar emprego; fazer sinal ou gesto; rubricar. **to** ≃ **on** começar (um cargo).

sig.nal [sˈignəl] s. aviso m., notícia f.; (Milit.) senha, contra-senha f; indício m. ‖ v. sinalizar, fazer sinal; comunicar por meio de sinal. ‖ adj. usado como sinal; destacado, notável, marcante.

sig.nal.ize [sˈignəlaiz] v. distinguir; fazer sinais; tornar conhecido.

sig.na.ture [sˈignətʃə] s. assinatura f.

sig.nal.man [sˈignəlmən] s. sinaleiro m.

sign.board [sˈainbɔ:d] s. tabuleta f., quadro m. (para anúncio de mercadorias).

sig.nif.i.cance [sign'ifikəns] s. importância, conseqüência f.; significado, sentido m.; expressão f.

sig.nif.i.can.cy [sign'ifikənsi] s. = **significance**.

sig.nif.i.cant [sign'ifikənt] adj. significante.

sig.ni.fy [sˈignifai] v. significar; expressar.

si.lence [sˈailəns] s. silêncio m., calma, quietude f.; discrição, reserva f. ‖ v. silenciar, calar. ‖ interj. silêncio!, calada!

si.lent [sˈailənt] adj. silencioso, calmo, quieto; calado; (Cin. e Gram.) mudo.

sil.hou.ette [silu'et] s. silhueta f., perfil m., sombra f.

silk [silk] s. seda f.; tecido m. de seda. ‖ adj. sedoso. **thrown** ≃ retrós. ≃ **hat** cartola. ≃- **screen print** gravura pelo processo silk-screen.

silk.worm [s'ilkwə:m] s. bicho-da-seda m.

silk.y [s'ilki] adj. sedoso; macio; (fig.) suave.

sill [sil] s. peitoril m. (de janela).

sil.ly [s'ili] s. + adj. bobo, simplório m.

si.lo [s'ailou] s. silo m.

silt [silt] s. lodo, limo m. ‖ v. entupir.

sil.ver [s'ilvə] s. prata f.; prataria f. ‖ v. pratear. ‖ adj. feito de prata; relativo à prata. ≃ **tongued** eloqüente, convincente. ≃ **wedding** bodas de prata.

sil.ver.smith [s'ilvəsmiθ] s. ourives m.

sil.ver.ware [s'ilvəwɛə] s. prataria f., utensílios m. pl. de prata.

sim.i.an [s'imiən] s. + adj. símio m.

sim.i.lar [s'imilə] adj. similar, parecido.

sim.i.lar.i.ty [simil'æriti] s. similaridade f.

sim.i.le [s'imili] s. símile m., comparação f.

sim.mer [s'imə] s. ato m. de cozinhar lentamente; fervura f. lenta. ‖ v. chiar, fazer o som de fervura lenta. **to** ≃ **down** esfriar.

sim.ple [s'impl] s. pessoa f. estúpida, simplório m.; coisa f. simples. ‖ adj. simples, fácil; elementar, básico; mero, puro; modesto; inocente, ingênuo, comum. ≃-**minded** franco, sincero; ignorante, estúpido.

sim.pie.ton [s'impltən] s. simplório m.

sim.plic.i.ty [simpl'isiti] s. simplicidade f.

sim.pli.fy [s'implifai] v. simplificar.

sim.u.late [s'imjuleit] v. simular, aparentar; imitar. ‖ adj. simulado, falso.

si.mul.ta.ne.ous [siməlt'einjəs] adj. simultâneo, que ocorre ao mesmo tempo.

sin [sin] s. pecado m. ‖ v. pecar.

since [sins] adv. desde, antes, desde então. ‖ conj. desde que, já que, visto que.

sin.cere [sins'iə] adj. sincero, franco.

sin.cer.i.ty [sins'eriti] s. sinceridade f.

sin.ew [s'inju:] s. tendão, nervo m.; força, energia f.; fonte f. de energia ou força. ‖ v. fortalecer, ligar com tendões.

sin.ful [s'inful] adj. pecador, pecaminoso.

sing [siŋ] s. canção f., som m. de canto. ‖ v. (pret. **sang**, p.p. **sung**) cantar; entoar; (E.U.A., gíria) delatar.

singe [sindʒ] s. queimadura f. leve. ‖ v. chamuscar, tostar, queimar levemente.

sing.er [s'iŋə] s. cantor m., cantora f.

sin.gle [s'iŋgl] s. coisa ou pessoa f. avulsa, só. ‖ v. separar, escolher. ‖ adj. individual; solteiro. ≃-**handed** sem ajuda, sozinho, que trabalha sozinho. ≃-**minded** sincero, franco.

sin.gu.lar [s'iŋgjulə] s. (também Gram.) singular m. ‖ adj. singular, extraordinário, excepcional; esquisito, peculiar.

sin.is.ter [s'inistə] adj. sinistro, ameaçador; mau; desastroso.

sink [siŋk] s. pia f.; lugar m. de vício ou de corrupção. ‖ v. (pret. **sank**, p.p. **sunk**) descer, baixar, cair, depositar, declinar; afundar, ir a pique, submergir; pôr a pique; reduzir; diminuir; levar à ruína, destruir.

sin.ner [s'inə] s. pecador m., pecadora f.

si.nol.o.gist [sain'ɔlədʒist] s. sinólogo m., especialista m. + f. em estudos chineses.

sin.u.ous [s'injuəs] adj. sinuoso, ondulado.

sip [sip] s. ato m. de tomar um golinho. ‖ v. bebericar, sorver, beber aos poucos.

si.phon [s'aifən] s. sifão m.

sir [sə:] s. senhor m. **Sir** título m. de barão; título m. de respeito.

sir.loin [s'ə:lɔin] s. filé m. mignon.

si.ren [s'aiərin] s. (Mitol.) sereia f.; ninfa f.; sirena f. (apito). ‖ adj. relativo a sereia.

si.sal [s'aisəl] s. sisal m., fibra f. desta planta. ≃-**grass**, ≃- **hemp** fibra de sisal.

sis.sy [s'isi] s. (coloq.) homem m. efeminado.

sis.ter [s'istə] s. irmã f.; freira f. ≃-**in-law** cunhada.

sis.ter.hood [s'istəhud] s. irmandade f.

sit [sit] v. sentar, sentar-se; sentar sobre, estar sentado, estar montado; ocupar cargo; posar; descansar; pousar, repousar; chocar.

site [sait] s. posição f, lugar, terreno m.

sit.ting [s'itiŋ] s. sessão f., reunião f.

sit.u.ate [s'itjueit] v. colocar, situar.

sit.u.at.ed [s'itjueitid] adj. situado, localizado.

sit.u.a.tion [sitju'eiʃən] s. situação, posição f., lugar m.; circunstância, condição f., caso m.; cargo m.; estado m. crítico.

six [siks] s. número m. seis. ‖ num. seis.

six.teen [s'ikst'i:n] s. + num. dezesseis m.

six.teenth [s'ikst'i:nθ] s. + num. décimo sexto m.

sixth [siksθ] s. + num. sexto m.

six.ti.eth [s'ikstiiθ] s. + num. sexagésimo m.

six.ty [s'iksti] s. + num. sessenta m.

size [saiz] s. tamanho m., área f.; extensão, magnitude, dimensão, medida f., volume m.; quantidade f.; formato m. ‖ v. arranjar, classificar de acordo com o tamanho.

siz.zle [s'izl] s. chiado m. ‖ v. chiar.

skate [skeit] s. patim, patinete m.; (Ict.) arraia f. ‖ v. patinar.

skein [skein] s. meada, madeixa f.; mistura f. confusa; (fig.) trama, intriga f.

skel.e.ton [sk'elitən] s. esqueleto m.; carcaça f.; armação f. ‖ adj. esquelético; reduzido, parcial.

sketch [sketʃ] s. croqui, esboço, desenho m. rápido; projeto, plano m.; declinação f.; história f. curta, descrição f. resumida; comédia f. em um ato. ‖ v. esboçar.

skew [skju:] s. esconso, ângulo m., posição f. inclinada, inclinação f. ‖ v. inclinar; distorcer. ‖ adj. torcido; torto; assimétrico.

ski [ski:] s. esqui m. ‖ v. esquiar.

skid [skid] s. escorregão m., derrapagem f. ‖ v. escorregar, derrapar; deslizar.

skid.dy [sk'idi] adj. escorregadiço, liso.

skil.ful [sk'ilful] adj. hábil, experto, destro, jeitoso.

skill [skil] s. habilidade, prática, destreza f.; experiência, perícia f.

skilled [sk'ild] adj. experimentado, hábil.

skim [skim] s. escuma, espuma f. ‖ v. escumar, desnatar; planar, voar; ler às pressas, passar os olhos, folhear.

skim.mer [sk'imə] s. escumadeira f.

skimp [skimp] v. restringir, mesquinhar.

skimp.y [sk'impi] adj. insuficiente, restrito.

skin [skin] s. pele f.; couro m.; casca, crosta f. ‖ v. tirar a pele, descascar. ≃-**deep** superficial, leve.

skin.flint [sk'inflint] s. pessoa f. miserável, pão-duro m., sovina m. + f.

skin.ner [sk'inə] s. vendedor m. de peles, peleiro m.; esfolador m.; trapaceiro m.

skin.ny [sk'ini] adj. muito magro, emaciado, macilento.

skip [skip] s. pulo, salto m. ‖ v. pular, saltar; omitir; passar por cima de.

skir.mish [sk'ə:miʃ] s. escaramuça f.; conflito m., discussão f. ‖ v. escaramuçar.

skirt [skə:t] s. saia f.; aba, borda, bainha, barra f. ≃'s margem, periferia f. ‖ v. marginar, limitar; orlar, debruar; ladear.

skirting-board [sk'ə:tiŋbɔ:d] s. borda f., rodapé m.

skit [skit] s. peça f. satírica, panfleto, libelo m.; discurso m. satírico, escarninho m.

skit.tish [sk'itiʃ] adj. brincalhona (menina); medroso; nervoso.

skulk [skʌlk] v. esconder-se; fugir, sair de fininho.

skull [skʌl] s. crânio m.; cabeça f.

sky [skai] s. céu m.; firmamento. ‖ v. jogar para o alto.

sky.dive [sk'aid'aiv] v. (Esp.) saltar de pára-quedas.

sky.lark [sk'aila:k] s. (Orn.) cotovia f. ‖ v. brincar.

sky.line [sk'ailain] s. horizonte m.; silhueta f.

sky.rock.et [sk'air'ɔkit] s. foguete m.

sky.scrap.er [sk'aiskreipə] s. arranha-céu m.

slab [slæb] s. pedaço m. grosso e chato (madeira, mármore, queijo, pão etc.); um toro m.

slack [slæk] s. parte f. solta de um cabo; período m. de calma (em negócios); baixa f. da água da maré. ‖ v. soltar, afrouxar; diminuir, moderar. ‖ adj. solto, frouxo; negligente; lento, folgado; calmo.

slack.en [sl'ækən] v. retardar, diminuir a velocidade; ficar mais lento; relaxar; soltar, afrouxar; ficar solto, afrouxar-se.

slacks [slæks] s. pl. calças f. pl. compridas de mulher.

slag [slæg] s. escória f.; lava f.; (vulg.) prostituta, puta f. ‖ v. formar escória.

slam [slæm] s. ato m. de bater com força (uma porta); estrondo m.; crítica f. severa, descompostura f. ‖ v. fechar com força e com barulho; bater; (E.U.A.) criticar severamente.

slan.der [sl'ændə] s. difamação f. ‖ v. difamar, caluniar, maldizer.

slan.der.ous [sl'ændərəs] adj. calunioso.

slang [slæŋ] s. gíria f. ‖ v. insultar, usar linguagem abusiva.

slant [sla:nt, slænt] s. ladeira, inclinação f., declive m.; intenção f.; ponto m. de vista; (fig.) indireta, alusão f. ‖ v. inclinar, inclinar-se, ter declive. ‖ adj. inclinado.

slap [slæp] s. tapa m., palmada, bofetada f.; insulto m. direto. ‖ v. dar tapa ou palmada, esbofetear; jogar. ‖ adv. de repente.

slash [slæʃ] s. golpe m. cortante; corte, talho m., ferida f. ▌ v. lascar, talhar, cortar.

slat [slæt] s. sarrafo m., tira, ripa f.

slate [sleit] s. ardósia f.; (E.U.A.) lista f. de candidatos. ▌ v. cobrir com telhas de ardósia; colocar em lista de candidatos.

slaugh.ter [slɔ:tə] s. matança f., massacre m. ▌ v. matar, abater, massacrar.

slave [sleiv] s. escravo m.; pessoa f. viciada. ▌ v. labutar, mourejar, trabalhar muito. ≃-**dealer** traficante de escravos (pessoa ou navio).

slav.er [slævə] s. baba f.; bajulação f.; (gíria) traficante m. de escravos (pessoa ou navio). ▌ v. babar; molhar com saliva; bajular.

slav.er.y [sleivəri] s. escravidão f.

slay [slei] v. (pret. **slew**, p.p. **slain**) assassinar, matar, chacinar.

slay.er [sleiə] s. matador, assassino m.

sled [sled] s. = **sledge**.

sledge [sledʒ] s. trenó m.; marreta f., malho m. ▌ v. andar (ou transportar) em trenó; malhar, marretar.

sledge.ham.mer [sledʒhæmə] s. = **sledge**.

sleek [sli:k] v. alisar, lustrar. ▌ adj. macio e lustroso, brilhante.

sleep [sli:p] s. sono m., soneca f. ▌ v. (pret. e p.p. **slept**) dormir, tirar soneca; descansar, pernoitar; (fig.) estar morto.

sleep.er [sli:pə] s. (E.U.A.) carro-dormitório m.; dormente m.; dorminhoco m.

sleep.in.ness [sli:pinis] s. sonolência f.

sleep.walker [sli:pwɔ:kə] s. sonâmbulo m.

sleep.y [sli:pi] adj. sonolento, cansado; quieto, calmo, que faz dormir.

sleet [sli:t] s. granizo m., saraiva f. ▌ v. chover granizo.

sleeve [sli:v] s. manga f. (de camisa); conexão, luva, junta f. ▌ v. colocar mangas.

sleigh [slei] s. trenó m. ▌ v. andar em trenó.

sleight [slait] s. truque m., destreza f.

slen.der [slendə] adj. esbelto, delgado, magro, fino.

slept [slept] v. pret. e p.p. de **sleep**.

sleuth [slu:θ] s. (E.U.A.) detetive m. ≃-**hound** cão de caça.

slew [slu:] v. pret. de **slay**.

slice [slais] s. fatia, posta f.; faca, espátula f.; pedaço m. ▌ v. cortar em fatias ou postas; repartir. **to** ≃ **off** cortar fora.

slick [slik] s. lugar m. liso. ▌ v. alisar, lustrar, amaciar. ▌ adj. liso, macio, lustroso; (coloq.) inteligente, engenhoso.

slide [slaid] s. escorregão m.; escorregador m. ▌ v. (pret. **slid**, p.p. **slid** ou **slidden**) deslizar, escorregar, patinar.

slid.ing [slaidiŋ] s. escorregadura f., deslizamento m. ▌ adj. deslizante, escorregadio, corrediço, cursor.

slight [slait] s. desprezo, menosprezo m. ▌ v. desprezar, não dar importância. ▌ adj. pouco, não importante, leve, pequeno; fraco, débil, delgado; inadequado.

slim [slim] v. emagrecer, adelgaçar, afinar. ▌ adj. delgado, fino; pequeno.

slime [slaim] s. lodo m., lama f.; muco m. ▌ v. enlodar; remover lodo ou limo.

slim.y [slaimi] adj. enlodado; viscoso; (fig.) bajulador, nauseante, repugnante.

sling [sliŋ] s. funda f., estilingue, bodoque m.; tipóia f. ▌ v. (pret. e p.p. **slung**) atirar (com estilingue); amarrar.

slink [sliŋk] s. que anda de leve, às escondidas. ▌ v. (pret. e p.p. **slunk**) retirar-se de maneira furtiva ou covarde.

slip [slip] s. escorregadura f.; coberta, fronha f.; combinação f.; deslize, erro, lapso, engano m., falta f.; depressão f., desabamento m. ▌ v. andar, mover-se quietamente, fácil ou rapidamente, escapar; deslizar; cometer um lapso; luxar (osso); colocar ou tirar de modo despercebido.

slip.per [slipə] s. chinelo m.; pessoa ou coisa f. que escorrega; (Mec.) sapata f.; freio m. **dancing** ≃**s** sapatilhas de balé.

slipp.er.y [slipəri] adj. escorregadio; incerto, enganoso.

slip.shod [slipʃɔd] adj. relaxado, desalinhado.

slit [slit] s. fenda, racha f. ▌ v. fender, rachar; cortar em linha reta.

slith.er [sliðə] s. escorregadela f. ▌ v. escorregar, deslizar, andar deslizando.

sliv.er [slivə] s. lasca f., pedaço m. ▌ v. lascar.

slob.ber [slɔbə] s. baba, saliva f.; baboseira, conversa f. sentimental. ▌ v. babar; molhar com saliva; falar tolamente.

slo.gan [slougən] s. nota m., frase, palavra f. de propaganda, divisa f.

slop [slɔp] s. poça f., líquido m. derramado; água f. servida, lavadura f.; lama f., lodo m. ▌ v. derramar; passar sobre a lama.

slope [sloup] s. declive m., ladeira, rampa f.; inclinação f. ▌ v. estar inclinado, ter declive; inclinar; (coloq.) fugir, escapar.

slop.py [sl'ɔpi] adj. molhado, aguado; sujo, lamacento, lodoso; superficial, malfeito (trabalho); (gíria) sentimental.

slosh [slɔʃ] s. lodo m., lama, sujeira f.

slot [slɔt] s. ranhura f.; abertura f. para colocar moedas. ‖ v. fazer ranhura ou fenda.

sloth [slouθ] s. indolência, preguiça f.; (Zool.) preguiça f.

slouch [slautʃ] s. andar relaxado m.; (E.U.A.) trabalho m. malfeito; pessoa f. ineficiente. ‖ v. portar-se de maneira relaxada.

slough [slau] s. (E.U.A.) brejo, pantanal m.; desespero m.

slov.en [sl'ʌvn] s. pessoa f. suja, relaxada. ‖ adj. sujo, relaxado. ‖ adv. de maneira relaxada.

slov.en.ly [sl'ʌvnli] adj. sujo, relaxado, desmazelado, desleixado.

slow [slou] v. reduzir a velocidade, diminuir, tornar lento. ‖ adj. lento, vagaroso, demorado; baixo, pouco quente (fogo, chama), brando; inativo, indolente; (coloq.) antiquado; constrangido.

slow.ness [sl'ounis] s. lentidão, frouxidão, indolência f.; falta f. de inteligência.

slug [slʌg] s. pessoa f. ou animal m. que se movimenta como lesma.

slug.gard [sl'ʌgəd] s. + adj. preguiçoso m.

slug.gish [sl'ʌgiʃ] adj. lento, vagaroso; preguiçoso, vadio, indolente, ocioso.

sluice [slu:s] s. eclusa f.; comporta f. de eclusa; água f. represada por comporta; dique m., válvula f. ‖ v. soltar, tirar água, abrindo comporta; correr, fluir.

slum [slʌm] s. favela f., bairro m. pobre.

slum.ber [sl'ʌmbə] s. soneca f. ‖ v. dormir, tirar soneca; estar inativo.

slump [slʌmp] s. queda f. brusca (de preços), baixa f., colapso m.; (fig.) fracasso m. ‖ v. cair, baixar, afundar.

slur [slə:] s. pronúncia f. indistinta, som m. indistinto; mancha, mácula f. (de reputação); insulto m., crítica f.; (Mús.) ligadura f. ‖ v. passar por cima, desprezar, não considerar; borrar, sujar, manchar; insultar; (Mús.) ligar.

sly [slai] adj. que age secretamente, astuto, malicioso; dissimulado.

smack [smæk] s. gosto, sabor m.; indício m., laivos m. pl.; beijoca f.; palmada f.; estalo m.

(como o de chicote). ‖ v. ter gosto ou sabor, beijocar; estalar (chicote).

small [smɔ:l] s. quem é pequeno. ≃s calcinha f. (de mulher). ‖ adj. pequeno, diminuto; leve, pouco; insignificante, trivial. ‖ adv. em pequenos pedaços; em miniatura. ≃ **fry** crianças, seres novos ou pequenos.

small.pox [sm'ɔ:lpɔks] s. varíola f.

smart [sma:t] s. dor f. aguda, violenta; (fig.) sentimento, aborrecimento m. ‖ v. sofrer, sentir dor aguda, arder. ‖ adj. agudo, severo, forte, ardente, pungente; ativo, esperto; (coloq.) considerável.

smart.ness [sm'a:tnis] s. vivacidade f.

smash [smæʃ] s. quebra f., rompimento m.; estrondo, barulho m.; queda f., desastre m.; falência, bancarrota f. ‖ v. quebrar, esmagar, romper, despedaçar (com ruído); esmagar; arruinar-se, abrir falência; (coloq.) dar soco, golpear.

smear [smiə] s. sujeira, mancha f. (de gordura); ataque m. malicioso. ‖ v. lambuzar, manchar; aviltar (uma reputação).

smell [smel] s. olfato m.; cheiro, odor, aroma m.; fedor m. ‖ v. (pret. e p.p. **smelt**) cheirar; emitir cheiro; perceber, pressentir; feder; cheirar (bem ou mal).

smelt [smelt] v. tirar metal de minério; fundir, refinar (por fusão); pret. e p.p. de **smell**.

smile [smail] s. sorriso m. ‖ v. sorrir.

smirch [smə:tʃ] s. sujeira f. ‖ v. sujar.

smite [smait] s. golpe, soco m. ‖ v. (pret. **smote, smit**, p. p. **smitten**) bater, golpear; atingir; castigar.

smith [smiθ] s. ferreiro m.

smith.y [sm'iði, sm'iθi] s. forja, ferraria, oficina f. de ferreiro.

smit.ten [smitn] v. p. p. de **smite**. ‖ adj. atingido duramente; ferido, afetado dura e repentinamente; caído por, enamorado.

smock [smɔk] s. avental f., guarda-pó m. ‖ v. adornar (vestido) com bordados.

smog [smɔg] s. smog m., mistura f. de neblina e fumaça.

smoke [smouk] s. fumaça f.; (coloq.) o que se fuma: charuto, cigarro, cachimbo m.; ato m. de fumar. ‖ v. soltar fumaça, fumegar; curar, defumar; fumar.

smok.er [sm'oukə] s. fumante, fumista m. + f.; defumador m.; carro, vagão m. para fumantes.

smoke.stack [sm'oukstæk] s. chaminé f.

smok.ing [sm'oukiŋ] s. ato m. de fumar, defumar ou fumigar. ‖ adj. fumegante. ≈-car carro, vagão para fumantes. no ≈ proibido fumar.

smok.y [sm'ouki] adj. fumegante; enfumaçado; enegrecido de fumaça; defumado, com gosto de fumaça; encruado.

smol.der [sm'oldə] s. = smoulder.

smooth [smu:ð] s. lisura f., polimento m. ‖ v. alisar, plainar, polir; suavizar. ‖ adj. plano, liso, lustroso, polido; macio.

smooth.en [sm'u:ðən] v. alisar, aplainar.

smooth.ly [sm'u:ðli] adv. suavemente, maciamente.

smoth.er [sm'ʌðə] s. nuvem f. de fumaça, de poeira. ‖ v. sufocar, asfixiar, abafar (fogo); reter, reprimir, suprimir.

smoul.der [sm'ouldə] s. combustão f. lenta (sem chama). ‖ v. arder, queimar sem chama.

smudge [smʌdʒ] s. mancha, marca f. de sujeira, borrão m. ‖ v. sujar, manchar.

smug [smʌg] s. pessoa f. afetada ou presumida, almofadinha, janota m. ‖ adj. satisfeito consigo mesmo; afetado.

smug.gle [sm'ʌgl] v. contrabandear.

smug.gler [sm'ʌglə] s. contrabandista m. + f.; navio m. de contrabando.

smut [smʌt] s. sujeira, fuligem f.; mancha f. de sujeira ou de fuligem; (fig.) obscenidade, conversa f. indecente; carvão m. ‖ v. sujar, manchar (com fuligem).

smut.ty [sm'ʌti] adj. sujo, manchado (com fuligem); (fig.) indecente, obsceno.

snack [snæk] s. lanche m., refeição f. leve. ≈ bar lanchonete.

snag [snæg] s. (E.U.A.) árvore f. ou galho m.; toco, nó m.; obstáculo m. escondido ou inesperado.

snail [sneil] s. lesma f., caracol m.

snake [sneik] s. cobra, serpente f.; (fig.) pessoa f. traiçoeira. ‖ v. serpentear, serpear.

snap [snæp] s. estalo, estrépito, estalido m.; ruptura, quebra f.; dentada, mordida f., abocamento m.; repreensão f.; bolacha f. ‖ v. estalar, trincar; fechar, pegar, mover (com estalo); quebrar, estourar; dar dentada; vociferar. ‖ adj. que é feito rapidamente ou de improviso; que se move, abre, fecha com estalo. ‖ adv. de maneira brusca ou rápida.

snap.pish [sn'æpiʃ] adj. bravo, mordaz; impaciente, rabugento, irritado, petulante.

snap.py [sn'æpi] adj. mordaz, agudo; rápido, repentino; esperto; rude; muito elegante.

snare [snɛə] s. laço m., armadilha f.; cilada f., ardil m.; corda f. de tambor. ‖ v. pegar em laço ou armadilha; enganar, trair.

snarl [sna:l] s. rosnadura f.; palavras f. pl. ásperas ou ríspidas; emaranhado m.; confusão f. ‖ v. rosnar, mostrar os dentes; falar de modo ríspido; entrelaçar, trançar, emaranhar, ficar trançado, fazer confusão.

snatch [snætʃ] s. agarramento m.; tempo m. curto; pouquinho, pedacinho m. ‖ v. pegar, agarrar, apanhar; arrebatar.

sneak [sni:k] s. andar m. leve ou furtivo; covarde m. ‖ v. sair de fininho.

sneak.er [sn'i:kə] s. gatuno m.; covarde m.; quem anda furtivamente.

sneer [sniə] s. olhar ou riso m. de escárnio; zombaria f., sarcasmo m. ‖ v. olhar com desprezo; zombar, escarnecer, troçar.

sneeze [sni:z] s. espirro m. ‖ v. espirrar.

sniff [snif] s. fungada f.; inalação f.; (fig.) ação f. de torcer o nariz. ‖ v. fungar, farejar.

snig.ger [sn'igə] v. rir, debochar, caçoar, gozar.

snip [snip] s. corte m. ‖ v. cortar (em pedacinhos).

snipe [snaip] s. narceja f. ‖ v. caçar narcejas; (Milit.) atirar de lugar escondido.

snip.er [sn'aipə] s. franco-atirador m.

snitch [snitʃ] s. (gíria) espião m. ‖ v. delatar, denunciar; roubar.

sniv.el [sn'ivl] s. ranho m.; choradeira f.; hipocrisia f. ‖ v. choramingar; fingir; escorrer pelo nariz.

snob [snɔb] s. esnobe m. + f.

snob.ber.y [sn'ɔbəri] s. esnobismo m.

snoop [snu:p] s. bisbilhoteiro m.; bisbilhotice, intromissão f.

snooze [snu:z] s. (coloq.) soneca f. ‖ v. tirar uma soneca, cochilar.

snore [snɔ:] s. ronco m. ‖ v. roncar.

snort [snɔ:t] s. bufo, resfôlego m. ‖ v. bufar, resfolegar.

snout [snaut] s. focinho m., tromba f.; bico, tubo m.; nariz m. comprido.

snow [snou] s. neve f.; nevada f. ‖ v. nevar. ≈-white coberto de neve, branco como neve.

snow.ball [sn'oubɔ:l] s. bola f. de neve.

snow.fall [sn'oufɔ:l] s. nevada f.; queda f. de neve.

snow.flake [sn'oufleik] s. floco m. de neve.

snow.y [sn'oui] adj. coberto de neve; branco como neve; nevado.

snub [snʌb] s. trato m. frio ou desdenhoso; repreensão f.; insulto m.; nariz m. achatado. ‖ v. desprezar, tratar friamente, receber mal.

snuff [snʌf] s. rapé, tabaco m. em pó; fungada f.; dose f. de rapé. ‖ v. aspirar pelo nariz, cheirar; aspirar rapé; fungar.

snuf.fle [sn'ʌfl] v. cheirar, bufar, fungar.

snug [snʌg] v. acomodar, fazer confortável. ‖ adj. confortável, quente, abrigado, aconchegado, agasalhado; agradável, limpo. ‖ adv. confortavelmente, agradavelmente.

snug.ly [sn'ʌgli] adv. = snug.

snug.gle [sn'ʌgl] v. aconchegar-se.

so [sou] adv. assim, deste modo, desta maneira, desta forma, conforme foi mostrado; como consta; muito; por esta razão, então, por isto, portanto; também. ‖ conj. de maneira que, para que. ‖ interj. bem! certo! é verdade? é assim? ≃ - **called** assim chamado. ≃-≃ assim-assim, mais ou menos; regularmente, de modo tolerável. ≃-**long** até logo!

soak [souk] s. molhadela f.; estado m. do que está molhado ou encharcado; (gíria) bêbedo m.; aguaceiro m. ‖ v. encharcar, saturar, embeber; deixar de molho; beber muito; (gíria) cobrar demais.

soak.ed [s'oukt] adj. molhado, encharcado.

soap [soup] s. sabão m. ‖ v. ensaboar.

soap.y [s'oupi] adj. ensaboado, liso, escorregadiço, (fig.) bajulador.

soar [sɔ:] v. voar a grande altitude; aspirar; elevar-se, subir; voar, planar.

sob [sɔb] s. soluço m. ‖ v. chorar, soluçar.

so.ber [s'oubə] v. tornar sóbrio. ‖ adj. sóbrio; moderado; calmo, racional.

so.bri.e.ty [soubr'aiəti] s. sobriedade f.

soc.cer [s'ɔkə] abr. de **association football** modalidade f. de futebol; futebol m.

so.cial [s'ouʃəl] s. reunião f. social. ‖ adj. social.

so.cial.ism [s'ouʃəlizm] s. socialismo m.

so.cial.ize [s'ouʃəlaiz] v. socializar.

so.ci.e.ty [səs'aiəti] s. sociedade, associação f., clube m.; coletividade, comunidade f.; companhia, camaradagem f.

so.ci.ol.o.gy [sousi'ɔlədʒi] s. sociologia f.

sock [sɔk] s. soquete m., meia f. curta (gíria) soco, golpe m. ≃ s surra, tunda, sova, coça f. **a pair of** ≃ s um par de meias; palmilhas.

sod [sɔd] s. gramado m.; (fig.) escroque, porco m. ‖ v. cobrir com torrão ou grama. **under the** ≃ enterrado.

so.da [s'oudə] s. carbonato m. de sódio, barrilha f.; soda f. cáustica; soda f. limonada (misturada com sorvete).

sod.den [s'ɔdn] v. saturar, encharcar. ‖ adj. encharcado, ensopado; estúpido.

so.fa [s'oufə] s. sofá m. ≃-**bed** sofá-cama.

soft [sɔft] s. pessoa f. estúpida. ‖ adj. flexível, elástico, maleável; mole, tenro, dúctil; suave, brando, agradável, gentil. ≃-**pedal** (Mús.) pedal abafador.

sof.ten [s'ɔfn] v. amolecer; acalmar; derreter; comover-se.

soft.ness [s'ɔftnis] s. moleza, maciez f.

soil [sɔil] s. terra f., solo m.; terreno, país m.; mancha, sujeira f.; esterco m.; brejo m. ‖ v. sujar, manchar, poluir; tingir; desonrar; estercar, estrumar. **native** ≃ pátria.

soiled [sɔild] adj. sujo; desonrado, maculado.

so.journ [s'ɔdʒə:n, s'oudʒə:n] s. permanência f. curta ou passageira. ‖ v. permanecer ou residir por pouco tempo.

sol.ace [s'ɔləs] s. consolo m. ‖ v. consolar.

so.lar [s'oulə] adj. solar, relativo ao sol.

sold [sould] v. pret. e p. p. de **sell**.

sol.der [s'ɔldə] s. solda f. ‖ v. soldar; unir.

sol.dier [s'ouldʒə] s. soldado, guerreiro m. ‖ v. ser soldado. ‖ adj. de soldado.

sol.dier.y [s'ouldʒəri] s. tropa, classe f. militar.

sole [soul] s. sola f. do pé ou de sapato; palmilha f. ‖ v. solar, pôr sola. ‖ adj. só, sozinho, único; exclusivo; abandonado.

sol.emn [s'ɔləm] adj. solene, sério; formal; sagrado; impressionante; pomposo.

so.lem.ni.ty [səl'emniti] s. solenidade f.

so.lic.it [səl'isit] v. solicitar, pedir, requerer; requestar, procurar; apelar, rogar; incomodar; influenciar, tentar.

so.lic.i.tor [səl'isitə] s. requerente, solicitante m. + f.; advogado m.

so.lic.i.tous [səl'isitəs] adj. solícito; ansioso.

sol.id [s'ɔlid] s. sólido m. ‖ adj. sólido, maciço, compacto, íntegro; cúbico; denso, pesado, grosso; duro, firme; inteiro; forte, durável.

sol.i.dar.i.ty [sɔlid'æriti] s. solidariedade f.

so.lid.i.fy [sǝl'idifai] v. solidificar; unir.

so.lid.i.ty [sǝl'iditi] s. solidez f.; dureza f.

so.lil.o.quy [sǝl'ilǝkwi] s. solilóquio m.

sol.i.tar.y [s'ɔlitǝri] s. solitário m. ▮ adj. solitário, só, único; sem companhia.

so.lo.ist [s'oulouist] s. solista m. + f.

solu.tion [sǝl'u:ʃǝn] s. solução f.; soluto m.

solve [sɔlv] v. resolver; dissolver; quitar.

sol.ven.cy [s'ɔlvǝnsi] s. solvência f.

sol.vent [s'ɔlvǝnt] s. solvente, dissolvente m. ▮ adj. solvente, que pode pagar, que paga.

som.bre [s'ɔmbǝ] adj. sombrio, lúgubre.

some [sʌm] adj. uns, umas; alguns, algumas; um pouco, certa quantidade; um, uma, alguém; cerca de, mais ou menos; (E.U.A., coloq.) notável, grande, forte. ▮ adv. (coloq.) um tanto, até certo grau; (E.U.A., coloq.) até alto grau ou até grande extensão. ▮ pron. alguns, algumas; um pouco, certa quantidade.

some.bod.y [s'ʌmbɔdi] s. pessoa f. de certa importância. ▮ pron. alguém.

some.how [s'ʌmhau] adv. de qualquer maneira, de algum modo, por qualquer razão. ≃ **or other** de qualquer jeito.

some.one [s'ʌmwʌn] s. pessoa f. importante. ▮ pron. alguma pessoa, alguém.

som.er.sault [s'ʌmǝsɔːlt] s. cambalhota f., salto m. ▮ v. dar cambalhota.

som.er.set [s'ʌmǝset] s. + v. = **somersault**.

some.thing [s'ʌmθiŋ] s. alguma coisa f.; certa quantidade f., certa parte f., um pouco m.; uma espécie f. de ▮ adv. algo, até certo ponto, um pouco, um tanto.

some.time [s'ʌmtaim] adj. ocasional, esporádico. ▮ adv. algum dia, em qualquer tempo próximo; antigamente. ≃**s** às vezes, de vez em quando, ocasionalmente.

some.what [s'ʌmwɔt] s. alguma parte f. alguma quantidade f. ▮ adv. algo, um tanto, até certo grau, um pouco, levemente.

some.where [s'ʌmwɛǝ] s. alguma parte f., algum lugar, um lugar m. qualquer. ▮ adv. em algum lugar, algures.

som.no.lence [s'ɔmnolǝns] s. sonolência f.

son [sʌn] s. filho, descendente m. masculino; nativo m. (de um país etc.). ≃ **- in-law** genro.

song [sɔŋ] s. canção f.; poesia f.; som m. melodioso.

so.no.rous [sǝn'ɔːrǝs] adj. sonoro; harmonioso; com som forte ou agudo.

soon [su:n] adv. logo, brevemente; cedo.

soon.er [s'u:nǝ] comparativo de **soon**.

soot [sut] s. fuligem f. ▮ v. cobrir ou sujar com fuligem.

soothe [su:ð] v. acalmar; suavizar.

sooth.say.er [s'u:θseiǝ] s. adivinho m.

sop [sɔp] s. bocado ou pedaço m. de pão embebido em alguma coisa; calmante m. ▮ v. embeber, molhar, encharcar.

so.phis.ti.cat.ed [sof'istikeitid] adj. afetado; sofisticado; que não tem ilusões.

sop.o.rif.ic [soupǝr'ifik] s. + adj. soporífico, soporífero m.

sop.py [s'ɔpi] adj. molhado, encharcado.

sor.cer.er [s'ɔːsǝrǝ] s. mágico, feiticeiro m.

sor.cer.y [s'ɔːsǝri] s. magia, feitiçaria f.

sor.did [s'ɔːdid] adj. sórdido; sujo; vil.

sore [sɔː] s. chaga, ferida f., lugar m. dolorido; dor, mágoa, aflição f. ▮ adj. dolorido, ferido, inflamado; aborrecido, enfadado, magoado; (E.U.A.) irritado, zangado.

sor.rel [s'ɔrǝl] s. cor f. de canela; cavalo m. alazão. ▮ adj. marrom-avermelhado.

sor.row [s'ɔrou] s. tristeza, mágoa f., pesar m.; aborrecimento, sofrimento m. ▮ v. entristecer-se; sentir pena, estar triste.

sor.row.ful [s'ɔrouful] adj. triste, pesaroso.

sor.ry [s'ɔri] adj. triste, preocupado; melancólico. **I am** ≃**!** perdão! desculpe! sinto muito! **I am** ≃ **for it** estou arrependido. **I am** ≃ **to say** sinto ter que dizer.

sort [sɔːt] s. classe, espécie f., tipo m.; caráter m., qualidade, natureza f.; modo, estilo m., maneira f. ▮ v. classificar.

sort.ed [s'ɔːtid] adj. sortido.

sort.ing [s'ɔːtiŋ] s. escolha, classificação f.

sot [sɔt] s. beberrão m.

sought [sɔːt] v. pret. e p.p. de **seek**.

soul [soul] s. alma f.; espírito m.; parte f. essencial; espírito m. (de um morto).

soul.less [s'oullis] adj. cruel, desalmado.

sound [saund] s. som, tom, ruído, barulho m.; estreito, canal, braço m. (de mar); (Med.) sonda f. ▮ v. soar; tocar; ressonar; auscultar; dirigir pelo som; parecer; sondar; examinar; testar; mergulhar. ▮ adj. são, sadio, idôneo.

sound.ing [s'aundiŋ] s. sondagem f.

sound.ness [s'aundnis] s. saúde, sanidade f.; profundidade f. (do sono).

soup [su:p] s. sopa f.

sour [s'auə] s. coisa f. ácida ou azeda. ‖ v. azedar, ficar ácido. ‖ adj. azedo, ácido, acre; fermentado, rançoso, estragado, coalhado; amargo, desagradável, áspero.

source [sɔːs] s. fonte, nascente f.; origem f.

souse [saus] s. mergulho m.; salmoura f.; carne f. salgada. ‖ v. mergulhar, embeber; salgar, pôr em salmoura.

south [sauθ] s. sul m., direção f. sul; parte f. sul. ‖ adj. sul, do sul, meridional. ‖ adv. para o sul.

South American s. + adj. sul-americano m., sul-americana f.

south.east [sauθ'iːst] s. = **south-east**.

south-east [sauθ'iːst] s. + adj. sudeste m. ‖ adv. de, para ou no sudeste.

south-eastern adj. ao sudeste; do sudeste.

south-eastward adj. ao sudeste; do sudeste.

south.ern [s'ʌðən] adj. ao sul; do sul; no sul.

Southern (E.U.A.) relativo aos Estados do Sul.

south.ward [s'auθwəd] s. sul m. ‖ adj. ao sul; sul. ‖ adv. para o sul.

south.wards [s'auθwədz] adv. = **southward**.

south.west [sauθw'est] s. = **south-west**.

south-west s. + adj. sudoeste m. ‖ adv. no sudoeste.

south-west.ern adj. do sudoeste; para o sudoeste.

sov.er.eign [s'ɔvrin] s. soberano, monarca, rei m.; soberana, rainha f. ‖ adj. soberano; supremo; independente; superior.

so.vi.et [s'ouviət] s. soviete m.; conselho m. local na U.R.S.S. ‖ adj. soviético.

sow [sau] s. porca f.

sow [sou] v. (pret. **sowed**, p. p. **sown, sowed**) semear; espalhar, disseminar.

soy [sɔi] s. soja f.; feijão-soja m.

soy.a [s'ɔia] s. = **soy**.

space [speis] s. espaço, universo m.; lugar m., extensão f.; área, superfície f.; distância f.; espaço m. de tempo. ‖ v. espaçar; dividir em espaços; espacejar. ≃ **flight** vôo espacial.

space.less [s'eislis] adj. infinito, ilimitado.

space.ship [s'eisʃip] s. nave f. espacial, foguete m.

spa.cious [s'eiʃəs] adj. espaçoso, amplo.

spade [sp'id] s. pá f. ‖ v. cavoucar com pá.

Spain [spein] s. Espanha f.

spall [spɔːl] s. lasca f., pedaço m. (de pedra).

span [spænj] s. palmo m.; medida f. antiga; vão m.; período m. curto de tempo; extensão f. ‖ v. medir por palmos; pret. de **spin**.

span.gle [sp'æŋgl] s. lentejoula f. ‖ v. reluzir; decorar com lentejoulas.

Span.iard [sp'ænjəd] s. espanhol m.

Span.ish [sp'æniʃ] s. povo m. espanhol; língua f. espanhola. ‖ adj. espanhol.

spank [spæŋk] s. palmada f. ‖ v. bater.

spank.ing [sp'æŋkiŋ] s. surra f., espancamento m. ‖ adj. (coloq.) formidável.

span.ner [sp'ænə] s. chave f. de parafuso.

spare [spɛə] s. sobressalente m.; objeto m. de reserva. ‖ v. poupar, tratar com indulgência; privar-se dispensar. ‖ adj. excedente, de sobra; de reserva, sobressalente.

spark [spaːk] s. (Eletr.) faísca f.; clarão m. de luz; chispa, centelha f. ‖ v. reluzir, clarear; faiscar, chispar. ≃ **plug** vela de ignição.

spar.kle [sp'aːkl] s. chispa ou faísca f. pequena; cintilação f., lampejo, clarão m. ‖ v. chispar, faiscar; brilhar; cintilar.

spar.kling [sp'aːkliŋ] s. vinho m. espumante. ‖ adj. cintilante, brilhante, faiscante.

spar.row [sp'ærou] s. (Orn.) pardal m.

sparse [spaːs] adj. esparso; escasso, raro.

spasm [spæzm] s. (Med.) espasmo m.

spat [spæt] s. briga, discussão f. sem importância. ‖ v. (E.U.A.) brigar, disputar à toa; pret. e p. p. de **spit**.

spate [speit] s. inundação f.; chuva f. pesada.

spat.ter [sp'ætə] s. borrifadela f.; respingo m.; mancha f. ‖ v. respingar, salpicar, esguichar.

spawn [spɔːn] s. ova, desova f. ‖ v. gerar, criar, desovar (peixes, batráquios).

speak [spiːk] v. (pret. **spoke**, p. p. **spoken**) dizer, articular; falar, conversar; fazer discurso, orar; contar. **to ≃ about** falar sobre. **to ≃ for** falar em favor de. **that ≃ s for itself** isso fala por si mesmo. **not to ≃ of expenses** sem falar das despesas. **nothing to ≃ of** nada digno de menção. **I should like to ≃ to you** gostaria de falar-lhe. **to ≃ up** falar alto.

speak.er [sp'iːkə] s. orador, locutor m.

speak.ing [sp'iːkiŋ] s. oração f., discurso m. ‖ adj. que fala, falante.

spear [spiə] s. lança f.; caule m. de cereais. ‖ v. lancear; brotar. ≃ **of grass** haste de gramínea.

spe.cial [əp'eʃəl] s. trem ou outro veículo m. especial; pessoa ou coisa f. especial; edição f. extra. ‖ adj. especial, distinto; particular, peculiar; próprio; grande.

spe.cial.ist [sp'eʃəlist] s. especialista m. + f.

spe.cial.ize [sp'eʃəlaiz] v. especializar-se.

spe.cial.ized [sp'eʃəlaizd] adj. especializado.

spe.cial.ty [sp'eʃəlti] s. especialidade f.

spe.ci.a.tion [spesi'eiʃən] s. (Biol.) especiação f.

spe.cies [sp'i:ʃiz] s. sing. + pl. espécie f.

spec.i.fi.a.ble [sp'esifaiəbl] adj. especificável, classificável, detalhável.

spe.cif.ic [spis'ifik] s. qualidade ou condição f. específica. ‖ adj. específico.

spec.i.fy [sp'esifai] v. especificar, detalhar.

spec.i.men [sp'esimin] s. espécime m.

speck [spek] s. pinta f.; partícula f. ‖ v. manchar. ≃ **of dust** mancha de sujeira.

speck.le [sp'ekl] s. salpico m. ‖ v. salpicar.

spec.ta.cle [sp'ektəkl] s. espetáculo m.; demonstração f. ≃**s** óculos m. pl.

spec.ter [sp'ektə] s. = **spectre**.

spec.tre [sp'ektə] s. fantasma m.

spect.ro.scope [sp'ektrəskoup] s. (Quím.) espectroscópio m.

spec.trum [sp'ektrəm] s. espectro m. (solar, de cores etc.) (também fig.).

spec.u.late [sp'ekjuleit] v. refletir, meditar, considerar; especular, negociar.

spec.u.la.tion [spekjul'eiʃən] s. especulação f.; reflexão, meditação f.

spec.u.la.tive [sp'ekjulətiv] adj. especulativo; teórico; arriscado.

spec.u.la.tor [sp'ekjuleitə] s. especulador m.

speech [spi:tʃ] s. conversa f.; fala, palavra f.; língua f.; discurso m. (público).

speech.less [sp'i:tʃlis] adj. mudo; atônito. **I was** ≃ **with surprise** fiquei mudo de surpresa.

speed [spi:d] s. velocidade, rapidez f. ‖ v. (pret. e p. p. **sped**) apressar-se, correr; acelerar; despachar às pressas.

speed.i.ness [sp'i:dinis] s. pressa f.

speed.om.e.ter [spid'ɔmitə] s. velocímetro m.

speed.y [sp'i:di] adj. rápido, depressa, veloz, ligeiro; não demorado.

spell [spel] s. palavra f. que tem força mágica; encanto m., fascinação f.; período m. de trabalho, vigia f.; substituição f. ‖ v. (pret. e p. p. **spelt**) soletrar; falar ou escrever corretamente; formar (palavras).

spell.bound [sp'elbaund] adj. encantado, fascinado.

spell.er [sp'elə] s. soletrador m.; cartilha f.

spell.ing [sp'eliŋ] s. soletração f.; ortografia f.

spelt [spelt] v. pret. e p.p. **spell**.

spend [spend] v. (pret. e p. p. **spent**) gastar, pagar (dinheiro); usar, despender, consumir; passar (tempo); exaurir, esgotar.

spend.thrift [sp'endθrift] s. esbanjador, gastador m. ‖ adj. esbanjador, gastador, pródigo, perdulário.

spent [spent] v. pret. e p. p. de **spend**. ‖ adj. gasto, consumido; cansado, exausto.

sperm [spə:m] s. esperma, sêmen m., espermacete m.

spew [spju:] s. vômito m. ‖ v. cuspir fora, vomitar.

sphere [sfiə] s. esfera, bola f., corpo m. esférico; corpo celeste, planeta m., estrela f.; órbita f. celeste; (fig.) horizonte m. ‖ v. incluir, encerrar, circundar; arredondar. ≃ **of action, knowledge** esfera de ação, conhecimento.

spher.i.cal [sf'erikəl] adj. esférico, redondo.

sphinx [sfiŋks] s. (Hist. e Ent.) esfinge f.

spice [spais] s. tempero m.; cheiro, sabor m. de condimento. ‖ v. condimentar, temperar; conferir graça a alguma coisa.

spic.y [sp'aisi] adj. condimentado, temperado; apimentado; (fig.) impróprio.

spi.der [sp'aidə] s. (Zool.) aranha f.

spig.ot [sp'igət] s. (E.U.A.) torneira f.

spike [spaik] s. prego m. forte e grande; ponta, cavilha f., cravo m.; espiga f. ‖ v. pregar, segurar com prego ou cravo.

spill [spil] s. derramamento m.; (coloq.) queda f., tombo m. ‖ v. (pret. e p.p. **spilt, spilled**) derramar, entornar, transbordar.

spin [spin] s. rotação f., giro, ato m. de girar; (Av.) parafuso m. ‖ v. (pret. **spun, span**, p. p. **spun**) fiar, torcer (fio); fazer fio ou fio de teia; girar, virar, rodar.

spin.ach [sp'inidʒ] s. espinafre m.

spi.nal [sp'ainəl] adj. espinhal, espinal. ≃ **column** coluna espinhal, espinha dorsal.

spin.dle [sp'indl] s. fuso m. ‖ v. alongar-se.

spine [spain] s. espinha, espinha f. dorsal; suporte m.; espinho m., ponta, saliência f. aguda; lombo m. (de livro).

spin.ner [sp'inə] s. fiandeiro m.; máquina f. de fiar; anzol m. giratório.

spin.ning [sp'iniŋ] s. fiação f. ≃ **wheel** roca.

spi.nous [sp'ainəs] s. = **spiny**.

spin.ster [sp'instə] s. solteirona f.; fiandeira f. (mulher).

spin.y [sp'aini] adj. espinhoso; fino, pontudo.

spi.ral [sp'aiərəl] s. mola f. espiral. ‖ v. espiralar. ‖ adj. espiralado, espiral.

spire [sp'aiə] s. pináculo m.; cone m. ‖ v. afilar-se.

spir.it [sp'irit] s. espírito m., alma f.; ser m. sobrenatural, fantasma, duende m.; princípio m. vital, vida, vitalidade f.

spir.it.ed [sp'iritid] adj. vivo, vivaz, esperto, animado, corajoso, espirituoso.

spir.it.less [sp'iritlis] adj. sem vida; abatido, deprimido, desanimado; estúpido.

spir.it.u.al [sp'iritjuəl] s. hino m. ou canção f. sacra cantada por negros do Sul dos E.U.A. ‖ adj. espiritual; sacro; mental.

spit [spit] s. saliva f., cuspo m.; cuspida, cuspidela f. ‖ v. (pret. e p. p. **spat**) cuspir; esguichar; (fig.) chuviscar.

spite [spait] s. malevolência, malvadez f., ódio, rancor m. ‖ v. ofender, magoar.

spite.ful [sp'aitful] adj. malvado, malicioso.

splash [splæʃ] s. som m. ou ação f. de espirrar ou de esguichar; mancha f., salpico m. ‖ v. espirrar, esguichar, salpicar.

splat.ter [spl'ætə] v. espirrar, chapinhar.

splay [splei] s. superfície f. oblíqua. ‖ v. alargar, chanfrar, tornar oblíquo. ‖ adj. chanfrado, oblíquo; largo; torto (pé).

spleen [spli:n] s. baço m.; mau humor m.

spleen.ful [spl'i:nful] adj. rabugento, impertinente; irritável.

splen.did [spl'endid] adj. esplêndido, brilhante; admirável; (coloq.) excelente.

splen.dor [spl'endə] s. = **splendour**.

splen.dour [spl'endə] s. esplendor, brilho m.; pompa, magnificência f.

splint [splint] s. (Med.) tala f. (para fratura); tira f. fina de madeira (como para fazer cestas). ‖ v. entalar, segurar com tala.

splin.ter [spl'intə] s. lasca f. ‖ v. lascar.

split [split] s. divisão, cisão f.; ruptura, trinca f. ‖ v. rachar, tender, partir, lascar; separar-se; (Fís.) desintegrar; (gíria) denunciar, delatar. ‖ adj. dividido, fendido, separado. ≈-**up** divisão, separação em partes; divórcio.

splodge [splɔdʒ] s. borrão m. ‖ v. borrar.

splurge [splə:dʒ] s. (E.U.A., coloq.) ostentação f. ‖ v. exibir, ostentar.

spoil [spɔil] s. espólio m., presa f.; pilhagem f., saque m. ‖ v. (pret. e p. p. **spoilt, spoiled**) arruinar, danificar, destruir; deteriorar, apodrecer; corromper.

spoke [spouk] s. raio m. (roda); trave f. de roda. ‖ v. pret. de **speak**.

spo.ken [sp'oukən] v. p. p. de **speak**.

spokes.man [sp'ouksmən] s. porta-voz m.

spo.li.a.tion [spouli'eiʃən] s. saque m.

sponge [spʌndʒ] s. (Zool.) esponja f.; parasita m., pessoa f. que vive à custa de outros. ‖ v. esfregar; absorver; parasitar.

spon.sor [sp'ɔnsə] s. fiador m., pessoa f. responsável. ‖ v. dar fiança, responsabilizar-se, patrocinar; servir de padrinho.

spon.ta.ne.ous [spɔnt'einiəs] adj. espontâneo, natural, voluntário.

spoof [spu:f] s. (gíria) trapaça f. ‖ v. enganar; zombar com bom humor.

spook [spu:k] s. (coloq.) assombração f., (gíria) fantasma m.

spool [spu:l] s. carretel m.; bobina f.; tambor m. ‖ v. enrolar em carretel ou em bobina.

spoon [spu:n] s. colher f.; colherada f. ‖ v. pegar em colher.

spoon.y [sp'u:ni] adj. apaixonado.

spore [spɔ:] s. espório m.; germe m.

sport [spɔ:t] s. esporte, atletismo m.; divertimento, passatempo, jogo, prazer m.; esportista m. + f.; camarada m. + f., bom companheiro m. ‖ v. brincar, divertir-se.

spor.tive [sp'ɔ:tiv] adj. esportivo, alegre.

sports.man [sp'ɔ:tsmən] s. esportista m.

sports.man.ship [sp'ɔ:tsmənʃip] s. espírito m. esportivo.

spot [spɔt] s. marca, mancha f., borrão m.; (fig.) mácula f.; pinta, espinha f.; lugar, ponto m. ‖ v. marcar, manchar, sujar, borrar. ‖ adj. pronto, instantâneo, imediato; (Com.) à vista.

spot.light [sp'ɔtlait] s. luz f. de holofote ou de refletor; (fig.) publicidade f.

spot.ted [sp'ɔtid] adj. maculado, manchado; com pintas, pontilhado.

spot.ty [sp'ɔti] adj. manchado, salpicado.

spout [spaut] s. jato, jorro, repuxo m.; cano, tubo m.; bica f.; bico m.; casa f. de penhor. ‖ v. jorrar, esguichar, verter.

sprain [sprein] s. deslocamento m.

sprang [spræŋ] v. pret. de **spring**.

sprawl [sprɔ:l] s. espreguiçamento m. ‖ v. espreguiçar-se, esticar os membros.

spray [sprei] s. líquido m. pulverizado, borrifo m.; pulverizador m. ‖ v. borrifar, pulverizar; molhar com líquido pulverizado.

spread [spred] s. expansão, difusão, propagação f.; extensão, largura, envergadura f. ‖ v. (pret. e p. p. **spread**) desfraldar, desdobrar, expandir; propagar, espalhar, difundir; esticar, estender. ‖ adj. estendido, expandido, espalhado.

spree [spri:] s. farra, bebedeira f.

sprig [sprig] s. galho, ramo, rebento, broto m.; prego m. sem cabeça.

spring [spriŋ] s. pulo, salto m.; mola, mola f. espiral; elasticidade f.; primavera f.; fonte, nascente f.; origem, causa f.; período m. inicial. ‖ v. (pret. **sprang**, p. p. **sprung**) pular, saltar; retroceder, voltar; fazer pular ou saltar; levantar-se, emergir, brotar, nascer, crescer; surgir repentinamente, soltar, lascar-se, saltar; produzir. ‖ adj. que tem mola; suspenso em molas; primaveril; de fonte ou nascente.

sprin.kle [spriŋkl] s. um pouco m., pequena quantidade f.; chuvisco m., aspersão f. ‖ v. espalhar; chuviscar; borrifar.

sprink.ler [spr'iŋklə] s. irrigador, regador m. (de jardim); carro m. de irrigação. ≃ **system** sistema de extinção de incêndio por aspersão.

sprint [spr'int] s. corrida f. de curta distância. ‖ v. correr (uma distância curta).

sprite [sprait] s. duende, espírito m., fada f.

sprock.et [spr'ɔkit] s. roda f. dentada.

sprout [spraut] s. broto, rebento m. ‖ v. brotar, germinar; remover brotos.

spruce [spru:s] v. enfeitar-se. ‖ adj. limpo, arrumado, enfeitado.

sprung [sprʌŋ] v. p. p. de **spring**.

spry ⌐sprai¬ adj. esperto, vivaz, ativo, rápido. **look** ≃! (coloq.) apresse-se!

spun [spʌn] v. pret. e p. p. de **spin**.

spunk.y [sp'ʌŋki] adj. corajoso, fogoso, impetuoso; vivo, vivaz, esperto.

spur [spə:] s. espora f., aguilhão m.; ambição, vaidade f.; impulso, estímulo m.; ponta, espiga f., esporão m. ‖ v. esporear; andar depressa (a cavalo); estimular, incitar, impelir, instigar; colocar esporas. **to** ≃ **on** acelerar, estimular.

spu.ri.ous [spj'uəriəs] adj. espúrio, falso, não genuíno; ilegítimo, bastardo.

spurn [spə:n] s. rejeição f., tratamento m. desdenhoso; pontapé m. ‖ v. rejeitar, refutar; dar pontapé; mostrar desprezo.

spurt [spə:t] s. jato, jorro, esguicho m. ‖ v. esguichar, jorrar, sair em jatos.

sput.ter [sp'ʌtə] s. conversa f. precipitada e confusa. ‖ v. estalar, crepitar; lançar saliva falando com excitação.

spy [spai] s. vigia, guarda m.; espião m. ‖ v. espiar; espionar; enxergar, ver.

squab.ble [skw'ɔbl] s. briga f., barulho m. ‖ v. brigar, disputar.

squad [skwɔd] s. pelotão m., esquadra f.; turma f.

squad.ron [skw'ɔdrən] s. esquadra, parte f. de esquadra; esquadrão m.; (Av.) esquadrilha f.

squal.id [skw'ɔlid] adj. sujo; esquálido.

squall [skwɔ:l] s. rajada f. de vento (com chuva ou neve); grito m. alto (de criança que chora). ‖ v. chorar, gritar, berrar.

squan.der [skw'ɔndə] v. desperdiçar, esbanjar, dissipar (dinheiro, tempo etc.).

square [skwɛə] s. quadrado m.; coisa f. quadrada ou retangular; (E.U.A.) praça, área (cercada de ruas), quadra f. ‖ v. fazer retangular, fazer quadrado, esquadrar; dividir em quadrados; pôr no esquadro; fazer plano, endireitar; ajustar, liquidar (contas). ‖ adj. quadrado, retangular, quadrangular; direito. **on the** ≃ no esquadro; (fig.) honesto. **out of** ≃ irregular, fora do normal.

squash [skwɔʃ] s. polpa, massa f. esmagada, suco m. de legumes ou de frutas; aperto, atropelo m.; baque m.; abóbora f.; (Esp.) squash m. ‖ v. esmagar, amassar; comprimir; pôr um fim a.

squat [skwɔt] s. agachamento m. ‖ v. agachar-se. ‖ adj. agachado; gordo e curto.

squeak [skwi:k] s. grito m. agudo e curto, guincho m. ‖ v. ranger, chiar, guinchar; (gíria) confessar por medo.

squeal [skwi:l] s. grito m. agudo. ‖ v. gritar, guinchar; (gíria) tornar-se delator.

squeam.ish [skw'i:miʃ] adj. melindroso; esquisito; enjoadiço; sensível.

squee.gee [skw'i:dʒi:] s. rodo m.

squeeze [skwiːz] s. pressão f. leve; compressão f.; abraço, aperto m.; esmagamento, atropelo m.; suco m. espremido; (coloq.) situação f. difícil, apuro m.; extorsão f. **I** v. comprimir; abraçar, apertar nos braços; oprimir, extorquir; espremer; ceder à pressão. **to ≃ through** forçar passagem.

squelch [skwelt∫] s. golpe m. pesado. **I** v. silenciar, esmagar; desconcertar.

squib [skwib] s. sátira f.; busca-pé m. (fogo de artifício); (Zool.) lula f. **I** v. escrever sátiras.

squint [skwint] s. estrabismo m.; inclinação, tendência f. **I** v. ser estrábico ou vesgo.

squirm [skwəːm] s. torção, torcedura f. **I** v. retorcer-se.

squir.rel [skw'irəl, skw'əːrəl] s. (Zool.) esquilo m.

squirt [skwəːt] s. seringa f.; jato, esguicho m. **I** v. esguichar, espremer (líquido através de orifício pequeno).

stab [stæb] s. golpe m., punhalada, facada f.; injúria, ofensa f. **I** v. apunhalar; espetar; ofender. **to have a ≃ at s.th.** experimentar algo difícil.

sta.bi.lize [st'eibilaiz] v. estabilizar, firmar.

sta.ble [steibl] s. estábulo m.; estrebaria f. **I** v. manter em estábulo. **I** adj. estável, fixo, sólido.

stack [stæk] s. meda f. de feno, palha etc.; pilha f., monte m.; chaminé f. **I** v. empilhar, amontoar; ensarilhar armas.

sta.di.um [st'eidiəm] s. estádio m.; fase f.

staff [staːf, stæf] s. pau, bastão, mastro m., vara f.; pessoal, corpo m. docente. **I** v. colocar pessoal ou assistentes.

stage [steidʒ] s. palco m.; teatro, drama m.; profissão f. de ator; elenco m.; cena f. de ação; plataforma f., tablado m. **I** v. encenar. **≃-pigeon** pombo-correio.

stage.coach [st'eidʒkout∫] s. diligência f.

stag.ger [st'ægə] v. cambaleio m.; epilepsia, vertigem, tontura f. **I** v. cambalear, vacilar; tontear; hesitar; ficar confuso.

stag.nan.cy [st'ægnənsi] s. estagnação f.

stag.nant [st'ægnənt] adj. estagnado; podre.

stag.nate [st'ægneit] v. estar estagnado.

stain [stein] s. mancha f.; descoloração, pinta f.; mácula f. **I** v. sujar, manchar, borrar, descolorar; tingir; macular, difamar.

stain.less [st'einlis] adj. imaculado, inoxidável, sem mancha.

stair [stɛə] s. degrau m.; escada, escadaria f.

stair.head [st'ɛəhed] s. topo m. de escada.

stake [steik] s. estaca f., poste, mourão, suporte, fueiro m.; fogueira f.; aposta f., dinheiro m. apostado; prêmio m.; risco, interesse m., parte f. **I** v. apostar, arriscar dinheiro.

stale [steil] v. ficar passado ou envelhecido. **I** adj. passado, envelhecido, cediço, amanhecido, seco (pão); antiquado, estragado.

stalk [stɔːk] s. talo m., haste f.; suporte m.; passo m. largo e pomposo. **I** v. caçar à espreita

stall [stɔːl] s. estábulo m. individual, baia f.; boxe m.; tenda f., lugar, estande m. onde se vende alguma coisa. **I** v. viver em estábulo ou boxe; enguiçar (motor); esquivar-se, simular; protelar.

stal.lion [st'æljən] s. garanhão m.

stal.wart [st'ɔːlwət] adj. robusto; corajoso, forte.

stam.mer [st'æmə] s. gagueira f., gaguejo m. **I** v. gaguejar; falar gaguejando.

stam.mer.ing [st'æməriŋ] s. gagueira, gaguez, gaguice f. **I** adj. gago, gaguejador.

stamp [stæmp] s. batida f. de pé; pilão m.; britador, moinho m.; carimbo, cunho, timbre, sinete m.; marca, impressão f., selo m.; estampilha f. **I** v. bater o pé; andar com passos pesados; gravar, fixar (na memória); britar; imprimir, estampar, gravar, cunhar; selar, estampilhar.

stam.pede [stæmp'iːd] s. estouro m., debandada f. (de rebanho); fuga f. precipitada. **I** v. estourar, debandar; fugir.

stanch [staːnt∫] v. estancar(-se) (sangue). **I** adj. forte, firme, leal.

stan.chion [st'aːn∫ən] s. poste, balaústre, suporte m., escora f., (Náut.) espeque m. **I** v. escorar, segurar com poste etc.

stand [stænd] s. parada, pausa f., descanso m.; resistência, defesa f.; lugar, posto m.; posição, estação f., ponto m.; plataforma, tribuna f., estrado m.; andaime, suporte m., estante f.; estande m.; barraca, tenda, banca f. **I** v. (pret. e p. p. **stood**) estar em pé; levantar, ficar em pé; estar situado ou localizado, encontrar-se; sustentar; resistir; agüentar. **≃ by** apoio, auxiliador, arrimo; substituto; lista de espera (em aeroporto). **I can't**

≃ it any longer não o agüento mais. to ≃
fast não ceder, ficar firme. ≃- offish retraído; reservado; esnobe.

stand.ard [st'ændəd] s. padrão, critério, protótipo, modelo m., regra, norma, medida f.,
nível m. ‖ adj. padrão; excepcional, modelar, exemplar; legal.

stand.ard.ize [st'ændədaiz] v. padronizar.

stand.ing [st'ændiŋ] s. posição, reputação f.;
duração f. ‖ adj. em pé, ereto, perpendicular; estagnado, parado; estável.

stand.point [st'ændpɔint] s. ponto m. de vista.

stand.still [st'ændstil] s. paralisação, parada,
pausa f.

stank [stæŋk] v. pret de stink.

sta.ple [st'eipl] s. grampo, prego m. em forma de U. ‖ v. grampear. ‖ adj. rotineiro, de
todo dia.

star [sta:] s. estrela f.; astro, corpo m. celeste;
figura f. em forma de estrela; asterisco m.;
ator m., atriz f.; insígnia f.; (fig.) sorte, fortuna f., destino m. ‖ v. estrelar, colocar estrelas; marcar com asterisco; (Cin. e Telev.)
representar como estrela. ‖ adj. principal,
excelente, célebre.

star.board [st'a:bəd] s. estibordo m. ‖ v. tomar rumo para estibordo. ‖ adj. a estibordo. ‖ adv. para estibordo.

starch [sta:tʃ] s. amido m.; goma, cola f. de
amido; formalidade f. ‖ v. engomar.

starch.y [st'a:tʃi] adj. engomado; afetado.

stare [stɛə] s. olhar m. fixo. ‖ v. fitar, olhar
com os olhos fixos ou arregalados; influenciar fitando os olhos; salientar-se.

stark [sta:k] adj. total, completo; rígido, duro; inflexível, rigoroso, severo. ‖ adv. totalmente; de modo duro ou rígido.

star.ry [st'a:ri] adj. estrelado; brilhante, luminoso; em forma de estrela.

start [sta:t] s. partida f., começo m.; início,
princípio m.; arranco, impulso, ímpeto m.;
vantagem, dianteira f.; lugar m. de partida;
largada f. ‖ v. partir, levantar vôo, zarpar,
embarcar, sair de viagem; começar, iniciar;
pôr em movimento, dar partida (motor);
fundar (negócio).

start.er [st'a:tə] s. autor, iniciador m.; motor
m. de arranque, contato m. de partida.

star.tle [st'a:tl] v. assustar, amedrontar, alarmar, chocar, surpreender.

star.va.tion [sta:v'eiʃən] s. inanição, fome f.

starve [sta:v] v. morrer de fome; ansiar por.

state [steit] s. estado m., condição, situação,
circunstância f.; classe, posição f., cargo m.;
nação f., país m.; governo m., autoridade f.
‖ v. especificar; explicar, expor; afirmar. ‖
adj. formal, cerimonial; estadual, do estado, governamental.

stat.ed [st'eitid] adj. dito, declarado; fixado.

state.ly [st'eitli] adj. digno, imponente.

state.ment [st'eitmənt] s. declaração, reportagem f.; demonstração f. de contas.

states.man [st'eitsmən] s. político m., estadis-
ta m. + f., chefe m. de estado.

stat.ic [st'ætik] s. eletricidade f. atmosférica;
estática f. ‖ adj. estático, parado, imóvel; estável.

sta.tion [st'eiʃən] s. lugar, posto m., posição,
localização, situação f.; estação f., ponto m.
de parada; estação f. de rádio. ‖ v. postar,
estacionar, colocar. ≃ wagon perua, camioneta.

sta.tion.er [st'eiʃənə] s. papeleiro, negociante m. em artigos de papelaria.

sta.tion.er.y [st'eiʃənəri] s. artigos m. pl. de
papelaria (papéis, canetas, lápis etc.).

sta.tis.tics [stət'istiks] s. estatística f., (sing.)
a ciência; (pl.) os dados.

stat.u.ar.y [st'ætjuəri] s. estatuária, escultura
f. ‖ adj. estatuário.

stat.ure [st'ætʃə] s. estatura, altura f.

sta.tus [st'eitəs] s. status m., posição f. social.

stave [steiv] s. aduela, tábua f. de barril; bastão m., vara f.; (Mús.) pauta f. musical.

stay [stei] s. permanência, estadia f.; paralisação f., impedimento m.; suspensão f.; resistência, tolerância f., suporte, braço, esteio,
apoio m.; escora f. ‖ v. permanecer; morar;
parar; suportar, sustentar; colocar tirante.
to ≃ on perdurar, ficar. to ≃ over (E.U.A.)
passar a noite.

stead.fast [st'edfəst] adj. firme, fixo, constante, imóvel, imutável, imperturbável.

stead.i.ness [st'edinis] s. firmeza f.; estabilidade f.; regularidade f.; calma f.

stead.y [st'edi] s. (E.U.A., gíria) companheiro ou namorado m. fixo. ‖ v. firmar, fixar,
estabilizar, acalmar; firmar-se, fixar-se. ‖ adj.
fixo, firme; constante, invariável, uniforme;
sóbrio; resoluto.

steak [steik] s. bife m., fatia f. de carne.

steal [sti:l] s. (coloq.) roubo, objeto m. roubado; negócio m. corruto. ‖ v. (pret. **stole**, p. p. **stolen**) roubar, furtar; obter às escondidas. **to** ≃ **away** andar furtivamente.

stealth.y [st'elθi] adj. secreto, furtivo.

steam [sti:m] s. vapor m.; fumaça f.; força, energia f. ‖ v. emitir fumaça ou vapor, evaporar; mover-se, andar, navegar por força de vapor. ‖ adj. (movido) a vapor.

steam.boat [st'i:mbout] s. = **steamer**.

steam.ship [st'i:mʃip] s. = **steamer**.

steam.er [st'i:mə] s. navio m. a vapor, vapor m.

steel [sti:l] s. aço m.; dureza, força f. de aço; espada f. ‖ v. cobrir com aço, colocar ponta ou corte de aço; endurecer, robustecer. ‖ adj. de aço; como aço, duro. **cold** ≃ armas brancas (de aço). ≃ **-clad** blindado com aço. ≃ **-man** homem de aço. ≃ **mill** siderurgia. ≃ **- ware** artigos de aço. ≃ **- works** usina ou fundição de aço.

steep [sti:p] s. precipício m.; infusão; lixívia, solução f. para maceração. ‖ adj. íngreme; (E.U.A., coloq.) excessivo (preço). ‖ v. macerar, pôr em infusão; imergir, embeber; saturar.

steep.en [st'i:pn] v. tornar(-se) íngreme.

stee.ple [st'i:pl] s. campanário m., torre f. de igreja; (Igr.) ponta f. da torre.

steer [stiə] s. boi, touro m. novo, novilho m. ‖ v. guiar, pilotar, dirigir; ser pilotado ou guiado; caminhar.

steer.age [st'iəridʒ] s. direção f., leme m.

steer.ing [st'iəriŋ] s. pilotagem f.; direção f. ≃ **wheel** (Autom.) volante.

stem [stem] s. tronco, talo m.; haste f., pecíolo, pedúnculo m.; pé, suporte m., base f.; (Gram.) raiz f.; árvore f. genealógica. ‖ v. remover o talo ou a haste de; estancar; diminuir.

stench [stentʃ] s. fedor, mau cheiro m.

sten.cil [st'ensl] s. estêncil m. ‖ v. reproduzir em estêncil ou matriz.

sten.o.typ.ist [st'enotaipist] s. taquígrafo m.

step [step] s. passo m.; distância f. de um passo; pequena distância f., pulo m.; degrau m.; rasto m., pegada f. ≃**s** escada f., degraus m. pl. ‖ v. andar, dar um passo; pisar; medir em passos (distância); graduar, escalonar. **to** ≃ **into** entrar. ≃ **by** ≃ passo por passo. ≃**-board** estribo (de veículo).

step.child [st'eptʃaild] s. enteado m.

step.fa.ther [st'epfa:ðə] s. padrasto m.

step.mo.ther [st'epmɔ:ðə] s. madrasta f.

ster.e.o.phon.ic [steriəf'ɔnik] adj. estereofônico, relativo ao sistema de som estereofônico.

ster.ile [st'eril] adj. estéril; árido; inútil.

ste.ril.i.ty [ster'iliti] s. esterilidade f.

ster.i.lize [st'erilaiz] v. esterilizar.

ster.ling [st'ə:liŋ] s. libra f. esterlina. ‖ adj. de valor e pureza dentro do padrão; (fig.) genuíno, legítimo.

stern [stə:n] s. (Náut.) popa f. ‖ adj. severo, rigoroso; duro.

stern.ness [st'ə:nnis] s. severidade, austeridade f., rigor m.; dureza, inflexibilidade f.

steth.o.scope [st'eθəskoup] s. estetoscópio m. ‖ v. auscultar com o estetoscópio.

stew [stju:] s. carne f. cozida; (coloq.) confusão, agitação, preocupação f. ‖ v. cozinhar por fervura lenta; preocupar-se.

stew.ard [stj'uəd, st'u:əd] s. administrador m.; aeromoço m.; despenseiro, camaroteiro m.; garçom m. de navio ou de trem.

stew.ard.ess [stj'uədis] s. procuradora, administradora f.; camaroteira (de navio, trem), aeromoça f.

stewed [stju:d] adj. cozido, guisado.

stick [stik] s. galho m., vara f.; bastão m., pau, cacete, bordão m.; bengala f.; barra f.; batuta f.; (Bot.) pecíolo m.; acha f. de lenha. ‖ v. fixar com vara, colocar vara. (pret. e p.p. **stuck**) varar, transpassar, perfurar, espetar, picar, furar; matar, apunhalar; fixar, crivar, fincar, inserir; colocar; sair, estender-se, salientar; colar, grudar, fazer aderir; paralisar; (gíria) embrulhar, enganar, tapear. ≃ **to the point!** não fuja do assunto. ≃ **it out!** agüenta!

stick.er [st'ikə] s. rótulo m. gomado; espinho m.; (coloq.) quebra-cabeça m.; embaraço m.

stick.ing [st'ikiŋ] s. cravação, fixação f.; aderência f. ‖ adj. adesivo, pegajoso.

stick.y [st'iki] adj. grudento, pegajoso, viscoso, adesivo; gomado; úmido, abafado (tempo); (fig.) desastrado, desajeitado.

stiff [stif] s. (gíria) pessoa f. formal, cerimoniosa; caipira m. ‖ adj. duro, rijo, teso; firme; inflexível; apertado; espesso; viscoso; denso; formal.

stiff.en [st'ifn] v. endurecer, apertar, aumentar (preços); tornar-se tenso.

stiff.ness [st'ifnis] s. dureza, firmeza f.; afetação; obstinação, tenacidade f.

sti.fle [st'aifl] v. abafar, sufocar; suprimir, reprimir, extinguir, terminar à força.

sti.fling [st'aifliŋ] adj. sufocante, abafadiço.

stig.ma.tize [st'igmətaiz] v. estigmatizar, marcar com ferrete ou sinal infamante.

still [stil] s. (poét.) silêncio m., calma f.; fotografia, pose f., retrato m.; alambique, engenho m.; destilaria f.; desligador m. **I** v. acalmar, tranqüilizar, silenciar, pacificar; aliviar. **I** adj. quieto, calmo, tranqüilo, imóvel, sossegado. **I** adv. ainda; até agora, até esta data; entretanto, não obstante; quietamente, calmamente. **I** conj. todavia, não obstante.

still.ness [st'ilnis] s. calma, tranqüilidade f.

stim.u.lant [st'imjulənt] s. estímulo m. **I** adj. estimulante, excitante, que incentiva.

stim.u.late [st'imjuleit] v. estimular.

sting [stiŋ] s. picada, ferroada f.; ferida f., lugar m. de picada; ferrão, espinho m.; dor f. aguda; (fig.) remorso m. **I** v. (pret. e p.p. **stung**) picar, ferroar, ferir; pungir, afligir, atormentar; (gíria) abusar.

stin.gi.ness [st'indʒinis] s. mesquinhez f.

stin.gy [st'indʒi] adj. parcimonioso, mesquinho, pão-duro, sovina, avarento.

stink [stiŋk] s. fedor, mau cheiro m. **I** v. (pret. **stank, stunk**, p.p. **stunk**) feder, ter mau cheiro, tresandar; ter má reputação.

stint [stint] s. limite m., restrição f.; economia f.; tarefa f. **I** v. restringir, limitar; economizar, racionar, poupar.

stint.ed [st'intid] adj. restrito, racionado, limitado.

sti.pen.di.ar.y [staip'endjəri] s. + adj. estipendiário m.

stip.ple [st'ipl] s. método m. de desenhar ou gravar a pontos; desenho m. pontilhado. **I** v. desenhar, gravar a pontos.

stip.u.late [st'ipjuleit] v. estipular, determinar, combinar, especificar.

stir [stə:] s. movimento, tumulto, barulho m., agitação f. **I** v. mover, agitar, mexer; movimentar-se; circular, correr; misturar, agitar; misturar-se, mexer-se.

stir.ring [st'ə:riŋ] adj. ativo; excitante.

stir.rup [st'irəp] s. estribo m. (da sela).

stitch [stitʃ] s. ponto m. de costura. **I** v. costurar, coser. **cross** ≃ ponto em cruz.

stock [stɔk] s. estoque, fundo m., mercadoria f., inventário m.; suprimento m., reserva, coleção f.; apólices f. pl.; fundo m. público; subscrição f. pública; linhagem, raça, família, descendência f.; tora f.; colméia f. **I** v. pôr em estoque, armazenar, suprir; acumular, prover; abastecer, suprir. **I** adj. mantido em estoque; comum, de uso corrente, vulgar; relativo ao estoque. ≃ **s and shares** ações. ≃ **company** sociedade anônima. ≃ **exchange** bolsa de valores. ≃ **market** bolsa, mercado de valores; cotação de ações na bolsa. ≃ **raising** criação (de gado).

stock.ade [stɔk'eid] s. estacada, paliçada f.; cerca f.; (E.U.A.) prisão f. militar. **I** v. proteger, fortificar com paliçada, cercar.

stock.bro.ker [st'ɔkbroukə] s. corretor m. (de valores).

stock.ing [st'ɔkiŋ] s. meia f. **pair of** ≃ **s** meias, par de meias. ≃ **-feet** pés de meias.

stodg.y [st'ɔdʒi] adj. enfadonho, fastidioso; indigesto.

sto.i.cal [st'ouikəl] adj. estóico, calmo.

stoke [stouk] v. atiçar, remexer; alimentar.

stole [stoul] s. estola f.; cachecol m. **I** v. pret. de **steal**.

stom.ach [st'ʌmək] s. estômago m.; abdome m., cintura f.; apetite m. **I** v. engolir, receber no estômago; agüentar, suportar.

stone [stoun] s. pedra, rocha f.; pedregulho m.; lápide, laje f.; caroço m.; paralelepípedo m.; granizo m. **I** v. colocar pedras; apedrejar; descaroçar. **I** adj. de pedra. **Stone Age** idade da pedra. ≃ **-coal** carvão de pedra, hulha.

stone.pit [st'ounpit] s. pedreira f.

stone.quar.ry [st'ounkwɔri] s. = **stonepit**.

stone.ware [st'ounwɛə] s. faiança f., louças f. pl.

ston.i.ness [st'ouninis] s. dureza f.; crueldade, insensibilidade f.

ston.y [st'ouni] adj. pedregoso; duro como pedra; cruel, desumano; falido.

stooge [stu:dʒ] s. pateta m. + f. (no palco). **I** v. fazer papel de pateta (no palco).

stool [stu:l] s. assento, banquinho m.; mocho, tamborete, escabelo m.; genuflexório m.; almofada f. para os joelhos; evacuação f., fezes f. pl.; privada f. **I** v. evacuar, defecar.

stoop [stu:p] s. inclinação f. para a frente; condescendência f. ‖ v. inclinar(-se), baixar-se; humilhar-se, condescender.

stop [stɔp] s. parada, interrupção f.; obstáculo, impedimento, empecilho m.; ponto m., estação f.; (Mec.) lingüeta, trava f.; (Mús.) registro m. (de órgão). ‖ v. parar, fazer parar; pôr fim a, cortar; interromper, paralisar, deter, suspender, abolir.

stop.gap [st'ɔpgæp] s. + adj. substituto m.

stop.page [st'ɔpidʒ] s. interrupção, parada, obstrução f., bloqueio, impedimento m.; suspensão f. de pagamento de trabalho.

stop.per [st'ɔpə] s. rolha, tampa f., bujão m. ‖ v. arrolhar, tampar com rolha.

stor.age [st'ɔːridʒ] s. armazenagem, conservação f.; depósito, armazém m.; taxa f. de armazenagem. **in cold** ≃ na geladeira.

store [stɔː] s. (E.U.A.) armazém m., loja, casa f. de negócios; estoque, suprimento m.; depósito m.; provisões f. pl. ‖ v. suprir, pôr em estoque; acumular, armazenar.

store.keep.er [st'ɔːkiːpə] s. (E.U.A.) dono m. de loja ou armazém; almoxarife m. (Marinha).

store.room [st'ɔːrum] s. despensa f.

store.wind.ow [st'ɔːwindou] s. (E.U.A.) vitrina f.

sto.rey [st'ɔːri] s. andar, piso m.

stork [stɔːk] s. (Orn.) cegonha f.

storm [stɔːm] s. tempestade f., temporal m.; distúrbio, tumulto m. ‖ v. ventar muito, chover, fazer temporal; ser violento, ficar bravo, enfurecer-se, esbravejar.

storm.y [st'ɔːmi] adj. tempestuoso; violento.

sto.ry [st'ɔːri] s. conto, relato m., narrativa, crônica f.; novela, lenda, história, fábula f., romance m.; artigo m. de jornal.

stout [staut] s. cerveja f. escura e forte; pessoa f. corpulenta. ‖ adj. corpulento, robusto; (fig.) resoluto, determinado.

stove [stouv] s. forno, fogão m., estufa, fornalha f. ‖ v. aquecer, secar etc. em forno, fogão, fornalha ou estufa.

stove.pipe [st'ouvpaip] s. chaminé f.

stow [stou] v. alojar, estivar; embalar, acondicionar. **to** ≃ **away** guardar, pôr de lado, esconder. ≃ **that!** chega!, basta!

stow.age [st'ouidʒ] s. estiva f.; porão m. do navio; taxa f. de estiva.

strad.dle [str'ædl] s. ato m. de andar ou ficar com as pernas abertas; distância f. entre as pernas escancaradas. ‖ v. escarranchar; estar montado com as pernas abertas.

strafe [straːf, streif] s. castigo m. ‖ v. punir.

strag.gle [str'ægl] v. vagar, errar, desgarrar-se; desviar-se, estar isolado.

straight [streit] s. reta, linha, posição f., formas f. pl. retas. ‖ adj. reto, plano; direto; ereto, direito; franco, honesto, honrado. ‖ adv. em linha reta; logo. ≃ **angle** ângulo de 180°.

straight.en [str'eitn] v. endireitar, tornar reto; arrumar, alisar, pôr em ordem,

straight.for.ward [streitf'ɔwəd] adj. franco, honesto, direto ‖ adv. diretamente ou continuamente em frente.

strain [strein] s. força f., peso m.; esforço m., solicitação, extenuação f.; luxação, deslocação, contorção f.; tensão, pressão f.; estilo m., maneira f.; procedimento m.; raça, cepa, descendência, linhagem f.; grupo m.; qualidade f. ou caráter m. hereditário; tendência f. ‖ v. puxar, esticar, forçar; puxar com força, arrancar; esforçar, concentrar-se; torcer, luxar, deslocar; abusar, exagerar; exceder-se; espremer, passar por peneira ou espremedor, coar.

strained [streind] adj. cansado, forçado; coado, peneirado, filtrado, passado.

strain.er [str'einə] s. coador, filtro m., peneira f.; filtrador m.; pessoa f. que filtra.

strait [streit] s. estreito m.; necessidade f., dilema m. ‖ adj. (arc.) estreito; restrito.

strait.en [str'eitn] v. restringir; apertar.

strand [strænd] s. praia, costa f.; cordão m. de corda, fio m. de linha; cacho m. de cabelo. ‖ v. encalhar.

strange [streindʒ] adj. estranho, esquisito, singular, notável, estranhável; desconhecido, estrangeiro, novo. **in a** ≃ **way** de maneira estranha.

stran.ger [str'eindʒə] s. pessoa f. estranha, desconhecido m.; forasteiro m.; novato m.; estrangeiro m.

stran.gle [str'ængl] v. estrangular; sufocar.

strap [stræp] s. tira, correia f.; alça f., cordão m.; galão m. ‖ v. amarrar com fita ou correia; bater com correia.

strap.ping [str'æpiŋ] adj. (coloq.) forte, robusto, sadio, bem compleiçoado.

stra.ta [strˈaːtə] s. camada f. (geológica ou social).

strat.e.gy [strˈætidʒi] s. estratégia f.

strat.o.sphere [strˈætəsfiə] s. estratosfera f.

straw [strɔː] s. palha f.; canudo m.; (fig.) ninharia f., pouquinho m. ‖ adj. feito de palha; sem valor.

straw.ber.ry [strˈɔːbəri] s. morango m.

stray [strei] s. pessoa f. ou animal m. perdido. ‖ v. perder-se. ‖ adj. perdido.

streak [striːk] s. faixa, risca, linha, listra f.; (Geol.) veio, filão m., camada f.; traço, elemento, vestígio m.; estria, veia f. ‖ v. riscar, listrar, deixar riscado.

streaked [strˈiːkt] adj. listrado, listado, raiado.

stream [striːm] s. rio, córrego m.; corrente, torrente f., fluxo, jato, jorro m.; correnteza f.; canal m. ‖ v. correr, fluir; mover-se continuamente; jorrar; transbordar.

stream.er [strˈiːmə] s. fita, serpentina f.; flâmula f.

stream.line [strˈiːmlain] s. produção f. em série. ‖ v. tornar mais eficiente (simplificando o processo).

stream.lined [strˈiːmlaind] adj. aerodinâmico; (coloq.) alinhado. ‖ v. projetar em forma aerodinâmica.

street [striːt] s. rua, via f. pública.

strength [streŋθ] s. força f., vigor, poder m.; resistência, durabilidade f.; força militar, potência f.; poder m.; intensidade f.

strength.en [strˈeŋθən] v. ficar forte.

strength.en.er [strˈeŋθənə] s. reforço m.; fortificante, tônico, reconstituinte m.

stren.u.ous [strˈenjuəs] adj. estrênuo, ativo.

stress [stres] s. força ou influência f. desagradável; pressão, tensão f.; esforço m.; peso m; ênfase f.; (Gram.) acento m. ‖ v. exercer pressão sobre; tratar como importante, dar ênfase a, salientar; pronunciar com acento, acentuar.

stretch [stretʃ] s. estiramento m.; extensão, distância, área, superfície f.; período m.; curso m.; direção f.; tensão f.; esforço m. ‖ v. esticar, estender, estirar; estender-se, cobrir grande distância; esticar o corpo ou os membros, espreguiçar-se; estender (a mão); alongar; esforçar-se.

stretch.er [strˈetʃə] s. forma f. de sapato, esticador m.; maca, padiola f.; (fig.) peta, patranha f.

strew [struː] v. (p. p. **strewn, strewed**) espalhar, esparramar.

strick.en [strˈikən] v. p. p. de **strike**. ‖ adj. afetado, acometido, ferido, atacado.

strict [strikt] adj. estrito, cuidadoso; rigoroso; pontual, exato; completo.

stride [straid] s. passo m. largo; (fig.) progresso m. ‖ v. (pret. **strode**, p. p. **stridden**) andar com passos largos; transpor; medir com passos.

strife [straif] s. discussão, briga, disputa f.; guerra, rivalidade f.

strike [straik] s. greve f.; golpe m.; (E.U.A.) sucesso m. ‖ v. (pret. **struck**, p. p. **struck, stricken**) bater, malhar, golpear; dar, infligir, desferir; estampar, acender (fósforo); atingir; abalroar; impressionar; bater as horas; fazer greve. **to** ≃ **off** (Tipogr.) imprimir.

strik.er [strˈaikə] s. grevista m. + f.

strick.ing [strˈaikiŋ] s. toque m. ‖ adj. que bate ou que toca; que faz greve; que chama a atenção, surpreendente; enraizado.

string [striŋ] s. barbante, fio, cordel m., corda f.; fileira, corrente f., colar m.; cordão m., (Bot.) fibra f.; nervura f.; série, carreira f.; tendão m.; seqüência f. ‖ v. (pret. e p. p. **strung**) enfiar, enfileirar; tirar as fibras ou tendões; torcer, formar em cordas ou fios; formar ou mover em fila; (gíria) enganar, burlar; arranjar em série ou seqüência.

strin.gent [strˈindʒənt] adj. estrito; difícil, escasso; convincente, forçoso.

string.y [strˈiŋi] adj. pegajoso; fibroso. **to become** ≃ tornar-se fibroso.

strip [strip] s. tira, faixa f.; pista f. (para avião). ‖ v. despir, desnudar; despojar; descascar; desmantelar; (fig.) limpar. **comic** ≃ estória em quadrinhos.

stripe [straip] s. faixa, lista, barra, risca, tira f.; tipo m., raça, espécie f.; (tecido) riscado m.; pancada f., açoite, vergão m. ‖ v. riscar, listrar; açoitar.

strive [straiv] v. (**strove**, p. p. **striven**) esforçar-se; trabalhar; lutar; empenhar-se em, esforçar-se por obter.

strode [stroud] v. pret. de **stride**.

stroke [strouk] s. golpe, soco m., pancada f.; batida f., som m.; peça, proeza f.; movimento m. rítmico; surto m.; (Med.) apoplexia f., derrame m. cerebral; afago m., carícia f. ‖ v. acariciar, afagar, fazer carícias.

stroll [stroul] s. passeio m., volta f. ‖ v. andar, passear; errar, vaguear; andar à toa.

strol.ler [str'oulə] s. vagabundo, andarilho; carrinho m. de criança.

strong [strɔŋ] adj. forte, poderoso, potente, robusto; musculoso; resistente, sólido; competente; firme, decidido. ‖ adv. com força, poderosamente, vigorosamente, firmemente. ≃-willed enérgico; obstinado, com força de vontade.

strong.hold [str'ɔŋhould] s. lugar m. seguro, fortaleza f.; (fig.) baluarte m.

strop [strɔp] s. couro m. para afiar navalhas. ‖ v. assentar o fio da navalha.

strove [strouv] v. pret. de **strive**.

struck [strʌk] v. pret. e p. p. de **strike**.

struc.ture [str'ʌktʃə] s. construção f., prédio m.; estrutura f.; tipo m. de construção, arranjo m., disposição f.

strug.gle [str'ʌgl] s. esforço, trabalho, empenho m.; luta f., conflito m. ‖ v. fazer esforço, trabalhar; debater-se, lutar.

strum.pet [str'ʌmpit] s. prostituta f.

strung [strʌŋ] v. pret. e p.p. de **string**.

strut [strʌt] s. suporte, braço, esteio m., escora f.; andar m. pomposo. ‖ v. andar de modo afetado ou pomposo, apavonar-se, emproar-se, empertigar-se.

stub [stʌb] s. toco, toro m., cepa f.; canhoto m. (de cheque); toco m. (de cigarro). ‖ v. roçar, arrancar tocos.

stub.ble [st'ʌbl] s. restolho m.; barba f. curta.

stub.born [st'ʌbən] adj. que não cede, resoluto; obstinado, cabeçudo, teimoso, inflexível; resistente, refratário.

stub.by [st'ʌbi] adj. curto e grosso; espesso.

stuc.co [st'ʌkou] s. estuque, reboco, trabalho m. feito em estuque. ‖ v. rebocar.

stuck [stʌk] v. pret. e p.p. de **stick**. ≃-up (coloq.) orgulhoso.

stud [stʌd] s. cravo, cabeça f. de prego, tacha f., botão m.; abotoadura f.; poste, batente, suporte m.; criação f. de cavalos; coudelaria f.; (E.U.A.) garanhão m. ‖ v. enfeitar com tachas ou pregos; espalhar, esparramar.

stu.dent [stj'u:dənt] s. estudante m. + f.; estudioso m.; sábio, pesquisador m.

stu.dent.ship [stj'u:dəntʃip] s. bolsa f. de estudos.

stud.ied [st'ʌdid] adj. instruído, erudito; premeditado, feito de propósito.

stu.di.ous [st'u:diəs] adj. estudioso.

stud.y [st'ʌdi] s. estudo m.; exame m., investigação, pesquisa f.; disciplina f.; trabalho m. científico. ‖ v. estudar; investigar, pesquisar; considerar, pensar; cogitar.

stuff [stʌf] s. material, matéria-prima f.; tecido m. de lã; coisa, substância f.; pertences, bens m. pl.; traste m., bugiganga f. ‖ v. encher, rechear, apertar, abarrotar. to ≃ oneself comer em demasia, empanzinar-se, empanturrar-se.

stuff.ing [st'ʌfiŋ] s. enchimento, estofamento m.; (Culin.) recheio m.

stuff.y [st'ʌfi] adj. abafado; enfadonho.

stul.ti.fy [st'ʌltifai] v. refutar; ridicularizar.

stum.ble [st'ʌmbl] s. erro, ato m. impróprio, lapso, deslize m. ‖ v. tropeçar, pisar em falso; errar, falhar. to ≃ on someone encontrar por acaso.

stump [stʌmp] s. toro m., cepa f.; coto m.; toco m. (cigarro, lápis etc.). ‖ v. (E.U.A.) fazer discurso político; andar de modo duro ou com passos pesados; desbravar; podar.

stun [stʌn] s. aturdimento m. ‖ v. atordoar; espantar, pasmar, estupefazer.

stung [stʌŋ] v. pret. e p.p. de **sting**.

stunk [stʌŋk] v. pret. e p.p. de **stink**.

stun.ning [st'ʌniŋ] adj. atordoante, estupefaciente; formidável, excelente.

stunt [stʌnt] s. impedimento m. do crescimento ou do desenvolvimento; acrobacia f.; golpe, truque m., façanha f. ‖ v. impedir o crescimento, definhar; fazer acrobacias.

stunt.ed [st'ʌntid] adj. raquítico, atrofiado.

stu.pe.fy [stj'u:pifai] v. entorpecer; espantar, estupefazer.

stu.pid [stj'u:pid] s. estúpido m. ‖ adj. estúpido, tolo, simplório, desinteressante, tedioso. don't be ≃! não seja bobo!

stu.pid.i.ty [stjup'iditi] s. estupidez f.

stur.dy [st'ɔ:di] adj. forte, robusto; firme.

stut.ter [st'ʌtə] s. gagueira, gaguez, gaguice f. ‖ v. gaguejar.

stut.ter.er [st'ʌtərə] s. gago, tartamudo m.

sty [stai] s. chiqueiro m., pocilga f.; lugar m. sujo. ‖ v. viver em chiqueiro.

style [stail] s. moda f.; maneira f., modo, método m.; estilo m.; título, nome m. oficial; uso, costume m. ‖ v. intitular, chamar.

styl.ish [st'ailiʃ] adj. elegante, moderno.

styl.ize [st'ailaiz] v. estilizar, dar estilo a.

sty.rene [st'airi:n] s. (Quím.) estireno m.

suave [swa:v] adj. suave, gracioso, leve, charmoso.

sub.con.scious [s'ʌbk'ɔnʃəs] s. subconsciente m. ‖ adj. subconsciente.

sub.di.vide [s'ʌbdiv'aid] v. subdividir.

sub.due [səbdj'u:] v. conquistar, subjugar; vencer, dominar; persuadir, conquistar, domesticar; reprimir; baixar, reduzir.

sub.ject [s'ʌbdʒikt] s. assunto, tópico, texto m., tese f.; súdito m.; vassalo m.; objeto m.; vítima f. ≃ -matter assunto, texto, matéria (de livro, estudo, conferência etc.).

sub.ject [səbdʒ'ekt] v. subjugar, dominar, sujeitar; submeter. ‖ adj. sujeito, sob o domínio de; exposto.

sub.ju.gate [s'ʌbdʒugeit] v. subjugar.

sub.junc.tive [səbdʒ'ʌŋktiv] s. (Gram.) subjuntivo m. ≃ mood modo subjuntivo.

sub.lease [s'ʌbli:s] s. sublocação f., subaluguel m.

sub.lease [sʌbl'i:s] v. sublocar.

sub.li.mate [s'ʌblimit, s'ʌblimeit] s. sublimado m. ‖ adj. sublimado.

sub.li.mate [s'ʌblimeit] v. sublimar; purificar, refinar.

sub.lime [səbl'aim] s. sublime m. ‖ adj. elevado, grandioso, sublime, nobre; majestoso, magnífico.

sub.ma.rine [s'ʌbməri:n] s. submarino m. ‖ adj. submarino, subaquático.

sub.merge [səbm'ə:dʒ] v. inundar; submergir, imergir, ir ao fundo, afundar.

sub.mis.sion [səbm'iʃən] s. submissão, sujeição f.; obediência, humildade f.

sub.mit [səbm'it] v. ceder, submeter-se, sujeitar-se; deixar ao critério de.

sub.or.di.nate [səb'ɔ:dnit] s. subordinado m. ‖ adj. (Gram.) subordinado.

sub.or.di.nate [səb'ɔ:dineit] v. subordinar.

sub.poe.na [səbp'i:nə] s. intimação f. judicial. ‖ v. intimar judicialmente.

sub.scribe [səbskr'aib] v. subscrever, contribuir; assinar (jornal, revista etc.).

sub.scrip.tion [səbskr'ipʃən] s. subscrição f.; assinatura f. (de revista, de telefone etc.); fundo m. arrecadado; aprovação f.

sub.se.quent [s'ʌbsikwənt] adj. subseqüente, seguinte, ulterior.

sub.ser.vi.ence [səbs'ə:viəns] s. subserviência, sujeição f. servil; bajulação f., servilismo m.

sub.ser.vi.ency [səbs'ə:viənsi] s. = subservience.

sub.ser.vi.ent [səbs'ə:viənt] adj. subserviente, servil; serviçal.

sub.side [səbs'aid] v. baixar; diminuir, acalmar-se, cessar, apaziguar-se; depositar, decantar.

sub.sid.i.ar.y [səbs'idjəri] s. auxílio m., auxiliar, ajudante m. + f.; companhia f. subsidiária. ‖ adj. subsidiário, auxiliar.

sub.si.dy [s'ʌbsidi] s. subsídio, auxílio m.

sub.sist [səbs'ist] v. subsistir, existir, ser; viver; sustentar-se, manter-se.

sub.sist.ence [səbs'istəns] s. subsistência f.

sub.stance [s'ʌbstəns] s. substância, matéria f., material m.; essência, parte f. principal, natureza f.; significado m.; coisa f.

sub.stan.tial [səbst'ænʃəl] s. parte f. principal, ponto m. essencial. ‖ adj. material, substancial, real, atual; grande; essencial.

sub.stan.ti.ate [səbst'ænʃieit] v. substanciar; concretizar, dar forma concreta a.

sub.stan.tive [s'ʌbstəntiv] s (Gram.) substantivo m. ‖ adj. (Gram.) substantivo; real.

sub.sti.tute [s'ʌbstitju:t] s. substituto m. ‖ v. substituir; assumir o lugar de. ‖ adj. substituto, que substitui.

sub.struc.ture [s'ʌbstruktʃə] s. substrução f., fundamento, alicerce m.

sub.ten.ant [s'ʌbt'enənt] s. sublocatário m.

sub.ter.fuge [s'ʌbtəfju:dʒ] s. subterfúgio m.

sub.ter.ra.ne.an [sʌbtər'einjən] adj. subterrâneo.

sub.ter.ra.ne.ous [sʌbtər'einjəs] adj. = subterranean.

sub.tle [s'ʌtl] adj. sutil, tênue, fino, raro, delicado; discreto, misterioso; agudo, refinado, perspicaz, hábil.

sub.tle.ty [s'ʌtlti] s. sutileza, sutilidade f.

sub.tract [səbtr'ækt] v. (Mat.) subtrair.

sub.trac.tion [səbtr'ækʃən] s. subtração f.

sub.urb [s'ʌbə:b] s. distrito, subúrbio m.

sub.ver.sive [sʌbv'ə:siv] s. + adj. subversivo, revolucionário m.

sub.vert [sʌbv'ə:t] v. subverter.

sub.way [s'ʌbwei] s. metrô m., trem m. subterrâneo; passagem f. subterrânea.

suc.ceed [sʌks'i:d] v. suceder, ter sucesso.

suc.cess [səks'es] s. sucesso, êxito m., sorte f.; bom resultado m.; fortuna, prosperidade f.; pessoa f. que tem sucesso.

suc.cess.ful [səks'esful] adj. bem-sucedido, próspero.

suc.ces.sion [səks'eʃən] s. sucessão, série f.; descendência f.; seqüência f.

suc.ces.sor [səks'esə] s. sucessor m.; herdeiro m.; substituto m.

suc.cinct [səks'iŋkt] adj. sucinto, resumido, breve, conciso.

suc.cu.lent [s'ʌkjulənt] adj. suculento.

suc.cumb [sək'ʌm] v. sucumbir, ceder; morrer, cair, perecer.

such [sʌtʃ] adj. desta maneira, deste mesmo modo ou grau; tal, de modo que; semelhante; tão grande, tão bom, tão mau; certo, certa, assim. **|** pron. tal pessoa.

suck [sʌk] s. chupada, sucção f.; leite m. materno. **|** v. sugar, sorver; chupar; mamar; tomar, beber; absorver; tragar.

suck.er [s'ʌkə] s. chupador m.; ventosa f.; bobo, trouxa m.; chupeta f.; (Bot.) broto m.; (E.U.A., coloq.) pirulito m.

suck.le [s'ʌkl] v. amamentar; alimentar, criar; mamar.

suck.ling [s'ʌkliŋ] s. criança f. de peito; (fig.) principiante m. + f. **|** adj. lactente.

su.crose [sj'u:krous] s. (Quím.) sacarose f.

sud.den [s'ʌdn] adj. repentino, inesperado, súbito.

sud.den.ly [s'ʌdnli] adv. repentinamente.

sue [sju:] v. processar; pedir, implorar,

suede [sweid] s. camurça f. **|** adj. feito de camurça

suf.fer [s'ʌfə] v. sofrer, experimentar; padecer; suportar, tolerar.

suf.fer.ance [s'ʌfərəns] s. tolerância, paciência f.; sofrimento m.; permissão f.

suf.fice [səf'is] v. ser suficiente ou adequado, bastar; satisfazer, contentar.

suf.fi.cient [səf'iʃənt] adj. suficiente.

suf.fix [s'ʌfiks] s. (Gram.) sufixo m.

suf.fix [sʌf'iks] v. acrescentar no fim (to em).

suf.fo.cate [s'ʌfəkeit] v. sufocar; asfixiar; abafar, extinguir; morrer sufocado.

suf.frage [s'ʌfridʒ] s. sufrágio, voto m.

suf.fuse [səfj'u:z] v. derramar; difundir (luz).

sug.ar [ʃ'ugə] s. açúcar m.; doçura f.; namorada f. **|** v. adoçar; cristalizar. ≃ **mill** engenho (de açúcar).

sug.gest [sədʒ'est] v. sugerir, fazer lembrar; insinuar, dar a entender; aconselhar.

sug.ges.tion [sədʒ'estʃən] s. sugestão f.; proposta f.; associação f. de idéias.

su.i.cide [sj'uisaid] s. suicídio m.; suicida m. + f. **|** v. cometer suicídio, matar-se.

suit [sju:t] s. terno m. de roupa; processo, caso m. jurídico; naipe m.; pedido m. (de casamento), solicitação, petição f. **|** v. adaptar, ajustar, acomodar; servir para; ser conveniente.

suit.a.ble [sj'u:təbl] adj. certo, apropriado, adequado, próprio, conveniente.

suit.case [sj'u:tkeis] s. mala f. de viagem.

suite [swi:t] s. apartamento, conjunto m.; série f.; (Mús.) suíte f.; comitiva f.

suit.ed [sj'u:tid] adj. apropriado, condizente, compatível.

suit.or [sj'u:tə] s. noivo m., pretendente m. + f.

sul.phur [s'ʌlfə] s. enxofre m.

sulk [sʌlk] s. mau humor, amuo m. **|** v. estar de mau humor, ficar amuado.

sulk.y [s'ʌlki] adj. mal-humorado, amuado.

sul.lage [s'ʌlidʒ] s. águas f. pl. servidas; refugo m.; (Metalúrg.) escória f.; sujeira f.

sul.len [s'ʌlən] s. mau humor m. **|** adj. calado, silencioso de raiva; mal-humorado, zangado; obstinado; sombrio.

sul.ly [s'ʌli] s. mancha f. de sujeira. **|** v. sujar, manchar (reputação), desonrar.

sul.tri.ness [s'ʌltrinis] s. mormaço m.

sul.try [s'ʌltri] adj. abafador, sufocante.

sum [sʌm] s. soma f., total m., conteúdo, teor, resumo m.; quantia f. **|** v. somar; adicionar; resumir; recapitular.

sum.ma.rize [s'ʌməraiz] v. sumariar.

sum.ma.ry [s'ʌməri] s. sumário, resumo m. **|** adj. conciso, resumido, breve, sumário; direto, pronto, sem demora.

sum.mer [s'ʌmə] s. verão m.

sum.mer.sault [s'ʌməsɔ:lt] s. + v. = **somersault.**

sum.mer.set [s'ʌməset] s. + v. = **somersault.**

sum.mit [s'ʌmit] s. cume, topo, cúmulo, ponto m. mais alto; vértice m.

sum.mon [s'ʌmən] v. chamar, intimar, convocar, citar.

sump [sʌmp] s. fossa f. para água, óleo etc.

sump.tu.os.i.ty [sʌmptju'ɔsiti] s. suntuosidade, magnificência f.

sump.tu.ous [s'ʌmptjuəs] adj. suntuoso.

sun [sʌn] s. sol m.; luz f. solar; calor m. do sol; ano m. ‖ v. tomar sol, expor-se ao sol; corar, branquear ao sol (roupa). ≃ **-glasses** óculos escuros, óculos de sol.

sun.beam [s'ʌnbi:m] s. raio m. de sol.

sun.blind [s'ʌnblaind] s. veneziana, persiana f.; toldo m.; (Autom.) quebra-sol m.

sun.burn [s'ʌnbə:n] s. queimadura f. provocado pelos raios solares; cor f. bronzeada (de sol). ‖ v. queimar pelo sol, ficar queimado pelo sol.

Sun.day [s'ʌndi] s. domingo m.

sun.der [s'ʌndə] v. separar, partir, quebrar.

sun.di.al [s'ʌndaiəl] s. relógio m. de sol.

sun.dry [s'ʌndri] adj. vários, diversos. **all and** ≃ todo mundo.

sung [sʌŋ] v. p. p. de **sing**.

sunk [sʌŋk] v. p. p. de **sink**.

sunk.en [s'ʌŋkən] adj. afundado, posto a pique; submerso; baixo, fundo; magro, encovado. ≃ **rock** recife submerso.

sun.ny [s'ʌni] adj. cheio de sol, ensolarado; radiante, claro, alegre, feliz.

sun.rise [s'ʌnraiz] s. levantar m. do sol.

sun.set [s'ʌnset] s. ocaso m., pôr m. do sol.

sun.shine [s'ʌnʃain] s. luz f. solar, raios m. pl. solares; claridade, alegria f.

su.perb [sju:p'ə:b] adj. soberbo, majestoso, magnífico; esplêndido; excelente.

su.per.cil.i.ous [sju:pəs'iliəs] adj. orgulhoso, arrogante, desdenhoso.

su.per.con.duct.or [sju:pəkənd'ʌktə] s. (Fís.) supercondutor m.

su.per.fi.cial [sju:pəf'iʃəl] adj. superficial.

su.per.flu.ous [sju:p'ə:fluəs] adj. supérfluo, excessivo; desnecessário, inútil.

su.per.hu.man [sj'u:pəhj'u:mən] adj. sobrehumano, além das forças humanas.

su.per.im.pose [sj'u:pəimp'ouz] v. sobrepor; juntar como adicional.

su.per.in.tend [sju:print'end] v. superintender, gerenciar, supervisar.

su.per.in.tend.ence [sju:print'endəns] s. superintendência, direção, supervisão f.

su.per.in.tend.ent [sju:print'endənt] s. superintendente, diretor, supervisor m.

su.pe.ri.or [sjup'iəriə] s. pessoa f. superior; superior m. ‖ adj. excelente, muito bom; melhor, maior; arrogante.

su.per.la.tive [sju:p'ə:lətiv] s. exemplo m. supremo; (Gram.) superlativo m. ‖ adj. insuperável, excelente, supremo.

su.per.mar.ket [sj'u:pəma:kət] s. supermercado m.; centro m. de compras.

su.per.nat.u.ral [sju:pən'ætʃrəl] s. + adj. sobrenatural m.

su.per.pow.er [sj'u:pəpauə] s. superpotência f.

su.per.sede [sju:pəs'i:d] v. tomar o lugar de, substituir, peencher o lugar de.

su.per.sti.tion [sju:pəst'iʃən] s. superstição, crendice f.

su.per.vise [sj'u:pəvaiz] v. supervisionar.

su.per.vi.sion [sju:pəv'iʒən] s. supervisão f.

sup.per [s'ʌpə] s. jantar m., ceia f.

sup.plant [səpl'a:nt] v. suplantar; exceder.

sup.ple [s'ʌpl] v. fazer flexível, tornar-se flexível. ‖ adj. flexível, macio; dúctil, maleável; obsequioso, dócil, submisso.

sup.ple.ment [s'ʌplimənt] s. suplemento m. ‖ v. suplementar, acrescentar.

sup.ple.ness [s'ʌplnis] s. flexibilidade, maciez, elasticidade f.; servilismo m.

sup.pli.cate [s'ʌplikeit] v. suplicar, rogar.

sup.pli.er [səpl'aiə] s. abastecedor, (Com.) fornecedor, supridor, provedor m.

sup.ply [səpl'ai] s. estoque, suprimento m., provisão f.; fornecimento m., oferta f.; substituto m.; verba f. **-plies** material, suprimento m.; petrechos m. pl. ‖ v. fornecer, prover, abastecer, suprir; preencher.

sup.port [səp'ɔ:t] s. assistência, ajuda f., auxílio, amparo, apoio m.; (Arquit.) suporte m., base f. ‖ v. sustentar, suportar, escorar; fortalecer, encorajar, ajudar, auxiliar; apoiar; defender.

sup.port.er [səp'ɔ:tə] s. sustentador, arrimo m.; protetor, defensor m.; torcedor m.

sup.pose [səp'ouz] v. supor; considerar como possibilidade; envolver, implicar.

sup.pos.ing [səp'ouziŋ] conj. se, caso.

sup.po.si.tion [sʌpəz'iʃən] s. suposição f.; hipótese, conjetura f.

sup.press [sǝpr'es] v. suprimir, anular, cortar; dominar, oprimir, esmagar; impedir, reprimir; ocultar, abafar; reter.

sup.pres.sion [sǝpr'eʃǝn] s. supressão, repressão f.

sup.pu.rate [s'ʌpjuǝreit] v. supurar.

su.preme [sjupr'i:m] adj. supremo, principal; superior; último, derradeiro.

sur.charge [sǝ:tʃ'a:dʒ] s. sobrecarga, sobretaxa f. ‖ v. sobretaxar; sobrecarregar.

sure [ʃuǝ] adj. certo, seguro; confiante; convencido; fiel, de confiança. ‖ adv. (coloq.) seguramente, certamente. **are you quite** ≃? está absolutamente certo?

surf [sǝ:f] s. ressaca, rebentação, onda f.

sur.face [s'ǝ:fis] s. superfície f.; face f., lado m.; área f.; aparência f. exterior. ‖ v. dar uma superfície plana a, alisar; vir à tona. ‖ adj. superficial; aparente.

sur.feit [s'ǝ:fit] s. excesso m.; indigestão, náusea f. ‖ v. saciar, fartar-se, encher-se, empanturrar-se, empanzinar-se.

surge [sǝ:dʒ] s. onda f.; ressaca f. ‖ v. mover-se como as ondas.

sur.geon [s'ǝ:dʒǝn] s. cirurgião m.

sur.ger.y [s'ǝ:dʒǝri] s. cirurgia f.; sala f. de operações; consultório m.

sur.ly [s'ǝ:li] adj. de mau humor, rude.

sur.mise [sǝ:m'aiz] s. conjetura, suposição f. ‖ v. imaginar, conjeturar.

sur.mount [sǝ:m'aunt] v. elevar-se acima, sobrepujar; estar em cima de; passar por cima; superar, vencer, sobrepujar.

sur.name [s'ǝ:neim] s. sobrenome m.; apelido m. ‖ v. chamar pelo sobrenome.

sur.pass [sǝ:p'a:s] v. superar, ultrapassar.

sur.pass.ing [sǝ:p'a:siŋ] adj. ótimo, excelente.

sur.plus [s'ǝ:plǝs] s. excesso, excedente m.; resíduo, resto m.

sur.prise [sǝpr'aiz] s. surpresa f., coisa f. inesperada; sobressalto m.; emoção, perplexidade f., pasmo m. ‖ v. espantar, surpreender; apanhar de improviso.

sur.pris.ing [sǝpr'aiziŋ] adj. surpreendente, inesperado, imprevisto.

sur.real.is.tic [sǝriǝl'istik] adj. surrealista.

sur.ren.der [sǝr'endǝ] s. rendição f. ‖ v. capitular, render-se, entregar-se, ceder.

sur.rep.ti.tious [sʌrǝpt'iʃǝs] adj. sub-reptício, secreto.

sur.round [sǝr'aund] v. rodear, envolver.

sur.round.ings [sǝr'ǝundiŋz] s. pl. arredores m. pl.; ambiente m.; circunvizinhança f.

sur.tax [s'ǝ:tæks] s. sobretaxa f., imposto m. suplementar; ágio m. ‖ v. sobretaxar.

sur.veil.lance [sǝ:v'eilǝns] s. vigilância, supervisão, fiscalização f.

sur.vey [s'ǝ:vei] s. vista f. geral, visão f.; inspeção, vistoria, revista f.; laudo m. de inspeção; levantamento m.

sur.vey [sǝ:v'ei] v. inspecionar, examinar, olhar, vistoriar.

sur.vey.or [sǝ:v'eiǝ] s. agrimensor m.

sur.viv.al [sǝv'aivǝl] s. sobrevivência f.

sur.vive [sǝv'aiv] v. sobreviver, subsistir.

sus.cep.ti.ble [sǝs'eptǝbl] adj. suscetível.

sus.pect [s'ʌspekt] s. suspeito m.

sus.pect [sǝsp'ekt] v. imaginar, pensar; suspeitar, desconfiar; duvidar. ‖ adj. suspeito, duvidoso.

sus.pect.a.ble [sǝsp'ektǝbl] adj. suspeitável.

sus.pect.ed [sǝsp'ektid] adj. suspeito.

sus.pend [sǝsp'end] v. suspender, pendurar, estar suspenso; parar, cessar; remover; deter, sustar, adiar, deixar pendente.

sus.pense [sǝsp'ens] s. incerteza f.; ansiedade f.; dúvida, indecisão, hesitação f.

sus.pen.sion [sǝsp'enʃǝn] s. suspensão, abolição f.; interrupção, paralisação f.

sus.pi.cion [sǝsp'iʃǝn] s. dúvida, desconfiança, suspeita f.; noção f. vaga.

sus.tain [sǝst'ein] v. sustentar, ajudar, assistir, manter, confortar, aliviar; suprir, abastecer; suportar; tolerar, agüentar.

sus.te.nance [s'ʌstinǝns] s. alimento, sustento m., subsistência f.; apoio, amparo m.

su.ture [sj'u:tʃǝ] s. sutura f. ‖ v. suturar.

swab [swɔb] s. esfregão m.; escova f. ‖ v. limpar com mecha ou esfregão, pincelar.

swad.dle [sw'ɔdl] s. fralda f., cueiro m.

swag.ger [sw'ægǝ] s. gabolice, jactância, bazófia f.; andar m. afetado. ‖ v. andar de modo afetado. ‖ adj. elegante.

swal.low [sw'ɔlou] s. gole, trago m.; garganta f.; voracidade f.; andorinha f. ‖ v. engolir, tragar, absorver, engolfar; ter de tolerar.

swam [swæm] v. pret. **de swim**.

swamp [swɔmp] s. brejo, pântano, lamaçal m. ‖ v. cair ou afundar na água ou no brejo; encharcar; ficar cheia de água (canoa).

swan [swɔn] s. cisne m.; (fig.) poeta m.

swank [swæŋk] s. ostentação f. ❙ v. bazofiar.

swap [swɔp] s. troca, permuta f. ❙ v. trocar.

sward [swɔ:d] s. gramado m., relva f.

swarm [swɔ:m] s. enxame m. (de abelhas); multidão f. ❙ v. enxamear; fervilhar; aglomerar-se; estar cheio de enxames; trepar, subir.

swat [swɔt] s. golpe m. violento. ❙ v. esmagar, matar com um golpe.

swathe [sweið] s. bandagem f. ❙ v. enfaixar.

sway [swei] s. balanço m., oscilação, agitação f.; influência f. ❙ v. balançar, oscilar, flutuar; fazer mover, agitar, fazer balançar; virar, mudar de opinião; dirigir; influenciar, controlar.

swear [swɛə] v. (pret. **swore**, p. p. **sworn**) jurar, prestar juramento; prometer solenemente; xingar; praguejar.

sweat [swet] s. suor m.; transpiração f.; (coloq.) sofrimento m., ansiedade f.; umidade f.; exercício m. ❙ v. transpirar; fazer suar; transudar, sair em gotas.

sweat.er [sw'etə] s. suéter m. + f., pulôver m., malha f. de lã.

Swede [swi:d] s. sueco m.

Swed.ish [sw'i:diʃ] s. + adj. sueco m.

sweep [swi:p] s. varredura, varrição, vassourada, limpeza f.; movimento m. propulsor, impulso m.; fluxo, andar m. macio; curva, volta f.; golpe, giro m. ❙ v. (pret. e p. p. **swept**) varrer, limpar, escovar; mover, tocar; remover, arrastar (no chão); mover-se rapidamente.

sweep.er [sw'i:pə] s. varredor, limpador m.

sweep.ing [swi:piŋ] adj. extenso, vasto, largo; violento, impetuoso, impulsivo, que arrasta ou leva; radical.

sweet [swi:t] s. coisa f. doce, doçura f.; (Ingl.) doce m., sobremesa f. ≃ **s** açúcar, bombom, doce m. ❙ adj. doce, adocicado; perfumado, cheiroso; atraente, bonito. ≃ **- potato** batata-doce. ≃ **tooth** doceiro, pessoa que gosta de doce.

sweet.en [sw'i:tn] v. adocicar, adoçar; tornar agradável, amenizar, suavizar.

sweet.heart [sw'i:tha:t] s. querido, namorado m., querida, namorada f.

sweet.meat [sw'i:tmi:t] s. doce m.; bombom m.; guloseima f.; compota f.; fruta f. cristalizada.

sweet.ness [sw'i:tnis] s. doçura f.; suavidade, brandura f.; perfume, aroma m.

swell [swel] s. aumento, incremento m., inchação, expansão f.; intumescência, elevação, protuberância f. ❙ v. (pret. **swelled**, p.p. **swollen, swelled**) crescer, inchar, intumescer, expandir, distender, dilatar; ter saliência, alargar-se, ser mais grosso em certa parte, dilatar-se; avolumar-se, aumentar. ❙ adj. (coloq.) elegante, grã-fino; excelente, formidável.

swell.ing [sw'eliŋ] s. aumento m. de tamanho, expansão f.; inchação m. ❙ adj. que aumenta; bombástico, túrgido.

swel.ter [sw'eltə] s. calor m. abrasador. ❙ v. sofrer com o calor.

swept [swept] v. pret. e p. p. de **sweep.**

swerve [swə:v] s. desvio m. ❙ v. desviar.

swift [swift] adj. rápido, veloz, ligeiro.

swill [swil] s. refugo m. ❙ v. embriagar-se.

swim [swim] s. natação f. ❙ v. (pret. **swam**, p. p. **swum**) nadar; flutuar; deslizar; estar tonto ou zonzo. ≃ **bladder** bexiga natatória.

swim.mer [sw'imə] s. nadador m.

swim.ming [sw'imiŋ] s. nado m., natação f.; tontura f. ❙ adj. natatório; atordoado. ≃ **pool** piscina.

swin.dle [sw'indl] s. fraude f. ❙ v. enganar.

swin.dler [sw'indlə] s. caloteiro, logrador, trapaceiro m., vigarista m. + f.

swine [sw'ain] s. porco m. ≃ **s** pessoa f. suja; homem m. desprezível.

swing [swiŋ] s. balanceio, balouço m., oscilação f., balanço m.; impulso m.; balanço m.; música e dança f.; inclinação, propensão, tendência, vocação f. ❙ v. (pret. e p. p. **swung**) balançar, oscilar; girar, voltear. ❙ adj. relativo ao swing (dança). ≃ **door** porta giratória.

swin.ish [sw'ainiʃ] adj. porco, suíno, sujo.

swipe [swaip] s. (coloq.) golpe m. violento (com taco). ❙ v. golpear com um taco.

swirl [swə:l] s. redemoinho m., rotação f.; espiral m. ❙ v. rodar, girar, redemoinhar; enrolar; ficar tonto.

swish [swiʃ] s. zunido, silvo m. ❙ v. sibilar.

Swiss [swis] s. suíço m., suíça f.

switch [switʃ] s. vara f. fina e flexível; varada, chibatada, batida f.; (Eletr.) chave f., interruptor m. ❙ v. açoitar, bater, chicotear; ba-

lançar; (Eletr.) ligar, desligar. **to** ≃ **off** desligar (rádio), apagar, fechar. **to** ≃ **on** ligar.
switch.board [sw'itʃbɔ:d] s. painel m. de controle.
swiv.el [sw'ivl] s. girador, tornel m.; pivô, pino m. giratório, suporte m. giratório; elo m. giratório. ‖ v. girar em tornel ou girador; girar; fixar em suporte giratório.
swoon [swu:n] s. desmaio m. ‖ v. desmaiar.
swoop [swu:p] s. queda, descida f. rápida, ataque m. das aves de rapina, arremetida f. ‖ v. cair sobre alguém para atacar.
sword [sɔ:d] s. espada f.; guerra, destruição f.; força f. militar. **two - edged** ≃ (fig.) arma de dois gumes. **to put to the** ≃ matar (com espada).
sword.fish [s'ɔ:dfiʃ] s. (Ict.) espadarte m.
swords.man [s'ɔ:dzmən] s. esgrimista m.
sworn [swɔ:n] v. p. p. de **swear.**
swot [swɔt] s. (Ingl.) estudante m. + f. esforçado. ‖ v. estudar com afinco.
syc.o.phant [s'ikofənt] s. bajulador m., pessoa f. servil.
syl.lab.i.cate [sil'æbikeit] v. silabar, formar ou dividir em sílabas.
syl.la.bize [s'iləbaiz] v. = **syllabicate.**
syl.la.ble [s'iləbl] s. sílaba f. ‖ v. silabar.
syl.la.bus [s'iləbəs] s. programa m. de curso de estudos.
syl.van [s'ilvən] adj. silvestre.
sym.bio.sis [simbi'ousis] s. simbiose f.
sym.bol [s'imbəl] s. símbolo m., figura, imagem f.
sym.bol.ic [simb'ɔlik] adj. simbólico, alegórico.
sym.bol.i.cal [simb'ɔlikəl] adj. = **symbolic.**
sym.bol.ize [s'imbəlaiz] v. simbolizar.
sym.met.ric [sim'etrik] adj. simétrico, que tem simetria.
sym.met.ri.cal [sim'etrikəl] adj. = **symmetric.**
sym.me.trize [s'imətraiz] v. simetrizar.

sym.me.try [s'imətri] s. simetria f.; harmonia f.
sym.pa.thet.ic [simpəθ'etik] adj. simpatizante, solidário.
sym.pa.thize [s'impəθaiz] v. compadecer-se; solidarizar-se.
sym.pa.thy [s'impəθi] s. compaixão f.; solidariedade f.; compreensão f.
sym.po.sium [simp'ouziəm] s. simpósio m.
symp.tom [s'imptəm] s. indício, sintoma m.
symp.to.mat.ic [simptəm'ætik] adj. sintomático.
symp.to.mat.i.cal [simptəm'ætikəl] adj. = **symptomatic.**
syn.a.gogue [s'inəgɔg] s. sinagoga f.
syn.chro.nize [s'iŋkrənaiz] v. sincronizar.
syn.di.cate [s'indikit] s. sindicato m.
syn.di.cate [s'indikeit] v. sindicalizar; publicar material através de um sindicato.
syn.di.ca.tion [sindik'eiʃən] s. sindicância f.
syn.e.col.o.gy [sinik'ɔlədʒi] s. sinecologia f.
syn.od [s'inəd] s. sínodo m.; assembléia f.
syn.o.nym [s'inənim] s. sinônimo m.
syn.op.sis [sin'ɔpsis] s. sinopse f., resumo m.
syn.tac.tic [sint'æktik] adj. sintático.
syn.tax [s'intæks] s. (Gram.) sintaxe f.
syn.the.sis [s'inθisis] s. síntese f.
syn.the.size [s'inθisaiz] v. sintetizar.
syn.to.nize [s'intənaiz] v. sintonizar, ajustar.
syph.i.lis [s'ifilis] s. (Med.) sífilis f.
Syr.i.an [s'iriən] s. + adj. sírio m.
sy.ringe [s'irindʒ] s. seringa f. ‖ v. injetar (por meio de seringa).
syr.up [s'irəp] s. xarope, melado m., calda f.
sys.tem [s'istəm] s. sistema, conjunto m. de partes; grupo m. de fatos, crenças ou princípios; forma f. de governo.
sys.tem.at.ic [sistəm'ætik] adj. sistemático, metódico, ordenado.
sys.tem.at.i.cal [sistəm'ætikəl] adj. = **systematic.**
sys.tem.a.tize [s'istəmətaiz] v. sistematizar.

T

T, t [ti:] s. vigésima letra f. do alfabeto inglês.

tab [tæb] s. tira, aba, pala f.; alça, etiqueta f. de roupa.

tab.er.nac.le [t'æbənækl] s. tabernáculo m.

ta.ble [teibl] s. mesa f.; (fig.) refeição, alimentação f.; plano, platô m.; tabela, lista f. ▮ v. colocar na mesa; fazer lista ou tabela; apresentar à discussão, dar entrada de projeto. ≃ **-cloth** toalha de mesa. ≃ **tennis** (Esp.) pingue-pongue, tênis de mesa. ≃ **of contents** índice.

ta.ble.spoon [t'eiblspu:n] s. colher f. de sopa.

tab.let [t'æblit] s. bloco m. de papel; placa, chapa, tabuleta f.; comprimido, tablete m., pastilha, barra f.

ta.ble.ware [t'eiblwɛə] s. utensílios m. pl. para mesa (louças, talheres etc.).

ta.boo [təb'u:] s. tabu m. ≃ **words** palavrões.

tab.loid [t'æblɔid] s. tablóide m., jornal m. popular; jornal m. de letras grandes; jornal m. com muitas fotografias e pouco texto.

tab.u.late [t'æbjuleit] v. arranjar em forma de tabela; tabular (máquina de escrever).

tac.it [t'æsit] adj. tácito, silencioso; implícito, subentendido.

tac.i.turn [t'æsitə:n] adj. taciturno, calado.

tack [tæk] s. tacha f., preguinho m. de cabeça larga; alinhavo m.; direção, conduta f.; corda f., cabo m. ▮ v. pregar com tachas; alinhavar; adicionar, incluir.

tack.le [t'ækl] s. equipamento m., aparelhagem f. ▮ v. manejar; agarrar.

tack.y [t'æki] adj. grudento, pegajoso.

tact [tækt] s. tato, discernimento, juízo m., diplomacia f.

tact.ful [t'æktful] adj. delicado, diplomático, discreto.

tac.tics [t'æktiks] s. pl. tática f.; (Milit.) operações f. pl. táticas.

tact.less [t'æktlis] adj. indelicado, grosseiro.

tag [tæg] s. etiqueta f., talão m.; rabo m., ponta f. solta, trapo m., cauda f. (de cometa); final, fim, refrão m., chapa f. ▮ v. etiquetar; juntar, acrescentar.

tail [teil] s. rabo m., cauda f.; fim m. ≃ **s** verso m. de moeda. ▮ v. seguir de perto. ≃ **light** luz traseira (de veículo). ≃ **coat** fraque, terno a rigor.

tai.lor [t'eilə] s. alfaiate m. ▮ v. costurar.

taint [t'eint] s. mancha, nódoa f.; corrupção f.; infecção f. ▮ v. manchar, sujar, enodoar; estragar, envenenar, corromper.

take [teik] s. quantidade f. (de dinheiro) pegada; ato m. de pegar; objeto m. pegado. ▮ v. (pret. **took**, p. p. **taken**) tomar, pegar; alcançar, agarrar, prender, apropriar-se; arrebatar, levar; receber (como pagamento), aceitar, obter; suportar, receber, acolher; tomar, comer, beber, engolir, consumir; usar, tomar (um veículo); aproveitar (oportunidade); tirar, tomar (férias); submeter-se, sofrer, agüentar; subtrair, extrair, extorquir; guiar, levar, transportar; fazer, tirar (fotografia); assumir, considerar; escrever, anotar; ir, andar; vencer; colher; decolar. **to** ≃ **charge of** encarregar-se de. **to** ≃ **effect** entrar em vigor. ≃ **it easy!** calma! devagar! **to** ≃ **leave** despedir-se, partir. **it took place** realizou-se. **to** ≃ **along** levar. **what do you** ≃ **me for?** que pensa que eu sou? **to** ≃ **off** tirar (roupa). **to** ≃ **over** assumir (cargo, serviço), tomar posse. **to** ≃ **place** acontecer, ocorrer.

take.off [t'ei:k'ɔ:f] s. (Av.) decolagem, partida f.

tal.cum [t'ælkəm] s. talco m.

tale [t'eil] s. narrativa, história f., conto m.

tal.ent [t'ælənt] s. talento m., aptidão f.

talk [tɔ:k] s. conversa f.; conferência f., discurso m.; fala f.; boato, rumor m.; tagarelice f. ▮ v. falar, conversar, dizer; discutir;

consultar, conferenciar; tagarelar. **let's** ≃ **it over** conversemos (seriamente) sobre o assunto.

talk.a.tive [t'ɔ:kǝtiv] adj. falador, loquaz, tagarela.

talk.er [t'ɔ:kǝ] s. falador m.

tall [tɔ:l] adj. alto, grande; elevado; exagerado, inacreditável, extravagante.

tal.ly [t'æli] s. registro m. (de contas); conta f., cálculo m.; etiqueta f. ‖ v. marcar, registrar, etiquetar.

ta.lon [t'ælǝn] s. garra f. (de pássaros, de mulher).

tame [t'eim] v. amansar, domesticar; submeter, humilhar. ‖ adj. manso, domesticado; dócil; subjugado, humilde.

tam.per [t'æmpǝ] v. mexer (indevidamente), falsificar, adulterar.

tan [tæn] s. cor f. bronzeada. ‖ v. curtir; bronzear (pelo sol), ficar bronzeado. ‖ adj. bronzeado.

tan.gent [t'ændʒǝnt] s. (Mat.) tangente f. ‖ adj. tangente.

tan.ge.rine [t'ændʒǝri:n] s. tangerina, mexerica, bergamota, laranja-mimosa f.

tan.gi.ble [t'ændʒǝbl] adj. tangível, palpável, tocável, real.

tan.gle [t'æŋgl] s. massa f. confusa, entrançado, entrelaçamento m.; confusão f. ‖ v. entrelaçar, enroscar, embaraçar; envolver; confundir, complicar.

tank [tæŋk] s. tanque (também Milit.), reservátorio m. **to** ≃ **up** encher um tanque; abastecer de combustível.

tan.ner.y [t'ænǝri] s. curtume m.

tan.ta.lize [t'æntǝlaiz] v. atormentar, castigar, fazer sofrer.

tan.trum [t'æntrǝm] s. furor, mau humor, acesso m. de raiva.

tap [tæp] s. pancadinha, batida f.; torneira f. ‖ v. bater de leve; sangrar, furar, puncionar; interceptar (telefone para escuta clandestina); desarrolhar, destampar (pipa). ≃ **dance** sapateado. **to** ≃ **dance** sapatear.

tape [teip] s. fita f., cadarço m.; trena f.; fita f. adesiva. ‖ v. colocar fita, amarrar com fita; gravar em fita magnética. ≃ **measure** fita métrica, trena.

tape.line [t'eiplain] s. = **tape.**

ta.per [t'eipǝ] s. círio m., vela f. de cera. ‖ v. afilar(-se), fazer cônico, diminuir. ‖ adj. cônico, afilado.

tap.es.try [t'æpistri] s. tapeçaria f.

tape.worm [t'eipwǝ:m] s. tênia, solitária f.; lombriga f.

tap.i.o.ca [tæpi'oukǝ] s. tapioca f.

tar [ta:] s. piche, alcatrão m. ‖ v. pichar.

tar.dy [t'a:di] adj. atrasado, tardio; lento, vagaroso.

tar.get [t'a:git] s. alvo, objetivo m.

tar.iff [t'ærif] s. tarifa f.

tar.nish [t'a:niʃ] s. deslustre, desdouro m. ‖ v. deslustrar, embaçar, desdourar; manchar.

tar.ry [t'æri] v. permanecer, ficar, esperar; demorar, tardar, levar muito tempo.

tart [ta:t] s. torta f.; (pop.) moça f.; (vulg.) prostituta, puta f. ‖ adj. azedo, adstringente, picante.

task [ta:sk] s. tarefa, incumbência f., dever m.; lição f. ‖ v. sobrecarregar (de trabalho).

tas.sel [t'æsl] s. borla f.

taste [teist] s. gosto m.; sabor, paladar m.; distinção, elegância f.; predileção f.; critério m.; gustação, prova f.; pouquinho, bocado m., amostra f. ‖ v. experimentar, provar; sentir o gosto; saborear, apreciar, experimentar. **bad** ≃ falta de gosto.

taste.less [t'eistlis] adj. insípido, insosso.

tat.ter [t'ætǝ] s. farrapo, trapo m.

tat.ter.ed [t'ætǝd] adj. esfarrapado, em pedaços, maltrapilho.

tat.tle [t'ætl] s. tagarelice f., mexerico m.

tat.tler [t'ætlǝ] s. mexeriqueiro, fofoqueiro, intrigante m.

taught [tɔ:t] s. pret. e p. p. de **teach.**

taunt [tɔ:nt] s. insulto, escárnio, sarcasmo m. ‖ v. escarnecer, tratar com sarcasmo.

taut [tɔ:t] adj. esticado, teso, tenso.

tav.ern [t'ævǝn] s. taverna f.; estalagem f.

taw.dry [t'ɔ:dri] adj. enfeitado sem gosto, espalhafatoso, vulgar.

tax [tæks] s. imposto, tributo m., taxa f.; taxação f. ‖ v. taxar, tributar; impor, sobrecarregar, esforçar; estabelecer preço, fixar custo; reprovar, acusar.

tax.a.tion [tæks'eiʃǝn] s. taxação f.; impostos m. pl.

tax.i [t'æksi] s. táxi m. ‖ v. (Av.) taxiar.

TB [t'i:bi:] s. = **tuberculosis.**

T. B. [t'i:bi] s. = **TB.**

tea [ti:] s. chá m. ≃ -**cup** xícara de chá. ≃ - **pot** chaleira. ≃ **party** chá (festa.) ≃ - **room** salão de chá.

teach [ti:tʃ] v. (pret. e p. p. **taught**) ensinar, instruir; lecionar, educar; amestrar.

teach.er [t'i:tʃə] s. professor m., professora f., instrutor m., instrutora f.

teach.ing [t'i:tʃiŋ] s. magistério m.; instrução f.

team [ti:m] s. equipe f.; time, grupo m.; parelha f. ‖ v. emparelhar, juntar em parelha, atrelar. **to** ≃ **up (with)** trabalhar em conjunto.

team.work [t'i:mwə:k] s. trabalho m. de equipe.

tear [tiə] s. lágrima f.; gota f. ≃ **gas** gás lacrimogêneo.

tear [tɛə] s. rasgão m.; rasgadura f. ‖ v. (pret. **tore**, p. p. **torn**) dilacerar, romper; rasgar; arrancar; ferir, cortar; dividir. **wear and** ≃ o desgaste.

tear.ful [t'iəful] adj. choroso, lacrimoso.

tease [ti:z] s. caçoador, arreliador m.; aborrecimento m., importunação f. ‖ v. importunar, arreliar, amolar.

tea.spoon [t'i:spu:n] s. colher f. de chá.

teat [ti:t] s. teta f., bico m. de seio.

tech.ni.cal [t'eknikəl] adj. técnico, relativo à técnica ou ciência aplicada; com prática, com perícia.

tech.ni.cal.i.ty [teknik'æliti] s. assunto m. ou termo m. técnico.

tech.ni.cian [tekn'iʃən] s. técnico m.; perito m.

tech.nol.o.gy [tekn'ɔlədʒi] s. tecnologia f.

teddy bear [tedib'ɛə] s. ursinho m. (brinquedo).

te.di.ous [t'i:diəs] adj. tedioso, monótono.

teem [ti:m] v. abundar.

teen.age [t'i:neidʒ] s. adolescência f. ≃ **fashion** moda para adolescentes.

teen.ager [ti:n'eidʒə(r)] s. adolescente m. + f.

tee.ny [t'i:ni] adj. (fam.) pequenino.

teeth [ti:θ] s. pl. de **tooth.**

teeth.ing [ti:ðiŋ] s. dentição f.

tel.e.gram [t'eligræm] s. telegrama m.

tel.e.graph [t'eligra:f] s. telégrafo m. ‖ v. telegrafar, sinalizar.

tel.e.graph.ic [teligr'æfik] adj. telegráfico.

te.leg.ra.phy [til'egrəfi] s. telegrafia f.

te.lep.a.thy [til'epəθi] s. telepatia f.

tel.e.phone [t'elifoun] s. telefone m. ‖ v. telefonar. ≃ **booth, box** cabine telefônica. ≃ **operator** telefonista.

tel.e.scope [t'eliskoup] s. telescópio m. ‖ v. engavetar(-se) (trens ou carros em acidente, por ex.).

tel.e.vise [t'elivaiz] v. televisionar.

tel.e.vi.sion [teliv'iʒən] s. televisão f.

tell [tel] v. (pret. e p. p. **told**) dizer, contar, narrar, informar, relatar; falar, mencionar; comunicar, denunciar, revelar; saber, reconhecer, distinguir; declarar; mandar; ordenar; contar, enumerar.

tell.er [t'elə] s. contador, narrador m.; (Com.) caixa m. + f.

tell.ing [t'eliŋ] s. ato m. de contar, narração f.; contagem f. ‖ adj. revelador.

tell.tale [t'elteil] s. mexeriqueiro m.; indicador m.; tagarela m. + f. ‖ adj. falador, indicador.

te.mer.i.ty [tim'eriti] s. temeridade, audácia, ousadia f., arrojo m.

tem.per [t'empə] s. índole f., temperamento m.; (Metalúrg.) dureza f. ‖ v. moderar, mitigar; ajustar; recozer; (Mús.) afinar, temperar.

tem.per.a.ment [t'empərəmənt] s. temperamento m.; (Mús.) afinação f.

tem.per.a.men.tal [t'empərəm'entl] adj. temperamental; sensível, irritável.

tem.per.ance [t'empərəns] s. temperança, parcimônia, moderação f.; abstinência f.

tem.per.ate [t'empərit] adj. brando, temperado; sóbrio.

tem.per.a.ture [t'empritʃə] s. temperatura, febre f.

tem.pest [t'empist] s. tempestade f.

tem.pes.tu.ous [temp'estjuəs] adj. tempestuoso; impetuoso, violento.

tem.ple [templ] s. templo m.; (Anat.) têmpora f.; sala f. de concerto.

tem.po.ral [t'empərəl] adj. temporal (também Anat. e Gram.) ; temporário; secular, profano, leigo.

tem.po.rar.y [t'empərəri] adj. temporário, provisório, transitório.

tempt [tempt] v. tentar, atrair, seduzir.

temp.ta.tion [tempt'eiʃən] s. tentação f.

tempt.er [t'emptə] s. tentador m.

tempt.ing [t'emptiŋ] adj. tentador, atraente, convidativo, sedutor.

ten [ten] s. + num. dez m.; número ou símbolo m. dez.

te.na.cious [tin'eiʃəs] adj. tenaz; persistente; retentivo (memória).

te.na.cious.ness [tin'eiʃəsnis] s. tenacidade f.

ten.ant [t'enənt] s. arrendatário, locatário, inquilino m. I v. habitar, ocupar.

tend [tend] v. tender, inclinar-se.

ten.den.cy [t'endənsi] s. tendência, inclinação, propensão f.; disposição f.

ten.der [t'endə] s. proposta, oferta f. (também Com.), oferecimento m. I v. oferecer, ofertar; oferecer em pagamento. I adj. tenro; delicado; carinhoso, afável; meigo; sensível.

ten.der.loin [t'endəlɔin] s. lombo, filé m.

ten.der.ness [t'endənis] s. brandura, ternura f.

ten.don [t'endən] s. tendão m.

ten.e.ment [t'enimənt] s. habitação, moradia f., apartamento m.; (Jur.) imóvel m.

ten.et [t'enit] s. dogma m., opinião f.

ten.nis [t'enis] s (Esp.) tênis m.

ten.or [t'enə] s. curso m., tendência f. geral; sentido, caráter, teor m.; (Mús.) tenor m. I adj. relativo a tenor.

tense [tens] s. (Gram.) tempo m. de verbo. I v. entesar, esticar. I adj. esticado, tenso; com tensão nervosa.

tense.ness [t'ensnis] s. tensão f.

ten.sion [t'enʃən] s. (Eletr.) tensão f.; (Mec.) tração, força f. de tração.

tent [tent] s. barraca, tenda f.

ten.ta.cle [t'entəkl] s. tentáculo m.

ten.ta.tive [t'entətiv] adj. tentativo, experimental.

tenth [tenθ] s. décimo m.; décima f. parte. I num. décimo.

ten.u.ous [t'enjuəs] adj. tênue, fino, delgado; rarefeito; sutil.

tep.id [t'epid] adj. tépido, morno.

term [tə:m] s. termo m. (também Jur. e Mat.), palavra, expressão f.; prazo m., duração f., limite m.; período m. do ano escolar; maneira f., modo m. de falar; relações f. pl. I v. chamar, designar. ≃s condições, cláusulas f. pl., termos m. pl. ≃ of office gestão.

terminal [t'ə:minəl] s. terminal, final m. + f., fim, término m., extremidade f.; estação f. final, ponto m. final. I adj. terminal, final.

ter.mi.nate [t'ə:mineit] v. terminar; acabar.

ter.mi.na.tion [tə:min'eiʃən] s. término, termo, fim m.; (Gram.) sufixo m.

ter.mi.nol.ogy [tə:min'ɔlədʒi] s. terminologia f.

ter.mi.nus [t'ə:minəs] s. ponto m. final (de ônibus, bonde); terminal m. (de trem).

ter.race [t'erəs] s. plataforma f.; (Geol.) terraço m.; varanda, sacada f., alpendre m. I v. formar ou construir terraços.

ter.rain [ter'ein] s. terreno m., região f.

ter.res.tri.al [tir'estriəl] adj. terrestre.

ter.ri.ble [t'erəbl] adj. terrível, horrível.

ter.ri.er [t'eriə] s. terrier m.; raça f. de cachorro.

ter.rif.ic [tər'ifik] adj. terrífico, terrível.

ter.ri.fy [t'erifai] v. terrificar, apavorar.

ter.ri.to.ry [t'eritəri] s. terra f.; território m.

ter.ror [t'erə] s. terror, pavor, horror m.

ter.ror.ist [t'erərist] s. terrorista m. + f.

terse [tə:s] adj. conciso, resumido, breve.

test [test] s. prova f., exame m.; critério, indício m.; análise f., ensaio m.; processo, método m.; teste m. (psicológico). I v. examinar, provar, ensaiar, analisar.

tes.ta.ment [t'estəmənt] s. testamento m.

test.ti.fy [t'estifai] v. testificar, afirmar, comprovar; testemunhar, declarar sob juramento.

tes.ti.mo.ny [t'estiməni] s. testemunho, depoimento m.; prova, evidência, demonstração f.

tes.ty [t'esti] adj. irritável, impaciente.

tet.ra.ploid [t'etrəplɔid] adj. (Biol.) tetraplóide.

text [tekst] s. texto m., matéria f. escrita.

tex.book [t'ekstbuk] s. livro m. escolar.

tex.tile [t'ekstail] s. tecido, pano m., fazenda f.; matéria f. para tecer. I adj. tecido; têxtil; adequado para tecer.

tex.ture [t'ekstʃə] s. textura, estrutura f.

tha.la.mus [θ'æləməs] s. (Med.) tálamo m.

than [ðæn, ðən] conj. (usado depois do comparativo) que, do que.

thank [θæŋk] s. ≃s agradecimento m., graças f. pl., gratidão f. I v. agradecer; exprimir gratidão.

thank.ful [θ'æŋkful] adj. grato, agradecido.

thank.ful.ness [θ'æŋkfulnis] s. gratidão f.

thank.less [θ'æŋklis] adj. ingrato.

Thanks.giv.ing Day [θ'æŋksgiviŋ dei] s. Dia m. de Ação de Graças.

that [ðæt] pron. demonst. (pl. **those** [ðouz]) esse, essa, aquele, aquela, aquilo. ‖ pron. rel. que, o que. ‖ conj. para que, a fim de que, de modo que. ‖ adv. tão, de tal modo, de tal maneira. **who is** ≃? quem é esse? **this or** ≃? este ou aquele?

thatch [θætʃ] s. colmo, sapé m., palha f. ‖ v. cobrir (casa) com palha ou sapé. ≃ **ed roof** telhado de palha ou sapé.

thaw [θɔ:] s. descongelamento, degelo m.; enternecimento m. ‖ v. descongelar, degelar; enternecer-se; ficar à vontade.

the [ðə, ði, enfaticamente ði:] artigo o, a, os, as. ≃... ≃... quanto... tanto... ≃ **more,** ≃ **better** quanto mais melhor.

the.a.ter [θ'i:ətə] s. = **theatre.**

theatre [θ'i:ətə] s. teatro m.; anfiteatro m.

the.at.ri.cal [θi'ætrikəl] adj. cênico; teatral; artificial; ostentoso.

theft [θeft] s. roubo, furto m.

their [ðɛə] adj. possessivo seu, sua, seus, suas, deles, delas.

theirs [ðɛəz] pron. possessivo o seu, os seus, os deles, as deles, os delas, as delas.

them [ðem] pron. (caso oblíquo de **they**) os, as, lhes, a eles, a elas.

theme [θi:m] s. tema m. (também Mús.); (Gram.) radical m. de uma palavra.

them.selves [ðəms'elvz] pron. a si mesmos, a si próprios, se, eles mesmos, elas mesmas. **they amused** ≃ eles se divertiram.

then [ðen] s. esse tempo, aquele tempo m. ‖ adj. existente naquele tempo, de então, desse tempo. ‖ adv. então, naquele tempo; depois, em seguida; em outra ocasião, outra vez; também, além; neste caso, por isto, pois. ‖ conj. por conseguinte, então. **by** ≃ até lá.

thence [ðens] adv. dali, daquele lugar; por esta razão, por esse, por isso, portanto.

the.o.log.i.cal [θiəl'ɔdʒikəl] adj. teológico.

the.ol.o.gy [θi'ɔlədʒi] s. teologia f.

the.o.ret.ic [θi:ər'etik] adj. teorético, teórico.

the.o.ret.i.cal [θi:ər'etikəl] adj. = **theoretic.**

the.o.ry [θ'i:əri] s. teoria f.; suposição, hipótese f.; conhecimento m. abstrato.

there [ðɛə] s. esse lugar m. ‖ adv. aí, ali, lá, acolá; para lá; nesse lugar, nesse ponto; nes-

se assunto, nesse particular, nesse respeito. ‖ interj. eis! ≃ **he comes** aí vem ele. **he is not all** ≃ ele é maluco.

there.a.bout [ðɛərəb'aut] adv. por aí, mais ou menos assim, mais ou menos tanto. **there or** ≃ por aí.

there.a.bouts [ðɛərəb'auts] adv. = **thereabout.**

there.af.ter [ðɛər'a:ftə] adv. depois disso, depois, mais tarde; conseqüentemente.

there.by [ðɛəb'ai] adv. por meio disso, desse modo; nisso, ligado a isso; por perto, nas adjacências, nas imediações.

there.fore [ð'ɛəfɔ:] adv. por essa razão, conseqüentemente; portanto, logo, por conseguinte; pois, então.

there.from [ðɛəfr'ɔm] adv. disto, disso, daquilo, daí, dali, de lá, daquele lugar.

there.in [ðɛər'in] adv. nisso, naquilo, naquele lugar; nesse sentido, dessa maneira; nesse ponto.

there.of [ðɛər'ɔv, ðɛə'ʌv] adv. disso, daquilo; dele, dela, seu, sua; cujo, cuja.

there.on [ðɛər'ɔn] adv. nisso, naquilo; após isso; sobre isso, nisso.

there.up.on [ðɛərəp'ɔn] adv. logo após, nisso; por causa disso, por isso; imediatamente; com referência a isso.

there.with [ðɛəw'iθ] adv. com isso, com aquilo; também; nesse momento, imediatamente após.

ther.mo.dy.na.mics [θə:moudain'æmiks] s. (Fís.) termodinâmica f.

ther.mom.e.ter [θəm'ɔmitə] s. termômetro m.

ther.mo.nu.cle.ar [θə:moun'ju:kliə] adj. termonuclear.

ther.mos [θ'ə:məs] s. garrafa f. térmica.

thermos bottles s. = **thermos.**

thermos flask s. = **thermos.**

these [ði:z] adj. + pron. pl. de **this** estes, estas.

the.sis [θ'i:sis] s. proposição, afirmação f.; tema m.; (Univ.) tese f.

they [ðei] pron. eles, elas.

thick [θik] s. (fig.) foco, centro m. ‖ adj. gordo; compacto; numeroso; cheio; abafado (voz); (fig.) estúpido, grosseiro; íntimo, familiar. ‖ adv. densamente; intensamente. ≃ **skinned** que tem a pele grossa; (fig.) casca grossa, insensível à repreensão.

thick.en [θ'ikən] v. engrossar, tornar(-se) espesso.

thick.et [θ'ikit] s. moita f., mato m. trançado.

thick.ness [θ'iknis] s. espessura, grossura f.; turvação f.; densidade f.; camada f.

thick.set [θ'ikset] adj. atarracado, troncudo; (cerca viva) espessa.

thick.y [θ'iki] adv. = thick.

thief [θ'i:f] s. (pl. **thieves**[θ'i:vz]) s. ladrão m., ladra f. **stop** ≃ pega o ladrão!

thieve [θi:v] v. roubar, furtar.

thigh [θai] s. coxa f., quarto m. traseiro.

thim.ble [θ'imbl] s. dedal m.

thin [θin] v. afinar, adelgaçar, diminuir; diluir. ‖ adj. fino, estreito, delgado; esbelto; fraco, pobre, deficiente; fino (voz). ‖ adv. delgadamente, escassamente, pobremente. ≃-skinned de pele fina, (fig.) melindroso, sensível.

thing [θiŋ] s. coisa f., objeto m.; negócio m.; assunto, acontecimento, fato m., idéia f.; ser m., criatura f. ≃s pertences, trastes, utensílios m. pl.; roupa f. **above all** ≃s acima de tudo, antes de mais nada.

think [θiŋk] v. (pret. e p. p. **thought**) conceber, imaginar; pensar, idear, cogitar; julgar; supor; refletir, considerar, estudar; especular, ponderar; lembrar, recordar; achar, pretender; esperar. **just** ≃! imagine só! **do you** ≃ **so?** você acha?

think.er [θ'iŋkə] s. pensador m.

think.ing [θ'iŋkiŋ] s. pensamento m.; opinião f. ‖ adj. que pensa, pensativo, refletido. **to my** ≃ na minha opinião.

thin.ly [θ'inli] adv. = thin.

third [θə:d] s. terceiro m.; terço m., terça f. parte; (Mús.) terça f., intervalo m. de três sons. ‖ num. terceiro, terceira.

thirst [θə:st] s. sede f.; ânsia, vontade f., desejo m. ‖ v. ter sede; ansiar, desejar.

thirsty [θ'ə:sti] adj. com sede, sedento; seco; ansioso.

thir.teen [θə:t'i:n] s. + num. treze m.

thir.ty [θ'ə:ti] s. + num. trinta m.

this [ðis] pron. (pl. **these** [ðdiz]) este, esta, isto. ‖ adv. a este ponto, deste modo.

thong [θɔŋ] s. tira f. de couro.

tho.rax [θ'ɔræks] s. tórax, peito m.

thorn [θɔ:n] s. espinho m.; (fig.) aflição f., tormento, incômodo m.

thorn.y [θ'ɔ:ni] adj. espinhoso, cheio de espinhos; (fig.) penoso, tormentoso.

thor.ough [θ'ʌrə, θ'ə:rou] adj. completo, inteiro, perfeito, radical.

thor.ough.bred [θ'ʌrəbred, θ'ə:roubred] s. puro-sangue m. (animal); pessoa f. bem-educada ou adestrada. ‖ adj. puro-sangue; (fig.) perfeito, bem-educado.

thor.ough.fare [θ'ʌrəfɛə, θ'ə:roufɛə] s. rua, passagem, via f. pública.

those [ðouz] adj. + pron. pl. de **that** esses, essas, aqueles, aquelas.

though [ðou] conj. ainda que, posto que, embora, não obstante, entretanto, ainda, quando, apesar de.

thought [θɔ:t] s. pensamento, conceito m., idéia, opinião f.; meditação f.; raciocínio m.; atenção f.; suspeita, expectativa f. ‖ v. pret. e p. p. de **think. on second** ≃s depois de pensar bem.

thought.ful [θ'ɔ:tful] adj. pensativo; atento cuidadoso; atencioso, solícito.

thought.ful.ness [θ'ɔ:tfulnis] s. meditação f., cuidado m.; atenção, consideração f.

thought.less [θ'ɔ:tlis] adj. irrefletido, descuidado, relaxado, imprudente.

thought.less.ness [θ'ɔ:tlisnis] s. negligência f., descuido m.; inconsideração f.

thou.sand [θ'auzənd] s. o número 1.000, milhar m. ‖ num. mil.

thrash [θræʃ] s. espancamento m., sova f. ‖ v. espancar, bater; agitar-se; debulhar, trilhar, malhar (cereais).

thread [θred] s. linha f. de coser, fio m. ‖ v. enfiar (fio na agulha); enfileirar, enfiar (pérolas ou contas num fio).

thread.bare [θr'edbɛə] adj. puído, gasto.

threat [θret] s. ameaça f., perigo m.

threat.en [θr'etn] v. ameaçar, intimidar.

threat.en.ing [θr'etniŋ] adj. ameaçador.

three [θri:] s. três m.; tríade, trindade f. ‖ num. três.

thresh [θreʃ] s. = thrash.

thresh.old [θr'eʃould] s. soleira f.; entrada f.; limiar m. (também Fisiol. e Psicol.).

threw [θru:] v. pret. de **throw**.

thrice [θrais] adv. três vezes.

thrift [θrift] s. frugalidade, economia, parcimônia f.

thrift.y [θri'fti] adj. econômico, frugal.

thrill [θril] s. vibração, palpitação f.; excitação, emoção f. ‖ v. emocionar, excitar; palpitar; vibrar, tremer.

thril.ler [θr'ilə] s. livro, filme m. ou peça f. de suspense.

thril.ling [θr'iliŋ] adj. emocionante.

thrive [θraiv] v. (pret. **throve, thrived**, p. p. **thriven, thrived**) medrar; prosperar; florescer, vicejar.

thriv.ing [θr'aiviŋ] adj. próspero, afortunado; florescente, vicejante.

throat [θrout] s. garganta, goela f.; gargalo m.; esôfago m.; traquéia f.; passagem f. estreita, entrada f. **to have a sore** ≃ estar com dor de gaganta.

throb [θrɔb] s. batimento m.; pulsação, palpitação f. ‖ v. pulsar, bater; palpitar; latejar; vibrar, tremer.

throe [θrou] s. dor f. forte, cólica f., espasmo m. ≃s dores f. pl. do parto.

throne [θroun] s. trono m.

throng [θrɔŋ] s. multidão f., tropel m. ‖ v. apertar, atropelar, encher, invadir, juntar em quantidade, aglomerar.

throt.tle [θr'ɔtl] s. válvula f. de regulagem, regulador m. de pressão; dispositivo, pedal m. que aciona essa válvula; garganta f. ‖ v. estrangular, sufocar; suprimir; controlar (quantidade de fluxo); diminuir (velocidade de máquina).

through [θru:] adj. direto, sem interrupção; completo, terminado, até o fim. ‖ adv. de uma parte a outra, de um extremo ao outro, de lado a lado; completamente; do começo ao fim, diretamente; satisfatoriamente, favoravelmente. ‖ prep. de uma extremidade a outra, de lado a lado, através de, do princípio ao fim, de parte a parte; dentro de, por intermédio de; por, através, até o fim. **all** ≃ **my life** durante toda minha vida.

through.out [θru:'aut] prep. por tudo, em toda parte, do começo ao fim. ‖ adv. completamente, inteiramente, por toda parte. ≃ **the year** o ano todo.

throve [θrouv] v. pret. de **thrive**.

throw [θrou] s. lance, arremesso m. ‖ v. (pret. **threw**, p. p. **thrown**) atirar, arremessar, jogar; derrubar. **to** ≃ **away** jogar fora, desprezar, desperdiçar. **to** ≃ **open** abrir (porta), inaugurar.

throw.back [θr'oubæk] s. regresso m., regressão f.

thrown [θroun] adj. fiado, torcido (seda). ‖ v. p. p. de **throw**.

thrust [θrʌst] s. empurrão, ímpeto m.; facada f. ‖ v. (pret. e p. p. **thrust**) empurrar, impelir; enfiar a faca, furar.

thud [θʌd] s. golpe, baque m. ‖ v. bater com som surdo.

thug [θʌg] s. rufião, matador, assassino m.

thumb [θʌm] s. polegar m. ‖ v. sujar, amassar; manusear (com o polegar); folhear (livro).

thumb.nail [θ'ʌmneiəl] s. unha f. do polegar. ‖ adj. (fig.) pequena, breve (descrição).

thun.der [θ'ʌndə] s. trovão m.; estrondo m. ‖ v. trovejar; estrondear.

thun.der.bolt [θ'ʌndəboult] s. raio m.

thun.der.storm [θ'ʌndəstɔ:m] s. temporal m.

thun.der.struck [θ'ʌndəstrʌk] adj. fulminado; (fig.) atordoado, assombrado.

thump [θʌmp] s. baque, golpe m. surdo, pancada f.; som m. surdo. ‖ v. golpear, bater; espancar; chocar-se com.

thun.der.ing [θ'ʌndəriŋ] adj. fulminante, trovejante; tremendo; imenso, enorme.

thun.der.ous [θ'ʌndərəs] adj. atroador, trovejante; (fig.) violento, aniquilador.

Thurs.day [θ'ə:zdi] s. quinta-feira f.

thus [ðʌs] adv. deste modo, desta maneira, assim; de acordo, conseqüentemente, portanto, neste caso; tanto, até.

thwart [θwɔ:t] s. banco m. de barco a remo. ‖ v. opor-se, atravessar, impedir, obstruir, frustrar (os planos de alguém).

thyme [taim] s. (Bot.) tomilho, timo m.

thyr.oid [θ'airɔid] s. + adj. tireóide f.

ti.a.ra [ti'a:rə] s. tiara f.; grinalda f.

tick [tik] s. tique-taque m.; sinal m. em trabalho conferido; carrapato m. ‖ v. tiquetaquear; conferir, assinalar, marcar com V, ticar.

tick.et [t'ikit] s. bilhete, ingresso m.; etiqueta f. ‖ v. etiquetar, rotular, marcar.

tick.le [t'ikl] v. fazer cócegas; coçar; divertir, agradar.

tick.lish [t'ikliʃ] adj. sensível a cócegas; delicado.

tid.bit [t'idbit] s. = **titbit**.

tid.al [t'aidəl] adj. relativo a maré. ≃ **wave** maremoto; multidão; massa, grande quantidade.

tide [taid] s. maré f.; corrente f.

ti.di.ness [t'aidinis] s. meticulosidade f., cuidado m., ordem f.

ti.dings [t'aidiŋz] s. pl. novidades, informações, notícias f. pl.

ti.dy [t'aidi] v. arrumar, limpar. ▌ adj. asseado, limpo, arrumado; meticuloso; (coloq.) considerável. ▌ adv. asseadamente, limpamente.

tie [tai] s. laço m.; nó m.; gravata f.; ligação f.; (E.U.A.) dormente m. ▌ v. ligar, amarrar; fixar, juntar; dar nó, dar laço; limitar; reter; contratar.

tier [tiə] s. fila, fileira, série f.; camada f.; renque m.

ti.ger [t'aigə] s. tigre m.

tight [tait] adj. firme, compacto, comprimido; esticado; apertado; fechado; raro; (E.U.A.) sovina, avarento; (coloq.) bêbado.

tight.en [t'aitn] v. apertar; esticar; endurecer.

tight.ness [t'aitnis] s. tensão, rijeza f.; impermeabilidade, hermeticidade f.; (coloq.) parcimônia, avareza f.

tight.rope [t'aitroup] s. corda f. bamba (também fig.).

ti.gress [t'aigris] s. fêmea f. do tigre.

tile [tail] s. telha f.; azulejo m.; ladrilho m. ▌ v. telhar; colocar azulejos; ladrilhar.

till [til] s. gaveta f. de caixa registradora; gaveta f. (para a guarda de valores). ▌ v. cultivar (terra), arar, lavrar. ▌ prep. até.

till.er [t'ilə] s. agricultor, lavrador m.; (Náut.) cana f. do leme.

tilt [tilt] s. declive m.; inclinação, ladeira f. ▌ v. inclinar, balançar, enviesar. **to ≃ at someone** lutar, brigar.

tim.ber [t'imbə] s. madeira f.; tora, viga f. ▌ adj. de ou relativo à madeira.

time [taim] s. tempo m. (também Mús.); espaço m. de tempo, época f., período m.; hora, ocasião f., momento m.; prazo m.; vez f. ≃**s vezes**, multiplicado por. ▌ v. medir, cronometrar. ▌ adj. de ou relativo ao tempo; a prazo. **dinner-** ≃ hora de refeição. **the ≃ of delivery** o prazo de entrega. **each ≃**, **every ≃** cada vez. **for the ≃ (being)** por enquanto.

time.less [t'aimlis] adj. eterno, infinito.

time.ly [t'aimli] adj. em tempo, oportuno.

time.ta.ble [t'aimteibl] s. horário m.

time.worn [t'aimwɔːn] adj. gasto, desgastado (palavras, idéias, expressões).

tim.id [t'imid] adj. tímido, acanhado; medroso, temeroso.

ti.mid.i.ty [tim'iditi] s. timidez f.

tim.or.ous [t'imərəs] adj. tímido, retraído.

tin [tin] s. estanho m.; folha-de-flandres f.; lata f. ▌ v. estanhar; enlatar. ▌ adj. feito de estanho ou de lata.

tinc.ture [t'iŋktʃə] s. (Farm.) tintura f.; traço, sabor m.; cor f., matiz m. ▌ v. tingir, colorir; dar sabor, impregnar.

tin.der [t'ində] s. isca f., pavio m.

tine [tain] s. ponta f., dente m. (de garfo).

tinge [tindʒ] s. cor f., matiz, tom m.; sabor m., aparência f., traço m. ▌ v. tingir, colorir; dar sabor ou aparência.

tin.gle [t'iŋgl] s. tinido, zunido m.; formigamento m.; picada f. ▌ v. tinir, zunir; latejar; formigar; tiritar, tremer.

tink.er [t'iŋkə] s. funileiro m. ambulante.

tin.kle [t'iŋkl] s. tinido m. ▌ v. tinir.

tin.sel [t'insəl] s. lentejoula f., ouropel m.; (fig.) bugiganga f. ▌ v. enfeitar com lentejoulas. ▌ adj. brilhante, vistoso mas sem valor; enfeitado sem gosto.

tint [tint] s. matiz m. ▌ v. matizar, tingir.

ti.ny [t'aini] adj. minúsculo, muito pequeno.

tip [tip] s. ponta (dos dedos), extremidade f.; cume, pico m., ponteira f.; declive m.; gorjeta, gratificação f.; palpite, aviso m. ▌ v. colocar ponta, formar ponta; dar gorjeta. **to ≃ s.th. up** inclinar. **to ≃ s.th. over** derrubar, virar. **to ≃ s.o. off** dar palpite, informar; aconselhar.

tip.sy [t'ipsi] adj. tonto, ligeiramente embriagado, alegre.

tip.toe [t'iptou] v. andar nas pontas dos pés. ▌ adv. nas pontas dos pés, cuidadosamente; na expectativa.

ti.rade [tair'eid] s. discurso m. público longo e agressivo.

tire [t'aiə] s. pneumático m.; aro, arco m. ▌ v. cansar(-se), esgotar(-se), fatigar(-se); aborrecer(-se).

tired [t'aiəd] adj. cansado, exausto; gasto.

tire.less [t'aiəlis] adj. incansável.

tire.some [t'aiəsəm] adj. cansativo, fatigante, exaustivo; desagradável.

tis.sue [t′isju:] s. tecido m. (também Biol.); pano m. leve, gaze f.

tit [tit] s. (Ornit) chapim m.; (pop.) seio m.; teta f.; golpe m., pancada f. ≃ **for tat** pagar olho por olho, na mesma moeda.

tit.bit [t′itbit] s. petisco m., gulodice f.

ti.tle [t′aitl] s. título, (Jur.) documento m.

ti.tled [t′aitld] adj. titulado.

tit.ter [t′itə] s. risadinha f.

to [tu:] adv. em direção a, para diante; em posição normal ou de contato; para si, a si, à consciência. ‖ prep. [tu, tɔ, tu:] para, em direção a, a, ao, à; até, para, a fim de, em; com; de, da, do; em honra de; na, no, contra; sobre, a respeito; por; (Gram.) designativo do infinitivo. **face** ≃ **face** cara a cara.

toad [toud] s. sapo m.

toad.stool [t′oudstu:l] s. cogumelo m. venenoso.

toast [t′oust] s. torrada f.; brinde m. ‖ v. torrar, tostar, aquecer bem; brindar, beber à saúde de alguém.

toast.er [t′oustə] s. torrador m., grelha f.

to.bac.co [tɔb′ækou] s. fumo, tabaco m.; planta f. de fumo.

to.bog.gan [tɔb′ɔgən] s. tobogã m.

to.day [tɔd′ei] s, dia m. de hoje. ‖ adv. hoje, neste dia; presentemente.

to-day [tɔd′ei] s. = **today.**

tod.dle [t′ɔdl] v. andar de maneira titubeante, como uma criança.

tod.dler [t′ɔdlə] s. criança f. que começa a andar.

toe [tou] s. dedo m. do pé; biqueira f. do sapato; ponta f. da meia. ‖ v. tocar, alcançar com os dedos do pé. ≃- **nail** unha do dedo do pé.

to.geth.er [tɔg′eðə] adv. junto, em companhia; em conjunto; no mesmo lugar; consecutivamente; ao mesmo tempo, simultaneamente. **both** ≃ ambos juntos.

toil [tɔil] s. trabalho m. pesado, labuta, fadiga f. ≃s rede f., laço m., armadilha f. ‖ v. labutar; fatigar ou exaustar com trabalho árduo; avançar lentamente.

toi.let [t′ɔilit] s. banheiro m.; toalete f.; toucador m.; vestuário m., roupa f.

to.ken [t′oukən] s. símbolo, sinal m., indicação f.; recordação, lembrança f., brinde, penhor m., prova f.; emblema m. ‖ adj. simbólico; nominal; parcial.

told [tould] v. pret. e p. p. de **tell.**

tol.er.a.ble [t′ɔlərəbl] adj. tolerável.

tol.er.ance [t′ɔlərəns] s. tolerância f.

tol.er.ant [t′ɔlərənt] adj. tolerante.

tol.er.ate [t′ɔləreit] v. tolerar; permitir.

toll [toul] s. badalada f., dobre m. de sino.; taxa f.; pedágio m.; tributo f. ‖ v. soar, dobrar sinos, badalar tristemente; chamar por meio de sinos. ≃ **call** telefonema interurbano.

to.ma.to [təm′a:tou] s. tomate m.; tomateiro m.

tomb [tu:m] s. túmulo m.

tomb.stone [t′u:mstoun] s. pedra f. tumular.

tom.cat [t′ɔmkæt] s. gato m. macho.

to.mor.row [təm′ɔrou] s. dia m. de amanhã. ‖ adv. amanhã.

to-mor.row [təm′ɔrou] s. = **tomorrow.**

ton [tʌn] s. tonelada f.

tone [t′oun] s. tom, som m.; timbre m.; tonalidade f. ‖ v. harmonizar, combinar; dar tom, matizar; (Mús.) afinar, entoar.

tongue [tʌŋ] s. língua f.; idioma m.

ton.ic [t′ɔnik] s. tônico, medicamento m. fortificante; (Mús.) nota f. tônica. ‖ adj. tonificante, fortificante; (Mús.) tônico; (Gram.) tônico, acentuado.

to.night [tən′ait] s. esta noite f.

to-night [tən′ait] s. = **tonight.**

ton.sil [tɔnsl] s. (Med.) tonsila, amígdala f.

ton.sil.li.tis [tɔnsil′aitis] s. (Pat.) amigdalite, tonsilite f.

too [tu:] adv. também, além, igualmente; demais, demasiado, demasiadamente; muito, excessivamente.

took [tuk] pret. de **take.**

tool [tu:l] s. ferramenta f., instrumento, utensílio m.

tooth [tu:θʃ] s. (pl. **teeth** [ti:θ]) (também Mec.) dente m.

tooth.ache [t′u:θeik] s. dor f. de dentes.

tooth.brush [t′u:θbrʌʃ] s. escova f. de dentes.

tooth.less [t′u:θlis] adj. sem dentes .

tooth.paste [t′u:θpeist] s. pasta f. dentifrícia, dentifrício m. (em pasta).

tooth.pick [t′u:θpik] s. palito m.

top [tɔp] s. pião m. (o brinquedo); cume, alto, topo m., cumeeira f.; cargo m. mais alto; pessoa f. mais importante, cabeça f.; máximo, ápice m.; convés m.; tampa f. ‖ v. tampar; alcançar, subir ao topo; elevar-se; superar; exceder, sobrepujar. ‖ adj. superior, primeiro; maior; principal. ≃ -hat cartola.

to.paz [t'oupæz] s. topázio m.

to.per [t'oupə] s. beberrão, bebum m.

top.coat [t'ɔpkout] s. sobretudo m.

top.ic [t'ɔpik] s. assunto, objeto, tema m.; tópico m.; (Med.) linimento m.

top.less [t'ɔplis] adj. biquíni sem a parte de cima.

top.most [t'ɔpmoust] adj. o mais alto.

top.ple [tɔpl] v. cair para a frente, tombar; derrubar, fazer cair; inclinar-se para a frente, perder o equilíbrio.

top secret s. segredo m. muito importante. ‖ adj. altamente confidencial.

topsy-turvy [t'ɔpsit'ə:vi] s. confusão, desordem f. ‖ adj. confuso, em desordem. ‖ adv. às avessas, em confusão.

torch [tɔ:tʃ] s. tocha f., archote m.; maçarico m.; farolete m., lanterna f. elétrica.

tore [tɔ:] v. pret. de **tear.**

tor.ment [t'ɔ:mənt] s. tormento m.

tor.ment [tɔ:m'ent] v. atormentar, afligir.

torn [tɔ:n] v. p. p. de **tear.**

tor.na.do [tɔ:n'eidou] s. (pl. **tornadoes**) tornado m.; tufão m. em forma de funil.

tor.pe.do [tɔ:p'i:dou] s. torpedo m. (também Ict.). ‖ v. torpedear; destruir.

tor.rent [t'ɔrənt] s. torrente, corrente f.; temporal, pé-d'água m.

tor.rid [t'ɔrid] adj. tórrido, quente, ardente. ≃ **zone** zona tórrida, os trópicos.

tor.so [t'ɔ:sou] s. tronco, busto, torso m.

tor.toise [t'ɔ:təs] s. tartaruga f. (terrestre).

tor.tu.ous [t'ɔ:tjuəs] adj. tortuoso; traiçoeiro, dissimulado, desonesto.

tor.ture [t'ɔ:tʃə] s. tortura f., tormento, suplício, sofrimento m. ‖ v. torturar; torcer, alterar, desvirtuar.

toss [tɔs] s. lance, arremesso m.; sacudida, agitação f. ‖ v. jogar para cima, lançar; sacudir, abalar, agitar; agitar-se, debater-se. ≃ -up lance, jogo de cara ou coroa; (fig.) dúvida, incógnita. **to** ≃ **up** jogar cara ou coroa.

tot [tɔt] s. criancinha f.; coisa f. pequena ou insignificante; golinho, copinho m. ‖ v. somar, montar a.

to.tal [t'outl] s. total m., soma f. ‖ v. somar, adicionar; montar a. ‖ adj. total, inteiro, global, completo.

to.tal.i.tar.i.an [toutælit'ɛəriən] s. adepto m. do regime totalitário. ‖ adj. totalitário, arbitrário, tirânico.

touch [tʌtʃ] s. tato m.; contato m., apalpadela f.; vestígio, traço m., caráter m.; relação f., contato m.; toque, modo m. de tocar um instrumento; pequena f. quantidade, pingo m. ‖ v. tocar, apalpar pegar em, pôr em contato; alcançar, esbarrar, atingir; estar em contato, tocar-se; bater levemente, tocar (instrumento); comover, impressionar, irritar; ingerir; aportar. **to get in** ≃ **with** entrar em contato com.

touch.ing [t'ʌtʃiŋ] adj. tocante, patético. ‖ prep. concernente, sobre, acerca de.

touch.y [t'ʌtʃi] adj. sensível; delicado.

tough [tʌf] s. (gíria) valentão, brigão m. ‖ adj. robusto; consistente; forte; difícil, árduo; desagradável, ruim; cabeçudo; violento; (E.U.A.) desordeiro.

tough.en [tʌfn] v. endurecer, enrijar(-se).

tough.ness [t'ʌfnis] s. dureza, resistência f.; obstinação, firmeza, tenacidade f.

tour [t'uə] s. viagem f., roteiro m.; excursão f., passeio m.; (Milit.) turno, plantão m. ‖ v. viajar, excursionar.

tour.ist [t'uərist] s. turista, excursionista m. + f. ≃ **class** classe econômica.

tour.na.ment [t'uənəmənt] s. torneio m.

tow [tou] s. reboque m.; estopa f. ‖ v. rebocar.

to.ward [tɔ:d, təw'ɔ:d] prep. = **towards.**

to.wards [təw'ɔ:dz, tɔ:dz] prep. para, em direção a, rumo a; com respeito a, acerca de, concernente, sobre; perto, próximo; para, a fim de.

tow.el [t'auəl] s. toalha f. ‖ v. enxugar com toalha.

tow.er [t'auə] s. torre f.; fortaleza, cidadela f., castelo m.; (fig.) defesa, proteção f. ‖ v. elevar-se, subir, ascender.

tow.er.ing [t'auəriŋ] adj. muito alto, muito grande; altaneiro; muito violento.

town [t'aun] s. cidade f. ‖ adj. relativo a cidade, citadino, municipal.

tox.ic [t'ɔksik] adj. tóxico, venenoso.

toy [t'ɔi] s. brinquedo m.; ninharia, bagatela f. ‖ v. brincar, divertir-se, jogar. ‖ adj. de ou como brinquedo.

trace [treis] s. rasto m., trilha, pista f.; vestígio, indício m.; traço m.; desenho m. ‖ v. seguir pelo rasto, localizar; investigar, descobrir; observar; reconhecer, determinar; traçar, delinear, desenhar; decalcar. **to** ≃ **down** descobrir.

tra.che.a [trək'i:ə] s. traquéia f.

track [træk] s. rasto m., pegada, pista f.; trilho, caminho m., rota f.; linha f. férrea. ‖ v. deixar impressões, deixar rasto; descobrir, localizar; rebocar, sirgar.

tract [trækt] s. área, região, extensão f., trecho m.; (Med.) trato m.; período m.; tratado, panfleto m.

trac.ta.ble [tr'æktəbl] adj. tratável, dócil.

trac.tion [tr'ækʃən] s. tração f.; atrito m.

trac.tor [tr'æktə] s. trator m.

trade [treid] s. comércio, negócio m.; tratado m. comercial ou político; ofício m., profissão, ocupação, arte f.; ramo m. (de negócio); tráfico m.; movimento m. comercial. ‖ v. comerciar, negociar; intercambiar, cambiar, pechinchar. ≃ - **union** sindicato.

trade.mark [tr'eidma:k] s. marca f. registrada.

trad.er [tr'eidə] s. comerciante, negociante m. + f.; navio m. mercante.

trades.man [tr'eidzmən] s. negociante, lojista, varejista m.

tra.di.tion [trəd'iʃən] s. tradição f.

tra.di.tion.al [trəd'iʃənəl] adj. tradicional.

traf.fic [tr'æfik] s. tráfico, tráfego, trânsito m.; negócio m.; barganha f. ‖ v. negociar, comerciar, traficar, barganhar.

trag.e.dy [tr'ædʒidi] s. tragédia f.; drama m.

trag.ic [tr'ædʒik] adj. trágico; dramático; funesto, calamitoso.

trail [treil] s. rasto, traço, vestígio, faro m.; trilho m., trilha, picada f. ‖ v. puxar, arrastar; arrastar-se, ser arrastado; seguir; deixar rasto; rastejar-se; rastejar (caça); diminuir aos poucos.

train [trein] s. trem m.; comboio m. de carros etc.; série, sucessão, continuação f. ‖ v. criar, educar, ensinar, adestrar, treinar.

train.er [tr'einə] s. treinador, instrutor m.

train.ing [tr'einiŋ] s. treino m., instrução, educação f. ‖ adj. de treino, de instrução.

trait [treit] s. traço m. (característico); feição, peculiaridade, particularidade f.

trai.tor [tr'eitə] s. traidor m.

tram [træm] s. bonde m. ‖ v. andar de bonde.

tramp [træmp] s. passo m. pesado e firme; caminhada f. longa e estafante; marcha, viagem f. a pé; vagabundo m. ‖ v. pisar ruidosamente; andar, marchar, viajar a pé; vagabundear, vaguear.

tram.ple [tr'æmpl] s. tropel m., marcha f. pesada. ‖ v. pisar pesadamente, esmagar, calcar; tratar cruelmente, maltratar.

trance [tra:ns] s. inconsciência f.; transe, êxtase, enlevo m.; emoção f.; pasmo m. ‖ v. extasiar, encantar; hipnotizar.

tran.quil [tr'æŋkwil] adj. tranqüilo.

tran.quil.i.ty [træŋkw'iliti] s. tranqüilidade, calma, placidez f.

tran.quil.ize [tr'æŋkwilaiz] v. acalmar(-se).

tran.quil.iz.er [tr'æŋkwiləizə] s. tranqüilizador m.; tranqüilizante, sedativo m.

trans.act [trænz'ækt, træns'ækt] v. negociar.

trans.ac.tion [trænz'ækʃən] s. transação f.

trans.at.lan.tic [trænzətl'æntik] adj. transatlântico. ≃ **flight** vôo transatlântico.

tran.scend [træns'end] v. transceder, exceder; superar, ultrapassar.

tran.scend.ence [træns'endəns] s. transcendência, excelência, sublimidade f.

tran.scen.den.tal [trænsend'entəl] adj. transcendental; sobrenatural.

trans.con.ti.nen.tal [trænz'kɔntin'entl] adj. transcontinental.

tran.scribe [trænskr'aib] v. transcrever.

tran.script [tr'ænskript] s. transcrito m.

tran.scrip.tion [trænskr'ipʃən] s. transcrição, cópia f.; (Mús.) arranjo m.

trans.fer [tr'ænsfə] s. transferência, cessão f.; remoção f.; baldeação f.

trans.fer [trænsf'ə:] v. transferir, transportar, remover; baldear.

trans.fer.ence [tr'ænsfərəns] s. transferência f.

trans.fig.ure [trænsf'igə] v. transformar, transfigurar.

trans.form [trænsf'ɔ:m] v. transformar; alterar; converter.

trans.for.ma.tion [trænsfəm'eifən] s. transformação f.; metamorfose f.

trans.fu.sion [trænsfj'u:ʒən] s. transfusão f.

trans.gress [trænsgr'es] v. transgredir.

trans.gres.sion [trænsgr'eʃən] s. transgressão, violação, infração f.

trans.gres.sor [trænsgr'esə] s. transgressor, infrator, violador m.

tran.si.ent [tr'ænziənt] s. visitante m. + f. ‖ adj. passageiro, transitório, breve.

trans.it [tr'ænsit] s. trânsito m., passagem f.; transição f.

tran.si.tion [træns'iʃən] s. transição f.

tran.si.tive [tr'ænsitiv] s. verbo m. transitivo. ‖ adj. (Gram.) transitivo; transitório.

tran.si.to.ry [tr'ænsitəri] adj. transitório.

trans.late [tra:nsl'eit] v. traduzir; exprimir em outras palavras; explicar, interpretar; trasladar, transferir.

trans.la.tion [trænsl'eiʃən] s. tradução f.

trans.la.tor [trænsl'eitə] s. tradutor m.

trans.lu.cent [trænzl'u:snt] adj. translúcido; inteligível, lúcido.

trans.mis.sion [trænzm'iʃən] s. transmissão f.; propagação f.; comunicação f.

trans.mit [trænzm'it] v. transmitir, emitir.

trans.mit.ter [trænzm'itə] s. transmissor, emissor m.

trans.par.ent [trænsp'ɛərənt] adj. transparente, diáfano; claro, evidente.

trans.plant [trænspl'a:nt] v. transplantar (-se); remover de um lugar para outro; transferir, transportar.

trans.port [tr'ænspɔ:t] s. transporte m. (também em contabilidade).

trans.port [trænsp'ɔ:t] v. transportar, conduzir, levar.

trans.por.ta.tion [trænspɔ:t'eiʃən] s. transporte m.; meio m. de transporte.

trans.pose [trænsp'ouz] v. transpor (também em Mat.), cambiar; mudar, inverter (a ordem de); (Mús.) transportar.

trans.verse [tr'ænzvə:s] adj. transversal, diagonal.

trans.ves.tite [trænzv'estait] s. travesti m. + f.

trap [træp] s. armadilha f.; alçapão m.; sifão m. (em esgotos). ‖ v. pegar em armadilha; ficar preso (gás etc.) num carro. ≃ -door (Constr.) alçapão.

tra.peze [trəp'i:z] s. trapézio m.

trap.pings [tr'æpiŋz] s. pl. decoração f., ornamento m., pompa f.

trash [træʃ] s. refugo m.; bobagem, conversa f. tola; (Miner.) entulho m., escória f.; pessoa f. tola.

trau.ma [trɔ:mə] s. trauma m.

trav.el [tr'ævl] s. viagem f. ≃ s viagens (para o estrangeiro), excursões f. pl. ‖ v. viajar; andar, movimentar-se, percorrer; mover-se, passar, progredir.

trav.el.er [tr'ævlə] s. = **traveller**.

trav.el.ler [tr'ævlə] s. viajante, excursionista m. + f.

trav.e.logue [tr'ævelɔg] s. filme m., palestra f. sobre viagem.

trav.erse [tr'ævəs, trəv'ə:s] s. travessia f.; passagem, (Mec.) travessa f.; trave f.; viga f. ‖ v. atravessar, cruzar, passar sobre ou através; viajar através de, percorrer.

trav.es.ty [tr'ævisti] s. caricatura, imitação f. burlesca. ‖ v. parodiar, ridicularizar.

tray [tr'ei] s. bandeja f., tabuleiro m.; gamela f.

treach.er.ous [tr'etʃərəs] adj. traiçoeiro, desleal, enganoso; falso, incerto.

treach.er.y [tr'etʃəri] s. infidelidade, traição, deslealdade f.

tread [tred] s. passo m.; andar, modo m. de andar; piso m. de degrau. ‖ v. (pret. **trod**, p. p. **trodden**) andar, marchar, caminhar; pisar; dominar, reprimir; trilhar. **don't** ≃ **on his corns** (**toes**) (fig.) não pise em seus calos.

trea.son [tri:zn] s. traição f.

treas.ure [tr'eʒə] s. tesouro m. ‖ v. dar muito valor, prezar.

treas.ur.er [tr'eʒərə] s. tesoureiro m.

treas.ur.y [tr'eʒəri] s. tesouraria f., tesouro m.; pessoa f. ou objeto m. de valor inestimável.

treat [tri:t] s. coisa f. prazerosa, dada como um presente inesperado. ‖ v. tratar, agir com, lidar com; considerar, convidar; pagar as despesas.

treat.rise [tr'i:tiz] s. tratado m., obra f.

treat.ment [tr'i:tmənt] s. tratamento m.

trea.ty [tr'i:ti] s. tratado, acordo m.

tre.ble [tr'ebl] s. (Mús.) soprano m., parte f. de soprano; som m. agudo; triplo, três m. ‖ v. triplicar(-se). ‖ adj. tríplice, triplicado, triplo; (Mús.) de soprano, agudo. ≃ **clef** (Mús.) clave de sol.

tree [tri:] s. árvore f.; tronco m.; (Mec.) coluna f. ‖ v. ter que se refugiar em uma árvore. ≃ -**top** copa de árvore.

trek [trek] s. viagem f. longa e difícil. ‖ v. viajar em circunstâncias difíceis.

trel.lis [tr'elis] s. treliça f. ‖ v. colocar treliça; amarrar (planta) em treliça; cruzar.

trem.ble [trembl] s. tremor, estremecimento m. ‖ v. tremer, estremecer, tremular.

tre.men.dous [trim'endəs] adj. tremendo, espantoso; (coloq.) fantástico.

trem.or [tr'emə] s. tremor m., tremura f., vibração f.; emoção, excitação f.

trem.u.lous [tr'emjuləs] adj. trêmulo.
trench [trentʃ] s. trincheira f.; vala, valeta f.
‖ v. entrincheirar, fortificar; escavar.
trend [trend] s. direção, tendência f. ‖ v. tender, inclinar-se, dirigir-se.
trep.i.da.tion [trepid'eiʃən] s. medo m.; trepidação f. **in great** ≃ com receio.
tres.pass [tr'espəs] s. transgressão, intrusão f.; delito m., fraude f.; violação, ofensa f., abuso m. ‖ v. violar os direitos de propriedade. **to** ≃ **upon** abusar, infringir, transgredir.
tres.pass.er [tr'espəsə] s. transgressor m.
tress [tres] s. trança f., cacho m. de cabelo.
tri.al [tr'aiəl] s. julgamento m.; acusação f.; interrogatório m.; prova, tentativa f., ensaio, teste m.; preocupação f., sofrimento m.; aflição f. ‖ adj. relativo ao julgamento judicial; experimental.
tri.an.gle [tr'aiæŋgl] s. triângulo m.
tri.an.gu.lar [trai'æŋgjulə] adj. triangular.
tribe [traib] s. tribo f.
trib.u.la.tion [tribjul'eiʃən] s. sofrimento m., tribulação, aflição f.
tri.bu.nal [traibj'u:nəl] s. tribunal m.
tri.bu.tar.y [tr'ibjutəri] s. + adj. tributário m.; contribuinte m. + f.
trib.ute [tr'ibju:t] s. tributo m.; taxa f., imposto m.; homenagem f., respeito m.
trick [trik] s. engano, embuste m., trapaça f.; mágica f.; malícia f.; travessura f.; subterfúgio m., artimanha f. ‖ v. enganar, trapacear. **to** ≃ **into** induzir pela astúcia. **to** ≃ **out** vestir, adornar, enfeitar.
trick.er.y [tr'ikri] s. artifício m., malandragem f., ardil m. para enganar alguém.
trick.le [tr'ikl] s. gota. f., pingo m. ‖ v. gotejar, escorrer devagar.
trick.y [tr'iki] adj. mágico, relativo a truque; enganador; difícil.
tried [traid] v. pret. e p. p. de **try.** ‖ adj. experimentado, provado, testado.
tri.fle [tr'aifl] s. ninharia, bagatela, insignificância f. ‖ v. brincar, gracejar (**with** com). **to** ≃ **away** esbanjar, gastar em coisas inúteis.
tri.fling [tr'aifliŋ] adj. insignificante.
trig.ger [tr'igə] s. gatilho m.; (Fot.) disparador m. **quick on the** ≃ rápido no gatilho.
trill [tril] s. trilo, trinado, gorjeio m.; (Fonét.) vibração, consoante f. pronunciada com vibração da língua. ‖ v. trinar; gorjear; vibrar.
tril.o.gy [tr'ilədʒi] s. trilogia f.

trim [trim] s. ataviamento m., decoração f., ornamento m. ‖ v. pôr em ordem, arranjar, preparar; podar (plantas), cortar ou aparar (cabelo); enfeitar, adornar, decorar. ‖ adj. asseado; bem tratado, em ordem. ‖ v. equipar, guarnecer (**with** com).
trim.ming [tr'imiŋ] s. decoração f., enfeite, debrum m. ≃ **s** passamanaria f.; adornos, pertences m. pl.; aparas f. pl.
trin.i.ty [tr'initi] s. tríade f.; trindade f.
Trin.i.ty [tr'initi] s. (Rel.) Trindade f.
trin.ket [triŋkit] s. jóia f. pequena, sem valor, adorno m.; quinquilharia f.
trip [trip] s. viagem, excursão f.; tropeço, passo m. falso. ‖ v. tropeçar, cambalear; passar rasteira, fazer tropeçar; errar, enganar-se, trair-se.
tripe [traip] s. tripas f. pl.; bucho m.; (fig.) bobagem, tolice f.
tri.ple [tr'ipl] s. triplo m. ‖ v. triplicar. ‖ adj. triplo, tríplice.
trip.li.cate [tr'iplikit] s. triplicata f.
trip.li.cate [tr'iplikeit] v. triplicar. ‖ adj. triplo.
tri.pod [tr'aipɔd] s. tripé m.; trípode f.
trite [trait] adj. muito usado; trivial, banal.
tri.umph [tr'aiəmf] s. triunfo, sucesso, êxito m., vitória f. ‖ v. triunfar, alcançar vitória ou sucesso; vencer; exultar.
tri.um.phant [trai'ʌmfənt] adj. triunfante.
triv.i.al [tr'iviəl] adj. trivial, insignificante.
trod [trɔd] v. pret. e p. p. de **tread.**
trod.den [tr'ɔdn] v. p. p. de **tread.**
trol.ly [tr'ɔli] s. = **trolley.**
trol.ley [tr'ɔli] s. carrinho m. de chá. ≃ **bus** bonde m.; ônibus m. elétrico.
trom.bone [tr'ɔmboun] s. trombone m.
troop [tru:p] s. grupo m. (de pessoas); rebanho, bando m.; tropa f.; unidade f. de cavalaria; unidade f. de escoteiros. ‖ v. agrupar-se, reunir-se; ir embora.
tro.phic [tr'ɔfik] adj. trófico.
tro.phy [tr'oufi] s. troféu m.
trop.ic [tr'ɔpik] s. + adj. trópico m.
trop.i.cal [tr'ɔpikəl] adj. trópico; tropical.
trot [trɔt] s. trote m.; passo m. rápido e constante. ‖ v. trotar; (fig.) correr.
trou.ble [tr'ʌbl] s. aborrecimento m., preocupação, dificuldade f.; desordem, encrenca f.; desgraça f., sofrimento m. ‖ v. aborrecer; atormentar; incomodar(-se), preocupar(-se);

perturbar. **don't ask (look) for** ≃ (gíria) não procure encrencas.

trou.ble.mak.er [tr'ʌblmeikə] s. desordeiro, encrenqueiro, perturbador m.

trou.ble.some [tr'ʌblsəm] adj. importuno, enfadonho; laborioso, difícil.

trough [trɔf, E.U.A. trɔ:θ] s. cocho m., gamela, tina f.; vala f.; depressão f.

trou.ser [tr'auzə] s. ≃s calças f. pl. compridas.

trous.seau [tr'u:sou] s. (pl. **trousseaux** [tr'u:souz]) enxoval m. de noiva.

trout [traut] s. (Ict.) truta f.

trow.el [tr'auəl] s. colher f. de pedreiro; espátula f. ‖ v. colocar ou alisar reboco com colher de pedreiro.

tru.ant [tr'uənt] s. ocioso m.; pessoa f. negligente nos deveres, vadio m. ‖ v. vadiar, faltar às aulas, cabular. ‖ adj. faltoso, cabulador. **to play** ≃ cabular.

truce [tru:s] s. trégua f.; folga f., repouso, descanso m.

truck [trʌk] s. vagão m.; caminhão m.; carrinho m. para transporte de bagagem; vagonete m. ‖ v. barganhar, trocar.

truc.u.lent [tr'ʌkjulənt] adj. truculento, briguento, agressivo.

trudge [trʌdʒ] s. marcha, caminhada f. longa e penosa. ‖ v. marchar, caminhar penosamente, arrastar-se.

true [tru:] v. ajustar, retificar, centrar; endireitar. ‖ adj. verdadeiro, verídico; real, legítimo; sincero; leal, fiel; correto, autêntico; legal, de direito; seguro, de confiança. ‖ adv. verdadeiramente, exatamente; de fato, realmente; lealmente. ≃ **friend** amigo de verdade.

truf.fle [tr'ʌfl] s. trufa, túbera f.

trump [trʌmp] s. trunfo, naipe m. que prevalece aos outros. ‖ v. trunfar; tomar (cartas) com trunfo; ultrapassar, superar. **to** ≃ **up** inventar, forjar; falsificar.

trum.pet [tr'ʌmpit] s. trompa, trombeta, corneta f., clarim m. ‖ v. tocar trombeta ou corneta; proclamar em voz alta.

trun.cate [tr'ʌŋkeit] v. truncar.

trun.cat.ed [tr'ʌŋkeitd] adj. truncado, terminado abruptamente.

trunk [trʌŋk] s. tronco m. de árvore; baú m., mala f. de viagem; tronco, corpo m. (sem os membros); linha-tronco f. (de telefone,

de estrada de ferro); tromba f. de elefante. ≃ **line** linha-tronco de estrada de ferro; linha interurbana (telefone).

trust [trʌst] s. confiança, crença, fé, confidência f.; crédito m.; responsabilidade f., cargo, dever m.; monopólio, truste m.; custódia f. ‖ v. confiar, ter fé, crer; depender de, confiar em ; esperar, acreditar, dar crédito a, fiar. **on** ≃ em fiança, a crédito.

trust.ful [tr'ʌstful] adj. que confia, confiante.

trust.ing [tr'ʌstiŋ] adj. = **trustful.**

trust.tee [trʌst'i] s. administrador, curador, procurador m.

trust.wor.thy [trʌstw'ə:ði] adj. confiável.

trust.y [tr'ʌsti] s. condenado m. de bom comportamento. ‖ adj. fiel, leal, de confiança.

truth [tru:θ] s. verdade, realidade, autenticidade f., fato m.; sinceridade, veracidade f.; exatidão, precisão f.; fidelidade f.

truth.ful [tr'u:θful] adj. verídico, real.

truth.ful.ness [tr'u:θfulnis] s. autenticidade, veracidade f.; exatidão, precisão f.

try [trai] s. tentativa, experiência f., teste m. ‖ v. tentar, ensaiar. **to** ≃ **s.th. on** provar (roupas); (Jur.) investigar, interrogar, levar em juízo; atormentar; esforçar, cansar, esgotar; refinar, retificar (álcool). **to** ≃ **s.th. out** testar; aferir, acertar.

try.ing [tr'aiiŋ] adj. penoso, árduo, difícil, cansativo; desagradável.

tub [tʌb] s. tina f.; banheira f.; barrica f., tonel m. ‖ v. lavar-se, tomar banho em banheira.

tube [tju:b] s. tubo, cano m.; trem m. subterrâneo; válvula f. eletrônica; canal m. **the** ≃ (Ingl.) metrô.

tu.ber.cu.lar [tjub'ə:kjulə] adj. tubercular; tuberculoso.

tu.ber.cu.lo.sis [tjubə:kjul'ousis] s. tuberculose f.

tu.bu.lar [tj'u:bjulə] adj. tubular, tubiforme.

tuck [tʌk] s. dobra, prega f. (costurada); debrum m., bainha f. ‖ v. comprimir, enfiar, guardar; cobrir; preguear, embainhar, franzir, costurar prega; dobrar-se, encolher-se, enrolar-se.

Tues.day [tj'u:zdi] s. terça-feira f.

tuft [tʌft] s. topete, penacho, tufo m., borla f.; moita f.; maço, ramo m.

tug [tʌg] s. puxão, arranco m.; esforço m., luta f.; (Náut.) rebocador m. ‖ v. puxar com força, arrastar; esforçar-se, lutar; (Náut.) rebocar.

tu.i.tion [tju'iʃən] s. instrução f.

tu.lip [tj'u:lip] s. tulipa f. (flor e planta).

tum.ble [t'ʌmbl] s. queda f., tombo m., confusão, desordem f. ‖ v. cair, tombar; virar, torcer-se; dar saltos, fazer acrobacias.

tum.bler [t'ʌmblə] s. acrobata m. + f., saltador m.; copo m.; fechadura f.

tu.mes.cence [tju:m'esns] s. tumescência f.

tu.mour [tj'u:mə] s. tumor m.; inchação f.

tu.mult [tj'u:mʌlt, t'u:mʌlt] s. tumulto m., desordem f.; distúrbio m. emocional.

tu.mul.tu.ous [tjum'ʌltjuəs] adj. tumultuoso, violento, barulhento, desordenado.

tu.na [t'u:nə] s. atum m. (grande).

tune [tju:n] s. melodia, cantiga f.; tom m.; harmonia f. ‖ v. soar, cantar, entoar; compor, musicalizar; estar em harmonia; afinar; (rádio) sintonizar.

tu.nic [tj'u:nik] s. túnica f.

tun.nel [t'ʌnəl] s. túnel m.; (Miner.) galeria f. ‖ v. escavar ou construir um túnel.

tur.ban [t'ə:bən] s. turbante m.

tur.bid [t'ə:bid] adj. turvo, lodoso; denso.

tur.bine [t'ə:bin, t'əbain] s. turbina f.

tur.bo.jet [t'ə:bədʒet] s. turbo-reator m.

tur.bu.lent [t'ə:bjulənt] adj. turbulento.

turf [tə:f] s. gramado, relvado m.; turfa f.; pista f. de corrida, turfe m.; corrida f. de cavalos. ‖ v. cobrir com grama.

Turk [tə:k] s. turco m.

Tur.key [t'ə:ki] s. Turquia f. ‖ adj. turco.

tur.key [t'ə:ki] s. peru m.

turkey-cock s. = **turkey**.

Turk.ish [t'ə:kiʃ] s. língua f. turca. ‖ adj. turco. = **delight** (Culin.) doce sírio.

tur.moil [t'ə:mɔil] s. tumulto, distúrbio m.

turn [tə:n] s. rotação, volta f., giro m.; (fig.) mudança f. de direção, reviravolta, crise f.; curva f., cotovelo m.; alteração f.; torção, torcedura f.; vez, ocasião f.; tempo, período m.; favor m.; curso, caminho m.; passeio m., excursão, volta f. ‖ v. girar, rodar, virar(-se), volver(-se); mover; dirigir(-se); retornar; desviar; inverter; mudar de posição; mudar de assunto; volver, dirigir (olhos), virar (rosto); transformar(-se), alterar, virar às avessas. **wait your** =! espere sua vez. **to** = **on** abrir (torneira), ligar (rádio etc.). **to** = **out**

expulsar, mandar embora; despejar. **to** = **off** apagar, desligar (luz).

turn.a.bout [t'ə:nəbaut] s. volta f.

tur.gid [t'ə:dʒid] adj. inchado; pomposo (estilo).

tur.nip [t'ə:nip] s. nabo m.

turn.o.ver [t'ə:nouvə] s. tombo m., queda f.; (Com.) movimento m.; mudança, modificação f.

turn.pike [t'ə:npaik] s. posto m., barreira f. onde se paga taxa ou pedágio.

turn.stile [t'ə:nstail] s. cruzeta f. giratória em passagem; borboleta f.

turn.ta.ble [t'ə:nteibl] s. plataforma f. giratória de estrada de ferro; prato m. de toca-disco; torno m. de oleiro.

tur.pen.tine [t'ə:pəntain] s. aguarrás f.

tur.pi.tude [t'ə:pitju:d] s. maldade, torpeza, depravação f.

tur.quoise [t'ə:kwa:z] s. turquesa f. ‖ adj. azul-celeste, azul-esverdeado.

tur.ret [t'ʌrit] s. torre f. pequena.

tur.tle [t'ə:tl] s. tartaruga f. marítima.

tusk [tʌsk] s. presa f., dente m. comprido (de elefante); dente m. de ancinho etc.

tus.sle [t'ʌsl] s. luta, briga, contenda f. ‖ v. lutar, brigar, altercar, contender.

tu.tor [tj'u:tə] s. professor m. particular, orientador m.; tutor m. ‖ v. ensinar, instruir, lecionar; educar, disciplinar.

tux.e.do [tʌks'i:dou] s. smoking m. (roupa).

twang [twæŋ] s. som metálico, som m. nasal. ‖ v. produzir som agudo ou metálico; vibrar, ressoar, zunir; falar de modo fanhoso, falar pelo nariz.

tweak [twi:k] s. beliscão m., puxão m. ‖ v. beliscar.

tweez.ers [tw'i:zəz] s. pl. pinça f.

twelve [twelv] s. + num. doze m.

twen.ties [tw'entiz] s. pl. casa f. dos vinte.

twen.ty [tw'enti] s. + num. vinte m.

twice [twais] adv. duas vezes, duplamente.

twig [twig] s. galho m. fino, ramo, broto m.

twi.light [tw'ailait] s. crepúsculo m.; lusco-fusco m.; decadência f.

twin [twin] s. gêmeo m. ‖ adj. gêmeo; duplo; com duas partes iguais.

twine [twain] s. cordel, barbante m., corda f. ‖ v. torcer(-se), entrelaçar(-se); enlaçar, enroscar, enrolar, trançar; abraçar.

twinge [twindʒ] s. pontada f., dor f. aguda e penetrante.

twin.kle [tw'iŋkl] s. cintilação f., vislumbre m.; piscadela f. ‖ v. brilhar, faiscar, cintilar; pestanejar, piscar; tremular.

twirl [twə:l] s. giro, rodopio m., volta, viravolta f.; torcida f.; enfeite, floreado m. ‖ v. virar, rodar, girar, rodopiar; torcer, enrolar.

twist [twist] s. curva, curvatura f., cotovelo m.; giro m., volta, rotação f.; torção f.; trança f.; fio m. torcido, retrós, cordel m., corda f.; tecido m.; trançado m. ‖ v. torcer, retorcer; trançar, tecer; enrolar, enroscar, enlaçar; cingir, rodear; curvar, virar; torcer-se; retorcer, desfigurar; alterar, mudar (significado, palavras).

twitch [twitʃ] s. repelão, puxão m.; estremeção f., contração f. muscular; beliscão m. ‖ v. contrair-se; puxar, arrancar (**from, off** de); agarrar; beliscar.

twit.ter [tw'itə] s. gorjeio, trinado, chilro m. ‖ v. cantar, gorjear, chilrear, pipilar, estridular; (fig.) tremer de excitação.

two [tu:] s. número m. dois; dupla f., grupo m. de dois. ‖ num. dois, duas, ambos. ≃-**handed** que usa as duas mãos, ambidestro.

two.fold [t'u:fould] adj. duplo, dobrado, duplicado; de duas partes. ‖ adv. duplamente, em dobro.

ty.coon [taik'u:n] s. (coloq.) magnata m.

type [taip] s. tipo m., classe, espécie f.; modelo, símbolo, protótipo m.; estilo m., forma f., caráter m.; tipo, caráter m. tipográfico; cartas f. pl. impressas ou datilografadas; (Med.) tipo m. sangüíneo. ‖ v. tipificar; simbolizar; datilografar.

type.set.ter [taips'etə] s. (Tipogr.) compositor m.

type.write [t'aiprait] v. datilografar.

type.writ.er [t'aipraitə] s. máquina f. de escrever.

type.writ.ing [t'əipraitiŋ] s. datilografia f.

type.writ.ten [t'aipritən] adj. datilografado.

ty.phoid [t'aifɔid] s. tifo m. ≃ **fever** febre tifóide f.

ty.phoon [taif'u:n] s. tufão, furacão m.

ty.phus [t'aifəs] s. tifo m.

typ.ic [t'ipik] adj. típico, característico; simbólico.

typ.i.cal [t'ipikəl] adj. = **typic**.

typ.ist [t'aipist] s. datilógrafo m.

ty.pog.ra.pher [taip'ɔgrəfə] s. tipógrafo m.

ty.ran.ni.cal [tir'ænikəl] adj. tirânico, injusto, cruel, despótico.

tyr.an.ny [t'irəni] s. tirania, opressão f.

ty.rant [t'aiərənt] s. tirano, ditador m., déspota, autocrata m. + f.

tyre [t'aiə] s. = **tire**.

U

U, u [ju:] s. vigésima primeira letra f. do alfabeto inglês; qualquer coisa f. em forma de U.

u.biq.ui.tous [ju:b'ikwitəs] adj. ubíquo, onipresente.

ud.der ['ʌdə] s. úbere m.

ug.li.ness ['ʌglinis] s. fealdade, feiúra f.

ug.ly ['ʌgli] adj. feio, repulsivo; ofensivo; vil; briguento; ameaçador (tempo).

ul.cer ['ʌlsə] s. úlcera f.; chaga, ferida f.

ul.te.ri.or [ʌlt'iəriə] adj. ulterior, além.

ul.ti.mate ['ʌltimit] adj. último, final; definitivo.

ul.ti.ma.tum [ʌltim'eitəm] s. ultimato m.; exigência ou declaração f. final e irrevogável entre dois inimigos.

ul.tra.son.ic ['ʌltrəs'ounik] adj. supersônico.

ul.u.la.tion [juljul'eiʃən] s. ululação f.

um.bil.i.cal [ʌmb'ilikəl] adj. umbilical.

um.bil.i.cus [ʌmb'ilikəs] s. umbigo m.

um.brel.la [ʌmbr'elə] s. guarda-chuva ou guarda-sol m., sombrinha f.

um.pire ['ʌmpaiə] s. árbitro, juiz m. (também Esp.). ‖ v. arbitrar, julgar.

un.a.ble [ʌn'eibl] adj. incapaz.

un.a.bridged ['ʌnəbridʒd] adj. não abreviado, completo, integral.

un.ac.cept.a.ble [ʌnəks'eptəbl] adj. inaceitável; desagradável.

un.ac.cus.tomed [ʌnək'ʌstəmd] adj. desacostumado, desabituado; estranho, não familiar.

un.ac.quaint.ed [ʌnəkw'eintd] adj. alheio, estranho, que não está a par.

un.a.dapt.ed [ʌnəd'æptid] adj. impróprio.

un.af.fect.ed ['ʌnəf'ektid] adj. não afetado, não influenciado; impassível, insensível; simples, natural, sincero.

un.a.fraid ['ʌnəfr'eid] adj. destemido, sem receio.

un.al.ter.a.ble [ʌn'ɔ:ltərəbl] adj. inalterável, imutável, invariável.

u.na.nim.i.ty [ju:nən'imiti] s. unanimidade f.; consensualidade f.

u.nan.i.mous [jun'æniməs] adj. unânime.

un.arm [ʌn'a:m] v. desarmar; depor as armas.

un.armed [ʌn'a:md] adj. desarmado, indefeso, inerme, sem meios de defesa.

un.a.shamed [ʌnəʃ'eimd̩] adj. desavergonhado, sem-vergonha; franco.

un.as.sum.ing [ʌnəsj'u:miŋ] adj. modesto, despretensioso, simples, comedido.

un.at.trac.tive [ʌnətr'æktiv] adj. sem atrativos, sem graça.

un.a.vail.a.ble [ʌnəv'eiləbl] adj. indisponível, inalcançável.

un.a.vail.ing [ʌnəv'eiliŋ] adj. inútil, vão, sem sucesso.

un.a.void.a.ble [ʌnəv'ɔidəbl] adj. inevitável.

un.a.ware [ʌnəw'ɛə] adj. inconsciente, que não percebe. **to be ≈ of** não perceber.

un.a.wares [ʌnəw'ɛəz] adv. sem querer, sem pensar, sem intenção, por descuido; inesperadamente, de improviso, inopinadamente, de surpresa. **to take somebody ≈** tomar alguém de surpresa. ,

un.bear.a.ble [ʌnb'ɛərəbl] adj. insuportável, intolerável.

un.be.com.ing [ʌnbik'ʌmiŋ] adj. impróprio, inconveniente; que não fica bem.

un.be.liev.a.ble [ʌnbil'i:vəbl] adj. incrível.

un.be.liev.ing [ʌnbil'i:viŋ] adj. incrédulo.

un.bend.ing [ʌnb'endiŋ] adj. inflexível; irredutível, firme; rígido.

un.bi.ased [ʌnb'aiəst] adj. imparcial, sem preconceitos, desapaixonado.

un.born [ʌnb'ɔ:n] adj. por nascer, futuro.

un.bos.om [ʌnb'uzəm] v. abrir(-se), revelar, confessar.

un.bound.ed [ʌnb'aundid] adj. ilimitado, imenso, irrestrito; desmedido.

un.bri.dled [ʌnbr'aidld] adj. desenfreado.

un.bro.ken [ʌnbr'oukən] adj. inteiro, intato, incólume; ininterrupto, contínuo.

un.bur.den [ʌnb'ə:dn] v. descarregar; desabafar, abrir-se, fazer confidência.

un.busi.ness.like [ʌnb'iznislaik] adj. que não é prática comercial.

un.can.ny [ʌnk'æni] adj. esquisito, estrambótico; misterioso, fantástico, estranho.

un.cer.tain [ʌns'ə:tn] adj. incerto, duvidoso; indeterminado; irresoluto, indeciso.

un.cer.tain.ness [ʌns'ə:tnnis] s. incerteza, dúvida f.

un.chain [ʌntʃ'ein] v. desencadear.

un.change.a.ble [ʌntʃ'eindʒəbl] adj. inalterável, imutável, invariável.

un.charged [ʌntʃ'a:dʒd] adj. (Eletr.) neutro, descarregado.

un.char.i.ta.ble [ʌntʃ'æritəbl] adj. descaridoso, severo.

un.checked ['ʌntʃekt] adj. incontrolado.

un.civ.il [ʌns'ivl] adj. incivil, descortês, impolido, rude, grosseiro, mal-educado.

un.ci.vil.ized [ʌns'ivilaizd] adj. incivilizado, bárbaro.

un.claimed [ʌnkl'eimd] adj. não reclamado; não retirado (de um depósito).

un.cle ['ʌŋkl] s. tio m.; (gíria) penhorista m.

un.clean [ʌnkl'i:n] adj. sujo, imundo; impuro; vil.

un.clothe [ʌnkl'ouð] v. despir, desnudar.

un.com.fort.a.ble [ʌnk'ʌmfətəbl] adj. pouco confortável, incômodo; inquietante; desagradável; constrangido; indisposto.

un.com.mon [ʌnk'ɔmən] adj. raro; incomum; notável, fora do comum;

un.com.plet.ed [ʌnkɔmpl'i:tid] adj. incompleto, inacabado; imperfeito.

un.com.pro.mis.ing [ʌnk'ɔmprəmaiziŋ] adj. inflexível; firme; inexorável.

un.con.cerned [ʌnkəns'ə:nd] adj. despreocupado, tranqüilo; indiferente.

un.con.di.tion.al [ʌnkənd'iʃənəl] adj. incondicional, sem restrições, absoluto.

un.con.quer.a.ble [ʌnk'ɔŋkərəbl] adj. invencível, inconquistável, indomável.

un.con.quered [ʌnk'ɔŋkəd] adj. invicto.

un.con.scious [ʌnk'ɔnʃəs] adj. inconsciente, desacordado; não intencional.

un.con.scious.ness [ʌnk'ɔnʃəsnis] s. inconsciência f.

un.con.trol.la.ble [ʌnkəntr'ouləbl] adj. incontrolável, ingovernável.

un.con.trolled [ʌnkəntr'ould] adj. descontrolado, desgovernado, livre; desenfreado, indômito.

un.con.ven.tion.al [ʌnkənv'enʃənəl] adj. não convencional, sem cerimônias, natural.

un.cor.rect.ed [ʌnkər'ektid] adj. não corrigido.

un.couth [ʌnk'u:θ] adj. desconhecido; bravio; rude.

un.cov.er [ʌnk'ʌvə] v. descobrir(-se); despir (-se); destelhar; destapar; revelar, expor; (Miner.) escavar, abrir.

unc.tion ['ʌŋkʃən] s. unção f. (rito religioso); óleo m., pomada f., bálsamo m.; ungüento m.

unc.tu.ous ['ʌŋktijuəs] adj. insincero (no falar ou nas maneiras).

un.cul.ti.vat.ed [ʌnk'ʌltiveitid] adj. inculto; sem cultivo (lavoura); sem cultura.

un.daunt.ed [ʌnd'ɔ:ntid] adj. destemido, intrépido, audaz.

un.de.cid.ed [ʌndis'aidid] adj. não decidido, incerto.

un.de.fined [ʌndif'aind] adj. indefinido.

un.de.ni.a.ble [ʌndin'aiəbl] adj. inegável, incontestável.

un.der ['ʌndə] adj. inferior. ‖ adv. inferiormente; embaixo, por baixo; em estado de inferioridade ou submissão. ‖ prep. debaixo, embaixo, por baixo, sob; inferior, menor; mais novo; protegido ou dominado por; durante; de acordo com; em, dentro de; designado, indicado por; sujeito à regra, direção ou orientação de; autorizado ou atestado por.

un.der.age [ʌndər'eidʒ] adj. de menor idade.

un.der.arm ['ʌndəra:m] s. axila f.

un.der.brush ['ʌndəbrʌʃ] s. arbustos m. pl.; toda espécie f. de plantas rasteiras num bosque.

un.der.car.riage ['ʌndəkæridʒ] s. subestrutura f.; (Av.) trem m. de aterrissagem.

un.der.clothes ['ʌndəklouðz] s. pl. roupa f. de baixo, trajes m. pl. menores.

un.der.clothing ['ʌndəklouðiŋ] s. roupa f. íntima ou de baixo.

un.der.cur.rent [ʌndək'ʌrənt] s. subcorrente f.; fator m. (motivo ou razão) oculto, subjacente às aparências.

un.der.de.vel.op [ʌndədiv'eləp] v. subdesenvolver.

un.der.de.vel.oped [ˌʌndədivˈeləpt] adj. ainda não desenvolvido; subdesenvolvido (país, corpo).

un.der.dog [ˈʌndədɔg] s. prejudicado, vencido m.; coitado m.; oprimido m.; perdedor m.

un.der.done [ˌʌndədˈʌn] adj. mal-passado, pouco cozido ou assado.

un.der.es.ti.mate [ˌʌndərˈestimit] s. estimativa f. ou orçamento m. baixo, subestima, depreciação f. ‖ v. subestimar.

un.der.fed [ˈʌndəfˈed] adj. mal-alimentado, subnutrido.

un.der.foot [ˌʌndəfˈuːt] adv. sob os pés; no chão.

un.der.gar.ment [ˈʌndəgaːmənt] s. roupa f. de baixo, roupa íntima.

un.der.go [ˌʌndəgˈou] v. passar por, sofrer, agüentar, resistir a, suportar, tolerar.

un.der.grad.u.ate [ˌʌndəgrˈædjuit] s. estudante m. + f. ou universitário m. que ainda não colou grau.

un.der.ground [ˈʌndəgraund] s. subterrâneo m.; subsolo m.; movimento m. ou organização f. secreta. ‖ adj. subterrâneo; secreto; de resistência ou oposição secreta. ‖ adv. debaixo da terra, no subsolo; em segredo, às escondidas, ocultamente, secretamente.

un.der.growth [ˈʌndəgrouθ] s. mato, matagal m.

un.der.hand [ˈʌndəhænd] adj. desleal. ‖ adv. deslealmente, ardilosamente.

un.der.line [ˈʌndəlain] s. sublinha f.

un.der.line [ˌʌndəlˈain] v. sublinhar; realçar.

un.der.ling [ˈʌndəliŋ] s. subalterno m.

un.der.ly.ing [ˌʌndəlˈaiiŋ] adj. subjacente; básico; implícito; subordinado a.

un.der.mine [ˌʌndəmˈain] v. minar, solapar; debilitar insidiosamente.

un.der.neath [ˌʌndənˈiːθ] s. parte f. ou lado m. inferior. ‖ adv. embaixo, debaixo, por baixo. ‖ prep. embaixo, por baixo; sob o poder ou domínio de.

un.der.nour.ish.ment [ˌʌndənˈʌriʃmənt] s. subnutrição, subalimentação f.

un.der.paid [ˌʌndəpˈeid] adj. mal pago.

un.der.pay [ˌʌndəpˈei] v. pagar insuficientemente, pagar pouco ou mal.

un.der.rate [ˌʌndərˈeit] v. depreciar, subestimar, menosprezar.

un.der.sec.re.tar.y [ˌʌndəsˈekrətəri] s. subsecretário, vice-secretário m.

un.der.sell [ˌʌndəsˈel] v. vender a preço inferior, baratear, queimar.

un.der.shirt [ˈʌndəʃəːt] s. camiseta f., camisa f. de baixo.

un.der.side [ˈʌndəsaid] s. lado m. ou face f. inferior.

un.der.sign [ˌʌndəsˈain] v. assinar, subscrever, firmar. the ≃ed o abaixo-assinado.

un.der.skirt [ˈʌndəskəːt] s. combinação, anágua, saia f. de baixo.

un.der.stand [ˌʌndəstˈænd] v. (pret. e p.p. **understood**); compreender, entender; saber; reconhecer; ouvir, tomar conhecimento, ser informado; supor, pensar; subentender, ser subentendido.

un.der.stand.a.ble [ˌʌndəstˈndəbl] adj. compreensível, inteligível.

un.der.stand.ing [ˌʌndəstˈændiŋ] s. compreensão f., conhecimento m.; mente f., juízo, intelecto, entendimento m.; discernimento, espírito m.; acordo, ajuste m.; interpretação f. pessoal. ‖ adj. sabedor, sabido, inteligente; sensível.

un.der.stood [ˌʌndəstˈud] v. pret. e p. p. de **understand**. ‖ adj. compreendido, entendido; de acordo; implícito.

un.der.take [ˌʌndətˈeik] v. empreender; experimentar, ocupar-se com; encarregar-se de, incumbir-se de; concordar (em fazer).

un.der.tak.er [ˌʌndətˈeikə] s. empresário m.

un.der.tak.er [ˈʌndəteikə] s. agente m. funerário.

un.der.tak.ing [ˌʌndətˈeikiŋ] s. empresa, tarefa f., empreendimento m.

un.der.tak.ing [ˈʌndəteikiŋ] s. serviço m. funerário.

un.der.tow [ˈʌndətou] s. ressaca f., recuo m. das obras.

un.der.wear [ˈʌndəwɛə] s. roupa f. de baixo.

un.der.went [ˌʌndəwˈent] v. pret. de **undergo**.

un.der.world [ˈʌndəwəːld] s. mundo m. dos criminosos; inferno m.

un.de.sir.a.ble [ˌʌndizˈaiərəbl] s. + adj. indesejável m. + f., indesejado m.

un.dis.guised [ˌʌndisgˈaizd] adj. indisfarçado; franco, claro, aberto.

un.dis.turbed [ˌʌndistˈəːbd] adj. imperturbado, tranqüilo, calmo, sereno.

un.di.vid.ed [ʌndiv'aidid] adj. não dividido; não distribuído; ininterrupto.

un.do [ʌnd'u:] v. desfazer, desmanchar, anular, cancelar; descoser; desabotoar; desatar, desamarrar.

un.done [ʌnd'ʌn] v. p. p. de **undo**. ‖ adj. inacabado, incompleto; negligenciado.

un.doubt.ed [ʌnd'autid] adj. indubitado, indubitável, evidente, manifesto.

un.dress [ʌndr'es] v. despir(-se), tirar a roupa.

un.dressed [ʌndr'est] adj. despido.

un.due [ʌndj'u:] adj. impróprio, inadequado.

un.du.late ['ʌndjuleit] v. ondular; ondear; flutuar.

un.du.ly [ʌndj'u:li] adv. indevidamente, injustificadamente, sem razão.

un.dy.ing [ʌnd'aiiŋ] adj. imortal, eterno.

un.earth [ʌn'ə:θ] v. desenterrar; descobrir, revelar; desentocar.

un.eas.i.ness [ʌn'i:zinis] s. preocupação, inquietação, intranqüilidade, inquietude f.

un.eas.y [ʌn'i:zi] adj. preocupado, inquieto.

un.ed.u.cat.ed [ʌn'edjukeitid] adj. sem educação; malcriado, mal-educado.

un.em.ployed [ʌnimpl'ɔid] adj. desempregado; inativo.

un.em.ploy.ment [ʌnimpl'ɔimənt] s. desemprego m.

un.end.ing [ʌn'endiŋ] adj. interminável.

un.e.qual [ʌn'i:kwəl] adj. desigual; desproporcional; injusto, parcial.

un.e.qualed [ʌn'i:kwəld] adj. inigualado; incomparável, sem par.

un.e.qualled ['ʌn'i:kwəld] adj. = **unequaled**.

un.err.ing [ʌn'ə:riŋ] adj. infalível; seguro.

un.e.ven [ʌn'i:vn] adj. desigual; irregular, acidentado; ímpar (número); torto.

un.ex.haust.ed [ʌnigz'ɔ:stid] adj. inesgotado.

un.ex.pect.ed [ʌniksp'ektid] adj. inesperado, imprevisto.

un.fail.ing [ʌnf'eiliŋ] adj. infalível; firme; incansável; fiel, leal; verdadeiro.

un.fair [ʌnf'ɛə] adj. incorreto, injusto; desonesto; parcial; iníquo; desleal.

un.faith.ful [ʌnf'eiθful] adj. desleal, infiel.

un.fa.mil.iar [ʌnfəm'iljə] adj. pouco conhecido, fora do comum, estranho, não habitual.

un.fas.ten [ʌnf'a:sn] v. desatar(-se), abrir.

un.fa.vor.a.ble [ʌnf'eivərəbl] adj. desfavorável, desvantajoso, adverso; danoso.

un.feel.ing [ʌnf'i:liŋ] adj. insensível; cruel.

un.fin.ished [ʌnf'iniʃt] adj. inacabado.

un.fit [ʌnf'it] v. incapacitar; estragar. ‖ adj. inadequado, impróprio; imprestável; incapaz, inepto.

un.fold [ʌnf'ould] v. abrir(-se), desdobrar(-se).

un.fore.seen [ʌnfɔ:s'i:n] adj. imprevisto.

un.for.get.ta.ble [ʌnfəg'etəbl] adj. inesquecível, inolvidável.

un.for.tu.nate [ʌnf'ɔ:tʃnit] adj. infeliz, desventurado, azarado; desastroso.

un.friend.ly [ʌnfr'endli] adj. descortês, pouco amável, inamistoso, inamigável; hostil.

un.furl [ʌnf'ə:l] v. desfraldar(-se) (bandeira); largar (velas); abrir (guarda-chuva).

un.gain.ly [ʌng'einli] adj. desajeitado, canhestro, desgracioso, inábil.

un.grace.ful [ʌngr'eisful] adj. desgracioso, deselegante, desajeitado.

un.grate.ful [ʌngr'eitful] adj. ingrato.

un.hap.py [ʌnh'æpi] adj. infeliz, desgraçado, infortunado; funesto; triste.

un.harmed [ʌnh'a:md] adj. incólume, ileso, intato, são e salvo.

un.health.y [ʌnh'elθi] adj. insalubre.

un.heard [ʌnh'ə:d] adj. desconhecido.

un.hitch [ʌnh'itʃ] v. desenganchar.

un.hook [ʌnh'u:k] v. desenganchar; desprender, soltar; desabotoar; tirar do cabide.

un.hurt [ʌnh'ə:t] adj. ileso, incólume, são e salvo.

u.ni.corn [j'u:nikɔ:n] s. unicórnio m.

unidentified flying object [ʌnaid'entifaid fl'aiiŋ 'ɔbdʒikt] (abr. **UFO**) s. objeto m. voador não identificado (abr. **OVNI**).

u.ni.form [j'u:nifɔ:m] s. uniforme m., farda f. ‖ adj. uniforme; monótono; invariável.

u.ni.form.i.ty [ju:nif'ɔ:miti] s. = **uniformness**.

u.ni.form.ness [j'u:nifɔ:mnis] s. uniformidade, igualdade f.

u.ni.fy [j'u:nifai] v. unificar, unir, uniformizar.

u.ni.lat.er.al [ju:nil'ætərəl] adj. unilateral.

un.im.por.tant [ʌnimp'ɔ:tənt] adj. sem importância, insignificante, trivial, fútil.

un.in.hab.it.a.ble [ʌninh'æbitəbl] adj. inabitável.

un.in.spired [ʌninsp'aiəd] adj. sem inspiração, sem entusiasmo.

un.in.struct.ed [ʌninstr'ʌktid] adj. não instruído; inculto, sem educação.

un.in.tel.li.gent [ʌnint'elidʒənt] adj. ininteligente, tolo, simplório, tonto.

un.in.tel.li.gi.ble [ʌnint'elidʒəbl] adj. ininteligível, incompreensível; enigmático.

un.in.ter.est.ing [ʌn'intəristiŋ] adj. desinteressante, insípido; enfadonho.

un.in.vit.ed [ʌninv'aitid] adj. não convidado, sem convite.

un.ion [j'u:niən] s. união f.; associação, liga f., círculo m.; federação, coalizão, aliança f.; combinação f.; casamento, enlace m.; concórdia f.; junção f.

u.nique [ju:n'i:k] s. exemplo m. sem par, qualquer coisa f. sem paralelo. **‖** adj. único, ímpar; raro, invulgar, singular; sem paralelo, sem igual.

u.ni.sex [j'u:niseks] adj. unissex.

u.ni.son [j'u:nizn] s. acordo m., concordância, harmonia f.; (Mús.) unissonância f., uníssono m.

u.nit [j'u:nit] s. unidade f.; (Milit.) grupo m.; formação f.; o menor número m. inteiro, um. **fighting** ≃ grupo de combate.

u.ni.tar.y [j'u:nitəri] adj. unitário.

u.nite [ju:n'ait] v. unir(-se), ajuntar(-se), reunir (-se); agir em conjunto.

United Kingdom [ju:n'aitid k'iŋdəm] s. Reino m. Unido, Grã-Bretanha f.

United States [ju:n'aitid steits] s. Estados Unidos da América m. pl.

u.ni.ty [j'u:niti] s. unidade f. (também Liter. e Arte); uniformidade, homogeneidade f.; união, harmonia, concórdia f.

u.ni.ver.sal [juniv'ə:səl] s. universal m. **‖** adj. universal, geral, total.

u.ni.verse [j'u:nivə:s] s. universo, cosmo m.

u.ni.ver.si.ty [juniv'ə:siti] s. universidade, academia f.

un.just [ʌndʒ'ʌst] adj. injusto, desleal, iníquo (**to** para), incorreto.

un.jus.ti.fi.a.ble [ʌndʒ'ʌstifaiəbl] adj. injustificável.

un.kempt [ʌnk'empt] adj. despenteado; desleixado.

un.kind [ʌnk'aind] adj. indelicado, descortês, grosseiro; cruel, insensível.

un.known ['ʌnnoun] adj. desconhecido, ignorado, estranho.

un.law.ful [ʌnl'ɔ:ful] adj. ilegal, proibido, ilícito; ilegítimo.

un.less [ʌnl'es] conj. a menos que, a não ser que, senão, exceto se , salvo se. **‖** prep. exceto, salvo.

un.like [ʌnl'aik] adj. desigual, diverso, distinto, diferente. **‖** adv. + prep. não como, de modo diferente; ao contrário.

un.like.ly [ʌnl'aikli] adj. improvável.

un.lim.it.ed [ʌnl'imitid] adj. ilimitado.

un.load [ʌnl'oud] v. descarregar; desembarcar, ser desembarcado; tirar a carga de (arma); aliviar, suavizar; livrar-se de; desabafar.

un.lock [ʌnl'ɔk] v. abrir a fechadura de, destrancar, desaferrolhar; abrir; destravar (arma); descobrir, desvendar.

un.luck.y [ʌnl'ʌki] adj. infeliz, desventurado, desafortunado; agourento, infausto.

un.man.age.a.ble [ʌnm'ænidʒəbl] adj. que não se deixa dirigir; intratável, indócil; difícil.

un.man.ly [ʌnm'ænli] adj. que não é viril, efeminado; fraco; covarde.

un.mar.ried ['ʌnmærid] adj. solteiro.

un.mask [ʌnmə:sk] v. desmascarar (também fig.).

un.mer.ci.ful [ʌnm'ə:siful] adj. desapiedado, cruel, inflexível, inexorável, implacável, desumano, impiedoso.

un.mis.tak.able [ʌnmist'eikəbl] adj. inconfundível, inequívoco, manifesto.

un.moved [ʌnm'u:vd] adj. impassível; inalterado, calmo, indiferente; firme.

un.nat.u.ral [ʌnn'ætʃərəl] adj. inatural; artificial; estranho; desnaturado.

un.nec.es.sar.y [ʌnn'esisəri] adj. desnecessário, inútil.

un.need.ed [ʌnn'i:did] adj. = **unnecessary**.

un.ob.lig.ing [ʌnəbl'aidʒiŋ] adj. desatencioso.

un.ob.served [ʌnəbz'ə:vd] adj. despercebido, inobservado, não notado.

un.ob.tain.a.ble [ʌnəbt'einəbl] adj. que não se pode obter.

un.ob.tru.sive [ʌnəbtr'u:siv] adj. moderado, discreto, modesto, não importuno.

un.oc.cu.pied [ʌn'ɔkjupaid] adj. desocupado; vazio; desabitado; ocioso; desempregado.

un.of.fi.cial [ʌnəf'iʃəl] adj. não oficial.

un.pack [ʌnp'æk] v. desempacotar, desembrulhar, tirar da mala, desencaixotar; desenfardar, desembalar.

un.paid [ʌnp'eid] adj. não pago; gratuito.

un.par.don.a.ble [ʌnp′a:dənəbl] adj. imperdoável, indesculpável.

un.pleas.ant [ʌnpl′eznt] adj. desagradável.

un.pop.u.lar [ʌnp′ɔpjulə] adj. impopular.

un.pre.ced.ent.ed [ʌnpr′esidəntid] adj. sem precedente, inaudito, sem exemplo, sem par, nunca visto.

un.prej.u.diced [ʌnpr′edʒudist] adj. sem preconceitos; não prejudicado.

un.pre.ten.tious [ʌnprit′enʃəs] adj. modesto, despretensioso, humilde.

un.prin.ci.pled [ʌnpr′insəpld] adj. que não tem princípios, sem caráter.

un.prom.is.ing [ʌnpr′ɔmisiŋ] adj. pouco prometedor; sem esperança.

un.pro.tect.ed [ʌnprət′ektid] adj. desprotegido, desamparado, sem apoio.

un.pub.lished [ʌnp′ʌbliʃt] adj. inédito (obra literária).

un.qual.i.fied [ʌnkw′ɔlifaid] adj. não qualificado; inadequado, impróprio.

un.quench.a.ble [ʌnkw′entʃəbl] adj. inextingüível; insaciável (sede); ávido.

un.ques.tion.a.ble [ʌnkw′estʃənəbl] adj. inquestionável, indisputável, indubitável, indiscutível, incontestável.

un.qui.et [ʌnkw′aiət] adj. inquieto, desassossegado, perturbado, agitado.

un.rav.el [ʌnr′ævəl] v. desemaranhar (-se), desembaraçar(-se); desfibrar(-se), desfiar(-se); desenredar(-se), deslindar-se.

un.read.a.ble [ʌnr′i:dəbl] adj. ilegível.

un.re.al [ʌnr′i:əl] adj. irreal, imaginário, fictício, artificial, quimérico, ilusório.

un.rea.son.a.ble [ʌnr′i:znəbl] adj. desarrazoado, irracional; ininteligente; sem motivo; injusto, desmedido, exagerado.

un.rec.og.niz.a.ble [ʌnr′ekəgnaizəbl] adj. irreconhecível.

un.re.fined [ʌnrif′aind] adj. não refinado ou purificado, bruto; incivil, descortês.

un.re.li.a.ble [ʌnril′aiəbl] adj. que não é de confiança, inseguro, falível, incerto.

un.re.mit.ting [ʌnrim′itiŋ] adj. incessante, constante; incansável, infatigável.

un.rest [ʌnr′est] s. desassossego, mal-estar m., inquietação, agitação f.; receio f.

un.re.strain.ed [ʌnristr′eind] adj. desenfreado; descarado; irrestrito.

un.re.strict.ed [ʌnristr′iktid] adj. irrestrito, ilimitado.

un.ripe [ʌnr′aip, ′ʌnraip] adj. verde, não maduro; imaturo; precoce.

un.ri.valed [ʌnr′aivəld] adj. = **unrivalled**.

un.ri.valled [ʌnr′aivəld] adj. sem par, sem rival, incomparável, inigualável.

un.roll [ʌnr′oul] v. desenrolar(-se); estender, abrir(-se); expor, demonstrar; explanar; desenvolver(-se); desdobrar.

un.root [ʌnr′u:t] v. desarraigar, extirpar, arrancar, tirar inteiramente.

un.ru.ly [ʌnr′u:li] adj. teimoso; desobediente, indisciplinado, insubordinado; ingovernável, incontrolável.

un.safe [ʌns′eif] adj. inseguro, arriscado.

un.sat.is.fac.to.ry [ʌnsætisf′æktəri] adj. insatisfatório, inadequado, insuficiente.

un.sa.vor.y [ʌns′eivəri] adj. sem gosto, sem sabor, de mau gosto, ruim; fétido.

un.schooled [ʌnsk′u:ld] adj. sem instrução, não instruído, inculto, ignorante.

un.sea.soned [ʌns′i:znd] adj. verde (madeira); não sazonado; sem tempero (comida).

un.seem.ly [ʌns′i:mli] adj. impróprio.

un.self.ish [ʌns′elfiʃ] adj. desinteressado, altruísta, generoso.

un.set.tled [ʌns′etld] adj. inseguro, incerto, vago, duvidoso; irresoluto, hesitante; não pago; inconstante, variável; excitado; louco; não estabelecido, sem domicílio fixo; não povoado, desabitado.

un.shaved [ʌnʃ′eivd] adj. não barbeado.

un.shrink.a.ble [ʌnʃr′inkəbl] adj. que não encolhe.

un.sight.ly [ʌns′aitli] adj. pouco apresentável, de má aparência, feio, disforme.

un.so.cia.ble [ʌns′ouʃəbl] adj. insociável retraído, reservado.

un.solv.a.ble [ʌns′ɔlvəbl] adj. insolúvel.

un.sound [ʌns′aund] adj. insalubre.

un.spar.ing [ʌnsp′ɛəriŋ] adj. incansável; assíduo, constante; generoso, liberal; laborioso.

un.speak.a.ble [ʌnsp′i:kəbl] adj. inexprimível, indizível, inefável; indescritível; terrível.

un.spoiled [ʌnsp′ɔild] adj. não estragado; intato, incólume.

un.spoilt [ʌnsp′ɔilt] adj. = **unspoiled**.

un.sta.ble [ʌnst′eibl] adj. movediço, móvel; sem firmeza, inseguro; oscilante, variável.

un.stead.y [ʌnst′edi] adj. oscilante, inseguro; volúvel; variável; desregrado; trôpego; móvel; irresoluto, hesitante, indeciso.

un.sub.mis.sive [ʌnsəbm'isiv] adj. insubmisso, teimoso.

un.suc.cess.ful [ʌnsəks'esful] adj. malsucedido, infeliz, infrutífero; fracassado.

un.suit.a.ble [ʌnsj'u:təbl] adj. impróprio, inadequado, inconveniente; inapto.

un.sus.pect.ed [ʌnsəsp'ektid] adj. insuspeito; inesperado, não suposto.

un.sus.pi.cious [ʌnsəsp'iʃəs] adj. ingênuo, sem malícia ou suspeita; insuspeito.

un.tam.a.ble [ʌnt'eiməbl] adj. indomável.

un.think.a.ble [ʌnθ'iŋkəbl] adj. inimaginável; inconcebível; (coloq.) improvável.

un.thought.ful [ʌnθ'ɔ:tful] adj. irrefletido.

un.ti.dy [ʌnt'aidi] adj. desordenado, em desordem, desmazelado, desleixado.

un.tie [ʌnt'ai] v. desamarrar(-se), desatar (-se); soltar (nó); abrir (pacote).

un.til [ʌnt'il] prep. até. I conj. até que.

un.time.ly [ʌnt'aimli] adj. intempestivo, extemporâneo; precoce, imaturo, prematuro, antecipado; inoportuno, impróprio.

un.tir.ing [ʌnt'aiəriŋ] adj. incansável.

un.told [ʌnt'ould] adj. não contado, narrado, relatado, revelado ou dito.

un.touched [ʌnt'ʌtʃt] adj. não tocado, intato; insensível; não afetado.

un.trained [ʌntr'eind] adj. não instruído ou ensinado, não adestrado, destreinado.

un.tried [ʌntr'aid] adj. não experimentado, não provado; inexperiente; não ensaiado.

un.trou.bled [ʌntr'ʌbld] adj. imperturbado, calmo, tranquilo; não estorvado.

un.truth [ʌntr'u:θ] s. mentira, falsidade, deslealdade f.

un.used [ʌnj'u:zd] adj. não usado, novo; desocupado.

un.used [ʌnj'u:st] adj. não acostumado.

un.u.su.al [ʌnj'u:ʒuəl] adj. invulgar, raro.

un.veil [ʌnv'eil] v. desvelar; tirar o véu a; desvendar, descobrir; abrir-se.

un.war.y [ʌnw'ɛəri] adj. descuidado.

un.wel.come [ʌnw'elkəm] adj. mal acolhido, mal recebido, inoportuno.

un.whole.some [ʌnh'oulsəm] adj. insalubre, insaudável; doentio; imoral, corrupto; prejudicial, nocivo, pernicioso.

un.wield.y [ʌnwi:ldi] adj. de difícil manejo ou manuseio; de difícil controle; pesado; desajeitado.

un.will.ing [ʌnw'iliŋ] adj. sem vontade, de má vontade, relutante, pertinaz, teimoso.

un.wil.ling.ness [ʌnw'iliŋnis] s. má vontade f.

un.wise [ʌnw'aiz] adj. ininteligente, tolo.

un.wit.ting [ʌnw'itiŋ] adj. inconsciente; involuntário; despercebido.

un.wor.thy [ʌnw'ɔ:ði] adj. indigno (of de), desonroso; injustificado; impróprio, inconveniente.

un.wrap [ʌnr'æp] v. desembrulhar(-se), desempacotar, abrir(-se).

un.writ.ten [ʌnr'itn] adj. não escrito, em branco; não por escrito, oral, verbal.

un.yield.ing [ʌnj'i:ldiŋ] adj. inflexível.

up [ʌp] s. movimento ou curso m. ascendente; elevação f.; boa sorte f. I v. subir, elevar. I adj. avançado, adiantado; ascendente; acima do solo; perto, chegado. I adv. para cima; no alto; ereto, em pé; cá, para cá; nascido (sol, semente); aberto (guarda-chuva); exaltado, em atividade; terminado, expirado. I prep. em cima, para cima, acima; em, sobre; ao longo, através; adentro. I interj. de pé! the ≃ s and downs of life as vicissitudes da vida. hurry ≃! apressa-te! vamos! she makes ≃ ela se pinta. ≃ to the present até agora. ≃ the hill, ≃ the river morro acima, rio acima. ≃ and down para cima e para baixo, para cá e para lá. ≃ to date em dia, atualizado; moderno.

up.braid [ʌpbr'eid] v. censurar, reprovar, repreender.

up.bring.ing ['ʌpbriŋiŋ] s. criação, educação f.

up.heav.al [ʌph'i:vəl] s. (Geol.) elevação f. da superfície da Terra; motim, levante m., revolta, sublevação f.

up.hill ['ʌphil] adj. ascendente, íngreme; elevado; penoso.

up.hill [ʌph'il] adv. para cima, para o alto, morro acima.

up.hold [ʌph'ould] v. segurar, sustentar, apoiar; manter, confirmar, aprovar.

up.hol.ster [ʌph'oulstə] v. estofar, acolchoar, almofadar; atapetar.

up.hol.ster.y [ʌph'oulstəri] s. tapeçaria, decoração f., cortinas f. pl.; ofício m. de tapeceiro ou decorador; negócio ou comércio m. de tapeçaria; casa f. de móveis.

up.keep ['ʌpki:p] s. manutenção f.

up.lift ['ʌplift] s. elevação f. espiritual.

up.per ['ʌpə] s. parte f. superior de um calçado m. ‖ adj. superior, mais alto.

up.per.most ['ʌpəmoust] adj. superior, mais alto; principal, predominante.

up.right ['ʌprait] s. poste, pilar m., coluna ou qualquer peça f. perpendicular com função de apoio, como pontalete etc.; pianino m. ‖ adj. perpendicular, vertical; direto, honesto, justo. ‖ adv. verticalmente, a prumo, perpendicularmente.

up.right.ness ['ʌpraitnis] s. perpendicularidade f., prumo m.; probidade, retidão f.

up.ris.ing [ʌpr'aiziŋ] s. revolta, rebelião, insurreição f.

up.roar ['ʌprɔ:] s. distúrbio, tumulto, alvoroço m., bulha, gritaria f.

up.root [ʌpr'u:t] v. desarraigar, erradicar.

up.set [ʌps'et] s. tombo m., queda, capotagem f.; desordem f.; ruína f. ‖ v. tombar, capotar; pôr em desordem, desconcertar; descontrolar; perturbar; depor (governo). ‖ adj. capotado, tombado; desconcertado; perturbado; ereto, levantado. **to be** ≃ estar preocupado.

up.shot ['ʌpʃɔt] s. fim, final, resultado, desfecho m.; conclusão f.

upside down ['ʌpsaid daun] adv. de cabeça para baixo, de pernas para o ar, virado, invertido.

up.stairs ['ʌpst'ɛəz] s. o andar m. superior. ‖ adj. do andar superior. ‖ adv. em cima, situado no andar superior; para cima, escada acima.

up.start ['ʌpsta:t] s. novo-rico m.; pessoa f. arrogante, convencida.

up.stream ['ʌpstr'i:m] adj. + adv. rio acima, contra a correnteza.

up.town ['ʌptaun] s. bairro m. residencial de uma cidade. ‖ adj. na parte superior de uma cidade; suburbano.

up.town [ʌpt'aun] adv. rumo à parte superior de uma cidade, rumo aos arrabaldes.

up.turn ['ʌptə:n] s. ação f. de virar para cima; mudança f. para melhor.

up.ward ['ʌpwəd] adj. dirigido para cima, ascendente, superior. ‖ adv. para cima, acima, por cima, além.

up.wards ['ʌpwədz] adj. + adv. = **upward**.

u.ra.ni.um [juər'einiəm] s. (Quím.) urânio m.

ur.ban ['ə:bən] adj. urbano, da cidade.

ur.bane [ə:b'ein] adj. urbano, civil, cortês.

ur.chin ['ə:tʃin] s. rapaz ou garoto m. travesso, moleque, maroto m.; malandro, vadio m.; criança f. pobre, maltrapilha.

urge [ə:dʒ] s. desejo, anseio, ímpeto, impulso m. ‖ v. apressar, acelerar; argumentar, persuadir, induzir; obrigar, constranger.

ur.gen.cy ['ə:dʒənsi] s. urgência, pressa f.

ur.gent ['ə:dʒənt] adj. urgente, premente.

u.ri.nate [j'uərineit] v. urinar.

u.rine [j'uərin] s. urina f.

urn [ə:n] s. urna f. (também cinerária ou funerária); vaso, cântaro m.; túmulo m.

U.ru.guay.an [jurugw'aiən] s. + adj. uruguaio m., natural do Uruguai.

us [ʌs] pron. nós, nos. **he came to see** ≃ ele veio visitar-nos. **all of** ≃ nós todos.

us.age [j'u:zidʒ] s. uso, costume m.

use [ju:s] s. uso m.; prática f.; praxe f., costume m.; ritual m.; aplicação f.; função f.; utilidade, finalidade f.; necessidade f.; tratamento m.; vantagem f.; usufruto m.

use [ju:z] v. usar; praticar, habituar. **it** ≃ **d to be said** costumava dizer-se.

use.ful [j'u:sful] adj. proveitoso, profícuo.

use.ful.ness [j'u:sfulnis] s. utilidade f.

use.less [j'u:slis] adj. desnecessário, vão; inaproveitável, sem valor.

use.less.ness [j'u:slisnis] s. inutilidade f.

ush.er ['ʌʃə] s. porteiro m.; oficial m. de justiça; indicador m. de lugar (em cinema, teatro). ‖ v. conduzir, acompanhar; introduzir; anunciar.

u.su.al [j'u:ʒuəl] adj. usual.

u.su.rer [j'u:ʒərə] s. usurário, agiota m. + f.

u.surp [ju:z'ə:p] v. usurpar.

u.surp.er [ju:z'ə:pə] s. usurpador m.

u.su.ry [j'u:ʒuri] s. usura, agiotagem f.

u.ten.sil [jut'ensl] s. utensílio m. (cozinha, escritório); petrechos m. pl.

u.ter.us [j'u:tərəs] s. (Anat.) útero m.

u.til.i.ty [jut'iliti] s. utilidade f.; serviço m. público.

u.ti.lize [j'u:tilaiz] v. utilizar, aproveitar, usar.

ut.most ['ʌtmoust] s. o máximo, o extremo, o maior m. ‖ adj. extremo, derradeiro.

u.to.pi.an [ju:t'oupjən] adj. utópico; irrealizável, quimérico.

ut.ter ['ʌtə] v. proferir, expressar, dizer, pronunciar. ‖ adj. total, completo, absoluto; exterior, externo, de fora.

ut.ter.ance ['ʌtərəns] s. expressão f. vocal; elocução f.; modo m. de falar, forma f. de expressão.

u.vu.la [j'u:vjulə] s. (pl. **uvulae** [j'u:vjuli]) (Anat.) úvula, campainha f.

V

V, v [vi:] s. vigésima segunda letra f. do alfabeto inglês; qualquer objeto m. em forma de V; número m. romano equivalente a cinco.

va.can.cy [v'eikənsi] s. vacância f.; vazio m.; vaga f.; lacuna f.

va.cant [v'eikənt] adj. vago, desocupado.

va.cate [vək'eit] v. vagar; desocupar; suspender, anular.

va.ca.tion [vək'eiʃən] s. férias f. pl.; feriado m.; período m. de descanso; lazer, ócio m. ‖ v. tirar férias.

vac.ci.na.tion [væksin'eiʃən] s. vacinação f.

vac.cine [v'æksi:n] s. vacina f.

vac.il.late [v'æsileit] v. vacilar; oscilar.

vac.u.um [v'ækjuəm] s. (pl. **vacuums** [v'ækjəms], **vacua** [v'ækjuə]) vácuo m.; vazio m.; vão m. ‖ v. limpar com aspirador de pó.

vag.a.bond [v'ægəbənd] s. + adj. vagabundo m.

va.grant [v'eigrənt] s. + adj. vadio m.

vague [veig] adj. vago; distraído.

vain [vein] adj. convencido, vaidoso; fútil, inútil.

vain.glo.ry [veingl'ɔ:ri] s. vanglória, presunção, vaidade, ostentação f.

va.lence [v'eiləns] s. (Quím.) valência f.

val.en.tine [v'æləntain] s. namorado m. ou namorada f. escolhido no dia de São Valentim; carta f., cartão-postal ou presente m. remetido nesse dia.

val.et [v'ælit] s. criado m.; camareiro m. ‖ v. trabalhar como criado, pajem.

val.iant [v'æljənt] adj. valente, bravo.

val.id [v'ælid] adj. válido; convincente.

va.lid.i.ty [vəl'iditi] s. validez f.; força f.

va.lise [vəl'i:z] s. valise, mochila, mala f.

val.ley [v'æli] s. vale m., baixada f.

val.or [v'ælə] s. = **valour**.

val.or.ous [v'ælərəs] adj. valoroso, bravo.

val.our [v'ælə] s. valor m., bravura, coragem, intrepidez f.

val.u.a.ble [v'æljuəbl] s. objeto m. de valor. ‖ adj. valioso, de valor, precioso.

val.u.a.tion [vælju'eiʃən] s. avaliação, apreciação, estimação f.; orçamento m.

val.ue [v'ælju:] s. (Mat., Mús. e Pint.) valor m.; valia f.; preço m.; importância f.; estima f.; utilidade f. ‖ v. avaliar, estimar.

valve [vælv] s. (Anat., Eletr., Mec., Mús. e Téc.) válvula f.; (Zool. e Bot.) valva f. **safety** ≃ válvula de segurança.

vam.pire [v'æmpaiə] s. vampiro m. (também fig.); explorador m.; (fig.). sanguessuga f.

van [væn] s. (Milit.) vanguarda f.; (Autom.) furgão m.; carro m. de bagagem.

van.dal.ism [v'ændəlizm] s. vandalismo; destruição f.

vane [vein] s. cata-vento m.; rosa-dos-ventos f.; asa f. do moinho; pá f. de hélice ou de turbina.

van.guard [v'ænga:d] s. vanguarda f.; moda f.; parcela f. combativa e avançada de um grupo social.

va.nil.la [vən'ilə] s. baunilha f.

van.ish [v'æniʃ] s. desaparecimento, sumiço m. ‖ v. desaparecer, sumir; definhar, desfalecer, morrer.

van.i.ty [v'æniti] s. vaidade, presunção, ostentação f.; futilidade f.

van.quish [v'æŋkwiʃ] v. vencer, dominar.

van.tage [v'a:ntidʒ] s. vantagem f.

va.por [v'eipə] s. = **vapour**.

va.pour [v'eipə] s. vapor m., nevoeiro m.; fumaça f.; gás m.

var.i.a.ble [v'εəriəbl] s. (Mat.) quantidade f. variável; o que varia ou é variável. ‖ adj. variável; inconstante; irregular.

var.i.ance [v'εəriəns] s. diferença, discrepância, divergência f.; desinteligência, discórdia f.

var.i.ant [v'εəriənt] s. + adj. variante f.

var.i.a.tion [vεəri'eiʃən] s. variação f.

var.ied [v'εərid] adj. variado, diverso.

var.i.e.gat.ed [v'ɛəriigeitid] adj. variegado; variado.

va.ri.e.ty [vər'aiəti] s. variedade f.

var.i.ous [v'ɛəriəs] adj. vário, diferente.

var.nish [v'a:niʃ] s. verniz m.; lustro, lustre m.; (fig.) aparência f. capciosa. ‖ v. envernizar; disfarçar, enfeitar; vidrar.

var.y [v'ɛəri] v. variar, modificar, alterar; diversificar; alternar(-se); desviar(-se).

vase [va:z, veis, veiz] s. vaso m.

va.sec.tomy [vəs'ektəmi] s. vasectomia f.

vas.e.line [v'æsili:n] s. vaselina f.

vas.sal [v'æsəl] s. vassalo m.; súdito m.; servo m. ‖ adj. vassalo, súdito, subordinado.

vast [va:st] adj. vasto.

vat [væt] s. tonel, barril m., tina, cuba f.; balde m.; tanque m.

Va.ti.can [v'ætikan] s. Vaticano m.

va.tic.i.na.tion [vætisin'eiʃən] s. vaticínio m.

vault [vɔ:lt] s. salto, pulo m. (esp. com auxílio de uma vara); (Arquit.) abóbada f.; galeria ou passagem f. arqueada ou abobadada; caverna f. ‖ v. saltar, pular.

vaunt [vɔ:nt] s. jactância, fanfarrice, bazófia f.

veal [vi:l] s. carne f. de vitela.

veer [viə] v. virar, mudar (de direção), voltar.

veg.e.ta.ble [v'edʒitəbl] s. ≈s legume m., verdura, hortaliça f. vegetal m.; planta f. ‖ adj. vegetal.

veg.e.tar.i.an [vedʒit'eriən] s. + adj. vegetariano m.

veg.e.tate [v'edʒiteit] v. vegetar.

veg.e.ta.tion [vedʒit'eiʃən] s. vegetação f.

ve.he.mence [v'i:iməns] s. veemência, impetuosidade, paixão f.

ve.he.men.cy [v'i:imənsi] s. = vehemence.

ve.he.ment [v'i:imənt] adj. veemente, impetuoso, ardente, violento.

ve.hi.cle [v'i:ikl] s. veículo m., viatura f.

veil [veil] s. véu m. ‖ v. velar; vendar; encobrir, esconder, disfarçar, dissimular. **she took the ≈** ela tornou-se freira.

vein [vein] s. veia f.; (Anat. e Zool.) canal m. que conduz o sangue ao coração; (Bot. e Entom.) nervura f.; veio m. (de água); (Miner.) veio, filão m.; (fig.) tendência f.; (fig.) estado m. de espírito.

veined [v'eind] adj. venoso, com veias; com nervuras, nervado; marmoreado.

ve.loc.i.ty [vil'ɔsiti] s. velocidade, rapidez f.

vel.vet [v'elvit] s. veludo m.

vel.vet.y [v'elviti] adj. aveludado, de veludo.

ve.nal [v'i:nəl] adj. venal, corrupto, subornável.

vend.er [v'endə] s. vendedor, mascate m.; distribuidor m. automático (doces, selos, cigarros etc.).

vender machine s. = **vender.**

ven.det.ta [vend'etə] s. vendeta, vingança f.

ve.neer [vən'iə] s. compensado, folheado m., madeira f. compensada; (fig.) aparência f. ou aspecto m. atraente. ‖ v. marchetar, folhear, chapear; (fig.) dar aparência ou aspecto atraente.

ven.er.a.ble [v'enərəbl] adj. venerável.

ven.er.ate [v'enəreit] v. venerar, reverendar, respeitar.

ven.er.a.tion [venər'eiʃən] s. veneração f.

ve.ne.re.al [vin'iəriəl] adj. venéreo.

venge.ance [v'endʒəns] s. vingança f.

ven.om [v'enəm] s. veneno m. (animais).

ven.om.ous [v'enəməs] adj. venenoso, peçonhento; maligno, maldoso, malicioso.

vent [vent] s. abertura f., orifício m., passagem, saída, vazão f., escape m.; respiradouro m.; suspiro m. (de barril). ‖ v. dar saída a, prover de saídas ou aberturas; soltar; ventilar; desabafar, desafogar; tornar público ou conhecido.

ven.ti.late [v'entileit] v. ventilar; arejar.

ven.ti.la.tion [ventil'eiʃən] s. ventilação f.

ven.ti.la.tor [v'entileitə] s. ventilador m.

ven.ture [v'entʃə] s. aventura f., risco, perigo m.; especulação f. (comercial); acaso m., chance f. ‖ v. aventurar(-se), arriscar(-se), pôr em jogo; ousar, atrever-se.

ven.ue [v'enju:] s. ponto m. de encontro.

ver.a.c.i.ty [ver'æsiti] s. veracidade, honestidade, autenticidade f.

ve.ran.da [vər'ændə] s. varanda f.

verb [və:b] s. (Gram.) verbo m.

ver.bal [v'ə:bəl] adj. (Gram.) verbal; oral; textual; literal; ≈ **translation** tradução literal.

ver.bose [və:b'ous] adj. verboso, prolixo.

ver.dict [v'ə:dikt] s. veredicto m.

verge [və:dʒ] s. beira, margem f.; divisa m.; arredor, alcance, horizonte m. ‖ v. estar à margem de, limitar com, fazer divisa com. **on the ≈ of starvation** à beira da miséria.

ver.i.fi.ca.tion [verifik'eiʃən] s. verificação f.

ver.i.fy [v'erifai] v. verificar, examinar.

ver.i.ta.ble [ˈveritəbl] adj. verdadeiro, veraz.

ver.min [ˈvəːmin] s. animais m. pl. daninhos; (fig.) gente f. vil, gentalha f.

ver.mouth [ˈvəːmuːt] s. vermute m.

ver.nac.u.lar [vənˈækjulə] s. vernáculo, idioma m. nativo.

ver.sa.tile [ˈvəːsətail] adj. versátil; hábil.

ver.sa.til.i.ty [vəːsətˈiliti] s. versatilidade f.

verse [vəːs] s. poesia f.; estrofe, estância f.

versed [ˈvəːst] adj. versado, experimentado.

ver.sion [ˈvəːʃən] s. versão f.; tradução f.

ver.sus [ˈvəːsəs] prep. versus.

ver.te.bra [ˈvəːtibrə] s. (Anat.) vértebra f.

ver.te.bral [ˈvəːtibrəl] adj. vertebral.

ver.te.brate [ˈvəːtibrit] s. + adj. animal m. vertebrado.

ver.ti.cal [ˈvəːtikəl] s. linha, posição, peça f., círculo ou plano m. vertical. **‖** adj. vertical.

ver.ti.go [ˈvəːtigou] s. vertigem, tontura f.

ver.y [ˈveri] adj. real, verdadeiro; puro, genuíno; justo, exato; perfeito, acabado (tolo, malandro); igual, idêntico, próprio; simples, mero. **‖** adv. muito, bastante, grandemente, extremamente; exatamente, absolutamente. **he was caught in the ≃ act** ele foi pego em flagrante. **at the ≃ beginning** logo no começo.

ves.sel [ˈvesl] s. vaso m.; navio m., embarcação, nave f.; veia, artéria f.; recipiente m., vasilha f.; aeronave f. **blood ≃** vaso sangüíneo.

vest [vest] s. colete m.; camiseta, camisola f.; vestes f. pl., roupa f. **‖** v. investir, empossar, dar posse a; revestir; vestir; paramentar.

ves.ti.bu.le [ˈvestibjuːl] s. (também Anat. e Zool.) vestíbulo m.; sala f. de espera.

ves.tige [ˈvestidʒ] s. vestígio m.

vest.ment [ˈvestmənt] s. vestuário, traje m.

vet.er.an [ˈvetərən] s. + adj. veterano m.

ve.ter.i.nar.i.an [vetərinˈɛəriən] s. veterinário.

ve.to [ˈviːtou] s. veto m. **‖** v. vetar.

vex [veks] v. vexar, irritar, atormentar.

vex.a.tion [veksˈeiʃən] s. vexação, irritação f.; vexame m.; tormento m., aflição f.

vexed [ˈvekst] adj. aborrecido, vexado.

vi.a.ble [ˈvaiəbl] adj. viável.

vi.a.duct [ˈvaiədʌkt] s. viaduto m.

vi.al [ˈvaiəl] s. frasco m., garrafinha f.

vi.ands [vaˈiəndz] s. comestíveis m. pl., provisões f. pl.

vi.brant [ˈvaibrənt] adj. vibrante; sonante.

vi.brate [ˈvaibreit] v. vibrar; pulsar; mover.

vi.bra.tion [vaibrˈeiʃən] s. vibração f.

vic.ar [ˈvikə] s. vigário m.; cura, pároco m.

vi.car.i.ous [vaikˈɛəriəs] adj. vicário; que faz as vezes de outrem ou outra coisa. **≃ pleasure** prazer de segunda-mão.

vice [vais] s. vício m.; mau hábito m.; torninho m. de bancada.

vice - pref. correspondente a vice em português. **≃-admiral** vice-almirante.

vice.roy [ˈvaisrɔi] s. vice-rei m.

vice versa [vaisivˈəːsə] loc. adv. vice-versa, reciprocamente, mutuamente.

vi.cin.i.ty [visˈiniti] s. vizinhança f.

vi.cious [ˈviʃəs] adj. vicioso, viciado; depravado; mau; incorreto (estilo); indócil (animal). **≃ circle** círculo vicioso.

vi.cis.si.tude [visˈisitjuːd] s. vicissitude f.

vic.tim [ˈviktim] s. vítima f.

vic.tor [ˈviktə] s. vencedor m.

Vic.to.ri.an [viktˈɔːriən] s. + adj. vitoriano m. (relativo à Rainha Vitória).

vic.to.ri.ous [viktˈɔːriəs] adj. vitorioso.

vic.to.ry [ˈviktəri] s. vitória, conquista f.

vict.ual [ˈvitəl] s. **≃s** víveres m. pl., comida f. **‖** v. aprovisionar(-se), abastecer (-se) (mantimentos).

vid.e.o [ˈvidəou] s. televisão f. **‖** adj. relativo à televisão. **≃ tape** vídeo tape.

vie [vai] v. competir, disputar, rivalizar.

Vi.en.nese [viənˈiːz] s. + adj. vienense m. + f., relativo a Viena (Áustria).

view [vjuː] s. vista f.; visão f., aspecto m.; faculdade f. de ver física ou mentalmente; cenário m.; opinião f., parecer m.; concepção f.; percepção f. ou exame m. mental; plano m.; intento, desígnio m.; (fig.) perspectiva f. **‖** v. ver, observar, enxergar, olhar; examinar, averiguar; julgar; considerar, ponderar. **in ≃** à vista; em estudo. **in ≃ of** por causa de, em virtude de. **at one ≃** num relance. **at first ≃** à primeira vista. **in my ≃** em minha opinião.

view.point [vjˈuːpɔint] s. ponto m. de vista.

vig.il [ˈvidʒil] s. vigília f.; insônia f.

vig.i.lance [ˈvidʒiləns] s. vigilância f.

vig.i.lant [ˈvidʒilənt] adj. vigilante.

vig.or.ous [ˈvigərəs] adj. vigoroso, forte.

vig.or [ˈvigə] s. vigor m., robustez f.

Vi.kings [ˈvaikiŋz] s. pl. (Hist.) vikings m. pl.

vile [vail] adj. vil, baixo, desprezível.

vil.i.fy [v'ilifai] v. vilipendiar, aviltar, difamar, caluniar.

vil.la [v'ilə] s. casa f. de campo.

vil.lage [v'ilidʒ] s. aldeia, povoação f. ‖ adj. relativo a aldeia ou burgo.

vil.lag.er [v'ilidʒə] s. aldeão, burguês m.

vil.lain [v'ilən] s. vilão m.; (joc.) pândego m.

vil.lain.ous [v'ilənəs] adj. vil, baixo.

vil.lain.y [v'iləni] s. vilania, infâmia f.

vim [vim] s. energia, força f., vigor m.

vin.di.cate [v'indikeit] v. vindicar, justificar, defender; reivindicar.

vin.dic.a.tive [v'indikeitiv] adj. vindicativo.

vin.dic.tive [vind'iktiv] adj. vingativo.

vine [vain] s. (Bot.) videira, vinha, parreira f.

vin.e.gar [v'inigə] s. vinagre m.

vine.yard [v'injəd] s. vinhedo m., vinha f.

vin.tage [v'intidʒ] s. vindima f.

vi.o.late [v'aiəleit] v. violar, estuprar.

vi.o.la.tion [vaiəl'eiʃən] s. violação f.

vi.o.lence [v'aiələns] s. violência, força f.

vi.o.lent [v'aiələnt] adj. violento.

vi.o.let [v'aiəlit] s. + adj. violeta f.

vi.o.lin [v'aiəlin] s. violino m., rabeca f.

vi.o.lin.ist [v'aiəlinist] s. violinista m. + f.

vi.per [v'aipə] s. víbora f.; pessoa f. maldosa.

vir.gin [v'ə:dʒin] s. virgem, donzela f.; (Astron.) Virgo m. ‖ adj. virgem. **the Virgin** a Virgem Maria.

vir.gin.al [v'ə:dʒinəl] s. + adj. virginal m.

vir.gin.i.ty [və:dʒ'initi] s. virgindade f.

vir.ile [v'irail] adj. viril, varonil; másculo.

vi.ril.i.ty [vir'iliti] s. virilidade f.; vigor m.

vir.tu.al [v'ə:tjuəl] adj. virtual, real, verdadeiro, propriamente dito.

vir.tue [v'ə:tju:] s. virtude f.; probidade, retidão f.; castidade, pureza f.

vir.tu.ous [v'ə:tjuəs] adj. virtuoso; puro.

vir.u.lent [v'irulənt] adj. virulento; mortal.

vi.rus [v'airəs] s. vírus m.; peçonha f.

vi.sa [v'i:zə] s. visto m. (passaporte). ‖ v. visar, pôr o visto em passaporte.

vis.age [v'izidʒ] s. rosto, semblante m.

vis-à-vis [v'i:za:vi:] prep. vis-à-vis.

vis.cous [v'iskes] adj. viscoso, pegajoso.

vis.i.ble [v'izəbl] adj. visível; evidente.

vi.sion [v'iʒən] s. visão f., vista f., faculdade f. de ver; fantasma m., visagem f.; imaginação f. ‖ v. visionar, imaginar.

vi.sion.ar.y [v'iʒənəri] s. + adj. visionário m.

vis.it [v'izit] s. visita f. ‖ v. visitar.

vis.it.a.tion [vizit'eiʃən] s. visitação f.

vis.i.tor [v'izitə] s. visita f., visitante m. + f.

vis.or [v'aizə] s. viseira f.; pala f. (de boné).

vis.ta [v'istə] s. vista, perspectiva f., panorama m.; retrospecto m. (mental).

vis.u.al [v'izjuəl] adj. visual; visível. ≃ **aid** material de ensino visual, filmes, diapositivos, gráficos etc.

vis.u.al.ize [v'izjuəlaiz] v. visualizar, idear.

vi.tal [v'aitəl] adj. vital, capital, essencial.

vi.tal.i.ty [vait'æliti] s. vitalidade f.

vi.ta.min [v'aitəmin] s. vitamina f.

vi.ta.mine [v'aitəmi:n] s. = **vitamin**.

vi.ti.ate [v'iʃieit] v. viciar, corromper; converter.

vit.re.ous [v'itriəs] adj. vítreo, vidroso, vidrendo.

vit.ri.ol [v'itriəl] s. vitríolo m.; sarcasmo, (fig.) veneno m.

vit.ri.ol.ic [v'itriəlik] adj. caústico, venenoso.

vi.va.cious [viv'eiʃəs] adj. vivaz, vivo, esperto, ativo; animado, alegre, jovial.

vi.vac.i.ty [viv'æsiti] s. vivacidade f.

viv.id [v'ivid] adj. vivo, ativo, animado, fulgurante; distinto, nítido (memória).

viv.i.sec.tion [vivis'ekʃən] s. vivissecção f.

vo.cab.u.lar.y [vək'æbjuləri] s. vocabulário m.

vo.cal [v'oukəl] adj. vocal; oral; (Fon.) sonante. ≃ **chords** (Anat.) cordas vocais.

vo.cal.ize [v'oukəlaiz] v. vocalizar.

vo.ca.tion [vouk'eiʃən] s. vocação, tendência f.; profissão f., emprego m.

vo.cif.er.ate [vous'ifəreit] v. vociferar, berrar, gritar, clamar, bradar.

vo.cif.er.ous [vous'ifərəs] adj. vociferante.

vogue [voug] s. voga f.; moda f.

voice [vois] s. voz f. (também Gram. e Mús.); som, tom m.; voto, sufrágio m.; opinião f., parecer m.; autoridade f. ‖ v. dizer, exprimir; opinar; formular; pronunciar sonoramente; anunciar; expressar, declarar, proclamar; (Fon.) vocalizar; afinar (órgão). **in a low** ≃ em voz baixa.

voice.less [v'oislis] adj. mudo, silencioso, calado, sem voz; afônico; que não pode opinar ou votar; (Fon.) surdo.

void [void] s. vácuo, vazio m., lacuna f. ‖ v. anular, suspender; desocupar, esvaziar; deixar, abandonar. ‖ adj. vazio; livre, isento (**of** de); podre; que tem carência, destituído (**of** de); inútil; inválido, nulo; desocupado, vago.

vol.a.tile [vˈɔlətail] adj. volátil; transitório.

vol.can.ic [vɔlkˈænik] adj. vulcânico.

vol.ca.no [vɔlkˈeinou] s. (pl. **volcanos, vulcanoes**) vulcão m. **dormant** ≈ vulcão inativo.

vo.li.tion [voulˈiʃən] s. volição, vontade f.

vol.ley [vˈɔli] s. salva f.; torrente f. de palavras, palavreado m., saraiva f. (pedras, balas etc.); estouro m., rebatida f. da bola antes de ela tocar o chão. ‖ v. salvar, saudar dando salva; dar uma descarga, estourar; rebater uma bola antes de ela tocar o chão.

vol.ley.ball [vˈɔlibɔl] s. volibol m.

volt [voult] s. volteio m. (cavalo); (Eletr.) volt m.

volt.age [vˈoultidʒ] s. (Eletr.) voltagem f.

vol.u.ble [vˈɔljubl] adj. volúvel, instável.

vol.ume [vˈɔljum] s. volume m.

vo.lu.mi.nous [vəljˈuːminəs] adj. volumoso.

vol.un.tar.y [vˈɔləntəri] adj. voluntário.

vol.un.teer [vɔləntˈiə] s. voluntário m. ‖ v. servir voluntariamente.

vo.lup.tu.ous [vəlˈʌptjuəs, vəlˈʌptʃuəs] adj. votuptuoso, sensual, libidinoso.

vo.lu.tion [vəljˈuːʃən] s. volta f. em espiral.

vom.it [vˈɔmit] s. vômito m.; vomitado m.; vomitório m. (também fig.). ‖ v. vomitar, expelir (também fig.).

vom.i.to.ry [vˈɔmitəri] s. + adj. vomitório m.

voo.doo [vˈuːdu] s. vodu m., macumba f.

vo.ra.cious [vorˈeiʃəs] adj. voraz, faminto.

vor.tex [vˈɔːteks] s. vórtice m.; voragem f.

vote [vout] s. voto, sufrágio m.; direito m. de votar; votação, eleição f.; resolução f.; cédula ou lista f. eleitoral; eleitor m., votante m. + f. ‖ v. votar; eleger; deliberar, aprovar, rejeitar; (coloq.) sugerir.

vot.er [vˈoutə] s. eleitor m., votante m. + f.

vouch [vautʃ] v. afirmar, confirmar, dar testemunho de; sustentar; afiançar.

vouch.er [vˈautʃə] s. comprovante m., prova f. (de pagamento); recibo m.

vouch.safe [voutʃsˈeif] v. conceder, dignar-se (**to a**), condescender (**to com**).

vow [vau] s. voto m., promessa f.; solene juramento m. ‖ v. fazer voto de ou promessa solene; jurar.

vow.el [vˈauəl] s. vogal f. ‖ adj. vocálico.

voy.age [vˈɔiidʒ] s. viagem f. (esp. marítima). ‖ v. viajar.

vul.gar [vˈʌlgə] s. vulgo, povo m., plebe f. ‖ adj. vulgar; comum, trivial, grosseiro, baixo, ordinário, rude; vernáculo; inculto, maleducado.

vul.gar.i.ty [vʌlgˈæriti] s. vulgaridade f.; plebeísmo m.; grosseria f.; indecência f.

vul.gar.ize [vˈʌlgəraiz] v. vulgarizar.

vul.ner.a.bil.i.ty [vʌlnərəbˈiliti] s. vulnerabilidade, sensibilidade f.

vul.ner.a.ble [vˈʌlnərəbl] adj. vulnerável.

vul.ture [vˈʌltʃə] s. (Zool.) abutre m.

W

W, w [d'ʌblju:] s. vigésima terceira letra f. do alfabeto inglês.
wad [wcd] s. chumaço m.; rolo m. compacto; maço m.; (coloq., E.U.A.) pacote m. (cédulas); bucha f. (espingarda). ‖ v. enchumaçar, estofar, pôr enchimento em.
wad.dle [w'ɔdl] v. bambolear, gingar.
wade [weid] v. passar com dificuldade (por água, neve); prosseguir com dificuldade.
wa.fer [w'eifə] s. bolinho m. delgado; folhado m.; hóstia f.
waf.fle [w'ɔfl] s. waffle m.
waft [wa:ft] s. lufada f., bafo m.; flutuação f.; onda f. de cheiro; bater m. de asas. ‖ v. boiar, flutuar; soprar (vento); comboiar.
wag [wæg] s. sacudidela f., abano m. ‖ v. sacudir, abanar, balançar. **he ≃ged his head** ele sacudiu a cabeça.
wage [weidʒ] s. salário, ordenado, soldo m., paga f.; retribuição f. ‖ v. empreender, promover. **≃-freeze** congelamento de salário.
wa.ger [w'eidʒə] s. aposta f.; parada f. ‖ v. apostar.
wa.gon [w'ægən] s. = **waggon.**
wag.gon [w'ægən] s. carroção m.; caminhão m.; vagão m. (de carga); gôndola f.; carrinho m. de criança; caminhão, vagão m. (de carga) ou galera f.
waif [weif] s. coisa f. perdida ou abandonada; animal m. extraviado; criança f. abandonada ou desamparada; vagabundo, pária m. **≃s and strays** crianças sem lar, abandonadas.
wail [weil] s. lamentação f., grito m. de dor. ‖ v. lamentar(-se), prantear, lamuriar.
wain.scot [w'einskɔt] s. lambri m.
waist [weist] s. cintura f. (do corpo); espartilho m.; corpo m. de vestido.
waist.coat [w'eskət, w'eistkout] s. colete m.
waist.line [w'eistlain] s. cintura f.

wait [weit] s. espera, demora f. ‖ v. demorar; ter paciência (**until** até); servir, atender (**at, on, upon**); visitar (**on, upon**); resultar de. **we kept him ≃ing** fizemo-lo esperar. **≃ and see!** (gíria) deixe como está, para ver como fica.
wait.er [w'eitə] s. garçom m.
wait.ing [w'eitiŋ] s. espera, demora, delonga f.; ato m. de servir, serviço m. ‖ adj. que espera. **in ≃** à espera; a serviço. **≃-room** sala de espera.
wait.ress [w'eitris] s. garçonete, copeira f.
waive [weiv] v. desistir de, abandonar, renunciar a; adiar, pôr de lado, protelar.
wake [weik] s. vigília f.; esteira f., sulco m. (de navio); rasto m. (deixado por qualquer coisa em movimento). ‖ v. (pret. **woke** ou **waked**, p.p. **waked**) acordar; velar (morto); vigiar; animar(-se), estimular(-se) (**to, into** para). **I woke up at seven o'clock** eu acordei às sete horas.
wake.ful [w'eikful] adj. alerta, vigilante; acordado; insone; vem vigília.
walk [wɔ:k] s. passeio m.; excursão f. a pé; o andar m. a pé; caminhada f.; distância f. a percorrer a pé; caminho m., rua f.; rota f.; procedimento m.; posição f. social; profissão f. ‖ v. passear, andar a pé; perambular; progredir lentamente; portar-se, viver. **let's take a ≃** ou **go for a ≃** vamos dar um passeio.
walkie-talkie [w'ɔ:kit'ɔ:ki] s. aparelho m. transmissor e receptor portátil.
walking stick [w'ɔ:kiŋ stik] s. bengala f.
wall [wɔ:l] s. parede f., muro, paredão m.; (Fort.) muralha f. ‖ v. prover, cercar (com muro), murar; (Fort.) fortificar. **≃s have ears** as paredes têm ouvidos.
wal.let [w'ɔlit] s. carteira f. (de bolso).
wal.lop [w'ɔləp] s. batida f. forte; surra f.; pancada f. ‖ v. bater em, surrar.
wal.low [w'ɔlou] s. chafurda f., chafurdeiro m.; chafurdice f. ‖ v. chafurdar (também fig.); espojar-se; nadar (em dinheiro).

wall.paper [wɔ'ːlpeipə] s. papel m. de parede.
wal.nut [w'ɔːlnʌt] s. noz f.; nogueira f.
wal.rus [w'ɔːlrəs] s. (Zool.) morsa f.
waltz [wɔːltz] s. valsa f. ‖ v. valsar.
wan [wɔn] adj. pálido, lívido; abatido.
wand [wɔnd] s. varinha f.; vara f. mágica; batuta f. (de maestro); bastão, cetro m.
wan.der [w'ɔndə] s. viagem, excursão f.; perambulação f. ‖ v. passear, viajar; perambular; desviar-se de. **to ≃ about** percorrer, viajar; perambular.
wan.der.er [w'ɔndərə] s. viajante, viandante m. + f.
wane [wein] s. míngua, diminuição f.; decadência f.; fim m. (ano, mês etc.); minguante m. (lua). ‖ v. minguar, diminuir; definhar; acabar; murchar.
wan.gle [w'æŋgl] s. jeito m., trapaça f. ‖ v. dar um jeitinho (para ganhar vantagem), trapacear.
want [wɔnt] s. falta, escassez f.; necessidade f.; miséria f.; desejo m., ânsia f. ‖ v. necessitar, carecer de, escassear; precisar; querer, desejar; exigir. **a long-felt ≃** falta ou carência há muito sentida. ≃ **ad** (coloq.) anúncio classificado.
want.ing [w'ɔntiŋ] adj. ausente; insuficiente, deficiente; destituído, desprovido. ‖ prep. menos, exceto. ≃ **two** exceto dois.
wan.ton [w'ɔntən] s. libertino, devasso m. ‖ v. agir ousadamente, sem consideração; proceder lascivamente; ser alegre, brincar. ‖ adj. temerário, atrevido; malicioso; folgazão; luxuriante.
war [wɔː] s. guerra f.; luta, batalha f., hostilidades f. pl. ‖ adj. de ou relativo à guerra, bélico.
war.ble [wɔːbl] s. gorjeio, trinado m. ‖ v. gorjear, trinar, chilrear.
war.bler [w'ɔːblə] s. pássaro m. canoro.
ward [wɔːd] s. vigia, guarda f.; custódia f.; tutela f.; defesa f.; cadeia f.; sala, ala ou divisão f. (de um hospital); distrito, bairro m.; cercado m. (para gado); tutelado, pupilo m. ‖ v. precaver-se (**off** contra).
war.den [w'ɔːdn] s. diretor m. (colégio); administrador ou diretor m. (presídio); (Hist.) governador m.; encarregado m.; guarda m., sentinela f.; porteiro m.
ward.robe [w'ɔːdroub] s. guarda-roupa m.
ware [wɛə], ≃**s** s. artigo, produto m. manufaturado. **china-≃** porcelana. **small ≃s** miudezas (botões).

ware.house [w'ɛəhaus] s. armazém m.; depósito, almoxarifado m.; mercearia f. ‖ v. armazenar.
war.fare [w'ɔːfɛə] s. guerra f., arte f. de guerra.
war.like [w'ɔːlaik] adj. bélico, marcial, militar.
warm [wɔːm] v. aquecer(-se); animar(-se), interessar-se. ‖ adj. quente, cálido, morno; cordial, apaixonado; excitado; íntimo; recente, fresco (cheiro). **to ≃ up** esquentar.
warmth [wɔːmθ] s. calor m., prazer m.; emoção f.
warn [wɔːn] v. advertir; prevenir; chamar a atenção, admoestar; informar, notificar, cientificar.
warn.ing [w'ɔːniŋ] s. advertência f.; admoestação f., conselho m.; sinal m. de advertência; aviso m.; aviso m. prévio. ‖ adj. que adverte, preventivo. **at a minute's ≃** imediatamente, sem aviso prévio.
warp [wɔːp] s. (Tecel.) urdidura f.; empenamento, arqueamento m. ‖ v. empenar; deturpar; (Av.) deformar (asa).
war.rant [w'ɔrənt] s. autorização f.; procuração f.; garantia, fiança f.; justificação f.; promessa f.; certificado m.; prova f. ‖ v. autorizar; justificar; garantir a; prometer a; certificar; outorgar. ≃ **of arrest** ordem de prisão. ≃ **of attorney** procuração.
war.ran.ty [w'ɔrənti] s. garantia f.; autorização, procuração f.; poder m.
war.ri.or [w'ɔriə] s. + adj. guerreiro m.
war.ship [w'ɔːʃip] s. navio m. de guerra.
wart [wɔːt] s. verruga f.; (Bot.) papila f.
war.y [w'ɛəri] adj. cuidadoso; circunspecto, prudente, precavido; alerta.
was [wɔz] v. pret de **to be** (1ª e 3ª pess. do sing.).
wash [wɔʃ] s. lavagem f.; roupa f. lavada, roupa f. para lavar; aluvião m.; ressaca f.; marulho m.; charco, pântano m.; águas f. pl. servidas; terra, areia f. de onde se separam minérios por meio de lavagem. ‖ v. lavar (-se), banhar(-se); remover (mancha); purificar(-se); arrastar, levar (**along, up** ou **down** para); umedecer. **may I have a ≃?** posso lavar as mãos? ≃ **-basin** pia. ≃**-house** lavanderia. **to ≃ up** lavar louça.
wash.bowl [w'ɔʃboul] s. pia f.
wash.a.ble [w'ɔːʃəbl] adj. lavável.
wash.er [w'ɔʃə] s. máquina f. de lavar; arruela, anilha f.

wash.er.wom.an [w'ɔʃəwumən] s. lavadeira f.

wash.ing [w'ɔʃiŋ] s. lavagem f.; roupa f. suja; roupa f. lavada. ≃ **machine** máquina de lavar roupa.

wash.room [w'ɔʃrum] s. banheiro m.

wasp [wɔsp] s. (Zool.) vespa f.

wast.age [w'eistidʒ] s. perda f.; desgaste m.

waste [weist] s. desperdício m.; perda, quebra f.; gasto, desgaste m.; estrago m.; material m. inútil; resíduos m. pl.; lixo m. ≃s deserto m.; solidão f. ‖ v. desperdiçar; perder; gastar, destruir; arruinar; enfraquecer, definhar. ‖ adj. sem valor; inaproveitado; deserto; abandonado; perdido; arruinado.

waste.bas.ket [w'eistba:skit] s. cesto m. de lixo.

waste.ful [w'eistful] adj. esbanjador, imprevidente; dispendioso; ruinoso.

waste.pa.per [w'eistpeipə] s. papel m. usado. ≃ **basket** cesto de lixo.

watch [wɔtʃ] s. cuidado m., atenção f.; guarda, vigilância f.; (Hist.) sentinela f.; vigília f.; relógio m. de bolso ou de pulso. ‖ v. assistir a (televisão); estar atento; vigiar; guardar, velar; espreitar. **a** ≃ **in the night** uma vigília noturna. ≃ **your step!** atenção! ≃-**tower** torre de observação.

watch.dog [w'ɔtʃdɔg] s. cão m. de guarda (também fig.); guarda-costas m. + f.

watch.ful [w'ɔtʃful] adj. vigilante, atento.

watch.man [w'ɔtʃmən] s. guarda, vigia m.

watch.mak.er [w'ɔtʃmeikə] s. relojoeiro m.

watch.word [w'ɔtʃwə:d] s. (Milit.) senha f.; slogan m.

wa.ter [w'ɔ:tə] s. água f.; suor m., saliva f., lágrimas f. pl.; urina f.; chuva f. (também ≃s); curso m. d'água, rio, lago m. ≃s águas f. pl. ‖ v. molhar; irrigar, dar de beber; enfraquecer; salivar; lacrimejar. ‖ adj. de ou relativo à água; hidráulico; aquático; fluvial, marítimo. **he threw cold** ≃ **on him** (fig.) ele despertou-o, fê-lo ver a realidade. ≃ **hose** mangueira. ≃ **polo** (Esp.) pólo aquático. ≃ **ski** (Esp.) esqui aquático.

wa.ter.co.lour [w'ɔ:təkʌlə] s. aquarela f.

wa.ter.course [w'ɔ:təkɔ:s] s. curso m. d'água, rio, riacho, córrego m.; canal m. artificial.

wa.ter.fall [w'ɔ:təfɔ:l] s. queda f. d'água, cascata, cachoeira f.

wa.ter.mel.on [w'ɔ:təmelən] s. melancia f.

wa.ter.proof [w'ɔ:təpru:f] s. impermeável m., capa f. impermeável. ‖ v. impermeabilizar. ‖ adj. impermeável.

water.spout [w'ɔ:təspaut] s. calha, bica f., esguicho m.

wa.ter.tight [w'ɔ:tətait] adj. à prova d'água, estanque; (fig.) seguro, de confiança; (fig.) claro, explícito.

wa.ter.way [w'ɔ:təwei] s. curso m. de água navegável; canal m.

wa.ter.y [w'ɔ:təri] adj. aquoso; molhado; úmido; chuvoso; aguado, fraco; lacrimoso; pálido (cor).

wat.tle [w'ɔtl] s. trançado m. de varas para construção. ‖ v. entrelaçar ou amarrar com vimes.

wave [weiv] onda f.; vaga f.; (Fís.) vibração f.; (poét.) água f., mar m.; (fig.) explosão f. (de entusiasmo etc.); ondulação f.; aceno m.; oscilação f. ‖ v. ondear; acenar; flutuar; brandir; oscilar. **short- (long-)** ≃ **s** (Rádio) ondas curtas (longas).

wave.band [w'eivbænd] s. (Rádio) faixa f. de ondas.

wa.ver [w'eivə] v. oscilar; esvoaçar, agitar; tremular (luz); hesitar; ceder.

wav.y [w'eivi] adj. ondulante, flutuante.

wax [wæks] s. cera f., cerume m. ‖ v. encerar; (poét.) crescer (lua). ‖ adj. de ou como cera. **bee's** ≃ cera de abelha. **vegetable** ≃ cera vegetal.

way [wei] s. modo, estilo m., maneira f.; jeito m.; método, meio m.; particular, detalhe m.; direção f.; distância f.; rumo m.; caminho m., rua, estrada f.; lugar m.; vontade f.; (coloq.) condição f., estado m.; movimento, progresso m.; porte m., conduta f. ≃ **s** costumes, hábitos m. pl. ‖ adv. embora, longe. ≃ **s and means** meios, modos, possibilidades. **any** ≃ **you please** de qualquer forma que queira. **one-** ≃ **street** (Trânsito) rua de uma só mão, direção única. **let him have his own** ≃ deixe-o fazer o que ele quer. **this** ≃! por aqui! **which** ≃? por onde? **not by a long** ≃ de forma alguma. **once in a** ≃ uma vez, excepcionalmente. ≃ **up** bem alto.

way.lay [weil'ei] v. armar ciladas, atocaiar.

way.side [w'eisaid] s. margem f. da rua. ‖ adj. que fica à margem da estrada.

way.ward [w'eiwəd] adj. caprichoso, genioso; cabeçudo, indócil; instável, irregular, desobediente.

we ·[wi, wi:] pron. nós.

weak [wi:k] adj. fraco; débil; frágil; inapto. ≃- **minded** fraco de espírito.

weak.en [w'i:kən] v. enfraquecer(-se), debilitar(-se); atenuar; afrouxar; ceder.

weak.ly [w'i:kli] adj. fraco, débil. I adv. debilmente, fracamente, doentiamente.

weak.ness [w'i:knis] s. fraqueza f.; fragilidade f.; debilidade f.; inclinação f., lado m. fraco.

wealth [welθ] s. prosperidade, riqueza f.

wealth.y [w'elθi] adj. rico, opulento.

wean [wi:n] v. desmamar; desacostumar.

weap.on [w'epən] s. arma f. (também fig.), armamento m.

wear [wɛə] s. uso m. (roupas); roupas f. pl., moda f.; gasto, desgaste, estrago m.; durabilidade f. I v. (pret. **wore**, p.p. **worn**) usar, vestir, trajar. **to** ≃ **away** gastar. **to** ≃ **out** esgotar, cansar. **to** ≃ **on** passar (tempo).

wea.ri.ness [w'iərinis] s. cansaço m., fadiga f.; enfado, aborrecimento m.

wea.ri.some [w'iərisəm] adj. cansativo, aborrecido, tedioso, enfadonho.

wea.ry [w'iəri] v. cansar(-se), fatigar(-se); aborrecer(-se); ter saudades de. I adj. cansado, fatigado, exausto (**with** de); aborrecido.

wea.sel [wi:zl] s. (Zool.) doninha f.

weath.er [w'eðə] s. tempo m. (estado atmosférico); temporal, vento m., chuva f. I v. expor às intempéries; desbotar, estragar; arejar; desgastar; vencer, resistir a. **it makes heavy** ≃ causa dificuldades. ≃ **permitting** se o tempo permitir. ≃ **bureau** estação meteorológica. ≃ **cock** (≃ **vane**) catavento, rosa-dos-ventos. ≃ **beaten** castigado pelo mau tempo; bronzeado pelo sol.

weath.er.man [w'eðəmən] s. (coloq.) meteorologista m.

weave [wi:v] v. (pret. **wove**, p.p. **woven**) tecer; trançar; contar; tramar; entrelaçar; inventar, imaginar.

weav.er [w'i:və] s. tecelão m.; tecedor m.

web [web] s. tecido m.; tela f.; trama f.; membrana f. natatória (de aves palmípedes). I v. tecer; cobrir com teia, enredar.

webbed [webd] adj. (Zool.) palmado.

wed [wed] v. casar(-se), desposar(-se), contrair matrimônio.

wed.ded [w'edid] adj. casado. ≃ **to** devotado a.

wed.ding [w'ediŋ] s. casamento, enlace, matrimônio m., núpcias f. pl. **silver** ≃ bodas de prata.

wedge [wedʒ] s. cunha f. (também fig.), calço m.; objeto m. em forma de cunha. I v. cunhar, entalar, calçar.

wed.lock [w'edlək] s. matrimônio, casamento m.

Wednes.day [w'enzdi] s. quarta-feira f.

wee [wi:] adj. pequenino, minúsculo.

weed [wi:d] s. (Bot.) erva f. daninha; (coloq.) fumo, charuto ou cigarro m.; magricela m. + f. ≃**s** roupa f. de luto. I v. capinar; eliminar, extirpar (**out**); limpar (**of** de).

week [wi:k] s. semana f. **Friday (today, this day)** ≃ daqui a oito dias (a contar de sexta-feira) ou há oito dias.

week.day [w'i:kdei] s. dia m. útil.

week.end [w'i:kend] s. week-end, fim-de-semana m.

week.ly [w'i:kli] s. semanário m. I adj. semanal. I adv. semanalmente.

weep [wi:p] s. choro m.; exsudação f. I v. pret. e p.p. **wept** chorar (**at, over, for** de, sobre, por); lamentar, carpir; lacrimejar; estar úmido; pintar.

weep.ing [w'i:piŋ] s. choro, pranto m. I adj. choroso. ≃ **willow** (Bot.) salgueiro-chorão m.

wee.vil [w'i:vil] s. (Zool.) gorgulho m.; besouro m.

weigh [wei] v. pesar; determinar ou avaliar o peso de; ter o peso de; afligir, oprimir; ponderar; comparar (**with, against** com) **how much does it** ≃? quanto pesa?

weight [weit] s. peso m.; fadiga, opressão f.; carga f.; (fig.) ônus m.; influência f.; valor m.; tudo que faz pressão; peso m. de balança f.; sistema m. de pesos; unidade f. de sistema de pesos. I v. pesar; tornar mais pesado; dar peso determinado a. ≃**s and measures** pesos e medidas. **gross** ≃ peso bruto. **net** ≃ peso líquido. **dead** ≃ (fig.) peso morto. ≃-**watcher** vigilante do peso.

weight.y [w'eiti] adj. pesado; importante, grave.

weird [wiǝd] adj. sobrenatural, misterioso; estranho, esquisito; fatídico; fadado; fantástico.

wel.come [w'elkʌm] s. saudação f. amável; boas-vindas f. pl. ‖ v. dar as boas-vindas a. ‖ adj. bem-vindo. ‖ interj. bem-vindo! seja bem-vindo!

weld [weld] s. solda, soldadura f.; caldeamento m. ‖ v. soldar, caldear; ser soldado; (fig.) unir.

wel.fare [w'elfɛǝ] s. bem-estar m.; saúde f. ≃ **system** previdência social.

well [wel] s. poço m.; fonte, nascente f.; estância f. de águas; reservatório m.; (Autom.) porta-bagagem m.; vão m. de escada ou elevador. ‖ adj. bem, com saúde, feliz. ‖ v. jorrar, brotar. ‖ adv. bem, satisfatoriamente; perfeitamente; completamente; bastante; detalhadamente; propriamente; adequadamente. ‖ interj. bem!, bom!, incrível! ≃ **and good** está tudo muito bem. ≃ **enough** aproveitável. ≃ **bred** bem-educado, polido, fino. ≃ **deserved** bem merecido. ≃ **grounded** bem fundado. ≃ **known** bem conhecido. ≃ **meaning** (≃ **meant**) bem intencionado. ≃ **off** abastado, próspero, em boa situação financeira, opulento, rico. ≃ **being** bem-estar, conforto; tranqüilidade, felicidade; prosperidade.

Welsh [welʃ] s. + adj. Galês m.

welt [weit] s. vira f. (de calçado); debrum m.; orla f.

wench [wentʃ] s. moça ou mulher f. nova.

went [went] v. pret. de **go**.

wept [wept] v. pret. e p.p. de **weep**.

were [wɛǝ, wǝ, wǝ:] v. pret. do indicativo e do subjuntivo de **to be**. **if I ≃ you** se eu fosse você. **we ≃ to do it** nós devíamos fazê-lo. **as it ≃** por assim dizer.

were.wolf [w'ǝ:wulf] s. lobisomem m.

west [west] s. oeste, ocidente, poente m. **the West** o Ocidente (mundo ocidental).

west.ern [w'estǝn] s. (coloq., E.U.A.) história f. ou filme m. sobre o Far West, o Oeste americano. ‖ adj. ocidental.

west.ward [w'estwǝd] adv. para o oeste.

west.wards [w'estwǝds] adv. = **westward**.

wet [wet] s. umidade f.; chuva f. ‖ v. molhar (-se). ‖ adj. molhado; úmido; ensopado; chuvoso.

wet.ness [w'etnis] s. umidade f.

whack [wæk] s. pancada f. forte, golpe m. ‖ v. golpear, dar pancada forte em.

whale [weil] s. (Zool.) baleia f. ‖ v. pescar baleias. **a ≃ of a...** um colosso de...

wharf [wɔ:f] s. cais, desembarcadouro, molhe m.

what [wɔt] adj. (interrogativo e exclamativo) que, qual, quais (?,!); (relativo) o(s) que, a(s) que, aquele(s) que, aquela(s) que. ‖ adv. em que, de que maneira. ‖ pron. (interrogativo) quê?; (relativo) o que, aquilo que. ‖ conj. tanto quanto que. ‖ interj. quê! como! ≃ **kind of book is it?** que espécie de livro é? ≃ **time is it?** que horas são? ≃ **are you laughing at?** de que você está rindo?

what'er [wɔt'ɛǝ] adj. + pron. = **whatever**.

what.ev.er [wɔt'evǝ] adj. + pron. qualquer que; tudo o que, tudo quanto; por mais que. ≃ **did she mean by that?** o que é que ela queria dizer com isto? ≃ **he did** o que quer que ele tenha feito.

what.not [w'ɔtnɔt] pron. que mais, outras coisas semelhantes, qualquer, qualquer coisa.

what.so.ev.er [wɔtsou'evǝ] adj. + pron. forma enfática de **whatever**.

wheat [wi:t] s. (Bot.) trigo m.

wheel [wi:l] s. roda. ‖ v. rodar; transportar (sobre rodas); virar(-se); (Milit. e Náut.) efetuar uma conversão; mover em forma circular; (gíria) pedalar.

whelp [welp] s. filhote m. (cão, raposa, lobo, urso). ‖ v. dar cria (cão etc.).

when [wen] adv. + pron. quando. ‖ conj. no tempo em que, quando, durante; embora. **the ≃ and the why** o quando e o porquê. **since ≃?** desde quando?, desde então?

whence [wens] adv. + conj. + pron. de onde, daí, por isso, por que motivo. **from ≃?** de onde? ≃ **came it that...?** como aconteceu que...? ≃ **I wrote** por isso escrevi.

when.ev.er [wen'evǝ] adv. + conj. quando, quando quer que, em qualquer tempo que, sempre que. **will you do that?** quando, afinal, você pretende fazer aquilo? ≃ **you need it!** sempre que você precisar disso.

where [wɛǝ] s. lugar, cenário m. ‖ adv. + conj. onde, aonde, em que lugar. **the ≃ and the how** o onde e o como.

where.a.bout [wɛǝrǝb'aut] s. paradeiro m. ‖ adv. + conj. onde, por onde, perto de quê?

where.a.bouts [wɛǝrǝb'auts] s. = **whereabout**.

where.as [wɛər'æz] s. considerando m. ‖ conj. considerando que; enquanto, ao passo que; desde que, já que.

where.by [wɛəb'ai] adv. + conj. com o quê? por meio de quê?; como?; do que, pelo que, por meio de que; por meio do qual.

where.fore [w'ɛəfɔ:] s. razão f., o porquê m. ‖ adv. para quê?; por quê?; para que, por que, pelo que. ‖ conj. portanto, por isso, por conseguinte, por esse motivo.

where.in [wɛər'in] adv. em quê?; dentro de quê?; em que, no qual, como.

where.of [wɛər'ɔv] adv. + conj. do que, a respeito do que, de quem.

wher.ev.er [wɛər'evə] adv. + conj. onde (ou para onde) quer que, seja onde for, em qualquer parte que; onde?, para onde?

whet [wet] v. afiar; aguçar; excitar (alguém); estimular (apetite).

wheth.er [w'eðə] conj. se, quer, ou. **we shall go** ≃ **it rains or not** nós iremos quer chova quer não. ≃ **or not** quer sim, quer não; de qualquer forma.

which [witʃ] adj. + pron. qual?, quais?, quê?; qual, quais, que, o que, qualquer. **do you know** ≃ **is** ≃? você sabe distinguir as duas coisas? ≃ **of you?** quem (ou qual) de vocês? **all of** ≃ todos dos quais.

which.ev.er [wiʃ'evə] adj. + pron. qualquer que, quaisquer que, seja qual for.

whiff [wif] s. brisa f.; baforada f., sopro m. (também fig.); cheiro m. ‖ v. baforar, fumar.

while [wail] s. tempo m., espaço m. de tempero. ‖ conj. durante, enquanto; embora. **a little** ≃ um pouco, um curto espaço de tempo. **a long** ≃ muito tempo. **in a little** ≃ dentro em pouco. **to** ≃ **away** passar o tempo.

whilst [wailst] conj. (esp. brit.) = **while.**

whim [wim] s. capricho m., veneta, fantasia, extravagância f.

whim.per [w'impə] s. choradeira, lamúria f.; soluço m. ‖ v. choramingar, lamuriar, lastimar-se.

whim.si.cal [w'imzikəl] adj. caprichoso, excêntrico.

whine [wain] s. lamento, choro m.; ganido m. (de cão). ‖ v. lamentar(-se), choramingar, lamuriar; ganir (cão).

whip [wip] s. chicote m.; chicotada f.; cocheiro m. ‖ v. chicotear, surrar; arrancar (rou-

pa); sacar (arma); (coloq.) derrotar; bater (creme, ovos etc.); franzir (costura).

whip.ping [w'ipiŋ] s. surra, chicotada f., açoite m.; (Esp.) derrota, lavada f.

whir [wə:] s. zumbido, chiado m. ‖ v. zumbir, sussurrar, zunir, chiar.

whirl [wə:l] s. giro, rodopio m.; turbilhão m.; precipitação f., atropelo m.; passeio m. breve. ‖ v. girar; desviar rapidamente; mover-se rapidamente; estar confuso, tonto. **in a** ≃ em pressa louca.

whirl.pool [w'ə:lpu:l] s. remoinho m. de água, sorvedouro m.

whirl.wind [w'ə:lwind] s. remoinho m. de vento; furacão, vendaval m.

whirr [wə:] s. = **whir.**

whisk [wisk] s. movimento m. rápido e repentino; rabanada f.; espanador m., vassourinha f.; batedor m. de ovos, cremes etc. ‖ v. tirar, varrer, espanar (**off, away**); mover (-se) rapidamente, voar; apanhar, arrebatar; bater (ovos, creme etc.); agitar.

whisk.er [w'iskə] s. fio m. de barba; bigode m. de gato, rato etc. ≃ **s** suíças f. pl., costeleta f.

whis.key [w'iski] s. uísque m.

whisky [w'iski] s. = **whiskey.**

whis.per [w'ispə] s. cochicho, sussurro m.; confidência f., segredo m.; boato m. ‖ v. sussurrar, cochichar; segredar.

whis.tle [w'isl] s. apito, assobio m.; silvo m. ‖ v. apitar, assobiar; silvar.

whit [wit] s. bocado, pouquinho m. **not a** ≃, **no** ≃ nenhum, nenhuma, nada.

white [wait] s. branco m. (cor, pessoa ou objeto); brancura, alvura f. ‖ adj. branco; pálido; claro, transparente; grisalho; (fig.) puro, ingênuo; (gíria) limpo, correto. ≃ **lie** mentira inofensiva. ≃ **of egg** clara de ovo. ≃ **elephant** elefante branco (fig.); coisa que custa muito e não serve para nada. ≃ **- haired** grisalho. ≃ **slave** escrava branca. **to** ≃ **over** caiar. **to bleed some** ≃ roubar até a camisa.

White House s. Casa f. Branca (casa do Presidente dos E.U.A.).

whit.en [w'aitn] v. branquear, desbotar, caiar.

white.ness [w'aitnis] s. brancura, palidez f.; pureza f.

white.wash [w'aitwɔʃ] s. cal m. para caiar; caiação f.; encobrimento m. de erros ou defeitos; reabilitação f. ‖ v. caiar; reabilitar, encobrir faltas, ou defeitos.

whith.er [w'iðə] adv. + conj. onde? para onde? aonde? para que lugar?; onde, para onde, para o qual.

whit.tle [w'itl] s. (arc.) faca f. de açougueiro ou canivete m. grande. ‖ v. cortar, aguçar. **to ≃ away** cortar, diminuir, reduzir. **to ≃ at** talhar, aparar, esculpir (com faca).

whiz [wiz] v. zumbir; silvar.

whizz [wiz] v. = **whiz.**

who [hu:] pron. (interrogativo) quem?; (relativo) quem, que, o(a) qual, aquele ou aquela que. **did you know ≃ that was?** você sabia quem era? **he ≃** aquele que.

who.dun.it [hu:d'ʌnit] s. (gíria) romance m., novela f. ou filme m. policial.

who.ev.er [hu:'evə] pron. quem quer que, seja quem for, cada pessoa que, todos que, qualquer que.

whole [houl] s. todo, total, conjunto m., totalidade f. ‖ adj. completo; todo; inteiro; total; sadio; incólume. **as a ≃** como um todo, no conjunto. **in a ≃ skin** ileso. **two ≃ weeks** duas semanas inteiras. **≃-hearted** sincero; sério; cordial. **≃-heartedly** sinceramente; cordialmente.

whole.sale [h'oulseil] s. venda f. por atacado. ‖ adj. por atacado; indiscriminado. ‖ adv. por atacado; indiscriminadamente. **≃ dealer** atacadista. **≃ trade** comércio atacadista.

whole.some [h'oulsəm] adj. salubre, salutar; sadio; benéfico, proveitoso, benfazejo.

whom [hu:m] pron. caso objetivo de **who**; (interrogativo) quem?; (relativo) quem, que, o qual, os quais, as quais. **to ≃?** a quem?, para quem? **did she inquire for?** por quem perguntou ela? **≃ did you speak to?** com quem você falou?

whoop [hu:p] s. ruído m. causado por respiração ofegante; chiado m. ‖ v. gritar, chamar; respirar ruidosamente; fazer algazarra. ‖ interj. opa!, hei!, olá!, eh!

whore [hɔ:] s. prostituta f.

whose [hu:z] pron. (interrogativo) de quem?; (relativo) de quem, cujo(s), cuja(s). **≃ book is this?** de quem é este livro? **≃ else might it be?** de quem mais poderia ser?

why [wai] s. porquê, motivo m., razão, intenção f. ‖ adv. (interrogativo) por quê?; (rela-

tivo) por que. ‖ interj. ora! ora sim! como! **≃ not?** por que não?

wick [wik] s. pavio m., mecha f.

wick.ed [w'ikid] adj. mau, ruim; vicioso, malvado; perigoso; (coloq.) desagradável, duro; traquinas, travesso. ‖ adv. maldosamente; pecaminosamente.

wick.ed.ness [w'ikidnis] s. maldade, ruindade f.

wick.er [w'ikə] s. vime m.; trabalhos m. pl. de vime.

wick.et [w'ikit] s. postigo m., portinhola, cancela f.; janelinha ou abertura f.; comporta f. (de represa).

wide [waid] adj. largo; extenso, amplo; distendido; grande, enorme; liberal, tolerante; arregalado; afastado. ‖ adv. extensamente. **≃-awake** bem acordado, atento.

wid.en [w'aidn] v. alargar(-se), estender(-se), dilatar(-se); aumentar, ampliar(-se).

wide.ness [w'aidnis] s. largura, extensão f.; grandeza, vastidão, amplidão f.

wide.spread [w'aidspred] adj. muito espalhado ou difundido, comum.

wid.ow [w'idou] s. viúva f.

wid.ow.er [w'idouə] s. viúvo m.

width [widθ] s. largura f.; vastidão f.

wield [wi:ld] v. manejar; manusear; brandir, empunhar; dirigir.

wife [waif] s. esposa f.; mulher f.

wig [wig] s. peruca f. ‖ v. (gíria) repreender.

wig.gle [w'igl] s. meneio m. ‖ v. sacudir(-se), menear(-se), abanar(-se); serpear.

wig.wam [w'igwæm] s. cabana, barraca ou tenda f. dos índios norte-americanos.

wild [waild] s. **≃s** selva f., ermo m. ‖ adj. selvagem; não cultivado; ermo, desabitado; incivilizado; desenfreado; desarrumado; turbulento, alegre; extravagante; violento; louco; fantástico; tempestuoso. **it gives me the ≃** isso me deixa furioso.

wild.cat [w'aildkæt] s. (Zool.) gato m. selvagem; (Zool.) lince m.; negócio m. fraudulento. ‖ adj. duvidoso; arriscado, ousado; desorganizado; não autorizado.

wild.er.ness [w'ildənis] s. selva f.; lugar m. ou região f. despovoada, ermo m.

wildly [w'aildli] adv. à toa; sem pensar; descontroladamente.

wild.ness [w'aildnis] s. estado m. silvestre, selvageria f.; solidão f.; incultura f.; violência

f.; licenciosidade f.; ansiedade f.; impetuosidade f.; irreflexão f.

wile [wail] s. ardil m., astúcia f.; fraude f. ‖
v. enganar, usar de malícia ou astúcia.

will [wil] s. vontade f.; decisão f.; arbítrio m.;
testamento m.; intenção f.; sentimento m.;
preferência f. ‖ v. querer; desejar; decidir;
legar; concordar; v. aux. (pret. **would**) querer, desejar, estar inclinado ou disposto a,
usado na formação do futuro e do condicional nas segundas e terceiras pessoas. **the**
≃ **to peace** o amor à paz. **ill** ≃ má vontade. ≃- **power** força de vontade, autocontrole.

will.ful [w'ilful] adj. obstinado, voluntarioso;
proposital, intencional.

will.ing [w'iliŋ] adj. disposto; concorde; desejoso; condescendente.

will.ing.ness [w'iliŋnis] s. boa vontade, disposição, prontidão f.; espontaneidade f.

wil.low [w'ilou] s. (Bot.) salgueiro m.; madeira f. do salgueiro.

wilt [wilt] v. murchar; desvigorizar(-se).

wil.y [w'aili] adj. esperto, astuto, manhoso.

win [win] s. (coloq.) vitória f. (em esporte).
‖ v. (pret. e p.p. **won**) vencer, ganhar, obter
(sucesso); cativar; alcançar; persuadir ao casamento.

wince [wins] s. estremecimento m. ‖ v. estremecer; recuar, retrair-se.

winch [wintʃ] s. manivela f.; guincho, cabrestante, sarilho m. ‖ v. suspender ou levantar com guincho ou sarilho.

wind [wind] s. vento m.; brisa f.; temporal m.,
ventania f.; gases m. pl., flatulência f.; fôlego m.; conversa f. à toa. ‖ v. arejar; farejar.
≃ **instrument** (Mús.) instrumento de sopro.
gone with the ≃ levado pelo vento. **I was**
≃**ed with my run** fiquei sem fôlego com a
corrida.

wind [waind] s. torcedura f.; curvatura, sinuosidade f.; curva, rotação f. ‖ v. (pret. e p.p.
wound) serpentear enroscar(-se) (**round** em
volta de); girar; (Náut.) volver; empenar(-se),
dobrar(-se), torcer(-se); envolver; abraçar;
enredar. **to** ≃ **off** desenrolar; filmar. **to** ≃
on enrolar. **to** ≃ **up** içar; insinuar(-se), dar
corda a (relógio); resumir (discurso); encerrar (contas); regularizar, resolver.

wind.bag [w'indbæg] s. fanfarrão, falador m.

wind.fall [w'indfɔ:l] s. sorte f. inesperada.

wind.ing [w'aindiŋ] s. enrolamento m.; de-
senrolamento m.; objeto m. espiralado;
(Eletr.) bobina f.; curva, dobra f.; torcedura f.; sinuosidade f.; (Tecel.) dobagem f.; iça-
gem f. ‖ adj. sinuoso; enrolado; torcido; ca-
racolado; serpeante.

wind.lass [w'indləs] s. molinete, sarilho m.;
guindaste m.

wind.mill [w'indmil] s. moinho m. de vento.

win.dow [w'indou] s. janela f.; vidraça f.; vitrina f.; guichê m. ≃-**dressing** decoração de
vitrines; arte de impressionar, de chamar
atenção para algo sem valor. ≃-**pane** vidraça,
vidro de janela.

wind.pipe [w'indpaip] s. traquéia f.

wind.shield [w'indʃi:ld] s. pára-brisa m.

wind.y [w'indi] adj. ventoso, tempestuoso; vazio, fútil; pomposo; fanfarrão; volúvel.

wine [wain] s. vinho m.; cor f. do vinho. ‖ v.
beber vinho; servir vinho a.

wing [wiŋ] s. (Zool., Bot., Anat. e Téc.) asa f.;
braço m. de moinho; pá f. de ventilador; vôo
m., aviação f.; bastidor m.; (Milit.) ala f., flanco
m.; lóbulo m. de pulmão; folha f. de porta
ou janela; pára-lama m.; (fig.) proteção f. ‖
v. voar; transportar por via aérea; alar, dar
asas a. ≃ **chair** poltrona de orelhas.

winged [wiŋd, poét. w'iŋgid] adj. alado (também Bot.).

wink [wiŋk] s. pestanejo m., piscadela f.; instante m. ‖ v. piscar; pestanejar; brilhar. **to**
≃ **at s. th.** tolerar, ignorar. **in a** ≃ num instante. **forty** ≃**s** soneca.

win.ner [w'inə] s. vencedor, campeão m.

win.ning [w'iniŋ] s. ação f. de vencer. ≃**s** ganhos, lucros m. pl.; proveito m. ‖ adj. vitorioso; atraente.

win.now [w'inou] v. soprar, separar (a palha
do grão).

win.some [w'insəm] adj. encantador, agradável, simpático, atraente, cativante.

win.ter [w'intə] s. inverno m.; período m. de
declínio. ‖ v. invernar, passar o inverno.

win.try [w'intri] adj. frio, gelado, reservado.

wipe [waip] s. esfregadela, limpadela f. ‖ v.
esfregar, limpar; secar. **he gave it a** ≃ ele
esfregou-o. **to** ≃ **out** apagar; matar (alguém).

wire [w'aiə] s. arame m.; corda f. de instrumento; fio m. elétrico; tela f. de arame, cerca f. de arame farpado; linha f. telegráfica

ou telefônica; telégrafo m.; telegrama m. ‖
v. amarrar ou prender com arame; (Eletr.)
fazer ligação, cercar (com arame); (Milit.)
proteger; (coloq.) telegrafar a. **barbed** ≃
arame farpado. ≃ **tapping** grampear, ouvir telefonemas por meio de ligações clan-
destinas.

wire.less [w'aiəlis] s. telegrafia f. sem fio; rádio m.; radiograma m. ‖ v. radiografar. ‖
adj. sem fios, por meio do rádio, radiofô-
nico.

wire.pull.ing [w'aiəpuliŋ] s. influência f. secreta, ação f. por detrás dos bastidores.

wir.y [w'aiəri] adj. de arame; como arame;
magro; fibroso, resistente.

wis.dom [w'izdəm] s. sabedoria, ciência f.; saber m.; prudência f.; bom senso, juízo, critério m.; (Hist.) cultura, erudição f.

wise [waiz] adj. sábio; inteligente; compreensivo; instruído, culto; sensato; discreto; sagaz, fino.

wise.crack [w'aizkræk] s. piada f., gracejo m.
‖ v. (gíria) dizer ou soltar piada.

wish [wiʃ] s. desejo, anseio m.; pedido m., ordem f. ‖ v. desejar, querer. ≃ **es** votos m. pl.,
saudações f. pl. **with all good** ≃ **es, our best**
≃ **es** com os melhores votos.

wist.ful [w'istful] adj. saudoso; sério, calado,
pensativo, melancólico, tristonho.

wit [wit] s. juízo m.; razão, habilidade f.; perspicácia f.; engenho m.; imaginação f.; graça f., humor m. ≃ **s** sabedoria f.; habilidade f. para pensar rápida e astutamente.
don't drive me out of my ≃ **s!** não me faça
enlouquecer!

witch [witʃ] s. bruxa f.

witch.craft [w'itʃkra:ft] s. feitiçaria f.; atração,
fascinação, encantamento m.

with [wið, wiθ] prep. com, por, a, em, de; a
respeito de, apesar de, por meio de. ≃ **all**
speed a toda pressa.

with.draw [wiðdr'ɔ:] v. (pret. **withdrew,** p. p.
whithdrawn) retrair, retirar(-se), privar de;
afastar(-se), tirar, remover (**from** de); sair;
revogar; (Milit.) recuar.

with.draw.al [wiðdr'ɔəl] s. retirada f. (também
Milit.); afastamento m., remoção f., demissão f. (cargo); cancelamento m. (contrato);
saída f. (**from** de); retração f.

with.drawn [wiðdr'ɔ:n] v. p. p. de **withdraw.**

with.drew [wiðdr'u:] v. pret. de **withdraw.**

with.er [w'iðə] v. (fazer) murchar, secar, definhar; (fig.) debilitar; decair; difamar; (fig.)
explorar (**out**).

with.hold [wiðh'ould] v. (pret. e p.p. **withheld**)
reter, segurar, deter, conter; impedir, estorvar (**from doing** de fazer); negar, recusar;
sonegar.

with.in [wið'in] adv. dentro, interiormente;
intimamente. ‖ prep. dentro dos limites de,
ao alcance de; no interior de; dentro do
prazo de. ≃ **doors** dentro de casa.

with.out [wið'aut] adv. exteriormente, exter-
namente, fora, de fora, por fora, fora de casa. ‖ prep. sem, destituído de, fora de. ‖
conj. a não ser que, senão, a menos que.

with.stand [wiðst'ænd] v. (pret. e p. p.
with.stood) opor-se, resistir, contrariar, impugnar.

wit.ness [w'itnis] s. testemunha f.; testemunho m., prova, evidência f. ‖ v. testemunhar,
assistir a; dar fé; atestar; depor. **in** ≃ **of** em
testemunho de.

wit.ti.cism [w'itisizm] s. dito m. espirituoso,
observação f. engraçada.

wit.ty [w'iti] adj. engenhoso; gracioso; espirituoso; mordaz, satírico.

wives [waivz] s. pl. de **wife.**

wiz.ard [w'izəd] s. mágico, feiticeiro, encantador, adivinho m.; prestidigitador m.; (coloq.) pessoa f. muito esperta.

wob.ble [w'ɔbl] v. cambalear; agitar, oscilar,
sacudir, tremer; hesitar, ser inconstante, titubear.

woe [wou] s. aflição f., pesar m.; desgraça f.,
infortúnio m.; miséria f.

woke [wouk] v. pret. e p. p. de **wake.**

wolf [wulf] s. (pl. **wolves** [wulvz] lobo m.;
(fig.) pessoa f. cruel, voraz e insaciável; conquistador m. ‖ v. caçar lobos; comer avidamente, devorar. **she-** ≃ loba. **the** ≃ **in sheep's**
skin o lobo em pele de carneiro, o hipócrita. **to** ≃ **down** devorar.

wom.an [w'umən] s. (pl. **women** [w'imin]) mulher f.; esposa f.; criada f.; amante f.

wom.an.ize [w'umənaiz] v. efeminar, viver
dissolutamente.

wo.man.izer [w'umənaizə] s. mulherengo m.

wom.an.like [w'umənlaik] adj. semelhante a
mulher; próprio da mulher, feminino.

wom.an.ly [w'umənli] adv. próprio de, relativo a mulher, feminino.

womb [wu:m] s. ventre m.; útero m.; seio, interior m.

wom.en [w'imin] s. pl. de **woman. Women's Lib** Movimento de Liberação Feminina.

won.der [w'ʌndə] s. milagre m.; prodígio m.; maravilha f.; admiração f.' ‖ v. admirar-se, surpreender-se (**at, over** de, com); querer saber, estar curioso por saber. **the ≃s of the world** os milagres do mundo.

wood [wud] s. madeira, lenha f.; floresta f., bosque m.; tina f., barril m. ‖ v. prover com madeira, reflorestar. ‖ adj. de madeira; do mato. ≃- **carver** xilógrafo. ≃ **engraving** xilogravura.

wood.cut.er [w'udkʌtə] s. lenhador m.; (Belas-Artes) xilógrafo m.

wood.ed [w'udid] adj. arborizado, coberto de mato, cheio de árvores.

wood.land [w'udlænd] s. floresta, mata f. ‖ adj. florestal; selvático, silvestre.

wood.peck.er [w'udpekə] s. pica-pau m.

wood.work [w'udwə:k] s. madeiramento m. (casa); artigo m. de madeira.

woof [wu:f] s. (Tecel.) trama, textura f.; tecido, pano m.

wool [wul] s. lã f.; fio m. de lã; lanugem, penugem f., pêlo m. ‖ adj. = **woollen.**

wool.en [w'ulin] adj. = **woollen.**

wool.len [w'ulin] adj. de ou relativo a lã, lanoso. ≃ **fabrics, clothes** fazenda ou roupa de lã.

wool.y [w'uli] s. artigo m. de lã, pulôver m.; carneiro m. ‖ adj. de lã; semelhante a lã; revestido de lã.

word [wə:d] s. palavra f.; conversação f.; expressão f.; dizeres m. pl; ordem f.; senha f.; notícia, informação f. ‖ v. pôr em palavras, redigir. **my** ≃**!** céus! **to bring** ≃ trazer notícias. **I took his** ≃ **for it** acreditei cegamente no que ele disse. **upon my** ≃**!** palavra de honra!

word.i.ness [w'ə:dinis] s. verbosidade f.

word.y [w'ə:di] adj. prolixo, verboso.

wore [wɔ:] v. pret. de **wear.**

work [wə:k] s. trabalho m.; labor m.; ocupação f., profissão f.; tarefa f.; serviço m.; produto m. manufaturado; obra f.; atividade f., esforço m.; costura f.; bordado m.; ação f.; mecanismo m. ≃**s** fábrica f.; (Milit.) fortifi-

cação f.; (Eng.) construção f.; empreendimento m. ‖ v. trabalhar; funcionar; produzir; formar; lavrar, cultivar; executar cuidadosamente; elaborar; explorar (mina); tecer; administrar (fazenda). **needle-**≃ trabalho de agulha. ≃ **of art** obra de arte. **out of** ≃ desempregado. **your plan does not** ≃ seu plano não funciona.

work.er [w'ə:kə] s. trabalhador, operário m.; obreira f. (abelha, formiga).

work.ing [w'ə:kiŋ] s. trabalho m., obra f.; ação f.; operação f.; funcionamento m.; manipulação f. ‖ adj. que trabalha, trabalhador; aproveitável, útil; em andamento, atividade ou funcionamento. ≃ **classes** classes trabalhadoras; classe operária.

work.man [w'ə:kmən] s. trabalhador m.

work.man.ship [w'ə:kmənʃip] s. artesanato m.; obra, manufatura f.; feitura f., acabamento m.; mão-de-obra f.; habilidade f.

work.out [wə:k'aut] s. (coloq.) exercício m., prática f.; experiência, prova f., teste m.

work.shop [w'ə:kʃɔp] s. oficina f.

world [wə:ld] s. mundo m.; Terra f., globo m. terrestre; continente m.; mundo m. em determinada época; universo m.; humanidade f.; povo, público m.; classe f.; vida f. mundana, existência f.; infinidade f.; astro, planeta m.; reino m. da natureza (vegetal etc.); rumo m. dos acontecimentos ou dos negócios. ≃**-wide** pelo mundo inteiro.

world.ly [w'ə:ldli] adj. mundano; terreno, temporal, secular, profano.

worm [wə:m] s. bicho, verme, carunchão m.; lombriga, minhoca, traça, lagarta f.; (fig.) pobre, vil m. + f. ≃**s** verminose f., vermes m. pl. ‖ v. separar, rastejar; infiltrar-se, insinuar-se; tirar bichos de. ≃- **eaten** bichado, carcomido.

worn [wɔ:n] v. p.p. de **wear.** ≃ **out** usado, gasto; extenuado, macilento; fatigado, exausto; batido (expressão, frase).

wor.ry [w'ə:ri] s. preocupação, angústia f.; tormento m. ‖ v. atormentar(-se), preocupar (-se), afligir(-se) (**with, about** com); morder (-se), agarrar(-se), lacerar; importunar; irritar (**with** com).

worse [wə:s] s. o pior m. ‖ adj. (comp. de **bad, evil, ill**) pior; inferior; mais, mais intenso, mais mau, mais maligno; em pior estado. ‖ adv. pior. ≃ **and** ≃ cada vez pior.

wor.ship [w'ɔːʃip] s. adoração f.; culto m. (religioso); conceito, respeito m., admiração f. ❚ v. adorar, venerar; idolatrar.

wor.ship.per [w'əːʃipə] s. adorador, venerador m.

worst [wɔːst] s. o pior m. (de todos). ❚ v. vencer categoricamente. ❚ adj. (superl. de **bad, evil, ill**) pior. ❚ adv. pior. **at the** ≃ na pior das hipóteses.

worth [wɔːθ] s. valor m.; preço, custo m.; qualidade f.; conceito m.; mérito m.; importância, excelência f.; utilidade f.; riqueza f., bens m. pl. ❚ adj. que vale; merecedor, digno; equivalente a. **a man of great** ≃ um homem de grande valor. **it is** ≃ **it!** vale a pena!

worth.less [w'əːθlis] adj. sem valor.

worth.while [wəːθw'ail] adj. conveniente, vantajoso, que vale a pena.

wor.thy [w'əːði] s. pessoa f. meritória; sumidade, notabilidade f. ❚ adj. merecedor; valioso; digno, conceituado.

would [wud] v. pret. de **will**; usado na formação do condicional nas segundas e terceiras pessoas.

wound [waund] v. pret. e p.p. de **wind**.

wound [wuːnd] s. ferida f.; ferimento m., chaga f.; ofensa, mágoa f. ❚ v. ferir; machucar; golpear; ofender, magoar.

wove [wouv] v. pret. e p.p. de **weave**.

wo.ven [w'ouvn] v. p.p. de **weave**.

wran.gle [r'æŋgl] s. briga, discussão f. ❚ v. disputar, discutir; altercar, brigar.

wrap [ræp] s. agasalho, xale, cachecol, casaco m., capa f. ❚ v. (pret. e p.p. **wrapped** ou **wrapt**) enrolar, envolver (**round, about** em, em volta); cobrir; embrulhar; agasalhar (**up**); ocultar; dissimular. ≃ **ped in silence** envolto em silêncio.

wrap.per [r'æpə] s. empacotador m.; sobrecapa f. de livro; envoltório m.; roupão m.; guarda-pó m.; cinta f. (de jornais, revistas etc.); folha f. exterior de charuto.

wrap.ping [r'æpiŋ] s. empacotamento m.; invólucro, envoltório m. ≃ **paper** papel de embrulho.

wrath [rɔːθ, raːθ] s. ira, fúria, cólera f.; castigo m.; vingança f.

wrath.ful [rɔːθful, r'aːθful] adj. irado, furioso, raivoso, colérico, zangado.

wreath [riːθ] s. grinalda f., festão m., coroa f. de flores.

wreathe [riːð] v. entrelaçar (grinalda, coroa), tecer, trançar; enfeitar; encaracolar; retorcer (membros); torcer (rosto).

wreck [rek] s. destruição f. parcial ou total (navio, aeroplano, edifício etc.); ruína f.; naufrágio m.; destroços m. pl.; objetos m. pl. lançados à praia pelo mar. ❚ v. naufragar, pôr a pique; aniquilar; fazer descarrilar; arruinar; danificar; demolir (prédios etc.).

wreck.age [r'ekidʒ] s. naufrágio, soçobro m.; (fig.) os vencidos m. pl. na vida.

wrench [rentʃ] s. arranco, puxão m. violento; distensão, deslocação f.; tristeza, dor f. (de separação); chave f. inglesa. ❚ v. arrancar com puxão violento; torcer, deslocar; desvirtuar; deturpar.

wres.tle [resl] s. luta, disputa f. ❚ v. lutar, brigar.

wres.tler [r'eslə] s. lutador, contendor m.

wretch [retʃ] s. patife, vilão m.; miserável, infeliz m. + f., coitado, desgraçado m.

wretch.ed [r'etʃid] adj. desprezível; triste, infeliz, desgraçado; pobre; ruim.

wrig.gle [rigl] s. movimento m. sinuoso, ziguezague m.; contorção f. ❚ v. serpear, mover-se em ziguezague; menear(-se), mexer(-se); torcer-se; insinuar-se; esquivar-se. **to** ≃ **o. s. out of an affair** esquivar-se de um caso.

wring [riŋ] s. torcedura f.; espremedura f.; aperto m. ❚ v. (pret e p.p. **wrung**) torcer (-se), retorcer(-se), espremer; prensar (**up**); apertar (mão); distender; contorcer (rosto). **to** ≃ **one's hands in despair** torcer as mãos em desespero.

wrin.kle [r'iŋkl] s. dobra, prega f.; ruga f. (rosto). ❚ v. dobrar(-se), vincar(-se), pregar(-se); enrugar(-se), franzir(-se) (rosto, testa).

wrist [rist] s. pulso m.; munheca f.; punho m. (de camisa etc.).

writ [rit] s. documento m.; edital, mandado m., ordem f.; intimação f.

write [rait] v. (pret. **wrote**, p.p. **written**) escrever (**about, on** sobre; **for** para); redigir; compor; inscrever; gravar; datilografar; descrever ou narrar por escrito. **he** ≃ **s back** ele responde por escrito. **he wrote word** ele mandou notícias. **to** ≃ **down in full** escrever por extenso. **to** ≃ **off** cancelar (conta não paga).

writ.er [r'aitə] s. escritor, autor m.; escrivão m.; escrevente m.

writhe [raið] v. torcer(-se), retorcer(-se), debater-se. **to** ≃ **with pain** virar-se de dor.

writ.ing [r'aitiŋ] s. escrita f.; composição f. (literária ou musical); livro, artigo, poema m.; escrito, documento m.; profissão f. literária; cargo m. de escrivão. ‖ adj. de ou para escrever. **in** ≃ por escrito. ≃ **table** escrivaninha.

wri.ten [ritn] v. p. p. de **write**. ‖ adj. por escrito.

wrong [rɔŋ] s. injustiça f.; pecado m.; injúria f.; dano m.; erro m.; transgressão f. ‖ v. tratar injustamente; proceder mal; prejudicar; enganar; ofender; violar. ‖ adj. errado, falso, inconveniente, inoportuno; injusto; mau; indevido; ilegal; insatisfatório. ‖ adv. mal, erradamente; injustamente; indevidamente; iniquamente. ≃ **number** (telefone) número errado, engano. **we were in the** ≃ estávamos errados. **he got me in** ≃ ele me desacreditou. **you are** ≃ você está errado. **what's** ≃? o que há?

wrong.do.er [r'ɔŋd'u:ə] s. malfeitor, injusto, pecador, malvado m.

wrong.ly [rɔŋli] adv. = **wrong**.

wrote [rout] v. pret. de **write**.

wrought [rɔ:t] adj. feito, manufaturado; trabalhado, lavrado, acabado; forjado; batido; ornado; enfeitado; bordado. ≃ **iron** ferro forjado ou batido. ≃ **-up** revolvido, excitado.

wrung [rʌŋ] v. pret. e p.p. de **wring**.

wry [rai] adj. torto; retorcido; oblíquo.

X

X, x [eks] s. vigésima quarta letra f. do alfabeto inglês; incógnita f.; número m. romano equivalente a dez.

Xen.o.pho.bi.a [z'enəf'oubiə] s. xenofobia f.

Xmas ['eksməs, Krisməs] abr. de **Christmas** Natal m.

x-ray ['eksrei] s. raio m. X; aparelho m. de raios X. ‖ v. tirar chapa, examinar ou tratar por meio de raios X.

xe.ro.phyte [z'erəfait] s. xerófito m.

xylem [z'ailəm] s. (Bot.) xilema m.

xy.lo.graph [z'ailəgra:f] s. xilogravura f.

Y

Y, y [wai] s. vigésima quinta letra f. do alfabeto inglês.

yacht [jɔt] s. iate m. **I** v. navegar, viajar, competir em iate.

Yan.kee [j'ænki] s. ianque m. + f.; (E.U.A.) nativo m. de qualquer um dos Estados do Norte. **I** adj. ianque, norte-americano.

yap [jæp] s. latido, ganido m.; falatório m. **I** v. latir, ganir; tagarelar.

yard [ja:d] s. jarda f. (91,4 cm); pátio m., quintal m.; cercado, curral, viveiro m.; depósito m. **front** ≃ jardim fronteiro.

yard.stick [j'a:dstik] s. mastro m.

yarn [ja:n] s. fio m. (de lã, algodão etc.); (coloq.) história, narração f., conto m. (freqüentemente duvidoso). **I** v. (coloq.) contar histórias; conversar, falar.

yawn [jɔ:n] s. bocejo m.; hiato m. **I** v. bocejar ou dizer bocejando.

year [j'iə] s. ano m. ≃**s** idade f. muito tempo m. **leap** ≃ ano bissexto. **he is well in** ≃**s** ele é de idade avançada. **a three** ≃ **old child** uma criança de três anos de idade.

year.book [j'iəbuk] s. anuário, almanaque m.; publicação f. anual.

year.ly [j'iəli] adj. uma vez por ano; anual. **I** adv. anualmente.

yearn [jə:n] v. ansiar, desejar vivamente, aspirar; ter saudades (**after, for** de); sentir-se atraído (**towards** por, para); ter ou sentir pena.

yearn.ing [j'ə:niŋ] s. anseio, anelo m., aspiração, saudade f. **I** adj. ansioso.

yeast [ji:st] s. levedura f., fermento m. **I** v. fermentar, levedar; espumar.

yell [jel] s. grito, berro, urro m. **I** v. gritar, berrar, urrar.

yel.low [j'elou] s. amarelo m. **I** v. amarelar. **I** adj. amarelo. ≃ **fever** febre amarela. ≃ **pages** páginas amarelas.

yel.low.ish [j'elouiʃ] adj. amarelento.

yelp [jelp] s. latido, ganido, grito m. curto; uivo m. **I** v. latir, ganir; uivar.

yen [j'en] s. iene m.; desejo, vontade, anseio m.

yes [jes] s. sim m., resposta f. afirmativa. **I** adv. sim, é mesmo, é verdade. ≃? deveras? é mesmo? sim? ≃ **indeed** sim, realmente.

yes.ter.day [j'estədi] s. ontem m.; (fig.) o passado m. **I** adj. relativo ao dia de ontem. **I** adv. ontem; recentemente. **the day before** ≃ anteontem.

yet [jet] adv. ainda; até agora, até o momento, por ora; já, agora; também; outra vez; demais, além; ainda mais; mesmo. **I** conj. contudo, mas, porém, não obstante, todavia. **not** ≃ ainda não.

yid.dish [j'idiʃ] adj. iídiche.

yield [ji:ld] s. rendimento, lucro, produto m.; produção f. **I** v. render; produzir; dar, consentir; ceder (pressão, peso); submeter(-se); revelar (segredo).

yield.ing [j'i:ldiŋ] adj. rendoso, produtivo.

yo.ga [j'ugə] s. ioga f.

yo.gurt [j'ouguət] s. iogurte m.

yoke [jouk] s. jugo m., canga f.; par m., parelha f.; opressão f. **I** v. jungir, cangar; emparelhar; unir; casar; (arc.) subjugar, dominar, escravizar.

yolk [jouk] s. gema f. de ovo.

yon.der [j'ɔndə] adj. além, acolá, lá, mais longe; aquele, aquela, aquela. **I** adv. além, acolá, lá, mais longe, mais distante.

you [ju:] pron. sing. ou pl. tu, te, ti; vós, vos; você(s), senhor(es), senhora(s), a gente, lhes(s), o(s), a(s). **are** ≃ **here?** você, o senhor, a senhora está? vocês, os senhores, as senhoras estão?

young [jʌŋ] s. prole f., crias f. pl. **I** adj. moço, jovem; juvenil; inexperiente, imaturo; inicial. **his** ≃ **lady** sua namorada. **her** ≃ **man** seu namorado. ≃ **one** cria. **with** ≃ prenhe (fêmea de animal).

young.ster [j'ʌŋstə] s. criança f., menino m., menina f.; jovem m. + f., moço, rapaz m.; moça, rapariga f.

your [jɔ:, juə] adj. poss. sing. ou pl. seu(s), sua(s), do(s) senhor(es), da(s) senhoras(s); teu(s), tua(s); vosso(s); o tal, os tais (depreciat.). ≃ **fault** seu erro.

yours [jɔ:z, juəz] pron. poss. sing. e pl. teu(s), tua(s); seu(s), sua(s), do(s), senhor(es), da(s), senhora(s), de você(s); vosso(s), vossa(s). **is this** ≃? isso é seu?

your.self [juəs'elf] pron. (pl. **yourselves** [juəs'elvz] tu, você, o senhor mesmo, próprio, (a) ti, si, vós mesmo, próprio. **by** ≃ só, sem auxílio. **what will you do with** ≃ o que pretende fazer? **be** ≃! anime-se! coragem!

youth [ju:θ] s. mocidade, juventude f.; jovem m. + f., moço, rapaz m., moça f.

youth.ful [j'u:θful] adj. juvenil, moço, jovem; vigoroso; imaturo, principiante.

yowl [j'oul] s. grito, berro m. ❙ v. gritar, berrar.

Z

Z, z [zed] s. vigésima sexta e última letra f. do alfabeto inglês.

zeal [zi:l] s. zelo, fervor, ardor, entusiasmo m. **full of** ≃ zeloso, solícito.

zeal.ous [z'eləs] adj. zeloso, entusiasta.

ze.bra [z'i:brə] s. zebra f. (também (fig.). ≃ **crossing** faixa de pedestre.

ze.bu [z'i:bu] s. (Zool.) zebu m.

zen [zen] s. zen m.

ze.nith [z'eniθ, z'i:niθ] s. zênite m.; (fig.) auge, apogeu m., culminação f.

zeph.yr [z'efə] s. zéfiro m.; vento m. suave.

ze.ro [z'iərou] s. zero m.; (Arit.) cifra f.; (Fís.) ponto zero ou ponto m. de congelamento; (fig.) nada m., insignificância, nulidade f.; o ponto m. mais baixo. **above, below** ≃ acima, abaixo de zero.

zest [zest] s. gosto, sabor, prazer, deleite m.; tempero m.

zig.zag [z'igzæg] s. ziguezague m. ‖ v. ziguezaguear.

zinc [ziŋk] s. zinco m.

zi.on.ism [z'aiənizm] s. sionismo m.

zip.per [z'ipə] s. zip, fecho m. de correr, zíper m.

zith.er [z'iðə] s. cítara f.

zo.di.ac [z'oudiæk] s. (Astron.) zodíaco m.; diagrama m. do zodíaco.

zom.bi [z'ɔmbi] s. zumbi m.

zone [zoun] s. zona f. (também Geogr.); distrito m.; faixa f.; círculo m.; circuito m. ‖ v. dividir em ou formar zonas; cingir.

zoo [zu:] s. (coloq.) jardim m. zoológico.

zo.o.log.ic [zouəl'ɔdʒik] adj. zoológico.

zo.lo.o.gy [zou'ɔlədʒi] s. zoologia f.; vida f. animal de uma determinada região.

Zu.lu [z'ulu] s. + adj. zulu m.

zy.gote [z'aigɔt] s. (Biol.) zigoto m.

IRREGULAR VERBS
VERBOS IRREGULARES

Present tense	Preterite	Past participle	Present tense	Preterite	Past participle
abide	abode(*)	abode(*)	burst	burst	burst
arise	arose	arisen	buy	bought	bought
awake	awoke	{ awoke { awaked			
			cast	cast	cast
be	was	been	catch	caught	caught
bear	bore	{ borne { born	chide	chid (*)	chidden (*)
			choose	chose	chosen
beat	beat	{ beaten { beat	cleave	cleft (*)	cleft (*)
			cling	clung	clung
become	became	become	clothe	clad (*)	clad (*)
beget	begot	begotten	come	came	come
begin	began	begun	cost	cost	cost
behold	beheld	beheld	creep	crept	crept
bend	bent	bent	crow	crew (*)	crowed
bereave	bereft (*)	bereft (*)	cut	cut	cut
beseech	besought	besought			
bet	bet (*)	bet (*)	deal	dealt	dealt
bespeak	bespoke	bespoken	dig	dug	dug
bid	bade	bidden	do	did	done
bind	bound	bound	draw	drew	drawn
bite	bit	bitten	dream	dreamt (*)	dreamt (*)
bleed	bled	bled	drink	drank	{ drunk { drunken
blow	blew	blown			
break	broke	broken	drive	drove	driven
breed	bred	bred	dwell	dwelt (*)	dwelt (*)
bring	brought	brought			
build	built	built			
burn	burnt (*)	burnt (*)	eat	ate	eaten

(*) There is also a regular form ending in **-ed**.
(*) Há também a forma regular em **-ed**.

Present tense	Preterite	Past participle	Present tense	Preterite	Past participle
fall	fell	fallen	lean	leant (*)	leant (*)
feed	fed	fed	leap	leapt (*)	leapt (*)
feel	felt	felt	learn	learnt (*)	learnt (*)
fight	fought	fought	leave	left	left
find	found	found	lend	lent	lent
flee	fled	fled	let	let	let
fling	flung	flung	lie	lay	lain
fly	flew	flown	light	lit (*)	lit (*)
forbear	forbore	forborne	lose	lost	lost
forbid	forbade	forbidden			
forget	forgot	forgotten	make	made	made
forgive	forgave	forgiven	mean	meant	meant
forsake	forsook	forsaken	meet	met	met
freeze	froze	frozen	melt	melted	molten (*)
			mow	mowed	mown (*)
get	got	got			
gild	gilt (*)	gilt (*)	pay	paid	paid
gird	girt (*)	girt (*)	pen	pent (*)	pent (*)
give	gave	given	put	put	put
go	went	gone			
grind	ground	ground	read	read	read
grow	grew	grown	rend	rent	rent
			rid	rid (*)	rid (*)
hang	hung (*)	hung (*)	ride	rode	ridden
have	had	had	ring	rang	rung
hear	heard	heard	rise	rose	risen
heave	hove (*)	hove (*)	rive	rived	riven (*)
hew	hewed	hewn (*)	rot	rotted	rotten (*)
hide	hid	{ hidden / hid	run	ran	run
hit	hit	hit	saw	sawed	sawn (*)
hold	held	held	say	said	said
hurt	hurt	hurt	see	saw	seen
			seek	sought	sought
keep	kept	kept	seethe	seethed	sodden (*)
kneel	knelt (*)	knelt (*)	sell	sold	sold
knit	knit (*)	knit (*)	send	sent	sent
know	knew	known	set	set	set
			sew	sewed	sewn (*)
lade	laded	laden	shake	shook	shaken
lay	laid	laid	shear	shore (*)	shorn (*)
lead	led	led	shed	shed	shed

Present tense	Preterite	Past participle	Present tense	Preterite	Past participle
shine	shone	shone	sting	stung	stung
shoe	shod	shod	stink	stank	stunk
shoot	shot	shot	strew	strewed	strewn (*)
show	showed	shown	stride	strode	stridden
shred	shred (*)	shred (*)	strike	struck	struck
shrink	shrank	shrunk	string	strung	strung
shrive	shrove (*)	shriven (*)	strive	strove	striven
shut	shut	shut	swear	swore	sworn
sing	sang	sung	sweat	sweat (*)	sweat (*)
sink	{ sank / sunk	{ sunk / sunken	sweep	swept	swept
sit	sat	sat	swell	swelled	{ swelled / swollen
slay	slew	slain	swim	swam	swum
sleep	slept	slept	swing	swung	swung
slide	slid	slid			
sling	slung	slung			
slink	slunk	slunk	take	took	taken
slit	slit	slit	teach	taught	taught
smell	smelt (*)	smelt (*)	tear	tore	torn
smite	smote	smitten	tell	told	told
sow	sowed	sown (*)	think	thought	thought
speak	spoke	spoken	thrive	throve (*)	thriven (*)
speed	sped	sped	throw	threw	thrown
spell	spelt (*)	spelt (*)	thrust	thrust	thrust
spend	spent	spent	tread	trod	trodden
spill	spilt (*)	spilt (*)			
spin	{ span / spun	spun	wake	woke	waked
			wear	wore	worn
spit	{ spat / spit	{ spat / spit	weave	wove	woven
			weep	wept	wept
split	split	split	wet	wet (*)	wet (*)
spread	spread	spread	win	won	won
spring	sprang	sprung	wind	wound	wound
stand	stood	stood	work	wrought (*)	wrought (*)
steal	stole	stolen	wring	wrung	wrung
stick	stuck	stuck	write	wrote	written

ENGLISH AND AMERICAN MEASURES
MEDIDAS INGLESAS E AMERICANAS

Linear Measure/Medidas de Comprimento

		Equivalente métrico	
1 inch		2,54	cm
1 foot	12 inches	30,48	cm
1 yard	3 feet	91,44	cm
1 pole, rod, perch	5 ½ yards	5,03	m
1 chain (ingl.)	4 poles, etc.	20,12	m
1 furlong (200 yards)	10 chains (40 rods)	201,17	m
1 statute mile (1760 yards)	8 furlongs (5280 feet)	1,609	km
1 nautical mile	6080.2 feet	1,853	km
1 league	3 statute miles	4,828	km

Mariner's Measure/Medidas Náuticas (ou marítimas)

1 fathom	6 feet	1,83	m
1 nautical mile	1000 fathoms (approx.)	1,853	km
1 league	3 nautical miles	5,559	km

Surveyor's Measure/Medidas de Agrimensor

1 link	7.92 inches	20,12	cm
1 chain	100 links	20,12	m
1 mile	80 chains	1609,34	m
1 acre	10 square chains	0,4047	ha

Square Measure/Medidas de Superfície

1 square inch	6,45	cm^2
1 square foot	9,29	cm^2
1 square yard	0,84	m^2

		Equivalente métrico	
1 square pole (Am.: rod)		25,29	m^2
1 perch (Brit.)	10 square poles	252,93	m^2
1 rood (Brit.)	40 square rods	1011,71	m^2
1 acre (U.S.A.)	160 square rods	0,4047	ha
1 acre (Brit.)	4 roods	0,4047	ha
1 square mile	640 acres	259,00	ha
	ou	2,590	km^2

Cubic Measure/Medidas de Volume

1 cubic inch		16,39	cm^3
1 cubic foot	1728 cubic inches	28,32	dm^3
1 cubic yard	27 cubic feet	764,53	dm^3

Liquid Measure/Medidas de Capacidade para Líquidos

1 minim (Brit.)	.0592 milliliter	0,0000592	l
1 minim (U.S.A.)		0,0000616	l
1 fluid dram (Brit.)	60 minims	3,552	ml
1 fluid dram (U.S.A.)	60 minims	3,697	ml
1 fluid ounce (Brit.)	8 fluid drams	28,47	ml
1 fluid ounce (U.S.A.)		29,57	ml
1 pint (Brit.)	20 fluid ounces	569,4	ml
1 pint (U.S.A.)	16 fluid ounces	473,12	ml
1 pint (Brit.)	4 gills	0,5682	l
1 quart (Brit.)	2 pints	1,1364	l
1 gallon (Brit.)	4 quarts	4,5459	l
1 gallon (U.S.A.)		3,785	l
1 peck (Brit.)	2 gallons	9,092	l
1 bushel (Brit.)	4 pecks	36,368	l
1 quarter (Brit.)	8 bushels	2,909	hl
1 barrel (U.S.A.)	31 ½ gallons	1,43198	hl
1 hogshead (U.S.A.)	2 barrels	2,86396	hl

Dry Measure/Medidas de Capacidade para Secos

1 pint (Brit.; abbr. pt.)	4 gills	568,3	ml
1 pint (U.S.A.)		473,2	ml
1 quart (U.S.A.; abbr. qt.)	2 pints	0,9464	l
1 gallon (Brit.; abbr. gal.)	4 quarts	4,546	l

		Equivalente métrico
1 gallon (U.S.A.)		4,41 l
1 peck (Brit.; abbr. pk.)	2 gallons	9,092 l
1 peck (U.S.A.)		8,810 l
1 bushel (Brit.; abbr. bu.)	4 pecks	36,37 l
1 bushel (U.S.A.)		35,24 l
1 barrel (Brit.)	36 gallons	1,637 hl
1 barrel (U.S.A.)		1,192 hl
1 quarter (Brit.)	8 bushels	2,909 hl
1 quarter (U.S.A.)		2,421 hl

Apothecaries' Weight/Pesos de Farmácia

1 grain (Brit.; abbr. gr.)	20 mites	64,80 mg
1 scrupel (U.S.A.)	20 gr	1,296 g
1 dram (Brit., abbr. dm.)	1/256 lb	1,772 g
1 drachm	3 scrupels	3,888 g
1 ounce (Brit.; abbr. oz.)	16 dm	28,35 g
1 ounce (U.S.A.)	8 drachms	31,10 g
1 pound avoirdupois (lb)	16 oz	453,6 g
1 pound avoirdupois (lb)	12 oz	372,4 g

Avoirdupois Weight/Pesos Comerciais

1 ounce (Brit.; abbr. oz.)	16 drams	28,35 g
	437 ½ grains troy	
1 ounce (U.S.A.; abbr. oz.)		31,10 g
1 pound (Brit.; abbr. lb. av.)	16 ounces	453,6 g
1 stone (Brit.)	14 pounds	6,350 kg
1 quarter (Brit.)	28 pounds	12,70 kg
1 quarter (U.S.A.)	25 pounds	11,34 kg
1 hundredweight cental (Brit. & U.S.A.; abbr. cwt. sh.	100 pounds	45,36 kg
1 hundredweight long (Brit.)	4 quarters 112 pounds	50,80 kg
1 short ton	2000 pounds	907,2 kg
1 long ton	2240 pounds	1016,064 kg

Troy Weight/Pesos "troy"
(para metais preciosos e gemas)

1 carat			**200** mg
1 pennyweight	24 grains		**1,555** g
1 ounce	20 pennyweights		**31,1035** g
1 pound	12 ounces troy or 5,760 grains	...	**373,24** g

Important equivalents/Equivalentes importantes

Em inglês usa-se o ponto para separar os decimais das unidades, ao passo que em português se usa a vírgula; p. ex.: 4.5 (four point five), 4,5 (quatro vírgula cinco). A vírgula, em inglês, usa-se para separar os milhares das centenas, etc., onde, em português, usa-se o ponto; p. ex.: (ingl.) 3,400, (port.) 3.400 (três mil e quatrocentos).

Inglês		Português	
.5	point five	0,5	zero vírgula cinco
43,861.36	forty-three thousand eight hundred and sixty-one point thirty-six.	43.861,36	quarenta e três mil oitocentos e sessenta e um vírgula trinta e seis.

	Ingl.	E.U.A.	Port.
1000	thousand	thousand	mil
1000000	million	million	milhão
1000000000	thousand millions = milliard	billion	bilhão
1000000000000	billion	trillion	trilhão

Assim o bilhão dos ingleses é mil vezes maior do que o dos americanos.

PORTUGUÊS-INGLÊS
PORTUGUESE-ENGLISH

ÍNDICE

TABLE OF CONTENTS

ORGANIZAÇÃO DO DICIONÁRIO

1. A entrada

a) a entrada, as frases e as locuções são impressas em negrito.

b) a entrada apresenta separação silábica, p. ex.: **a.bar.ro.ta.do.**

c) as palavras menos usadas têm entradas próprias e são remetidas às mais usadas, p. ex.: **abafação = abafamento.**

d) as palavras compostas com hífen, as expressões e as locuções encontram-se na entrada principal, p. ex.: **abaixo-assinado, ação de graças, acima mencionado.**

2. A transcrição fonética

a) a pronúncia figurada do português é representada entre colchetes [ ], usando-se os símbolos fonéticos do Alfabeto Fonético Internacional (International Phonetic Alphabet).

b) o acento tônico é indicado pelo sinal ('), que precede a vogal da sílaba tônica, p. ex.: **abacate** [abak'ati]

3. A categoria gramatical

As categorias gramaticais são separadas por duplo traço vertical ‖: s., v., adj., adv. etc.

4. A tradução

a) a tradução inglesa, na medida do possível, fornece o equivalente ao português e, quando este não existir, é substituído por uma definição, p. ex.: **aboboreira** s. f. name of several plants of the family Cucurbitaceae (pumpkin, gourd).

b) as acepções são separadas por ponto-e-vírgula (;) e os sinônimos por vírgula (,).

c) o gênero dos substantivos é indicado assim:

m. = masculino, f. = feminino, m. + f. = palavra com dois gêneros, p. ex.:

analista [anal'istə] s. m. + f.

d) o símbolo ($\simeq$) nas frases e nas locuções substitui a entrada, p. ex.:

acaso [ak'asu] s. m. **por** $\simeq$.

ARRANGEMENT OF THE DICTIONARY

1. The entry
a) the entry, phrases and locutions are printed in boldface.
b) the entry presents the syllabification, e. g.:
a.bar.ro.ta.do
c) the entry of a less used word refers to the more used one, e. g.:
abafação = abafamento.
d) compound words, expressions and locutions form a subentry, under the main word, e. g.:
abaixo-assinado, ação de graças, acima mencionado.

2. The phonetic transcription
a) the phonetic transcription of the Portuguese word is indicated in brackets [ ], and the International Phonetic Alphabet has been used.
b) the stress of the word is indicated by the sign (′) placed before the vowel of the stressed syllable, e. g.:
abacate [abak′ati].

3. The grammatical classification
The grammatical classes are separated by two vertical bars ‖: s. (substantive or noun), v. (verb), adj. (adjective), adv. (adverb) etc.

4. The translation
a) the English translation, whenever possible shows the Portuguese equivalent or substitutes it by a definition, e. g.:
aboboreira s. f. name of several plants of the family Cucurbitaceae (pumpkin, gourd).

b) the different meanings of a word are separated by semi-colon (;) and the synonims by comma (,).

c) the gender of the substantive is indicated by: m. = masculine, f. = feminine, m. + f. = both masculine and feminine, e. g.:

analista [anal'istə] s. m. + f.

d) the symbol (≃) in phrases and locutions substitutes the entry, e. g.:

acaso [ak'asu] s. m. **por** ≃.

VALOR DOS SÍMBOLOS FONÉTICOS DA ASSOCIAÇÃO FONÉTICA INTERNACIONAL

PRONUNCIATION KEY ACCORDING TO THE INTERNATIONAL PHONETIC ASSOCIATION

Phonetic Symbol	Oral vowels	Key word
a	as in star, but a bit shorter	caro
ɛ	as in pat	fé
e	similar to the English word obey	dedo
i	as in meet, but a bit shorter	vida, dente
ɔ	as in saw	nó
o	similar to the English word obey	nome
u	as in goose, but a bit shorter	uva, livro
ə	as in about, dinner. Always in atonic final syllable	mesa
ʌ	as in bud, love, but a bit nasalized. always stressed and before m, n, ñ.	cama, cana, cânhamo.

Nasal vowels

ã		canto
ẽ		dente
ĩ		fim
õ		onça
ũ		bumbo

Semivowels

j	as in day	vai, dei, dói
w	as in low	mau, deu, véu

Consonants

The consonants b, d, f, l, m, n, p, t, v sound like the corresponding English consonants.

Phonetic symbol		Key word
g	as in gate	gato, guerra, signo
k	as in sky	casa, caqui, pacto.
s	as in sea	sino, cinco, aço
z	as in zoo	zero, casa, exame
ʃ	as in fish	cheiro, enxame
ʒ	as in pleasure	gelo, janela
ʎ	like the Spanish word calle, similar to the English million	calha
ñ	as in the Spanish word niño, similar to the English onion	linho
r	pronunced with weak vibration of the tip of the tongue, similar to the American pronunciation of words like Betty, butterfly	arma
r̄	pronunced with strong and continuous vibration of the tip of the tongue.	rato, carro

Notes
1. [′] shows main stress [k′apə].
2. Phonetic transcription is based on cultivated patterns of São Paulo city, heard on TV news and radio broadcasting.

ABREVIATURAS EXPLICATIVAS USADAS NOS VERBETES
ABBREVIATIONS USED IN THE ENTRIES

abbr.	abbreviation of	cryst.	crystallography
abs.	absolute	cul.	culinary
adj.	adjective	def.	definite
adv.	adverb, adverbial	demonstr.	demonstrative
aeron.	aeronautics	dent.	dentistry
agric.	agriculture	depr.	depreciative
agron.	agronomy	dial.	dialectal
anat.	anatomy	dim.	diminutive
anthr.	anthropology	dipl.	diplomacy
ant.	antiquated, antiquity	eccl.	ecclesiastical
arch.	archaic	econ.	economy
archit.	architecture	e.g.	for instance
archaeol.	archaeology	electr.	electricity
arith.	arithmetic	embriol.	embriology
astr.	astronomy	Engl.	English, England
augm.	augmentative	engr.	engraving
autom.	automobile	ent.	entomology
bact.	bacteriology	esp.	especially
B.C.	before Christ	ethn.	ethnology
bib.	biblical	etym.	etymology
biochem.	biochemistry	euphem.	euphemistic
biol.	biology	exam.	examination
bot.	botany	fam.	familiar
box.	boxing	f.	feminine
Braz.	Brazil(ian)	fenc.	fencing
carp.	carpentry	fig.	figurative(ly)
chem.	chemistry	form.	formerly
cin.	cinema	fort.	fortification
coll.	colloquial	Fr.	French, France
com.	commerce	ftb.	football
conj.	conjunction	Gall.	Gallicism
constr.	construction	gard.	gardening
contr.	contraction	geogr.	geography

geol.	geology	myth.	mythology
geom.	geometry	N.	North(ern)
geneal.	genealogy	naut.	nautical
Germ.	German(y)	N.E.	Northeast(ern)
gram.	grammar	obs.	obsolete
Gr.	Greek, Greece	opt.	optics
gym.	gymnastics	ornith.	ornithology
her.	heraldry	o.s.	oneself
hist.	history	paint.	painting
horse.	horsemanship	pal.	palaeontology
hort.	horticulture	parl.	parliamentary
hum.	humorous(ly)	path.	pathology
hunt.	hunting	p.	person, personal
ichth.	ichthyology	petrog.	petrography
indef.	indefinite	pharm.	pharmacology
ind.	industry	phil.	philology
inf.	infinitive	philos.	philosophy
inform.	informatic	phon.	phonetics
ins.	insurance	phot.	photography
interj.	interjection	phys.	physics
Ir.	Irish, Ireland	physiol.	physiology
ironic.	ironically	pl.	plural
It.	Italian, Italy	poet.	poetry, poetical
jur.	jurisprudence	pol.	politcs, political
L.	Latin	pop.	popular
ling.	linguistics	Port.	Portuguese, Portugal
lit.	literature	p.p.	past participle
loc.	local	pref.	prefix
log.	logic	prep.	preposition
mach.	machinery	Presb.	Presbyterian
m.	masculine	pron.	pronoun
math.	mathematics	pros.	prosody
mech.	mechanics	prov.	provincialism
med.	medicine	psych.	psychology
met.	metallurgy	†	rare(ly used)
meteor.	meteorology	R.C.	Roman Catholic
mil.	military	rel.	religion
min.	mineralogy, mining	rhet.	rhetoric
mot.	motoring	S.	South
mus.	music	s.	substantive
		scient.	scientific

Scot.	Scotch, Scotland	telegr.	telegraphy
sculp.	sculpture	teleph.	telephony
sg.	singular	ten.	tennis
sl.	slang	theat.	theatre
s.o.	someone	theol.	theology
Span.	Spanish	topogr.	topography
s.th.	something	TV	television
stat.	statistics	typogr.	typography
suf.	suffix	U.S.A.	United States of
sup.	superlative		America
surg.	surgery	v.	verb
surv.	surveying	vet.	veterinary
swim.	swimming	vulg.	vulgar
tail.	tailoring	weav.	weaving
tech.	technical	y.s.	yourself
		zool.	zoology

A

A, a [a] s. m. the first letter of the Portuguese alphabet.

a [a] def. art. f. (pl. **as**) the. ▌ pers. pron. (pl. **as**) her, it. ▌ demonstr. pron. (pl. **as**) that, the one. ▌ prep. to, at, in, on. by. **a mãe** the mother. **as mães** the mothers. **vendo-a(s)** seeing her (them).

à ['a] contraction of the prep. **a** with the art. or pron. **a. à direita** on the right. **à france-sa** after the French fashion.

a.ba ['abə] s. f. brim (hat), rim; coattail; edge; border.

a.ba.ca.te [abak'ati] s. m. (bot.) avocado pear, alligator-pear

a.ba.ca.xi [abakaʃ'i] s. m. (bot.) pineapple; (pop.) cock-up.

a.ba.de [ab'adi] s. m. abbot.

a.ba.di.a [abad'iə] s. f. abbey, monastery.

a.ba.fa.ção [abafa'sãw] s. f. = **abafamento**.

a.ba.fa.do [abaf'adu] adj. sultry; (fig.) kept secret, oppressed.

a.ba.fa.dor [abafad'or] adj. sultry, stifling.

a.ba.fa.men.to [abafam'ẽtu] s. m. choking; breathlessness.

a.ba.far [abaf'ar] v. to choke; to suffocate; to hold back or retain (unlawfully); to hush up; (pop.) to succeed; to cover well; (mus.) to damp.

a.bai.xar [abajʃ'ar] v. to lower; to diminish; to decrease; to abate; to stoop; to turn down (volume).

a.bai.xo [ab'ajʃu] adj. down, below. ▌ interj. down! ≃**-assinado** application with several signatures; petition; round robin.

a.ba.jur [abaʒ'ur] s. m. lamp shade; table-lamp.

a.ba.la.do [abal'adu] adj. shaky, loose; (fig.) moved, touched.

a.ba.la.men.to [abalam'ẽtu] s. m. shock; agitation; fuss.

a.ba.lar [abal'ar] v. to shake, jog; to move, touch, jolt, affect; to stir; to shock; to stir up.

a.ba.li.za.do [abaliz'adu] adj. authoritative; distinguished.

a.ba.li.zar [abaliz'ar] v. to mark out by bounds or buoys; to survey land; to excel; to delimit, demarcate.

a.ba.lo [ab'alu] s. m. commotion; shock; grief.

a.bal.ro.ar [abawro'ar] v. to run into, collide (with), crash into.

a.ba.na.dor [abanad'or] s. m. fan; fanner.

a.ba.nar [aban'ar] v. to cool by fanning, fan. **vir com as mãos abanando** to come empty-handed.

a.ban.do.na.do [abãdon'adu] adj. abandoned; forlorn, forsaken, helpless; alone, friendless; disregarded, despised.

a.ban.do.nar [abãdon'ar] v. to abandon; to forsake; to disregard; to renounce; to let go; ≃**-se** to let oneself go; to addict o. s. to a vice.

a.ban.do.no [abãd'onu] s. m. abandonment, forlornness, disregard; dereliction.

a.ba.no [ab'ʌnu] s. m. fire-fan, ventilator.

a.bar.ca.men.to [abarkam'ẽtu] s. m. monopoly; inclusion.

a.bar.car [abark'ar] v. to monopolize; to comprise; to obtain; to embrace.

a.bar.ra.car [abařak'ar] v. to camp, encamp, pitch up tents; ≃**-se** to lodge in barracks.

a.bar.ro.ta.do [abařot'adu] adj. overfull, over-filled, overloaded, overcrowded; crammed (with).

a.bar.ro.tar [abařot'ar] v. to overfill; to overload; to overcrowd; ≃**-se** to glut (with food), cram.

a.bas.ta.do [abast'adu] adj. rich, wealthy, well off.

a.bas.tan.ça [abast'ãsə] s. f. abundance, plenty.

a.bas.tar [abast'ar] v. to supply, cater, furnish; to suffice, be sufficient or enough.

a.bas.tar.dar [abastard'ar] v. to degenerate; to adulterate, falsify; to corrupt.

a.bas.te.ce.dor [abastesed'or] s. m. supplier. **I** adj. supplying, catering, providing.

a.bas.te.cer [abastes'er] v. to supply, provide or store with, furnish, cater.

a.bas.te.ci.men.to [abastesim'ẽtu] s. m. supply, provision; (aeron.) refuel(l)ing; (naut.) victualling.

a.ba.te [ab'ati] s. m. discount; slaughter; felling.

a.ba.ter [abat'er] v. to abate; to lower, discount; to lessen, pull down; to fell; to kill (cattle); to weaken; to depress.

a.ba.ti.do [abat'idu] adj. abated; exhausted; discouraged; run-down; killed; low; depressed.

a.ba.ti.men.to [abatim'ẽtu] s. m. abatement; low spirits; felling; depression.

a.bau.lar [abawl'ar] v. to incurve, arch, bulge, vault; to camber.

a.bau.la.men.to [abawlam'ẽtu] s. m. camber.

ab.di.ca.ção [abdikas'ãw] s. f. (pl. **-ções**) abdication, renunciation.

ab.di.car [abdik'ar] v. to abdicate; to relinquish, abandon, desist.

ab.do.me [abd'omi] s. m. (anat.) abdomen.

ab.dô.men [abd'omẽj] s. m. = **abdome**.

ab.do.mi.nal [abdomin'aw] adj. m. + f. (pl. **-nais**) abdominal.

a.be.ce.dá.rio [abesed'arju] s. m. primer.

a.bei.rar [abejr'ar] v. to border; to approximate, approach, draw or come near.

a.be.lha [ab'eʎə] s. f. (ent.) bee. **≃-mestra** queen bee.

a.be.lhão [abeʎ'ãw] s. m. (pl. **-lhões**) (ent.) drone; bumblebee.

a.be.lhu.di.ce [abeʎud'isi] s. f. indiscretion; impudence; fussiness.

a.be.lhu.do [abeʎ'udu] adj. curious; interfering; impudent.

a.ben.ço.ar [abẽso'ar] v. to bless; to consecrate; to wish well; to protect.

a.ber.ra.ção [abeɾas'ãw] s. f. (pl. **-ções**) aberration (also astr.); deviation.

a.ber.to [ab'ɛrtu] adj. open; exposed, frank; broad; clear. **deixar em ≃** to leave open.

a.ber.tu.ra [abert'urə] s. f. opening; (mus.) overture.

a.bes.pi.nhar [abespiñ'ar] v. (also **≃-se**) to become angry, irritated.

a.be.to [ab'etu] s. m. (bot.) fir.

a.bis.ma.do [abizm'adu] adj. stupefied, shocked.

a.bis.mal [abizm'aw] adj. m. + f. (pl. **-mais**) abysmal, abyssal, unfathomable.

a.bis.mar [abizm'ar] v. to stun, stupefy, shock, surprise greatly.

a.bis.mo [ab'izmu] s. m. abyss; vortex; precipice.

a.bis.so [ab'isu] s. m. = **abismo**.

ab.je.ção [abʒes'ãw] s. f. abjection, debasement.

ab.je.to [abʒ'ɛtu] adj. abject, vile, base, contemptible, despicable, low.

ab.ju.di.car [abʒudik'ar] v. to dispossess.

ab.ju.ra.ção [abʒuras'ãw] s. f. (pl. **-ções**) abjuration.

ab.ju.rar [abʒur'ar] v. to abjure, renounce, retract.

a.bla.ção [ablas'ãw] s. f. (pl. **-ções**) ablation; (gram.) aphaeresis; (surg.) excision (tumour).

a.bla.ti.vo [ablat'ivu] s. m. (gram.) the ablative case. **I** adj. ablative.

a.blu.ção [ablus'ãw] s. f. (pl. **-ções**) ablution, washing.

ab.ne.ga.ção [abnegas'ãw] s. f. (pl. **-ções**) abnegation.

ab.ne.ga.do [abneg'adu] s. m. unselfish person. **I** adj. unselfish.

ab.ne.gar [abneg'ar] v. to abnegate, renounce.

a.bó.ba.da [ab'ɔbadə] s. f. arch, vault, arched roof.

a.bo.ba.da.do [abobad'adu] adj. vaulted, arched.

a.bo.ba.dar [abobad'ar] v. to vault, arch.

a.bo.ba.do [abob'adu] adj. foolish, silly; senseless, crazy, daft.

a.bó.bo.ra [ab'ɔborə] s. f. (bot.) pumpkin; squash.

a.bo.bo.rei.ra [abobor'ejrə] s. f. name of several plants of the family Cucurbitaceae (pumpkin, gourd).

a.bo.bri.nha [abobr'iñə] s. f. (Braz.) summer squash, courgette, zucchino.

a.bo.ca.nhar [abokañ'ar] v. to bite (off); (Braz.) to snap.

a.bo.le.tar [abolet'ar] v. to billet, quarter (soldiers); to lodge.

a.bo.li.ção [abolis'ãw] s. f. abolition; abrogation; annulment, cancellation.

a.bo.li.ci.o.nis.ta [abolisjon'istə] s. m. + f. abolitionist.

a.bo.lir [abol'ir] v. to abolish; to annul; to suppress.

a.bo.mi.nar [abomin'ar] v. to abominate, loathe.

a.bo.mi.ná.vel [abomin'avew] adj. m. + f. (pl. -veis) abominable, repulsive.

a.bo.na.do [abon'adu] adj. (Braz.) well-off; credit-worthy.

a.bo.nan.çar [abonãs'ar] v. to calm; to clear up.

a.bo.nar [abon'ar] v. to declare good or true; to stand security; to guarantee.

a.bo.no [ab'onu] s. m. advance-money, loan, surplus; remuneration; corroboration; approval, praise.

a.bor.da.gem [abord'aʒẽj] s. f. (pl. -gens) approach.

a.bor.dar [abord'ar] v. (naut.) to board; to approach; to accost; to go aboard; (naut.) to land.

a.bo.rí.gi.nes [abor'iʒenis] s. m. pl. natives; aborigines.

a.bor.re.cer [aboɾes'er] v. to bore; to get on s.o.'s nerves; (pop.) to piss off; to loathe; ≃-se to become disgusted.

a.bor.re.ci.do [aboɾes'idu] adj. disgusted, bored, annoyed; wearisome; odious.

a.bor.re.ci.men.to [aboɾesim'ẽtu] s. m. disgust, nuisance, bind.

a.bor.tar [abort'ar] v. to abort, miscarry; to fail.

a.bor.ti.vo [abort'ivu] s. m. + adj. abortive.

a.bor.to [ab'ortu] s. m. (med.) abortion, miscarriage.

a.bo.to.a.du.ra [abotoad'urə] s. f. set of buttons; ≃s cuff-links.

a.bo.to.ar [aboto'ar] v. to button; to bud.

a.bra.çar [abras'ar] v. to embrace.

a.bra.ço [abr'asu] s. m. embrace; clasp.

a.bran.dar [abrãd'ar] v. to mitigate; to soften; to appease; to subside; to calm; to allay.

a.bran.ger [abrãʒ'er] v. to embrace; to include; to contain; to reach.

a.bra.sa.dor [abrazad'or] adj. burning, scorching, glowing.

a.bra.san.te [abraz'ãti] adj. = abrasador.

a.bra.sar [abraz'ar] v. to consume by fire; to scorch; to devastate; to kindle.

a.bra.si.lei.rar [abrazilejr'ar] v. to adopt Brazilian ways and manners.

a.bra.si.vo [abraz'ivu] s. m. (tech.) abrasive.

a.bre.vi.a.ção [abrevias'ãw] s. f. (pl. -ções) abbreviation.

a.bre.vi.a.do [abrevi'adu] adj. abbreviated; reduced; abridged, condensed.

a.bre.vi.ar [abrevi'ar] v. to abbreviate; to shorten.

a.bre.vi.a.tu.ra [abrevjat'urə] s. f. abbreviation (also gram.); shortening.

a.bri.có [abrik'ɔ] s. m. apricot.

a.bri.dor [abrid'or] s. m. opener.

a.bri.ga.do [abrig'adu] adj. sheltered, well-protected.

a.bri.gar [abrig'ar] v. to shelter; to cover, hide, conceal; ≃-se to take shelter.

a.bri.go [abr'igu] s. m. shelter; guard; covering; asylum. ≃ de tráfego trafic island.

a.bril [abr'iw] s. m. April.

a.bri.lhan.tar [abriʎãt'ar] v. to embellish; to emphasize; to animate.

a.brir [abr'ir] v. to open (set, tear, cut, dig, or break open); to unlock; to uncover; to unfasten; to unbutton; to unfold; to found, establish; to begin; to blossom.

ab-ro.gar [abɾog'ar] v. to abrogate, repeal, abolish; to cancel, annul.

ab-ro.ga.ti.vo [abɾogat'ivu] adj. = ab-rogatório.

ab-ro.ga.tó.rio [abɾogat'ɔrju] adj. abrogative, abrogatory.

a.bro.lho [abr'oʎu] s. m. caltrop; (bot.) star thistle; ≃s reefs.

a.bru.ta.lha.do [abrutaʎ'adu] adj. brutal, brutish; rude.

a.bru.ta.do [abrut'adu] adj. = abrutalhado.

abs.ces.so [abs'ɛsu] s. m. (med.) abscess.

abs.cis.sa [abs'isə] s. f. (geom.) abscissa, absciss.

ab.so.lu.ta.men.te [absolutam'ẽti] adv. absolutely; entirely. I interj. nothing of the sort, indeed not.

ab.so.lu.to [absol'utu] adj. absolute; total; real; not to be contested.

ab.sol.ver [absolv'er] v. to absolve; to forgive; to excuse; to dispense, free; to exonerate.

ab.sol.vi.ção [absowvis'ãw] s. f. (pl. -ções) absolution.

ab.sor.ção [absors'ãw] s. f. (pl. -ções) absorption.

ab.sor.to [abs'ortu] adj. absorbed; enraptured.

ab.sor.ven.te [absorv'ēti] s. m. absorbent, sanitary pad, tampon. ‖ adj. m. + f. absorbing, attractive; dominating.

ab.sor.ver [absorv'er] v. to absorb; to captivate; to fill with enthusiasm, enrapture.

abs.tê.mio [abst'emju] adj. abstemious; teetotal.

abs.ten.ção [abstēs'ãw] s. f. (pl. -ções) abstention.

abs.ten.ci.o.nis.mo [abstēsjon'izmu] s. m. abstentionism.

abs.ter [abst'er] v. to abstain, forbear; to restrain, refrain; to deprive o. s.; not to interfere.

abs.ti.nên.cia [abstin'ēsjə] s. f. abstinence, temperance; forbearance; abstemiousness; fasting.

abs.tra.ção [abstras'ãw] s. f. (pl. -ções) abstraction; distraction.

abs.tra.ir [abstra'ir] v. to abstract.

abs.tra.to [abstr'atu] s. m. + adj. abstract.

ab.sur.do [abs'urdu] s. m. absurdity, folly, nonsense. ‖ adj. absurd, nonsensical.

a.bun.dân.cia [abūd'ãsjə] s. f. abundance, plenty; wealth, riches. **em** ≃ abundantly.

a.bun.dan.te [abūd'ãti] adj. m. + f. abundant, plentiful, copious; abounding in.

a.bun.dar [abūd'ar] v. to abound; to be rich in, be well supplied with.

a.bu.sa.do [abuz'adu] adj. (Braz.) s. o. who meddles into someone else's affairs.

a.bu.sar [abuz'ar] v. to abuse, misuse, treat badly; to cause damage or harm; to insult; to affront; to violate.

a.bu.si.vo [abuz'ivu] adj. abusive.

a.bu.so [ab'uzu] s. m. abuse; misuse; overuse; annoyance, disgust.

a.bu.tre [ab'utri] s. m. (ornith.) vulture; (fig.) cruel individual.

a.ca.ba.do [akab'adu] adj. finished, accomplished; well-wrought; worn, debilitated, aged, used; worn-out.

a.ca.ba.men.to [akabam'ētu] s. m. finishing, completion, finish, final touch; end, conclusion; accomplishment; extinction.

a.ca.bar [akab'ar] v. to finish; to end; to conclude; to achieve; to cease; to decease; to consume; to give the final touch. **um nunca** ≃ **de...** an unending...

a.ca.bru.nha.do [akabruñ'adu] adj. peevish, downcast, sad, distressed; feeble; ashamed.

a.ca.bru.nhar [akabruñ'ar] v. to cast or weigh down; to humiliate; ≃**-se** to lose courage.

a.ca.de.mi.a [akadem'iə] s. f. academy.

a.ca.dê.mi.co [akad'emiku] s. m. academician. ‖ adj. academic(al).

a.ca.fa.jes.ta.do [akafaʒest'adu] adj. low; immoral.

a.ça.frão [asafr'ãw] s. m. (bot.) saffron.

a.cai.pi.ra.do [akajpir'adu] adj. boorish, churlish; shy, bashful; loutish.

a.ca.ju [akaʒ'u] s. m. mahogany.

a.cal.ca.nhar [akawkañ'ar] v. to tread or trample (with the heels); to wear down at the heels.

a.ca.len.tar [akalēt'ar] v. to lull or rock to sleep; to soothe.

a.cal.mar [akawm'ar] v. to calm; to appease; to quiet; to alleviate; to moderate; to tranquilize; to soothe; ≃**-se** to grow calm, smooth, calm down.

a.ca.lo.rar [akalor'ar] v. to heat; to agitate, excite.

a.ca.ma.do [akm'adu] adj. lying in bed, abed.

a.ca.mar [akam'ar] v. to fall ill; to stay in bed.

a.çam.bar.ca.dor [asãbarkad'or] s. m. monopolist, monopolizer, forestaller.

a.çam.bar.car [asãbark'ar] v. to monopolize, forestall.

a.cam.pa.men.to [akãpam'ētu] s. m. camp, encampment.

a.cam.par [akãp'ar] v. to camp, encamp.

a.ca.nha.do [akañ'adu] adj. timid, bashful, awkward, shy; tight; narrow; mean, stingy.

a.ca.nha.men.to [akañam'ētu] s. m. timidity, bashfulness; tightness; stinginess.

a.ca.nhar [akañ'ar] v. to check the development of; to restrict; to lessen; to ashame; ≃**-se** to be ashamed, shy, timid; to be afraid, get discouraged.

a.can.to [ak'ãtu] s. m. (bot.) acanthus.

a.ção [as'ãw] s. f. (pl. -ções) action, movement, activity; act; deed; feat; way of acting; event; (milit.) operation. ≃ **de graças** thanksgiving. ≃ **judicial** (jur.) lawsuit. ≃ **preferencial** (com.) preference (or preferential) share (including other types).

a.ca.re.a.ção [akareas'ãw] s. f. (pl. -ções) confronting or confrontation (of witnesses).

a.ca.re.ar [akare′ar] v. to contrast one thing with another, compare; to confront (witnesses).

a.ca.ri.ci.ar [akarisi′ar] v. to caress, fondle; to pet; to cherish, foster.

a.ca.ri.nhar [akariñ′ar] v. to caress, fondle.

a.car.re.tar [akařet′ar] v. to cause.

a.ca.sa.lar [akazal′ar] v. to mate, couple.

a.ca.so [ak′azu] s. m. chance, hazard, fortune, luck. **por** ≃ by chance, incidentally.

a.ca.ta.men.to [akatam′ẽtu] s. m. regard, respect, reverence, deference.

a.ca.tar [akat′ar] v. to respect, regard, honour; to follow, obey.

a.cau.te.la.do [akawtel′adu] adj. cautious, careful.

a.cau.te.lar [akawtel′ar] v. to warn, forewarn, caution; to avoid, shun; to watch; ≃-se to be careful, to be on watch.

a.ce.der [ased′er] v. to accede, conform, comply with; to acquiesce, consent.

a.cei.ta.ção [asejtas′ãw] s. f. (pl. -ções) acceptance, acceptation, reception; approval, approbation; applause.

a.cei.tar [asejt′ar] v. (also com.) to accept; to receive, take; to admit; to consent.

a.cei.tá.vel [asejt′avew] adj. m. + f. (pl. -veis) acceptable; admissible.

a.cei.to [as′ejtu] adj. accepted; received.

a.ce.le.ra.ção [aseleras′ãw] s. f. (pl. -ções) acceleration; speed. ≃ **negativa** deceleration.

a.ce.le.ra.dor [aselerad′or] s. m. (tech., math.) accelerator. ‖ adj. accelerating.

a.ce.le.rar [aseler′ar] v. to accelerate; to press, push on; to speed up; (mot.) to put on speed.

a.ce.nar [asen′ar] v. to beckon; to wave.

a.cen.de.dor [asẽded′or] s. m. lighter, igniter; cigarette lighter. ≃ **de lampiões** (hist.) lamplighter.

a.cen.der [asẽd′er] v. to light, ignite; to kindle, set on fire; to switch on (light); ≃-se to be or become lighted; to catch fire.

a.ce.no [as′enu] s. m. nodding; calling or invitation; wink; wave.

a.cen.to [as′ẽtu] s. m. accent, emphasis given to a syllable or word; accent, mark.

a.cen.tu.a.ção [asẽtwas′ãw] s. f. (pl. -ções) accentuation.

a.cen.tu.ar [asẽtu′ar] v. to accentuate, accent, pronounce; (fig.) to emphasize, stress.

a.cep.ção [aseps′ãw] s. f. (pl. -ções) meaning, sense.

a.ce.pi.pe [asep′ipi] s. m. dainty, delicacy, titbit.

a.cer.bar [aserb′ar] v. to acerbate; to embiter; to exacerbate.

a.cer.bo [as′erbu] adj. acerb; bitter; tart; harsh, rough; severe; cruel, fierce.

a.cer.ca [as′erkə] adv. near, about, circa; almost. ‖ prep. concerning, regarding, as for, as to, as regards.

a.cer.car [aserk′ar] v. to surround, enclose; ≃-se to approach, draw (or come) near.

a.cer.tar [asert′ar] v. to adjust, regulate, arrange; to hit (target); to set up, get right, pay (the bill); to win (the lottery).

a.cer.to [as′ertu] s. m. hit, lucky hit; judg(e)ment, prudence; skill, adroitness.

a.cer.vo [as′ervu] s. m. heap, pile; a great many, lot; collection; stock.

a.ce.so [as′ezu] adj. lighted, lit, kindled, burning; inflamed; switched on (light).

a.ces.sí.vel [ases′ivew] adj. m. + f. (pl. -veis) accessible.

a.ces.so [as′ɛsu] s. m. access, admittance, admission, entrance; approach, approximation; accessibility; promotion.

a.ces.só.rio [ases′ɔrju] s. m. accessory; complement, appendage; ≃s fittings, accessories; (gram.) attribute. ‖ adj. accessory; additional; secondary.

a.ce.ti.na.do [asetin′adu] adj. satiny, silky.

a.ce.to.na [aset′onə] s. f. (chem.) acetone.

a.cha [′aʃə] s. f. billet, log, battle-axe.

a.cha.car [aʃak′ar] v. to crab, carp at; to illtreat, be unkind; to extort (money) by threatening; to fall ill, become sick.

a.cha.do [aʃ′adu] s. m. finding; find; invention, discovery; good bargain.

a.cha.que [aʃ′aki] s. m. ailment, habitual indisposition, illness.

a.char [aʃ′ar] v. to find, meet, meet with, hit on, come across; to find out, discover; to invent, contrive, devise; ≃-se to be, find o. s.; to feel; to be met with, be found; to turn up. ≃ **o caminho de** to find one's way to. ≃-se **em grandes dificuldades** to find o. s. in trouble. **você acha?** do you think so?

a.cha.ta.do [aʃat′adu] adj. flattened, flat; crushed.

a.cha.tar [aʃat'ar] v. to flatten, squash; to crush; to humble; humiliate; to defeat, subdue.

a.che.gar [aʃeg'ar] v. to arrange, adjust; to approximate, near, bring (or put) nearer; ≃-se to approach, draw nearer.

a.chin.ca.lhar [aʃĩkaʎ'ar] v. to ridicule; to jest, mock, scoff at; to lower, degrade.

a.ci.den.ta.do [asidẽt'adu] s. m. casualty, victim of an accident. ‖ adj. uneven, rough, irregular, brocken (ground); injured.

a.ci.den.tal [asidẽt'aw] adj. m. + f (pl. -tais) accidental, unexpected, casual, fortuitous, occasional; eventual.

a.ci.den.tar [asidẽt'ar] v. to cause an accident; (mus.) to change a note by an accidental; to change; to become irregular; ≃-se to get injured.

a.ci.den.te [asid'ẽti] s. m. accident; misfortune, mishap, disaster, casualty; chance; unevenness, roughness (ground).

a.ci.dez [asid'es] s. f. acidity, sourness, ionic acidity.

a.ci.di.fi.car [asidifik'ar] v. to acidify.

á.ci.do ['asidu] s. m. acid. ‖ adj. acid, sour, tart.

a.ci.ma [as'ima] adv. above, up. ≃ **(abaixo) da média** above (below) the standard. ≃ **do nível do mar** above sea level. ≃ **mencionado** above mentioned.

a.cin.te [as'ĩti] s. m. spite, malice, ill will; provocation; deliberate offence. ‖ adv. purposefully, intentionally. **fazer** ≃**s** to banter, provoke.

a.cin.to.so [asĩt'ozu] adj. purposeful, spiteful.

a.ci.o.nar [asjon'ar] v. to put in (or to) action; to sue at law; to set in motion.

a.ci.o.nis.ta [asjon'istə] s. m. + f. shareholder.

a.cla.ma.ção [aklamas'ãw] s. f. (pl. -ções) acclamation, applause, cheers (pl.).

a.cla.mar [aklam'ar] v. to acclaim, applaud.

a.cla.rar [aklar'ar] v. to clear, make clear; to brighten, clarify; to elucidate, explain; to purify; ≃-se to become clear.

a.cli.ma.ção [aklimas'ãw] s. f. acclimatization.

a.cli.mar [aklim'ar] v. to acclimatize.

a.cli.ma.tar [aklimat'ar] v. = **aclimar.**

a.cli.ve [akl'ivi] s. m. acclivity, ascent, slope.

a.ço ['asu] s. m. steel; (fig.) steellike; hardness and strength. ≃ **inoxidável** stainless steel.

a.co.ber.ta.do [akobert'adu] adj. protected, shielded; concealed; well-clothed.

a.co.ber.tar [akobert'ar] v. to cover; to cloak; to hide, conceal, disguise; to protect, shield.

a.co.co.rar [akokor'ar] v. (also ≃-se) to squat; to crouch.

a.ço.dar [asod'ar] v. to urge, haste, speed; to incite, instigate; ≃-se to make haste, run.

a.çoi.ta.men.to [asojtam'ẽtu] s. m. whipping; flogging.

a.coi.tar [akojt'ar] v. to shelter, protect.

a.çoi.tar [asojt'ar] v. to whip, lash; to beat, flog.

a.çoi.te [as'ojti] s. m. whip, lash, scourge; whipping, lashing, scourging.

a.co.lá [akol'a] adv. there, yonder, thither, to that place. **cá e** ≃ here and there.

a.col.cho.ar [akowʃo'ar] v. to wad, pad, quilt; to weave (or sew) like a bedspread.

a.co.lhe.dor [akoʎed'or] s. m. welcomer. ‖ adj. welcoming, sheltering.

a.co.lher [akoʎ'er] v. to welcome, receive; to shelter, lodge, house; (fig.) to protect; ≃-se to take shelter or refuge.

a.co.lhi.da [akoʎ'ida] s. f. reception, welcome; shelter, refuge.

a.co.lhi.men.to [akoʎim'ẽtu] s. m. = **acolhida.**

a.co.me.ter [akomet'er] v. to attack, assault, assail; to provoke.

a.co.mo.da.ção [akomodas'ãw] s. f. (pl. -ções) accomodation; arrangement, agreement; room, lodging; adaptation; (com.) settlement.

a.co.mo.da.do [akomod'adu] adj. accomodated; settled; adjusted; calm; well installed; easy-going.

a.co.mo.dar [akomod'ar] v. to accomodate, put in order, arrange; to make easy or comfortable; ≃-se make o. s. comfortable; to conform o. s., submit; to be suitable; to retire to one's room.

a.com.pa.nha.men.to [akõpañam'ẽtu] s. m. retinue, attendance, train, suite; accompanying, waiting on; (mus.) accompaniment.

a.com.pa.nhan.te [akõpañ'ãti] s. m. + f. companion, follower or attendant. ‖ adj. accompanying, attendant.

a.com.pa.nhar [akõpañ'ar] v. to accompany, come or go along with; to escort; to follow; to wait on, attend; ≃-se to have as one's attendance or company.

a.con.che.gar [akõʃeg'ar] v. to approximate, bring or draw near; ≃-se to snuggle together.

a.con.che.go [akõʃ'egu] s. m. shelter; comfort.

a.con.di.ci.o.na.do [akõdisjon'adu] adj. packed; disposed; conditioned. **mal** ≃ ill packed.

a.con.di.ci.o.nar [akõdisjon'ar] v. to condition; to pack, box.

a.con.se.lhar [akõseʎ'ar] v. to advise; to counsel; to persuade; ≃-se to take advice, consult.

a.con.se.lhá.vel [akõseʎ'avew] adj. m. + f. (pl. -veis) advisable.

a.con.te.cer [akõtes'er] v. to happen, take place, come about, occur.

a.con.te.ci.do [akõtes'idu] s. m. + adj. past, done, bygone.

a.con.te.ci.men.to [akõtesim'ẽtu] s. m. occurrence, happening, incident; event; sensation.

a.cor.da.do [akord'adu] adj. awake; alert, watchful; agreed.

a.cór.dão [ak'ɔrdãw] s. m. (pl. **-dãos**) (jur.) sentence, judgement.

a.cor.dar [akord'ar] v. to wake up, awake, awaken; to rouse, stir up; to agree upon, harmonize; to resolve; ≃-se to come to an agreement.

a.cor.de [ak'ɔrdi] s. m. (mus.) chord, accord, harmony. ‖ adj. (mus.) accordant.

a.cor.de.ão [akorde'ãw] s. m. (pl. -ões) (mus.) accordion, piano accordion.

a.cor.do [ak'ordu] s. m. agreement, harmony; accord, accordance; treaty, pact; conciliation; convention; settlement.

a.cor.ren.tar [akořẽt'ar] v. to chain; to fetter; to enslave.

a.cor.rer [akoř'er] v. to run to help, assist, succour; to come in haste; to prevent; to put (or set) right; to take shelter.

a.cor.ti.nar [akortin'ar] v. to curtain.

a.cos.sar [akos'ar] v. to pursue, chase; to vex, torment, annoy.

a.cos.tu.ma.do [akostum'adu] adj. accustomed, used, customary; inured.

a.cos.tu.mar [akostum'ar] v. to accustom, habituate, inure (to); to familiarize a p. with s. th.; ≃-se a to accustom o. s. to, get accustomed (or used) to.

a.co.to.ve.lar [akotovel'ar] v. to elbow, thrust with the elbow; to nudge; to push; to provoke.

a.çou.gue [as'owgi] s. m. butchery, butcher shop.

a.çou.guei.ro [asowg'ejru] s. m. butcher.

a.cre ['akri] s. m. acre. ‖ adj. m + f. acrid, acid, sharp, biting, acrimonious; tart; (fig.) mordant, nasty, sarcastic.

a.cre.di.tar [akredit'ar] v. to believe; to credit, give, obtain or open credit; to bail, warrant, sanction; ≃-se to make o. s. respected.

a.cres.cen.tar [akresẽt'ar] v. to add; to increase, enlarge; ≃-se to increase.

a.cres.cer [akres'er] v. to add, increase; to grow.

a.crés.ci.mo [akr'ɛsimu] s. m. addition, increase; (math.) increment.

a.cri.mô.nia [akrim'onjə] s. f. acrimony, acridity, acridness, bitterness; (fig.) harshness, asperity.

a.cro.ba.cia [akrobas'iə] s. f. acrobatics, acrobacy.

a.cro.ba.ta [akrob'atə] s. m. + f. acrobat; tumbler; tightrope walker; gymnast.

a.cró.ba.ta [akr'ɔbatə] s. m. + f. = **acrobata**.

a.cro.bá.ti.co [akrob'atiku] adj. acrobatic(al).

a.crô.ni.mo [akr'onimu] s. m. acronym.

a.crós.ti.co [akr'ɔstiku] s. m. acrostic.

a.cu.a.do [aku'adu] adj. cornered, encircled, hard-pressed (game).

a.cu.ar [aku'ar] v. to corner; to encircle.

a.çú.car [as'ukar] s. m. sugar; (chem.) saccharose. **engenho de** ≃ sugar mill. ≃ **de beterraba** beetroot sugar.

a.çu.ca.ra.do [asukar'adu] adj. sugary, sugared; sweet; mellifluous.

a.çu.ca.rar [asukar'ar] v. to sugar.

a.çu.ca.rei.ro [asukar'ejru] s. m. sugar basin, sugar bowl.

a.çu.de [as'udi] s. m. dam, weir, sluice.

a.cu.dir [akud'ir] v. to run to help, help, succour, assist; to have recourse (to); to resort, appeal; to attend; to report.

a.cu.i.da.de [akujd'adi] s. f. acuity, sharpness, keenness; acuteness, cunning.

a.çu.lar [asul'ar] v. to instigate; (dogs) to set on (to); to excite; to provoke.

a.cu.mu.la.ção [akumulas'ãw] s. f. (pl. -ções) accumulation, storage; (meteor.) formation of cumulus clouds.

a.cu.mu.la.dor [akumulad'or] s. m. accumulator; battery.

a.cu.mu.lar [akumul'ar] v. to accumulate, amass; to heap, pile up; to collect, gather.

a.cú.mu.lo [ak'umulu] s. m. accumulation.

a.cu.ra.do [akur'adu] adj. accurate, exact; precise.

a.cu.rar [akur'ar] v. to perfect, improve, polish.

a.cur.ra.lar [akur̄al'ar] v. to pen (up), corral.

a.cu.sa.ção [akuzas'ãw] s. f. (pl. -ções) accusation, charge, impeachment, indictment; prosecution; notification.

a.cu.sa.do [akuz'adu] s. m. accused, offender, defendant. ‖ adj. accused (of **de**), charged (with **de**).

a.cu.sar [akuz'ar] v. to accuse, charge with, make a charge against, indict, impeach, arraign; ≈**-se** to accuse oneself.

a.cu.sa.ti.vo [akuzat'ivu] s. m. (gram.) accusative. ‖ adj. accusative, accusatorial, accusatory.

a.cús.ti.ca [ak'ustikə] s. f. acoustics.

a.cús.ti.co [ak'ustiku] adj. acoustic.

a.da.ga [ad'agə] s. f. dagger.

a.dá.gio [ad'aʒju] s. m. proverb, saying.

a.dap.ta.bi.li.da.de [adaptabilid'adi] s. f. adaptability.

a.dap.ta.ção [adaptas'ãw] s. f. (pl. -ções) adaptation.

a.dap.tar [adapt'ar] v. to adapt, adjust, suit; to apply; to conform; (tech.) to fit.

a.dap.tá.vel [adapt'avɛw] adj. m. ＋ f. (pl. -veis) adaptable, suitable.

a.de.ga [ad'ɛgə] s. f. cellar; wine cellar.

a.del.ga.çar [adewgas'ar] v. to thin, make thin; to taper, point; to diminish; to rarefy; to pare (or cut) off; ≈**-se** to become thin etc.

a.den.tro [ad'ẽtru] adv. inwards, inwardly.

a.dep.to [ad'ɛptu] s. m. adept, follower, adherent.

a.de.qua.do [adek'wadu] adj. adequate, fit, suitable.

a.de.quar [adek'war] v. to adjust, adapt, accommodate; to proportion; to make s. th. fit.

a.de.re.çar [aderes'ar] v. to adorn, decorate.

a.de.rên.cia [ader'ẽsjə] s. f. adherence; adhesion.

a.de.ren.te [ader'ẽti] s. ＋ adj. m. ＋ f. adherent.

a.de.rir [ader'ir] v. to adhere; to approve, agree; to join, unite; to stick together.

a.der.nar [adern'ar] v. (naut.) to heel over, careen.

a.de.são [adez'ãw] s. f. (pl. -sões) adhesion, adherence.

a.de.si.vo [adez'ivu] s. m. sticking plaster, adhesive tape or bandage. ‖ adj. adhesive, sticking, holding fast.

a.des.tra.do [adestr'adu] adj. dextrous, skilled; trained.

a.des.trar [adestr'ar] v. to instruct, teach; to train, exercise, coach; to drill, (horse) break in; ≈**-se** to exercise o. s.

a.deus [ad'ews] s. m. good-bye, farewell, adieu; end. ‖ interj. good-bye, bye-bye, farewell, adieu, so-long!

a.di.a.men.to [adjam'ẽtu] s. m. adjournment, postponement.

a.di.an.ta.do [adjãt'adu] adj. advanced; meddlesome.

a.di.an.ta.men.to [adjãtam'ẽtu] s. m. advancement, advancing; progress; improvement; anticipation; acceleration.

a.di.an.tar [adjãt'ar] v. to advance; to credit; to progress, improve.

a.di.an.te [adj'ãti] adv. before; in front, ahead (of); onward(s), forward(s); later on; farther on, further. ‖ interj. go on! **mais** ≈ later on; farther on. **levar** ≈ to urge on. **passar** ≈ to pass on.

a.di.ar [adi'ar] v. to adjourn, postpone; to delay; to put off.

a.di.ção [adis'ãw] s. f. (pl. -ções) addition; sum; increase; bill (in a restaurant or cafeteria).

a.di.ci.o.nal [adisjon'aw] s. m. ＋ f. (pl. -nais) extra, supplement. ‖ adj. m. ＋ f. additional, extra, supplementary.

a.di.ci.o.nar [adisjon'ar] v. to add.

a.di.do [ad'idu] s. m. attaché.

a.di.ta.men.to [aditam'ẽtu] s. m. additament; addition.

a.di.vi.nha.ção [adiviñas'ãw] s. f. (pl.-ções) riddle, puzzle, enigma; prophecy, vaticination.

a.di.vi.nhar [adiviñ'ar] v. to prophecy, predict, vaticinate, foretell; to guess; to forebode.

ad.ja.cên.cia [adʒas'ẽsjə] s. f. adjacency.

ad.ja.cen.te [adʒas'ẽti] adj. m. ＋ f. adjacent, adjoining; neighbouring; contiguous.

ad.je.ti.vo [adʒet'ivu] s. m. + adj. (gram.) adjective.

ad.ju.di.car [adʒudik'ar] v. to adjudicate, adjudge.

ad.jun.to [adʒ'ũtu] s. m. adjunct, assistant; aggregate. ‖ adj. joined, annexed; contiguous; (gram.) adjunctive.

ad.mi.nis.tra.ção [administras'ãw] s. f. (pl. -ções) administration; management, government; direction, control; directorship.

ad.mi.nis.tra.dor [administrad'or] s. m. administrator, manager, executive. ‖ adj. administrative; executive, managerial.

ad.mi.nis.trar [administr'ar] v. to administer; to manage, direct, conduct, control; (med.) to dispense; to govern, administrate.

ad.mi.ra.ção [admiras'ãw] s. f. (pl. -ções) admiration; astonishment.

ad.mi.ra.dor [admirad'or] s. m. admirer; fan; lover. ‖ adj. admiring.

ad.mi.rar [admir'ar] v. to admire; to esteem, appreciate; to cause admiration; ≈-se to wonder, be surprised, astonished, perplexed.

ad.mi.rá.vel [admir'avew] adj. m. + f. (pl. -veis) admirable; wonderful; excellent.

ad.mis.são [admis'ãw] s. f. (pl.-sões) admission; admittance; (tech.) inlet; intake, input. ≈ **(em avião, hotel etc.)** check out.

ad.mi.tir [admit'ir] v. to admit; to let in; to adopt; to acknowledge; to accept; to receive; to agree; to allow; to confess.

ad.mo.es.ta.ção [admoestas'ãw] s. f. (pl. -ções) admonition, reproof, warning.

ad.mo.es.tar [admoest'ar] v. to admonish, reprove.

ad.mo.ni.ção [admonis'ãw] s. f. (pl. -ções) admonition.

a.do.ção [ados'ãw] s. f. (pl. -ções) adoption.

a.do.çar [ados'ar] v. to sweeten; to soften, assuage.

a.do.ci.ca.do [adosik'adu] adj. sweetened, sweetish.

a.do.ci.car [adosik'ar] v. to sweeten; to soften, assuage, attenuate.

a.do.e.cer [adoes'er] v. to become (or fall) sick or ill, be taken ill, sicken.

a.do.en.ta.do [adoẽt'adu] adj. indisposed, sickish, sickly, ailing.

a.do.les.cên.cia [adoles'ẽsjə] s. f. adolescence.

a.do.les.cen.te [adoles'ẽti] s. m. + f. adolescent. ‖ adj. m. + f. adolescent, youthful.

a.do.ra.ção [adoras'ãw] s. f. (pl. -ções) adoration, veneration, worship.

a.do.ra.dor [adorad'or] s. m. worshipper, admirer, lover. ‖ adj. adoring, worshipping.

a.do.rá.vel [ador'avew] adj. m. + f. (pl. -veis) adorable; charming, enchanting.

a.dor.me.cer [adormes'er] v. to put to sleep, lull (asleep); to fall asleep, to nod off; to soothe; to stop moving.

a.dor.nar [adorn'ar] v. to adorn, attire, dress, embellish; to garnish.

a.dor.no [ad'ornu] s. m. adornment, attire.

a.do.tar [adot'ar] v. to adopt; to accept; to use; to follow; to affiliate.

ad.qui.rir [adkir'ir] v. to acquire; to get, obtain; to attain; to come into possession of.

a.du.a.na [adu'ʌnə] s. f. custom house; custom, customs duties.

a.du.a.nei.ro [aduan'ejru] s. m. custom house officer. ‖ adj. of or referring to customs or to the custom house.

a.du.ba.ção [adubas'ãw] s. f. (pl. -ções) (agric.) application of fertilizer; manuring.

a.du.bar [adub'ar] v. to manure, fertilize.

a.du.bo [ad'ubu] s. m. manure, fertilizer.

a.du.la.ção [adulas'ãw] s. f. (pl. -ções) flattery; adulation.

a.du.la.dor [adulad'or] s. m. flatterer.

a.du.lar [adul'ar] v. to flatter, coax, adulate.

a.dúl.te.ra [ad'uwterə] s. f. adulteress.

a.dul.te.ra.dor [aduwterad'or] s. m. falsifier. ‖ adj. falsifying.

a.dul.te.rar [aduwter'ar] v. to adulterate, falsify; to corrupt; to counterfeit.

a.dul.té.rio [aduwt'ɛrju] s. m. adultery.

a.dúl.te.ro [ad'uwteru] s. m. adulterer. ‖ adj. adulterous; adulterated, falsified.

a.dul.to [ad'uwtu] s. m. + adj. adult, grown-up.

a.dun.co [ad'ũku] adj. coooked, bent, curved.

a.du.to.ra [adut'orə] s. f. water main.

a.du.zir [aduz'ir] v. to adduce, expose, show, bring forward; to bring or to lead to.

ad.ven.to [adv'ẽtu] s. m. arrival, approach.

ad.vér.bio [adv'ɛrbju] s. m. (gram.) adverb.

ad.ver.sá.rio [advers'arju] s. m. adversary, opponent. ‖ adj. adverse, opposing; inimical.

ad.ver.si.da.de [adversid'adi] s. f. adversity, misfortune.

ad.ver.so [adv'ɛrsu] adj. adverse, contrary.

ad.ver.tên.cia [advert'ẽsjə] s. f. warning; rebuke, admonition, censure; caution.

ad.ver.tir [advert'ir] v. to warn; to admonish.

ad.vir [adv'ir] v. to happen, come upon, occur; to follow, succeed, supervene.

ad.vo.ca.ci.a [advokas'iə] s. f. advocacy, advocateship, attorneyship.

ad.vo.ga.do [advog'adu] s. m. advocate, lawyer, barrister; attorney; protector, patron.

ad.vo.gar [advog'ar] v. to act as a lawyer; to plead a cause (at court); to defend; to patronize; to advocate; to intercede.

a.é.reo [a'ɛrju] adj. aerial; living in the air; (fig.) vague, up in the clouds, daydreamer. **corredor** ≃ air corridor. **correio** ≃ airmail. **espaço** ≃ air space. **terminal** ≃ air terminal.

a.e.ro.di.nâ.mi.co [aɛrodin'ʌmiku] adj. aerodynamic.

a.e.ro.mo.ço [aɛrom'osu] s. m. flight steward (f. **-ça** flight stewardess; air hostess.).

a.e.ro.nau.ta [aɛron'awtə] s. m. + f. aeronaut; balloonist; airship travel(1)er.

a.e.ro.náu.ti.ca [aɛron'awtikə] s. f. aeronautics; aviation.

a.e.ro.náu.ti.co [aɛron'awtiku] adj. aeronautical.

a.e.ro.na.ve [aɛron'avi] s. f. aircraft, airship.

a.e.ro.pla.no [aɛropl'ʌnu] s. m. airplane.

a.e.ro.por.to [aɛrop'ortu] s. m. airport.

a.e.ro.vi.á.rio [aɛrovi'arju] s. m. person employed in the air service. ‖ adj. of or referring to air service transport.

a.fã [af'ã] s. m. anxiety, eager desire, eagerness; solicitude; great care; ado.

a.fa.bi.li.da.de [afabilid'adi] s. f. affability, affableness, politeness, kindness, gentleness.

a.fa.gar [afag'ar] v. to caress, fondle, pet, comfort, stroke; to cherish (idea); to smooth.

a.fa.go [af'agu] s. m. caress, allurement; friendly reception; (fig.) protection.

a.fa.ma.do [afam'adu] adj. famous; notable, remarkable; distinguished.

a.fa.si.a [afaz'iə] s. f. aphasia.

a.fas.ta.do [afast'adu] adj. remote, distant, far off; apart; removed; secluded; retired.

a.fas.ta.men.to [afastam'ẽtu] s. m. removal, dismissal; seclusion; separation; spacing.

a.fas.tar [afast'ar] v. to remove, dismiss; separate; to repel; to deviate; to withdraw.

a.fá.vel [af'avew] adj. m. + f. (pl. **-veis**) affable, civil, polite, courteous; pleasant-spoken.

a.fa.ze.res [afaz'eris] s. m. pl. work, business, occupation, affairs.

a.fei.ção [afejs'ãw] s. f. (pl. **-ções**) affection, love, friendly feeling.

a.fei.ço.ar [afejso'ar] v. to shape, form, mould, fashion; to adapt, make appropriate; to captivate, charm; ≃-**se** to take a fancy to, feel inclined towards.

a.fe.mi.na.do [afemin'adu] adj. effeminate.

a.fe.ri.ção [aferis'ãw] s. f. (pl.**-ções**) gauging, calibrating; checking. ≃ **de taxímetro** correcting of the taximeter.

a.fe.ri.do [afer'idu] adj. gauged, calibrated.

a.fe.rir [afer'ir] v. to gauge, calibrate; to check; to confront, compare; to standardize; to rate.

a.fer.ro.lhar [afeῖoλ'ar] v. to bolt (up); to imprison; to shut up; to keep carefully.

a.fe.ta.ção [afetas'ãw] s. f. (pl. **-ções**) affectation; pedantism; presumption; vanity; finicalness.

a.fe.ta.do [afet'adu] adj. affected, unnatural; sick; vain, conceited.

a.fe.tar [afet'ar] v. to affect, pretend to have or feel, feign, simulate, attack (disease).

a.fe.ti.vo [afet'ivu] adj. affective; dedicated, devoted.

a.fe.to [af'ɛtu] s. m. friendship; sympathy; passion. ‖ adj. affectionate; friendly; charged or entrusted with, submitted to.

a.fe.tu.o.so [afetu'ozu] adj. affectionate, kind, affable.

a.fi.a.do [afi'adu] adj. sharpened, whetted; sharp.

a.fi.a.dor [afiad'or] s. m. grinder, sharpener.

a.fi.an.çar [afiãs'ar] v. to warrant, bail, guarantee; to answer for; to assure, asseverate.

a.fi.ar [afi'ar] v. to sharpen, whet (said also of animals' teeth and claws), grind; to improve, perfect.

a.fi.gu.rar [afigur'ar] v. to figure, represent; to imagine; to seem, appear.

a.fi.lha.da [afiλ'adə] s. f. goddaughter.

a.fi.lha.do [afiλ'adu] s. m. godson; protégé.

a.fi.li.a.ção [afilias'ãw] s. f. (pl. **-ções**) affiliation.

a.fi.li.ar [afili'ar] v. to affiliate, incorporate, join.

a.fim [af'ĩ] s. m. (pl. **-fins**) kinsman, kinswoman, relative. ‖ adj. m. + f. similar, alike.

a.fi.na.do [afin'adu] adj. (mus.) tuned in or up, in tune; finished.

a.fi.nal [afin'aw] adv. finally, at last, after all; the end. ≃ **de contas** after all.

a.fi.nar [afin'ar] v. to fine, make fine; to refine; to taper; to tune in or up; ≃**-se** to become fine or thin; to taper off; to get along with.

a.fin.co [af'īku] s. m. attachment, assiduity, tenacity, perseverance, persistence.

a.fi.ni.da.de [afinid'adi] s. f. affinity; relation; relationship; resemblance, likeness.

a.fir.ma.ção [afirmas'ãw] s. f. (pl. **-ções**) affirmation.

a.fir.mar [afirm'ar] v. to affirm, asseverate, maintain, assert; to say; to conform, ratify.

a.fir.ma.ti.va [afirmat'ivə] s. f. affirmative.

a.fir.ma.ti.vo [afirmat'ivu] adj. affirmative.

a.fi.ve.lar [afivel'ar] v. to buckle; to fasten.

a.fi.xa.ção [afiksas'ãw] s. f. (pl. **-ções**) (gram.) the use of affixes, affixation.

a.fi.xar [afiks'ar] v. to fix, fasten, make firm or fast.

a.fi.xo [af'iksu] s. m. (gram.) affix.

a.fli.ção [aflis'ãw] s. f. (pl. **-ções**) affliction, trouble, grief, anguish; agony, torment.

a.fli.gir [afliʒ'ir] v. to afflict, trouble, distress, grieve; to torment; to devastate.

a.fli.to [afl'itu] adj. afflicted, distressed, grieved.

a.flo.rar [aflor'ar] v. to level, bring to the same level; to emerge; to outcrop.

a.flu.ên.cia [aflu'ēsjə] s. f. affluence; abundance, copiousness; crowd; confluence.

a.flu.en.te [aflu'ēti] s. m. tributary (stream). ‖ adj. m. + f. affluent; tributary (stream).

a.flu.ir [aflu'ir] v. to flow to, flow in, stream towards; to flock, pour or crowd in.

a.fo.ba.ção [afobas'ãw] s. f. (pl. **-ções**) hurry, bustle, haste.

a.fo.ba.do [afob'adu] adj. very busy, in a haste.

a.fo.bar [afob'ar] v. (Braz.) to hurry, bustle.

a.fo.ga.do [afog'adu] s. m. drowned person. ‖ adj. drowned; asphyxiated; soaked; suffocated.

a.fo.ga.dor [afogad'or] s. m. (mot.) choke. ‖ adj. stifling.

a.fo.gar [afog'ar] v. to suffocate, asphyxiate; to stifle; to drown; (mot.) to throttle; to choke.

a.foi.te.za [afojt'ezə] s. f. courage, fearlessness; intrepidity; audacity, affrontery.

a.foi.to [af'ojtu] adj. fearless, courageous; bold, daring; audacious, brave.

a.fo.ra [af'ɔrə] adv. except; save; excepting.

a.for.tu.na.do [afortun'adu] adj. lucky, fortunate, happy.

a.fran.ce.sar [afrãsez'ar] v. to frenchify.

a.fri.ca.no [afrik'ʌnu] s. m. + adj. African.

a.fron.ta [afr'õtə] s. f. affront, insult, offence.

a.fron.ta.do [afrõt'adu] adj. affronted.

a.fron.ta.men.to [afrõtam'ētu] s. m. affront, insult.

a.fron.tar [afrõt'ar] v. to affront, insult.

a.frou.xa.men.to [afrowʃam'ētu] s. m. slackening; loosening; release; widening; moderation.

a.frou.xar [afrowʃ'ar] v. to slacken, relax; to loosen; to release; to discourage; to weaken.

a.fu.gen.tar [afuʒēt'ar] v. to chase away, put to flight.

a.fun.da.men.to [afūdam'ētu] s. m. sinking; (geol.) tectonic depression, low place.

a.fun.dar [afūd'ar] v. (also ≃**-se**) to sink; to founder, go under, submerge; to deepen.

a.fu.ni.la.do [afunil'adu] adj. funnelled.

a.ga.char-se [agaʃ'arsi] v. to crouch, squat, cower.

á.ga.pe ['agapi] s. m. agape; banquet.

a.gar.ra.do [agar'adu] adj. caught, held tightly or firmly clinging.

a.gar.ra.men.to [agaram'ētu] s. m. seizing, holding, catching; close relation.

a.gar.rar [agar'ar] v. to catch, seize; to clasp, grasp, grip, tighten on; to hold (firmly).

a.ga.sa.lhar [agazaʎ'ar] v. to shelter, give shelter to, lodge, house; to warm; ≃**-se** to dress warmly; to keep o. s. warm, snuggle up.

a.ga.sa.lho [agaz'aʎu] s. m. shelter; kind reception, welcome; lodging; warm clothing.

a.gas.tar [agast'ar] v. to annoy; to irritate, vex; ≃**-se** to take offence; to enrage, infuriate.

á.ga.ta ['agatə] s. f. agate.

a.gên.cia [aʒ'ēsjə] s. f. agency; activity, action; exertion, diligency; business office.

a.gen.ci.ar [aʒēsi'ar] v. to negotiate; to work as an agent or representative; to further; to exert o. s.

a.gen.da [aʒ'ēdə] s. f. agenda, notebook, diary, pauta.

a.gen.te [aʒ'ēti] s. + adj. m. + f. agent.

a.gi.gan.tar [aʒigãt'ar] v. to give gigantic proportions to, make gigantic; to enlarge greatly.

á.gil ['aʒiw] adj. m. + f. (pl. **-geis**) agile, nimble.

a.gi.li.da.de [aʒilid'adi] s. f. agility, nimbleness, quickness, liveliness.

a.gi.li.zar [aʒiliz'ar] v. to move fast; to speed up, hasten, get going.

á.gio ['aʒiw] s. m. (com.) agio, surcharge.

a.gi.o.ta [aʒi'ɔtə] s. m. + f. jobber, stockjobber; usurer, moneylender, loan shark; egoist. ‖ adj. jobbing; usurious.

a.gi.o.ta.gem [aʒjot'aʒẽj] s. f. (com.) agiotage, stock-jobbing; usury.

a.gi.o.tar [aʒjot'ar] v. to job, work as a stockjobber.

a.gir [aʒ'ir] v. (also jur.) to act, proceed; to act as an agent; to operate; to take action.

a.gi.ta.ção [aʒitas'ãw] s. f. (pl. **-ções**) agitation; perturbation, trouble; conflict.

a.gi.ta.dor [aʒitad'or] s. m. agitator. ‖ adj. agitating.

a.gi.tar [aʒit'ar] v. to agitate; to shake (up); to shock; to excite, disturb; to move; ≃**-se** to be anxious.

a.glo.me.ra.ção [aglomeras'ãw] s. f. (pl. **-ções**) agglomeration; gathering; mass, heap; crowd.

a.glo.me.rar [aglomer'ar] v. to agglomerate.

a.glu.ti.nar [aglutin'ar] v. to aglutinate.

a.go.ni.a [agon'iə] s. f. agony; pangs of death; extreme anguish; (Braz.) haste, hurry.

a.go.ni.ar [agoni'ar] v. to agonize; to afflict, distress, worry.

a.go.ni.zan.te [agoniz'ãti] s. m. f. + adj. agonizing.

a.go.ni.zar [agoniz'ar] v. to agonize; to afflict, distress, worry; to struggle with death.

a.go.ra [ag'ɔrə] adv. now, at the present time, by this time; however. ‖ conj. but. ≃ **mesmo** only just now, just now. ≃ **ou nunca** now or never. **até** ≃ up till now. **de** ≃ **em diante** from now on. **e** ≃? well then?

a.gos.to [ag'ostu] s. m. August.

a.gou.rar [agowr'ar] v. to omen, forebode, presage; to foretell; to conjecture.

a.gou.ren.to [agowr'ẽtu] adj. foreboding.

a.gou.ro [ag'owru] s. m. omen, foreboding, prediction, presage.

a.gra.dar [agrad'ar] v. to please; to be pleased with; to be agreeable; (Braz.) to pet, caress.

a.gra.dá.vel [agrad'avew] adj. m. + f. (pl. **-veis**) agreeable, pleasant, pleasing.

a.gra.de.cer [agrades'er] v. to thank, express gratitude.

a.gra.de.ci.do [agrades'idu] adj. grateful, thankful, obliged. **mal** ≃ ungrateful.

a.gra.de.ci.men.to [agradesim'ẽtu] s. m. thanks, gratefulness. **dar** ≃**s** to return thanks.

a.gra.do [agr'adu] s. m. pleasure, contentment, delight, satisfaction; (Braz.) tenderness.

a.grá.rio [agr'arju] adj. agrarian. **reforma** ≃ agrarian reform.

a.gra.va.ção [agravas'ãw] s. f. (pl. **-ções**) aggravation.

a.gra.var [agrav'ar] v. to aggravate; to make heavy or heavier; to worsen; (med.) to inflame.

a.gra.vo [agr'avu] s. m. offence, loss, damage, injury; (jur.) appeal; complaint.

a.gre.dir [agred'ir] v. to attack, assault, aggress; to strike, beat.

a.gre.ga.ção [agregas'ãw] s. f. (pl. **-ções**) aggregation; association; agglomeration.

a.gre.ga.do [agreg'adu] s. m. aggregation, assemblage, reunion. ‖ adj. aggregate(d) reunited; adjoined, annexed, joined.

a.gre.gar [agreg'ar] v. to aggregate; to join, annex, associate; to add.

a.gre.mi.a.ção [agremjas'ãw] s. f. (pl. **-ções**) association, fellowship, confederation; reunion, assemblage.

a.gres.são [agres'ãw] s. f. (pl. **-sões**) aggression; wound, injury; blow, stroke; attack, assault (and battery); provocation.

a.gres.si.vo [agres'ivu] adj. aggressive, offensive; provocative.

a.gres.sor [agres'or] s. m. aggressor. ‖ adj. aggressive.

a.gres.te [agr'ɛsti] s. m. (Braz.) dry area in the northeast. ‖ adj. m. + f. rural; wild, sylvan; rustic; rough, crude; rude.

a.gri.ão [agri'ãw] s. m. (bot.) watercress.

a.grí.co.la [agr'ikolə] adj. m. + f. agricultural.

a.gri.cul.tor [agrikuwt'or] s. m. agriculturist, farmer. ‖ adj. agricultural.

a.gri.cul.tu.ra [agrikuwt'urə] s. f. agriculture.

a.gri.do.ce [agrid'osi] adj. m. + f. soursweet.

a.gri.lho.ar [agriƛo'ar] v. to chain, fetter.

a.gri.men.sor [agrimẽs'or] s. m. surveyor.

a.gro.no.mi.a [agronom'iə] s. f. agronomy.

a.grô.no.mo [agr'onomu] s. m. agronomist.

a.gru.pa.men.to [agrupam'ẽtu] s. m. grouping; assembly, gathering; group.

a.gru.par [agrup'ar] v. to group; ≈-se to cluster, gather; to arrange, classify.

á.gua ['agwə] s. f. water; any liquid that suggests water; ≈s waters (medicinal springs). ≈-de-colônia cologne water. ≈-furtada garret, attic, loft. ≈-marinha aquamarine. ≈-viva (ichth.) medusa, jelly-fish.

a.gua.cei.ro [agwas'ejru] s. m. sudden and short rainfall; squall.

a.gua.do [agw'adu] adj. watered, watery; diluted; watered down.

a.guar [agw'ar] v. to dilute, mix with water; to besprinkle; to long for; to water, to water down.

a.guar.dar [agward'ar] v. to expect; to await, wait for; to observe.

a.guar.den.te [agward'ẽti] s. f. brandy.

a.guar.rás [agwař'as] s. f. turpentine.

a.gu.çar [agus'ar] v. to grind, sharpen, whet; to taper, point; to stimulate (appetite).

a.gu.de.za [agud'ezə] s. f. sharpness; intenseness; keenness; ability; pointedness.

a.gu.do [ag'udu] s. m. (mus.) sharp. ‖ adj. pointed; sharpened; thin; keen, acute; quick-witted, subtle; intense; vexed.

a.güen.tar [agwẽt'ar] v. to support, bear; to bear the weight of, hold; to suffer, endure; to put up with.

á.guia ['agiə] s. f. (ornith.) eagle.

a.gui.lhão [agiƛ'ãw] s. m. (pl. -lhões) iron point of a goad; string (of insects); spur, incentive; suffering; (ichth.) swordfish.

a.gui.lho.a.da [agiƛo'adə] s. f. sting or prod with a goad.

a.gui.lho.ar [agiƛo'ar] v. to goad, prick, spur; (fig.) to incite, stir up, urge on.

a.gu.lha [ag'uƛə] s. f. needle; pointer, hand of a watch; steel pointer (machinery); phonograph needle; hypodermic needle.

ai ['aj] s. m. groan, moan. ‖ interj. ah!

a.í [a'i] adv. there, in that place; in this respect; (Braz.) in that moment. ‖ interj. of applause or cheer, splendid!, good!, fine! ≈ mesmo in that very place, right there.

ai.dé.ti.co [ajd'ɛtiku] s. m. (med.) sufferer from Aids.

aids ['ajdz] s. f. (med.) AIDS (acquired immune deficiency syndrome).

a.in.da [a'ĩdə] adv. still, yet; again; further. ≈ agora just now. ≈ assim nevertheless, for all that, even so. ≈ bem fortunately, just as well. ≈ mais essa! and now (still) that! ≈ menos still less. não, ≈ não no, not (as) yet.

ai.pim [ajp'ĩ] s. m. cassava.

ai.po ['ajpu] s. m. (bot.) celery.

ai.ro.so [ajr'ozu] adj. slender, graceful; affable.

a.ja.e.zar [aʒaez'ar] v. to harness.

a.jan.ta.ra.do [aʒãtar'adu] adj. dinnerlike.

a.jar.di.na.do [aʒardin'adu] adj. with a garden.

a.jar.di.nar [aʒardin'ar] v. to make or form into a garden; to garden.

a.jei.tar [aʒejt'ar] v. to arrange, dispose; to accomodate, adapt, fit; to proportion, manage; ≈-se to adapt o. s.

a.jo.e.lhar [aʒoeƛ'ar] v. (also ≈-se) to kneel, kneel down.

a.ju.da [aʒ'udə] s. f. help (act or facf of helping), assistance, support, aid, succour, relief; favour.

a.ju.dan.te [aʒud'ãti] s. m. + f. assistant, helper.

a.ju.dar [aʒud'ar] v. to help, aid, assist, succour, relieve, support, give or lend a hand, lend assistance; to favour, facilitate.

a.ju.i.za.do [aʒuiz'adu] adj. reasonable, discreet, wise; sensible.

a.ju.i.zar [aʒuiz'ar] v. to judge; to form an opinion.

a.jun.ta.men.to [aʒũtam'ẽtu] s. m. reunion, meeting.

a.jun.tar [aʒũt'ar] v. to gather; to accumulate; to compile; to add; to collect; ≈-se to meet, crowd; to unite, join.

a.ju.ra.men.tar [aʒuramẽt'ar] v. to swear, to bind by an oath.

a.jus.ta.gem [aʒust'azẽj] s. f. (pl. -gens) adjustment, regulation (machine).

a.jus.tar [aʒust'ar] v. to adjust, regulate, order, dispose; to accord; to adapt; to fit, suit; to fit a thing to another; to contract.

a.jus.tá.vel [aʒust'avew] adj. m. + f. (pl. -veis) adjustable.

a.jus.te [aʒ'usti] s. m. agreement, understanding, (com.) pact; settlement (accounts or questions); adjustment; arrangement.

a.la ['alə] s. f. line, row, file; guard, breastwork, railing; wing.

a.la.bas.tro [alab'astru] s. m. alabaster.

a.la.cri.da.de [alakrid'adi] s. f. alacrity, happiness, enthusiasm.

a.la.do [al'adu] adj. winged.

a.la.ga.di.ço [alagad'isu] adj. subject to be overflowed; flooding; wet; swampy; marshy, swampish.

a.la.ga.do [alag'adu] adj. swampy, marshy, flooded; under water.

a.la.gar [alag'ar] v. to inundate, overflow, flood; to form a pond or saltwater puddles; to fill or cover with any liquid.

a.lam.bi.que [alãb'iki] s. m. still; alembic.

a.lam.brar [alãbr'ar] v. to fence in (with wire fence).

a.la.me.da [alam'edə] s. f. lane, alley, avenue, grove; park.

á.la.mo ['alamu] s. m. (bot.) poplar.

a.lar [al'ar] v. to provide with wings, form into wings; to cause to fly.

a.la.ran.ja.do [alarãʒ'adu] s. m. orange (colour). ‖ adj. orange; like an orange in shape or colour.

a.lar.de [al'ardi] s. m. ostentation, vainglory; pomp, state; vanity, vainness.

a.lar.de.a.dor [alardead'or] s. m. boaster; ostentatious man. ‖ adj. boastful, ostentatious.

a.lar.de.ar [alarde'ar] v. to boast, show off.

a.lar.ga.men.to [alargam'ẽtu] s. m. widening; enlargement, extension; dilatation.

a.lar.gar [alarg'ar] v. to widen; to dilate; to spread out; to relax.

a.la.ri.do [alar'idu] s. m. clamour, row, uproar; vociferation; complaint.

a.lar.man.te [alarm'ãti] adj. m. + f. alarming.

a.lar.mar [alarm'ar] v. to alarm; to frighten; to trouble, disturb; ≈-se to become frightened.

a.lar.me [al'armi] s. m. alarm, warning of danger; signal; shock; row; tumult, confusion.

a.las.tra.men.to [alastram'ẽtu] s. m. spreading, expansion, diffusion.

a.las.trar [alastr'ar] v. to ballast, strow; to spread out; to diffuse; to scatter.

a.la.ú.de [ala'udi] s. m. (mus.) lute.

a.la.van.ca [alav'ãkə] s. f. lever, handspike; (fig.) crowbar; means; crank.

a.la.zão [alaz'ãw] s. m. (pl. **-zões**; f. **-zã**) sorrel (horse). ‖ adj. sorrel.

al.ba.troz [awbatr'ɔs] s. m. (pl. **-trozes**) (ornith.) albatross.

al.ber.gue [awb'ɛrgi] s. m. inn, hostelry, lodging house; lodging; shelter; den.

ál.bum ['awbū] s. m. (pl. **-uns**) album.

al.ça ['awsə] s. f. ring, eye, loop; handle, holder; strap; notch (of the rearsight).

al.ca.cho.fra [awkaʃ'ofrə] s. f. (bot.) artichoke.

al.ca.çuz [awkas'us] s. m. liquorice or licorice.

al.ça.da [aws'adə] s. f. competence; jurisdiction; sphere of influence; (hist. + law) visiting court. **estar debaixo da ≈ de alguém** to be under someone's jurisdiction. **isto é da minha ≈** that comes within my scope.

ál.ca.li ['awkali] s. m. alkali.

al.ca.lói.de [awkal'ɔjdi] s. m. alkaloid.

al.can.çar [awkãs'ar] v. to reach, attain; to carry (gun); to obtain, get, succeed; to catch; to catch up; to extend, stretch out. **≈ um resultado** to obtain a result. **tudo quanto a vista alcança** as far as the eye reaches.

al.can.ce [awk'ãsi] s. m. reach (sight, mind, gun), wideness of range; range (gun); reach, overtaking; track, trail, pursuit. **ao ≈ da mão** within arm's reach. **ao ≈ da voz (do ouvido)** within call (hearing). **de grande ≈** long range. **ao ≈** within grasp.

al.ca.no [awk'ʌnu] s. m. alkane.

al.can.ti.lo.so [awkãtil'ozu] adj. craggy; pinnacled.

al.ça.pão [awsap'ãw] s. m. (pl. **-pões**) trapdoor; (fig.) snare, device; trap.

al.ca.par.ra [awkap'arrə] s. f. (bot.) caper.

al.çar [aws'ar] v. to raise; to lift, elevate; to edify; to heave; to hoist (sails); to collect (printed sheets for binding); ≈-se to rebel, rise against.

al.ca.téi.a [awkat'ɛjə] s. f. pack of wolves; herd (of wild animals); gang (of criminals).

al.ca.trão [awkatr'ãw] s. m. tar; pitch.

al.ca.traz [awkatr'as] s. m. (pl. **-trazes**) (zool.) frigate bird.

al.ca.tro.ar [awkatro'ar] v. to tar; to asphalt.

al.ce ['awsi] s. m. (zool.) moose, elk.

ál.co.ol ['awkoɔw] s. m. (pl. **-ois**) alcohol; spirit(s). ≈ **etílico** ethil alcohol.

al.co.ó.la.tra [awko'ɔlatrə] s. m. + f. alcoholic, drunkard. ‖ adj. alcoholic.

al.co.ó.li.co [awko'ɔliku] s. m. + adj. alcoholic.

al.co.o.lis.mo [awkol'izmu] s. m. alcoholism.

al.co.o.li.zar [awkoliz'ar] v. to alcoholize; to intoxicate.

al.co.rão [awkor'ãw] s. m. Koran.

al.co.va [awk'ovə] s. f. alcove; hiding-place.

al.co.vi.tar [awkovit'ar] v. to pander, bawd; to intrigue, plot; to gossip.

al.co.vi.tei.ro [awkovit'ejru] s. m. panderer, pimp; telltale, gossiper.

al.cu.nha [awk'uñə] s. f. nickname.

al.cu.nhar [awkuñ'ar] v. to nickname.

al.de.ão [awde'ãw] s. m. (pl. -ãos, -ões -ães; f. -ã) countryman, peasant; villager. ‖ adj. of or referring to a village; born in a village, rustic, rural.

al.dei.a [awd'ejə] s. f. village; Indian settlement.

al.dra.va [awdr'avə] s. f. latch; (door) knocker.

al.dra.var [awdravar] v. to latch; to patch.

a.le.a.tó.rio [aleat'ɔrju] adj. aleatoric.

a.le.crim [alekr'ĩ] s. m. (pl. -crins) (bot.) rosemary; (tech.) timber.

a.le.ga.ção [alegas'ãw] s. f. (pl. -ções) allegation; assertion, exposition; motivation.

a.le.gar [aleg'ar] v. to allege; to cite, quote; to proof; to plead; to argue.

a.le.go.ri.a [alegor'iə] s. f. allegory.

a.le.grar [alegr'ar] v. to make happy, rejoice, gladden, cheer; to embellish; ≈-se to be or become happy, gay.

a.le.gre [al'ɛgri] adj. m. + f. happy, gay, cheerful, light-hearted; tipsy.

a.le.gri.a [alegr'iə] s. f. joy, gladness, cheerfulness, happiness, pleasure, delight.

a.lei.ja.do [alejʒ'adu] s. m. cripple. ‖ adj. crippled, lame.

a.lei.jão [alejʒ'ãw] s. m. (pl. -jões) physical deformity; freak, monster.

a.lei.jar [alejʒ'ar] v. to deform, mutilate, maim; to disfigure; ≈-se to become crippled.

a.lei.tar [alejt'ar] v. to nurse, suckle; to feed on milk.

a.lém [al'ẽj] adv. there, in that place; over there; farther on; on the other side; beyond; far; farther; over and above; besides. ≈ **de** yonder; over and above. ≈ **de (do) que** besides. ≈ **disto** besides, moreover. ≈-**mar** oversea (country, territories).

a.le.mão [alem'ãw] s. m. + adj. (pl. -mães; f. -mã) German.

a.len.tar [alẽt'ar] v. to encourage, animate, cheer; to nourish; to cheer up; to get excited.

a.len.to [al'ẽtu] s. m. breath; respiration; courage, effort.

a.ler.gi.a [alerʒ'iə] s. f. (med.) allergy.

a.lér.gi.co [al'ɛrʒiku] adj. allergic.

a.ler.ta [al'ɛrtə] s. m. alert; watchfulness. ‖ adv. alert. ‖ interj. attention!

a.ler.tar [alert'ar] v. to alert, give alarm; ≈-se to be watchful, be on the lookout.

a.le.tri.a [aletr'iə] s. f. (cul.) vermicelli.

al.fa.be.tar [awfabet'ar] v. to alphabetize.

al.fa.be.ti.zar [awfabetiz'ar] v. to teach to read and write.

al.fa.be.to [awfab'ɛtu] s. m. alphabet.

al.fa.ce [awf'asi] s. f. (bot.) lettuce.

al.fai.a.ta.ri.a [awfajatar'iə] s. f. tailor's workshop.

al.fai.a.te [awfaj'ati] s. m. tailor.

al.fân.de.ga [awf'ãdegə] s. f. custom house, customs.

al.fan.de.gá.rio [awfãdeg'arju] adj. of or referring to customs.

al.far.rá.bio [awfaȓ'abju] s. m. (depr.) old or second-hand book.

al.fa.ze.ma [awfaz'emə] s. f. (bot.) lavender.

al.fe.res [awf'ɛris] s. m., sg. + pl. (hist.) second lieutenant; standard-bearer, ensign.

al.fi.ne.ta.da [awfinet'adə] s. f. pinprick, pinstitch; sudden strong pain; (fig.) harsh remark.

al.fi.ne.te [awfin'eti] s. m. pin; tie-pin.

al.for.je [awf'ɔrʒi] s. m. bag or sack with two pouches; saddlebag; knapsack; pannier.

al.for.ri.a [awfoȓ'iə] s. f. enfranchisement, release from slavery; liberation.

al.ga ['awgə] s. f. seaweed, alga.

al.ga.ris.mo [awgar'izmu] s. m. cipher, figure, numeral; number.

al.ga.zar.ra [awgaz'aȓə] s. f. clamour, bawling, shouting, racket; tumult, hubbub.

ál.ge.bra ['awʒebrə] s. f. algebra.

al.ge.ma [awʒ'emə] s. f. manacles, shackles, handcuffs; fetter(s); (fig.) oppression.

al.ge.mar [awʒem'ar] v. to shackle; to fetter; to handcuff; (fig.) to oppress; to coerce, compel.

al.gi.bei.ra [awʒib'ejrə] s. f. pocket.

ál.gi.do ['awʒidu] adj. very cold; chilling.

al.go ['awgu] adv. somewhat, a bit, a little. ‖ pron. something, anything.

al.go.dão [awgod'ãw] s. m. cotton; (med.) wadding; cotton wool.

al.go.rit.mo [awgor'itmu] s. m. algorithm.

al.goz [awg'os] s. m. (pl. ≃-gozes) executioner, hangman; torturer; cruel person, brute.

al.guém [awg'ẽj] indef. pron. somebody, someone; anybody, anyone; someone or other; important person. **dar em** ≃ to beat s. o.

al.gum [awg'ũw] indef. adj. (pl. -guns; f. -ma; pl. -mas) some; -uns some a few, several. ≃ **dia** some day. ≃ **tempo (atrás)** sometime (ago). ≃ **as (das minhas coisas)** a few, some (of my things). **alguns deles** several, some of them. ≃ **(lugar, tempo etc.)** some (place, time etc.).

al.gu.res [awg'uris] adv. somewhere, in some place.

a.lhe.a.men.to [aλeam'ẽtu] s. m. alienation.

a.lhe.ar [aλe'ar] v. to alienate, transfer property or ownership; to deprive; ≃-se to ignore, take no notice.

a.lhei.o [aλ'eju] s. m. another's or alien property. ‖ adj. strange; foreign, alien; improper, distant; contrary. (pop.) **amigo do** ≃ thief.

a.lho ['aλu] s. m. garlic. ≃-**porro** (bot.) leek.

a.lhu.res [aλ'uris] adv. elsewhere, somewhere else.

a.li [al'i] adv. there, in that place; then, at that time. **até** ≃ as far as there. **d** ≃ **a dois dias** two days hence. **o que há** ≃? what is up there? **por** ≃ that way; thereabout.

a.li.a.do [ali'adu] s. m. ally. ‖ adj. allied, associated.

a.li.an.ça [ali'ãsə] s. f. alliance; wedding ring.

a.li.ar [ali'ar] v. to ally; to join, unite; to combine; to harmonize; to connect; to confederate; ≃-se to enter into an alliance.

a.li.ás [ali'as] adv. else; besides, on the other hand; by the way. ≃, **estava bem certo** it was quite certain, though.

á.li.bi ['alibi] s. m. (jur.) alibi.

a.li.ca.te [alik'ati] s. m. (a pair of) pliers, pincers, nippers; wire cutter.

a.li.cer.çar [alisers'ar] v. to lay the foundation; to found, base; to consolidate.

a.li.cer.ce [alis'ɛrsi] s. m. foundation, base, basis (also fig.).

a.li.ci.a.ção [alisjas'ãw] s. f. (pl. -ções) seduction, allurement, enticement.

a.li.ci.ar [alisi'ar] v. to allure, bait, attract; to seduce, tempt; to incite, instigate.

a.li.e.na.ção [aljenas'ãw] s. f. (pl. -ções) alienation; madness; ecstasy, ravishment.

a.li.e.na.do [aljen'adu] s. m. lunatic, madman. ‖ adj. alienated; mad; enraptured.

a.li.e.nar [aljen'ar] v. to alienate, cede, transfer; to indispose; to hallucinate; to madden.

a.li.e.ní.ge.na [aljen'iʒenə] s. + adj. m. + f. alien.

a.li.ja.men.to [aliʒam'ẽtu] s. m. jettison; riddance; act of throwing, jetting.

a.li.jar [aliʒ'ar] v. to jettison; to lighten, ease; to get rid of; to throw, cast.

a.li.men.ta.ção [alimẽtas'ãw] s. f. (pl. -ções) alimentation, nourishment; food; feed, feeding (machine); supplies, provisions.

a.li.men.tar [alimẽt'ar] v. to feed; to nourish; to supply with material (machine etc.); to preserve; to maintain. ‖ adj. m. + f. alimentary.

a.li.men.tí.cio [alimẽt'isju] adj. nutritive.

a.li.men.to [alim'ẽtu] s. m. food; maintenance; supply; subsistence, support.

a.lí.nea [al'injə] s. f. paragraph; break.

a.li.nha.do [aliñ'adu] adj. ali(g)ned, lined up; (fig.) elegance (in dressing).

a.li.nha.men.to [aliñam'ẽtu] s. m. alilinement, alignment; arrangement.

a.li.nhar [aliñ'ar] v. to aline, align, range, line up; to dress up with elegance, spruce.

a.li.nha.var [aliñav'ar] v. to baste, tack (sewing); to prepare; to make hastily or badly.

a.li.nha.vo [aliñ'avu] s. m. bastings, tack; basting; sketch, outline.

a.li.sar [aliz'ar] v. to make plane, smooth (out); to level, equal; (Braz.) to show mercy.

a.lis.ta.men.to [alistam'ẽtu] s. m. enlistment, recruitment; enrol(l)ment.

a.lis.tar [alist'ar] v. to enlist, recruit; to list, enrol(l); to inventory. ≃-**se no exército** to join up.

a.li.te.ra.ção [aliteras'ãw] s. f. (pl. -ções) alliteration.

a.li.te.rar [aliter'ar] v. to alliterate.

a.li.vi.ar [alivi'ar] v. to alleviate, assuage, mitigate; to lighten; to ease; to lessen; to soften.

a.lí.vio [al'ivju] s. m. alleviation, relief, ease.

al.ma ['awmə] s. f. soul; the spiritual part of a person, the inner man; moral faculties; spirit; temper; courage; (gun) bore; (tech.) core; web (of a beam or girder). ≃ **do outro mundo** spectre, ghost. **de** ≃ **e coração** with heart and soul. **nenhuma** ≃ not a soul.

al.ma.ço [awm'asu] s. m. foolscap (writing paper).

al.ma.na.que [awman'aki] s. m. almanac; calendar.

al.mei.rão [awmejr'ãw] s. m. (bot.) wild chicory.

al.me.jar [awmeʒ'ar] v. to long for, desire ardently; to be dying for; to crave, covet.

al.mi.ran.te [awmir'ãti] s. m. admiral, admiral-ship.

al.mís.car [awm'iskar] s. m. musk.

al.mo.çar [awmos'ar] v. to breakfast; to lunch.

al.mo.ço [awm'osu] s. m. breakfast; lunch; food.

al.mo.fa.da [awmof'adə] s. f. cushion, pillow; panel; pad; padding, quilting.

al.mo.fa.riz [awmofar'is] s. m. (pl. **-rizes**) mortar; pestle.

al.môn.de.ga [awm'õdegə] s. f. (cul.) minced meat ball.

al.mo.xa.ri.fe [awmoʃar'ifi] s. m. storekeeper, warehouse keeper.

a.lô [al'o] interj. hullo!, hallo!, hello!

a.lo.car [alok'ar] v. to allocate, place.

a.lo.cu.ção [alokus'ãw] s. f. (pl. **-ções**) address, speech, allocution.

a.lo.ja.men.to [aloʒam'ẽtu] s. m. lodgings, lodgement; shelter; accomodation; hostel.

a.lo.jar [aloʒ'ar] v. to receive, shelter, lodge, house; to dwell; to store; (mil.) to quarter.

a.lon.ga.men.to [alõgam'ẽtu] s. m. prolongation, extension, expansion; delay.

a.lon.gar [alõg'ar] v. to prolongate, elongate.

a.lo.pa.ti.a [alopat'iə] s. f. allopathy.

a.lou.ca.do [alowk'adu] adj. tending to madness; crazy.

a.lou.rar [alowr'ar] v. to make fair (blond); to brown, roast.

al.pa.ca [awp'akə] s. f. alpaca; German silver (alloy).

al.par.ga.ta [awparg'atə] s. f. sandal or sandallike footwear, espadrille.

al.pen.dre [awp'ẽdri] s. m. shed, porch.

al.pi.nis.ta [awpin'istə] s. m. + f. alpinist, mountaineer; climber.

al.pis.te [awp'isti] s. m. (bot.) canary grass; its seed.

al.que.bra.men.to [awkebram'ẽtu] s. m. weakening, debilitation; weakness.

al.que.brar [awkebr'ar] v. to weaken, debilitate.

al.qui.mis.ta [awkim'istə] s. m. alchemist.

al.ta ['awtə] s. f. raising, rise, boom; increase, augmentation. ‖ adj. f. of **alto** high. ≃ **do hospital** discharge from hospital. **pressão** ≃ high pressure. **a** ≃ **do custo de vida** the increase of the costs of living. **em** ≃ on the rise. **sofrer uma** ≃ to be increased (prices). ≃**-roda** high society.

al.ta.nei.ro [awtan'ejru] adj. soaring, high-flying.

al.tar [awt'ar] s. m. altar, Lord's table. **levar ao** ≃ to marry.

al.te.ar [awte'ar] v. to raise, make higher; to increase, augment; to lift; ≃**-se** to become higher or taller; to elevate o. s.

al.te.ra.ção [awteras'ãw] s. f. (pl. **-ções**) alteration, change, modification; degeneration; destruction; decomposition, decay.

al.te.ra.do [awter'adu] adj. changed; upset, angry; uneasy, unquiet; revolted.

al.te.rar [awter'ar] v. to change, modify, alter; to perturbate, disturb; to decompose; ≃**-se** to get excited, upset or revolted.

al.ter.ca.ção [awterkas'ãw] s. f (pl. **-ções**) altercation, (loud) dispute, quarrel.

al.ter.car [awterk'ar] v. altercate, discuss noisily.

al.ter.na.ção [awternas'ãw] s. f. (pl. **-ções**) alternation.

al.ter.na.do [awtern'adu] adj. alternate(d), by turns.

al.ter.nar [awtern'ar] v. to alternate; to interchange; ≃**-se** to alter, change, vary.

al.ter.na.ti.va [awternat'ivə] s. f. alternative; alternation.

al.te.ro.so [awter'ozu] adj. very high, tall.

al.te.za [awt'ezə] s. f. loftiness; elevation; Highness.

al.ti.bai.xos [awtib'ajʃus] s. m. pl. unevenness of the ground; ups and downs.

al.ti.pla.no [awtipl'ʌnu] s. m. elevated plain, plateau, upland.

Al.tís.si.mo [awt'isimu] s. m. The Almighty, God. ‖ **al.tís.si.mo** adj. abs. sup. highest.

al.tis.ta [awt'istə] s. m. (com.) bull. ‖ adj. speculative.

al.ti.tu.de [awtit'udi] s. f. altitude.

al.ti.vez [awtiv'es] s. f. haughtiness, arrogance.

al.ti.vo [awt'ivu] adj. high, elevated; self-reliant, courageous; haughty, arrogant.

al.to ['awtu] s. m. height; heaven; (mus.) alto; peak, summit, elevation. ‖ adj. high, elevated, tall, lofty; excellent, magnificent. ‖ interj. stop! halt. ≃ **dia** plain day. ≃**-forno** blast furnace. **-ta noite** deep in the night. ≃**-mar** high seas. ≃**-falante** loudspeaker. ≃**-relevo** high-relief.

al.tru.ís.mo [awtru'izmu] s. m. altruism, unselfishness.

al.tru.ís.ta [awtru'istə] s. m. + f. altruist. ‖ adj. altruistic.

al.tu.ra [awt'urə] s. f. height; altitude; top, summit; size. **à** ≃ **das exigências** up to the mark. **nessa** ≃ at that time. **que** ≃ **tem você?** how tall are you? **salto de (em)** ≃ high jump. **na** ≃ **de** abreast of.

a.lu.a.do [alu'adu] adj. lunatic, crazy, foolish.

a.lu.ci.na.ção [alusinas'ãw] s. f. (pl. **-ções**) halluccination; delusion, illusion.

a.lu.ci.nar [alusin'ar] v. to hallucinate.

a.lu.dir [alud'ir] v. to allude, hint, mention, refer to.

a.lu.gar [alug'ar] v. to hire (out), rent, let, lease.

a.lu.guel [alug'ɛw] s. m. (pl. **-guéis**) letting, hiring (out), lease; rent.

a.lu.mi.ar [alumi'ar] v. to illuminate; to enlighten, instruct; to light up.

a.lu.mí.nio [alum'inju] s. m. aluminium.

a.lu.na [al'unə] s. f. pupil, schoolgirl.

a.lu.no [al'unu] s. m. pupil, schoolboy; follower, disciple.

a.lu.são [aluz'ãw] s. f. (pl. **-sões**) allusion, hint, reference. **fazer** ≃ **a** to allude.

al.va ['awvə] s. f. dawn, daybreak, aurora; (rel.) alb; (anat.) sclera (white of the eye).

al.vai.a.de [awvaj'adi] s. m. (chem.) white lead, ceruse.

al.var [awv'ar] adj. m. + f. whitish; stupid, coarse.

al.va.rá [awvar'a] s. m. permit, charter, warrant.

al.ve.jar [awveʒ'ar] v. to whiten; to bleach; to aim at; to hit the mark.

al.ve.na.ri.a [awvenar'iə] s. f. masonry, art or occupation of a mason.

al.vé.o.lo [awv'ɛolu] s. m. alveolus; pod (seed), capsule; (archit.) basement, excavation.

al.vis.sa.rei.ro [awvisar'ejru] s. m. bearer of good news. ‖ adj. auspicious.

al.vi.tre [awv'itri] s. m. reminder, hint; proposal, suggestion; opinion, judg(e)ment.

al.vo ['awvu] s. m. white; target, aim; purpose, object, design, intent, end. ‖ adj. white; pure; clear, limpid.

al.vo.ra.da [awvor'adə] s. f. dawn (of day); reveille; warbling of the birds in the early morning. ‖ adj. (mil.) disclosed, uncovered.

al.vo.re.cer [awvores'er] s. m. dawn (of day), daybreak. ‖ v. to dawn.

al.vo.ro.ça.do [awvoros'adu] adj. restless; flustered.

al.vo.ro.ça.men.to [awvorosam'ẽtu] s. m. restlessness.

al.vo.ro.çar [awvoros'ar] v. to agitate, stir up, fluster; to frighten, alarm; to revolt, rebel, riot; ≃**-se** to be frightened, alarmed or agitated.

al.vo.ro.ço [awvor'osu] s. m. agitation, fluster, alarm; haste; start; noise, brawl, tumult.

a.ma ['ʌmə] s. f. wet-nurse; mistress, housewife; nursemaid, governess. ≃**-de-leite** wet-nurse. ≃**-seca** dry nurse.

a.ma.bi.li.da.de [amabilid'adi] s. f. amiability, friendliness; kindness; affection; politeness.

a.ma.ci.ar [amasi'ar] v. to smooth, soften; to soothe, ease; (mot.) to run in.

a.ma.da [am'adə] s. f. sweetheart, mistress, fiancée, girlfriend. ‖ adj. loved, beloved.

a.ma.do [am'adu] s. m. sweetheart, lover, beau, boyfriend. ‖ adj. loved, beloved. **bem**- ≃ lover, sweetheart.

a.ma.dor [amad'or] s. m. amateur.

a.ma.du.re.cer [amadures'er] v. to ripen; to mature.

a.ma.du.re.ci.men.to [amaduresim'ẽtu] s. m. ripening, maturation; matureness.

â.ma.go ['ʌmagu] s. m. (bot.) pith or heart, pulp; core. **ferir até o** ≃ to cut to the quick.

a.mai.nar [amajn'ar] v. (naut.) to strike (sails); to appease, compose.

a.mal.di.ço.ar [amawdiso'ar] v. to curse, execrate; damn.

a.mál.ga.ma [am'awgamə] s. m. + f. amalgam; mixture.

a.mal.ga.mar [amawgam'ar] v. to amalgamate; to mix.

a.ma.lu.ca.do [amaluk'adu] adj. slightly crazy, queer; silly, foolish; maniac.

a.ma.men.ta.ção [amamẽtas'ãw] s. f. (pl. -ções) breast-feeding, lactation, nursing.

a.ma.men.tar [amamẽt'ar] v. to breast-feed; to nurse.

a.ma.nhã [amañ'ã] s. m. tomorrow; (fig.) time to come, future. ‖ adv. tomorrow. **de hoje para** ≃ from one day to the other; from one moment to the other.

a.ma.nhe.cer [amañes'er] s. m. dawn, break of the day. ‖ v. to dawn, grow day; to rise (sun).

a.man.sar [amãs'ar] v. to tame, domesticate, break in; to mitigate, assuage; to appease, pacify; to moderate, calm; to grow.

a.man.te [am'ãti] s. m. + f. lover, boyfriend, girlfriend. ‖ adj. m. + f. loving; fond of.

a.mar [am'ar] v. to love, be in love; to like, adore, be fond of; to worship; ≃-se to love each other.

a.ma.re.lão [amarel'ãw] s. m. (path.) ancylostomiasis; infestation by hookworms.

a.ma.re.lar [amarel'ar] v. = **amarelecer**.

a.ma.re.le.cer [amareles'er] v. to yellow; to fade, lose colour.

a.ma.re.lo [amar'ɛlu] s. m. yellow (colour); (Braz.) pale person. ‖ adj. yellow; pale; faded. **um sorriso** ≃ a half-hearted smile.

a.mar.fa.nhar [amarfañ'ar] v. to crumple, wrinkle; to ill-treat.

a.mar.gar [amarg'ar] v. to embitter, make or become bitter or acrid.

a.mar.go [am'argu] s. m. bitter (quality or taste). ‖ adj. bitter, acrid, acrimonious; distressing, sad.

a.mar.gor [amarg'or] s. m. bitterness, bitter taste.

a.mar.gu.ra [amarg'urə] s. f. bitterness; acridity.

a.mar.gu.rar [amargur'ar] v. to cause grief or sorrow.

a.mar.ra [am'ařə] s. f. (naut.) cable, chain cable; hawser; (fig.) support, protection, aid.

a.mar.ra.ção [amařas'aw] s. f. (pl. -ções) fastening, tying, lashing; mooring, moorage, anchorage.

a.mar.ra.do [amař'adu] adj. fastened, bound, stringed, tied; (naut.) moored; (Braz., fam.) married.

a.mar.rar [amař'ar] v. to moor, anchor; to bind, fasten, tie (down) (also fig.); ≃-se (fig.) to take shelter or protection; to attach o. s. to; (Braz., fam.) to marry.

a.mar.ro.tar [amařot'ar] v. to crumple, rumple; to wrinkle, ruffle.

a.má.sia [am'azjə] s. f. mistress, concubine.

a.má.sio [am'azju] s. m. man who keeps a woman.

a.mas.sar [amas'ar] v. to knead, mix (dough, mortar); to thrash, beat; to squash, crush.

a.má.vel [am'avew] adj. m. + f. (pl. -veis) amiable.

âm.bar ['ãbar] s. m. amber.

am.bi.ção [ãbis'ãw] s. f. (pl. -ções) ambition, eager, desire. **ter -ções** to fly high.

am.bi.ci.o.nar [ãbisjon'ar] v. to pursue ambitiously.

am.bi.ci.o.so [ãbisj'ozu] s. m. ambitious person. ‖ adj. ambitious, desirous of.

am.bi.des.tro [ãbid'estru] adj. ambidextrous.

am.bi.en.tar [ãbjẽt'ar] v. to adapt, accustom to an environment; ≃-se to adapt o. s. or get used to an environment.

am.bi.en.te [ãbi'ẽti] s. m. environment, surrounding. ‖ adj. m. + f. ambient, surrounding, environmental.

am.bi.güi.da.de [ãbigwid'adi] s. f. ambiguity, ambiguousness.

am.bí.guo [ãb'igwu] adj. ambiguous; doubtful, dubious.

âm.bi.to ['ãbitu] s. m. ambit, circuit, circumference; extent, scope; sphere of action.

am.bos ['ãbus] pron. both.

am.bró.sia [ãbr'ɔzjə] s. f. ambrosia.

am.bu.lân.cia [ãbul'ãsjə] s. f. ambulance.

am.bu.la.tó.rio [ãbulat'ɔrju] s. m. (med.) (poli)clinic.

a.me.a.ça [ame'asə] s. f. threat, menace; foreboding.

a.me.a.ça.dor [ameasad'or] s. m. threatener. ‖ adj. threatening, menacing.

a.me.a.çar [ameas'ar] v. to threaten, menace; to menace with punishment, frighten; to give a forewarning; to be a sign of evil or harm.

a.me.a.ço [ame'asu] s. m. threat, menace; omen.

a.me.dron.ta.do [amedrõt'adu] adj. frightened.

a.me.dron.tar [amedrõt'ar] v. to frighten, scare, alarm; ≃-se to be afraid.

a.mei.xa [am'ejʃə] s. f. plum. ≃ seca prune.

a.mém [am'ēj] s. m. amen. ‖ interj. amen!

a.mên.doa [am'ēdwə] s. f. almond.

a.men.do.im [amēdo'ĩ] s. m. peanut, groundnut.

a.me.ni.da.de [amenid'adi] s. f. amenity, pleasantness.

a.me.ni.zar [ameniz'ar] v. to soften, ease, soothe, appease; to calm down.

a.me.no [am'enu] adj. suave, bland, mild; agreeable; delicate; pleasant; affable.

a.me.ri.ca.ni.zar [amerikaniz'ar] v. to Americanize.

a.me.ri.ca.no [amerik'ʌnu] s. m. + adj. American.

a.me.ris.sar [ameris'ar] v. (aeron.) to alight on the water.

a.mes.qui.nhar [ameskiñ'ar] v. to depreciate, disparage.

a.mes.trar [amestr'ar] v. to instruct, teach, train; to break in (horse).

a.me.tis.ta [amet'istə] s. m. (min.) amethyst.

a.mi.an.to [ami'ãtu] s. m. asbestos.

a.mi.do [am'idu] s. m. starch.

a.mi.ga [am'igə] s. f. female friend; mistress.

a.mi.ga.ção [amigas'ãw] s. f. (pl. -ções) act or fact of living in concubinage.

a.mi.ga.do [amig'adu] adj. living in concubinage.

a.mi.gar [amig'ar] v. to take a mistress; ≃-se to become friends, to live in concubinage.

a.mi.gá.vel [amig'avew] adj. m. + f. (pl. -veis) friendly.

a.míg.da.la [am'igdalə] s. f. (anat.) tonsil, amygdala.

a.mi.go [am'igu] s. m. friend; lover; (U.S.A.) buddy, chum. ‖ adj. friendly, ami(c)able, favourable, kind, fond of. ≃-da-onça (Braz.) false friend. ≃ do peito bosom friend.

a.mis.to.so [amist'ozu] adj. friendly, amicable.

a.mi.u.da.do [amiud'adu] adj. frequent, repeated.

a.mi.ú.de [ami'udi] adv. repeated, frequent, often.

a.mi.za.de [amiz'adi] s. f. friendship, amity, affection.

a.mo ['ʌmu] s. m. master; master of the house; owner; proprietor; boss; chief.

a.mo.dor.rar [amodoř'ar] v. to make drowsy, lull to sleep; to become sleepy; to doze.

a.mo.fi.na.ção [amofinas'ãw] s. f. (pl. -ções) vexation.

a.mo.fi.nar [amofin'ar] v. to vex, irritate; to afflict.

a.mo.la.ção [amolas'ãw] s. f. (pl. -ções) grinding, whetting, sharpening; (fig.) vexation.

a.mo.la.do [amol'adu] adj. sharpened, whetted; (fig.) vexed, bored, annoyed, worried.

a.mo.la.dor [amolad'or] s. m. sharpener. ‖ adj. pestering. ≃ ambulante itinerant knife-grinder.

a.mo.lar [amol'ar] v. to whet, grind, sharpen; to vex, pester, annoy, harass, bother.

a.mol.dar [amowd'ar] v. to mould, shape, frame.

a.mo.le.cer [amoles'er] v. to mollify, soften; to soak; to weaken; to move, touch, affect; to emacerate.

a.mo.le.ci.men.to [amolesim'ētu] s. m. mollification, softening; weakening; soaking.

a.mô.nia [am'onjə] s. f. (chem.) ammonia.

a.mon.to.a.do [amõto'adu] s. m. heap, mass, pile. ‖ adj. heaped up, piled up.

a.mon.to.a.men.to [amõtoam'ētu] s. m. heaping or piling up; heap, pile.

a.mon.to.ar [amõto'ar] v. to heap or pile up; to accumulate; to amass; (agric.) to earth up.

a.mor [am'or] s. m. (pl. -mores) love, affection, attachment, devotion, fondness; passion; friendship. Amor Cupid. ≃-perfeito (bot.) (wild) pansy. ≃-próprio self-love, self-respect.

a.mo.ra [am'ɔrə] s. f. mulberry.

a.mor.da.çar [amordas'ar] v. to gag; (fig.) to shut (s. o.) up.

a.mor.nar [amorn'ar] v. to warm up, make lukewarm.

a.mo.ro.so [amor'ozu] s. m. (theat.) lead, lover. ‖ adj. loving, affectionate, fond; gentle, affable, kind; mild; smooth; soft; amorous.

a.mor.ta.lhar [amortaʎ'ar] v. to shroud, dress for burial.

amor.te.ce.dor [amortesed'or] s. m. (mech., mot. and aeron.) shock absorber; damper. ‖ adj. shock-absorbing; damping.

a.mor.te.cer [amortes'er] v. to deaden; to debilitate, weaken, lessen; to dampen (sound, vibration etc.).

a.mor.te.ci.do [amortes'idu] adj. deadened.

a.mor.te.ci.men.to [amortesim'ẽtu] s. m. deadening; weakening; mitigation; damping.

a.mor.ti.za.ção [amortizas'ãw] s. f. (pl. **-ções**) amortization, paying off, discharge of debts.

a.mor.ti.zar [amortiz'ar] v. (com.) to amortize, pay off, discharge.

a.mos.tra [am'ɔstrə] s. f. sample; specimen; pattern; sign; (pharm.) free sample (medicine).

a.mo.ti.nar [amotin'ar] v. to rebel, revolt, mutiny; to clamour, agitate.

am.pa.rar [ãpar'ar] v. to support; to prop; to sustain; to protect, favour, assist.

am.pa.ro [ãp'aru] s. m. support; protection, shelter, assistance, aid, help, relief; prop.

am.pe.ra.gem [ãper'aʒẽj] s. f. (pl. **-gens**) (electr.) amperage; current intensity.

am.pli.a.ção [ãpljas'ãw] s. f. (pl. **-ções**) (also phot.) amplification, enlargement.

am.pli.a.dor [ãpljad'or] s. m. (also phot.) amplifier, enlarger. ‖ adj. amplifying, increasing.

am.pli.ar [ãpli'ar] v. (also phot.) to amplify.

am.pli.dão [ãplid'ãw] s. f. (pl. **-dões**) amplitude, ampleness; space (boundlessness).

am.pli.fi.ca.ção [ãplifikas'ãw] s. f. (pl. **-ções**) amplification (also sound); enlargement (also phot.).

am.pli.fi.ca.dor [ãplifikad'or] s. m. amplifier (sound); enlarger (phot.). ‖ adj. amplifying. ≃ **de áudio** audio amplifier.

am.pli.fi.car [ãplifik'ar] v. to amplify (also sound); to enlarge (also radio); to widen; to prorogate.

am.pli.tu.de [ãplit'udi] s. f. amplitude; largeness.

am.plo ['ãplu] adj. ample; wide, extensive.

am.po.la [ãp'ɔlə] s. m. flask, ampoule.

am.pu.lhe.ta [ãpuʎ'etə] s. f. log glass, hourglass.

am.pu.ta.ção [ãputas'ãw] s. f. (pl. **-ções**) amputation.

am.pu.tar [ãput'ar] v. to amputate, cut off.

a.mu.ar [amu'ar] v. to make sullen, disgust, vex, annoy.

a.mu.le.to [amul'etu] s. m. amulet, fetish, talisman.

a.mu.o [am'uu] s. m. ill humour, sulkiness.

a.mu.ra.da [amur'adə] s. f. (naut.) main rail; wall.

a.na.cro.nis.mo [anakron'izmu] s. m. anachronism.

a.ná.gua [an'agwə] s. f. petticoat.

a.nais [an'ajs] s. m. pl. annals.

a.nal [an'aw] adj. (pl. **-nais**) (anat.) anal.

a.nal.fa.be.tis.mo [anawfabet'izmu] s. m. illiteracy.

a.nal.fa.be.to [anawfab'ɛtu] s. m. + adj. illiterate.

a.nal.gé.si.co [anawʒ'ɛziku] adj. (med.) analgesic.

a.na.li.sa.dor [analizad'or] s. m. analyser, analyst, critical person. ‖ adj. analysing; critical.

a.na.li.sar [analiz'ar] v. to analyse.

a.ná.li.se [an'alizi] s. f. analysis.

a.na.lis.ta [anal'istə] s. m. + f. analyst.

a.na.lí.ti.co [anal'itiku] adj. analytic(al).

a.na.lo.gi.a [analoʒ'iə] s. f. analogy.

a.na.ló.gi.co [anal'ɔʒiku] adj. analogic.

a.ná.lo.go [an'alogu] adj. analogous, resembling.

a.na.nás [anan'as] s. m. (bot.) pineapple, pineapple plant.

a.não [an'ãw] s. m. (pl. **-nões**; f. **-nã**) dwarf. ‖ adj. dwarfish.

a.nar.qui.a [anark'iə] s. f. anarchy.

a.nar.quis.mo [anark'izmu] s. m. anarchism.

a.nar.quis.ta [anark'istə] s. m. + f. anarchist. ‖ adj. anarchistic.

a.nar.qui.zar [anarkiz'ar] v. to anarchize.

a.ná.te.ma [an'atemə] s. m. anathema.

a.na.to.mi.a [anatom'iə] s. f. anatomy.

a.na.to.mis.ta [anatom'istə] s. m. + f. anatomist. ‖ adj. anatomic(al).

a.na.to.mi.zar [anatomiz'ar] v. to anatomize.

a.na.va.lhar [anavaʎ'ar] v. to wound with a razor; to slash.

an.ca ['ãkə] s. f. buttock; haunch, hind quarters; croup, rump; hip; (naut.) stern.

an.ces.tral [ãsestr'aw] adj. m. + f. (pl. **-trais**) ancestral; very old.

an.ces.tre [ãs'ɛstri] s. m. ancestor.

an.ci.ão [ãsi'ãw] s. m. (pl. **-ãos**, **-ães**, **-ões**; f. **-ã**) old man. ‖ adj. ancient, old.

an.ci.nho [ãs'iɲu] s. m. rake.

ân.co.ra ['ãkorə] s. f. anchor (ship or watch); (fig.) refuge.

an.co.ra.dou.ro [ãkorad'owru] s. m. anchorage, lay-by.

an.co.rar [ãkor'ar] v. to anchor, cast anchor.

an.dai.me [ãd'ʌjmi] s. m. (archit.) scaffold(ing.).

an.da.men.to [ãdam'ẽtu] s. m. process, proceeding, course; gait; (mus.) time.

an.dan.te [ãd'ãti] s. m. (mus.) andante. ‖ adj. m. + f. walking, going (also her.). ‖ adv. (mus.) andante.

an.dar [ãd'ar] s. m. gait; floor, story; flat, level. ‖ v. to go, walk, wander; to drive, ride, sail; to travel over. ≃ à **toa** to gad about. ≃ **a pé** to walk, go on foot.

an.da.ri.lho [ãdar'iʎu] s. m. person who walks much, good walker; tramp.

an.dor [ãd'or] s. m. a sort of bier, wooden framework to carry statues in a procession.

an.do.ri.nha [ãdor'iɲə] s. f. (ornith.) swallow.

an.dra.jo [ãdr'aʒu] s. m. rag, tatter.

an.dra.jo.so [ãdraʒ'ozu] adj. tattered, ragged, torn.

a.ne.do.ta [aned'ɔtə] s. f. anecdote; joke.

a.nel [an'ɛw] s. m. (pl. **-néis**) ring; circle; link (chain); lock of hair.

a.ne.lar [anel'ar] adj. annular, ring-shaped. ‖ v. to curl; to shape like a ring; to pant; to desire eagerly, crave for.

a.ne.lo [an'ɛlu] s. m. aspiration; craving desire.

a.ne.mi.a [anem'iə] s. f. (med.) an(a)emia.

a.nê.mi.co [an'emiku] adj. anemic; bloodless; weak; pale, colourless (also fig.).

a.nê.mo.na [an'emonə] s. f. (bot.) anemone, wind-flower. ≃**-do-mar** (zool.) sea anemone.

a.nes.te.si.a [anestez'iə] s. f. (med.) an(a)esthesia.

a.nes.te.si.ar [anestezi'ar] v. to an(a)esthetize.

a.nes.té.si.co [anest'ɛziku] s. m. + adj. (med.) an(a)esthetic.

a.ne.xa.ção [aneksas'ãw] s. f. (pl. **-ções**) annexation.

a.ne.xar [aneks'ar] v. to annex, join, attach.

a.ne.xo [an'ɛksu] s. m. appurtenance; appendage, annex. ‖ adj. enclosed.

an.fí.bio [ãf'ibju] s. m. amphibian (animal or plant). ‖ adj. amphibious (also bot. and zool.).

an.fi.te.a.tro [ãfite'atru] s. m. amphitheatre.

an.fi.tri.ão [ãfitri'ãw] s. m. (pl. **-ões**; f. **-ã**) host.

ân.fo.ra ['ãforə] s. f. amphora.

an.ga.ri.a.dor [ãgarjad'or] s. m. recruiter, canvasser; collector. ‖ adj. recruiting, canvassing; collecting.

an.ga.ri.ar [ãgari'ar] v. to recruit, engage, canvass; to allure, entice.

an.ge.li.cal [ãʒelik'aw] adj. = **angélico**.

an.gé.li.co [ãʒ'ɛliku] adj. angelic(al), pure.

an.gi.na [ãʒ'inə] s. f. (med.) angina. ≃ **do peito** angina pectoris.

an.gli.ca.no [ãglik'ʌnu] s. m. + adj. Anglican.

an.glo-sa.xão [ãglusaks'ãw] s. m. + adj. (pl. **anglo-saxões**) Anglo-Saxon.

an.gra ['ãgrə] s. f. bay, creek.

an.gu [ãg'u] s. m. (Braz., cul.) manioc or maize flour boiled in water and salt.

an.gu.lar [ãgul'ar] v. to form an angle. ‖ adj. m. + f. angular; cornered.

ân.gu.lo [ãg'ulu] s. m. angle; corner; nook.

an.gu.lo.so [ãgul'ozu] adj. angular.

an.gús.tia [ãg'ustjə] s. f. anguish, affliction, angst.

an.gus.ti.a.do [ãgusti'adu] adj. afflicted, distressed; annoyed.

an.gus.ti.an.te [ãgusti'ãti] adj. m. + f. distressing, annoying.

an.gus.ti.ar [ãgusti'ar] v. to afflict, torment.

a.ni.a.gem [ani'aʒẽj] s. m. (pl. **-gens**) burlap, sackcloth, sacking.

a.nil [an'iw] s. m. anil, blue, indigo. ‖ adj. m. + f. blue; anile.

a.ni.ma.ção [animas'ãw] s. f. (pl. **-ções**) animation; liveliness; enthusiasm; activity, agitation.

a.ni.ma.do [anim'adu] adj. animated; encouraged.

a.ni.mal [anim'aw] s. m. + adj. (pl. **-mais**) animal.

a.ni.ma.li.zar [animaliz'ar] v. to animalize.

a.ni.mar [anim'ar] v. to animate, encourage. ≃ **festa** to liven up.

â.ni.mo ['ʌnimu] s. m. animation, vitality.

a.ni.mo.si.da.de [animozid'adi] s. f. animosity.

a.ni.mo.so [anim'ozu] adj. brave, stout, valiant.

a.ni.nhar [aniɲ'ar] v. to put in a nest; to shelter, harbour, lodge; ≃**-se** (fam.) to go to bed.

a.ni.qui.la.ção [anikilas'ãw] s. f. (pl. **-ções**) annihilation.

a.ni.qui.la.do [anikil'adu] adj. annihilated.

a.ni.qui.lar [anikil'ar] v. to annihilate.

a.nis [an'is] s. m. (bot.) anise, aniseed.

a.nis.ti.a [anist'iə] s. f. amnesty, general pardon.

a.nis.ti.ar [anisti'ar] v. to grant amnesty to.

a.ni.ver.sa.ri.an.te [aniversari'ãti] s. m. + f. person having a birthday. ‖ adj. referring to a birthday.

a.ni.ver.sa.ri.ar [aniversari'ar] v. to have one's birthday.

a.ni.ver.sá.rio [anivers'arju] s. m. + adj. anniversary; birthday.

an.jo ['ãʒu] s. m. angel.

a.no ['ʌnu] s. m. year. ≃ **bissexto** leap year. ≃ **bom** New Year's day. **fazer** ≃ **s** to have one's birthday. **quantos** ≃ **s tem você?** how old are you? **uma vez por** ≃ once a year. ≃ **civil** calendar year. **o** ≃ **todo** the whole year.

a.nó.dio [an'ɔdju] s. m. = **ânodo**.

â.no.do ['ʌnodu] s. m. (electr.) anode.

a.noi.te.cer [anojtes'er] s. m. nightfall. ‖ v. to darken, grow dark.

a.no.ma.li.a [anomal'iə] s. f. anomaly.

a.no.ni.ma.to [anonim'atu] s. m. anonymity.

a.nô.ni.mo [an'onimu] s. m. anonym. ‖ adj. anonymous, nameless, unnamed.

a.nor.mal [anorm'aw] s. m. + f. (pl. **-mais**) abnormal person. ‖ adj. abnormal, anomalous, irregular; mentally defective.

a.nor.ma.li.da.de [anormalid'adi] s. f. abnormality; anomaly; abnormity, malformation.

a.no.ta.ção [anotas'ãw] s. f. (pl. **-ções**) annotation, notation, note; comment. ≃ **breve** jotting.

a.no.tar [anot'ar] v. to annotate, (en)register.

an.sei.o [ãs'eju] s. m. longing, craving.

ân.sia ['ãsjə] s. f. anguish, anxiety, anxiousness; trouble, pain, sorrow; ≃ **s** nausea.

an.si.ar [ãsi'ar] v. to crave, desire earnestly.

an.si.e.da.de [ãsjed'adi] s. f. anxiety, worry, apprehension, fear; anguish, craving.

an.si.o.so [ãsi'ozu] adj. anxious; careworn, uneasy.

an.ta ['ãtə] s. f. (zool.) tapir.

an.ta.go.nis.mo [ãtagon'izmu] s. m. antagonism.

an.ta.go.nis.ta [ãtagon'istə] s. m. + f. antagonist. ‖ adj. antagonistic, adversative.

an.ta.go.ni.zar [ãtagoniz'ar] v. to antagonize.

an.ta.nho [ãt'ʌñu] adj. last year; in bygone times.

an.tár.ti.co [ãt'artiku] adj. antartic.

an.te ['ãti] adv. (ant.) before. ‖ prep. before, in the face of, in the presence of; in view of. ≃ **-sala** antechamber, antecabine; waiting-room.

an.te.bra.ço [ãtebr'asu] s. m. (anat.) forearm, underarm.

an.te.câ.ma.ra [ãtek'ʌmarə] s. f. vestibule, lobby, fore-room, waiting-room.

an.te.ce.dên.cia [ãtesed'ẽsjə] s. f. antecedence, priority, precedence. **com** ≃ in advance.

an.te.ce.den.te [ãtesed'ẽti] s. m. (gram.) antecedent. ‖ adj. m. + f. antecedent, preceding, foregoing, before. **sem** ≃ **s** unprecedented.

an.te.ce.der [ãtesed'er] v. to antecede; to forego.

an.te.ces.sor [ãteses'or] s. m. antecessor, predecessor.

an.te.ci.pa.ção [ãtesipas'ãw] s. f. (pl. **-ções**) anticipation; advance; earliness; foretaste.

an.te.ci.par [ãtesip'ar] v. to anticipate; to advance (time or date); ≃ **-se** to do or happen earlier or beforehand.

an.te.go.zar [ãtegoz'ar] v. to foretaste.

an.te.mão [ãtem'ãw] adv. beforehand.

an.te.mu.ro [ãtem'uru] s. m. (fort.) barbican.

an.te.na [ãt'enə] s. f. (radio) antenna.

an.te.on.tem [ãte'õtẽj] adv. the day before yesterday.

an.te.pa.rar [ãtepar'ar] v. to screen, shield, fence, defend; to hinder; to stop short.

an.te.pa.ro [ãtep'aru] s. m. rampart, fence; precaution; (mach.) baffle plate; intrenchment.

an.te.pas.sa.do [ãtepas'adu] s. m. forefather, ancestor, forerunner; ≃ **s** ancestors, forefathers. ‖ adj. former, anterior, past.

an.te.pas.to [ãtep'astu] s. m. antipasto; appetizer; hors-d'oeuvre.

an.te.pe.núl.ti.mo [ãtepen'uwtimu] adj. the last but two.

an.te.pro.je.to [ãtiproʒ'ɛtu] s. m. project, plan, preliminary sketch; rough estimate.

an.te.ri.or [ãteri'or] adj. m. + f. anterior, former, foregoing, prior; in front, set before; previous. ‖ **anteriormente** adv. previously.

an.tes ['ãtis] adv. before, formerly, previously; sooner; ahead; aforetime; rather, better. ≃ **de tudo** first of all, above all. ≃ **pouco do que nada** half a loaf is better than no bread. **o quanto** ≃ as soon as possible.

an.te.ver [ãtev'er] v. to foresee.

an.te.vés.pe.ra [ãtev'ɛsperǝ] s. f. two days before a given date.

an.ti.a.é.reo [ãtia'ɛrju] adj. antiaircraft.

an.ti.bi.ó.ti.co [ãtibi'ɔtiku] s. m. + adj. antibiotic.

an.ti.con.cep.cio.nal [ãtikõsepsjon'aw] adj. m. + f. (pl. **-nais**) contraceptive.

an.ti.cons.ti.tu.ci.o.nal [ãtikõstitusjon'aw] adj. m. + f. (pl. **-nais**) anticonstitutional.

an.ti.cor.po [ãtik'orpu] s. m. antibody, antitoxin.

an.ti.der.ra.pan.te [ãtiderap'ãti] adj. m. + f. antiskid, nonskid. **pneus** ≃ **s** nonskid tyres.

an.tí.do.to [ãt'idotu] s. m. (med.) antidote.

an.ti.es.té.ti.co [ãtiest'ɛtiku] adj. antiaesthetic.

an.ti.fe.bril [ãtifebr'iw] adj. m. + f. (pl. **-bris**) antifebrile.

an.tí.ge.no [ãt'iʒenu] s. m. antigen.

an.ti.go [ãt'igu] adj. ancient, old, olden; antique; quondam; archaic; old-fashioned.

an.ti.gui.da.de [ãtigid'adi] s. f. antiquity, antique, antiquities, oldness; seniority.

an.ti-hi.gi.ê.ni.co [ãtiʒiʒi'eniku] adj. (pl. **anti-higiênicos**) anti-hygienic; unsanitary.

an.tí.lo.pe [ãt'ilopi] s. m. (zool.) antelope; steenbok.

an.ti.o.fí.di.co [ãtiof'idiku] adj. antiophidic. **soro** ≃ antiophidic serum.

an.ti.pa.ti.a [ãtipat'iǝ] s. f. antipathy, aversion.

an.ti.pá.ti.co [ãtip'atiku] adj. antipathetic, averse.

an.ti.pa.ti.zar [ãtipatiz'ar] v. to dislike; to feel antipathy against, disrelish, bear ill will.

an.ti.pa.tri.ó.ti.co [ãtipatri'ɔtiku] adj. unpatriotic.

an.ti.qua.do [ãtikw'adu] adj. antiquated, antique.

an.ti.quar [ãtikw'ar] v. to antiquate; to outdate.

an.ti.quá.rio [ãtikw'arju] s. m. antiquary; antiquarian; secondhand bookseller; archaist. ‖ adj. antiquarian.

an.ti.ci.clo.ne [ãtisikl'oni] adj. anticyclone.

an.ti-his.ta.mí.ni.co [ãtjistam'iniku] s. m. antihistamine.

an.ti-ho.rá.rio [ãtjor'arju] adj. anticlockwise.

an.ti-sep.sia [ãtiseps'iǝ] s. f. (med.) antisepsis.

an.ti-sép.ti.co [ãtis'ɛptiku] s. m. + adj. (med.) antiseptic.

an.ti-so.ci.al [ãtisoci'aw] adj. m. + f. (pl. **anti-sociais**) antisocial, unsocial.

an.tí.te.se [ãt'itezi] s. f. antithesis; contraposition.

an.ti.to.xi.na [ãtitoks'inǝ] s. f. (med.) antitoxin; antivenin.

an.to.lhos [ãt'ɔʎus] s. m. pl. eyeflaps, blinkers, blinds.

an.to.lo.gi.a [ãtoloʒ'iǝ] s. f. anthology; florilegium; analects.

an.to.lo.gis.ta [ãtoloʒ'istǝ] s. m. + f. anthologist.

an.tô.ni.mo [ãt'onimu] s. m. (gram.) antonym. ‖ adj. antonymous.

an.tra.ci.te [ãtras'iti] s. f. anthracite.

an.tro ['ãtru] s. m. (anat.) antrum; antre, cave; den; hole; dive, lair; gambling hell.

an.tro.pó.fa.go [ãtrop'ɔfagu] s. m. cannibal, man-eater. ‖ adj. anthropophagous, man-eating.

an.tro.po.lo.gi.a [ãtropoloʒ'iǝ] s. f. anthropology.

an.tro.po.lo.gis.ta [ãtropoloʒ'istǝ] s. m. + f. anthropologist.

an.tro.pó.lo.go [ãtrop'ɔlogu] s. m. = **antropologista**.

a.nu.al [anu'aw] adj. m. + f. (pl. **-ais**) annual.

a.nu.á.rio [anu'arju] s. m. yearly publication, yearbook.

a.nu.ên.cia [anu'esjǝ] s. f. approvement, approval.

a.nu.i.da.de [anujd'adi] s. f. annuity, yearly payment or rent. ≃ **perpétua** perpetuity.

a.nu.ir [anu'ir] v. to assent, approve, agree.

a.nu.la.ção [anulas'ãw] s. f. (pl. **-ções**) annulment, nullification; rescission; voidance.

a.nu.lar [anul'ar] adj. m. + f. annular, ring-shaped, hoop-shaped; ring finger. ‖ v. to annul, nullify.

a.nun.ci.a.ção [anũsjas'ãw] s. f. (pl. **-ções**) announcement; (rel.) Lady day; Annunciation.

a.nun.ci.an.te [anũsi'ãti] s. m. + f. announcer, advertiser. ‖ adj. advertising.

a.nun.ci.ar [anũsi'ar] v. to announce, annunciate, advertise; to make known, proclaim.

a.nún.cio [an'ũsju] s. m. advertisement; bill.

â.nus [ˈʌnus] s. m., sg. + pl. (anat.) anus; (pop.) arse.

a.nu.vi.ar [anuviˈar] v. to grow cloudy, becloud; to darken; (fig.) to become unhappy.

an.zol [ãzˈɔw] s. m. (pl. **-zóis**) fishhook, hook, angle; (fig.) bait, snare, trick.

ao [aw] contraction of the prep. **a** and the article **o**: in the, for the, at the, to the, by the etc. ≃ **amanhecer** at dawn. ≃ **andar** in going. ≃ **brincar** playing. ≃ **invés de** instead of. ≃ **lado de** near of, close to.

a.on.de [aˈõdi] adv. where, whither; wherever. **aonde!** interj. of surprise: why, really!? ≃ **você vai?** where are you going to? ≃ **você for!** wherever you go!

a.or.ta [aˈɔrtə] s. m. (anat.) aorta.

a.pa.dri.nhar [apadriñˈar] v. to be a godfather to; (fig.) to protect.

a.pa.ga.do [apagˈadu] adj. extinguished, extinct; (fig.) modest, shy.

a.pa.ga.dor [apagadˈor] s. m. extinguisher (person); dampener; eraser. ‖ adj. extinguishing.

a.pa.gar [apagˈar] v. to extinguish, quench, damp; to erase, eliminate; to smother; ≃**-se** to die away, go out.

a.pai.xo.na.do [apajʃonˈadu] s. m. lover; enthusiast. ‖ adj. enamoured, passionate, impassioned; (fig.) fiery; enthusiastic.

a.pai.xo.nar [apajʃonˈar] v. to impassion, infatuate, enamour; to smite; ≃**-se** to fall in love, lose one's heart to.

a.pa.la.vrar [apalavrˈar] v. to bespeak, agree upon; to oblige; to engage o. s.

a.pa.ler.ma.do [apalermˈadu] adj. imbecile, meaningless, stupid, idiotic.

a.pa.lha.ça.do [apaʎasˈadu] adj. clownish, foolish.

a.pal.pa.ção [apawpasˈãw] s. f. (pl. **-ções**) palpation, act of touching; (med.) percussion.

a.pal.par [apawpˈar] v. to touch, feel, palp, palpate.

a.pa.nha [apˈʌ̃ə] s. f. act of harvesting, gathering (the crop).

a.pa.nha.do [apʌ̃ˈadu] s. m. resumé, summary, abstract. ‖ adj. caught, held fast, picked, gathered.

a.pa.nha.dor [apʌ̃adˈor] s. m. harvester, picker, gatherer; (Braz.) coffee cherry picker.

a.pa.nhar [apʌ̃ˈar] v. to pick, pick out, pluck; to gather, harvest; to catch. ≃ **o sentido** to understand; to get spanked.

a.pa.ra [apˈarə] s. f. chip, scrap, snip, snippet; ≃**s** chippings, clippings, parings; shavings.

a.pa.ra.dor [aparadˈor] s. m. parer, cropper.

a.pa.ra.fu.sar [aparafuzˈar] v. to bolt, fasten with a screw; to screw (up, in).

a.pa.rar [aparˈar] v. to clip, trim, cut, crop, part; to chip; to prune; to pare; to smoothen.

a.pa.ra.to [aparˈatu] s. m. display, grandeur, pomp.

a.pa.ra.to.so [aparatˈozu] adj. sumptuous; showy.

a.par.ce.lar [aparselˈar] v. to parcel, divide into parts.

a.pa.re.cer [aparesˈer] v. to appear, show up, turn up, show one's face; to come to sight, emerge; to begin; to arise.

a.pa.re.ci.men.to [aparesimˈetu] s. m. (astron.) emersion, emergence, appearing, apparition.

a.pa.re.lha.gem [apareʎaˈʒẽj] s. f. (pl. **-gens**) implements, equipments; act of planing (wood).

a.pa.re.lha.men.to [apareʎamˈetu] s. m. equipment, apparatus; outfit; rig.

a.pa.re.lhar [apareʎˈar] v. to equip, fit, outfit, furnish; to prepare.

a.pa.re.lho [aparˈeʎu] s. m. equipment, arrangement. ≃ **de chá** tea-service.

a.pa.rên.cia [aparˈesjə] s. f. appearance, aspect; externals.

a.pa.ren.ta.do [aparẽtˈadu] adj. connected, kin, related.

a.pa.ren.tar [aparẽtˈar] v. to become related by marriage; to pretend, feign, simulate; to have the appearance of.

a.pa.ren.te [aparˈeti] adj. m. + f. apparent, giving the appearance of; semblable.

a.pa.ri.ção [aparisˈãw] s. f. (pl. **-ções**) appearance, apparition, phantom, spectre, ghost.

a.par.ta.do [apartˈadu] adj. astray, deviated, separated.

a.par.ta.men.to [apartamˈetu] s. m. flat (England), apartment (U.S.A.).

a.par.tar [apartˈar] v. to separate, part, divide, seclude; to alienate, estrange; ≃**-se** to get away from, move away from.

a.par.te [apˈarti] s. m. incidental remark, aside.

a.par.te.ar [aparteˈar] v. to interrupt (an orator, political speaker).

a.par.va.lhar [aparvaʎ'ar] v. to make a fool of, confuse, confound, puzzle.

a.pas.cen.tar [apasēt'ar] v. to take to pasture; to herd, feed; ≃-se to take pleasure in.

a.pas.si.var [apasiv'ar] v. to change to the passive.

a.pa.te.tar [apatet'ar] v. to make foolish, silly.

a.pa.ti.a [apat'iə] s. f. apathy, indifference.

a.pá.ti.co [ap'atiku] adj. apathetic, torpid.

a.pa.vo.ra.do [apavor'adu] adj. panic-stricken.

a.pa.vo.rar [apavor'ar] v. to frighten, terrify, appal.

a.pa.zi.gua.do [apazigw'adu] adj. pacified, appeased.

a.pa.zi.gua.men.to [apazigwam'ētu] s. m. peacemaking.

a.pa.zi.guar [apazigw'ar] v. to pacify, appease; to calm.

a.pe.ar [ape'ar] v. to put or help down (as from a car or cart); to get off, down, from.

a.pe.dre.ja.men.to [apedreʒam'ētu] s. m. stoning.

a.pe.dre.jar [apedreʒ'ar] v. to stone; to pepper.

a.pe.gar [apeg'ar] v. to attach; ≃-se to stick, adhere, cleave, cling to; to be very fond of.

a.pe.go [ap'egu] s. m. affection, strong attachment, fondness.

a.pe.la.ção [apelas'ãw] s. f. (pl. -ções) appeal, appelation; recourse; act of calling.

a.pe.lar [apel'ar] v. to appeal, solicit, plead; to retrace; to ask or cry for help.

a.pe.li.dar [apelid'ar] v. to nickname.

a.pe.li.do [apel'idu] s. m. surname; nickname; epithet.

a.pe.lo [ap'elu] s. m. appellation, appeal, plea; call.

a.pe.nas [ap'enas] adv. scarcely; only; just.

a.pên.di.ce [ap'ēdisi] s. m. (also anat. and zool.) appendix.

a.pen.di.ci.te [apēdis'iti] s. f. (med.) appendicitis.

a.pen.sar [apēs'ar] v. to join, add, append, annex.

a.pen.so [ap'ēsu] s. m. enclosure. ‖ adj. enclosed.

a.per.ce.ber [aperseb'er] v. to prepare, fit, adapt; to warn, inform; to perceive.

a.per.ce.bi.men.to [apersebim'ētu] s. m. preparation; adaptation; perception; precaution.

a.per.cep.ção [aperseps'ãw] s. f. (pl. -ções) (psych.) apperception; intuition, insight.

a.per.fei.ço.a.do [aperfejso'adu] adj. improved.

a.per.fei.ço.a.men.to [aperfejsoam'ētu] s. m. perfection, improvement.

a.per.fei.ço.ar [aperfejso'ar] v. to improve (on, upon); to perfect, meliorate, better, amend, complete.

a.pe.ri.ti.vo [aperit'ivu] s. m. aperitif; appetizer. ‖ adj. aperitive, stimulating the appetite.

a.per.re.a.ção [apereas'ãw] s. f. (pl. -ções) pressure, difficulty; vexation.

a.per.re.ar [apere'ar] v. to harass, vex.

a.per.ta.do [apert'adu] adj. narrow; compressed; scarce; hurried, hasty; rigorous, strict; in financial difficulties; tight.

a.per.tão [apert'ãw] s. m. (pl. -tões) a strong pressure; squeeze.

a.per.tar [apert'ar] v. to compress, squeeze, press, pinch; to straiten, narrow, tighten. ≃ a bolsa, ≃ as despesas to restrict expenses. ≃ a mão to shake hands. ≃ o cinto (fig.) to tighten one's belt. ≃ o passo to spead up one's pace.

a.per.to [ap'ertu] s. m. squeeze; pressure, stress; tightness, straitness, narrowness; haste, dispatch, speed, hurry. estou num ≃ I am in a fix. ele está em ≃s financeiros he is hard up.

a.pe.sar de [apez'ardi] prepositional locution in spite (of), despite, although, notwithstanding.

a.pe.te.cer [apetes'er] v. to have an appetite for; to desire, hunger for.

a.pe.ten.te [apet'ēti] adj. m. + f. appetizing.

a.pe.ti.te [apet'iti] s. m. appetite, hunger.

a.pe.ti.to.so [apetit'ozu] adj. appetizing, savoury, desirable.

a.pe.tre.cho [apetr'eʃu] s. m. supplies, equipment, provisions, fixings.

a.pi.á.rio [api'arju] s. m. apiary. ‖ adj. apiarian.

á.pi.ce ['apisi] s. m. apex, vertex, top, summit.

a.pi.cul.tor [apikuwt'or] s. m. apiculturist, beekeeper.

a.pi.cul.tu.ra [apikuwt'urə] s. f. apiculture, beekeeping.

a.pi.e.dar [apied'ar] v. to pity; to feel sorry for.

a.pi.men.tar [apim'ẽtar] v. to pepper, spice, season.

a.pi.nhar [apiñ'ar] v. to pile up, heap up; to agglomerate; to fill, fill up.

a.pi.tar [apit'ar] v. to whistle; to blow the whistle; to toot; (Braz., ftb.) to referee.

a.pi.to [ap'itu] s. m. whistle (instrument and sound).

a.pla.car [aplak'ar] v. to placate, tranquilize; to mitigate; to pacify; ≈-se to calm down.

a.plai.nar [aplajn'ar] v. to level, smooth, grade; to even, flatten; to clear the way, facilitate.

a.pla.nar [aplan'ar] v. to level, equalize; to remove difficulties, disembarrass.

a.plau.dir [aplawd'ir] v. to applaud, clap; to acclaim, cheer.

a.plau.so [apl'awzu] s. m. applause; acclamation, cheering; laudation, praise.

a.pli.car [aplik'ar] v. to apply, put into practice; to prescribe (a remedy); to adapt, appose; to superpose; ≈-se to be applied to; to exert o. s., be diligent.

a.pli.cá.vel [aplik'avew] adj. m. + f. (pl. -veis) applicable, applicative.

a.po.ca.líp.ti.co [apokal'iptiku] adj. apocalyptic.

a.po.de.rar-se [apoder'arsi] v. to take possession, possess; seize, take hold of, grab.

a.po.dre.cer [apodres'er] v. (also ≈-se) to putrefy, rot; (fig.) to corrupt, spoil morally.

a.po.dre.ci.men.to [apodresim'ẽtu] s. m. putrefaction; (fig.) corruption.

a.po.geu [apoʒ'ew] s. m. apogee; apex, summit.

a.poi.ar [apoj'ar] v. to support; to stay, sustain, prop, uphold; ≈-se (sobre, em, ao, à) to rest, lean (on, against); to rely, depend on.

a.poi.o [ap'oju] s. m. base, basis, foundation; support, prop, stay; aid; (moral) grip. ≈ **para os pés** foothold.

a.pó.li.ce [ap'ɔlisi] s. f. policy, bond, stock, share. ≈ **de seguro** insurance policy.

a.po.lo.gé.ti.co [apoloʒ'ɛtiku] adj. apologetic; excusatory, deprecatory; explanatory.

a.po.lo.gi.a [apoloʒiə] s. f. apology; discourse; encomium, apologia, high praise; eulogy.

a.pon.ta.do [apõt'adu] adj. pointed; indicated, noted, sharpened.

a.pon.ta.dor [apõtad'or] s. m. pencil sharpener.

a.pon.ta.men.to [apõtam'ẽtu] s. m. notice, annotation, note, entry; jotting; indication.

a.pon.tar [apõt'ar] v. to point, sharpen; to rise, appear; to indicate, show; to mark, label; to mention, speak of; to cite, summon; to allege, affirm; to take one's aim.

a.po.ple.xi.a [apopleks'iə] s. f. (med.) apoplexy, stroke.

a.po.quen.tar [apokẽt'ar] v. to vex, annoy, torment, harry; to opress; ≈-se to get upset.

a.por [ap'or] v. to put together or above; to appose; to affix; to attach, enclose.

a.pós [ap'ɔs] adv. after, thereafter, behind. ‖ prep. after, behind. ≈ **isso** thereon, thereafter, thereupon. **um** ≈ **o outro** one after another. **a vida** ≈ **a morte** afterlife.

a.po.sen.ta.do [apozẽt'adu] s. m. pensioner, senior citizen. ‖ adj. retired.

a.po.sen.ta.do.ri.a [apozẽtador'iə] s. f. old-age pension; retirement.

a.po.sen.tar [apozẽt'ar] v. to pension off; ≈-se to retire from employment.

a.po.sen.to [apoz'ẽtu] s. m. residence, dwelling, domicile; room; shelter.

a.pos.sar [apos'ar] v. to put in possession of; ≈-se to take possession of; to seize control of, take over.

a.pos.ta [ap'ɔstə] s. f. wager, bet, betting.

a.pos.tar [apost'ar] v. to bet, make a bet, wager, lay a wager; to risk, game, play; to stake.

a.pos.ti.la [apost'ilə] s. f. study notes.

a.pos.to [ap'ostu] s. m. (gram.) appositive. ‖ adj. apposed, appositive.

a.pos.tó.li.co [apost'ɔliku] adj. m. + f. apostolic.

a.pós.to.lo [ap'ɔstulu] s. m. apostle; disciple.

a.pós.tro.fe [ap'ɔstrofi] s. f. (rhet.) apostrophe.

a.pós.tro.fo [ap'ɔstrofu] s. m. (gram.) apostrophe (mark).

a.po.te.o.se [apote'ɔzi] s. f. apotheosis, deification, glorification.

a.pra.za.men.to [aprazam'ẽtu] s. m. assignation, appointment, a convening, summons.

a.pra.zar [apraz'ar] v. to convene, summon, cite; to convoke; to designate; to adjourn.

a.pra.zer [apraz'er] v. to gratify, please; ≈-se to content o. s.; to be pleased.

a.pra.zí.vel [apraz'ivew] adj. m. + f. (pl. -veis) pleasant, delightful; diverting, amusing.

a.pre.çar [apres'ar] v. to price, determine the price of; to appraise; to barter, bargain.

a.pre.ci.a.ção [apresjas'ãw] s. f. (pl. **-ções**) appreciation; rating, valuation; recognition.

a.pre.ci.ar [apresi'ar] v. to appreciate; to rate, compute, value; to estimate; to judge.

a.pre.ci.á.vel [apresi'avew] adj. m. + f. (pl. **-veis**) appreciable, deserving.

a.pre.ço [apr'esu] s. m. valuation, estimation; deference, regard, esteem; consideration.

a.pre.en.der [apreẽd'er] v. to make apprehension of, apprehend; to arrest; to confiscate, sequester; to understand, perceive.

a.pre.en.são [apreẽs'ãw] s. f. (pl. **-sões**) apprehension; fear; arrest; seizure; understanding.

a.pre.en.si.vo [apreẽs'ivu] adj. apprehensive, fearful; uneasy; jumpy, afraid.

a.pre.go.ar [aprego'ar] v. to announce (by a crier), proclaim; to publish the bans.

a.pren.der [aprẽd'er] v. to learn, study; to come to know. ≃ **de cor** to learn by heart.

a.pren.diz [aprẽd'is] s. m. (pl. **-dizes**) apprentice, novice, beginner, learner.

a.pren.di.za.do [aprẽdiz'adu] s. m. apprenticeship, apprenticement; (Braz.) trade school.

a.pre.sar [aprez'ar] v. (also naut.) to capture; to seize, apprehend; to grip, grab, clutch.

a.pre.sen.ta.ção [aprezẽtas'ãw] s. f. (pl. **-ções**) presentation; introduction; letter of introduction; bearing; personal appearance.

a.pre.sen.tar [aprezẽt'ar] v. to present; to introduce; to show; to display; ≃ **-se** to show up; to occur, come to mind; to seem.

a.pre.sen.tá.vel [aprezẽt'avew] adj. m. + f. (pl. **-veis**) presentable; good-looking.

a.pres.sa.do [apres'adu] adj. in a hurry, hurried; ready; hasty, speedy, quick; diligent; urgent.

a.pres.sar [apres'ar] v. to speed up, accelerate, hurry, quicken, make haste; to stimulate; ≃ **-se** to bustle, make haste; to get moving.

a.pri.mo.rar [aprimor'ar] v. to perfect, improve.

a.pri.si.o.nar [aprizjon'ar] v. to take a person prisoner; to lead captive; to arrest; to capture.

a.pro.fun.dar [aprofũd'ar] v. to deepen, make deeper, sink or drive down or in; ≃ **-se** (fig.) to make a profound study of.

a.pron.tar [aprõt'ar] v. to prepare, make or get ready; to put in order; to fit out; ≃ **-se** to prepare o. s., get o. s. ready.

a.pro.pri.a.ção [aproprjas'ãw] s. f. (pl. **-ções**) appropriation; arrogation. ≃ **indébita** undue appropriation.

a.pro.pri.a.do [apropri'adu] adj. appropriate.

a.pro.pri.ar [apropri'ar] v. to appropriate; to make suitable, apt; ≃ **-se** to arrogate; to assume; to take; to confiscate.

a.pro.va.ção [aprovas'ãw] s. f. (pl. **-ções**) approval, approbation; ratification.

a.pro.var [aprov'ar] v. to approve, approbate; to validate; to hold true.

a.pro.vei.ta.do [aprovejt'adu] adj. utilized, put to use, made good use of.

a.pro.vei.ta.men.to [aprovejtam'ẽtu] s. m. utilization, good use; profit; advantage.

a.pro.vei.tar [aprovejt'ar] v. to use to advantage, make good use of; to utilize; ≃ **-se (de)** to avail o. s. (of), take advantage (of).

a.pro.vei.tá.vel [aprovejt'avew] adj. m. + f. (pl. **-veis**) profitable, useful; serviceable; good enough.

a.pro.vi.si.o.na.men.to [aprovizjonam'ẽtu] s. m. supply of provisions, victualling (army); provisioning.

a.pro.vi.si.o.nar [aprovizjon'ar] v. to provision, provide with food, supply, victual (army).

a.pro.xi.ma.ção [aprosimasãw] s. f. (pl. **-ções**) approximation, approach; close estimate.

a.pro.xi.ma.do [aproxim'adu] adj. approximate, close.

a.pro.xi.mar [aprosim'ar] v. to approximate, bring near, cause to approach; ≃ **-se** to come near or close to; to reach, accost; to bear down.

a.pru.mar [aprum'ar] v. to put in an upright position, erect; to become haughty, set upright.

a.pru.mo [apr'umu] s. m. vertical position, uprightness; hauteur; correctness.

ap.ti.dão [aptid'ãw] s. f. (pl. **-dões**) aptness, aptitude, ability, capability, capacity; talent.

ap.to ['aptu] adj. able, capable, qualified, apt, fit; adroit. ≃ **para o trabalho** fit for work.

a.pu.nha.lar [apuñal'ar] v. to stab.

a.pu.par [apup'ar] v. to scoff, jeer, boo, sneer; to whoop, hiss, hoot.

a.pu.po [ap'upu] s. m. hoot, jeer, boo; street riot, tumult.

a.pu.ra.ção [apuras'ãw] s. f. (pl. -**ções**) examination, verification; purification, refinement; inquiry. ≃ **de votos** poll, count.

a.pu.ra.do [apur'adu] adj. refined, select, choice.

a.pu.rar [apur'ar] v. to perfect, improve; to clean, cleanse, purify; ≃ -**se** to improve, be improved, be purified, grow finer.

a.pu.ro [ap'uru] s. m. purifying, purification; plight, tight corner; distress. **em** ≃ **s** in trouble.

a.qua.re.la [akwar'ɛlə] s. f. watercolour.

a.quá.rio [akw'arju] s. m. aquarium; (astr.) Aquarius.

a.quar.te.la.men.to [akwartelam'ẽtu] s. m. (mil.) billeting.

a.quar.te.lar [akwartel'ar] v. (mil.) to lodge in barracks; to quarter; to canton; ≃ -**se** to take quarters.

a.quá.ti.co [akw'atiku] adj. aquatic.

a.que.ce.dor [akesed'or] s. m. warmer. ‖ adj. heating.

a.que.cer [akes'er] v. to make or become warm or hot; to heat, warm; (fig.) to get angry.

a.que.ci.men.to [akesim'ẽtu] s. m. heating, warming.

a.que.du.to [akwed'utu] s. m. aqueduct.

a.que.la [ak'ɛlə] demonstr. pron. (f. form of **aquele**) that (one), the one; ≃ **s** those.

à.que.la contr. of the prep. **a** and the f. demonstr. pron. **aquela** to that; to that one.

a.que.le [ak'eli] demonstr. pron. that, that one; the former; ≃ **s** those.

à.que.le contr. of the prep. **a** and the demonstr. pron. **aquele** to that, to that one.

a.quém [ak'ẽj] adv. on this side; beneath, below; less. ‖ prep. this side. ≃ -**mar** the lands on this side of the ocean.

a.qui [ak'i] adv. here, herein, in this, on this place, at this occasion. **até** ≃ up till now; up to this point, hereabout.

a.qui.es.cên.cia [akjes'ẽsjə] s. f. acquiescence.

a.qui.es.cen.te [akjes'ẽti] adj. m. + f. acquiescent.

a.qui.es.cer [akjes'er] v. to acquiesce, consent.

a.qui.e.tar [akjet'ar] v. to appease, quiet, pacify.

a.qui.la.tar [akilat'ar] v. to appraise, assay; to make an appreciation (of value); to assess.

a.qui.li.no [akil'inu] adj. aquiline; hawked (nose).

a.qui.lo [ak'ilu] demonstr. pron. that.

à.qui.lo contr. of the prep. **a** and the demonstr. pron. **aquilo** thereto.

a.qui.nho.ar [akiño'ar] v. to portion, share out.

a.qui.si.ção [akizis'ãw] s. f. (pl. -**ções**) acquisition.

a.qui.si.ti.vo [akizit'ivu] adj. acquisitive.

a.quo.si.da.de [akwozid'adi] s. f. aqueousness, waterishness; wateriness.

a.quo.so [akw'ozu] adj. aqueous, waterish; serous.

ar [ّar] s. m. air; atmosphere; breath; breeze; wind. ≃ **condicionado** air-conditioning.

á.ra.be [ّarabi] s. m. + f. Arab, Arabian. ‖ adj. Arabic, Arabian.

a.rac.ní.deo [arakn'idju] s. m. arachnid.

a.ra.do [ar'adu] s. m. plough, plow.

a.ra.dor [arad'or] s. m. (Engl.) ploughman, plougher, (U.S.A.) plowman, plower.

a.ra.gem [ar'aʒẽj] s. f. (pl. -**gens**) whiff; gentle wind or breeze.

a.ra.me [ar'ʌmi] s. m. wire; (pop.) money.

a.ra.nha [ar'ʌñə] s. f. (zool. and tech.) spider; a dogcart, a light carriage; (naut.) crowfoot.

a.ra.pon.ga [arap'õgə] s. f. bellbird.

a.ra.pu.ca [arap'ukə] s. f. a bird-trap; pitfall, snare, trap.

a.rar [ar'ar] v. to plow (also plought); (poet.) to navigate.

a.ra.ra [ar'arə] s. f. macaw, a Brazilian parrot.

a.ra.ru.ta [arar'utə] s. f. arrowroot.

a.rau.cá.ria [arawk'arjə] s. f. (bot.) araucaria; Parana pine.

a.rau.to [ar'awtu] s. m. (ant.) herald; public crier.

a.rá.vel [ar'avew] adj. arable.

ar.bi.tra.dor [arbitrad'or] s. m. arbitrator, umpire, arbiter, referee. ‖ adj. arbitrating.

ar.bi.tra.gem [arbitr'aʒẽj] s. f. (pl. -**gens**) arbitration.

ar.bi.tra.men.to [arbitram'ẽtu] s. m. arbitrament.

ar.bi.trar [arbitr'ar] v. to arbitrate, decide; to umpire, mediate; to rate, estimate.

ar.bi.tra.ri.e.da.de [arbitrarjed'adi] s. f. arbitrariness, willfulness; abuse; despotism.

ar.bi.trá.rio [arbitr'arju] adj. arbitrary, despotic.

ar.bí.trio [arb'itrju] s. m. will, discretion, judgement.

ár.bi.tro [ّarbitru] s. m. arbiter, arbitrator, judge, judger, referee.

ar.bó.reo [arb'ɔrju] adj. arboreal, arboreous, arborous, treelike, arborescent.

ar.bo.ri.za.ção [arborizas'ãw] s. f. (pl. **-ções**) arborization.

ar.bo.ri.zar [arboriz'ar] v. to plant with trees; to forest.

ar.bus.to [arb'ustu] s.m. shrub, underbrush.

ar.ca ['arkə] s. f. ark, chest, coffer, trunk.

ar.ca.bou.ço [arkab'owsu] s. m. framework; skeleton, carcass; (a person's) chest or breast.

ar.ca.da [ark'adə] s. f. arcade, arched vault, arch, range of arches. ≃ **dentária** dental arch.

ar.cai.co [ark'ajku] adj. archaic, disused, antique.

ar.ca.ís.mo [arka'izmu] s. m. archaism.

ar.car [ark'ar] v. to bend, curve, arch, bow; to struggle, grapple. ≃ **com as conseqüências** to assume responsibility. ≃ **com as despesas** to pay the bill, pick up the check.

ar.ce.bis.po [arseb'ispu] s. m. archbishop, hierarch.

ar.cho.te [arʃ'ɔti] s. m. torch, torchlight, flambeau.

ar.co ['arku] s. m. (also geom.) arc; (archit.) arch; (weapon and mus.) bow; hoop (cask).

arco-íris [arku'iris] s. m., sg. + pl. rainbow.

ar.den.te [ard'ēti] adj. m. + f. ardent.

ar.der [ard'er] v. to burn, flame, blaze, smoulder, glow; to shine; (fig.) to burn up.

ar.di.do [ard'idu] adj. burned, burnt; burning.

ar.dil [ard'iw] s. m. (pl. **-dis**) cunning, slyness, craftiness, trickiness; trap; dodge.

ar.di.lo.so [ardił'ozu] adj. cunning, artful, crafty, subtle, elusive; fraudulent, crooked.

ar.dor [ard'or] s. m. ardour; heat, burning, hotness; eagerness; zeal; itching (skin).

ar.dó.sia [ard'ɔzjə] s. f. (geol.) slate.

ár.duo ['ardwu] adj. arduous, difficult, laborious, strenuous; hard; troublesome.

a.re ['ari] s. m. are, metric land measure equal to 119,6 square yards.

á.rea ['arjə] s. f. area, surface; ground; space; yard, inner court; region; range.

a.re.al [are'aw] s. m. (pl. **-ais**) beach, sand dune; sandy plain; sandpit, sandbank.

a.re.ar [are'ar] v. to sand, clean or scour with sand.

a.re.en.to [are'ētu] adj. sanded, sandy, sabulous.

a.rei.a [ar'ejə] s. f. sand, grit, gravel; sand (colour). ‖ adj. sandy (colour).

a.re.jar [areʒ'ar] v. to air, expose to the air, weather; to ventilate.

a.ren.ga [ar'ēgə] s. f. harangue; long and tedious speech; prose, tirade, screed.

a.ren.gar [arēg'ar] v. to harangue, declaim.

a.re.ni.to [aren'itu] s. m. (min.) sandstone, grit.

a.re.no.so [aren'ozu] adj. sandy, gravelly, arenaceous; gritty.

a.ren.que [ar'ēki] s. m. herring.

a.re.o.so [are'ozu] adj. = **arenoso**.

a.res.ta [ar'ɛstə] s. f. edge, corner; brim, border; (geom.) edge; intersecting line.

ar.fan.te [arf'ãti] adj. m. + f. gasping, heaving; (naut.) pitching, rolling.

ar.far [arf'ar] v. to heave; to gasp, breathe with difficulty, pant; (naut.) to pitch, roll.

ar.ga.mas.sa [argam'asə] s. f. mortar, building cement, daub, pug, bond. ≃ **líquida** grout.

ar.gen.tar [arʒēt'ar] v. to silver; to silver-plate.

ar.gen.ta.ri.a [arʒētar'iə] s. f. table silverware.

ar.gên.teo [arʒ'ētju] adj. silvery; argentine.

ar.gen.ti.no [arʒēt'inu] s. m. + adj. Argentinean, Argentine.

ar.gi.la [arʒ'ilə] s. f. argil, clay, potter's clay.

ar.go.la [arg'ɔlə] s. f. ring, hoop; link; door knocker; collar (dog); ≃**s** earrings.

ar.go.nau.ta [argon'awtə] s. m. (Greek myth.) Argonaut.

ar.gú.cia [arg'usjə] s. f. astuteness, craftiness, captiousness; shrewdness; smartness.

ar.güi.ção [argwis'ãw] s. m. (pl. **-ções**) arguing; argument; (school) oral examination.

ar.güir [arg'wir] v. to accuse, reprove, reprehend; to interrogate; to ask.

ar.gu.men.ta.ção [argumētas'ãw] s. f. (pl. **-ções**) argumention, reasoning; controversy.

ar.gu.men.tar [argumēt'ar] v. to argue; to plead.

ar.gu.men.to [argum'ētu] s. m. argument; subject.

ar.gu.to [arg'utu] adj. subtle, quick-witted, shrewd.

á.ria ['arjə] s. f. aria, air, song, tune, melody.

a.ri.dez [arid'es] s. f. aridity, aridness, dryness.

á.ri.do ['aridu] adj. arid, dry, desert, withered; sterile; barren; (fig.) insipid, washy.

a.ris.co [ar'isku] adj. skittish; shy; distrustful; sulky, wild, rough.

a.ris.to.cra.ci.a [aristokras'iə] s. f. aristocracy, nobility.

a.ris.to.cra.ta [aristokr'atə] s. m. + f. aristocrat, patrician, noble. ‖ adj. aristocratic(al).

a.ris.to.crá.ti.co [aristokr'atiku] adj. aristocratic(al).

a.rit.mé.ti.ca [aritm'ɛtikə] s. f. arithmetic.

a.rit.mé.ti.co [aritm'ɛtiku] s. m. arithmetician. ‖ adj. arithmetic(al).

ar.le.quim [arlek'ĩ] s. m. (pl. **-quins**) harlequin; braggart, bully; (ent.) harlequin beetle.

ar.ma ['armə] s. f. weapon, arm; power, might; resource. ≃ **branca** (mil.) cold steel.

ar.ma.ção [armas'ãw] s. f. (pl. **-ções**) arming; equipment, outfit; framework; setting; frame.

ar.ma.da [arm'adə] s. f. armada, fleet, navy.

ar.ma.di.lha [armad'iʎə] s. f. snare, gin; net, pitfall, trick, cheat; swindle.

ar.ma.do [armad'u] adj. armed, harnessed.

ar.ma.dor [armad'or] s. m. shipowner; trapper.

ar.ma.du.ra [armad'urə] s. f. armour, suit of armour, mail; arms.

ar.ma.men.to [armam'ẽtu] s. m. armament.

ar.mar [arm'ar] v. to arm, put in arms, supply with armament; to equip; to outfit; to prepare, rig (up); to cock (a trigger).

ar.ma.ri.nho [armar'iñu] s. m. small cupboard, cabinet; (Braz.) haberdashery.

ar.má.rio [arm'arju] s. m. cupboard, buffet, case, locker. ≃ **s de parede** wall cabines. ≃ **embutido** closet.

ar.ma.zém [armaz'ẽj] s. m. (pl. **-zéns**) store, shop; warehouse, storehouse, depot.

ar.ma.ze.na.gem [armazen'aʒẽj] s. f. (pl. **-gens**) storage, warehousing; warehouse charges.

ar.ma.ze.nar [armazen'ar] v. to store, lay up; to stockpile. ≃ **em excesso** to overstore.

ar.mê.nio [arm'enju] s. m. + adj. Armenian.

ar.mi.nho [arm'iñu] s. m. ermine (animal and fur).

ar.mis.tí.cio [armist'isju] s. m. armistice, truce.

ar.mo.ri.al [armori'aw] s. m. (pl. **-ais**) book on armoury, heraldry. ‖ adj. m. + f. armorial.

a.ro ['aru] s. m. iron or wooden hoop; environs; flange; rim (of a wheel); (tech.) disk.

a.ro.ma [ar'omə] s. m. aroma; perfume, fragrance; bouquet; flavour; smell, scent.

a.ro.má.ti.co [arom'atiku] adj. aromatical; balsamic.

a.ro.ma.ti.zar [aromatiz'ar] v. to aromatize.

ar.pão [arp'ãw] s. m. (pl. **-pões**) harpoon; graff.

ar.par [arp'ar] v. = **arpoar**.

ar.po.a.dor [arpoad'or] s. m. harpooner.

ar.po.ar [arpo'ar] v. to harpoon.

ar.que.ar [arke'ar] v. to arch; to vault, bow; ≃ **-se** to become curved.

ar.quei.ro [ark'ejru] s. m. archer; goalkeeper (soccer).

ar.que.jan.te [arkeʒ'ãti] adj. m. + f. panting, gasping; out of breath; wheezy.

ar.que.jar [arkeʒ'ar] v. to puff, blow, pant; to labour, wheeze; gasp for breath.

ar.que.o.lo.gi.a [arkeoloʒ'iə] s. f. archaeology, antiquarianism.

ar.que.o.ló.gi.co [arkeol'ɔʒiku] adj. archaeologic.

ar.qué.ti.po [ark'ɛtipu] s. m. archtype.

ar.qui.ban.ca.da [arkibãk'adə] s. f. tiers of seats or benches as in a stadium; grand stand.

ar.qui.di.o.ce.se [arkidjos'ɛzi] s. f. archdiocese.

ar.qui.mi.li.o.ná.rio [arkimiljon'arju] s. m. multimillionaire.

ar.qui.pé.la.go [arkip'ɛlagu] s. m. archipelago.

ar.qui.te.tar [arkitet'ar] v. to build, construct; to project, plan; to conceive; to scheme.

ar.qui.te.to [arkit'ɛtu] s. m. architect; master builder; creator; founder.

ar.qui.te.tu.ra [arkitet'urə] s. f. architectonics, architecture; (fig.) plan, project.

ar.qui.var [arkiv'ar] v. to file; to shelve; to record; to register.

ar.qui.vis.ta [arkiv'istə] s. m. + f. archivist, filing clerk; registrar; recorder.

ar.qui.vo [ark'ivu] s. m. archive, file; filing department. **no** ≃ on file.

ar.ra.bal.de [aʀab'awdi] s. m. suburbs, environs.

ar.rai.a [aʀ'ajə] s. f. ray, skate.

ar.rai.al [aʀaj'aw] s. m. (pl. **-ais**) camp, camping ground; hamlet; settlement of miners or prospectors.

ar.rai.gar [aʀajg'ar] v. to root, take root, i-radicate.

ar.ran.ca.da [ar̄ãk'adə] s. f. pull, jolt, jerk; plucking, pulling up; ready start (engine).

ar.ran.car [ar̄ãk'ar] v. to pull or tear away violently; to pluck out; to force, wrench or wrest from; to snatch away; to uproot, extract.

arranca-rabo [ar̄ãkar̄'abu] s. m. (pl. **arranca-rabos**) (Braz., pop.) shindy, brawl, melee.

ar.ran.char [ar̄ãʃ'ar] v. to lodge, harbour; to mess, take meals with a mess.

ar.ran.co [ar̄'ãku] s. m. sudden pull, yank, lug, jerk; sudden start, spurt; rooting up; ≃s convulsion, gasps.

arranha-céu [ar̄ʌñas'ɛw] s. m. (pl. **arranha-céus**) skyscraper.

ar.ra.nha.du.ra [ar̄ʌñad'urə] s. f. = **arranhão**.

ar.ra.nhão [ar̄ʌñ'ãw] s. m. (pl. **-nhões**) a scratch.

ar.ra.nhar [ar̄ʌñ'ar] v. to scratch, graze, scrabble; to scrape (on a musical instrument); ≃-se to suffer a slight wound.

ar.ran.jar [ar̄ãʒ'ar] v. to arrange; to obtain, get, wangle; ≃-se to know how to take care of o. s. ≃ **dinheiro** to raise money.

ar.ran.jo [ar̄'ãʒu] s. m. arrangement, settling.

ar.ran.que [ar̄'ãki] s. m. sudden start; (sport) push, thrust; (mot.) starter.

ar.ra.sa.do [ar̄az'adu] adj. levelled, laid even, demolished, razed; knocked down; crushed; depressed, miserable.

ar.ra.sa.dor [ar̄azad'or] adj. demolishing.

ar.ra.sar [ar̄az'ar] v. to demolish; to lay even with the ground; to flatten; (fig.) to humiliate.

ar.ras.ta.do [ar̄ast'adu] adj. dragged, dragging; tired, fatigued.

arrasta-pé [ar̄astap'ɛ] s. m. (pl. **arrasta-pés**) a ball, party; (U.S.A., pop.) hop.

ar.ras.tar [ar̄ast'ar] v. to drag, draw; to pull; to induce into; ≃-se to grovel, lug, creep, move slowly and with difficulty.

ar.ra.zo.a.do [ar̄azo'adu] s. m. (jur.) pleading. ‖ adj. reasonable.

ar.ra.zo.ar [ar̄azo'ar] v. to plead, defend; to reason, argue, discuss.

ar.re [ar̄i] interj. dammit!, yah!, gee up!, giddap! (to urge on horses).

ar.re.ar [ar̄e'ar] v. to harness; to dress.

ar.re.ba.nhar [ar̄ebʌñ'ar] v. to herd; to assemble or bring together; ≃-se to gather, flock.

ar.re.ba.ta.dor [ar̄ebatad'or] s. m. ravisher. ‖ adj. ravishing; charming, overpowering.

ar.re.ba.ta.men.to [ar̄ebatam'ẽtu] s. m. ecstasy, ravishing; fit of anger; overjoy; passion.

ar.re.ba.tar [ar̄ebat'ar] v. to snatch, grab; to take by force; to enrapture.

ar.re.ben.ta.ção [ar̄ebẽtas'ãw] s. f. (pl. **-ções**) breaking of the waves; roaring of the surf.

ar.re.ben.tar [ar̄ebẽt'ar] v. to tear; to burst, crush.

ar.re.bi.ta.do [ar̄ebit'adu] adj. turned up, cocked, snub; petulant, ill-humoured. **ter o nariz** ≃ to be ill-tempered.

ar.re.bi.tar [ar̄ebit'ar] v. to turn up, raise, lift; to clinch (a nail).

ar.re.ca.da.ção [ar̄ekadas'ãw] s. f. (pl. **-ções**) collection of taxes, exaction; levying.

ar.re.ca.dar [ar̄ekad'ar] v. to collect duties or taxes; to deposit.

ar.re.da [ar̄'ɛdə] interj. back with you!, go away!, get back!, out of the way!

ar.re.dar [ar̄ed'ar] v. to remove, withdraw; to pull, draw back; to put aside.

ar.re.di.o [ar̄ed'iu] adj. withdrawn, far-off; lonesome, apart; unsociable; aloof.

ar.re.don.dar [ar̄edõd'ar] v. to make round, to round; to circularize.

ar.re.dor [ar̄ed'or] adj. adjacent, near, close by. ‖ adv. around, about.

ar.re.do.res [ar̄ed'ɔris] s. m. pl. environs, environment; surroundings, outskirts.

ar.re.fe.cer [ar̄efes'er] v. to cool, chill; to moderate.

ar.re.fe.ci.men.to [ar̄efesim'ẽtu] s. m. cooling (off); (fig.) relenting, slackness, carelessness.

ar.re.ga.çar [ar̄egas'ar] v. to tuck up, pin up, roll up (as skirt, sleeves).

ar.re.ga.lar [ar̄egal'ar] v. to open one's eyes wide.

ar.re.ga.nhar [ar̄egʌñ'ar] v. to grin, laugh; to snarl; to sneer; to split, open (fruit).

ar.rei.o [ar̄'eju] s. m. saddlery, harness, gear; ornament.

ar.re.li.ar [ar̄eli'ar] v. to tease, upset; to vex; to annoy, bother; ≃-se to grow angry.

ar.re.ma.ta.ção [ar̄ematas'ãw] s. f. (pl. **-ções**) public sale, auction; outbidding.

ar.re.ma.ta.dor [ar̄ematad'or] s. m. the highest bidder at an auction. ‖ adj. outbidding.

ar.re.ma.tar [ar̄emat'ar] v. to finish up; to give the final touch to; to accomplish; to buy or sell knockdown (at auctions).

ar.re.ma.te [ařem'ati] s. m. end, conclusion; peak; knot, fastening of a seam.

ar.re.me.dar [ařemed'ar] v. to imitate, impersonate; to ape, mimic, mock; to parody.

ar.re.me.do [ařem'edu] s. m. imitation, mimicry; mockery; disguise; dissembling.

ar.re.mes.sar [ařemes'ar] v. to fling, dart, throw, hurl, cast; to bolt.

ar.re.mes.so [ařem'esu] s. m. throw, thrust, rush.

ar.re.me.ter [ařemet'er] v. to assail, invade; to attack, assault, charge; to incite.

ar.re.me.ti.da [ařemet'idə] s. f. onset, onslaught.

ar.ren.da.dor [ařēdad'or] s. m. lessor, landlord, hirer. ‖ adj. leasing.

ar.ren.da.men.to [ařēdam'ētu] s. m. renting, tenure, lease, tenantry, hire.

ar.ren.dar [ařēd'ar] v. to let, rent, lease, hire.

ar.ren.da.tá.rio [ařēdat'arju] s. m. tenant, renter, leaseholder, lessee.

ar.re.ne.gar [ařeneg'ar] v. to forswear, abjure; to renounce, deny; to detest.

ar.re.pen.der-se [ařepēdersi] v. to repent, be sorry for, regret; to rue; to change one's mind.

ar.re.pen.di.do [ařepēd'idu] adj. contrite, repentant.

ar.re.pen.di.men.to [ařepēdim'ētu] s. m. regret.

ar.re.pi.an.te [ařepi'ãti] adj. m. + f. bristly, upstanding; horrid, terrible.

ar.re.pi.ar [ařepi'ar] v. to ruffle, fluff up (hair, feathers), bristle, roughen; ≃-se to shudder, dither; to shiver with cold or fear; to have goose-flesh.

ar.re.pi.o [ařep'iu] s. m. shiver, chill, shudder, creep; horror; (fig.) goose-flesh.

ar.re.ve.sar [ařevez'ar] v. to reverse; to turn upside or inside out.

ar.ri.ar [aři'ar] v. to break down, collapse; to lay or put down; to lower (sails, flag).

ar.ri.ba [ař'ibə] adv. upward, above, up. ‖ interj. up!, onward!

ar.ri.bar [ařib'ar] v. to land, put into harbour; to attain the top of.

ar.ri.mar [ařim'ar] v. to support; to lean against.

ar.ri.mo [ař'imu] s. m. support, prop; help, stand by; protection; (fig.) anchorage.

ar.ris.ca.do [ařisk'adu] adj. risky, daring.

ar.ris.car [ařisk'ar] v. to risk, dare; to gamble, expose; ≃-se to expose o. s. to risks or dangers.

ar.ri.vis.ta [ařiv'istə] s. m. + f. arrivist, climber, parvenu, upstart, pusher.

ar.ro.ba [ař'obə] s. f. unit of weight (about 15 kg).

ar.ro.char [ařoʃ'ar] v. to tighten; to compress, cram, fill to excess; to cause difficulties.

ar.ro.cho [ař'oʃu] s. m. tightening stick used to tighten ropes; (naut.) ropes with knots at their end; cudgel; garrote. ≃ **salarial** pay squeeze.

ar.ro.gân.cia [ařog'āsjə] s. f. arrogance.

ar.ro.gan.te [ařog'āti] adj. m. + f. arrogant, superior, self-assertive, disdainful, cocky.

ar.ro.gar [ařog'ar] v. to arrogate, usurp; ≃-se to arrogate to o. s.

ar.roi.o [ař'oju] s. m. arroyo, rivulet, beck, brook.

ar.ro.ja.do [ařoʒ'adu] adj. bold, rash; daring, fearless, courageous.

ar.ro.jar [ařoʒ'ar] v. to fling, throw violently; to drag; to reject; ≃-se to rush in.

ar.ro.jo [ař'oʒu] s. m. boldness, audacity.

ar.ro.lar [ařol'ar] v. to make an inventory; to roll up.

ar.ro.lhar [ařoλ'ar] v. to cork, put corks on bottles.

ar.rom.ba [ař'õbə] s. f. a loud and lively guitar song. **festa de** ≃ a wonderful party.

ar.rom.ba.dor [ařõbad'or] s. m. housebreaker; safe breaker; cracker.

ar.rom.bar [ařõb'ar] v. to break into; to burst, force, wrench open; to crack open (a safe).

ar.ros.tar [ařost'ar] v. to face, confront, front.

ar.ro.tar [ařot'ar] v. to belch. ≃ **grandeza** (fig.) to boast.

ar.ro.to [ař'otu] s. m. eructation, belch.

ar.rou.ba.men.to [ařowbam'ētu] s. m. ecstasy, rapture.

ar.rou.bo [ařowbu] s. m. ravishment; delirium.

ar.ro.xe.a.do [ařoʃe'adu] adj. violet, purplish, violaceous.

ar.roz [ař'os] s. m. rice. ≃-**doce** rice pudding.

ar.ru.a.ça [ařuasə] s. f. uproar, street riot, tumult, commotion, hubbub.

ar.ru.a.cei.ro [ařwas'ejru] s. m. brawler, street rioter, rowdy, mobber. ‖ adj. rioting in the streets, rowdyish.

ar.ru.ar [aɾu'ar] v. to divide into or provide with streets; to align streets; to loaf.

ar.ru.da [aɾ'udə] s. f. (bot.) rue, herb grace.

ar.ru.e.la [aɾu'ɛlə] s. f. (tech.) washer.

ar.ru.far [aɾuf'ar] v. to make angry, to irritate; to ruffle; ≃-**se** to become irritated.

ar.ru.fo [aɾ'ufu] s. m. ill-humour; tout, tiff.

ar.ru.i.nar [aɾwin'ar] v. to ruin; to destroy, devastate, lay waste; ≃-**se** to go broke, go to ruin.

ar.rui.va.do [aɾujv'adu] adj. reddish (esp. hair).

ar.ru.lhar [aɾuʎ'ar] v. to lull asleep; to coo (doves).

ar.ru.lho [aɾ'uʎu] s. m. lullaby; cooing.

ar.ru.ma.ção [aɾumas'ãw] s. f. (pl. -**ções**) arrangement, putting in order; placing, disposal, disposition; clearing up.

ar.ru.ma.dei.ra [aɾumad'ejrə] s. f. housemaid; chamber maid.

ar.ru.mar [aɾum'ar] v. to arrange, dispose, set in order; to settle, tidy up; to pack.

ar.se.nal [arsen'aw] s. m. (pl. -**nais**) arsenal.

ar.sê.ni.co [ars'eniku] s. m. (chem.) arsenic.

ar.te ['arti] s. f. art; skill; craft; workmanship, trade; (Braz.) mischief, prank.

ar.te.fa.to [artef'atu] s. m. workmanship; artifact; petard; produce, product, make.

ar.tei.ro [art'ejru] adj. crafty; wily; draughty.

ar.te.lho [art'eʎu] s. m. (anat.) ankle, anklebone.

ar.té.ria [art'ɛrjə] s. f. artery, (anat.) blood vessel; a main channel, highway.

ar.te.ri.al [arteri'aw] adj. arterial. **pressão** ≃ blood pressure.

ar.te.sa.na.to [artezan'atu] s. m. workmanship.

ar.te.são [artez'ãw] s. m. (pl. -**sãos**; f. -**sã**) artisan, craftsman.

ár.ti.co ['artiku] s. m. + adj. (geogr.) arctic.

ar.ti.cu.la.ção [artikulas'ãw] s. f. (pl. -**ções**) articulation; joint; link. ≃ **axial** axial hinge.

ar.ti.cu.lar [artikul'ar] adj. m. + f. articular. ‖ v. to articulate, join by articulation; to link; ≃-**se** to become linked; to pronounce, enunciate.

ar.ti.fi.ci.al [artifisi'aw] adj. m. + f. (pl. -**ais**) artificial; unnatural, synthetic; false; factitious.

ar.ti.fí.cio [artif'isiw] s. m. artifice, skilful making; cunning; fraud.

ar.ti.go [art'igu] s. m. article, commodity, product; chapter; clause as of a contract.

ar.ti.lha.ri.a [artiʎar'iə] s. f. artillery (men and guns); gunnery. ≃ **ligeira** light artillery.

ar.ti.ma.nha [artim'ʌɲə] s. f. artifice, trick, fetch; quirk.

ar.tis.ta [art'istə] s. m. + f. artist, person who executes his work with great skill; artisan. ‖ adj. artistic; cunning.

ar.tís.ti.co [art'istiku] adj. artistic.

ar.tri.te [artr'iti] s. f. arthritis.

ar.vo.rar [arvor'ar] v. to hoist colours, raise, lift the flag; ≃-**se** to arrogate, ascribe to o. s., usurpate.

ár.vo.re ['arvori] s. f. arbor, (bot.) tree; (mech.) axle. **copa de** ≃ canopy.

ar.vo.re.do [arvor'edu] s. m. a grove, stand of trees.

as [as] f. pl. form of the def. art. **a** the. ‖ f. pl. form of the pers. pron. **a** those, them. f. pl. form of the demonstr. pron. **a** the ones. **eu** ≃ **vi** I saw them.

ás ['as] s. m. ace (cards, aeron.); (fig.) big gun; star.

às ['as] contraction of the prep. **a** + pl. of the f. article **as** to the, at the etc. ≃ **armas!** to arms! ≃ **cegas** blindly. ≃ **dezenas** by tens.

a.sa ['azə] s. f. (ornith., aeron.) wing; lobe.

as.cen.dên.cia [asẽd'ẽsjə] s. f. ascendancy.

as.cen.der [asẽd'er] v. to ascend, rise, climb.

as.cen.são [asẽs'ãw] s. f. (pl. -**sões**) ascension; ascent, rising; (rel.) Ascension.

as.cen.sor [asẽs'or] s. m. lift; elevator.

as.cen.so.ris.ta [asẽsor'istə] s. m. + f. (Braz.) lift boy.

as.ce.ta [as'ɛtə] s. m. + f. ascetic.

as.cé.ti.co [as'ɛtiku] adj. ascetic, self-denying.

as.co ['asku] s. m. loathing, aversion, disgust.

as.cór.bi.co [ask'ɔrbiku] adj. (chem.) ascorbic.

as.fal.tar [asfawt'ar] v. to cover with asphalt.

as.fal.to [asf'awtu] s. m. asphalt.

as.fi.xi.a [asfiks'iə] s. f. (med., physiol.) asphyxia.

as.fi.xi.ar [asfiksi'ar] v. to asphyxiate, suffocate, stifle.

a.si.á.ti.co [azi'atiku] s. m. + adj. Asiatic.

a.si.lar [azil'ar] v. to shelter, give asylum.

a.si.lo [az'ilu] s. m. asylum; refuge, place of refuge, retreat; haven; shelter; sanctuary.

as.ma ['azmə] s. f. (med.) asthma.

as.nei.ra [azn'ejrə] s. f. foolishness, stupidity, silliness, folly, daftness; nonsense, blunder.

as.no ['aznu] s. m. ass, donkey; stupid, ignorant person; a fool.

as.pa ['aspə] s. f. inverted commas (" "), quotation marks.

as.par.go [asp'argu] s. m. (bot.) asparagus.

as.pec.to [asp'ɛktu] s. m. aspect, look, appearance; form, shape; point of view; feature.

as.pe.re.za [asper'ezə] s. f. asperity, roughness; rudeness, severeness, harshness.

as.per.gir [asperʒ'ir] v. to sprinkle, asperse.

ás.pe.ro ['asperu] adj. rough; coarse, rude, crude; rugged, uneven; (fig.) harsh.

as.per.são [aspers'ãw] s. f. aspersion; sprinkling.

as.pi.ra.ção [aspiras'ãw] s. f. (pl. **-ções**) breathing; aspiration, longing; (tech.) suction.

as.pi.ra.dor [aspirad'or] s. m. aspirator, exhaustor. ‖ adj. aspirating. ≃ **de pó** vacuum cleaner.

as.pi.ran.te [aspir'ãti] s. m. + f. aspirant. ‖ adj. aspiring. **bomba** ≃ sucking pump.

as.pi.rar [aspir'ar] v. (phon.) to aspirate; to breathe in; to aspire to, be a candidate.

as.pi.ri.na [aspir'inə] s. f. (pharm.) aspirin.

as.que.ro.so [asker'ozu] adj. loathsome, nasty, nauseous, sickening, detestable.

as.sa.car [asak'ar] v. to impute, slander, backbite.

as.sa.dei.ra [asad'ejrə] s. f. roasting or baking pan.

as.sa.do [as'adu] s. m. a roast (meat). ‖ adj. roasted, baked.

as.sa.dor [asad'or] s. m. roaster; Dutch oven.

as.sa.du.ra [asad'urə] s. f. roasting, baking; gall, blister, irritation; (med.) skin irritation (specially in babies, caused by wet drapes).

as.sa.la.ri.ar [asalari'ar] v. to engage, employ; to take in pay; to fee.

as.sal.tan.te [asawt'ãti] s. m. + f. adj. assailant; burglair; mugger. ‖ adj. assaulting.

as.sal.tar [asawt'ar] v. to assault, attack, charge, storm; to ambush.

as.sal.to [as'awtu] s. m. assault, attack, onset; (mil.) charge; (boxing) round.

as.sa.nha.do [asañ'adu] adj. excited; restless; philandering; flirtatious; randy.

as.sa.nha.men.to [asañam'ẽtu] s. m. anger, excitement.

as.sa.nhar [asañ'ar] v. to provoke; ≃ **-se** to get excited.

as.sar [as'ar] v. to roast; to bake; to grill; ≃ **-se** to be roasted. ≃ **no espeto** to barbecue.

as.sas.si.nar [asasin'ar] v. to murder, assassinate, kill.

as.sas.si.na.to [asasin'atu] s. m. assassination, murder, homicide.

as.sas.sí.nio [asas'inju] s. m. = **assassinato**.

as.sas.si.no [asas'inu] s. m. murderer, killer. ‖ adj. murderous.

as.saz [as'as] adv. enough, sufficiently; tolerably.

as.se.a.do [ase'adu] adj. clean, neat, proper.

as.se.ar [ase'ar] v. to trim up; to clean.

as.se.di.ar [asedi'ar] v. to besiege; to ply, importune, molest, inconvenience, annoy.

as.sé.dio [as'ɛdju] s. m. siege; insistence, importunement, molestation, beseechingness.

as.se.gu.rar [asegur'ar] v. to assert, affirm; to assure, make sure (of); ≃ **-se** to verify, check.

as.sei.o [as'eju] s. m. cleanliness, neatness, spruceness. **falta de** ≃ untidiness.

as.sel.va.jar [asewvaʒ'ar] v. to make savage, wild.

as.sem.bléi.a [asẽbl'ɛjə] s. f. assembly, meeting, gathering; (bot.) candytuft.

as.se.me.lhar [asemeʎ'ar] v. to assimilate.

as.se.nho.re.ar-se [aseñore'arsi] v. to take possession (of).

as.sen.ta.do [asẽt'adu] adj. seated; steady, firm; resolved, decided, agreed upon, settled.

as.sen.tar [asẽt'ar] v. to seat (**em** on); to place; to base; to settle; to fit well (dress).

as.sen.te [as'ẽti] adj. m. + f. firm, solid; established, decided. **bem** ≃ deep-rooted.

as.sen.ti.men.to [asẽtim'ẽtu] s. m. assent, consent, permission.

as.sen.tir [asẽt'ir] v. to assent, agree, acquiesce, consent.

as.sen.to [as'ẽtu] s. m. a seat; a place to sit; (aeron.) cockpit; (Braz.) a plateau, tableland. ≃ **ejetável** ejector seat.

as.sep.si.a [aseps'iə] s. f. asepsis.

as.ser.ção [asers'ãw] s. f. (pl. **-ções**) assertion; allegation; affirmation.

as.ses.sor [ases'or] s. m. assessor, adviser.

as.ses.so.ra.men.to [asesoram'ẽtu] s. m. advice, assistance.

as.ses.so.rar [asesor'ar] v. to advise, assist, aid.

as.sí.duo [as'idwu] adj. assiduous, diligent, constant.

as.sim [as'ĩ] adv. thus, so; in this manner, like this, like that, then. ≃ **assim** so so, more or less. ≃ **como** as well as, just as, such as. ≃ **mesmo** exactly like that; notwithstanding; even so. ≃ **ou assado** in this way or that, in any case, by hook or by crook. ≃ **que** as soon as. **e** ≃ **por diante** and so on. **sendo** ≃ in such case.

as.si.mi.la.ção [asimilas'ãw] s. f. (pl. **-ções**) assimilation; (physiol.) anabolism; absorption.

as.si.mi.lar [asimil'ar] v. to assimilate; to absorb; to compare; ≃**-se** to become similar.

as.si.na.do [asin'adu] s. m. signed document. ‖ adj. signed; subscribed.

as.si.na.lar [asinal'ar] v. to mark, provide with a mark, distinguish; to mark with an earmark.

as.si.nan.te [asin'ãti] s. m. + f. subscriber (to a newspaper, magazine etc.); signatory.

as.si.nar [asin'ar] v. to sign, underwrite; to subscribe; to mark out; to assign.

as.si.na.tu.ra [asinat'urə] s. f. signature; subscription.

as.sis.tên.cia [asist'ẽsjə] s. f. presence, attendance (gathering); audience, auditory; assistance, aid, relief, protection, help.

as.sis.ten.te [asist'ẽti] s. m. + f. assistant, helper; right-hand; locker-on; (Braz.) midwife.

as.sis.tir [asist'ir] v. to attend; to be present at; to watch (a game, a play); to live at a certain place; to assist, aid; to comfort, nurse.

as.so.a.lhar [asoaλ'ar] v. to lay a wood floor.

as.so.a.lho [aso'aλu] s. m. floor, flooring, floorboards.

as.so.ar [aso'ar] v. (also ≃**-se**) to wipe or blow one's nose.

as.so.ber.bar [asoberb'ar] v. to treat with disdain; to dominate; to overload with work.

as.so.bi.ar [asobi'ar] v. to whistle; to hiss, hoot.

as.so.bi.o [asob'iu] s. m. whistle (the instrument; the sound).

as.so.bra.da.do [asobrad'adu] adj. two-story, two-storied. **uma casa** ≃**a** a two-story house.

as.so.ci.a.ção [asosjas'ãw] s. f. (pl. **-ções**) association; community, society.

as.so.ci.a.do [asosi'adu] s. m. associate, partner. ‖ adj. associated, allied.

as.so.ci.ar [asosi'ar] v. (also ≃**-se**) to associate with, to join, unite; to affiliate.

as.so.la.ção [asolas'ãw] s. f. (pl. **-ções**) devastation, ruin, ravage, desolation.

as.so.lar [asol'ar] v. to desolate, devastate, destroy.

as.so.mar [asom'ar] v. to mount or ascend to the top; to loom; to show up in public.

as.som.bra.ção [asõbras'ãw] s. f. (pl. **-ções**) (Braz.) terror, awe; spook, apparition, phantom.

as.som.bra.do [asõbr'adu] adj. shadowy; terrified, haunted.

as.som.brar [asõbr'ar] v. to shade, shadow, darken; to terrify, scare, haunt; ≃**-se** to be perplexed.

as.som.bro [as'õbru] s. m. astonishment, surprise.

as.som.bro.so [asõbr'ozu] adj. amazing; terrific, dreadful; prodigious, wonderful.

as.so.mo [as'omu] s. m. appearance; dawn; sign, mark. ≃ **de raiva** fit of anger.

as.so.vi.o [asov'iu] = **assobio**.

as.su.mir [asum'ir] v. to assume; to take over; to shoulder, take upon o. s.; to arrogate.

as.sun.ção [asũs'ãw] s. f. (pl. **-ções**) assumption; promotion; (rel.) Assumption.

as.sun.tar [asũt'ar] v. to pay attention to, give heed to; to reflect upon; to notice.

as.sun.to [as'ũtu] s. m. topic, subject, theme; affair, matter; plot, argument.

as.sus.ta.di.ço [asustad'isu] adj. easily frightened.

as.sus.ta.do [asut'adu] adj. frightened; scared, startled.

as.sus.tar [asust'ar] v. to frighten; to startle, alarm; to terrify; ≃**-se** to become afraid.

as.te.ris.co [aster'isku] s. m. (typogr.) asterisk, star.

as.te.rói.de [aster'ɔjdi] s. m. asteroid.

as.tro ['astru] s. m. star, heavenly body. **um** ≃ **do cinema** a movie star (male).

as.tro.lo.gi.a [astroloʒ'iə] s. f. astrology.

as.tro.nau.ta [astron'awtə] s. m. astronaut.

as.tro.náu.ti.ca [astron'awtikə] s. m. astronautics.

as.tro.no.mi.a [astronom'iə] s. f. astronomy.

as.trô.no.mo [astr'onomu] s. m. + f. astronomer.

as.tú.cia [ast'usiə] s. f. astuteness, subtlety.

as.tu.ci.o.so [astusi'ozu] adj. = **astuto**.

as.tu.to [ast'uto] adj. astute, wily, cunning, shrewd, crafty.

a.ta ['atə] s. f. record, register, writing; ≃s proceedings (as of a meeting).

a.ta.ba.lho.ar [atabaʎo'ar] v. to act or speak senselessly, without thought; to botch; ≃-se to become embarrassed, bewildered.

a.ta.ca.dis.ta [atakad'istə] s. m. + f. wholesaler. ‖ adj. m. + f. wholesale.

a.ta.ca.do [atak'adu] adj. attacked; worked up; hot under the collar. **comércio de** ≃ wholesale business.

a.ta.ca.dor [atakad'or] s. m. attacker; lace, shoelace; ramrod.

a.ta.can.te [atak'ãti] s. m. + f. aggressor; (ftb.) lineman. ‖ adj. assailant; insulting.

a.ta.car [atak'ar] v. to attack, assault, seize; to have a go at; to corrode.

a.ta.do [at'adu] adj. tied, bound; hampered, hindered; timid; awkward, clumsy; tongue-tied.

a.ta.du.ra [atad'urə] s. f. tie, band, ligature, string; bandage; link, union.

a.ta.lai.a [atal'ajə] s. m. + f. sentinel; watch-tower.

a.ta.lho [at'aʎu] s. m. bypath, sideway; short-cut.

a.ta.man.car [atam'ãkar] v. to bungle, dable, botch.

a.ta.pe.tar [atapet'ar] v. to carpet, cover with carpets.

a.ta.que [at'aki] s. m. attack, assault, onset; (mil.) offensive; fit (cough, laughter etc.).

a.tar [at'ar] v. to tie, fasten, lace, bind; to dress, bandage (wound); (fig.) to hinder; ≃-se to be irresolute; to bind o. s.

a.ta.ran.tar [atarãt'ar] v. to perplex, puzzle; to confuse.

a.ta.re.fa.do [ataref'adu] adj. very busy.

a.ta.re.far [ataref'ar] v. to overexert; ≃-se to be diligent, be very busy.

a.tar.ra.ca.do [atarak'adu] adj. short and stout.

a.tar.ra.xar [ataraʃ'ar] v. to screw together, bolt, fasten with bolts.

a.ta.ú.de [ata'udi] s. m. coffin, bier; (fig.) grave, tomb, sepulchre, burial place.

a.ta.vi.ar [atavi'ar] v. to trim, rig up, array, embellish, adorn; ≃-se to dress, attire o. s.

a.ta.vi.o [atav'iu] s. m. attire, ornament.

a.ta.vis.mo [atav'izmu] s. m. (biol.) atavism, reversion to type.

a.ta.za.nar [atazan'ar] v. to molest; to afflict; (fig.) to torture.

a.té [at'ɛ] prep. till, until, by, up to, up till. ‖ adv. thus, even, likewise, not only, but also. ≃ **agora** until now, hitherto, as yet. ≃ **a volta** until your return. ≃ **amanhã** until tomorrow. ≃ **breve** see you soon. ≃ **depois**, ≃ **a vista** see you later.

a.te.ar [ate'ar] v. to set fire, light, kindle, inflame, fan, stir, poke.

a.te.ís.mo [ate'izmu] s. m. atheism, godlessness.

a.te.ís.ta [ate'istə] s. m. + f. atheist.

a.te.mo.ri.zan.te [atemoriz'ãti] adj. m. + f. alarming, frightening, intimidatory.

a.te.mo.ri.zar [atemoriz'ar] v. to intimidate; scare, daunt; to frighten; ≃-se to be terrified (of).

a.ten.ção [atẽs'ãw] s. f. (pl. **-ções**) attention, concentration; care, carefulness; watchfulness; respect, regard. ‖ interj. watch out!

a.ten.ci.o.so [atẽsi'ozu] adj. attentive; respectful, considerate; kind, polite; complaisant.

a.ten.der [atẽd'er] v. to attend; to consider, mind; to pay attention; to serve; to wait for.

a.te.neu [aten'ew] s. m. (Braz.) a non-official school; academy.

a.ten.ta.do [atẽt'adu] s. m. criminal assault; outrage.

a.ten.tar [atẽt'ar] v. to attend, observe; to consider, give heed; to be attentive; to attempt (against).

a.te.nu.a.ção [atenwas'ãw] s. f. (pl. **-ções**) attenuation, lessening, diminishing, tapering.

a.te.nu.an.te [atenu'ãti] adj. m. + f. attenuating; attenuant; mitigating.

a.te.nu.ar [atenu'ar] v. to attenuate; to lessen, diminish.

a.ter.ra.do [ater'adu] s. m. a filling up with earth, levelling. ‖ adj. frightened, startled, awe-stricken; filled up with earth, levelled, landed (airplane).

a.ter.ra.dor [aterad'or] adj. awe-inspiring, frightful, frightening; appalling.

a.ter.rar [ater'ar] v. to frighten, terrify, appal; to startle; ≃-se to become frightened; to fill (in) or cover with earth, level; to land (aircraft).

a.ter.ris.sa.gem [ater̄is'aʒẽj] s. f. (pl. **-gens**) landing (aircraft).

a.ter.ris.sar [ater̄is'ar] v. to land (aircraft).

a.ter.ro [at'er̄u] s. m. landfill, embankment, earthwork.

a.ter.ro.ri.zar [ater̄oriz'ar] v. to terrify, horrify, dismay, frighten; ≈**-se** to be horrified, shocked.

a.ter.se [at'ersi] v. to lean against; to rely on; to stick to, cling to.

a.tes.ta.do [atest'adu] s. m. certificate, certification, credential, attestation. ‖ adj. certified.

a.tes.tar [atest'ar] v. to attest, vouch, witness; to bear witness.

a.teu [a'tew] s. m. atheist. ‖ adj. atheistic(al).

a.ti.ça.dor [atisad'or] s. m. instigator, fomenter; poker. ‖ adj. inciting, provoking.

a.ti.ça.men.to [atisam'ẽtu] s. m. instigation, provocation; poling, stirring up of the fire.

a.ti.çar [atis'ar] v. to poke, rake or stir up a fire; to instigate, incite; ≈**-se** to get angry.

á.ti.co ['atiku] s. m. (archit.) attic. ‖ adj. Attic.

a.ti.la.do [atil'adu] adj. elegant, fine, refined; conscientious, scrupulous; sensible; witty.

a.ti.na.do {atin'adu] adj. cautious, heedful, prudent, discreet, reasonable; smart, clever.

a.ti.nar [atin'ar] v. to guess right; to discover, find out, hit upon.

a.ti.nen.te [atin'ẽti] adj. m. + f. referent, relative.

a.tin.gir [atiʒ'ir] v. to reach; to attain; to arrive at; to touch.

a.ti.ra.dei.ra [atirad'ejrə] s. f. slingshot, catapult.

a.ti.ra.do [atir'adu] adj. bold, daring; brave, intrepid.

a.ti.ra.dor [atirad'or] s. m. shooter, rifleman, ‖ adj. shooting.

a.ti.rar [atir'ar] v. to shoot, fire, rifle, discharge a firearm; to hurl, fling, cast; ≈**-se** (**contra, em**) to throw o. s. (against, in, into).

a.ti.tu.de [atit'udi] s. f. attitude, posture, pose; position; aspect; air, mood.

a.ti.va [at'ivə] s. f. (gram.) active, the active voice.

a.ti.var [ativ'ar] v. to activate, actuate, push.

a.ti.vi.da.de [ativid'adi] s. f. activity, energy, alacrity.

a.ti.vo [at'ivu] adj. active, busy, brisk, enterprising; (finance) assets.

a.tlân.ti.co [atl'ãtiku] s. m. Atlantic Ocean. ‖ adj. atlantic.

a.tlas ['atlas] s. m. atlas (also anat.).

a.tle.ta [atl'ɛtə] s. m. + f. athlete; daring person.

a.tlé.ti.co [atl'ɛtiku] adj. athletic.

a.tle.tis.mo [atlet'izmu] s. m. athletics.

at.mos.fe.ra [atmosf'ɛrə] s. f. atmosphere.

at.mos.fé.ri.co [atmosf'ɛriku] adj. atmospheric.

a.to ['atu] s. m. act, performing of a function; doing, action; deed; part of a play.

a.to.cai.ar [atokaj'ar] v. to waylay; to stalk (game); to spy on.

a.to.char [atoʃ'ar] v. to fill up, stuff; to clog, obstruct; to fix; to force into; to crowd in.

a.tol [at'ɔw] s. m. (pl. **-tóis**) atoll.

a.to.la.di.ço [atolad'isu] adj. miry, muddy.

a.to.lar [atol'ar] v. to stick in the dirt, mud or mire; to bog down, stall; ≈**-se** to get stuck in the mud, to degenerate.

a.to.lei.ro [atol'ejru] s. m. marshy place, slough, puddle, mire; (fig.) difficulty.

a.tô.mi.co [at'omiku] adj. atomic.

á.to.mo ['atomu] s. m. atom.

a.tô.ni.to [at'onitu] adj. aghast, stupefied; amazed; astounded.

a.tor [at'or] s. m. (pl. **-tores**) (theat. and cinema) star, actor, artist; (fig.) imitator.

a.tor.do.a.do [atordo'adu] adj. stunned, stupefied; giddy, dizzy; thunderstruck; tipsy.

a.tor.do.a.men.to [atordoam'ẽtu] s. m. loss of consciousness; stunning; stupefaction.

a.tor.do.an.te [atordo'ãti] adj. dizzying.

a.tor.do.ar [atordo'ar] v. to stun, stupefy, consternate, puzzle, dizzy.

a.tor.men.ta.do [atormẽt'adu] adj. tormented.

a.tor.men.tar [atormẽt'ar] v. to torture, torment, afflict; worry, harass; ≈**-se** to worry, bother.

a.tra.ção [atras'ãw] s. f. (pl. **-ções**) attraction; interest.

a.tra.car [atrak'ar] v. (naut.) to come alongside; moor; to lash, seize.

a.tra.en.te [atra'ẽti] adj. m. + f. attractive.

a.trai.ço.a.do [atrajso'adu] adj. betrayed.

a.trai.ço.a.dor [atrajsoad'or] s. m. traitor. ‖ adj. treacherous, traiterous.

a.trai.ço.ar [atrajso'ar] v. to betray, deceive, double-cross; to delude, mislead; to play foul; to forsake, let down; ≃-**se** to reveal o. s.

a.tra.ir [atra'ir] v. to attract; to captivate; to magnetize; to draw, pull (to o. s.); to allure.

a.tra.pa.lha.ção [atrapaλas'ãw] s. f. (pl. -**ções**) confusion, muddle.

a.tra.pa.lhar [atrapaλ'ar] v. to confuse, upset, perturb, get in the way, muddle, disorder; ≃-**se** to get mixed up.

a.trás [atr'as] adv. behind, back, after; ago; (naut.) astern, aback. ≃ **de que anda você?** what are you after? **anos** ≃ years ago. **ele não fica** ≃ **de ninguém** he is inferior to none. ≃ **das grades** behind bars.

a.tra.sa.do [atraz'adu] adj. backward, retrograde, belated, late; overdue; slow (watch).

a.tra.sar [atraz'ar] v. to set back (watch); to delay, retard, defer, postpone, put off; ≃-**se** to stay or fall behind; to be late.

a.tra.so [atr'azu] s. m. delay; retardation; tardiness, lateness; (fig.) rudeness.

a.tra.ti.vo [atrat'ivu] s. m. attraction, appeal. ‖ adj. attractive; comely, enticing, charming.

a.tra.van.ca.men.to [atravãkam'ẽtu] s. m. obstruction.

a.tra.van.car [atravãk'ar] v. to clutter.

a.tra.vés [atrav'εs] adv. transverse(ly), through, over, cross, across. ≃ **de** through, by-across, from one side to the other, in the midst, among. ≃ **dos séculos** down the ages.

a.tra.ves.sa.do [atraves'adu] adj. crossed; laid across, crosswise, athwart, oblique, slanting; pierced.

a.tra.ves.sar [atraves'ar] v. to cross (over), pass over, traverse, transverse, overpass, travel across, transit; to thwart, forestall.

a.tre.lar [atrel'ar] v. to harness; to leash, lead in a leash; to link; to yoke, hitch to.

a.tre.ver.se [atrev'ersi] v. to dare, adventure.

a.tre.vi.do [atrev'idu] s. m. a daring, bold, forward person. ‖ adj. daring, bold; wanton.

a.tre.vi.men.to [atrevim'ẽtu] s. m. daringness; boldness.

a.tri.bu.i.ção [atribujs'ãw] s. f. attribution; -**ções** office; duty, right, power.

a.tri.bu.ir [atribu'ir] v. to attribute, impute to, ascribe to, assign to; to relate; to confer, bestow.

a.tri.bu.la.ção [atribulas'ãw] s. f. (pl. -**ções**) tribulation, suffering, affliction.

a.tri.bu.lar [atribul'ar] v. to afflict, trouble, vex; ≃-**se** to be afflicted, distressed.

a.tri.bu.to [atrib'utu] s. m. attribute, peculiar quality; characteristic; predicate.

á.trio ['atrju] s. m. atrium, vestibule; courtyard, porch; (anat.) chamber of the heart.

a.tri.to [atr'itu] s. m. attrition, friction, rubbing; ≃**s** difficulties, quarrels.

a.triz [atr'is] s. f. (pl. -**trizes**) actress, star, player.

a.tro.ar [atro'ar] v. to thunder, make a great noise, roar; to stun.

a.tro.ci.da.de [atrosid'adi] s. f. atrocity, cruelty, inhumanity.

a.tro.fi.a [atrof'iə] s. f. atrophy.

a.tro.fi.ar [atrofi'ar] v. to atrophy; to grow weak.

a.tro.pe.lar [atropel'ar] v. to step on, tread down, tread on, to trample; to tread under foot (also fig.); to overrun; ≃-**se** to swarm, troop.

a.troz [atr'ɔs] adj. m. + f. (pl. -**trozes**) atrocious.

a.tu.a.ção [atwas'ãw] s. f. (pl. -**ções**) performance.

a.tu.al [atu'aw] adj. m. + f. (pl. -**ais**) actual, at this moment; real.

a.tu.a.li.da.de [atwalid'adi] s. f. present time or situation; ≃**s** information, news.

a.tu.a.li.za.do [atwaliz'adu] adj. up-to-date, updated.

a.tu.a.li.zar [atwaliz'ar] v. to bring up-to-date, update.

a.tu.ar [atu'ar] v. to actuate, bring or put into action, give activity to; to function, act, do.

a.tu.lhar [atuλ'ar] v. to fill or heap up; to block, obstruct; to jam; to overcrowd.

a.tum [at'ũ] s. m. (pl. -**tuns**) (ichth.) tunny, tuna.

a.tu.rar [atur'ar] v. to support; to suffer, endure, put up with.

a.tur.di.do [aturd'idu] adj. dizzy, stunned.

a.tur.di.men.to [aturdim'ẽtu] s. m. stupefaction.

a.tur.dir [aturd'ir] v. to stun, din, daze, bewilder, amaze, surprise; to confound; to deafen.

au.dá.cia [awd'asjə] s. f. audacity, audaciousness.

au.da.ci.o.so [awdasi'ozu] adj. audacious.

au.daz [awd'as] adj. = **audacioso**.

au.di.ção [awdis'ãw] s. f. (pl. -ções) audition, reception, hearing; recital; (mus.) performance.

au.di.ên.cia [awdi'ẽsjə] s. f. audience; audition; listeners, hearers.

au.di.ti.vo [awdit'ivu] adj. auditive, auditory.

au.di.tor [awdit'or] s. m. auditor.

au.di.to.ri.a [awditor'iə] s. f. office of an auditor, audit.

au.di.tó.rio [awdit'ɔrju] s. m. audience; spectators; auditorium; (radio) studio.

au.dí.vel [awd'ivew] adj. m. + f. (pl. -veis) audible.

au.fe.rir [awfer'ir] v. to gain, profit, make profits.

au.ge ['awʒi] s. m. summit, height, the highest point, acme; top; pinnacle; peak.

au.gu.rar [awgur'ar] v. to predict, forebode, presage, presignify; to betide, omen.

au.gú.rio [awg'urju] s. m. augury; foretoken.

au.gus.to [awg'ustu] adj. august, kingly, majestic, royal; venerable.

au.la ['awlə] s. f. lecture, lesson, class.

au.men.tar [awmẽt'ar] v. to augment, enlarge, amplify, increase; to grow; to add to; to greaten; to escalate.

au.men.to [awm'ẽtu] s. m. enlarging, enlargement, amplification, increase, augmentation, raise.

au.ra ['awrə] s. f. zephyr, breeze, gentle wind, epileptic sensation preceding attack of epilepsy.

áu.reo ['awrju] adj. aureate, golden, shining like gold, brilliant; (fig.) magnificent.

au.ré.o.la [awr'ɛolə] s. f. aureole; nimbus; halation.

au.rí.fi.ce [awr'ifisi] s. m. goldsmith.

au.ro.ra [awr'ɔrə] s. f. aurora; dawn; youth.

aus.cul.tar [awskuwt'ar] v. to stethoscope; to listen.

au.sên.cia [awz'ẽsjə] s. f. absence, nonattendance.

au.sen.tar-se [awzẽt'arsi] v. to absent o. s., go away, keep away.

au.sen.te [awz'ẽti] s. m. + f. absentee. ‖ adj. absent, away, departed.

aus.pí.cio [awsp'isju] s. m. auspice; (fig.) promise; advice; patronage.

aus.pi.ci.o.so [awspisi'ozu] adj. auspicious, fortunate, promising.

aus.te.ri.da.de [awsterid'adi] s. f. austerity, strictness.

aus.te.ro [awst'ɛru] adj. severe, austere, rigorous, rigid, strict, grave, stern, harsh.

aus.trí.a.co [awstr'iaku] s. m. + adj. Austrian.

au.tar.qui.a [awtark'iə] s. f. autarchy.

au.ten.ti.car [awtẽtik'ar] v. to make authentic, authenticate, legalize, seal, approbate.

au.ten.ti.ci.da.de [awtẽtisid'adi] s. f. authenticity; legality.

au.tên.ti.co [awt'ẽtiku] adj. authentic(al), of good authority, legitimate, genuine, real, true.

au.to ['awtu] s. m. solemnity, public and solemn act; document; ≃s papers, documents; records of a lawsuit.

au.to.cra.ci.a [awtokras'iə] s. f. autocracy.

au.to.cra.ta [awtokr'atə] s. m. + f. autocrat, despot.

au.to.crí.ti.ca [awtokr'itikə] s. f. self-criticism.

au.tóc.to.ne [awt'ɔktoni] adj. autochthonus.

au.to.do.mí.nio [awtodom'inju] s. m. self-control.

auto-estrada s. f. (pl. **auto-estradas**) motor road, auto highway, speedway, turnpike.

au.to.gra.far [awtograf'ar] v. to autograph.

au.tó.gra.fo [awt'ɔgrafu] s. m. autograph. ‖ adj. autographic.

au.to.lo.ta.ção [awtolotas'ãw] s. m. (pl. -ções) a jitney bus.

au.to.ma.ção [awtomas'ãw] s. f. (pl. -ções) automation.

au.to.má.ti.co [awtom'atiku] adj. automatic, automatous.

au.to.ma.ti.za.ção [awtomatizas'ãw] s. f. (pl. -ções) automatization.

au.to.ma.ti.zar [awtomatiz'ar] v. to automate.

au.tô.ma.to [awt'omatu] s. m. automaton, robot.

au.to.mo.bi.lis.mo [awtomobil'izmu] s. m. car-race.

au.to.mo.triz [awtomotr'is] s. f. rail motor, shuttle car, rail car. ‖ adj. self-propelling, automotive.

au.to.mó.vel [awtom'ɔvew] s. m. (pl. -veis) motor-car, automobile, car. ‖ adj. m. + f. self-moved, self- moving, self-propelling, automotive.

au.to.no.mi.a [awtonom'iə] s. f. autonomy.

au.tô.no.mo [awt'onomu] adj. autonomous, autonomic.

auto-ônibus s. m., sg. + pl. autobus, motorbus, omnibus.

au.tóp.sia [awt'ɔpsjə] s. f. autopsy.

au.tor [awt'or] s. m. (pl. **-tores**) author.

au.to.ra [awt'orə] s. f. authoress.

auto-retrato s. m. (pl. **auto-retratos**) self-portrait.

au.to.ri.a [awtor'iə] s. f. authorship; paternity.

au.to.ri.da.de [awtorid'adi] s. f. authority; jurisdiction.

au.to.ri.tá.rio [awtorit'arju] adj. authoritarian.

au.to.ri.za.ção [awtorizas'ãw] s. f. (pl. **-ções**) authorization.

au.to.ri.za.do [awtoriz'adu] adj. authorized, approved.

au.to.ri.zar [awtoriz'ar] v. to authorize; to permit.

auto-suficiente adj. m. + f. (pl. **auto-suficientes**) self-sufficient, independent.

auto-sugestão s. f. (pl. **auto-sugestões**) self-suggestion.

au.xi.li.a.dor [awsiljad'or] s. m. + adj. auxiliary.

au.xi.li.ar [awsili'ar] s. m. + f. assistant, adjutant. ‖ adj. m. + f. auxiliary; helpful. ‖ v. to help, aid, lend a hand.

au.xí.lio [aws'ilju] s. m. help, aid, succour.

a.va.ca.lha.ção [avakaʎas'ãw] s. f. (pl. **-ções**) demoralization, negligence.

a.va.ca.lha.do [avakaʎ'adu] adj. demoralized.

a.va.ca.lhar [avakaʎ'ar] v. to demoralize, depress.

a.val [av'aw] s. m. (pl. **-vais**) aval, surety bond.

a.va.lan.cha [aval'ãʃə] s. f. = **avalanche**.

a.va.lan.che [aval'ãʃi] s. f. avalanche.

a.va.li.a.ção [avaljas'ãw] s. f. (pl. **-ções**) valuation, estimate, estimation, assessment.

a.va.li.a.do [avali'adu] adj. appraised, rated, valued, assessed, estimated.

a.va.li.a.dor [avaljad'or] s. m. appraiser.

a.va.li.ar [avali'ar] v. to evaluate, appraise.

a.va.lis.ta [aval'istə] s. m. + f. (com.) surety (of bonds or bills), bondsman.

a.va.li.zar [avaliz'ar] v. to guarantee, vouch (bonds, shares).

a.van.ça.da [avãs'adə] s. f. assault, attack; charge, advance, onslaught.

a.van.ça.do [avãs'adu] adj. advanced, onward, well on.

a.van.çar [avãs'ar] v. to attack; to go, bring or put forward; (archit.) to be projecting.

a.van.ço [av'ãsu] s. m. advance; advancement.

a.van.ta.ja.do [avãtaʒ'adu] adj. advantageous; superior.

a.van.ta.jar [avãtaʒ'ar] v. to ameliorate, improve.

a.van.te [av'ãti] adj. forward, onward, forth, along. ‖ interj. go it!, go ahead!

a.va.ren.to [avar'ẽtu] s. m. miser, niggard. ‖ adj. avaricious, niggardly, stingy, iron-fisted, hard.

a.va.re.za [avar'ezə] s. f. miserliness, avarice, avidity, avariciousness, niggardliness.

a.va.ri.a.do [avari'adu] adj. damaged; (naut.) averaged.

a.va.ri.ar [avari'ar] v. to damage; to fail, break down; to impair, spoil.

a.va.ro. [av'aru] s. m. = **avarento**.

a.vas.sa.lar [avasal'ar] v. to vassalize; to captivate.

a.ve ['avi] s. f. bird, fow. ≃ **de rapina** bird of prey. ≃-**maria** Ave Maria, Hail Mary.

a.vei.a [av'ejə] s. f. oat, oats; flaked oats; groats.

a.ve.lã [avel'ã] s. f. hazelnut, filbert.

a.ve.lei.ra [avel'ejrə] s. f. hazel (shrub).

a.ve.lu.da.do [avelud'adu] adj. velvet, velvety.

a.ve.lu.dar [avelud'ar] v. to give the appearance of velvet to (textiles).

a.ven.ca [av'ẽkə] s. f. (bot.) maidenhair, silver fern.

a.ve.ni.da [aven'idə] s. f. avenue, alley, parkway.

a.ven.tal [avẽt'aw] s. m. (pl. **-tais**) apron, pinafore.

a.ven.tar [avẽt'ar] v. to winnow; to raise, pose (a question).

a.ven.tu.ra [avẽt'urə] s. f. adventure; risk.

a.ven.tu.rar [avẽtur'ar] v. to risk, venture, chance; ≃-**se** to enterprise.

a.ven.tu.rei.ro [avẽtur'ejru] s. m. adventurer, venturer. ‖ adj. venturesome, venturous.

a.ver.bar [averb'ar] v. to protocol, annotate, note, register, legalize; (gram.) to use as a verb.

a.ve.ri.gua.ção [averigwas'ãw] s. f. (pl. **-ções**) inquiry, investigation, finding, ascertainment.

a.ve.ri.guar [averig'war] v. to inquire, investigate.

a.ver.me.lha.do [avermeʎ'adu] adj. reddish, russety.

a.ver.me.lhar [avermeʎ'ar] v. to redden, encrimson.

a.ver.são [avers'ãw] s. f. (pl. -sões) aversion, hatred.

a.ves.sas [av'ɛsəs] s. f. pl. opposites, contrary. **às** ≃ inside out.

a.ves.so [av'esu] s. m. contrary, reverse, back; the wrong side. ‖ adj. opposite, converse; cross, cross-grained; intoward.

a.ves.truz [avestr'us] s. m. (pl. -truzes) (ornith.) ostrich; emu.

a.vi.a.ção [avjas'ãw] s. f. (pl. -ções) aviation; flying.

a.vi.a.dor [avjad'or] s. m. aviator, flyer, aeronaut.

a.vi.a.men.to [avjam'ẽtu] s. m. act or fact of dispatching; dispatch; execution; making, finishing; ≃s tools, implements; material for sewing.

a.vi.ão [avi'ãw] s. m. (pl. -ões) airplane, plane, aircraft.

a.vi.ar [avi'ar] v. to dispatch, expedite, ship, put on the way; (med.) to prescribe.

a.ví.co.la [av'ikolə] s. m. + f. poultry farmer; farm. ‖ adj. avian.

a.vi.cul.tu.ra [avikuwt'urə] s. f. aviculture, rearing and keeping of birds; poultry raising; poultry farming.

a.vi.dez [avid'es] s. f. avidity, greed, impatience.

á.vi.do ['avidu] adj. eager, grasping, greedy.

a.vil.ta.men.to [aviwtam'ẽtu] s. m. abasement, abjection, contempt, disgrace.

a.vil.tan.te [aviwt'ãti] adj. m. + f. degrading.

a.vil.tar [aviwt'ar] v. to abase, debase, disgrace, defile; to degrade; ≃-se to grow contemptible.

a.vi.na.gra.do [avinagr'adu] adj. somewhat sour, sourish.

a.vi.sa.do [aviz'adu] adj. prudent; warned.

a.vi.sar [aviz'ar] v. to give notice, advise, let know, inform; to warn, forewarn; to admonish.

a.vi.so [av'izu] s. m. notice, advice, communication; warning; tip, hint; admonition. ≃ **prévio** advance notice.

a.vis.tar [avist'ar] v. to see from a distance, come in sight of, catch sight of; ≃-se to meet casually.

a.vi.ta.mi.no.se [avitamin'ɔzi] s. f. (med.) avitaminosis.

a.vi.var [aviv'ar] v. to give life to, revive, vivify.

a.vi.zi.nhar [avizin'ar] v. to approach, approximate.

a.vô [av'o] s. m. grandfather; granddaddy.

a.vó [av'ɔ] s. f. grandmother; granny, grannie.

a.vo.a.do [avo'adu] adj. dizzy; senseless.

a.vo.a.men.to [avoam'ẽtu] s. m. giddiness; thoughtlessness; rashness.

a.vo.car [avok'ar] v. to appeal to a higher court.

a.vo.lu.mar [avolum'ar] v. to increase the volume of, amount to; ≃-se to bulk.

a.vós [av'ɔs] s. m. pl. forefathers; f. grandmothers.

a.vul.so [av'uwsu] adj. detached; single; odd.

a.vul.ta.do [avuwt'adu] adj. bulky, voluminous.

a.vul.tar [avuwt'ar] v. to increase, augment, make bigger, enlarge; to exaggerate.

a.xi.la [aks'ilə] s. f. (anat.) axilla, armpit.

a.za.do [az'adu] adj. adroit; proper.

a.zá.fa.ma [az'afamə] s. f. great haste, hurry-scurry.

a.za.fa.mar [azafam'ar] v. to hasten, hurry, press.

a.za.gai.a [azag'ajə] s. f. assagai, a small spear.

a.zá.lea [az'aljə] s. f. azalea, a flowering shrub of the genus Rhododendron.

a.zar [az'ar] s. m. misfortune, bad luck, mischance, mishap.

a.za.ra.do [azar'adu] s. m. ill-starred fellow.

a.za.rar [azar'ar] v. to cause misfortune to.

a.za.ren.to [azar'ẽtu] adj. = **azarado**.

a.ze.dar [azed'ar] v. to acidify, sour, make or become sour; to coagulate; ≃-se to turn sour.

a.ze.do [az'edu] s. m. sourness, acidity, acidness. ‖ adj. sour, tart; rough, crabbed, morose.

a.ze.du.me [azed'umi] s. m. sourness, tartness, acidity, acidness, acrimony, harshness, bitterness.

a.zei.tar [azejt'ar] v. to oil, smear with oil, season with oil; (Braz., pop.) to court.

a.zei.te [az'ejti] s. m. olive-oil; any vegetable or animal oil.

a.zei.tei.ra [azejt′ejrə] s. f. cruet.

a.zei.to.na [azejt′onə] s. f. olive; fruit of the olive tree.

a.ze.vi.che [azev′iʃi] s. m. jet, bituminous coal, pitch coal. **negro como** ≃ as black as jet.

a.ze.vim [azev′ĩ] s. m. (pl. **-vins**) = **azevinho.**

a.ze.vi.nho [azev′iñu] s. m. (bot.) holly; ilex.

a.zi.a [az′iə] s. f. pyrosis, heartburn, acid stomach.

a.zi.a.go [azi′agu] adj. inauspicious; ill-fated.

á.zi.mo [′azimu] adj. azymous, unleavened.

a.zi.mu.te [azim′uti] s. m. (astr.) azimuth.

a.zo [′azu] s. m. occasion, opportunity; reason; pretext; way to perform anything.

a.zo.ar [azo′ar] v. to stun, stupefy; to annoy, bother.

a.zor.ra.gue [azoȓ′agi] s. m. scourge, whip; (fig.) punishment, plague.

a.zo.tar [azot′ar] v. to azotize, nitrogenize.

a.zo.to [az′otu] s. m. (chem.) nitrogen, azote.

a.zou.gue [az′owgi] s. m. very lively or vivacious person.

a.zu.cri.nar [azukrin′ar] v. to worry, plague, annoy.

a.zul [az′uw] s. m. (pl. **-zuis**) blue (colour); (fig.) the sky, firmament. ▌ adj. m. + f. blue, cyanic, azure.

a.zu.la.do [azul′adu] adj. bluish, blueish.

a.zu.lar [azul′ar] v. to blue, make or turn blue; ≃-**se** to run away.

a.zu.le.jar [azuleʒ′ar] v. to set tiles; to turn blue; to have a blue tint.

a.zu.le.jo [azul′eʒu] s. m. glazed tile; Dutch tile; floor tile; wall tile.

B

B, b [b'e] s. m. second letter of the Portuguese alphabet.

ba.bá [bab'a] s. f. wet or dry nurse; nanny.

bá [bá] s. f. = **babá**.

ba.ba [b'abə] s. f. saliva, slaver; drivel. ≃ **de caracol** slime of a snail.

ba.ba.çu [babas'u] s. m. babassu, palm tree.

ba.ba.do [bab'adu] s. m. flounce (tail.); frill; lappet. **andar** ≃ **por alguém** to have a crush on s. o.

ba.ba.dor [babad'or] s. m. bib, slobbering bib.

ba.bão [bab'ãw] s. m. (pl. **-bões**; f. **-bona**) nitwit. ▌ adj. slobbering, drivelling.

ba.bar [bab'ar] v. to slaver, slobber, drivel; ≃**-se por** to be in love with, infatuated with.

ba.bo.sei.ra [baboz'ejrə] s. f. nonsense; drivel.

ba.bo.so [bab'ozu] s. m. slobberer; passionate lover; fool; simpleton. ▌ adj. slavering.

ba.bu.í.no [babu'inu] s. m. (zool.) baboon.

ba.ca.lhau [bakaʎ'aw] s. m. cod, codfish.

ba.ca.lho.a.da [bakaʎo'adə] s. f. dish of codfish.

ba.ca.na [bak'ʌnə] adj. (sl.) good, splendid, excellent, great.

ba.ca.nal [bakan'aw] s. f. (pl. **-nais**) bacchanals, bacchanalia (pl.); drinking-party.

ba.can.te [bak'ãti] s. f. bacchante; dissolute woman.

ba.cha.rel [baʃar'ɛw] s. m. (pl. **-réis**) bachelor; alumnus, alumni (pl.).

ba.cha.re.lan.do [baʃarel'ãdu] s. m. one who takes his degree (of bachelor).

ba.cha.re.lar [baʃarel'ar] v. to take one's degree (of bachelor).

ba.ci.a [bas'iə] s. f. basin, wash-basin; (anat.) pelvis.

ba.ci.lar [basil'ar] adj. m. + f. bacillary.

ba.ci.lo [bas'ilu] s. m. (biol.) bacillus, bacterium.

ba.ci.lo.se [basil'ɔzi] s. f. (med.) bacillosis.

ba.ço [b'asu] s. m. spleen. ▌ adj. dark brown; tarnished, dim; dull, dim-sighted.

bá.co.ro [b'akoru] s. m. piglet, suckling pig.

bac.té.ria [bakt'ɛrjə] s. f. bacterium; bacillus; microbe.

bac.te.ri.al [bakteri'aw] adj. m. + f. (pl. **-ais**) bacterial.

bac.te.ri.a.no [bakteri'ʌnu] adj. bacterial.

bac.te.ri.ci.da [bakteris'idə] s. m. bactericide. ▌ adj. bactericidal, destructive to bacteria.

bac.te.ri.o.lo.gi.a [bakterjoloʒ'iə] s. f. bacteriology.

bac.te.ri.ó.lo.go [bakteri'ɔlogu] s. m. bacteriologist.

bac.te.ri.os.co.pi.a [bakterjoskop'iə] s. f. bacterioscopy.

ba.cu [bak'u] s. m. freshwater fish of the family Doradidae.

ba.cu.cu [bakuk'u] s. m. edible mollusk of the Brazilian coast.

bá.cu.lo [b'akulu] s. m. staff, stick, rod; (a bishop's) crosier.

ba.cu.rau [bakur'aw] s. m. goatsucker, common name of the birds of the family Caprimulgidae; nickname of Negroes.

ba.da.la.da [badal'adə] s. f. clang of a bell, toll, peal.

ba.da.lar [badal'ar] v. to ring, peal, toll; to blab, hint.

ba.da.le.jar [badaleʒ'ar] v. = **badalar**.

ba.da.lo [bad'alu] s. m. clapper, bell-clapper; (sl.) flattery, wheedling.

ba.der.na [bad'ɛrnə] s. f. high jinks, frolics; riot, quarrel, conflict, rumpus.

ba.der.nar [badern'ar] v. to frolic, feast; to lead an idle life, loiter, cause a rumpus.

ba.fa.fá [bafaf'a] s. m. altercation, quarrel, strife, fuss.

ba.fa.gem [baf'aʒẽj] s. f. (pl. **-gens**) light breath of air; (fig.) inspiration; expiration.

ba.fe.jar [bafeʒ'ar] v. to warm (by breathing on); to inspire; to breathe softly.

ba.fe.jo [baf'eʒu] s. m. puff of wind, breath, slight, breeze, whiff, enthusiasm.

ba.fi.o [baf'iu] s. m. mouldy or musty smell, stench.

ba.fo [b'afu] s. m. breath, exhalation; (fig.) favour (granted); shelter, cover; inspiration.

ba.fo.ra.da [bafor'adə] s. f. expiration, whiff; puff of smoke; offensive breath; bravado.

ba.fo.rar [bafor'ar] v. to exhale, breathe forth, blow.

ba.ga [b'agə] s. f. berry or berrylike fruit; drop of sweat.

ba.ga.ça.da [bagas'adə] s. f. heap of husks; stack of chopped wood, trifle; (fig.) empty talk.

ba.ga.cei.ra [bagas'ejrə] s. f. rubbish, waste, brandy made of grapes.

ba.ga.ço [bag'asu] s. m. bagasse (crushed sugar-cane); husks of grapes after crushing.

ba.ga.gei.ra [bagaʒ'ejrə] s. f. portage, cost of carriage; luggage-van; baggage rack.

ba.ga.gei.ro [bagaʒ'ejru] s. m. railway employee in charge of the luggage-van; loader.

ba.ga.gem [bag'aʒēj] s. f. (pl. **-gens**) baggage, luggage, lug; (fig.) complete works, literary baggage (of an author).

ba.ga.te.la [bagat'ɛlə] s. f. bagatelle; trifle, fleabite, fiddlestick, straw.

ba.go [b'agu] s. m. each fruit of a bunch of grapes or any grapelike fruit, berry, acinus; (sl.) testicle(s).

ba.gre [b'agri] s. m. common name of several freshwater and saltwater fishes of the family Siluridae; sheatfish, catfish.

ba.gu.lho [bag'uʎu] s. m. grapestone, grain, kernel.

ba.gun.ça [bag'ũsə] s. f. (sl.) disorder, confusion; noisy feasting; high jinks.

ba.gun.cei.ro [bagũs'ejru] s. m. hooligan, rowdy. ‖ adj. disorderly; noisy, rowdy.

bai.a [b'ajə] s. f. stall, box.

ba.í.a [ba'iə] s. f. bay, inlet, gulf, bight.

bai.a.cu [bajak'u] s. m. (ichth.) globefish, puffer.

bai.a.na [baj'ʌnə] s. f. girl or woman native of Bahia.

bai.a.no [baj'ʌnu] s. m. native of Bahia.

bai.ão [baj'ãw] s. m. (pl. **-ões**) (Braz.) folk music and dance.

bai.la [b'ajlə] s. f. dance, ballet, bal. **trazer à** ≃ to broach. **vir à** ≃ to come up for discussion.

bai.la.do [bajl'adu] s. m. (theat.) ballet, choreography; ball, social dancing.

bai.lar [bajl'ar] v. to dance; to perform a ballet.

bai.la.ri.na [bajlar'inə] s. f. dancer, ballet dancer, ballerina, chorus girl, figurant.

bai.la.ri.no [bajlar'inu] s. m. ballet dancer, dance artist, dancer.

bai.le [b'ajli] s. m. dance, ball, function. ≃ **de máscaras,** ≃ **à fantasia** fancy dress ball, masked ball.

ba.i.nha [ba'iñə] s. f. sheath, scabbard, case.

ba.i.nhar [baiñ'ar] v. to sheathe, hem.

bai.o [b'aju] s. m. bay dun (horse). ‖ adj. bay, reddish brown (speaking of horses).

bai.o.ne.ta [bajon'etə] s. f. (mil.) bayonet, side arm.

bair.ris.mo [bajr̃'izmu] s. m. localism, local patriotism, sectionalism, provincialism; (fig.) narrowness (of mind).

bair.ro [b'ajr̃u] s. m. district; ward, precinct, quarter.

bai.ta [b'ajtə] adj. very tall, large, great.

bai.ú.ca [baj'ukə] s. f. canteen, pub, tavern; paltry wine-shop.

bai.xa [b'ajʃə] s. f. reduction (in price or value); discharge (from military service), release (from hospital); casualty.

bai.xa.da [bajʃ'adə] s. f. slope, plain between mountains; lowland, depression, hollow.

baixa-mar [bajʃam'ar] s. f. (pl. **baixa-mares**) low tide, ebb.

bai.xar [bajʃ'ar] v. to lower; to shorten; to stoop; to come down; to lessen; to abate; to cast down (eyes); to humiliate; to issue (orders); (law) to return to a lower court; to fall (temperature); ≃**-se** to bow; to humiliate o. s. ≃ **o rádio** to tune down the radio. **ele baixou os preços** he reduced the prices. **eles baixaram a bandeira** they struck the colours. **a temperatura baixou** the temperature fell.

bai.xei.ro [bajʃ'ejru] s. m. saddle-cloth.

bai.xe.la [bajʃ'ɛlə] s. f. tableware, table-set (plates).

bai.xe.za [bajʃ'ezə] s. f. lowness; meanness, wickedness, low-mindedness; indignity.

bai.xi.nho [bajʃ'iñu] adv. in a low voice or tone; secretly, stealthily.

bai.xi.o [bajʃ'iu] s. m. sandbank, shoal.

bai.xo [b'ajʃu] s. m. lower part; (naut.) part of the hull under the waterline; sand-ridge or shoal which emerges at low tide; (mus.) deep tone; bass. ‖ adj. low; shallow; inferior; cheap; poor (quality); vulgar, mean, vile; (Braz.) stumpy, short. ≃ -**relevo** (arts) bas-relief, low-relief.

bai.xo.te [bajʃ'ɔti] adj. (somewhat) low.

ba.ju.la.ção [baʒulas'ãw] s. f. (pl. -**ções**) flattery, cajoling, adulation.

ba.ju.la.dor [baʒulad'or] s. m. flatterer, bootlicker. ‖ adj. coaxing, fawning, soapy, servile.

ba.ju.lar [baʒul'ar] v. to flatter; to fawn upon, cringe.

ba.ju.li.ce [baʒul'isi] s. f. = **bajulação.**

ba.la [b'alə] s. f. bullet, missile; cannon ball, projectile, shell; bonbon, sweet, candy.

ba.la.da [bal'adə] s. f. ballad; popular poem.

ba.la.dis.ta [balad'istə] s. m. + f. balladwriter.

ba.lai.o [bal'aju] s. m. hamper, basket made of straw; (Braz.) ancient dance.

ba.lan.ça [bal'ãsə] s. f. balance, pair of scales.

ba.lan.çar [balãs'ar] v. to balance, counterbalance; to swing, oscillate, sway, fluctuate, rock, waggle; to compare, ponder; to compensate; (com.) to balance accounts; to hesitate, teeter.

ba.lan.ce.a.men.to [balãseam'ẽtu] s. m. swinging; counterbalancing.

ba.lan.ce.ar [balãse'ar] v. = **balançar.**

ba.lan.cei.o [balãs'eju] s. m. balancing, rocking, swing.

ba.lan.ce.te [balãs'eti] s. m. (com.) trial, balance sheet.

ba.lan.cim [balãs'ĩ] s. m. (pl. -**cins**) (mech.) rocker arm, yoke, balance arbour; balance of a watch; main swing-tree (cart).

ba.lan.ço [bal'ãsu] s. m. swinging, fluctuation; swing, sway; rolling (ship); (com.) balance sheet. **fazer** ≃ to take stock.

ba.lan.gan.dã [balãgãd'ã] s. m. jewelry, trinkets worn by women; knick-knack.

ba.lão [bal'ãw] s. m. (pl. -**lões**) balloon; paper balloon. ≃ -**de-ensaio** trial balloon; (fig.) feeler.

ba.lar [bal'ar] v. to bleat, (of cattle) to low, bellow; (fam.) to baa.

ba.las.tro [bal'astru] s. m. sand, gravel, broken stone, road metal, ballast.

ba.la.ta [bal'atə] s. f. balata, bully-tree.

ba.la.us.tra.da [balawstr'adə] s. f. railing, handrail, parapet, banisters, balusters.

ba.la.ús.tre [bala'ustri] s. m. (archit.) baluster; handrail (on vehicles).

bal.bu.ci.a.ção [bawbusjas'ãw] s. f. (pl. -**ções**) stuttering, stammering, babbling.

bal.bu.ci.an.te [bawbusi'ãti] adj. m. + f. stammering, stuttering; confused.

bal.bu.ci.ar [bawbusi'ar] v. to stutter; to babble.

bal.búr.dia [bawb'urdjə] s. f. disorder, confusion, tumult; shouting, clamour.

bal.cão [bawk'ãw] s. m. (pl. -**cões**) (archit.) balcony; (shop) counter; show counter.

bal.co.nis.ta [bawkon'istə] s. m. + f. shop assistant; clerk.

bal.da.do [bawd'adu] adj. useless, ineffectual; unsuccessful; frustrate, effectless.

bal.da.quim [bawdak'ĩ] s. m. = **baldaquino.**

bal.da.qui.no [bawdak'inu] s. m. baldachin, canopy, tester.

bal.dar [bawd'ar] v. to frustrate, thwart.

bal.de [b'awdi] s. m. pail, bucket, scuttle; dustbin; tub, vat.

bal.de.a.ção [bawdeas'ãw] s. f. (pl. -**ções**) transfusion; transshipment, transfer of goods; (railway) transfer, connection.

bal.de.ar [bawde'ar] v. to decant, bail; to transship; to transfer; to change, connection.

bal.di.o [bawd'iu] s. m. unused plot of land. ‖ adj. uncultivated, barren; purposeless.

ba.le.ar [bale'ar] v. to wound with a shot; to shoot.

ba.le.ei.ra [bale'ejrə] s. f. whaleboat, whaleship.

ba.le.ei.ro [bale'ejru] s. m. whale-fisher, whaler.

ba.lei.a [bal'ejə] s. f. (zool.) whale; whalebone; (astr.) Whale (constellation).

ba.lei.ro [bal'ejru] s. m. street-vendor selling candy.

ba.le.la [bal'ɛlə] s. f. false report, rumour; lie, fib.

ba.li.do [bal'idu] s. m. bleat of a sheep or lamb; baa.

ba.lís.ti.ca [bal'istikə] s. f. ballistics.

ba.lís.ti.co [bal'istiku] adj. ballistic.

ba.li.za [bal'izə] s. f. mark, landmark, sign; boundary, buoy; (nav. construction) midship framework; stake; (Braz.) majorette; (swimming pool) lane.

bal.ne.á.rio [bawne'arju] s. m. health-resort, watering-place, spa; bath-house.

ba.lo.fo [bal'ofu] adj. puffy, spongy, flabby, flaccid; fat, adipose.

ba.lou.çar [balows'ar] v. to swing, rock to and fro; dangle; to labour (ships).

ba.lou.ço [bal'owsu] s. m. swinging, shaking, rocking; oscillation.

bal.sa [b'awsə] s. f. float, raft, ferryboat; (bot.) balsa.

bál.sa.mo [b'awsamu] s. m. balsam, balm; (fig.) alleviation, relief; comfort.

ba.lu.ar.te [balu'arti] s. m. fortress, bulwark, bastion; (fig.) shelter; refuge.

bal.za.qui.a.na [bawzaki'ʌnə] s. f. woman about 30 years. ‖ adj. referring to such a woman.

bam.ba [b'ãbə] s. m. expert; bigwig; m. + f. bully, rowdy.

bam.ba.le.an.te [bãbale'ãti] adj. = **bamboleante.**

bam.ba.le.ar [bãbale'ar] v. = **bambolear.**

bam.be.ar [bãbe'ar] v. to weaken; to slacken; (fig.) to vacillate; to be unstable.

bam.bo [b'ãbu] adj. slack, loose; feeble, weak; floppy; undecided, irresolute.

bam.bo.lê [bãbol'e] s. m. hoop.

bam.bo.le.an.te [bãbole'ãti] adj. swinging; dangling.

bam.bo.le.ar [bãbole'ar] v. to swing, oscillate; to waggle, waddle.

bam.bo.lei.o [bãbol'eju] s. m. swinging, oscillation; flounce.

bam.bu [bãb'u] s. m. (bot.) bamboo.

bam.bu.al [bãbu'aw] s. m. = **bambuzal.**

bam.bu.zal [bãbuz'aw] s. m. (pl. **-zais**) bamboo thicket, bamboo grove.

bam.bu.zi.nho [bãbuz'iñu] s. m. a little bamboo; (bot.) asparagus fern.

ba.nal [ban'aw] adj. m. + f. (pl. **-nais**) banal, trite, common, trivial; vulgar.

ba.na.li.da.de [banalid'adi] s. f. banality, triviality, vulgarity, bagatelle; commonplaceness.

ba.na.li.zar [banaliz'ar] v. to vulgarize, make or become common, trite, ordinary.

ba.na.na [ban'ʌnə] s. f. (bot.) banana; (Braz., sl.) obscene gesture; m. weakling, ninny, coward, stupid fellow.

ba.na.na.da [banan'adə] s. f. banana conserve.

ba.na.nei.ra [banan'ejrə] s. f. (bot.) banana plant.

ban.ca [b'ãkə] s. f. table, writing-table, desk, bureau; a lawyer's office and profession; news-stand. ≃ **examinadora** examining board. **abafar a** ≃ to overcome all opponents. ≃ **de jornais** news-stand, bookstall.

ban.ca.da [bãk'adə] s. f. row of seats; workbench.

ban.car [bãk'ar] v. to keep the bank (in gambling); to pretend, sham, dissimulate.

ban.cá.rio [bãk'arju] s. m. bank clerk. ‖ adj. of or concerning banks.

ban.car.ro.ta [bãkaʀ'otə] s. f. bankruptcy, insolvency; smash-up, suspension of payment.

ban.co [b'ãku] s. m. seat, pew, bench; footstool; shoal, bank (also com.). ≃ **de sangue** blood bank.

ban.da [b'ãdə] s. f. side, flank; band, strip; waistband; scarf, sash. ≃ **de rodagem** tread (of a tire). **à** ≃ inclined.

ban.da.gem [bãd'aʒẽj] s. f. (pl. **-gens**) (surg.) dressing, bandaging, ligature; compress.

ban.da.lhei.ra [bãdaʎ'ejrə] s. f. mean action, shabby trick.

ban.da.lhi.ce [bãdaʎ'isi] s. f. = **bandalheira.**

ban.dar.ra [bãd'aʀə] s. f. loafer, vagrant, idler.

ban.de.ar [bãde'ar] v. to go over to the other party, change sides; to cross, go beyond.

ban.dei.ra [bãd'ejrə] s. f. flag, banner, ensign; upper wing of a door; switch-lever of a taximeter; (Braz., hist.) expedition (to the hinterland). ≃ **de parlamentar** flag of truce. ≃ **negra** Jolly Roger, blackjack. **arriar a** ≃ to strike the colours; (fig.) to yield. **rir a** ≃**s despregadas** to have a good laugh. **virar** ≃ to change sides.

ban.dei.ra.da [bãdejr'adə] s. f. basic fare indicated by taximeters.

ban.dei.ran.te [bãdejr'ãti] s. m. (Braz., hist.) member of the expeditions called **bandeiras.** ‖ adj. of or related to **bandeiras.**

ban.dei.ri.nha [bãdejr'iñə] s. f. little flag; (ftb. and ten.) linesman, touch judge.

ban.dei.ro.la [bãdejr'ɔlə] s. f. banderol(e), streamer, signal-flag, pennant.

ban.de.ja [bãd'eʒə] s. f. tray, salver, board. ≃ **para chá** tea-tray.

ban.di.do [bãd'idu] s. m. bandit, outlaw, brigand, gangster; robber, highwayman.

ban.do [b'ãdu] s. m. group, faction; gang, mob; flock, band.

ban.do.lei.ro [bãdol'ejru] s. m. bandit, brigand, outlaw.

ban.do.lim [bãdol'ĩ] s. m. (pl. **-lins**) (mus.) mandolin.

ban.du.lho [bãd'uʎu] s. m. (hum.) belly. **encher o** ≃ to fill the belly.

ban.ga.lô [bãgal'o] s. m. bungalow.

ban.gue.la [bãg'ɛlə] s. m. + f. toothless; (mech.) out of gear.

ba.nha [b'ʌñə] s. f. lard, fat, drippings; pomatum, pomade.

ba.nha.do [bañ'adu] s. m. marsh, swamp, bog.

ba.nhar [bañ'ar] v. to bathe, take a bath, wash; to inundate; to moisten; to soak.

ba.nhei.ra [bañejrə] s. f. bathtub, bath; (phot.) developing tray.

ba.nhei.ro [bañ'ejru] s. m. bathtub; bathroom; closet, toilet; restroom; Ladies or Gents.

ba.nhis.ta [bañ'istə] s. m. + f. bather.

ba.nho [b'ʌñu] s. m. bath; bathroom; ≃ **s** therapeutic baths; any medium for bathing. ≃ **-maria** (cul. and chem.) water-bath, bainmarie.

ba.ni.men.to [banim'ẽtu] s. m. banishment, exile, expatriation; proscription; expulsion.

ba.nir [ban'ir] v. to banish, expatriate, exile; to outlaw, proscribe; to expel.

ban.quei.ro [bãk'ejru] s. m. banker; (gambling) dealer, croupier; rich man, capitalist.

ban.que.ta [bãk'etə] s. f. little bench, footstool.

ban.que.te [bãk'eti] s. m. banquet, sumptuous dinner, feast. **dar um** ≃ to banquet.

ban.que.te.ar [bãkete'ar] v. to banquet, feast.

ban.qui.sa [bãk'izə] s. f. pack-ice, floe.

ban.zé [bãz'ɛ] s. m. (pop.) noise, brawl, disorder.

ba.que [b'aki] s. m. thud; fall, collision; collapse.

ba.que.ar [bake'ar] v. to fall (esp. noisily), thud; to ruin o. s., fail; to prostrate o. s.

ba.que.li.ta [bakel'itə] s. f. bakelite.

bar [b'ar] s. m. bar, bar-room, counter; tap-room, saloon.

ba.ra.fun.da [baraf'ũdə] s. f. tumult, disorder, confusion, mess; hodge-podge.

ba.ra.fus.tar [barafust'ar] v. to enter by force, burst in; to meddle; to move about excitedly.

ba.ra.lha.da [baraʎ'adə] s. f. disorder, confusion, tumult.

ba.ra.lhar [baraʎ'ar] v. to shuffle (cards); to disturb, confuse; to confound, entangle; ≃ **-se** to become confused or embarrassed.

ba.ra.lho [bar'aʎu] s. m. pack (of playing cards).

ba.rão [bar'ãw] s. m. (pl. **-rões**) baron; (ant.) distinguished person; variety of cotton.

ba.ra.ta [bar'atə] s. f. (ent.) cockroach.

ba.ra.te.a.men.to [barateam'ẽtu] s. m. fall of (in) prices.

ba.ra.te.ar [barate'ar] v. to sell at a low price; to undervalue; to grant easily.

ba.ra.tei.o [barate'eju] s. m. = **barateamento.**

ba.ra.tei.ro [barat'ejru] s. m. merchant who sells cheap; underseller; cheapjack. ‖ adj. cheap.

ba.ra.te.za [barat'ezə] s. f. cheapness, inexpensiveness.

ba.ra.to [bar'atu] s. m. card-money. ‖ adj. cheap. ‖ adv. cheaply.

bar.ba [b'arbə] s. f. beard or whiskers (pl., also of animals); barb awn.

bar.ba.ças [barb'asəs] s. m. long-bearded man, long-beard.

bar.ba.çu.do [barbas'udu] adj. thickly bearded.

bar.ba.da [barb'adə] s. f. lower lip of a horse; (sport) walk over, easy victory.

bar.ban.te [barb'ãti] s. m. (pack) thread, twine, string.

bar.ba.ri.a [barbar'iə] s. f. barbarism, cruelty.

bar.bá.ri.co [barb'ariku] adj. barbaric, rude, cruel.

bar.ba.ri.da.de [barbarid'adi] s. f. barbarity, cruelty, inhumanity; gross mistake, absurdity.

bár.ba.ro [b'arbaru] s. m. barbarian. ‖ adj. barbarous, uncivilized, rude, coarse.

bar.ba.ta.na [barbat'ʌnə] s. f. fin (of a fish), whalebone, baleen; flipper.

bar.be.a.dor [barbead'or] s. m. shaver, electric razor.

bar.be.ar [barbe'ar] v. to shave; ≃ **-se** to shave o. s. **bem barbeado** clean shaven.

bar.be.a.ri.a [barbear'iə] s. f. barber's shop, barbershop.

bar.bei.ra.gem [barbejr'aʒēj] s. f. (pl. **-gens**) (Braz., pop.) wild or bad driving.

bar.bei.ro [barb'ejru] s. m. barber; (pop.) bad driver, road hog; unskilful person; (med.) insect which transmits Chagas' disease.

bar.be.la [barb'ɛlə] s. f. dewlap; double chin; curb of a bridle; barb (of fishhook etc.).

bar.bi.cha [barb'iʃə] s. f. little or downy beard.

bar.bi.for.me [barbif'ɔrmi] adj. beard-shaped.

bar.bi.tu.ra.to [barbitur'atu] s. m. (chem.) barbiturate.

bar.bi.tú.ri.co [barbit'uriku] adj. (chem.) barbituric.

bar.bu.do [barb'udu] s. m. (ichth.) barbudo. ‖ adj. bearded.

bar.ca [b'arkə] s. f. flatboat, barge, lighter; (naut.) log; (astr.) Great Bear.

bar.ca.ça '[bark'asə] s. f. barge, large bark; coaster, lighter. ≃ **de bombeiro** fire-boat.

bar.ca.ro.la [barkar'ɔlə] s. f. (mus.) barcaro(l)le.

bar.co [b'arku] s. m. boat, ship. ≃ **a motor** motor-boat. ≃ **a remo** rowboat. ≃ **salvavidas** lifeboat.

bar.do [b'ardu] s. m. bard, troubadour, poet, balladist.

bar.ga.nha [barg'aɲə] s. f. barter, exchange; (pop.) swindle, cheat, sharp bargain.

bar.ga.nhar [bargaɲ'ar] v. to barter, negotiate; to trade; to cheat, swindle.

bá.rio [b'arju] s. m. (chem.) barium.

ba.rí.to.no [bar'itonu] s. m. barytone, baritone.

bar.la.ven.to [barlav'ẽtu] s. m. (naut.) luff, weather side, windward, weatherboard.

ba.ró.gra.fo [bar'ɔgrafu] s. m. barograph.

ba.ro.lo.gi.a [baroloʒ'iə] s. f. (phys.) barology.

ba.rô.me.tro [bar'ometru] s. m. barometer, weather glass, rain-glass, weather box.

ba.ro.ne.sa [baron'ezə] s. f. baroness; (bot.) water hyacinth; ≃s earrings.

ba.ro.ne.te [baron'eti] s. m. baronet (title of an English nobleman).

bar.quei.ro [bark'ejru] s. m. boatman, ferryman, bargee, waterman.

bar.qui.nha [bark'iɲə] s. f. (naut.) log, common log; small boat; basket (balloon).

bar.ra [b'ařə] s. f. bar; ingot; billet; hem (of a skirt); border, fringe.

bar.ra.ca [bař'akə] s. f. stall, tent, hut, barrack; shelter, cover; (fig.) big umbrella.

bar.ra.cão [bařak'ãw] s. m. (pl. **-cões**) large tent; shed.

bar.ra.co [bař'aku] s. m. (Braz.) hut, cottage.

bar.ra.do [bař'adu] adj. striped; barred.

bar.ra.gem [bař'aʒēj] s. f. (pl. **-gens**) barrier; storage dam, barrage; crawl (for fish).

bar.ran.co [bař'ãku] s. m. rut, groove; gully, gorge, ravine. **aos trancos e** ≃**s** by fits and starts, by leaps and bounds.

bar.ran.quei.ra [bařãk'ejrə] s. f. precipice, steep slope; ravine.

bar.rar [bař'ar] v. to cross with bars; to hem; to hinder, obstruct.

bar.rei.ra [bař'ejrə] s. f. loam-pit, clayey soil, stockade, barricade; obstacle, barrier; limit; gate; hurdle.

bar.re.la [bař'ɛlə] s. f. lye; wash; (coll.) swindle.

bar.ren.to [bař'ẽtu] adj. loamy, clayey, muddy.

bar.re.te [bař'ɛti] s. m. cap, toque; (eccl.) biretta; bonnet; (zool.) reticulum.

bar.ri.ca [bař'ikə] s. f. barrel, keg, cask, tub.

bar.ri.ca.da [bařik'adə] s. f. barricade, stockade.

bar.ri.ga [bař'igə] s. f. belly; paunch; pregnancy; bulge, swelling; (Braz.) newspaper hoax.

bar.ri.ga.da [bařig'adə] s. f. bellyful; repletion, satiety, overeating; (swim. sl.) belly buster.

bar.ri.gão [bařig'ãw] s. m. (pl. **-gões**) paunch, pot belly; (coll.) corporation.

bar.ri.gu.do [bařig'udu] s. m. Lagothrix, prehensile-tailed and wooly monkey. ‖ adj. pot bellied, paunchy.

bar.ri.guei.ra [bařig'ejrə] s. f. bellyband, girth (harness); pregnancy. ‖ adj. pregnant.

bar.ril [bař'iw] s. m. (pl. **-ris**) barrel, cask, wooden keg, coop, drum.

bar.ri.la.da [bařil'adə] s. f. contents of a barrel, barrelful.

bar.ri.le.te [bařil'eti] s. m. holdfast, clamp; small barrel, firkin.

bar.ro [b'aɾu] s. m. clay, potter's earth, kaolin; loam, mud; mud cottage.

bar.ro.ca [baɾ'ɔkə] s. f. rut; gully, runnel.

bar.ro.co [baɾ'oku] s. m. (archit., arts and literat.) baroque. ‖ adj. quaint.

ba.ru.lha.da [baruʎ'adə] s. f. uproar, racket, clamour; noise, hubbub.

ba.ru.lhei.ra [baruʎ'ejrə] s. f. = **barulhada**.

ba.ru.lhen.to [baruʎ'ētu] adj. loud, noisy, uproarious, tumultuous, turbulent.

ba.ru.lho [bar'uʎu] s. m. noise, uproar, clamour; tumult; revolt. **armar** ≃ to raise hell.

ba.sal.to [baz'awtu] s. m. (min.) basalt; (geol.) whin.

bas.ba.que [bazb'aki] s. m. booby, nincompoop; goon, driveller.

bas.ba.qui.ce [bazbak'isi] s. f. silliness, foolishness.

bas.cu.lan.te [baskul'āti] adj. inclinable, tilting. **vagão** ≃ side tip (dumping) waggon. **caminhão** ≃ dump truck.

ba.se [b'azi] s. f. base, basis, bottom; foundation, support. ≃ **aérea** air base.

ba.se.ar [baze'ar] v. to base, form, make or serve as a base; to found, establish; to put on a base or basis; ≃-**se** to be based, rest, rely on, found.

ba.se.bol [bazeb'ɔw] s. m. = **beisebol**.

ba.sic [b'ejzik] s. m. (inform.) basic (Beginner's All-purposes Symbolic Instruction Code).

bá.si.co [b'aziku] adj. basic, fundamental, principal.

ba.si.lar [bazil'ar] adj. basic, fundamental.

ba.sí.li.ca [baz'ilikə] s. f. basilica.

bas.que.te.bol [baskɛtib'ɔw] s. m. basketball.

bas.set [bas'e] s. m. basset.

bas.ta [b'astə] interj. enough!, that's enough!, stop!, shut up!

bas.tan.te [bast'āti] adj. m. + f. enough, sufficient; satisfactory; plenty, ample.

bas.tão [bast'āw] s. m. (pl. **-tões**) staff, stick; baton; truncheon; walking stick, cane.

bas.tar [bast'ar] v. to be enough, be sufficient, suffice.

bas.tar.do [bast'ardu] s. m. bastard. ‖ adj. spurious; degenerate; illegitimate.

bas.ti.dor [bastid'or] s. m. embroidery frame, tambour frame; wing. **por detrás dos** ≃**es** behind the scene or curtain, secretly; in the wings.

bas.to [b'astu] adj. thick, dense, compact; (fig.) numerous, abundant.

ba.ta [b'atə] s. f. (ant.) dressing gown, gown; overall, smock.

ba.ta.lha [bat'aʎə] s. f. battle, combat, action, conflict, fight; dispute.

ba.ta.lhão [bataʎ'āw] s. m. (pl. **-lhões**) battalion.

ba.ta.lhar [bataʎ'ar] v. to fight, engage in battle, combat; to argue, discuss.

ba.ta.ta [bat'atə] s. f. potato; nonsense, blunder. ≃ **inglesa** = **batatinha**. ≃**s fritas** fried potatoes. ≃-**doce** sweet potato, yam. **fécula de** ≃ potato starch.

ba.ta.ti.nha [batat'iɲə] s. f. small potato, potato crisp, potato chip.

ba.ta.vo [bat'avu] s. m. Dutchman, Batavian. ‖ adj. Batavian.

ba.te.ar [bate'ar] v. to wash gold in a pan, pan.

bate-boca [batib'okə] s. m. (pl. **bate-bocas**) bawling, shouting, slanging match.

bate-bola [batib'ɔlə] s. m. (pl. **bate-bolas**) football (played by boys), soccer.

ba.te.dei.ra [bated'ejrə] s. f. churn, butter vat; food-mixer.

ba.te.dor [bated'or] s. m. beater, scout; forerunner; batter, batsman; rammer. ≃ **de carteiras** pickpocket. ≃ **de ovos** egg beater.

bate-estacas [batiest'akəs] s. m., sg. + pl. pile-driver.

bá.te.ga [b'ategə] s. f. old-fashioned metal basin.

ba.tel [bat'ɛw] s. m. (pl. **-téis**) canoe, skiff.

ba.te.la.da [batel'adə] s. f. boat-load; cargo of a boat; great number (of things).

ba.te.lão [batel'āw] s. m. (pl. **-lões**) barge; (Braz.) small canoe; punt.

ba.ten.te [bat'ēti] s. m. rabbet (of a door or window), door-post; (Braz., pop.) hard work, drudging labour; doorstop, catch.

bate-papo [batip'apu] s. m. (pl. **bate-papos**) chat.

ba.ter [bat'er] v. to beat, thrash, mix, shake; to knock about; to defeat; to flap (the wings); to clap (the hands); to strike (the hour); to collide; to palpitate. ≃ **as botas** (coll.) to die, kick the bucket. ≃-**boca** (Braz.) to squabble.

ba.te.ri.a [bater'iə] s. f. basic unit of field artillery; (mil. and electr.) battery.

ba.ti.da [bat'idə] s. f. beat, stroke, tap; (fig.) rebuke; (mil.) reconnoitering; police raid; drink made of rum, lemon, sugar or honey; crash, collision, bump.

ba.ti.do [bat'idu] adj. beaten, hit, defeated, routed, worn-out, threadbare; (fig.) commonplace, ordinary, vulgar; rutty (road).

ba.ti.men.to [batim'ẽtu] s. m. act of beating, beat, throb; collision, shock, impact.

ba.ti.na [bat'inə] s. f. (eccl.) cassock; academic gown.

ba.tis.mo [bat'izmu] s. m. baptism, christening.

ba.tis.ta [bat'istə] s. + adj. m. + f. (rel.) Baptist.

ba.tis.té.rio [batist'ɛrju] s. m. baptist(e)ry.

ba.ti.za.do [batiz'adu] s. m. baptism; baptized person.

ba.ti.zar [batiz'ar] v. to baptize, christen; (pop.) to nickname; to adulterate (wine etc.).

ba.tom [bat'õw] s. m. lipstick.

ba.to.que [bat'ɔki] s. m. bunghole; bung, stopper.

ba.tu.ca.da [batuk'adə] s. f. music and rhythm of Afro-Brazilian dances.

ba.tu.car [batuk'ar] v. to hammer, drum; to dance the **batuque.**

ba.tu.que [bat'uki] s. m. designation of Afro-Brazilian dances.

ba.tu.ta [bat'utə] s. f. a conductor's baton. I adj. m. + f. intelligent, sagacious; remarkable; agile, lively; brave.

ba.ú [ba'u] s. m. travelling box, trunk, chest, locker.

bau.ni.lha [bawn'iʎə] s. f. vanilla.

ba.zar [baz'ar] s. m. oriental market, market place; bazaar; jumble sale; warehouse.

ba.zó.fia [baz'ɔfjə] s. f. vanity, haughtiness, pride; boast, swagger.

ba.zo.fi.ar [bazofi'ar] v. to brag, boast, swagger.

bê-a-bá [beab'a] s. m. the ABC, alphabet; fundamentals (pl.); 3 R's.

be.a.ta [be'atə] s. f. pious woman, bigot; sanctimonious woman.

be.a.ti.ce [beat'isi] s. f. bigotry, sanctimoniousness, sanctimony.

be.a.to [be'atu] s. m. beatified man; pious person; bigot. I adj. exceedingly pious.

bê.ba.do [b'ebadu] s. m. drunk(ard). I adj. drunk, tipsy, intoxicated.

be.bê [beb'e] s. m. baby, babe. **carrinho de** ≃ baby carriage.

be.be.dei.ra [bebed'ejrə] s. f. spree, drinking bout; drunkenness.

be.be.dou.ro [bebed'owru] s. m. well, drinking fountain, drinking place; watering place.

be.ber [beb'er] v. to drink, swallow.

be.be.ri.car [beberik'ar] v. to sip, drink little by little; to booze.

be.ber.rão [bebeř'ãw] s. m. (pl. **-rões**) drunkard, boozer, piss-artist.

be.bi.da [beb'idə] s. f. drink, beverage, potion; act of drinking; (coll.) booze.

be.ca [b'ɛkə] s. f. a magistrate's gown, academic gown; toga, (fig.) magistracy.

be.ça [b'ɛsə] (Braz.) used only in the adverbial locution **à** ≃ in great quantities, galore.

be.co [b'eku] s. m. lane, alley. ≃ **sem saída** blind alley; deadlock; serious trouble.

be.del [bed'ɛw] s. m. (pl. **-déis**) beadle, school attendant; janitor; mace, bearer.

be.de.lho [bed'eʎu] s. m. door latch, bolt of a lock. **meter o** ≃ to meddle into s. o.'s affairs.

bei.ço [b'ejsu] s. m. lip; rim, salience.

bei.çu.do [bejs'udu] s. m. man with pouting lips. I adj. blubber-lipped, thick-lipped.

beija-flor [bejʒafl'or] s. m. (pl. **beija-flores**) (ornith.) hummingbird.

bei.jar [bejʒ'ar] v. to kiss, caress; to touch lightly, osculate.

bei.jo [b'ejʒu] s. m. kiss.

bei.jo.ca [bejʒ'ɔkə] s. f. (coll.) hearty kiss.

bei.jo.quei.ro [bejʒok'ejru] adj. caressing, fond of kissing.

bei.ra [b'ejrə] s. f. edge, shore; rim; proximity, verge, border; brink.

bei.ra.da [bejr'adə] s. f. margin, border; eaves (of a roof).

bei.ral [bejr'aw] s. m. (pl. **-rais**) edge (of a roof), weatherboard.

beira-mar [bejram'ar] s. f. (pl. **beira-mares**) seashore, strand; coast, littoral. I adj. coastal, littoral.

bei.rar [bejr'ar] v. to walk or run along the border of; to be situated near the border.

bei.se.bol [bejzeb'ɔw] s. m. baseball.

be.la [bˈɛlə] s. f. beautiful woman. ≃ **ador-mecida** sleeping beauty.

belas-artes [bɛlazˈartis] s. f. pl. the fine (plastic, visual) arts.

belas-letras [bɛlazlˈetras] s. f. pl. literature, belles-lettres.

bel.da.de [bewdˈadi] s. f. beauty, belle.

be.le.za [belˈezə] s. f. beauty, gracefulness, handsomeness; good looks. **salão de** ≃ beauty parlour, beauty shop.

bel.ga [bˈɛwgə] s. + adj. m. + f. Belgian.

be.li.che [belˈiʃi] s. m. (mar. and acron.) sleeping berth, bunk; cabin.

bé.li.co [bˈɛliku] adj. warlike, bellicose; martial.

be.li.co.so [belikˈozu] adj. warlike, bellicose, pugnacious; quarrelsome.

be.li.ge.rân.cia [beliʒerˈãsjə] s. f. belligerence, belligerency.

be.li.ge.ran.te [beliʒerˈãti] adj. m. + f. belligerent, pugnacious. **não** ≃ non-belligerent.

be.lis.cão [beliskˈãw] s. m. (pl. -cões) squeeze, pinch, nip.

be.lis.car [beliskˈar] v. to pinch, squeeze, nip with the fingers; to scratch, stimulate; to pick at (food).

be.lo [bˈɛlu] s. m. beautifulness, fairness; perfection. ‖ adj. beautiful, fair, fine; handsome; harmonious.

be.lo.na.ve [belonˈavi] s. f. (Braz.) man-of-war, warship.

bel-prazer [bɛwprazˈer] s. m. free will, desire, pleasure, liking; discretion.

bel.tra.no [bewtrˈʌnu] s. m. Mr. So-and-So, John Doe, John Citizen.

bem [bˈẽj] s. m. good, goodness, happiness, blessing; benefit; object of love, darling; **bens** landed property, real estate, possessions; assets. ‖ adv. well, very. ‖ interj. well!, so! ≃**-amado** lover, sweetheart. ≃**- aven-turado** blessed person. ≃**- aventurança** bliss, blessedness. ≃**- criado** well-educated, well-brought-up. ≃**- estar** comfort, welfare, well-being, satisfaction, ease, wealth. ≃**- me-quer** daisy. ≃**-posto** elegant, well-dressed. ≃**- te-vi** tyrant flycatcher. ≃**-vindo** welcome. ≃**-visto** well-beloved, welcome. **bens fixos** capital assets.

bên.ção [bˈẽsãw] s. f. blessing.

ben.di.to [bẽdˈitu] adj. blessed, praised.

be.ne.di.ti.no [benedit'inu] s. m. + adj. Benedictine.

be.ne.fi.cên.cia [benefisˈẽsjə] s. f. beneficence, charity, philanthropy.

be.ne.fi.cen.te [benefisˈẽti] adj. beneficent, charitable, beneficial; kind, well-doing.

be.ne.fi.ci.a.ção [benefisjasˈãw] s. f. = **beneficiamento**.

be.ne.fi.ci.a.men.to [benefisjamˈẽtu] s. m. betterment, improvement, amelioration, benefaction; processing (cereals etc.).

be.ne.fi.ci.ar [benefisiˈar] v. to benefit, be beneficial to; to improve; to process (cereals etc.); to repair, overhaul.

be.ne.fi.ci.á.rio [benefisiˈarju] s. m. + adj. beneficiary.

be.ne.fí.cio [benefˈisju] s. m. service, labour (for the benefit of another), benefaction; benefit, mercy; benefice, boon; usefulness.

be.né.fi.co [benˈɛfiku] adj. beneficial, useful, salutary.

be.ne.mé.ri.to [benemˈɛritu] s. m. meritorious person; benefactor. ‖ adj. well-deserving, meritorious; illustrious, distinguished.

be.ne.plá.ci.to [beneplˈasitu] s. m. consent, approval; permission; approbation.

be.ne.vo.lên.cia [benevolˈẽsjə] s. f. benevolence, goodwill, amity; complaisance.

be.ne.vo.len.te [benevolˈẽti] adj. = **benévolo**.

be.né.vo.lo [benˈɛvolu] adj. benevolent, kind, charitable, benign.

ben.fa.ze.jo [bẽfazˈeʒu] adj. wholesome, beneficent, charitable, beneficial.

ben.fei.tor [bẽfejtˈor] s. m. benefactor, well-doer, improver. ‖ adj. beneficial.

ben.fei.to.ri.a [bẽfejtorˈiə] s. f. improvement, betterment, melioration; benefit, profit.

ben.ga.la [bẽgˈalə] s. f. walking stick, cane.

be.nig.ni.da.de [benignidˈadi] s. f. benignity; mildness.

be.nig.no [benˈignu] adj. kind, benign, benevolent; (med.) benign, not malignant.

ben.ja.mim [bẽʒamˈĩ] s. m. (electr.) socket or plug for two or three lamps.

ben.quis.to [bẽkˈistu] adj. beloved, esteemed, respected, well-beloved.

ben.to [bˈẽtu] s. m. (pop.) quack. ‖ adj. sacred.

ben.ze.dei.ro [bẽzedˈejru] s. m. faith healer, quack, shaman; witch doctor, sorcerer.

ben.ze.du.ra [bẽzed'urə] s. f. act of blessing, benediction, conjuration.

ben.ze.no [bẽz'enu] s. m. benzene.

ben.zer [bẽz'er] v. to bless, consecrate; to conjure.

ben.zi.na [bẽz'inə] s. f. benzine.

be.ó.cio [be'ɔsju] adj. Boeotian; dull, stupid.

be.qua.dro [bekw'adru] s. m. (mus.) natural, sign used to cancel the effect of a preceding sharp or flat.

be.que [b'ɛki] s. m. (mar.) prow, head of a ship; (pop.) beak; (ftb.) back.

ber.çá.rio [bers'arju] s. m. baby ward in a maternity hospital, nursery, day nursery.

ber.ço [b'ersu] s. m. cradle, birthplace, origin.

be.re.ba [ber'ɛbə] s. f. abscess, itch; sore; skin disease.

be.rim.bau [berĩb'aw] s. m. jew's harp.

be.rin.je.la [berĩʒ'ɛlə] s. f. aubergine, eggplant.

ber.lin.da [berl'ĩdə] s. f. (hist.) two seated covered carriage. **estar na** ≃ to be the center of general attention.

ber.lo.que [berl'ɔki] s. m. jewel trinket, pendant, charm.

ber.ran.te [beř'ãti] s. m. instrument used to call cattle in the fields. ‖ adj. m. + f. crying, shouting, harsh; vociferous; showy, striking. **cores** ≃ **s** flashy (glaring) colours.

ber.rar [beř'ar] v. to cry, shout; to roar, howl; to bellow, bleat; to vociferate, clamour.

ber.rei.ro [beř'ejru] s. m. frequent screams, yowl; clamour, uproar.

ber.ro [b'ɛřu] s. m. the cry of animals; howl, bellow; shout, roar; clamour.

be.sou.ro [bez'owru] s. m. beetle, any coleopterous insect; (electr.) buzzer.

bes.ta [b'estə] s. f. quadruped, mare, mule, jenny ass; beast of burden; brutish fellow; m. + f. (fig.) simpleton. ‖ adj. stupid.

bes.ta.lhão [bestaʎ'ãw] s. m. (pl. **-lhões**) blockhead, fool. ‖ adj. silly.

bes.tei.ra [best'ejrə] s. f. nonsense, absurdity; foolishness, ingeniousness.

bes.ti.al [besti'aw] adj. m. + f. (pl. **-ais**) bestial, beastly, brutish; (fig.) stupid.

bes.ti.a.li.da.de [bestjalid'adi] s. f. bestiality, atrocity.

bes.ti.a.li.zar [bestjaliz'ar] v. to bestialize, brutalize, make stupid.

bes.ti.a.ló.gi.co [bestjal'ɔʒiku] adj. foolish, silly; bombastic, pretentious.

bes.ti.á.rio [besti'arju] s. m. bestiary. ‖ adj. bestial.

bes.ti.ce [best'isi] s. f. = **besteira**.

bes.ti.fi.car [bestifik'ar] v. to bestialize, brutalize, amaze, bewilder, confound, astound.

best sell.er [bests'ɛler] s. m. best seller.

bes.tun.to [best'ũtu] s. m. (hum., coll.) pate, dullness; stupidity.

be.sun.tar [bezũt'ar] v. to anoint, grease, smear, soil.

be.tão [bet'ãw] s. m. concrete.

be.ter.ra.ba [beteř'abə] s. f. (bot.) beet, beetroot, sugar-beet.

be.to.nar [beton'ar] v. to concrete, mix or form concrete; cover with concrete.

be.to.nei.ra [beton'ejrə] s. f. concrete mixer (machine).

bé.tu.la [b'ɛtulə] s. f. (bot.) birch, white birch.

be.tu.me [bet'umi] s. m. bitumen, asphalt, mineral pitch; putty.

be.tu.mi.no.so [betumin'ozu] adj. bituminous, tarry.

be.xi.ga [beʃ'igə] s. f. (anat.) bladder, gallbladder, urinary bladder, air-bladder (of fishes); small-pox, pockmark(s).

be.xi.go.so [beʃig'ozu] adj. = **bexiguento**.

be.xi.guen.to [beʃig'ẽtu] adj. pockmarked, pitted (with pustule scars).

be.zer.ra [bez'eřə] s. f. (zool.) heifer; calfskin.

be.zer.ro [bez'eřu] s. m. bull-calf, male calf, calfskin.

bi.a.ba [bi'abə] s. f. affray, scuffle, brawl.

bi.be [b'ibi] s. m. pinafore, bib, apron (for children).

bi.be.lô [bibel'o] s. m. trinket, bibelot; fancy jewelry; trifles; (coll.) pretty-pretty.

Bí.blia [b'ibljə] s. f. the Bible, the Holy Scriptures, the Book.

bí.bli.co [b'ibliku] adj. biblical, scriptural.

bi.bli.o.gra.fi.a [bibljograf'iə] s. f. bibliography.

bi.bli.o.te.ca [bibljot'ɛkə] s. f. library; bookcase, bookshelf.

bi.bli.o.te.cá.rio [bibljotek'arju] s. m. librarian, bibliothecary.

bi.bo.ca [bib'ɔkə] s. f. crevice, hole, cave, straw hut, shack.

bi.ca [b'ikə] s. f. conduit, pipe, springlet, fountain.

bi.ca.da [bik'adə] s. f. peck, pecking; beakful.

bi.car [bik'ar] v. to peck.

bi.car.bo.na.to [bikarbon'atu] s. m. (chem.) bicarbonate, acid carbonate.

bi.cha [b'iʃə] s. f. (zool.) collective designation of worms, leech; queue; (pop.) yellow fever; (sl.) gay, queer.

bi.cha.do [biʃ'adu] adj. wormy, worm-eaten, maggoty, buggy.

bi.cha.no [biʃ'ʌnu] s. m. (pop.) kitten, pussy.

bi.char [biʃ'ar] v. to become wormy, worm-eaten.

bi.cha.ra.da [biʃar'adə] s. f. animals collectively; vermins; (fig.) multitude, crowd.

bi.chei.ro [biʃ'ejru] s. m. bookmaker (of a sort of lottery).

bi.chen.to [biʃ'ẽtu] adj. wormy, verminous.

bi.cho [b'iʃu] s. m. any animal, vermin. ≃-**barbeiro** barbeiro, a bug. ≃-**da-seda** (ent.) silkworm. ≃-**do-pé** (ent.) chigo(e), jigger. ≃-**papão** bugbear, bugaboo, bogey. **jogo do** ≃ a sort of lottery.

bi.cho.so [biʃ'ozu] adj. wormy, worm-eaten.

bi.ci.cle.ta [bisikl'ɛtə] s. f. bicycle, bike.

bi.co [b'iku] s. m. beak, bill, pecker, peak; (pop.) poultry; point, sharp end, spout, snout, prow, nose, lip; nib of a pen; (coll.) human mouth; small change (money); needle-point lace; (gambling) the lowest cards in the play; small gains, casual earnings; pin money; insignificant debt; burner, nozzle, jet. ‖ interj. hush!, mum! ≃ **de Bunsen** Bunsen burner. **calar o** ≃ to hold one's mouth. **levar alguém no** ≃ to lead someone to the garden. **meter o** ≃ **em** to meddle, poke one's nose in.

bi.con.ve.xo [bikõv'ɛksu] adj. biconvex, convex-convex.

bi.co.ta [bik'ɔtə] s. f. loud kiss, smack, buss.

bi.cu.do [bik'udu] adj. (fig.) annoyed, cross. ≃ **do algodão** bollweevil.

bi.dê [bid'e] s. m. bidet, a kind of sitz-bath.

bi.e.la [bi'ɛlə] s. f. (tech.) connecting or coupling rod, pitman, piston rod.

bi.far [bif'ar] v. to pilfer, steal; to cheat.

bi.fe [b'ifi] s. m. steak, beefsteak.

bi.fur.ca.ção [bifurkas'ãw] s. f. bifurcation, fork, parting; railroad junction.

bi.fur.car [bifurk'ar] v. to bifurcate, fork, dichotomize, divaricate; (pop.) to mount (astride).

bi.ga.mi.a [bigam'iə] s. f. bigamy.

bí.ga.mo [b'igamu] s. m. bigamist. ‖ adj. bigamous.

bi.go.de [big'ɔdi] s. m. moustache; game of cards.

bi.go.de.ar [bigode'ar] v. to deceive, trick; to cheat, swindle; to fool someone.

bi.go.dei.ra [bigod'ejrə] s. f. thick moustache; a horse brush.

bi.gor.na [big'ɔrnə] s. f. anvil; (anat.) incus.

bi.ju.te.ri.a [biʒuter'iə] s. f. bijouterie, trinkets, small jewels; trifles.

bi.la.bi.al [bilabi'aw] adj. m. + f. bilabial.

bi.la.te.ral [bilater'aw] adj. m. + f. bilateral.

bi.lha [b'iʎə] s. pitcher, earthen pot with a narrow neck.

bi.lhão [biʎ'ãw] s. m. (pl. **-lhões**) billion.

bi.lhar [biʎ'ar] s. m. billiards, billiard-table, billiard-room or house.

bi.lhe.te [biʎ'eti] s. m. note, short letter, notice; ticket.

bi.lhe.te.ri.a [biʎeter'iə] s. f. booking office, box-office or ticket-office.

bi.lín.güe [bil'ĩgwi] adj. m. + f. bilingual.

bi.li.o.so [bili'ozu] adj. bilious; choleric, ill-tempered.

bí.lis [b'ilis] s. f., sg. + pl. (anat.) bile, gall; (fig.) choler; ill-humour; hypochondria.

bil.ro [b'iwr̄u] s. m. bobbin; dwart, weakling, molly.

bil.tre [b'iwtri] s. m. rascal, scoundrel, rogue, ruffian.

bi.men.sal [bimẽs'aw] adj. m. + f. bimensal, bimonthly, semimonthly, twice a month.

bi.mes.tre [bim'ɛstri] s. m. bimester, a two-months' period; lasting two months.

bi.ná.rio [bin'arju] s. m. (tech.) couple. ‖ adj. binary, dual.

bi.nó.cu.lo [bin'ɔkulu] s. m. binocular(s), field-glass(es), opera glass(es).

bi.o.ge.né.ti.ca [bjoʒen'ɛtikə] s. f. biogenetic.

bi.o.gra.fi.a [biograf'iə] s. f. biography.

bi.o.lo.gi.a [biolo3'iə] s. f. biology.

bi.o.mas.sa [bjom'asə] s. f. biomass.

bi.om.bo [bi'õbu] s. m. folding screen; screen; partition wall; blind.

bi.ô.ni.co [bi'oniku] adj. bionic.

bi.op.se [bi'ɔpsi] s. f. = **biopsia.**

bi.op.si.a [bi'ɔpsjə] s. f. (med.) biopsy.

bi.o.quí.mi.ca [biok'imikə] s. f. biochemistry.

bi.o.quí.mi.co [biok'imiku] s. m. biochemist.
‖ adj. biochemical.

bi.or.rit.mo[bjoȓ'itmu] s. m. bioritmo.

bi.os.fe.ra [bjosf'erə] s. f. biosphere.

bi.o.tec.no.lo.gia [biotɛknoloʒ'iə] s. f. biotechnology.

bi.ó.ti.co [bi'ɔtiku] adj. biotic.

bi.par.ti.do [bipart'idu] adj. bipartite; split into two.

bi.par.tir [bipart'ir] v. to divide into halves.

bí.pe.de [b'ipedi] s. m. biped, two-footed animal.

bi.pla.no [bipl'ʌnu] s. m. (aeron.) biplane.

bi.quei.ra [bik'ejrə] s. f. ferrule, tip of a cane or umbrella; spout, gutter, toecap.

bi.qui.nho [bik'iñu] s. m. little beak or bill.
fazer ≃ to pout, be sulky.

bi.ri.ba [bir'ibə] s. m. + f. rustic, yokel; horse driver, muleteer.

bir.ra [b'iȓə] s. m. obstinacy, stubbornness; (fig.) whim, freak, fit of temper.

bir.ren.to [bir'ẽtu] adj. stubborn, obstinate, mad.

bi.ru.ta [bir'utə] s. f. (aeron.) wind sleeve, wind sock; (sl.) nuts, daft, crazy.

bis [b'is] adj. bis, again, twice. ‖ interj. encore!

bi.são [biz'ãw] s. m. (pl. **-sões**) (zool.) bison.

bi.sa.vô [bizav'o] s. m. great-grandfather.

bi.sa.vó [bizav'ɔ] s. f. great-grandmother.

bis.bi.lho.tar [bizbiʎot'ar] v. to (make) intrigue(s), scheme, gossip, pry, tottle.

bis.bi.lho.tei.ro [bizbiʎot'ejru] s. m. intriguer, telltale, gossiper, busybody.

bis.ca [b'iskə] s. f. game of cards; (coll.) scoff, a sharp word, sarcastic criticism; hypocrite, bad sort, rascal, scoundrel.

bis.ca.te [bisk'ati] s. m. odd-job, casual earnings; casual work, chore.

bis.ca.tei.ro [biskat'ejru] s. m. odd-jobber, odd-job man.

bis.coi.tei.ra [biskojt'ejrə] s. f. biscuit tray or plate, cookie jar.

bis.coi.tei.ro [biskojt'ejru] s. m. biscuit maker or seller.

bis.coi.to [bisk'ojtu] s. m. biscuit, sugar bread, scone, shortcake.

bis.na.ga [bizn'agə] s. f. tube (for toothpaste, vaseline etc.), squirt.

bis.ne.ta [bizn'ɛtə] s. f. great-granddaughter.

bis.ne.to [bizn'ɛtu] s. m. great-grandson.

bi.so.nho [biz'oñu] s. m. new hand, tenderfoot, freshman. ‖ adj. shy, awkward; inexperienced, callow, raw.

bis.pa.do [bisp'adu] s. m. (eccl.) bishopric.

bis.po [b'ispu] s. m. (eccl. and chess) bishop; pontiff.

bis.se.xu.al [biseksu'aw] adj. m. + f. bisexed.

bis.tu.ri [bistur'i] s. m. scalpel.

bit [b'it] s. m. (inform.) bit.

bi.to.la [bit'ɔlə] s. f. gauge; standard measure, track, norm; (fig.) rule of life.

bi.to.la.do [bitol'adu] adj. hidebound.

bi.to.lar [bitol'ar] v. to gauge; to establish a norm or standard; to appraise.

bi.va.len.te [bival'ẽti] adj. m. + f. bivalent, divalent.

bi.val.ve [biv'awvi] adj. bivalve(d), bivalvular.

bi.va.que [biv'aki] s. m. bivouac, encampment, camp, bivouacking troops.

bi.zar.ri.a [bizaȓ'iə] s. f. gracefulness, elegance; gentleness; gallantry; pride.

bi.zar.ro [biz'aȓu] adj. gentle, generous; elegant, graceful; brave; extravagant.

bla.gue [bl'agi] s. f. gag, joke.

blas.fe.mar [blasfem'ar] v. to blaspheme, profane, damn, swear, curse; to defame.

blas.fê.mia [blasf'emjə] s. f. blasphemy, impiety, profanity; irreverence, sacrilege.

bla.so.nar [blazon'ar] v. to boast, brag; to show off, display; to pride or praise oneself.

ble.cau.te [blɛk'awti] s. m. black-out.

ble.far [blef'ar] v. to bluff, trick; to dupe, delude; to cheat, swindle.

ble.fe [bl'ɛfi] s. m. bluff.

ble.fis.ta [blef'istə] s. m. + f. bluffer. ‖ adj. bluffing.

blin.da.gem [blĩd'aʒẽj] s. f. (pl. **-gens**) screening; shield, blindage, armour; casing.

blin.dar [blĩd'ar] v. armour, plate, case in steel; to coat, cover, protect.

blo.co [bl'ɔku] s. m. block, log of wood, writing pad, note pad. ≃ **de anotações** jotter. ≃ **de cilindro** (tech.) cylinder block.

blo.que.ar [bloke'ar] v. to block up, blockade; to block, obstruct; to besiege.

blo.quei.o [blok'eju] s. m. blockade, siege; blockage; obstruction; obstacle, stoppage.

blu.sa [bl'uzə] s. f. blouse; work-shirt.

blu.são [bluz'ãw] s. m. windbreaker (sports jacket), blouse, slop.

bo.a [b'oə] s. f. (jur.) real or landed estates (or property), immovables. **l** adj. f. of **bom**; (sl.) sexy, well-stacked. ≃- **noite** good night. ≃-**tarde** good afternoon. ≃-**vida** idler, easy-going fellow.

bo.a.tei.ro [boat'ejru] s. m. rumourmonger, rumourer, scandalmonger, alarmist.

bo.a.to [bo'atu] s. m. rumour, report; common talk, hearsay; fib, falsehood, scuttle butt.

bo.ba.gem [bob'aʒẽj] s. f. (pl. **-gens**) nonsense, rubbish, foolishness; hogwash, horse shit, gobbledygook, fiddle-faddle.

bo.ba.lhão [bobaʎ'ãw] s. m. (pl. **-lhões**) fool, blockhead, dunce.

bo.be.ar [bobe'ar] v. to play the fool; to talk nonsense, make an ass of oneself, blunder.

bo.bi.ce [bob'isi] s. f. = **bobagem.**

bo.bi.na [bob'inə] s. f. bobbin; spool, reel; (electr.) coil, winking.

bo.bo [b'obu] s. m. half-wit, fool, imbecile. **l** adj. foolish, silly. **dia dos** ≃**s** fools' day.

bo.bo.ca [bob'ɔkə] s. m. + f. (Braz.) a great fool or silly. **l** adj. stupid, silly.

bo.ca [b'okə] s. f. mouth; (sl.) clapper, whistle, trap, gob; muzzle, jaw; throat, gullet; opening, vent, throat. ≃ **do estômago** the pit of the stomach. **botar a** ≃ **no mundo** to make a fuss, an outcry. **cale a** ≃! shut up! **pegar com a** ≃ **na botija** to catch in the very act, catch red-handed. **ter a** ≃ **suja** be foul-mouthed.

bo.ca.di.nho [bokad'iñu] s. m. little bit, morsel.

bo.ca.do [bok'adu] s. m. a mouthful, piece, bit; morsel, slice, small portion.

bo.cal [bok'aw] s. m. (pl. **-cais**) mouth of a flask; mouthpiece, nipple, nozzle (for oxen); (tech.) nozzle, jet, beak; curb-bit.

bo.çal [bos'aw] s. m. (pl. **-çais**) (hist.) newly arrived Negro slave. **l** adj. m. + f. stupid, rude, loutish.

bo.ce.jar [bose3'ar] v. to gape, yawn.

bo.ce.jo [bos'e3u] s. m. yawn(ing), gaping, gape(s).

bo.ce.ta [bos'etə] s. f. (vulg.) vulva.

bo.che.cha [boʃ'eʃə] s. f. cheek, jowl, anything resembling a cheek.

bo.che.char [boʃeʃ'ar] v. to rinse the mouth.

bo.che.cho [boʃ'eʃu] s. m. mouthful; rinsing of the mouth; small quantity of a liquid.

bo.che.chu.do [boʃeʃ'udu] s. m. round-cheeked person. **l** adj. chubby, cheeky, fubsy.

bó.cio [b'ɔsju] s. m. (med.) goitre, goiter.

bo.có [bok'ɔ] s. m. saddlebag, pouch; fool, simpleton. **l** adj. (sl.) silly.

bo.da [b'odə] s. f. wedding feast, dinner or banquet; wedding; ≃**s** nuptials, marriage.

bo.de [b'ɔdi] s. m. he-goat, buck-goat, billy-goat. ≃ **expiatório** scapegoat, fall guy, whipping-boy. **pintar o** ≃ to raise hell.

bo.de.ga [bod'ɛgə] s. f. wine-cellar, canteen; (sl.) trash, garbage; a filthy house.

bo.do.que [bod'ɔki] s. m. trap; sling.

bo.dum [bod'ũ] s. m. rank smell, rancidity; stink.

bo.fe [b'ɔfi] s. m. the lungs, lights; (fig.) character, temper; (sl.) unattractive woman, slut.

bo.fe.ta.da [bofet'adə] s. f. box on the ear, slap in the face, cuff; (fig.) insult, injury.

bo.fe.tão [bofet'ãw] s. m. (pl. **-tões**) hard blow in the face; buffet.

boi [b'oj] s. m. ox, bull, bullock. ≃ **na linha** an unexpected difficulty. **tirar o** ≃ **da linha** to remove difficulties.

bói.a [b'ɔjə] s. f. buoy; lifebuoy; float, ball (for level regulation in a tank); meal, food, grub.

boi.a.da [boj'adə] s. f. herd of oxen, drove.

boi.a.dei.ro [bojad'ejru] s. m. cattle drover, herdsman, cowboy; a cattle dealer.

boi.ão [boj'ãw] s. m. (pl. **-ões**) big-bellied pot with two handles, jar.

boi.ar [boj'ar] v. to set afloat; to float, buoy, drift; to eat; (Braz., fig.) to be left over, to miss the point, not to understand.

boi.co.tar [bojkot'ar] v. to boycott; to coerce, repress, restrict.

boi.co.te [bojk'ɔti] s. m. boycott.

boi.na [b'ojnə] s. f. cap, bonnet, beret.

boi.ta.tá [bojtat'a] s. f. will-o'the-wisp.

bo.jo [b'oʒu] s. m. salience, bulge, bowl; big belly, paunch; any swelling.

bo.ju.do [boʒ'udu] adj. round, prominent, bulging; pot-bellied, big-bellied.

bo.la [b'ɔlə] s. f. ball, globe, sphere, bowl; round; (pop.) head, wits, think-box; stout or rotund person; joke, crack, witty saying. ≃ **de bilhar** billiard ball. ≃ **de futebol** football. **comer** ≃ to allow o. s. to be bribed. **dar** ≃ to accept the attentions of an admirer. **pisar na** ≃ to sup up, blunder. **trocar as** ≃**s** to err, make a mistake, jumble.

bo.la.cha [bol'aʃə] s. f. biscuit, cracker; (pop.) slap on the cheek; reprimand.

bo.la.da [bol'adə] s. f. a hit with a (foot)ball; stake, jackpot; lot of money.

bo.lar [bol'ar] v. to hit with a ball; (coll.) to plan, scheme.

bol.che.vismo [bowʃev'izmu] s. m. bolshevism, communism.

bol.che.vis.ta [bowʃev'istə] s. m. + f. bolshevist, communist.

bo.léi.a [bol'ɛjə] s. f. trace bar (of a carriage); coach-box; a driving seat.

bo.le.tim [bolet'ĩ] s. m. (pl. -tins) bulletin; short notice; official report, school report; bill, dodger; periodical publication.

bo.lha [b'oʎə] s. f. blister, pimple; bubble; blowhole.

bo.li.che [bol'iʃi] s. m. bowling, bowling alley.

bo.li.na [bol'inə] s. f. (naut.) bowline, centreboard, bilge keel. **nó de** ≃ bowline knot.

bo.li.nar [bolin'ar] v. (naut.) to haul up the bowline; to excite s. o. sexually; to tit up.

bo.li.nho [bol'iñu] s. m. little cake, biscuit, cookie, wafer, waffle.

bo.lo [b'olu] s. m. cake, dumpling; pool, stake, pot, jack-pot, kitty. ≃ **de casamento** bridecake. **dar um** ≃ to embezzle.

bo.lor [bol'or] s. m. mould, mildew, mustiness, frowziness; decay; musty smell.

bo.lo.ren.to [bolor'ẽtu] adj. mouldy, musty, frowzy, rusty; foul, smelly, fusty.

bo.lo.ta [bol'ɔtə] s. f. acorn; any acorn-shaped adornment, tuft, gall.

bol.sa [b'owsə] s. f. purse, small bag, pouch; a lady's handbag; scholarship; grant; stock exchange, stock market; cashier.

bol.sis.ta [bows'istə] s. m. + f. stock exchange operator, stockbroker, stock-speculator; exhibitioner; student who receives an allowance; grant holder. ‖ adj. of, pertaining to or relative to the stock exchange.

bol.so [b'owsu] s. m. pocket, fob; belly of sail; crease, wrinkle (in a garment).

bom [b'õw] s. m. good, goodness, kindhearted man. ‖ adj. (f. **boa**; comp. **melhor**; superl. **o melhor**; abs. superl. **boníssimo**) good, well, well-made, fine, right; sufficient, satisfactory; beneficial, fair; kind, benevolent, charitable; useful, advantageous, reliable, strict. ‖ interj. splendid!, that's nice (fine, well, swell etc.)! ≃ **-dia** good morning.

≃ **gênio** good-nature. ≃ **humor** high spirits. ≃ **senso** sound sense. ≃ **-tom** politeness, civility, correct manners; fashionableness.

bom.ba [b'õbə] s. f. (mil.) shell, bomb; (tech.) pump, siphon; (cul.) éclair, puff; failure in an examination.

bom.bar.de.ar [bõbarde'ar] v. to bombard, bomb, cannon, shell, batter, strafe.

bom.bar.dei.o [bõbard'eju] s. m. bombardment, shelling, bombing.

bom.bar.dei.ro [bõbard'ejru] s. m. bombardier, (aircraft) bomber.

bom.bás.ti.co [bõb'astiku] adj. noisy, pompous, bombastic; pretentious.

bom.bei.ro [bõb'ejru] s. m. fireman, hoseman, plumber.

bom.bor.do [bõb'ɔrdu] s. m. (naut.) larboard, portside.

bo.na.chão [bonaʃ'ãw] s. m. (pl. -chões; f. -chona) good-natured, kind-hearted person; honest fellow. ‖ adj. kind.

bo.na.chei.rão [bonaʃejr'ãw] s. m. (pl. -rões; f. -rona) = **bonachão**.

bo.nan.ça [bon'ãsə] s. f. calm, fair weather (at sea); peace, lull; tranquil(l)ity.

bon.da.de [bõd'adi] s. f. goodness, kindness, kindliness; benevolence; mildness.

bon.de [b'õdi] s. m. streetcar, trolley, tram; (sl.) trick; swindle.

bon.do.so [bõd'ozu] adj. amiable, goodnatured, kind-hearted; benevolent, charitable.

bo.né [bon'ɛ] s. m. cap, bonnet, skull cap, headgear, kepi, headpiece.

bo.ne.ca [bon'ɛkə] s. f. doll, toy, baby; (fig.) puppet, poppet.

bo.ne.co [bon'ɛku] s. m. puppet, marionette, doll; (fig.) fop, conceited silly man; (typogr.) dummy; manikin.

bo.ni.fi.ca.ção [bonifikas'ãw] s. f. (pl. -ções) allowance, money grant; privilege, bonus.

bo.ni.te.za [bonit'ezə] s. f. beauty, prettiness.

bo.ni.to [bon'itu] s. m. a noble action; (ichth.) victorfish, bonito. ‖ adj. pretty, handsome, beautiful, nice, good-looking, attractive.

bo.no.mi.a [bonom'iə] s. f. goodness, kindness; straightforwardness; credulity.

bô.nus [b'onus] s. m., sg. + pl. bonus, bond, paper, premium; privilege.

bo.quei.rão [bokejr'ãw] s. m. (pl. **-rões**) big mouth, wide opening; estuary, gulf.

bo.qui.a.ber.to [bokjab'ɛrtu] adj. open-mouthed, agape, gaping; staring; dumbfounded; flabbergasted.

bo.qui.lha [bok'iʎə] s. f. cigar-holder, cigarette-holder; mouthpiece.

bor.bo.le.ta [borbol'etə] s. f. (ent.) butterfly, moth; (Braz.) turnstile; fastener of drop windows; wing nut; bow tie.

bor.bo.le.te.ar [borbolete'ar] v. to flutter, flit, flirt about; to muse; (fig.) to be unsteady.

bor.bo.tão [borbot'ãw] s. m. (pl. **-tões**) gush(ing), jet, spout, flash.

bor.bu.lha [borb'uʎə] s. f. pimple (on the skin); bubble, burble; (fig.) stain, spot.

bor.bu.lhan.te [borbuʎ'ãti] s. f. adj. m. + f. bubbling.

bor.bu.lhar [borbuʎ'ar] v. to bubble, fizz; to burble, sparkle; to gush or spurt out.

bor.da [b'ɔrdə] s. f. border, rim, edge, fringe; bank, brink, brim, shore; outskirt.

bor.da.dei.ra [bordad'ejrə] s. f. embroideress, needlewoman.

bor.da.do [bord'adu] s. m. embroidery, needlework, needle-point. ▮ adj. embroidered.

bor.dão [bord'ãw] s. m. (pl. **-dões**) (mus.) bass-string, bourdon.

bor.dar [bord'ar] v. to embroider; to hem; to garnish; (fig.) to embellish a story.

bor.de.jar [bordeʒ'ar] v. (naut.) to tack, cruise; to beat close to or against the wind, stagger; to border, outskirt.

bor.del [bord'ɛw] s. m. (pl. **-déis**) brothel, bawdy-house.

bor.do [b'ɔrdu] s. m. (naut.) tack; board of a ship, shipside. **a** ≃ on board, aboard ship. **ir a** ≃ to go on board.

bor.do.a.da [bordo'adə] s. f. stroke, knock; blow.

bo.re.al [bore'aw] adj. m. + f. (pl. **-ais**) boreal, northern, northerly, septentrional.

bor.la [b'ɔrlə] s. f. tuft, tassel; academic cap, mortar-board; (naut.) truck (of a flagstaff mast).

bor.nal [born'aw] s. m. (pl. **-nais**) fodder sack, feeding-bag; nosebag; provision sack.

bor.ne [b'ɔrni] s. m. (electr.) terminal, wire clamp.

bo.ro [b'ɔru] s. m. (chem.) boron.

bor.ra [b'oɾə] s. f. lees, dregs, grounds, bottom, sludge, waste; (fig.) mob.

bor.ra-bo.tas [bɔɾab'ɔtəs] s. m. + f., sg. + pl. an unskilled boot black; (fig) rascal, scoundrel, good-for-nothing, nobody.

bor.ra.cha [boɾ'aʃə] s. f. rubber; eraser.

bor.ra.chei.ro [boɾaʃ'ejru] s. m. (Braz.) latex collector; tyre fitter or vulcanizer.

bor.ra.chu.do [boɾaʃ'udu] s. m. (ent.) black fly.

bor.ra.de.la [boɾad'ɛlə] s. f. blur, blot, blemish.

bor.ra.do [boɾ'adu] adj. blurry, splotchy, spotty, smudgy, blotted; smudged.

bor.ra.dor [boɾad'or] s. m. (com.) blotter, bad painter, dauber; poor writer; scribbler.

bor.ra.lhei.ra [boɾaʎ'ejrə] s. f. fireside, ashpan. **gata** ≃ Cinderela.

bor.ra.lho [boɾ'aʎu] s. m. embers, hot ashes; (fig.) home; fireside.

bor.rão [boɾ'ãw] s. m. (pl. **-rões**) blot, stain, blemish, dot, spatter, spot, smudge, splodge, sketch, rough draft, outline; (fig.) discredit. **mata-** ≃ blotting paper.

bor.rar [boɾ'ar] v. to stain, besmear, dirty, daub, slubber, blur; to paint clumsily, unskil(l)fully; to scrawl, scribble.

bor.ras.ca [boɾ'askə] s. f. tempest, thunderstorm, rainstorm; blizzard.

bor.re.go [boɾ'egu] s. m. male lamb (not older than a year); calm or peaceful person.

bor.ri.far [boɾif'ar] v. to (be)sprinkle, asperse, spray, (be)dabble; to bedew; to damp.

bor.ri.fo [boɾ'ifu] s. m. sprinkling, drizzle, drizzling rain, spray; aspersion.

bor.ze.guim [borzeg'ĩ] s. m. (pl. **-guins**) buskin, high laced boot.

bos.que [b'ɔski] s. m. woods, forest; thicket, grove, coppice.

bos.que.jar [boskeʒ'ar] v. to sketch, outline; to delineate, draft; to summarize, resume.

bos.que.jo [bosk'eʒu] s. m. outline, sketch, design; general plan; project.

bos.que.te [bosk'eti] s. m. grove, thicket, bosket, bosquet.

bos.sa [b'ɔsə] s. f. swelling, bump; lump, bulge, hunch; knoll, knob; aptitude, talent; (naut.) stopper; (mech. and zool.) boss.

bossa nova [bɔsan'ɔvə] s. f. (Braz., mus.) new style of doing things, novel approach, new twist (esp. describing a type of pop-

ular music having its origins in the Braz.
samba and Amer. jazz).

bos.ta [b'ɔstə] s. f. cow dropping, cow dung;
turd, excrement, pat, shit, crap.

bo.ta [b'ɔtə] s. f. boot; barrel, tub; leather bag
or bottle. **bater as ≃ s, bater a ≃** to kick the
bucket, die. **onde Judas perdeu as ≃ s** in a
faraway, impassable place; where God lost
His shoes.

bota-fora s. m., sg. + pl. departure, farewell
party, send-off party.

bo.tâ.ni.ca [bot'ʌnikə] s. f. botany.

bo.tâ.ni.co [bot'ʌniku] s. m. botanist. ‖ adj.
botanic(al).

bo.tão [bot'ãw] s. m. (pl. **-tões**) bud, flower-
bud; wart; metal knob; button.

bo.tar [bot'ar] v. to throw, cast, fling; to put,
lay (egg); to revoke, repel, repulse.

bo.te [b'ɔti] s. m. boat, skiff; dinghy; assault.
≃ **salva-vidas** lifeboat.

bo.te.co [bot'ɛku] s. m. tavern, bar, saloon.

bo.te.quim [botek'ĩ] s. m. tavern, bar, pub.

bo.te.qui.nei.ro [botekin'ejru] s. m. tavern
keeper, barkeeper, innkeeper.

bo.ti.cão [botik'ãw] s. m. (pl. **-cões**) tooth forceps, tooth pincers.

bo.ti.cá.rio [botik'arju] s. m. apothecary,
pharmacist, chemist, druggist.

bo.ti.ja [bot'iʒə] s. f. stone jug, jar, flask. **com
a boca na ≃** in the very deed.

bo.ti.na [bot'inə] s. f. small boot, half-boot,
lady's boot, bottine, gaiter.

bo.to [b'otu] s. m. (zool.) bouto (river dolphin); dolphin.

bo.vi.no [bov'inu] s. m. bovine, bullock. ‖ adj.
bovine.

bo.xe.a.dor [boksead'or] s. m. pugilist, (sl.)
pug, boxer.

bo.xe.ar [bokse'ar] v. to box (sport).

boy [b'ɔj] s. m. = **office boy**.

bra.ça [br'asə] s. f. old measure of length;
fathom; brace.

bra.ça.da [bras'adə] s. f. armful; (swimming)
crawl stroke. ≃ **em nado de costas** (swimming) backstroke.

bra.ça.dei.ra [brasad'ejrə] s. f. leather handle
(of a shield); brace, clamp; brand of a rifle.

bra.çal [bras'aw] adj. m. + f. (pl. **-çais**) of, pertaining or relative to the arms; manual; (fig.)
material, corporeal.

bra.ce.le.te [brasel'eti] s. m. bracelet, armlet,
bangle, wristlet, circlet.

bra.ço [br'asu] s. m. arm; forelimb; power,
might; courage; manual labourer, workman; branch (river); (fig.) strength, work;
(mech.) tappet, strut, bracket, stay.

bra.dar [brad'ar] v. to cry, call, shout, bawl;
to scream, yell, roar; to demand, claim; to
protest, object, inveigh against.

bra.do [br'adu] s. m. cry, shout, scream; exclamation; clamour; complaint.

bra.gui.lha [brag'iʎə] s. f. fly (of trousers).

bra.mar [bram'ar] v. to roar, bellow, howl; to
shout, cry; to get angry; to clamour.

bra.mi.do [bram'idu] s. m. roar, bellow, howling yell (animals, storm, sea); thundering,
clangour.

bra.mir [bram'ir] v. to roar, bellow; to yell,
scream, howl, rumble, bell; to vociferate.

bran.co [br'ãku] s. m. white colour, whiteness;
Caucasian; white of the eye; blank, gap;
(bot.) alburnum, sapwood. ‖ adj. white,
light; clear, bright; (fig.) pure, innocent.

bran.cu.ra [brãk'urə] s. f. white, whiteness,
hoar, hoariness, blankness.

bran.dir [brãd'ir] v. to brandish, flourish,
wield; to shake, swing, wave; to nod; to
vibrate, oscillate.

bran.do [br'ãdu] adj. tender, soft, mild,
bland, light, temperate; flexible, lithe;
smooth, sleek; (fig.) gentle, kind; lenient.

bran.du.ra [brãd'urə] s. f. softness, tenderness, mildness, lightness; docility, bland-
ness, gentleness, kindness, smoothness.

bran.que.ar [brãke'ar] v. to whiten; to bleach,
blanch; to whitewash, clean.

brân.qui.as [br'ãkjəs] s. f. pl. (zool.) gills.

bran.qui.dão [brãkid'ãw] s. f. whiteness, white
colour.

bra.sa [br'azə] s. f. live or burning coal; in-
candescence, ember, cinder; (fig.) ardour,
zeal; (fig.) anxiety, anguish. **puxar a ≃ para
a sua sardinha** to seek one's own advantage.
ferro em ≃ red-hot iron.

bra.são [braz'ãw] s. m. (pl. **-sões**) arm, armorial bearings, cognizance, coat of arms, es-
cutcheon; blazonry; (fig.) honour, glory.

bra.sei.ro [braz'ejru] s. m. brazier, chafing
dish; fire-pan, little stove; ashes, fire remains; a heap of ambers.

Bra.sil [braz'iw] s. m. Brazil; brazilwood.

bra.si.lei.ra [brazil'ejrə] s. f. Brazilian woman or girl.

bra.si.lei.ris.mo [brazilejr'izmu] s. m. Brazilian mannerism; distinctive Brazilian character; love for Brazil; Brazilian idiom.

bra.si.lei.ro [brazil'ejru] s. m. + adj. Brazilian.

bra.va.ta [brav'atə] s. f. bravado, defiance; vainglory, boastfulness; (fig.) panache.

bra.va.te.a.dor [bravatead'or] s. m. swaggerer, bully, boaster. ‖ adj. boastful.

bra.va.te.ar [bravate'ar] v. to boast, bully; to menace.

bra.va.tei.ro [bravat'ejru] s. m. = **bravateador**.

bra.ve.za [brav'ezə] s. f. ferocity; rage, fury, wrath; courage; impetuosity.

bra.vi.o [brav'iu] s. m. wild country. ‖ adj. wild, savage, ferocious; feral, fierce; unruly.

bra.vo [br'avu] s. m. a brave, courageous man. ‖ adj. brave, valiant, gallant, bold; wild, savage; furious, impetuous, tempestuous. ‖ interj. bravo!, good!

bra.vu.ra [brav'urə] s. f. bravery, courage, prowess, exploit; boldness, daring; pluckness; gallantry, chivalry; bravura.

bre.ca [br'ɛkə] s. f. cramp. **levado da** ≃ mischievous, naughty.

bre.car [brek'ar] v. to brake, put on the brake.

bre.cha [br'ɛʃə] s. f. breach, gap, rent, fissure, chasm, burst; rupture, break.

bré.jei.ra.da [breʒejr'adə] s. f. = **brejeirice**.

bre.jei.ri.ce [breʒejr'isi] s. f. trick, waggery; gang of rogues.

bre.jei.ro [breʒ'ejru] adj. malicious, spiteful; shameless; vagrant; inhospitable.

bre.jen.to [breʒ'ẽtu] adj. marshy, swampy, boggy.

bre.jo [br'eʒu] s. m. swamp, bog, fen, slough, morass, marsh.

bre.que [br'ɛki] s. m. brake, break, wagonette (carriage); (Braz.) brake (check).

breu [br'ew] s. m. pitch, tar; rosin.

bre.ve [br'ɛvi] s. f. (mus.) breve; abbreviation, abridgment. ‖ adj. m. + f. short, brief; quick; concise, laconic. ‖ adv. soon, before long; shortly. **em** ≃ soon, early.

bre.ve.tar [brevet'ar] v. (aeron., mil.) to confer a rank by brevet, graduate as aviator.

bre.vi.da.de [brevid'adi] s. f. brevity, shortness; conciseness; briefness; haste, speed; sweet.

bri.ca.bra.que [brikabr'aki] s. m. antique or curiosity shop, bric-à-brac; useless things.

bri.da [br'idə] s. f. bridle, rein. **correr a toda a** ≃ to run at full speed.

bri.ga [br'igə] s. f. strife, quarrel, broil; row, scrimmage, altercation, contention.

bri.ga.da [brig'adə] s. f. (mil.) brigade.

bri.ga.dei.ro [brigad'ejru] s. f. (mil.) brigadier(-general).

bri.ga.lhão [brigaʎ'ãw] s. m. (pl. -**lhões**) = **brigão**.

bri.gão [brig'ãw] s. m. (pl. -**gões**; f. -**gona**) brawler, rowdy, ruffian.

bri.gar [brig'ar] v. to quarrel, fight, combat.

bri.gue [br'igi] s. m. (naut.) brig, ketch.

bri.guen.to [brig'ẽtu] s. m. wrangler, scuffler. ‖ adj. quarrelsome; cantankerous.

bri.lhan.te [briʎ'ãti] s. m. diamond. ‖ adj. brilliant, bright, sparkling; illustrous, splendid.

bri.lhan.ti.na [briʎãt'inə] s. f. brilliantine, pomade; (bot.) roseroot.

bri.lhar [briʎ'ar] v. to shine, glitter, sparkle, flash; (fig.) to excel; to stand out; to distinguish o. s.

bri.lho [br'iʎu] s. m. brightness, brilliancy, radiance, blaze; splendour, splendidness.

brim [br'ĩ] s. m. canvas, sailcloth, drill.

brin.ca.dei.ra [brĩkad'ejrə] s. f. entertainment, fun, children's play, game; merrymaking; joke, jest, prank; monkeyshine.

brin.ca.dor [brĩkad'or] s. m. + adj. = **brincalhão**.

brin.ca.lhão [brĩkaʎ'ãw] s. m. (pl. -**lhões**; f. -**lhona**) jester, sport, wag, joker, wit, merry fellow. ‖ adj. funny, frolicsome; cheerful.

brin.car [brĩk'ar] v. to play, dally, toy; to frolic, caper, joke; to flirt. ≃ **em serviço** (pop.) to arse around (about).

brin.co [br'ĩku] s. m. earring, drop, pendant.

brin.dar [brĩd'ar] v. to drink to a person's health, toast; to pledge to someone.

brin.de [br'ĩdi] s. m. toast, wish of health; present, gift, token, souvenir.

brin.que.do [brĩk'edu] s. m. toy, plaything; joke, jest, fun; merry-making.

bri.o [br'iu] s. m. sense of dignity or honour, valour, manliness; self-respect, self-reliance, character, pride; courage.

bri.o.so [bri′ozu] adj. proud, honour-loving, self-sure, self-reliant, energetic.

bri.sa [br′izə] s. f. breeze; light, fresh wind, sea-breeze. **sem** ≃ airless. **viver de** ≃ to live on next to nothing.

bri.ta.dor [britad′or] s. m. breaker, crusher, stonebreaker; stamping mill.

bri.tâ.ni.co [brit′ʌniku] s. m. British. ‖ adj. Britannic; British.

bri.tar [brit′ar] v. to break, crush, spall, stamp (stone, ore); to grind, triturate.

bro.a [br′oə] s. f. (cul.) bread of corn, rice and whipped eggs, pone; (pop.) fat woman.

bro.ca [br′ɔkə] s. f. bit, drill, auger, gimlet, boring machine; wood-boring beetle.

bro.ca.do [brok′adu] s. m. brocade.

bro.car [brok′ar] v. to bore, drill, perforate, wimble.

bro.cha [br′ɔʃə] s. f. tack, boss, little nail; peg, trunnion.

bro.che [br′ɔʃi] s. m. brooch, locket; ornamental clasp, pin, breast-pin, agrafe.

bro.chu.ra [broʃ′urə] s. f. brochure, pamphlet, booklet, chapbook; any book in paper cover.

bró.co.los [br′ɔkolus] s. m. pl. (bot.) broccoli.

bro.ma [br′omə] s. f. (Braz.) jest, prank; ship's worm, teredo.

bro.mar [brom′ar] v. to corrode, waste away; to destroy, spoil; to pervert, corrupt.

bron.ca [br′õkə] s. f. (school sl.) scolding, reprimand. **levar** ≃ to be reprimanded. **dar** ≃ to chew out.

bron.co [br′õku] s. m. dullard, dunce. ‖ adj. dull, blunt; rude; stupid, foolish.

bron.qui.te [brõk′iti] s. f. (med.) bronchitis.

bron.ze [br′õzi] s. m. bronze; gun metal, piece of artillery; (fig.) insensibility.

bron.ze.a.dor [brõzead′or] s. m. sun-tan lotion.

bro.tar [brot′ar] v. to produce; to arise; to bud, sprout, shoot forth; to spring up.

bro.ti.nho [brot′iɲu] s. m. (Braz., sl.) (fig.) flapper, girl in her teens, teenager; bobby-soxer.

bro.to [br′otu] s. m. (Braz.) budding, sprouting; bud, shoot, eye, sucker, twig.

bro.to.e.ja [broto′eʒə] s. f. (med.) sudamen, vesicular eruption.

bro.xa [br′ɔʃə] s. f. a painter's brush, stock brush.

bru.a.ca [bru′akə] s. f. (Braz.) leather bag, saddlebag; (fig.) witch.

bru.ma [br′umə] s. f. thick fog, mist, haze, vapour, cloud; uncertainty, mystery.

bru.mo.so [brum′ozu] adj. foggy, misty, hazy.

bru.ni.do [brun′idu] adj. burnished, polished; glittering, shiny; ironed, starched.

bru.nir [brun′ir] v. to polish, burnish, furbish; to iron, starch; to make brilliant.

brus.co [br′usku] adj. dark, cloudy (weather); rough, harsh, curt; impetuous; unforeseen.

bru.tal [brut′aw] adj. m. + f. (pl. **-tais**) brutal, brutish, cruel, bestial; rough; impetuous.

bru.ta.li.da.de [brutalid′adi] s. f. brutality, brutishness, atrocity, wildness; rudeness, impoliteness.

bru.ta.li.zar [brutaliz′ar] v. to brutalize, make stupid or brutish; to become brutal.

bru.ta.mon.tes [brutam′õntis] s. m. brute, rough, stupid, boor, yahoo; ruffian; animal.

bru.to [bru′tu] s. m. animal, brute. ‖ adj. rude, rough; raw, unmanufactured.

bru.xa [br′uʃə] s. f. witch, sorceress, enchantress, hag, hellcat, harridan.

bru.xa.ri.a [bruʃar′iə] s. f. witchery, baffler, witchcraft, sorcery, diablerie.

bru.xo [br′uʃu] s. m. sorcerer, wizard, conjurer, baffler; medicine man.

bru.xu.le.an.te [bruʃule′ãti] adj. m. + f. flickering, flaring, scintillating; extinguishing (fire).

bru.xu.le.ar [bruʃule′ar] v. to flicker, waver, bicker, scintillate weakly; to go out (fire).

bu.ca.nei.ro [bukan′ejru] s. m. buccaneer, freebooter; buffalo hunter or his rifle.

bu.cha [b′uʃə] s. f. wad(ding); (tech.) bush; sleeve, plug, stopper, bung; burnisher; hunk of bread.

bu.cho [b′uʃu] s. m. craw, crop; stomach; paunch, belly; ugly woman.

bu.ço [b′usu] s. m. fluff, first growth of a beard.

bu.có.li.co [buk′ɔliku] adj. bucolic, pastoral.

bu.dis.mo [bud′izmu] s. m. Buddhism.

bu.dis.ta [bud′istə] s. + adj. m. + f. Buddhist.

bu.ei.ro [bu′ejru] s. m. sewer, drainpipe, gutter, gully; manhole; chimney.

bú.fa.lo [b′ufalu] s. m. (zool.) buffalo, bison.

bu.fão [buf′ãw] s. m. (pl. **-fões**; f. **-fona**) braggart, boaster; buffoon.

bu.far [buf'ar] v. to blow, puff; to breathe hard; to grow furious.

bu.fe.te. [buf'eti] s. m. buffet; sideboard; cupboard, dresser; bar for refreshments.

bu.fo [b'ufu] s. m. puff, whiff, blast; (ornith.) eagle owl.

bu.fo.na.ri.a [bufonar'iə] s. f. buffoonery, drollery, jesting.

bu.fo.ne.ar [bufone'ar] v. to play the buffoon, jest, joke, be funny; to be full of beans.

bu.ga.lho [bug'aʎu] s. m. gall-nut, oak-apple, oak-gall; eyeball.

bu.gi.gan.ga [buʒig'ãgə] s. f. (ant.) monkeys' dance or hopping; ≃s trifles, knick-knacks, gewgaws; peddlery.

bu.gi.o [buʒ'iu] s. m. ape, monkey, simian; pile-driver.

bu.gre [b'ugri] s. m. (Braz.) Indian, savage, aborigine; (fig.) brute; (fig.) treacherous.

bu.jão [buʒ'ãw] s. m. (pl. **-jões**) plug, stopper, stopple; dowel, peg; little tube wedge.

bu.la [b'ulə] s. f. bull, sealed papal letter, papal or imperial edict. ≃ **de remédio** instructions for the use of medicine.

bu.le [b'uli] s. m. coffeepot, teapot.

bu.lha [b'uʎə] s. f. noise, din; clamour, shouting, uproar, ruffle; confusion; fray.

bu.lhão [buʎ'ãw] s. m. (pl. **-lhões**) = **bulhento.**

bu.lhen.to [buʎ'ẽtu] s. m. rowdy, brawler. ‖ adj. quarrelsome.

bu.lí.cio [bul'isju] s. m. murmur, whisper; rumour; agitation; mutiny, revolt.

bu.li.ço.so [bulis'ozu] adj. restless; noisy, turbulent, uproarious; active; fidgety.

bu.lir [bul'ir] v. to agitate, move slightly; to stir; to throb; to meddle, fidget.

bum.ba [b'ũbə] s. m. (Braz., pop.) (large) drum. ‖ interj. puff!

bun.da [b'ũdə] s. f. (Braz., sl.) backside, bum, posterior, buttocks; breech.

bu.quê [buk'e] s. m. bouquet, bunch of flowers, nosegay; fragrance (wine).

bu.ra.co [bur'aku] s. m. hole, gap, hollow; cavity; orifice, aperture; pit; (fig.) trouble. ≃ **de fechadura** keyhole. **ai, que** ≃! oh, what a mess! **tapar um** ≃ to pay a debt.

bu.ra.quei.ra [burak'ejrə] s. f. bad, uneven road or tract of land; precipitous slope.

bur.bu.ri.nho [burbur'iɲu] s. m. murmur, purl; disorder, confusion; rustling, ripple.

bur.go [b'urgu] s. m. borough, burgh, market town; village; palace; monastery.

bur.guês [burg'es] s. m. burgher; citizen, bourgeois, burgess; villager; snob.

bur.gue.si.a [burgez'iə] s. f. bourgeoisie; burghership.

bu.ril [bur'iw] s. m. (pl. **-ris**) burin, graver, an engraver's chisel; an engraver's style.

bu.ri.la.dor [burilad'or] s. m. engraver, carver, graver. ‖ adj. engraving.

bu.ri.lar [buril'ar] v. to chisel, carve, engrave; to perfect, adorn; to impress (mind).

bur.la [b'urlə] s. f. jest, joke, humbuggery; trick; cheat, fraud.

bur.lar [burl'ar] v. to jest, joke; to cheat, dupe, deceit, swindle; to juggle.

bur.la.ri.a [burlar'iə] s. f. = **burla.**

bur.les.co [burl'esku] adj. burlesque; comical, jocose, farcical; ridiculous, grotesque.

bur.lo.so [burl'ozu] adj. cheating, fraudulent; scoffing, mocking; comical, funny.

bu.ro.cra.ci.a [burokras'iə] s. f. bureaucracy, officialism, red tape; bumbledom, officialdom.

bu.ro.cra.ta [burokr'atə] s. m. + f. (pop.) jack-in-office, red tapist; (†) bureaucrat.

bu.ro.crá.ti.co [burokr'atiku] adj. bureaucratic; formal.

bur.ra [b'urə] s. f. she-ass, she-mule, jenny-ass; strongbox; safe, coffer.

bur.ra.da [buř'adə] s. f. drove of asses; foolish act, nonsense; blunder.

bur.ri.ce [buř'isi] s. f. stupidity, foolishness.

bur.ri.co [buř'iku] s. m. little ass, young donkey.

bur.ri.nho [buř'iɲu] s. m. little ass, young donkey.

bur.ro [b'uřu] s. m. ass, donkey, mule, jackass, moke, burro; stupid, fool, saphead; (tech.) donkey engine. ‖ adj. stupid, foolish. **cabeça de** ≃ blockhead.

bus.ca [b'uskə] s. f. search(ing); inquiry, quest; investigation, examination, research, rummage. **andar em** ≃ **de alguém** to inquire after somebody.

busca-pé s. m. (pl. **busca-pés**) firecracker, serpent (firework); squib.

bus.car [busk'ar] v. to search, seek, look for; to inquire, quest; to investigate, examine; to go for, fetch, hunt. ≃ **agulha em palheiro** to look for a needle in a haystack.

bús.so.la [b'usolə] s. f. magnetic needle, (mariner's) compass; (fig.) guide, direction.

bus.to [b'ustu] s. m. bust; torso; half-length portrait, kit-cat portrait; bosom.

bu.tí.li.co [but'iliku] adj. (chem.) butylic. **ál-cool** ≃ butyl alcohol, butanol.

bu.ti.ra.to [butir'atu] s. m. (chem.) butyrate.

bu.ti.ri.na [butir'inə] s. f. (chem.) butyrin.

bu.tu.ca [but'ukə] s. f. (ent.) gadfly.

bu.tu.ca.da [butuk'adə] s. f. (Braz.) sting of a gadfly; (fig.) stimulus, incitement.

bu.zi.na [buz'inə] s. f. horn, trumpet, bugle; megaphone, hooter, tooter; (naut.) hawser port.

bu.zi.nar [buzin'ar] v. to sound a horn, blow a trumpet, honk; (sl.) to talk nonsense; to hoot.

bú.zio [b'uzju] s. m. (zool.) music shell; horn, trumpet, cornet.

by.te [b'ajti] s. m. (inform.) byte.

C

C, c [s'e] s. m. the third letter of the Portuguese alphabet; one hundred in Roman numerals. ❙ adj. third in a class.

cá [k'a] adv. here. ≃ **e lá** hither and thither.

ca.a.tin.ga [kaat'ĩgə] s. f. (Braz.) scrub savanna.

ca.ba.ça [kab'asə] s. f. (bot.) bottle gourd; calabash.

ca.bal [kab'aw] adj. m. + f. (pl. **-bais**) complete, whole; full; perfect; just, exact.

ca.ba.la [kab'alə] s. f. cabala, occult science.

ca.ba.lar [kabal'ar] v. to cabal; to plot, intrigue; to form a cabal; to solicit votes, canvass.

ca.ba.lís.ti.co [kabal'istiku] adj. cabalistic; secret, occult; mysterious, enigmatical.

ca.ba.na [kab'ʌnə] s. f. hut, shack; cottage, cabin.

ca.ba.nei.ro [kaban'ejru] s. m. man who lives in a cottage, cottager; destitute hut-dweller.

ca.ba.ré [kabar'ɛ] s. m. cabaret, honky-tonk.

ca.be.ça [kab'esə] s. f. head; intelligence, sagacity; discernment, judgment; intelligent person; each individual or animal as a unit of computation; the upper end of anything; the leading group of a cortege or procession; the title or heading of a chapter; heading, headline; top, summit; chief, leader; ringleader; captain; (mus.) head of a note. ≃ **de alfinete** pinhead. ≃**-de-coco** rattlebrain, a feeble-minded or forgetful person. ≃**-dura** obstinate, stupid, blockhead, dunce. ≃ **oca** empty head. ≃ **de prego** nailhead. **andar com a** ≃ **no ar** to be absentminded. **andar de** ≃ **erguida** to go about proudly. **cem** ≃**s de gado** a hundred head of cattle. **de** ≃ **para baixo** upside down. **dor de** ≃ headache.

ca.be.ça.da [kabes'adə] s. f. a bump with the head; headstall. **dar uma** ≃ to commit a foolish act.

ca.be.ça.lho [kabes'aʎu] s. m. pole or beam of a cart; letterhead, heading; subject-heading.

ca.be.ce.ar [kabese'ar] v. to nod; to doze; to incline the head; (ftb.) to head.

ca.be.cei.ra [kabes'ejrə] s. f. head of a bed; upper end of a table.

ca.be.çu.do [kabes'udu] s. m. big-headed person; obstinate person. ❙ adj. pigheaded.

ca.be.dal [kabed'aw] s. m. stock, funds, capital; means; **-dais** fixed assets.

ca.be.lei.ra [kabel'ejrə] s. f. head of hair; wig; (astr.) nebula or tail of a comet; mane.

ca.be.lei.rei.ro [kabelejr'ejru] s. m. hairdresser; wigmaker; beauty parlour.

ca.be.lo [kab'elu] s. m. hair; any growth of hair on the human body; fur; hairspring (of a watch). ≃ **anelado** curled hair. ≃ **crespo** crisp or frizzled hair. **arrumar os cabelos** to do the hair. ≃ **curto** bob, crop. **corte de** ≃ haircut.

ca.be.lu.do [kabel'udu] s. m. (Braz., zool.) monk saki. ❙ adj. hairy; intricate; obscene.

ca.ber [kab'er] v. to be contained in; to fit in or inside of; to be proper; to be compatible with; to fall to a person by partition; (jur.) to accrue; to belong to.

ca.bi.de [kab'idi] s. m. rack, hatstand; hanger; peg.

ca.bi.de.la [kabid'ɛlə] s. f. giblets; (cul.) stewed giblets.

ca.bi.men.to [kabim'ẽtu] s. m. relevancy, pertinence; acceptance; opportunity; convenience.

ca.bi.na [kab'inə] s. f. cabin; berth; booth; (aeron.) cockpit. ≃ **de pressão** pressure cabin.

ca.bi.nei.ro [kabin'ejru] s. m. (railway) signalman; waiter of a sleeping car; lift boy.

ca.bis.bai.xo [kabizb'ajʃu] adj. downcast, depressed; despondent; ashamed, humiliated.

ca.bí.vel [kab'ivew] adj. m. + f. (pl. **-veis**) founded on fact; reasonable, sensible; fitting, appropriate. **uma resposta** ≃ a fitting reply.

ca.bo [k'abu] s. m. (mil.) corporal; terminal, end; extreme end of; headland, promontory, cape; handle, holder; rope, cordage; cable. **de** ≃ **a rabo** from beginning to end. ≃ **de aço** steel cable, wire rope, hawser. ≃ **de reboque** tow-rope. ≃ **de vassoura** broomstick. ≃ **eleitoral** (Braz., pol.) canvasser. ≃ **trançado** braided rope.

ca.bo.clo [kab'oklu] s. m. civilized Brazilian Indian of pure blood. ‖ adj. coppercoloured; characteristic of a **caboclo.**

ca.bo.gra.ma [kabogr'ʌmə] s. m. cable, cablegram, wire.

ca.bo.ta.gem [kabot'aȝêj] s. f. (pl. **-gens**) cabotage; coasting trade; navigation along the coast.

ca.bo.tar [kabot'ar] v. (naut.) to practice cabotage.

ca.bo.ti.na.gem [kabotin'aȝêj] s. f. (pl. **-gens**) life or behaviour of a wandering actor; (fig.) charlatanry; (fig.) dodge, trick.

ca.bo.ti.no [kabot'inu] s. m. itinerant actor or performer; bad actor. ‖ adj. charlatanic.

ca.bo.tis.mo [kabot'izmu] s. m. = **cabotinagem.**

ca.bra [k'abrə] s. f. (zool.) she-goat; (pop.) a water spider. ≃ **da peste** (N.E. Braz.) daredevil. ≃ **- cega** blindman's buff.

ca.brei.ro [kabr'ejru] s. m. goatherd; milkman.

ca.bres.to [kabr'estu] s. m. halter; tame lead ox; (naut.) bobstay; (anat. and zool.) fr(a)enum. **trazer pelo** ≃ (fig.) to dominate, hold down.

ca.bri.o.lar [kabrjol'ar] v. to caper, cut capers; to cavort; to frolic, prance, frisk.

ca.bri.ta [kabr'itə] s. f. a little goat; female kid; catapult; handle of a veneer-saw.

ca.bri.to [kabr'itu] s. m. little buck, kid; (Braz.) child, youngster. ≃**montês** roe. **carne de** ≃ kid flesh.

ca.bro.cha [kabr'ɔʃə] s. f. a dark mulatta, half-caste.

ca.bro.chão [kabroʃ'ãw] s. m. (pl. **-chões**), (Braz.) a stout or thickset mulatto (half-caste).

ca.bu.lar [kabul'ar] v. to play truant, cut classes.

ca.bu.lo.so [kabul'ozu] adj. unlucky, luckless, unfortunate; irksome; unpropitious.

ca.ca [k'akə] s. f. feces, excrement(s); turd, ordure, dung; dirt, filth.

ca.ça [k'asə] s. f. act of hunting or chasing; hunt, hunting, chasing; game, the animals chased, quarry; pursuit. ≃ **à fortuna** fortune-hunting. ≃ **miúda** small game. **cão de** ≃ tracker. ≃ **grossa** big game. **avião de** ≃ pur-

suit plane. **dar** ≃ to follow after. **lugar de** ≃ hunting ground. **tempo defeso de** ≃ close time, close season. ≃**- dotes** dowry hunter. ≃**-minas** (naut.) minesweeper. ≃**-níquel** a slot machine.

ca.ça.da [kas'adə] s. f. hunting party; hunt; safari; the game killed in a hunting party.

ca.ça.dor [kasad'or] s. m. hunter, huntsman; (mil.) gunner, sniper. ≃ **de aves** fowler.

ca.çam.ba [kas'ãbə] s. f. bucket, pail; well-bucket; shoelike stirrup; dump-cart; 5-gallon can.

ca.çam.ba.da [kasãb'adə] s. f. a bucketful.

ca.ção [kas'ãw] s. m. (pl. **-ções**) (ichth.) shark, dogfish.

ca.çar [kas'ar] v. to hunt, chase; to pursue; to get, catch. ≃ **à espreita** to stalk. **estar caçando** to be hunting.

ca.ca.re.cos [kakar'ɛkus] s. m. pl. chipped old household goods, junk.

ca.ca.re.jar [kakareȝ'ar] v. to cackle, cluck; to chatter, prattle; to boast, brag.

ca.ca.re.jo [kakar'eȝu] s. m. cackling, clucking; (fig.) silly chatter.

ca.ça.ro.la [kasar'ɔlə] s. f. casserole, saucepan, skillet.

ca.cau [kak'aw] s. m. cacao-bean, cocoa, cacao. **manteiga de** ≃ cocoa butter.

ca.cau.ei.ro [kakaw'ejru] s. m. cacao tree.

ca.ce.ta.da [kaset'adə] s. f. a blow with a club; beating, thrashing.

ca.ce.tar [kaset'ar] v. to beat with a club; to annoy, bore.

ca.ce.te [kas'eti] s. m. club, mace; (fig.) bore, bother; impertinence, (sl.) penis. ‖ adj. importunate, tiresome; abstructive; boresome.

ca.ce.te.a.ção [kaseteas'ãw] s. f. (pl.**-ções**) nuisance; importunation.

ca.ce.te.ar [kasete'ar] v. to annoy, bother, pester; to tease, rib; to beat with a club, cudgel.

ca.cha.ça [kaʃ'asə] s. f. sugar cane brandy, rum.

ca.che.a.do [kaʃe'adu] adj. clustery, bunchy, in clusters; curly, ondulated; tressed, braided. **cabelo** ≃ curly hair.

ca.che.ar [kaʃe'ar] v. to form clusters or tufts; to cluster, curl (hair).

ca.che.col [kaʃek'ɔw] s. m. (pl. **-cóis**) neckerchief, neck-cloth; scarf, muffler; wrap, tucker, comforter; stole.

ca.chim.ba.da [kaʃĩb'adə] s. f. a pipeful of tobacco; the smoking of a pipe; a draw at the pipe.

ca.chim.bo [kaʃ'ĩbu] s. m. tobacco-pipe, pipe; hinge pin, socket. ≃ **bruyère** brier pipe. ≃ **de barro** clay pipe. **fumar** ≃ to pipe.

ca.cho [k'aʃu] s. m. (bot.) racemose inflorescence, raceme; cluster, bunch; curl, ringlet (of hair).

ca.cho.ei.ra [kaʃo'ejrə] s. f. waterfall, overfall, chute, cascade; cataract; river rapids.

ca.cho.ei.ro [kaʃo'ejru] s. m. waterfall, chute, cataract, cascade.

ca.cho.la [kaʃ'ɔlə] s. f. (pop.) the head; pate, nut, noddle, costard; cunningness; wit.

ca.chor.ra [kaʃ'oȓə] s. f. female puppy; bitch, she-dog. **com a** ≃ (Braz.) ill-humoured.

ca.chor.ra.da [kaʃoȓ'adə] s. f. a pack of dogs; wickedness; mischievous trick.

ca.chor.ri.ce [kaʃoȓ'isi] s. f. wicked conduct; lowness, meanness; dirty trick; outrage.

ca.chor.ri.nho [kaʃoȓ'iñu] s. m. puppy, whelp.

ca.chor.ro [kaʃ'oȓu] s. m. dog, puppy, whelp; scoundrel, wretch. ≃ **hidrófobo** mad dog. ≃- **quente** hot dog.

ca.cim.ba [kas'ĩbə] s. f. humid fog; drizzle; small pool of stagnant water; dewfall; waterhole.

ca.cim.bei.ro [kasĩb'ejru] s. m. well digger.

ca.ci.que [kas'iki] s. m. (Braz.) cacique, Indian tribal chief, chieftain; (fig.) political boss, big shot, bigwig; elder.

ca.co [k'aku] s. m. potsherd, piece of broken earthenware; shard; chipped or worn-out household utensil; junk; a decayed tooth; ≃**s** trash. ≃ **de louça** crock. **fazer em** ≃**s, reduzir a** ≃**s** to break into pieces. **sou um** ≃ **velho** I am an old man.

ca.ço.a.da [kaso'adə] s. f. act of jeering or jesting; mockery.

ca.ço.a.dor [kasoad'or] s. m. joker; funster; teaser.

ca.ço.ar [kaso'ar] v. to scoff, sneer; to mock, tease, kid; to deride; to make fun of.

ca.co.e.te [kako'eti] s. m. a bad habit; nervous tic; mania, itch; grimace.

ca.co.fo.ni.a [kakofon'iə] s. f. cacophony.

ca.co.fo.ni.ar [kakofoni'ar] v. to cacophonize, make cacophony.

ca.co.fô.ni.co [kakof'oniku] adj. cacophonic, cacophonous, having a harsh sound.

cac.to [k'aktu] s. m. cactus.

cac.tói.de [kakt'ɔjdi] adj. m. + f. cactoid, cactuslike.

ca.çu.la [kas'ulə] s. m. (Braz.) youngest child.

ca.cun.da [kak'ũdə] s. f. (Braz.) back, dorsum; shoulders; (pop.) hunchback.

ca.da [k'adə] adj. every, each. **a** ≃ **momento** every time. **a** ≃ **passo** frequently. ≃ **dia** every day. ≃ **um** everyone. ≃ **vez mais** more and more. ≃ **vez melhor** better and better. ≃ **vez que...** when so ever...

ca.da.fal.so [kadaf'awsu] s. m. scaffold; gibbet, gallows.

ca.dar.ço [kad'arsu] s. m. floss silk; tape, ribbon, ferret; braid. ≃ **de sapatos** shoestring.

ca.das.trar [kadastr'ar] v. to make a register; to register.

ca.das.tro [kad'astru] s. m. official register of real estate.

ca.dá.ver [kad'aver] s. m. (pl. **-veres**) cadaver, corpse; (fig.) pale, weak.

ca.da.vé.ri.co [kadav'ɛriku] adj. cadaveric, cadaverous.

ca.dê [kad'e] (Braz.) a popular expression meaning: what has become of?, what has happened to?, where is...?

ca.de.a.do [kade'adu] s. m. padlock, portable lock, snap.

ca.dei.a [kad'ejə] s. f. chain; fetter(s), shackle(s); jail, prison. ≃ **de estações de rádio** radio network. ≃ **de montanhas** mountain range, cordillera. **reação em** ≃ chain reaction. **serra de** ≃ chain saw. ≃ **de lojas** chain store.

ca.dei.ra [kad'ejrə] s. f. seat, chair; discipline; professorship; ecclesiastical dignity; diocesan center; central or branch seat of a society (political, scientific, etc.); ≃**s** hips. ≃ **de armar** camp-chair. ≃ **de balanço** rocking chair. ≃ **de braços** arm-chair. ≃ **de rodas** wheelchair. ≃ **elétrica** electric chair. ≃ **estofada** upholstered chair.

ca.dei.ri.nha [kadejr'iñə] s. f. a little chair; sedan chair.

ca.de.la [kad'ɛlə] s. f. female dog, bitch, she-dog; (sl.) whore.

ca.dên.cia [kad'ẽsjə] s. f. cadence; cadency; (mus.) cadenza; rhythm. ≃ **de um discurso** the fall of a discourse. ≃ **do verso** the cadence of a verse.

ca.den.ci.a.do [kadẽsi'adu] adj. cadenced, regular; rhythmic(al); harmonious.

ca.den.ci.ar [kadẽsi'ar] v. to render rhythmical; to harmonize; to cadence, accent.

ca.den.te [kad'ẽti] adj. m. + f. cadent; falling. **estrela** ≃ shooting star.

ca.der.ne.ta [kadern'etə] s. f. notebook; school register. ≃ **bancária** bank-book. ≃ **de caixa econômica** savings account book. ≃ **de crediário** passbook.

ca.der.no [kad'ɛrnu] s. m. loose-leaf book; copybook, notebook. ≃ **de rascunho** scrapbook; rough-book; exercise book. ≃ **de esboços** sketch-book.

ca.de.te [kad'eti] s. m. cadet; pupil of a military school. **corpo de** ≃**s** cadet corps.

ca.di.nho [kad'iñu] s. m. crucible, melting pan or pot, melter. ≃ **de refinar** fining-pot.

ca.du.car [kaduk'ar] v. to grow very old, age; to become decrepit; to decay; to become feeble-minded (senile); to lapse, forfeit; to become extinct; to get out of date.

ca.du.co [kad'uku] adj. falling; decrepit, senile; age-worn; (jur.) subject to forfeit or lapse; transitory; (bot.) deciduous.

ca.fa.jes.te [kafaʒ'ɛsti] s. m. boor, churl; layabout; scoundrel; vulgar or despicable man.

ca.fé [kaf'ɛ] s. m. coffee; cup of coffee; coffee house; café. ≃ **da manhã** breakfast. **xícara de** ≃ demi-tasse.

ca.fe.i.cul.tor [kafejkuwt'or] s. m. coffee grower, coffee planter.

ca.fe.i.cul.tu.ra [kafejkuwt'urə] s. f. coffee growing, coffee planting.

ca.fe.í.na [kafe'inə] s. f. (chem.) caffeine.

ca.fe.tei.ra [kafet'ejrə] s. f. coffee pot; coffee percolator. ≃ **com torneira** coffee urn.

ca.fe.zal [kafez'aw] s. m. (pl. **-zais**)coffee plantation.

ca.fe.zi.nho [kafɛz'iñu] s. m. a small cup of coffee (usually served without milk).

cáf.ten [k'aftẽj] s. m. (pl. **-tens**; f. **-tina**) (Braz., pop.) fancy man, protector, bully; procurer, pander, pimp.

caf.ti.na [kaft'inə] s. f. panderess, procuress, bawd.

ca.fun.dó [kafũd'ɔ] s. m. flat stretch of lowland between steep mountains; distant and secluded place (difficult to reach).

ca.fun.dó.rio [kafũd'ɔrju] s. m. = **cafundó**.

ca.fu.né [kafun'ɛ] s. m. (Braz.) a soft scratching or stroking on the head (to lull somebody into sleep).

ca.fuz [kaf'us] s. m. = **cafuzo**.

ca.fu.zo [kaf'uzu] s. m. (Braz.) the offspring of Negro and Indian; very dark-skinned mulatto.

ca.ga.ço [kag'asu] s. m. (vulg.) fear, terror, fright.

cá.ga.do [k'agadu] s. m. (zool.) freshwater and land turtle; (fig.) a slow fellow, laggard.

ca.gar [kag'ar] v. (vulg.) to defecate.

cai.a.ção [kajas'ãw] s. f. (pl. **-ções**) whitewashing, limewash.

cai.a.dor [kajad'or] s. m. whitewasher.

cai.a.du.ra [kajad'urə] s. f. act or effect of whitewashing; a coat of whitewash.

cai.a.na [kaj'ʌnə] s. f. (Braz.) a variety of sugar cane; (pop.) white rum.

cai.a.que [kaj'aki] s. m. (naut.) kayak; canoe.

cai.ar [kaj'ar] v. to whitewash; to whiten; to conceal; to overdo one's make-up; to coat.

cãi.bra [k'ãjbrə] s. m. (med.) cramp, kink, crick, convulsion.

cai.bro [k'ajbru] s. m. rafter(s), roof timber.

cai.ça.ra [kajs'arə] s. f. very simple people who live along the seashore.

ca.í.da [ka'idə] s. f. fall, falling; (fig.) decay, decadence; declivity, slope; downcome, descent; sag, sinking; recession; dump.

ca.í.do [ka'idu] adj. fallen; decayed; sad; overcome by (admiration, love etc.), in love with.

cai.ei.ra [kaj'ejrə] s. f. lime-pit; lime-kiln; limeburner; bonfire.

cai.ei.ro [kaj'ejru] s. m. whitewasher; worker in a lime-kiln, lime-burner; journeyman, mason's helper.

cai.men.to [kajm'ẽtu] s. m. act of falling, fall; sinking, dropping; decadence, decay.

cai.pi.ra [kajp'irə] s. m. + f. rustic, backwoodsman; yokel, hick, clodhopper; hillbilly, hayseed. ‖ adj. relative to simple, backwoods people, rude; uncultured; boorish.

cai.po.ra [kajp'ɔrə] s. m. + f. goblin, imp; unlucky fellow; (Braz.) persistent misfortune.

ca.í.que [ka'iki] s. m. caique, fishing or coasting vessel.

ca.ir [ka'ir] v. to fall; to tumble, drop, succumb; to sink; to decline, decay; to be overthrown; to fall for, yield to; to droop; to sag; to collapse; to surrender, capitulate. ≃ **ao**

mar to fall overboard. ≃ **de cama** to be taken ill. ≃ **do céu** to happen unexpectedly. ≃ **em tentação** to yield to temptation. ≃ **fora** to fall out; to be left out. **ao** ≃ **da noite** at nightfall. **deixar** ≃ to drop; to abandon. ≃ **no mundo** to run away.

cais [k'ajs] s. m., sg. + pl. quay, wharf; dock, pier; mole. ≃ **flutuante** floating pier.

cai.xa [k'ajʃə] s. f. box; case, chest; kit, set; casing; coffer; bin; container, tank; (typogr.) type case; purse, pouch; cashier, teller; (com.) cashier's office. ≃ **de câmbio** (mot.) gearbox. ≃ **da direção** (mech.) steering box. ≃ **de embreagem** (mot.) clutch housing. ≃ **-d'água** watertank. ≃ **de chave** (electr.) switchbox. ≃ **de costura** sewing box. ≃ **de crédito** loan office. ≃ **de descarga** flushing tank; lavatory cistern. ≃ **-de-fósforos** matchbox. ≃ **econômica** savings bank. ≃ **-forte** safe, strongbox. ≃ **postal** post-box, letterbox. ≃ **registradora** cash register. **livro** ≃ cash book.

cai.xão [kajʃ'ãw] s. m. (pl. **-xões**) coffin; chest; locker, trunk; bin; river bottom. ≃ **flutuante** caisson.

cai.xei.ro [kajʃ'ejru] s. m. salesclerk; salesperson. ≃ **de balcão** counter clerk. ≃ **-viajante** travelling salesman.

cai.xi.lho [kajʃ'iʎu] s. m. window-sash, casement; framework. ≃ **de porta** door-frame.

cai.xi.nha [kajʃ'iɲa] s. f. little box, casket; tip (waiters, taxi drivers etc.).

cai.xo.ta.ri.a [kajʃotar'iə] s. f. box or trunk factory.

cai.xo.te [kajʃ'ɔti] s. m. a crude chest or box; packing-box, crate.

ca.ja.da.da. [kaʒad'adə] s. f. a blow with a stick, wallop. **matar dois coelhos de uma** ≃ to kill two birds with one stone.

ca.ja.do [kaʒ'adu] s. m. shepherd's stick, crook, crooked stick; crozier; cane, club.

ca.ju [kaʒ'u] s. m. (bot.) cashew-nut, cashew.

ca.ju.a.da [kaʒu'adə] s. f. refreshing drink made from cashew-nut juice.

ca.ju.al [kaʒu'aw] s. m. = **cajueiral**.

ca.ju.ei.ral [kaʒuejr'aw] s. m. (pl. **-rais**) a grove of cashew trees.

ca.ju.ei.ro [kaʒu'ejru] s. m. cashew tree.

ca.ju.zei.ro [kaʒuz'ejru] s. m. = **cajueiro**.

cal [k'aw] s. f. (pl. **cales** or **cais**) lime, whitewash. ≃ **apagada** burned lime. ≃ **viva** quick-lime.

forno de ≃ lime-kiln. **leite de** ≃ limewater. **pedra de** ≃ limestone.

ca.la.bou.ço [kalab'owsu] s. m. calaboose, dungeon; prison, jail; a shadowy or gloomy place.

ca.la.da [kal'adə] s. f. complete silence; stillness; hush; cessation of any noise. **às** ≃**s** secretly, silently, tacitly. **pela** ≃ **da noite** in the dead of the night, at an unearthly hour.

ca.la.do [kal'adu] s. m. load-displacement, draft (of a vessel), gauge. I adj. silent, quiet; reserved; taciturn, wordless; sullen.

ca.la.fe.ta.gem [kalafet'aʒẽj] s. f. (pl. **-gens**) (naut.) caulking, gasket.

ca.la.fe.ta.men.to [kalafetam'ẽtu] s. m. = **calafetagem**.

ca.la.fe.tar [kalafet'ar] v. to calk, caulk; to drive tarred oakum into the seams of a ship (to prevent leaking); to stop up.

ca.la.fri.o [kalafr'iu] s. m. fit of cold, shivering fit; chill, shiver, shakes; (med.) rigour.

ca.la.mi.da.de [kalamid'adi] s. f. calamity; disaster; scourge, plague.

ca.la.mi.to.so [kalamit'ozu] adj. calamitous; disastrous; wretched; tragic(al); adverse.

cá.la.mo [k'alamu] s. m. stalk, halm, blade of grass.

ca.lan.dra [kal'ãdrə] s. f. (mech.) calender; hot-press.

ca.lão [kal'ãw] s. m. (pl. **-lões**) a long rowing boat; slang, jargon; argot, patois; cant.

ca.lar [kal'ar] v. not to speak; to shut up, to stay silent; to conceal; to disguise; (coll.) to belt up; ≃**-se** to be silent. ≃ **sua mágoa** to conceal one's grief. **cale a boca!** shut up!

cal.ça.da [kaws'adə] s. f. pavement, sidewalk, causeway.

cal.ça.dei.ra [kawsad'ejrə] s. f. shoehorn.

cal.ça.do [kaws'adu] s. m. footwear; shoe(s), boot(s). I adj. paved; shod, footworn.

cal.ça.men.to [kawsam'ẽtu] s. m. paving; pavement.

cal.ca.nhar [kawkaɲ'ar] s. m. heel. **dar aos** ≃**es** to take to one's heels, run away. ≃ **de Aquiles** Achilles' heel.

cal.ção [kaws'ãw] s. m. (pl. **-ções**) trousers; trunks, shorts. ≃ **de banho** bathing trunks, slips. ≃ **de montaria** riding breeches.

cal.car [kawk'ar] v. to step on; to smash, crush; to trample on; to squeeze; to oppress; to compress; to model, shape, mould.

cal.çar [kaws'ar] v. to put on (footwear, stockings, socks, trousers, pantaloons, gloves); to pave, cover with rock or stones; (constr.) to underprop, underpin; to wedge; to suit or fit well. ≃ **um carro** to prop up a car.

cal.cá.rio [kawk'arju] s. m. generic designation of calcareous rocks; (geol.) limestone, chalk. ‖ adj. calcareous, limy, chalky.

cal.ças [k'awsas] s. f. pl. trousers, pants, pantaloons; jeans, breeches. ≃ **de couro** buckskins.

cal.ci.fi.ca.ção [kawsifikas'ãw] s. f. (pl. **-ções**) calcification, calcination.

cal.ci.fi.car [kawsifik'ar] v. to calcify, calcinate.

cal.ci.nar [kawsin'ar] v. to calcine, reduce to lime; to burn, cremate; to burn to ashes.

cál.cio [k'awsju] s. m. (chem.) calcium (symbol Ca).

cal.ço [k'awsu] s. m. wedge; chock; scotch, skid.

cal.cu.lar [kawkul'ar] v. to calculate, compute, reckon; to count; to evaluate, estimate; to guess, figure out; to presume, surmise; to foresee, anticipate; to premeditate. ≃ **o valor** to appraise. **máquina de** ≃ calculator.

cál.cu.lo [k'awkulu] s. m. calculation, computation, reckoning; (math.) calculus; (med.) calculus, stone; forecast; estimate. ≃ **aproximado** rough estimate. ≃ **de preço de custo** costing. ≃ **mental** mental arithmetic. **ré-gua de** ≃**s** slide rule.

cal.da [k'awdə] s. f. solution of sugar in hot water; syrup; ≃**s** hot springs.

cal.de.ar [kawde'ar] v. to weld; to temper, anneal; to fuse, melt; to crossbreed; to blend.

cal.dei.ra [kawd'ejrə] s. f. kettle, caldron; boiler, seether.

cal.dei.rão [kawdejr'ãw] s. m. (pl. **-rões**) large kettle, caldron, cauldron; (geol.) pothole in a river-bed.

cal.dei.ra.ri.a [kawdejrar'iə] s. f. kettle or boiler factory; boiler room.

cal.dei.rei.ro [kawdejr'ejru] s. m. kettle maker, boilermaker, coppersmith; tinker, brazier.

cal.dei.ri.nha [kawdejr'iñə] s. f. little kettle; holy water vase. **estar entre a cruz e a** ≃ to be in a pinch, in hot water.

cal.do [k'awdu] s. m. soup, broth. ≃ **de carne** bouillon, consommé, beef-tea. ≃ **de carne com legumes** hotchpotch. ≃ **de galinha** chicken broth.

ca.le.fa.ção [kalefas'ãw] s. f. (pl. **-ções**) heating, warming; calefaction; method of heating.

ca.lei.dos.có.pi.co [kalejdosk'ɔpiku] adj. kaleidoscopic.

ca.lei.dos.có.pio [kalejdosk'ɔpju] s. m. kaleidoscope.

ca.le.ja.do [kale3'adu] adj. callous, horny; hardened, hardy; (fig.) experienced, skilled; practical, shrewd, sharp.

ca.le.jar [kale3'ar] v. to make callous; to harden, indurate; to become insensible.

ca.len.dá.rio [kalẽd'arju] s. m. calendar, diary; almanac. ≃ **gregoriano** gregorian calendar.

ca.lha [k'aλə] s. f. gutter, gutter pipe; channel, trough; (archit.) drip; chute, cowl.

ca.lha.ma.ço [kaλam'asu] s. m. (pop.) a big, old book; folio volume; old-fashioned book.

ca.lham.be.que [kaλãb'ɛki] s. m. a small coasting vessel; (fig.) an old carriage or chaise; (pop.) rattletrap, jaloppy; old crock.

ca.lhar [kaλ'ar] v. to fit well in, go into; to come in time, be opportune; to coincide with. **veio-lhe a** ≃ it served his purpose.

ca.lhau [kaλ'aw] s. m. fragment of a hard rock, flintstone; pebble; (newspaper sl.) filler, stopgap.

ca.li.bra.dor [kalibrad'or] s. m. calibrator; caliper, gauge, caliber rule.

ca.li.brar [kalibr'ar] v. to calibrate; to gauge.

ca.li.bre [kal'ibri] s. m. caliber; bore, gauge.

cá.li.ce [k'alisi] s. m. cup, chalice, calyx, goblet; (fig.) anguish, ordeal. ≃ **de comunhão** (rel.) communion-cup.

ca.li.có [kalik'ɔ] s. m. calico, plain white cotton cloth.

cá.li.do [k'alidu] adj. hot, heated, very warm; ardent, burning; fiery; impassioned.

ca.li.gra.fi.a [kaligraf'iə] s. f. calligraphy; handwriting; penmanship; script.

ca.lis.ta [kal'istə] s. m. + f. chiropodist, pedicure.

cal.ma [k'awmə] s. f. calm, lull; serenity, composure; tranquility, repose, calmness; leniency; silence, peace. ≃! take it easy! **ela perdeu a** ≃ she lost her temper.

cal.man.te [kawm'āti] s. m. (med.) calmative, lenitive, sedative. ‖ adj. m. + f. calmative, lenitive, sedative, soothing.

cal.mar [kawm'ar] v. to calm, quiet; to tranquilize; to appease; to calm down; to soothe, to still.

cal.ma.ri.a [kawmar'iə] s. f. calm, lull; becalmed sea; sultriness. ≃ **equatorial** the doldrums.

cal.mo [k'awmu] adj. calm, still, quiet; serene, undisturbed; even-minded, even-tempered; cool, serene; **fique** ≃! keep calm!, keep your temper!

ca.lo [k'alu] s. m. corn, callus, callosity.

ca.lom.bo [kal'õbu] s. m. swelling, cyst; pustule, blister; mound, hillock, knoll.

ca.lor [kal'or] s. m. heat, warmth; hotness, torridness; sultriness; animation, vivacity; eagerness; mettle.

ca.lo.rão [kalor'ãw] s. m. excessive heat.

ca.lo.ren.to [kalor'ẽtu] adj. sensitive to heat.

ca.lo.ri.a [kalor'iə] s. f. calorie, calory, unit of heat.

ca.lo.ro.so [kalor'ozu] adj. warm; ardent; enthusiastic.

ca.lo.si.da.de [kalozid'adi] s. f. callosity, callousness; hardened skin.

ca.lo.ta [kal'ɔtə] s. f. cap; (geom. and math.) spherical calotte; hubcap. ≃ **glacial** polar ice-cap.

ca.lo.te [kal'ɔti] s. m. (fam.) unpaid debt; swindle, cheat.

ca.lo.tei.ro [kalot'ejru] s. m. swindler, cheat; sharper.

ca.lou.ro [kal'owru] s. m. freshman; beginner, novice; greenhorn.

ca.lú.nia [kal'unjə] s. f. calumny, slander; defamation; falsehood; libel; scandal.

ca.lu.ni.ar [kaluni'ar] v. to calumniate, slander; to detract, defame; to backbite.

ca.lu.ni.o.so [kaluni'ozu] adj. calumnious, slanderous; defamatory, detractive; opprobrious.

cal.va [k'awvə] s. f. baldness, baldpate.

cal.ví.cie [kawv'isji] s. f. baldness.

cal.vo [k'awvu] s. m. bald-headed person. ‖ adj. bald, bald-headed.

ca.ma [k'ʌmə] s. f. bed; sofa, couch; resting place; litter. ≃ **beliche** bunk bed. ≃ **de casal** double bed. **arrumar uma** ≃ to make a bed.

cair de ≃ to fall ill. **fazer a** ≃ to make one's bed. **ir para a** ≃ to go to bed. **prostrado na** ≃ bedridden.

ca.ma.da [kam'adə] s. f. layer; class; stratum. **pessoas de todas as** ≃ **s sociais** people of every condition. **em três** ≃ triple-tiered.

ca.ma.feu [kamaf'ew] s. m. cameo, precious stone cut in relief; baguette, baguet, intaglio.

ca.ma.le.ão [kamale'ãw] s. m. (pl. **-ões**) (zool.) chameleon; (fig.) inconstant person; (fig.) hypocrite.

câ.ma.ra [k'ʌmarə] s. f. chamber; room; towncouncil; chamber of a gun; (phot.) camera. ≃ **de ar** inner tube (of a tyre). **filme em** ≃ **lenta** slow motion picture. ≃ **de eco** echo chamber. ≃ **escura** darkroom.

ca.ma.ra.da [kamar'adə] s. m. + f. comrade; roommate; fellow student; crony, pal, sport; colleague, partner; buddy.

ca.ma.ra.da.gem [kamarad'aʒẽj] s. f. (pl. **-gens**) comradeship; solidarity, brotherhood.

ca.ma.rão [kamar'ãw] s. m. (pl. **-rões**) (zool.) shrimp, prawn; (S. Braz.) a red streetcar.

ca.ma.rei.ra [kamar'ejrə] s. f. chambermaid; lady-in-waiting, waiting maid, lady's maid.

ca.ma.re.i.ro [kamar'ejru] s. m. chamberlain; groom-in-waiting; valet; room servant, steward.

ca.ma.ri.lha [kamar'iʎə] s. f. clique, cabal.

ca.ma.rim [kamar'ĩ] s. m. (pl. **-rins**) little room; dressing room (in a theatre etc.).

ca.ma.ro.te [kamar'ɔti] s. m. (theat.) box, box seat; (naut.) a ship cabin, berth.

cam.ba.da [kãb'adə] s. f. lot of things (birds, fishes, beads etc.) strung on a thread; (fig.) gang, mob.

cam.ba.le.an.te [kãbale'ãti] adj. m. + f. reeling, staggering; faltering; groggy, dizzy.

cam.ba.le.ar [kãbale'ar] v. to sway, reel; to stagger, falter, totter; to wobble; to trip.

cam.ba.lho.ta [kãbaʎ'ɔtə] s. f. caper, skip; somersault; capriole; tumble, fall; frisk.

cam.bi.a.dor [kãbjad'or] s. m. money-changer, banker; exchanger.

cam.bi.al [kãbi'aw] s. f. (pl. **-ais**) adj. m. + f. cambial, of or relative to the exchange of money or bills.

cam.bi.an.te [kãbi'ãti] s. m. a changeable colour. ‖ adj. m. + f. changing; variable.

cam.bi.ar [kãbi'ar] v. to exchange; to convert; to barter, trade; to change colours.

câm.bio [k'ãbju] s. m. exchange of coins, banknotes, bills; (mech.) switchgear, shifter; exchange-office.

cam.bis.ta [kãb'istə] s. m. + f. money-changer, banker; exchange broker, bill broker; street peddler of lottery tickets; scalper.

cam.brai.a [kãbr'ajə] s. f. cambric, fine closely woven linen.

ca.me.le.ão [kamele'ãw] s. m. (pl. -ões) = **camaleão.**

ca.me.lei.ro [kamel'ejru] s. m. camel driver, cameleer.

ca.mé.lia [kam'ɛljə] s. f. (bot.) camellia.

ca.me.lo [kam'elu] s. m. (zool.) camel, Bactrian camel; (naut.) hawser; (fig.) stupid blockhead, dunce, idiot, thick-head.

ca.me.lô [kamel'o] s. m. street peddler, hawker.

câ.me.ra [k'ʌmerə] s. f. (TV and cin.) camera.

ca.mer.len.go [kamerl'ẽgu] s. m. camerlingo, cardinal chancellor (of the papal government).

ca.mi.nha.da [kamiñ'adə] s. f. walk; excursion, journey; stroll, hike, jaunt, rove. ≃ **i-nútil** fool's errand.

ca.mi.nhan.te [kamiñ'ãti] s. m. + f. walker, hiker; pedestrian; wayfarer. ‖ adj. walking, travelling.

ca.mi.nhão [kamiñ'ãw] s. m. (pl. -**nhões**) lorry, truck, van. ≃ **basculante** dump-truck.

ca.mi.nhar [kamiñ'ar] v. to walk; to hike, march; to journey, travel; to tramp.

ca.mi.nho [kam'iñu] s. m. road, way, drive; street; path, walk; route, course; track, trail. ≃ **batido** beaten track. ≃ **de entrada** gateway. o ≃ **pisado** the beaten track. ≃**s cruzados** crossroads. **a** ≃ on the way. **abrir** ≃ to pioneer. **a meio** ≃ halfway. **no** ≃ **errado** on the wrong track.

ca.mi.nho.ne.te [kamiñon'ɛti] s. f. light truck, delivery truck, pickup truck.

ca.mi.sa [kam'izə] s. f. shirt; chemise; (mech.) case, jacket. ≃ **de baixo** undershirt. ≃ **de cilindro** (tech.) cylinder-jacket. ≃ **de força** straitjacket. ≃ **de lã** jersey shirt. ≃ **de rigor** dress shirt. **em mangas de** ≃ in shirt-sleeves.

ca.mi.sa.ri.a [kamizar'iə] s. f. shirt factory; shirt shop, haberdashery.

ca.mi.sei.ra [kamiz'ejrə] s. f. chest of drawers.

ca.mi.sei.ro [kamiz'ejru] s. m. shirtmaker; haberdasher.

ca.mi.se.ta [kamiz'etə] s. f. chemisette; undershirt, singlet.

ca.mi.si.nha [kamiz'iñə] s. f. dim. of **camisa;** condom, johnny, French letter.

ca.mi.so.la [kamiz'ɔlə] s. f. nightshirt; nightgown; camisole.

ca.mo.mi.la [kamom'ilə] s. f. (bot.) camomile.

cam.pa.i.nha [kãpa'iñə] s. f. small bell, handbell; call-bell; tinkler; doorbell. ≃ **de alarma** alarm bell.

cam.pa.nha [kãp'ʌñə] s. f. open field country; campaign; wide plains, lowland. ≃ **eleitoral** electoral campaign. ≃ **militar** (mil.) expedition. **cama de** ≃ field-bed. **serviço de** ≃ (mil.) field duty.

cam.pâ.nu.la [kãp'ʌnulə] s. f. a bell glass; bell-flower; (electr.) petticoat insulator.

cam.pe.ã [kãpe'ã] s. f. championess.

cam.pe.a.dor [kãpead'or] s. m. cowboy, cow-hand.

cam.pe.ão [kãpe'ãw] s. m. (pl. -ões) defender, paladin; champion, champ.

cam.pe.ar [kãpe'ar] v. to look for stray animals; to search for; to fight, struggle against.

cam.pei.ro [kãp'ejru] s. m. cowboy, wrangler; farm-hand, ranger. ‖ adj. rural, rustic, relative to country life or agricultural work.

cam.pe.o.na.to [kãpeon'atu] s. m. championship.

cam.pe.si.no [kãpez'inu] adj. rural, rustic, campestral.

cam.pes.tre [kãp'ɛstri] adj. m. + f. campestral; rural, rustic, bucolic, pastoral.

cam.pi.na [kãp'inə] s. f. vast tract of open country; prairie; plain, level land.

cam.po [k'ãpu] s. m. field; open country, prairie, meadow, grassland; camp, encampment; (sports) playing field. ≃ **de ação** field of activity. ≃ **de aviação** airfield. ≃ **de batalha** battlefield. ≃ **magnético** magnetic field ≃ **petrolífero** oil field. ≃-**santo** cemetery, graveyard, burial place.

cam.po.nês [kãpon'es] s. m. (pl. -**neses**) farmer; cottager; peasant; yokel.

cam.po.ne.sa [kãpon'ezə] s. f. countrywoman.

ca.mu.fla.gem [kamufl'aʒej] s. f. (pl. -**gens**) camouflage, disguise, disguising.

ca.mun.don.go [kamũd'õgu] s. m. mouse, house mouse.

ca.mur.ça [kam'ursə] s. f. mountain goat, chamois; suede.

ca.na [k'ʌnə] s. f. (bot.) cane, reed; sugar cane; stalk; (sl.) prison, jail. ≃-**da-índia**, ≃-**de-bengala** withy, osier; wicker (-work). ≃-**de-açúcar** sugar cane.

ca.na.den.se [kanad'ēsi] s. m. + f. + adj. Canadian.

ca.nal [kan'aw] s. m. (pl. -**nais**) canal; waterway, stream; ditch, moat; gutter; (TV, radio); channel groove; conduit, duct; river-branch, inlet; medium; strait; dike. **Canal da Mancha** English Channel. ≃ **de ventilação**, airway cooling vent.

ca.na.lha [kan'aʎə] s. f. rabble, mob; scum; m. + f. scoundrel, crook, wretch.

ca.na.li.za.ção [kanalizas'ãw] s. f. (pl. -**ções**) canalization; drainage system, sewerage, drains.

ca.na.li.zar [kanaliz'ar] v. to canalize, canal; to channel.

ca.na.pé [kanap'ɛ] s. m. settee; couch, sofa; canapé, appetizer, savoury.

ca.ná.rio [kan'arju] s. m. (ornith.) canary; (fig.) a good singer.

ca.nas.tra [kan'astrə] s. f. chest, big trunk.

ca.na.vi.al [kanavi'aw] s. m. (pl. -**ais**) sugar cane plantation, cane-brake.

can.cã [kãk'ã] s. m. cancan.

can.ção [kãs'ãw] s. f. (pl. -**ções**) song; singing; chant; folksong, ballad. ≃ **de amor** love-song. ≃ **de Natal** Christmas carol. ≃ **de ninar** lullaby.

can.ce.la [kãs'ɛlə] s. f. gate, farm gate; barrier; level-crossing gate.

can.ce.la.do [kãsel'adu] adj. cancelled, abrogated, void.

can.ce.la.men.to [kãselam'ētu] s. m. act of cancelling; cancellation; abrogation, annulment; crossing out.

can.ce.lar [kãsel'ar] v. to cancel; to cross out, blot out, wipe out.

cân.cer [k'ãser] s. m. (pl. -**ceres**) cancer.

can.ce.rí.ge.no [kãser'iʒenu] adj. carcinogen.

can.ce.ro.so [kãser'ozu] s. m. a person suffering from cancer. I adj. cancered, cankered.

can.cha [k'ãʃa] s. f. racetrack; football field; playground; court, ground; brick-yard; slaughterhouse. **ter** ≃ to be experienced in.

can.ci.o.nei.ro [kãsjon'ejru] s. m. collection of songs, rhymes or poetry; songbook.

can.ci.o.nis.ta [kãsjon'istə] s. m. + f. composer of songs, ballad writer.

can.ço.ne.ta [kãson'etə] s. f. light and graceful little song, canzonet, canzonetta.

can.ço.ne.tis.ta [kãsonet'istə] s. m. + f. composer of songs, songster.

can.dei.ro [kãde'ejru] s. m. lamp, chandelier; hanging lamp.

can.dei.a [kãd'ejə] s. f. lamp, light; candle.

can.de.la.bro [kãdel'abru] s. m. chandelier, hanging lamp.

can.dên.cia [kãd'ēsjə] s. f. candescence, white heat.

can.den.te [kãd'ēti] adj. m. + f. candescent, glowing, burning.

can.di.da.tar-se [kãdidat'arsi] v. to present o. s. as candidate, run for office.

can.di.da.to [kãdid'atu] s. m. candidate; applicant; contestant. **apresentar-se como** ≃ to run for office.

can.di.da.tu.ra [kãdidat'urə] s. f. candidateship, candidature.

can.di.dez [kãdid'es] s. f. whiteness, candidness.

cân.di.do [k'ãdidu] adj. white; pure, innocent; sincere; ingenuous; simple.

can.dom.blé [kãdõbl'ɛ] s. m. Afro-Brazilian religious rite.

can.dor [kãd'or] s. m. (poet.) whiteness, pureness.

can.du.ra [kãd'urə] s. f. whiteness; pureness; sincerity; fairness, uprightness.

ca.ne.ca [kan'ɛkə] s. f. mug, can, cup, tankard.

ca.ne.co [kan'ɛku] s. m. a deep large mug, beer mug, tankard; (pop.) jar.

ca.ne.la [kan'ɛlə] s. f. cinnamon; shinbone, shin. **dar às** ≃**s** to bolt, run away. **esticar as** ≃**s** (pop., sl.) to kick the bucket, die.

ca.ne.la.do [kanel'adu] adj. grooved, fluted, channeled.

ca.ne.lar [kanel'ar] v. to channel, flute; to chamfer; to groove; to carve grooves in.

ca.ne.lei.ra [kanel'ejrə] s. f. canella, cinnamon, cinnamon-bark tree.

ca.ne.lei.ro [kanel'ejru] s. m. (weav.) spooler, winder, reeler; spool, bobbin or spindle holder.

ca.ne.ta [kan'etə] s. f. pen, penholder. ≃ **esferográfica** ball-point pen. ≃- **tinteiro** fountain-pen.

cân.fo.ra [kʼãforə] s. f. camphor, gum camphor.

can.ga [kʼãgə] s. f. a yoke (for oxen); (fig.) oppression, repression yoke, burden; piece of cloth worn around the waist over a swimming suit.

can.ga.cei.ro [kãgasʼejru] s. m. (N.E. Braz.) bandit, brigand; outlaw.

can.ga.lho [kãgʼaʎu] s. m. a wooden yoke, oxbow.

can.go.te [kãgʼɔti] s. m. (anat.) the occipital region.

can.go.tu.do [kãgotʼudu] adj. (Braz.) having a bulky occipital bone.

can.gu.ru [kãgurʼu] s. m. (zool.) kangaroo.

ca.nha [kʼʌɲə] s. f. (pop.) the left hand. às ≃ s left-handed; clumsily, awkwardly.

câ.nha.mo [kʼʌɲamu] s. m. hemp, hemp plant; hemp tow, packcloth, canvas; hemp yarn. ≃- brasileiro kenaf, ambari, bastard jute, Bombay hemp, Java jute.

ca.nhão [kaɲʼãw] s. m. (pl. -nhões) cannon, gun; gorge, defile, ravine; canyon; (Braz., pop.) an old and ugly woman. ≃ antiaéreo anti-aircraft gun. alma do ≃ the bore of a gun. bala de ≃ cannon ball.

ca.nhes.tro [kaɲʼestru] adj. (pop.) left-handed; clumsy, awkward; inapt, unskilful; timid.

ca.nho.na.da [kaɲonʼadə] s. f. cannonade.

ca.nho.ne.ar [kaɲoneʼar] v. to fire a cannon; to bombard.

ca.nho.ta [kaɲʼotə] s. f. (pop.) the left hand; a blow with the left hand.

ca.nho.tei.ro [kaɲotʼejru] s. m. left-hander; (pop.) lefty.

ca.nho.to [kaɲʼotu] s. m. left-hander; the stub (in a checkbook, receipt etc.); counterfoil; (pop.) the devil. ‖ adj. left-handed; left; southpaw (baseball).

ca.ni.bal [kanibʼaw] s. m. + f. (pl. -bais) cannibal.

ca.ni.ba.les.co [kanibalʼesku] adj. cannibal; cannibalic.

ca.ni.ba.lis.mo [kanibalʼizmu] s. m. cannibalism.

ca.ni.ço [kanʼisu] s. m. slender reed or cane; fishing-rod; (fig.) slim person.

ca.ní.cu.la [kanʼikulə] s. f. (astr.) Syrius, dog-star; sultriness; very hot weather.

ca.nil [kanʼiw] s. m. (pl. -nis) dog-house; kennel.

ca.ni.no [kanʼinu] s. m. (anat.) canine tooth, eye-tooth, fang. ‖ adj. canine; doglike, doggie. uma fome ≃ a wolfish appetite.

ca.ni.ve.te [kanivʼɛti] s. m. pocket-knife, penknife; jack-knife, clasp knife.

can.ja [kʼãʒə] s. f. chicken soup with rice, chicken broth; (sl.) something very easy to do, cinch. é ≃ ! it's a lick!, it's a pushover, a cinch, a give away.

can.ji.ca [kãʒʼikə] s. f. (Braz.) hominy.

ca.no [kʼʌnu] s. m. general designation of all kinds of tubes; pipe. ≃ de água water conduit. ≃ de descarga flushing pipe; entrar pelo ≃ (pop.) to be deceived.

ca.no.a [kanʼoə] s. f. canoe; boat, skiff, yawl; dug-out.

câ.non [kʼʌnõw] s. m. (R. C. Church liturgy) Canon; canon; rule, precept; decree; church law; canon law.

câ.no.ne [kʼanoni] s. m. = cânon.

ca.nô.ni.co [kanʼoniku] adj. canonic(al).

ca.no.ni.za.ção [kanonizasʼãw] s. f. (pl. -ções), (eccl. and rel.) canonization.

ca.no.ni.zar [kanonizʼar] v. to canonize.

ca.no.ro [kanʼɔru] adj. singing, warbling. pássaro ≃ song bird.

can.sa.ço [kãsʼasu] s. m. fatigue, weariness; tiredness; exhaustion.

can.sa.do [kãsʼadu] adj. tired, fatigued; weary, spent; drawn, flagging; worn-out, exhausted; fed up; (pop.) clapped out. ≃ de trabalhar toil-worn. terra -a worn-out soil.

can.sar [kãsʼar] v. to tire; to weary; to molest, annoy; to flag, irk, harass, pester; to bore; to grow tired; to feel fatigue; to cease, discontinue.

can.sa.ti.vo [kãsatʼivu] adj. tiring, fatiguing; wearisome, tedious; long-winded; heavy; stressful.

can.sei.ra [kãsʼejrə] s. f. fatigue, weariness; tiredness; exhaustion.

can.ta.da [kãtʼadə] s. f. act of singing; song, tune; chat up.

can.tão [kãtʼãw] s. m. (pl. -tões) territorial division; canton; part of a province.

can.tar [kãtʼar] v. to sing, chant; to praise with a song; to crow; to vocalize; (pop.) to chat up. ≃ **de ouvido** to sing by ear. ≃ **vitória** to crow victory.

can.ta.ri.a [kătar'iə] s. f. stonecutting; masonry; ashlar.

cân.ta.ro [k'ătaru] s. m. jar, jug, urn. **chove a** ≃**s** it's raining cats and dogs, it's pouring.

can.ta.ro.lar [kătarol'ar] v. to sing under one's breath, hum; to warble, trill.

can.tei.ra [kăt'ejrə] s. f. stone pit, quarry.

can.tei.ro [kăt'ejru] s. m. stonecutter, stonemason. ≃ **de flores** flower-bed. ≃ **de obras** building site, construction site, builder's yard.

cân.ti.co [k'ătiku] s. m. hymn; chant; canticle. ≃ **de Natal** Christmas carol.

can.til [kăt'iw] s. m. (pl. **-tis**) water-bottle, canteen; flask; a sculptor's chisel.

can.ti.na [kăt'inə] s. f. canteen; tavern.

can.ti.nei.ro [kătin'ejru] s. m. tavern-keeper, proprietor of a canteen; counterman.

can.to [k'ătu] s. m. corner; angle; nook; song, folk song, chant. ≃ **da boca** corner of the mouth. ≃ **da rua** street corner. **pôr a um** ≃ to neglect. ≃ **de galo** cockcrow.

can.to.nal [kăton'aw] adj. m. + f. (pl. **-nais**) cantonal.

can.to.nei.ra [kăton'ejrə] s. f. corner shelf or stand; corner cupboard; (tech.) angle plate, corner plate, angle bar, beam. ≃ **de aço** angle steel.

can.tor [kăt'or] s. m. singer; crooner.

can.to.ra [kăt'orə] s. f. singer (opera, pop etc.).

ca.nu.do [kan'udu] s. m. long tube, pipe; curls, ringlets (of hair); (pop.) deceit, trick, swindle. ≃ **de chupar** drinking straw, straw. ≃ **de soprar** peashooter.

cão [k'ăw] s. m. (pl. **cães**) dog; hammer or cock of a gun; a contemptible person. ≃ **de guarda** watchdog.

ca.o.lho [k'aoλu] s. m. one-eyed or cross-eyed person. ‖ adj. one-eyed, cross-eyed.

caos [k'aws] s. m. chaos; utter confusion; turmoil, mess, muddle.

ca.ó.ti.co [ka'ɔtiku] adj. chaotic(al).

ca.pa [k'apə] s. f. coat, cloak, overcoat, wrap, mantle; cover, covering; (bullfight) banderole; (naut.) main sail; (fig.) pretense, pretext; (tech.) cap, case, cover, binding. **contra** ≃ back-cover. ≃ **de revista (livro, etc.)** cover. ≃ **impermeável** raincoat.

ca.pa.ção [kapas'ăw] s. f. (pl. **-ções**) castration; pruning of plants.

ca.pa.ce.te [kapas'eti] s. m. helmet, helm; headpiece.

ca.pa.cho [kap'aʃu] s. m. door-mat; rug; flatterer, adulator; ≃**s** matting.

ca.pa.ci.da.de [kapasid'adi] s. f. capacity; content, volume; ability, aptness; competence; (electr.) capacitance.

ca.pa.ci.ta.do [kapasit'adu] adj. capable, competent, able.

ca.pa.ci.tar [kapasit'ar] v. to capacitate; to qualify; to enable; to empower, authorize; to persuade.

ca.pa.do [kap'adu] s. m. castrated ram, goat or boar; gelding. ‖ adj. castrated.

ca.pan.ga [kap'ăgə] s. m. bully; thug, ruffian, hood; f. (Braz.) a purse.

ca.pão [kap'ăw] s. m. (pl. **-pões**) capon, castrated male chicken; gelding, castrated horse.

ca.par [kap'ar] v. to castrate; to emasculate; to caponize; to geld, spay; to prune.

ca.pa.taz [kapat'as] s. m. foreman, overseer; warden.

ca.paz [kap'as] adj. m. + f. capable, able; apt, fit. ≃ **de** capable of, able to.

cap.ci.o.so [kapsi'ozu] adj. captious; catchy; cunning, sly; tricky, deceitful.

ca.pe.ar [kape'ar] v. to cover with a cloak; to hide; to mask; to coat (with stones, masonry).

ca.pe.la [kap'εlə] s. f. chapel; sanctuary, shrine; (tech.) dome of a furnace.

ca.pe.lão [kapel'ăw] s. m. (pl. **-lães**) chaplain, padre, priest.

ca.pe.lo [kap'elu] s. m. hood, cowl; cap; cardinal's hat; chimney-cap, chimney-hood.

ca.pen.ga [kap'ẽgə] s. m. + f. cripple. ‖ adj. lame, crippled, maimed, hobbling, limping.

ca.pen.gar [kapẽg'ar] v. to limp, hobble.

ca.pe.ta [kap'etə] s. m. (Braz., pop.) the devil; m. + f. a naughty child.

ca.pi.lar [kapil'ar] adj. m. + f. capillary, capillaceous; hairlike; very slender.

ca.pi.la.ri.da.de [kapilarid'adi] s. f. capillarity.

ca.pim [kap'ĩ] s. m. (pl. **-pins**) grass, sedge; hay; (pop.) money, cash.

ca.pi.na [kap'inə] s. f. weeding, hoeing.

ca.pi.na.dei.ra [kapinad'ejrə] s. f. weeding machine.

ca.pi.na.dor [kapinad'or] s. m. weeder, hoer, mower.

ca.pi.nar [kapin'ar] v. to weed, hoe.

ca.pin.zal [kapĩz'aw] s. m. (pl.-**zais**) pasture, hayfield.

ca.pi.tal [kapit'aw] s. m. (pl. -**tais**) capital; funds, stock; means, wealth; f. capital, metropolis. **‖** adj. m. + f. essential; primary; vital. ≃ **circulante** floating capital. **ganhos de** ≃ capital gains. **crime** ≃ capital crime.

ca.pi.ta.lis.mo [kapital'izmu] s. m. capitalism.

ca.pi.ta.lis.ta [kapital'istə] s. m. + f. capitalist. **‖** adj. relative to capitalism or capitalists; capitalistic(al).

ca.pi.ta.li.za.ção [kapitalizas'ãw] s. f. (pl. -**ções**) (com.) capitalization, act of capitalizing.

ca.pi.ta.li.zar [kapitaliz'ar] v. to capitalize; to accumulate; to amass (money or wealth).

ca.pi.ta.ne.ar [kapitane'ar] v. to command, captain; to lead, direct; to govern.

ca.pi.ta.ni.a [kapitan'iə] s. f. captaincy; command.

ca.pi.tão [kapit'ãw] s. m. (pl. -**tães**) captain; commander; leader, chief, headman; skipper; political boss. ≃ **da indústria** industrialist, captain of industry, tycoon. ≃ **-de-corveta** (navy) lieutenant commander. ≃ -**de-fragata** (navy) commander. ≃ -**de-mar-e-guerra** naval officer ranking immediately below a rear admiral.

ca.pi.tu.la.ção [kapitulas'ãw] s. f. capitulation; surrender; (fig.) subjection; (fig.) concession.

ca.pi.tu.lar [kapitul'ar] v. to capitulate, surrender; to yield; to chapter.

ca.pí.tu.lo [kap'itulu] s. m. chapter; paragraph; section; an organized branch of a society or fraternity; chapter, lodge; (bot.) capitulum.

ca.pi.va.ra [kapiv'arə] s. f. (Braz., zool.) capybara, capibara.

ca.po.ei.ra [kapo'ejrə] s. f. new growth of shrubbery on cleared land; scrub, brushwood; means of self-defense; dance.

ca.po.ta [kap'ɔtə] s. f. cap, hood, head-dress; capote; canopy. ≃ **ou coberta de motor** motor cowling, cowl, hood, bonnet.

ca.po.ta.gem [kapot'aʒẽj] s. f. (pl. -**gens**) capsizal; upset, overturn.

ca.po.tar [kapot'ar] v. to capsize; to upset, overturn.

ca.po.te [kap'ɔti] s. m. cloak, mantle; throw-over; (fig.) disguise, mask; (cards) capot.

ca.pri.char [kaprif'ar] v. to try to excel; to perfect, elaborate, do with care.

ca.pri.cho [kapr'iʃu] s. m. caprice; fancy, freak, whim; fickleness; care. ≃ **da natureza** a freak of nature.

ca.pri.cho.so [kaprif'ozu] adj. capricious; fanciful, freakish; skittish; fickle; vagarious; arbitrary; obstinate; extravagant; careful.

ca.pri.cór.nio [kaprik'ɔrnju] s. m. Capricorn.

ca.pri.no [kapr'inu] adj. caprine, hircine, goatlike.

cáp.su.la [k'apsulə] s. f. capsule; small container.

cap.ta.ção [kaptas'ãw] s. f. (pl. -**ções**) (of water); act of captivating, inveigling.

cap.tar [kapt'ar] v. to captivate; to catch; to subdue; to ingratiate o. s.; to collect, (water) dam up; (radio and TV) to pick up, receive.

cap.tu.rar [kaptur'ar] v. to capture; to seize; to conquer, occupy; to catch; to arrest.

ca.pu.cha [kap'uʃə] s. f. a kind of hood, bonnet, cowl.

ca.pu.chi.nho [kapuf'iñu] s. m. small hood or cowl; (eccl.) Capuchin, Capuchin friar.

ca.puz [kap'us] s. m. hood; cowl, cap; bonnet.

ca.qui [kak'i] s. m. kaki; persimmon.

cá.qui [k'aki] s. m. khaki, khaki-coloured cotton cloth.

ca.qui.zei.ro [kakiz'ejru] s. m. Japanese persimmon tree.

ca.ra [k'arə] s. f. face; countenance, mien, appearance; looks; (pop.) boldness, impudence, daring. ≃ **a** ≃ face to face. ≃ **amarrada** long face. ≃ **de poucos amigos** unfriendly countenance. ≃ **ou coroa** heads or tails. **meter a** ≃ to penetrate; to attack. **pagar os olhos da** ≃ to pay through the nose, pay an exorbitant price. **quem vê** ≃ **não vê coração** you can't judge from appearances. **ter duas** ≃**s** to have two faces. ≃ -**de-pau** (Braz., pop.) a straight-faced person. ≃ -**me-tade** the better half, wife, person.

ca.rá [kar'a] s. m. (Braz.) yam.

ca.ra.bi.na [karab'inə] s. f. carbine, short rifle.

ca.ra.col [karak'ɔw] s. m. (pl. -**cóis**) caracol(e); snail; spiral shell; spiral staircase; curl of hair; coil; helix; winding way.

ca.ra.co.la.do [karakol'adu] adj. spiral-shaped.

ca.rac.te.res [karakt'ɛris] s. m. pl. characters; signs, marks; written letters; printing types.

ca.rac.te.rís.ti.co [karakter'istiku] s. m. characteristic(s); typical trait; character; feature, signs, marks; vestige. ‖ adj. characteristic(al); distinctive; peculiar; proper.

ca.rac.te.ri.za.ção [karakterizas'ãw] s. f. (pl. -ções) characterization; making-up, make-up.

ca.rac.te.ri.zar [karakteriz'ar] v. to characterize; to point out; to describe; to distinguish, mark; to individualize; (theat.) to make up and dress; to feature, impersonate.

ca.ra.du.ra [karad'urə] s. m. + f. (Braz., pop.) cynical or shameless fellow; unconstrained, hard-nosed person.

ca.ra.man.chão [karamãʃ'ãw] s. m. (pl. -chões) bower; pavillion; pergola, trellis.

ca.ram.bo.la [karãb'ɔlə] s. f. red ball at billiards; fruit.

ca.ra.me.lo [karam'ɛlu] s. m. caramel, candy, blackjack; (bot.) the balsam apple.

ca.ra.mu.jo [karam'uʒu] s. m. (zool.) periwinkle; (bot.) a curly cabbage; the caking of salt in saltworks; (naut.) figure-head; a very reticent person.

ca.ran.gue.jei.ra [karãgeʒ'ejrə] s. f. (Braz., zool.) bird spider.

ca.ran.gue.jo [karãg'eʒu] s. m. (zool.) crab; (astr.) Crab, Cancer.

ca.rão [kar'ãw] s. m. (pl. -rões), (pop.) reprimand, censure, tongue-lashing.

ca.ra.pa.ça [karap'asə] s. f. (zool.) carapace; cuirass, shell; shard; (bot.) frustule.

ca.ra.pi.nha [karap'iñə] s. f. crisp curled hair (of Negroes).

ca.ra.pu.ça [karap'usə] s. f. cap, skull cap; hood, cowl; (fig.) allusion, hint; (theat., sl.) character part. **a** ≃ **lhe assenta** the cap fits you.

ca.ra.tê [karat'e] s. m. (sports) karate.

ca.rá.ter [kar'ater] s. m. (pl. **caracteres**) character; mark; feature. ≃ **agradável** pleasing ways. ≃ **distintivo** characteristic trait. ≃ **tipográfico** type. **força de** ≃ strength of mind. **sem** ≃ unprincipled.

ca.ra.va.na [karav'ʌnə] s. f. caravan; company of travelers. ≃ **de carros** wagon train, motorcade.

ca.ra.van.ça.rá [karavãsar'a] s. m. caravanserai.

ca.ra.va.nei.ro [karavan'ejru] s. m. leader or guide of a caravan.

ca.ra.ve.la [karav'ɛlə] s. f. (naut.) caravel(le), small sailing vessel.

car.bo.na.ção [karbonas'ãw] s. f. (pl. -ções) (chem.) carbonation.

car.bo.ná.ceo [karbon'asju] adj. (chem.) carbonaceous.

car.bo.na.ta.do [karbonat'adu] adj. (chem.) carbonated.

car.bo.ne.to [karbon'etu] s. m. (chem.) carbide. ≃ **de cálcio** calcium carbide.

car.bo.ní.fe.ro [karbon'iferu] s. m. (geol.) the Carboniferous period. ‖ adj. (geol.) Carboniferous, carboniferous, carbonaceous, containing coal.

car.bo.ni.zar [karboniz'ar] v. (chem.) to carbonize, burn out.

car.bo.no [karb'onu] s. m. (chem.) the chemical element carbon (symbol C); carbon diamond; carbon paper.

car.bo.run.do [karbor'ũdu] s. m. (chem. and tech.) carborundum.

car.bu.ra.ção [karburas'ãw] s. f. (pl. -ções) carburetion; carburation.

car.bu.ra.dor [karburad'or] s. m. (tech.) carburet(t)or.

car.ca.ça [kark'asə] s. f. carcass; skeleton; framework.

car.ce.rá.rio [karser'arju] adj. of or belonging to or relative to a jail.

cár.ce.re [k'arseri] s. m. prison, jail.

car.ce.rei.ro [karser'ejru] s. m. warder, prison guard.

car.ci.nó.ge.no [karsin'ɔʒenu] adj. carcinogen.

car.ci.nói.de [karsin'ɔjdi] s. m. carcinoid tumour. ‖ adj. m. + f. carcinoid.

car.ci.no.ma [karsin'omə] s. m. (med.) carcinoma.

car.co.ma [kark'omə] s. f. woodworm; putridity; worm-dust.

car.co.mer [karkom'er] v. to gnaw (wood); to erode, corrode, eat away.

car.co.mi.do [karkom'idu] adj. worm-eaten; rotten; worn-out, eroded, eaten-away.

car.dan [kard'ã] adj. Cardanic. **eixo** ≃ (tech.) Cardan shaft.

car.dá.pio [kard'apju] s. m. bill of fare, menu, carte.

car.dar [kard'ar] v. to disentangle, unravel; to card, comb (wool),

car.de.al [karde'aw] s. m. (pl. **-ais**), cardinal ‖ adj. m. + f. cardinal; principal, chief; fundamental. **pontos -ais** cardinal points.

car.dí.a.co [kard'iaku] s. m. (med.) cardiac patient. ‖ adj. cardiac.

car.di.nal [kardin'aw] adj. m. + f. (pl. **-nais**) cardinal, pre-eminent; principal, chief, superior; fundamental, basic. **número** ≃ cardinal number.

car.di.na.lí.cio [kardinal'isju] adj. of or pertaining to a cardinal. **chapéu** ≃ the scarlet hat, red hat.

car.di.o.gra.fi.a [kardjograf'iə] s. f. (med.) cardiography.

car.di.o.gra.ma [kardjogr'ʌmə] s. m. (med.) cardiogram.

car.di.o.lo.gis.ta [kardjoloʒ'istə] s. m. + f. cardiologist.

car.du.me [kard'umi] s. m. shoal (of fish); (fig.) flock, cluster (fig.); throng, crowd.

ca.re.a.ção [kareas'ãw] s. f. (pl. **-ções**) confrontation.

ca.re.ar [kare'ar] v. to bring face to face.

ca.re.ca [kar'ɛkə] s. f. baldness; m. + f. baldhead. ‖ adj. m. + f. bald, baldpated, baldheaded.

ca.re.cer [kares'er] v. to lack, need, want, necessite; to require; to be in need of.

ca.rei.ro [kar'ejru] adj. relative to a merchant or salesman who charges excessive prices.

ca.rên.cia [kar'ẽsjə] s. f. lack, want; need, necessity; privation; shortage.

ca.ren.te [kar'ẽti] adj. m. + f. destitute, wanting, shy.

ca.res.ti.a [karest'iə] s. f. high prices; costliness; dearth, scarcity, short age.

ca.re.ta [kar'etə] s. f. grimace, faces. **fazer** ≃**s** to make grimaces, make faces; pull faces.

car.ga [k'argə] s. f. load, burden; freight, cargo, goods; bale; shipment, freightage; weight; charge (of a gun); hardship; attack, assault; simultaneous discharge of cannons or other firearms; onus; charge (of a battery). ≃ **admissível** working load. ≃ **de navio** ship-load. ≃ **elétrica** electric charge. ≃ **onerosa** dead weight. **caiu uma** ≃ **d'água** it poured down. **trem de** ≃ freight train. **voltar à** ≃ to insist.

car.go [k'argu] s. m. charge, duty, task; office; responsibility, obligation; job, post, function. ≃ **de confiança** position of trust. ≃ **honorífico** honorary post. **a** ≃ **de** under the responsibility of.

car.guei.ro [karg'ejru] s. m. (naut.) cargo boat, cargo vessel, freighter; mule-driver; guide of a pack-train.

ca.ri.ar [kari'ar] v. to decay, rot; (med. and dent.) to become carious (teeth).

ca.ri.ca.tu.ra [karikat'urə] s. f. caricature, cartoon; travesty, parody; impersonation.

ca.ri.ca.tu.ris.ta [karikatur'istə] s. m. + f. caricaturist, cartoonist.

ca.rí.cia [kar'isjə] s. f. caress, fondling; expression of affection; gentleness, tenderness.

ca.ri.ci.ar [karisi'ar] v. to caress, fondle; to cuddle.

ca.ri.da.de [karid'adi] s. f. charity; generosity; compassion, mercy. **por amor à** ≃ for pity's sake. **um ato de** ≃ an act of mercy.

ca.ri.do.so [karid'ozu] adj. charitable; kind; benevolent.

cá.rie [k'arji] s. f. (med. and dent.) caries; tooth decay; cavity.

ca.ril [kar'iw] s. m. (pl. **-ris**) curry.

ca.rim.bar [karĩb'ar] v. to stamp, mark with a stamp; to postmark; to seal; to imprint.

ca.rim.bo [kar'ĩbu] s. m. metal, wood or rubber stamp; seal; postage stamp; dater.

ca.ri.nho [kar'iñu] s. m. caress, fondling; love; concern. **criado com amor e** ≃ brought up with loving care.

ca.ri.nho.so [kariñ'ozu] adj. kind; affectionate; caressing; loving, tender.

ca.ri.o.ca [kari'ɔkə] s. m. + f. native of Rio de Janeiro.

ca.ris.ma [kar'izmə] s. m. charism, divine grace.

ca.ri.ta.ti.vo [karitat'ivu] adj. charitable; gentle, kind; benevolent; merciful; almsgiving.

car.lin.ga [karl'ĩgə] s. f. (naut.) keelson; (naut.) mast step; (aeron.) cockpit or cabin.

car.me.sim [karmez'ĩ] s. m. (pl. **-sins**) crimson. ‖ adj. m. + f. crimson.

car.na.du.ra [karnad'urə] s. f. the fleshy parts of the body; complexion, outward appearance.

car.na.gem [karn'aʒēj] s. f. (pl. **-gens**) slaughter, carnage, bloodshed.

car.nal [karn'aw] s. m. (pl. **-nais**) adj. m. + f. fleshly, carnal; bodily, corporeal; sensual; lascivious, libidinous.

car.na.li.da.de [karnalid'adi] s. f. carnality; fleshiness.

car.na.ú.ba [karna'ubə] s. f. carnauba (palm and wax).

car.na.val [karnav'aw] s. m. (pl. **-vais**) Shrovetide; carnival; merry-making.

car.na.va.les.co [karnaval'esku] s. m. a merrymaker, reveller. **baile** ≃ carnival ball. **corso** ≃ carnival parade. ‖ adj. of or relative to carnival.

car.ne [k'arni] s. f. flesh; meat; the pulp of fruit; consanguinity, kinship; carnal nature; sensuality; lasciviousness, lust. ≃ **assada** roasted meat. ≃ **bem passada** well-done meat. ≃ **de boi** beef. ≃ **de carneiro** mutton. ≃ **de cavalo** horse-flesh. ≃ **de cordeiro** lamb. ≃ **de porco** pork. ≃ **enlatada,** ≃ **em conserva** canned meat. ≃ **malpassada** underdone meat. ≃ **verde** fresh meat. **em** ≃ **e osso** in the flesh, in person. ≃ **-seca** jerked meat, jerky, charqui.

car.nei.ro [karn'ejru] s. m. sheep, ram, wether; mutton; (fig.) meek person.

car.ni.ça [karn'isə] s. f. beef cattle; prey; carrion, offal.

car.ni.cei.ro [karnis'ejru] s. m. butcher, slaughterer; (sl.) a bungling surgeon. ‖ adj. carnivorous; (fig.) sanguinary.

car.ni.fi.ci.na [karnifis'inə] s. f. carnage, bloodshed; massacre; slaughter.

car.ní.vo.ro [karn'ivoru] s. m. (zool.) carnivore. ‖ adj. carnivorous.

car.nu.do [karn'udu] adj. fleshy, meaty; brawny, muscular; fat, corpulent.

ca.ro [k'aru] adj. dear; costly, expensive; beloved.

ca.ro.chi.nha [karɔʃ'iñə] s. f. puerility. **conto** or **história da** ≃ fairy tale, cock-and-bull story.

ca.ro.ço [kar'osu] s. m. stone; kernel, pit; lump. ≃ **de algodão** cotton seed. ≃ **de uva** grapestone.

ca.ro.la [kar'ɔlə] s. m. + f. a very pious person, pietist, devotee. ‖ adj. sanctimonious, pietistic(al).

ca.ro.li.ce [karol'isi] s. f. religious fanatism, pietism, devotion.

ca.ro.na [kar'onə] s. f. lift, ride; saddle blanket (of leather); a padded saddlecloth; (coll.) deadhead, dead beat; hitch-hiker. **dar** ≃ **a alguém** to give s. o. a lift. **pedir uma** ≃ to hitch-hike.

ca.ró.ti.da [kar'ɔtidə] s. f. (anat.) carotid.

ca.ró.ti.de [kar'ɔtidi] s. f. = **carótida.**

car.pa [k'arpə] s. f. (ichth.) carp.

car.pin.ta.ri.a [karpītar'iə] s. f. a carpenter's workshop, carpentry.

car.pin.tei.ro [karpīt'ejru] s. m. carpenter; woodworker.

car.pir [k'arpir] v. to weed, hoe, grub.

car.ra.da [kaȓ'adə] s. f. carload, cartload. **às** ≃ **s** by cartloads in loads.

car.ran.ca [kaȓ'ãkə] s. f. grave look or countenance; scowl, frown; ill humour; figurehead; (archit.) gargoyle. **fazer** ≃ **s** to frown.

car.ran.cu.do [kaȓãk'udu] adj. frowning; grim; cantankerous, cranky; in bad humour.

car.ra.pa.to [kaȓap'atu] s. m. tick, louse; (fig.) importunate person, clinger, hanger-on.

car.ra.pi.cho [kaȓap'iʃu] s. m. bun or knot of hair, kinky hair; beggar's-lice; bur (of plant).

car.ras.co [kaȓ'asku] s. m. hangman, hanger; executioner; (fig.) cruel person.

car.re.ar [kaȓe'ar] v. to cart, carry; to haul.

car.re.ga.ção [kaȓegas'ãw] s. f. (pl. **-ções**) loading; cargo, load; shipment. **de** ≃ badly finished (furniture).

car.re.ga.do [kaȓeg'adu] adj. cloudy, overcast (weather); loaded, charged; oppressed; full, replete; gloomy, sullen; loaded (dice); indigestible.

car.re.ga.dor [kaȓegad'or] s. m. loader; porter; trucker; conveyor.

car.re.ga.men.to [kaȓegam'ētu] s. m. loading; cargo, load; shipment.

car.re.gar [kaȓeg'ar] v. to burden; to load; to freight; to bear, carry; to transport; to make gloomy or sullen; to load a firearm; to charge a battery; to encumber; to sadden; to attribute, ascribe to; to overburden, overcharge; to oppress; to make harder to bear; to become darker; to increase in intensity (wind etc.); to convey; to exaggerate; to become cloudy.

car.rei.ra [kaȓ'ejrə] s. f. cartway; trail; route, track, course; run; profession; current, river rapids; row, line; career. **diplomata de** ≈ a career diplomat. **às** ≈ **s** hastily, hurriedly.

car.re.ta [kaɾˈetə] s. f. cart, wagon; gun carriage, caisson.

car.re.ta.gem [kaɾetˈaʒēj] s. f. (pl. **-gens**) cartage.

car.re.tei.ro [kaɾetˈejru] s. m. coachman, carrier, carter.

car.re.tel [kaɾetˈɛw] s. m. (pl. **-téis**) spool, reel, bobbin; winch; pulley; small cart.

car.re.ti.lha [kaɾetˈiʎə] s. f. small roll or spool, reel.

car.re.to [kaɾˈetu] s. m. cartage, truckage, portage; freight; freight or carrying charges.

car.ri.ça [kaɾˈisə] s. f. (ornith.) wren.

car.ril [kaɾˈiw] s. m. (pl. **-ris**) track, rut, furrow; a narrow way.

car.ri.lhão [kaɾiʎˈāw] s. m. (pl. **-lhões**) carillon, set of bells; musical clock; chimes.

car.ri.nho [kaɾˈiɲu] s. m. child's play car; pushcart. ≈ **de bagagem** trolley. ≈ **de chá** teacart. ≈ **de mão** wheelbarrow. ≈ **elétrico** electric trolley.

car.ro [kˈaɾu] s. m. car; coach; truck; motorcar; railway carriage, wagon. ≈ **basculante** tip-up cart. ≈ **blindado** armoured car. ≈ **conversível** convertible. ≈ **de entrega** delivery van. ≈ **de passeio** passenger car. ≈ **de praça** cab, taxi.

car.ro.ça [kaɾˈɔsə] s. f. wagon, cart.

car.ro.ça.ri.a [kaɾosaɾˈiə] s. f. = **carroceria**.

car.ro.cei.ro [kaɾosˈejru] s. m. cart-driver, coachman.

car.ro.ce.ri.a [kaɾoseɾˈiə] s. f. body (of motorcar), coachwork, truck, van or waggon.

car.ros.sel [kaɾosˈɛw] s. m. (pl. **-séis**) merry-go-round, carrousel, whirligig, roundabout; slide-carrier.

car.ru.a.gem [kaɾuˈaʒēj] s. f. (pl. **-gens**) carriage, coach, chariot.

car.ta [kˈartə] s. f. missive, letter; map, chart; playing card; charter; document; bill of fare; diploma. ≈ **aberta** open letter. ≈ **branca** carte blanche, (fig.) full power. ≈ **circular** circular letter. ≈ **de apresentação** letter of introduction. ≈ **de crédito** letter of credit. ≈ **de motorista** driver's licence. ≈ **registrada** registered letter.

car.ta.da [kartˈadə] s. f. the playing or throwing of a card; (fig.) blow, hit; attempt, effort.

car.tão [kartˈāw] s. m. (pl. **-tões**) pasteboard, cardboard. ≈ **bancário** bank card, check card. ≈ **de embarque** boarding card. ≈ **de ponto** timecard. ≈ **postal** postcard. ≈ **de visita** calling card. ≈ **de crédito** credit card.

car.taz [kartˈas] s. m. poster, placard; bill; billboard; (fam.) fame. **é proibido colocar** ≈**es!** stick no bills.

car.tei.ra [kartˈejrə] s. f. wallet; billfold; (com.) department (of a bank). **batedor de** ≈ **s** pickpocket. ≈ **de identidade** identity card. ≈ **escolar** school desk.

car.tei.ro [kartˈejru] s. m. postman, mailman.

car.tel [kartˈɛw] s. m. cartel.

car.ti.la.gem [kartilˈaʒēj] s. f. (pl. **-ens**) (anat.) cartilage, gristle.

car.ti.lha [kartˈiʎə] s. f. primer, spelling book.

car.to.gra.fi.a [kartografˈiə] s. f. cartography, map-making.

car.to.la [kartˈɔlə] s. f. top-hat, topper; silk hat.

car.to.li.na [kartolˈinə] s. f. cardboard or pasteboard. ≈ **para desenho** Bristol board.

car.to.man.te [kartomˈāti] s. m. + f. fortuneteller, cartomancer.

car.to.na.gem [kartonˈaʒēj] s. f. (pl. **-gens**) bookbinding.

car.tó.rio [kartˈɔrju] s. m. registry, register office; archives, records; office of a notary public, chartulary's office.

car.tu.chei.ra [kartuʃˈejrə] s. f. cartridge box; bandoleer, cartridge belt.

car.tu.cho [kartˈuʃu] s. m. cartridge, shell, cartouche. ≈ **carregado** ball-cartridge.

car.tum [kartˈũ] s. m. cartoon, comic strip.

car.tu.nis.ta [kartunˈistə] s. m. + f. cartoonist.

ca.run.chen.to [karũʃˈētu] adj. worm-eaten, wormy.

ca.run.cho [karˈũʃu] s. m. (ent.) woodworm; decay; (fig.) old age; a breed of Brazilian swine.

car.va.lho [karvˈaʎu] s. m. (bot.) oak, oak tree, oak wood. ≈ **novo** oakling. **de** ≈ oaken.

car.vão [karvˈāw] s. m. (pl. **-vões**) coal, charcoal; cinder; smut.

car.vo.a.ri.a [karvoarˈiə] s. f. coal-pit; charcoal kiln.

car.vo.ei.ro [karvoˈejru] s. m. coalman, coal merchant, charcoal-burner, coal dealer. ‖ adj. coaly, charcoaly.

ca.sa [kˈazə] s. f. house; building; dwelling; home; lodging, room; residence; household; family; shelter; tenement; ≈**s** immovables, real estate. ≃ **bancária** bank. ≃ **da moeda** mint. ≃ **de aluguel** rented house. ≃ **de campo** country-house. ≃ **de cômodos** rooming house. ≃ **de saúde** hospital. ≃ **de vinho** wineshop. **a ≃ é sua!** please feel at home! ≃ **-forte** safe deposit.

ca.sa.ca [kaz'akə] s. f. dress-coat, frock-coat, tail-coat.

ca.sa.co [kaz'aku] s. m. coat, jacket; overcoat, topcoat. ≃ **de peles** fur coat. ≃ **para uso caseiro** housecoat.

ca.sa.do [kaz'adu] adj. married.

ca.sal [kaz'aw] s. m. (pl. **-sais**) a married couple; a pair, male and female, man and woman.

ca.sa.ma.ta [kazam'atə] s. f. casemate, bunker, pillbox.

ca.sa.men.tei.ro [kazamēt'ejru] s. m. a professional matchmaker. ‖ adj. matchmaking.

ca.sa.men.to [kazam'ētu] s. m. marriage, wedding; matrimony. ≃ **civil** civil marriage. ≃ **religioso** church wedding.

ca.sar [kaz'ar] v. to marry, wed; to match, mate, espouse. ≃ **novamente** to remarry.

ca.sa.rão [kazar'ãw] s. m. (pl. **-rões**) a very large house or building.

ca.sa.ri.a [kazar'iə] s. f. a row or group of houses.

cas.ca [k'askə] s. f. bark, rind; husk, shuck; peel, skin, shell; (fig.) outwardness. ≃ **de árvore** bark. ≃ **de limão** lemon-peel. ≃ **-grossa** (fam.) rude, coarse or uneducated person; boor, yokel.

cas.ca.lho [kask'aʎu] s. m. gravel; pebbles; crushed rock; grit.

cas.cão [kask'ãw] s. m. (pl. **-cões**) thick bark, peel or shell; dirt, crust; scale, dross; scurf.

cas.ca.ta [kask'atə] s. f. cascade; (sl.) a confidence trick.

cas.ca.vel [kaskav'ɛw] s. m. (pl. **-véis**) rattle, round bell; rattlesnake.

cas.co [k'asku] s. m. scalp; skull, cask, keg, barrel; hull; hoof; (Braz.) empty bottle.

ca.se.a.dei.ra [kazead'ejrə] s. f. woman who makes buttonholes; buttonholer, buttonholing machine.

ca.se.a.do [kaze'adu] s. m. act or process of making buttonholes; buttonhole stitch.

ca.se.ar [kaze'ar] v. to sew buttonholes; to furnish with buttonholes; to work with buttonhole stitch.

ca.se.bre [kaz'ɛbri] s. m. cottage; hovel, shack.

ca.se.í.na [kaze'inə] s. f. (biochem.) casein.

ca.sei.ro [kaz'ejru] s. m. tenant; caretaker; farm manager; (fam.) family man. ‖ adj. home-made, domestic; homely.

ca.ser.na [kaz'ɛrnə] s. f. (mil.) barracks.

ca.si.mi.ra [kazim'irə] s. f. cashmere; broadcloth, suiting.

ca.si.nha [kaz'iñə] s. f. cottage; (coll.) privy, outhouse. ≃ **de cachorro** dog-house, kennel.

cas.mur.ro [kazm'uɾu] s. m. + adj. obstinate, stubborn; dour; gloomy.

ca.so [k'azu] s. m. case; event; fact; difficulty; (med. and gram.) case; (pop.) a love affair; story, tale. ≃ **de consciência** a matter of conscience. ≃ **de necessidade** exigence. ≃ **jurídico** (law) suit. ≃ **particular** private affair. **de** ≃ **pensado** on purpose. **em** ≃ **de necessidade** in case of need. **em qualquer** ≃ at all events, at any rate, anyway. **fazer pouco-** ≃ **de** to treat off-handedly. **não faça** ≃ **disto** don't take any notice. **neste** ≃ thus, if so, in that case. **no** ≃ in the event of. **no seu** ≃ in your instance. **um** ≃ **perdido** a lost case. **vamos ao** ≃ let's come to the point. **vir ao** ≃ to be suitable.

cas.pa [k'aspə] s. f. (med.) dandruff, scale, scurf.

cas.qui.nha [kask'iñə] s. f. thin sheet of wood, veneer; ice cream cone. **tirar a sua** ≃ to have one's part in, take advantage of.

cas.sar [kas'ar] v. to annul, cancel; to repeal, revoke; to abrogate; to make void.

cas.se.te [kas'ɛti] s. m. cassette.

cas.se.te.te [kaset'eti] s. m. truncheon, billy, club, blackjack.

cas.si.no [kas'inu] s. m. casino, a game at cards.

cas.ta [k'astə] s. f. caste; race, lineage; stock, breed, strain; kind, sort, species. **de boa** ≃ of good stock. **fazer** ≃ to couple, pair.

cas.ta.nha [kast'ʌñə] s. f. chestnut. ≃ **do caju** cashew nut. ≃ **-do-pará** Brazil nut.

cas.ta.nho [kast'ʌñu] s. m. chestnut (tree or wood); chestnut brown. ‖ adj. chestnut, nut-brown, maroon.

cas.ta.nho.las [kastañ'ɔləs] s. f. pl. castanets.

cas.tão [kast'ãw] s. m. (pl. **-tões**) head or knob of a walking stick.

cas.te.lão [kastel'ãw] s. m. (pl. **-lões**) lord of a castle; commander of a castle; feudal lord.

cas.te.lha.no [kasteʎ'anu] s. m. Castilian; Spanish.

cas.te.lo [kast'ɛlu] s. m. castle, manor-house; fortress, fort; (chess) castle, rook.

cas.ti.çal [kastis'aw] s. m. (pl. **-çais**) candlestick, candleholder; (bot.) paxiuba, stilt palm.

cas.ti.ço [kast'isu] adj. pure, immaculate; of good birth, of good stock; genuine; of good quality; vernacular.

cas.ti.da.de [kastid'adi] s. f. chastity, chasteness; purity.

cas.ti.gar [kastig'ar] v. to castigate; to punish; to discipline; to chasten; to flog; ≃ **-se** to do penance, to punish o. s.

cas.ti.go [kast'igu] s. m. punishment, penalty; chastisement.

cas.to [k'astu] adj. chaste; pure, clean; virginal; innocent, virtuous; unstained.

cas.tor [kast'or] s. m. (zool.) beaver; pelt or fur of a beaver; (astr.) Castor.

cas.trar [kastr'ar] v. to castrate, geld; to spay; to emasculate; to prune.

ca.su.al [kazu'aw] adj. m. + f. (pl. **-ais**) casual; occasional, incidental; fortuitous.

ca.su.a.li.da.de [kazwalid'adi] s. f. casualty, casualness; fortuity; accident, mishap; hazard; eventuality; circumstantialness.

ca.su.a.ri.na [kazwar'inə] s. f. forest oak, beefwood, casuarina.

ca.su.ís.mo [kazu'izmu] sᵣ m. casuistry.

ca.su.ís.ta [kazu'istə] adj. = **casuístico**.

ca.su.ís.ti.ca [kazu'istikə] s. m. = **casuísmo**.

ca.su.ís.ti.co [kazu'istiku] adj. casuistic(al).

ca.su.lo [kaz'ulu] s. m. (bot.) boll; (ent.) cocoon.

ca.ta [k'atə] s. f. search; research; quest; mine, pit. **à** ≃ **de** in search of.

ca.ta.clis.mo [katakl'izmu] s. m. cataclysm; catastrophe, disaster; social or political upheaval.

ca.ta.cum.ba [katak'ũbə] s. f. catacomb.

ca.ta.du.ra [katad'urə] s. f. outward appearance; aspect, look; temper; humour.

ca.ta.lep.si.a [kataleps'iə] s. f. (med.) catalepsy; cataplexy.

ca.ta.lép.ti.co [katal'ɛptiku] s. m. (med.) patient suffering from catalepsy. ‖ adj. cataleptic.

ca.ta.li.sa.ção [kataliz'aw] s. f. (pl. **-ções**) (phys. and chem.) catalysis.

ca.ta.li.sa.dor [katalizad'or] s. m. (phys. and chem.) catalyzer, catalyst.

ca.ta.li.sar [kataliz'ar] v. (chem.) to catalyze, accelerate a reaction.

ca.tá.li.se [kat'alizi] s. f. (phys. and chem.) catalysis.

ca.ta.lo.ga.ção [katalogas'ãw] s. f. (pl. **-ções**) cataloguing.

ca.ta.lo.ga.do [katalog'adu] adj. catalogued, registered in a catalogue.

ca.ta.lo.gar [katalog'ar] v. to make a list of; to put in order; to classify; to register; to class.

ca.tá.lo.go [kat'alogu] s. m. catalogue, catalog; descriptive list; roll; register; inventory.

ca.ta.plas.ma [katapl'azmə] s. f. (pharm.) cataplasm, plaster, poultice.

ca.ta.po.ra [katap'ɔrə] s. f. (med.) chicken pox.

ca.ta.pul.ta [katap'uwtə] s. f. catapult; (aeron.) device for launching an airplane from the deck of a ship.

ca.ta.pul.tar [katapuwt'ar] v. to catapult, discharge from a catapult.

ca.tar [kat'ar] v. to seek, to scrutinize; to collect; to pick up; to strive after, attempt.

ca.ta.ra.ta [katar'atə] s. f. cataract; waterfall; cascade; (med.) amaurosis, catarata.

ca.tar.ro [kat'aͷu] s. m. (med.) catarrh; common cold; running nose.

ca.tar.se [kat'arsi] s. f. catharsis, purification, (med.) purgation; (psyc.) abreaction.

ca.tás.tro.fe [kat'astrofi] s. f. catastrophe; calamity; disaster.

ca.tas.tró.fi.co [katastr'ɔfiku] adj. catastrophic, disastrous; calamitous, funest.

ca.ta.tau [katat'aw] s. m. punishment; rap, blow; (Braz., fam.) controversy; slander; a very short man; scimitar.

ca.te.cis.mo [kates'izmu] s. m. catechism; (fig.) indoctrination; religious instruction.

cá.te.dra [k'atedrə] s. f. cathedra, pontifical chair.

ca.te.dral [katedr'aw] s. f. (pl. **-drais**) cathedral, minster.

ca.te.drá.ti.co [katedr'atiku] s. m. college or university professor; lecturer (university).

ca.te.go.ri.a [kategor'iə] s. f. category, class, order; degree; rank; series; rate; type.

ca.te.gó.ri.co [kateg'ɔriku] adj. categorical; explicit.

ca.te.go.ri.za.do [kategoriz'adu] adj. of good category or rank; on good standing; competent; distinguished.

ca.te.qui.zar [katekiz'ar] v. to catechize, give religious instruction; to teach; to convince; to indoctrinate; to instruct.

ca.ter.va [kat'ɛrvə] s. f. crowd, throng; mob, gang.

ca.te.ter [katet'ɛr] s. m. (med. and surg.) catheter, probe.

ca.ti.li.ná.ria [katilin'arjə] s. f. (Roman hist.) each one of Cicero's three accusatory speeches (violently) attacking Catiline; (pop.) reprimand.

ca.tin.ga [kat'ĩgə] s. f. (Braz.) offensive body odour; fetid smell; caatinga.

ca.ti.va.ção [kativas'ãw] s. f. (pl. **-ções**) captivation.

ca.ti.van.te [kativ'ãti] adj. m. + f. captivating; charming; attractive. **um sorriso** ≃ an engaging smile; enthral(l)ing; bewitching.

ca.ti.var [kativ'ar] v. to captivate; to capture; to enslave; to charm, fascinate, enchant; to enthral(l); to bewitch.

ca.ti.vei.ro [kativ'ejru] s. m. captivity; bond; slavery, servitude, serfdom.

ca.ti.vo [kat'ivu] s. m. prisoner; captive; slave. ‖ adj. captive, enamoured.

ca.tó.dio [kat'ɔdju] s. m. = **cátodo.**

cá.to.do [k'atodu] s. m. cathode.

ca.to.li.cis.mo [katolis'izmu] s. m. Catholicism.

ca.tó.li.co [kat'ɔliku] adj. Roman Catholic, Catholic.

ca.tor.ze [kat'orzi] num. = **quatorze.**

ca.tra.ca [katr'akə] s. f. (tech.) ratchet, ratchet-brace; turnstile.

ca.trai.a [katr'ajə] s. f. skiff.

ca.tre [k'atri] s. m. truckle bed; pallet, cot; folding bed, field-bed.

ca.tur.ra [kat'uřə] s. m. + f. stubborn, cantankerous (person); faddist; kind of coffee bean.

cau.ção [kaws'ãw] s. f. (pl. **-ções**) security; guarantee; guaranty; pledge, bond; bail. **prestar** ≃ to give bail. **sob** ≃ on bail.

cau.chal [kawʃ'aw] s. m. (pl. **-chais**) a grove or plantation of gum trees.

cau.ci.o.nar [kawsjon'ar] v. to give as security; to bond, bail; to guarantee, vouch for; to pledge.

cau.da [k'audə] s. f. tail; horsetail; tail feathers; train (of a gown); (astr.) tail (of a comet); rear end (of marching troops, convoy, wagon-train); (mus.) tail (of a note); stalk (of certain fruits or flowers); (fig.) end, hind-part. **piano de** ≃ grand piano.

cau.dal [kawd'aw] s. m. (pl. **-dais**) stream; current; torrent; volume (of a river).

cau.da.lo.so [kawdal'ozu] adj. torrential; great, large; voluminous; mighty; (fig.) abundant, copious.

cau.di.lhis.mo [kawdiʎ'izmu] s. m. system and principles of autocratic leadership; act typical of a caudillo; (fig.) despotism.

cau.di.lho [kawd'iʎu] s. m. military leader, commander; war chief; caudillo, head of a party or political faction; chief, party boss.

cau.le [k'awli] s. m. (bot.) stalk, stem, shaft.

cau.lim [kawl'ĩ] s. m. (pl. **-lins**) kaolin(e), white clay, China clay; porcelain clay.

cau.sa [k'awzə] s. f. cause; ground; motive; agent, reason; lawsuit, legal action, case; origin; concern. ≃ **final** final cause. **dar** ≃ **a** to give cause for. **fazer** ≃ **com** to side with. **por** ≃ **disto** for that reason.

cau.sar [kawz'ar] v. to cause; to motivate; to engender; to induce; to originate; to raise; to provoke; to draw on; to influence; to bring about. ≃ **aversão a** to be repulsive to. ≃ **dano** to do harm to. **ele causa boa impressão** he impresses favourably, he takes well.

cau.sí.di.co [kawz'idiku] s. m. lawyer, advocate; barrister.

caus.ti.car [kawstik'ar] v. to cauterize, sear with a cautery or caustic; to burn; to sear; to harass; (fig.) to molest, annoy.

cáus.ti.co [k'awstiku] s. m. cautery; caustic agent. ‖ adj. caustic; burning, corrosive; acrimonious; vitriolic; biting; severe.

cau.te.la [kawt'ɛlə] s. f. caution; watchfulness; vigilance; care, prudence; heedfulness; carefulness; pawn ticket; voucher, ticket stub; (com.) stock certificate.

cau.te.lo.so [kawtel'ozu] adj. cautious; careful, heedful; prudent; vigilant; reserved.

cau.te.ri.zar [kawteriz'ar] v. to cauterize; to etch, sear, burn; to afflict; to cure.

ca.va [k'avə] s. f. digging; furrow, trench, hole; armhole; cellar; basement.

ca.va.ção [kavas'ãw] s. f. (pl. **-ções**) digging; hole, pit; (pop.) sharp practices.

ca.va.co [kav'aku] s. m. chip or splinter of wood; chat; gossip.

ca.va.dor [kavad'or] s. m. digger, hoer; ploughman. ‖ adj. hardworking; industrious.

ca.va.la [kav'alə] s. f. (ichth.) mackerel.

ca.va.la.ri.a [kavalar'iə] s. f. herd of horses; group of horsemen; (mil.) cavalry; horsemanship; chivalry; gallantry; valour.

ca.va.la.ri.ça [kavalar'isə] s. f. mews; horse stable; coach-house.

ca.va.la.ri.ço [kavalar'isu] s. m. equerry; stable-boy.

ca.va.lei.ra [kaval'ejrə] s. f. horsewoman, equestrienne.

ca.va.lei.ro [kaval'ejru] s. m. horseman, rider; cavalryman, trooper; nobleman, gentleman; knight; cavalier; paladin, banneret. ‖ adj. of horsemen and horsemanship.

ca.va.le.te [kaval'eti] s. m. rack, stand, base; trestle; easel, tripod; instrument of torture.

ca.val.ga.da [kavawg'adə] s. f. cavalcade; rodeo.

ca.val.ga.du.ra [kavawgad'urə] s. f. mount; saddle animal, beast; (fig.) stupid fellow; boor.

ca.val.gar [kavawg'ar] v. to ride (on horseback), mount (a horse); to bestride; to jockey.

ca.va.lhei.res.co [kavaʎejr'esku] adj. chivalrous, chivalric.

ca.va.lhei.ris.mo [kavaʎejr'izmu] s. m. chivalry.

ca.va.lhei.ro [kavaʎ'ejru] s. m. gentleman; cavalier; nobleman; squire. ‖ adj. noble, distinguished; gentlemanly; chivalrous.

cavalinho-do-mar [kaval'iñudum'ar] s. m. (pl. **cavalinhos-do-mar**), (ichth.) sea-horse.

ca.va.lo [kav'alu] s. m. (zool.) horse; (hort.) rootstock (for grafting); (chess) knight; cavalryman; sawing horse, rack. ≃ **de batalha** war horse; favorite topic; difficulty. ≃ **de corridas** race-horse. ≃ **-marinho** hippocampus, sea-horse. ≃ **-vapor** horse power. **corrida de** ≃**s** horse-racing. **rabo-de-** ≃ (bot.) horsetail.

ca.va.nha.que [kavañ'aki] s. m. goatee, goatee beard.

ca.va.qui.nho [kavak'iñu] s. m. a small guitar; ukelele.

ca.var [kav'ar] v. to dig, delve; to excavate; to burrow; to hoe; to work hard for; (Braz., pop.) to obtain by unfair means.

ca.vei.ra [kav'ejrə] s. f. skull; (fig.) death; (pop.) lean face. ≃ **de burro** (pop.) bad luck.

ca.ver.na [kav'ɛrnə] s. f. cave, cavern; grotto, den; crypt; undercroft; vault.

ca.ver.no.so [kavern'ozu] adj. cavernous; full of caverns; hollow; hollowsounding.

ca.vi.da.de [kavid'adi] s. f. cavity; hole, hollow; cave; depression; (anat.) chamber, bursa.

ca.vi.lha [kav'iʎə] s. f. dowel, spike, peg; pin, plug; bolt; cotter, cotter pin.

ca.vi.lo.so [kavil'ozu] adj. cavilling, captious; fraudulent, deceptive, deceitful; tricky.

ca.vo [k'avu] adj. concave, hollow; deep, profound; void. **veia -a** vena cava.

ca.vou.car [kavowk'ar] v. to dig; to delve; to work hard; to break up the earth; to excavate.

ca.xi.as [kaʃ'iəs] s. m. + f. (coll.) grind; (Braz., coll.) martinet.

ca.xin.guen.to [kaʃig'ẽtu] adj. malodorous, ill-smelling; foul, fetid; rank; stinking.

ca.xum.ba [kaʃ'übə] s. f. (Braz., med.) mumps, parotitis.

ce.ar [se'ar] v. to sup, take supper, eat one's supper; to dine.

ce.a.ren.se [sear'ẽsi] s. m. + f. native or inhabitant of the State of Ceará. ‖ adj. relative to this state.

ce.bo.la [seb'olə] s. f. (bot.) onion.

ce.bo.lão [sebol'ãw] s. m. (pl. **-lões**) (pop.) silver watch; turnip-watch.

ce.bo.li.nha [sebol'iñə] s. f. (bot.) small onion, shallot welsh onion.

ce.den.te [sed'ẽti] s. m. + f. cessionary.

ce.der [sed'er] v. to cede, assign, transfer; to give way, yield. ≃ **à razão** to yield to reason. ≃ **direitos** (jur.) to assign.

ce.di.lha [sed'iʎə] s. f. (gram.) cedilla mark (ç).

ce.di.nho [sed'iñu] adv. very early, at daybreak; (fam.) soon; very soon in the morning.

ce.do [s'edu] adv. early; soon; betimes; timeous; quickly; forehanded. ≃ **ou tarde** sooner or later.

ce.dro [s'ɛdru] s. m. (bot.) cedar; cedrela; common juniper; common larch.

cé.du.la [s'ɛdulə] s. f. note; ticket. ≃ **de banco** banknote, bill. ≃ **eleitoral** vote, ballot.

ce.fa.li.te [sefal'iti] s. f. (med.) cephalitis.

ce.gan.te [seg'ãti] adj. m. + f. blinding; dazzling; obfuscating.

ce.gar [seg'ar] v. to blind, strike blind; to dazzle, daze; (fig.) to fascinate, charm; to pervert, corrupt; to deceive; (fig.) to darken; to make blunt; to become blind.

ce.gas [s'ɛɣas] used only in the expressions: **fazer as coisas às** ≃ blindly. **às** ≃ heedless.

ce.go [s'ɛgu] s. m. blind man. ‖ adj. blind; sightless; dazzled; (fig.) unreasoning; out of one's mind; (of a knife) blunt, dull.

ce.go.nha [seg'oɲɐ] s. f. (ornith.) stork.

ce.guei.ra [seg'ejrɐ] s. f. blindness; sightlessness; infatuation, passion; fanatism; ignorance, stupidity.

cei.a [s'ejɐ] s. f. supper, evening meal. **Santa Ceia** the Last Supper; Eucharist.

cei.fa [s'ejfɐ] s. f. harvest, crop; harvest time; reaping; shearing; massacre, slaughter.

cei.fa.dei.ra [sejfad'ejrɐ] s. f. reaping machine.

cei.far [sejf'ar] v. to harvest; to mow; to reap; to crop; (fig.) to kill; to destroy.

ce.la [s'ɛlɐ] s. f. alcove; cell, ward, pen.

ce.le.bra.ção [selebras'ãw] s. f. (pl. **-ções**) celebration, commemoration; solemnization.

ce.le.bra.do [selebr'adu] adj. celebrated.

ce.le.bran.te [selebr'ãti] s. m. (rel.) celebrant, officiating priest. ‖ adj. m. + f. celebrative.

ce.le.brar [selebr'ar] v. to celebrate; to commemorate; to officiate; to honour publicly.

cé.le.bre [s'ɛlebri] adj. m. + f. famous; renowned; eminent, noted; famous.

ce.le.bri.da.de [selebrid'adi] s. f. celebrity; illustriousness; fame, renown; idol, star.

ce.le.bri.zar [selebriz'ar] v. to render famous.

ce.lei.ro [sel'ejru] s. m. cellar; granary; cornfloor, loft; barn.

ce.le.ra.do [seler'adu] s. m. criminal, malefactor, felon, pervert. ‖ adj. criminal, perverted, corrupt, vicious.

cé.le.re [s'ɛleri] adj. m. + f. swift, quick, rapid, fleet; light fleet; hasty.

ce.le.ri.da.de [selerid'adi] s. f. celerity; rapidity; swiftness; agility; velocity; haste.

ce.les.te [sel'ɛsti] adj. m. + f. celestial; heavenly, ethereal; divine. **Pai Celeste** Father in Heaven.

ce.les.ti.al [selɛsti'aw] s. m. + f. (pl. **-ais**) = **celeste**.

ce.leu.ma [sel'ewmɐ] s. f. noise, clamour; uproar; tumult, rhubarb; racket; din; alarm.

ce.li.ba.tá.rio [selibat'arju] s. m. celibate, bachelor. ‖ adj. unmarried; single.

ce.li.ba.to [selib'atu] s. m. celibacy; bachelorhood.

ce.lo.fa.ne [selof'ʌni] s. m. cellophane.

cé.lu.la [s'ɛlulɐ] s. f. cell, cellule, corpuscule.

ce.lu.lar [selul'ar] adj. cellular.

ce.lu.lói.de [selul'ɔjdi] s. m. (chem.) celluloid.

ce.lu.lo.se [selul'ɔzi] s. f. (chem.) cellulose.

cem [s'ẽj] s. m. one hundred. ‖ num. hundred.

ce.mi.té.rio [semit'ɛrju] s. m. cemetery, necropolis; graveyard; burial ground.

ce.na [s'enɐ] s. f. scene; scenery; picture; stage, setting; part of a play; stage decoration; dramatic event; emotional explosion. **diretor de** ≃ stage director. **não faça** ≃! don't make a row, scene, fuss!

ce.ná.rio [sen'arju] s. m. scenery; stage setting; set; scenario; landscape; view.

ce.nó.gra.fo [sen'ɔgrafu] s. m. scenographer, scene painter, scenographist.

ce.nou.ra [sen'owrɐ] s. f. (bot.) carrot, wild carrot.

cen.so [s'ẽsu] s. m. census.

cen.sor [sẽs'or] s. m. censor; critic, censurer; controller.

cen.su.ra [sẽs'urɐ] s. f. censorship; censure; criticism; faultfinding; admonition; rebuke.

cen.su.rar [sẽsur'ar] v. to censure, control; to criticize; to condemn; to admonish; to impeach; to reproach; (R. C. Church) to put on the index. ≃ **publicamente** to decry.

cen.tau.ro [sẽt'awru] s. m. (myth.) centaur; (astr.) Centaurus; Centaur.

cen.ta.vo [sẽt'avu] s. m. cent; penny. **não vale um** ≃ it is not worth a dime.

cen.tei.o [sẽt'eju] s. m. (bot.) rye.

cen.te.lha [sẽt'eʎɐ] s. f. spark, scintilla; sparkle, flash, flicker. ≃ **da vida** the spark of life.

cen.te.na [sẽt'enɐ] s. f. hundred; one hundred. **às** ≃ s by the hundred, galore.

cen.te.ná.rio [sẽten'arju] s. m. centennial; centurion. ‖ adj. centennial, centuple, centuplicate; hundredfold, centenary.

cen.té.si.mo [sẽt'ɛzimu] s. m. centesimal, a hundredth. ‖ adj. centesimal.

cen.tí.gra.do [sẽt'igradu] adj. centigrade.

cen.tí.me.tro [sẽt'imetru] s. m. centimeter (U.S.A.); centimetre.

cen.tí.pe.de [sẽt'ipedi] adj. m. + f. centipede.

cen.to [s'ẽtu] s. m. hundred; one hundred.

cen.to.péi.a [sẽtop'ɛjɐ] s. f. (zool.) centipede.

cen.tral [sētr'aw] s. f. (pl. **-trais**) central, telephone exchange; headquarters. ‖ adj. m. + f. central; midland; principal.

cen.tra.li.zar [sētraliz'ar] v. to centralize; to unite in one central point; (fig.) to concentrate.

cen.trí.fu.ga [sētr'ifugə] s. f. centrifuge.

cen.trí.fu.gar [sētrifug'ar] v. to centrifuge; to spin in a centrifuge.

cen.trí.fu.go [sētr'ifugu] adj. centrifugal.

cen.tro [s'ētru] s. m. center focal point; nucleus; pirot; core. ≃ **da roda** hub of wheel. ≃ **-avante** (ftb.) centre-forward. ≃ **-médio** (ftb.) centre-half.

cen.tu.ri.ão [sēturi'ãw] s. m. (pl. **-ões**) (Roman hist.) centurion.

ce.po [s'epu] s. m. stock or stump of a tree; chopping block; log; clump.

cep.ti.cis.mo [septis'izmu] s. m. = **ceticismo**.

cép.ti.co [s'ɛptiku] adj. + s. m. = **cético**.

ce.ra [s'erə] s. f. wax, beeswax; candle, wax candle. ≃ **amarela** virgin wax.

ce.râ.mi.ca [ser'ʌmikə] s. f. ceramics; pottery, earthenware.

cer.ca [s'erkə] s. f. fence, railing; stockade; hedge. ≃ **de arame** wire fence.

cer.ca.do [serk'adu] s. m. enclosure, yard, park; pound. ‖ adj. enclosed, hedged in, fenced in.

cer.ca.ni.as [serkan'iəs] s. f. outskirts; environs, surroundings.

cer.car [serk'ar] v. to surround; to fence in, enclose, close in; to coop; to encircle; to constrict, coerce; (fig.) to harass.

cer.ce.ar [serse'ar] v. to cut short; to lessen; to restrict; to retrench; to cut near the root.

cer.co [s'erku] s. m. encirclement; circle, circuit; siege. **pôr** ≃ **a** to lay siege to.

cer.da [s'ɛrdə] s. f. bristle.

ce.re.al [sere'aw] s. m. (pl. **-ais**) cereal; corn, edible grain.

ce.re.be.lo [sereb'elu] s. m. (anat.) cerebellum, parencephalon.

ce.re.bral [serebr'aw] adj. (pl. **-brais**) cerebral. **lavagem** ≃ brainwash.

cé.re.bro [s'ɛrebru] s. m. (anat.) brain; (fig.) intelligence, sense, intellectual capacity.

ce.re.ja [ser'eʒə] s. f. cherry; (Braz.) a ripe, red coffee berry. ‖ adj. cherry-red, cherrycoloured.

ce.ri.mô.nia [serim'onjə] s. f. ceremony; solemnity; rite; etiquette. **não faça** ≃ don't stand on ceremony. **sem** ≃ at ease; unceremoniousness, informality.

ce.ri.mo.ni.al [serimoni'aw] s. m. (pl. **-ais**) ceremonial, ritual; protocol. ‖ adj. m. + f. ceremonial, ritual.

ce.ri.mo.ni.o.so [serimoni'ozu] adj. ceremonious, ceremonial; formal, solemn; stiff.

cer.ne [s'ɛrni] s. m. (bot.) duramen; pith, core; heartwood; (fig.) backbone.

ce.rou.las [ser'owləs] s. f. pl. drawers, (long) underpants; long-johns.

cer.ra.ção [seřas'ãw] s. f. (pl. **-ções**) fog, fogginess; mist, haze; gloom; darkness.

cer.ra.do [seř'adu] s. m. a fenced in tract of land; savannah; hedge. ‖ adj. threatening (weather); compact; dense; joined; tight.

cer.rar [seř'ar] v. to close, shut; to join; to enclose. ≃ **a boca** to silence. ≃ **fileiras** to close the ranks. ≃ **o punho** to clench the fist.

cer.ro [s'eřu] s. m. small hill, hillock, knoll; crag, cliff.

cer.ta.me [sert'ʌmi] s. m. fight, combat; discussion, argument; contest.

cer.tei.ro [sert'ejru] adj. well-aimed, adequate, convenient; well-managed, well-directed; right, correct, accurate; well-advised.

cer.te.za [sert'ezə] s. f. certainty; definiteness; conviction; exact knowledge; confidence, sureness, security.

cer.ti.dão [sertid'ãw] s. f. (pl. **-dões**) certificate; affidavit; voucher; attestation; testimonial. ≃ **de casamento** marriage licence.

cer.ti.fi.ca.do [sertifik'adu] s. m. certificate; testimonial; warrant; docket. ‖ adj. certified, certificated, attested.

cer.ti.fi.car [sertifik'ar] v. to certify; to attest; to verify; to confirm; to aver; to make sure.

cer.to [s'ɛrtu] s. m. certainty; the right thing. ‖ adj. right, certain; true; exact, accurate; unfailing, correct; positive; suitable. ‖ interj. so! all right! ‖ **certamente** certainly; exactly; indeed. **absolutamente** ≃ absolutely right. **até** ≃ **ponto** to some extent. **pode estar** ≃ **de que** you may be sure that. **tomar por** ≃ to take for granted.

cer.ve.ja [serv'eʒə] s. f. beer, ale. ≃ **branca** lager.

cer.ve.ja.ri.a [serveʒar'iə] s. f. alehouse, beerhouse; brewery; brewhouse.

cer.vo [s'ɛrvu] s. m. (zool.) deer.

cer.zi.dei.ra [serzid'eirə] s. f. seamstress.

cer.zir [serz'ir] v. to darn, patch; to knit up; to mend.

ces.sa.ção [sesa'sãw] s. f. (pl. **-ções**) cessation, ceasing; interruption.

ces.san.te [ses'ãti] adj. m. + f. cessant, inactive.

ces.são [ses'ãw] s. f. (pl. **-sões**) cession; desistance.

ces.sar [ses'ar] v. to cease; to stop; to discontinue; to interrupt; to break off.

ces.ta [s'estə] s. f. basket, coop;

ces.to [s'estu] s. m. basket, scuttle; (zool.) Venus' girdle. ≃ **de pão** breadbasket. ≃ **de vime** hamper, pannier, crib.

ce.tá.ceo [set'asju] s. m. cetacean.

ce.ti.cis.mo [setis'izmu] s. m. scepticism.

cé.ti.co [s'ɛtiku] adj. sceptic(al), doubting, agnostic(al), cynical. ‖ s. m. a sceptic; gnostic.

ce.tim [set'ĩ] s. m. (pl. **-tins**) satin.

ce.tro [s'ɛtru] s. m. scepter, (fig.) royal dignity, authority; mace, staff; wand.

céu [s'ɛw] s. m. sky, heaven; firmament; canopy, paradise; atmosphere, air. ≃ **da boca** (anat.) palate, roof of the mouth.

ce.va.da [sev'adə] s. f. barley.

ce.va.do [sev'adu] s. m. fattened hog; fatling. ‖ adj. fatted.

ce.var [sev'ar] v. to fatten; to bait; to feed, nourish; to enrich; to regale.

chá [ʃ'a] s. m. (bot.) tea bush, tea plant; tea; tea party. ≃ **das cinco horas** afternoon tea. **hora do** ≃ teatime.

cha.cal [ʃak'aw] s. m. (pl. **-cais**) (zool.) jackal.

chá.ca.ra [ʃ'akarə] s. f. small farm, small holding.

cha.ca.rei.ro [ʃakar'ejru] s. m. proprietor of a small farm; truck farmer.

cha.ci.na [ʃas'inə] s. f. slaughter; massacre.

cha.ci.nar [ʃasin'ar] v. to slaughter; to massacre.

cha.co.ta [ʃak'ɔtə] s. f. banter, derision; mockery; joke; revelry, spree.

cha.fa.riz [ʃafar'is] s. m. (pl. **-rizes**) fountain, spout; jet of water.

cha.fur.dar [ʃafurd'ar] v. to roll in the mire; to wallow, welter; to splash.

cha.ga [ʃ'agə] s. f. an open wound, sore; ulcer, fester; cut.

cha.la.çar [ʃalas'ar] v. to joke, jest.

cha.la.ce.ar [ʃalase'ar] v. = **chalaçar**.

cha.lé [ʃal'ɛ] s. m. chalet, log cabin, lodge, cottage.

cha.lei.ra [ʃal'ejrə] s. f. tea-kettle; kettle; m. + f. (pop.) flatterer, fawner.

cha.lu.pa [ʃal'upə] s. f. (naut.) longboat; shallop, sloop, barge.

cha.ma [ʃ'amə] s. f. flame; blaze, fire; light; (fig.) ardour, passion. **em** ≃**s** ablaze. **irromper em** ≃**s** to burst into flame.

cha.ma.da [ʃam'adə] s. f. call, calling; rollcall; muster; convocation; call over; (pop.) reprimand. ≃ **interurbana** long-distance call.

cha.ma.do [ʃam'adu] s. m. call, act of calling.

cha.mar [ʃam'ar] v. to call; to hail; to summon; to convoke, call for; call up; to wake up; to attract; to name; to denominate; to entitle; to christen. ≃ **à ordem** to call to order.

cha.ma.riz [ʃamar'is] s. m. bait, lure; decoy; birdlime; attraction; stoolpigeon.

cha.me.go [ʃam'egu] s. m. sexual excitement; flirtation, love-making; intimacy.

cha.me.jan.te [ʃameʒ'ãti] adj. m. + f. flaming, ablaze, fiery; flashing, flamboyant.

cha.me.jar [ʃameʒ'ar] v. to flame; to flare; to flicker; to glitter, sparkle; to flash; (fig.) to grow angry.

cha.mi.né [ʃamin'ɛ] s. f. chimney; stove-pipe; smokestack. **limpador de** ≃ chimney sweeper.

cham.pa.nha [ʃãp'ʌñə] s. m. champagne.

cham.pa.nhe [ʃãp'añi] s. m. = **champanha**.

cha.mus.ca [ʃam'uskə] s. f. act of singeing, searing, scorching; slight burn.

cha.mus.ca.do [ʃamusk'adu] adj. slightly burned, singed, scorched.

cha.mus.car [ʃamusk'ar] v. to singe; to sear, scorch; to char.

chan.ce [ʃ'ãsi] s. f. (Fr.) chance; opportunity, vantage; venture.

chan.ce.la [ʃãs'ɛlə] s. f. seal, official seal; signature.

chan.ce.lar [ʃãsel'ar] v. to seal; to stamp.

chan.ce.la.ri.a [ʃãselar'iə] s. f. chancellorship; chancellery; court of chancery.

chan.ce.ler [ʃãsel'ɛr] s. m. chancellor.

chan.cha.da [ʃãʃ'adə] s. f. slapstick.

chan.frar [ʃãfr'ar] v. to chamfer; to groove, flute; to cant, bevel; to notch, dent, nick.

chan.ta.gem [ʃãt'aʒẽj] s. f. (pl. **-gens**) blackmail, extortion. **fazer** ≃ to blackmail.

chan.ta.gis.ta [ʃãtaʒ'istə] s. m. + f. blackmailer, extortionist, bleeder.

chão [ʃ'ãw] s. m. (pl. **chãos**) ground; earth; plot; floor. **estrada de** ≃ earth, mud road. ‖ adj. (pl. **chãos**; f. **chã**) flat; plain; smooth; simple; even.

cha.pa [ʃapə] s. f. metal sheet, plate; lamina, engraved place; cliché; phonograph record; (pol.) platform, ticket; list of candidates. ≃ **de aço** steel plate. ≃ **de automóvel** licence plate.

cha.pa.dão [ʃapad'ãw] s. m. (pl. **-dões**) plain, tableland, mesa; brow of a hill; ridge.

cha.par [ʃap'ar] v. to plate, adorn with plates; to fix with plates; to coin, mint.

cha.pe.ar [ʃape'ar] v. to cover or adorn with plates.

cha.pe.la.ri.a [ʃapelar'iə] s. f. hattery; hatmaker's shop; hat store; millinery.

cha.pe.lei.ro [ʃapel'ejru] s. m. hatter, hatmaker.

cha.péu [ʃap'ɛw] s. m. hat; (naut.) spindlehead of a capstan.

cha.pi.nhar [ʃapiñ'ar] v. to plash, splash; to paddle, dabble; to wade.

cha.ra.da [ʃar'adə] s. f. charade; riddle; conundrum; (fig.) problem; allusion, hint.

cha.ran.ga [ʃar'ãgə] s. f. a small band; brass band; (mus.) flourish.

char.co [ʃ'arku] s. m. bog, mire, slough, fen; moor; quag, marsh, everglade.

char.la.ta.na.ri.a [ʃarlatanar'iə] s. f. charlatanism; quackery.

char.la.ta.ne.ar [ʃarlatane'ar] v. to cheat, dupe.

char.la.ta.ni.ce [ʃarlatan'isi] s. f. charlatanism.

char.la.tão [ʃarlat'ãw] s. m. (pl. **-tões**; f. **-tona**) charlatan; quack; impostor; faker, swindler, cheat, fraud.

char.ne.ca [ʃarn'ɛkə] s. f. barren land; heath, fell.

char.que [ʃ'arki] s. m. salted and dried meat.

char.ru.a [ʃaʀ'uə] s. f. plought; plow.

char.ter [ʃ'arter] s. m. + adj. charter; charter flight, charter voyage.

cha.ru.ta.ri.a [ʃarutar'iə] s. f. cigar shop, tobacco shop.

cha.ru.to [ʃar'utu] s. m. cigar, cheroot, stogy.

chas.si [ʃas'i] s. m. (tech.) chassis, frame, body.

cha.ta [ʃ'atə] s. f. (naut.) flatboat, lighter, barge.

cha.te.a.ção [ʃateas'ãw] s. f. (pl. **-ções**) importunity, molestation; bother, annoyance.

cha.te.ar [ʃate'ar] v. to annoy; to bother, molest; to bore, pester, importune.

cha.to [ʃ'atu] s. m. (zool.) crablouse, crabs. ‖ adj. smooth; even, flat, plain; (pop.) bore; (fig.) vulgar, low; dull. **pé** ≃ flat foot.

chau.vi.nis.mo [ʃovin'izmu] s. m. chauvinism.

cha.vão [ʃav'ãw] s. m. (pl. **-vões**) large key; cakemould; pattern; (coll.) cliché, platitude; slogan.

cha.ve [ʃ'avi] s. f. key; wrench, spanner; (mus.) keynote; electric switch; clue; symbol of authority; peg; dowel; (typogr.) bracket; crucial point of a problem. ≃ **de ignição** ignition key. ≃ **de fenda** screw-driver. ≃ **inglesa** monkey wrench, adjustable spanner. ≃ **mestra** master key. **fechar a sete** ≃ **s** to put under lock and key. **um molho de** ≃ **s** a bunch of keys.

cha.vei.ro [ʃav'ejru] s. m. keyring, turnkey; jailkeeper, jailer; key maker, locksmith.

chá.ve.na [ʃ'avenə] s. f. teacup, cup.

cha.ve.ta [ʃav'etə] s. f. axle-pin, pin, peg; linchpin; cotter; forelock; chock.

che.fão [ʃef'ãw] s. m. (pl. **-fões**) political leader, boss; top manager; top cat, top dog; (hum.) panjandrum, big shot.

che.fe [ʃ'ɛfi] s. m. + f. chief, principal; leader; manager director; boss; head, master; captain; authority. ≃ **de família** the head of the family. ≃ **supremo** overlord.

che.fi.a [ʃef'iə] s. f. leadership, office of a manager; command, management.

che.fi.ar [ʃefi'ar] v. to direct, manage; to govern; to be boss; to head, command.

che.ga [ʃ'egə] interj. that's enough!, stop that! ‖ s. f. (fam.) rebuke, reprimand.

che.ga.da [ʃeg'adə] s. f. arrival; (sports) home stretch; approach; coming; landing.

che.ga.do [ʃeg'adu] adj. near, close, intimate; proximate, not distant; propense; prone to, fond of. **eles são** ≃ **s a brincadeiras** they are given to jests.

che.gar [ʃeg'ar] v. to come, arrive; to be enough; to attain; to come close to; to be equal to; to amount to; ≃ **-se** to approach, draw nearer. ≃ **a casa** to reach home. ≃ **a uma conclusão** to reach a conclusion. ≃ **a um acordo** to come to terms. **chega para hoje!** let's call it a day.

chei.a [ʃ'ejə] s. f. inundation, flood; overflowing, flow.

chei.o [ʃ'eju] adj. full, filled up; replete, crammed; massive; pregnant; crowded, packed; plentiful, abundant; rich; (sl.) drunk; fed-up. **a lua -a** the full moon. (pop.) **de saco** ≃ pissed off.

chei.rar [ʃejr'ar] v. to smell, sniff; to snuff; to scent; to pry, snoop, (fig.) to guess.

chei.ro [ʃ'ejru] s. m. smell; scent, odour; perfume, fragrance, aroma, clue, trace, vestige. **mau** ≃ fetidness. **sem** ≃ inodorous.

chei.ro.so [ʃejr'ozu] adj. fragrant, perfumed; scented, savoury.

che.que [ʃ'ɛki] s. m. check, cheque. ≃ **ao portador** check to the bearer. ≃ **de viagem** traveller's cheque. ≃ **sem fundo** check that bounces. ≃ **visado** certified cheque.

chi.a.do [ʃi'adu] s. m. shrill sound, squeaking, screaking.

chi.ar [ʃ'iar] v. to creak, squeak; to shriek; to hiss, sizzle; to fizzle; to screech.

chi.ba.ta [ʃib'atə] s. f. rush, stick, rod, cane, whip, switch.

chi.ba.tar [ʃibat'ar] v. to cane, whip.

chi.ba.te.ar [ʃibate'ar] v. = **chibatar.**

chi.ca.na [ʃik'ʌnə] s. f. chicane, chicanery; intrigue, stratagem; subterfuge.

chi.ca.ni.ce [ʃikʌn'isi] s. f. chicane, chicanery, pettifoggery; sophistic reasoning.

chi.cle [ʃ'ikli] s. m. chewing gum, chicle.

chi.có.ria [ʃik'ɔrjə] s. f. (bot.) endive, chicory.

chi.co.tar [ʃikot'ar] v. to whip, lash, flog, spank; scourge.

chi.co.te [ʃik'ɔti] s. m. whip, horsewhip, lash.

chi.co.te.ar [ʃikote'ar] v. = **chicotar.**

chi.fra.da [ʃifr'adə] s. f. a thrust with the horns.

chi.frar [ʃifr'ar] v. to attack with horns; to gore, horn.

chi.fre [ʃ'ifri] s. m. horns (of an animal), horn.

chi.le.no [ʃil'enu] s. m. + adj. Chilean.

chi.li.que [ʃil'iki] s. m. (pop.) faint, fit seizure; (med.) syncope.

chil.rar [ʃiwr'ar] v. = **chilrear.**

chil.re.ar [ʃiwre'ar] v. to chirp, twitter, chirrup; to warble; to chatter; to babble.

chil.rei.o [ʃiwr'eju] s. m. chirp; warbling, twitter; peep, cheep.

chi.mar.rão [ʃimar'ãw] s. m. maté, tea.

chin.chi.la [ʃiʃ'ilə] s. f. (zool.) chinchilla.

chi.ne.lo [ʃin'ɛlu] s. m. slipper; scuff. **botar no** ≃ (fig.) to outsmart; to surpass.

chi.nês [ʃin'es] s. m. (pl. **-neses;** f. **-nesa,** pl. **-nesas)** Chinese.

chin.frim [ʃifr'ĩ] s. m. racket, row; din; disorder, confusion. ‖ adj. m. + f. vulgar, low.

chi.nó [ʃin'ɔ] s. m. chignon; wig, peruke, periwig.

chi.o [ʃ'iu] s. m. squeak, squeaking sound; squeal, shriek; shrill of animals.

chip [ʃ'ipi] s. m. (eletronics) chip.

chi.que [ʃ'iki] adj. m. + f. elegant, well-dressed; smart, chic; beautiful, handsome.

chi.quei.ro [ʃik'ejru] s. m. pigsty, pigpen; barnyard; piggery; (fig.) any dirty place.

chis.pa [ʃ'ispə] s. f. spark; sudden flash of light, sudden glare; (fig.) genius.

chis.pa.da [ʃisp'adə] s. f. sudden headlong scamper, dash; sprint.

chis.par [ʃisp'ar] v. to sparkle, spark, scintillate; to grow angry, flare up; to rush along, whisk, dash.

chis.te [ʃ'isti] s. m. joke, jest; jocoseness, jocosity; wit, witty remark; pleasantry; quip, wisecrack; prank.

chi.ta [ʃ'itə] s. f. calico.

chi.tão [ʃit'ãw] s. m. printed cotton, chintz.

cho.ça [ʃ'ɔsə] s. f. hut, hovel, shack, cabin.

cho.ca.dei.ra [ʃokad'ejrə] s. f. broody hen; brooder, hatcher. ≃ **elétrica** incubator.

cho.ca.lha.da [ʃokaʎ'adə] s. f. act of jingling, clanging; rattling, tinkling.

cho.ca.lhar [ʃokaʎ'ar] v. to shake, stir up; to tinkle; to rattle; to chime, guffaw.

cho.ca.lho [ʃok'aʎu] s. m. cattle bell; rattle; newsmonger, chatterbox.

cho.can.te [ʃok'ãti] adj. m. + f. shocking, frightful, scandalous; revolting; horrid.

cho.car [ʃok'ar] v. to collide, to run into; to crash into; to shock; to stun; to hatch, brood; to incubate; to sit on.

cho.cho [ʃ'oʃu] adj. juiceless; foolish; dry; (fig.) empty, hollow; futile.

cho.co [ʃ'oku] s. m. brooding, hatching; period of incubation. ‖ adj. not fresh; spoiled, rotten; witless, ungraceful.

cho.co.la.te [ʃokol'ati] s. m. chocolate, cacao; cocoa.

cho.fer [ʃof'ɛr] s. m. chauffeur, motorist, driver.

cho.fre [ʃ'ofri] s. m. sudden blow or stroke. **de** ≃ suddenly, unexpectedly, unawares.

cho.pe [ʃ'opi] s. m. draft beer.

cho.que [ʃ'ɔki] s. m. collision; crash, clash; impact, concussion; combat, skirmish, light; shock. **à prova de** ≃ shockproof. ≃ **elétrico** electric discharge. **prova de** ≃ shock test.

cho.ra.dei.ra [ʃorad'ejrə] s. f. weeping, wailing; whining, crying; whimpering.

cho.ra.min.gar [ʃoramĩg'ar] v. to whimper, whine; to cry, weep; to snivel, moan, bleat.

cho.ra.min.gas [ʃoram'ĩgəs] s. m. + f., sg. + pl. whimperer; whiner, sniveler.

cho.rão [ʃor'ãw] s. m. (pl. **-rões**; f. **-rona**) whimperer, whiner; crybaby; sniveler; (bot.) weeping-willow. **‖** adj. whimpering, crying.

cho.rar [ʃor'ar] v. to weep, cry; to mourn, bemoan, bewail; to regret, lament; to repent, be sorry for; to snuffle, sob; to snivel. ≃ **por** to be wail. **não adianta** ≃ crying will not help. **quem não chora não mama** the squeaky wheel gets the grease.

cho.ro [ʃ'oru] s. m. weeping; crying; sobbing.

cho.ro.so [ʃor'ozu] adj. weeping, weepy; tearful.

chou.pa.na [ʃowp'ʌnə] s. f. cottage, cabin, hut, hovel; shanty.

chou.po [ʃ'owpu] s. m. (bot.) poplar.

chou.ri.ço [ʃowr'isu] s. m. sausage, smoked sausage.

chove-não-molha [ʃɔvinãwm'ɔʎə] s. m. shilly-shally, hesitation.

cho.ver [ʃov'er] v. to rain, pour down; to pour. **chove muito** it's raining hard. ≃ **a cântaros** to pour down, rain cats and dogs, rain pitchforks. ≃ **pedras** to hail.

chu.chu [ʃuʃ'u] s. m. (bot.) chayote. (pop.) **é caro pra** ≃ it costs a packet.

chu.cru.te [ʃukr'uti] s. m. sauerkraut.

chu.lé [ʃul'ɛ] s. m. (vulg.) the stink (of perspiring feet).

chu.le.ar [ʃule'ar] v. to stitch, whipstitch; to baste, tack.

chu.lo [ʃ'ulu] adj. coarse, crude; common, vulgar.

chu.ma.ço [ʃum'asu] s. m. padding, stuffing; pad, wad.

chum.bar [ʃũb'ar] v. to fasten, fix or plug up with lead; to lead; (coll.) to get drunk.

chum.bo [ʃ'ũbu] s. m. lead, buckshot; sinker of fishing line or net.

chu.pa.da. [ʃup'adə] s. f. sucking; suck; suction.

chupa-mel [ʃupam'ɛw] s. m. (pl. **chupa-meles, chupa-méis**), (bot.) honeysuckle; (ornith.) hummingbird.

chu.par [ʃup'ar] v. to suck; to absorb, soak in; to imbibe; (fig.) to profit, gain; to obtain, get; to eat, consume; (Braz., sl.) to tiple. ≃ **o dedo** to suck one's thumb.

chupa-sangue [ʃupas'ãgi] s. m. (pl. **chupa-sangues**), (fig.) parasite, bloodsucker; leech, human leech; (ftb.) a lazy or negligent player.

chu.pe.ta [ʃup'etə] s. f. pacifier, rubber nipple, dummy.

chur.ras.ca.da [ʃuřask'adə] s. f. barbecue (social gathering), joint roasted on the spit.

chur.ras.ca.ri.a [ʃuřaskar'iə] s. f. rotisserie, grill room.

chur.ras.co [ʃuř'asku] s. m. barbecue (meat roasted on the spit); roasted meat.

chu.tar [ʃut'ar] v. (ftb.) to kick, boot the ball.

chu.te [ʃ'uti] s. m. (ftb.) a kick, act of kicking the ball; a blow with the foot.

chu.tei.ra [ʃut'ejrə] s. f. football boot or shoe.

chu.va [ʃ'uvə] s. f. rain, shower; downpour; (fig.) lots. ≃ **de pedra** hail. ≃ **fina** drizzle.

chu.va.ra.da [ʃuvar'adə] s. f. downpour, uninterrupted rain.

chu.vei.ro [ʃuv'ejru] s. m. shower; bath; nozzle of a sprinkler; shower compartment.

chu.vis.car [ʃuvisk'ar] v. to drizzle, mizzle, dribble, sprinkle.

chu.vis.co [ʃuv'isku] s. m. fine drizzling rain, mizzle, drizzle, dribble.

chu.vo.so [ʃuv'ozu] adj. rainy, drizzly; moist, wet; showery; **tempo** ≃ rainy weather. **um dia** ≃ a rainy day.

ci.a.nu.re.to [sjanur'etu] s. m. (chem.) cyanide.

ci.á.ti.ca [si'atikə] s. f. (med.) sciatica.

ci.á.ti.co [si'atiku] s. m. (anat.) sciatic nerve. **‖** adj. sciatic; ischiatic.

ci.ca.triz [sikatr'is] s. f. (med.) cicatrix, scar; stigma. **marcado com** ≃**es** scarred.

ci.ca.tri.za.do [sikatriz'adu] adj. scarred, cured, healed.

ci.ca.tri.zar [sikatriz'ar] v. (med.) to cicatrize, scar, heal, skin over.

ci.ce.ro.ne [siser'oni] s. m. cicerone, tourist guide.

ci.ci.ar [sisi'ar] v. to lisp; to whisper, murmur.

ci.cla.ma.to [siklam'atu] s. m. cyclamate.

cí.cli.co [s'ikliku] adj. cyclic(al); recurrent; regular; (mus.) recurring.

ci.clis.mo [sikl'izmu] s. m. (sports) cyclism.

ci.clis.ta [sikl'istə] s. m. + f. cyclist, bicyclist.

ci.clo [s'iklu] s. m. cycle; a long period; circle.

ci.clo.ne [sikl'oni] s. m. cyclone, hurricane, twister, tornado.

cí.clo.tron [s'iklotrõw] s. m. (phys.) cyclotron.

ci.cu.ta [sik'utə] s. f. (bot.) hemlock.

ci.da.da.ni.a [sidadan'iə] s. f. citizenship, citizenhood.

ci.da.dão [sidad'ãw] s. m. (pl. **-dãos**; f. **-dã**) citizen; commoner, townsman, freeman; dweller; townee, burgher; inhabitant; ≃ **s** people, citizenry, townsfolk.

ci.da.de [sid'adi] s. f. city, town; capital; borough, burg(h); underground nest (of leaf-cutting ants).

ci.da.de.la [sidad'ɛlə] s. f. citadel, fortress; tower, stronghold, bastion; (Braz., ftb.) goal.

ci.dra [s'idrə] s. f. (bot.) Persian apple, citron; cider; crystallized citron rind.

ci.ên.cia [si'ẽsjə] s. f. science; knowledge, wisdom, learning; skill, vocation. ≃ **aplicada** applied science. ≃ **eletrônica** electronics. **as** ≃ **s exatas** the exact sciences.

ci.en.te [si'ẽti] adj. m. + f. aware, knowing, cognizant; conscious; wise; sensible.

ci.en.ti.fi.car [sjẽtifik'ar] v. to inform, advise; to notify, make known.

ci.en.tí.fi.co [sjẽt'ifiku] adj. scientific, sciential.

ci.en.tis.ta [sjẽt'istə] s. m. + f. scientist, savant.

ci.fra [s'ifrə] s. f. cipher; figure; sum, total amount; code; monogram.

ci.fra.do [sifr'adu] adj. written in code; epitomized.

ci.frão [sifr'ãw] s. m. (pl. **-frões**) money sign ($).

ci.frar [sifr'ar] v. to cipher; to code; to codify, epitomize.

ci.ga.no [sig'ʌnu] s. m. gypsy; trickster; shyster; wide boy. ‖ adj. sly, cunning.

ci.gar.ra [sig'aȓə] s. f. (ent.) cicada.

ci.gar.rei.ra [sigaȓ'ejrə] s. f. cigar case, cigarette case.

ci.gar.ro [sig'aȓu] s. m. cigarrete. ≃ **de maconha** (pop.) joint.

ci.la.da [sil'adə] s. f. ambush; trap, entrapment; treachery; snare; fall.

ci.lin.dra.da [silĩdr'adə] s. f. (tech. and mech.) piston displacement.

ci.lín.dri.co [sil'ĩdriku] adj. cylindric(al).

ci.lin.dro [sil'ĩdru] s. m. cylinder; roll, roller.

cí.lio [s'ilju] s. m. eyelash; (bot. and zool.) cilium.

ci.ma [s'imə] s. f. the highest part of; top, summit; apex. **de** ≃ from above. **de** ≃ **para baixo** from top to bottom. **de quinze anos para** ≃ from the age of fifteen on. **em** ≃ over, on, above, up, high up. **em** ≃ **de** on top of.

cím.ba.los [s'ĩbalus] s. m. pl. (mus.) cymbals.

ci.mei.ra [sim'ejrə] s. f. crest of a helmet; top, apex.

ci.men.ta.ção [simẽtas'ãw] s. f. (pl. **-ções**) cementation.

ci.men.tar [simẽt'ar] v. to cement; to consolidate, strengthen; to unite firmly; to found.

ci.men.to [sim'ẽtu] s. m. cement; concrete. ≃ **armado** reinforced concret.

ci.mo [s'imu] s. m. top of a mountain; summit, apex; crest; acme; crown; zenith.

cin.co [s'iku] s. m. five, the number five. ‖ num. five. ≃ **por cento** five percent.

cin.dir [sĩd'ir] v. to cut, split, separate.

ci.ne.ma [sin'emə] s. m. cinema, movies; movie theatre. **ir ao** ≃ to go to the movies, cinema.

ci.ne.ma.tó.gra.fo [sinemat'ɔgrafu] s. m. motion picture projector, cinematograph, cine photographer.

ci.né.ti.ca [sin'ɛtikə] s. f. (phys.) kinematics, kinetics.

ci.né.ti.co [sin'ɛtiku] adj. (phys.) kinetic.

cin.gir [sĩʒ'ir] v. to gird, put on a belt; to enclasp; to unite; to surround, encompass; to repress, constrain, restrain; to tie, bind; to entwine; ≃ **-se** to restrain o. s.

cí.ni.co [s'iniku] s. m. cynic. ‖ adj. cynical.

ci.nis.mo [sin'izmu] s. m. cynicism; impudence.

cin.qüen.ta [sĩk'wẽtə] s. m. fifty. ‖ num. fifty.

cin.qüen.tão [sĩkwẽt'ãw] s. m. (pl. **-tões**; f. **-tona**) (pop.) a man in his fifties. ‖ adj. fiftyish.

cin.qüen.te.ná.rio [sīkwēten'arju] s. m. the fiftieth anniversary.

cin.ta [s'ītə] s. f. girdle, sash; waistband, belt; ribbon, tie; postal wrapper. ≃ **-liga** garter belt, suspender belt.

cin.tar [sīt'ar] v. to put on a belt; to belt, band; to bind; to rap (newsp., books).

cin.ti.la.ção [sītilas'āw] s. f. (pl. **-ções**) scintillation; sparkling, sparkle; twinkle; blink; glare, splendour; dazzling brightness.

cin.ti.lar [sītil'ar] v. to scintillate; to sparkle; to blink; to flash, glare; to radiate, glitter.

cin.to [s'ītu] s. m. leather strap, belting, belt; waistband, girdle, sash. ≃ **de segurança** safety belt. ≃ **salva-vidas** lifebelt.

cin.tu.ra [sīt'urə] s. f. waist, waistline; waistband.

cin.tu.rão [sītur'āw] s. m. (pl. **-rões**) broad sash or waistband; leather belt; shoulderstrap, cartridge belt; money-belt.

cin.za [s'īzə] s. f. ash(es), ember, cinder; ≃**s** mortal remains, dust; (fig.) annihilation; bereavement; humiliation. ‖ adj. m. + f. ashen, cindery; ash-coloured, gray. **cor de** ≃ ash gray. **quarta-feira de** ≃**s** Ash Wednesday. **reduzir a** ≃**s** to turn to dust.

cin.zei.ro [sīz'ejru] s. m. ash-heap; ash-tray; ash-pit; ash-pan, ash-bin.

cin.zel [sīz'ɛw] s. m. (pl. **-zéis**) chisel; graver, burin; scooper.

cin.ze.la.do [sīzel'adu] adj. chiselled, engraved, carved.

cin.ze.lar [sīzel'ar] v. to chisel, chip, hew; to engrave; to carve; (fig.) to refine, perfect.

cin.zen.to [sīz'ētu] s. m. gray colour. ‖ adj. gray, ashen, grizzly, ashy; boastful, pretentious.

ci.o [s'iu] s. m. rut, heat, oestrus; (of fishes) spawning.

ci.o.so [si'ozu] adj. jealous, envious; careful, cautious, mindful; passionate, ardorous.

ci.pó [sip'ɔ] s. m. liana, liane, vine.

ci.pres.te [sipr'ɛsti] s. m. (bot.) cypress; ginger pine; arbor-vitae.

ci.ran.da [sir'ãdə] s. f. popular dance and music.

ci.ran.dar [sirãd'ar] v. to screen, winnow, riddle.

cir.cen.se [sirs'ēsi] adj. m. + f. of the circus.

cir.co [s'irku] s. m. circus, amphitheater; ring; canvas; (geol.) cirque; roundup.

cir.cui.to [sirk'ujtu] s. m. circumference, circle; circuit; short walk, ambit.

cir.cu.la.ção [sirkulas'āw] s. f. (pl. **-ções**) circulation; rotation; traffic; flow; gyration; transit. ≃ **do sangue** blood circulation.

cir.cu.lar [sirkul'ar] s. f. circular, circular letter, bill. ‖ adj. m. + f. circular; ring-shaped; cyclic(al); rotund. ‖ v. to circulate; to surround; to circle, pass through; to rotate; to spread, diffuse; to renew (air).

cír.cu.lo [s'irkulu] s. m. circle; belt, strip; ring, circumference; society, guild, clique; zone; area; district. ≃ **de amigos** set of friends. ≃ **vicioso** vicious circle.

cir.cu.na.ve.ga.ção [sirkunavegas'āw] s. f. (pl. **-ções**) circumnavigation; doubling (of a cape).

cir.cu.na.ve.gar [sirkunaveg'ar] v. to circumnavigate, sail round (the earth); to double (a cape).

cir.cun.ci.são [sirkūsiz'āw] s. f. (pl. **-sões**) circumcision.

cir.cun.dar [sirkūd'ar] v. to circle, encompass; to surround; to enclose, belt; to embrace; to circuit.

cir.cun.fe.rên.cia [sirkūfer'ēsjə] s. f. circumference; circle; periphery; perimeter; circuit.

cir.cun.fle.xo [sirkūfl'ɛksu] adj. circumflex, bent, round.

cir.cun.lo.cu.ção [sirkūlokus'āw] s. f. (pl. **-ções**) = **circunlóquio**.

cir.cun.ló.quio [sirkūl'ɔkju] s. m. circumlocution; redundancy, verbosity; periphrasis.

cir.cuns.cre.ver [sirkūskrev'er] v. to circumscribe; to encircle; to confine; to bound, limit.

cir.cuns.cri.ção [sirkūskris'āw] s. f. (pl. **-ções**) circumscription.

cir.cuns.cri.to [sirkūskr'itu] adj. circumscribed.

cir.cuns.pec.ção [sirkūspeks'āw] s. f. (pl. **-ções**) circumspection; caution; prudence; discretion; reserve.

cir.cuns.pec.to [sirkūsp'ɛktu] adj. circumspect; cautious; heedful.

cir.cuns.tân.cia [sirkūst'ãsjə] s. f. circumstance; state, condition. **nessas** ≃**s** under these conditions; occasion, situation.

cir.cuns.tan.ci.al [sirkūstãsi'aw] adj. m. + f. (pl. **-ais**) circumstantial; (gram.) attributive; ephemeral.

cir.cuns.tan.te [sirkũst'áti] s. m. + f. bystander, onlooker; spectator.

cir.cun.va.gar [sirkũvag'ar] v. to wander or rove; to digress; to move in a circle.

cir.cun.vi.zi.nhan.ça [sirkũviziñ'ãsə] s. f. suburb; adjacency, environs; vicinity; neighbours.

cir.cun.vi.zi.nho [sirkũviz'iñu] adj. adjacent; neighbouring; confining; limiting.

cí.rio [s'irju] s. m. large wax candle, taper.

cir.ro [s'iĩu] s. m. (meteor.) cirrus cloud, spindrift cloud.

cir.ro.se [sir'ɔzi] s. f. (med.) cirrhosis.

ci.rur.gi.a [sirurʒ'iə] s. f. (med.) surgery.

ci.rur.gi.ão [sirurʒi'ãw] s. m. (pl. -ões; f. -ã) (med.) surgeon.

ci.rúr.gi.co [sir'urʒiku] adj. surgical.

ci.sa.lha [siz'aλə] s. f. shear; ≈s sheet metal parings; metal shavings.

ci.são [siz'ãw] s. f. (pl. -sões) scission, split; dissension; secession.

cis.car [sisk'ar] v. to clean up trash; to weed a field; to sweep; to scratch the earth (chicken).

cis.co [s'isku] s. m. trash, refuse; dust; soot, smut.

cis.ma [s'izmə] s. m. (rel.) schism; rent, split; division, separation; dissidence, disagreement; s. f. musing; pondering; daydreaming; worry; suspicion, doubt.

cis.ma.do [sizm'adu] adj. suspicious, distrustful.

cis.mar [sizm'ar] v. to ponder, meditate; to daydream; to muse, worry; to brood over; to dwell upon; to think hard, get into one's head.

cis.ne [s'izni] s. m. (ornith.) swan.

cis.ter.na [sist'ɛrnə] s. f. cistern, water-tank; well.

cis.to [s'istu] s. m. (bot., med. and zool.) cyst.

ci.ta.ção [sitas'ãw] s. f. (pl. -ções) citation, quotation; arraignment; (jur.) subpoena; summons.

ci.ta.di.no [sitad'inu] s. m. city dweller, townsman. ‖ adj. city-bred, civic, urban.

ci.ta.do [sit'adu] adj. summoned; quoted, cited.

ci.tar [sit'ar] v. to cite, quote; to summon, subpoena; to name, mention, adduce.

cí.ta.ra [s'itarə] s. f. (mus.) cither, cithara, zither.

ci.to.lo.gi.a [sitoloʒ'iə] s. f. (biol.) cytology.

ci.to.lo.gis.ta [sitoloʒ'istə] s. m. + f. cytologist.

ci.to.plas.ma [sitopl'azmə] s. m. citoplasm.

ci.tra.to [sitr'atu] s. m. (chem.) citrate.

cí.tri.co [s'itriku] adj. (bot.) citrus, citrine; (chem.) citric(al). **ácido** ≈ citric acid, lemon acid.

ci.ú.me [si'umi] s. m. jealousy; emulation; rivalry; envy. **ter** ≈**s de alguém** to be jealous of s. o.

ci.u.men.to [sjum'ẽtu] s. m. a jealous person. ‖ adj. jealous.

cí.vel [s'ivew] s. m. (pl. -veis) the jurisdiction of civil courts. ‖ adj. m. + f. (jur.) relative to civil law, civil.

cí.vi.co [s'iviku] adj. civic, civil; of a city; relative to citizenship; patriotic.

ci.vil [siv'iw] s. m. (pl. -vis) civilian, (non-military) citizen. **ano** ≈ calendar year. **defesa** ≈ civil defense. **direito** ≈ (jur.) civil law. **engenheiro** ≈ civil engineer.

ci.vi.li.da.de [sivilid'adi] s. f. civility; courtesy.

ci.vi.li.za.ção [sivilizas'ãw] s. f. (pl. -ções) civilization.

ci.vi.li.za.do [siviliz'adu] adj. civilized; cultured; civil, courteous, polite, urbane; well-educated.

ci.vi.li.zar [siviliz'ar] v. to civilize; to instruct, teach, educate; to make urbane or polite; to cultivate.

ci.vis.mo [siv'izmu] s. m. civism, principles of good citizenship; patriotism.

clã [kl'ã] s. m. clan; tribe, family; party, society.

cla.mar [klam'ar] v. to cry, shout; to clamour; to protest; to claim. ≈ **aos céus** to cry out.

cla.mor [klam'or] s. m. clamour; outcry, vociferation.

cla.mo.ro.so [klamor'ozu] adj. clamorous; shouting; noisy, loud. **é uma injustiça -a** it's a crying wrong, shame.

clan.des.ti.no [klãdest'inu] s. m. stow away. ‖ adj. clandestine; illegal; underhand.

cla.ra [kl'arə] s. f. egg white; (anat.) sclera; albumen; (naut.) helm-hole.

cla.ra.bói.a [klarab'ɔjə] s. f. skylight; top-light; louver (U.S.A.), louvre (Engl.).

cla.rão [klar'ãw] s. m. (pl. -rões) glaring radiance; (fig.) intellectual brightness; (Braz.) clearing in the woods, glade.

cla.re.ar [klare'ar] v. to clear, clarify; to brighten, illuminate; to dawn.

cla.rei.ra [klar'ejrə] s. f. clearing in the woods, glade, opening; break.

cla.re.za [klar'ezə] s. f. clearness, clarity; intelligibility, explicitness; distinctness.

cla.ri.da.de [klarid'adi] s. f. clarity, clearness; brightness, brilliancy; light, shine; evidence.

cla.ri.fi.car [klarifik'ar] v. to clarify; to explain, elucidate; to cleanse, purge.

cla.rim [klar'ĩ] s. m. (pl. **-rins**) trumpet, clarion, bugle; bugler.

cla.ri.ne.ta [klarin'etə] s. f. clarinet; clarinet (t)ist.

cla.ri.vi.dên.cia [klarivid'ẽsjə] s. f. clearsightedness; clairvoyance; sagacity; divination.

cla.ri.vi.den.te [klarivid'ẽti] adj. m. + f. clearsighted; clairvoyant; wise, discerning.

cla.ro [kl'aru] s. m. blank space; clarity; brilliancy. ‖ adj. clear; luminous, bright; shining, lucid; explicit; visible; blond, fair; undeniable; certain; intelligible; sunny; unequivocal; distinct; noted, illustrious. ‖ adv. clearly, brightly; expressly. **às -as** in bright daylight. ≃! sure! **está** ≃ it is quite clear. **uma noite em** ≃ a sleepless night.

clas.se [kl'asi] s. f. class; category, group; division; schoolroom; kind, caste, sort, variety; social group, stratum; rank; order; degree; type. ≃ **de alunos** class. ≃ **s trabalhadoras** working class. **de primeira** ≃ firstclass.

clás.si.co [kl'asiku] s. m. classic. ‖ adj. classic(al).

clas.si.fi.ca.ção [klasifikas'ãw] s. f. (pl. **-ções**) classification; arrangement; grouping, sorting.

clas.si.fi.ca.do [klasifik'adu] adj. classified, assorted.

clas.si.fi.ca.dor [klasifikad'or] s. m. document file; classifier. ‖ adj. classifying; assorting.

clas.si.fi.car [klasifik'ar] v. to classify; to arrange, assort; to catalogue; to qualify, grade; to rank; to rate; to order, to label.

clau.di.car [klawdik'ar] v. to limp.

claus.tro [kl'awstru] s. m. monastery, cloister, convent.

claus.tro.fo.bia [klawstrofob'iə] s. f. claustrophobia.

cláu.su.la [kl'awzulə] s. f. clause; condition.

clau.su.ra [klawz'urə] s. f. closure; enclosure; seclusion, retirement; monastic life.

cla.va [kl'avə] s. f. club, mace, bludgeon.

cla.ve [kl'avi] s. f. (mus.) clef. ≃ **de fá** bass clef.

cla.ví.cu.la [klav'ikulə] s. f. (anat.) clavicle, collarbone.

cle.mên.cia [klem'ẽsjə] s. f. clemency; indulgence; lenience; mercy; forgivingness.

cle.men.te [klem'ẽti] adj. m. + f. clement; indulgent; merciful; forgiving; mild.

clep.to.ma.ni.a [klɛptoman'iə] s. f. kleptomania.

cle.ri.cal [klerik'aw] adj. m. + f. (pl. **-cais**) cleric(al); priestly; parsonic(al).

clé.ri.go [kl'ɛrigu] s. m. clergyman; minister; parson, priest; churchman; clerk.

cle.ro [kl'ɛru] s. m. the clergy (as a class).

cli.chê [kliʃ'e] s. m. cliché, stereotype plate.

cli.en.te [kli'ẽti] s. m. + f. client; customer, patron; patient.

cli.en.te.la [kljẽt'ɛlə] s. f. clientele; patronage; (med.) practice; customers.

cli.ma [kl'ima] s. m. climate, clime; weather, atmosphere; predominant weather.

cli.ma.té.rio [klimat'ɛrju] s. m. (med.) climacterium; (adj.) climacteric.

cli.má.ti.co [klim'atiku] adj. = **climatológico**.

cli.ma.to.ló.gi.co [klimatol'ɔʒiku] adj. climatic.

clí.max [kl'imaks] s. m. climax; apex; crown.

clí.ni.ca [kl'inikə] s. f. hospital, clinic; practice of medicine.

cli.ni.car [klinik'ar] v. to practice medicine.

clí.ni.co [kl'iniku] s. m. doctor, physician; clinician; practitioner. ‖ adj. clinical.

cli.que [kl'iki] s. m. click (a light sharp noise); clique, set, coterie. ‖ interj. click!

clis.ter [klist'ɛr] s. m. clyster, enema.

clo.ne [kl'oni] s. m. clone.

clo.rar [klor'ar] v. to chlorinate, treat with chlorine.

clo.ro [kl'oru] s. m. (chem.) chlorine.

clo.ro.fi.la [klorof'ilə] s. f. (bot.) chlorophyll.

clo.ro.fór.mio [klorof'ɔrmju] s. m. (chem. and med.) chloroform.

clu.be [kl'ubi] s. m. clubhouse; sorority; association; guild.

co.a.bi.ta.ção [koabitas'ãw] s. f. (pl. **-ções**) cohabitation.

co.a.ção [koas'ãw] s. f. (pl. **-ções**) coercion; compulsion; constraint; filtration.

co.ad.ju.van.te [koadʒuv'ãti] s. m. + f. coadjuvant.

co.a.do [ko'adu] adj. filtered, strained.

co.a.dor [koad'or] s. m. percolator; filter, strainer; sieve; colander.

co.a.du.nar [koadun'ar] v. to incorporate; to combine; to unite into one.

co.a.gen.te [koaʒ'ẽti] adj. m. + f. coercive, coactive.

co.a.gi.do [koaʒ'idu] adj. constrained, strained, forced; unspontaneous.

co.a.gir [koaʒ'ir] v. to coerce; to constrain, restrain; to force; to oblige, compel.

co.a.gu.la.ção [koagulas'ãw] s. f. (pl. -**ções**) coagulation.

co.a.gu.lar [koagul'ar] v. to coagulate; to curdle, clot; to congeal; to thicken, set.

co.á.gu.lo [ko'agulu] s. m. coagulum, clot.

co.a.les.cên.cia [koales'ẽsjə] s. f. adhesion; coalescence, coalition; agglutination.

co.a.les.cer [koales'er] v. to coalesce; to adhere; to grow together; to combine.

co.a.lha.da [koaλadə] s. f. curdled milk.

co.a.lha.do [koaλ'adu] adj. curdled; sour; full of; jellied.

co.a.lhar [koaλ'ar] v. to curdle, curd; to set; to clot; (fig.) timming with.

co.a.li.zão [koaliz'ãw] s. f. (pl. -**zões**) coalition.

co.ar [ko'ar] v. to filter, strain; to percolate; to distil.

co-autor [koawt'or] s. m. (pl. **co-autores**) coauthor, collaborator; (jur.) accomplice.

co.a.xar [koaʃ'ar] v. to. croak.

co.bai.a [kob'ajə] s. f. (zool.) guinea-pig, cavy.

co.bal.to [kob'awtu] s. m. (chem. and min.) cobalt.

co.ber.ta [kob'ɛrtə] s. f. cover, cap; covering; bedspread; casement; shelter; (naut.) deck.

co.ber.to [kob'ɛrtu] adj. + p. p. covered; hooded; protected, sheltered; coated; hidden; outbiden (at an auction); obscure.

co.ber.tor [kobert'or] s. m. blanket; coverlet, quilt; bedspread; counterpane; wrapper.

co.ber.tu.ra [kobert'urə] s. f. cover, coverage; envelope, wrapper; casing; penthouse; bodyguard. **dar** ≈ to protect.

co.bi.ça [kob'isə] s. f. avarice; envy; greediness; covetousness; avidity, eagerness.

co.bi.çar [kobis'ar] v. to covet, lust after; to desire, long for; to envy.

co.bi.ço.so [kobis'ozu] adj. covetous, greedy; avaricious; ambitious.

co.bol [kob'ɔw] s. m. (inform.) cobol (Common Business Oriented Language).

co.bra [k'ɔbrə] s. f. (zool.) snake, serpent; (fig.) treacherous person. **dizer** ≈ **s e lagartos de alguém** to defame, derogate, speak ill of. **picada de** ≈ snake bite.

co.bra.do [kobr'adu] adj. gathered, collected.

co.bra.dor [kobrad'or] s. m. bill collector; receiver.

co.bran.ça [kobr'ãsə] s. f. act of collecting; collection, encashment; exaction (of taxes).

co.brar [kobr'ar] v. to collect; to charge; to exact.

co.bre [k'ɔbri] s. m. copper; (fig.) money.

co.brir [kobr'ir] v. to cover; to hide, conceal; to cloak, hood; to protect, defend; to overlay; to cover a distance; ≈ **-se** to take shelter; to become cloudy (sky).

co.ça [k'ɔsə] s. f. (pop.) act of scratching.

co.ca.da [kok'adə] s. f. a sweetmeat made of coconuts and sugar; (pop.) a blow on the head.

co.ca.í.na [koka'inə] s. f. (pharm.) cocaine.

co.cal [kok'aw] s. m. (pl. -**cais**) a grove of palm trees.

co.car [kok'ar] s. m. cockade, rosette; knot, top-knot.

co.çar [kos'ar] v. to scratch; to itch; to rub; to tickle; to irritate; ≈ **-se** to scratch o.s.

có.ce.gas [k'ɔsegəs] s. f. pl. tickle, tickling; titillation; itching; (fig.) impatience, restlessness. **ter** ≈ **na língua** to have a mind to speak.

co.ce.i.ra [kos'ejrə] s. f. itching, itch. **causar** ≈ to tickle.

co.che [k'oʃi] s. m. coach, carriage.

co.chei.ra [koʃ'ejrə] s. f. coach-house, box, stable.

co.chei.ro [koʃ'ejru] s. m. coachman, cab-driver, driver; (astr.) The Great Bear.

co.chi.char [koʃiʃ'ar] v. to whisper, murmur; to mutter, to buzz; to speak in a low voice.

co.chi.cho [koʃ'iʃu] s. m. whispering, whisper, buzz.

co.chi.lar [koʃil'ar] v. to nap, doze, drowse; to nod off; to snooze; (fig.) to become negligent.

co.chi.lo [koʃ'ilu] s. m. nap, doze, drowse; (fig.) carelessness; error, oversight.

co.cho [k'oʃu] s. m. hod, trug; trough. **comer no mesmo** ≈ to place o. s. on the same level with.

co.co [k'oku] s. m. coconut; (pop.) head, skull. **leite de** ≃ coconut milk. **óleo de** ≃ coconut oil.

có.co.ras [k'ɔkorəs] s. f. pl. squatting, crouching. **estar de** ≃ to squat.

co.co.ro.có [kokorok'ɔ] s. m. a cock's crow, crowing.

co.co.te [kok'ɔti] s. f. cocotte, prostitute, whore.

co.cu.ru.to [kokur'utu] s. m. the crown of the head.

có.dex [k'ɔdɛks] s. m. = **códice**.

có.di.ce [k'ɔdisi] s. m. codex, code.

co.di.fi.car [kodifik'ar] v. to codify; to systematize; to classify; to encode.

có.di.go [k'ɔdigu] s. m. code, systematic collection of laws, telegraph code. ≃ **penal** (jur.) penal code. **escrito em** ≃ written in code.

co.dor.na [kod'ɔrnə] s. f. quail.

co-edição [koedis'ãw] s. f. co-edition.

co-editar [koedit'ar] v. co-edit.

co-editor [koedit'or] s. m. co-editor.

co.e.fi.ci.en.te [koefisi'ẽti] s. m. coefficient; (math.) factor; (phys.) rate, ratio.

co.e.lhei.ra [koeʎ'ejrə] s. f. rabbit warren.

co.e.lho [ko'eʎu] s. m. (zool.) rabbit, jack rabbit; coney. **matar dois** ≃**s com uma só cajadada** (fig.) to kill two birds with one stone.

co.er.ção [koers'ãw] s. f. (pl. -**ções**) coercion; coaction; compulsion; force; repression.

co.er.ci.vo [koers'ivu] adj. coercive, compulsory.

co.e.rên.cia [koer'ẽsjə] s. f. coherence; cohesion; logic, congruity; harmony; consistency.

co.e.ren.te [koer'ẽti] adj. m. + f. coherent; consistent, cohesive.

co.e.são [koez'ãw] s. f. (pl. -**sões**) cohesion; tenacity; harmony; intimate relationship.

co.e.si.vo [koez'ivu] adj. cohesive.

co.e.so [ko'ezu] adj. united; associated.

co.e.xis.tên.cia [koezist'ẽsjə] s. f. coexistence.

co.e.xis.tir [koezist'ir] v. to coexist, exist together.

co.fi.ar [kofi'ar] v. to smooth down, stroke with the hand.

co.fre [k'ɔfri] s. m. strongbox, coffer; chest, trunk; safe; money-box; (mot.) hood.

co.gi.ta.ção [koʒitas'ãw] s. f. (pl. -**ções**) cogitation; reflection, meditation, thought. **isto está fora de** ≃ this is out of the question.

co.gi.tar [koʒit'ar] v. to cogitate; to ponder; to recollect; to consider, reflect; to imagine.

cog.na.to [kogn'atu] s. m. cognate, blood relative. ‖ adj. cognate; (gram.) paronymic.

cog.ni.ção [kognis'ãw] s. f. (pl. -**ções**) cognition; knowledge; perception; understanding.

cog.ni.ti.vo [kognit'ivu] adj. meditative, cognitional; cognitive.

cog.no.me [kogn'omi] s. m. cognomen; byname.

co.gu.me.lo [kogum'ɛlu] s. m. (bot.) mushroom; fungus; toadstool.

co.i.bi.ção [kojbis'ãw] s. f. (pl. -**ções**) restraint; repression.

co.i.bir [kojb'ir] v. to halt, stop; to repress, retrain; to hamper, hinder; to restrict.

coi.ce [k'ojsi] s. m. kick; recoil (of a firearm); fling; (fig.) ingratitude.

coi.fa [k'ojfə] s. f. fine hair net used by women; cowl.

co.in.ci.dên.cia [koĩsid'ẽsjə] s. f. coincidence; concurrence.

co.in.ci.dir [koĩsid'ir] v. to coincide (with).

coi.ó [koj'ɔ] s. m. a ridiculous lover or admirer; (ichth.) batfish. ‖ adj. silly, ridiculous, foolishly infatuated.

coi.o.te [koj'ɔti] s. m. (zool.) coyote, prairie wolf.

coi.sa [k'ojzə] s. f. thing, object; matter, substance; fact, act, business; affair, event; article; mystery; ≃**s** goods, means. ≃ **secundária** non-essential matter. ≃ **sem valor** trash. **aí é que está a** ≃ that's the point. **como as** ≃**s andam** as things go. **é a mesma** ≃ it is the same thing. **foi pouca** ≃ it was not much. **isto é outra** ≃ that's quite different.

coi.ta.do [kojt'adu] s. m. poor or miserable fellow, wretch, underdog. ‖ adj. poor, pitiful ≃ **de mim!** poor me!

coi.to [k'ojtu] s. m. coitus; copulation; coupling.

co.la [k'ɔlə] s. f. glue; paste; adhesive; (Braz., student sl.) cheating in an exam.

co.la.bo.ra.ção [kolaboras'ãw] s. f. (pl. -**ções**) collaboration, co-operation; contribution; help.

co.la.bo.ra.dor [kolaborad'or] s. m. collaborator.

co.la.bo.rar [kolabor'ar] v. to collaborate; to co-operate; to contribute; to act jointly.

co.la.ção [kolas'ãw] s. f. (pl. **-ções**) collation, act of bestowing a title or benefit; a light repast. ≃ **de grau** graduation.

co.la.gem [kol'aʒẽj] s. f. (pl.**-gens**) gluing; paste-up.

co.lan.te [kol'ãti] adj. clinging, tight, close-fitting.

co.lap.so [kol'apsu] s. m. collapse; break-down, crash; failure.

co.lar [kol'ar] s. m. necklace; collar, shirt collar. ‖ v. to glue; to stick together; (student sl.) to cheat at examinations. ≃ **de pérolas** string of pearls, chaplet.

co.la.ri.nho [kolar'iñu] s. m. shirt collar; head (on a glass of beer); neckband.

col.cha [k'owʃə] s. f. blanket, bedspread; coverlet; quilt. ≃ **de retalhos** patchwork quilt.

col.chão [kowʃ'ãw] s. m. (pl. **-chões**) mattress. ≃ **de água** water-bed. ≃ **de molas** spring-mattress.

col.che.te [kowʃ'eti] s. m. hook, clasp; hook and eye.

col.cho.a.ri.a [kowʃoar'iə] s. f. mattress factory, shop.

col.dre [k'ɔwdri] s. m. holster, saddle-case.

co.le.ar [kole'ar] v. to meander; to glide, crawl, slither; to wriggle, wiggle.

co.le.ção [koles'ãw] s. f. (pl. **-ções**) collection; compilation, assortment; gathering.

co.le.ci.o.nar [kolesjon'ar] v. to collect; to gather; to compile; to collate; to accumulate.

co.le.ga [kol'ɛgə] s. m. + f. colleague; associate; co-worker in the same profession or office; schoolmate; friend; comrade; chum, pal.

co.le.gi.al [koleʒi'aw] s. m. + f. (pl. **-ais**) student of a school. ‖ adj. collegial, collegiate.

co.lé.gio [kol'ɛʒju] s. m. public school, high school.

co.le.guis.mo [koleg'izmu] s. m. solidarity; companionship, esprit de corps.

co.lei.ra [kol'ejrə] s. f. collar (for animals), dog-collar.

có.le.ra [k'ɔlerə] s. f. anger; wrath, rage, ire; (med.) cholera.

co.lé.ri.co [kol'ɛriku] adj. choleric; furious, irascible.

co.les.te.rol [kolester'ɔw] s. m. cholesterol.

co.le.ta [kol'ɛtə] s. f. collection (of alms); levy.

co.le.tar [kolet'ar] v. to collect, gather; to levy.

co.le.te [kol'eti] s. m. waistcoat, vest; corset, halter; jumper. ≃ **salva-vidas** lifejacket.

co.le.ti.vi.da.de [koletivid'adi] s. f. collectivity; community group; set, team.

co.le.ti.vo [kolet'ivu] s. m. omnibus; (gram.) collective noun. ‖ adj. collective; general.

co.le.tor [kolet'or] s. m. collector; gatherer.

co.lhe.dei.ra [koʎed'ejrə] s. f. harvester, reaper.

co.lhei.ta [koʎ'ejtə] s. f. harvest; crop; picking; harvest time; ingathering.

co.lher [koʎ'ɛr] s. f. spoon; ladle. ≃ **de chá** teaspoon. ≃ **de sopa** tablespoon.

co.lher [koʎ'er] v. to harvest; to pick, pluck; to reap; to crop; to surprise.

co.lhe.ra.da [koʎer'adə] s. f. spoonful, ladleful.

co.li.bri [kolibr'i] s. m. (ornith.) hummingbird.

có.li.ca [k'ɔlikə] s. f. (med.) colic; belly-ache. ≃ **s uterinas** (med.) after-pains.

co.li.dir [kolid'ir] v. to collide; to crash; to clash; to conflict; to dash; to bump into; to shock.

co.li.ga.ção [koligas'ãw] s. f. (pl. **-ções**) coalition; confederation; alliance, union; plot.

co.li.gar [kolig'ar] v. to band together, to ally with, unite.

co.li.gir [koliʒ'ir] v. to gather, collect; to compile.

co.li.na [kol'inə] s. f. knoll, hill; mount; slope; mound; fell.

co.lí.rio [kol'irju] s. m. (med.) collyrium, eye drops.

co.li.são [koliz'ãw] s. f. (pl. **-sões**) collision; crash, shock, clash; impact, smashing.

col.mei.a [kowm'əjə] s. f. = colméia.

col.méi.a [kowm'ɛjə] s. f. beehive, hive; apiary; swarm of bees; an overfurnished house.

col.mo [k'owmu] s. m. stem, stalk; straw.

co.lo [k'ɔlu] s. m. neck; lap; bosom, breast; (anat.) colon.

co.lo.ca.ção [kolokas'ãw] s. f. (pl. **-ções**) placement; job; installation; collocation; rank.

co.lo.car [kolok'ar] v. to place; to arrange; to employ; to set; to coordinate; to situate; to dispose; ≃ **-se** to get a job. ≃ **mal** to misplace. ≃ **-se entre** to interpose.

co.lom.bi.a.no [kolõbi'ʌnu] s. m. + adj. Colombian.

có.lon [k'ɔlõw] s. m. (anat.) colon.

co.lô.nia [kol'onjə] s. f. colony, possession; territory; protectorate; settlement. ≃ **agrícola** prison farm.

co.lo.ni.al [koloni'aw] s. m. + f. + adj. (pl. **-ais**) colonial; inhabitant of a colony.

co.lo.ni.za.ção [kolonizas'ãw] s. f. (pl. **-ções**) colonization; settling; settlement; plantation.

co.lo.ni.za.dor [kolonizad'or] s. m. colonizer, colonist.

co.lo.ni.zar [koloniz'ar] v. to colonize; to settle.

co.lo.no [kol'onu] s. m. colonist; farmhand.

co.ló.quio [kol'ɔkju] s. m. colloquy, conversation.

co.lo.ra.ção [koloras'ãw] s. f. (pl. **-ções**) coloration; act of colouring; hue, shade.

co.lo.rau [kolor'aw] s. m. paprika, paprica.

co.lo.ri.do [kolor'idu] s. m. colour; variegation; tincture. ‖ adj. tinted; colourful

co.lo.rir [kolor'ir] v. to colour, paint; do dye, tinge.

co.lo.ri.za.ção [kolorizas'ãw] s. f. (pl. **-ções**), colouring.

co.los.sal [kolos'aw] adj. m. + f. (pl. **-sais**) colossal; huge; gigantic; enormous.

co.los.so [kol'osu] s. m. colossus; gigantic statue; (fig.) big or impressive person; (pop.) a great quantity.

co.lu.na [kol'unə] s. f. column, pillar; editorial section (of a newspaper); (mil.) military column.

co.lu.nis.ta [kolun'istə] s. m. + f. columnist.

co.lu.são [koluz'ãw] s. f. (pl. **-sões**) collusion, deceit.

com [k'õw] prep. with. ≃ **isto** herewith.

co.ma [k'omə] s. f. (med.) coma, torpor.

co.ma.dre [kom'adri] s. f. godmother; (pop.) midwife; bedpan.

co.man.dan.te [komãd'ãti] s. m. commander. ‖ adj. m. + f. commanding. ≃ **supremo** commander-in-chief.

co.man.dar [komãd'ar] v. to command; to direct, order; to captain; to control, govern.

co.man.do [kom'ãdu] s. m. command; authority; comando. **assumir o** ≃ to take command.

co.mar.ca [kom'arkə] s. f. (Braz.) judiciary district of a state; county; judicature; region.

com.ba.lir [kõbal'ir] v. to weaken, enfeeble; to become discouraged; ≃ **-se** to grow weak.

com.ba.te [kõb'ati] s. m. combat, fight, battle; conflict; warfare; encounter.

com.ba.ten.te [kõbat'ẽti] s. m. + f. fighter, combatant; warrior; (ornith.) ruff.

com.ba.ter [kõbat'er] v. to combat; to fight; to contend; to struggle with; to oppose. ≃ **corpo a corpo** to fight at close quarters.

com.bi.na.ção [kõbinas'ãw] s. f. (pl. **-ções**) combination; arrangement; agreement; underskirt, slip; association; coalition. **conforme** ≃ by agreement, accordingly.

com.bi.nar [kõbin'ar] v. to combine; to join together, connect; to stipulate; to agree; to mix, blend; to synthesize; to match; to consolidate. ≃ **bem** to blend well. **eles combinam muito bem** they suit each other well, they are a good match.

com.boi.ar [kõboj'ar] v. to guide; to convoy, escort; to accompany.

com.boi.o [kõb'oju] s. m. convoy.

com.bus.tão [kõbust'ãw] s. f. (pl. **-tões**) combustion; ignition.

com.bus.tí.vel [kõbust'ivew] s. m. (pl. **-veis**) fuel; firewood. ‖ adj. m. + f. combustible.

co.me.çar [komes'ar] v. to begin, commence; to start; to initiate. ≃ **a trabalhar** to set to work. ≃ **um negócio** to start a business. **começou a chover** it started to rain. **ele começou do nada** he started from scratch.

co.me.ço [kom'esu] s. m. beginning; start, outset; onset; origin. **do** ≃ **ao fim** from start to finish. **no** ≃ **da noite** early in the evening. **tivemos um bom** ≃ we had a good start.

co.mé.dia [kom'ɛdjə] s. f. (theat.) comedy, sketch, farce; slapstick; (fig.) dissimulation, pretence.

co.me.di.an.te [komedi'ãti] s. m. + f. comedian.

co.me.di.do [komed'idu] adj. moderate, modest.

co.me.di.men.to [komedim'ẽtu] s. m. moderation; modesty, temperance; unpretentiousness.

co.me.dir [komed'ir] v. to moderate; to contain, restrain; to make respectful.

co.me.mo.ra.ção [komemoras'ãw] s. f. (pl. **-ções**) commemoration; celebration; memorialization.

co.me.mo.rar [komemor'ar] v. to commemorate; to celebrate; to memorialize; to solemnize.

co.men.da [kom'ẽdə] s. f. (eccl.) commendam; knighthood; badge, insignia.

co.men.da.dor [komẽdad'or] s. m. a commendator.

co.men.sal [komẽs'aw] s. m. + f. (pl. **-sais**) commensal, companion at meals.

co.men.sa.lis.mo [komẽsal'izmu] s. m. commensalism.

co.men.su.rar [komẽsur'ar] v. to commensurate, proportion; to compare.

co.men.tar [komẽt'ar] v. to comment; to explain; to interpret; to expound; to annotate.

co.men.tá.rio [komẽt'arju] s. m. comment, commentary; note; critical analysis. **não faça** ≃! don't make any comments!

co.men.ta.ris.ta [komẽtar'istə] s. m. + f. commentator.

co.mer [kom'er] v. to eat, consume; swallow. ≃ **à vontade** to eat one's fill. ≃ **bem** to keep a good table. ≃ **demais** to overeat.

co.mer.ci.al [komersi'aw] s. m. (pl. **-ais**) commercial (advertisement). ‖ adj. m. + f. commercial, mercantile, staple, trading. **junta** ≃ trade board. **nome** ≃ trade name.

co.mer.ci.a.li.zar [komersjaliz'ar] v. to commercialize, render commercial; to market.

co.mer.ci.an.te [komersi'ãti] s. m. + f. merchant; businessman. ≃ **por atacado** wholesaler.

co.mer.ci.ar [komersi'ar] v. to trade, deal; to do business; to barter; to traffic.

co.mer.ci.á.vel [komersi'avew] adj. m. + f. (pl. **-veis**) marketable, negotiable; sellable.

co.mér.cio [kom'ersju] s. m. commerce, trade; trading, business, dealing. ≃ **a varejo** retail trade. ≃ **clandestino** black market.

co.mes.tí.vel [komest'ivew] s. m. + f. (pl. **-veis**) comestible(s), edible(s), food. ‖ adj. eatable.

co.me.ta [kom'etə] s. m. (astr.) comet. **cauda de** ≃ tail of a comet.

co.me.ter [komet'er] v. to commit, practise, perform; to perpetrate; to undertake.

co.mi.chão [komiʃ'ãw] s. f. (pl. **-chões**) itching, pruritus, prickle; ardent desire, longing.

co.mi.char [komiʃ'ar] v. to itch, creep; to formicate.

co.mí.cio [kom'isju] s. m. meeting, rally; assembly; demonstration.

cô.mi.co [k'omiku] s. m. comic actor, comedian. ‖ adj. comic(al), funny; humourous.

co.mi.da [kom'idə] s. f. food; eating; meal; aliment; fare; feed, feeding; grub, chow; cuisine; ≃**s** illicit dealings. ≃ **caseira** household fare. ≃ **simples** plain diet.

co.mi.do [kom'idu] adj. eaten, consumed; corroded; chewed; ingested; swallowed.

co.mi.go [kom'igu] pron. with me, in my society. **isso não é** ≃ that's none of my business.

co.mi.lão [komil'ãw] s. m. (pl. **-lões**; f. **-lona**) a heavy eater, glutton. ‖ adj. gluttonous.

co.mi.nho [kom'iñu] s. m. (bot.) cumin, cummin.

co.mi.se.ra.ção [komizeras'ãw] s. f. (pl. **-ções**) commiseration, compassion, pity.

co.mi.se.rar [komizer'ar] v. to commiserate.

co.mis.são [komis'ãw] s. f. (pl. **-sões**) commission; committee; executive body; retribution, recompense; percentage paid (to an agent); provisional position.

co.mis.sá.ria [komis'arjə] s. f. stewardess, hostess.

co.mis.sá.rio [komis'arju] s. m. commissary, commissioner; commissar; police officer; deputy; steward, purser; delegate.

co.mis.si.o.nar [komisjon'ar] v. to commission; to empower; to entrust, charge with.

co.mi.tê [komit'e] s. m. committee; commission.

co.mi.ti.va [komit'ivə] s. f. train, retinue; entourage.

co.mo [k'omu] adv. how, by what means; wherein; to what degree; for what reason. ‖ conj. as, when, while, because, why. ‖ interj. what! why! ≃ **aconteceu isso?** how did it happen? ≃ **assim?** how come? ≃ **disse?** I beg your pardon. ≃ **quer que seja** whatever it may be. ≃ **se** as if, as though. ≃ **também** as well as. ≃ **vai?** how are you?

co.mo.ção [komos'ãw] s. f. (pl. **-ções**) commotion; agitation; ado; revolt, riot; disorder.

cô.mo.da [k'omodə] s. f. commode, chest of drawers.

co.mo.di.da.de [komodid'adi] s. f. comfortableness, cosiness; ease; leisureliness.

co.mo.dis.ta [komod'istə] s. m. + f. egotist. ‖ adj. selfish, self-indulgent.

cô.mo.do [k'omodu] s. m. room, accommodation. ‖ adj. commodious; comfortable, spacious.

co.mo.ve.dor [komoved'or] adj. = **comovente**.

co.mo.ven.te [komov'ẽti] adj. moving, touching; soul-stirring; dramatic, poignant; impressive, dramatic.

co.mo.ver [komov'er] v. to move, affect; to agitate, stir up; to upset; to arouse, stimulate.

co.mo.vi.do [komov'idu] adj. shaken, upset.

com.pac.to [kõp'aktu] adj. compact; close, massive.

com.pa.de.cer [kõpades'er] v. to pity; to deplore, commiserate; to condole; to regret.

com.pa.de.ci.do [kõpades'idu] adj. compassionate.

com.pa.de.ci.men.to [kõpadesim'ẽtu] s. m. compassion.

com.pa.dre [kõp'adri] s. m. godfather (in relation to the godchild's parents); companion, friend, crony.

com.pai.xão [kõpajʃ'ãw] s. f. (pl. **-xões**) commiseration, pity; sympathy; compassion, mercy.

com.pa.nhei.ra [kõpañ'ejrə] s. f. female companion; (pop.) wife; mate.

com.pa.nhei.rão [kõpañejr'ãw] s. m. (pl. **-rões**; f. **-rona**) a trustworthy, loyal friend, unfailing comrade, (coll.) pal, buddy.

com.pa.nhei.ro [kõpañ'ejru] s. m. companion, friend, fellow; colleague; pal, crony, buddy, mate; associate, partner; (pop.) husband, spouse; consort.

com.pa.nhia [kõpañ'iə] s. f. company, association, firm, corporation; retinue; social intercourse; (mil.) subdivision of a battalion; body of actors of a theatre. **Companhia de Jesus** Society of Jesus.

com.pa.ra.ção [kõparas'ãw] s. f. (pl. **-ções**) comparison, confrontation; similitude, parallel. **sem** ≃ beyond comparison. **em** ≃ **com** in comparison with.

com.pa.ra.do [kõpar'adu] adj. compared.

com.pa.rar [kõpar'ar] v. to compare; to confront; to liken; to contrast; to parallel.

com.pa.ra.ti.vo [kõparat'ivu] s. m. (gram.) comparative degree. ‖ adj. comparative.

com.pa.rá.vel [kõpar'avew] adj. m. + f. (pl. **-veis**) comparable; matchable; similar.

com.pa.re.cer [kõpares'er] v. to attend; to be present at; to appear; to report, show up.

com.pa.re.ci.men.to [kõparesim'ẽtu] s. m. attendance; (jur.) appearance; presence.

com.par.ti.lhar [kõpartiʎ'ar] v. to participate, partake; to share; to apportion.

com.par.ti.men.to [kõpartim'ẽtu] s. m. compartment; room, chamber; cubicle, box.

com.pas.si.vo [kõpas'ivu] adj. compassionate; merciful; sympathetic; feeling, pitiful.

com.pas.so [kõp'asu] s. m. (pair of) compasses; (mus.) measure, beat; pace, time; rhythm; distance, interval.

com.pa.ti.bi.li.da.de [kõpatibilid'adi] s. f. compatibility; congruity; consilience.

com.pa.tí.vel [kõpat'ivew] adj. m. + f. (pl. **-veis**) compatible, consistent; conformable.

com.pa.tri.o.ta [kõpatri'ɔtə] s. m. + f. compatriot.

com.pe.lir [kõpel'ir] v. to compel, oblige; to coerce, force; to drive, impel; to constrain.

com.pên.dio [kõp'ẽdju] s. m. textbook, schoolbook; manual; compendium; workbook.

com.pe.ne.tra.ção [kõpenetras'ãw] s. f. (pl. **-ções**) consciousness; compenetration; conviction.

com.pe.ne.trar [kõpenetr'ar] v. to convince; ≃ **-se** to convince o. s. **ele compenetrou-se disso** he woke up to it.

com.pen.sa.ção [kõpẽsas'ãw] s. f. (pl. **-ções**) compensation; remuneration; indemnity; reparation; counterbalance, counterpoise.

com.pen.sa.do [kõpẽs'adu] s. m. veneer, plywood. ‖ adj. balanced.

com.pen.sar [kõpẽs'ar] v. to compensate; to recompense; to offset; to even; to reimburse, repay; (tech.) to equalize; (com.) to balance. ≃ **a perda** to make good a loss.

com.pe.tên.cia [kõpet'ẽsjə] s. f. competence; ability; aptitude. **isto é de sua** ≃ this is within his scope. **por falta de** ≃ for lack of ability.

com.pe.ten.te [kõpet'ẽti] adj. m. + f. competent; capable, able, apt; proper, lawful; authoritative; efficient; qualified, fit.

com.pe.ti.ção [kõpetis'ãw] s. f. (pl. **-ções**) competition, contest, tournament. **-ões de a-tletismo** athletic events, track meets; rat-race.

com.pe.ti.dor [kõpetid'or] s. m. competitor; contender; rival.

com.pe.tir [kõpet'ir] v. to compete; to vie with; to contend; to rival; to contest; to dispute. **compete a ele** he is in charge of.

com.pi.la.ção [kõpilas'ãw] s. f. (pl. **-ções**) compilation; pilation.

com.pi.lar [kõpil'ar] v. to compile; to collect; to unite; to put together, compose.

com.pla.cên.cia [kõplas'ẽsjə] s. f. complacency; compliance; smugness; yieldingness.

com.pla.cen.te [kõplas'ẽti] adj. m. + f. compliant, complaisant; yielding, acquiescent; sympathetic, pleasing; smug.

com.plei.ção [kõplejs'ãw] s. f. (pl. **-ções**) complexion; physique, build; frame of mind.

com.ple.men.tar [kõplemẽt'ar] adj. m. + f. complemental; supplementary; completing; appendaged. ‖ v. to complement, to complete.

com.ple.men.to [kõplem'ẽtu] s. m. complement; anything that makes complete or perfect; (math.) complemental angle.

com.ple.tar [kõplet'ar] v. to complete, complement; to accomplish, fulfill; to finish, conclude; to cap, crown; to perfect.

com.ple.to [kõpl'ɛtu] s. m. complete thing or task; the whole. ‖ adj. complete; entire; finished, concluded, done. **por** ≃ entirely.

com.ple.xi.da.de [kõpleksid'adi] s. f. complexity.

com.ple.xo [kõpl'ɛksu] s. m. (chem.) compound; (psych.) a psychological complex. ‖ adj. complex; complicated; synthetic(al). ≃ **de inferioridade** inferiority complex.

com.pli.ca.ção [kõplikas'ãw] s. f. (pl. **-ções**) complication; difficulty; entanglement; intricacy.

com.pli.ca.do [kõplik'adu] adj. complicated.

com.pli.car [kõplik'ar] v. to complicate; to embarass; to confuse; to entangle, involve.

com.po.nen.te [kõpon'ẽti] s. m. + f. component; constituent part, ingredient.

com.por [kõp'or] v. to compose; to arrange, put together; (typogr.) to set (type).

com.por.ta [kõp'ɔrtə] s. f. lock gate, sluice, floodgate.

com.por.ta.men.to [kõportam'ẽtu] s. m. conduct; behaviour; manner.

com.por.tar [kõport'ar] v. to admit; to bear, suffer; to hold; to contain; ≃ **-se** to behave.

com.po.si.ção [kõpozis'ãw] s. f. (pl. **-ções**) composition; literary or musical work; mixture, compound; (typogr.) typesetting.

com.po.si.tor [kõpozit'or] s. m. (mus.) composer; (typogr.) typesetter, typographer.

com.pos.to [kõp'ostu] s. m. composition, mixture; compound; amalgam. ‖ adj. compound; composite; self-possessed.

com.pos.tu.ra [kõpost'urə] s. f. composure; countenance; modesty, decency; soberness. **ele manteve a** ≃ he kept his countenance.

com.po.ta [kõp'ɔtə] s. f. compote, fruit preserve.

com.pra [k'õprə] s. f. purchase; buy; acquisition; shopping. ≃ **a prestação** hire purchase. ≃ **de ocasião** bargain. **por** ≃ by purchase.

com.pra.dor [kõprad'or] s. m. buyer, shopper, customer, purchaser; (jur.) bargainer.

com.prar [kõpr'ar] v. to purchase, buy; to acquire; (fig.) to bribe, corrupt. ≃ **a crédito** to buy on credit. ≃ **a dinheiro** to buy cash.

com.pra.zer [kõpraz'er] v. to please; to comply with; to gladden, to assent; to humour; give in; ≃ **-se** to rejoice, be pleased with.

com.pre.en.der [kõpreẽd'er] v. to comprehend, comprise, include; to contain, hold; to embrace; to grasp; to consist of; to perceive, understand. **isto se compreende por si** that goes without saying.

com.pre.en.di.do [kõpreẽd'idu] adj. included; understood; comprised.

com.pre.en.são [kõpreẽs'ãw] s. f. (pl. **-sões**) comprehension; comprehensiveness; apprehension, understanding; insight.

com.pre.en.sí.vel [kõpreẽs'ivew] adj. m. + f. (pl. **-veis**) comprehensible, intelligible, understandable.

com.pre.en.si.vo [kõpreẽs'ivu] adj. comprehensive, appreciative; comprehensible.

com.pres.são [kõpres'ãw] s. f. (pl. **-sões**) compression; pressure; constriction; squeeze.

com.pri.do [kõpr'idu] s. m. length. ‖ adj. long. **ao** ≃ lengthwise.

com.pri.men.to [kõprim'ẽtu] s. m. length; extent. ≃ **de onda** (radio) wavelength.

com.pri.mi.do [kõprim'idu] s. m. tablet, pill. ‖ adj. compressed, tight; crowded.

com.pri.mir [kõprim'ir] v. to compress; to squeeze; to condense; to compact.

com.pro.ba.tó.rio [kõprobat'ɔrju] adj. corrobative, supporting (evidence).

com.pro.me.ter [kõpromet'er] v. to compromise; to comit, pledge; to engage, bind; to involve, implicate; to endanger, jeopardize. **ele comprometeu-se a** he pledged himself to.

com.pro.me.ti.do [kõpromet'idu] adj. under obligation.

com.pro.mis.so [kõprom'isu] s. m. liability, obligation; promise, pledge; engagement; commitment; appointment; agreement; (jur.) entailed writ or deed.

com.pro.va.ção [kõprovas'ãw] s. f. (pl. **-ções**) proof, evidence; corroboration.

com.pro.var [kõprov'ar] v. to prove; to aver, verify; to corroborate; justify; to confirm.

com.pul.são [kõpuws'ãw] s. f. (pl. **-sões**) compulsion, constraint; coercion.

com.pul.só.rio [kõpuws'ɔrju] adj. compulsive, compulsory, obligatory; forced.

com.pun.gir [kõpũʒ'ir] v. to move, touch; to cause remorse; to feel remorse, regret.

com.pu.ta.ção [kõputas'ãw] s. f. (pl. **-ções**) computation; calculation; reckoning.

com.pu.ta.dor [kõputad'or] s. m. computer, calculator.

com.pu.tar [kõput'ar] v. to compute; to calculate, to enumerate, reckon; to estimate.

co.mum [kom'ũw] s. m. (pl. **-muns**) vulgarity, commonness; the usual. ‖ adj. m. + f. common; usual, regular; habitual, customary; vulgar, coarse; cheap, widespread. ≃ **acordo** joint consent. **de** ≃ **acordo** unanimously. **fora do** ≃ uncommon, excepcional. **mínimo múltiplo** ≃ (math.) least common multiple.

co.mun.gar [komũg'ar] v. (rel.) to communicate.

co.mu.nhão [komuñ'ãw] s. f. (pl. **-nhões**) (rel.) communion.

co.mu.ni.ca.ção [komunikas'ãw] s. f. (pl. **-ções**) communication; message, conveyance. **sistema de** ≃ **interna** intercom.

co.mu.ni.ca.do [komunik'adu] s. m. official report.

co.mu.ni.car [komunik'ar] v. to communicate; impart; tell; to notify, announce; to report; to spread; to reveal, to participate; to connect; to spread, diffuse.

co.mu.ni.ca.ti.vo [komunikat'ivu] adj. communicative; sociable; approachable; expansive.

co.mu.ni.da.de [komunid'adi] s. f. community; society.

co.mu.nis.mo [komun'izmu] s. f. communism.

co.mu.ta.ção [komutas'ãw] s. f. (pl. **-ções**) commutation.

co.mu.tar [komut'ar] v. to commutate; to commute.

con.ca.te.nar [kõkaten'ar] v. to enchain; to join; to correlate, connect; to link together.

con.ca.vi.da.de [kõkavid'adi] s. f. concaveness, concavity; hollow; cavity; (geol.) fold.

côn.ca.vo [k'õkavu] s. m. concavity, concaveness. ‖ adj. concave; hollow; incavate.

con.ce.ber [kõseb'er] v. to conceive; to become pregnant; to think out; to ponder; to understand; to imagine; to perceive; to realize.

con.ce.bí.vel [kõseb'ivew] adj. m. + f. (pl. **-veis**) conceivable; imaginable.

con.ce.der [kõsed'er] v. to concede, grant; to confer; to permit, allow. ≃ **a palavra a alguém** to allow a person to speak.

con.cei.to [kõs'ejtu] s. m. idea; notion, conception, concept; opinion; reputation; imagination; maxim; fame, credit. **gozar de bom** ≃ to enjoy a good reputation.

con.cei.tu.a.do [kõsejtu'adu] adj. esteemed, respected, worthy. **bem** ≃ well-thought-of, reputable. **mal** ≃ ill-reputed.

con.cei.tu.ar [kõsejtu'ar] v. to judge; to appraise; to repute; evaluate; to repute as.

con.cen.tra.ção [kõsẽtras'ãw] s. f. (pl. **-ções**) concentration; convergence; increase.

con.cen.tra.do [kõsẽtr'adu] s. m. concentrate, essence. ‖ adj. concentrated; absorbed.

con.cen.trar [kõsẽtr'ar] v. to concentrate; to centralize; to consolidate; to focus; ≃ **-se** to fix one's attention on, ponder.

con.cên.tri.co [kõs'ẽtriku] adj. concentric.

con.cep.ção [kõseps'ãw] s. f. (pl. **-ções**) conception; generation; notion; conceiving.

con.cer.nen.te [kõsern'ẽti] adj. m. + f. concerning; regarding; pertinent; apropos of.

con.cer.nir [kõsern'ir] v. to concern; to relate to.

con.cer.tar [kõsert'ar] v. to concert; to harmonize, reconcile; to settle; to deliberate.

con.cer.to [kõs'ertu] s. m. (mus.) concert, concerto.

con.ces.são [kõses'ãw] s. f. (pl. **-sões**) concession.

con.cha [k'õʃə] s. f. shell; conch; the auricle of the ear; ladle; scale of a balance.

con.ci.da.dão [kõsidad'ãw] s. m. (pl. **-dãos**) fellow citizen.

con.ci.li.a.ção [kõsiljas'ãw] s. f. (pl. **-ções**) conciliation; appeasement, compromise; accommodation; agreement; adjustment.

con.ci.li.ar [kõsili'ar] v. to conciliate; to harmonize; to attemper; to adjust; to appease; to placate, to accomodate; to unite.

con.ci.li.a.tó.rio [kõsiljat'ɔrju] adj. conciliatory.

con.cí.lio [kõs'ilju] s. m. (eccl.) council.

con.ci.são [kõsiz'ãw] s. f. (pl. **-sões**) briefness, brevity; conciseness; curtness.

con.ci.so [kõs'izu] adj. concise; terse, curt, short, brief; precise; laconic(al).

con.ci.tar [kõsit'ar] v. to stir up, incite, rouse; to instigate, provoke; to preach.

con.cla.mar [kõklam'ar] v. to shout, yell; to cry.

con.clu.í.do [kõklu'idu] adj. concluded; finished.

con.clu.ir [kõklu'ir] v. to conclude; to end; to decide, resolve; to complete; to infer, to reason. ≃ **um acordo** to come to an agreement. **conclui-se que...** it follows that...

con.clu.são [kõkluz'ãw] s. f. (pl. **-sões**) conclusion; end; inference; decision; deduction; corolary; implication; completion. **chego à** ≃ **de que...** I come to the conclusion that...

con.clu.si.vo [kõkluz'ivu] adj. conclusive; illative.

con.co.mi.tan.te [kõkomit'ãti] adj. m. + f. concomitant.

con.cor.dân.cia [kõkord'ãsjə] s. f. agreement; consonance, congruity; conformity.

con.cor.dar [kõkord'ar] v. to concord; to agree, assent; to acquiesce; to concur; to harmonize; to coincide; to accord; to arrange.

con.cor.da.ta [kõkord'atə] s. f. (eccl.) concordat; agreement, covenant; (com.) forced agreement; receivership; contract.

con.cór.dia [kõk'ɔrdjə] s. f. concordance; harmony; peace; agreement; harmoniousness.

con.cor.rên.cia [kõkoř'ẽsjə] s. f. flocking together; affluence; competition; bidding; rivalry; crowd, throng; emulation.

con.cor.ren.te [kõkoř'ẽti] s. m. + f. competitor; rival. ‖ adj. competitive; adversary.

con.cor.rer [kõkoř'er] v. to compete; to rival, contest; to meet, come together. **concorreram à vaga** they applied for the vacancy. ≃ **para** to try for.

con.cor.ri.do [kõkoř'idu] adj. full, crowded.

con.cre.ti.zar [kõkretiz'ar] v. to render, make concret.

con.cre.to [kõkr'ɛtu] s. m. concreteness; (archit.) concrete; (phil.) positive fact. ‖ adj. concrete; factual; real, material. ≃ **armado** (constr.) reinforced concrete, ferroconcrete.

con.cur.so [kõk'ursu] s. m. concurrence; con-

fluence; concourse, contest; competition; co-operation; examination, test.

con.cus.são [kõkus'ãw] s. f. (pl. **-sões**) concussion; impact.

con.dão [kõd'ãw] s. m. (pl. **-dões**) special virtue, magic power; privilege, prerogative; talent, mental power; ability.

con.de [k'õdi] s. m. count, earl; knave (cards).

con.de.co.ra.ção [kõdekoras'ãw] s. f. (pl. **-ções**) decoration; citation; badge of honour.

con.de.co.rar [kõdekor'ar] v. to decorate; to distinguish.

con.de.na.ção [kõdenas'ãw] s. f. (pl. **-ções**) condemnation; conviction; censure.

con.de.na.do [kõden'adu] s. m. convict; felon, criminal, culprit. ‖ adj. condemned; damned.

con.de.nar [kõden'ar] v. to condemn, to sentence; to censure; to disapprove; to reprobate.

con.den.sar [kõdẽs'ar] v. to condense; to compact; to abridge; to epitomize.

con.des.cen.dên.cia [kõdesẽd'ẽsjə] s. f. condescendence.

con.des.cen.der [kõdesẽd'er] v. to condescend; to comply (with), acquiesce; to yield.

con.des.sa [kõd'esə] s. f. countess.

con.di.ção [kõdis'ãw] s. f. (pl. **-ções**) condition; circumstance; quality, clause; **-ções** terms. ≃ **social** social standing. **sob a** ≃ **de...** on condition that...

con.di.ci.o.na.dor [kõdisjonad'or] adj. conditioning.

con.di.ci.o.nal [kõdisjon'aw] s. m. (pl. **-nais**) conditional. ‖ adj. m. + f. conditional, depending upon; (psych.) conditioned.

con.di.ci.o.nar [kõdisjon'ar] v. to stipulate; to condition.

con.dig.no [kõd'ignu] adj. condign, suitable.

con.di.men.tar [kõdimẽt'ar] v. to season (food), spice; to flavour.

con.di.men.to [kõdim'ẽtu] s. m. seasoning; spice.

con.di.zen.te [kõdiz'ẽti] adj. m. + f. suitable.

con.di.zer [kõdiz'er] v. to suit, fit well; to agree, match; to correspond; to answer.

con.do.er [kõdo'er] v. to arouse pity in; to move to compassion; ≃**-se** to be sorry for.

con.do.lên.cia [kõdol'ẽsjə] s. f. condolence, condolement; sympathy; pity; compassion.

con.do.mí.nio [kôdom'inju] s. m. joint ownership.

con.du.ção [kôdus'ãw] s. f. (pl. **-ções**) conduction; conveyance, transport; driving.

con.du.ta [kôd'utə] s. f. conduct; behaviour; levy; conveyance; deportment; procedure.

con.du.to [kôd'utu] s. m. duct; pipe, tube, conduit; canal, channel.

con.du.tor [kôdut'or] s. m. conductor; leader; conduit; downspout; (electr.) wire; driver.

con.du.zir [kôduz'ir] v. to conduct; to lead; to direct; to transmit; to drive; to lead to; to bring about, effect; ≃ **-se** to behave. ≃ **-se mal** to misbehave. **a porta conduz à cozinha** the door leads to the kitchen.

co.ne.xão [koneks'ãw] s. f. (pl. **-xões**) connection; link; junction; relation; union.

con.fa.bu.lar [kôfabul'ar] v. to confabulate, chat.

con.fec.ção [kôfeks'ãw] s. f. making; finish, conclusion; **-ções** ready-made articles.

con.fec.cio.nar [kôfeksjon'ar] v. to make; to manufacture; to finish; to prepare.

con.fe.de.ra.ção [kôfederas'ãw] s. f. (pl. **-ções**) confederation, confederacy; league, alliance.

con.fei.ta.ri.a [kôfejtar'iə] s. f. candy shop, confectionary; sweetshop.

con.fei.to [kôf'ejtu] s. m. sweetmeat, comfit; sweet.

con.fe.rên.cia [kôfer'ēsjə] s. f. conference; convention; lecture, address; council; speech.

con.fe.ren.ci.ar [kôferēsi'ar] v. to confer, hold a conference; to lecture.

con.fe.ren.cis.ta [kôferēs'istə] s. m. + f. lecturer.

con.fe.ren.te [kôfer'ēti] s. m. + f. checking clerk.

con.fe.rir [kôfer'ir] v. to confer; to compare; to check, control; to verify; to grant.

con.fes.sar [kôfes'ar] v. to confess; to declare; to reveal, disclose; to acknowledge, admit; (also ≃ **-se**) to tell one's sins. ≃ **tudo** to confess all, (sl.) come clean.

con.fes.sor [kôfes'or] s. m. confessor (also a priest).

con.fi.a.do [kôfi'adu] adj. confident; familiar; (pop.) impertinent, fresh; cocksure.

con.fi.an.ça [kôfi'ãsə] s. f. confidence, trust; reliance. **de** ≃ trustworthy. **ele é digno de** ≃ he is dependable. **temos** ≃ **em Deus** in God we trust.

con.fi.an.te [kôfi'ãti] adj. m. + f. confident; sure; trustful; secure; undoubting. ≃ **em sua força** confident of his own strenght.

con.fi.ar [kôfi'ar] v. to confide, trust; to believe in; to rely on; to entrust; to accredit.

con.fi.á.vel [kôfi'avew] adj. (pl. **-veis**) trustful, trustworthy.

con.fi.dên.cia [kôfid'ēsjə] s. f. confidence; trust.

con.fi.den.ci.al [kôfidēsi'aw] adj. m. + f. (pl. **-ais**) confidential; classified, private.

con.fi.den.te [kôfid'ēti] s. m. + f. confidant, inside man. ‖ adj. confident, trustworthy.

con.fi.gu.ra.ção [kôfiguras'ãw] s. f. (pl. **-ções**) configuration; form, shape; aspect, figure.

con.fi.gu.rar [kôfigur'ar] v. to configure; to form.

con.fim [kôf'ĩ] s. m. confine; limit; **-fins** boundaries, frontier; abutment; barrier. ‖ adj. m. + f. bordering, limiting.

con.fi.nar [kôfin'ar] v. to circumscribe; to limit; to confine; to border; to neighbour upon.

con.fir.ma.ção [kôfirmas'ãw] s. f. (pl. **-ções**), (eccl.) Confirmation; confirmation; affirmation; ratification, homologation.

con.fir.mar [kôfirm'ar] v. to confirm, affirm; to sustain; to validate, corroborate.

con.fis.car [kôfisk'ar] v. to confiscate; to sequestrate; to requisition; to seize, embargo.

con.fis.co [kôf'isku] s. m. confiscation, forfeiture, requisition.

con.fis.são [kôfis'ãw] s. f. (pl. **-sões**) confession; (rel.) act of confessing before a priest; admission; profession; acknowledgment.

con.fla.gra.ção [kôflagras'ãw] s. f. (pl. **-ções**) fire; conflagration, war. ≃ **mundial** world war.

con.fli.to [kôfl'itu] s. m. conflict; discord, disagreement; encounter; war, battle.

con.flu.ên.cia [kôflu'ēsjə] s. f. confluence.

con.flu.en.te [kôflu'ēti] s. m. confluent, tributary. ‖ adj. m. + f. confluent.

con.flu.ir [kôflu'ir] v. to flow together; to join, meet.

con.for.ma.do [kôform'adu] adj. resigned, patient, submissive.

con.for.mar [kôform'ar] v. to form; to adapt, suit, accommodate; to reconcile; to conform; to agree with; ≃ **-se** to adjust o.s. to; to resign; to comply with.

con.for.me [kôf'ɔrmi] adj. m. + f. accordant; correspondent; congruous; pursuant; identical; in conformity with. ‖ conj. as according to, as per.

con.for.mi.da.de [kõformid'adi] s. f. conformity; accordance; consonance; agreement.

con.for.tar [kõfort'ar] v. to comfort; to console, soothe, solace.

con.for.tá.vel [kõfort'avew] adj. m. + f. (pl. -veis) comfortable, at ease; commodious.

con.for.to [kõf'ortu] s. m. comfort; well-being; solace; ease; consolation; cosiness.

con.fran.ge.dor [kõfrãʒed'or] adj. distressing, tormenting; heartbreaking.

con.fran.ger [kõfrãʒ'er] v. to torment, distress.

con.fra.ter.ni.za.ção [kõfraternizas'ãw] s. f. (pl. -ções) confraternization.

con.fra.ter.ni.zar [kõfraterniz'ar] v. to fraternize with; to forgather; to consort socially, get together.

con.fron.ta.ção [kõfrõtas'ãw] s. f. (pl. -ções) confrontation; -ções outlines of a building.

con.fron.tar [kõfrõt'ar] v. to confront; to face, compare; to collate; to parallel.

con.fron.to [kõfr'ōtu] s. m. confrontation, comparison; parallel.

con.fun.dir [kõfũd'ir] v. to confound; to disarray; to perplex; to baffle, amaze. ≃ -se to be puzzled or perplexed.

con.fu.são [kõfuz'ãw] s. f. (pl. -sões) confusion; uproar, tumult; perplexity; throng; entanglement; bewilderment; chaos; disturbance; disarray; medley, welter. **em completa** ≃ upside down, topsy-turvy.

con.fu.so [kõf'uzu] adj. confused; disorderly; obscure.

con.ge.la.ção [kõʒelas'ãw] s. f. (pl. -ções) congelation; solidification.

con.ge.la.dor [kõʒelad'or] s. m. freezer. ‖ adj. f. freezing, congealing.

con.ge.la.men.to [kõʒelam'ẽtu] s. m. (com.) freezing (of prices, wages).

con.ge.lar [kõʒel'ar] v. to freeze; to congeal; to ice; ≃ -se to become frozen.

con.gê.ne.re [kõʒ'eneri] s. m. congener. ‖ adj. m. + f. congenerous.

con.gê.ni.to [kõʒ'enitu] adj. congenital.

con.ges.tão [kõʒest'ãw] s. f. (pl. -tões) (med.) congestion. ≃ **cerebral** (med.) apoplexy.

con.ges.ti.o.na.do [kõʒestjon'adu] adj. congested.

con.ges.ti.o.na.men.to [kõʒestjonam'ẽtu] s. m. congestion; traffic jam.

con.ges.ti.o.nar [kõʒestjon'ar] v. to congest; to become congested; to become flushed with anger.

con.glo.me.ra.do [kõglomer'adu] s. m. + adj. conglomerate; (geol.) pudding stone.

con.glo.me.rar [kõglomer'ar] v. to conglomerate; to heap up, amass; to join to.

con.gra.tu.la.ção [kõgratulas'ãw] s. f. (pl. -ções) congratulation; felicitation.

con.gra.tu.lar [kõgratul'ar] v. to congratulate; to compliment; to applaud; to felicitate.

con.gre.ga.ção [kõgregas'ãw] s. f. (pl. -ções) congregation; reunion, assembly; fraternity.

con.gre.gar [kõgreg'ar] v. to congregate; to assemble; to convene, meet, unite; for-gather.

con.gres.sis.ta [kõgres'istə] s. m. + f. member of Congress, Congressman; participant in a congress.

con.gres.so [kõgr'ɛsu] s. m. Congress; congress; conference; assembly; session, reunion.

con.gru.en.te [kõgru'ẽti] adj. m. + f. congruent.

co.nhe.ce.dor [koñesed'or] s. m. connoisseur; expert, specialist. ‖ adj. knowing.

co.nhe.cer [koñes'er] v. to know; to perceive; to be acquainted with; to understand.

co.nhe.ci.do [koñes'idu] s. m. acquaintance. ‖ adj. known, well-known, notorious.

co.nhe.ci.men.to [koñesim'ẽtu] s. m. knowledge; cognizance; acquaintance; information; intelligence, awareness; understanding; self-consciousness; bill of lading; ≃s acquirements, attainment. **é de** ≃ **geral** it is common ground, it is all about. **levar ao seu** ≃ to bring to someone's notice.

cô.ni.co [k'oniku] adj. conical, conic, tapering.

co.ní.fe.ra [kon'iferə] s. f. conifer.

co.ni.vên.cia [koniv'ẽsjə] s. f. connivance, collusion.

co.ni.ven.te [koniv'ẽti] adj. m. + f. conniving.

con.je.tu.ra [kõʒet'urə] s. f. conjecture, supposition; guess; surmise; presumption.

con.je.tu.rar [kõʒetur'ar] v. to conjecture; to presume, surmise; to suppose; to presuppose.

con.ju.ga.ção [kõʒugas'ãw] s. f. (pl. **-ções**) conjugation; conjunction; assemblage, union.

con.ju.ga.do [kõʒug'adu] adj. conjugate.

con.ju.gal [kõʒug'aw] adj. m. + f. (pl. **-gais**) conjugal, matrimonial; connubial, marital.

con.ju.gar [kõʒug'ar] v. to conjugate; to inflect a verb; to unite; to co-ordinate (efforts).

côn.ju.ge [k'õʒuʒi] s. m. consort, spouse; mate; partner; ≃ **s** married couple.

con.jun.ção [kõʒũs'ãw] s. f. (pl. **-ções**) conjunction; union.

con.jun.ti.vo [kõʒũt'ivu] s. m. (gram.) conjunctive (mood). ‖ adj. conjunctive.

con.jun.to [kõʒũtu] s. m. whole, entirety; set, kit; apartment; team; ensemble; troupe; costume; assemblage. ‖ adj. united; concurrent; combined; adjacent.

con.ju.rar [kõʒur'ar] v. to conjure; to exorcise; to ward off; to plot; to invoke; to incite; to swear together; to rise or revolt against.

con.lu.i.ar [kõluj'ar] v. to collude; to conspire, connive; to plot; to act in concert.

con.lu.i.o [kõl'uju] s. m. collusion; machination, plot; frame-up.

co.nos.co [kon'osku] pron. with us, to us, for us, together with us.

con.quan.to [kõk'wãtu] conj. although, though.

con.quis.ta [kõk'istə] s. f. conquest.

con.quis.ta.dor [kõkistad'or] s. m. conqueror, conquistador; victor; (fig.) lady-killer, wolf.

con.quis.tar [kõkist'ar] v. to conquer; to overcome; to defeat; to acquire; to win.

con.sa.gra.ção [kõsagras'ãw] s. f. (pl. **-ções**) consecration; dedication; anointing.

con.sa.grar [kõsagr'ar] v. to consecrate; to sanctify; to devote; to ordain; to anoint.

con.san.güí.neo [kõsãg'winju] s. m. a blood relation. ‖ adj. consanguine; consanguineous.

cons.ci.ên.cia [kõsi'ẽsjə] s. f. conscience; conscientiousness; scruple. **com uma** ≃ **tranqüila** with a safe conscience. **ter** ≃ to be scrupulous. **questão de** ≃ matter of conscience.

cons.ci.en.ci.o.so [kõsjẽsi'ozu] adj. conscientious; scrupulous; faithful, religious.

cons.ci.en.te [kõsi'ẽti] adj. m. + f. conscious; aware; knowing; (fam.) wise.

côns.cio [k'õsju] adj. conscious; cognizant, aware; sensible; knowing.

cons.cri.ção [kõskris'ãw] s. f. (pl. **-ções**) conscription, draft.

con.se.cu.ção [kõsekus'ãw] s. f. (pl. **-ções**) consecution; success, achievement; fruition.

con.se.cu.ti.vo [kõsekut'ivu] adj. consecutive, successive.

con.se.guin.te [kõseg'ĩti] adj. m. + f. consecutive.

con.se.guir [kõseg'ir] v. to obtain, achieve, get; to succeed; to provide; to manage.

con.se.lhei.ro [kõseʎ'ejru] s. m. counselor, counsel.

con.se.lho [kõs'eʎu] s. m. counsel; council; synod; court, board; advice; warning; admonition. **um bom** ≃ a good advice.

con.sen.so [kõs'ẽsu] s. m. consensus; consent, consentment; accord; agreement.

con.sen.ti.men.to [kõsẽtim'ẽtu] s. m. consent; approval; compliance; permission. **com o** ≃ **de todos** by common consent.

con.sen.tir [kõsẽt'ir] v. to consent; to grant; to tolerate; to permit; to agree; to yield.

con.se.qüên.cia [kõsek'wẽsjə] s. f. consequence; result; sequel; outcome. **em** ≃ **de** consequently.

con.se.qüen.te [kõsek'wẽti] adj. m. + f. consequent, consequential; resultant, following.

con.ser.tar [kõsert'ar] v. to repair; to mend, patch up, fix; to darn; to service; to refit.

con.ser.to [kõs'ertu] s. m. repair, restoration. **sem** ≃ beyond repair; fixing, refitting.

con.ser.va [kõs'ɛrvə] s. f. conserve, preserve, comfit.

con.ser.va.ção [kõservas'ãw] s. f. (pl. **-ções**) conservation; maintenance; upkeep. **em bom estado de** ≃ in good order or shape.

con.ser.var [kõserv'ar] v. to conserve; to maintain, preserve; to keep; sustain; to stay.

con.ser.va.ti.vo [kõservat'ivu] adj. conservative.

con.si.de.ra.ção [kõsideras'ãw] s. f. (pl. **-ções**) consideration; appreciation; respect, regard.

con.si.de.ra.do [kõsider'adu] adj. considerate.

con.si.de.rar [kõsider'ar] v. to consider; to take into consideration; to ponder, meditate.

con.si.de.rá.vel [kõsider'avew] adj. m. + f. (pl. **-veis**) considerable; notable; respectable.

con.sig.na.ção [kõsignas'ãw] s. f. (pl. -ções) consignment.

con.sig.nar [kõsign'ar] v. to consign; to seal, sign; to send, ship; to entrust, commit.

con.si.go [kõs'igu] pron. with him (her, it, himself; herself, itself, themselves).

con.sis.tên.cia [kõsist'ẽsjə] s. f. consistence. consistency; denseness; firmness; body.

con.sis.ten.te [kõsist'ẽti] adj. m. + f. consistent, solid.

con.sis.tir [kõsist'ir] v. to consist in (of).

con.so.an.te [kõso'ãti] s. f. consonant. ‖ adj. m. + f. consonant(al), consonous. ‖ prep. conformable, according to.

con.so.la.ção [kõsolas'ãw] s. f. (pl. -ções) con-solation; relief; comfort; cheer.

con.so.la.dor [kõsolad'or] s. m. consoler. ‖ adj. comforting; mitigating; consoling.

con.so.lar [kõsol'ar] v. to console; to comfort, solace; to ease; to mitigate; to relieve.

con.so.li.da.ção [kõsolidas'ãw] s. f. (pl. -ções) consolidation; solidification; (com.) merger of two or more corporations.

con.so.li.dar [kõsolid'ar] v. to consolidate; to solidify, become hard; to close up (wound).

con.so.lo [kõs'olu] s. m. (archit.) console; bracket, truss; corbel; consolation, solace, comfort.

con.so.nân.cia [kõson'ãsjə] s. f. consonance; accord; harmony; rhyme; (fig.) agreement.

con.sor.ci.ar [kõsorsi'ar] v. to associate; to consort, unite by marriage; to join; to marry.

con.sór.cio [kõs'ɔrsju] s. m. consortium; partnership, fellowship; society; marriage.

con.sor.te [kõs'ɔrti] s. m. + f. spouse, husband or wife; associate; mate, companion.

cons.pí.cuo [kõsp'ikwu] adj. conspicuous; notable, eminent; famous; illustrious.

cons.pi.ra.ção [kõspiras'ãw] s. f. (pl. -ções) conspiracy; plotting, plot; collusion.

cons.pi.rar [kõspir'ar] v. to conspire; to plot, collude.

cons.pur.car [kõspurk'ar] v. to conspurcate, defile; to corrupt; to pervert; to debase.

cons.tân.cia [kõst'ãsjə] s. f. constancy; fidelity, faithfulness; steadiness; faith.

cons.tan.te [kõst'ãti] s. f. (logics, math. and phys.) constant. ‖ adj. m + f. constant; persistent; invariable; stable; ceaseless.

cons.tar [kõst'ar] v. to consist of; to be evident.

cons.ta.tar [kõstat'ar] v. to evidence; to verify; to prove; to testify; to find out; to certify.

cons.te.la.ção [kõstelas'ãw] s. f. (pl. -ções) constellation.

cons.ter.na.ção [kõsternas'ãw] s. f. (pl. -ções) consternation; fright; dread; despair.

cons.ter.na.do [kõstern'adu] adj. disconsolate.

cons.ti.pa.ção [kõstipas'ãw] s. f. (med.) constipation; common cold.

cons.ti.par [kõstip'ar] v. to constipate; to catch a cold.

cons.ti.tu.ci.o.nal [kõstitusjon'aw] s. m. (pl. -nais) constitucionalist. ‖ adj. m. + f. constitutional.

cons.ti.tu.i.ção [kõstitujs'ãw] s. f. (pl. -ções) constituion; formation; organization, nature.

cons.ti.tu.in.te [kõstitu'ĩti] s. m. + f. representative; voter. ‖ adj. constituent, component.

cons.ti.tu.ir [kõstitu'ir] v. to constitute; to form, establish, compose; to appoint or elect to an office; ≃ -se to consist of.

cons.tran.ger [kõstrãʒ'er] v. to constrain; to urge, impel; to oblige; to coerce.

cons.tran.gi.do [kõstrãʒ'idu] adj. ill at ease.

cons.tru.ção [kõstrus'ãw] s. f. (pl. -ções) construction, building; fabrication. ≃ civil building construction.

cons.tru.ir [kõstru'ir] v. to construct; to build; to form; to compose; to frame; to assemble. ≃ castelos no ar to daydream.

cons.tru.ti.vo [kõstrut'ivu] adj. constructive, organic, implicit; imaginative.

cons.tru.tor [kõstrut'or] s. m. constructor, builder, architect, erector.

côn.sul [k'õsuw] s. m. (pl. -sules, f. consule-sa) consul.

con.su.la.do [kõsul'adu] s. m. consulate; consulship.

con.su.len.te [kõsul'ẽti] s. m. + f. consultant, consulter; consultee.

con.sul.ta [kõs'uwtə] s. f. consultation; council.

con.sul.tar [kõsuwt'ar] v. to consult. ≃ um médico to take medical advice.

con.sul.tor [kõsuwt'or] s. m. consultant, counsel(l)or, examiner; consultee.

con.sul.tó.rio [kõsuwt'ɔrju] s. m. consultation room, doctor's office. surgery.

con.su.ma.ção [kõsumas'ãw] s. f. (pl. -ções) accomplishment; consummation; cover charge.

con.su.ma.do [kõsum'adu] adj. accomplished; competent; perfect.

con.su.mar [kõsum'ar] v. to terminate, finish; to consummate, complete; to fulfil.

con.su.mi.dor [kõsumid'or] s. m. consumer. ‖ adj. consuming, wasting; afflicting.

con.su.mir [kõsum'ir] v. to consume; to eat; to spend; to use; to squander; to exhaust.

con.su.mo [kõs'umu] s. m. consumption; use; waste; absorption; (com.) sale of goods.

con.ta [k'õtə] s. f. account; calculation; bead (of a rosary); sum, total; bill, note; statement (of account). ≃ **bancária** bank account. **abrir uma** ≃ to open an account. **afinal de** ≃ **s** after all. **perdi a** ≃ I lost count.

con.ta.bi.li.da.de [kõtabilid'adi] s. f. accountancy; accounting department; accountantship.

con.ta.bi.lis.ta [kõtabil'istə] s. m. + f. accountant.

con.tac.tar [kõtak'tar] v. = **contatar**.

con.tac.to [kõt'aktu] s. m. = **contato**.

con.ta.dor [kõtad'or] s. m. bookkeeper, accountant; meter (gas, water); storyteller, raconteur.

con.ta.gem [kõt'aʒẽj] s. f. (pl. **-gens**) count, counting; score; reckoning; telling.

con.ta.gi.ar [kõtaʒi'ar] v. to infect, contaminate; to corrupt, defile.

con.tá.gio [kõt'aʒju] s. m. infection, contagion; pollution; corruption.

con.ta.gi.o.so [kõtaʒi'ozu] adj. infectious.

conta-gotas [kõtag'otəs] s. m., sg. + pl. dropper, filler.

con.ta.mi.na.ção [kõtaminas'ãw] s. f. (pl. **-ções**) contamination; pollution, infection.

con.ta.mi.nar [kõtamin'ar] v. to contaminate, infect; to corrupt; to affect.

con.tan.to que [kõt'ãtuki] conj. as long as, if, as.

con.tar [kõt'ar] v. to count; to calculate, reckon; to score; to tell, narrate; to confide; to depend on. ≃ **com** to figure on. ≃ **uma história** to pitch a yarn. ≃ **vantagem** to talk big. **a** ≃ **de** from... on. **você pode** ≃ **comigo** you can count on me.

con.ta.tar [kõta'tar] v. to get in contact with, to make contact (with).

con.ta.to [kõt'atu] s. m. contact; proximity; influence.

con.tei.ner [kõt'ejner] s. m. container.

con.tem.pla.ção [kõtẽplas'ãw] s. f. (pl. **-ções**) contemplation, meditation; pondering.

con.tem.plar [kõtẽpl'ar] v. to contemplate; to regard; to ponder; to observe, gaze upon.

con.tem.po.râ.neo [kõtẽpor'ʌnju] s. m. + adj. contemporary; coeval.

con.tem.po.ri.zar [kõtẽporiz'ar] v. to temporize; to compromise; to comply with.

con.ten.ção [kõtẽs'ãw] s. f. (pl. **-ções**) contention; quarrel, dispute; self-restraint.

con.ten.da [kõt'ẽdə] s. f. contention; quarrel, dispute; strife; row.

con.ten.ta.men.to [kõtẽtam'ẽtu] s. m. contentment; joy.

con.ten.tar [kõtẽt'ar] v. to content, satisfy; to suffice; to please; to reconcile.

con.ten.te [kõt'ẽti] adj. m. + f. content, contented; cheerful; joyful. **a notícia me deixou** ≃ the news made me happy.

con.ten.to [kõt'ẽtu] s. m. contentment, joy, satisfaction; contents. **a** ≃ to one's heart's content; satisfactory.

con.ter [kõt'er] v. to contain; to enclose; to comprise; to refrain; to repress, check; ≃ **-se** to refrain from. **ele se conteve** he contained himself.

con.ter.râ.neo [kõteř'ʌnju] s. m. fellow citizen, fellow countryman.

con.tes.ta.ção [kõtestas'ãw] s. f. (pl. **-ções**) contestation; plea, defence; answer; debate.

con.tes.tar [kõtest'ar] v. to contest, refute; to bear witness; to object; to impugn.

con.tes.tá.vel [kõtest'avew] adj. m. + f. (pl. **-veis**) contestable; disputable.

con.te.ú.do [kõte'udu] s. m. content(s).

con.tex.to [kõt'estu] s. m. context; contexture; composition; structure; argument.

con.ti.go [kõt'igu] pron. with you, in your company.

con.tí.guo [kõt'igwu] adj. contiguous; adjacent; next.

con.ti.nên.cia [kõtin'ẽsjə] s. f. continence; (mil.) salute.

con.ti.nen.te [kõtin'ẽti] s. m. (geogr.) continent; mainland, container; content.

con.tin.gên.cia [kõtiʒ'ẽsjə] s. f. contingence; contingency; eventual; eventuality.

con.tin.gen.te [kõtiʒ'ẽti] s. m., adj. m. + f. contingent; uncertain.

con.ti.nu.ar [kõtinu'ar] v. to continue; to stay; to extend; to pursue, hold on.

con.ti.nu.i.da.de [kõtinujd'adi] s. f. continuity, continuance; permanence, duration.

con.tí.nuo [kõt'inwu] s. m. servant, attendant; (mus.) continuo. ‖ adj. continued; continual; ongoing.

con.to [k'ōtu] s. m. narrative; story, tale; fable, yarn. ≃-**do-vigário** swindle.

con.tor.cer [kōtors'er] v. to contort; to distort, twist; to squirm, writhe.

con.tor.nar [kōtorn'ar] v. to profile; to turn round; to by-pass; to wind round.

con.tor.no [kōt'ornu] s. m. contour; outline; profile; periphery; form, shape; circuit.

con.tra [k'ōtrə] s. m. objection; rebuttal; obstacle; refutation. ‖ adv. contra, adversely. ‖ prep. against, contrary to, versus, athwart. ≃ **a lei** against the law. ≃-**ataque** counter attack. ≃ **pagamento à vista** cash payment. ≃-**revolução** counter revolution. ≃-**regra** (theat.) stage manager, prompter. ≃-**senso** nonsense, absurdity, incongruity.

con.tra.ba.lan.çar [kōtrabalãs'ar] v. to counterbalance, counterpoise; to counteract; to compensate; to counterweigh.

con.tra.ban.dis.ta [kōtrabãd'istə] s. m. + f. contrabandist, smuggler; runner; bootlegger, moonshiner.

con.tra.ban.do [kōtrab'ādu] s. m. smuggled goods; smuggling. **de** ≃ illicitly.

con.tra.ção [kōtras'ãw] s. f. (pl. -**ções**) contraction; shrinking; convulsion.

con.tra.di.ção [kōtradis'ãw] s. f. (pl. -**ções**) contradiction.

con.tra.di.tó.rio [kōtradit'ɔrju] adj. contradictory; conflicting.

con.tra.di.zer [kōtradiz'er] v. to contradict; to contest; to deny.

con.tra.en.te [kōtra'ēti] s. m. + f. contracting party. ‖ adj. contracting.

con.tra.fa.ção [kōtrafas'ãw] s. f. (pl. -**ções**) counterfeit, fake, forgery; imitation.

con.tra.fa.zer [kōtrafaz'er] v. to counterfeit, fake; to imitate; to falsify; to disguise, conceal.

con.tra.fei.to [kōtraf'ejtu] s. m. forgery, counterfeit. ‖ adj. counterfeit; false.

con.tra.gos.to [kōtrag'ostu] s. m. dislike, aversion, antipathy.

con.tra.í.do [kōtra'idu] adj. contracted, tight.

con.tra.ir [kōtra'ir] v. to contract; to tighten, compress; to reduce; ≃ -**se** shrink, shrivel.

con.tra.mes.tre [kōtram'ɛstri] s. m. foreman; (naut.) boatswain; overseer, overlooker.

con.tra.par.te [kōtrap'arti] s. f. (mus.) counterpart.

con.tra.pas.so [kōtrap'asu] s. m. counterstep.

con.tra.pe.sar [kōtrapez'ar] v. to counterpoise; to counterbalance, to compensate; to consider. .

con.tra.pe.so [kōtrap'ezu] s. m. counterweight; counterpoise, equipoise; balance weight.

con.tra.pon.to [kōtrap'ōtu] s. m. (mus.) counterpoint, polyphony.

con.tra.por [kōtrap'or] v. to put against; to put in front of; to compare; to oppose.

con.tra.pro.du.cen.te [kōtraprodus'ēti] adj. m. + f. self-defeating, miscarrying, counterproductive.

con.tra.ri.a.do [kōtrari'adu] adj. vexed, annoyed, upset.

con.tra.ri.ar [kōtrari'ar] v. to counter, counteract; to oppose; to contest; to refute; to antagonize; to contradict; to thwart; to disappoint, vex; to frustrate; to hinder, embarrass; to transgress.

con.tra.ri.e.da.de [kōtrarjed'adi] s. f. opposition, resistance; contrariety; setback; anger; worry, anxiety; (jur.) rejoinder.

con.trá.rio [kōtr'arju] s. m. opponent, adversary, enemy, rival. ‖ adj. contrary; opposed; adverse; unfavourable. **ao** ≃, **pelo** ≃ on the contrary. **caso** ≃ otherwise.

con.tras.tar [kōtrast'ar] v. to contrast, to oppose; to defy; to counteract; to form a contrast.

con.tras.te [kōtr'asti] s. m. contrast; opposition; setoff; nuance, clash.

con.tra.tar [kōtrat'ar] v. to contract; to hire; to charter; to undertake; to stipulate.

con.tra.tem.po [kōtrat'ēpu] s. m. mischance, mishap; accident; annoyance, setback.

con.tra.to [kōtr'atu] s. m. contract; covenant; agreement; deed. ≃ **de trabalho** labour agreement. **fechar um** ≃ to make a contract.

con.tra.ven.ção [kōtravēs'ãw] s. f. (pl. -ções) contravention; infraction; breach; trespass.

con.tri.bu.i.ção [kōtribujs'ãw] s. f. (pl. -ções) contribution.

con.tri.bu.in.te [kōtribu'ĩti] s. m. + f. contributor; taxpayer. ‖ adj. contributory.

con.tri.bu.ir [kōtribu'ir] v. to contribute; to pay taxes; to donate, give; to concur; to co-operate.

con.tri.ção [kōtris'ãw] s. f. (pl. -ções) contrition.

con.tri.to [kōtr'itu] adj. contrite; sorrowful, sorry; penitent; remorseful.

con.tro.la.dor [kõtrolad'or] s. m. controller, supervisor. ‖ adj. controlling.

con.tro.lar [kõtrol'ar] v. to control; to supervise; to check; to guide; to rule.

con.tro.le [kõtr'oli] s. m. control; direction; rule; command; management; check. **torre de** ≃ control tower.

con.tro.vér.sia [kõtrov'ɛrsjə] s. f. controversy; dispute, debate; contest, contestation.

con.tro.ver.ter [kõtrovert'er] v. to controvert.

con.tu.do [kõt'udu] conj. yet, although, nevertheless.

con.tun.dir [kõtũd'ir] v. to contuse, bruise, injure.

con.tur.bar [kõturb'ar] v. to disturb, perturb; to excite, stir up; ≃ **-se** to become troubled.

con.va.les.cen.ça [kõvales'ẽsə] s. f. convalescence.

con.va.les.cen.te [kõvales'ẽti] s. m. f. + adj. convalescent.

con.va.les.cer [kõvales'er] v. to convalesce, recover; to regain health; to fortify, strengthen.

con.vec.ção [kõveks'ãw] s. f. (pl. **-ções**), (phys.) convection.

con.ven.ção [kõvẽs'ãw] s. f. (pl. **-ções**) convention; covenant, agreement; compact, pact.

con.ven.cer [kõvẽs'er] v. to convince; to persuade; to overcome, subdue.

con.ven.ci.do [kõvẽs'idu] adj. convinced; satisfied; (pop.) conceited, vain. **ele é muito** ≃ **de si mesmo** he is full of himself.

con.ven.ci.men.to [kõvẽsim'ẽtu] s. m. self-importance.

con.ven.ci.o.nal [kõvẽsjon'aw] s. m. + f. (pl. **-nais**) conventional. ‖ adj. conventional; usual; formal; stipulated; customary.

con.ven.ci.o.nar [kõvẽsjon'ar] v. to stipulate; to establish; to arbitrate; to argue upon.

con.ve.ni.ên.cia [kõveni'ẽsjə] s. f. convenience; appropriateness. **por** ≃ **própria** in one's own benefit; ≃ **s** social rules.

con.ve.ni.en.te [kõveni'ẽti] adj. m. + f. convenient; suitable, fitting, befitting; useful.

con.vê.nio [kõv'enju] s. m. convention; covenant, accord; international pact.

con.ven.to [kõv'ẽtu] s. m. convent, cloister, monastery. ≃ **de freiras** nunnery.

con.ver.sa [kõv'ɛrsə] s. f. conversation; talk; speech; collocution. ≃ **fiada** idle talk, drivel, rubbish, poppycock. ≃ **inútil** talky talk.

≃ **mole** fiddle-faddle. **levar na** ≃ to swindle.

con.ver.sa.ção [kõversas'ãw] s. f. (pl. **-ções**) conversation; colloquy; converse, palaver.

con.ver.são [kõvers'ãw] s. f. (pl. **-sões**) conversion, commutation; (mech.) reduction.

con.ver.sar [kõvers'ar] v. to converse, chat, talk; to discourse; to confabulate. **preciso** ≃ **com você** I must have a word with you.

con.ver.sí.vel [kõvers'ivew] adj. m. + f. (pl. **-veis**) convertible, reducible; exchangeable.

con.ver.ter [kõvert'er] v. to convert; to transform.

con.ver.ti.do [kõvert'idu] s. m. convert, proselyte. ‖ adj. converted; regenerate.

con.vés [kõv'ɛs] s. m. (naut.) deck (of a ship), shipboard. **sob o** ≃ under hatches.

con.vic.ção [kõviks'ãw] s. f. (pl. **-ções**) conviction; belief; certitude, certainty. **eles têm as mesmas** ≃ **ões** they are like-minded.

con.vic.to [kõv'iktu] s. m. convict. ‖ adj. convinced.

con.vi.da.do [kõvid'adu] s. m. guest, visitor. ‖ adj. invited.

con.vi.dar [kõvid'ar] v. to invite; to summon; to ask, bid; to attract, tempt. **convidei-o para o almoço** I asked him to lunch.

con.vi.da.ti.vo [kõvidat'ivu] adj. inviting, invitory.

con.vin.cen.te [kõvĩs'ẽti] adj. m. + f. convincing; persuasive; cogent, conclusive. **uma conclusão** ≃ a persuasive conclusion.

con.vir [kõv'ir] v. to agree to, be suitable; to befit; to correspond; to fit, do. **convém notar** it is worth noting. **ele sabe o que lhe convém** he knows what suits him best.

con.vi.te [kõv'iti] s. m. invitation; call, convocation; engagement.

con.vi.vên.cia [kõviv'ẽsjə] s. f. acquaintance.

con.vi.ver [kõviv'er] v. to live together, cohabit.

con.vo.ca.ção [kõvokas'ãw] s. f. (pl. **-ções**) convocation; summons. ≃ **às armas** call to arms.

con.vo.ca.do [kõvok'adu] s. m. draftee. ‖ adj. convoked, drafted; summoned.

con.vo.car [kõvok'ar] v. to convoke, summon.

con.vos.co [kõv'osku] pron. with you.

con.vul.são [kõvuws'ãw] s. f. (pl. **-sões**) convulsion, convulsive fit; cataclasm; tumult.

con.vul.si.o.nar [kõvuwsjon'ar] v. to convulse; to agitate, disturb; to revolutionize.

con.vul.si.vo [kõvuws'ivu] adj. convulsive; jerky.

co.o.pe.ra.ção [kooperas'ãw] s. f. (pl. **-ções**) co-operation, coaction. **espírito de** ≃ team spirit.

co.o.pe.rar [kooper'ar] v. to co-operate, work together; to concur; to collaborate.

co.o.pe.ra.ti.va [kooperat'ivə] s. f. co-operative, co-operative society, coop.

co.o.pe.ra.ti.vo [kooperat'ivu] adj. co-operative.

co.or.de.na.ção [koordenas'ãw] s. f. (pl. **-ções**) co-ordination.

co.or.de.na.dor [koordenad'or] s. m. co-ordinator. ‖ adj. co-ordinating.

co.or.de.nar [koorden'ar] v. to co-ordinate; to organize; to arrange; to classify; to order.

co.pa [k'ɔpə] s. f. pressing vat; top or crown of a tree; crown of hat; pantry, butler's pantry; cup; ≃s (cards) hearts. ≃ **de árvore** canopy.

co.pei.ro [kop'ejru] s. m. butler, waiter.

có.pia [k'ɔpjə] s. f. copy; reproduction; transcript, similitude, semblance. ≃ **em papel-carbono** carbon copy

co.pi.a.do.ra [kopjad'orə] s. f. copier.

co.pi.ar [kopi'ar] v. to copy, reproduce; to duplicate; to imitate; to plagiarize.

co.pi.des.ca.gem [kopidesk'aʒēj] s. f. (pl. **-gens**) copydesk.

co.pi.des.car [kopidesk'ar] v. to copydesk.

co.pi.des.que [kopid'ɛski] s. m. copydesk.

co.pi.o.so [kopi'ozu] adj. copious, plenty; abundant, opulent; rich, wealthy; full.

co.po [k'ɔpu] s. m. cup; glass, drinking glass, goblet, tumbler; glassful. **tempestade num** ≃ **d'agua** storm in a tea-cup.

có.pu.la [k'ɔpulə] s. f. coition, coitus; copulation, coupling, (pop.) screw, hump, fuck; (mus.) coupler of an organ.

co.pu.lar [kopul'ar] v. to copulate; to have sexual intercourse; to join in pairs; (vulg.) screw.

co.que [k'ɔki] s. m. a rap on the head; chignon; a male cook; coke.

co.quei.ro [kok'ejru] s. m. (bot.) coconut palm.

co.que.lu.che [kokel'uʃi] s. f. (med.) whooping cough; (pop.) craze, fad.

co.que.tel [koket'ɛw] s. m. (pl. **-téis**) cocktail.

cor [k'ɔr] s. m. (obs.) heart; will, wish, desire. **de** ≃ by heart. **saber de** ≃ to know by heart.

cor [k'ɔr] s. f. color; hue, tint; paint, dye. ≃ **de laranja** orange. ≃ **-de-rosa** damask, rose; pink; rosy; roseate. ≃ **firme** fast dye. **ficar sem** ≃ to turn pale. **perder a** ≃ to fade away. **sem** ≃ tintless. **um homem de** ≃ a coloured man.

co.ra.ção [koras'ãw] s. m. (pl. **-ções**) (anat.) heart; (fig.) courage; kindness; center, core; love, affection. **com todo o meu** ≃ with all my heart. **conquistar o** ≃ **de** to win the heart of. **ele sofre do** ≃ he has heart trouble. **no** ≃ **da cidade** in the heart of town. **ter um** ≃ **alegre** to be light-hearted. **de** ≃ sincerely.

co.ra.do [kor'adu] adj. red-faced, ruddy, rosy; fresh, florid; ashamed; bashful, modest; full-blooded.

co.ra.gem [kor'aʒēj] s. f. (pl. **-gens**) courage, daring; fearlessness; guts; valour, pluck; boldness, bravery, nerve. ‖ interj. have courage!, pluck up! **criar** ≃ to take heart. **é preciso muita** ≃ it takes grit. **não perca a** ≃! don't be discouraged! **sem** ≃ tame, yellow. **com a cara e a** ≃ bold facedly.

co.ra.jo.so [koraʒ'ozu] adj. courageous, daring; valiant; bold, brave.

co.ral [kor'aw] s. m. (pl. **-rais**), (zool.) coral; (mus.) choral(e). **recife de** ≃ coral reef.

co.ran.te [kor'ãti] s. m. colour, dye, pigment, colouring. ‖ adj. m. + f. colorific.

co.rar [kor'ar] v. to colour; to dye, paint; to blush, bleach; to expose to the sun, whiten.

cor.cel [kors'ɛw] s. m. (pl. **-céis**) charger, courser (horse).

cor.co.va [kork'ɔvə] s. f. hump, hunch; hunchback, humpback; crookedness.

cor.co.var [korkov'ar] v. to curve, bend, crook.

cor.cun.da [kork'ũdə] s. m. + f. humpback, hunchback, crookback. ‖ adj. humped.

cor.da [k'ɔrdə] s. f. cord, rope, line; leash, thong; sinew, tendon; twine; cable; (naut.) lashing; (mus.) string; spring (watch); (geom.) chord; (anat.) vocal chord. **dar** ≃ to wind up (clock, watch). **instrumentos de** ≃ string instruments. **sem** ≃ unwound. **dar** ≃ **a alguém** to incite s. o. to talk.

cor.da.me [kord'ʌmi] s. m. rope(s); cordage; (naut.) tackling, rigging; ropery.

cor.dão [kord'ãw] s. m. (pl. **-dões**) string, thread; lace; strap; girdle; cordon. ≃ **de isolamento** cordon. ≃ **de sapato** shoelace; girdle.

cor.dei.ro [kord'ejru] s. m. lamb. ≃ **pascal** passover.

cor.di.al [kordi'aw] adj. m. + f. (pl. **-ais**) cordial; sincere, heartfelt; kind, amiable.

cor.di.a.li.da.de [kordjalid'adi] s. f. cordiality, kindness.

cor.di.lhei.ra [kordiʎ'ejrə] s. f. cordillera, mountain range.

cor.do.ei.ro [kordo'ejru] s. m. rope manufacturer.

co.re.o.gra.fi.a [koreograf'iə] s. f. choreography, choregraphy.

co.re.to [kor'etu] s. m. bandstand, bandshell.

co.rin.ga [kor'ĩgə] s. f. small triangular sail.

co.ris.car [korisk'ar] v. to coruscate, glitter; to scintillate, sparkle; to strike (lightning); to hurl, throw; to gleam in flashes.

co.ris.co [kor'isku] s. m. electric spark; lightning, sheet lightning; coruscation, glittering, sparkling; flashing; (pop.) unexpected visitor or guest.

co.ris.ta [kor'istə] s. m. + f. chorist(er); choirman; chorus girl; choirboy; singer.

co.ri.za [kor'izə] s. f. (med.) coryza, nasal catarrh, cold; cold in the head.

cor.ja [k'ɔrʒə] s. f. rabble, mob; dregs of society, scum; multitude, throng.

cór.nea [k'ɔrnjə] s. f. (anat.) cornea.

cor.ne.ar [korne'ar] v. to gore; to horn; to butt; (pop.) to cuckold.

cor.ne.ta [korn'etə] s. f. (mus.) bugle; trumpet, buglehorn; hunting horn; auto-horn.

cor.ne.tei.ro [kornet'ejru] s. m. hornblower, trumpeter, bugler.

cor.ne.tim [kornet'ĩ] s. m. (pl. **-tins**), (mus.) cornet.

cor.ni.ja [korn'iʒə] s. f. (archit.) cornice; moulding, label; corona, cordon. ≃ **da lareira** mantelpiece, chimney piece.

cor.no [k'ornu] s. m. horn; ≃**s** antlers; (fam.) cuckold; feeler, antenna.

cor.nu.do [korn'udu] adj. cornute, horned.

co.ro [k'oru] s. m. choir; chorus, vocal consort. **em** ≃ (mus.) concerted.

co.ro.a [kor'oə] s. f. crown; wreath, garland; sovereignty; (dent.) artificial crown (of a

tooth); top of a tree; (astr.) corona. **cara ou** ≃ **?** heads or tails?

co.ro.a.ção [koroas'ãw] s. f. (pl. **-ções**) crowning, coronation; antlers.

co.ro.a.men.to [koroam'ẽtu] s. m. coronation.

co.ro.ar [koro'ar] v. to crown, enthrone; to acclaim; to complete; to top, cap; to reward.

co.ro.ca [kor'ɔkə] s. f. ugly old woman. ‖ adj. m. + f. old, decrepit.

co.ro.i.nha [koro'iɲə] s. f. acolyte, altar boy.

co.ro.lá.rio [korol'arju] s. m. corollary.

co.ro.ná.ria [koron'arjə] s. f. (anat.) coronary artery.

co.ro.ná.rio [koron'arju] adj. (anat.) coronary.

co.ro.nel [koron'ɛw] s. m. (pl. **-néis**) colonel; (aeron.) group captain.

co.ro.nha [kor'oɲə] s. f. butt of a rifle, gunstock, stock, butt; (bot.) sweet acacia.

co.ro.nha.da [koroɲ'adə] s. f. blow with the butt of a rifle or gun.

cor.pe.te [korp'eti] s. m. bodice, corselet; camisole.

cor.pi.nho [korp'iɲu] s. m. small body

cor.po [k'orpu] s. m. body; corpus, mass, bulk; main part; figure, frame; (mus.) resonance base; barrel, trunk; consistence; (mil.) regiment, brigade; basis, base; matter, material; society, company, context, contexture; (geom.) solid figure; (archit.) main structure of a building; shape, form; importance; (typogr.) point. ≃ **celeste** heavenly body. ≃ **de bombeiros** fire brigade. ≃ **de delito** proof or evidence. ≃ **humano** human body ≃ **a** ≃ hand to hand.

cor.po.ra.ção [korporas'ãw] s. f. (pl. **-ções**) corporation; association, guild, fraternity.

cor.po.ra.ti.vis.mo [korporativ'izmu] s. m. corporatism.

cor.po.ra.ti.vo [korporat'ivu] adj. corporative, collective.

cor.pó.reo [korp'ɔrju] adj. corporal, corporeal; bodily; external; physical; fleshly.

cor.pu.do [korp'udu] adj. (pop.) corpulent.

cor.pu.lên.cia [korpul'ẽsjə] s. f. corpulence, corpulency; stoutness; fatness; fullness.

cor.pu.len.to [korpul'ẽtu] adj. corpulent; stout, fat; heavyset; chunky; gross; portly.

cor.pús.cu.lo [korp'uskulu] s. m. corpuscle, corpuscle; molecule; atom; mite, mote.

cor.re.ção [kořes'ãw] s. f. (pl. **-ções**) correction; correctness; rectitude; emendation.

corre-corre [kɔřik'ɔři] s. m. rout, stampede; hubbub, rush, headlong flight.

cor.re.di.ço [kořed'isu] adj. sliding, gliding; slipping; running. **assento** ≃ sliding seat.

cor.re.dio [kořed'iu] adj. = **corrediço.**

cor.re.dor [kořed'or] s. m. runner, racer; corridor, gangway; passage; aisle.

cór.re.go [k'ɔřegu] s. m. streamlet, brook; brooklet, runlet; ravine, gully.

cor.rei.a [koř'ejə] s. f. leather strap; belt; leash. ≃ **articulada** chain-belt. ≃ **em V** V-belt.

cor.rei.ção [kořejs'ãw] s. f. (pl. **-ções**) honesty; the act of correcting.

cor.rei.o [koř'eju] s. m. messenger, courier; mailman; mail, post; postal service; correspondence; prediction; letters. ≃ **aéreo** airmail. **caixa de** ≃ mailbox.

cor.re.la.ção [kořelas'ãw] s. f. (pl. **-ções**) correlation.

cor.re.la.ci.o.nar [kořelasjon'ar] v. to correlate.

cor.re.la.ti.vo [kořelat'ivu] adj. correlative, correlate.

cor.re.li.gi.o.ná.rio [kořeliʒjon'arju] s. m. co-religionist.

cor.ren.te [koř'ẽti] s. f. chain, metal chain, tie; cable, rope, hawser; fetter, shackle; current; stream, watercourse; torrent; flux, flow; circulation; (fig.) tendency. ‖ adj. m. + f. current; common; prevailing; floating, afloat. ≃ **alternada** (electr.) alternating current. **a opinião** ≃ **é...** current opinion is... **contra a** ≃ upstream. **água** ≃ running water.

cor.ren.te.za [kořět'ezə] s. f. current; stream, watercourse; flow; drift; rapids.

cor.rer [koř'er] v. to run; to dash; to hurry; to pursue; to pass along; to go about; to elapse (time); to spread (news); to flow; to leak; to compete with; to take to one's heels. **corra!** get on with it. **corre o boato que...** there is a rumor that. ≃ **o risco** to run the risk. **deixa o barco** ≃! let the thing slide! **no** ≃ **dos séculos** down the centuries.

cor.re.ri.a [kořer'iə] s. f. running, scurry; foray.

cor.res.pon.dên.cia [kořespõd'ẽsjə] s. f. correspondence; mail; conformity; letters.

cor.res.pon.den.te [kořespõd'ẽti] s. m. + f. correspondent. ‖ adj. corresponding.

cor.res.pon.der [kořespõd'er] v. to correspond; to reciprocate; to reply. ≃ **às exigências** to meet the requirements. **não** ≃ **às expectativas** not to come up to expectations. **não posso** ≃ **ao seu pedido** I cannot comply with your request.

cor.re.ta.gem [kořet'aʒẽj] s. f. (pl. **-gens**) brokerage.

cor.re.to [koř'ɛtu] adj. correct; true, exact; upright; proper. **um homem** ≃ an upright man.

cor.re.tor [kořet'or] s. m. broker, commission agent; agent; jobber. ≃ **de ações** stockbroker.

cor.ri.da [koř'idə] s. f. run; race; scurry, skedaddle; (met.) pouring of metal; bullfight; run on a bank; trip in a taxi. ≃ **de cavalos** horse race. **pista de** ≃ speedway.

cor.ri.gir [kořiʒ'ir] v. to correct; to amend; to set right; to censure; to discipline; to reclaim; to remedy; to revise.

cor.ri.mão [kořim'ãw] s. m. (pl. **-mões** e **-mãos**) handrail, guard-rail; banister; balustrade.

cor.ri.men.to [kořim'ẽtu] s. m. act of flowing; (path.) flow(ing) of humours, rheum.

cor.ri.quei.ro [kořik'ejru] s. m. + adj. current; trivial; vulgar; commonplace, trite.

cor.ro.bo.rar [kořobor'ar] v. to corroborate; to confirm; to strengthen.

cor.ro.er [kořo'er] v. to corrode, erode; to gnaw at; to waste away; to destroy slowly.

cor.ro.í.do [kořo'idu] adj. corroded, eroded.

cor.rom.per [kořõp'er] v. to corrupt; to taint, spoil, deprave, pervert; to adulterate; to mar.

cor.rom.pi.do [kořõp'idu] adj. corrupted, corrupt.

cor.ro.são [kořoz'ãw] s. f. (pl. **-sões**) corrosion, erosion. ≃ **eólica** wind erosion (of rocks); spoiling, tainting.

cor.ru.ga.do [kořug'adu] adj. corrugated, wrinkled.

cor.rup.ção [kořups'ãw] s. f. (pl. **-ções**) corruption.

cor.ru.pi.ar [kořupi'ar] v. to whirl round, spin round, twirl; to cause to go around.

cor.rup.to [koř'uptu] adj. corrupt; dissolute, lewd; depraved, demoralised.

cor.sá.rio [kors'arju] s. m. corsair, privateer, pirate.

cor.ta.dei.ra [kortad'ejrə] s. f. pastry cutter, jagging iron; (ent.) leaf-cutting ant.

cor.ta.dor [kortad'or] s. m. cutter; meat cutter, butcher. ≃ **de grama** lawn-mower.

cor.tan.te [kort'ãti] adj. m. + f. cutting; sharp; nipping (cold); sharp-edged; keen.

cor.tar [kort'ar] v. to cut; to chop, slice; to mow; to amputate; to trim, clip, prune, cross, intersect, intercept; to diminish, finish; to shut off (water), turn off (steam). ≃ **a palavra a alguém** to cut a person short. ≃ **as asas** (also fig.) to clip the wings. ≃ **o coração** to break the heart.

cor.te [k'ɔrti] s. m. cut; incision, slab; gash, stab; cutting edge (of a knife etc.); notch; (archit.) section, profile, plan; felling of trees; killing of cattle; interruption. ≃ **de cabelo** haircut. **gado de** ≃ cattle for slaughter. **sem** ≃ blunt.

cor.te [k'orti] s. f. court; sovereign's residence; courtship, love-making.

cor.te.jar [korteʒ'ar] v. to greet, salute; to flatter; to court; to woo; to flirt with.

cor.te.jo [kort'eʒu] s. m. suite, retinue; procession.

cor.tês [kort'es] adj. m. + f. (pl. **-teses**) courteous, polite, civil, affable, urbane.

cor.te.sia [kortez'iə] s. f. courtesy, politeness, gentleness; courteousness; bow, curtsy.

cór.tex [k'ɔrtɛks] s. m. cortex; (bot.) bark of a tree.

cor.ti.ça [kort'isə] s. f. cork; bark; crust.

cór.ti.ce [k'ɔrtisi] s. m. = **córtex.**

cor.ti.ço [kort'isu] s. m. hive, skep; beehive; (Braz.) slum tenement-house.

cor.ti.na [kort'inə] s. f. curtain; screen. ≃ **da janela** a window curtain. ≃ **de cena** scene curtain. ≃ **de fumaça** smoke screen.

cor.ti.na.do [kortin'adu] s. m. (a set of) curtains, hangings or bed-hangings.

co.ru.ja [kor'uʒə] s. f. owl, owlet, screech-owl; (fig.) hag, witch. **mãe** ≃ proud mother.

co.rus.car [korusk'ar] v. to coruscate.

cor.ve.ta [korv'etə] s. f. (naut.) corvette.

cor.vo [k'orvu] s. m. raven, crow; (archit.) modillion; (astr.) the const. of Corvus.

cós [k'ɔs] s. m., sg. + pl. (pl. also **coses**) waistband of a garment.

co.se.du.ra [koʒed'urə] s. f. sewing.

co.ser [koz'er] v. to sew, stitch; to attach.

cos.mé.ti.co [kozm'ɛtiku] s. m. + adj. cosmetic.

cós.mi.co [k'ɔzmiku] s. m. celestial globe. ‖ adj. cosmic. **poeiras -as** cosmic dust.

cos.mo [k'ɔzmu] s. m. cosmos, the universe.

cos.mo.lo.gi.a [kozmoloʒ'iə] s. f. cosmology.

cos.mo.po.li.ta [kozmopol'itə] s. m. + f. cosmopolite, citizen of the world. ‖ adj. cosmopolitan.

cos.mo.ra.ma [kozmor'ʌmə] s. m. cosmorama.

cos.ta [k'ɔstə] s. f. coast, seashore; declivity; back, backside; ≃**s** (anat.) costa, loin, reverse. ≃ **rochosa** rocky coast. **cair de** ≃**s** to fall on one's back. **dar as** ≃**s** to run away. **pelas** ≃**s** from behind; (fig.) behind one's back.

cos.te.ar [koste'ar] v. to coast; to sail along; to round, go along; to follow closely. ≃ **uma ilha** to sail around an island.

cos.tei.ra [kost'ejrə] s. f. (arch.) coast, seashore.

cos.tei.ro [kost'ejru] adj. coastal; (naut.) coasting.

cos.te.la [kost'ɛlə] s. f. (anat.) rib; (naut.) rib (of a vessel); (bot.) midrib (of a leaf); (Braz., fam.) wife; one's better half.

cos.te.le.ta [kostel'etə] s. f. (pork, mutton) chop; (veal) cutlet; (Braz.) sideburns.

cos.tu.mar [kostum'ar] v. to be accustomed; to use to; to be in the habit of; ≃**-se** to get used to. ≃ **fazer** to use to do.

cos.tu.me [kost'umi] s. m. custom; habit, usage, use, way, practice; (jur.) common law; costume; fashion; ≃**s** manners, morals; (sociol.) usage. **como de** ≃ as usual. **um** ≃ **feito sob medida** a tailor-made costume.

cos.tu.ra [kost'urə] s. f. sewing, needlework, stitching; seam; juncture. ≃ **soldada** welded seam. **máquina de** ≃ sewing machine.

cos.tu.rar [kostur'ar] v. to sew, do needlework.

cos.tu.rei.ra [kostur'ejrə] s. f. needlewoman, dressmaker.

cos.tu.rei.ro [kostur'ejru] s. m. seamster, ladies' tailor.

co.ta [k'ɔtə] s. f. quota, share, portion, part; contribution; instalment.

co.ta.ção [kotas'ãw] s. f. (pl. **-ções**) quotation (prices of goods, stocks); notation; assessment; valuation; (fig.) prestige, credit, repute. ≃ **do câmbio** exchange rate.

co.ta.do [kot'adu] adj. well-reputed, esteemed.

co.tar [kot'ar] v. to quote; to valuate, estimate; to classify; to fix the cost of.

co.te.jar [kote3'ar] v. to check (exchange) quotations; to compare; to confer.

co.te.jo [kot'e3u] s. m. comparison.

co.ti.di.a.no [kotidi'ʌnu] adj. quotidian, daily; everyday.

co.to [k'otu] s. m. stump; ≃s knuckles.

co.tó [kot'ɔ] s. m. (Braz.) person with a mutilated arm or leg; cutlass; stump.

co.to.ni.fí.cio [kotonif'isju] s. m. cotton mill.

co.to.ve.la.da [kotovel'adə] s. f. nudge, dig.

co.to.ve.lo [kotov'elu] s. m. elbow. **dor de** ≃ jealousy.

co.to.vi.a [kotov'iə] s. f. (ornith.) lark, sky-lark.

co.tur.no [kot'urnu] s. m. buskin; sock, half-stocking; army boots. **de alto** ≃ of high position.

cou.de.la.ri.a [kowdelar'iə] s. f. stud, stud-farm.

cou.ra.ça [kowr'asə] s. f. cuirass, breastplate; armour.

cou.ra.ça.do [kowras'adu] s. m. + adj. ironclad.

cou.ra.çar [kowras'ar] v. = encouraçar.

cou.ro [k'owru] s. m. leather; hide; (fig.) skin. ≃ **cabeludo** scalp. ≃ **cru** rawhide.

cou.ve [k'owvi] s. f. cabbage, cole, kale. ≃-**flor** cauliflower.

co.va [k'ɔva] s. f. hole, hollow, cavity, depression, pit; grave. **estar com os pés na** ≃ to be on the brink of the grave.

co.var.de [kov'ardi] s. m. + f. coward.

co.var.dia [kovard'iə] s. f. cowardliness, cowardice.

co.vei.ro [kov'ejru] s. m. grave-digger.

co.vil [kov'iw] s. m. (pl. -**vis**) den; hovel; burrow.

co.vi.nha [kov'iñə] s. f. dimple.

co.xa [k'oʃə] s. f. thigh.

co.xe.ar [koʃe'ar] v. to limp, halt, hobble. **ele coxeia um pouco** he has a slight limp.

co.xo [k'oʃu] s. m. lame or limping person, hobbler; (N. Braz., pop.) the devil. ‖ adj. lame, limping, halting.

co.zer [koz'er] v. to cook, boil, bake; (pharm.) to digest. ≃ **a carne** to boil meat. ≃ **o pão (no forno)** to bake bread. ≃ **tijolos** to burn bricks.

co.zi.do [koz'idu] s. m. stew. ‖ adj. cooked, boiled.

co.zi.nha [koz'iñə] s. f. kitchen, cuisine; cookery; cooking; art of cooking.

co.zi.nhar [koziñ'ar] v. to cook, boil; to stew, simmer.

co.zi.nhei.ra [koziñ'ejrə] s. f. (female) cook.

co.zi.nhei.ro [koziñ'ejru] s. m. (male) cook.

cra.ni.a.no [krani'ʌnu] adj. (anat.) cranial.

crâ.nio [kr'anju] s. m. cranium, skull, brainpan; clever head, brains.

crá.pu.la [kr'apulə] s. m. a vile person; debauchery; scamp; dissoluteness.

cra.que [kr'aki] s. m. person of great ability, crackerjack; (ftb) crack.

cra.se [kr'azi] s. f. crasis; (gram.) contraction of two vowels; the accent indicating a crasis.

cras.so [kr'asu] adj. crass; thick, gross, coarse, dense, great, big; complete.

cra.te.ra [krat'ɛrə] s. f. crater; funnel-shaped cavity; mouth of a volcano; (fig.) calamity.

cra.var [krav'ar] v. to drive, thrust in (as a nail); to set (gems); to fix; to fasten (with nails rivets). ≃ **os olhos em** to stare at.

cra.ve.ja.dor [krave3ad'or] s. m. gem setter.

cra.ve.jar [krave3'ar] v. to set gems; to stud with nails; to interpose.

cra.vo [kr'avu] s. m. horseshoe nail; shoe tack; spike; (bot.) carnation, pink; crucifixion nail; pimple; (mus.) harpsichord. **laranja** ≃ tangerine. **dar no** ≃ to hit the nail on the head, succeed. ≃-**de-defunto** marigold.

cre.che [kr'ɛʃi] s. f. day nursery, creche.

cre.den.ci.ais [kredēsi'ajs] s. f. pl. credentials.

cre.di.á.rio [kredi'arju] s. m. instalment system, credit system.

cré.di.to [kr'ɛditu] s. m. credit; trust; good reputation. ≃ **aberto** open credit. ≃ **ilimitado** blank credit. **carta de** ≃ letter of credit. **comprar a** ≃ to buy on credit.

cre.do [kr'ɛdu] s. m. Credo; Creed.

cre.dor [kred'or] s. m. creditor.

cre.du.li.da.de [kredulid'adi] s. f. credulity, credulousness; gullibility.

cré.du.lo [kr'ɛdulu] s. m. credulous, simple-minded person. ‖ adj. gullible.

cre.ma.ção [kremas'ãw] s. f. (pl. -ções) cremation; incineration.

cre.ma.lhei.ra [kremaʎ'ejrə] s. f. pothook and chain; rack railway.

cre.mar [krém'ar] v. to cremate (corpses), incinerate.

cre.ma.tó.rio [kremat'ɔrju] s. m. crematorium.

cre.me [kr'emi] s. m. cream; custard. ‖ adj. cream-coloured. ≃ **chantilly** whipped cream.

cren.ça [kr'ēsə] s. f. belief, faith, creed; opinion, conviction; persuasion.

cren.di.ce [krēd'isi] s. f. superstition, absurd belief.

cren.te [kr'ētə] s. m. + f. (rel.) believer; (Braz.) Protestant. ‖ adj. believing.

cre.pe [kr'ɛpi] s. m. crape; mourning band.

cre.pi.tar [krepit'ar] v. to crepitate, crackle.

cre.pom [krep'õw] s. m. crépon, coarse crepe of silk and wool. **papel** ≃ crepe paper.

cre.pús.cu.lo [krep'uskulu] s. m. twilight, dusk; (fig.) decadence, decline, close.

crer [kr'er] v. to believe; to hold to be true, have confidence in; to presume. ≃ **a olhos fechados** to believe blindly. **creio que sim** I think so. **ver para** ≃ seeing is believing.

cres.cen.te [kres'ēti] s. m. crescent; half-moon; crescent-shaped object; Turkish flag. ‖ adj. m. + f. crescent, increasing. **quarto** ≃ **(da lua)** first quarter (of the moon).

cres.cer [kres'er] v. to grow; to increase; to augment, enlarge, expand, wax, swell, rise; to develop; to shoot, sprout.

cres.ci.men.to [kresim'ētu] s. m. growth, increase, development; enlargement.

cres.po [kr'espu] adj. rough, rugged, craggy; crisped (hair). ‖ s. m. ≃s wrinkles.

cres.tar [krest'ar] v. to singe, scorch, parch, toast; to tan, brown; (fig.) to defalcate.

cre.ti.nis.mo [kretin'izmu] s. m. cretinism.

cre.ti.no [kret'inu] s. m. cretin, idiot, imbecile.

cri.a [kr'iə] s. f. suckling (animal), young, breed, brood, litter; calf, foal, kid.

cri.a.ção [krjas'āw] s. f. (pl. **-ções**) creation; universe; invention; breeding, rearing, raising; upbringing, nurture; education; breed; cattle; poultry; suckling, nursing. ≃ **de gado** cattle breeding. **a última** ≃ **da moda** the newest fashion; dernier cri.

cri.a.da [kri'adə] s. f. woman-servant, maid-servant.

cri.a.do [kri'adu] s. m. servant, man-servant, domestic. **bem** ≃ well-bred, well-educated. ‖ adj. bred, raised.

cri.a.dor [kriad'or] s. m. creator, the Creator, God; cattle breeder. ‖ adj. creative.

cri.an.ça [kri'āsə] s. f. child, infant, baby.

cri.an.ça.da [kriãs'adə] s. f. children (collectively).

cri.an.ci.ce [kriãs'isi] s. f. childishness.

cri.ar [kri'ar] v. to create; to generate, produce, originate; to invent; to institute, establish; to nurse, suckle, feed; to breed, raise; to rear up; to educate. ≃ **coragem** to take heart. ≃ **bolor** to grow mouldy.

cri.a.tu.ra [kriat'urə] s. f. creature; being; individual; person, man, creation.

cri.me [kr'imi] s. m. crime, felony, delinquency, misdeed. ≃ **capital** capital crime.

cri.mi.nal [krimin'aw] adj. m. + f. (pl. **-nais**) criminal.

cri.mi.na.li.da.de [kriminalid'adi] s. f. criminality.

cri.mi.no.so [krimin'ozu] s. m. criminal, felon, offender, delinquent, trespasser, murderer. ‖ adj. criminal.

cri.na [kr'inə] s. f. horsehair; mane.

cri.o.ge.ni.a [krjoʒen'iə] s. f. cryogenics.

cri.ou.lo [kri'owlu] s. m. creole; Negro; native of Rio Grande do Sul. ‖ adj. creole, Negro.

crip.ta [kr'iptə] s. f. crypt; vault, catacomb, cavern.

crip.to.gra.ma [kriptogr'ʌmə] s. m. cryptogram.

crip.to.lo.gi.a [kriptoloʒ'iə] s. f. cryptology: secret language; occult science, occultism.

cri.se [kr'isi] s. f. crisis; (fig.) juncture; economic depression; decisive moment.

cris.ma [kr'izmə] s. f. (eccles.) chrism; confirmation; s. m. anointment.

cris.mar [krizm'ar] v. (eccles.) to chrism; to confirm, anoint; to surname, nickname.

cris.par [krisp'ar] v. to crimp, crinkle, wrinkle, crisp.

cris.ta [kr'istə] s. f. crest; cockscomb; peak, top, pinnacle; tuft of feathers. **abaixar a** ≃ **a alguém** to take s.o. down a peg. **abaixar a** ≃ to get off one's high horse. **levantar a** ≃ to grow arrogant. ≃ **-de-galo** (bot.) cockscomb.

cris.tal [krist'aw] s. m. crystal; crystal glass; **-ais** crystalware. ≃ **de rocha** rock crystal. ≃ **lapidado** cut glass.

cris.ta.lei.ra [kristal'ejrə] s. f. crystal closet.

cris.ta.li.no [kristal'inu] s. m. crystalline lens (of the eye). ‖ adj. crystalline; cristal clear.

cris.ta.li.za.ção [kristalizas'ãw] s. f. (pl. **-ções**) crystallization.

cris.ta.li.zar [kristaliz'ar] v. to crystallize; to assume a definite form.

cris.ta.lo.gra.fi.a [kristalograf'iə] s. f. crystallography.

cris.tan.da.de [kristãd'adi] s. f. Christendom, Christianity.

cris.tão [krist'ãw] s. m. (pl. **-tãos**; f. **-tã**) Christian; (pop.) human being. ‖ adj. Christian.

cris.ti.a.ni.zar [kristjaniz'ar] v. to Christianize.

Cris.to [kr'istu] s. m. Christ, Jesus; crucifix; (Braz., sl.) sufferer. **bancar o** ≃, **ser o** ≃ to be made the scapegoat.

cri.té.rio [krit'ɛrju] s. m. criterion, rule; judgment, discretion; standard. **deixar a** ≃ **de alguém** to leave to a person's discretion.

cri.te.ri.o.so [kriteri'ozu] adj. discerning; sensible, judicious; clear-sighted.

crí.ti.ca [kr'itikə] s. f. critique, criticism; censure. **fazer a** ≃ **de** to review, comment upon.

cri.ti.car [kritik'ar] v. to criticize, review, judge; to censure, disparage, carp.

crí.ti.co [kr'itiku] s. m. critic, reviewer, recensor; censurer, carper. ‖ adj. critical; serious, crucial, dangerous.

cri.va.do [kriv'adu] adj. riddled; perforated.

cri.var [kriv'ar] v. to stud; to riddle; to perforate.

crí.vel [kr'ivew] adj. m. + f. (pl. **-veis**) credible, believable, worthy of belief.

cri.vo [kr'ivu] s. m. sieve, screen, riddle; calander, strainer; grate; skimmer; peep-hole; work of embroidery.

cro.chê [krof'e] s. m. crochet, crochet work.

cro.co.di.lo [krokod'ilu] s. m. (zool.) crocodile.

cro.ma.do [krom'adu] adj. chrome-plated.

cro.má.ti.co [krom'atiku] adj. chromatic; (also phys. and mus.).

cro.mo [kr'omu] s. m. (chem.) chromium; chrome.

crô.ni.ca [kr'onikə] s. f. chronicle; narrative; newspaper; column; account; annals.

crô.ni.co [kr'oniku] adj. chronic; (fig.) inveterate.

cro.nis.ta [kron'istə] s. m. + f. chronicler, columnist, historian; annalist.

cro.no.ló.gi.co [kronol'ɔʒiku] adj. chronologic(al).

cro.nô.me.tro [kron'ometru] s. m. chronometer; stopwatch; timekeeper.

cro.qui [krok'i] s. m. croquis; sketch, layout.

cros.ta [kr'ostə] s. f. crust, rind; (med.) eschar, scab.

cru [kr'u] adj. (f. **crua**) raw; unprocessed; crude; hard; blunt, plain; immature; unbleached; uncooked; rough, coarse.

cru.ci.al [krusi'aw] adj. m. + f. (pl. **-ais**) crucial; cruciform; decisive; cross-shaped.

cru.ci.fi.ca.ção [krusifikas'ãw] s. f. (pl. **-ções**) crucifixion.

cru.ci.fi.car [krusifik'ar] v. to crucify; to torture.

cru.el [kru'ɛw] adj. m. + f. (pl. **-éis**) cruel, fierce, inhuman, barbarous; ferocious.

cru.el.da.de [kruewd'adi] s. f. cruelty; inhumanity.

cru.e.za [kru'ezə] s. f. rawness; crudity.

crus.tá.ceo [krust'asju] s. m. (zool.) crustacean. ‖ adj. crustaceous.

cruz [kr'us] s. f. (pl. **cruzes**) cross; Christianism; affliction, trouble, tribulation; Passion of Christ. ≃ **vermelha**, ≃ **de Genebra** red cross, Geneva cross. **fazer o sinal-da-**≃ to make the sign of the cross. **carregar uma** ≃ to suffer quietly.

cru.za.do [kruz'adu] s. m. crusader; Brazilian monetary unit. ‖ adj. crossed, crosswise, intersected. **cheque** ≃ crossed check. **palavras -as** crossword puzzle.

cru.za.dor [kruzad'or] s. m. (navy) cruiser.

cru.za.men.to [kruzam'ẽtu] s. m. crossing; intersection, street crossing; cross-breeding.

cru.zar [kruz'ar] v. to cross; to traverse. ≃ **os braços** to cross one's arms; (fig.) to stay idle.

cru.zei.ro [kruz'ejru] s. m. large cross; cruise; former Brazilian monetary unit; (naut.) sea route, maritime route. **Cruzeiro** Southern Cross.

cu.ba.no [kub'ʌnu] s. m. + adj. Cuban.

cú.bi.co [k'ubiku] adj. cubic(al). **metro** ≃ cubic meter. **raiz -a** (math.) cube root.

cu.bí.cu.lo [kub'ikulu] s. m. cubiculum, cubicle.

cu.bis.mo [kub'izmu] s. m. (paint.) Cubism.

cu.bo [k'ubu] s. m. cube; (math.) third power, cubic number or quantity; hub (of a wheel).

cu.co [k'uku] s. m. (ornith.) cuckoo.

cu.e.cas [ku'εkəs] s. f. pl. short drawers, shorts.

cu.ei.ro [ku'ejru] s. m. diaper, baby's napkin, clouts. **deixar os** ≃s to leave childhood. **desde os** ≃s from the cradle.

cui.a [k'ujə] s. f. bottle gourd; (S. Braz.) maté gourd.

cui.da.do [kuid'adu] s. m. care; precaution, caution, watchfulness, heed, diligence. ‖ interj. watch out! **ao** ≃ **de** (abbr. a/c) in care of (abbr. c/o).

cui.da.do.so [kuidad'ozu] adj. careful; cautious, heedful, mindful; attentive.

cui.dar [kujd'ar] v. to care; to consider; to imagine, suppose, think, believe, presume; to take care of, look after; to pay attention; ≃**-se** to take care of o. s.

cu.jo [k'uju] rel. pron. whose.

cu.la.tra [kul'atrə] s. f. breech. **sair o tiro pela** ≃ to backfire; go wrong, go adrift.

cu.li.ná.ria [kulin'arjə] s. f. cookery, culinary art.

cu.li.ná.rio [kulin'arju] adj. culinary.

cul.mi.nan.te [kuwmin'ãti] adj. m. + f. culminant, culminating.

cul.mi.nar [kuwmin'ar] v. to culminate; to climax.

cu.lo.te [kul'ɔti] s. m. + f. riding breeches.

cul.pa [k'uwpə] s. f. (jur.) culpa, offence, delinquency, crime; fault, blame, guilt. **a** ≃ **é minha** it is my fault. **ter** ≃ **no cartório** to have a guilty conscience.

cul.pa.bi.li.da.de [kuwpabilid'adi] s. f. culpability, guilt.

cul.pa.do [kuwp'adu] s. m. culprit, criminal. ‖ adj. culpable, guilty, criminal, blameworthy.

cul.par [kuwp'ar] v. to inculpate, accuse, incriminate, charge; to blame; to censure.

cul.pá.vel [kuwp'avew] adj. (pl. -veis) culpable.

cul.ti.var [kuwtiv'ar] v. to cultivate; to till; to manure; to keep up; to promote, maintain; ≃**-se** to acquire culture, knowledge. ≃ **flores** to grow flowers. ≃ **um talento** to develop a talent. ≃ **a terra** to till the ground.

cul.ti.vo [kuwt'ivu] s. m. cultivation; tillage.

cul.to [k'uwtu] s. m. cult, workship, adoration, veneration. ‖ adj. cultivated, cultured, learned, educated, refined.

cul.tu.ra [kuwt'urə] s. f. culture; education; civilization; refinement; tillage, growning. ≃ **geral** general knowledge.

cul.tu.ral [kuwtur'aw] adj. m. + f. (pl. -rais) cultural.

cu.me [k'umi] s. m. summit, peak, hilltop; mountaintop; (fig.) climax, apogee.

cu.me.ei.ra [kumi'ejrə] s. f. roof ridge, ridge beam.

cúm.pli.ce [k'ũplisi] s. m. + f. accomplice; accessory to a crime; partner; supporter.

cum.pli.ci.da.de [kũplisid'adi] s. f. complicity.

cum.pri.men.tar [kũprimẽt'ar] v. to salute, greet, bow to, hail, welcome; to congratulate.

cum.pri.men.to [kũprim'ẽtu] s. m. accomplishment, execution; compliment, greeting; congratulation; fulfilment; hail.

cum.prir [kũpr'ir] v. to accomplish, execute, fulfil, carry out; to perform; ≃**-se** to come true. ≃ **a palavra** to keep one's word.

cu.mu.la.ti.vo [kumulat'ivu] adj. cumulative.

cú.mu.lo [k'umulu] s. m. cumulus; accumulation, heap; apex, summit; addition.

cu.nha [k'uñə] s. f. wedge; leverage; protector.

cu.nha.da [kuñ'adə] s. f. sister-in-law.

cu.nha.do [kuñ'adu] s. m. brother-in-law.

cu.nha.gem [kuñ'aʒẽj] s. f. (pl. -gens) coinage, mintage, stamping.

cu.nhar [kuñ'ar] v. to coin; to mint, stamp, emboss. ≃ **uma palavra** to coin a word.

cu.pão [kup'ãw] s. m. (pl. -pões) = **cupom.**

cu.pi.dez [kupid'es] s. f. (pl. -dezes) cupidity, greed, avidity.

cu.pi.do [kup'idu] s. m. Cupid; love.

cu.pim [kup'ĩ] s. m. (pl. -pins) (Braz.) termite; termitary.

cu.pom [kup'õw] s. m. (pl. -pons) coupon, voucher.

cú.pu.la [k'upulə] s. f. (archit.) cupula; vault; dome; (bot.) cupule.

cu.ra [k'urə] s. f. cure; healing, recovery; medication; seasoning, hardening; s. m. (eccl.) curate, vicar, parson.

cu.ra.do [kur'adu] adj. cured; healed.

cu.ra.dor [kurad'or] s. m. curator, guardian, tutor.

cu.ran.dei.ro [kurãd'ejru] s. m. quack, shaman, witchdoctor; quackster; charlatan.

cu.rar [kur'ar] v. to cure; heal, remedy; to treat, medicate, dress; to preserve by drying (meat, fruits); to season, harden (cheese, wood); (Braz.) to prepare, improve (by smoking, salting etc.); to restore to health. ≃ **-se** to restore one's health. ≃ **uma ferida** to dress a wound.

cu.ra.ti.vo [kurat´ivu] s. m. curative; medication; dressing. ‖ adj. curative. ≃ **de um ferimento** dressing, bandaging of a wound.

cu.rá.vel [kur´avew] adj. m. + f. (pl. **-veis**) curable.

cu.re.trar [kuretr´ar] v. (surg.) to curette.

cú.ria [k´urjə] s. f. curia; episcopal tribunal.

cu.rin.ga [k´uriɡə] s. m. (cards) joker; wild card.

cu.ri.o.si.da.de [kurjozid´adi] s. f. curiosity; inquisitiveness, indiscretion; rarity, oddity; object of interest. **aguardar com** ≃ to be anxiously awaiting something.

cu.ri.o.so [kuri´ozu] s. m. looker-on, by-stander; onlooker, amateur, dilettante; quack. ‖ adj. curious; inquisitive; odd, strange, queer, interesting; attentive, studious.

cur.ral [kuř´aw] s. m. (pl. **-rais**) corral, stable, farmyard, pen; sheepfold.

cur.rí.cu.lo [kuř´ikulu] s. m. curriculum, course; record; path, run.

cur.sar [kurs´ar] v. to course, follow a course; to cross; to travel, cruise; to navigate.

cur.so [k´ursu] s. m. course; run, career, race; subject matter; (tech.) stroke, travel, throw, lift; (astr.) revolution, orbit; route; sequence; term; vogue. **o** ≃ **dos astros** the course of the stars. ≃ **primário** primary grade, elementary school. ≃ **secundário** secondary grade school. ≃ **superior** university study. **em** ≃ in operation; in circulation; running, current.

cur.tir [kurt´ir] v. to tan hides; to steep flax or hemp; to pickle olives; to harden, toughen; to sustain, endure, undergo.

cur.to [k´urtu] adj. short, brief; scant, scarce; (fig.) obtuse, dull, thickheaded. ≃ **-circuito** (electr.) short circuit.

cur.tu.me [kurt´umi] s. m. tanning, tannage; tannery.

cur.va [k´urvə] s. f. curve; (geom.) curved line; bend, turn, crook, bow; arch, arc; (math.) graph of co-ordinates; ≃ **s** ribs of a ship. ≃ **acentuada** sharp curve. ≃ **fechada** hairpin bend. ≃ **em U** hairpin curve.

cur.va.do [kurv´adu] adj. curved, arched, crooked; downcast; bent; resigned.

cur.var [kurv´ar] v. to curve, bend, arch, crook, inflect, bow, warp, sag; (fig.) to humble, oppress; ≃ **-se** to bow, incline, curtsy. ≃ **a cabeça** to hang one's head. ≃ **os joelhos** to bend the knees.

cur.va.tu.ra [kurvat´urə] s. f. curvature, bend, incurvation, sag, flection, camber.

cur.vo [k´urvu] adj. curved, bent, crooked, arched.

cus.pir [kusp´ir] v. to spit, expectorate; to eject, toss. ≃ **calúnias** to calumniate. ≃ **sangue** to spit blood. ≃ **fogo** to get angry.

cus.ta [k´ustə] s. f. cost, expense, expenditure, outlay, charge. **a quanto montam as** ≃ **s?** what do the costs amount to? **viver à** ≃ **de outrem** to live at another's expenses.

cus.tar [kust´ar] v. to cost; to be worth. ≃ **caro** to be dear. ≃ **crer** to be hard to believe. **custa-me dizer-lhe isto** it pains me to tell him that. **custe o que** ≃ cost what it may! ≃ **fazer** to be hard to do.

cus.te.ar [kuste´ar] v. to bear the expense; to finance.

cus.to [k´ustu] s. m. cost, expense, price; (fig.) difficulty, pain. **o** ≃ **da vida** the cost of living. ≃ **, seguro e frete** cost, insurance and freight (C.I.F.). **preço de** ≃ cost price.

cus.to.di.ar [kustodi´ar] v. to keep in custody; to safekeep, guard, protect.

cus.to.so [kust´ozu] adj. expensive, costly; difficult, painful; slow, lingering.

cu.tâ.neo [kut´ʌnju] adj. cutaneous, of or relating to the skin.

cu.te.la.ri.a [kutelar´iə] s. f. cutlery.

cu.te.lo [kut´ɛlu] s. m. chopping knife, mincing knife; pruning knife.

cu.tí.cu.la [kut´ikulə] s. f. (bot.) cuticle; scarfskin epidermis; pellicle.

cú.tis [k´utis] s. f., sg. + pl. (anat.) cutis, derma; skin; complexion, hue of the skin.

cu.tu.car [kutuk´ar] v. to jog, nudge, poke.

D

D, d [d'e] s. m. the fourth letter of the Portuguese alphabet.

da [d'ə] contr. of the prep. **de** with the feminine article **a** of, from.

dá.di.va [d'adivə] s. f. gift, present, donation.

da.do [d'adu] s. m. die; datum, figure; basis; (Braz.) beam of stone. ‖ adj. allowed, permitted, licit; given, gratis, free; addicted to, fond of; affable. ‖ conj. in view of, considering that. ≃ **que** provided that.

da.í [da'i] contr. of the prep. **de** with the adv. **aí** thence, from there; (fig.) for that reason, therefore. ≃ **em diante** thenceforth.

da.li [dal'i] contr. of the prep. **de** and the adv. **ali** thence, therefrom, from there; (fig.) therefore, for this.

dá.lia [d'aljə] s. f. (bot.) dahlia.

da.ma [d'ʌmə] s. f. lady, maid; actress; queen (chess, cards); ≃s draughts.

da.mas.co [dam'asku] s. m. (bot.) damson, damask plum; damask.

da.na.ção [danas'ãw] s. f. (pl. -ções) damagement, impairment; rage, anger.

da.na.do [dan'adu] adj. damned, condemned; damaged, impaired; ruined, decayed; furious, angry; (Braz.) smart, keen.

da.nar [dan'ar] v. to harm, hurt, injure, damage; to irritate; to prejudice, ruin.

dan.ça [d'ãsə] s. f. dance; dancing, ball; (fig.) work. ≃ **folclórica** folk dance.

dan.çar [dãs'ar] v. to dance; (coll.) to shake a leg; to bob; to express by dancing.

da.ni.fi.car [danifik'ar] v. to damage, harm, injure, hurt, impair, damnify.

da.ni.nho [dan'iñu] adj. damaging, prejudicial, harmful, detrimental.

da.no [d'ʌnu] s. m. damage, harm, injury; prejudice; loss; disadvantage.

da.no.so [dan'ozu] adj. damaging, prejudicial.

dan.tes [d'ãtis] adv. formerly, heretofore, hitherto.

da.que.le [dak'eli] contr. of the prep. **de** and the demonstr. pron. **aquele** from that, of that.

da.qui [dak'i] contr. of the prep. **de** and the adv. **aqui** from here, within. ≃ **a oito dias** in a week. ≃ **a pouco** shortly.

da.qui.lo [dak'ilu] contr. of the prep. **de** and the demonstr. pron. **aquilo** from that, of that.

dar [d'ar] v. to give, offer, bestow, present; to beat, thrash; to administer; to hand over, deliver; to dedicate to; to grant, concede; to confer; to allow, permit; ≃ **-se** to happen, come to be, occur; to feel o. s.; to agree, live in harmony. ≃ **a César o que é de César** to give the devil his due. ≃ **a mão à palmatória** to admit of being wrong. ≃ **a saber** to make known. ≃ **as boas-vindas a** to welcome. ≃ **cartas** to deal cards. ≃ **com a língua nos dentes** to blab, tattle. ≃ **em alguém** to thrash s. o. ≃ **em nada** to fail. ≃ **na vista** to strike the eye. ≃ **-se bem com** to get on well with. ≃ **-se por vencido** to give in, yield. ≃ **um passeio** to take a walk; (pop.) ≃ **o fora** to leave.

dar.de.jar [dardeʒ'ar] v. to throw the javelin or the spear; to hurt or pierce (with a spear); to lance, to spear.

dar.do [d'ardu] s. m. spear; javelin, dart; sting (insects); sarcasm, irony.

das [d'as] contr. of the prep. **de** and the feminine article pl. **as** from the, of the.

da.ta [d'atə] s. f. date; dose, small amount; large quantity; (Braz.) mine (gold, stones). **pós-**≃ postdate.

da.tar [dat'ar] v. to date; to start from, count from.

da.ti.lo.gra.far [datilograf'ar] v. to typewrite.

da.ti.lo.gra.fi.a [datilograf'iə] s. f. typewriting.

da.ti.ló.gra.fo [datil'ɔgrafu] s. m. typist.

de [d'e] prep. of; from; by; to; with; on; in. ≃ **cima** from above. ≃ **onde é você?** where are you from? ≃ **preto** in black. ≃ **cima a baixo** from top to bottom.

de.ão [de'ãw] s. m. (pl. **-ãos, -ães, -ões**) dean.

de.bai.xo [deb'ajʃu] adv. under, beneath, below; inferior; decadently.

de.bal.de [deb'awdi] adv. in vain, to no purpose.

de.ban.dar [debãd'ar] v. to put to flight, scatter; to flee, disperse; (mil.) to fall out.

de.ba.te [deb'ati] s. m. debate, discussion; contention, contest, argument.

de.ba.ter [debat'er] v. to discuss, dispute; to contend, debate; to contest, argue; ≃ **-se** to fight, struggle, attempt to free o. s.

dé.bil [d'ɛbiw] adj. m. + f. (pl. **-beis**) weak, vacillating, irresolute; feeble, frail, infirm.

de.bi.li.tar [debilit'ar] v. to weaken, debilitate.

de.bi.tar [debit'ar] v. to bill, debit, charge.

dé.bi.to s. m. debt, obligation, debit.

de.bo.char [deboʃ'ar] v. to debauch, corrupt, pervert; (Braz.) to jeer, mock, scoff.

de.bo.che [deb'ɔʃi] s. m. debauch, debauchery; mockery, jeer, sneer, taunt.

de.bru.ar [debru'ar] v. to hem, border and sew; (fig.) to adorn, trim.

de.bru.çar [debrus'ar] v. to stoop, bend forward, lean over; to incline; ≃ **-se** to bend o. s.

de.brum [debr'ũ] s. m. hem, edging, border, binding; welt; selvage.

de.bu.lhar [debuʎ'ar] v. to thrash, thresh; to peel, husk. ≃ **-se em lágrimas** to cry copiously.

de.bu.tan.te [debut'ãti] s. f. debutante.

de.bu.xar [debuʃ'ar] v. to sketch, draw; to outline; (fig.) to plan; to manifest, express.

de.bu.xo [deb'uʃu] s. m. sketch, outline, design, project, rough drawing.

dé.ca.da [d'ɛkadə] s. f. decade.

de.ca.dên.cia [dekad'ẽsjə] s. f. decadence, decline, decay, fall, degeneracy.

de.ca.den.te [dekad'ẽti] adj. m. + f. decadent, decaying, deteriorating.

de.ca.í.da [deka'idə] s. f. decay, decline, fall; whore.

de.ca.i.men.to [dekajm'ẽtu] s. m. decay, decline, fall.

de.ca.ir [deka'ir] v. to decay, decline, fall away; to lose position, fall; to diminish.

de.cal.car [dekawk'ar] v. to trace; to copy, imitate.

de.cal.que [dek'awki] s. m. tracing, copying.

de.ca.no [dek'ʌnu] s. m. dean, elder, senior (of a corporation).

de.ca.pi.tar [dekapit'ar] v. to decapitate, behead.

de.cên.cia [des'ẽsjə] s. f. decency, propriety, decorum; neatness, cleanliness.

de.cen.te [des'ẽti] adj. m. + f. decent, proper, decorous; honest, fair; convenient.

de.ce.par [desep'ar] v. to cut off, amputate, sever, maim; to interrupt; to mutilate.

de.cep.ção [deseps'ãw] s. f. (pl. **-ções**) disappointment, disillusion(ment), deception.

de.cep.cio.nar [desepsjon'ar] v. to disappoint; to deceive.

de.cer.to [des'ɛrtu] adv. certainly, surely.

de.ci.di.do [desid'idu] adj. resolute, decided; courageous, bold; determined.

de.ci.dir [desid'ir] v. to decide; to resolve; to determine; ≃ **-se** to make up one's mind.

de.ci.frar [desifr'ar] v. to decipher; to interpret; to guess.

de.ci.frá.vel [desifr'avew] adj. m. + f. (pl. **-veis**) decipherable.

dé.ci.ma [d'ɛsimə] s. f. decimal; tithe (one tenth of the income); tax, tribute, duty.

de.ci.mal [desim'aw] s. f. (pl. **-mais**) decimal (fraction). ‖ adj. m. + f. decimal.

de.cí.me.tro [des'imetru] s. m. decimetre, decimeter.

dé.ci.mo [d'ɛsimu] s. m. tenth, tenth part. ‖ num. tenth.

de.ci.são [desiz'ãw] s. f. (pl. **-sões**) decision; resolution; judgment; steadfastness.

de.ci.si.vo [desiz'ivu] adj. decisive, conclusive; resolutive; clear; positive, final.

de.cla.mar [deklam'ar] v. to declaim; to recite; to proclaim; to harangue; to inveigh.

de.cla.ra.ção [deklaras'ãw] s. f. (pl. **-ções**) declaration, assertion; statement; announce.

de.cla.rar [deklar'ar] v. to declare, assert, state; to announce; ≃ **-se** to pronounce o. s.

de.cli.nar [deklin'ar] v. to reject, refuse; to bend downwards; to declare, reveal; ≃ **-se** to tend to, be inclined towards.

de.clí.nio [dekl'inju] s. m. decline, declination; decay, decadence; deterioration.

de.cli.ve [dekl'ivi] s. m. descending, declivity, slope, gradient. ‖ adj. downhill, sloping, downward.

de.co.la.gem [dekol'aʒẽj] s. f. (pl. -gens) (aeron.) take-off.

de.co.lar [dekol'ar] v. (aeron.) to take off.

de.com.por [dekõp'or] v. to decompose, decompound; to separate; to analyse.

de.com.po.si.ção [dekõpozis'ãw] s. f. (pl. -ções) decomposition; disintegration; analysis.

de.co.ra.ção [dekoras'ãw] s. f. (pl. -ções) decoration; ornamentation; adornment.

de.co.rar [dekor'ar] v. to learn by heart; to know by heart, keep in mind; to decorate; to adorn, ornament; to honour.

de.co.ra.ti.vo [dekorat'ivu] adj. decorative, ornamental.

de.co.ro [dek'oru] s. m. decorum; propriety; decency; honour; honest character.

de.cor.ren.te [dekoῤẽti] adj. m. + f. current, passing, elapsing; due to; (bot.) decurrent.

de.cor.rer [dekoῤ'er] v. to elapse, pass away; to happen, occur; to originate from.

de.co.ta.do [dekot'adu] adj. low-necked, décolleté.

de.co.tar [dekot'ar] v. to cut off (the neck of a dress), make low-necked; to pare, clip.

de.co.te [dek'ɔti] s. m. low neck (dress); pruning.

de.cré.pi.to [dekr'ɛpitu] adj. decrepit; old, infirm, feeble; declining; worn-out; weak.

de.cres.cer [dekres'er] v. to diminish, decrease, grow less; to wane, subside, decline.

de.cres.ci.men.to [dekresim'ẽtu] s. m. decrease, diminution, lessening.

de.cre.tar [dekret'ar] v. to decree, proclaim; to determine, ordain; to destine.

de.cre.to [dekr'ɛtu] s. m. decree, edict; designation.

dé.cu.plo [d'ɛkuplu] s. m. + adj. decuple, tenfold.

de.cur.so [dek'ursu] s. m. continuation, succession; duration, continuance; passing, going by. ‖ adj. past, gone by. ≃ **de prazo** lapse of time.

de.dal [ded'aw] s. m. (pl. -dais) thimble; bit.

de.di.ca.ção [dedikas'ãw] s. f. (pl. -ções) devotion, affection, fondness; faithfulness.

de.di.ca.do [dedik'adu] adj. dedicated, devoted.

de.di.car [dedik'ar] v. to dedicate, devote, hallow; to consecrate; to vote; to offer.

de.di.ca.tó.ria [dedikat'ɔrjə] s. f. dedication, inscription.

de.di.lhar [dediλ'ar] v. to finger; to strum.

de.do [d'edu] s. m. finger; finger of a glove; (fig.) skill. ≃ **anular** ring finger. ≃ **indicador** forefinger, index finger. ≃ **médio** middle finger. ≃ **mínimo,** ≃ **mindinho** little finger. ≃ **polegar** thumb.

de.du.ção [dedus'ãw] s. f. (pl. -ções) deduction, subtraction; abatement; allowance.

de.du.ti.vo [dedut'ivu] adj. deductive, inferential.

de.du.zir [deduz'ir] v. to deduce; to draw or trace from facts; to deduct, subtract.

de.fe.car [defek'ar] v. to defecate; to purify, clarify.

de.fei.to [def'ejtu] s. m. defect; fault, imperfection, deficiency; blemish, stain.

de.fei.tu.o.so [defejtu'ozu] adj. defective, faulty, imperfect; incomplete; marred.

de.fen.der [defẽd'er] v. to defend, protect; to help, aid, support; to resist, withstand.

de.fen.si.va [defẽs'ivə] s. f. defensive, position of defence. **na** ≃ on the defensive.

de.fen.sor [defẽs'or] s. m. defender, protector; (jur.) defensor. ‖ adj. defensive, protective.

de.fe.rên.cia [defer'ẽsjə] s. f. deference, respect, regard.

de.fe.ri.do [defer'idu] adj. granted, conferred, conceded, approved.

de.fe.ri.men.to [deferim'ẽtu] s. m. grant, concession, approval.

de.fe.rir [defer'ir] v. to grant, concede; to bestow.

de.fe.sa [def'ezə] s. f. defence, defense; justification, vindication; guard, protection; (ftb.) backfield, defense. ≃ **civil** civil defense.

de.fi.ci.ên.cia [defisi'ẽsjə] s. f. deficiency; lack, want, need; shortage, imperfection.

de.fi.ci.en.te [defisi'ẽti] adj. m. + f. deficient, defective, imperfect; insufficient, wanting.

dé.fi.cit [d'ɛfisiti] s. m. deficit, shortage.

de.fi.ci.tá.rio [defisit'arju] adj. deficient, causing a deficit or loss.

de.fi.nha.men.to [defiñam'ẽtu] s. m. emaciation; weakening; decay; wasting away.

de.fi.nhar [defiñ'ar] v. to make thin or meager; to debilitate; to waste o. s.; to emaciate.

de.fi.ni.ção [definis'ãw] s. f. (pl. **-ções**) definition, definement, explanation; decision.

de.fi.nir [defin'ir] v. to define; to determine, fix, decide; to describe precisely.

de.fi.ni.ti.vo [definit'ivu] adj. definitive; conclusive.

de.fla.ção [deflas'ãw] s. f. (pl. **-ções**) deflation.

de.fla.grar [deflagr'ar] v. to deflagrate; to inflame; to break out.

de.flo.rar [deflor'ar] v. to deflower.

de.flu.xo [defl'usu] s. m. common cold, nasal discharge, catarrh, head cold.

de.for.ma.ção [deformas'ãw] s. f. (pl. **-ções**) deformation.

de.for.mar [deform'ar] v. to deform, disfigure, misshape; to warp; to lose shape.

de.for.mi.da.de [deformid'adi] s. f. deformity.

de.frau.dar [defrawd'ar] v. to defraud, cheat.

de.fron.te [defr'õti] adv. face to face, opposite to, in front of. ≃ **de** in face of.

de.fu.ma.ção [defumas'ãw] s. f. (pl. **-ções**) smoking, curing (of meat or fish).

de.fu.mar [defum'ar] v. to smoke-dry, cure, smoke (fish, etc.); ≃**-se** to perfume o. s.

de.fun.to [def'ũtu] s. m. deceased, dead person. ‖ adj. dead, extinct, deceased.

de.ge.lar [deʒel'ar] v. to deice, defrost, thaw.

de.ge.lo [deʒ'elu] s. m. thawing, thaw; defrosting.

de.ge.ne.rar [deʒener'ar] v. to degenerate; to fall off, deteriorate; to decline.

de.go.lar [degol'ar] v. to cut the throat, behead, decapitate.

de.gra.da.ção [degradas'ãw] s. f. (pl. **-ções**) degradation; degeneration; debasement.

de.gra.dar [degrad'ar] v. to degrade; to debase, lower.

de.grau [degr'aw] s. m. stair, step; rung, tread (of a ladder); degree or grade of progress.

de.gre.dar [degred'ar] v. to exile, banish, expatriate.

de.gus.tar [degust'ar] v. to taste (wine, etc.).

dei.tar [dejt'ar] v. to lie, lay (down), put down horizontally; ≃**-se** to lie down; to go to bed; to throw o. s. into; to fall upon, attack. ≃ **a perder** to spoil, ruin.

dei.xar [dejʃ'ar] v. to leave, quit; to abandon, forsake; to release, let go; to leave alone; to overlook, not to mention. ≃ **cair** to drop, let fall; to let down. ≃ **entrar** to let in; to admit. ≃ **escapar uma oportunidade** to miss an opportunity. ≃ **de lado** to omit.

de.la [d'ɛlə] contr. of the prep. **de** and the pers. pron. **ela** her, hers, of her, from her.

de.la.tor [delat'or] s. m. informer; accuser.

de.le [d'eli] contr. of the prep. **de** and the pers. pron. **ele** his, of him, from him, of him.

de.le.ga.ção [delegas'ãw] s. f. (pl. **-ções**) delegation; commissionership; delegating.

de.le.ga.ci.a [delegas'iə] s. f. delegateship, commissionership; police station.

de.le.ga.do [deleg'adu] s. m. delegate; police officer.

de.le.gar [deleg'ar] v. to delegate, depute, authorize; to assign; to entrust, commit.

de.lei.tar [delejt'ar] v. to delight, please, gratify, enchant; ≃**-se** to be delighted.

de.lei.te [del'ejti] s. m. delight, pleasure, delectation, enjoyment; amenities.

del.fim [dewf'ĩ] s. m. (pl. **-fins**) (ichth.) dolphin; (chess) bishop; dauphin.

del.ga.do [dewg'adu] adj. thin, lean, slender; meagre, lank; fine, delicate; tenuous.

de.li.be.ra.ção [deliberas'ãw] s. f. (pl. **-ções**) deliberation.

de.li.be.rar [deliber'ar] v. to deliberate, ponder, reflect upon; to argue; to discuss, debate.

de.li.be.ra.ti.vo [deliberat'ivu] adj. deliberative.

de.li.ca.de.za [delikad'ezə] s. f. delicacy; politeness, courtesy; fineness; susceptibility.

de.li.ca.do [delik'adu] adj. delicate; courteous, polite; feeble, weak; tender; fine; subtle.

de.lí.cia [del'isjə] s. f. delicacy, dainty; delight.

de.li.ci.ar [delisi'ar] v. to delight, please greatly, gratify, charm; to have pleasure in.

de.li.ci.o.so [delisi'ozu] adj. delicious, delightful, dainty, luscious.

de.li.mi.tar [delimit'ar] v. to delimitate, delimit.

de.li.ne.ar [deline'ar] v. to delineate, sketch out, outline; to trace, draw; to describe.

de.lin.qüen.te [delĩk'wẽti] s. m. + f., adj. m. + f. delinquent.

de.li.ran.te [delir'ãti] adj. m. + f. delirious, insane.

de.li.rar [delir'ar] v. to be delirious; to rave.

de.lí.rio [del'irju] s. m. delirium, derangement, insanity; excitement; ecstasy.

de.li.to [del'itu] s. m. delict, fault, crime, trespass.

de.lon.ga [del'õgə] s. f. delay, postponement, procrastination, deferment.

del.ta [d'ɛwtə] s. m. delta. **asa** ≃ hang-glider.

de.lu.são [deluz'ãw] s. f. (pl. **-sões**) delusion, deceiving.

de.ma.go.gi.a [demagoʒ'iə] s. f. demagogy, demagogism.

de.ma.go.go [demag'ogu] s. m. demagogue, demagog.

de.mais [dem'ajs] adj. too much, excessive, overmuch. ‖ adv. excessively, more than enough; besides, moreover. **cheio** ≃ overfull. **comer** ≃ to overeat. **falar** ≃ to talk too much.

de.man.da [dem'ãdə] s. f. lawsuit, prosecution; contest, dispute; discussion.

de.man.dan.te [demãd'ãti] adj. m. + f. suing, demanding; pleading.

de.man.dar [demãd'ar] v. to seek, search for; to require, call for; to demand, request.

de.mão [dem'ãw] s. f. (pl. **-mãos**) coat, coating (of paint, etc.); help; assistance.

de.mar.car [demark'ar] v. to demarcate, delimit.

de.ma.si.a [demaz'iə] s. f. surplus, overplus; excess; remainder; superfluity; abuse.

de.ma.si.a.do [demazi'adu] adj. excessive, too much.

de.men.te [dem'ẽti] s. m. + f. (med.) demented person; (pop.) madman. ‖ adj. (med.) demented; (pop.) insane, mad, crazy.

de.mé.ri.to [dem'ɛritu] s. m. demerit, want of merit, fault. ‖ adj. demeritorious.

de.mis.são [demis'ãw] s. f. (pl. **-sões**) demission, dismissal; resignation; abdication.

de.mis.sio.ná.rio [demisjon'arju] adj. resigning.

de.mi.tir [demit'ir] v. to dismiss, discharge, fire; ≃**-se** to resign, quit, give up.

de.mo.cra.ci.a [demokras'iə] s. f. democracy.

de.mo.cra.ta [demokr'atə] s. m. + f. democrat. ‖ adj. m. + f. democratic(al).

de.mo.crá.ti.co [demokr'atiku] adj. democratic(al).

de.mo.lir [demol'ir] v. to demolish, pull down; to raze; to ruin, destroy.

de.mo.ní.a.co [demon'iaku] adj. demoniac(al).

de.mô.nio [dem'onju] s. m. demon, devil; evil spirit; wicked person; reckless person.

de.mons.tra.ção [demõstras'ãw] s. f. (pl. **-ções**) demonstration; proof; manifestation.

de.mons.trar [demõstr'ar] v. to demonstrate: prove by reasoning, explain by examples, etc., give evidence of, evince, show; to display.

de.mons.tra.ti.vo [demõstrat'ivu] adj. demonstrative.

de.mo.ra [dem'ɔrə] s. f. delay, retardation, lateness; procrastination; lingering; stay.

de.mo.rar [demor'ar] v. to retard, keep back, detain; to stay, dwell, live, abide, sojourn, loiter, tarry; ≃**-se** to be late, be long.

de.mo.ver [demov'er] v. to dissuade, divert, deter, discourage; to move.

den.dê [dẽd'e] s. m. African oil palm; its fruit.

den.go.so [dẽg'ozu] adj. affected, finical, dainty; vain, conceited; effeminate.

den.gue [d'ẽgi] s. m. primness, prudery; coquetry, vanity; s. f. (med.) dengue, breakbone fever. ‖ adj. affected, finical; effeminate, womanly.

de.no.mi.na.ção [denominas'ãw] s. f. (pl. **-ções**) denomination; name; designation; a sect.

de.no.mi.na.dor [denominad'or] s. m. denominator. ‖ adj. denominative.

de.no.mi.nar [denomin'ar] v. to denominate, name, call, entitle; ≃**-se** to be called.

de.no.tar [denot'ar] v. to show, indicate, point out, connote; to mean; to symbolize.

den.si.da.de [dẽsid'adi] s. f. density, thickness, compactness, closeness.

den.so [d'ẽsu] adj. dense, thick, compact; close, tight; (fig.) dark. **tornar-se** ≃ to condense.

den.ta.da [dẽt'adə] s. f. bite, biting; morsel.

den.ta.do [dẽt'adu] adj. toothed; (bot.) dentate; serrate, serrulate(d), cogged.

den.ta.du.ra [dẽtad'urə] s. f. denture, set of teeth; (mech.) rim of a gearwheel.

den.tar [dẽt'ar] v. to bite, snap; to indent.

den.te [d'ẽti] s. m. tooth; fang, tusk; (mech.) cog, gear tooth; jag. ≃ **do siso** wisdom tooth. **dor de** ≃**s** toothache. ≃ **de leite** milk tooth. **tira -**≃**s** (coll.) dentist.

den.ti.ção [dẽtis'ãw] s. f. (pl. **-ções**) dentition, teething.

den.ti.frí.cio [dētifr'isju] s. m. dentifrice, tooth paste.

den.tis.ta [dēt'istə] s. m. + f. dentist, dental surgeon.

den.tre [d'ētri] prep. among(st), in the midst of; from among.

den.tro [d'ētru] adv. inside, within, indoors. ≃ **de casa** indoors. **aqui** ≃ in here.

den.tu.ço [dēt'usu] adj. big-toothed; buck-toothed, with protruding teeth.

de.nu.dar [denud'ar] v. to denude, divest.

de.nún.cia [den'ūsjə] s. f. denunciation; denouncement, accusation; delation.

de.nun.ci.an.te [denūsi'āti] s. m. + f. denouncer, denunciator, delator, accuser, informer. I adj. denouncing, denunciatory.

de.nun.ci.ar [denūsi'ar] v. to denounce, accuse; to betray; to reveal, expose; ≃ **-se** to reveal o. s. or itself.

de.pa.rar [depar'ar] v. to cause to appear suddenly; to find, fall in with; to appear, turn up.

de.par.ta.men.to [departam'ētu] s. m. department.

de.pe.na.do [depen'adu] adj. plucked, deplumed; (coll.) penniless; broke.

de.pe.nar [depen'ar] v. to pluck, pick; to fleece, strip of money; ≃ **-se** to molt, moult.

de.pen.dên.cia [depēd'ēsjə] s. f. dependence; pendency.

de.pen.der [depēd'er] v. to depend on, be contingent on; to be conditional on, be based on; to be pending, hang in suspense.

de.pe.ni.car [depenik'ar] v. to pull or pluck at; to preen.

de.plo.rar [deplor'ar] v. to deplore, lament; to regret.

de.plo.rá.vel [deplor'avew] adj. m. + f. (pl. **-veis**) deplorable, lamentable, pitiable.

de.po.i.men.to [depojm'ētu] s. m. deposition, affidavit.

de.pois [dep'ojs] adv. after, afterward(s), later on, subsequently, then; besides, moreover. ≃ **de amanhã** the day after tomorrow. **deixar para** ≃ to postpone.

de.por [dep'or] v. to put down, lay down; to depose, deprive of office, discharge, dethrone; to testify, witness; to surrender.

de.por.tar [deport'ar] v. to deport, banish, expatriate.

de.po.si.ção [depozis'āw] s. f. (pl. **-ções**) deposition: putting down, laying aside; displacement, deposal, dismissal; testimony.

de.po.si.tar [depozit'ar] v. to deposit, commit to for custody, entrust, lodge with for safekeeping; to trust, rely upon.

de.pó.si.to [dep'ɔzitu] s. m. deposit; act of depositing, deposition; pledge, security; depot, depository, store, storehouse, warehouse, storage yard, reservoir, tank; dregs.

de.pra.va.do [deprav'adu] adj. depraved, corrupt, wicked, vicious, degenerate.

de.pre.ci.ar [depresi'ar] v. to depreciate, disparage, undervalue, belittle; to lessen in price.

de.pre.ci.a.ti.vo [depresjat'ivu] adj. depreciative.

de.pre.dar [depred'ar] v. to depredate, despoil.

de.pre.en.der [depreēd'er] v. to infer, gather, deduce.

de.pres.sa [depr'ɛsə] adv. fast, quickly, swiftly.

de.pres.são [depres'āw] s. f. (pl. **-sões**) depression.

de.pri.men.te [deprim'ēti] adj. m. + f. depressive.

de.pri.mir [deprim'ir] v. to depress: lower, weaken, depreciate; to deject, dispirit.

de.pu.ta.ção [deputas'āw] s. f. (pl. **-ções**) deputation.

de.pu.ta.do [deput'adu] s. m. deputy; representative.

de.pu.tar [deput'ar] v. to depute, delegate, commission; to assign, destinate, consign.

de.ri.var [deriv'ar] v. to derive, arise from, run, flow; to elapse, pass away (time); to be carried away; to slip away (time); (naut.) to drift.

der.ra.dei.ro [dēṝad'ejru] adj. last, hindmost; final, conclusive, ultimate.

der.ra.mar [dēṝam'ar] v. to lop, prune; to strew, sprinkle; to shed; to spill.

der.ra.me [dēṝ'ʌmi] s. m. (med.) hemorrhage, haemorrhage.

der.ra.pa.gem [dēṝap'aʒēj] s. f. (pl. **-gens**) (Braz.) skidding, sideslip.

der.ra.par [dēṝap'ar] v. (Braz.) to skid, sideslip.

der.re.ar [deře'ar] v. to bend down, stoop; to wear out, exhaust; to beat; to discredit.

der.re.dor [deřed'ɔr] adv. around, about.

der.re.ter [deřet'er] v. to melt, liquefy, fuse, dissolve; to soften, mollify, mellow; to vex, torment, harass; to waste, lavish, squander.

der.re.ti.men.to [deřetim'ẽtu] s. m. melting, liquefaction; (fig.) tenderheartedness.

der.ri.bar [deřib'ar] v. to throw down, knock down, strike down; to pull down, demolish, fell; to destroy, annihilate; to overthrow.

der.ri.são [deřiz'ãw] s. f. (pl. **-sões**) derision, scorn.

der.ro.ca.da [deřok'adə] s. f. destruction; overthrow.

der.ro.ca.do [deřok'adu] adj. demolished, overthrown.

der.ro.car [deřok'ar] v. to demolish, destroy, raze, ruin; to overthrow; to fall in.

der.ro.ta [deř'ɔtə] s. f. defeat, rout, overthrow, foil; ruin; discomfiture.

der.ro.tar [deřot'ar] v. to defeat, rout, vanquish, foil, discomfit; to beat; to exhaust.

der.ru.ba.da [deřub'adə] s. f. felling of trees; to overthrow, defeat.

der.ru.bar [deřub'ar] v. to throw down, throw to the ground, knock down; to overthrow; to demolish; to cut down (trees).

der.ru.ir [deřu'ir] v. to collapse; to founder, sink in; to destroy, knockdown; to annul.

de.sa.ba.do [dezab'adu] s. m. slope, declivity, hillside, acclivity. ‖ adj. pulled down, turned down (the brim of a hat).

de.sa.ba.far [dezabaf'ar] v. to uncover, expose to the air; to open, reveal, disclose; to give vent to; ≃**-se** open one's heart to.

de.sa.ba.fo [dezab'afu] s. m. ease, relief, disencumbering; opening of one's heart.

de.sa.ba.la.do [dezabal'adu] adj. (pop.) precipitate, overhasty, hurried, rash, headlong.

de.sa.bar [dezab'ar] v. to crumble, fall down, tumble.

de.sa.be [dez'abi] s. m. crumbling, tumbling.

de.sa.bi.li.tar [dezabilit'ar] v. to incapacitate, disable, render unfit; disqualify.

de.sa.bi.ta.do [dezabit'adu] adj. uninhabited; deserted.

de.sa.bi.tu.ar [dezabitu'ar] v. to dishabituate; to break off a habit, make unaccustomed; ≃**-se** to give up.

de.sa.bo.nar [dezabon'ar] v. to discredit; ≃**-se** to lose one's credit, reputation or good name.

de.sa.bo.no [dezab'onu] s. m. miscredit, disrepute; prejudice, disesteem, harm, damage.

de.sa.bo.to.ar [dezaboto'ar] v. to unbutton; (bot.) to open, blow (as flowers).

de.sa.bri.do [dezabr'idu] adj. rude, insolent, disrespectful, haughty; harsh; violent.

de.sa.bri.gar [dezabrig'ar] v. to uncover, unshelter, strip; to abandon, give up.

de.sa.bro.char [dezabroʃ'ar] v. to unclasp; to free; to bloom, open (flower), sprout.

de.sa.bu.sa.do [dezabuz'adu] adj. unprejudiced; impartial; impudent; improper.

de.sa.bu.sar [dezabuz'ar] v. to disabuse, undeceive, set right; ≃**-se** to lose one's illusions.

de.sa.bu.so [dezab'uzu] s. m. disabusing, undeceiving; disillusionment, disenchantment.

de.sa.ca.tar [dezakat'ar] v. to disrespect, disregard; to affront, insult; to vex, annoy.

de.sa.ca.to [dezak'atu] s. m. disrespect, disregard, discourtesy; profanation, desecration.

de.sa.cer.to [dezas'ertu] s. m. mistake, error, fault, oversight, blunder.

de.sa.co.mo.dar [dezakomod'ar] v. to displace; to discommode; to dismiss; to disarrange.

de.sa.com.pa.nha.do [dezakõpaɲ'adu] adj. unaccompanied.

de.sa.con.se.lhá.vel [dezakõseʎ'avew] adj. m. + f. (pl. **-veis**) inadvisable, inexpedient.

de.sa.cor.dar [dezakord'ar] v. to disaccord, disagree; to disunite; to untune; to discompose, disarrange; to contradict.

de.sa.cor.do [dezak'ordu] s. m. disagreement, disaccord, disharmony; disunion.

de.sa.co.ro.ço.ar [dezakoroso'ar] v. = **desoroçoar**.

de.sa.cos.tu.mar [dezakostum'ar] v. to disaccustom; ≃**-se** to get out of a habit, doff, leave off.

de.sa.cre.di.ta.do [dezakredit'adu] adj. discredited, disreputable, disesteemed.

de.sa.cre.di.tar [dezakredit'ar] v. to discredit, disparage.

de.sa.fe.to [dezaf'ɛtu] s. m. disaffection, alienation, disloyalty; (Braz.) adversary, foe, enemy, rival. ❘ adj. disaffected, disloyal.

de.sa.fi.an.te [dezafi'ãti] s. m. + f. challenger; provoker, defier. ❘ adj. defiant, challenging, defying; provoking, inciting.

de.sa.fi.ar [dezafi'ar] v. to challenge, defy, provoke, dare; to incite; to blunt.

de.sa.fi.na.do [dezafin'adu] adj. dissonant, inharmonious, out of tune, jarring.

de.sa.fi.nar [dezafin'ar] v. to untune, discord, sing or play out of tune; ≃-se to get angry.

de.sa.fi.o [dezaf'iu] s. m. challenge, defiance.

de.sa.fo.gar [dezafog'ar] v. to disencumber, relieve, ease; to vent, wreak; ≃-se to relieve o. s., set o. s. at ease; to make o. s. comfortable.

de.sa.fo.go [dezaf'ogu] s. m. ease, relief, vent, respite.

de.sa.fo.ra.do [dezafor'adu] adj. insolent, impertinent; rude, abusive, shameless, saucy.

de.sa.fo.ro [dezaf'oru] s. m. insolence, impudence.

de.sa.fron.ta [dezafr'õtɐ] s. f. revenge, retaliation, requital; redress, amends.

de.sa.fron.ta.do [dezafrõt'adu] adj. revenged.

de.sa.fron.tar [dezafrõt'ar] v. to revenge, retaliate.

de.sa.gra.dar [dezagrad'ar] v. to discontent, disgust, displease, dissatisfy, dislike; ≃-se to become disgusted with.

de.sa.gra.dá.vel [dezagrad'avew] adj. m. + f. (pl. -veis) disagreeable, unpleasant; awkward, bad, abominable; nasty, troublesome.

de.sa.gra.do [dezagr'adu] s. m. unpleasantness, distaste.

de.sa.gra.vo [dezagr'avu] s. m. revenge, retaliation.

de.sa.guar [dezag'war] v. to drain, dry; to disembogue; ≃-se to urinate.

de.sai.ro.so [dezajr'ozu] adj. inelegant, graceless, ungraceful; awkward; improper.

de.sa.jei.ta.do [dezaʒejt'adu] adj. unskillful, awkward, clumsy; maladroit; coarse, boorish.

de.sa.ju.i.za.do [dezaʒujz'adu] s. m. harumscarum. ❘ adj. witless, unwise, thoughtless.

de.sa.jus.tar [dezaʒust'ar] v. to disagree, disadjust.

de.sa.jus.te [dezaʒ'usti] s. m. disagreement, breaking of a contract or an agreement.

de.sa.len.tar [dezalẽt'ar] v. to dishearten, discourage.

de.sa.len.to [dezal'ẽtu] s. m. discouragement, disheartenment, faintness; dejection, seediness, prostration, dismay.

de.sa.li.nho [dezal'iɲu] s. m. disorder, disarray, dishevelment, untidiness, frumpness.

de.sal.ma.do [dezawm'adu] adj. soulless, inhuman.

de.sa.lo.jar [dezaloʒ'ar] v. to dislodge, unhouse, drive out; to break camp; to give up one's post; to remove, quit one's house.

de.sa.mar.rar [dezamaʀ'ar] v. to untie, unfasten, loosen, detach, unbind, unlace; (naut.) to unlash; to weigh anchor; to get under way; ≃-se to get loose.

de.sam.bi.en.tar [dezãbjẽt'ar] v. to take away from the environment or habitat, displace; ≃-se to leave one's habitual surroundings.

de.sam.pa.ra.do [dezãpar'adu] adj. abandoned, unhelped, desolated, solitary.

de.sam.pa.rar [dezãpar'ar] v. to abandon, quit, leave, forsake, desert; to deprive of help.

de.sam.pa.ro [dezãp'aru] s. m. abandonment, lurch, destitution, dereliction, forsaking; helplessness, friendlessness.

de.san.dar [dezãd'ar] v. to turn or draw back; to unscrew, undo.

de.sa.ni.ma.do [dezanim'adu] adj. discouraged, dispirited.

de.sa.ni.mar [dezanim'ar] v. to discourage, dishearten, depress, deject; to deter from; ≃-se to despair, be discouraged.

de.sâ.ni.mo [dez'ʌnimu] s. m. discouragement, disheartenment, dismay, prostration.

de.sa.nu.vi.ar [dezanuvi'ar] v. to uncloud, disperse clouds, clear up; ≃-se to grow calm.

de.sa.pa.re.cer [dezapares'er] v. to disappear, vanish.

de.sa.pa.re.ci.men.to [dezaparesim'ẽtu] s. m. disappearance.

de.sa.pe.ga.do [dezapeg'adu] adj. unattached, detached.

de.sa.pe.go [dezap'egu] s. m. unattachment; unconcern.

de.sa.per.tar [dezapert'ar] v. to loosen; to unlace, unbrace, unfasten, untie; to unscrew; ≃-se to become unfastened, get loose.

de.sa.per.to [dezap'ertu] s. m. unfastening; ease, relief; (sl.) loophole.

de.sa.poi.ar [dezapoj′ar] v. to deprive of assistance.

de.sa.poi.o [dezap′oju] s. m. want of assistance, helplessness, destitution; forlornness.

de.sa.pon.ta.men.to [dezapõtam′ẽtu] s. m. disappointment.

de.sa.pon.tar [dezapõt′ar] v. to disappoint, frustrate.

de.sa.pren.der [dezaprẽd′er] v. to unlearn, forget; fall out; to get rid of a vice.

de.sa.pro.pri.ar [dezapropri′ar] v. to dispossess.

de.sa.pro.va.ção [dezaprovas′ãw] s. f. (pl. **-ções**) disapprobation, disapproval; criticism.

de.sa.pro.var [dezaprov′ar] v. to disapprove, disallow, disclaim, disfavour; to dislike, disprize; to censure, condemn, criticise.

de.sa.pro.vei.ta.men.to [dezaprovejtam′ẽtu] s. m. inapplication, lack of progress; waste, prodigality, squandering.

de.sa.pro.vei.tar [dezaprovejt′ar] v. not to profit; misuse.

de.sa.pu.ro [dezap′uru] s. m. clumsiness, slovenliness, carelessness; inelegance.

de.sar.ma.men.to [dezarmam′ẽtu] s. m. disarmament.

de.sar.mar [dezarm′ar] v. to disarm, unarm; (naut.) to unrig; to dismount, disjoint.

de.sar.mo.ni.a [dezarmon′iə] s. f. disharmony.

de.sar.rai.gar [dezar̃ajg′ar] v. to unroot, uproot; to expulse; ≃-**se** to be extinguished.

de.sar.ran.jar [dezar̃ãʒ′ar] v. to disarrange, displace; to upset; ≃-**se** to get out of order.

de.sar.ran.jo [dezar̃′ãʒu] s. m. disarrangement, disorder, derangement; breakdown; setback; mishap, reverse; (fig.) diarrhea.

de.sar.ri.mo [dezarĩ′imu] s. m. lack of support; forlornness, abandonment.

de.sar.ru.ma.ção [dezarũmas′ãw] s. f. (pl. **-ções**) disarray.

de.sar.ru.mar [dezarũm′ar] v. to disarrange, displace.

de.sar.ti.cu.lar [dezartikul′ar] v. to disarticulate, dislocate, disjoint, luxate; to disconnect.

de.sar.vo.ra.do [dezarvor′adu] adj. dismasted; dismantled, unequipped, unprovided with.

de.sas.sei.o [dezas′eju] s. m. uncleanliness; untidiness.

de.sas.som.bro [dezas′õbru] s. m. frankness; firmness.

de.sas.sos.se.go [dezasos′egu] s. m. unquietness, uneasiness; restlessness; feverishness.

de.sas.tra.do [dezastr′adu] adj. disastrous; awkward, clumsy; unhappy, unlucky.

de.sas.tre [dez′astri] s. m. disaster; accident; loss.

de.sas.tro.so [dezastr′ozu] adj. disastrous; calamitous.

de.sa.tar [dezat′ar] v. to unfasten, untie, unbind; to disengage, release; ≃-**se** to get untied, unfastened or loose.

de.sa.tar.ra.xar [dezatar̃aʃ′ar] v. to unscrew, unbolt.

de.sa.ten.ci.o.so [dezatẽsi′ozu] adj. inattentive, disregardful, disobliging, unmindful; unkind, impolite, uncourteous, uncivil.

de.sa.ten.to [dezat′ẽtu] adj. inadvertent, heedless, careless, negligent, regardless.

de.sa.ti.nar [dezatin′ar] v. to drive crazy, make a person lose his sense; to talk nonsense; ≃-**se** to be mad, be out of one's wits.

de.sa.ti.no [dezat′inu] s. m. madness, folly, nonsense.

de.sa.tra.car [dezatrak′ar] v. (naut.) to unmoor, put off; to get clear; ≃-**se** to weigh anchor.

de.sa.tre.lar [dezatrel′ar] v. to unleash, unharness, unhitch, outspan, unyoke; to release, set free.

de.sau.to.rar [dezawtor′ar] v. to degrade, deprive of rank or position; to depose; ≃-**se** to lose authority; (fig.) to rebel authority.

de.sa.ven.ça [dezav′ẽsə] s. f. dissension, discord.

des.ban.car [dezbãk′ar] v. to break the bank (as in gambling); to beat, outclass.

des.ba.ra.tar [dezbarat ar] v. to waste, squander, scatter, consume, turn away; to disorder; ≃-**se** to go broke; desmantle.

des.bas.ta.men.to [dȇzbastam′ẽtu] s. m. rough-hewing; pruning, lopping (trees).

des.bas.tar [dezbast′ar] v. to pare, rough-hew, cut off; to chop; to fashion, polish.

des.bas.te [dezb′asti] s. m. rough-hewing, paring; pruning, lopping; a thinning out.

des.bo.ca.do [dezbok′adu] adj. unrestrained, foul-mouthed; hard-mouthed; shocking.

des.bo.tar [dezbot'ar] v. to discolour; to weather; ≃ **-se** to fade, tarnish, be discoloured.

des.bra.ga.men.to [dezbragam'ẽtu] s. m. shamelessness.

des.bra.gar [dezbrag'ar] v. to unchain (galley-slaves); (fig.) to set free, let loose.

des.bra.var [dezbrav'ar] v. to tame, domesticate (animals); to break, cultivate (land), grub up; ≃ **-se** to grow calm or quiet.

des.ca.be.la.do [deskabel'adu] adj. dishevelled.

des.ca.be.lar [deskabel'ar] v. to pull out someone's hair; ≃ **-se** dishevel one's hair.

des.ca.bi.do [deskab'idu] adj. improper, unbecoming.

des.ca.i.men.to [deskajm'ẽtu] s. m. fall, crash; decay, decadence; feebleness.

des.ca.ir [deska'ir] v. to drop, decay, fall; to worsen; (naut.) to drift off; to deviate.

des.ca.la.bro [deskal'abru] s. m. breakdown, ruin; damage, loss; rout; misfortune.

des.cal.çar [deskaws'ar] v. to take or slip off (shoes, stockings, gloves), unboot; to deprive of help; ≃ **-se** to pull off one's shoes.

des.cal.ço [desk'awsu] adj. unshod, shoeless, barefooted, barefoot.

des.cam.bar [deskãb'ar] v. to slide, swerve, topple, tumble; to degenerate into.

des.cam.pa.do [deskãp'adu] s. m. desert, open field, plain, moor. ‖ adj. unsheltered.

des.cam.par [deskãp'ar] v. to decamp; to run away.

des.can.sa.do [deskãs'adu] adj. quiet, undisturbed, rested.

des.can.sar [deskãs'ar] v. to rest, repose, give rest, relax, be at ease, pause, sleep, lie upon, be supported, lean against; to help; to place; to rely on; ≃ **-se** to rest from, take a rest.

des.can.so [desk'ãsu] s. m. rest, resting, restfulness, repose, refreshment, recess, relaxation, recumbence; quietness, calm; support.

des.ca.ra.do [deskar'adu] adj. shameless, impudent.

des.ca.ra.men.to [deskaram'ẽtu] s. m. shamelessness, barefacedness, sauciness; cheek.

des.car.ga [desk'argə] s. f. discharge; unloading, volley; (med.) evacuation, excretion. ≃ **de privada** toilet flush.

des.car.go [desk'argu] s. m. unloading, unlading, discharge; acquittal; ease, release.

des.car.nar [deskarn'ar] v. to pick the flesh off; to scrape hides; to waste away.

des.ca.ro.çar [deskaros'ar] v. to clean of grains, kernels or seeds (as cotton); to seed, stone, pit.

des.car.re.gar [deskaꝛeg'ar] v. to discharge; unload, unburden, shoot off (a gun); to ease, lighten, alleviate; to strike (a blow); to disembogue, empty; ≃ **-se** to relieve o. s.

des.car.ri.la.men.to [deskaꝛilam'ẽtu] s. m. derailment.

des.car.ri.lar [deskaꝛil'ar] v. to derail, jump or get off the rails; to run off the track; (fig.) to make a slip; to behave incorrectly; to run to ruin.

des.car.tar [deskart'ar] v. to discard, reject; to dismiss. ≃ **-se de** to get rid of, put off.

des.car.te [desk'arti] s. m. discard; (fig.) excuse, subterfuge; evasion.

des.cas.car [deskask'ar] v. to peel, shell, rind, bark, husk, hull, skin; to reprimand, reproof.

des.ca.so [desk'azu] s. m. negligence, inattention; disregard; carelessness, heedlessness.

des.cen.dên.cia [desẽd'ẽsjə] s. f. descent, lineage.

des.cen.den.te [desẽd'ẽti] s. m. + f. descendant; ≃ **s** descendants, offspring. ‖ adj. m. + f. descendent; discending; proceeding.

des.cen.der [desẽd'er] v. to descend, proceed; to be derived from; ≃ **-se** to arise from.

des.cen.tra.li.zar [desẽtraliz'ar] v. to decentralize; to break up, separate.

des.cer [des'er] v. to descend, go down, come down, step down; to proceed, be derived (from); to get off, get out, disembark; to down, bring down; ≃ **-se** to debase, demean o. s.

des.cer.rar [deseꝛ'ar] v. to unseal, open, break open; to discover, disclose.

des.ci.da [des'idə] s. f. descent, descending, going or coming down; declivity, hillside.

des.clas.si.fi.car [desklasifik'ar] v. to disqualify, disable.

des.co.ber.ta [deskob'ɛrtə] s. f. discovery, invention.

des.co.ber.to [deskob'ɛrtu] s. m. place where a gold mine has been found. ‖ adj. discovered; (also mil. and com.) uncovered, bare, bareheaded, naked, nude; exposed, open; disclosed, spread abroad.

des.co.bri.men.to [deskobrim'ẽtu] s. m. discovery, invention.

des.co.brir [deskobr'ir] v. to discover, uncover, lay bare, lay open, disclose, expose, make visible, show; to open; to exhibit; to find; to close up (weather).

des.co.lo.rar [deskolor'ar] v. to discolour, decolorate; to taint; to fade; ≃ -se to change the colour, grow pale.

des.co.me.di.do [deskomed'idu] adj. immoderate.

des.com.por [deskõp'or] v. to discompose, disarrange, derange, unsettle, disconcert, jumble, disorder; to disturb; to upset, to trouble, vex; ≃ -se to get upset, be irritated.

des.com.pos.to [deskõp'ostu] adj. disordered; confused.

des.com.pos.tu.ra [deskõpost'urə] s. f. discomposure, disorder, agitation, disturbance, perturbation; chiding, admonition; reprimand.

des.co.mu.nal [deskomun'aw] adj. m. + f. (pl. -nais) uncommon, rare, infrequent; extraordinary, remarkable; excessive.

des.con.cer.tan.te [deskõsert'ãti] adj. m. + f. disconcerting, disturbing, perplexing.

des.con.cer.tar [deskõsert'ar] v. to disconcert, disarrange, disorder; to trouble, confound, confuse, upset, baffle, puzzle, embarrass, perplex; ≃ -se to become upset, get confused.

des.con.cer.to [deskõs'ertu] s. m. disorder, disarrangement; trouble; disharmony.

des.co.ne.xão [deskoneks'ãw] s. f. (pl. -xões) disconnection.

des.con.fi.a.do [deskõfi'adu] adj. distrustful, mistrustful, suspicious; diffident.

des.con.fi.an.ça [deskõfi'ãsə] s. f. suspicion, distrust.

des.con.fi.ar [deskõfi'ar] v. to distrust, suspect.

des.con.for.to [deskõf'ortu] s. m. discomfort.

des.co.nhe.cer [deskoñes'er] v. to ignore, not to know; to disown, dissemble; to be ignorant of; ≃ -se (fig.) not to recognize o. s.

des.co.nhe.ci.do [deskoñes'idu] s. m. stranger, an unknown person. ‖ adj. unknown, anonymous, nameless, unnoted.

des.con.jun.tar [deskõʒũt'ar] v. to disjoint, dislocate, disarticulate; to separate, disunite; ≃ -se to be disunited, come asunder, come apart.

des.con.si.de.ra.ção [deskõsideras'ãw] s. f. (pl. -ções) disrespect, disregard, disesteem, slight.

des.con.si.de.rar [deskõsider'ar] v. to disrespect.

des.con.so.lar [deskõsol'ar] v. to discomfort, sadden, afflict, discourage, dispirit; ≃ -se to become sad, be afflicted; to grieve.

des.con.tar [deskõt'ar] v. to discount (promissory note, bill of exchange); to abate, rebate, allow, deduct, reckon off, diminish.

des.con.ten.ta.men.to [deskõtẽtam'ẽtu] s. m. discontentment, displeasure, trouble, sorrow.

des.con.ten.tar [deskõtẽt'ar] v. to discontent; to displease; ≃ -se to be displeased.

des.con.ten.te [deskõt'ẽti] s. m. + f. grumbler; malcontent. ‖ adj. discontent, unsatisfied.

des.con.ti.nu.ar [deskõtinu'ar] v. to discontinue, leave off, cease, stop; ≃ -se to be discontinued.

des.con.to [desk'õtu] s. m. discount(ing); abatement, deduction, allowance; compensation.

des.con.tro.lar [deskõtrol'ar] v. not to control, abandon, give away, neglect; ≃ se to lose one's self-control.

des.con.ver.sar [deskõvers'ar] v. to break off a conversation; to change the subject of a discourse; to dissimulate, dissemble.

des.co.ra.do [deskor'adu] adj. discoloured, colourless.

des.co.rar [deskor'ar] v. to discolour, decolourize, bleach, weather, fade; ≃ -se to fade away.

des.co.ro.ço.ar [deskoroso'ar] v. to discourage, dispirit.

des.cor.tês [deskort'es] adj. m. + f. (pl. -teses) discourteous, unkind, ill-mannered.

des.cor.te.si.a [deskortez'iə] s. f. discourteousness.

des.cor.ti.nar [deskortin'ar] v. to pull the curtain, disclose, lay open, expose to view.

des.co.ser [deskoz'er] v. to rip, pick out stitches; to separate, disunite; ≃ -se to tear, rend apart, be unsewed, unstitched.

des.cren.ça [deskr'ẽsə] s. f. incredulity, faithlessness.

des.cren.te [deskr'ẽti] s. m. + f. unbeliever, infidel. ‖ adj. incredulous, unbelieving.

des.crer [deskr'er] v. to disbelieve; to discredit.

des.cre.ver [deskrev'er] v. to describe, make a description of, relate; to portray, explain.

des.cri.ção [deskris'ãw] s. f. (pl. -ções) description, report, narration; specification.

des.cru.zar [deskruz'ar] v. to uncross.

des.cui.da.do [deskujd'adu] s. m. incautious person. ‖ adj. careless, regardless; thoughtless.

des.cui.dar [deskujd'ar] v. to treat carelessly, neglect, slight, disregard, oversee, overlook; ≈-se to become careless; to forget o. s.

des.cui.do [desk'ujdu] s. m. incautiousness, carelessness; lapse.

des.cul.pa [desk'uwpə] s. f. excuse, pardon, apology.

des.cul.par [deskuwp'ar] v. to excuse, pardon, apologize, forgive, exculpate; ≈-se to excuse o. s., beg pardon; to eat humble pie. desculpe! sorry! desculpe-me! I beg your pardon!

des.de [d'ezdi] prep. since, from; after. ≈ agora, ≈ o presente from now on. ≈ aqui here on. ≈ já, ≈ logo at once, immediately, directly. ≈ quando? since when?

des.dém [dezd'ẽj] s. m. disdain, disdainfulness.

des.de.nhar [dezdeñ'ar] v. to disdain, scorn, despise.

des.de.nho.so [dezdeñ'ozu] adj. disdainful, scornful.

des.den.tar [dezdẽt'ar] v. to break or draw the teeth; ≈-se to lose the teeth.

des.di.ta [dezd'itə] s. f. misfortune, unluckiness.

des.di.zer [dezdiz'er] v. to unsay, deny, contradict.

des.do.brar [dezdobr'ar] v. to unfold, unroll, display; (fig.) to disintegrate, separate into fractions; ≈-se to be unfolded or displayed.

de.se.jar [dezeʒ'ar] v. to wish, want, will, desire, covet; to hanker after, crave for.

de.se.já.vel [dezeʒ'avew] adj. m. + f. (pl. -veis) desirable, eligible, covetable.

de.se.jo [dez'eʒu] s. m. desire, want, wish, will; wishfulness, mind; longing, hankering.

de.se.jo.so [dezeʒ'ozu] adj. desirous, wishful.

de.se.le.gân.cia [dezeleg'ãsjə] s. f. inelegance, want of elegance, ungainliness.

de.se.le.gan.te [dezeleg'ãti] adj. m. + f. inelegant.

de.sem.ba.i.nhar [dezẽbajñ'ar] v. to unseam, unsew, rip up; to draw (as a sword).

de.sem.ba.lar [dezẽbal'ar] v. to unpack, unbale, open a bale, uncase, unwrap.

de.sem.ba.ra.ça.do [dezẽbaras'adu] adj. unembarrassed.

de.sem.ba.ra.çar [dezẽbaras'ar] v. to disembarrass, disencumber, disentangle, extricate, disengage; ≈-se to free o. s., get rid of.

de.sem.ba.ra.ço [dezẽbar'asu] s. m. disembarrassment.

de.sem.bar.car [dezẽbark'ar] v. to disembark, debark.

de.sem.bar.ga.dor [dezẽbargad'or] s. m. chief judge, judge at the High Court.

de.sem.bar.que [dezẽb'arki] s. m. disembarkation.

de.sem.bo.ca.du.ra [dezẽbokad'urə] s. f. mouth or discharge (of a river), issue.

de.sem.bo.car [dezẽbok'ar] v. discharge, disembogue, disgorge, fall or flow into (river); to run into (street), lead, emerge.

de.sem.bol.sar [dezẽbows'ar] v. to disburse, spend, lay out, make payments.

de.sem.bru.lhar [dezẽbruʎ'ar] v. unpack, unwrap.

de.sem.pa.co.tar [dezẽpakot'ar] v. to unpack, unwrap.

de.sem.pa.tar [dezẽpat'ar] v. to decide, resolve; to give the casting vote, clear a difficulty; ≈-se to make up one's mind.

de.sem.pe.nhar [dezẽpeñ'ar] v. to take out or redeem (a pawn); to fulfill, acquit, discharge, perform (promise); to execute, attend; to act, represent, officiate; to effect.

de.sem.pe.nho [dezẽp'eñu] s. m. redemption of a pledge; acquittal, discharge, fulfillment; performance; practice; acting.

de.sem.pre.ga.do [dezẽpreg'adu] s. m. an unemployed person; ≈s the unemployed. ‖ adj. unemployed, unengaged, unoccupied, jobless.

de.sem.pre.gar [dezẽpreg'ar] v. to remove s. o. from office, service or employment, dismiss; ≈-se to lose one's job or employment.

de.sem.pre.go [dezēpr'egu] s. m. unemployment.

de.sen.ca.de.ar [dezēkade'ar] v. to unleash, unchain, unfetter, unloose; to break out (storm).

de.sen.cai.xo.tar [dezēkajʃot'ar] v. to unpack, unbox.

de.sen.ca.mi.nhar [dezēkamiñ'ar] v. to misguide, misdirect, mislead, lead astray; to seduce; ≃-se to go astray, take a bad course, disappear.

de.sen.can.tar [dezēkãt'ar] v. to disenchant, decharm, disillusion; to find what had been lost.

de.sen.ca.var [dezēkav'ar] v. (Braz.) to dig up, dig out; to find out, discover.

de.sen.con.trar [dezēkõtr'ar] v. to fail to meet one another, cause to go different ways; ≃-se to disagree, dissent, diverge.

de.sen.con.tro [dezēk'õtru] s. m. failure in meeting; divergency, disagreement.

de.sen.co.ra.jar [dezēkoraʒ'ar] v. to discourage, depress.

de.sen.cos.tar [dezēkost'ar] v. to deprive of a support; to straighten; ≃-se to straighten up, not to lean upon or against.

de.sen.fer.ru.jar [dezēfeřuʒ'ar] v. to remove rust; to polish, make glossy; (fig.) to cheer up, to bring into form or fettle.

de.sen.fre.a.do [dezēfre'adu] adj. unruled, unbridled, ungoverned, uncurbed, unrestrained, uncontrolled; reinless, riotous, wild.

de.sen.fre.ar [dezēfre'ar] v. to unbridle, let loose, set free; ≃-se to throw off the bridle; (fig.) to grow unruly, give rein to one's passions, lose self-control; to fly into a passion.

de.sen.ga.nar [dezēgan'ar] v. to undeceive, disillusion, open a person's eyes; (med.) to give up a case; ≃-se to undeceive o. s.

de.sen.ga.no [dezēg'ʌnu] s. m. disillusion, undeceiving.

de.sen.ga.te [dezēg'ati] s. m. (tech.) release of a catch, disengagement; uncoupling.

de.sen.gon.ça.do [dezēgõs'adu] adj. disjoint, unhinged, out of joint; tottering, loose.

de.sen.gon.çar [dezēgõs'ar] v. to disjoint, unhinge, put out of joint; to disunite, loosen; to totter; ≃-se to be put out of joint.

de.sen.gre.nar [dezēgren'ar] v. to put out of gear, uncouple, disengage.

de.sen.gui.çar [dezēgis'ar] v. to disentangle, free, set going.

de.se.nhar [dezeñ'ar] v. to design, draw, outline, draft, trace; to picture, create; ≃-se to take form, take shape, appear.

de.se.nhis.ta [dezeñ'istə] s. m. + f. sketcher, draftsman, draughtsman, designer.

de.se.nho [dez'eñu] s. m. design, sketch, drawing, draft, outline, draught, delineation (picture, figure, layout); plan, purpose.

de.sen.la.ce [dezēl'asi] s. m. conclusion, outcome, end, ending, denouement, issue, upshot; finish, epilogue. ≃ **final** death.

de.sen.re.do [dezēř'edu] s. m. disentanglement, extrication, denouement, unravelling; explanation, solution, clearing up.

de.sen.ro.lar [dezēřol'ar] v. to unroll, uncoil, uncurl, unwind, untwine; ≃-se to develop, progress, take its way or course; to uncoil, unfold itself.

de.sen.ros.car [dezēřosk'ar] v. to untwine, untwist; to unscrew; ≃-se to become disentangled.

de.sen.ru.gar [dezēřug'ar] v. to take away the wrinkles, unwrinkle, smooth out.

de.sen.ta.lar [dezētal'ar] v. to take away the laths or splints; to deliver from trouble or difficulties, disentangle; ≃-se to get free from troubles or difficulties.

de.sen.ten.di.do [dezētēd'idu] s. + adj. m. ignorant.

de.sen.ten.di.men.to [dezētēdim'ētu] s. m. misunderstanding, misapprehension, ignorance; unpleasantness, disagreement, dissension.

de.sen.ter.rar [dezēteř'ar] v. to unbury, disinter, exhume, excavate, dig up, unearth; (fig.) to discover, bring to light, find out.

de.sen.to.car [dezētok'ar] v. to unearth, ferret out.

de.sen.tor.tar [dezētort'ar] v. to unbend, make straight.

de.sen.tra.nhar [dezētrañ'ar] v. to eviscerate, disembowel; (fig.) to examine, sift, search; ≃-se to kill o. s. by harakiri; to disembowel o. s.; to sacrifice o. s., do all one can for another person; to make a clean breast of.

de.sen.tu.pir [dezētup'ir] v. to unstop, cleanse, open, clear; to unblock; to free, remove impediments; (fig.) to blurt out, divulge.

de.sen.vol.to [dezēv'owtu] adj. nimble, agile, brisk, light, spry, quick; indecent, bold.

de.sen.vol.tu.ra [dezēvowt'urə] s. f. nimbleness, agility; boldness, insolence; licentiousness.

de.sen.vol.ver [dezēvowv'er] v. to develop, unwrap, unroll, unfold; to disclose, explain; ≃-**se** to grow, ripen, mature, unfold, expand.

de.sen.vol.vi.men.to [dezēvowvim'ētu] s. m. development; growth, progress, evolution.

de.sen.xa.bi.do [dezēʃab'idu] adj. insipid, flat, banal, spiritless, unsavoury, vapid; foolish.

de.se.qui.li.brar [dezekilibr'ar] v. to unbalance, throw out of balance, derange, upset; ≃-**se** to be unbalanced, lose one's balance.

de.se.qui.lí.brio [dezekil'ibrju] s. m. unbalance, distemper, disequilibrium; instability.

de.ser.ção [dezers'ãw] s. f. (pl. -**ções**) desertion.

de.ser.dar [dezerd'ar] v. to disinherit, deprive of heritage.

de.ser.tar [dezert'ar] v. to unpeople, turn into a desert, lay waste; to desert, abandon (forsake, overrun, renegade); to quit.

de.ser.to [dez'ɛrtu] s. m. desert, wilderness, waste, bad lands. ❚ adj. deserted, solitary, uninhabited, wild, waste; unfrequented.

de.ser.tor [dezert'or] s. m. deserter, runagate.

de.ses.pe.ra.ção [dezesperas'ãw] s. f. (pl. -**ções**) despair; anger, desperation.

de.ses.pe.ra.do [dezesper'adu] adj. hopeless, desperate, despondent; mad.

de.ses.pe.ran.ça [dezesper'ãsə] s. f. despair, hopelessness.

de.ses.pe.rar [dezesper'ar] v. to give no hopes, drive to despair; to tease; to despair; ≃-**se** to rave, anger, become impatient, to lose hope.

de.ses.pe.ro [dezesp'eru] s. m. despair, hopelessness, desperation; rage, anger, fury.

de.ses.ti.mar [dezestim'ar] v. to disesteem, disrespect.

des.fa.ça.tez [desfasat'es] s. f. impudence, shamelessness, effrontery, sauciness, insolence.

des.fal.car [desfawk'ar] v. to defalcate, peculate, misappropriate, embezzle; to diminish, lessen, lower; to steal, rob, rifle, plunder.

des.fa.le.cer [desfales'er] v. to faint, swoon, decay, waste away, grow weak and feeble, droop, vanish; to collapse, die; to forsake.

des.fal.que [desf'awki] s. m. defalcation, peculation.

des.fa.vo.rá.vel [desfavor'avew] adj. m. + f. (pl. -**veis**) unfavourable, disadvantageous, bad, unpropitious; unlucky; unfriendly.

des.fa.vo.re.cer [desfavores'er] v. to disfavour, discountenance; to reject, repulse; to disapprove.

des.fa.zer [desfaz'er] v. to undo, unmake; to demolish, break, destroy, ruin, pull down; to deprive of, strip of, rid of, free of; to unknit; to rip up, take asunder; to annul; ≃-**se** to get rid of, ease o. s.; to disappear; to grow weak or thin. ≃ **agravos** to redress grievances. ≃ **um engano, erro** to clear up a mistake. ≃ **um nó** to untie a knot.

des.fe.char [desfeʃ'ar] v. to fire, shoot off, discharge (a gun); to open; to break (a seal); ≃-**se** to go off.

des.fe.cho [desf'eʃu] s. m. issue, outcome, conclusion, solution, upshot, consequence.

des.fei.ta [desf'ejtə] s. f. affront, insult, outrage.

des.fei.te.ar [desfejte'ar] v. to insult, abuse, affront.

des.fei.to [desf'ejtu] adj. undone; disfigured, defaced; violent; dissolved, diluted.

des.fi.ar [desfi'ar] v. to unweave, untwist, unknit, unthread, unravel, unknot, fray; to separate, divide, parcel out; to enumerate; to tell one's beads; ≃-**se** to be reduced to threads, become frayed.

des.fi.gu.rar [desfigur'ar] v. to disfigure, disfeature, deface, deform, disproportion, to mar; ≃-**se** to be disfigured.

des.fi.la.dei.ro [desfilad'ejru] s. m. defile, narrow, ravine, col, gorge, hollow; pass, couloir.

des.fi.lar [desfil'ar] v. to file, parade; to march (in line, file).

des.fi.le [desf'ili] s. m. march, parade, review; pageant; procession.

des.flo.rar [desflor'ar] v. to deflower; to rape, ravish.

des.flo.res.tar [desflorest'ar] v. to deforest.

des.fo.lhar [desfoʎ'ar] v. to defoliate, exfoliate; to husk (maize or corn); ≃-**se** to shed the leaves.

des.for.ra [desf'ɔʀə] s. f. revenge, retaliation, satisfaction, retribution, avengement.

des.for.rar [desfoʀ'ar] v. to avenge, revenge.

des.fral.dar [desfrawd'ar] v. to spread, furl; ≃-se to fly (as a flag), unfurl (sails).

des.fran.zir [desfrãz'ir] v. to undo (plaits); to unwrinkle, smooth.

des.fru.tar [desfrut'ar] v. to usufruct, hold in usufruct; to enjoy the use of; to relish, delight, like; to jeer, gibe of, jest, mock.

des.fru.te [desfr'uti] s. m. usufruct, enjoyment, right to use; mockery, derision, scorn.

des.gar.ra.do [dezgaɾ'adu] adj. strawy, disorderly, lost; licentious, lewd, dissolute.

des.gar.rar [dezgaɾ'ar] v. to lead astray, mislead, misguide; to miss one's way; ≃-se to break out, take to bad ways; to straggle.

des.gas.tar [dezgast'ar] v. to consume, absorb, abrade, wear down, waste; to erode; to fray; to destroy; (pop.) to digest; ≃-se to wear o. s. out; to be worn down.

des.gas.te [dezg'asti] s. m. wearing, consuming, wastage; erosion.

des.gos.tar [dezgost'ar] v. to disrelish, disgust, displease, dislike, distaste, loathe; to offend, pain; to disgruntle, grieve; ≃-se to be displeased, grow weary.

des.gos.to [dezg'ostu] s. m. disgust; displeasure.

des.gos.to.so [dezgost'ozu] adj. displeased, dissatisfied.

des.go.ver.na.do [dezgovern'adu] adj. masterless, guideless.

des.gra.ça [dezgr'asə] s. f. misfortune, ill luck, unluckiness, misadventure; disaster, catastrophe, ruination, fatality; trouble, grievousness, calamity, downfall, affliction; disgrace; gracelessness.

des.gra.çar [dezgras'ar] v. to render unhappy or unlucky, to ruin s. o.; (sl.) to violate; ≃-se to become unhappy, ruin o. s.

des.gre.nhar [dezgreñ'ar] v. to dishevel, tousle, rumple.

des.gru.dar [dezgrud'ar] v. to deglutinate, unglue, unstick, come off; ≃-se to become unglued.

des.guar.ne.cer [dezgwarnes'er] v. to strip, disfurnish.

des.guar.ne.ci.do [dezgwarnes'idu] adj. unprotected.

de.si.dra.tar [dezidrat'ar] v. to anhydrate, dehydrate.

de.sig.na.ção [dezignas'ãw] s. f. (pl. -ções) designation, indication, denotation; assignment.

de.sig.nar [dezign'ar] v. to designate, appoint, mark, denominate; to determinate, destine; to indicate, call, name, express; to assign.

de.síg.nio [dez'ignju] s. m. design, intention, purpose.

de.si.gual [dezigw'aw] adj. m. + f. (pl. -guais) unequal, unlike, different, irregular, disparate, disproportional; uneven, rough.

de.si.lu.dir [dezilud'ir] v. to disillusion, free of illusions, disenchant; to lose illusions; ≃-se to be disillusioned, despair of.

de.si.lu.são [deziluz'ãw] s. f. (pl. -sões) disillusion.

de.sim.pe.dir [deziped'ir] v. to disencumber, disengage.

de.sin.char [dezĩʃ'ar] v. to reduce a swelling; to bring down one's pride; ≃-se to unswell; to humiliate o. s., eat humble pie.

de.sin.cum.bir-se [dezĩkũb'irsi] v. to acquit o. s. of, execute, carry out.

de.sin.de.xa.ção [dezĩdeksas'ãw] s. f. (pl. -ções) deindexation.

de.sin.de.xar [dezĩdeks'ar] v. to deindex.

de.sin.fe.tan.te [dezĩfet'ãti] s. m. disinfectant, deodorant. ‖ adj. m. + f. disinfecting, antiseptic.

de.sin.fe.tar [dezĩfet'ar] v. to disinfect, antisepticize, deodorize; to cleanse, purify.

de.sin.fla.mar [dezĩflam'ar] v. to reduce or cure an inflammation; to unswell.

de.sin.te.grar [dezĩtegr'ar] v. to disintegrate, decompose, degrade; ≃-se to dissolve, crumble away, break off in pieces, split.

de.sin.te.li.gên.cia [dezĩteliʒ'ẽsjə] s. f. misunderstanding.

de.sin.te.res.san.te [dezĩteres'ãti] adj. m. + f. uninteresting, insignificant, dry-as-dust.

de.sin.te.res.sar [dezĩteres'ar] v. to divest of interest, disinterest; to indemnify; not to matter, to neglect; ≃-se to lose interest.

de.sin.te.res.se [dezĩter'esi] s. m. disinterest, indifference, nonchalance; unselfishness.

de.sis.tên.cia [dezist'ẽsjə] s. f. desistance, cessation, stopping; giving up; discontinuance; nonsuit.

de.sis.tir [dezist'ir] v. to desist, cease, discontinue, stop; to renounce, recede, forsake, abdicate, waive; to quit, leave.

des.le.al [dezle'aw] adj. m. + f. (pl. -ais) disloyal, false, dishonest; raw, treacherous.

des.lei.xa.do [dezlejʃ'adu] s. m. careless person. **|** adj. careless, neglectful, negligent; disorderly, slouchy.

des.lei.xar [dezlejʃ'ar] v. to neglect, disregard, ignore, omit, slight; ≃**-se** to be negligent.

des.lei.xo [dezl'ejʃu] s. m. negligence, remissness, carelessness, laxness, indifference, nonchalance, disregard; slatternliness.

des.li.ga.do [dezlig'adu] adj. (tech.) off, out, turned off, absent-minded.

des.li.gar [dezlig'ar] v. to untie, unfasten, undo, uncouple, unlink, unloose; to stop; to switch off or out; ≃**-se** to get loose, detach o. s.

des.lin.dar [dezlĩd'ar] v. to extricate, unravel, unfold; to clear up, disentangle; to explain, explicate; to investigate, examine.

des.li.zar [dezliz'ar] v. to glide, slide, skid; to slip, overlook; ≃**-se** to pass lightly over.

des.li.ze [dezl'izi] s. m. slip, sliding, gliding, skidding; fault, error; stumble, misstep.

des.lo.ca.ção [dezlokas'ãw] s. f. (pl. **-ções**) dislocation, luxation; dislodgement, displacement, transposition; motion.

des.lo.ca.do [dezlok'adu] adj. dislocated; displaced.

des.lo.car [dezlok'ar] v. to dislocate, disjoint, put out of joint, luxate; to transfer; ≃**-se** to be put out of joint; to shift one's place.

des.lum.bran.te [dezlũbr'ãti] adj. m. + f. dazzling, blinding; flaring, fulgent; seducing.

des.lum.brar [dezlũbr'ar] v. to dazzle, overpower with light, blind; to fascinate, seduce; ≃**-se** to be fascinated or enchanted.

des.mai.ar [dezmaj'ar] v. to faint, turn faint, collapse; to discolour; to discourage.

des.mai.o [dezm'aju] s. m. collapse, faint.

des.ma.mar [dezmam'ar] v. to wean.

des.man.cha-pra.ze.res [dezmãʃapraz'eris] s. m. + f., sg. + pl. spoilsport, killjoy, damper; wet blanket, dog in the manger.

des.man.char [dezmãʃ'ar] v. to undo, unmake, take to pieces, break up; to derange; ≃**-se** to become deranged, be put out of joint.

des.man.te.lar [dezmãtel'ar] v. to dismantle, demolish, throw down (walls or works), ruin; (naut.) to unrig, unmast; to clear out (gang); ≃**-se** to fall in, tumble down.

des.mas.ca.rar [dezmaskar'ar] v. to unmask, remove the mask; to expose, bring to light; ≃**-se** to take off one's mask.

des.ma.tar [dezmat'ar] v. to deforest, clear of timber.

des.ma.ze.lar-se [dezmazel'arsi] v. to neglect one's affairs, be careless, become slovenly.

des.ma.ze.lo [dezmaz'elu] s. m. negligence, carelessness, disarray, frowziness, indolence.

des.me.di.do [dezmed'idu] adj. excessive, immoderate, immense, out of measure.

des.mem.brar [dezmẽbr'ar] v. to disunite; to separate.

des.me.mo.ri.a.do [dezmemori'adu] s. m. person who loses his/her memory (through accident, etc.). **|** adj. forgetful; deprived of memory.

des.men.tir [dezmẽt'ir] v. to belie, give the lie, contradict; to deny, gainsay, negate; to disprove; ≃**-se** to contradict o. s.

des.me.re.cer [dezmeres'er] v. to demerit, not to deserve, undeserve; to deprive of merit; to fade; ≃**-se** to lose one's merit, be unworthy.

des.mi.o.la.do [dezmiol'adu] s. m. rattlehead, rattlepate. **|** adj. crackbrained, brainless.

des.mo.bi.li.za.ção [dezmobilizas'ãw] s. f. (pl. **-ções**) demobilization, disarmament.

des.mo.bi.li.zar [dezmobiliz'ar] v. to demobilize, disarm.

des.mon.tar [dezmõt'ar] v. to unhorse, throw from saddle; to dismantle, disjoint, disassemble, take to pieces; to pull down; ≃**-se** to get off.

des.mo.ra.li.zar [dezmoraliz'ar] v. to demoralize, corrupt, undermine the morals, pervert, deprave; to deprive of energy, dishearten, discourage; to disorganize, bring into disorder, confuse (mentally); ≃**-se** to become perverted or depraved.

des.mo.ro.na.men.to [dezmoronam'ẽtu] s. m. collapse, tumbling, falling in.

des.mo.ro.nar [dezmoron'ar] v. to pull down, demolish, destroy, cave in; to undermine; ≃**-se** to collapse, fall to pieces.

des.na.tar [dezmat'ar] v. to take off the cream (of milk), skim.

des.na.tu.ra.do [deznatur'adu] s. m. monster. **|** adj. unnatural, monstrous, cruel.

des.ne.ces.sá.rio [dezneses'arju] adj. unnecessary, useless.

des.ní.vel [dezn'ivew] s. m. (pl. **-veis**) unevenness, fall.

des.nor.te.ar [deznorte'ar] v. to turn from the north, throw off course; to misguide, mislead; to bewilder; ≃ -se to be lost or be wildered.

des.nu.dar [deznud'ar] v. to denude, undress, unclothe, strip of; to bare, lay bare; ≃ -se to undress o. s.

des.nu.do [dezn'udu] adj. naked, denuded, undressed, unclothed, bare.

de.so.be.de.cer [dezobedes'er] v. to disobey, transgress.

de.so.be.di.ên.cia [dezobedi'ẽsjə] s. f. disobedience, insubordination, rebellion, recalcitrance, waywardness, indiscipline; contempt.

de.so.be.di.en.te [dezobedi'ẽti] adj. m. + f. disobedient.

de.so.bri.gar [dezobrig'ar] v. to exempt, release, dispense; to free, acquit; ≃ -se to disengage o. s., meet one's engagements.

de.sobs.tru.ir [dezobstru'ir] v. to remove obstructions.

de.so.cu.pa.do [dezokup'adu] s. m. unemployed person. ‖ adj. unemployed, disengaged, unoccupied; idle, leisurely; free; vacant.

de.so.cu.par [dezokup'ar] v. to vacate, disoccupy; to empty; to evacuate.

de.so.do.ri.zan.te [dezodoriz'ãti] s. m., adj. m. + f. deodorant.

de.so.do.ri.zar [dezodoriz'ar] v. to deodorize; to disinfect.

de.so.la.ção [dezolas'ãw] s. f. (pl. -ções) desolation.

de.so.la.do [dezol'adu] adj. desolate, forlorn, lonely.

de.so.lar [dezol'ar] v. to lay waste, desolate, depopulate, ruin, destroy; to distress, afflict, sadden; ≃ -se to become deserted.

de.so.ne.rar [dezoner'ar] v. to exonerate, dispense.

de.so.nes.ti.da.de [dezonestid'adi] s. f. dishonesty.

de.so.nes.to [dezon'ɛstu] adj. dishonest, crooked.

de.son.ra [dez'õʀə] s. f. dishonour, disgrace.

de.son.rar [dezõʀ'ar] v. to dishonour, discredit, disgrace, disrepute, defame; to ravish, violate; to sully; ≃ -se to disgrace o. s.

de.son.ro.so [dezõʀ'ozu] adj. dishonourable.

de.so.pi.lar [dezopil'ar] v. to purge.

de.so.ras [dez'ɔras] adv. lately, inopportunely.

de.sor.dei.ro [dezord'ejru] s. m. rampager, ruffian, rowdy, rioter, hooligan. ‖ adj. turbulent, rowdy, rough, riotous, ruffianly.

de.sor.dem [dez'ɔrdẽj] s. f. (pl. -dens) disorder, confusion, disturbance; untidiness, litter; riot, tumult, turmoil; disease, illness.

de.sor.de.nar [dezorden'ar] v. to disorder, disarrange, derange, disarray, put out of order; ≃ -se to be disordered, commit excesses.

de.sor.ga.ni.zar [dezorganiz'ar] v. to disorganize, disorder.

de.so.ri.en.ta.do [dezorjẽt'adu] adj. disorientated.

de.so.ri.en.tar [dezorjẽt'ar] v. to put out of the way or rout; to lead astray; to bewilder, perplex; to confuse; ≃ -se to lose one's way.

de.sos.sar [dezos'ar] v. to bone.

de.so.va [dez'ɔvɐ] s. f. spawning of fishes.

de.so.var [dezov'ar] v. to spawn, lay eggs (as fishes).

des.pa.cha.do [despaʃ'adu] adj. settled, resolved; posted, dispatched; expedite, speedy.

des.pa.chan.te [despaʃ'ãti] s. m. + f. dispatcher, forwarder, forwarding agent. ‖ adj. forwarding, dispatching, expediting.

des.pa.char [despaʃ'ar] v. to forward, dispatch, despatch, send, expedite; to clear, discharge, put on the way; to clear (goods at the customhouse); ≃ -se to conclude one's affairs; to make haste.

des.pa.cho [desp'aʃu] s. m. dispatch, forwarding, shipping, posting, expedition; decision; resolution; (Braz.) witchcraft, sorcery.

des.pe.da.çar [despedas'ar] v. to tear or cut into pieces, break, crash, destroy; to rend, rip, lacerate; ≃ -se to break, be torn.

des.pe.di.da [desped'idə] s. f. farewell, adieu, leave-taking; departure; separation.

des.pe.dir [desped'ir] v. to discharge, dismiss; to turn away; to disband; to fire; to send, forward; ≃ -se to take leave, part, say farewell.

des.pe.gar [despeg'ar] v. to unglue, detach, separate, unstick, unfix; ≃ -se to become disaffected; to get loose, come off.

des.pei.tar [despejt´ar] v. to treat with contempt; to annoy, offend, spite; to vex, fret; ≃ -se to be offended.

des.pei.to [desp´ejtu] s. m. spite, disgust, resentment, grudge, contempt.

des.pe.jar [despeʒ´ar] v. to spill, empty, effuse; to remove, evacuate; to quit; ≃ -se to get rid of, free o. s.

des.pe.jo [desp´eʒu] s. m. pouring out, spilling, emptying; evacuation, eviction, removing, clearing of a place; closet, lumberroom.

des.pen.car [despẽk´ar] v. (Braz.) to take (bananas or grapes) from the bunch; to fall down.

des.pe.nha.dei.ro [despeñad´ejru] s. m. precipice, crag, declivity, cliff, slope.

des.pen.sa [desp´ẽsə] s. f. buttery, pantry, larder.

des.pen.te.ar [despẽte´ar] v. to tousle, ruffle, dishevel.

des.per.ce.ber [desperseb´er] v. not to observe or perceive.

des.per.di.çar [desperdis´ar] v. to waste, squander.

des.per.dí.cio [desperd´isju] s. m. wastefulness, waste.

des.per.ta.dor [despertad´or] s. m. alarm clock, alarm bell. ‖ adj. awakening, arousing.

des.per.tar [despert´ar] s. m. awakening. ‖ v. to awake.

des.pe.sa [desp´ezə] s. f. disbursement, expense.

des.pi.que [desp´iki] s. m. satisfaction, avenge, revenge, spite; (N. Braz.) vengeance.

des.pir [desp´ir] v. to undress, unclothe, disrobe, strip, throw off; to bare; ≃ -se to pull off one's clothes; to undress; to be divested of.

des.pis.tar [despist´ar] v. to foil, throw off the scent; to mislead, misguide, lead astray.

des.plan.te [despl´ãti] s. m. an oblique position in fencing; sauciness; impudence.

des.po.jar [despoʒ´ar] v. to deprive, divest, dispossess, strip, spoil, rob; to despose; ≃ -se to divest o. s. of; to renounce to.

des.po.jo [desp´oʒu] s. m. booty; despoliation; ≃ s leavings, leftovers.

des.pon.tar [despõt´ar] v. to blunt, take away the point; to unfold; to break; ≃ -se to be-

come blunt. **ao** ≃ **do dia** at the break of day. ≃ **o cabelo** to trim the hair.

des.por.tis.ta [desport´istə] s. m. + f. athlete, sportsman.

des.por.ti.vo [desport´ivu] adj. athletic, sporting; sportive; relating to sport.

des.por.to [desp´ortu] s. m. sport; play, game; diversion, recreation, amusement.

des.po.sar [despoz´ar] v. to affiance; to betroth; to marry, wed; ≃ -se to get married.

dés.po.ta [d´ɛspotə] s. m. + f. despot, tyrant, oppressor. ‖ adj. despotic.

des.po.vo.a.do [despovo´adu] s. m. desert place. ‖ adj. unpeopled, desert, deserted, uninhabited.

des.pra.zer [despraz´er] s. m. displeasure, disgust, distaste. ‖ v. to displease, disgust, dissatisfy, distaste, discontent, vex.

des.pre.gar [despreg´ar] v. to unhook, unnail, unpin, unplait; to unfasten, untie; to unfurl, spread (out); ≃ -se to become unnailed, get loose.

des.pren.der [desprẽd´er] v. to loosen, unfasten, untie.

des.pren.di.do [desprẽd´idu] adj. unfastened, loose; unselfish.

des.pre.o.cu.pa.do [despreokup´adu] adj. carefree.

des.pre.o.cu.par [despreokup´ar] v. to free from care or prejudice; to rid, ease, relieve of worry.

des.pres.ti.gi.ar [desprestiʒi´ar] v. to depreciate, discredit.

des.pres.tí.gio [desprest´iʒju] s. m. disrepute.

des.pre.ve.ni.do [despreven´idu] adj. unprovided, unready, unprepared; (pop.) penniless.

des.pre.zar [desprez´ar] v. to despise, scorn, contemn, disdain, scout, look down upon; to repudiate; to throw away; to undervalue.

des.pre.zí.vel [desprez´ivew] adj. m. + f. (pl. -veis) despicable, contemptible, pitiable, scurvy, beggarly; vile, mean, sordid; negligible.

des.pre.zo [despr´ezu] s. m. contempt, contemptuousness, disdain, disdainfulness, scorn, despicableness, slightness; disregard.

des.pro.por.ção [despropors´ãw] s. f. (pl. -ções) disproportion; want of symmetry.

des.pro.pó.si.to [desprop´ɔzitu] s. m. preposterousness, extravagance; absurdity, nonsense; (Braz.) abundance; plenty, abundance.

des.pro.te.ger [desproteʒ'er] v. to fail to protect, deprive of shelter; to fail to help.

des.pro.vi.do [desprov'idu] adj. unprovided, unfurnished, destitute, wanting.

des.qua.li.fi.car [deskwalifik'ar] v. to disqualify; to unfit.

des.qui.tar [deskit'ar] v. to divorce, separate, disunite; ≃-se to be divorced, separate legally.

des.qui.te [desk'iti] s. m. divorce, separation.

des.re.grar [desr̄egr'ar] v. to disorder, put out of order, distemper; to misconduct; to dissipate; ≃-se to lead a loose life.

des.res.pei.tar [dezr̄espejt'ar] v. to disrespect, disesteem, disregard; to affront.

des.res.pei.to [dezr̄esp'ejtu] s. m. disrespect, contempt.

des.sa [d'ɛsə] contr. of de and the demonstr. pron. **essa** f. from that, of that.

des.se [d'esi] contr. of de and the demonstr. pron. **esse** m. from that, of that. ≃ **lado** thither. ≃ **tempo** from that time.

des.ta [d'ɛstə] contr. of de and the demonstr. pron. **esta** f. of this, from this.

des.ta.ca.men.to [destakam'ẽtu] s. m. detachment (army).

des.ta.car [destak'ar] v. to detach, put a body of troops on their way; to exceed; to emphasize, point out; to stand out; ≃-se to be detached; to be separated (from).

des.tam.par [destãp'ar] v. to take off the lid; to tap.

des.ta.par [destap'ar] v. to uncover, open; to uncork.

des.ta.que [dest'aki] s. m. prominence, eminence.

des.te [d'esti] contr. of de and este m. of this, from this.

des.te.mi.do [destem'idu] adj. fearless, dreadless, bold.

des.tem.pe.ro [destẽp'eru] s. m. distemper, disorder.

des.ter.rar [destēr'ar] v. to drive out, expel, dispel; to exile, expatriate, banish, deport; ≃-se to leave one's country, emigrate.

des.ter.ro [dest'ēru] s. m. deportation, expatriation, exile.

des.ti.lar [destil'ar] v. to distil, extract, evaporate and condense again; to drip, pour out in drops; (fig.) to instill, insinuate.

des.ti.la.ri.a [destilar'iə] s. f. distillery.

des.ti.na.do [destin'adu] adj. destined; directed.

des.ti.nar [destin'ar] v. to destine, doom, consecrate; to purpose; to apply, appropriate, appoint; ≃-se to devote or dedicate o. s.; to be meant for; to be destined to.

des.ti.na.tá.rio [destinat'arju] s. m. addressee, receiver.

des.ti.no [dest'inu] s. m. destiny, fate, future, fortune, predestination; end; purpose.

des.ti.tu.i.ção [destitwis'ãw] s. f. (pl. -ções) dismissal, deposing; forsaking, abandonment.

des.ti.tu.ir [destitu'ir] v. to depose, demit, dismiss, displace, fire (position, employment); to deprive, take away, divest of.

des.to.ar [desto'ar] v. to sound out of tune; to discord; to jar, clash; to diverge, disaccord.

des.tran.car [destrãk'ar] v. to unlock, unbar, unbolt.

des.tra.tar [destrat'ar] v. to affront, abuse, insult.

des.tra.var [destrav'ar] v. to unlock, unfetter, unshackle; to stop braking.

des.tre.za [destr'ezə] s. f. dexterity, ability, skill, skillfulness, knack; adroitness; craft.

des.trin.char [destrĩʃ'ar] v. (Braz.) to resolve, explain, clear up, untangle, unravel.

des.tro [d'estru] adj. dexterous, able, skillful.

des.tro.çar [destros'ar] v. to break or cut into pieces, raze, ruin, devastate; to defeat, foil.

des.tro.ço [destr'osu] s. m. discomfiture, havoc; destruction, devastation; ≃s wreckage, rack, ruins.

des.tron.car [destrõk'ar] v. to truncate, lop, cut down (trunk of a tree); to dismember, mutilate, maim, decapitate; to sprain.

des.tru.i.ção [destruis'ãw] s. f. (pl. -ções) destruction, devastation, demolition, rack and ruin, ruination, ravage, havoc, wrack.

des.tru.ir [destru'ir] v. to destroy, demolish, pull or throw down, crush; to devastate, overthrow, subvert, shatter, ruin; to rend.

de.su.ma.ni.da.de [dezumanid'adi] s. f. inhumanity, cruelty.

de.su.ma.no [dezum'anu] adj. inhuman(e), brutal, cruel.

de.su.nir [dezun'ir] v. to disunite, disjoint, separate, divide, disengage, dismatch, discouple; ≃-se to separate o. s., become detached.

de.su.sa.do [dezuz'adu] adj. unused; obsolete.

des.vai.rar [dezvajr'ar] v. to hallucinate, unhinge, make crazy; to infatuate, crack; to bewilder; ≃-**se** to lose one's head, behave crazily.

des.va.lo.ri.za.ção [desvalorizas'ãw] s. f. (pl. -**ções**) depreciation.

des.va.lo.ri.zar [desvaloriz'ar] v. to devaluate, depreciate; to undervalue, underrate, belittle.

des.va.ne.cer [dezvanes'er] v. to disperse, dispel, dissolve, dissipate, vanish, evanesce; to frustrate, fail; to disappoint, deceive; ≃-**se** to vanish, disappear; to grow proud.

des.van.ta.gem [dezvãt'azẽj] s. f. (pl.-**gens**) disadvantage, prejudice, handicap, drawback, inconvenience, unprofitableness; detriment.

des.van.ta.jo.so [dezvãtaʒ'ozu] adj. disadvantageous.

des.vão [dezv'ãw] s. m. (pl. -**vãos**) garret, corner, attic; hiding place.

des.va.ri.o [dezvar'iu] s. m. loss of wits, derangement.

des.ve.lo [dezv'elu] s. m. attention, carefulness, zeal.

des.ven.ci.lhar [dezvẽsiʎ'ar] v. to disentangle, disengage, loosen, untie, unfasten.

des.ven.dar [dezvẽd'ar] v. to take the blindfold from the eyes (also fig.); to unmask, uncover, clear up, resolve.

des.ven.tu.ra [dezvẽt'urə] s. f. misadventure, misfortune; unfortunateness.

des.vi.ar [dezvi'ar] v. to put out of the way, remove, turn aside, deflect; to deviate, switch; ≃-**se** to miss one's way, go astray.

des.vi.o [dezv'iu] s. m. deviation; deflection; detour, bypass; switch; defalcation.

des.vir.tu.ar [dezvirtu'ar] v. to depreciate, disparage.

de.ta.lhar [detaʎ'ar] v. to detail, specify.

de.ta.lhe [det'aʎi] s. m. detail, particularity.

de.ten.ção [detẽs'ãw] s. f. (pl. -**ções**) detention, arrest.

de.ter [det'er] v. to detain, withhold, retain, keep back; to stop; ≃-**se** to linger, delay; to be detained; to imprison, jail.

de.ter.gen.te [deterʒ'ẽti] s. m. (also med.) detergent.

de.te.rio.ra.ção [deterjoras'ãw] s. f. (pl. -**ções**) deterioration.

de.te.rio.rar [deterjor'ar] v. to deteriorate, make worse, spoil, rot, putrify; to decay, degenerate; ≃-**se** to grow worse, become rotten.

de.ter.mi.na.ção [determinas'ãw] s. f. (pl. -**ções**) determination, resolution, decision; order, instruction; resoluteness, firmness.

de.ter.mi.nar [determin'ar] v. to determine, order, command, enjoin; to stipulate, establish, fix; ≃-**se** to be determined.

de.tes.tar [detest'ar] v. to detest, abhor, abominate, hate.

de.te.ti.ve [detet'ivi] s. m. detective.

de.to.nar [deton'ar] v. to detonate; to fire (a gun).

de.trás [detr'as] adv. after, behind, back.

de.tri.men.to [detrim'ẽtu] s. m. detriment, damage, loss, disadvantage, prejudice.

de.tri.to [detr'itu] s. m. detritus, remains, debris, dregs, chaff.

de.tur.par [deturp'ar] v. to disfigure, distort; falsify.

Deus [d'ews] s. m. God, the Supreme Being, Creator of the Universe; Lord, Providence, Spirit, The Everlasting; deity, a god, divinity. ≃ **nos livre!** God forbid! **graças a** ≃ thank God. **meu** ≃ Good Lord! My Lord! **pelo amor de** ≃! for God's sake! **se** ≃ **quiser** God willing. ≃ - **dará** used in the expression: **ao deus-dará** at random, haphazardly. ≃-**nos-acuda (um)** hubbub, tumult, chaos, jumble, uproar.

deu.sa [d'ewzə] s. f. goddess; (fig.) adored woman.

de.va.gar [devag'ar] adv. slowly, at leisure, softly. ‖ interj. steady! easy! take it easy!

de.va.ne.ar [devane'ar] v. to dote, daydream; muse.

de.va.nei.o [devan'eju] s. m. dream, daydream, reverie.

de.vas.sa [dev'asə] s. f. hearing of witnesses; judicial inquiry; inquest, inquiry.

de.vas.sa.do [devas'adu] adj. obvious to the sight; unprotected.

de.vas.sar [devas'ar] v. to trespass, encroach, entrench, invade; to divulge; to inquire, interrogate, question; to render lax or loose; to become licentious, debauched; ≃-**se** to become public, be divulged, spread.

de.vas.si.dão [devasid'ãw] s. f. (pl. -**dões**) licentiousness, dissoluteness, libertinism, lewdness.

de.vas.so [dev'asu] s. m. debauchee, libertine. ‖ adj. debauched, dissolute, profligate.

de.vas.tar [devast'ar] v. to devastate, lay waste, havoc, rage, destruct, destroy, desolate.

de.ve.dor [deved'or] s. m. debtor. ‖ adj. in debt, owning, under obligation.

de.ver [dev'er] s. m. obligation, duty, task; business, job, burden. ‖ v. to need, have (to do); to owe; ≃ -se to apply o. s., dedicate o. s. **eu devo ir** I must go.

de.ve.ras [dev'ɛras] adv. indeed, truly, really, in fact.

de.vi.do [dev'idu] adj. due, just, owing. ≃ **a** due to.

de.vo.ção [devos'ãw] s. f. (pl. **-ções**) devotion, adoration, cult; dedication; affection.

de.vo.cio.ná.rio [devosjon'arju] s. m. prayer book.

de.vo.lu.ção [devolus'ãw] s. f. (pl. **-ções**) devolution, restoration; refund, redelivery.

de.vol.ver [devowv'er] v. to devolve, return; to give back.

de.vo.rar [devor'ar] v. to devour, wolf.

de.vo.ta.men.to [devotam'ẽtu] s. m. devotement, fidelity.

de.vo.tar [devot'ar] v. to devote, dedicate; to consecrate; to adhere; to affect; ≃ -se to dedicate o. s. to, give o. s. to.

de.vo.to [dev'ɔtu] s. m. devotee, ascetic, votarist, cultist. ‖ adj. devoted, religious, pious.

dez [d'ɛs] s. m. ten, the number ten. ‖ num. ten. ≃ **por um** ten to one. ≃ **vezes** ten times. **aos** ≃ by tens. **nove em** ≃ nine out of ten.

de.zem.bro [dez'ẽbru] s. m. December, last month of the year.

de.ze.na [dez'enə] s. f. ten; a set of ten; ten days; half a score. **às** ≃**s** by tens.

de.ze.no.ve [dezen'ɔvi] s. m. + num. nineteen.

de.zes.seis [dezes'ejs] s. m. + num. sixteen.

de.zes.se.te [dezes'ɛti] s. m. + num. seventeen.

de.zoi.to [dez'ojtu] s. m. + num. eighteen.

di.a [d'iə] s. m. day, daylight, daytime. ≃ **a** ≃ daily, day by day. ≃ **de anos** birthday. **o** ≃ **de hoje** today. ≃ **de Natal** Christmas Day. ≃ **santo** holiday. **algum** ≃ someday. **de um** ≃ **para outro** overnight, suddenly. **hoje em** ≃ nowadays. **que** ≃ **é hoje?** what day is it?

di.a.bi.nho [djab'iñu] s. m. little devil, imp.

di.a.bo [di'abu] s. m. devil, evil spirit, demon, Satan, dickens. **pintar o** ≃ to raise Cain.

di.a.bru.ra [djabr'urə] s. f. deviltry, devilishness.

di.á.co.no [di'akonu] s. m. deacon.

di.a.de.ma [djad'emə] s. m. diadem, crown, tiara.

di.á.fa.no [di'afanu] adj. diaphanic, diaphanous.

di.a.frag.ma [djafr'agmə] s. m. diaphragm; partition.

di.ag.nos.ti.car [djagnostik'ar] v. to diagnose, make a diagnosis.

di.ag.nós.ti.co [djagn'ɔstiku] s. m. diagnosis. ‖ adj. diagnostic.

di.a.go.nal [djagon'aw] s. + adj. m. + f. (pl. **-nais**) diagonal.

di.a.gra.ma [djagr'ʌmə] s. m. diagram, scheme, sketch.

di.a.le.to [djal'ɛtu] s. m. dialect, idiom of a locality.

di.a.lo.gar [djalog'ar] v. to dialogue.

di.á.lo.go [di'alogu] s. m. dialogue; colloquy.

di.a.man.te [djam'ãti] s. m. diamond, brilliant.

di.â.me.tro [di'ʌmetru] s. m. diameter.

di.an.te [di'ãti] adv. before, in front. **daqui em** ≃ hereafter, henceforth, from now on.

di.an.tei.ra [djãt'ejrə] s. f. forepart, front; lead. **tração** ≃ front drive.

di.á.ria [di'arjə] s. f. daily wages or income; daily expenses or rate (hotel).

di.á.rio [di'arju] s. m. diary, daybook, daily record; journal, daily newspaper, magazine. ‖ adj. daily, diurnal, everyday, quotidian.

di.ar.réi.a [djar'ɛjə] s. f. (med.) diarrhea, diarrhoea.

dic.ção [diks'ãw] s. f. (pl. **-ções**) diction, style expression.

di.cio.ná.rio [disjon'arju] s. m. dictionary, glossary.

di.e.ta [di'ɛtə] s. f. diet; (med.) regimen.

di.fa.mar [difam'ar] v. to defame, vilify, calumniate, blemish, slander; to discredit, decry.

di.fe.ren.ça [difer'ẽsə] s. f. difference, dissimilarity, inequality, unlikeness, disparity; deviation, divergence. ≃**s** dispute, quarrel, dissension, debate; odds.

di.fe.ren.çar [diferẽs'ar] v. to difference, differentiate; to distinguish; ≃ -se to vary, differ, be distinguished from; to grow unlike.

di.fe.ren.ci.a.ção [diferẽsjas'ãw] s. f. (pl.**-ções**) differentiation.

di.fe.ren.ci.ar [diferẽsi'ar] v. = **diferençar**.

di.fe.ren.te [difer'ẽti] adj. m. + f. different, unlike, dissimilar, unequal; distinct; other.

di.fe.rir [difer'ir] v. to differ, disagree, dissent, conflict; to be unlike or dissimilar; to vary.

di.fí.cil [dif'isiw] adj. m. + f. (pl. **-ceis**) difficult, hard, uneasy, arduous, painful, toilsome, laborious; intricate; entangled.

di.fi.cul.da.de [difikuwd'adi] s. f. difficulty, hardness, arduousness; trouble, annoyance. **criar** ≃**s** to raise objections.

di.fi.cul.tar [difikuwt'ar] v. to make difficult, raise difficulties or objections; ≃**-se** to grow difficult, become painful.

di.fi.dên.cia [difid'ẽsjə] s. f. diffidence.

di.fi.den.te [difid'ẽti] adj. m. + f. diffident.

dif.te.ri.a [difter'iə] s. f. (med.) diphtheria, diphtheritis.

di.fun.dir [difũd'ir] v. to diffuse, pour out; to spread, scatter, disseminate, divulge; ≃**-se** to be scattered, spread or divulged.

di.fu.são [difuz'ãw] s. f. (pl.**-sões**) diffusion, scattering, dissemination; interfusion, infiltration; diffusiveness, prolixity.

di.ge.rir [diʒer'ir] v. to digest, undergo digestion, assimilate; to tolerate, bear patiently, put up with, endure, suffer.

di.ge.rí.vel [diʒer'ivew] adj. m. + f. (pl. **-veis**) digestible.

di.ges.tão [diʒest'ãw] s. f. (pl. **-tões**) digestion.

di.gi.tal [diʒit'aw] adj. m. + f. digitate, digital.

dig.nar-se [dign'arsi] v. to condescend, deign, vouchsafe.

dig.ni.da.de [dignid'adi] s. f. dignity, nobleness.

dig.ni.tá.rio [dignit'arju] s. m. dignitary.

dig.no [d'ignu] adj. worthy, condign, deserving.

di.gres.são [digres'ãw] s. f. (pl. **-sões**) digression, deviation; excursion, walk; subterfuge.

di.la.ce.rar [dilaser'ar] v. to lacerate, tear; to distress; to defame, slander; ≃**-se** to hurt o.s.

di.la.pi.dar [dilapid'ar] v. to dilapidate; to embezzle.

di.la.ta.ção [dilatas'ãw] s. f. (pl. **-ções**) dilation.

di.la.tar [dilat'ar] v. to dilate; to enlarge, widen; to stretch, expand, swell; to spread abroad, diffuse, distend, extend; to delay,

put off, postpone, defer; ≃**-se** to grow wide, expand.

di.li.gên.cia [diliʒ'ẽsjə] s. f. diligence; assiduity; industry, application; care, attention, heed, caution; stagecoach. **fazer** ≃**s** to search.

di.li.gen.ci.ar [diliʒẽsi'ar] v. to endeavour, make efforts, ply, do one's best; ≃**-se** to exert o. s.

di.li.gen.te [diliʒ'ẽti] adj. m. + f. diligent; assiduous.

di.lu.ir [dilu'ir] v. to dilute, render more liquid, make thin, attenuate; ≃**-se** to become thinner or more liquid; dissolve.

di.lú.vio [dil'uvju] s. m. deluge; flood.

di.men.são [dimẽs'ãw] s. f. (pl. **-sões**) dimension.

di.mi.nu.i.ção [diminwis'ãw] s. f. (pl. **-ções**) diminution, decrease, reduction, abridgement, abatement, impairment; (math.) subtraction.

di.mi.nu.ir [diminu'ir] v. to diminish, reduce, lessen; to take away; ≃**-se** to deprive o. s. of; to grow less; to grow weak.

di.mi.nu.ti.vo [diminut'ivu] s. m. + adj. diminutive.

di.mi.nu.to [dimin'utu] adj. diminutive, minute, small.

di.mor.fis.mo [dimorf'izmu] s. m. dimorphism.

di.na.mar.quês [dinamark'es] s. m. (pl. **-queses;** f. **-quesa,** pl. **-quesas**) Dane, inhabitant of Denmark; Danish (language). ‖ adj. Danish.

di.nâ.mi.ca [din'ʌmikə] s. f. dynamics.

di.nâ.mi.co [din'ʌmiku] adj. (phys.) dynamic; energetic, vigorous, strenuous.

di.na.mi.tar [dinamit'ar] v. to dynamite.

di.na.mi.te [dinam'iti] s. f. dynamite, blasting powder.

dí.na.mo [d'inamu] s. m. (electr.) dynamo, generator.

di.nas.ti.a [dinast'iə] s. f. dynasty.

di.nhei.rão [diñejr'ãw] s. m. a lot of money.

di.nhei.ro [diñ'ejru] s. m. money, any sort of coin; currency; cash. ≃ **amoedado** coinage. ≃ **em caixa** cash in hand. ≃ **falso** flashmoney. ≃ **miúdo** small change. ≃ **à vista** ready cash. **compra a** ≃ cash transaction.

di.nos.sau.ro [dinos'awru] s. m. dinosaur.

di.plo.ma [dipl'omə] s. m. diploma; certificate.

di.plo.ma.ci.a [diplomas'iə] s. f. diplomacy; tact; adroitness, skill; diplomatic body.

di.plo.mar [diplom'ar] v. to grant a diploma; ≃-**se** to graduate, receive a diploma.

di.plo.ma.ta [diplom'atə] s. m. + f. diplomat, ambassador, diplomatist; tactful person.

di.plo.má.ti.co [diplom'atiku] adj. diplomatic(al).

di.que [d'iki] s. m. dike, embankment; floodgate.

di.re.ção [dires'ãw] s. f. (pl. **-ções**) direction; course, route, run; management, administration.

di.rei.ta [dir'ejtə] s. f. right side; the conservative party. **pessoa** ≃ an honest person.

di.rei.ti.nho [direjt'iñu] adj. diminutive of **direito**. I adv. (pop.) exactly, just so, just like; perfectly right.

di.rei.to [dir'ejtu] s. m. right; law; jurisprudence; justice, equity. I adj. right, righthand; straight; even, level, flat; honest, loyal, righteous, correct, true. ≃**s aduaneiros**, ≃**s alfandegários** custom duties, tariff. ≃**s autorais** copyright. ≃ **civil** civil law. ≃**s de exportação** export duties. **adquirir um** ≃ to acquire a right.

di.re.to [dir'ɛtu] s. m. (Braz., box) righthander. I adj. direct, straight, undeviating; immediate, instantaneous; clear; plain.

di.re.tor [diret'or] s. m. director. I adj. managing.

di.re.to.ra [diret'orə] s. f. director.

di.re.to.ri.a [diretor'iə] s. f. direction, administration, management.

di.ri.gen.te [diriʒ'ẽti] s. m. + f. director, leader, manager. I adj. head, directing, leading.

di.ri.gir [diriʒ'ir] v. to direct, govern, rule, command; to superintend, head; to regulate, control; to manage; to dispose; to order, prescribe; to conduct, guide; ≃-**se** to address o. s. to, apply to; to be directed. ≃**um negócio** to run a business. ≃ **carro** to drive a car.

di.ri.gí.vel [diriʒ'ivew] s. m. (pl. **-veis**) dirigible airship, zeppelin. I adj. m. + f. controllable, dirigible, steerable.

dis.car [disk'ar] v. (teleph.) to dial.

dis.ci.pli.na [disipl'inə] s. f. discipline; order, training; education; correction. ≃**s scourge**.

dis.ci.pli.nar [disiplin'ar] v. to discipline, train, educate, instruct, drill; to correct; to chastise; ≃-**se** to scourge o. s., discipline o.s.

dis.cí.pu.lo [dis'ipulu] s. m. disciple, follower.

dis.co [d'isku] s. m. disk, disc; discus, quoit; record; dial. **toca-** ≃ record player.

dis.cor.dân.cia [diskord'ãsjə] s. f. discordance, disagreement; divergence, variance.

dis.cor.dar [diskord'ar] v. to disaccord, disagree, dissent.

dis.cór.dia [disk'ɔrdjə] s. f. discord, disharmony, incongruity; variance, contention.

dis.cor.rer [diskoɾ'er] v. to run or flow over, run to and fro, travel through or along; to discourse, converse; to reason, consider.

dis.co.te.ca [diskot'ɛkə] s. f. record cabinet or collection.

dis.cre.pân.cia [diskrep'ãsjə] s. f. discrepancy, divergence.

dis.cre.to [diskr'ɛtu] adj. discreet, tactful, wise; distinct.

dis.cri.ção [diskris'ãw] s. f. (pl. **-ções**) discretion.

dis.cri.mi.nar [diskrimin'ar] v. to discriminate, distinguish, differentiate; to select, separate, discern.

dis.cur.sar [diskurs'ar] v. to discourse, orate.

dis.cur.so [disk'ursu] s. m. discourse, speech, oration.

dis.cus.são [diskus'ãw] s. f. (pl. **-sões**) discussion, debate, disputation; altercation, wrangle, argument.

dis.cu.tir [diskut'ir] v. to discuss, argue, reason, agitate, dispute, debate; to consider, examine, thrash, treat; to wrangle, quarrel.

dis.cu.tí.vel [diskut'ivew] adj. m. + f. (pl. **-veis**) discussable, disputable; doubtful.

di.sen.te.ri.a [dizẽter'iə] s. f. (med.) dysentery, looseness. ≃ **bacilar** bacillary dysentery.

dis.far.çar [disfars'ar] v. (also ≃-**se**) to disguise (o. s.)

dis.far.ce [disf'arsi] s. m. disguise, mask, veil.

dis.for.me [disf'ɔrmi] adj. m. + f. deformed; defaced.

dis.pa.ra.da [dispar'adə] s. f. stampede (of animals).

dis.pa.rar [dispar'ar] v. to discharge, fire off, shoot; to let fly; to affront; to start (race); ≃-**se** to go off (fire arm).

dis.pa.ra.ta.do [disparat'adu] adj. foolish, silly, heedless.

dis.pa.ra.te [dispar'ati] s. m. folly, nonsense, blunder.

dis.pa.ro [disp'aru] s. m. discharge, shooting, shot.

dis.pen.di.o.so [dispēdi'ozu] adj. expensive, costly, dear.

dis.pen.sa [disp'ēsə] s. f. dispensation, dispense.

dis.pen.sar [dispēs'ar] v. to dispense; to grant dispensation, exempt, excuse, release, free from an obligation; to leave; not to need or want, forego; ≃-se to avoid, feel free.

dis.pen.sá.rio [dispēs'arju] s. m. dispensary.

dis.per.são [dispers'ãw] s. f. (pl. -sões) dispersion, act of dispersing, scattering; diffusion; disbandment, breakup; dispersal.

dis.per.sar [dispers'ar] v. to disperse, diffuse, scatter; to dissipate; to break up, disband; ≃-se to become diffused or spread.

dis.pli.cên.cia [displis'ēsjə] s. f. disgust, displeasure, annoyance; sorrow; carelessness.

dis.pli.cen.te [displis'ēti] adj. unpleasant, uneasy.

di.plói.de [dipl'ɔjdi] adj. diploid.

dis.po.ni.bi.li.da.de [disponibilid'adi] s. f. availability, availableness.

dis.po.ní.vel [dispon'ivew] adj. m. + f. (pl. -veis) available, ready for use.

dis.por [disp'or] s. m. disposal, disposition. **‖** v. to dispose, regulate, order, adjust, fit; to place, put, lay out; to rank, group; ≃-se to prepare .o. s., make o. s. ready.

dis.po.si.ção [dispozis'ãw] s. f. (pl. -ções) disposition, disposal, arrangement, classification, grouping, order; guidance, control; clause of a contract; aptitude, inclination, tendency; temper, mood.

dis.po.si.ti.vo [dispozit'ivu] s. m. gadget, device, appliance; apparatus, mechanism. **‖** adj. dispositive.

dis.pos.to [disp'ostu] s. m. determination, rule, precept. **‖** adj. disposed, ordered; prepared, ready, willing, eager; inclined; settled.

dis.pu.ta [disp'utə] s. f. dispute, discussion, controversy, debate, altercation; wrangling, contention, contestation, plea.

dis.pu.tar [disput'ar] v. to dispute, debate, discuss, argue; to quarrel, bicker, wrangle, brawl, contest, fight; to controvert.

dis.que.te [disk'ɛti] s. m. diskette.

dis.sa.bor [disab'or] s. m. unsavouriness; insipidity; disgust, contrariety, annoyance.

dis.se.car [disek'ar] v. to dissect, anatomize; to analize, examine part by part.

dis.se.mi.nar [disemin'ar] v. to disseminate, scatter, sow.

dis.ser.ta.ção [disertas'ãw] s. f. (pl. -ções) dissertation.

dis.ser.tar [disert'ar] v. to dissert; to talk.

dis.sí.dio [dis'idju] s. m. agreement (between employer and employee) about salary, with government representative.

dis.si.mu.la.ção [disimulas'ãw] s. f. (pl. -ções) dissimulation, hypocrisy, disguise, deceit, falseness, camuflage, palliation.

dis.si.mu.lar [disimul'ar] v. to dissimulate, dissemble.

dis.si.pa.ção [disipas'ãw] s. f. (pl. -ções) dissipation, dispersion, scattering; expenditure, prodigality; extravagance; debauchery.

dis.si.par [disip'ar] v. to dissipate, scatter; to waste, misspend, squander, weaken, enfeeble; ≃-se to be dispersed, disappear.

dis.so [d'isu] contr. of the prep. **de** and the pron. **isso** of that, thereof, about that, there from. **‖** adv. hence. **acerca** ≃ with regard to that. **além** ≃ thereto, besides, furthermore. **apesar** ≃ even so. **nada** ≃ nothing of the sort, nothing of the kind.

dis.so.lu.ção [disolus'ãw] s. f. (pl. -ções) dissolution, breakup, separation, disunion; (chem.) liquefaction, solution, decomposition.

dis.so.lu.to [disol'utu] adj. dissolute; vicious.

dis.sol.ver [disowv'er] v. to dissolve, liquefy, melt; to disunite, breakup; to put an end to; to annul; to consume, destroy; to corrupt; ≃-se to be dissolved; to become fluid.

dis.so.nân.cia [dison'ãsjə] s. f. (mus.) dissonance, discord; (fig.) disagreement, incongruity.

dis.su.a.dir [diswad'ir] v. to dissuade, deter; to bring or call off; ≃-se to change one's mind.

dis.tân.cia [dist'ãsjə] s. f. distance, farness, remoteness, extension; space; (mus.) interval, difference between two tones.

dis.tan.ci.ar [distãsi'ar] v. to distance.

dis.tan.te [dist'ãti] adj. m. + f. distant: far, faraway, remote; reserved, cool; shy, haughty.

dis.ten.der [distēd'er] v. to distend, dilate, expand, swell out, enlarge, stretch or spread; ≃-se to become distended, swell.

dis.ten.são [distēs'ãw] s. f. (pl. -sões) distension, détente.

dis.tin.ção [distĩs'ãw] s. f. (pl. -ções) distinction; discrimination, discernment, difference; division, separation; distinctness.

dis.tin.guir [distĩg'ir] v. to distinguish; to distinct, differentiate, discern, discriminate; to remark, note; to honour, make famous; ≃-se to take first-class honours (examination); to distinguish o. s.

dis.tin.ti.vo [distĩt'ivu] s. m. badge, marker. ∎ adj. distinctive.

dis.tin.to [dist'ĩtu] adj. distinct; distinctive, distinguished, separate, different, diverse; special, individual; fine, elegant.

dis.to [d'istu] contr. of the prep. **de** and the pron. **isto** of this, of it, at it, hereof, herefrom.

dis.tor.cer [distors'er] v. to distort.

dis.tra.ção [distras'ãw] s. f. (pl.-ções) distraction.

dis.tra.í.do [distra'idu] s. m. absent-minded person. ∎ adj. distracted, inattentive, absentminded, forgetful, thoughtless; amused.

dis.tra.ir [distra'ir] v. to distract (attention); ≃-se to commit a mistake; to amuse o. s.

dis.tri.bu.i.ção [distribwis'ãw] s. f. (pl. -ções) distribution, dividing, parcelling, sharing; division; arrangement, regulation; allotment.

dis.tri.bu.i.dor [distribwid'or] s. m. distributer; allocator. ∎ adj. distributing.

dis.tri.bu.ir [distribu'ir] v. to distribute; divide, deal out, allot, classify; spread; deliver; ≃-se to be distributed.

dis.tri.to [distr'itu] s. m. district, quarter; region.

dis.túr.bio [dist'urbju] s. m. disturb, disturbance.

di.ta [d'ita] s. f. fortune, happiness, good luck.

di.ta.do [dit'adu] s. m. dictation; proverb.

di.ta.dor [ditad'or] s. m. dictator, despot, tyrant.

di.ta.du.ra [ditad'urə] s. f. dictatorship; despotism.

di.ta.fo.ne [ditaf'oni] s. m. dictaphone.

di.tar [dit'ar] v. to dictate (for another to write down); to impose, command, prescribe.

di.to [d'itu] s. m. ditto, the same, the aforesaid thing; dictum, axiom, sentence. ∎ adj. said, surnamed; stated; aforesaid.

di.ton.go [dit'õgu] s. m. diphthong.

di.vã [div'ã] s. m. divan.

di.va.ga.ção [divagas'ãw] s. f. (pl. -ções) divagation.

di.va.ga.dor [divagad'or] s. m. rambler; vagabond; dreamer. ∎ adj. rambling; roving.

di.va.gar [divag'ar] v. to divagate, wander, deviate.

di.ver.gên.cia [diverʒ'ẽsjə] s. f. divergence, divergency.

di.ver.gir [diverʒ'ir] v. to diverge; to deviate, divaricate; to discord, disagree, dissent; to differ.

di.ver.são [divers'ãw] s. f. (pl. -sões) diversion; entertainment; turning aside.

di.ver.si.da.de [diversid'adi] s. f. diversity, diverseness.

di.ver.si.fi.car [diversifik'ar] v. to diversify, vary, modify.

di.ver.so [div'ɛrsu] adj. divers(e), different, various, multiform, manifold; unlike; ≃s several, sundry, divers; a number of.

di.ver.ti.do [divert'idu] adj. comical, droll, funny.

di.ver.ti.men.to [divertim'ẽtu] s. m. diversion, amusement, pastime, entertainment; merrymaking; play, game, festival; heedlessness, distraction.

di.ver.tir [divert'ir] v. to divert; to draw away, turn aside; to distract; to entertain, amuse; ≃-se to have fun, take one's pleasure.

dí.vi.da [d'ividə] s. f. debt; arrears, debit; indebtedness; duty, due, liability; obligation.

di.vi.den.do [divid'ẽdu] s. m. dividend; share, portion, bonus, quote. ∎ adj. dividing, distributing; separating.

di.vi.dir [divid'ir] v. to divide, part, share, apportion, distribute, parcel out, separate, disjoin, disunite, break, divorce, cut, slice, split; ≃-se to become separated.

di.vin.da.de [divĩd'adi] s. f. divineness, divinity; heavenliness; deity.

di.vi.no [div'inu] s. m. the Holy Ghost. ∎ adj. divine; holy; excellent, extraordinary.

di.vi.sa [div'izə] s. f. device, slogan; emblem, symbol; boundary, frontier; (mil.) stripe; ≃s exchange value.

di.vi.são [diviz'ãw] s. f. (pl. **-sões**) division; section, segment; separation; discord; classification, category; demarcation; compartment, repartition; district.

di.vi.sar [diviz'ar] v. to spy, see, perceive, discern; to delimit(ate), fix boundaries.

di.vor.ci.ar [divorsi'ar] v. to divorce; (fig.) disunite.

di.vór.cio [div'ɔrsju] s. m. divorce; disunion.

di.vul.ga.ção [divuwgas'ãw] s. f. (pl. **-ções**) divulgation.

di.vul.gar [divuwg'ar] v. to divulge, make public, publish; to let out, disclose, betray; ≃**-se** to become known, be published.

di.zer [diz'er] s. m. saying, words, sentence. ‖ v. to say, speak, tell, talk; to utter; to declare; ≃**-se** to call o. s., give o. s. out as. ≃ **adeus** to take one's leave, bid farewell, say good-bye. **bendito!** well spoken! **dito e feito** no sooner said than done.

dí.zi.mo [d'izimu] s. m. tithe, a tenth, tenth part.

diz-que, diz-que-diz, diz-que-diz-que [d'iski] [diskid'is] [diskid'iski] s. m., sg. + pl. rumour, report, gossip.

do [du] contr. of the prep. **de** and the art. **o** of the, from the. ≃ **bom e** ≃**melhor** of the best. ≃ **começo ao fim** from end to end. **a casa** ≃ **pai** the house of the father.

dó [d'ɔ] s. m. (mus.) do, C, the first note in the scale of C; pity, compassion; mercy.

do.a.ção [doas'ãw] s. f. (pl. **-ções**) donation, gift, grant, endowment; benefaction.

do.ar [do'ar] v. to donate, give, present as gift.

do.bra [d'ɔbrə] s. f. plait, fold, plication, pucker.

do.bra.di.ça [dobrad'isə] s. f. hinge, joint.

do.bra.di.nha [dobrad'iñə] s. f. tripe.

do.bra.do [dobr'adu] s. m. (mil.) marching music. ‖ adj. folded, doubled, plicate; double, bent.

do.brar [dobr'ar] v. to double, make double, increase, enlarge; to fold, fold up; to curve, bow; ≃**-se** to become double; (fig.) to humble o. s. ≃ **um cabo** to turn a cape. ≃ **uma carta** to fold a letter. ≃ **a esquina** to turn the corner. ≃ **o passo** to mend one's pace. ≃ **o sino** to ring, toll a bell.

do.bre [d'ɔbri] s. m. knell, death-bell, passing-bell.

do.bro [d'obru] s. m. double, doubleness, duplication. **a soma em** ≃ twice the sum.

do.ca [d'ɔkə] s. f. dock, basin, quay.

do.ce [d'osi] s. m. sweetmeat, sweet, comfit, confection; bonbon, cooky. ‖ adj. m. + f. sweet, sugared, honeyed.

do.cei.ro [dos'ejru] s. m. confectioner; candy seller.

do.cen.te [dos'ēti] s. m. + f. teacher, professor, instructor, lecturer; academician. ‖ adj. m. + f. teaching, instructing, lecturing.

dó.cil [d'ɔsiw] adj. m. + f. (pl. **-ceis**) docile, teachable, amenable; sweet tempered.

do.cu.men.tar [dokumēt'ar] v. to document, prove, bring evidence; to furnish with proofs.

do.cu.men.to [dokum'ētu] s. m. document, paper, record, voucher; bill; ≃s dossier.

do.çu.ra [dos'urə] s. f. sweetness, sugariness, honey; softness; mildness; delight.

do.dói [dod'ɔj] s. m. (pop.) paint, hurt.

do.en.ça [do'ēsə] s. f. disease, illness, sickness, affection, ailment. ≃ **mortal** fatal illness.

do.en.te [do'ēti] s. m. + f. patient, invalid. ‖ adj. m. + f. sick, diseased, ill.

do.en.ti.o [doēt'iu] adj. sickly; unhealthy; feeble.

do.er [do'er] v. to ache, cause pain, ail, hurt; to be sorry for, feel distressed; to worry; ≃**-se** to pity, take pity; to complain.

dog.ma [d'ɔgmə] s. m. dogma, principle; doctrine.

dog.má.ti.co [dogm'atiku] adj. dogmatic.

doi.di.ce [dojd'isi] s. f. madness, foolishness.

doi.di.va.nas [dojdiv'ʌnas] s. m. + f., sg. + pl. madcap, fool, mug, windbag.

doi.do [d'ojdu] s. m. madman, fool. ‖ adj. mad, crazy, insane.

do.í.do [do'idu] adj. aching, painful; troubled, hurt, aggrieved.

dois [d'ojs] s. m. (the number) two; (cards) two-spot, deuce. ‖ num. two.

dó.lar [d'ɔlar] s. m. (pl. **-lares**) dollar; (sl.) buck.

do.lo [d'olu] s. m. fraud; stratagem; craftiness.

do.lo.ri.do [dolor'idu] adj. dolorous, painful, aching.

do.lo.ro.so [dolor'ozu] adj. dolorous, aching, sore; cruel, bitter; doleful; grievous, distressing, harrowing, poignant.

dom [d'ōw] s. m. (pl. **-dons**) gift, present, donation, talent, ability, accomplishment.

do.ma.dor [domad'or] s. m. tamer, horse-breaker. ‖ adj. taming.

do.mar [dom'ar] v. to tame, domesticate, break in (horses); to vanquish, overcome; to subdue; to control; ≃**-se** refrain o. s.

do.mes.ti.car [domestik'ar] v. to domesticate, tame, break in; (fig.) to civilize; ≃**-se** to bew tamed; to become civilized.

do.més.ti.co [dom'ɛstiku] s. m. domestic, servant. ‖ adj. domestic; internal, not foreign.

do.mi.cí.lio [domis'ilju] s. m. domicile, dwelling.

do.mi.na.ção [dominas'ãw] s. f. (pl. **-ções**) domination, dominance, dominancy, command.

do.mi.nar [domin'ar] v. to dominate, rule, be lord, command, reign; to control, govern, sway; to predominate, prevail; to overcome; ≃**-se** to control o. s., refrain o. s.

do.min.go [dom'ĩgu] s. m. Sunday, Lord's day.

do.min.guei.ro [domĩg'ejru] adj. of, or pertaining to the Sunday. **roupa** ≃**-a** Sunday best.

do.mí.nio [dom'inju] s. m. dominion, upper hand.

do.mi.nó [domin'ɔ] s. m. domino (dress and game).

do.na [d'onǝ] s. f. donna, lady, mistress; proprietress; woman, wife, spouse. ≃ **de casa** housewife.

do.na.ti.vo [donat'ivu] s. m. gift, present, donation.

don.de [d'ōdi] contr. of prep. **de** and the adv. **onde** where, from where, whence, wherefrom. ≃**?** wherefrom?

do.ni.nha [don'iñǝ] s. f. (zool.) weasel, ferret.

do.no [d'onu] s. m. master; keeper, holder; owner, proprietor; lord, landlord.

don.ze.la [dōz'ɛlǝ] s. f. maid, maiden, damsel; virgin.

do.par [dop'ar] v. to dope (racehorse).

dor [d'or] s. f. ache, pain, ail, suffering; sorrow, grief, dolour. ≃ **de cabeça** headache. ≃ **de cotovelo** (sl.) jealousy.

do.ra.van.te [dɔrav'ãti] adv. from now on, henceforth.

do.ri.do [dor'idu] adj. aching, painful; sad, depressed, dejected; sorry; compassionate.

dor.men.te [dorm'ēti] s. m. railway sleeper; (archit.) beam, girder. ‖ adj. m. + f. dormant, sleeping; benumbed, stiff; quiescent.

dor.mi.da [dorm'idǝ] s. f. lodging for the night; sleep; time of sleep; sleeping place of animals.

dor.mi.dei.ra [dormid'ejrǝ] s. f. somnolence; (bot.) opium poppy.

dor.mi.nho.co [dormiñ'oku] s. m. lie-a-bed, sleepyhead; (ornith.) black-crowned night heron. ‖ adj. sleepy, drowsy, somnolent.

dor.mir [dorm'ir] s. m. sleep, slumber. ‖ v. to sleep, slumber, fall asleep; to repose, lie, rest; to be quiet, calm; to be dead. ≃ **a sesta, tirar uma soneca** to take a nap.

dor.mi.tar [dormit'ar] v. to slumber, doze, nod, sleep lightly, drouse, map.

dor.mi.tó.rio [dormit'ɔrju] s. m. dormitory, bedroom.

dor.so [d'orsu] s. m. back; reverse.

do.sar [doz'ar] v. to dose, portion, administer in doses. ≃ **insuficientemente** to under-dose.

do.se [d'ɔzi] s. f. dose, quantity, proportion.

dos.sel [dos'ɛw] s. m. (pl. **-séis**) dossal, dossel, tester.

do.tar [dot'ar] v. to endow, dower; to give a dowry, present.

do.te [d'ɔti] s. m. dot, dotal gift, dowry, fortune, jointure, marriage portion.

dou.rar [dowr'ar] v. to gild, gild over; to embellish.

dou.to [d'owtu] adj. learned, erudite; well-informed, well-instructed.

dou.tor [dowt'or] s. m. doctor; learned man, well-instructed person, lawyer.

dou.to.ra [dowt'orǝ] s. f. lady doctor.

dou.to.rar [dowtor'ar] v. to doctorate, graduate, give the degree of a doctor.

dou.tri.na [dowtr'inǝ] s. f. doctrine; principle or body of principles relating to religion, science or politics; formula, dogma.

dou.tri.nar [dowtrin'ar] v. to doctrinize, indoctrinate.

do.ze [d'ozi] s. m. + num. twelve. **dia** ≃ the twelfth.

dra.ga [dr'agǝ] s. f. drag, dredge, dredger.

dra.gão [drag'ãw] s. m. (pl. **-gões**) dragon; (astr.) **Dragão**, the northern constellation Draco; (mil.) dragoon.

dra.go.na [drag'onǝ] s. f. shoulder strap, epaulet(te).

dra.ma [dr'ʌmǝ] s. m. drama, (theat.) a play, tragedy; catastrophe; terrible event.

dra.ma.lhão [dramaʎ'ãw] s. m. (pl. **-lhões**) melodrama.

dra.má.ti.co [dram'atiku] adj. dramatic; tragic.

dra.ma.ti.zar [dramatiz'ar] v. to dramatize.

drás.ti.co [dr'astiku] adj. drastic.

dre.nar [dren'ar] v. to drain, draw off gradually.

dre.no [dr'enu] s. m. drain (pipe, ditch).

dro.ga [dr'ɔgɘ] s. f. drug (medicine). **viciado em** ≃s drug addict; (pop.) junkie.

dro.ga.ri.a [drogar'iɘ] s. f. drugstore, pharmacy.

dro.gar [drog'ar] v. to drug.

du.as [d'uas] s. f. two (f. form of **dois**) ‖ num. f. pl. two, twain. **de** ≃ **em** ≃ **horas** every two hours.

dú.bio [d'ubju] adj. dubious, doubting, hesitant.

du.bla.gem [dubl'aʒẽj] s. f. (cin. and TV) dubbing.

du.cha [d'uʃɘ] s. f. douche. **banho de** ≃ showerbath; ≃s bathhouse.

du.e.lo [du'ɛlu] s. m. duel, encounter.

du.en.de [du'ẽdi] s. m. dwarf, elf, imp; spirit, sprite; hobgoblin; spook.

du.e.to [du'etu] s. m. (mus.) duet, duetto.

du.na [d'unɘ] s. f. dune; sand dune, sand hill.

du.o.de.no [dwod'enu] s. m. (anat.) duodenum.

du.pla [d'uplɘ] s. f. + adj. couple, twosome.

du.pli.car [duplik'ar] v. to double, duplicate; to copy; to repeat; ≃-**se** to be repeated.

du.pli.ca.ta [duplik'atɘ] s. f. duplicate, copy, bill.

du.pli.ci.da.de [duplisid'adi] s. f. duplicity, doubleness; deception; double-dealing.

du.plo [d'uplu] s. m. double. ‖ adj. double, duplex, twofold, twice as much, dual.

du.que [d'uki] s. m. (f. **-quesa**) duke.

du.que.sa [duk'ezɘ] s. f. duchess.

du.ra.ção [duras'ãw] s. f. duration, run, continuance.

du.ran.te [dur'ãti] prep. during, while, in the time of, in the course of, for, by. ≃ **a noite** during the night. ≃ **algum tempo** for some time. ≃ **horas** for hours.

du.rar [dur'ar] v. to last, continue, remain, abide; to be resistent; to wear well.

du.rá.vel [dur'avew] adj. m. + f. (pl. **-veis**) durable, lasting, stable.

du.re.za [dur'ezɘ] s. f. hardness; consistency, solidity; stiffness; severity; harshness.

du.ro [d'uru] adj. hard; firm, solid, consistent, compact, dense. **água mole em pedra** ≃-**a tanto bate até que fura!** constant dripping wears away the stone! **uma vida** ≃-**a** a hard life; (fig.) hard up.

dú.vi.da [d'uvidɘ] s. f. doubt; dubiety, dubiousness; uncertainty. **fora de** ≃ beyond doubt, without question, certainly. **pôr em** ≃ to arraign, impeach. **sem** ≃ **alguma** undoubtedly.

du.vi.dar [duvid'ar] v. to doubt, be uncertain.

du.vi.do.so [duvid'ozu] adj. dubious, doubtful, uncertain, questionable.

du.zen.tos [duz'ẽtus] s. m. pl. + num. two hundred.

dú.zia [d'uzjɘ] s. f. dozen (twelve); (fig.) a lot (of things). **às** ≃s by the dozen, by dozens. **cinqüenta cruzados a** ≃ fifty cruzados a dozen.

E

E, e [ˈe] s. m. the fifth letter of the Portuguese alphabet. ‖ conj. and.

é.ba.no [ˈɛbanu] s. m. ebony, the tree (also ebon(y) tree) and the wood.

é.brio [ˈɛbrju] s. m. drunkard, toper, tippler. ‖ adj. drunk(en), intoxicated.

e.bu.li.ção [ebulisˈãw] s. f. (pl. -ções) ebullition, boiling.

e.bu.lir [ebulˈir] v. to boil, effervesce, be agitated.

e.cle.si.ás.ti.co [eklezjˈastiku] s. m. ecclesiastic. ‖ adj. ecclesiastic(al), clerical.

e.clé.ti.co [eklˈɛtiku] adj. ecletic.

e.cle.tis.mo [ekletˈizmu] s. m. ecleticism.

e.clip.sar [eklipsˈar] v. to eclipse; overshadow, outshine; (astr.) disappear.

e.clip.se [eklˈipsi] s. m. eclipse; (fig.) disappearance.

e.clo.são [ekloʒˈãw] s. f. (pl. -sões), (zool.) eclosion.

e.clu.sa [eklˈuzɐ] s. f. canal lock; floodgate; dam.

e.co [ˈɛku] s. m. echo; repetition, resound; repercussion; reflection.

e.co.ar [ekoˈar] v. to echo; to resound; to reverberate.

e.co.lo.gi.a [ekoloʒˈiɐ] s. f. (biol. and sociol.) (o)ecology.

e.co.no.mi.a [ekonomˈiɐ] s. f. economy; ≃s savings.

e.co.nô.mi.co [ekonˈomiku] adj. economic(al), thrifty, frugal, unexpensive, cheap. **ano** ≃ financial year. **caixa** ≃-**a** Savings Bank.

e.co.no.mis.ta [ekonomˈistɐ] s. m. + f. economist.

e.co.no.mi.zar [ekonomizˈar] v. to economize, save; to lay up; to be frugal, economical.

e.cos.fe.ra [ekosfˈɛrɐ] s. f. ecosphere.

e.cos.sis.te.ma [ekosistˈemɐ] s. m. ecosystem.

ec.to.pa.ra.si.ta [ektoparazˈitɐ] s. m. ectoparasite.

ec.to.plas.ma [ektoplˈazmɐ] s. m. ectoplasm.

ec.ze.ma [ekzˈemɐ] s. f. eczema.

e.di.ção [edisˈãw] s. f. (pl. -ções) edition, impression, publication. ≃ **de bolso** pocket edition. **a última** ≃ the latest edition.

e.di.fi.ca.ção [edifikasˈãw] s. f. (pl. -ções) erection, construction, edifice, building; (fig.) edification, improvement, good example.

e.di.fi.can.te [edifikˈãti] adj. m. + f. edifying.

e.di.fi.car [edifikˈar] v. to edify; to construct, build.

e.di.fí.cio [edifˈisju] s. m. edifice, building, structure.

e.di.tar [editˈar] v. to edit, publish (book, magazine).

é.di.to [ˈɛditu] s. m. edict, proclamation; ordinance, decree; court order.

e.di.tor [editˈor] s. m. publisher, editor.

e.di.to.ra [editˈorɐ] s. f. publishing house or company.

e.di.to.ra.ção [editorasˈãw] s. f. (pl. -ções) editorial business, publishing.

e.du.ca.ção [edukasˈãw] s. f. (pl. -ções) education, instruction, teaching; breeding; knowledge, culture; training. ≃ **física** physical education. ≃ **superior** higher education. **boa** ≃ good upbringing, good manners. **sem** ≃ uneducated.

e.du.ca.do [edukˈadu] adj. educated; well-bred.

e.du.ca.dor [edukadˈor] s. m. educator.

e.du.can.do [edukˈãdu] s. m. pupil, scholar, student.

e.du.car [edukˈar] v. to educate, bring up, rear; to teach, instruct; to discipline.

e.fei.to [efˈejtu] s. m. effect; result; consequence.

e.fê.me.ro [efˈemeru] adj. ephemeral; fleeting.

e.fe.mi.na.do [efeminˈadu] effeminate; weak.

e.fe.mi.nar [efeminˈar] v. to make effeminate.

e.fer.ves.cên.cia [efervesˈẽsjɐ] s. f. effervescence.

e.fer.ves.cen.te [eferves'ēti] adj. m. + f. effervescent.

e.fer.ves.cer [eferves'er] v. to effervesce.

e.fe.ti.var [efetiv'ar] v. to effect, execute, accomplish; to realize, produce as a result; to grant tenure.

e.fe.ti.vo [efet'ivu] s. m. effective. ‖ adj. effective; efficient; active; real; positive; (mil.) troops.

e.fe.tu.ar [efetu'ar] v. to effectuate; ≃-se to occur.

e.fi.cá.cia [efik'asjə] s. f. efficacy, efficiency; force.

e.fi.caz [efik'as] adj. m. + f. (pl. -cazes) efficacious, efficient.

e.fi.ci.ên.cia [efisi'ēsjə] s. f. efficiency, efficience, efficacy; activity; capacity.

e.fi.ci.en.te [efisi'ēti] adj. m. + f. efficient; capable.

e.flo.res.cer [eflores'er] v. to effloresce, blossom, bloom, come into flower.

e.fu.são [efuz'ãw] s. f. (pl. -sões) effusion.

e.fu.si.vo [efuz'ivu] adj. effusive; expressive.

e.gíp.cio [eʒ'ipsju] s. m. + adj. Egyptian.

e.go.cên.tri.co [egos'ētriku] adj. egocentric.

e.go.ís.mo [ego'izmu] s. m. egoism, selfishness.

e.go.ís.ta [ego'istə] s. m. + f. egoist. ‖ adj. egoistic(al), selfish; self-seeking.

é.gua ['εgwə] s. f. (zool.) mare.

eh ['e] interj. (to call attention to s. th. or make animals go) hey!

ei.ra ['ejrə] s. f. threshing floor, barn floor. **sem ≃ nem beira** a poor person.

eis ['ejs] adv. here is, this is, here are, these are, here it is.

ei.xo ['ejʃu] s. m. (tech.) axle, axletree, axleshaft, axis, pivot. **andar fora dos ≃s** (fig.) to be out of order, lead a disorderly life. **entrar nos ≃s** (fig.) to straighten, become straight.

e.ja.cu.lar [eʒakul'ar] v. to ejaculate; to exclaim.

e.je.tor [eʒet'or] s. m. (tech.) ejector; jet pump.

e.la ['εlə] pron. f. she, it; her; ≃s they. ≃s **por ≃s** tit for tat. **aí é que são ≃s** now, there is (begins) the difficulty; (fam.) there is the rub.

e.la.bo.ra.ção [elaboras'ãw] s. f. (pl. -ções) elaboration.

e.la.bo.rar [elabor'ar] v. to elaborate; to organize; to prepare; ≃-se to develop.

e.las.ti.ci.da.de [elastisid'adi] s. f. elasticity, resilience; flexibility; (fig.) unscrupulousness.

e.lás.ti.co [el'astiku] s. m. elastic cord or string, an elastic (band). ‖ adj. elastic; supple (limbs); flexible, distensible.

e.le ['eli] pron. m. he, it; him; ≃s they.

e.le.fan.te [elef'ãti] s. m. (zool.) elephant. (fig.) ≃**branco** white elephant.

e.le.gân.cia [eleg'ãsjə] s. f. elegante, grace(fulness), smartness; refinement; fashionableness.

e.le.gan.te [eleg'ãti] s. m. + f. elegant or smart person. ‖ adj. elegant, fine, smart, graceful; handsome; neat; refined; spruce.

e.le.ger [eleʒ'er] v. to elect; to select, pick.

e.le.gí.vel [eleʒ'ivew] adj. m. + f. (pl. -veis) eligible.

e.lei.ção [elejs'ãw] s. f. (pl. -ções) election; choice.

e.lei.to [el'ejtu] s. m. elect. ‖ adj. elect(ed), chosen.

e.lei.tor [elejt'or] s. m. elector, voter, constituent.

e.lei.to.ra [elejt'orə] s. f. elect(o)ress; voter.

e.lei.to.ra.do [elejtor'adu] s. m. electorate.

e.lei.to.ral [elejtor'aw] adj. m. + f. (pl. -rais) electoral.

e.le.men.tar [elemēt'ar] adj. m. + f. elementary.

e.le.men.to [elem'ētu] s. m. element; principle, rudiment; component, ingredient.

e.len.co [el'ēku] s. m. cast (of actors); list.

e.le.tri.ci.da.de [eletrisid'adi] s. f. electricity.

e.le.tri.cis.ta [eletris'istə] s. m. + f. electrician.

e.lé.tri.co [el'εtriku] s. m. electric: tram(car), tramway. ‖ adj. electric(al).

e.le.tri.fi.car [eletrifik'ar] v. to electrify.

e.le.tri.zar [eletriz'ar] v. to electrify, electrize.

e.le.tro.car.di.o.gra.ma [elεtrokardjogr'∧mə] s. m. (med.) electrocardiogram.

e.le.tro.cus.são [eletrokus'ãw] s. f. (pl. -sões) electrocution.

e.le.tro.cu.tar [eletrokut'ar] v. to electrocute.

e.le.tró.li.se [eletr'olizi] s. f. electrolysis.

e.lé.tron [el'εtrõw] s. m. (chem. and phys.) electron.

e.le.tro.di.nâ.mi.co [elɛtrodin'ʌmiku] adj. electrodynamic.

e.le.trô.ni.ca [eletr'onikə] s. f. electronics.

e.le.trô.ni.co [eletr'oniku] adj. electronic(al).

e.le.tro.te.ra.pia [elɛtroterap'iə] s. f. electrotherapy.

e.le.va.ção [elevas'ãw] s. f. (pl. **-ções**) elevation, increase.

e.le.va.do [elev'adu] adj. elevated; lifted up, raised, lofty, high; (mus.) full-tone.

e.le.va.dor [elevad'or] s. m. elevator, lift. ‖ adj. elevating, elevatory. **poço de** ≃ elevator shaft.

e.le.var [elev'ar] v. to elevate, raise, lift (up); hoist; to exalt. ≃ **a voz** to speak louder. **os preços estão se elevando rapidamente** the prices are shooting up.

e.li.mi.na.ção [eliminas'ãw] s. f. (pl. **-ções**) elimination.

e.li.mi.nar [elimin'ar] v. to eliminate; to remove, expel, banish; (fig.) to extirpate.

e.li.mi.na.tó.rio [eliminat'ɔrju] adj. eliminatory, eliminating.

e.lip.se [el'ipsi] s. f. (gram.) ellipsis; (geom.) ellipse.

e.li.te [el'iti] s. f. elite; the choicest part; influential people, leading circles.

e.li.xir [eliʃ'ir] s. m. elixir; panacea.

el.mo ['ɛwmu] s. m. helmet.

e.lo ['ɛlu] s. m. link (of a chain); (bot.) tendril.

e.lo.gi.ar [eloʒi'ar] v. to eulogize; to speak or write of praisingly; to exalt.

e.lo.gi.o [eloʒ'iu] s. m. eulogy; commendation.

e.lo.qüên.cia [elok'wẽsjə] s. f. eloquence; oratory.

e.lo.qüen.te [elok'wẽti] adj. m. + f. eloquent; expressive.

e.lu.ci.da.ção [elusidas'ãw] s. f. (pl. **-ções**) elucidation, explanation; exposition, commentary.

e.lu.ci.dar [elusid'ar] v. to elucidate; to explain.

e.lu.ci.da.ti.vo [elusidat'ivu] adj. elucidative, elucidating.

em [ẽj] prep. in, into, up, at, on, upon, during, within, by, to. ≃ **atenção a** in consideration of. ≃ **boa hora** at a good time, opportunely. ≃ **boas mãos** in good hands. ≃ **breve** soon. ≃ **casa** at home. ≃ **cima** above;

upstair. ≃ **frente de** in front of. ≃ **geral** generally. ≃ **liberdade** at liberty. ≃ **lugar de** in place of, instead of. ≃ **situação difícil** in straightened circumstances. ≃ **tempo** in time. ≃ **vão** in vain, idly. ≃ **vez de** instead of. ≃ **forma** fit.

e.ma.gre.cer [emagres'er] v. to emaciate, grow lean or thin; to get thin, lose flesh.

e.ma.gre.ci.men.to [emagresim'ẽtu] s. m. emaciation, thinning; weakness.

e.ma.na.ção [emanas'ãw] s. f. (pl. **-ções**) emanation; efflux, effluvium; (ir)radiation.

e.ma.nar [eman'ar] v. to emanate; to exhale.

e.man.ci.pa.ção [emãsipas'ãw] s. f. (pl.**-ções**) emancipation; liberation (slavery).

e.man.ci.par [emãsip'ar] v. to emancipate; ≃**-se** to emancipate o. s.; to liberate.

e.ma.ra.nhar [emarañ'ar] v. to embarrass, puzzle; to tangle, snare; ≃**-se** to entangle o. s.

e.ma.re.le.cer [emareles'er] v. to yellow.

em.ba.çar [ẽbas'ar] v. to dim, dull; to obfuscate; to trick; to perplex; to tarnish; to fog (up).

em.ba.ci.ar [ẽbasi'ar] v. to dim, make dull, tarnish.

em.ba.i.nhar [ẽbaj'ñar] v. to sheathe (sword); to hem.

em.bai.xa.da [ẽbajʃ'adə] s. f. embassy.

em.bai.xa.dor [ẽbaiʃad'or] s. m. ambassador; emissary.

em.bai.xa.do.ra [ẽbajʃad'orə] s. f. ambassadress.

em.bai.xa.triz [ẽbajʃatr'is] s. f. ambassadress.

em.bai.xo [ẽbaj'ʃu] adv. below, beneath; downstairs.

em.ba.la.dor [ẽbalad'or] s. m. rocker; packer.

em.ba.la.gem [ẽbal'azẽj] s. f. (pl. **-gens**) package; packaging; wrapping, baling, boxing.

em.ba.lar [ẽbal'ar] v. to rock (a child); to sleep; to wrap up, pack (up); to bale.

em.bal.sa.mar [ẽbawsam'ar] v. to embalm, anoint.

em.ban.dei.rar [ẽbãdejr'ar] v. to flag, adorn with flags.

em.ba.ra.çar [ẽbaras'ar] v. to embarrass, hinder, hamper; to get entangled; to ball up; ≃ **-se** to get entangled, get embarrassed.

em.ba.ra.ço [ẽbar'asu] s. m. embarrassment.

em.ba.ra.ço.so [ẽbaras'ozu] adj. embarrassing; troublesome; puzzling; annoying, cumbersome.

em.ba.ra.fus.tar [ẽbarafust'ar] v. (Braz.) to burst (into a room); to penetrate, enter into.

em.ba.ra.lhar [ẽbaraλ'ar] v. to shuffle (cards); to mix (up), jumble; to confuse; to entangle.

em.bar.ca.ção [ẽbarkas'ãw] s. f. (pl. **-ções**) embarkation; vessel, ship, craft, boat.

em.bar.ca.dou.ro [ẽbarkad'owru] s. m. landing place; landing stage; quay; (railway) platform.

em.bar.car [ẽbark'ar] v. to embark; to get on board; take a ship; (pop.) to die; to depart.

em.bar.gar [ẽbarg'ar] v. to embargo; to detain, seize, confiscate; to hinder; (law) to attach.

em.bar.go [ẽb'argu] s. m. embargo; seizure, arrest; impediment; hindrance.

em.bar.que [ẽb'arki] s. m. embarkment, shipping, embarkation.

em.bar.ri.car [ẽbařik'ar] v. to barrel, put in a barrel.

em.bas.ba.car [ẽbazbak'ar] v. to gape (in wonder).

em.ba.te [ẽb'ati] s. m. collision, clash, impact.

em.ba.ter [ẽbat'er] v. to knock, clash, dash against.

em.ba.tu.car [ẽbatuk'ar] v. to silence; to dumbfound; to shut up; to hold one's tongue.

em.be.be.dar [ẽbebed'ar] v. to intoxicate, inebriate.

em.be.ber [ẽbeb'er] v. to imbibe, soak up, absorb; to steep, drench; ≃-se to be imbibed.

em.be.bi.do [ẽbeb'idu] adj. soaked, drenched; soppy; enraptured; deeply interested.

em.bei.çar [ẽbejs'ar] v. to infatuate; to enchant.

em.be.le.za.men.to [ẽbelezam'ẽtu] s. m. embellishment.

em.be.le.zar [ẽbelez'ar] v. to embellish, beautify.

em.be.ve.cer [ẽbeves'er] v. to charm, captivate.

em.be.ve.ci.men.to [ẽbevesim'ẽtu] s. m. stupefaction.

em.bi.car [ẽbik'ar] v. to shape like a beak; to trip, stumble, slip; ≃-se to head towards.

em.bir.rar [ẽbiř'ar] v. to be obstinate or stubborn; to sulk; to feel antipathy for. ≃ **com alguém** to take a dislike to.

em.ble.ma [ẽbl'emə] s. m. emblem, badge; ensign; symbol; allegory.

em.bo.ca.du.ra [ẽbokad'urə] s. f. estuary; nozzle.

em.bo.car [ẽbok'ar] v. to hole (golf, billiards, etc.).

em.bo.lo.rar [ẽbolor'ar] v. to become mouldy or musty.

em.bol.sar [ẽbows'ar] v. to pocket; to reimburse.

em.bol.so [ẽb'owsu] s. m. getting in, receipt of payment.

em.bo.ne.car [ẽbonek'ar] v. to adorn, doll up.

em.bo.ra [ẽb'ɔrə] adv. (obs.) auspiciously, in a good time; even so. ‖ conj. (al)thought, albeit, however, in despite of. **vá** ≃! begone!, go away!, be off!

em.bos.ca.da [ẽbosk'adə] s. f. ambush, ambuscade.

em.bos.car [ẽbosk'ar] v. to ambush.

em.bo.tar [ẽbot'ar] v. to blunt; to benumb.

em.bran.de.cer [ẽbrãdes'er] v. to soften, slacken, relax.

em.bran.que.cer [ẽbrãkes'er] v. to whiten, bleach.

em.bra.ve.cer [ẽbraves'er] v. to enrage, infuriate.

em.bre.a.gem [ẽbre'azẽj] s. f. (pl. **-gens**), (tech.) coupling, clutch. **pedal de** ≃ clutch pedal.

em.bre.nhar [ẽbreñ'ar] v. to hide in the thicket of a wood; ≃-se to hide o. s. in the woods.

em.bri.a.ga.do [ẽbrjag'adu] adj. drunk(en), tipsy.

em.bri.a.gar [ẽbrjag'ar] v. to make drunk; ≃-se to drink to excess, get drunk.

em.bri.a.guez [ẽbrjag'es] s. f. drunkenness, inebriety.

em.bri.ão [ẽbri'ãw] s. m. (pl. **-ões**) embryo, germ.

em.bri.o.lo.gi.a [ẽbrjoloʒ'iə] s. f. (biol.) embryology.

em.bri.o.ná.rio [ẽbrjon'arju] adj. (med.) embryonic.

em.bro.mar [ẽbrom'ar] v. to swindle, cheat.

em.bru.lha.da [ẽbruλ'adə] s. f. confusion, disorder.

em.bru.lha.do [ẽbruλ'adu] adj. wrapped up; entangled.

em.bru.lhar [ēbruX'ar] v. to wrap up, pack up; to double, fold, bundle; to confuse, complicate, intricate, entangle; to cheat.

em.bru.lho [ēbr'uXu] s. m. bundle, parcel, packet, package, confusion; swindle.

em.bru.te.cer [ēbrutes'er] v. to brutalize, bestialize.

em.bru.te.ci.men.to [ēbrutesim'ētu] s. m. brutalization.

em.bu.çar [ēbus'ar] v. to cloak, veil; to disguise.

em.bu.char [ēbuʃ'ar] v. to stuff one's craw; to glut.

em.bur.ra.do [ēbuř'adu] adj. sulky, moody; annoyed, angry; bored, irked.

em.bur.rar [ēbuř'ar] v. to become brutish; to sulk, pout, grouch; to become sullen.

em.bus.te [ēb'usti] s. m. a sly lie, falsehood; ruse.

em.bus.tei.ro [ēbust'ejru] s. m. liar, deceiver, impostor, cheat, swindler. **I** adj. lying, cheating; deceptive, fraudulent; trickey.

em.bu.ti.do [ēbut'idu] adj. inlaid, inserted, forced in. **armário** ≃ closet.

em.bu.tir [ēbut'ir] v. to inlay, encrustate, imbed, incrust.

e.men.da [em'ēdə] s. f. correction; emendation.

e.men.dar [emēd'ar] v. to correct, amend, emend; to improve; to repair, mend; ≃-se to repent, reform; to regenerate.

e.mer.gên.cia [emerʒ'ēsjə] s. f. emergency; incident.

e.mer.gen.te [emerʒ'ēti] adj. emergent.

e.mer.gir [emerʒ'ir] v. to emerge.

e.mer.são [emers'āw] s. f. (pl. **-sões**) emersion, emergence.

e.mi.gra.ção [emigras'āw] s. f. (pl. **-ções**) emigration.

e.mi.gran.te [emigr'āti] s. m. + f. + adj. emigrant.

e.mi.grar [emigr'ar] v. to emigrate; to migrate.

e.mi.nên.cia [emin'ēsjə] s. f. eminence, height; hill, elevated ground, excellence.

e.mi.nen.te [emin'ēti] adj. m. + f. eminent; high.

e.mi.ra.do [emir'adu] s. m. emirate.

e.mis.são [emis'āw] s. f. (pl. **-sões**) emission; act of emitting; ejection, discharge.

e.mis.sá.rio [emis'arju] s. m. emissary; agent; messenger; spy, secret agent.

e.mis.sor [emis'or] s. m. emitter; transmitter.

e.mis.so.ra [emis'orə] s. f. broadcasting station.

e.mi.tir [emit'ir] v. to emit, issue; to expel, eject, discharge; to put into circulation.

e.mo.ção [emos'āw] s. f. (pl. **-ções**) emotion, thrill.

e.mo.cio.na.do [emosjon'adu] adj. thrilled; affected, touched; impressed.

e.mo.cio.nal [emosjon'aw] adj. m. + f. (pl. **-nais**) emotional.

e.mo.cio.nan.te [emosjon'āti] adj. m. + f. emotive, exciting, thrilling; impressing, moving.

e.mo.cio.nar [emosjon'ar] v. to thrill, cause emotion.

e.mol.du.rar [emowdur'ar] v. to frame, surround.

e.mo.ti.vo [emot'ivu] adj. emotive, emotional.

em.pa.car [ēpak'ar] v. (Braz.) to balk (horse or beast).

em.pa.co.ta.dor [ēpakotad'or] s. m. packer, wrapper. **I** adj. packing, wrapping.

em.pa.co.ta.men.to [ēpakotam'ētu] s. m. wrappage.

em.pa.co.tar [ēpakot'ar] v. to pack or wrap up; to package; to bale; to incase.

em.pa.da [ēp'adə] s. f. patty (pastry).

em.pa.lar [ēpal'ar] v. to impale; (fig.) to torture.

em.pa.lha.do [ēpaX'adu] adj. covered, packed or stuffed with straw.

em.pa.lhar [ēpaX'ar] v. to pack in straw (fruits, etc.); to stuff with straw (animals); to cover with straw (glasses, bottles).

em.pa.li.de.cer [ēpalides'er] v. to pale: make or turn pale; to blanch; (fig.) to fade.

em.pal.mar [ēpawm'ar] v. to palm, grasp; to pilfer.

em.pa.nar [ēpan'ar] v. to cover (with cloth), wrap up; to darken; to dim; to tarnish.

em.pan.tur.ra.do [ēpātuř'adu] adj. satiate, stuffed, overfull (with food).

em.pan.tur.rar [ēpātuř'ar] v. to stuff, glut, cram (with food); ≃-se to fill one's belly.

em.pan.zi.nar [ēpāzin'ar] v. to surfeit, stuff, glut.

em.pa.par [ēpap'ar] v. to cover with a paste or poultice; to make soft as pap; to drench, soak, sop; to imbibe, steep.

em.pa.pu.çar [ẽpapus'ar] v. to fold, crease, plait; to bloat, puff up; ≃-**se** to become bloated.

em.par.cei.rar [ẽparsejr'ar] v. to unite, join; to match up, couple; ≃-**se** to associate with.

em.pa.re.dar [ẽpared'ar] v. to wall in, cloister.

em.pa.re.lha.do [ẽpareλ'adu] adj. paired, coupled; abreast; in pairs; yoked; matched.

em.pa.re.lhar [ẽpareλ'ar] v. to pair, couple; to unite, join, link; to yoke; to match.

em.par.var-se [ẽparv'arsi] v. = **emparvoecer-se.**

em.par.vo.e.cer-se [ẽparvoes'ersi] v. to make or become silly or stupid.

em.pas.ta.do [ẽpast'adu] adj. impasted; plastered down (as wet hair).

em.pas.ta.men.to [ẽpastam'ẽtu] s. m. impastation.

em.pas.tar [ẽpast'ar] v. to impast, paste, plaster.

em.pas.te.lar [ẽpastel'ar] v. (typogr.) to pie (types).

em.pa.ta.do [ẽpat'adu] adj. drawn (game); invested (money); put off, delayed.

em.pa.tar [ẽpat'ar] v. (gambling, sport, etc.) to draw, end in a draw; (chess) to stalemate; to make equal, equalize (votes).

em.pa.te [ẽp'ati] s. m. act or effect of being or becoming equal; equality; (gambling, sport, etc.) draw, dead heat, tie.

em.pe.ci.lho [ẽpes'iλu] s. m. impediment, difficulty, obstruction, check; drawback.

em.pe.der.nir [ẽpedern'ir] v. to petrify; to harden.

em.pe.dra.do [ẽpedr'adu] adj. covered with gravel, paved with stones; hardened.

em.pe.drar [ẽpedr'ar] v. to pave; (also ≃-**se**) to petrify, become stony; to harden.

em.pe.lo.tar [ẽpelot'ar] v. to become lumpy (as gravy, oatmeal, etc.).

em.pe.na.do [ẽpen'adu] adj. feathered; warped.

em.pe.nar [ẽpen'ar] v. to feather; (also ≃-**se**) cover or become covered with feathers or plumes; to fledge; to warp.

em.pe.nha.do [ẽpeñ'adu] adj. indebt(ed); pledged, engaged; pawned; concerned in.

em.pe.nhar [ẽpeñ'ar] v. to pawn, mortgage, hypothecate; to induce; to impel; to employ; ≃-**se** to run into debts.

em.pe.nho [ẽp'eñu] s. m. act of pawning or mortgaging; pledge; obligation; interest.

em.pe.nho.rar [ẽpeñor'ar] v. to put in pawn; give as security; to mortgage.

em.per.rar [ẽpeṝ'ar] v. to stick fast, jam, get jammed; to harden; to sulk; to indurate (heart); ≃-**se** to make or become obstinate.

em.per.ti.gar [ẽpertig'ar] v. to erect, raise; to stiffen; to straighten; to make proud.

em.pes.ta.do [ẽpest'adu] s. m. person infected with the plague. ‖ adj. infected with plague.

em.pes.tar [ẽpest'ar] v. to infect with plague; to contaminate; (fig.) to corrupt.

em.pi.lhar [ẽpiλ'ar] v. to heap or pile up, stack; to accumulate, amass.

em.pi.nar [ẽpin'ar] v. to raise or lift up; to put straight; ≃-**se** to prance, rear.

em.pi.po.car [ẽpipok'ar] v. (Braz.) to crackle, pop; to burst; to break out pustules.

em.pla.car [ẽplak'ar] v. (Braz.) to supply with a plate or plaque; to licence (car).

em.plas.mar [ẽplazm'ar] v. to cover with plaster.

em.plas.tro [ẽpl'astru] s. m. (pharm.) plaster.

em.plu.ma.do [ẽplum'adu] adj. feathered, plumed.

em.plu.mar [ẽplum'ar] v. to feather, fledge, cover with feathers; ≃-**se** to adorn o. s.

em.po.bre.cer [ẽpobres'er] v. to impoverish.

em.po.bre.ci.men.to [ẽpobresim'ẽtu] s. m. impoverishment; depletion (of soil).

em.po.çar [ẽpos'ar] v. to put into a well or puddle; to form a puddle or pool; ≃-**se** to stick or sink in a mire.

em.po.ei.rar [ẽpoejr'ar] v. to dust; ≃-**se** to be dusty.

em.po.lar [ẽpol'ar] v. to blister, raise blisters on; to swell, roughen, run high (sea); ≃-**se** to be or become proud or arrogant.

em.po.lei.rar [ẽpolejr'ar] v. to roost (birds).

em.pol.gan.te [ẽpowg'ãti] adj. m. + f. grasping, gripping; exciting, overpowering.

em.pol.gar [ẽpowg'ar] v. to grasp, grip, seize, grab; to thrill, excite; to engross, absorb.

em.por.ca.lhar [ẽporkaλ'ar] v. to dirty, soil, mess up.

em.pó.rio [ẽp'ɔrju] s. m. emporium; warehouse.

em.pos.sar [ẽpos'ar] v. to give possession to or put in possession of; ≃-**se** to take possession of; to assume office.

em.pre.en.der [ẽpreẽd'er] v. to undertake, attempt, take upon o. s.; to enterprise, venture.

em.pre.en.di.men.to [ẽpreẽdim'ẽtu] s. m. undertaking.

em.pre.ga.da [ẽpreg'adə] s. f. maid, domestic servant.

em.pre.ga.do [ẽpreg'adu] s. m. employee, functionary. ‖ adj. employed, busy.

em.pre.ga.dor [ẽpregad'or] s. m. employer; owner.

em.pre.gar [ẽpreg'ar] v. to employ; to utilize; to give a job, engage; ≃-**se** to be in office.

em.pre.go [ẽpr'egu] s. m. employment; use, application; job; work, occupation.

em.prei.ta.da [ẽprejt'adə] s. f. contract job, undertaking.

em.prei.tar [ẽprejt'ar] v. to job, take over on a contract basis.

em.prei.tei.ro [ẽprejt'ejru] s. m. contractor, undertaker, entrepreneur; jobler.

em.pre.sa [ẽpr'ezə] s. f. enterprise, undertaking; business; company; design, purpose.

em.pre.sá.rio [ẽprez'arju] s. m. undertaker, entrepreneur, contractor; (theat.) impresario.

em.pres.ta.do [ẽprest'adu] adj. lent, loaned; borrowed.

em.pres.tar [ẽprest'ar] v. to lend, loan (**a** to); to borrow (**de** from).

em.prés.ti.mo [ẽpr'ɛstimu] s. m. a loan, lending.

em.pro.a.do [ẽpro'adu] adj. (naut.) sailing towards; proud, haughty.

em.pro.ar [ẽpro'ar] v. (naut.) to steer right forward, head for; ≃-**se** to become haughty.

em.pu.bes.cer [ẽpubes'er] v. (also ≃-**se** to reach puberty or manhood; to become hairy.

em.pu.nhar [ẽpuñ'ar] v. to grasp, grip, gripe; to hold up. ≃ **a espada** to lay hold of the sword.

em.pur.rão [ẽpur̃'ãw] s. m. (pl. -**rões**) push, shove, jostle, thrust, poke.

em.pur.rar [ẽpur̃'ar] v. to push, thrust (aside, away); to press; to shove, jostle.

e.mu.de.cer [emudes'er] v. to silence, still; ≃-**se** to become silent, to remain speechless.

e.nal.te.ce.dor [enawtesed'or] adj. exalting, enhancing.

e.nal.te.cer [enawtes'er] v. to exalt, aggrandize, ennoble; to praise, laud.

e.nal.te.ci.men.to [enawtesim'ẽtu] s. m. exaltation.

e.na.mo.ra.do [enamor'adu] adj. enamo(u)red, infatuated, in love. **estou** ≃ I am in love.

e.na.mo.rar [enamor'ar] v. to enamo(u)r, inspire with love; to enchant, charm, fascinate; ≃-**se** to fall in love (with).

en.ca.be.çar [ẽkabes'ar] v. to head, lead, direct; to inculcate; ≃-**se** to put into one's head; (fig.) to be convinced.

en.ca.bu.la.do [ẽkabul'adu] adj. bashful; constrained; shy; timid; vexed.

en.ca.bu.lar [ẽkabul'ar] v. to abash; to constrain; to shame; to bring bad luck to.

en.ca.de.a.men.to [ẽkadeam'ẽtu] s. m. chaining, linkage, enchainment; concatenation; series.

en.ca.de.ar [ẽkade'ar] v. to enchain, fetter; to concatenate, join in a series; to link, connect, joint; to unite; ≃-**se** to form a chain.

en.ca.der.na.ção [ẽkadernas'ãw] s. f. (pl. -**ções**) bookbinding; binding, cover (of a book).

en.ca.der.na.do [ẽkadern'adu] adj. bound (book).

en.ca.der.na.dor [ẽkadernad'or] s. m. bookbinder.

en.ca.der.nar [ẽkadern'ar] v. to bind (books).

en.ca.fi.far [ẽkafif'ar] v. (Braz.) to abash; to make ashamed; to become bored or annoyed.

en.cai.xar [ẽkajʃ'ar] v. to box, incase, case; to mortise.

en.cai.xe [ẽkaj'ʃi] s. m. mortise, dovetail, groove.

en.cai.xo.ta.men.to [ẽkajʃotam'ẽtu] s. m. act of packing (goods) in boxes.

en.cai.xo.tar [ẽkajʃot'ar] v. to box, pack (goods) in boxes.

en.ca.la.crar [ẽkalakr'ar] v. to put s. o. in trouble; to let s. o. down; ≃-**se** to run into debt; to run risks.

en.cal.car [ẽkawk'ar] v. to calk; tighten.

en.cal.ço [ẽk'awsu] s. m. pursuit, chase; footprint, track, trail. **ao** ≃ **de** on the track of.

en.ca.lha.do [ẽkaʎ'adu] adj. aground, stranded.

en.ca.lhar [ēkaλ'ar] v. to run aground or ashore (ship); to strike on a sandbank; to stagnate, stick fast.

en.ca.lhe [ēk'aλi] s. m. stranding (ship); hindrance; unsold merchandise; stock.

en.cal.ve.cer [ēkawves'er] v. to grow bald (the head).

en.ca.mi.nha.men.to [ēkamiñam'ētu] s. m. direction, guiding, leading.

en.ca.mi.nhar [ēkamiñ'ar] v. to conduct, lead, guide, direct, orient; ≈-se to go to or towards, take one's way, turn to, set out for.

en.cam.par [ēkãp'ar] v. to rescind a lease contract, cancel an agreement on lease; to annul, cancel, revoke (by legal means).

en.ca.na.do [ēkan'adu] adj. canalized; piped. **ar** ≈ current of air.

en.ca.na.dor [ēkanad'or] s. m. plumber, pipe fitter, drainer.

en.ca.na.men.to [ēkanam'ētu] s. m. plumbing, piping; canalization; ≈s drainage (house).

en.ca.nar [ēkan'ar] v. to channel; to lay pipes.

en.ca.ne.cer [ēkanes'er] v. to grow white or whitish; to grow grey-headed; to turn grey or hoary (hair); (fig.) to grow old.

en.can.ta.do [ēkãt'adu] adj. enchanted, enraptured.

en.can.ta.men.to [ēkãtam'ētu] s. m. enchantment.

en.can.tar [ēkãt'ar] v. to enchant; ≈-se to become charmed; to marvel, wonder.

en.can.to [ēk'ãtu] s. m. enchantment, charm, delight; wonder; witchery, spell.

en.ca.par [ēkap'ar] v. to put a cover on (book); to cloak; to wrap up.

en.ca.pe.lar [ēkapel'ar] v. to roughen, swell, rise (sea).

en.ca.pe.ta.do [ēkapet'adu] adj. covered with a cape or cloak; disguised, concealed.

en.ca.po.tar [ēkapot'ar] v. to cover with a cape or cloak; to cloak; to disguise, conceal.

en.cap.su.lar [ēkapsul'ar] v. encapsulate.

en.ca.ra.co.lar [ēkarakol'ar] v. to spiral; ≈-se to curl.

en.ca.ra.pu.çar [ēkarapus'ar] v. to put a hood on.

en.ca.rar [ēkar'ar] v. to look or stare at; to face.

en.car.ce.ra.men.to [ēkarseram'ētu] s. m. imprisonment.

en.car.ce.rar [ēkarser'ar] v. to imprison, shut up.

en.car.di.do [ēkard'idu] adj. soiled, dirty, grimy, nasty.

en.car.dir [ēkard'ir] v. to soil, dirty, grime.

en.ca.re.cer [ēkares'er] v. to raise the prices; to grow dear; to exalt; to enhance; to endear.

en.ca.re.ci.men.to [ēkaresim'ētu] s. m. raising (of prices).

en.car.go [ēk'argu] s. m. incumbency, responsibility, duty; charge; mission; tax; order.

en.car.na.ção [ēkarnas'ãw] s. f. (pl. -ções) incarnation.

en.car.na.do [ēkarn'adu] adj. incarnate; flesh-coloured.

en.car.nar [ēkarn'ar] v. to incarnate; to embody.

en.ca.ro.çar [ēkaros'ar] v. to become lumpy; to break out in pustules; to falter (speech).

en.car.re.ga.do [ēkaŕeg'adu] s. m. person in charge.

en.car.re.gar [ēkaŕeg'ar] v. to charge, intrust; to put in charge of; ≈-se to take upon o. s.; to take charge of, take care of.

en.car.ri.lhar [ēkaŕiλ'ar] v. to put on the rails (car, engine, etc.).

en.cas.que.tar [ēkasket'ar] v. to persuade, make believe; to cover; to hat; ≈-se to get something into one's head.

en.ca.va.lar [ēkaval'ar] v. to fix or put on or upon as a tab.

en.ca.var [ēkav'ar] v. to put in a cavity; to dig, excavate.

en.ca.vi.lhar [ēkaviλ'ar] v. to peg.

en.ce.fa.li.te [ēsefal'iti] s. f. (med.) encephalitis.

en.cé.fa.lo [ēs'ɛfalu] s. m. (anat.) encephalon, brain.

en.ce.na.ção [ēsenas'ãw] s. f. (pl. -ções) staging; mise en scène; simulation; feigning.

en.ce.nar [ēsen'ar] v. to stage; to show; to exhibit.

en.ce.ra.dei.ra [ēserad'ejrə] s. f. floor polisher (machine).

en.ce.ra.do [ēser'adu] s. m. oilcloth. ‖ adj. waxed.

en.ce.rar [ēser'ar] v. to wax, polish.

en.cer.ra.men.to [ēseŕam'ētu] s. m. closing; termination, finishing, conclusion; enclosure.

en.cer.rar [ẽseī'ar] v. to enclose, encompass: to contain, hold; to conclude, close; ≈-se to shut o. s. up, seclude o. s.

en.ces.tar [ẽsest'ar] v. to basket; to put in baskets.

en.ce.tar [ẽset'ar] v. to begin, start, enter upon; to broach; to try, experiment.

en.char.ca.do [ẽʃark'adu] adj. swampy; flooded.

en.char.car [ẽʃark'ar] v. to form into a puddle; to flood, inundate; to soak, drench.

en.chen.te [ẽʃ'ẽti] s. f. inundation; highwater; torrent; (theat.) a full house.

en.cher [ẽʃ'er] v. to fill, make full; to satisfy, satiate, saturate, glut; ≈-se to become full; to surfeit, satiate o. s. ≈ **as medidas** to exhaust another's patience. ≈ **um pneu** to pump up a tire.

en.chi.men.to [ẽʃim'ẽtu] s. m. filling up; stuffing; inflation (tire); wadding; forcemeat.

en.cho.ca.lhar [ẽʃokaʎ'ar] v. to bell (of cattle).

en.cho.va [ẽʃ'ovə] s. f. (ichth.) anchovy; bluefish.

en.chu.ma.çar [ẽʃumas'ar] v. to pad, stuff, wad.

en.cí.cli.ca [ẽs'iklikə] s. f. encyclic(al).

en.ci.clo.pé.dia [ẽsiklop'ɛdjə] s. f. encyclop(a)edia.

en.ci.mar [ẽsim'ar] v. to top, put high up.

en.ci.u.mar-se [ẽsjum'arsi] v. to be or become jealous.

en.claus.tra.do [ẽklawstr'adu] adj. cloistered.

en.claus.trar [ẽklawstr'ar] v. to cloister.

en.clau.su.rar [ẽklawzur'ar] v. to cloister; to confine in an enclosure; ≈-se to shut o. s. up in or as in a convent; (fig.) to retire.

ên.cli.se ['ẽklizi] s. f. (gram.) enclisis.

en.co.ber.ta [ẽkob'ɛrtə] s. f. shelter, hiding place.

en.co.ber.tar [ẽkobert'ar] v. to cover; to dissimulate.

en.co.ber.to [ẽkob'ɛrtu] adj. covered; hidden; occult.

en.co.bri.dor [ẽkobrid'or] s. m. dissimulator. ‖ adj. concealing; dissimulative.

en.co.bri.men.to [ẽkobrim'ẽtu] s. m. covering, hiding.

en.co.brir [ẽkobr'ir] v. to cover; to hide, occult.

en.co.le.ri.za.do [ẽkoleriz'adu] adj. angry, furious, enraged; infuriate, exasperated.

en.co.le.ri.zar [ẽkoleriz'ar] v. to make angry, enrage.

en.co.lher [ẽkoʎ'er] v. to shrink, contract, draw up; ≈-se to be shy, timid, disheartened; to humble o. s. ≈ **na lavagem** to run up in the wash (clothes). **ele encolheu os ombros** he gave a shrug.

en.co.lhi.do [ẽkoʎ'idu] adj. shrunken; timid, bashful.

en.co.lhi.men.to [ẽkoʎim'ẽtu] s. m. shrinking.

en.co.men.da [ẽkom'ẽdə] s. f. order (for goods); thing ordered; task, encumbency.

en.co.men.da.do [ẽkomẽd'adu] adj. ordered.

en.co.men.dar [ẽkomẽd'ar] v. to order, ask for; to charge, command; to commit, entrust.

en.com.pri.dar [ẽkõprid'ar] v. to lengthen.

en.con.trão [ẽkõtr'ãw] s. m. (pl. **-trões**) collision, impact, shock; push, shove, jostle.

en.con.trar [ẽkõtr'ar] v. to meet (with), encounter; to find, find out, discover; to come across, stumble upon; ≈-se to come across; to meet up with.

en.con.tro [ẽkõtru] s. m. meeting, encounter; shock, impact; find; chance meeting.

en.co.ra.ja.men.to [ẽkoraʒam'ẽtu] s. m. encouragement.

en.co.ra.jar [ẽkoraʒ'ar] v. to encourage; to animate.

en.cor.pa.do [ẽkorp'adu] adj. corpulent, fullbodied; thick; dense; firm; close-woven (cloth).

en.cor.par [ẽkorp'ar] v. to thicken; to increase the body; to grow fat.

en.cor.ti.nar [ẽkortin'ar] v. to curtain.

en.cos.ta [ẽk'ɔstə] s. f. hillside, rising of a hill; ascent, slope.

en.cos.ta.do [ẽkost'adu] adj. close, near by; leaning on; propped; indolent.

en.cos.tar [ẽkost'ar] v. to lean (against), prop; to place against; ≈-se to lean back, recline, rest; to lie down; to seek protection.

en.cos.to [ẽk'ostu] s. m. prop, stay, strut; back (of a chair, etc.); (fig.) protection.

en.cou.ra.ça.do [ẽkowras'adu] s. m. battleship. ‖ adj. cuirassed; armoured, ironclad.

en.cou.ra.çar [ẽkowras'ar] v. to provide with a cuirass.

en.co.var [ēkov'ar] v. to inter, bury; to hide; to burrow (as an animal).

en.co.var.dar [ēkovard'ar] v. to become a coward.

en.cra.va.do [ēkrav'adu] adj. nailed; driven in (with a nail); inlaid; set (as gems); stuck.

en.cra.va.men.to [ēkravam'ētu] s. m. nailing; inlaying.

en.cra.var [ēkrav'ar] v. to nail; to set (gems).

en.cren.ca [ēkr'ēkə] s. f. (sl.) obstacle, difficulty, trouble; complication; disorder.

en.cren.car [ēkrēk'ar] v. (sl.) to embarrass, embroil (a situation); to complicate.

en.cren.quei.ro [ēkrēk'ejru] s. m. troublemaker.

en.cres.pa.do [ēkresp'adu] adj. crisp, curled; fuzzy; (fig.) angry.

en.cres.par [ēkresp'ar] v. to curl, frizzle, crisp (hair); to bristle, ridge; ≃-se to get angry.

en.cru.ar [ēkru'ar] v. to harden, toughen.

en.cru.e.cer [ēkrues'er] v. to become fierce, cruel.

en.cru.zi.lha.da [ēkruziʎ'adə] s. f. cross-road, crossway. **numa** ≃ at a cross-road.

en.cu.bar [ēkub'ar] v. to put (liquids) in vats, tuns; incubate.

en.cur.ra.lar [ēkuȓal'ar] v. to corral; to pound, pen up.

en.cur.ta.dor [ēkurtad'or] adj. shortening.

en.cur.tar [ēkurt'ar] v. to shorten; to curtail, cut short; to diminish; to abbreviate.

en.cur.var [ēkurv'ar] v. to curve, bend, flex.

en.de.mo.ni.nha.do [ēdemoniñ'adu] adj. demoniac.

en.de.mo.ni.nhar [ēdemoniñ'ar] v. to demonize; to enrage, infuriate.

en.de.re.ça.men.to [ēderesam'ētu] s. m. address, direction.

en.de.re.çar [ēderes'ar] v. to address (letter, words, etc.); ≃-se to address o. s. to, betake o. s. to, make for.

en.de.re.ço [ēder'esu] s. m. address.

en.deu.sa.men.to [ēdewzam'ētu] s. m. divinization.

en.deu.sar [ēdewz'ar] v. to deify, divinize; (fig.) to ecstasy, grow vein or haughty.

en.di.a.bra.do [ēdjabr'adu] adj. devilish; mischievous, impish; furious, mad; demoniac.

en.di.nhei.ra.do [ēdiñejr'adu] adj. moneyed, rich.

en.di.rei.ta.do [ēdirejt'adu] adj. straightened, right.

en.di.rei.tar [ēdirejt'ar] v. to straighten; to set to right; to rectify; ≃-se to straighten; to become straight; to mend one's ways.

en.di.vi.da.do [ēdivid'adu] adj. in debt, indebted.

en.di.vi.dar [ēdivid'ar] v. to indebt; to lay under obligation; ≃-se to run into debt.

en.do.car.po [ēdok'arpu] s. m. endocarp.

en.do.der.me [ēdod'ɛrmi] s. f. endoderm.

en.dó.ge.no [ēd'ɔʒenu] adj. endogenous.

en.doi.de.cer [ēdojdes'er] v. to madden, to make mad or crazy; to become insane, go crazy.

en.do.min.gar-se [ēdomīg'arsi] v. to put on Sunday clothes; to dress fashionably.

en.dos.có.pio [ēdosk'ɔpju] s. m. endoscope.

en.dos.sa.men.to [ēdosam'ētu] s. m. endorsement (bill, etc.).

en.dos.san.te [ēdos'ãti] s. m. + f. endorser. ‖ adj. endorsing.

en.dos.sar [ēdos'ar] v. to endorse, give sanction to.

en.dos.so [ēd'osu] s. m. endorsement (as of a bill, check, note, etc.).

en.du.re.cer [ēdures'er] v. to harden; to (also ≃-se) make or become hard or solid; (also ≃-se) to make or become cruel.

en.du.re.ci.do [ēdures'idu] adj. hardened; obstinate.

en.du.re.ci.men.to [ēduresim'ētu] s. m. hardening.

e.ne.gre.cer [enegres'er] v. to blacken; ≃-se to grow dark or black.

e.ne.gre.ci.do [enegres'idu] adj. blackish; smoke-stained.

e.ner.gi.a [enerʒ'iə] s. f. energy; power, strength; force, vigour; firmness; heartiness.

e.nér.gi.co [en'ɛrʒiku] adj. energetic; powerful.

e.ner.va.ção [enervas'ãw] s. f. (pl. -ções) enervation, debility, weakness; nervation.

e.ner.van.te [enerv'ãti] adj. m. + f. enervating.

e.ner.var [enerv'ar] v. to enervate; ≃-se to grow weak.

e.ne.vo.ar [enevo'ar] v. to fog, haze, mist; ≃-se to become overcast; to grow cloudy.

en.fa.dar [ēfad'ar] v. to tire, irk; to bore, annoy, disturb, vex; ≃-**se** to become tired, bored, annoyed or riled.

en.fa.do [ēf'adu] s. m. unpleasantness.

en.fa.do.nho [ēfad'oñu] adj. tiresome, irksome, boring; annoying, troublesome.

en.fai.xar [ēfajʃ'ar] v. to swathe; to bind, swaddle.

en.far.dar [ēfard'ar] v. to bale, bind, pack up; to bundle, make into a bundle.

en.fa.ro [ēf'aru] s. m. loathing, disgust, aversion; nausea, surfeit, repugnance.

en.far.pe.lar-se [ēfarpel'arsi] v. to dress up in new or Sunday clothes.

en.far.rus.car [ēfar̄usk'ar] v. to soot; to soil or blacken.

en.far.te [ēf'arti] s. m. glutting; repletion cramming; (med.) infarct.

ên.fa.se ['ēfazi] s. f. emphasis; ostentation, pomp.

en.fas.ti.ar [ēfasti'ar] v. to tire, weary; to bore, annoy, vex; ≃-**se** to become bored.

en.fá.ti.co [ēf'atiku] adj. emphatic.

en.fe.ar [ēfe'ar] to uglify, make ugly.

en.fei.tar [ēfejt'ar] v. to adorn, decorate, ornament, trim, embellish; ≃-**se** to make o. s. beautiful; to dress o. s. up, put on one's finery.

en.fei.te [ēf'ejti] s. m. ornament, decoration; adornment; ≃**s** fripperies.

en.fei.ti.ça.do [ēfejtis'adu] adj. enchanted; bewitched.

en.fei.ti.çar [ēfejtis'ar] v. to bewitch; to charm, fascinate; ≃-**se** to be fascinated.

en.fei.xar [ēfejʃ'ar] v. to fagot, tie together (as sticks); to bundle.

en.fer.mar [ēferm'ar] v. to sicken; to weaken.

en.fer.ma.ri.a [ēfermar'iə] s. f. infirmary; sickroom.

en.fer.mei.ra [ēferm'ejrə] s. f. nurse.

en.fer.mei.ro [ēferm'ejru] s. m. male nurse.

en.fer.mi.da.de [ēfermid'adi] s. f. infirmity; disease, sickness, ailment, illness; weakness.

en.fer.mo [ēf'ermu] s. m. patient, a sick person; sufferer. ‖ adj. sick, diseased, infirm, ill; weak, feeble.

en.fer.ru.jar [ēfer̄uʒ'ar] v. to rust; ≃-**se** become rusty.

en.fe.za.do [ēfez'adu] adj. annoyed, exasperated.

en.fe.zar [ēfez'ar] v. to become irritated, annoyed.

en.fi.a.da [ēfi'adə] s. f. file, range, string.

en.fi.ar [ēfi'ar] v. to thread (as a needle); to string (pearls, beads, etc.); to range into files.

en.fi.lei.rar [ēfilejr'ar] v. to range in a file or line; to align, set in a row, form a line; to rank; ≃-**se** to get into line.

en.fim [ēf'ĩ] adv. at last, finally, after all, ultimately. até que ≃ ele chegou! he finally came after all!

en.flo.rar [ēflor'ar] v. to flower; (also ≃-**se**) to blossom.

en.fo.ca.ção [ēfokas'ãw] s. f. (pl. -ções) focalization.

en.fo.car [ēfok'ar] v. to focus, focalize.

en.fo.lhar [ēfoʎ'ar] v. to form into a leaf or leaves; to grow leaves; to cover with leaves.

en.for.car [ēfork'ar] v. to hang; to squander; to sell at a loss, to dump; ≃-**se** to hang o. s.

en.for.mar [ēform'ar] v. to put in a mould; to shape.

en.for.nar [ēforn'ar] v. to put into the oven (as bread).

en.fra.que.cer [ēfrakes'er] v. to weaken, debilitate; ≃-**se** to grow weak or feeble.

en.fra.que.ci.men.to [ēfrakesim'ētu] s. m. weakness, feebleness, debility.

en.fren.tar [ēfrēt'ar] v. to face, confront, meet; to brave; to defy; to stand up to.

en.fro.nhar [ēfroñ'ar] v. to put a pillow into the pillowcase; ≃-**se** to acquire learning; to become versed in (a subject).

en.fu.ma.çar [ēfumas'ar] v. to smoke, fill or cover with smoke.

en.fu.re.cer [ēfures'er] v. to infuriate, enrage, make furious; to be furious; ≃-**se** to become furious; to lose one's temper; to roughen (sea).

en.fu.re.ci.do [ēfures'idu] adj. furious, enraged.

en.ga.be.lar [ēgabel'ar] v. to deceive, dupe; to cheat, coax, decoy; to soft-soap.

en.gai.o.lar [ēgajol'ar] v. to cage, (fig.) imprison.

en.ga.ja.men.to [ēgaʒam'ētu] s. m. engagement.

en.ga.jar [ēgaʒ'ar] v. to engage, employ; ≃-**se** to engage o. s., take an employment.

en.ga.la.nar [ẽgalan'ar] v. to adorn, decorate; to embellish, beautify; to ornament; ≈-**se** to put on a gala dress.

en.gal.fi.nhar-se [ẽgawfiñ'arsi] v. to wrestle, grapple (with another person); to get entangled.

en.ga.na.di.ço [ẽganad'isu] adj. easy to be deceived.

en.ga.na.do [ẽgan'adu] adj. wrong, mistaken; deceived, deluded; betrayed, sold.

en.ga.na.dor [ẽganad'or] s. m. deceiver. ‖ adj. deceiving, delusive; false, illusory.

en.ga.nar [ẽgan'ar] v. to deceive, mislead, delude; to cheat, trick, coax, wheedle, hoodwink; ≈-**se** to make a mistake; to be mistaken.

en.gan.char [ẽgãʃ'ar] v. to hook; hold; ≈-**se** to hook into; to be caught (as by a hook).

en.ga.no [ẽg'ʌnu] s. m. mistake, error, fault; delusion, swindle, fraud; deceit; cheating.

en.ga.no.so [ẽgan'ozu] adj. deceiving; deceitful.

en.gar.ra.fa.men.to [ẽgaɾafam'ẽtu] s. m. bottling; (fig.) obstruction; traffic jam. ≈ **de trânsito** bottleneck.

en.gar.ra.far [ẽgaɾaf'ar] v. to bottle.

en.gas.ga.men.to [ẽgazgam'ẽtu] s. m. act of choking; suffocation; (fig.) embarrassment.

en.gas.gar [ẽgazg'ar] v. to choke, obstruct the windpipe; ≈-**se** to be choked; to suffocate; break down in one's speech.

en.gas.te [ẽg'asti] s. m. setting or mounting (of gems).

en.ga.tar [ẽgat'ar] v. to clamp; to leash; to hook.

en.ga.te [ẽg'ati] s. m. clamp, hook; cramp; coupling gear.

en.ga.ti.lhar [ẽgatiʎ'ar] v. to cock (gun); (fig.) to prepare.

en.ga.ti.nhar [ẽgatiñ'ar] v. to creep, crawl on all fours (as children); to be a beginner.

en.ga.ve.ta.men.to [ẽgavetam'ẽtu] s. m. act of putting into a drawer; telescoping (of railway carriages in a collision), pile up (car accident).

en.ga.ve.tar [ẽgavet'ar] v. to put into a drawer; (fig.) to postpone; to put off; to telescope.

en.gen.drar [ẽʒẽdr'ar] v. to engender: produce, create, originate; to generate; to invent.

en.ge.nhar [ẽʒeñ'ar] v. to engineer; to scheme, conceive, machinate; to invent, entrive.

en.ge.nha.ri.a [ẽʒeñar'iǝ] s. f. engineering.

en.ge.nhei.ro [ẽʒeñ'ejru] s. m. engineer.

en.ge.nho [ẽʒ'eñu] s. m. inventive power, ingeniousness; inventiveness, wit; ability.

en.ge.nho.ca [ẽʒeñ'ɔkǝ] s. f. gadget; artifice, gimmick.

en.ge.nho.so [ẽʒeñ'ozu] adj. ingenious, witty, clever.

en.ges.sar [ẽʒes'ar] v. to plaster; (archit.) coat with plaster.

en.glo.bar [ẽglob'ar] v. to embody; to unite; to conglomerate.

en.go.do [ẽg'odu] s. m. allure(ment), decoy.

en.gol.far [ẽgowf'ar] v. to engulf, swallow up in or as in a gulf.

en.go.lir [ẽgol'ir] v. to swallow; to devour. ≈ **a pílula** (pop.) to swallow the pill.

en.go.mar [ẽgom'ar] v. to starch and iron clothes; to launder.

en.gor.da [ẽg'ɔrdǝ] s. f. fattening (of animals).

en.gor.dar [ẽgord'ar] v. to fatten; to grow fat.

en.gor.du.rar [ẽgordur'ar] v. to grease; to smear with grease.

en.gra.ça.do [ẽgras'adu] s. m. funny or witty person. ‖ adj. graceful; jocose; witty; merry.

en.gra.çar [ẽgras'ar] v. to grace, make gracious; to heighten the splendour; ≈-**se** to ingratiate o. s. ≈ **com alguém** to take a liking to s. o.

en.gra.da.do [ẽgrad'adu] s. m. (Braz.) crate, packing box.

en.gra.dar [ẽgrad'ar] v. to rail, grate, shut in with railing or grating; to fit with, put in or surround with a grate.

en.gran.de.cer [ẽgrandes'er] v. to increase, raise (in power, rank, riches, wealth); ≈-**se** to become greater; to exalt o. s.

en.gran.de.ci.men.to [ẽgrãdesim'ẽtu] s. m. enlargement, increase, rise; aggrandizement.

en.gra.va.tar-se [ẽgravat'arsi] v. to put on a tie.

en.gra.vi.dar [ẽgravid'ar] v. to make or become pregnant.

en.gra.xar [ẽgraʃ'ar] v. to shine (shoes); to smear (with grease).

en.gra.xa.te [ẽgraʃ'ati] s. m. shoeshiner, bootblack.

en.gre.na.gem [ẽgren'aʒẽj] s. f. (pl. **-gens**) gear, gearing, works; cogwheel.

en.gre.nar [ēgren'ar] v. to gear, mesh; to put in gear; to tooth.

en.gros.sa.men.to [ēgrosam'ētu] s. m. thickening.

en.gros.sar [ēgros'ar] v. to enlarge, swell, thicken.

en.gui.a [ēg'iə] s. f. (ichth.) eel.

en.gui.ça.do [ēgis'adu] adj. stalled (motor); out of order, broken down.

en.gui.çar [ēgis'ar] v. to stunt; to break down (esp. a car); to get out of order.

en.gui.ço [ēg'isu] s. m. impediment; (mot.) breakdown. **há um** ≈ there is no go.

en.gu.lhar [ēguʎ'ar] v. to nauseate, make squeamish; to be affected with nausea.

en.gu.lho [ēg'uʎu] s. m. nausea, qualm; (fig.) desire.

e.nig.ma [en'igmə] s. m. enigma; riddle; anything inexplicable; problem.

e.nig.má.ti.co [enigm'atiku] adj. enigmatic(al); obscure.

en.jau.lar [ēʒawl'ar] v. to jail; to cage, confine.

en.jei.ta.do [ēʒejt'adu] s. m. foundling. ‖ adj. abandoned, rejected.

en.jei.tar [ēʒejt'ar] v. to despise, reject, expose (a child), repudiate; to abandon.

en.jo.a.do [ēʒo'adu] adj. nauseated; nauseating, sick; seasick; travel-sick; (fig.) fussy.

en.jo.ar [ēʒo'ar] v. to nauseate; to turn one's stomach; to be (sea, travel) sick; ≈-se to become tired of.

en.jô.o [ēʒ'ou] s. m. nausea; repugnance.

en.la.çar [ēlas'ar] v. to interlace, entwine; ≈-se to join with; to become entangled.

en.la.ce [ēl'asi] s. m. enlacement, interlacing; union, concatenation; marriage.

en.lam.bu.zar [ēlãbuz'ar] v. = **lambuzar**.

en.la.me.ar [ēlame'ar] v. to dirty, spatter; to soil with mud; ≈-se to get dirty.

en.la.ta.do [ēlat'adu] s. m. (TV) motion picture. ‖ adj. canned.

en.la.tar [ēlat'ar] v. to tin, can.

en.le.ar [ēle'ar] v. to tie, fasten, attach, bind; to (en)tangle; ≈-se to become entangled; to be perplexed; to flounder.

en.lei.o [ēl'eju] s. m. tie, bond, interlacing; entanglement; confusion; perplexity.

en.le.va.ção [ēlevas'ãw] s. f. (pl. **-ções**) rapture; enchantment; delight; trance; marvel.

en.le.vo [ēl'evu] s. m. enchantment; rapture.

en.lo.da.do [ēlod'adu] adj. muddy, miry; sullied.

en.lou.que.cer [ēlowkes'er] v. to madden, craze.

en.lou.que.ci.men.to [ēlowkesim'ētu] s. m. madness.

en.lu.a.ra.do [ēlwar'adu] adj. moonlit.

en.lu.ta.do [ēlut'adu] adj. clad or draped in mourning; afflicted, mournful, darkish.

en.lu.tar [ēlut'ar] v. to put on mourning; to mourn.

e.no.bre.ce.dor [enobresed'or] adj. ennobling.

e.no.bre.cer [enobres'er] v. to ennoble.

e.no.bre.ci.men.to [enobresim'ētu] s. m. ennoblement.

e.no.ja.do [enoʒ'adu] adj. nauseated; fed up.

e.no.jar [enoʒ'ar] v. to nauseate; ≈-se to feel nausea for; to become tired (or bored).

e.nor.me [en'ɔrmi] adj. m. + f. enormous; huge; gigantic.

e.nor.mi.da.de [enormid'adi] s. f. enormity; hugeness.

e.no.ve.lar [enovel'ar] v. to wind or gather into a hank or ball (thread); to reel; to coil; to become confused; ≈-se to curl.

en.qua.dra.men.to [ēkwadram'ētu] s. m. framing; fitting.

en.qua.drar [ēkwadr'ar] v. to frame; to fit (in).

en.quan.to [ēk'wãtu] conj. while; as long as; during the time that; whereas. **por** ≈ for the time being. **por** ≈ **ainda não** not yet.

en.ra.bi.char [ēřabiʃ'ar] v. to give the form of a pigtail; to tie with a ribbon; ≈-se to be infatuated with, fall in love with.

en.rai.ve.cer [ēřajves'er] v. to enrage, irritate, infuriate.

en.rai.ve.ci.do [ēřajves'idu] adj. enraged, choleric, angry, irate, infuriated.

en.ra.i.za.do [ēřajz'adu] adj. rooted; deep-rooted; (fig.) fixed, inveterate, radicated.

en.ra.i.zar [ēřajz'ar] v. to root; (fig.) to establish o. s.

en.ras.ca.da [ēřask'adə] s. f. (Braz.) difficulty.

en.ras.car [ēřask'ar] v. to catch in a net (fish); to snarl, tangle; ≈-se to become embarrassed, entangled or complicated.

en.re.dar [ēřed'ar] v. to tangle; to embarrass, entangle, complicate; to batch plots; to lie; ≈-se to become entangled.

en.re.do [ēř'edu] s. m. plot (of a drama), story.

en.re.ge.lar [ēregel'ar] v. to freeze, chill, congeal.

en.ri.que.cer [ērikes'er] v. to enrich; to make rich or richer; to embellish, adorn; to increase, augment, enlarge; ≃-**se** to grow rich.

en.ri.que.ci.do [ērikes'idu] adj. enriched; improved.

en.ri.que.ci.men.to [ērikesim'ẽtu] s. m. enrichment.

en.ro.bus.te.cer [ērobustes'er] v. to make robuste.

en.ro.la.do [ērol'adu] adj. rolled up, coiled; wound up; arched, curved; confused.

en.ro.la.men.to [ērolam'ẽtu] s. m. rolling up; (electr.) winding; coiling, twisting.

en.ro.lar [ērol'ar] v. to roll, roll up; to wind (around), coil, twist; to wrap up.

en.ros.ca.do [ērosk'adu] adj. twisted, entangled.

en.ros.car [ērosk'ar] v. to twine, twist; ≃-**se** to spiral.

en.rou.que.cer [ērowkes'er] v. to hoarsen; make hoarse.

en.rou.que.ci.men.to [ērowkesim'ẽtu] s. m. hoarseness.

en.ru.bes.cer [ērubes'er] v. (also ≃-**se**) to redden, blush, flush.

en.ru.de.cer [ērudes'er] v. to make or become rude, cruel; to make or become brutal.

en.ru.ga.do [ērug'adu] adj. wrinkled, furrowed.

en.ru.gar [ērug'ar] v. to wrinkle, crinkle, crease; to shrivel, dry up; to corrugate.

en.sa.bo.a.de.la [ēsaboad'ɛlə] s. f. soaping; reprimand.

en.sa.bo.a.do [ēsabo'adu] adj. soapy, lathery; clean.

en.sa.bo.a.du.ra [ēsaboad'urə] s. f. soaping; (fig.) rebuke.

en.sa.bo.ar [ēsabo'ar] v. to soap, wash with soap; to reprehend, reprove; ≃-**se** to wash o. s.

en.sa.ca.dor [ēsakad'or] s. m. sacker.

en.sa.car [ēsak'ar] v. to bag, sack; (fig.) to store away; to make sausages.

en.sai.ar [ēsaj'ar] v. to assay; to analyze; to try, test; to rehearse.

en.sai.o [ēs'aju] s. m. assay; analysis; trial, test.

en.san.güen.ta.do [ēsãgwẽt'adu] adj. bloody, blooded, bloodstained, imbued with blood.

en.san.güen.tar [ēsãgwẽt'ar] v. to stain with blood.

en.se.a.da [ēse'adə] s. f. cove, inlet, small bay, creek.

en.se.ba.do [ēseb'adu] adj. greasy, (fig.) dirty.

en.se.bar [ēseb'ar] v. to grease, smear or soil with grease; to stain, soil.

en.se.jo [ēs'eʒu] s. m. opportunity, occasion; chance.

en.si.lar [ēsil'ar] v. to silo; put or store (fodder, grains, etc.) in a silo.

en.si.na.do [ēsin'adu] adj. instructed, trained.

en.si.na.men.to [ēsinam'ẽtu] s. m. teaching, training.

en.si.nar [ēsin'ar] v. to teach, instruct; to train, coach.

en.si.no [ēs'inu] s. m. teaching, instruction.

en.so.la.ra.do [ēsolar'adu] adj. sun-drenched, sunny.

en.som.brar [ēsõbr'ar] v. to shadow; ≃-**se** to grow dark.

en.so.pa.do [ēsop'adu] s. m. stew. ‖ adj. soaked to the skin; sopping wet.

en.so.par [ēsop'ar] v. to sop in; to soak, drench.

en.sur.de.ce.dor [ēsurdesed'or] adj. deafening.

en.sur.de.cer [ēsurdes'er] v. to deafen; to make deaf.

en.sur.de.ci.men.to [ēsurdesim'ẽtu] s. m. act of deafening.

en.ta.bu.lar [ētabul'ar] v. to prepare, arrange, dispose; to open, start (conversation).

en.ta.la.do [ētal'adu] adj. pressed, pinched; put between splints; in a difficult situation.

en.ta.lar [ētal'ar] v. to splint, put between splints; to put s. o. in a embarrassing position; ≃-**se** to get into trouble, be bunkered.

en.ta.lhar [ētaʎ'ar] v. to carve (in wood); to engrave.

en.ta.lhe [ēt'aʎi] s. m. incision, notch, cut, jag.

en.ta.lho [ēt'aʎu] s. m. woodcarving; a sculpture in wood; intaglio; carved work.

en.tan.to [ēt'ãtu] adv. in the meantime, meanwhile. **no** ≃ nevertheless, notwithstanding, however, still, yet.

en.tão [ēt'ãw] adv. then, at that time; on that occasion; in that case; after that; so. ‖ interj. well?, so what?! **até** ≃ till then, up to that time; **desde** ≃ since that time.

en.tar.de.cer [ētardes′er] s. m. late afternoon, nightfall, setting of the sun. ‖ v. to grow dark, grow night; to grow late.

en.te [′ēti] s. m. a being; that which exists; living creature; person.

en.te.a.da [ēte′adə] s. f. stepdaughter.

en.te.a.do [ēte′adu] s. m. stepson.

en.te.di.ar [ētedi′ar] v. to bore, tire; ≈-se to become bored or weary, have enough of something.

en.ten.de.dor [ētēded′or] s. m. connoisseur, expert.

en.ten.der [ētēd′er] v. to understand; to comprehend, apprehend, perceive; to know; ≈-se to understand each other. **dar a** ≈ to insinuate, give a hint of. **no meu** ≈ in my opinion.

en.ten.di.do [ētēd′idu] s. m. expert, knower. ‖ adj. understood; agreed; knowing.

en.ten.di.men.to [ētēdim′ētu] s. m. understanding; comprehension; agreement.

en.te.ri.te [ēter′iti] s. f. (med.) enterites.

en.ter.ne.cer [ēternes′er] v. to move to compassion, touch, affect; ≈-se to be moved, touched; to condole, pity; to feel sorry.

en.ter.ne.ci.men.to [ēternesim′ētu] s. m. compassion, pity.

en.ter.rar [ēteř′ar] v. to bury; to put (a dead body) into the earth, inter; (fig.) to cover up, hide secret; ≈-se to ruin o. s.

en.ter.ro [ēt′eřu] s. m. burial; funeral procession.

en.te.sar [ētez′ar] v. to stretch, harden, toughen, stiffen; ≈-se to become stiff, taut, tight; to resist obstinately.

en.ti.da.de [ētid′adi] s. f. entity; a being; essence; corporation; society.

en.to.a.ção [ētoas′ãw] s. f. (pl. **-ções**) intonation, tone.

en.to.ar [ēto′ar] v. to intone; to vocalize; to sing, chant, to tune; to begin (a song).

en.to.car [ētok′ar] v. (also ≈-se) to burrow, hide in a cave or hole; to seclude, retire.

en.to.na.ção [ētonas′ãw] s. f. (pl. **-ções**) intonation.

en.ton.te.cer [ētōtes′er] v. to make or become giddy.

en.tor.na.do [ētorn′adu] adj. shed, spilled; scattered.

en.tor.nar [ētorn′ar] v. to spill, pour (on, in, out), shed; to upset; ≈-se to scatter, spread; to flow off; to diffuse; to come to nothing.

en.tor.pe.cen.te [ētorpes′ēti] s. m. any narcotic. ‖ adj. m. + f. narcotic; (be)numbing.

en.tor.pe.cer [ētorpes′er] v. to torpify; to make torpid; to benumb, numb; ≈-se to grow torpid or benumbed; to grow dull.

en.tor.pe.ci.do [ētorpes′idu] adj. torpid, benumbed.

en.tor.pe.ci.men.to [ētorpesim′ētu] s. m. torpor; torpid condition, numbness; dullness.

en.tor.tar [ētort′ar] v. to crook, curve, bend, bow, twist; to warp; to mislead; ≈-se to become crooked; to get drunk.

en.tra.da [ētr′adə] s. f. entrance; entry, ingress; opening, inlet, gate, portal, passage; access, admission. ≈ **franca**, ≈ **gratuita** free access, free admission. ≈ **proibida** no entrance, no admittance.

en.tra-e-sai [ētrajs′aj] s. m., sg. + pl. (Braz.) a continuous coming and going.

en.tran.ça.do [ētrãs′adu] adj. twisted, braided, plaited.

en.tran.çar [ētrãs′ar] v. to twist, braid; to interlace.

en.tra.nha [ētr′aña] s. f. a viscera; ≈s entrails, bowels; (coll.) insides; guts.

en.tra.nhar [ētrañ′ar] v. to pierce, penetrate. ≈-se **no estudo** to be lost in study.

en.tran.te [ētr′ãti] adj. m. + f. beginning; entering.

en.trar [ētr′ar] v. to enter; to come or go in (or into); to get into. ≈ **com o pé direito** (fig.) to have a good start. ≈ **em contato com** to get in touch with. ≈ **em detalhes** to hold forth; to enter into details. ≈ **em vigor** to take effect. **deixar** ≈ to admit.

en.tra.var [ētrav′ar] v. to impede, hinder; to trammel, hamper; to clog, obstruct, block.

en.tra.ve [ētr′avi] s. m. fetter, shackle, clog; (fig.) impediment, obstacle, hindrance.

en.tre [′ētri] prep. between; among, amongst. ≈ **a cruz e a espada** between the devil and the deep blue sea. ≈ **nós** among ourselves. ≈ **outras coisas** among other things.

en.tre.a.ber.to [ētreab′ɛrtu] adj. half-open, not entirely opened, ajar.

en.tre.a.brir [ētreabr′ir] v. to open partially; to set ajar (a door); to open carefully.

en.tre.a.to [ētre′atu] s. m. (theat.) interact, entr'acte.

en.tre.cho.car-se [ētreʃok′arsi] v. to collide with; to fight.

en.tre.cor.ta.do [ētrekort′adu] adj. cut, interrupted from time to time; disconnected.

en.tre.cor.tar [ẽtrekort'ar] v. to intersect; to interrupt; ≈-**se** to cross each other.

en.tre.cru.zar-se [ẽtrekruz'arsi] v. to cross; to intersect (reciprocally).

en.tre.ga [ẽtr'ɛgə] s. f. delivery; surrender; treachery, treason. ≈ **a domicílio** home delivery. **prazo de** ≈ time of delivery.

en.tre.ga.dor [ẽtregad'or] s. m. deliverer, delivery man, boy; traitor.

en.tre.gar [ẽtreg'ar] v. to deliver; to hand over, remit; to restore; ≈-**se** to apply or devote o. s. to; to abandon o. s.

en.tre.gue [ẽtr'ɛgi] adj. m. + f. delivered; addicted.

en.tre.la.ça.do [ẽtrelas'adu] s. m. any interlaced or interwoven thing. **I** adj. interlaced, interlinked, interwoven.

en.tre.la.ça.men.to [ẽtrelasam'ẽtu] s. m. interlacement.

en.tre.la.çar [ẽtrelas'ar] v. (also ≈-**se**) to interlace; to interweave, intertwine; to mix, blend.

en.tre.li.nha [ẽtrel'iɲə] s. f. interlineation; space between two lines; ≈**s** (fig.) implied sense; deduction, conclusion.

en.tre.li.nhar [ẽtreliɲ'ar] v. to interline, interlineate.

en.tre.lu.zir [ẽtreluz'ir] v. to shine through.

en.tre.me.ar [ẽtreme'ar] v. to intermix, intermingle.

en.tre.mei.o [ẽtrem'cju] s. m. interval (space or time). **neste** ≈ in the meantime, meanwhile.

en.tre.men.tes [ẽtrem'ẽtis] adv. meanwhile; in the interim; at the same time.

en.tre.o.lhar-se [ẽtreoʎ'arsi] v. to exchange looks.

en.tre.por [ẽtrep'or] v. = **interpor**.

en.tre.pos.to [ẽtrep'ostu] s. m. entrepôt; mart.

en.tre.tan.to [ẽtret'ãtu] adv. meantime, meanwhile; in the meanwhile. **I** conj. nevertheless, however; notwithstanding.

en.tre.te.la [ẽtret'ɛlə] s. f. buckram; interlining.

en.tre.tem.po [ẽtret'ẽpu] s. m. meantime, interim. **nesse** ≈ in the meantime, meanwhile.

en.tre.te.ni.men.to [ẽtretenim'ẽtu] s. m. entertainment.

en.tre.ter [ẽtret'er] v. to entertain, divert, amuse, recreate; to delay; to distract; ≈-**se** to amuse o. s.; to have a good time; to linger.

en.tre.va.do [ẽtrev'adu] s. m. maimed person.**I** adj. paralytic; crippled, lamed.

en.tre.var [ẽtrev'ar] v. to paralyze; ≈-**se** to be affected with paralysis, become a paralytic; to darken; ≈-**se** become dark or obscure.

en.tre.ver [ẽtrev'er] v. to see indistinctly.

en.tre.vis.ta [ẽtrev'istə] s. f. interview; meeting; conference; appointment.

en.tre.vis.tar [ẽtrevist'ar] v. to interview.

en.trin.chei.rar [ẽtrĩʃejr'ar] v. to entrench, fortify.

en.tris.te.cer [ẽtristes'er] v. to sadden; to make sad; ≈-**se** to be saddened, become sad, feel sorry.

en.tris.te.ci.men.to [ẽtristesim'ẽtu] s. m. saddening.

en.tron.ca.men.to [ẽtrõkam'ẽtu] s. m. crossing point; junction (as of a railway).

en.tron.car [ẽtrõk'ar] v. to make a junction.

en.tro.pia [ẽtrop'iə] s. f. entropy.

en.tro.sar [ẽtros'ar] v. to gear, mesh (gears).

en.tu.far [ẽtuf'ar] v. to swell; to fit in; to be haughty.

en.tu.lhar [ẽtuʎ'ar] v. (also ≈**se**) to fill up with rubbish.

en.tu.lho [ẽt'uʎu] s. m. rubbish, waste material.

en.tu.pi.do [ẽtup'idu] adj. obstructed; blocked up, clogged, shocked.

en.tu.pi.men.to [ẽtupim'ẽtu] s. m. choking; clogging.

en.tu.pir [ẽtup'ir] v. to block, choke up; to obstruct.

en.tu.si.as.ma.do [ẽtuzjazm'adu] adj. ravished, enraptured; elated; full of enthusiasm.

en.tu.si.as.mar [ẽtuzjazm'ar] v. to ravish, enrapture; to fill with enthusiasm; to animate; ≈-**se** to be enthusiastic; to become enraptured.

en.tu.si.as.mo [ẽtuzi'azmu] s. m. enthusiasm.

en.tu.si.as.ta [ẽtuzi'astə] s. m. + f. enthusiast.

en.tu.si.ás.ti.co [ẽtuzi'astiku] adj. enthusiastic.

e.nu.bla.do [enubl'adu] adj. overcast; cloudy, dark.

e.nu.blar [enubl'ar] v. to become overcast; to cloud; to darken.

e.nu.me.ra.ção [enumeras'ãw] s. f. (pl. **-ções**) enumeration.

e.nu.me.ra.dor [enumerad'or] s. m. enumerator.

e.nu.me.rar [enumer'ar] v. to enumerate; to count.

e.nu.me.rá.vel [enumer'avew] adj. m. + f. (pl. **-veis**) enumerable; numerable.

e.nun.ci.a.do [enũsi'adu] s. m. enunciation.

e.nun.ci.ar [enũsi'ar] v. to enunciate.

en.vai.de.cer [ẽvajdes'er] v. to make proud or vain; ≃ **-se** to become proud, vain, haughty.

en.va.si.lhar [ẽvaziλ'ar] v. to bottle, cask, tun, barrel.

en.ve.lhe.cer [ẽveλes'er] v. to age; to grow old.

en.ve.lo.pe [ẽvel'ɔpi] s. m. envelope.

en.ve.ne.na.do [ẽvenen'adu] adj. poisoned, poisonous.

en.ve.ne.na.men.to [ẽvenenam'ẽtu] s. m. poisoning.

en.ve.ne.nar [ẽvenen'ar] v. to poison.

en.ve.re.dar [ẽvered'ar] v. to make one's way towards.

en.ver.ga.du.ra [ẽvergad'urə] s. f. breadth (of the sails from one stop of the yardcleats to the other); capacity; spread (of a bird's wing); size; span.

en.ver.gar [ẽverg'ar] v. to bend, curve, crook.

en.ver.go.nha.do [ẽvergoñ'adu] adj. ashamed, bashful.

en.ver.go.nhar [ẽvergoñ'ar] v. to shame; ≃ **-se** to be ashamed, bashful or shy.

en.ver.ni.za.do [ẽverniz'adu] adj. varnished; polished.

en.ver.ni.zar [ẽverniz'ar] v. to varnish; to polish.

en.vi.a.do [ẽvi'adu] s. m. envoy, messenger. ‖ adj. sent, dispatched.

en.vi.ar [ẽvi'ar] v. to send, emit, dispatch; to depute; to remit; to forward.

en.vi.dar [ẽvid'ar] v. to make a wager or bet (at cards); to invite; to exert, endeavour; ≃ **-se** to strive, exert o. s.

en.vi.dra.ça.do [ẽvidras'adu] adj. glazed; glassy.

en.vi.dra.çar [ẽvidras'ar] v. to glaze; to furnish or fit with glass.

en.vi.e.sa.do [ẽvjez'adu] adj. oblique, diagonal.

en.vi.e.sar [ẽvjez'ar] v. to set on the bias.

en.vi.o [ẽv'iu] s. m. sending, forwarding, remittance, dispatch.

en.vi.u.var [ẽvjuv'ar] v. to widow.

en.vol.to [ẽv'owtu] adj. wrapped (up).

en.vol.tó.rio [ẽvowt'ɔrju] s. m. wrapper, cover, covering.

en.vol.ven.te [ẽvowv'ẽti] adj. m. + f. involving.

en.vol.ver [ẽvowv'er] v. to involve; to wrap up, cover, envelop; to include (in); to comprehend; ≃ **-se** to be involved in anything; to take part in.

en.vol.vi.do [ẽvowv'idu] adj. wrapped up; involved in.

en.vol.vi.men.to [ẽvowvim'ẽtu] s. m. involvement.

en.xa.da [ẽʃ'adə] s. f. hoe, spade.

en.xa.dão [ẽʃad'ãw] s. m. (pl. **-dões**) mattock; a big hoe.

en.xa.dre.zar [ẽʃadrez'ar] v. to checker.

en.xa.guar [ẽʃag'war] v. to rinse, wash lightly.

en.xa.me [ẽʃ'ami] s. m. a swarm of bees.

en.xa.que.ca [ẽʃak'ekə] s. f. migraine.

en.xer.gar [ẽʃerg'ar] v. to discover, discern, descry; to see; (pop.) to be an expert in.

en.xer.tar [ẽʃert'ar] v. to graft; bud.

en.xer.to [ẽʃ'ertu] s. m. graft.

en.xo.fre [ẽʃ'ofri] s. m. (chem.) sulphur, brimstone.

en.xo.tar [ẽʃot'ar] v. to scare, frighten away; to expel.

en.xo.val [ẽʃov'aw] s. m. (pl. **-vais**) trousseau; layette.

en.xo.va.lhar [ẽʃovaλ'ar] v. to dirty, soil, stain; to spot.

en.xu.gar [ẽʃug'ar] v. to dry; ≃ **-se** (fig.) to drink.

en.xur.ra.da [ẽʃuɾ'adə] s. f. a heavy rain; torrent, downpour.

en.xu.to [ẽʃ'utu] adj. dry; not wet; (fig.) neither fat nor thin; sheltered from the rain.

en.zi.ma [ẽz'imə] s. f. enzime.

e.pên.te.se s. f. (gram.) epenthesis.

e.pi.car.po [epik'arpu] s. m. epicarp.

e.pi.ce.no [epis'enu] adj. epicene (grammar, character).

e.pi.cen.tro [epis'ẽtru] s. m. epicentre.

é.pi.co ['ɛpiku] s. m. an epic poet. ‖ adj. epic.

e.pi.de.mi.a [epidem'iə] s. f. epidemic.

e.pi.dê.mi.co [epid'emiku] adj. epidemic(al).

e.pí.fi.ta [ep'ifita] s. f. epiphyte.

e.pi.lep.si.a [epileps'iə] s. f. (med.) epilepsy.

e.pí.lo.go [ep'ilogu] s. m. epilog(ue); summary.

e.pis.co.pal [episkop'aw] adj. m. + f. (pl. **-pais**) episcopal.

e.pi.só.dio [epiz'ɔdju] s. m. episode.

e.pís.tro.fe [ep'istrofi] s. f. (rhet.) epistrophe.

e.pi.tá.fio [epit'afju] s. m. epitaph.

e.pi.té.lio [epit'ɛlju] s. m. epithelium.

e.pí.te.se [ep'itezi] s. f. (gram.) paragoge.

e.pi.té.ti.co [epit'ɛtiku] adj. epithetic.

e.pí.te.to [ep'itetu] s. m. epithet.

é.po.ca ['ɛpokə] s. f. epoch, era, period, age; season, time, tide; cycle.

e.po.péi.a [epop'ɛje] s. f. epopee, epopoeia, epic.

e.pó.xi [ep'ɔksi] s. m. epoxy.

e.qua.ção [ekwas'ãw] s. f. (pl. **-ções**) (math.) equation.

e.qua.dor [ekwad'or] s. m. equator.

e.qua.to.ri.al [ekwatori'aw] adj. m. + f. (pl. **-ais**) equatorial.

e.qües.tre [ek'wɛstri] adj. m. + f. equestrian.

e.qüi.da.de [ekwid'adi] s. f. equity.

e.qui.li.brar [ekilibr'ar] v. to equilibrate, balance equally; ≃**-se** to maintain o. s. in equilibrium; to make the ends meet.

e.qui.lí.brio [ekil'ibrju] s. m. equilibrium, balance. ≃ **armamentista** balance of arms. ≃ **de poder** balance of power.

e.qui.li.bris.ta [ekilibr'istə] s. m. + f. equilibrist, tightrope artist.

e.qüi.no [ek'winu] adj. equine.

e.qui.nó.cio [ekin'ɔsju] s. m. equinox.

e.qui.pa.gem [ekip'aʒɛj] s. f. (pl. **-gens**) equipage.

e.qui.pa.men.to [ɛkipam'ẽtu] s. m. equipment; accoutrements; kit; gear.

e.qui.par [ekip'ar] v. to equip.

e.qui.pa.ra.ção [ekiparas'ãw] s. f. (pl. **-ções**) equalization.

e.qui.pa.rar [ekipar'ar] v. to equal(ize), compare.

e.qui.pe [ek'ipi] s. f. team; staff. ≃ **de futebol** football team, soccer team.

e.qui.ta.ção [ekitas'ãw] s. f. (pl. **-ções**) horsemanship, art of riding on horseback.

e.qui.va.lên.cia [ekival'ẽsjə] s. f. equivalence.

e.qui.va.len.te [ekival'ẽti] s. m. equivalent. ‖ adj. m. + f. equivalent, equable.

e.qui.va.ler [ekival'er] v. to be equivalent to.

e.qui.vo.ca.do [ekivok'adu] adj. mistaken, in error.

e.qui.vo.car [ekivok'ar] v. (also ≃**-se**) to (make a) mistake.

e.quí.vo.co [ek'ivoku] s. m. mistake, error. ‖ adj. equivocal; dubious; double-meaning.

e.ra ['ɛrə] s. f. era; epoch, a period of time.

e.rá.rio [er'arju] s. m. exequer.

e.re.ção [eres'ãw] s. f. (pl. **-ções**) erection.

e.re.mi.ta [erem'itə] s. m. + f. hermit.

e.re.to [er'ɛtu] adj. erected, raised (up), founded; erect, upright; straight.

er.go.me.tri.a [ergometr'iə] s. f. ergometrics.

er.guer [erg'er] v. to raise, lift (up); to elevate; ≃**-se** to rise; to rear (horse).

e.ri.çar [eris'ar] v. (also ≃**-se**) to bristle (up); to make hair stand on end; to ruffle.

e.ri.gir [eriʒ'ir] v. erect, raise, set up, lift up; to build, edify; to found; to elevate.

er.mi.tão [ermit'ãw] s. m. (pl. **-tãos, -tães, -tões**; f. **-tã, -toa**) = **eremita**.

er.mo ['ermu] s. m. hermitage, wilderness, desert. ‖ adj. solitary, retired, secluded.

e.ro.são [eroz'ãw] s. f. (pl. **-sões**) erosion, act of eroding.

e.ro.si.vo [eroz'ivu] adj. m. erosive, corrosive.

e.ró.ti.co [er'ɔtiku] adj. erotic; sensual; licentious.

e.ro.tis.mo [erot'izmu] s. m. eroticism, a passion of love; lubricity.

er.ra.di.ca.ção [eɾadikas'ãw] s. f. (pl. **-ções**) eradication.

er.ra.di.car [eɾadik'ar] v. to eradicate; to extirpate.

er.ra.do [eɾ'adu] adj. mistaken; wrong; false.

er.rar [eɾ'ar] v. to miss, mistake, make a mistake, be mistaken; to err; to trespass.

er.ro ['eɾu] s. m. error, fault, mistake; incorrectness; wrong; blunder, oversight.

er.rô.neo [eɾ'onju] adj. erroneous, false, mistaken.

e.ru.di.ção [erudis'ãw] s. f. (pl. **-ções**) erudition.

e.ru.di.to [erud'itu] s. m. + adj. erudite.

e.rup.ção [erups'ãw] s. f. (pl. **-ções**) eruption; outbreak.

er.va ['ɛrvə] s. f. herb; grass; ≃**s** greens, herbs. ≃**-cidreira** (bot.) balm-mint; lemon scented verbena. ≃**-doce** (bot.) anise, aniseed, fennel. ≃**-mate** maté, Paraguay tea.

er.vi.lha [erv'iʎə] s. f. pea, pod.

es.ba.fo.ri.do [ezbafor'idu] adj. hasty; panting; tired.

es.ba.fo.rir-se [ezbafor'irsi] v. to pant, puff, to breathe hard.

es.ban.da.lha.do [ezbādaʎ'adu] adj. disbanded, dispersed, runaway; destroyed, shattered.

es.ban.da.lhar [ezbādaʎ'ar] v. to destroy; ≃ -se to disband.

es.ban.ja.dor [ezbāʒad'or] s. m. dissipator. ‖ adj. squandering, prodigal, lavish.

es.ban.jar [ezbāʒ'ar] v. to dissipate, waste, squander. ≃ **dinheiro** to trifle away the money.

es.bar.rão [ezbaɾ'ãw] s. m. (pl. **-rões**) shock, collision, clash; dashing together; jostle.

es.bar.rar [ezbaɾ'ar] v. to dash; to collide with (**contra**).

es.bel.to [ezb'ɛwtu] adj. slender, tall and thin, slim.

es.bo.çar [ezbos'ar] v. to sketch; to rough-draw.

es.bo.ço [ezb'osu] s. m. sketch, outline; project.

es.bo.de.gar [ezbodeg'ar] v. (pop.) to spoil, mar, destroy; to waste, squander; ≃ -se to become negligent; to be tired.

es.bo.fe.te.ar [ezbofete'ar] v. to slap, strike in the face, box someone's ears.

es.bo.ro.ar [ezboro'ar] v. to powder, reduce to powder; to destroy, demolish.

es.bor.ra.char [ezboɾaʃ'ar] v. to burst, crush, squash; to pulp by a fall; to flatten; ≃ -se to fall sprawling.

es.bor.ri.far [ezboɾif'ar] v. to sprinkle, spray.

es.bra.ce.jar [ezbraseʒ'ar] v. to wave one's arms, gesticulate.

es.bran.qui.ça.do [ezbrākis'adu] adj. whitish, pale.

es.bra.ve.cer [ezbraves'er] v. to infuriate, enrage; to rage.

es.bra.ve.jar [ezbraveʒ'ar] v. to roar, shout, cry out; to rage violently.

es.bu.ga.lha.do [ezbugaʎ'adu] adj. staring, pop-eyed.

es.bu.ga.lhar [ezbugaʎ'ar] v. to pop out (eyes); to gaze, gape.

es.bu.ra.ca.do [ezburak'adu] adj. bored, perforated; full of holes; broken; torn, ragged.

es.bu.ra.car [ezburak'ar] v. to fill with holes; to bore, perforate; ≃ -se to become full of holes.

es.ca.be.che [eskab'ɛʃi] s. m. souse; pickle used for fish or meat.

es.ca.be.lar [eskabel'ar] v. to dishevel, tousle; ≃ -se to tear one's hair.

es.ca.bre.ar [eskabre'ar] v. to irritate, tease; ≃ -se to be angry, to become skittish.

es.ca.bro.si.da.de [eskabrozid'adi] s. f. scabrousness.

es.ca.bro.so [eskabr'ozu] adj. rough, rugged, uneven, scabrous, craggy; difficult; unseemly.

es.ca.char [eskaʃ'ar] v. to cleave; to break up into pieces; to slit, rent; to straddle.

es.ca.da [esk'adə] s. f. staircase, stairs; flight of steps; ladder; ≃ **s = escadaria.** ≃ **de incêndio** fire escape.

es.ca.da.ri.a [eskadar'iə] s. f. a flight of stairs.

es.ca.dei.rar [eskadejr'ar] v. to knock down, beat, drub.

es.ca.la [esk'alə] s. f. scale; a series of degrees; ladder; seaport; stop (airport).

es.ca.la.da [eskal'adə] s. f. scaling, climbing.

es.ca.lão [eskal'ãw] s. m. (pl. **-lões**) step, stair; (mil.) echelon (arrangement of troops).

es.ca.lar [eskal'ar] v. to scale; to storm, take by storm; to escalade; to designate (persons) for a specific purpose.

es.cal.da.do [eskawd'adu] adj. scalded; burned; (fig.) warned, made wise by experience; scarred.

es.cal.da.du.ra [eskawdad'urə] s. f. scalding, burning.

es.cal.da-pés [escawdap'ɛs] s. m., sg. + pl. a hot footbath.

es.cal.dar [eskawd'ar] v. to scald, burn, parch; ≃ -se to scald o. s.; to take a warning.

es.ca.lo.na.men.to [eskalonam'ẽtu] s. m. (aeron.) stagger; assignment.

es.ca.lo.nar [eskalon'ar] v. to give the form of a stair to; to assign.

es.cal.pe.lo [eskawp'elu] s. m. scalpel, a dissecting knife.

es.ca.ma [esk'ʌmə] s. f. (zool., bot. and med.) scale.

es.ca.ma.do [eskam'adu] adj. scaled.

es.ca.mar [eskam'ar] v. to scale, (fig.) to get angry.

es.cam.bar [eskãb'ar] v. to change; exchange.

es.ca.mo.so [eskam'ozu] adj. scaly; squamous.

es.ca.mo.tar [eskamot'ar] v. = **escamotear.**

es.ca.mo.te.a.ção [eskamoteas'ãw] s. f. (pl. -ções) pilfering.

es.ca.mo.te.ar [eskamote'ar] v. to pilfer; to filch; to perform sleight of hand tricks; ≈ -se to make away.

es.cam.pa.do [eskãp'adu] s. m. desert, open field. ‖ adj. unsheltered; uninhabited; open.

es.can.ca.ra.do [eskãkar'adu] adj. wide-open (door); patent, public; manifest.

es.can.ca.rar [eskãkar'ar] v. to set (a door) wide open; to open; to show; ≈ -se to open widely; to become public, manifest.

es.can.char [eskãʃ'ar] v. to spread open; to halve.

es.can.da.li.zar [eskãdaliz'ar] v. to scandalize; to offend, give offence to, defame, slander, shock; ≈ -se to take offence.

es.cân.da.lo [esk'ãdalu] s. m. scandal; offence; opprobrium; agitation, tumult.

es.can.da.lo.so [eskãdal'ozu] adj. scandalous; shocking; shameful; improper, indecorous.

es.can.di.na.vo [eskãdin'avu] s. m. + adj. Scandinavian.

es.can.ga.lha.do [eskãgaʎ'adu] adj. out of order; broken; spoiled; done for.

es.can.ga.lhar [eskãgaʎ'ar] v. to break, break to pieces; to disarrange; ≈ -se to become undone; to be disjointed.

es.ca.ni.nho [eskan'iɲu] s. m. secret drawer; pigeon-hole; hidden corner.

es.can.tei.o [eskãt'eju] s. m. (ftb.) corner.

es.ca.pa.da [eskap'adə] s. f. escape, evasion, flight.

es.ca.pa.men.to [eskapam'ẽtu] s. m. (mot.) exhaust; escapement, escape, act of escaping.

es.ca.par [eskap'ar] v. to escape, get out, run away; to flee, bolt; **ele escapou por pouco (por um triz)** he just saved his skin.

es.ca.pa.tó.ria [eskapat'ɔrjə] s. f. excuse, pretext, evasion; subterfuge, escape.

es.ca.pe [esk'api] s. m. escape; act of escaping; flight, evasion, leakage (gas, water).

es.ca.pu.li.da [eskapul'idə] s. f. flight, escape, runaway.

es.ca.pu.lir [eskapul'ir] v. (also ≈ -se) to slip out of the hand; to disappear.

es.ca.ra.fun.char [eskarafũʃ'ar] v. to scratch, pick, rake; to hook into; to nose around.

es.ca.ra.mu.ça [eskaram'usə] s. f. skirmish; contest, debate, dispute; threat, menace.

es.ca.ra.mu.çar [eskaramus'ar] v. to skirmish, bicker, fight.

es.ca.ra.ve.lho [eskarav'eʎu] s. m. (ent.) beetle, scarab.

es.car.céu [eskars'ɛw] s. m. a huge wave, billow; (fig.) clamour. **fazer grandes** ≈ s to make great fuss about nothing, make a mountain out of a molehill.

es.car.re.a.dor [eskaread'or] s. m. reamer.

es.car.la.te [eskarl'ati] s. m. + adj. scarlet.

es.car.la.ti.na [eskarlat'inə] s. f. scarlatina, scarlet fever.

es.car.ne.ce.dor [eskarnesed'or] s. m. jester, mocker, scoffer. ‖ adj. jeering, mocking, derisive.

es.car.ne.cer [eskarnes'er] v. to mock, laugh at, deride, scoff at.

es.car.ni.nho [eskarn'iɲu] adj. sneering, fleering, flouting.

es.cár.nio [esk'arnju] s. m. mockery; railery.

es.ca.ro.la [eskar'ɔlə] s. f. (bot.) endive.

es.car.pa [esk'arpə] s. f. scarp, escarpment, slope.

es.car.ra.do [eskaȓ'adu] adj. spit, spat (out), expectorated.

es.car.ran.char [eskaȓãʃ'ar] v. (also ≈ -se) to open; to sit astraddle, astride; to straddle.

es.car.ra.pa.char [eskaȓapaʃ'ar] v. (also ≈ -se) to straddle.

es.car.rar [eskaȓ'ar] v. to spit (out), expectorate.

es.car.ro [esk'aȓu] s. m. spittle, saliva, spawl, mucus.

es.cas.se.ar [eskase'ar] v. to give (something) meanly, to scrimp; to scamp; to be scanty of.

es.cas.sez [eskas'es] s. f. scarcity, scarceness; need, privation; want, lack; scantiness.

es.cas.so [esk'asu] adj. scarce, sparing, niggardly; insufficient; rare; uncommon.

es.ca.va.ção [eskavas'ãw] s. f. (pl. -ções) excavation.

es.ca.va.car [eskavak'ar] v. to break into pieces, shatter; to ruin, destroy, demolish.

es.ca.va.dei.ra [eskavad'ejrə] s. f. digging machine, digger, earth-mover.

es.ca.va.dor [eskavad'or] s. m. excavator.

es.ca.va.do.ra [eskavad'orə] s. f. digging machine, digger, grab.

es.ca.var [eskav'ar] v. to excavate, hollow, scoop; to cut.

es.cla.re.cer [esklares'er] v. to clear; to elucidate; ≃ -**se** to instruct o. s., be informed.

es.cla.re.ci.do [esklares'idu] adj. clear; cleared up; renowned, apparent, evident.

es.cla.re.ci.men.to [esklaresim'ētu] s. m. clearing up, explanation, elucidation; light, clearness.

es.cle.ro.sar [eskleroz'ar] v. (med.) to form a sclerosis.

es.cle.ro.se [eskler'ɔzi] s. f. (med.) sclerosis.

es.clu.sa [eskl'uzə] s. f. lock (canal).

es.co.a.dou.ro [eskoad'owru] s. m. canal, sewer, gutter, sink, drain.

es.co.a.men.to [eskoam'ētu] s. m. flowing off, drainage, flowage; discharge, outlet.

es.co.ar [esko'ar] v. (also ≃ -**se**) to flow off, drain; to decant.

es.co.cês [eskos'es] s. m. (pl. -**ceses**; f. -**cesa**) Scotch(man); Scots. ‖ adj. Scotch, Scottish.

es.co.ce.sa [eskos'ezə] s. f. Scotchwoman.

es.co.la [esk'ɔlə] s. f. school; schoolhouse; method of teaching. ≃ **pré-primária** preschool. ≃ **primária** elementary school. ≃ **secundária** high school. **colega de** ≃ schoolfellow. **tempo de** ≃ school days.

es.co.lar [eskol'ar] s. m. + f. scholar, student, schoolboy, schoolgirl. ‖ adj. scholastic. **pré-** ≃ pre-school.

es.co.lha [esk'oʎə] s. f. choice, election, selection, option; prime, elite; preference.

es.co.lher [eskoʎ'er] v. to choose, make a choice of, pick out, select. ≃ **a dedo** to pick and choose. ≃ **entre** to chose between.

es.co.lhi.do [eskoʎ'idu] s. m. person or thing chosen. ‖ adj. chosen; choice, first-rate.

es.co.lho [esk'oʎu] s. m. rock, cliff, shelf, reef.

es.col.ta [esk'ɔwtə] s. f. (mil.) guard, convoy, escort.

es.col.tar [eskowt'ar] v. to escort, convoy; conduct.

es.com.bro [esk'õbru] s. m. rubbish, rubble; ≃ **s** debris, ruins.

es.con.de-es.con.de [eskõdjesk'õdi] s. m. hide-and-seek.

es.con.der [eskõd'er] v. to hide; ≃ -**se** to steal away from; to skulk, abscond.

es.con.de.ri.jo [eskõder'iʒu] s. m. hiding place.

es.con.di.das [eskõd'idas] s. f. pl. hide-and-seek (game). **às** ≃ secretly, covertly, in secret.

es.con.di.do [eskõd'idu] s. m. + adj. hidden, concealed.

es.con.ju.rar [eskõʒur'ar] v. to exorcize; to lay evil spirits; ≃ -**se** to complain.

es.co.po [esk'opu] s. m. mark, target; aim, end, design, goal; purpose.

es.co.ra [esk'ɔrə] s. f. prop, stay, shore, brace; (fig.) support, aid, help; protection.

es.co.rar [eskor'ar] v. to prop, stay, brace, support, uphold, sustain; to make firm; to resist; ≃ -**se** to base o. s. on, rely upon.

es.cor.char [eskorʃ'ar] v. to flay; to despoil.

es.co.re [esk'ɔri] s. m. score.

es.có.ria [esk'ɔrjə] s. f. scoria, dross, slag; dregs.

es.co.ri.a.ção [eskorjas'ãw] s. f. (pl. -**ções**) excoriation.

es.co.ri.ar [eskori'ar] v. to excoriate, strip off the skin; ≃ -**se** to scratch, hurt o. s.; to purify, cleanse; to remove the scoria from.

es.cor.pi.ão [eskorpi'ãw] s. m. (pl. -**ões**), (ent.) scorpion.

es.cor.ra.çar [eskoʀas'ar] v. to put to flight, banish.

es.cor.re.ga.de.la [eskoʀegad'ɛlə] s. f. = **escorregão.**

es.cor.re.ga.di.ço [eskoʀegad'isu] adj. = **escorregadio.**

es.cor.re.ga.di.o [eskoʀegad'iu] adj. slipping; slippery, lubricous.

es.cor.re.ga.dor [eskoʀegad'or] adj. slipping, slippery; slide (children's toy).

es.cor.re.gão [eskoʀeg'ãw] s. m. (pl. -**gões**) slipping; sliding; a slip, false step.

es.cor.re.gar [eskoʀeg'ar] v. to slide, slip, skid, glide, miss one's step; (fig.) fall into error.

es.cor.rer [eskoʀ'er] v. to let flow off; to drain; to drop, trickle; to run or flow out.

es.cor.ri.men.to [eskoʀim'ētu] s. m. flowing, running out.

es.co.tei.ro [eskot'ejru] s. m. a Boy Scout; a scout.

es.co.ti.lha [eskot'iʎə] s. f. (naut.) hatchway.

es.co.va [esk'ovə] s. f. brush. ≃ **de dentes** toothbrush. ≃ **de roupa** clothesbrush.

es.co.vão [eskov'ãw] s. m. (pl. -**vões**) scrubbing brush.

es.co.var [eskov'ar] v. to brush; (fig.) to reprehend.

es.cra.va.tu.ra [eskravat'urə] s. f. slave trade; slavery.

es.cra.vi.dão [eskravid'ãw] s. f. (pl. -**dões**) slavery.

es.cra.vi.za.ção [eskravizas'ãw] s. f. (pl. **-ções**) enslavement.

es.cra.vi.zar [eskraviz'ar] v. to enslave; to make a slave of; to reduce to slavery.

es.cra.vo [eskr'avu] s. m. slave, bond servant, serf. ‖ adj. slave; slavish; (fig.) infatuated.

es.cra.vo.cra.ta [eskravokr'atə] s. m. + f. slavocrat.

es.cre.ver [eskrev'er] v. to write or send a letter to. **máquina de** ≃ typewriter. ≃ **à mão** handwrite.

es.cre.vi.nhar [eskreviñ'ar] v. to scrawl, scribble, write badly.

es.cri.ta [eskr'itə] s. f. writing; handwriting; the style of writing; bookkeeping.

es.cri.to [eskr'itu] s. m. a writing; a work. ‖ adj. written, described. **pós-** ≃ postscript.

es.cri.tor [eskrit'or] s. m. writer, author, literary man.

es.cri.to.ra [eskrit'orə] s. f. (female) writer.

es.cri.tó.rio [eskrit'ɔrju] s. m. office, counting house.

es.cri.tu.ra [eskrit'urə] s. f. deed, legal document, writ; conveyance, transfer of ownership.

es.cri.tu.ra.ção [eskrituras'ãw] s. f. (pl. **-ções**) bookkeeping.

es.cri.tu.rar [eskritur'ar] v. to keep books, keep account; to make a deed.

es.cri.tu.rá.rio [eskritur'arju] s. m. clerk of a counting house; bookkeeper; scribe.

es.cri.va.ni.nha [eskrivan'iñə] s. f. desk, writing desk.

es.cri.vão [eskriv'ãw] s. m. (pl. **-vães**; f. **vã**) clerk; notary, notary public; copyist.

es.cro.to [eskr'otu] s. m. (anat.) scrotum.

es.crú.pu.lo [eskr'upulu] s. m. scruple, uneasiness of conscience, susceptibility.

es.cru.pu.lo.so [eskrupul'ozu] adj. scrupulous; hesitant; careful; precise; punctilious.

es.cru.tí.nio [eskrut'inju] s. m. scrutiny; balloting.

es.cu.dar [eskud'ar] v. to shield, protect with a shield; do defend; ≃ **-se** to base o. s. on or upon.

es.cu.dei.ro [eskud'ejru] s. m. shield-bearer, squire.

es.cu.do [esk'udu] s. m. shield, buckler; (her.) scutcheon, arms; a Portuguese coin.

es.cu.la.char [eskulaʃ'ar] v. (Braz.) to beat, blow; (fig.) to shatter; to destroy; to ridicule.

es.cu.la.cho [eskul'aʃu] s. m. (Braz., sl.) blow, stroke.

es.cu.lham.ba.ção [eskuʎãbas'ãw] s. f. (pl. **-ções**), (Braz., sl.) disorder; confusion, disarray, anarchy; demoralization.

es.cu.lham.bar [eskuʎãb'ar] v. (Braz., sl.) to shatter; to demoralize; to decompose.

es.cul.pir [eskuwp'ir] v. to sculpture; to sculpt; to engrave; to shape, mold, form; to carve.

es.cul.tor [eskuwt'or] s. m. sculptor; carver; stonecutter.

es.cul.to.ra [eskuwt'orə] s. f. sculptress.

es.cul.tu.ra [eskuwt'urə] s. f. sculpture, statuary.

es.cul.tu.ral [eskuwtur'aw] adj. m. + f. (pl. **-rais**) sculptural, pertaining to sculpture.

es.cu.ma [esk'umə] s. f. scum, froth, foam; drivel, slaver; spume; (fig.) mob, rabble.

es.cu.ma.dei.ra [eskumad'ejrə] s. f. skimmer; skimming ladle.

es.cu.mar [eskum'ar] v. to skim, scum; to slabber, drivel slaver; to foam; to boil.

es.cu.ras [esk'uras] s. f. pl. word used in the adverbial locution: **às** ≃ in the dark; occultly.

es.cu.re.cer [eskures'er] v. to darken, obscure; to cloud.

es.cu.re.ci.men.to [eskuresim'ētu] s. m. darkening.

es.cu.ri.dão [eskurid'ãw] s. f. (pl. **-dões**) darkness, obscurity; blackness; (fig.) ignorance.

es.cu.ro [esk'uru] s. m. darkness, obscurity. ‖ adj. dark, obscure; somber, shadowy.

es.cu.sa [esk'uzə] s. f. excuse; apology; exemption, discharge.

es.cu.sa.do [eskuz'adu] adj. useless, needless.

es.cu.sar [eskuz'ar] v. to excuse, pardon; ≃ **-se** to excuse o. s. from, apologize for.

es.cu.so [esk'uzu] adj. exempt, excused; useless, unnecessary, secret, hidden.

es.cu.tar [eskut'ar] v. to hearken, give ear to; to listen; to hear; to auscultate.

es.drú.xu.lo [esdr'uʃulu] s. m. dactyl, dactylic verse. ‖ adj. (gram.) proparoxytone; dactylic (verse); (fig.) odd, strange.

es.fa.ce.lar [esfasel'ar] v. (med.) to sphacelate; ≃ **-se** to corrupt, ruin o. s.; to dissolve.

es.fai.ma.do [esfajm'adu] adj. ravenous; starving.

es.fai.mar [esfajm'ar] v. to famish, starve.

es.fal.fa.do [esfawf'adu] adj. overtired, exhausted.

es.fal.fa.men.to [esfawfam'ẽtu] s. m. fatigue; annoyance.

es.fal.far [esfawf'ar] v. to fatigue, tire exhaust.

es.fa.que.a.do [esfake'adu] adj. knifed, stabbed.

es.fa.que.ar [esfake'ar] v. to stab, wound with a knife.

es.fa.re.lar [esfarel'ar] v. to reduce to bran; to bolt, sift (meal); ≃-se to crumble (into dust); to be reduced to bran.

es.fa.ri.nhar [esfariñ'ar] v. to crumble; to reduce to flour; to mill.

es.far.pa.do [esfarp'adu] adj. torn, tattered, ragged; unravelled; splintered.

es.far.par [esfarp'ar] v. to tear; to shred; to unravel.

es.far.ra.pa.do [esfaṝap'adu] s. m. ragamuffin, urchin. ‖ adj. torn, rent, tattered.

es.far.ra.par [esfaṝap'ar] v. to rend, tear, reduce to tatters; to ruin, destroy.

es.fe.ra [esf'ɛrə] s. f. sphere; (geom.) globe, ball.

es.fé.ri.co [esf'ɛriku] adj. spherical, orbicular, globular, round.

es.fi.a.par [esfjap'ar] v. to ravel, fray out.

es.fi.ar [esfi'ar] v. = **desfiar**.

es.fin.ge [esf'ĩʒi] s. f. sphinx; (ent.) hawk moth.

es.fo.gue.a.do [esfoge'adu] (Braz.) blushed.

es.fo.gue.ar-se [esfoge'arsi] v. (Braz.) to blush, redden; to hasten, hurry; to become impatient.

es.fo.la.du.ra [esfolad'urə] s. f. flaying; a scratch, excoriation; a scrape.

es.fo.la.men.to [esfolam'ẽtu] s. m. = **esfoladura**.

es.fo.lar [esfol'ar] v. to flay; to skin; to scratch; ≃-se to suffer an excoriation or scratch.

es.fo.lhar [esfoʎ'ar] v. to strip the leaves from a plant.

es.fo.li.ar [esfoli'ar] v. to exfoliate, desquamate, scale.

es.fo.me.a.do [esfome'adu] s. m. hungry person. ‖ adj. hungry, famished, ravenous.

es.fo.me.ar [esfome'ar] v. to famish, starve.

es.for.ça.do [esfors'adu] s. m. diligent, hard-working person. ‖ adj. valiant, courageous; strong, robust; assiduous, active.

es.for.çar [esfors'ar] v. to strengthen, make strong; to encourage, incite; ≃-se to strain, strive, exert o. s., endeavour.

es.for.ço [esf'orsu] s. m. effort, endeavour; struggle, attempt; exertion, strength, vigour.

es.fran.ga.lhar [esfrãgaʎ'ar] v. to tatter, rend, tear to pieces.

es.fre.ga [esfr'ɛgə] s. f. wiping, rubbing; reprimand.

es.fre.ga.dor [esfregad'or] s. m. rubbing brush. ‖ adj. rubbing.

es.fre.gão [esfreg'ãw] s. m. (pl. **-gões**) rubbing clout, rubbing cloth, rubber, scrubber.

es.fre.gar [esfreg'ar] v. to rub, scour; ≃-se to rub or massage o. s.; to scratch o. s.

es.fri.a.men.to [esfrjam'ẽtu] s. m. cooling; refrigeration.

es.fri.ar [esfri'ar] v. to cool, chill; to freeze; ≃-se to grow cold, to lose heart.

es.fu.ma.çar [esfumas'ar] v. to fill (a place) with smoke.

es.fu.mi.nho [esfum'iñu] s. m. (drawing) stump.

es.fu.ra.car [esfurak'ar] v. to fill with holes; to perforate, bore.

es.ga.lhar [ezgaʎ'ar] v. to cut off branches, trim, prune, lop; to ramify.

es.ga.lho [ezg'aʎu] s. m. branch, shoot, spring; ramification; antler (of a deer).

es.ga.na.ção [esganas'ãw] s. f. (pl. **-ções**) strangulation; desire, avidity, greediness.

es.ga.na.do [ezgan'adu] s. m. glutton; greedy or famished person. ‖ adj. famished, starving; gluttonish, greedy eager; mean.

es.ga.nar [ezgan'ar] v. to strangle, suffocate; ≃-se to hang o. s.

es.ga.ni.çar [ezganis'ar] v. to screech, scream, yell.

es.gar [ezg'ar] s. m. grimace, wry face; ≃es mouths.

es.gar.çar [ezgars'ar] v. to tear, shred (cloth); ≃-se to fade away, to wear out.

es.ga.ze.ar [ezgaze'ar] v. to stare into the space.

es.go.e.lar [ezgoel'ar] v. (also ≃-se) to cry or call out, bawl, yell; to strangle, stifle.

es.go.ta.do [ezgot'adu] adj. drained, emptied, exhausted; wasted; finished; out of print.

es.go.ta.men.to [ezgotam'ẽtu] s. m. depauperation; prostration; weakness, debility; fatigue. ≃ **nervoso** nervous breakdown.

es.go.tar [ezgotˈar] v. to drain to the last drop; to exhaust, dry, empty, deplete; ≃-se to exhaust o. s., become exhausted.

es.go.to [ezgˈotu] s. m. drain(age), sewer(age). **cano de** ≃ discharge pipe. **rede de** ≃ sewerage system.

es.gri.ma [ezgrˈimə] s. f. fencing (art or act).

es.gri.mir [ezgrimˈir] v. to shake, brandish, wave; to fence, tilt; to wrangle.

es.gue.de.lhar [ezgedeλˈar] v. to dishevel, tousle, ruffle.

es.guei.rar [ezgejrˈar] v. to steal artfully; ≃-se to steal away; to sneak out; to make o. s. scarce.

es.gue.lha [ezgˈeλə] s. f. obliquity; bias, slant; diagonal. **andar de** ≃ to sidle. **de** ≃ obliquely, aslant, sideways.

es.gui.char [ezgiʃˈar] v. to spirt (up), spurt; to squirt, syringe, jet; to spout out, gush.

es.gui.cho [ezgˈiʃu] s. m. squirt (instrument); jet, waterspout.

es.gui.o [ezgˈiu] adj. long and thin, lanky; tall and thin.

es.lai.de [ezlˈajdi] s. m. (phot.) slide.

es.la.vo [ezlˈavu] s. m. + adj. Slav, Slavonian, Slavic.

es.ma.e.cer [ezmaesˈer] v. (also ≃-se) to discolour, fade; to turn pale, faint; to discourage.

es.ma.e.ci.men.to [ezmaesimˈẽtu] s. m. fainting.

es.ma.ga.dor [ezmagadˈor] s. m. + adj. smashing, crushing. **vitória** ≃-a a crushing victory.

es.ma.gar [ezmagˈar] v. to compress, squeeze.

es.mal.tar [ezmawtˈar] v. to enamel; (fig.) to adorn, embellish, decorate; brighten.

es.mal.te [ezmˈawti] s. m. enamel; enamel of the teeth. ≃ **de unhas** nail polish, varnish.

es.me.ra.do [ezmerˈadu] adj. performed with care.

es.me.ral.da [ezmerˈawdə] s. f. (min.) emerald.

es.me.rar [ezmerˈar] v. to perform with care; to perfect, bring to perfection; ≃-se to make as good as possible, do one's best.

es.me.ril [ezmerˈiw] s. m. (pl. -ris) emery.

es.me.ri.lar [ezmerilˈar] v. to rub or polish with emery; (fig.) to search, investigate; to perfect.

es.me.ri.lhar [ezmeriλˈar] v. = **esmerilar**.

es.me.ro [ezmˈeru] s. m. care, diligence, carefulness.

es.mi.ga.lhar [ezmigaλˈar] v. to crumb(le), break into fragments, triturate; to shatter.

es.mi.o.la.do [ezmjolˈadu] adj. foolish, silly; brainless.

es.mi.o.lar [ezmjolˈar] v. to take out the inside, crumb (bread).

es.mir.rar-se [ezmiřˈarsi] v. to dry up, parch; to grow lean, decay; (fig.) to fade away.

es.mi.u.ça.do [ezmjusˈadu] adj. broken or divided into small pieces; minute, detailed; precise.

es.mi.u.çar [ezmjusˈar] v. to crumble, fragmentize; to explain minutely or in details.

es.mo [ˈezmu] s. m. conjecture, guess; rough calculation. **a** ≃ without direction.

es.mo.la [ezmˈɔlə] s. f. alms, charity, almsdeed; benefit, favour. **pedir** ≃**s** to ask for alms.

es.mo.lam.ba.do [ezmolãbˈadu] adj. torn, tattered.

es.mo.lam.bar [ezmolãbˈar] v. to be all tattered and torn.

es.mo.lar [ezmolˈar] v. to give alms; to beg.

es.mo.re.cer [ezmoresˈer] v. to dismay, discourage.

es.mo.re.ci.do [ezmoresˈidu] adj. discouraged, dejected.

es.mo.re.ci.men.to [ezmoresimˈẽtu] s. m. discouragement.

es.mur.rar [ezmuřˈar] v. to cuff, box, sock; to beat.

es.no.be [eznˈɔbi] s. m. + f. snob. I adj. snobbish.

es.no.bis.mo [eznobˈizmu] s. m. snobbism, snobbery.

e.sô.fa.go [ezˈofagu] s. m. (anat.) esophagus, gullet.

e.so.té.ri.co [ezotˈɛriku] adj. esoteric (doctrine).

es.pa.çar [espasˈar] v. to space; to set at intervals.

es.pa.ci.al [espaciˈaw] adj. m. + f. (pl. -ais) spatial.

es.pa.ço [espˈasu] s. m. space, area.

es.pa.ço.so [espasˈozu] adj. spacious; wide.

es.pa.da [espˈadə] s. f. sword; ≃**s** (cards) spades.

es.pa.da.ú.do [espada'udu] adj. broad-shouldered.

es.pa.dim [espad'ĩ] s. m. (pl. **-dins**) a small sword; rapier; ancient Portuguese coin.

es.pá.dua [esp'adwa] s. f. (anat.) shoulder, shoulder blade, scapula.

es.pai.re.cer [espajres'er] v. (also ≃ **se**) to amuse, entertain.

es.pai.re.ci.men.to [espajresim'ẽtu] s. m. entertainment.

es.pal.dar [espawd'ar] s. m. back rest, back of a chair.

es.pa.lha-bra.sas [espaλabr'azas] s. m., sg. + pl. (Braz., fam.) hothead.

es.pa.lha.dei.ra [espaλad'ejrə] s. f. (agric.) pitchfork, hayfork.

es.pa.lha.do [espaλ'adu] adj. dispersed, divulged.

es.pa.lha.fa.tar [espaλafat'ar] v. to fuss; to make a noise.

es.pa.lha.fa.to [espaλaf'atu] s. m. fuss, much bother about small matters; noise, uproar.

es.pa.lha.fa.to.so [espaλafat'ozu] adj. fussy; noisy, blatant; garish; ostentatious.

es.pa.lhar [espaλ'ar] v. to spread; to scatter about, strew, disperse, dispel; to divulge; ≃**-se** to disband, scatter, disperse. ≃ **um boato** to spread a rumour, go about talking.

es.pal.ma.do [espawm'adu] adj. flat, even, plane; palmate; laminate(d).

es.pal.mar [espawm'ar] v. to flatten, make flat.

es.pa.na.dor [espanad'or] s. m. feather-broom, duster.

es.pa.nar [espan'ar] v. to dust, clean from dust.

es.pan.ca.men.to [espãkam'ẽtu] s. m. spanking, beating.

es.pan.car [espãk'ar] v. to beat, thrash, spank.

es.pa.nhol [españ'ɔw] s. m. (pl. **-nhóis**) Spaniard; Spanish (language). ▌ adj. Spanish.

es.pan.ta.di.ço [espãtad'isu] adj. fearful, timid, skittish.

es.pan.ta.do [espãt'adu] adj. frightened; surprised.

es.pan.ta.lho [espãt'aλu] s. m. scarecrow.

es.pan.tar [espãt'ar] v. to frighten, terrify; ≃**-se** to be startled; to be frightened.

es.pan.to [esp'ãtu] s. m. fright, terror; scare, fear.

es.pan.to.so [espãt'ozu] adj. dreadful, frightful, fearful; extraordinary, uncommon.

es.pa.ra.dra.po [esparadr'apu] s. m. adhesive tape.

es.par.gir [esparʒ'ir] v. to scatter about; to spill.

es.par.go [esp'argu] s. m. (bot.) asparagus.

es.par.ra.ma.do [espaȓam'adu] adj. scattered.

es.par.ra.mar [espaȓam'ar] v. to scatter about, spread, strew; ≃**-se** to disband, disperse.

es.par.ra.me [espaȓ'ami] s. m. scattering, spreading.

es.par.so [esp'arsu] adj. scattered, dispersed, spread.

es.pas.mar [espazm'ar] v. to cause spasms.

es.pas.mo [esp'azmu] s. m. (med.) spasm, cramp.

es.pas.mó.di.co [espazm'ɔdiku] adj. spasmodic, convulsive.

es.pa.ti.fa.do [espatif'adu] adj. broken into pieces.

es.pa.ti.far [espatif'ar] v. to shatter, smash.

es.pá.tu.la [esp'atulə] s. f. spatula; slice.

es.pa.ven.tar [espavẽt'ar] v. to frighten; to astonish; ≃**-se** to get scared; to be frightened.

es.pa.vo.rir [espavor'ir] v. to frighten, scare; ≃**-se** to become scared, frightened.

es.pe.ci.a.ção [espesjas'ãw] s. f. speciation.

es.pe.ci.al [espesi'aw] adj. m. + f. (pl. **-ais**) special, particular; excellent, very good.

es.pe.ci.a.li.da.de [espesjalid'adi] s. f. specialty, particularity, peculiarity.

es.pe.ci.a.lis.ta [espesjal'istə] s. m. + f. specialist, expert.

es.pe.ci.a.li.za.ção [espesjalizas'ãw] s. f. (pl. **-ções**) specialization; speciality.

es.pe.ci.a.li.zar [espesjaliz'ar] v. to specialize, differentiate; ≃**-se** to train o. s. for a special activity.

es.pé.cie [esp'ɛsji] s. f. species, sort, kind, variety; class, genus. **de toda** ≃ of all sorts.

es.pe.ci.fi.ca.ção [espesifikas'ãw] s. f. (pl. **-ções**) specification; act of specifying.

es.pe.ci.fi.ca.do [espesifik'adu] adj. specified; detailed.

es.pe.ci.fi.car [espesifik'ar] v. to specify, indicate, stipulate; particularize, individualize.

es.pe.cí.fi.co [espes'ifiku] s. m. specific remedy. ▌ adj. specific, peculiar, special, explicit.

es.pé.ci.me [esp'ɛsimi] s. m. specimen, example, model, instance.

es.pé.ci.men [esp'ɛsimẽj] s. m. (pl. -**mens**) = **espécime**.

es.pec.ta.dor [espektad'or] s. m. spectator, looker-on.

es.pec.ta.do.ra [espektad'ɔrə] s. f. spectator.

es.pec.tro [esp'ɛktru] s. m. specter, ghost, spirit, spectre.

es.pe.cu.la.ção [espekulas'ãw] s. f. (pl. -**ções**) speculation.

es.pe.cu.lar [espekul'ar] v. to speculate.

es.pe.cu.la.ti.vo [espekulat'ivu] adj. speculative, contemplative; theorical.

es.pe.da.çar [espedas'ar] v. = **despedaçar**.

es.pe.le.o.lo.gi.a [espeleoloʒ'iə] s. f. speleology.

es.pe.lhar [espeʎ'ar] v. to mirror; ≃ -**se** to look at o. s. in a mirror; to reflect.

es.pe.lho [esp'eʎu] s. m. mirror, looking-glass; (fig.) model; (tech.) face.

es.pe.lo.te.a.do [espelote'adu] s. m. person without discernment. ‖ adj. undiscerned; careless; hot-headed; unquiet.

es.pe.lun.ca [espel'ũkə] s. f. cavern, den, hole; den of vice.

es.pe.ra [esp'ɛrə] s. f. expectation, expecting, waiting for; a wait; pause, respite; delay; hope.

es.pe.ra.do [esper'adu] adj. expected.

es.pe.ran.ça [esper'ãsə] s. f. hope; an expectant desire, expectation. **sem** ≃ void of hope.

es.pe.ran.ço.so [esperãs'ozu] adj. hopeful.

es.pe.rar [esper'ar] v. to hope for; to wait (for). ≃ **em fila** to wait in line. ≃ **por** to wait for. **assim o espero** I hope so. **espera!** wait! **espere um momento!** wait a moment! **espero o melhor** I hope for the best. **fazer alguém** ≃ to keep s. o. waiting.

es.per.di.çar [esperdis'ar] v. to lavish, squander. ≃ **o tempo** to squander away one's time.

es.per.dí.cio [esperd'isju] s. m. lavishness, prodigality.

es.per.ma [esp'ɛrmə] s. m. (biol.) sperm, semen.

es.per.ma.to.zói.de [espermatoz'ɔjdi] s. m. (biol.) spermatozoon, spermatozoid.

es.per.ne.ar [esperne'ar] v. to kick about.

es.per.ta.lhão [espertaʎ'ãw] s. m. (pl. -**lhões**) slicker.

es.per.te.za [espert'ezə] s. f. briskness, quickness.

es.per.to [esp'ɛrtu] adj. sprightly, brisk, lively, alive.

es.pes.sar [espes'ar] v. to thicken, make thick.

es.pes.so [esp'esu] adj. thick; dense, solid.

es.pes.su.ra [espes'urə] s. f. thickness; denseness.

es.pe.ta.cu.lar [espetakul'ar] adj. m. + f. spectacular; splendid, magnificent, impressive.

es.pe.tá.cu.lo [espet'akulu] s. m. spectacle; view, sight.

es.pe.ta.da [espet'adə] s. f. a blow, thrust with or as with a spit; jab, sticking.

es.pe.ta.do [espet'adu] adj. stiff, straight as a pin.

es.pe.tar [espet'ar] v. to spit, put on the spit, broach, impale; to pierce, prick; to thrust; ≃ -**se** to get hurt; to get stuck.

es.pe.to [esp'etu] s. m. spit (as for roasting meat); a sharp-pointed stick; (fig.) a rub. **isto é um** ≃! (coll.) that's a fix, tough situation!

es.pe.vi.ta.do [espevit'adu] adj. snuffed (wick of candle); (fig.) brisk, lively; insolent, flippant, petulant; talkative; pretentious, affected.

es.pe.vi.tar [espevit'ar] v. to snuff; to make pretentious or affected; ≃ -**se** to speak in a chosen or affected manner.

es.pe.zi.nha.do [espeziñ'adu] adj. scorned, humbled.

es.pe.zi.nhar [espeziñ'ar] v. to trample on.

es.pi.a.da [espi'adə] s. f. look, glance, squint, ogle.

es.pi.ão [espi'ãw] s. m. (pl. -**ões**; f. -**ã**) spy, intelligencer, secret agent.

es.pi.ar [espi'ar] v. to spy, watch, observe, dog; (Braz.) to look at, observe.

es.pi.ca.ça.do [espikas'adu] adj. pecked by birds (as a fruit); tormented.

es.pi.ca.çar [espikas'ar] v. to peck; to strike, hit; to needle; to afflict; to torment.

es.pi.char [espiʃ'ar] v. to stretch, extend; to prolong; to enlarge; ≃ -**se** to stretch o. s. out.

es.pi.ga [esp'igə] s. f. ear of corn, spike; (carp.) tenon, dowel, pin. ≃ **de milho** corn-cob.

es.pi.gão [espig'ãw] s. m. (pl. -**gões**) a great ear or spike; ridge; hip rafter; a cluster of high building.

es.pi.gar [espig'ar] v. to ear, form ears; to seed.

es.pi.na.frar [espinafr'ar] v. to ridicule, deride.

es.pi.na.fre [espin'afri] s. m. (bot.) spinach.

es.pin.gar.da [espĩg'ardə] s. f. (hand)gun, rifle, shotgun. **desarmar uma** ≃ to uncock a gun.

es.pi.nha [esp'iñə] s. f. (anat.) spine, backbone; pimple.

es.pi.nha.ço [espiñ'asu] s. m. backbone, spine; mountain chain; back.

es.pi.nha.do [espiñ'adu] adj. pricked with a thorn; (pop.) nettled, vexed, irritated.

es.pi.nhar [espiñ'ar] v. (also ≃-se) to prick (like or with a thorn); (fig.) to nettle, pique.

es.pi.nho [esp'iñu] s. m. thorn, prickle; small sharp point; sting; (fig.) difficulty, rub. **não há rosa sem** ≃ **s** no rose without a thorn, no joy without annoy.

es.pi.nho.so [espiñ'ozu] adj. thorny, prickly; spiny.

es.pi.no.te.ar [espinote'ar] v. to curvet, buck, leap; to become angry; to rave.

es.pi.o.na.gem [espjon'aʒ̃ej] s. f. (pl. **-gens**) espionage, intelligence service; a body of spies.

es.pi.o.nar [espjon'ar] v. to spy (out); to observe, watch (in secret); to work as a spy.

es.pi.ral [espir'aw] s. f. + adj. (pl. **-rais**) spiral.

es.pi.ra.lar [espiral'ar] v. to spiral, make spiral; to form into a spiral; ≃-se to move spirally.

es.pi.rar [espir'ar] v. to breathe; to exhale, emit, pour out, end; to die; to expire.

es.pí.ri.ta [esp'iritə] s. m. + f. spiritualist, spiritist. ‖ adj. spiritualistic.

es.pí.ri.tis.mo [espirit'izmu] s. m. spiritualism.

es.pí.ri.to [esp'iritu] s. m. spirit; soul, mind; a supernatural being (as an angel); a ghost, spectre. **Espírito Santo** Holy Ghost, Holy Spirit. **sossego de** ≃ peace of mind.

es.pi.ri.tu.al [espiritu'aw] adj. m. + f. (pl. **-ais**) spiritual.

es.pi.ri.tu.a.li.da.de [espiritwalid'adi] s. f. spirituality.

es.pi.ri.tu.a.lis.mo [espiritwal'izmu] s. m. (philos.) spiritualism.

es.pi.ri.tu.a.lis.ta [espiritwal'istə] s. m. + f. spiritualist. ‖ adj. spiritualistic.

es.pi.ri.tu.a.li.zar [espiritwaliz'ar] v. to spiritualize; to make spiritual; ≃-se recover one's spirits; to become spiritualized.

es.pi.ri.tu.o.so [espiritu'ozu] adj. spirituous, alcoholic; witty, spirited, clever.

es.pir.rar [espir̃'ar] v. to sneeze; to crackle; to eject.

es.pir.ro [espi'r̃u] s. m. sneeze, sneezing.

es.plen.der [esplẽd'er] v. to resplend, shine.

es.plên.di.do [espl'ẽdidu] adj. splendid; brilliant, shining; magnificent; very fine; admirable.

es.plen.dor [esplẽd'or] s. m. splendour; pomp; glory.

es.plen.do.ro.so [esplẽdor'ozu] adj. splendorous; bright.

es.plim [espl'ĩ] s. m. spleen, ill humour, low spirits.

es.po.jar [espoʒ'ar] v. (also ≃-se) to wallow.

es.po.le.ta [espol'etə] s. f. fuse, cap of a gun; detonator; m. + f. (fam.) mischievous child.

es.po.li.a.ção [espoljas'ãw] s. f. (pl. **-ções**) spoliation.

es.po.li.a.dor [espoljad'or] s. m. spoliator. ‖ adj. spoliating; plundering.

es.po.li.ar [espoli'ar] v. to spoil, spoliate, rob, despoil.

es.pon.ja [esp'õʒə] s. f. sponge (also zool.)

es.pon.jo.so [espõʒ'ozu] adj. spongeous, spongy.

es.pon.sais [espõs'ajs] s. m. pl. espousals, marriage contract.

es.pon.ta.nei.da.de [espõtanejd'adi] s. f. spontaneity.

es.pon.tâ.neo [espõt'ʌnju] adj. spontaneous; voluntary; growing naturally; unstudied.

es.pon.tar [espõt'ar] v. to clip, cut, shear (hair); to prune, lop (tree).

es.po.ra [esp'ɔrə] s. f. spur; the spine on a clock's leg; (bot.) larkspur.

es.po.ra.da [espor'adə] s. f. prick with a spur; (fig.) incentive; (fam.) reprehension.

es.po.rá.di.co [espor'adiku] adj. sporadic, separate.

esporar [espor'ar] v. = **esporear.**

es.po.re.ar [espore'ar] v. to spur; to incite.

es.por.te [esp'ɔrti] s. m. sport.

es.por.tis.ta [esport'istə] s. m. + f. sportsman; sportswoman. ‖ adj. sporting.

es.por.ti.vo [esport'ivu] adj. sporting.

es.po.sa [esp'ozə] s. f. wife, consort, spouse; bride.

es.po.sar [espoz'ar] v. to marry; to get married; to betroth, espouse; (fig.) to support.

es.po.so [esp'ozu] s. m. husband, spouse, consort.

es.prai.ar [espraj'ar] v. to cast on the shore or strand (sea); to drive ashore; ≃-**se** to overflow, run over the banks (river or sea).

es.pre.gui.ça.dei.ra [espregisad'ejrə] s. f. couch, lounge.

es.pre.gui.çar [espregis'ar] v. to rouse one (from sleep); ≃-**se** to stretch o. s. and yawn (after sleep); to sprawl, lounge.

es.prei.ta [espr'ejtə] s. f. peep, sly close look.

es.prei.ta.dei.ra [esprejtad'ejrə] s. f. a peephole, eyehole. ‖ adj. f. curious, prying (woman).

es.prei.tar [esprejt'ar] v. to peep; to watch; to observe attentively; ≃-**se** to take care of o. s.

es.pre.me.dor [espremed'or] s. m. squeezer, smasher. ‖ adj. squeezing. ≃ **de batatas** potato masher. ≃ **de limão** lemon squeezer.

es.pre.mer [esprem'er] v. to press, squeeze out, compress; to express; to crush; ≃-**se** to strain; to press, crowd (together).

es.pre.mi.do [esprem'idu] adj. squeezed, pressed.

es.pu.ma [esp'umə] s. f. scum, froth, foam, spume.

es.pu.ma.dei.ra [espumad'ejrə] s. f. skimmer.

es.pu.man.te [espum'ãti] adj. m. + f. foaming, frothy.

es.pu.mar [espum'ar] v. to skim, scum; to slabber, slaver.

es.pu.mo.so [espum'ozu] adj. frothy, full of scum, foamy, sparkling, foaming.

es.pú.rio [esp'urju] adj. spurious, illegitimate, bastard; (fig.) false, counterfeit.

es.qua.dra [esk'waðrə] s. f. squadron; naval fleet.

es.qua.drão [eskwadr'ãw] s. m. (pl. **-drões**) squadron.

es.qua.drar [eskwadr'ar] v. to square.

es.qua.dri.lha [eskwadr'iʎə] s. f. flotilla; squadron.

es.qua.dri.nhar [eskwadriñ'ar] v. to investigate, search.

es.qua.dro [esk'wadru] s. m. square.

es.quá.li.do [esk'walidu] adj. squalid, sordid, filthy, foul; extremely dirty.

es.quar.te.jar [eskwarteʒ'ar] v. to quarter; to cut into slices or pieces; to shred, lacerate.

es.que.cer [eskes'er] v. to forget; ≃-**se** to forget o. s.; to fall into oblivion.

es.que.ci.do [eskes'idu] adj. forgotten; forgetful; absent-minded.

es.que.ci.men.to [eskesim'ẽtu] s. m. forgetfulness, oblivion; negligence, carelessness.

es.que.le.to [eskel'etu] s. m. skeleton.

es.que.ma [esk'emə] s. m. scheme, project, plan.

es.que.ma.ti.zar [eskematiz'ar] v. to schematize.

es.quen.tar [eskẽt'ar] v. to heat, warm, overheat, make warm; ≃-**se** to grow warm; to overheat o. s.; to grow angry.

es.quer.da [esk'erdə] s. f. the left side or hand; the left (political party).

es.quer.do [esk'erdu] adj. left; left-handed; crooked, oblique. **do lado** ≃ leftwards, on the left; from the left.

es.qui [esk'i] s. m. ski (snowshoe).

es.qui.a.dor [eskjad'or] s. m. skier.

es.qui.ar [eski'ar] v. to ski.

es.qui.fe [esk'ifi] s. m. coffin, casket; bier.

es.qui.lo [esk'ilu] s. m. (zool.) squirrel.

es.qui.na [esk'inə] s. f. corner; street corner; angle.

es.qui.si.ti.ce [eskizit'isi] s. f. extravagance, eccentricity; strangeness.

es.qui.si.to [eskiz'itu] adj. singular, exquisite; strange, curious. **modos** ≃**s** particular ways.

es.qui.var [eskiv'ar] v. to shun, avoid; ≃-**se a uma responsabilidade** to avoid a liability.

es.qui.zo.fre.ni.a [eskizofren'iə] s. f. (med.) schizophrenia.

es.sa ['ɛsa] demonstr. pron. f. of **esse** that; ≃**s** those. ≃ **é boa!** that's a good one! **ainda mais** ≃**!** how now! and now this! **ora** ≃**!** well now!

es.se ['ɛsi] s. m. ess, the name of the letter S.

es.se ['esi] demonstr. pron. that, that one; ≃**s** those.

es.sên.cia [es'ẽsjə] s. f. essence; substance.

es.sen.ci.al [esẽsi'aw] s. + adj. (pl. **-ais**) essential; principal, main.

es.ta ['ɛstə] demonstr. pron. f. of **este** this; the latter; ≃**s** these.

es.ta.ba.na.do [estaban'adu] adj. overhasty, headlong; unquiet, crazy.

es.ta.be.le.cer [estabeles'er] v. to establish, settle, fix, set up; to institute, found; to make stable; ≃-**se** to settle or establish o. s.

es.ta.be.le.ci.do [estabeles'idu] adj. established.

es.ta.be.le.ci.men.to [estabelesim'ētu] s. m. establishment; shop, store. ≃ **de ensino** a school.

es.ta.bi.li.da.de [estabilid'adi] s. f. stability, stableness.

es.ta.bi.li.za.ção [estabilizas'ãw] s. f. (pl. **-ções**) stabilization.

es.ta.bi.li.zar [estabiliz'ar] v. to stabilize; to fix; ≃**-se** to become fixed.

es.tá.bu.lo [est'abulu] s. m. stable.

es.ta.ca [est'akə] s. f. stake, pale, pole, post, picket; pile, palisade, tree prop. **bate-**≃ piledriver.

es.ta.ção [estas'ãw] s. f. (pl. **-ções**) station; stand(ing); season, term. ≃ **de águas** watering resort. ≃ **de rádio** broadcasting station. ≃ **de televisão** telestation.

es.ta.car [estak'ar] v. to stake; to fasten, support or protect with a stake.

es.ta.ci.o.na.men.to [estasjonam'ētu] s. m. parking, car park. ≃ **proibido** parking prohibited, no parking. **ponto de** ≃ parking place.

es.ta.ci.o.nar [estasjon'ar] v. to stop in a place; to station; to settle; to park (a car).

es.ta.cio.ná.rio [estaʒi'arju] adj. stationary; still.

es.ta.di.a [estad'iə] s. f. permanence; stay, sojourn.

es.tá.dio [est'adju] s. m. stadium.

es.ta.dis.ta [estad'istə] s. m. + f. statesman, stateswoman; politician.

es.ta.do [est'adu] s. m. state; condition; (also **Estado**) State; part of a federal republic; nation, country. ≃ **civil** civil status. ≃ **de sítio** state of siege. ≃ **legal** legal status.

es.ta.du.al [estadu'aw] adj. m. + f. (pl. **-ais**) state. **controle** ≃ state control.

es.ta.du.ni.den.se [estadunid'ẽsi] s. m. + f. North American. ‖ adj. American.

es.ta.fa [est'afə] s. f. hard work, tiring work.

es.ta.fan.te [estaf'ãti] adj. m. + f. fatiguing, tiring.

es.ta.far [estaf'ar] v. to tire, weary, fatigue; ≃**-se** to get tired; to be tedious.

es.ta.fer.mo [estaf'ermu] s. m. simpleton, nincompoop; dullard; scarecrow.

es.ta.fe.ta [estaf'eta] s. m. courier, a messenger; postman.

es.ta.gi.á.rio [estaʒi'arju] s. m. probationer, trainee (esp. a student, student teacher, a nurse in training). ‖ adj. probationary.

es.tá.gio [est'aʒju] s. m. probation (period).

es.tag.na.ção [estagnas'ãw] s. f. stagnation, stagnancy.

es.tag.na.do [estagn'adu] adj. stagnant; motionless.

es.tag.nar [estagn'ar] v. (also ≃**-se**) to stagnate.

es.ta.la.gem [estal'aʒēj] s. f. (pl. **-gens**) inn, lodge, hostel(ry); auberge.

es.ta.lar [estal'ar] v. to crack, split, break into pieces.

es.ta.lei.ro [estal'ejru] s. m. shipyard, dockyard.

es.ta.lo [est'alu] s. m. crack; a sharp noise; crackling, burst.

es.tam.pa [est'ãpə] s. f. impression, print; a printed image; gravure; model, pattern.

es.tam.pa.do [estãp'adu] s. m. printed cloth. ‖ adj. printed, impressed; published.

es.tam.pa.gem [estãp'aʒēj] s. f. (pl. **-gens**) stamping.

es.tam.par [estãp'ar] v. to print, impress; ≃**-se** to be impressed, printed or engraved.

es.tam.pa.ri.a [estãpar'iə] s. f. printworks, printery; print shop.

es.tam.pi.do [estãp'idu] s. m. clap, crack; explosion, detonation, roar, great noise.

es.tam.pi.lha [estãp'iʎə] s. f. small stamp; revenue stamp; postage stamp.

es.tan.ca.men.to [estãkam'ētu] s. m. stopping, stanching (as of blood).

es.tan.car [estãk'ar] v. to stanch, stop; to drain up.

es.tân.cia [est'ãsjə] s. f. stay, abode, home, residence; ranch(o), state, country seat.

es.tan.dar.di.za.ção [estãdardizas'ãw] s. f. (pl. **-ções**) standardization.

es.tan.dar.te [estãd'arti] s. m. standard, banner; flag.

es.tan.de [est'ãdi] s. m. stand; booth (fair, etc.), shooting gallery.

es.ta.nhar [estañ'ar] v. to tin, tin-plate.

es.ta.nho [est'añu] s. m. tin (metal).

es.tan.que [est'ãki] s. m. the act of draining, pumping out (water); stauching. ‖ adj. m. + f. tight, impervious.

es.tan.te [est'ãti] s. f. bookstand, bookshelf, bookcase; lectern, reading desk.

es.ta.pa.fúr.dio [estapaf'urdju] adj. heedless, peculiar.

es.ta.que.ar [estake'ar] v. to prop up; to stake.

es.tar [est'ar] v. to be, (also ≃**-se**) find o. s. (in a given place or condition); to stand, keep o. s., remain, stay, lie; to exist; to be present, attend. ≃ **à mão** to be at one's hand. ≃ **às portas da morte** to be at death's door. ≃ **certo** to be sure of a thing, feel certain. ≃ **com azar** to have a run of ill luck. ≃ **em boas condições** to be in good state. ≃ **em dia com** to be up-to-date with. ≃ **em pé** to stand on end; to stand on one's feet. ≃ **grávida** to be with child. ≃ **indeciso** to hesitate. ≃ **no mato sem cachorro** (fig.) to be in a predicament. ≃ **no mundo da lua** to be daydreaming. ≃ **no prego** (pop.) to be in pawn; to be dog-tired. ≃ **por um fio** to hang by a thread. ≃ **presente** to stand by. ≃ **sozinho** to stand alone; **como estamos?** how do we stand? **como está você?** how are you? **ele está nas últimas** he is about to die. **está bem!** all right!, O.K.

es.tar.da.lha.ço [estardaХ'asu] s. m. noise, din, bustle.

es.tar.re.cer [estar̄es'er] v. to frighten, strike with fear, terrorize, terrify; to appall; ≃**-se** to become frightened or appalled.

es.ta.te.la.do [estatel'adu] adj. immovable, motionless; stretched out.

es.ta.te.lar [estatel'ar] v. to throw or knock down; ≃**-se** to fall flat down.

es.tá.ti.co [est'atiku] adj. static, standing still, at rest.

es.ta.tís.ti.ca [estat'istikə] s. f. statistics.

es.ta.tís.ti.co [estat'istiku] s. m. statistician. ‖ adj. statistic(al).

es.tá.tua [est'atwə] s. f. statue.

es.ta.tu.ir [estatu'ir] v. to decree, establish, determine.

es.ta.tu.ra [estat'urə] s. f. stature, tallness, size.

es.ta.tu.to [estat'utu] s. m. statute, decree, rule, law.

es.tá.vel [est'avew] adj. m. + f. (pl. **-veis**) stable, firm, solid, fixed; durable; steady; enduring.

es.te ['ɛsti] s. m. east; east wind.

es.te ['esti] demonstr. pron. this; the latter; ≃**s** these, these ones.

es.te.ar [este'ar] v. to stay, shore, prop, support; to protect; to learn upon.

es.tei.o [est'eju] s. m. shore, prop; stay, brace.

es.tei.ra [est'ejrə] s. f. wake of a ship; course, track, conveyor belt.

es.te.li.o.na.tá.rio [esteljonat'arju] s. m. (jur.) person guilty of stellionate.

es.te.li.o.na.to [esteljon'atu] s. m. (jur.) a swindle (esp. one such as selling the same property to different people).

es.tên.cil [est'ẽsiw] s. m. (pl. **-ceis**) stencil.

es.ten.der [estẽd'er] v. to extend, stretch out; to enlarge, expand, widen, amplify; ≃**-se** to extend, stretch, dilate, expand. ≃ **a mão** to put out one's hand; (fig.) to offer peace. ≃ **a roupa** to hang out the washing or linen. ≃ **os braços** to stretch one's arms.

es.te.no.gra.far [estenograf'ar] v. to write shorthand.

es.te.no.gra.fi.a [estenograf'iə] s. f. stenography, shorthand.

es.te.nó.gra.fo [esten'ɔgrafu] s. m. stenographer.

es.te.pe [est'ɛpi] s. f. steppe; spare tyre.

es.ter.ca.do [esterk'adu] adj. fertilized, manured.

es.ter.car [esterk'ar] v. to manure, dung, fertilize (soil).

es.ter.co [est'erku] s. m. dung, manure; garbage.

es.te.re.o.fô.ni.co [esterjof'oniku] adj. stereophonic.

es.te.re.o.ti.pi.a [esterjotip'iə] s. f. stereotipy.

es.té.ril [est'ɛriw] adj. m. + f. (pl. **-reis**) sterile; barren; infecund. **terra** ≃ barren soil.

es.te.ri.li.da.de [esterilid'adi] s. f. sterility, unfruitfulness, barrenness; infertility.

es.te.ri.li.za.ção [esterilizas'ãw] s. f. (pl. **-ções**) sterilization.

es.te.ri.li.za.do [esteriliz'adu] adj. sterilized.

es.te.ri.li.zar [esteriliz'ar] v. to sterilize; to make sterile or barren; to deprive of fecundity; ≃**-se** to become sterile; (fig.) to make useless.

es.ter.quei.ra [esterk'ejrə] s. f. dung hill, laystall, manure heap, compost heap.

es.té.ti.ca [est'ɛtikə] s. f. (a)esthetics.

es.té.ti.co [est'ɛtiku] adj. (a)esthetic.

es.te.tos.có.pio [estetosk'ɔpju] s. m. stethoscope.

es.ti.a.gem [esti'aʒẽj] s. f. (pl. **-gens**) drought; dryness; dry season.

es.ti.ar [esti'ar] v. to stop raining, rain no more.

es.ti.ca.do [estik'adu] adj. stretched; (fig.) well dressed.

es.ti.car [estik'ar] v. to stretch out, extend; to prolong, dilate. ≃ **as canelas** (sl.) to die.

es.tig.ma [est'igmə] s. m. stigma; mark, spot; scar; blotch, stain; brand.

es.ti.le.te [estil'eti] s. m. (surg.) probe, sound; stiletto; (bot.) style.

es.ti.lha.çar [estiλas'ar] v. to break into small pieces.

es.ti.lha.ço [estiλ'asu] s. m. splinter, fragment, chip.

es.ti.lin.gue [estil'ĩgi] s. m. slingshot, catapult.

es.ti.lís.ti.ca [estil'istikə] s. f. stylistic(s).

es.ti.li.zar [estiliz'ar] v. to stylize, conform to a style.

es.ti.lo [est'ilu] s. m. style fashion; way of writing or speaking; manner, method.

es.ti.ma [est'imə] s. f. esteem, respect; regard; affection; consideration; appraisal.

es.ti.mar [estim'ar] v. to esteem; to hold in high estimation; to regard with respect; to prize; ≈-se to like one another; to be esteemed.

es.ti.ma.ti.va [estimat'ivə] s. f. estimation, valuation.

es.ti.ma.ti.vo [estimat'ivu] adj. estimate, esteeming.

es.ti.má.vel [estim'avew] adj. m. + f. (pl. -veis) estimable, valuable; appraisable.

es.ti.mu.la.ção [estimulas'ãw] s. f. (pl. -ções) stimulation, excitement; encouragement.

es.ti.mu.lan.te [estimul'ãti] s. m. + f. stimulant, stimulus. ‖ adj. stimulant, incitant.

es.ti.mu.lar [estimul'ar] v. to stimulate; to incite, instigate; to excite, arouse, spur on, rouse, stir up; to encourage, activate.

es.tí.mu.lo [est'imulu] s. m. stimulus, incentive, impulse, goad; stimulus; spur.

es.ti.o [est'iu] s. m. summer. ‖ adj. estival.

es.ti.pên.dio [estip'ēdju] s. m. stipend, allowance.

es.ti.pu.la.ção [estipulas'ãw] s. f. (pl. -ções) stipulation; adjustment, agreement; condition.

es.ti.pu.la.do [estipul'adu] adj. stipulated, adjusted.

es.ti.pu.la.dor [estipulad'or] s. m. stipulator. ‖ adj. stipulating.

es.ti.pu.lar [estipul'ar] v. to stipulate, contract.

es.ti.ra.da [estir'adə] s. f. long or tiring walk. **de uma** ≈ without interruption, in one go.

es.ti.ra.do [estir'adu] adj. extended, stretched out; extensive; prolix; drawn; flat.

es.ti.rar [estir'ar] v. to extend; to distend; ≈-se to stretch o. s. (out); to grow long.

es.tir.pe [est'irpi] s. f. stirps; stock, race, origin, lineage, source; family tree; ancestry.

es.ti.va [est'ivə] s. f. stowage.

es.ti.va.dor [estivad'or] s. m. stevedore. ‖ adj. stowing.

es.ti.var [estiv'ar] v. to stow, load and unload ships.

es.to.ca.da [estok'adə] s. f. thrust, lunge, jab; a stab.

es.to.fa.do [estof'adu] adj. upholstered; quilted. **móveis** ≈s upholstered furniture.

es.to.far [estof'ar] v. to upholster, stuff; to wad.

es.to.fo [est'ofu] s. m. stuff; padding; upholstery.

es.toi.cis.mo [estojs'izmu] s. m. stoicism; austerity.

es.tói.co [est'ɔjku] s. m. + adj. stoic(al).

es.to.jo [est'oʒu] s. m. case, box, etui, container, kit. ≈ **para escrever** writing case.

es.to.la [est'ɔlə] s. f. (eccl.) stole.

es.tô.ma.go [est'omagu] s. m. (anat.) stomach.

es.to.ni.a.no [estoni'ʌnu] s. m. + adj. Estonian.

es.ton.te.a.do [estõte'adu] adj. giddy, dizzy; stunned.

es.ton.te.an.te [estõte'ãti] adj. m. + f. stunning.

es.ton.te.ar [estõte'ar] v. to stun, puzzle, astonish; to dazzle; to make dizzy; to perturb; ≈-se to become perturbed or confused.

es.to.pa [est'opə] s. f. tow, hards, hurds; oakum.

es.to.par [estop'ar] v. to fill with tow or oakum; to calk with tow; (fam.) to tire, bore.

es.to.pim [estop'ĩ] s. m. (pl. -pins) quickmatch, fuse.

es.to.que [est'ɔki] s. m. stock (goods); (fig.) reserve.

es.to.quis.ta [estok'istə] s. m. + f. stockman.

es.tor.nar [estorn'ar] v. (com.) to cancel.

es.tor.no [est'ornu] s. m. (com.) cancellation.

es.tor.ri.car [estořik'ar] v. to dry (up); to toast, parch.

es.tor.var [estorv'ar] v. to hinder, embarrass, obstruct.

es.tor.vo [est'orvu] s. m. hindrance, impediment.

es.tou.ra.do [estowr'adu] s. m. boisterous; turbulent person. ‖ adj. (fig.) turbulent.

es.tou.rar [estowr′ar] v. to (cause to) burst; to explode.

es.tou.ro [est′owru] s. m. burst, bursting; crack.

es.tou.va.do [estowv′adu] adj. hot-headed, lightheaded.

es.tou.va.men.to [estowvam′ẽtu] s. m. rashness.

es.trá.bi.co [estr′abiku] s. m. cross-eyed person. ‖ adj. cross-eyed, strabismic.

es.tra.ça.lhar [estrasaʎ′ar] v. to cut, tear, rend to pieces; to shred; to smash, shatter.

es.tra.da [estr′adə] s. f. road, highway, main road. ≃ **de ferro** railway, railroad. ≃ **de rodagem**, highway. ≃ **principal** main road, (U.S.A.) highway.

es.tra.do [estr′adu] s. m. mattress frame, bedframe; broad bench.

es.tra.ga.do [estrag′adu] adj. rotten, spoiled.

es.tra.ga-pra.ze.res [estragapraz′eris] s. m., sg. + pl. spoilsport, kill-joy; wet blanket.

es.tra.gar [estrag′ar] v. to destroy, ruin, spoil, damage; to hurt, injure; ≃-**se** to ruin o. s.; to deteriorate; to grow corrupt.

es.tra.go [estr′agu] s. m. damage, prejudice, harm.

es.tra.lar [estral′ar] v. to crack, crackle, burst.

es.tram.bó.ti.co [estrãb′ɔtiku] adj. extravagant; odd, queer; freakish; ridiculous.

es.tran.gei.ro [estrãʒ′ejru] s. m. foreigner, stranger; foreign countries. ‖ adj. foreign, alien; **no** ≃ abroad. **crédito** ≃ foreign credit.

es.tran.gu.la.ção [estrãgulas′ãw] s. f. (pl. -**ções**) strangulation.

es.tran.gu.lar [estrãgul′ar] v. to strangle; to suffocate.

es.tra.nhar [estrʌɲ′ar] v. to find queer, odd or strange.

es.tra.nhá.vel [estrʌɲ′avew] adj. m. + f. (pl. -**veis**) strange.

es.tra.nhe.za [estrʌɲ′ezə] s. f. strangeness; surprise.

es.tra.nho [estr′ʌɲu] s. m. stranger, foreigner. ‖ adj. foreign, strange; odd; unfamiliar.

es.tra.ta.ge.ma [estrataʒ′emə] s. m. stratagem; cunning.

es.tra.té.gia [estrat′ɛʒə] s. f. strategics, strategy.

es.tra.té.gi.co [estrat′ɛʒiku] adj. strategic, artful.

es.tra.ti.fi.car [estratifik′ar] v. to stratify.

es.tra.tos.fe.ra [estratosf′ɛrə] s. f. stratosphere.

es.tre.ar [estre′ar] v. to handsel, use for the first time; be the first to use; to inaugurate; ≃-**se** to make one's debut.

es.tre.ba.ri.a [estrebar′iə] s. f. horse stable.

es.tréi.a [estr′ɛjə] s. f. handsel, the first sale; (theat.) première; beginning, debut. **pré-** ≃ preview, trade show.

es.trei.ta.men.to [estrejtam′ẽtu] s. m. narrowing.

es.trei.tar [estrejt′ar] v. to narrow, straiten; to make narrower; to grip; ≃-**se** to grow narrower; to restrict o. s.

es.trei.te.za [estrejt′ezə] s. f. narrowness; closeness.

es.trei.to [estr′ejtu] s. m. a strait. ‖ adj. narrow, strait; close; thin; sparing, scanty.

es.tre.la [estr′elə] s. f. star; fortune destiny; guide; leading actress. ≃ **fixa** fixed star.

es.tre.la.do [estrel′adu] adj. starry, starred; studded; fried (eggs). **noite de céu** ≃ starlit night; **ovos** ≃ **s** fried eggs.

es.tre.lar [estrel′ar] v. to star; to set, spangle or adorn with stars; to scintillate; to parkle, twinkle; to fry (eggs).

es.tre.me.cer [estremes′er] v. to tremble, shake; to shock.

es.tre.me.ci.do [estremes′idu] adj. shocked, startled, scared.

es.tre.me.ci.men.to [estremesim′ẽtu] s. m. shudder(ing).

es.tre.mu.nha.do [estremuɲ′adu] adj. startled; stunned.

es.tre.mu.nhar [estremuɲ′ar] v. (also ≃-**se**) to awake with a start.

es.tre.par [estrep′ar] v. to provide with sharp points or caltrops; ≃-**se** to be wounded by a caltrop, thorn or sharp point.

es.tre.pi.tan.te [estrepit′ãti] adj. m. + f. noisy, loud.

es.tre.pi.tar [estrepit′ar] v. to make a great noise; to crash, crack; to thunder, peal.

es.tré.pi.to [estr′ɛpitu] s. m. great noise; clap, crack.

es.tre.pi.to.so [estrepit′ozu] adj. noisy, clamorous.

es.tres.sa.do [estres′adu] adj. under stress or strain.

es.tres.sar [estres'ar] v. to wear (somebody) down, to put (somebody) under strain.

es.tres.se [estr'εsi] s. m. stress, strain, pressure.

es.tri.a [estr'iə] s. f. furrow, groove, channel, wrinkle, line.

es.tri.a.do [estri'adu] adj. striated; chamfered, fluted.

es.tri.ar [estri'ar] v. to chamfer, flute, channel.

es.tri.ba.do [estrib'adu] adj. supported in stirrups; propped, firm; (fig.) well-founded.

es.tri.bar [estrib'ar] v. to put one's feet in the stirrups; to prop; ≃-se to base o. s. on.

es.tri.bei.ra [estrib'ejrə] s. f. step, footboard (of a coach); stirrup. **perder as** ≃s to lose one's temper, (sl.) fly off the handle.

es.tri.bi.lho [estrib'iʎu] s. m. a verse often repeated, refrain, ritornello; (fig.) pet phrase.

es.tri.bo [estr'ibu] s. m. stirrup; step or footboard of a coach.

es.tri.den.te [estrid'ēti] adj. m. + f. strident, shrill.

es.tri.du.lar [estridul'ar] v. to stridulate; to shrill.

es.tri.lar [estril'ar] v. (sl.) to protest noisily; to rail (against); to shout; to bawl.

es.tri.lo [estr'ilu] s. m. (Braz., pop.) loud protest; rail; fury; shout, bawl.

es.tri.par [estrip'ar] v. to unbowel, disembowel.

es.tri.pu.li.a [estripul'iə] s. f. (fam.) mischief.

es.tri.to [estr'itu] adj. strict; rigorous, severe, rigid.

es.tro.fe [estr'ɔfi] s. f. strophe, stanza.

es.trói.na [estr'ɔjnə] s. m. + f. wastrel; hothead. ‖ adj. extravagant.

es.tron.de.ar [estrõde'ar] v. to roar, thunder, rumble.

es.tron.do [estr'õdu] s. m. noise, buzz, din, cracking, boom, roaring; racket, rattle; blast.

es.tron.do.so [estrõd'ozu] adj. noisy, tumultuous, strepitous; loud; clamorous; resounding.

es.tro.pe.ar [estrope'ar] v. to make a great noise; to trample; to knock violently (door).

es.tro.pi.a.do [estropi'adu] adj. maimed, mangled.

es.tro.pi.ar [estropi'ar] v. to maim, mutilate, mangle, cripple; to mispronounce; to misread; ≃-se to maim o. s.

es.tro.pí.cio [estrop'isju] s. m. hurt, damage; wrong.

es.tru.mar [estrum'ar] v. to fertilize, manure, dung.

es.tru.me [estr'umi] s. m. manure, dung, fertilizer.

es.tru.tu.ra [estrut'urə] s. f. structure; framing.

es.tru.tu.ral [estrutur'aw] adj. m. + f. (pl. -rais) structural.

es.tu.á.rio [estu'arju] s. m. estuary.

es.tu.car [estuk'ar] v. to stucco, coat with stucco, plaster.

es.tu.da.do [estud'adu] adj. studied, instructed.

es.tu.dan.te [estud'ãti] s. m. + f. student, scholar.

es.tu.dar [estud'ar] v. to study; to apply o. s. to study.

es.tú.dio [est'udju] s. m. studio, atelier.

es.tu.di.o.so [estudi'ozu] adj. studious; bookish.

es.tu.do [est'udu] s. m. study; application. **atrasado nos** ≃s backward in one's studies. **bolsa de** ≃ scholarship.

es.tu.fa [est'ufə] s. f. stove; hothouse, greenhouse; oven.

es.tu.far [estuf'ar] v. to stew (meat); to beat; to put into a hothouse; to inflate, blow.

es.tu.pe.fa.ção [estupefas'ãw] s. f. (pl. -ções) (med.) stupefaction, benumbing; (fig.) perplexity; wonder.

es.tu.pe.fa.ci.en.te [estupefasi'ēti] adj. stupefying.

es.tu.pe.fa.to [estupef'atu] adj. stupefied.

es.tu.pe.fa.zer [estupefaz'er] v. to stupefy; to amaze, stun.

es.tu.pen.do [estup'ēdu] adj. stupendous, amazing.

es.tu.pi.dez [estupid'es] s. f. stupidity, foolishness, dullness; blunder; piece of stupidity.

es.tú.pi.do [est'upidu] s. m. brute; dunce. ‖ adj. stupid, dull, silly; senseless, witless.

es.tu.po.rar [estupor'ar] v. to cause stupor; to astonish.

es.tu.pra.dor [estuprad'or] s. m. ravisher, deflowerer, raper, rapist. ‖ adj. debauching, ravishing.

es.tu.prar [estupr'ar] v. to rape, debauch, ravish, deflower.

es.tu.que [est'uki] s. m. stucco; stuccoed ceiling.

es.va.e.cer [esvaes'er] v. to make disappear; to evanesce, vanish; ≃-se to disappear, vanish.

es.va.e.ci.do [ezvaes'idu] adj. undone; proud; weak.

es.va.e.ci.men.to [ezvaesim'ẽtu] s. m. pride, vanity; evanescence; giddiness; weakness.

es.va.ir [esva'ir] v. to disperse, dissipate; ≃-se to evanesce, vanish, disappear gradualy. ≃-se em sangue to bleed to death.

es.va.zi.a.men.to [ezvazjam'ẽtu] s. m. emptying.

es.va.zi.ar [ezvazi'ar] v. to empty, exhaust, evacuate; to deflat (as a tire); ≃-se to become exhausted, empty or devoid of.

es.ver.de.a.do [ezverde'adu] adj. greeny, greenish.

es.vo.a.çar [ezvoas'ar] v. to flutter, flit, flicker, fly.

e.ta ['etə] interj. wow! whoops! crumbs!

e.ta.pa [et'apə] s. f. stopping place; stage.

e.té.reo [et'ɛrju] adj. ethereal; (fig.) heavenly, celestial; aerial, sublime.

e.ter.ni.da.de [eternid'adi] s. f. eternity.

e.ter.ni.zar [eterniz'ar] v. to eternalize.

e.ter.no [et'ɛrnu] adj. eternal; immortal; unalterable.

é.ti.ca ['ɛtikə] s. f. ethics.

é.ti.co ['ɛtiku] adj. ethic(al), moral.

e.tí.li.co [et'iliku] adj. ethyl.

e.ti.mo.lo.gi.a [etimoloʒ'iə] s. f. etymology.

e.ti.o.lo.gia [etjoloʒ'iə] s. f. aetiology.

e.ti.que.ta [etik'etə] s. f. etiquette; the cerimonial of the court; label, ticket, tag; formality.

e.ti.que.tar [etiket'ar] v. to label, ticket, tag.

et.no.gra.fi.a [etnograf'iə] s. f. ethnography.

e.to.lo.gi.a [etoloʒ'iə] s. f. ethology.

eu ['ew] s. m. (metaphysics) I; the ego; the self-conscious subject; self. ‖ pron. I. ≃ mesmo myself. ≃, por exemplo take me, for example. como ≃ like me, as I. sou ≃ it is I, it is me.

eu.ca.lip.to [ewkal'iptu] s. m. (bot.) eucalyptus.

eu.ca.rís.ti.co [ewkar'istiku] adj. Eucharistic.

eu.fo.ri.a [ewfor'iə] s. f. euphoria: a sense of well-being.

eu.nu.co [ewn'uku] s. m. eunuch.

eu.ro.peu [ewrop'ew] s. m. + adj. (f. -péia) European.

eu.ta.ná.sia [ewtan'azjə] s. f. euthanasia.

eu.tró.fi.co [ewtr'ɔfiku] adj. eutrophic.

e.va.cu.a.ção [evakwas'ãw] s. f. (pl. -ções) evacuation.

e.va.cu.ar [evaku'ar] v. to evacuate; to empty, void.

e.va.dir [evad'ir] v. to avoid, shun, escape; ≃-se to steal away; to disappear, abscond.

e.van.ge.lho [evãʒ'eʎu] s. m. Gospel, Evangel.

e.van.ge.lis.ta [evãʒel'istə] s. m. Evangelist; m. + f. a Protestant.

e.van.ge.li.za.dor [evãʒelizad'or] s. m. evangelist, preacher.

e.van.ge.li.zar [evãʒeliz'ar] v. to evangelize.

e.va.po.ra.ção [evaporas'ãw] s. f. (pl. -ções) evaporation.

e.va.po.rar [evapor'ar] v. to evaporate.

e.va.são [evaz'ãw] s. f. (pl. -ções) escape, flight.

e.va.si.va [evaz'ivə] s. f. evasion, pretext, subterfuge.

e.va.si.vo [evaz'ivu] adj. evasive, artful, illusory.

e.ven.to [ev'ẽtu] s. m. event, occurrence, happening.

e.ven.tu.al [evẽtu'aw] adj. m. + f. (pl. -ais) eventual.

e.ven.tu.a.li.da.de [evẽtwalid'adi] s. f. eventuality, event.

e.vi.dên.cia [evid'ẽsjə] s. f. evidence, evidentness.

e.vi.den.ci.ar [evidẽsi'ar] v. to evidence; to make evident; ≃-se to become evident.

e.vi.den.te [evid'ẽti] adj. m. + f. evident, clear, plain.

e.vi.tar [evit'ar] v. to avoid, shun, spare, escape.

e.vo.ca.ção [evokas'ãw] s. f. (pl. -ções) evocation.

e.vo.car [evok'ar] v. to evocate, evoke; to invoke; to remember, remind; to evoke.

e.vo.ca.ti.vo [evokat'ivu] adj. evocative.

e.vo.lu.ção [evolus'ãw] s. f. (pl. -ções) evolution.

e.vo.lu.ir [evolu'ir] v. to develop, unfold, evolve.

e.vo.lu.ti.vo [evolut'ivu] adj. evolutive, evolutionary.

e.vol.ven.te [evowv'ẽti] s. f. (geom.) evolvent.

e.vul.si.vo [evuws'ivu] adj. evulsive.

e.xa.cer.ba.ção [ezaserbas'ãw] s. f. (pl. -ções) exacerbation.

e.xa.cer.bar [ezaserb'ar] v. to exacerbate, exasperate; ≃-se to get worse, become aggravated.

e.xa.ge.ra.ção [ezaӡeras'ãw] s. f. (pl. **-ções**) exaggeration.

e.xa.ge.ra.do [ezaӡer'adu] adj. exaggerating, far-fetched.

e.xa.ge.rar [ezaӡer'ar] v. to exaggerate, amplify, magnify, overstate; to come it strong.

e.xa.ge.ro [ezaӡ'eru] s. m. exaggeration.

e.xa.la.ção [ezalas'ãw] s. f. (pl. **-ções**) exhalation; evaporation; emanation.

e.xa.lar [ezal'ar] v. to exhale, emit; to emanate.

e.xal.ta.ção [ezawtas'ãw] s. f. (pl. **-ções**) exaltation.

e.xal.tar [ezawt'ar] v. to exalt, magnify; ≃-**se** to extol o. s.; to get angry; to exasperate.

e.xa.me [ez'ʌmi] s. m. examination. ≃ **de sangue** blood count.

e.xa.mi.na.dor [ezaminad'or] s. m. examiner, examinator. ǁ adj. examining.

e.xa.mi.nar [ezamin'ar] v. to examine; to search, inquire into; to scrutinize, investigate; to test, try, analyze, prove.

e.xan.gue [ez'ãgi] adj. m. + f. bloodless; (fig.) faint.

e.xa.rar [ezar'ar] v. to engrave; to imprint.

e.xas.pe.ra.ção [ezasperas'ãw] s. f. (pl. **-ções**) exasperation; irritation, indignation.

e.xas.pe.rar [ezasper'ar] v. to exasperate; to provoke, enrage; ≃-**se** to become exasperated.

e.xa.ti.dão [ezatid'ãw] s. f. (pl. **-dões**) exactness.

e.xa.to [ez'atu] adj. exact; accurate, precise. ǁ **exatamente** adv. exactly; just.

e.xau.rir [ezawr'ir] v. to exhaust; to draw out, drain; to expend; to impoverish; ≃-**se** to become exausted or tired out.

e.xaus.ti.vo [ezawst'ivu] adj. exhaustive, exhausting.

e.xaus.to [ez'awstu] adj. exhausted, drained, emptied; (pop.) clapped out.

ex.ce.ção [eses'ãw] s. f. (pl. **-ções**) exception. **a** ≃ **comprova a regra** the exception proves the rule; **à** ≃ **de** except; **com** ≃ **de, exceto** with the exception of, excepting.

ex.ce.den.te [esed'ẽti] s. m. excess, surplus. ǁ adj. m. + f. exceeding; spare.

ex.ce.der [esed'er] v. to exceed; overstep; ≃-**se** to exceed o. s.; to go too far.

ex.ce.lên.cia [esel'ẽsjə] s. f. excellence, excellency.

ex.ce.len.te [esel'ẽti] adj. m. + f. excellent, eminent, worthy, fine; admirable.

ex.ce.len.tís.si.mo [eselẽt'isimu] adj. (absolute, sup. of **excelente**) most excellent. ≃ **senhor** (in letters) Dear Sir. ≃ **senhora** (in letters) Dear Madam.

ex.cel.so [es'ɛwsu] adj. high, lofty, eminent.

ex.cen.tri.ci.da.de [esẽtrisid'adi] s. f. eccentricity, foible.

ex.cên.tri.co [es'ẽtriku] s. m. (tech.) eccentric; (fig.) queer person. ǁ adj. eccentric; (fig.) peculiar; extravagant.

ex.cep.ci.o.nal [esepsjon'aw] adj. m. + f. (pl. **-nais**) exceptional; peculiar; irregular.

ex.ces.si.vo [eses'ivu] adj. excessive, exceeding.

ex.ces.so [es'ɛsu] s. m. excess; abuse, outrage.

ex.ce.to [es'ɛtu] prep. except(ing), save, unless.

ex.ce.tu.ar [esetu'ar] v. to except, exclude; ≃-**se** to be excluded; to make an exception.

ex.ci.sar [esiz'ar] v. to excise, remove surgically.

ex.ci.ta.ção [esitas'ãw] s. f. (pl. **-ções**) excitation.

ex.ci.ta.dor [esitad'or] adj. exciting, instigator.

ex.ci.tan.te [esit'ãti] adj. exciting, inciting, stimulating. ǁ s. m. + f. excitant, stimulant.

ex.ci.tar [esit'ar] v. to excite; stimulate.

ex.ci.ta.ti.vo [esitat'ivu] adj. = **excitante**.

ex.cla.ma.ção [esklamas'ãw] s. f. (pl. **-ções**) exclamation. **ponto de** ≃ exclamation mark, exclamation point (!).

ex.cla.mar [esklam'ar] v. to exclaim, cry out, say loudly.

ex.clu.ir [esklu'ir] v. to exclude, preclude; ≃-**se** to eliminate o. s.; to abstain from.

ex.clu.são [esklus'ãw] s. f. (pl. **-sões**) exclusion.

ex.clu.si.ve [eskluz'ivi] adv. exclusively.

ex.clu.si.vi.da.de [eskluzivid'adi] s. f. exclusiveness.

ex.clu.si.vis.ta [eskluziv'istə] s. m. + f. exclusivist.

ex.clu.si.vo [eskluz'ivu] adj. exclusive; restricted.

ex.co.gi.tar [eskoӡit'ar] v. to excogitate, contrive, invent.

ex.co.mun.ga.do [eskomŭg´adu] s. m. excommunicate; excommunicated person. ‖ adj. excommunicated, laid under a ban.

ex.co.mun.gar [eskomŭg´ar] v. to excommunicate.

ex.cre.men.to [eskrem´ẽtu] s. m. excrement, fecal matter, feces, faeces; (pop.) shit, crap.

ex.cur.são [eskurs´ãw] s. f. (pl. **-sões**) excursion; trip.

ex.cur.sio.nis.ta [eskursjon´istə] s. m. + f. excursionist, tourist, tripper, hiker, backpacker.

e.xe.cu.ção [ezekus´ãw] s. f. (pl. **-ções**) execution; accomplishment; performance (as in mus.).

e.xe.cu.tar [ezekut´ar] v. to execute; perform.

e.xe.cu.tá.vel [ezekut´avew] adj. m. + f. (pl. **-veis**) executable, capable of being executed.

e.xe.cu.ti.vo [ezekut´ivu] s. m. + adj. executive.

e.xe.cu.tor [ezekut´or] s. m. executer. ‖ adj. executive.

e.xem.plar [ezẽpl´ar] s. m. example, exemplar. ‖ adj. exemplary.

e.xem.pli.fi.car [ezẽplifik´ar] v. to exemplify.

e.xem.plo [ez´ẽplu] s. m. example, model; instance. **por** ≃ for instance.

e.xer.cer [ezers´er] v. to exercise; practise; to exert.

e.xer.cí.cio [ezers´isju] s. m. exercise, practice, exercitation; work; use; drill.

e.xer.ci.tar [ezersit´ar] v. to exercise, practice.

e.xér.ci.to [ez´ɛrsitu] s. m. army; troops; a multitude.

e.xi.bi.ção [ezibis´ãw] s. f. (pl. **-ções**) exhibition.

e.xi.bi.ci.o.nis.mo [ezibisjon´izmu] s. m. exhibitionism.

e.xi.bir [ezib´ir] v. to exhibit, show, display.

e.xi.gên.cia [eziʒ´ẽsjə] s. f. exigence, exigency, exaction; requirement; request.

e.xi.gen.te [eziʒ´ẽti] adj. m. + f. exigent, exacting; choosy; strict.

e.xi.gir [eziʒ´ir] v. to claim, exact, demand.

e.xi.gí.vel [eziʒ´ivew] adj. m. + f. (pl. **-veis**) demandable, exigible, requirable.

e.xí.guo [ez´igwu] adj. exiguous, small, slender, scanty.

e.xi.la.do [ezil´adu] s. m. exile. ‖ adj. exiled.

e.xi.lar [ezil´ar] v. to exile, banish; deport; ≃**-se** to separate o. s. from one's country.

e.xí.lio [ez´ilju] s. m. exile, banishment, expatriation, expulsion from one's country.

e.xí.mio [ez´imju] adj. eminent, conspicuous, excellent, extraordinary, distinguished.

e.xi.mir [ezim´ir] v. to exempt, free; ≃**-se** to refuse to, escape, shy away from.

e.xis.tên.cia [ezist´ẽsjə] s. f. existence, reality.

e.xis.ten.ci.a.lis.mo [ezistẽsjal´izmu] s. m. existentialism.

e.xis.ten.te [ezist´ẽti] s. m. + f. + adj. existent.

e.xis.tir [ezist´ir] v. to exist, be, live, be alive.

ê.xi.to [´ezitu] s. m. effect, result, outcome, success.

ê.xo.do [´ezodu] s. m. exodus, departure, migration.

e.xo.ne.ra.ção [ezoneras´ãw] s. f. (pl. **-ções**) exoneration.

e.xo.ne.rar [ezoner´ar] v. to exonerate.

e.xo.rá.vel [ezor´avew] adj. m. + f. (pl. **-veis**) exorable.

e.xor.bi.tân.cia [ezorbit´ãsjə] s. f. exorbitance.

e.xor.bi.tan.te [ezorbit´ãti] adj. m. + f. exorbitant.

e.xor.bi.tar [ezorbit´ar] v. to exceed, overdo.

e.xor.cis.mo [ezors´izmu] s. m. exorcism.

e.xor.ta.ção [ezortas´ãw] s. f. (pl. **-ções**) exhortation, admonition; act of exhorting.

e.xor.tar [ezort´ar] v. to exhort; to admonish, advise, warn, counsel; to appeal; to persuade.

e.xo.té.ri.co [ezot´ɛriku] adj. exoteric(al).

e.xó.ti.co [ez´ɔtiku] adj. exotic, foreign; odd.

ex.pan.dir [espãd´ir] v. to expand; enlarge; ≃**-se** to be expansive; to develop, grow.

ex.pan.são [espãs´ãw] s. f. (pl. **-sões**) expansion.

ex.pan.si.vo [espãs´ivu] adj. expansive; (fig.) enthusiastic; frank, free, sincere.

ex.pa.tri.a.do [espatri´adu] s. m. an exile (person). ‖ adj. exiled, banished.

ex.pa.tri.ar [espatri´ar] v. to expatriate, exile, banish, deport; ≃**-se** to quit one's country.

ex.pec.ta.dor [espektad´or] s. m. expectant.

ex.pec.ta.ti.va [espektat´ivə] s. f. anticipation, expectancy.

ex.pec.to.ran.te [espektor´ãti] s. m. + adj. (pharm.) expectorant.

ex.pec.to.rar [espektor´ar] v. to expectorate.

ex.pe.di.ção [espedis'ãw] s. f. (pl. -ções) expedition.

ex.pe.di.cio.ná.rio [espedisjon'arju] s. m. person who takes part in an expedition. ‖ adj. expeditionary, pertaining to an expedition.

ex.pe.di.dor [espedid'or] s. m. dispatcher, forwarder. ‖ adj. dispatching, forwarding.

ex.pe.di.ên.cia [espedi'ẽsjə] s. f. activity, speed.

ex.pe.di.en.te [espedi'ẽti] s. m. expedient. ‖ adj. m. + f. expeditious, quick; active; working hours (offices).

ex.pe.dir [esped'ir] v. to dispatch; to remit.

ex.pe.di.to [esped'itu] adj. expeditious; freed.

ex.pe.lir [espel'ir] v. to expel, force or throw out, eject; to expectorate; to reject.

ex.pen.sas [esp'ẽsas] s. f. pl. expenses.

ex.pe.ri.ên.cia [esperi'ẽsjə] s. f. experience; practice; experiment, proof, trial, test.

ex.pe.ri.en.te [esperi'ẽti] s. m. + f. expert. ‖ adj. experienced, skilful, skilled, expert.

ex.pe.ri.men.ta.ção [esperimẽtas'ãw] s. f. (pl. -ções) experimentation, experiment, trial.

ex.pe.ri.men.tal [esperimẽt'aw] adj. m. + f. (pl. -tais) experimental.

ex.pe.ri.men.tar [esperimẽt'ar] v. to experiment.

ex.pe.ri.men.to [esperim'ẽtu] s. m. experiment, trial.

ex.per.to [esp'ɛrtu] s. m. an expert. ‖ adj. skil(l)ful, expert; experienced.

ex.pi.ar [espi'ar] v. to expiate; to atone for.

ex.pi.ra.ção [espiras'ãw] s. f. (pl. -ções) expiration.

ex.pi.rar [espir'ar] v. to expire; to exhale, breathe out; to die; to end; to conclude, terminate.

ex.pla.na.ção [esplanas'ãw] s. f. (pl. -ções) explanation.

ex.pla.nar [esplan'ar] v. to explain, explicate, expound; to elucidate, make plain.

ex.pli.ca.ção [esplikas'ãw] s. f. (pl. -ções) explication.

ex.pli.car [esplik'ar] v. to explicate, explain, interpret, elucidate, make clear; to account for, to teach, coach.

ex.pli.cá.vel [esplik'avew] adj. m. + f. (pl. -veis) explainable, explicable, accountable.

ex.plí.ci.to [espl'isitu] adj. explicit, plain, clear, express, categorical, positive.

ex.plo.dir [esplod'ir] v. to explode, blow-up, detonate, burst; to vociferate.

ex.plo.ra.ção [esploras'ãw] s. f. (pl. -ções) exploration, close search; exploitation.

ex.plo.ra.dor [esplorad'or] s. m. explorer; exploiter. ‖ adj. exploring; exploiting.

ex.plo.rar [esplor'ar] v. to explore, search, inquire into; to exploit; to plunder, strip.

ex.plo.são [esploz'ãw] s. f. (pl. -sões) explosion.

ex.plo.si.vo [esploz'ivu] s. m. + adj. explosive.

ex.po.en.te [espo'ẽti] s. m. exponent.

ex.po.nen.ci.al [esponẽsi'aw] adj. exponential.

ex.por [esp'or] v. to expose; ≃-se to expose o. s. to danger. ≃ à venda to expose for sale.

ex.por.ta.ção [esportas'ãw] s. f. (pl. -ções) exportation, export.

ex.por.tar [esport'ar] v. to export.

ex.po.si.ção [espozis'ãw] s. f. (pl. -ções) exposition, exhibition; (phot.) an exposure; explanation.

ex.pos.to [esp'ostu] s. m. a foundling, exposed child. ‖ adj. exposed; bare; evident.

ex.pres.são [espres'ãw] s. f. (pl. -sões) expression; utterance; countenance, look.

ex.pres.sar [espres'ar] v. to express.

ex.pres.si.vo [espres'ivu] adj. expressive, significant.

ex.pres.so [espr'ɛsu] s. m. courier, special messenger; express train. ‖ adj. express, clearly made known, explicit, plain.

ex.pri.mir [esprim'ir] v. to express; to speak; ≃-se to express o. s.

ex.pro.bra.ção [esprobras'ãw] s. f. (pl. -ções) exprobration.

ex.pro.brar [esprobr'ar] v. to exprobrate, upbraid.

ex.pug.nar [espugn'ar] v. to overcome, conquer.

ex.pug.ná.vel [espugn'avew] adj. m. + f. (pl. -veis) expugnable, conquerable.

ex.pul.são [espuws'ãw] s. f. (pl. -sões) expulsion; banishment; expelling, ejection.

ex.pul.sar [espuws'ar] v. to expel, drive away, turn out.

ex.pul.so [esp'uwsu] adj. expelled, turned out.

ex.pur.gar [espurg′ar] v. to purge, expurgate; to purify. ≃ **um livro** to expurgate a book.

êx.ta.se [′estazi] s. m. ecstasy, rapture; trance.

ex.ta.si.ar [estazi′ar] v. ecstasize, ravish; ≃ -**se** to be enchanted; to become enraptured.

ex.tá.ti.co [est′atiku] adj. ecstatic; raving, frenzied, in ecstasy, rapture.

ex.ten.são [estẽs′ãw] s. f. (pl. -**sões**) extension, stretching; extent; generalization.

ex.ten.si.vo [estẽs′ivu] adj. extensive, extensible, extendible; expansive.

ex.ten.so [est′ẽsu] adj. extensive, ample, vast.

ex.te.nu.ar [estenu′ar] v. to exhaust; to debilitate, weaken, enfeeble; ≃ -**se** to lose strength.

ex.te.ri.or [esteri′or] s. m. the exterior, external, outside; foreign countries. ‖ adj. m. + f. exterior, external, outer.

ex.te.ri.o.ri.zar [esterjoriz′ar] v. to utter, express.

ex.ter.mi.na.ção [esterminas′ãw] s. f. (pl. -**ções**) extermination.

ex.ter.mi.na.dor [esterminad′or] s. m. exterminator.

ex.ter.mi.nar [estermin′ar] v. to exterminate; destroy.

ex.ter.mí.nio [esterm′inju] s. m. extermination.

ex.ter.na [est′ɛrnə] s. f. outside broadcast.

ex.ter.nar [estern′ar] v. to utter, express; to manifest, make known.

ex.ter.no [est′ɛrnu] adj. external, exterior, outside, outer. **aluno** ≃ extern, a day scholar.

ex.tin.ção [estĩs′ãw] s. f. (pl. -**ções**) extinction.

ex.tin.guir [estĩg′ir] v. to extinguish; to put out, quench, stifle; ≃ -**se** to be extinguished, go out; to become extinct; to die.

ex.tin.to [est′ĩtu] s. m. a dead person. ‖ adj. extinct, extinguished; dead, defunct.

ex.tin.tor [estĩt′or] s. m. extinguisher.

ex.tir.par [estirp′ar] v. to extirpate, eradicate.

ex.tor.quir [estork′ir] v. to extort; exact; rob, steal.

ex.tor.são [estors′ãw] s. f. (pl. -**sões**) extortion, exaction, concussion; blackmail.

ex.tra [′ɛstrə] s. m. + f. extra. ‖ adj. extra, additional. **edição** ≃ special edition (of a newspaper). **hora** ≃ overtime.

ex.tra.ção [estras′ãw] s. f. (pl. -**ções**) extraction (also math.); derivation, origin.

ex.tra.di.tar [estradit′ar] v. to extradite (a criminal).

ex.tra.ir [estra′ir] v. to extract; to draw out, withdraw, pull out; to make an extract of.

ex.tra.or.di.ná.rio [estraordin′arju] s. m. anything unusual or uncommon; extra expenses or work. ‖ adj. extraordinary, unusual.

ex.tra.ter.re.no [ɛstrater′enu] adj. extraterrestrial.

ex.tra.to [estr′atu] s. m. extract, abridgement, summary, excerpt; essence (of a liquid).

ex.tra.va.gân.cia [estravag′ãsjə] s. f. extravagance, extravagancy; oddity.

ex.tra.va.gan.te [estravag′ãti] s. m. + f. dissipator, waster. ‖ adj. extravagant, wild; odd, strange; exorbitant; prodigal.

ex.tra.va.sar [estravaz′ar] v. to extravasate, flow out.

ex.tra.vi.a.do [estravi′adu] adj. astray, lost, amiss.

ex.tra.vi.ar [estravi′ar] v. to lead astray, put out of the way; to seduce, pervert, corrupt; ≃ -**se** to be or to become lost.

ex.tra.vi.o [estrav′iu] s. m. misleading, deviation; miscarriage; misplacement.

ex.tre.mi.da.de [estremid′adi] s. f. extremity; edge, border; end.

ex.tre.mo [estr′emu] s. m. extreme; extremity, end; utmost point. ‖ adj. extreme; last.

Extremo Oriente s. m. Far East.

ex.tre.mo.so [estrem′ozu] adj. extreme, excessive; excessively fond; devoted, tender.

e.xu.be.rân.cia [ezuber′ãsjə] s. f. exuberance, exuberancy; superabundance.

e.xu.be.ran.te [ezuber′ãti] adj. m. + f. exuberant; copious, rich; effusive, full of life.

e.xul.tan.te [ezuwt′ãti] adj. m. + f. exultant, exulting.

e.xul.tar [ezuwt′ar] v. to exult, rejoice, jubilate.

e.xu.mar [ezum′ar] v. to exhume, disinter (a corpse).

F

F, f. ['ɛfi] s. m. the sixth letter of the Portuguese alphabet.

fá [f'a] s. m. (mus.) fa, F, fourth note in the scale of C.

fã [f'ã] s. m. + f. devotee, admirer, fan.

fá.bri.ca [f'abrikə] s. f. factory, workshop; mill, plant, manufactory, industry. **preço de** ≃ cost price. ≃ **de conservas** cannery.

fa.bri.ca.ção [fabrikas'ãw] s. f. (pl. -ções) manufacture.

fa.bri.can.te [fabrik'ãti] s. m. + f. manufacturer.

fa.bri.car [fabrik'ar] v. to produce, manufacture, make; to construct; to fabricate.

fa.bril [fabr'iw] adj. m. + f. (pl. -bris) industrial. **indústria** ≃ heavy industry, big business.

fá.bu.la [f'abulə] s. f. fable; legend; untruth, lie.

fa.bu.lo.so [fabul'ozu] adj. fabulous, fictitious; like a fable; mythological; incredible; astonishing; great, magnificent.

fa.ca [f'akə] s. f. knife; cutting blade or tool in a machine. **à ponta de** ≃ brutally. **entrar na** ≃ (sl.) to undergo an operation. **ter** (or **estar com) a** ≃ **e o queijo na mão** to have all the trumps in hand.

fa.ca.da [fak'adə] s. f. stab, thrust with a knife; shock; (Braz., sl.) act of touching a person for a loan or gift of money.

fa.ça.nha [fas'ʌɲə] s. f. achievement, exploit, feat.

fa.cão [fak'ãw] s. m. (pl. -cões) large, heavy knife.

fac.ção [faks'ãw] s. f. (pl. -ções) feat, military exploit.

fa.ce [f'asi] s. f. face; countenance; visage; look, expression; appearance; surface; head (coin); side, forepart, (arch.) façade; cheek; jowl. ≃ **a** ≃ face to face, opposite. **fazer** ≃ **a** to oppose. ≃ **externa** outface.

fa.cei.ri.ce [fasejr'isi] s. f. ostentation; foppishness, coquetry, coquettishness.

fa.cei.ro [fas'ejru] adj. coquettish, foppish; elegant; dandyish; cheerful.

fa.ce.ta [fas'etə] s. f. facet.

fa.cha.da [faʃ'adə] s. f. front, façade (of a building); (coll.) face, countenance, title page.

fa.cho [f'aʃu] s. m. torch, torchlight, signal light, search or spotlight.

fá.cil [f'asiw] adj. m. + f. (pl. -ceis) easy, simple, effortless, fluent; fast, ready; natural; clear, comprehensible; tractable, docile; sincere; gentle, soft; naïve; accessible; (Braz., coll.) easy of morals (woman). **é facílimo** it is dead easy. **muito** ≃ too easy, child's play.

fa.ci.li.da.de [fasilid'adi] s. f. facility, easiness, simplicity; readiness; clearness, comprehensibility; cleverness, aptitude. **com** ≃**s** (payment) by instalments.

fa.ci.li.tar [fasilit'ar] v. to facilitate, make easy, favour, smooth; to acquire skill; (Braz.) to risk, expose o. s. to danger.

fa.cí.no.ra [fas'inorə] s. m. criminal, villain, gangster.

fa.cul.da.de [fakuwd'adi] s. f. faculty; capacity, ability; talent; moral authority, intellectual capability; right; authorization; any of the departments of learning at an university; teaching body in any of these departments; establishment of higher education, college; opportunity, chance; ≃**s** resources. **sofrer das** ≃**s mentais** to be mentally deranged, crazy.

fa.cul.ta.ti.vo [fakuwtat'ivu] s. m. physician, (fam.) doctor. ▮ adj. facultative, optional.

fa.da [f'adə] s. f. fairy; (fig.) charming woman.

fa.da.do [fad'adu] adj. predestinate, predestined, fated.

fa.dar [fad'ar] v. to predestine, foreordain.

fa.di.ga [fad'igə] s. f. fatigue, tiredness.

fa.di.gar [fadig'ar] v. to fatigue, fag-out, weary.

fa.do [f'adu] s. m. destiny, fate; fatality; Portuguese folk song, dance and music.

fa.go.te [fag'ɔti] s. m. (mus.) bassoon.

fa.guei.ro [fag'ejru] adj. tender, lovely, gracious; affectionate; loving, sweet; soft.

fa.gu.lha [fag'uʎə] s. f. spark, flash, flake.

fai.a [f'ajə] s. f. beech tree; beech wood (timber).

fai.são [fajz'ãw] s. m. (pl. **-sões**) (ornith.) pheasant.

fa.ís.ca [fa'iskə] s. f. spark, flake; flash of lightning, thunderbolt. ‖ (Braz.) adj. m. + f. brilliant, sparkling; brave, valiant.

fa.is.can.te [fajsk'ãti] adj. m. + f. sparkling, scintillating, flashy, fiery.

fa.is.car [fajsk'ar] v. to spark, produce or emit sparks; to sparkle, flash, scintillate, twinkle; to dazzle; to pan.

fai.xa [f'ajʃə] s. f. band, strip, stripe; belt, ribbon; bandage; zone, area; strip of land.

fa.la [f'alə] s. f. speech, talk, conversation; discourse, allocution; words; voice; style of speech; say. **ele perdeu a** ≃ he lost his tongue. **negar a** ≃ to refuse to talk.

fa.la.ci.o.so [falasi'ozu] adj. fallacious, misleading.

fa.la.dei.ra [falad'ejrə] s. f. gossip, chatterbox, tattler (woman).

fa.la.dor [falad'or] s. m. talker. ‖ adj. talkative.

fa.lan.ge [fal'ãʒi] s. f. phalanx, (anat. also phalange) digital bones of the hand or foot; (fig.) multitude, crowd; body of soldiers.

fa.lar [fal'ar] v. to speak, say, tell, communicate, talk; to discuss, discourse; to explain, teach; to exhort, preach; to enunciate; to utter; to express; to address. ≃ **a um auditório** to address an audience. ≃ **sem rodeios** to speak to the point. **fale!** speak out!, (sl.) spit it out. **não falemos mais nisso** forget it. **sem** ≃ **de** apart from. ≃ **mal de alguém** to discredit s. o.; to slander.

fa.la.tó.rio [falat'ɔrju] s. m. chit-chat, gossip; slander.

fa.laz [fal'as] adj. m. + f. fallacious; sly.

fal.cão [fawk'ãw] s. m. (pl. **-cões**) falcon.

fal.ca.tru.a [fawkatr'uə] s. f. imposture, fraud; deceit.

fal.da [f'awdə] s. f. base of a hill.

fa.le.cer [fales'er] v. to decease, die, pass away.

fa.le.ci.men.to [falesim'ẽtu] s. m. death, dying, passing, decease.

fa.lên.cia [fal'ẽsjə] s. f. insolvency, bankruptcy, collapse, crash, ruin; failure, omission; scarcity. **abrir** ≃, **ir à** ≃ to go bankrupt.

fa.lha [f'aʎə] s. f. crack, fissure, rent; imperfection, fault; error, mistake, failure.

fa.lhar [faʎ'ar] v. to fail; to go bankrupt; to die away; to err, be mistaken; to split, crack.

fa.lho [f'aʎu] adj. defective, imperfect, flawed.

fa.li.do [fal'idu] s. m. + adj. bankrupt.

fa.lir [fal'ir] v. to fail; to break, go bankrupt, become insolvent, be unsuccessful.

fa.lí.vel [fal'ivew] adj. m. + f. (pl. **-veis**) fallible.

fa.lo [f'alu] s. m. phallus.

fal.sá.rio [faws'arju] s. m. forger, falsifier; swindler; perjurer, false witness.

fal.se.ar [fawse'ar] v. to falsify, adulterate; to distort; to deceive, cheat; to frustrate.

fal.si.da.de [fawsid'adi] s. f. falseness, falsehood.

fal.si.fi.ca.ção [fawsifikas'ãw] s. f. (pl. **-ções**) falsification.

fal.si.fi.car [fawsifik'ar] v. to falsify, counterfeit.

fal.so [f'awsu] adj. false, untrue; fraudulent, spurious, crooked, artificial; sham, simulate, adulterated, fake; disloyal, treacherous; wrong, erroneous. **dinheiro** ≃ counterfeit money. **juramento** ≃ perjury.

fal.ta [f'awtə] s. f. lack, want, need; absence; privation, necessity; shortage, deficiency; error; omission; failure. ≃ **de lisura** unfairness, lack of ethics. **em** ≃ lacking, out of stock.

fal.tar [fawt'ar] v. to miss; to be absent; to be missing; to be wanting, deficient; to omit, neglect; to fail; to die, decease. ≃ **à palavra** to break one's word. **faltam cinco minutos para as doze horas** it is five minutes to twelve. **falta água** there is no water. ≃ **com a verdade** to lie.

fal.to.so [fawt'ozu] s. m. delinquent. ‖ adj. faulty.

fa.ma [f'ʌmə] s. f. fame, renown, glory, honour; report, rumour; reputation, prestige, name; credit; celebrity. **de má** ≃ of bad repute. **grande** ≃ famousness.

fa.mi.ge.ra.do [famiʒer'adu] adj. famous, renowned; celebrated; (sl.) lousy, rotten.

fa.mí.lia [fam'iljə] s. f. family; folk; tribe, clan, kin, kinsfolk; race, flesh; lineage.

fa.mi.li.ar [famili′ar] s. m. relative, familiar; member of a household; servant. ‖ adj. m. + f. familiar; domestic, home(like); vulgar, popular, colloquial; well-known, intimate, close. **círculo** ≃ home circle.

fa.mi.li.a.ri.da.de [familjarid′adi] s. f. familiarity, intimacy; frankness; confidence, reliance.

fa.mi.li.a.ri.za.do [familjariz′adu] adj. familiar with. **ele não está** ≃ **com este trabalho** he is strange to this work.

fa.mi.li.a.ri.zar [familjariz′ar] v. to familiarize, make or become familiar; to habituate; to get acquainted with.

fa.min.to [fam′ĩtu] adj. hungry, starving, famishing.

fa.mo.so [fam′ozu] adj. famous; famed, renowned, celebrated; notable, remarkable, eminent.

fa.ná.ti.co [fan′atiku] s. m. + adj. fanatic(al).

fa.na.tis.mo [fanat′izmu] s. m. fanaticism; bigotry.

fa.na.ti.zar [fanatiz′ar] v. to fanaticize.

fan.far.ra [fãf′aɾə] s. f. fanfare; brass band.

fan.far.rão [fãfaɾ′ãw] s. m. (pl. **-rões**) boaster, braggart. ‖ adj. boastful, bragging.

fan.far.re.ar [fãfaɾe′ar] v. to boast; to bully, roister; to show off, swank.

fa.nho.so [fañ′ozu] adj. snuffling, nasal.

fa.ni.qui.to [fanik′itu] s. m. (fam.) nervous fit, fainting fit.

fan.ta.si.a [fãtaz′iə] s. f. fantasy; imagination, fancy; extravagance; (mus.) fantasia; illusion; concept, mental image; vision; (arts) fancy painting or drawing; (typogr.) fancy type; (Braz.) fancy dress (for carnival). **artigos de** ≃ fancy goods.

fan.ta.si.ar [fãtazi′ar] v. to fantasy, fancy; to daydream; ≃**-se** to put on a fancy dress.

fan.ta.sis.ta [fãtaz′istə] s. m. + f. dreamer; imaginative, creative person. ‖ adj. fantastic(al).

fan.tas.ma [fãt′asmə] s. m. apparition, ghost.

fan.tás.ti.co [fãt′astiku] s. m. fantasticality. ‖ adj. fantastic, imaginary, unreal; incredible; chimeric; bizarre; tremendous.

fan.to.che [fãt′ɔʃi] s. m. puppet, marionette.

fa.quei.ro [fak′ejru] s. m. case for knives, forks and spoons, knife box; knifesmith.

fa.quir [fak′ir] s. m. fakir, fakeer.

far.da [f′ardə] s. f. uniform, regimentals, military dress; livery; service dress.

far.dar [fard′ar] v. to uniform, equip with an uniform; to put on an uniform.

far.do [f′ardu] s. m. bale, bunch, bundle, pack, package; load, burden (also fig.), infliction. ≃ **de lã** wool-pack.

fa.re.jar [fareʒ′ar] v. to scent, smell out; to trace.

fa.re.len.to [farel′ẽtu] adj. branny; mealy.

fa.re.lo [far′ɛlu] s. m. bran, pollard; wood meal, wood flour; trifle, insignificance.

far.fa.lha.da [farfaʎ′adə] s. f. rustle, murmur, sough.

far.fa.lhar [farfaʎ′ar] v. to rustle.

fa.ri.ná.ceo [farin′asju] adj. farinaceous.

fa.rin.ge [far′ĩʒi] s. f. (anat.) pharynx.

fa.ri.nha [far′iñə] s. f. flour; meal; breadstuff. ≃ **de aveia** oatmeal. ≃ **de mandioca** manioc flour. ≃ **de milho** maize flour. ≃ **de arroz** rice flour. ≃ **de rosca** bread crumbs. ≃ **láctea** dried milk.

far.ma.cêu.ti.co [farmas′ewtiku] s. m. apothecary, druggist, chemist. ‖ adj. pharmaceutic(al).

far.má.cia [farm′asjə] s. f. pharmacy; pharmaceutics; drugstore; chemist's shop.

far.nel [farn′ɛw] s. m. (pl. **-néis**) luncheon package, knapsack.

fa.ro [f′aru] s. m. scent; odour; sense of smell, (fig.) nose; sagacity; (naut.) lighthouse, pharos. **um** ≃ **para dinheiro** a nose for money.

fa.ro.fa [far′ɔfə] s. f. manioc flour toasted in butter or olive oil; boast; trifle; empty talk.

fa.rol [far′ɔw] s. m. (pl. **-róis**) lighthouse, beacon, pharos, seamark, warning light; lantern; (fig.) light, luminary; guide, direction; (Braz.) show, ostentation; brag(ging).

fa.ro.lei.ro [farol′ejru] s. m. lighthouse keeper; (Braz., sl.) braggart, show off, swank, swanker.

fa.ro.le.te [farol′eti] s. m. pocket lamp; spot lamp, flash lamp.

far.pa [f′arpə] s. f. beard, barb; banderilla; splinter (of wood).

far.pa.do [farp′adu] adj. barbed, pronged, bearded. **arame** ≃ barbed wire.

far.ra [f′aɾə] s. f. whitefish; (Braz.) carousal; bum, bender, piss-up. **fazer uma** ≃ to go on a spree.

far.ra.po [faɾ'apu] s. m. rag, shred; tattered clothing; ragamuffin; waste, refuse. ≃ **humano** a very ill person.

far.re.ar [faɾe'ar] v. to go on a spree (or on the loose).

far.ri.pas [faɾ'ipas] s. f. pl. thin, long and scarce hair (on the head).

far.ris.ta [faɾ'istə] s. m. carouser, reveller.

far.sa [f'arsə] s. m. + f. farce, burlesque, satirical composition or play; buffoonery.

far.san.te [fars'ãti] s. m. + f. buffoon, farcist, trickster; impostor.

far.sis.ta [fars'istə] s. m. + f. buffoon; clown.

far.tar [fart'ar] v. to satiate, saturate, satisfy one's hunger or thirst; to annoy; to tire, wear out; ≃-**se** to become annoyed, sick of or weary; to be sufficient.

far.to [f'artu] adj. satiated, full, fed, quenched (thirst); satisfied; well-fed, fat; plenty; tired, weary, disgusted, sick (of); extensive; liberal, generous.

far.tu.ra [fart'urə] s. f. abundance, profusion.

fas.cí.cu.lo [fas'ikulu] s. m. fascicle; instalment (of book, magazine).

fas.ci.na.ção [fasinas'ãw] s. f. (pl. -**ções**) fascination.

fas.ci.nar [fasin'ar] v. to fascinate; to captivate.

fas.cis.ta [fas'istə] adj. + s. m. f. fascist.

fa.se [f'azi] s. f. phase, phasis; stage.

fas.ti.di.o.so [fastidi'ozu] adj. tedious, wearisome.

fas.ti.o [fast'iu] s. m. lack of appetite; disgust; aversion, loathing; fastidiousness.

fa.tal [fat'aw] adj. m. + f. (pl. -**tais**) fatal, ruinous; fateful; inevitable; harmful; deadly.

fa.ta.li.da.de [fatalid'adi] s. f. fatality; destiny; fate.

fa.ti.a [fat'iə] s. f. slice, chop, chip, piece; section. ≃ **de carne** steak, cutlet, slice (of meat). ≃ **grossa** hunch. ≃ **pequena** collop. ≃ **torrada** toast.

fa.tí.di.co [fat'idiku] adj. fatidic(al), fateful, weird.

fa.ti.gan.te [fatig'ãti] adj. m. + f. fatiguing, tiresome, exhausting; tedious.

fa.ti.gar [fatig'ar] v. to fatigue, wear out, exhaust.

fa.ti.go.so [fatig'ozu] s. m. = **fatigante**.

fa.ti.o.ta [fati'ɔtə] s. f. (pop.) dress, clothes.

fa.to [f'atu] s. m. suit of clothes, dress; clothes, garments, vestment; fact; thing, deed, doing,

event; occurrence; reality, truth. **de** ≃ actually. ≃ **consumado** accomplished fact.

fa.tor [fat'or] s. m. (also math. and phys.) factor.

fa.to.ri.al [fatori'aw] adj. (pl. -**ais**) factorial.

fa.tu.ra [fat'urə] s. f. invoice, bill, bill of parcels.

fa.tu.rar [fatur'ar] v. to invoice, bill.

fau.na [f'awnə] s. f. fauna.

fau.no [f'awnu] s. m. (myth.) Faunus, faun.

faus.to [f'awstu] s. m. luxury, ostentation, pomp. ‖ adj. fortunate, auspicious; lucky.

fa.va [f'avə] s. f. (bot.) broad bean; its seeds. **vá às** ≃**s!** go to hell! **vá plantar** ≃**s!** leave me alone! **são** ≃**s contadas** that is quite sure.

fa.ve.la [fav'ɛlə] s. f. (Braz.) slum, shanty-town.

fa.vo [f'avu] s. m. honeycomb; (med.) favus.

fa.vor [fav'or] s. m. favour; regard; interest; support, help; benefit, privilege; favouritism; charm; attention, courtesy; letter, card; pleasure; behalf; turn; blessing. **a** ≃ **de** in behalf of. **faça-me o** ≃ do me the kindness. **posso pedir-lhe um** ≃**?** may I ask you a favour?

fa.vo.rá.vel [favor'avew] adj. m. + f. (pl. -**veis**) favourable; propitious; suitable; fortunate.

fa.vo.re.cer [favores'er] v. to favour; help, aid; support, patronize; collaborate; praise, exalt; ≃-**se** to take advantage of.

fa.vo.ri.tis.mo [favorit'izmu] s. m. favouritism, nepotism.

fa.vo.ri.to [favor'itu] s. m. + adj. favourite; fond.

fa.xi.na [faʃ'inə] s. f. cleaning, spring-cleaning. **estar de** ≃ to be on fatigue.

fa.xi.nei.ro [faʃin'ejru] s. m. (mil.) soldier on fatigue duty; charman, f. charwoman, cleaner.

fa.zen.da [faz'ẽdə] s. f. farm, (U.S.A.) ranch; estate, property; farm building; cultivated land; public finances, treasury; cloth, textile material; goods, wares, merchandise. ≃ **de café** coffee plantation. **ministro da** ≃ finance minister, (U.S.A.) Secretary of the Treasury.

fa.zen.dei.ro [fazẽd'ejru] s. m. farmer; great landholder.

fa.zer [faz'er] v. to do, make; to form; to build; to produce; to write; to perform; to cook, bake; to act a part; to consider; to say; to get; to pretend; to conceive; to inspire, incite; to fit, adapt; to compute, calculate; to give, bestow; to attribute; to convert into; to concern; ≃-**se** to establish o. s.; to dedicate o. s. to. ≃ **uma visita** to pay a visit. **ontem eu fiz vinte e cinco anos** I became 25 years old yesterday. **faz calor** it is warm. **fiz de conta que não vi** I winked at it. **faz frio** it is cold. **não faz mal** never mind. **faça como quiser** do as you like. **faça como se estivesse em casa** make yourself at home. **tanto faz!** that's all the same to me! **que hei de** ≃? what am I to do? ≃ **cera** to take one's time. ≃ **hora** to hang around. ≃ **progresso** to make inroads.

fé [f'ɛ] s. f. faith, creed; religion, profession; belief, trust, conviction; loyalty, fidelity, faithfulness; confidence, reliance; (rel.) the first of the three theological virtues (faith, hope, charity); statement, assertion; (fig.) divinity; (law) notorial evidence, testimony. **de boa-**≃ in good faith. **usar de má-**≃ to act perfidiously. **excesso de boa** ≃ overcredulity.

fe.al.da.de [feawd'adi] s. f. ugliness, deformity.

fe.brão [febr'ãw] s. m. (pl. -**brões**) violent fever.

fe.bre [f'ɛbri] s. f. fever, temperature.

fe.bri.ci.tan.te [febrisit'ãti] adj. m. + f. feverish.

fe.bril [febr'iw] adj. m. + f. (pl. -**bris**) febrile.

fe.cha [f'ɛʃə] s. m. (Braz.) clamour, noise, disorder. ≃-**fecha** hasty closing of shops at the outbreak of riots, street fights.

fe.cha.do [feʃ'adu] s. m. (N. Braz.) dense thicket or wood. ‖ adj. close(d), shut, enclosed, shut in, locked, unopened; secluded, hidden; confined; reserved, close-mouthed; self-contained.

fe.cha.du.ra [feʃad'urə] s. f. lock.

fe.char [feʃ'ar] v. to close, shut, shut up; to unite; to lock up; to bolt; to stop, plug up; to enclose; to finish, conclude; to restrict; to cicatrize, heal; to come to terms.

fe.cho [f'eʃu] s. m. bolt, latch, bar; clasp, hasp; fastening, fastener, clip; conclusion, termination, closure; seal. ≃ **de correr** zipper, sliding fastener.

fé.cu.la [f'ɛkulə] s. f. fecula, starch, farina; lees.

fe.cun.da.ção [fekũdas'ãw] s. f. (pl. -**ções**) fertilization. **auto**≃ self-fertilization.

fe.cun.dar [fekũd'ar] v. (biol.) to fecundate; (bot.) to fructify; (fig.) to fertilize, develop.

fe.cun.di.da.de [fekũdid'adi] s. f. fecundity, fertility.

fe.cun.do [fek'ũdu] adj. fecund, fertile; conceptive.

fe.de.lho [fed'eʎu] s. m. (fam.) brat; ninny.

fe.der [fed'er] v. to stink, reek, smell badly.

fe.de.ra.ção [federas'ãw] s. f. (pl. -**ções**) federation, union, alliance, federacy; confederation.

fe.de.ral [feder'aw] s. m. + f. (pl. -**rais**) (hist.) Federal. ‖ adj. m. + f. federal, confederated.

fe.di.do [fed'idu] adj. = **fedorento**.

fe.dor [fed'or] s. m. stench, stink, fetidness, fetor.

fe.do.ren.to [fedor'ẽtu] adj. fetid, stinking.

fei.ção [fejs'ãw] s. f. (pl. -**ções**) feature; aspect, appearance, look; manner, behaviour; humour; character, trait.

fei.jão [fejʒ'ãw] s. m. (pl. -**jões**), (bot.) bean, frijol. ≃-**manteiga** butter bean. ≃-**soja** soybean, soja bean.

fei.jo.a.da [fejʒo'adə] s. f. (cul.) dish of beans cooked with dried meat, pork, sausages, etc., black bean cassero.

fei.o [f'eju] adj. ugly, ill-favoured; deformed, disproportionate, disagreeable, unpleasing; base.

fei.o.so [fej'ozu] adj. plain, unsightly.

fei.ra [f'ejrə] s. f. fair; market. ≃ **livre** free market.

fei.ran.te [fejr'ãti] s. m. + f. marketer, merchant.

fei.ti.ça.ri.a [fejtisar'iə] s. f. witchcraft, sorcery.

fei.ti.cei.ra [fejtis'ejrə] s. f. witch, sorceress; ugly old woman; charming woman, enchantress.

fei.ti.cei.ro [fejtis'ejru] s. m. sorcerer, wizard, wise man, magician. ‖ adj. charming, attractive, fascinating, fairy like.

fei.ti.ço [fejt'isu] s. m. witchcraft, sorcery; magic power; talisman; spell, hex, enchantment.

fei.ti.o [fejt'iu] s. m. workmanship, make, fabric; feature, shape, fashion, pattern; style, cut; character. **isso não é de seu** ≃ that's quite unlike him (her).

fei.to [f'ejtu] s. m. fact, deed; act, action; undertaking, enterprise; exploit. ‖ adj. made, done, built, wrought, fashioned; finished; used, adult, grown-up; ripe, mature; trained; established; ready, prepared. ‖ conj. (Braz.) like. ≃! agreed! ≃ **à mão** hand-made. ≃ **sob**

medida tailor-made. **bem** ≃ well done. **nada** ≃! no soap!

fei.tor [fejt'or] s. m. administrator, factor; manager, foreman, manufacturer; author, creator. ‖ adj. factorial.

fei.to.ri.a [fejtor'iə] s. f. factorship; administration, management; commercial establishment, factory; (hist.) farm, farm building.

fei.tu.ra [fejt'urə] s. f. act or mode of making.

fei.ú.ra [fej'urə] s. f. (Braz., fam.) ugliness; eyesore.

fei.xe [f'ejʃi] s. m. sheaf, bundle, faggot.

fel [f'ɛw] s. m. (pl. **féis**) gall, bile; bad temper.

fe.li.ci.da.de [felisid'adi] s. f. happiness, bliss, felicity, luckiness, contentment; success; welfare. **desejo-lhe** ≃ **s** I wish you good luck.

fe.li.ci.ta.ção [felisitas'ãw] s. f. (pl. **-ções**) congratulation.

fe.li.ci.tar [felisit'ar] v. to felicitate, congratulate.

fe.li.no [fel'inu] s. m. + adj. (zool.) felid, feline.

fe.liz [fel'is] adj. m. + f. (pl. **-lizes**) lucky, in luck, happy; felicitous; fortunate, blessed; prosperous, successful; satisfied, content; carefree.

fe.li.zar.do [feliz'ardu] s. m. lucky fellow or chap.

fe.lo.ni.a [felon'iə] s. f. felony, crime; perfidy.

fel.pa [f'ewpə] s. f. nap of cloth, fuzz; down, fluffy feathers; pelt, fur, pile; scurf, barb.

fel.pu.do [fewp'udu] adj. hairy, shaggy; fluffy, downy, nappy, pily, fuzzy; fleecy, cottony.

fel.tro [f'ewtru] s. m. felt, shag; fibrous asbestos.

fê.mea [f'emjə] s. f. female; (naut.) brace of the rudder; gudgeon; eye of a hook; nut of a screw; undertile.

fe.mi.ni.li.da.de [feminilid'adi] s. f. feminineness.

fe.mi.ni.no [femin'inu] adj. female, feminine.

fe.mi.nis.ta [femin'istə] s. m. f. + adj. feminist, female chauvinist.

fê.mur [f'emur] s. m. (anat.) femur, thighbone.

fen.da [f'ẽdə] s. f. crack, chink, fissure, chap; gap; burst, break, breach, fracture; (geol.) shake, split, chasm.

fen.der [fẽd'er] v. to cleave, spring, flaw, split, cut; to crack, fissure, slit; to chop, rift; to tear open; ≃ **-se** to break or cleave asunder; (fig.) to move, affect.

fen.di.do [fẽd'idu] adj. cleft; fissured; creviced, split.

fe.ní.cio [fen'isju] s. m. + adj. Phoenician.

fê.ni.co [f'eniku] adj. (chem.) phenic, carbolic.

fê.nix [f'eniks] s. f. phoenix, phenix; (fig.) person of high excellence, paragon; Phoenix, (astr.) southern constellation.

fe.no [f'enu] s. m. hay. **meda de** ≃ haystack. **febre do** ≃ hay-fever.

fe.nol [fen'ɔw] s. m. (pl. **-nóis**) (chem.) phenol.

fe.no.me.nal [fenomen'aw] adj. m. + f. (pl. **-nais**) phenomenal; extraordinary, remarkable, unusual; wonderful, admirable.

fe.nô.me.no [fen'omenu] s. m. phenomenon.

fe.nó.ti.po [fen'ɔtipu] s. m. phenotype.

fe.ra [f'ɛrə] s. f. wild animal or beast; beast of prey; (fig.) brutal person.

fé.re.tro [f'ɛretru] s. m. funeral, funeral procession.

fé.ria [f'ɛrjə] s. f. salary; weekly pay, wages; rest, repose, recreation; proceeds, sales receipts, returns; ≃ **s** holiday, vacation. **ele está de** ≃ **s** he is on holiday.

fe.ri.a.do [feri'adu] s. m. holiday, feast day. ≃ **bancário** bank holiday.

fe.ri.da [fer'idə] s. f. wound, sore, hurt; cut, flesh wound; ulcer, boil; (fig.) injury.

fe.ri.do [fer'idu] s. m. wounded person. ‖ adj. wounded, hurt; sore; grieved; offended.

fe.ri.men.to [ferim'ẽtu] s. m. wound, trauma, sore.

fe.ri.no [fer'inu] adj. ferine; cruel, brutal; savage.

fe.rir [fer'ir] v. to wound, injure, bruise; to beat, strike; to hurt, cut, sting; to afflict, annoy, vex; to offend; to punish.

fer.men.ta.ção [fermẽtas'ãw] s. f. (pl. **-ções**) fermentation, leavening; (fig.) agitation, unrest.

fer.men.tar [fermẽt'ar] v. to ferment; to leaven, yeast; to excite, agitate, arouse, stir up.

fer.men.to [ferm'ẽtu] s. m. ferment; leaven(ing), yeast; unrest, agitation, excitement. ≃ **de discórdia** cause of discord. ≃ **em pó** yeast powder or baking powder.

fe.ro.ci.da.de [ferosid'adi] s. f. ferocity, ferociousness.

fe.roz [fer'ɔs] adj. m. + f. (pl. **-rozes**) ferocious, fierce; wild; violent; wicked; threatening.

fer.ra.brás [fɛr̃abr'as] s. m., sg. + pl. braggart, boaster; roughneck, bully. ‖ adj. boastful.

fer.ra.do [feʀ'adu] adj. shod, bound, plated or tipped with iron; marked (with a branding iron); shod (horses). **sapato** ≃ spiked shoe.

fer.ra.du.ra [feʀad'uɾə] s. f. horseshoe, shoe.

fer.ra.gem [feʀ'aʒẽj] s. f. (pl. **-gens**) hardware, ironware; iron fittings; cutlery; iron tools or utensils; horseshoes.

fer.ra.men.ta [feʀam'ẽtə] s. f. tool(s), instrument(s).

fer.rão [feʀ'ãw] s. m. (pl. **-rões**) sting, prickle, ferret, dart. **sem** ≃ stingless.

fer.rar [feʀ'ar] v. to iron; to horse; to brand or mark with a hot iron; to nail, strike, hammer; to grapple, grasp; to force, penetrate violently, pierce; to drop the anchor; (naut.) to reef, furl.

fer.ra.ri.a [feʀar'iə] s. f. ironworks; smithery; hardware; blacksmiths' quarters.

fer.rei.ro [feʀ'ejɾu] s. m. smith; blacksmith, forgeman; ironmonger; (ornith.) swift.

fer.re.nho [feʀ'eñu] adj. ironlike; intransigent.

fér.reo [f'ɛʀju] adj. ferrous; (chem.) ferric.

fer.re.te [feʀ'eti] s. m. branding iron; stigma.

fer.ro [f'ɛʀu] s. m. iron (symbol Fe); cutting blade, knife, sword, dagger, tool, implement, instrument; flatiron; ≃**s** chains; (fig.) jail, prison; anchor; tongs; (fig.) hardness, strength. ≃ **de engomar** iron, pressing iron. ≃ **em barras** bar iron. ≃**-velho** junk-dealer, fripperer.

fer.ro.a.da [feʀo'adə] s. f. sting, prick, goad, jab, bite.

fer.ro.ar [feʀo'ar] v. to sting, prickle, goad; to blame, reprimand.

fer.ro.lho [feʀo'ʎu] s. m. bolt, door bolt, latch, closing clasp, fastening, stop, hasp.

fer.ro.so [feʀ'ozu] adj. ferrous.

fer.ro.vi.á.rio [feʀovi'arju] s. m. railway man, railroader. ‖ adj. of or pertaining to railways.

fer.ru.gem [feʀ'uʒẽj] s. f. (pl. **-gens**) rust, rustiness.

fér.til [f'ɛrtiw] adj. m. + f. (pl. **-teis**) fertile, fruitful, fecund; abundant, plentiful, rich, generous; productive.

fer.ti.li.da.de [fertilid'adi] s. f. fertility, fruitfulness.

fer.ti.li.zan.te [fertiliz'ãti] s. m. fertilizer, manure. ‖ adj. m. + f. fertilizing.

fer.ti.li.zar [fertiliz'ar] v. to fertilize, fecundate, impregnate; to manure, fatten; to enrich.

fer.ver [ferv'er] v. to boil, cook, seethe; to be agitated, stirred up; to become very hot, be boiling; to excite, rouse up.

fer.vi.lhar [ferviʎ'ar] v. to boil frequently; to get excited or irritated frequently; to effervesce; to be very active or vivacious.

fer.vor [ferv'or] s. m. boiling, seething; ebullition; warmth, heat; fervency, fervour, ardour, fire; devotion; enthusiasm, zeal, eager desire; activity, industriousness.

fer.vo.ro.so [fervor'ozu] adj. fervorous, devoted, zealous; vehement; vivaceous, lively.

fer.vu.ra [ferv'uɾə] s. f. ebullition, boil(ing); effervescence, fervency; (fig.) agitation.

fes.ta [f'ɛstə] s. f. feast(ing), festival, entertainment, party, treat; holiday, day of rest, off day. **dias de** ≃ gala or red-letter days, feast days.

fes.tan.ça [fest'ãsə] s. f. festivity; solemnity; banquet.

fes.tão [fest'ãw] s. m. (pl. **-tões**) festoon, garland; (Braz.) big feast, merry or very noisy entertainment.

fes.tei.ro [fest'ejru] s. m. host, entertainer; reveller.

fes.te.jar [festeʒ'ar] v. to feast, entertain; to celebrate, commemorate; to applaud, praise.

fes.te.jo [fest'eʒu] s. m. feast, festivity, celebration.

fes.tim [fest'ĩ] s. m. (pl. **-tins**) private feast, party, festive family gathering; repast, banquet; entertainment. **bala de** ≃ blank cartridge.

fes.ti.val [festiv'aw] s. m. (pl. **-vais**) festival, fête. ‖ adj. m. + f. festival, festive, feastful.

fes.ti.vi.da.de [festivid'adi] s. f. festivity; celebration.

fes.ti.vo [fest'ivu] adj. festive, cheerful, joyful.

fe.ti.che [fet'iʃi] s. m. fetish, fetich, charm; idol.

fé.ti.do [f'ɛtidu] s. m. fetidness. ‖ adj. fetid, rank.

fe.to [f'ɛtu] s. m. f(o)etus; (bot.) fern, frond.

feu.dal [fewd'aw] adj. m. + f. (pl. **-dais**) feudal(istic), liege. **regime** ≃ feudal system.

fe.ve.rei.ro [fever'ejru] s. m. February.

fe.zes [f'ɛzis] s. f. pl. f(a)eces, excrement.

fi.a.ção [fjas'ãw] s. f. (pl. -ções) spinning; spinnery.

fi.a.da [fi'adə] s. f. layer of bricks; line, row.

fi.a.do [fi'adu] s. m. yarn, filament, fibre. ‖ adj. spun, thrown; trusting, trustful. ‖ adj. on credit, trust or tick. **vender** ≃ to sell on credit.

fi.a.dor [fjad'or] s. m. guarantor, warrantor, truster.

fi.am.bre [fi'ãbri] s. m. cured cold meat, cold ham.

fi.an.ça [fi'ãsə] s. f. security, bail; warrant(y); deposit; responsibility, sponsion.

fi.a.po [fi'apu] s. m. fine thread.

fi.ar [fi'ar] v. to spin, twist into threads; (weaving) to warp, weave, form threads into a web, throw (silk); to draw into wires; to stand bail, guarantee; to sell on credit; to hope for, expect.

fi.as.co [fi'asku] s. m. fiasco, failure; blunder.

fi.bra [f'ibrə] s. f. fibre, filament, thread; (fig.) nerve, energy; (bot.) string. ≃ **ótica** optical fibre.

fi.bri.la.ção [fibrilas'ãw] s. m. (med.) fibrilation.

fi.bro.so [fibr'ozu] adj. fibrous, fibriform, threadlike.

fí.bu.la [f'ibulə] s. f. fibula; buckle, clasp, brooch.

fi.car [fik'ar] v. to remain, stay; to rest, sojourn; to be situated or located, lie; to be known or noted; to last, endure; to be postponed; to acquire, get; to agree, combine; to grow, become; to guarantee, stand bail; to keep, retain; to die, decease. ≃ **afastado** to stay away. ≃ **à toa** to (lie) idle, hang about. ≃ **por aí** to stick around. ≃ **quieto** to be quiet.

fic.ção [fiks'ãw] s. f. (pl. -ções) (lit.) fiction, romance, fable, legend; invention; falsehood.

fi.cha [f'iʃə] s. f. counter, fish (at cards), chip, check, mark; filing card, index card.

fi.cha.do [fiʃ'adu] adj. on file (esp. card index). ≃ **na polícia** on the police files.

fi.char [fiʃ'ar] v. to annotate, note down, mark; to register, record, card, file; to catalogue.

fi.chá.rio [fiʃ'arju] s. m. card index, card registry; file; filing cabinet.

fic.tí.cio [fikt'isju] adj. fictitious, imaginary; unreal; artificial; not genuine, false.

fi.dal.go [fid'awgu] s. m. nobleman, noble, lord; person of rank. ‖ adj. noble; noble-minded, magnanimous.

fi.dal.gui.a [fidawg'iə] s. f. nobility; magnanimity, generosity; gracefulness.

fi.de.dig.no [fided'ignu] adj. trustworthy, reliable, credible, dependable; authentic(al).

fi.de.li.da.de [fidelid'adi] s. f. fidelity, faithfulness, loyalty; integrity; accuracy; constancy.

fi.ei.ra [fi'ejrə] s. f. (tech.) drawplate, drawing frame; file, row, alignment; fishing line. **puxar a** ≃ to be the first.

fi.el [fi'ɛw] s. m. a treasurer's assistant, cashier; tongue, cock, pointer or hand of a balance; ≃ **éis** (rel.) followers, churchgoers; regular. ‖ adj. m. + f. faithful; loyal, reliable; exact, unfailing.

fi.ga [f'igə] s. f. (bot.) fico; charm, talisman; amulet, mascot; (fig.) mockery.

fí.ga.do [f'igadu] s. m. (anat.) liver; (fig.) courage.

fi.go [f'igu] s. m. (bot.) fig.

fi.guei.ra [fig'ejrə] s. f. (bot.) fig, fig tree.

fi.gu.ra [fig'urə] s. f. figure. ≃ **de cera** waxwork.

fi.gu.ra.do [figur'adu] adj. figurative, figured, allegoric; metaphorical; imitative.

fi.gu.rão [figur'ãw] s. m. (pl. -rões; f. -rona) person of consequence, eminent personality.

fi.gu.rar [figur'ar] v. to figure, portray; to shape, form; to represent, symbolize; to be renowned; to act on the stage, play, perform; to participate, partake.

fi.gu.ri.no [figur'inu] s. m. model, fashion plate, pattern (for cutting a dress); ≃s pattern book, fashion magazine. **conforme o** ≃ exactly like.

fi.la [f'ilə] s. f. file, line; row, rank; tier; queue; train. ≃ **da frente** front row. **em** ≃ in file. **formar** ≃ to queue up. **pôr em** ≃ to set in a row. ≃ **indiana** single file.

fi.la.men.to [filam'ẽtu] s. m. filament; fibre, string.

fi.lan.tro.pi.a [filãtrop'iə] s. f. philanthropy, goodwill.

fi.lan.tro.po [filãtr'opu] s. m. + adj. philantropist.

fi.lar [fil'ar] v. to obtain as a gift; (Braz.) to ask as a favour; to crib, copy.

fi.lé [fil'ɛ] s. m. fil(l)et, piece of lean meat, flat slice of fish, (U.S.A.) undercut, tenderloin; broiled or cooked steak.

fi.lei.ra [fil'ejrə] s. f. row, rank, tier; file, line, string; wing; course; train; ≃ s military life, active service.

fi.le.te [fil'eti] s. m. thread, thin thread; beading; (archit.) fillet, moulding; (tech.) rim.

fi.lha [f'iʎə] s. f. daughter.

fi.lha.ra.da [fiʎar'adə] s. f. great number of children, brood.

fi.lhi.nha [fiʎ'iñə] s. f. little daughter.

fi.lho [f'iʎu] s. m. son; descendant, offspring, fruit; native, national; ≃ s children. ≃ **adotivo** adopted son, fosterling.

fi.lhó [fiʎ'ɔ] s. m. + f. pancake, wafer, fritter.

fi.lho.te [fiʎ'ɔti] s. m. vounglet, nestling.

fi.li.a.ção [filjas'ãw] s. f. (pl. **-ções**) descent, filiation; affiliation, adoption; subordination.

fi.li.al [fili'aw] s. f. (pl. **-ais**) branch, office or establishment. ‖ adj. m. + f. filial.

fi.li.ar [fili'ar] v. to adopt, affiliate; to admit, enroll, incorporate; ≃ **-se** to enter, join (a group or party).

fi.li.gra.na [filigr'ʌnə] s. f. filigree, filigrane.

fil.mar [fiwm'ar] v. to film, screen, shoot.

fil.me [f'iwmi] s. m. film; movie; film strip; (pop.) flick.

fi.ló [fil'ɔ] s. m. tulle, bride, bobbinet.

fi.lo.den.dro [filod'ẽdru] s. m. (bot.) philodendron.

fi.lo.lo.gi.a [filoloʒi'ə] s. f. philology.

fi.lo.so.far [filozof'ar] v. to philosophize; to argue.

fi.lo.so.fi.a [filozof'iə] s. f. philosophy.

fi.lo.só.fi.co [filoz'ɔfiku] adj. philosophic(al).

fi.ló.so.fo [fil'ɔzofu] s. m. philosopher; quiet thinker.

fil.trar [fiwtr'ar] v. to filter, filtrate; to strain.

fil.tro [f'iwtru] s. m. filter, strainer, percolator; filtering material; philter, philtre.

fim [f'ĩ] s. m. (pl. **fins**) end, conclusion, termination; expiration, ending; closure; aim, finality; extremity; stop; finish; last; death; purpose. **a** ≃ **de** in order to. **estar a** ≃ **de** to feel like, to feel up to. **no** ≃ **das contas** after all. **para que** ≃? to what end? **por** ≃ at last. **ter** ≃ to end.

fi.na.do [fin'adu] s. m. deceased, dead. ‖ adj. dead, defunct. **Finados** All Souls' Day.

fi.nal [fin'aw] s. m. (pl. **-nais**) conclusion, finish, end, last; final; result, outcome; (mus.) finale. ‖ adj. m. + f. final; definitive.

fi.na.li.da.de [finalid'adi] s. f. purpose, finality; end.

fi.na.li.zar [finaliz'ar] v. to finish, terminate, conclude.

fi.nan.ças [fin'ãsas] s. f. pl. finance(s); fund(s), capital; the science of monetary affair; financial management; public revenue.

fi.nan.cei.ro [finãs'ejru] s. m. financier. ‖ adj. financial.

fi.nan.ci.al [finãsi'aw] adj. m. + f. (pl. **-ais**) financial.

fi.nan.ci.a.men.to [finãsjam'ẽtu] s. m. financing.

fi.nan.ci.ar [finãsi'ar] v. to finance; to support.

fin.ca-pé [fĩkap'ɛ] s. m. (pl. **finca-pés**) foothold, foot support; (fig.) stubbornness, obstinacy.

fin.car [fĩk'ar] v. to thrust in, nail in, drive in, ram down (piles); ≃ **-se** to stand still, stop.

fin.dar [fĩd'ar] v. to finish, conclude; to die, perish.

fi.ne.za [fin'ezə] s. f. slimness, slenderness, thinness; gracefulness; attentiveness; kindness; finesse, subtleness. **faça-me a** ≃ be so kind. **com** ≃ friendly.

fin.gi.do [fĩʒ'idu] adj. feigned; insincere.

fin.gi.men.to [fĩʒim'ẽtu] s. m. simulation, hypocrisy.

fin.gir [fĩʒ'ir] v. to (dis)simulate, feign, assume; to pretend, affect; to imitate; to disguise.

fin.lan.dês [fĩlãd'es] s. m. (pl. **-deses**; f. **-desa**) Finn, Finlander; Finnish (language). ‖ adj. Finnic, Finnish.

fi.no [f'inu] s. m. a fine, slender, delicate or elegant thing or matter. ‖ adj. thin, slim, slender; filmy, tenuous, subtle; graceful, elegant; polite, well-bred, noble.

fi.nu.ra [fin'urə] s. f. thinness, slimness; subtleness; courtesy, politeness; malice; fineness.

fi.o [f'iu] s. m. thread, twine, yarn; file, row, line; wire; string; cutting edge. ≃ **de navalha** razor's edge. **por um** ≃ **(de cabelo)** (fig.) within a hair's breadth.

fir.ma [f'irmə] s. f. firm, commercial or industrial establishment; concern, house, business; signature; seal, subscription.

fir.ma.men.to [firmam′ẽtu] s. m. firmament, sky, heaven, azure; support; foundation.

fir.mar [firm′ar] v. to firm, fix, set; to settle, establish definitely, stabilize; to confirm; to sign, ratify, subscribe; to authenticate.

fir.me [f′irmi] adj. m. + f. firm, fixed, set; strong, durable; stable; secure; well-founded, settled; definite; unfading, fast-dyed.

fir.me.za [firm′ezə] s. f. firmness, fortitude; stability, immobility; steadiness; durability; constancy, steadfastness; strength; resolution; energy, hardness; character.

fis.cal [fisk′aw] s. m. (pl. **-cais**) custom inspector, surveyor of taxes, revenue officer; controller; inspector. ‖ adj. m. + f. fiscal, supervisory; assessorial.

fis.ca.li.za.ção [fiskalizas′ãw] s. f. (pl. **-ções**) inspection.

fis.ca.li.zar [fiskaliz′ar] v. to fiscalize, subject to fiscal control; to observe, examine; to control, supervise; to investigate, inquire; to inspect.

fis.co [f′isku] s. m. public revenue, public treasury.

fis.ga [f′izgə] s. f. harpoon, fishing spear, gaff; grains; fissure, chink, split.

fis.ga.da [fizg′adə] s. f. stabbing; sharp pain, pang.

fis.gar [fisg′ar] v. to hook, gaff; to catch.

fí.si.ca [f′izikə] s. f. physics; natural science.

fi.si.cis.ta [fizis′istə] s. m. + f. physicist. ‖ adj. versed in physics.

fí.si.co [f′iziku] s. m. constitution, build, physique; physicist. ‖ adj. physical; bodily, personal; material, natural; external.

fi.si.o.lo.gi.a [fizjoloʒ′iə] s. f. physiology, bionomy.

fi.si.o.ló.gi.co [fizjol′ɔʒiku] adj. physiological.

fi.si.o.no.mi.a [fizjonom′iə] s. f. physio(g)nomy, face, semblance, countenance; facial features, characteristic expression; look, aspect.

fi.si.o.te.ra.pi.a [fizjoterap′iə] s. f. physiotherapy.

fis.são [fis′ãw] s. f. (chem. and phys.) (pl. **-sões**) fission.

fis.su.ra [fis′urə] s. f. chink, split, crack, cleft; (anat.) fissure, sulcus; (path.) lesion.

fís.tu.la [f′istulə] s. f. (med.) fistula, sinus, syrinx.

fi.ta [f′itə] s. f. ribbon, band, braid, streamer; string; tape; movie, film, picture; show. **toca-** ≃ tape recorder.

fi.tar [fit′ar] v. to turn upon s. o. or s. th. (attention, thought, etc.); to stare, gaze, fix the glance upon; to eye, envisage; to gaze.

fi.tei.ro [fit′ejru] s. m. ribbonmaker; showcase, show window. ‖ adj. untruthful, flirting.

fi.ti.lho [fit′iʎu] s. m. narrow ribbon, tape.

fi.to [f′itu] s. m. aim, target, mark; purpose, intent, design. ‖ adj. fixed, staring, firm, immovable; pricked up, upright.

fi.ve.la [fiv′ɛlə] s. f. buckle, clasp, loop.

fi.xar [fiks′ar] v. to fix; to fasten, attach; to stick on; (naut.) to ship; to lodge; to settle, establish; (chem.) to render solid (a volatile compound); to retain in the memory; to determine; to assign; to stare at. ≃ **uma data** to date, schedule.

fi.xo [f′iksu] adj. fixed, firm, stable; set, settled.

flá.ci.do [fl′asidu] adj. flaccid, limp; languid; soft; adipose; weak, feeble; relaxed; pulpy.

fla.ge.la.do [flaʒel′adu] s. m. (zool. and bot.) flagellate.

fla.ge.lar [flaʒel′ar] v. to flagellate, whip, flog.

fla.ge.lo [flaʒ′ɛlu] s. m. scourge; chastisement.

fla.gra [fl′agrə] s. m. (pop.) flagrant.

fla.gran.te [flagr′ãti] s. m. instant, moment; chance; (phot.) snapshot. ‖ adj. m. + f. flagrant; ardent; urgent; notorious; evident. **em** ≃ in the act. **ele foi pego (preso) em** ≃ he was caught in the act.

fla.ma [fl′Amə] s. f. flame, blaze; ardour, eagerness; enthusiasm, fervour, passion.

fla.me.jan.te [flameʒ′ãti] adj. m. + f. flaming, blazing; bright; brilliant; flashy, flashing.

fla.me.jar [flameʒ′ar] v. to flame, blaze; to burn, glow; to shine, glitter, sparkle; to flash.

fla.men.go [flam′ẽgu] s. m. (ornith.) flamingo; s. m. + adj. Flemish.

flâ.mu.la [fl′Amulə] s. f. flammule, small flame; pennant, streamer, bannerette, burgee.

flan.co [fl′ãku] s. m. flank; (fig.) weak point.

flan.que.ar [flãke′ar] v. to flank; to make defensible.

fla.tu.lên.cia [flatul′ẽsjə] s. f. flatulence; windiness.

flau.ta [fl′awtə] s. f. flute, fife, pipe, flue pipe; (Braz.) indolence, vagrancy.

flau.te.ar [flawte'ar] v. to flute; to break one's word; (pop.) to cheat; to amuse o. s.

flau.tim [flawt'ĩ] s. m. (pl. **-tins**), (mus.) piccolo.

fle.cha [fl'ɛʃə] s. f. arrow, dart; signpost.

fle.cha.da [fleʃ'adə] s. f. arrow shot, arrow wound.

fleg.ma [fl'egmə] s. f. = **fleuma**.

fler.tar [flert'ar] v. to flirt, play at courtship.

fler.te [fl'erti] s. m. flirt, flirtation, playful courtship, coquetry.

fleu.ma [fl'ewmə] s. m. + f. phlegm; (fig.) apathy.

fleu.má.ti.co [flewm'atiku] adj. phlegmatic, apathetic.

fle.xi.bi.li.da.de [fleksibilid'adi] s. f. flexibility; pliancy.

fle.xi.o.nar [fleksjon'ar] v. to inflect; to bend, deflect; (gram.) to vary by inflection.

fle.xí.vel [fleks'ivew] adj. m. + f. (pl. **-veis**) flexible, pliant, limber, subtle; submissive; versatile; deflective, inflective.

flo.co [fl'ɔku] s. m. flake, chip, scale, flock; fuzz; fluffy feathers, tuft.

flor [fl'or] s. f. flower, bloom, blossom; darling, pet; flavour, bouquet (wine); pureness; surface; ≈ **res** blossom, foliage. **coroa de** ≈ **res** wreath of flowers.

flo.ra [fl'ɔrə] s. f. Flora, (myth.) goddess of flowers; flora; botany, plants or plant life of a region; systematic treatise on botany.

flo.rar [flor'ar] v. (Braz.) to flower, bloom, blossom.

flo.re.a.do [flore'adu] s. m. decoration, embellishment, flourish. **l** adj. decorated with flowers, festooned, flowery, hung with flowers.

flo.re.ar [flore'ar] v. to flourish; (mus.) to arpeggiate; to adorn with flowers.

flo.rei.o [flor'eju] s. m. flourish, act of flourishing; elegance of expression; skill, dexterity.

flo.rei.ra [flor'ejrə] s. f. flowerpot; flower girl.

flo.res.cer [flores'er] v. to bloom, blossom, bud; to flower; to florish, thrive.

flo.res.ta [flor'ɛstə] s. f. forest, wood, woodland.

flo.re.te [flor'eti] s. m. rapier, blunt-edged sword.

flo.ri.do [flor'idu] adj. flowery; blossomy, abloom.

flo.ri.lé.gio [floril'ɛʒju] s. m. florilege; anthology.

flo.rir [flor'ir] v. to flower, bloom, blossom; to develop, grow; (Braz.) to adorn.

flo.ris.ta [flor'istə] s. m. + f. florist, flower seller.

flor.zi.nha [florz'iñə] s. f. floret, small flower.

flox [fl'ɔks] s. m. (bot.) phlox.

flu.ên.cia [flu'ẽsjə] s. f. fluency; (fig.) abundance; loquacity; fluidity of style.

flu.en.te [flu'ẽti] s. m. (math.) fluent. **l** adj. m. + f. flowing, fluent; easy, unlaboured.

flu.i.dez [fluid'es] s. f. fluidity.

flui.do [fl'ujdu] s. m. fluid, liquid; gas. **l** adj. fluid, fluent, flowing (also fig.); liquid; soft.

flu.ir [flu'ir] v. to flow, run, stream; to spring from, emanate; to proceed from.

flu.mi.nen.se [flumin'ẽsi] s. m. + f. (Braz.) native or inhabitant of the state of Rio de Janeiro. **l** adj. fluvial; of or pertaining to the state of Rio de Janeiro.

flu.tu.a.ção [flutwas'ãw] s. f. (pl. **-ções**) fluctuation, heaving, surging; float(age); waviness; wavering, indecision; inconstancy; instability (of prices, conditions).

flu.tu.an.te [flutu'ãti] adj. m. + f. floating, buoyant; fluctuating, wavering; pending; (fig.) doubtful, uncertain. **dívida** ≈ floating debt. **doca** ≈ floating dock.

flu.tu.ar [flutu'ar] v. to fluctuate, float; to wave; to swim, drift; to flow; to vacillate, hesitate.

flu.vi.al [fluvi'aw] adj. m. + f. (pl. **-ais**) fluvial.

flu.xo [fl'uksu] s. m. flood; high-water; (med.) flux, fluxion; (vet.) glanders; cold, catarrh; flow, stream; (fig.) abundance, affluence. **l** adj. fluid, fluent, flowing. ≈ **monetário** cash flow.

F.O.B. [f'ɔbi] abbr. (com.) **posto a bordo** free on board.

fo.bi.a [fob'iə] s. f. phobia, morbid fear; aversion (to).

fo.ca [f'ɔkə] s. f. (zool.) phoca, seal; sea dog; s. m. miser; (Braz., sl.), (esp. newspaper reporter) greenhorn.

fo.ca.li.zar [fokaliz'ar] v. to focalize, focus.

fo.ci.nho [fos'iñu] s. m. muzzle, snout; mouth; nostril(s); (sl.) snoot, face, phiz.

fo.co [f'ɔku] s. m. focus; center of interest.

fo.fo [f'ofu] adj. light; soft, smooth; mild, gentle.

fo.fo.ca [fof'ɔkə] s. f. (sl.) gossip.

fo.fo.quei.ro [fofok'ejru] s. m. (sl.) gossip-monger.

fo.gão [fog'ãw] s. m. (pl. **-gões**) stove, hearth, cooker, heater; fireplace, fireside; brazier.

fo.ga.rei.ro [fogar'ejru] s. m. little stove, cooker, burner.

fo.ga.réu [fogar'ɛw] s. m. low fire; cresset; bonfire; lampion.

fo.go [f'ogu] s. m. fire, blaze, conflagration; light, flame, glow; home, hearth, fireplace; warmth, heat; fervour, enthusiasm; energy, vigour; violence; gunfire. **I** interj. (mil.) fire! ≃ **s de artifício** fireworks. **pegar** ≃ to catch fire. **cessar** ≃ to cease fire.

fo.go.so [fog'ozu] adj. hot, fiery; flaming, burning; ardent; impetuous; hot-brained.

fo.guei.ra [fog'ejrə] s. f. bonfire; pyre; fire, flames, blaze; fireplace, hearth; home; passion, exaltation.

fo.gue.te [fog'eti] s. m. rocket; (fig.) vivacious, hot-tempered fellow. **I** adj. m. + f. lively, vivacious.

fo.guis.ta [fog'istə] s. m. stoker, fireman.

foi.ce [f'ojsi] s. f. scythe, sickle, hedgebill.

fol.clo.re [fowkl'ɔri] s. m. folklore, traditional customs.

fo.le [f'ɔli] s. m. bellows, windchest.

fô.le.go [f'olegu] s. m. breath, respiration; rest, relaxation, repose; courage, valour, blast. **falta de** ≃ breathlessness. **tomar** ≃ to gather breath. **ele trabalhou de um só** ≃ he worked without interruption.

fol.ga [f'owgə] s. f. temporary interruption of work, pause; idleness, leisure; rest, repose. **dia de** ≃ holiday, playday, free day. **sem** ≃ respiteless. **estar de** ≃ to be off duty.

fol.ga.do [fowg'adu] adj. broad, wide, ample; loose; calm, quiet; idle, lazy; easy, comfortable.

fol.gar [fowg'ar] v. to rest, be off duty; to laze; to be at ease; to rejoice; to amuse o. s.

fol.gue.do [fowg'edu] s. m. rest, repose; leisure, recreation; pastime, amusement, entertainment; jest, joke; frolic; revelry, spree.

fo.lha [f'oʎə] s. f. leaf; blade (knife); journal, paper, newspaper; list, report, register. ≃ **de pagamento** payroll.

fo.lha.gem [foʎ'aʒẽj] s. f. (pl. **-gens**) foliage.

fo.lhe.a.do [foʎe'adu] s. m. veneer, foil; (bot.) foliation. **I** adj. foliaged, foliate, in leaf, foliaceous, foliar; veneered, plated; (geol.) stratified.

fo.lhe.ar [foʎe'ar] v. to leaf, turn over the pages (of a book); to read, skim (a book); to study, peruse, consult with. ≃ **um livro** to browse.

fo.lhe.tim [foʎet'ĩ] s. m. (pl. **-tins**) feuilleton, pamphlet, leaflet.

fo.lhe.to [foʎ'etu] s. m. pamphlet, leaflet; brochure.

fo.lhi.nha [foʎ'iñə] s. f. calendar.

fo.lhu.do [foʎ'udu] adj. leafy, foliate, full of leaves.

fo.li.a [fol'iə] s. f. gay entertainment; revelry.

fo.li.ão [foli'ãw] s. m. (pl. **-ões**) buffoon, droll, jester; carouser, reveller, larker; merry-maker; (Braz.) carnival reveller.

fó.lio [f'ɔlju] s. m. folio, folio book.

fo.me [f'ɔmi] s. f. hunger; famine; scarcity, want; misery, penury; (fig.) avidity, greed.

fo.men.tar [fomẽt'ar] v. to foment, promote, advance, develop; to encourage, stimulate, harbour, nurse; to incite, rouse up.

fo.men.to [fom'ẽtu] s. m. fomentation; furtherance.

fo.ne [f'oni] s. m. phone, telephone receiver.

fo.né.ti.ca [fon'ɛtikə] s. f. phonetics, phonics.

fo.nó.gra.fo [fon'ɔgrafu] s. m. phonograph; recorder.

fon.ta.i.nha [fõta'iñə] s. f. little fountain.

fon.te [f'õti] s. f. fountain, spring(-head), headspring, wellhead, wellspring, (poet.) fount. ≃ **de energia** source of energy. ≃ **de renda** source of revenue.

fo.ra [f'ɔrə] s. m. (Braz.) rejection, refusal. **I** adv. out, outside, outdoors, outlying, beyond, abroad, afield, forth, off, away. **I** prep. except, excepting, without; besides. **I** interj. out!, get out, out you go!, off!, be off!, be gone! ≃ **de dúvida** beyond doubt. **cai** ≃! (Braz., sl.) go out!, get out! **dar o** ≃ to leave, get out.

fo.ra.gi.do [foraʒ'idu] s. m. fugitive, refugee; emigrant; outlaw. **I** adj. fugitive.

fo.ras.tei.ro [forast'ejru] s. m. foreigner, stranger, outlander. **I** adj. foreign, strange.

for.ca [f'orkə] s. f. gallows, gibbet; scaffold; (fig.) humiliation; pitchfork, hayfork.

for.ça [f'ɔrsə] s. f. force, strength, power; energy, vigour; (jur.) validity; courage; motive, impulse; obligation. ≃ **de espírito** strong-mindedness. ≃ **de vontade** strength of will, will-power.

for.çar [fors'ar] v. to force, oblige, impel, compel; to conquer, vanquish; to win or obtain by force; to pry or prize open (a lock); to break in, enter forcibly; to overcome; to subdue, subjugate; to do violence, ravish, rape; to remove; to twist; to put into force; to urge, rush, press on.

for.ço.so [fors'ozu] adj. forcible; violent; necessary, inevitable; forceable; stringent.

for.çu.do [fors'udu] adj. (pop.) strong, brawny.

fo.ren.se [for'ẽsi] adj. m. + f. forensic, judicial.

for.ja [f'ɔrʒə] s. f. forge; open furnace; (s)melting furnace; smithy; smithery; foundry.

for.jar [forʒ'ar] v. to forge; to hammer, shape (heated metal) with a hammer; to form, produce, work; to imitate, fabricate; to invent, scheme, concoct, trump up.

for.ma [f'ɔrmə] s. f. form; appearance; figure, shape; configuration; structure, build; feature, semblance; kind, variety; frame, model, pattern; type, print; condition, physical fitness; habit; (arts) style, expression. **de ≃ alguma** in no case, by no means. **de qualquer** ≃ at any rate; in any way. **de tal** ≃ **que** so that. **pública** - ≃ authenticated copy.

fôr.ma [f'ɔrmə] s. f. mold, pattern; shoe last; hat block; chesse press; cake mold.

for.ma.ção [formas'ãw] s. f. (pl. **-ções**) formation; forming; arrangement; development; structure, shape; body of troops.

for.ma.do [form'adu] adj. formed, shaped; graduated.

for.mal [form'aw] s. m. (pl. **-mais**), (jur.) deed of division. ‖ adj. m. + f. formal, conventional; solemn; state; bookish.

for.ma.li.da.de [formalid'adi] s. f. formality. **sem** ≃s informal. **por** ≃ for form's sake.

for.ma.li.zar [formaliz'ar] v. to formalize; to take amiss.

for.mão [form'ãw] s. m. (pl. **-mões**) chisel, former, firmer.

for.mar [form'ar] v. to form, shape, organize; ≃-**se** to be formed; to graduate.

for.ma.to [form'atu] s. m. format, shape, size; make.

for.ma.tu.ra [format'urə] s. m. formation; graduation.

for.mi.dá.vel [formid'avew] adj. m. + f. (pl. **-veis**) formidable; (Braz.) splendid, excellent.

for.mi.ga [form'igə] s. f. (ent.) ant, pismire.

for.mi.gar [formig'ar] v. to formicate, itch; to have in profusion, abound in; (fig.) to work hard.

for.mi.guei.ro [formig'ejru] s. m. ant hill, ants' nest.

for.mo.so [form'ozu] adj. beautiful, handsome.

for.mo.su.ra [formoz'urə] s. f. beauty, handsomeness.

fór.mu.la [f'ɔrmulə] s. f. formula; form (to fill in).

for.mu.lar [formul'ar] v. to formulate; to prescribe; ≃-**se** to take shape; to appear.

for.mu.lá.rio [formul'arju] s. m. form.

for.na.lha [forn'aʎə] s. f. furnace, stove, hearth; forge, (s)melting furnace; kiln; (fig.) great heat.

for.ne.ce.dor [fornesed'or] s. m. furnisher; supplier, purveyor, provisioner; victual(l)er; chandler (ships). ‖ adj. furnishing, supplying.

for.ne.cer [fornes'er] v. to furnish, supply; to provide, purvey, cater; to stock, store, equip.

for.no [f'ornu] s. m. oven, hearth; stove; kiln; furnace; (fig.) any hot place.

fo.ro [f'ɔru] s. m. quitrent, groundrent; freehold, tenancy; prerogative; forum, court of justice; law; immunity; ≃s privilege, franchise. ≃ **criminal** crime court.

for.que.ta [fork'etə] s. f. forked branch, fork; divarication. **chave de** ≃ fork spanner.

for.qui.lha [fork'iʎə] s. f. pitchfork with three prongs; crutch, crutchlike support; fork; rack. ≃**do** crotched.

for.ra.gem [foʀ'aʒẽj] s. f. (pl. **-gens**) fodder, feed, forage, greenfodder; ensilage.

for.rar [foʀ'ar] v. to face, line, cover with; to veneer; to fur; to save, lay by; to reinforce with buckram; to underlay.

for.ro [f'oʀu] s. m. doubling, lining, covering; padding; ceiling; sheathing, veneer, liner; backing. ‖ adj. freed, enfranchised; emancipated; free, independent.

for.ró [foʀ'ɔ] s. m. (Braz., pop.) popular ball.

for.ro.bo.dó [foʀobod'ɔ] s. m. (sl.) a Negro dance; confusion.

for.ta.le.cer [fortales'er] v. to fortify; to strengthen; to support; to encourage; to corroborate, confirm; to consolidate; to toughen.

for.ta.le.za [fortal'ezə] s. f. fort, fortress, fortification; citadel, burg; castle; strength, force, vigour; energy, power; firmness.

for.te [f'ɔrti] s. m. fort(ress), fortification; talent, strong point. ‖ adj. m. + f. strong, vigorous; sturdy, stout; energetical, forceful; powerful; intense, acute; spicy.

for.ti.fi.ca.ção [fortifikas'ãw] s. f. (pl. **-ções**) fortification, fortress, fort; stronghold, bulwark.

for.ti.fi.can.te [fortifik'ãti] s. m. restorative, tonic.

for.ti.fi.car [fortifik'ar] v. to fortify, erect fortifications; to encourage; to strengthen; ≃**-se** to become strong, gather strength.

for.tran [fortr'ã] s. m. (inform.) Fortran (Formula Translation System).

for.tui.to [fort'ujtu] adj. fortuitous, casual.

for.tu.na [fort'unə] s. f. fortune, good luck; destiny, fate; chance; wealth; success, prosperity.

fos.co (ô) [f'osku] adj. dim, tarnished; lustreless, dull; opaque, mat, frosted; obscured. **vidro** ≃ frosted glass.

fos.fa.to [fosf'atu] s. m. (chem.) phosphate.

fos.fo.res.cen.te [fosfores'ẽti] adj. m. + f. phosphorescent; phosphorous.

fos.fo.res.cer [fosfores'er] v. to phosphoresce, gleam.

fós.fo.ro [f'ɔsforu] s. m. (chem.) phosphorus; match, fusee.

fos.qui.nha [fosk'iñə] s. f. gesture, grimace; disguise.

fos.sa [f'ɔsə] s. f. cesspool, cesspit, sinkhole, gully; pit, cavity; dimple(s). ≃ **sanitária** cesspool (sewage). ≃ **séptica** concrete cesspit. ≃ **negra** cesspit, cesspool. **estar na** ≃ (sl.) to be downcast; (pop.) depression.

fos.sar [fos'ar] v. to root, rout, nuzzle; to dig.

fós.sil [f'ɔsiw] s. m. + adj. (pl. **-seis**) fossil.

fo.to [f'ɔtu] s. f. abbr. of **fotografia** snapshot, photography, photo.

fo.to.có.pia [fotok'ɔpjə] s. f. photocopy.

fo.to.gê.ni.co [fotoʒ'eniku] adj. photogenic.

fo.to.gra.far [fotograf'ar] v. to photograph, shoot; (fig.) to describe with full particulars.

fo.to.gra.fi.a [fotograf'iə] s. f. photography; photograph; picture, (snap)shot.

fo.tó.gra.fo [fot'ɔgrafu] s. m. photographer.

fo.to.li.to [fotol'itu] s. m. photolith.

fo.tô.me.tro [fot'ometru] s. m. photometer, light meter.

foz [f'ɔs] s. f. mouth of a river, estuary, firth.

fra.ca.lhão [frakaʎ'ãw] s. m. (pl. **-lhões**; f. **-lhona**) weakling, coward. ‖ adj. very weak, cowardly.

fra.ção [fras'ãw] s. f. (pl. **-ções**) fraction; quantum.

fra.cas.sar [frakas'ar] v. to shatter; to fail, miscarry.

fra.cas.so [frak'asu] s. m. crash, smash; failure, ruin, miscarriage; misfortune, disaster.

fra.ci.o.nar [frasjon'ar] v. to fragment.

fra.co [fr'aku] s. m. weakling, feeble (minded) creature; weak point or side; propensity, inclination. ‖ adj. weak, feeble; fragile, slim, slender; nerveless; powerless.

fra.de [fr'adi] s. m. friar, monk.

fra.ga.ta [frag'atə] s. f. (naut.) frigate.

frá.gil [fr'aʒiw] adj. m. + f. (pl. **-geis**) fragile; weak, frail, feeble; brittle, breakable; not durable, transitory; delicate.

fra.gi.li.da.de [fraʒilid'adi] s. f. fragility, frailty.

frag.men.tar [fragmẽt'ar] v. to break to little pieces, to fragment; to break up.

frag.men.to [fragm'ẽtu] s. m. fragment, fraction, scrap.

fra.gor [frag'or] s. m. crash, loud report, clatter; racket, din, uproar.

fra.go.ro.so [fragor'ozu] adj. noisy, clamorous.

fra.grân.cia [fragr'ãsjə] s. f. fragrance; flavour; aroma, perfume. **sem** ≃ infragrant.

fra.gran.te [fragr'ãti] adj. m. + f. fragrant.

fra.jo.la [fraʒ'ɔlə] adj. m. + f. (Braz., sl.) elegant.

fral.da [fr'awdə] s. f. shirt tail, train (of a gown); diaper; flap, lappet; foot of a mountain.

fram.bo.e.sa [frãbo'ezə] s. f. raspberry (fruit).

fran.cês [frãs'es] s. m. (pl. **-ceses**; f. **-cesa**) French; Frenchman, Gaul; the French language. ‖ adj. French, Gaulish, Gallic.

fran.cis.ca.no [frãsisk'ʌnu] s. m. + adj. Franciscan.

fran.co [fr'ãku] s. m. franc; monetary unit in France, Belgium and Switzerland. ‖ adj. frank, candid, liberal, honest; straightforward; free, gratuitous; duty-free. ≃**-atirador** franc-tireur, sniper.

fran.ga.lho [frãg'aʎu] s. m. rag, tatter, frazzle.

fran.go [fr'ãgu] s. m. chicken; cockerel; (ftb., sl.) blunder goal.

fran.ja [fr'ãʒə] s. f. fringe, bullion; bangs (hair).

fran.que.ar [frãke'ar] v. to exempt, free (from taxes or duties); to facilitate; to clear; to concede, grant; to remove (obstacles).

fran.que.za [frãk'ezə] s. f. frankness; liberality, sincerity; straightforwardness.

fran.qui.a [frãk'iə] s. f. postage; postage stamp; franchise.

fran.zi.no [frãz'inu] adj. slender, slim; weak, frail.

fran.zir [frãz'ir] v. (also ≃-**se**) to wrinkle; to fold, pleat, ruffle; to frown; to contract.

fra.que [fr'aki] s. m. morning coat, cutaway.

fra.que.ar [frake'ar] v. = **fraquejar**.

fra.que.jar [frakeʒ'ar] v. to weaken, lose one's strength; to lose courage; to show signs of exhaustion; to yield; to fail.

fra.que.za [frak'ezə] s. f. weakness; powerlessness; sickly look; debility; blemish, fault; infirmity; weak point, shortcoming.

fras.co [fr'asku] s. m. bottle, flask, vial, phial, flagon.

fra.se [fr'azi] s. f. phrase; sentence, proposition; expression, locution; part or piece of music; slogan. ≃ **batida** commonplace.

fra.se.ar [fraze'ar] v. to phrase; to express in words; (mus.) to divide into phrases.

fra.ter.nal [fratern'aw] adj. m. + f. (pl. -**nais**) fraternal.

fra.ter.ni.da.de [fraternid'adi] s. f. fraternity; friendship.

fra.ter.no [frat'ɛrnu] adj. fraternal, brotherly.

fra.tu.ra [frat'urə] s. f. fracture, break(ing), burst. ≃ **múltipla** compound fracture.

fra.tu.rar [fratur'ar] v. to fracture, break.

frau.de [fr'awdi] s. f. deception; fraud, fraudulency, deceit; cheat; trickery.

frau.du.len.to [frawdul'ẽtu] adj. fraudulent, deceitful.

fre.ar [fre'ar] v. to brake; to restrain, refrain.

fre.ge [fr'ɛʒi] s. m. quarrel, strife; brawl.

fre.guês [freg'es] s. m. (pl. -**gueses**; f. -**guesa**) customer, client; patron; habitual purchaser.

fre.gue.si.a [fregez'iə] s. f. parish; community, parishioners (collectively); clientele, customers, patrons, patronage.

frei [fr'ej] s. m. friar, monk; (title) **Frei** Father.

frei.o [fr'eju] s. m. bridle; check, curb, rein; brake, break; repression, restraint.

frei.ra [fr'ejrə] s. f. nun, religious, sister.

frei.xo [fr'ejʃu] s. m. ash (the tree and its wood).

fre.mir [frem'ir] v. to roar, thunder; to tremble; to vibrate, thrill; to shudder.

frê.mi.to [fr'emitu] s. m. roar(ing), thunder; shudder, shock, start; thrill, shiver (of joy, fear).

fre.ne.si [frenez'i] s. m. frenzy, madness, raving.

fre.né.ti.co [fren'ɛtiku] adj. frenetic(al), frantic(al); wild.

fren.te [fr'ẽti] s. f. front, façade; frontage, fore, forefront; face; mien, demeanor, appearance; (mil.) van, leading unit; zone of conflict, line of battle; movement (political, etc.). ≃ **a** ≃ opposite. **bem em** ≃ straight ahead. **para** ≃! go ahead!

fre.qüên.cia [frekw'ẽsjə] s. f. frequency; attendance; periodicity; (electr.) number of cycles, frequence; (classes) attendance.

fre.qüen.tar [frekwẽt'ar] v. to frequent; visit repeatedly.

fre.qüen.te [frek'wẽti] adj. m. + f. frequent, often.

fres.ca [fr'eskə] s. f. breeze, cool breath of air; fresh(ness), coolness.

fres.co [fr'esku] s. m. fresh breeze; coolness, freshness; (paint.) fresco; (vulg.) passive pederast. ‖ adj. fresh, new, recent; cool, refreshing; not tinned or salted.

fres.cor [fresk'or] s. m. freshness, cool(ness); exuberance, verdure; breeze, cool wind; liveliness; brilliancy.

fres.cu.ra [fresk'urə] s. f. (pop.) smutty or indecent sayings; impudence, insolence, impertinence; cheeck; lip.

fres.qui.dão [freskid'ãw] s. f. = **frescor**.

fres.ta [fr'ɛstə] s. f. window slit, opening, breach, gap, slit, loophole, crack.

fre.tar [fret'ar] v. to charter; to freight, rent.

fre.te [fr'ɛti] s. m. freight, freightage; carriage.

fre.vo [fr'evu] s. m. (Braz.) bustle of carnival merriment; dance performed with an open umbrella.

fri.a.gem [fri'aʒēj] s. f. (pl. **-gens**) cold(ness), chill(iness); cold weather or wind; (Braz.) frost blight.

fric.ção [friks'ãw] s. f. (pl. **-ções**) friction, attrition, rub(bing), chafing, fret; (med.) liniment.

fric.ci.o.nar [friksjon'ar] v. to rub, move or pass with friction; to scrub; to apply a liniment.

fri.co.te [frik'ɔti] s. m. (Braz., sl.) cunning, slyness.

fri.ei.ra [fri'ejrə] s. f. chilblain; eczema between the toes.

fri.e.za [fri'ezə] s. f. coldness; frigidity, chill(iness), coolness, frost(iness); (fig.) indifference; hardheartedness.

fri.gi.dei.ra [friʒid'ejrə] s. f. pan, frying pan, skillet.

fri.gi.dez [friʒid'es] s. f. frigidity; (fig.) indifference, neglect.

frí.gi.do [fr'iʒidu] adj. frigid; cold, chilly; cool, indifferent; callous, apathetic.

fri.gir [friʒ'ir] v. to fry, cook in hot fat.

fri.go.rí.fi.co [frigor'ifiku] s. m. freezer; cold storage plant; refrigerator, icebox; cooling liquid. ‖ adj. frigorific(al).

fri.o [fr'iu] s. m. cold; coldness, iciness; cold weather, frost; indifference, unconcern; hardheartedness. ‖ adj. cold; wintry, icy, frosty; chilled; indifferent, unconcerned. **estou (com)** ≃ I feel cold.

fri.o.ren.to [frjor'ētu] adj. very sensitive to cold.

fri.sa [fr'izə] s. f. frieze, thick woollen cloth; (theat.) dress circle or box.

fri.sar [friz'ar] v. to frieze; to frizz(le), curl; (archit.) to furnish with a frieze; to emphasize, underline; to quote opportunely.

fri.so [fr'izu] s. m. (archit.) frieze, band or fillet.

fri.ta.da [frit'adə] s. f. fried or roasted food, scrambled eggs, fritter, fry.

fri.tar [frit'ar] v. to fry; to roast.

fri.to [fr'itu] s. m. fried food, fritter. ‖ adj. fried; (Braz., coll.) done for, cornered.

fri.tu.ra [frit'urə] s. f. any fried food, fritter, fry.

fri.vo.li.da.de [frivolid'adi] s. f. frivolousness; futility; idleness, emptiness; trifling(ness), levity, lightness, fickleness; flippancy.

frí.vo.lo [fr'ivolu] s. m. trifler. ‖ adj. frivolous, wanton; futile; feather-rained.

fron.do.so [frõd'ozu] adj. frondose, leafy, frondescent; bushy; dense, thick.

fro.nha [fr'oñə] s. f. pillowcase; pillow; (fig.) covering.

fron.te [fr'õti] s. f. forehead, head; (archit.) frontispiece; frontage.

fron.tei.ra [frõt'ejrə] s. f. frontier, boundary, border.

fron.tei.ri.ço [frõtejr'isu] adj. frontier, limitary.

fron.tei.ro [frõt'ejru] adj. bordering; opposite.

fron.tis.pí.cio [frõtisp'isju] s. m. (archit.) façade; frontispiece, title page.

fro.ta [fr'ɔtə] s. f. fleet; navy; shipping.

frou.xo [fr'owʃu] s. m. flux, tide. ‖ adj. weak, feeble; lacking energy; loose; unfixed; flaccid; languid; negligent; vacillating; floppy.

fru.ga.li.da.de [frugalid'adi] s. f. frugality; parsimony.

fru.ir [fru'ir] v. to be in possession of, own; to usufruct; to enjoy, find pleasure in.

frus.tra.ção [frustras'ãw] s. f. (pl. **-ções**) frustration.

frus.trar [frustr'ar] v. to frustrate; to disconcert; to disappoint; to destroy, prevent; to fail.

fru.ta [fr'utə] s. f. fruit. ≃ **-do-conde** sweetsop. ≃ **-pão** breadfruit tree.

fru.tei.ra [frut'ejrə] s. f. fruit bowl or plate, centre piece; female fruit peddler.

fru.tei.ro [frut'ejru] s. m. fruit dealer; fruit bowl.

fru.ti.cul.tu.ra [frutikuwt'urə] s. f. horticulture, fruit growing.

fru.tí.fe.ro [frut'iferu] adj. fructiferous, fruitful; fecund, fertile; (fig.) beneficial.

fru.to [fr'utu] s. m. fruit; offspring, result, produce, product; consequence, outgo.

fu.bá [fub'a] s. m. (Braz.) maize flour, corn meal.

fu.ça [f'usə] s. f. (vulg.) nostril, nose, snout, face.

fu.çar [fus'ar] v. to grub (with the snout), nose around.

fu.ga [f'ugə] s. f. flight, escape(ment); elopement; (mus.) fugue. **em** ≃ in flight.

fu.gaz [fug'as] adj. m. + f. (pl. **-gazes**) fugacious; transitory; rapid, swift; fleeting; short-lived.

fu.gi.da [fuʒ'idə] s. f. escape; flight; running away; (fig.) evasion, subterfuge.

fu.gi.di.ço [fuʒid'isu] adj. = **fugidio**.

fu.gi.di.o [fuʒid'iu] adj. fugitive; fugacious; fleeting, fleeing.

fu.gir [fuʒ'ir] v. to flee, run away, escape; to evade, elude; to disappear, vanish; to elope; to abandon. **não fuja do assunto** stick to the point. ≃ **na surdina** to decamp.

fu.gi.ti.vo [fuʒit'ivu] s. m. fugitive, exile, deserter, evader. I adj. fugitive, flying; deserting; transitory; rapid, swift, fugacious.

fu.i.nha [fu'iɲə] s. f. (zool.) weasel, stone marten, beech marten; m. + f. miser, niggard; lean person; talebearer.

fu.la.no [ful'ʌnu] s. m. (Mr.) So-and-So, such-and-such a man, thingummy.

ful.gir [fuwʒ'ir] v. to shine.

ful.gor [fuwg'or] s. m. fulgency, effulgence, fulgor.

ful.gu.rar [fuwgur'ar] v. to sparkle.

fu.li.gem [ful'iʒêj] s. f. soot, smoke-black, smut.

ful.mi.nan.te [fuwmin'ãti] adj. m. + f. fulminant, sudden; fulminating; (fig.) terrible.

ful.mi.nar [fuwmin'ar] v. to fulminate, flash, lighten; to hit, strike; to injure, wound; to punish, castigate; to destroy; to kill instantaneously; to annihilate.

fu.lo [f'ulu] adj. irritated, infuriated; bronze-coloured. ≃ **de raiva** burning with anger, raging.

fu.ma.ça [fum'asə] s. f. smoke; fume, vapour, steam; (fig.) vanity, pride, presumption.

fu.ma.cei.ra [fumas'ejrə] s. f. dense smoke, mist or vapour.

fu.man.te [fum'ãti] s. m. + f. smoker. I adj. smoking, smoky.

fu.mar [fum'ar] v. to smoke; cure with smoke; fumigate; to fume; to evaporate. ≃ **sem parar** to chain smoke.

fu.me.gar [fumeg'ar] v. to (emit) smoke; to become inflamed; to foam; to exhale vapours.

fu.mei.ro [fum'ejru] s. m. chimney; smoke flue, funnel; smoking chamber, fumatory.

fu.mi.gar [fumig'ar] v. to fumigate; to smoke.

fu.mo [f'umu] s. m. smoke, fume, vapour.

fu.nam.bu.lis.mo [funãbul'izmu] s. m. funambulism, acrobatics, tightrope walking.

fu.nâm.bu.lo [fun'ãbulu] s. m. funambulist; acrobat.

fun.ção [fũs'ãw] s. f. (pl. **-ções**) function; activity, operation; service, duty; profession,

occupation; ceremony, solemnity, public act; performance.

fun.cio.na.lis.mo [fũsjonal'izmu] s. m. functionalism; public functionaries (collectively).

fun.cio.nar [fũsjon'ar] v. to function, work.

fun.cio.ná.rio [fũsjon'arju] s. m. servant. ≃ **público** civil servant.

fun.da [f'ũdə] s. f. sling(shot), catapult; (med.) truss, suspender, bandage.

fun.da.ção [fũdas'ãw] s. f. (pl. **-ções**) foundation.

fun.da.do [fũd'adu] adj. (well-)founded, established; just, reasonable; solid, grounded.

fun.da.dor [fũdad'or] s. m. founder. I adj. founding.

fun.da.men.ta.do [fũdamẽt'adu] adj. well-founded, based. **mal** ≃ ill-grounded (report).

fun.da.men.tal [fũdamẽt'aw] adj. m. + f. (pl. **-tais**) fundamental, basic; primordial.

fun.da.men.tar [fũdamẽt'ar] v. to found, ground; to base, establish; to evidence, prove, justify; to confirm, validate.

fun.da.men.to [fũdam'ẽtu] s. m. basis.

fun.dar [fũd'ar] v. to found; to build, base, start; to deepen; to rely on, depend upon; to support; ≃**-se** to be founded or based.

fun.di.ção [fũdis'ãw] s. f. (pl. **-ções**) foundry; smeltry, forge; melt(ing), cast(ing), fusion.

fun.di.dor [fũdid'or] s. m. founder, moulder, caster.

fun.di.lho [fũd'iʎu] s. m. seat of trousers; breech.

fun.dir [fũd'ir] v. to found, cast; to melt, liquefy, dissolve; to merge; to unite, link; to blow (fuse). ≃ **um sino** to cast a bell. **o motor fundiu-se** the motor fused, seized up.

fun.do [f'ũdu] s. m. bottom; remotest, profoundest or innermost part of a thing; deepness; (stage) background; ground (paint, sea, river); foundation; base, basis; fund(s), stock, pecuniary resources; range of knowledge; rear (of a house); ≃**s** capital, finance. I adj. deep; profound, intimate, innermost; dense, compact; (Braz., ironic) ignorant. ≃ **de agulha** the eye of a needle. **conhecer a** ≃ to have a thorough knowledge of.

fun.du.ra [fũd'urə] s. f. profundity, depth, deepness.

fú.ne.bre [f'unebri] adj. m. + f. funeral, mortuary.

fu.ne.ral [funer'aw] s. m. (pl. **-rais**) funeral; funeral rites, exequies. **‖** adj. m. + f. funeral.

fu.ne.rá.rio [funer'arju] adj. funerary, funeral.

fu.nes.to [fun'ɛstu] adj. funest, fatal, sinister; deadly.

fun.ga.da [fũg'adə] s. f. sniff, snuff.

fun.gar [fũg'ar] v. to snuff; to grumble, mutter; to weep, whimper.

fun.gi.ci.da [fũʒis'idə] s. m. fungicide. **‖** adj. fungicidal.

fun.go [f'ũgu] s. m. fungus, fungal plant.

fu.nil [fun'iw] s. m. (pl. **-nis**) funnel, filler.

fu.ni.lei.ro [funil'ejru] s. m. tinsmith, tinker, tinman, brazier, plumber; bodyworker (for cars).

fu.ra.cão [furak'ãw] s. m. (pl. **-cões**) hurricane, cyclone, tornado, whirlwind, flaw.

fu.ra.dei.ra [furad'ejrə] s. f. drill, drilling machine.

fu.ra.dor [furad'or] s. m. awl, bradawl, bodkin.

fu.rão [fur'ãw] s. m. (pl. **-rões**), (zool.) ferret; (Braz., sl.) ambitious person. **‖** adj. laborious.

fu.rar [fur'ar] v. to bore, pierce, drill, perforate; to penetrate; to break open; to frustrate, disappoint; to upset, confuse. ≃ **um pneu** to puncture a tire.

fur.gão [furg'ãw] s. m. (pl. **-gões**) delivery van.

fú.ria [f'urjə] s. f. fury, furiosity, furiousness, extreme rage. **num ataque de** ≃ in a fit of rage.

fu.ri.bun.do [furib'ũdu] adj. raging, frenzied, choleric.

fu.ri.o.so [furi'ozu] adj. furious, mad, violent.

fur.na [f'urnə] s. f. cavern, grotto; hole, pit; den.

fu.ro [f'uru] s. m. hole, bore, boring, perforation, puncture; orifice, aperture, eyelet; journalistic hit. ≃ **de reportagem** scoop; (fig.) shift.

fu.ror [fur'or] s. m. furor, fury, rage, passion.

fur.ta-cor [furtak'or] s. m. (pl. **furta-cores**) iridescent or chatoyant hue. **‖** adj. m. + f. iridescent, chatoyant, changeable, tabby.

fur.tar [furt'ar] v. to steal, thieve; to pilfer, purloin; to cheat; to rob; ≃**-se** to escape; to avoid, shun, sneak away.

fur.ti.vo [furt'ivu] adj. furtive; stealthy; secret, clandestine, undercover.

fur.to [f'urtu] s. m. theft, stealing, pilferage.

fu.rún.cu.lo [fur'ũkulu] s. m. (med.) furuncle, boil.

fu.são [fuz'ãw] s. f. (pl. **-sões**) fusion; (s)melting; alloying, blend(ing), mixture, amalgam; union, coalescence; liquefaction.

fus.co [f'usku] adj. fuscous, dusky, dark(ish).

fu.se.la.gem [fuzel'aʒẽj] s. f. (pl. **-gens**), (aeron.) fuselage.

fu.sí.vel [fuz'ivew] s. m. (pl. **-veis**) (Braz., electr.) (safety) fuse. **‖** adj. m. + f. fusile, fusible.

fu.so [f'uzu] s. m. (spinning) spindle, spool.

fus.tão [fust'ãw] s. m. fustian, cotton cloth.

fus.ti.gar [fustig'ar] v. to fusticate; to punish.

fu.te.bol [futeb'ow] s. m. (sport) football; soccer.

fu.te.bo.lis.ta [futebol'istə] s. m. + f. football player.

fú.til [f'utiw] adj. m. + f. (pl. **-teis**) futile; careless.

fu.ti.li.da.de [futilid'adi] s. f. futility, insignificance.

fu.tri.ca [futr'ikə] s. f. little shop, stall; rubbish.

fu.tri.car [futrik'ar] v. to stir up, meddle with.

fu.tu.ro [fut'uru] s. m. future; destiny, fate. **‖** adj. future

fu.xi.car [fuʃik'ar] v. to intrigue, gossip; to baste; to botch.

fu.xi.co [fuʃ'iku] s. m. intrigue, gossip, plot.

fu.xi.quei.ro [fuʃik'ejru] s. m. intriguer, intrigant(e), plotter, schemer.

fu.zar.ca [fuz'arkə] s. f. spree, frolic, revelry, gaiety, mirth.

fu.zil [fuz'iw] s. m. (pl. **-zis**) gun, rifle; flintlock.

fu.zi.la.men.to [fuzilam'ẽtu] s. m. shooting.

fu.zi.lan.te [fuzil'ãti] adj. m. + f. sparkling, flashing.

fu.zi.lar [fuzil'ar] v. to shoot, fusillade; to put to death by shooting; to flash; (fig.) to sparkle, scintillate; to menace.

fu.zi.lei.ro [fuzil'ejru] s. m. (mil.) fusileer, rifleman. ≃ **naval** marine.

fu.zu.ê [fuzu'e] s. m. (Braz., sl.) noise, clamour.

G

G, g [ʒ'e] s. m. the seventh letter of the Portuguese alphabet; (mus.) sol, the fifth note of the octave.

ga.bar [gab'ar] v. to praise, laud, emblazon; to eulogize, extol; to flatter, cajole; ≈-se (de) to boast (of), brag, show off.

ga.ba.ri.to [gabar'itu] s. m. mould, form, model; gauge; pattern.

ga.bi.ne.te [gabin'eti] s. m. cabinet; study, chamber.

ga.bo.la [gab'ɔlə] s. m. + f. boaster, braggart, swaggerer. ‖ adj. m. + f. blustering, vaunting.

ga.da.nha [gad'ʌñə] s. f. scythe; ladle, soup ladle.

ga.da.nho [gad'ʌñu] s. m. claw, talon; pitchfork.

ga.do [g'adu] s. m. cattle, stock, livestock; herd; flock, drove; beast.

ga.fa.nho.to [gafʌñ'otu] s. m. grasshopper, locust.

ga.fe [g'afi] s. f. (Gall.) involuntary indiscretion.

ga.fi.ei.ra [gafi'ejrə] s. f. (Braz., sl.) low dance hall.

ga.fo.ri.nha [gafor'iñə] s. f. curled hair (Negroes).

ga.gá [gag'a] adj. m. + f. (Gall.) decrepit, enfeebled.

ga.go [g'agu] s. m. stutterer, stammerer. ‖ adj. stuttering, stammering.

ga.gue.jar [gageʒ'ar] v. to stutter, falter in speech.

gai.a.ti.ce [gajat'isi] s. f. playfulness, mischief.

gai.a.to [gaj'atu] s. m. street urchin, young scamp; lad; wag; rogue, rascal. ‖ adj. gay, joyous, merry; naughty.

gai.o.la [gaj'ɔlə] s. f. cage; birdcage; (fig.) prison, jail, lockup; (railway) open freight-car.

gai.ta [g'ajtə] s. f. shepherd's pipe or flute, mouth organ; reed; (sl.) money, tin.

gai.tei.ro [gajt'ejru] s. m. bagpipe or mouth organ player. ‖ adj. dandy, smart, lively; merry; boastful, braggart.

gai.vo.ta [gajv'ɔtə] s. f. (ornith.) gull, seagull.

ga.jo [g'aʒu] s. m. bully, brute; (fam.) chap, fellow, guy. ‖ adj. sly, cunning, roguish.

ga.la [g'alə] s. f. festive dress, court dress; pomp, show, state; (fig.) gracefulness.

ga.lã [gal'ã] s. m. (theat.) leading gentleman; the romantic lead; lover, admirer.

ga.lan.ta.ri.a [galãtar'iə] s. f. gallantry, gentility.

ga.lan.te [gal'ãti] s. m. + f. gallant, suitor, beau; gentleman, man of fashion. ‖ adj. graceful, elegant, handsome; gentle, nice; notable; civil, polite, attentive (to ladies).

ga.lan.te.a.dor [galãtead'or] s. m. philanderer, admirer. ‖ adj. flirtatious, amatory, flattering.

ga.lan.te.ar [galãte'ar] v. to court, woo; to flirt, pay gallant compliments; to adorn; to flatter, adulate.

ga.lan.tei.o [galãt'eju] s. m. gallantry, courtesy, politeness, attentions; courtship, amour, love-making, wooing; flirtation.

ga.lan.ti.na [galãt'inə] s. f. galantine, minced meat in aspic (fowl, veal and other meat).

ga.lão [gal'ãw] s. m. (pl. **-lões**) galloon, gold lace, silver lace, strap, cordon, orris; (mil.) stripe; gilt brim of a glass.

ga.lar.dão [galard'ãw] s. m. (pl. **-dões**) premium, reward, recompense; award, prize.

ga.lé [gal'ɛ] s. f. galley; ≈s forced labour at galleys; galley slave.

ga.le.go [gal'egu] s. m. Galician, native of Galicia (Spain). ‖ adj. Galician.

ga.le.ra [gal'ɛrə] s. f. two- or three-masted galley; group of supporters of a team in a football stadium.

ga.le.ri.a [galer'iə] s. f. gallery; aisle; aqueduct; pelmet; riverside forest; ≈s spectators sitting in the gallery. ≈ **abobadada** vault.

ga.lês [gal'es] s. m. Welshman, Welsh, Cambrian, native or inhabitant of Wales; Welsh language. ‖ adj. Welsh, Cymric.

gal.gar [gawg'ar] v. to speed along, move along swiftly and elegantly; to pass over or beyond, jump over, spring; to rise rapidly.

gal.go [g'awgu] s. m. harrier, greyhound, courser.

ga.lhar.de.ar [gaʎarde'ar] v. to show off; to vaunt.

ga.lhar.di.a [gaʎard'iə] s. f. beauty, elegance, grace, courage.

ga.lhar.do [gaʎ'ardu] s. m. (naut.) fore or aftcastle. ‖ adj. handsome, elegant; merry; graceful; generous; brave, courageous.

ga.lhe.tei.ro [gaʎet'ejru] s. m. cruet stand, caster.

ga.lho [g'aʎu] s. m. branch (of trees), arm, twig, limb, offshoot, bough, sprig, stick; ≃ s brushwood, twiggery. **cada macaco no seu** ≃ every jack to his trade. **pular de** ≃ **em** ≃ to find no rest, be restless; to be inconstant. **qual é o** ≃**?** what is the trouble? **quebrar o** ≃ to shoot the trouble; (fam.) a way around.

ga.lho.fa [gaʎ'ɔfə] s. f. jest, joke; fun, merriment; frolic, lark; playfulness; leisure.

ga.lho.fei.ro [gaʎof'ejru] s. m. jester. ‖ adj. jesting.

ga.li.nha [gal'iɲə] s. f. hen, chicken, fowl; (fig.) weakling, craven; loose woman; (fig.) titbit; ill luck, misfortune. ≃ **choca** brooding hen. **ele deita-se com as** ≃**s** he goes to bed with the sun, very early. ≃**- morta** bargain; trifle; sure easy thing.

ga.li.nhei.ro [galiɲ'ejru] s. m. poulterer, poultry dealer; poultry yard, hennery; henhouse, coop, pen.

ga.lo [g'alu] s. m. cock, (U.S.A.) rooster; bruise, lump; a genus of gallinaceous birds; bump; protuberance. ≃ **de briga** fighting cock. **o** ≃ **do terreiro** the cock of the roost. **ao cantar do** ≃ at daybreak.

ga.lo.cha [gal'ɔʃə] s. f. galosh, rubber overshoe.

ga.lo.par [galop'ar] v. to gallop, run by leaps; to ride very fast; to move or develop very fast.

ga.lo.pe [gal'ɔpi] s. m. gallop; leaping gait of a horse; (fig.) rapidity, haste, hurry; galop, sprightly dance, its music.

gal.pão [gawp'ãw] s. m. (pl. -**pões**) hangar, shed, coach house; (railway) dock.

gal.va.ni.zar [gawvaniz'ar] v. to galvanize; to coat with metal; to zinc; to electroplate.

ga.ma [g'ʌmə] s. m. gamma, third letter of the Greek alphabet; (mus.) gamut, scale; series or range; (zool.) doe, fallow deer.

ga.mão [gam'ãw] s. m. backgammon (game); backgammon board.

gam.bá [gãb'a] s. m. (zool.) opossum, skunk.

ga.me.la [gam'ɛlə] s. f. wooden trough, tray; little doe.

ga.mo [g'ʌmu] s. m. (zool.) fallow deer, buck, stag.

ga.na [g'ʌnə] s. f. hunger, appetite; hate, grudge, ill will; spite, rancour; desire.

ga.nân.cia [gan'ãsjə] s. f. greed, rapacity; usury.

ga.nan.ci.o.so [ganãsi'ozu] s. m. greedy or ambitious fellow. ‖ adj. greedy, avaricious, acquisitive; profitable, lucrative.

gan.cho [g'ãʃu] s. m. hook, grapple, crook, crotch, cramp, cleek; (tech.) slog; holdfast.

gan.dai.a [gãd'ajə] s. f. rag picking; dissolute life.

gan.ga [g'ãgə] s. f. (ornith.) hazel-hen, sandgrouse; (min.) gangue; jean; caress.

gan.gor.ra [gãg'oRə] s. f. (Braz.) seesaw, teeter.

gan.gre.na [gãgr'enə] s. f. (med.) gangrene, necrosis.

gan.gre.nar [gãgren'ar] v. to gangrene, canker.

ga.nha-pão [gʌɲap'ãw] s. m. (pl. **ganha-pães**) livelihood, means of living, bread; breadwinner.

ga.nhar [gʌɲ'ar] v. to acquire, earn; to get, receive; to procure, gain; to win, secure; to prevail, succeed; to vanquish, overcome; to master, conquer; to profit, benefit. ≃ **uma batalha** to win a battle. ≃ **dinheiro** to make or earn money. ≃ **o pão de cada dia** to earn one's daily bread.

ga.nho [g'ʌɲu] s. m. profit, gain, acquisition; advantage; earnings. ‖ adj. gained, acquired. ≃ **s e perdas** profit and loss.

ga.ni.do [gan'idu] s. m. yelping, yelp, bark, yap, yip.

ga.nir [gan'ir] v. to bark, yelp, yap, yip, whine.

gan.so [g'ãsu] s. m. goose, gander. **filhote de** ≃ gossling.

ga.ra.gem [gar'aʒêj] s. f. (pl. **-gens**) garage, repair-shop for motor cars.

ga.ra.nhão [garañ'ãw] s. m. (pl. **-nhões**) stallion, steed, stud-horse, sire; (fig.) lady-killer; stud.

ga.ran.ti.a [garãt'iə] s. f. guaranty, guarantee; bail; pawn; security; warranty.

ga.ran.ti.do [garãt'idu] adj. warranted; safe.

ga.ran.tir [garãt'ir] v. to guarantee, warrant, pledge; to vouch for, be answerable for, accept the responsibility for; to certify.

ga.ra.tu.ja [garat'uʒə] s. f. grimace, wry face; scribble.

ga.ra.tu.jar [garatuʒ'ar] v. to scribble, scrabble, scrawl.

gar.bo [g'arbu] s. m. elegance, garb, dress; gracefulness; dignity, nobility.

gar.bo.so [garb'ozu] s. m. elegant, graceful, doggie, jaunty, dink; distinguished; perk.

gar.ça [g'arsə] s. f. (ornith.) heron.

gar.ção [gars'ãw] s. m. (pl. **-ções**), waiter; potman, garçon.

gar.fa.da [garf'adə] s. f. a forkful.

gar.fo [g'arfu] s. m. fork; pitchfork; saddle grafting. **ele é um bom** ≃ he is a great eater.

gar.ga.lha.da [gargaλ'adə] s. f. laughter, peals or burst of laughter; guffaw.

gar.ga.lo [garg'alu] s. m. neck of a bottle or pot.

gar.gan.ta [garg'ãtə] s. f. (anat.) throat, larynx, throttle, (sl.) whistle; gullet, gorge; (fig.) voice; defile, pass, ravine, abyss; gulf, narrow. ‖ adj. boastful, swaggering. **ele é um** ≃ he is a boaster, loudmouth.

gar.ga.re.jar [gargareʒ'ar] v. to gargle, rinse the mouth or throat.

gar.ga.re.jo [gargar'eʒu] s. m. gargling; courting.

ga.ri [gar'i] s. m. (Braz.) street sweeper, street cleaner, scavenger.

ga.rim.par [garĩp'ar] v. to search for diamonds or other valuable mineral deposits, to pan.

ga.rim.pei.ro [garĩp'ejru] s. m. diamond or gold seeker, prospector; goldwasher.

gar.ni.sé [garniz'ɛ] adj. dwarfish (bantam fowl).

ga.ro.a [gar'oə] s. f. drizzle, mizzle, dribble.

ga.ro.ta [gar'otə] s. f. girl, lass, flapper.

ga.ro.ta.da [garot'adə] s. f. a lot of street boys; pranks and jargon of street boys.

ga.ro.ti.ce [garot'isi] s. f. life of a youngster; pranks, mischievous tricks.

ga.ro.to [gar'otu] s. m. urchin; lad, kid, shaver; boy. ‖ adj. mischievous.

gar.ra [g'aīə] s. f. claw, talon, pounce, armature, ungula, nippers; (fig.) gripe.

gar.ra.fa [gaī'afə] s. f. bottle, flask; contents of a bottle, a bottleful.

gar.ra.fão [gaīaf'ãw] s. m. (pl. **-fões**) large bottle, demijohn.

gar.ro.te [gaī'ɔti] s. m. garrote; (fig.) agony, anguish.

gar.ru.cha [gaī'uʃə] s. f. old-fashioned short firearm.

ga.ru.pa [gar'upə] s. f. croup, haunch, hindquarters (of a horse), crupper, buttocks.

gás [g'as] s. m. gas, vapour, fume; (fig.) animation, liveliness. **lâmpada de** ≃ gas lamp.

ga.so.li.na [gazol'inə] s. f. petrol; (U.S.A.) gas.

ga.sô.me.tro [gaz'ometru] s. m. gasmeter, gasometer.

ga.so.sa [gaz'ɔzə] s. f. soda, soda water, fizz.

ga.so.so [gaz'ozu] adj. gaseous, gassy, aeriform, aerial.

gás.pea [g'aspjə] s. f. vamp, upper front part of a shoe.

gas.ta.dor [gastad'or] s. m. spendthrift, wastrel; dissipater, lavisher. ‖ adj. prodigal, lavish, thriftless, extravagant.

gas.tar [gast'ar] v. to diminish; to deteriorate; to consume, use up, work up; to spend, defray, disburse, expend; ≃**-se** to get wornout, wear o. s. off; to be spent, worn away. ≃ **em excesso** to overspend, dissipate. ≃ **uma fortuna** to squander a fortune. ≃ **palavras** to speak in vain.

gas.to [g'astu] s. m. expense, expenditure; outlay, disbursement. ‖ adj. spent, worn-out, used up, jaded, bare, threadbare. ≃**s imprevistos** incidental expenses. ≃**s miúdos** petty charges. **não** ≃ unworn.

gás.tri.co [g'astriku] adj. (med.) gastric, pertaining to the stomach. **úlcera -a** peptic ulcer.

gas.tri.te [gastr'iti] s. f. (med.) gastritis, gastric fever.

gas.trô.no.mo [gastr'onomu] s. m. gastronome, epicure.

ga.ta [g'atə] s. f. cat; (naut.) mizzen topsail. **andar de** ≃**s, pôr-se de** ≃**s** to crawl on all fours.

ga.ti.lho [gat'iʎu] s. m. trigger (gun); (tech.) dog-head. ≃ **de desengate** releasing cam.

ga.ti.nha [gat'iɲə] s. f. little cat, kitten, pussy. **andar de** ≃**s** to crawl on all fours.

ga.to [g'atu] s. m. cat, tomcat. **comprar** ≃ **por lebre** to buy a pig in a poke. ≃**- pingado** unimportant person.

ga.tu.no [gat'unu] s. m. thief, stealer, purloiner, robber, sharper, filch(er), prig.

ga.ú.cho [ga'uʃu] s. m. gaucho.

gau.lês [gawl'es] s. m. Gaul. ‖ adj. Gaulish.

gá.vea [g'avjə] s. f. (naut.) topsail; top.

ga.ve.ta [gav'etə] s. f. drawer, locker; (tech.) slide valve. ≃ **de caixa** (registradora) till.

ga.vi.ão [gavi'ãw] s. m. (pl. -ões) (ornith.) hawk, sparrow-hawk; (Braz.) philanderer.

ga.xe.ta [gaʃ'etə] s. f. (naut.) gasket, furling line.

ga.ze [g'azi] s. f. gauze, tissue.

ga.ze.la [gaz'ɛlə] s. f. (zool.) gazelle.

ga.ze.ta [gaz'etə] s. f. gazette, journal, newspaper.

ga.ze.te.ar [gazete'ar] v. to play truant, shirk, to miss classes at school.

ga.ze.tei.ro [gazet'ejru] s. m. (depr.) hack-writer.

ga.zu.a [gaz'uə] s. f. picklock, false key.

ge.a.da [ʒe'adə] s. f. hoar, frost, hoarfrost, rime.

ge.ar [ʒe'ar] v. to frost, chill; to rime.

ge.la.dei.ra [ʒelad'ejrə] s. f. refrigerator, freezer.

ge.la.do [ʒel'adu] s. m. sherbet; ice-cream. ‖ adj. frozen, icy; frosty, wintry.

ge.lar [ʒel'ar] v. to freeze, congeal, harden into ice; to chill, make cool(er), ice; (fig.) to curdle, cause fright or terror.

ge.la.ti.na [ʒelat'inə] s. f. gelatin(e), jelly.

ge.léi.a [ʒel'ɛjə] s. f. fruit-jelly, marmalade.

ge.lei.ra [ʒel'ejrə] s. f. glacier, ice field, ice-cap; ice-cave, ice pit; freezer; iceberg.

gé.li.do [ʒ'ɛlidu] adj. very cold; frozen.

ge.lo [ʒ'elu] s. m. ice; excessive cold(ness).

ge.ma [ʒ'emə] s. f. yolk of an egg, yellow; shoot; precious stone, gem.

ge.ma.da [ʒem'adə] s. f. flip, egg-flip, egg-nog.

gê.meo [ʒ'emju] s. m. twin(s); ≃**s** (astr.) Gemini. ‖ adj. twin; (fig.) identical, equal.

ge.mer [ʒem'er] v. to groan, moan; to wail, lament; to bewail, bemoan; to whimper, whine; to sigh, sob; to creak; to whistle (wind).

ge.mi.do [ʒem'idu] s. m. groan, moan(ing); wailing.

ge.ne.ral [ʒener'aw] s. m. + adj. (pl. -rais) (mil.) general.

ge.ne.ra.li.da.de [ʒeneralid'adi] s. f. generality; bulk, main body; ≃**s** elementary principles.

ge.ne.ra.li.zar [ʒeneraliz'ar] v. to generalize; ≃**-se** to be or become generalized, widespread.

ge.né.ri.co [ʒen'ɛriku] adj. generic(al), general.

gê.ne.ro [ʒ'eneru] s. m. genus, class, order; kind, sort, line; (biol.) species; (gram.) gender; ≃**s** goods, commodities, articles. ≃**s alimentícios** foodstuff, edibles, groceries. **o** ≃ **humano** humankind, humanity, men, our species. **uma mulher do seu** ≃ a woman of her stamp. **gosto desse** ≃ **de música** I like this kind of music.

ge.ne.ro.si.da.de [ʒenerozid'adi] s. f. generosity.

ge.ne.ro.so [ʒener'ozu] adj. generous; liberal; noble.

ge.né.ti.co [ʒen'ɛtiku] adj. genetic(al), genic.

gen.gi.bre [ʒẽʒ'ibri] s. m. (bot.) ginger.

gen.gi.va [ʒẽʒ'ivə] s. f. gum (mouth).

ge.ni.al [ʒeni'aw] adj. m. + f. (pl. -ais) ingenious.

gê.nio [ʒ'enju] s. m. genius; good or evil spirit; talent; nature; intelectual power.

ge.ni.o.so [ʒeni'ozu] adj. ill-natured, cross, surly.

ge.ni.tal [ʒenit'aw] s. m. + f. + adj. (pl. -tais) genital.

ge.no.cí.dio [ʒenos'idju] s. m. genocide.

gen.ro [ʒ'ẽru] s. m. son-in-law.

gen.te [ʒ'ẽti] s. f. people, folk; population, humanity; domestics, hands, employees of an establishment; nation. ≃ **moça** young people. **muita** ≃ many people. **a** ≃ **nunca sabe** you never can tell. ≃ **do mar** sailors.

gen.til [ʒẽt'iw] adj. m. + f. (pl. -tis) genteel, well-bred; gentle, noble, gentlemanlike; pleasant, agreeable; kind, amiable.

gen.ti.le.za [ʒẽtil'ezə] s. f. gentility, genteelness, niceness; courtesy; kindness; amenity.

gen.ti.nha [ʒẽt'iɲə] s. f. low people, mob, small fry.

gen.ti.o [ʒẽt'iu] s. m. pagan, heathen; gentile; idolater; natives, savages. ‖ adj. pagan, heathen; idolatrous; savage.

ge.nu.í.no [ʒenu'inu] adj. genuine, authentic, original.

ge.o.gra.fi.a [ʒeograf'iə] s. f. geography.

ge.o.grá.fi.co [ʒeogr'afiku] adj. geographic(al).

ge.o.lo.gi.a [ʒeoloʒ'iə] s. f. geology.

ge.o.ló.gi.co [ʒeol'ɔʒiku] adj. geologic(al).

ge.ó.lo.go [ʒe'ɔlogu] s. m. geologist.

ge.o.me.tri.a [ʒeometr'iə] s. f. geometry.

ge.o.mé.tri.co [ʒeom'ɛtriku] adj. geometric(al).

ge.ra.ção [ʒeras'ãw] s. f. (pl. **-ções**) creation, procreation; offspring, lineage; generation.

ge.ra.dor [ʒerad'or] s. m. generator, producer. ‖ adj. generating, procreant.

ge.ral [ʒer'aw] s. m. (pl. **-rais**) generality, majority; bulk, main body. ‖ adj. m. + f. common, usual; generic; general; overhead. **em termos -rais** by and large.

ge.ral.men.te [ʒerawm'ẽti] adv. generally, usually.

ge.râ.nio [ʒer'ʌnju] s. m. (bot.) geranium, crane's-bill.

ge.rar [ʒer'ar] v. to beget, engender; to generate, procreate; to fecundate, fertilize; to create, produce; to originate, cause.

ge.rên.cia [ʒer'ẽsjə] s. f. management, administration; direction, control.

ge.ren.te [ʒer'ẽti] s. m. + f. manager, administrator; supervisor; director, executive.

ger.ge.lim [ʒerʒel'ĩ] s. m. (pl. **-lins**) (bot.) sesame, benne.

ge.ri.a.tri.a [ʒerjatr'iə] s. f. (med.) geriatrics.

ge.rin.gon.ça [ʒerĩg'õsə] s. f. slang, jargon; gibberish.

ge.rir [ʒer'ir] v. to manage, administrate; to direct, supervise.

ger.mi.na.ção [ʒerminas'ãw] s. f. (pl. **-ções**) germination.

ger.mi.nar [ʒermin'ar] v. to germinate, bud, sprout.

ge.rún.dio [ʒer'ũdju] s. m. (gram.) gerund.

ges.so [ʒ'esu] s. m. gypsum, plaster of Paris, parget; plaster; cast; stucco work.

ges.ta.ção [ʒestas'ãw] s. f. (pl. **-ções**) gestation.

ges.tan.te [ʒest'ãti] s. f. pregnant woman; pregnancy. ‖ adj. pregnant.

ges.tão [ʒest'ãw] s. f. (pl. **-tões**) administration, conduct, management.

ges.ti.cu.lar [ʒestikul'ar] v. to gesticulate, to motion.

ges.to [ʒ'ɛstu] s. m. gesture, gesticulation; sign; mien; expression.

gi.bão [ʒib'ãw] s. m. (pl. **-bões**) short jacket, doublet.

gi.gan.te [ʒig'ãti] s. m. giant, colossus, titan; (archit.) buttress. ‖ adj. m. + f. giant, gigantic.

gi.gan.tes.co [ʒigãt'esku] adj. gigantic, gigantean; enormous, huge; extraordinary.

gim [ʒ'ĩ] s. m. (tech.) rail bender; gin.

gi.na.si.al [ʒinazi'aw] adj. m. + f. (pl. **-ais**) gymnasial.

gi.ná.sio [ʒin'azju] s. m. gymnasium; secondary school.

gi.nás.ti.ca [ʒin'astikə] s. f. gymnastics, physical exercises.

gi.nás.ti.co [ʒin'astiku] adj. gymnastic(al).

gi.ne.co.lo.gi.a [ʒinekoloʒ'iə] s. f. (med.) gynecology.

gin.gar [ʒĩg'ar] v. to roll, pitch; to sway, swing; to jig, jiggle; to waddle.

gi.ra [ʒ'irə] s. m. + f. crackbrained or fickle person. ‖ adj. (Braz.) cracked, queer, crazy.

gi.ra.fa [ʒir'afə] s. f. (zool.) giraffe; (pop.) tall person.

gi.rar [ʒir'ar] v. to go, move, swing or turn (a)round; to circle, move in a circle, spin round; to revolve, gyrate, rotate.

gi.ras.sol [ʒiras'ɔw] s. m. (pl. **-sóis**) (bot.) sunflower.

gí.ria [ʒ'irjə] s. f. dialect, jargon; lingo; slang.

gi.ro [ʒ'iru] s. m. rotation, revolution; (mech.) turn; circuit, circulation, circular motion; (com.) turn over; (mech.) hinge.

giz [ʒ'is] s. m. chalk.

gla.cê [glas'e] s. m. icing. ‖ adj. glossy, lustrous; coated (with icing).

gla.ci.al [glasi'aw] adj. m. + f. (pl. **-ais**) glacial, icy, freezing, frigid.

gla.ci.ar [glasi'ar] s. m. glacier.

gla.dí.o.lo [glad'iolu] s. m. (bot.) gladiolus, sword-lily.

glan.de [gl'ãdi] s. f. acorn, mast; (anat.) glans.

glân.du.la [gl'ãdulə] s. f. glandula, small gland.

gli.ce.ri.na [gliser'inə] s. f. glycerin(e), glycerol.

gli.cí.nia [glis'injə] s. f. (bot.) Chinese wistaria.

gli.co.se [glik'ɔzi] s. f. (biochem.) glucose, dextrose.

glo.bal [glob'aw] adj. m. + f. (pl. **-bais**) global; spherical; pertaining to or involving the world; all included; integral, all-over.

glo.bo [gl'obu] s. m. sphere, ball, globe; terrestrial globe. ≃ **ocular** eyeball, apple or bulb of the eye. ≃ **terrestre** orb, earth, world, the terrestrial globe.

gló.bu.lo [gl'obulu] s. m. globule. **contagem de** ≃**s** blood count.

gló.ria [gl'ɔrjə] s. f. glory; praise, honour.

glo.ri.fi.car [glorifik'ar] v. to glorify, extol; to honour, worship; ≃**-se** to distinguish o. s.

glo.ri.o.so [glori'ozu] adj. glorious; splendid, bright.

glos.sá.rio [glos'arju] s. m. glossary.

glu.tão [glut'ãw] s. m. (pl. **-tões**, f. **-tona**) glutton, gormandizer, hog-grubber. ‖ adj. voracious, gluttonous.

glú.ten [gl'utêj] s. m. gluten.

glu.to.na.ri.a [glutonar'iə] s. f. gluttony.

go.dé [god'ɛ] s. m. small pan of water-colour.

go.e.la [g'wɛlə] s. f. throat, gullet, esophagus.

go.gó [gog'ɔ] s. m. (Braz.) Adam's apple.

goi.a.ba [goj'abə] s. f. guava.

goi.a.ba.da [gojab'adə] s. f. guava jam.

goi.va [g'ojvə] s. f. (carp.) gouge, gouge chisel.

gol [g'ow] s. m. (sport) goal; run-in (rugby).

go.la [g'ɔlə] s. f. throat, gullet; collar, shirt-collar.

go.le [g'ɔli] s. m. gulp, draught, swallow; sip, dram, sup, nip, tiff.

go.lei.ro [gol'ejru] s. m. (sports) goalkeeper.

go.le.ta [gol'etə] s. f. inlet, creek, bay; bar, narrow channel.

gol.fa.da [gowf'adə] s. f. gush, outpouring; vomit, spew; (fig.) impetuosity.

gol.far [gowf'ar] v. to throw up, vomit, spew; to gush out, spout out; to expel, spurt.

gol.fe [g'owfi] s. m. (sports) golf.

gol.fi.nho [gowf'iɲu] s. m. dolphin, cow-fish, porpoise.

gol.fo [g'owfu] s. m. gulf.

gol.pe [g'ɔwpi] s. m. blow, stroke; wound, injury; whack, beat, smite, knock, hit, lick, gash; slash, incision. ≃ **de mestre** masterstroke. ≃ **de vento** gust of wind, gale.

gol.pe.ar [gowpe'ar] v. to strike, beat, knock, hit, clap, slog, thump, whack, smash, bang; to wound, injure; to cut, slash.

gol.pis.ta [gowp'istə] s. m. + f. (pol.) activist (in a coup d'état).

go.ma [g'omə] s. f. gum, latex; (med.) gumma; starch; glue, dextrine. ≃**- arábica** gum arabic. ≃**- laca** shellac, French polish.

go.mo [g'omu] s. m. (bot.) bud, shoot, gemma, button; section.

gôn.do.la [g'õdolə] s. f. gondola, Venetian boat.

gon.do.lei.ro [gõdol'ejru] s. m. gondolier.

gon.go [g'õgu] s. m. gong.

go.nor.réi.a [gonor'ɛjə] s. f. (med.) gonorrhea, (pop.) clap.

go.rar [gor'ar] v. to miscarry, go wrong, end in failure, abort; to frustrate; (also ≃**-se**) to grow addle or rotten (eggs).

gor.do [g'ordu] s. m. corpulent man, fatty; lard, suet, tallow. ‖ adj. obese, adipose, fat; corpulent.

gor.du.ra [gord'urə] s. f. obesity, adiposity; corpulence, fatness.

gor.du.ro.so [gordur'ozu] adj. greasy, fatty, lardy, oily.

gor.gu.lho [gorg'uʎu] s. m. (ent.) weevil.

go.ri.la [gor'ilə] s. m. (zool.) gorilla.

gor.je.ar [gorʒe'ar] v. to warble, quaver, trill; to sing, hum a tune; to chirp, twitter.

gor.jei.o [gorʒ'ɜju] s. m. warble, trill, quaver; twitter, chirp; children's babble.

gor.je.ta [gorʒ'etə] s. f. drink-money, tip, gratuity; reward, gratification.

gor.ro [g'oʀu] s. m. cap; bonnet.

gos.ma [g'ɔzmə] s. f. pip (disease of fowls); strangles (disease of young horses); (pop.) spittle.

gos.men.to [gozm'êtu] adj. stopped up, obstructed (with phlegm); weak, sickly.

gos.tar [gost'ar] v. to relish, find palatable; to consider tasteful or graceful; to enjoy, feel pleasure, be pleased with.

gos.to [g'ostu] s. m. taste, flavour, relish, savour; pleasure, enjoyment, fondness; gracefulness; like.

gos.to.so [gost'ozu] adj. tasty, savoury, flavorous; appetizing; tasteful, pleasing.

gos.to.su.ra [gostoz'urə] s. f. great pleasure or enjoyment, palatability.

go.ta [g'otə] s. f. drop, raindrop, dewdrop; blob; tear; gout.

go.tei.ra [got'ejrə] s. f. gutter, eaves; gutter pipe; leak; drain.

go.te.jar [goteʒ'ar] v. to drip, trickle, drop; to ooze; to spill, pour, run out; to distill.

gó.ti.co [g'ɔtiku] adj. Gothic; (typogr.) black-letter.

go.ti.nha [got'iɲə] s. f. droplet.

go.ver.na.dor [governad'or] s. m. governor, ruler, commander. ‖ adj. governing.

go.ver.na.men.tal [governamẽt'aw] s. m. (pl. -tais) supporter of a government. ‖ adj. governmental, civil.

go.ver.nan.ta [govern'ãtə] s. f. female house-keeper; governess, tutoress; (fig., hum.) dragon.

go.ver.nar [govern'ar] v. to govern, rule, command; to dominate; ≃-se to take care of one's interest or affairs, govern o. s.

go.ver.no [gov'ernu] s. m. government, authority, domination; superior administration, ministry, cabinet. **para o seu** ≃ for your guidance.

go.za.do [goz'adu] adj. (Braz., sl.) comical, funny.

go.za.dor [gozad'or] s. m. (Braz., fam.) enjoyer, idler. ‖ adj. happy-go-lucky, easy-going.

go.zar [goz'ar] v. to derive pleasure from; to enjoy o. s.; to take delight in. ≃ **férias** to vacation, be on holiday, go on holiday.

go.zo [g'ozu] s. m. joy, enjoyment; pleasure.

gra.ça [gr'asə] s. f. favour, goodwill; benevolence, kindness; pardon, mercy, clemency, indulgence; affability, charm, loveliness; ≃**s** thankfulness, thank(s). ≃**s a Deus** thanks be to God. **de** ≃ gratis, gratuitous. **por** ≃ for fun. **sem** ≃ graceless(ly), stale.

gra.ce.jar [grasez'ar] v. to joke, jest, banter, frolic.

gra.ce.jo [gras'eʒu] s. m. mirth, merriness; gracefulness; joke, jest, waggery; pleasantry.

gra.ci.o.si.da.de [grasjozid'adi] s. f. grace, gracefulness.

gra.ci.o.so [grasi'ozu] adj. gracile, gracious, graceful, elegant, charming; darling, cute, lovely, adorable; pleasant, agreeable.

gra.da.ção [gradas'ãw] s. f. (pl. -ções) gradation; gradual increase or diminution.

gra.de [gr'adi] s. f. rail(ing), barrier; grille, grate; grid, screen; paling, trelliswork, grating; locutory (convent, prison).

gra.dil [grad'iw] s. m. (pl. -dis) low railing or fence.

gra.do [gr'adu] s. m. will, wish, liking (frequently used in the adverbial locutions **de**

bom ≃ willingly, readily. **a seu mau** ≃ against his will. **mau** ≃ unwillingly).

gra.du.a.ção [graduas'ãw] s. f. (pl. -ções) graduation; gradation scale; hierarchy, rank, grade.

gra.du.a.do [gradu'adu] adj. arranged in steps or degrees; high standing, distinguished; superior; graduate; graduated; calibred.

gra.du.ar [gradu'ar] v. to graduate, calibrate, gauge; to mark with degrees, divide into grades; to classify, arrange in groups; to confere a degree upon; to compare, collate; to change gradually; ≃-se to be graduated, receive an academic degree.

gra.fi.a [graf'iə] s. f. manner or style of writing; spelling of a word; orthography.

grá.fi.co [gr'afiku] s. m. graph; chart, plan, diagram; typographer, printer. ‖ adj. graphic.

grã-fino [grãf'inu] s. m. (pl. **grã-finos**) (Braz., pop.) upper-class man, aristocrat; snob; (coll.) dude. ‖ adj. spiffy, tony.

gra.fo.lo.gi.a [grafoloʒ'iə] s. f. graphology.

gra.lha [gr'aʎə] s. f. (ornith.) carrion crow; (fig.) chatterbox, blab, gossip.

gra.ma [gr'ʌmə] s. f. (bot.) grass; grama, grama-grass; carpet grass; m. gram, gramme.

gra.ma.do [gram'adu] s. m. lawn, turf, grass-plot; grass, green; football field. ‖ adj. grassy, swardy, beaten with a swingle.

gra.mar [gram'ar] v. to scutch, break hemp; (fam.) to swallow; (pop.) to devour; to cover with grass.

gra.má.ti.ca [gram'atikə] s. f. grammar; grammar book.

gra.ma.ti.cal [gramatik'aw] adj. m. + f. (pl. -cais) grammatic.

gra.má.ti.co [gram'atiku] s. m. grammarian. ‖ adj. grammatic(al).

gram.pe.a.dor [grãpead'or] s. m. stapler, stapling machine.

gram.pe.ar [grãpe'ar] v. to fasten with clamps or staples; to clip, cramp.

gram.po [gr'ãpu] s. m. cramp iron, clamp, cramp, clasp; brace; crampon.

gra.na [gr'ʌnə] s. f. (Braz., sl.) money.

gra.na.da [gran'adə] s. f. (mil.) grenade, bomb, shell; (min.) garnet.

gra.na.di.na [granad'inə] s. f. grenadine.

gran.de [gr'ãdi] s. m. wealthy or influential person; grandiosity. ‖ adj. great, large, bulky; big; long; tall, high; vast. **ela é ≃ para a sua idade** she is tall for her age. **ele não é uma ≃ luz** he does not exactly shine. **um ≃ livro** a remarkable book. **um livro ≃ a** large book.

gran.de.za [grãd'ezə] s. f. largeness, bigness; tallness, height; bulk; enormousness.

gran.di.o.so [grãdi'ozu] adj. grand, grandiose; very great; elevated, lofty, sublime; strong, powerful; pompous, magnificent.

gra.nel [gran'εw] s. m. (pl. **-néis**) barn, granary.

gra.ni.to [gran'itu] s. m. (min.) granite; little grain.

gra.ni.zo [gran'izu] s. m. hail, hailstorm; hailstone, sleet; shower.

gran.ja [gr'ãʒə] s. f. farm, grange, estate, ranch; shed. **≃ leiteira** dairy farm.

gran.je.ar [grãʒe'ar] v. to cultivate, farm; to till the soil; to acquire, obtain, procure; **≃-se** to grow rich, gather wealth.

gra.nu.la.ção [granulas'ãw] s. f. (pl. **-ções**) granulation, graining; granulating.

gra.nu.la.do [granul'adu] adj. granulated, grainy.

gra.nu.lar [granul'ar] v. to granulate, corn. ‖ adj. granular.

gra.nu.lo.so [granul'ozu] adj. granular, grainy, lumpy.

grão [gr'ãw] s. m. grain; cereals, corn, breadstuff, seed; globule, globulet; grit.

grão-de-bico s. m. chickpea.

gras.nar [grasn'ar] v. to caw, croak; to scream, screech (birds); (fig.) to chatter, prattle, gossip.

gras.sar [gras'ar] v. to develop gradually, penetrate little by little; to rage, prevail.

gra.ti.dão [gratid'ãw] s. f. gratitude, gratefulness, thankfulness, thank(s).

gra.ti.fi.ca.ção [gratifikas'ãw] s. f. (pl. **-ções**) gratification; reward, recompense; gratuity, tip, perquisite; gift; fee.

gra.ti.fi.car [gratifik'ar] v. to gratify; to reward, recompense; to tip.

grá.tis [gr'atis] adv. gratis, gratuitously; costless.

gra.to [gr'atu] adj. grateful, thankful; gratifying, gratified; comforting; pleasant.

gra.tui.to [grat'witu] adj. gratuitous, gratis; free.

grau [gr'aw] s. m. step, pace; degree, grade; measure, extent, length, dimension; order, class, rating; intensity, strength; pitch; hierarchy; academical title or degree; rank.

gra.ú.do [gra'udu] adj. great, distinguished; grown, developed; important; full grained.

gra.va.ção [gravas'ãw] s. f. (pl. **-ções**) engraving, intaglio; canned music; recording; record; aggravation; provocation.

gra.va.dor [gravad'or] s. m. engraver, chaser, graver, etcher. **≃ de fita** (radio) tape recorder.

gra.var [grav'ar] v. to engrave, carve, sculpture, incise, cut, intaglio, etch; to burden; to record; **≃-se** to become fixed, engrain.

gra.va.ta [grav'atə] s. f. (neck)tie, neckcloth, cravat.

gra.ve [gr'avi] adj. grave, serious; heavy, weighty; ponderous; solemn, ceremonious; important; (mus.) bass, deep.

grá.vi.da [gr'avidə] adj. pregnant, with child, expectant.

gra.vi.da.de [gravid'adi] s. f. gravity, terrestrial gravitation; seriousness. **sem ≃** weightless.

gra.vi.dez [gravid'es] s. f. pregnancy.

grá.vi.do [gr'avidu] adj. pregnant; heavy, loaded, full.

gra.vi.ta.ção [gravitas'ãw] s. f. (pl. **-ções**) gravitation.

gra.vi.tar [gravit'ar] v. to gravitate; (fig.) to be strongly attracted; to follow closely.

gra.vu.ra [grav'urə] s. f. engraving, carving, cut, plate; gravure, print, picture. **≃ água-forte** etching.

Gré.cia [gr'εsjə] s. f. Greece.

gre.da [gr'edə] s. f. (min.) clay, potter's clay, argil, chalk.

gre.gá.rio [greg'arju] adj. gregarious, aggregative.

gre.go [gr'egu] s. m. Greek, Grecian, Hellene. ‖ adj. Greek, Grecian, Hellenic; (fig.) obscure, unintelligible. **agradar a ≃s e troianos** to please both sides.

gre.lha [gr'eʎə] s. f. grate, grill, gridiron; broiler.

gre.lhar [greʎ'ar] v. to broil, grill, fry.

grê.mio [gr'emju] s. m. bosom; lap; community, society; club; fraternity.

gre.nha [gr'eñə] s. f. ruffled or tangled hair, mane; shag; thicket.

gre.ta [gr'etə] s. f. cleft, crack, fissure, hiatus, flaw; cranny, chap.

gre.tar [gret'ar] v. to cleave, split; to crack, fissure.

gre.ve [gr'ɛvi] s. f. strike, turnout; (sl.) walkout. **fura-** ≃ strikebreaker, blackleg, rat, fink.

gre.vis.ta [grev'istə] s. m. + f. striker, worker on strike.

gri.far [grif'ar] v. to underline (words); to italicize, print in italics; to lay stress upon.

gri.lei.ro [gril'ejru] s. m. (Braz.) land grabber or squatter.

gri.lhão [griʎ'ãw] s. m. (pl. **-lhões**) metal chain, metal links; fastening; (fig.) snare, captivity.

gri.lo [gr'ilu] s. m. (ent.) cricket; (coll.) grig; (Braz., fam.) bobby.

gri.nal.da [grin'awdə] s. f. garland, wreath; tiara.

grin.go [gr'īgu] s. m. (depr. among Latin Americans) gringo, dago, greenhorn; foreigner.

gri.par-se [grip'arsi] v. to be seized with grippe.

gri.pe [gr'ipi] s. f. (med.) grippe, grip, catarrh, flu.

gri.sa.lho [griz'aʎu] adj. grey, greyish, grizzled.

gri.ta [gr'itə] s. f. clamour, noise; shouts.

gri.tar [grit'ar] v. to cry, shout, clamour; to bawl; to exclaim; to call; to cry for help; to scream, yell, screech, shriek, squeal; to roar; to howl, yawl; to scold, chide.

gri.ta.ri.a [gritar'iə] s. f. crying, shouting; bawling; screaming, screech, shrieking; vociferation, uproar; clamour.

gri.to [gr'itu] s. m. shout, cry, call; yawp; yell, squeal, shriek, screaming; clamour, vociferation; braying, screeching.

gro.gue [gr'ɔgi] s. m. grog. ‖ adj. groggy; faltering, staggering.

gro.sa [gr'ɔzə] s. f. gross; number of twelve dozen; rasp file, rasp.

gro.se.lha [groz'ɛʎə] s. f. currant, gooseberry. ‖ adj. currant-coloured.

gros.sei.ro [gros'ejru] s. m. lout, clumsy fellow, bumpkin. ‖ adj. coarse, crude, unpolished; gross, rough, rustic; common.

gros.se.ri.a [groser'iə] s. f. coarseness, roughness, rudeness; uncivility, grossness.

gros.so [gr'osu] s. m. main part, bulk, gross. ‖ adj. bulky, big, gross, great; coarse, crude; dense, compact; thick, stout. **falar** ≃ to boss the show. **fazer mar** ≃ to run high (sea). **voz -a** full voice.

gros.su.ra [gros'urə] s. f. thickness, stoutness, bigness, bulkiness; grossness; (fig.) abundance.

gro.tão [grot'ãw] s. m. (pl. **-tões**) large cavern.

gro.tes.co [grot'esku] adj. grotesque, preposterous.

gru.a [gr'uə] s. f. female crane; water crane.

gru.dar [grud'ar] v. to glue, paste; to joint, unite; to stick to.

gru.de [gr'udi] s. m. glue, size, paste; cobbler's wax; (Braz., sl.) plain meal.

gru.den.to [grud'ẽtu] adj. sticky, gummy.

gru.nhi.do [gruñ'idu] s. m. grunting, grunt (hog).

gru.nhir [gruñ'ir] v. to grunt; (fig.) to grumble.

gru.par [grup'ar] v. to group, form groups.

gru.po [gr'upu] s. m. group; grouping, class, series; party, clan, clique, ring; set, cluster, bunch, batch, bundle; unit; gang.

gru.ta [gr'utə] s. f. grotto, grot; cavern, cave; den, lair.

gua.no [g'wʌnu] s. m. guano (excrements of seafowl).

gua.ra.ná [gwaran'a] s. m. guarana.

guar.da [g'wardə] s. f. guard; vigilance, watchfulness; care, concern; prudence, caution; basket of a sword; m. watchman, ward(en), sentry, sentinel; f. help, assistance; kindness, benevolence.

guar.da-ca.ça s. m. (pl. **guarda-caças**) gamekeeper.

guar.da-can.ce.la s. m. (pl. **guarda-cancelas**) linekeeper, signalman.

guar.da-chu.va s. m. (pl. **guarda-chuvas**) umbrella, (sl.) brolly.

guar.da-cos.tas s. m., sg. + pl. coastguard, vessel, bodyguard.

guar.da-frei.o s. m., sg. + pl. brake-man, braker.

guar.da-li.vros s. m. + f., sg. + pl. bookkeeper, accountant.

guar.da-lou.ça s. m. (pl. **guarda-louças**) cupboard, ambry; sideboard.

guar.da-mó.veis s. m., sg. + pl. furniture warehouse or storehouse.

guar.da.na.po [gwardan'apu] s. m. table-napkin, serviette.

guar.da-no.tur.no s. m. (pl. **guardas-noturnos**) night watchman.

guar.dar [gwar̄d'ar] v. to guard, protect; to defend, shield; to watch over, check; to keep under control, set apart, keep, reserve, retrain; to watch, sentinel, stand guard. ≃-**se** to be cautious, be on one's guard; to abstrain from, refrain; to keep clear of, avoid, shun. ≃ **a sete chaves** to keep under lock and key. ≃ **as leis** to observe the laws. ≃ **o leito** to lay up.

guar.da-rou.pa s. m. (pl. **guarda-roupas**) wardrobe, clothes-press; dresser; cloakroom.

guar.da-sol s. m. (pl. **guarda-sóis**) sunshade, parasol, umbrella.

guar.di.ão [gwardi'ãw] s. m. (pl. **-ões, -ães**) guardian, custodian, warden; (sports) goal-keeper.

gua.ri.da [gwar'idə] s. f. lair, cave, den (of wild beasts); (fig.) shelter; protection.

guar.ne.cer [gwarnes'er] v. to provide, supply, furnish, equip; (mil.) to fortify, garrison; (naut.) to rig; ≃-**se** to provide (o. s.) with.

guar.ni.ção [gwarnis'ãw] s. f. (pl. **-ções**) garrison, crew, personnel; (mil.) post, hilt and basket of a sword; decoration, ornament, ornate, garniture; (cul.) garnish.

guel.ra [g'ɛwr̄ə] s. f. grill, branchia.

guer.ra [g'ɛr̄ə] s. f. war, warfare; (fig.) arms, sword; campaign, military operation; fight, conflict, strife, battle; hostility.

guer.re.ar [ger̄e'ar] v. to war, make or wage war upon; to fight, combat, struggle; to persecute, show hostility to; to attack.

guer.rei.ro [ger̄'ejru] s. m. warrior, fighter, combatant; soldier. ‖ adj. warlike, martial; combative, pugnacious, bellicose.

guer.ri.lha [ger̄'iʎə] s. f. guer(r)illa.

guer.ri.lhei.ro [ger̄iʎ'ejru] s. m. guerrilla fighter.

gue.to [g'etu] s. m. ghetto.

gui.a [g'iə] s. f. guidance, act or effect of guiding; delivery bill; m. guide, leader, cicerone; (depr.) bellwether; conductor; guidebook, handbook; leadership, lead.

gui.ar [gi'ar] v. to guide, lead; to conduct, direct; to orient(ate); to advise, counsel; to teach, instruct; to protect.

gui.chê [giʃ'e] s. m. sliding window, ticket-office window, information counter; booking office, ticket-office; service-hatch.

gui.dão [gid'ãw] s. m. handlebar (bicycle).

gui.lho.ti.na [giʎot'inə] s. f. (tech.) guillotine-cutter; sash window.

gui.na.da [gin'adə] s. f. (naut.) deflection, falling-off, yaw, leeway; dodging leap (of a horse); pitching of an airplane; sudden turning.

gui.nar [gin'ar] v. to move by bounds and leaps; to steer leeways, yaw; to evade (a blow).

guin.char [giʃ'ar] v. to scream, shriek, screech; to squeal; (Braz.) to tow disabled cars.

guin.cho [g'iʃu] s. m. (mot.) wrecker, breakdown-truck, tow car; winch, crab; windlass, hoist; (tech.) jack; squeak, sharp cry, shriek; (ornith.) swift.

guin.dar [gid'ar] v. to lift, hoist, crane, wind, jack; to be affected.

guin.das.te [gid'asti] s. m. crane, winch, hoist, derrick.

gui.sa [g'izə] s. f. mode, fashion; manner, behavior; guise. **de** ≃ so that. **à** ≃**de** just for.

gui.sa.do [giz'adu] s. m. stew, ragout, hash, haricot; (S. Braz., cul.) minced or chopped meat. ‖ adj. stewed.

gui.sar [giz'ar] v. to dress or season (meat, fowl etc.); to stew, braise, dress.

gui.tar.ra [git'ar̄ə] s. f. (mus.) guitar.

gui.zo [g'izu] s. m. ball-bell, rattle.

gu.la [g'ulə] s. f. gluttony, voracity; throat, gorge; greed(iness).

gu.lo.di.ce [gulod'isi] s. f. delicacy, titbit, dainty.

gu.lo.so [gul'ozu] s. m. glutton, dainty feeder. ‖ adj. gluttonous, fond of dainties, lick-erish.

gu.me [g'umi] s. m. edge, knife-edge, cutting or sharp edge; sharpness.

gu.ri [gur'i] s. m. (Braz.) child, little boy; (coll.) dot.

gu.ri.za.da [guriz'adə] s. f. a lot of little girls and boys.

gu.sa [g'uzə] s. f. cast iron, pig iron.

gu.tu.ral [gutur'aw] adj. m. + f. (pl. **-rais**) guttural, throaty.

H

H, h [ag'a] s. m. the eighth letter of the Portuguese alphabet; (mus.) si, the seventh note of the octave.

há.bil ['abiw] adj. m. + f. (pl. **-beis**) skilful, skilled, apt; able; intelligent, subtle.

ha.bi.li.da.de [abilid'adi] s. f. aptitude, ability; ingeniousness, talent; capacity, capability, skill; dexterity.

ha.bi.li.do.so [abilid'ozu] adj. skilful, skilled; handy, dexterous; talented.

ha.bi.li.ta.ção [abilitas'ãw] s. f. (pl. **-ções**) qualification, fitness; competence.

ha.bi.li.ta.do [abilit'adu] adj. qualified, capable.

ha.bi.li.tar [abilit'ar] v. to qualify; to entitle, give a right to; to prepare, make ready, fit out; to authorize; to make able; ≈ **-se** to become able, capable or fit for.

ha.bi.ta.ção [abitas'ãw] s. f. (pl. **-ções**) house; domicile, residence.

ha.bi.ta.do [abit'adu] adj. inhabited.

ha.bi.tan.te [abit'ãti] s. m. + f. inhabitant. ‖ adj. m. + f. inhabiting, dwelling, residing.

ha.bi.tar [abit'ar] v. to inhabit; to reside, live in; to populate, settle; to occupy.

ha.bi.tat ['abitati] s. m. habitat.

há.bi.to ['abitu] s. m. custom, usage; habit, frock; natural condition; dress, garment; use, way.

ha.bi.tu.al [abitu'aw] s. m. + f. (pl. **-ais**) habitual, customary; usual; common, vulgar; frequent, chronic, inveterate.

ha.bi.tu.ar [abitu'ar] v. to habituate, familiarize; to accustom; ≈ **-se (a)** to take habit of; to accustom o. s., become used to.

há.li.to ['alitu] s. m. breath, respiration; smell, scent; exhalation, emanation. **mau** ≈ (med.) halitosis, bad breath.

ha.lo ['alu] s. m. halo, aureole, corona; (fig.) glory, nimbus.

han.gar [ãg'ar] s. m. shed, hangar, dock, lean-to.

ha.ras ['aras] s. m. horse breeding farm.

hard-ware [r̄ardu'ari] s. m. (inform.) hardware.

ha.rém [ar'ẽj] s. m. (pl. **-réns**) harem, seraglio.

har.mo.ni.a [armon'iə] s. f. harmony, accord, consonance; (mus.) harmonics, rules of harmony, tonal laws.

har.mô.ni.co [arm'oniku] adj. harmonic, tuneful; concordant; regular; coherent; proportionate, harmonious.

har.mo.ni.o.so [armoni'ozu] adj. harmonious; melodious, sweet-sounding; concordant, consonant, accordant.

har.mo.ni.zar [armoniz'ar] v. to harmonize; to make harmonious; to arrange in musical harmony; (mus.) to set accompanying parts to (melody, tune); to blend.

har.pa ['arpə] s. f. harp. ≈ **eólica** Aeolian harp.

has.te ['asti] s. f. staff, pole, long stick; (bot.) stipe, stem, stalk; (tech.) spindle.

has.te.ar [aste'ar] v. to stick at the end of a staff; to hoist, pull up, heave. ≈ **a bandeira** to fly the flag.

hau.rir [awr'ir] v. to exhaust, draw off; to absorb.

ha.vai.a.no [avaj'ʌnu] s. m. + adj. Hawaiian.

ha.ver [av'er] s. m. (com.) credit, outstanding debt. ≈ **es** wealth, riches, fortune. ‖ v. to have, possess, own; to happen, occur; to have on account or credit; to behave (o. s.), conduct (o. s.). ≈ **falta de** to fail. **há anos** years ago; for years (back). **há muito tempo** long ago.

he.brai.co [ebr'ajku] s. m. Hebrew. ‖ adj. Hebraic(al); the Hebrew language.

he.breu [ebr'ew] s. m. + adj. Hebrew.

hé.li.ce ['ɛlisi] s. f. (geom.) helix; (aeron. and naut.) airscrew, propeller; (archit.) small volute.

he.li.cóp.te.ro [elik'ɔpteru] s. m. helicopter.

hel.vé.cio [ewv'ɛsju] s. m. + adj. Helvetian, Swiss.

he.mis.fé.rio [emisf'ɛrju] s. m. hemisphere; a half-sphere.

he.mo.fi.li.a [emofil'iə] s. f. hemophilia.

he.mo.fí.li.co [emof'iliku] adj. hemophiliac.

he.mo.glo.bi.na [emoglob'inə] s. f. haemoglobin.

he.mo.gra.ma [emogr'ʌmə] s. m. blood count.

he.mor.ra.gi.a [emoῑaʒ'iə] s. f. (med.) hemorrhage.

he.mor.rói.das [emoῑ'ɔjdəs] s. f. pl. (med.) hemorrhoids, piles.

he.pa.ti.te [epat'iti] s. f. (med.) hepatitis.

he.rál.di.ca [er'awdikə] s. f. heraldry, armo(u)ry.

he.rál.di.co [er'awdiku] s. m. armo(u)rist, blazoner. ‖ adj. heraldic, armorial.

he.ran.ça [er'ãsə] s. f. inheritance; legacy; family estate; (physiol.) heredity. **por** ≃ by inheritance.

her.bí.vo.ro [erb'ivoru] s. m. herbivore. ‖ adj. herbivorous.

her.dar [erd'ar] v. to inherit; to bequeath; to come into.

her.dei.ro [erd'ejru] s. m. heir; inheritor; legatee.

he.re.di.ta.ri.e.da.de [ereditarjed'adi] s. f. hereditariness; hereditary succession; heritability; (biol.) heredity; descent.

he.re.di.tá.rio [eredit'arju] adj. hereditary; heritable, descendable; ancestral, patrimonial.

he.re.ge [er'ɛʒi] s. m. + f. heretic; dissenter, misbeliever; sectary, sectarian, nonconformist. ‖ adj. herectic(al).

he.re.si.a [erez'iə] s. f. heresy.

he.ré.ti.co [er'ɛtiku] s. m. heretic; dissenter; sectary; nonconformist. ‖ adj. heretic(al), misbelieving, unorthodox.

her.ma.fro.di.ta [ermafrod'itə] s. m. + f. hermaphrodite.

her.mé.ti.co [erm'ɛtiku] adj. hermetic.

hér.nia ['ɛrnjə] s. f. (med.) hernia, rupture, breach.

he.rói [er'ɔj] s. m. hero; champion of a cause.

he.rói.co [er'ɔjku] adj. heroic(al), noble; bold, daring; valiant; courageous, fearless.

he.ro.í.na [ero'inə] s. f. heroine; (chem. and pharm.) heroin.

he.ro.ís.mo [ero'izmu] s. m. heroism; courage, intrepidity; valour; prowess.

he.si.ta.ção [ezitas'ãw] s. f. (pl. **-ções**) hesitation; vacillation; faltering, wavering.

he.si.tan.te [ezit'ãti] adj. m. + f. hesitant, wavering, hesitating, vacillating.

he.si.tar [ezit'ar] v. to hesitate; to vacillate; to halt, linger; to be undecided.

he.te.ro.gê.neo [eteroʒ'enju] adj. heterogeneous; different in kind, unlike, dissimilar; motley.

heu.rís.ti.co [ewr'istiku] adj. heuristic.

hí.bri.do ['ibridu] s. m. hybrid, half-breed, cross-breed; (gram.) hybrid. ‖ adj. hybrid, cross-bred.

hi.dran.te [idr'ãti] s. m. hydrant.

hi.dra.ta.ção [idratas'ãw] s. f. (pl. **-ções**) hydration.

hi.dra.ta.do [idrat'adu] adj. hydrated, hydrous.

hi.dráu.li.ca [idr'awlikə] s. f. hydraulics.

hi.dráu.li.co [idr'awliku] s. m. hydromechanical engineer. ‖ adj. hydraulic.

hi.dre.lé.tri.co [idrel'ɛtriku] adj. hidroelectric.

hi.dro.a.vi.ão [idrawvi'ãw] s. m. (pl. **-ões**) hydroplane.

hi.dro.fo.bi.a [idrofob'iə] s. f. hydrophobia; (vet.) rabies.

hi.dro.gê.nio [idroʒ'enju] s. m. (chem.) hydrogen.

hi.drô.me.tro [idr'ometru] s. m. hydrometer, water-meter.

hi.dró.xi.do [idr'ɔksidu] s. m. (chem.) hydroxide.

hi.e.rar.qui.a [jerark'iə] s. f. hierarchy.

hi.e.ró.gli.fo [jer'ɔglifu] s. m. hieroglyph.

hí.fen ['ifɛj] s. m. hyphen, dash.

hi.gi.e.ne [iʒi'əni] s. f. hygienics, hygiene.

hi.gi.ê.ni.co [iʒi'eniku] adj. hygienic, sanitary.

hi.la.ri.an.te [ilari'ãti] adj. m. + f. hilarious, exhilarating, rip-roaring, side-splitting.

hin.du [ĩd'u] s. + adj. m. + f. Hindu, Hindoo.

hi.no ['inu] s. m. hymn, religious song, anthem.

hi.per.ten.são [ipertẽs'ãw] s. f. (med.) hypertension.

hí.pi.co ['ipiku] adj. equine, pertaining to a horse.

hip.no.se [ipn'ɔzi] s. f. (med.) hypnosis: inducement to sleep; hypnotic state; hypnotism.

hi.po.cri.si.a [ipokriz'iə] s. f. hypocrisy; falseness; double-dealing; sanctimoniousness.

hi.pó.cri.ta [ip'ɔkritə] s. m. + f. hypocrite; pretender; double-dealer; dissembler; (coll.) sniveller. ‖ adj. m. + f. hypocritic; pharisaic; double-faced.

hi.po.dér.mi.co [ipod'ɛrmiku] adj. hypodermic, subcutaneous; (bot.) hypodermal.

hi.pó.dro.mo [ip'ɔdromu] s. m. hippodrome, racecourse.

hi.po.pó.ta.mo [ipop'ɔtamu] s. m. (zool.) hippopotamus.

hi.po.te.ca [ipot'ɛkə] s. f. mortgage; debt for which landed property is pledged as security. **dar em** ≃ to mortgage.

hi.po.te.car [ipotek'ar] v. to mortgage, to bond, pledge; (fig.) to guarantee.

hi.pó.te.se [ip'ɔtezi] s. f. hypothesis; theory, assumption; conjecture, supposition.

hi.po.té.ti.co [ipot'ɛtiku] adj. hypothetic.

his.te.rec.to.mia [isterɛktom'iə] s. f. hysterectomy.

his.te.ri.a [ister'iə] s. f. (med.) hysteria, hysterics.

his.té.ri.co [ist'ɛriku] s. m. hysteriac, one subject to hysteria. ‖ adj. hysteric, wildly emotional, excited. **ficar** ≃ go into hysterics.

his.tó.ria [ist'ɔrjə] s. f. history; story, tale, narration; description; (coll.) rumour. ≃ **do Far West** western. ≃ **natural** natural history. ≃ **universal** universal history. **contador de** ≃**s** taleteller. **a isto liga-se uma** ≃ thereby hangs a tale. **isto é** ≃ **para boi dormir** that's empty talk. **é** ≃ **da gente** it is the talk of the town. ≃ **em quadrinhos** comic strip.

his.to.ri.a.dor [istorjad'or] s. m. historian, historiographer, chronicler.

his.to.ri.ar [istori'ar] v. to historize, chronicle; to narrate, relate, tell.

his.tó.ri.co [ist'ɔriku] s. m. description, detailed report; narration; review; biography; (com.) statement of account. ‖ adj. historical; true, veracious; traditional.

hob.by [ʀ'ɔbi] s. m. hobby.

ho.je ['oʒi] adv. today, this day; nowadays; at the present time. ≃ **em dia** nowadays, in these days. **até o dia de** ≃ to this very day.

notícias de ≃ today's news. **de** ≃ **em diante** from this day on. **ainda** ≃ this very day.

ho.lan.dês [olãd'es] s. m. (pl. **-deses**; f. **desa**) Hollander, Netherlander, Dutchman; Dutch language. ‖ adj. Hollandish, Dutch, Netherlandish.

ho.lo.fo.te [olof'ɔti] s. m. projector, spotlight; flashlight, searchlight; floodlight.

hom.bri.da.de [õbrid'adi] s. f. manliness, virility; physique; male pride.

ho.mem ['ɔmẽj] s. m. (pl. **-mens**) man; human being; mankind, humanity; male, husband, lover; individual, person; soldier, worker; courageous individual; (sl.) bloke, chap; ≃**s** menfolk. ≃ **de bem** honest man, gentleman. ≃ **de duas caras** double-faced fellow. ≃ **de idade** old man. ≃ **de negócios** businessman. **que espécie de** ≃ **é ele?** what kind of a person is he? **o** ≃ **certo no lugar certo** the right man in the right place. ≃ **do mar** seaman. **super-** ≃ superman.

ho.me.na.ge.ar [omenaze'ar] v. to pay homage to; to honour.

ho.me.na.gem [omen'azẽj] s. f. (pl. **-gens**) (feudal law) homage, fealty, allegiance; respect, reverence; ≃**s** compliments.

ho.men.zar.rão [omẽzaʀ'ãw] s. m. (pl. **-rões**) tall, stout man.

ho.me.o.pa.ti.a [omeopat'iə] s. f. homeopathy.

ho.mi.ci.da [omis'idə] s. m. + f. murderer, homicide. ‖ adj. murderous; homicidal.

ho.mi.cí.dio [omis'idju] s. m. homicide, murder, assassination, manslaughter.

ho.mo.gê.neo [omoʒ'enju] adj. homogeneous (also math.), congenial, uniform.

ho.mo.lo.ga.ção [omologas'ãw] s. f. (pl. **-ções**) (jur.) legal ratification; acccord.

ho.mo.lo.gar [omolog'ar] v. to ratify; to confirm; to agree; to resign o. s. to.

ho.mô.ni.mo [om'onimu] s. m. homonym, namesake; (phil.) homophone. ‖ adj. homonymic, homonymous.

ho.mos.se.xu.al [omoseksu'aw] s. m. + adj. (pl. **-ais**) homosexual.

ho.mos.se.xu.a.lis.mo [omosekswal'izmu] s. m. homosexuality.

ho.nes.ti.da.de [onestid'adi] s. f. honesty, honour; uprightness, straightforwardness, integrity; truth, sincerity.

ho.nes.to [on'ɛstu] adj. honest, honourable; frank, sincere, truthful, straight; chaste, virtuous; convenient; decent; straightforward; just, fair. **preço** ≃ reasonable price. **condições -as** fair conditions.

ho.no.rá.rio [onor'arju] adj. honorary, honorific; conferring honour; unremunerative; ≃ **s** honorarium; fee; remunerations, pay.

hon.ra ['ōĩə] s. f. honour, honor; reputation, repute, good name; respect, esteem, reverence; probity, integrity; ≃ **s** courtesies rendered; special rank or distinction; honorific title; funeral ceremonies. **em** ≃ **de** in honour of.

hon.ra.dez [ōĩad'es] s. f. honour, probity; righteousness; virtuousness.

hon.ra.do [ōĩ'adu] adj. honourable, reputable; honest, sincere; respected, worthy; trustworthy; straightforward; reliable.

hon.rar [ōĩ'ar] v. to honour, esteem; to respect, revere; to hold in honour, confer honours upon; to dignify; to believe in.

hon.ro.so [ōĩ'ozu] adj. honourable; praiseworthy; honest, fair; decent; creditable.

ho.ra ['ɔrə] s. f. hour; point of time indicated by a timepiece, time of day; stroke of the clock, chiming of the hour. ≃ **da morte** dying hour, death-hour. ≃ **de dormir** bedtime. ≃ **de jantar** dinnertime. ≃ **de recreio** playtime. ≃ **oficial** standard time. **fora de** ≃ ill-timed. **uma meia** ≃ half an hour. **um quarto de** ≃ a quarter (of an hour). **que** ≃ **s são?** what time is it?

ho.rá.rio [or'arju] s. m. timetable; school routine; schedule. ‖ adj. horal, hourly, horary.

hor.da ['ɔrdə] s. f. horde, tribe of nomads; troop, gang; crew; band, rout.

ho.ri.zon.tal [orizōt'aw] s. f. (pl. **-tais**) horizontal line or surface. ‖ adj. m. + f. horizon, parallel to the horizon, on a level.

ho.ri.zon.te [oriz'ōti] s. m. horizon, visible horizon; skyline, sea line; range of perception.

hor.mô.nio [orm'onju] s. m. hormone.

hor.ren.do [ōĩ'ēdu] adj. horrendous; fearful, frightful; ugly; heinous, monstrous.

hor.ri.pi.lan.te [ōĩipil'ãti] adj. m. + f. horrifying, terrifying, heinous, bloodcurdling.

hor.ri.pi.lar [ōĩipil'ar] v. to horripilate, horrify; to shudder, shiver, to feel horror.

hor.rí.vel [ōĩ'ivew] adj. m. + f. (pl. **-veis**) horrible, terrible, horrid, dreadful, shocking.

hor.ror [ōĩ'or] s. m. horror, terror; hate; repulsion, aversion, heinousness.

hor.ro.ri.zar [ōĩoriz'ar] v. to horrify, terrify; ≃ **-se** to feel horror, be horrified.

hor.ro.ro.so [ōĩor'ozu] adj. horrible, terrible, horrific; fearful; appalling; dreadful.

hor.ta ['ɔrtə] s. f. kitchen garden, market garden, vegetable garden.

hor.ta.li.ça [ortal'isə] s. f. vegetable(s), potherb(s), greenstuff, greenery.

hor.te.lã [ortel'ã] s. f. (bot.) mint, garden mint, spearmint. **bala de** ≃ peppermint drops.

hor.tên.sia [ort'ēsjə] s. f. (bot.) hydrangea, hortensia.

hor.ti.cul.tu.ra [ortikuwt'urə] s. f. horticulture, art and practice of gardening.

hos.pe.da.gem [osped'aʒēj] s. f. (pl. **-gens**) hospitality; lodging, accomodation.

hos.pe.dar [osped'ar] v. to receive or entertain as a guest; to house; to lodge; ≃ **-se** to be or become a guest, take up quarters in.

hos.pe.da.ri.a [ospedar'iə] s. f. lodging house, inn; hotel, hostelry; rest-house.

hós.pe.de ['ɔspedi] s. m. (f. **-da**) guest, visitor; paying guest, lodger. ‖ adj. m. + f. strange; (fig.) ignorant, uniformed.

hos.pe.dei.ro [osped'ejru] s. m. host.

hos.pí.cio [osp'isju] s. m. hospice.

hos.pi.tal [ospit'aw] s. m. (pl. **-tais**) hospital; clinic, infirmary; sanatorium.

hos.pi.ta.lei.ro [ospital'ejru] adj. hospitable.

hos.pi.ta.li.da.de [ospitalid'adi] s. f. hospitality, conviviality, entertainment.

hos.pi.ta.li.za.ção [ospitalizas'ãw] s. f. (pl. **-ções**) hospitalization, admission in a hospital.

hos.pi.ta.li.zar [ospitaliz'ar] v. to hospitalize.

hós.tia ['ɔstjə] s. f. Host, holy bread; Eucharist.

hos.til [ost'iw] adj. m. + f. (pl. **-tis**) hostile, inimical; adverse; belligerent, aggressive.

hos.ti.li.da.de [ostilid'adi] s. f. hostility, enmity.

hos.ti.li.zar [ostiliz'ar] v. to hostilize, antagonize; to show ill will, persecute; to oppose; ≃ **-se** to fight each other.

ho.tel [ot'ɛw] s. m. (pl. **-téis**) hotel; inn, lodging house; motel.

ho.te.lei.ro [otel'ejru] s. m. hotelkeeper.

hu.lha ['uʎə] s. f. coal, stone coal, mineral coal.

hu.ma.ni.da.de [umanid'adi] s. f. humanity; human beings collectively, mankind; ≃**s** human or classical learning.

hu.ma.ni.tá.rio [umanit'arju] s. m. + adj. humanitarian.

hu.ma.ni.zar [umaniz'ar] v. to humanize.

hu.ma.no [um'ʌnu] adj. human, of or belonging to man; humane kind. ‖ ≃**s** s. m. pl. human beings, mankind.

hu.mil.da.de [umiwd'adi] s. f. humbleness, humility; modesty, meekness; lowliness.

hu.mil.de [um'iwdi] adj. m. + f. humble; meek; lowly; common; modest.

hu.mi.lha.ção [umiʎas'ãw] s. f. (pl. **-ções**) humiliation.

hu.mi.lhan.te [umiʎ'ãti] adj. m. + f. humiliating, humbling, depressing; mortifying.

hu.mi.lhar [umiʎ'ar] v. to humiliate, humble; to mortify; to debase; ≃**-se** to humble or abase o. s., subject o. s. to, yield.

hu.mor [um'or] s. m. humour, moisture; (arch.) bodily fluid; condition of mind, mental state, mood, disposition; wit, fun. **de bom** ≃ good-humoured, in a good temper, in high spirits. **de mau** ≃ out of humour, in bad temper, cross.

hu.mo.ra.do [umor'adu] adj. tempered (good or bad).

hu.mo.ris.mo [umor'izmu] s. m. humorism.

hu.mo.rís.ti.co [umor'istiku] adj. humoristic(al), funny.

hún.ga.ro ['ũgaru] s. m. + adj. Hungarian.

I

I, i [ˈi] s. m. (pl. **is** or **ii**) ninth letter of the Portuguese alphabet.

i.an.que [iˈãki] s. + adj. m. + f. Yankee (U.S.A.).

i.a.ra [iˈarə] s. f. water nymph.

i.a.te [ˈiati] s. m. (naut.) yacht.

i.bo.pe [ibˈɔpi] s. m. public opinion poll.

i.çar [isˈar] v. to hoist, hoist up; to wind(lass); to jack, lift; to hitch up.

i.co.no.gra.fi.a [ikonografˈiə] s. f. iconography.

i.da [ˈidə] s. f. departure, setting out; starting, leaving. **um bilhete de ≃ e volta** a return ticket; (U.S.A.) a round trip ticket.

i.da.de [idˈadi] s. f. age; time, lifetime; epoch, century; old age, decline of life. **Idade Média** Middle Ages, Dark Ages. **a flor da ≃** prime of life. **ela é menor de ≃** she is underage.

i.de.al [ideˈaw] s. m. (pl. **-ais**) ideal; model, example. ❙ adj. m. + f. ideal(istic); imaginary.

i.de.a.lis.mo [idealˈizmu] s. m. idealism.

i.de.a.lis.ta [idealˈistə] s. m. + f. idealist; imaginative, unpractical person, daydreamer. ❙ adj. idealistic.

i.de.a.li.zar [idealizˈar] v. to idealize, idealise; to make ideal; to imagine.

i.de.ar [ideˈar] v. to idealize; to form ideas, conceive; to contrive; to visualize.

i.déi.a [idˈɛjə] s. f. idea, thought, notion; mental conception, concept; image, imagination; perception, opinion.

i.dem [ˈidẽj] adj. ditto, the same.

i.dên.ti.co [idˈẽtiku] adj. identical, exactly, alike; equal; similar.

i.den.ti.da.de [idẽtidˈadi] s. f. identity; sameness, oneness; individuality; (math.) identical equation.

i.den.ti.fi.ca.ção [idẽtifikasˈãw] s. f. (pl. **-ções**) identification, act or process of establishing the identity. **ficha de ≃** identity card.

i.den.ti.fi.car [idẽtifikˈar] v. to identify; make identical; ≃**-se (com)** to identify o. s. with.

i.den.ti.fi.cá.vel [idẽtifikˈavew] adj. m. + f. (pl. **-veis**) identifiable, recognizable.

i.de.o.lo.gi.a [idjoloʒˈiə] s. f. ideology.

i.dí.li.co [idˈiliku] adj. idyllic(al); pastoral.

i.dí.lio [idˈilju] s. m. idyl(l) pastoral, rural poem.

i.di.o.ma [idiˈomə] s. m. idiom; tongue, language; dialect; idiomatic expression.

i.di.o.ta [idiˈɔtə] s. m. + f. idiot, cretin; ignorant or simple person. ❙ adj. idiotic, stupid, foolish, silly, cretinous.

i.di.o.ti.ce [idjotˈisi] s. f. foolishness, madness, idiocy.

i.do.la.trar [idolatrˈar] v. to idolize; to adore.

i.do.la.tri.a [idolatrˈiə] s. f. idolatry, worship of idols.

í.do.lo [ˈidolu] s. m. idol; effigy; object of passionate devotion or love; heathen deity.

i.do.nei.da.de [idonejdˈadi] s. f. fitness, aptness, decency.

i.dô.neo [idˈonju] adj. apt, competent; fit.

i.do.so [idˈozu] adj. old-aged, advanced in years.

íg.neo [ˈignju] adj. igneous.

ig.ni.ção [ignisˈãw] s. f. (pl. **-ções**) ignition; combustion. **bobina de ≃** ignition coil.

ig.nó.bil [ignˈɔbiw] adj. m. + f. (pl. **-beis**) ignoble.

ig.no.mí.nia [ignomˈinjə] s. f. ignominy.

ig.no.mi.ni.o.so [ignominiˈozu] adj. ignominious.

ig.no.ra.do [ignorˈadu] adj. unknown, obscure, ignored.

ig.no.rân.cia [ignorˈãsjə] s. f. ignorance, want of knowledge.

ig.no.ran.te [ignorˈãti] s. m. + f. ignorant, ignoramus, illiterate; idiot. ❙ adj. ignorant; unlearned, unlettered; unskilled; witless, stupid, silly; simple-minded.

ig.no.rar [ignorˈar] v. not to know, be ignorant of; to pass over, treat as if not known, cut; to disregard.

i.gre.ja [igr'eʒə] s. f. church, House of God.

i.gre.ji.nha [igreʒ'iñə] s. f. little church, chapel; collusion; trap; intrigue.

i.gual [ig'waw] s. m. + f. (pl. **-guais**) equal, coequal, peer, fellow. ‖ adj. equal, equable; even, uniform; identic, like. **de** ≃ **para** ≃ between equals. **sem** ≃ unequal(l)ed; incomparable, without rival, matchless, peerless.

i.gua.lar [igwal'ar] v. to equalize, make equal; to equal, be or become equal; to match, cap, peer; to even, level; ≃-**se** to compare o. s. with; to be on the level with; to be a match for.

i.gual.da.de [igwawd'adi] s. f. equality; equity; (math.) equation; uniformity.

i.gua.ri.a [igwar'iə] s. f. delicacy; dish, food; fare; dainties.

i.le.gal [ileg'aw] adj. m. + f. (pl. **-gais**) illegal, unlawful, lawless; illicit.

i.le.ga.li.da.de [ilegalid'adi] s. f. illegality, unlawfulness.

i.le.gí.ti.mo [ileʒ'itimu] adj. illegitimate, unlawful, criminal.

i.le.gí.vel [ileʒ'ivew] adj. m. + f. (pl. **-veis**) illegible.

i.le.so. [il'ezu] adj. unhurt, uninjured.

i.le.tra.do [iletr'adu] s. m. illiterate. ‖ adj. illiterate; unlearned, unlettered; uncultured.

i.lha ['iλə] s. f. island, isle, islet.

i.lhar.ga [iλ'argə] s. f. flank, side (of an animal); (fig.) support. **de** ≃ laterally.

i.lhéu [iλ'ɛw] s. m. islander; islet.

i.lhó [iλ'ɔ] s. m. + f. (pl. **-lhoses**) eyelet, eye, eyehole.

i.lhós [iλ'ɔs] s. m. + f. (pl. **-lhoses**) = **ilhó**.

i.lho.ta [iλ'ɔtə] s. f. islet, key, reef.

i.lí.ci.to [il'isitu] adj. illicit, illegal; unlawful.

i.li.mi.ta.do [ilimit'adu] adj. unlimited, limitless.

i.ló.gi.co [il'ɔʒiku] adj. illogical, irrational.

i.lu.dir [ilud'ir] v. to deceive with false hopes; to cheat, dupe; to trick, bluff; ≃-**se** to be wrong or mistaken.

i.lu.mi.na.ção [iluminas'ãw] s. f. (pl. **-ções**) illumination.

i.lu.mi.na.do [ilumin'adu] adj. illuminated.

i.lu.mi.nar [ilumin'ar] v. to illuminate, light up; (fig.) to enlighten; to elucidate; to inspire, stimulate.

i.lu.são [iluz'ãw] s. f. (pl. **-sões**) illusion, illusiveness.

i.lu.só.rio [iluz'ɔrju] adj. illusory; delusive.

i.lus.tra.ção [ilustras'ãw] s. f. (pl. **-ções**) illustration; knowledge; culture; picture, figure.

i.lus.tra.do [ilustr'adu] adj. illustrated; erudite, learned; enlightened; pictorial.

i.lus.tra.dor [ilustrad'or] s. m. illustrator.

i.lus.trar [ilustr'ar] v. to illustrate; illuminate; to elucidate, explain; to enlighten, clarify.

i.lus.tre [il'ustri] adj. m. + f. illustrious, learned, worthy, honourable; distinguished, eminent; famous.

í.mã ['imã] s. m. magnet, loadstone; bar magnet.

i.ma.cu.la.do [imakul'adu] adj. immaculate, spotless; faultless.

i.ma.gem [im'aʒẽj] s. f. (pl. **-gens**) image; drawing, painting, sketch; likeness.

i.ma.gi.na.ção [imaʒinas'ãw] s. f. (pl. **-ções**) imagination.

i.ma.gi.nar [imaʒin'ar] v. to imagine; to visualize.

i.ma.gi.ná.rio [imaʒin'arju] adj. imaginary; illusory, fantastic; unreal; fanciful.

i.ma.gi.na.ti.vo [imaʒinat'ivu] adj. imaginative.

i.ma.gi.ná.vel [imaʒin'avew] adj. m. + f. (pl. **-veis**) imaginable; contrivable.

i.ma.gi.no.so [imaʒin'ozu] adj. imaginative.

i.man.tar [imãt'ar] v. to magnetize.

i.ma.te.ri.al [imateri'aw] adj. m. + f. (pl. **-ais**) immaterial, incorporeal.

i.ma.tu.ri.da.de [imaturid'adi] s. f. immaturity; incompleteness.

i.ma.tu.ro [imat'uru] adj. immature, unripe; premature.

im.be.cil [ībe'siw] s. m. + f. (pl. **-cis**) (med.) feeble-minded person; idiot, imbecile; fool, oaf. ‖ adj. feeble-minded, imbecile, soft-witted; silly, stupid, idiotic.

im.ber.be [īb'ɛrbi] adj. m. + f. beardless; youthful.

im.bui.a [īb'ujə] s. f. (bot.) Brazilian walnut, imbuya.

im.bu.ir [ību'ir] v. to imbue, pervade; to impregnate, soak; ≃-**se** to be or become imbued with; to penetrate; to permeate.

i.me.di.a.ção [imedjas'ãw] s. f. (pl. **-ções**) immediacy.

i.me.di.a.to [imedi'atu] s. m. (naut.) chief officer; first mate. ‖ adj. immediate, direct; proximate, close; near, contiguous.

i.men.si.da.de [imēsid'adi] s. f. immensity.

i.men.si.dão [imēsid'ãw] s. f. = **imensidade.**

i.men.so [im'ẽsu] adj. immense; unlimited.

i.men.su.rá.vel [imēsur'avew] adj. m. + f. (pl. -veis) immeasurable; immense, limitless.

i.me.re.ci.do [imeres'idu] adj. gratuitous; unworthy; unearned.

i.mer.gir [imerʒ'ir] v. to immerse.

i.mer.são [imers'ãw] s. f. (pl. -sões) immersion; plunge.

i.mer.so [im'ɛrsu] adj. immersed, submerged.

i.mi.gra.ção [imigras'ãw] s. f. (pl. -ções) immigration.

i.mi.gran.te [imigr'ãti] s. m. + adj. immigrant.

i.mi.grar [imigr'ar] v. to immigrate, migrate.

i.mi.nen.te [imin'ẽti] adj. m. + f. imminent, pending.

i.mis.cu.ir [imisku'ir] v. (also ≈se) to meddle with, interfere.

i.mi.ta.ção [imitas'ãw] s. f. (pl. -ções) imitation, copy; counterfeit.

i.mi.ta.dor [imitad'or] s. m. imitator; copier, copyist; follower; mimic. ‖ adj. imitating, imitative.

i.mi.tan.te [imit'ãti] adj. m. + f. imitation(al), artificial.

i.mi.tar [imit'ar] v. to imitate; to (make) copy; to mimic, pretend; to reproduce.

i.mi.tá.vel [imit'avew] adj. m. + f. (pl. -veis) imitable.

i.mo.bi.li.á.rio [imobili'arju] s. m. immovable, real estate, land or property fixed to the land. ‖ adj. of, pertaining to or relative to property.

i.mo.bi.li.da.de [imobilid'adi] s. f. immobility.

i.mo.bi.li.za.ção [imobilizas'ãw] s. f. (pl. -ções) immobilization.

i.mo.bi.li.zar [imobiliz'ar] v. to immobilize; to make immovable.

i.mo.de.ra.ção [imoderas'ãw] s. f. (pl. -ções) immoderation; excess; extravagance.

i.mo.de.ra.do [imoder'adu] adj. immoderate; excessive; wild; intemperate.

i.mo.des.to [imod'ɛstu] adj. immodest.

i.mo.lar [imol'ar] v. to immolate, sacrifice.

i.mo.ral [imor'aw] adj. immoral, vicious; dissolute, depraved.

i.mo.ra.li.da.de [imoralid'adi] s. f. immorality; vice.

i.mor.tal [imort'aw] adj. m. + f. (pl. -tais) immortal.

i.mor.ta.li.da.de [imortalid'adi] s. f. immortality, eternity.

i.mor.ta.li.zar [imortaliz'ar] v. to immortalize; ≈-se to distinguish o. s.

i.mó.vel [im'ɔvew] s. m. (pl. -veis) real estate, landed property. ‖ adj. m. + f. immovable, immobile.

im.pa.ci.ên.cia [ĩpasi'ẽsjə] s. f. impatience; eagerness; restlessness; anxiety; irritability.

im.pa.ci.en.tar [ĩpasjēt'ar] v. to exhaust someone's patience; to grow impatient; ≈-se to fidget, fret.

im.pa.ci.en.te [ĩpasi'ẽti] adj. m. + f. impatient; eager; restless, restive.

im.pac.to [ĩp'aktu] s. m. impact; discharge, shot; shock, hit; crash. ‖ adj. impelling, impelled.

im.pa.gá.vel [ĩpag'avew] adj. m. + f. (pl. -veis) unpayable; priceless.

im.pa.lu.dis.mo [ĩpalud'izmu] s. m. (med.) paludism.

ím.par ['ĩpar] adj. m. + f. odd, uneven; unique; unpaired; unrival(l)ed.

im.par.ci.al [ĩparsi'aw] adj. m. + f. (pl. -ais) impartial.

im.pas.se [ĩp'asi] s. m. impasse; predicament.

im.pas.sí.vel [ĩpas'ivew] adj. m. + f. (pl. -veis) impassible; insensible.

im.pa.vi.dez [ĩpavid'es] s. f. boldness, daring; valour.

im.pá.vi.do [ĩp'avidu] adj. fearless; brave; intrepid, daring.

im.pe.cá.vel [ĩpek'avew] adj. m. + f. (pl. -veis) impeccable; faultless; unimpeachable.

im.pe.di.do [ĩped'idu] adj. hindered; obstructed; (ftb.) off-side.

im.pe.di.men.to [ĩpedim'ẽtu] s. m. impediment, hindrance; obstruction; blockage.

im.pe.dir [ĩped'ir] v. to impede, hinder; to obstruct; to check, bar; to intercept; to prevent.

im.pe.lir [ĩpel'ir] v. to impel; to push on; to throw, thrust; to incite.

im.pen.den.te [ĩpēd'ẽti] adj. m. + f. impendent, impending; imminent; threatening.

im.pe.ne.trá.vel [ĩpenetr'avew] adj. m. + f. (pl. -veis) impenetrable; impervious

im.pen.sa.do [īpēs'adu] adj. thoughtless, heedless; wild; unpremeditated.

im.pe.ra.dor [īperad'or] s. m. emperor.

im.pe.rar [īper'ar] v. to reign, rule; to command; to govern.

im.pe.ra.ti.vo [īperat'ivu] s. m. imperative. ‖ adj. imperative, peremptory.

im.pe.ra.triz [īperatr'is] s. f. (pl. **-trizes**) empress.

im.per.ce.bí.vel [īperseb'ivew] adj. m. + f. (pl. **-veis**) imperceptible; imperceptive, invisible, undiscernable.

im.per.do.á.vel [īperdo'avew] adj. m. + f. (pl. **-veis**) unpardonable, inexcusable; unforgivable.

im.per.fei.to [īperf'ejtu] adj. imperfect; defective; deficient; incomplete.

im.pe.ri.al [īperi'aw] adj. m. + f. (pl. **-ais**) imperial; majestic; sovereign, supreme.

im.pe.ri.a.lis.mo [īperjal'izmu] s. m. imperialism.

im.pe.rí.cia [īper'isjə] s. f. unskilfulness; incompetence; incapacity; inadequacy.

im.pé.rio [īp'ɛrju] s. m. empire.

im.pe.ri.o.so [īperi'ozu] adj. imperious; haughty.

im.pe.ri.to [īper'itu] adj. inexpert; unskilled.

im.per.ma.nen.te [īperman'ēti] adj. m. + f. impermanent; not enduring, inconstant.

im.per.me.a.bi.li.da.de [īpermeabilid'adi] s. f. impermeability.

im.per.me.a.bi.li.za.ção [īpermeabilizas'ãw] s. f. (pl. **-ções**) act or process of making impermeable.

im.per.me.a.bi.li.zar [īpermeabiliz'ar] v. to render impermeable, make waterproof.

im.per.me.á.vel [īperme'avew] s. m. (pl. **-veis**) raincoat. ‖ adj. m. + f. impermeable.

im.per.ti.nên.cia [īpertin'ēsjə] s. f. impertinence.

im.per.ti.nen.te [īpertin'ēti] s. m. + f. impertinent person. ‖ adj. impertinent; insolent, petulant; peevish, pettish.

im.per.tur.bá.vel [īperturb'avew] adj. m. + f. (pl. **-veis**) imperturbable; calm; unemotional.

im.pér.vio [īp'ɛrvju] s. m. trackless, wild region. ‖ adj. impervious; impermeable.

im.pes.so.al [īpeso'aw] adj. m. + f. (pl. **-ais**) impersonal; not personal, objective.

ím.pe.to ['īpetu] s. m. impetus; impulse; rashness.

im.pe.trar [īpetr'ar] v. to petition.

im.pe.tu.o.so [īpetu'ozu] adj. impetuous.

im.pi.e.do.so [īpjed'ozu] adj. impious, ungodly; pitiless; cruel.

im.pi.gem [īp'īჳēj] s. f. (med.) eczema.

im.pin.gir [īpīჳ'ir] v. to impinge; to strike, dash.

ím.pio ['ipju] s. m. impious man, heretic. ‖ adj. impious, ungodly; pagan.

im.pla.cá.vel [īplak'avew] adj. m. + f. (pl. **-veis**) implacable, unappeasable; relentless; merciless.

im.plan.tar [īplãt'ar] v. to plant, implant; to introduce, establish; to ingraft; to inseminate.

im.plau.sí.vel [īplawz'ivew] adj. m. + f. (pl. **-veis**) unplausible, implausible.

im.ple.men.to [īplem'ētu] s. m. implement; accessory.

im.pli.cân.cia [īplik'ãsjə] s. f. implication, involvement; trouble; malevolence.

im.pli.can.te [īplik'ãti] s. m. + f. captious or quarrelsome person. ‖ adj. implicating, captious.

im.pli.car [īplik'ar] v. to implicate; to involve, entangle; to imply; to cause, give raise to; to nag.

im.plí.ci.to [īpl'isitu] adj. implicit; implicate, implicative; tacit; implied, inferred.

im.plo.rar [īplor'ar] v. to implore; to entreat.

im.plu.me [īpl'umi] adj. m. + f. featherless; bald.

im.po.li.dez [īpolid'es] s. f. impoliteness, incivility.

im.po.li.do [īpol'idu] adj. impolite; illmannered.

im.po.lu.to [īpol'utu] adj. impolluted, unsullied.

im.pon.de.ra.do [īpõder'adu] adj. inconsiderate, heedless; precipitate; thoughtless.

im.pon.de.rá.vel [īpõder'avew] adj. m. + f. (pl. **-veis**) imponderable, inappreciable, very subtle.

im.po.nên.cia [īpon'ēsjə] s. f. portliness, stateliness; pride, arrogance.

im.po.nen.te [īpon'ēti] adj. m. + f. imponent, imposing; portly, stately; majestic; grandiose.

im.pon.tu.al [īpõtu'aw] adj. m. + f. (pl. **-ais**) unpunctual, not punctual; inexact.

im.po.pu.lar [ĩpopul'ar] adj. unpopular, impopular.

im.por [ĩp'or] v. to impose; (eccl.) to lay on, set on (hands in ordination or confirmation); encumber, burden; to levy, assess, tax, exact; to restrain, curb; ≈-se to impose o. s., presume, obtrude.

im.por.ta.ção [ĩportas'ãw] s. f. (pl. -ções) importation, act or practice of importing; import(s).

im.por.ta.dor [ĩportad'or] s. m. importer. ‖ adj. importing.

im.por.tân.cia [ĩport'ãsjə] s. f. importance; momentousness; sum; amount.

im.por.tan.te [ĩport'ãti] adj. m. + f. important, essential, significant; momentous. **pessoa** ≈ bigwig, big shot.

im.por.tar [ĩport'ar] v. to import, introduce from abroad; to amount to, aggregate; to come to, total up; to interest; to imply.

im.por.tu.nar [ĩportun'ar] v. to importune; to pester; to annoy, molest; to vex.

im.por.tu.no [ĩport'unu] s. m. annoyer, molester, plaguer; obtruder. ‖ adj. importunate, importune; worrisome; disturbing.

im.po.si.ção [ĩposis'ãw] s. f. (pl. -ções) imposition; placing, laying on; assessment, tax, tribute; rule, order; infliction; trick.

im.pos.si.bi.li.da.de [ĩposibilid'adi] s. f. impossibility.

im.pos.si.bi.li.tar [ĩposibilit'ar] v. to make impossible.

im.pos.sí.vel [ĩpos'ivew] s. m. (pl. -veis) impossibility, the impossible. ‖ adj. m. + f. impossible; unfeasible, unattainable.

im.pos.to [ĩp'ostu] s. m. imposition; tax, duty, tribute; ≈s taxation, revenue. ‖ adj. forced, enforced. ≈ **de renda** income tax.

im.pos.tor [ĩpost'or] s. m. impostor. ‖ adj. impostrous, deceptive, deceitful.

im.po.tên.cia [ĩpot'ẽsjə] s. f. impotence, impotency.

im.po.ten.te [ĩpot'ẽti] s. m. + adj. impotent.

im.pra.ti.cá.vel [ĩpratic'avew] adj. m. + f. (pl. -veis) impracticable, impossible, unworkable.

im.pre.car [ĩprek'ar] v. to imprecate; to invoke, pray for; to curse; to use profane language.

im.pre.ci.são [ĩpresiz'ãw] s. f. (pl. -sões) imprecision, inexactness.

im.pre.ci.so [ĩpres'izu] adj. inaccurate; vague.

im.preg.na.do [ĩpregn'adu] adj. impregnate(d), saturated; imbued.

im.preg.nar [ĩpregn'ar] v. to impregnate; to fecundate; to imbue.

im.pre.me.di.ta.do [ĩpremedit'adu] adj. unpremeditated.

im.pren.sa [ĩpr'ẽsə] s. f. printing press; wine press; clothespress; press, newspaper and periodicals collectively.

im.pren.sar [ĩprẽs'ar] v. to press, compress; to print.

im.pres.cin.dí.vel [ĩpresĩd'ivew] adj. m. + f. (pl. -veis) vital, necessary; indispensable.

im.pres.são [ĩpres'ãw] s. f. (pl. -sões) impression, pression, state of being impressed; print, imprint; art of printing, typography.

im.pres.sio.na.do [ĩpresjon'adu] adj. impressed, shocked.

im.pres.sio.nan.te [ĩpresjon'ãti] adj. m. + f. impressing.

im.pres.sio.nar [ĩpresjon'ar] v. to impress; to mark, stamp in; to move.

im.pres.so [ĩpr'ɛsu] s. m. printed matter; impression, copy; book. ‖ adj. printed.

im.pres.sor [ĩpres'or] s. m. printer, pressman.

im.pres.so.ra [ĩpres'orə] s. f. printer.

im.pres.tá.vel [ĩprest'avew] s. m. + f. (pl. -veis) dud, good-for-nothing. ‖ adj. useless, worthless; unfit.

im.pre.te.rí.vel [ĩpreter'ivew] adj. m. + f. (pl. -veis) not to be put off; unsurpassable.

im.pre.vi.são [ĩpreviz'ãw] s. f. (pl. -sões) improvidence.

im.pre.vi.sí.vel [ĩprevis'ivew] adj. m. + f. (pl. -veis) unexpected, unforeseeable.

im.pre.vis.to [ĩprev'istu] s. m. unforeseen, unexpected; unanticipated; unlooked-for.

im.pri.mir [ĩprim'ir] v. to print, imprint; to impress.

im.pro.ba.bi.li.da.de [ĩprobabilid'adi] s. f. improbability.

im.pro.ce.den.te [ĩprosed'ẽti] adj. m. + f. unfounded.

im.pro.du.ti.vi.da.de [ĩprodutivid'adi] s. f. unproductiveness; fruitlessness.

im.pro.du.ti.vo [ĩprodut'ivu] adj. unproductive; barren.

im.pro.fi.ci.ên.cia [ĩprofisi'ẽsjə] s. f. unskillfulness.

im.pro.pé.rio [īprop'ɛrju] s. m. affront, insult, outrage.

im.pro.pri.e.da.de [īpropried'adi] s. f. impropriety.

im.pró.prio [īpr'ɔprju] adj. improper, inappropriate; inexact, inaccurate; incorrect, wrong; inadequate, unsuitable.

im.pro.vá.vel [īprov'avew] adj. m. + f. (pl. -veis) improbable, unlikely; unprovable; implausible; problematic, remote.

im.pro.vi.dên.cia [īprovid'ẽsjə] s. f. improvidence.

im.pro.vi.den.te [īprovid'ēti] adj. m. + f. improvident.

im.pro.vi.sa.do [īproviz'adu] adj. improvised; off-hand.

im.pro.vi.sar [īproviz'ar] v. to improvise.

im.pro.vi.so [īprov'izu] s. m. improvisation, impromptu, extemporization. ‖ adj. sudden, precipitate; unexpected.

im.pru.dên.cia [īprud'ẽsjə] s. f. imprudence; heedlessness; indiscretion; foolhardiness.

im.pru.den.te [īprud'ēti] s. m. + f. imprudent person. ‖ adj. imprudent; thoughtless; rash.

im.pu.dên.cia [īpud'ẽsjə] s. f. impudence, impudency.

im.pu.den.te [īpud'ēti] adj. m. + f. impudent.

im.pu.di.co [īpud'iku] adj. shameless, impudent.

im.pu.dor [īpud'or] s. m. impudence, impudency.

im.pug.nar [īpugn'ar] v. to impugn, refute; to contest.

im.pul.são [īpuws'ãw] s. f. (pl. -sões) impulse, thrust, push; impulsion, propulsion, impelling force or action; incentive, spur.

im.pul.si.o.nar [īpuwsjon'ar] v. to animate, stimulate; to urge, boast; to propel; to impel.

im.pul.si.vo [īpuws'ivu] adj. impulsive; hasty, rash.

im.pul.so [īp'uwsu] s. m. impulse; impelling force, drive, thrust, push; propulsion, urge.

im.pul.sor [īpuws'or] s. m. impeller, propulsor, propeller, propellent. ‖ adj. impelling, impulsive, driving, boasting.

im.pu.ne [īp'uni] adj. m. + f. unpunished, with impunity; unbeaten.

im.pu.ni.da.de [īpunid'adi] s. f. impunity.

im.pu.re.za [īpur'ezə] s. f. impurity, uncleanness; lees; foulness; lewdness.

im.pu.ri.fi.car [īpurifik'ar] v. to make impure, soil, dirty; (fig.) to defile.

im.pu.ro [īp'uru] adj. impure, tainted; foul, feculent; dirty; contaminated; unchaste.

im.pu.tar [īput'ar] v. to impute; to attribute, ascribe; to accuse; to blame, reproach.

i.mun.dí.cie [imũd'isji] s. f. uncleanness, uncleanliness; foulness, filthiness.

i.mun.do [im'ũdu] adj. dirty, filthy; unclean, foul, feculent; impure; indecent; lewd.

i.mu.ne [im'uni] adj. m. + f. immune, exempt.

i.mu.ni.da.de [imunid'adi] s. f. immunity, exemption.

i.mu.ni.za.ção [imunizas'ãw] s. f. (pl. -ções) immunization.

i.mu.ni.zar [imuniz'ar] v. to immunize.

i.na.ba.lá.vel [inabal'avew] adj. m. + f. (pl. -veis) unshak(e)able, unshaken; unwavering, unswerving; unmoved; constant, steady.

i.ná.bil [in'abiw] adj. m. + f. (pl. -beis) unapt, unfit; incapable; unqualified, unskilled; artless; incompetent; bungling.

i.na.bi.li.da.de [inabilid'adi] s. f. inability, incapacity.

i.na.bi.li.tar [inabilit'ar] v. to incapacitate, disable; to make incapable; to disincline, indispose.

i.na.bi.ta.do [inabit'adu] adj. uninhabited; unoccupied.

i.na.ca.ba.do [inakab'adu] adj. unfinished, uncompleted; unachieved, unaccomplished.

i.na.ca.bá.vel [inakab'avew] adj. m. + f. (pl. -veis) unaccomplishable, unfinishable, interminable, that cannot be terminated.

i.na.cei.tá.vel [inasejt'avew] adj. m. + f. (pl. -veis) unacceptable; inadmissible.

i.na.ces.sí.vel [inases'ivew] adj. m. + f. (pl. -veis) inaccessible; unapproachable; impervious; exclusive; unsociable; (fig.) incomprehensible.

i.na.cre.di.tá.vel [inakredit'avew] adj. m. + f. (pl. -veis) incredible, unbelievable; doubtful.

i.na.de.qua.do [inadek'wadu] adj. inadequate; improper, inappropriate; unfit, unsuitable.

i.na.di.á.vel [inadi'avew] adj. m. + f. (pl. **-veis**) undelayable; pressing, urgent; unavoidable.

i.nad.ver.tên.cia [inadvert'ẽsjə] s. f. inadvertence.

i.nad.ver.ti.do [inadvert'idu] adj. inadvertent; headless.

i.na.la.ção [inalas'ãw] s. f. (pl. **-ções**) inhalation.

i.na.lar [inal'ar] v. to inhale, breathe in.

i.nal.can.çá.vel [inawkãs'avew] adj. m. + f. (pl. **-veis**) unattainable, unachievable; unapproachable.

i.nal.te.ra.do [inawter'adu] adj. unaltered, unmodified.

i.nal.te.rá.vel [inawter'avew] adj. m. + f. (pl. **-veis**) inalterable, unalterable; unchangeable.

i.na.ni.ção [inanis'ãw] s. f. (pl. **-ções**) inanition.

i.na.ni.ma.do [inanim'adu] adj. inanimate; lifeless; dull.

i.na.pli.ca.do [inaplik'adu] adj. inattentive, negligent.

i.na.pre.ci.á.vel [inapresi'avew] adj. m. + f. (pl. **-veis**) inappreciable; insignificant; inestimable.

i.na.pro.pri.a.do [inapropri'adu] adj. improper; inappropriate.

i.na.pro.vei.tá.vel [inaprovejt'avew] adj. m. + f. (pl. **-veis**) useless, unserviceable; ineffectual.

i.nap.ti.dão [inaptid'ãw] s. f. (pl. **-dões**) inaptness.

i.na.ten.ção [inatẽs'ãw] s. f. (pl. **-ções**) inattention.

i.na.ten.ci.o.so [inatẽsi'ozu] adj. unattentive; careless.

i.na.tin.gí.vel [inatĩʒ'ivew] adj. m. + f. (pl. **-veis**) unattainable, unachievable, inaccessible.

i.na.ti.vo [inat'ivu] adj. inactive, inert; passive; slow.

i.na.to [in'atu] adj. innate, native; inborn.

i.nau.di.to [inawd'itu] adj. unprecedented; unheard of.

i.nau.gu.ra.ção [inawguras'ãw] s. f. (pl. **-ções**) inauguration, initiation, beginning, opening.

i.nau.gu.rar [inawgur'ar] v. to inaugurate; to initiate.

in.cal.cu.lá.vel [ĩkawkul'avew] adj. m. + f. (pl. **-veis**) incalculable; incommensurable.

in.can.des.cen.te [ĩkãdes'ẽti] adj. m. + f. incandescent; red hot, white hot; aglow.

in.can.des.cer [ĩkãdes'er] v. to incandesce.

in.can.sá.vel [ĩkãs'avew] adj. m. + f. (pl. **-veis**) tireless, untiring; unweariable.

in.ca.pa.ci.da.de [ĩkapasid'adi] s. f. incapacity.

in.ca.paz [ĩkap'as] adj. m. + f. (pl. **-pazes**) incapable; inapt, unfit; incompetent; unable.

in.cau.to [ĩk'awtu] s. m. incautious man. ‖ adj. incautious; heedless; imprudent.

in.cen.di.ar [ĩsẽdi'ar] v. to ignite, enkindle, emblaze; to set on fire, burn down; ≈-**se** to catch fire, be on fire.

in.cen.di.á.rio [ĩsẽdi'arju] s. m. + adj. incendiary; arsonist, inflammatory.

in.cên.dio [ĩs'ẽdju] s. m. conflagration, great fire; burning. ≈ **culposo** arson. **escada de** ≈ fire escape.

in.cen.sar [ĩsẽs'ar] v. to incense, perfume with incense; to offer incense.

in.cen.so [ĩs'ẽsu] s. m. incense, aromatic fumes.

in.cen.ti.var [ĩsẽtiv'ar] v. to animate, stimulate, encourage.

in.cen.ti.vo [ĩsẽtivu] s. m. incentive, impulse; incitement. ‖ adj. incentive, stimulative.

in.cer.te.za [ĩsert'ezə] s. f. uncertainness; dubiety.

in.cer.to [ĩs'ɛrtu] adj. uncertain; hesitating.

in.ces.san.te [ĩses'ãti] adj. m. + f. incessant; permanent.

in.ces.to [ĩs'ɛstu] s. m. incest. ‖ adj. infamous, base.

in.ces.tu.o.so [ĩsestu'ozu] adj. incestuous.

in.cha.ção [ĩʃas'ãw] s. f. (pl. **-ções**) (med.) swelling, morbid protuberance, tumour, tumefaction; (pop.) lump; (fig.) vanity.

in.cha.do [ĩʃ'adu] adj. swollen, turgescent, turgid; bloated, inflated; proud, haughty; elated, exalted.

in.char [ĩʃ'ar] v. to swell, intumesce; to inflate, distend; to bulge, puff up; to rise; to belly, bunt (sails); to grow proud.

in.ci.den.tal [ĩsidẽt'aw] adj. m. + f. (pl. **-tais**) incidental.

in.ci.den.te [ĩsid'ẽti] s. m. incident.

in.ci.dir [ĩsid'ir] v. to happen, occur; to fall on or upon; to supervene; (med.) to cut into, incise.

in.ci.ne.rar [īsiner'ar] v. to incinerate, cremate.

in.ci.são [īsiz'ãw] s. f. (pl. **-sões**) incision, cut.

in.ci.si.vo [īsiz'ivu] s. m. (anat. and zool.) incisor, foretooth. ‖ adj. incisive, cutting; sharp, keen; (fig.) decisive, conclusive; efficient.

in.ci.ta.ção [īsitas'ãw] s. f. (pl. **-ções**) incitation.

in.ci.tan.te [īsit'ãti] adj. m. + f. incitant, inciting.

in.ci.tar [īsit'ar] v. to incite, stimulate; to inspire.

in.ci.vi.li.da.de [īsivilid'adi] s. f. incivility, rudeness.

in.ci.vi.li.za.do [īsiviliz'adu] adj. uncivilized; rough.

in.cle.men.te [īklem'ēti] adj. m. + f. inclement; cruel.

in.cli.na.ção [īklinas'ãw] s. f. (pl. **-ções**) incline, inclination; bow, nod; bending; vocation; tendency; fondness; propensity.

in.cli.na.do [īklin'adu] adj. inclined; bent; apt.

in.cli.nar [īklin'ar] v. to incline, recline; to bow, bend; to have a bent or tendency; to be fond; ≈ **-se** to become inclined.

in.clu.ir [īklu'ir] v. to include, enclose; to comprise, comprehend; to contain, add in, fall under; to involve; to encompass.

in.clu.são [īkluz'ãw] s. f. (pl. **-sões**) inclusion, inclosure, enclosure; embodiment.

in.clu.si.ve [īkluz'ivi] adv. inclusively, included.

in.clu.si.vo [īkluz'ivu] adj. inclusive, included.

in.clu.so [īkl'uzu] adj. included, enclosed.

in.co.e.ren.te [īkoer'ēti] adj. m. + f. incoherent, disjointed.

in.co.lor [īkol'or] adj. m. + f. hueless, colourless.

in.có.lu.me [īk'ɔlumi] adj. m. + f. safe and sound.

in.co.men.su.rá.vel [īkomēsur'avew] adj. m. + f. (pl. **-veis**) incommensurable; unmeasurable.

in.co.mí.vel [īkom'ivew] adj. m. + f. (pl. **-veis**) uneatable, inedible, not edible.

in.co.mo.dar [īkomod'ar] v. to inconvenience; to trouble, disturb; to annoy.

in.cô.mo.do [īk'omodu] s. m. indisposition, disease; discomfort, trouble, disturbance;

nuisance, bother. ‖ adj. troublesome, bothersome; inconvenient; cumbersome.

in.com.pa.rá.vel [īkõpar'avew] adj. m. + f. (pl. **-veis**) incomparable; matchless; unequal(l)ed.

in.com.pa.ti.bi.li.zar [īkõpatibiliz'ar] v. to make incompatible or irreconcilable.

in.com.pa.tí.vel [īkõpat'ivew] adj. m. + f. (pl. **-veis**) incompatible; unconformable.

in.com.pe.tên.cia [īkõpet'ēsjə] s. f. incompetence.

in.com.pe.ten.te [īkõpet'ēti] adj. m. + f. incompetent.

in.com.ple.to [īkõpl'εtu] adj. incomplete; unfinished.

in.com.pre.en.di.do [īkõpreēd'idu] adj. misunderstood.

in.com.pre.en.são [īkõpreēs'ãw] s. f. (pl. **-sões**) incomprehension, lack of understanding.

in.com.pre.en.sí.vel [īkõpreēs'ivew] adj. m. + f. (pl. **-veis**) incomprehensible, inconceivable.

in.co.mum [īkom'ũ] adj. m. + f. uncommon.

in.con.ce.bí.vel [īkõseb'ivew] adj. m. + f. (pl. **-veis**) inconceivable, incomprehensible.

in.con.ci.li.á.bi.li.da.de [īkõsiljabilid'adi] s. f. irreconcilability.

in.con.ci.li.á.vel [īkõsili'avew] adj. m. + f. (pl. **-veis**) irreconcilable, incompatible.

in.con.di.ci.o.nal [īkõdisjon'aw] adj. m. + f. (pl. **-nais**) unconditional; termless; categorical.

in.con.fes.sá.vel [īkõfes'avew] adj. m. + f. (pl. **-veis**) unconfessable; unadmittable.

in.con.fi.dên.cia [īkõfid'ēsjə] s. f. disloyalty, infidelity, unfaithfulness.

in.con.fi.den.te [ikõfid'ēti] adj. disloyal, unfaithful.

in.con.fun.dí.vel [īkõfũd'ivew] adj. m. + f. (pl. **-veis**) unconfoundable; unmistakable.

in.con.gru.ên.cia [īkõgru'ēsjə] s. f. incongruity.

in.con.gru.en.te [īkõgru'ēti] adj. incongruous.

in.con.quis.tá.vel [īkõkist'avew] adj. m. + f. (pl. **-veis**) unconquerable; invincible.

in.cons.ci.ên.cia [īkõsi'ēsjə] s. f. unconsciousness.

in.cons.ci.en.te [īkõsi'ēti] adj. m. + f. unconscious; unknowing; unwitting; unaware.

in.con.se.qüen.te [ĩkõsek'wẽti] adj. m. + f. in-consequent(ial); inconsistent; inconclusive.

in.con.si.de.ra.do [ĩkõsider'adu] adj. incon-siderate.

in.con.sis.ten.te [ĩkõsist'ẽti] adj. m. + f. in-consistent.

in.con.so.lá.vel [ĩkõsol'avew] adj. m. + f. (pl. **-veis**) inconsolable; disconsolate.

in.cons.tân.cia [ĩkõst'ãsjə] s. f. inconstancy; fickleness.

in.cons.tan.te [ĩkõst'ãti] adj. m. + f. incon-stant.

in.cons.ti.tu.ci.o.nal [ĩkõstitusjon'aw] adj. m. + f. (pl. **-nais**) unconstitutional.

in.con.tá.vel [ĩkõt'avew] adj. m. + f. (pl. **-veis**) uncountable, countless; untold.

in.con.tes.tá.vel [ĩkõtest'avew] adj. m. + f. (pl. **-veis**) incontestable; unquestionable.

in.con.ti.do [ĩkõt'idu] adj. unrestricted; not included.

in.con.ti.nên.cia [ĩkõtin'ẽsjə] s. f. inconti-nence.

in.con.ti.nen.te [ĩkõtin'ẽti] s. m. + f. licen-tious person. ‖ adj. incontinent; unchaste.

in.con.ti.nen.ti [ĩkõtin'ẽti] adv. immediately.

in.con.tro.lá.vel [ĩkõtrol'avew] adj. m. + f. (pl. **-veis**) uncontrollable; unruly; ungovern-able.

in.con.tro.ver.so [ĩkõtrov'ɛrsu] adj. uncon-troverted.

in.con.ve.ni.ên.cia [ĩkõveni'ẽsjə] s. f. incon-venience.

in.con.ve.ni.en.te [ĩkõveni'ẽti] s. m. incon-venience, embarrassment; trouble, nuisance. ‖ adj. m. + f. improper, unseem-ly, unbecoming; unsuitable; inopportune.

in.cor.po.ra.do [ĩkorpor'adu] adj. incorporat-ed, consolidated; (com.) limited.

in.cor.po.rar [ĩkorpor'ar] v. to incorporate; ≃**-se** to be or become incorporated; to share in.

in.cor.rer [ĩkoĩ'er] v. to incur; to run into, fall within; to become liable to (through one's own actions), bring upon o. s.

in.cor.re.to [ĩkoĩ'ɛtu] adj. incorrect; faulty, wrong; false; erroneous; unjust.

in.cor.ri.gí.vel [ĩkoĩʒ'ivew] adj. m. + f. (pl. **-veis**) incorrigible; incurable, hopeless.

in.cor.rup.tí.vel [ĩkoĩupt'ivew] adj. m. + f. (pl. **-veis**) incorruptible.

in.cor.rup.to [ĩkoĩ'uptu] adj. incorrupt.

in.cre.di.bi.li.da.de [ĩkredibilid'adi] s. f. in-credibility.

in.cre.du.li.da.de [ĩkredulid'adi] s. f. in-credulity.

in.cré.du.lo [ĩkr'ɛdulu] s. m. sceptic, agnos-tic, unbeliever. ‖ adj. incredulous; ungodly.

in.cre.men.tar [ĩkremẽt'ar] v. to develop, aug-ment.

in.cre.men.to [ĩkrem'ẽtu] s. m. increment, in-crementation; development; increase.

in.cri.mi.nar [ĩkrimin'ar] v. to incriminate; to accuse.

in.crí.vel [ĩkr'ivew] adj. m. + f. (pl. **-veis**) in-credible.

in.crus.tar [ĩkrust'ar] v. to incrust, encrust; to plate, coat; to inlay.

in.cu.bar [ĩkub'ar] v. to incubate, hatch.

in.cul.car [ĩkuwk'ar] v. to inculcate; to im-plant.

in.cul.par [ĩkulp'ar] v. to inculpate; to accuse.

in.cul.to [ĩk'uwtu] adj. uncultivated, uncul-tured; unreclaimed, untilled, fallow, un-laboured; rude, rough; untaught.

in.cum.bên.cia [ĩkũb'ẽsjə] s. f. incumbency; task.

in.cum.bir [ĩkũb'ir] v. to encharge, charge with; to entrust, commission with; to task, assign a duty to; ≃**-se** to take upon o. s., take charge of.

in.cu.rá.vel [ĩkur'avew] adj. m. + f. (pl. **-veis**) incurable.

in.cur.são [ĩkurs'ãw] s. f. (pl. **-sões**) incursion.

in.cur.so [ĩk'ursu] s. m. incursion, invasion. ‖ adj. subject to a penalty or fine.

in.cu.tir [ĩkut'ir] v. to infuse, instil; to inspire, rouse; to suggest; to inculcate.

in.da.ga.ção [ĩdagas'ãw] s. f. (pl. **-ções**) search-ing, search; indagation; quest, inquiry.

in.da.gar [ĩdag'ar] v. to enquire, inquire; to pry into, poke about, ferret out; to inves-tigate; to query, quest.

in.de.cên.cia [ĩdes'ẽsjə] s. f. indecency; im-morality.

in.de.cen.te [ĩdes'ẽti] adj. m. + f. indecent.

in.de.ci.frá.vel [ĩdesifr'avew] adj. m. + f. (pl. **-veis**) illegible; undecipherable.

in.de.ci.são [ĩdesiz'ãw] s. f. (pl. **-sões**) indeci-sion; vacillation; hesitation; indetermina-tion.

in.de.ci.so [ĩdes'izu] adj. undecided; indeci-sive.

in.de.co.ro.so [ĩdekor'ozu] adj. unseemly; improper.

in.de.fen.sá.vel [ĩdefẽs'avew] adj. m. + f. (pl. -veis) unsustainable; indefensible.

in.de.fe.ri.do [ĩdefer'idu] adj. rejected, refused; not granted; undispatched.

in.de.fe.ri.men.to [ĩdeferim'ẽtu] s. m. denial, refusal; rejection (of a request).

in.de.fe.rir [ĩdefer'ir] v. to refuse a demand or petition; not to grant.

in.de.fe.so [ĩdef'ezu] adj. undefended; defenceless.

in.de.fi.ni.do [ĩdefin'idu] s. m. indefiniteness, vagueness, uncertainty. ‖ adj. (also gram.) indefinite; vague, uncertain; indeterminate.

in.de.lé.vel [ĩdel'ɛvew] adj. m. + f. (pl. -veis) indelible.

in.de.li.ca.de.za [ĩdelikad'ezə] s. f. indelicacy; incivility.

in.de.li.ca.do [ĩdelik'adu] adj. indelicate, indecent.

in.de.ni.za.ção [ĩdenizas'ãw] s. f. (pl. -ções) indemnity.

in.de.ni.zar [ĩdeniz'ar] v. to indemnify (from).

in.de.pen.dên.cia [ĩdepẽd'ẽsjə] s. f. independence.

in.de.pen.dente [ĩdepẽd'ẽti] adj. m. + f. independent.

in.des.cri.tí.vel [ĩdeskrit'ivew] adj. m. + f. (pl. -veis) indescribable; unspeakable; remarkable; nondescript.

in.des.cul.pá.vel [ĩdeskuwp'avew] adj. m. + f. (pl. -veis) inexcusable; unpardonable.

in.de.se.já.vel [ĩdezeʒ'avew] s. m. + f. (pl. -veis) undesired person; undesirability. ‖ adj. undesirable, undesired; unwelcome.

in.des.tru.tí.vel [ĩdestrut'ivew] adj. m. + f. (pl. -veis) indestructible, undestroyable.

in.de.ter.mi.na.do [ĩdetermin'adu] adj. indeterminate.

in.de.vi.do [ĩdev'idu] adj. undue; improper.

ín.dex ['ĩdeks] s. m. (pl. índices) index finger.

in.de.xa.ção [ĩdeksas'ãw] s. f. (econ.) indexing.

in.de.xa.do [ĩdeks'adu] adj. index-linked.

in.de.xar [ĩdeks'ar] v. (econ.) to index.

in.di.a.no [ĩdi'ʌnu] s. m. + adj. Indian.

in.di.ca.ção [ĩdikas'ãw] s. f. (pl. -ções) indication.

in.di.ca.dor [ĩdikad'or] s. m. index finger, forefinger; indicator. ‖ adj. indicatory, indicative.

in.di.car [ĩdik'ar] v. to indicate; to denote; to earmark.

in.di.ca.ti.vo [ĩdikat'ivu] s. m. mark, sign; indication; (gram.) indicative mode. ‖ adj. indicative, indicant; expressive.

ín.di.ce [ĩdisi] s. m. table, index; table of contents; catalogue; register.

in.di.ci.a.ção [ĩdisjas'ãw] s. f. (pl. -ções) circumstancial evidence.

in.di.ci.ar [ĩdisi'ar] v. to denounce; to accuse.

in.dí.cio [ĩd'isju] s. m. indicium; indication; clue, trace, vestige; symptom.

in.di.fe.ren.ça [ĩdifer'ẽsə] s. f. indifference; unconcern.

in.di.fe.ren.te [ĩdifer'ẽti] adj. m. + f. indifferent, unconcerned; unresponsive.

in.dí.ge.na [ĩd'iʒenə] s. m. + f. native, indigene, aboriginal. ‖ adj. indigenous, native, aboriginal, inlandish.

in.di.gen.te [ĩdiʒ'ẽti] s. m. + f. beggar. ‖ adj. indigent, poor; needy.

in.di.ges.tão [ĩdiʒest'ãw] s. f. (pl. -tões) indigestion.

in.dig.na.ção [ĩdignas'ãw] s. f. (pl. -ções) indignation.

in.dig.na.do [ĩdign'adu] adj. indignant, vexed; provoked; angry; exasperated.

in.dig.nar [ĩdign'ar] v. to cause indignation.

in.dig.ni.da.de [ĩdignid'adi] s. f. indignity; unworthiness; disrespect.

in.dig.no [ĩd'ignu] adj. unworthy, worthless.

ín.dio [ĩdju] s. m. Indian.

in.di.re.ta [ĩdir'ɛtə] s. f. (Braz.) allusion, hint, slant.

in.di.re.to [ĩdir'ɛtu] adj. indirect; (gram.) oblique.

in.dis.ci.pli.na [ĩdisipl'inə] s. f. indiscipline; disorder.

in.dis.ci.pli.nar [ĩdisiplin'ar] v. to destroy the discipline; to demoralize; ≈-se to revolt.

in.dis.cre.to [ĩdiskr'ɛtu] s. m. indiscreet or unfaithful person. ‖ adj. indiscreet; imprudent, injudicious; unfaithful.

in.dis.cri.ção [ĩdiskris'ãw] s. f. (pl. -ções) indiscreetness.

in.dis.cri.mi.na.do [ĩdiskrimin'adu] adj. indiscriminate.

in.dis.cu.tí.vel [ĩdiskut'ivew] adj. m. + f. (pl. -veis) undiscussable; unquestionable; certain.

in.dis.far.ça.do [ĩdisfars'adu] adj. undisguised, frank.

in.dis.pen.sá.vel [ĩdispens'avew] s. + adj. m. + f. (pl. -**veis**) indispensable.

in.dis.po.ní.vel [ĩdispon'ivew] adj. m. + f. (pl. -**veis**) inalienable; unavailable, untransferable.

in.dis.por [ĩdisp'or] v. to indispose; to irritate.

in.dis.po.si.ção [ĩdisposis'ãw] s. f. (pl. -**ções**) indisposition.

in.dis.pos.to [ĩdisp'ostu] adj. indisposed; unwell, sick.

in.dis.so.lú.vel [ĩdisol'uvew] adj. m. + f. (pl. -**veis**) indissoluble.

in.dis.tin.to [ĩdist'ĩtu] adj. indistinct, not clearly distinguishable; unclear, dim.

in.di.vi.du.al [ĩdividu'aw] adj. m. + f. (pl. -**ais**) individual; personal, private; single.

in.di.vi.du.a.li.da.de [ĩdividwalid'adi] s. f. individuality.

in.di.ví.duo [ĩdiv'idwu] s. m. individual. ‖ adj. individual; single; indivisible.

in.di.vi.sí.vel [ĩdiviz'ivew] s. adj. m. + f. (pl. -**veis**) indivisible.

in.di.zí.vel [ĩdiz'ivew] adj. m. + f. (pl. -**veis**) unutterable, inexpressible, unspeakable.

in.dó.cil [ĩd'ɔsiw] adj. m. + f. (pl. -**ceis**) indocile.

ín.do.le ['ĩdoli] s. f. natural disposition, nature; temper, character; propensity.

in.do.lên.cia [ĩdol'ẽsjə] s. f. indolence, indolency.

in.do.len.te [ĩdol'ẽti] adj. m. + f. indolent; apathetic; lazy; slack, listless.

in.do.lor [ĩdol'or] adj. m. + f. painless.

in.do.ma.do [ĩdom'adu] adj. untamed; wild; unruly.

in.do.má.vel [ĩdom'avew] adj. m. + f. (pl. -**veis**) indomitable; unconquerable, uncontrollable.

in.dô.mi.to [ĩd'omitu] adj. untamed; wild.

in.dou.to [ĩd'owtu] adj. unlearned, ignorant.

in.du.bi.tá.vel [ĩdubit'avew] adj. m. + f. (pl. -**veis**) undoubted; incontestable; unquestionable.

in.du.ção [ĩdus'ãw] s. f. (pl. -**ções**) induction.

in.dul.gên.cia [ĩduwʒ'ẽsjə] s. f. indulgence; clemency.

in.dul.gen.te [ĩduwʒ'ẽti] adj. m. + f. indulgent.

in.dul.to [ĩd'uwtu] s. m. indult; pardon.

in.du.men.tá.ria [ĩdumẽt'arjə] s. f. art of dressing; history of dresses; clothing, apparel, garments.

in.du.men.tá.rio [ĩdumẽt'arju] adj. of, pertaining to or relative to clothes, their styles and history.

in.dús.tria [ĩd'ustrjə] s. f. industry; works.

in.dus.tri.al [ĩdustri'aw] s. m. + f. (pl. -**ais**) manufacturer, producer. ‖ adj. industrial; manufacturing.

in.dus.tri.a.li.za.ção [ĩdustrjalizas'ãw] s. f. (pl. -**ções**) industrialization.

in.dus.tri.a.li.zar [ĩdustrjaliz'ar] v. to industrialize.

in.dus.tri.ar [ĩdustri'ar] v. to elaborate; to teach, instruct, train.

in.dus.tri.o.so [ĩdustri'ozu] adj. industrious; diligent.

in.du.zir [ĩduz'ir] v. to induce; to incite; to persuade, instigate; to deduce; to conclude.

i.ne.bri.an.te [inebri'ãti] adj. m. + f. inebriant, intoxicating.

i.ne.bri.ar [inebri'ar] v. to inebriate; to make drunk; ≃-**se** to become intoxicated.

i.né.di.to [in'ɛditu] s. m. unpublished works, inedita (pl.). ‖ adj. inedited, unpublished.

i.ne.fi.caz [inefik'as] adj. m. + f. (pl. -**cazes**) inefficacious; ineffective; useless; feeble.

i.ne.fi.ci.ên.cia [inefisi'ẽsjə] s. f. inefficiency.

i.ne.fi.ci.en.te [inefisi'ẽti] adj. m. + f. inefficient.

i.ne.gá.vel [ineg'avew] adj. m. + f. (pl. -**veis**) undeniable, incontestable; evident.

i.ne.quí.vo.co [inek'ivoku] adj. unequivocal, unmistakable, unambiguous.

i.nér.cia [in'ɛrsjə] s. f. inertness, inactivity; laziness; (phys.) inertia.

i.ne.ren.te [iner'ẽti] adj. m. + f. inherent.

i.ner.te [in'ɛrti] adj. m. + f. inert; inactive, passive; lazy, sluggish; indolent.

i.nes.cru.pu.lo.so [ineskrupul'ozu] adj. unscrupulous.

i.nes.cru.tá.vel [ineskrut'avew] adj. m. + f. (pl. -**veis**) inscrutable, impenetrable.

i.nes.go.tá.vel [inesgot'avew] adj. m. + f. (pl. -**veis**) inexhaustive; unfailing; copious.

i.nes.pe.ra.do [inesper'adu] adj. unexpected, unforeseen, unlooked for; sudden, abrupt.

i.nes.que.cí.vel [ineskes'ivew] adj. m. + f. (pl. -**veis**) unforgettable.

i.nes.ti.má.vel [inestim'avew] adj. m. + f. (pl. -**veis**) inestimable; priceless.

i.ne.vi.tá.vel [inevit'avew] adj. m. + f. (pl. -**veis**) unavoidable; inevitable; infallible.

i.ne.xa.ti.dão [inezatid'ãw] s. f. (pl. -**dões**) inexactness.

i.ne.xa.to [inez'atu] adj. inexact; inaccurate; false.

i.ne.xau.rí.vel [inezawr'ivew] adj. m. + f. (pl. -**veis**) unfailing; inexhaustive; abundant.

i.nex.ce.dí.vel [inesed'ivew] adj. m. + f. (pl. -**veis**) unexceedable.

i.ne.xis.ten.te [inezist'ẽti] adj. m. + f. inexistent; absent.

i.ne.xo.rá.vel [inezor'avew] adj. m. + f. (pl. -**veis**) inexorable; inflexible; merciless; relentless.

i.nex.pe.ri.ên.cia [inesperi'ẽsjə] s. f. inexperience.

i.nex.pe.ri.en.te [inesperi'ẽti] adj. m. + f. inexperienced; unpractised; (pop.) green.

i.nex.pli.cá.vel [inesplik'avew] adj. m. + (pl. -**veis**) inexplicable; incomprehensible.

i.nex.plo.ra.do [inesplor'adu] adj. unexplored, untravelled, untrod.

i.nex.pres.si.vo [inespres'ivu] adj. inexpressive; vacuous.

i.nex.pri.mí.vel [inesprim'ivew] adj. m. + f. (pl. -**veis**) inexpressible, unutterable, unspeakable.

i.nex.pug.ná.vel [inespugn'avew] adj. m. + f. (pl. -**veis**) inexpugnable; insuperable, impregnable.

in.fa.lí.vel [ifal'ivew] adj. m. + f. (pl. -**veis**) infallible.

in.fa.me [ĩf'ʌmi] adj. m. + f. infamous; of ill fame, odious; wicked.

in.fâ.mia [ĩf'ʌmjə] s. f. infamy; evil fame, villainy.

in.fân.cia [ĩf'ãsjə] s. f. infancy, childhood.

in.fan.ta.ri.a [ĩfãtar'iə] s. f. infantry, foot soldiers.

in.fan.te [ĩf'ãti] s. m. (Spain, Portugal) infante; child, infant; infantryman.

in.fan.til [ĩfãt'iw] adj. m. + f. (pl. -**tis**) infantile; childish; (fig.) young, tender.

in.fan.ti.li.da.de [ĩfãtilid'adi] s. f. childishness.

in.fa.ti.gá.vel [ĩfatig'avew] adj. m. + f. (pl. -**veis**) indefatigable; untiring.

in.faus.to [ĩf'awstu] adj. unlucky, unfortunate.

in.fec.ção [ĩfeks'ãw] s. f. (pl. -**ções**) infection, contagion; contamination.

in.fec.ci.o.nar [ĩfeksjon'ar] v. to infect, contaminate; to corrupt; ≃-**se** to be or become infected.

in.fec.ci.o.so [ĩfeksi'ozu] adj. infective.

in.fec.tar [ĩfekt'ar] v. to infect; to contaminate; to pollute, defile.

in.fec.to [ĩf'ɛktu] adj. infected, contaminated; pestilential; fetid.

in.fe.li.ci.da.de [ĩfelisid'adi] s. f. infelicity; misfortune, unhappiness.

in.fe.liz [ĩfel'is] s. m. + f. (pl. -**lizes**) unfortunate person, wretch. ‖ adj. unhappy, unfortunate, unlucky; ill-fated.

in.fe.rên.cia [ĩfer'ẽsjə] s. f. inference; conclusion.

in.fe.ri.or [ĩferi'or] s. m. inferior; subordinate. ‖ adj. inferior; of poorer quality, less capacity or merit, of lower rank; base.

in.fe.ri.o.ri.da.de [ĩferjorid'adi] s. f. inferiority.

in.fe.rir [ĩfer'ir] v. to infer; to deduce, conclude.

in.fer.nal [ĩfern'aw] adj. m. + f. (pl. -**nais**) infernal, hellish.

in.fer.nar [ĩfern'ar] v. to doom to hell; to afflict.

in.fer.no [ĩf'ɛrnu] s. m. infernal regions; hell.

in.fes.tar [ĩfest'ar] v. to infest; to attack, molest; to swarm over; to plague.

in.fe.tar [ĩfet'ar] v. = **infectar**.

in.fe.to [ĩf'ɛtu] adj. = **infecto**.

in.fi.de.li.da.de [ĩfidelid'adi] s. f. infidelity, disloyalty.

in.fi.el [ĩfi'ɛw] s. m. + f. (pl. -**éis**) infidel, apostate. ‖ adj. infidel, unfaithful; disloyal.

in.fil.trar [ĩfiwtr'ar] v. to infiltrate, to filter, seep, sift in.

ín.fi.mo ['ĩfimu] adj. lowermost, undermost.

in.fin.dá.vel [ĩfid'avew] adj. m. + f. (pl. -**veis**) endless.

in.fi.ni.da.de [ĩfinid'adi] s. f. infinity, infiniteness.

in.fi.ni.te.si.mal [ĩfinitezim'aw] adj. m. + f. (pl. -**mais**) infinitesimal; infinitely small.

in.fi.ni.té.si.mo [ĩfinit'ɛzimu] s. m. + adj. infinitesimal.

in.fi.ni.to [ĩfin'itu] s. m. infinite, infinity; (gram.) infinitive mode. ‖ adj. infinite, infinitive; boundless; endless; timeless; eternal.

in.fla.ção [ĩflas'ãw] s. f. (pl. **-ções**) inflation. ‖ adj. inflationary.

in.fla.ci.o.nar [ĩflasjon'ar] v. (also econ.) to inflate.

in.fla.ma.bi.li.da.de [ĩflamabilid'adi] s. f. inflammability.

in.fla.ma.ção [ĩflamas'ãw] s. f. (pl. **-ções**) inflammation; passion, enthusiasm.

in.fla.mar [ĩflam'ar] v. to inflame; to ignite, kindle, set on fire; to set ablaze.

in.fla.má.vel [ĩflam'avew] adj. m. + f. (pl. **-veis**) inflammable; combustible.

in.flar [ĩfl'ar] v. to inflate, swell with air or gas; to puff up; to become proud.

in.fle.xão [ĩfleks'ãw] s. f. (pl. **-xões**) (also gram.) inflection; variation; modulation.

in.fle.xí.vel [ĩfleks'ivew] adj. m. + f. (pl. **-veis**) inflexible; unbending; stiff, rigid; unrelenting, implacable.

in.fli.gir [ĩfliʒ'ir] v. to inflict; to impose punishment; to penalize.

in.flu.ên.cia [ĩflu'ẽsjə] s. f. influence.

in.flu.en.ci.ar [ĩflwẽsi'ar] v. to influence; to act on.

in.flu.en.te [ĩflu'ẽti] s. m. + f. influencer, big shot. ‖ adj. influential; powerful.

in.flu.ir [ĩflu'ir] v. to flow into; to influence; to implant, instil with; to excite, inspire.

in.flu.xo [ĩfl'uksu] s. m. influx; inflow, inrush, infusion; influence.

in.for.ma.ção [ĩformas'ãw] s. f. (pl. **-ções**) information.

in.for.mal [ĩform'aw] adj. m. + f. informal.

in.for.man.te [ĩform'ãti] s. m. + f. informer, informant. ‖ adj. informant, informative.

in.for.mar [ĩform'ar] v. to inform; to instruct, teach; to confirm; to tell, mention; ≈ **-se** to inquire.

in.for.má.ti.ca [ĩform'atikə] s. f. informatics; computing.

in.for.me [ĩf'ɔrmi] s. m. information. ‖ adj. unformed; formless; clumsy, crude.

in.for.tú.nio [ĩfort'unju] s. m. misfortune, infelicity.

in.fra.ção [ĩfras'ãw] s. f. (pl. **-ções**) infraction, infringement; transgression.

in.fra.tor [ĩfrat'or] s. m. transgressor.

in.fre.qüen.te [ĩfrek'wẽti] adj. m. + f. infrequent, unfrequent; uncommon; scarce, rare.

in.frin.gir [ĩfrĩʒ'ir] v. to infringe; to violate; to contravene.

in.fru.tí.fe.ro [ĩfrut'iferu] adj. unfruitful, fruitless.

in.fun.da.do [ĩfũd'adu] adj. unfounded, baseless.

in.fun.dir [ĩfũd'ir] v. to instil; to inculcate.

in.fu.são [ĩfuz'ãw] s. f. (pl. **-sões**) infusion; (pharm.) maceration.

in.ge.nui.da.de [ĩʒenwid'adi] s. f. ingenuity, ingenuousness; simplicity; candour; naïvety.

in.gê.nuo [ĩʒ'enwu] s. m. ingenuous person. ‖ adj. naive, simple; frank.

in.ge.rir [ĩʒer'ir] v. to swallow; to meddle.

in.glês [ĩgl'es] s. m. (pl. **-gleses**; f. **-glesa**) Englishman; English. ‖ adj. English.

in.gló.rio [ĩgl'ɔrju] adj. inglorious, obscure.

in.gra.ti.dão [ĩgratid'ãw] s. f. (pl. **-dões**) ingratitude.

in.gra.to [ĩgr'atu] s. m. ungrateful person, ingrate. ‖ adj. ungrateful; thankless.

in.gre.di.en.te [ĩgredi'ẽti] s. m. ingredient.

ín.gre.me ['ĩgremi] adj. m. + f. steep, sheer.

in.gres.sar [ĩgres'ar] v. to enter, go in.

in.gres.so [ĩgr'ɛsu] s. m. ingression, ingress; entry, entrance. **bilhete de** ≈ admission ticket.

ín.gua ['ĩgwə] s. f. (med.) inguinal bubo, bubo of the groin.

i.nha.me [iñ'ami] s. m. (bot.) yam.

i.ni.bi.ção [inibis'ãw] s. f. (pl. **-ções**) inhibition.

i.ni.bir [inib'ir] v. to inhibit; to check; to forbid, prohibit; to obstruct, hinder.

i.ni.ci.a.ção [inisjas'ãw] s. f. (pl. **-ções**) initiation; start.

i.ni.ci.a.do [inisi'adu] s. m. initiate, adept.

i.ni.ci.al [inisi'aw] s. f. + adj. m. + f. (pl. **-ais**) initial.

i.ni.ci.ar [inisi'ar] v. to initiate; to begin, start, comence; to inaugurate.

i.ni.ci.a.ti.va [inisjat'ivə] s. f. initiative; enterprise.

i.ni.ci.a.ti.vo [inisjat'ivu] adj. initiative, initial, initiatory.

i.ní.cio [in'isju] s. m. beginning, start, commencement; outset, origin.

i.ni.gua.lá.vel [inigwal'avew] adj. m. + f. (pl. **-veis**) unequal(l)ed; unmatchable.

i.ni.mi.go [inim'igu] s. m. enemy, adversary; (mil.) foe; opponent; antagonist. ‖ adj. inimical, averse, hostile.

i.ni.mi.tá.vel [inimit'avew] adj. m. + f. (pl. **-veis**) inimitable.

i.ni.mi.za.de [inimiz'adi] s. f. enmity, hostility; hatred.

i.ni.mi.zar [inimiz'ar] v. to make an enemy of, set at variance; to antagonize.

i.nin.te.li.gí.vel [inīteliʒ'ivew] adj. m. + f. (pl. **-veis**) unintelligible, inapprehensible; obscure.

i.ni.qüi.da.de [inikwid'adi] s. f. iniquity; wickedness.

i.ní.quo [in'ikwu] adj. iniquitous, unjust.

in.je.ção [īʒes'ãw] s. f. (pl. **-ções**) injection; shot.

in.je.ta.do [īʒet'adu] adj. injected; bloodshot (eye).

in.je.tar [īʒet'ar] v. to inject; to force in; to insert.

in.jun.ção [īʒũs'ãw] s. f. (pl. **-ções**) injunction; order.

in.jú.ria [īʒ'urjə] s. f. injury; affront, offense; harm.

in.ju.ri.ar [īʒuri'ar] v. to injure; to do harm, hurt; to affront; to insult, outrage.

in.ju.ri.o.so [īʒuri'ozu] adj. injurious; harmful.

in.jus.ti.ça [īʒust'isə] s. f. injustice; wrong; iniquity.

in.jus.ti.fi.cá.vel [īʒustifik'avew] adj. m. + f. (pl. **-veis**) unjustifiable; not defensible.

in.jus.to [īʒ'ustu] adj. unjust, unfair.

i.nob.ser.vân.cia [inobserv'âsjə] s. f. inobservance.

i.no.cên.cia [inos'êsjə] s. f. innocence.

i.no.cen.tar [inosēt'ar] v. to pronounce not guilty, acquit; to excuse, pardon.

i.no.cen.te [inos'ēti] adj. m. + f. innocent; inoffensive.

i.no.cu.lar [inokul'ar] v. to inoculate; to graft by budding; to insert.

i.nó.cuo [in'ɔkwu] adj. innocuous; harmless; not injurious.

i.no.fen.si.vo [inofēs'ivu] adj. inoffensive, harmless.

i.no.fi.ci.o.so [inofisi'ozu] adj. inofficious; without office or duty.

i.nol.vi.dá.vel [inowvid'avew] adj. m. + f. (pl. **-veis**) unforgettable.

i.no.pi.na.do [inopin'adu] adj. unexpected, unforeseen.

i.no.por.tu.no [inoport'unu] adj. inopportune; untimely.

i.nós.pi.to [in'ɔspitu] adj. inhospitable; barren, wild.

i.no.va.ção [inovas'ãw] s. f. (pl. **-ções**) innovation; change, alteration; novelty.

i.no.var [inov'ar] v. to innovate; to renew, renovate.

i.no.xi.dá.vel [inoksid'avew] adj. m. + f. (pl. **-veis**) inoxidable; rustproof, stainless.

in.qua.li.fi.cá.vel [īkwalifik'avew] adj. m. + f. (pl.**-veis**) unqualifiable; unworthy, base, vile.

in.que.bran.tá.vel [īkebrãt'avew] adj. m. + f. (pl. **-veis**) unbreakable; indestructible.

in.que.brá.vel [īkebr'avew] adj. m. + f. (pl. **-veis**) unbreakable.

in.qué.ri.to [īk'ɛritu] s. m. inquiry; investigation.

in.qui.e.ta.ção [īkjetas'ãw] s. f. (pl. **-ções**) inquietude.

in.qui.e.tan.te [īkjet'ãti] adj. m. + f. disturbing.

in.qui.e.tar [īkjet'ar] v. to disquiet; to disturb.

in.qui.e.to [īki'ɛtu] adj. unquiet, disturbed;. uneasy; anxious; apprehensive.

in.qui.e.tu.de [īkjet'udi] s. f. unquietness; unrest.

in.qui.li.na.to [īkilin'atu] s. m. tenancy, tenantry.

in.qui.li.no [īkil'inu] s. m. tenant; lodger, occupant.

in.qui.ri.ção [īkiris'ãw] s. f. (pl. **-ções**) inquest, inquiry.

in.qui.rir [īkir'ir] v. to inquire; to question, query.

in.qui.si.ção [īkizis'ãw] s. f. (pl. **-ções**) inquisition.

in.qui.si.ti.vo [īkizit'ivu] adj. inquisitive, prying, nosey.

in.sa.ci.á.vel [īsasi'avew] adj. m. + f. (pl. **-veis**) insatiable, insatiate; unquenchable; voracious.

in.sa.ná.vel [īsan'avew] adj. m. + f. (pl. **-veis**) incurable.

in.sa.ni.da.de [īsanid'adi] s. f. insanity, insaneness.

in.sa.no [ĭs'ʌnu] adj. insane, crazy; mad; demented.

in.sa.tis.fa.ção [ĭsatisfas'ãw] s. f. (pl. **-ções**) dissatisfaction.

in.sa.tis.fei.to [ĭsatisf'ejtu] adj. dissatisfied.

ins.cre.ver [ĭskrev'er] v. to inscribe; to book.

ins.cri.ção [ĭskris'ãw] s. f. (pl. **-ções**) inscription.

in.se.gu.ran.ça [ĭsegur'ãsɔ] s. f. insecurity; unsafeness.

in.se.gu.ro [ĭseg'uru] adj. unsecure, unsafe; unsure.

in.se.mi.na.ção [ĭsēminas'ãw] s. f. (pl. **-ções**) insemination. ≃ **artificial** artifical insemination.

in.sen.sa.tez [ĭsēsat'es] s. f. insensateness; madness.

in.sen.sa.to [ĭsēs'atu] adj. insensate; irrational.

in.sen.si.bi.li.zar [ĭsēsibiliz'ar] v. to insensibilize.

in.sen.sí.vel [ĭsēs'ivew] adj. m. + f. (pl. **-veis**) insensible, hard, callous; unfeeling.

in.se.pa.rá.vel [ĭsepar'avew] adj. m. + f. (pl. **-veis**) inseparable.

in.se.rir [ĭser'ir] v. to insert; to introduce; to implant.

in.ser.to [ĭs'ɛrtu] adj. insert, put or set in.

in.se.ti.ci.da [ĭsetis'idə] s. m. insecticide, vermin-killer, insect-powder. ‖ adj. m. + f. insecticidal.

in.se.to [ĭs'ɛtu] s. m. (zool.) insect; pest, vermin.

in.si.di.o.so [ĭsidi'ozu] adj. insidious; deceitful.

in.sig.ne [ĭs'igni] adj. m. + f. notable, famous.

in.síg.nia [ĭs'ignjə] s. f. sign, mark; token; emblem.

in.sig.ni.fi.can.te [ĭsignifik'ãti] adj. insignificant; trivial.

in.sin.ce.ri.da.de [ĭsĭserid'adi] s. f. insincerity; duplicity.

in.sin.ce.ro [ĭsĭs'ɛru] adj. insincere; untruthful.

in.si.nu.a.ção [ĭsinwas'ãw] s. f. (pl. **-ções**) insinuation.

in.si.nu.an.te [ĭsinu'ãti] adj. m. + f. insinuating.

in.si.nu.ar [ĭsinu'ar] v. to insinuate; to hint, suggest.

in.si.pi.dez [ĭsipid'es] s. f. insipidity; flatness.

in.sí.pi.do [ĭs'ipidu] adj. insipid, tasteless; drab, flat; flavourless.

in.si.pi.en.te [ĭsipi'ēti] adj. m. + f. insipient.

in.sis.tên.cia [ĭsist'ēsjə] s. f. insistence, perseverance; persistence; importunity.

in.sis.ten.te [ĭsist'ēti] adj. m. + f. insistent; urgent.

in.sis.tir [ĭsist'ir] v. to insist, stand upon; to persist; to assert emphatically.

in.so.ci.á.vel [ĭsosi'avew] adj. m. + f. (pl. **-veis**) unsociable.

in.so.la.ção [ĭsolas'ãw] s. f. (pl. **-ções**) insolation.

in.so.lên.cia [ĭsol'ēsjə] s. f. insolence, impertinence.

in.so.len.te [ĭsol'ēti] adj. m. + f. insolent; arrogant, haughty; offensive; petulant.

in.só.li.to [ĭs'ɔlitu] adj. uncommon, unusual.

in.so.lú.vel [ĭsol'uvew] adj. m. + f. (pl. **-veis**) insoluble, indissolvable; unsolvable.

in.sol.vên.cia [ĭsowv'ēsjə] s. f. (com.) insolvency.

in.sol.ven.te [ĭsowv'ēti] s. + adj. m. + f. insolvent.

in.son.dá.vel [ĭsõd'avew] adj. m. + f. (pl. **-veis**) unfathomable.

in.sô.nia [ĭs'onjə] s. f. insomnia.

in.sos.so [ĭs'osu] adj. saltless, flat; dull.

ins.pe.ção [ĭspes'ãw] s. f. (pl. **-ções**) inspection.

ins.pe.ci.o.nar [ĭspesjon'ar] v. to inspect, scrutinize, examine; to survey, supervise; to control, review; to overhaul.

ins.pe.tor [ĭspet'or] s. m. inspector; supervisor.

ins.pi.ra.ção [ĭspiras'ãw] s. f. (pl. **-ções**) inspiration.

ins.pi.rar [ĭspir'ar] v. to inspire; to inhale; to suggest.

ins.ta.bi.li.da.de [ĭstabilid'adi] s. f. instability; inconstancy.

ins.ta.la.ção [ĭstalas'ãw] s. f. (pl. **-ções**) installation.

ins.ta.lar [ĭstal'ar] v. to instal(l); to place in a seat; to erect, construct; to fit out; ≃ **-se** to settle down.

ins.tân.cia [ĭst'ãsjə] s. f. instance, instancy; urgency.

ins.tan.tâ.neo [ĭstãt'ʌnju] s. m. instantaneous photograph, snapshot. ‖ adj. instantaneous; rapid; momentary, immediate.

ins.tan.te [ĩst'ãti] s. m. instant, moment. ‖ adj. m. + f. instant.

ins.tar [ĩst'ar] v. to ask insistently, urge; to press, drive; to insist upon.

ins.tau.rar [ĩstawr'ar] v. to begin, initiate; to establish.

ins.tá.vel [ĩst'avew] adj. m. + f. (pl. **-veis**) unstable.

ins.ti.gar [ĩstig'ar] v. to instigate; to goad on.

ins.ti.lar [ĩstil'ar] v. to instil(l), pour in by drops, infuse.

ins.tin.ti.vo [ĩstĩt'ivu] adj. instinctive.

ins.tin.to [ĩst'ĩtu] s. m. instinct, intuiton; flair.

ins.ti.tu.i.ção [ĩstitwis'ãw] s. f. (pl. **-ções**) institution; establishment.

ins.ti.tu.ir [ĩstitu'ir] v. to institute, set up, establish; to found; to constitute, organize.

ins.ti.tu.to [ĩtit'utu] s. m. institute, institution.

ins.tru.ção [ĩstrus'ãw] s. f. (pl. **-ções**) instruction, act of teaching; education, schooling; tutelage, tuition; coaching; indoctrination.

ins.tru.í.do [ĩstru'idu] adj. learned, educated; informed; initiate, wise.

ins.tru.ir [ĩstru'ir] v. to instruct, teach; to educate.

ins.tru.men.tal [ĩstrumẽt'aw] s. m. (pl. **-tais**) the different instruments of an orchestra collectively. ‖ adj. m. + f. instrumental.

ins.tru.men.tar [ĩstrumẽt'ar] v. (mus.) to instrument, score.

ins.tru.men.to [ĩstrum'ẽtu] s. m. instrument, means, agency; tool, implement; (mus.) any contrivance for producing sounds.

ins.tru.ti.vo [ĩstrut'ivu] adj. instructive, instructional.

ins.tru.tor [ĩstrut'or] s. m. instructor, teacher; trainer, coach; tutor; preceptor.

in.sub.mis.so [ĩsubm'isu] s. m. unsubmissive, disobedient.

in.su.bor.di.na.ção [ĩsubordinas'ãw] s. f. (pl. **-ções**) insubordination, subversion, mutiny, rebellion.

in.subs.ti.tu.í.vel [ĩsubstitu'ivew] adj. m. + f. (pl. **-veis**) irreplaceable, irretrievable.

in.su.ces.so [ĩsus'ɛsu] s. m. ill success, failure.

in.su.fi.ci.en.te [ĩsufisi'ẽti] adj. m. + f. insufficient.

in.su.la.ção [ĩsulas'ãw] s. f. (pl. **-ções**) insulation.

in.su.lar [ĩsul'ar] s. m. + f. islander. ‖ adj. m. + f. insular. ‖ v. to set apart, separate; to live secludedly; to isolate, insulate.

in.sul.tar [ĩsuwt'ar] v. to insult; to abuse, affront; to offend; to outrage, revile.

in.sul.to [ĩs'uwtu] s. m. insult; abuse, affront; slur, jibe.

in.su.pe.rá.vel [ĩsuper'avew] adj. m. + f. (pl. **-veis**) insuperable; unsurmountable; invincible.

in.su.por.tá.vel [ĩsuport'avew] adj. m. + f. (pl. **-veis**) insupportable; insufferable, unbearable.

in.sur.gen.te [ĩsurʒ'ẽti] s. + adj. m. + f. insurgent.

in.sur.gir [ĩsurʒ'ir] v. to revolt; ≃ **-se** to become insurgent; to resist.

in.sur.rei.ção [ĩsuřejs'ãw] s. f. (pl. **-ções**) insurrection.

in.sur.re.ci.o.nar [ĩsuřesjon'ar] v. = **insurgir**.

in.sur.re.to [ĩsuř'ɛtu] s. m. + adj. insurgent.

in.sus.ten.tá.vel [ĩsustẽt'avew] adj. m. + f. (pl. **-veis**) unsustainable; untenable; baseless.

in.tac.to [ĩt'aktu] adj. intact, untouched.

in.tan.gí.vel [ĩtãʒ'ivew] adj. m. + f. (pl. **-veis**) intangible.

in.ta.to [ĩt'atu] adj. = **intacto**.

ín.te.gra ['ĩtegrə] s. f. totality; completeness.

in.te.gra.ção [ĩtegras'ãw] s. f. (pl. **-ções**) integration.

in.te.gral [ĩtegr'aw] adj. m. + f. (pl. **-grais**) integral.

in.te.gra.li.zar [ĩtegraliz'ar] v. to integrate, complete.

in.te.gran.te [ĩtegr'ãti] adj. m. + f. integrant.

in.te.grar [ĩtegr'ar] v. to integrate; to complete.

in.te.gri.da.de [ĩtegrid'adi] s. f. integrity; (fig.) rectitude.

ín.te.gro ['ĩtegru] adj. complete, entire; intact, inviolate; honest; incorruptible; fair.

in.tei.rar [ĩtejr'ar] v. to complete; to integrate; ≃ **-se** to inquire about s. th.; to inform o. s.

in.tei.re.za [ĩtejr'ezə] s. f. integrity; entireness.

in.tei.ri.ço [ĩtejr'isu] adj. entire, whole; stiff, rigid.

in.tei.ro [ĩt'ejru] s. m. (math.) whole number, integer. ‖ adj. entire, whole; exact, perfect; intact; complete, full, total.

in.te.lec.to [ītel'ɛktu] s. m. intellect; intelligence.

in.te.lec.tu.al [ītelektu'aw] s. + adj. m. + f. (pl. **-ais**) intellectual; (pop.) egghead.

in.te.li.gên.cia [īteliʒ'ẽsjə] s. f. intelligence.

in.te.li.gen.te [īteliʒ'ẽti] adj. m. + f. intelligent.

in.te.li.gí.vel [īteliʒ'ivew] adj. m. + f. (pl. **-veis**) intelligible, comprehensible, understandable, clear, plain.

in.tem.pe.ran.ça [ītẽper'ãsə] s. f. intemperance.

in.tem.pé.rie [ītep'ɛrji] s. f. bad weather.

in.tem.pes.ti.vo [ītẽpest'ivu] adj. untimely, unseasonable.

in.ten.ção [ītẽs'ãw] s. f. (pl. **-ções**) intention; intent, purpose, aim.

in.ten.ci.o.na.do [ītẽsjon'adu] adj. intentioned, disposed.

in.ten.ci.o.nal [ītẽsjon'aw] adj. m. + f. (pl. **-nais**) intentional; intended; deliberate.

in.ten.den.te [ītẽd'ẽti] s. m. manager.

in.ten.si.da.de [ītẽsid'adi] s. f. intensity, intenseness.

in.ten.si.fi.ca.ção [ītẽsifikas'ãw] s. f. (pl. **-ções**) intensification; enhancement.

in.ten.si.fi.car [ītẽsifik'ar] v. to intensify; to enhance.

in.ten.so [īt'ẽsu] adj. intense, intensive; active.

in.ten.tar [ītẽt'ar] v. to intend, design; to attempt, endeavour; to scheme; to undertake.

in.ten.to [īt'ẽtu] s. m. intention, intent; plan, project, design; aim, purpose. ‖ adj. attentive; dedicated, devoted.

in.ten.to.na [ītẽt'onə] s. f. conspiracy, complot.

in.ter.ca.lar [īterkal'ar] v. to intersperse; to insert between; to interpolate.

in.ter.câm.bio [īterk'ãbju] s. m. interchange; barter.

in.ter.ce.der [ītersed'er] v. to intercede; to mediate.

in.ter.cep.ção [īterseps'ãw] s. f. (pl. **-ções**) interception; interruption; intervention.

in.ter.cep.tar [ītersept'ar] v. to intercept, seize by the way; to interrupt; to obstruct, hinder.

in.ter.ces.são [īterses'ãw] s. f. (pl. **-sões**) intercession; intervention.

in.ter.co.mu.ni.ca.ção [īterkomunikas'ãw] s. f. (pl. **-ções**) intercommunication.

in.ter.con.ti.nen.tal [īterkõtinẽt'aw] adj. m. + f. (pl. **-tais**) intercontinental.

in.ter.di.tar [īterdit'ar] v. to interdict; to forbid.

in.te.res.sa.do [īteres'adu] s. m. profit-sharing employee, sharer; partner, party; prospect. ‖ adj. interested; concerned; being a part-owner; selfish.

in.te.res.san.te [īteres'ãti] adj. m. + f. interesting; entertaining; engaging, amusing.

in.te.res.sar [īteres'ar] v. to interest, concern, affect, be of interest to; to be profitable to; **≃-se** to interest o. s. in, take a share in. **a quem possa ≃** to whom it may concern.

in.te.res.se [īter'esi] s. m. interest, benefit, advantage; profit; personal concern.

in.te.res.sei.ro [īteres'ejru] adj. self-seeking, selfish; calculating; mercenary.

in.te.res.ta.du.al [īterestadu'aw] adj. m. + f. (pl. **-ais**) interstate.

in.ter.fe.rên.cia [īterfer'ẽsjə] s. f. interference.

in.ter.fe.rir [īterfer'ir] v. to interfere; to intervene.

ín.te.rim ['īterĩ] s. m. (pl. **-rins**) interim, the meantime.

in.te.ri.no [īter'inu] adj. interim; provisional; temporary; conditional.

in.te.ri.or [īteri'or] s. m. interior; inland, countryside; inward, inside. ‖ adj. m. + f. interior; upcountry; inner, inward; internal; (fig.) secret.

in.ter.jei.ção [īterʒejs'ãw] s. f. (pl. **-ções**) interjection.

in.ter.lo.cu.tor [īterlokut'or] s. m. interlocutor, conversationalist.

in.ter.lú.dio [īterl'udju] s. m. (arts and mus.) interlude.

in.ter.me.di.á.rio [ītermedi'arju] s. m. intermediary; broker, commission agent. ‖ adj. intermediate, intervening.

in.ter.mé.dio [īterm'ɛdju] s. m. intermediary, intermediate; agent, go-between. ‖ adj. intermediate, intervening, interposed.

in.ter.mi.ná.vel [ītermin'avew] adj. m. + f. (pl. **-veis**) interminable; endless; limitless.

in.ter.mis.são [ītermis'ãw] s. f. (pl. **-sões**) intermission.

in.ter.mi.ten.te [ītermit'ẽti] adj. m. + f. intermittent.

in.ter.mus.cu.lar [ītermuskul'ar] adj. m. + f. intermuscular.

in.ter.na.ci.o.nal [īternasjon'aw] s. + adj. m. + f. (pl. **-nais**) international.

in.ter.na.do [ītern'adu] s. m. inmate. ‖ adj. interned.

in.ter.nar [ītern'ar] v. to intern; to confine; to introduce; ≈-se to confine o. s., isolate o. s.; (fig.) to sequester o. s.

in.ter.na.to [ītern'atu] s. m. boarding school, orphanage; chidren's home.

in.ter.no [īt'ɛrnu] s. m. interne(e). ‖ adj. intern, internal; interior, inside, inward, inner.

in.ter.pe.la.ção [īterpelas'ãw] s. f. (pl. -ções) interpellation.

in.ter.pe.lar [īterpel'ar] v. to interpellate; to question.

in.ter.po.lar [īterpol'ar] adj. m. + f. interpolar. ‖ v. to interpolate; to insert.

in.ter.por [īterp'or] v. to interpose; to oppose; to interrupt; to interfere; to obstruct.

in.ter.pre.ta.ção [īterpretas'ãw] s. f. (pl. -ções) interpretation; explanation; version.

in.ter.pre.tar [īterpret'ar] v. to interpret, expound; to explain; to elucidate; (theat. and mus.) to play; to act.

in.ter.pre.tá.vel [īterpret'avew] adj. m. + f. (pl. -veis) interpretable; definable.

in.tér.pre.te [īt'ɛrpreti] s. m. + f. interpreter, translator; performer, singer; prolocutor.

in.ter.ro.ga.ção [īterõgas'ãw] s. f. (pl. -ções) interrogation, questioning.

in.ter.ro.gar [īterõg'ar] v. to interrogate; to inquire; to examine; to question.

in.ter.ro.ga.ti.vo [īterõgat'ivu] adj. interrogative.

in.ter.ro.ga.tó.rio [īterõgat'ɔrju] s. m. interrogatory; hearing, trial. ‖ adj. interrogative.

in.ter.rom.per [īterõp'er] v. to interrupt, to suspend, break off.

in.ter.rom.pi.do [īterõp'idu] adj. interrupted, cut off.

in.ter.rup.ção [īterups'ãw] s. f. (pl. -ções) interruption; cessation; discontinuance.

in.ter.rup.tor [īterupt'or] s. m. interrupter; (electr.) cut out, contact-breaker, circuit breaker, switch. ‖ adj. interrupting.

in.ter.se.ção [īterses'aw] s. f. (pl. -ções) intersection.

in.te.rur.ba.no [īterurb'ʌnu] s. m. (Braz.) long-distance call or telephone connexion. ‖ adj. interurban, between cities.

in.ter.va.lo [īterv'alu] s. m. interval; space; break; intermission; recess.

in.ter.ven.ção [ītervẽs'ãw] s. f. (pl. -ções) intervention.

in.ter.ve.ni.en.te [īterveni'ẽti] adj. intervenient, intervening.

in.ter.vir [īterv'ir] v. to intervene; to interfere.

in.tes.ti.nal [ītestin'aw] adj. m. + f. (pl. -nais) intestinal.

in.tes.ti.no [ītest'inu] s. m. intestine, bowel(s), entrails; innards. ‖ adj. intestine; internal; inward.

in.ti.ma.ção [ītimas'ãw] s. f. (pl. -ções) announcement, notification; citation; summons.

in.ti.mar [ītim'ar] v. to summon, cite, convoke.

in.ti.mi.da.ção [ītimidas'ãw] s. f. (pl. -ções) intimidation.

in.ti.mi.da.de [ītimid'adi] s. f. intimacy, privacy, familiarity; friendship.

in.ti.mi.da.do [ītimid'adu] adj. frightened, scared, worried to death.

in.ti.mi.dar [ītimid'ar] v. to intimidate; to frighten; to threaten; to discourage; ≈-se to become discouraged or intimidated.

ín.ti.mo ['ītimu] s. m. intimate friend, intimate, familiar. ‖ adj. intimate; inner, internal; innermost, inmost.

in.ti.tu.la.do [ītitul'adu] adj. entitled.

in.ti.tu.lar [ītitul'ar] to entitle.

in.to.cá.vel [ītok'avew] s. + adj. m. + f. (pl. -veis) untouchable.

in.to.le.rân.cia [ītoler'ãsjə] s. f. intolerance.

in.to.le.ran.te [ītoler'ãti] adj. m. + f. intolerant, intransigent, impatient.

in.to.le.rá.vel [ītoler'avew] adj. m. + f. (pl. -veis) intolerable, unbearable.

in.to.xi.ca.ção [ītoksikas'ãw] s. f. (pl. -ções) intoxication.

in.to.xi.car [ītoksik'ar] v. to poison; to make poisonous; to intoxicate.

in.tra.du.zí.vel [ītraduz'ivew] adj. m. + f. (pl. -veis) untranslatable, inexpressible.

in.tra.gá.vel [ītrag'avew] adj. m. + f. (pl. -veis) unpalatable, unswallowable; (fig.) unreadable; unacceptable.

in.tra.mus.cu.lar [ītramuskul'ar] adj. m. + f. intramuscular.

in.tran.si.gen.te [ĩtrãziʒ'ẽti] s. m. + f. intransigent.

in.tran.si.tá.vel [ĩtrãzit'avew] adj. m. + f. (pl. -veis) impassable, untransitable; pathless.

in.tran.si.ti.vo [ĩtrãzit'ivu] adj. (gram.) intransitive.

in.trans.po.ní.vel [ĩtrãspon'ivew] adj. m. + f. (pl. -veis) unsurmountable; unbridgeable.

in.tra.tá.vel [ĩtrat'avew] adj. m. + f. (pl. -veis) intractable, unmanageable; stubborn, dogged; haughty; unsociable; reserved.

in.tra.ve.no.so [ĩtraven'ozu] adj. (anat.) intravenous.

in.tré.pi.do [ĩtr'ɛpidu] s. m. daredevil, bold or reckless fellow. ‖ adj. intrepid; bold, fearless, daring.

in.tri.ca.do [ĩtrik'adu] adj. intricate; obscure; complicated; entangled.

in.tri.ga [ĩtr'igə] s. f. intrigue, plot, scheme; conspiracy; snare, trap.

in.tri.ga.lha.da [ĩtrigaλ'adə] s. f. intriguery; cabal.

in.tri.gan.te [ĩtrig'ãti] s. m. + f. intriguer, schemer, troublemaker. ‖ adj. m. + f. intriguing; meddling; cunning.

in.tri.gar [ĩtrig'ar] v. to intrigue; to involve, entangle; to plot for.

in.trín.se.co [ĩtr'ĩseku] adj. intrinsic(al); inherent, innate; internal; intimate; real.

in.tro.du.ção [ĩtrodus'ãw] s. f. (pl. -ções) introduction.

in.tro.du.zir [ĩtroduz'ir] v. to introduce; to lead or bring in; to usher in; to intrude; penetrate; ≃ -se to introduce o. s., edge in.

in.tro.me.ter [ĩtromet'er] v. to introduce, insert; ≃ -se to interfere, intermeddle; to butt in.

in.tro.me.ti.do [ĩtromet'idu] s. m. meddler, busybody; eavesdropper; intruder. ‖ adj. meddlesome, intrusive; importunate.

in.tro.mis.são [ĩtromis'ãw] s. f. (pl. -sões) intromission.

in.tros.pec.ção [ĩtrospeks'ãw] s. f. (pl. -ções) introspection; self-examination.

in.tro.ver.ti.do [ĩtrovert'idu] adj. introverted, introversive.

in.tru.são [ĩtruz'ãw] s. f. (pl. -sões) intrusion.

in.tru.so [ĩtr'uzu] s. m. intruder, trespasser; interloper, meddler. ‖ adj. intruded, intrusive.

in.tui.ção [ĩtujs'ãw] s. f. (pl. -ções) intuition; feeling.

in.tui.ti.vo [ĩtujt'ivu] adj. intuitive.

in.tui.to [ĩt'ujtu] s. m. design, intention; plan, aim.

i.nu.ma.ni.da.de [inumanid'adi] s. f. inhumanity, cruelty.

i.nu.ma.no [inum'ʌnu] adj. inhuman, cruel, brutal.

i.nu.me.rá.vel [inumer'avew] adj. m. + f. (pl. -veis) innumerable, unnumbered, countless.

i.nú.me.ros [in'umerus] adj. pl. numberless, countless.

i.nun.da.ção [inũdas'ãw] s. f. (pl. -ções) inundation, flood; (fig.) overflow, abundance.

i.nun.dar [inũd'ar] v. to inundate, flood; to overflow; to submerge, deluge.

i.nú.til [in'utiw] s. m. + f. (pl. -teis) worthless person, good-for-nothing. ‖ adj. useless; unserviceable, unnecessary.

i.nu.ti.li.da.de [inutilid'adi] s. f. inutility, uselessness.

i.nu.ti.li.zar [inutiliz'ar] v. to make useless; to nullify.

in.va.dir [ĩvad'ir] v. to invade; to conquer.

in.va.li.da.ção [ĩvalidas'ãw] s. f. (pl. -ções) invalidation.

in.va.li.dar [ĩvalid'ar] v. to invalidate; to nullify, annul; to discredit.

in.va.li.dez [ĩvalid'es] s. f. invalidity, infirmity.

in.vá.li.do [ĩv'alidu] s. m. invalid. ‖ adj. infirm, disabled; null, without effect.

in.va.ri.á.vel [ĩvari'avew] adj. m. + f. (pl. -veis) invariable; constant; unchangeable.

in.va.são [ĩvaz'ãw] s. f. (pl. -sões) invasion, incursion.

in.va.sor [ĩvaz'or] s. m. invader.

in.ve.ja [ĩv'ɛʒɐ] s. f. envy; jealousy; rivalry.

in.ve.jar [ĩveʒ'ar] v. to envy, feel envious of, to begrudge.

in.ve.já.vel [ĩveʒ'avew] adj. m. + f. (pl. -veis) enviable.

in.ve.jo.so [ĩveʒ'ozu] adj. envious, jealous.

in.ven.ção [ĩvẽs'ãw] s. f. (pl. -ções) invention.

in.ven.ci.bi.li.da.de [ĩvẽsibilid'adi] s. f. invincibility.

inven.cí.vel [ĩvẽs'ivew] adj. m. + f. (pl. -veis) invincible, insuperable.

in.ven.dá.vel [ĩvẽd'avew] adj. m. + f. (pl. -veis) unsalable, unmarketable; unalienable.

in.ven.tar [ĩvẽt'ar] v. to invent; to create.

in.ven.ta.ri.an.te [ĩvẽtari'ãti] s. m. + f. executor or administrator who compiles an inventory or takes stock.

in.ven.ta.ri.ar [ĩvẽtari'ar] v. to take stock.

in.ven.tá.rio [ĩvẽt'arju] s. m. inventory; schedule, register; stock.

in.ven.to [ĩv'etu] s. m. invention.

in.ven.tor [ĩvẽt'or] s. m. inventor; discoverer; author, originator; framer; (coll.) liar.

in.ver.da.de [ĩverd'adi] s. f. untruth, untruthfulness.

in.ve.rí.di.co [ĩver'idiku] adj. untrue, untruthful, inexact; false.

in.ver.na.da [ĩvern'adə] s. f. hard winter, winter season; rainy weather; winter pasture (for fattening cattle).

in.ver.nal [ĩvern'aw] adj. m. + f. (pl. **-nais**) wintry.

in.ver.nar [ĩvern'ar] v. to winter, pass the winter; to hibernate.

in.ver.no [ĩv'ɛrnu] s. m. winter, winter season.

in.ve.ros.sí.mil [ĩveros'imiw] adj. m. + f. (pl. **-meis**) improbable, unlikely; unplausible.

in.ver.sa [ĩv'ɛrsə] s. f. inverted state or condition.

in.ver.são [ĩvers'ãw] s. f. (pl. **-sões**) inversion; reversal.

in.ver.so [ĩv'ɛrsu] s. m. contrary, reverse; inverse. ‖ adj. inverted, inverse, reciprocal.

in.ver.te.bra.do [ĩvertebr'adu] s. m. invertebrate animal.

in.ver.ter [ĩvert'er] v. to invert; to invest (capital).

in.ver.ti.do [ĩvertidu] s. m. invert. ‖ adj. inverted.

in.vés [ĩv'ɛs] s. m. reverse side, wrong side; opposite. **ao** ≃ on the contrary. **ao** ≃ **de** contrary to, opposite to; instead of.

in.ves.ti.da [ĩvest'idə] s. f. attack, assault; onrush; investment; siege.

in.ves.ti.ga.ção [ĩvestigas'ãw] s. f. (pl. **-ções**) investigation; inquiry.

in.ves.ti.ga.dor [ĩvestigad'or] s. m. investigator, detective, researcher. ‖ adj. investigating.

in.ves.ti.gar [ĩvestig'ar] v. to investigate; to ferret out, inquire into.

in.ves.ti.men.to [ĩvestim'ẽtu] s. m. attack, assault; investment.

in.ves.tir [ĩvest'ir] v. to attack, assault; to install (in office); to invest.

in.ve.te.ra.do [ĩveter'adu] adj. inveterate; confirmed.

in.vic.to [ĩv'iktu] adj. unvanquished, unconquered, undefeated.

in.vi.o.la.do [ĩvjol'adu] adj. inviolate, unviolated.

in.vi.sí.vel [ĩviz'ivew] s. m. (pl. **-veis**) the invisible, the unseen. ‖ adj. m. + f. invisible, unseen.

in.vo.car [ĩvok'ar] v. to invoke, invocate; to call for protection; to implore; to beseech.

in.vó.lu.cro [ĩv'ɔlukru] s. m. (anat., bot. and zool.) involucre; wrapping, envelope; cover.

in.vo.lun.tá.rio [ĩvolũt'arju] adj. involuntary.

in.vul.gar [ĩvuwg'ar] adj. m. + f. invulgar; rare; unusual, uncommon; exceptional, unique.

in.vul.ne.rá.vel [ĩvuwner'avew] adj. m. + f. (pl. **-veis**) invulnerable; (fig.) irrefutable.

i.o.do [i'odu] s. m. (chem.) iodine.

i.o.ga [i'ɔgə] s. f. (Hinduism) yoga.

i.o.gur.te [iog'urti] s. m. yoghurt, yogurt.

í.on ['iõw] s. m. (chem. and phys.) ion.

i.ô.nio [i'onju] s. m. = **íon.**

i.o.ni.za.ção [ionizas'ãw] s. f. (pl. **-ções**) ionization.

i.o.nos.fe.ra [ionosf'ɛrə] s. f. ionosphere.

i.on.te [i'õti] s. m. = **íon.**

ir ['ir] v. to go, walk, march, move, proceed, depart, go away, row, sail, travel, (time) pass, elapse, withdraw; (health) to be well (ill, so-so); ≃**-se** to go away, go out; to depart, set out; (time) to elapse; to die; to be on one's way. ≃ **abaixo** to go down, (fig.) to fail. ≃ **água abaixo** (fig.) to go to the dogs. ≃ **ao encontro de** to go to meet; to face, clash. ≃ **a pique** to founder, sink. ≃ **bem** to be well, be all right. ≃ **embora** to go away, leave; to pass away, die. ≃ **longe** to go far. ≃ **mal de saúde** to be in poor health. ≃ **no encalço de** to pursue s. o. **como vai indo?** how are you getting on? **como vai?** how do you do? **você vai ver!** you will see! **vamos!** let us go!, come on!

i.ra ['irə] s. f. anger, rage; wrath, ire.

i.ra.do [ir'adu] adj. irate, angry, furious; wrathful.

i.ra.ni.a.no [irani'ʌnu] s. m. + adj. Iranian.

i.râ.ni.co [ir'ʌniku] s. m. + adj. = **iraniano.**

i.ra.qui.a.no [iraki'ʌnu] s. m. Iraqi, Iraki. ‖ adj. Iraqian.

i.rar [ir'ar] v. to make angry, enrage; to irritate.

i.ras.cí.vel [iras'ivew] adj. m. + f. (pl. -veis) irascible; irritable.

í.ris ['iris] s. f. iris; (myth.) Iris.

ir.lan.dês [irlãd'es] s. m. + adj. (pl. -deses) Irish, Irishman.

ir.mã [irm'ã] s. f. (also ecles.) sister.

ir.man.da.de [irmãd'adi] s. f. brotherhood, sisterhood; fraternity.

ir.mão [irm'ãw] s. m. (pl. -mãos) brother; twin, equal, follower. ‖ adj. similar; equal; alike; brotherly.

i.ro.ni.a [iron'iə] s. f. irony, mockery; sarcasm.

i.rô.ni.co [ir'oniku] adj. ironic(al); sarcastic(al).

ir.ra.ci.o.nal [iṝasjon'aw] s. m. (pl. -nais) irrational being, animal. ‖ adj. m. + f. irrational; senseless; illogical.

ir.ra.di.a.ção [iṝadjas'ãw] s. f. (pl. -ções) irradiation.

ir.ra.di.ar [iṝadi'ar] v. to irradiate; to emit rays; (radio) to broadcast.

ir.re.al [iṝe'aw] adj. m. + f. (pl. -ais) unreal, illusive.

ir.re.a.li.za.do [iṝealiz'adu] adj. unrealized, unmaterialized.

ir.re.a.li.zá.vel [iṝealiz'avew] adj. m. + f. (pl. -veis) unrealizable; illusory.

ir.re.con.ci.li.á.vel [iṝekõsili'avew] adj. m. + f. (pl. -veis) irreconcilable.

ir.re.co.nhe.cí.vel [iṝekoñes'ivew] adj. m. + f. (pl. -veis) irrecognizable, unrecognizable.

ir.re.cu.pe.rá.vel [iṝekuper'avew] adj. m. + f. (pl. -veis) irrecoverable; irreclaimable.

ir.re.du.tí.vel [iṝedut'ivew] adj. m. + f. (pl. -veis) irreducible.

ir.re.fle.ti.do [iṝeflet'idu] adj. thoughtless; rash, unthinking, indiscreet.

ir.re.fle.xão [iṝefleks'ãw] s. f. (pl. -xões) rashness.

ir.re.fu.tá.vel [iṝefut'avew] adj. m. + f. (pl. -veis) irrefutable; unquestionable.

ir.re.gu.lar [iṝegul'ar] s. m. + f. irregular soldier, volunteer, insurgent. ‖ adj. (also gram. and mil.) irregular; lawless, illegal.

ir.re.gu.la.ri.da.de [iṝegularid'adi] s. f. irregularity.

ir.re.me.di.á.vel [iṝemedi'avew] adj. m. + f. (pl. -veis) irremediable; incurable, without remedy.

ir.re.mo.ví.vel [iṝemov'ivew] adj. m. + f. (pl. -veis) irremovable, unremovable; inevitable; firm, stable.

ir.re.pa.rá.vel [iṝepar'avew] adj. m. + f. (pl. -veis) irreparable; beyond remedy or repair.

ir.re.pre.en.sí.vel [iṝepreẽs'ivew] adj. m. + f. (pl. -veis) irreprehensible, blameless, faultless; reproachless.

ir.re.pri.mí.vel [iṝeprim'ivew] adj. m. + f. (pl. -veis) irrepressible; uncontrollable.

ir.re.qui.e.to [iṝeki'ɛtu] adj. unquiet, not quiet; restless, ill at ease; fidgety, fussy; agitated.

ir.re.sis.tí.vel [iṝezist'ivew] adj. m. + f. (pl. -veis) irresistible, resistless.

ir.re.so.lu.to [iṝezol'utu] adj. irresolute; undecided.

ir.res.pon.sa.bi.li.da.de [iṝespõsabilid'adi] s. f. irresponsibility; irresponsibleness.

ir.res.pon.sá.vel [iṝespõs'avew] adj. m. + f. (pl. -veis) irresponsible; unanswerable.

ir.res.tri.to [iṝestr'itu] adj. unrestricted, unrestrained.

ir.re.ve.ren.te [iṝever'ẽti] adj. m. + f. irreverent.

ir.re.ver.sí.vel [iṝevers'ivew] adj. m. + f. (pl. -veis) irreversible; reverseless.

ir.re.vo.gá.vel [iṝevog'avew] adj. m. + f. (pl. -veis) irrevocable; unchangeable.

ir.ri.ga.dor [iṝigad'or] s. m. irrigator. ‖ adj. irrigating.

ir.ri.gar [iṝig'ar] v. to irrigate, water.

ir.ri.só.rio [iṝiz'ɔrju] adj. derisive, scornful; ridiculous; insignificant; laughable, ludicrous.

ir.ri.ta.ção [iṝitas'ãw] s. f. (pl. -ções) irritation; anger, enragement; excitement, agitation.

ir.ri.ta.di.ço [iṝitad'isu] adj. petulant, querulous, peevish; discontented; fretful.

ir.ri.tan.te [iṝit'ãti] s. m. irritant. ‖ adj. m. + f. irritant, irritating; provoking.

ir.ri.tar [iṝit'ar] v. to irritate; to anger, annoy; to enrage; to excite; to exasperate; ≈-se to be or become irritated, grow angry.

ir.ri.tá.vel [iṝit'avew] adj. m. + f. (pl. -veis) irritable, edgy.

ir.rom.per [iṝõp'er] v. to rush in, urge forward; to break out; to burst forth, penetrate; to emerge, appear suddenly. ≈ **em aplausos** to break into applause. ≈ **em lágrimas** to burst into tears.

ir.rup.ção [iṝups'ãw] s. f. (pl. -ções) irruption; outburst, invasion, attack.

is.ca ['iskə] s. f. bait, lure; (fig.) allurement, enticement.

i.sen.ção [izẽs'ãw] s. f. (pl. **-ções**) exemption; freedom, independence.

i.sen.tar [izẽt'ar] v. to exempt, free from; to release, dispense; to except.

i.sen.to [iz'ẽtu] adj. exempt; free; immune.

is.lã [izl'ã] s. m. (rel.) Islam.

is.la.me [izl'ʌmi] s. m. = **islã**.

is.lâ.mi.co [izl'ʌmiku] adj. Islamic, Mohammedan.

is.la.mí.ti.co [izlam'itiku] adj. = **islâmico**.

is.lan.dês [izlãd'es] s. m. (pl. **-deses**) Icelander. ‖ adj. Icelandic.

Is.lân.dia [izl'ãdjə] s. f. Iceland.

is.lão [izl'ãw] s. m. = **islã**.

i.so.la.ção [izolas'ãw] s. f. (pl. **-ções**) isolation.

i.so.la.do [izol'adu] adj. isolated; separate.

i.so.la.dor [izolad'or] s. m. insulator. ‖ adj. isolating.

i.so.la.men.to [izolam'ẽtu] s. m. isolation, separation.

i.so.lan.te [izol'ãti] s. m. insulating material. ‖ adj. m. + f. isolating, insulating. **fita** ≃ adhesive tape.

i.so.lar [izol'ar] v. to isolate; to detach, separate; to segregate; to let alone; ≃**-se** to immure o. s., retire from, withdraw.

is.quei.ro [isk'ejru] s. m. lighter, fire-lighter.

Is.ra.el [izr̄a'ɛw] s. m. Israel.

is.ra.e.len.se [izr̄ael'ẽsi] s. + adj. m. + f. Israeli.

is.ra.e.li.ta [izr̄ael'itə] s. m. + f. Israelite, Hebrew, Jew. ‖ adj. Israelitish, Jewish.

is.so ['isu] demonstr. pron. that. ≃ **mesmo, exatamente** (coll.) that's just it! **nem por** ≃ don't mention it. **por** ≃ therefore, hence, by it. **apesar disso** nevertheless.

is.to ['istu] demonstrative pron. this. ≃ **é** that is. **que quer dizer** ≃? what does it mean?

I.tá.lia [it'aljə] s. f. Italy.

i.ta.li.a.no [itali'ʌnu] s. m. + adj. Italian.

i.tá.li.co [it'aliku] s. m. italics. ‖ adj. Italic, italic.

i.tem ['itẽj] s. m. (pl. **-tens**) item, article, separate particular of an enumeration. ‖ adv. item, also, likewise, further.

i.te.ra.ção [iteras'ãw] s. f. (pl. **-ções**) iteration, repetition.

i.ti.ne.ran.te [itiner'ãti] s. + adj. m. + f. itinerant.

i.ti.ne.rá.rio [itiner'arju] s. m. itinerary; route. ‖ adj. itinerary.

J

J, j [ʒˈɔtə] s. m. tenth letter of the Portuguese alphabet.

já [ʒˈa] adv. now, at once, immediately, then. ‖ conj. already, since, once. ≃ **agora** even now.

ja.bu.ti [ʒabutˈi] s. m. (Braz.) land turtle.

ja.bu.ti.ca.ba [ʒabutikaˈbə] s. f. fruit of the jaboticaba tree.

ja.bu.ti.ca.bei.ra [ʒabutikabˈejrə] s. f. jaboticaba tree.

ja.ca [ʒˈakə] s. f. jack fruit.

ja.cá [ʒakˈə] s. m. (Braz.) (double) basket.

ja.ça [ʒˈasə] s. f. spot or fault in a precious stone.

ja.ca.ran.dá [ʒakarãdˈə] s. f. (Braz.) jacaranda, a tall tropical tree.

ja.ca.ré [ʒakarˈɛ] s. m. jacare, alligator, cayman.

ja.cin.to [ʒasˈĩtu] s. m. (bot.) hyacinth.

jac.tân.cia [ʒaktˈãsjə] s. f. vanity, self-love; boastfulness; arrogance, haughtiness.

jac.tan.ci.o.so [ʒaktãsiˈozu] adj. vain, ostentatious, bragging.

jac.tar-se [ʒaktˈarsi] v. to brag, boast, swagger.

ja.cu.la.ção [ʒakulasˈãw] s. f. (pl. **-ções**) range of artillery.

ja.cu.lar [ʒakulˈar] v. to throw, cast, hurl.

ja.de [ʒˈadi] s. m. (min.) jade.

ja.guar [ʒagˈwar] s. m. jaguar.

ja.gua.ti.ri.ca [ʒagwatirˈikə] s. f. leopard cat.

ja.gun.ço [ʒagˈũsu] s. m. (Braz.) gunman, assassin, hired killer.

ja.mai.ca.no [ʒamajkˈʌnu] s. m. + adj. Jamaican.

ja.mais [ʒamˈajs] adj. never, ever, at no time.

ja.man.ta [ʒamˈãtə] s. f. (mot.) (big) lorry, truck; juggernaut.

ja.nei.ro [ʒanˈejru] s. m. January.

ja.ne.la [ʒanˈɛlə] s. f. window; (pop.) any opening.

jan.ga.da [ʒãgˈadə] s. f. raft.

ja.no.ta [ʒanˈɔtə] s. m. dandy, fop. ‖ adj. foppish; elegant.

jan.ta [ʒˈãtə] s. f. (pop.) dinner.

jan.tar [ʒãtˈar] s. m. dinner. ‖ v. to dine. **sala de** ≃ dining room.

ja.po.na [ʒapˈonə] s. f. short jacket; blazer.

ja.po.nês [ʒaponˈes] s. m. (pl. **-neses**; f. **nesa**) Japanese.

ja.que.ta [ʒakˈetə] s. f. short jacket for men.

ja.que.tão [ʒaketˈãw] s. m. (pl. **-tões**) double-breasted coat.

ja.ra.ra.ca [ʒararˈakə] s. f. poisonous snake (Braz.); (coll.) spiteful woman, shrew.

jar.da [ʒardə] s. f. yard (36 inches; 0,9144 m).

jar.dim [ʒardˈĩ] s. m. (pl. **-dins**) garden, flower-garden; fertile, well-cultivated country.

jar.di.nar [ʒardinˈar] v. to garden, cultivate or work in a garden.

jar.di.nei.ra [ʒardinˈejrə] s. f. jardiniere (also cul.); woman gardener; (Braz.) station wagon.

jar.di.nei.ro [ʒardinˈejru] s. m. gardener.

jar.gão [ʒargˈãw] s. m. slang; jargon, gibberish.

jar.ra [ʒˈaɾə] s. f. pitcher, jar; vase, flowerpot.

jar.re.tei.ra [ʒˈaɾetejrə] s. f. garter.

jar.ro [ʒˈaɾu] s. m. pitcher, jar, jug.

jas.mim [ʒazmˈĩ] s. m. (pl. **-mins**) jasmin(e), jessamin(e), the flower, its essence.

jas.pe [ʒˈaspi] s. m. jasper, a variety of quartz.

ja.to [ʒˈatu] s. m. jet, gush, outpour, stream, ejaculation; throw, cast, hurl; impulse; flush. ≃ **de luz** flash.

jau.la [ʒˈawlə] s. f. cage (esp. for wild animals).

ja.va.li [ʒavalˈi] s. m. (f. **-lina**) wild pig, boar.

ja.zer [ʒazˈer] v. to lie, be stretched out, rest; to be dead. **aqui jaz** here lies (in epitaphs).

ja.zi.da [ʒazˈidə] s. f. resting place, bed, couch; (Braz.) natural deposit of ores.

ja.zi.go [ʒazˈigu] s. m. grave, sepulcher, tomb, vault; mine, bed; (fig.) deposit.

je.ca [ʒˈɛkə] s. m. (pop.) simpleton. ‖ adj. m. + f. simple, foolish (gullible).

jei.to [ʒ'ejtu] s. m. aptitude, dexterity, adroitness, skill, knack. **dar um** ≃ to manage somehow. **de todo** ≃ at all events. **de** ≃ **nenhum** no way.

jei.to.so [ʒejt'ozu] adj. skillful, adroit, dexterous; deft, clever.

je.ju.ar [ʒeʒu'ar] v. to fast.

je.jum [ʒeʒ'ũ] s. m. (pl. **-juns**) fast(ing).

je.ri.mu [ʒerim'u] s. m. (N. Braz.) pumpkin.

je.ri.mum [jerim'ũ] s. m. = **jerimu.**

jér.sei [ʒ'ɛrsej] s. m. jersey (knitted fabric).

je.su.í.ta [ʒezu'itə] s. m. Jesuit. ‖ adj. Jesuitical.

ji.bói.a [ʒib'ɔjə] s. f. (zool.) boa constrictor.

ji.ló [ʒil'ɔ] s. m. fruit of the eggplant.

ji.pe [ʒ'ipi] s. m. (mot.) jeep.

jo.a.lha.ri.a [ʒoaʎar'iə] s. f. = **joalheria.**

jo.a.lhei.ro [ʒoaʎ'ejru] s. m. jewel(l)er.

jo.a.lhe.ri.a [ʒoaʎer'iə] s. f. jeweller's shop, jewelry store.

jo.a.ne.te [ʒoan'ɛti] s. m. bunion.

joão-de-barro [ʒo'ãwdibaɾu] s. m. oven bird that makes his nest out of clay.

jo.co.si.da.de [ʒokozid'adi] s. f. joviality, jocosity; playfulness.

jo.e.lho [ʒo'eʎu] s. m. knee; joint.

jo.ga.dor [ʒogad'or] s. m. (sports) player; gambler.

jo.gar [ʒog'ar] v. (sports) to play; to take part in a game; (vehicle) to toss. ≃ **bridge, futebol, cartas** etc. to play bridge, football, cards etc. ≃ **limpo** to play fair. ≃ **para fora** to throw out or away.

jo.ga.ti.na [ʒogat'inə] s. f. habit or vice of gambling.

jo.go [ʒ'ogu] s. m. game, match; play, sport; bet, gamble. ≃ **de azar** game of chance.

jo.gral [ʒogr'aw] s. m. (pl. **-grais**) jester, buffoon.

jói.a [ʒ'ɔjə] s. f. jewel, trinket, gem; prize; ≃ **s** jewelry. **minha** ≃ my darling! (spec. children).

jó.quei [ʒ'ɔkej] s. m. jockey.

jor.na.da [ʒorn'adə] s. f. distance travelled in one day journey; a day's work.

jor.nal [ʒorn'aw] s. m. (pl. **-nais**) newspaper. **banca de -nais** news-stand. **cine-** ≃ newsreel.

jor.na.lei.ro [ʒornal'ejru] s. m. newsboy, newspaper boy.

jor.na.lis.mo [ʒornal'ismu] s. m. journalism, press.

jor.na.lis.ta [ʒornal'istə] s. m. + f. journalist, reporter.

jor.rar [ʒoɾ'ar] v. to gush, spout out, (out) pour, spring forth.

jor.ro [ʒ'oɾu] s. m. outpour, gush, jet, rush.

jo.ta [ʒ'ɔtə] s. m. name of the tenth letter of the Portuguese alphabet.

jo.vem [ʒ'ɔvẽj] s. m. + f. (pl. **-vens**) young person, youth. ‖ adj. m. + f. young, youthful.

jo.vi.al [ʒovi'aw] adj. m. + f. (pl. **-ais**) jovial, merry, cheery.

jo.vi.a.li.da.de [ʒovjalid'adi] s. f. joviality, merriment, jollity, gaiety, cheerfulness.

ju.ba [ʒ'ubə] s. f. a lion's mane.

ju.bi.lar [ʒubil'ar] v. to rejoice, exult; to retire; to send down (from University); to expel (from school).

ju.bi.leu [ʒubil'ew] s. m. jubilee.

jú.bi.lo [ʒ'ubilu] s. m. jubilation, exultation, joy.

ju.bi.lo.so [ʒubil'ozu] adj. jubilant, rejoicing, joyful.

ju.dai.co [ʒud'ajku] adj. Jewish, Judaic.

ju.da.ís.mo [ʒuda'izmu] s. m. Judaism.

ju.deu [ʒud'ew] s. m. (f. **-dia**) Jew. ‖ adj. Jewish.

ju.di.a.ção [ʒudjas'ãw] s. f. (pl. **-ções**) illtreatment.

ju.di.ar [ʒudi'ar] v. to hurt; to mistreat; to mock.

ju.di.ci.al [ʒudisi'aw] adj. m. + f. (pl. **-ais**) judicial.

ju.go [ʒ'ugu] s. m. yoke; servitude, bondage; submission; a team of men.

ju.gu.lar [ʒugul'ar] v. to strangle; to murder. ‖ adj. m. + f. jugular.

ju.iz [ʒu'is] s. m. judge; referee; arbitrator. ≃ **de direito** district judge. ≃ **de linha** (ftb.) linesman.

ju.í.zo [ʒu'izu] s. m. judgement; trial; wits; brains; reason. **criar** ≃ to settle down. **dia do** ≃ **final** doomsday.

jul.ga.men.to [ʒuwgam'ẽtu] s. m. judgement; court session, trial. ≃ **em público** open trial.

jul.gar [ʒwwg'ar] v. to judge, try, pass sentence on; to think, deem; to criticize; to consider.

ju.lho [ʒ'uʎu] s. m. July.

ju.men.to [ʒum'ẽtu] s. m. donkey, ass.

jun.ção [ʒũs'ãw] s. f. (pl. **-ções**) junction; connection, linking; joint.

jun.car [ʒũk'ar] v. to cover with rushes.

jun.co [ʒ'ũku] s. m. (bot.) rush; Chinese junk.

jun.gir [ʒũʒ'ir] v. to yoke, harness with a yoke; to unite, couple, join, link; to submit.

ju.nho [ʒ'uñu] s. m. June.

jun.ta [ʒ'ũtə] s. f. junction, juncture, union; pair, yoke, team. ≃ **administrativa** administrative council. ≃ **universal** universal joint.

jun.tar [ʒũt'ar] v. to join, connect; to collect, heap up; to meet, come together, to associate.

jun.to [ʒ'ũtu] adj. united; next to, close. **pôr** ≃ **a** to put next to. **todos** ≃ **s** all together.

ju.ra [ʒ'urə] s. f. oath, vow; curse, blasphemy.

ju.ra.do [ʒur'adu] s. m. juror, member of the jury. ‖ adj. sworn to.

ju.ra.men.to [ʒuram'ẽtu] s. m. oath, vow; imprecation, curse. ≃ **à bandeira** color oath. **prestar** ≃ to swear in.

ju.rar [ʒur'ar] v. to swear, take one's oath; to vow, pledge. ≃ **falso** to perjure.

jú.ri [ʒ'uri] s. m. jury.

ju.rí.di.co [ʒur'idiku] adj. juridical, forensic; legal.

ju.ris.con.sul.to [ʒuriskõs'uwtu] s. m. jurisconsult.

ju.ris.di.ção [ʒurisdis'ãw] s. f. (pl. **-ções**) jurisdiction; (fig.) power; legal capacity.

ju.ris.pru.dên.cia [ʒurisprud'ẽsjə] s. f. jurisprudence.

ju.ris.ta [ʒur'istə] s. m. + f. jurist, lawyer.

ju.ro [ʒ'uru] s. m. interest (on money). **dar dinheiro a** ≃ to put money to interest. ≃ **composto** compound interest.

jus [ʒ'us] s. m. right. **fazer** ≃ **a** to have a right to.

jus.ta.men.te [ʒustam'ẽti] adv. just, precisely; fairly. ≃ **no meio** in the very middle.

jus.te.za [ʒust'ezə] s. f. justness, righteousness.

jus.ti.ça [ʒust'isə] s. f. justice; rightness, equity. **levar à** ≃ to bring to trial. **com** ≃ rightly.

jus.ti.çar [ʒustis'ar] v. to execute; to sue at law.

jus.ti.fi.ca.ção [ʒustifikas'ãw] s. f. (pl. **-ções**) justification; excuse; vindication; cause, reason.

jus.ti.fi.car [ʒustifik'ar] v. to justify; to prove, warrant; to explain; to account for. ≃ **a ausência** to explain one's absence. **o fim justifica os meios** the end justifies the means.

jus.ti.fi.ca.ti.va [ʒustifikat'ivə] s. f. justification; apology.

jus.ti.fi.cá.vel [ʒustifik'avew] adj. m. + f. (pl. **-veis**) justifiable; accountable.

jus.to [ʒ'ustu] s. m. fair, correct, decent, honest person. ‖ adj. just, fair, honest. **uma recompensa -a** a fair reward.

jus.tu.ra [ʒust'urə] s. f. adjustment.

ju.ta [ʒ'utə] s. f. jute (plant and its strong fiber).

ju.ve.nil [ʒuven'iw] adj. m. + f. (pl. **-nis**) juvenile.

ju.ven.tu.de [ʒuvẽt'udi] s. f. youth; young people. **conservar a** ≃ to keep one's youthfulness.

K

K, k [k′a] s. m. letter used in Portugal and Brazil only in internationally known symbols and abbreviation and in foreign words adopted by the Portuguese language.

kel.vin [k′ɛwĩ] s. m. (phys.) kelvin.
ket.chup [kɛtʃ′upi] s. m. ketchup.
ki.butz [kib′utis] s. m. kibbutz.
kit [k′iti] s. m. kit; equipment, kit(bag); outfit.
know-how [nowȓ′aw] s. m. know-how.

L

L, l [ˈɛli] s. m. the eleventh letter of the Portuguese alphabet.

la [lə] personal pron. f. third person singular used after verbal forms ending in **r, s** or **z**; after the pron. **nos** and **vos** and after the adverb **eis. ei-≃!** there she is! **eu não pude vê-≃** I could not see her.

lá [lˈa] s. m. (mus.) la, A, sixth note in the scale of C. ‖ adv. there, yonder; beyond; in that place. **≃ fora** out there. **≃ mesmo** in that very place. **até ≃** till then, by then. **para ≃ e para cá** hither and thither.

lã [lˈã] s. f. wool; fleece (sheep); woolen fabric (or cloth). **≃ de aço** steel wool. **meias de ≃** worsted stockings.

la.ba.re.da [labarˈedə] s. f. flame; (fig.) vivacity.

lá.ba.ro [lˈabaru] s. m. Roman imperial standard; flag.

la.béu [labˈɛw] s. m. blot, blur; blemish; shame; dishonour.

lá.bia [lˈabjə] s. f. cunning; astuteness; fine words.

lá.bio [lˈabju] s. m. (anat.) lip; **≃s** the lips, mouth.

la.bi.rin.to [labirˈĩtu] s. m. labyrinth; (fig.) embarrassment; difficult situation.

la.bor [labˈor] s. m. labour, work; task; handiwork.

la.bo.rar [laborˈar] v. to labour, work.

la.bo.ra.tó.rio [laboratˈɔrju] s. m. laboratory.

la.bo.ri.o.so [laboriˈozu] adj. laborious; toilsome.

la.bu.ta [labˈutə] s. f. drudgery, (hard) work, toiling; struggling; labour.

la.bu.ta.ção [labutasˈãw] s. f. = **labuta.**

la.bu.tar [labutˈar] v. to struggle, drudge; to labour.

la.ca [lˈakə] s. f. lac; shellac.

la.ça.da [lasˈadə] s. f. bowknot; tie, loop.

la.cai.o [lakˈaju] s. m. lackey, footman.

la.çar [lasˈar] v. to lasso; to lace, tie, bind.

la.ce.ra.ção [laserasˈãw] s. f. (pl. **-ções**) laceration.

la.ce.rar [laserˈar] v. to lacerate.

la.ce.te [lasˈeti] s. m. small lace or bow; S-bend (of a road); stone layer.

la.ço [lˈasu] s. m. bowknot, noose; bow, tie; (Braz.) lasso; snare, trap. **cair no ≃** to fall into a trap.

la.cô.ni.co [lakˈoniku] adj. laconic.

la.co.nis.mo [lakonˈizmu] s. m. laconism, conciseness, brevity of speech.

la.crai.a [lakrˈajə] s. f. (Braz., ent.) centipede.

la.crar [lakrˈar] v. to seal.

la.crau [lakrˈaw] s. m. (ent., pop.) scorpion.

la.cre [lˈakri] s. m. sealing wax; (bot.) bloodwood.

la.cri.mal [lakrimˈaw] s. m. + adj. m. + f. (pl. **-mais**) (anat. and zool.) lachrymal (bone).

la.cri.me.jan.te [lakrimeʒˈãti] adj. m. + f. tearful.

la.cri.me.jar [lakrimeʒˈar] v. to shed tears.

la.cri.mo.gê.neo [lakrimoʒˈenju] adj. lachrimatory. **gás ≃** tear gas.

la.cri.mo.so [lakrimˈozu] adj. lachrymose, tearful.

lac.tan.te [laktˈãti] adj. m. + f. lactific(al), lactiferous; giving milk, nursing.

lac.tar [laktˈar] v. to suckle, nurse, lactate; to suck.

lac.ten.te [laktˈẽti] s. m. + f. suckling. ‖ adj. sucking.

lá.teo [lˈatju] adj. = **lácteo.**

lác.teo [lˈaktju] adj. milky.

lac.ti.cí.nio [laktsˈinju] s. m. = **laticínio.**

lác.ti.co [lˈaktiku] adj. (chem.) lactic.

la.cu.na [lakˈunə] s. f. lacuna; gap; omission; vacuum, void.

la.cus.tre [lakˈustri] adj. m. + f. lacustrine, of lakes. **≃s** s. m. pl. lake dwellers.

la.da.i.nha [ladaˈiɲə] s. f. litany; (fig.) rigmarole.

la.de.ar [lade'ar] v. to flank; to border; to attack the flank of; to surround.

la.dei.ra [lad'ejrə] s. f. declivity, slope, gradient; slope of a roof; steep street.

la.di.no [lad'inu] s. m. astute person. ‖ adj. cunning, sly; astute; artful, crafty.

la.do [l'adu] s. m. side; flank; surface of an object. ≃ a ≃ side by side. ≃ **inferior** underside. **andar de um ≃ para outro** to walk to and fro, up and down. **de ≃ a ≃** from side to side. **o ≃ agradável** the bright side. **o ≃ de dentro** the inside. **por outro ≃** otherwise, on the other hand.

la.dra [l'adrə] s. f. a female thief.

la.drão [ladr'ãw] s. m. (pl. **-drões**) thief, burglar, robber. ‖ adj. thievish, stealing, robbing. ≃ **(de loja)** shoplifter.

la.drar [ladr'ar] v. to bark, bay.

la.dri.lhar [ladriʎ'ar] v. to tile; to work as a tile setter.

la.dri.lho [ladr'iʎu] s. m. (paving-)tile, floor tile.

la.dro [l'adru] s. m. thief; bark(ing). ‖ adj. stealing, larcenous, thievish.

la.dro.a.gem [ladro'aʒẽj] s. f. (pl. **-gens**) thieves (as a class or group); thievery, rosser; swindle.

la.dro.ei.ra [ladro'ejrə] s. f. theft, thievery, robbery; extortion; swindle.

la.dro.í.ce [ladro'isi] s. f. = **ladroeira**.

la.gar.ta [lag'artə] s. f. caterpillar; (mech.) track of a tractor.

la.gar.ti.xa [lagart'iʃə] s. f. (zool.) gecko.

la.gar.to [lag'artu] s. m. (zool.) lizard; (fig.) biceps.

la.go [l'agu] s. m. lake; inland sea; small pond; pool.

la.go.a [lag'oə] s. f. lagoon, pond, pool, small lake.

la.gos.ta [lag'ostə] s. f. lobster.

la.gos.tim [lagost'ĩ] s. m. (pl. **-tins**) (zool.) small lobster; Norway lobster; crawfish.

lá.gri.ma [l'agrimə] s. f. tear; ≃s crying, weeping. ≃**s de alegria** tears of joy. **derramar ≃s** to shed tears. **sem ≃s** tearless.

la.gu.na [lag'unə] s. f. lagoon.

lai.a [l'ajə] s. f. quality, kind, nature, race; ilk, sort; figure. **gente da mesma ≃** birds of a feather. **de sua ≃** of his kind.

lai.vo [l'ajvu] s. m. spot, blot, speck; (fig.) stain, mark; ≃s superficial knowledge.

la.je [l'aʒi] s. f. flag(stone), flagging; cement slab; gravestone, slate.

la.je.ar [laʒe'ar] v. to flag, pave with flagstones.

la.jo.ta [laʒ'ɔtə] s. f. small flagstone.

la.ma [l'ʌmə] s. f. mud, mire, dirt, slime.

la.ma.çal [lamas'aw] s. m. (pl. **-çais**) slough; muddy place; marsh, swamp, bog, mire.

la.ma.cei.ra [lamas'ejrə] s. f. = **lamaçal**.

la.ma.cei.ro [lamas'ejru] s. m. = **lamaçal**.

la.ma.cen.to [lamas'ẽtu] adj. muddy; dirty; miry.

lam.ba.da [lãb'adə] s. f. blow (with a stick or whip); stroke, lash; beating; drub.

lam.bão [lãb'ãw] s. m. (pl. **-bões**; f. **-bona**) slobberer; glutton. ‖ adj. slobbery; gluttonous, greedy; foolish, idiotic.

lam.bar [lãb'ar] v. (Braz.) to lash, whip, scourge, flog.

lam.ba.ri [lãbar'i] s. m. (Braz.) (ichth.) characin (small river fish).

lam.be.dor [lãbed'or] s. m. licker. ‖ adj. licking.

lam.ber [lãb'er] v. to lick; to touch slightly; ≃**-se** to rejoice, delight in.

lam.bi.da [lãb'idə] s. f. licking, a lick; flattery; tip.

lam.bi.de.la [lãbid'ɛlə] s. f. = **lambida**.

lam.bis.car [lãbisk'ar] v. to nibble, eat sparingly.

lam.bis.co [lãb'isku] s. m. morsel; titbit, small quantity; little bit of food.

lam.bis.quei.ro [lãbisk'ejru] s. m. sweet tooth; nibbler. ‖ adj. fond of dainties.

lam.bre.ta [lãbr'etə] s. f. (Braz.) motor scooter.

lam.bril [lãbr'iw] s. m. (pl. **-bris**) wainscot(t)ing.

lam.bu.jem [lãbu'ʒẽj] s. f. (fig.) gain. **dar ≃** to give advantage to another.

lam.bu.zar [lãbuz'ar] v. to dirty, soil, stain; to daggle, (be)smear; ≃**-se** to smear one's face or soil one's clothes with food.

la.mei.ro [lam'ejru] s. m. slough, slush, bog; swamp.

la.men.ta.ção [lamẽtas'ãw] s. f. (pl. **-ções**) lamentation, wailing; sorrow.

la.men.tar [lamẽt'ar] v. to lament; ≃**-se** to complain of; to cry, weep over.

la.men.tá.vel [lamẽt'avew] adj. m. + f. (pl. **-veis**) lamentable; mournful, doleful, grievous.

la.men.to [lam'ẽtu] s. m. lament; elegy; complaint; moan; (fig.) weeping, tears.

la.men.to.so [lamẽt'ozu] adj. lamentable, mournful, sad; deplorable; tearful.

lâ.mi.na [l'ʌminə] s. f. lamina; foil; flake. ≃ **de barbear (gilete)** razor blade; splinter.

la.mi.na.ção [lamimas'ãw] s. f. (pl. **-ções**) lamination.

la.mi.na.do [lamin'adu] adj. laminated.

la.mi.na.dor [laminad'or] s. m. (tech.) rolling mill. ‖ adj. rolling, laminating.

la.mi.nar [lamin'ar] v. to laminate, roll.

lâm.pa.da [l'ãpadə] s. f. lamp; bulb, electric lamp; (fig.) light. ≃ **elétrica** electric bulb.

lam.pa.ri.na [lãpar'inə] s. f. small night lamp.

lam.pe.jar [lãpeʒ'ar] v. to sparkle, glitter, coruscate; to flash, flare.

lam.pe.jo [lãp'eʒu] s. m. flash of light; lightning; glitter, flare; (fig.) sudden inspiration.

lam.pi.ão [lãpi'ãw] s. m. (pl. **-ões**) lantern; gas lamp.

la.mú.ria [lam'urjə] s. f. lamentation, complaint.

la.mu.ri.ar [lamuri'ar] v. to lament, wail; to mourn; to (be)moan; to complain; to whine.

lan.ça [l'ãsə] s. f. lance; spear; javelin; m. (fig.) lancer; pole or shaft of a carriage.

lan.ça.dei.ra [lãsad'ejrə] s. f. shuttle (weaving and sewing). ≃ **cilíndrica** long-shuttle.

lan.ça.dor [lãsad'or] s. m. thrower; bidder. ‖ adj. throwing. ≃ **de impostos** tax assessor.

lança-foguetes [lãsafog'etis] s. m., sg. + pl. rocket launcher; (mil.) bazooka.

lan.ça.men.to [lãsam'ẽtu] s. m. cast(ing), throw(ing), pitch. ≃ **de débito** (com.) charge. ≃ **de peso** (sports) putting the weight.

lan.çar [lãs'ar] v. to cast, throw, pitch, hurl; to fling, throw violently; ≃**-se** to throw o. s.; to hurl o. s.; to whirl; to dare. ≃ **alguma coisa na cara de alguém** to tell s. o. a thing to his face. ≃ **fora** to throw off. ≃ **mão de** to lay hold of, make use of. ≃ **no mercado** to introduce on the market. ≃ **olhares furiosos** to cast furious looks at s. o. ≃ **poeira nos olhos de** to throw dust in the eyes of, deceive. ≃ **por terra** to throw down. ≃ **suspeitas sobre** to cast suspicion on. ≃ **um livro** to publish a book.

lan.ce [l'ãsi] s. m. throw(ing), cast(ing), hurl; conjuncture. ≃ **livre** (ftb.) free kick. **primeiro** ≃ (auction) first call.

lan.cha [l'ãʃə] s. f. motorboat; launch, barge.

lan.char [lãʃ'ar] v. to eat or take a snack; to breakfast.

lan.che [l'ãʃi] s. m. snack.

lan.cho.ne.te [lãʃon'ɛti] s. f. snack bar.

lan.ci.nan.te [lãsin'ãti] adj. m. + f. lancinating.

lan.ço [l'ãsu] s. m. throw(ing), cast(ing); bid(ding), offer(ing); flight (of stairs).

lan.go.ro.so [lãgor'ozu] adj. languorous; feeble, faint.

lan.gues.cer [lãges'er] v. to languish.

lan.gui.dez [lãgid'es] s. f. languor; weakness; faintness, fatigue.

lân.gui.do [l'ãgidu] adj. languid; sickly, debilitated.

la.nhar [lʌɲ'ar] v. to wound, hurt.

la.nho [l'ʌɲu] s. m. slash, cut.

la.ni.fí.cio [lanif'isju] s. m. factory of woollen goods.

lan.ter.na [lãt'ɛrnə] s. f. lantern. ≃ **de bolso** spotlight.

lan.ter.nei.ro [lãtern'ejru] s. m. lantern maker; lamplighter, lighthouse man.

lan.ter.ni.nha [lãtɛrn'iɲə] s. f. a small lantern; (mot.) tail-lamp.

la.nu.gem [lan'uʒẽj] s. f. (pl. **-gens**) down; (bot.) fuzz.

la.nu.gi.no.so [lanuʒin'ozu] adj. woolly; downy.

la.pa [l'apə] s. f. cave, den, grotto; drift or gallery of a mine.

la.pe.la [lap'ɛlə] s. f. lapel (of a coat).

la.pi.da.ção [lapidas'ãw] s. f. (pl. **-ções**) stone cutting; (fig.) perfecting; refining, polishing (in manners).

la.pi.dar [lapid'ar] v. to lapidate; to polish.

la.pi.dá.rio [lapid'arju] s. m. + adj. lapidary.

lá.pi.de [l'apidi] s. f. gravestone, tombstone.

lá.pis [l'apis] s. m., sg. + pl. pencil; pencil-shaped object. ≃ **de cor** coloured pencil. **apontador de** ≃ pencil sharpener.

lap.so [l'apsu] s. m. lapse; passage of time. ‖ adj. in default, guilty of.

la.que.ar [lake'ar] v. (surg.) to tie arteries; (Braz.) to lacquer, enamel.

lar [l'ar] s. m. hearth, fireplace; (fig.) home.

la.ran.ja [lar'ãʒə] s. f. orange (fruit). ‖ adj. orange. **casca de** ≃ orange peel. **espremedor de** ≃ s orange squeezer. **suco de** ≃ s orange juice.

la.ran.ja.da [larãʒ'adə] s. f. orangeade; a heap of oranges.

la.ran.jal [laraʒ'aw] s. m. (pl. **-jais**) orangery, orange orchard.

la.ran.jei.ra [laraʒ'ejrə] s. f. (bot.) orange (tree). **flor de** ≃ orange blossom.

la.rá.pio [lar'apju] s. m. pilferer, filcher, stealer, thief.

lar.de.ar [larde'ar] v. to lard; to smear with lard; to intermix, interlace, interlard.

la.rei.ra [lar'ejrə] s. f. fireplace, hearth.

lar.ga [l'argə] s. f. giving up, setting free; relaxation; largess. **à** ≃ freely; abundantly.

lar.ga.da [larg'adə] s. f. (sports) start; (naut.) departure.

lar.ga.do [larg'adu] adj. (Braz.) abandoned; despised.

lar.gar [larg'ar] v. to release, let go, free; to relax; to leave; to start; ≃**-se** to give o. s. over to; to separate. ≃ **as rédeas** to give free reins to. ≃ **(mão) de** to renounce.

lar.go [l'argu] s. m. breadth, width; public square, plaza. ‖ adj. broad; large, wide, ample; extensive, vast. ‖ adv. broadly.

lar.gue.za [larg'ezə] s. f. breadth, width; broadness, wideness, spaciousness.

lar.gu.ra [larg'urə] s. f. breadth, width; wideness; extension; amplitude, extensiveness.

la.rin.ge [lar'iʒi] s. m. + f. (anat. and zool.) larynx.

lar.va [l'arvə] s. f. (zool.) larva; grub; worm.

las.ca [l'askə] s. f. splint, splinter; chip(ping); shard; flake, sliver.

las.car [lask'ar] v. to splinter, crack, chip; ≃**-se** to sliver, spall.

las.cí.via [las'ivjə] s. f. lasciviousness; lechery; fornication.

las.ci.vo [las'ivu] adj. lascivious, wanton, lewd.

la.ser [l'ejzer] s. m. abbr. Light Amplification by Stimulated Emission of Radiation.

las.si.dão [lasid'ãw] s. f. (pl. **-dões**) lassitude; fatigue; looseness, slackness.

las.si.tu.de [lasit'udi] s. f. = **lassidão.**

lás.ti.ma [l'astimə] s. f. compassion, pity; pain; lamentation; grief, sorrow; misery.

las.ti.mar [lastim'ar] v. to deplore; to grieve; ≃**-se** to complain o. s. dolefully.

las.ti.má.vel [lastim'avew] adj. m. + f. (pl. **-veis**) pitiable, pitiful; lamentable, deplorable.

las.trar [lastr'ar] v. to ballast, furnish with ballast; (fig.) to steady.

las.tro [l'astru] s. m. ballast; (fig.) house; appetizer.

la.ta [l'atə] s. f. tin, tin plate; tin box, canister, container; tin can. ≃ **de lixo** dustbin. **abridor de** ≃ tin opener.

la.tão [lat'ãw] s. m. brass; (pl. **-tões**) large can. ≃ **de leite** milk can. ≃ **fundido** cast brass.

la.te.jar [lateʒ'ar] v. to palpitate, pulsate, pulse, beat, throb; to pant.

la.te.jo [lat'eʒu] s. m. throbbing, pulsation.

la.ten.te [lat'ẽti] adj. m. + f. latent; hidden, concealed; (med.) slow, lingering.

la.te.ral [later'aw] adj. m. + f. (pl. **-rais**) lateral, situated at the side. **entrada** ≃ side entrance. **porta** ≃ side door. **vista** ≃ side-view.

la.ti.cí.nio [latis'inju] s. m. milk-food; dairy, creamery; ≃**s** dairy products.

lá.ti.co [l'atiku] adj. = **láctico.**

la.ti.do [lat'idu] s. m. bark(ing), yelp(ing), bay(ing).

la.ti.fún.dio [latif'ũdju] s. m. latifundium, large estate (farm, plantation etc.)

la.tim [lat'ĩ] s. m. Latin.

la.ti.no [lat'inu] s. m. + adj. Latin.

la.tir [lat'ir] v. to bark, yelp, bay; to howl; (fig.) to throb.

la.ti.tu.de [latit'udi] s. f. latitude; breadth; scope, extent, range; climate.

la.to [l'atu] adj. wide, broad, large, ample, diffuse.

la.tro.cí.nio [latros'inju] s. m. armed robbery; hold-up.

lau.da [l'awdə] s. f. a page of a book; each side of a sheet of paper.

lau.dá.vel [lawd'avew] adj. m. + f. (pl. **-veis**) laudable, praiseworthy, commendable.

lau.do [l'awdu] s. m. award, report of experts.

láu.rea [l'awrjə] s. f. laurel; crown of laurel; (fig.) honour, homage; reward.

lau.re.a.do [lawre'adu] adj. laureate.

lau.re.ar [lawre'ar] v. to praise, applaud.

lau.rel [lawr'ɛl] s. m. (pl. **-réis**) laurel; honour, homage; reward, prize.

lau.to [l'awtu] adj. sumptuous, magnificent; plentiful, copious, abundant.

la.va [l'avə] s. f. lava; (fig.) torrent; flame, fire.

la.va.dei.ra [lavad'ejrə] s. f. laundress; washing machine. ≃ **de pratos** dishwasher.

la.va.dor [lavad'or] s. m. washer, person who washes.

la.va.gem [lav'aʒẽj] s. f. (pl. **-gens**) wash, ablution, cleansing; (fig.) reprehension. ≃ **a seco** dry-cleaning. ≃ **cerebral** brainwash.

la.van.da [lav'ãdə] s. f. (bot.) lavender.

la.van.de.ri.a [lavãder'iə] s. f. laundry; launderette.

la.var [lav'ar] v. to wash, bathe; to cleanse; ≃-se to take a bath. ≃ a louça to do the dishes, wash up. ≃ e passar to launder. máquina de ≃ roupa washing machine. ≃ a seco to dry-clean.

la.va.tó.rio [lavat'ɔrju] s. m. lavatory, washbasin; wash(ing).

la.vá.vel [lav'avew] adj. m. + f. (pl. -veis) washable.

la.vor [lav'or] s. m. labour, work, task; handiwork.

la.vou.ra [lav'owrə] s. f. farming, agriculture, fieldwork.

la.vra [l'avrə] s. f. cultivation, tillage; mine; mine work.

la.vra.dor [lavrad'or] s. m. farmer; peasant; landowner; agricultural worker.

la.vrar [lavr'ar] v. to cultivate, till; to plough, plow; to chisel. ≃ a terra to till the soil. ≃ em ata to draw up the minutes.

la.xan.te [laʃ'ãti] s. m. + adj. m. + f. (med.) laxative, purgative.

la.xa.ti.vo [laʃat'ivu] s. m. purgative, medicine. ‖ adj. laxative, purgative.

lay.out [lej'awti] s. m. layout.

la.za.ren.to [lazar'ẽtu] s. m. lazar; leper. ‖ adj. leprous, full of sores.

la.zer [laz'er] s. m. leisure; spare time; recreation. momentos de ≃ leisure time.

le.al [le'aw] adj. m. + f. (pl. -ais) loyal, faithful; devoted; sincere. ser ≃ a to keep faith with; be faithful to, loyal to.

le.al.da.de [leawd'adi] s. f. loyalty, faithfulness, fidelity, allegiance; sincerity, honesty.

le.ão [le'ãw] s. m. (pl. -ões; f. -oa) (zool.) lion. a parte do ≃ the lion's share.

le.bre [l'ɛbri] s. f. (zool.) hare. comprar gato por ≃ to buy a pig in a poke.

le.ci.o.nar [lesjon'ar] v. to teach, lecture; to instruct; to teach.

le.ga.ção [legas'ãw] s. f. (pl. -ções) legation; bequest, legacy.

le.ga.do [leg'adu] s. m. legate; ambassador, envoy; legacy; bequest.

le.gal [leg'aw] adj. m. + f. (pl. -gais) legal, lawful. herdeiro ≃ true heir. está ≃ it's all right; O.K.

le.ga.li.da.de [legalid'adi] s. f. legality; lawfulness.

le.ga.li.za.ção [legalizas'ãw] s. f. (pl. -ções) legalization.

le.ga.li.zar [legaliz'ar] v. to legalize; to authenticate, validate; to certify; to justify.

le.gar [leg'ar] v. to delegate, send as a legate, depute; to bequeath. ≃ alguma coisa a alguém to will s. th. to s. o.

le.gen.da [leʒ'ẽdə] s. f. legend; inscription, lettering; motto; (typogr.) caption, subtitle (film).

le.gen.dá.rio [leʒẽd'arju] adj. legendary; fabulous.

le.gi.ão [leʒi'ãw] s. f. (pl. -ões) legion; a great number, multitude.

le.gis.la.ção [leʒizlas'ãw] s. f. (pl. -ções) legislation.

le.gis.la.dor [leʒislad'or] s. m. legislator. ‖ adj. legislating; lawgiving, lawmaking.

le.gis.lar [leʒisl'ar] v. to legislate.

le.gis.la.ti.vo [leʒislat'ivu] s. m. + adj. legislative.

le.gis.la.tu.ra [leʒislat'urə] s. f. legislature.

le.gi.ti.ma.ção [leʒitimas'ãw] s. f. (pl. -ções) legitimation.

le.gi.ti.mar [leʒitim'ar] v. to legitimate; ≃-se to prove one's identity.

le.gí.ti.mo [leʒ'itimu] adj. legitimate, lawful, legal; rightful. -a defesa self-defense.

le.gí.vel [leʒ'ivew] adj. m. + f. (pl. -veis) legible, readable.

lé.gua [l'ɛgwə] s. f. league, measure of distance.

le.gu.me [leg'umi] s. m. (bot.) legume; ≃s (Braz.) vegetables. ≃s frescos fresh vegetables.

lei [l'ej] s. f. law; rule. ≃ civil civil law. ≃ de oferta e procura the law of supply and demand. impor a ≃ to inforce the law. obediente à ≃ law-abiding. por ≃ by law. sem ≃ lawless. ≃ seca dry law.

lei.au.te [lej'awti] s. m. = layout.

lei.au.tar [lejawt'ar] v. to lay out.

lei.au.tis.ta [lejawt'istə] s. m. + f. layoutist.

lei.go [l'ejgu] s. m. layman, outsider. ‖ adj. lay; unprofessional.

lei.lão [lejl'ãw] s. m. (pl. -lões) auction, public sale, outcry. ser vendido em ≃ to come under the hammer. vender em ≃ to auction.

lei.lo.ar [lejlo'ar] v. to auction, sell by auction.

lei.ser [l'ejzer] s. m. = **laser.**

lei.tão [lejt'ãw] s. m. (pl. **-tões**; f. **-toa**) piglet, sucking pig.

lei.te [l'ejti] s. m. milk; (bot.) the white juice of some plants. ≃ **condensado** condensed milk. ≃ **em pó** powder milk. ≃ **desnatado** skim milk. **dente de** ≃ milk tooth.

lei.tei.ra [lejt'ejrə] s. f. milkmaid, dairy woman; milk jug.

lei.tei.ro [lejt'ejru] s. m. milkman. ‖ adj. yielding milk.

lei.te.ri.a [lejter'iə] s. f. dairy, creamery.

lei.to [l'ejtu] s. m. bed; bedstead; berth, cot.

lei.tor [lejt'or] s. m. reader; lecturer. ‖ adj. reading. ≃ **de provas** proof-reader.

lei.tu.ra [lejt'urə] s. f. reading; practice of one who reads. ≃ **em voz alta** reading aloud. ≃ **labial** lip-reading.

le.ma [l'emə] s. m. lemma; premise; (fig.) motto, slogan, watchword.

lem.bran.ça [lẽbr'ãsə] s. f. remembrance; souvenir; memory; ≃**s** regards. ≃**s à família!** remember me to the family.

lem.brar [lẽbr'ar] v. to remind; to advise; ≃**-se** to remember, bear in mind.

lem.bre.te [lẽbr'eti] s. m. memorandum, note; reminder; (fam.) admonition; rebuke.

le.me [l'emi] s. m. rudder, helm; (fig.) government, direction.

len.ço [l'ẽsu] s. m. handkerchief.

len.çol [lẽs'ɔw] s. m. (pl. **-çóis**) sheet (bed linen).

len.da [l'ẽdə] s. f. legend, folk tale; myth, fable.

len.ga.len.ga [lẽgal'ẽgə] s. f. tedious narrative.

le.nha [l'eñə] s. f. firewood; (fam.) beating. **pôr** ≃ **na fogueira** to pour oil on the flames.

le.nha.dor [leñad'or] s. m. woodcutter, lumberman.

le.nhar [leñ'ar] v. to cleave or cut firewood.

le.nho [l'eñu] s. m. wood, log, trunk; timber.

le.ni.fi.car [lenifik'ar] v. to assuage, mitigate.

le.ni.men.to [lenim'ẽtu] s. m. lenitive; palliative.

le.ni.ti.vo [lenit'ivu] s. m. + adj. lenitive, palliative.

len.te [l'ẽti] s. f. lens; m. + f. university professor; teacher. ≃ **bifocal** bifocal lens. ≃ **de aumento** magnifying glass.

len.te.jou.la [lẽtez'owlə] s. f. spangle, sequin.

len.ti.cu.lar [lẽtikul'ar] adj. m. + f. lenticular.

len.ti.dão [lẽtid'ãw] s. f. slowness; sluggishness, inertion, indolence.

len.ti.lha [lẽt'iʎə] s. f. lentil; carbuncle, anthrax.

len.to [l'ẽtu] adj. slow; sluggish, dilatory. **marcha -a** (mech.) slow running.

le.o.a [le'oə] s. f. (zool.) lioness.

le.o.par.do [leop'ardu] s. m. (zool.) leopard.

le.pi.dez [lepid'es] s. f. cheer, joviality, good-humour.

lé.pi.do [l'ɛpidu] adj. merry, cheerful; jolly; swift.

le.pra [l'ɛprə] s. f. (med.) leprosy; dog mange.

le.pro.so [lepr'ozu] s. m. leper, lazar; (fig.) nasty person. ‖ adj. leprous.

le.que [l'ɛki] s. m. fan. **antena em** ≃ fan aerial.

ler [l'er] v. to read, peruse; to interpret; to recite. ≃ **a sorte de** to tell the fortune of. ≃ **em voz alta** to read aloud. ≃ **nas entrelinhas** to read between the lines.

ler.de.ar [lerde'ar] v. (Braz.) to loiter, delay, linger.

ler.de.za [lerd'ezə] s. f. slowness, tardiness.

ler.di.ce [lerd'isi] s. f. = **lerdeza.**

ler.do [l'ɛrdu] adj. slow, laggard; dull, slow-witted; dim.

le.ro-le.ro [lɛrul'ɛru] s. m. (pl. **lero-leros**) idle talk.

le.sa.do [lez'adu] adj. injured, wounded; hurt; damaged; tarnished (reputation).

le.são [lez'ãw] s. f. (pl. **-sões**) lesion; hurt, wound.

le.sar [lez'ar] v. to injure, hurt, wound; to damage; to bruise; to aggrieve.

les.bi.a.no [lezbi'ʌnu] adj. Lesbian; (fig.) dissolute. ‖ s. m. lesbian.

lés.bi.co [l'ɛzbiku] s. m. + adj. = **lesbiano.**

les.ma [l'ezmə] s. f. (zool.) snail; (fig.) sluggard.

les.te [l'ɛsti] s. m. east.

le.tal [let'aw] adj. m. + f. (pl. **-tais**) lethal, deadly.

le.tão [let'ãw] s. m. (pl. **-tões**) Lett, Lettish.

le.tar.gi.a [letarʒ'iə] s. f. (med.) lethargy; apathy, dullness, stupor, torpor.

le.ti.vo [let'ivu] adj. concerning school or a period of learning. **ano** ≃ school year.

le.tra [l'etrə] s. f. letter; character; ≃ s literature. ≃ **de câmbio** bill of exchange. ≃ **maiúscula** capital letter. **tomar ao pé da** ≃ to take literally. ≃ **de fôrma** block letter.

le.tra.do [letr'adu] s. m. man of letters. ‖ adj. lettered; erudite; literate.

le.trei.ro [letr'ejru] s. m. lettering; label, ticket; inscription; (fig.) poster, placard.

léu [l'ɛw] s. m. time; leisure; opportunity; occasion, chance. **ao** ≃ aimlessly.

leu.ce.mi.a [lewsem'iə] s. f. (med.) leuk(a)emia.

le.va [l'ɛvə] s. f. departure; recruitment.

le.va.di.ça [levad'isə] s. f. (Braz.) drawbridge.

le.va.do [lev'adu] adj. (Braz.) mischievous, impish, rompish; unquiet; undisciplined.

leva-e-traz [levaitr'as] s. m. + f., sg. + pl. (Braz.) talebearer, intriguer.

le.van.ta.do [levãt'adu] adj. upright, erect; up, out of bed; lifted; high, elevated; rough (sea).

le.van.ta.men.to [levãtam'ẽtu] s. m. survey; lifting, raising.

le.van.tar [levãt'ar] s. m. rising, uprising. ‖ v. to lift (up), raise (up), elevate; ≃ **-se** to rise; to arise; to upraise. ≃ **acampamento** to break camp. ≃ **dúvidas** to raise doubts. ≃ **um brinde** to raise a toast. ≃ **uma questão** to put a question. ≃ **um protesto** to enter a protest. ≃ **vôo** (aeron.) to take off. ≃ **a voz** to raise the voice.

le.var [lev'ar] v. to carry, take (away), remove; to convey, drive. ≃ **a cabo** to realize. ≃ **a mal** to take amiss. ≃ **a pior** to get the worst of. ≃ **com paciência** to bear patiently. ≃ **de volta** to take back. ≃ **em conta** to consider, regard. ≃ **na cabeça** (fig.) to get it in the neck. ≃ **um prejuízo** to suffer a loss. ≃ **vantagem** to have the advantage over. **deixar-se** ≃ to yield to.

le.ve [l'ɛvi] adj. m. + f. light; nimble, quick, agile; easy. **de** ≃ superficially. **ter sono** ≃ to be a light sleeper.

le.ve.dar [leved'ar] v. to leaven, ferment, yeast.

lê.ve.do [l'evedu] s. m. = **levedura**.

le.ve.du.ra [leved'urə] s. f. leaven, yeast, ferment.

le.ve.za [lev'ezə] s. f. lightness; state of being light; levity; fineness (cloth).

le.vi.an.da.de [levjãd'adi] s. f. levity, thoughtlessness, improvidence; frivolity, flippancy.

le.vi.a.no [levi'ʌnu] adj. flighty, thoughtless; frivolous, flippant; fickle; imprudent.

le.vi.ta.ção [levitas'ãw] s. f. (pl. **-ções**) levitation.

le.vi.tar-se [levit'arsi] v. to levitate.

lé.xi.co [l'ɛksiku] s. m. lexicon; dictionary.

le.xi.co.gra.fia [lɛksikograf'iə] s. f. lexicography.

le.xi.có.gra.fo [leksik'ɔgrafu] s. m. lexicographer; author of a dictionary; compiler of a vocabulary.

le.xi.co.lo.gia [leksikoloʒ'iə] s. f. lexicology.

lhe [ʎi] personal pron. to him, her or it; to you; ≃ s for them, to you.

lho [ʎu] contr. of the personal pron. **lhe and** the demonstrative pron. or the article **o**.

li.ba.nês [liban'es] s. m. + adj. (pl. **-neses**; f. **-nesa**) Lebanese.

li.bé.lu.la [lib'ɛlulə] s. f. dragonfly.

li.be.ra.ção [liberas'ãw] s. f. (pl. **-ções**) liquidation, discharge; release; acquittance.

li.be.ral [liber'aw] s. m. + f. (pl. **-rais**) liberal(ist), a follower of liberalism. ‖ adj. liberal; broadminded, generous.

li.be.ra.li.da.de [liberalid'adi] s. f. liberality; generosity.

li.be.ra.lis.ta [liberal'istə] s. m. + f. liberalist. ‖ adj. relating to liberalism.

li.be.ra.li.zar [liberaliz'ar] v. to liberalize; to lavish.

li.be.rar [liber'ar] v. to discharge, settle (a debt).

li.ber.da.de [liberd'adi] s. f. liberty, freedom, free will, permission; ≃ s liberties, immunities, rights.

li.ber.ta.ção [libertas'ãw] s. f. (pl. **-ções**) liberation; setting free, release; acquittal; discharge; emancipation.

li.ber.ta.dor [libertad'or] s. m. liberator. ‖ adj. liberating; delivering, freeing from.

li.ber.tar [libert'ar] v. to liberate; to free; to set free; ≃ **-se (de)** to get free, free o. s. of, get rid of.

li.ber.ti.na.gem [libertin'aʒẽj] s. f. (pl. **-gens**) libertinism.

li.ber.ti.no [libert'inu] s. m. + adj. libertine, licentious person.

li.ber.to [lib'ɛrtu] s. m. freeman. ‖ adj. released from slavery; free, independent; at liberty, emancipated.

li.bi.di.no.so [libidin'ozu] s. m. libidinous, lustful person. ‖ adj. libidinous.

li.bra [l'ibrə] s. f. pound (weight and currency).

li.ção [lis'ãw] s. f. (pl. -**ções**) lesson, (course of) instruction. ≃ **prática** object lesson. **dar** -**ções** to give lessons, teach.

li.cen.ça [lis'ẽsə] s. f. license, licence; permission; consent. ≃! allow me! **com** ≃ excuse me!, pardon me! **de** ≃ on leave. **sem** ≃ unlicensed.

li.cen.ci.a.men.to [lisẽsjam'ẽtu] s. m. licensing; permission; discharge.

li.cen.ci.ar [lisẽsi'ar] v. to licence; to authorize; to give a licence to; ≃-**se** to take leave; to take liberties.

li.ceu [lis'ew] s. m. lyceum; a secondary school.

li.ci.ta.ção [lisitas'ãw] s. f. (pl. -**ções**) bidding at an auction.

li.ci.tar [lisit'ar] v. to bid at an auction; to auction.

lí.ci.to [l'isitu] s. m. that which is licit. ‖ adj. licit; lawful, allowed, legal, just, moral.

li.cor [lik'or] s. m. liqueur. ≃ **de cereja** cherry-brandy.

li.da [l'idə] s. f. work, toil, chore; drudgery, fag; hurry, bustle, ado, trouble.

li.dar [lid'ar] v. to struggle, strive, toil, drudge; to work, labor; to make an effort.

lí.der [l'ider] s. m. leader; chief, guide, head.

li.de.ran.ça [lider'ãsə] s. f. leadership; lead. **estar na** ≃ to be in the lead.

li.de.rar [lider'ar] v. to lead, guide, be a leader.

li.ga [l'igə] s. f. league, alliance; binding; alloy (metal); garter.

li.ga.ção [ligas'ãw] s. f. (pl. -**ções**) ligation, joining; junction; liaison; bond. ≃ **telefô-nica** phone call.

li.ga.do [lig'adu] adj. joint, connected; intimate.

li.ga.men.to [ligam'ẽtu] s. m. ligament, bandage, bond, tie.

li.gar [lig'ar] v. to tie, bind, fasten; to attach; to turn on; ≃-**se** to league, associate; to join; to combine with.

li.gei.re.za [liʒejr'ezə] s. f. quickness, swiftness, agility.

li.gei.ro [liʒ'ejru] adj. quick, swift, agile, nimble; alert; fast. **andar** ≃ to speed, walk fast.

lig.ni.ta [lign'itə] s. f. lignite.

li.lá [lil'a] s. m. = **lilás.**

li.lás [lil'as] s. m. (pl. -**lases**) lilac. ‖ adj. m. + f. lilac.

li.ma [l'imə] s. f. (mech.) file; (bot.) sweet lime, its fruit.

li.ma.dor [limad'or] s. m. filer. ‖ adj. filing.

li.ma.lha [lim'aʎə] s. f. filings, file dust.

li.mão [lim'ãw] s. m. (pl. -**mões**) lemon.

li.mar [lim'ar] v. to file; to smooth with a file; to polish, refine, perfect, correct.

lim.bo [l'ĩbu] s. m. limb; edge, border; (bot.) leaf blade; (R. C. Church) limbo.

li.mi.ar [limi'ar] s. m. threshold; (fig.) doorway.

li.mi.nar [limin'ar] adj. m. + f. (fig.) preliminary, introductory.

li.mi.ta.ção [limitas'ãw] s. f. (pl. -**ções**) limitation. ≃ **de natalidade** birth control.

li.mi.tar [limit'ar] v. to (de)limit; to border; ≃-**se** to refrain from.

li.mi.te [lim'iti] s. m. limit; line of demarcation, border. **passar dos** ≃**s** to go too far.

li.mí.tro.fe [lim'itrofi] adj. m. + f. adjoining, adjacent.

li.mo.ei.ro [limo'ejru] s. m. (bot.) lemon tree.

li.mo.na.da [limon'adə] s. f. lemonade. **soda** ≃ lemon squash.

lim.pa.dor [lĩpad'or] s. m. cleaner. ≃ **de pára-brisa** windshield wiper. ≃ **de rua** street sweeper or cleaner.

lim.par [lĩp'ar] v. to clarify, clean (up); ≃-**se** to wash, become clean.

lim.pe.za [lĩp'ezə] s. f. cleanness; neatness; cleaning, sweep, washing. ≃ **total** clean-up.

lím.pi.do [l'ĩpidu] adj. limpid, clear, transparent; lucid.

lim.po [l'ĩpu] adj. clean, neat; trim, tidy; clear; pure; guiltless, undefiled. **estar com a consciência -a** to have a clear conscience.

lin.ce [l'isi] s. m. (zool.) lynx.

lin.char [lĩʃ'ar] v. to lynch.

lin.do [l'ĩdu] adj. pretty, beautiful, handsome, nice.

li.ne.ar [line'ar] adj. m. + f. linear, lineal. **equação** ≃ linear equation.

lin.fá.ti.co [lĩf'atiku] adj. lymphatic.

lin.fó.ci.to [lĩf'ɔsitu] s. m. lymphocyte.

lin.go.te [lĩg'ɔti] s. m. ingot. ≃ **de ferro** pig iron.

lín.gua [l'ĩgwə] s. f. tongue; (fig.) speech; language, idiom. **dar com a** ≃ **nos dentes** to blab. **dobrar a** ≃ to retract. **má-** ≃ slanderer, backbiter; slanderousness. **ela tem a ≃ solta** she knows all the answers. **saber na ponta da ≃** to have at one's fingertips, on the tip of the tongue.

lin.gua.gem [līg'waʒēj] s. f. (pl. **-gens**) language.

lin.gua.jar [līgwaʒ'ar] s. m. talk, speech; mode of speech.

lin.gua.ru.do [līgwar'udu] s. m. chatterbox; gossip. ‖ adj. talkative; slanderous; malicious.

lin.güe.ta [līg'wetə] s. f. little tongue; click, ratchet pawl; catch; tongue of a shoe.

lin.güi.ça [līg'wisə] s. f. sausage.

lin.güís.ti.ca [līg'wistikə] s. f. linguistics; philology.

li.nha [l'iñə] s. f. line; sewing thread; rope, string, cord; ≃**s** (Braz., pop.) letter. ≃ **aérea** airline, airway. ≃ **de montagem** (tech.) assembly line. ≃ **férrea** railway. ≃ **interurbana** (teleph.) trunk line. **a ≃ de conduta** line of conduct. ≃ **de pescar** fishing line. **manter em ≃** to keep in line. **perder a ≃** to lose one's decorum.

li.nha.ça [liñ'asə] s. f. linseed, flaxseed.

li.nha.gem [liñ'aʒēj] s. f. (pl. **-gens**) lineage, genealogy; race; pedigree.

li.nhi.ta [liñ'itə] s. f. = **lignita**.

li.nho [l'iñu] s. m. flax; linen.

li.no.ti.po [linot'ipu] s. m. linotype.

li.pí.dio [lip'idju] s. m. lipid.

li.que.fa.zer [likefaz'er] v. to liquefy; to reduce to a liquid; ≃**-se** to become liquid.

li.qui.da.ção [likidas'ãw] s. f. (pl. **-ções**) liquidation. **em ≃ de** in payment of.

li.qüi.da.ção [likwidas'ãw] s. f. = **liquidação**.

li.qui.dar [likid'ar] v. to liquidate, settle; to sell out; to shut down (firm).

li.qüi.dar [likwid'ar] v. = **liquidar**.

li.qui.dez [likid'es] s. f. liquidness, quality of being liquid.

li.qui.di.fi.ca.dor [likidifikad'or] s. m. liquefier.

li.qui.di.fi.car [likidifik'ar] v. to liquefy.

lí.qui.do [l'ikidu] s. m. liquid. ‖ adj. liquid, fluid; net. **lucro ≃** net profit.

lí.qüi.do [l'ikwidu] s. m. = **líquido**.

li.ra [l'irə] s. f. lyre; (sl.) guitar; (ornith.) lyre bird; lira, Italian monetary unit.

lí.ri.co [l'iriku] s. m. a lyric poet. ‖ adj. lyric; operatic; (fig.) sentimental.

lí.rio [l'irju] s. m. (bot.) lily.

li.so [l'izu] adj. smooth, even, sleeky; lank; soft. **cabelo ≃** straight hair.

li.son.ja [liz'õʒə] s. f. flattery, coaxing, adulation, cajolery.

li.son.je.ar [lizõʒe'ar] v. to flatter, court; to adulate; ≃**-se** to delight in.

li.son.jei.ro [lizõʒ'ejru] s. m. flatterer, adulator. ‖ adj. flattering; pleasing.

lis.ta [l'istə] s. f. list, roll, roster; catalogue; strip (of cloth, paper etc.); stripe.

lis.tra [l'istrə] s. f. stripe (in a cloth).

lis.trar [listr'ar] v. to stripe, adorn with stripes.

li.su.ra [liz'urə] s. f. smoothness; softness; (fig.) sincerity; fairness; plain dealing.

li.tei.ra [lit'ejrə] s. f. sedan chair.

li.te.ral [liter'aw] adj. m. + f. (pl. **-rais**) literal, according to the letter; exact, true.

li.te.rá.rio [liter'arju] adj. literary. **obra -a** a literary work; lettered.

li.te.ra.tu.ra [literat'urə] s. f. literature, learning, letters; bibliography; any kind of printed matter.

li.ti.gar [litig'ar] v. to litigate, contest, go to law.

li.tí.gio [lit'iʒju] s. m. litigation, lawsuit; dispute, contest.

li.to.gra.far [litograf'ar] v. to lithograph.

li.to.gra.fi.a [litograf'iə] s. f. lithography.

li.to.ral [litor'aw] s. m. (pl. **-rais**) littoral, coastland, coast, seabord. ‖ adj. littoral, coastal.

li.to.râ.neo [litor'anju] adj. littoral, coastal.

li.tos.fe.ra [litosf'ɛrə] s. f. lithosphere.

li.tro [l'itru] s. m. liter, litre.

li.tur.gi.a [liturʒ'iə] s. f. (eccl.) liturgy; ritual.

li.túr.gi.co [lit'urʒiku] adj. liturgical.

lí.vi.do [l'ividu] adj. livid, white; (fig.) furious. **tornar-se ≃** to turn white.

li.vra.men.to [livram'ētu] s. m. liberation, release; discharge; rescue; deliverance; redemption. ≃ **condicional** release on parole.

li.vrar [livr'ar] v. to liberate, release, free; ≃**-se** to get rid of.

li.vra.ri.a [livrar'iə] s. f. bookshop, bookstore.

li.vre [l'ivri] adj. free; at liberty, independent; absolved; exempt. ≃ **-câmbio** free trade. ≃ **-docente** (Braz.) reader. ≃ **-pensador** freethinker. **de ≃** to be free from, free of; innocent of. **ao ar ≃** outdoors, in the fresh air.

li.vrei.ro [livr'ejru] s. m. bookseller.

li.vro [l'ivru] s. m. book. ≃ **de bolso** pocketbook. ≃ **de capa dura** hardback, hard cover.

li.xa [l'iʃə] s. f. sandpaper, glasspaper. ≃ **de unha** emery board.

li.xar [liʃ'ar] v. to sandpaper; to smooth with sandpaper; to polish.

li.xei.ra [liʃ'eirə] s. f. garbage can.

li.xei.ro [liʃ'ejru] s. m. (Braz.) garbage collector; dustman.

li.xi.vi.ar [liʃivi'ar] v. to leach.

li.xo [l'iʃu] s. m. garbage, trash; refuse, waste, sweepings, rubbish; (fig.) rabble, mob.

lo [lu] personal pron. m. third person singular used after verbal forms ending in **r, s,** or **z,** after the pron. **nos** and **vos,** omitting **s** of the pronoun, and after the adv. **eis. ele no-** ≃ **pediu** he asked us for it.

lo.ba [l'obə] s. f. she-wolf.

lob.by [l'ɔbi] s. m. lobby. ‖ v. to lobby.

lo.bi.so.mem [lobiz'ɔméj] s. m. (pl. **-mens**) werewolf.

lo.bis.ta [lob'istə] s. m. + f. lobbyst.

lo.bo [l'obu] s. m. (zool.) wolf; rapatious person; womanizer, cunning.

lo.bri.gar [lobrig'ar] v. to catch a glimpse of; to perceive; to discern; to distinguish.

ló.bu.lo [l'ɔbulu] s. m. lobule. ≃ **da orelha** earlobe.

lo.ca.ção [lokas'ãw] s. f. (pl. **-ções**) location, situation, place; letting; hiring.

lo.ca.dor [lokad'or] s. m. lessor; landlord.

lo.cal [lok'aw] s. m. (pl. **-cais**) place, spot, site, locale. ‖ adj. m. + f. local. ≃ **de descoberta** site of discovery. **no** ≃ on the premises.

lo.ca.li.da.de [lokalid'adi] s. f. locality, place; settlement.

lo.ca.li.za.ção [lokalizas'ãw] s. f. (pl. **-ções**) localization.

lo.ca.li.zar [lokaliz'ar] v. to localize, locate; ≃**-se** to be localized, or situated.

lo.ca.tá.rio [lokat'arju] s. m. lessee; tenant.

lo.co.mo.ção [lokomos'ãw] s. f. (pl. **-ções**) locomotion.

lo.co.mo.ti.va [lokomot'ivə] s. f. locomotive (-car), train engine.

lo.co.mo.tor [lokomot'or] adj. locomotor.

lo.co.mo.ver-se [lokomov'ersi] v. to move about, move from place to place.

lo.cu.ção [lokus'ãw] s. f. (pl. **-ções**) locution; phraseology, phrase; expression.

lo.cu.ple.tar [lokuplet'ar] v. to enrich; to satiate; ≃**-se** to grow rich.

lo.cu.tor [lokut'or] s. m. speaker, radio announcer.

lo.da.çal [lodas'aw] s. m. (pl. **-çais**) bog, swamp; (fig.) dissolute life.

lo.do [l'odu] s. m. mud, mire; loam, clay.

lo.do.so [lod'ozu] adj. muddy, miry; slimy; sloppy.

lo.ga.rit.mo [logar'itmu] s. m. (math.) logarithm.

lógica [l'ɔʒikə] s. f. logic. **falta de** ≃ illogicality.

ló.gi.co [l'ɔʒiku] s. m. logician. ‖ adj. logical; rational.

lo.gís.ti.ca [loʒ'istikə] s. f. logistics.

lo.go [l'ɔgu] adv. immediately, at once. ‖ conj. therefore, hence. ≃ **após** thereupon. ≃ **que** as soon as. **até** ≃! so long!

lo.gra.dou.ro [lograd'owru] s. m. public park; playground.

lo.grar [logr'ar] v. to cheat, trick, deceive, defraud, swindle; to succeed in, achieve.

lo.gro [l'ogru] s. m. cheat, swindle, fraud, trick; enjoyment; humbug.

loi.ra [l'ojrə] s. f. + adj. = **loura.**

loi.ro [l'ojru] s. m. + adj. = **louro.**

lo.ja [l'ɔʒə] s. f. ground floor; shop; store; baza(a)r; workshop; Freemason's lodge.

lo.jis.ta [loʒ'istə] s. m. + f. shopkeeper, storekeeper.

lom.ba [l'ôbə] s. f. ridge or brow of a hill, crest; tableland; slope; (Port.) indolence.

lom.ba.da [lôb'adə] s. f. range of hills; mountain-ridge; rump; back of a book, spine.

lom.bi.nho [lôb'iñu] s. m. tenderloin (beef, pork).

lom.bo [l'ôbu] s. m. loin, reins, back (of an animal); pork loin; back of a book.

lom.bri.ga [lôbr'igə] s. f. roundworm.

lo.na [l'onə] s. f. canvas, sailcloth; tarpaulin.

lon.ge [l'ôʒi] adj. m. + f. remote, distant, faraway, far-off. ‖ adv. far, far-off, at a great distance. ‖ interj. by no means! ≃ **da vista** out of sight. ≃ **de** distant from. **mais** ≃ farther, beyond. **ao** ≃ far-off. **tão** ≃ **assim?** as far as that?

lon.ge.vi.da.de [lôʒevid'adi] s. f. longevity; long-life.

lon.gín.quo [lôʒ'īkwu] adj. distant, faraway, far-off.

lon.gi.tu.de [lõʒit'udi] s. f. (geog.) longitude; distance.

lon.go [l'õgu] adj. long, lengthy; prolix (a speech); protracted. **ao ≃ de** along.

lon.ju.ra [lõʒ'urə] s. f. great distance.

lon.tra [l'õtrə] s. f. (zool.) otter.

lo.qua.ci.da.de [lokwasid'adi] s. f. loquaciousness, loquacity, garrulity.

lo.quaz [lok'was] adj. m. + f. loquacious, garrulous, wordy.

lor.de [l'ɔrdi] s. m. lord. ‖ adj. m. + f. ostentatious.

lo.ro.ta [lor'ɔtə] s. f. fib, lie; idle talk; bragging.

lor.pa [l'orpə] s. m. + f. imbecile; simpleton. ‖ adj. imbecile, silly, foolish, stupid, idiotic.

lo.san.go [loz'ãgu] s. m. (geom.) lozenge.

los.na [l'ɔsnə] s. f. (bot.) wormwood.

lo.ta.ção [lotas'ãw] s. f. (pl. -ções) allotment, division into parcels; m. (Braz.) a jitney vehicle.

lo.tar [lot'ar] v. to allot (car or bus); distribute by lots; to calculate; fix the number.

lo.te [l'ɔti] s. m. lot, allotment, portion, share, parcel; quantity; plot of land.

lo.te.a.men.to [loteam'ẽtu] s. m. division of land into lots, or parcels.

lo.te.ar [lote'ar] v. (Braz.) to divide land into lots.

lo.te.ria [loter'iə] s. f. lottery; (fig.) an affair of chance.

lou.ça [l'owsə] s. f. chinaware, dishware; earthenware, crockery, ceramics.

lou.co [l'owku] s. m. a maniac, madman. ‖ adj. mad, crazy; furious; deranged, demented.

lou.cu.ra [lowk'urə] s. f. madness, craziness, insanity.

lou.ra [l'owrə] s. f. blond woman or girl, blonde.

lou.ro [l'owru] s. m. laurel tree; (bot.) laurel; (zool.) (fam.) parrot. ‖ adj. yellow; blond, fair.

lou.sa [l'owzə] s. f. slate; gravestone; blackboard.

louva-a-deus [lowvad'ews] s. m., sg. + pl. (ent.) mantis.

lou.var [lowv'ar] v. to laud, praise; ≃-se to boast.

lou.vá.vel [lowv'avew] adj. m. + f. (pl. -veis) laudable, commendable, praiseworthy.

lou.vor [lowv'or] s. m. praise, encomium; applause; glorification.

lu.a [l'uə] s. f. moon; (fig.) month; bad humour. ≃ **cheia** full moon. ≃**-de-mel** honeymoon. ≃ **nova** new moon.

lu.ar [lu'ar] s. m. moonlight, moonshine.

lu.bri.ci.da.de [lubrisid'adi] s. f. lubricity, slipperiness; (fig.) lasciviousness, lechery.

lú.bri.co [l'ubriku] adj. slippery, lubricous; (fig.) lascivious, lecherous, lewd.

lu.bri.fi.ca.ção [lubrifikas'ãw] s. f. (pl. -ções) lubrication.

lu.bri.fi.can.te [lubrifik'ãti] s. m. lubricant. ‖ adj. m. + f. lubricating.

lu.bri.fi.car [lubrifik'ar] v. to lubricate; to grease, oil.

lu.ci.dez [lusid'es] s. f. lucidity, lucidness; brightness; perspicacity, perspicuity.

lú.ci.do [l'usidu] adj. lucid; shining, bright; clear, pellucid; clear-headed, perspicacious.

Lú.ci.fer [l'usifer] s. m. lucifer.

lu.crar [lukr'ar] v. to profit, benefit; to gain, earn, reap; to take advantage of.

lu.cra.ti.vo [lukrat'ivu] adj. lucrative, profitable.

lu.cro [l'ukru] s. m. profit, gain, earning. ≃**s e perdas** profits and losses. **participação nos** ≃**s** profit sharing.

lu.di.bri.ar [ludibri'ar] v. to deceive, cheat, illude; to mock, deride; to ridicule.

lu.fa.da [luf'adə] s. f. flurry, gust of wind, blast, squall.

lu.fa-lu.fa [lufal'ufə] s. f. fuss, ado, bustle; haste, hurry.

lu.gar [lug'ar] s. m. place, room, space, spot, site, locality; (theat., school etc.) seat. **em algum** ≃ somewhere. **em qualquer** ≃ anywhere. **em** ≃**de** instead of. ≃**- comum** commonplace.

lu.ga.re.jo [lugar'eʒu] s. m. small village, hamlet.

lú.gu.bre [l'ugubri] adj. m. + f. lugubrious, mournful, doleful, sad.

lum.ba.go [lũb'agu] s. m. (med.) lumbago.

lu.me [l'umi] s. m. fire, flame; light; candle; spark.

lu.mi.nar [lumin'ar] s. m. track, trail, trace; luminary. ‖ adj. illuminating.

lu.mi.no.si.da.de [luminozid'adi] s. f. luminosity.

lu.mi.no.so [lumin'ozu] adj. luminous; shining, bright.

lu.nar [lun'ar] s. m. mole, spot on the skin. ‖ adj. m. + f. lunar.

lu.ná.ti.co [lun'atiku] s. m. a lunatic, madman. ‖ adj. lunatic, mad, crazy.

lu.ne.ta [lun'etə] s. f. field-glass, spyglass; (archit.) lunette.

lu.pa [l'upə] s. f. magnifying glass.

lú.pu.lo [l'upulu] (bot.) s. m. hop.

lus.co-fus.co [luskuf'usku] s. m. twilight, dusk, nightfall.

lu.si.ta.no [luzit'ʌnu] s. m. + adj. Lusitanian, Portuguese.

lu.so [l'uzu] s. m. + adj. = **lusitano**.

lus.tra.dor [lustrad'or] s. m. polisher, shiner. ‖ adj. polishing, glossing.

lus.trar [lustr'ar] v. to polish, gloss, shine, burnish; to varnish; to instruct.

lus.tre [l'ustri] s. m. lustre; brightness; glory, distinction; lamp.

lus.tro [l'ustru] s. m. lustrum; lustre, shine; polish.

lus.tro.so [lustr'ozu] adj. lustrous, shining, glossy, polished; magnificent.

lu.ta [l'utə] s. f. fight, contest, combat; conflict, war, battle; struggle.

lu.ta.dor [lutad'or] s. m. fighter, wrestler, contender. ‖ adj. combative, fighting, pugnatious.

lu.tar [lut'ar] v. to fight, contend, combat; to wrestle.

lu.te.ra.no [luter'ʌnu] s. m. lutheran.

lu.to [l'utu] s. m. mourning; sorrow, grief, bereavement.

lu.va [l'uvə] s. f. glove; (mech.) sleeve; socket; ≃s (com.) fee paid to owner or previous tenant, handsel, earnest money.

lu.xa.ção [luʃas'ãw] s. f. (pl. **-ções**) (med.) luxation.

lu.xar [luʃ'ar] v. (med.) to luxate, dislocate (joints).

lu.xen.to [luʃ'ẽtu] adj. (Braz.) fussy, ceremonious.

lu.xo [l'uʃu] s. m. luxury, splendour, magnificence; luxuriance; sumptuousness. **dar-se ao** ≃ **de** to permit o. s. the luxury of. **de** ≃ de luxe.

lu.xu.o.so [luʃu'ozu] adj. luxurious; ostentatious, sumptuous, magnificent, lascivious, sensual, licentious.

lu.xú.ria [luʃ'urjə] s. f. luxuriance, exuberance; luxury; lasciviousness; libertinism.

lu.xu.ri.an.te [luʃuri'ãti] adj. m. + f. luxuriant, rank; plenty, copious, sensual, lascivious.

luz [l'us] s. f. light; illumination, luminosity; source of light; ≃es (fig.) science; progress; information. ≃ **do dia** daylight. ≃ **elétrica** electric light. **dar à** ≃ to give birth to. **resistente à** ≃ fast to light. **sem** ≃ lightless. ≃ **solar** sunlight.

lu.zen.te [luz'ẽti] adj. m. + f. luminous, bright.

lu.zi.di.o [luzid'iu] adj. bright, glittering, shining.

lu.zir [luz'ir] v. to shine, emit light; to gleam, glitter; to reflect light.

M

M, m ['emi] s. m. twelfth letter of the Portuguese alphabet.

má [m'a] s. f. tumour. ‖ adj. feminine form of **mau.** ≃ **fama** ill repute.

ma.ca [m'akə] s. f. canvas cot, litter; stretcher, a sailor's hammock.

ma.ça [m'asə] s. f. bat, club, mace.

ma.çã [mas'ã] s. f. apple.

ma.ca.bro [mak'abru] adj. macabre, gruesome, grim.

ma.ca.cão [makak'ãw] s. m. (pl. **-cões**) worker's overalls.

ma.ca.co [mak'aku] s. m. monkey, ape; hoist; jack.

ma.ça.da [mas'adə] s. f. blow with a mace or club; (fig.) row, quarrel; drudgery, nuisance; trouble.

ma.ca.da.me [makad'ʌmi] s. m. macadam, a macadamized road or pavement.

ma.ca.da.mi.zar [makadʌmiz'ar] v. to pave.

ma.cam.bú.zio [makãb'uʒju] adj. sullen, morose; sad.

ma.ça.ne.ta [masan'etə] s. f. knob; doorhandle, doorknob; saddle pommel.

ma.ça.ne.tar [masanet'ar] v. to shape like a knob or handle.

ma.çan.te [mas'ãti] s. m. + f. bore, pesterer. ‖ adj. m. + f. dull, boring, weary, plaguesome.

ma.ção [mas'ãw] s. m. (pl. **-ções**) = **maçom**.

ma.ça.pão [masap'ãw] s. m. (pl. **-pães**) marzipan, marchpane.

ma.ca.que.ar [makake'ar] v. to monkey around, ape, mimic.

ma.ca.quei.ro [makak'ejru] s. m. worker who cuts and shapes paving stones; (N. Braz.) worker in a cocoa plantion. ‖ adj. apish, monkeyish.

ma.ca.qui.ce [makak'isi] s. f. foolishness, foolery, apishness; flattery; monkey business; having fun and games.

ma.ca.qui.nho [makak'iɲu] s. m. little monkey.

ma.çar [mas'ar] v. to strike with a club or mace; to beat, pound; to bore; to weary.

ma.ça.ri.co [masar'iku] s. m. torch, blowtorch; blowpipe; (ornith.) kingfisher.

ma.ça.ro.ca [masar'ɔkə] s. f. thread twisted around a spindle; ear of corn; curl or ringlet of hair; (S. Braz.) gossip, intrigue.

ma.ça.ro.car [masarok'ar] v. to entangle, twist, snarl.

ma.car.rão [makaʀ'ãw] s. m. (pl. **-rões**) macaroni.

ma.car.rô.ni.co [makaʀ'oniku] adj. badly spoken, with Italian accent.

ma.ce.ra.ção [maseras'ãw] s. f. (pl. **-ções**) maceration.

ma.ce.rar [maser'ar] v. to macerate; to steep; to soak; to mortify, torture, torment.

ma.ce.tar [maset'ar] v. to strike with a beetle or mallet; to ram.

ma.ce.te [mas'eti] s. m. little wooden mallet.

ma.cha.da [maʃ'adə] s. f. hatchet, small ax, chopper.

ma.cha.dar [maʃad'ar] v. to work or hit with an ax, wield an ax; to split wood with an ax.

ma.cha.do [maʃ'adu] s. m. ax, hatchet.

ma.chão [maʃ'ãw] s. m. (pl. **-chões**) (pop.) tall, robust man. ‖ adj. independent, domineering, fearless.

ma.chis.ta [maʃ'istə] s. + adj. m. + f. male chauvinist.

ma.cho [m'aʃu] s. m. male animal; mule; box pleats, flute; (mech.) part that fits into another as in: male and female plug; tough guy; (vulg.) lover. ‖ adj. masculine; (pop.) virile; manly.

ma.cho.na [maʃ'onə] s. f. virago.

ma.chu.ca.ção [maʃukas'ãw] s. f. (pl. **-ções**) wound, bruise; wounding.

ma.chu.ca.du.ra [maʃukad'urə] s. f. wound, injury, bruise, contusion; pounding.

ma.chu.car [maʃukˈar] v. to wound, bruise, hurt, injure; to offend.

ma.ci.ço [masˈisu] s. m. dense forest; (constr.) solid piece of stonework or masonry; throng; (geog.) range of mountains. ‖ adj. massive, compact, solid.

ma.ci.ei.ra [masiˈejrə] s. f. apple tree.

ma.ci.ez [masiˈes] s. f. softness, smoothness; sleekness; (fig.) suppleness; lissom; sweetness (of character).

ma.ci.len.to [masilˈētu] adj. emaciated, pale, thin, peaked; lean, cadaverous.

ma.ci.o [masˈiu] adj. soft, smooth; sleek; supple, flexible.

ma.ço [mˈasu] s. m. mallet; bundle, bunch, wad; pile, heap, stack; packet (cigarettes).

ma.çom [masˈõw] s. m. mason, Freemason.

ma.ço.na.ri.a [masonarˈiə] s. f. Freemasonry.

ma.co.nha [makˈoñə] s. f. marijuana; (bot.) hemp.

ma.çô.ni.co [masˈoniku] adj. Masonic.

má-criação [makrjasˈãw] s. f. (pl. **más-cria-ções**) ill-breeding, bad manners; rudeness.

ma.cro.bi.ó.ti.ca [makrobiˈɔtikə] s. f. macrobiotics. ‖ adj. macrobiotic.

ma.çu.do [masˈudu] adj. club-shaped; (fig.) monotonous, dull, weary, boring, tedious.

má.cu.la [mˈakulə] s. f. macula, spot, stain; (fig.) discredit, disgrace, dishonour.

ma.cu.la.do [makulˈadu] adj. maculate, stained.

ma.cu.lar [makulˈar] v. to blemish, sully, defile.

ma.cum.ba [makˈũbə] s. f. (Braz.) fetishist ceremony of Negro origin with Christian elements, accompanied by dances, songs and drums; sorcery, witchcraft; fetishism.

ma.da.ma [madˈʌmə] s. f. = **madame**.

ma.da.me [madˈʌmi] s. f. madam; (Braz., vulg.) prostitute.

ma.dei.ra [madˈejrə] s. f. wood, timber, lumber.

ma.dei.ra.men.to [madejramˈētu] s. m. heap of wood; framing; woodwork (also of a roof.)

ma.dei.rar [madejrˈar] v. to set up a wooden frame; to work with wood.

ma.dei.rei.ro [madejrˈejru] s. m. woodworker; lumberjack; wood or lumber merchant.

ma.dei.xa [madˈejʃə] s. f. small skein; (fig.) tress, lock or strand of hair.

ma.dras.ta [madrˈastə] s. f. stepmother.

ma.dre [mˈadri] s. f. professed nun, mother superior; (anat.) uterus, womb.

ma.dri.nha [madrˈiñə] s. f. godmother; (female) witness at a marriage; (Braz.) mare or mule guiding a band of mules; (fig.) sponsor.

ma.dru.ga.da [madrugˈadə] s. f. daybreak.

ma.dru.ga.dor [madrugadˈor] s. m. early riser. ‖ adj. rising early; early.

ma.dru.gar [madrugˈar] v. to get up early in the morning; to precede somebody in an action.

ma.du.rão [madurˈãw] adj. (pl. **-roês**; fem. **-rona**) middle-aged.

ma.du.re.za [madurˈezə] s. f. ripeness; maturity; (fig.) prudence, circumspection.

ma.du.ro [madˈuru] s. m. (N. Braz.) a fermented drink. ‖ adj. ripe, mature, mellow, perfect; (fig.) prudent.

mãe [mˈãj] s. f. mother; cause, reason, source, origin. ≃**-d'água** (Braz.) fabulous water nymph; fountain, spring. ≃**-de-santo** fetishistic sorceress.

ma.es.tro [maˈɛstru] s. m. (mus.) maestro; composer; conductor.

ma.fu.á [mafuˈa] s. m. (Braz.) amusement park.

ma.ga.zi.ne [magazˈini] s. m. (Engl.) magazine, periodical, usually illustrated; store specialized in military equipment.

ma.gi.a [maʒˈiə] s. f. magic; sorcery, witchcraft; fascination, enchantment.

má.gi.ca [mˈaʒikə] s. f. magic, sorcery; sorceress.

má.gi.co [mˈaʒiku] s. m. magician; juggler, conjurer; wizard. ‖ adj. magic(al); (fig.) extraordinary; enchanting.

ma.gis.té.rio [maʒistˈərju] s. m. professorship, mastership; teaching profession.

ma.gis.tra.do [maʒistrˈadu] s. m. magistrate; judge.

ma.gis.tral [maʒistrˈaw] adj. m. + f. (pl. **-trais**) magisterial, masterly; perfect, complete.

ma.gis.tra.tu.ra [maʒistratˈurə] s. f. magistrature, magistracy.

mag.nâ.ni.mo [magnˈʌnimu] adj. magnanimous, noble, generous.

mag.né.ti.co [magnˈɛtiku] adj. magnetic(al); (fig.) attractive, enchanting, entrancing.

mag.ne.ti.zar [magnetiz'ar] v. to magnetize; (fig.) to influence; to attract, enchant.

mag.ní.fi.co [magn'ifiku] adj. magnificent; magnific.

mag.ni.tu.de [magnit'udi] s. f. magnitude, size, extent.

má.goa [m'agwə] s. f. bruise, sore, blue spot, hurt; (fig.) injury, wrong, sorrow, grief; ≃s lamentation, complaint.

ma.go.ar [magw'ar] v. to hurt, wound, bruise; (fig.) to harrow, upset, afflict, grieve, trouble; to sadden; to distress.

ma.gre.za [magr'ezə] s. f. leanness, slenderness.

ma.gri.ce.la [magris'εlə] s. m. + f. lean person. ‖ adj. lean, thin, lank.

ma.gro [m'agru] adj. thin, skinny, lean; (fig.) scarce.

mai.o [m'aju] s. m. May. **flor-de-**≃ may flower.

mai.ô [maj'o] s. m. bathing suit.

mai.or [maj'ɔr] s. m. + f. person of full or mature age, adult; (mus.) major. ‖ adj. comparative of **grande** larger, higher, bigger etc.

mai.o.ral [major'aw] s. m. (pl. -**rais**) the head; chief, boss, big shot.

mai.o.ri.a [major'iə] s. f. majority, the greater number.

mai.o.ri.da.de [majorid'adi] s. f. majority, full legal age; (fig.) emancipation.

mais [m'ajs] s. m. more; greater part; the rest, remnant, surplus. ‖ adj. m. + f., sg. + pl. more; further. ‖ adv. more; also; besides; over; preferentially; further. ≃ **ou menos** about, just about, roughly, (distance) more or less. ≃ **ou menos no dia 10** around or about the 10th. ≃ **tarde** later on. **de** ≃ **a** ≃ besides, moreover. **por** ≃ **que** however much. **nunca** ≃ never again. **quanto** ≃, **melhor** the more the better. **sem** ≃ **nem menos** without reason. **um pouco** ≃ a bit more.

mai.ús.cu.lo [maj'uskulu] adj. capital letter.

ma.jes.ta.de [maʒest'adi] s. f. majesty, magnificence; royal power; regal appearance.

ma.jes.to.so [maʒest'ozu] adj. majestic; august, regal.

ma.jo.rar [maʒor'ar] v. to rise, raise, increase, augment, become greater.

mal [m'aw] s. m. (pl. **males**) evil, ill; maleficence; disease; pain; hurt, wrong, harm; vice; misfortune, calamity. ‖ adj. bad; evil. ‖ adv. scarcely, hardly; wrong, wrongly; badly; ill. ‖ conj. hardly; no sooner. ≃ **acabado** badly finished. ≃ -**acondicionado** ill-conditioned, badly packed. ≃-**aconselhado** ill-advised. ≃-**agradecido** ungrateful person; ungrateful. ≃-**ajeitado** badly disposed, badly arranged. ≃-**assombrado** ghost, spook, spectre, apparition; haunted, spooky. ≃-**aventurado** unfortunate, unhappy. ≃-**avisado** ill-advised. ≃ **construído** jerry built, badly constructed. ≃-**educado** ill-mannered, badly behaved, rude, insolent. ≃-**e-**≃ barely, scarcely. ≃-**entendido** (Gall.) misunderstanding, disagreement or dissension, failure to understand; misunderstood, improperly interpreted; unappreciated. ≃-**estar** moral or physical indisposition, unrest, uneasiness, slight ailment, sickness. ≃-**humorado** ill humoured, irritable, peevish, querulous. ≃- **intencionado** having bad intentions, evil-minded. ≃ **o conheço** I hardly know him. **de** ≃ **a pior** from bad to worse. **estar** ≃ to be badly off, feel ill. **estar** ≃ **de saúde** to be sick or ill. **fazer** ≃ to do harm; to disagree (food). **não faz** ≃ it doesn't matter. **proceder** ≃ to behave badly.

ma.la [m'alə] s. f. bag, handbag, valise; trunk, box, suitcase, portmanteau.

ma.la.ba.ris.mo [malabar'izmu] s. m. juggling.

ma.lan.dra.gem [malãdr'aʒẽj] s. f. (pl. -**gens**) roguery, trickery; nasty or mean purpose; group of rascals; vagrant life.

ma.lan.dro [mal'ãdru] s. m. scoundrel, rogue, rascal thief, swindler, crook. ‖ adj. roguish; vagrant; scampish.

ma.lá.ria [mal'arjə] s. f. (med.) malaria, a febrile disease.

ma.la.xar [malaʃ'ar] v. to massage; (pharm.) to soften, reduce to a paste.

mal.ba.ra.tar [mawbarat'ar] v. to sell at a loss; to waste.

mal.ca.sa.do [mawkaz'adu] adj. ill-matched, unhappily married.

mal.chei.ro.so [mawʃejr'ozu] adj. malodorous, stinking, smelly, evil-smelling.

mal.com.por.ta.do [mawkõport'adu] adj. badly behaved.

mal.cri.a.do [mawkri'adu] adj. ill-bred, ill-mannered, rude, uncivil, unpolite.

mal.da.de [mawd'adi] s. f. wickedness; malice; iniquity; naughtiness.

mal.di.ção [mawdis'ãw] s. f. (pl. -ções) curse, imprecation, malediction.

mal.dis.pos.to [mawdisp'ostu] adj. ill humoured, sullen.

mal.di.to [mawd'itu] s. m. (Braz., pop.) devil. ‖ adj. cursed, damned.

mal.di.zer [mawdiz'er] v. to slander, defame, backbite; to curse; to swear; to speak ill of.

mal.do.so [mawd'ozu] adj. wicked, bad, spiteful.

ma.le.a.bi.li.da.de [maleabilid'adi] s. f. malleability.

ma.le.á.vel [male'avew] adj. m. + f. (pl. -veis) malleable; (fig.) soft, docile; pliant, adaptable.

ma.le.di.cên.cia [maledis'ēsjə] s. f. slander, detraction.

ma.le.fí.cio [malef'isju] s. m. malefaction, misdeed.

ma.lé.fi.co [mal'ɛfiku] adj. malign, evil, harmful, baleful.

ma.lei.ta [mal'ejtə] s. f. (also ≃ s) malaria.

ma.le.ta [mal'etə] s. f. small valise or suitcase, handbag, overnight bag.

ma.lé.vo.lo [mal'ɛvolu] s. m. unkind; malignant; mean.

mal.fa.da.do [mawfad'adu] adj. ill-fated; unlucky.

mal.fa.ze.jo [mawfaz'eʒu] adj. harmful; malignant.

mal.fei.to [mawf'ejtu] adj. ill-done, badly finished; deformed; botched, bungled.

mal.fei.tor [mawfejt'or] s. m. malefactor, evil-doer; criminal villain.

mal.gra.do [mawgr'adu] prep. notwithstanding, in spite of, despite.

ma.lha [m'aʎə] s. f. mesh (net); stich in knitting; snare, trap; beating, walloping.

ma.lha.da [maʎ'adə] s. f. act of threshing; threshing-floor; stroke with a mallet, hammer or flail.

ma.lha.do [maʎ'adu] adj. mailed, speckled, spotted, patchy, piebald, mottled.

ma.lhar [maʎ'ar] v. to thresh, flail; to hammer, beat with a mallet, batter, maul; to pelt; to make fun of; to mottle; to pester.

ma.lho [m'aʎu] s. m. sledgehammer; flail; maul; mallet; rattle.

ma.lí.cia [mal'isjə] s. f. malice, evil intention; ill will, maliciousness, spite, spitefulness; animosity; malevolence; astuteness; malicious interpretation.

ma.li.ci.ar [malisi'ar] v. to impute malice to somebody, to be suspicious; to misconstrue, interpret maliciously; (rel.) to misjudge.

ma.li.ci.o.so [malisi'ozu] s. m. person full of malice; wanton; rascal. ‖ adj. malicious, malevolent; artful, crafty, catty, foxy.

ma.lig.ni.da.de [malignid'adi] s. f. malignity, malignancy.

ma.lig.no [mal'ignu] s. m. (Braz.) the devil. ‖ adj. malign, pernicious; ill-natured; malicious.

má-lín.gua [mal'ĩgwə] s. m. + f. (pl. **más-lín.guas**) slanderer, backbiter; slanderousness.

mal.jei.to.so [mawʒejt'ozu] adj. (pl. **maljeitosos**) awkward, clumsy; unskilful.

ma.lo.ca [mal'ɔkə] s. f. hut.

ma.lo.grar [malogr'ar] v. to frustrate, fail, spoil, wreck; to waste; to overthrow; to thwart; to render of no effect.

ma.lo.gro [mal'ogru] s. m. frustration; failure; poor luck; premature end; miscarriage.

mal.que.ren.ça [mawker'ēsə] s. f. malevolence; ill will; animosity, aversion, hate.

mal.que.rer [mawker'er] s. m. animosity; aversion; enmity. ‖ v. to wish ill to; hate, detest.

mal.quis.to [mawk'istu] adj. disliked, detested.

mal.são [maws'ãw] adj. (pl. **-são**; f. **-sã**) unhealthful; insalubrious; unhealthy; sickly.

mal.tra.pi.lho [mawtrap'iʎu] s. m. ragamuffin. ‖ adj. torn, ragged, battered.

mal.tra.ta.do [mawtrat'adu] adj. maltreated, abused; hurt; insulted; ill-treated, whipped, beaten.

mal.tra.tar [mawtrat'ar] v. to mishandle; to receive badly; to insult; to vex; to destroy, damage, spoil; to beat; maltreat, ill-treat, misuse, abuse, bully.

ma.lu.co [mal'uku] s. m. nut, crackpot; fool; extravagant or crazy person; idiot, madman. ‖ adj. wacky, nutty; crazy, mad, insane.

ma.lu.qui.ce [maluk'isi] s. f. craziness; crazy idea.

mal.va.dez [mawvad'es] s. f. meanness; baseness; wickedness; cruelty.

mal.va.de.za [malvad'ezə] s. f. = **malvadez**.

mal.va.do [mawv'adu] s m. (Braz. pop.) devil; mean person. ‖ adj. mean, wicked; evil, cruel.

mal.ver.sa.ção [mawversas'ãw] s. f. malversation.

mal.ver.sar [mawvers'ar] v. to misuse, embezzle.

mal.vis.to [mawv'istu] adj. disliked; distrusted.

ma.ma [m'ʌmə] s. f. mamma, female breast, udder, teat.

ma.ma.dei.ra [mamad'ejrə] s. f. nursing bottle, baby's bottle, feeding-bottle.

ma.mão [mam'ãw] s. m. (pl. **-mões**) papaya.

ma.mar [mam'ar] v. to suck; (fig.) to suck something. **dar de** ≃ to suckle.

ma.ma.ta [mam'atə] s. f. (Braz.) shady business, theft.

mam.bem.be [mãb'ẽbi] s. m. (Braz.) lonely, solitary place. ‖ adj. m. + f. mediocre, inferior.

ma.mí.fe.ro [mam'iferu] s. m. mammal, mammalian. ‖ adj. mammalian, mamiferous.

ma.mi.lo [mam'ilu] s. m. mammilla, nipple.

ma.mi.nha [mam'iñə] s. f. nipple; small breast.

ma.mo.na [mam'onə] s. f. castor oil plant; castor bean; (miner.) magnetite dust.

mam.par.re.ar [mãpaɾe'ar] v. (Braz.) to waste time; to linger, loiter; to be lazy, sit around.

ma.na [m'ʌnə] s. f. sister.

ma.na.da [man'adə] s. f. herd of cattle.

ma.nan.ci.al [manãsi'aw] s. m. (pl. **-ais**) fountainhead, spring; source. ‖ adj. m. + f. flowing, running incessantly; inexhaustible.

man.ca.da [mãk'adə] s. f. (Braz., coll.) mistake or lapse; blunder; wash out.

man.cal [mãk'aw] s. m. (pl. **-cais**) (mech.) bearing.

man.car [mãk'ar] v. to limp, hobble, go lame; to be, become or render limp, lame; to cripple, maim; (Braz.) to fail, fail somebody; to break one's word; to let one down; to deceive.

man.ce.bo [mãs'ebu] s. m. lad, boy, youth; ordinary seaman; (Braz.) clothes hanger.

man.cha [m'ãʃə] s. f. spot, stain, speck, fleck, blotch; blemish, disgrace, reproach, tarnish on the reputation; flaw.

man.cha.do [mãʃ'adu] adj. stained, spotted; soiled; piebald, mottled; discredited.

man.char [mãʃ'ar] v. to spot, blot, stain, to blemish; to soil; (fig.) to dishonour; to tarnish.

man.che.te [mãʃ'ɛti] s. f. headline; streamer (newspaper).

man.co [m'ãku] s. m. lame person; cripple. ‖ adj. lame; hobbling; (fig.) shy, awkward; ignorant; lazy, sluggish.

man.co.mu.nar [mãkomun'ar] v. to adjust, contract; to combine, agree; to plot, conspire.

man.da.chu.va [mãdaʃ'uvə] s. m. bigwig, big shot; boss; influential person; political leader in the interior of Brazil; magnate.

man.da.do [mãd'adu] s. m. order or command; court order, judicial writ; mandate; commission; message, errand. ‖ adj. sent; ordered. **a** ≃ **de** by order of. ≃ **de prisão** warrant of arrest. ≃ **de segurança** a court injunction.

man.da.men.to [mãdam'ẽtu] s. m. command, order, commandment.

man.dan.te [mãd'ãti] s. m. + f. instigator of a crime; commander, boss. ‖ adj. m. + f. commanding, ordering.

man.dão [mãd'ãw] s. m. (pl. **-dões**; f. **-dona**) despot; imperious person; (fig.) boss, ruler.

man.dar [mãd'ar] v. to order, command; to bid; to rule, govern; to lead and direct; to dominate; to send, remit, forward, ship; to throw, hurl; to depute; to authorize.

man.da.tá.rio [mãdat'arju] s. m. mandatory, nation or person holding a mandate; attorney, solicitor.

man.da.to [mãd'atu] s. m. mandate; power of attorney; order; charge, injunction.

man.dí.bu.la [mãd'ibulə] s. f. mandible, jaw, jawbone, the lower jaw of animals.

man.din.ga [mãd'ĩgə] s. f. (Braz.) witchcraft, sorcery.

man.di.o.ca [mãdi'ɔkə] s. f. cassava, manioc.

man.do [m'ãdu] s. m. the power of ordering; power, authority; command.

man.do.lim [mãdol'ĩ] s. m. mandolin.

man.dra.ca [mãdr'akə] s. f. (Braz.) witchcraft, sorcery; magic potion.

man.dri.ão [mãdri'ãw] s. m. (pl. **-ões**; f. **-ona**) lazybones, idler. ‖ adj. lazy, slothful.

man.dri.ar [mãdri'ar] v. to idle, loiter, lounge.

man.dril [mãdr'iw] s. m. (pl. **-dris**) (tech.) chuck; mandrel.

man.dri.lar [mãdril'ar] v. (tech.) to ream, broach.

ma.nei.ra [man'ejrə] s. f. way, manner, form; make, kind; fashion; opportunity; style of an artist or writer; aspect, view, look; behaviour, manners; use, custom, habit.

ma.nei.ro.so [manejr'ozu] adj. well-mannered, mannerly; amiable, polite, civil.

ma.ne.jar [maneʒ'ar] v. to handle, move, carry out or direct, work with the hands; to wield; to manage, govern, direct; to treat.

ma.ne.jo [man'eʒu] s. m. management; administration; handling, wielding, management.

ma.ne.quim [manek'ĩ] s. m. (pl. **-quins**) manikin, manequin; tailor's dummy.

ma.ne.ta [man'etə] s. m + f. one-handed or one-armed person. ‖ adj. one-handed, one-armed.

man.ga [m'ãgə] s. f. (bot.) mango; sleeve; (tech.) socket, bushing. ≃ **larga** a Brazilian breed of horses; cast horse, dray-horse.

man.ga.ba [mãg'abə] s. f. a tropical fruit.

man.gão [mãg'ãw] s. m. (pl. **-goês**; f. **-gona**) joker, mocker, ribber; very ample and large sleeve. ‖ adj. ribbing extensively, derisive, mocking.

man.gar [mãg'ar] v. to joke, rib, kid, deride, mock, make fun of; to scorn; to cheat, dupe, defraud.

man.gue [m'ãgi] s. m. swamp area covered with mangroves, marsh, morass.

man.gue.ar [mãge'ar] v. (S. Braz.) to guide cattle through a river, or to the corral; to deceive with tricks and artifices, cheat, fool.

man.guei.ra [mãg'ejrə] s. f. rubber or canvas hose; (S. Braz.) corral near the main building of a farm; mango tree.

ma.nha [m'ʌɲə] s. f. slyness, cunningness, shrewdness; malice; whim; complaining; (Braz., fam.) whining, crying of kids.

ma.nhã [mʌɲ'ã] s. f. morning, forenoon; dawn.

ma.nho.so [mʌɲ'ozu] adj. foxy, cunning, crafty, shrewd; smart.

ma.ni.a [man'iə] s. f. mania, form of insanity; eccentricity; bad habit; fixed idea.

ma.ní.a.co [man'iaku] s. m. maniac, madman, lunatic. ‖ adj. maniac, raving with madness.

ma.ni.a.tar [manjat'ar] v. to manacle, fetter, handcuff; (fig.) to constrain, check, restrict; to deprive of liberty; to tie, bind.

ma.ni.cô.mio [manik'omju] s. m. lunatic asylum, madhouse.

ma.ni.des.tro [manid'estru] adj. righthanded.

ma.ni.fes.ta.ção [manifestas'ãw] s. f. (pl. **-ções**) manifestation; display; gathering; meeting.

ma.ni.fes.tan.te [manifest'ãti] s. m. + f. demonstrator; manifestant. ‖ adj. manifesting.

ma.ni.fes.tar [manifest'ar] v. to manifest, make public, reveal, disclose, express, make known; show plainly, exhibit; demonstrate.

ma.ni.fes.to [manif'ɛstu] s. m. manifest, public declaration or explanation of reasons; political, religious or other program. ‖ adj. manifest, evident, obvious, plain; public, broad. **mentira -a** a flat lie.

ma.ni.lha [man'iʎə] s. f. bracelet, armlet; shackle, fetter, manacle; glazed clay pipes used in canalization; variety of tobacco.

ma.ni.nho [man'iɲu] s. m. uncultivated land, waste; ≃ **s** legacy of a deceased without children. ‖ adj. barren; waste; unproductive.

ma.ni.pu.la.ção [manipulas'ãw] s. f. (pl. **-ções**) manipulation, handling.

ma.ni.pu.la.do [manipul'adu] adj. manipulated; processed, handled.

ma.ni.pu.la.dor [manipulad'or] s. m. manipulator.

ma.ni.pu.lar [manipul'ar] v. to manipulate, handle.

ma.ni.ve.la [maniv'ɛlə] s. f. handle, winch; (tech.) crank. ≃ **propulsora** driving crank.

man.jar [mãʒ'ar] s. m. any foodstuff; custard, pudding; (fig.) a fest or treat to the eye or the mind. ‖ v. to eat; (Braz., sl.) to spy, get a peep of. ≃ **es finos** delicacies.

man.je.ri.cão [mãʒerik'ãw] s. m. basil.

ma.no [m'ʌnu] s. m. (fam.) brother; ≃ **s** brothers and sisters.

ma.no.bra [man'ɔbrə] s. f. maneuver; shunting, the changing of position of wagons to compose a train; switching (of a train); (tech.) control; a skillful move; shady procedure.

ma.no.brar [manobr'ar] v. to maneuver, perform maneuvers; to direct the movements of troops, vessels, vehicles; to shunt (trains); to manipulate, handle, direct skillfully; to manage artfully, scheme.

man.que.jan.te [mãkeʒ'ãti] adj. m. + f. limping lame.

man.que.jar [mãkeʒ'ar] v. = **mancar**.

man.são [mãs'ãw] s. f. (pl. **-sões**) mansion.

man.si.dão [mãsid'ãw] s. f. (pl. **-dões**) tameness, meekness, gentleness, docility; slowness or sluggishness of speech.

man.so [m'ãsu] s. m. stretch of a river with water flowing slowly. ‖ adj. tame, domesticated; meek, gentle, docile, even-tempered.

man.ta [m'ãtə] s. f. manta; blanket, travelling rug; shawl, wrap; horsecloth; (Braz.) sun-dried large piece of meat or fish.

man.tei.ga [mãt'ejgə] s. f. butter. ≃ **derretida** (fig.) soft, weak.

man.tel [mãt'ɛw] s. m. (pl. **-téis**) tablecloth; altar cloth.

man.ter [mãt'er] v. to maintain, keep, sustain, support, pay for; to affirm, sustain, assert; uphold; to conserve, carry on, continue; to obey, observe the rules.

man.ti.men.to [mãtim'ẽtu] s. m. maintenance; food.

man.to [m'ãtu] s. m. mantle, cloak, robe; (fig.) cover of something; veil worn by women.

ma.nu.al [manu'aw] s. m. (pl. **-ais**) manual; handbook; summary ritual, book of rites. ‖ adj. m. + f. manual, of or pertaining to the hand; done by hand or referring to work done by hand; handy, easily handled. **habilidade ou trabalho** ≃ handicraft.

ma.nu.fa.tu.ra [manufat'urə] s. f. manufacture; work done by hand; manufactory, factory, plant; manufactures.

ma.nu.fa.tu.ra.do [manufatur'adu] adj. handmade; manufactured.

ma.nu.fa.tu.rar [manufatur'ar] v. to manufacture.

ma.nus.cri.to [manuskr'itu] s. m. manuscript; document. ‖ adj. written by hand.

ma.nu.se.ar [manuze'ar] v. to handle, manage; to feel.

ma.nu.sei.o [manuz'eju] s. m. handling; leafing through (books).

ma.nu.ten.ção [manutẽs'ãw] s. f. (pl. **-ções**) maintenance.

mão [m'ãw] s. f. (pl. **mãos**) hand; dexterousness of the hands; style, trait, touch; lead in a game of cards; handful; (Braz.) side, each of the directions of the traffic, side, part; help, assistance; hand of a clock or watch; handwriting; power, authority, influence. **à** ≃ **direita (esquerda)** on or at the right (left) hand. **aperto de** ≃ handshake. **às** ≃**s cheias** liberally. **com** ≃ **armada** by force of arms. **com as** ≃**s cruzadas** with clasped hands. **dar a** ≃ to help. **dar a última** ≃ to put the finishing hand to something. **palma da** ≃ the palm. **passar a** ≃ **em** (Braz.) to seize. ≃ **aberta** prodigal, spendthrift; generous, liberal. ≃**-de-ferro** iron hand, tyranny. ≃**-de-obra** labour.

mão.zi.nha [mãwz'iñə] s. f. small hand.

ma.pa [m'apə] s. m. map, chart, graph; list.

ma.po.te.ca [mapot'ɛkə] s. f. collection of maps.

ma.quei.ro [mak'ejru] s. m. stretcher-bearer.

ma.que.te [mak'eti] s. f. maquette.

ma.qui.a.vé.li.co [makjav'ɛliku] adj. astute, sly, cunning, Machiavellian.

ma.qui.la.do [makil'adu] adj. made-up (face).

ma.qui.lar [makil'ar] v. to make up.

má.qui.na [m'akinə] s. f. machine; engine, mechanical apparatus; (mech.) a device which modifies or transmits forces; any instrument or implement; ingenious contrivance; (fig.) puppet, person devoid of own ideas, carrying out work like an automaton; (Braz.) car, automobile; locomotive. ≃ **de costura** sewing machine.

ma.qui.nal [makin'aw] adj. m. + f. (pl. **-nais**) mechanical; (fig.) automatic.

ma.qui.nar [makin'ar] v. to machinate, plot, scheme.

ma.qui.na.ri.a [makinar'iə] s. f. machinery.

ma.qui.nis.mo [makin'izmu] s. m. mechanism, machinery, works, gear; apparatus.

ma.qui.nis.ta [makin'istə] s. m. + f. machinist; engine driver.

mar [m'ar] s. m. sea, ocean; (fig.) large quantity.

ma.ra.cu.já [maraku'ʒa] s. m. passion fruit.

ma.ra.jo.a.ra [maraʒo'arə] s. m. (N. Braz.) wind that blows through the woods of the Marajó island; m. + f. native or inhabitant of the Marajó island. ‖ adj. of or pertaining to the isle of Marajó.

ma.ra.nha [mar'ʌɲə] s. f. entangled, interwoven threads or fibres; woolen cloth before it is fulled; confusion, entanglement.

ma.ras.mo [mar'azmu] s. m. marasmus; (fig.) moral apathy, indifference; melancholy.

ma.ra.vi.lha [marav'iʎə] s. f. marvel, wonder, marvelous thing, prodigy; extraordinary person, surprising fact or thing.

ma.ra.vi.lhar [maraviʎ'ar] v. to cause admiration, marvel; to amaze; to enrapture; to delight; to dazzle.

ma.ra.vi.lho.so [maraviʎ'ozu] adj. wonderful, superb, superspecial, marvellous.

mar.ca [m'arkə] s. f. mark; brand, type, make; seal, stamp, token; signature, impression; limit, demarcation, boundary (also in games); clothes mark; lable; sign. ≃ **característica** hallmark, standard. ≃ **registrada** brand mark, trademark.

mar.ca.ção [markas'ãw] s. f. (pl. **-ções**) act or effect of marking; branding with an iron.

mar.ca.do [mark'adu] adj. marked; deceitful.

mar.ca.dor [markad'or] s. m. marker, scoreboard. ‖ adj. marking; scoring.

mar.car [mark'ar] v. to mark, brand, seal, label; to indicate, determine, designate, fix; to book; to stamp (silver etc.); (mus.) to beat time; (naut.) to take the bearings of the land; to stain, spot; to calculate, appraise; to limit; to brand (cattle).

mar.ce.nei.ro [marsen'ejru] s. m. cabinetmaker, joiner.

mar.cha [m'arʃə] s. f. march; regular and measured advance, progress; walk, gait; route; gear (car).

mar.char [marʃ'ar] v. to march, walk with a regular and measured gait; (mech.) to run, turn, work; to progress.

mar.che.tar [marʃet'ar] v. to inlay, incrust; to veneer; to set off; to variegate.

mar.ci.al [marsi'aw] adj. m. + f. (pl. **-ais**) martial.

mar.co [m'arku] s. m. mark, boundary, limit; landmark, demarcation, sign; window, door, frame.

mar.ço [m'arsu] s. m. March.

ma.ré [mar'ɛ] s. f. tide; (fig.) ups and downs in human affairs; (fig.) reason, opportunity, occasion, disposition.

ma.re.ar [mare'ar] v. to steer a ship, navigate, be at sea; to make seasick; to stain, mar; to

discredit; to travel by boat; to be troubled, become seasick.

ma.re.chal [mareʃ'aw] s. m. (pl. **-chais**) marshal.

ma.rei.ro [mar'ejru] s. m. sea-breeze. ‖ adj. blowing in from the sea (wind); favourable for navigating.

ma.re.jar [mareʒ'ar] v. to exude a liquid through the pores; to bubble up; to trickle; to ooze out; ≃ **-se** to fill, cover with tears.

ma.re.mo.to [marem'ɔtu] s. m. seaquake.

ma.re.si.a [marez'iə] s. f. bad smell of the sea at low tide; rollers.

mar.fim [marf'ĩ] s. m. (pl. **-fins**) ivory. ‖ adj. ivory, of or looking like ivory.

mar.ga.ri.da [margar'idə] s. f. (bot.) daisy, marguerite; (inform.) daisywheel.

mar.ge.ar [marʒe'ar] v. to provide with a margin; to border; to follow along a margin; to edge the margin.

mar.gem [m'arʒẽj] s. f. (pl. **-gens**) margin; border, unprinted edge around the pages of a manuscript, book etc; limit; (fig.) opportunity, facility; possibility.

mar.gi.nal [marʒin'aw] adj. m. + f. (pl. **-nais**) marginal. **avenida** ≃ bypass.

ma.ri.a-vai-com-as-ou.tras [mar'iəvajkwaz'owtrəs] s. m. + f., sg. + pl. (Braz.) person without own will doing what the others do.

ma.ri.cas [mar'ikəs] s. m., sg. + pl. sissy, milksop; man doing a woman's work; coward.

ma.ri.do [mar'idu] s. m. husband, spouse.

ma.rim.ba [mar'ĩbə] s. f. (mus.) marimba.

ma.rim.bo [mar'ĩbu] s. m. name of a card game.

ma.rim.bon.do [marĩb'õdu] s. m. (Braz.) a variety of wasp.

ma.ri.nha [mar'iɲə] s. f. navy, marine; naval force; naval service; seascape.

ma.ri.nhei.ro [mariɲ'ejru] s. m. sailor, mariner, seafarer.

ma.ri.nho [mar'iɲu] adj. marine. **azul-** ≃ navy blue. **cavalo-** ≃ seahorse, hippocampus.

ma.ri.po.sa [marip'ozə] s. f. moth; mothshaped jewel; (Braz.) whore, prostitute.

ma.ris.car [marisk'ar] v. to catch shellfish; to hunt or fish; to pick up shellfish or insects along the strand (birds).

ma.ris.co [mar'isku] s. m. shellfish; (Braz.) clawlike or spoonlike instruments for pulping halved coconuts; a variety of wildcat.

ma.rí.ti.mo [mar'itimu] s. m. sailor, mariner. ‖ adj. maritime, marine. **cidade -a** a sea town.

mar.ke.ting [m'arketĩ] s. m. marketing.

mar.man.jo [marm'ãʒu] s. m. (depr.) adult male, awkward young man.

mar.me.la.da [marmel'adə] s. f. marmalade made out of quinces; (sl.) advantage, bargain; (Braz., sports, sl.) fixed game, result.

mar.mi.ta [marm'itə] s. f. metal pan with a lid in a metal frame for carrying food; tinned lunch.

mar.mo.ra.ri.a [marmorar'iə] s. f. establishment where marble is cut; marble industry or works.

már.mo.re [m'armori] s. m. marble; something cold, hard and white like marble.

mar.mo.ri.zar [marmoriz'ar] v. to marble, transform into marble; to make look like marble.

ma.ro.to [mar'otu] s. m. rascal, rogue, scamp, naughty child. ‖ adj. malicious, artful; waggish, playful, naughty.

mar.quês [mark'es] s. m. (pl. **-queses**; f. **quesa**) marquis.

mar.que.sa [mark'ezə] s. f. marchioness, marquise; sofa with a cane seat.

mar.ra.da [maȓ'adə] s. f. butt, thrust (with a horn).

mar.re.co [maȓ'ɛku] s. m. teal; wild duck. ‖ adj. hunchbacked.

mar.re.ta [maȓ'etə] s. f. a stonemason's small hammer, hammer for breaking stones; mallet, maul.

mar.re.tar [maȓet'ar] v. (Braz.) to strike with a stonemason's hammer; to beat; to ruin.

mar.rom [maȓ'õw] s. m. (pl. **-rons**) brown colour. ‖ adj. m. + f. brown, hazel.

mar.su.pi.al [marsupi'aw] s. m. + adj. (pl. **-ais**) marsupial.

Mar.te [m'arti] s. m. Mars.

mar.te.la.da [martel'adə] s. f. blow with a hammer.

mar.te.lar [martel'ar] v. to hammer, pound, beat; to bother, annoy; to pursue stubbornly.

mar.te.lo [mart'ɛlu] s. m. hammer; (anat.) malleus; (zool.) hammerhead shark; hammer of a piano.

már.tir [m'artir] s. m. + f. martyr; sufferer.

mar.tí.rio [mart'irju] s. m. martyrdom, suffering, torment.

mar.ti.ri.za.dor [martirizad'or] s. m. mortifier, torturer. ‖ adj. torturing; mortifying.

mar.ti.ri.zar [martiriz'ar] v. to martyrize.

ma.ru.jo [mar'uʒu] s. m. sailor, mariner.

ma.ru.lhar [maruʎ'ar] v. to surge, form waves, toss (the sea); to roar like the stormy sea.

ma.ru.lho [mar'uʎu] s. m. agitation, tossing (sea).

mar.xis.mo [marks'izmu] s. m. Marxism.

mar.xis.ta [marks'istə] s. + adj. m. + f. marxist.

mas [m'as] s. m. objection, restriction, obstacle, hindrance; defect, fault. ‖ adv. indeed, yes. ‖ conj. but, only, however, still, yet, even. ‖ contr. of the personal pron. **me** and the personal pron. **as**.

mas.car [mask'ar] v. to chew (tobacco, gum); to mumble, swallow the words; to mutter, grumble; (fig.) to insinuate.

más.ca.ra [m'askarə] s. f. mask; blinds of an animal.

mas.ca.ra.da [maskar'adə] s. f. masquerade.

mas.ca.ra.do [maskar'adu] s. m. mask, masked person; masquerade. ‖ adj. masked; disguised.

mas.ca.rar [maskar'ar] v. to mask; to disguise, hide; to give a false appearance to; to masquerade; to masque.

mas.ca.te [mask'ati] s. m. peddler, pedlar, hawker.

mas.ca.te.ar [maskate'ar] v. (Braz.) to peddle, hawk.

mas.ca.va.do [maskav'adu] adj. unrefined (sugar).

mas.cu.li.ni.za.do [maskuliniz'adu] adj. mannish. ‖ adv. in a masculine way or fashion.

mas.cu.li.no [maskul'inu] adj. masculine; male; manly, virile; strong-minded; (gram.) of the masculine gender.

más.cu.lo [m'askulu] adj. pertaining to the male sex; virile, manly; energetic, strong.

mas.mor.ra [mazm'oȓə] s. f. subterraneous prison, dungeon. (fig., fam.) sombre place.

ma.so.quis.mo [mazok'izmu] s. m. masochism.

mas.sa [m'asə] s. f. dough, bread paste; pasta; pulp; soft or pulverized substance; mass of like things; totality; (constr.) mortar; ≈**s** masses of people, the lower classes.

comunicação de ≃ mass communication, media. **produção em** ≃ mass production.

mas.sa.crar [masakr'ar] v. to massacre, kill cruelly.

mas.sa.cre [mas'akri] m. (Gall.) massacre, carnage.

mas.sa.gem [mas'aʒẽj] s. f. (pl. **-gens**) massage.

mas.su.do [mas'udu] adj. massive, bulky, compact, thick, crude; doughy, doughlike.

mas.ti.ga.do [mastig'adu] adj. masticated, chewed.

mas.ti.gar [mastig'ar] v. to chew, masticate; (fig.) to ponder, examine, think over; to ruminate, meditate; to repeat; (fig.) to grumble.

mas.tim [mast'ĩ] s. m. (pl. **-tins**) mastiff.

mas.to.don.te [mastod'õti] s. m. mastodon.

mas.tro [m'astru] s. m. mast of a ship; flagpole; climbing pole. ≃ **da bandeira** flagstaff; (sl.) prick.

mas.tur.ba.ção [masturbas'ãw] s. f. (pl. **-ções**) masturbation, onanism.

mas.tur.bar [masturb'ar] v. (also ≃**-se**) to masturbate.

ma.ta [m'atə] s. f. wood, forest, jungle, thicket.

mata-bicho [matab'iʃu] s. m. (pl. **mata-bichos**) dram of white rum or another alcoholic beverage; (sl.) gratuity; (pop.) = **cachaça**.

mata-borrão [mataboṝ'ãw] s. m. (pl. **mata-borrões**) blotting paper.

ma.ta.do [matad'u] adj. (Braz.) badly done, bad.

ma.ta.dor [matad'or] s. m. killer, assassin, murderer.

ma.ta.dou.ro [matad'owru] s. m. packing house, butchery, slaughterhouse; unhealthy place.

ma.ta.gal [matag'aw] s. m. (pl. **-gais**) dense bush, forest, underwood; undergrowth.

ma.tan.ça [mat'ãsə] s. f. killing; massacre, bloodshed(ding); slaughter, butchery of animals.

ma.tar [mat'ar] v. to kill, murder, to destroy, annihilate; to slaughter, butcher; to extinguish, eliminate, end; to win, bag (games); to do s. th. fast and badly, botch; (fig.) to annoy, pester; to satisfy, quench (hunger, thirst); ≃**-se** to commit suicide; to ruin one's health; to kill o. s. working; to sacrify o. s.

ma.ta-ra.tos [mataṝ'atus] s. m., sg. + pl. rat poison; wine, cigar or cigarette of cheap and inferior quality. ‖ adj. adequate to kill rats.

ma.te [m'ati] s. m. checkmate; casting off (of meshes at knitting); maté, (bot.) mate, Paraguay tea; plant and beverage. ‖ adj. opaque, dull, marred.

ma.tei.ro [mat'ejru] s. m. forest keeper, forester; (Braz.) feller, woodman; explorer of forests; merchant of maté.

ma.te.má.ti.ca [matem'atikə] s. f. mathematics.

ma.te.má.ti.co [matem'atiku] s. m. mathematician. ‖ adj. mathematical; (fig.) exact.

ma.té.ria [mat'ɛrjə] s. f. matter, substance, stuff, material; subject, topic; pus; subject matter of a message, news etc.; subject matter in school. ≃**-prima** raw material.

ma.te.ri.al [materi'aw] s. m. (pl. **-ais**) material, stuff, matter, substance; building material. ‖ adj. m. + f. material, solid; perceptible to the senses; crude, raw.

ma.te.ri.a.li.zar [materjaliz'ar] v. to materialize; to become crude; to become corporeal.

ma.ter.nal [matern'aw] adj. m. + f. (pl. **-nais**) maternal, mother(ly).

ma.ter.ni.da.de [maternid'adi] s. f. maternity.

ma.ter.no [mat'ɛrnu] adj. maternal, motherly; related on the mother's side; kind, sweet.

ma.ti.lha [mat'iʎə] s. f. pack of hounds; (fig.) gang of rascals.

ma.ti.nal [matin'aw] adj. m. + f. (pl. **-nais**) matutinal.

ma.tiz [mat'is] s. m. (pl. **-tizes**) tint, tincture, tinge, tone, hue, shade; nuance; blending of colours; (fig.) colouring in style; political colour; tendency, leaning.

ma.ti.za.do [matiz'adu] adj. variegated; iridescent.

ma.ti.zar [matiz'ar] v. to variegate; to adorn.

ma.to [m'atu] s. m. wood, brush, brushwood, thicket, jungle, forest.

ma.tra.ca [matr'akə] s. f. rattle; (fig.) kidding, ribbing, mockery, jeering, scoffing; (Braz. fam.) eloquent, talkative fellow, prattler.

ma.trei.ro [matr'ejru] adj. sly, smart, shrewd, crafty.

ma.tri.ar.ca [matri'arkə] s. f. matriarch.

ma.trí.cu.la [matr'ikulə] s. f. registration; matriculation fee.

ma.tri.cu.la.do [matrikul'adu] adj. matriculated, registered.

ma.tri.cu.lar [matrikul'ar] v. to matriculate, enroll.

ma.tri.mo.ni.al [matrimoni'aw] adj. m. + f. (pl. **-ais**) matrimonial, nuptial, conjugal.

ma.tri.mô.nio [matrim'onju] s. m. matrimony, marriage.

ma.triz [matr'is] s. f. (pl. **-trizes**) matrix, uterus, womb; (math.) matrix of a determinant; origin, spring, source. ‖ adj. m. + f. original, primitive, primordial; main, principal.

ma.tro.na [matr'onə] s. f. (fam.) matron, woman respected due to age, estate, conduct; mother of a family.

ma.tu.ra.ção [maturas'ãw] s. f. maturation; ripening.

ma.tu.ra.do [matur'adu] adj. ripe, mature, seasoned.

ma.tu.rar [matur'ar] v. to mature, ripen, (fig.) become mature through study, work, experience; to reach maturity.

ma.tu.ri.da.de [maturid'adi] s. f. maturity, matureness.

ma.tu.ta.da [matut'adə] s. f. bunch of rustics, yokels.

ma.tu.tar [matut'ar] v. to think, brood, muse.

ma.tu.ti.no [matut'inu] s. m. morning newspaper. ‖ adj. matinal, early, in the morning, rising early.

ma.tu.to [mat'utu] s. m. (N. Braz.) fieldworker, boor, backwoodsman; rustic and naive person. ‖ adj. living in the woods, in the interior; rustic, peasant.

mau [m'aw] s. m. bad, evil; person of bad character. ‖ adj. (f. **má**; abs. superl. **malíssimo**) bad, evil, harmful, noxious, pernicious; mean, perverse, vicious, wicked. ≃**-olhado** evil eye.

mau.ro [m'awru] s. m. Moor. ‖ adj. Moor, Moorish.

ma.vi.o.si.da.de [mavjozid'adi] s. f. tenderness, gentleness; sonority, melodiousness.

ma.vi.o.so [mavi'ozu] adj. affectionate; moving.

ma.xi.des.va.lo.ri.za.ção [maksidezvalorizas'ãw] s. f. (pl. **-ções**) maxidevaluation.

ma.xi.la [maks'ilə] s. f. maxilla, jaw, jawbone.

ma.xi.lar [maksil'ar] s. m. maxillary. ‖ adj. m. + f. maxillary, pertaining to the jaw or jawbone.

má.xi.mo [m'asimu] s. m. + adj. maximum.

ma.xi.xe [maʃ'iʃi] s. m. Brazilian dance; gherkin.

ma.ze.la [maz'ɛlə] s. f. wound, sore, bruise, gall (horse); (fam.) infirmity, illness; (fig.) stain on the reputation, blemish.

ma.ze.lar [mazel'ar] v. to wound, bruise, hurt, gall; to molest; to afflict; to stain, blemish.

me [mi] pers. pron. me, to me, myself, to myself (oblique form of the pronoun **eu**, united with the verb by a hyphen when placed behind it).

me.a.da [me'adə] s. f. skein, coil of yarn, tangle; (fig.) plot. **fio da** ≃ clue (puzzle).

me.a.do [me'adu] s. m. middle, mean. ‖ adj. halved; middle.

me.an.drar [meãdr'ar] v. to meander, wander (stream, people).

me.an.dro [me'ãdru] s. m. meander; entanglement; complication; ≃**s** twist and turns.

me.câ.ni.ca [mek'ʌnikə] s. f. mechanics.

me.câ.ni.co [mek'ʌniku] s. m. mechanic, mechanician; person versed in mechanics. ‖ adj. mechanic, mechanical.

me.ca.nis.mo [mekʌn'izmu] s. m. mechanism, gear, device, machinery, work; organization.

me.ce.nas [mes'enəs] s. m., sg. + pl. (fig.) Maecenas; patron.

me.cha [m'ɛʃə] s. f. fuse, match.

me.da [m'ɛdə] s. f. stack, rick; heap, pile.

me.da.lha [med'aʎə] s. f. medal.

me.da.lhão [medaʎ'ãw] s. m. (pl. **-lhões**) medallion; locket; (fig., pop.) VIP; expert.

mé.dia [m'ɛdjə] s. f. mean, medium, average; (Braz.) cup of coffee with milk. **em** ≃ as a rule.

me.di.a.ção [medjas'ãw] s. f. (pl. **-ções**) mediation.

me.di.a.dor [medjad'or] s. m. mediator, intermediary, go-between, arbiter. ‖ adj. mediatory, mediatorial, arbitrating.

me.di.a.no [medi'ʌnu] adj. average, mean, median.

me.di.an.te [medi'ãti] adj. m. + f. intermediary. ‖ prep. by means of, through, against.

me.di.ar [medi'ar] v. to halve; to mediate, act as an arbiter, intervene, interpose, intercede.

me.di.ca.ção [medikas'ãw] s. f. (pl. **-ções**) medical treatment, medication.

me.di.cal [medik'aw] adj. m. + f. (pl. **-cais**) medical.

me.di.ca.men.tar [medikamēt'ar] v. to medicate.

me.di.ca.men.to [medikam'ētu] s. m. medicine, remedy.

me.di.ção [medis'ãw] s. f. (pl. -ções) measurement.

me.di.car [medik'ar] v. to practise medicine; to administer medicaments; to medicate.

me.di.ci.na [medis'inə] s. f. medicine; remedy.

me.di.ci.nal [medisin'aw] adj. m. + f. (pl. -nais) medicinal.

mé.di.co [m'ɛdiku] s. m. physician, medic, doctor, practitioner. ‖ adj. medical, medicinal.

me.di.da [med'idə] s. f. measure, standard of measurement; measure, extent, dimension, size; gauge; degree, step.

me.di.dor [medid'or] s. m. measurer. ‖ adj. measuring. ≃ **de gás** gas meter. ≃ **Geiger** Geiger counter.

me.di.e.val [medjev'aw] adj. m. + f. (pl. -vais) medieval, pertaining to the Middle Ages.

mé.dio [m'ɛdju] s. m. (ftb.) halfback. ‖ adj. mean, medium, middle, average, median, intermediate.

me.dí.o.cre [med'iokri] s. m. something without much merit or value, cheap, poor quality. ‖ adj. m. + f. mediocre, average, mean, ordinary, commonplace.

me.di.o.cri.da.de [medjokrid'adi] s. f. mediocrity.

me.dir [med'ir] v. to measure, gauge; to compete; to fight; to survey; to consider.

me.di.ta.bun.do [meditab'ũdu] adj. pondering, meditating, contemplative, pensive, reflective, melancholic, ruminative.

me.di.ta.ção [meditas'ãw] s. f. (pl. -ções) meditation.

me.di.tar [medit'ar] v. to meditate, muse, think.

me.di.ta.ti.vo [meditat'ivu] adj. meditative.

me.di.ter.râ.neo [mediteʀ'ʌnju] s. m. Mediterranean.

mé.dium [m'ɛdjũ] s. m. + f. (pl. -diuns) spiritualistic medium.

me.di.ú.ni.co [medi'uniku] adj. mediumistic.

me.do [m'edu] s. m. fear, fright, dread, awe, terror.

me.do.nho [med'oñu] s. m. a bird. ‖ adj. awful, frightful, horrible, forbidding, dreadful, fearful, awesome.

me.dro.so [medr'ozu] adj. fearful, frightful, timid.

me.du.la [med'ulə] s. f. medula, (anat.) marrow, inner part of some organs (kidney), pith (hair); (bot.) pith; (fig.) essence.

me.ei.ro [me'ejru] s. m. person having half a share in business or interest; (agric.) share cropper. ‖ adj. half; divisible.

me.gá.li.to [meg'alitu] s. m. megalith.

me.ga.lo.ma.ni.a [megaloman'iə] s. f. megalomania.

me.ge.ra [meʒ'ɛrə] s. f. cruel woman, shrew, hag.

mei.a [m'ejə] s. f. stocking, hose, sock, knitwork. ≃ **calça** panty hose.

mei.go [m'eju] adj. sweet, tender, gentle, mild, tender-hearted, affectionate.

mei.gui.ce [mejg'isi] s. f. tenderness, gentleness, sweetness.

mei.o [m'eju] s. m. middle, centre, intermediate position, midst; medium, expedient, means, agent, manner, way, course, possibility; ambience, environment, element; sphere; moral or social atmosphere; way of life; (math.) mean; ≃**s** riches, property, wealth, resources, ways and means. ‖ adj. half, mean, middle, intermediate; undecided, irresolute; evasive. ‖ adv. mean, half, not entirely, almost. ≃**-dia** noon; midday. ≃**-fio** curb, groove, notch; rabbet; rabbet plane; (naut.) shifting boards. ≃**-termo** middle term, medium, mean. ≃**s**-**termos** hints; evasions. ≃**-tom** half note, half tone, demitone. **-a** **-água** one plane roof, lean-to roof. **-a** **-idade** middle age. **-a** **-lua** half-moon; crescent. **-a** **-noite** midnight. **-a** **-volta** half turn.

mel [m'ɛw] s. m. honey; (fig.) sweetness, candor.

me.la.ço [mel'asu] s. m. molasses, sugar cane syrup.

me.la.do [mel'adu] s. m. (Braz.) molasses, treacle. ‖ adj. honey-coloured; sweetened with honey; sweet like honey; blighted.

me.lan.ci.a [melãs'iə] s. f. watermelon.

me.lan.co.li.a [melãkoliə] s. f. (med.) melancholy, melancholia; mental disorder; gloom, dreariness, dismalness, low spirits, pensive sadness.

me.lan.có.li.co [melãk'ɔliku] adj. melancholic; gloomy.

me.lão [mel'ãw] s. m. (pl. **-lões**) melon, melon plant.

me.lar [mel'ar] v. to cover or sweeten with honey; to sweeten; to make honey.

me.lei.ra [mel'ejrə] s. f. (Braz.) smudge of honey or some other sticky oily substance; dirt, filth; (S. Braz.) nest of wild bees.

me.le.na [mel'enə] s. f. long hair; long, loose and unkempt hair; dejection of blood.

me.lhor [meʎ'ɔr] s. m. the best; the wise or clever thing to do. ‖ adj. m. + f. better, superior, preferable, best. ‖ adv. better, preferably. ‖ interj. so much the better! ≃ **que** better than. **cada vez** ≃ better and better. **ele fará o** ≃ **que puder** he will do his best.

me.lho.ra [meʎ'ɔrə] s. f. improvement, mending; increase in value.

me.lho.ra.do [meʎor'adu] adj. better, bettered, perfected, improved.

me.lho.ra.men.to [meʎoram'ẽtu] s. m. advance, progress; enrichment, profit, benefit; improvement.

me.lho.rar [meʎor'ar] v. to improve, better, ameliorate; to reform, amend, mend; to prosper, enrich; to convalesce. ≃ **de saúde** to grow better. **o tempo está melhorando** the weather is clearing up.

me.lho.ri.a [meʎor'iə] s. f. improvement, betterment, amelioration; advance, progress.

me.li.flu.i.da.de [meliflwid'adi] s. f. mellifluousness.

me.lí.fluo [mel'iflwu] adj. mellifluous, mellifluent; (fig.) soft, tender, harmonious; honey-tongued, smooth-tongued.

me.lin.drar [melĩdr'ar] v. to hurt the feelings of; to pique, wound, offend; to shock, scandalize; ≃**-se** to feel hurt, take offence.

me.lin.dre [mel'ĩdri] s. m. politeness; sensitivity, susceptibility; affected manners or ways.

me.lin.dro.so [melĩdr'ozu] adj. delicate; susceptible, squeamish, resentful, touchy; coy, prudish, prim, finical, affected, dangerous.

me.lo.di.a [melod'iə] s. f. melody, tune, air.

me.lo.di.o.so [melodi'ozu] adj. melodious, harmonious.

me.lo.so [mel'ozu] adj. sticky, syrupy; sweet like honey.

mel.ro [m'ɛwru] s. m. (ornith.) blackbird; ouzel; (fig.) sly, cunning fellow.

mem.bra.na [mẽbr'ʌnə] s. f. (anat. and bot.) membrane.

mem.bro [m'ẽbru] s. m. member; limb of the body; fellow; associate; associate of a corporation; member of a jury; (vulg.) penis.

me.men.to [mem'ẽtu] s. m. memento, notebook.

me.mo.ran.do [memor'ãdu] s. m. memorandum.

me.mo.rar [memor'ar] v. to memorize; to remind.

me.mo.rá.vel [memor'avew] adj. m. + f. (pl. **-veis**) memorable, notable, remarkable.

me.mó.ria [mem'ɔrjə] s. f. memory; memorial.

me.mo.ri.al [memori'aw] s. m. (pl. **-ais**) memorial; memoir. ‖ adj. m. + f. memorial; memorable.

me.mo.ri.ar [memori'ar] v. to write a memorial on; to inscribe.

me.mo.ri.zar [memoriz'ar] v. to memorize.

men.ção [mẽs'ãw] s. f. (pl. **-ções**) mention, reference, citation.

men.ci.o.nar [mẽsjon'ar] v. to mention, refer to.

men.di.gar [mẽdig'ar] v. to beg, go begging, ask alms, cadge.

men.di.go [mẽd'igu] s. m. beggar, mendicant, cadger.

me.ne.ar [mene'ar] v. to waggle, flounder, wriggle; to handle, wield; to brandish, flourish; to shake, toss; to direct, manage.

me.nei.o [men'eju] s. m. wagging, waggling; shaking, tossing, movement of the body or part of it; handling, management; movement, gesture, nod, hint; slyness; preparation; (fig.) machination; way of life.

me.ni.na [men'inə] s. f. girl, maiden, young woman, miss.

me.ni.na.da [menin'adə] s. f. boys and girls collectively.

me.ni.ni.ce [menin'isi] s. f. childhood, infancy.

me.ni.no [men'inu] s. m. boy, infant; lad; (coll.) old boy. ‖ adj. childlike, childish.

me.ni.no.ta [menin'ɔtə] s. f. half-grown girl, teenager.

me.ni.no.te [menin'ɔti] s. m. half-grown boy, lad.

me.no.pau.sa [menop'awzə] s. f. menopause.

me.nor [men'ɔr] s. m. + f. minor, person under legal age; (mus.) minor; ≃**es** m. minute details. **‖** adj. m. + f. little, small, smaller, lesser, younger; minor; ≃**es** concerning underwear.

me.no.ri.da.de [menorid'adi] s. f. minority; state of being under legal age; smaller number.

me.nos [m'enus] s. m. the least; that of the least importance. **‖** adj. m. + f., sg. + pl. less, fewer, least, lesser, minus. **‖** adv. less, least. **‖** prep. but, save, except, less, lest. **a** ≃**, de** ≃ too little, short. **a** ≃ **que** except, unless. **ao** ≃**, pelo** ≃ at least. **cada vez** ≃ less and less. **por** ≃ for less.

me.nos.ca.bar [menoskab'ar] v. to slight, belittle, despise, depreciate.

me.nos.pre.zar [menosprez'ar] v. to despise, scorn, contemn, disdain, disparage, slight.

men.sa.gei.ro [mẽsaʒ'ejru] s. m. messenger, envoy, errand-boy. **‖** adj. carrying or taking messages.

men.sa.gem [mẽs'aʒēj] s. f. (pl. **-gens**) message, communication; dispatch, presidential speech; summons, errand.

men.sal [mẽs'aw] adj. m. + f. (pl. **-sais**) monthly.

men.sa.li.da.de [mẽsalid'adi] s. f. monthly fee, allowance, salary.

men.sa.lis.ta [mẽsal'istə] s. m. + f. monthly paid employee.

mens.tru.a.ção [mẽstrwas'ãw] s. f. (pl. **-ções**) menstruation.

mens.tru.al [mẽstru'aw] adj. m. + f. (pl. **-ais**) menstrual.

mens.tru.ar [mẽstru'ar] v. to menstruate.

men.tal [mẽt'aw] adj. m. + f. (pl. **-tais**) mental.

men.ta.li.da.de [mẽtalid'adi] s. f. mentality.

men.te [m'ēti] s. f. mind, intellect; spirit, disposition; intention, intent.

men.tir [mẽt'ir] v. to lie, tell a lie; to deceive.

men.ti.ra [mẽt'irə] s. f. lie, untruth, falsehood; deceit.

men.ti.ro.so [mẽtir'ozu] s. m. liar. **‖** adj. lying, untruthful, mendacious, false.

men.tor [mẽt'or] s. m. mentor, guide, counsellor.

mer.ca.di.nho [merkad'iñu] s. m. small market.

mer.ca.do [merk'adu] s. m. market, marketplace, fair. ≃ **negro** black market.

mer.ca.do.lo.gi.a [merkadoloʒ'iə] s. f. marketing.

mer.ca.do.ló.gi.co [merkadol'ɔʒiku] adj. (referring to) merchandizing.

mer.ca.dor [merkad'or] s. m. merchant, trader, dealer; cloth dealer.

mer.ca.do.ri.a [merkador'iə] s. f. merchandise, goods, commodities, ware.

mer.can.te [merk'ãti] s. m. merchant. **‖** adj. commercial, trade, mercantile.

mer.cê [mers'e] s. f. grace, mercy; favour; benefit. **à** ≃ **de** at the mercy of.

mer.ce.a.ri.a [mersear'iə] s. f. a grocer's shop, grocery store; ≃**s** groceries.

mer.ce.ná.rio [mersen'arju] s. m. mercenary, hireling. **‖** adj. mercenary, self-interested, venal.

mer.ce.ri.zar [merseriz'ar] v. to mercerize.

mer.chan.di.zing [merʃãd'ajzĩ] s. m. merchandizing.

mer.cú.rio [merk'urju] s. m. mercury, quicksilver; Mercury.

mer.da [m'ɛrdə] s. f. shit, crap.

me.re.ce.dor [meresed'or] adj. meritorious, worthy.

me.re.cer [meres'er] v. to earn, deserve; to have a right to; to merit, be worthy of.

me.re.ci.do [meres'idu] adj. merited, deserved, just.

me.re.ci.men.to [meresim'ētu] s. m. merit, desert, worthiness, worth; value.

me.ren.dar [merẽd'ar] v. to have a snack, take one's afternoon lunch.

me.ren.gue [mer'ēgi] s. m. meringue.

me.re.triz [meretr'is] s. f. (pl. **-trizes**) prostitute, harlot, whore.

mer.gu.lha.dor [merguʎad'or] s. m. diver, plunger; pearl diver. **‖** adj. diving.

mer.gu.lhar [merguʎ'ar] v. to dive, plunge, sink, duck; to immerse, submerge, dip.

mer.gu.lho [merg'uʎu] s. m. dive, plunge; (aeron.) dive, nosedive.

me.ri.di.a.na [meridi'ʌnə] s. f. meridian line; sundial.

me.ri.di.a.no [meridi'ʌnu] s. m. + adj. (astr. and geogr.) meridian; (of, at) midday.

me.ri.di.o.nal [meridjon'aw] adj. m. + f. (pl. **-nais**) meridional.

me.ri.tís.si.mo [merit'isimu] adj. most worthy, most deserving (form of addressing judges).

mé.ri.to [m'ɛritu] s. m. aptitude, superiority; merit, value, credit.

me.ri.tó.rio [merit'ɔrju] adj. meritorious, praiseworthy, deserving reward.

me.ro [m'ɛru] s. m (ichth.) jewfish. ‖ adj. mere, sheer, simple; pure.

mês [m'es] s. m. (pl. **meses**) month.

me.sa [m'ezə] s. f. table; board, board of assembly, board of directors, committee, jury; sum of money at stake in games, bets etc.; (fig.) food, fare, board.

me.sa.da [mez'adə] s. f. monthly allowance.

mes.cla [m'ɛsklə] s. f. mixture, variety of colours, miscellany; admixtures; (weaving) melange, mixed cloth.

mes.cla.do [meskl'adu] adj. variegated, mixed (cloth).

mes.clar [meskl'ar] v. to mix, mingle, variegate; to add, intercalate; to amalgamate.

mes.mís.si.mo [mezm'isimu] adj. the very same.

mes.mo [m'ezmu] s. m. the same thing, state, circumstances; inalterated state. ‖ adj. same, equal, identical. ‖ adv. exactly, precisely, even, yet. ‖ pron. same, identical, like. ≃ **assim** even so. **agora** ≃ just now, right now. **ao** ≃ **tempo** at the same time. **assim** ≃ precisely so; even thus. **da -a maneira** likewise. **é isso** ≃ it is just the thing. **ela -a** she herself. **isso** ≃ quite so.

mé.son [m'ɛzõw] s. m. meson.

me.so.zói.co [mezoz'ɔjku] s. m. + adj. (geol.) Mesozoic.

mes.qui.nhar [meskiñ'ar] v. to be stingy, to grudge, skimp, scrimp, deal in a niggardly manner; to be evasive; to evade an issue.

mes.qui.nha.ri.a [meskiñar'iə] s. f. avarice, stinginess, paltriness, shabbiness, meanness, indigence.

mes.qui.nhez [meskiñ'es] s. f. = **mesquinharia.**

mes.qui.nho [mesk'iñu] s. m. niggard, skinflint, cadger, curmudgeon, miser. ‖ adj. stingy, paltry, skimpy, mean, shabby.

mes.si.â.ni.co [mesi'ʌniku] adj. Messianic.

mes.ti.ço [mest'isu] s. m. mestizo, half-caste, half-breed. ‖ adj. crossbred.

mes.tra [m'ɛstrə] s. f. schoolmistress, female teacher. ‖ adj. main.

mes.tra.do [mestr'adu] s. m. mastership of a military order.

mes.tre [m'ɛstri] s. m. master, teacher, instructor; learned man, expert; boss, foreman, headman. ‖ adj. principal. ≃ **-cuca** cook. ≃ **-de-cerimônias** master of ceremonies. ≃ **-escola** primary schoolteacher, schoolmaster.

me.su.ra [mez'urə] s. f. reverence, bow, curtsy.

me.su.rar [mezur'ar] v. to bow; to court; ≃ **-se** to act with moderation; to keep one's temper.

me.ta [m'ɛtə] s. f. mark, limit, barrier; hurdle; aim, goal; (U.S.A., sports) end zone.

me.ta.bo.lis.mo [metabol'izmu] s. m. (physiol.) metabolism. ≃ **basal** basic metabolism.

me.ta.de [met'adi] s. f. half.

me.ta.fí.si.ca [metaf'izikə] s. f. metaphysics.

me.ta.fí.si.co [metaf'iziku] s. m. metaphysician. ‖ adj. metaphysical, supernatural.

me.tal [met'aw] s. m. (pl. **-tais**) metal; brass; (fig.) money; **-tais** brass instruments; kitchen utensils. ≃ **sonante** hard cash.

me.tá.li.co [met'aliku] adj. metallic(al).

me.ta.li.zar [metaliz'ar] v. to metallize, convert into a metal; impart metallic qualities; coat, impregnate with a metal; to purify a metal.

me.ta.lói.de [metal'ɔjdi] s. m. metalloid. ‖ adj. m. + f. metalloid, resembling a metal.

me.ta.lur.gia [metalurʒ'iə] s. f. metallurgy.

me.ta.lúr.gi.co [metal'urʒiku] s. m. metallurgist. ‖ adj. metallurgic, relating to metallurgy.

me.ta.mor.fo.se.ar [metamorfoze'ar] v. to metamorphose.

me.ta.tar.so [metat'arsu] s. m. (anat.) metatarsus, instep.

me.te.o.ri.to [meteor'itu] s. m. meteorite, fallen meteor.

me.te.o.ro [mete'ɔru] s. m. meteor, bolide, shooting star, fireball.

me.te.o.ro.lo.gi.a [meteoroloʒ'iə] s. f. meteorology.

me.te.o.ro.ló.gi.co [meteorol'ɔʒiku] adj. meteorologic(al).

me.ter [met'er] v. to put; to put into, introduce; to place, lay, set, set down; to include;to dip, submerse, engulf; to deposit, trust, keep; to cause, inspire; ≃ **-se** to put, lay, set o. s.; to thrust o. s. into, intrude, get or creep in, hide. ≃ **a cara** to enter, attack. ≃ **a mão em** to slap; to lend a helping hand; to steal.

me.ti.cu.lo.so [metikul'ozu] adj. meticulous, painstaking, thorough.

me.ti.do [met'idu] adj. meddling; busy; familiar with; audacious.

me.tó.di.co [met'ɔdiku] adj. methodic(al); orderly.

me.to.dis.mo [metod'izmu] s. m. Methodism.

me.to.dis.ta [metod'istə]s. m. + f. methodist.

mé.to.do [m'ɛtodu] s. m. method, system, mode.

me.to.do.lo.gi.a [metodoloʒ'iə] s. f. methodology.

me.tra.gem [metr'aʒẽj] s. f. (pl. **-gens**) length in meters; footage.

me.tra.lha.do.ra [metraʎad'orə] s. f. machine gun.

me.tra.lhar [metraʎ'ar] v. to machine gun.

mé.tri.co [m'ɛtriku] adj. metric, relating to the meter; relating to versification.

me.tro [m'ɛtru] s. m. meter; meter stick; measure of a verse. **ao** ≃ by the meter.

me.trô [metr'o] s. m. underground railway; subway.

me.tró.po.le [metr'ɔpoli] s. f. metropolis; capital (city); mother country.

me.tro.po.li.ta.no [metropolit'ʌnu] s. m. metropolitan; subway, underground railway. ‖ adj metropolitan.

meu [m'ew] poss. pron. (pl. **meus**; f. **minha**) mine, my. ≃ **velho!** old chap! **a** ≃ **ver** in my opinion. **os** ≃ **s estão bem** my family is well.

me.xer [meʃ'er] v. to move, stir, shuffle, shake; to fidget, wriggle, stir uneasily, budge; to touch; to meddle; to rummage; to mix up; ≃ **-se** to stir, move, budge.

me.xe.ri.ca [meʃer'ikə] s. f. (Braz.) tangerine.

me.xe.ri.car [meʃerik'ar] v. to gossip; to carry tales.

me.xe.ri.co [meʃer'iku] s. m. gossip, intrigue.

me.xe.ri.quei.ra [meʃerik'ejrə] s. f. (Braz.) tangerine tree; gossiper.

me.xe.ri.quei.ro [meʃerik'ejru] s. m. gossiper, newsmonger, taleteller, tattler. ‖ adj. gossiping.

me.xi.do [meʃ'idu] s. m. (Braz.) dish made out of manioc flour, beans, bacon, and vegetables. ‖ adj. astir, busy, lively; agitated; touched. **ovos** ≃**s** scrambled eggs.

me.xi.lhão [meʃiʎ'ãw] s. m. (pl. **-lhões**; f. **-lhona**) (zool.) mussel, muscle. ‖ adj. playful, mischievous, riotous.

me.zi.nha [mez'iɲə] s. f. household medicine, family remedy.

me.zi.nhar [meziɲ'ar] v. to apply household medicine.

mi [m'i] s. m. (mus.) mi, E, third note in the scale of C.

mi.a.da [mi'adə] s. f. mewing of many cats.

mi.ar [mi'ar] v. to mew, miaow.

mi.ca [m'ikə] s. f. mica.

mi.ca.gem [mik'aʒẽj] s. f. (pl. **-gens**) face pulling.

mi.cha [m'iʃə] s. f. bread made out of mixed flours; (Braz., thieves' sl.) picklock.

mi.cho [m'iʃu] adj. cheap, uninteresting.

mi.co [m'iku] s. m. (Braz.) name for several species of monkeys of the genus Cebus.

mi.cro [m'ikru] s. m. = **microcomputador.**

mi.cro.bi.al [mikrobi'aw] adj. m. + f. (pl. **-ais**) microbial, microbian, microbic.

mi.cro.bi.a.no [mikrobi'ʌnu] s. m. = **microbial.**

mi.cró.bio [mikr'ɔbju] s. m. microbe, microorganism.

mi.cro.cé.fa.lo [mikros'ɛfalu] s. m. microcephalus. ‖ adj. microcephalic, unintelligent.

mi.cro.com.pu.ta.dor [mikrukõputad'or] s. m. microcomputer, personal computer.

mi.cro.cos.mo [mikrok'ɔzmu] s. m. microcosm.

mi.cro.fil.me [mikrof'iwmi] s. m. microfilm.

mi.cro.fo.ne [mikrof'oni] s. m. microphone.

mi.cro.lo.gi.a [mikroloʒ'iə] s. f. micrology.

mi.cro.me.tri.a [mikrometr'iə] s. f. micrometry.

mi.cro.mé.tri.co [mikrom'ɛtriku] adj. micrometrical.

mi.crô.me.tro [mikr'ometru] s. m. micrometer.

mi.cro.on.das [mikru'õdas] s. m. pl. (phys.) microwaves.

mi.cro.or.ga.nis.mo [mikrorgan'izmu] s. m. microorganism; microbe.

mi.cros.co.pi.a [mikroskop'iə] s. f. microscopy.

mi.cros.có.pi.co [mikrosk'ɔpiku] adj. microscopic(al).

mi.cros.có.pio [mikrosk'ɔpju] s. m. microscope.

mic.tó.rio [mikt'ɔrju] s. m. = **mitório**.

mí.dia [m'idjə] s. f. mass communications (TV, Radio, the press), media. ‖ adj. media.

mi.ga.lha [mig'aλə] s. f. crumb; small portion; (fig.) wee; ≃ s leftovers.

mi.gra.ção [migras'ãw] s. f. (pl. **-ções**) migration, wandering, emigration, immigration.

mi.gran.te [migr'ãti] adj. m. + f. migrant, that migrates.

mi.grar [migr'ar] v. to migrate.

mi.gra.tó.rio [migrat'ɔrju] adj. migratory.

mi.jar [miʒ'ar] v. to piss, piddle; to stale (horse); ≃ **-se** to wet o.s. with urine; (fig.) to show fright.

mil [m'iw] s. m. thousand; multitude.

mi.la.gre [mil'agri] s. m. miracle, wonder, marvel.

mi.la.grei.ro [milagr'ejru] s. m. wonderworker; miracle worker.

mi.la.gro.so [milagr'ozu] adj. miraculous, wonderful.

mi.le.ná.rio [milen'arju] s. m. millenary. ‖ adj. millenarian, millenial.

mi.lé.si.ma [mil'ɛzimə] s. f. millesimal, a thousandth part.

mi.lha [m'iλə] s. f. mile.

mi.lhal [miλ'aw] s. m. (pl. **-lhais**) = **milharal**.

mi.lhão [miλ'ãw] s. m. (pl. **-lhões**) million.

mi.lhar [miλ'ar] s. m. thousand.

mi.lha.ral [miλar'aw] s. m. (pl. **-rais**) maize field.

mi.lhei.ral [miλejr'aw] s. m. (pl. **-rais**) = **milharal**.

mi.lhei.ro [miλ'ejru] s. m. maize plant; a thousand in the counting of fruits, vegetables etc.

mi.lho [m'iλu] s. m. maize, corn, Indian corn.

mi.li.gra.ma [miligr'ʌmə] s. m. milligramme.

mi.lí.me.tro [mil'imetru] s. m. millimeter.

mi.li.o.ná.rio [miljon'arju] s. m. millionnaire. ‖ adj. very rich.

mi.li.tan.te [milit'ãti] adj. m. + f. militant.

mi.li.tar [milit'ar] s. m. soldier. ‖ v. to serve as a soldier; to fight; to be in a party; to oppose. ‖ adj. m. + f. military.

mi.li.ta.ris.ta [militar'istə] s. m. + f. militarist. ‖ adj. m. + f. militaristic.

mi.li.ta.ri.za.ção [militarizas'ãw] s. f. (pl. **-ções**) militarization.

mi.li.ta.ri.zar [militariz'ar] v. to militarize.

mim [m'ĩ] pers. pron. me. **a** ≃ to me. **de** ≃ of me, from me. **para** ≃ for me, to me.

mi.mar [mim'ar] v. to pet, fondle, cosset, pamper, spoil.

mi.me.tis.mo [mimet'izmu] s. m. mimicry.

mí.mi.ca [m'imikə] s. f. mimic(king), art of miming.

mímico [m'imiku] s. m. mimic, mimicker. ‖ adj. mimic(al).

mi.mo [m'imu] s. m. delicate gift, offering, present; tenderness, sweetness, daintiness; caress, petting, fondling; delicacy.

mi.mo.se.ar [mimoze'ar] v. to pet, fondle, pamper; to give presents; to favour.

mi.mo.so [mim'ozu] s. m. tenderling, fondling. ‖ adj. tender, sweet; lovable; cute.

mi.na [m'inə] s. f. mine, quarry, pit; (mil.) mine; (fig.) source of richness, wealth.

mi.na.dor [minad'or] s. m. miner, hewer; sapper, underminer.

mi.na.dou.ro [minad'owru] s. m. = **minador**.

mi.nar [min'ar] v. to mine, excavate; to explore furtively; (fig.) to undermine, sap, corrode; to torment, annoy.

min.di.nho [mĩd'iñu] s. m. the little finger.

mi.nei.ro [min'ejru] s. m. miner, collier, mineowner; sapper; (Braz.) native or inhabitant of the State of Minas Gerais. ‖ adj. mining; relating to mines, (Braz.) pertaining to Minas Gerais.

mi.ne.ra.ção [mineras'ãw] s. f. (pl. **-ções**) mining.

mi.ne.ral [miner'aw] s. m. (pl. **-rais**) mineral, inorganic body. ‖ adj. m. + f. mineral, inorganic.

mi.ne.ra.lo.gi.a [mineraloʒ'iə] s. f. mineralogy.

mi.né.rio [min'ɛrju] s. m. ore.

min.gau [mĩg'aw] s. m. (Braz.) porridge, gruel.

mín.gua [m'ĩgwə] s. f. lack, need; scarcity, shortage; decrease, diminution.

min.gua.do [mĩg'wadu] adj. destitute, unprovided, poor, needy; scarce, limited, short.

min.guan.te [mĩg'wãti] s. m. decadence, decay, decline, diminution. ‖ adj. m. + f. waning, decreasing. **quarto** ≃ (astr.) last quarter.

min.guar [mĩg'war] v. to wane, decrease, diminish, dwindle, reduce.

mi.nha [m'iñə] poss. pron. (f. of **meu**) mine, my.

mi.nhoca [miñ'ɔkə] s. f. earthworm; ≃s (fam.) whims, fancies.

mi.ni.a.tu.ra [minjat'urə] s. f. miniature, painting or portrait of very small dimensions; anything represented on a greatly reduced scale; summary, abstract.

mi.ni.des.va.lo.ri.za.ção [minidezvalorizas'ãw] s. f. minidevaluation.

mí.ni.mo [m'inimu] s. m. minimum, the least; the little finger. ‖ adj. minimal, least, very little; remote, faint.

mi.nis.té.rio [minist'ɛrju] s. m. ministry, cabinet, state department.

mi.nis.tran.te [ministr'ãti] s. m. ministrant, acolyte, altar boy. ‖ adj. m. + f. ministering.

mi.nis.trar [ministr'ar] v. to minister; to render aid, service or attendance; to furnish, give, administer, supply; to give medicine.

mi.nis.tro [min'istru] s. m. minister, minister of state; (rel.) clergyman, priest.

mi.no.ri.a [minor'iə] s. f. minority. **a** ≃ the few; (pol.) the minority.

mi.nu.a.no [minu'ʌnu] s. m. (S. Braz.) cold and dry southwestern winter wind.

mi.nú.cia [min'usjə] s. f. minute, detail, nicety; insignificance; particularity.

mi.nu.ci.ar [minusi'ar] v. to detail.

mi.nu.ci.o.so [minusi'ozu] adj. minute, circumstantial; scrupulous; (depr.) hairsplitting.

mi.nús.cu.lo [min'uskulu] adj. minuscule, tiny.

mi.nu.ta [min'utə] s. f. minute, draft (document).

mi.nu.to [min'utu] s. m. minute; moment, instant.

mi.o.lo [mi'olu] s. m. brain; medulla; soft part of bread; the interior of anything.

mí.o.pe [m'iopi] s. m. + f. myopic person. ‖ adj. m. + f. short-sighted (also fig.).

mi.o.pi.a [miop'iə] s. f. myopia; nearsightedness, short-sightedness (also fig.).

mi.o.só.tis [mioz'ɔtis] s. f., sg. + pl. myosotis, forget-me-not.

mi.ra [m'irə] s. f. sight (firearms); aim, mark.

mi.ra.da [mir'adə] s. f. look, glance.

mi.ra.dou.ro [mirad'owru] s. m. = **mirante**.

mi.ra.gem [mir'aʒɛj] s. f. (pl. **-gens**) optical illusion; (fig.) deception.

mi.ran.te [mir'ãti] s. m. mirador, belvedere.

mi.rar [mir'ar] v. to eye, examine, stare at, look at; to see, discern; to aim, take aim, aim a gun; ≃-**se** to look at o.s. in the mirror.

mi.rí.a.de [mir'iadi] s. f. myriad.

mi.rim [mir'ĩ] adj. m. + f. (pl. **-rins**) small.

mir.ra [m'irrə] s. f. myrrh; myrrh gum.

mir.ra.do [mirradu] adj. dried up, withered; lean; faded.

mir.rar [mirr'ar] v. to prepare with myrrh; to dry up, wither, wizen, emaciate, waste; to lose energy or strength.

mi.san.tro.po [mizãtr'opu] s. m. misanthrope, misanthropist. ‖ adj. misanthropic.

mis.ce.lâ.nea [misel'ʌnjə] s. f. miscellany.

mi.se.rar [mizer'ar] v. to disgrace, make miserable.

mi.se.rá.vel [mizer'avew] s. m. + f. (pl. **-veis**) miserable, wretch; miser, skinflint; infamous person, villain. ‖ adj. unhappy, miserable, wretched, pitiful, woeful; shabby.

mi.sé.ria [miz'ɛrjə] s. f. misery, distress; poverty, penury, calamity; avarice, niggardliness.

mi.se.ri.cór.dia [mizerik'ɔrdjə] s. f. mercy, compassion.

mi.se.ri.cor.di.o.so [mizerikordi'ozu] adj. merciful, clement, compassionate.

mí.se.ro [m'izeru] adj. disgraced; miserable.

mis.sa [m'isə] s. f. (church) mass; (ant.) any religious festivity. ≃ **campal** field mass.

mis.são [mis'ãw] s. f. (pl. **-sões**) mission, the act of sending; delegation; incumbence, commission, errand; calling, vocation.

mís.sil [m'isiw] s. m. + adj. m. + f. (pl. **-seis**) missile.

mis.si.o.ná.rio [misjon'arju] s. m. missionary.

mis.si.va [mis'ivə] s. f. missive, written message, letter; epistle, dispatch.

mis.ter [mist'ɛr] s. m. occupation, employ-ment, office, business; service, work, incum-bency; urgency, necessity, want, need. **haver** ≃, **ser** ≃ to be necessary.

mis.té.rio [mist'ɛrju] s. m. mystery, enigma, secret, riddle.

mis.te.ri.o.so [misteri'ozu] adj. mysterious, enigmatic, secret, obscure.

mís.ti.co [m'istiku] s. m. + adj. mystic.

mis.ti.fi.ca.ção [mistifikas'ãw] s. f. (pl. **-ções**) mystification.

mis.ti.fi.ca.do [mistifik'adu] adj. mystified, il-luded.

mis.ti.fi.ca.dor [mistifikad'or] s. m. mysti-fier. ‖ adj. mystifying, deceiving.

mis.ti.fi.car [mistifik'ar] v. to mystify, puzzle, hoax.

mis.to [m'istu] s. m. mixture. ‖ adj. mixed, assorted.

mis.tu.ra [mist'urə] s. f. mixture, blend.

mis.tu.ra.da [mistur'adə] s. f. mix-up, confu-sion.

mis.tu.ra.do [mistur'adu] adj. confused, mixed, mingled.

mis.tu.ra.dor [misturad'or] s. m. mixer.

mis.tu.rar [mistur'ar] v. to mix, blend, min-gle; to shuffle, confound; to cross (breed-ing).

mi.ti.gar [mitig'ar] v. to mitigate, alleviate, moderate, soften, soothe, assuage.

mi.to [m'itu] s. m. myth.

mi.to.lo.gi.a [mitoloʒ'iə] s. f. mythology.

mi.tó.rio [mit'ɔrju] s. m. public convenience, urinal; (Ingl.) toilet; (U.S.A.) rest-room, lava-tory; (fig.) Ladies/Gentlemen.

mi.tra [m'itrə] s. f. mitre; dignity of a bishop.

mi.ú.ça [mi'usə] s. f. small portion or frag-ment.

mi.u.ça.lha [mius'aʎə] s. f. (Braz.) gang of chil-dren, fry; ≃s trifles, fry.

mi.u.de.za [miud'ezə] s. f. minuteness, small-ness; (fig.) exactingness, rigorousness; (fig.) careful observation, exactitude; ≃s par-ticularities, details; pluck, giblets; trifles, odds and ends.

mi.ú.do [mi'udu] adj. small, minute. ‖ ≃s s. m. pl. giblets; small change (money).

mi.xór.dia [miʃ'ɔrdjə] s. f. confusion, mix-up, medley.

mne.mo.ni.zar [mnemoniz'ar] v. to mnemonize.

mo [mu] contr. of the pronouns **me** and **o**. **ele deu-** ≃ he gave it to me.

mó [m'ɔ] s. f. millstone; grindstone, whet-stone.

mó.bil [m'ɔbiw] s. m. (pl. **-beis**) cause, motive; motor. ‖ adj. m. + f. movable, mobile.

mo.bi.lar [mobil'ar] v. = **mobiliar**.

mo.bi.lhar [mobiʎ'ar] v. = **mobiliar**.

mo.bi.li.ar [mobili'ar] v. (Braz.) to furnish.

mo.bí.lia [mob'iljə] s. f. furniture.

mo.bi.li.zar [mobiliz'ar] v. to mobilize, render mobile; to put in motion; to make ready for war.

mo.ca [m'ɔkə] s. m. superior quality of coffee, originally from Arabia; (Braz.) coffee.

mo.ça [m'osə] s. f. young woman, girl, lass, gal.

mo.ça.da [mos'adə] s. f. (S. Braz.) youngsters.

mo.cam.bo [mok'ãbu] s. m. (Braz.) refuge of slaves in the woods; shelter, hut.

mo.ção [mos'ãw] s. f. (pl. **-ções**) motion.

mo.ce.tão [moset'ãw] s. m. (pl. **-tões**; f. **-tona**) big, husky fellow.

mo.chi.la [moʃ'ilə] s. f. rucksack, knapsack.

mo.cho [m'oʃu] s. m. nocturnal bird of prey smaller than an owl. ‖ adj. mutilated, maimed.

mo.ci.da.de [mosid'adi] s. f. youth; youthful-ness.

mo.ci.nho [mos'iñu] s. m. young man; (cin.) hero.

mo.có [mok'ɔ] s. m. charm; sorcery.

mo.cô [mok'o] s. m. = **mocó**.

mo.ço [m'osu] s. m. young man; servant. ‖ adj. young, youthful.

mo.co.tó [mokot'ɔ] s. m. (Braz.) calf's foot without hoof used for food; (vulg.) leg.

mo.da [m'ɔdə] s. f. manner, fashion, vogue, mode, custom, usage; way, method, form, type.

mo.da.li.da.de [modalid'adi] s. f. modality.

mo.de.lar [model'ar] v. to model, shape, mould. ‖ adj. m. + f. model, exemplary, perfect.

mo.de.lo [mod'elu] s. m. model, mould, pat-tern, standard; (fig.) ideal, example; person who poses for a painter or sculptor.

mo.de.ra.ção [moderas'ãw] s. f. (pl. **-ções**) moderation.

mo.de.ra.do [moder'adu] adj. moderate, res-trained.

mo.de.rar [moder'ar] v. to moderate; mitigate, temper; to diminish; ≃-**se** to act with moderation, avoid excesses, keep one's temper.

mo.der.ni.zar [moderniz'ar] v. to modernize.

mo.der.no [mod'ɛrnu] adj. modern, new, recent, new-fashioned; (N. Braz.) young, juvenile.

mo.dés.tia [mod'ɛstjə] s. f. modesty, humbleness.

mo.des.to [mod'ɛstu] adj. modest, unpretentious.

mó.di.co [m'ɔdiku] adj. small, slight, moderate, low.

mo.di.fi.ca.ção [modifikas'ãw] s. f. (pl. **-ções**) modification.

mo.di.fi.car [modifik'ar] v. to modify, change, alter.

mo.di.nha [mod'iñə] s. f. popular song, tune.

mo.dis.ta [mod'istə] s. f. dressmaker, fashion designer.

mo.do [m'ɔdu] s. m. mode, manner, fashion, style, custom; ≃**s** manners, behaviour. ≃ **de andar** gait, walk. ≃ **de vida** way of living.

mo.dor.ra [mod'oʀə] s. f. morbid prostration; sleepiness, laziness.

mo.du.lar [modul'ar] v. to modulate, inflect. ‖ adj. m. + f. modular, pertaining to a module.

mó.du.lo [m'ɔdulu] s. m. (archit.) module; (math.) modulus, absolute value, coefficient; (mus.) modulation.

mo.e.da [mo'ɛdə] s. f. coin, token, money.

mo.e.dor [moed'or] s. m. grinder, miller, pounder. ‖ adj. grinding.

mo.e.la [mo'ɛlə] s. f. gizzard, second stomach of birds.

mo.er [mo'er] v. to grind, crush, bray, press; to chew; to think something over and over again; to tire; ≃-**se** to drudge, slave; to be afflicted, worry, fret.

mo.fa [m'ofə] s. f. mockery, derision, scorn.

mo.fa.dor [mofad'or] s. m. scoffer, mocker. ‖ adj. scornful, derisive, mocking.

mo.far [mof'ar] v. to mock, scorn, scoff, deride; to mould, grow mouldy.

mo.fi.na [mof'inə] s. f. unhappiness, misfortune; unhappy, shy woman; (fig.) avarice, stinginess; hookworm disease.

mo.fi.no [mof'inu] s. m. unhappy or shy individual; miser; importunate person; (Braz.) coward; (Braz., pop.) devil. ‖ adj. unhappy, wretched; miserly.

mo.fo [m'ofu] s. m. mould, mildew, must.

mo.í.do [mo'idu] adj. ground, crushed; fatigued.

mo.i.nho [mo'iñu] s. m. mill, flour-mill, grinding works. ≃ **de vento** windmill.

moi.ta [m'ojtə] s. f. thicket, coppice, scrub, brake, brush, bush, tuft.

mo.la [m'ɔlə] s. f. (tech.) spring; (fig.) motive, incentive; (med. and vet.) mole.

mo.lam.bo [mol'ãbu] s. m. (Braz.) rag, tatter; (fig.) weak character, weakling.

mo.lar [mol'ar] adj. m. + f. molar, grinding; (anat.) molar; soft. **dente** ≃ molar tooth.

mo.las.sa [mol'asə] s. f. wood grinder (paper industry).

mol.da.do [mowd'adu] s. m. (archit.) mould, moulding, plasterwork. ‖ adj. moulded.

mol.da.gem [mowd'azẽj] s. f. (pl. **-gens**) moulding.

mol.dar [mowd'ar] v. to mould; to cast; to make moulds for casting; (fig.) to shape, frame, form, model; to adapt.

mol.de [m'owdi] s. m. (casting) mould; pattern.

mol.du.ra [mowd'urə] s. f. frame, borders; panel.

mo.le [m'ɔli] s. f. enormous volume, bulk; shapeless mass, spineless. ‖ adj. m. + f. soft, limp; lazy, sluggish; weak.

mo.le.ca.gem [molek'azẽj] s. f. (pl. **-gens**) actions of a **moleque**, a boyish trick.

mo.lé.cu.la [mol'ɛkulə] s. f. (chem.) molecule.

mo.le.cu.lar [molekul'ar] adj. m. + f. molecular.

mo.len.ga [mol'ẽgə] s. m. + f. lazybones, slowcoach. ‖ adj. lazy, sluggish, indolent.

mo.le.que [mol'ɛki] s. m. little Negro; frivolous and unreliable person; (Braz.) young boy, street-urchin.

mo.les.tar [molest'ar] v. to molest, disturb, trouble, bother, annoy, harass, tease; to hurt, ill-treat; to damage, prejudice.

mo.lés.tia [mol'ɛstjə] s. f. disease, sickness, malady.

mo.le.za [mol'ezə] s. f. softness, weakness; languidness, indolence, slackness.

mo.lha.do [moʎ'adu] s. m. place wetted by an overturned or spilled liquid; ≃**s** (Braz.) wine, oil, and other liquids sold in a store. ‖ adj. wet, moist; (N. Braz., pop., fig.) drunk.

mo.lhar [moʎ'ar] v. to wet, dampen, moisten; ≃**-se** to get wet; to soak; to splash.

mo.lhe [m'oʎi] s. m. mole, breakwater, pier, jetty.

mo.lho [m'oʎu] s. m. bundle, faggot; handful. **em** ≃**s** in bundles.

mo.lho [m'oʎu] s. m. sauce, gravy; soak.

mo.li.fi.ca.ção [molifikas'ãw] s. f. (pl. **-ções**) mollification, emollition, softening; relaxation.

mo.li.fi.car [molifik'ar] v. to mollify, soften; to mitigate, appease; to calm.

mo.li.ne.te [molin'eti] s. m. moulinet; reel (fishing).

mo.li.no.te [molin'ɔti] s. m. sugar mill, sugar cane mill.

mo.lus.co [mol'usku] s. m. mollusc, shellfish.

mo.men.tâ.neo [momẽt'ʌnju] adj. momentary, instantaneous; transitory, rapid.

mo.men.to [mom'ẽtu] s. m. moment, instant.

mo.men.to.so [momẽt'ozu] adj. grave, momentous, important.

mo.mi.ces [mom'isis] s. f. pl. antics, pranks, grimaces.

mo.mo [m'omu] s. m. Momus; pantomime, farce.

mo.na.cal [monak'aw] adj. (pl. **-cais**) monastic, monkish.

mo.nar.ca [mon'arkə] s. m. monarch, sovereign.

mo.nar.qui.a [monark'iə] s. f. monarchy; sovereignty.

mo.nás.ti.co [mon'astiku] adj. monastic.

mo.nas.té.rio [monast'ɛrju] s. m. monastery.

mo.na.zí.ti.co [monaz'itiku] adj. monazitic.

mon.ção [mõs'ãw] s. f. (pl. **-ções**) monsoon.

mon.dar [mõd'ar] v. to weed, weed out; to prune.

mo.ne.tá.rio [monet'arju] s. m. collection of coins; book on numismatics. ‖ adj. monetary. **fluxo** ≃ cash flow.

mon.ge [m'õʒi] s. m. (f. **-ja**) monk, friar; anchorite, recluse.

mo.ni.tor [monit'or] s. m. monitor; prepositor.

mo.ni.tó.ria [monit'ɔrjə] s. f. monitory; advice.

mon.ja [m'õʒə] s. f. nun.

mo.no [m'onu] s. m. ape, monkey; (fig.) ugly and stupid fellow.

mo.nó.cu.lo [mon'ɔkulu] s. m. monocle. ‖ adj. one-eyed.

mo.no.fá.si.co [monof'aziku] adj. (electr.) monophase.

mo.no.ga.mi.a [monogam'iə] s. f. monogamy.

mo.nó.ga.mo [mon'ɔgamu] s. m. monogamist. ‖ adj. monogamous.

mo.no.gra.fi.a [monograf'iə] s. f. monograph.

mo.no.gra.ma [monogr'ʌmə] s. m. monogram.

mo.no.lí.ti.co [monol'itiku] adj. monolithic.

mo.nó.li.to [mon'ɔlitu] s. m. monolith, tall stone.

mo.nó.lo.go [mon'ɔlogu] s. m. monologue.

mo.no.plás.ti.co [monopl'astiku] adj. monoplastic.

mo.no.pó.lio [monop'ɔlju] s. m. monopoly.

mo.no.po.li.za.ção [monopolizas'ãw] s. f. (pl. **-ções**) monopolization.

mo.no.po.li.zar [monopoliz'ar] v. to monopolize.

mo.nos.sí.la.bo [monos'ilabu] s. m. monosyllable. ‖ adj. monosyllabic.

mo.no.ti.po [monot'ipu] s. f. monotype.

mo.no.to.ni.a [monoton'iə] s. f. monotony, monotonousness, sameness.

mo.nó.to.no [mon'ɔtonu] adj. monotone; tedious, tiresome, irksome, wearisome.

mons.tro [m'õstru] s. m. monster, abnormal being; prodigy; (fig.) cruel, horrible person. ‖ adj. (Braz.) very large.

mons.tru.o.so [mõstru'ozu] adj. monstrous, abnormal; atrocious; frightful; excessively bad or ugly.

mon.ta [m'õtə] s. f. amount, sum, importance; estimation, calculation, cost.

mon.ta.do [mõt'adu] adj. mounted; (tech.) assembled; established.

mon.ta.gem [mõt'aʒẽj] s. f. (pl. **-gens**) mounting, assembly. **linha de** ≃ assembly line.

mon.ta.nha [mõt'ʌɲə] s. f. mountain; large heap, pile.

mon.ta.nho.so [mõtʌɲ'ozu] adj. mountainous.

mon.tan.te [mõt'ãti] s. m. amount, sum; post, pillar, upright.

mon.tão [mõt'ãw] s. m. (pl. **-tões**) heap, disorderly pile; lot, accumulation.

mon.tar [mõt'ar] v. to mount, ride (horse); to erect, set up, assemble, fit up; to furnish, provide with everything necessary; to set, encase (gem); to amount to.

mon.ta.ri.a [mõtar'iə] s. f. riding horse.

mon.te [m'õti] s. m. mount, hill; portion, heap, pile, accumulation.

mon.te.pi.o [mõtep'iu] s. m. widow's fund; pension fund.

mon.tês [mõt'es] adj. m. + f. (pl. **-teses**; f. **-tesa**) montane; crude, rustic, wild.

mo.nu.men.tal [monumẽt'aw] adj. m. + f. (pl. **-tais**) monumental, magnificent, extraordinary.

mo.nu.men.to [monum'ẽtu] s. m. monument; beautiful, majestic building; mausoleum, memorial.

mo.que.ca [mok'ɛkə] s. f. (Braz.) fish or mussels simmered in oil and pepper.

mo.ra [m'ɔrə] s. f. delay, respite. **juros de** ≈ interest on deferred payment.

mo.ra.da [mor'adə] s. f. residence, dwelling place, habitation; abode, domicile, home.

mo.ra.dor [morad'or] s. m. dweller, resident, lodger, inhabitant, tenant.

mo.ral [mor'aw] s. f. (philos.) moral philosophy, morals, ethics; morality; morale. ‖ adj. m. + f. (pl. **-rais**) moral, ethical.

mo.ra.li.da.de [moralid'adi] s. f. morality.

mo.ra.lis.ta [moral'istə] s. m. + f. moralist.

mo.ra.li.za.dor [moralizad'or] s. m. moralizer. ‖ adj. moralizing.

mo.ra.li.zar [moraliz'ar] v. to moralize, render moral.

mo.ran.go [mor'ãgu] s. m. strawberry.

mo.ran.guei.ro [morãg'ejru] s. m. strawberry plant.

mo.rar [mor'ar] v. to live, dwell, inhabit, reside.

mo.ra.tó.ria [morat'ɔrjə] s. f. moratorium.

mor.bi.dez [morbid'es] s. f. morbidness, morbidity.

mór.bi.do [m'ɔrbidu] adj. morbid, diseased of mind, ideas.

mor.ce.go [mors'egu] s. m. (zool.) bat, flickermouse.

mor.da.ça [mord'asə] s. f. muzzle, gag.

mor.daz [mord'as] adj. m. + f. (pl. **-dazes**) biting, snappish.

mor.de.du.ra [morded'urə] s. f. bite, teethmark.

mor.der [mord'er] v. to bite, snap, nip, sink the teeth into; to hurt, torment, disgust, afflict; to penetrate into, cling to.

mor.do.mi.a [mordom'iə] s. f. fringe benefits.

mor.do.mo [mord'omu] s. m. majordomo; head steward; butler.

mo.re.na [mor'enə] s. f. (geol.) moraine; brunette, dark haired; brown haired.

mo.re.no [mor'enu] s. m. dark haired; brown haired. ‖ adj. brunet, brown, dark, tanned, tawny, swarthy.

mor.féi.a [morf'ɛjə] s. f. = **lepra**.

mor.fé.ti.co [morf'ɛtiku] s. m. (Braz.) leper. ‖ adj. leprous.

mor.fi.na [morf'inə] s. f. (pharm.) morphine, morphia.

mor.fo.lo.gi.a [morfoloʒ'iə] s. f. morphology.

mor.fo.se [morf'ɔzi] s. f. morphosis.

mo.ri.bun.do [morib'ũdu] s. m. + adj. moribund.

mo.rin.ga [mor'ĩgə] s. f. (Braz.) clay jar to keep the drinking water cool.

mor.men.te [mɔrm'ẽti] adv. mainly, chiefly, principally.

mor.no [m'ornu] adj. lukewarm, tepid; (fig.) lax, insipid, dull.

mo.ro.si.da.de [morozid'adi] s. f. moroseness; slowness, tardiness.

mo.ro.so [mor'ozu] adj. morose, glum, gloomy, ill humoured; unsocial.

mor.rer [moɾ'er] s. m. dying, death. ‖ v. to die, perish, decease, expire, pass away.

mor.ri.nha [moɾ'iñə] s. f. murrain; slight illness.

mor.ro [m'oɾu] s. m. mount, mound, hill; quarry.

mor.tal [mort'aw] s. m. (pl. **-tais**) human being; humanity. ‖ adj. m. + f. mortal; lethal, deadly, fatal, moribund; implacable.

mor.ta.lha [mort'aʎə] s. f. hearse cloth, winding-sheet, shroud.

mor.ta.li.da.de [mortalid'adi] s. f. mortality; death rate.

mor.tan.da.de [mortãd'adi] s. f. mortality; massacre, carnage, slaughter.

mor.te [m'ɔrti] s. f. death, decease, dying, demise.

mor.tei.ro [mort'ejru] s. m. mortar.

mor.ti.ço [mort'isu] adj. dying (light, fire); dim, about to go out.

mor.tí.fe.ro [mort'iferu] adj. mortal, murderous, deadly.

mor.ti.fi.ca.ção [mortifikas'ãw] s. f. (pl. **-ções**) mortification.

mor.ti.fi.ca.do [mortifik'adu] adj. mortified, humiliated.

mor.ti.fi.car [mortifik'ar] v. to mortify, humiliate; to torment, afflict, disgust, trouble; to destroy; ≃**-se** to grieve, be afflicted.

mor.to [m'ortu] s. m. dead, deceased, departed; defunt, corpse, cadaver. ‖ adj. dead, deceased, killed; wilted, withered, faded, dried (vegetable); extinct, gone, finished; inert, lifeless.

mor.tu.á.rio [mortu'arju] adj. mortuary, funerary.

mo.sai.co [moz'ajku] s. m. mosaic.

mos.ca [m'oskǝ] s. f. fly.

mos.ca.do [mosk'adu] adj. aromatic, musky.

mos.ca.tel [moskat'ɛw] s. m. (pl. **-téis**) muscatel; a variety of figs, pears and apples. ‖ adj. m. + f. said of the muscat grape.

mos.que.a.do [moske'adu] adj. spotted, dotted, speckled, flecked, dappled.

mos.que.ar [moske'ar] v. to speckle, spot, fleck, dot.

mos.que.ta.ri.a [mosketar'iǝ] s. f. musketry.

mos.que.te [mosk'eti] s. m. musket.

mos.que.tei.ro [mosket'ejru] s. m. musketeer.

mos.qui.tei.ro [moskit'ejru] s. m. mosquito net.

mos.qui.to [mosk'itu] s. m. mosquito.

mos.tar.da [most'ardǝ] s. f. mustard; plant and seed.

mos.tei.ro [most'ejru] s. m. convent, monastery.

mos.tra [m'ostrǝ] s. f. show, exhibition, display. **pôr à** ≃ to exhibit.

mos.tra.dor [mostrad'or] s. m. dial-plate, hour-plate, face of a clock; counter, showcase. ‖ adj. showing; telltale.

mos.trar [mostr'ar] v. to show, display, present; to signify, denote, mean; to signalize, point out, indicate; to teach, show; to prove.

mos.tru.á.rio [mostru'arju] s. m. showcase, collection, book or set of samples.

mo.tel [mot'ɛw] s. m. (pl. **-téis**) motel.

mo.tim [mot'ĩ] s. m. (pl. **-tins**) mutiny, revolt, insurrection, rebellion.

mo.ti.va.ção [motivas'ãw] s. f. (pl. **-ções**) motivation.

mo.ti.va.do [motiv'adu] adj. motivated, caused.

mo.ti.var [motiv'ar] v. to motivate, give the motive.

mo.ti.vo [mot'ivu] s. m. motive, ground, cause, reason; intent, purpose; end, aim, object. ‖ adj. motive, motor, moving.

mo.to [m'ɔtu] s. m. motion, movement, impulse; musical theme.

mo.to.ci.cle.ta [motosikl'ɛtǝ] s. f. motorcycle.

mo.to.ci.clis.ta [motosikl'istǝ] s. m. + f. motorcyclist.

mo.tor [mot'or] s. m. motor, engine. ‖ adj. (f. **-tora, motriz**) motor, motive, moving.

mo.to.ris.ta [motor'istǝ] s. m. + f. motorist; driver of any motor vehicle.

mo.to.ri.zar [motoriz'ar] v. to motorize.

mo.tri.ci.da.de [motrisid'adi] s. f. motricity.

mou.co [mo'wku] s. m. deaf person. ‖ adj. deaf.

mou.rão [mowr'ãw] s. m. (pl. **-rões**) vine stake; stake, post, pole; (Braz.) heavy pole to which cattle is tied.

mou.re.jar [mowreʒ'ar] v. to work hard, toil, drudge.

mou.re.jo [mowr'eʒu] s. m. toil, struggle.

mou.ris.co [mowr'isku] adj. Moorish.

mou.ro [m'owru] s. m. Moor, Saracen.

mo.ve.di.ço [moved'isu] adj. movable; unstable.

mó.vel [m'ɔvew] s. m. (pl. **-veis**) cause, motive, moving force; piece of furniture; projectile; **-veis** movables, movable property; furniture. ‖ adj. m. + f. movable, moveable, changeable, variable.

mo.ver [mov'er] v. to move, put in motion, cause to change place or position; to advance, progress; to persuade, induce, incite, influence, cause, stimulate; to budge, stir; perturb; to alter, change; to touch, affect, strike.

mo.vi.do [mov'idu] adj. moved, impelled, taken, caused.

mo.vi.men.ta.ção [movimĕtas'ãw] s. f. (pl. **-ções**) movement.

mo.vi.men.tar [movimĕt'ar] v. to move; to stir; to enliven, animate.

mo.vi.men.ta.do [movimĕt'adu] adj. lively, active, busy.

mo.vi.men.to [movim'ĕtu] s. m. movement; motion, moving, changing of position, dislocation; constant motion; stir, agitation, emotion; gesture; activity, liveliness, part of a piece of music.

mu.am.ba [muã'bə] s. f. (Braz.) smuggling; theft, knavery.

mu.am.bei.ro [muãb'ejru] s. m. (Braz.) smuggler, dealer in stolen goods.

mu.co [m'uku] s. m. mucus, slime; phlegm.

mu.co.so [muk'ozu] adj. mucous, slimy, viscous.

mu.çul.ma.no [musuwm'ʌnu] s. m. Mussulman, Mohammedan. ‖ adj. Moslem, Mohammedan.

mu.da [m'udə] s. f. change, shift; move, moving; change of horses, relay; seedling, scion; mute woman; breaking of the voice.

mu.da.do [mud'adu] adj. different, altered, changed; moved, displaced; removed.

mu.dan.ça [mud'ãsə] s. f. change, changeover, exchange, substitution; move; removal, transfer, displacement; alteration; variety.

mu.dar [mud'ar] v. to change, shift; to move; to exchange, substitute; to alter, modify; ≃-se to remove, change one's lodgings; to be transformed.

mu.dá.vel [mud'avew] adj. m. + f. (pl. -veis) changeable; mutable; unsteady.

mu.do [m'udu] s. m. speechless, mute person. ‖ adj. dumb, mute, voiceless.

mu.gi.do [muʒ'idu] s. m. moo, mooing, low.

mu.gir [muʒ'ir] v. to moo, low; to low or bellow like a cow; (fig.) to roar, howl.

mui.tís.si.mo [mũjt'isimu] adj. (sup. of muito) utmost.

mui.to [m'ũjtu] s. m. large quantity. ‖ adj. much, plenty, very, a good deal, a great deal; ≃s many, a great many, a good many, too many. ‖ adv. very, most, considerably, much, too much, very much. ≃ bem! very well! ≃ bom very good. ≃ longe a great way off. ≃ mais much more. ≃ pouco too little quando ≃ at most.

mu.la [m'ulə] s. f. she-mule.

mu.la.ti.nho [mulat'iñu] s. m. small mulatto. feijão ≃ a variety of beans.

mu.la.to [mul'atu] s. m. mulatto.

mu.le.ta [mul'etə] s. f. crutch; (fig.) anything lending support.

mu.lher [muʎ'ɛr] s. f. woman; wife. ≃ desbocada harridan.

mu.lhe.ren.go [muʎer'ẽgu] s. m. ladies' man; womanizer, skirt chaser. ‖ adj. mad after women.

mu.lhe.ri.o [muʎer'iu] s. m. great number of women.

mul.ta [m'uwtə] s. f. fine, penalty, forfeiture.

mul.tar [muwt'ar] v. to fine; (U.S.A.) to give a ticket (car).

mul.ti.co.lor [muwtikol'or] adj. m. + f. multicoloured.

mul.ti.dão [muwtid'ãw] s. f. (pl. -dões) multitude; crowd, throng; the people, masses; heap; abundance.

mul.ti.pli.ca.ção [muwtiplikas'ãw] s. f. (pl. -ções) multiplication; (also arith.) increase in number; reproduction.

mul.ti.pli.ca.dor [muwtiplikad'or] s. m. (arith.) multiplier.

mul.ti.pli.car [muwtiplik'ar] v. to multiply; to increase in number; ≃-se to propagate.

mul.ti.pli.cá.vel [muwtiplik'avew] adj. m. + f. (pl. -veis) multipliable.

mul.ti.pli.ci.da.de [muwtiplisid'adi] s. f. multiplicity.

múl.ti.plo [m'uwtiplu] s. m. + adj. (arith.) multiple.

mú.mia [m'umjə] s. f. mummy.

mu.mi.fi.car [mumifik'ar] v. to mummify.

mun.da.na [mũd'ʌnə] s. f. dissolute, fast woman; whore.

mun.da.no [mũd'ʌnu] adj. mundane; worldly, earthly, temporal; worldly-minded.

mun.di.al [mũdi'aw] adj. m. + f. (pl. -ais) worldwide.

mun.do [m'udu] s. m. earth, world, universe; humanity, mankind; present life; social class, society; the worldly pleasures; (Braz.) large quantity, great many, great number.

mu.ni.ção [munis'ãw] s. f. (pl. -ções) ammunition; fortification; (fig.) defense; munitions.

mu.ni.ci.o.nar [munisjon'ar] v. to munition.

mu.ni.ci.pal [munisip'aw] s. + adj. m. + f. (pl. -pais) municipal.

mu.ni.ci.pa.li.da.de [munisipalid'adi] s. f. municipality; town hall; city council.

mu.ni.cí.pio [munis'ipju] s. m. municipal district.

mu.nir [mun'ir] v. to munition, provide with ammunition; provide, supply, furnish; to strengthen, fortify; to defend.

mu.que [m'uki] s. m. (Braz., sl.) muscles, muscular force, biceps. **a** ≃ by force.

mu.ra.lha [mur'aʎə] s. f. wall, battlement.

mu.rar [mur'ar] v. to wall, immure, fence in, enclose; to fortify, strengthen.

mur.char [murʃ'ar] v. to wilt, wither, wizen, dry up, shrivel.

mur.mu.rar [murmur'ar] v. to murmur, whisper; to mumble; to grumble, mutter; to buzz a secret; to complain, bicker; to rustle.

mur.mu.ri.nho [murmur'iɲu] s. m. low murmur of voices; rustling of leaves, whispering of the wind.

mur.mú.rio [murm'urju] s. m. murmur of many voices; rustling of leaves, purl of a brook or stream; ripple of waves; grumble.

mu.ro [m'uru] s. m. wall.

mur.ro [m'uῑu] s. m. punch, blow, slug, fisticuff.

mu.sa [m'uzə] s. f. muse; poetical inspiration.

mus.cu.lar [muskul'ar] adj. m. + f. muscular.

mus.cu.la.tu.ra [muskulat'urə] s. f. musculature.

mús.cu.lo [m'uskulu] s. m. (anat.) muscle.

mus.cu.lo.so [muskul'ozu] adj. muscular, sinewy.

mu.seu [muz'ew] s. m. museum.

mus.go [m'uzgu] s. m. moss.

mus.go.so [muzg'ozu] adj. mossy.

mú.si.ca [m'uzikə] s. f. music; melody, harmony.

mu.si.cal [muzik'aw] adj. m. + f. (pl. **-cais**) musical.

mu.si.ca.li.da.de [muzikalid'adi] s. f. musicality.

mú.si.co [m'uziku] s. m. musician, performer, player; composer. ❙ adj. musical, harmonius.

mus.se.li.na [musel'inə] s. f. muslin.

mu.ta.bi.li.da.de [mutabilid'adi] s. f. mutability, changeability, volatility; fickleness.

mu.ta.ção [mutas'ãw] s. f. (pl. **-ções**) mutation.

mu.tá.vel [mut'avew] adj. m. + f. (pl. **-veis**) mutable, changeable, inconstant.

mu.ti.la.ção [mutilas'ãw] s. f. (pl. **-ções**) mutilation.

mu.ti.la.do [mutil'adu] s. m. mutilated person. ❙ adj. maimed, mutilated.

mu.ti.lar [mutil'ar] v. to mutilate, maim, cripple.

mu.tis.mo [mut'izmu] s. m. mutism, muteness.

mu.tu.an.te [mutu'ãti] s. m. + f. loaner, lender. ❙ adj. loaning, lending.

mu.tu.ar [mutu'ar] v. to mutualize; to exchange.

mu.tu.á.rio [mutu'arju] s. m. person receiving a loan.

mú.tuo [m'utwu] s. m. loan, insurance; permutation, exchange. ❙ adj. mutual, reciprocal, interchangeable.

N

N, n ['eni] s. m. thirteenth letter of the Portuguese alphabet.

na [nə] contraction of the prep. **em** with the article **a**.

na.bo [n'abu] s. m. (bot.) turnip.

na.ção [nas'ãw] s. f. (pl. **-ções**) nation; country, land, state, polity; people, race, folk.

ná.car [n'akar] s. m. nacre, mother-of-pearl.

na.ci.o.nal [nasjon'aw] s. m. national. ‖ adj. m. + f. national.

na.ci.o.na.li.da.de [nasjonalid'adi] s. f. nationality.

na.ci.o.na.li.za.ção [nasjonalizas'ãw] s. f. (pl. **-ções**) nationalization.

na.ci.o.na.li.zar [nasjonaliz'ar] v. to naturalize; to nationalize; to acclimatize.

na.co [n'aku] s. m. large piece, lump, chop, slice.

Na.ções U.ni.das [nasõjzun'idəs] s. f. pl. United Nations.

na.da [n'adə] s. m. nothing; nothingness, nought, nil; inexistence; trifle; uselessness. ‖ adv. nothing; not at all. **antes de mais** ≃ first of all.

na.da.dei.ra [nadad'ejrə] s. f. fin, flipper; paddle.

na.da.dor [nadad'or] s. m. swimmer. ‖ adj. swimming.

na.dar [nad'ar] v. to swim.

ná.de.ga [n'adegə] s. f. buttock; crupper; rump, backside; (sl.) bum.

naf.ta.li.na [naftal'inə] s. f. naphtalene, naphtalin(e).

nái.lon [n'ajlõw] s. m. nylon.

nai.pe [n'ajpi] s. m. (cards) suit; each of the groups of instruments of an orchestra; (fig.) class, group.

na.mo.ra.dei.ra [namorad'ejrə] s. f. coquette, flirt. ‖ adj. flirtatious, coquettish.

na.mo.ra.do [namor'adu] s. m. sweetheart, boyfriend, lover.

na.mo.rar [namor'ar] v. to make love, to court, go out with.

na.mo.ro [nam'oru] s. m. love-making, courtship.

na.ni.co [nan'iku] adj. dwarfish, stunted.

não [n'ãw] s. m. no; refusal, denial. ‖ adj. no, nay. ‖ adv. no, not. ‖ pref. non-. ≃ **faça caso** never mind. ≃ **obstante** in spite of. ≃ -**me-toques** (bot.) touch-me-not. **a** ≃ **ser que** except, unless. **ainda** ≃ not yet. **pois** ≃! certainly, why not?

na.palm [nap'awmi] s. m. (chem.) napalm.

na.que.le [nak'eli] contraction of the prep. **em** and the demonstrative pron. **aquele** at that, thereat; in that, therein; on that, thereon.

na.qui.lo [nak'ilu] contraction of the prep. **em** and the demonstrative pron. **aquilo** = **naquele**.

nar.ce.ja [nars'eʒə] s. f. (ornith.) snipe.

nar.ci.sis.mo [narsiz'iszmu] s. m. narcissism.

nar.ci.so [nars'izu] s. m. (bot.) narcissus; narcissist.

nar.co.se [nark'ɔzi] s. f. narcosis; narcotism.

nar.có.ti.co [nark'ɔtiku] s. m. narcotic, drug; stuff. ‖ adj. narcotic.

nar.co.ti.zar [narkotiz'ar] v. to narcotize; to bore.

na.ri.gão [narig'ãw] s. m. (pl. **-gões**) large nose; large-nosed person.

na.ri.na [nar'inə] s. f. nostril; blowhole.

na.riz [nar'is] s. m. (pl. **-rizes**) nose.

nar.ra.ção [naȓas'ãw] s. f. (pl. **-ções**) narration; narrative.

nar.ra.dor [naȓad'or] s. m. narrator, story teller; raconteur. ‖ adj. narrative, descriptive.

nar.rar [naȓ'ar] v. to narrate; to relate, report.

na.sal [naz'aw] s. m. (pl.**-sais**) nasal, (anat.) nasal bone; f. nasal sound. ‖ adj. m. + f. nasal.

nas.cen.ça [nas'ẽsə] s. f. birth; origin, source.

nas.cen.te [nas'ẽti] s. f. fountain; source; begining; spring, well, fountainhead; m. east, orient. ‖ adj. m. + f. nascent, being born; beginning; rising.

nas.cer [nas'er] s. m. rising, uprising. ‖ v. to be born; to come to light; to issue, originate; to rise, grow; to spring; (bot.) to germinate; to dawn. **ao** ≃ **do dia** at dawn. **ao** ≃ **do sol** at sunrise.

nas.ci.do [nas'idu] adj. born. ≃ **morto** stillborn.

nas.ci.men.to [nasim'ẽtu] s. m. birth, nativity; origin, source.

na.ta [n'atə] s. f. cream; (fig.) the choicest part; the prime, pick, plum.

na.ta.ção [natas'ãw] s. f. swimming.

na.tal [nat'aw] s. m. (pl. **-tais**). Christmas. ‖ adj. m. + f. natal, native.

na.ta.lí.cio [natal'isju] adj. natal, of or referring to the birthday.

na.ta.li.da.de [natalid'adi] s. f. natality, birth. **taxa de** ≃ birth rate. **controle de** ≃ birth control.

na.ti.vo [nat'ivu] s. m. native, home-born. ‖ adj. native, indigenous; national, home-born; vernacular; original.

na.to [n'atu] adj. born; native; innate.

na.tu.ral [natur'aw] s. m. (pl. **-rais**) native, home-born; nature, character; reality; (mus.) natural. ‖ adj. m. + f. natural; of or pertaining to nature; native; spontaneous; genuine.

na.tu.ra.li.da.de [naturalid'adi] s. f. naturalness.

na.tu.ra.li.za.ção [naturalizas'ãw] s. f. (pl. **-ções**) naturalization.

na.tu.ra.li.zar [naturaliz'ar] v. to naturalize, nationalize.

na.tu.re.za [natur'ezə] s. f. nature.

nau [n'aw] s. f. (large) vessel.

nau.fra.gar [nawfrag'ar] v. to wreck, sink; to shipwreck; to fail.

nau.frá.gio [nawfr'aʒju] s. m. wreck, shipwreck; failure.

náu.fra.go [n'awfragu] s. m. shipwrecked person, castaway. ‖ adj. shipwrecked.

náu.sea [n'awzjə] s. f. nausea; (sea)sickness; (fig.) repugnance, repulse; loathing.

nau.se.a.bun.do [nawzeab'ũdu] adj. nauseous, nauseating; repulsive, repugnant; loathsome.

nau.se.ar [nawze'ar] v. to nauseate, sicken; to repugnate; to disgust; to feel sick about.

náu.ti.ca [n'awtikə] s. f. navigation, nautics, seamanship.

náu.ti.co [n'awtiku] adj. nautical, navigational, marine, naval.

na.val [nav'aw] adj. m. + f. (pl. **-vais**) naval, marine, maritime.

na.va.lha [nav'aʎə] s. f. razor.

na.ve.ga.ção [navegas'ãw] s. f. (pl. **-ções**) navigation; sailing, shipping; maritime commerce; voyage.

na.ve.ga.dor [navegad'or] s. m. navigator. ‖ adj. navigating.

na.ve.gar [naveg'ar] v. to navigate; to prosper.

na.ve.gá.vel [naveg'avew] adj. m. + f. (pl. **-veis**) navigable, passable.

na.vi.o [nav'iu] s. m. ship, vessel, craft; boat, bark. ≃ **negreiro** slave ship.

na.zis.ta [naz'istə] adj. nazi.

ne.bli.na [nebl'inə] s. f. mist, haze.

ne.bu.lo.sa [nebul'ɔzə] s. f. (astr.) nebula.

ne.bu.lo.si.da.de [nebulozid'adi] s. f. nebulosity, mistiness.

ne.bu.lo.so [nebul'ozu] adj. misty, foggy, hazy; vague, nebulous.

ne.ces.sá.rio [neses'arju] adj. necessary, indispensable.

ne.ces.si.da.de [nesesid'adi] s. f. necessity, necessariness, want, need; needs; hardship, distress, poverty.

ne.ces.si.tar [nesesit'ar] v. to necessitate, want, need; to demand, require.

ne.cro.man.ci.a [nekromãs'iə] s. f. necromancy.

ne.crop.si.a [nekr'opsiə] s. f. necropsy, autopsy.

ne.cro.té.rio [nekrot'ɛrju] s. m. mortuary.

néc.tar [n'ɛktar] s. m. (pl. **-tares**) nectar.

ne.fas.to [nef'astu] adj. disastrous, disgraceful; dire, fatal.

ne.ga.ção [negas'ãw] s. f. (pl. **-ções**) negation; negative; denial; lack of some positive quality.

ne.gar [neg'ar] v. to deny; to negate; to gainsay.

ne.ga.ti.va [negat'ivə] s. f. negative; refusal, negation.

ne.ga.ti.vo [negat'ivu] s. m. (phot.) negative. ‖ adj. negative (also chem., math., phot. and phys.).

ne.gli.gê [negliʒ'e] s. m. negligee.

ne.gli.gên.cia [negliʒ'ẽsjə] s. f. negligence; neglect.

ne.gli.cen.ci.ar [negliʒẽsi'ar] v. to neglect, disregard; to omit, fail to do.

ne.gli.gen.te [negliʒ'ẽti] adj. m. + f. negligent.

ne.go.ci.a.ção [negosjas'ãw] s. f. (pl. -ções) negotiation.

ne.go.ci.an.te [negosi'ãti] s. m. + f. merchant; trader, dealer; businessman. ‖ adj. negotiating; trading.

ne.go.ci.ar [negosi'ar] v. to negotiate; to trade or deal in, traffic; to do business.

ne.go.ci.a.ta [negosi'atə] s. f. suspicious business; swindle.

ne.go.ci.á.vel [negosi'avew] adj. m. + f. (pl. -veis) negotiable, marketable.

ne.gó.cio [neg'ɔsju] s. m. business; commerce, trade; transaction, deal(ing); bargain; (com.) shop; affair. **homem de** ≃ businessman.

ne.gri.to [negr'itu] s. m. (typogr.) boldface. ‖ adj. boldface(d).

ne.gro [n'egru] s. m. Negro. ‖ adj. black.

ne.gru.me [negr'umi] s. m. darkness, obscurity.

ne.la [n'ɛlə] contr. of the prep. **em** and the pronoun **ela** in her; in, on it.

ne.le [n'eli] contr. of the prep. **em** and the pronoun **ele** in him; in, on it.

nem [n'ẽj] adv. + conj. neither, nor, not even. ≃ **mais** ≃ **menos** neither more nor less. ≃ **sequer** not even. ≃ **sempre** not always. ≃ **todos** not all.

ne.nê [nen'e] s. m. baby, newborn, child.

ne.nhum [neñ'ũ] adj. (pl. -nhuns) null, void, of no consequence; neither, any, no. ‖ pron. none, no one, nobody, not any, neither. **de modo** ≃ by no means. **em** ≃**a parte** nowhere. ≃ **de nós** neither of us.

ne.ó.fi.to [ne'ɔfitu] s. m. neophyte, proselite, novice.

ne.o.lo.gis.mo [neoloʒ'izmu] s. m. neologism.

né.on [n'eõw] s. m. neon.

ne.ô.nio [ne'onju] s. m. neon.

ne.po.tis.mo [nepot'izmu] s. m. nepotism.

ner.vo [n'ervu] s. m. nerve; strength, power, force; (bot. and zool.) vein, nervure.

ner.vo.sis.mo [nervoz'izmu] s. m. nervousness, jumpiness, nerves; excitability.

ner.vo.so [nerv'ozu] adj. nervous; of or referring to the nerves; (bot. and zool.) nervate, nervy; energetic, spirited; vigorous; irritable.

ner.vu.ra [nerv'urə] s. f. nervure; (bot.) vein, rib; (zool.) rib of an insect's wing; (archit.) rib; rib on the back of a book.

nes.ga [n'ezgə] s. f. gore; small space.

nes.se [n'esi] contr. of the prep. **em** and the demonstr. pron. **esse** (f. **nessa**) in that, on that. **nessas circunstâncias** in those circumstances.

nes.te [n'esti] contr. of the prep. **em** and the demonstr. pron. **este** (f. **nesta**) in this, on this. **nestas condições** under these conditions.

ne.ta [n'ɛtə] s. f. granddaughter.

ne.to [n'ɛtu] s. m. grandson; ≃**s** grandchildren.

neu.ras.te.ni.a [newrasten'iə] s. f. neurasthenia.

neu.ro.lo.gi.a [newroloʒ'iə] s. f. (med.) neurology.

neu.rô.nio [newr'onju] s. m. neurone.

neu.ro.se [newr'ɔzi] s. f. (path.) neurosis.

neu.ró.ti.co [newr'ɔtiku] s. m. + adj. neurotic.

neu.tra.li.da.de [newtralid'adi] s. f. neutrality; impartiality.

neu.tra.li.zar [newtraliz'ar] v. to neutralize; to counteract; to kill; to destroy.

neu.tro [n'ewtru] s. m. (gram.) neuter. ‖ adj. (gram.) neuter; (also biol., chem. and electr.) neutral; impartial; non-belligerent.

nêu.tron [n'ewtrõw] s. m. (chem.) neutron.

ne.va.da [nev'adə] s. f. snowfall; snow; hoarfrost.

ne.var [nev'ar] v. to snow; to cover with snow.

ne.vas.ca [nev'askə] s. f. snowstorm, blizzard, drift.

ne.ve [n'ɛvi] s. f. snow. **floco de** ≃ snowflake.

né.voa [n'ɛvwə] s. f. mist, fog, vapour; obscurity.

ne.vo.ei.ro [nevo'ejru] s. m. mist; fog (bank).

new.ton [n'iwtõw] s. f. (phys.) Newton.

ne.xo [n'ɛksu] s. m. connection, nexus, link, tie.

ni.cho [n'iʃu] s. m. niche; alcove; small home.

ni.co.ti.na [nikot'inə] s. f. nicotine.

ni.i.lis.mo [niil'izmu] s. m. (philos.) nihilism.

ni.i.lis.ta [niil'istə] s. m. + f. nihilist. ‖ adj. m. + f. nihilistic.

nim.bo [n'ĩbu] s. m. nimbus.

ni.nar [nin'ar] v. to lull to sleep.

nin.fa [n'ĩfə] s. f. nymph.

nin.fe.ta [nĩf'etə] s. f. nymphet.

nin.fo.ma.ni.a [nĩfoman'iə] s. f. (path.) nymphomania.

nin.guém [nĩg'ẽj] pron. nobody; no one, no man, no person.

ni.nha.da [niñ'adə] s. f. nide, clutch, nest(ful), covey.

ni.nha.ri.a [niñar'iə] s. f. insignificance, trifle.

ni.nho [n'iñu] s. m. nest; hole, den, lair.

ni.pô.ni.co [nip'oniku] s. m. + adj. Nipponese, Japanese.

ni.quel [n'ikew] s. m. (pl. **-queis**) nikel (metal and coin). **sem um** ≃ penniless.

ni.que.lar [nikel'ar] v. to nickel(-plate).

nis.so [n'isu] contr. of the prep. **em** and the demonstrative pron. **isso** at, in or on that, thereat, therein, thereon, thereby.

nis.to [n'istu] contr. of the prep. **em** and the demonstrative pron. **isto** at, in or on this, hereat, herein, hereon, hereby.

ni.ti.dez [nitid'es] s. f. clearness, distinctness; brightness; (phot.) sharpness; (memory) vividness.

ní.ti.do [n'itidu] adj. clear; distinct(ive); clearcut, sharp; explicit, articulate; clean, neat, fair; vivid (memory).

ni.tra.to [nitr'atu] s. m. (chem.) nitrate.

ni.tro.gê.nio [nitroʒ'enju] s. m. (chem.) nitrogen, azote.

ní.vel [n'ivew] s. m. (pl. **-veis**) level.

ni.ve.lar [nivel'ar] v. to level, grade, equalize, flush.

no [nu] contr. of the prep. **em** and the article **o** in the, on the. ‖ enclitic form of the pron. **o** after a nasal sound, him. ≃ **jantar** at dinner. **respeitam-no** they respect him.

nó [n'ɔ] s. m. knot; knob, protuberance; (bot.) node; (fig.) difficulty, problem; (fig.) tie; union; joint, articulation; bow (ribbon, etc.).

no.bre [n'ɔbri] s. m. noble, nobleman, aristocrat. ‖ adj. m. + f. noble; generous.

no.bre.za [nobr'ezə] s. f. nobility; aristocracy; gentility; noble-mindedness.

no.ção [nos'ãw] s. f. (pl. **-ções**) notion; ideal; conception, impression; inclination, fancy; perception; view; idea.

no.cau.te [nok'awti] s. m. (sports) knockout.

no.ci.vo [nos'ivu] adj. noxious, harmful, bad; foul.

nó.doa [n'ɔdwə] s. f. blot, spot, stain, mark; blemish.

no.do.so [nod'ozu] adj. nodose; knotty.

nó.du.lo [n'ɔdulu] s. m. nodule, node, nodus, knot, lump.

no.du.lo.so [nodul'ozu] adj. nodular, nodulous, knotty.

no.guei.ra [nog'ejrə] s. f. walnut, the tree, its wood.

noi.ta.da [nojt'adə] s. f. a night's period; vigil, watch; sleeplessness; a night-out.

noi.te [n'ojti] s. f. night; night-time, evening; darkness, obscurity.

noi.ti.nha [nojt'iñə] s. f. late afternoon, dusk, nightfall.

noi.va [n'ojvə] s. f. fiancée; bride. **de** ≃ bridal.

noi.va.do [nojv'adu] s. m. engagement.

noi.var [nojv'ar] v. to become engaged; to court.

noi.vo [n'ojvu] s. m. fiancé; bridegroom.

no.jen.to [noʒ'ẽtu] adj. nauseating, sickening; repulsive; sordid; disgusting.

no.jo [n'oʒu] s. m. nausea, qualm; disgust, loathing.

nô.ma.de [n'omadi] s. m. nomad; ≃**s** nomad tribes. ‖ adj. m. + f. nomad(ic).

no.me [n'omi] s. m. name; designation, denomination; reputation; lineage, family; (gram.) noun, substantive; nickname. ≃ **de batismo** Christian name. ≃ **de família** surname.

no.me.a.ção [nomeas'ãw] s. f. (pl. **-ções**) nomination.

no.me.a.do [nome'adu] s. m. nominate. ‖ adj. nominated, appointed.

no.me.ar [nome'ar] v. to name, denominate; to designate, appoint, nominate, assign.

no.men.cla.tu.ra [nomẽklat'urə] s. f. nomenclature.

no.mi.nal [nomin'aw] adj. m. + f. (pl. **-nais**) nominal.

no.na.gé.si.mo [nonaʒ'ɛzimu] s. m. + num. ninetieth.

no.no [n'onu] adj. num. ninth.

no.ra [n'ɔrə] s. f. daughter-in-law.

nor.des.te [nord'əsti] s. m. northeast. ‖ adj. northeastern.

nór.di.co [n'ɔrdiku] s. m. + adj. Nordic.

nor.ma [n'ɔrmə] s. f. norm; principle; rule; pattern.

nor.mal [norm'aw] s. m. (pl. **-mais**) normal; f. (geom.) perpendicular line. ‖ adj. m. + f. normal.

nor.ma.li.da.de [normalid'adi] s. f. normality.

nor.ma.li.zar [normaliz'ar] v. to normalize; to adjust.

nor.ma.ti.vo [normat'ivu] adj. normative; preceptive; prescriptive.

no.ro.es.te [noro'εsti] s. m. northwest.

nor.te [n'ɔrti] s. m. north; northward; northern regions; Pole-Star. ‖ adj. m. + f. north; northward; nothern.

nor.te.ar [norte'ar] v. to guide, direct, lead.

nor.tis.ta [nort'istə] s. m. + f. northerner. ‖ adj. of or pertaining to the north.

no.ru.e.guês [norueg'es] s. m. + adj. (pl. -gueses; f. -guesa) Norwegian.

nós [n'ɔs] pron. we; us. ≃ **todos** all of us.

nos.sa [n'ɔsə] interj. (Braz., sl.) upon my soul!

nos.so [n'ɔsu] poss. pron. our, ours.

nos.tal.gia [nostawʒ'iə] s. f. homesickness, nostalgia.

no.ta [n'ɔtə] s. f. note, act or fact of noting; reminder; annotation; attention; notice; notification; bill (restaurant), account; banknote; musical sign, mark; receipt.

no.ta.bi.li.da.de [notabilid'adi] s. f. notability; renoun.

no.ta.ção [notas'ãw] s. f. (pl. -ções) notation.

no.tar [not'ar] v. to notice, to observe; to note down.

no.tá.rio [not'arju] s. m. notary (public); conveyancer.

no.tá.vel [not'avew] adj. m. + f. (pl. -veis) notable; noteworthy; remarkable; important, famous.

no.tí.cia [not'isjə] s. f. news, information. ≃ **inesperada** bombshell.

no.ti.ci.ar [notisi'ar] v. to inform; to announce; to publish; to advertise; to report.

no.ti.ci.á.rio [notisi'arju] s. m. news; news service.

no.ti.fi.ca.ção [notifikas'ãw] s. f. (pl. -ções) notification.

no.ti.fi.car [notifik'ar] v. to notify; inform; to announce

no.to.ri.e.da.de [notorjed'adi] s. f. notoriety; publicity.

no.tó.rio [not'ɔrju] adj. notorious, widely known.

no.tur.no [not'urnu] s. m. (mus.) nocturne. ‖ adj. nocturnal, nightly.

nou.tro [n'owtru] contr. of the prep. **em** with the ind. pron. **outro**. ≃ **dia** the other day.

no.va [n'ɔva] s. f. news; tidings.

no.va.to [nov'atu] s. m. beginner; apprentice; newcomer. ‖ adj. inexperienced, raw, ingenuous.

no.ve [n'ɔvi] s. m. + num. nine.

no.ve.cen.tos [nɔvis'ẽtus] num. nine hundred.

no.ve.la [nov'εlə] s. f. novel; narration, tale, story; plot; radio or TV serial, soap opera.

no.ve.lis.ta [novel'istə] s. m. + f. novelist, fictionist, writer.

no.ve.lo [nov'elu] s. m. ball (of yarn), hank, skein, clew.

no.vem.bro [nov'ẽbru] s. m. November.

no.ve.na [nov'enə] s. f. (R. C. rel.) novena.

no.ven.ta [nov'ẽtə] s. m. + num. ninety.

no.vi.ço [nov'isu] s. m. (eccl.) novice; inexperienced person, beginner.

no.vi.da.de [novid'adi] s. f. newness, novelty; news. **a última** ≃ the latest thing.

no.vi.lha [nov'iλə] s. f. heifer.

no.vi.lho [nov'iλu] s. m. bullock; steer.

no.vo [n'ovu] s. m. new. ‖ adj. young; new, recent, novel; fresh. ≃ **em folha** brand new.

noz [n'ɔs] s. f. (pl. nozes) nut; walnut. **casca de** ≃ nutshell. ≃ **-moscada** nutmeg.

nu [n'u] s. m. (arts) nude. ‖ adj. nude; bare; nacked; barren; crude.

nu.an.ça [nu'ãsə] s. f. nuance, hue, shade.

nu.bla.do [nubl'adu] adj. cloudy; dark, obscure.

nu.blar [nubl'ar] v. to cloud; to darken, obscure.

nu.ca [n'ukə] s. f. nape; scruff.

nu.cle.ar [nukle'ar] v. to nucleate. ‖ adj. m. + f. nuclear.

nú.cleo [n'uklju] s. m. nucleus; center, middle, essential part; core, kernel; pick.

nu.de.za [nud'ezə] s. f. = **nudez.**

nu.dez [nud'es] s. f. nakedness, nudity.

nu.lo [n'ulu] adj. null, void; zero, none, nought.

num [n'ũ] contr. of the prep. **em** and **um** (f. **numa**) at a (one), in a (one), on a (one).

nu.me.ra.ção [numeras'ãw] s. f. (pl. -ções) numeration; numbering.

nu.me.ral [numer'aw] s. m. (pl. -rais) (gram.) numeral. ‖ adj. m. + f. numeral, numeric(al).

nu.me.rar [numer'ar] v. to number; to enumerate.

nu.me.rá.rio [numer'arju] s. m. money, cash; coin; specie(s). ‖ adj. nummary.

nu.mé.ri.co [num'ɛriku] adj. numeric(al), numeral.

nú.me.ro [n'umeru] s. m. number. ≃ **ímpar** odd number. ≃ **par** even number. **sem** ≃ countless.

nu.me.ro.so [numer'ozu] adj. numerous, plentiful.

nu.mis.má.ti.ca [numizm'atikə] s. f. numismatics.

nu.mis.má.ti.co [numizm'atiku] s. m. numismatist. ‖ adj. numismatical.

nun.ca [n'ũkə] adv. never, at no time; ever; no.

nup.ci.al [nupsi'aw] adj. m. + f. (pl. **-ais**) nuptial, bridal.

núp.cias [n'upsjəs] s. f. pl. nuptials, marriage, wedding.

nu.tri.ção [nutris'ãw] s. f. (pl. **-ções**) nutrition, nutriment; alimentation, feed, nourishment.

nu.tri.ci.o.nis.ta [nutrisjon'istə] s. m. + f. nutritionist. ‖ adj. nutritional.

nu.tri.do [nutr'idu] adj. nourished; robust. **bem** ≃ well-nourished.

nu.tri.men.to [nutrim'ẽtu] s. m. nutriment; food.

nu.trir [nutr'ir] v. to nourish, feed; to maintain, sustain; to cherish, foster, entertain.

nu.tri.ti.vo [nutrit'ivu] adj. nutritious, nutrient.

nu.vem [n'uvẽj] s. f. (pl. **-vens**) cloud; haze, mist, pother. ≃ **de fumaça** cloud of smoke.

ny.lon [n'ajlõw] s. m. nylon.

O

O, o [ɔ] s. m. the fourteenth letter of the Portuguese alphabet; zero, cipher; (minuscule) symbol for degree. ‖ article the. ‖ pron. it, him, to him; you, to you.

o.ba [′obə] interj. whoopee! Oh! What fun!

ob.ce.ca.ção [obsekas′ãw] s. f. (pl. **-ções**) blindness; (fig.) contumacy, obduracy, stubbornness.

ob.ce.car [obsek′ar] v. to blind; to obscure, obfuscate, confuse; to obsess.

o.be.de.cer [obedes′er] v. to obey; to execute, comply with (order, request); to mind; to yield.

o.be.di.ên.cia [obedi′ẽsjə] s. f. obedience, submission.

o.be.di.en.te [obedi′ẽti] adj. m. + f. obedient; dutiful, submissive.

o.be.lis.co [obel′isku] s. m. obelisk.

o.be.si.da.de [obezid′adi] s. f. obesity, obeseness; fatness.

o.be.so [ob′ezu] adj. obese, fat, corpulent; paunchy.

ó.bi.to [′ɔbitu] s. m. obit, death, decease.

o.bi.tu.á.rio [obitu′arju] s. m. obituary.

ob.je.ção [obʒes′ãw] s. f. (pl. **-ções**) objection; reply.

ob.je.tar [obʒet′ar] v. to object, oppose; refute.

ob.je.ti.var [obʒetiv′ar] v. to objectify; to materialize.

ob.je.ti.vo [obʒet′ivu] s. m. objective, end, purpose, aim.

ob.je.to [obʒ′ɛtu] s. m. object (also gram.), concrete thing; subject, matter, topic; purpose.

o.blí.quo [obl′ikwu] adj. oblique.

o.bli.te.rar [obliter′ar] v. to obliterate, erase, efface.

ob.lon.go [obl′õgu] adj. oblong, elongated; oval.

o.bra [′ɔbrə] s. f. work, workmanship; (mus.) opus. ≈ **-prima** masterpiece.

o.brar [obr′ar] v. to make, do, execute; to realize; to work, act.

o.brei.ra [obr′ejrə] s. f. working-bee.

o.brei.ro [obr′ejru] s. m. worker, labourer. ‖ adj. laborious, working.

o.bri.ga.ção [obrigas′ãw] s. f. (pl. **-ções**) obligation.

o.bri.ga.do [obrig′adu] adj. obliged, compelled; thankful. ‖ interj. thanks!, thank you! **muito** ≈ many thanks!, thank you very much!

o.bri.gar [obrig′ar] v. to oblige; to incite; to force; to compel; to subject; ≈ **-se** to assume an obligation.

o.bri.ga.to.ri.e.da.de [obrigatorjed′adi] s. f. obligatoriness.

o.bri.ga.tó.rio [obrigat′ɔrju] adj. obligatory, forceable.

obs.ce.ni.da.de [obsenid′adi] s. f. obscenity; indecency.

obs.ce.no [obs′enu] adj. obscene, indecent, filthy.

obs.cu.re.cer [obskures′er] v. to (become) obscure, fog.

obs.cu.re.ci.do [obskures′idu] adj. dark, cloudy, obscure(d).

obs.cu.ri.da.de [obskurid′adi] s. f. obscurity, obscureness.

obs.cu.ro [obsk′uru] adj. obscure, dark, dim; cloudy; enigmatic; unintelligible, ambiguous.

ob.se.di.ar [obsedi′ar] v. to obsess; to haunt, beset.

ob.se.qui.ar [obzeki′ar] v. to oblige, captivate; to do a favour; to give a present to.

ob.sé.quio [obz′ɛkju] s. m. favour, courtesy.

ob.ser.va.ção [obzervas′ãw] s. f. (pl. **-ções**) observation.

ob.ser.va.dor [obzervad′or] s. m. observer, watcher; astronomer. ‖ adj. observant, watchful.

ob.ser.vân.cia [obzerv′ãsjə] s. f. observance.

ob.ser.var [obzerv′ar] v. to observe, watch; to fulfil; to obey, comply; to practise, perform.

ob.ser.va.tó.rio [observat'ɔrju] s. m. (astr.) observatory.

ob.ses.são [obses'ãw] s. f. (pl. **-sões**) obsession.

ob.so.le.to [obsol'etu] adj. obsolete.

obs.tá.cu.lo [obst'akulu] s. m. obstacle, hindrance.

obs.tan.te [obst'ãti] adj. m. + f. hindering, obstructive, impeding. **não** ≃ in (de)spite of.

obs.tar [obst'ar] v. to oppose, resist, withstand.

obs.té.tri.ca [obst'ɛtrikə] s. f. = **obstetrícia**.

obs.te.trí.cia [obstetr'isjə] s. f. (med.) obstetrics.

obs.te.triz [obstetr'is] s. f. obstetrix, midwife, obstetrician.

obs.ti.na.ção [obstinasãw] s. f. (pl. **-ções**) obstinacy.

obs.ti.na.do [obstin'adu] adj. obstinate, persistent.

obs.tru.ção [obstrus'ãw] s. f. (pl. **-ções**) obstruction, blockage.

obs.tru.ir [obstru'ir] v. to obstruct, block up.

obs.tru.tor [obstrut'or] s. m. obstructor. ‖ adj. obstructing, obstructive.

ob.ten.ção [obtẽs'ãw] s. f. (pl. **-ções**) obtainment.

ob.ter [obt'er] v. to obtain, gain, achieve; to get; to attain; to acquire; to purchase.

ob.ti.do [obt'idu] adj. obtained, attained, gained.

ob.tu.ra.ção [obturas'ãw] s. f. (pl. **-ções**) obturation, filling.

ob.tu.rar [obtur'ar] v. to obturate, close, stop, plug.

ob.tu.so [obt'uzu] adj. obtuse.

ób.vio ['ɔbvju] adj. obvious, plain, evident; clear.

o.ca.si.ão [okazi'ãw] s. f. (pl. **-ões**) occasion; reason.

o.ca.si.o.nal [okazjon'aw] adj. m. + f. (pl. **-nais**) occasional, eventual, contingent.

o.ca.si.o.nar [okazjon'ar] v. to occasion, cause.

o.ca.so [ok'azu] s. m. sunset; west; (fig.) decline.

o.ce.a.no [ose'ʌnu] s. m. ocean, sea; high seas.

o.ce.a.no.gra.fi.a [oseʌnograf'iə] s. f. oceanography.

o.ci.den.tal [osidẽt'aw] adj. m. + f. (pl. **-tais**) occidental; western.

o.ci.den.te [osid'ẽti] s. m. occident, west.

ó.cio ['ɔsju] s. m. leisure, rest (time), inactivity.

o.ci.o.si.da.de [osjozid'adi] s. f. laziness, idleness; loafing.

o.ci.o.so [osj'ozu] s. m. lazybones; (U.S.A.) bum. ‖ adj. lazy; idle.

o.clu.são [okluz'ãw] s. f. (pl. **-sões**) occlusion.

o.co ['oku] s. m. (Braz.) hollow, excavation, hole, emptiness. ‖ adj. hollow; empty.

o.cor.rên.cia [okoř'ẽsjə] s. f. occurrence, incident.

o.cor.rer [okoř'er] v. to occur, happen, befall.

oc.to.go.nal [oktogon'aw] adj. m. + f. (pl. **-nais**) octagonal.

oc.tó.go.no [okt'ɔgonu] s. m. octagon. ‖ adj. octagonal.

oc.tó.po.de [okt'ɔpodi] s. m. (zool.) octopus.

o.cu.lis.ta [okul'istə] s. + adj. m. + f. oculist.

o.cu.lís.ti.ca [okul'istikə] s. f. (med.) ophthalmology.

ó.cu.lo ['ɔkulu] s. m. spy-glass; ≃ s spectacles, glasses.

o.cul.tar [okuwt'ar] v. to occult, hide; to conceal.

o.cul.tis.mo [okuwt'izmu] s. m. occultism.

o.cul.to [ok'uwtu] adj. occult, hidden; secret.

o.cu.pa.ção [okupas'ãw] s. f. (pl. **-ções**) occupation; job.

o.cu.pan.te [okup'ãti] s. m. + f. occupant, occupier.

o.cu.par [okup'ar] v. to occupy; to possess; to engage.

o.di.ar [odi'ar] v. to hate, detest, dislike; to abhor.

ó.dio ['ɔdju] s. m. hatred, hate.

o.di.o.so [odi'ozu] adj. hateful, odious; spiteful, rancorous; abominable, loathesome.

o.dis.séi.a [odis'ɛjə] s. f. odyssey.

o.don.to.lo.gi.a [odõtoloჳ'iə] s. f. odontology, dentistry.

o.dor [od'or] s. m. smell, odo(u)r; aroma; scent.

o.es.te [o'ɛsti] s. m. west; occident; west wind. ‖ adj. m. + f. west, western, westerly.

o.fe.gan.te [ofeg'ãti] adj. m. + f. panting; tired.

o.fe.gar [ofeg'ar] v. to pant, puff, gasp, wheeze.

o.fen.der [ofẽd'er] v. to offend, insult, hurt; to wrong.

o.fen.di.do [ofẽd'idu] adj. offended, insulted.

o.fen.sa [of'ẽsə] s. f. offence, insult; wound; tort.

o.fen.si.va [ofẽs'ivə] s. f. offensive; aggression.

o.fen.si.vo [ofẽs'ivu] adj. offensive; aggressive.

o.fen.sor [ofẽs'or] s. m. offender. ‖ adj. offending.

o.fe.re.cer [oferes'er] v. to offer, tender, give; to proportion, afford; to present with; to expose, exhibit; to suggest; to devote, dedicate.

o.fe.re.ci.men.to [oferesim'ẽtu] s. m. offer(ing), proffer.

o.fe.ren.da [ofer'ẽdə] s. f. offer(ing), proffer; sacrifice.

o.fer.ta [of'ɛrtə] s. f. offer(ing); donation, gift; (fig.) bargain, deal.

o.fer.tar [ofert'ar] v. to present; to offer, proffer.

off-line [ɔfil'ajni] adj. (inform.) off-line.

off.set [ɔfs'ɛti] s. m. (Engl.) (printing) offset.

o.fi.ci.al [ofisi'aw] s. m. (pl. **-ais**) (mil.) officer; artisan, artificer; craftsman; official. ‖ adj. m. + f. official; standard, formal.

o.fi.ci.a.li.zar [ofisjaliz'ar] v. to officialize; to make official.

o.fi.ci.na [ofis'inə] s. f. workshop, shop; pantry; storerooms; ≃s factory.

o.fí.cio [of'isju] s. m. art, workmanship, office, post, charge; profession, employment; service, job, work; (eccl.) office, rites; official letter.

o.fí.dio [of'idju] s. m. ophidian, snake.

of.tal.mo.lo.gis.ta [oftawmoloʒ'istə] s. m. + f. ophthalmologist; eye specialist.

o.fus.ca.ção [ofuskas'ãw] s. f. (pl. **-ções**) obfuscation.

o.fus.can.te [ofusk'ãti] adj. m. + f. blinding, dazzling.

o.fus.car [ofusk'ar] v. to obfuscate, obscure; to dazzle; (fig.) to confuse.

oh ['ɔ] interj. o!, oh!, ay (my)!, ah!

ohm [ɔag'emi] s. m. ohm (unit of electrical resistance).

oi ['oj] interj. hallo!, hoy!

oi.ta.va [ojt'avə] s. f. octave.

oi.ta.vo [ojt'avu] s. m. + num. eighth.

oi.ten.ta [ojt'ẽtə] s. m. eighty, fourscore. ‖ num. eighty. **é oito ou** ≃ it's all or nothing.

oi.to ['ojtu] s. m. + num. eight.

oi.to.cen.tos [ojtus'ẽtus] num. eight hundred.

o.je.ri.za [oʒer'izə] s. f. ill will, grudge; antipathy.

o.lá [ol'a] interj. hallo(o)!, holla!, (a)hoy!, hey!, whoops!, hello!

o.la.ri.a [olar'iə] s. f. pottery; brickyard, brick factory, brick works.

o.le.a.do [ole'adu] s. m. oilcloth; floorcloth; linoleum; oilskin; tarpaulin. ‖ adj. oily, greasy.

o.le.ar [ole'ar] v. to oil.

o.lei.cul.tu.ra [ol'ejkuwt'urə] s. f. olive growing, olive oil industry.

ó.leo ['ɔlju] s. m. oil. **tinta a** ≃ oil paint.

o.le.o.du.to [oleod'utu] s. m. pipeline, oleoduct.

o.le.o.so [ole'ozu] adj. oily, unctuous; greasy, fat.

ol.fa.to [owf'atu] s. m. smell, scent, the sense of smell.

o.lha.da [oʎ'adə] s. f. = **olhadela**.

o.lha.de.la [oʎad'ɛlə] s. f. look, squint.

o.lhar [oʎ'ar] s. m. look, glance, expression of the eyes (or face), countenance, mien. ‖ v. to look, eye, stare at, gaze; to view; to protect; to observe; to face; to scan; (Braz., bot.) to bud; ≃-se to look at o. s. (in the mirror) or at each other.

o.lhei.ras [oʎ'ejrəs] s. f. pl. shadows around the eyes.

o.lho ['oʎu] s. m. eye; eyesight; view, look; care, attention; (bot.) bud.

o.lim.pí.a.da [olĩp'iadə] s. f. Olympiad.

o.lím.pi.co [ol'ĩpiku] adj. olympic.

o.li.vei.ra [oliv'ejrə] s. f. olive tree.

o.li.vi.cul.tu.ra [olivikuwt'urə] s. f. = **oleicultura**.

ol.mei.ro [owm'ejru] s. m. elm.

ol.mo ['owmu] s. m. = **olmeiro**.

ol.vi.dar [owvid'ar] v. to forget; to omit; to leave out.

ol.vi.do [owv'idu] s. m. forgetfulness, oblivion.

om.brei.ra [õbr'ejrə] s. f. shoulder piece (clothes); door-case, doorpost, doorjamb.

om.bro ['õbru] s. m. shoulder; (fig.) robustness, strength; diligence, effort. ≃ **a** ≃ side by side. **de** ≃**s largos** square-built (person).

o.me.le.ta [omel'ɛtə] s. f. omelet.

o.mi.no.so [omin'ozu] adj. ominous, portentous.

o.mis.são [omis'ãw] s. f. (pl. **-sões**) omission, neglect, oversight, default, fault; preterition.

o.mi.tir [omit'ir] v. to omit, overlook, neglect.

o.mo.pla.ta [omopl'atə] s. f. (anat.) omoplate.

on.ça ['ōsə] s. f. ounce; jaguar. **amigo da** ≃ false friend. **do tempo da** ≃ very old.

on.da ['ōdə] s. f. wave; (phys. and radio) vibration, oscillation; (fig.) agitation; fashion. ≃ **de calor (frio)** heat (cold) wave.

on.de ['ōdi] adv. where. **‖** pron. wherein, in which. **de** ≃? (= **donde?**) (from) whence? **por** ≃? which way?

on.de.ar [ōde'ar] v. to wave; to undulate; ripple; to flow, fluctuate; to agitate.

on.du.la.ção [ōdulas'ãw] s. f. (pl. **-ções**) undulation, fluctuation, waving; curling, corrugation; vibration.

on.du.la.do [ōdul'adu] adj. wavy.

on.du.lar [ōdul'ar] v. to wave, undulate.

o.ne.rar [oner'ar] v. to burden, tax; to oppress.

o.ne.ro.so [oner'ozu] adj. onerous; oppressive.

ô.ni.bus ['onibus] s. m., sg. + pl. omnibus, bus.

o.nis.ci.en.te [onisi'ēti] adj. omniscient.

o.ni.po.ten.te [onipot'ēti] s. m. God himself, the Omnipotent, the Almighty. **‖** adj. m. + f. omnipotent, almighty, all-powerful.

on-line [ōl'ajni] adj. (inform.) on-line.

on.tem ['ōtēj] s. m. + adv. yesterday.

on.to.lo.gi.a [ōtoloʒ'iə] s. f. ontology.

ô.nus ['onus] s. m., sg. + pl. onus, burden, charge.

on.ze ['ōzi] s. m. + num. eleven.

o.pa ['opə] interj. oh!, wow!, whoop!

o.pa.ci.da.de [opasid'adi] s. f. opacity; obscurity.

o.pa.co [op'aku] adj. opaque, dull; obscure.

o.pa.la [op'alə] s. f. (min.) opal; fine muslin.

op.ção [ops'ãw] s. f. (pl. **-ções**) option, choice.

open ['opēj] s. m. = **open market**.

open-market [opēm'arketi] s. m. open market.

ó.pe.ra ['operə] s. f. (mus) opera.

o.pe.ra.ção [operas'ãw] s. f. (pl. **-ções**) operation.

o.pe.ra.dor [operad'or] s. m. operator, surgeon. **‖** adj. operative, operating.

o.pe.rar [oper'ar] v. to produce, work, function; to operate; to act; to accomplish.

o.pe.ra.ri.a.do [operari'adu] s. m. the workers, working class.

o.pe.rá.rio [oper'arju] s. m. worker, workman, labourer. **‖** adj. operating.

o.pe.ro.so [oper'ozu] adj. laborious.

o.pi.lar [opil'ar] v. to oppilate, obstruct (liver etc.); to block (up).

o.pi.nar [opin'ar] v. to judge, opine.

o.pi.na.ti.vo [opinat'ivu] adj. opinionative.

o.pi.ni.ão [opini'ãw] s. f. (pl. **-ões**) opinion, view, judg(e)ment; idea; point of view.

ó.pio ['ɔpju] s. m. opium.

o.po.nen.te [opon'ēti] s. + adj. m. + f. opponent.

o.por [op'or] v. to oppose; to prevent; to place in front; to refuse, resist; to antagonize.

o.por.tu.ni.da.de [oportunid'adi] s. f. opportunity; chance.

o.por.tu.no [oport'unu] adj. opportune; propitious; convenient, suitable; promising; timely, handy.

o.po.si.ção [opozis'ãw] s. f. (pl. **-ções**) opposition; resistance; antagonism; hindrance.

o.pos.to [op'ostu] s. m. + adj. opposite, contrary.

o.pres.são [opres'ãw] s. f. (pl. **-sões**) oppression; pressure; tyranny, cruelty, persecution.

o.pres.si.vo [opres'ivu] adj. opressive, tyrannical.

o.pres.sor [opres'or] s. m. oppressor, despot, tyrant. **‖** adj. oppressing, oppressive.

o.pri.mir [oprim'ir] v. to oppress.

op.tar [opt'ar] v. to opt, choose, make a choice; prefer, decide for, select.

óp.ti.ca ['ɔptikə] s. f. = **ótica**.

óp.ti.co ['ɔptiku] adj. = **ótico**.

o.pu.lên.cia [opul'ēsjə] s. f. opulence; opulency.

o.pu.len.to [opul'ētu] adj. opulent; rich, wealthy.

o.ra ['ɔrə] adv. now, at present. **‖** conj. but, nevertheless, however. **‖** interj. well!, why!, pooh!, bah!

o.ra.ção [oras'ãw] s. f. (pl. **-ções**) (rel.) prayer, supplication; (rel.) sermon; oration, speaking; (gram.) clause, sentence.

o.rá.cu.lo [or'akulu] s. m. oracle.

o.ra.dor [orad'or] s. m. orator, public speaker.

o.ral [or'aw] adj. m. + f. (pl. **-rais**) oral, verbal, vocal.

o.rar [or'ar] v. to pray, supplicate; to preach; to orate.

o.ra.tó.rio [orat'ɔrju] s. m. oratory; (mus.) oratorio.

ór.bi.ta ['ɔrbitə] s. f. orbit; (astr.) the path of a heavenly body; (anat. and zool.) eye socket.

or.ça.men.tá.rio [orsamēt'arju] adj. budgetary.

or.ça.men.to [orsam'ētu] s. m. budget; cost estimate.

or.çar [ors'ar] v. to calculate, compute, estimate.

or.dem ['ɔrdēj] s. f. (pl. **-dens**) order; disposition, regularity; method; neatness; rule, law; command(ment), mandate; regulation; religious order; discipline, harmony; sequence; (jur.) writ. ≃ **do dia** agenda. **de primeira** ≃ first-rate.

or.de.na.ção [ordenas'āw] s. f. (pl. **-ções**) ordering, law.

or.de.na.do [orden'adu] s. m. salary. ‖ adj. orderly.

or.de.nan.ça [orden'āsə] s. f. ordinance, order.

or.de.nar [orden'ar] v. to order; to arrange, organize.

or.de.nhar [ordeñ'ar] v. to milk.

or.di.nal [ordin'aw] adj. m. + f. (pl. **-nais**) (gram.) ordinal.

or.di.ná.rio [ordin'arju] adj. ordinary; common.

o.re.lha [or'eʎə] s. f. ear; (archit.) volute; (fig.) tongue (of a shoe); wing (of a chair); (naut.) lug (of an anchor).

or.fa.na.to [orfan'atu] s. m. orphanage, orphan asylum.

ór.fão ['ɔrfāw] s. m. (pl. **-fãos**; f. **-fã**) orphan. ‖ adj. orphan, fatherless, motherless; (fig.) deprived.

or.fe.ão [orfe'āw] s. m. choral society, (U.S.A.) glee club; choral, choir.

or.gâ.ni.co [org'ʌniku] adj. organic(al), fundamental, basic.

or.ga.nis.mo [organ'izmu] s. m. organism; body; organic structure.

or.ga.ni.za.ção [organizas'āw] s. f. (pl. **-ções**) organization; arrangement; order; organism, organic structure; (fig.) institution.

or.ga.ni.za.dor [organizad'or] s. m. organizer, organiser. ‖ adj. organizing.

or.ga.ni.zar [organiz'ar] v. to organize, organise; to form organically; to arrange; to systematize, establish.

ór.gão ['ɔrgāw] s. m. (pl. **-gãos**) organ; (mus.) pipe organ; instrument; agency for communication.

or.gas.mo [org'azmu] s. m. orgasm.

or.gi.a [orʒ'iə] s. f. orgy; debauchery; revelry, carousal.

or.gu.lhar [orguʎ'ar] v. to make proud of, cause to be haughty; ≃ **-se** to be proud (of); to become boastful.

or.gu.lho [org'uʎu] s. m. pride; haughtiness.

or.gu.lho.so [orguʎ'ozu] adj. proud; vainglorious.

o.ri.en.ta.ção [orjētas'āw] s. f. (pl. **-ções**) orientation.

o.ri.en.tal [orjēt'aw] s. + adj. m. + f. (pl. **-tais**) oriental.

o.ri.en.tar [oriēt'ar] v. to orient, orientate.

o.ri.en.te [ori'ēti] s. m. east. **Oriente** the Orient (Asia). **o Oriente Médio** the Middle East. **o Oriente Próximo** the Near East. **o Extremo Oriente** the Far East.

ori.fí.cio [orif'isju] s. m. orifice, opening, hole.

o.ri.gem [or'iʒēj] s. f. (pl. **-gens**) origin, source; ancestry, ascendance, descent, extraction; cause, reason; principle.

o.ri.gi.nal [oriʒin'aw] s. m. (pl. **-nais**) original; archetype; pattern, model; manuscript; (fam.) singular or eccentric person. ‖ adj. m. + f. original; inventive; primitive, primary; (fig.) singular.

o.ri.gi.na.li.da.de [oriʒinalid'adi] s. f. originality.

o.ri.gi.nar [oriʒin'ar] v. to originate; to cause, rise, start; to occasion, produce; to bring about; to create; ≃ **-se** to arise; to proceed; result (from); to descend, derive (from).

o.ri.gi.ná.rio [oriʒin'arju] adj. primitive, original, originary; derived, arising (from); descended, native, natural (of); originating (in).

o.ri.un.do [ori'ũdu] adj. derived; native, natural (of); originating in; resultant.

or.la ['ɔrlə] s. f. skirt, border; edge; margin; (archit.) fillet; fringe; hem.

or.na.men.ta.ção [ornamētas'āw] s. f. (pl. **-ções**) ornamentation, decoration, adornment.

or.na.men.ta.do [ornamēt'adu] adj. ornamented, decorated, adorned.

or.na.men.tal [ornamēt'aw] adj. m. + f. (pl. **-tais**) ornamental, decorative, adorning.

or.na.men.tar [ornamēt'ar] v. to ornament, adorn.

or.na.men.to [ornam'ẽtu] s. m. ornament, adornment.

or.nar [orn'ar] v. to adorn, ornament, decorate, attire; to embellish, garnish.

or.na.to [orn'atu] s. m. ornament; decoration.

or.ni.to.lo.gis.ta [ornitoloʒ'istə] s. m. + f. ornithologist.

or.ques.tra [ork'ɛstrə] s. f. orchestra, (theat.) orchestra pit.

or.ques.trar [orkestr'ar] v. to orchestrate.

or.quí.dea [ork'idjə] s. f. orchid, orchis.

or.to.don.ti.a [ortodõt'iə] s. f. (med.) orthodontia.

or.to.do.xo [ortod'ɔksu] adj. orthodox; Orthodox (of the Eastern Church).

or.to.gra.fi.a [ortograf'iə] s. f. orthography.

or.to.pé.di.co [ortop'ɛdiku] adj. orthop(a)-edic(al).

or.va.lhar [orvaʎ'ar] v. to cover with dew.

or.va.lho [orv'aʎu] s. m. dew, morning dew.

os.ci.la.ção [osilas'ãw] s. f. (pl. **-ções**) oscillation; vibration; fluctuation; (fig.) vacillation.

os.ci.lan.te [osil'ãti] adj. m. + f. oscillating.

os.ci.lar [osil'ar] v. to oscillate; (fig.) to vacillate.

os.ci.la.tó.rio [osilt'ɔrju] adj. oscillatory, oscillating.

os.cu.lar [oskul'ar] v. to osculate, kiss.

ós.cu.lo ['ɔskulu] s. m. kiss.

os.mo.se [ozm'ɔzi] s. f. osmosis, osmose.

os.sa.da [os'adə] s. f. heap of bones; skeleton.

os.sa.tu.ra [osat'urə] s. f. bones of an animal; skeleton, frame; ossature.

ós.seo ['ɔsju] adj. osseous, bony.

os.si.fi.car [osifik'ar] v. (also ≃ **-se**) to ossify, harden like a bone.

os.so ['osu] s. m. (anat.) bone.

os.su.do [os'udu] adj. big-boned, bony, raw-boned.

os.ten.si.vo [ostẽs'ivu] adj. ostensive, ostensible; exhibiting, demonstrative; conspicuous.

os.ten.ta.ção [ostẽtas'ãw] s. f. (pl. **-ções**) ostentation; show(ing), vanity.

os.ten.tar [ostẽt'ar] v. to exhibit, display, parade.

os.ten.ta.ti.vo [ostẽtat'ivu] adj. ostentatious.

os.ten.to.so [ostẽt'ozu] adj. ostentatious, showy.

os.tra ['ostrə] s. f. (zool.) oyster.

os.tra.cis.mo [ostras'izmu] s. m. ostracism.

o.tá.rio [ot'arju] s. m. sucker.

ó.ti.ca ['ɔtikə] s. f. optics. **fibra** ≃ optical fibre.

ó.ti.co ['ɔtiku] adj. (anat.) optic(al); otic.

o.ti.mis.mo [otim'izmu] s. m. optimism.

o.ti.mis.ta [otim'istə] s. m. + f. optimist. ‖ adj. optimistic(al), hopeful, confident.

o.ti.mi.za.ção [otimizas'ãw] s. f. optimization.

o.ti.mi.zar [otimiz'ar] v. to optimize.

ó.ti.mo ['ɔtimu] adj. (abs. sup. of **bom**) excellent, very good, best; fine; optimum. ‖ interj. fine!, excellent!, swell!

ou [ow] conj. or, either. ≃ **então** or else. ≃ **oito** ≃ **oitenta** all or nothing.

ou.re.la [owr'ɛlə] s. f. edge; margin; border.

ou.ri.ço [owr'isu] s. m. chestnut bur; hedgehog.

ou.ri.ves [owr'ivis] s. m., sg. + pl. goldsmith; jeweler.

ou.ri.ve.sa.ri.a [owrivezar'iə] s. f. goldsmith's shop; jewelry; jewelry store.

ou.ro ['owru] s. m. gold; ≃ **s** (cards) diamond. ≃ **de lei** standard gold. **padrão** ≃ gold standard.

ou.sa.di.a [owzad'iə] s. f. daring, boldness; courage, audacity, effrontery; (fam.) nerve.

ou.sa.do [owz'adu] adj. bold, audacious; venturous.

ou.sar [owz'ar] v. to dare; to risk, attempt.

out.door [awtid'ɔr] s. m. boarding, billboard.

ou.tei.ro [owt'ejru] s. m. hillock, small hill or mound.

ou.to.no [owt'onu] s. m. autumn; fall.

ou.tor.gar [owtorg'ar] v. to approve, sanction; (jur.) to grant; to warrant; to consent.

ou.trem [owt'rẽj] pron. somebody else.

ou.tro ['owtru] adj. other, another. ‖ indef. pron. other, another; ≃ **s** others, other people. **-a vez** again. **um ao** ≃ each other.

ou.tro.ra [owtr'ɔrə] adv. formerly, of old, yore, long ago, in former times, before now.

ou.tros.sim [owtros'ĩ] adv. also, likewise, further.

ou.tu.bro [owt'ubru] s. m. October.

ou.vi.do [owv'idu] s. m. audition, the sense of hearing; ear. **chegar aos** ≃ **s de** to reach the ears of. **de** ≃ by ear.

ou.vin.te [owv'ĩti] s. m. + f. listener, hearer; auditor (at school).

ou.vir [owv'ir] v. to hear, listen (to); to attend to; to understand, perceive (by hearing). ≃ **mal** to mishear. ≃ **extra-oficialmente** hear on/through the grapevine. **eu ouvi dizer que...** I heard it said that...

o.va.ção [ovas'ãw] s. f. (pl. **-ções**) ovation, applause.

o.va.ci.o.nar [ovasjon'ar] v. (Braz.) to acclaim, applaud.

o.val [ov'aw] s. f. (pl. **-vais**) (geom.) oval curve. ‖ adj. m. + f. oval, ovate, egg-shaped.

o.var [ov'ar] v. to lay eggs (birds); to spawn, deposit roe (fishes).

o.vá.rio [ov'arju] s. m. ovary, ovarium.

o.ve.lha [ov'eʎə] s. f. (zool.) ewe, (female) sheep; (fig.) member of a spiritual flock. ≃ **desgarrada** stray sheep. **a ≃ negra da família** the black sheep of the family.

o.ver.do.se [overd'ɔzi] s. f. overdose.

o.ver.lo.que [overl'ɔki] s. m. overlock.

o.ver.lo.quis.ta [ovelok'istə] s. m. + f. overlockist.

o.ver.night [overn'ajti] s. m. overnight market.

o.vi.no [ov'inu] adj. ovine, sheeplike.

o.vo ['ovu] s. m. ovum, egg. ≃**s duros** hard-boiled eggs. ≃**s estrelados** fried eggs. ≃**s mexidos** scrambled eggs. ≃**s escaldados** poached eggs. ≃**s quentes** soft-boiled eggs.

ó.vu.lo ['ɔvulu] s. m. ovule.

o.xa.lá [oʃal'a] interj. would to God!, may it please God! ≃ **tudo vá bem!** may all go well!

o.xi.da.ção [oksidas'ãw] s. f. (pl. **-ções**) oxidation, rust.

o.xi.dar [oksid'ar] v. to oxidize, oxidate; ≃**-se** to cause the oxidation of; to rust, make or become rusty.

ó.xi.do ['ɔksidu] s. m. (chem.) oxid(e).

o.xi.ge.na.ção [oksiʒenas'ãw] s. f. (pl. **-ções**) oxygenation.

o.xi.ge.nar [oksiʒen'ar] v. to oxygenate; to treat, combine or impregnate with oxygen; (also ≃**-se**) to oxidize.

o.xi.gê.nio [oksiʒ'enju] s. m. (chem.) oxygen.

o.zô.nio [oz'onju] s. m. (chem.) an allotropic form of oxygen.

P

P, p [p'e] s. m. fifteenth letter of the Portuguese alphabet; abbr. for: **padre** priest; (mus.) **piano** piano; **pp. próximo passado** immediately precedent; (com.) last month.

pá [p'a] s. f. spade, shovel, scoop; rudderblade, oven-peel, shoulder of an ox. ≃ **de cavar** spade. ≃ **de hélice** propeller blade. ≃ **de remo** peel. **roda de** ≃ paddle wheel.

pa.ca [p'akə] s. f. (zool.) paca.

pa.ca.tez [pakat'es] s. f. peacefulness, tranquility.

pa.ca.to [pak'atu] s. m. peaceable or quiet person or place. **I** adj. peaceful, peaceable; quiet, orderly.

pa.chor.ra [paʃ'oȓə] s. f. phlegm, sluggishness.

pa.chor.ren.to [paʃoȓ'etu] adj. phlegmatic, apathetic.

pa.ci.ên.cia [pas'iẽsjə] s. f. patience; resignation; solitaire. **ele me aborrece a** ≃ he gets on my nerves. **perder a** ≃ to lose one's patience.

pa.ci.en.te [pasi'eti] s. m. + f. patient. **I** adj. m. + f. patient; resigned; persistent; forbearing.

pa.ci.fi.ca.dor [pasifikad'or] s. m. pacifier. **I** adj. pacifying.

pa.ci.fi.car [pasifik'ar] v. to pacify; to allay; to tranquilize, calm; to appease, conciliate.

pa.cí.fi.co [pas'ifiku] s. m. peaceable person. **I** adj. pacific(al); peaceful, tranquil, calm.

pa.ci.fis.ta [pasif'istə] s. m. + f. pacifist. **I** adj. m. + f. pacifistic.

pa.ço.ca [pas'ɔkə] s. f. (Braz.) roasted and crushed peanuts mixed with sugar and manioc flour; (fig.) hodge-podge, mixture.

pa.co.te [pak'ɔti] s. m. package, packet, pack, parcel, bundle; serie of economic measures.

pac.to [p'aktu] s. m. pact, agreement, compact.

pac.tu.ar [paktu'ar] v. to join in a pact, to agree (with), covenant.

pa.da.ri.a [padar'iə] s. f. bakery; baker's shop.

pa.de.cer [pades'er] v. to suffer; to undergo or endure pain; to bear.

pa.dei.ro [pad'ejru] s. m. baker; breadman.

pa.di.o.la [padi'ɔlə] s. f. handbarrow, litter, stretcher.

pad.dock [pad'ɔki] s. m. paddock.

pa.drão [padr'ãw] s. m. (pl. **-drões**) standard; gauge; model, pattern; guidance, precept.

pa.dras.to. [padr'astu] s. m. (f. **madrasta**) stepfather.

pa.dre [p'adri] s. m. priest, father, clergyman; reverend. **tornar-se** ≃ to take holy orders. ≃**-nosso** Pater Noster (Our Father), the Lord's Prayer.

pa.dri.nho [padr'iñu] s. m. (f. **madrinha**) (eccl.) godfather, best man; patron; (fig.) patronizer, protector.

pa.dro.ei.ro [padro'ejru] s. m. patron saint; protector.

pa.dro.ni.zar [padroniz'ar] v. to standardize; to gauge.

pa.ga [p'agə] s. f. payment; earnings, wages, remuneration.

pa.ga.dor [pagad'or] s. m. payer, paymaster.

pa.ga.men.to [pagam'etu] s. m. payment; salary. ≃ **adiantado** payment in advance. ≃ **à vista** payment in cash. ≃ **em prestações** payment by instalments. **balança de** ≃ balance of payment. **dia de** ≃ pay-day. **folha de** ≃ payroll. ≃ **inadequado (insuficiente)** chicken feed.

pa.gão [pag'ãw] s. m. (pl. **-gãos**; f. **-gã**) pagan; heathen. **I** adj. pagan; idolatrous.

pa.gar [pag'ar] v. to pay; to remunerate, reimburse; to compensate; retaliate; to recompense, reward; to expiate, atone for. ≃ **a prestações** to pay in instalments. ≃ **à vista** to pay at sight. ≃ **demais** to overpay.

pa.gá.vel [pag'avew] adj. m. + f. (pl. **-veis**) payable.

pá.gi.na [p'aʒinə] s. f. page.

pa.go [p'agu] s. m. pay, wages, remuneration. ‖ adj. paid off. **bem** ≃ well-paid.

pa.go.de [pag'ɔdi] s. m. pagoda; frolic; spree, revel(ry); (Braz.) mockery, jesting.

pai [p'aj] s. m. (f. **mãe**) father, male parent; (fig.) author. ≃ **adotivo** foster father. ≃ **de família** family man. **o Pai-Nosso** the Lord's Prayer. **como um** ≃ fatherly.

pai.na [p'ʌjnə] s. f. kapok, floss, vegetable silk.

pai.nel [pajn'ɛw] s. m. (pl. **-néis**) panel. ≃ **de instrumentos** instrument panel.

pai.o [p'aju] s. m. (Braz.) pork sausage.

pai.ol [paj'ɔw] s. m. (pl. **-óis**) magazine for military stores; barn.

pai.rar [pajr'ar] v. to hover; to brood; to soar slowly; to float; to impend; to be imminent.

pa.ís [pa'is] s. m. (pl. **-íses**) country; nation, land, region.

pai.sa.gem [pajz'aʒej] s. f. (pl. **-gens**) landscape; scenery. ≃ **marinha** seascape.

pai.sa.no [pajz'ʌnu] s. m. compatriot, fellow citizen, (mil.) civilian. **à -a** in civilian clothes, in plain clothes; (mil.) in mufti.

pai.xão [pajʃ'ãw] s. f. (pl. **-xões**) passion; love; infatuation; strong feeling (as hate, love, joy); ardour; zeal; wrath. **ela tem** ≃ **por música** she has a passion for music.

pa.jé [paʒ'ɛ] s. m. (Braz.) peai, shaman, witch doctor.

pa.je.ar [paʒe'ar] v. to nurse; to page, act as a page.

pa.jem [p'aʒej] s. m. (pl. **-jens**) page; f. nurse maid, baby-sitter; page, attendant.

pa.la [p'alə] s. f. visor; eyeshade.

pa.la.ce.te [palas'eti] s. m. a small palace; stately house.

pa.lá.cio [pal'asju] s. m. palace, stately house; a large public building.

pa.la.dar [palad'ar] s. m. taste, flavour, savour.

pa.la.dim [palad'ĩ] s. m. = **paladino**.

pa.la.di.no [palad'inu] s. m. paladin.

pa.lan.que [pal'ãki] s. m. stand, raised platform.

pa.la.to [pal'atu] s. m. palate; sense of the taste.

pa.la.vra [pal'avrə] s. f. word; term; expression, vocable, utterance, promise, warrant, declaration. ≃! (I give you) my word! ≃ **de honra!** upon my honour! ≃ **familiar** household word. ≃**s cruzadas** crossword puzzle.

≃**s pesadas** offensive language. ≃**s pomposas** big words. ≃**s sem nexo** meaningless words. **a bom entendedor meia** ≃ **basta!** a word to the wise is sufficient. **em outras** ≃**s** in other words. **em poucas** ≃**s** in a few words. **faltar com a** ≃ to break one's word. **usar da** ≃ to address a meeting. **sob minha** ≃ upon my word. **ter** ≃ to keep one's promise.

pa.la.vrão [palavr'ãw] s. m. (pl. **-vrões**) insulting word, four-letter word; filthy language; dirty language.

pa.la.vre.a.do [palavre'adu] s. m. idle talk, chatter, rigmarole.

pa.la.vró.rio [palavr'ɔrju] s. m. = **palavreado**.

pal.co [p'awku] s. m. stage.

pa.le.o.lí.ti.co [paleol'itiku] adj. paleolithic.

pa.ler.ma [pal'ɛrmə] s. m. + f. idiot, fool, imbecile, blockhead. ‖ adj. foolish, idiotic, stupid.

pa.les.ti.no [palest'inu] s. m. + adj. Palestinian.

pa.les.tra [pal'ɛstrə] v. conversation, talk; chatter; lecture, discourse.

pa.les.trar [palestr'ar] v. to converse, talk; to chat.

pa.les.tre.ar [palestre'ar] v. = **palestrar**.

pa.le.ta [pal'etə] s. f. palette.

pa.le.tó [palet'ɔ] s. m. a man's coat; jacket.

pa.lha [p'aʎə] s. f. straw; dry grass; (fig.) trifle, bagatelle. ≃ **de aço** steel wool. ≃ **de madeira** wood wool. ≃ **de milho** corn husk. **chapéu de** ≃ straw hat.

pa.lha.ça.da [paʎas'adə] s. f. buffoonery, clowning.

pa.lha.ço [paʎ'asu] s. m. buffoon, clown, jester; fool, idiot, wag.

pa.lhei.ro [paʎ'ejru] s. m. hayloft; haystack. **procurar agulha em** ≃ to look for a needle in a haystack.

pa.lhe.ta [paʎ'etə] s. f. reed (of musical instruments); slat (of a Venetian blind); straw hat; blade, vane (of a turbine etc.).

pa.lho.ça [paʎ'ɔsə] s. f. thatched hut.

pa.li.a.ti.vo [paljat'ivu] s. m. palliative medicine. ‖ adj. palliative; mitigating; alliviating.

pa.li.ça.da [palis'adə] s. f. palisade, stockade.

pa.li.dez [palid'es] s. f. paleness, pallor.

pá.li.do [p'alidu] adj. pale, shallow, wan, ashen.

pa.li.tar [palit'ar] v. to pick the teeth (with a toothpick).

pa.li.to [pal'itu] s. m. toothpick; (pop.) match; (sl.) very thin person.

pal.ma [p'awmə] s. f. palm; palm leaf; (also ≃ **da mão**) palm of the hand; (fig.) victory, triumph. **bater** ≃ **s** to clap hands.

pal.ma.da [pawm'adə] s. f. slap, rap, cuff, smack.

pal.mar [pawm'ar] v. to palm.

pal.ma.tó.ria [pawmat'ɔrjə] s. f. ferule. **dar a mão à** ≃ to acknowledge one's mistake.

pal.mei.ra [pawm'ejrə] s. f. palm tree.

pal.mi.lha [pawm'iʎə] s. f. insole; sole of a shoe.

pal.mi.to [pawm'itu] s. m. heart of palm.

pal.mo [p'awmu] s. m. span (of the hand); palm. ≃ **a** ≃ inch by inch. **não enxergar um** ≃ **adiante do nariz** to be very ignorant.

pal.pá.vel [pawp'avew] adj. m. + f. (pl. **-veis**) palpable, touchable; (fig.) evident, obvious.

pál.pe.bra [p'awpebrə] s. f. (anat.) eyelid.

pal.pi.ta.ção [pawpitas'ãw] s. f. (pl. **-ções**) palpitation.

pal.pi.tan.te [pawpit'ãti] adj. m. + f. thrilling.

pal.pi.tar [pawpit'ar] v. to palpitate; to beat rapidly, pulsate, pulse; to conjecture.

pal.pi.te [pawp'iti] s. m. suggestion; tip; hunch. ≃ **acertado** straight tip. **dar** ≃ to tip.

pal.pi.tei.ro [pawpit'ejru] s. m. tipster, tout.

pa.lus.tre [pal'ustri] adj. m. + f. swampy, marshy.

pa.mo.nha [pam'oñə] s. f. green corn paste, rolled and baked in fresh corn husks; m. fool, nincompoop; loafer; softy.

pa.na.ca [pan'akə] s. (Braz., pop.) simpleton, fool, silly person. ‖ adj. simple, silly.

pa.na.céi.a [panas'ɛjə] s. f. panacea; cure-all.

pan-americano [panamerik'ʌnu] adj. (pl. **pan-americanos**) Pan-American, of or pertaining to all Americas.

pan.ca [p'ãkə] s. f. wooden lever; (fig.) style, mode of expression.

pan.ça [p'ãsə] s. f. (pop.) paunch, belly, pot-belly.

pan.ca.da [pãkadə] s. f. blow, knock, bang, hit; (pop.) flurry, hailstorm; m. crazy, lunatic person; brute, stupid man.

pan.ca.da.ri.a [pãkadar'iə] s. f. scuffle, fray, brawl, row; beating, drubbing.

pan.çu.do [pãs'udu] adj. big-bellied.

pan.da.re.cos [pãdar'ɛkus] s. m. pl. chips, splinters, slivers, fragments. **em** ≃ (fig.) off the hinges, kaput.

pân.de.ga [p'ãdegə] s. f. spree, folly, revelry.

pan.dei.ro [pãd'ejru] s. m. tambourine; a timbrel.

pan.de.mô.nio [pãdem'onju] s. m. pandemonium.

pa.ne [p'ʌni] s. f. failure or break-down (of a motor, an engine, an automobile).

pa.ne.la [pan'ɛlə] s. f. pot, pan. ≃ **de pressão** pressure cooker; digester.

pa.ne.la.da [panel'adə] s. f. potful, panful; many pots.

pan.fle.to [pãfl'etu] s. m. pamphlet; lampoon.

pâ.ni.co [p'ʌniku] s. m. panic; terror, alarm. ‖ adj. panic. **em** ≃ panic-driven.

pa.ni.fi.ca.do.ra [panifikad'orə] s. f. (Braz.) bakery.

pa.no [p'ʌnu] s. m. cloth; fabric of wool, silk, cotton, linen; (naut.) sail; curtain. ≃ **de boca** stage curtain. ≃ **de mesa** tablecloth, table-cover.

pa.no.ra.ma [panor'ʌmə] s. m. panorama; view; landscape; scene, scenery.

pan.que.ca [pãk'ɛkə] s. f. pancake.

pan.ta.nal [pãtan'aw] s. m. (pl. **-nais**) swampland, marshland.

pân.ta.no [p'ãtanu] s. m. swamp, marsh, bog, morass, quagmire, mudhole.

pan.ta.no.so [pãtan'ozu] adj. swampy, marshy, boggy.

pan.te.ão [pãte'ãw] s. m. (pl. **-ões**) = panteon.

pan.te.ís.mo [pãte'izmu] s. m. pantheism.

pan.te.on [pãte'õw] s. m. pantheon.

pan.te.ra [pãt'ɛrə] s. f. (zool.) panther.

pan.to.mi.ma [pãtom'imə] s. f. pantomime; (fig.) fraud, swindle; farce.

pão [p'ãw] s. m. (pl. **pães**) bread; food in general, sustenance; loaf; Host, the consecrated wafer. ≃ **amanhecido** stale bread. ≃ **caseiro** home-made bread. ≃ **com manteiga** bread and butter. ≃ **de forma** sandwich loaf. ≃ **torrado** toast. ≃**-de-ló** sponge cake. ≃**-duro** (Braz., fam.) miser, stingy person.

pão.zi.nho [pãwz'iñu] s. m. dim. of **pão** little bread, roll.

pa.pa [p'apə] s. m. Pope.

pa.pa [p'apə] s. f. pap; mush; gruel.
pa.pa.da [pap'adə] s. f. double chin; gills; dewlap.
pa.pa.do [pap'adu] s. m. papacy.
papa-fina [papaf'inə] adj. m. + f. (pl. **papas-finas**) savoury, tasty, delicious; excellent, first-rate.
pa.pa.gai.ar [papagaj'ar] v. to parrot; to talk idly.
pa.pa.gai.o [papag'aju] s. m. parrot; kite; (coll., com.) bill of exchange; kite; bad check. ≃! heavens! good heavens!
pa.pai [pap'aj] s. m. (fam.) papa, dad(dy), father. **Papai Noel** Santa Claus.
papa-moscas [papam'oskəs] s. m., sg. + pl. flycatcher.
pa.pão [pap'ãw] s. m. (pl. **-pões**) bugbear, hobgoblin, bugaboo; a monster.
pa.par [pap'ar] v. (fam.) to eat; to gobble (food).
pa.pa.ri.car [paparik'ar] v. to be specially kind, attentive, helpful.
pa.pel [pap'ɛw] s. m. (pl. **-péis**) paper; (theat.) role, rôle; paper money; **papéis** documents. ≃ **almaço** foolscap. ≃ **brilhante** (phot.) glossy paper. ≃ **carbono** carbon paper. ≃ **de carta** letter paper. ≃ **de embrulho** wrapping paper. ≃ **higiênico** toilet paper. ≃**-moeda** paper currency. ≃ **pautado** ruled paper. ≃ **de seda** tissue paper. ≃ **usado** waste paper. **desempenhar o** ≃ **de** to play the part of. **fábrica de** ≃ paper mill. **fazer** ≃ **de bobo** to play the fool. **saco de** ≃ paper bag.
pa.pe.la.da [papel'adə] s. f. many papers or documents.
pa.pe.lão [papel'ãw] s. m. (pl. **-lões**) cardboard; fiasco, failure; sorry sight.
pa.pe.la.ri.a [papelar'iə] s. f. stationer's shop.
pa.pe.le.ta [papel'etə] s. f. edict; bill; placard, poster, notice; tag; patient's chart.
pa.pi.ro [pap'iru] s. m. papyrus.
pa.po [p'apu] s. m. crop, pouch, craw (of birds); (pop.) stomach; goiter; (fig.) arrogance, pride. **bate-**≃ chat. **bater** ≃ to chatter, talk, chat. **de grão em grão a galinha enche o** ≃ little strokes fell great oaks.
pa.pu.do [pap'udu] adj. goitrous; (Braz.) boastful, bragging, swaggering.
pa.qui.der.me [pakid'ɛrmi] s. m. (zool.) pachyderm.

par [p'ar] s. m. pair, couple, brace; peer; two of a kind; partner. ‖ adj. m. + f. equal, like, similar, equivalent; even. ≃ **ou ímpar** even or odd. **a** ≃ **de** informed about. **ao** ≃ at par. **acima do** ≃ above par. **colocar a** ≃ to par. **ele não tem** ≃ he is without equals.
pa.ra [p'arə] prep. for, to, toward, in(to); in order to. ≃ **baixo** downward. ≃ **onde ele foi?** where did he go? ≃ **o meu gosto** to my taste. ≃ **quê?** what for? ≃ **sempre** forever. **ele foi um amigo** ≃ **mim** he was a friend to me. **livros** ≃ **crianças** books for children. **nosso dever** ≃ **com** our duty to.
pá.ra [p'arə] interj. stop! whoa!
pa.ra.béns [parab'ẽjs] s. m. pl. congratulations.
pa.rá.bo.la [par'abolə] s. f. parable; (geom.) parabola. **as** ≃**s de Cristo** the parables of Christ.
pára-brisa [parabr'izə] s. m. (pl. **pára-brisas**) (mot.) windshield. **limpador de** ≃ windshield wiper.
pára-choque [paraʃ'ɔki] s. m. (pl. **pára-choques**) (mot.) bumper; (railway) buffer; (U. S. A.) bumper.
pa.ra.da [par'adə] s. f. parade; stop; pause, rest; halt, standstill; bus stop; fanfaron, swaggerer. ≃ **de gala** dress parade. **dia de** ≃ field day.
pa.ra.dei.ro [parad'ejru] s. m. whereabouts.
pa.ra.dig.ma [parad'igmə] s. m. paradigm.
pa.ra.do [par'adu] adj. still, motionless; stagnant.
pa.ra.do.xo [parad'ɔksu] s. m. paradox.
pa.ra.fer.ná.lia [parafern'aljə] s. f. (jur.) paraphernalia.
pa.ra.fi.na [paraf'inə] s. f. paraffin.
pa.rá.fra.se [par'afrazi] s. f. paraphrase.
pa.ra.fu.sar [parafuz'ar] v. to screw.
pa.ra.fu.so [paraf'uzu] s. m. screw; (aer.) tail spin; bolt. ≃ **embutido** dormant bolt. **apertar um** ≃ to tighten a screw. **chave de** ≃ screwdriver. **ter um** ≃ **solto** (fig.) to have a screw loose.
pa.ra.gão [parag'ãw] s. m. (pl. **-gões**) paragon.
pa.rá.gra.fo [par'agrafu] s. m. paragraph; mark (§); (jur.) clause.
pa.ra.guai.o [parag'waju] s. m. + adj. Paraguayan.
pa.ra.í.so [para'izu] s. m. paradise; heaven.
pára-lama [paral'Amə] s. m. (pl. **pára-lamas**) mudguard, fender.

pa.ra.le.la [paral'ɛlə] s. f. parallel; ≃s (gymnastics) parallel bars.

pa.ra.le.lo [paral'ɛlu] s. m. (geogr.) parallel; confrontation, comparison. **l** adj. parallel; colateral.

pa.ra.li.sa.ção [paralizas'ãw] s. f. (pl. **-ções**) paralyzation.

pa.ra.li.sar [paraliz'ar] v. to paralyze.

pa.ra.li.si.a [paraliz'iə] s. f. paralysis, palsy. ≃ **infantil** (med.) poliomyelitis, infantile paralysis.

pa.ra.lí.ti.co [paral'itiku] s. m. + adj. paralytic.

pa.ra.men.tar [paramẽt'ar] v. to adorn, ornament; to vest; ≃-**se** (eccl.) to clothe o. s. with liturgical vestments (as a priest).

pa.ra.men.to [param'ẽtu] s. m. canonicals; (archit) facing. ≃s **sacerdotais** clergical vestments.

pa.ra.nin.fo [paran'ĩfu] s. m. paranymph.

pa.ra.nói.a [paran'ɔjə] s. f. paranoia.

pa.ra.pei.to [parap'ejtu] s. m. parapet; window sill; bulwark.

pa.ra.plé.gi.co [parapl'ɛʒiku] s. m. + adj. paraplegic.

pa.ra.psi.co.lo.gi.a [parapsikoloʒ'iə] s. f. parapsychology.

pára-quedas [parak'ɛdəs] s. m., sg. + pl. parachute.

pára-quedista [paraked'istə] s. m. + f. (pl. **pára-quedistas**) parachutist.

pa.rar [par'ar] v. (also ≃-**se**) to stop; to pause, halt; to discontinue. ≃ **quieto** to be quiet. ≃ **de jogar** to jack in. **pára com isso!** stop it! **sem** ≃ without interruption; nonstop; continuously.

pára-raios [paraʀ'ajus] s. m., sg. + pl. lightning-rod.

pa.ra.si.ti.ci.da [parazitis'idə] s. m. + adj. parasiticide.

pa.ra.si.to [paraz'itu] s. m. parasite; hanger-on.

pára-sol [paras'ɔw] s. m. (pl. **pára-sóis**) parasol; garden or beach umbrella.

par.cei.ro [pars'ejru] s. m. partner; associate. **l** adj. similar, like, equal.

par.ce.la [pars'ɛlə] s. f. parcel, portion; fragment; quota; item, entry.

par.ce.lar [parsel'ar] v. to parcel. **l** adj. m. + f. broken-up, divided.

par.ce.ri.a [parser'iə] s. f. partnership; association.

par.ci.al [parsi'aw] s. m. + f. (pl. **-ais**) partisan, sectarian. **l** adj. partial; unfair, biased, prejudiced; favouring one side.

par.ci.a.li.da.de [parsjalid'adi] s. f. partiality; party, faction; unfairness, bias, favouritism, unjust preference.

par.ci.a.lis.mo [parsjal'izmu] s. m. = **parcialidade**.

par.ci.mô.nia [parsim'onjə] s. f. parsimony; frugality.

par.co [p'arku] adj. economic(al), sparing; frugal, thrifty; scanty, poor.

par.dal [pard'aw] s. m. (pl. **-dais**) (ornith.) sparrow.

par.di.ei.ro [pardi'ejru] s. m. decayed house; shanty.

par.do [p'ardu] s. m. mulatto. **l** adj. brown.

pa.re.cer [pares'er] s. m. appearance, aspect; semblance; mien; opinion, concept; point of view. **l** v. to appear, seem, look; ≃-**se** (**com**) to resemble; to look like. **ao que parece** apparently.

pa.re.ci.do [pares'idu] adj. similar, like, resembling.

pa.re.de [par'edi] s. f. wall; barrier; (fig.) strike (work). **encostaram-no à** ≃ they cornered him. **fazer** ≃ to strike, picket.

pa.re.gó.ri.co [pareg'ɔriku] adj. paregoric, soothing.

pa.re.lha [par'eʎə] s. f. team, yoke (of horses, oxen); pair, couple.

pa.ren.tal [parẽt'aw] adj. m. + f. (pl. **-tais**) parental.

pa.ren.te [par'ẽti] s. m. relative, kinsman; ≃s relatives, kinsfolk. ≃ **próximo** a close relative. **meus** ≃s my folks. **sem** ≃s kinless. **um** ≃ **longínquo** a distant relative.

pa.ren.tes.co [parẽt'esku] s. m. kinship, relationship, kinsfolk; blood; connection.

pa.rên.te.se [par'ẽtezi] s. m. parenthesis.

pá.reo [p'arju] s. m. horse race; running match.

pá.ria [p'arjə] s. m. pariah; a social outcast.

pa.ri.da.de [parid'adi] s. f. parity, equality.

pa.rir [par'ir] v. to bring forth, give birth to, deliver (of animals); (fig.) to produce.

pa.ri.si.en.se [parizi'ẽsi] s. + adj. m. + f. Parisian.

par.la.men.ta.ção [parlamẽtas'ãw] s. f. parleying, negotiations for a truce.

par.la.men.tar [parlamẽt'ar] s. + adj. m. + f. parliamentary. ‖ v. to parley, treat, negotiate a truce.

par.la.men.tá.rio [parlamẽt'arju] s. m. negotiator. ‖ adj. parleying.

par.la.men.to [parlam'ẽtu] s. m. parliament; legislative body; a national legislature.

par.me.são [parmez'ãw] s. m. (pl. -sãos) Parmesan. ‖ adj. Parmesan, pertaining to Parma. **queijo** ≃ Parmesan cheese.

pá.ro.co [p'aroku] s. m. parish priest, vicar, rector, curate.

pa.ró.dia [par'ɔdjə] s. f. parody; travesty, burlesque imitation.

pa.ro.di.ar [parodi'ar] v. to parody; to mimic, imitate.

pa.ró.quia [par'ɔkjə] s. f. parish. ≃ **rural** outparish.

pa.ro.qui.al [paroki'aw] adj. m. + f. (pl. -ais) parochial. **escola** ≃ parochial school. **junta** ≃ parish council. **registro** ≃ parish register.

pa.ro.xis.mo [paroks'izmu] s. m. paroxysm.

par.que [p'arki] s. m. park; public square, garden. ≃ **de diversões** amusement park. ≃ **infantil** playground. ≃ **industrial** industrial estate. ≃ **nacional** forest reserve.

par.que.te [park'ɛti] s. m. parquetry; parquet.

par.rei.ra [paʀ'ejrə] s. f. trellis, trellised vine; (bot.) vine, grapevine.

par.te [p'arti] s. f. part, portion, piece, fraction; region, place, spot; member, particle; side, party; lot, share; (oral or written) communication; rôle, character. ≃ **dianteira** front end. ≃ **traseira** rear end. **à** ≃ apart. **as** ≃**s autorizadas** the parties entitled. **da minha** ≃ on my part. **dar** ≃ to report. **de outra** ≃ elsewhere. **de sua** ≃ on his (her) part. **em** ≃ in part, partly. **em** ≃ **alguma** nowhere. **em alguma** ≃ somewhere. **fazer** ≃ **de** to be constituent of. **a maior** ≃ the great(er) part. **por toda** ≃ everywhere. **tomar** ≃ **em** to participate.

par.tei.ra [part'ejrə] s. f. midwife, accoucheuse.

par.tei.ro [part'ejru] s. m. obstetrician. ‖ adj. referring to obstetrics.

par.ti.ci.pa.ção [partisipas'ãw] s. f. (pl. -ções) participation, partnership; notice, communication.

par.ti.ci.par [partisip'ar] v. to communicate, announce; to impart, inform, report; to participate in, partake of, take part in, share in.

par.ti.cí.pio [partis'ipju] s. m. (gram.) participle. ≃ **passado** past participle.

par.tí.cu.la [part'ikulə] s. f. particle.

par.ti.cu.lar [partikul'ar] s. m. individual; ≃**es** details, particulars. ‖ adj. m. + f. particular; private, individual; peculiar; specific. **em** ≃ in private. **iniciativa** ≃ private enterprise. **secretária** ≃ private secretary.

par.ti.cu.la.ri.zar [partikulariz'ar] v. to particularize.

par.ti.da [part'idə] s. f. departure; (sports) start; game, set; parcel (of goods); lot, shipment (of merchandise). ≃ **automática** (mech.) self-starter. ≃ **de cartas** a game at cards. ≃ **dobrada** (com.) double entry.

par.ti.dão [partid'ãw] s. m. (pl. -dões) (augm. of **partido**) (fam.) a good catch.

par.ti.dá.rio [partid'arju] s. m. adherent, sectarian; backer. ‖ adj. adherent; party; sectarian; partisan.

par.ti.do [part'idu] s. m. party; faction; handicap; side, part; expedient, shift. ‖ adj. broken; fractured.

par.ti.lha [part'iʎə] s. f. partition; share, allotment.

par.ti.lhar [partiʎ'ar] v. to partition; to share with, partake of, participate in; to divide.

par.tir [part'ir] v. to break (up), shatter, split, cleave; to separate, sever, disunite; to fracture (a bone); to part, divide, share; to depart (**para** for, **de** from), go away. **a** ≃ **de hoje** from today on.

par.ti.tu.ra [partit'urə] s. f. (mus.) partitur(a).

par.to [p'artu] s. m. parturition, childbirth, delivery; (fig.) product; Parthian.

par.vo [p'arvu] s. m. (f. **párvoa**) numskull, blockhead; fool. ‖ adj. foolish.

pás.coa [p'askwə] s. f. (R. C. Church) Easter. **ovo de** ≃ Easter egg.

pas.ma.do [pazm'adu] adj. amazed, astonished.

pas.mar [pazm'ar] v. to amaze, astonish, surprise, stupefy, bewilder; ≃ **-se** to be flabbergasted.

pas.pa.lhão [paspaʎ'ãw] s. m. (pl. -lhões; f. -lhona) fool, stupid person. ‖ adj. foolish, stupid.

pas.sa [p'asə] s. f. raisin, a dried grape; currant.

pas.sa.da [pas'adə] s. f. pace, footstep, stride.

pas.sa.dei.ra [pasad'ejrə] s. f. servant who does the ironing.

pas.sa.do [pas'adu] s. m. past. ‖ adj. past, gone, bygone; former; old-fashioned; over-ripe (fruits); last, latter. **ano** ≃ last year. **como tem** ≃? how have you been? **em tempos** ≃s beforetime. **particípio** ≃ (gram.) past participle. **bem** ≃ well done. **mal** ≃ vane, underdone.

pas.sa.gei.ro [pasaʒ'ejru] s. m. passenger. ‖ adj. transitory, temporary; ephemeral.

pas.sa.gem [pas'aʒēj] s. f. (pl. **-gens**) passage; passing; passageway; happening; ticket. ≃ **de nível** level or grade crossing. ≃ **de volta** return ticket. ≃ **reduzida** half price (fare). **de** ≃ (in) passing.

pas.san.te [pas'āti] s. m. + f. passer-by. ‖ adj. passant. ≃ **de** surpassing.

pas.sa.por.te [pasap'ɔrti] s. m. passport, safe-conduct.

pas.sar [pas'ar] v. to pass; to cross, traverse; to go (by, over, around, beyond, through); to enact, decree; to spend, employ, elapse (time); to exceed, surpass; to leave behind; to transpierce; to circulate; to be accepted; to filter; to sift; to expire, cease; to die; to send (as a telegram); to become overripe (fruits). ≃ **adiante** to pass on. ≃ **a ferro** to press (clothes). ≃ **a mão em** (fig.) to steal. ≃ **a perna em** to outwit. ≃ **das medidas, dos limites** (fig.) to exceed. ≃ **fome** to go hungry. ≃ **um telegrama** to send a telegram. **deixar** ≃ to let pass. **ele passou no exame** he got through the examination. **estou passando bem!** I am quite all right. ≃ **mal** to be sick. **não** ≃ **de ano (na escola)** to flunk (at school). **passe bem!** goodbye!

pas.sa.re.la [pasar'ɛlə] s. f. way, runway, ramp; raised platform; stage; bridge. ≃ **de pedestres** footbridge.

pas.sa.ri.nho [pasar'iɲu] s. m. bird, birdie; passerine.

pás.sa.ro [p'asaru] s. m. bird.

pas.sa.tem.po [pasat'ēpu] s. m. pastime; recreation.

pas.sá.vel [pas'avew] adj. m. + f. (pl. **-veis**) passable.

pas.se [p'asi] s. m. pass; permit; permission; free ticket; ≃s (spiritualism) passes hands.

pas.se.ar [pase'ar] v. to promenade; to walk, stroll.

pas.se.a.ta [pase'atə] s. f. stroll; (Braz.) a public parade of protest, demonstration.

pas.sei.o [pas'eju] s. m. walk, promenade, stroll, jaunt; trip; ≃s to go for a walk.

pas.si.bi.li.da.de [pasibilid'adi] s. f. passibility.

pas.sí.vel [pas'ivew] adj. m. + f. (pl. **-veis**) passible.

pas.si.vi.da.de [pasivid'adi] s. f. passivity, passiveness.

pas.si.vo [pas'ivu] s. m. (com.) liabilities. ‖ adj. passive; inactive, inert; indifferent.

pas.so [p'asu] s. m. pace, step, footstep; walk, gait; march. ≃ **a** ≃ step by step. ≃ **acelerado** on the double. **a cada** ≃ at every step. **apertar o** ≃ to step out. ≃ **errado** misstep.

pas.ta [p'astə] s. f. paste; portfolio; folder; briefcase. ≃ **dental** toothpaste.

pas.ta.gem [past'aʒēj] s. f. (pl. **-gens**) pasture; herbage.

pas.tar [past'ar] v. to pasture, graze, browse.

pas.tel [past'ɛw] s. m. (pl. **-téis**) pastry, pie, rissole; (drawing) pastel.

pas.te.lão [pastel'ãw] s. m. (pl. **-lões**) a big pie.

pas.te.lei.ro [pastel'ejru] s. m. pastryman, pastry-cook.

pas.teu.ri.zar [pastewriz'ar] v. to pasteurize.

pas.ti.lha [past'iʎə] s. f. pastille, lozenge; tablet, pill.

pas.to [p'astu] s. m. pasture, pasturage; grazing.

pas.tor [past'or] s. m. (pl. **-tores**) herdsman, shepherd; pastor, minister, clergyman, vicar (of a Protestant Church). **cão** ≃ **alemão** Alsatian wolf dog, German shepherd dog.

pas.to.ral [pastor'aw] s. f. (pl. **-rais**) pastoral; pastoral letter; pastorale. ‖ adj. m. + f. pastoral.

pas.to.ril [pastor'iw] (pl. **-ris**) adj. m. + f. pastoral.

pas.to.so [past'ozu] adj. pasty, viscous, gummy.

pa.ta [p'atə] s. f. (female) duck; paw, pad; foot; (naut.) fluke of an anchor; (ichth.) shovelhead. ≃ **dianteira (traseira)** fore-foot (hind-foot).

pa.ta.da [pat'adə] s. f. kick, stamping with the paws.

pa.ta.mar [patam'ar] s. m. platform (stairs).

pa.ten.te [pat'ēti] s. f. patent; charter. ‖ adj. m. + f. patent; evident, manifest; clear; obvious; frank. **altas** ≃s do **exército** high-ranking army officers.

pa.ten.te.ar [patẽte'ar] v. to patent (an invention).

pa.ter.nal [patern'aw] adj. (pl. **-nais**) paternal.

pa.ter.ni.da.de [paternid'adi] s. f. paternity, fatherhood.

pa.ter.no [pat'ɛrnu] adj. paternal; fatherly.

pa.te.ta [pat'ɛtə] s. m. + f. dotard, simpleton, fool.

pa.té.ti.co [pat'ɛtiku] s. m. commotion. ‖ adj. pathetic(al); touching, moving, stirring.

pa.tí.bu.lo [pat'ibulu] s. m. gallows, gibbet, scaffold.

pa.ti.fa.ri.a [patifar'iə] s. f. knavery, rascality, villainy.

pa.ti.fe [pat'ifi] s. m. rascal, villain, rogue, scoundrel, rotter. ‖ adj. scoundrel, knavish.

pa.tim [pat'ĩ] s. m. (pl. **-tins**) skate (ice or roller).

pa.ti.na.ção [patinas'ãw] s. f. skating. ≃ **no gelo** ice skating.

pa.ti.nar [patin'ar] v. to skate; to skid; to slide.

pá.tio [p'atju] s. m. courtyard; court; vestibule; patio. ≃ **de manobra** (railway) marshalling yard. ≃ **de recreio** playground.

pa.to [p'atu] s. m. duck, drake; simpleton. **pagar o** ≃ to pay the piper. **cair como um** ≃ to be badly fooled.

pa.trão [patr'ãw] s. m. (pl. **-trões;** f. **-troa**) master; boss, employer; foreman; chief; patron, protector.

pá.tria [p'atrjə] s. f. native country; (fig.) home(land).

pa.tri.ar.ca [patri'arkə] s. m. patriarch.

pa.tri.ar.cal [patriark'aw] adj. m. + f. (pl. **-cais**) patriarchal.

pa.trí.cio [patr'isju] s. m. fellow countryman.

pa.tri.mô.nio [patrim'onju] s. m. patrimony; inheritance; family estate; endowment; property. ≃ **hereditário** birthright.

pa.tri.o.ta [patri'ɔtə] s. m. + f. patriot. ‖ adj. m. + f. patriotic.

pa.tri.ó.ti.co [patri'ɔtiku] adj. patriotic.

pa.tri.o.tis.mo [patrjot'izmu] s. m. patriotism.

pa.tro.a [patr'oə] s. f. matron, housekeeper; landlady; wife; (pop.) a married woman or wife.

pa.tro.ci.nar [patrosin'ar] v. to patronize; to protect; to support; to sponsor; to defend.

pa.tro.cí.nio [patros'inju] s. m. patronage, protection; support, aid; sponsorship. **sob o** ≃ **de** under the auspices of.

pa.tro.no [patr'onu] s. m. patron, boss, protector.

pa.tru.lha [patr'uʎə] s. f. patrol.

pa.tru.lhar [patruʎ'ar] v. to patrol; to go the rounds.

pau [p'aw] s. m. stick; timber; wood; club, cudgel; (Braz., pop.) buck. ≃**-a-pique** mud wall, stud and mud. ≃**-brasil** brazil-wood, Pernambuco wood, redwood. ≃**-d'água** (pop.) drunkard, barfly, boozer, toper. ≃**-de-arara** (Braz., coloq.) migratory worker. ≃**-para-toda-obra** jack-of-all-trades. **levar** ≃ (Braz., pop.) to flunk an examination. **meter o** ≃ **em** (Braz., pop.) to speak ill of; to squander.

pau.la.da [pawl'adə] s. f. blow with a cudgel; blow.

pau.la.ti.no [pawlat'inu] adj. slow, by degrees.

pau.lis.ta [pawl'istə] adj. (Braz.) of or pertaining to the State of São Paulo.

pau.lis.ta.no [pawlist'ʌnu] s. m. (Braz.) native or inhabitant of the city of São Paulo. ‖ adj. of the city of São Paulo.

pau.sa [p'awzə] s. f. pause; stop, interval, interruption; intermission; (mus.) a rest.

pau.sa.do [pawz'adu] adj. paused; slow (moving).

pau.sar [pawz'ar] v. to pause; to suspend action; to stop temporarily, rest, delay.

pau.ta [p'awtə] s. f. (mus.) stave, staff; list, roll; guide lines; agenda.

pau.tar [pawt'ar] v. to rule; to enroll (customs, dues).

pa.vão [pav'ãw] s. m. (pl. **-vões;** f. **-voa**) peacock.

pa.vi.lhão [paviʎ'ãw] s. m. (pl. **-lhões**) pavillion; summerhouse; large tent; (anat.) the external ear; canopy; division of a hospital; flag, pennant, standard; ensign.

pa.vi.men.ta.ção [pavimẽtas'ãw] s. f. (pl. **-ções**) paving.

pa.vi.men.tar [pavimẽt'ar] v. to pave; to floor.

pa.vi.men.to [pavim'ẽtu] s. m. pavement.

pa.vio [pav'iu] s. m. wick; lampwick; fuse.

pa.vo.ne.ar [pavone'ar] v. to peacock; to flaunt.

pa.vor [pav'or] s. m. great fear, fright, dread.

pa.vo.ro.so [pavor'ozu] adj. dreadful, terrible.

paz [p'as] s. f. (pl. **pazes**) peace; tranquillity. ≃ **à sua alma** peace to his soul. ≃ **aos homens de boa vontade** peace to men of goodwill. ≃ **de Deus** peace of God. **fazer as** ≃ **es** to make it up; to bury the hatchet.

pé [p'ɛ] s. m. foot; linear measure (12 in.); pedestal, base, foundation, bottom; (bot.) stalk, stem; a single plant; (zool. and bot.) peduncle; paw. ≃ **ante** ≃, **nas pontinhas dos** ≃ **s** on tiptoe. ≃ **chato** flatfoot. ≃ **de abacate** avocado tree. ≃ **de alface** head of lettuce. ≃ **de porco** pig's trotters. **a** ≃ afoot. **ao** ≃ **da letra** to the letter, litterally. **apertar o** ≃ to hasten one's steps. **apoio para os** ≃ **s** foothold. **ele fez seu** ≃ **-de-meia** (fig.) he made his pile. **fazer** ≃ **firme** to withstand. **sem** ≃ **nem cabeça** senseless. ≃ **-d'água** downpour. ≃ **-de-cabra** crowbar. ≃ **-de-galinha** (bot.) feather grass; low spear grass. ≃ **-de-meia** savings. ≃ **-de-moleque** peanut brittle. ≃ **-de-vento** blast of wind. ≃ **-direito** (archit.) height of a room; pillar of an arch. ≃ **-rapado** poor devil, underdog; very poor person.

pe.ão [pe'ãw] s. m. (pl. **-ões, -ães**) (chess) pawn; farm-hand, peon.

pe.ça [p'ɛsə] s. f. piece; part; portion; firearm; (theat.) drama, play; musical composition; (chess) piece of furniture; room of a house; (fig.) fraud, hoax, prank, trick; practical joke; jest.

pe.ca.do [pek'adu] s. m. sin; offense, misdeed.

pe.ca.dor [pekad'or] s. m. sinner, offender; penitent.

pe.car [pek'ar] v. to sin, to err; to trespass, to offend; to commit a fault.

pe.cha [p'ɛʃə] s. f. defect, failing, foible; blemish.

pe.chin.cha [peʃ'ĩʃə] s. f. unexpected profit, bargain.

pe.chin.char [peʃĩʃ'ar] v. to bargain, to barter; to haggle (over).

pe.ço.nhen.to [pesoñ'ẽtu] adj. poisonous, venomous.

pe.cu.á.ria [peku'arjə] s. f. cattle breeding, cattle raising.

pe.cu.á.rio [peku'arju] s. m. cattleman. || adj. of or pertaining to cattle.

pe.cu.la.to [pekul'atu] s. m. peculation, embezzlement.

pe.cu.li.ar [pekuli'ar] adj. m. + f. peculiar; singular, uncommon; individual, proper.

pe.cu.li.a.ri.da.de [pekuljarid'adi] s. f. peculiarity.

pe.cú.lio [pek'ulju] s. m. peculium; money reserves; savings.

pe.cu.ni.á.rio [pekuni'arju] adj. pecuniary; monetary.

pe.da.ço [ped'asu] s. m. piece, bit, fragment; fraction, bite, slice; portion, parcel, chunk. ≃ **de sabão** soap bar. **em** ≃ **s** in pieces. **fazer em** ≃ **s** to rend to pieces.

pe.dá.gio [ped'aʒju] s. m. (Braz.) toll; passage money.

pe.da.go.gi.a [pedagoʒ'iə] s. f. pedagogy.

pe.dal [ped'aw] s. m. (pl. **-dais**) pedal; treadle.

pe.da.lar [pedal'ar] v. to pedal, to use the pedals.

pe.dan.te [ped'ãti] s. m. + f. pedant. || adj. pedantic; priggish, pretentious.

pe.dan.tis.mo [pedãt'izmu] s. m. pedantry, pedantism.

pe.des.tal [pedest'aw] s. m. (pl. **-tais**) pedestal; socle; foundation; basis, base.

pe.des.tre [ped'ɛstri] s. + adj. m. + f. pedestrian.

pe.di.a.tri.a [pedjatr'iə] s. f. pediatrics.

pe.di.cu.ro [pedik'uru] s. m. pedicure; a chiropodist.

pe.di.do [ped'idu] s. m. petition, demand; request, solicitation; prayer; (com.) order; comission. **a** ≃ on demand; upon (or by) request. **conforme** ≃ as requested. **talão de** ≃ **s** (com.) order-book.

pe.din.te [ped'ĩti] s. m. + f. beggar, mendicant, panhandler. || adj. m. + f. mendicant.

pe.dir [ped'ir] v. to ask, beg, demand; to claim, appeal; to pray, beseech, entreat; to request, solicit; (com.) to order. ≃ **alguém em casamento** to propose. ≃ **esmolas** to beg. **peço desculpas** I apologize.

pe.dra [p'ɛdrə] s. f. stone; gravel; hail; rock; flint; (med) calculus. ≃ **preciosa** precious stone, gem. **dormir como uma** ≃ to sleep like a log. **muro de** ≃ stonewall. ≃ **-mármore** marble. ≃ **-pomes** pumice (stone). ≃ **-sabão** soapstone. ≃ **-ume** alum.

pe.dra.ri.a [pedrar'iə] s. f. jewels, precious stones.

pe.dre.go.so [pedreg'ozu] adj. stony, full of stones.

pe.drei.ra [pedr'ejrə] s. f. quarry, stone-pit, stone-quarry.

pe.drei.ro [pedr'ejru] s. m. mason; bricklayer; stonecutter; trebuchet.

pe.ga [p'εgə] s. m. (Braz.) quarrel; great noise; hullabaloo, hubbub; violent dispute. ≃ **-pega** (Braz.) conflict, quarrel.

pe.ga [p'egə] s. f. (ornith.) magpie; prating woman; chatterbox; (naut.) cap.

pe.ga.da [peg'adə] s. f. footstep, footprint; track, trace, vestige.

pe.ga.do [peg'adu] adj. near to, close, next to; adjoining, nearby; befriended, close.

pe.ga.dor [pegad'or] s. m. catcher; tag, a juvenile sport.

pe.ga.jo.so [pegaʒ'ozu] adj. clammy, viscous.

pega-ladrão [pεgaladr'ãw] s. m. (pl. **pega-ladrões**) safety catch, electrical or mechanical alarm device.

pe.gar [peg'ar] v. to glue, fasten together; to unite, join, connect; to adhere, stick; to catch, hold; to contaminate, infect; to diffuse, catch on; to produce an effect; to begin. ≃ **fogo** to catch fire. ≃ **no sono** to fall asleep. ≃ **nas armas** to take up arms. ≃ **um peixe** to catch a fish. **o motor não pega** the engine won't start.

pei.to [p'ejtu] s. m. breast, chest, bosom; courage, valour; (sl.) guts. ≃ **do pé** instep. **criança de** ≃ suckling child. **homem de** ≃ a man of courage. **de** ≃ **aberto** sincerely.

pei.to.ral [pejtor'aw] s. m. + adj. (pl. **-rais**) pectoral.

pei.to.ril [pejtor'iw] s. m. (pl. **-ris**) parapet.

pei.tu.do [pejt'udu] adj. valiant, brave, intrepid.

pei.xa.da [pejʃ'adə] s. f. a stew of fish.

pei.xão [pejʃ'ãw] s. m. (pl. **-xões**) big fish.

pei.xa.ri.a [pejʃar'iə] s. f. fish market or store.

pei.xe [p'ejʃi] s. m. fish. **viveiro de** ≃ **s** fishpond. ≃ **-elétrico** (ichth.) eletric eel. ≃ **-espada** swordfish; cutlass fish. ≃ **-voador** flying fish.

pei.xei.ro [pejʃ'ejru] s. m. fishmonger.

pe.jo.ra.ti.vo [peʒorat'ivu] adj. (also gram.) pejorative, depreciatory, depreciative, derogatory.

pe.la [p'elə] contr. of prep. **per** and article **a** by, through, at.

pe.la.da [pel'adə] s. f. (Braz.) football played by boys.

pe.la.do [pel'adu] adj. bald, hairless; skinless; stark; naked.

pe.la.gem [pel'aʒēj] s. f. (pl. **-gens**) pelage.

pe.lan.ca [pel'ākə] s. f. loose folds of skin; dewlap.

pe.lan.cu.do [pelāk'udu] adj. wrinkled, sagging.

pe.lar [pel'ar] v. to pull or scrape off the hair; to peel, bark; to skin, flay; to strip.

pe.le [p'εli] s. f. skin; epidermis; pelt, hide, fur; rind, shell, pod, husk. **salvar a** ≃ to save one's skin. ≃ **-vermelha** Indian, redskin.

pe.le.ja [pel'eʒə] s. f. fight, battle, combat; conflict, contention; discussion, controversy; (Braz.) play, game (as football).

pe.le.jar [peleʒ'ar] v. to fight, combat, struggle with; to contend, dispute, quarrel; to strive.

pe.li.ca [pel'ikə] s. f. kid (leather for gloves, shoes).

pe.li.ca.no [pelik'ʌnu] s. m. pelican.

pe.lí.cu.la [pel'ikulə] s. f. pellicle; cuticle; film, movie.

pe.lo [p'elu] contr. of prep. **per** and article **o** by, through, of, at, for the, in the, toward. ≃ **amor de Deus** for God's sake. ≃ **contrário** on the contrary. ≃ **mesmo preço** at the same price. ≃ **menos** at least. ≃ **que dizem** as they say. ≃ **que sei** as far as I know.

pê.lo [p'elu] s. m. hair, down, flue, pile.

pe.lo.ta [pel'ɔtə] s. f. small ball; pellet; football, ball.

pe.lo.tão [pelot'ãw] s. m. (pl. **-tões**) platoon.

pe.lou.ri.nho [pelowr'iñu] s. m. pillory; hipping post.

pe.lú.cia [pel'usjə] s. f. plush.

pe.lu.do [pel'udu] adj. hairy, shaggy.

pe.na [p'enə] s. f. (ornith.) feather, plume, quill; calamus; pen, nib; punishment, penalty; compassion, pity. ≃ **de morte** capital punishment. **não vale a** ≃ it is not worthwhile. **que** ≃**!** what a pity! **ter** ≃ **de** to feel sorry for, sympathize with.

pe.na.cho [pen'aʃu] s. m. panache; a crest; plume of a helmet.

pe.nal [pen'aw] adj. m. + f. penal, punitive. **código** ≃ penal code.

pe.na.li.da.de [penalid'adi] s. f. penalty, punishment.

pe.na.li.zar [penaliz'ar] v. to pain, afflict, distress, grieve; to torment; ≃-**se** to feel pity or sorrow for, sympathize with.

pe.nar [pen'ar] v. to pain; to suffer, endure; to atone; to grieve, expiate.

pen.ca [p'ēkə] s. f. stalk; bunch (of bananas or grapes); (Braz.) great quantity. **em** ≃ in a great quantity, galore, abundantly.

pen.dão [pēd'ãw] s. m. (pl. **-dões**) banner, standard, pennon, flag, pennant, labarum; (bot.) panicle. ≃ **do milho** corn tassel.

pen.dên.cia [pēd'ēsjə] s. f. quarrel, dispute, fray.

pen.den.te [pēd'ēti] s. m. pendant. ‖ adj. m. + f. pendent; pending; in abeyance; imminent; inclined, slanting, sloping.

pen.der [pēd'er] v. to hang; to lean, slope, tilt, tend; to incline; to be pending (a lawsuit); to be favourably disposed.

pen.dor [pēd'or] s. m. declivity, slope, incline, bent; inclination, dispositon; propensity, flair.

pên.du.lo [p'ēdulu] s. m. pendulum.

pen.du.ra.do [pēdur'adu] adj. dangling, suspended, pending, hanging down; (sl.) broke.

pen.du.rar [pēdur'ar] v. to hang, suspend. (colloq.) to pawn, put on the cuff.

pen.du.ri.ca.lho [pēdurik'aʎu] s. m. pendant.

pe.ne.do [pen'edu] s. m. great stone; a rock.

pe.nei.ra [pen'ejrə] s. f. bolter, sieve, screen, strainer.

pe.nei.rar [penejr'ar] v. to sift, screen, sieve; to winnow; to drizzle, rain in fine drops.

pe.ne.tra [pen'ɛtrə] s. m. + f. (Braz., sl.) uninvited guest; intruder; gate crasher.

pe.ne.tra.ção [penetras'ãw] s. f. (pl. **-ções**) penetration.

pe.ne.trar [penetr'ar] v. to penetrate, invade, enter; (fig.) to crash the gate; to pierce; to break through.

pe.nhas.co [peñasku] s. m. a high and steep rock or cliff; crag.

pe.nhor [peñ'or] s. m. (pl **-nhores**) pawn, pledge; mortgage; token; security; guaranty, bail. **casa de penhores** pawnshop.

pe.nho.ra.do [peñor'adu] adj. pawned; seized, distrained.

pe.nho.rar [peñor'ar] v. to distrain, seize, confiscate; to pledge, pawn; to oblige, engage; to warrant, vouch for.

pe.ni.ci.li.na [penisil'inə] s. f. penicillin.

pe.ni.co [pen'iku] s. m. night pot, chamber pot; potty; piss pot.

pe.nín.su.la [pen'isulə] s. f. peninsula, spit.

pê.nis [p'enis] s. m., sg. + pl. penis; (vulg.) prick.

pe.ni.tên.cia [penit'ēsjə] s. f. penitence; contrition; penance; repentance.

pe.ni.ten.ci.á.rio [penitēsi'arju] s. m. penitentiary; convict. ‖ adj. penitentiary.

pe.ni.ten.te [penit'ēti] s. + adj. m. + f. penitent.

pe.no.so [pen'ozu] adj. painful; arduous, hard.

pen.sa.dor [pēsad'or] s. m. thinker; philosopher. **livre-** ≃ freethinker.

pen.sa.men.to [pēsam'ētu] s. m. thought; thinking; imagination; idea; mind, spirit.

pen.são [pēs'ãw] s. f. (pl. **-sões**) pension; allowance; boarding house.

pen.sar [pēs'ar] s. m. thinking; opinion. ‖ v. to think; to reflect, ponder, meditate; to imagine, fancy; to intend, plan; to consider.

pen.sa.ti.vo [pēsat'ivu] adj. musing, meditative, pensive, thoughtful, contemplative.

pên.sil [p'ēsiw] adj. m. + f. (pl. **-seis**) hanging, suspended. **ponte** ≃ suspension bridge.

pen.si.o.na.to [pēsjon'atu] s. m. boarding school; boarding house.

pen.te [p'ēti] s. m. comb; card; reed of a loom; (mil.) clip. ≃ **carregador** (mil.) ammunition clip. ≃ **fino** toothcomb.

pen.te.a.dei.ra [pētead'ejrə] s. f. dressing table (with a mirror).

pen.te.a.do [pēte'adu] s. m. hairdressing, hairdo, coiffure.

pen.te.a.dor [pētead'or] s. m. comber; hairdresser.

pen.te.ar [pēte'ar] v. to comb, dress the hair; ≃-**se** to comb one's hair.

pe.nu.gem [pen'uʒēj] s. f. (pl. **-gens**) down; fuzz; fluff.

pe.núl.ti.mo [pen'uwtimu] adj. last but one, penultimate.

pe.num.bra [pen'ūbrə] s. f. (astr.) penumbra; shade; half-light; dimness.

pe.nú.ria [pen'urjə] s. f. penury; extreme poverty; indigency, pauperism; destitution.

pe.pi.no [pep'inu] s. m. cucumber; (pop., fig.) hot potato, a very tricky problem, hard to handle.

pe.pi.ta [pep'itə] s. f. nugget, lump (esp. of gold).

pe.que.na [pek'enə] s. f. (pop.) girl, sweetheart.

pe.que.nez [peken'es] s. f. smallness, littleness.

pe.que.no [pek'enu] s. m. child, boy. ‖ adj. small, little; trifling, petty; mean, low.

pê.ra [p'erə] s. f. (pl. **peras**) pear (fruit).

pe.ral.ta [per'awtə] s. m. + f. fop, dandy, coxcomb; mischievous or naughty child. ‖ adj. foppish, dandyish; prankish, naughty.

pe.ral.ti.ce [perawt'isi] s. f. foppery, coxcombry, mischievousness.

pe.ram.bu.lar [perãbul'ar] v. to walk about; to roam, wander, rove; to stroll.

pe.ran.te [per'ãti] prep. in the presence of, before, in front of.

per.cal.ço [perk'awsu] s. m. profit, gain, benefit; disturbance, trouble; perquisite.

per.ce.ber [perseb'er] v. to perceive; to have knowledge of; to discern, understand, note; to feel, notice, sense; to receive (salary).

per.cen.ta.gem [persẽt'azẽj] s. f. (pl. **-gens**) percentage.

per.cep.ção [perseps'ãw] s. f. (pl. **-ções**) perception; insight; outsight; feeling.

per.cep.tí.vel [persept'ivew] adj. m. + f. (pl. **-veis**) adj. perceptive, perceiving.

per.cep.ti.vo [persept'ivu] adj. perceptive, perceiving.

per.ce.ve.jo [persev'eʒu] s. m. (ent.) bedbug; thumbtack, tin-tack.

per.cor.rer [perkoʀ'er] v. to go through; to visit or travel; to traverse; to investigate, examine, search; to glance over. **eles percorreram o país** they roamed about the country.

per.cur.so [perk'ursu] s. m. course, route, way; trajectory, journey; circuit.

per.cus.são [perkus'ãw] s. f. (pl. **-sões**) percussion.

per.da [p'erdə] s. f. loss, damage, prejudice, detriment; misfortune; casualty.

per.dão [perd'ãw] s. m. (pl. **-dões**) pardon, forgiveness; amnesty. **perdão!** I am sorry!, excuse me! **foi-lhe concedido** ≃ he was acquitted, pardoned.

per.der [perd'er] v. to lose; to miss (bus, train); to waste, squander; to fail to gain or win. ≃ **a coragem** to lose heart. ≃ **as estribeiras** to lose one's temper. ≃ **a oportunidade** to miss the opportunity. ≃ **de vista** to lose sight of. ≃**-se em minúcias** to split

hairs. ≃ **tempo** to waste one's time, **ele perdeu a cabeça** he is off his head.

per.di.ção [perdis'ãw] s. f. (pl. **-ções**) perdition; ruin, destruction; misfortune; dishonour, disgrace.

per.di.do [perd'idu] adj. lost.

per.di.guei.ro [perdig'ejru] s. m. setting-dog, pointer, setter.

per.diz [perd'is] s. f. (pl. **-dizes**) (ornith.) partridge.

per.do.ar [perdo'ar] v. to pardon, forgive, excuse, exculpate; to remit; to let off; to justify, condone; to absolve. **perdoe-me** I beg your pardon; pardon me; sorry!

per.du.lá.rio [perdul'arju] s. m. prodigal, spendthrift, lavisher, squanderer. ‖ adj. wasteful.

per.du.rar [perdur'ar] v. to last, persist, endure, remain, continue (for a long time).

pe.re.ba [per'ɛbə] s. f. (Braz.) aposteme, abscess, boil; itch, scabies, mange.

pe.re.cer [peres'er] v. to perish, die, decay; to end, finish, terminate.

pe.re.gri.na.ção [peregrinas'ãw] s. f. (pl. **-ções**) pilgrimage; travelling about, journey, wandering.

pe.re.gri.no [peregr'inu] s. m. pilgrim; traveller. ‖ adj. pilgrim.

pe.remp.tó.rio [perẽpt'ɔrju] adj. peremptory; decisive; absolute; final.

pe.re.nal [peren'aw] adj. m. + f. = perene.

pe.re.ne [per'eni] adj. m. + f. perennial, unceasing, incessant, continual, permanent, perpetual, eternal, lasting.

pe.re.re.ca [perer'ɛkə] s. f. (Braz.) tree-frog; m. + f. small and lively person. ‖ adj. fidgety.

pe.re.re.car [pererek'ar] v. to move to and fro, caper, frisk.

per.fa.zer [perfaz'er] v. to finish, complete; to execute, perform, do; to amount to.

per.fei.ção [perfejs'ãw] s. f. (pl. **-ções**) perfection, accomplishment, excellence; completeness; faultlessness, purity; refinement.

per.fei.to [perf'ejtu] adj. perfect; accomplished; correct; faultless, spotless. ≃! fine! **entendemo-nos -amente** we get along fine.

per.fí.dia [perf'idjə] s. f. perfidy; faithlessness; treachery; foul play; disloyalty.

per.fil [perf'iw] s. m. (pl. **-fis**) profile; outline; skyline.

per.fi.lar [perfil'ar] v. to profile; to draw the profile of; to outline; to draw in section.

per.fu.mar [perfum'ar] v. to perfume; to aromatize; to embalm; ≈-se to put on perfume.

per.fu.ma.ri.a [perfumar'iə] s. f. perfumery; perfumes in general; perfumer's shop.

per.fu.me [perf'umi] s. m. perfume; scent, aroma, fragrance.

per.fu.ra.ção [perfuras'ãw] s. f. (pl. -ções) perforation; drill(ing).

per.fu.rar [perfur'ar] v. to perforate, bore, drill; to penetrate, pierce.

per.ga.mi.nho [pergam'iñu] s. m. parchment; college diploma.

pér.gu.la [p'ɛrgulə] s. f. pergola.

per.gun.ta [perg'ũtə] s. f. question, interrogation; inquiry. **fazer** ≈s to ask questions.

per.gun.tar [pergũt'ar] v. to ask, question. ≈ **por** to ask after. ≈ **por alguém** to ask for s. o.

pe.rí.cia [per'isjə] s. f. skill, ability, dexterity, know-how, expertness; perfection, art; mastership, (law) investigation.

pe.ri.cli.tan.te [periklit'ãti] adj. m. + f. running a risk or hazard, in jeopardy.

pe.ri.cli.tar [periklit'ar] v. to run a risk or hazard.

pe.ri.fe.ri.a [perifer'iə] s. f. periphery; circumference; suburbs, outskirts.

pe.ri.fé.ri.co [perif'ɛriku] adj. peripheric(al).

pe.ri.gar [perig'ar] v. to be in danger; to put in peril, in jeopardy.

pe.ri.go [per'igu] s. m. danger, hazard, peril; risk; jeopardy. **correr** ≈ to run a risk. **estar em** ≈ to be in danger.

pe.ri.go.so [perig'ozu] adj. dangerous, hazardous.

pe.rí.me.tro [per'imetru] s. m. perimeter.

pe.ri.ó.di.co [peri'ɔdiku] s. m. periodical; newspaper. ‖ adj. periodic(al).

pe.ri.o.di.zar [perjodiz'ar] v. to divide into periods.

pe.rí.o.do [per'iodu] s. m. period; circuit, cycle. lifetime; lapse of time; age, era; term; (gram.) sentence. ≈ **de mandato** tenure of office. ≈ **de trabalho noturno** swing shift. ≈ **de vida** lifetime. ≈ **posterior** latter ages.

pe.ri.pé.cia [perip'ɛsjə] s. f. peripetia; (fam.) incident, event; derring-do.

pe.ri.qui.to [perik'itu] s. m. (Braz.) paroquet, par(r)akeet; lovebird.

pe.ris.có.pio [perisk'ɔpju] s. m. periscope.

pe.ri.to [per'itu] s. m. expert; specialist; technician; official appraiser. ‖ adj. skilful, expert, proficient, versed; dexterous, apt, adroit. **um** ≈ **de arte** an art expert.

per.ju.rar [perʒur'ar] v. to perjure; to forswear; to bear false witness.

per.jú.rio [perʒ'urju] s. m. perjury; false oath.

per.lon.gar [perlõg'ar] v. to lengthen; to prolong; to retard.

per.ma.ne.cer [permanes'er] v. to stay, continue; to stand; to remain, last.

per.ma.nên.cia [perman'ẽsjə] s. f. permanence, permanency; durability; stability, stableness; persistence, constancy.

per.ma.nen.te [perman'ẽti] s. f. (Braz.) free ticket or pass; permanent wave. ‖ adj. m. + f. permanent; lasting, durable, enduring, abiding, constant; continuous; fixed, stable, unchangeable, invariable, unchanging.

per.me.ar [perme'ar] v. to permeate; to penetrate; to pervade; to traverse; to pierce; to interpose; to place between; to supervene.

per.mei.o [perm'eju] adv. used in the adv. locution **de** ≈ in between; in the middle of.

per.mis.são [permis'ãw] s. f. (pl. -sões) permission, allowance, permit; consent, leave.

per.mis.si.vo [permis'ivu] adj. permissive.

per.mi.tir [permit'ir] v. to permit; to allow, consent; to authorize; to let; to admit; to tolerate.

per.mu.ta [perm'utə] s. f. exchange, truck, barter.

per.mu.tar [permut'ar] v. to permute; to exchange, interchange, truck; to substitute.

per.na [p'ɛrnə] s. f. leg; prong, shank; stroke of letters. ≈ **da calça** trouser leg. ≈ **torta** bowleg. ≈ **traseira** hind leg. **barriga da** ≈ calf (leg). **de** ≈s **cruzadas** cross-legged. **de** ≈s **para o ar** upside down. **estirar as** ≈s to stretch one's legs. **passar a** ≈ **em** to trick, outwit. ≈**-de-pau** (Braz.) (ornith.) jack curlew; (pop.) poor ball player.

per.na.da [pern'adə] s. f. kick, spurn; big stride.

per.ne.ta [pern'etə] s. m. + f. (Braz.) one-legged person. ‖ adj. m. + f. one-legged.

per.ni.ci.o.so [pernisi'ozu] adj. pernicious; malign.

per.nil [pern'iw] s. m. (pl. -nis) thighbone of a quadruped; ham.

per.ni.lon.go [pernil'õgu] s. m. mosquito.

per.noi.tar [pernojt'ar] v. to stay overnight.

per.nós.ti.co [pern'ɔstiku] adj. (Braz., pop.) presumptuous, arrogant; affected; pretentious.

pé.ro.la [p'ɛrolə] s. f. pearl; bead.

pe.rô.nio [per'onju] s. m. (anat.) fibula.

pe.ró.xi.do [per'ɔksidu] s. m. (chem.) peroxide.

per.pas.sar [perpas'ar] v. to pass by.

per.pen.di.cu.lar [perpẽdikul'ar] s. f. perpendicular (line). ‖ adj. m. + f. perpendicular.

per.pe.tra.ção [perpetras'ãw] s. f. perpetration.

per.pe.tra.dor [perpetrad'or] s. m. perpetrator.

per.pe.trar [perpetr'ar] v. to perpetrate; to commit.

per.pe.tu.ar [perpetu'ar] v. to perpetuate; to immortalize; ≈-se to remain in the memory.

per.pé.tuo [perp'ɛtwu] adj. perpetual, ceaseless, constant, endless; eternal, immortal, everlasting; unchangeable.

per.ple.xi.da.de [perpleksid'adi] s. f. perplexity; amazement, astonishment, bewilderment.

per.ple.xo [perpl'ɛksu] adj. perplexed, uncertain.

per.sa [p'ɛrsə] s. m. + adj. m. + f. Persian.

pers.cru.tar [perskrut'ar] v. to search, scrutinize, scan.

per.se.cu.ção [persekus'ãw] s. f. = **perseguição**.

per.se.gui.ção [persegis'ãw] s. f. (pl. **-ções**) persecution, oppression, vexation; pursuit, chase, chasing.

per.se.guir [perseg'ir] v. to persecute; to harass, oppress, worry, annoy; to pursue; to chase, hunt; to run after; to follow closely.

per.se.ve.ran.ça [persever'ãsə] s. f. perseverance.

per.se.ve.ran.te [persever'ãti] adj. m. + f. persevering.

per.se.ve.rar [persever'ar] v. to persevere, persist.

per.si.a.na [persi'ʌnə] s. f. persian blinds, persiennes.

per.sis.tên.cia [persist'ẽsjə] s. f. persistence, perseverance, constancy.

per.sis.ten.te [persist'ẽti] adj. m. + f. persistent, firm.

per.sis.tir [persistir] v. to persist, persevere; to perdure.

per.so.na.gem [person'azẽj] s. m. + f. (pl. **-gens**) personage; character (in a novel, poem etc.).

per.so.na.li.da.de [personalid'adi] s. f. personality; a person.

per.so.na.li.zar [personaliz'ar] v. to personalize.

per.so.ni.fi.car [personifik'ar] v. to personify; to typify.

pers.pec.ti.va [perspekt'ivə] s. f. perspective.

pers.pi.caz [perspik'as] adj. m. + f. (pl. **-cazes**) perspicacious; keen; quick-sighted; astute; sagacious; penetrating; discerning; talented.

pers.pi.rar [perspir'ar] v. to perspire, sweat.

per.su.a.dir [perswad'ir] v. to persuade; to influence, convince, induce; to counsel, advise; ≈-se to persuade o. s.; to be convinced.

per.su.a.são [perswaz'ãw] s. f. (pl. **-sões**) persuasion.

per.su.a.si.va [perswaz'ivə] s. f. persuasiveness.

per.su.a.si.vo [perswaz'ivu] adj. persuasive; persuading.

per.ten.ce [pert'ẽsi] s. m. (jur.) appurtenance, appendage; ≈**s** belongings; property.

per.ten.cen.te [pertẽs'ẽti] adj. m. + f. pertaining.

per.ten.cer [pertẽs'er] v. to pertain, appertain, belong to, be owned by; to relate to, concern, be due to; to be fitting to.

per.ti.naz [pertin'as] adj. m. + f. pertinacious; unyielding, persistent; tenacious; obstinate.

per.to [p'ɛrtu] adj. near, close, toward, proximate. ‖ adv. near (by), close (by); nearly, towardly. ≈ **da casa** near the house. ≈ **de** near, by, beside, nearly. **muito** ≈ close by.

per.tur.ba.ção [perturbas'ãw] s. f. (pl. **-ções**) commotion, trouble, disturbance; disorder, confusion; disquiet; mental uneasiness.

per.tur.ba.do [perturb'adu] adj. perturbed; troubled.

per.tur.bar [perturb'ar] v. to disturb, molest, disquiet, agitate; to disarrange; to upset; ≈-se to be troubled or confused; to feel uneasy.

pe.ru [per'u] s. m. turkey.

pe.ru.a [per'uə] s. f. turkey hen; station wagon.

pe.ru.a.no [peru'ʌnu] s. m. + adj. Peruvian.

pe.ru.ca [per'ukə] s. f. wig, periwig, peruke.

per.ver.si.da.de [perversid'adi] s. f. perversity; wickedness.

per.ver.so [perv'ɛrsu] adj. perverse; devilish; feral.

per.ver.ter [pervert'er] v. to pervert; to misrepresent, distort; to corrupt; to adulterate.

pe.sa.de.lo [pezad'elu] s. m. nightmare.

pe.sa.do [pez'adu] adj. weighty, heavy; hard, troublesome; laborious, difficult; irksome; slow, sluggish; ungainly; coarse; rough, rude; (Braz., sl.) out of luck. **sono** ≃ sound sleep. **trabalho** ≃ hard work.

pe.sa.gem [pez'azēj] s. f. (pl. **-gens**) weighing.

pê.sa.mes [p'ezamis] s. m. pl. condolences.

pe.sar [pez'ar] s. m. sorrow, regret, grief; sadness. ‖ v. to weigh, poise, balance; to scrutinize, examine; to consider, ponder. ≃ **as suas palavras** to weigh one's words. **apesar dos** ≃**es** notwithstanding. **para** ≃ **nosso** to our regret.

pe.sa.ro.so [pezar'ozu] adj. sorrowful, grievous.

pes.ca [p'ɛskə] s. f. fishing, fishery; catch of fish.

pes.ca.dor [peskad'or] s. m. fisherman. ‖ adj. fishing.

pes.car [pesk'ar] v. to fish, catch fish; to net, entrap, ensnare, bag (fish); to catch, seize; to obtain by cunning; to perceive, see, understand. ≃ **em águas turvas** to fish in troubled waters. **vamos** ≃ let's go fishing.

pes.ca.ri.a [peskar'iə] s. f. fishery, fishing; fishing industry; fish trade.

pes.co.ço [pesk'osu] s. m. neck; throat; bottleneck.

pe.so [p'ezu] s. m. weight; heaviness; gravity; (fig.) power, influence; (Braz., sl.) bad luck. ≃ **bruto** gross weight. ≃ **líquido** net weight. **homem de** ≃ man of importance. ≃ **de papel** paperweight. ≃ **-leve** (boxing) lightweight. ≃ **-médio** (boxing) middleweight. ≃ **-pesado** (boxing) heavyweight.

pes.pon.tar [pespõt'ar] v. to backstitch, quilt, stitch.

pes.qui.sa [pesk'izə] s. f. search, research, investigation. ≃ **de mercado** market research.

pes.qui.sar [peskiz'ar] v. to search, inquire, examine.

pês.se.go [p'esegu] s. m. peach.

pes.se.guei.ro [peseg'ejru] s. m. peach tree.

pes.si.mis.mo [pesim'izmu] s. m. pessimism.

pes.si.mis.ta [pesim'istə] s. m. + f. pessimist. ‖ adj. pessimistic.

pés.si.mo [p'ɛsimu] adj. (abs. sup. of **mau**) very bad.

pes.so.a [pes'oə] s. f. person; individual, human being; ≃**s** people.

pes.so.al [peso'aw] s. m. personnel; folks. ‖ adj. m. + f. (pl. **-ais**) personal; private, individual. **pronome** ≃ personal pronoun. **seção do** ≃ personnel department.

pes.ta.na [pest'ʌnə] s. f. eyelash. **tirar uma** ≃ to nap, snooze, doze (off).

pes.ta.ne.jar [pestaneʒ'ar] v. to twinkle; to blink.

pes.te [p'ɛsti] s. f. plague, pest; disease; bane.

pes.ti.ci.da [pestis'idə] s. m. pesticide.

pes.ti.lên.ci.a [pestil'ēsjə] s. f. pestilence.

pé.ta.la [p'ɛtalə] s. f. petal; each leaf of a corolla.

pe.tar.do [pet'ardu] s. m. petard; bomb.

pe.te.ca [pet'ɛkə] s. f. (Braz.) shuttlecock.

pe.ti.ção [petis'ãw] s. f. (pl. **-ções**) petition, formal petition; request, suit, appeal.

pe.ti.ci.o.nar [petisjon'ar] v. to petition.

pe.tis.car [petisk'ar] v. to nibble; to have hors d'oeuvre, snack; to taste (food).

pe.tis.co [pet'isku] s. m. tidbit, dainty, morsel; ≃**s** delicacies.

pe.tre.chos [petr'eʃus] s. m. pl. ammunition; equipment, gear; tools, implements.

pe.tri.fi.car [petrifik'ar] v. to petrify; (fig.) to shock.

pe.tro.lei.ro [petrol'ejru] s. m. (naut.) oil tanker.

pe.tró.leo [petr'ɔlju] s. m. petroleum, coal oil, oil.

pe.tu.lân.cia [petul'ãsjə] s. f. petulance, insolence.

pe.tu.lan.te [petul'ãti] adj. m. + f. petulant, saucy.

pi.a [p'iə] s. f. kitchen sink, washbasin.

pi.a.da [pi'adə] s. f. peep, chirp; joke, quip; jest.

pi.a.nis.ta [pjan'istə] s. m. + f. pianist; piano player.

pi.a.no [pi'ʌnu] s. m. piano, pianoforte; a pianist. ≃ **de cauda** grand piano. **ao** ≃ at (on) the piano. **tocar** ≃ to play the piano.

pi.ão [pi'ãw] s. m. (pl. **-ões**) top (toy).

pi.ar [pi'ar] v. to peep, chirp.

pi.ca.da [pik'adə] s. f. sting (bee); bite (insect); prick (needle); narrow trail in a forest.

pi.ca.dei.ro [pikad'ejru] s. m. riding-school; circus ring; (naut.) keelblock.

pi.ca.di.nho [pikad'iñu] s. m. minced meat, hash.

pi.ca.do [pik'adu] s. m. minced meat, hash. ‖ adj. pricked; pinked (like cloth); punctured; choppy (sea); minced (like meat).

pi.can.te [pik'ãti] s. m. appetizer. ‖ adj. m. + f. piquant; (fig.) biting, sharp, bitter, caustic; pricking, stinging; malicious.

pica-pau [pikap'aw] s. m. (pl. **pica-paus**) woodpecker.

pi.car [pik'ar] v. to sting; to bite; to prick, pierce, puncture, needle; to peck; to mince meat, hash, chop; to goad, spur.

pi.ca.re.ta [pikar'etə] s. f. pick, pickax(e).

pi.ca.re.ta.gem [pikaret'aʒẽj] s. f. (pl. **-gens**) chiseling; pickaxing.

pi.char [piʃ'ar] v. to pitch, tar; (coll.) to slander; to paint with graffito.

pi.che [p'iʃi] s. m. pitch, tar; betumen, asphalt.

pick.up [pik'api] s. m. + f. pick-up.

pi.cles [p'iklis] s. m. pickles.

pi.co [p'iku] s. m. peak, apex, summit top.

pi.co.lé [pikol'ɛ] s. m. (Braz.) ice cream on a stick.

pi.co.tar [pikot'ar] v. to perforate (papers); to punch (tickets); to prick off.

pi.co.te [pik'ɔti] s. m. picot, purl, pearl stitch; (Braz., philately) perforation.

pic.tó.ri.co [pikt'ɔriku] adj. pictorial.

pid.gin [p'idʒĩ] s. m. pidgin.

pi.e.da.de [pjed'adi] s. f. piety, devotion; compassion, mercy; commiseration; pity.

pi.e.do.so [pjed'ozu] adj. pious, religious, godly.

pi.e.gas [pi'ɛgəs] s. m. + f., sg. + pl. fussy fellow. ‖ adj. fussy; scrupulous; ridiculous.

pi.e.gui.ce [pjeg'isi] s. f. fussiness, mush; punctiliousness; pedantry; ridiculousness.

pi.gar.re.ar [pigaře'ar] v. to clear the throat.

pi.gar.ro [pig'ařu] s. m. raucousness, hoarseness, roup, hawk.

pig.men.tar [pigmẽt'ar] v. to pigment.

pig.men.to [pigm'ẽtu] s. m. pigment.

pig.meu [pigm'ew] s. m. Pigmy. ‖ adj. pigmy.

pi.ja.ma [piʒ'amə] s. m. pyjama, pajama.

pi.lan.tra [pil'ãtrə] s. m. + f. rascal, scamp.

pi.lão [pil'ãw] s. m. (pl. **-lões**) pestle, stamper.

pi.lar [pil'ar] s. m. pillar, column, post.

pi.le.que [pil'ɛki] s. m. (pop.) drunkenness.

pi.lha [p'iʎə] s. f. pile, heap, stack; dry battery, cell. ≃ **elétrica** electric cell. ≃ **seca** dry pile.

pi.lha.gem [piʎ'aʒẽj] s. f. (pl. **-gens**) plunder(ing).

pi.lhar [piʎ'ar] v. to plunder, pillage, maraud.

pi.lhé.ria [piʎ'ɛrjə] s. f. quip, jest, flash of wit; knavish; trick; joke; prank.

pi.lhe.ri.ar [piʎeri'ar] v. to jest, gag, joke; to play jokes, trifle.

pi.lo.tar [pilot'ar] v. to pilot.

pi.lo.ti [pilot'i] s. m. (arch.) stilts.

pi.lo.to [pil'otu] s. m. pilot; steersman; flyer, aviator; guide, director; pilot burner.

pí.lu.la [p'ilulə] s. f. pill.

pi.men.ta [pim'ẽtə] s. f. pepper; peppery person. ≃ **-do-reino** (bot.) black pepper. ≃ **-malagueta** Spanish pepper.

pi.men.tão [pimẽt'ãw] s. m. (pl. **-tões**) pimento; sweet pepper.

pi.men.tei.ra [pimẽt'ejrə] s. f. pepper (plant); pepperbox.

pim.po.lho [pĩp'oʎu] s. m. sprout; sarmentum; (fig.) a robust youngster.

pi.ná.cu.lo [pin'akulu] s. m. pinnacle; top; summit.

pin.ça [p'ĩsə] s. f. tweezers; (surg.) nippers.

pín.ca.ro [p'ĩkaru] s. m. pinnacle, apex, peak.

pin.cel [pĩs'ɛw] s. m. (pl. **-céis**) brush; painter's brush.

pin.ce.lar [pĩsel'ar] v. to paint or daub with a brush.

pin.ga [p'ĩgə] s. f. (Braz.) white rum.

pin.gar [pĩg'ar] v. to drip; to sprinkle; to trickle; to drizzle, rain slightly; to leak, ooze.

pin.gen.te [pĩʒ'ẽti] s. m. drop, pendant; trinket; ≃**s** gewgaws, fripperies.

pin.go [p'ĩgu] s. m. drop; dripping; little bit.

pin.güim [pĩg'wĩ] s. m. (pl. **-güins**) (ornith.) penguin.

pi.nha [p'iñə] s. f. pinecone; (Braz., bot.) sweetsop, sugar apple.

pi.nhão [piñ'ãw] s. m. (pl. **-nhões**) piñon; (tech.) pinion (gear). ‖ adj. dark-red (horse).

pi.nhei.ro [piñ'ejru] s. m. (bot.) pine tree.

pi.nho [p'iñu] s. m. pinewood; pine tree.

pi.ni.car [pinik'ar] v. (Braz.) to peck, to pinch, nip; (pop.) to scram, run away.

pi.no [p'inu] s. m. pin, peg, bolt; top, apex; pivot. ≃ **de tomada** (electr.) plug. **a** ≃ upright, perpendicular.

pi.no.te [pin'ɔti] s. m. jump, leap, bound, caper.

pi.no.te.ar [pinote'ar] v. to jump; to curvet (horse).

pin.ta [p'ĩtə] s. f. spot; mole (on the body), mark.

pin.ta.do [pĩt'adu] adj. painted; coloured.

pin.tar [pĩt'ar] v. to paint, draw; to tinge; to picture, portray; to describe; to trick, cheat; ≃-**se** to paint o. s., use make-up. ≃ **o sete** to raise hell.

pin.tar.ro.xo [pĩtaȓ'oʃu] s. m. (ornith.) linnet.

pin.tas.sil.go [pĩtas'iwgu] s. m. (Braz., ornith.) goldfinch.

pin.to [p'ĩtu] s. m. chick; penis; (pop.) cock, prick. **molhado como um** ≃ soaking wet.

pin.tor [pĩt'or] s. m. painter.

pin.to.ra [pĩt'orə] s. f. paintress, lady painter.

pin.tu.ra [pĩt'urə] s. f. painting; picture; image; make-up. ≃ **a óleo** oil painting.

pi.o [p'iu] s. m. peep, cheep; chirp(ing). ‖ adj. pious, godly, devout, religious.

pi.o.lhen.to [pioʎ'ẽtu] adj. lousy, infested with lice.

pi.o.lho [pi'oʎu] s. m. (ent.) louse.

pi.o.nei.ro [pion'ejru] s. m. pioneer, precursor.

pi.or [pi'ɔr] s. m. the worst. ‖ adj. m. + f. worse, worst. **de mal a** ≃ from bad to worse. **na** ≃ **das hipóteses** at the worst.

pi.o.rar [pjor'ar] v. to worsen; to aggravate.

pi.or.réi.a [pjoȓ'ɛjə] s. f. (med.) pyorrh(o)ea.

pi.pa [p'ipə] s. f. barrel, cask, pipe; (Braz.) kite.

pi.pi [pip'i] s. m. a child's penis. **fazer** ≃ (children) to piddle, make water, pee.

pi.po.ca [pip'ɔkə] s. f. popcorn; mole, wart.

pi.po.car [pipok'ar] v. to pop, burst; to crackle.

pi.po.quei.ro [pipok'ejru] s. m. (Braz.) a popcorn seller.

pi.que [p'iki] s. m. (Braz.) hide-and-seek; cut; prick, snip; puncture; (Braz.) spite, grudge. **ir a** ≃ to sink; (fig.) to go down. **por** ≃ on purpose, intentionally. **ter** ≃ to be full of energy, enthusiasm.

pi.que.ni.que [pikin'iki] s. m. picnic.

pi.que.te [pik'eti] s. m. picket; workers on strike; demonstrators.

pi.ra [p'irə] s. f. pyre.

pi.ram.bei.ra [piräb'ejrə] s. f. (Braz.) steep bluff; cliff.

pi.râ.mi.de [pir'ʌmidi] s. f. pyramid.

pi.ra.nha [pir'ʌñə] s. f. (Braz.) piranha, caribe.

pi.rão [pir'ãw] s. m. (pl. **-rões**) (Braz.) mush, mashed meal, mash.

pi.rar [pir'ar] v. (also ≃-**se**) (sl.) to steal away, slip away, beat it, be gone; to go mad.

pi.ra.ta [pir'atə] s. m. + f. pirate, corsair, sea robber, buccaneer.

pi.ra.ta.ri.a [piratar'iə] s. f. piracy; fraud.

pi.res [p'iris] s. m., sg. + pl. saucer.

pi.ri.lam.po [piril'ãpu] s. m. glow-worm, firefly.

pi.ri.ta [pir'itə] s. f. pyrite, iron disulfide.

pi.ro.tec.ni.a [pirotekn'iə] s. f. pyrotechnics.

pi.ro.téc.ni.co [pirot'ɛkniku] s. m. pyrotechnist.

pir.ra.ça [piȓ'asə] s. f. roguish trick, spite, malice.

pir.ra.lho [piȓ'aʎu] s. m. (Braz.) kid, boy, brat.

pi.ru.e.ta [piru'etə] s. f. pirouette.

pi.ru.li.to [pirul'itu] s. m. lollypop, lollipop.

pi.sa.do [piz'adu] adj. trodden, stepped on, stamped; aggrieved, bruised, hurt.

pi.sar [piz'ar] v. to tread on, trample; to step on; to offend, hurt; to oppress; to despise; to crush, squash; to bruise.

pis.ca.de.la [piskad'ɛlə] s. f. wink(ing), blink; twinkling.

pis.ca-pis.ca [piskap'iskə] s. m. + f. (pl. **pisca-piscas**) (electr.) flasher; blinker, indicator (of a car).

pis.car [pisk'ar] s. m. wink, blink. ‖ v. to wink, blink; to twinkle. **num** ≃ **de olhos** at the wink of an eye.

pis.ci.na [pis'inə] s. f. swimming pool, basin; pond.

pi.so [p'izu] s. m. floor, pavement; tread (stair).

pi.so.te.ar [pizote'ar] v. (S. Braz.) to humble, humiliate; to trample upon; to treat harshly.

pis.ta [p'istə] s. f. track; racecourse, racetrack, runway, speedway; trace; clue, trail; landing strip. ≃ **de corridas** racecourse.

pis.tão [pist'ãw] s. m. (pl. **-tões**) (mech.) piston; (mus.) cornet.

pis.to.la [pist'ɔlə] s. f. pistol. ≃ **automática** automatic pistol.

pis.to.lão [pistol'ãw] s. m. (pl. **-lões**) big shot, bigwig; an influential backing.

pis.to.lei.ro [pistol'ejru] s. m. bandit, gunman, gunfighter; (U.S.A.) gunslinger.

pi.ta.da [pit'adə] s. f. pinch; small quantity.

pi.tei.ra [pit'ejrə] s. f. cigarette holder.

pi.to [p'itu] s. m. (Braz.) pipe (for smoking); reprimand, scolding. **levar um** ≃ to be scolded.

pi.to.res.co [pitor'esku] s. m. picturesqueness. ‖ adj. picturesque, pictorial.

pi.vô [piv'o] s. m. pivot; pin; central factor.

pi.xa.im [piʃa'ĩ] s. m. (pl. **-ins**) (Braz.) kinky hair.

pla.ca [pl'akə] s. f. plate; slab; plaque; badge; (electr.) anode. ≃ **de licença** (mot.) licence plate. **circuito de** ≃ plate circuit radio.

pla.car [plak'ar] s. m. placard, poster bill; plaque; scoreboard.

pla.cê [plas'e] s. m. (horse racing) place.

pla.cen.ta [plas'ētə] s. f. (anat.) placenta.

plá.ci.do [pl'asidu] adj. placid, quiet, tranquil.

pla.gi.ar [plaʒi'ar] v. to plagiarize; to commit plagiarism.

plai.na [pl'ajnə] s. f. (carp.) plane.

pla.na.dor [planad'or] s. m. glider.

pla.nal.to [plan'awtu] s. m. elevated plain, tableland, upland, plateau.

pla.nar [plan'ar] v. to plane, glide, soar.

pla.ne.ar [plane'ar] v. = **planejar**.

pla.nei.o [plan'eju] s. m. (aeron.) glide.

pla.ne.ja.men.to [planeʒam'ētu] s. m. projection, planning.

pla.ne.jar [planeʒ'ar] v. to project, plan; to intend; to scheme; to trace, sketch; to calculate; to design.

pla.ne.ta [plan'etə] s. m. planet.

pla.ne.tá.rio [planet'arju] s. m. planetarium. ‖ adj. planetary.

pla.ní.cie [plan'isji] s. f. plain; level or flat ground.

pla.ni.fi.car [planifik'ar] v. to design, delineate.

pla.no [pl'anu] s. m. plain, plane, level ground; flat; plan; scheme; project; outline, ‖ adj. plane, even, smooth, flat. **em primeiro** ≃ in the foreground. **último** ≃ background.

plan.ta [pl'ãtə] s. f. plant; plan, blueprint. ≃ **do pé** sole of the foot. **vaso de** ≃ **s** flowerpot.

plan.ta.ção [plãtas'ãw] s. f. (pl. **-ções**) plantation.

plan.tão [plãt'ãw] s. m. (pl. **-tões**) duty, service, attendance. **de** ≃ on duty. **médico de** ≃ physician on duty.

plan.tar [plãt'ar] v. to plant; to sow; to lay, place. ≃ **bananeira** to do a handstand. **vá** ≃ **batatas!** go to the devil!

plan.tel [plãt'ɛw] s. m. (pl. **-téis**) (Braz.) breeding stock.

plas.ma [pl'azmə] s. m. plasma; (biol.) protoplasm.

plás.ti.ca [pl'astikə] s. f. plastic art; plastic surgery.

plás.ti.co [pl'astiku] s. m. plastic. ‖ adj. plastic; pertaining to plastics; pliable; moldable.

pla.ta.for.ma [plataf'ɔrmə] s. f. platform; (fig.) a political programme.

pla.téi.a [plat'ɛjə] s. f. (theat.) pit, orchestra seats; audience, attendance.

pla.ti.na [plat'inə] s. f. (chem.) platinum.

pla.ti.na.do [platin'adu] s. m. (mot.) circuit breaker.

pla.tô [plat'o] s. m. plateau.

pla.tô.ni.co [plat'oniku] adj. Platonic.

plau.sí.vel [plawz'ivew] adj. m. + f. (pl. **-veis**) plausible.

ple.be [pl'ɛbi] s. f. the common people, mob.

ple.beu [pleb'ew] s. m. + adj. (f. **-béia**) plebeian.

ple.bis.ci.to [plebis'itu] s. m. plebiscite, a direct vote.

plei.te.ar [plejte'ar] v. to plead; to dispute, contest, demand, litigate; to vie with; to strive; to claim; to sue.

plei.to [pl'ejtu] s. m. lawsuit, plea, process, prosecution, contest, dispute.

ple.ná.rio [plen'arju] s. m. (Braz.) plenary assembly; court, jury. ‖ adj. plenary, full, entire.

ple.ni.tu.de [plenit'udi] s. f. plenitude, fullness. ≃ **do poder** absolute power.

ple.no [pl'enu] adj. full, absolute, plenary; complete. **-a ignorância** absolute ignorance. **em -a luz do dia** in bright daylight. **em** ≃ **andamento** in full swing.

plis.sar [plis'ar] v. to pleat, crimp, tuck, fold.

plu.ma [pl'umə] s. f. plume; feather; writing quill.

plu.ma.gem [plum'aʒēj] s. f. (pl. **-gens**) plumage.

plu.ral [plur'aw] s. m. (pl. **-rais**) plural. ‖ adj. m. + f. plural.

plu.to.cra.ci.a [plutokras'iə] s. f. plutocracy.

plu.to.cra.ta [plutokr'atə] s. m. + f. plutocrat.

plu.vi.al [pluvi'aw] adj. m. + f. (pl. **-ais**) pluvial.

plu.vi.ô.me.tro [pluvi'ometru] s. m. pluviometer.

pneu [pn'ew] s. m. tyre, tire. ≃ **sobressalente** spare tyre.

pneu.má.ti.co [pnewm'atiku] s. m. tyre, tire. ‖ adj. pneumatic.

pneu.mo.ni.a [pnewmon'iə] s. f. pneumonia.

pó [p'ɔ] s. m. powder; dust. ≃ **-de-arroz** face powder. **aspirador de** ≃ vacuum cleaner. **leite em** ≃ milk powder. **reduzir ou fazer em** ≃ to reduce to dust.

po.bre [p'ɔbri] s. m. + f. pauper, beggar. ‖ adj. poor, indigent, needy. ≃ **diabo!** poor devil! ≃ **de mim!** poor me! **os** ≃**s** the poor.

po.bre.za [pobr'eza] s. f. poverty, poorness.

po.ça [p'osə] s. f. (s)plash, puddle; pool.

po.ção [pos'ãw] s. f. (pl. **-ções**) potion.

po.cei.ro [pos'ejru] s. m. a digger of wells.

po.cil.ga [pos'iwgə] s. f. sty, pigpen, pigsty; (fig.) filthy house.

po.ço [p'osu] s. m. well; shaft of a mine, pit. ≃ **artesiano** artesian well. ≃ **de elevador** elevator shaft. ≃ **petrolífero** oil-well. **água de** ≃ well-water.

po.dar [pod'ar] v. to prune (vines); (fig.) to cut.

po.der [pod'er] s. m. power; might; strength, force, vigour; energy; authority, dominion, command, influence; ability; capacity; sovereignty; government; means; ≃**es** procuration. ‖ v. to be able to. ≃ **absoluto** absolute power. ≃ **andar** to be able to walk. **eles se apossaram do** ≃ they seized power. **estar no** ≃ to be in (power). **não podemos ir** we can't go. **não posso** I cannot. **pode ser** it may be.

po.de.ri.o [poder'iu] s. m. power, might, force.

po.de.ro.so [poder'ozu] adj. powerful, mighty; influential; forceful.

po.dre [p'odri] adj. m. + f. rotten, putrid, fetid. ≃ **de rico** very rich. **maçã** ≃ rotten apple.

po.dri.dão [podrid'ãw] s. f. (pl. **-dões**) rottenness.

po.e.dei.ra [poed'ejrə] s. f. laying hen. ‖ adj. f. laying (hen).

po.ei.ra [po'ejrə] s. f. dust; powder; (fam.) presumption. **levantar (fazer)** ≃ to kick up dust, to make a noise.

po.ei.ra.da [poejr'adə] s. f. a cloud of dust; dust cloud.

po.ei.ren.to [poejr'ẽtu] adj. dusty, covered with dust.

po.e.ma [po'emə] s. m. poem. ≃ **épico** epic poem.

po.en.te [po'ẽti] s. m. the west, occident.

po.e.si.a [poez'iə] s. f. poesy, poetry; verse, poem.

po.e.ta [po'ɛtə] s. m. poet; bard. ≃ **laureado** a highly praised poet.

po.é.ti.co [po'ɛtiku] adj. poetic(al); inspired.

po.e.ti.sa [poet'izə] s. f. poetess, poetress.

pois [p'ojs] conj. since, because, whereas, therefore, as, for. ≃ **bem** well then. ≃ **é**, **meu caro, a situação não está boa** that's it, friend, things don't look so good. ≃ **não!** of course!, certainly!

po.la.co [pol'aku] s. m. Pole ‖ adj. Polish.

po.lai.nas [pol'ʌjnəs] s. f. pl. gaiters, leggings.

po.lar [pol'ar] adj. m. + f. polar, of the pole. **círculo** ≃ polar circle. **estrela** ≃ pole-star, North Star.

po.la.ri.zar [polariz'ar] v. to polarize; give polarity to.

po.le.ga.da [poleg'adə] s. f. inch; 2,54cm. ≃ **quadrada** square inch.

po.le.gar [poleg'ar] s. m. thumb; big toe. **pequeno** ≃ Hop-o'-my-thumb. **unha do** ≃ thumbnail.

po.lei.ro [pol'ejru] s. m. roost, perch; (pop., theat.) peanut gallery.

po.lê.mi.ca [pol'emikə] s. f. polemic(s), controversy, discussion, dispute, debate.

po.lê.mi.co [pol'emiku] adj. polemic(al), controversial.

po.le.mi.zar [polemiz'ar] v. to polemize.

pole position [polipo'ziʃõw] s. f. (autom.) pole position.

po.li.a [pol'iə] s. f. (mech.) pulley, sheave. ≃ **motriz** driving pulley.

po.li.chi.ne.lo [poliʃin'ɛlu] s. m. Punchinello, Punch.

po.lí.cia [pol'isjə] s. f. police; law; m. policeman; cop. ≃ **marítima** coastguard. ≃ **militar** military police.

po.li.ci.al [polisi'aw] s. m. (pl. **-ais**) policeman. ‖ adj. m. + f. of the police. **cão** ≃ police dog. **romance** ≃ detective story, mystery story.

po.li.ci.ar [polisi'ar] v. to police, to patrol; to guard.

po.li.clí.ni.ca [polikl'inikə] s. f. polyclinic.

po.li.clí.ni.co [polikl'iniku] s. m. general practitioner. ‖ adj. polyclinic.

po.li.dez [polid'es] s. f. politeness, courtesy.

po.li.do [pol'idu] adj. polished, smoothed; varnished; polite; accomplished, genteel.

po.li.ga.mi.a [poligam'iə] s. f. polygamy.

po.lí.ga.mo [pol'igamu] s. m. polygamist. ‖ adj. polygamous.

po.li.glo.ta [poligl'ɔtə] s. + adj. m. + f. polyglot.

po.lí.go.no [pol'igonu] s. m. (geom.) polygon.

po.li.men.to [polim'ẽtu] s. m. polish, burnish; shine; finish; varnish.

po.li.mor.fis.mo [polimorf'izmu] s. m. polymorphism.

po.li.mor.fo [polim'ɔrfu] adj. polymorphic, multiform.

po.li.ni.za.ção [polinizas'ãw] s. f. (pl. **-ções**), (bot.) pollination.

po.li.o.mi.e.li.te [poljomjel'iti] s. f. (med.) poliomyelitis.

pó.li.po [p'ɔlipu] s. m. polyp.

po.lir [pol'ir] v. to polish; to burnish; to civilize.

po.lis.sí.la.bo [polis'ilabu] s. m. polysyllable. ‖ adj. polysyllabic(al).

po.li.téc.ni.ca [polit'ɛknikə] s. f. polytechnic.

po.li.téc.ni.co [polit'ɛkniku] adj. polytechnic(al).

po.lí.ti.ca [pol'itikə] s. f. politics; policy; political science.

po.li.ti.ca.gem [politik'aʒẽj] s. f. (pl. **-gens**) petty politics.

po.li.ti.car [politik'ar] v. to politicize, take part in politics.

po.lí.ti.co [pol'itiku] s. m. politician; statesman; lobbyist. ‖ adj. politic(al), cunning, artful; delicate, diplomatic.

po.li.ti.quei.ro [politik'ejru] s. m. (depr.) petty politician. ‖ adj. corrupt.

pó.lo [p'ɔlu] s. m. pole; North Pole, South Pole; polar region; positive or negative terminal (pole) of a magnet or an electric cell.

po.lo.nês [polon'es] s. m. (pl. **-neses**; f. **-nesa**) Polish. ‖ adj. Polish.

po.lo.ne.sa [polon'ezə] s. f. Polish woman; (mus.) polonaise.

pol.pa [p'owpə] s. f. pulp; pap, squash; flesh; marrow.

pol.pu.do [powp'udu] adj. pulpy; macerated; fleshy; mellow; (fig., pop.) very profitable.

pol.trão [powtr'ãw] s. m. (pl. **-trões**; f. **-trona**) coward, poltroon. ‖ adj. mean, craven; cowardly.

pol.tro.na [powtr'onə] s. f. easy chair, armchair; orchestra seat. ≃ **de platéia** (theat.) pit, stall.

po.lu.i.ção [polwis'ãw] s. f. (pl. **-ções**) pollution.

po.lu.í.do [polu'idu] adj. polluted, contaminated.

po.lu.ir [polu'ir] v. to pollute; to defile, desecrate; to soil, dirty, stain; to corrupt; to contaminate; to profane; to tarnish.

pol.vi.lhar [powviʎ'ar] v. to powder, dust; to sprinkle, spray; to flour.

pol.vi.lho [powv'iʎu] s. m. fine powder; manioc (flour).

pol.vo [p'owvu] s. m. (zool.) octopus.

pól.vo.ra [p'ɔwvorə] s. f. gunpowder; powder.

pol.vo.ro.sa [powvor'ɔzə] s. f. hectic activity; uproar, hubbub; commotion, agitation.

pol.vo.ro.so [powvor'ozu] adj. powdery, dusty.

po.ma.da [pom'adə] s. f. (pharm.) salve, ointment; pomade, unction; cream, balm, balsam.

po.mar [pom'ar] s. m. orchard.

pom.ba [p'õbə] s. f. (ornith.) pigeon.

pom.bal [põb'aw] s. m. (pl. **-bais**) pigeon house.

pom.bo [p'õbu] s. m. dove, pigeon. ≃ **-correio** carrier pigeon.

po.mi.cul.tor [pomikuwt'or] s. m. pomiculturist.

po.mo [p'omu] s. m. fruit; pome; pommel. ≃ **-de-adão** Adam's apple.

pom.pa [p'õpə] s. f. pomp; pagentry; showiness.

pom.po.si.da.de [põpozid'adi] s. f. pomposity.

pom.po.so [põp'ozu] adj. pompous; grandiose.

pon.che [p'õʃi] s. m. punch.

pon.chei.ra [põʃ'ejrə] s. f. punchbowl.

pon.cho [p'õʃu] s. m. poncho.

pon.de.ra.do [põder'adu] adj. weighed; considerate.

pon.de.rar [põder'ar] v. to ponder; to weigh, cogitate; to reflect, think over; to consider, to meditate.

pô.nei [p'onei] s. m. pony, a small horse.

pon.ta [p'õtə] s. f. point; peak, top, extremity; barb, nib, jag, corner; small amount; horn, feeler of an insect; (theat.) insignificant part in a play. **de** ≃ **a** ≃ from end to end. **na** ≃ **da língua** on the tip of the tongue. ≃ **do dedo** fingertip.

pon.ta.da [põt'adə] s. f. stab, jab, stitch; pang; twinge.

pon.tão [põt'ãw] s. m. (pl. **-tões**) punt, flatboat.

pon.ta.pé [põtap'ɛ] s. m. kick; (fig.) insult.

pon.ta.ri.a [põtar'iə] s. f. aim, sight; target; aiming, sighting. **fazer** ≃ to aim. **sem** ≃ aimless.

pon.te [p'õti] s. f. bridge; ship's bridge; deck; overpass. ≃ **aérea** airlift. ≃ **de desembarque** landing pier. ≃ **pênsil** suspension bridge. ≃ **levadiça** drawbridge.

pon.tei.ro [põt'ejru] s. m. pointer; indicator; (mus.) plectrum; hand (of a watch); pointer, hunting dog. ≃ **de relógio** watch hand.

pon.ti.a.gu.do [põtjag'udu] adj. pointed, sharp; peaky.

pon.tí.fi.ce [põt'ifisi] s. m. pontiff, pontifex.

pon.ti.lha.do [põtiλ'adu] adj. dotted; spotted.

pon.ti.lhar [põtiλ'ar] v. to stipple, dot; to mark with fine dots; to sprinkle; to baste.

pon.ti.nho [põt'iñu] s. m. fleck, speck; spot.

pon.to [p'õtu] s. m. point, tittle, dot; punctuation mark, full stop, period; speck, spot; stitch; place; matter, question, subject; (theat.) prompter; stop (bus, railway etc.); item; ≃ **s** score (of a game). ≃ **culminante** culminating point. ≃ **de apoio** point of suport. ≃ **de cruz** cross-stitch. ≃ **de divergência** point of controversy. ≃ **de exclamação** sign of exclamation. ≃ **de fusão** melting point. ≃ **de interrogação** question mark. ≃ **de parada** stop. ≃ **de táxi** cab-stand. ≃ **de vista** point of view. ≃**-e-vírgula** semicolon. **a** ≃ **de partir** ready to depart. **até certo** ≃ up to a certain point. **chegar a um** ≃ **morto** to come to a deadlock. **às três horas em** ≃ at three o'clock sharp.

pon.tu.a.ção [põtuas'ãw] s. f. (pl. **-ções**) (gram.) punctuation; (bot. and zool.) punctuation.

pon.tu.al [põtu'aw] s. f. (pl. **-ais**) (math.) a serie of points in a straight line. ‖ adj. m. + f. punctual; exact, accurate; precise.

pon.tu.a.li.da.de [põtwalid'adi] s. f. punctuality.

pon.tu.ar [põtu'ar] v. (gram.) to punctuate.

pon.tu.do [põt'udu] adj. pointed, peaked; sharp-pointed; pricked.

po.pa [p'opə] s. f. (naut.) stern.

po.po.car [popok'ar] v. to crack, crackle, burst open, explode (firecrackers).

po.pu.la.ça [popul'asə] s. f. populace, the masses.

po.pu.la.ção [populas'ãw] s. f. (pl. **-ções**) population; inhabitants; people.

po.pu.la.cho [popul'aʃu] s. m. populace; plebes; crowds.

po.pu.lar [popul'ar] s. m. common citizen. ‖ adj. m. + f. popular, public, common; well-liked; folkloristic(al), (pop.) pop.

po.pu.la.ri.da.de [popularid'adi] s. f. popularity; vogue.

po.pu.la.ri.zar [populariz'ar] v. to popularize.

pô.quer [p'oker] s. m. poker (a card game).

por [pur] prep. by, for, from, per, pro, to, through; because of, on account of; by means of; for the sake of; instead of; in behalf of; by order of. ≃ **acaso** by chance. ≃ **aí** thereabout. ≃ **amor de** for the love of. ≃ **assim dizer** so to speak. ≃ **causa de** because of. ≃ **conseguinte** consequently. ≃ **enquanto** for the time being. ≃ **extenso** in full. ≃ **fim** at last. ≃ **inveja** out of envy. ≃ **mar** by sea. ≃ **meio de** by means of. ≃ **nada** for nothing; (in reply to thanks) don't mention it. ≃ **que não?** why not? ≃ **si** per se. ≃ **volta** around, about (in time). **e assim** ≃ **diante** and so forth. **nem** ≃ **isso** nevertheless.

pôr [p'or] v. to place, put; to lay, set; to put on; ≃**-se** to put, lay or set o. s.; (astr.) to set. ≃ **a casa em ordem** to set one's shop in shape. ≃ **a mesa** to set the table. ≃ **à prova** to put to the test. **o** ≃**-do-sol** sunset. ≃ **em funcionamento** to install, put in motion. ≃ **em jogo** to jeopardize. ≃ **em ordem** to put in order. ≃ **em risco** to risk. ≃ **à venda** to offer for sale. ≃ **fim a** to put an end to. **o homem põe e Deus dispõe** man proposes, God disposes.

po.rão [por'ãw] s. m. (pl. **-rões**) hold (of a ship); cellar, basement.

por.ca [p'orkə] s. f. sow; nut, screw-nut.

por.ca.lhão [porkaλ'ãw] s. m. (pl. **-lhões**; f. **-lhona**) a very dirty person. ‖ adj. dirty, filthy, nasty.

por.ção [pors'ãw] s. f. (pl. **-ções**) portion, part, piece; snack, bit; slice; serving; dose; share, lot, heap; quantum, amount.

por.ca.ri.a [porkar'iə] s. f. filthiness, nastiness; dirt, filth, rubbish; dirty work; obscenity.

por.ce.la.na [porsel'лnə] s. f. porcelain; chinaware, dishware; earthenware.

por.cen.ta.gem [porsẽt'azẽj] s. f. (pl. **-gens**) percentage.

por.co [p'orku] s. m. (zool.) swine, pig, hog; dirty or indecent fellow. ‖ adj. swinish, hoggish; filthy; obscene; base, vulgar. ≃**-espinho** (zool.) porcupine.

po.rém [por'ẽj] conj. but, yet; notwithstanding, nevertheless; however; still; only; even so.

por.me.nor [pormen'or] s. m. particular, particularity; detail; ≃**es** circumstances.

por.me.no.ri.zar [pormenoriz′ar] v. to describe in detail.

por.no.gra.fi.a [pornograf′iə] s. f. pornography.

por.no.grá.fi.co [pornogr′afiku] adj. pornographic(al).

po.ro [p′ɔru] s. m. pore.

po.ro.si.da.de [porozid′adi] s. f. porosity, poroseness.

por.quan.to [porkwãtu] conj. as, when, while, since, whereby, in view of, the fact that, whereas, inasmuch as.

por.que [pork′e] conj. because, since, as, in as much as, considering that.

por.quê [pork′e] s. m. the cause or reason, the why.

por que [pork′e] adv. locution why?, for what reason? ≃ **não?** why not?

por.qui.nho-da-ín.dia [pork′iñuda′ĩdjə] s. m. guinea pig.

por.re [p′ɔr̄i] s. m. (pop.) drinking bout, binge.

por.re.te [por̄′eti] s. m. club, cudgel, truncheon.

por.ta [p′ɔrtə] s. f. door; entrance; gate, gateway; (fig.) access. ≃ **corrediça** sliding door. ≃ **da rua** street door. ≃ **giratória** revolving door.

porta-aviões [pɔrtavi′õjs] s. m., sg. + pl. aircraft carrier.

porta-bagagens [pɔrtabag′aʒejs] s. m., sg. + pl. parcel rack.

porta-bandeira [portabãd′ejrə] s. m. (pl. **porta-bandeiras**) standard-bearer.

porta-chaves [pɔrtaʃ′avis] s. m., sg. + pl. keyring.

por.ta.dor [portad′or] s. m. porter, carrier; messenger.

porta-jóias [pɔrtaʒ′ɔjəs] s. m., sg. + pl. jewel case or box.

por.tal [port′aw] s. m. (pl. **-tais**) portal; main door of a building; façade, frontispiece.

porta-luvas [pɔrtal′uvəs] s. m., sg. + pl. (mot.) glove compartment.

porta-malas [pɔrtam′aləs] s. m., sg. + pl. (mot.) luggage compartment.

porta-níqueis [pɔrtan′ikejs] s. m., sg. + pl. purse.

por.tan.to [port′ãtu] adv. hence, thus. ‖ conj. ergo, as, in so far as, in as much as.

por.tão [port′ãw] s. m. (pl. **-tões**) large door, portal; gate, gateway, yard gate; entrance, doorway.

por.tar [port′ar] v. to carry; ≃ **-se** to behave.

porta-retratos [pɔtar̄etr′atus] s. m., sg. + pl. picture frame.

por.ta.ri.a [portar′iə] s. f. entrance; portal; reception desk; a doorkeeper's box or lodge; a governmental decree, order or regulation.

por.tá.til [port′atiw] adj. m. + f. (pl. **-teis**) portable; handy, small.

porta-toalhas [pɔrtato′aλəs] s. m., sg. + pl. towel rack.

porta-voz [pɔrtav′ɔs] s. m. (pl. **porta-vozes**); (fig.) spokesman, voice.

por.te [p′ɔrti] s. m. charge, transport fee; postage; deportment, bearing; air, gait; importance. ≃ **de arma** licence to carry a gun. ≃ **pago** postpaid, post-free.

por.tei.ra [port′ejrə] s. f. barrier at a railroad crossing; yard gate, gate; wooden farm gate.

por.tei.ro [port′ejru] s. m. doorman, doorkeeper; janitor, warden; gatekeeper; usher.

por.ten.to [port′ẽtu] s. m. marvel; prodigy.

pór.ti.co [p′ɔrtiku] s. m. (archit.) portico, porch.

por.ti.nho.la [portiñ′ɔlə] s. f. (naut.) porthole, scuttle; gun-port.

por.to [p′ortu] s. m. port, harbour, haven; (fig.) refuge, retreat. ≃ **de escala** port of call. ≃ **franco** free port.

por.to-ri.que.nho [portur̄ik′eñu] s. m. + adj. (pl. **porto-riquenhos**) Puerto Rican; native or citizen of Puerto Rico.

por.tu.á.rio [portu′arju] s. m. longshoreman.

por.tu.guês [portug′es] s. m. + adj. (pl. **-gueses**; f. **-guesa**) Portuguese.

por.ven.tu.ra [porvẽt′urə] adv. perchance, by chance.

por.vir [porv′ir] s. m. time to come, future; destiny.

pós [p′ɔs] prep. post, after, behind. ‖ pref. post.

po.sar [poz′ar] v. to pose; to sit for (as a model).

pós-data [pɔzd′atə] s. f. (pl. **pós-datas**) postdate.

po.se [p′ozi] s. f. pose; posture; (phot.) time exposure, still.

pós-escrito [pɔzeskr′itu] s. m. (pl. **pós-escritos**) post script.

pós-graduado [pɔzgradu′adu] s. m. + adj. (pl. **pós-graduados**) postgraduate.

po.si.ção [pozis'ãw] s. f. (pl. **-ções**) position; attitude, posture; rank, class, public office; location. ≃ **social** station, rank. **ocupar uma** ≃ **firme** to take a firm stand.

po.si.ti.var [pozitiv'ar] v. to make positive; to prove, evidence; to ascertain definitely.

po.si.ti.vi.da.de [pozitivid'adi] s. f. positivity; definitiveness; assertiveness.

po.si.ti.vo [pozit'ivu] s. m. positive. ‖ adj. positive; real, actual; evident, clear, obvious; definite; affirmative; assertive.

pós-meridiano [pɔzmeridi'ʌnu] adj. (pl. **pós-meridianos**) postmeridian, afternoon (abbr., p. m.).

po.so.lo.gi.a [pozoloʒ'iə] s. f. (med.) dosage.

pos.por [posp'or] v. to postpone, put off, delay; to omit; to adjourn.

pos.po.si.ção [pospozis'ãw] s. f. (pl. **-ções**) postposition.

pos.san.te [pos'ãti] adj. m. + f. powerful, mighty; potent; strong; majestic, grand.

pos.se [p'ɔsi] s. f. ownership; ≃**s** possessions, wealth, riches, property; (jur.) tenure; occupancy. ≃ **de um cargo** entrance into office. **dar** ≃ to invest (in office). **estar de** ≃ **de** to be in possession, in the receipt of. **homem de** ≃**s** man of substance.

pos.sei.ro [pos'ejru] s. m. (jur.) leaseholder.

pos.ses.são [poses'ãw] s. f. (pl. **-sões**) possession.

pos.ses.si.vo [poses'ivu] adj. (gram.) possessive.

pos.ses.so [pos'ɛsu] adj. possessed, demonic(al).

pos.si.bi.li.da.de [posibilid'adi] s. f. possibility; contingency; chance, odds; ≃**s** means.

pos.si.bi.li.tar [posibilit'ar] v. to enable; to allow.

pos.sí.vel [pos'ivew] adj. m. + f. (pl. **-veis**) possible; feasible. **é** ≃ it might be that. **fazer o** ≃ to do one's best. **o mais cedo** ≃ as soon as possible. **será** ≃?! is it possible?!

pos.su.ir [posu'ir] v. to possess; to hold (property); to own. **não** ≃ **nada** to own nothing.

pos.ta [p'ɔstə] s. f. slice of fish; piece, slice, cut, chop; portion.

pos.tal [post'aw] s. m. (pl. **-tais**) postal card. ‖ adj. m. + f. postal. **agência** ≃ post office. **selo** ≃ postage stamp.

pos.tar [post'ar] v. to post, mail; ≃**-se** to place o. s.

posta-restante [pɔstaɾest'ãti] s. f. (pl. **postas-restantes**) poste restante.

pos.te [p'ɔsti] s. m. stake, stud; post; mast; pole; upright. ≃ **de iluminação** lamp-post.

pos.ter.gar [posterg'ar] v. to postpone, to put off.

pos.te.ri.da.de [posterid'adi] s. f. posterity.

pos.te.ri.or [posteri'or] adj. m. + f. posterior; later (in time); hinder. **efeito** ≃ aftereffect.

pos.ti.ço [post'isu] adj. false, counterfeit; artificial. **cabelos** ≃**s** false hair wig.

pos.to [p'ostu] s. m. post; place, position; station; stand; office, duty; rank, grade. ‖ adj. (and p. p. of **pôr**) put; disposed, arranged. ‖ **posto, posto que** conj. although, though, even though, notwithstanding. ≃ **de gasolina** gas station. ≃ **de telefone público** public call box. ≃ **policial** police station.

pos.tu.lar [postul'ar] v. to postulate; to assume.

pós.tu.mo [p'ɔstumu] adj. posthumous.

pos.tu.ra [post'urə] s. f. posture; bearing; attitude; deportment, carriage.

po.tas.sa [pot'asə] s. f. potash, potass.

po.tá.vel [pot'avew] adj. m. + f. (pl. **-veis**) potable, drinkable.

po.te [p'ɔti] s. m. pot; vessel; water jug; pitcher.

po.tên.cia [pot'ẽsjə] s. f. potency; might; power; a world power; (math.) potence.

po.ten.ci.al [potẽsi'aw] s. m. (pl. **-ais**) potential. ‖ adj. m. + f. potential, powerful, mighty.

po.ten.ci.ar [potẽsi'ar] v. (math.) to involve, raise to a power.

po.ten.te [pot'ẽti] adj. m. + f. potent, potential.

po.tro [p'otru] s. m. colt, foal; untamed horse.

pouca-vergonha [powkaverg'oñə] s. f. (pl. **poucas-vergonhas**) shamelessness; knavery, rascality, trickery.

pou.co [p'owku] s. m. little, trifle. ‖ adj. little; ≃**s** few. ‖ adv. little, not much. ≃ **a** ≃ little by little. ≃ **caso** disregard. ≃**s dias depois** a few days later. **-a gente** few people. **-as vezes** seldom. **fazer** ≃ **caso** to minimize, belittle. **tão** ≃ so little.

pou.pan.ça [powp'ãsə] s. f. economy; saving. **caderneta de** ≃ savings account.

pou.par [powp'ar] v. to economize, spare, save.

pou.qui.nho [powk'iñu] s. m. a little bit, trifle, snatch.

pou.sa.da [powz'adə] s. f. stopping, resting; inn.

pou.sar [powz'ar] v. to put, set; to rest, stop, stay, halt, pause; to lodge; to dwell; to perch, repose; to land (plane); to rest upon.

pou.so [p'owzu] s. m. resting place; landing (plane); (naut.) slip, slipway.

po.vi.nho [pov'iñu] s. m. used in the expression zé- ≃ rabble, riff-raff, mob, the people, populace, pleb.

po.vo [p'ovu] s. m. people, folk; nation, race; multitude, crowd; mob, rabble.

po.vo.a.ção [povoas'ãw] s. f. (pl. -ções) population, inhabitants; settlement, village.

po.vo.a.do [povo'adu] s. m. settlement, village, place. ‖ adj. populated, populous.

po.vo.ar [povo'ar] v. to populate, settle, colonize.

pra [pr'a] prep. colloquial contraction of **para.**

p'ra [pr'a] prep. = **pra.**

pra.ça [pr'asə] s. f. square, marketplace; market; (mil.) garrison; m. (pop.) soldier. ≃ **pública** plaza, square. **assentar** ≃ to enlist in the army.

pra.ci.nha [pras'iñə] s. m. Brazilian enlisted man.

pra.do [pr'adu] s. m. meadow, plain; hippodrome.

pra.ga [pr'agə] s. f. curse, malediction, damnation; imprecation; blasphemy; calamity, plague; (Braz.) noxious weeds.

pra.gue.jar [prageʒ'ar] v. to curse, imprecate, swear.

prai.a [pr'ajə] s. f. beach, seashore, coast, strand.

pran.cha [pr'ãʃə] s. f. plank, board; gangway; plate.

pran.chão [prãʃ'ãw] s. m. (pl. -chões) large plank.

pran.che.ta [prãʃ'etə] s. f. surveyor's table, drawing board; thin or small board.

pran.te.ar [prãte'ar] v. to mourn, lament; to weep, cry.

pran.to [pr'ãtu] s. m. weeping, lamentation, wailing. **em** ≃ in tears.

pra.ta [pr'atə] s. f. silver; (fig.) money. ≃ **de lei** sterling silver.

pra.ta.ri.a [pratar'iə] s. f. silverware, silver jewelry.

pra.te.ar [prate'ar] v. to silver, electroplate.

pra.te.lei.ra [pratel'ejrə] s. f. shelf, rack.

prá.ti.ca [pr'atikə] s. f. practice; usage, custom; training, function; experience, skill.

pra.ti.can.te [pratik'ãti] s. m. + f. practitioner, apprentice. ‖ adj. practising, performing.

pra.ti.car [pratik'ar] v. to practice; to put into practice, execute; to exercise; to train, drill. ≃ **um crime** to commit a crime. ≃ **esporte** to go in for sports.

pra.ti.cá.vel [pratik'avew] adj. m. + f. (pl. -veis) practicable, feasible, workable.

prá.ti.co [pr'atiku] s. m. practician. ‖ adj. practical, skilled, experienced.

pra.ti.nho [prat'iñu] s. m. small plate.

pra.to [pr'atu] s. m. plate, dish; food, meal; pan (scales); (mus.) cymbals. ≃ **s** (mus.) cymbals. ≃ **fundo** soup-plate. ≃ **raso** dinner plate. ≃ **de toca-disco** (phonograph) turntable. **pôr em** ≃ **s limpos** to clear up a matter.

pra.xe [pr'aʃi] s. f. practice, praxis, use, habit. **é** ≃ it is the rule.

pra.zen.tei.ro [prazẽt'ejru] adj. festive, pleasant, merry.

pra.zer [praz'er] s. m. pleasure, joy. **com** ≃ with pleasure. ≃ **em conhecê-lo** happy to meet you. **dar** ≃ **a** to please.

pra.zo [pr'azu] s. m. term, time, stated period; deadline. ≃ **de entrega** time of delivery. **a** ≃ on account (instalment). **a longo** ≃ at long term.

pre.âm.bu.lo [pre'ãbulu] s. m. preamble, preface.

pre.ca.ri.e.da.de [prekarjed'adi] s. f. precariousness.

pre.cá.rio [prek'arju] adj. precarious, uncertain.

pre.cau.ção [prekaws'ãw] s. f. (pl. -ções) precaution, care.

pre.ca.ver [prekav'er] v. to prevent, obviate; to provide against, forewarn; ≃ **-se** to be cautious.

pre.ca.vi.do [prekav'idu] adj. precautious, wary.

pre.ce [pr'ɛsi] s. f. prayer; petition, invocation.

pre.ce.dên.cia [presed'ēsjə] s. f. precedence, priority.

pre.ce.den.te [presed'ēti] s. + adj. m. + f. precedent.

pre.ce.der [presed'er] v. to precede, go before.

pre.cei.to [pres'ejtu] s. m. precept; principle.

pre.cin.to [pres'ĩtu] s. m. precinct, inclosure.

pre.ci.o.so [presi'ozu] adj. precious, valuable.

pre.ci.pí.cio [presip'isju] s. m. precipice, abyss; (fig.) ruin.

pre.ci.pi.ta.ção [presipitas'ãw] s. f. (pl. -ções) precipitation.

pre.ci.pi.ta.do [presipit'adu] adj. precipitate.

pre.ci.pi.tar [presipit'ar] v. to precipitate; to deposit; to hurl down; to hasten.

pre.ci.sa.do [presiz'adu] adj. needy, poor, destitute.

pre.ci.são [presiz'ãw] s. f. (pl. -sões) precision, exactness, accuracy; need, want; poverty.

pre.ci.sar [presiz'ar] v. to need; to require; to exact, fix, particularize.

pre.ci.so [pres'izu] adj. precise, just, definite; accurate; necessary; needful, indispensable.

pre.ço [pr'esu] s. m. price; value; cost, expense. **a** ≃ **de custo** at cost. **a qualquer** ≃ at all costs. **congelamento de** ≃**s** price freeze.

pre.co.ce [prek'ɔsi] adj. m. + f. precocious.

pre.co.ci.da.de [prekosid'adi] s. f. precocity, prematurity.

pre.con.ce.ber [prekõseb'er] v. to preconceive.

pre.con.cei.to [prekõs'ejtu] s. m. preconception; prejudice, bias, preopinion. **sem** ≃ unprejudiced.

pre.co.ni.za.ção [prekonizas'ãw] s. f. (pl. -ções) praise; commendation; approval.

pre.co.ni.zar [prekoniz'ar] v. to commend; to praise; to approve.

pre.cur.sor [prekurs'or] s. m. forerunner, pioneer. **I** adj. precursory; preliminary; anticipating.

pre.da.ção [predas'ãw] s. f. (pl. -ções) predation.

pre.da.dor [predad'or] s. m. predator; predacious, plundering animal.

pré-da.tar [prɛdat'ar] v. to predate.

pre.da.tó.rio [predat'ɔrju] adj. predatory, predatorious.

pre.de.ces.sor [predeses'or] s. m. predecessor, precursor.

pre.des.ti.na.ção [predestinas'ãw] s. f. predestination; predetermination; fate, destiny.

pre.des.ti.na.do [predestin'adu] adj. predestinate(d); fated.

pre.des.ti.nar [predestin'ar] v. to predestinate, predestine.

pre.de.ter.mi.nar [prɛdetermin'ar] v. to predetermine.

pre.di.al [predi'aw] adj. m. + f. (pl. -ais) predial, praedial. **imposto** ≃ house tax, building tax.

pre.di.ca.do [predik'adu] s. m. quality, attribute; talent, faculty, aptitude; (gram.) predicate.

pre.di.ção [predis'ãw] s. f. (pl. -ções) prediction, presage.

pre.di.le.ção [prediles'ãw] s. f. (pl. -ções) predilection.

pre.di.le.to [predil'ɛtu] s. m. + adj. favourite.

pré.dio [pr'ɛdju] s. m. building, construction; house.

pre.dis.por [predisp'or] v. to predispose; to prearrange.

pre.di.zer [prediz'er] v. to predict; to foretell; to presage.

pre.do.mi.nân.cia [predomin'ãsjə] s. f. predominance.

pre.do.mi.nan.te [pre.do.mi.n'ãti] adj. m. + f. predominant.

pre.do.mi.nar [predomin'ar] v. to predominate, prevail.

pre.do.mí.nio [predom'inju] s. m. predominancy; power.

pre.en.cher [preẽʃ'er] v. to fulfill, perform; to supply. ≃ **um cheque** to fill out a check. ≃ **uma vaga** to fill a job. **não preenchido** unfilled.

pré-escolar [prɛeskol'ar] adj. m. + f. (pl. pré-escolares) preschool.

pré-estréia [prɛestr'ɛjə] s. f. (pl. pré-estréias) (Braz.) preview, trade show.

pré-fa.bri.ca.do [prɛfabrik'adu] adj. (pl. pré-fabricados) prefabricated.

pre.fá.cio [pref'asiu] s. m. preface; foreword; prelude.

pre.fei.to [pref'ejtu] s. m. mayor.

pre.fei.tu.ra [prefejt'urə] s. f. town hall, city hall.

pre.fe.rên.cia [prefer'ẽsjə] s. f. preference; choice, option; liking; (traffic) right of way.

pre.fe.ren.ci.al [preferẽsi'aw] adj. m. + f. (pl. **-ais**) preferential. **ação** ≃ priority share.

pre.fe.ri.do [prefer'idu] adj. favoured, preferred.

pre.fe.rir [prefer'ir] v. to prefer; to select, opt.

pre.fe.rí.vel [prefer'ivew] adj. m. + f. (pl. **-veis**) preferable; better.

pre.fi.xo [pref'iksu] s. m. (gram.) prefix, affix.

pre.ga [pr'ɛgə] s. f. pleat, plait; crease, pucker.

pre.ga.ção [pregas'ãw] s. f. (pl. **-ções**) preaching.

pre.ga.dor [pregad'or] s. m. preacher. ‖ adj. preaching. ≃ **de roupa** (clothes) peg.

pre.gão [preg'ãw] s. m. (pl. **-gões**) proclamation, street cry, auction.

pre.gar [preg'ar] v. to nail; to fix, fasten, attach; to preach; (Braz.) to be exhausted; to lie.

pre.go [pr'ɛgu] s. m. nail, sprig; (pop.) pawnbroker's shop; exhaustion. **dar o** ≃ to slack off. **pôr no** ≃ to pawn.

pre.gue.ar [prege'ar] v. to tuck, plait, pleat.

pre.gui.ça [preg'isə]s. f. sluggishness, laziness; indolence, slothfulness; (zool.) sloth.

pre.gui.çar [pregis'ar] v. to idle, lounge, laze.

pre.gui.ço.so [pregis'ozu] s. m. idler, lazybones, scalawag, do-nothing. ‖ adj. lazy, idle, indolent, laggard, slothful; work-shy.

pré-histórico [prɛist'ɔriku] adj. (pl. **pré-históricos**) prehistoric(al).

prei.to [prejtu] s. m. homage, reverence, respect.

pre.ju.di.car [preʒudik'ar] v. to prejudice, damage, hurt, impair, injure; to aggrieve, harm.

pre.ju.di.ci.al [preʒudisi'aw] adj. m. + f. (pl. **-ais**) prejudicial; hurtful; harmful.

pre.ju.í.zo [preʒu'izu] s. m. prejudice; damage, wrong, impairment, harm.

pre.la.do [prel'adu] s. m. prelate.

pre.le.ção [preles'ãw] s. f. (pl. **-ções**) lecture; sermon; dissertation. **fazer uma** ≃ **sobre** to give a lecture on.

pre.li.mi.nar [prelimin'ar] s. m. + adj. preliminary.

pre.lo [pr'ɛlu] s. m. printing press, press.

pre.lú.dio [prel'udju] s. m. prelude, (mus.) overture.

pre.ma.tu.ro [premat'uru] adj. premature, immature.

pre.me.di.ta.ção [premeditas'ãw] s. f. (pl. **-ções**) premeditation.

pre.me.di.ta.do [premedit'adu] adj. premeditate(d).

pre.me.di.tar [premedit'ar] v. to premeditate, precogitate, plan, scheme.

pre.mên.cia [prem'ẽsjə] s. f. (Braz.) pressure, urgency.

pre.men.te [prem'ẽti] adj. m. + f. pressing. **uma necessidade** ≃ a crying need.

pre.mi.ar [premi'ar] v. to premiate, reward.

prê.mio [pr'emju] s. m. premium, reward, recompense, prize, award. ≃ **de consolação** booby prize. ≃ **de seguro** insurance premium.

pre.mis.sa [prem'isə] s. f. premise, reason, supposition.

pré-molar [prɛmol'ar] s. m. (pl. **pré-molares**) (anat. and zool.) premolar.

pre.mo.ni.ção [premonis'ãw] s. f. (pl. **-ções**) premonition.

pren.da [pr'ẽdə] s. f. present, gift; talent, ability; token, proof; ≃**s** accomplishments.

pren.da.do [prẽd'adu] adj. gifted, talented, accomplished.

pren.de.dor [prẽded'or] s. m. fastener. ≃ **de roupa** clothes peg, clothes pin.

pren.der [prẽd'er] v. to fasten, tie, bind, fix; to seize, grasp, grip; to catch, capture; to arrest; to captivate, charm; to attach; to stick to; ≃**-se** to become attached to.

pre.nhe [pr'eñi] adj. m. + f. pregnant.

pre.no.me [pren'omi] s. m. first name; christian name.

pren.sa [pr'ẽsə] s. f. press; printing press.

pren.sar [prẽs'ar] v. to press, compress, crush.

pre.nún.cio [pren'ũsju] s. m. presage, foretoken, sign; prediction; prognostic.

pré-nupcial [prɛnupsi'aw] adj. (pl. **pré-nupciais**) antenuptial, premarital.

pre.o.cu.pa.ção [preokupas'ãw] s. f. (pl. **-ções**) preoccupation; concern, care, anxiety.

pre.o.cu.pa.do [preokup'adu] adj. troubled, worried.

pre.o.cu.par [preokup'ar] v. to preoccupy; to worry, bother; ≃ **-se** to worry. ≃ **-se com alguma coisa** to trouble about s. th.

pre.pa.ra.ção [preparas'ãw] s. f. (pl. **-ções**) preparation; training; formation, confection.

pre.pa.ra.do [prepar'adu] s. m. (chem. and pharm.) preparation. ‖ adj. prepared, ready; educated.

pre.pa.rar [prepar'ar] v. to prepare; to make ready, provide, arrange; to fit, fit out, equip; to dispose; to formulate. **preparei o caminho para ele** (fig.) I paved the way for him.

pre.pa.ra.tó.rio [preparat'ɔrju] adj. preparatory, preparative. **curso de** ≃ **s** preparatory of school.

pre.pa.ro [prep'aru] s. m. preparation; (Braz.) education, refinement.

pre.pon.de.rân.cia [prepõder'ãsjə] s. f. preponderancy.

pre.pon.de.ran.te [prepõder'ãti] adj. m. + f. preponderant, predominant, prevalent.

pre.pon.de.rar [prepõder'ar] v. to preponderate.

pre.po.si.ção [prepozis'ãw] s. f. (pl. **-ções**) (also gram.) preposition.

pre.po.tên.cia [prepot'ẽsiə] s. f. prepotence, prepotency.

prer.ro.ga.ti.va [prer̄ogat'ivə] s. f. prerogative.

pre.sa [pr'ezə] s. f. capture, seizure; prey, booty, loot; prisoner (woman); fang; tusk claw, prong, clutch.

pres.bi.té.rio [prezbit'ɛrju] s. m. presbytery.

pres.cin.dir [presīdir] v. to renounce, do without.

pres.cre.ver [preskrev'er] v. to prescribe; to assign; to become void; to fall into disuse.

pres.cri.ção [preskris'ãw] s. f. (pl. **-ções**) prescription; precept; lapse, forfeiture.

pres.cri.to [preskr'itu] adj. prescribed.

pre.sen.ça [prez'ẽsə] s. f. presence; appearance; demeanor; stature. ≃ **de espírito** presence of mind, wittiness, ready tongue.

pre.sen.ci.ar [prezẽsi'ar] v. to present, witness, observe, see.

pre.sen.te [prez'ẽti] s. m. present, actuality; (gram.) present tense; gift, donative. ‖ adj. m. + f. present; current. ≃ **de aniversário** birthday present. **no tempo** ≃ at the present time. **presente!** here!

pre.sen.te.ar [prezẽte'ar] v. to present, offer as a gift.

pre.sé.pio [prez'ɛpju] s. m. stable; manger; crib; Nativity scene.

pre.ser.var [prezerv'ar] v. to preserve; to protect, guard, defend, save; to keep, maintain.

pre.ser.va.ti.vo [prezervat'ivu] adj. preservative; (chem.) preventive condom.

pre.si.dên.cia [prezid'ẽsjə] s. f. presidency; chairmanship.

pre.si.den.ci.al [prezidẽsi'aw] adj. m. + f. (pl. **-ais**) presidential.

pre.si.den.te [prezid'ẽti] s. m. president; chairman.

pre.sí.dio [prez'idju] s. m. prison; fortress; garrison; penitentiary.

pre.si.dir [prezid'ir] v. to preside, manage, direct, administer.

pre.si.lha [prez'iʎə] s. f. loop; staple; fastening belt; strap, strip.

pre.so [pr'ezu] s. m. prisoner, captive, jailbird. ‖ adj. captive, imprisoned, confined.

pres.sa [pr'ɛsə] s. f. velocity, speed; haste, hurry. **a** ≃ **é inimiga da perfeição** haste makes waste. **a toda** ≃ with all speed. **estou com** ≃ I am in a hurry. **não tenha** ≃ take your time; easy does it.

pres.sá.gio [pres'aʒju] s. m. presage, omen, augury.

pres.são [pres'ãw] s. f. (pl. **-sões**) pressure; compulsion; stress, strain. ≃ **alta** high pressure. ≃ **sangüínea** blood pressure.

pres.sen.ti.men.to [presẽtim'ẽtu] s. m. presentiment.

pres.sen.tir [presẽt'ir] v. to foresee, anticipate; to surmise, suspect; to have a foreboding.

pres.su.por [presup'or] v. to presuppose, take for granted; to assume.

pres.su.pos.to [presup'ostu] adj. presupposed, assumed.

pres.su.ro.so [presur'ozu] adj. speedy; eager; keen.

pres.ta.ção [prestas'ãw] s. f. (pl. **-ções**) instalment. **compra a** ≃ hire purchase.

pres.ta.mis.ta [prestam'istə] s. m. + f. moneylender; person who pays in instalments.

pres.tar [prest'ar] v. to render, give, perform; to be useful, be good for; ≃ **-se** to be of service, be useful; be obliging. ≃ **atenção** to listen, pay attention. ≃ **auxílio** to assist. ≃ **contas** to render account. ≃ **exame** to go in for examination. ≃ **juramento** to take an oath.

pres.ta.ti.vo [prestat'ivu] adj. serviceable, useful, helpful.

pres.tá.vel [prest'avew] adj. m. + f. (pl. **-veis**) serviceable.

pres.tes [pr'ɛstis] adj. m. + f., sg. + pl. ready, prompt; prepared.

pres.te.za [prest'ezə] s. f. quickness; readiness, promptness; activity, agility.

pres.ti.di.gi.ta.ção [prestidiʒitas'ãw] s. f. prestidigitation, jugglery, wizardry; sleight of hand.

pres.ti.di.gi.ta.dor [prestidiʒitad'or] s. m. prestidigitator, juggler, magician, palmer, wizard.

pres.ti.gi.ar [prestiʒi'ar] v. to give prestige to, esteem.

pres.tí.gio [prest'iʒju] s. m. prestige, reputation, influence.

prés.ti.mo [pr'ɛstimu] s. m. utility, usefulness; service.

prés.ti.to [pr'ɛstitu] s. m. procession, train, cortege.

pre.su.mi.do [prezum'idu] adj. presumptuous; haughty, conceited.

pre.su.mir [prezum'ir] v. to presume, suppose, surmise, suspect, conjecture, imagine.

pre.su.mí.vel[prezum'ivew] adj. m. + f. (pl. **-veis**) presumable, supposable, probable.

pre.sun.ção [prezuns'ãw] s. f. (pl. **-ções**) presumption; guess; pride; self-conceit, arrogance.

pre.sun.ço.so [prezũs'ozu] adj. arrogant, arrogance.

pre.sun.to [prez'ũtu] s. m. ham, gammon.

pre.ten.den.te [pretẽd'ẽti] s. m. + f. pretender, candidate; suitor. **‖** adj. claiming.

pre.ten.der [pretẽd'er] v. to claim, demand; to aspire; to intend, contemplate.

pre.ten.são [pretẽs'ãw] s. f. (pl. **-sões**) pretension.

pre.ten.si.o.so [pretẽsi'ozu] s. m. prig, wiseacre. **‖** adj. pretentious, arrogant.

pre.ten.so [pretẽsu] adj. assumed, supposed, alleged, presumed.

pre.te.rir [preter'ir] v. to slight, neglect; to defer.

pre.té.ri.to [pret'ɛritu] s. m. (gram.) the preterit tense.

pre.tex.to [pret'estu] s. m. pretext, excuse, feint.

pre.to [pr'etu] s. m. Negro; black (colour). **‖**

adj. black, dark; jet. **vestir** ≃ to wear black. ≃ **no branco** (pop.) in cold print.

pre.tu.me [pret'umi] s. m. (N. Braz., pop.) darkness, blackness.

pre.va.le.cer [prevales'er] v. to prevail, predominate; ≃**-se** to take advantage (of).

pre.va.len.te [preval'ẽti] adj. m. + f. prevalent.

pre.va.ri.car [prevarik'ar] v. to prevaricate; to transgress.

pre.ven.ção [prevẽs'ãw] s. f. (pl. **-ções**) prevention, precaution; preconception; warning.

pre.ve.ni.do [preven'idu] adj. advised, forewarned.

pre.ve.nir [preven'ir] v. to prevent; to forewarn, caution; ≃**-se** to be on one's guard. **mais vale** ≃ **do que remediar** a stitch in time saves nine.

pre.ver [prev'er] v. to foresee.

pre.vi.dên.cia [previd'ẽsjə] s. f. providence. ≃ **social** social welfare. **caixa de** ≃ social security fund; provident fund.

pre.vi.den.te [previd'ẽti] adj. m. + f. provident.

pré.vio [pr'ɛvju] adj. previous, preceding, prior, former, foregoing, precedent, earlier. **‖ previamente** adv. in advance. **aviso** ≃ advance notice.

pre.vi.são [previz'ãw] s. f. (pl. **-sões**) prevision; forecast; foreknowledge, prescience.

pre.vis.to [prev'istu] adj. foreseen, anticipated.

pre.za.do [prez'adu] adj. esteemed, dear. ≃**s senhores** Dear Sirs; Gentlemen (address.)

pre.zar [prez'ar] v. to esteem, value, respect, honour, appreciate, hold dear, prize.

pri.ma [pr'imə] s. f. (female) cousin.

pri.má.rio [prim'arju] s. m. primitive person. **‖** adj. primary. **escola -a** primary school.

pri.ma.ve.ra [primav'ɛrə] s. f. spring, springtime, (fig.) youth; (bot.) primrose.

pri.ma.ve.ral [primaver'aw] adj. m. + f. (pl. **-rais**) = **primaveril**.

pri.ma.ve.ril [primaver'iw] adj. m. + f. (pl. **-ris**) m. vernal.

pri.ma.zi.a [primaz'iə] s. f. primacy, superiority; precedency, preference; rivalry.

pri.mei.ro [prim'ejru] s. m. first, top dog. **‖** adj. first, prime, foremost; principal, main, chief; original; former, earliest. ≃ **plano** foreground. ≃ **prêmio** first prize. ≃**s socor-**

ros first aid. **-a vez** the first time. **à -a vista** at first glance. **de -a ordem** first rate.

pri.mi.ti.vo [primit'ivu] adj. primitive; original, early; simple; rude; (biol.) primordial.

pri.mo [pr'imu] s. m. (male) cousin. **‖** adj. prime.

pri.mo.gê.ni.to [primoʒ'enitu] s. m. firstborn.

pri.mor [prim'or] s. m. beauty, delicacy; excellence.

pri.mor.di.al [primordi'aw] adj. m. + f. (pl. **-ais**) primordial, primeval, original, prime, primitive.

pri.mo.ro.so [primor'ozu] adj. beautiful, nice; excellent, perfect; graceful, magnificent.

prin.ce.sa [prĩs'ezə] s. f. princess. ≃ **real** princess royal.

prin.ci.pal [prĩsip'aw] s. m. (pl. **-pais**) principal, main thing; chief, leader. **‖** adj. m. + f. principal, main, essential, leading, chief.

prín.ci.pe [pr'ĩsipi] s. m. prince. **‖** adj. principal.

prin.ci.pes.co [prĩsip'esku] adj. princely, stately.

prin.ci.pi.an.te [prĩsipi'ãti] s. m. + f. beginner, novice, apprentice; (sl.) tenderfoot. **‖** adj. m. + f. beginning, inceptive.

prin.ci.pi.ar [prĩsipi'ar] v. to begin, initiate, start.

prin.cí.pio [prĩs'ipju] s. m. beginning, start; origin, source, principle. **o** ≃ **do fim** the beginning of the end. **em** ≃ in principle. **estabelecer um** ≃ to lay down a principle. **por** ≃ on principle.

pri.o.ri.da.de [prjorid'adi] s. f. priority, preference.

pri.são [priz'ãw] s. f. (pl. **-sões**) prison, jail, ward, capture, apprehension, imprisonment, seizure. ≃ **perpétua** life imprisonment. ≃ **de ventre** constipation.

pri.si.o.nei.ro [prizjon'ejru] s. m. prisoner, captive.

pris.ma [pr'izmə] s. m. prism.

pri.va.ção [privas'ãw] s. f. (pl. **-ões**) privation, want.

pri.va.ci.da.de [privasid'adi] s. f. privacy.

pri.va.ti.zar [privatiz'ar] v. to privatize.

pri.va.da [priv'adə] s. f. privy, water-closet; toilet.

pri.va.do [priv'adu] adj. private, confidential, personal.

pri.var [priv'ar] v. to deprive, bereave; to prohibit, forbid. ≃ **-se de** to abstain from, abnegate, deprive o. s.

pri.va.ti.vo [privat'ivu] adj. privative, private.

pri.vi.le.gi.a.do [privileʒi'adu] s. m. grantee. **‖** adj. privileged, favoured.

pri.vi.le.gi.ar [privileʒi'ar] v. to privilege; to favour.

pri.vi.lé.gio [privil'ɛʒju] s. m. privilege, advantage, prerogative; immunity.

pró [pr'ɔ] s. m. pro, advantage. **‖** adv. pro, in favour of. **os** ≃ **s e os contras** the pros and cons.

pro.a [pr'oə] s. f. (naut.) stem, prow, bow.

pro.ba.bi.li.da.de [probabilid'adi] s. f. probability; chance.

pro.ble.ma [probl'emə] s. m. problem.

pro.ble.má.ti.co [problem'atiku] adj. problematic(al).

pro.bo [pr'obu] adj. honest; virtuous, good.

pro.ce.dên.cia [prosed'ẽsjə] s. f. origin, derivation, source; genealogy.

pro.ce.den.te [prosed'ẽti] adj. m. + f. proceeding, derived; descended.

pro.ce.der [prosed'er] s. m. procedure, conduct. **‖** v. to proceed; to go on; to come, arise from; to result, originate; to behave.

pro.ce.di.men.to [prosedim'ẽtu] s. m. proceeding, procedure; behaviour, conduct; process, judicial proceedings.

pro.ces.sar [proses'ar] v. to carry on a lawsuit; to sue, prosecute, take action (against).

pro.ces.so [pros'ɛsu] s. m. process, legal proceedings; lawsuit; method, procedure; course, cycle; (chem.) operation. ≃ **civil** civil suit. ≃ **de fabricação** manufacturing process.

pro.cis.são [prosis'ãw] s. f. (pl. **-sões**) procession (religious).

pro.cla.ma [prokl'ʌmə] s. m. banns (of marriage).

pro.cla.ma.ção [proklamas'ãw] s. f. (pl. **-ções**) proclamation.

pro.cla.mar [proklam'ar] v. to proclaim, declare; proclaim marriage banns.

pro.cras.ti.nar [prokrastin'ar] v. to procrastinate, delay.

pro.cri.a.ção [prokrjas'ãw] s. f. (pl. **-ções**) procreation. ≃ **consangüínea** inbreeding.

pro.cri.ar [prokri'ar] v. to procreate, generate.

pro.cu.ra [prok'urə] s. f. search, pursuit; (com.) demand. ≃ **e oferta** demand and supply.

pro.cu.ra.ção [prokuras'ãw] s. f. (pl. **-ções**) procuration; proxy. **por** ≃ by power of attorney.

pro.cu.ra.dor [prokurad'or] s. m. procurator, proctor.

pro.cu.rar [prokur'ar] v. to look for, seek, search; to try, attempt; to endeavour, aim at; to visit, call on; to solicit, quest. ≃ **agulha em palheiro** to seek a needle in a haystack.

pro.di.ga.li.da.de [prodigalid'adi] s. f. prodigality.

pro.dí.gio [prod'iʒju] s. m. prodigy, marvel; wonder.

pro.di.gi.o.so [prodiʒi'ozu] adj. prodigious; wonderful.

pró.di.go [pr'ɔdigu] s. m. prodigal, spendthrift, wastrel, squanderer. ‖ adj. prodigal; lavish, extravagant; profuse, bountiful.

pro.du.ção [produs'ãw] s. f. (pl. **-ções**) production; produce; output. ≃ **em série** mass production. **linha de** ≃ production line.

pro.du.ti.vo [produt'ivu] adj. productive, generative.

pro.du.to [prod'utu] s. m. product; produce; output, yield. ≃ **acabado**, **final** end product. ≃ **secundário** byproduct.

pro.du.tor [produt'or] s. m. producer, manufacturer. ‖ adj. productive, producing.

pro.du.zir [produz'ir] v. to produce; to bear, yield; to cause, effect; to manufacture; to engender.

pro.e.mi.nên.cia [proemin'ẽsjə] s. f. prominence, notoriety.

pro.e.mi.nen.te [proemin'ẽti] adj. m. + f. prominent.

pro.e.za [pro'ezə] s. f. prowess, bravery; exploit.

pro.fa.nar [profan'ar] v. to profane, desecrate, pollute.

pro.fa.ni.da.de [profanid'adi] s. f. profanity, profaneness.

pro.fa.no [prof'ʌnu] s. m. + adj. profane.

pro.fe.ci.a [profes'iə] s. f. prophecy, prediction.

pro.fe.rir [profer'ir] v. to pronounce, utter, speak, say. ≃ **um discurso** to make a speech.

pro.fes.sar [profes'ar] v. to profess, avow; to affirm.

pro.fes.sor [profes'or] s. m. (pl. **-sores**) professor, teacher, instructor, master, pedagogue.

pro.fes.so.ra [profes'orə] s. f. school mistress, teacher, schoolmᵣrm.

pro.fes.so.ra.do [profesor'adu] s. m. professorship, teaching staff, faculty, body of professors.

pro.fe.ta [prof'ɛtə] s. m. prophet, soothsayer, seer.

pro.fé.ti.co [prof'ɛtiku] adj. prophetic(al).

pro.fe.ti.zar [profetiz'ar] v. to prophesy, predict, foretell.

pro.fi.ci.ên.cia [profisi'ẽsjə] s. f. proficiency, skill.

pro.fi.ci.en.te [profisi'ẽti] adj. m. + f. proficient, adept.

pro.fí.cuo [prof'ikwu] adj. useful, advantageous.

pro.fi.la.xi.a [profilaks'iə] s. f. prophylaxis, prophylaxy.

pro.fis.são [profis'ãw] s. f. (pl. **-sões**) profession; occupation, office, employment; vocation, calling; career; avowal, declaration.

pro.fis.si.o.nal [profisjon'aw] s. m. + adj. (pl. **-nais**) (Braz.) professional.

pro.fun.di.da.de [profũdid'adi] s. f. profundity, depth.

pro.fun.do [prof'ũdu] s. m. profundity. ‖ adj. deep; fathomless, inscrutable, obscure; thorough, complete, intense.

pro.fu.so [prof'uzu] adj. profuse, prodigal, lavish.

pro.ge.ni.tor [proʒenit'or] s. m. progenitor, parent.

prog.nos.ti.car [prognostik'ar] v. to prognosticate, foretell.

prog.nós.ti.co [progn'ɔstiku] s. m. omen, presage; (med.) prognosis, sympton.

pro.gra.ma [progr'ʌmə] s. m. program(me); card, bill. ≃ **de televisão** TV program.

pro.gra.ma.ção [programas'ãw] s. f. (pl. **-ções**) program(ming).

pro.gra.ma.dor. [programad'or] s. m. (inform.) programmer.

pro.gra.mar [program'ar] v. to program(me), plan.

pro.gre.dir [progred'ir] v. to progress, proceed.

pro.gres.são [progres'ãw] s. f. (pl. **-sões**) (also math.) progression; progress, progressing, advancing.

pro.gres.sis.ta [progres'istə] s. m. + f. progressist. ▌ adj. progressive, favouring progress.

pro.gres.si.vo [progres'ivu] adj. progressive, advancing.

pro.gres.so [progr'εsu] s. m. progress; advancement; improvement; growth, development. **fazer** ≃ make inroads.

pro.i.bi.ção [projbis'ãw] s. f. (pl. **-ções**) prohibition; ban.

pro.i.bi.do [projb'idu] adj. prohibited, forbidden.

pro.i.bir [projb'ir] v. to prohibit, forbid, deny.

pro.je.ção [proʒes'ãw] s. f. (pl. **-ções**) projection, plan; delineation; prominence; protuberance, overhang. **sala de** ≃ projection room.

pro.je.tar [proʒet'ar] v. to project; to throw out, cast forth, shoot, propel; to protrude, bulge; to design, scheme, plan, devise.

pro.je.til [proʒet'iw] s. m. (pl. **-tis**) = **projétil.**

pro.jé.til [proʒ'εtiw] s. m. (pl. **-teis**) projectile, missile, bullet, shot, bomb. ▌ adj. projectile, forward.

pro.je.to [proʒ'εtu] s. m. project; plan, scheme; sketch.

pro.je.tor [proʒet'or] s. m. projector, searchlight.

prol [pr'ɔw] s. m. + f. (pl. **próis**) advantage, benefit. **em** ≃ **de** in favour of, for, on behalf of.

pro.le [pr'ɔli] s. f. issue, offspring, progeny.

pro.le.ta.ri.a.do [proletari'adu] s. m. proletariat.

pro.le.tá.rio [prolet'arju] s. m. + adj. proletarian.

pro.li.fe.ra.ção [proliferas'ãw] s. f. (pl. **-ções**) proliferation.

pro.li.fe.rar [prolifer'ar] v. to proliferate, reproduce.

pro.lí.fe.ro [prol'iferu] adj. prolific, proliferous.

pro.li.fi.car [prolifik'ar] v. to proliferate, breed.

pro.li.xo [prol'iksu] adj. prolix, diffuse, tedious.

pró.lo.go [pr'ɔlogu] s. m. prologue, introduction.

pro.lon.ga.ção [prolõgas'ãw] s. f. (pl. **-ções**) prolongation.

pro.lon.ga.men.to [prolõgam'ẽtu] s. m. prolongation.

pro.lon.gar [prolõgar] v. to prolong, lengthen.

pro.mes.sa [prom'εsə] s. f. promise, assurance, word.

pro.me.ter [promet'er] v. to promise, pledge; to engage.

pro.me.ti.do [promet'idu] adj. promised, engaged. **Terra -a** Holy Land.

pro.mís.cuo [prom'iskwu] adj. promiscuous, indiscriminate, mixed.

pro.mis.são [promis'ãw] s. f. (pl. **-sões**) promise, promising. **Terra da** ≃ Holy Land.

pro.mis.sor [promis'or] adj. promising, flattering.

pro.mis.só.ria [promis'ɔrjə] s. f. promissory note.

pro.mo.ção [promos'ãw] s. f. (pl. **-ções**) promotion.

pro.mon.tó.rio [promõt'ɔrju] s. m. (geol.) promontory.

pro.mo.tor [promot'or] s. m. promoter, sponsor; inciter. ▌ adj. promoting, promotive. ≃ **público** prosecutor, district attorney.

pro.mo.ver [promov'er] v. to promote; to further, foster; to raise, advance.

pro.mul.gar [promuwg'ar] v. to promulgate, publish.

pro.no.me [pron'omi] s. m. (gram.) pronoun.

pron.ti.dão [prõtid'ãw] s. f. (pl. **-dões**) promptness, readiness; willingness. **de** ≃ on the alert.

pron.ti.fi.car [prõtifik'ar] v. to make ready, prepare; to offer; ≃**-se** to offer o.s., volunteer.

pron.to [pr'õtu] s. m. (Braz., pop.) starveling; broke. ▌ adj. ready; prompt, prepared, willing; quick, swift, expeditious.

pronto-socorro [prõtusok'oɾu] s. m. (pl. **prontos-socorros**) first-aid clinic.

pron.tu.á.rio [prõtu'arju] s. m. dossier, record.

pro.nún.cia [pron'ũsjə] s. f. pronunciation.

pro.nun.ci.ar [pronũsi'ar] v. to pronounce, articulate.

pro.pa.ga.ção [propagas'ãw] s. f. (pl. **-ções**) propagation.

pro.pa.gan.da [propag'ãdə] s. f. propaganda; advertising, publicity.

pro.pa.gar [propag'ar] v. to propagate; to diffuse.

pro.pa.lar [propal'ar] v. to blab, let out, divulge.

pro.pe.dêu.ti.co [proped'ewtiku] adj. propaedeutic(al).

pro.pe.lir [propel'ir] v. to propel, impel.

pro.pen.são [propẽs'ãw] s. f. (pl. **-sões**) propensity, propension; penchant, proneness.

pro.pen.so [prop'ẽsu] adj. propense, inclined; prone.

pro.pi.ci.ar [propisi'ar] v. to propitiate, appease.

pro.pí.cio [prop'isju] adj. propitious, promising, kind.

pro.pi.na [prop'inə] s. f. propine, gratuity, tip; fee.

pro.por [prop'or] v. to propose, suggest, recommend, present, offer; to have in view.

pro.por.ção [propors'ãw] s. f. (pl. **-ções**) proportion; rate.

pro.por.ci.o.nal [proporsjon'aw] adj. m. + f. (pl. **-nais**) proportional, proportionate.

pro.por.ci.o.nar [proporsjon'ar] v. to provide; to proportionate, adjust.

pro.po.si.ção [propozis'ãw] s. f. (pl. **-ções**) proposition.

pro.po.si.ta.do [propozit'adu] adj. purposed, willful, deliberate.

pro.po.si.tal [propozit'aw] adj. m. + f. (pl. **-tais**) = **propositado.**

pro.pó.si.to [prop'ɔzitu] s. m. purpose, design. **a** ≃ by the way. **de** ≃ purposely. **fora de** ≃ pointless.

pro.pos.ta [prop'ɔstə] s. f. proposal, offer, bid.

pro.pos.to [prop'ostu] adj. proposed, offered.

pro.pri.e.da.de [proprjed'adi] s. f. propriety, accuracy; quality; real estate, property, wealth; domain; ownership, possessor.

pro.pri.e.tá.rio [proprjet'arju] s. m. proprietor, owner. ‖ adj. proprietary.

pró.prio [pr'ɔprju] s. m. characteristic; messenger. ‖ adj. proper; peculiar; private, own, suitable; right; self, personal.

pro.pul.são [propuws'ãw] s. f. (pl. **-sões**), propulsion. ≃ **a jato** jet propulsion.

pro.pul.sor [propuws'or] s. m. propeller, propellant. ‖ adj. propelling, propulsory, driving.

pror.ro.gar [proῤog'ar] v. to prorogue, prorogate.

pror.ro.gá.vel [proῤog'avew] adj. m. + f. (pl. **-veis**) postponable.

pror.rom.per [proῤõp'er] v. to break out, burst.

pro.sa [pr'ɔzə] s. f. prose; talk, chatter; m. + f. boastful person. ‖ adj. loquacious, talkative

pro.sai.co [proz'ajku] adj. prosaic(al), dull, commonplace, matter-of-fact.

pros.cri.ção [proskris'ãw] s. f. (pl. **-ções**) proscription.

pros.cri.to [proskr'itu] s. m. outlaw. ‖ adj. outlawed.

pro.se.ar [proze'ar] v. to talk, chat, prattle.

pros.pe.rar [prosper'ar] v. to prosper, thrive, flourish, be or become successful.

pros.pe.ri.da.de [prosperid'adi] s. f. prosperity, success.

prós.pe.ro [pr'ɔsperu] adj. prosperous, successful.

pros.pe.to [prosp'ɛtu] s. m. prospectus.

pros.se.gui.men.to [prosegim'ẽtu] s. m. pursuit, following.

pros.se.guir [proseg'ir] v. to follow, continue, proceed; to go on, carry on, pursue, go ahead.

prós.ta.ta [pr'ɔstatə] s. f. prostate, the prostate gland.

pros.tí.bu.lo [prost'ibulu] s. m brothel, bawdyhouse.

pros.ti.tu.i.ção [prostitwis'ãw] s. f. (pl. **-ções**) prostitution.

pros.ti.tu.ir [prostitu'ir] v. (also ≃ **-se**) to prostitute, debase o. s.

pros.ti.tu.ta [prostit'utə] s. f. prostitute; whore; floozy; (U.S.A.) hooker; (vulg.) tart.

pros.tra.ção [prostras'ãw] s. f. (pl. **-ções**) prostration.

pros.tra.do [prostr'adu] adj. prostrate, prone.

pros.trar [prostr'ar] v. to prostrate; to throw down.

pro.ta.go.nis.ta [protagon'istə] s. m. + f. protagonist.

pro.te.ção [protes'ãw] s. f. (pl. **-ções**) protection; patronage, support; security; safeguard; shelter, cover, care.

pro.te.ger [protez'er] v. to protect; to defend; to suport, guard, shield; to safeguard.

pro.te.gi.do [protez'idu] s. m. protégé, favourite. ‖ adj. protected, favoured, sheltered.

pro.téi.co [prot'ejku] adj. full of protein.

pro.te.í.na [prote'inə] s. f. (biochem.) protein.

pro.te.lar [protel'ar] v. to delay, protract, postpone, prolong, tarry, procrastinate.

pro.tes.tan.te [protest'ãti] s. m. + f. (rel.) Protestant. ‖ adj. (rel.) Protestant; protesting.

pro.tes.tar [protest'ar] v. to protest; (also com.) to make a protest against, object; to contradict; to remonstrate.

pro.tes.to [prot'ɛstu] s. m. protest; remonstrance; disapproval; objection.

pro.te.tor [protet'or] s. m. protector; supporter, guardian, shield. ‖ adj. protecting, protective; defensive; shielding.

pro.te.to.ra.do [protetor'adu] s. m. protectorate.

pro.to.co.lo [protok'ɔlu] s. m. protocol; ceremony; register, record.

pro.to.plas.ma [protopl'azmə] s. m. protoplasm.

pro.tó.ti.po [prot'ɔtipu] s. m. prototype, archetype.

pro.tu.be.rân.cia [protuber'ãsjə] s. f. protuberance, bulge.

pro.va [pr'ɔvə] s. f. proof; experiment, essay, trial; rehearsal; test; demonstration; evidence; testimony; reason. à ≃ d'água waterproof. à ≃ de fogo fireproof. resistir à ≃ to stand the trial.

pro.va.ção [provas'ãw] s. f. (pl. -ções) probation; trial; affliction, hardship, tribulation.

pro.va.do [prov'adu] adj. proved; tested, tried.

pro.var [prov'ar] v. to prove; to try, experiment; test, check, verify; to experience, feel; to taste, sample; to testify; to rehearse; to try on (dress).

pro.vá.vel [prov'avew] adj. m. + f. (pl. -veis) probable, likely; provable.

pro.ve.dor [proved'or] s. m. purveyor.

pro.vei.to [prov'ejtu] s. m. profit, advantage, benefit.

pro.vei.to.so [provejt'ozu] adj. profitable, advantageous.

pro.ve.ni.en.te [proveni'ēti] adj. m. + f. deriving from.

pro.ver [prov'er] v. to provide, furnish, supply (com with); to give, grant, confer; to appoint; to care for, attend; ≃-se to provide o. s. (de with).

pro.ver.bi.al [proverbi'aw] adj. m. + f. (pl. -ais) proverbial, notorious.

pro.vér.bio [prov'ɛrbju] s. m. proverb, saying, maxim.

pro.vi.dên.cia [provid'ēsjə] s. f. Providence; God; providence, foresight; precaution; provision, arrangements. **tomar as** ≃ **s necessárias** to take the necessary steps.

pro.vi.den.ci.al [providēsi'aw] adj. m. + f. (pl. -ais) providential, opportune.

pro.vi.den.ci.ar [providēsi'ar] v. to provide, make arrangements for, take preventive measures; to arrange, prepare.

pro.vín.cia [prov'ĩsjə] s. f. province; region, territory.

pro.vi.são [proviz'ãw] s. f. (pl. -sões) provision; supply, store, storage; stock.

pro.vi.só.rio [proviz'ɔrju] adj. provisional; temporary, transitory, interim.

pro.vo.ca.ção [provokas'ãw] s. f. (pl. -ções) provocation; affront; challenge.

pro.vo.can.te [provok'ãti] adj. m. + f. provocative.

pro.vo.car [provok'ar] v. to provoke; to nettle; affront.

pro.xi.mi.da.de [prosimid'adi] s. f. proximity; nearness; kinship; ≃s surroundings, vicinity, neighbourhood.

pró.xi.mo [pr'ɔsimu] s. m. fellow man; neighbour. ‖ adj. adjacent; next; coming, impending, forthcoming. ‖ adv. near, close.

pru.dên.cia [prud'ēsjə] s. f. prudence; caution.

pru.den.te [prud'ēti] adj. prudent, careful.

pru.mo [pr'umu] s. m. (archit.) plumb bob; (naut.) plummet, lead. **a** ≃ plumb, perpendicular, vertical.

pru.ri.do [prur'idu] s. m. itch, itching; (fig.) burning desire, temptation, impatience.

pru.rir [prur'ir] v. to itch; to flatter; to be impatient.

pseu.do [ps'ewdu] prefix, pseudo; false, fake.

pseu.dô.ni.mo [psewd'onimu] s. m. pseudonym.

psi.ca.ná.li.se [psikan'alizi] s. f. psychoanalysis.

psi.ca.na.lis.ta [psikanal'istə] s. m. + f. psychoanalyst.

psi.chê [psiʃ'e] s. m. dressing table.

psi.co.dé.li.co [psikod'ɛliku] adj. psychedelic.

psi.co.lo.gi.a [psikoloʒ'iə] s. f. psychology.

psi.co.ló.gi.co [psikol'ɔʒiku] adj. psychological.

psi.có.lo.go [psik'ɔlogu] s. m. psychologist.
psi.co.pa.ta [psikop'atə] s. m. + f. psychopath. ‖ adj. psycopathic.
psi.cos.so.má.ti.co [psikosom'atiku] adj. psychosomatic.
psi.co.te.ra.pi.a [psikoterap'iə] s. f. (med.) psychotherapy.
psi.có.ti.co [psik'ɔtiku] adj. psychotic.
psi.que [ps'iki] s. f. psyche, soul, spirit, mind.
psi.qui.a.tra [psiki'atrə] s. m. + f. psychiatrist.
psi.qui.a.tri.a [psikjatr'iə] s. f. psychiatry.
psí.qui.co [ps'ikiku] adj. psychic.
psiu [ps'iw] interj. pst! hush! hey!
pu.a [p'uə] s. f. point, prick; drill; bit.
pu.ber.da.de [puberd'adi] s. f. puberty.
pu.bes.cen.te [pubes'ēti] adj. m. + f. pubescent.
pu.bli.ca.ção [publikas'ãw] s. f. (pl. -ções) publication.
pública-forma [publikaf'ɔrmə] s. f. (pl. **públicas-formas**) authenticated copy.
pu.bli.car [publik'ar] v. to publish; publicize; to announce, edit.
pu.bli.ci.da.de [publisid'adi] s. f. publicity; advertisement; advertising.
pú.bli.co [p'ubliku] s. m. + adj. public; state-owned. **em** ≃ publicly. **funcionário** ≃ civil service employee.
pu.de.ra [pud'ɛrə] interj. small wonder! why! no wonder!
pu.dim [pud'ĩ] s. m. (pl. -**dins**) pudding; (geol.) pudding stone.
pu.dor [pud'or] s. m. modesty, chastity; shyness.
pu.e.ril [pwer'iw] adj. m. + f. (pl. -**ris**) puerile, childish.
pu.e.ri.li.da.de [pwerilid'adi] s. f. puerility, childishness.
puf [p'ufi] interj. pooh!
pu.gi.lis.mo [puʒil'izmu] s. m. pugilism, boxing.
pu.gi.lis.ta [puʒil'istə] s. m. + f. pugilist, boxer.
pu.í.do [pu'idu] adj. threadbare.
pu.ir [pu'ir] v. to abrade, wear off.
pu.jan.te [puʒ'ãti] adj. m. + f. puissant, strong.
pu.lar [pul'ar] v. to leap, jump, vault; to bounce, hop; to spring. ≃ **corda** to skip rope. ≃ **de contente** to leap for joy.
pul.ga [p'uwgə] s. f. (ent.) flea.

pul.guen.to [puwg'ētu] adj. infested with fleas.
pul.mão [puwm'ãw] s. m. (pl. -**mões**) (anat.) lung(s). ≃ **de aço** iron lung.
pul.mo.nar [puwmon'ar] adj. m. + f. pulmonary.
pu.lo [p'ulu] s. m. jump, leap, skip; jerk, start, dash. **aos** ≃**s** by leaps. **dar um** ≃ to take a leap. **levantar-se num** ≃ to jump to one's feet.
púl.pi.to [p'uwpitu] s. m. pulpit.
pul.sa.ção [puwsas'ãw] s. f. (pl. -**ções**) pulsation; pulse.
pul.sar [puws'ar] v. to pulsate, pulse; to impel.
pul.sei.ra [puws'ejrə] s. f. bracelet, wristband, bangle.
pul.so [p'uwsu] s. m. pulse; wrist; (fig.) strength, vigour. ≃ **fraco** weak pulse. **a** ≃ by force. **de** ≃ strong, firm, energetic. **tomar o** ≃ to take the pulse.
pu.lu.lar [pulul'ar] v. to pullulate.
pul.ve.ri.za.dor [puwverizad'or] s. m. pulverizer; sprayer.
pul.ve.ri.zar [puwveriz'ar] v. to pulverize; to spray; to destroy, utterly, demolish.
pu.ma [p'umə] s. m. (zool.) puma, cougar.
pú.mi.ce [p'umisi] s. m. (petrog.) pumice.
pun.ção [pũs'ãw] s. f. (pl. -**ções**) puncture, perforation; m. punch, awl.
pun.çar [pũs'ar] v. = **puncionar**.
pun.ci.o.nar [pũsjonar] v. to punch.
punc.tu.ra [pũkt'urə] s. f. puncture.
pun.gen.te [pũʒ'ēti] adj. m. + f. pungent, poignant, piercing.
pun.gir [pũʒ'ir] v. to prick, pierce; to hurt.
pu.nha.do [puñ'adu] s. m. handful; bunch; a few.
pu.nhal [puñ'aw] s. m. (pl. -**nhais**) dagger, poniard.
pu.nha.la.da [puñal'adə] s. f. stab with a dagger; (fig.) a stab in the back, betrayal.
pu.nho [p'uñu] s. m. fist; wrist; handle, cuff; (naut.) clew, tack. ≃ **cerrado** clenched fist. **de próprio** ≃ in one's own handwriting.
pu.ni.ção [punis'ãw] s. f. (pl. -**ções**) punishment.
pu.nir [pun'ir] v. to punish; to reprimand; to fight.
pu.ní.vel [pun'ivew] adj. m. + f. (pl. -**veis**) punishable.

pun.tu.ra [pũt'uɾə] s. f. = **punctura.**

pu.pi.la [pup'ilə] s. f. pupil; (anat.) the opening of the iris; ward.

pu.pi.lo [pup'ilu] s. m. pupil, scholar.

pu.rê [puɾ'e] s. m. purée; pap, pulp.

pu.re.za [puɾ'ezə] s. f. pureness, purity; innocence.

pur.gan.te [puɾg'ãti] s. + adj. m. + f. purgative.

pur.gar [puɾg'aɾ] v. to purge, clean; to expiate.

pur.ga.ti.vo [puɾgat'ivu] s. m. + adj. purgative.

pur.ga.tó.rio [puɾgat'ɔɾju] s. m. purgatory.

pu.ri.fi.ca.ção [puɾifikas'ãw] s. f. (pl. **-ções**) purification.

pu.ri.fi.car [puɾifik'aɾ] v. to purify, clean; to clear.

pu.ri.ta.no [puɾit'ʌnu] s. m. (hist.) Puritan. **‖** adj. puritan, prudish.

pu.ro [p'uɾu] adj. pure; clear; clean; uncorrupted, unspoiled; unadulterated; blameless; innocent, chaste; genuine; simple; stainless.

puro-sangue [puɾus'ãgi] s. m. (pl. **puros-sangues**) thoroughbred.

púr.pu.ra [p'uɾpuɾə] s. f. purple.

pur.pú.reo [puɾp'uɾju] adj. purple, purplish.

pus [p'us] s. m. (med.) pus, matter. **formar ≃** to suppurate, fester.

pu.si.lâ.ni.me [puzil'ʌnimi] s. m. + f. faint-hearted person, weakling. **‖** adj. pusillanimous.

pús.tu.la [p'ustulə] s. f. (med.) pustule, pimple; (fig.) corruption, vice; scoundrel.

pu.ta [p'utə] s. f. (vulg.) tart, whore; (pop.) slag; prostitute, bitch. **filho da ≃** son of a bitch.

pu.tre.fa.ção [putɾefas'ãw] s. f. (pl. **-ções**) putrefaction, decomposition, putridity; corruption.

pu.tre.fa.to [putɾef'atu] adj. putrefied; corrupt.

pu.tre.fa.zer [putɾefaz'eɾ] v. to putrefy; to corrupt.

pú.tri.do [p'utɾidu] adj. putrid; putrified; corrupt.

pu.xa [p'uʃə] interj. of surprise, why! now! gee! golly!

pu.xa.da [puʃ'adə] s. f. draft, act or fact of drawing (as loads by an animal); act of taking in the net (fishing); long way or journey; pull, go.

pu.xa.do [puʃ'adu] adj. (fig.) exorbitant (price); exhaustive (work). **trabalho ≃** hard, difficult work.

pu.xa.dor [puʃad'oɾ] s. m. handle, knob, puller.

pu.xão [puʃ'ãw] s. m. (pl. **-xões**) pull, tug, jerk, yank.

puxa-puxa [puʃap'uʃə] s. f. (pl. **puxa-puxas**) a sticky caramel; toffy.

pu.xar [puʃ'aɾ] v. to pull, draw, haul, drag, tug; to pluck; to resemble; (coll.) to fawn; to take after. **≃ uma conversa** to strike up a conversation. **≃ pela música** to have an inclination for music. **≃ pelas orelhas** to pull a person's ears.

puxa-saco [puʃas'aku] s. m. (pl. **puxa-sacos**) (Braz., coll.) wheedler, cajoler, lickspittle, toady; boot-licker; arse licker.

Q

Q, q [k'e] s. m. sixteenth letter of the Portuguese alphabet.

qua.dra [k'wadrə] s. f. square place; quatrain, quartet; (Braz.) block; (sports) court.

qua.dra.do [kwadr'adu] s. m. square; (geom.) quadrate. **I** adj. square, quadrate; (pop.) stupid.

qua.dra.gé.si.mo [kwadraʒ'ɛzimu] s. m. + num. fortieth.

qua.dran.gu.lar [kwadrãgul'ar] adj. m. + f. quadrangular.

qua.dran.te [kwadr'ãti] s. m. quadrant, the fourth part of a circle; dial (of a clock).

qua.drar [kwad'rar] v. to square (also math.); to quadrate; (fig.) to conform, agree, tally.

qua.dra.tu.ra [kwadrat'urə] s. f. quadrature.

qua.dri.cu.la.do [kwadrikul'adu] adj. m. checkered.

qua.dri.cu.lar [kwadrikul'ar] v. to chequer; to crossline.

qua.dril [kwadr'iw] s. m. (pl. **-dris**) hip, haunch.

qua.dri.lá.te.ro [kwadril'ateru] s. m. quadrilateral; (geom.) four-sided polygon. **I** adj. four-sided.

qua.dri.lha [kwadr'iʎə] s. f. gang, band (thieves); squadron; square dance.

qua.drin.gen.té.si.mo [kwadrĩʒẽt'ɛzimu] s. m. the four hundredth. **I** num. four hundredth.

qua.dro [k'wadru] s. m. square; picture frame; painting, canvas; portrait; (Braz., sports) team. ≃ **a óleo** oil painting. ≃ **de avisos** noticeboard. ≃-**negro** (black)board.

qua.drú.pe.de [kwadr'upedi] s. m. (zool.) quadruped. **I** adj. m. + f. quadruped, four-footed.

qual [k'waw] pron. m. + f. (pl. **quais**) which, that which, that one, such as, who, whom, that. **I** conj. how, as. ≃ **deles?** which of them? ≃ **nada!** of course not! **todos os quais** all of which.

qua.li.da.de [kwalid'adi] s. f. quality; kind, class.

qua.li.fi.ca.ção [kwalifikas'ãw] s. f. (pl. **-ções**) qualification.

qua.li.fi.car [kwalifik'ar] v. to qualify; to designate.

qual.quer [kwawk'ɛr] adj. m. + f. (pl. **quaisquer**) any (person, thing or part), some, a, an, every; either (entre dois), whatever; certain. **I** indef. pron. any (person or thing) one, either, each, everyone. ≃ **dia** any day. ≃ **pessoa** anybody. ≃ **um** anyone, anybody. **de** ≃ **jeito** somehow or other.

quan.do [k'wãdu] adv. when, how soon? at what time? at what (or which) time? **I** conj. when; at which; at what time; as soon as, as; at the time that, while; however. ≃ **menos se espera** quite unexpected. ≃ **muito** at the most, at best. **desde** ≃? since when? **de** ≃ **em** ≃, **de vez em** ≃ occasionally.

quan.ti.a [kwãt'iə] s. f. sum (of money); quantity.

quan.ti.da.de [kwãtid'adi] s. f. quantity. **em** ≃ by heaps, in shoals.

quan.to [k'wãtu] pron. how much, all that, whatever, as much as; ≃**s** how many. **I** adv. how (great, nice, far, much); as to; how much(?); ≃**s** how many(?). ≃ **a isso** for that matter. ≃ **a mim** as for me. **tanto** ≃ as much as. **tudo** ≃ everything that, all that.

quão [k'wãw] adv. how, as. **I** conj. as.

qua.rar [kwar'ar] v. to bleach (clothes by putting them in the sun).

qua.ren.ta [kwar'ẽtə] s. m. + num. forty.

qua.ren.tão [kwarẽt'ãw] s. m. (pl. **-tões**; f. **-tona**) quadragenarian, a forty-year-old person.

qua.ren.te.na [kwarẽt'enə] s. f. quarantine.

qua.ren.to.na [kwarẽt'onə] s. f. quadragenarian woman. **I** adj. f. quadragenarian (woman).

qua.res.ma [kwar'ɛzmə] s. f. Lent.

quar.ta [k'wartə] s. f. quarter, fourth part.

quarta.feira [kwartaf'ejrə] s. f. (pl. **quartas-feiras**) Wednesday. ≃ **de cinzas** Ash Wednesday.

quar.tei.rão [kwartejr'ãw] s. m. (pl. **-rões**) (city) block.

quar.te.jar [kwarteʒ'ar] v. to quarter; devide into quarters.

quar.tel [kwart'ɛw] s. m. (pl. **-téis**) (mil.) quarter, barrack. ≃- **general** general head-quarters.

quar.te.to [kwart'etu] s. m. quartet, quatrain.

quar.ti.nho [kwart'iɲu] s. m. small room or bedroom; cubicle.

quar.to [k'wartu] s. m. the fourth part, a quarter; room; ≃s haunch, flank. ≃ **de despejo** lumber room. ≃ **minguante** the wane of the moon.

quart.zo [k'wartzu] s. m. (min.) quartz.

qua.se [k'wazi] adv. almost, near(ly), closely, well-nigh; approximately. ≃ **nada** next to nothing. ≃ **nunca** almost never. ≃ **sempre** nearly always. ≃ **tão alto** about as high.

qua.tor.ze [kwat'orzi] s. m. + num. fourteen.

qua.tro [k'watru] s. m. num. four.

qua.tro.cen.tos [kwatrus'ẽtus] s. m. + num. four hundred.

que [ke] interrogative pron. what? which? ❚ adv. what, how. ❚ pron. that, which, who, whom, what; (interrogative) what? which? ❚ prep. except, but. ❚ conj. as; for; than; however; that. ≃ **é** ≃ **há?** what's the matter? ≃ **há de novo?** what's new? ≃ **horas são?** what time is it? ≃ **pena!** what a pity! **a fim de** ≃ in order that. **de maneira** ≃ so that.

quê [k'e] s. m. anything, something; difficulty, obstacle, rub; name of the letter **Q**. ❚ interj. of fright and surprise as: why! **não há de** ≃ it's nothing. **por** ≃? why? **um certo** ≃ a certain something.

que.bra [k'ɛbrə] s. f. break(age); fracture; (electr.) interruption of current. ≃-≃ fight, quarrel, row, hurly-burly.

quebra-cabeça [kɛbrakab'esə] s. m. (pl. **quebra-cabeças**) (pop.) puzzle; (fig.) a nut to crack.

que.bra.di.ço [kebrad'isu] adj. fragile; frail, brittle.

que.bra.do [kebr'adu] s. m. (math.) fraction; ≃s small change. ❚ adj. broken; tired; broke. **estou** ≃ I am out of funds.

quebra-luz [kɛbral'us] s. m. (pl. **quebra-luzes**) = abajur.

quebra-mar [kɛbram'ar] s. m. (pl. **quebra-mares**) breakwater, jetty, pier, mole.

quebra-nozes [kɛbran'ɔzis] s. m., sg. + pl. nutcracker.

que.bran.to [kebr'ãtu] s. m. evil eye; prostration.

que.brar [kebr'ar] v. to break; to shatter; ≃-se to break; to split, cleave. ≃ **a palavra** to break one's word. **ele quebrou a cabeça para resolvê-lo** he puzzled his brain over it. **ele quebrou o recorde** he broke the record.

quebra-ventos [kɛbrav'ẽtus] s. m., sg. + pl. windbreak.

que.da [k'ɛdə] s. f. fall; (fig.) decadence; destruction; drop. ≃ **d'água** waterfall.

quei.jo [k'ejʒu] s. m. cheese.

quei.ma [k'ejmə] s. f. burning; bargain sale.

quei.ma.da [kejm'adə] s. f. burn; clearance of ground by fire.

quei.ma.do [kejm'adu] s. m. burnt smell, smell or taste of scorched food; (Braz.) caramel. ❚ adj. burned, burnt; scorched.

quei.ma.du.ra [kejmad'urə] s. f. act of burning; burn.

quei.mar [kejm'ar] v. to burn, destroy or damage by fire; ≃-se to injure o. s. by fire; to dissipate; (Braz.) to take offence, get angry. ≃ **as pestanas** to work or study hard.

quei.xa [k'ejʃə] s. f. complaint; formal accusation.

quei.xar-se [kejʃ'arsi] v. to complain; to lament, to protest; to remonstrate; to repine.

quei.xo [k'ejʃu] s. m. chin, mandible, lower jaw; ≃s the face.

quei.xo.so [kejʃ'ozu] s. m. complainer; plaintiff. ❚ adj. complaining; plaintive, remonstrant.

quei.xu.me [kejʃ'umi] s. m. complaint; lamentation.

quem [k'ẽj] pron. who; whom; one or anybody who. ≃ **de vocês?** which of you? ≃ **quer que seja** whoever, whosoever. ≃ **sabe?** who knows? **como** ≃ **diz** as one usually says. **de** ≃ whose; of whom, from whom. **há** ≃ **diga** it is said, reported.

quen.tão [kẽt'ãw] s. m. (pl. **-tões**) hot white Brazilian rum with ginger, cinnamon and clove.

quen.te [k'ẽti] adj. m. + f. hot.

quen.tu.ra [kẽt'urə] s. f. warmth, heat.

que.pe [k'ɛpi] s. m. (mil.) kepi, cap.

quer [k'ɛr] conj. or; whether or though, notwithstanding. ≈ **ele queira,** ≈ **não** whether he will or not. ≈ **sim,** ≈ **não** whether yes or no. **o que** ≈ **que** whatever.

que.rer [ker'er] s. m. wish, desire, affection, fondness; intention. ‖ v. to wish (for), want, desire, will; to intend; to demand; to request; to crave for; ≈-**se** to like, love one another; to admire each other. ≈ **bem (mal)** to love (hate). **como queira** as you like. **faça como quiser** do as you like. **quando um não quer dois não brigam** it takes two to pick a fight. **queira Deus!** please God! **queira entrar** please come in. **quem tudo quer nada tem** to attempt all is to lose all. **sem** ≈ unintentionally.

que.ri.do [ker'idu] s. m. + adj. darling, dear, beloved. **tornar-se** ≈ to endear o. s.

quer.me.sse [kerm'ɛsi] s. f. kermis, kermess; fair.

que.ro.se.ne [keroz'eni] s. m. (chem.) kerosene.

que.ru.bim [kerub'ĩ] s. m. (pl. **-bins**) cherub.

que.si.to [kez'itu] s. m. inquiry, query, question.

ques.tão [kest'ãw] s. f. (pl. **-tões**) question; inquiry. ≈ **de honra** affair of honour. ≈ **de opinião** a matter of opinion. ≈ **de tempo** question of time. **é uma** ≈ **de gosto** it is a matter of taste. **é uma** ≈ **de vida e morte** it is a case of life and death. **uma** ≈ **de hábito** a matter of habit.

ques.ti.o.nar [kestjon'ar] v. to question; to discuss.

ques.ti.o.ná.rio [kestjon'arju] s. m. questionary.

ques.ti.o.ná.vel [kestjon'avew] adj. m. + f. (pl. **-veis**) questionable; disputable.

qui.a.bei.ro [kjab'ejru] s. m. okra (the shrub).

qui.a.bo [ki'abu] s. m. okra, gumbo (the pods).

qui.çá [kis'a] adv. perhaps, maybe; possibly.

qui.e.tar [kjet'ar] v. to quiet, tranquil(l)ize, pacify.

qui.e.to [k'jɛtu] s. m. (Braz.) rest, tranquil(l)ity. ‖ adj. quiet, tranquil, still; placid.

qui.e.tu.de [kjet'udi] s. f. quietude; peacefulness.

qui.la.tar [kilat'ar] v. to assay.

qui.la.te [kil'ati] s. m. carat, karat.

qui.lha [k'iʎə] s. f. keel; bottom; hull.

qui.lo [k'ilu] s. m. (physiol.) chyle; short for **quilograma.**

qui.lo.gra.ma [kilogr'ʌmə] s. m. kilogram(me).

qui.lo.me.tra.gem [kilometr'aʒẽj] s. f. (pl. **-gens**) a distance or a measuring in kilometres.

qui.lô.me.tro [kil'ometru] s. m. kilometre, kilometer.

qui.lo.watt [kilov'ati] s. m. kilowatt.

qui.me.ra [kim'ɛrə] s. f. (myth.) Chimera, chimera.

qui.mé.ri.co [kim'ɛriku] adj. chimeric(al), fictitious.

quí.mi.ca [k'imikə] s. f. chemistry.

quí.mi.co [k'imiku] s. m. chemist. ‖ adj. chemic(al).

qui.mo.no [kim'onu] s. m. kimono.

qui.na [k'inə] s. f. edge (as of a table top); (bot.) cinchona.

qui.na.do [kin'adu] s. m. cinchonized wine. ‖ adj. quinate; cinchonized.

qui.nar [kin'ar] v. to cinchonize.

quin.dim [kĩd'ĩ] s. m. (pl. **-dins**) (Braz.) a cake made with yolk, sugar and coconut.

qui.né.si.co [kin'ɛziku] adj. kinetic.

qüin.gen.té.si.mo [kwĩʒẽt'ɛzimu] s. m. + num. five hundredth.

qui.nhão [kiñ'ãw] s. m. (pl. **-nhões**) portion, quota.

qui.nhen.tos [kiñ'ẽtus] s. m. + num. five hundred.

qui.ni.no [kin'inu] s. m. quinine salts.

qüin.qua.gé.si.mo [kwĩkwaʒ'ɛzimu] s. m. + num. fiftieth.

quin.qui.lha.ri.as [kĩkiʎar'iəs] s. f. pl. gewgaws; trifle.

quinta-feira [kĩtafejrə] s. f. (pl. **quintas-feiras**) Thursday. ≈ **santa,** ≈ **maior** Maundy Thursday.

quin.tal [kĩt'aw] s. m. (pl. **-tais**) (back)yard; quintal (measure).

quin.ta.nis.ta [kĩtan'istə] s. m. + f. a fifth year student.

quin.te.to [kĩt'etu] s. m. quinte(te).

quin.ti.lha [kĩt'iʎə] s. f. a stanza of five verses.

quin.to [k'ĩtu] s. m. fifth, quint. ‖ num. fifth.

quín.tu.plo [k'ĩtuplu] s. m. quintuple. ‖ adj. fivefold.

quin.ze [k'ĩzi] s. m. + num. fifteen.

quin.ze.na [kĩz'enə] s. f. fortnight, two weeks.

quin.ze.nal [kĩzen'aw] adj. m. + f. (pl. **-nais**) fortnightly, occurring once a fortnight.

qui.os.que [kĩ'ɔski] s. m. kiosk, news-stand, bandstand.

qüi.pro.quó [kwiprok'ɔ] s. m. (lat.) quid pro quo; confusion; fight.

qui.ro.man.te [kirom'ãti] s. m. + f. fortune-teller.

qui.ro.mân.ti.co [kirom'ãtiku] adj. chiromantic(al).

quis.to [k'istu] s. m. (med.) cyst, wen. ‖ adj. (obs.) well-liked; beloved.

qui.ta.ção [kitas'ãw] s. f. (pl. -ções) quittance; receipt.

qui.tan.da [kit'ãdə] s. f. greengrocery; small shop.

qui.tan.dei.ro [kitãd'ejru] s. m. greengrocer.

qui.tar [kit'ar] v. to quit; exempt; ≃-**se** to fee o. s.

qui.te [k'iti] adj. quit, free (from obligations).

qui.tu.te [kit'uti] s. m. (Braz.) dainty, titbit.

qui.xo.tes.co [kiʃot'esku] adj. quixotic, heroic.

qui.xo.tis.mo [kiʃot'izmu] s. m. quixotism.

quo.ci.en.te [kwosi'ẽti] s. m. (math.) quotient.

quo.rum [kw'ɔrũ] s. m. quorum.

quo.ta [k'wɔtə] s. f. quota, share. ≃- **parte** share.

quo.ti.di.a.no [kwotidi'ʌnu] adj. = **cotidiano.**

quo.ti.za.ção [kwotizas'ãw] s. f. (pl. -ções) assessment.

quo.ti.zar [kwotiz'ar] v. to distribute shares; assess.

R

R, r [ˈɛ̃ʀi] s. m. the seventeenth letter of the Portuguese alphabet.
rã [ʀ̃ã] s. f. frog. ≃ **do mar** frogfish.
ra.ba.na.da [ʀ̃abanˈadə] s. f. French toast; stroke with the tail.
ra.ba.ne.te [ʀ̃abanˈeti] s. m. (bot.) radish.
ra.be.ar [ʀ̃abeˈaʀ] v. to wag, whisk (the tail); to move restlessly.
ra.be.ca [ʀ̃abˈɛkə] s. f. fiddle, violin.
ra.be.cão [ʀ̃abekˈãw] s. m. (pl. **-cões**) bass fiddle; double bass.
ra.bei.ra [ʀ̃abˈejrə] s. f. (coll.) back part of anything.
ra.bi [ʀ̃abˈi] s. m. rabbi, Jewish master of religious law.
ra.bi.cho [ʀ̃abiʃu] s. m. pigtail; crupper (of a harness); tail; (Braz., pop.) love, passion.
ra.bi.có [ʀ̃abikˈɔ] adj. tailless, docked.
ra.bi.no [ʀ̃abˈinu] s. m. rabbi.
ra.bis.ca.do [ʀ̃abiskˈadu] adj. scrawly.
ra.bis.car [ʀ̃abiskˈaʀ] v. to scribble, scrawl; to doodle; to scrabble, scratch.
ra.bis.co [ʀ̃abˈisku] s. m. scribble, scrawl; doodle(s); scratch; curlicue, flourish.
ra.bo [ʀ̃ˈabu] s. m. tail, brush; tail feathers, tail fin; stern. **ele meteu o** ≃ **entre as pernas** he became afraid. ≃ **- de-galo** cocktail (appetizer).
ra.bu.do [ʀ̃abˈudu] adj. long-tailed, tailed.
ra.bu.gen.to [ʀ̃abuʒˈẽtu] adj. mangy (dogs); morose.
ra.bu.gi.ce [ʀ̃abuʒˈisi] s. f. peevishness, fretfulness.
ra.ça [ʀ̃ˈasə] s. f. race; generation; origin, descent; species. **a** ≃ **humana** mankind. **cavalo de** ≃ thoroughbred horse.
ra.ção [ʀ̃asˈãw] s. f. (pl. **-ções**) ration, portion.
ra.cha.du.ra [ʀ̃aʃadˈurə] s. f. cleft, fissure, crack; splitting, cleaving.
ra.char [ʀ̃aʃˈaʀ] v. to split, cleave; to splinter. ≃ **-se** to chinck. **ou vai ou racha** it's sink or swim. ≃ **lenha** to chop firewood.

ra.ci.al [ʀ̃asiˈaw] adj. m. + f. (pl. **-ais**) racial.
ra.ci.o.ci.na.dor [ʀ̃asjosinadˈoʀ] s. m. reasoner, ratiocinator. ‖ adj. reasoning.
ra.ci.o.cí.nio [ʀ̃asjosˈinju] s. m. ratiocination, reasoning; thought; judgment; argumentation.
ra.ci.o.nal [ʀ̃asjonˈaw] s. m. (pl. **-nais**) a rational being. ‖ adj. m. + f. rational; reasonable.
ra.ci.o.na.lis.mo [ʀ̃asjonalˈizmu] s. m. rationalism.
ra.ci.o.na.lis.ta [ʀ̃asjonalˈistə] s. m. + f. rationalist.
ra.ci.o.na.li.zar [ʀ̃asjonalizˈaʀ] v. to rationalize; to ratiocinate, reason.
ra.ci.o.na.men.to [ʀ̃asjonamˈẽtu] s. m. rationing, ration.
ra.ci.o.nar [ʀ̃asjonˈaʀ] v. to ration; to supply with rations; to put upon allowance.
ra.cis.mo [ʀ̃asˈizmu] s. m. racism.
ra.dar [ʀ̃adˈaʀ] s. m. radar.
ra.di.a.ção [ʀ̃adjasˈãw] s. f. (pl. **-ções**) irradiation; radiation; radiance, radiancy.
ra.di.a.dor [ʀ̃adjadˈoʀ] s. m. radiator.
ra.di.a.lis.ta [ʀ̃adjalˈistə] s. m. + f. broadcaster.
ra.di.an.te [ʀ̃adiˈãti] adj. m. + f. radiant, brilliant.
ra.di.ar [ʀ̃adiˈaʀ] v. to radiate; to sparkle, scintilate: to diffuse, divulge.
ra.di.ca.do [ʀ̃adikˈadu] adj. radicated.
ra.di.cal [ʀ̃adikˈaw] s. m. + adj. m. + f. (pl. **-cais**) radical.
ra.di.ca.lis.mo [ʀ̃adikalˈizmu] s. m. radicalism.
ra.di.car [ʀ̃adikˈaʀ] v. to radicate, take root; to root.
rá.dio [ʀ̃ˈadju] s. m. (anat.) radius; (chem.) radium; radio. **estação de** ≃ broadcasting station.
ra.di.o.a.ti.vi.da.de [ʀ̃adjuativid'adi] s. f. radioactivity.
ra.di.o.a.ti.vo [ʀ̃adjuatˈivu] adj. radioactive.
ra.di.o.di.fun.dir [ʀ̃adjudifũdˈiʀ] v. to radiobroadcast.

ra.di.o.di.fu.são [r̃adjudifuz'ãw] s. f. (pl. **-sões**) broadcasting.

ra.di.o.di.fu.sor [r̃adjudifuz'or] s. m. broadcasting station, broadcaster. ‖ adj. broadcasting.

ra.di.o.e.mis.so.ra [r̃adjuemis'orə] s. f. radiobroadcasting station.

ra.di.o.fo.ni.zar [r̃adjofoniz'ar] v. to adapt a script for radiobroadcasting.

ra.di.o.gra.far [r̃adjograf'ar] v. to radiograph; to radiotelegraph.

ra.di.o.gra.ma [r̃adjogr'ʌmə] s. m. radiogram.

ra.di.o.i.só.to.po [r̃adjoiz'ɔtopu] s. m. radioisotope.

ra.di.o.lo.gi.a [r̃adjoloʒ'iə] s. f. radiology.

ra.di.o.pe.ra.dor [r̃adjooperad'or] s. m. radio operator.

ra.dio.pa.tru.lha [r̃adiopatr'uʎə] s. f. flying squad, radio patrol. **carro de** ≃ prowl car, squad car.

ra.fi [r̃'afi] s. m. rough draft.

rai.a [r̃'ajə] s. f. line, stroke, streak, limit, boundary; frontier, border.

rai.ar [r̃aj'ar] v. to break (the day), dawn; to emit rays, radiate; to stripe, streak.

ra.i.nha [r̃a'iñə] s. f. queen; queen bee. ≃ **de beleza** miss.

rai.o [r̃'aju] s. m. ray, beam; heat radiation; thunderbolt. ≃ **de ação** sphere of action. **como um** ≃ like a streak.

rai.va [r̃'ajvə] s. f. rage, fury; (vet.) hydrophobia, rabies; hate. **com muita** ≃ angry, furious.

rai.vo.so [r̃ajv'ozu] adj. angry, furious, raging.

ra.iz [r̃a'is] s. f. (pl. **-ízes**) root; base; lower part, bottom. ≃ **cúbica** cube root. ≃ **quadrada** square root. ≃ **forte** horseradish.

ra.ja.da [r̃aʒ'adə] s. f. gust of wind, squall, blast; impetuousness; volley of shots, machine gun blast.

ra.ja.do [r̃aʒ'adu] adj. striped, streaked, mottled.

ra.la.dor [r̃alad'or] s. m. grater, rasper.

ra.la.du.ra [r̃alad'urə] s. f. raspings, scrapings.

ra.lar [r̃al'ar] v. to grate, rasp.

ra.lé [r̃al'ɛ] s. f. common people, riffraff, rabble, mob.

ra.lhar [r̃aʎ'ar] v. to scold, rail; to chide.

ra.lo [r̃'alu] s. m. grater, rasper. ‖ adj. thin, rare, diluted.

ra.ma [r̃'ʌmə] s. f. branches, boughs (of a tree); foliage; (weav.) tenter.

ra.ma.da [r̃am'adə] s. f. branches, boughs; foliage; trellis; arbour, bower.

ra.ma.gem [r̃am'aʒẽj] s. f. (pl. **-gens**) branches, boughs, foliage; (arts) floral or leaf pattern.

ra.mal [r̃am'aw] s. m. (pl. **-mais**) strands (of a yarn or rope); railroad, extension line (telephone).

ra.ma.lhe.te [r̃amaʎ'eti] s. m. little branch; little bunch of flowers, bouquet.

ra.me.lo.so [r̃amel'ozu] adj. blear-eyed, bleary.

ra.mer.rão [r̃amer̃'ãw] s. m. (pl. **-rões**) monotonous sound, dull routine, rut.

ra.mi.fi.ca.ção [r̃amifikas'ãw] s. f. (pl. **-ções**) ramification.

ra.mi.fi.car [r̃amifik'ar] v. to divide into branches, ramify; to furcate, subdivide; ≃**-se** to branch off; (fig.) to propagate, diffuse.

ra.mi.nho [r̃am'iñu] s. m. twig.

ra.mo [r̃'ʌmu] s. m. branch, bough; twig, sprig; offshoot; bunch of flowers, nosegay.

ram.pa [r̃'ãpə] s. f. ramp, sloping roadway; stage.

ran.cho [r̃'ãʃu] s. m. group of wanderers or revellers; fare; hut, shelter, rancho.

ran.ço [r̃'ãsu] s. m. rancidity, rancidness, ranksmell; mustiness. ‖ adj. rancid, rank.

ran.cor [r̃ãk'or] s. m. rancour, deep-seated hate; resentment. **sem** ≃ unresentful **ter** ≃ **contra** to bear s. o. a grudge.

ran.co.ro.so [r̃ãkor'ozu] adj. rancorous, resentful.

ran.ço.so [r̃ãs'ozu] adj. rancid, rusty, rank; musty.

ran.ger [r̃ãʒ'er] v. to screak, creak; to grate, grit.

ran.gi.do [r̃ãʒ'idu] s. m. creaking, gnashing, screak.

ran.nhe.ta [r̃ãñ'etə] s. m. + f. impertinent person.

ran.nho [r̃'ʌñu] s. m. snivel, snot, mucus (nose).

ran.nhu.ra [r̃ãñ'urə] s. f. groove; notch; slot.

ran.zin.zá [r̃ãz'ĩzə] adj. m. + f. sullen, sulky; unruly.

ran.zin.zar [r̃ãzĩz'ar] v. to be or become sullen.

ra.pa.do [r̃ap'adu] adj. scraped, rasped; cropped.

ra.pa.du.ra [r̃apad'urə] s. f. scraping; block of raw brown sugar.

ra.pa.gão [r̃apag'ãw] s. m. (pl. **-gões**) strong, healthy lad; strapping boy.

ra.pa.pé [r̃apap'ɛ] s. m. curtsy, scrape; servile greeting; flattery, adulation.

ra.par [r̃ap'ar] v. to scrape; (fig.) to use or remove to the end (money from a fund; food from a pan etc.).

ra.paz [r̃ap'as] s. m. boy; lad; youngster; young man, fellow, chap.

ra.pa.zi.a.da [r̃apazi'adə] s. f. a lot of boys, gang of urchins; folly, prank; spree.

ra.pa.zi.nho [r̃apaz'iɲu] s. m. little boy, kid.

ra.pa.zo.la [r̃apaz'ɔlə] s. m. lad, young man.

ra.pa.zo.te [r̃apaz'ɔti] s. m. little boy, urchin.

ra.pé [r̃ap'ɛ] s. m. snuff, rappee.

ra.pi.dez [r̃apid'es] s. f. rapidity; quickness; swiftness.

rá.pi.do [r̃'apidu] adj. rapid, quick, swift; speedy; sudden.

ra.pi.na [r̃ap'inə] s. f. rapine, robbery, plunder. **ave de** ≃ bird of prey.

ra.pi.nar [r̃apin'ar] v. to rob, plunder; to commit robbery, take away by force.

ra.po.sa [r̃ap'ozə] s. f. fox; vixen; (fig.) sly fellow.

rap.só.dia [r̃aps'ɔdjə] s. f. rhapsody.

rap.tar [r̃apt'ar] v. to ravish, abduct; to kidnap; to rob, plunder; to grab.

rap.to [r̃'aptu] s. m. abduction, ravishment; kidnapping; pillage, plunder.

rap.tor [r̃apt'or] s. m. abductor, ravisher, kidnapper. ‖ adj. abducting.

ra.que.te [r̃ak'eti] s. f. racket, racquet; snowshoe.

ra.quí.ti.co [r̃ak'itiku] adj. rickety; scrubby, stunted; (fig.) very small, thin and weak.

ra.re.ar [r̃are'ar] v. to rarefy; ≃ **-se** to become scarce, rare or thin.

ra.re.fa.ção [r̃arefas'ãw] s. f. (pl. **-ções**) rarefaction, rarefication, tenuity.

ra.re.fa.zer [r̃arefaz'er] v. to rarefy; make thin, rare or scarce; ≃ **-se** to become scarce.

ra.re.fei.to [r̃aref'ejtu] adj. rarefied, less dense, tenuous.

ra.ri.da.de [r̃arid'adi] s. f. rareness, rarity; infrequency; unusualness; singularity.

ra.ro [r̃'aru] adj. rare, seldom; thin, not dense; unusual; scarce; small in number.

ra.san.te [r̃az'ãti] adj. m. + f. levelling; smoothing, skimming.

ras.cu.nhar [r̃askuɲar] v. to sketch, outline.

ras.cu.nho [r̃ask'uɲu] s. m. first plan, draft, sketch; rough copy.

ras.ga.do [r̃azg'adu] adj. torn, rent; frank, open; unconstrained.

ras.gão [r̃azg'ãw] s. m. (pl. **-gões**) tear, rent, gash.

ras.gar [r̃azg'ar] v. to tear, rend; ≃ **-se** to manisfest itself. ≃ **em pedaços** to tear to pieces.

ras.go [r̃'azgu] s. m. rip, tear; split, cleft; scratch.

ra.so [r̃'azu] adj. level; flat, plain. **corrida -a** flat race. **soldado** ≃ private. **tábua -a** tabula rasa; shallow.

ras.pa [r̃'aspə] s. f. shaving, scrapings, filings, chip.

ras.pa.dei.ra [r̃aspad'ejrə] s. f. scraper; rasp; eraser.

ras.pa.do [r̃asp'adu] adj. shaven.

ras.pa.dor [r̃aspad'or] s. m. craper. ‖ adj. rasping.

ras.pa.du.ra [r̃aspad'urə] s. f. scrapings; erasure.

ras.pan.ça [r̃asp'ãsə] s. f. scrapings; reprimand.

ras.pão [r̃asp'ãw] s. m. (pl. **-pões**) scratch; chafing.

ras.par [r̃asp'ar] v. to scrape, scratch; to erase

ras.tei.ra [r̃ast'ejrə] s. f. (pop.) act of tripping a person up, trip. **dar ou passar uma** ≃ **em** to trip a person up; to deceive s. o.

ras.tei.ro [r̃ast'ejru] adj. creeping, crawling; low; humble; contemptible.

ras.te.ja.dor [r̃asteʒad'or] s. m. searcher. ‖ adj. searching, trailing; tracing.

ras.te.jar [r̃asteʒ'ar] v. to trace, track; to follow the track, pursue; to crawl.

ras.to [r̃'astu] s. m. track, trace; mark, sign; step, footprint; vestige; clue.

ras.tre.ar [r̃astre'ar] v. to trace, track; to trace down, pursue; to investigate.

ra.su.ra [r̃az'urə] s. f. erasure, rasure.

ra.su.rar [r̃azur'ar] v. to erase, blot out.

ra.ta [r̃'atə] s. f. female rat; failure, flop, blunder.

ra.ta.ri.a [r̃atar'iə] s. f. lots of rats.

ra.ta.za.na [r̃ataz'ʌnə] s. f. (zool.) female rat; large rat; (Braz., sl.) thief.

ra.te.a.dor [r̃atead'or] s. m. portioner.

ra.te.ar [r̃at'ear] v. to divide proportionally.

ra.tei.o [r̄at'eju] s. m. apportionment; share; (naut.) average.

ra.ti.fi.ca.ção [r̄atifikas'ãw] s. f. (pl. **-ções**) ratification.

ra.ti.fi.car [r̄atifik'ar] v. to ratify; to confirm.

ra.ti.fi.cá.vel [r̄atifik'avew] adj. m. + f. (pl. **-veis**) ratifiable, confirmable, sanctionable.

ra.to [r̄'atu] s. m. mouse, rat; (fig.) thief, pilferer. ‖ adj. mouse-coloured. ≃ **de biblioteca** (fig.) bookworm.

ra.to.ei.ra [r̄ato'ejrə] s. f. mousetrap; artifice; snare.

ra.vi.na [r̄av'inə] s. f. mountain stream; ravine.

ra.zão [r̄az'ãw] s. f. (pl. **-zões**) reason, reasoning power; good sense, right judgment; justice, right; moral law. **com toda** ≃ with good reason. **ele tem** ≃ he is quite right. **sem** ≃ reasonless.

ra.zo.á.vel [r̄azo'avew] adj. m. + f. (pl. **-veis**) reasonable, sensible; rational, sane.

ré [r̄'ɛ] s. f. (jur.) female defendant or criminal; s. m. (mus.) re, D; second note in the scale of C; stern of a ship. **à** ≃ (naut.) astern. **marcha à** ≃ reverse speed, gear.

re.a.bas.te.cer [r̄eabastes'er] v. to supply with fresh provisions; to replenish.

re.a.bas.te.ci.men.to [r̄eabastesim'ẽtu] s. m. replenishment.

re.a.ber.tu.ra [r̄eabert'urə] s. f. reopening.

re.a.bi.li.ta.ção [r̄eabilitas'ãw] s. f. (pl. **-ções**) rehabilitation; reinstatement; recognition.

re.a.bi.li.tar [r̄eabilit'ar] v. to rehabilitate; to whitewash; ≃**-se** to become regenerate.

re.ab.sor.ver [r̄eabsorv'er] v. to reabsorb, resorb.

re.a.ção [r̄eas'ãw] s. f. (pl. **-ções**) reaction; (mech.) resistance, (pol.) countertendency. ≃ **em cadeia** chain reaction.

re.a.ci.o.ná.rio [r̄easjon'arju] s. m. + adj. reactionary.

re.ad.mis.são [r̄eadmis'ãw] s. f. (pl. **-sões**) readmission.

re.ad.mi.tir [r̄eadmit'ir] v. to readmit, admit again.

re.ad.qui.rir [r̄eadkir'ir] v. to reacquire; to recover.

re.a.fir.ma.ção [r̄eafirmas'ãw] s. f. (pl. **-ções**) reaffirmation, reassertment.

re.a.fir.mar [r̄eafirm'ar] v. to reaffirm, reassert.

re.a.gen.te [r̄eaʒ'ẽti] s. m. agent; (chem.) reagent. ‖ adj. m. + f. reactive, reacting.

re.a.gir [r̄eaʒ'ir] v. to react; to answer; to resist.

re.a.gru.par [r̄eagrup'ar] v. to regroup, reassemble.

re.a.jus.ta.men.to [r̄eaʒustam'ẽtu] s. m. readjustment.

re.a.jus.tar [r̄eaʒust'ar] v. to readjust, adjust anew.

re.al [r̄e'aw] s. m. (pl. **-ais**) reality, fact. ‖ adj. real, actual, factual; true, truthful; genuine; royal, regal, kingly; magnificent. ‖ ≃ **mente** adv. really.

re.al.çar [r̄eaws'ar] v. to bring to flight, to give importance to, to enhance; ≃**-se** to rise, ascend, come to prominence.

re.al.ce [r̄e'awsi] s. m. distinction; enhancement.

re.a.le.jo [r̄eal'eʒu] s. m. street organ, barrel organ.

re.a.le.za [r̄eal'ezə] s. f. royalty, regality; kingship.

re.a.li.da.de [r̄ealid'adi] s. f. reality, realness; actuality, fact; truth. **na** ≃ as a matter of fact, for true. **enfrentar a** ≃ to meet facts.

re.a.lis.mo [r̄eal'izmu] s. m. realism (also philos. and lit.).

re.a.lis.ta [r̄eal'istə] s. m. + f. realist. ‖ adj. m. + f. realistic(al). **espírito** ≃ a fact-facing mind.

re.a.lís.ti.co [r̄eal'istiku] adj. realistic.

re.a.li.za.ção [r̄ealizas'ãw] s. f. (pl. **-ções**) realization, accomplishment, fulfilment.

re.a.li.zar [r̄ealiz'ar] v. to realize; to accomplish; to consummate; (com.) to transact; to perceive; ≃**-se** to happen, take effect.

re.a.li.zá.vel [r̄ealiz'avew] adj. m. + f. (pl. **-veis**), acccomplishable, feasible, practicable, possible, realizable.

re.a.ni.ma.ção [r̄eanimas'ãw] s. f. (pl. **-ções**) reanimation.

re.a.ni.mar [r̄eanim'ar] v. to reanimate, restore to life.

re.a.pa.re.cer [r̄eapares'er] v. to reappear, appear again.

re.a.pa.re.lhar [r̄eapareʎ'ar] v. to re-equip, refit.

re.a.pre.sen.tar [r̄eaprezẽt'ar] v. to present or play again.

re.ar.ma.men.to [r̄earmam'ētu] s. m. rearmament.

re.as.su.mir [r̄easum'ir] v. to reassume, assume again; to reacquire; to retake, recover.

re.a.tar [r̄eat'ar] v. to rebind, reattach; to reassume, re-establish; to renew; to recommence.

re.a.ti.var [r̄eativ'ar] v. to reactivate, revive, reanimate.

re.a.tor [r̄eat'or] s. m. reactor, reagent. ‖ adj. reacting.

re.a.ver [r̄eav'er] v. to have again, get back; to reobtain, recover; to retrieve.

re.a.vi.var [r̄eaviv'ar] v. to revive (memories); to recall; to renew.

re.bai.xa.men.to [r̄ebajʃam'ētu] s. m. lowering; reduction.

re.bai.xar [r̄ebajʃ'ar] v. to lower, let down; ≃-se to debase o. s.; to humble o. s.

re.ba.nhar [r̄ebañ'ar] v. to unite in a herd, form a flock; to gather; to crowd together.

re.ba.nho [r̄eb'ʌñu] s. m. flock of sheep, herd of cattle; drove; cattle; (rel.) congregation.

re.bar.ba [r̄eb'arbə] s. f. sharp edge, barb; (met.) burr, fin.

re.ba.te [r̄eb'ati] s. m. act or effect of striking again; repelling.

re.ba.ter [r̄ebat'er] v. to strike again; to repel; to refute; (sports) to return, kick back.

re.ba.ti.da [r̄ebat'idə] s. f. repellence; act of driving back (enemy); refutation, disprove.

re.ba.ti.do [r̄ebat'idu] adj. repelled, beaten back; refuted, disproved.

re.ba.ti.men.to [r̄ebatim'ētu] s. m. striking, beating again; reverberation.

re.be.lar [r̄ebel'ar] v. to cause to revolt; ≃-se to stand up against, rise.

re.bel.de [r̄eb'ɛwdi] s. m. + f. rebel, insurgent. ‖ adj. m. + f. rebel, revolutionary.

re.bel.di.a [r̄ebewd'iə] s. f. rebellion, insurrection, revolt; (fig.) opposition; obstinacy.

re.be.li.ão [r̄ebeli'ãw] s. f. (pl. -ões) rebellion, revolt; mutiny.

re.ben.ta.ção [r̄ebētas'ãw] s. f. (pl. -ções) act of bursting, breaking open; pounding of waves, surf.

re.ben.tar [r̄ebēt'ar] v. to burst, split open; to blow up, explode.

re.ben.to [r̄eb'ētu] s. m. shoot, sprout; sapling; (fig.) offspring; (fig.) product.

re.bi.tar [r̄ebit'ar] v. to rivet; to clinch (bolts, nails).

re.bi.te [r̄eb'iti] s. m. rivet; clinch.

re.bo.ar [r̄ebo'ar] v. to resound, reecho, reverberate.

re.bo.ca.do [r̄ebok'adu] adj. plastered, coated; towed; (fig.) excessively made-up (of face).

re.bo.ca.dor [r̄ebokad'or] s. m. tug, towboat. ‖ adj. towing; plastering.

re.bo.car [r̄ebok'ar] v. to plaster, coat with stucco; to tow.

re.bo.co [r̄eb'oku] s. m. plaster, roughcast.

re.bo.la.do [r̄ebol'adu] s. m. swinging movement of the hips, hipswinging; swaying or waddling motion.

re.bo.lar [r̄ebol'ar] v. to roll, tumble; to shake the hips, hipswing, waddle; ≃-se to swagger, wiggle, shake one's body; to wallow, welter.

re.bo.lo [r̄eb'olu] s. m. grindstone; abrasive wheel.

re.bo.que [r̄eb'ɔki] s. m. act of towing; towrope; plaster, roughcast.

re.bor.do [r̄eb'ordu] s. m. turned edge, brim, fold.

re.bor.do.sa [r̄ebord'ɔzə] s. f. censure, reprimand, reproof; disease; difficult situation.

re.bo.ta.lho [r̄ebot'aʎu] s. m. trash, rubbish, junk; refuse, dregs; scum, dross, trifles.

re.bo.te [r̄eb'ɔti] s. m. (Braz.) second rebound (of a ball or football).

re.bu.li.ço [r̄ebul'isu] s. m. clamour, noise, uproar; tumult; fuss; confusion, medley.

re.bus.ca.do [r̄ebusk'adu] adj. searched for; (fig.) highly refined or cultured, accomplished.

re.bus.car [r̄ebusk'ar] v. to search again; to search thoroughly; to refine, perfect.

re.ca.do [r̄ek'adu] s. m. verbal communication, word; message. **deixar** ≃ to leave word. **ele mandou** ≃ he sent word.

re.ca.í.da [r̄eka'idə] s. f. falling back; relapse.

re.ca.ir [r̄eka'ir] v. to fall again, fall back; to befall, occur.

re.cal.ca.do [r̄ekawk'adu] adj. depressed; beaten down.

re.cal.car [r̄ekawk'ar] v. to step on; to press down.

re.cal.ci.tran.te [r̄ekawsitr'ãti] s. + adj. m. + f. recalcitrant.

re.cal.ci.trar [r̄ekawsitr'ar] v. to recalcitrate; to resist.

re.cal.cu.lar [r̄ekaukul'ar] v. to recalculate, recount.

re.cal.que [r̄ek'awki] s. m. pressing down; repression.

re.cam.bi.ar [r̄ekãbi'ar] v. (com.) to return; to rechange; to devolve; pass on.

re.can.to [r̄ek'ãtu] s. m. recess, nook, corner; hiding place; retreat; cubbyhole.

re.ca.pi.tu.la.ção [r̄ekapitulas'ãw] s. f. (pl. -ções) recapitulation. **curso de** ≃ refresher course.

re.ca.pi.tu.lar [r̄ekapitul'ar] v. to recapitulate.

re.cap.tu.rar [r̄ekaptur'ar] v. to recapture, capture again.

re.car.re.gar [r̄ekar̄eg'ar] v. to reload, recharge.

re.ca.ta.do [r̄ekat'adu] adj. modest, moderate.

re.ca.tar [r̄ekat'ar] v. to keep in safety, in secrecy; ≃-se to be cautious, simple.

re.ca.to [r̄ek'atu] s. m. modesty, bashfulness; honesty; caution; reservedness.

re.cau.chu.ta.do [r̄ekawʃut'adu] adj. recapped (tires), retreaded.

re.cau.chu.tar [r̄ekawʃut'ar] v. to recap, retread (tires).

re.ce.ar [r̄ese'ar] v. to fear, dread, be apprehensive.

re.ce.be.dor [r̄esebed'or] s. m. receiver. ‖ adj. receiving, gathering, collecting.

re.ce.be.do.ri.a [r̄esebedor'iə] s. f. office of tax-collector, excise office; treasury; collectorship.

re.ce.ber [r̄eseb'er] v. to accept, take, get; to receive; to take in as guest.

re.ce.bi.men.to [r̄esebim'ẽtu] s. m. receiving; reception; receipt; admission.

re.cei.o [r̄es'eju] s. m. fear; apprehension; distrust.

re.cei.ta [r̄es'ejtə] s. f. income, revenue, proceeds; budget; (med.) recipe; prescription.

re.cei.tar [r̄esejt'ar] v. (med.) to prescribe (a remedy); to advise, counsel.

re.cém-ca.sa.do [r̄esẽkaz'adu] adj. (pl. **recém-casados**) newly married or wed.

re.cém-che.ga.do [r̄esẽʃeg'adu] s. m. (pl. **recém-chegados**) newcomer. ‖ adj. newly arrived; fresh.

re.cém-nas.ci.do [r̄esẽnas'idu] s. m. (pl. **recém-nascidos**) a newborn baby. ‖ adj. newborn.

re.cen.der [r̄esẽd'er] v. to smell sweetly.

re.cen.se.a.do [r̄esẽse'adu] s. m. registered voter. ‖ adj. registered, polled.

re.cen.se.a.dor [r̄esẽsead'or] s. m. census taker. ‖ adj. registering, polling.

re.cen.se.a.men.to [r̄esẽseam'ẽtu] s. m. census; survey.

re.cen.se.ar [r̄esẽse'ar] v. to take a census or poll; to survey, verify; to enumerate.

re.cen.te [r̄es'ẽti] adj. m. + f. recent; modern.

re.ce.o.so [r̄ese'ozu] adj. afraid, fearful; anxious.

re.cep.ção [r̄eseps'ãw] s. f. (pl. -ções) reception; receipt.

re.cep.ci.o.nar [r̄esepsjon'ar] v. to receive guests, entertain, throw a party.

re.cep.ta.dor [r̄eseptad'or] s. m. receiver of stolen or forbidden goods; (sl.) fence. ‖ adj. receiving; fencing.

re.cep.tar [r̄esept'ar] v. to receive, conceal (stolen goods).

re.cep.ti.vi.da.de [r̄eseptivid'adi] s. f. receptivity.

re.cep.tor [r̄esept'or] s. m. receiver, cashier, treasurer; receptor.

re.ces.são [r̄eses'ãw] s. f. (pl. -sões) (econ.) recession.

re.ces.si.vo [r̄eses'ivu] adj. recessive.

re.ces.so [r̄es'ɛsu] s. m. recess, corner; alcove; niche; retreat; hiding place; retirement.

re.cha.çar [r̄eʃas'ar] v. to repel, repulse; to throw back, fight off; to oppose; to refute.

re.che.a.do [r̄eʃe'adu] s. m. stuffing. ‖ adj. stuffed, filled, full, replete.

re.che.ar [r̄eʃe'ar] v. to stuff, fill with seasoning.

re.chei.o [r̄eʃ'eju] s. m. stuffing, farcing; act of stuffing; filling; dressing.

re.chon.chu.do [r̄eʃõʃ'udu] adj. thickset, round, rotund, stumpy.

re.ci.bo [r̄es'ibu] s. m. written receipt, acquittance, voucher. **dar o** ≃ to hand over the quittance. **passar** ≃ to write out a receipt.

re.ci.cla.gem [r̄esikl'aʒẽj] s. f. (pl. -gens) recycling.

re.ci.clar [r̄esikl'ar] v. to recycle.

re.ci.fe [r̄es'ifi] s. m. reef, skerry, key.

re.cin.to [r̄es'ĩtu] s. m. enclosure, enclosed space; verge, precinct, limited area.

re.ci.pi.en.te [r̄esipi'ẽti] s. m. recipient, receiver, vessel. ‖ adj. m. + f. recipient.

re.ci.pro.car [r̄esiprok'ar] v. to reciprocate, exchange.

re.ci.pro.ci.da.de [r̄esiprosid'adi] s. f. reciprocity.

re.cí.pro.co [r̄es'iproku] s. m. (gram.) reciprocal verb; (math.) reciprocal proportion. ‖ adj. reciprocal, reciprocative; mutual.

re.ci.ta.do [r̄esit'adu] s. m. recitation. ‖ adj. recited.

re.ci.tal [r̄esit'aw] s. m. (pl. -tais) recital, concert.

re.ci.tar [r̄esit'ar] v. to recite, declaim.

re.cla.ma.ção [r̄eklamas'ãw] s. f. (pl. -ções) reclamation, complaint.

re.cla.mar [r̄eklam'ar] v. to oppose o. s. to; to object; to protest, complain; to vindicate.

re.cla.me [r̄ekl'ʌmi] s. m. propaganda; advertisement.

re.cli.na.ção [r̄eklinas'ãw] s. f. (pl. -ções) reclination.

re.cli.na.do [r̄eklin'adu] adj. turned or curved down or backwards, reclined.

re.cli.nar [r̄eklin'ar] v. to lean back, recline; ≃-se to rest, repose.

re.clu.so [r̄ekl'uzu] s. m. recluse, hermit, monk. ‖ adj. recluse, solitary, cloistered.

re.co.brar [r̄ekobr'ar] v. to acquire again; to recover, recuperate; to retrieve; ≃-se to be restored to health, rally, cheer up.

re.co.brir [r̄ekobr'ir] v. to cover again; ≃-se to cover o. s. again.

re.co.lhe.dor [r̄ekoʎed'or] s. m. gatherer, collector.

re.co.lher [r̄ekoʎ'er] v. to guard, preserve; to take care of; ≃-se to seek refuge; to retire, go to bed; to meditate.

re.co.lhi.da [r̄ekoʎ'idə] s. f. retirement, retreat; withdrawal, driving in of the cattle.

re.co.lhi.do [r̄ekoʎ'idu] adj. retired; solitary, secluded; withdrawn; meditating.

re.co.lhi.men.to [r̄ekoʎim'ẽtu] s. m. retiring, retirement; contemplation.

re.co.lo.car [r̄ekolok'ar] v. to put back, restore.

re.co.lo.ni.zar [r̄ekoloniz'ar] v. to recolonize, resettle.

re.co.me.çar [r̄ekomes'ar] v. to recommence, begin again, resume, continue.

re.co.me.ço [r̄ekom'esu] s. m. recommencement.

re.co.men.da.ção [r̄ekomẽdas'ãw] s. f. (pl. -ções) recommendation; advice, suggestion; ≃s greetings, compliments, regards.

re.co.men.dar [r̄ekomẽd'ar] v. to recommend.

re.com.pen.sa [r̄ekõp'ẽsə] s. f. recompense, reward.

re.com.pen.sar [r̄ekõpẽs'ar] v. to retribute; to reward, to indemnify, repair.

re.com.pen.sá.vel [r̄ekõpẽs'avew] adj. m. + f. (pl. -veis) awardable; rewardable.

re.com.por [r̄ekõp'or] v. to recompose, compose again; to reconcile, harmonize.

re.com.po.si.ção [r̄ekõpozis'ãw] s. f. (pl. -ções) recomposition, rearrangement.

re.côn.ca.vo [r̄ek'õkavu] s. m. deep cave, grotto, hollow; fold; den, lair.

re.con.ci.li.a.ção [r̄ekõsiljas'ãw] s. f. (pl. -ções) reconciliation, reconcilement.

re.con.ci.li.a.dor [r̄ekõsiljad'or] s. m. reconciler. ‖ adj. reconciling, reconciliatory.

re.con.ci.li.ar [r̄ekõsili'ar] v. to reconcile, conciliate; to establish peace (among, between).

re.con.ci.li.á.vel [r̄ekõsili'avew] adj. m. + f. (pl. -veis) reconcilable, capable of reconciliation.

re.con.di.ci.o.nar [r̄ekõdsjon'ar] v. to recondition, overhaul.

re.côn.di.to [r̄ek'õditu] s. m. corner, recess. ‖ adj. recondite; unknown; obscure.

re.con.du.zir [r̄ekõduz'ir] v. to lead back, reconduct.

re.con.for.tan.te [r̄ekõfort'ãti] s. m. (med.) restorative, tonic. ‖ adj. m. + f. comforting, restorative, reinvigorating.

re.con.for.tar [r̄ekõfort'ar] v. to recomfort; to refresh; to reinvigorate; to stimulate.

re.co.nhe.cer [r̄ekoñes'er] v. to recognize, know again; to acknowledge, admit; ≃-se to make a confession, own up, declare o. s.

re.co.nhe.ci.do [r̄ekonẽs'idu] adj. thankful, grateful; recognized; admitted; avowed.

re.co.nhe.ci.men.to [r̄ekoñesim'ẽtu] s. m. recognition.

re.co.nhe.cí.vel [r̄ekoñes'ivew] adj. m. + f. (pl. -veis) recognizable, acknowledgeable.

re.con.quis.ta [r̄ekõk'istə] s. f. reconquest, reconquering, aim of conquest.

re.con.quis.tar [r̄ekõkist'ar] v. to reconquer, conquer again, to retake by force.

re.con.si.de.ra.ção [r̄ekõsideras'ãw] s. f. (pl. -ções) reconsideration; change of mind.

re.con.si.de.rar [r̄ekõsider'ar] v. to reconsider; to ponder.

re.cons.ti.tu.ir [r̄ekõstitu'ir] v. to reconstitute; to rebuild.

re.cons.tru.ção [r̄ekõstrus'ãw] s. f. (pl. -ções) reconstruction, rebuilding; reorganization.

re.cons.tru.ir [r̄ekôstru'ir] v. to reconstruct, rebuild.

re.con.tar [r̄ekôt'ar] v. to count again, recount.

re.con.va.les.cen.ça [r̄ekôvales'ēsə] s. f. reconvalescence.

re.con.va.les.cen.te [r̄ekôvales'ēti] s. m. + f. reconvalescent.

re.con.va.les.cer [r̄ekôvales'er] v. to recover from illness; to get better; to be restored (health).

re.cor.da.ção [r̄ekordas'ãw] s. f. (pl. -ções) remembrance, recordation, reminescence.

re.cor.dar [r̄ekord'ar] v. to remember, recall; to relive.

re.cor.de [r̄ek'ordi] s. m. record (in sports), special prowess, feat, accomplishment.

re.cor.dis.ta [r̄ekord'istə] s. m. + f. record holder, champion. **l** adj. record-holding.

re.cor.rer [r̄ekor̄'er] v. to run over, go through again; to search; to scrutinize; (jur.) to appeal.

re.cor.ta.do [r̄ekort'adu] adj. indented.

re.cor.tar [r̄ekort'ar] v. to cut out, trim, clip; to slash.

re.cor.te [r̄ek'orti] s. m. newspaper clipping, press cutting; pruning.

re.cos.tar [r̄ekost'ar] v. to recline, lean back; to bend.

re.cos.to [r̄ek'ostu] s. m. resting place; lounge; sofa, couch; mountain slope, hillside.

re.co.zer [r̄ekoz'er] v. to cook; to boil or bake again.

re.co.zi.men.to [r̄ekozim'ētu] s. m. cooking, boiling; overcooking; overboiling; annealing.

re.cre.a.ção [r̄ekreas'ãw] s. f. (pl. -ções) recreation.

re.cre.ar [r̄ekre'ar] v. to recreate; to entertain.

re.cre.a.ti.vo [r̄ekreat'ivu] adj. recreative, refreshing.

re.crei.o [r̄ekr'eju] s. m. recreation; relaxation; interval; school recess time. **hora de** ≃ playtime. **viagem de** ≃ pleasure trip.

re.cres.ci.men.to [r̄ekresim'ētu] s. m. regrowth, new growth; increase, augmentation.

re.cri.mi.na.ção [r̄ekriminas'ãw] s. f. (pl. -ções) recrimination; exprobration.

re.cri.mi.na.dor [r̄ekriminad'or] s. m. recriminator. **l** adj. recriminating, recriminatory.

re.cri.mi.nar [r̄ekrimin'ar] v. to recriminate; to reproach.

re.cru.des.cên.cia [r̄ekrudes'ēsjə] s. f. recrudescence.

re.cru.des.cer [r̄ekrudes'er] v. to recrudesce.

re.cru.ta [r̄ekr'utə] s. m. (mil.) recruit; beginner.

re.cru.ta.men.to [r̄ekrutam'ētu] s. m. (mil.) recruitment, recruiting; enlistment; canvassing.

re.cru.tar [r̄ekrut'ar] v. (mil.) to recruit; to enlist, draft; to canvass.

re.cu.ar [r̄eku'ar] v. to put, pull or draw back; to regress, retrace one's steps; to walk back, move backward, retreat.

re.cul.ti.var [r̄ekuwtiv'ar] v. to recultivate, cultivate again.

re.cu.o [r̄ek'uu] s. m. retrocession; recoiling, recoil; recession; kick (firearms); retreat.

re.cu.pe.ra.ção [r̄ekuperas'ãw] s. f. (pl. -ções) recuperation, recovery.

re.cu.pe.rar [r̄ekuper'ar] v. to recuperate, recover.

re.cu.pe.rá.vel [r̄ekuper'avew] adj. m. + f. (pl. -veis) recuperable, recoverable; retrievable.

re.cur.so [r̄ek'ursu] s. m. (jur.) appeal, recourse; reclamation, claim, complaint; petition; ≃s riches, wealth, possessions; refuge, shelter, haven. **em último** ≃ in the last resort. **ela está sem** ≃s she is resourceless. **ter** ≃s to be well-off.

re.cur.var [r̄ekurv'ar] v. to curve again, recurve.

re.cu.sa [r̄ek'uzə] s. f. denial, refusal; rejection.

re.cu.sar [r̄ekuz'ar] v. to refuse, deny; ≃-se to refuse obedience, resist, rebel.

re.cu.sá.vel [r̄ekuz'avew] adj. m. + f. (pl. -veis) refusable.

re.da.ção [r̄edas'ãw] s. f. (pl. -ções) redaction; editorship; editorial staff.

re.da.tor [r̄edat'or] s. m. editor; ≃es editorial staff. ≃ **chefe** editor in chief.

re.de [r̄'edi] s. f. fabric wrought or woven into meshes; hammock; net. ≃ **de fofocas** grapevine. ≃ **de proteção** guard net. **cair na** ≃ to fall into the trap.

ré.dea [r̄'ɛdjə] s. f. reins, bridle; (fig.) direction. **dar** ≃s à imaginação to give reins to one's imagination.

re.de.mo.i.nho [r̄edemo'iñu] s. m. whirl, whirlpool; swirl; eddy, vortex; whirlwind.

re.den.ção [r̄edēs'ãw] s. f. (pl. -ções) redemption.

re.den.tor [r̄edêt'or] s. m. redeemer, saviour; (rel.) the Redeemer, Jesus Christ. **l** adj. redeeming, redemptive.

re.des.co.brir [r̄edeskobr'ir] v. to rediscover, reveal again.

re.des.con.tar [r̄edeskôt'ar] v. to rediscount, deduct again.

re.di.gir [r̄ediჳ'ir] v. to write, write down, pen; to compose.

re.di.mir [r̄edim'ir] v. to redeem, regain; to exempt.

re.dis.tri.bu.ir [r̄edistribu'ir] v. to redistribute, recast.

re.di.zer [r̄ediz'er] v. to say again; to say many times.

re.do.brar [r̄edobr'ar] v. to redouble, reduplicate.

re.do.ma [r̄ed'omə] s. f. glass shade, vial, bell jar.

re.don.de.za [r̄edôd'ezə] s. f. round, roundness; surroundings, neighbourhood, environs.

re.don.do [r̄ed'ôdu] adj. round, circular; globular, spherical; cylindrical; curved.

re.dor [r̄ed'ɔr] s. m. circle, circuit; contour, outline; environs. **ao ≃, de ≃, em ≃** round, all round, all about, around; about.

re.du.ção [r̄edus'ãw] s. f. (pl. **-ções**) reduction.

re.dun.dân.cia [r̄edũd'ãsjə] s. f. redundance, redundancy; pleonasm; superfluity.

re.dun.dan.te [r̄edũd'ãti] adj. m. + f. redundant.

re.dun.dar [r̄edũd'ar] v. to overflow, run over; to be redundant; to change into.

re.du.pli.ca.ção [r̄eduplikas'ãw] s. f. (pl. **-ções**) reduplication; repetition; increase.

re.du.pli.car [r̄eduplik'ar] v. to reduplicate, double again; to repeat; to increase.

re.du.tí.vel [r̄edut'ivew] adj. m. + f. (pl. **-veis**) reducible.

re.du.ti.vo [r̄edut'ivu] adj. reductive, reducible.

re.du.to [r̄ed'utu] s. m. (fort.) redoubt, outwork.

re.du.zi.do [r̄eduz'idu] adj. reduced, diminished, cut.

re.du.zir [r̄eduz'ir] v. to reduce; decrease; to restrict, compress; to diminish; **≃-se** to limit or confine o. s.; to be reduced to.

re.du.zí.vel [r̄eduz'ivew] adj. m. + f. (pl. **-veis**) reducible, diminishable.

re.e.di.ção [r̄eedis'ãw] s. f. (pl. **-ções**) reedition.

re.e.di.fi.ca.ção [r̄eedifikas'ãw] s. f. (pl. **-ções**) re-edification, rebuilding, reconstruction.

re.e.di.fi.ca.do [r̄eedifik'adu] adj. rebuilt.

re.e.di.fi.car [r̄eedifik'ar] v. to rebuild.

re.e.di.tar [r̄eedit'ar] v. to re-edit, republish, reprint.

re.e.le.ger [r̄eeleჳ'er] v. to chose or elect again, re-elect.

re.e.lei.to [r̄eel'ejtu] s. m. a re-elected person. **l** adj. re-elected.

re.em.bol.sar [r̄eebows'ar] v. to reimburse; to pay back, repay; to be refunded for.

re.em.bol.so [r̄eeb'owsu] s. m. reimbursement, refund.

re.em.pre.gar [r̄eepreg'ar] v. to re-employ, use again.

re.en.car.na.ção [r̄eekarnas'ãw] s. f. (pl. **-ções**) reincarnation.

re.en.car.nar [r̄eekarn'ar] v. to reincarnate, incarnate again.

re.en.con.trar [r̄eekôtr'ar] v. to meet or find again.

re.en.trân.cia [r̄eetr'ãsjə] s. f. re-entrance.

re.en.trar [r̄eetr'ar] v. to reenter, enter again.

re.er.guer [r̄eerg'er] v. to reerect; to raise again.

re.es.cre.ver [r̄eeskrev'er] v. to rewrite, write a second time.

re.fa.zer [r̄efaz'er] v. to make once more, make over again; **≃-se** to recover one's forces, rally, gather strength.

re.fei.ção [r̄efejs'ãw] s. f. (pl. **-ções**) meal, repast.

re.fei.to [r̄ef'ejtu] adj. restored; made again.

re.fei.tó.rio [r̄efejt'ɔrju] s. m. refectory, dining-hall.

re.fém [r̄ef'ẽj] s. m. (pl. **-féns**) hostage.

re.fe.rên.cia [r̄efer'ẽsjə] s. f. reference, indication; **≃s** references. **com ≃ a** regarding to. **ela tem boas ≃s** she has good qualifications. **fazer ≃ a** to make reference to, allude to.

re.fe.ren.dar [r̄eferẽd'ar] v. to countersign.

re.fe.ren.te [r̄efer'ẽti] adj. m. + f. referring to, relating to; relative; concerning.

re.fe.ri.do [r̄efer'idu] adj. above-mentioned, aforesaid; reported; cited, quoted.

re.fe.rir [r̄efer'ir] v. to refer; to narrate, tell, relate; to report; to concern, have reference to; **≃-se** to be relative to, refer to.

re.fes.te.lar-se [r̄efestel'arsi] v. to loll, lollop; to recline, lean back; to relax, repose.

re.fi.lar [r̄efil'ar] v. to bite back, retort; to attack, assault; to react; to recalcitrate.

re.fi.na.ção [r̄efinas'ãw] s. f. (pl. -ções) refining, refinery.

re.fi.na.do [r̄efin'adu] adj. purified, pure; refined; nice, polite; shrewd, clever.

re.fi.na.men.to [r̄efinam'ẽtu] s. m. refining; refinement.

re.fi.nar [r̄efin'ar] v. to refine, purity; to civilize, cultivate; ≃-se to become pure, purer or more refined; to become more cultivated.

re.fi.na.ri.a [r̄efinar'iə] s. f. refinery.

re.fle.ti.do [r̄eflet'idu] adj. prudent; sensible; deliberate; reflected; considerate.

re.fle.tir [r̄eflet'ir] v. to reflect; to deflect; to give back an image; ≃-se to be shown, reproduced or mirrored. **ele agiu sem** ≃ he acted thoughtlessly.

re.fle.tor [r̄eflet'or] s. m. reflector, searchlight. ‖ adj. reflecting.

re.fle.xão [r̄efleks'ãw] s. f. (pl. -xões) reflection; meditation; consideration; prudence.

re.fle.xi.vo [r̄efleks'ivu] adj. reflexive, reflective; (gram.) referring back to the subject.

re.fle.xo [r̄efl'ɛksu] s. m. reflex, reflection. ‖ adj. reflected; (gram) reflexive. ≃ s no cabelo highlights.

re.flo.res.cên.cia [r̄eflores'ẽsjə] s. f. reflorescence.

re.flo.res.cer [r̄eflores'er] v. to reflourish, reflower.

re.flo.res.ci.men.to [r̄efloresim'ẽtu] s. m. reflorescence.

re.flo.res.ta.men.to [r̄eflorestam'ẽtu] s. m. reforestation.

re.flo.res.tar [r̄eflorest'ar] v. to reforest, forest anew.

re.flo.ri.do [r̄eflor'idu] adj. reflourished.

re.flo.rir [r̄eflor'ir] v. to flower or blossom again.

re.flu.ir [r̄eflu'ir] v. to flow back, reflow.

re.flu.xo [r̄efl'uksu] s. m. reflow; refluence.

re.fo.gar [r̄efog'ar] v. to fry with butter or oil.

re.for.ça.do [r̄efors'adu] adj. reinforced, strengthened.

re.for.çar [r̄efors'ar] v. to reinforce; ≃-se to become stronger, to acquire more strength.

re.for.ço [r̄ef'orsu] s. m. reinforcement, reinforcing; supply of additional forces; relief, help.

re.for.ma [r̄ef'ɔrmə] s. f. reform, reformation.

re.for.ma.ção [r̄eformas'ãw] s. f. (pl. -ções) reformation.

re.for.ma.do [r̄eform'adu] s. m. pensioner. ‖ adj. reformed, retired.

re.for.ma.dor [r̄eformad'or] s. m. reformer, redresser.

re.for.mar [r̄eform'ar] v. to reform; to give a new or better form; to better, amend, renew.

re.for.mu.lar [r̄eformul'ar] v. to reformulate.

re.fra.ção [r̄efras'ãw] s. f. (pl. -ções) (phys.) refraction.

re.frão [r̄efr'ãw] s. m. (pl. -frãos, -frães, -frões) refrain; adage, saying; proverb; burden of a song.

re.fra.tar [r̄efrat'ar] v. to refract, deflect.

re.fra.tá.rio [r̄efrat'arju] s. m. refractory or intractable person; (mil.) deserter. ‖ adj. refractory; intractable; unruly; unsubmissive.

re.fra.tor [r̄efrat'or] adj. refractive, serving to refract.

re.fre.ar [r̄efre'ar] v. to refrain, restrain; ≃-se to restrain o. s.; to be moderate.

re.fre.ga [r̄efr'ɛgə] s. f. fight, combat; fray, skirmish.

re.fre.gar [r̄efreg'ar] v. to fight, quarrel, dispute, brawl.

re.fres.ca.do [r̄efresk'adu] adj. refreshed, reanimated.

re.fres.can.te [r̄efresk'ãti] adj. m. + f. refreshing, cooling.

re.fres.car [r̄efresk'ar] v. to refresh, freshen; to make cool; ≃-se refresh o. s; to become again livelier.

re.fres.co [r̄efr'esku] s. m. refreshment; cooling draught, drink.

re.fri.ge.ra.ção [r̄efriʒeras'ãw] s. f. (pl. -ções) refrigeration.

re.fri.ge.ra.dor [r̄efriʒerad'or] s. m. refrigerator, freezer, cooler, ice-box.

re.fri.ge.ran.te [r̄efriʒer'ãti] s. m. refreshment, cooling (soft) drink.

re.fri.ge.rar [r̄efriʒer'ar] v. to refresh, cool; to make fresh or cooler; to protect from the heat.

re.fu.gar [r̄efug'ar] v. to reject, refuse to accept.

re.fu.gi.a.do [r̄efuʒi'adu] s. m. refugee. ‖ adj. fugitive.

re.fu.gi.ar-se [r̄efuʒi'arsi] v. to take refuge, seek shelter.

re.fú.gio [r̄ef'uʒju] s. m. refuge; shelter; haven.

re.fu.go [r̄ef'ugu] s. m. refuse; garbage; rejection; scrap, rubbish; dross, dreg.

re.ful.gir [r̄efuwʒ'ir] v. to shine resplendently; to shine, glitter, sparkle.

re.fun.dir [r̄efũd'ir] v. to cast again; to recast, refound; to remelt.

re.fu.ta.ção [r̄efutas'ãw] s. f. (pl. **-ções**) refutation, refute.

re.fu.tar [r̄efut'ar] v. to refute; to contradict, disprove; to reject; to opose, object.

re.fu.tá.vel [r̄efut'avew] adj. m. + f. (pl. **-veis**) refutable.

re.ga [r̄'ɛgə] s. f. watering; affusion; irrigation.

re.ga.ço [r̄eg'asu] s. m. lap; (fig.) bosom, breast.

re.ga.dor [r̄egad'or] s. m. watering can or pot, sprinkler. ‖ adj. watering, sprinkling.

re.ga.lar [r̄egal'ar] v. to regale, entertain; to please, delight; to have a good time; ≈**-se** to luxuriate; to rejoice in.

re.ga.li.a [r̄egal'iə] s. f. regal rights or privileges.

re.gar [r̄eg'ar] v. to water, irrigate; to sprinkle; to wash; to moisten, make wet.

re.ga.te.a.dor [r̄egatead'or] s. m. haggler, bargainer. ‖ adj. haggling; bargaining.

re.ga.te.ar [r̄egate'ar] v. to haggle over the price, bargain; to drive a hard bargain.

re.ga.to [r̄eg'atu] s. m. brooklet, creek, rivulet, rill.

re.ge.dor [r̄eʒed'or] s. m. administrator. ‖ adj. governing, directing.

re.ge.la.do [r̄eʒel'adu] adj. congealed, frozen.

re.ge.lar [r̄eʒel'ar] v. to freeze, congeal; ≈**-se** to become frozen.

re.gên.cia [r̄eʒ'ẽsjə] s. f. regency; office of a ruler; reigning, governing; government.

re.ge.ne.ra.ção [r̄eʒeneras'ãw] s. f. (pl. **-ções**) regeneration.

re.ge.ne.rar [r̄eʒener'ar] v. to regenerate; ≈**-se** to gather new strength; to mend one's ways.

re.gen.te [r̄eʒ'ẽti] s. m. + f. regent, governor, ruler; (mus.) maestro, conductor; leader. ‖ adj. regent, ruling, governing.

re.ger [r̄eʒ'er] v. to govern, rule, reign; ≈**-se** to follow strict rules; to behave o. s.

re.gi.ão [r̄eʒi'ãw] s. f. (pl. **-ões**) area; country, land, province; region; (anat.) part (body).

re.gi.me [r̄eʒ'imi] s. m. regime; political system; (med.) diet; disciplinary rules.

re.gi.men.tar [r̄eʒimẽt'ar] v. to regulate, bring under control. ‖ adj. m. + f. regimental, regulating, regulatory.

re.gi.men.to [r̄eʒim'ẽtu] s. m. government; (mil.) regiment. ≈ **interno** internal rules (as of a club), statutes, bylaws.

ré.gio [r̄'ɛʒju] adj. royal, regal; kinglike, kingly.

re.gi.o.nal [r̄eʒjon'aw] adj. m. + f. (pl. **-nais**) regional.

re.gi.o.na.lis.mo [r̄eʒjonal'izmu] s. m. regionalism.

re.gi.o.na.lis.ta [r̄eʒjonal'istə] s. + adj. m. + f. regionalist.

re.gis.tra.do [r̄eʒistr'adu] s. m. registered letter or package; registrant. ‖ adj. registered, recorded. **marca -a** trademark, proprietary name.

re.gis.trar [r̄eʒistr'ar] v. to register; to book.

re.gis.tro [r̄eʒ'istru] s. m. register, record.

re.go [r̄'egu] s. m. channel; gutter; ditch.

re.go.zi.jar [r̄egoziʒ'ar] v. to rejoice; to please; ≈**-se** to take delight in.

re.go.zi.jo [r̄egoz'iʒu] s. m. great pleasure or joy.

re.gra [r̄'ɛgrə] s. f. rule; norm, standard; ≈**s** menstruation. ≈ **de três** (arith.) rule of three. ≈ **inflexível** hard and fast rule. **em** ≈ as a rule.

re.gra.do [r̄egr'adu] adj. sensible, reasonable; moderate.

re.grar [r̄egr'ar] v. to rule; to regulate; ≈**-se** to guide o. s. by; to moderate o. s.

re.gre.dir [r̄egred'ir] v. to retrograde, recede, withdraw.

re.gres.são [r̄egres'ãw] s. f. (pl. **-sões**) regression, regressing; retrocession; throwback.

re.gres.sar [r̄egres'ar] v. to return, go or come back.

re.gres.si.vo [r̄egres'ivu] adj. regressive, retrogressive.

re.gres.so [r̄egr'ɛsu] s. m. return, returning; regress.

ré.gua [r̄'ɛgwə] s. f. ruler, rule, straight edge.

re.gu.la.ção [r̄egulas'ãw] s. f. (pl. **-ções**) regulation; rule.

re.gu.la.dor [r̄egulad'or] s. m. regulator. ‖ adj. regulating, regulative, regulatory.

re.gu.la.men.ta.ção [r̄egulamẽtas'ãw] s. f. (pl. **-ções**) regulation; adjustment, settlement.

re.gu.la.men.tar [r̄egulamēt'ar] adj. m. + f. regulative, regulatory. ‖ v. to regulate, bring under control; to subject to order.

re.gu.la.men.to [r̄egulam'ētu] s. m. regulation, rule.

re.gu.lar [r̄egul'ar] s. m. regular occurence. ‖ adj. m. + f. regular; constant; normal. ‖ v. to calibrate; to regulate; to regularize; ≃-se to guide o. s. by.

re.gu.la.ri.da.de [r̄egularid'adi] s. f. regularity; regulation; order; harmony.

re.gu.la.ri.za.ção [r̄egularizas'āw] s. f. (pl. -ções) regularization, act of regularizing.

re.gu.la.ri.zar [r̄egulariz'ar] v. to regularize; ≃-se to regulate itself.

re.gur.gi.tar [r̄egurʒit'ar] v. to regurgitate; to overflow, run over; to surge back.

rei [r̄'ej] s. m. king, monarch; sovereign.

re.im.pres.são [r̄eīpres'āw] s. f. (pl. -sões) reprint.

re.im.pri.mir [r̄eīprim'ir] v. to reprint, republish.

rei.na.ção [r̄ejnas'āw] s. f. (pl. -ções) merrymaking, high jinks; carousal, revelry.

rei.na.do [r̄ejn'adu] s. m. reign; supremacy.

rei.nar [r̄ejn'ar] v. to reign, rule, govern; to revel.

re.in.ci.dên.cia [r̄eīsid'ēsjə] s. f. relapse, relapsing into crime; recidivation.

re.in.ci.dir [r̄eīsid'ir] v. to relapse; to repeat once again, to fall back (crime, vice).

re.in.cor.po.ra.ção [r̄eīkorporas'āw] s. f. (pl. -ções) reincorporation.

re.in.cor.po.rar [r̄eīkorpor'ar] v. to reincorporate, unite.

rei.ni.ci.ar [r̄ejnisi'ar] v. to begin or initiate.

rei.no [r̄'ejnu] s. m. kingdom; realm, domain.

re.in.te.gra.ção [r̄eītegras'āw] s. f. (pl. -ções) reintegration.

re.in.te.grar [r̄eītegr'ar] v. to reintegrate, restore; to renew; to reinstate, reinstall; ≃-se to settle or establish o. s. again.

re.in.tro.du.zir [r̄eītroduz'ir] v. to reintroduce.

rei.te.ra.ção [r̄ejteras'āw] s. f. (pl. -ções) reiteration.

rei.te.rar [r̄ejter'ar] v. to reiterate, repeat; to say over again, to reaffirm, ingeminate.

rei.te.ra.ti.vo [r̄ejterat'ivu] adj. reiterative, repeated.

rei.tor [r̄ejt'or] s. m. rector, head of a university or college; principal.

rei.to.ra.do [r̄ejtor'adu] s. m. rectorship, rectorate.

rei.to.ri.a [r̄ejtor'iə] s. f. rectorship, rectory.

rei.vin.di.ca.ção [r̄ejvīdikas'āw] s. f. (pl. -ções) vindication, claim, demand.

rei.vin.di.ca.dor [r̄ejvīdikad'or] s. m. claimant, claimer; claiming, demanding.

rei.vin.di.car [r̄ejvīdik'ar] v. to vindicate; to demand.

rei.vin.di.cá.vel [r̄ejvīdik'avew] adj. m. + f. (pl. -veis) claimable, subject to vindication.

re.jei.ção [r̄eʒejs'āw] s. f. (pl. -ções) rejection, refusal.

re.jei.tar [r̄eʒejt'ar] v. to reject; to cast or throw away; to refuse; to repudiate; to repel.

re.jei.tá.vel [r̄eʒejt'avew] adj. m. + f. (pl. -veis) rejectable; that may be refused.

re.ju.bi.lar [r̄eʒubil'ar] v. to cause great joy; to jubilate.

re.jun.tar [r̄eʒūt'ar] v. (archit.) to articulate, joint; to flush; to seal the joints.

re.ju.ve.nes.cer [r̄eʒuvenes'er] v. to rejuvenate, rejuvenize, make young again; to renew; ≃-se to become youthful again.

re.ju.ve.nes.ci.men.to [r̄eʒuvenesim'ētu] s. m. rejuvenescence.

re.la.ção [r̄elas'āw] s.f. (pl. -ções) report; roll, list. **relações públicas** public relations. **ter boas (más) -ções com** to be on good (bad) terms with. **com** ≃ **a** with regard to.

re.la.ci.o.nar [r̄elasjon'ar] v. to relate, tell; ≃-se to link, connect; to bring into relation with.

re.lâm.pa.go [r̄el'āpagu] s. m. flash of lightning, thunderbolt; sheet lightning.

re.lam.pa.gue.ar [r̄elāpage'ar] v. = **relampejar.**

re.lam.pe.jar [r̄elāpeʒ'ar] v. to lighten; to glitter, sparkle. **num** ≃ at one view.

re.lan.ce [r̄el'āsi] s. m. glance, glimpse. **de** ≃ very quickly.

re.lap.so [r̄el'apsu] s. m. relapser, recidivist. ‖ adj. relapsing, backsliding; recidivous.

re.la.tar [r̄elat'ar] v. to mention; to tell, narrate; to refer to; to expound, explain.

re.la.ti.vi.da.de [r̄elativid'adi] s. f. relativity, relativeness.

re.la.ti.vo [r̄elat'ivu] adj. relative, relating to.

re.la.to [r̄el'atu] s. m. report, account; narration.

re.la.tó.rio [r̄elat'ɔrju] s. m written report; account.

re.la.xa.ção [r̄elaʃas'ãw] s. f. (pl. **-ções**) relaxation; loosening.

re.la.xa.do [r̄elaʃ'adu] s. m. slouch, slacker; negligent, sloven or dissolute person. ‖ adj. loose, slack; relaxed; careless; sloven.

re.la.xa.men.to [r̄elaʃam'ẽtu] s. m. slackness; negligence.

re.la.xan.te [r̄elaʃãti] adj. m. + f. relaxing, slackening, relaxant.

re.la.xar [r̄elaʃ'ar] v. to relax; to slacken, loosen; ≃ **-se** to become weakened; to grow lazy, lax or negligent.

re.le.gar [r̄eleg'ar] v. to relegate; to exile, banish.

re.lem.brar [r̄elẽbr'ar] v. to remember again.

re.len.to [r̄el'ẽtu] s. m. dampness of the night; dew, moisture. **ao** ≃ in the open air.

re.ler [r̄el'er] v. to reread, read again, repeatedly.

re.les [r̄'ɛlis] adj. m. + f., sg. + pl. despicable; shabby, poor; worthless, feeble.

re.le.vân.cia [r̄elev'ãsjə] s. f. prominence, weightiness; importance; significance; consequence.

re.le.van.te [r̄elev'ãti] adj. m. + f. important; considerable; weighty; of consequence.

re.le.var [r̄elev'ar] v. to bring into prominence; to permit, allow; ≃ **-se** to become notable or eminent, distinguish o. s.

re.le.vo [r̄el'evu] s. m. relievo, relief; embossed work; salience. **de** ≃ outstanding. **em** ≃ raised. **meio** ≃ half relief.

re.li.cá.rio [r̄elik'arju] s. m. reliquary, tabernacle; shrine or depositary for relics.

re.li.gi.ão [r̄eliʒi'ãw] s. f. (pl. **-ões**) religion.

re.li.gi.o.sa [r̄eliʒi'ɔzə] s. f. nun, votaress.

re.li.gi.o.si.da.de [r̄eliʒjozid'adi] s. f. religiosity.

re.li.gi.o.so [r̄eliʒi'ozu] s. m. member of a monastic order, monk; religious person. ‖ adj. religious; pious, devout; spiritual.

re.lin.char [r̄eliʃ'ar] v. to neigh, whinny.

re.lin.cho [r̄el'ĩʃu] s. m. neigh, whinny.

re.lí.quia [r̄el'ikjə] s. f. relic; ≃ **s** relics; antiquities; ruin; (fig.) memento, souvenir.

re.ló.gio [r̄el'ɔʒju] s. m. watch, clock; timepiece. ≃ **de ponto** time clock. ≃ **de pulso** wristwatch. **acertar um** ≃ to set a clock or watch. **o** ≃ **está adiantado (atrasado)** the clock is fast (slow). **dar corda ao** ≃ to wind up the clock or watch.

re.lo.jo.a.ri.a [r̄eloʒoar'iə] s. f. a watchmaker's shop.

re.lo.jo.ei.ro [r̄eloʒo'ejru] s. m. watchmaker, clockmaker.

re.lu.tân.cia [r̄elut'ãsjə] s. f. resistance; reluctance.

re.lu.tan.te [r̄elut'ãti] adj. m. + f. reluctant, unwilling, loath, adverse.

re.lu.tar [r̄elut'ar] v. to fight again; to struggle against, strive.

re.lu.zen.te [r̄eluz'ẽti] adj. m. + f. brilliant; sparkling, glittering; shining.

re.lu.zir [r̄eluz'ir] v. to shine brightly; to sparkle.

rel.va [r̄'ɛwvə] s. f. grass; turf, sward; sod; lawn.

re.ma.da [r̄em'adə] s. f. stroke with the oar; rowing.

re.ma.dor [r̄emad'or] s. m. rower; oarsman. ‖ adj. rowing.

re.ma.nes.cen.te [r̄emanes'ẽti] s. m. + f. remainder; remnant; rest. ‖ adj. remaining, remanent, leftover.

re.ma.nes.cer [r̄emanes'er] v. to be leftover; to rest, remain; to survive.

re.man.so [r̄em'ãsu] s. m. immobility; calmness; tranquillity; stagnant water; tardiness.

re.man.so.so [r̄emãs'ozu] adj. peaceful; calm, still; slack.

re.mar [r̄em'ar] v. to row, oar; to paddle, canoe; (fig.) to fight, struggle. ≃ **contra a maré** to row against the time. **ir remando** to be going not badly.

re.mar.ca.ção [r̄emarkas'ãw] s. f. (pl. **-ções**) renewed marking, relabelling; (com.) price reduction, increase.

re.mar.car [r̄emark'ar] v. to remark, give a new designation to; (com.) to reduce or raise the price.

re.ma.ta.do [r̄emat'adu] adj. complete, consummate.

re.ma.tar [r̄emat'ar] v. to finish, conclude.

re.ma.te [r̄em'ati] s. m. end, conclusion; finish, finishing. **dar** ≃ **a** to bring to an end.

re.me.di.a.do [r̄emedi'adu] adj. well-off; remedied.

re.me.di.ar [r̄emedi'ar] v. to remedy; to relieve, attenuate; to amend, repair; ≃ **-se** to meet one's own expenses; to heal, cure.

re.me.di.á.vel [r̄emedi'avew] adj. m. + f. (pl. **-veis**) remediable, mendable, reparable.

re.mé.dio [r̃em'ɛdju] s. m. remedy; medicine; help.

re.me.la [r̃em'ɛlə] s. f. gummy secretion from the eyes; (med.) running of the eyes.

re.me.lar [r̃emel'ar] v. to become blear-eyed.

re.me.len.to [r̃emel'ẽtu] adj. blear-eyed.

re.me.lo.so [r̃emel'ozu] adj. = **remelento**.

re.me.mo.ra.ção [r̃ememoras'ãw] s. f. (pl. **-ções**) remembrance; recollection; reminiscence.

re.me.mo.rar [r̃ememor'ar] v. to remember; to recall.

re.me.mo.rá.vel [r̃ememor'avew] adj. m. + f. (pl. **-veis**) rememberable; memorable; retraceable.

re.men.da.do [remẽd'adu] adj. patched, mended.

re.men.dão [r̃emẽd'ãw] s. m. (pl. **-dões**; f. **-dona**) patcher, mender; cobbler, piecer. ‖ adj. patching, mending, bungling.

re.men.dar [r̃emẽd'ar] v. to patch, mend; to repair; to darn; to botch, tap; to cobble.

re.mendo [r̃em'ẽdu] s. m. patch, botch; mending.

re.mes.sa [r̃em'ɛsə] s. f. remittance, remitting; transmittal; delivery; consignment.

re.me.ten.te [r̃emet'ẽti] s. m. + f. remitter; forwarder. ‖ adj. remitting, sending.

re.me.ter [r̃emet'er] v. to remit, send; to forward, ship; to address s. o. to. ≃ **-se a** to mention, to refer to.

re.me.ti.da [r̃emet'idə] s. f. attack, assault; onset.

re.me.xer [r̃eme∫'er] v. to stir or mix again; to stir up thoroughly; to mix over again; ≃ **-se** to become animated, lively; to busy o. s.

re.me.xi.do [r̃eme∫'idu] adj. (fam.) stirred up again; restless, unquiet; frolicsome, cheerful.

re.mi.ção [r̃emis'ãw] s. f. (pl. **-ções**) redemption, redeeming; ransom; deliverance.

re.mi.do [r̃em'idu] adj. redeemed, freed, liberated.

re.mi.nis.cên.cia [r̃eminis'ẽsjə] s. f. reminiscence; memory.

re.mir [r̃em'ir] v. to redeem; to repurchase, reacquire; to rescue, save; ≃ **-se** to rehabilitate or regenerate o. s.

re.mis.são [r̃emis'ãw] s. f. (pl. **-sões**) remission; pardon.

re.mis.sí.vel [r̃emis'ivew] adj. m. + f. (pl. **-veis**) remissible; absolvable; pardonable.

re.mis.si.vo [r̃emis'ivu] adj. remissive; forgiving.

re.mo [r̃'emu] s. m. oar, paddle; (fig.) rowing.

re.mo.ção [r̃emos'ãw] s. f. (pl. **-ções**) removal; transfer.

re.mo.çar [r̃emos'ar] v. to make fresh or young again; to rejuvenate; ≃ **-se** to become young again; grow strong again.

re.mo.de.la.ção [r̃emodelas'ãw] s. f. (pl. **-ções**) remodelment; recast; transformation.

re.mo.de.la.dor [r̃emodelad'or] s. m. remodel(l)er, reformer. ‖ adj. remodel-(l)ing, reforming.

re.mo.de.lar [r̃emodel'ar] v. to remodel; to recast; to reform; to modify considerably.

re.mo.er [r̃emo'er] v. to grind again, grind slowly and thoroughly; to be worried about, saddened by; ≃ **-se** to be worried about.

re.mo.i.nho [r̃emo'iɲu] s. m. whirlpool; eddy; rotation, gyration; whirlwind.

re.mon.ta.do [r̃emõt'adu] adj. very high, lofty; sublime.

re.mon.tar [r̃emõt'ar] v. to ascend, go up; ≃ **-se** to mount; to rise or soar very high.

re.mor.der [r̃emord'er] v. to bite again; to bite repeatedly; to slander, backbite; ≃ **-se** to feel the sting of remorse.

re.mor.so [r̃em'ɔrsu] s. m. remorse; compunction. **sem** ≃ **s** remorseless.

re.mo.to [r̃em'ɔtu] adj. distant, remote; out of the way, far-off, long ago, ancient.

re.mo.ver [r̃emov'er] v. to move again; to remove; to transfer; to discharge, dismiss.

re.mo.ví.vel [r̃emov'ivew] adj. m. + f. (pl. **veis**) removable; liable to removal.

re.mu.ne.ra.ção [r̃emuneras'ãw] s. f. (pl. **-ções**) remuneration; salary, wages; premium.

re.mu.ne.ra.do [r̃emuner'adu] adj. salaried, paid.

re.mu.ne.rar [r̃emuner'ar] v. to remunerate; to pay.

re.mu.ne.rá.vel [r̃emuner'avew] adj. m. + f. (pl. **veis**) remunerable.

re.na [r̃enə] s. f. (zool.) reindeer.

re.nal [r̃en'aw] adj. m. + f. (pl. **-nais**) renal.

re.nas.cen.ça [r̃enas'ẽsə] s. f. renascence, renascency; renewal; Renaissance. ‖ adj. m. + f. of, referring to or relative to the Renaissance.

re.nas.cen.te [r̃enas'ẽti] adj. m. + f. renascent.

re.nas.cen.tis.ta [r̃enasẽt'istə] s. m. + f. Renaissancist. ‖ adj. m. + f. renaissant.

re.nas.cer [r̄enas'er] v. to be born again; to grow or sprout again.

re.nas.ci.do [r̄enas'idu] adj. newborn, reborn.

re.nas.ci.men.to [r̄enasim'ẽtu] s. m. renascence; revival; rebirth.

ren.da [r̄ẽdə] s. f. lace; lacework; amount of a rent; revenue; proceeds; gains.

ren.da.do [r̄ẽd'adu] s. m. lacework. ‖ adj. lacetrimmed.

ren.dá.vel [r̄ẽd'avew] adj. (pl. -veis) = **rentável.**

ren.dei.ra [r̄ẽd'ejrə] s. f. female lacemaker.

ren.dei.ro [r̄ẽd'ejru] s. m. lacemaker or seller; tenant farmer, renter, lessee; lessor.

ren.der [r̄ẽd'er] v. to subject, subjugate; to conquer; to produce, yield; to render, give; ≈**-se** to cease to resist, give o. s. up; to be tired, prostrate.

ren.di.ção [r̄ẽdis'ãw] s. f. (pl. **-ções**) surrender; capitulation; relief of one person by another.

ren.di.do [r̄ẽd'idu] adj. split, rent; submissive, obedient; (med.) ruptured.

ren.di.lha.do [r̄ẽdiʎ'adu] adj. lacy.

ren.di.lhar [r̄ẽdiʎ'ar] v. to adorn with lacework.

ren.di.men.to [r̄ẽdim'ẽtu] s. m. revenue, income; profit, yield; surrender; efficiency (machine, work etc.).

ren.do.so [r̄ẽd'ozu] adj. profitable, lucrative; fruitful, productive; remunerative, yielding.

re.ne.ga.do [r̄eneg'adu] s. m. renegade. ‖ adj. apostate, faithless, recreant.

re.ne.gar [r̄eneg'ar] v. to deny, disown; to abjure, renounce; to betray, double-cross.

re.nhi.do [r̄eñ'idu] adj. hotly disputed; cruel, bloody; fierce; implacable.

re.no.ma.do [r̄enom'adu] adj. renowned, reputed, famous.

re.no.me [r̄en'omi] s. m. repute, reputation; fame, glory; prestige, renown. **de** ≈ wellknown. **sem** ≈ renownless.

re.no.va.ção [r̄enovas'ãw] s. f. (pl. **-ções**) renovation.

re.no.va.dor [r̄enovad'or] s. m. renovator, renewer, reformer. ‖ adj. renovating.

re.no.var [r̄enov'ar] v. to renovate, renew; to begin again; to repair, reform; ≈**-se** to rejuvenate or regenerate o. s.

ren.tá.vel [r̄ẽt'avew] adj. (pl. **-veis**) profitmaking, profit-spinning, profitable.

ren.te [r̄'ẽti] adj. m. + f. close by, near. ‖ adv. closely, even with.

re.nún.cia [r̄en'ũsjə] s. f. renunciation, renouncement; resignation, desistance.

re.nun.ci.a.dor [r̄enũsjad'or] s. m. renouncer.

re.nun.ci.an.te [r̄enũsi'ãti] s. m. + f. renouncer. ‖ adj. m. + f. renouncing, disclaimer.

re.nun.ci.ar [r̄enũsi'ar] v. to renounce, resign; to reject; to refuse; to desist; to relinquish.

re.o.cu.pa.ção [r̄eokupas'ãw] s. f. (pl. **-ções**) reoccupation.

re.o.cu.par [r̄eokup'ar] v. to reoccupy; to reconquer.

re.or.ga.ni.za.ção [r̄eorganizas'ãw] s. f. (pl. **-ções**) reorganization, reform, rearrangement.

re.or.ga.ni.za.dor [r̄eorganizad'or] s. m. reorganizer, reformer. ‖ adj. reorganizing.

re.or.ga.ni.zar [r̄eorganiz'ar] v. to reorganize, reform.

re.pa.ra.ção [r̄eparas'ãw] s. f. (pl. **-ções**) reparation; repair, repairing; compensation.

re.pa.ra.dei.ra [r̄eparad'ejrə] s. f. inquisitive, prying woman.

re.pa.ra.do [r̄epar'adu] adj. repaired, mended, fixed up, redressed.

re.pa.ra.dor [r̄eparad'or] s. m. repairer, restorer. ‖ adj. repairing; reparative, reparatory.

re.pa.rar [r̄epar'ar] v. to repair, mend; to observe; ≈**-se** to take shelter; to atone for.

re.pa.rá.vel [r̄epar'avew] adj. m. + f. (pl. **-veis**) reparable, retrievable; noticeable.

re.pa.ro [r̄ep'aru] s. m. repair, repairing; restoration; notice; critic; remark.

re.par.ti.ção [r̄epartis'ãw] s. f. (pl. **-ções**) partition; department; division; section.

re.par.ti.do [r̄epart'idu] adj. parted, divided.

re.par.ti.men.to [r̄epartim'ẽtu] s. m. division or subdivision of a building; division, separation.

re.par.tir [r̄epart'ir] v. to separate, slice, split; to partition; to be divided.

re.pas.sar [r̄epas'ar] v. to pass again, repass; to read over again; ≈**-se** to be drenched.

re.pa.tri.a.ção [r̄epatrjas'ãw] s. f. (pl. **-ções**) repatriation.

re.pa.tri.a.do [r̄epatri'adu] s. m. returning emigrant. ‖ adj. repatriate.

re.pa.tri.ar [r̄epatri'ar] v. to repatriate, send back to the country of origin; to remigrate, return home to one's own country.

re.pe.lên.cia [r̄epel'ẽsjə] s. f. repellence, repellency; repugnance; disgust, repulsion.

re.pe.len.te [r̄epel'ẽti] s. m. repellent. **l** adj. m. + f. repellent, repugnant; repulsive; disgusting; shocking, forbidding.

re.pe.lir [r̄epel'ir] v. to repel, repulse; to refuse admission; ≃-se to repel one another.

re.pen.te [r̄ep'ẽti] s. m. suddenness, impulsive act. **de** ≃ all at once, suddenly.

re.pen.ti.no [r̄epẽt'inu] adj. sudden, abrupt, instantaneous; rapid; unexpected.

re.per.cus.são [r̄eperkus'ãw] s. f. (pl. **-sões**) repercussion; reverberation; echo; rebound.

re.per.cu.tir [r̄eperkut'ir] v. to reverberate, re-echo; to rebound, recoil; to reflect; ≃-se to have an indirect influence upon.

re.per.tó.rio [r̄epert'ɔrju] s. m. repertory; list, index.

re.pe.ten.te [r̄epet'ẽti] s. m. + f. (education) repeater.

re.pe.ti.ção [r̄epetis'ãw] s. f. (pl. **-ções**) repetition.

re.pe.ti.do [r̄epet'idu] adj. repeated, repetitional.

re.pe.tir [r̄epet'ir] v. to repeat; to say over again; to recur; ≃-se to happen again.

re.pi.car [r̄epik'ar] v. to pierce or prick again; to transplant; to toll solemnly (bells).

re.pi.que [r̄ep'iki] s. m. tolling or pealing of bells.

re.pi.sa.do [r̄epiz'adu] adj. well-trodden; (fig.) rehashed; repeated over and again.

re.pi.sar [r̄epiz'ar] v. to tread over again, retread; to trample; to repeat over and over again; to hash over.

re.play [r̄ipl'ej] s. m. (TV) replay.

re.ple.to [r̄epl'ɛtu] adj. replete; very full; stuffed; crowded; satisfied, sated.

ré.pli.ca [r̄'ɛplikə] s. f. response, reply; facsimile.

re.pli.car [r̄eplik'ar] v. to answer, reply; to rejoin, rebut; to respond, repartee; to retort.

re.po.lho [r̄ep'oʎu] s. m. cabbage.

re.po.lhu.do [r̄epoʎ'udu] adj. cabbageheaded; plump.

re.pon.tar [r̄epõt'ar] v. to reappear, come up again; to dawn; to grow light; to show up.

re.por [r̄ep'or] v. to replace, put back again; ≃-se to replace o. s., to restore one's health.

re.por.ta.gem [r̄eport'aʒẽj] s. f. (pl. **-gens**) newspaper report; interview.

re.por.tar [r̄eport'ar] v. to turn back, withdraw; to transport; to turn round, revolve; ≃-se to moderate o. s.; to allude to.

re.pór.ter [r̄ep'ɔrter] s. m. + f. (pl. **-teres**) reporter, journalist, news writer.

re.po.si.ção [r̄epozis'ãw] s. f. (pl. **-ções**) replacement, restitution; re-establishment.

re.pos.tei.ro [r̄epost'ejru] s. m. drape, drapery, hangings.

re.pou.sar [r̄epowz'ar] v. to rest, repose; to calm, quiet; to be resting, sleep; to be dead, be buried.

re.pou.so [r̄ep'owzu] s. m. rest, repose; tranquillity, calmness; slumber; anchorage.

re.pre.en.der [r̄epreẽd'er] v. to reprehend, reprimand.

re.pre.en.são [r̄epreẽs'ãw] s. f. (pl. **-sões**) reprehension.

re.pre.en.sí.vel [r̄epreẽs'ivew] adj. m. + f. (pl. **-veis**) reprehensible; censurable; objectionable.

re.pre.sa [r̄epr'ezə] s. f. dam, dike; sluice; floodgate, weir; reservoir; recaptured ship.

re.pre.sa.do [r̄eprez'adu] adj. repressed, dammed up; restrained; stagnant; not flowing.

re.pre.sá.lia [r̄eprez'aljə] s. f. reprisal, retaliation; sanction; revenge.

re.pre.sar [r̄eprez'ar] v. to dam up, dike; to restrain.

re.pre.sen.ta.ção [r̄eprezẽtas'ãw] s. f. (pl. **-ções**) representation. ≃ **gráfica** graph.

re.pre.sen.ta.do [r̄eprezẽt'adu] adj. represented; depicted.

re.pre.sen.tan.te [r̄eprezẽt'ãti] s. m. + f. representative; minister, ambassador, delegate. **l** adj. representing, representative.

re.pre.sen.tar [r̄eprezẽt'ar] v. to be the image of, bring before the mind; to personate, impersonate; to represent; to play; ≃-se to imagine, call to one's mind.

re.pre.sen.ta.ti.vo [r̄eprezẽtat'ivu] adj. representative.

re.pre.sen.tá.vel [r̄eprezẽt'avew] adj. m. + f. (pl. **-veis**) representable, representative.

re.pres.são [r̄epres'ãw] s. f. (pl. **-sões**) repression; check.

re.pres.si.vo [r̄epres'ivu] adj. repressive.

re.pres.sor [r̄epres'or] s. m. represser. **l** adj. repressing.

re.pri.men.da [r̄eprim'ẽdə] s. f. reprimand, reprehension; remonstrance; expostulation.

re.pri.mir [r̄eprim'ir] v. to repress; ≃ -se to control.

re.pri.mí.vel [r̄eprim'ivew] adj. m. + f. (pl. -veis) repressible, restrainable.

re.pri.sar [r̄epriz'ar] v. to replay, to repeat, show again (after sometime).

re.pri.se [r̄epr'izi] s. f. repeated performance, rerun.

re.pro.du.ção [r̄eprodus'ãw] s. f. (pl. -ções) reproduction; copy, replica; duplicate; transcript.

re.pro.du.tí.vel [r̄eprodut'ivew] adj. m. + f. (pl. -veis) reproducible; capable of being reproduced.

re.pro.du.ti.vo [r̄eprodut'ivu] adj. reproductive.

re.pro.du.tor [r̄eprodut'or] s. m. reproducer; procreator; stud. ‖ adj. reproductive; progenitive.

re.pro.du.zir [r̄eproduz'ir] v. to reproduce; ≃ -se to multiply; to be repeated.

re.pro.du.zí.vel [r̄eproduz'ivew] adj. m. + f. (pl. -veis) reproducible.

re.pro.va.ção [r̄eprovas'ãw] s. f. (pl. -ções) reproving; rejection; (exam.) reprobation.

re.pro.va.do [r̄eprov'adu] s. m. person who failed at an examination, (sl.) flunk. ‖ adj. reproved; damned; (exam.) flunked, unapproved.

re.pro.var [r̄eprov'ar] v. to reprove; (exam.) to reprobate, deny approval.

re.pro.vá.vel [r̄eprov'avew] adj. m. + f. (pl. -veis) reprovable, condemnable.

rep.til [r̄ept'iw] s. m. (pl. -tis) = réptil.

rép.til [r̄'ɛptiw] s. m. (pl. -teis) (zool.) reptile. ‖ adj. m. + f. crawling, creeping; reptilian.

re.pú.bli.ca [r̄ep'ublikə] s. f. republic; commonweal, commonwealth.

re.pu.bli.ca.no [r̄epublik'ʌnu] s. m. + adj. republican.

re.pu.bli.car [r̄epublik'ar] v. to republish, re-edit.

re.pu.di.ar [r̄epudi'ar] v. to repudiate; to reject, repel.

re.pug.nân.cia [r̄epugn'ãsjə] s. f. repugnance; aversion.

re.pug.nan.te [r̄epugn'ãti] adj. m. + f. repugnant, repellent; repulsive; reluctant; shameful.

re.pug.nar [r̄epugn'ar] v. to repugn; to react, fight against; to reject, repel; to loathe.

re.pul.sa [r̄ep'uwsə] s. f. repulse, rebuff; repellence.

re.pul.são [r̄epuws'ãw] s. f. (pl. -sões) repulsion; repugnance, aversion, antipathy.

re.pul.sar [r̄epuws'ar] v. to repulse; to repel; to refuse.

re.pul.si.vo [r̄epuws'ivu] adj. repulsive, repugnant.

re.pul.so [r̄ep'uwsu] s. m. repulse. ‖ adj. repulsed.

re.pu.ta.ção [r̄eputas'ãw] s. f. (pl. -ções) reputation. **a boa** ≃ soundness of character. **ele tem uma má** ≃ he is ill famed. **homem de** ≃ a man of note, a man of renown.

re.pu.tar [r̄eput'ar] v. to repute; to consider; to regard.

re.pu.xão [r̄epuʃ'ãw] s. m. (pl. -xões) a hard pull.

re.pu.xar [r̄epuʃ'ar] v. to pull violently; to pull back.

re.pu.xo [r̄ep'uʃu] s. m. fountain, waterworks; waterspout; support. **ele não agüenta o** ≃ (fam.) he does not stand the strain.

re.que.bra.do [r̄ekebr'adu] s. m. + adj. languishing, lingering; amorous.

re.que.brar [r̄ekebr'ar] v. to walk or move hips in a languishing manner; to waddle.

re.que.bro [r̄ek'ɛbru] s. m. languishing or voluptuous movement; (mus.) trill; dalliance.

re.quei.jão [r̄ekeiʒ'ãw] s. m. (pl. -jões) cheesecurds.

re.quei.mar [r̄ekejm'ar] v. to burn thoroughly; to parch, scorch.

re.quen.ta.do [r̄ekẽt'adu] adj. heated or warmed again (food); (fig.) hashed over again.

re.quen.tar [r̄ekẽt'ar] v. to heat or warm up again (food).

re.que.re.dor [r̄ekered'or] s. m. petitioner; procurator.

re.que.ren.te [r̄eker'ẽti] s. m. + f. petitioner. ‖ adj. petitioning, requesting.

re.que.rer [r̄eker'er] v. to request, ask or apply for; to petition, appeal to; to exact; ≃ -se to be in want of, be requested.

re.que.ri.men.to [r̄ekerim'ẽtu] s. m. solicitation; request; requirement.

ré.qui.em [r̄'ɛkjẽ] s. m. requiem.

re.quin.ta.do [r̄ekĩt'adu] adj. perfected, practised; delicate, refined.

re.quin.tar [r̄ekĩt'ar] v. to refine, purify; to make very elegant; to perfect, make excellent.

re.quin.te [r̄ek'ĩti] s. m. refinement, refinedness.

re.qui.si.ção [r̄ekizis'ãw] s. f. (pl. **-ções**) requisition.

re.qui.si.tar [r̄ekizit'ar] v. to requisition; to require.

re.qui.si.to [r̄ekiz'itu] s. m. requisite; requirement; qualification; indispensable quality.

rês [r̄'es] s. f. (pl. **reses**) cattle for slaughter; livestock.

rés [r̄'ɛs] adj. m. + f. close, level, even with. ‖ adv. at the base, close to, at the bottom. ≃ **-do-chão** downstairs, ground floor.

res.cal.do [r̄esk'awdu] s. m. reflected heat (furnace).

res.cin.di.men.to [r̄esĩdim'ẽtu] s. m. rescission.

res.cin.dir [r̄esĩd'ir] v. to break, sever; to dissolve.

res.cin.dí.vel [r̄esĩd'ivew] adj. m. + f. (pl. **-veis**) rescissible, rescindable, annullable, repealable.

res.ci.são [r̄esiz'ãw] s. f. (pl. **-sões**) rescission; repeal; annulment, cancellation.

re.se.nha [r̄ez'eña] s. f. review, reviewal; summary, abridgement; list, enumeration.

re.se.nhar [r̄ezeñ'ar] v. to write a detailed report; to enumerate; to recount; to specify.

re.ser.va [r̄ez'ɛrvɐ] s. f. reservation, reservedness; restriction; store, stock; reserve.

re.ser.va.do [r̄ezerv'adu] s. m. private booth, compartment, box (in a restaurant, theatre etc.). ‖ adj. reserved; private; unsociable.

re.ser.var [r̄ezerv'ar] v. to reserve, set apart; ≃ **-se** to be reserved; to safeguard, set aside for.

re.ser.va.tó.rio [r̄ezervat'ɔrju] s. m. reservoir, tank. ‖ adj. reservatory.

re.ser.vis.ta [r̄ezerv'istə] s. m. reservist, reserve.

res.fo.le.gar [r̄esfoleg'ar] v. to breathe; to pant, puff; to relax, repose; to snort.

res.fô.le.go [r̄esf'olegu] s. m. respiration, breathing; exhalation; (pop.) snort.

res.fri.a.do [r̄esfri'adu] s. m. (med.) cold, catarrh. ‖ adj. cold. chilly; suffering from a cold.

res.fri.a.men.to [r̄esfrjam'ẽtu] s. m. cooling; (med.) cold.

res.fri.ar [r̄esfri'ar] v. to cool again; to grow cold; ≃ **-se** (med.) to catch a cold.

res.ga.tar [r̄ezgat'ar] v. to ransom; to redeem.

res.ga.tá.vel [r̄ezgat'avew] adj. m. + f. (pl. **-veis**) ransomable; redeemable, retrievable.

res.ga.te [r̄ezg'ati] s. m. ransom.

res.guar.da.do [r̄ezgward'adu] adj. cautious, circumspect.

res.guar.dar [r̄ezgward'ar] v. to guard; ≃ **-se** to defend or protect o. s.; to safeguard o. s. against.

res.guar.do [r̄ezgw'ardu] s. m. protection; guard, watch; shield, shelter; care, caution; prudency.

re.si.dên.cia [r̄ezid'ẽsjə] s. f. residence; dwelling, home.

re.si.den.ci.al [r̄ezidẽsi'aw] adj. m. + f. (pl. **-ais**) residential, residentiary.

re.si.den.te [r̄ezid'ẽti] s. m. + f. resident. ‖ adj. resident, residential, residentiary.

re.si.dir [r̄ezid'ir] v. to reside; to live, dwell; to stay.

re.sí.duo [r̄ez'idwu] s. m. residue; remainder, rest.

re.sig.na.ção [r̄ezignas'ãw] s. f. (pl. **-ções**) resignation.

re.sig.na.do [r̄ezign'adu] adj. resigned, acquiescent.

re.sig.nar [r̄ezign'ar] v. to resign; to give up; ≃ **-se** to be resigned; to resign or adjust o. s.

re.si.na [r̄ez'inə] s. f. resin, rosin, gum.

re.sis.tên.cia [r̄ezist'ẽsjə] s. f. resistance; opposition.

re.sis.ten.te [r̄ezist'ẽti] adj. m. + f. resistant, strong.

re.sis.tir [r̄ezist'ir] v. to resist, withstand; to oppose; to endure, to hold out, stand fast.

re.sis.tí.vel [r̄ezist'ivew] adj. m. + f. (pl. **-veis**) resistible.

res.ma [r̄'ezmə] s. f. ream, 500 sheets of paper.

res.mun.gão [r̄ezmũg'ãw] s. m. (pl. **-gões**; f. **-gona**) grumbler, grouch. ‖ adj. grumbling, cantankerous.

res.mun.gar [r̄ezmũg'ar] v. to mutter, mumble; to grumble; to growl, nag.

res.mun.go [r̄ezm'ũgu] s. m. mutter, mumble; gripe.

re.so.lu.ção [r̄ezolus'ãw] s. f. (pl. **-ções**) resolution.

re.so.lu.to [r̄ezol'utu] adj. resolute; courageous.

re.sol.ver [r̄ezowv'er] v. to resolve; to decide, solve; to conclude, determine; to reduce to; ≃ **-se** to come to a conclusion.

re.sol.vi.do [r̄ezowv'idu] adj. resolved, settled; decided.

res.pec.ti.vo [r̄espekt'ivu] adj. respective; concerning.

res.pei.ta.bi.li.da.de [r̄espejtabilid'adi] s. f. respectability.

res.pei.ta.do [r̄espejt'adu] adj. respected, considered.

res.pei.ta.dor [r̄espejtad'or] s. m. respecter. ‖ adj. respecting, respectful.

res.pei.tar [r̄espejt'ar] v. to respect; ≃**-se** to make o. s. respected, command respect.

res.pei.tá.vel [r̄espejt'avew] adj. m. + f. (pl. **-veis**) respectable; estimable; reputable; decent.

res.pei.to [r̄esp'ejtu] s. m. respect; ≃ **s** compliments. **a** ≃ **de** regarding, in point of. **com o devido** ≃ with all due respect, with due subjection to. **dizer** ≃ **a** to concern.

res.pei.to.so [r̄espejt'ozu] adj. respectful; dutiful.

res.pin.gar [r̄espĩg'ar] v. to sprinkle, spray (with water); to sparkle (fire); to crackle.

res.pin.go [r̄esp'ĩgu] s. m. aspersion; sparkling.

res.pi.ra.ção [r̄espiras'ãw] s. f. (pl. **-ções**) (physiol.) respiration, breathing; breath.

res.pi.rar [r̄espir'ar] v. to breathe; to respire; (fig.) to be, live. **sem** ≃ (fig.) incessantly.

res.pi.ra.tó.rio [r̄espirat'ɔrju] adj. respiratory.

res.pi.rá.vel [r̄espir'avew] adj. m. + f. (pl. **-veis**) respirable, breathable.

res.pi.ro [resp'iru] s. m. respiration, breath; vent (of machine).

res.plan.de.cên.cia [r̄esplãdes'ẽsjə] s. f. resplendency.

res.plan.de.cen.te [r̄esplãdes'ẽti] adj. m. + f. resplendent.

res.plan.de.cer [r̄esplãdes'er] v. to shine, glitter, sparkle.

res.plen.den.te [r̄esplẽd'ẽti] adj. m. + f. resplendent.

res.plen.dor [r̄esplẽd'or] s. m. radiance.

res.pon.dão [r̄espõd'ãw] s. m. (pl. **-dões**; f. **-dona**) backbiter; bully, coarse or churlish fellow. ‖ adj. rude, impolite, churlish.

res.pon.der [r̄espõd'er] v. to respond, reply, answer.

res.pon.di.do [r̄espõd'idu] adj. answered, replied.

res.pon.sa.bi.li.da.de [r̄espõsabilid'adi] s. f. responsibility. **lançar a** ≃ **sobre** to put the blame at. **passar a** ≃ (pop.) to pass the buck.

res.pon.sa.bi.li.zar [r̄espõsabiliz'ar] v. to make or consider responsible; to be answerable for.

res.pon.sá.vel [r̄espõs'avew] s. + adj. m. + f. (pl. **-veis**) responsible. **ser** ≃ **por** to be answerable for.

res.pon.si.vo [r̄espõs'ivu] adj. responsive; answerable.

res.pos.ta [r̄esp'ɔstə] s. f. response, rejoinder; answer, reply; replication.

res.quí.cio [r̄esk'isju] s. m. residue, remainder, rest; vestige, trace, mark.

res.sa.bi.a.do [r̄esabi'adu] adj. suspicious, distrustful; timid, frightened.

res.sa.bi.ar [r̄esabi'ar] v. to take offense, resent; to be annoyed.

res.sa.ca [r̄es'akə] s. f. surf; flux and reflux; breakers; (Braz.) hangover; displeasure.

res.sal.ta.do [r̄esawt'adu] adj. jutting out, salient.

res.sal.tar [r̄esawt'ar] v. to stick out, stand out; to protrude, project; to show, appear.

res.sal.te [r̄es'awti] s. m. salience, projection; relief.

res.sal.to [r̄es'awtu] s. m. jutting out; resilience.

res.sal.va [r̄es'awvə] s. f. reservation; exception; special clause, safety clause.

res.sal.var [r̄esawv'ar] v. to make an exception, except; to take exception from; to caution.

res.sar.ci.do [r̄esars'idu] adj. compensated, repaired.

res.sar.ci.men.to [r̄esarsim'ẽtu] s. m. indemnification.

res.sar.cir [r̄esars'ir] v. to indemnify, reimburse; to compensate; to repair; to make again.

res.se.ca.do [r̄esek'adu] adj. dry, parched, baked.

res.se.car [r̄esek'ar] v. to dry again; ≃**-se** to become very dry, parch.

res.sen.ti.do [r̄esẽt'idu] adj. resentful; offended.

res.sen.ti.men.to [r̄esẽtim'ẽtu] s. m. resentment; offense.

res.sen.tir [r̄esẽt'ir] v. to feel again, feel anew; to resent; ≃**-se** to be aware of an insult.

res.se.qui.do [r̄esek'idu] adj. parched; withered.

res.so.an.te [r̄eso'ãti] adj. m. + f. resonant; vibrant.

res.so.ar [r̄eso'ar] v. to tune, intone; to resound.

res.so.na.dor [resonad'or] s. m. resounder, resonator. ‖ adj. resounding.

res.so.nân.cia [r̄eson'ãsjə] s. f. resonance, resounding.

res.so.nan.te [r̄eson'ãti] adj. m. + f. resonant, resounding.

res.so.nar [r̄eson'ar] v. to resound; to reecho.

res.sur.gi.men.to [r̄esurʒim'ẽtu] s. m. resurgence, renascence.

res.sur.gir [r̄esurʒ'ir] v. to resurge, rise again.

res.sur.rei.ção [r̄esur̄ejs'ãw] s. f. (pl. **-ções**) resurrection.

res.sus.ci.ta.ção [r̄esusitas'ãw] s. f. (pl. **-ções**) resuscitation; reappearance.

res.sus.ci.tar [r̄esusit'ar] v. to cause to arise or reappear; to revive; to resuscitate, resurrect.

res.ta.be.le.cer [r̄estabeles'er] v. to establish again, re-establish; to restore; ≃ **-se** to recover one's health; to reinstate.

res.ta.be.le.ci.do [r̄estabeles'idu] adj. re-established.

res.ta.be.le.ci.men.to [r̄estabelesim'ẽtu] s. m. re-establishing.

res.tan.te [r̄est'ãti] s. m. rest, remainder. ‖ adj. m. + f. remaining; remnent.

res.tar [r̄est'ar] v. to rest, remain; to be leftover.

res.tau.ra.ção [r̄estawras'ãw] s. f. (pl. **-ções**) restoration.

res.tau.ran.te [r̄estawr'ãti] s. m. restaurant.

res.tau.rar [r̄estawr'ar] v. to recuperate; to recapture; to repair; to restore.

rés.tia [r̄'ɛstjə] s. f. rope braided from reeds or sedge grass.

res.tin.ga [r̄est'ĩgə] s. f. sandbank, shoal; salt marsh; reef, shelf.

res.ti.tu.i.ção [r̄estitwis'ãw] s. f. (pl. **-ções**) restitution.

res.ti.tu.í.do [r̄estitu'idu] adj. returned, restored.

res.ti.tu.ir [r̄estitu'ir] v. to restitute; to restore, return; to redeliver; to reinstate o. s.

res.ti.tu.í.vel [r̄estitu'ivew] adj. m. + f. (pl. **-veis**) repayable, returnable, refundable.

res.to [r̄'ɛstu] s. m. rest; (math.) remainder; ≃ **s** ruins; leftovers. **de** ≃ as for the rest, besides.

res.tri.ção [r̄estrisãw] s. f. (pl. **-ções**) act of restricting; restriction.

res.trin.gir [r̄estrĩʒ'ir] v. to restrict, restringe; to straiten, narrow; to confine; to reduce; ≃ **-se** to limit or confine o. s. or itself.

res.trin.gí.vel [r̄estrĩʒ'ivew] adj. m. + f. (pl. **-veis**) limitable; astringent.

res.tri.to [r̄estr'itu] adj. restricted, limited; private.

re.sul.ta.do [r̄ezuwt'adu] s. m. result; effect; product.

re.sul.tar [r̄ezuwt'ar] v. to result; to proceed.

re.su.mi.do [r̄ezum'idu] adj. resumed; abridged; brief.

re.su.mir [r̄ezum'ir] v. to abbreviate, abridge; to reduce, synthetize; ≃ **-se** to be summed up, abridged or condensed.

re.su.mo [r̄ez'umu] s. m. resume; summary, precis. **em** ≃ in short. **o** ≃ **dos fatos** a brief of the facts.

res.va.lar [r̄ezval'ar] v. to let slip or fall; to slide.

res.va.lo [r̄ezv'alu] s. m. act of slipping or sliding; steep or slippery place; slope; declivity.

re.ta [r̄'ɛtə] s. f. straight line; trace or stroke.

re.ta.guar.da [r̄etag'wardə] s. f. rearguard (army); back.

re.ta.lha.do [r̄etaʎ'adu] adj. cut into pieces; chopped.

re.ta.lhar [r̄etaʎ'ar] v. to cut into small pieces; to slash; to hurt, offend, injure.

re.ta.lho [r̄et'aʎu] s. m. morsel, little piece; retail.

re.ta.li.a.ção [r̄etaljas'ãw] s. f. (pl. **-ções**) retaliation.

re.ta.li.ar [r̄etali'ar] v. to retaliate; to reply in kind.

re.tan.gu.lar [r̄etagul'ar] adj. m. + f. rectangular.

re.tân.gu.lo [r̄et'agulu] s. m. rectangle. ‖ adj. rectangular; right-angled.

re.tar.da.do [r̄etard'adu] adj. retarded, delayed.

re.tar.da.men.to [r̄etardam'ẽtu] s. m. retardation, retarding; delay; postponement.

re.tar.dar [r̄etard'ar] v. to retard; to delay; ≃ **-se** to be or come late.

re.tar.da.tá.rio [r̄etardat'arju] s. m. latecomer; laggard. ‖ adj. tardy, slow.

re.tar.do [r̄et'ardu] s. m. retard, retardation; delay.

re.te.lhar [r̄eteλ'ar] v. to roof again, retile.

re.tem.pe.rar [r̄etẽper'ar] v. to retemper; to strengthen.

re.ten.ção [r̄etẽs'ãw] s. f. (pl. **-ções**) retention, retaining; detention; retentiveness.

re.ten.tor [r̄etẽt'or] s. m. retainer. ‖ adj. retaining.

re.ter [r̄et'er] v. to keep, retain; to hold back; to guard, safeguard; to detain.

re.te.sa.do [r̄etez'adu] adj. taut, stiff, tight, tense, rigid.

re.te.sar [r̄etez'ar] v. to stretch; to stiffen; ≃-**se** to become stiff or taut, become hard.

re.ti.cên.cia [r̄etis'ẽsjə] s. f. reticence; reservedness; (gram.) omission points.

re.ti.cen.te [r̄etis'ẽti] adj. m. + f. reticent; reserved.

re.tí.cu.la [r̄et'ikulə] s. f. a small net; reticle; reticule.

re.ti.cu.la.ção [r̄etikulas'ãw] s. f. (pl. **-ções**) reticulation.

re.ti.cu.la.do [r̄etikul'adu] adj. netlike, meshy, netted; reticular.

re.ti.cu.lar [r̄etikul'ar] adj. m. + f. = **reticulado**.

re.tí.cu.lo [r̄et'ikulu] s. m. a small net; reticulation.

re.ti.dão [r̄etid'ãw] s. f. (pl. **-dões**) rightness; rectitude, honesty; integrity; propriety.

re.ti.do [r̄et'idu] adj. restrained, refrained, curbed.

re.ti.fi.ca.ção [r̄etifikas'ãw] s. f. (pl. **-ções**) rectification.

re.ti.fi.ca.do [r̄etifik'adu] adj. rectified; corrected. **motor** ≃ engine overhauled.

re.ti.fi.car [r̄etifik'ar] v. to rectify; to straighten; to correct.

re.ti.lí.neo [r̄etil'inju] adj. rectilineal, rectilinear.

re.ti.na [r̄et'inə] s. f. (anat.) retina.

re.ti.nir [r̄etin'ir] v. to jingle, tinkle; to echo, resound, to reverberate; to clank; to clink.

re.ti.ra.da [r̄etir'adə] s. f. retreat; evacuation; withdrawal.

re.ti.ra.do [r̄etir'adu] adj. retired; solitary secluded; reclusive; remote; lone, lonesome.

re.ti.rar [r̄etir'ar] v. to draw back, withdraw; to take away, remove; to retract; ≃-**se** to depart, leave, go away.

re.ti.ro [r̄et'iru] s. m. solitary place, seclusion; retreat; privacy; exile.

re.ti.tu.de [r̄etit'udi] s. f. rectitude.

re.to [r̄'εtu] s. m. (anat.) rectum. ‖ adj. straight; right, direct; equitable, just; righteous.

re.to.ca.do [r̄etok'adu] adj. retouched, refurbished.

re.to.ca.dor [r̄etokad'or] s. m. retoucher, finisher. ‖ adj. retouching, finishing.

re.to.car [r̄etok'ar] v. to retouch; to finish; to correct.

re.to.ma.da [r̄etom'adə] s. f. retaking, recapturing.

re.to.mar [r̄etom'ar] v. to retake; to recover.

re.to.que [r̄et'ɔki] s. m. retouching, finishing touch.

re.tor.cer [r̄etors'er] v. to retwist.

re.tor.ci.do [r̄etors'idu] adj. twisted; winding.

re.tó.ri.ca [r̄et'ɔrikə] s. f. rhetoric; eloquence; oratory; persuasive power.

re.tó.ri.co [r̄et'ɔriku] s. m. rhetorician. ‖ adj. rhetorical.

re.tor.nar [r̄etorn'ar] v. to return; to turn; to refund.

re.tor.no [r̄et'ornu] s. m. return, regress.

re.tor.quir [r̄etork'ir] v. to reply; to retort.

re.tor.são [r̄etors'ãw] s. f. (pl. **-sões**) twisting; retortion.

re.tor.ta [r̄et'ɔrtə] s. f. (chem.) retort.

re.tra.ção [r̄etras'ãw] s. f. (pl. **-ções**) retraction, retracting; shrinkage.

re.tra.çar [r̄etras'ar] v. to retrace; to trace over again.

re.tra.í.do [r̄etra'idu] adj. retracted; reserved; shy.

re.tra.i.men.to [r̄etrajm'ẽtu] s. m. retraction; retreat.

re.tra.ir [r̄etra'ir] v. to withdraw; to retract; ≃-**se** to give ground; to isolate o. s.; to leave.

re.tran.ca [r̄etr'ãkə] s. f. breeching, crupper; frugality.

re.trans.mis.são [r̄etrãzmis'ãw] s. f. (pl. **-sões**) retransmission; (radio) rebroadcast; reconveyance.

re.trans.mi.tir [r̄etrãzmit'ir] v. to retransmit.

re.tra.ta.ção [r̄etratas'ãw] s. f. (pl. **-ções**) retractation.

re.tra.ta.do [r̄etrat'adu] adj. painted, portrayed; drawn, featured; photographed.

re.tra.tar [r̄etrat'ar] v. to portray, paint; to photograph; ≈**-se** to be portrayed; to appear; to retract, recant; to unsay.

re.tra.tá.vel [r̄etrat'avew] adj. m. + f. (pl. **-veis**) retractable; portrayable.

re.tra.tis.ta [r̄etrat'istə] s. m. + f. portraitist.

re.tra.to [r̄etr'atu] s. m. picture, portrait; photography; description; effigy.

re.tre.ta [r̄etr'etə] s. f. concert given by a band in a public square or garden.

re.tri.bu.i.ção [r̄etribwis'ãw] s. f. (pl. **-ções**) retribution.

re.tri.bu.í.do [r̄etribu'idu] adj. retributed, rewarded.

re.tri.bu.ir [retribu'ir] v. to retribute; to reward, repay.

re.tri.bu.í.vel [r̄etribu'ivew] adj. m. + f. (pl. **-veis**) rewardable, returnable.

retro [r̄'ɛtru] adv. behind, back of, backward.

re.tro.a.ção [r̄etroas'ãw] s. f. (pl. **-ções**) retroaction.

re.tro.a.gir [r̄etroaʒ'ir] v. to retroact; to react.

re.tro.a.ti.vo [r̄etroat'ivu] adj. retroactive; retrospective.

re.tro.ce.dên.cia [r̄etrosed'ẽsjə] s. f. retrocedence.

re.tro.ce.den.te [r̄etrosed'ẽti] adj. m. + f. retrocedent.

re.tro.ce.der [r̄etrosed'er] v. to retrocede; to go back.

re.tro.ce.di.men.to [r̄etrosedim'ẽtu] s. m. retrocession.

re.tro.ces.so [r̄etros'ɛsu] s. m. retrocession; retrogression; (typewriter) backspacer.

re.tró.gra.do [r̄etr'ɔgradu] s. m. + adj. retrograde; old-fashioned; narrow-minded.

re.tro.gres.são [r̄etrogres'ãw] s. f. (pl. **-sões**) retrogression.

re.trós [r̄etr'ɔs] s. m. twisted sewing silk, spun silk (cotton etc.).

re.tros.pec.ção [r̄etrospeks'ãw] s. f. (pl. **-ções**) retrospection; retrospect.

re.tros.pec.ti.vo [r̄etrospekt'ivu] adj. retrospective.

re.tros.pec.to [r̄etrosp'ɛktu] s. m. retrospection.

re.tro.ver.são [r̄etrovers'ãw] s. f. (pl. **-sões**) retroversion.

re.tro.ver.ter [r̄etrovert'er] v. to retrovert, revert.

re.tro.vi.sor [r̄etroviz'or] s. m. rear-view mirror.

re.tru.car [r̄etruk'ar] v. to reply, answer; to retort; to come back (at).

re.tum.ban.te [r̄etũb'ãti] adj. m. + f. resounding.

re.tum.bar [r̄etũb'ar] v. to resound, reverberate.

réu [r̄'ɛw] s. m. defendant; the accused.

reu.má.ti.co [r̄ewm'atiku] s. m. + adj. rheumatic.

reu.ma.tis.mo [r̄ewmat'izmu] s. m. rheumatism, arthritis.

re.u.ni.ão [r̄ewni'ãw] s. f. (pl. **-ões**) reunion; meeting.

re.u.nir [r̄ewn'ir] v. to reunite; to assemble, congregate, meet; ≈**-se** to come together with, join; to meet; to rally.

re.va.li.da.ção [r̄evalidas'ãw] s. f. (pl. **-ções**) revalidation.

re.va.li.dar [r̄evalid'ar] v. to revalidate; to renew.

re.va.lo.ri.za.ção [r̄evalorizas'ãw] s. f. (pl. **-ções**) revalorization; restoration of value.

re.va.lo.ri.zar [r̄evaloriz'ar] v. to revalorize.

re.ve.la.ção [r̄evelas'ãw] s. f. (pl. **-ções**) revelation, revealment, act or person revealed; eye-opener.

re.ve.la.dor [r̄evelad'or] s. m. revealer, discloser; (phot.) developer; (chem.) test, reagent. ‖ adj. revealing, disclosing.

re.ve.lar [r̄evel'ar] v. to unveil, unmask; to reveal, disclose; to divulge; to come out with, to expose; (phot.) to develop.

re.ve.lá.vel [r̄evel'avew] adj. m. + f. (pl. **-veis**) revealable; (phot.) developable.

re.ve.li.a [r̄evel'iə] s. f. non-appearance, default. à ≈ in absence.

re.ven.da [r̄ev'ẽdə] s. f. resale, second sale.

re.ven.de.dor [r̄evẽded'or] s. m. hawker. huckster; peddler. ‖ adj. reselling, hawking.

re.ven.der [r̄evẽd'er] v. to resell, sell again. sell at retail.

re.ver [r̄ev'er] v. to see again.

re.ver.be.ra.ção [r̄everberas'ãw] s. f. (pl. **-ções**) reverberation, repercussion.

re.ver.be.rar [r̄everber'ar] v. to reverberate; to reflect.

re.ve.rên.cia [r̄ever'ēsiə] s. f. reverence; deference.

re.ve.ren.ci.ar [r̄everēsi'ar] v. to treat with reverence.

re.ve.ren.do [r̄ever'ēdu] s. m. Reverend. ‖ adj. reverend.

re.ve.ren.te [r̄ever'ēti] adj. m. + f. reverent, reverential.

re.ve.ri.fi.car [r̄everifik'ar] v. to verify again, recheck.

re.ver.são [r̄evers'ãw] s. f. (pl. -sões) reversion; reversal.

re.ver.si.bi.li.da.de [r̄eversibilid'adi] s. f. reversibility.

re.ver.sí.vel [r̄evers'ivew] adj. m. + f. (pl. -veis) reversible; revertible, returnable.

re.ver.so [r̄ev'ersu] s. m. backside; opposite. ‖ adj. reverse, opposite, contrary.

re.ver.ter [r̄evert'er] v. to return, go back; to revert.

re.vés [r̄ev'ɛs] s. m. (pl. -veses) reverse.

re.ves.ti.do [r̄evest'idu] adj. covered, coated; faced.

re.ves.ti.men.to [r̄evestim'ētu] s. m. revetment, revetting; masonry.

re.ves.tir [r̄evest'ir] v. to revest; to dress up; to line.

re.ve.za.do [r̄evez'adu] adj. alternate, by turns.

re.ve.za.men.to [r̄evezam'ētu] s. m. alternation; reciprocal alternation; rotation; relief.

re.ve.zar [r̄evez'ar] v. to substitute alternatively.

re.vi.dar [r̄evid'ar] v. to reply in kind, retort.

re.vi.de [r̄ev'idi] s. m. retaliation; reprisal, requital.

re.vi.go.ran.te [r̄evigor'ãti] adj. m. + f. reinvigorating.

re.vi.go.rar [r̄evigor'ar] v. to give new strength or vigour to; to reanimate, revive, revigorate; ≃-se to grow strong again.

re.vi.ra.men.to [r̄eviram'ētu] s. m. turning completely.

re.vi.rar [r̄evir'ar] v. to turn, turn over again; to return, regress; ≃-se to turn around again; to pursue, persecute.

re.vi.ra.vol.ta [r̄evirav'ɔwtə] s. f. complete reversal of position; turn; about-face.

re.vi.são [r̄eviz'ãw] s. f. (pl. -sões) revision, revisal.

re.vi.sar [r̄eviz'ar] v. to visa again; to revise, review.

re.vi.sor [r̄eviz'or] s. m. reviewer, reviser, corrector.

re.vis.ta [r̄ev'istə] s. f. review, revisal; magazine. **as tropas passaram em** ≃ the troops passed in review, the troops paraded.

re.vis.tar [r̄evist'ar] v. to review; to examine, revise; to search; (mil.) to hold a review; to ransack, rummage.

re.vis.to [r̄ev'istu] adj. revised, reviewed.

re.vi.ta.li.za.ção [r̄evitalizas'ãw] s. f. (pl. -ções) revitalization.

re.vi.ta.li.zar [r̄evitaliz'ar] v. to revitalize, animate again.

re.vi.ver [r̄eviv'er] v. to revive, revivify; to resuscitate.

re.vi.vi.fi.car [r̄evivifik'ar] v. to revivify; reanimate.

re.vo.a.da [r̄evo'adə] s. f. act of flying again or flying back; flight (of birds), flock.

re.vo.ar [r̄evo'ar] v. to fly again, fly back; to soar, fly aloft; to flutter, flit about.

re.vo.ga.ção [r̄evogas'ãw] s. f. (pl. -ções) revocation.

re.vo.gar [r̄evog'ar] v. to revoke, revocate; to abolish.

re.vo.gá.vel [r̄evog'avew] adj. m. + f. (pl. -veis) revocable.

re.vol.ta [r̄ev'ɔwtə] s. f. revolt, rebellion; uprising.

re.vol.ta.do [r̄evowt'adu] s. m. rebel. ‖ adj. revolted.

re.vol.tan.te [r̄evowt'ãti] adj. m. + f. revolting.

re.vol.tar [r̄evowt'ar] v. to revolt, rebel; ≃-se to riot, mutiny; to feel indignation.

re.vol.to [r̄ev'owtu] adj. excited; recurved.

re.vol.to.so [r̄evowt'ozu] s. m. rebel. ‖ adj. revolted.

re.vo.lu.ção [r̄evolus'ãw] s. f. (pl. -ções) revolution; rebellion; progressive circular motion.

re.vo.lu.ci.o.nar [r̄evolusion'ar] v. to revolutionize.

re.vo.lu.ci.o.ná.rio [r̄evolusjon'arju] s. m. + adj. revolutionary.

re.vol.ver [r̄evowv'er] v. to revolve.

re.vól.ver [r̄ev'ɔwver] s. m. (pl. -veres) revolver, gun. ≃ **de pintura** spray gun.

re.vul.são [r̄evuws'ãw] s. f. (pl. **-sões**) (med.) revulsion.

re.vul.sar [r̄evuws'ar] v. to apply or cause revulsion.

re.za [r̄'ɛzə] s. f. prayer, praying, oration, rogation.

re.zar [r̄ez'ar] v. to pray; to supplicate.

re.zi.na [r̄ez'inə] s. m. + f. pighead, stubborn person. ‖ adj. stubborn; pigheaded.

ri.a.cho [r̄i'aʃu] s. m. rivulet, streamlet, brook.

ri.ban.cei.ra [r̄ibãs'ejrə] s. f. steep bank of a river; ravine; cliff; bank, brae.

ri.bei.ra [r̄ib'ejrə] s. f. tract of land on a waterside.

ri.bei.rão [r̄ibejr'ãw] s. m. (pl. **-rões**) (Braz.) large brook, stream.

ri.bei.ri.nho [r̄ibeir'iñu] s. m. riverain. ‖ adj. riverine, waterside.

ri.bo.nu.cléi.co [r̄ibonukl'ejku] adj. ribonucleic.

ri.ca.ço [r̄ik'asu] s. m. (pop.) rich person, moneybag, grubber, nabob.

rí.ci.no [r̄'isinu] s. m. castor-oil plant; ricinus.

ri.co [r̄'iku] s. m. a wealthy person. ‖ adj. rich.

ri.di.cu.la.ri.za.dor [r̄idikularizad'or] adj. ridiculing, jesting.

ri.di.cu.la.ri.zar [r̄idikulariz'ar] v. to ridicule; to joke.

ri.dí.cu.lo [r̄id'ikulu] s. m. ridiculous person. ‖ adj. ridiculous; comic; farcical.

ri.fa [r̄'ifə] s. f. raffle.

ri.far [r̄if'ar] v. to raffle; to cast or draw lots.

ri.fle [r̄'ifli] s. m. rifle, carbine.

ri.gi.dez [r̄iʒid'es] s. f. rigidity, stiffness; severity.

rí.gi.do [r̄'iʒidu] adj. rigid; not pliant; stiff; severe; unbending.

ri.gor [r̄ig'or] s. m. rigidity; hardness; force; severity; strictness; energy.

ri.go.ro.so [r̄igor'ozu] adj. rigorous; inflexible; unbending; severe.

ri.jo [r̄'iʒu] adj. rigid; inflexible; hard.

rim [r̄'ĩ] s. m. (pl. **rins**) (anat.) kidney.

ri.ma [r̄'imə] s. f. rhyme; stack, heap, pile.

ri.ma.do [r̄im'adu] adj. rhymed, versified, jingly.

ri.mar [r̄im'ar] v. to rhyme; to versify; to conform.

rin.cão [r̄ik'ãw] s. m. (pl. **-cões**) hidden corner, secluded place; sylvan retreat; nook.

rin.gue [r̄'ĩgi] s. m. (sports) ring, prize ring.

ri.no.ce.ron.te [r̄inoser'õti] s. m. (zool.) rhinoceros.

rin.que [r̄'ĩki] s. m. skating-rink.

ri.o [r̄'iu] s. m. river, stream; watercourse.

ri.pa [r̄'ipə] s. f. lath, batten; shingle, chip.

ri.pa.do [r̄ip'adu] s. m. lath-work, latticework.

ri.par [r̄ip'ar] v. to nail battens or laths on: to lath; to thrash, beat; (fig.) to censure.

ri.que.za [r̄ik'ezə] s. f. wealth, riches; wealthiness.

rir [r̄'ir] v. to laugh; to smile; to joke, jest; to be gay. ≃ **a bandeiras despregadas** to shriek with laughter. ≃ **às gargalhadas** to cackle, guffaw. ≃ **com riso amarelo** to laugh on the wrong side of the mouth.

ri.sa.da [r̄iz'adə] s. f. loud laughter, peal of laughter.

ris.ca [r̄'iskə] s. f. scratching; stroke, dash, streak; stripe. ≃ **de cabelo** parting of hair.

ris.ca.do [r̄isk'adu] s. m. striped fabric. ‖ adj. striped.

ris.ca.dor [r̄iskad'or] s. m. scriber. ‖ adj. scribing.

ris.car [r̄isk'ar] v. to scratch out, rub out; to delete; to cancel; to blot out.

ris.co [r̄'isku] s. m. scratch; stroke; stripe; danger; hazard; risk.

ri.so [r̄'izu] s. m. laughter, laughing; glee, joy; smile. **ataque de** ≃ a fit of laughter. ≃ **amarelo** half-hearted smile.

ri.so.nho [r̄iz'oñu] adj. smiling, cheerful; riant.

ri.so.to [r̄iz'otu] s. m. risotto.

ris.pi.dez [r̄ispid'es] s. f. harshness; severity; sternness; gruffness.

rís.pi.do [r̄'ispidu] adj. harsh, rough; severe, stern.

rit.ma.do [r̄itm'adu] adj. rhythmic(al), cadenced.

rit.mar [r̄itm'ar] v. to mark with rhythm; to cadence.

rít.mi.ca [r̄'itmikə] s. f. rhythmics.

rít.mi.co [r̄'itmiku] adj. rhythmic(al), cadenced.

rit.mo [r̄'itmu] s. m. rhythm, cadence, meter; pitch.

ri.to [r̄'itu] s. m. ceremony; rite, ritual act; cult.

ri.tu.al [r̄itu'aw] s. m. (pl. **-ais**) ceremonial; ritual. ‖ adj. m. + f. ritual, formulary.

ri.val [r̄iv'aw] s. + adj. m. + f. (pl. **-vais**) rival.

ri.va.li.da.de [r̄ivalid'adi] s. f. rivalry, rivalship.

ri.va.li.zar [r̄ivaliz'ar] v. to rival; to compete.

ri.xa [r̄'iʃə] s. f. quarrel, dispute; wrangle; brawl.

ri.xar [r̄iʃ'ar] v. to quarrel, wrangle; to brawl.

ri.zi.cul.tor [r̄izikuwt'or] s. m. rice grower; rice planter.

ri.zi.cul.tu.ra [r̄izikuwt'urə] s. f. rice growing, rice planting.

ro.bus.te.cer [r̄obustes'er] v. to make robust; to strengthen; ≃-**se** to become strong or robust; to steel o. s.

ro.bus.tez [r̄obust'es] s. f. robustness.

ro.bus.to [r̄ob'ustu] adj. robust; strong, vigorous.

ro.ca [r̄'ɔkə] s. f. spinning wheel; rock.

ro.ça [r̄'ɔsə] s. f. tract of newly cleared land.

ro.ça.da [r̄os'adə] s. f. cutting, burning and clearing of undergrowth; cleared land.

ro.ça.do [r̄os'adu] s. m. cleared ground, field.

ro.ça.dor [r̄osad'or] s. m. weeder, planter, farmer.

ro.çar [r̄os'ar] v. to clear the land of underwood (for planting); to graze; to cut down.

ro.cei.ro [r̄os'ejru] s. m. planter, farmer; farmhand.

ro.cha [r̄'ɔʃə] s. f. rock, solid mineral matter.

ro.che.do [r̄oʃ'edu] s. m. steep, rugged rock, crag.

ro.cho.so [r̄oʃ'ozu] adj. rocky; stony; cragged.

ro.co.có [r̄okok'ɔ] s. m. + adj. rococo, rococo style.

ro.da [r̄'ɔdə] s. f. wheel, circle; circumference; social group. ≃ **de reserva** stepney, step wheel. **andar à** ≃ to go in circles. ≃ -**viva** incessant movement, fuss; commotion, confusion.

ro.da.da [r̄od'adə] s. f. round (of drinks, cards), a number of games.

ro.da.do [r̄od'adu] adj. wheeled; elapsed, passed by (time); (N. Braz.) spotted (horse).

ro.da.gem [r̄od'aʒẽj] s. f. (pl. **-gens**) a set of wheels. **estrada de** ≃ road.

ro.da.pé [r̄ɔdap'ɛ] s. m. (archit.) skirting board.

ro.dar [r̄od'ar] v. to roll; to twirl; to gyrate.

ro.de.a.do [r̄ode'adu] adj. surrounded, encircled.

ro.de.ar [r̄ode'ar] v. to surround, encircle; to circle; to rotate; to detour; to ensphere.

ro.dei.o [r̄od'eju] s. m. surrounding; (Braz.) roundup of cattle. **com** ≃**s** indirectly. **ele falou sem** ≃**s** he used plain language. **sem** ≃**s** without ifs or ands, fair and square.

ro.de.la [r̄od'ɛlə] s. f. a small wheel or ring; roundel.

ro.dí.zio [r̄od'izju] s. m. waterwheel; shift; turn. ≃ **de comida em restaurante** served in rotation. **fazer** ≃ (fig.) to take turns.

ro.do [r̄'odu] s. m. rake (without teeth), squeegee.

ro.do.pi.ar [r̄odopi'ar] v. to whirl about, twirl; to spin.

ro.do.pi.o [r̄odop'iu] s. m. whirl, whirling; rotation.

ro.do.vi.a [r̄odov'iə] s. f. highway; (U.S.A.) thruway.

ro.do.vi.á.rio [r̄odovi'arju] adj. (Braz.) of, pertaining to or relative to a highway.

ro.e.dor [r̄oed'or] s. m. rodent(s). ‖ adj. rodent.

ro.er [r̄o'er] v. to gnaw, nibble; to bite, chew; to corrode. ≃ **as unhas** to bite one's fingernails. ≃ **a corda** to fail a promise.

ro.ga.dor [r̄ogad'or] s. m. + adj. supplicant.

ro.gar [r̄og'ar] v. to implore, supplicate; to beg. ≃ **pragas** to curse, imprecate.

ro.go [r̄'ogu] s. m. act or effect of asking for; request. **a seu** ≃ at his request.

ro.í.do [r̄o'idu] adj. gnawed, corroded, worm-eaten. ≃ **pelas traças** moth-eaten.

ro.jão [r̄oʒ'ãw] s. m. (pl. **-jões**) rocket; forced march.

rol [r̄'ɔw] s. m. (pl. **róis**) roll, list; register; file.

ro.la [r̄'olə] s. f. (ornith.) turtle dove.

ro.la.men.to [r̄olam'ẽtu] s. m. rolling; welter; (mech.) bearing. ≃ **de esferas** ball bearing.

ro.lan.te [r̄ol'ãti] adj. m. + f. rolling, rotating.

ro.lar [r̄ol'ar] v. to roll; to cause to revolve.

rol.da.na [r̄owd'ʌnə] s. f. (mech.) pulley, sheave, runner.

rol.dão [r̄owd'ãw] s. m. ((pl. **-dões**) confusion, disorder.

ro.le.ta [r̄ol'etə] s. f. roulette.

ro.le.te [r̄ol'eti] s. m. roller, small wheel; caster.

ro.lha [r̄'oλə] s. f. cork, stopper; bung; (sl.) scoundrel.

ro.lhar [r̄oʎ'ar] v. to cork bottles, stopper, stopple.

ro.li.ço [r̄ol'isu] adj. round, roundish; chubby.

ro.lo [r̄'olu] s. m. cylinder; road roller; roll.

ro.mã [r̄om'ã] s. f._ (bot.) pomegranate.

ro.man.ce [r̄om'ãsi] s. m. romance, novel; fiction; love affair.

ro.man.ce.ar [r̄omãse'ar] v. to romance; to tell fibs.

ro.man.cis.ta [r̄omãs'istə] s. m. + f. romancist, novelist.

ro.ma.nes.co [r̄oman'esku] s. m. romantic character.

ro.mâ.ni.co [r̄om'ʌniku] s. m. Romance languages collectively; Romance style in architecture. ‖ adj. Romance, Romanic.

ro.ma.no [r̄om'ʌnu] s. m. + adj. Roman.

ro.man.ti.cis.mo [r̄omãtis'izmu] s. m. romanticism.

ro.mân.ti.co [r̄om'ãtiku] s. m. romantic. ‖ adj. romantic; dreamy; chimerical; poetic.

ro.man.tis.mo [r̄omãt'izmu] s. m. romanticism, romantism; romantic sentiment.

ro.man.ti.zar [r̄omãtiz'ar] v. to romanticize.

ro.ma.ri.a [r̄omar'iə] s. f. pilgrimage, peregrination.

ro.mã.zei.ra [r̄omãz'ejrə] s. f. (bot.) pomegranate tree.

rom.bo [r̄'õbu] s. m. hole; gap; rift, split; leak; (fig.) a big theft, a grand caper.

ro.mei.ro [r̄om'ejru] s. m. pilgrim, peregrinator.

ro.me.no [r̄om'enu] s. m. + adj. Rumanian, Romanian.

rom.pan.te [r̄õp'ãti] s. m. fury; impetuosity. ‖ adj. m. + f. arrogant, haughty, proud.

rom.per [r̄õp'er] s. m. breaking, break. ‖ v. to break, break up; to destroy; to tear; ≃ -se to break up, burst. ≃ em choro, ≃ em pranto to burst into tears. ≃ o namoro to jilt a lover. rompi as relações com ele I broke off relations with him. ao ≃ do dia at daybreak, at dawn, at the peep of the day.

rom.pi.men.to [r̄õpim'ẽtu] s. m. act of breaking, disruption; split. o ≃ de relações diplomáticas the rupture of diplomatic relations.

ron.ca.dor [r̄õkad'or] s. m. snorer. ‖ adj. snoring.

ron.car [r̄õk'ar] v. to snore; to roar; to boom.

ron.co [r̄'õku] s. m. snore, snoring; roaring.

ron.da [r̄'õdə] s. f. round; patrol, prowl, rounds.

ron.dar [r̄õd'ar] v. to walk the rounds; to patrol.

ron.quei.ra [r̄õk'ejrə] s. f. rasping sound of heavy breathing; raucousness; wheeze.

ron.ro.nan.te [r̄õr̄on'ãti] adj. m. + f. purring; whirring.

ron.ro.nar [r̄õr̄on'ar] v. to purr; to buzz; to whir.

ro.que [r̄'ɔki] s. m. (chess) rook; castling; (mus.) rock and roll.

ro.sa [r̄'ɔzə] s. f. rose; rosy cheeks; gilding tool. ‖ adj. m. + f. rosy, rose-coloured. viver num mar de ≃ s to live in the seventh heaven of delight. ≃ -dos-ventos mariner's compass card; weather-vane.

ro.sá.cea [r̄oz'asjə] s. f. plant of the rose family (Rosaceae).

ro.sá.ceo [r̄oz'asju] adj. rosaceous; rosy; rose-shaped.

ro.sa.do [r̄oz'adu] adj. rosy, roseate; rosaceous.

ro.sar [r̄oz'ar] v. to render rose-coloured; to redden, make red; to blush; ≃ -se (fig.) to be or become ashamed.

ro.sá.rio [r̄oz'arju] s. m. (rel.) Rosary; rosary.

ros.bi.fe [r̄ozb'ifi] s. m. roast beef.

ros.ca [r̄'oskə] s. f. thread, screw thread; spiral; loaf (of bread).

ros.ca.do [r̄osk'adu] adj. threaded (screw thread).

ros.car [r̄osk'ar] v. to cut a thread or screw thread.

ro.sei.ra [r̄oz'ejrə] s. f. rosebush, rosier; rose.

ro.sei.ral [r̄ozejr'aw] s. m. (pl. -rais) rose garden.

ró.seo [r̄'ɔzju] adj. rosy, rose, rose-coloured; resembling a rose; fragrant.

ro.se.ta [r̄oz'etə] s. f. a little rose; rosette.

ros.na.dor [r̄oznad'or] s. m. grumbler. ‖ adj. snarling.

ros.nar [r̄osn'ar] s. m. snarl, growl. ‖ v. to snarl.

ros.qui.nha [r̄osk'iɲə] s. f. ring-shaped cooky.

ros.si.o [r̄os'iu] s. m. public square; plaza, big open market place.

ros.to [r̄'ostu] s. m. face; visage; physiognomy. ≃ a ≃ face to face.

ro.ta [r̄'ɔtə] s. f. fight, contest, bout; direction, route, course. ≃ **aérea** air route, airway. ≃ **marítima** sea-route.

ro.ta.ção [r̄otas'ãw] s. f. (pl. **-ções**) rotation.

ro.ta.ti.vo [r̄otat'ivu] adj. rotative, rotational, rotary.

ro.tei.ro [r̄ot'ejru] s. m. itinerary, route; road book.

ro.ti.na [r̄ot'inə] s. f. routine; custom, practice.

ro.ti.nei.ro [r̄otin'ejru] s. m. routinist. ‖ adj. routine.

ro.to [r̄'otu] adj. ragged, tattered; shabby.

ró.tu.la [r̄'ɔtulə] s. f. (anat.) kneecap, patella, rotula.

ro.tu.la.do [r̄otul'adu] adj. labelled; (fig.) marked.

ro.tu.lar [r̄otul'ar] adj. m. + f. rotular, rotulian. ‖ v. to label; to mark, designate.

ró.tu.lo [r̄'ɔtulu] s. m. label; mark, lettering; ticket, docket; inscription.

ro.tun.da [r̄ot'ũdə] s. f. (archit.) rotunda.

ro.tun.do [r̄ot'ũdu] adj. rotund; round, roundish.

rou.ba.lhei.ra [r̄owbaʎ'ejrə] s. f. (coll.) shocking robbery; spoliation or embezzlement of public funds; exorbitant price.

rou.bar [r̄owb'ar] v. to rob; to plunder; to steal; riffle, filch, pilfer.

rou.bo [r̄'owbu] s. m. robbery, theft; spoliation, embezzlement; loot, booty; plunder.

rou.co [r̄'owku] adj. hoarse, raucous, harsh, husky.

round [r̄'aw̃di] s. m. round (boxing).

rou.pa [r̄'owpə] s. f. clothes, clothing, vesture; costume, habit. ≃ **branca** linen. ≃ **de baixo** underwear. ≃ **de cama** bedclothes. ≃ **de malha** tricot, knitwear. ≃ **de mesa** table linen. ≃ **feita** ready-made clothes. ≃ **lavada** washing. ≃ **suja** laundry. ≃ **velha** (Braz.) stew made from rests of meat and meal. **à queima -≃** at close, range, face to face, point-blank (shooting).

rou.pão [r̄owp'ãw] s. m. (pl. **-pões**) dressing gown; bathing gown; housecoat.

rou.pa.ri.a [r̄owpar'iə] s. f. clothes closet.

rou.pei.ro [r̄owp'ejru] s. m. wardrobe, clothes closet.

rou.qui.dão [r̄owkid'ãw] s. f. hoarseness, huskiness; raucousness; raucity.

rou.xi.nol [r̄owʃin'ɔw] s. m. (pl. **-nóis**) nightingale.

ro.xo [r̄'oʃu] s. m. purple hue, violet. ‖ adj. purple, violet.

ru.a [r̄'uə] s. f. street, thoroughfare; way, walk, (fig.) populace, mob. ‖ interj. get out!, be off!, out you go! **ser posto na** ≃ to be dismissed, socked out (of a job), turn out (of the house). **moleque da** ≃ street urchin.

ru.a.ça [r̄u'asə] s. f. riot.

ru.bé.o.la [r̄ub'ɛolə] s. f. (med.) rubeola, roserash.

ru.bi [r̄ub'i] s. m. (min.) ruby; precious stone.

ru.bi.á.cea [r̄ubi'asjə] s. f. (bot.) a specimen of the Rubiaceae; (pop.) coffee.

ru.bor [r̄ub'or] s. m. redness; shame, modesty.

ru.bo.ri.zar [r̄uboriz'ar] v. to redden, rubify.

ru.bri.ca [r̄ubr'ikə] s. f. rubric; abbreviation of a signature, initials.

ru.bri.ca.do [r̄ubrik'adu] adj. rubricated, countersigned.

ru.bri.car [r̄ubrik'ar] v. to rubricate; to countersign.

ru.bro [r̄'ubru] adj. ruby-red, rouge; aglow; ruddy.

ru.ço [r̄'usu] adj. grey; faded.

ru.de [r̄'udi] adj. m. + f. rude; uncultivated.

ru.dez [rud'es] s. f. = **rudeza**.

ru.de.za [rud'ezə] s. f. rudeness, crudity.

ru.di.men.tar [r̄udimẽt'ar] adj. m. + f. rudimental.

ru.di.men.to [r̄udim'ẽtu] s. m. rudiment; element.

ru.e.la [r̄u'ɛlə] s. f. by-street, little street, alley, lane; iron ring.

ru.far [r̄uf'ar] v. to beat the drum; to pleat.

ru.fi.ão [r̄ufi'ãw] s. m. (pl. **-ões**; f. **-ona**) ruffian; hooligan, bully, rowdy; pander.

ru.flar [r̄ufl'ar] v. to rustle, rush, swish; to ruffle.

ru.fo [r̄'ufu] s. m. drumbeat, tattoo; ruffle.

ru.ga [r̄'ugə] s. f. wrinkle, small crease of the skin.

ru.ga.do [r̄ug'adu] adj. rutted, wrinkled, furrowed.

ru.gi.do [r̄uʒ'idu] s. m. bellow; roar of a lion.

ru.gir [r̄uʒ'ir] v. to roar; to bellow; to rumble, rustle; to resound; to growl.

ru.go.so [r̄ug'ozu] adj. rugose, rugous; shrivelled.

ru.í.do [r̄u'idu] s. m. noise, din; hubbub; clamour; rustling; uproar; loudness.

ru.i.do.so [r̄'ujd'ozu] adj. noisy, boisterous; loud.

ru.im [r̄uĩ] adj. (pl. **-ins**) bad, ill; unsavoury.

ru.í.na [r̄u'inə] s. f. ruin, wreck; collapse. **levaram-no à** ≃ they brought him to ruin.

ru.in.da.de [r̄uĩd'adi] s. f. badness, wickedness; infamy.

ru.i.no.so [r̄ujn'ozu] adj. ruinous; destructive; risky.

ru.ir [r̄u'ir] v. to collapse; to fall into ruins; to crush.

rui.vo [r̄'ujvu] s. m. auburn or red-haired man. **‖** adj. rufous, russet; red-haired.

rum [r'ũ] s. m. rum.

ru.mar [r̄um'ar] v. to steer to, head for; to ply.

ru.mi.na.ção [r̄uminas'ãw] s. f. (pl. **-ções**) rumination.

ru.mi.nan.te [r̄umin'ãti] s. m. + adj. m. + f. (zool.) ruminant.

ru.mi.nar [r̄umin'ar] v. to ruminate, chew the cud.

ru.mo [r̄'umu] s. m. (naut.) rhumb; route, course; direction. **mudaram o** ≃ (fig.) they flew off at a tangent. **sem** ≃ adrift, afloat. **tomar outro** ≃ to go off on a new tack.

ru.mor [r̄um'or] s. m. rumour, rumor; gossip, chatter.

ru.mo.re.jar [r̄umoreʒ'ar] v. to rustle, buzz; to whisper.

ru.mo.re.jo [r̄umor'eʒu] s. m. rustle; buzz; rumbling.

ru.mo.ro.so [r̄umor'ozu] adj. noisy, loud; blatant.

rup.tu.ra [r̄upt'urə] s. f. breakage; rupture; breach.

ru.ral [r̄ur'aw] adj. m. + f. (pl. **-rais**) rural; rustic.

ru.ra.li.zar [r̄uraliz'ar] v. to ruralize, rusticate.

rus.ga [r̄'uzgə] s. f. noise; confusion; brawl.

rush [r̄'uʃi] s. m. rush-hour.

Rús.sia [r̄'usjə] s. f. Russia.

rus.so [r̄'usu] s. m. + adj. Russian.

rús.ti.co [r̄'ustiku] s. m. peasant, farmer; rustic; boor. **‖** adj. rustic, rural; countryfied; bucolic; rough; boorish.

ru.ti.la.ção [r̄utilas'ãw] s. f. (pl. **-ções**) brilliancy.

ru.ti.lan.te [r̄util'ãti] adj. m. + f. bright, brilliant; shining, glittering; resplendent, refulgent.

ru.ti.lar [r̄util'ar] v. to rutilate; to shine, glitter.

S

S, s ['ɛsi] s. m. eighteenth letter of the Portuguese alphabet.

sá.ba.do [s'abadu] s. m. Saturday; Sabbath.

sa.bão [sab'ãw] s. m. (pl. **-bões**) soap, washing soap; (fig.) reprimand. ≃ **de barba** shaving soap.

sa.ba.ti.na [sabat'inə] s. f. weekly repetition or review of lessons; schoolwork; examination.

sa.be.dor [sabed'or] s. m. learned or knowing person. ‖ adj. acquainted with; knowing.

sa.be.do.ri.a [sabedor'iə] s. f. wisdom, knowledge.

sa.ber [sab'er] v. to know; to recognize, identify; to be learned. ‖ s. m. knowledge, learning. ≃ **de cor (e salteado)** to know by heart. **a** ≃ namely.

sa.bi.á [sabi'a] s. m. (ornith.) song-thrush.

sa.bi.chão [sabiʃ'ãw] s. m. (pl. **-chões**; f. **-chona**) smarty, wise guy; (pop.) knowall; Mr. Knowall, boasty; wise or learned person. ‖ adj. clever, learned, erudite.

sa.bi.do [sab'idu] adj. known; wise, intelligent.

sá.bio [s'abju] s. m. scholar, scientist. ‖ adj. wise, learned scholarly, erudite.

sa.bo.ne.te [sabon'eti] s. m. toilet soap.

sa.bo.ne.tei.ra [sabonet'ejrə] s. f. soap dish, soap bowl.

sa.bor [sab'or] s. m. savour, taste, flavour; zest.

sa.bo.re.ar [sabore'ar] v. to relish, savour; to taste.

sa.bo.ro.so [sabor'ozu] adj. savoury, tasty, palatable delicious; (pop.) yummy-yummy.

sa.bo.ta.gem [sabot'aʒẽj] s. f. (pl. **-gens**) sabotage.

sa.bo.tar [sabot'ar] v. to sabotate; to damage; to sap.

sa.bre [s'abri] s. m. sabre, cavalry sword.

sa.bu.go [sab'ugu] s. m. slough; pith; (anat.) root of the fingernail; corncob.

sa.ca [s'akə] s. f. bag, large sack; surf, swell (sea).

sa.ca.da [sak'adə] s. f. (archit.) balcony, terrace; (fig.) insight, inspiration; (U.S.A.) hunch.

sa.ca.na.gem [sakan'aʒẽj] s. f. (pl. **-gens**) (Braz., sl.) filthy behaviour, dirtiness; unfairness, trickery, foul play.

sa.car [sak'ar] v. to draw out, tear out, pull out, extract, drag, haul; to derive, gain, profit; (com.) to draw against; to draw (a gun); (fig.) to have an insight.

sa.ca.ri.na [sakar'inə] s. f. saccharin.

saca-rolhas [sakaʳ'oʎəs] s. m., sg. + pl. corkscrew.

sa.cer.dó.cio [saserd'ɔsju] s. m. priesthood.

sa.cer.do.tal [saserdot'aw] adj. m. + f. (pl. **-tais**) priestly.

sa.cer.do.te [saserd'ɔti] s. m. priest, clergyman, cleric.

sa.cer.do.ti.sa [saserdot'izə] s. f. priestess.

sa.ci.ar [sasi'ar] v. to satiate, state, gratify, satisfy to the full; to cloy, glut.

sa.co [s'aku] s. m. sack, bag; sac; (Braz.) bay.

sa.co.la [sak'ɔlə] s. f. knapsack; (shopping) bag.

sa.co.le.jar [sakoleʒ'ar] v. to shake (a liquid), agitate.

sa.cra.men.to [sakram'ẽtu] s. m. sacrament.

sa.cri.fi.car [sakrifik'ar] v. to sacrifice; to offer (as to God); to immolate; to relinquish.

sa.cri.fí.cio [sakrif'isju] s. m. sacrifice; offering (as to God); self-denial; (fig.) loss.

sa.cri.lé.gio [sakril'ɛʒju] s. m. sacrilege; profanation.

sa.crí.le.go [sakr'ilegu] adj. sacrilegious, irreverent.

sa.cris.tão [sakrist'ãw] s. m. (pl. **-tãos, -tães**; f. **-tã**) sacristan, sexton.

sa.cro [s'akru] s. m. (anat.) sacrum. ‖ adj. holy, sacred; (fig.) venerable.

sa.cros.san.to [sakros'ãtu] adj. sacrosanct.

sa.cu.di.da [sakud'idə] s. f. shake, shaking; toss(ing).

sa.cu.di.de.la [sakudid'ɛlə] s. f. light shock; jolt.

sa.cu.di.do [sakud'idu] adj. shaken; jerked; quick, agile; expeditious; strong; (U.S.A.) rocked.

sa.cu.dir [sakud'ir] v. to shake; to rock, vibrate; jolt, jar; to agitate.

sá.di.co [s'adiku] s. m. sadist. ‖ adj. sadistic.

sa.di.o [sad'iu] adj. healthy, healthful, sound.

sa.dis.mo [sad'izmu] s. m. sadism.

sa.dis.ta [sad'istə] s. m. + f. sadist. ‖ adj. sadistic.

sa.fa.do [saf'adu] s. m. trickster; rogue. ‖ adj. threadbare; (pop.) shameless.

sa.fa.não [safan'ãw] s. m. (pl. **-nões**) flounce; fling.

sa.far [saf'ar] v. to wear out; (naut.) to disembarrass; to steal, take away; ≃**-se** to escape; take to the heels; to get rid of.

sa.fá.ri [saf'ari] s. m. safari; (hunting) expedition; journey into the interior.

sa.fi.ra [saf'irə] s. f. sapphire, precious stone; blue.

sa.fo [s'afu] adj. escaped, run away; freed; afloat.

sa.fra [s'afrə] s. f. crop, harvest; harvest time.

sa.ga [s'agə] s. f. saga, medieval tale.

sa.ga.ci.da.de [sagasid'adi] s. f. sagacity; perspicacity.

sa.gaz [sag'as] adj. m. + f. sagacious; astute.

sa.gra.do [sagr'adu] s. m. sacred thing or place. ‖ adj. sacred, holy, hallowed.

sa.grar [sagr'ar] v. to consecrate; to sanctify.

sa.guão [sag'wãw] s. m. (pl. **-guões**) porch; entrance-hall, vestibule, foyer, lobby.

sai.a [s'ajə] s. f. skirt; (tech.) casing. ≃ **- calça** culottes.

sai.bro [s'ajbru] s. m. gross sand, gravel.

sa.í.da [sa'idə] s. f. outlet, loophole, issue; parting; depart; sale, ready market; exportation; exit; retirement; (hotel) check up. ≃ **de emergência** emergency exit. **beco sem** ≃ blind alley, dead end. ≃**-de-praia** beach jacket.

sai.o.te [saj'ɔti] s. m. petticoat.

sa.ir [sa'ir] v. to go, come or step out; to leave, quit; to withdraw; (fig.) to exceed; to emerge; to be published (book); to be established

(law). ≃ **às pressas** to hurry out. ≃ **ileso** to get out unhurt. ≃**-se bem** to succeed.

sal [s'aw] s. m. (pl. **sais**) salt; (fig.) wit, piquancy.

sa.la [s'alə] s. f. large room; saloon; hall.

sa.la.da [sal'adə] s. f. salad; (fig.) mess, confusion.

sa.la.frá.rio [salafr'arju] s. m. (pop.) scoundrel.

sa.la.man.dra [salam'ãdrə] s. f. (zool.) salamander.

sa.la.me [sal'ʌmi] s. m. salami, (Italian) sausage.

sa.lão [sal'ãw] s. m. (pl. **-lões**) great hall; saloon; ballroom; salon, picture gallery; barbershop. ≃ **de baile** dance hall.

sa.lá.rio [sal'arju] s. m. salary, wages. ≃**-família** (Braz.) allotment for descendants; family salary. **congelamento de** ≃ wage freeze.

sal.da.do [sawd'adu] adj. even, settled.

sal.dar [sawd'ar] v. to close an account; to liquidate.

sal.do [s'awdu] s. m. (com.) balance; remainder.

sa.lei.ro [sal'ejru] s. m. salt cellar.

sa.le.ta [sal'etə] s. f. small hall, sitting-room.

sal.ga.di.nhos [sawgad'iñus] s. m. pl. (Braz.) (salty) hors d'oeuvres, canapés; appetizers.

sal.ga.do [sawg'adu] adj. salted, salty, pickled, brackish; (fig.) witty, piquant; (fig.) very expensive, dear or costly.

sal.gar [sawg'ar] v. to salt; to pickle, kipper, cure.

sal.guei.ro [sawg'ejru] s. m (bot.) willow, river mangrove. ≃ **chorão** weeping willow.

sa.li.cul.tu.ra [salikuwt'urə] s. f. salt works, salt production.

sa.li.ên.cia [sali'ẽsjə] s. f. salience, prominence.

sa.li.en.tar [saljẽt'ar] v. to point out, accentuate; ≃**-se** to stand out; to distinguish o. s.

sa.li.en.te [sali'ẽti] adj. m. + f. salient, prominent.

sa.li.na [sal'inə] s. f. salt marsh.

sa.li.ni.da.de [salinid'adi] s. f. saltishness, saltiness.

sa.li.tre [sal'itri] s m saltpetre, nitrate, nitre.

sa.li.va [sal'ivə] s. f. spittle, saliva, dribble.

sal.mão [sawm'ãw] s. m. (pl. **-mões**) salmon.

sal.mo [s'awmu] s. m. psalm; sacred song or poem.

sal.mou.ra [sawm'owrə] s. f. brine, pickle.
sa.lo.bre [sal'obri] adj. m. + f. briny, brackish, salty.
sal.pi.ca.do [sawpik'adu] adj. sprinkled (with flour, salt, dots etc.).
sal.pi.car [sawpik'ar] v. to corn, powder; to besprinkle; to splash, spatter, dash.
sal.pi.co [sawp'iku] s. m. sprinkle, splash; speck, spot.
sal.sa [s'awsə] s. f. garden parsley; sharp sauce.
sal.sei.ra [saws'ejrə] s. f. sauce-boat; saucer.
sal.si.cha [saws'iʃə] s. f. sausage, Vienna sausage, frankfurter; (U.S.A., sl.) hot dog.
sal.si.chão [sawsiʃ'ãw] s. m. (pl. -chões) large-sized sausage.
salta-caroço [sawtakar'osu] s. m. (pl. salta-caroços) freestone peach.
sal.ta.do [sawt'adu] adj. leaped, jumped; jutting; notruding, salient.
sal.tar [sawt'ar] v. to leap, jump, bound, bounce, spring, dance; to jump to one's feet; to alight, get down; to leap over, skip, pass over; to move suddenly and quickly; to change direction.
sal.te.a.do [sawte'adu] adj. following in an irregular succesion. **saber de cor e** ≈ to know by heart.
sal.te.ar [sawte'ar] v. to skip (pages in a book).
sal.tim.ban.co [sawtĩb'ãku] s. m. juggler.
sal.ti.tan.te [sawtit'ãti] adj. m. + f. saltatory; hopping, tripping.
sal.ti.tar [sawtit'ar] v. to hop, to jump.
sal.to [s'awtu] s. m. leap, bound, jump, vault; (fig.) digression; waterfall, cataract; shoe heel.
sa.lu.bre [sal'ubri] adj. m. + f. salutary, healthy.
sa.lu.bri.da.de [salubrid'adi] s. f. salubrity, healthfulness.
sa.lu.tar [salut'ar] adj. m. + f. salutary, wholesome.
sal.va [s'awvə] s. f. (bot.) sage, salvia; volley, discharge, salute with guns, fireworks etc.
sal.va.ção [sawvas'ãw] s. f. (pl. -ções) salvation.
sal.va.dor [sawvad'or] s. m. saviour, deliverer, redeemer; **Salvador** Jesus Christ, the Saviour. ‖ adj. saving.
sal.va.guar.da [sawvagw'ardə] s. f. safeguard; safe-conduct; guaranty, security; protection; precaution.

sal.va.guar.dar [sawvagward'ar] v. to safeguard, protect.
sal.va.men.to [sawvam'ẽtu] s. m. salvation; safety.
sal.var [sawv'ar] v. to save; to rescue, deliver, free; to protect, defend; to salute; to volley; ≈-se to seek safety, take refuge; to flee.
sal.va-vidas [sawvav'idəs] s. m., sg. + pl. lifesaver; safety buoy, life-belt. **barco** ≈ lifeboat.
sal.ve [s'awvi] interj. hail!
sal.vo [s'awvu] adj. safe, unhurt; secure. ‖ prep. save, except, unless, but. **a** ≈ in safety. **são e** ≈ safe and sound.
sal.vo-conduto [sawvukõd'utu] s. m. (pl. salvo-condutos) safe-conduct; (fig.) security, privilege.
sa.mam.bai.a [samãb'ajə] s. f. fern.
sa.ma.ri.ta.no [samarit'ʌnu] s. m. Samaritan. **um bom** ≈ a good person.
sam.ba [s'ãbə] s. m. samba, the most popular Brazilian dance.
sam.bar [sãb'ar] v. (Braz.) to dance the samba.
sam.bis.ta [sãb'istə] s. m. + f. (Braz.) a samba composer or dancer. ‖ adj. said of a samba composer or dancer.
sa.nar [san'ar] v. to cure, heal; to make amends for.
sa.na.tó.rio [sanat'ɔrju] s. m. sanatorium, health resort.
san.ção [sãs'ãw] s. f. (pl. -ções) sanction.
san.ci.o.nar [sãsjon'ar] v. to sanction; to confirm.
san.dá.lia [sãd'aljə] s. f. sandal (a form of shoe).
sân.da.lo [s'ãdalu] s. m. sandal, sandalwood.
san.du.í.che [sãdu'iʃi] s. m. sandwich.
sa.ne.a.men.to [saneam'ẽtu] s. m. sanitation; repair.
sa.ne.ar [sane'ar] v. to sanitate; to improve.
san.fo.na [sãf'onə] s. f. accordion; hurdy-gurdy.
san.gra.dou.ro [sãgrad'owru] s. m. bleeder valve.
san.grar [sãgr'ar] v. to bleed; to open a vein; to cut trenches, carry off water to drain; (fig.) to hurt, exhaust; to tap (as a rubber tree); to drop; ≈-se to bleed, to let or lose blood.
san.gren.to [sãgr'ẽtu] adj. bloody; sanguine.

san.gria [sãgr'iə] s. f. bleeding; bloodshed; negus. ≃ **nasal** nosebleed.

san.gue [s'ãgi] s. m. blood; family, lineage, race, line. **banco de** ≃ blood bank.

san.gues.su.ga [sãgis'ugə] s. f. leech, bloodsucking worm; extortioner.

san.gui.ná.rio [sãgin'arju] adj. sanguinary, cruel.

san.guí.neo [sãg'inju] adj. sanguine; sanguineous; blood thirsty.

sa.nha [s'añə] s. f. wrath, fury, rage, anger, ire.

sa.ni.da.de [sanid'adi] s. f. sanity; health condition; sanitation; hygiene; salubrity.

sa.ni.tá.rio [sanit'arju] adj. sanitary, medical. ‖ s. m. gents, gentlemen.

san.ta [s'ãtə] s. f. saint, canonized woman; (fig.) saintly person; good woman.

san.ti.da.de [sãtid'adi] s. f. holiness, sanctity.

san.ti.fi.ca.do [sãtifik'adu] adj. sanctified; sacred.

san.ti.fi.car [sãtifik'ar] v. to sanctify, hallow; to glorify.

san.to [s'ãtu] s. m. + adj. saint.

san.tu.á.rio [sãtu'arju] s. m. sanctuary; a church, temple; asylum, refuge; (fig.) heart, soul.

são [s'ãw] abbr. of **santo** always used when the saint's name starts with a consonant **São Paulo, São Pedro** in opposition to **Santo Antônio**. ‖ s. m. (pl. **sãos**) healthy man; soundness. ‖ adj. (f. **sã**) sound; healthy, sane, robust; undamaged; judicious; thorough. ‖ v. 3rd p. pl. pres. of **ser** they are.

sa.pa.ta [sap'atə] s. f. (naut.) dead-eye; (archit.) overspan, console, bracket.

sa.pa.ta.ri.a [sapatar'iə] s. f. shoe shop; shoemaking.

sa.pa.te.a.do [sapate'adu] s. m. tap dance, patter.

sa.pa.te.ar [sapate'ar] v. to tap dance, clog.

sa.pa.tei.o [sapat'eju] s. m. tap dancing.

sa.pa.tei.ra [sapat'ejrə] s. f. shoe closet.

sa.pa.tei.ro [sapat'ejru] s. m. shoemaker, cobbler.

sa.pa.to [sap'atu] s. m. shoe.

sa.pé [sap'ɛ] s. m. (Braz.) thatch.

sa.pe.ar [sape'ar] v. (Braz.) to look on; to kibitz.

sa.pe.ca [sap'ɛkə] s. f. coquette. ‖ adj. flirtatious.

sa.pe.car [sapek'ar] v. (Braz.) to parch, dry; burn (food or clothes being eroned).

sa.pi.ên.cia [sapi'ẽsjə] s. f. sapience, wisdom; scholarship.

sa.pi.nhos [sap'iñus] s. m. pl. (med.) aphthae; thrush.

sa.po [s'apu] s. m. toad; (fig. pop.) kibitzer.

sa.po.ná.ceo [sapon'asju] adj. saponaceous, soapy.

sa.po.ti [sapot'i] s. m. (Braz.) sapodilla.

sa.que [s'aki] s. m. bank draft, bill (of exchange); (sports) service, serve; sack, plunder, robbery, pillage.

sa.que.a.dor [sakead'or] s. m. plunderer, pillager, looter.

sa.que.ar [sake'ar] v. to sack, plunder, pillage.

sa.ra.co.te.ar [sarakote'ar] v. to gad, ramble, range; to rock, wriggle, sway; to flirt.

sa.ra.co.tei.o [sarakot'eju] s. m. the act of rambling; swaying, wiggling.

sa.ra.cu.ra [sarak'urə] s. f. (bot.) a trumpet-creeper; the wood rails, shore birds.

sa.rai.va [sar'ajvə] s. f. hail; hailstone.

sa.rai.va.da [sarajv'adə] s. f. hail, hailstorm; (fig.) discharge, volley; a shower of questions.

sa.rai.var [sarajv'ar] v. to hail; to destroy by hail.

sa.ram.po [sar'ãpu] s. m. (med.) measles.

sa.ra.pa.tel [sarapat'ɛw] s. m. (pl. -**téis**) (Braz.) dish similar to haggis.

sa.rar [sar'ar] v. to heal; to cure; to correct.

sa.rau [sar'aw] s. m. soirée, an evening reunion or party; evening concert.

sar.cas.mo [sark'azmu] s. m. sarcasm.

sar.cás.ti.co [sark'astiku] adj. sarcastic, taunting, ironical. **observação -a** cutting remark.

sar.có.fa.go [sark'ɔfagu] s. m. sarcophagus; cenotaph.

sar.das [sar'dəs] s. f. pl. freckle, speckle.

sar.den.to [sard'ẽtu] adj. freckled, freckly, freckle-faced.

sar.di.nha [sard'iñə] s. f. sardine.

sar.dô.ni.co [sard'oniku] adj. sardonic, sardonian.

sar.gen.to [sarʒ'ẽtu] s. m. sergeant, serjeant; carpenter's clamp.

sar.ja [s'arʒə] s. f. serge; twilled woollen or silk fabric.

sar.je.ta [sarʒ'etə] s. f. gutter; drain.

sar.na [s'arnə] s. f. itch, mange, scabies. **procurar** ≃ **para se coçar** to ask for trouble. **ser uma** ≃ to be a bore.

sar.nen.to [sarn'ẽtu] s. m. scabious person. ‖ adj. itchy, scabious.

sar.ra.fo [saɾ'afu] s. m. lath, slat.

sar.ro [s'aɾu] s. m. tartar; crust; furring formed on the tongue.

sa.tã [sat'ã] s. m. Satan, devil, Lucifer.

sa.ta.nás [satan'as] s. m. (pl. **-nases**) Satan, devil.

sa.tâ.ni.co [sat'ʌniku] adj. satanic(al).

sa.té.li.te [sat'ɛliti] s. m. satellite.

sá.ti.ra [s'atirə] s. f. satire, lampoon, sarcasm.

sa.tí.ri.co [sat'iriku] s. m. satirist. ‖ adj. satiric.

sa.ti.ri.zar [satiriz'ar] v. to satirize, lampoon.

sá.ti.ro [s'atiru] s. m. satyr; an ancient sylvan deity.

sa.tis.fa.ção [satisfas'ãw] s. f. (pl. **-ções**) satisfaction; pleasure, pride; gratification; payment of a debt; explanation. **dar uma** ≃ to offer an apology.

sa.tis.fa.tó.rio [satisfat'ɔrju] adj. satisfactory; sufficient.

sa.tis.fa.zer [satisfaz'er] v. to satisfy; to content, please; to fulfil, perform; to satiate; to pay or discharge a debt. ≃ **um desejo** to satisfy a wish.

sa.tis.fei.to [satisf'ejtu] adj. satisfied; content; satiated.

sa.tu.ra.ção [saturas'ãw] s. f. (pl. **-ções**) (chem.) saturation, the state of being saturated.

sa.tu.ra.do [satur'adu] adj. saturated, (fig.) tired.

sa.tu.rar [satur'ar] v. (chem.) to saturate; to soak or impregnate; to satiate; to fill till holding no more; ≃**-se** to become saturated.

sau.da.ção [sawdas'ãw] s. f. (pl. **-ções**) salutation; greeting, welcome; a salute.

sau.da.de [sawd'adi] s. f. longing, yearning, ardent desire; homesickness, nostalgia.

sau.dar [sawd'ar] v. to salute; to greet with a gesture or words of welcome; to meet with kind words; ≃**-se** to salute one another.

sau.dá.vel [sawd'avew] adj. m. + f. (pl. **-veis**) sound, healthy, wholesome, salutary, salubrious.

sa.ú.de [sa'udi] s. f. health; healthiness, healthfulness, soundness; vigour. ‖ interj. your health!, cheers!

sau.do.so [sawd'ozu] adj. longing, yearning, heartfelt, nostalgic; late, departed.

sa.ú.va [sa'uvə] s. f. sauba ant, a leaf-cutting ant.

sa.va.na [sav'ʌnə] s. f. savannah.

sa.vei.ro [sav'ejru] s. m. long and narrow fishing boat; fisher who uses such a boat.

sa.xão [saks'ãw] s. m. (pl. **-xões**) Saxon.

sa.xo.fo.ne [saksof'oni] s. m. saxophone.

sa.xô.nio [saks'onju] s. m. + adj. Saxon.

sa.zo.na.do [sazon'adu] adj. seasoned; experienced.

sa.zo.nar [sazon'ar] v. to season; to ripen; to temper.

se [si] refl. pers. pron. himself, herself, itself, oneself, yourself, yourselves, themselves, each other. ‖ conj. if, whether, provided, supposing. ≃ **ao menos** if only. ≃ **bem que** even though. ≃ **não** if not. **como** ≃ as if.

sé [s'ɛ] s. f. see; cathedral; minster. **a Santa Sé** the Holy See, the Papal See.

se.a.ra [se'arə] s. f. cornfield; tilled land; harvest; (fig.) association, party. **em** ≃ **alheia** in someone else's business.

se.be [s'ɛbi] s. f. quickset, hedge; fence.

se.ben.to [seb'ẽtu] s. m. dirty fellow. ‖ adj. tallowy, greasy; dirty, filthy, unclean.

se.bo [s'ebu] s. m. tallow, suet, grease, fat; (Braz.) second-hand bookstore.

se.ca [s'ekə] s. f. dryness, drought, aridity.

se.ca.dor [sekad'or] s. m. dryer. ‖ adj. drying.

se.ção [ses'ãw] s. f. (pl. **-ções**) section; separation; portion; division, slice; department; part of a writing, chapter.

se.car [sek'ar] v. to dry; to evaporate; to drain; to wipe; ≃**-se** to dry, become dry; to be parched; to wither; to dry up.

se.car.rão [sekaɾ'ãw] s. m. (pl. **-rões**) reserved person. ‖ adj. very dry.

se.ci.o.nar [sesjon'ar] v. to section.

se.co [s'eku] s. m. (N. Braz.) shoal, sandbank. ‖ adj. dry; barren, arid; rough; thirsty, droughty; (fig.) lifeless; (pop.) consumed, wasted, empty; (Braz., fam.) desirous, eager. **secos e molhados** groceries, grocery. **ama -a** nanny.

se.cre.ção [sekres'ãw] s. f. (pl. **-ções**) secretion.

se.cre.ta.ri.a [sekretar'iə] s. f. secretaryship, clerkship; office, chancery, bureau, secretariat; ministry.

se.cre.tá.ria [sekret'arjə] s. f. woman secretary; writing desk.

se.cre.ta.ri.ar [sekretari'ar] v. to be a secretary.

se.cre.tá.rio [sekret'arju] s. m. secretary; confidant; minister of state; secretary bird.

se.cre.to [sekr'ɛtu] s. m secret; secrecy. ‖ adj. secret, private; hidden, occult; undivulged.

se.cu.lar [sekul'ar] adj. m. + f. lay, secular; archaic; lasting a century; happening from century to century.

sé.cu.lo [s'ɛkulu] s. m. century; (fig.) age; generation; time; world; secular life.

se.cun.dar [sekůd'ar] v. to second, assist, help.

se.cun.dá.rio [sekůd'arju] adj. secondary, subordinate.

se.cu.ra [sek'urə] s. f. dryness, thirst; (fig.) coldness.

se.da [s'edə] s. f. silk. **bicho-da-** ≃ silkworm.

se.da.ti.vo [sedat'ivu] s. m. + adj. (med.) sedative.

se.de [s'ɛdi] s. f. seat, headquarters; see.

se.de [s'edi] s. thirst, thirstiness, dryness.

se.den.tá.rio [sedẽt'arju] s. m. person who lives a sedentary life. ‖ adj. sedentary, stationary.

se.den.to [sed'ẽtu] adj. thirsty; (fig.) eager.

se.di.ção [sedis'ãw] s. f. (pl. **-ções**) sedition, rebellion.

se.di.ci.o.so [sedisi'ozu] s. m. rioter. ‖ adj. seditious.

se.di.men.tar [sedimẽt'ar] adj. m. + f. sedimentary. ‖ v. to form sediment.

se.di.men.to [sedim'ẽtu] s. m. sediment, settlings, lees.

se.do.so [sed'ozu] adj. silken, silky, like silk; hairy.

se.du.ção [sedus'ãw] s. f. (pl. **-ções**) seduction; charm.

se.du.zir [seduz'ir] v. to seduce; to tempt, mislead.

seg.men.tar [segmẽt'ar] adj. m. + f. segmental. ‖ v. to segment.

seg.men.to [segm'ẽtu] s. m. segment; section, division.

se.gre.dar [segred'ar] v. to tell in secret; to whisper, murmur, speak in a low voice.

se.gre.do [segr'edu] s. m. secret; mistery.

se.gre.ga.ção [segregas'ãw] s. f. (pl. **-ções**) segregation.

se.gre.gar [segreg'ar] v. to segregate; to secrete.

se.gui.da [seg'idə] s. f. following, pursuing; continuation.

se.gui.do [seg'idu] adj. followed, continued, continuous, immediate; connected.

se.gui.men.to [segim'ẽtu] s. m. following, pursuance, pursuing; continuation, sequence.

se.guin.te [seg'ĩti] s. m. the next, following. ‖ adj. m. + f. next, following, subsequent.

se.guir [seg'ir] v. to follow; to go or come after; to pursue, chase; to watch, observe; to accompany; to shadow; to proceed; to attend (a course); to understand; ≃ **-se** to result of, result. **quem segue?** who is next? **que segue?** what next?

segunda-feira [segůdaf'ejrə] s. f. (pl. **segundas-feiras**) Monday.

se.gun.do [seg'ũdu] s. m. second. ‖ adj. second; next; secondary; (fig.) similar, alike. ‖ adv. secondly, in the second place. ‖ prep. according to, in conformity to. **de -a classe** second rate. ≃ **meu conhecimento** to my knowledge.

se.gu.ran.ça [segur'ãsə] s. f. security; certainty, assurance; safety, safeguard, bodyguard.

se.gu.rar [segur'ar] v. to secure; to guard, shield, support, assist; to fasten, bind, pin; to catch; to insure, guarantee, warrant. ≃ **a vida** to insure one's life.

se.gu.ro [seg'uru] s. m. insurance, assurance; security, certainty; guarantee, bail; protection, shelter. ‖ adj. secure, safe; firm, steady; reliable, infallible. **apólice de** ≃ insurance policy. ≃ **de vida** life insurance.

sei.o [s'eju] s. m. breast; bosom; (fig.) heart, pith, core, innermost; soul; (pop.) tit.

seis [s'ejs] s. m. (the number) six. ‖ num. six.

seis.cen.tos [sejs'ẽtus] s. m. + num. six hundred.

sei.ta [s'ejtə] s. f. sect; a denomination; faction.

sei.va [s'ejvə] s. f. sap, juice of a plant; lushness.

sei.xo [s'ejʃu] s. m. pebble, flint, flint-stone.

se.la [s'ɛlə] s. f. saddle. ≃ **para damas** pillionseat.

se.la.do [sel'adu] adj. stamped; sealed.

se.la.gem [sel'aʒẽj] s. f. (pl. **-gens**) a sealing or providing with a stamp.

se.lar [sel'ar] v. to saddle; to stamp; to rubber-stamp; to seal; apply a signet on.

se.le.ção [seles'ãw] s. f. (pl. **-ções**) selection; team of selected players.

se.le.ci.o.nar [selesjon'ar] v. to select, sort, pick, elect.

se.le.ta [sel'ɛtə] s. f. variety of orange.

se.le.to [sel'ɛtu] adj. select, selected, choice, picked.

se.lim [sel'ĩ] s. m. (pl. **-lins**) saddle of a bicycle.

se.lo [s'elu] s. m. seal, cachet; postage stamp; label; stamp; token, signal.

sel.va [s'ɛwvə] s. f. jungle, land with rain forest.

sel.va.gem [sewv'aʒẽj] s. m. + f. (pl. **-gens**) a savage; coarse, rough fellow. ‖ adj. savage; uncivilized, savage, uncultivated; rude, brutal, cruel, barbarous, ferocious.

sem [s'ẽj] prep. without, lacking, wanting, less. ≃ **modos** ill-mannered, impolite. ≃ **sal** insipid, saltless, (fig.) graceless (person). ≃ **par** unequalled. ≃ **vergonha** shameless. ≃ **fim** endless. ≃ **fins lucrativos** non-profit-making. ≃ **número** numberless, endless.

se.má.fo.ro [sem'aforu] s. m. semaphore, signal post; traffic light.

se.ma.na [sem'ʌnə] s. f. week. **fim de** ≃ week end.

se.ma.nal [seman'aw] adj. m. + f. (pl. **-nais**) weekly.

se.mân.ti.ca [sem'ãtikə] s. f. semantics.

se.mân.ti.co [sem'ãtiku] adj. semantic.

sem.blan.te [sẽbl'ãti] s. m. face, visage; physiognomy, countenance, mien, look.

sem-cerimônia [sẽjserim'onjə] s. f. (pl. **sem-cerimônias**) unceremoniousness, informality.

se.me.ar [seme'ar] v. to sow, seed, plant; (fig.) to spread, propagate, disseminate.

se.me.lhan.ça [semeʎ'ãsə] s. f. likeness, resemblance, similarity.

se.me.lhan.te [semeʎ'ãti] s. m. fellow creature. ‖ adj. m. + f. analogous, similar, alike. ‖ adv. like.

se.me.lhar [semeʎ'ar] v. (also ≃**-se**) to resemble, be similar to, look like; to remind; to compare.

sê.men [s'emẽj] s. m. (pl. **-menes, semens**) seed; semen; sperm.

se.men.te [sem'ẽti] s. f. seed; sperm, semen.

se.men.tei.ra [semẽt'ejrə] s. f. sowing (the seed); seed; seed field; (fig.) origin; scattering.

se.mes.tre [sem'ɛstri] s. m. semester, half-year. ‖ adj. m. + f. semestral.

se.mi [s'emi] pref. half as in: ≃ **-aberto** ajar, partly open. ≃**-analfabeto** semi-illiterate. ≃ **-internato** dayboarding school.

se.mi.bre.ve [semibr'ɛvi] s. f. (mus.) semibreve.

se.mi.cer.rar [semiseʀ'ar] v. to close (partially).

se.mi.mor.to [semim'ortu] adj. half-dead, (fig.) tired out.

se.mi.ná.rio [semin'arju] s. m. seminary.

se.mi.nu [semin'u] adj. half-naked.

se.mi.ta [sem'itə] s. m. + f. Semite. ‖ adj. Semitic.

sem.pre [s'ẽpri] adv. always, ever; constantly, incessantly; however, yet, neverthless; really, in fact, actually; forever.

sempre-viva [s'ẽpriv'ivə] s. f. (pl. **sempre-vivas**) sempervivum, evergreen, houseleck.

se.na.do [sen'adu] s. m. senate.

se.na.dor [senad'or] s. m. senator.

se.não [sen'ãw] s. m. (pl. **-nões**) fault, defect. ‖ adv. except, save, else, otherwise. ‖ conj. but, unless, saving, else, or, except, either, without. ‖ prep. except, but.

sen.da [s'ẽdə] s. f. narrow road, footpath.

sen.dei.ro [sẽd'ejru] s. m. rip; hack, jade, old worthless horse or ass. ‖ adj. old and worthless (horse); (vulg.) good-for-nothing.

se.nha [s'eñə] s. f. signal, sign, wink, password.

se.nhor [señ'or] s. m. owner, proprietor, possessor, master; sir, mister (abbr. Mr.); (Braz.) lord. ‖ adj. lordly, distinguished. ‖ pron. you.

se.nho.ra [señ'ɔrə] s. f. mistress (abbr. Mrs.), lady, landlady; wife, housewife. ‖ pron. you.

se.nho.ril [señor'iw] adj. m. + f. (pl.**-ris**) lordly, lordlike, ladylike, grave, elegant.

se.nho.ri.o [señor'iu] s. m. seigniory, lordship; landlord; power, dominion, domain.

se.nho.ri.ta [señor'itə] s. f. unmarried girl, miss.

se.nil [sen'iw] adj. m. + f. (pl. **-nis**) senile, old, infirm.

se.ni.li.da.de [senilid'adi] s. f. senility, old age.

sen.sa.bor [sẽsab'or] s. m. + f. tastelessness, insipidity; insipid person. ‖ adj. insipid.

sen.sa.ção [sẽsas'ãw] s. f. (pl. **-ções**) sensation.

sen.sa.ci.o.nal [sẽsasjon'aw] adj. m. + f. (pl. **-nais**) sensational, remarkable, thrilling.

sen.sa.tez [sẽsat'es] s. f. judiciousness, sensibleness; good sense; understanding.

sen.sa.to [sẽs'atu] adj. judicious, sensible; prudent.

sen.si.bi.li.da.de [sẽsibilid'adi] s. f. sensitivity.

sen.si.bi.li.zar [sẽsibiliz'ar] v. to sensitive, penetrate; to move; ≃-se to be touched, moved.

sen.si.ti.vo [sẽsit'ivu] adj. sensitive, sensory, sentient.

sen.sí.vel [sẽs'ivew] adj. m. + f. (pl. -veis) perceptible; judicious, sensitive.

sen.so [s'ẽsu] s. m. sense; sound judgement, sagacity, keenness, wisdom; reasoning, appreciation; meaning, signification.

sen.sor [sẽs'or] s. m. sensor (radar, sonar etc.).

sen.so.ri.al [sẽsori'aw] adj. m. + f. (pl. -ais) sensorial.

sen.su.al [sẽsu'aw] s. m. (pl. -ais) sensualist. ‖ adj. m. + f. sensual, luxurious, voluptuous.

sen.su.a.li.da.de [sẽswalid'adi] s. f. sensuality, fleshliness.

sen.tar [sẽt'ar] v. to seat, place; to fix, settle; ≃-se to sit down, take a seat.

sen.ten.ça [sẽt'ẽsə] s. f. sentence; proverb, maxim; a judicial decision, verdict; decision, judgement. ≃ **judicial** condemnation.

sen.ten.ci.a.do [sẽtẽsi'adu] s. m. convict, condemned. ‖ adj. judged, sentenced, condemned.

sen.ten.ci.ar [sẽtẽsi'ar] v. to take a decision; to judge, convict, doom; to give an opinion.

sen.ten.ci.o.so [sẽtẽsi'ozu] adj. sententious.

sen.ti.do [sẽt'idu] s. m. each of the five senses; feeling, appreciation; good sense, judgement; signification. ‖ adj. sensible; sorry, grieved; sad; hurt. ‖ interj. attention! **sem** ≃**s** unconcious. **sem** ≃ purposeless.

sen.ti.men.tal [sẽtimẽt'aw] adj. m. + f. (pl. -tais) sentimental, emotional; romantic.

sen.ti.men.to [sẽtim'ẽtu] s. m. sentiment; feeling; emotion; perception; sorrow; ≃**s** condolences. ≃ **de culpa** guilty feelings.

sen.ti.ne.la [sẽtin'ɛlə] s. f. sentry; sentinel; watchman, guard. **render uma** ≃ to relieve a guard.

sen.tir [sẽt'ir] s. m. sentiment, feeling; opinion. ‖ v. to feel; to experience; to perceive; to suffer; to be moved or affected; to think, judge; ≃-se to feel o. s.; to be self-conscious; to resent.

sen.za.la [sẽz'alə] s. f. (Braz.) slave house or quarter.

se.pa.ra.ção [separas'ãw] s. f. (pl. -ções) separation.

se.pa.ra.do [separ'adu] adj. separate; disconnected.

se.pa.rar [separ'ar] v. to separate; to disunite, disconnect; to divide, part; ≃-se to disaggregate; to divorce; to leave. ≃-se de to part with, to break away. ≃-se como amigos to part friends.

se.pa.ra.ta [separ'atə] s. f. separatum, offprint.

sep.ti.ce.mi.a [septisem'iə] s. f. (med.) septic(a)emia.

sé.ti.co [s'ɛtiku] adj. (med.) septic, septical.

se.pul.cro [sep'uwkru] s. m. sepulchre, grave, tomb.

se.pul.ta.men.to [sepuwtam'ẽtu] s. m. sepulture, burial, funeral.

se.pul.tar [sepuwt'ar] v. to bury; to inhumate, sepulchre, entomb.

se.pul.tu.ra [sepuwt'urə] s. f. sepulture, grave, tomb; (fig.) death.

se.qüên.cia [sek'wẽsjə] s. f. sequence.

se.quer [sek'ɛr] adv. at least, so much as, not even.

se.qües.trar [sekwestr'ar] v. to sequester; (jur.) to sequestrate; to confiscate, seize, appropriate, kidnap; hijack (a vehicle).

se.qües.tro [sek'wɛstru] s. m. sequestration; kidnap, kidnapping (a person), hijack (a vehicle).

se.qui.dão [sekid'ãw] s. f. (pl. -dões) dryness; dullness.

se.qui.o.so [seki'ozu] adj. thirsty; dry, arid, barren; (fig.) desirous, eager, avid.

sé.qui.to [s'ɛkitu] s. m. = **séquito**.

sé.qui.to [s'ɛkwitu] s. m. suite, train, attendance, retinue; escort, following.

ser [s'er] s. m. (pl. **seres**) being, creature; existence, life; nature, substance, constitution. ‖ v. to be; to exist; to become; to happen; to belong; to be made of, consist; to cost; to be used for, serve as; to concern. ≃ **alguém** to be somebody.

se.ra.fim [seraf'ĩ] s. m. (pl. -fins) seraph.

se.rão [ser'ãw] s. m. (pl. -rões) work done in the evening, overtime.

se.rei.a [ser'ejə] s. f. siren; mermaid; whistle.

se.re.le.pe [serel'ɛpi] s. m. (fig.) a smart and lively person. ‖ adj. m. + f. lively, clever, tricky.

se.re.nar [seren'ar] v. to serene; to calm, pacify; to grow quiet; to drizzle, mist; to clear up, grow fair; ≃-**se** to become serene.

se.re.na.ta [seren'atə] s. f. serenade.

se.re.ni.da.de [serenid'adi] s. f. serenity, tranquillity.

se.re.no [ser'enu] s. m. serene, dew, mist; (Braz.) drizzle; open air. ‖ adj. serene.

se.res.ta [ser'ɛstə] s. f. serenade.

se.res.tei.ro [serest'ejru] s. m. serenader.

se.ri.al [seri'aw] adj. m. + f. (pl. -**ais**) serial.

se.ri.ar [seri'ar] v. to seriate; to arrange in series.

se.ri.ci.cul.tu.ra [serisikuwt'urə] s. f. seri(ci)-culture.

sé.rie [s'ɛrji] s. f. series; row, set; continuation; (math., chem. and geol.) succession, group.

se.ri.e.da.de [serjed'adi] s. f. seriousness; integrity.

se.ri.gra.fi.a [serigraf'iə] s. f. silk-screen print; silk-screen printing.

se.rin.ga [ser'igə] s. f. syringe, squirt; (Braz.) rubber latex. ≃ **hipodérmica** hypodermic syringe.

se.rin.gal [serĩg'aw] s. m. (pl. -**gais**) (N. Braz.) rubber plantation.

se.rin.guei.ra [serĩg'ejrə] s. f. (Braz.) rubber tree.

se.rin.guei.ro [serĩg'ejru] s. m. rubber latex extrator.

sé.rio [s'ɛrju] s. m. gravity, seriousness, prudence. ‖ adj. serious, grave; reliable, trustworthy; decent, modest.

ser.mão [serm'ãw] s. m. (pl. -**mões**) sermon.

ser.pen.te [serp'ẽti] s. f. serpent; (zool.) snake.

ser.pen.te.ar [serpẽte'ar] v. to coil.

ser.pen.ti.na [serpẽt'inə] s. f. (chem.) coil, worm; serpentin, carnival paper ribbon; serpentine; (bot.) snakeroot; (mil.) saker.

ser.pen.ti.no [serpẽt'inu] adj. serpentine.

ser.ra [s'ɛřə] s. f. saw; mountain ridge, mountain range; mountain. ≃ **circular** circular saw.

ser.ra.gem [seř'azẽj] s. f. (pl. -**gens**) (Braz.) sawdust.

ser.ra.lhei.ro [seřaʎ'ejru] s. m. locksmith; metalworker.

ser.ra.lhe.ri.a [seřaʎer'iə] s. f. workshop of a locksmith.

ser.rar [seř'ar] v. to saw.

ser.ra.ri.a [seřar'iə] s. f. sawframe; sawmill.

ser.ro.te [seř'ɔti] s. m. handsaw.

ser.ta.ne.jo [sertan'eʒu] s. m. inlander, dweller of the back-lands, back-country, (N.E. Brazil) man of the hinterland; (U.S.A.) backwoodsman. ‖ adj. of or from the back-country; rude, rough.

ser.tão [sert'ãw] s. m. (pl. -**tões**) interior, midland part, heart of the country, hinterland, back-country, wilderness; backwoods; (N. Braz.) arid and remote interior.

ser.ven.te [serv'ẽti] s. m. + f. servant, attendant, helper. ‖ adj. attendant, serving.

ser.ven.ti.a [servẽt'iə] s. f. usefulness; utility; slavery.

ser.vi.çal [servis'aw] s. m. + f. (pl. -**çais**) servant, underling. ‖ adj. serviceable, friendly.

ser.vi.ço [serv'isu] s. m. service; serving; duty required; employment, job, work; performance of official or professional duties; good offices; a religious rite; military duty; help, benefit. ≃ **de correio** postal service. ≃ **doméstico** housework.

ser.vi.dão [servid'ãw] s. f. servitude; slavery, vassalage, bondage; service.

ser.vi.dor [servid'or] s. m. servant. ‖ adj. attendant. ≃ **público** civil servant.

ser.vil [serv'iw] adj. m. + f. (pl. -**vis**) servile; menial.

ser.vir [serv'ir] v. to serve; to perform the duties of a position; to wait; attend on; to benefit, help, assist; to supply; to render military service; ≃-**se** to make use of; to help o. s. (at table); to avail o. s. of.

ser.vo [s'ɛrvu] s. m. servant; slave.

sé.sa.mo [s'ɛzamu] s. m. (bot.) sesame.

ses.são [ses'ãw] s. f. (pl. -**sões**) session; sitting; assembly; (Braz.) séance.

ses.sen.ta [ses'ẽtə] s. m. + num. sixty, three-score.

ses.ta [s'ɛstə] s. f. siesta; nap taken after lunch.

se.ta [s'ɛtə] s. f. arrow, dart; pointer, hand of a clock; (bot.) arrowhead; (astr.) Sagittarius.

se.te [s'ɛti] s. m. the number seven. ‖ num. seven.

se.te.cen.tos [sɛtis'ẽtus] s. m. + num. seven hundred.

se.tem.bro [set'ẽbru] s. m. September.

se.ten.ta [set'ẽtɐ] s. m. + num. seventy.

se.ten.tri.o.nal [setẽtrjonaw] adj. (pl. -nais) northern, septentrional.

sé.ti.mo [s'ɛtimu] s. m. seventh part. ‖ num. seventh.

se.tor [set'or] s. m. setor (also geom. and math.); astronomical instrument.

seu [s'ew] s. m. that which is yours, his, hers, theirs. ‖ possessive pron. (f. **sua**) his, her, your, their, thereof, his own, hers, her own, yours, your own, theirs, their own. ≃ **Paulo** Mr. Paulo. a colloquial reduced form of **senhor**.

se.ve.ri.da.de [severid'adi] s. f. severity; rigidity; harshness.

se.ve.ro [sev'ɛru] adj. severe; austere; rigourous, harsh; bitter.

se.ví.cias [sev'isjɐs] s. f. pl. ill-treatment, maltreatment, sexual abuse.

se.xa.ge.ná.rio [seksaʒen'arju] s. m. + adj. sexagenarian.

se.xa.gé.si.mo [seksaʒ'ɛzimu] num. sixtieth; sexagesimal.

se.xo [s'ɛksu] s. m. sex. ≃ **fraco** the weaker sex.

sexta-feira [sestaf'ejrɐ] s. f. (pl. **sextas-feiras**) Friday.

sex.ta.var [sestav'ar] v. to cut six-sided.

sex.to [s'estu] s. m. sixth part. ‖ num. sixth.

se.xu.al [seksu'aw] adj. m. + f. (pl. -ais) sexual.

short [ʃ'ɔrti] s. m. shorts.

shop.ping-cen.ter [ʃɔpĩsẽter] s. m. shopping centre, shopping mall.

shopping [ʃɔpĩ] s. m. = **shopping-center**.

si [s'i] s. m. (mus.) si, B, seventh note in the scale of C. ‖ pron. himsell, herself, itself, oneself, yourself, yourselves, themselves. ≃ **mesmo** oneself, himself, itself.

si.a.mês [sjam'es] s. m. + adj. (pl. -meses) Siamese.

si.be.ri.a.no [siberi'ʌnu] s. m. + adj. Siberian.

si.bi.lân.cia [sibil'ãsjɐ] s. f. sibilance, sibilancy.

si.bi.lan.te [sibil'ãti] adj. m + f. sibilant, hissing.

si.bi.lar [sibil'ar] v. to sibilate, hiss, whistle, zip.

si.bi.lo [sib'ilu] s. m. sibilation, whistle, zip.

si.ci.li.a.no [sisili'ʌnu] s. m. + adj. Sicilian.

si.cra.no [sikr'ʌnu] s. m. Mr. so-and-so, man in the street.

si.da [s'idɐ] s. f. Aids (acquired immune deficiency syndrome).

si.de.ral [sider'aw] adj. m. + f. (pl. -rais) sideral.

si.de.rur.gi.a [siderurʒ'iɐ] s. f. metallurgy, metalwork

si.de.rúr.gi.co [sider'urʒiku] adj. metallurgic(al).

si.dra [s'idrɐ] s. f. cider, apple-wine.

si.fão [sif'ãw] s. m. (pl. -fões) siphon, syphon.

sí.fi.lis [s'ifilis] s. f. (med.) syphilis, lues.

si.gi.lo [siʒ'ilu] s. m. seal, signet, sigil, secret, secrecy.

si.gla [s'iglɐ] s. f. abbreviature; monogram.

sig.na.tá.rio [signat'arju] s. m. + adj. signatory, signer.

sig.ni.fi.ca.ção [signifikas'ãw] s. f. (pl. -ções) signification, significance, meaning, sense.

sig.ni.fi.ca.do [signifik'adu] s. m. = **significação.**

sig.ni.fi.cân.cia [signifik'ãsjɐ] s. f. significance, importance.

sig.ni.fi.can.te [signifik'ãti] adj. m. + f. significant.

sig.ni.fi.car [signifik'ar] v. to signify, mean, denote; to imply, hint; to express.

sig.ni.fi.ca.ti.vo [signifikat'ivu] adj. significative, significant, meaningful, expressive, suggestive.

sig.no [s'ignu] s. m. (astr.) sign; (mus.) a note.

sí.la.ba [s'ilabɐ] s. f. syllable.

si.la.ba.ção [silabas'ãw] s. f. syllabication, syllabification.

si.la.bar [silab'ar] v. to syllable, syllabicate, syllabize.

si.la.gem [sil'aʒẽj] s. f. (pl. -gens) ensilage; silage.

si.len.ci.ar [silẽsi'ar] v. to silence; to keep silent.

si.lên.cio [sil'ẽsju] s. m. silence; silentness; stillness; calm, quiet; (fig.) secrecy; hush; muteness. ‖ interj. silence!

si.len.ci.o.so [silẽsi'ozu] s. m. a taciturn person; (mot.) silencer, muffler. ‖ adj. silent; speechless; still, quiet: noiseless; voiceless.

si.lhu.e.ta [siʎu'etɐ] s. f. silhouette, profile.

sí.li.ca [s'ilikɐ] s. f. (min.) silica, silex.

si.li.ca.to [silik'atu] s. m. (chem.) silicate.

silk-screen [siwkskr'ĩ] s. m. = **serigrafia**.

si.lo [s'ilu] s. m. silo, pit for corn, garner.

si.lo.gis.mo [siloʒ'izmu] s. m. (logic and logistic) syllogism.

sil.var [siwv'ar] v. to whistle; to sibilate; to hiss.

sil.ves.tre [siwv'ɛstri] adj. m. + f. silvan, sylvan; savage; barren.

sil.ví.co.la [siwv'ikolə] s. m. + f. savage. ‖ adj. silvicolous.

sil.vi.cul.tu.ra [siwvikuwt'urə] s. f. silviculture; forestation.

sil.vo [s'iwvu] s. m. whistle, whistling; hiss, whizz.

sim [s'ĩj] s. m. an affirmative reply; a yes; yea. ‖ adv. yes; yea; all right; absolutely; exactly. ‖ interj. naturally!, of course!, rather! **creio que** ≃ I believe so.

sim.bi.o.se [sĩbi'ɔzi] s. f. symbiosis.

sim.bó.li.ca [sĩb'ɔlikə] s. f. symbolic.

sim.bó.li.co [sĩb'ɔliku] adj. symbolic(al).

sim.bo.li.zar [sĩboliz'ar] v. to symbolize, symbol.

sím.bo.lo [s'ĩbolu] s. m. symbol; token, sign.

si.me.tri.a [simetr'iə] s. f. symmetry; harmony.

si.mé.tri.co [sim'ɛtriku] adj. symmetric(al); harmonious.

si.mi.lar [simil'ar] s. m. + f. adj. similar.

si.mi.la.ri.da.de [similarid'adi] s. f. similarity; likeness.

sí.mi.le [s'imili] s. m. simile. ‖ adj. m. + f. similar.

sí.mio [s'imju] s. m. + adj. simian.

sim.pa.ti.a [sĩpat'iə] s. f. affinity.

sim.pá.ti.co [sĩp'atiku] adj. friendly; helpful; nice.

sim.pa.ti.zar [sĩpatiz'ar] v. to like; to have empathy with; to feel for.

sim.ples [s'ĩplis] s. m. + f., sg. + pl. a simpleton. ‖ adj. simple; unadorned, plain; (fig.) facile; evident, clear; unaffected; ingenuous; simple-hearted; stupid; artless.

sim.ples.men.te [sĩplizm'ẽti] adv. simply, plainly.

sim.pli.ci.da.de [sĩplisid'adi] s. f. simplicity; naturalness; facility; artlessness; humbleness.

sim.pli.fi.ca.ção [sĩplifikas'ãw] s. f. (pl. -ções) simplification; facilitation.

sim.pli.fi.car [sĩplifik'ar] v. to simplify; to facilitate.

sim.pló.rio [sĩpl'ɔrju] s. m. simpleton; stupid fellow; greenhorn; dupe. ‖ adj. half-witted, zany; simple-minded.

sim.pó.sio [sĩp'ɔzju] s. m. symposium.

si.mu.la.ção [simulas'ãw] s. f. (pl. -ções) simulation.

si.mu.lar [simul'ar] v. to simulate; to camouflage.

si.mul.tâ.neo [simuwt'ʌnju] adj. simultaneous; concurrent.

si.na [s'inə] s. f. ensign, flag; (fam.) fate; destiny.

si.na.go.ga [sinag'ɔgə] s. f. synagogue, Jewish temple.

si.nal [sin'aw] s. m. (pl. -nais) signal; sign; mark, indication; signature; semaphore; signal; gesture; birthmark; (com.) earnest money; miracle; cipher; note, notice; scar; stigma; denotation; prognostication. ≃ **-da-cruz** sign of the cross.

si.na.lei.ro [sinal'ejru] s. m. signalman, flagman.

si.na.li.za.ção [sinalizas'ãw] s. f. (pl. -ções) signalizing; traffic signs or signals.

si.na.li.zar [sinaliz'ar] v. to work as signalman; to signal; to mark.

sin.ce.ri.da.de [sĩserid'adi] s. f. sincerity; frankness.

sin.ce.ro [sĩs'ɛru] adj. sincere; frank; truthful.

sín.co.pe [s'ĩkopi] s. f. syncope; (med.) temporary loss of consciousness; (gram.) the elision of one or more letters from the middle of a word.

sin.cro.nia [sĩkron'iə] s. f. synchronization.

sin.crô.ni.co [sĩkr'oniku] adj. synchronic.

sin.cro.nis.mo [sĩkron'izmu] s. m. synchronism.

sin.cro.ni.za.ção [sĩkronizas'ãw] s. f. (pl. -ções) synchronization.

sin.cro.ni.za.do [sĩkroniz'adu] adj. synchronized.

sin.cro.ni.zar [sĩkroniz'ar] v. to synchronize.

sin.di.ca.li.zar [sĩdikaliz'ar] v. to unionize.

sin.di.cân.cia [sĩdik'ãsjə] s. f. syndication; inquiry.

sin.di.can.te [sĩdik'ãti] s. m. + f. syndic; public investigator; patron, advocate. ‖ adj. m. + f. investigating, syndicalizing; inquiring.

sin.di.car [sĩdik'ar] v. to investigate.

sin.di.ca.to [sĩdik'atu] s. m. syndicate; labor union.

sín.di.co [s'ĩdiku] s. m. syndic; patron, advocate; solicitor, lawyer, proctor.

si.ne.ta [sin'etə] s. f. a small bell, call-bell, hand-bell.

si.ne.te [sin'eti] s. m. seal; impress; stamp.

sin.fo.ni.a [sĩfon'iə] s. f. symphony.

sin.fô.ni.co [sĩf'oniku] adj. (mus.) symphonic(al).

sin.ge.le.za [sĩʒel'ezə] s. f. singleness; simplicity.

sin.ge.lo [sĩʒ'ɛlu] adj. plain, simple; sincere.

sin.grar [sĩgr'ar] v. to sail; to navigate.

sin.gu.lar [sĩgul'ar] s. m. (gram.) singular. ‖ adj. m. + f. individual; single; singular; peculiar.

sin.gu.la.ri.da.de [sĩgularid'adi] s. f. singularity; uniqueness; remarkableness; rareness; oddity.

sin.gu.la.ri.zar [sĩgulariz'ar] v. to singularize; to particularize; to specify, itemize; to exclude from; ≃-se to distinguish o. s.

si.nhá [sĩñ'a] s. f. (Braz.) corruption of the word **senhora** = Mistress (used formerly by Negro slaves).

si.nhô [sĩñ'o] s. m. (Braz.) corruption of the word **senhor** = Mister, Master (used formerly by Negro slaves).

si.nis.tro [sin'istru] s. m. accident; casualty; disaster; damage. ‖ adj. sinister; evil, wrong.

si.no [s'inu] s. m. bell.

si.nô.ni.mo [sin'onimu] s. m. synonym. ‖ adj. synonymous.

si.nop.se [sin'ɔpsi] s. f. synopsis; analysis; abstract.

sin.ta.xe [sĩt'asi] s. f. (gram.) syntax.

sín.te.se [s'ĩtezi] s. f. synthesis; composition.

sin.té.ti.co [sĩt'ɛtiku] adj. synthetic(al); resumed; abbreviated; artificial.

sin.te.ti.zar [sĩtetiz'ar] v. to synthesize, synthetize.

sin.to.ma [sĩt'omə] s. m. symptom; indication.

sin.to.má.ti.co [sĩtom'atiku] adj. symptomatic(al).

sin.to.ni.za.ção [sĩtonizas'ãw] s. f. (pl. -ções) syntonization.

sin.to.ni.zar [sĩtoniz'ar] v. to syntonize.

si.nu.ca [sin'ukə] s. f. snooker. **estar numa** ≃ to be snookered, baulked, in difficulty.

si.nu.o.si.da.de [sinwozid'adi] s. f. sinuosity; flexuosity.

si.nu.o.so [sinu'ozu] adj. sinuous, winding; tortuous.

si.nu.si.te [sinuz'iti] s. f. (med.) sinusitis.

si.o.nis.mo [sjon'izmu] s. m. Zionism.

si.que [s'iki] s. m. Sikk.

si.re.na [sir'enə] s. f. siren(e), syren.

si.ri [sir'i] s. m. (zool.) a crab.

si.ri.gai.ta [sirig'ajtə] s. f. (ornith.) a wren; flirtatious woman.

sí.rio [s'irju] s. m. + adj. Syrian.

si.sa [s'izə] s. f. (jur.) a conveyance tax.

sís.mi.co [s'izmiku] adj. seismic, seismal; cataclysmic.

sis.mo [s'izmu] s. m. seismism.

si.so [s'izu] s. m. judg(e)ment; criterion; prudence.

sis.te.ma [sist'emə] s. m system; theory; combination; plan, scheme, organization; means, method; habit, usage; form, structure.

sis.te.má.ti.ca [sistem'atikə] s. f. systematics, taxonomy.

sis.te.má.ti.co [sistem'atiku] adj. systematic(al).

sis.te.ma.ti.zar [sistematiz'ar] v. to systemize, systematize.

si.su.dez [sizud'es] s. f. circumspection, prudence.

si.su.do [siz'udu] s. m. a serious, prudent man. ‖ adj. judicious, discerning; prudent.

si.ti.an.te [siti'ãti] s. m. + f. owner of a ranch or farm; countryman, countrywoman; besieger. ‖ adj. besieging; beleaguering.

si.ti.ar [siti'ar] v. to lay siege to; to beleaguer.

sí.tio [s'itju] s. m. place, locale; ground, soil; (Braz.) farm, ranch, country seat.

si.to [s'itu] adj. situated, located.

si.tu.a.ção [sitwas'ãw] s. f. (pl. -ções) situation; position; location, place; circumstances.

si.tu.a.do [situ'adu] adj. situated, located, placed.

si.tu.ar [situ'ar] v. to place; to situate; to position; to establish; to mark.

sli.de [izl'ajdi] s. m. slide (phot.).

smo.king [izm'okĩ] s. m. tuxedo, dinner-jacket.

só [s'ɔ] adj. m. + f. without company, alone; unique, single, sole; lone, lonely; solitary, secluded; unassisted, helpless. ‖ adv. solely, solitarily, uniquely, not other than, just.

so.a.lhar [soaʎ'ar] v. to plank a floor with boards.

so.a.lho [so'aʎu] s. m. = **assoalho**.

so.an.te [so'ãti] adj. m. + f. sounding, ringing; vibrant; resonant; sonorous.

so.ar [so'ar] v. sound; to produce a sound; to clang, jingle; to strike (a bell); to tune; to toll; to be spread or rumoured.

sob [s'obi] prep. sub, under, below, beneath.
≈ **sua supervisão** under his care.

so.be.ja.do [sobeʒ'adu] adj. in excess; overbounding.

so.be.jar [sobeʒ'ar] v. to overabound; to be in excess.

so.be.jo [sob'eʒu] s. m. excess. ‖ adj. excessive; overabundant.

so.be.ra.ni.a [soberan'iə] s. f. sovereignty; domain, rule.

so.be.ra.no [sober'ʌnu] s. m. + adj. sovereign.

so.ber.ba [sob'erbə] s. f. pride, haughtiness; arrogance.

so.ber.bo [sob'erbu] s. m. a proud person.
‖ adj. superb; proud; arrogant; splendid, sumptuous; magnificent.

so.bra [s'ɔbrə] s. f. surplus; excess; ≈ s leftovers, rests.

so.bra.do [sobr'adu] s. m. a house of two stories.

so.bran.cei.ro [sobrãs'ejru] adj. superior, higher; dominant; prominent; proud; arrogant.

so.bran.ce.lha [sobrãs'eʎə] s. f. brow, eyebrow.

so.brar [sobr'ar] v. to overabound, be in excess of; to be superfluous; to remain, rest.

so.bre [s'obri] s. m. (naut.) topsail, skysail, the highest sails of a ship. ‖ prep. about, above, across, at; besides; concerning; hereabout, hereupon; immediately; in addition to; in consequence of; more than, over, over and above; on, upon; super, supra; to, towards; up.

so.bre.a.vi.so [sobrjav'izu] s. m. precaution; forethought; prevention. ‖ adj. cautioned.

so.bre.ca.pa [sobrik'apə] s. f. overcoat, raglan; (of books) dust cover, dust jacket.

so.bre.car.ga [sobrik'argə] s. f. overburden, overload.

so.bre.car.re.ga.do [sobrikařeg'adu] adj. overloaded.

so.bre.car.re.gar [sobrikařeg'ar] v. to overload, overburden; to overfreight; to overcharge.

so.bre.car.ta [sobrik'artə] s. f. envelope, cover; a second letter; confirmatory letter.

sobre-humano [sobrjum'ʌnu] adj. (pl. **sobre-humanos**) superhuman.

so.brei.ro [sobr'ejru] s. m. cork oak, cork tree.

so.bre.lo.ja [sobril'ɔʒə] s. f. entresol; mezzanine.

so.bre.ma.nei.ra [sobriman'ejrə] adv. excessively; greatly.

so.bre.me.sa [sobrim'ezə] s. f. dessert.

so.bre.mo.do [sobrim'odu] adv. excessively, extremely.

so.bre.na.tu.ral [sobrinatur'aw] s. m. + adj. (pl. **-rais**) the supernatural.

so.bre.no.me [sobrin'omi] s. m. surname, family name.

so.bre.pe.so [sobrip'ezu] s. m. surcharge, overweight.

so.bre.por [sobrip'or] v. to put on or upon; to lean against; to superpose; to add to, increase; to overlay; to superimpose.

so.bre.pu.jar [sobripuʒ'ar] v. to surmount; to surpass; to overcome; to dominate; to conquer; to excel, outdo, outmaster; to outbid.

so.bres.cre.ver [sobriskrev'er] v. to superscribe; to write on the outside or cover; to address (letter).

so.bres.cri.tar [sobriskrit'ar] v. to address; to prepare the envelope or label of; to send.

so.bres.cri.to [sobriskr'itu] s. m. envelope, cover; address, destination (letter or parcel).

so.bres.sa.ir [sobrisa'ir] v. to salient, be projecting; ≈ **-se** to distinguish o. s.; be or become prominent; to be conspicuous.

so.bres.sal.ta.do [sobrisawt'adu] adj. jumpy, apprehensive.

so.bres.sal.tar [sobrisawt'ar] v. to take by assault, assail, attack; to surprise; to frighten; to scare.

so.bres.sal.to [sobris'awtu] s. m. alarm; start; dread, fear; moral or physical disturbance.

so.bres.sa.len.te [sobrisal'ẽti] s. m. surplus, overplus; rest; spare part; extra.

so.bre.ta.xa [sobrit'aʃə] s. f. surtax, supercharge.

so.bre.tu.do [sobrit'udu] s. m. overcoat, coat.
‖ adv. over all, above all.

so.bre.vir [sobriv'ir] v. to befall; to happen; to come upon; to supervene; to turn up.

so.bre.vi.vên.cia [sobriviv'ẽsjə] s. f. survival.

so.bre.vi.ven.te [sobriviv'ẽti] s. m. + f. survivor. ‖ adj. surviving, outliving; perennial.

so.bre.vi.ver [sobriviv'er] v. to survive, outlive; to resist.

so.bre.vô.o [sobriv'ou] s. m. overflying, a flying over.

so.bri.e.da.de [sobrjed'adi] s. f. sobriety; temperance.

so.bri.nha [sobr'iñə] s. f. niece. ≃ **-neta** grandniece.

so.bri.nho [sobr'iñu] s. m. nephew. ≃ **-neto** grandnephew.

só.brio [s'ɔbrju] adj. sober; temperate, abstinent.

so.ca.dor [sokad'or] adj. hard trotting (said of horses).

so.car [sok'ar] v. to strike with the fist; to beat, thrash; to bruise, hurt; to smash; to pound, tamp; to punch; to pummel; to bump (of horses).

so.ci.a.bi.li.da.de [sosjabilid'adi] s. f. sociability; sociality.

so.ci.a.bi.li.zar [sosjabiliz'ar] v. to make sociable.

so.ci.al [sosi'aw] adj. m. + f. (pl. **-ais**) social.

so.ci.a.lis.mo [sosjal'izmu] s. m. socialism.

so.ci.a.lis.ta [sosjal'istə] s. + adj. m. + f. socialist.

so.ci.a.li.za.ção [sosjalizas'ãw] s. f. socialization.

so.ci.a.li.zar [sosjaliz'ar] v. to socialize.

so.ci.á.vel [sosi'avew] adj. m. + f. (pl. **-veis**) social; sociable; courteous, urban, neighbourly.

so.ci.e.da.de [sosjed'adi] s. f. society; companionship; social body, association; guild, institute; (com.) corporation, company, partnership; community; club; organization.

so.ci.e.tá.rio [sosjet'arju] s. m. member of a society. ‖ adj. of or belonging to a society.

só.cio [s'ɔsju] s. m. member of a society; associate, partner; joint owner; shareholder.

so.ci.o.lo.gia [sosjoloʒ'iə] s. f. sociology.

so.co [s'oku] s. m. blow, punch.

so.ço.bra [sos'obrə] s. f. = **soçobro**.

so.ço.brar [sosobr'ar] v. to turn upside down; to subvert, overthrow; to sink, founder; (naut.) to capsize; to be shipwrecked.

so.ço.bro [sos'obru] s. m. complete submersion; shipwreck, wreck; disaster.

so.cor.rer [sokoʀ'er] v. to protect, aid, help, assist; to relieve; to rescue.

so.cor.ro [sok'oʀu] s. m. succour, relief, aid; assistance; redress. ‖ interj. help!

so.da [s'ɔdə] s. f. (chem.) sodium hydroxide.

só.dio [s'ɔdju] s. m. (chem.) sodium (symbol Na).

so.do.mi.a [sodom'iə] s. f. sodomy, pederasty, bestiality.

so.er.guer [soerg'er] v. to raise slightly; to lift.

so.fá [sof'a] s. m. sofa, couch; divan; davenport. ≃ **- cama** sofa-bed.

so.fis.ma [sof'izmə] s. m. sophism.

so.fis.ti.ca.ção [sofiztikas'ãw] s. f. (pl. **-ções**) sophistication.

so.fis.ti.ca.do [sofistik'adu] adj. sophisticated; affected.

so.fis.ti.car [sofistik'ar] v. to sophisticate.

sô.fre.go [s'ofregu] adj. voracious, greedy; avid.

so.fre.gui.dão [sofregid'ãw] s. f. greediness; voraciousness; avidity, graspingness; gluttony.

so.frer [sofr'er] v. to suffer; to bear, endure; to stand, undergo; to support; to tolerate; to admit, permit; ache. ≃ **fome** to starve.

so.fri.men.to [sofrim'ẽtu] s. m. suffering, sufferance; pain, agony; torment; trouble; anguish.

so.frí.vel [sofr'ivew] adj. m. + f. (pl. **-veis**) sufferable, endurable; supportable; reasonable.

soft.ware [s'ɔftiwer] s. m. software.

so.gra [s'ɔgrə] s. f. mother-in-law.

so.gro [s'ogru] s. m. father-in-law.

so.ja [s'ɔʒə] s. m. (bot.) soybean, soja, soy.

sol [s'ɔw] s. m. (pl. **sóis**) (astr.) sun; (mus.) sol, G, fifth note in the scale of C.

so.la [s'ɔlə] s. f. sole-leather; the sole of a shoe; sole of a foot.

so.la.pa [sol'apə] s. f. sap, undermining; (fig.) ruse.

so.la.pa.do [solap'adu] adj. undermined; (fig.) ruse.

so.la.par [solap'ar] v. to undermine; to mine, sap.

so.lar [sol'ar] s. m. manor-house, manor. ‖ adj. m. + f. solar. ‖ v. to sole a shoe; (cards) to play solo.

so.lá.rio [sol'arju] s. m. solarium, sun porch.

so.la.van.co [solav'ãku] s. m. jolt, jerk; bump; joggle.

sol.da [s'owdə] s. f. solder; soldering; a weld.

sol.da.do [sowd'adu] s. m. soldier; private. ‖ adj. soldered, welded; joined.

sol.dar [sowd'ar] v. to solder; weld; to join; to tinker.

sol.do [s'owdu] s. m. a soldier's pay.

so.lei.ra [sol'ejrə] s. f. sill, door-sill; doorstone.

so.le.ne [sol'eni] adj. m. + f. solemn.

so.le.ni.da.de [solenid'adi] s. f. solemnity; celebration.

so.le.ni.zar [soleniz'ar] v. to solemnize; to celebrate.

so.le.nói.de [solen'ɔjdi] s. m. (electr.) solenoid.

so.le.trar [soletr'ar] v. to spell.

so.li.ci.ta.ção [solisitas'ãw] s. f. (pl. -ções) solicitation.

so.li.ci.ta.dor [solisitad'or] s. m. (jur.) solicitor.

so.li.ci.tar [solisit'ar] v. to solicit; to seek; to ask; to request; to appeal; to apply for; to act as solicitor; to make petitions.

so.lí.ci.to [sol'isitu] adj. careful; solicitous; diligent.

so.li.ci.tu.de [solisit'udi] s. f. solicitude.

so.li.dão [solid'ãw] s. f. (pl. -dões) solitude; seclusion.

so.li.da.ri.e.da.de [solidarjed'adi] s. f. solidarity; sympathy.

so.li.dá.rio [solid'arju] adj. solidary; mutual; sympathetic.

so.li.dez [solid'es] s. f. solidity; firmness; reliance.

so.li.di.fi.car [solidifik'ar] v. to solidify; to coagulate; to set; to fix; to consolidate; to strengthen.

só.li.do [s'ɔlidu] s. m. + adj. solid.

so.li.ló.quio [solil'ɔkju] s. m. soliloquy, monologue.

so.lis.ta [sol'istə] s. m. + f. soloist.

so.li.tá.rio [solit'arju] s. m. solitarian; hermit; monk. I adj. solitary; living alone; lonely; secluded; unsociable; reclusive.

so.lo [s'ɔlu] s. m. soil; firm land; earth; solo (mus. and piloting).

sols.tí.cio [sowst'isju] s. m. solstice, solstitial point.

sol.tar [sowt'ar] v. to unfasten, untie, unbind; to loosen; to free; ≈-se to get loose; to be separated from; to run freely.

sol.tei.ra [sowt'ejrə] s. f. single woman. I adj. f. single, unmarried (woman).

sol.tei.rão [sowtejr'ãw] s. m. (pl. -rões; f. -rona) a middle-aged or elderly single man; confirmed bachelor.

sol.tei.ro [sowt'ejru] s. m. single man. I adj. single, bachelor.

sol.tei.ro.na [sowtejr'onə] s. f. middle-aged, single woman, spinster.

sol.to [s'owtu] adj. free, unattached; untied; loose.

so.lu.ção [solus'ãw] s. f. (pl. -ções) solution.

so.lu.çar [solus'ar] s. m. sob, hiccup. I v. to sob; to hiccup.

so.lu.ci.o.nar [solusjon'ar] v. to resolve; to decide.

so.lu.ço [sol'usu] s. m. sob, sobbing; hiccup.

so.lú.vel [sol'uvew] adj. m. + f. (pl. -veis) dissolvable.

sol.vên.cia [sowv'ẽsjə] s. f. (com.) solvency, solvability.

sol.ven.te [sowv'ẽti] s. m. + adj. solvent.

sol.ver [sowv'er] v. to solve; to resolve; to clear up (problem); to pay, settle a debt; to relieve; to dissolve.

som [s'õw] s. m. (pl. **sons**) sound; tone, voice. ≈ **metálico** clank.

so.ma [s'omə] s. f. sum, addition; total; an amount of money.

so.mar [som'ar] v. to sum up; to total.

som.bra [s'õbrə] s. f. shadow, shade; darkness. **sem** ≈ **de dúvida** without the slightest doubt.

som.bre.a.do [sõbre'adu] s. m. the shading of a picture or drawing. I adj. shaded, shadowed.

som.bre.ar [sõbre'ar] v. to shade; shadow; to darken.

som.bri.nha [sõbr'iñə] s. f. parasol, sunshade.

som.bri.o [sõbr'iu] s. m. shady place, umbrageousness. I adj. shady, shadowy; obscure; dark; sad; dismal; cloudy.

so.me.nos [som'enus] adj. m. + f., sg. + pl. inferior, of inferior quality; of little worth.

so.men.te [sɔm'enti] adv. = **só.**

so.nâm.bu.lo [son'ãbulu] s. m. somnambulist, sleepwalker. I adj. somnambulistic.

so.nan.te. [son'ãti] adj. m. + f. sonant, sounding.

so.nar [son'ar] s. m. (electron.) sonar.

so.na.ta [son'atə] s. f. (mus.) sonata.

son.da [s'õdə] s. f. sounding lead; (med. and surg.) probe, style, catheter; sounding line; oil derrick; plumb line; depth gauge.

son.da.gem [sõd'aʒẽj] s. f. (pl. -gens) sounding; perforation; drilling; exploration; plumbing; (med. and surg.) probing.

son.dar [sõd'ar] v. to sound; to search; to probe.

so.ne.ca [son'ɛkə] s. f. nap, doze.

so.ne.ga.ção [sonegas'ãw] s. f. (pl. **-ções**) illegal withholdment; unlawful concealment; defraudation; misappropriation.

so.ne.gar [soneg'ar] v. to withhold unlawfully; to defraud, cheat; not to pay (taxes, debts etc.).

so.ne.to [son'etu] s. m. sonnet, a short poem.

so.nha.dor [soñad'or] s. m. visionary. ‖ adj. dreamy.

so.nhar [soñ'ar] v. to dream; to daydream.

so.nho [s'oñu] s. m. dream.

so.no [s'onu] s. m. sleep, slumber; rest, repose, sleepiness, drowsiness; (fig.) inertia. **estar com** ≃ to be sleepy. **pegar no** ≃ to fall asleep. **sem** ≃ sleepless.

so.no.lên.cia [sonol'ēsjə] s. f. somnolence.

so.no.len.to [sonol'ētu] adj. somnolent; sleepy; torpid.

so.no.ri.da.de [sonorid'adi] s. f. sonority, loudness.

so.no.ro [son'ɔru] adj. sonorous; resonant; loud.

son.so [s'õsu] adj. sly, artful, cunning; clever.

so.pa [s'opə] s. f. soup; sop; (sl.) too easy, child's play.

so.pa.po [sop'apu] s. m. blow with the fist; slap, wipe; hit, rap; thrashing.

so.pé [sop'ɛ] s. m. base or foot of a mountain.

so.po.rí.fe.ro [sopor'iferu] s. m. + adj. (pharm.) soporific.

so.po.rí.fi.co [sopor'ifiku] s. m. + adj. (pharm.) soporific.

so.pra.no [sopr'ʌnu] s. m. + f. (mus.) soprano.

so.prar [sopr'ar] v. to blow (on, up); to whiffle, puff; to fan; to inflate with air, to suggest.

so.pro [s'opru] s. m. puff of air, whiff; exhalation; blowing, blast; breath, breathing; breeze; (fig.) insinuation, delation, denunciation.

so.que.te [sok'eti] s. m. lamp socket; socks.

sor.di.dez [sordid'es] s. f. sordidness, paltriness; filthiness, dirtiness; squalor; depravity, vileness.

sór.di.do [s'ɔrdidu] adj. dirty, filthy; sordid, vile.

so.ro [s'oru] s. m. serum; the whey of milk.

˙˙ ro.te.ra.pi.a [soroterap'iə] s. f. serotherapy.

sor.ra.tei.ro [soʀat'ejru] adj. cunning, shrewd, astute.

sor.ri.den.te [soʀid'ēti] adj. m. + f. smiling, radiant.

sor.rir [soʀ'ir] v. to smile, laugh gently.

sor.ri.so [soʀ'izu] s. m. smile; act of smiling.

sor.te [s'ɔrti] s. f. destiny, fate; fortune, chance, luck; doom; lottery ticket; manner, mode; happiness; lucky strike. **má** ≃ bad luck, adversity.

sor.te.a.do [sorte'adu] adj. selected; variegated.

sor.te.ar [sorte'ar] v. to choose or pick out by lot; to cast lots, draw lots.

sor.tei.o [sort'eju] s. m. allotment; raffle, lottery.

sor.ti.do [sort'idu] s. m. assortment. ‖ adj. assorted.

sor.ti.lé.gio [sortil'ɛʒju] s. m. sortilege; witchcraft.

sor.ti.men.to [sortim'ētu] s. m. assortment; variety.

sor.tir [sort'ir] v. to supply, furnish, provide; to assort.

so.rum.bá.ti.co [sorũb'atiku] adj. somber, shady, shadowy; sad, glum; sullen, moody.

sor.ve.dou.ro [sorved'owru] s. m. whirlpool.

sor.ver [sorv'er] v. to sip, suck; to absorb, aspirate; to swallow; to engulf.

sor.ve.te [sorv'eti] s. m. ice-cream.

sor.ve.te.ri.a [sorveter'iə] s. f. ice-cream shop.

sós [s'ɔs] used in the adverbial locution **a** ≃ all by oneself, alone.

só.sia [s'ɔzjə] s. m. double, second self, counterpart.

sos.lai.o [sozl'aju] s. m. obliquity. **de** ≃ askew.

sos.se.ga.do [soseg'adu] adj. quiet, calm; tranquil, easeful; restful; uneventful.

sos.se.gar [soseg'ar] v. to calm, quiet; to pacify; to rest, repose, to calm down.

sos.se.go [sos'egu] s. m. tranquillity, calmness.

só.tão [s'ɔtãw] s. m. (pl. **-tãos**) attic, garret, loft.

so.ta.que [sot'aki] s. m. foreign accent, brogue.

so.ter.rar [soteʀ'ar] v. to bury; to cover with earth.

so.tur.no [sot'urnu] adj. somber, gloomy.

sou.ti.en [suti'ã] s. m. bust bodice, brassière.

sou.ve.nir [suven'ir] s. m. souvenir, keepsake, memento.

so.va [s'ɔvə] s. f. beating, thrashing; caning; spanking.

so.va.co [sov'aku] s. m. (anat.) axilla; armpit.

so.va.do [sov'adu] adj. crumpled, wrinkled; trampled; beaten, struck, hit.

so.var [sov'ar] v. to knead, work the dough; to batter; to thrash, beat; to tread on; to grind; to wear out or use a lot.

so.vi.é.ti.co [sovi'εtiku] adj. soviet, sovietic; Russian.

so.vi.na [sov'inə] s. m. + f. miser, niggard. ‖ adj. m. + f. avaricious, hard-fisted; parsimonious; niggardly; mean; churlish.

so.vi.ni.ce [sovin'isi] s. f. avariciousness; stinginess.

so.zi.nho [sɔz'iñu] adj. quite alone; alone; single-handed; solo; unaided; unique. ‖ adv. all alone, single-handedly, solely.

su.a [s'uə] possessive pron. (the f. of seu) his, her, its, your, their; hers, its, yours, theirs.

su.a.do [su'adu] adj. sweaty.

su.a.dou.ro [swad'owru] s. m. act of sweating; sudorific.

su.ar [su'ar] v. to sweat, perspire; to transpire, exhale; to work hard, labour, toil.

su.a.ren.to [swar'ētu] adj. sweaty, perspiring.

su.a.ve [su'avi] adj. m. + f. suave; agreeable, pleasant; mild, gentle; kind, affable; delicate.

su.a.vi.da.de [swavid'adi] s. f. suaveness; amenity.

su.a.vi.zar [swaviz'ar] v. to soothe; to soften; to allay.

sub.a.li.men.tar [subalimēt'ar] v. to undernourish.

su.bal.ter.no [subawt'εrnu] s. m. + adj. subaltern.

sub.ar.ren.dar [subarēd'ar] v. to sublet; to sublease.

sub.cons.ci.ên.cia [subkõsi'ēsjə] s. f. semiconsciousness.

sub.cons.ci.en.te [subkõsi'ēti] s. m. the unconscious. ‖ adj. m. + f. subconscious.

sub.cu.tâ.neo [subkut'ʌnju] adj. subcutaneous.

sub.de.sen.vol.vi.do [subdezēvowv'idu] adj. underdeveloped.

sub.de.sen.vol.vi.men.to [subdezēvowvim'ētu] s. m. underdevelopment.

sub.di.vi.dir [subdivid'ir] v. to subdivide.

sub.di.vi.são [subdiviz'ãw] s. f. (pl. -sões) subdivision.

sub.en.ten.der [subētēd'er] v. to perceive or interpret correctly an implication; to suppose, presume; to admit mentally.

sub.en.ten.di.do [subētēd'idu] s. m. implicitness. ‖ adj. implied, implicit; latent.

sub.es.ti.mar [subestim'ar] v. (Braz.) to underestimate.

su.bi.da [sub'idə] s. f. ascension, ascent; raise, rise, rising; acclivity; slope; climb, climbing; uprise, uprising.

su.bir [sub'ir] v. to ascend, rise, go up; to mount up, scale; to elevate; to grow higher; to rise in position; to increase; to exalt, enhance, heighten; to mount (horse, wagon, vehicle); to lift; to flood; to graduate; to get up.

sú.bi.to [s'ubitu] adj. sudden, abrupt; unexpected.

sub.je.ti.vo [subʒet'ivu] s. m. that which is subjective. ‖ adj. subjective.

sub.ju.ga.do [subʒug'adu] adj. subjugated, dominated.

sub.ju.gar [subʒug'ar] v. to subjugate; to subdue, subject; to conquer; to overpower.

sub.jun.ti.vo [subʒũt'ivu] s. m. + adj. (gram.) subjunctive.

sub.le.var [sublev'ar] v. to sublevate; to incite, arouse.

su.bli.ma.ção [sublimas'ãw] s. f. (pl. -ções) sublimation.

su.bli.mar [sublim'ar] v. to sublime.

su.bli.me [subl'imi] s. m. sublime. ‖ adj. m. + f. sublime; high; majestic; splendid, glorious; divine.

su.bli.mi.da.de [sublimid'adi] s. f. sublimity.

su.bli.nhar [subliñ'ar] v. to underline.

sub.lo.ca.ção [sublokas'ãw] s. f. (pl. -ções) sublease.

sub.lo.car [sublok'ar] v. to underlet, sublet; to relet.

sub.ma.ri.no [submar'inu] s. m. a submarine (boat), sub, U-boat. ‖ adj. submarine, undersea.

sub.mer.gir [submerʒ'ir] v. to inundate; to submerge.

sub.mer.são [submers'ãw] s. f. (pl. -sões) submergence.

sub.mer.sí.vel [submers'ivew] s. m. + adj. (pl. -veis) submergible.

sub.me.ter [submet'er] v. to submit; subdue.

sub.mis.são [submis'ãw] s. f. (pl. **-sões**) submission.

sub.mis.so [subm'isu] adj. submissive; obedient.

sub.nu.tri.ção [subnutris'ãw] s. f. underfeeding; malnourishment.

sub.nu.tri.do [subnutr'idu] adj. undernourished.

su.bor.di.na.ção [subordinas'ãw] s. f. (pl. **-ções**) subordination; obedience, subjection.

su.bor.di.na.do [subordin'adu] s. m. + adj. subordinate.

su.bor.di.nar [subordin'ar] v. to subordinate.

su.bor.nar [suborn'ar] v. to suborn, subornate; to bribe.

su.bor.no [sub'ornu] s. m. subornation; bribery.

sub.pro.du.to [subprod'utu] s. m. subproduct, by-product, derivate.

subs.cre.ver [subskrev'er] v. to subscribe; to underwrite; to sign; to accept, approve; to assent.

subs.cri.ção [subskris'ãw] s. f. (pl. **-ções**) subscription.

sub.se.qüen.te [subsekw'ẽti] adj. m. + f. subsequent.

sub.ser.vi.en.te [subservi'ẽti] adj. m. + f. subservient.

sub.si.di.á.rio [subsidi'arju] adj. subsidiary; collateral.

sub.sí.dio [subs'idju] s. m. subsidy; aid, assistance; help; grant; subvention.

sub.sis.tên.cia [subzist'ẽsjə] s. f. subsistence; sustenance.

sub.sis.tir [subzist'ir] v. to subsist; to exist; to survive.

sub.so.lo [subs'ɔlu] s. m. subsoil, substrate; underground; basement.

subs.tân.cia [subst'ãsjə] s. f. substance; matter; stuff.

subs.tan.ci.al [substãsi'aw] s. m. (pl. **-ais**) the essential; substance. ‖ adj. m. + f. essential; nutritive; nourishing; fundamental.

subs.tan.ci.ar [substãsi'ar] v. (med.) to give nutritive food to; nourish, feed; to fortify; to give substance to.

subs.tan.ti.vo [substãt'ivu] s. m. (gram.) substantive, noun. ‖ adj. substantive.

subs.ti.tu.i.ção [substitwis'ãw] s. f. (pl. **-ções**) substitution.

subs.ti.tu.ir [substitu'ir] v. to substitute; to replace.

subs.ti.tu.to [substit'utu] s. m. substitute; successor, proxy; representative; deputy. ‖ adj. substituting.

sub.ter.fú.gio [subterf'uʒju] s. m. subterfuge; excuse; stratagem.

sub.ter.râ.neo [subter̃'ʌnju] s. m. a subterranean place, cave; basement. ‖ adj. subterranean.

sub.tí.tu.lo [subt'itulu] s. m. subtitle, subheading.

sub.to.tal [subtot'aw] s. m. subtotal.

sub.tra.ção [subtras'ãw] s. f. (pl. **-ções**) subtraction; defalcation; (math.) diminution.

sub.tra.ir [subtra'ir] v. to defalcate; to withdraw; to subtract; to deduct; to dodge, shun.

su.bur.ba.no [suburb'ʌnu] adj. suburban, suburbial.

su.búr.bio [sub'urbju] s. m. suburb; ≃s outskirts.

sub.ven.ci.o.nar [subvẽsjon'ar] v. to subventionize.

sub.ver.são [subvers'ãw] s. f. (pl. **-sões**) subversion.

sub.ver.si.vo [subvers'ivu] adj. subversive.

sub.ver.ter [subvert'er] v. to subvert; to overturn; to destroy, ruin; to disturb; to disorganize; to pervert, corrupt; to revolutionize; ≃**-se** to drown, sink; to ruin o. s.

su.ca.ta [suk'atə] s. f. scrap(s), scrap iron, junk iron.

suc.ção [suks'ãw] s. f. (pl. **-ções**) suction, suck.

su.ce.dâ.neo [sused'ʌnju] s. m. + adj. succedaneous, substitute.

su.ce.der [succed'er] v. to succeed, to happen, occur; to befall; to act as a substitute; to inherit from; ≃**-se** to come next.

su.ce.di.do [sused'idu] adj. successful.

su.ces.são [suses'ãw] s. f. (pl. **-sões**) succession; sequence, series; progression; inheritance.

su.ces.si.vo [suses'ivu] adj. succeeding; successive.

su.ces.so [sus'ɛsu] s. m. outcome; success. **ter** ≃ to succeed. **não ter** ≃ to fail.

su.ces.sor [suses'or] s. m. successor. ‖ adj. succeeding; following.

su.cin.to [sus'ĩtu] adj. succinct; brief; short.

su.co [s'uku] s. m. juice, sap; (fig.) essence.

su.cu.len.to [sukul'ẽtu] adj. succulent; sappy; lush.

su.cum.bir [sukŭb'ir] v. to succumb; to yield, submit; to perish; to despair; to die; to be defeated.

su.cu.ri [sukur'i] s. f. (zool.) anaconda.

su.cur.sal [sukurs'aw] s. f. (pl. **-sais**) branch office. ‖ adj. m. + f. succursal.

sú.di.to [s'uditu] s. m. subject; vassal.

su.do.es.te [sudo'ɛsti] s. m. + adj. south-west.

su.e.co [su'ɛku] s. m. Swede. ‖ adj. Swedish.

su.é.ter [su'ɛter] s. m. + f. sweater, jersey.

su.fi.ci.ên.cia [sufisi'ẽsjə] s. f. sufficiency; adequacy.

su.fi.ci.en.te [sufisi'ẽti] s. m. sufficiency. ‖ adj. m. + f. sufficient; adequate; enough.

su.fi.xo [suf'iksu] s. m. (gram.) suffix.

su.fo.ca.ção [sufokas'ãw] s. f. (pl. **-ções**) suffocation; choke.

su.fo.can.te [sufok'ãti] adj. m. + f. suffocating; stifling.

su.fo.car [sufok'ar] v. to suffocate; to choke; to smother; to strangle; to quench, overcome.

su.frá.gio [sufr'aʒju] s. m. suffrage; vote; voting; voice.

su.gar [sug'ar] v. to suck; to embezzle; to extort.

su.ge.rir [suʒer'ir] v. to suggest; to insinuate, inspire; to prompt, propose; to hint; to imply.

su.ges.tão [suʒest'ãw] s. f. (pl. **-tões**) suggestion; hint; clue, hunch.

su.ges.ti.o.nar [suʒestjon'ar] v. to suggest.

su.ges.ti.vo [suʒest'ivu] adj. suggestive; significant.

sui.ci.da [sujs'idə] s. m. + f. suicide. ‖ adj. m. + f. suicidal.

sui.ci.dar-se [sujsid'arsi] v. to suicide, commit suicide.

sui.cí.dio [sujs'idju] s. m. suicide; self-murder.

su.í.ço [su'isu] s. m. + adj. Swiss, Helvetian.

su.í.no [su'inu] s. m. swine, pig. ‖ adj. swinish.

su.jar [suʒ'ar] v. to dirty; to stain, maculate; to soil, mess up; to defecate; to contaminate; ≈ **-se** to become dirty; to taint one's honour.

su.jei.ção [suʒejs'ãw] s. f. (pl. **-ções**) subjection.

su.jei.ra [suʒ'ejrə] s. f. dirt, filth; grime; foul play.

su.jei.tar [suʒeit'ar] v. to subject; to submit; to obligate; to dominate; ≈ **-se** to submit, yield; to surrender; to conform to.

su.jei.to [suʒ'ejtu] s. m. subject; citizen; subject matter; individual, nondescript man; (Braz., pop.) fellow, chap, guy. ‖ adj. subject; subordinate; dependent; liable.

su.jo [s'uʒu] adj. dirty, filthy; greasy; soiled; foul; sordid; indecorous; corrupt; dishonest, crooked.

sul [s'uw] s. m. south; south wind. ‖ adj. m + f. south, southern.

sul-americano [sulamerik'ʌnu] s. m. + adj. (pl. **sul-americanos**) South American.

sul.car [suwk'ar] v. to furrow, ridge; to groove, rut; to trench; to wrinkle; to cross (the sea).

sul.co [s'uwku] s. m. furrow; groove, channel.

sul.fa.to [suwf'atu] s. m. (chem.) sulphate.

sul.fi.to [suwf'itu] s. m. (chem.) sulphite.

sul.fú.ri.co [suwf'uriku] adj. (chem.) sulphuric.

su.lis.ta [sul'istə] s. m. + f. southerner. ‖ adj. southern.

sul.ta.na [suwt'ʌnə] s. f. sultana, sultaness.

sul.tão [suwt'ãw] s. m. (pl. **-tões**; f. **-tana**) sultan.

su.ma [s'umə] s. f. summa; summary. **em** ≈ all told, in short.

su.má.rio [sum'arju] s. m. summary; digest, abbreviation; brief; synopsis. ‖ adj. summary; concise, succinct; brief; condensed.

su.mi.ço [sum'isu] s. m. disappearance; escape.

su.mi.da.de [sumid'adi] s. f. highness, eminence; celebrity; sumit, top, apex.

su.mir [sum'ir] v. to disappear, vanish; to get lost.

su.mo [s'umu] s. m. juice, sap. ‖ adj. superior; supreme.

sú.mu.la [s'umulə] s. f. summula; summary.

sun.tu.o.si.da.de [sũtwozid'adi] s. f. sumptuosity.

sun.tu.o.so [sũtu'ozu] adj. sumptuous; magnificent, luxurious; costly; splendid; lavish.

su.or [su'ɔr] s. m. sweat; perspiration; sweating.

su.pe.ra.bun.dân.cia [superabũd'ãsjə] s. f. superabundance.

su.pe.ra.bun.dar [superabũd'ar] v. to superabound.

su.pe.ra.gi.tar [superaʒit'ar] v. to overagitate, overexcite.

su.pe.rar [super'ar] v. to overcome; to dominate.

su.pe.rá.vel [super'avew] adj. m. + f. (pl. **-veis**) surpassable, surmontable.

su.per.con.du.tor [superkõdut'or] s. m. superconductor.

su.per.e.go [super'ɛgu] s. m. (psychol.) superego.

su.per.es.ti.mar [superestim'ar] v. (Braz.) overestimate.

su.per.es.tru.tu.ra [superestrut'urə] s. f. superstructure.

su.per.fi.ci.al [superfisj'al] adj. m. + f. (pl. **-ais**) superficial, cursory.

su.per.fi.ci.a.li.da.de [superfisjalid'adi] s. f. superficiality.

su.per.fí.cie [superf'isji] s. f. surface; superficies.

su.pér.fluo [sup'ɛrflwu] s. m. superfluity, surplus. ‖ adj. superfluous, unnecessary.

super-homem [super'ɔmēj] s. m. (pl. **superhomens**) superman.

su.pe.rin.ten.den.te [superĩtēd'ēti] s. + adj. m. + f. superintendent.

su.pe.rin.ten.der [superĩtēd'er] v. to superintend, direct.

su.pe.ri.or [superi'or] s. m. superior; head of a monastery. ‖ adj. superior; higher; of better quality, excellent; greater.

su.pe.ri.o.ri.da.de [superjorid'adi] s. f. superiority.

su.per.la.ti.vo [superlat'ivu] s. m. + adj. superlative.

su.per.lo.ta.do [superlot'adu] adj. (Braz.) overcrowded.

su.per.lo.tar [superlot'ar] v. to overcrowd, to overload.

su.per.mer.ca.do [supermerk'adu] s. m. supermarket.

su.per.na.tu.ral [supernatur'aw] adj. (pl. **-rais**) supernatural.

su.per.po.vo.ar [superpovo'ar] v. to overpopulate.

su.per.pro.du.ção [superprodus'ãw] s. f. (pl. **-ções**) overproduction.

su.per.sen.si.vel [supersēs'ivew] adj. m. + f. (pl. **-veis**) oversensitive.

su.per.sô.ni.co [supers'oniku] adj. supersonic.

su.pers.ti.ção [superstis'ãw] s. f. (pl. **-ções**) superstition.

su.pers.ti.ci.o.so [superstisi'ozu] s. m. superstitious person. ‖ adj. superstitious.

su.per.va.lo.ri.za.ção [supervalorizas'ãw] s. f. excessive increase in value, overvaluation.

su.per.vi.são [superviz'ãw] s. f. (pl. **-sões**) supervision.

su.per.vi.sor [superviz'or] s. m. supervisor, overseer. ‖ adj. supervisory, overseeing.

su.per.vi.si.o.nar [supervizjon'ar] v. to supervise.

su.plan.ta.ção [suplãtas'ãw] s. f. supplantation.

su.plan.tar [suplãt'ar] v. to supplant, supersede. ‖ adj. m. + f. supplemental, additional.

su.ple.men.tar [suplemēt'ar] v. to supplement.

su.ple.men.to [suplem'ētu] s. m. supplement, appendix.

su.plen.te [supl'ēti] s. m. + f. substitute. ‖ adj. m. + f. substitutional.

su.pli.can.te [suplik'ãti] s. + adj. m. + f. supplicant.

su.pli.car [suplik'ar] v. to supplicate; to beg humbly.

su.pli.ci.ar [suplisi'ar] v. to torture; to put to death.

su.plí.cio [supl'isju] s. m. corporal punishment; torture; death; (fig.) torment, pain.

su.por [sup'or] v. to suppose, assume, think, imagine, presume, believe.

su.por.tar [suport'ar] v. to support; to suffer, endure.

su.por.tá.vel [suport'avew] adj. m. + f. (pl. **-veis**) supportable, tolerable, bearable.

su.por.te [sup'ɔrti] s. m. support, stay, prop; (tech.) bearer, holder, rest, bracket, leg.

su.po.si.ção [supozis'ãw] s. f. (pl. **-ções**) supposition.

su.po.si.tó.rio [supozit'ɔrju] s. m. (med.) suppository.

su.pos.to [sup'ostu] s. m. supposition, presumption. ‖ adj. supposed, presumed, assumed.

supra-sumo [supras'umu] s. m. (pl. **suprasumos**) top, utmost, highest, ideal, acme.

su.pre.ma.ci.a [supremas'iə] s. f. supremacy.

su.pre.mo [supr'emu] s. m. (coll.) Supreme Court. ‖ adj. supreme, highest.

su.pres.são [supres'ãw] s. f. (pl. **-sões**) suppression.

su.pri.men.to [suprim'ētu] s. m. supply; subsidy; aid.

su.pri.mir [suprim'ir] v. to suppress; to abolish, omit.

su.prir [supr'ir] v. to supply, furnish; to help.

su.pu.ra.ção [supuras'ãw] s. f. (pl. **-ções**) suppuration.

su.pu.rar [supur'ar] v. to suppurate, fester, ulcer.

sur.dez [surd'es] s. f. deafness, lack of hearing. **aparelho de** ≃ hearing aid.

sur.di.na [surd'inə] s. f. (mus.) mute, sordino, sourdine. **na** ≃ secretly.

sur.do [s'urdu] s. m. deaf person. ▌ adj. deaf; insensible; muffled (sound). ≃ - **mudo** deafmute.

sur.gir [surʒ'ir] v. to arise, appear, emerge.

sur.pre.en.den.te [surpreēd'ēti] adj. m. + f. surprising, astonishing, remarkable, admirable, amazing.

sur.pre.en.der [surpreēd'er] v. to surprise; to astonish.

sur.pre.sa [surpr'ezə] s. f. surprise, surprisal.

sur.pre.so [surpr'ezu] adj. surprised; amazed; startled.

sur.ra [s'uřə] s. f. thrashing, spanking, beating.

sur.ra.do [suř'adu] adj. worn, worn-out; tanned, curried; beaten; filthy, dirty.

sur.rar [suř'ar] v. to curry, tan; to beat, flog, spank; to beat up.

sur.re.a.lis.mo [suřeal'izmu] s. m. surrealism.

sur.ri.pi.ar [suřipi'ar] v. to purloin, steal, pilfer, filch.

sur.tir [surt'ir] v. to occasion, give rise to, result in.

sur.to [s'urtu] s. m. soaring; outbreak; boom; impulse, dash.

sus.ce.ti.bi.li.da.de [susetibilid'adi] s. f. susceptibility.

sus.ce.ti.bi.li.zar [susetibiliz'ar] v. to hurt (feelings).

sus.ce.tí.vel [suset'ivew] adj. (pl. -**veis**) susceptible; sensitive.

sus.ci.tar [susit'ar] v. to suscitate, rouse, excite.

sus.pei.ta [susp'ejtə] s. f. suspicion, distrust.

sus.pei.tar [suspejt'ar] v. to suspect; to distrust; to be suspicious; to suppose, conjecture.

sus.pei.to [susp'ejtu] adj. suspect; suspected; suspicious; untrustworthy; fishy.

sus.pen.der [suspēd'er] v. to suspend; to hang, hang up; to postpone; to interrupt; to cease; to dismiss temporarily; to keep at bay.

sus.pen.são [suspēs'ãw] s. f. (pl. -**sões**) suspending, suspension; interruption; postponement; deferment; temporary dismissal.

sus.pen.so [susp'ēsu] adj. suspended; in abeyance.

sus.pi.rar [suspir'ar] v. to sigh; to want earnestly.

sus.pi.ro [susp'iru] s. m. sigh; suspiration; breath.

sus.sur.rar [susuř'ar] v. to rustle; to whisper.

sus.sur.ro [sus'uřu] s. m. rustle; whisper.

sus.tar [sust'ar] v. to stop, halt, stay, arrest.

sus.te.ni.do [susten'idu] s. m. (mus.) sharp.

sus.ten.ta.ção [sustētas'ãw] s. m. (pl. -**ções**) sustentation.

sus.ten.tá.cu.lo [sustēt'akulu] s. m. support; (fig.) backbone.

sus.ten.tar [sustēt'ar] v. to sustain; to support; to bear the weight of; to maintain; to patronize, favour; to defend; to suffer; to fortify; ≃ -**se** to defend o. s.; to maintain o.s., live on. ≃ **uma família** to keep up a family.

sus.ten.to [sust'ētu] s. m. maintenance.

sus.ter [sust'er] v. to support, prop; to sustain; to hinder; to check, restrain.

sus.to [s'ustu] s. m. fright, shock, alarm, scare.

su.til [sut'iw] adj. m. + f. subtle; tenuous.

su.ti.le.za [sutil'ezə] s. f. subtileness, subtility.

su.tu.ra [sut'urə] s. f. suture (also anat., bot. and surg.).

su.tu.rar [sutur'ar] v. to suture, join by suture or sewing.

T

T, t [t´e] s. m. the nineteenth letter of the Portuguese alphabet.
tá [t´a] interj. stop!, it's a deal! O.K.? right?
ta.ba [t´abə] s. f. Indian village or settlement.
ta.ba.ca.ri.a [tabakar´iə] s. f. tobacco shop, cigar store.
ta.ba.co [tab´aku] s. m. tobacco.
ta.ba.quei.ro [tabak´ejru] s. m. tobacconist.
ta.be.fe [tab´ɛfi] s. m. whey; (pop.) box; buffet.
ta.be.la [tab´ɛlə] s. f. table, chart; list, catalogue, schedule. ≃ **de juros** interest rate.
ta.be.la.men.to [tabelam´ẽtu] s. m. control of prices.
ta.be.lar [tabel´ar] v. to put on the official price list; to control prices.
ta.be.li.ão [tabeli´ãw] s. m. (pl. **-ães**) notary public.
ta.ber.na [tab´ɛrnə] s. f. tavern, inn.
ta.ber.ná.cu.lo [tabern´akulu] s. m. tabernacle.
ta.bi.que [tab´iki] s. m. thin (wooden) partition, wall; (bot.) septum.
ta.bla.do [tabl´adu] s. m. stage; raised platform.
ta.ble.te [tabl´ɛti] s. m. (pharm.) tablet, pastille.
ta.blói.de [tabl´ojdi] s. m. tabloid.
ta.bu [tab´u] s. m. ban, prohibition, taboo, tabu.
tá.bua [t´abwə] s. f. board; deal, plank; chart, map; list, table.
ta.bu.a.da [tabu´adə] s. f. multiplication table.
ta.bu.la.dor [tabulad´or] s. m. tabulator (typewriter).
ta.bu.lar [tabul´ar] adj. m. + f. tabular; flat like a table; computed from tables.
ta.bu.lei.ro [tabul´ejru] s. m. checkerboard; chessboard; flower bed; tray; tin to bake cakes on.
ta.bu.le.ta [tabul´etə] s. f. signboard; brass-plate; name plate.
ta.ça [t´asə] s. f. cup; pot, goblet, vessel; trophy; glass, drinking vessel.

ta.ca.da [tak´adə] s. f. blow or hit with a stick or cue; winning or gaining of a large sum or pool; (fig.) severe shock; billiards, snooker; making points.
ta.ca.nho [tak´ʌñu] adj. short, not tall; avaricious.
ta.cão [tak´ãw] s. m. (pl. **-cões**) heel of a boot or shoe. ‖ adj. miserly, narrow-minded.
ta.car [tak´ar] v. (Braz.) to brandish; to buffet.
ta.cha [t´aʃə] s. f. tack; sharp, flat-headed nail, shoe stud; (fig.) blemish, disgrace.
ta.char [taʃ´ar] v. to stud; to censure, criticize; (fig.) to brand, stigmatize.
ta.cho [t´aʃu] s. m. bowl, pan, pot, boiler.
tá.ci.to [t´asitu] adj. tacit; silent, reserved; implicit.
ta.ci.tur.no [tasit´urnu] adj. taciturn, reserved; moody.
ta.co [t´aku] s. m. billiard cue, golf club, hockey stick, cricket or polo mallet.
ta.ga.re.la [tagar´ɛlə] s. m. + f. chatterer, chatterbox; blabbermouth. ‖ adj. m. + f. talkative, loquacious.
ta.ga.re.lar [tagarel´ar] v. to chatter, clatter, babble, rattle, gossip; to tattle.
ta.ga.re.li.ce [tagarel´isi] s. f. talkativeness, garrulity, loquacity, gabbling; blab; indiscretion.
ta.i.nha [ta´iñə] s. f. (ichth.) mullet.
tai.o.ba [taj´ɔbə] s. f. (bot.) taro.
tai.pa [t´ajpə] s. f. partition; wall of mud, lath-and-plaster wall, stucco.
tal [t´aw] s. m. + f. (pl. **tais**) a certain person, one; (Braz., sl.) important person, big shot. ‖ indef. pron. this, that, such, like, similar, of that kind. ‖ adv. so, thus, accordingly, consequently.
ta.la [t´alə] s. f. clamp, splice, splint.
tá.la.mo [t´alamu] s. m. thalamus.
ta.lão [tal´ãw] s. m. (pl. **-lões**) coupon stub; counterfoil of a check or receipt. ≃ **de cheques** checkbook. ≃ **de identidade** identity tag. ≃ **de pedidos** order book.

talco 752 **tapume**

tal.co [t'awku] s. m. talc, talcum; French chalk.

ta.len.to [tal'ẽtu] s. m. (fig.) talent, ability; ingenuity.

ta.lha [t'aʎə] s. f. cut, cutting, score, tally; engraving; carved work, carving; (tech.) block and tackle, pulley block, pulley; (naut.) burton, jiggers; earthen vessel; sheet metal vessel for oil.

ta.lha.dei.ra [taʎad'ejrə] s. f. chisel; chopping knife.

ta.lhar [taʎ'ar] v. to cut, slice, slash; to crave, cleave; to engrave; to sculpture, chisel; to work, fashion; to adjust; ≃ -se to split, crack, cleave; become spoiled, curdle, turn.

ta.lha.rim [taʎar'ĩ] s. m. (pl. -rins) vermicelli, noodles.

ta.lhe [t'aʎi] s. m. cut, fashion, style, figure.

ta.lher [taʎ'ɛr] s. m. set of knife, fork and spoon; ≃es cutlery.

ta.lho [t'aʎu] s. m. cutting, chopping (meat in a butchery); stroke with a sword or knife; shape, form.

ta.lis.mã [talizm'ã] s. m. talisman, amulet, fetish.

ta.lo [t'alu] s. m. (bot.) stalk; thallus; shaft.

ta.lu.de [tal'udi] s. m. talus, inclination, slope.

tal.vez [tawv'es] adv. perhaps, maybe, perchance, by chance, possibly.

ta.man.car [tamãk'ar] v. to botch, patch, make hastely or badly.

ta.man.co [tam'ãku] s. m. clog, wooden shoe.

ta.man.du.á [tamãdu'a] s. m. (zool.) tamandua, anteater.

ta.ma.nho [tam'ʌ̃ñu] s. m. size, bulk, proportion, scale, volume; tallness, amplitude, bigness. ‖ adj. great, large, big; remarkable, distinguished.

tâ.ma.ra [t'ʌmara] s. f. date.

tam.bém [tãb'ẽj] adv. also, so, besides, too.

tam.bor [tãb'or] s. m. drum; (mus.) tambour; drummer; barrel.

tam.bo.ri.lar [tãboril'ar] v. to drum; to pelt.

tam.pa [t'ãpə] s. f. cover(ing), lid; cork; (tech.) cap; top (table).

tam.pão [tãp'ãw] s. m. (pl. -pões) large cover or lid; tampion, bung; plug; (surg.) compress, tampon; manhole cover.

tam.par [tãp'ar] v. to cover; to cork, stopple, stopper (a bottle); to bung; to plug; to cap.

tam.pi.nha [tãp'iñə] s. f. bottle cap.

tam.pou.co [tãp'owku] adv. neither; no more.

tan.ga [t'ãgə] s. f. breechcloth, loincloth. **ficar de** ≃ (Braz., pop.) to be absolutely broke.

tan.gen.te [tãʒ'ẽti] s. f. tangent; (fig.) last resort. ‖ adj. m. + f. tangent, touching.

tan.ger [tãʒ'er] v. to play a musical instrument; to bypass, pluck a stringed instrument; to sound, ring, toll (bells).

tan.ge.ri.na [tãʒer'inə] s. f. tangerine, mandarin.

tan.gí.vel [tãʒ'ivew] adj. m. + f. (pl. -veis) tangible.

ta.no.ar [tano'ar] v. to cooper, make barrels, casks.

tan.que [t'ãki] s. m. tank, reservoir, cistern; basin, pool, pond.

tan.tã [tãt'ã] adj. m. + f. weak-minded, silly, crazy.

tan.to [t'ãtu] s. m. an indeterminable quantity; amount, sum, extent. ‖ adj. as much, so much; as many, so many; so large, so great. ‖ adv. to such a degree, number or extent; thus. ≃ **como** as much as. ≃ **faz como fez** it is much the same.

tão [t'ãw] adv. so, much, that, as, so much. ≃ **bem** as well. ≃ **importante** as important. ≃ **longe** that far. ≃ **pouco** so little. ≃ **logo** as soon as.

tão-só adv. = **tão-somente.**

tão-somente adv. only, merely.

ta.pa [t'apə] s. m. slap, rap, flap, cuff.

ta.par [tap'ar] v. to close, plug, fill up, stuff up, tamp; to stop; to block, hinder, obstruct; to cover; to disguise, hide; to hedge, fence in; to blindfold; ≃ -se to hold one's mouth; to silence for fear. ≃ **a boca de alguém** to have a person shut up. ≃ **os olhos** to blindfold.

ta.pe.a.ção [tapeas'ãw] s. f. (pl. -ções) (Braz.) swindle, cheat, trickery; fake.

ta.pe.ar [tape'ar] v. to deceive, fake, trick, fool, cheat.

ta.pe.ça.ri.a [tapesar'iə] s. f. drapery, carpets, tapestry, hangings, curtains, cushions; upholstery; a draper's shop.

ta.pe.te [tap'eti] s. m. carpet, tapestry, rug, matting.

ta.po.na [tap'onə] s. f. blow, stroke, hit, box.

ta.pu.me [tap'umi] s. m. hedge, fence; boarding; palisade; screen, partition.

ta.qua.ra [takw'arə] s. f. (Braz.) one of the varieties of small bamboos.

ta.qui.gra.fi.a [takigraf'iə] s f. tachygraphy, stenography, shorthand.

ta.quí.gra.fo [tak'igrafu] s. m. stenographer, tachygrapher.

ta.ra [t'arə] s. f. tare, allowance for weight; defect, flaw; moral or physical (hereditary) deficiency; degeneration.

ta.ra.do [tar'adu] s. m. abnormal. ‖ adj. perverted, debauched, immoral, degenerated; sex maniac.

ta.ram.bo.la [tarãb'ɔlə] s. f. (ornith.) golden plover.

ta.ra.me.la [taram'ɛlə] s. f. wooden latch to fasten a door or window; (fig.) gabbler; twaddle.

ta.rar [tar'ar] v. to tare, ascertain weight of.

ta.ra.xa.co [taraʃ'aku] s. m. (bot.) dandelion.

tar.da.men.to [tardam'ẽtu] s. m. = **tardança**.

tar.dan.ça [tard'ãsə] s. f. slowness; retardation; tardiness, lateness.

tar.dar [tard'ar] v. to delay, postpone; to loiter, linger, drag. **o mais** ≃ at the latest. **sem** ≃ without delay, right away.

tar.de [t'ardi] s. f. afternoon, evening. ‖ adv. tardily, late. **fazer-se** ≃ to grow late.

tar.di.nha [tard'iɲə] s. f. late afternoon, early evening.

tar.di.o [tard'iu] adj. lazy, slow, phlegmatic, dilatory, lag; late; untimely; behindhand.

tar.do [t'ardu] adj. slow, lazy, indolent, sluggish; clumsy, awkward.

ta.re.fa [rar'ɛfə] s. f. task; duty; assignment; job, function; undertaking.

ta.re.fei.ro [taref'ejru] s. m. pieceworker, jobman; contractor.

ta.ri.fa [tar'ifə] s. f. tariff; custom tariff, duty.

ta.rim.ba [tar'ĩbə] s. f. a soldier's wooden bedstead. **ele tem** ≃ (S. Braz.) he is a man of experience.

tar.ja [t'arʒə] s. f. border for an inscription or emblem; mourning border, mourning edge.

tar.je.ta [tarʒ'etə] s. f. narrow border, ornamental or mourning stripe.

tar.ra.fa [taȓ'afə] s. f. fishing net, casting net, net.

tar.ra.xa [taȓ'aʃə] s. f. screw or twist of a screw; thread; wedge; peg, plug.

tar.ta.mu.dez [tartamud'es] s. f. stammering, stuttering, faltering.

tar.ta.ru.ga [tartar'ugə] s. f. (zool.) turtle, tortoise.

ta.ru.go [tar'ugu] s. m. wooden pin, slug; dowel.

tas.ca [t'askə] s. f. tavern, cheap inn, (U.S.A.) low dive.

ta.ta.ra.ne.to [tataran'ɛtu] s. m. great-great-great-grandson.

ta.ta.ra.vô [tatarav'o] s. m. great-great-great-grand-father.

ta.te.ar. [tate'ar] v. to fumble, grope; to grope one's wayabout; to touch, feel.

ta.ti.bi.ta.te [tatibit'ati] s. m. + f. stammerer, stutterer; timid, shy; fool, simpleton. ‖ adj. stammering; timid, shy; foolish.

tá.ti.ca [t'atikə] s. f. tactics; (fig.) method; policy.

tá.ti.co [t'atiku] s. m. tactician. ‖ adj. tactical.

ta.to [t'atu] s. m. touch, feeling, tactile sense; tact; sensibility, discretion; diplomacy, prudence.

ta.tu [tat'u] s. m. (zool.) armadillo.

ta.tu.a.gem [tatu'aʒẽj] s. f. (pl. **-gens**) tattooage, tatooing; tattoo; tatoo mark or figure.

ta.tu.ar [tatu'ar] v. to tattoo, to mark with tattoos.

ta.tu.zi.nho [tatuz'iɲu] s. m. (zool.) woodlouse.

tau.ma.tur.go [tawmat'urgu] s. m. thaumaturge; conjurer, miracle worker.

tau.ro.ma.qui.a [tawromak'iə] s. f. bullfight.

ta.ver.na [tav'ɛrnə] s. f. tavern, inn, (U.S.A.) saloon, public house, pub.

ta.xa [t'aʃə] s. f. impost, contribution, duty, tribute, customs, average; rate, tax, tariff; fee; surcharge. ≃ **de câmbio** exchange rate. ≃ **bancária** bank rate. ≃ **de matrícula** entrance fee.

ta.xa.ção [taʃas'ãw] s. f. (pl. **-ções**) taxation, rating.

ta.xar [taʃ'ar] v. to rate, fix a value or a price, regulate; to tax; to consider; to blame.

tá.xi [t'aksi] s. m. cab, taxicab, taxi.

te [ti] pers. pron. you, to you. **peço-te** I ask you. **eu te vi** I saw you.

tê [t'e] s. m. the letter T.

té [t'ɛ] prep. aphaeresis of **até** till, until.

te.ar [te'ar] s. m. a weaver's loom.

te.a.tral [teatr'aw] adj. m. + f. (pl. **-trais**) theatrical; showy, pretentious.

te.a.tro [te'atru] s. m. theater; dramatic art.

te.ce.la.gem [tesel'aʒẽj] s. f. (pl. **-gens**) weaving; textile industry; a weaver's trade.

te.cer [tes'er] v. to weave, web, tissue; to twist, spin, wreathe; to interlace, entwine; to write, compose; to prepare; to intrigue, scheme. ≃ **comentários** to comment.

te.ci.do [tes'idu] s. m. tissue, texture, cloth, textile; web, woof, weft, twist; ≃**s** textiles, woven fabrics. ‖ adj. woven.

te.cla [tɛklǝ] s. f. key (organ, piano, typewriter).

te.cla.do [tekl'adu] s. m. keyboard; keys, finger-board, ivories (piano).

téc.ni.ca [t'ɛknikǝ] s. f. technic, technique, know-how.

téc.ni.co [t'ɛkniku] s. m. technicist, technician; expert. ‖ adj. technic(al).

tec.no.lo.gi.a [teknoloʒ'iǝ] s. f. technology.

teco-teco [tɛku-t'ɛku] s. m. (pl. **teco-tecos**) single-motored airplane.

té.dio [t'ɛdju] s. m. tedium, tediousness; boredom; disgust; loathsomeness.

te.di.o.so [tedi'ozu] adj. tedious, wearisome; dull.

tei.a [t'ejǝ] s. f. texture, tissue, cloth, textile; plot, intrigue, scheme. ≃ **de aranha** spider web, cobweb.

tei.ma [t'ejmǝ] s. f. = **teimosia**.

tei.mar [tejm'ar] v. to insist, persist, persevere.

tei.mo.si.a [tejmoz'iǝ] s. f. wilfulness, obstinacy, stubbornness, pertinacity, headiness.

tei.mo.so [tejm'ozu] s. m. obstinate. ‖ adj. stubborn.

tei.pe [t'ejpi] s. m. video-tape; tape.

tei.xo [t'ejʃu] s. m. (bot.) yew.

te.la [t'ɛlǝ] s. f. web, texture, tissue; (paint.) canvas; picture; screen; (cin.) wire netting ≃ **de televisão** screen.

te.le.fo.nar [telefon'ar] v. to call, phone, telephone, ring (someone up).

te.le.fo.ne [telef'oni] s. m. telephone.

te.le.fo.ne.ma [telefon'emǝ] s. m. telephone call.

te.le.fô.ni.co [telef'oniku] adj. telephonic.

te.le.fo.nis.ta [telefon'istǝ] s. m. + f. telephone operator.

te.le.fo.to [telef'ɔtu] s. f. telephotograph.

te.le.gra.far [telegraf'ar] v. telegraph, cable, wire.

te.le.gra.fi.a [telegraf'iǝ] s. f. telegraphy. ≃ **sem fio** wireless telegraphy.

te.le.grá.fi.co [telegr'afiku] adj. telegraphic, cabled.

te.lé.gra.fo [tel'ɛgrafu] s. m. telegraph; telegraph office.

te.le.gra.ma [telegr'ʌmǝ] s. m. telegram, cable, wire.

te.le.im.pres.sor [tɛlĩpres'or] s. m. teleprinter.

te.le.jor.nal [tɛleʒorn'aw] s. m. TV news.

te.le.no.ve.la [tɛlenov'ɛlǝ] s. f. serial; soap opera.

te.le.ob.je.ti.va [tɛleobʒet'ivǝ] s. f. (phot.) telephoto lens.

te.le.pa.ti.a [telepat'iǝ] s. f. telepathy.

te.les.có.pio [telesk'ɔpju] s. m. telescope, spyglass.

te.le.ti.pis.ta [teletip'istǝ] s. m. teletypist.

te.le.ti.po [telet'ipu] s. m. = **teleimpressor**.

te.le.vi.são [televiz'ãw] s. f. television, video, telly.

te.le.vi.sar [televiz'ar] v. to televise.

te.le.vi.sor [televiz'or] s. m. televisor, television receiver.

te.lex [tel'ɛks] s. m. telex.

te.lha [t'eʎǝ] s. f. (roofing) tile; whim.

te.lha.do [teʎ'adu] s. m. roof; wire tack; (sl.) mania.

te.lhei.ro [teʎ'ejru] s. m. tilemaker, tiler; shed covered with tiles.

te.ma [t'emǝ] s. m. theme; topic; subject, thesis; exercise; text; (mus.) motive.

te.má.ti.co [tem'atiku] adj. thematic.

te.mer [tem'er] v. to fear, (coll.) funk; to doubt, apprehend, dread; to reverence, respect, venerate.

te.me.rá.rio [temer'arju] adj. temerarious; rash, reckless; hot-blooded, inconsiderate; daring, bold, adventurous.

te.me.ri.da.de [temerid'adi] s. f. temerity; rashness, recklessness, precipitation; venturousness.

te.me.ro.so [temer'ozu] adj. fearful, dreadful.

te.mi.do [tem'idu] adj. feared, dreaded; (fig.) bold.

te.mí.vel [tem'ivew] adj. m. + f. (pl. **-veis**) appalling, fearful, formidable, dreadful, terrific; terrible, direful.

te.mor [tem'or] s. m. dread, fear; anxiety, apprehension; reverence, awe; (fig.) fright.

têm.pe.ra [t'ẽperə] s. f. temper, seasoning; hardening of steel; state of hardness (of metals); temperament; character.

tem.pe.ra.do [tẽper'adu] adj. tempered, seasoned.

tem.pe.ra.men.tal [tẽperamẽt'aw] adj. m. + f. (pl. **-tais**) temperamental.

tem.pe.ra.men.to [tẽperam'ẽtu] s. m. temperament, mentality, disposition; mood; moderation.

tem.pe.ran.ça [tẽper'ãsə] s. f. temperance, moderation; self-restraint, self-control.

tem.pe.rar [tẽper'ar] v. to temper; to season, flavour, spice; to moderate, calm; to harden (metal); to mix properly; (fig.) to strengthen; to repress; to conciliate; ≃-se abstain, refrain; restrain.

tem.pe.ra.tu.ra [tẽperat'urə] s. f. temperature.

tem.pe.ro [tẽp'eru] s. m. seasoning, spice, condiment, zest, sauce; taste, flavour.

tem.pes.ta.de [tẽpest'adi] s. f. tempest; storm, rainstorm, thunderstorm; (fig.) commotion.

tem.pes.ti.vo [tẽpest'ivu] adj. well-timed, seasonable.

tem.pes.tu.o.so [tẽpestu'ozu] adj. tempestuous; stormy.

tem.plo [t'ẽplu] s. m. temple; church.

tem.po [t'ẽpu] s. m. time; duration, period, spell, while; era; opportunity; season; (mus.) tempo; weather; (gram.) tense. **em (seu) devido** ≃ in due course. **muito** ≃ **atrás** for a long time past. ≃-**quente** disorder, tumult, row, disturbance.

tem.po.ra.da [tẽpor'adə] s. f. period; stay; season.

tem.po.ral [tẽpor'aw] s. m. (pl. **-rais**) temporal power; tempest, rainstorm; (fig.) commotion. ‖ adj. m. + f. temporary, secular; mundane; temporal; transient.

tem.po.rá.rio [tẽpor'arju] adj. temporary; provisory.

tem.po.ri.zar [tẽporiz'ar] v. to temporize, gain time.

te.na.ci.da.de [tenasid'adi] s. f. tenacity; (fig.) obstinacy.

te.naz [ten'as] s. f. (pl. **-nazes**) tongs, forceps, pliers, pincers. ‖ adj. m. + f. tenacious; adherent, viscous, sticky; (fig.) stubborn; persistent, obstinate.

ten.ção [tẽs'ãw] s. f. (pl. **-ções**) intention, purpose; aim, design.

ten.ci.o.nar [tẽsjon'ar] v. to intend, plan.

ten.da [t'ẽdə] s. f. awning, tent, canvas.

ten.dal [tẽd'aw] s. m. (S. Braz.) center of redistribution of meat.

ten.dão [tẽd'ãw] s. m. (pl. **-dões**) (anat.) tendon, sinew. ≃ **da perna** hamstring.

ten.dên.cia [tẽd'ẽsjə] s. f. tendency; inclination, drift, trend.

ten.den.ci.o.so [tẽdẽsi'ozu] adj. tendentious, partial.

ten.der [tẽd'er] v. to incline, lean; to tend, dispose; to spread, unfold; ≃-**se** to extend (railway).

tên.der [t'ẽder] s. m. (pl. **-deres**) tender.

ten.di.nha [tẽd'iñə] s. f. (Braz.) small tent; small cheap shop.

te.ne.bro.so [tenebr'ozu] adj. tenebrous; frightful.

te.nen.te [ten'ẽti] s. m. (mil.) lieutenant; deputy.

tê.nia [t'enjə] s. f. (zool.) taenia, tapeworm.

tê.nis [t'enis] s. m., sg. + pl. tennis, lawn tennis.

te.nor [ten'or] s. m. (mus.) tenor.

ten.ro [t'ẽru] adj. tender; young; mild, soft.

ten.são [tẽs'ãw] s. f. (pl. **-sões**) tension, stress, strain.

ten.so [t'ẽsu] adj. tense, tight, taut; (fig.) intense.

ten.ta.ção [tẽtas'ãw] s. f. (pl. **-ções**) temptation.

ten.tá.cu.lo [tẽt'akulu] s. m. (zool.) tentacle.

ten.ta.dor [tẽtad'or] s. m. tempter, seducer; (fig.) devil. ‖ adj. tempting, seductive.

ten.tar [tẽt'ar] v. to try, assay, test; to experiment; to attempt; to tempt, fascinate.

ten.ta.ti.va [tẽtat'ivə] s. f. trial, experiment; attempt.

ten.ta.ti.vo [tẽtat'ivu] adj. tentative, trial, experimental.

ten.te.ar [tẽte'ar] v. to probe; to search; to test.

ten.ti.lhão [tẽti⅄'ãw] s. m. (pl. **-lhões**) (ornith.) siskin, chaffinch.

ten.to [t'ẽtu] s. m. care, attention, prudence; (paint.) maulstick; (fig.) calculation, computation; (ftb.) goal; score. **sem** ≃ careless.

tê.nu.e [t'enwi] adj. m. + f. tenuous; fine, fragile, weak, feeble.

te.o.lo.gi.a [teoloʒ'iə] s. f. theology.

te.o.ló.gi.co [teol'ɔʒiku] adj. theological.

te.or [te'or] s. m. text; tenor; meaning, purport.

te.o.ri.a [teor'iə] s. f. theory; notion, concept; view.

te.ó.ri.co [te'ɔriku] adj. theoretical, abstract.

té.pi.do [t'ɛpidu] adj. tepid.

ter [t'er] v. to have, possess; to hold, keep, occupy, retain, carry, contain; to bear, beget, give birth to; to judge, think, believe, consider; ≃-**se** to hold or consider o.s., account or maintain o.s.; to hold out, keep (one's position). ≃ **aversão a** to dislike. ≃ **boa fama** to be well-spoken of. ≃ **em mente** to have in mind, bear in mind. ≃ **saudade de** to long for. **tenha paciência!** be patient! take it easy!

te.ra.peu.ta [terap'ewtə] s. m. + f. therapist.

te.ra.pêu.ti.ca [terap'ewtikə] s. f. therapeutics.

te.ra.pi.a [terap'iə] s. f. therapy.

ter.ça [t'ersə] s. f. the third part; tierce; (mus.) third; (archit.) purlin, purline; aphaeresis of terça-feira Tuesday.

terça-feira [tersaf'ejrə] s. f. (pl. **terças-feiras**) Tuesday.

ter.cei.ro [ters'ejru] s. m. third; third part; mediator. **‖** num. third. **-a categoria** third rate.

ter.ce.to [ters'etu] s. m. (mus.) trio; tercept, triplet.

ter.ço [t'ersu] s. m. third part of anything; chaplet, string of beads (third part of the rosary).

ter.çol [ters'ɔw] s. m. (pl. **-çóis**) (med.) sty(e), eyesore.

te.re.bin.ti.na [terebĩt'inə] s. f. turpentine.

ter.gi.ver.sar [terʒivers'ar] v. to tergiversate, prevaricate.

tér.mi.co [t'ɛrmiku] adj. thermic.

ter.mi.na.ção [terminas'ãw] s. f. (pl. **-ções**) termination; expiration; extremity, final part; ending (of a word).

ter.mi.nal [termin'aw] s. m. (pl. **-nais**) (electr.) terminal. **‖** adj. m. + f. terminal, terminating.

ter.mi.nar [termin'ar] v. to terminate; finish, close, complete; to expire; (fig.) to settle; to limit, bound. ≃ **por** to terminate by.

tér.mi.no [t'ɛrminu] s. m. terminus; conclusion, ending; limit, boundary.

ter.mi.no.lo.gi.a [terminoloʒ'iə] s. f. terminology.

ter.mo [t'ermu] s. m. term; limit, limitation; boundary, landmark; time limit, period, duration; (jur.) tenor, text, stipulation; word, expression; termination; expiration. **em** ≃**s gerais** by and large.

ter.mo.di.nâ.mi.ca [termodin'ʌmikə] s. f. thermodynamics.

ter.mô.me.tro [term'ometru] s. m. thermometer.

ter.mo.nu.cle.ar [termonukle'ar] adj. thermonuclear.

ter.no [t'ɛrnu] s. m. ternary, triplet, trio; tierce; threesome; a man's suit. **‖** adj. tender, gentle, delicate, mild.

ter.nu.ra [tern'urə] s. f. tenderness, kindness.

ter.ra [t'ɛɾə] s. f. earth, world, globe; land, ground, soil; native land, country, nation; territories; estate, landed property. ≃**-a-**≃ pedestrian, trivial, common, popular.

ter.ra.ço [teɾ'asu] s. m. terrace; roof terrace.

ter.ra.ple.na.gem [tɛɾaplen'aʒẽj] s. f. (pl. **-gens**) earthwork, embankment, levelling of the ground.

ter.ra.ple.nar [tɛɾaplen'ar] v. to embank, level (ground).

ter.rei.ro [teɾ'ejru] s. m. yard; public place; (Braz.) outdoor place, where voodoo is practiced. **‖** adj. earthy; terreous.

ter.re.mo.to [teɾem'ɔtu] s. m. earthquake.

ter.re.no [teɾ'enu] s. m. terrain, ground, soil; land; (fig.) branch of activities, matter. **‖** adj. terrestrial, worldly, earthy. **ceder** ≃ to give way. **preparar** ≃ to break land.

tér.reo [t'ɛɾju] adj. earthy; even with the ground.

ter.res.tre [teɾ'ɛstri] adj. m. + f. terrestrial, worldly.

ter.ri.na [teɾ'inə] s. f. tureen; soup bowl.

ter.ri.tó.rio [teɾit'ɔrju] s. m. territory, land, country.

ter.rí.vel [teɾ'ivew] adj. m. + f. (pl. **-veis**) terrible.

ter.ror [teɾ'or] s. m. terror, horror, awe, fright.

ter.ro.ris.mo [teɾor'izmu] s. m. terrorism; reign or government of terror.

ter.ro.ris.ta [teɾor'istə] s. m. + f. terrorist.

ter.tú.lia [tert'uljə] s. f. family party, meeting, social gathering; literary assembly.

te.são [tez'ãw] s. m. (pl. **-sões**) tension, stiffness; toughness; strained conditions, erection.

te.sar [tez'ar] v. to toughen, stiffen.

te.se [t'ɛzi] s. f. thesis; proposition; dissertation; discussion of a thesis.

te.so [t´ezu] s. m. steep hill, steep; hilltop. **‖** adj. tense; taut; stiff, inflexible; hard, solid; strong; (S. Braz., sl.) broke, penniless; steep.

te.sou.ra [tez´owrɐ] s. f. scissors, a pair of scissors, shears.

te.sou.rão [tezowr´ãw] s. m. (pl. **-rões**) large scissors.

te.sou.rar [tezowr´ar] to scissor, cut with scissors; to shear; to backbite, slander, calumniate.

te.sou.ra.ri.a [tezowrar´iɐ] s. f. treasury; treasurership; burse, bursary.

te.sou.rei.ro [tezowr´ejru] s. m. treasurer; bursar.

te.sou.ro [tez´owru] s. m. treasure, riches, wealth, treasury, exchequer, public purse.

tes.ta [t´ɛstɐ] s. f. forehead, brow; front.

tes.ta.men.tá.rio [testamẽt´arju] s. m. legatee. **‖** adj. testamentary.

tes.ta.men.tei.ro [testamẽt´ejru] s. m. executor of a will. **‖** adj. making testaments.

tes.ta.men.to [testam´ẽtu] s. m. will, testament.

tes.tar [test´ar] v. to make a will, legate; to testify.

tes.te [t´ɛsti] s. m. test, examination, research, trial.

tes.te.mu.nha [testem´uɲɐ] s. f. witness; testimony. ≃ **ocular** eyewitness.

tes.te.mu.nhar [testemuɲ´ar] v. to witness, testify, attest, confirm.

tes.te.mu.nho [testem´uɲu] s. m. testimony.

tes.tí.cu.lo [testi´kulu] s. m. testicle; (vulg.) ball.

tes.ti.fi.car [testifik´ar] v. to testify; to certify; to attest.

te.su.ra [tez´urɐ] s. f. stiffness, firmness; inflexibility; vanity, conceit; self-esteem, pride.

te.ta [t´etɐ] s. f. teat, tit, nipple; udder, dug.

te.téi.a [tet´ɛjɐ] s. f. charm, trinket; trifle.

te.to [t´ɛtu] s. m. ceiling, roof; shelter, cover.

te.tra.ne.to [tɛtran´ɛtu] s. m. great-great-great-grandson.

te.tra.vó [tɛtrav´ɔ] s. f. great-great-great-grandmother.

te.tra.vô [tɛtrav´o] s. m. great-great-great-grandfather.

te.traz [tetr´as] s. m. (ornith.) black grouse.

té.tri.co [t´ɛtriku] adj. sad; gloomy, mournful.

teu [t´ew] poss. pron. (f. **tua**) your; thy; yours; thine. **os** ≃**s** your relatives, your family, your people. **é meu? não, é teu!** is it mine? no, it is yours!

te.vê [tev´e] s. f. (Braz., colloq.) TV, telly.

têx.til [t´estiw] adj. m. + f. (pl. **-teis**) textile, woven.

tex.to [t´estu] s. m. text.

tez [t´es] s. f. complexion; cutis, epidermis.

ti [t´i] pers. pron. (after prepositions) you, yourself; (poet.) thee. **a** ≃, **de** ≃, **para** ≃ to you, from you, for you.

ti.a [t´iɐ] s. f. aunt; (pop.) old maid.

tí.bia [t´ibjɐ] s. f. (anat.) tibia, shinbone; fife.

ti.bi.ez [tibi´es] s. f. = **tibieza**.

ti.bi.e.za [tibi´ezɐ] s. f. lukewarmness, indolence, slackness, half-heartedness.

ti.ção [tis´ãw] s. m. (pl. **-ções**) firebrand, brand, ember; dark person; (fig.) devil.

ti.co [t´iku] s. m. a bit, bite, morsel, a little; tic.

tico-tico [tikut´iku] s. m. (pl. **tico-ticos**) crown sparrow; (fig.) a little thing or person, trifle.

ti.e.te [ti´ɛti] s. m. + f. fan.

ti.fo [t´ifu] s. m. typhoid fever.

ti.fói.de [tif´ɔjdi] adj. m. + f. (med.) typhoid.

ti.ge.la [tiʒ´ɛlɐ] s. f. bowl.

ti.gre [t´igri] s. m. (f. **tigresa**) (zool.) tiger; (fig.) cruel, ferocious or brutal person.

ti.jo.lo [tiʒ´olu] s. m. brick. ≃ **refratário** firebrick.

til [t´iw] s. m. (pl. **tis**) tilde.

ti.lin.tar [tilĩt´ar] v. to tinkle, jingle, chinck.

ti.mão [tim´ãw] s. m. (pl. **-mões**) pole (of a coach); beam (of a plough); (naut.) tiller, rudder, helm; shaft; (fig.) control, direction, command.

tim.bra.do [tĩbr´adu] adj. crested (said of note paper etc.); having a letterhead.

tim.brar [tĩbr´ar] v. to mark with an emblem, crest or coat of arms; to call, name.

tim.bre [t´ĩbri] s. m. (her.) emblem, seal, crest; mark, stamp; height; (mus.) colour, expression.

ti.me [t´imi] s. m. team.

ti.mer [t´ajmer] s. m. timer.

ti.mi.dez [timid´es] s. f. timidity, timidness, shyness.

tí.mi.do [t´imidu] adj. timid, shy, coy.

ti.ming [t´ajmĩ] s. m. timing.

ti.mo.nei.ro [timon´ejru] s. m. steersman, helmsman, timoneer, coxswain; leader, guide.

tím.pa.no [t´ĩpanu] s. m. tympanum, eardrum.

ti.na [t´inɐ] s. f. tub, wooden vessel, butt, trough.

tin.gir [tĩʒ'ir] v. to dye, tint, tinge.

ti.nho.rão [tiñor'ãw] s. m. (pl. **-rões**) (bot.) caladium.

ti.ni.do [tin'idu] s. m. tinkling, jingling, tingling.

ti.nir [tin'ir] v. to clink, clank, ding, tinkle. **tinindo de frio** shivering with cold.

ti.no [t'inu] s. m. discernment, good sense; tact; discretion.

tin.ta [t'ĩtə] s. f. dye, colour, paint, ink.

tin.tei.ro [tĩt'ejru] s. m. inkpot; inkwell, inkstand.

tin.tim [tĩt'ĩ] s. m. used in the adverbial locution ≈ **por** ≈ minutely, point for point.

tin.to [t'ĩtu] adj. dyed, tinged, coloured, stained; red (wine or grapes); (fig.) dirty, soiled, spotted.

tin.tu.ra [tĩt'urə] s. f. dyeing; dye, colour.

tin.tu.ra.ri.a [tĩturar'iə] s. f. dyeing, dye works; cleaning, a cleaner's work establishment.

tin.tu.rei.ro [tĩtur'ejru] s. m. dyer, cleaner, owner of a dyehouse.

ti.o [t'iu] s. m. uncle. ≈- **avô** great-uncle, grand-uncle.

tí.pi.co [t'ipiku] adj. typic(al), characteristic.

ti.po [t'ipu] s. m. type (for printing), letter, stamp; pattern, fashion; kind, sort, variety; prototype; (pop.) fellow, guy, chap; eccentric person.

ti.po.gra.fi.a [tipograf'iə] s. f. typography.

ti.pó.gra.fo [tip'ɔgrafu] s. m. typographer, typesetter.

ti.pói.a [tip'ɔjə] s. f. arm sling; small hammock.

ti.po.lo.gi.a [tipoloʒ'iə] s. f. typology.

ti.que [t'iki] s. m. tic, twitch.

tique-taque [tikit'aki] s. m. (pl. **tique-taques**) tick-tack (sound made by a ticking clock or watch); pit-a-pat (sound of the beating heart).

ti.ra [t'irə] s. f. band, ribbon; strip; m. (Braz., sl.) policeman, detective, cop.

ti.ra.co.lo [tirak'ɔlu] s. m. shoulder belt, baldric.

ti.ra.da [tir'adə] s. f. act or fact of drawing, pulling, removing; exportation of goods; long walk, long stretch of road; long space of time; tirade, long speech.

tira-dentes [tirad'ẽtis] s. m., sg. + pl. (colloq.) dentist.

ti.ra.gem [tir'aʒẽj] s. f. (pl. **-gens**) drawing; circulation, issue; printing, edition.

tira-linhas [tiral'iñəs] s. m., sg. + pl. drawing pen.

ti.ra.ni.a [tiran'iə] s. f. tyranny, despotism.

ti.ra.ni.zar [tiraniz'ar] v. to tyrannize; to oppress, rule despotically.

ti.ra.no [tir'ʌnu] s. m. tyrant, despot, oppressor, autocrat. ‖ adj. tyrannical, despotic.

ti.rão [tir'ãw] s. m. (pl. **-rões**) pull, haul, tug, jerk; long walk; apprentice.

ti.rar [tir'ar] v. to draw, pull, drag (as a weapon); to remove, to extract; to deprive; to exclude; to print; to take out, get out, set free, take away; to steal; to deduct. ≈ **férias** to take a holiday.

ti.re.ói.de [tire'ɔjdi] s. f. (anat.) thyroid gland.

ti.ri.ri.ca [tirir'ikə] s. f. (Braz.) plant of the sedge family. ‖ adj. m. + f. (pop.) angry.

ti.ri.tan.te [tirit'ãti] adj. m. + f. shivering.

ti.ri.tar [tirit'ar] v. to shiver, quiver, shake, tremble.

ti.ro [t'iru] s. m. shot, shooting, firing. ≈-**de-guerra** military training school.

ti.ro.cí.nio [tiros'inju] s. m. apprenticeship, tyrocinium, pupilage.

ti.ro.te.ar [tirote'ar] v. to fire, volley, shoot.

ti.ro.tei.o [tirot'eju] s. m. firing, shooting, volley, shooting match, gun fight.

tí.si.ca [t'izikə] s. f. tuberculosis (of the lungs).

tí.si.co [t'iziku] adj. consumptive, hectic.

tis.nar [tizn'ar] v. to blacken, smut, soot, sully.

ti.tâ.ni.co [tit'ʌniku] adj. titanic, gigantic, colossal.

tí.te.re [t'iteri] s. m. puppet, marionette.

ti.ti.a [tit'iə] s. f. auntie.

ti.ti.o [tit'iu] s. m. (Braz., children) uncle.

ti.tu.be.ar [titube'ar] v. to stagger, totter; to falter, hesitate, waver; to vacillate.

ti.tu.la.do [titul'adu] adj. titled.

ti.tu.lar [titul'ar] s. m. office holder. ‖ v. to title, entitle, give a title.

tí.tu.lo [t'itulu] s. m. title, heading; caption; denomination; top line; label, inscription, lettering; voucher, bond, deed.

to.a [t'oə] s. f. (naut.) tow, towline. **à** ≈ worthless; at random; in vain. **ficar à** ≈ to hang about, do nothing.

to.a.da [to'adə] s. f. tune, air; noise, sound.

to.a.le.te [toal'ɛti] s. m. toilet.

to.a.lha [to'aλə] s. f. towel. ≃ **de mesa** tablecloth.

to.a.lhei.ro [toaλ'ejru] s. m. towel horse, towel rack.

to.ar [to'ar] v. to sound, resound; to thunder, boom, roar; to be in tune with.

to.ca [t'ɔkə] s. f. burrow, den, lair.

toca-discos [tokad'iskus] s. m., sg. + pl. record player.

to.ca.dor [tokad'or] s. m. player (instrument).

toca-fitas [tɔkaf'itəs] s. m. pl. tape recorder.

to.cai.a [tok'ajə] s. f. (S. Braz.) ambush, trap, blind.

to.cai.ar [tokaj'ar] v. to ambush, lurk, entrap.

to.can.te [tok'ãti] adj. m. + f. touching; concerning, moving.

to.car [tok'ar] v. to touch, feel, contact, brush, strike; to abut, limit; to play (an instrument), perform; to ring (bells), clang; to concern, regard, respect; to impress, affect, move, (Braz.) to drive out or away; to call (at port); ≃-**se** to contact.

to.cha [t'ɔʃə] s. f. large candle, torch.

to.co [t'oku] s. m. stub, stump, butt (as of a tree, cigarette, torch, pencil etc.); a sort of club, stick.

to.da.vi.a [todav'iə] conj. but, yet, still, however, nevertheless, though. **‖** adv. notwithstanding.

to.do [t'odu] s. m. the whole, entirety, completeness, totality, aggregate; union, mass; generality; ≃**s** each and every, one and all, every one, all people. **‖** adj. all, whole, complete, entire; every. ≃**s os dias** every day. **toda a gente** everybody. ≃**s nós** all of us. **ao** ≃ altogether, all in all. **em** ≃ **o país** all over the country.

to.ga.do [tog'adu] s. m. magistrate. **‖** adj. magisterial; wearing a toga.

toi.ci.nho [tois'iñu] s. m. = **toucinho**.

tol.dar [towd'ar] v. to cover with an awning; to darken, cloud; to overcast, overcloud, overshadow.

tol.do [t'owdu] s. m. awning, sunblind, canopy.

to.le.rân.cia [toler'ãsjə] s. f. tolerance; endurance; toleration; allowance of error.

to.le.ran.te [toler'ãti] adj. m. + f. tolerant; enduring, indulgent; broadminded.

to.le.rar [toler'ar] v. to tolerate, endure, bear; to stand, abide; allow.

to.lher [toλ'er] v. to hinder, hamper; to debar, prevent, restrain; to stop; to disable, cripple.

to.lhi.do [toλ'idu] adj. paralysed; checked; hindered, hampered, impeded.

to.li.ce [tol'isi] s. f. foolishness, folly, silliness.

to.lo [t'olu] s. m. fool, simpleton, idiot, stupid fellow. **‖** adj. foolish, crazy, ignorant, silly, half-witted, fatuous.

tom [t'õw] s. m. tone; (mus.) sound; key; intonation, accent; dye, tinge, shade; mode, note; tenor, drift.

to.mar [tom'ar] v. to take; to seize, catch, capture; to grasp; to conquer; to take possession of; to gather, collect; to receive, get, gain, win; to eat, drink; to take away, accept, admit, consider. ≃ **fôlego** to catch one's breath. ≃ **a iniciativa** to take the lead. ≃ **a mal** to take amiss.

to.ma.ra [tom'arə] interj. (Braz.) God grant!

to.ma.te [tom'ati] s. m. (bot.) tomato (plant, fruit).

tom.ba.di.lho [tõbad'iλu] s. m (naut.) quarterdeck.

tom.bar [tõb'ar] v. to tumble, stumble, topple; to throw or fall down, plump; to overthrow, upset, overturn, tilt, tip; to register lands.

tom.bo [t'õbu] s. m. tumble, fall; turnover, upset; a high waterfall. **dar o** ≃ **em alguém** (Braz., pop.) to harm.

tôm.bo.la [t'õbolə] s. f. lotto, bingo; tombola.

to.mi.lho [tom'iλu] s. m. thyme.

to.mo [t'omu] s. m. tome, volume, book.

to.na [t'onə] s. f. surface. **à** ≃ up. **manter-se à** ≃ **da água** to keep afloat.

to.na.li.da.de [tonalid'adi] s. f. tonality; tint, shade.

to.nel [ton'εw] s. m. (pl. **-néis**) tun, vat, tub, barrel.

to.ne.la.da [tonel'adə] s. f. ton (weight of 1,000 kg).

tô.ni.co [t'oniku] s m. (med.) tonic. **‖** adj. tonic; invigorating, restorative; (mus.) of or pertaining to a keynote, fundamental; (gram.) stressed; predominant.

to.ni.nha [ton'iñə] s. f. (zool.) harbour porpoise.

ton.tas [t'õtəs] s. f. pl. used in the expression **às tontas** giddily, thoughtlessly, heedlessly.

ton.te.ar [tõte'ar] v. to fool; to stupefy.

ton.tei.ra [tõt′ejrə] s. f. foolishness; dotage.

ton.to [t′õtu] s. m. fool, simpleton. ‖ adj. giddy, dizzy, foolish; stupid; tipsy.

to.pa.da [top′adə] s. f. stumbling, tumbling.

to.par [top′ar] v. to meet, encounter, find; (Braz., sl.) to agree, consent (bet, game, enterprise); to run into or strike against.

to.pá.zio [top′azju] s. m. topaz; semiprecious stone.

to.pe [t′opi] s. m. clash, striking; collision; top, summit; (naut.) masthead.

to.pe.te [top′ɛti] s. m. toupee, top-knot, crest, forelock; tuft of feathers or hair, panache; (Braz.) impudence, insolence.

tó.pi.co [t′ɔpiku] s. m. topic; subject, theme; heading, matter, text; argument; (Braz., journal) an editorial article. ‖ adj. topical; (med.) of local application.

to.po [t′opu] s. m. summit, top, peak, acme, highest point.

to.po.gra.fi.a [topograf′iə] s. f. topography.

to.que [t′ɔki] s. m. touch, contact; feeling; (mus.) playing, striking; handshake; vestige, sign; artistic touch; test, assay, trial. **pedra de** ≈ touchstone.

to.ra [t′ɔrə] s. f. portion, share; (Braz., sl.) nap; log, timber, trunk of a tree.

to.ran.ja [tor′ãʒə] s. f. (bot.) grapefruit.

to.rar [tor′ar] v. to cut into stumps or logs.

tó.rax [t′ɔraks] s. m. thorax.

tor.çal [tors′aw] s. m. (pl. **-çais**) silk cord; twisted silk; halter (rope and headstall).

tor.ção [tors′ãw] s. f. (pl. **-ções**) torsion; twisting.

tor.ce.dor [torsed′or] s. m. inciter. ‖ adj. inciting; supporter.

tor.ce.du.ra [torsed′urə] s. f. twist; wrench; sprain.

tor.cer [tors′er] v. to twist, turn, wring, wrench; to curl, screw; to distort, sprain; to misinterpret; to root for, to cheer; ≈ **-se** to writhe, squirm, wriggle.

tor.ci.da [tors′idə] s. f. group of cheerers or rooters.

tor.do [t′ordu] s. m. (ornith.) thrush.

tor.men.ta [torm′ẽtə] s. f. tempest; (fig.) agitation.

tor.men.to [torm′ẽtu] s. m. torment, affliction, distress; agony; mortification, suffering.

tor.men.to.so [tormẽt′ozu] adj. stormy; vexatious.

tor.na.do [torn′adu] s. m. tornado (storm).

tor.nar [torn′ar] v. to return; to go, turn or come back or again; to give back, send back, repay; to answer; to render, change.

tor.ne.a.do [torne′adu] adj. turned, well-turned, roundish, rolling; (fig.) well-chosen (words).

tor.ne.ar [torne′ar] v. to turn; to turn round; to turn on a lathe; to shape, mold.; to joust, tilt.

tor.nei.o [torn′eju] s. m. shaping on a lathe; refinement of a phrase; elegance of forms; tournament, joust.

tor.nei.ra [torn′ejrə] s. f. tap, faucet; plug, register.

tor.nei.ro [torn′ejru] s. m. turner (lathe).

tor.ni.que.te [tornik′eti] s. m. (surg.) torniquet.

tor.no [t′ornu] s. m. lathe; vice; faucet, spigot; tap; wooden peg, pin.

tor.no.ze.lo [tornoz′elu] s. m. (anat.) tarsus, ankle; anklebone.

to.ró [tor′ɔ] s. m. heavy downpour, rainstorm.

tor.pe [t′orpi] adj. m. + f. base, vile, dirty; torpid; timid.

tor.pe.de.ar [torpede′ar] v. to torpedo.

tor.pe.dei.ro [torped′ejru] s. m. (mil.) torpedo boat.

tor.pe.do [torp′edu] s. m. torpedo.

tor.quês [tork′es] s. f. (pl. **-queses**) pincers.

tor.ra.da [toř′adə] s. f. toast.

tor.ra.dei.ra [tořad′ejrə] s. f. toaster.

tor.ra.do [toř′adu] adj. toasted, roasted; parched.

tor.rão [toř′ãw] s. m. (pl. **-rões**) clod, turf or clay; glebe, tract of land; (fig.) cob, clump.

tor.rar [toř′ar] v. to toast, roast; to parch, scorch; (Braz., fig.) to sell off at a loss.

tor.re [t′oři] s. f. tower, steeple; fortress; (chess) castle, rook. ≈ **de igreja** steeple. ≈ **de controle** control tower.

tor.re.fa.ção [tořefas′ãw] s. f. (pl. **-ções**) torrefaction.

tor.ren.te [toř′ẽti] s. f. torrent, stream, flood, cataract; plenty; multitude, abundance.

tor.res.mo [toř′ezmu] s. m. crackling (of lard), scrap.

tór.ri.do [t′ɔřidu] adj. torrid, very hot, burning.

tor.ri.nha [toř′iñə] s. f. turret; (aeron.) astrodome; (theat.) peanut gallery.

tor.so [t′orsu] s. m. torso (body or statue).

tor.ta [t'ɔrtə] s. f. tart, pie, patty.

tor.to [t'ortu] adj. twisted, crooked, bent; distorted, deformed; wrong, unfair, unjust, askew.

tor.tu.o.so [tortu'ozu] adj. tortuous, crooked, sinuous, derivous.

tor.tu.ra [tort'urə] s. f. torture; pain, anguish.

tor.tu.rar [tortur'ar] v. to torture, torment, rack.

tor.ve.li.nho [torvel'iñu] s. m. whirl; eddy; whirlwind.

to.sa [t'ɔzə] s. f. shear, shearing (sheep); beating, thrashing, drubbing.

to.sar [toz'ar] v. to shear, fleece; to crop; to graze.

tos.co [t'osku] adj. rough, uncouth, rude; awkward.

tos.qui.a [tosk'iə] s. f. shearing; shearing time.

tos.qui.ar [toski'ar] v. to shear, clip, fleece, crop; (fig.) to shave a person, despoil, rob.

tos.se [t'ɔsi] s. f. cough, coughing, tussis.

tos.sir [tos'ir] v. to cough.

tos.tão [tost'ãw] s. m. (pl. -tões) old Brazilian coin. **não vale um** ≃ it is not worth a toss.

tos.tar [tost'ar] v. to toast, roast, parch, scorch, embrown, singe; to tan.

to.tal [tot'aw] s. m. (pl. -tais) total, totality, whole, sum. ‖ adj. m. + f. total, whole, entire.

to.ta.li.da.de [totalid'adi] s. f. totality, entirety.

to.ta.li.tá.rio [totalit'arju] adj. totalitarian.

to.ta.li.zar [totaliz'ar] v. to total, add up, come down to.

tou.ca [t'owkə] s. f. bonnet, cap; a nun's coif.

tou.ca.do [towk'adu] s. m. hairdressing; headdress.

tou.ca.dor [towkad'or] s. m. hairdresser; dressing table; dressing room; toilet set.

tou.cei.ra [tows'ejrə] s. f. big shoot of a tree; clump of roots; stub or stump of a tree; thicket.

tou.ci.nho [tows'iñu] s. m. lard, bacon.

tou.pei.ra [towp'ejrə] s. f. (zool.) mole, mould warp, talpa; (pop.) booby, mug.

tou.ra.da [towr'adə] s. f. bullfight, bullfighting.

tou.rei.ro [towr'ejru] s. m. toreador, bullfighter. ‖ adj. bullfighting.

tou.ro [t'owru] s. m. bull; (fig.) a strong man; (astr.) Taurus.

tou.ti.ne.gra [towtin'egrə] s. f. (ornith) blackcap.

to.xe.mi.a [toksem'iə] s. f. blood poisoning.

to.xi.ci.da.de [toksisid'adi] s. f. toxicity, poisonousness.

tó.xi.co [t'ɔksiku] s. m. toxin, poison. ‖ adj. toxicant.

to.xi.co.ma.ni.a [toksikoman'iə] s. f. toxicomania.

tra.ba.lha.dei.ra [trabaʎad'ejrə] s. f. hardworking woman. ‖ adj. f. laborious; hardworking.

tra.ba.lha.dor [trabaʎad'or] s. m. worker, labourer; toiler. ‖ adj. laborious, diligent; busy.

tra.ba.lhar [trabaʎ'ar] v. to work, labour; to drudge; to strive, perform, struggle; to run, function, operate.

tra.ba.lhis.ta [trabaʎ'istə] s. m. labourite.

tra.ba.lho [trab'aʎu] s. m. work, labour task; effort, exertion; job, employment, service; duty; business, trade; performance, achievement, production, piece of work. **dar-se ao** ≃ to bother. **é** ≃ **demais** it is too much trouble. ≃ **artesanal** handiwork, handicraft. ≃ **de campo** fieldwork. ≃ **forçado** hard labour.

tra.ba.lho.so [trabaʎ'ozu] adj. hard, arduous, difficult, onerous, burdensome.

tra.ça [tr'asə] s. f. clothes moth, moth.

tra.ça.do [tras'adu] s. m. trace, tracing, plan. ‖ adj. drawn, traced, designed, delineate.

tra.ção [tras'ãw] s. f. (pl. -ções) traction, tension, pull. **resistência à** ≃ tensile strength.

tra.çar [tras'ar] v. to trace, draw, delineate; to plan, map; to project; to rule; to scribe, frame.

tra.ci.nho [tras'iñu] s. m. little line, dash, hyphen.

tra.ço [tr'asu] s. m. trace, line; stroke of a pen, pencil or brush; trait, feature, aspect; trail, track; vestige, sign; footprint, mark. ≃-**de-união** hyphen.

tra.co.ma [trak'omə] s. m. (med.) trachoma.

tra.di.ção [tradis'ãw] s. f. (pl. -ções) tradition.

tra.di.ci.o.nal [tradisjon'aw] adj. m. + f. (pl. -nais) traditional, of or pertaining to tradition.

tra.du.ção [tradus'ãw] s. f. (pl. -ções) translation.

tra.du.tor [tradut′or] s. m. translator; interpreter. ‖ adj. translating. ≃ **juramentado** sworn translator.

tra.du.zir [traduz′ir] v. to translate; to express.

tra.fe.gar [trafeg′ar] v. to transit, pass through; to traffic, negotiate; to trade.

trá.fe.go [tr′afegu] s. m. traffic, business, commerce; transit, transport; trouble. ≃ **engarrafado** traffic jam. **sinal de** ≃ traffic light, sign.

tra.fi.car [trafik′ar] v. to traffic, trade, negotiate; to deal fraudulently; swindle, trick.

trá.fi.co [tr′afiku] s. m. traffic, trade, business.

tra.gar [trag′ar] v. to devour, swallow, absorb; to gulp down, drink in large drafts.

tra.gé.dia [traʒ′ɛdjə] s. f. tragedy; calamity, disaster.

trá.gi.co [tr′aʒiku] s. m. tragedian. ‖ adj. tragic, sad.

tra.go [tr′agu] s. m. draft, gulp, swallow, pull.

trai.ção [trajs′ãw] s. f. (pl. **-ções**) treason, treachery.

trai.ço.ei.ro [trajso′ejru] adj. treacherous, treasonable.

trai.dor [trajd′or] s. m. traitor, betrayer, turncoat. ‖ adj. perfidious, treacherous; disloyal.

trai.ler [tr′ejler] s. m. trailer; (autom.) caravan.

trai.nei.ra [trajn′ejrə] s. f. small fishing boat.

tra.ir [tra′ir] v. to betray; ≃-**se** to betray o.s.

tra.jar [traʒ′ar] v. to wear, put on, dress, vesture; ≃-**se** to dress o. s. ≃ **bem** to dress well.

tra.je [tr′aʒi] s. m. dress, cloth(es), garb, attire; suit, costume, habit.

tra.je.to [traʒ′ɛtu] s. m. stretch, distance; course.

tra.je.tó.ria [traʒet′ɔrjə] s. f. trajectory; (fig.) way.

tra.jo [tr′aʒu] s. m. = **traje.**

tra.lha [tr′aʎə] s. f. small fishing net; (Braz.) luggage, baggage; old household articles.

tra.ma [tr′amə] s. f. woof, weft, texture, web; plot, scheme, intrigue; illicit business.

tra.ma.dor [tramad′or] s. m. weaver; plotter, intriguer.

tra.mar [tram′ar] v. to weave; to plot, contrive.

tram.bo.lhão [traboʎ′ãw] s. m. (pl. **-lhões**) fall, tumble; (pop.) jolt, butt, jerk; (fig.) failure, fiasco, piece of bad luck.

tram.bo.lho [trab′oʎu] s. m. clog; (fig.) hindrance, impediment, burden; bunch (of keys).

trâ.mi.te [tr′ʌmiti] s. m. path, course, way; ≃**s** ways or channels, (official) formalities.

tra.mói.a [tram′ɔjə] s. f. chicane, trick, intrigue.

tra.mon.ta.na [tramõt′ʌnə] s. f. tramontana; tramontane, North Star; direction; orientation.

tram.po.lim [trapol′ĩ] s. m. (pl. **-lins**) springboard.

tran.ca [tr′ãkə] s. f. bar, crossbar; (by extension) hindrance, obstacle. ‖ adj. low, mean.

tran.ça [tr′ãsə] s. f. tress, braid, plait, pigtail; galloon or strip (embroidery); (Braz.) plot, scheme, intrigue; (N. Braz., pop.) row.

tran.ça.do [trãs′adu] s. m. tress; fillet; plaitwork.

tran.ca.fi.ar [trãkafi′ar] v. to incarcerate, imprison.

tran.cão [trãk′ãw] s. m. (pl. **-cões**) push, jostle, collision, bump; (ftb.) charge.

tran.car [trãk′ar] v. to fasten, secure with bars; to bolt, latch, lock; to arrest; to cancel; to finish; ≃-**se** to close o. s. up.

tran.çar [trãs′ar] v. to tress, plait, twist, interlace, weave; (Braz., pop.) to walk about; to crisscross.

tran.ci.nha [trãs′iɲə] s. f. small plait; narrow braid, bobbin; galloon or string (used in embroidery); (Braz.) plot, intrigue. ‖ adj. intriguing, designing.

tran.co [tr′ãku] s. m. collision, push, bump, jostle.

tran.qüi.li.da.de [trãkwilid′adi] s. f. tranquillity, peace.

tran.qüi.li.zar [trãkwiliz′ar] v. to tranquilize, quiet, reassure, calm; to pacify; ≃-**se** to become quiet, tranquil.

tran.qüi.lo [trãkw′ilu] adj. tranquil, calm, peaceful, easy-going.

tran.sa [tr′ãzə] s. f. transaction; sexual intercourse, fucking.

tran.sa.ção [trãzas′ãw] s. f. (pl. **-ções**) = **transa.**

tran.sa.ci.o.nar [trãzasjon′ar] v. transact, deal.

tran.sa.tlân.ti.co [trãzatl′ãtiku] s. m. + adj. transatlantic.

trans.bor.da.men.to [trãzbordam′ẽtu] s. m. overflow.

trans.bor.dan.te [trăzbord'ăti] adj. m. + f. overflowing.

trans.bor.dar [trăzbord'ar] v. to overflow, spill over; to inundate, overswell, gush.

trans.cen.der [trăsĕd'er] v. to transcend, overpass.

trans.con.ti.nen.tal [trăskŏtinĕt'aw] adj. m. + f. (pl. **-tais**) transcontinental.

trans.cor.rer [trăskoř'er] v. to elapse, go by, pass (time).

trans.cre.ver [trăskrev'er] v. to transcribe, copy.

trans.cri.ção [trăskris'ăw] s. f. (pl. **-ções**) transcription.

trans.cri.to [trăskr'itu] s. m. transcript. ‖ adj. transcribed, copied.

trans.cur.so [trăsk'ursu] s. m. course, passage of time.

tran.se [tr'ăzi] s. m. trance; anguish, trouble, difficulty, danger; crisis, predicament. **a todo o** ≃ at all hazards; by any means.

tran.se.un.te [trăze'ŭti] s. m. + f. transient, passer-by, pedestrian. ‖ adj. transient, transitory, passing; ephemeral.

trans.fe.rên.cia [trăsfer'ēsjə] s. f. transference.

trans.fe.rir [trăsfer'ir] v. to transfer; to remove, convey, transport; to postpone, defer; to pass; ≃-**se** to move away.

trans.fi.gu.rar [trăsfigur'ar] v. to transfigure, transform.

trans.for.ma.ção [trăsformas'ăw] s. f. (pl. **-ções**) transformation, alteration, modification.

trans.for.ma.dor [trăsformad'or] s. m. transformer.

trans.for.mar [trăsform'ar] v. to transform, alter, change, modify; ≃-**se** to be transformed.

trans.fu.são [trăsfuz'ăw] s. f. (pl. **-sões**) transfusion.

trans.gre.dir [trăzgred'ir] v. to transgress, infringe.

trans.gres.são [trăzgres'ăw] s. f. (pl. **-sões**) transgression, law-breaking.

trans.gres.sor [trăzgres'or] s. m. transgressor, law-breaker.

tran.si.ção [trăzis'ăw] s. f. (pl. **-ções**) transition, change.

tran.si.en.te [trăzi'ēti] adj. transient, passing.

tran.si.gên.cia [trăziʒ'ēsjə] s. f. compromise, agreement; acquiescence; tolerance, endurance.

tran.si.gen.te [trăziʒ'ēti] adj. condescending, yielding.

tran.si.gir [trăziʒ'ir] v. to compromise, condescend.

tran.si.tar [trăzit'ar] v. to transit, pass; to change, alter; to travel, journey; to be promoted.

tran.si.ti.vo [trăzit'ivu] adj. transitional; transitive.

trân.si.to [tr'ăzitu] s. m. transit, passage; traffic, flow of vehicles etc.; crowd of people.

tran.si.tó.rio [trăzit'ɔrju] adj. transitory, passing, brief.

trans.lú.ci.do [trăzl'usidu] adj. translucent; limpid, clear.

trans.mi.grar [trăzmigr'ar] v. to transmigrate.

trans.mis.são [trăzmis'ăw] s. f. (pl. **-sões**) transmission.

trans.mis.sí.vel [trăzmis'ivew] adj. m. + f. (pl. **-veis**) transmissible, communicable.

trans.mi.tir [trăzmit'ir] v. to transmit; to transfer, send, deliver; to pass on; to communicate, tell; to conduct, traject; to broadcast.

trans.pa.re.cer [trăspares'er] v. to appear or shine through; to become visible, be evident. **deixar** ≃ to imply, hint, insinuate.

trans.pa.rên.cia [trăspar'ēsjə] s. f. transparency.

trans.pa.ren.te [trăspar'ēti] adj. m. + f. transparent; limpid, clear, diaphanous; obvious.

trans.pi.ra.ção [trăspiras'ăw] s. f. (pl. **-ções**) transpiration.

trans.pi.rar [trăspir'ar] v. to transpire, sweat, exude, perspire; to become known, leak out.

trans.plan.ta.ção [trăsplătas'ăw] s. f. (pl. **-ções**) transplantation; (surg.) transplant.

trans.plan.tar [trăsplăt'ar] v. to transplant.

trans.por [trăsp'or] v. to transpose, transport, transfer; to cross over; to overrun; (mus.) to put into a different key.

trans.por.ta.ção [trăsportas'ăw] s. f. (pl. **-ções**) transportation, transport, conveyance.

trans.por.tar [trăsport'ar] v. to transport, carry; to entrance; (mus.) to transpose; to communicate, transmit.

trans.por.te [trăsp'ɔrti] s. m. transport, transportation; conduction; vehicle; troopship; sum carried over (bookkeeping); ecstasy; (mus.) transposal. ≃ **pago** carriage paid. ≃ **rodoviário** haulage.

trans.tor.nar [trăstorn'ar] v. to overturn; to disturb; to change, alter; ≃-**se** to become perturbed.

trans.tor.no [trăst'ornu] s. m. upset, perturbation.

trans.va.zar [trăzvaz'ar] v. to decant, spill; to empty.

trans.ver.sal [trăzvers'aw] s. f. (pl. -**sais**), (geom.) transversal, transversal line. ‖ adj. m. + f. transversal, transverse, oblique.

trans.ver.so [trăzv'ɛrsu] s. m. (anat.) transversum. ‖ adj. transverse, crosswise; oblique.

trans.vi.ar [trăzvi'ar] v. to wander, err; to deviate; to embezzle; to corrupt, debase; ≃-**se** to stray, go astray; get lost.

tra.pa.ça [trap'asə] s. f. fraud, knavery, deceit, trick, cheat, swindle, fiddle.

tra.pa.ça.ri.a [trapasar'iə] s. f. = **trapaça**.

tra.pa.ce.ar [trapase'ar] v. to cheat, swindle, deceive.

tra.pa.cei.ro [trapas'ejru] s. m. trickster, swindler, crook. ‖ adj. deceitful, fraudulent, swindling, tricky.

tra.pa.lha.da [trapaλ'adə] s. f. confusion, disorder; entanglement, complication, mess, misunderstanding.

tra.pa.lhão [trapaλ'ãw] s. m. (pl. -**lhões**; f. -**lhona**) dabbler, bungler; stooge; trickster; swindler. ‖ adj. clumsy, blundering; ragged, shabby; deceitful, cheating, fraudulent, tricky.

tra.pé.zio [trap'ɛzju] s. m. trapezium; (geom.) trapeze; (anat.) trapezoid; trapeze.

tra.pi.che [trap'iʃi] s. m. warehouse near a waterfront.

tra.po [tr'apu] s. m. rag, tatter, shred; ≃**s** old clothes, shreds.

tra.que [tr'aki] s. m. (Braz.) firecracker.

tra.quéi.a [trak'ɛjə] s. f. (anat.) trachea, windpipe.

tra.que.ja.do [trakeʒ'adu] adj. persecuted, harassed, chased; (Braz.) skilled, experienced.

tra.que.jar [trakeʒ'ar] v. to persecute, pursue; to become skilled or experienced.

tra.que.jo [trak'eʒu] s. m. practice, experience, skill.

tra.qui.nas [trak'inəs] s. m. + f., sg. + pl. prankster, frolicker, frisker. ‖ adj. mischievous, naughty; impish; wild.

tra.qui.ni.ce [trakin'isi] s. f. mischief.

trás [tr'as] prep. + adv. behind, after, back.

tra.sei.ra [traz'ejrə] s. f. rear, hinder part.

tra.sei.ro [traz'ejru] s. m. (pop.) the behind, bum. ‖ adj. back, hindmost, posterior, rear.

tras.go [tr'azgu] s. m. hobgoblin, elf, fairy, sprite.

tras.la.da.ção [trazladas'ãw] s. f. (pl. -**ções**) transcription.

tras.la.dar [trazlad'ar] v. to transfer; to remove; to transport; to transcribe.

tras.la.do [trazl'adu] s. m. transfer, removal; transcript, transcription, copy.

tras.pas.sar [traspas'ar] v. to pass or cross over; to overstep; to exceed; (fig.) to hurt; to postpone; to copy; to transmit, transfer; to cede; ≃-**se** to faint, die.

tras.pas.se [trasp'asi] s. m. transfer; sublease; death.

tras.te [tr'asti] s. m. old household article; lumber; shoddy; (Braz.) rascal, rogue; scramp.

tra.ta.do [trat'adu] s. m. treaty, agreement, pact.

tra.ta.men.to [tratam'ẽtu] s. m. treatment, handling, usage; attendance; reception, welcome; medical treatment; address, honorary title. **fazer um** ≃ to undergo a cure.

tra.tan.te [trat'ãti] s. m. + f. rascal, crook, knave, rogue. ‖ adj. crooked, roguish, knavish.

tra.tar [trat'ar] v. to treat; to deal with; to handle; (med.) to attend; ≃-**se** to take care of o. s. ≃-**se de** to deal about.

tra.tá.vel [trat'avew] adj. m. + f. (pl. -**veis**) tractable, manageable, compliant.

tra.to [tr'atu] s. m. treatment, dealing, handling; therapy; agreement, contract; food, board; behaviour; address, title; tract (of land); lapse of time, interval, pause.

tra.tor [trat'or] s. m. tractor. ≃ **agrícola** farm tractor.

trau.ma [tr'awmə] s. m. trauma.

tra.va [tr'avə] s. f. bolt, key bolt; fetter, shackle, clog, beam; (port.) setting (saw).

tra.va.do [trav'adu] adj. locked (together), hobbled (horse); tongue-tied.

tra.van.ca [trav'ãkə] s. f. obstacle, impediment, hindrance; stumbling block, shackle.

tra.var [trav'ar] v. (tech.) to join, connect; to restrain, impede; to brake; to fetter, shackle; to lock, bar; to moderate, check; to set the teeth of a saw.

tra.ve [tr'avi] s. f. wooden beam, bar, crossbar.

tra.vés [trav′εs] s. m. slant, bias, diagonal; obliquity.

tra.ves.sa [trav′εsə] s. f. (archit.) beam, bar, crossbar; (railway) sleeper, tie; lane, bystreet, alley, crossroad; connecting passageway; platter, dish for serving meat.

tra.ves.são [traves′ãw] s. m. (pl. **-sões**) dash; (mus.) bar to separate the compasses; division; beam of a balance; contrary wind, crosswind. ‖ adj. cross, contrary.

tra.ves.sei.ro [traves′ejru] s. m. pillow, bolster, cushion.

tra.ves.si.a [traves′iə] s. f. crossing, passage.

tra.ves.so [trav′esu] adj. gamesome, frisky, mischievous, naughty; impish, prankish.

tra.ves.su.ra [traves′urə] s. f. prank; trick; mischief.

tra.ves.ti.do [travest′idu] adj. transvestite.

tra.vo [tr′avu] s. m. bitterness, acridness; (after-) taste; unpleasant impression.

tra.vor [trav′or] s. m. = **travo.**

tra.zer [traz′er] v. to bring; to fetch; to carry; to introduce; to bear; to convey, conduct; to wear, don; to gain, inherit; to cause, effect. ≃ **à baila** to mention. ≃ **em mente** to bear in mind.

tre.cho [tr′eʃu] s. m. period; space, distance, section; (mus.) interval; (mus. and lit.) passage; chapter, extract, part.

trê.fe.go [tr′efegu] adj. turbulent; mischievous; sly.

tre.fi.lar [trefil′ar] v. to wiredraw.

tré.gua [tr′εgwə] s. f. armistice, truce; rest, respite.

trei.na.do [trejn′adu] adj. trained, drilled.

trei.na.dor [trejnad′or] s. m. trainer, coach.

trei.nar [trejn′ar] v. to train, drill, coach; to break in (horses); to exercise, practise, school.

trei.no [tr′ejnu] s. m. training, coaching.

tre.jei.to [treʒ′ejtu] s. m. grimace, wry face, caper.

tre.la [tr′εlə] s. f. leash, strap (for dogs); (pop.) gossip; (fig.) licence, liberty, leave.

tre.li.ça [trel′isə] s. f. (Braz.) latticework, trussframe.

trem [tr′ẽj] s. m. (Braz.) train (railway); retinue; **trens** (Braz.) goods and chattels; (sl.) hangers-on; furniture of a house; luggage; carriage.

tre.ma [tr′emə] s. m. (gram.) diaeresis, dieresis.

tre.me.dei.ra [tremed′ejrə] s. f. trembling, quaking; shivering fit; agony.

tre.me.li.can.te [tremelik′ãti] adj. m. + f. tremulous.

tre.me.li.car [tremelik′ar] v. to tremble, quaver, quake.

tre.me.li.que [tremel′iki] s. m. shiver, tremble, shake.

tre.men.do [trem′ẽdu] adj. tremendous, terrifying; awful, dreadful; extraordinary, formidable. **uma -a derrota** an awful defeat.

tre.mer [trem′er] v. to tremble, quake, dither, shake, quiver; to throb, palpitate; to shiver; to vibrate, oscillate. ≃ **como varas verdes** to tremble like a leaf.

tre.mor [trem′or] s. m. tremor, shake; palpitation.

tre.mu.lan.te [tremul′ãti] adj. m. + f. waving, shaking.

tre.mu.lar [tremul′ar] v. to tremble, quaver; to wave, flutter; to flicker, twinkle; to vacillate, hesitate; to quaver, thrill.

trê.mu.lo [tr′emulu] s. m. (mus.) tremolo. ‖ adj. tremulous; trembling; fearful, hesitant.

tre.na [tr′enə] s. f. hair ribbon; tape measure.

tre.nó [tren′ɔ] s. m. sled, sledge, sleigh, toboggan.

tre.pa.dei.ra [trepad′ejrə] s. f. creeper; creeping or climbing plant. ‖ adj. creeping, climbing; slanderous.

tre.pa.dor [trepad′or] s. m. creeper; any of various creeping birds, slanderer, backbiter. ‖ adj. creeping; slanderous.

tre.pa.nar [trepan′ar] v. (surg.) to trepan, trephine.

tre.par [trep′ar] v. (also bot. and zool.) to creep, climb; to ascend; to rise, become important, to calumniate; to slander; (coll.) to fuck.

tre.pi.da.ção [trepidas′ãw] s. f. (pl. **-ções**) trepidation, vibration; slight earthquake, tremor.

tre.pi.dar [trepid′ar] v. to tremble, shake, oscillate, vibrate; to agitate, perturb; to hesitate, vacillate. **sem** ≃ unhesitatingly.

três [tr′es] s. m. (the number) three; (mus.) treble. ‖ num. three. ≃ **quartos** three-quarters. ≃ **vezes** three times. ≃ **vezes mais** three times as much.

tre.san.dar [trezãd′ar] v. to cause to go back; to stink.

tres.lou.ca.do [trezlowk′adu] s. m. madman, lunatic. ‖ adj. crazy, mad, deranged, insane.

tres.lou.car [trezlowk′ar] v. to madden, craze.

três-ma.ri.as [trezmar′iəs] s. f. pl. (astr.) Orion's belt; (bot.) bougainvillea.

tres.noi.tar [treznojt′ar] v. to keep from sleeping, keep awake; to pass a sleepless night.

tres.va.ri.a.do [trezvari′adu] adj. raving, wild.

tres.va.ri.ar [trezvari′ar] v. to rave; to act foolish.

tre.vas [tr′ɛvəs] s. f. pl. darkness, obscurity, gloom; night; ignorance, inexperience; Tenebrae. **ao cair das** ≃ **s** at nightfall.

tre.vo [tr′evu] s. m. (bot.) clover, shamrock.

tre.ze [tr′ezi] s. m. thirteen. ‖ num. thirteen(th).

tre.zen.tos [trez′ẽtus] s. m. + num. three hundred.

tri.an.gu.lar [trjãgul′ar] adj. m. + f. triangular; three-cornered, trigonal; deltaic.

tri.ân.gu.lo [tri′ãgulu] s. m. triangle.

tri.bo [tr′ibu] s. f. tribe; race, folk; clan, family.

tri.bu.la.ção [tribulas′ãw] s. f. (pl. **-ções**) tribulation, grief; adversity.

tri.bu.na [trib′unə] s. f. tribune, rostrum, platform.

tri.bu.nal [tribun′aw] s. m. (pl. **-nais**) tribunal, bench for judges; court of justice; jurisdiction.

tri.bu.ta.ção [tributas′ãw] s. f. (pl. **-ções**) taxation, assessment.

tri.bu.tar [tribut′ar] v. to lay a tribute on, impose a tax on, tax, assess; to pay tribute; to dedicate, render homage; to become tributary; to contribute.

tri.bu.tá.rio [tribut′arju] s. m. tributary; contributor, tax-payer; confluent. ‖ adj. tributary, contributary, contributing; confluent.

tri.bu.tá.vel [tribut′avew] adj. m. + f. (pl. **-veis**) taxable.

tri.bu.to [trib′utu] s. m. tribute, duty; tax, impost; homage, mark of respect.

tri.ca [tr′ikə] s. f. quibble; cheat, fraud; intrigue.

tri.ci.clo [tris′iklu] s. m. tricycle, velocipede; tricar.

tri.cô [trik′o] s. m. knitting; stockinet, jersey. **agulha de** ≃ knitting needle.

tri.co.li.na [trikol′inə] s. f. kind of poplin (cloth).

tri.co.lor [trikol′or] adj. m. + f. tricoloured.

tri.co.tar [trikot′ar] v. to knit.

tri.co.te.ar [trikote′ar] v. = **tricotar**.

tri.ê.nio [tri′enju] s. m. triennial.

tri.gal [trig′aw] s. m. (pl. **-gais**) wheat field, cornfield.

tri.gê.meo [triʒ′emju] s. m. triplet, trilling.

tri.gé.si.mo [triʒ′ɛzimu] s. m. thirtieth part. ‖ num. thirtieth.

tri.go [tr′igu] s. m. wheat (corn), the plant; the seed (used for breadstuff). ‖ adj. wheaten.

tri.go.no.me.tri.a [trigonometr′iə] s. f. trigonometry.

tri.guei.ro [trig′ejru] s. m. brunet. ‖ adj. brunet.

tri.lar [tril′ar] v. to trill, quaver, warble.

tri.lha [tr′iλə] s. f. trace, track, runway, trail, footstep; footpath, way; thrashing (grain).

tri.lhar [triλ′ar] v. to thrash, thresh, beat; to tread out; to crush; bruise; to tread, follow (a road); to wander, tramp.

tri.lho [tr′iλu] s. m. thrasher; trail, track, rail; routine, practice, use; (Braz.) rail (of a tramway or railway).

tri.lo.gi.a [triloʒ′iə] s. f. trilogy.

tri.mes.tral [trimestr′aw] adj. m. + f. (pl. **-trais**) trimestrial; trimensual; threemonthly.

tri.mes.tre [trim′ɛstri] s. m. period of three months. ‖ adj. m. + f. trimestral.

tri.na.do [trin′adu] s. m. trill, shake, quaver, chirp.

tri.nar [trin′ar] v. to trill, shake, quaver, chirp, roll.

trin.ca [tr′ĩkə] s. f. trine, set of three analogous things; three cards of the same value; gang (of boys); (Braz.) scratch, crack, chink.

trin.car [trĩk′ar] v. to crush, bite, crunch, munch; to nibble, chew; to snap, crack. ≃ **-se** to get angry.

trin.cha [tr′ĩʃə] s. f. chisel; shavings (mostly of wood); nail puller; (paint.) broad brush; (Braz., vulg.) any tool to break open a door, crowbar.

trin.chan.te [trĩʃ′ãti] s. m. + f. carver; carving knife; carving table. ‖ adj. trenching, carving.

trin.char [trĩʃ′ar] v. to trench, carve, cut up (meat).

trin.chei.ra [trĩʃ′ejrə] s. f. trench, rifle pit; barrier, ditch; (Braz.) shelter, screen, fence.

trin.co [tr′ĩku] s. m. door latch, small spring lock, spring bolt, latch bolt; hasp.

trin.da.de [trĩd′adi] s. f. trinity; triad, trine.

trin.ta [tr′ĩtə] s. m. + num. thirty; thirties.

tri.o [tr′iu] s. m. trio; triplet, a set of three.

tri.pa [tr'ipə] s. f. intestine, gut, tripe; ≈**s** entrails.

tri.pé [trip'ɛ] s. m. tripod, trivet; spider, a three-legged support; a three-legged stool.

tri.pli.car [triplik'ar] v. to triplicate, triple, three-ply.

trí.pli.ce [tr'iplisi] s. m. + f. = **triplo**.

tri.plo [tr'iplu] s. m. triple, triplicate, triplex. ‖ adj. triple, triplex, threefold; triplicate.

tri.pó [trip'ɔ] s. m. three-legged stool with a leather seat.

tri.pu.di.ar [tripudi'ar] v. to mock, step on.

tri.pu.la.ção [tripulas'ãw] s. f. (pl. -**ções**) crew, personnel.

tri.pu.lan.te [tripul'ãti] s. m. + f. member of the crew, seaman, sailor. ‖ adj. pertaining to the crew.

tri.pu.lar [tripul'ar] v. to man (a ship, airplane).

tris.te [tr'isti] s. m. + f. a sad or unhappy person. ‖ adj. m. + f. dreary, sad, sorrowful; unhappy; melancholic, sullen, depressed, miserable, heavy, cloudy; lamentable.

tris.te.za [trist'ezə] s. f. sorrow, sadness, grief, affliction, unhappiness; melancholy, depression; mournfulness, murkiness, dumps.

tris.to.nho [trist'oñu] adj. unhappy, depressed.

tri.ti.cul.tu.ra [tritikuwt'urə] s. f. wheat growing.

tri.tu.ra.ção [trituras'ãw] s. f. (pl. -**ções**) grinding.

tri.tu.rar [tritur'ar] v. to triturate, pulverize, grind; to torment, grieve.

tri.un.fan.te [trjũf'ãti] adj. m. + f. triumphant.

tri.un.far [trjũf'ar] v. to triumph; to win, conquer; rejoice, exult; to be successful, exult; ≈-**se** to glory in, pride o. s. on, boast.

tri.un.fo [tri'ũfu] s. m. triumph; victory, conquest, success; jubilation.

tri.vi.al [trivi'aw] s. m. (pl. -**ais**) (Braz.) everyday dishes, plain cooking. ‖ adj. m. + f. trivial; common, trifling, banal, small.

tri.vi.a.li.da.de [trivjalid'adi] s. f. trivialism, triviality.

triz [tr'is] s. m. trice; instant, moment. **por um** ≈ within an ace of; on the point of.

tro.ar [tro'ar] s. m. thunder. ‖ v. to thunder; to rumble, roar, boom; to bark (gun).

tro.ca [tr'ɔkə] s. f. change, mutation, conversion; exchange, barter, commerce; trade, swap. **em** ≈ in exchange.

tro.ça [tr'ɔsə] s. f. spree, revelry, joke, jest; banter, mockery, derision. **fazer** ≈ **de** to make fun of, poke fun at.

tro.ca.di.lho [trokad'iʎu] s. m. pun; play on words; ambiguity.

tro.ca.do [trok'adu] s. m. change (money); ≈**s** puns; quibbles; anecdotes; embroidering.

tro.ca.dor [trokad'or] s. m. + f. exchanger. ‖ adj. exchanging.

tro.car [trok'ar] v. to change, turn, alter, substitute; to confound; to exchange, interchange, convert, bank; to barter, trade.

tro.çar [tros'ar] v. to scoff, jeer, mock, guy, joke, ridicule, scorn, make fun of.

tro.cis.ta [tros'istə] s. m. + f. mocker, scoffer, derider, joker, wag. ‖ adj. joking, scoffing, mocking.

tro.co [tr'oku] s. m. small change, small coin; change (money); (fig.) pert answer, quick repartee. **a** ≈ **de** in exchange for.

tro.ço [tr'ɔsu] s. m. (Braz.) thing, object; old household utensils; rubbish; (sl.) influential person, big shot.

tro.ço [tr'osu] s. m. cudgel, rough stick; trunk; fragment; body of soldiers; lot of people; (naut.) junks.

tro.féu [trof'ɛw] s. m. trophy; emblem, ensign; (fig.) triumph.

troi.a.no [troj'ʌnu] s. m. + adj. Trojan. **contentar a gregos e** ≈**s** to run with the hare and hunt with the hounds.

tro.lha [tr'oʎə] s. f. trowel, brick trowel; bricklayer.

trom.ba [tr'õbə] s. f. trunk (of an elephant or tapir), snout of a pig; (sl.) mug, face. ≈-**d'água** waterspout. **fazer** ≈ **s** to pout.

trom.ba.da [trõb'adə] s. f. impact, clashing, collision, crash, smash.

trom.be.ta [trõb'etə] s. f. (mus.) trumpet, tuba, horn; (fig.) talebearer; m. trumpeter, one who sounds a trumpet.

trom.bo.ne [trõb'oni] s. m. trombone.

trom.bu.do [trõb'udu] adj. having a trunk or snout, (fig.) frowning, sullen, crabbed.

trom.pa [tr'õpə] s. f. trumpet, horn, trump, bugle. ≈ **de Eustáquio** (anat.) syrinx, Eustachian tube. ≈ **de pistões** French horn.

tro.nar [tron'ar] v. to thunder, rumble, roar, boom.

tron.co [tr'õku] s. m. trunk; stem of a tree; body, torso; barrel (trunk of an animal); main body; trave, frame (for cattle or horse); mast (of a ship); stem, pedigree, race.

tro.no [tr'onu] s. m. throne; a royal seat, dais; royal power, dignity, sovereignty.

tro.pa [tr'ɔpə] s. f. troop, band; ≃s troops, soldiery, military forces; (Braz.) cattle drive; (S. Braz.) a herd of cattle. **levantar** ≃ to recruit; to conscript; to call up. **revista de** ≃s parade.

tro.pe.ção [tropes'ãw] s. m. (pl. -ções) stumbling, stumble, slip, trip. **aos -ções** by fits and starts.

tro.pe.çar [tropes'ar] v. to stumble, slip, flounder, to hesitate, falter; to blunder, err, commit a fault.

tro.pe.ço [trop'esu] s. m. stumble; false step; obstacle, hitch, impediment.

trô.pe.go [tr'opegu] adj. moving with difficulty; torpid, hobbling; shaky, unsteady.

tro.pei.ro [trop'ejru] s. m. (Braz.) herd, cattle driver, muleteer; (S.) cattle dealer.

tro.pel [trop'ɛw] s. m. (pl. -péis) uproar, tumult, confusion; trampling, stamping of feet, trotting; flock, multitude; clatter of hoofs.

tro.pi.cal [tropik'aw] adj. m. + f. (pl. -cais) tropical; pertaining to the tropics; (fig.) sultry.

tró.pi.co [tr'ɔpiku] s. m tropic. ‖ adj. tropic; tropical. ≃ **de Câncer** tropic of Cancer.

tro.tar [trot'ar] v. = **trotear**.

tro.te.ar [trote'ar] v. to trot, lope; (Braz.) to haze; to mock, deride, make fun of.

tro.te [tr'ɔti] s. m. trot; lope, jog; (Braz.) hazing, mockery; banter, derision.

trou.xa [tr'owʃə] s. f. bundle of clothes, truss, pack(age); m. + f. sucker, booby, fool. ‖ adj. m. + f. foolish, simple, stupid. **bancar o** ≃ to play the fool.

tro.va [tr'ɔvə] s. f. ballad; popular song or tune.

tro.vão [trov'ãw] s. m. (pl. -vões) thunder, roaring.

tro.ve.jar [troveʒ'ar] s. m. thunder, rumble. ‖ v. to thunder, roar, fulminate; to storm; to cry, shout, clamour.

tro.vo.a.da [trovo'adə] s. f. thunderstorm; (fig.) hubbub, tumult; quarrel, squabble.

tro.vo.ar [trovo'ar] s. m. = **trovejar**.

tru.ão [tru'ãw] s. m. clown, buffoon, jester; mime.

tru.ci.dar [trusid'ar] v. to murder, kill; to savage, slaughter; to decapitate.

tru.cu.lên.cia [trukul'ẽsjə] s. f. truculence; cruelty.

tru.cu.len.to [trukul'ẽtu] adj. truculent, cruel, savage.

tru.fa [tr'ufə] s. f. truffle.

trun.ca.do [trũk'adu] adj. fragmented, incomplete.

trun.car [trũk'ar] v. to truncate, cut off, lop off.

trun.fo [tr'ũfu] s. m. a certain game of cards; trump card (joker).

tru.que [tr'uki] s. m. a long billiard table; a certain game at cards; (pop.) trick, artifice; deceit, fake, shift; bogie.

trus.te [tr'usti] s. m. trust.

tru.ta [tr'utə] s. f. trout.

tu [t'u] s. m. the addressing as thee. ‖ pers. pron. you, thou, thee. **e** ≃? and you? **tratar por** ≃ to thou, thee.

tu.a [t'uə] poss. pron. (f. of **teu**) your, thy; thine, yours.

tu.ba.gem [tub'aʒẽj] s. f. (pl. -gens) set of tubes or pipes; laying of tubes or pipes.

tu.ba.rão [tubar'ãw] s. m. (pl. -rões) shark; (fig.) profiteer.

tu.bér.cu.lo [bub'ɛrkulu] s. m. tubercle.

tu.ber.cu.lo.se [tuberkul'ɔzi] s. f. (med.) tuberculosis.

tu.ber.cu.lo.so [tuberkul'ozu] s. m. person suffering from tuberculosis. ‖ adj. tuberculous.

tu.be.ro.so [tuber'ozu] adj. tuberous, tuberose.

tu.bo [t'ubu] s. m. tube; pipe, channel; chute; (anat.) duct; cylindrical metal container. ≃ **de água** water conduit, water pipe. ≃ **de descarga** waste pipe, drain tube.

tu.bu.la.ção [tubulas'ãw] s. f. (pl. -ções) pipeline; fitting of pipes.

tu.bu.la.do [tubul'adu] adj. tubular.

tu.ca.no [tuk'ʌnu] s. m. (ornith.) toucan.

tu.do [t'udu] s. m. everything, stock and block, all, the whole. ‖ indef. pron. everything, all, anything. ≃ **incluído** all-in. ≃ **ou nada** neck or nothing. **antes de** ≃ first of all.

tu.fão [tuf'ãw] s. m. (pl. -fões) hurricane, typhoon.

tu.far [tuf'ar] v. to form into tufts; to swell, be puffed up; ≈**-se** to become puffed up.

tu.fo [t'ufu] s. m. tuft (of hairs, feathers, grass); cluster; flock.

tu.li.pa [tul'ipə] s. f. (bot.) tulip.

tum.ba [t'ũbə] s. f. tomb, grave; tombstone.

tu.mes.cer [tumes'er] v. to intumesce, swell up, grow.

tu.mor [tum'or] s. m. tumour, tumor, tumidity, boil.

tú.mu.lo [t'umulu] s. m. tomb, grave; (fig.) death.

tu.mul.to [tum'uwtu] s. m. tumult, uproar, turbulence, clamour; confusion.

tu.mul.tu.ar [tumuwtu'ar] v. to tumultuate; to riot.

tu.mul.tu.o.so [tumuwtu'ozu] adj. tumultuous; riotous; turbulent.

tun.da [t'ũdə] s. f. thrashing, drubbing; criticism.

tú.nel [t'unew] s. m. (pl. **-neis**) tunnel.

tú.ni.ca [t'unikə] s. f. tunic; (anat.) enveloping membrane; (bot.) integument.

tu.pi [tup'i] s. m. + f. (Braz.) Indian of the Tupi tribe; language spoken by the Tupis who live near the Amazon river; any of the various Tupian tribes. ‖ adj. Tupian, of or relating to the Tupis.

tu.pi.a [tup'iə] s. f. profiling machine for wood.

tur.ba [t'urbə] s. f. crowd, rout, mob, rabble; people, multitude.

tur.ban.te [turb'ãti] s. m. turban.

tur.bar [turb'ar] v. to darken, dim; to trouble, disturb, agitate; ≈**-se** grow cloudy; to get troubled.

tur.bi.lhão [turbiʎ'ãw] s. m. (pl. **-lhões**) vortex, whirlpool; tornado, whirlwind; (fig.) tumult, confusion, agitation.

tur.bi.na [turb'inə] s. f. (tech.) turbine.

tur.bo.ja.to [turbuʒ'atu] s. m. (pl. **turbojatos**) (aeron.) turbojet.

tur.bu.lên.cia [turbul'ẽsjə] s. f. turbulence; disturbance.

tur.bu.len.to [turbul'ẽtu] s. m. a turbulent person. ‖ adj. turbulent, boisterous, riotous.

tur.co [t'urku] s. m. Turk. ‖ adj. Turkish.

tur.fa [t'urfə] s. f. turf, peat.

tur.fe [t'urfi] s. m. the turf, racecourse; horse racing.

tur.gi.dez [turʒid'es] s. f. turgidity, swelling.

tu.ris.mo [tur'izmu] s. m. touring, tourism.

tu.ris.ta [tur'istə] s. m. + f. tourist, excursionist, tripper.

tur.ma [t'urmə] s. f. group, division (school or class); gang, shift, crew; (Braz.) people.

tur.no [t'urnu] s. m. turn; shift, spell; team; division, group; shift work. **por** ≈ on shifts.

tur.que.sa [turk'ezə] s. f. (min.) turquoise.

tur.ra [t'uřə] s. f. butt, push or knock with the head, bickering, altercation.

tur.va.ção [turvas'ãw] s. f. (pl. **-ções**) perturbation.

tur.var [turv'ar] v. to darken, dim, dazzle; to trouble, disturb; ≈**-se** to grow cloudy.

tur.vo [t'urvu] s. m. disturbance, disorder. ‖ adj. muddy, cloudy; darkish, dim; confused, agitated; disturbed.

tu.ta.no [tut'ʌnu] s. m. (anat.) marrow, medulla.

tu.te.la [tut'ɛlə] s. f. tutelage; guardianship; tutorship; custody.

tu.te.lar [tutel'ar] v. to tutor, protect, patronize.

tu.tor [tut'or] s. m. tutor, curator, preceptor.

tu.tu [tut'u] s. m. a dish prepared of beans, bacon and manioc meal; (fig., sl.) money.

U

U, u [′u] s. m. the twentieth letter of the Portuguese alphabet.

ú.be.re [′uberi] s. m. udder, dug. ‖ adj. m. + f. abundant, uberous.

u.bi.qüi.da.de [ubikwid′adi] s. f. ubiquity.

u.bí.quo [ub′ikwu] adj. ubiquitous.

u.bre [′ubri] s. m. = **úbere.**

u.cra.ni.a.no [ukrani′ʌnu] s. m. + adj. Ukrainian.

u.fa.nar [ufan′ar] v. to render proud; to flatter; ≃ **-se** to boast, be proud of, extol(l); to be satisfied or pleased.

u.fa.ni.a [ufan′iə] s. f. boasting; vainglory, conceit; arrogance, presumption.

u.fa.no [uf′ʌnu] adj. vain, conceited; proud, boasting.

u.fa.no.so [ufan′ozu] adj. = **ufano.**

u.ís.que [u′iski] s. m. whisk(e)y.

ui.var [ujv′ar] v. to howl, yowl; to yell, yelp. ‖ s. m. = **uivo.**

ui.vo [′ujvu] s. m. howl; (fig.) yell(ing).

úl.ce.ra [′uwserə] s. f. (path.) ulceration, open sore.

ul.ce.ra.do [uwser′adu] adj. ulcerous, ulcerated.

ul.ce.rar [uwser′ar] v. (also ≃ **-se**) to ulcerate, suppurate, fester, rankle; to corrupt.

ul.te.ri.or [uwteri′or] adj. m. + f. ulterior, situated beyond, or on the farther side; later; further, remoter; subsequent.

ul.ti.ma.ção [uwtimas′ãw] s. f. (pl. **-ções**) termination, finishing; (com.) conclusion.

ul.ti.ma.do [uwtim′adu] adj. concluded, finished, ended; closed (business).

ul.ti.mar [uwtim′ar] v. to terminate, finish, end.

úl.ti.mas [′uwtiməs] s. f. pl. final throes, last moments; decisive cast (of dice); extreme poverty, utter misery; rudest crossness.

ul.ti.ma.to [uwtim′atu] s. m. ultimatum.

úl.ti.mo [′uwtimu] s. m. last. ‖ adj. ultimate, latter, late(st); lowest; extreme; final, finishing.

ul.tra.jar [uwtraʒ′ar] v. to revile, slander; to insult, affront, offend; to injure, outrage.

ul.tra.je [uwtr′aʒi] s. m. affront, offence, insult, disgust.

ul.tra.mar [uwtram′ar] s. m. oversea(s) territory, possession or colony; ultramarine (pigment).

ul.tra.ma.ri.no [uwtramar′inu] adj. oversea(s).

ul.tra.pas.sa.do [uwtrapas′adu] adj. outdatet.

ul.tra.pas.sar [uwtrapas′ar] v. to surpass, exceed; to pass over or beyond; to exceed the limits; to leave behind, overtake; to get ahead of; to cap, transcend; to outreach.

ultra-som [uwtras′õw] s. m. (pl. **ultra-sons**) supersonic.

ul.tra.vi.o.le.ta [uwtravjol′etə] adj. m. + f., sg. + pl. ultraviolet.

u.lu.la.ção [ululas′ãw] s. f. (pl. **-ções**) ululation, howling; mournful bawling; moan (of the wind); screaming.

u.lu.lar [ulul′ar] v. to ululate, howl (dog); to cry out, bawl; to scream; to moan (wind). ‖ s. m. = **ululação.**

u.lu.lo [ul′ulu] s. m. = **ululação.**

um [′ũ] s. m. (pl. **uns**; f. **uma**) one, cardinal number; single person or thing. ‖ adj. one; indivisible. ‖ indefinite article a, an. ‖ indefinite pron. one. ≃ **certo**, ≃ **tal** one (a certain). ≃ **dia sim**, ≃ **dia não** every other day. ≃ **e outro** both, either. ≃ **pelo outro** for each other. ≃ **por** ≃ one by one. **uns, umas** some. **nem** ≃, **nem outro** neither of them. **ora** ≃, **ora outro** by turns. ≃ **de cada vez** one at a time. **era uma vez** (fairy tales) once upon a time.

um.bi.go [ũb′igu] s. m. (anat.) navel, umbilicus.

um.bi.li.cal [ũbilik′aw] adj. m. + f. (pl. **-cais**) umbilical.

um.bral [ũbr′aw] s. m. (pl. **-brais**) doorjamb, doorpost, threshold.

u.me [u′mi] s. m. alum.

u.me.de.cer [umedes'er] v. to humidify, moisten, dampen; to dip.

u.me.de.ci.do [umedes'idu] adj. wettish, damp.

u.me.de.ci.men.to [umedesim'ẽtu] s. m. moistening.

ú.me.ro ['umeru] s. m. (anat.) humerus.

u.mi.da.de [umid'adi] s. f. humidity, moistness.

ú.mi.do ['umidu] adj. moist, humid, dank, damp, slightly wet.

u.nâ.ni.me [un'ʌnimi] adj. m. + f. unanimous, agreed.

u.na.ni.mi.da.de [unanimid'adi] s. f. unanimity, unity.

un.ção [ũs'ãw] s. f. (pl. **-ções**) unction, inunction.

un.gi.do [ũʒ'idu] s. m. anointed person. ‖ adj. anointed; consecrated (with holy oils).

un.gir [ũʒ'ir] v. to anoint, oil; to administer the extreme unction; to purify; to invest.

un.güen.to [ũgw'ẽtu] s. m. unguent, balm, salve, ointment, lubrication.

u.nha ['uɲə] s. f. nail (of fingers and toes); claw, talon. **fazer as** ≃ **s** to pare, clip or cut the nails, to have one's nails cut. ≃ **-de-fome** miser, niggard, close-fisted person.

u.nhar [uɲ'ar] v. to scratch, claw, tear.

u.nhei.ro [uɲ'ejru] s. m. hangnail.

u.ni.ão [uni'ãw] s. f. (pl. **-ões**) union; marriage; confederation, confederacy, league, alliance, association; junction; harmony.

ú.ni.co ['uniku] s. m. unique. ‖ adj. unique, single, alone, sole, only, one, one and only. ‖ **unicamente** adv. only, solely.

u.ni.da.de [unid'adi] s. f. unity, the number one; oneness; union; unit; tactical unit.

u.ni.do [un'idu] adj. united; joined; connected.

u.ni.fi.ca.ção [unifikas'ãw] s. f. (pl. **-ções**) unification.

u.ni.fi.car [unifik'ar] v. to unify; to standardize; to gather; ≃ **-se** to join, unite.

u.ni.for.me [unif'ɔrmi] s. m. uniform, regimentals. ‖ adj. m. + f. uniform; identic(al), same, equal; regular; steady, even.

uni.for.mi.da.de [uniformid'adi] s. f. uniformity.

u.ni.for.mi.zar [uniformiz'ar] v. to uniformize, to make uniform; to provide with a uniform; to unify.

u.ni.gê.ni.to [uniʒ'enitu] s. m. single child. ‖ adj. only-begotten.

u.ni.la.te.ral [unilater'aw] adj. m. + f. (pl. **-rais**) unilateral.

u.nir [un'ir] v. to unite, join, connect, adjoin; to unify; to fasten, attach; to combine, consolidate; to link; to bind, tie; to associate, incorporate; to conciliate.

u.nis.se.xu.al [uniseksu'aw] adj. m. + f. (pl. **-ais**) unisexual.

u.nis.so.nân.cia [unison'ãsjə] s. f. unisonance; (mus.) harmony, melody.

u.nís.so.no [un'isonu] s. m. (mus.) unison. ‖ adj. unisonant, unisonous.

u.ni.ver.sal [univers'aw] s. m. + adj. m. + f. (pl. **-sais**) universal.

u.ni.ver.sa.li.da.de [universalid'adi] s. f. universality, totality.

u.ni.ver.sa.li.zar [universaliz'ar] v. to universalize.

u.ni.ver.si.da.de [universid'adi] s. f. university.

u.ni.ver.si.tá.rio [universit'arju] s. m. professor or student of a university. ‖ adj. universitarian, of or pertaining to a university, academic (al).

u.ni.ver.so [univ'ɛrsu] s. m. universe; the solar system; the society; (fig.) a whole. ‖ adj. universal.

u.no ['unu] adj. one, sole, only one, single.

un.tar [ũt'ar] v. to anoint, daub; to grease; to (be)smear; to rub in; to oil.

un.to ['ũtu] s. m. (hog's-)lard; animal fat; oil; greasing; pomade, unguent.

un.tu.o.si.da.de [ũtwozid'adi] s. f. unctuosity, unctuousness, greasiness; (fig.) slipperiness.

un.tu.o.so [ũtu'ozu] adj. unctuous, greasy, lubricated; slippery; (fig.) amorous; smooth.

u.pa ['upə] interj. hop!, jump!, go!

u.râ.nio [ur'ʌnju] s. m. (min.) uranium.

ur.ba.ni.da.de [urbanid'adi] s. f. urbanity, urbaneness, politeness, suavity, elegance; civility; courtesy; courtliness.

ur.ba.nis.mo [urban'izmu] s. m. city or town planning; urbanization.

ur.ba.ni.zar [urbaniz'ar] v. to urbanize, render urban; to civilize, refine; to polish.

ur.ba.no [urb'ʌnu] adj. urban, civic, townish; urbane; refined, polished, polite.

ur.di.dor [urdid'or] s. m. warper, weaver; warp (beam); artificer; (fig.) intriguer.

ur.di.du.ra [urdid'urə] s. f. warp(ing); (fig.) intrigue, plot; chain.

ur.di.men.to [urdim′ētu] s. m. = **urdidura**.

ur.dir [urd′ir] v. to warp, weave; to plot; to form threads into a web; (fig.) to intrigue; to machinate, contrive.

ur.du.me [urd′umi] s. m. = **urdidura**.

u.réi.a [ur′ɛjə] s. f. (chem.) urea.

u.re.mi.a [urem′iə] s. f. (med.) ur(a)emia.

ur.gên.cia [urʒ′ēsjə] s. f. urgency, need, exigency; rapidity, press(ure), speed, haste; quickness; expedition.

ur.gen.te [urʒ′ēti] adj. m. + f. urgent; exigent, urging, pressing, essential; impending; imperative.

ur.gir [urʒ′ir] v. to urge, be urgent; to press; to drive, impel, push forward, crowd; to excite; to intensify.

u.ri.na [ur′inə] s. f. urine.

u.ri.nar [urin′ar] v. to urinate; (children) to piddle; (vulg.) to pee, piss, pip.

u.ri.nol [urin′ɔw] s. m. (pl. **-nóis**) urinal, chamber-pot.

ur.na [′urnə] s. f. urn; ballot box; coffin.

u.ro.lo.gi.a [uroloʒ′iə] s. f. urology.

ur.rar [uɾ′ar] v. to roar; to bellow, yell; to bawl, howl.

ur.ro [′uɾu] s. m. roar, bellow; bawl, yell, howl; scream.

ur.sa [′ursə] s. f. she-bear.

ur.sa.da [urs′adə] s. f. (Braz.) treason, disloyalty (specially of friends), perfidy.

ur.so [′ursu] s. m. (zool.) bear; gruff or surly person. ‖ adj. bear(like); rough, rude, uncouth; disloyal (friend). **amigo** ≃ disloyal friend.

ur.ti.cá.ria [urtik′arjə] s. f. urticaria, hives, nettle rash.

ur.ti.ga [urt′igə] s. f. (bot.) urtica, small nettle; stinging-nettle.

ur.ti.gão [urtig′ãw] s. m. (pl. **-gões**) common nettle, great nettle.

ur.ti.gar [urtig′ar] v. to urticate; to thrash, flog.

u.ru.bu [urub′u] s. m. (ornith.) urubu, black vulture.

u.ru.cu.ba.ca [urukub′akə] s. f. (Braz.) persistent misfortune, bad luck.

u.ru.guai.o [urug′waju] s. m. + adj. Uruguayan.

u.ru.tu [urut′u] s. m. (zool.) urutu, a pit viper.

ur.ze [′urzi] s. f. (bot.) heath(er), ling.

u.sa.do [uz′adu] adj. usual; used (up), spent; worn-out, threadbare; old; second-hand; accustomed.

u.sar [uz′ar] v. to use, employ; to accustom, habituate; to make use of, utilize; to apply; to spend; to wear, dress.

u.sá.vel [uz′avew] adj. m. + f. (pl. **-veis**) us(e)able.

u.si.na [uz′inə] s. f. work(shop), works, (manu)factory, mill, plant.

u.si.nei.ro [uzin′ejru] s. m. (Braz.) owner, proprietor of a sugar factory. ‖ adj. of or pertaining to a factory, mill, refinery etc.

u.so [′uzu] s. m. use; employ(ment); application, service; utilization; function, utility.

u.su.al [uzu′aw] adj. m. + f. (pl. **-ais**) usual; normal; habitual, customary, commonplace.

u.su.á.rio [uzu′arju] s. m. (jur.) usuary. ‖ adj. usufructuary; for own use.

u.su.fru.ir [uzufru′ir] v. to make good use of.

u.su.fru.to [uzufr′utu] s. m. usufruct.

u.su.ra [uz′urə] s. f. usury, interest, usuriousness; avarice, shabbiness, niggardliness.

u.su.rá.rio [uzur′arju] s. m. usurer; (pop.) (money) jobber; niggard, miser. ‖ adj. usurious, niggardly, avaricious.

u.sur.pa.ção [uzurpasãw] s. f. (pl. **-ções**) usurpation, encroachment.

u.sur.pa.dor [uzurpad′or] s. m. usurper. ‖ adj. usurping.

u.sur.par [uzurp′ar] v. to usurp, encroach; to arrogate; to assume (without right).

u.ten.sí.lio [utẽs′ilju] s. m. utensil; tool; implement; ware.

u.te.ri.no [uter′inu] adj. uterine.

ú.te.ro [′uteru] s. m. (anat.) uterus, womb, matrix.

ú.til [′utiw] s. m. (pl. **-teis**) utility. ‖ adj. m. + f. useful, practical; advantageous, serviceable; helpful.

u.ti.li.da.de [utilid′adi] s. f. utility, use(fulness); convenience, expedience; profitability; ≃**s** useful things, utensils.

u.ti.li.tá.rio [utilit′arju] s. m. jeep, station wag(g)on, or the like. ‖ adj. practical, useful.

u.ti.li.ta.ris.ta [utilitar′istə] s. + adj. m. + f. utilitarian.

u.ti.li.za.ção [utilizas′ãw] s. f. (pl. **-ções**) utilisation.

u.ti.li.zar [utiliz′ar] v. to utilize; to make useful; to profit from; to make use of, to (make) gain(s); to use, put to use; to take advantage of; to turn to account.

u.to.pi.a [utop'iə] s. f. Utopia; chimera, dream, fancy.

u.tó.pi.co [ut'ɔpiku] adj. Utopian; chimeric(al), fanciful, visionary, fantastic.

u.va ['uvə] s. f. grape; (Braz., sl.) cutie, attractive woman or girl. ≃ **-passa** dried grape.

ú.vu.la ['uvulə] s. f. (anat.) uvula, plectrum.

V

V, v [v ´e] s. m. the twenty-first letter of the Portuguese alphabet.

vá [v´a] interj. scat!, be gone!, (U.S.A., sl.) scram!

va.ca [v´akə] s. f. cow; (U.S.A., sl.) bossy; its meat, beef; (vulg.) bitcher. **couro de** ≃ cow hide.

va.ci.la.ção [vasilas´ãw] s. f. (pl. -**ções**) vacillation, hesitation, falter(ing); irresolution.

va.ci.lan.te [vasil´ãti] adj. m. + f. vacillating, hesitating, wavering, faltering; irresolute.

va.ci.lar [vasil´ar] v. to vacillate, hesitate, waver, falter, tergiversate; to reel, stagger, totter; to weaken.

va.ci.ló.rio [vasilat´ɔrju] adj. = **vacilante**.

va.ci.na [vas´inə] s. f. vaccine, bacterial vaccine.

va.ci.nar [vasin´ar] v. to vaccinate, inoculate with vaccine.

va.cum [vak´ũ] s. m. breed of cattle, oxen.

vá.cuo [v´akwu] s. m. hollow; gap, void, vacuity. ❙ empty, void.

va.de.ar [vade´ar] v. to wade through, ford.

va.di.a.ção [vadjas´ãw] s. f. (pl. -**ções**) vagrancy, idleness, vagabondage, loafing.

va.di.a.gem [vadi´aʒẽj] s. f. (pl. -**gens**) = **vadiação**.

va.di.ar [vadi´ar] v. to idle, laze, loaf; to vagabond.

va.di.o [vad´iu] s. m. idler, vagrant, lounger. ❙ adj. vagrant, idle.

va.ga [v´agə] s. f. vacancy; ≃**s** vacant situations.

va.ga.bun.da.gem [vagabũd´aʒẽj] s. f. (pl. -**gens**) vagabondage, vagrancy, roving, dawdle.

va.ga.bun.de.ar [vagabũde´ar] v. to laze, idle; to rove, loiter; to tramp; (U.S.A.) to bum around.

va.ga.bun.do [vagab´ũdu] s. m. vagabond, vagrant; lazybones, idler; rover, tramp, bum. ❙ adj. idle; inferior.

va.ga.lhão [vagaʎ´ãw] s. m. (pl. -**lhões**) (large) wave, billow, swell, surge.

vaga-lume [vagal´umi] s. m. (pl. **vaga-lumes**) lightning bug, firefly.

va.gão [vag´ãw] s. m. (pl. -**gões**) waggon, railway car. ≃ **de trem** flatcar.

va.gar [vag´ar] s. m. leisure(liness), idleness; free time, spare time; laziness; slowness, lentor. ❙ v. to vacate, become vacant; to rove, ramble, wander, roam, run about; to float on the waves.

va.ga.re.za [vagar´ezə] s. f. slowness, tardiness, sluggishness.

va.ga.ro.so [vagar´ozu] adj. slow, sluggish; dull; languid; leisurely; hesitating.

va.gem [v´aʒẽj] s. f. (pl. -**gens**) haricot bean; husk, shuck, pod.

va.gi.do [vaʒ´idu] s. m. a newborn child's crying; wailing, moan.

va.gi.na [vaʒ´inə] s. f. (anat. and bot.) vagina; (vulg.) fanny, cunt.

va.gir [vaʒ´ir] v. to cry (babies); to groan, moan, lament. ❙ s. m. = **vagido**.

va.go [v´agu] s. m. vagueness; indecision; confusion. ❙ adj. vacant, uncertain, dubious, ambiguous, vague; dim, faint.

va.gue.a.ção [vageas´ãw] s. f. (pl. -**ções**) wandering, errantry, roving; idleness; daydream.

va.gue.ar [vage´ar] v. to walk or wander about, perambulate, rove, ramble, err, prowl; to tramp; to idle; to daydream.

vai.a [v´ajə] s. f. hoot(ing); scoff; mockery, boo. **levar** ≃ to be hissed at, booed at.

vai.ar [vaj´ar] v. to catcall, hoot, hiss at, boo.

vai.da.de [vajd´adi] s. f. vanity, vainness, pride; flatulence, airs; conceitedness.

vai.do.so [vajd´ozu] adj. vain, conceited, proud, presumptuous, vainglorious.

vai.vém [vajv´ẽj] (pl. -**véns**) teeter, seesaw, rocking motion. **porta** ≃ swinging door.

va.la [v´alə] s. f. trench, ditch, drain, dike, trough.

va.lar [val'ar] v. to provide or surround with ditches. ‖ adj. m. + f. of a ditch or drain.

va.le [v'ali] s. m. valley, vale, dale; plain; dean; (com.) credit note, bill, voucher.

va.lên.cia [val'ēsjə] s. f. (chem.) valence, valency.

va.len.tão [valēt'ãw] s. m. (pl. -tões) bully, rowdy, tough guy. ‖ adj. ruffian.

va.len.te [val'ēti] s. m. courageous, valiant person, daredevil. ‖ adj. m. + f. valiant, intrepid, bold, brave, daring.

va.len.ti.a [valēt'iə] s. f. valiantness, valour; prowess, bravery.

va.ler [val'er] v. to value, be worth; to be valuable; to cost; to protect, help, assist; to be valid; to be useful, serviceable; ≃ -se (de) to avail o. s. of, to have recourse to, take refuge with. **vale a pena** it is worth it, it is worthwhile; it pays its way. **vale quanto pesa** it is as good as it looks. **valha-me Deus!** so help me God! **fazer** ≃ **os seus direitos** to stake a claim.

va.le.ta [val'etə] s. f. ditch, drain, channel, gutter.

va.li.a [val'iə] s. f. worth, value; price; favour, merit; worthiness.

va.li.da.de [valid'adi] s. f. validity, legality, authenticity; vigour.

va.li.dar [valid'ar] v. to validate, legalize, authenticate, acknowledge.

va.li.dez [valid'es] s. f. validity; legal force; soundness.

vá.li.do [v'alidu] adj. valid, legal, binding; sound, healthy.

va.li.o.so [vali'ozu] adj. valuable, worthy, precious, costly, rich; valid, important.

va.li.sa [val'izə] s. f. = **valise**.

va.li.se [val'izi] s. f. valise, gripsack, portemanteau, hold-all.

va.lor [val'or] s. m. valo(u)r, value, worth; courage, braveness, gallantry; effort; force, mettle; merit(ousness); price, amount. **sem** ≃ useless.

va.lo.ri.za.ção [valorizas'ãw] s. f. (pl. -ções) valorization.

va.lo.ri.zar [valoriz'ar] v. to valorize; to value; to prize.

va.lo.ro.so [valor'ozu] adj. valorous, worthy; valiant, manly; strong, powerful.

val.sa [v'awsə] s. f. waltz.

val.sar [vaws'ar] v. to waltz, dance the waltz.

va.lu.a.ção [valwas'ãw] s. f. (pl. -ções) valuation.

vál.vu.la [v'awvulə] s. f. valve; sluice, gate.

va.mos [v'ʌmus] interj. up!, come!, go!, hurry up!, step on it!

vam.pi.ro [vãp'iru] s. m. vampire.

van.da.lis.mo [vãdal'izmu] s. m. vandalism.

van.glo.ri.ar [vãglori'ar] v. to puff up, praise, flatter; ≃-se to boast (of), brag, pride.

van.glo.ri.o.so [vãglori'ozu] adj. vainglorious, proud.

van.guar.da [vãgw'ardə] s. f. vanguard, advance guard, van, forefront, front, head.

van.ta.gem [vãt'aʒēj] s. f. (pl. -gens) advantage; boot; profit; convenience, interest.

van.ta.jo.so [vãtaʒ'ozu] adj. profitable; gainful; worthwhile; advantageous.

vão [v'ãw] s. m. (pl. **vãos**) empty space, void, vacuum; interspace. ‖ adj. vain, void, futile, useless; empty; false; unfounded.

va.por [vap'or] s. m. vapour, steam, fume. **barco a** ≃ steamship, ship, steamer. **cavalo-** ≃ (mech.) horse power.

va.po.rar [vapor'ar] v. to evaporate, turn into vapour.

va.po.ri.za.dor [vaporizad'or] s. m. vaporizer, pulverizer. ‖ adj. vaporizing.

va.po.ri.zar [vaporiz'ar] v. to vaporize, evaporate.

va.po.ro.so [vapor'ozu] adj. vaporous, vapourish.

va.quei.ro [vak'ejru] s. m. vaquero, herdsman, cowboy, cowhand.

va.qui.nha [vak'iɲə] s. f. (dim. of **vaca**) heifer; (coll., Braz.) pool, kitty.

va.ra [v'arə] s. f. stick, rod, switch, staff, cane; (vulg.) prick.

va.ral [var'aw] s. m. (pl. -rais) shaft, pole, thill; clothes line, clothes horse.

va.ran.da [var'ãdə] s. f. veranda, balcony; (U.S.A.) piazza, porch; terrace.

va.rão [var'ãw] s. m. (pl. -rões) man, male; a big rod. ‖ adj. masculine.

va.ra.pau [varap'aw] s. m. stick, staff; m. + f. (fig.) skinny fellow.

va.rar [var'ar] v. to beat with a stick; to run aground; to beach a ship; to pierce, to go beyond; to penetrate into.

va.re.ja [var'eʒə] s. f. (ent.) meat fly.

va.re.jão [vareʒ'ãw] s. m. (pl. -jões) large staff, pole or rod; barge pole.

va.re.jar [vareʒ'ar] v. to beat with a stick or pole (a tree); to spank; to attack, harass, fustigate; to search.

va.re.jei.ra [vareʒ'ejrə] s. f. (ent.) blowfly.

va.re.jis.ta [vareʒ'istə] s. m. + f. retailer. ‖ adj. retail.

va.re.jo [var'eʒu] s. m. search (for stolen goods or contraband); retail.

va.re.ta [var'etə] s. f. small rod or cane; ramrod.

va.ri.a.bi.li.da.de [varjabilid'adi] s. f. variability; fickleness.

va.ri.a.ção [varjas'ãw] s. f. (pl. -ções) change, modification; (mus.) variation.

va.ri.a.do [vari'adu] adj. varied; diverse; assorted.

va.ri.an.te [vari'ãti] s. f. variant (also gram.); version, reading; variation; difference; branch line (railway); deviation. ‖ adj. m. + f. variant, alternate, changeable.

va.ri.ar [vari'ar] v. to vary (also mus.); to change, alter; to diversify; to alternate; to shade; to talk nonsense, rave.

va.ri.á.vel [vari'avew] adj. m. + f. (pl. -veis) variable, changeable, changeful; unequal.

va.ri.ce.la [varis'ɛlə] s. f. (med.) chickenpox, varicella.

va.ri.e.da.de [varjed'adi] s. f. variety, diversity, diverseness, variousness, miscellaneousness; inconstancy; (bot. and zool.) species.

va.ri.e.ga.do [varjeg'adu] adj. variegated, varying, varied, varicoloured.

vá.rio [v'arju] adj. various; variegated, multicoloured; ≃s some, sundry, several, many; perplex, restless.

va.rí.o.la [var'iolə] s. f. (med.) variola, smallpox.

va.riz [var'is] s. f. (pl. -rizes) (med.) varix.

va.ro.nil [varon'iw] adj. (pl. -nis) manful, male, viril, strong, heroic. ‖ adv. manly.

var.rer [vaʀ'er] v. to sweep, broom; to clean; to clear up; to lay in ruins.

var.ri.do [vaʀ'idu] s. m. sweep(ing). ‖ adj. swept; (fig.) crazy, mad. **doido** ≃ stark mad.

vár.zea [v'arzjə] s. f. cultivated plain; (Braz.) low and flat land alongside a watercourse.

va.sa [v'azə] s. f. mud, mire; (fig.) moral degradation; mob, rabble, riffraff.

vas.co.le.jar [vaskoleʒ'ar] v. to shake (liquids); to stir up, disquiet, perturb, agitate.

vas.cu.lhar [vaskuʎ'ar] v. to sweep, clean; to search, ransack, comb, ferret about.

va.sec.to.mi.a [vazektom'ia] s. f. (med.) vasectomy.

va.si.lha [vaz'iʎə] s. f. vessel, receptacle for liquids, can, pail, basin; barrel, cask.

va.si.lha.me [vaziʎ'ami] s. m. a lot of vessels or casks; empties.

va.so [v'azu] s. m. vase, flowerpot; vessel; receptacle, urn, bowl, pot, jar; chamber-pot; ship; (anat.) vein, artery. ≃ **sangüíneo** blood vessel.

vas.sa.lar [vasal'ar] v. to render tribute as a vassal.

vas.sa.lo [vas'alu] s. m. vassal, feudatory, liege. ‖ adj. vassal, feudatory.

vas.sou.ra [vas'owrə] s. f. broom.

vas.ti.dão [vastid'ãw] s. f. (pl. -tões) vastness, wideness.

vas.to [v'astu] adj. vast, great, colossal, huge; ample, wide, extensive; far-flung.

va.ta.pá [vatap'a] s. m. Brazilian dish (made of manioc flour, oil, pepper, fish, meat).

Va.ti.ca.no [vatik'ʌnu] s. m. Vatican.

va.ti.ci.nar [vatisin'ar] v. to foretell.

va.ti.cí.nio [vatis'inju] s. m. foretelling, prediction.

vau [v'aw] s. m. ford, crossing, passage; shallow, shoal; reef. **passar a** ≃ to ford a river.

va.za [v'azə] s. f. cards played in one round, book.

va.za.dor [vazad'or] s. m. goldsmith; bit, boring tool, punch; melter; carver. ‖ adj. boring.

va.za.du.ra [vazad'urə] s. m. = **vazamento**.

va.za.men.to [vazam'ẽtu] s. m. leak, leakage, leakiness, seepage, emptying.

va.zan.te [vaz'ãti] s. f. ebb tide, low water.

va.zão [vaz'ãw] s. f. (pl. -zões) sewage; flowing out, outflow; discharge (river); emptying.

va.zar [vaz'ar] v. to empty; to spill; to pour out; to drain, discharge (river).

va.zi.o [vaz'iu] s. m. emptiness, vacuum, vacuity; blank. ‖ adj. empty; unoccupied, vacant, vacuous; void, vain; deserted.

ve.a.do [ve'adu] s. m. hart, red deer; (Braz., vulg.) homosexual, pansy, queer gay.

ve.da.ção [vedas'ãw] s. f. (pl. -ções) prohibition; impediment, hindrance; stoppage; closing; barrier; blocking.

ve.da.do [ved′adu] adj. forbidden, prohibited; walled in, fenced in.

ve.dar [ved′ar] v. to impede; to hinder, hamper; to prohibit, forbid, interdict; to stop, bar; to close, shut.

ve.de.te [ved′ɛti] s. f. (theat., cin. and sports) star; (pol., sl.) big shot.

ve.e.mên.cia [veem′ẽsjə] s. f. vehemence, vehemency.

ve.e.men.te [veem′ẽti] adj. m. + f. vehement; violent.

ve.ge.ta.ção [veʒetas′ãw] s. f. (pl. -ções) vegetation.

ve.ge.tal [veʒet′aw] s. m. + adj. m. + f. (pl. -tais) vegetable.

ve.ge.tar [veʒet′ar] v. to vegetate (also med., fig.).

ve.ge.ta.ri.a.no [veʒetari′ʌnu] adj. vegetarian.

ve.ge.ta.ti.vo [veʒetat′ivu] adj. vegetative.

vei.a [v′ejə] s. f. vein, wave, strike (of marble); (min.) lode, thread; tendency, vocation.

ve.í.cu.lo [ve′ikulu] s. m. vehicle.

vei.o [v′eju] s. m. (min. and geol.) vein, lode, thread, streak, seam.

ve.ja [v′eʒə] interj. look!, come!, see!

ve.la [v′ɛlə] s. f. (naut.) sail, canvas, sheet; (fig.) ship; vane of a windmill; candle; candle power; light.

ve.la.do [vel′adu] adj. veiled; covered, hidden.

ve.lar [vel′ar] v. to veil; to conceal, hide; to keep secret; to darken, cloud; to wake, watch, guard; to be or keep awake; to keep watch or vigil; to sit up with a (sick) person.

ve.lei.ro [vel′ejru] s. m. sailing ship, sailer.

ve.le.jar [veleʒ′ar] v. to sail; to navigate.

ve.lha [v′ɛʎə] s. f. old woman; crone; (fam.) mother.

ve.lha.ca.ri.a [veʎakar′iə] s. f. knavery, roguery, artifice, foxiness; knavishness.

ve.lha.co [veʎ′aku] s. m. knave, rogue, villain, rascal(lion), sharper, swindler. ‖ adj. knavish, roguish, foxlike, crafty, trickish.

ve.lha.ri.a [veʎar′iə] s. f. behaviour peculiar to old people; old stuff, rubbish; old-fashioned habit or custom.

ve.lhi.ce [veʎ′isi] s. f. old-age, oldness.

ve.lhi.nho [vɛʎ′iñu] s. m. old man, dad(dy); gaffer.

ve.lho [v′ɛʎu] s. m. old man. ‖ adj. old, aged; ancient; obsolete, archaic; worn-out; antiquated.

ve.lho.te [veʎ′ɔti] s. m. oldster; cheerful old man.

ve.lo [v′ɛlu] s. m. fleece, clip; carded wool.

ve.lo.ci.da.de [velosid′adi] s. f. velocity, speed(iness), fastness, swiftness, quickness.

ve.lo.cí.me.tro [velos′imetru] s. m. speedometer.

ve.lo.cís.si.mo [velos′isimu] adj. (abs. superl. of veloz) very swift, speedy, fast.

ve.ló.rio [vel′ɔrju] s. m. death-watch, lyke-wake.

ve.loz [vel′ɔs] adj. m. + f. swift, quick, speedy, fast.

ve.lu.do [vel′udu] s. m. velvet, velveting; velure; fustian; shag. ‖ adj. hairy, shaggy.

ven.ce.dor [vẽsed′or] s. m. conqueror, victor, queller, defeater; winner, champion; master. ‖ adj. victor, victorious.

ven.cer [vẽs′er] v. to win; to gain; to succed, be successful, triumph; to get, earn; to surpass; to vanquish, overcome, subdue, quell; to restrain; to master surmount.

ven.ci.do [vẽs′idu] s. m. loser, underdog. ‖ adj. vanquished, overcome, subdued, conquered; beaten; (sl.) washed up.

ven.ci.men.to [vẽsim′ẽtu] s. m. conquest, overcoming; salary; maturity, matureness.

ven.da [v′ẽdə] s. f. sale, selling; grocery, grog-shop; (also fig.) bandage over the eyes, blindfold. ≃ **a prazo** sales on instalment. ≃ **a varejo** retail. ≃ **à vista** cash down sales. ≃ **por atacado** wholesale. **à** ≃ for sale. **pre-ço de** ≃ sales price.

ven.dar [vẽd′ar] v. to blindfold, veil, hood.

ven.da.val [vẽdav′aw] s. m. (pl. -vais) wind-storm, storm, gale; whirlwind.

ven.dá.vel [vẽd′avew] adj. m. + f. (pl. -veis) sal(e)able.

ven.de.dor [v′ẽded′or] s. m. salesman, seller, vendor; agent; shop assistant.

ven.de.do.ra [vẽded′orə] s. f. saleswoman, saleslady.

ven.dei.ro [vẽd′ejru] s. m. innkeeper; grocer.

ven.der [vẽd′er] v. to sell, to vend, dispose of; to make sales, deal in; to betray.

ven.di.do [vẽd′idu] s. m. person who sold himself, cheat, traitor. ‖ adj. sold; bribed; betrayed; ill at ease.

ve.ne.no [ven'enu] s. m. poison, venom (also fig.).

ve.ne.no.so [venen'ozu] adj. poisonous, venomous.

ve.ne.ra.ção [veneras'ãw] s. f. (pl. **-ções**) veneration.

ve.ne.ra.dor [venerad'or] s. m. worshipper, adorer. ‖ adj. worshipful.

ve.ne.rar [vener'ar] v. to venerate, worship, adore.

ve.ne.rá.vel [vener'avew] adj. m. + f. (pl. **-veis**) venerable; respectable, sacred; ancient.

ve.né.reo [ven'ɛrju] s. m. (pop.) syphilis. ‖ adj. venereal; sensual, erotic.

ve.ne.ta [ven'etə] s. f. fit of madness, frenzy; whim(sy), fancy; freak, caprice.

ve.ne.zi.a.na [venezi'ʌnə] s. f. Venetian blind, sun-blind, shutter, jalousie, shade.

ve.ne.zu.e.la.no [venezwel'ʌnu] s. m. + adj. Venezuelan.

vê.nia [v'enjə] s. f. permission, leave; pardon; bow.

ven.ta [v'etə] s. f. nostril; ≃ **s** nose; (fig.) face.

ven.ta.ni.a [vetan'iə] s. f. windstorm, blow, gale.

ven.tar [vet'ar] v. to blow, wind, breathe, bluster.

ven.ti.la.ção [vetilas'ãw] s. f. (pl. **-ções**) ventilation.

ven.ti.la.dor [vetilad'or] s. m. ventilator, fan. ‖ adj. ventilating.

ven.ti.lar [vetil'ar] v. to air, expose to air; to blow; to fan; to vent, (fig.) to discuss.

ven.to [v'etu] s. m. wind, air, drift; flatulence.

ven.to.i.nha [veto'iñə] s. f. weathercock, vane.

ven.to.sa [vet'ɔzə] s. f. (med.) cupping glass, cup; (zool.) sucker.

ven.tre [v'etri] s. f. womb, abdomen.

ven.trí.lo.quo [vetr'iloku] s. m. ventriloquist.

ven.tu.ra [vet'urə] s. f. (good or bad) luck, fate.

ven.tu.ro.so [vetur'ozu] adj. lucky, fortunate, happy; felicitous; hazardous.

ver [v'er] v. to see, behold, regard; to watch, look at; to observe. ≃ **a olho nu** to see with the naked eye. ≃ **-se num aperto** to be in a tight spot.

ve.ra.ci.da.de [verasid'adi] s. f. veracity, veraciousness.

ve.ra.ne.ar [verane'ar] v. to summer, rusticate.

ve.ra.nei.o [veran'eju] s. m. summer resort.

ve.ra.nis.ta [veran'istə] s. m. + f. holidayer; summer holiday maker.

ve.rão [ver'ãw] s. m. summer.

ver.ba [v'ɛrbə] s. f. clause, item of a document; available sum or amount; budget; commentary, note.

ver.bal [verb'aw] adj. m. + f. (pl. **-bais**) verbal.

ver.ba.li.zar [verbaliz'ar] v. to verbalize.

ver.be.ra.ção [verberas'ãw] s. f. (pl. **-ções**) flagellation, whipping, lashing; reproof, censure.

ver.be.rar [verber'ar] v. to flagellate, whip, flog; to fustigate, punish; to baste; to censure, reprove; to reproach; to reverberate.

ver.be.te [verb'eti] s. m. note, notice, jotting, annotation; (Braz.) entry of a dictionary.

ver.bo [v'ɛrbu] s. m. (gram.) verb; word, expression. **o Verbo** Jesus Christ, the Word.

ver.bo.so [verb'ozu] adj. verbose, wordy; talkative, loquacious.

ver.da.de [verd'adi] s. f. truth, true, verity, veracity; exactness, justness; faith, sincerity, fidelity; fact, reality. **na** ≃ actually.

ver.da.dei.ro [verdad'ejru] s. m. true, truth. ‖ adj. true, truthful, veracious, veridical; real, actual, virtual; exact, certain; sincere, reliable.

ver.de [v'erdi] s. m. green colour; green fodder. ‖ adj. green, verdant; unripe; (fig.) young, inexperienced.

ver.dor [verd'or] s. m. verdure, verdancy, viridity; (fig.) inexperience; exuberance of vegetation, vigour.

ver.du.go [verd'ugu] s. m. executioner, hangman.

ver.du.ra [verd'urə] s. f. greens, vegetable, garden-stuff, verdure; (fig.) inexperience.

ver.du.rei.ro [verdur'ejru] s. m. greengrocer.

ve.re.a.dor [veread'or] s. m. town councillor, city father, alderman.

ve.re.da [ver'edə] s. f. path, footpath, byway, by-path, short-cut.

ve.re.di.to [vered'itu] s. m. verdict; finding; judgement, opinion.

ver.ga [v'ergə] s. f. stick, switch, twig; lath; metal rod or bar; furrow cut by a plow.

ver.ga.lhão [vergaʎ'ãw] s. m. (pl. **-lhões**) square iron bar; (naut.) boom, square bar.

ver.gão [verg'ãw] s. m. (pl. **-gões**) w(h)eal, wale; welt.

ver.gar [verg′ar] v. to bend, bow, curve; to fold, double; to give ground, sag; to humble, abate, abase, submit; to pity.

ver.gas.tar [vergast′ar] v. to whip, flog; (fig.) to fustigate; to harass, beat.

ver.go.nha [verg′oɲə] s. f. shame; ashamedness.

ver.go.nho.so [vergoɲ′ozu] adj. shameful; disreputable.

ve.rí.di.co [ver′idiku] adj. veracious, veridical, true.

ve.ri.fi.car [verifik′ar] v. to verify, examine, check, control, find out.

ver.me [v′ɛrmi] s. m. worm, grub, vermin, larva. ≃ **intestinal** worm.

ver.me.lhão [vermeʎ′ãw] s. m. vermilion, cinnabar.

ver.me.lhar [vermeʎ′ar] v. to be(come) red(dish).

ver.me.lhi.dão [vermeʎid′ãw] s. f. (pl. **-dões**) red, redness.

ver.me.lho [verm′eʎu] s. m. red; sort of varnish; (fig.) communist. ‖ adj. red, rubious, scarlet.

ver.mi.ci.da [vermis′idə] s. m. vermicide, vermifuge. ‖ adj. m. + f. vermifuge.

ver.mi.nar [vermin′ar] v. to grow or breed vermin; to become debased, corrupt.

ver.mi.no.se [vermin′ɔzi] s. f. (med.) verminosis.

ver.ná.cu.lo [vern′akulu] s. m. vernacular, mother tongue. ‖ adj. vernacular, native.

ver.niz [vern′is] s. m. (pl. **-nizes**) varnish; lake, shellac; gloss, polish; (fig.) outside show.

ve.ros.sí.mil [veros′imiw] adj. (pl. **-meis**) verisimilar.

ve.ros.si.mi.lhan.ça [verosimiʎ′ãsə] s. f. verisimilitude, likelihood, probability, apparent truth.

ver.ru.ga [veȓ′ugə] s. f. wart, mole.

ver.ru.ma [veȓ′umə] s. f. borer, bit, gimlet, drill.

ver.ru.mar [veȓum′ar] v. to bore, drill, perforate; to afflict, torment.

ver.sa.do [vers′adu] adj. versed, skilled, experienced.

ver.são [vers′ãw] s. f. (pl. **-sões**) version, translation.

ver.sar [vers′ar] v. to turn; to examine; to practise, exercise; to study; to deal with; treat of; to consist.

ver.sá.til [vers′atiw] adj. m. + f. (pl. **-teis**) versatile.

ver.sa.ti.li.da.de [versatilid′adi] s. f. versatility, many-sidedness.

ver.sí.cu.lo [vers′ikulu] s. m. verse of the Bible.

ver.so [v′ɛrsu] s. m. verse, rime, rhyme; stich, stave; poetry; back, reverse, verso; overleaf. **em** ≃ in verse. **vide** - ≃ (or **v.v.**) please turn over.

vér.te.bra [v′ɛrtebrə] s. f. (anat.) vertebral.

ver.te.bra.do [vertebr′adu] s. m. + adj. vertebrate.

ver.ten.te [vert′ēti] s. f. slope, declivity, downhill, downgrade; (geol.) hogback; one of the sides of a roof. ‖ adj. m. + f. outpouring, overflowing.

ver.ter [vert′er] v. to flow, gush, pour, spout; to spill; to shed; to flow into, to translate into a foreign language.

ver.ti.cal [vertik′aw] s. f. (pl. **-cais**) vertical, a vertical line. ‖ adj. m. + f. vertical, perpendicular, upright.

ver.ti.gem [vert′iʒēj] s. f. (pl. **-gens**) vertigo, giddiness, dizziness; faintness.

ver.ti.gi.no.so [vertiʒin′ozu] adj. vertiginous, very quick; perturbing.

ves.go [v′ezgu] s. m. squinter. ‖ adj. squint (-eyed).

ve.sí.cu.la [vez′ikulə] s. f. vesicle, bladder, blister, bubble. ≃ **biliar** gall bladder.

ves.pa [v′espə] s. f. wasp; (fig.) crosspatch.

vés.pe.ra [v′ɛsperə] s. f. afternoon, evening; eve; evening, day or period before some event; brink; ≃**s** vespers.

ves.pe.ral [vesper′aw] s. m. (pl. **-rais**) vesperal (book); (Braz.) afternoon entertainment; matinée; prom. ‖ adj. vesper (time).

ves.per.ti.no [vespert′inu] s. m. evening paper.

ves.te [v′ɛsti] s. f. vest, vestment, vesture, apparel, garment, clothes.

ves.ti.á.rio [vesti′arju] s. m. dressing room; cloakroom.

ves.tí.bu.lo [vest′ibulu] s. m. vestibule (also anat.); entrance, hall, lobby; foyer.

ves.ti.do [vest′idu] s. m dress, frock, garment, a lady's gown, vesture.

ves.tí.gio [vest′iʒju] s. m. vestige, footprint, trail; clue, mark, trace. **sem** ≃ clueless, without trace.

ves.tir [vest'ir] s. m. clothing, dressing. ‖ v. to dress, clothe; to equip; to array, attire; to wear.

ves.tu.á.rio [vestu'arju] s. m. clothes, clothing, apparel, attire, array; garment.

ve.tar [vet'ar] v. to veto, refuse.

ve.te.ra.no [veter'ʌnu] s. m. veteran (also mil.); (coll.) vet, old-timer. ‖ adj. veteran (also mil.).

ve.te.ri.ná.ria [veterin'arjə] s. f. veterinary medicin.

ve.te.ri.ná.rio [veterin'arju] s. m. veterinary, veterinarian.

ve.to [v'ɛtu] s. m. veto, interdiction, negative.

véu [v'ɛw] s. m. veil(ing), covering; (fig.) pretext.

ve.xa.ção [veʃas'ãw] s. f. (pl. -ções) vexation, molestation, torment, annoyance.

ve.xa.do [veʃ'adu] adj. vexed, annoyed.

ve.xa.me [veʃ'ʌmi] s. m. vexation, annoyance; grievance; shame; abuse, offense, insult.

ve.xar [veʃ'ar] v. to vexate, molest, annoy; to torment, afflict, harass, worry.

ve.xa.tó.rio [veʃat'ɔrju] adj. vexatious.

vez [v'es] s. f. (pl. **vezes**) time, turn, bout; occasion, opportunity; (cards) hand. **algumas vezes** several times. **às vezes** sometimes, at times. **de ≃ em quando** every now and then, now and again, now and then, by spells, once in a while, off and on, on occasion, occasionally. **em ≃ de** instead of.

vi.a [v'iə] s. f. way, path, street, road; direction, route; means, channel, line; mode, manner, fashion. **≃ de uma só mão, de direção única** one-way street. **≃ dupla** double track. **chegar às ≃s de fato** to come to grips. **estar em ≃s de** to be about to. **por ≃ de regra** usually.

vi.a.ção [vjas'ãw] s. f. (pl. -ções) traffic, long-distance traffic; road system; means of transport.

vi.a.du.to [vjad'utu] s. m. viaduct, overpass.

vi.a.gem [vi'aʒẽj] s. f. (pl. -gens) travel, voyage, journey; tour, trip. **boa ≃!** have a good trip!

vi.a.jan.te [vjaʒ'ãti] s. m. + f. traveller; voyage(u)r. ‖ adj. m. + f. travelling, wandering, itinerant.

vi.a.jar [vjaʒ'ar] v. to travel, voyage, journey, tour; to wander. **≃ de trem** to go by train.

Via-Láctea [vial'aktjə] s. f. (astr.) Milky Way.

vi.a.tu.ra [vjat'urə] s. f. vehicle, means of transport.

vi.á.vel [vi'avew] adj. m. + f. (pl. -veis) practicable (way), possible, feasible.

ví.bo.ra [v'iborə] s. f. viper, adder; (fig.) malignant person.

vi.bra.ção [vibras'ãw] s. f. (pl. -ções) vibration, vibrancy; trepidation, tremor.

vi.bran.te [vibr'ãti] adj. m. + f. vibrant, vibrating.

vi.brar [vibr'ar] v. to vibrate; to oscillate, tremulate; to shake; to flicker, flutter; to swing; to pulse, pulsate, throb; to trill; to judder.

vi.ce.jar [viseʒ'ar] v. to thrive, flourish, bloom.

vice-presidente [visiprezid'ẽti] s. m. + f. (pl. **vice-presidentes**) vice-president.

vice-rei [visir'ej] s. m. (pl. **vice-reis**) viceroy.

vice-versa [visiv'ɛrsə] adv. vice versa, contrariwise, conversely.

vi.ci.a.do [visi'adu] s. m. addict, fiend. ‖ adj. vitiated; addicted; perverted.

vi.ci.ar [visi'ar] v. to vitiate, contaminate, infect; to corrupt, deprave, spoil, pervert.

ví.cio [v'isju] s. m. vice, bad habit; demoralization.

vi.ci.o.so [visi'ozu] adj. vicious, defective, faulty.

vi.cis.si.tu.de [visisit'udi] s. f. vicissitude, change of fortune.

vi.ço [v'isu] s. m. rankness, luxuriance, lushness, exuberance; vigour; ardor.

vi.ço.so [vis'ozu] adj. rank, luxuriant, lush.

vi.da [v'idə] s. f. life (also fig.). **≃ conjugal** marriage. **com ≃** alive, living. **cuidar, tratar da própria ≃** to stick to one's last; to mind one's own business. **de ≃ curta** short-lived. **de longa ≃** long-lived. **em ≃** in lifetime. **em perigo de ≃** in danger of life.

vi.dão [vid'ãw] s. m. opulent, easygoing life.

vi.dei.ra [vid'ejrə] s. f. (bot.) vine, grape, grapevine.

vi.den.te [vid'ẽti] s. m. + f. clairvoyant, visionary, prophet; person who sees (not blind). ‖ adj. clairvoyant.

ví.deo-cas.se.te [vidjokas'ɛti] s. m. videocassette, VCR.

ví.deo-ga.me [vidjog'ejmi] s. m. video-game.

ví.deo-ta.pe [vidjot'ejpi] s. m. video-tape.

vi.dra.ça [vidr'asə] s. f. window-pane, window glass.

vi.dra.ça.ri.a [vidrasar'iə] s. f. a glazier's shop, glaziery.

vi.dra.cei.ro [vidras'ejru] s. m. glazier.

vi.dra.do [vidr'adu] s. m. glazing (for earthenware). ‖ adj. glazed; glassy, vitreous; dull, dim, lusterless.

vi.drar [vidr'ar] v. to glaze, coat with a glazing.

vi.dra.ri.a [vidrar'iə] s. f. glassworks.

vi.dri.lho [vidr'iʎu] s. m. glass bead or trinket.

vi.dro [v'idru] s. m. glass; bottle, flask, vial.

vi.ei.ra [vi'ejrə] s. f. (zool.) scallop; (her.) scallop shell.

vi.e.la [vi'ɛlə] s. f. lane, alley, narrow pass.

vi.és [vi'ɛs] s. m. sloping; piece of cloth cut obliquely. **de** ≃ askew.

vi.ga [v'igə] s. f. beam, girder, summer, transom, traverse, joist, rafter.

vi.ga.men.to [vigam'ẽtu] s. m. framework, framing, timbering; beams, rafters.

vi.gá.rio [vig'arju] s. m. vicar, parson. **conto-do-** ≃ swindle, fraud, cheat, trick.

vi.ga.ris.ta [vigar'istə] s. m. confidence man; swindler, trickster.

vi.gên.cia [viʒ'ẽsjə] s. f. legality, force, validity.

vi.gen.te [viʒ'ẽti] adj. m. + f. valid, effective, in vigour; actual; present.

vi.ger [viʒ'er] v. to be valid, in vigour, in force.

vi.gé.si.mo [viʒ'ɛzimu] s. m. twentieth. ‖ num. twentieth.

vi.gi.a [viʒ'iə] s. f. watch, alertness, vigil, look out, watchfulness; sleeplessness; m. watch, watchman, guard; sentinel.

vi.gi.ar [viʒi'ar] v. to watch; to guard; to keep guard over; to be on one's guard.

vi.gi.lân.cia [viʒil'ãsjə] s. f. vigilance, guard, alertness; caution; watchfulness; diligence.

vi.gi.lan.te [viʒil'ãti] s. m. vigilante. ≃ **do peso** weight-watcher. ‖ adj. m. + f. vigilant, careful; watchful, observant.

vi.gí.lia [viʒ'iljə] s. f. vigil; night-watch; wake; watch.

vi.gor [vig'or] s. m. vigo(u)r, force, strength.

vi.go.ro.so [vigor'ozu] adj. vigorous; strong, energetic.

vil [v'iw] s. m. + f. (pl. **vis**) vile, base person. ‖ adj. m. + f. vile, cheap; worthless; despicable.

vi.la [v'ilə] s. f. small town; villa.

vi.la.ni.a [vilan'iə] s. f. villainy; depravity, wretchedness, wickedness.

vi.lão [vil'ãw] s. m. (pl. **-lões**; f. **-lã, -loa**) villain, rogue, rascal.

vi.le.za [vil'ezə] s. f. vileness, villainy; baseness.

vi.me [v'imi] s. m. osier, willow, vimen; wattle.

vi.na.gre [vin'agri] s. m. vinegar.

vi.na.grei.ra [vinagr'ejrə] s. f. vinegar cruet.

vin.ca.do [vĩk'adu] adj. wrinkled, wrinkly, creased.

vin.car [vĩk'ar] v. to crease, fold, plait; to wrinkle, ruck; to grove; to furrow.

vin.co [v'ĩku] s. m. crease, plait, fold, press; wrinkle, ruck; grove, furrow; wale.

vin.cu.la.do [vĩkul'adu] adj. entailed; bound, linked, connected.

vin.cu.lar [vĩkul'ar] v. to entail; to bond; to link; to annex; to obligate; to bind, tie.

vín.cu.lo [v'ĩkulu] s. m. entail, entailment; bond.

vin.da [v'ĩdə] s. f. coming, arrival; forthcoming.

vin.di.car [vĩdik'ar] v. to vindicate.

vin.di.ma [vĩd'imə] s. f. vintage, harvest (of grapes).

vin.dou.ro [vĩd'owru] s. m. (Braz., pop.) newcomer, foreigner. ‖ adj. coming, future, towardly, forthcoming.

vin.ga.dor [vĩgad'or] s. m. avenger, revenger. ‖ adj. avenging, vindicative, retaliatory.

vin.gan.ça [vĩg'ãsə] s. f. vengeance, revenge(ment), avengement, retaliation.

vin.gar [vĩg'ar] v. to avenge, revenge; to retaliate, retribute; to punish; to grow, develop(e).

vin.ga.ti.vo [vĩgat'ivu] adj. vindictive, revengeful.

vi.nha [v'iɲə] s. f. (bot.) vine; vineyard.

vi.nhe.do [viɲ'edu] s. m. extensive vinery, vineyard.

vi.nho [v'iɲu] s. m. wine. ≃ **branco** white wine.

vi.ní.co.la [vin'ikolə] adj. winegrowing.

vi.ni.cul.tor [vinikuwt'or] s. m. viniculturist, winegrower.

vin.te [v'ĩti] s. m. twenty. ‖ num. twenty.

vin.tém [vĩt'ẽj] s. m. (pl. **-téns**) former Brazilian and Portuguese coin; (fig.) money; savings. **estar sem um** ≃ to be broke.

vi.o.la [vi'ɔlə] s. f. viol, viola, violin; (bot.) viola.

vi.o.la.ção [violas'ãw] s. f. (pl. **-ções**)violation; rape.

vi.o.la.do [vjol'adu] adj. broken, violated.

vi.o.la.dor [vjolad'or] s.m. violator, transgressor.

vi.o.lão [viol'ãw] s. m. (pl. **-lões**) guitar.

vi.o.lar [vjol'ar] v. to violate, infract, infringe; transgress; ravish, rape; defile.

vi.o.lên.cia [vjol'êsjə] s. f. violence; fierceness, ferocity.

vi.o.len.ta.do [vjolêt'adu] adj. violated; forced.

vi.o.len.tar [vjolêt'ar] v. to violate, to force, to coerce.

vi.o.len.to [vjol'êtu] adj. violent; powerful, intense.

vi.o.le.ta [vjol'etə] s. f. violet, (bot.) violet; its colour. ‖ adj. m. + f. violet.

vi.o.li.nis.ta [vjolin'istə] s. m. + f. violinist, fiddler.

vi.o.li.no [vjol'inu] s. m. violin, fiddle, viol; violinist.

vi.o.lon.ce.lis.ta [vjolõsel'istə] s. m. + f. cellist, violoncellist.

vi.o.lon.ce.lo [vjolõs'ɛlu] s. m. violoncello, cello.

vi.o.lo.nis.ta [vjolon'istə] s. m. + f. guitarist.

vir [v'ir] v. to come; to arrive; to go, walk; to issue from, come from, result; to happen, proceed from.

vi.ra.bre.quim [virabrek'ĩ] s. m. (pl. **-quins**) crankshaft.

vi.ra.ção [viras'ãw] s. f. (pl. **-ções**) breeze, fresh wind.

vira-casaca [virakaz'akə] s. m. + f. (pl. **vira-casacas**) turncoat, weathercock, flouter.

vi.ra.do [vir'adu] s. m. dish of beans, flour, eggs and cracklings. ‖ adj. overturned, capsized.

vira-lata [viral'atə] s. m. (pl. **vira-latas**) (Braz.) tyke, tike; (fig.) waif; vagabond.

vi.rar [vir'ar] v. to turn, reverse, invert; to change (mind, sides); to rotate, revolve; to bend; to return; to capsize; to keel over; to spill; to empty, cant, tip; ≈-**se** (Braz.) to do extra work, have an additional job; to manage.

vi.ra.vol.ta [virav'ɔwtə] s. f. turn(ing); somersault.

vir.gem [v'irʒêj] s. f. (pl. **-gens**) virgin; maid(en). ‖ adj. virgin, virginal, chaste; innocent, pure; initial, first; untouched.

vir.gi.nal [virʒin'aw] adj. m. + f. (pl. **-nais**) virginal.

vir.gin.da.de [virʒĩd'adi] s. f. virginity, virginhood; (pop.) cherry. **perder a** ≈ to lose one's cherry.

vír.gu.la [v'irgulə] s. f. (gram.) comma.

vi.ril [vir'iw] adj. m. + f. (pl. **-ris**) virile, vigorous, energetic.

vi.ri.lha [vir'iʎə] s. f. (anat.) groin.

vi.ri.li.da.de [virilid'adi] s. f. virility, manliness.

vir.tu.al [virtu'aw] adj. m. + f. (pl. **-ais**) virtual; practical; actual; real.

vir.tu.de [virt'udi] s. f. virtue, virtuousness, morality, moral action.

vir.tu.o.si.da.de [virtwozid'adi] s. f. virtuosity.

vir.tu.o.so [virtu'ozu] s. m. virtuoso, artist. ‖ adj. virtuous, honest; honourable; pure.

vi.ru.len.to [virul'êtu] adj. virulent, poisonous.

ví.rus [v'irus] s. m. virus.

vi.são [viz'ãw] s. f. (pl. **-sões**) vision, (eye)sight; (fig.) eye; view; foresight; illusion.

vi.sar [viz'ar] v. to aim at, drive at, seek; to take aim; to sight; to look at.

vis-à-vis [vizav'i] adv. in front of, before, in face of.

vis.co.si.da.de [viskozid'adi] s. f. viscosity, viscousness.

vis.co.so [visk'ozu] adj. viscous, sticky, viscid.

vi.sei.ra [viz'ejrə] s. f. visor, vizor, face guard; protection.

vi.si.bi.li.da.de [vizibilid'adi] s. f. visibility; eyeshot.

vi.si.ta [viz'itə] s. f. visit; visiting; visitation; inspection; visitant, visitor, caller.

vi.si.ta.ção [vizitas'ãw] s. f. (pl. **-ções**) visitation, visiting.

vi.si.tan.te [vizit'ãti] s. m. + f. visitant, visitor, caller. ‖ adj. visiting, visitant.

vi.si.tar [vizit'ar] v. to visit, call on, see, pay a visit; to attend (doctor).

vi.sí.vel [viz'ivew] adj. m. + f. (pl. **-veis**) visible; perceptible; manifest; apparent; public, notorious; outward.

vis.lum.brar [vizlũbr'ar] v. to catch a glimpse, discern indistinctly, descry.

vis.lum.bre [vizl'übri] s. m. shimmer, glimmer; glimpse, momentary view, idea, notion.

vi.sor [viz'or] s. m. (phot.) viewfinder; (mil.) sight; sigthole, spy-hole.

vís.po.ra [v'ispɔrə] s. f. lotto.

vis.ta [v'istə] s. f. sight, eyesight, vision; glimpse; what is seen, view, aspect, picture; the eye(s).

vis.to [v'istu] s. m. visé, visa. ‖ adj. accepted, acknowledged; seen.

vis.to.ri.a [vistor'iə] s. f. inspection, survey(ing.)

vis.to.ri.ar [vistori'ar] v. to inspect, examine; to search.

vis.to.so [vist'ozu] adj. showy, good-looking.

vi.su.al [vizu'aw] adj. m. + f. (pl. **-ais**) visual.

vi.su.a.li.da.de [vizwalid'adi] s. f. visuality; vision, utopia.

vi.su.a.li.zar [vizwaliz'ar] v. to visualize.

vi.ta.lí.cio [vital'isju] adj. for life, lifelong, lifetime.

vi.ta.li.da.de [vitalid'adi] s. f. vitality, vigo(u)r.

vi.ta.li.zar [vitaliz'ar] v. to vitalize, (fig.) to (re)animate.

vi.ta.mi.na [vitam'inə] s. f. vitamin(e).

vi.te.la [vit'ɛlə] s. f. heifer; calf; young cow; veal.

vi.te.lo [vit'ɛlu] s. m. male calf, young bull.

ví.ti.ma [v'itimə] s. f. victim; (fig.) prey, sport.

vi.ti.mar [vitim'ar] v. to victimize, kill, slay, injure.

vi.tó.ria [vit'ɔrjə] s. f. victory; triumph, conquest; (fig.) success. ≃ **fácil** walkover. ≃**-régia** victoria regia, grint, waterlily.

vi.to.ri.o.so [vitori'ozu] adj. victorious, triumphant.

vi.tral [vitr'aw] s. m. (pl. **-trais**) stained glass window.

ví.treo [v'itrju] adj. vitreous, vitric, glassy.

vi.tri.fi.car [vitrifik'ar] v. to vitrify; to become vitreous.

vi.tri.na [vitr'inə] s. f. display window, shop-window.

vi.tri.ne [vitr'ini] s. f. = **vitrina**.

vi.ú.va [vi'uvə] s. f. widow, relict; (ornith.) waterchat. ‖ adj. widowed.

vi.u.var [vjuv'ar] v. to become a widow or widower.

vi.u.vez [vjuv'es] s. f. widow(er)hood, husbandlessness, wifelessness.

vi.ú.vo [v'iuvu] s. m. widower. ‖ adj. widowered.

vi.va [v'ivə] s. m. viva. ‖ interj. vival, your health!, cheerio!, cheers!

vi.va.ci.da.de [vivasid'adi] s. f. vivacity, vivaciousness.

vi.vaz [viv'as] adj. vivacious, lively, sprightly.

vi.vei.ro [viv'ejru] s. m. nursery, hotbed; vivarium.

vi.ven.da [viv'ēdə] s. f. dwelling, dwelling-place; home, abode; livelihood.

vi.ven.te [viv'ēti] s. m. + f. liver, breather, mortal, man, human being. ‖ adj. alive, breathing, living.

vi.ver [viv'er] s. m. life. ‖ v. to live, to be alive, exist, be, breathe; to endure, last; to subsist; to enjoy life; to reside; to dwell.

ví.ve.res [v'iveris] s. m. pl. food, provisions, victuals.

vi.vi.do [viv'idu] adj. that has lived a long time; experienced in life.

ví.vi.do [v'ividu] adj. vivid, lively; intense, acute.

vi.vi.fi.can.te [vivifik'ãti] adj. m. + f. vivifying, enlivening, life-giving.

vi.vi.fi.car [vivifik'ar] v. to vivify, enliven.

vi.vo [v'ivu] s. m. living creature. ‖ adj. alive, living, breathing; lively, vivacious; spirited, smart; quick, ready, alert, cunning.

vi.zi.nhan.ça [viziñ'ãsə] s. f. neighbourhood, all the neighbours; vicinity.

vi.zi.nhar [viziñ'ar] v. to be or live near; to adjoin; be contiguous; (a) ≃**-se** to approach.

vi.zi.nho [vizi'iñu] s. m. neighbour. ‖ adj. neighbour(ing) bordering, contiguous.

vo.a.dor [voad'or] s. m. flyer, flier. ‖ adj. flying; (fig.) quick, swift.

vo.ar [vo'ar] v. to fly; to wing; to travel through the air; to soar, mount, rise in the air; to run, hurry; to pass quickly (time).

vo.ca.bu.lá.rio [vokabul'arju] s. m. vocabulary.

vo.cá.bu.lo [vok'abulu] s. m. vocable, word, term, name.

vo.ca.ção [vokas'ãw] s. f. (pl. **-ções**) vocation, call(ing).

vo.ca.ci.o.nal [vokasjon'aw] adj. m. + f. (pl. **-nais**) vocational.

vo.cal [vok'aw] adj. m. + f. (pl. **-cais**) vocal; oral.

vo.ca.li.zar [vokaliz′ar] v. to vocalize; to vowelize.

vo.cê [vos′e] pron. you; thou. **isto é lá com** ≃ that is up to you.

vo.ci.fe.rar [vosifer′ar] v. to vociferate, clamour, yell.

vo.ga [v′ɔgə] s. f. vogue; mode, style; repute; popularity. **em** ≃ in season, up-to-date; in fashion.

vo.gal [vog′aw] s. f. (pl. **-gais**) (gram.) vowel, vocal, vocal sound; m. + f. voter. ‖ adj. m. + f. vocal, voiced, intonated.

vo.gar [vog′ar] v. to be propelled by oars; to row; to navigate, voyage; to float, drift, glide; to be in vogue, in fashion; to prevail.

vo.lan.te [vol′ãti] s. m. gauze; shuttlecock; badminton; arrow; (mec.) flywheel; (mot.) steering wheel; lackey. ‖ adj. m. + f. flying; floating; fickle; movable.

vo.lá.til [vol′atiw] s. m. (pl. **-teis**) winged animal, animal that flies; bird. ‖ adj. m. + f. volatile, flying, changeable.

vo.la.ti.li.zar [volatiliz′ar] v. to volatilize, evaporate.

volt [v′owti] s. m. (electr.) volt.

vol.ta [v′ɔwtə] s. f. return, regress(ion); recurrency; change; alteration; surplus of money; replacement; turn(ing). **dar uma** ≃ to tour; to go for a trot, take a walk, a round, a stroll. **demos uma** ≃ we took a turn. **de** ≃ back, returned.

vol.ta.gem [vowt′aʒẽj] s. f. (pl. **-gens**) voltage, tension.

vol.tâ.me.tro [vowt′ʌmetru] s. m. voltameter.

vol.tar [vowt′ar] v. to return; to come or go back, regress; to recur; to devolve, give back; to appeal; to turn. ≃ **as costas a** to turn one's back to. **voltou-me à memória** it came back to me. **ela voltou a si** she came to herself. ≃-**se para** to face.

vol.te.ar [vowte′ar] v. to go or turn about; to circle about; to whirl, rotate; to round.

vo.lu.mar [volum′ar] adj. m. + f. (geom.) volumetric. ‖ v. = **avolumar.**

vo.lu.me [vol′umi] s. m. volume, capacity, content; extent; size; mass, bulk; book, tome; pack, packet, bundle.

vo.lu.mo.so [volum′ozu] adj. voluminous; bulky, large, ample, big.

vo.lun.tá.rio [volũt′arju] s. m. volunteer. ‖ adj. voluntary; spontaneous; gratuitous.

vo.lun.ta.ri.o.so [volũtari′ozu] adj. wilful, whimsical.

vo.lú.pia [vol′upjə] s. f. voluptuousness; sensuality.

vo.lup.tu.o.si.da.de [voluptwozid′adi] s. f. = **volúpia.**

vo.lup.tu.o.so [voluptu′ozu] adj. voluptuous, sensual.

vo.lú.vel [vol′uvew] adj. m. + f. (pl. **-veis**) voluble.

vol.ver [vowv′er] s. m. act or fact of turning etc. ‖ v. to turn, direct; to revolve, rotate, spin; to roll, roll round; to return.

vo.mi.tar [vomit′ar] v. to vomit; to regurgitate.

vô.mi.to [v′omitu] s. m. vomit, spew, puke, sickness.

von.ta.de [võt′adi] s. f. will; volition; wish, desire; mind, intention, purpose; resolution, determination; fancy. **à** ≃ relaxed, at ease, at large, at will, easy-going, at pleasure, as heart could wish; (mil.) stand easy! arbitrary. **à sua** ≃ at your convenience, at your discretion. **boa** ≃ alacrity, goodwill. **de boa** ≃ with good grace, agreeable. **contra a minha** ≃ against my will. **má** ≃ ill-will. **estar à** ≃ to feel comfortable. **esteja à** ≃ make yourself at home. **pôr-se à** ≃ to relax. **sem** ≃ unwilling. **servir-se à** ≃ to help o. s. **ter** ≃ **de** to itch for, to feel like. **última** ≃ dying wish.

vô.o [v′ou] s. m. flight.

vo.raz [vor′as] adj. (pl. **-razes**) voracious; rapacious; avid.

vos [v′os] pers. pron. you, to you.

vós [v′ɔs] pers. pron. you; (arch.) ye.

vos.so [v′ɔsu] poss. pron. (f. **vossa**) your, yours.

vo.ta.ção [votas′ãw] s. f. (pl. **-ções**) voting, poll(ing).

vo.tar [vot′ar] v. to vote; to elect, poll; to promise, vow, consecrate, devote.

vo.to [v′ɔtu] s. m. vote; promise, vow; ardent wish or desire; election; ballot, voice.

vo.vô [vov′o] s. m. (children's language) grandpa(pa).

vo.vó [vov′ɔ] s. f. (children's language) grandma(ma), granny.

voy.eu.ris.mo [vwajer′izmu] s. m. voyeurism.

voz [v′ɔs] s. f. voice; suffrage, right to speak; tone, accent.

vo.zei.rão [voz′ejrãw] s. m. (pl. **-rões**) strong voice.

vo.zei.ro [voz'ejru] s. m. talker, babbler; big mouth. ▍ adj. talkative, loquacious.

vul.câ.ni.co [vuwk'ʌniku] adj. volcanic, vulcanian.

vul.ca.ni.zar [vuwkʌniz'ar] v. to vulcanize; to volcanize.

vul.cão [vuwk'ãw] s. m. (pl. **-cãos, cões**) volcano.

vul.gar [vuwg'ar] s. m. that which is vulgar; the vernacular. ▍ adj. m. + f. vulgar, popular, plebeian; common, banal; everyday.

vul.ga.ri.da.de [vuwgarid'adi] s. f. vulgarity, vulgarism.

vul.ga.ri.zar [vuwgariz'ar] v. to vulgarize, make vulgar; to popularize, coarsen.

vul.go [v'uwgu] s. m. the vulgar, people.

vul.ne.ran.te [vuwner'ãti] adj. m. + f. hurting, wounding; offending.

vul.ne.rar [vuwner'ar] v. to hurt, wound; to offend.

vul.ne.rá.vel [vuwner'avew] adj. m. + f. (pl. **-veis**) vulnerable. **o ponto** ≃ the wear point.

vul.to [v'uwtu] s. m. face, countenance; body, figure; aspect, image; form, shadow; size, bulk, amount; important person.

vul.to.so [vuwt'ozu] adj. voluminous, bulky.

vul.va [v'uwvə] s. f. (anat.) vulva.

W

W, w [d'abliu] s. m. letter used in Portugal and Brazil only in internationally known symbols and abbreviations and in foreign words adopted by the Portuguese language.

X

X, x [ʃ'is] s. m. the twenty-second letter of the Portuguese alphabet; Roman numeral for ten. ‖ adj. concerning the X-rays.

xá [ʃ'a] s. m. Shah, title of the ex-ruler of Iran.

xa.drez [ʃadr'es] s. m. chess; mosaic; (Braz., pop.) prison.

xa.dre.za.do [ʃadrez'adu] adj. checked, checky.

xa.dre.zar [ʃadrez'ar] v. to checker, chequer.

xa.le [ʃ'ali] s. m. shawl, Afghan; plaid.

xam.pu [ʃãp'u] s. m. shampoo.

xa.rá [ʃar'a] s. m. + f. (Braz., pop.) namesake.

xa.ro.pa.da [ʃarop'adə] s. f. cough medicine, syrup; tiresome thing; rub; (Braz., pop.) prosy, boresome talk.

xa.ro.pe [ʃar'ɔpi] s. m. (pharm.) syrup; homemade remedy.

xe.no.fo.bi.a [ʃenofob'iə] s. f. xenophobia.

xe.pa [ʃ'epə] s. f. (Braz., naut.) meal, food.

xe.que [ʃ'ɛki] s. m. (chess) check. **pôr em** ≃ to keep in check, curb; sheir. ≃**-mate** mate, checkmate.

xe.re.ta [ʃer'etə] s. m. + f. (Braz.) interferer; intriguer; telltale; busybody.

xe.re.tar [ʃeret'ar] v. (Braz.) to interfere; to flatter, fawn, coach.

xe.rez [ʃer'es] s. m. sherry.

xe.ri.fe [ʃer'ifi] s. m. sheriff.

xe.ro.gra.fi.a [ʃerograf'iə] s. f. photocopying.

xe.ro.có.pia [ʃerok'ɔpiə] s. f. = **xerox**.

xe.rox [ʃer'ɔkis] s. m. photocopy.

xí.ca.ra [ʃ'ikarə] s. f. cup, bowl.

xi.lin.dró [ʃilĩdr'ɔ] s. m. (Braz., sl.) jail, gaol, prison.

xi.lo.gra.fi.a [ʃilograf'iə] s. f. xylography.

xi.ló.gra.fo [ʃil'ɔgrafu] s. m. xylographer.

xi.lo.gra.vu.ra [ʃilograv'urə] s. f. xylograph.

xin.ga.ção [ʃĩgas'ãw] s. f. (pl. **-ções**) (Braz.) chiding, scolding; abuse, revilement.

xin.ga.de.la [ʃĩgad'ɛlə] s. f. = **xingação**.

xin.gar [ʃĩg'ar] v. (Braz.) to chide, scold, rail; to abuse; to curse; to swear at, call names; to tell off.

xi.xi [ʃiʃ'i] s. m. (Braz., pop.) urination, urine. **fazer** ≃ (children) to piddle, to make water, piss.

xo.dó [ʃod'ɔ] s. m. (Braz., pop.) flirtation; girlfriend, sweetheart; boyfriend.

Y

Y, y ['ipsilõw] s. m. letter used in Portugal and Brazil only in internationally known symbols and abbreviations.

Z

Z, z [z′e] s. m. the twenty-third and last letter of the Portuguese alphabet.

za.guei.ro [zag′ejru] s. m. (ftb.) back, fullback. **quarto** ≃ centre forward.

zan.ga [z′ãgə] s. f. aversion, indignation, hatred, crossness; dislike, antipathy; anger; importunity.

zan.ga.do [zãg′adu] adj. exasperated, disgusted, angry; vexed; annoyed.

zan.gão [zãg′ãw] s. m.(pl. **-gãos, -gões**), drone, humble-bee, male honeybee; idler, loafer, exploiter.

zân.gão [z′ãgãw] s. m. (pl. **-gãos**) = **zangão**.

zan.gar [zãg′ar] v. to annoy, make angry, set s. o.'s nerves on edge; to molest; ≃-**se** to become angry, irritated; to fret, miff.

zan.zar [zãz′ar] v. (Braz.) to rove, ramble, wander.

zar.cão [zark′ãw] s. m. (min.) minium, red lead.

za.ro.lho [zar′oʎu] adj. squint-eyed, cross-eyed; one-eyed, blind of one eye.

zar.par [zarp′ar] v. to weigh anchor, sail (away); (Braz.) to escape, run away; to start.

ze.bra [z′ebrə] s. f. (zool.) zebra; (fig.) stupid.

zé.fi.ro [z′ɛfiru] s. m. zephyr; a soft breeze.

ze.la.dor [zelad′or] s. m. janitor, caretaker, porter, keeper, overseer. ‖ adj. watching, taking care, vigilant, observant.

ze.la.do.ra [zelad′orə] s. f. janitress.

ze.lar [zel′ar] v. to watch over; to administer, manage, oversee; to care (for).

ze.lo [z′elu] s. m. zeal(ousness); devotion; ardour.

ze.lo.so [zel′ozu] adj. zealous, careful; diligent.

zé-povinho [zepov′iño] s. m. (pl. **zé-povinhos**) the people, populace, pleb, rabble.

ze.ro [z′ɛru] s. m. zero, a cipher; nothing; nobody. **acima (abaixo) de** ≃ above (below) zero. **ficar reduzido a** ≃ to become utterly destitute, be hard up.

zi.be.li.na [zibel′inə] s. f. zibel(l)ine, (zool.) sable. ‖ adj. zibel(l)ine, of or pertaining to sables.

zi.go.to [zig′otu] s. m. zygote.

zi.gue.za.gue [zigez′agi] s. m. zigzag; sinuosity.

zi.gue.za.gue.ar [zigezage′ar] to zigzag; to meander.

zin.car [zĩk′ar] v. (chem.) to zinc(ify), galvanize.

zin.co [z′ĩku] s. m. (chem.) zinc.

zín.ga.ro [z′ĩgəru] s. m. zingaro, a gipsy.

zi.nho [z′iñu] s. m. (Braz., sl.) guy, fellow, chap. ‖ suf. designative of diminution **João, Joãozinho** John, Johnny.

zo.a.da [zo′adə] s. f. whiz(zing), hum, buzz.

zo.ar [zo′ar] v. to whiz, hum, buzz; to howl (wind), roar.

zo.ei.ra [zo′ejrə] s. f. (Braz., sl.) disorder, tumult, noise; quarrel.

zom.ba.dor [zõbad′or] s. m. scoffer, jester, jeerer; mocker, sneerer. ‖ adj. scoffing, jeering, mocking; sportful; taunting.

zom.bar [zõb′ar] v. to mock, scoff, jeer, sneer, flout; to banter; to joke, jest, sport; to make jokes; to make fun of; to ridicule.

zom.ba.ri.a [zõbar′iə] s. f. mockery, sneer, jeer; raillery, derision; sarcasm, ridicule.

zom.be.tei.ro [zõbet′ejru] s. m. mocker. ‖ adj. mocking, jeering.

zo.na [z′onə] s. f. zone, area, belt; region, country(side).

zon.zar [zõz′ar] v. (Braz.) to stun, be stunned, make dizzy, make giddy.

zon.zear [zõze′ar] v. = **zonzar**.

zon.zei.ra [zõz′ejrə] s. f. (Braz.) dizziness giddiness.

zon.zo [z′õzu] adj. (Braz.) dizzy, giddy, stunned.

zo.o.lo.gi.a [zooloʒ′iə] s. f. zoology.

zo.o.ló.gi.co [zool′ɔʒiku] adj. zoologic(al), **jardim** ≃ zoological garden, zoo.

zum.bi.do [ʒũb′idu] s. m. hum, buzz; tingle.

zum.bir [zūb'ir] v. to hum; to buzz.

zu.ni.do [zun'idu] s. m. buzz, hum.

zu.nir [zun'ir] v. to drone, buzz; to hum, to tingle; to hiss, whistle (through the air).

zum.zum [zūz'ũ] s. m. (pl. **-zuns**) hum(ming), buzz(ing); rumour, report.

zum.zum.zum [zūzũz'ũ] s. m. = **zumzum.**

zur.rar [zuī'ar] v. to bray, heehaw.

zur.ro [z'uīu] s. m. bray(ing), heehaw.